Frieser/Sarres/Stückemann/Tschichoflos (Hrsg.)

Enders/Frieser/Hannes/Kopp/Krause/Rohlfing/Sarres/Schiffer/Stückemann/Tschichoflos/Walpert

Handbuch Erbrecht

Anwaltsstrategien für das erbrechtliche Mandat

Frieser/Sarres
Stückemann/Tschichoflos
(Hrsg.)

Handbuch Erbrecht

Anwaltsstrategien für das erbrechtliche Mandat

Enders
Frieser
Hannes
Kopp
Krause
Rohlfing
Sarres
Schiffer
Stückemann
Tschichoflos
Walpert

Luchterhand

Die Deutsche Bibliothek – CIP-Einheitsaufnahme

Handbuch Erbrecht: Anwaltsstrategien für das erbrechtliche Mandat
hrsg. von Andreas Frieser .... –
Neuwied; Kriftel: Luchterhand, 2001
ISBN 3-472-04429-2

Umschlag: Ute Weber GrafikDesign, Geretsried
Satz: KompetenzCenter, Düsseldorf
Gesamtherstellung: Bercker Graphischer Betrieb, Kevelaer
Printed in Germany, Januar 2002

∞ Gedruckt auf säurefreiem, alterungsbeständigem und chlorfreiem Papier

Vorwort der Herausgeber

Warum legen wir ein Handbuch zum Erbrecht vor? Welche inhaltlichen Schwerpunkte setzen wir, um das Werk besonders praxistauglich zu machen? Diese Fragen müssen sich die Herausgeber stellen, die Antworten entscheiden über den Wert des Buches für den Praktiker. Die Antwort auf die erste Frage fällt nicht schwer: Die wirtschaftliche Bedeutung des Erbrechts ist groß, sie nimmt ständig zu. Jedes Jahr sollen in der Bundesrepublik dreistellige Milliartenbeträge vererbt werden, dies führt zu Begehrlichkeiten weichender Erben, aber auch des Fiskus. Bei einem derart gewaltigen Vermögenstransfer bleiben rechtliche Streitigkeiten nicht aus, das Erbrecht hat sich längst von einer der klassischen Materien des allgemein zivilistisch tätigen Anwalts zu einer Spezialmaterie entwickelt, der der Anwalt ohne Detailkenntnisse des materiellen Rechts und ohne Know-how der erbrechtlichen Fallbearbeitung nicht gerecht werden kann. Das Bedürfnis im Erbrecht – ebenso wie beispielsweise in der angrenzenden Materie des Familienrechts –, besondere Kenntnisse durch die Führung der Fachanwaltsbezeichnung auszuweisen, besteht nach wie vor. Dem Unternehmer, der für seine Nachfolgeregelung den Rat eines Spezialisten sucht, aber auch Herrn Jedermann, der – und dies nur »einmal im Leben« – mit einer Pflichtteilsauseinandersetzung konfrontiert ist, sollte die Suche nach einem Anwalt mit ausgewiesenen Kenntnissen auf dem Gebiet des Erbrechts erleichtert werden. Ob der Fachanwalt für Erbrecht ins Leben gerufen wird oder nicht, mag dahinstehen. Das Handbuch für den »Fachanwalt« wollen die Herausgeber aber hiermit vorlegen. Das Werk ist an der erbrechtlichen Mandatsbearbeitung orientiert, es enthält strategische Ansätze für die Beratung, insbesondere im Erbschaftsstreit und Sonderkapitel zur Unternehmensnachfolge, zum Internationalen Privatrecht, zu steuerrechtlichen Fragen sowie insbesondere auch zu den immer bedeutender werdenden Fragen des Stiftungsrechts. In jedem Kapitel finden sich Checklisten und Musterformulierungen.

Frieser, Bonn, beschreibt die Rahmenbedingungen des erbrechtlichen Mandats, das Mandantengespräch, Haftungsfragen nebst Möglichkeiten der Haftungsbeschränkungen und geht auch auf Marketingfragen ein. Gebührenprobleme und deren praktische Lösung werden von *Enders, Neuwied*, beschrieben. *Krause, Staßfurt*, erläutert alle mit der Errichtung letztwilliger Verfügungen zusammenhängenden Fragen einschließlich familienrechtlicher Gestaltungsmöglichkeiten, Behindertentestament und letztwilligen Verfügungen nichtehelicher Lebenspartner. Er geht in diesem Bereich auf die gesetzliche Neuregelung ein und beschreibt Gestaltungsvarianten für Verträge unter Lebenden, sich hieraus ergebende Streitigkeiten und nimmt auch sozialhilferechtliche Probleme in Bezug. *Stückemann, Lemgo*, erörtert ferner die Vorsorgevollmacht und das Patiententestament, die in der Praxis zunehmende Bedeutung erlangen. *Schiffer, Bonn* legt die Möglichkeiten und Probleme von Unternehmensstiftungen, Familienstiftungen und unselbständigen Stiftungen dar, wobei er der Neuregelung der Besteuerung besondere Aufmerksamkeit widmet.

Tschichoflos, Esslingen, schildert die Abwicklung eines Erbfalls mit allen Fragestellungen, angefangen von der Haftung des Erben, über das Erbscheinverfahren, das Nachlassinsolvenzverfahren und den Erbschaftsprozess. *Kopp, Ingolstadt* befasst sich mit Grundzügen und Besonderheiten der Testamentsvollstreckung, deren praktische Bedeutung nicht unterschätzt werden darf.

Sarres, Duisburg, behandelt die Probleme der Erbengemeinschaft, auch er berücksichtigt neueste Tendenzen, insbesondere Lösungsvorschläge zur Auseinandersetzung der Erbengemeinschaft. Er legt ebenso wie *Frieser* großen Wert auf strategische Überlegungen, auch bei der weiter von ihm bearbeiteten und in der Praxis besonders bedeutsamen Materie des Pflichtteilsrechts. *Hannes, Bonn*, behandelt den wichtigen Bereich der Unternehmensnachfolge. Bedeutung und wesentliche Regelungsgegenstände des internationalen Privatrechts erläutert *Rohlfing, Hamm*. Das Erbschaftsteuerrecht wird von *Walpert, Bonn*, umfassend dargestellt.

Die Herausgeber haben versucht, den Nutzen des Werkes für den Praktiker durch zahlreiche »Praxis-Tipps« zu fördern. *Nachlassrichter Busch, Lemgo*, hat aus richterlicher Sicht Ergänzungen eingefügt, wo ihm dies aus seiner täglichen Erfahrung wichtig erschien.

Ungeachtet des mit der inhaltlichen Arbeit und Betreuung verbundenen Arbeitsaufwands hat den Herausgebern die Konzeption und Abstimmung mit den Autoren viel Freude bereitet. Sie verbinden mit der Herausgabe die Hoffnung, dass das Werk vielen Kollegen wertvolle Hilfestellung leisten kann. Es soll bei der Tagesarbeit ein gern konsultierter Ratgeber sein.

Andreas Frieser *Ernst Sarres* *Wolfgang Stückemann* *Ursula Tschichoflos*

Herausgeber:

Dr. Andreas Frieser, Rechtsanwalt, Bonn

Ernst Sarres, Rechtsanwalt, Düsseldorf

Wolfgang Stückemann, Rechtsanwalt und Notar, Fachanwalt für Arbeitsrecht, Lemgo

Dr. Ursula Tschichoflos, Rechtsanwältin, Esslingen

Bearbeiter:

Dr. Peter Busch
Nachlassrichter am Amtsgericht Detmold, Lemgo

Horst-Reiner Enders
Bürovorsteher, Koblenz

Dr. Andreas Frieser
Rechtsanwalt, Bonn

Dr. Frank Hannes
Fachanwalt für Steuerrecht und Steuerberater, Bonn

Helmut Kopp
Notar, Ingolstadt

Thomas Krause
Notar, Staßfurt

Dr. Hubertus Rohlfing
Rechtsanwalt und Notar, Hamm

Ernst Sarres
Rechtsanwalt, Düsseldorf

Dr. K. Jan Schiffer
Rechtsanwalt, Bonn

Wolfgang Stückemann
Rechtsanwalt und Notar,
Fachanwalt für Arbeitsrecht, Lemgo

Dr. Ursula Tschichoflos
Rechtsanwältin, Esslingen

Dr. Klaus Walpert
Rechtsanwalt, Bonn

ÜBERSICHT

Zitiervorschlag:

Handbuch Erbrecht/Bearbeiter
Hdb-ErbR/Bearbeiter

Inhaltsverzeichnis

Abkürzungsverzeichnis

A

aA	anderer Ansicht
aaO	am angegebenen Ort
abl	anlehnend
Abs	Absatz
abw	abweichend
abzgl	abzüglich
AcP	Archiv für die civilistische Praxis
AEAO	Anwendungserlass zur Abgabenordnung
AfA	Absetzung für Abnutzung
AG	Amtsgericht
AgrarR	Agrarrecht (Zeitschrift)
Alt	Alternative
Amtsbl	Amtsblatt
Anh	Anhang
Anm	Anmerkung
AnwBl	Anwaltsblatt
Ao	Abgabenordnung
Art.	Artikel
ARW	Außensteuergesetz
Aufl	Auflage
ausf	ausführlich
AVG	Angestelltenversicherungsgesetz

B

BayL	Bayrische Leitlinien
BayObLG	Bayerisches Oberstes Landgericht
BB	Betriebsberater (Zeitschrift)
Bd	Band
betr	betreffend
BetrAVG	Gesetz zur Verbesserung der betrieblichen Altersversorgung
BewG	Bewertungsgesetz
BfA	Bundesversicherungsanstalt für Angestellte
BfF	Bundesamt für Finanzen
BFH	Bundesfinanzhof
BFH/NV	nicht veröffentlichte Entscheidungen des BFH
BGBl.	Bundesgesetzblatt (Jahr, Teil und Seite)
BGH	Bundesgerichtshof
BGHZ	Entscheidungen des Bundesgerichtshofs in Zivilsachen
BKGG	Bundeskindergeldgesetz
BMF	Bundesministerium der Finanzen
BRAGO	Bundesrechtsanwaltsgebührenordnung
BR-Ds	Bundesratsdrucksache
BRAK-Mitt	BRAK-Mitteilungen
BSHG	Bundessozialhilfegesetz
bspw	beispielsweise
BStBl	Bundessteuerblatt

BT-Ds	Bundestagsdrucksache
BVerfG	Bundesverfassungsgericht
BVerfGE	Entscheidungen des Bundesverfassungsgerichts
BVerfGG	Gesetz über das Bundesverfassungsgericht
BWNotZ	Zeitschrift für das Notariat in Baden-Württemberg
bzgl	bezüglich
bzw	beziehungsweise
C	
ca	circa
D	
DB	Der Betrieb
DBA	Doppelbesteuerungsabkommen
ders	derselbe
dgl	dergleichen
diesbzgl	diesbezüglich
dh	das heißt
DNotZ	Deutsche Notar-Zeitschrift
DRiZ	Deutsche Richter-Zeitung
DStR	Deutsches Steuerrecht
DtZ	Deutsch-Deutsche Rechts-Zeitschrift
DVO	Durchführungsverordnung
E	
€	Euro
e. V.	eingetragener Verein
EFG	Entscheidungen der Finanzgerichte
EG	Europäische Gemeinschaft
EGBGB	Einführungsgesetz zum Bürgerlichen Gesetzbuch
EGGVG	Einführungsgesetz zum Gerichtverfassungsgesetz
EheG	Ehegesetz
Einf	Einführung
Einl	Einleitung
ErbbRVO	Erbbaurechtsverordnung
ErbStDV	Durchführungsverordnung zum Erbschaftsteuerrecht
ErbStG	Erbschaftsteuer- und Schenkungsteuergesetz
ErbStR	Erbschaftsteuerrecht
ErbStVA	Allgemeine Verwaltungsanweisung für die Erbschaftsteuer
EStG	Einkommensteuergestez
etc	et cetera
EuGVÜ	Europäisches Übereinkommen über die gerichtliche Zuständigkeit und die Vollstreckung gerichtlicher Entscheidungen in Zivil- und Handelssachen
evtl	eventuell
F	
F.	Fach
f, ff	folgende, fortfolgende
FamRZ	Zeitschrift für das gesamte Familienrecht
FG	Finanzgericht
FGG	Gesetz über die Angelegenheiten der Freiwilligen Gerichtsbarkeit

FinMin	Finanzministerium
Fn	Fußnote
FR	Finanz-Rundschau
FuR	Familie und Recht (Zeitschrift)

G

GBO	Grundbuchordnung
gem	gemäß
ges	gesetzliche/n/r
GG	Grundgesetz
ggf	gegebenenfalls
GKG	Gerichtskostengesetz
GmbHR	GmbH-Rundschau
grds	grundsätzlich
GrEStG	Grunderwerbsteuergesetz
GVG	Gerichtsverfassungsgesetz

H

Halbs/Hs	Halbsatz
HEZ	Höchstrichterliche Entscheidungen in Zivilsachen
HGB	Handelsgesetzbuch
hM	herrschende Meinung
HöfeO	Höfeordnung
Hrsg	Herausgeber

I

idR	in der Regel
iE	im Einzelnen
iHv	in Höhe von
INF	Die Information über Steuer und Wirtschaft (Zeitschrift)
insb	insbesondere
IPRax	Praxis des Internationalen Privat- und Verfahrensrechts (Zeitschrift)
iS	im Sinne
iSd	im Sinne des/der
iVm	in Verbindung mit
IZPR	Internationales Zivilprozessrecht

J

JA	Juristische Arbeitsblätter
JMBl NRW	Justizministerialblatt Nordrhein-Westfalen
Jura	Jura (Zeitschrift)
JurBüro	Das Juristische Büro (Zeitschrift für Kostenrecht und Zwangsvollstreckung)
JR	Juristische Rundschau
JuS	Juristische Schulung
JZ	Juristenzeitung

K

Kap	Kapitel
KG	Kammergericht, Kommanditgesellschaft
KGaA	Kommanditgesellschaftauf Aktien

KostREuroUG	Gesetz zur Umstellung des Kostenrechts und der Steuerberatergebührenverordnung auf Euro
krit	kritisch
L	
LG	Landgericht
li.Sp.	linke Spalte
LVA	Landesversicherungsanstalt
M	
MDR	Monatsschrift für Deutsches Recht
mE	meines Erachtens
MedR	Medizinrecht (Zeitschrift)
MittBayNot	Mitteilungen der Bayerischen Notarkammer
MittRhNotK	Mitteilungen der Rheinischen Notarkammer
mN	mit Nachweisen
MüKo	Münchener Kommentar
mwN	mit weiteren Nachweisen
N	
NJW	Neue Juristische Wochenschrift
NJW-RR	NJW-Rechtsprechungsreport
Nr.	Nummer
nrkr	nicht rechtskräftig
NWB	Neue Wirtschaftsbriefe
NZV	Neue Zeitschrift für Verkehrsrecht
O	
OFD	Oberfinanzdirektion
og	oben genannte
OHG	Offene Handelsgesellschaft
OLG	Oberlandesgericht
P	
PflVFG	Pflichtversicherungsgesetz
PKH	Prozesskostenhilfe
R	
RA	Rechtsanwalt/Rechtsanwältin
RabelsZ	Rabels Zeitschrift für ausländisches und internationales Privatrecht
RdL	Recht der Landwirtschaft (Zeitschrift)
re.Sp.	rechte Spalte
RGZ	Reichsgerichtliche Entscheidungen in Zivilsachen
RPfleger	Der Deutsche Rechtspfleger
RechtspflegerG	Rechtspflegergesetz
RG JW	Reichsgericht in der Juristischen Wochenschrift
Rn	Randnummer
RVO	Reichsversicherungsordnung
S	
S	Satz, Seite
s.	siehe

SchlHAnz	Schleswig-Holsteinische Anzeigen
s. o.	siehe oben
s. u.	siehe unten
SGB	Sozialgesetzbuch
sog	sogenannte
st.Rspr.	ständige Rechtsprechung
StbJb	Steuerberater-Jahrbuch
stpfl.	steuerpflichtig
str	streitig
StSenkG	Gesetz zur Senkung der Steuersätze und zur Reform der Unternehmensbesteuerung
StuB	Steuern und Bilanzen
StuW	Steuer und Wirtschaft

T

Tz	Textziffer

U

u.	unten
u. a.	und anderes
u. E.	unseres Erachtens
ua	unter anderem
uä.	und Ähnliches
uU	unter Umständen
UVR	Umsatzsteuer und Verkehrsteuerrecht

V

v.	vom
vH	vom Hundert
VersR	Versicherungsrecht
vgl	vergleiche
VO	Verordnung
Vorb	Vorbemerkung

W

WIB	Wirtschaftsrechtliche Beratung
WM	Wertpapier-Mitteilungen
WPg	Die Wirtschaftsprüfung (Zeitschrift)

Z

ZAP	Zeitschrift für die Anwaltspraxis
zB	zum Beispiel
ZEV	Zeitschrift für Erbrecht und Vermögensnachfolge
Zerb	Zeitschrift für Erbrecht
Ziff	Ziffer
ZPO	Zivilprozessordnung
ZRP	Zeitschrift für Rechtspolitik
ZSEG	Gesetz über die Entschädigung von Zeugen und Sachverständigen
zust	zustimmend
ZVG	Gesetz über die Zwangsversteigerung und Zwangsverwaltung
zzgl	zuzüglich

Literaturverzeichnis

Anders/Gehle, Handbuch des Streitwertes, 2. Aufl., 1995
Andrick/Suerbaum, Stiftung und Aufsicht, 2001
App, Wirtschaftliche Betätigung in Form einer rechtsfähigen Stiftung – ein Überblick, NotBZ 1998, 49 ff
Arbeitskreis für Insolvenz- und Schiedsgerichtswesen e. V. Köln (Hrsg.), Kölner Schrift zur Insolvenzordnung

Baumbach/Hopt, HGB, Kommentar, 30. Aufl., 2000
Baumbach/Lauterbach/Albers/Hartmann ZPO, 59. Aufl., 2001
Bäumel/Bienwald/Häußermann, Familienrechtsreformkommentar, 1998
Becker, Marketing-Konzeption, 7. Aufl., 2001
Becksches Notar-Handbuch, 3. Aufl., 2000
Becksches Rechtsanwalts-Handbuch, 7. Aufl., 2001
Bengel/Reimann, Handbuch der Testamentsvollstreckung, 3. Aufl., 2001
Bentham, Scenery of Legislation, London, 1864
Berg/Blaß/Bolder, BRAGO-Handbuch, 2. Aufl., 1995
Berndt, Stiftung und Unternehmen; 6. Aufl., 1998
Blumenwitz, JuS-Schriftenreihe, H.2, Einführung in das anglo-amerikanische Recht, 6. Aufl., 1998
Borgmann/Haug, Anwaltshaftung, 3. Aufl., 1995
Bowlby, Verlust, Trauer und Depression, 1983
Braunhofer, Unternehmens- und Anteilsbewertung zur Bemessung von familien- und erbrechtlichen Ausgleichsansprüchen, 1995
Brieske, Die anwaltliche Honorarvereinbarung, 2. Aufl., 2001
Brox, Erbrecht, 18. Aufl., 2000
Bruhn/Homburg, Handbuch Kundenbindungsmanagement, 3. Aufl., 2000
Buchholz, Erbfolge und Wiederverheiratung, 1986
Bumiller/Winkler, Freiwillige Gerichtsbarkeit, 7. Aufl., 1999

Christmann, Der Minderjährige als Mitglied einer unternehmerisch tätigen Erbengemeinschaft, ZEV 1999, 416
Christoffel/Geckle/Pahlke, Erbschaftsteuergesetz, 2. Aufl., 2000
Clausnitzer, Die güter- und erbrechtliche Stellung des überlebenden Ehegatten nach den Kollisionsrechten der Bundesrepublik Deutschland und der USA, Dissertation Konstanz 1986
Commichau, Die anwaltliche Praxis in Zivilsachen, 3. Aufl., 1988
Crezelius, Steuerrecht II, Die einzelnen Steuerarten, 2. Aufl., 1994
Crezelius, Unternehmenserbrecht, 1998

Dahs, Handbuch des Strafverteidigers, 6. Aufl., 1999
Dauner-Lieb, Das Pflichtteilsrecht – Ketzerische Fragen an ein altehrwürdiges Institut, FF (Forum Familien- und Erbrecht), 2000, 110 ff
Dauner-Lieb, Zum veränderten Familienverständnis und der möglicherweise rechtlichen Bedeutung von veränderten Lebensverhältnissen, FF 2000, 110 ff

Derstadt, Der Zugewinnausgleich nach § 1371 BGB bei Geltung des französischen Erbrechts, IPRax 2001, 84 ff
Dingfelder/Friedrich, Parteiverrat und Standesrecht, 1987
Dittmann/Reimann/Bengel, Testament und Erbvertrag, 3. Aufl., 2000
Dörner DNotZ 1988, Seite 85 ff, Problem des neuen Internationalen Erbrechts, DNotZ 88, Seite 67 ff

Ebenroth, Erbrecht, 1992
Ebersbach, Handbuch des deutschen Stiftungsrechts, 1972
Enders, Die BRAGO für Anfänger, 10. Aufl., 1999
Erman, Handkommentar zum BGB, 10. Aufl., 2000
Esch/Schulze zur Wiesche/Baumann, Handbuch der Vermögensnachfolge, 6. Aufl., 2001
Eulberg/Ott, Die Nachlasspflegschaft in der anwaltlichen Praxis, 1999
Felix, Geschwistergleichstellungsgeld und Schenkungssteuer, BB 1995, 2449
Ferid/Firsching/Dörner/Hausmann, Internationales Erbrecht, Stand 43. Ergänzungslieferung 2001

Feuerich/Braun, Bundesrechtsanwaltsordnung, 5. Aufl., 2000
Finke, Streitwerttabelle, 3. Aufl., 2001
Firsching/Graf, Nachlaßrecht, 8. Aufl., 2000
Firsching/von Hofmann, Internationales Privatrecht, 6. Aufl., 2000
Flick/Piltz, Der internationale Erbfall, 1999
Flick/Wassermeyer/Baumhoff, Außensteuerrecht, Kommentar, 6. Aufl., Stand: Dezember 2000
Franzen, Anwaltskunst, 3. Aufl., 2001
Frieser, Anwaltliche Strategien im Erbschaftsstreit, 2000
Frieser, Die anwaltliche Praxis in Erbschaftssachen, 1995
Fritz/Bünger, Praxishandbuch Erbrecht, 2001
Fromm, Unternehmensnachfolge, 2. Aufl., 1991
Fromm/Vogt, Richtig Schenken und Vererben, 4. Aufl., 1999

Garvin, Managing Quality, 1988
Gebel, Betriebsvermögen und Unternehmensnachfolge, 1997
Gerold/Schmidt, BRAGO, Kommentar, 14. Aufl., 1999
Gerrit Langenfeld/Karl-Heinz Günther, Grundstückszuwendungen im Zivil- und Steuerrecht, 4. Aufl., 1999
Geserich, Angemessenheit und Aufwendungen gemeinnütziger Körperschaften für Verwaltung und Spendenwerbung, DStR 2001, 604 ff
Göttlich/Mümmler, BRAGO, Kommentar, 20. Aufl., 2001
Göttlich/Mümmler, KostO, 14. Aufl., 2000
Gottwald, Zwangsvollstreckung, 3. Aufl., 1999
Gottwald/Riedel, Praxishandbuch Insolvenzrecht, 1998
Götz, Die unternehmensverbundene Stiftung INF 1997, 619 ff und 652 ff
Götzenberger, Optimale Vermögensübertragung, 2001
Graf, Möglichkeiten der Haftungsbeschränkung für Nachlassverbindlichkeiten, ZEV 2000, 126 ff
Grundmann, Zur Errichtung eines gemeinschaftlichen Testamentes durch italienischen Ehegatten in Deutschland, IPRax 1986, 94 ff
Gursky, Erbrecht, 3. Aufl., 1999

Haegele/Winkler, Der Testamentsvollstrecker nach bürgerlichem, Handels- und Steuerrecht, 15. Aufl., 1999
Hagena, Die Beschwer des verurteilten Beklagten (Erben) bei einer Auskunftsklage des Pflichtteilsberechtigten, ZEV 1998, 131 ff
Handzik, Die neue Erbschaft- und Schenkungsteuer, 4. Aufl., 2001
Hansens, BRAGO, Kommentar, 8. Aufl., 1995
Hartmann, Kostengesetze, 31. Aufl., 2001
Hartstang, Anwaltsrecht, 1995
Hartung, Anwaltliche Berufsordnung, 1997
Hartung/Römermann, Marketing und Management – Handbuch für Rechtsanwälte, 1999
Heidel/Pauly/Amend, AnwaltFormulare, 2. Aufl., 2000
Helbling, Unternehmensbewertung und Steuern, 7. Aufl., 1993
Heldrich, Fragen der internationalen Zuständigkeit der deutschen Nachlassgerichte, NJW 1967, Seite 417 ff
Hennerkes/Schiffer, Stiftungsrecht – Gutes tun und Vermögen sichern – privat und im Unternehmen, 3. Aufl., 2001
Hennerkes/Schiffer/Fuchs, Die unterschiedliche Behandlung der unternehmensverbundene Stiftung in der Praxis der Stiftungsbehörden, BB 1995, 209 ff
Henrich, Ehegattenerbrecht und IPR, FF (Forum Familien- und Erbrecht) 2000, 85 ff
Henssler/Prütting, Bundesrechtsanwaltsordnung, 1997
Hillach/Rohs, Handbuch des Streitwerts in Zivilsachen, 9. Aufl.
Hollender/Kussmann, Erbfall und Schenkung im Zivil- und Steuerrecht, 1999
Holzer/Kramer, Grundbuchrecht, 1994
Hopt/Reuter (Hrsg.), Stiftungsrecht in Europa, 2001
Hörger/Stephan, Die Vermögensnachfolge im Erbschaft- und Ertragsteuerrecht, 1998
Huber, Testamente und Erbverträge, 8. Aufl., 1998
Hübner, Unternehmensnachfolge im Erbschaftsteuerrecht, 1998
Hülsmeier, Die bindende Wirkung des Erbvertrages, 1985
Jahn, SGB Sozialgesetzbuch für die Praxis, 2001
Jayme, Zur Auslegung des § 1931 IV BGB bei ausländischem Ehegüterrechtsstatut, in: »Konflikt und Ordnung«, Festschrift für Murad Ferid zum 70. Geburtstag, 1978
Jayme/Hausmann, Internationales Privat- und Verfahrensrecht, 10. Aufl., 2000
Johannsen, WM 1969, 1320
Junker, Internationales Privatrecht, 1998

Kaden, Zur Sittenwidrigkeit des Behindertentestaments, 1997
Kalthoener/Büttner/Wrobel-Sachs, Prozesskostenhilfe und Beratungshilfe, NJW-Schriftenreihe Nr. 47, 2. Aufl., 1999
Kapp/Ebeling, Erbschaftsteuer- und Schenkungsteuergesetz, Kommentar, 12. Aufl., Stand: Juni 2001
Kasper, Anrechnung und Ausgleichung im Pflichtteilsrecht, 1999
Keidel/Winkler, Beurkundungsgesetz, 14. Aufl., 1999
Keim, Die unergiebige Pfändung des Pflichtteilsanspruchs – Konsequenzen für die Testamentsgestaltung, ZEV 1998, 127

Kerscher/Tanck, Anwaltspraxis, Pflichtteilsrecht in der anwaltlichen Praxis, 2. Aufl., 1999
Kerscher/Tanck, Zuwendungen an Kinder zur Existenzgründung: Die Ausstattung als ausgleichungspflichtiger Vorempfang, ZEV 1997, 354
Kerscher/Tanck/Krug, Das erbrechtliche Mandat, 2. Aufl., 2000
Kerscher/Tanck/Krug, Testamente in der anwaltlichen und notariellen Praxis, 1999
Kiefer, Die Abgrenzung von Vermögensverwaltung und wirtschaftlichem Geschäftsbetrieb – unter besonderer Berücksichtigung der Stiftungsproblematik, 2000
Kießling/Buchna, Gemeinnützigkeit im Steuerrecht, 7. Aufl., 2000
Kindermann, Gebührenpraxis für Anwälte, 2000
Kipp/Coing, Erbrecht, 14. Aufl., 1990
Kirchhof/Söhn, EStG (Loseblatt)
Klingelhöffer, Kollisionsrechtliche Probleme des Pflichtteils, ZEV 1996, 258 ff
Klingelhöffer, Pflichtteilsrecht, NJW-Schriftenreihe Nr. 60, 2. Aufl., 2001
Knobbe-Keuk, Bilanz- und Unternehmenssteuerrecht, 9. Aufl., 1993
Knöringer, Freiwillige Gerichtsbarkeit, 3. Aufl., 1999
Kohler, Teilunwirksamkeitsklauseln, DNotZ 1961, 195 ff
Kohls, Bankrecht, 2. Aufl., 1997
Koller/Roth/Morck, HGB, Kommentar, 3. Aufl., 2001
Korintenberg/Lappe/Bengel/Reimann, KostO, 13. Aufl.
Kornexl, Der Zuwendungsverzicht, Schriftenreihe des Deutschen Notarinstituts, Band 7, 1998
Kosmann, Wie Frauen erben, 1998
Kraiß/Bolz, Notarielle Urkunden im Grundstücksrecht, 2. Aufl., 2001
Krenz, Die Auseinandersetzung der Erbengemeinschaft, AcP 1995, 362
Kröger, »Ehe-Schutz« und Stiftungs-Steuerrecht, DStR 2001, 426 ff
Krug, Das neue Nachlassinsolvenzrecht, Zerb 1999, 7 ff
Krug, Die Kaufkraftproblematik bei ausgleichungspflichtigen Vorempfängen in der Erbteilung, ZEV 2000, 41 ff
Krug, Erbrecht: Examenskurs für Rechtsreferendare, 1994
Krug/Rudolf/Kroiß, Erbrecht: Schriftsätze, Verträge, Erläuterungen, 2001

Landsittel, Gestaltungsmöglichkeiten von Erbfällen und Schenkungen, 2. Aufl., 2001
Lange/Kuchinke, Lehrbuch des Erbrechts, 4. Aufl., 1995
Langenfeld, Handbuch der Eheverträge und Scheidungsvereinbarungen, 4. Aufl., 2000
Langenfeld, Testamentsgestaltung, 2. Aufl., 1998
Littig/Mayer, Sozialhilferegress gegenüber Erben und Beschenkten, 1999
Lorz, Testamentsvollstreckung und Unternehmensrecht, 1995
Luckey, Unternehmensnachfolge, 2. Aufl., 1998
Lüke, JuS 1978, 254
Lutter/Hommelhoff, GmbH-Gesetz, Kommentar, 15. Aufl., 2000

Madert, Der Gegenstandswert in bürgerlichen Rechtsangelegenheiten, NJW-Schriftenreihe Nr. 20, 4. Aufl., 1999
Madert/Müller-Rabe, Kostenhandbuch Familiensachen, 2001
Mankowski, ZEV 1998, 46

Marotzke, Heidelberger Kommentar zur Insolvenzordnung, 2. Aufl., 2001
Matyschik/Schiffer, Förderung von Stiftungen durch den BFH – Skizze zu einem Grundsatzurteil, StuB 2000, 1102 ff
Mayer, Der Übergabevertrag in der anwaltlichen und notariellen Praxis, 2. Aufl., 2001
Mayer, Grundzüge des Rechts der Unternehmensnachfolge, 1999
Mayer, Norbert, Sicherungsprobleme beim Erbteilskauf, ZEV 1997, 105
Meincke, Erbschaftsteuer- und Schenkungsteuergesetz, Kommentar, 12. Aufl., 1999
Merkt, Die ehegüterrechtliche Auseinandersetzung nach New Yorker Recht, IPRax 1992, 197 ff
Meyer/Dornach, Das deutsche Kundenbarometer 1998, Qualität und Zufriedenheit: Jahrbuch der Kundenzufriedenheit in Deutschland 1998
Michel/Karsunke/Spengler, Die Erbengesellschaft (Kursbuch 135), 1999
Moench, Erbschaft- und Schenkungsteuer, Kommentar, 31. Aktualisierung – Juni 2001
Müller/Ohland/Brandmüller, Gestaltung der Erb- und Unternehmensnachfolge in der Praxis, Stand: Juli 1999
Münchener Kommentar zum Bürgerlichen Gesetzbuch, 3. Aufl., 1997
Münchener Vertragshandbuch, Band 4, Bürgerliches Recht, 4. Aufl., 1998

Nieder, Handbuch der Testamentsgestaltung, 2. Aufl., 2000
Nolting, Inhalt, Ermittlung und Grenzen der Bindung beim Erbvertrag, 1985
Nolting, Der Änderungsvorbehalt beim Erbvertrag, 1994

Oestreich/Winter/Hellstab, Streitwerthandbuch, 2. Aufl., 1998
Otto, Die Bedeutung des Artikel 4 III EGBGB bei Verweisung auf das Recht eines Mehrrechtsstaates, IPRax 1994, 1 ff

Pahlke/Franz, Grunderwerbsteuergesetz, Kommentar, 2. Aufl. 1999
Palandt, Bürgerliches Gesetzbuch, Kommentar, 60. Aufl. 2001
Pentz, NJW 1966, 1647
Peter, Rpfleger 1988, 54 ff
Petzold, Die Teilauseinandersetzung bei der Miterbengemeinschaft, Diss., Hamburg 1973, 11
Piltz, Die Unternehmensbewertung in der Rechtsprechung, 3. Aufl., 1994
Plack, Die Gesellschaft und das Böse, 1991

Rawert, Die Genehmigungsfähigkeit der unternehmensverbundenen Stiftung, 1990
Reihlen, Die Haftung von Rechtsanwälten und Notaren gegenüber Drittbegünstigten für Fehler bei der Testamentserrichtung, 1992
Reimann, Erbauseinandersetzung durch Abschichtung, ZEV 1998, 213 ff
Reithmann/Albrecht, Handbuch der notariellen Vertragsgestaltung, 8. Aufl., 2001
RGRK, Das Bürgerliche Gesetzbuch mit besonderer Berücksichtigung der Rechtsprechung des Reichsgerichts und des Bundesgerichtshofes, Kommentar, 12. Aufl.
Riering, Der Erbverzicht im internationalen Privatrecht, ZEV 1998, 248 ff
Riering, Die Rechtswahl im internationalen Erbrecht, ZEV 1995, 404 ff

Rinsche, Die Haftung des Rechtsanwalts und des Notars, 6. Aufl., 1998
Ritter, Erbrechtliche Bindungen aus erster Ehe und Verfügungen zugunsten des neuen Partners, 1999
Rohlfing, Erbrecht, 2. Aufl., 1999

Sarres, Auskunftsansprüche des Pflichtteilsberechtigten, ZEV 1998, 4 ff
Sarres, Die Erbengemeinschaft und das Teilungskonzept des BGB, ZEV 1999, 377 ff
Sarres, Die Erbengemeinschaft, 2000
Sarres, Gebühren und Kosten im Familien- und Erbrecht, 1999
Schäfer/Schlarb, Erbschaft- und Schenkungsteuer, 2000
Schauhoff, Handbuch der Gemeinnützigkeit – Verein – Stiftung – GmbH, 2000
Schiffer/Swoboda, Stiftungen und Gemeinnützigkeit: Neue Impulse durch das neue Steuerrecht, StuB 2001, 317 ff
Schiffer/v. Schubert, Unternehmensnachfolger als Gründer: Einsatz unternehmensverbundener Stiftungen? DB 2000, 437 ff
Schlüter, Erbrecht, 14. Aufl., 2000
Schmidt, Einkommensteuergesetz, Kommentar, 20. Aufl., 2001
Schmidt, EStG, Kommentar, 20. Aufl. 2001
Schmidt, Gesellschaftsrecht, 4. Aufl., 2001
Schmidt, Wohin steuert die Stiftungspraxis? DB 1987, 261 ff
Schneider/Herget, Streitwert-Kommentar für den Zivilprozess, 11. Aufl., 1996
Scholz, GmbH-Gesetz, Kommentar, 9. Aufl., 2000
Schöner/Stöber/Haegele, Grundbuchrecht, 12. Aufl., 2000
Schoreit/Dehn, Beratungshilfe/Prozesskostenhilfe, 7. Aufl., 2001
Schotten, Das Internationale Erbrecht in der notariellen Praxis, 1995
Schotten, Das Internationale Privatrecht in der notariellen Praxis, 1995
Schulz, Erbschaftsteuer, Schenkungsteuer, 7. Aufl., 1999
Schwab, JuS 1965, 437
Seifart/v.Campenhausen, Handbuch des Stiftungsrechts, 2. Aufl. 1999
Seybold/Schippel, BNotO, 7. Aufl., 2000
Siegmann, Der Tod des Schuldners im Insolvenzverfahren, ZEV 2000, 236
Soergel, Bürgerliches Gesetzbuch, Kommentar, 12. Aufl., 1992
Spiegelberger, Vermögensnachfolge, 1994
Staudinger, Kommentar zum Bürgerlichen Gesetzbuch, 13. Aufl., 1995
Steinert, NJW 1986, 686
Stein/Jonas, Kommentar zur Zivilprozessordnung, 21. Aufl., 1993
Stengel, Stiftung und Personengesellschaft, 1993
Strachwitz, Stiftungen nutzen, führen und errichten: ein Handbuch, 1994
Sudhoff, Unternehmensnachfolge, 4. Aufl., 2000

Thomas/Putzo, ZPO Kommentar, 23. Aufl., 2001
Thubauvielle, Die Anrechnung lebzeitiger Leistungen auf Erb- und Pflichtteilsrechte, MittRhNotK 1992, 289 ff
Tipke/Lang, Steuerrecht, 16. Aufl. 1998
Troll/Gebel/Jülicher, Erbschaftsteuer- und Schenkungsteuergesetz, Kommentar, Stand: 28. Februar 2001
Troll/Wallenhorst/Halaczinsky, Die Besteuerung gemeinnütziger Vereine und Stiftungen, 4. Aufl., 2000

Tröndle/Fischer, Strafgesetzbuch, 50. Aufl., 2001
Tschichoflos, Erbrecht in der anwaltlichen Beratung, 2000
Turner/Doppstadt, Die Stiftung – eine Möglichkeit individueller Nachfolgegestaltung, DStR 1996, 1448 ff

Umstätter, Gemeinschaftliche Testamente mit Auslandsberührung, DNotZ 1984, 532 ff

Van Bühren, Handbuch Versicherungsrecht, 2001
Vogt/Hannes, Arbeits- und Darlehensverträge mit Familienangehörigen, 1998
Vollkommer, Anwaltshaftungsrecht, NJW-Schriftenreihe Nr. 50, 1989
Vollkommer, Der übergangene Miterbe, FamRZ 1999, 350
Von Oertzen, Praktische Handhabung des Erbrechtsfalles mit Auslandsberührung, ZEV 1995, 167 ff

Wachenhausen, Das neue Erbschafts- und Schenkungssteuerrecht, 1997
Wachter, Stiftungen- Zivil- und Steuerrecht in der Praxis, 2001
Wagner, Das neue internationale Privat- und Verfahrensrecht zur eingetragenen Lebenspartnerschaft, IPRax 2001, 281 ff
Wegmann, Ehegattentestament und Erbvertrag, 2. Aufl., 1997
Wegmann, Grundstücksüberlassung Zivil- und Steuerrecht, 2. Aufl., 1999
Weirich, Erben und Vererben, 4. Aufl., 1998
Wetekamp, Kommentar zum BGB-Mietrecht, 1996
Wietek, Verfügungen von Todes wegen zugunsten behinderter Menschen, 1996
Wochner, Rechtsfähige Stiftungen – Grundlagen und aktuelle Reformbestrebungen, BB 1999, 1441 ff
Wurm/Wagner/Zartmann, Das Rechts-Formular-Buch, 14. Aufl., 1998

Zimmermann, ZPO, Kommentar, 5. Aufl., 1998
Zöller, Zivilprozessordnung, 22. Aufl., 2000
Zuck, Anwalts-ABC Berufsrecht, 1999
Zweigert/Drobnig, Einheitliches Kaufgesetz und Internationales Privatrecht, RabelsZ 1965, 146 ff

KAPITEL 1
Das erbrechtliche Mandat

ÜBERBLICK

A. Rahmenbedingungen des erbrechtlichen Mandats

I. Wirtschaftliche, soziologische und kulturelle Überlegungen

1. »Erben« als kulturelles Phänomen

a. Weit verbreitetes Interesse am Erbrecht

Die Kombination aus verschiedenen Phänomenen, die jedes für sich genommen den Menschen faszinieren, sichert dem Erbrecht seit Menschengedenken besonderes Interesse. Es geht um Geld, Macht, Reichtum, Familiengeschichte(n), bisweilen um Verbrechen, Intrigen, psychologische Verwicklungen, Gerichtsverfahren, Hass, Leidenschaft, Versöhnung, Ehre. Damit sind nur einige Schlagworte genannt, die in vielen Erbrechtsfällen eine Rolle spielen. Die Aufzählung ist beliebig, ungeordnet und unvollständig, dient nur dem Beleg der paradox erscheinenden Schlussfolgerung, wonach sich im Erbrecht das »pralle Leben« wiederspiegelt. Dies sichert der Materie die Beachtung und Aufmerksamkeit der Öffentlichkeit – man denke nur an die Feststellung, wonach »die Leute Erbgeschichten noch lieber als Sexgeschichten lesen«.[1] 1

Mit dem Erbrecht sind Mythen, Archetypen und Klischees verbunden: »In der Familie erbt nur einer, und das ist der älteste Sohn, Tötungsdelikte aus enttäuschter Erblast gibt es häufig, der Bayer erbt stur, der Norddeutsche still, der Schwabe glücklich, der Sachse heiter; der Rheinländer dankt dem Herrn, der Preuße seinem Anwalt.«[2] 2

Richtig ist: Jeder Erbfall hat seine eigene Geschichte, manchmal eine generationenlange. Erbrecht entfesselt Triebe, Gewalten und Leidenschaften, es führt aber auch zur Weiterentwicklung von Theorien: Im alten Ägypten soll die Mathematik ihre Fortschritte dringenden Fragen des Erbrechts verdankt haben.[3] 3

Es ist erstaunlich, dass angesichts der Bedeutung des Erbrechts für alle Lebensbereiche die Entdeckung dieses Rechtsgebiets als »Sondermaterie« noch nicht so lange zurück liegt. Lehrbücher zum Erbrecht gab es schon immer, Bücher oder Handbücher, die den juristischen Berater auf diesem Gebiet unterstützen, erst seit einigen Jahren. Es existieren mehrere juristische Gesellschaften zur Förderung des Erbrechts mit jeweils vielen hundert Mitgliedern,[4] eine Reihe von Zeitschriften befassen sich mit der Sondermaterie Erbrecht.[5] Seminaranbieter locken jährlich Tausende von Anwälten, Wirtschaftsprüfern, Steuerberatern und Vertretern anderer Berufe in Veranstal- 4

1 Demski, Erbfolgen, in: Die Erbengesellschaft, S 1
2 Demski, Erbfolgen, in: Die Erbengesellschaft, S 1
3 Schmölders, Wer erbt, wird blass, in: Die Erbengesellschaft, S 11
4 Deutsche Vereinigung für Erbrecht und Vermögensnachfolge, Deutsche Gesellschaft für Erbrechtskunde, Deutsches Forum für Erbrecht
5 ZEV, Zerb, FamRZ, FF

tungen zu Nachfolgeplanung, Testamentsvollstreckung, zum Erbscheinverfahren und anderen erbrechtlichen Fragestellungen.

5 Auf die Gründe hierfür soll im Folgenden eingegangen werden, vorab schlagwortartig:

- Das Erbrecht ist von hoher wirtschaftlicher Bedeutung;
- Die Zahl erbrechtlicher Streitigkeiten nimmt zu;
- Die familiensoziologischen Voraussetzungen haben sich geändert;
- Der Trend zur Spezialisierung innerhalb der rechts- und wirtschaftsberatenden Berufe nimmt (weiter) zu.

b. Literatur und Erbrecht

6 Bevor sich die Vorbemerkungen und daran anschließend die einzelnen Kapitel »harten Fakten« zuwenden, sei die Eingangsthese vom Erbrecht als faszinierender Sondermaterie noch belegt durch den Hinweis auf den Reiz, den erbrechtliche Fragestellungen über die Jahrhunderte hinweg auf Literaten ausgeübt haben.

7 Erbschleicherei, Hader und Zwist, gar Gift und Mord haben Autoren ebenso fasziniert wie Geldgier und die enttäuschte Hoffnung auf große Vermögen.[6] Komödien, Kriminalromane, Novellen füllen Bibliotheken mit Stoffen aus dem Erbrecht: »Ohne Meucheleien an reichen Erblassern oder das Beiseiteräumen von Miterben wäre der Kriminalroman nicht das geworden, was er ist.«[7]

8 Den Brief, den Frédéric Moreau, Protagonist in Flauberts **Education sentimentale**, erhält, beginnt mit den Zeilen, die ebenso gut eine erbrechtliche Akte einleiten könnten:

> »Le Havre, der Friedensrichter des 3. Arrondissements.
>
> Da Ihr Onkel, Herr Moreau, gestorben ist ab intestat…«

9 Um in der französischen Literatur zu bleiben: Balzacs Vaterfigur **Père Goriot**, der von seinen Töchter verlassen wird, nachdem er ihnen sein ganzes Hab und Gut überlassen hat, und in Armut stirbt, hat einen ganzen Typus ebenso begründet wie **King Lear**, der längst nicht nur Namensgeber eines Shakespeare'schen Dramas ist.

10 Die Generationenfolge und der damit einhergehende »Niedergang einer Familie«[8] gehört zum literarischen Bewusstsein ganzer Generationen, ebenso wie der **Gestiefelte Kater**, der im Kunstmärchen von Charles Perrault dem jüngsten von drei Söhnen vererbt wird und seinem Besitzer anbietet, ihm zu großem Reichtum zu verhelfen: Der Müllersohn heiratet die Königstochter

6 Ghiradelli, Die Leiden der jungen Erben, in: Die Erbengesellschaft, S 22
7 *Ghiradelli*, Die Leiden der jungen Erben, in: Die Erbengesellschaft, S 22
8 Untertitel des ersten und berühmtesten Romans von Thomas Mann: *Buddenbrocks*, erstmals erschienen 1903

und erbt schließlich das ganze Reich. Ob griechische Tragödien oder moderner Bestsellerstoff,[9] wer Bücher liest, ins Theater geht, cineastisch interessiert ist oder die Regenbogenpresse verfolgt: Niemand entgeht dem Erbrecht.

c. Erbrecht als Spiegel familienpsychologischer Fragen

Lassen wir die Schriftstellerin zu Wort kommen: 11

> »Völlig unauffällige Menschen fletschen angesichts einer verbeulten Silberkanne (unecht) die Zähne, schmeißen Schubladeninhalte durch die Luft wie Diebe, zerreißen mürb gewaschene Bettlaken zwischen sich und setzen sich auf 18-bändige Shakespeare-Ausgaben, um ihren Besitzanspruch geltend zu machen, obwohl sie außer der **Auto, Motor- und Sport** nachweislich nie etwas lesen. Erben ist ein Schrecken, eine Wonne, ist Verpflichtung, Beginn von Verschwendungssucht wie von Geiz, Erben macht hartherzig oder großzügig, ängstlich oder mutig.«[10]

Eine scharfsichtige Beobachtung ebenso wie die Feststellung, wonach »das Erben zur täglichen Erpressung, emotionalen Geiselnahme und zu allerlei anderen familiären Würgegriffen benutzt« wird.[11]

Sicher ist es richtig, dass Erbschaften die Weitergabe von Vermögen in der Familienkette sichern,[12] Streit um das Erbe ist aber auch Beleg für Risse in diesen Ketten: »Mit jeder Bewegung auf dem unendlichen Spielfeld der Freiheit gehen Krisen von Beziehungen einher, Aufkündigung von Loyalitäten, Risse in Traditionsketten.«[13] 12

Ob dies etwas mit »unbezogener Selbstverwirklichung«[14] zu tun hat oder mit dem Trend zur Vereinzelung, der stärkeren Betonung materieller Werte und der Zerrüttung von Solidarität, die in der Ellenbogengesellschaft keinen rechten Platz mehr findet, mag dahingestellt bleiben. 13

Der Erbrechtler wird jedenfalls nicht ohne Weiteres den eben angedeuteten Kulturpessimismus bestätigen können. Einerseits hat er die Möglichkeit, Erbrechtsfälle – in erstaunlich hoher Zahl – durch Vergleich beenden zu können,[15] andererseits sieht er häufig den Versuch misslingen, Nachfolgefragen vor dem Tod des Erblassers im Familienkreis zu klären. Die Erörterung erbrechtlicher Fragen unter Verwandten gilt als Tabu, weil die Nachkömmlinge nicht den Eindruck erwecken wollen, auf den Besitz der Eltern Anspruch zu erheben. Hemmungen, Besitzansprüche geltend zu machen, sowie die Scheu 14

9 Vgl nur den Roman des amerikanischen Bestsellerautors John Grisham, Das Testament, 1999
10 Demski, Erbfolgen, in: Die Erbengesellschaft, S 2
11 Demski, Erbfolgen, in: Die Erbengesellschaft, S 3
12 Schmölders, Wer erbt, wird blass, in: Die Erbengesellschaft, S 17
13 Kamphaus, Beilage zur Ausgabe der Frankfurter Allgemeinen Zeitung vom 5. 6. 1994: »Lebt sich der Mensch am Ende selbst aus?«
14 Kamphaus, Beilage zur Ausgabe der Frankfurter Allgemeinen Zeitung vom 5. 6. 1994: »Lebt sich der Mensch am Ende selbst aus?«
15 Tanck, zit nach Focus, Ausgabe vom 22. 5. 2000, S 140

der Betroffenen, den Tod eines Familienmitgliedes zu thematisieren, erschweren offene Gespräche. Werden Verhandlungen erst nach dem Tod des ersten Elternteils geführt[16] und enden sie mit einer Einigung, ist diese Beleg dafür, dass sich wirtschaftliche Vernunft im Ergebnis doch durchsetzt, zeigt aber auch, dass neben der Scheu vor gerichtlichen Auseinandersetzungen mit nahe stehenden Personen häufig eben doch die Familiensolidarität Bestand hat. Dies entspricht der Beobachtung von Nave-Herz,[17] wonach entgegen landläufiger Meinungen und Feststellungen die Familie als Lebensmodell keineswegs ausgedient hat. Verantwortung für den Zusammenhalt der Familie und Respekt vor der Leistung der Vorgängergeneration wird auch in Fällen, in denen rechtliche Streitfragen zu klären sind, die Zusammenarbeit zwischen Anwalt und Mandant, aber auch die Auseinandersetzung unter den Parteien – jedenfalls im Ergebnis – erleichtern. Dass die Höhe der weiterzugebenden Vermögen und die Notwendigkeit, diese unbeeinflusst von Streitigkeiten möglichst rasch sinnvoll einzusetzen, in manchem hochkarätigen Erbfall eine vergleichsbeschleunigende Rolle spielt, sei nicht verschwiegen. Das Bewusstsein, das Erbe philanthropisch und karitativ, also »sinnvoll« einzusetzen,[18] hat einen, wenn auch noch nicht weit verbreiteten, doch gesellschaftliche Aufmerksamkeit erregenden Typus hervorgebracht: denjenigen des Berufserben.[19] Damit ist ein weiterer Beleg dafür gefunden, dass »nicht nur die Erbregeln und -gesetze, sondern vor allem die Erbpraxis ein Spiegel der sozialen Wirklichkeit ist«.[20]

2. Umfang des zu vererbenden Vermögens

a. Wirtschaftspolitische Theorien

15 Es ist hier nicht der Ort, die soziologische und wirtschaftstheoretische Grundlegung des Erbrechts näher zu beachten. Wer sich dafür interessiert, sei nicht zuletzt auf die Vorbemerkungen in den großen Erbrechtslehrbüchern verwiesen[21] und insbesondere auf die dort zitierten weiterführenden Nachweise. Ein kurzer »Blick über den Zaun« zeigt, dass unsere landläufige Vorstellung vom Erbrecht als Grundrecht, als klassische Materie des vom liberalen Geist geprägten Bürgerlichen Gesetzbuches, nicht unumstritten ist. Hierzu ist keine Auseinandersetzung mit Gesellschaftstheorien nötig, die mit den Wertvorstellungen des Grundgesetzes nichts zu tun haben. Im frühen 19. Jahrhundert waren es Vertreter des Liberalismus, die der Institution »Erbschaft« kritisch gegenüber standen. Erbschaften sollten beschränkt werden, weil sie nicht mit dem Leistungsprinzip vereinbar seien, weil leistungsethische Werte beeinträchtigt und zu einem Mangel an Motivation führten, ferner die Freiheit auf-

16 Vgl hierzu Lauterbach/Lüscher, Erben und die Verbundenheit der Lebensläufe von Familienmitgliedern, in: Kölner Zeitschrift für Soziologie und Sozialpsychologie, 48. Jahrgang, Heft 1, S 66; Kosmann, Wie Frauen erben, 1998 und Kosmann, Wohin der Nachlass fließt, in: Die Erbengesellschaft, S 78 ff

17 Nave-Herz FF 2000, 43

18 Ghiradelli, Die Leiden der jungen Erben, in: Die Erbengesellschaft, S 31

19 *Vgl hierzu auch Der Spiegel*, Nr. 17/1998, S 100

20 Ghiradelli, die Leiden der jungen Erben, in: Die Erbengesellschaft, S 31

21 Vgl etwa die Ausführungen von Staudinger/Otte, BGB, Einl zu §§ 1922 Rn 50 ff

grund Reichtumskonzentration gefährdet sei.[22] Diese kurzen Betrachtungen seien den nachfolgenden ökonomischen Daten vorausgeschickt, nicht zuletzt deshalb, weil sie die aktuelle erbrechtliche Diskussion, beispielsweise diejenige um die Rechtfertigung des Pflichtteilsrechts,[23] beeinflussen. Das schrankenlose Erbrecht im Sinn einer bis zu Willkür gehenden Freiheit des Erblassers, mit seinem Hab und Gut so zu verfahren, wie es ihm gefällt, ist nicht notwendige Folge »liberalen« freiheitlichen Denkens; es ist eine **mögliche** Interpretation der Erbrechtsfreiheit.

b. Wer erbt und auf welcher rechtlichen Basis?

Es wird zunehmend außerhalb des engeren Familienkreises vererbt, ohne dass 16
die Familienbindungen,[24] die Familienbande, vernachlässigt würden. Stimmten noch 1988 im ersten deutschen Familiensurvey 94,9 % der Interviewten der Aussage zu, dass »Erbschaften in der Familie bleiben sollten«, stieg der Anteil nicht verwandter und institutioneller Erbender (Tierschützer, Greenpeace, karitative Vereinigungen) zwischen 1960 und 1985 von 12,3 % auf 18,4 %, bei Haupterben (Begünstigte hinsichtlich eines Großteils des Nachlasses) von 4 % auf 9 %.[25] Hauptbegünstigte sind die Ehepartner, zuvorderst die Ehefrauen, die die größte Gruppe der Erbenden bilden.[26] Dies ist notwendige Folge der höheren Lebenserwartung von Frauen. Ehepartner werden aber generell häufiger berücksichtigt als früher, 1960 soll nach der Untersuchung von Kosmann der größere Teil des Nachlasses an die Kinder gegangen sein.[27] Damit ist – ungeachtet der gestiegenen Zahl der Ehescheidungen – die auch von anderen Autoren[28] beobachtete »höhere Partnerorientierung« bestätigt. Entgegen anders lautenden Vorurteilen (»Auflösungstendenzen«) sind familiäre Beziehungen oder Verpflichtungen immer noch die »maßgebenden Gedanken bei der Formulierung des letzten Willens, ob als ideeller oder als finanziell-materieller Transfer«.[29] Auch die beobachtete stärkere Berücksichtigung von nicht verwandten Personen widerlegt diese Feststellung nicht. Sie basiert auf »nicht konkurrenten Ersatz- und Zusatzorientierungen verwitweter Personen bzw gewandelten Orientierungen Lediger hin zu Wahlverwandten«.[30]

---

22 Vgl Jeremy Bentham, Scenery of Legislation, London, 1864; neuerdings: D. W. Haaslett: »Is inheritance justified?« in: Philosophy and public affairs 15, S 122

23 Siehe einerseits Petri ZRP 1993, 85; andererseits BVerfGE 67, 319; NJW 1985, 2977 und Otte ZE 1994, 193

24 Frieser FF 2000, 147

25 Kosmann, Wohin der Nachlass fließt, in: Die Erbengesellschaft, S 72. Kosmann wertete Nachlassakten der Jahrgänge 1960 bis 1985 des Amtsgerichtsbezirks Dortmund aus.

26 Kosmann, Wohin der Nachlass fließt, in: Die Erbengesellschaft, S 73

27 Kosmann, Wohin der Nachlass fließt, in: Die Erbengesellschaft, S 73, in Prozentangaben: 44 % des Nachlasses ging 1960 an die Kinder, 1985 waren es noch 27 %.

28 Nave/Herz FF 2000, 43

29 Kosmann, Wohin der Nachlass fließt, in: Die Erbengesellschaft, S 74

30 Kosmann, Wohin der Nachlass fließt, in: Die Erbengesellschaft, S 74; vgl zu soziologischen Veränderungen als maßgebliche Auslegungsgrundlage im Rahmen des § 2287 BGB, Ritter, Erbrechtliche Bindungen aus erster Ehe und Verfügungen zu Gunsten des neuen Partners, 1999

17 Über 50 % der Befragten errichten ihr Testament ohne anwaltliche oder notarielle Hilfe.[31] Wenn überhaupt, wird der Rat eines Freundes, Bekannten oder Verwandten eingeholt (15,5 %) oder ein Muster zugrunde gelegt (18,0 %). Erfahrene Praktiker kennen auch die »Steuerberatertestamente«, die der in allen Lebenslagen als Ratgeber auftretende Steuerberater aus Gefälligkeit fertigt, indem er ohne weitere Prüfung ein Muster aus seiner Formularsammlung abschreibt.[32] Nur insgesamt 43,8 % suchten einen Spezialisten auf. Dies bedeutet, dass über die Hälfte der Testamente mehr oder weniger »handgestrickt«, ohne juristische Unterstützung verfasst wurden. Dabei bilden diejenigen, die ihren letzten Willen selbst gestalten und nicht auf die Regelung des gesetzlichen Erbrechts vertrauen, ohnehin schon eine Minderheit. Nur ca 30 % aller Befragten haben ihren letzten Willen in einem Erbvertrag (rund 5 %) oder einem Testament (22,2 %) niedergelegt. Wenn die Auswahl der Befragten repräsentativ ist und einen Schluss auf das Testierverhalten der Gesamtbevölkerung zulässt, lässt sich die Aussage wagen, dass nur rund 15 % der Erblasser auf der Grundlage einer fachmännisch erstellten letztwilligen Verfügung beerbt werden. Dies muss nicht zwangsläufig bedeuten, dass die Nachlassregelung in einen Erbschaftsstreit mündet. Wer in bescheidenen Verhältnissen gelebt hat und geringes Vermögen vererbt, aber eine intakte Familie hinterlässt, braucht nicht zu befürchten, dass die gesetzliche Erbfolge zu großen Problemen führt.

18 Nicht selten ist aber zu beobachten, dass Personen mit nicht unbeträchtlichem Vermögen Schwierigkeiten haben, sich der Herausforderung zu stellen, ihren letzten Willen zu gestalten. Dies mag damit zu tun haben, dass die meisten Menschen nicht gerne mit ihrer Endlichkeit konfrontiert werden. Dies mag aber zusätzlich Ausdruck einer besonderen Entscheidungsschwäche sein, die in existentiellen Fragen auch bei Menschen zu beobachten ist, die als Entscheidungsträger gelten und gelten wollen. Der Unternehmer, der innerhalb der Familie keinen Nachfolger findet, sich aber schwer tut, nach Lösungen außerhalb des Familienverbunds zu suchen, ist keine Seltenheit. Deshalb ist es zu begrüßen, dass durch die angesprochenen bzw zitierten Artikel in Zeitungen und Journalen die Bereitschaft geweckt wird, sich mit erbrechtlichen Fragen zu befassen.

c. Was wird vererbt?

19 »Leben Sie, wir kümmern uns um die Details.«[33] Wer mit solchen Slogans wirbt, hat längst erkannt, dass es eine neue Kundengeneration gibt, die Vermögensmehrung durch Arbeit nicht als vordringliche Lebensaufgabe sieht. Wenn von der »Erbengeneration«[34] gesprochen wird, geht es nicht einfach um

31 Untersuchungen des Deutschen Forums für Erbrecht, zit nach Focus, Ausgabe vom 22. 5. 2000, S 132

32 Unnötig zu erwähnen, dass es viele hoch qualifizierte Steuerberater gibt, die problembewusst sind, die Einschaltung von erbrechtlichen Spezialisten empfehlen und an der oft schwierigen steuerrechtlichen Seite komplexer Nachfolgeregelungen mitarbeiten bzw diesen Teil der Regelung verantwortlich gestalten.

33 Werbeslogan einer Deutschen Großbank

34 Der Spiegel, Nr. 17/1998, S 100

die nachfolgende Generation, um die »Jugend von heute« oder eine neue Generation von start-up-Unternehmern mit geänderten Einstellungen zu Hierarchie und Unternehmenskultur. Es geht auch nicht um diejenigen Personen, die riesige Vermögen erben, um diese sichtbar für alle Welt an mondänen Plätzen langsam auf Luxusunternehmen, Bootshersteller und Rennwagenproduzenten zu verteilen. Es geht um die Empfänger dessen, was sich die Generation nach dem Krieg, die Väter und Mütter des Wirtschaftswunders, aufgebaut haben.

Es werden häufig astronomische Zahlen genannt. Diese weisen eine enorme Schwankungsbreite auf, was den Schluss darauf zulässt, dass es verlässliche empirische Daten offensichtlich (noch) nicht gibt. Die Deutsche Bundesbank hat 1993 geschätzt, dass in der Bundesrepublik in jedem Jahr etwa 100 bis 200 Milliarden DM an privatem Sach- und Geldvermögen vererbt werden.[35] 20

Die Hochrechnung führt zu dem Ergebnis, dass innerhalb von 10 Jahren 1 bis 2 Billionen DM hinterlassen werden; diese gewaltigen Zahlen werden in vielen Veröffentlichungen zum Thema zitiert.[36] Aufschlussreich sind auch die Zahlen einer 1996 angestellten repräsentativen Befragung der 40- bis 85-jährigen Deutschen. Im Rahmen des sogenannten Alterssurveys[37] gaben etwa die Hälfte der Befragten an, eine Erbschaft bereits erhalten zu haben. Unter Hinzurechnung derjenigen, die in Zukunft eine Erbschaft noch erwarteten, ergab sich ein Anteil Begünstigter von 56 %. Dies würde immerhin bedeuten, dass 44 % leer ausgehen. 21

Dies ist erstaunlich, wenn man die oben bereits wiedergegebene Zahl der weitergegebenen bzw zu vererbenden Gesamtvermögen betrachtet. Auch der Alterssurvey belegt den beträchtlichen Umfang des Vermögenstransfers: Über die Hälfte der bisherigen und knapp 60 % der gesamten Erbschaften betragen mindestens 25 000 DM. Ein Viertel der bisherigen und beinah ein Drittel der gesamten Erbschaften liegt bei mindestens 100 000 DM, 5 – 8 % der Erben erhalten mindestens eine halbe Million und 2 – 3 % mindestens eine Million DM.[38] Diese Zahlen sollen den Blick auf die Kehrseite der Medaille nicht verstellen: Nur ein Fünftel der bisherigen und ein Sechstel der gesamten Erbschaften macht nicht einmal 5 000 DM aus; noch nicht einmal ein Drittel der Ostdeutschen erbt mindestens 5 000 DM, während jeder Fünfte Westdeutsche, wie eben dargestellt, mindestens 100 000 DM erhält, ist es bei den Ostdeutschen nur jeder Zwanzigste.[39] Die von der Kölner BBE-Unternehmensberatung veröffentlichten Zahlen belegen, dass der Wert der Erbschaften in den nächsten Jahren weiter steigen wird. Der durchschnittliche Wert einer 22

35 Vgl die von Ebenroth, Erbrecht, Rn 1 ff wiedergegebenen Schätzungen

36 Vgl Focus, Ausgabe vom 22. 5. 2000, S 130

37 Eine mit Mitteln des Bundesministeriums für Familie, Senioren, Frauen und Jugend geförderte Untersuchung der Forschungsgruppe Altern und Lebenslauf (Berlin) und der Forschungsgruppe Psychogerontologie (Nijmegen) in Kooperation mit der infas-Sozialforschung in Bonn, veröffentlicht in: Die zweite Lebenshälfte; Gesellschaftliche Lage und Partizipation, Band 1, Berlin, 1998

38 Kohli/Szydlik, Familienbande, in: Die Erbengesellschaft, S 37

39 Kohli/Szydlik, Familienbande, in: Die Erbengesellschaft, S 38

Erbschaft lag 1990 bei 199 100 DM, 1996 bei 253 700 DM und soll 2002 auf 471 600 DM steigen. Die Werte verteilen sich recht gleichmäßig auf Geldvermögen (46 %) und Grundvermögen (44 %).[40]

d. Schlussfolgerungen

23 Angesichts der generellen – statistisch belegten, durch Einzelbeobachtungen verifizierten – Scheu vieler Menschen, ihr hart erarbeitetes Vermögen auf der Grundlage eines wohl erwogenen Testaments an die nächste Generation weiterzugeben, wird sicherlich eher der vermögende Erblasser den Schritt zum Anwalt oder Notar wagen. Erfahrungsgemäß ist es aber noch nicht einmal der Wunsch, das Vermögen »zusammenzuhalten«, sondern derjenige, Streit unter den Kindern oder anderen Verwandten zu vermeiden, der den Testator anwaltlichen Rat einholen lässt. Insofern ist die Überlegung, den »worst case«, den schlimmsten Störfall zu ermitteln und dem Erblasser Hilfestellung für dessen Vermeidung an die Hand zu geben, durchaus ein richtiger und sinnvoller Ansatzpunkt.[41] Um ein »missverstanden transitives Verb, unsinnig substantiviert«[42] im Sinne eines Wortspiels zu missbrauchen: Es hat durchaus Sinn, den Erblasser zunächst erblassen zu lassen, ihm die Gefahren zu schildern, die durch Pflichtteil, Erbschaftsteuer, potentiellen Streit innerhalb von Erbengemeinschaften, drohende Versorgungslücken für den Ehepartner etc entstehen können. Wenn die Sorge um das – nicht selten beträchtliche – Vermögen und der Wunsch, Streit innerhalb der Verwandtschaft zu vermeiden, zusammen kommen, ist der Boden für eine sinnvolle Nachlassplanung bereitet. Selten wird die Konsequenz der aufgezeigten Schwierigkeiten darin bestehen, sich nach dem Motto des in den USA zu beobachtenden Autoaufklebers zu verhalten: »I'm Spending My Kids' Inheritance«.[43]

II. Der Erbrechtsanwalt

1. Fachanwalt für Erbrecht?

24 Im Anschluss an die Bahn brechenden Entscheidungen des Bundesverfassungsgerichts im Jahre 1987[44] wurde das gesamte anwaltliche Berufsrecht einer gründlichen Reform unterzogen. Auch die seit Jahrzehnten auf der Stelle tretende Diskussion über die Einführung von Fachanwaltsbezeichnungen

40 Vgl hierzu auch Kosmann, Wohin der Nachlass fließt, in: Die Erbengesellschaft, S 75, die unter Berücksichtigung ihrer eigenen Befragung wiederum die Kehrseite der Medaille betont und darauf hinweist, dass die Hälfte der Erbschaften bei Beträgen zwischen 1 000 und 48 000 DM liegen soll.

41 Vgl Kerscher/Tanck/Krug, Das erbrechtliche Mandat, 2. Aufl., S 5

42 Schmölders, Wer erbt, wird blass, in: Die Erbengesellschaft, S 11

43 Kohli/Szydlik, Familienbande, in: Die Erbengesellschaft, S 35 zitieren dieses Motto, um darauf hinzuweisen, dass beträchtliche Teile des Vermögens in den USA in die Existenzsicherung im Alter fließen.

44 BVerfGE 76, 171; 76, 196

erhielt neue Nahrung und führte zu Ergebnissen. Der Wunsch, einerseits die Öffentlichkeit über Qualifizierung und Spezialisierung zu informieren, andererseits die Qualität anwaltlicher Dienstleistungen zu heben, mündete in die Möglichkeit, die Spezialisierung auf einzelne Fachgebiete nach außen deutlich zu machen. Gab es 1986 nur den Fachanwalt für Steuerrecht, sind mittlerweile weitere Fachanwaltsbezeichnungen anerkannt, nämlich für Verwaltungs-, Arbeits-, Sozial-, Familien-, Straf- und Insolvenzrecht. Die Möglichkeit, über Spezialisierungen zu informieren, funktioniert in der Praxis auf der Grundlage einer so genannten »Qualifikationsleiter«,[45] die folgende Stufen kennt: Interessenschwerpunkt – Tätigkeitsschwerpunkt – Fachanwaltsbezeichnung.

Die Verleihung von Fachanwaltsbezeichnungen erfolgt auf der Grundlage der Regelungen in den §§ 43 c, 59 b II Nr. 2 BRAO iVm der jeweiligen Fachanwaltsordnung. Gemäß § 43 c I S 1 BRAO verleihen die Rechtsanwaltskammern einem Rechtsanwalt die Befugnis (für höchstens zwei Rechtsgebiete) die Bezeichnung Fachanwalt zu führen. Voraussetzung ist, dass ein Ausschuss der Kammer die vom Anwalt vorgelegten Nachweise über den Erwerb besonderer Kenntnisse und Erfahrungen geprüft (§ 43 c II BRAO) und der Vorstand anschließend über den Antrag des Anwalts positiv entschieden hat. 25

§ 59 b II Nr. 2 a, b BRAO ermächtigt die Satzungsversammlung, weitere Rechtsgebiete zu bestimmen, in denen Fachanwaltsbezeichnungen verliehen werden können. Es werden eine Reihe von Rechtsgebieten genannt, die hierfür in Frage kommen, beispielsweise Europarecht,[46] Gesellschaftsrecht,[47] Verfassungsrecht,[48] Verkehrsrecht,[49] Wirtschaftsrecht.[50] 26

Erstaunlicherweise ist der Ruf nach der Einführung des »Fachanwalts für Erbrecht« noch nicht laut geworden. Dies dürfte seinen Grund darin haben, dass die Zahl der Spezialisten auf diesem Gebiet bisher noch überschaubar ist und das Bedürfnis des rechtsuchenden Publikums, erbrechtliche Fragestellungen qualifiziert bearbeiten zu lassen,[51] im Erbrecht durch den zivilrechtlichen »Generalisten« hinreichend gut erfüllt werden konnte. Dies dürfte sich mit der steigenden Zahl der streitigen Erbfälle, der Höhe der zu vererbenden Vermögen und den durch die zahlreichen Mitglieder in den erbrechtlichen Anwaltsvereinigungen dokumentierten Wunsch vieler Anwälte, Erbrecht als Spezialmaterie zu betreiben, ändern. 27

Bis vor Kurzem herrschte die Auffassung vor, der in einer Einzelpraxis oder kleineren Sozietät tätige Anwalt, der Fälle des allgemeinen Zivilrechts bearbeitet (wenig sinnvoll Feld-, Wald- und Wiesenanwalt genannt), müsse das Erbrecht, das doch immer wieder vorkomme, beherrschen und in dieser Materie beraten können.[52] Wer lässt sich gerne als Spezialist in einer Materie bezeichnen, die er doch ohnehin beherrschen muss? Hinter dieser Überlegung 28

45 Hartung/Völl/Römermann, Berufsrecht, § 7 Rn 10
46 Kleine-Cosack EWiR 1990, 715; Kappus AnwBl 1991, 68
47 Ostler NJW 1987, 281, 284
48 Zuck AnwBl 1985, 609
49 Greißinger zfs 1992, 253
50 Fröhlich AnwBl 1989, 147; Leissle AnwBl 1988, 607
51 So das Prognos-Gutachten in AnwBl 1987, 25 ff
52 Vgl hierzu Frieser, Die anwaltliche Praxis in Erbschaftssachen, S 5

steckt die Ansicht, dass es unter Marketinggesichtspunkten für einen Einzelanwalt oder den Anwalt in einer Zweier-, Dreier- oder Viererpraxis nicht sinnvoll, sondern »wettbewerbshemmend« sei, sich als Spezialist zu erkennen zu geben.[53] Es gibt aber mittlerweile eine Reihe von Rechtsanwälten, die allein oder in einer kleinen Praxis tätig sind und gleichwohl (oder gerade deshalb) ihre Spezialisierung nach außen erkennbar machen wollen. Eine Reihe dieser erbrechtlich tätigen Kollegen betreiben daneben das Familienrecht, andere ziehen die fachliche Ausrichtung bewusst enger. Für diese Anwälte ist die Möglichkeit, die erbrechtliche Spezialisierung in der familienrechtlichen aufgehen zu lassen und mit der Bezeichnung »Fachanwalt für Familienrecht« zu werben, wenig sinnvoll, ja sogar kontraproduktiv. Vor diesem Hintergrund war es schon wenig hilfreich, dass in der vom Bundesjustizministerium und der Bundesrechtsanwaltskammer durchgeführten Untersuchung »Streitverhütung durch Rechtsanwälte« die beiden Rechtsgebiete zusammengefasst worden waren.[54] Kommt es zu der angestrebten Ausweitung der Fachanwaltsbezeichnungen, wird auch der Fachanwalt für Erbrecht nicht nur seine Berechtigung haben, er wird vielmehr einer Forderung des vielbeschworenen »rechtsuchenden Publikums« entsprechen. Inwieweit dann der auf Familien- **und** Erbrecht spezialisierte Anwalt **beide** Fachanwaltsbezeichnungen führt, sollte der Ausrichtung seiner Praxis überlassen bleiben. Wer als Einzelanwalt beide Fachanwaltsbezeichnungen führt, kann damit rechnen, dass Rechtsuchende (richtig) reagieren, ihn mit ihren erb- **und** familienrechtlichen Mandanten betrauen und dafür sorgen, dass die Spezialisierung nach und nach mit dem Ergebnis fortschreitet, dass der Anwalt sich auf beide Rechtsmaterien konzentrieren kann. Zwingender Gegenschluss: Wer sich nur mit dem Erbrecht befasst, soll dies kenntlich machen können, zum eigenen und dem Nutzen seiner (potentiellen) Mandanten. Dass beide Rechtsgebiete vielerlei Berührungspunkte haben,[55] steht auf einem anderen Blatt. Der qualifizierte Erbrechtsanwalt (und nur um diesen geht es im Rahmen der Diskussion um Fachanwaltsbezeichnungen) wird die nötigen familienrechtlichen Kenntnisse erwerben und vertiefen, ebenso wie der Familienrechtsanwalt ohne erbrechtlichen Bezug nicht qualifiziert beraten kann. Dies hat beispielsweise die Arbeitsgemeinschaft Familien- und Erbrecht im DAV erkannt, mit entsprechender Ausrichtung der von der ihr konzipierten Fortbildungsveranstaltungen.

2. Der Erbrechtsanwalt in Abgrenzung zum allgemeinen zivilistisch und zum wirtschaftsrechtlich tätigen Anwalt

29 Eine Vielzahl von Entwicklungen, nicht zuletzt die oben wiedergegebene veränderte wirtschaftliche Situation führt zu steigenden Anforderungen an den erbrechtlichen Berater. Dieser muss mit geänderten familiären Verhältnissen (»Patchwork-Familien«, gleichgeschlechtliche Ehegemeinschaften, Versorgung »zweiter Partner« trotz erbrechtlicher Bindungen aus früheren Ehe) zurecht kommen. Er muss eine Vielzahl von Literatur und veröffentlichten

53 Hartung in: Büchting, Beck'sches Rechtsanwalts-Handbuch, 2000/2001, H 4 Rn 5
54 Vgl hierzu Pütting AnwBl 1990, 343
55 Vgl hierzu Schatzschneider FF 1999, 3 und Frieser FF 2000, 147

Entscheidungen verarbeiten: Je umfangreicher die veröffentlichten Hilfsmittel, um so schwieriger die Bewältigung der nach der haftungsrechtlichen Rechtsprechung vorgeschriebenen »Pflichtlektüre«. Das Niveau gesellschaftsrechtlicher Gestaltungsmöglichkeiten nimmt zu; verschachtelte Unternehmensbeteiligungen wollen vererbt werden. Auslandsvermögen – nicht nur trusts, sondern auch das Ferienhaus auf Mallorca – gehören zum Nachlass. Vertrackte Steuersparmodelle befinden sich im Portfolio des Erblassers oder sollen im Rahmen der Nachfolgeplanung verwirklicht werden. Wer all dies leisten will – wenn er es denn alleine überhaupt schafft – kann nicht daneben noch zahlreiche andere Rechtsgebiete überblicken und in diesen beraten. Daneben bieten sich für den Erbrechtsanwalt Tätigkeiten als

- Kautelarjurist (Erb- und Gesellschaftsverträge, Stiftungen, Testamente, Nachfolgeplanungen)[56]
- Forensisch tätiger Anwalt (Prozesse vor den ordentlichen Gerichten, Erbscheinverfahren, Schiedsgerichtsstreitigkeiten)
- Testamentsvollstrecker (die Zahl der Nachlässe, die sinnvollerweise durch einen Testamentsvollstrecker begleitet bzw abgewickelt werden sollten, nimmt zu. Vor diesem Hintergrund verwundert es nicht, dass dabei auftretende Probleme mittlerweile eine eigene Vereinigung beschäftigen: Die Arbeitsgemeinschaft der Testamentsvollstrecker e.V.)[57]
- Nachlasspfleger und Nachlassverwalter (auch hier sind häufig Spezialisten am Werk, die von den Gerichten immer wieder beauftragt werden).[58]

Wer sich als nicht erbrechtlich spezialisierter Anwalt mit einem Testaments- 30
vollstrecker auseinander setzt, der sich in der Abwicklung verschiedener Nachlässe bewährt hat, ist diesem oft unterlegen. Er wird nur schwer ein Gefühl dafür entwickeln, wann beispielsweise ein gravierender Pflichtenverstoß iSd § 2227 BGB vorliegt und ein entsprechender Entlassungsantrag Aussicht auf Erfolg hat, wann der Mandant sich nur über die als Bevormundung empfundene Testamentsvollstreckung ärgert. Wer einen von vorne herein aussichtslosen Entlassungsantrag formuliert, bewirkt nicht nur unnütze Ausgaben, er belastet die Vollstreckung und schadet seinem Mandanten in mehrfacher Weise.

Häufig wird es nicht zu vermeiden sein, in komplizierten gesellschafts- und 31
steuerrechtlichen Fragen wiederum Spezialisten, seien es Berater des Mandanten, seien es Kollegen innerhalb der Sozietät oder solche, mit denen man immer wieder außerhalb der Partnerschaft vertrauensvoll zusammen arbeitet, hinzuzuziehen. Der Spezialist, der seine Grenzen erkennt, dient seinem Mandanten am besten. Wer eine Materie selten bearbeitet, wird häufig Fallen und Fallstricke für seinen Mandanten nicht sehen und damit selbst in die Haftungsfalle tappen.

---

56 Vgl zum Estate Planing aus amerikanischer Sicht: Heiss, Estate Planing. So machen es die Amerikaner, in: Die Erbengesellschaft, S 145 ff

57 Arbeitsgemeinschaft der Testamentsvollstrecker e.V., Adenauerallee 11 B, 53111 Bonn

58 Vgl Eulberg/Ott, Die Nachlasspflegschaft in der anwaltlichen Praxis, 1999

32 Wirtschaftsrechtliche Beratung ohne die Möglichkeit, Nachfolgefragen zu klären, dem Wunsch des Unternehmers, sein Vermögen (zumindest teilweise) wohltätigen Zwecken im Rahmen einer Stiftung zukommen zu lassen oder auch nur bei der Abwicklung von Nachlässen behilflich zu sein, ist heutzutage nicht mehr denkbar. Dies bedeutet, dass der Erbrechtsanwalt in einer großen Sozietät ebenso gut aufgehoben ist wie als Einzelanwalt, der sich von Zeit zu Zeit in einem Team von Spezialisten wieder findet.

B. Das Mandantengespräch 17

ÜBERBLICK

B. Das Mandantengespräch

I. Die Bedeutung des Mandantengesprächs für die anwaltliche Praxis

»Solange Sie bei mir sitzen, kann ich nichts für Sie tun!«[1] Wenn der Anwalt auf diese – etwas plumpe – Art und Weise versucht, ein Mandantengespräch abzukürzen und diesen »genialen Trick« auch noch jüngeren Kollegen empfiehlt, zeigt er, dass er Sinn und Nutzen des Mandantengesprächs nicht verstanden hat. Es ist Ausdruck anwaltlicher Professionalität, aus dem Mandantengespräch das Beste zu machen, zum eigenen Vorteil für die Mandatsbearbeitung, für die Entwicklung seiner Praxis, aber auch zum Vorteil des Mandanten, dessen Zufriedenheit und damit wiederum für die Begründung einer langjährigen Mandatsbeziehung. 33

Das Zitat belegt aber auch deshalb ein bedenkliches Verständnis des anwaltlichen Berufs, weil der Anwalt mehr ist als Rechtstechniker, als »Funktionär«. Er sollte seinen Beruf gewählt haben, weil er Spaß daran hat, mit Menschen umzugehen, menschliche Probleme zu lösen. Wer nicht Anwalt geworden ist, weil er nirgends anders »unterkommen« konnte, wird sich juristisches Handwerkszeug angeeignet haben, um sich und seine Rechtskenntnisse im Kontakt mit Mandanten und Kollegen zu bewähren. Natürlich gibt es Mandantengespräche, die anstrengend verlaufen, in denen der Mandant den Anwalt benutzt, um eigene Probleme abzuladen, sich Luft oder ein »Plauderstündchen« zu verschaffen. Bemerkt der Anwalt, dass das Gespräch seine eigentliche Funktion verliert oder zu verlieren droht, muss er gegensteuern und dem Mandanten klar machen, dass seine Inanspruchnahme Geld kostet. Immer sinnvoll ist es, den ersten persönlichen Kontakt ausreichend vorzubereiten. Hierauf wird sogleich einzugehen sein, zunächst ein Blick auf die wichtigsten Funktionen des Mandantengesprächs: 34

- Kennenlernen, Anknüpfen persönlichen Kontakts, Anbahnung der (möglicherweise dauerhaften) Mandatsbeziehung, kurz: Vertrauenserwerb
- Aufnahme der wichtigsten Daten einschließlich derjenigen des Gegners, Feststellung, welche Punkte noch zu klären sind, kurz: Faktensammlung
- Festlegung der Ziele des Mandats, Erörterung der Wege, auf denen das Ziel erreicht werden kann, Diskussion der in Betracht kommenden Möglichkeiten des weiteren Vorgehens, kurz: Weichenstellung.

1 Zitiert nach Franzen, Anwaltskunst, S 25, der, unter kritischem Hinweis auf das Zitat, die Bedeutung des Mandantengesprächs für die anwaltliche Praxis betont

II. Persönliche Situation des Mandanten

1. Grenzerfahrungen

35 Der Anwalt ist im Erbrecht mit sehr persönlichen Problemen seines Mandanten konfrontiert. Er muss sich mit Grundfragen der menschlichen Existenz auseinander setzen, sich mit der »Endlichkeit« des Menschen befassen und damit auch mit seiner eigenen.

36 Die Behandlung erbrechtlicher Probleme entscheidet oft, wie der persönliche und wirtschaftliche Lebensweg des Mandanten weiter verläuft. Man denke nur beispielhaft an die Nachfolgegestaltung, bei der es um die Geschicke einer Familiengesellschaft, damit um die wirtschaftliche Existenz nicht nur der Unternehmerfamilie, sondern auch zahlreicher Arbeitnehmer geht, man denke als weiteres Beispiel an das Schicksal des überlebenden Ehegatten, das maßgeblich durch ein gemeinschaftliches Testament gestaltet wird. Streitfragen, die sich über Generationen hinweg erstrecken, können aus der Enterbung und dem anschließenden Pflichtteilsstreit entstehen. Dem Mandanten, der den Anwalt mit solchen Fragestellungen konfrontiert, ist nicht damit gedient, dass ihm die Rechtslage zutreffend und umfassend erläutert wird. Wenn er zu seinem Berater kein Vertrauensverhältnis entwickelt, ist es diesem nicht möglich, zum Kern des Problems vorzudringen.

37 Die Beschäftigung mit der eigenen Endlichkeit ist für viele Menschen ein Problem. Obwohl jeder Mensch weiß, dass er sterben muss, dass er die ihm nahe stehenden Personen nicht auf ewig um sich haben kann, versuchen Viele diese Erkenntnis zu verdrängen. Es gibt unterschiedliche Konstellationen, die Mandanten veranlassen, in Erbrechtsfragen einen Anwalt aufzusuchen:

38
- Sie haben eine ihnen nahe stehende Person verloren, sind deren Rechtsnachfolger geworden und wollen vom Rechtsanwalt wissen, welche Konsequenzen das sie begünstigende Testament hat.
- Sie fühlen sich durch die letztwillige Verfügung einer ihnen nahe stehenden Person benachteiligt.
- Sie fragen nach Möglichkeiten, ihren Nachlass zu gestalten und wollen möglichst allen Anliegen, eigenen Vorlieben und erwarteten Auseinandersetzungen innerhalb der Familie Rechnung tragen.
- Sie wollen das eigene Lebenswerk, das von ihnen geschaffene Unternehmen weitergeben, wobei häufig die Generationenfolge nicht die zutreffende Antwort auf die sich stellenden Zukunftsfragen bietet.

39 So unterschiedlich die Konstellationen eines Erbrechtsfalls sein mögen, immer ist der an Erbrechtsfragen interessierte Mandant mit Fragen konfrontiert, die den eigenen oder den Tod ihm nahe stehender oder mit ihm verwandter Personen betreffen. Der Berater kann sich vor diesem Hintergrund nicht an der »kollektiven Verdrängung der menschlichen Endlichkeit«[2] beteiligen.

2 Plack, Die Gesellschaft und das Böse, S 60

Der Anwalt, der sich vorwiegend mit erbrechtlichen Fragestellungen befasst, hat es gelernt oder muss es lernen, Dinge beim Namen zu nennen, die ansonsten eher (vermeintlich taktvoll) verschwiegen werden. Dabei ist Takt[3] durchaus ein zutreffendes Stichwort: Der Anwalt muss bisweilen die Frage stellen, ob tatsächlich Familienbeziehungen aufs Spiel gesetzt, Beziehungen abgebrochen werden sollen.[4] Die Frage, welche Konsequenzen eine streitige Auseinandersetzung für die Familie haben könnten, darf nicht ausgeblendet werden.

Dabei muss dem Berater bewusst sein, dass Menschen in der Trauererfahrung dazu neigen, besonders »radikal« zu sein, Bindungen an andere, beispielsweise an die Verwandten, mit denen es gilt, einen Erbschaftsstreit auszutragen, hintanzustellen. Mandanten machen sich häufig nicht bewusst, dass dem ersten Verlust ein weiterer folgen kann, dass der »Streit bis auf's Messer« nicht selten die schlechtere Alternative ist. 40

Der Anwalt soll sich nicht als Psychotherapeut oder Sozialingenieur verstehen, der in der Lage wäre, im Bereich menschlicher Grenzerfahrungen nicht nur rechtlichen Rat zu erteilen, sondern auch alle persönlichen Probleme zu lösen. Er soll aber auch nicht glauben, allein mit rechtlichen Mitteln ließen sich wirtschaftliche Fragen mit persönlichem Einschlag lösen. Er kann bei Streitigkeiten innerhalb einer Familiengesellschaft nur beraten, wenn er nicht nur die Einstellung seines Auftraggebers kennt, sondern auch die Geschichte des Konflikts analysiert und das Beziehungsgeflecht ins Blickfeld nimmt. 41

2. Trauerphasen

Inwieweit der Anwalt dabei auf die »allgemeine Lebenserfahrung« zurück greift, sich psychologische oder besondere Kenntnisse in der Gesprächs- und Verhandlungsführung aneignet, mag offen bleiben. Sicher nicht schädlich sind Grundkenntnisse der psychologischen Forschung, die sich mit den Reaktionen auf den Verlust eines nahen Angehörigen befassen.[5] Man unterscheidet vier Phasen: 42

- Phase der Betäubung (kurze Dauer bis zu etwa einer Woche, geprägt von Ausbrüchen intensiver Qual und/oder Wut)
- Phase der Sehnsucht (Dauer einige Monate, manchmal Jahre)
- Phase der Desorganisation und Verzweiflung
- Phase eines größeren oder geringeren Grades der Reorganisation.

Hat der Anwalt in der ersten Phase Kontakt mit dem Mandaten, sollte er sich darauf beschränken, allgemeine Empfehlungen zu geben, sich zunächst zurückziehen und der Klärung der üblichen organisatorischen Fragen (von der Sichtung der Unterlagen bis zu den Beerdigungsvorbereitungen) den Vorzug 43

3 Plack, aaO, S 60, zitiert das Beispiel eines Besuchers, der einem Todkranken die Frage stellt: »Wie geht's sonst?«

4 Plack, aaO, S 61: wenn man mühelos Beziehungen abbreche, verdränge man, was der Tod eigentlich sei.

5 Bowlby, Verlust, Trauer und Depression, S 114

geben. Wird er – etwa als Familienanwalt – unmittelbar nach dem Tode um Rat gefragt, sollte er die entscheidenden Gespräche vertagen. In der ersten Phase ist jedenfalls die Erörterung Weichen stellender Fragen nicht sinnvoll.

44 Sinnvoll ist hingegen ein Mindestmaß an rechtlichen Empfehlungen. Der Anwalt muss beispielsweise dem Mandanten deutlich machen, dass er ein in seinem Besitz befindliches Testament gem. § 2259 BGB abliefern muss.[6] Notfalls muss der Anwalt den Mandanten darauf hinweisen, dass er sich wegen Urkundenunterdrückung strafbar macht, falls er seiner Ablieferungspflicht nicht genügt.

45 Meist wird der Anwalt das Mandantengespräch in der sog Reorganisationsphase führen. Er sollte sich dabei vor Augen halten, dass die Zwischenstadien (Phasen der Sehnsucht, der Desorganisation) nicht einfach durch Zeitablauf enden.[7] Schlussfolgerung für den Anwalt aus der Erkenntnis, dass er es häufig mit Mandanten in persönlicher Ausnahmesituation zu tun hat, muss sein, dass er diese nicht überfordert, dass er notfalls das Gespräch abbricht, dem Mandanten nur so viel zumutet, wie es sinnvoll und der Erreichung der wesentlichen Zwecke des Mandantengesprächs zuträglich ist.

III. Mandantenzufriedenheit

1. Die Marktsituation

46 Das Zitat,[8] das dem Anwalt ansinnt, den zu redseligen Mandanten möglichst rasch wieder aus den Praxisräumen zu komplimentieren, übersieht mit Sicherheit einen wesentlichen Faktor: die Mandantenzufriedenheit. Wer sich »abgeschoben« fühlt, wer spürt, dass seine Probleme nicht ernst genommen werden, wird es nicht leicht haben, das nötige Vertrauensverhältnis aufzubauen und den Grundstein für eine langjährige Mandatsbeziehung zu legen.

47 Dies ist um so misslicher, als der Anwaltsmarkt von steigendem Angebot gekennzeichnet ist; innerhalb der letzten 10 Jahre hat sich die Zahl der Anwälte verdoppelt. Man kann von einer »Käufermarktsituation« sprechen, die es dem Mandanten ermöglicht, unter einer großen Anzahl von Anwälten – teilweise auch Beratern anderer Berufsgruppen – auszuwählen.[9] Die Mandanten sind anspruchsvoller, kritischer und selbstbewusster geworden, früher noch zu beobachtende Zeichen von Autoritätsgläubigkeit, wie sie Ärzten, Apothe-

6 Die Ablieferungspflicht bezieht sich auf alle Schriftstücke, die ihrem äußeren Anschein nach eine letztwillige Verfügung des Erblassers enthalten. Der Besitzer eines Testaments darf nicht darüber entscheiden, ob es sich um eine letztwillige Verfügung handelt, Soergel/Harder, BGB, § 2259 Rn 3

7 Bowlby, aaO, S 133 weist darauf hin, dass die meisten Frauen, die ihren Ehepartner verloren haben, sehr lange Zeit brauchen, um den Verlust zu überwinden. Er zitiert eine Studie, wonach weniger als die Hälfte der Ehefrauen am Ende des 1. Jahres »wieder sie selbst« sind. Fast immer sind gesundheitliche Beeinträchtigungen – Schlaflosigkeit, Kopfschmerzen, Spannung, Angst, Erschöpfung – festzustellen.

8 Zu Beginn dieses Kapitels

9 Becker, Marketing-Konzeption, 1998, S 1 Mandanten können in Stadt und Land aus dem Angebot vieler Anwälte den ihnen passend erscheinenden auswählen

kern und Rechtsanwälten entgegen gebracht wurde, gibt es nur noch selten. Es ist eine »Verschiebung der Machtverhältnisse« in der Beziehung von Anwalt und Mandant zu beobachten, für die Anwälte hat die »Zeit der Kundenorientierung« längst begonnen.[10] Ohne Ausrichtung der unternehmerischen Tätigkeit auf die Bedürfnisse des Marktes lässt sich eine langfristige Sicherung der unternehmerischen Existenz des Anwalts nicht gewährleisten.[11]

2. Anwaltliche Dienstleistung als »besondere Ware«

Beim Vertrag zwischen Anwalt und Mandanten handelt es sich um einen Dienstvertrag zur Erbringung von Diensten höherer Art.[12] 48

Besonderheit der anwaltlichen Leistung ist deren Individualität, die sich darin zeigt, dass anwaltliche Dienste nicht oder nur schwer miteinander vergleichbar sind. Es gibt keine Standardisierung, keine Erfolgsgarantie, selten ein bestimmtes, vom Mandanten angestrebtes Ergebnis, von dem abzuweichen kein Raum wäre. Auch das anwaltliche Handwerkszeug ist individuell: Wissen, Erfahrung, persönliche Eigenschaften des Anwalts, ebenso wie dessen Motivation und Durchsetzungskraft sind nicht mit objektiven Parametern messbar. Dies macht es vielen Mandanten schwer, die Qualität der anwaltlichen Leistung vor Mandatserteilung, aber auch nach Erbringung der anwaltlichen Dienste einzuschätzen.[13] Energisches Vorgehen, das der eine Mandant als besonders tatkräftig und durchsetzungsstark schätzt, ist dem anderen Mandanten peinlich und unangenehm. Der »Ellenbogen-Anwalt« findet den Beifall des einen, die Ablehnung des anderen Mandanten, der den mit spitzer Feder agierenden und mit Florett fechtenden Berater vorzieht. Dabei ist es nur ein schwacher Trost, dass häufig der Mandant den »richtigen« Anwalt findet, sei es auch nach einer Phase des Ausprobierens und Wechselns. 49

Bedeutsam ist, dass die Anwaltsleistung nicht oder nur sehr selten im einsamen Studierzimmer und nur dort erbracht wird: der Mandant ist in den Erstellungsprozess der anwaltlichen Leistung integriert.[14] Der Berater kann nicht ohne Informationen das Mandat erfolgreich bearbeiten. Missverständnisse oder fehlende Kommunikation führen zu Fehleinschätzungen und meist zum Misserfolg. Dies ist um so schlimmer, als die anwaltliche Dienstleistung meist nur begrenzt reversibel ist.[15] 50

3. Kundenzufriedenheit als Erfolgsfaktor anwaltlicher Tätigkeit

Der Mandant vergleicht seine Erfahrungen nach Abschluss des Mandats mit dem vor Beauftragung von ihm erwarteten oder ihm aus anderen Fällen bekannten Standard. Im Falle der Bestätigung oder sogar der Übererfüllung der 51

10 Meyer/Oppermann in: Hartung/Römermann, Marketing und Management – Handbuch für Rechtsanwälte, § 22 Rn 2
11 Meyer/Oppermann aaO, Rn 2
12 Palandt/Sprau, BGB, § 675 Rn 26
13 Meyer/Oppermann, aaO, Rn 6
14 Meyer/Oppermann, aaO, Rn 7
15 Meyer/Oppermann, aaO, Rn 8

gehegten Erwartungen ist er mit der Leistung zufrieden, wird der erwartete oder vorgestellte Standard unterschritten, entsteht Unzufriedenheit.[16]

52 Es war eben bereits die Rede von den gestiegenen Erwartungen des Mandanten. Treffen diese auf mangelnde Dienstleistungsfähigkeit oder -bereitschaft von Anwälten und deren Mitarbeitern, muss es zu Spannungen kommen. Die Bedeutung des Mandantengesprächs im Rahmen der Ausprägung von Kundenzufriedenheit kann dabei nicht hoch genug eingeschätzt werden.

53 Die »Verinnerlichung der Kundenorientierung«[17] setzt voraus, dass der Anwalt sich in die Mandantenperspektive begibt. Dasselbe gilt für alle Mitarbeiter, vom Bürovorsteher, über das Sekretariat des Anwalts bis hin zu allen nicht anwaltlichen Mitarbeitern, die in Kontakt mit dem Mandanten kommen. Der Perspektivwechsel fällt leicht, wenn der Anwalt sich selbst in die Rolle des Klienten begibt: Wer im ärztlichen Wartezimmer schon einmal 2 Stunden zeitschriftenlesend verbracht hat, wer brummig und beiläufig eine Diagnose hingeworfen bekam, wer über die Wirkungen und Nebenwirkungen der eingesetzten Medikamente unzureichend beraten wird, wird sich zwei Mal überlegen, ob er den behandelnden Arzt nochmals aufsucht. Es ist sinnvoll, sich die Erkenntnisse einschlägiger Studien zu Kundenorientierung und -zufriedenheit vor Augen zu halten.[18]

- Überzeugte Kunden (Mandanten) nehmen die Leistung »ihres« Unternehmens (Anwalts) bei Bedarf wieder in Anspruch;
- überzeugte Kunden akzeptieren Preiserhöhungen (höhere Honorare) eher als unzufriedene Kunden (Mandanten);
- zufriedene Kunden verursachen geringere Kosten, weil sie weniger in die Unternehmensabläufe (Büroabläufe) eingreifen (beispielsweise durch Beschwerdeanrufe);
- hohe Kundenzufriedenheit führt zu einem positiven (Unternehmens-) Kanzleiimage;
- zufriedene Mandanten empfehlen den konsultierten Anwalt weiter.

54 Kundenzufriedenheit wird durch das Mandantengespräch in zweifacher Weise entscheidend beeinflusst: Zum einen stellt das Gespräch zwischen Anwalt und Mandanten die wichtigste Möglichkeit des Kennenlernens und der Vertiefung persönlicher Beziehungen dar. Darüber hinaus und genauso wichtig: Im Mandantengespräch erfährt der Anwalt, was den Mandanten bewegt, welche Ziele er erreichen will und auf der Basis welcher Informationen dies gelingen kann und soll.

---

16 Zum Zusammenhang zwischen Kundenorientierung und Kundenbindung, Bruhn/Homburg, Handbuch Kundenbindungsmanagement, S 84

17 Meyer/Oppermann, aaO, Rn 17

18 Vgl beispielsweie die Studien von Reichelt/Sasser, HarvardManager 1991, 108; Fornell, Journal of Marketing, 1992, 6; Garvin, Managing Quality, 1988, Meyer/Dornach, das deutsche Kundenbarometer 1998, Qualität und Zufriedenheit: Jahrbuch der Kundenzufriedenheit in Deutschland 1998; Meyer/Oppermann, aaO, Rn 18

4. Vertrauenserwerb

Es gibt viele Gründe, die den Mandanten veranlassen, einen bestimmten Anwalt zu beauftragen. Er mag der Empfehlung eines Bekannten gefolgt sein, er kann einen anwaltlichen Suchdienst beauftragt oder das Internet befragt haben. Es soll sogar noch vorkommen, dass der Mandant zufällig in die Praxis eines Rechtsanwalts gerät. Er kann auch über Fachanwaltsverzeichnisse fündig geworden sein oder eine der gar nicht mehr so seltenen Listen in Zeitschriften gelesen haben.[19] Im ersten Kontakt mit dem Anwalt entscheidet sich, ob die zufällig zustande gekommene Begegnung zu einer dauerhaften und über das Einzelmandat hinaus führenden Mandatsbeziehung werden kann. Gelingt es dem Anwalt nicht, den Mandanten von seiner Kompetenz zu überzeugen und Vertrauen zu erwecken, helfen ihm seine Rechtskenntnisse nichts. Dies ist für den Anwalt in wirtschaftlicher Hinsicht unbefriedigend, es führt darüber hinaus dazu, dass auch das Mandat nicht ordnungsgemäß geführt werden kann. Bemerkt der Anwalt, dass seine Empfehlungen nicht beachtet oder nur unwillig zur Kenntnis genommen werden, befindet er sich in einem dauernden Erklärungsnotstand. Er kann nicht mühelos weitere Informationen erhalten, das Mandat läuft nicht »rund«, alle Beteiligten sind mit der Situation unzufrieden. Dabei darf die Bedeutung so genannter »weicher Indikatoren« nicht unterschätzt werden. Alles »sichtbare, hörbare, fühlbare im Umfeld« anwaltlicher Dienstleistungen wird zur Beurteilung herangezogen und bestimmt die Zufriedenheit des Mandanten.[20] Zu nennen sind: 55

- Das aufgeschlossene und freundliche Verhalten des Anwalts im Beratungsgespräch
- Die vertrauensvolle Gesprächsatmosphäre
- Der ungestörte Ablauf des Gesprächs
- Die verbindliche Kooperation und Kommunikation des Anwalts sowie der Mitarbeiter mit dem Mandanten
- Der gut organisierte Kanzleiablauf (Vorbereitung und Durchführung des Gespräches termingerecht und zeitnah)
- Das ansprechende Umfeld innerhalb der Kanzlei.

Allgemein gilt: Wenn nicht im Rahmen der ersten Besprechung ein Grundkonsens erzielt wird, ist es häufig nicht möglich, das für die Mandatsführung erforderliche Vertrauensverhältnis herzustellen. 56

5. Musterfragebogen Mandantenzufriedenheit

Die Mandantenzufriedenheit lässt sich nicht nur durch einen **Mandantenfragebogen** feststellen, sondern auch positiv beeinflussen. Der Mandant fühlt sich ernst genommen, er wird in die Lage versetzt, Beanstandungen sogleich 57

19 Focus, Heft 21, 2000: »Experten für Erbrecht«
20 Meyer-Oppermann, aaO, Rn 53

loszuwerden, aber auch Lob auszusprechen und Verbesserungsvorschläge zu machen. Die meisten Anwälte übersehen, dass der Mandant weniger die anwaltliche Leistung beurteilen kann, ihm aber sofort die äußerliche Erscheinungsform der Kanzlei sowohl in räumlicher Hinsicht als auch im Auftritt der Mitarbeiter auffällt und bewertet werden kann. Wer mandantenfreundlich arbeiten will, kommt gar nicht daran vorbei, die Meinung des Mandanten zu erfragen.

58 Es empfiehlt sich auch, einen Fragebogen in der Homepage vorzuhalten, um dem Mandanten jederzeit Gelegenheit zu geben, seine Meinung zu äußern. Es hat sich bewährt, den Mandantenfragebogen in Gruppenaktionen gezielt zu versenden, aber auch zum Abschluss eines Mandats den Mandanten zu befragen. Allein die Befragung als solche reicht allerdings nicht, es müssen auch Konsequenzen aus den Befragungsergebnissen gezogen und nach Möglichkeit dem Mandanten vermittelt werden. Da es nicht so sehr im Vordergrund steht, möglichst positive Ergebnisse einzusammeln und nach außen zu tragen, wie bei Hotelbefragungen, erscheint es sinnvoll, nach Möglichkeit anonyme Befragungen zu vermeiden. Denn insbesondere bei negativen Äußerungen kann man bei anonymen Befragungen den Befragten keine Erklärungen zu bestimmten Sachverhalten abgeben, was sonst ein sehr mühsames Mittel zur Mandantenbindung ist.

Die Fragen an die Mandanten sollten in regelmäßigen Abständen ausgetauscht werden; es spricht viel dafür, bei den Befragungen Schwerpunkte in der Fragestellung zu setzen.

59 Die meisten Anwälte glauben wohl, mit derartigen Befragungen den Mandanten erst auf Missstände hinzuweisen. Sie irren: Der Mandant stellt die Missstände viel eher fest als der Anwalt, er spricht sie in den meisten Fällen nur nicht an.

60 Die Mandantenbefragung kann auch als gutes Mittel der Personalführung eingesetzt werden. So wird der Empfang zweifellos freundlicher reagieren, wenn vermehrt Beschwerden über unfreundliches oder unprofessionelles Verhalten der Telefonzentrale oder des Empfangs auftauchen. Es steht auch nichts dagegen, bestimmte komplizierte Fragestellungen, wie zB die Frage nach der telefonischen Erreichbarkeit, schon bei der Befragung mit Erläuterungen zu versehen, um dem Mandanten damit Gelegenheit zu geben, darüber nachzudenken. Mit Mandantenfragebogen können im Übrigen auch bestimmte Hinweise, wie zB auf eine neue Homepage oder Neuigkeiten auf der Homepage, erfolgen, die man so allein nicht unbedingt erteilen würde.

Musterfragebogen Mandantenzufriedenheit 61

Mandant: **Rechtsanwalt:**

Unsere Fragen an Sie	Ihre Beurteilung
Sind Sie mit der Lage unserer Kanzlei zufrieden?	Ja / Nein
Wie entsprechen unsere Räume Ihren Erwartungen an eine Anwaltskanzlei?	1 2 3 4 5
Ist Ihr Anwalt für Sie hinreichend erreichbar?	
a) Telefonische Erreichbarkeit?	1 2 3 4 5
b) Erreichbarkeit für Besprechungen?	1 2 3 4 5
c) Werden zugesagte Rückrufe eingehalten?	Ja / Nein
Bitte bedenken Sie bei Ihrer Beantwortung, dass Anwälte vormittags häufig bei Gericht sind und auch Sie nicht möchten, dass Besprechungstermine durch Telefonate gestört werden.	
Wie sind Sie mit Ihrem Anwalt zufrieden?	
a) fachliche Kompetenz	1 2 3 4 5
b) Klarheit der Information	1 2 3 4 5
c) Sicherheit im Auftreten	1 2 3 4 5
Haben Sie unsere neue homepage www.RAMustermann.com bereits bemerkt?	Ja / Nein

Würden Sie in einem ähnlichen Fall wieder zu uns kommen?	Ja		Nein

Verbesserungsvorschläge oder sonstige kritische Anmerkungen schreiben Sie uns bitte gesondert auf.

Wie sind Sie zu uns gekommen?

- ☐ Sie haben früher Gegner vertreten
- ☐ Auf Empfehlung von Freunden und Bekannten
- ☐ Wegen der besonderen Kompetenz der Kanzlei
- ☐ Auf Empfehlung Dritter: Behörden O Banken O
- ☐ Durch andere: Rechtsanwälte O Gerichte O
- ☐ Durch Verzeichnisse:
- ☐ der Rechtsanwaltskammer
- ☐ der Gerichte
- ☐ anderer Anwaltsverzeichnisse
- ☐ Telefonbücher / Gelbe Seiten
- ☐ Internet

Name: ______________________________

Anschrift: ______________________________

____

____

Vielen Dank
für Ihre Bemühungen.

IV. Vorbereitung und Ablauf des Mandantengespräches

1. Vorbereitende Maßnahmen

62 Erfahrene Praktiker raten, in keine Informationsbesprechung ohne Fragenkatalog, ohne Konzept und wenigstens grobe Kenntnis des Sachverhalts zu gehen. Der Anwalt sollte vor dem Mandantengespräch in Umrissen wissen, welche Richtung das Gespräch nehmen wird.[21]

63 Entscheidend ist mithin die Vorbereitung des Mandantengesprächs. Ausnahmen, die etwa in einem überraschend erteilten Mandat oder einem nach persönlicher Vorsprache herangetragenen, nicht abzuschlagenden Gesprächswunsch begründet sein können, bestätigen nur die Regel. Die weitaus über-

21 Franzen, Anwaltskunst, S 29; Schmidt, in: Ratgeber für junge Rechtsanwältinnen und Rechtsanwälte, S 469

wiegende Zahl der Fälle erlaubt eine ausreichende Vorbereitung. Der Anwalt sollte mit den wesentlichen Fakten des Falles vertraut sein. Dabei kann er einem erfahrenen Mitarbeiter, etwa dem Bürovorsteher, die Aufnahme der wichtigsten Daten überlassen, wenn er sicher stellt, dass er selbst etwaige Fristenfragen prüfen kann. In Zweifelsfällen hat der Anwalt selbst das erste Telefonat zu führen oder den Mandanten zurückzurufen. Festgestellt werden sollten – tunlichst in einem Besprechungsvermerk – die sog Stammdaten, die im Handaktenbogen festzuhalten sind. Aufzunehmen sind (in der Regel):

- Der bearbeitende Rechtsanwalt
- Name und Vorname des Mandanten
- Geburtsdatum
- Staatsangehörigkeit
- Familienstand
- Anschrift
- Telefon/Mobiltelefon/Telefax
- Etwaige Aktenzeichen gerichtlicher Verfahren (insb auch des Nachlassverfahrens)
- Rechtsschutzversicherung
- Bankverbindung
- Korrespondenzanschrift.

In Nachlassangelegenheiten sollte er den Mandanten bitten, etwa vorhandene oder im Streit befindliche letztwillige Verfügungen vor dem Gespräch hereinzureichen. Wenn Gelegenheit besteht, sollte er nach Details, etwa nach dem Güterstand des Erblassers, nach der möglichen Anwendbarkeit der Höfeordnung, nach etwa einschlägigen gesellschaftsrechtlichen Regelungen fragen, wobei darauf zu achten ist, dass der Mandant nicht im Vorfeld des Gesprächs überfordert wird. In jedem Fall sollte der Mandant gebeten werden, zur Vorbereitung des Gesprächs Unterlagen (neben den einschlägigen letztwilligen Verfügungen etwa bereits angefallenen Schriftwechsel mit dem Gegner und, soweit erforderlich, eine Vermögensaufstellung) zu übersenden. 64

Handelt es sich um eher geschäftsunerfahrene Mandanten, die nur schlagwortartige Hinweise geben können und wollen, kann der Anwalt, wenn die Übernahme des Mandats feststeht, sich selbst Informationen beschaffen, etwa die Nachlassakte einsehen, mit dem Nachlassgericht Kontakt aufnehmen oder Registeranfragen (Grundbuchamt, Handelsregister) veranlassen. Möglich ist selbstverständlich auch eine Kombination all dieser oder einzelner der eben dargestellten Maßnahmen. 65

Die Vorteile, die sich aus einem schon weitgehend konturierten Bild für den Anwalt vor der Besprechung ergeben, liegen auf der Hand: er vermag einzuschätzen, welchen Schwerpunkt das Mandat voraussichtlich hat. Er kann sich in rechtlicher Hinsicht auf die Besprechung vorbereiten. 66

Beispiel:

67 Ergibt sich aus den Schilderungen des Mandanten, dass ein nicht eheliches Kind Pflichtteilsansprüche geltend macht, kann der Anwalt prüfen, unter welchen Voraussetzungen ein solcher Anspruch begründet ist. Er kann – falls er dieses Wissen nicht gespeichert hat – nachlesen, dass nicht eheliche Abkömmlinge, die vor dem 1.7.1949 geboren wurden, nicht anspruchsberechtigt sind, Art. 12 § 10 NehelG.[22] Der Anwalt kann ferner deutlich machen, dass die förmliche Feststellung der Vaterschaft Anspruchsvoraussetzung ist, wobei eine Feststellung auch noch nach dem Erbfall in Betracht kommt.[23]

68 Hat der Anwalt, dem dieses oder vergleichbares Detailwissen nicht präsent ist, sich auf die Besprechung vorbereitet, kann er Kompetenz vermitteln. Dabei ist allerdings zu beachten, dass es keinen »Autoritätsverlust« darstellt, wenn der Mandant auf bestimmte zugespitzte Rechtsfragen nicht sofort Auskunft erhält, der Anwalt vielmehr darauf verweist, er müsse Einzelheiten erst prüfen. Dies wird der Mandant ohne weiteres hinnehmen, jedenfalls sehr viel leichter akzeptieren als eine spätere Korrektur einer vorschnell gegebenen Auskunft.

69 Die Vorabinformation, ggf die Durchsicht der maßgeblichen letztwilligen Verfügungen, ermöglicht es, im Gespräch gezielt Fragen zu stellen.

Beispiel:

70 Der Erblasser hat fünf, sich teilweise widersprechende Verfügungen hinterlassen, wobei die letzte Verfügung auf vorhergehende Bezug nimmt. Das komplizierte Geflecht derartiger Verfügungen zu analysieren, ist im Beisein des Mandanten praktisch unmöglich.

Hat der Anwalt sich bereits im Vorfeld des Gespräches eine Meinung gebildet, kann er gezielt weiterführende Fragen stellen.

2. Aktenvermerk und Sachverhaltsskizze

71 Es empfiehlt sich, das aus den vom Mandanten hereingereichten oder vom Anwalt beschafften Unterlagen ersichtliche Bild in einem Aktenvermerk zusammenzufassen. Dem Anwalt prägen sich auf diese Weise die rechtlichen und persönlichen Besonderheiten des Falls ein, er ist gezwungen, den Sachverhalt zu strukturieren, was ihm erlaubt, im Geprächl mit den Informationen souverän umzugehen.

Bestandteil des Aktenvermerks sollte eine Sachverhaltsskizze sein, die der Anwalt in den Vermerk integriert oder zu seinen Unterlagen nimmt. Oftmals

22 Palandt/Edenhofer, BGB, § 1924 Rn 8, 10
23 Zu Einzelheiten vgl: Palandt/Edenhofer, BGB, § 1924 Rn 8 ff

lassen sich an Hand der vom Mandanten hereingereichten Unterlagen, etwa der Eröffnungsniederschrift und dem Testament, die wesentlichen Ausgangsdaten entnehmen.

Beispiel:

Amtsgericht Bonn 72

Geschäfts-Nr.: 80 IV 723/01
Bonn, 8. 5. 2001

Gegenwärtig: Nettekoven, Rechtspfleger

In dem zur Eröffnung der Verfügung von Todes wegen des Herrn Karl-Hermann Schneider, geb. am 7. 5. 1915

bestimmten Termin war niemand geladen.

Sterbetag und Sterbeort des Erblassers: 12. 4. 2001, Bornheim.

Es soll eröffnet werden: ein privatschriftliches Testament.

Die Tochter des Erblassers, Frau Hannelore Müller, hatte ein offenes Schriftstück mit der Aufschrift »Gemeinschaftliches Testament von Karl-Hermann und Ilse Schneider« abgeliefert.

Die Verfügung von Todes wegen wurde eröffnet und gem § 2260 II 3 BGB nicht verkündet.

Datum der Verfügung von Todes wegen: 7. 2. 1995

Krause, Rechtspfleger

Zusammen mit der Eröffnungsniederschrift überreicht der Mandant das Schreiben einer Frau Renate Schneider folgenden Inhalts:

Sehr geehrter Herr Schneider,

Ihr Vater, mit dem ich, wie Sie wissen, in zweiter Ehe verheiratet war, hat mit mir kurz vor seinem Tod das anliegend beigegebene Testament errichtet, das ich heute beim Nachlassgericht eingereicht habe. Sie haben das Ferienhaus Ihres Vaters in Besitz genommen. Ich verbiete Ihnen dies, ich bin die alleinige Erbin des Erblassers. Ich fordere Sie auf, mir umgehend den Schlüssel des Ferienhauses zu übersenden.

Mit vorzüglicher Hochachtung

Renate Schneider

Zur Vorbereitung des Mandantengesprächs mit dem Sohn des Erblassers kann der Anwalt das gemeinschaftliche Testament der Eltern des Mandanten, die Eröffnungsniederschrift und, wenn Zeit für eine Nachfrage beim Nachlassgericht besteht, das kurz vor dem Tod des Erblassers errichtete Testament zurückgreifen. 73

Er kann folgenden Sachverhalt skizzieren:

1. Ehe † 12. 4. 2001 2. Ehe

† Ilse Schneider ∞ Karl-Hermann Schneider ∞ Renate Schneider

Hannelore Müller Mandant

74 In der Zeichnung sollte das Todesdatum des Erblassers eingetragen und kenntlich gemacht werden, dass die Mutter des Mandanten vorverstorben sein dürfte. Es empfiehlt sich, grundsätzlich auch die Geburtsdaten einzutragen, schon um Problembewusstsein für den Fall zu schaffen, dass Testierfähigkeitsfragen eine Rolle spielen sollten.

75 Die Zeichnung macht es dem Anwalt möglich, abstrakte Begriffe (»Erblasser«) zu vermeiden, er kann, falls der Mandant Verwandtschaftsbezeichnungen (»meine Schwester«) verwendet, sich an Hand der Zeichnung orientieren oder diese sogleich vervollständigen, wenn er feststellt, dass sie noch Lücken aufweist. Bei Fällen, in denen die Erbfolge innerhalb mehrerer Generationen eine Rolle spielt, lassen sich die Verwandtschaftsverhältnisse ohne übersichtlichen Stammbaum nicht nachvollziehen.

76 Es ist eine Frage persönlichen Geschicks (und Geschmacks), ob neben den eben genannten Daten auch weitere Informationen eingetragen werden. Zu denken ist an die Funktion und Person des Testamentsvollstreckers (»TV«). Dasselbe gilt für etwaige Nacherben oder die Zuwendung von Vermächtnissen zu Gunsten (nahe stehender oder dritter) Personen. Ist der Anwalt für mehrere Personen tätig, kann er seine Mandanten durch Symbole oder farbige Hervorhebung kennzeichnen.

77 Er wird nach und nach seine eigene Zeichensprache entwickeln, etwa vor dem Tod des Erblassers weggefallene Personen streichen oder durch ein Kreuz kennzeichnen. Er kann die Daten der letztwilligen Verfügungen, deren wesentlichen Inhalt sowie die vorhandenen Vermögenswerte stichpunktartig zum Bestandteil der Skizze machen.

Praxis-Tipp:

78 *Ein Maximum an Informationen ist mit einem Höchstmaß an Klarheit und Übersichtlichkeit zu verbinden. Eine Skizze, die dem Anwalt die Orientierung nicht mehr ermöglicht, ist unbrauchbar, ja schädlich. Die Skizze soll lesbar sein wie ein Orientierungsplan. Sie muss dem Anwalt den »Kosmos« der erbrechtlichen Beziehungen der Beteiligten erschließen.*

79 Vorteil der Skizze ist es, etwaige Irrtümer, die sich aus unvollständigen schriftlichen Informationen ergeben können, im Mandantengespräch zu korrigieren. Hierzu ist es erforderlich, dass Anwalt und Mandant den Sachverhalt – anhand der Skizze – erörtern. Hierdurch gewinnt der Mandant den – zutreffenden – Eindruck, dass der Anwalt sich bereits mit der Sache intensiv beschäftigt und die Situation analysiert hat. Dies trägt zu dem immer wieder hervorzuhebenden Zweck des Gespräches – Vertrauenserwerb – bei.

Wird das Gespräch mit der Ermittlung seines persönlichen Umfelds begonnen, wird dem Mandanten früh deutlich, dass es sehr wesentlich um »harte Fakten« geht. Der Anwalt sollte aber durchaus den Eindruck vermitteln, er sei auch an dem persönlichen Hintergrund der Auseinandersetzung interessiert, er sollte diesen aber mandatsbezogen, also im Zusammenhang mit Strategie und Mandatsziel erörtern.[24] 80

3. Weichenstellung: Ziele und Strategie

Wie bereits angedeutet, erwartet kein Mandant, dass er vom Anwalt sofort auf jede seiner Fragen eine vollständige und detailgenaue Antwort erhält. Wenn er den Eindruck gewinnt, er sei »gut aufgehoben«, lässt sich auf dieser Basis aufbauen. 81

Es sollte noch im Gespräch festgelegt werden, wie die – möglichst präzise ermittelten – Ziele des Mandanten erreicht werden sollen. Dies gilt für ein beratendes Mandat, für Fragen der Nachfolgegestaltung, ebenso wie für den Streit unter Erben bzw mit dem Pflichtteilsberechtigten. Der Anwalt muss Alternativen entwickeln, muss verschiedene Möglichkeiten der Zielerreichung aufzeigen. 82

Praxis-Tipp:

Lässt sich ein Unternehmer über Möglichkeiten der Nachfolgegestaltung beraten, wird er häufig überfordert sein, sich für eine der in Betracht kommenden Varianten zu entscheiden. Er wird beispielsweise erwägen, ob der vom Anwalt ins Spiel gebrachte (beschränkte) Pflichtteilsverzicht seinen Kindern vermittelbar ist. Er wird entscheiden müssen, ob und in welchem Umfang er den vorgesehenen Nachfolger, aber auch etwaige weichende Erben in die Diskussion mit einbezieht. Die rechtlichen und persönlichen Vorteile diverser Gestaltungsmöglichkeiten sind zu erörtern. 83

Klar ist jedenfalls, dass der Anwalt nicht allein entscheiden kann, mit welchen Mitteln und auf welchem Weg das Mandatsziel erreicht werden soll. Fälle, in denen es nur **einen** sinnvollen und zielführenden Weg gibt, sind sehr selten. In der Regel muss der Anwalt seinem Auftraggeber darlegen, welche Mittel für die Zielerreichung in Betracht kommen, welche Konsequenzen die eine oder andere Vorgehensweise hat. Er muss durchaus erkennen lassen, welchen Weg er für den vorzugswürdigen hält. Wenn sich für ihn abzeichnet, welche Empfehlung die richtige ist, obliegt es ihm, den Mandanten zu steuern. Kommen mehrere Möglichkeiten in Betracht, etwa außergerichtliches Verhandeln oder Klageerhebung, muss der Mandant über die Vorteile der einen oder anderen Vorgehensweise informiert werden. Entscheiden kann der Mandant aber nur, wenn er alle Varianten vor Augen hat, wenn er Vertrauen in die Vollständig- 84

24 Schmidt, aaO, S 469 betont in diesem Zusammenhang, dass das Vertrauen nicht »persönliche, herzliche Übereinstimmung« bedeutet, sondern von einer »eigentümlichen Vielschichtigkeit« geprägt ist, dem die »emotionale Bindung« fehlt.

keit und Richtigkeit der Darlegungen seines Anwalts gewinnt und überzeugt ist, dass auch die persönlichen und wirtschaftlichen Implikationen der Angelegenheit berücksichtigt werden.

V. Vollmachtserteilung

85 Im Verlaufe des Mandantengespräches wird sich ergeben, ob der Anwalt nach außen tätig werden soll, etwa um eine Stellungnahme gegenüber dem Gegner abzugeben, ein gerichtliches Verfahren einzuleiten oder sich in einem anhängigen Verfahren (FGG-Verfahren oder Zivilprozess) zu bestellen. Auch in Angelegenheiten, die erkennbar nur eine interne Beratung zum Gegenstand haben, etwa bei der Nachfolgeplanung, muss sich der Anwalt häufig legitimieren, etwa wenn er Informationen beim Nachlassgericht, dem Grundbuchamt oder dem Registergericht einholt. Er benötigt hierzu eine Vollmacht, ggf eine Prozessvollmacht. Droht gerichtlicher Streit, sollte er sich vorsorglich beide Vollmachten unterzeichnen lassen.[25]

86 Der Anwalt, der absehen kann, dass er sich gegenüber mehreren Personen oder Behörden mit einer Originalvollmacht legitimieren muss, sollte sich in ausreichender Anzahl Formulare unterschreiben lassen. Er kann sich durch die Verwendung beglaubigter Fotokopien behelfen, darf aber nicht übersehen, dass bei Abgabe einer einseitigen Erklärung (Kündigung beispielsweise) die Beifügung der Originalvollmacht erforderlich ist,[26] um die Rechtsfolge des § 174 BGB zu vermeiden. Durch die Vollmachtsunterzeichnung ist der Anwalt nach außen legitimiert, er kann beispielsweise mit bindender Wirkung für den Mandanten Vergleiche abschließen (vgl § 81 III ZPO). Dies ändert nichts daran, dass er aufgrund des Mandatsvertrages gehalten ist, einzelne Schritte, gerade auch den Abschluss eines Vergleiches, mit seinem Auftraggeber abzustimmen, um sich vor Regressansprüchen zu schützen.[27] Der Mandant muss so beraten werden, dass er das Für und Wider des Vergleichs abwägen kann.[28]

87 Zu klären ist, ob aus taktischen Gründen der Anwalt selbst nicht nach außen in Erscheinung tritt, beispielsweise der Mandant selbst einen Erbschein beantragt oder sich im Erbscheinverfahren ohne Hinweis auf anwaltliche Beratung äußert oder ein vom Anwalt vorformuliertes Schreiben verwendet.

---

25 Commichau, Die anwaltliche Praxis in Zivilsachen, 3. Aufl., Rn 39

26 Palandt/Heinrichs, BGB, § 174 Rn 2 unter Hinweis auf BGH NJW 1981, 1210; NJW 1994, 1472. Auch die Vorlage einer Faxkopie reicht nicht (OLG Hamm NJW 1991, 1185, ebenso wenig das Angebot, die Urkunde beim Bevollmächtigten einzusehen (LG Mannheim Just 1976, 511).

27 Vgl Borgmann in: Büchting, Beck'sches Rechtsanwalts-Handbuch 2001/2002, E II Rn 35: Über den Vergleichsabschluss entscheidet der Mandant selbst. Anwaltspflicht ist es jedoch, den Entscheidungsspielraum des Mandanten durch umfassende Beratung so weit zu öffnen, dass der Mandant die Folgen seiner Entscheidung überdenken kann; der Mandant muss vor endgültigem Vergleichsabschluss Gelegenheit *zur Stellungnahme haben, er muss zustimmen:* BGH NJW 1994, 2085; NJW 1993, 1325, NJW-RR 1996, 567; OLG Oldenburg NJW-RR 1991, 1499

28 BGH NJW-RR 2000, 791

VI. Besonderheiten bei der Gestaltung letztwilliger Verfügungen

1. Die Last der Nachfolgeplanung

Der mittelständische Unternehmer, der den anwaltlichen Berater darum bittet, einen den gesellschaftsrechtlichen Vorgaben entsprechende Nachfolgeregelung zu entwerfen[29] und diese mit dem Gesellschaftsvertrag zu harmonisieren, steht unter besonderem Druck. Die Beispiele, in denen Unternehmer die Nachfolgeplanung behandeln wie andere Probleme des Unternehmensalltags und sich dieser Herausforderung pragmatisch stellen, sind eher die Ausnahme. In der Regel wird der wirtschaftlich erfolgreiche Mandant die mit weit reichenden, auch persönlichen Fragestellungen verbundene Nachfolgeregelung als Belastung empfinden. Der Anwalt darf in dieser Situation den Klienten nicht überfordern. Dies gilt allgemein für die Nachfolgeberatung, in der unterschiedliche Gestaltungsformen aufzuzeigen sind, die den Mandanten verwirren können. Vorschläge werden oft vorschnell akzeptiert und mit dem Bemerken kommentiert, der Anwalt werde schon wissen, wie die Regelung sinnvollerweise auszusehen habe. Dies hinzunehmen, ist ebenso falsch wie die Übersendung verschiedenster mit allen denkbaren Varianten versehener Entwürfe. Der Anwalt muss die Bedeutung einer ausgewogenen Planung und Abstimmung betonen, aber dafür sorgen, dass der Entwurf, den er oft schon auf der Basis des ersten Besprechungsergebnisses fertigt (und sei es auch nur um eine Diskussionsgrundlage zu haben), auch tatsächlich in eine ordnungsgemäße letztwillige Verfügung mündet. 88

Beispiel:

Ein mittelständischer Unternehmer, der seinen Betrieb an seinen Sohn weitergeben will, muss den Mut aufbringen, mögliche »Störfälle«, etwa die Geltendmachung des Pflichtteils, in Erwägung zu ziehen und sich entscheiden, ob er das Problem bereits zu seinen Lebzeiten zum Gegenstand von Verhandlungen mit der Familie macht. Denkbar ist die Erörterung eines beschränkten Pflichtteilsverzichts.[30] 89

Aber auch etwaige Vorwegempfänge und deren rechtliche und wirtschaftliche Konsequenzen müssen erörtert werden. Der Anwalt muss feststellen, ob die Beteiligung Dritter (des Ehepartners, der Kinder) in Betracht kommt. 90

29 Zu gesellschaftsrechtlichen Nachfolgeklauseln vgl Palandt/Edenhofer, BGB, § 1922 Rn 15 ff; zu derartigen Klauseln und deren Erörterung im Mandantengespräch Kerscher/Tanck/Krug, Das erbrechtliche Mandat, § 1 Rn 20

30 Vgl Ebenroth/Fuhrmann DB 1989, 2049; Nieder, Handbuch der Testamentsgestaltung, Rn 878

2. Fragenkatalog

91 An »harten Fakten« muss der Anwalt ermitteln:[31]

- Persönliche Daten aller Beteiligten (Testierende, Begünstigte, weichende Erben)
- Bisher errichtete letztwillige Verfügungen
- In welchem Güterstand lebt der Testierende?
- Welches Vermögen ist zu vererben?
  - Dabei ist neben der bloßen Auflistung der Vermögenswerte zu klären, ob einzelne Vermögensgegenstände einem besonderen Regime, etwa der Höfeordnung, unterliegen.[32]
- Wird die Rechtsnachfolge durch vertragliche Gestaltungen beeinflusst?
- Zu denken ist an die bereits erwähnten Fälle der Vererbung eines Gesellschaftsanteils, aber auch an etwa bereits errichtete Verträge zu Gunsten Dritter oder Lebensversicherungsverträge. Nachdem der Erblasser bereits aus seinem Vermögen – etwa durch Verträge zu Gunsten Dritter auf den Todesfall – weitgehend ausgegliederte Gegenstände nicht notwendig noch zu seinem Vermögen gehörig zählen wird, ist es sinnvoll, ihm die Auflistung eines umfassenden Verzeichnisses aller aktuell von ihm gehaltener Werte, einschließlich der eben erwähnten Verträge, aufzugeben
- Aufzählung der Vorwegempfänge
- Zu erörtern ist die Art des Empfangs (vgl § 2050 BGB), das mögliche Vorliegen einer Ausgleichsanordnung, eine mögliche Anordnung, wonach der Vorwegempfang auf den Pflichtteil angerechnet wird und die Konsequenzen einer möglichen Ergänzungspflicht iSd § 2325 BGB[33]
- Definition der Ziele und Festlegung der Begünstigten
  - ZB Sicherung des längerlebenden Partners oder der Lebensverhältnisse eines behinderten Kindes[34], Enterbung ungeliebter Kinder (Pflichtteilsentziehung im Extremfall), Weitergabe des Familienunternehmens an den vorgesehenen Nachfolger etc
- Regelungen außerhalb des Testaments
  - Schenkungen, Erb- und Pflichtteilsverzichtsverträge?
- Zweifel an der Testierfähigkeit
  - Frage: Vorbeugendes Gutachten eines Arztes sinnvoll?
- Form der letztwilligen Verfügung
- Familienrechtliche Anordnungen
- Testamentsvollstreckung
- Steuerfragen.

---

31 Vgl bezüglich der Einzelheiten Kapitel 2 und 9
32 Vgl hierzu Palandt/Edenhofer, BGB, § 1922 Rn 9
33 Vgl Kerscher/Tanck/Krug, Das erbrechtliche Mandat, Rn 33
34 Zum Behindertentestament vgl Kap 2 M Rn 569 ff

C. Fristen 37

ÜBERBLICK

C. Fristen

I. Tabellarische Übersicht

1. Materiell-rechtliche Fristen 92

Die Beachtung von Fristen gewinnt idR erst nach dem Erbfall an Bedeutung, wenn Fragen der Annahme oder Ausschlagung von Rechten/Pflichten im Raum stehen.

Rechtsgrundlage	Frist	Fristbeginn	Tatbestand
§§ 1944, 1946 BGB	6 Wochen	Kenntnis vom Anfall der Erbschaft und dem Berufungsgrund	Ausschlagung der Erbschaft
§§ 1944, 1946 BGB	6 Monate, wenn der Erblasser seinen letzten Wohnsitz im Ausland hatte oder sich der Erbe bei Fristbeginn im Ausland aufhält	Eintritt des Erbfalls	Ausschlagung der Erbschaft
§§ 1954 I – III BGB	6 Wochen	Kenntnis vom Anfechtungsgrund seit Annahme/Ausschlagung	Anfechtung der Annahme/Ausschlagung der Erbschaft
§§ 1954 I – III BGB	6 Monate, wenn Erblasser seinen letzten Wohnsitz im Ausland hatte oder sich der Erbe bei Fristbeginn im Ausland aufhält	Kenntnis vom Anfechtungsgrund seit Annahme/Ausschlagung	Anfechtung der Annahme wie vorstehend oder Ausschlagung der Erbschaft
§ 1956 BGB	6 Wochen/ 6 Monate	Kenntnis vom Anfechtungsgrund seit Annahme/Ausschlagung	Anfechtung der Annahme oder Ausschlagung der Erbschaft
§ 1956 BGB	6 Wochen/ 6 Monate	Wie vorstehend	Anfechtung der Versäumung der Ausschlagungsfrist
§§ 1965 BGB, 950 ZPO	6 Wochen	Erstes Einrücken des Aufgebots	Aufgebotsverfahren bzgl Erbrecht des Fiskus

Rechtsgrundlage	Frist	Fristbeginn	Tatbestand
§ 1969 BGB	30 Tage	Erbfall	Voraus
§§ 1973, 1974 BGB	5 Jahre	Erbfall	Ausschluss eines Nachlassgläubigers
§ 1974 BGB	5 Jahre	Erbfall	Versäumniseinrede gegen Nachlassgläubiger
§ 1981 BGB	2 Jahre	Annahme der Erbschaft	Antrag auf Nachlassverwaltung
§ 2014 BGB	3 Monate	Annahme der Erbschaft	Dreimonatseinrede
§ 2015 BGB	1 Jahr	Annahme der Erbschaft	Aufgebot der Nachlassgläubiger
§ 2034 II BGB	2 Monate	Empfang der Mitteilung über den Inhalt des abgeschlossenen Vertrages	Ausübung des Vorkaufsrechts
§ 2044 II BGB	30 Jahre	Erbfall	Ausschließung der Auseinandersetzung durch den Erblasser
§ 2061 BGB	6 Monate	Letzte Einrückung im Bundesanzeiger oder sonstigem Blatt	Privataufgebot der Nachlassgläubiger
§ 2060 Nr. 2 BGB	5 Jahre	Erbfall	Haftungsbeschränkung
§§ 2078 f, 2082 BGB	1 Jahr	Kenntnis vom Anfechtungsgrund, seit dem Erbfall	Anfechtung einer letztwilligen Verfügung
§§ 2109, 2162 BGB	30 Jahre	Erbfall	Einsetzung eines Nacherben/Nachvermächtnisnehmers
§§ 2142, 1944, 2139 BGB	6 Wochen/ 6 Monate	Eintritt des Erbfalls, Eintritt des Nacherbfalls	Ausschlagung der Nacherbfolge
§§ 2209 f BGB	30 Jahre	Erbfall	Dauer der Verwaltungsvollstreckung
§§ 2249–2251 BGB	3 Monate	Errichtung des Nottestaments	Gültigkeitsdauer eines außerordentlichen Testaments

Tschichoflos

Rechtsgrundlage	Frist	Fristbeginn	Tatbestand
§ 2263 a BGB	30 Jahre	Übernahme in die amtliche Verwahrung	Eröffnung bei langer amtlicher Verwahrung
§§ 2281, 2283 I, II BGB	1 Jahr	Kenntnis vom Anfechtungsgrund, Beendigung der Zwangslage	Anfechtung eines Erbvertrages durch den Erblasser
§§ 2283 III, 206 I BGB	6 Monate	Wegfall der Geschäftsunfähigkeit	Gesetzlicher Vertreter des geschäftsunfähigen Erblassers hat den Erbvertrag nicht rechtzeitig angefochten
§ 2287 II BGB	3 Jahre	Anfall der Erbschaft	Rückforderung böswilliger Schenkungen
§§ 2306; 1944 II, III BGB	6 Wochen	Kenntnis vom Anfall der Erbschaft und dem Berufungsgrund	Ausschlagung des pflichtteilsberechtigten, beschwerten Erben
§§ 2308, 1954 II, III, 1955 BGB	6 Wochen	Kenntnis des Anfechtungsgrundes	Anfechtung der Ausschlagung durch den Pflichtteilsberechtigten
§§ 2308, 1954 II, III, 1955 BGB	6 Monate	Erblasser hatte den letzten Wohnsitz im Ausland oder Erbe war bei Fristbeginn im Ausland	Anfechtung der Ausschlagung durch Pflichtteilsberechtigte
§ 2332 BGB	3 Jahre	Kenntnis des Pflichtteilsberechtigten vom Eintritt des Erbfalls und der ihn beeinträchtigenden Verfügung	Verjährung des Pflichtteilsanspruchs
§§ 2340, 2343, 2082 BGB	1 Jahr	Erst nach Anfall der Erbschaft zulässig; Kenntnis vom Anfechtungsgrund	Anfechtung des Erbschaftserwerbs wegen Erbunwürdigkeit
§ 2345 BGB	1 Jahr	Erst nach Anfall der Erbschaft zulässig; Kenntnis vom Anfechtungsgrund: Seit dem Erbfall	Anfechtung eines Vermächtnis- oder Pflichtteilsanspruchs wegen Unwürdigkeit

Rechtsgrundlage	Frist	Fristbeginn	Tatbestand
§ 2361 BGB	1 Monat	Letztes Einrücken des Einziehungsbeschlusses nach Bekanntwerden	Einziehung des Erbscheins

93 **2. Verfahrensrechtlich bedeutsame Fristen**

Gegen Entscheidungen des Nachlassgerichts ist innerhalb von 2 Wochen ein Rechtsbehelf einzulegen:

Rechtsgrundlage	Fristbeginn	Rechtsbehelf	Entscheidung
§§ 76 II, 22 I FGG	Bekanntmachung	Sofortige Beschwerde	Anordnung der Nachlassverwaltung auf Antrag eines Nachlassgläubigers
§§ 77, 22 I FGG, §§ 3 Nr. 2 c, 11 I RPflG	Zeitpunkt der Bekanntgabe ggü dem Antragsteller	Sofortige Beschwerde	Bestimmung einer Inventarfrist, Verfügung über Erneuerung, Verlängerung der Frist
§§ 81 I, II, 22 I FGG	Bekanntmachung	Sofortige Beschwerde	Ernennung/Entlassung eines Testamentsvollstreckers
§ 81 I FGG, § 3 Nr. 2 c, 11 I RPflG	Bekanntmachung	Sofortige Beschwerde	Verfügung, durch die dem Testamentsvollstrecker eine Erklärungsfrist zur Annahme des Amtes bestimmt wird
§§ 83 a, 53 a, 60 I Nr. 6, 22 I FGG; §§ 3 Nr. 2 c, 11 I RPflG	Bekanntmachung	Sofortige Beschwerde	Beschluss über die Stundung des Pflichtteilsanspruchs
§§ 96, 22 I FGG, §§ 3 Nr. 2 c, 11 I 2 RPflG	Bekanntmachung	Sofortige Beschwerde	Beschluss, durch den eine Vereinbarung oder Auseinandersetzung bzgl des Nachlasses bestätigt wird
§§ 96, 22 I FGG, §§ 3 Nr. 2 c, 11 I RPflG	Bekanntmachung	Sofortige Beschwerde;	Beschluss über die Wiedereinsetzung

Rechtsgrundlage	Fristbeginn	Rechtsbehelf	Entscheidung
		befristete Erinnerung	in den vorigen Stand bei Terminversäumnis über die Nachlassauseinandersetzung
§§ 3 Nr. 2 c, 11 II 1 RPflG	Bekanntmachung	Befristete Erinnerung	Verfügung, durch die der Erblasser einem Dritten eine Erklärungsfrist gesetzt hat

Zur Wahrung der Frist genügt eine beim Gericht 1. Instanz oder beim Beschwerdegericht eingelegte Beschwerde (§§ 21, 29 S 1 FGG). 94

Gegen die Ablehnung der og beantragten Entscheidungen ist grundsätzlich die sofortige **Beschwerde** gemäß §§ 19, 20 II, 22 FGG statthaft. Lediglich bei Verfügungen, durch die der Erblasser einem Dritten eine Frist zur Erklärung gesetzt hat, findet die Erinnerung nach § 3 Nr. 2 c, 11 II 1 RPflG statt. 95

II. Die erbrechtlichen Fristen im Einzelnen

1. Materiell-rechtliche Fristen

a. Ausschlagung der Erbschaft 96

Nach § 1944 I BGB beträgt die Ausschlagungsfrist für die Erbschaft grundsätzlich **6 Wochen**. Die Frist verlängert sich auf **6 Monate**, wenn der Erblasser seinen letzten Wohnsitz nur im Ausland hatte oder wenn sich der Erbe bei Beginn der Ausschlagungsfrist im Ausland aufgehalten hat, § 1944 III BGB.

Die Frist zur Ausschlagung der Erbschaft beginnt nach § 1944 II BGB mit dem Zeitpunkt, in welchem der Erbe vom Anfall und dem Grunde der Berufung Kenntnis erlangt hat. Der Erbe weiß dann vom Anfall der Erbschaft, wenn er die Tatsachen kennt, die seine Erbenstellung begründen, dh wenn er weiß, dass der Erblasser gestorben oder für tot erklärt wurde, eine verwandtschaftliche Beziehung bestand und ggf vorrangig erbberechtigte Verwandte weggefallen sind. Dies gilt auch in dem Fall, dass Erbberechtigte die ihnen angefallene Erbschaft ausgeschlagen haben. Die Ungewissheit über die Höhe des Nachlasses bzw Erbteils oder Zweifel über die Auslegung einer Verfügung von Todes wegen kann den Anfall der Erbschaft nicht ausschließen.

Praxis-Tipp:

Glaubt der Erbe, es gebe keinen Nachlass oder geht er davon aus, dass der Nachlass überschuldet ist, so kann dies bei einem Laien uU zur Unkenntnis vom Anfall der Erbschaft führen.[1]

Für die **Kenntnis des Berufungsgrundes** ist es erforderlich, dass der Erbe weiß, ob er aufgrund einer Verfügung von Todes wegen oder aufgrund gesetzlicher Erbfolge zum Erben berufen ist. Für den gewillkürten Erben kommt es nicht darauf an, zu wissen, ob er in einem Testament oder einem Erbvertrag zum Erben eingesetzt wurde.

Dem **gesetzlichen Erben** muss der Sachverhalt bekannt sein, aus dem sich die gesetzliche Erbfolge ableiten lässt. Darüber hinaus bedarf er der Kenntnis darüber, dass es keine Verfügung von Todes wegen gibt, die den Eintritt der gesetzlichen Erbfolge ausschließen könnte. Die Kenntnis fehlt, wenn der gesetzliche Erbe aufgrund von Tatsachen davon ausgeht, es existiere ein Testament oder ein Erbvertrag, der ihn von der gesetzlichen Erbfolge ausschließe.[2]

Tatsachen- und Rechtsmängel **verhindern** regelmäßig, dass die erforderliche Kenntnis beim Erben eintritt.[3]

97 b. Anfechtung der Annahme/Ausschlagung der Erbschaft

Nach § 1954 I BGB kann die Anfechtung der Annahme oder der Ausschlagung nur binnen einer Frist von **6 Wochen** erfolgen. Unter den gleichen Voraussetzungen und Abgrenzungen wie bei der Ausschlagung verlängert sich die Frist auf **6 Monate**, wenn der Erblasser seinen letzten Wohnsitz nur im Ausland hatte oder sich der Erbe bei Fristbeginn im Ausland aufhält, § 1954 III BGB.[4]

Die Anfechtung ist nur möglich, wenn die Annahme- oder Ausschlagungserklärung auf einem Irrtum, auf einer Drohung oder arglistigen Täuschung beruht. **Entsprechend den Fristenregelungen in den §§ 121, 124 II BGB** beginnt die Anfechtungsfrist bei der Drohung in dem Zeitpunkt, in welchem die Zwangslage aufhört; beim Irrtum sowie der arglistigen Täuschung fängt die Frist dann an zu laufen, wenn der Anfechtungsberechtigte Kenntnis vom Anfechtungsgrund erlangt hat, § 1954 II BGB. Allerdings bedeutet Kenntnis vom Anfechtungsgrund nicht gleich Kenntnis vom Anfechtungsrecht. Im Übrigen ist es bei der **Irrtumsanfechtung**, entgegen der gesetzlichen Regelung in § 121 BGB, **nicht** erforderlich, dass die Anfechtung **unverzüglich** erfolgt.

---

1 BayObLG 33, 334; aA: MüKo/Leipold, § 1944 Rn 11
2 OLG Hamm NJW 1969, 1355
3 BayObLG NJW 1967, 1135
4 Vgl Rn 96

Praxis-Tipp:

Die Anfechtung der Annahme- bzw. Ausschlagungserklärung unterliegt nach § 1954 IV BGB einer ***Ausschlussfrist von 30 Jahren****, dh wenn seit der Annahme oder Ausschlagung der Erbschaft 30 Jahre verstrichen sind, ist eine Anfechtung nicht mehr möglich. Die Regelung entspricht §§ 121 II, 124 III BGB.*

c. Anfechtung der Versäumung der Ausschlagungsfrist 98

Die Versäumung der Ausschlagungsfrist kann nach § 1956 BGB in gleicher Weise angefochten werden wie die Annahme der Erbschaft. Die **Anfechtungsfrist** bestimmt sich **nach § 1954 BGB** und beginnt entsprechend der Regelung in Abs. 2 in dem Zeitpunkt der sicheren Kenntnis vom Ablauf der Ausschlagungsfrist und ihrer rechtlichen Wirkungen durch den Anfechtungsberechtigten.[5]

Lange Zeit war umstritten, inwieweit der Rechtsirrtum (Unkenntnis von der Existenz, Dauer oder dem Lauf der Ausschlagungsfrist durch den Erben) Einfluss auf die Anfechtung der Fristversäumnis hat. Zwischenzeitlich ist es einhellige Auffassung,[6] dass wegen der Gleichstellung von Ausschlagung und Annahme in § 1956 BGB sowohl die **wissentliche als auch die unwissentliche Fristversäumnis** erfasst werden soll, wobei aber auch die sonstigen Voraussetzungen der Irrtumsanfechtung vorliegen müssen. Ausreichend ist demnach das Wissen um die Bedeutung des Ablaufs der Ausschlagungsfrist und den die Anfechtung begründenden Irrtumstatbestand.

d. Aufgebotsverfahren 99

Nach fruchtlosem Ablauf der vom Nachlassgericht gesetzten Frist zur Erbenermittlung des § 1964 I BGB ist das Aufgebotsverfahren nach § 1965 BGB in Gang zu setzen. Dabei handelt es sich nicht um ein förmliches Aufgebotsverfahren iSd §§ 946 ff ZPO mit den sich daraus ergebenden Konsequenzen (Androhung von Rechtsnachteilen, Ausschlussurteil), sondern es richten sich lediglich die Art der Bekanntmachung und die Dauer der Ausschlussfrist nach den Vorschriften der §§ 948–950 ZPO. Danach beträgt die **Anmeldefrist mindestens 6 Wochen**, der **Nachweis der Rechte** ist innerhalb einer weiteren Frist von **3 Monaten** zu erbringen, § 950 ZPO.

Zu beachten ist, dass das Erbrecht auch noch in der Dreimonatsfrist angemeldet werden kann, sofern der Feststellungsbeschluss bereits zuvor erlassen wurde. Dies führt allerdings **nicht zu einer Verlängerung** der Nachweisfrist. Nach Ablauf der Frist zum Nachweis des Erbrechts kann ein dann geltend gemachtes Erbrecht nicht mehr berücksichtigt werden.

---

5 OLG Hamm, FamRZ 1985, 1185

6 RGZ 143, 419, 423; OLG Hamm, FamRZ 1985, 1185; Palandt/Edenhofer § 1956 Anm 1, Rn 1; Erman/Schlüter § 1956 Rn 2; Staudinger-Otte/Marotzke § 1956 Rn 3; Brox, Rn 305

100 e. Dreißigster

Das gesetzliche Vermächtnis des Dreißigsten (§ 1969) steht den **Familienangehörigen** des Erblassers zu, die **zu seinem Hausstand** (§ 1619 BGB) gehört haben, dh die in einer persönlichen Beziehung zum Erblasser standen und wegen ihrer tatsächlichen Aufnahme in die Familiengemeinschaft als zum Erblasser gehörend anzusehen sind.[7] Zu den Familienangehörigen zählen nicht nur die Personen, die der Familie im rechtlichen Sinne zuzuordnen sind, also Ehegatte, Kinder, Verwandte und Verschwägerte, sondern auch diejenigen Personen, die in einer sozialen Beziehung zum Erblasser und dessen Familie stehen, dh Pflegekräfte, Freunde und Pflegekinder.[8] Auch der getrennt lebende überlebende Ehegatte hat, selbst wenn er bereits Scheidungsantrag gestellt hat, Anspruch auf den Dreißigsten, da es lediglich auf den tatsächlichen, nicht aber auf den rechtlichen Bestand der Beziehung ankommt.[9] Nicht zum Kreis der Familienangehörigen ist die im Haushalt beschäftigte Person zu rechnen, da sie für die geleisteten Dienst Arbeitsentgelt und keinen Unterhalt erhält. Die Frage, ob der nichteheliche Lebensgefährte als Familienangehöriger iSd § 1969 BGB einzustufen ist, wird derzeit noch streitig beurteilt.[10]

Neben der Eigenschaft als Familienangehöriger müssen die betreffenden Personen **vom Erblasser Unterhalt bezogen** haben, wobei es unerheblich ist, ob eine entsprechende Verpflichtung von Seiten des Erblassers bestand oder nicht.

Der Anspruch richtet sich gegen den/die Erben und ist **innerhalb der ersten 30 Tage nach dem Eintritt des Erbfalls** geltend zu machen. Der Umfang der Forderung bestimmt sich danach, in welcher Art und Weise der Erblasser tatsächlich Unterhalt bezahlt und die Benutzung der Wohnung und der Hausratsgegenstände gestattet hat. Wird der Haushalt bereits vor Ablauf der 30 Tage aufgelöst, so steht dem Anspruchsberechtigten für die fortfallende Nutzungsmöglichkeit Anspruch auf Geldersatz zu.

101 f. Ausschluss eines Nachlassgläubiger/Versäumniseinrede

Nach § 1974 I BGB ist ein Nachlassgläubiger mit seiner Forderung, die er **später als 5 Jahre nach dem Erbfall** dem Erben gegenüber geltend macht, ausgeschlossen. Damit steht er einem im Aufgebotsverfahren ausgeschlossenen Gläubiger gleich. Entscheidend ist der Zeitraum zwischen dem Tod des Erblassers bzw der Rechtskraft der in S 2 genannten Beschlüsse bis zum Ablauf von 5 Jahren. Auf den Zeitpunkt der Feststellung des Todes kommt es dabei nicht an. Die Frist kann, da es sich um eine Ausschlussfrist handelt, weder gehemmt noch unterbrochen werden.

7 Staudinger/Marotzke § 1969 Rn 4 ff
8 BGH MDR 1980, 570
9 So Soergel/Stein § 1969 Rn 2; aA: Palandt/Edenhofer § 1969 Rn 1
10 Zustimmend: OLG Düsseldorf NJW 1983, 1566; MüKo/Siegmann, § 1969 Rn 2; Soergel/Stein, § 1969 Rn 2 mwN; ablehnend: Steinert, NJW 1986, 686

Der Anspruch ist geltend gemacht, wenn der Gläubiger vom

- Erben
- vorläufigen Erben
- Pfleger
- Verwalter
- verwaltenden Testamentsvollstrecker oder
- gesetzlichen/gewillkürten Stellvertreter

die Erfüllung der Forderung verlangt. Dabei ist es unerheblich, ob der Anspruch zunächst außergerichtlich oder gerichtlich verfolgt wird.

g. Nachlassverwaltung 102

Die Nachlassverwaltung wird vom Nachlassgericht angeordnet, wenn der Erbe deren Anordnung beantragt. **Neben dem Erben ist auch der Nachlassgläubiger** berechtigt, den Antrag auf Anordnung der Nachlassverwaltung zu stellen, wenn der Verdacht besteht, dass durch das Verhalten der Erben bzw deren Vermögenslage die Erfüllung der Ansprüche der Nachlassgläubiger nicht befriedigt werden können, § 1981 II BGB. Der Antrag der Gläubiger muss innerhalb einer **Ausschlussfrist von 2 Jahren** gestellt werden, wobei zu beachten ist, dass die Vorschriften der Hemmung (§§ 202 ff BGB) hier nicht anwendbar sind.

Die Frist beginnt in dem Zeitpunkt, in welchem die ausdrückliche oder zumindest schlüssige Annahme der Erbschaft erklärt wird. Fehlt es hieran, so ist für den Fristenlauf maßgebend, wann die **Ausschlagungsfrist abgelaufen** ist. Ist eine Miterbengemeinschaft am Nachlass beteiligt, so kommt es allein auf die letzte Annahmeerklärung an.

h. Dreimonatseinrede 103

Neben dem Erben können sowohl der Nachlassverwalter als auch der Nachlasspfleger und der Testamentsvollstrecker die Berichtigung einer Nachlassverbindlichkeit **bis zum Ablauf der ersten drei Monate nach Annahme** der Erbschaft verweigern, § 2014 BGB. Die Frist beginnt mit der Annahme der Erbschaft, spätestens an dem Tag, an dem die Ausschlagungsfrist endet (vgl §§ 1943, 1944 BGB).

Errichtet der Erbe freiwillig oder auf Antrag eines Nachlassgläubigers das Inventar, so **verliert** er dadurch die **Möglichkeit der Haftungsbeschränkung**, auch wenn die Dreimonatsfrist zu diesem Zeitpunkt noch nicht abgelaufen sein sollte.

104 i. Einrede des Aufgebotsverfahrens

Die Einrede des Aufgebotsverfahrens nach § 2015 BGB geht noch weiter als die Dreimonatseinrede: Durch diese Regelung erhält der Erbe länger Zeit, weitere, ihm unbekannte Nachlassgläubiger zu ermitteln und die Forderungen gleichmäßig zu befriedigen. Die Aufgebotseinrede nach § 2015 I BGB ist davon abhängig, dass der Erbe oder einer der Miterben den Antrag auf Erlassung des Aufgebots stellt und der Antrag zugelassen wird. Der Antrag muss **binnen eines Jahres** nach Annahme der Erbschaft erfolgen, wobei die Zulassung durch das Gericht später, dh nach Ablauf dieses Jahres ausgesprochen werden kann. Folge des Aufgebotserlasses ist die durch einstweilige Anordnungen verfügten Einstellungen der Zwangsvollstreckung (§§ 785, 769 ZPO).

Nach Erlass des Aufgebots kann der Erbe die Einrede des Aufgebotsverfahrens bis zur Verfahrensbeendigung geltend machen. Zur Beendigung des Verfahrens enthalten die Abs. 2 und 3 des § 2015 I BGB nicht abschließende Sonderregelungen: Unter bestimmten Voraussetzungen bzw beim Vorliegen bestimmter Umstände wird das Verfahrensende durch den Ablauf einer Zweiwochenfrist gekennzeichnet.

Folgende Umstände sind im Gesetz aufgeführt:

- Nichterscheinen des Erben im Aufgebotstermin
- Nichtstellen des Antrags auf Anberaumung eines neuen Termins innerhalb einer Frist von 2 Wochen
- Nichterscheinen auch im 2. Termin
- Verkündung der Entscheidung im Aufgebotsverfahren
- Erledigung einer rechtzeitig eingelegten Beschwerde nach §§ 952 IV, 577 II ZPO.

105 j. Vorkaufsrecht

Veräußert ein Mitglied einer Erbengemeinschaft seinen Erbanteil an einen Dritten, so beginnt die **Frist von 2 Monaten** nach § 2034 II BGB zur Ausübung des Vorkaufsrechts im Zeitpunkt des Empfangs der Mitteilung über den Inhalt des abgeschlossenen Vertrages, nicht erst mit der Benachrichtigung von der Übertragung gemäß § 2033 I BGB. Nach § 2035 II BGB ist die Benachrichtigung über die dingliche Erbteilsübertragung nur für die Frage von Bedeutung, wem gegenüber das Vorkaufsrecht ausgeübt bzw erklärt werden muss: Gegenüber dem Käufer oder dem Verkäufer.

Praxis-Tipp:

> *Die Erklärungsfrist zur Ausübung des Vorkaufsrecht läuft **für jeden Miterben gesondert**. Zu beachten ist, dass jedem vorkaufsberechtigten Miterben vom Käufer oder Verkäufer mitgeteilt werden muss, dass die Übertragung erfolgt.[11] Dabei steht ein Vertreter bzw Beauftragter des Käufers/Verkäufers diesem gleich. Allerdings reicht es nicht aus, wenn der Miterbe durch einen Dritten Kenntnis erlangt.*

Die Frist wird **nur in Lauf gesetzt**, wenn die Mitteilung den **Inhalt des Vertrages richtig, klar und vollständig wiedergibt**,[12] insbesondere muss ihnen der vereinbarte Kaufpreis richtig mitgeteilt werden.[13] Darüber hinaus sind die Vorkaufsberechtigten über alle Vertragsänderungen und -ergänzungen zu informieren. Denn nur bei Kenntnis aller entscheidungserheblicher Umstände sind Überlegungen möglich. Im Übrigen muss für den einzelnen Miterben zweifelsfrei erkennbar sein, dass es sich um eine rechtlich bedeutsame Erklärung handelt. Nur dann, wenn diese Voraussetzungen vorliegen, beginnt die Frist zu laufen. Sie läuft nur einmal, auch wenn eine Weiterveräußerung des Erbteils erfolgt.

Das **Vorkaufsrecht erlischt** nach Ablauf der Frist. Es endet auch dann, wenn auf die Ausübung des Vorkaufsrechts verzichtet wird. Der Verzicht kann formlos und zwar schon vor Fristbeginn erklärt werden.

k. Ausschluss der Auseinandersetzung 106

Durch die in § 2044 BGB enthaltene Möglichkeit der Anordnung einer Teilungsbeschränkung oder des Teilungsverbots nimmt der Erblasser Einfluss auf die Erhaltung des Nachlasses als Einheit. Die Einflussnahme ist aber in Abs. 2 zeitlich befristet: Die in der Verfügung von Todes wegen angeordnete Ausschließung der Auseinandersetzung wird unwirksam, wenn seit dem Eintritt des Erbfalls 30 Jahre verstrichen sind.

Darüber hinaus wird die Verfügung beim Eintritt bestimmter, in Abs. 2 S 2 genannter Voraussetzungen unwirksam. Dabei handelt es sich um folgende Regelung: Der Ausschluss der Auseinandersetzung kann bis zum

- Eintritt eines bestimmten Ereignisses in der Person eines Miterben
- Eintritt der Nacherbfolge
- Anfall des Vermächtnisses

hinausgeschoben werden.

11 BGH WM 1979, 1066
12 OLG Köln DNotZ 1959, 263
13 RG JW 1924, 1247

Praxis-Tipp:

> *Zu beachten ist, dass die Anordnung, die der Erblasser zum Ausschluss der Auseinandersetzung in seiner Verfügung von Todes wegen trifft, **über die 30jährige Ausschlussfrist hinaus** wirksam bleibt, dh die Anordnung ist auch dann noch wirksam, wenn das Ereignis erst nach Ablauf der Frist von 30 Jahren eintritt. Eine außerordentliche Kündigung, dh eine Kündigung aus wichtigem Grund, ist aber immer möglich.*[14]

Unabhängig davon können sich die Erben, da es sich um eine Anordnung mit schuldrechtlicher Wirkung handelt, über diese Regelung **durch einstimmige Vereinbarung hinweg setzen** und damit die Frist außer Kraft setzen. Allerdings kann weder das Auseinandersetzungsverbot des Erblassers noch die Vereinbarung der Miterben den Gläubigern der Miterben entgegengehalten werden.

107 l. Haftung nach der Teilung

Nach § 2060 Nr. 2 BGB haftet jeder Miterbe nach der Teilung des Nachlasses nur für den seinem Erbteil entsprechenden Teil einer Nachlassverbindlichkeit, wenn der Gläubiger seine Forderung später als **5 Jahre nach dem Erbfall** geltend gemacht hat. Dies gilt nicht, wenn die Forderung innerhalb dieser Frist den Miterben bekannt geworden ist oder der Gläubiger die Forderung im Aufgebotsverfahren angemeldet hat. Letztere muss dem Miterben nicht bekannt sein.

Die Frist berechnet sich vom Zeitpunkt des Erbfalls bzw ab Rechtskraft des Beschlusses in den Fällen des § 1974 I 2 BGB an, wobei **für jeden Miterben** die Frist **gesondert** zu laufen beginnt. Im Übrigen genügt zur Geltendmachung des Anspruchs die außergerichtlich ausgesprochene Mahnung oder auch die Anmeldung nach einem Privataufgebot gemäß § 2061 BGB (vgl Rn 108).

Von dieser Haftungsbeschränkung werden nur die Berechtigten aus Vermächtnissen, Auflagen oder Pflichtteilen iSd § 1972 BGB, nicht aber die dinglich gesicherten Gläubiger betroffen.[15]

108 m. Privataufgebot der Nachlassgläubiger

Durch die Aufforderung des Miterben, auch des unbeschränkt haftenden, an die Nachlassgläubiger, ihre Forderungen **innerhalb von 6 Monaten** bei ihm oder dem Nachlassgericht anzumelden, erhält er das Recht, die Auseinandersetzung nicht sofort durchführen zu müssen. Bei der Frist in § 2061 I 1 BGB handelt es sich um eine gesetzliche Ausschlussfrist[16] mit der Folge, dass die Miterben nach Ablauf der Sechs-Monatsfrist nur noch anteilig, dh ihrem

---

14 Soergel/Wolf, § 2044 Rn 5
15 Brox, Rn 701
16 RGZ 128, 47

Anteil entsprechenden Teil am Nachlass haften. Der Kenntnis steht die Anmeldung gleich. Die Kenntnis muss bei der Teilung vorliegen, wobei dieser Zeitpunkt auch dafür entscheidend ist, wenn die Teilung erst nach Fristablauf erfolgt.

Nach § 2061 II BGB **beginnt** die Frist zur Aufforderung der Nachlassgläubiger **mit der Veröffentlichung im Bundesanzeiger**,[17] dh mit dem letzten Einrücken dieser Aufforderung. Da es sich auch bei dieser Frist um eine Ausschlussfrist handelt, gilt die Vorschrift des § 203 BGB nicht.

n. Anfechtung einer letztwilligen Verfügung 109

Die Anfechtung einer letztwilligen Verfügung kann nach § 2082 I BGB nur **binnen Jahresfrist** erfolgen. Auch bei dieser Frist handelt es sich, da die Anfechtung ein Gestaltungsrecht darstellt, nicht um eine Verjährungs-, sondern um eine Ausschlussfrist. Als solche ist sie von Amts wegen zu berücksichtigen.

Die Jahresfrist beginnt entsprechend der gesetzlichen Regelung in Abs. 2 des § 2082 BGB mit dem Zeitpunkt, in welchem der Anfechtungsberechtigte vom Anfechtungsgrund Kenntnis erlangt, frühestens mit dem Erbfall. Die Kenntnis muss sich dabei auf folgende Umstände erstrecken:

- Anfechtungsgrund
- Errichtung einer Verfügung von Todes wegen
- Vorliegen eines Irrtums oder einer Drohung bei der Errichtung der letztwilligen Verfügung
- Inhalt der letztwilligen Verfügung, soweit er den Anfechtungsberechtigten benachteiligt
- Erbfall.

Da es sich bei der Anfechtungsfrist um eine **Ausschlussfrist** handelt, ist eine Unterbrechung der Frist grundsätzlich nicht möglich. § 2082 II 2 BGB erklärt aber die für die Verjährung geltenden Vorschriften der §§ 203, 206 und 207 BGB für entsprechend anwendbar:

- So wird im Fall des **Stillstands der Rechtspflege** in § 203 BGB lediglich dann die Frist unterbrochen, wenn die Anfechtung dem Nachlassgericht gegenüber erklärt wird, nicht aber auch dann, wenn die Anfechtung dem Begünstigten gegenüber erfolgt.
- Ist eine **geschäftsunfähige oder beschränkt geschäftsfähige Person** ohne gesetzlichen Vertreter, so wird nach § 206 BGB die gegen sie laufende Verjährungsfrist nicht vor dem Ablauf von 6 Monaten nach dem Zeitpunkt vollendet, in dem die Person geschäftsfähig bzw. der Mangel der Vertretung aufhört.

17 Gesetz über öffentliche Bekanntmachungen vom 17. 5. 1950, BGBl S 183

➢ Nach § 207 BGB verjährt der **Anspruch, der zum Nachlass gehört** oder sich gegen den Nachlass richtet, nicht vor Ablauf von 6 Monaten nach dem Zeitpunkt, in dem
– die Erbschaft angenommen,
– das Insolvenzverfahren über den Nachlass eröffnet oder
– der Anspruch vom oder gegen den Vertreter geltend gemacht wird.

Im Übrigen ist die Anfechtung dann **ausgeschlossen**, wenn seit dem Erbfall 30 Jahre verstrichen sind, § 2082 III BGB. Eine Hemmung ist nicht möglich.

110 o. Einsetzung eines Nacherben ua

Mit dem **Ablauf von 30 Jahren** nach dem Erbfall wird die Einsetzung eines Nacherben unwirksam, wenn nicht vor Ablauf dieser Frist der Nacherbfall eingetreten ist. Das hat zur Folge, dass der Vorerbe dadurch zum unbedingten und unbefristeten Vollerben wird.

Kann allerdings durch Auslegung der Verfügung von Todes wegen festgestellt werden, dass der Eintritt der Nacherbfolge nur so lange wie möglich hinausgeschoben werden sollte, der Nachlass dem Nacherben aber auf jeden Fall vom Erblasser zugedacht war, so erwirbt der Nacherbe nach Ablauf der Frist in § 2109 BGB die Erbschaft.

Darüber hinaus enthält die Vorschrift des § 2109 BGB zwei Ausnahmen, wonach die Nacherbeinsetzung unabhängig von der 30-Jahres-Frist wirksam bleibt. Damit kann, sofern die Voraussetzungen vorliegen, diese Frist beliebig überschritten werden.

Bei der **ersten Ausnahme** in § 2109 I 2 Nr. 1 BGB muss ein Ereignis in der Person des Vor- oder Nacherben vorliegen, das den Nacherbfall herbeiführt, wobei eine reine Potestativbedingung ausreicht. Im Übrigen sind hier auch die Umstände erfasst, die in einem Tun, Dulden oder Unterlassen des Betreffenden bestehen, wie zB Heirat, Tod, Geburt eines Kindes, Erreichen eines bestimmten Alters und dgl. Die Nacherbeinsetzung bleibt selbst dann wirksam, wenn der Vorerbe beim Erbfall lebt und den Erblasser um mehr als 30 Jahre überlebt.[18] Darüber hinaus ist erforderlich, dass der Betroffene im Zeitpunkt des Erbfalls lebt oder zumindest gezeugt ist.

Die **zweite Ausnahme** in § 2109 I 2 Nr. 2 BGB erfasst neben den leiblichen Geschwistern auch Halbgeschwister und Legitimierte gemäß §§ 1719, 1736 BGB. Dabei ist es unerheblich, ob es sich um eheliche oder nicht eheliche Geschwister handelt. Adoptivgeschwister werden von dieser Vorschrift nicht erfasst. Die zeitliche Begrenzung wird mit der Lebensdauer der Eltern des Vorerben begründet.

Eine **entsprechende Regelung** enthält auch § 2162 BGB **für das Vermächtnis**. Danach wird ein unter einer aufschiebenden Bedingung oder unter Bestimmung des Anfangstermins angeordnetes Vermächtnis **mit dem Ablauf von 30**

18 BayObLG FamRZ 1976, 104 und NJW-RR 1990, 199; OLG Köln MDR 1976, 756

Jahren nach dem Erbfall **unwirksam**, wenn nicht zuvor die Bedingung oder der Termin eingetreten ist. Die Frist berechnet sich nach der Vorschrift des § 188 II 1. Alt BGB und kann sich uU um die Empfängniszeit gemäß § 2178 BGB verlängern.

Werden **Kinder eines Dritten** mit einem Vermächtnis bedacht, bleibt dieser Dritte bis **30 Jahre** nach dem Erbfall aber kinderlos, so wird das Vermächtnis dann unwirksam, wenn der Dritte nicht zugleich Beschwerter iSd § 2163 I Nr. 1 BGB ist.

p. Ausschlagung der Nacherbfolge 111

Die Ausschlagungsfrist des § 1944 BGB, nach deren Ablauf eine wirksame Ausschlagung nicht mehr erklärt werden kann, beginnt **für den Nacherben** erst in dem Zeitpunkt, in dem er Kenntnis vom Nacherbfall erlangt (vgl §§ 2139 iVm 1944 II BGB).[19] Darüber hinaus muss er auch den Berufungsgrund kennen. Nach § 2306 I 2, 2. HS BGB kann der Beginn der Frist für den pflichtteilsberechtigten Nacherben weiter hinausgeschoben werden. Die drohende Verjährung des Pflichtteilsanspruchs (3 Jahre) kann den Pflichtteilsberechtigten uU veranlassen, bereits vor Eintritt des Nacherbfalls die Erbschaft auszuschlagen.[20]

Die Frist beträgt grundsätzlich **6 Wochen** bzw nach Abs. 3 **6 Monate**, sofern der Erblasser seinen letzten Wohnsitz nur im Ausland hatte oder sich der Erbe beim Fristbeginn im Ausland aufgehalten hat. Entscheidend ist der letzte Wohnsitz des Erblassers, nicht der des Vorerben.

q. Dauer der Verwaltungsvollstreckung 112

Hat der Erblasser in seiner Verfügung von Todes wegen die Testamentsvollstreckung in der Weise angeordnet, dass der Testamentsvollstrecker ausschließlich für die Verwaltung des Nachlasses zuständig sein soll (**Verwaltungsvollstreckung**), so wird die Anordnung dieser Verwaltungsvollstreckung dann unwirksam, wenn seit dem Erbfall **30 Jahre** verstrichen sind. Diese zeitliche Begrenzung gilt dann nicht, wenn sich aus der letztwilligen Verfügung des Erblassers ergibt, dass die Verwaltungsvollstreckung zu einem früheren Zeitpunkt enden soll. Neben einer auflösenden Bedingung kann der Erblasser auch bestimmen, dass der Beendigungszeitpunkt in das Ermessen des Testamentsvollstrecker gestellt ist.[21]

Darüber hinaus ist die 30jährige **Dauer** der Verwaltungsvollstreckung vom Gesetzgeber mehrfach **durchbrochen** worden. So kann zB der Erblasser anordnen, dass die Verwaltung des Nachlasses durch den Testamentsvollstrecker bis zum

19 BayObLGZ 66, 230; 274
20 RGZ 59, 341, 345
21 BayObLG NJW 1976, 1692

- Tod des Erben[22]
- Tod des Testamentsvollstreckers oder
- Eintritt eines anderen Ereignisses in der Person des Erben/Testamentsvollstreckers

fortgesetzt werden soll.

Sofern keiner dieser Gründe vorliegt, endet die Dauervollstreckung automatisch mit Zeitablauf, ohne dass es einer Niederlegung des Testamentsvollstreckeramtes bedarf.

113 **r. Gültigkeitsdauer eines außerordentlichen Testaments**

Ein außerordentliches Testament (Bürgermeistertestament, Drei-Zeugen-Testament und Seetestament) verliert seine Gültigkeit bzw gilt als nicht errichtet, wenn seit seiner Errichtung **3 Monate** verstrichen sind und der Erblasser noch lebt, § 2252 I BGB. Die Ungültigkeit tritt rückwirkend ein mit der Folge, dass ein in einem Nottestament widerrufenes früheres Testament wirksam bleibt.

Ist der Testator außer Stande, vor einem **deutschen Notar** ein Testament zu errichten, so sind nach § 2252 II BGB Beginn und Lauf der Frist gehemmt. Die Frist wird nicht in Lauf gesetzt, solange der Erblasser nicht in der Lage ist, eine privatschriftliche letztwillige Verfügung zu errichten. Dabei können ihn objektive oder subjektive Gründe (Absperrung, Fortdauer der Seereise oder Krankheit) daran hindern, ein notarielles Testament zu errichten.

Tritt der Erblasser eine **neue Seereise** an, bevor die 3-Monats-Frist abgelaufen ist, so wird die Frist dadurch unterbrochen und beginnt nach Beendigung der neuen Reise in voller Länge zu laufen, § 2252 III BGB.

Wird der Erblasser **für tot erklärt**, so bleibt das Nottestament gemäß Abs. 4 in Kraft, wenn er während des Fristenlaufs noch gelebt hat und die dreimonatige Frist noch nicht abgelaufen war.

114 **s. Eröffnung bei amtlicher Verwahrung**

Befindet sich ein Testament seit **mehr als 30 Jahren** in der amtlichen Verwahrung, so hat die verwahrende Stelle das Testament zu eröffnen, wenn die von ihr durchgeführten Ermittlungen ergeben haben, dass der Erblasser nicht mehr lebt.

Die Vorschrift erstreckt sich auf alle Verfügungen von Todes wegen, die sich in der amtlichen Verwahrung befinden, dh auch gemeinschaftliche Testamente und **Erbverträge**. Auf letztere findet die Vorschrift nur entsprechende Anwendung und zwar in der Weise, dass die Verwahrungsdauer mindestens **50 Jahre** bestanden haben muss, § 2300 a BGB.

22 Die anordnung der Dauertestamentsvollstreckung bis zum Tod des Erben ist nach Ansicht des OLG Zweibrücken, Rpfleger 1982, 106, nicht sittenwidrig.

Stellt sich heraus, dass der Erblasser noch lebte, als die Verfügung von Todes wegen eröffnet wurde, muss er über die Eröffnung informiert werden. Die Verfügung ist wieder zu verschließen und in die amtliche Verwahrung zu nehmen, wenn der Erblasser nichts anderes bestimmt. Zu beachten ist, dass dadurch die Gültigkeit der letztwilligen Verfügung nicht beeinträchtigt wird.

t. Rückforderung böswilliger Schenkungen 115

Hat der Erblasser in der Absicht, den Vertragserben zu beeinträchtigen, eine Schenkung gemacht, so kann der Vertragserbe, nachdem ihm die Erbschaft angefallen ist, innerhalb von **3 Jahren** im Wege des Bereicherungsanspruchs vom Beschenkten die Herausgabe des Geschenkes verlangen, § 2287 III BGB. Der Anspruch verjährt also in 3 Jahren, gerechnet vom Zeitpunkt des Anfalls der Erbschaft, und zwar unabhängig davon, ob der Vertragserbe Kenntnis von den Anspruchsvoraussetzungen hatte oder nicht. Mit dem Erbfall bzw dem Nacherbfall fällt die Erbschaft an. Ein gegen den Beschenkten gerichteter Auskunftsanspruch unterliegt derselben 3-jährigen Verjährungsfrist wie der Haupt- bzw Rückforderungsanspruch.

Praxis-Tipp:

> *Der Rückforderungsanspruch muss innerhalb der dreijährigen Verjährungsfrist geltend gemacht werden, die Ansprüche aus §§ 812 ff BGB verjähren dann in 30 Jahren.*

u. Pflichtteilsanspruch 116

Der Pflichtteilsanspruch verjährt in **3 Jahren**, gerechnet von dem Zeitpunkt an, in welchem der Pflichtteilsberechtigte vom Eintritt des Erbfalls und von der ihn beeinträchtigenden Verfügung Kenntnis erlangt; unabhängig von dieser Kenntnis spätestens 30 Jahre vom Eintritt des Erbfalls an, § 2332 I BGB. Bei der beeinträchtigenden Verfügung kann es sich entweder um eine Verfügung von Todes oder um ein Rechtsgeschäft unter Lebenden handeln.

Die **Verjährungsregelung in Abs. 1** betrifft nur folgende Pflichtteilsansprüche:

- Ordentlicher Pflichtteilsanspruch, § 2303 BGB
- Pflichtteilsrestanspruch, §§ 2305, 2307 BGB
- Ausgleichsanspruch, § 2316 II BGB
- Pflichtteilsergänzungsanspruch, §§ 2325, 2326 BGB sowie
- Zugewinnausgleichsanspruch, § 1378 IV 3 BGB.

Von dieser Verjährungsvorschrift des Abs. 1 sind **nicht erfasst**:

- Pflichtteilsergänzungsanspruch gegen den Beschenkten, § 2329

➢ Erbauseinandersetzungs-/Vermächtnisanspruch desjenigen, der zu einem seinem Pflichtteil entsprechenden Bruchteil als Erbe berufen bzw mit einem pflichtteilsgleichen Vermächtnis bedacht worden ist[23]

Der **Auskunftsanspruch** des Pflichtteilsberechtigten gemäß § 2314 BGB verjährt nach **30 Jahren** und wird durch die Einrede der Verjährung gegenüber dem Pflichtteils- oder Pflichtteilsergänzungsanspruch nicht entkräftet; allerdings müsse, so die Rechtsprechung des BGH, der Pflichtteilsberechtigte ein besonderes Informationsinteresse dartun, wenn sein Pflichtteilsanspruch oder sein Pflichtteilsergänzungsanspruch bereits verjährt ist.[24]

Für **die Hemmung der Verjährung** gelten die allgemeinen Vorschriften der §§ 202 ff BGB, wobei besonders die Stundung des Pflichtteilsanspruchs gemäß § 2331 a BGB zur Unterbrechung der Verjährung des Pflichtteilsanspruchs von Bedeutung ist.

Nach § 2332 II BGB beginnt die Verjährungsfrist für den **Ergänzungsanspruch** nach § 2329 BGB, der sich gegen den Beschenkten richtet, mit dem Zeitpunkt des Erbfalls, und zwar unabhängig von einer eventuellen Kenntnis der beeinträchtigenden lebzeitigen Verfügung und vom Umstand einer möglichen Personalunion von Beschenktem und Erben. Dh für den Lauf der Frist ist es unerheblich, ob der Beschenkte gleichzeitig auch Erbe oder Miterbe ist.[25]

Eine **Verjährungsunterbrechung** durch Hemmung tritt gemäß Abs. 3 nicht dadurch ein, dass die Pflichtteilsansprüche erst nach der Ausschlagung der Erbschaft oder eines Vermächtnisses geltend gemacht werden können. Die Verjährungsfrist beginnt somit nicht erst mit der Ausschlagung, sondern bereits mit der Kenntnis der verjährungsrelevanten Tatsachen, auch wenn die Ausschlagungsfrist für den Berechtigten noch läuft.

Praxis-Tipp:

Um die Verjährung des Pflichtteilsanspruchs zu unterbrechen, sollte der Berechtigte Klage erheben, auch wenn er bis zu diesem Zeitpunkt noch nicht ausgeschlagen hat. Die Ausschlagung kann bis zum ***Schluss der mündlichen Verhandlung*** *erklärt werden,[26] auch wenn dieser nach Ablauf der Verjährungsfrist liegt. Allerdings ist die mangels Ausschlagung rechtskräftig abgewiesene Klage nicht in der Lage, die Verjährung zu unterbrechen, auch wenn die Ausschlagung vom Berechtigten nachgeholt wird.[27]*

Der Zugewinnausgleichsanspruch nach § 1378 BGB verjährt ebenfalls nach **3 Jahren** (§ 1378 III BGB). Die Verjährungsfrist beginnt in dem Zeitpunkt, in welchem der Ehegatte Kenntnis von der Beendigung des Güterstandes erlangt. Endet der Güterstand durch den Tod eines Ehegatten und ist der

23 RGZ 113, 234
24 BGH FamRZ 1985, 384; FamRZ 1988, 716; FamRZ 1990, 41
25 BGH JR 1986, 110
26 Pentz NJW 1966, 1647
27 Pentz NJW 1966, 1647

überlebende Ehegatte nach § 1371 II BGB ausgeschlossen oder entscheidet er sich für die güterrechtliche Lösung in § 1371 III BGB, so finden daneben auch die Vorschriften über die Verjährung des Pflichtteilsanspruchs nach § 2332 BGB mit den darin vorgesehenen Voraussetzungen Anwendung.

v. Anfechtung wegen Erb-/Pflichtteilsunwürdigkeit 117

Die Anfechtung des Erbschaftserwerbs wegen Erbunwürdigkeit ist nach § 2340 iVm § 2082 BGB **binnen Jahresfrist** zu erklären, kann aber frühestens nach dem Anfall der Erbschaft erfolgen. Dies gilt auch bei der Vor- und Nacherbfolge: Mit dem Anfall der Erbschaft beim Vorerben kann gegenüber dem Nacherben die Anfechtung erklärt werden. Die Anfechtungsfrist beginnt für jeden Miterben gesondert zu laufen.

Die Anfechtungsfrist **beginnt** in dem Zeitpunkt, in welchem der Anfechtungsberechtigte sichere Kenntnis vom Anfechtungsgrund erlangt hat, dh seine Überzeugung objektiv darlegen und beweisen kann.[28] Aufgrund der in § 2082 BGB erfolgten Verweisung finden die für die Verjährung geltenden Vorschriften der §§ 203, 206 und 207 BGB entsprechende Anwendung.

Praxis-Tipp:

Die Frist beginnt zwar einem Nacherben gegenüber erst mit Eintritt des Nacherbfalls. Dies ändert aber nichts daran, dass die Anfechtung bereits vorher erfolgen kann.

Spätestens **30 Jahre** nach dem Erbfall endet in jedem Fall die Frist zur Anfechtung des Erbschaftserwerbs wegen Erbunwürdigkeit.

w. Einziehung eines Erbscheins 118

Kann der unrichtige Erbschein nicht sofort erlangt, dh eingezogen werden, so muss er vom Nachlassgericht durch Beschluss für kraftlos erklärt werden. Dieser Beschluss ist öffentlich bekannt zu machen. Die Bekanntmachung erfolgt durch Veröffentlichung entsprechend den für die öffentliche Zustellung einer Ladung geltenden Vorschriften der ZPO. Mit Ablauf einer Frist von **1 Monat** nach der letzten Einrückung des Beschlusses in die öffentlichen Blätter (Bundesanzeiger und ggf andere Blätter) wird die Kraftloserklärung ohne weiteres Zutun wirksam.

28 BGH FamRZ 1989, 967

119 2. Vom Nachlassgericht gesetzte Fristen

Das Nachlassgericht hat dem Erben, wenn ein Nachlassgläubiger dies beantragt, eine Frist zur Errichtung eines Inventars zu setzen, die zwischen einem und drei Monaten betragen kann, §§ 1994 f BGB.

Der Erblasser kann einem Dritten das Recht übertragen, die Person des Testamentsvollstreckers zu bestimmen. Einer der Beteiligten kann beantragen, dass das Nachlassgericht eine Frist bestimmt, innerhalb derer das Bestimmungsrecht auszuüben ist, § 2198 II BGB.

Das Nachlassgericht hat die Möglichkeit, dem eingesetzten Testamentsvollstrecker auf Antrag eines Beteiligten eine Frist zur Erklärung über die Annahme des Testamentsvollstreckeramtes zu setzen. Nimmt er während dieser Frist das Amt nicht an, gilt es als abgelehnt, § 2202 BGB.

D. Interessenkollision und Berufspflichten im erbrechtlichen Mandat 59

ÜBERBLICK

D. Interessenkollision und Berufspflichten im erbrechtlichen Mandat

I. Problemstellung

Es ist eine unerfreuliche, aber leider nicht zu leugnende Tatsache, dass Anwälte in Erwartung bedeutender Gebührenaufkommen berufsrechtliche Pflichten nicht, jedenfalls nicht mit der gebotenen Strenge beachten. Nahezu täglich kann man beobachten, dass die Vorgaben zur Kollisionsprüfung nicht mit der erforderlichen Sorgfalt beachtet werden. An der nonchalanten Handhabung der berufsrechtlichen Vorgaben sehen sich viele Anwälte noch nicht einmal durch strafrechtliche Sanktionen gehindert. Natürlich lässt sich diese Beobachtung nicht verallgemeinern. Während besonders penible und auf ihren Ruf bedachte Anwälte sich bereits strikt davor hüten, gegen Personen aufzutreten, die sie in einer **anderen** Sache vertreten oder vertreten haben,[1] sehen sich andere Vertreter des Berufsstandes beispielsweise nicht gehindert, mehrere Mitglieder einer Erbengemeinschaft in einer Streitsache zu vertreten, obwohl deren unterschiedliche Interessen mit Händen zu greifen sind.[2] Derjenige Anwalt, der – im Einklang mit früher geltenden berufsrechtlichen Vorgaben – bereits den »bösen Anschein«[3] der Vertretung widerstreitender Interessen vermeidet, liegt auf einer vernünftigen und im Ergebnis auch wirtschaftlich sinnvollen Linie. Gerade der Berater, der sich auf einem Rechtsgebiet als »Spezialist« bezeichnet oder bezeichnen lässt, profitiert mehr von übertrieben erscheinender Vorsicht und einem aufgrund Zweifeln hinsichtlich möglicher Interessenkollision mehr abgelehnten Mandat, als ihm ein einmal zuviel angenommener Auftrag an Rufschaden kosten kann. 120

Der Anwalt, der lieber ein Mandat zu viel als zu wenig ablehnt, wahrt nicht nur seinen Ruf, er schafft bei seinen Mandanten Vertrauen und häuft damit das Kapital an, über das er in besonders reichem Maße verfügen muss. Er beugt darüber hinaus der Gefahr vor, dass er Kenntnisse über den Mandanten in das Mandat für einen Gegner einbringt und sich selbst in Kollision zu seiner Verschwiegenheitspflicht setzt.[4] 121

1 Dahs, Handbuch des Strafverteidigers, 6. Aufl., Rn 77, bezeichnet das berufsrechtliche nicht verbotene Tätigwerden gegen früher in anderer Sache vertretene Auftraggeber als »geschmacklos«

2 Siehe zur Tätigkeit von mehreren Mitgliedern einer Erbengemeinschaft unten in diesem Kapitel Rn 148 ff

3 Vgl die frühere Fassung des § 46 der Standesrichtlinien: »Der Rechtsanwalt hat schon den Anschein der Vertretung widerstreitender Interessen zu vermeiden.»

4 Borgmann, BRAK-Mitt. 2/2000, S 77

II. Die berufsrechtlichen Regelungen: Verbot der Vertretung widerstreitender Interessen, § 43 a IV BRAO, § 3 I BO

1. Zweck der Regelungen

122 Die einschlägigen Regelungen finden sich in der Bundesrechtsanwaltsordnung und der Berufsordnung. **§ 43 a IV BRAO** lautet:

> »Der Rechtsanwalt darf keine widerstreitenden Interessen vertreten.«

Hierdurch soll das Vertrauensverhältnis zum Mandanten, die Unabhängigkeit des Rechtsanwalts und die im Interesse der Rechtspflege gebotene Geradlinigkeit der anwaltlichen Berufsausübung gewahrt werden.[5]

123 Dieses Verbot wird in **§ 3 I der Berufungsordnung** konkretisiert:

> »Der Rechtsanwalt darf nicht tätig werden, wenn er, gleich in welcher Funktion, eine andere Partei in derselben Rechtssache im widerstreitenden Interesse in unterschiedlichen Rechtssachen bereits beraten oder vertreten hat oder wenn er mit dieser Rechtssache in sonstiger Weise iSd §§ 45, 46 BRAO beruflich befasst war.«

Die Satzungsversammlung hat die kurze Fassung des § 43 a IV BRAO in § 3 BerufsO konkretisiert, indem sie das Tätigkeitsverbot näher definiert und seine Grenzen festgelegt hat.[6]

2. Tatbestandsvoraussetzungen des § 43 a IV BRAO

a. Interessenvertretung

124 Entgegen der Wortwahl bezieht sich die Verbotsregelung in § 43 a IV BRAO nicht nur auf die »Prozessvertretung«, die Regelung ist vielmehr umfassend zu verstehen. Sie bezieht sich auf jede Rechtsbesorgung der anwaltlichen Berufsausübung, die auf der Basis eines Anwaltsvertrages entfaltet wird, mithin auf jedes Tätigwerden in derselben Rechtssache, wie dies schon in § 45 Nr. 2 BRAO aF geregelt war.[7]

b. Tätigwerden in »derselben Rechtssache«

125 Der **Rechtsanwalt** darf widerstreitende Interessen dann nicht vertreten, wenn sie aus demselben Sachverhalt resultieren und als **»gegenläufig«** anzusehen sind.[8] »Dieselbe Rechtssache« liegt nicht erst dann vor, wenn es sich um einen identischen Streitgegenstand handelt, sondern wenn der Lebenssachverhalt,

---

5 Feuerich/Braun, BRAO § 43 a Rn 54; BT-Ds 12/4993, S 27
6 Hartung/Holl, Anwaltliche Berufsordnung § 3 Rn 6
7 Feuerich/Braun, BRAO § 43 a Rn 66 ff
8 Feuerich/Braun, BRAO § 43 a Rn 62

auf den sich das Mandat bezieht, als einheitlich qualifiziert werden muss. Damit ist nicht auf den einzelnen Anspruch abzustellen (beispielsweise den Pflichtteilsanspruch einerseits, die Abwehr desselben andererseits), sondern auf das »zugrundeliegende einheitliche Lebensverhältnis selbst«.[9] Vor diesem Hintergrund ist ebenso wie bei den Standardbeispielen »durch Ehe begründetes einheitliches Lebensverhältnis«[10] oder »Mietverhältnis«[11] auch bei einem Erbfall »dieselbe Rechtssache« gegeben.[12]

c. Interessengegensatz

Voraussetzung für die Anwendung der Verbotsnorm ist weiter, dass der Anwalt eine andere Partei in derselben Rechtssache (bei einem und demselben Erbfall, um im Beispiel fortzufahren) schon einmal in entgegengesetztem Interesse beraten oder vertreten hat oder sie weiterhin berät oder vertritt. Maßgebend ist dabei eine objektive Beurteilung der Interessenlage, nicht etwa die subjektive Einschätzung des Mandanten.[13] Es ist also – wie in der Praxis leider immer wieder versucht – nicht möglich, die Interessenkollision dadurch zu vermeiden, dass der Anwalt das Mandat in bestimmter Weise »ausrichtet«[14] und auf diese Weise beim Mandanten den Eindruck erweckt, er wäre nicht in gegenläufiger Weise tätig. Auch ändert am objektiven Verstoß gegen das Verbot die Tatsache nichts, dass der Mandant der Tätigkeit des Anwalts – in Kenntnis oder Unkenntnis der Verbotsnorm – zustimmt.[15] § 43 a IV schützt nicht (nur) den Mandanten, sondern die Rechtspflege als solche.[16] Maßgeblich ist mithin auch nicht, ob das Verhalten des Rechtsanwalts für seinen Mandanten schädlich oder für die andere Partei nützlich ist.[17] 126

Problematisch sind die Fälle, in denen Anwälte zwei Mandanten vertreten, die gleiche rechtliche Interessen, aber unterschiedliche wirtschaftliche Zwecke verfolgen. Hier erfolgt der Schutz des Mandanten über die Verschwiegenheitsverpflichtung iSd § 43 a II BRAO. Der Anwalt darf die ihm im Rahmen der Tätigkeit für den Mandanten offenbarten Tatsachen nicht einem anderen Mandanten zur Kenntnis bringen; dasselbe gilt selbstverständlich für den Fall, dass der Anwalt früher für den einen Mandanten tätig war, aktuell für den anderen auftritt. 127

9 EGH München, Urteil vom 17. 7. 1990 – BayEGH II – 5/90
10 BGH NStZ 1985, 74
11 Feuerich/Braun, BRAO § 43 a Rn 63
12 Zuck, Anwalts-ABC Berufsrecht, S 132 nennt als weiteres Beispiel den Verkehrsunfall
13 Zuck, aaO, S 133
14 Dahs, Handbuch des Strafverteidigers, Rn 77
15 Zuck, aaO, S 133
16 BGHSt 4, 80; 18, 19
17 OLG Düsseldorf, NJW 1989, 2901

3. Erstreckung des Verbots auf Sozietäten

128 § 45 III BRAO und § 3 II der Berufsordnung begründen besondere Pflichten für Sozietäten oder Mitarbeiter, auch für Bürogemeinschaften: Das Tätigkeitsverbot betrifft die Sozietät, mit der Folge, dass jeder Sozius in allen Fällen nicht tätig werden darf, in denen auch nur einer der anderen Sozien durch das berufsrechtliche Verbot an der anwaltlichen Tätigkeit gehindert ist.[18] Es sind alle Formen gemeinschaftlicher Berufsausübung einbezogen, mithin auch Partnerschaften, die Anwalts-GmbH, die in freier oder abhängiger Stellung erbrachte Mitarbeit und die Bürogemeinschaft.[19]

Besondere Probleme sind beim **Sozietätswechsel** zu beachten.

Beispiel:[20]

129 In der Sozietät A vertritt Rechtsanwalt B den Mandanten C gegen den Gegner D. In derSozietät E vertritt Rechtsanwalt F den Mandanten D gegen C.

Es sind verschiedene Konstellationen denkbar:

- Wechselt der Rechtsanwalt F von der Sozietät E in die Sozietät A, sind beide Bearbeiter der Sache nunmehr in einer Sozietät tätig und müssen entsprechend § 3 III BO ihren Mandanten unterrichten und die Mandate niederlegen.
- Wechselt der Rechtsanwalt G aus der Sozietät E, der mit dem Fall nichts zu tun hatte, in die Sozietät A, liegt kein Kollisionsfall vor. Die Sozietäten A und E können weiter im Verfahren C gegen D tätig sein.
- Wechselt der Bearbeiter F aus der Sozietät E in die Sozietät A, aus der vorher Rechtsanwalt B ausgeschieden ist, gibt es wiederum nur einen Bearbeiter in der Sozietät. Es liegt kein Kollisionsfall vor, vorausgesetzt, dass Rechtsanwalt B alle den Fall C gegen D betreffenden Unterlagen in der Sozietät A zurückgelassen hat und alle den Fall betreffenden Dateien im EDV-System gelöscht wurden.

130 **Zusammenfassend:** Es dürfen nicht die beiden »Gegen«-Bearbeiter in einer Sozietät zusammentreffen.[21]

131 Anders beurteilt der Bundesgerichtshof in seiner Entscheidung vom 6. 11. 2000[22] die Problematik des Sozietätswechsels. Der Leitsatz der Entscheidung lautet:

---

18 Feuerich/Braun, BRAO § 45 Rn 43
19 Feuerich/Braun, BRAO § 45 Rn 34
20 Nach Zuck, aaO, S 134
21 Zuck, aaO, S 134
22 BGH NJW 2001, 1572

Alle Mitglieder einer einen Sozietätswechsler aufnehmenden Sozietät trifft ein Tätigkeitsverbot in den Mandaten, auf deren Gegenseite die abgebende Sozietät bereits tätig geworden ist. Dies gilt auch dann, wenn der Sozietätswechsler in beiden Sozietäten (nur) sog Außensozius war und ist und unabhängig davon, ob der Sozietätswechsler mit der Sache persönlich befaßt war. Die Zustimmung der Parteien ist unbeachtlich.

Gegen diese Entscheidung wurde Verfassungsbeschwerde eingelegt. Das 132
Bundesverfassungsgericht hat die Vollziehung der BGH-Entscheidung durch einstweilige Anordnung vom 23. 3. 2001 bis zur Entscheidung über die Verfassungsbeschwerde, längstens für die Dauer von 6 Monaten, ausgesetzt.[23] Das Bundesverfassungsgericht hat sich aber noch nicht zur maßgeblichen Rechtsfrage, die in den der Entscheidung des Bundesgerichtshofs vorausgegangenen anwaltsgerichtlichen Instanzen unterschiedlich beurteilt wurde, geäußert.

Nach Ansicht des Bundesgerichtshofs werde der Mandant von allen Sozietäts- 133
mitgliedern vertreten, es sei deshalb unerheblich, ob der die Sozietät wechselnde Anwalt in der früheren Kanzlei das Mandat persönlich bearbeitet habe oder ob er in der neuen Sozietät das Mandat betreue. Es erscheint jedoch, gerade unter verfassungsrechtlichen Gesichtspunkten, richtig, mit dem Anwaltsgerichtshof Baden-Württemberg[24] bei einem Sozietätswechsel auf die aktuelle Gefährdung der Mandanteninteressen abzustellen. Diese werden ausreichend durch die Verschwiegenheitsverpflichtung des wechselnden Anwalts geschützt. War dieser mit der Sache nicht befasst, besteht keine Gefahr, dass Belange des Mandanten verletzt werden, so dass kein Anlass besteht, die Berufsfreiheit der »Sozietätswechsler« einzuschränken.

III. Frühere Tätigkeit und Vertretungsverbot

Auch frühere Tätigkeiten nach §§ 45, 46 BRAO führen zur Interessenkollisi- 134
on, wenn der Rechtsanwalt mit derselben Rechtssache beruflich befasst war.[25] Der Anwalt darf nicht tätig werden, wenn er in derselben Rechtssache als Richter, Schiedsrichter, Staatsanwalt, Angehöriger des öffentlichen Dienstes, Notar, Notarvertreter oder Notariatsverwalter tätig geworden ist oder als Notar, Notarvertreter oder Notariatsverwalter eine Urkunde aufgenommen hat, deren Rechtsbestand oder Auslegung streitig ist oder aus der die Vollstreckung betrieben wird. Er ist ferner an einer Tätigkeit gehindert, wenn er gegen den Träger des von ihm verwalteten Vermögens vorgehen soll, und zwar in Angelegenheiten, mit denen er als Konkurs-, Vergleichs-, Nachlassverwalter oder als Testamentsvollstrecker, Betreuer oder in ähnlicher Funktion bereits befasst war. Ferner umfasst das Tätigkeitsverbot des § 45 BRAO Angelegenheiten außerhalb der Anwaltstätigkeit oder sonstige Tätigkeiten iSd § 59 a I 1 BRAO, in denen er bereits beruflich tätig war; letzteres allerdings nicht, wenn die berufliche Tätigkeit beendet ist.

---

23 BVerfG NJW 2001, 1562

24 AnwGH Baden-Würtemberg, AGH 21/99 (II, Beschluß vom 9. 1. 1999, unveröffentlicht)

25 Zuck, aaO, S 133

135 Besondere Bedeutung in Erbrechtsfällen hat das Verbot des § 45 I Nr. 3 BRAO, nachdem dort spezifisch erbrechtliche Angelegenheiten genannt sind: Nachlassverwaltung und Testamentsvollstreckung, aber auch im Vorfeld erbrechtlicher Tätigkeiten: Betreuung beispielsweise.

136 Sinn und Zweck der Vorschrift ist ua die Vermeidung des Anscheins, dass der Rechtsanwalt früher erworbenes »Insiderwissen« verwenden kann.[26] Dem Testamentsvollstrecker oder Nachlassverwalter ist jedoch nicht jede anwaltliche Tätigkeit gegen den Träger des von dem Rechtsanwalt als Testamentsvollstrecker etc verwalteten Vermögens verboten, sondern nur eine solche, die Angelegenheiten betrifft, mit denen er kraft seiner früheren Amtstellung befasst war oder ist.

Beispiel:

137 Erleidet der Erbe mit seinem Privatwagen, der nicht zum Nachlass gehört, einen Unfall, kann der Testamentsvollstrecker die Interessen des Unfallgegners gegen den Erben vertreten.[27]

Die Beurkundung des Testaments des Erblassers ist keine Rechtsanwaltstätigkeit gegen den Nachlass.[28]

IV. Strafrechtlicher Parteiverrat, § 356 StGB

138 Die Strafvorschrift des § **356** StGB lautet:

»I. Ein Anwalt oder ein anderer Rechtsbeistand, welcher bei den ihm in dieser Eigenschaft anvertrauten Angelegenheiten in derselben Rechtssache beiden Parteien durch Rat oder Beistand pflichtwidrig dient, wird mit Freiheitsstrafe von drei Monaten bis fünf Jahren bestraft.

II. Handelt er im Einverständnis mit der Gegenpartei zum Nachteil seiner Partei, so tritt Freiheitsstrafe von einem Jahr bis zu fünf Jahren ein.«

139 »Dieselbe Rechtssache« des § 356 StGB meint wiederum jedes »einheitliche Lebensverhältnis«.[29] Vor diesem Hintergrund können zum einen ein Zivilprozess (Rentenanspruch gegen den Schädiger) und ein Strafprozess (Körperverletzung gegen den Schädiger) dieselbe Rechtssache betreffen.[30] Auch hier gilt: Trotz »absoluten Einverständnisses der Beteiligten«[31] wird die Strafrechtsnorm verletzt, wenn der Anwalt dem Mandanten pflichtwidrig dient: Auf den

26 DB-Ds 12/4993 S 29 f
27 Feuerich/Braun, BRAO § 45 Rn 24
28 BGH NJW 1997, 946
29 Dahs, Handbuch des Strafverteidigers, Rn 76
30 Tröndle/Fischer, StGB § 356 Rn 5; vgl auch die Beispiele bei Dahs, Handbuch des Strafverteidigers, Rn 76
31 Dahs, Handbuch des Strafverteidigers, Rn 76

Erfolg seiner Tätigkeit kommt es nicht an.[32] Auch § 356 StGB setzt allerdings einen Interessengegensatz voraus, wobei die durch den Auftrag der Parteien abgegrenzte, wirkliche Interessenlage, wie sie durch den Willen der Parteien gestaltet wird, maßgeblich ist.[33] Der Anwalt macht sich nur dann gemäß § 356 StGB strafbar, wenn er vorsätzlich handelt. Es reicht aber bereits aus, dass er die Tatumstände kennt,[34] aus denen sich ergibt, dass er für beide Parteien pflichtwidrig in derselben Rechtssache tätig wird, kennen müssen genügt nicht.[35]

V. Organisatorische Maßnahmen

Nicht nur, aber insbesondere bei den eben geschilderten Sozietätswechseln, lassen sich Kollisionsfälle meist nur herausfinden, wenn ein Gegnerregister geführt wird. Dieses – in der heutigen Zeit sinnvoller Weise nur im Rahmen der Datenverarbeitung zu verwaltende – Register hat auch ein Verzeichnis über die im Rahmen der §§ 45 I Nr. 1 bis 4 BRAO genannten Tätigkeiten zu umfassen.[36] Dies gilt auch und gerade für die überörtlichen Sozietäten. Anwälte, die ihr Büro gemeinsam mit Anwaltsnotaren ausüben (vgl § 59 a I 3 und 4 BRAO), müssen ein Verzeichnis der an Notargeschäften Beteiligten führen und auf dem Laufenden halten.[37] Das Verzeichnis sollte nicht nur die Parteien, also deren Namen umfassen, sondern auch Gesellschaften, Geschäftsführer und ansonsten mit dem Mandat verbundene Personen. Auch wenn es sich bei der Führung des Registers um eine »schwierige Aufgabe« handelt, die Konfliktfälle nicht völlig vermeiden kann,[38] beugt nur eine sorgfältige Beachtung der Kollisionsprüfung zu Beginn eines Mandats auf der Basis ständig aktualisierter Daten peinlichen späteren Mandatsniederlegungen oder – noch schlimmer – Haftungsfällen vor. 140

VI. Zivilrechtliche Konsequenzen des Tätigkeitsverbots

Ein Verstoß gegen das Verbot, widerstreitende Interessen wahrzunehmen, führt zur Nichtigkeit des Mandatsvertrages (§ 134 BGB).[39] Vergütungsansprüche können nur für Leistungen geltend gemacht werden, die bis zum Verstoß gegen das Verbot erbracht worden sind.[40] Falls ein Interessenwiderstreit erst nach der Übernahme eines neuen Mandates bemerkt wird, fordert die Berufsordnung die unverzügliche Niederlegung aller widerstreitender Mandate.[41] 141

32 BGH NJW 1964, 2430
33 Tröndle/Fischer, StGB § 356 Rn 7
34 BGHSt 7, 22
35 RGSt 71, 237
36 Feuerich/Braun, BRAO, § 45 Rn 35
37 Henssler/Prütting, BRAO, § 45 Rn 40; BGH NJW 1993, 196; BGH DNotZ 1992, 455
38 Borgmann, BRAK-Mitt. 2/2000, S 77
39 Zuck, aaO, S 135
40 Zuck, aaO, S 135
41 Westerwelle NJW 1997, 2785; auch nach der Mandatsübernahme besteht die Verpflichtung zur ständigen Kollisonsprüfung, Kääb NZV 1991, 171

Die zum strafrechtlichen Parteiverrat vertretene Ansicht,[42] es sei ausreichend, wenn lediglich das zeitlich spätere angenommene Mandat niedergelegt werde, ist für das Berufsrecht nicht maßgeblich.[43]

VII. Interessenkollision im Erbrechtsfall

1. Allgemeine Hinweise

142 Problembewusstsein muss der Anwalt bei der Annahme und Führung erbrechtlicher Mandate immer dann entwickeln, wenn er mehrere Personen vertritt, die vermeintlich dieselben Interessen verfolgen.

Fall:

143 *Erblasser E hat seine Tochter T als Alleinerbin eingesetzt, seine Söhne S1 und S2 enterbt. Beide Söhne bitten um Vertretung. Auf die lapidare Frage, ob Interessenkonflikte unter ihnen bestehen, antworten beide (potentielle) Mandanten mit: Nein. Zeigt der Anwalt vorschnell die Vertretung beider Mandanten an, ist er gehindert, beide Mandate fortzuführen, wenn sich im weiteren Verlauf herausstellt, dass S1 die Nichtigkeit des Testaments und damit seine Stellung als Miterbe verfolgt, S2 hingegen das Ziel hat, einen möglichst hohen Pflichtteilsanspruch durchzusetzen.*

Es ist deshalb sinnvoll, bereits vor Annahme des Mandats – etwa bei der Einladung zum Mandantengespräch – auf mögliche Konsequenzen der Interessenkollision hinzuweisen und die Interessenlage des potentiellen Auftraggebers abzuklären.

Musterformulierung:

144 *Sehr geehrter Herr Schmidt,*

Sie hatten mit Schreiben vom 1. 7. 2000 um Vertretung in Ihrer Erbrechtsangelegenheit gebeten und angekündigt, dass zum Gespräch in unserem Büro auch Ihr Bruder Hans-Hubert erscheinen werde. Ich weise vorsorglich darauf hin, dass zwar grundsätzlich die Möglichkeit besteht, dass ich für Sie und Ihren Bruder tätig werde. Dies gilt aber dann nicht, wenn unterschiedliche Interessen bestehen. Dieser vorsorgliche Hinweis ist deshalb erforderlich, weil ich gehindert wäre, beide Mandate fortzuführen, sollte sich im Laufe der Bearbeitung ein Interessenwiderstreit ergeben. Bitte prüfen Sie deshalb sehr sorgfältig, ob Ihre und die Interessen Ihres Bruders gleich laufen. Wir können Einzelheiten noch im Rahmen der Besprechung erörtern, vorsorglich möchte ich zunächst nur die Übernahme des Mandates für Sie, sehr geehrter Herr Schmidt, bestätigen.

42 Dingfelder/Friedrich, Parteiverrat und Standesrecht, 1987, S 63
43 Westerwelle NJW 1997, 2785

2. Einzelfälle

Gemeinschaftliches Testament

Nicht selten wollen sich Eheleute über die Formfragen eines Ehegattentestaments und die materiellen Regelungen einer derartigen letztwilligen Verfügung gemeinsam beraten lassen. Die Übernahme dieses Mandates für beide Ehepartner ist dem Anwalt grundsätzlich gestattet. Der Anwalt darf unterstellen, dass beide Ehegatten für ihre übereinstimmenden persönlichen Dispositionen möglichst sinnvolle und Streit vermeidende, die familiären Besonderheiten beachtenden Regelungen treffen wollen. Ein – die Fortführung des Mandats hindernder – Interessengegensatz kann sich jedoch dann ergeben, wenn die Ehegatten bereits früher eine gemeinschaftliche letztwillige Verfügung (Ehegattentestament oder Erbvertrag) errichtet hatten. Ist erkennbar, dass der eine Ehegatte die frühere Regelung für sinnvoll und ausreichend hält, der andere jedoch eine Revision der früheren Verfügungen anstrebt, ist der Interessengegensatz offenkundig, die Beratung beider Eheleute damit ausgeschlossen. Die Beratung durch den Rechtsanwalt, der auch nur die formellen Voraussetzungen für den Widerruf eines gemeinschaftlichen Testaments erläutert, begünstigt den einen Ehegatten, belastet den anderen. Sind derartige Konstellationen bereits vor Mandatsübernahme erkennbar, kann der Anwalt das Mandat nur für einen Ehepartner übernehmen. Stellt sich der Interessenstreit erst später heraus, muss der Anwalt das Mandat für beide Eheleute unverzüglich beenden.[44] 145

Mit Fingerspitzengefühl muss der Anwalt vorgehen, wenn einzelne Klauseln des Ehegattentestaments erörtert werden, beispielsweise Sinn und Zweck einer so genannten Wiederverheiratungsklausel.[45] Zwar mag es zutreffen, dass grundsätzlich beide Eheleute Interesse daran haben, dass das Familienvermögen nicht durch eine spätere Wiederverheiratung des überlebenden Partners an die neue Ehefrau oder den neuen Ehemann, sondern an die gemeinschaftlichen Kinder geht.[46] Dies ändert nichts daran, dass im Einzelfall die Eheleute Sinn und Zweck einer solchen Regelung unterschiedlich einschätzen, beispielsweise dann, wenn zwischen den Eheleuten ein erheblicher Altersunterschied besteht. Beschränkt sich der Anwalt darauf, den Vor- und Nachteil einer solchen Regelung darzulegen, ohne den erkennbaren Interessen eines Mandanten zu dienen, kann er das Beratungsmandat für beide Ehepartner fortführen. Wird jedoch erkennbar, dass der Ehepartner **für** die Klausel, der andere **gegen** dieselbe votiert, kann der Anwalt sich nicht im Sinne eines »Schiedsrichters« auf die Seite des einen oder anderen Mandanten schlagen. 146

---

44 Frieser, Die anwaltliche Praxis in Erschaftssachen, Rn 220

45 Vgl zur Wiederverheiratungsklausel: Palandt/Edenhofer BGB § 2269 Rn 16; Buchholz, Erbfolge und Wiederverheiratung, 1986; Otte, AcP 1987, 603 und aus der Rechtsprechung: BGHZ 96, 198: In der Regel führen Wiederverheiratungsklauseln dazu, dass der Überlebende bis zu seiner eventuellen Wiederheirat auflösend bedingter Vollerbe und zugleich aufschiebend bedingter Vorerbe ist, er mit seiner Wiederheirat die Rechtstellung des Vollerben verliert.

46 So Kerscher/Tanck/Krug, Das erbrechtliche Mandat, Rn 132

147 Dasselbe gilt bei auf der Hand liegenden Interessengegensätzen wie etwa der gesetzlichen Einsetzung von Kindern aus früheren Verbindungen.[47]

■ Erbengemeinschaft

148 Wird dem Anwalt aus dem Kreis mehrerer Miterben ein Mandat angetragen, ist die Überprüfung möglicher Interessenkonflikte unausweichlich. Unabhängig davon, ob sich schon aus der Lektüre des Auftragschreibens oder der Schilderung der Ausgangssituation ergibt, dass gegenläufige Interessen gewahrt werden sollen, muss der Anwalt durch Rücksprache mit dem potenziellen Auftraggeber vor Bestätigung des Mandats für mehrere Mitglieder der Erbengemeinschaft prüfen, ob die Übernahme des Mandats für mehrere Miterben an Kollisionsgrundsätzen scheitert. Klassischer Problemfall in diesem Zusammenhang ist die Berücksichtigung von Ausgleichspflichten gemäß §§ 2050 ff BGB.

Beispiel:

149 Weigert sich einer der Miterben bei der Auseinandersetzung der Erbengemeinschaft mitzuwirken, haben die übrigen Miterben ein gleichgerichtetes Interesse und können mit der Erhebung der Teilungsklage **einen** Anwalt beauftragen. Enthält das Testament jedoch neben der gemeinschaftlichen Erbeinsetzung Anordnungen, die den einen Miterben begünstigen, den anderen belasten, ist zu erwarten, dass sich bei der praktischen Umsetzung der Testamentsanordnungen Probleme ergeben. Dasselbe kann der Fall sein bei der Erfüllung von Vorausvermächtnissen sowie Teilungsanordnungen.

Praxis-Tipp:

150 *Ist bereits im Vorfeld erkennbar, dass auslegungsbedürftige Testamentsklauseln von den potenziellen Mandanten unterschiedlich interpretiert werden, gilt die dringende Empfehlung: Übernahme des Mandats nur für einen der Erben.*

Derselbe Rat gilt, wenn Testamentsvollstreckung angeordnet ist, die sich nur auf den Erbteil eines Miterben bezieht. Die (zusätzliche) Auseinandersetzung mit dem Testamentsvollstrecker, die einen Mandanten belastet, nicht aber den anderen, führt oft schon wegen der unterschiedlichen Interessenlage hinsichtlich der zeitlichen Abwicklung der Auseinandersetzung zu Schwierigkeiten.

■ Pflichtteilsfälle

151 Auch hier gilt die grundsätzliche Empfehlung, mehrere Pflichtteilsberechtigte nur dann zu vertreten, wenn nach Prüfung des Sachverhalts Interessenüberschneidungen ausgeschlossen sind.[48] Anders als im Rahmen der Erbengemeinschaft lässt sich bei der Übernahme des Mandats häufig nicht vorausse-

47 Kerscher/Tanck/Krug, Das erbrechtliche Mandat, S 134
48 AA: Kerscher/Tanck/Krug, Das erbrechtliche Mandat, Rn 136

hen, in welchen Punkten Interessenunterschiede bestehen. Nachdem in Pflichtteilsfällen nicht selten Bewertungsfragen streitig werden, lässt sich meist nicht zu Beginn des Mandats klären, ob die übereinstimmende Einschätzung beider Mandanten für die Dauer des Mandats anhalten wird.

Beispiele:

152 Unterschiedliche Auffassungen zur Wertermittlung (etwa als Reaktion auf Sachverständigengutachten); unterschiedliche Haltung zu einem Abfindungsangebot in Sachleistungen; Berücksichtigung von Ausgleichspflichten und Vorwegempfängen: §§ 2315, 2316 BGB; Anrechnung von Eigengeschenken, § 2327 BGB, bei dem einen vorhanden, bei dem anderen nicht; unterschiedliche Verjährungsfolgen: Der eine Mandant hat früher vom Testament Kenntnis erlangt als der andere: § 2332 BGB stellt für den Lauf der Verjährungsfrist auf die Kenntnis der Beeinträchtigung der letztwilligen Verfügung ab.

153 Der Anwalt genügt allerdings seinen Verpflichtungen, wenn er auf **mögliche** Interessenkollisionen und deren Konsequenzen hinweist. Erklären die potenziellen Mandanten, Interessengegensätze bestünden nicht und seien auch nicht zu erwarten, kann der Anwalt, wenn diese Erklärung objektiv zutrifft, das Pflichtteilsmandat für mehrere Auftraggeber übernehmen. Ergibt sich später gleichwohl ein Interessengegensatz, muss er alle Mandate beenden, kann sie aber gegenüber allen Mandanten abrechnen.

Praxis-Tipp:

154 *Es empfielt sich deshalb, auch über die Erörterungen und Hinweise eine genaue Dokumentation zu fertigen.*

Mediation

155 Wird der Anwalt im Rahmen der erbrechtlichen Beratung als Mediator tätig, liegt kein Fall der Interessenkollision vor.[49] Die anwaltliche Tätigkeit als Mediator (§ 18 BO) wird im Einverständnis beider Parteien mit dem Ziel der Vermittlung und Schlichtung entfaltet.[50] Jede spätere anwaltliche Tätigkeit in Angelegenheiten, die er als Mediator bearbeitet hat, ist nach § 43 a IV BRAO ausgeschlossen.[51]

49 Ponschab AnwBl 1993, 430; Strempel AnwBl 1993, 434
50 Feuerich/Braun, BRAO § 43 a Rn 65
51 Ewig BRAK-Mitt. 1996, 147

VIII. Besonderheiten für den Anwaltsnotar

1. Tätigkeitsverbote

156 Auf die Versagung der Berufstätigkeit iSd § 45 I Nr. 2 BRAO für den Fall, dass der Notar eine Urkunde aufgenommen hat, deren Bestand oder Auslegung streitig ist, wurde oben[52] bereits hingewiesen. Die Vorschrift soll Konflikte vermeiden, die sich daraus ergeben können, dass der Anwalt bei der Beurkundung als amtliche Urkundsperson unparteiisch und unabhängig sein soll, als Rechtsanwalt jedoch einseitiger Parteivertreter ist. Mit den Pflichten als Rechtsanwalt ist es nicht zu vereinbaren, wenn der Notar bei einem Streit über die Urkunde auf die Seite einer der beiden Parteien tritt. Dies gilt erst recht, wenn seine eigene Tätigkeit als Notar im Hinblick auf einen drohenden Regress unter besonderer Belastung steht.[53]

157 Der gleiche Interessenwiderstreit ist zu konstatieren, wenn es um den Bestand oder die Auslegung einer Urkunde eines Notars geht, mit dem sich der Anwaltsnotar zur gemeinsamen Berufsausübung verbunden hat, § 45 III BRAO. »Aufgenommen« iSd § 45 I Nr. 2 BRAO wurde die Urkunde nicht nur dann, wenn der Notar eine vor ihm angegebene oder von ihm entworfene Erklärung beurkundet hat (§ 20 BNotO; §§ 6 ff BeurkG). Von einer »Aufnahme« geht das Gesetz auch dann aus, wenn ein öffentliches Testament vor dem Notar durch Übergabe einer offenen Schrift errichtet wird.[54] Etwas anderes gilt bei der Übergabe einer verschlossenen Schrift, auf die der Notar keinerlei Prüfungs- oder Einwirkungsmöglichkeiten hat.[55]

158 Gemäß § 14 III 1 BNotO muss der Notar auch bei seiner anwaltlichen Tätigkeit alles vermeiden, was sich mit seiner Stellung als unabhängiger Träger eines öffentliches Amtes (§ 1 BNotO) und als unparteiischer Betreuer der Beteiligten (§ 14 I 2 BNotO) nicht verträgt, was ferner geeignet ist, das in seine strengste Unparteilichkeit gesetzte Vertrauen zu erschüttern.[56] Der Notar muss schon den Anschein der Parteilichkeit vermeiden und als unparteiischer Rechtsberater sämtliche Beteiligtenvertretungen ablehnen, bei denen es um die Wahrnehmung gegenseitiger Parteiinteressen geht.[57] Vor diesem Hintergrund darf ein Anwaltsnotar, der als Notar für mehrere Beteiligte tätig geworden ist, nicht Partei für einen Beteiligten ergreifen und ihn als Anwalt gegen andere Beteiligte vertreten, wenn der Streit auch nur irgendwie auf seine amtliche Tätigkeit als Notar zurückgeht, selbst wenn in diesem Augenblick Bedenken oder Zweifel über sein Amtsgeschäft noch nicht erhoben wurden.[58]

52 Vgl oben Rn 15
53 Feuerich/Braun, BRAO § 45 Rn 10
54 OLG Frankfurt NJW 1964, 1033
55 Feuerich/Braun, BRAO § 45 Rn 12
56 Seybold/Schippel, BNotO § 16 Rn 40
57 BGHZ 51, 301
58 Seybold/Schippel, BNotO § 16 Rn 68 ff

2. Beurkundungsrechtliche Vorschriften

Gemäß § 6 BeurkG ist die Beurkundung von Verfügungen von Todes wegen aller Art unwirksam, wenn die Urkundsperson selbst, ihr Ehegatte oder ein mit ihr in grader Linie Verwandter oder ein Vertreter, der für eine dieser Parteien handelt, an der Beurkundung beteiligt ist. Aus § 7 BeurkG folgt die Unwirksamkeit von Beurkundungen, die darauf gerichtet sind, den Notar, seinen Ehegatten oder früheren Ehegatten oder eine Person, die mit ihm in grader Linie verwandt oder verschwägert oder in einer Seitenlinie bis zum 3. Grad verwandt oder bis zum 2. Grad verschwägert ist oder war, einen rechtlichen Vorteil zu verschaffen. Diesen Personen steht gemäß § 27 BeurkG gleich, wer in einer Verfügung von Todes wegen »bedacht« oder »zum Testamentsvollstrecker ernannt wird«. Für den Notarvertreter oder Notarverweser gilt die gleiche Regelung, §§ 39 IV, 41 II, 57 I BNotO. 159

Die in der Praxis häufige Ernennung des Notars in einem zusätzlichen privatschriftlichen Testament, die mit dem Notar abgestimmt worden war, macht die Ausgangsurkunde nicht ungültig, ein derartiges Vorgehen wird jedoch in der Literatur als »nicht ratsam« bezeichnet.[59] 160

Es wird ferner davon abgeraten, das privatschriftliche Ergänzungstestament mit der Ernennung des Urkundsnotars zum Testamentsvollstrecker zusammen mit dem notariellen Testament zu verschließen und in die amtliche Verwahrung zu bringen: Der Testamentsumschlag gemäß § 34 BeurkG ist nach dem Willen des Gesetzgebers[60] »Zubehör« der Testamentsurkunde; die Nichtigkeit, die aus einer Missachtung der §§ 27, 7 BeurkG folge, soll sich unter Umständen auch auf das privatschriftliche Ergänzungstestament erstrecken und damit den letzten Willen des Erblassers gefährden.[61] 161

59 MüKo-Burkart, § 27 BeurkG, Rn 10; vgl auch OLG Oldenburg DNotZ 1990, 431

60 BT-Ds V/3283, S 35, 36

61 Bengel, Handbuch der Testamentsvollstreckung, 11. Kapitel Rn 31; siehe dazu auch Reimann DNotZ 1990, 433

E. Abrechnungsfragen/ Anwaltsgebühren 75

ÜBERBLICK

E. Abrechnungsfragen/Anwaltsgebühren

I. Die Annahme des Mandates und Belehrungspflichten des Rechtsanwaltes über die anfallende Vergütung

1. Die Annahme des Mandates

Für den Mandanten ist es naturgemäß von großer Bedeutung, welche Kosten auf ihn zukommen werden; für den Anwalt ist es von Bedeutung, seinen Honoraranspruch zu sichern: 162

Schon bei dem ersten Gespräch über ein neues Mandat wird der erfahrene Anwalt auch das Kostenrisiko einschließlich der Gebührenseite im Rahmen der Mandatsstrategie ansprechen. Das primäre Problem ist erfahrungsgemäß der dem Rechtsanwalt erteilte Auftrag, insbesondere: Welcher Auftrag wurde dem Rechtsanwalt erteilt? Wie kann der Auftrag bewiesen werden? Um seinen Gebührenanspruch zu sichern, sollte der Rechtsanwalt auf eine schriftliche Fixierung seines Auftrages bedacht sein. Der beste Zeitpunkt hierzu ist die Annahme des Mandates. Sicherlich wird der Mandant es mit Befremden aufnehmen, wenn der Rechtsanwalt ihn bittet, ihm – dem Rechtsanwalt – den Auftrag schriftlich zu erteilen. In der Praxis bewährt hat sich eine Mandatsbestätigung seitens des Rechtsanwalt an den Mandanten, in welcher nicht nur der Sachverhalt und die rechtliche Bewertung mit der Mandatsstrategie, sondern auch der von dem Mandanten dem Rechtsanwalt erteilte Auftrag schriftlich fixiert wird. Dieses Schreiben könnte dem Mandanten dann in zweifacher Ausfertigung übersandt werden mit der Bitte, eine Ausfertigung gegengezeichnet zurückzureichen.

Musterformulierung für Mandatsbestätigung

An Mandantin/an Mandanten 163

Sehr geehrte Frau .....,
Sehr geehrter Herr .....,
unter Bezugnahme auf die am... in unserer Kanzlei geführte Besprechung bestätigen wir hiermit die Übernahme folgenden Mandates:
Ihr Vater ist am... in... verstorben. Testamentarische Erben nach Ihrem verstorbenen Vater sind:
Herr A...
Frau B....
*Sie haben uns beauftragt, das Ihnen gem § 2303 ff BGB zustehende Pflichtteil geltend zu machen. Ihre Pflichtteilsansprüche sollen zunächst nur **außergerichtlich** gegenüber den testamentarischen Erben geltend gemacht werden. Wir werden zunächst von den Gegnern Auskunft über den Bestand und den Wert des Nachlasses zum Zeitpunkt des Erbfalles verlangen, um dann die Ihnen zustehenden Pflichtteilsansprüche der Höhe nach berechnen zu können.*

An Unterlagen haben Sie uns bislang zur Verfügung gestellt:

a. Testamentseröffnungsprotokoll des Amtsgerichts... nebst Testament vom...
b. Ihre Geburtsurkunde
c. Sterbeurkunde des Standesamtes... betr. Ihren Vater
d. Abschriften Ihrer Schreiben an die Gegenseite.

Schon jetzt weisen wir darauf hin, dass Ihre Ansprüche nach den uns derzeit vorliegenden Informationen und Unterlagen am... verjähren.
Wir wären dankbar, wenn Sie uns die beigefügte Abschrift dieses Schreibens gegengezeichnet zurückreichen würden.
Die Vergütung und unsere Auslagen für unsere Tätigkeit richten sich nach der Bundesgebührenordnung für Rechtsanwälte (BRAGO). Durch unsere – zunächst außergerichtliche – Tätigkeit entstehen Gebühren gem § 118 BRAGO.
Bitte haben Sie Verständnis dafür, dass wir aus betriebswirtschaftlichen Gründen gehalten sind, einen Vorschuss auf die hier entstandenen Gebühren zu verlangen. Der Vorschuss berechnet sich wie folgt:
Gegenstandswert: – voraussichtlich – 50 000 €

1.	*Vorschuss auf Geschäftsgebühr gem §§ 17, 118 I Nr. 1 BRAGO 5/10*	*523,00 €*
2.	*Vorschuss auf Auslagen gem §§ 17, 26 BRAGO*	*20,00 €*
	Netto:	*543,00 €*
3.	*16 % Umsatzsteuer gem § 25 II BRAGO*	*86,88 €*
		629,88 €

Wir dürfen Sie höflichst bitten, diesen Betrag in den nächsten Tagen auf eines der im Briefkopf angegebenen Konten zu überweisen. Für Ihre Bemühungen hierfür danken wir Ihnen schon jetzt recht herzlich.
Wir bedanken uns auch schon jetzt für die Übertragung des Mandates und das damit uns gegenüber zum Ausdruck gebrachte Vertrauen. Wir hoffen auf eine angenehme Zusammenarbeit und dass unsere Tätigkeit so erfolgreich ist, wie Sie es sich wünschen.
Mit freundlichen Grüßen
Rechtsanwalt

Zusatz für zweites Exemplar:
Hiermit bestätige ich den Ihnen erteilten Auftrag entsprechend den Ausführungen in dem vorstehenden Schreiben.
Köln, den *gez. Mandantin/gez. Mandant*

164 Will der Rechtsanwalt die Übernahme des Mandates davon abhängig machen, dass der Mandant seine Mandatsbedingungen und/oder eine Haftungsbeschränkung unterzeichnet, könnte dies ebenfalls mit diesem ersten Schreiben an den Mandanten angetragen werden.

a. Vollmacht = Auftragserteilung?

165 Vielfach herrscht die Auffassung, dass die Erteilung einer Vollmacht durch den Mandanten der Auftragserteilung gleichstehe und durch die Unterzeichnung der Vollmachtsurkunde der Auftrag im Zweifel bewiesen werden könne.

Dieser Auffassung ist nicht zu folgen. Sicher wird man argumentieren können, dass der Mandant keinen Anlass gehabt habe, eine Vollmacht zu erteilen und eine Vollmachtsurkunde zu unterzeichnen, wenn er zuvor keinen Auftrag an den Rechtsanwalt erteilt habe. Dennoch müssen sich Vollmacht und Auftrag nicht decken.[1] In der Praxis wird heute häufig die sog Einheitsvollmacht verwandt. Diese Vollmacht berechtigt zum einem zur außergerichtlichen Vertretung; gleichzeitig wird dem Rechtsanwalt aber auch eine Prozessvollmacht erteilt, die Vollmacht berechtigt auch zur Vertretung in Strafverfahren, Stellung von Strafanträgen, Entgegennahme von Geldern usw. Hat der Mandant zB eine Einheitsvollmacht unterzeichnet, bleibt immer noch die Frage offen, welcher Auftrag denn nun erteilt wurde: Ein Auftrag zur aussergerichtlichen Vertretung, ein Auftrag zur Prozessführung oder Sonstiges?

b. Vorschuss

Schon bei Annahme des Mandates sollte der Rechtsanwalt überdenken, ob er 166
nicht einen **Vorschuss** auf seine Vergütung verlangt. Gem § 17 BRAGO kann der Rechtsanwalt von seinem Auftraggeber für die **entstandenen und die voraussichtlich entstehenden Gebühren und Auslagen** einen angemessenen Vorschuss fordern. Diese Bestimmung ist zwar in der Anwaltschaft allgemein bekannt. In der Praxis ist aber immer wieder festzustellen, dass hiervon – aus welchen Gründen auch immer – viel zu wenig Gebrauch gemacht wird. Oft rechnet der Rechtsanwalt erst bei Beendigung des Mandates seine Gebühren ab und ist dann ganz überrascht, dass der Mandant doch nicht so liquide ist, wie von ihm angenommen. Wäre rechtzeitig ein Vorschuss angefordert worden, wäre eine mögliche Illiquidität des Mandanten erkannt worden. Der Rechtsanwalt hätte dann die Fortführung des Mandates von der Zahlung des angeforderten Vorschusses abhängig machen können und, wenn der Vorschuss dann nicht gezahlt worden wäre, seine Arbeit einstellen können. In diesem Fall wäre ihm dann zumindest der weitere Arbeitsaufwand in dieser Sache erspart geblieben mit der Folge, dass er seine Arbeitszeit für andere, effektive Mandate für liquide Mandanten hätte verwenden können. Ein Vorschuss kann in jedem Stadium des Verfahrens verlangt werden. Wenn auch der Rechtsanwalt den Mandanten nicht sofort mit einer Vorschussforderung »überfallen« will, so sollte doch zumindest für jeweils bereits entstandene Gebühren im Wege einer Zwischenrechnung ein Vorschuss angefordert werden.

Auf den Vorschuss ist die gesetzliche Umsatzsteuer zu berechnen. Zwar ist für die Anforderung eines Vorschusses keine Mitteilung einer Berechnung iS des § 18 BRAGO erforderlich. Dennoch empfiehlt sich, in der Anforderung des Vorschusses die Umsatzsteuer gesondert auszuweisen. Nur dann kann der Mandant – soweit ihm dies möglich ist – die Umsatzsteuer als Vorsteuer geltend machen. Auch wenn der Rechtsanwalt einen »glatten« Betrag als Vorschuss anfordert, hat er die Umsatzsteuer aus diesem Betrag abzuführen.[2]

1 BGH AnwBl 1969, 15 = JurBüro 1969, 46 = NJW 1968, 2334; OLG Oldenburg MDR 1961, 245; Gerold/Schmidt-Madert, BRAGO, Vor § 118 Rn 5

2 Göttlich/Mümmler, BRAGO, »Umsatzsteuer« und »Vorschuss« 1.8

Praxis-Tipp:

167 *Eine von dem Mandanten gegengezeichnete Mandatsbestätigung und Vorschussforderungen sind einfache und effektive Mittel zur Sicherung des anwaltlichen Honoraranspruchs.*

2. Belehrungspflichten des Rechtsanwaltes über die anfallende Vergütung

a. Grundsätzliches

168 Der Rechtsanwalt ist grundsätzlich von sich aus nicht verpflichtet, den Mandanten darüber aufzuklären,

- ➢ dass für seine Tätigkeit eine Vergütung zu zahlen ist;
- ➢ dass sich diese Vergütung nach der BRAGO berechnet;
- ➢ welche und in welcher Höhe Gebühren anfallen.

Denn der Mandant, der die beruflichen Leistungen des Rechtsanwalt in Anspruch nimmt, muss davon ausgehen, dass diese nicht unentgeltlich erfolgen.[3]

b. Verpflichtung zur Aufklärung – in welchen Fällen?

169 Eine Verpflichtung zur Aufklärung über die Höhe der – voraussichtlich – entstehenden Kosten hat der Rechtsanwalt aber immer dann, wenn der Mandant nach der entstehenden Vergütung fragt. Dann muss der Rechtsanwalt auch umfassend aufklären. Er darf sich dann nicht auf Redewendungen wie: »Ach, machen sie sich mal keine Sorgen, das werden sie schon bezahlen können« oder »Die Höhe der Vergütung kann erst am Ende des Mandates berechnet werden« beschränken. Der Rechtsanwalt wird, wenn der Mandant nach der Höhe der Vergütung fragt, eine überschlägige Berechnung der voraussichtlich entstehenden Gebühren und Auslagen zzgl Umsatzsteuer vornehmen müssen. Auf mögliche noch nicht feststehende Komponenten (zB Änderung beim Gegenstandswert, welche Gebührentatbestände werden tatsächlich erfüllt) muss er den Mandanten hinweisen.

Auch muss er den Mandanten dann über die Höhe der Vergütung belehren, wenn sich aus dem Gespräch mit dem Mandanten ergibt, dass dieser sich völlig falsche Vorstellungen von der Höhe der Vergütung macht oder etwa davon ausgeht, dass die anwaltliche Tätigkeit unentgeltlich erfolgt. Geht der Mandant davon aus, dass die ihm entstandenen Anwaltskosten auf jeden Fall von

---

3 Göttlich/Mümmler, BRAGO, »Belehrungspflicht«; Gerold/Schmidt-Madert, BRAGO § 1 Rn 90; Riedel/Sußbauer-Fraunholz, BRAGO § 1 Rn 7; Hansens, BRAGO § 1 Rn 28; Teubel, Gebührenmanagement in der Anwaltskanzlei, C. Das Gebührengespräch

der Gegenseite zu erstatten sind, wird der Rechtsanwalt ihn über die Voraussetzungen einer materiellen und/oder prozessualen Kostenerstattungspflicht aufzuklären haben. In diesem Fall ist dann auch das Risiko in Betracht zu ziehen, dass der Kostenerstattungsanspruch möglicherweise bei dem unterlegenen Gegner nicht zu realisieren ist, weil dieser zahlungsunfähig und/oder vermögenslos ist.

Ausnahmsweise wird der Rechtsanwalt nach Treu und Glauben den Mandanten darüber aufklären müssen, dass im Hinblick auf die entstehenden Kosten die beabsichtigte **Rechtsverfolgung offensichtlich unwirtschaftlich** ist.

Bedarf ein Vertrag der notariellen Beurkundung, so wird der Rechtsanwalt den Mandanten hierauf und auf die dadurch entstehenden Mehrkosten hinweisen müssen. Der Rechtsanwalt ist aber nicht verpflichtet, das Mandat abzulehnen und den Mandanten direkt an einen Notar zu verweisen.[4] Denn die anwaltliche und die notarielle Beratung/Tätigkeit sind nicht miteinander vergleichbar. Der Notar hat stets die Interessen aller Beteiligten zu wahren, während der Rechtsanwalt als Vertreter nur einer Partei für diese »das Beste herauszuholen hat«. So wird zB der Rechtsanwalt als Vertreter einer Partei im Rahmen einer Erbauseinandersetzung deren Interessen bei den Verhandlungen mit den anderen Beteiligten wesentlich effektiver wahrnehmen können als ein Notar, der die Interessen aller an der Erbauseinandersetzung Beteiligten zu wahren hätte. Die Beurkundung des Vertrages über die Erbauseinandersetzung (wenn zB im Rahmen der Erbauseinandersetzung auch die Eigentumsverhältnisse an Grundbesitz neu geregelt werden) bliebe dann dem Notar vorbehalten, kann aber vom Rechtsanwalt vorbereitet werden.

Der Rechtsanwalt sollte **immer** auch die Höhe seiner Vergütung ansprechen, 170
auch wenn der Mandant hiernach nicht fragt. Dies gehört einfach zu einer fairen Abwicklung des Mandatsverhältnisses. Der Mandant, der am Ende eine Gebührenrechnung in einer von ihm unerwarteten Höhe erhält, wird möglicherweise mit seinem Rechtsanwalt nicht mehr zufrieden sein, auch wenn die Bearbeitung des Mandates ansonsten in Ordnung war. Für die Anwaltskanzlei ist aber nichts dienlicher als ein zufriedener Mandant, der den Rechtsanwalt weiterempfiehlt.

Praxis-Tipp:

Obwohl der Rechtsanwalt grundsätzlich nicht verpflichtet ist, den Mandanten 171
darüber zu belehren, dass durch seine Tätigkeit eine Vergütung anfällt und in welcher Höhe diese entsteht, sollte der Rechtsanwalt den Mandanten – im Hinblick auf die faire Abwicklung des Mandatsverhältnisses – über die zu zahlende Höhe der Vergütung nicht im Unklaren lassen. Kostenauslösende Maßnahmen sollte der Rechtsanwalt stets mit dem Mandanten abstimmen.

4 Gerold/Schmidt-Madert, BRAGO § 1 Rn 9 a; BGH AnwBl 1997, 673 = AGS 1998, 22 mit folgendem Leitsatz: Wird ein Rechtsanwalt mit dem Entwurf eines Vertrages betraut, der notarieller Beurkundung bedarf, so ist der Auftraggeber zwar in der Regel auf diesen Umstand und dadurch entstehende weitere Kosten hinzuweisen; der RA schuldet aber regelmäßig nicht den Rat, einen Notar aufzusuchen.

c. Beratungs- und Prozesskostenhilfe

172 Ergeben sich Anhaltspunkte dafür, dass die finanziellen Mittel des Mandanten soweit beschränkt sind, dass für ihn Beratungs- oder Prozesskostenhilfe in Betracht kommt, so hat der Rechtsanwalt den Mandanten auf die bestehenden Möglichkeiten der Beantragung von Beratungs- und Prozesskostenhilfe hinzuweisen. Sind die Einkommens- und Vermögensverhältnisse des Mandanten entsprechend, wird der Rechtsanwalt darauf hinweisen müssen, dass nur Prozesskostenhilfe mit der Anordnung von Ratenzahlungen durch den Mandanten an die Staatskasse in Betracht kommt. Im Rahmen der Ratenzahlungen hat der Mandant dann die entstandenen Anwalts- und Gerichtskosten an die Staatskasse zurückzuzahlen. Der Rechtsanwalt sollte auch darüber aufklären, dass das Gericht bis zu vier Jahren nach dem rechtskräftigen Abschluss des Verfahrens noch anordnen kann, dass die Partei die aus der Staatskasse gezahlten Kosten in Raten zurückzuzahlen hat, wenn sich die wirtschaftlichen Verhältnisse der Partei wesentlich verbessert haben (§ 120 IV ZPO). Höchstens sind 48 Raten zu zahlen (§ 115 I 4 ZPO).

Auch wenn der Mandant erst am Ende des Rechtsstreits eine größere Kapitalzahlung erhält (zB am Ende der gerichtlichen Auseinandersetzung mit den Miterben haben diese an den Mandanten einen Betrag in Höhe von 100 000 € zu zahlen), ist dieses als Vermögenserwerb iS des § 120 IV ZPO zu berücksichtigen, sofern das hinzuerworbene Vermögen das Schonvermögen übersteigt. Das Gericht kann diesen Vermögenserwerb dann entweder dadurch berücksichtigen, dass es höhere Raten festsetzt. Es kann aber auch die sofortige vollständige Nachzahlung aller bereits entstandenen und von der Staatskasse getragenen Kosten anordnen.[5] Auch hierauf sollte der Rechtsanwalt hinweisen, wenn der Mandant Prozesskostenhilfe begehrt und zu erwarten ist, dass er im Rahmen der Auseinandersetzung Vermögen erwirbt.

Im Zusammenhang mit der Prozesskostenhilfe bedarf es ferner der Belehrung, dass für den Fall, dass der Mandant unterliegt, die von ihm an die Gegenseite zu erstattenden Kosten nicht aus der Staatskasse übernommen werden, sondern von ihm persönlich aufzubringen sind.

173 Im eigenen Interesse sollte der Rechtsanwalt auch darauf hinweisen, dass von dem Mandanten auch in dem Fall Anwaltsgebühren zu zahlen sind, wenn das Mandat nur unter der Bedingung erteilt war, dass Prozesskostenhilfe bewilligt wird und die begehrte Prozesskostenhilfe vom Gericht abgelehnt wird. Für die Tätigkeit im Prozesskostenhilfe-Prüfungsverfahren entstehen Gebühren gem § 51 I BRAGO.[6] Danach können, vorausgesetzt die entsprechenden Gebührentatbestände sind erfüllt, alle in § 31 BRAGO genannten Gebühren (Prozess-, Verhandlungs-, Erörterungs- und Beweisgebühr) in Höhe von 5/10 entstehen. Gegenstandswert für diese Gebühren ist der Wert der Hauptsache. Hatte der Anwalt einen unbedingten Prozessauftrag, so entstehen für die Tätigkeit im Prozesskostenhilfe-Prüfungsverfahren keine gesonderten

5 Schoreit/Dehn, Beratungshilfe/Prozesskostenhilfe § 120 ZPO Rn 17; Kalthoener/ Büttner/ Wrobel-Sachs, Prozesskostenhilfe und Beratungshilfe, Rn 394 ff

6 Zu der Vergütung im Prozesskostenhilfeprüfungsverfahren, ausführlich: Enders JurBüro 1997, 449, 450 ff und 1997, 505

Gebühren. Denn dieses gehört gem § 37 Nr. 3 BRAGO zum Rechtszug, und folglich ist die Tätigkeit des Rechtsanwalts im Prozesskostenhilfe-Prüfungsverfahren in diesen Fällen abgegolten mit den in dem Rechtsstreit entstehenden Gebühren.[7]

Praxis-Tipp:

Wenn sich Anhaltspunkte dafür ergeben, dass der Mandant Beratungs- oder Prozesskostenhilfe gewährt bekommen könnte, muss der Rechtsanwalt auf jeden Fall auf die Möglichkeit der Beantragung von Beratungs- oder Prozesskostenhilfe hinweisen. 174

d. Rechtsschutzversicherung

Hat der Mandant eine Rechtsschutzversicherung abgeschlossen, so besteht 175 häufig die Annahme, dass die Rechtsschutzversicherung schon die entstehenden Anwaltskosten übernehmen werde. Der Rechtsanwalt wird den Mandanten dahingehend zu belehren haben, dass nicht automatisch davon ausgegangen werden kann, dass der Rechtsschutzversicherer die entstehenden Anwaltskosten übernimmt, sondern vorab eine Deckungszusage einzuholen ist. In erbrechtlichen Angelegenheiten gewährt der Rechtsschutzversicherer ohnehin nur Beratungsrechtsschutz (zB § 2 k und § 3 Nr. 2 g ARB 94); dies ist aber abhängig von den Bedingungen, die dem Rechtsschutzversicherungsvertrag zugrunde liegen. Erst wenn der Rechtsschutzversicherer dann auf eine entsprechende Anfrage Deckungsschutz gewährt, ist sichergestellt, dass die Kosten – soweit Versicherungsschutz besteht – auch vom Rechtsschutzversicherer übernommen werden.

Der Rechtsanwalt sollte den Mandanten ferner darauf hinweisen, dass, wenn er für diesen die Deckungszusage beim Rechtsschutzversicherer besorgt, hierfür gesonderte Anwaltsgebühren entstehen. Bei der Einholung einer Deckungszusage handelt es sich um eine gesonderte gebührenrechtliche Angelegenheit.[8] Dh, für die Einholung der Deckungszusage entstehen in der Regel gesonderte Gebühren gem § 118 BRAGO, unabhängig von den Gebühren, die in der erbrechtlichen Hauptsache entstehen. Der Gegenstandswert für diese Gebühren für die Einholung einer Deckungszusage richtet sich nach den voraussichtlich entstehenden Kosten. In der Praxis werden die Gebühren für die Einholung einer Deckungszusage häufig vom Anwalt gegenüber dem Mandanten nicht geltend gemacht. Zum einen deshalb nicht, weil oft nicht bekannt ist, dass dafür gesonderte Gebühren verlangt werden können. Zum anderen besteht aber auch bei dem Rechtsanwalt eine »Scheu«, Gebühren geltend zu machen, die der »Kollege um die Ecke« nicht geltend macht. Das Nichtgeltendmachen der Gebühren ist im Hinblick auf § 49 b BRAGO bedenklich. Im Übrigen: Macht der Rechtsanwalt bei der Einholung einer

7 Enders JurBüro 1997, 449 ff

8 Göttlich/Mümmler, BRAGO, »Rechtsschutzversicherung« 1; Gerold/Schmidt-Madert, BRAGO, Vor § 118 Rn 15; Hansens, BRAGO, § 118 Rn 4

Deckungszusage einen Fehler, wird der Mandant ihn mit Sicherheit nicht aus der Haftung entlassen, nur weil er für ihn die Deckungszusage kostenlos einholen wollte.

Die Kosten für die Einholung einer Deckungszusage sind von dem unterlegenen Gegner nicht zu erstatten. Sie werden auch nicht von der Rechtsschutzversicherung übernommen.[9] Anders kann die Rechtslage dann sein, wenn der Rechtsschutzversicherer die Deckungszusage zu Unrecht abgelehnt hat oder dieser sich mit der Erteilung der Deckungszusage »in Verzug« befunden hat.

Praxis-Tipp:

176 *Im eigenen Interesse sollte der Rechtsanwalt auch den Mandanten nach einer bestehenden Rechtsschutzversicherung fragen und ihn darauf hinweisen, dass eine Deckungszusage bei dem Rechtsschutzversicherer für die beabsichtigte Rechtsverfolgung einzuholen ist.*

e. Prozesskostenrisiko

177 Kostenauslösende Maßnahmen, wie zB die Erhebung einer Klage nach vorheriger außergerichtlicher Tätigkeit sollte der Rechtsanwalt auf jeden Fall mit dem Mandanten abstimmen. Im eigenen Interesse sollte der Rechtsanwalt mit dem Mandanten auch das Prozesskostenrisiko besprechen. Bei der Berechnung des Prozesskostenrisikos sind zu berücksichtigen

- **die Gerichtskosten**
  für den I. Rechtszug 3,0 Gebühren
  für den II. Rechtszug 4,5 Gebühren
  für den III. Rechtszug 5,0 Gebühren
- **Auslagen für Sachverständige und Zeugen**
- **eigene Anwaltskosten**
  im I. Rechtszug
  $^{30}/_{10}$ bis $^{40}/_{10}$ Gebühren + Auslagen + Umsatzsteuer + evtl Kosten für Korrespondenzanwalt oder Unterbevollmächtigten
- **die gegnerischen Anwaltskosten**
  im I. Rechtszug
  $^{30}/_{10}$ bis $^{40}/_{10}$ Gebühren + Auslagen + Umsatzsteuer + evtl Mehrkosten aus Ortsverschiedenheiten – Wohnsitz des Gegners/Gerichtsort.

178 Bei der Berechnung der Anwaltskosten für einen evtl II. oder III. Rechtszug ist zu berücksichtigen, dass sich jede Gebühr um $^{3}/_{10}$ erhöht (§ 11 I 4 BRAGO). Im Revisionsverfahren erhöht sich die Prozessgebühr sogar um $^{10}/_{10}$, soweit sich die Parteien nur durch einen beim BGH zugelassenen Rechtsanwalt vertreten lassen können (§ 11 I 5 BRAGO).

9 Gerold/Schmidt-Madert, BRAGO, Vor § 118 Rn 15

Bei der Berechnung des Prozesskostenrisikos anhand einschlägiger Tabellen ist zu beachten, dass in die Tabellen nicht die Auslagen für Sachverständige und Zeugen eingearbeitet sind. Diese müssen im Einzelfall vom Anwalt geschätzt und noch zu den sich aus der Tabelle ergebenden Kosten addiert werden. Die durch die Einholung eines Sachverständigengutachtens entstehenden Kosten können das Prozesskostenrisiko schnell um einige tausend Euro erhöhen.

Praxis-Tipp:

Bei der Berechnung des Prozesskostenrisikos sind auch Auslagenvorschüsse für Zeugen und Sachverständige mitzukalkulieren. Diese sind idR in die handelsüblichen Prozesskostenrisikotabellen nicht eingearbeitet. 179

II. Der Auftrag und die gebührenrechtliche Angelegenheit

1. Der Auftrag

a. Gebühren

Grundsätzlich ist der dem Rechtsanwalt vom Mandanten erteilte **Auftrag** entscheidend dafür, **welche Gebühren entstehen.**[10] 180

Erteilt der Mandant dem Rechtsanwalt zB den Auftrag,

- ➢ ihm wegen tatsächlicher oder rechtlicher Fragen einen mündlichen oder schriftlichen Rat oder eine Auskunft zu erteilen,
  entsteht eine Gebühr gem § 20 I BRAGO.
- ➢ für ihn ein Schreiben einfacher Art zu fertigen,
  entsteht eine Gebühr gem § 120 BRAGO.
- ➢ für ihn außergerichtlich tätig zu werden und die Angelegenheit außergerichtlich zu erledigen,
  entstehen Gebühren gem §§ 118, 23 BRAGO.
- ➢ ihn als Prozessbevollmächtigter in einem bürgerlichen Rechtsstreit zu vertreten,
  fallen Gebühren gem. §§ 31 ff, 23 BRAGO an.

Für die Frage, welche Art von Gebühren entstehen, ist also nicht immer entscheidend, welche Tätigkeit der Rechtsanwalt ausgeübt hat, sondern maßgebend ist der ihm erteilte Auftrag. 181

10 Hansens, BRAGO § 118 Rn 2; Göttlich/Mümmler, BRAGO, »Sonstige Angelegenheiten« 1.1

Fall 1:

182 *Die Mitglieder A, B und C einer Erbengemeinschaft erscheinen in der Kanzlei des Rechtsanwalts. Sie legen dem Rechtsanwalt die ihnen zugestellte Klageschrift vor, wonach ein Gläubiger des Verstorbenen ihnen gegenüber eine Darlehensforderung in Höhe von 25 000 € geltend macht. Sie beauftragen den Rechtsanwalt, diese Forderung abzuwehren und sie als gemeinsamer Prozessbevollmächtigter in dem Rechtsstreit zu vertreten. Der Rechtsanwalt zeigt zunächst die Verteidigungsabsicht für alle drei Beklagten bei Gericht an. Innerhalb der Klageerwiderungsfrist prüft er die Sach- und Rechtslage. Er kommt zu dem Schluss, dass eine Rechtsverteidigung der Erbengemeinschaft keine Aussicht auf Erfolg hat. Er bittet A, B und C, ihn erneut zu einer Besprechung in der Kanzlei aufzusuchen. Im Rahmen dieser Besprechung berät er A, B und C ausführlich und teilt ihnen mit, dass keine Erfolgsaussichten gegeben sind. A, B und C bitten den Rechtsanwalt daraufhin, seine Tätigkeit einzustellen. Sie wollen den Anspruch des Gläubigers befriedigen.*
Obwohl nur eine Beratung erteilt wurde, entsteht dem Rechtsanwalt eine 5/10 Prozessgebühr gem § 32 I BRAGO, die sich, weil der Rechtsanwalt mehrere Auftraggeber wegen desselben Gegenstandes (eine Darlehensforderung des Gläubigers) vertritt, um zweimal 1,5/10, also insgesamt 3/10 auf 8/10 erhöht (§ 6 BRAGO). Denn dem Rechtsanwalt wurde hier der Auftrag erteilt, als Prozessbevollmächtigter tätig zu werden. Eine volle Prozessgebühr wäre erst entstanden, wenn der Rechtsanwalt für die Beklagten A, B und C einen Schriftsatz mit Sachanträgen eingereicht hätte. Die Anzeige der Verteidigungsabsicht ist kein Sachantrag.[11]
Die Beschränkung des § 20 I 2 BRAGO (für eine Erstberatung darf keine höhere Gebühr als 180 € gefordert werden) kommt vorliegend nicht zur Anwendung.

Fall 2:

183 *Rechtsanwalt U wird von B beauftragt, Klage gegen eine Erbengemeinschaft zu erheben und ihn als Prozessbevollmächtigter in diesem Rechtsstreit zu vertreten. Bei Vorbereitung der Klageschrift erkennt der Rechtsanwalt, dass B sein Verlangen gegen die Erbengemeinschaft noch nicht in gehöriger Weise außergerichtlich gegenüber den Miterben gestellt hat. Er setzt sich daher noch einmal schriftlich mit den Miterben in Verbindung. Für die Miterben meldet sich daraufhin sein Kollege Rechtsanwalt C. Im Einverständnis aller Beteiligten wird die Sache zum Gegenstand einer außergerichtlichen Besprechung gemacht. In dieser außergerichtlichen umfangreichen Besprechung vergleichen sich die Parteien.*
Rechtsanwalt U hat nur Anspruch auf eine 5/10 Prozessgebühr gem § 32 I BRAGO. Eine 10/10 Prozessgebühr gem § 31 I 1 BRAGO ist noch nicht entstanden, da Rechtsanwalt U noch keine Klageschrift bei Gericht eingereicht hat.
Kein Raum ist für Gebühren gem § 118 BRAGO, da der Auftrag erteilt worden war, den Anspruch gerichtlich geltend zu machen und als Prozessbevollmächtigter in diesem Rechtsstreit tätig zu werden. Es kann auch keine Bespre-

11 Gerold/Schmidt-von Eicken, BRAGO § 32 Rn 14

chungsgebühr entstehen. Denn außergerichtliche Vergleichsverhandlungen sind gem § 37 Nr. 2 BRAGO mit den im Rechtszug entstehenden Gebühren abgegolten, hier mit der Prozessgebühr des § 32 I BRAGO.
Hier hätte der Rechtsanwalt sich, nachdem er erkannt hat, dass zunächst eine außergerichtliche Tätigkeit seinerseits erforderlich ist, einen entsprechenden – neuen – weiteren Auftrag von dem Mandanten erteilen lassen müssen oder er hätte im Rahmen einer Honorarvereinbarung den Anfall der Geschäfts- und Besprechungsgebühr vereinbaren können. Infolge des abgeschlossenen Vergleiches kann der Rechtsanwalt zusätzlich zu der 5/10 Prozessgebühr noch eine Vergleichsgebühr gem § 23 I BRAGO berechnen. Diese entsteht in Höhe von 15/10. Für die Vergleichsgebühr kommt es nicht auf den erteilten Auftrag an, sondern nur darauf, ob über den Anspruch, der verglichen wird, bereits ein gerichtliches Verfahren anhängig ist.

b. Beratung oder Tätigkeit iS des § 118 BRAGO

In der Praxis macht es oft Schwierigkeiten, ob die Tätigkeit nach § 20 I oder 184
nach § 118 BRAGO zu vergüten ist.[12] Dies insbesondere dann, wenn der Auftrag des Mandanten nicht klar gefasst ist. Damit eine Vergütung nach § 118 BRAGO entsteht, ist eine Tätigkeit erforderlich, die über eine reine Beratung hinausgeht. Immer dann, wenn der Rechtsanwalt nach außen hin tätig wird, kommt § 118 BRAGO zur Anwendung. Eine Tätigkeit nach außen hin ist aber nicht unbedingt erforderlich, um Gebühren gem § 118 BRAGO auszulösen. So ist etwa auch der Entwurf eines Vertrages (zB eines Vertrages über die Auseinandersetzung einer Erbengemeinschaft) eine Tätigkeit, für die der Rechtsanwalt eine Vergütung nach § 118 BRAGO verlangen kann.[13] Wird der Rechtsanwalt dagegen nur beauftragt, einen von einem Dritten gefertigten Vertrag zu prüfen, so fällt nur eine Beratungsgebühr gem § 20 I BRAGO an. Soll der Rechtsanwalt aber den von einem Dritten gefertigten Vertrag prüfen und für den Mandanten ungünstige Formulierungen neu fassen, so liegt eine Tätigkeit nach § 118 BRAGO vor.[14]

Praxis-Tipp:

»Bei einem Rat gibt der Rechtsanwalt punktuell eine Empfehlung, damit der 185
Mandant oder ein Dritter die Angelegenheit selbst löst. Bei einer Tätigkeit nach § 118 BRAGO übernimmt der Anwalt Schritte zur Lösung des Problems für den Auftraggeber«.[15]

12 Siehe dazu Enders JurBüro 1999, 449 »Beratung oder Tätigkeit iS des § 118 BRAGO?«
13 Gerold/Schmidt-Madert, BRAGO § 118 Rn 5 und § 20 Rn 5; Göttlich/Mümmler, BRAGO, »Sonstige Angelegenheiten« 2.1.2
14 Gerold/Schmidt-Madert, BRAGO § 118 Rn 5
15 Zitiert nach BRAGO professionell 1999, Nr. 3, S 29 ff (S 30 – Mitte)

c. Gegenstandswert

186 Im gerichtlichen Verfahren beeinflusst der Klageantrag maßgeblich den Gegenstandswert. Ist der Rechtsanwalt dagegen nur außergerichtlich tätig, gibt es keinen Klageantrag. Maßgeblich ist dann der dem Rechtsanwalt vom Mandanten erteilte Auftrag. Dieser wird aber selten so klar gefasst sein wie ein Klageantrag. Daher wird es mitunter Schwierigkeiten machen, den Gegenstandswert anhand des vom Mandanten erteilten Auftrages zu ermitteln. Man hilft sich damit, dass man auf die Ansprüche abstellt, die voraussichtlich begründet und durchsetzbar, also realistisch sind. Völlig »überzogene« – unrealistische – Vorstellungen des Mandanten bleiben bei der Bestimmung des Gegenstandswertes außer Betracht.[16] Nur dann, wenn der Mandant dem Rechtsanwalt – trotz entsprechender Belehrungen durch den Rechtsanwalt – ausdrücklich den Auftrag erteilt, diese »überzogenen« Ansprüche für ihn geltend zu machen, sind diese bei der Ermittlung des Gegenstandswertes zu berücksichtigen.

Praxis-Tipp:

187 *Der Gegenstandswert bestimmt sich nach dem von dem Mandanten erteilten Auftrag, soweit die Ansprüche begründet und durchsetzbar, also realistisch sind.*

Fall 3:

188 *Der Rechtsanwalt wird beauftragt, den Mandanten wegen der Durchsetzung eines Vermächtnisses gegenüber den gesetzlichen Erben in Höhe von 20 000 € zu beraten. Der Rechtsanwalt berät den Mandanten auftragsgemäß in mehreren Besprechungen. Nach Ansicht des Anwaltes sind die für eine Klage notwendigen Erfolgsaussichten nur wegen eines Anspruchs in Höhe von 15 000 € gegeben. Dem Rechtsanwalt wird dann vom Mandanten Prozessauftrag wegen 15 000 € erteilt.*
Es sind entstanden:

Für die Beratung:
Gegenstandswert: 20 000 €

5,5/10 Beratungsgebühr gem § 20 I BRAGO	*355,30 €*
zzgl evtl entstandener Auslagen und Umsatzsteuer	

Für den Prozess:
Gegenstandswert: 15 000 €

10/10 Prozessgebühr gem §§ 11, 31 I 1 BRAGO	*566,00 €*
hierauf anzurechnen eine 5,5/10 Beratungsgebühr nach einem Gegenstandswert von ***15 000 €***	*311,30 €*
Der Rechtsanwalt kann noch berechnen:	*254,70 €*

16 Riedel/Sußbauer-Chemnitz, BRAGO § 118 Rn 27; Enders, Die BRAGO für Anfänger, Rn 1100

zzgl evtl in dem Prozess weiter entstehender Gebühren, Auslagen und Umsatzsteuer.
Die Beratungsgebühr ist gem § 20 I 4 BRAGO auf die in derselben Angelegenheit später entstehende Prozessgebühr anzurechnen. Anzurechnen ist sie aber nur nach einem Wert von 15 000 €, denn nur insoweit sind die Gegenstände der außergerichtlichen Tätigkeit und des Prozessverfahrens identisch.

Fall 4:

Der Rechtsanwalt wird von dem Mandanten beauftragt, Pflichtteilsansprüche in Höhe von 50 000 € gegenüber den gesetzlichen Erben nach dem Verstorbenen K einzuklagen und den Mandanten in diesem Rechtsstreit als Prozessbevollmächtigter zu vertreten. Bei Fertigung der Klageschrift erkennt der Rechtsanwalt, dass nur Ansprüche in Höhe von 30 000 € bestehen und eine Klage wegen Ansprüchen in Höhe von 20 000 € keinen Erfolg haben würde. Nach Rücksprache mit dem Mandanten erhebt der Rechtsanwalt Klage nur über 30 000 €. 189

Es sind folgende Anwaltsgebühren entstanden:

5/10 Prozessgebühr gem §§ 11, 32 I BRAGO nach Wert: 20 000 €	*323,00 €*
10/10 Prozessgebühr gem §§ 11, 31 I 1 BRAGO nach Wert: 30 000 €	*758,00 €*
Beide Gebühren dürfen gem § 13 III BRAGO addiert nicht höher sein als eine 10/10 Gebühr nach 50 000 €	*1 046,00 €*

zzgl der weiter in dem Rechtsstreit entstehenden Gebühren, Auslagen und Umsatzsteuer.

Häufig wird es so sein, dass beim ersten Tätigwerden des Rechtsanwalts die Ansprüche der Höhe nach noch nicht feststehen. Oft wird der Rechtsanwalt die Höhe der Ansprüche des Mandanten zunächst ermitteln und berechnen müssen. Mümmler[17] führt hinsichtlich der Wertbestimmung in diesen Fällen Folgendes aus: »**Maßgebend sind hier die Vorstellungen des Rechtsuchenden, soweit sie objektiv vertretbar sind, und nicht das nach rechtlicher Prüfung sich herausstellende materiell-rechtliche Ergebnis.** So richtet sich auch im Rechtsstreit der Streitwert nach dem Begehren des Klägers und nicht nach dem materiell-rechtlichen Ergebnis. Dabei werden im Rahmen des anzuwendenden § 3 ZPO sicher gewisse Schätzungen angezeigt sein, um einen objektiven vertretbaren Wert zu finden.« Dem ist sicherlich zuzustimmen, wobei aber das Ergebnis Anhaltspunkte für die ggf vorzunehmende Schätzung liefern kann. 190

Insbesondere in den Fällen, in denen sich nach der Berechnung im Rahmen der Beratung durch den Rechtsanwalt herausstellt, dass dem Mandanten kein Anspruch zusteht (zB weil sich kein positiver Nachlass ergibt), wird man auf die Vorstellungen des Mandanten bei Auftragserteilung abstellen müssen. Es ergibt sich nämlich hier eine ähnliche Situation wie bei einer Stufenklage. Im

17 Mümmler JurBüro 1994, 461

Rahmen einer Stufenklage wird auch auf die Erwartung des Klägers zu Beginn der Instanz abgestellt.[18] Hierbei bleibt es auch, wenn sich nach Erteilung der Auskunft herausstellt, dass keine Ansprüche bestehen, also ein Leistungsantrag nicht mehr gestellt wird. Maßgebend sind die Vorstellungen des Mandanten bei Beauftragung des Rechtsanwalts, soweit sie objektiv vertretbar sind.[19] Übersetzte, nicht nachvollziehbare Vorstellungen bleiben unberücksichtigt.[20]

191 Noch problematischer wird es in den Fällen, wenn sich der Mandant keine konkreten Vorstellungen über die Höhe der Ansprüche macht bzw der Mandant sich zu seinen Vorstellungen nicht äußert. In diesen Fällen wird dann dem Rechtsanwalt wohl nur eine Schätzung übrig bleiben (§ 8 I 1, 2 BRAGO, § 12 I 1 GKG, § 3 ZPO). Der Rechtsanwalt wird dann also die möglichen Ansprüche des Mandanten schätzen müssen bzw die Vorstellungen des Mandanten über mögliche Ansprüche im Wege der Schätzung einordnen und danach seinen Gegenstandswert für die Beratungsgebühr bestimmen.[21] Groß[22] hält wegen den vielen Unwägbarkeiten bei einer Schätzung § 8 II 2 BRAGO für den besseren Weg, wohl im Hinblick darauf, dass sich daraus ein Wert in Höhe von 4 000 € ergibt, wenn keine genügenden tatsächlichen Anhaltspunkte für eine Schätzung vorhanden sind. Das ist mE durchaus vertretbar.

Praxis-Tipp:

192 *In solchen Fällen kann eine Honorarvereinbarung über den Gegenstandswert eine Hilfe sein, um klare Verhältnisse mit dem Mandanten zu erzielen.*

2. Die gebührenrechtliche Angelegenheit

193 Wenn dieselbe gebührenrechtliche Angelegenheit gegeben ist, kann der Rechtsanwalt die Gebühren nur einmal fordern (§ 13 II 1 BRAGO). Daher ist immer ein besonderes Augenmerk darauf zu richten, ob **eine oder mehrere gebührenrechtliche Angelegenheiten** gegeben sind. Denn wenn mehrere Angelegenheiten vorliegen, kann der Rechtsanwalt auch mehrfach, nämlich für jede Angelegenheit gesondert, Gebühren abrechnen. Der Begriff der Angelegenheit ist in der BRAGO nicht näher definiert. Die BRAGO bestimmt auch nur in ganz wenigen Fällen, wann eine oder mehrere gebührenrechtliche Angelegenheiten vorliegen. Der Gesetzgeber hat es wohl der Rechtsprechung und Literatur überlassen, näher zu definieren, wann von einer oder von mehreren gebührenrechtlichen Angelegenheiten auszugehen ist.

---

18 Schneider/Herget, Streitwert-Kommentar für den Zivilprozess, »Stufenklage« Rn 4256 ff

19 Mümmler JurBüro 1994, 461; Groß, Anwaltsgebühren in Ehe- und Familiensachen Rn 51

20 Schneider/Herget, Streitwert-Kommentar für den Zivilprozess, »Stufenklage« Rn 4257

21 Mümmler JurBüro 1994, 461; Groß, Anwaltsgebühren in Ehe- und Familiensachen Rn 51

22 Groß, Anwaltsgebühren in Ehe- und Familiensachen Rn 51

Obwohl es im Hinblick auf die Vielzahl der Rechtsfälle der täglichen Praxis sicherlich keine Generaldefinition der »Angelegenheit« geben kann, wird vom BGH und in der Literatur versucht, den Begriff der »Angelegenheit« näher zu definieren. Der BGH[23] definiert den Begriff »Angelegenheit« wie folgt: »Die Angelegenheit bedeutet den Rahmen, innerhalb dessen sich die anwaltliche Tätigkeit abspielt, wobei im Allgemeinen der dem Rechtsanwalt erteilte Auftrag entscheidet«. In derselben Entscheidung heißt es dann weiter: »Als Gegenstand wird das Recht oder das Rechtsverhältnis angesehen, auf dass sich auftragsgemäß die jeweilige anwaltliche Tätigkeit bezieht«. In der Literatur[24] wird dann weiter versucht, das Ganze etwas zu konkretisieren:

Eine Angelegenheit liegt vor, wenn 194

- dem Rechtsanwalt ein einheitlicher Auftrag erteilt wurde;
- der gleiche Rahmen bei der Verfolgung mehrerer Ansprüche eingehalten wird;
- zwischen den einzelnen Gegenständen/Ansprüchen ein innerer Zusammenhang besteht.

Nur wenn alle drei Voraussetzungen erfüllt sind, ist **eine** gebührenrechtliche Angelegenheit anzunehmen.

a. Der einheitliche Auftrag

Ein einheitlicher Auftrag liegt auch dann noch vor, wenn der Rechtsanwalt zu verschiedenen Zeiten von dem Mandanten mit der Geltendmachung verschiedener Ansprüche gegenüber demselben Gegner beauftragt worden ist, aber Einigkeit besteht, dass die Ansprüche gemeinsam behandelt werden sollen. 195

Fall 5:

Der Mandant beauftragt am 10. 5. den Rechtsanwalt, die von ihm vorgelegten Kosten für das Beerdigungsinstitut gegenüber den gesetzlichen Erben geltend zu machen. Am 10. 6. beauftragt er den Rechtsanwalt weiter, gemeinsam mit den Kosten für das Beerdigungsunternehmen die von ihm ebenfalls vorgelegten Kosten für die Grabstätte auf dem Friedhof X gegenüber den gesetzlichen Erben geltend zu machen. Der Auftrag geht dahin, dass die Ansprüche gemeinsam zunächst außergerichtlich gegenüber den Erben geltend gemacht werden sollen. 196
Es handelt sich um eine gebührenrechtliche Angelegenheit. Die Gebühren berechnen sich nach der Summe der geltend gemachten Ansprüche.

23 BGH JurBüro 1972, 684 = MDR 1972, 765 und BGH JurBüro 1976, 749 = AnwBl 1976, 337

24 Göttlich/Mümmler, BRAGO, »Angelegenheit«, 2.; Gerold/Schmidt-Madert, BRAGO § 13 Rn 5; Riedel/Sußbauer-Fraunholz, BRAGO, § 13 Rn 5 ff; Hansens, BRAGO § 13 Rn 6 ff

Fall 6:

197 *Das Kind A beauftragt den Rechtsanwalt, die ihm zustehenden Pflichtteilsansprüche gegenüber den testamentarischen Erben geltend zu machen. Das Kind B beauftragt den Rechtsanwalt zu einem späteren Zeitpunkt, die ihm zustehenden Pflichtteilsansprüche aus dem gleichen Erbfall ebenfalls geltend zu machen. Alle Beteiligten sind sich einig, dass die Ansprüche zunächst außergerichtlich gemeinschaftlich (in einem Aufforderungsschreiben) geltend gemacht werden sollen.*
Es ist von einem einheitlichen Auftrag auszugehen, folglich von einer gebührenrechtlichen Angelegenheit.

b. Der gleiche Rahmen

198 Der gleiche Rahmen bei der Verfolgung mehrerer Ansprüche ist gegeben, wenn die Ansprüche zB alle außergerichtlich geltend gemacht werden oder die Ansprüche zusammen in einem Zivilprozess eingeklagt werden. Macht dagegen der Rechtsanwalt einen Teil der Ansprüche außergerichtlich geltend und andere Ansprüche auftragsgemäß gerichtlich geltend, so handelt es sich grundsätzlich um zwei gebührenrechtliche Angelegenheiten, weil der gleiche Rahmen bei der Verfolgung der Ansprüche nicht eingehalten wird. Immer dann, wenn verschiedene gerichtliche Verfahren vorliegen, handelt es sich auch um mehrere (anwalts-)gebührenrechtliche Angelegenheiten. Nach § 13 II 2 BRAGO bildet jeder neue Rechtszug auch eine neue gebührenrechtliche Angelegenheit.

Fall 7:

199 *Der Mandant beauftragt den Rechtsanwalt,*

a. das ihm zustehende Vermächtnis direkt gerichtlich in einem Zivilprozess geltend zu machen
b. den ihm zustehenden Pflichtteil außergerichtlich geltend zu machen.

Es handelt sich um zwei gebührenrechtliche Angelegenheiten, da der gleiche Rahmen bei der Verfolgung der Ansprüche nicht eingehalten wird.

Erste gebührenrechtliche Angelegenheit:
– Klage betreffend das Vermächtnis
– Gebühren gem § 31 ff BRAGO
Zweite gebührenrechtliche Angelegenheit:
– Außergerichtliche Geltendmachung des Pflichtteils
– Gebühren gem § 118 BRAGO.

Fall 8:

Der Rechtsanwalt wird zunächst beauftragt, den Mandanten in dem Erbscheinsverfahren vor dem Nachlassgericht zu vertreten. Als der Erbschein erteilt worden ist, wird der Rechtsanwalt beauftragt, Klage auf Herausgabe der Nachlassgegenstände gegenüber dem Erbschaftsbesitzer zu erheben. 200

Erste gebührenrechtliche Angelegenheit:
Vertretung im Erbscheinsverfahren vor dem Nachlassgericht
Gebühren gem § 118 BRAGO
Zweite gebührenrechtliche Angelegenheit:
Klage auf Herausgabe der Nachlassgegenstände
Gebühren gem §§ 31 ff BRAGO.

c. Der innere Zusammenhang

Nur wenn zwischen den einzelnen Gegenständen/Ansprüchen, die zusammen geltend gemacht werden, ein innerer Zusammenhang besteht, ist eine gebührenrechtliche Angelegenheit anzunehmen. Ein objektiver innerer Zusammenhang besteht zwischen den einzelnen Ansprüchen/Gegenständen dann, wenn sie aus einem Lebensvorgang resultieren. Ein innerer Zusammenhang ist insbesondere dann gegeben, wenn die Ansprüche in einem gerichtlichen Verfahren (zB einer Klage oder einem gemeinsamen FGG-Verfahren) geltend gemacht werden könnten. Ein innerer Zusammenhang ist dann nicht mehr gegeben, wenn die verschiedenen Ansprüche nicht zwischen denselben Personen bestehen. Er kann aber noch gegeben sein, wenn zB verschiedene Kläger wegen ihrer Ansprüche in einer Klage denselben Beklagten in Anspruch nehmen. 201

Fall 9:

Der Rechtsanwalt wird nach dem Tod des Ehemannes von der Ehefrau beauftragt, gegenüber der Krankenkasse, den Lebensversicherungsgesellschaften A und B und der gesetzlichen Rentenversicherung, tätig zu werden, um dort jeweils ihre Ansprüche geltend zu machen. 202

Auftragsgemäß wendet sich der Rechtsanwalt an

a. die Krankenkasse und macht dort das Sterbegeld geltend;
b. die Lebensversicherungsgesellschaft A und macht dort die Ansprüche aus der Lebensversicherung geltend;
c. die Lebensversicherungsgesellschaft B und macht dort die Ansprüche aus der Lebensversicherung geltend;
d. die gesetzliche Rentenversicherung und stellt den Antrag auf Gewährung von Rente.

Es handelt sich um vier verschiedene gebührenrechtliche Angelegenheiten. Es mag zwar noch ein einheitlicher Auftrag vorliegen. Ob noch der gleiche Rahmen anzunehmen ist, erscheint bereits fraglich. Denn die Ansprüche richten

sich nicht gegen denselben »Gegner«. Ein innerer Zusammenhang ist nicht mehr gegeben. Die Kommentierung verneint den inneren Zusammenhang auch immer dann, wenn die Ansprüche nicht in einem gerichtlichen Verfahren geltend gemacht werden könnten.[25]
Für jede Angelegenheit kann der Rechtsanwalt folglich gesonderte Gebühren abrechnen.
In den Angelegenheiten a. und d. dürften Rahmengebühren nach § 116 BRAGO anfallen.
In den Angelegenheiten b. und c. entstehen Gebühren nach § 118 I BRAGO. Gegenstandswert sind die Ansprüche, die der Rechtsanwalt dem Grunde nach geltend macht, also die Versicherungssumme, die zur Auszahlung kommt.[26]
§ 120 BRAGO, wonach der Rechtsanwalt für einfache Schreiben an die Lebensversicherungsgesellschaften nur eine 2/10 Gebühr erhalten würde, käme nur dann zur Anwendung, wenn der Auftrag auf ein einfaches Schreiben beschränkt ist und die Tätigkeit des Rechtsanwalt auch tatsächlich nicht über das einfache Schreiben hinausgeht.[27] Vorliegend ist der Rechtsanwalt aber mit der »Geltendmachung der Ansprüche« beauftragt worden und sein Auftrag war nicht auf ein einfaches Schreiben beschränkt.

d. Beendigung der Angelegenheit, weitere Tätigkeit

203 Wird der Rechtsanwalt, nachdem er in einer Angelegenheit tätig geworden ist, beauftragt, in derselben Angelegenheit weiter tätig zu werden, so erhält er nicht mehr an Gebühren, als er erhalten würde, wenn er von vorneherein hiermit beauftragt worden wäre (§ 13 V 1 BRAGO). Wird der Rechtsanwalt zB während eines noch laufenden Mandates beauftragt, einen weiteren Anspruch gegen denselben Gegner mit geltend zu machen, so handelt es sich in der Regel um eine gebührenrechtliche Angelegenheit.

204 Ist dagegen der dem Rechtsanwalt zuerst erteilte Auftrag bereits erledigt und wird der Rechtsanwalt erst nach Beendigung des ersten Auftrages von demselben Mandanten beauftragt, gegen denselben Gegner einen weiteren Anspruch geltend zu machen, so handelt es sich um eine neue gebührenrechtliche Angelegenheit.[28] Die Angelegenheit ist beendet, sobald der Rahmen, innerhalb dessen sich die anwaltliche Tätigkeit auftragsgemäß abspielen soll, ausgefüllt ist.[29] Hat der Rechtsanwalt zB den Auftrag, eine Forderung außergerichtlich geltend zu machen, so ist die Angelegenheit mit der Erfüllung des Anspruchs durch den Gegner beendet oder mit dem Scheitern der Bemühungen, also wenn der Gegner zB gesetzte Fristen verstreichen lässt oder Zahlung/Erfüllung ablehnt.[30] Lautete der Auftrag, die Forderung zunächst außer-

25 Hansens, BRAGO § 13 Rn 10; Gerold/Schmidt-Madert, BRAGO § 13 Rn 5 – S 301, Abs 2; Göttlich/Mümmler, BRAGO, »Angelegenheit«
26 Schneider/Herget, Streitwert-Kommentar für den Zivilprozess, »Versicherungsschutz«, Rn 4751
27 Vgl BGH NJW 1983, 2451
28 Gerold/Schmidt-Madert, BRAGO § 13 Rn 93
29 Gerold/Schmidt-Madert, BRAGO § 16 Rn 6
30 Gerold/Schmidt-Madert, BRAGO § 16 Rn 6

gerichtlich und bei Scheitern dieser Bemühungen gerichtlich geltend zu machen, so ist die Angelegenheit mit dem Vorliegen des rechtskräftigen Titels beendet und wenn der Rechtsanwalt noch Zwangsvollstreckungsmaßnahmen ausbringen sollte, mit Beitreibung der Forderung oder mit weisungsgemäßem Einstellen der Tätigkeit, etwa weil sich keine erfolgversprechenden Zwangsvollstreckungsmöglichkeiten mehr ergeben.

Praxis-Tipp:

Wird der Rechtsanwalt beauftragt, nach Beendigung der Angelegenheit weitere Gegenstände/Ansprüche geltend zu machen, so ist grundsätzlich eine neue gebührenrechtliche Angelegenheit anzunehmen. 205

Eine Besonderheit regelt § 13 V 2 BRAGO: Ist der **frühere Auftrag seit mehr als 2 Kalenderjahren erledigt** und wird der **Rechtsanwalt danach beauftragt, in derselben Angelegenheit weiter tätig zu werden,** so gilt die **weitere Tätigkeit** als **neue gebührenrechtliche Angelegenheit.** Erledigung des Auftrages kann vor Beendigung der Angelegenheit eintreten.[31] Erledigung iSd § 13 V 2 BRAGO tritt ein, wenn der Auftrag iSd § 16 BRAGO erledigt ist, also der Gebührenanspruch fällig geworden ist.[32] 206

Fall 10:

Gegen den Mandanten wurde im Mai 1998 außergerichtlich ein Anspruch auf Zahlung aus einem Erbfall geltend gemacht. Der Mandant beauftragt Rechtsanwalt M, den Anspruch außergerichtlich abzuwehren. Auf ein entsprechendes Schreiben des Rechtsanwalt M meldet sich der Anspruchsteller zunächst nicht mehr. Im August 1998 rechnet Rechtsanwalt M seine außergerichtliche Tätigkeit ab. 207

Im Januar 2001 erhebt der Anspruchsteller dann Klage. Der Mandant beauftragt Rechtsanwalt M nunmehr, ihn als Prozessbevollmächtigten in dem Rechtsstreit zu vertreten.

*Die für die außergerichtliche Tätigkeit entstandene Geschäftsgebühr des § 118 I 1 BRAGO ist **nicht** anzurechnen auf die in dem gerichtlichen Verfahren entstehende Prozessgebühr. Denn gem § 13 V 2 BRAGO liegen zwischen Erledigung des Erstauftrages (August 1998) und dem Auftrag, in dieser Sache weiter tätig zu werden, zwei volle Kalenderjahre. Damit sind die Voraussetzungen des § 13 V 2 BRAGO erfüllt. Die Zweijahresfrist berechnet sich ähnlich der kurzen Verjährungsfrist des § 196 BGB.*[33]

---

31 Gerold/Schmidt-Madert, BRAGO § 16 Rn 5; Hansens, BRAGO § 16 Rn 3, 4
32 Hansens, BRAGO § 13 Rn 33
33 Gerold/Schmidt-Madert, BRAGO § 13 Rn 93

Fall 11:

208 *Der Rechtsanwalt vertritt den Mandanten in einem Rechtsstreit als Prozessbevollmächtigter. Nachdem streitig verhandelt und eine Beweisaufnahme durchgeführt worden ist, wird das Ruhen des Verfahrens im März 1999 angeordnet. Es soll zunächst der Ausgang eines Parallelprozesses abgewartet werden. Der Parallelprozess wird im Mai 2002 entschieden. Danach wird das ruhende Verfahren wieder aufgerufen, es wird erneut streitig verhandelt und weitere Beweise werden erhoben. Danach ergeht ein Urteil.*

Zunächst sind entstanden:
1. $^{10}/_{10}$ Prozessgebühr gem § 31 I 1 BRAGO
2. $^{10}/_{10}$ Verhandlungsgebühr gem § 31 I 2 BRAGO
3. $^{10}/_{10}$ Beweisgebühr gem § 31 I 3 BRAGO
Auslagen, Umsatzsteuer.

Danach hat das Verfahren über zwei volle Kalenderjahre geruht. § 13 V 2 BRAGO kommt zur Anwendung. Nach Wiederaufnahme des Verfahrens entstehen weitere – gesonderte – Gebühren, die der Rechtsanwalt neben den vor Anordnung des Ruhens des Verfahrens entstandenen Gebühren verlangen kann:
$^{10}/_{10}$ Prozessgebühr gem § 31 I 1 BRAGO
$^{10}/_{10}$ Verhandlungsgebühr gem § 31 I 2 BRAGO
$^{10}/_{10}$ Beweisgebühr gem § 31 I 3 BRAGO
Auslagen, Umsatzsteuer.

III. Außergerichtliche Tätigkeit

1. Beratung

209 Für einen mündlichen oder schriftlichen Rat oder eine Auskunft erhält der Rechtsanwalt gem § 20 I 1 BRAGO eine Satzrahmengebühr. Die Vorschrift bestimmt einen Satzrahmen von **$^{1}/_{10}$ bis $^{10}/_{10}$.** Die **Mittelgebühr** beträgt ($^{1}/_{10}$ + $^{10}/_{10}$ = $^{11}/_{10}$: 2 =) **$^{5,5}/_{10}$.** Innerhalb dieses Satzrahmens hat der Rechtsanwalt die Gebühr im Einzelfall unter Berücksichtigung aller Umstände, insbesondere
- der Bedeutung der Angelegenheit für den Auftraggeber,
- der Vermögens- und Einkommensverhältnisse des Auftraggebers,
- der Schwierigkeit der anwaltlichen Tätigkeit,
- des Umfanges der anwaltlichen Tätigkeit,

nach billigem Ermessen zu bestimmen (§ 12 I BRAGO).[34]

Die erteilte Beratung darf nicht mit einer anderen gebührenpflichtigen Tätigkeit des Rechtsanwalt zusammenhängen. Ist dies der Fall, wird die Beratung über denselben Gegenstand, wegen dessen der Rechtsanwalt auch anderweitig tätig ist, mit den anderweitig entstehenden Gebühren abgegolten.

34 Göttlich/Mümmler, BRAGO, »Rahmengebühren«; Gerold/Schmidt-Madert, BRAGO § 12 Rn 11 ff; Madert AnwBl 1994, 379–384 und 445–448

Fall 1:

Der Rechtsanwalt ist für den Mandanten als Prozessbevollmächtigter tätig. Nach durchgeführter Beweisaufnahme in dem Zivilprozess bittet der Mandant den Rechtsanwalt, ihn über das weitere Vorgehen in dem Rechtsstreit zu beraten (zB ob teilweise anerkannt werden soll, ob weitere Zeugen benannt werden sollen, ob die Einholung eines Sachverständigengutachtens beantragt werden soll oder ähnliches). 210
Für die Beratung entsteht keine gesonderte Gebühr gem § 20 I 1 BRAGO. Die Beratung ist vielmehr mit der Prozessgebühr des § 31 I 1 BRAGO abgegolten.

Dagegen entsteht dem Prozessbevollmächtigten des I. Rechtszuges – neben den ihm bereits dort entstandenen Gebühren – eine **gesonderte** Gebühr gem § 20 I BRAGO, wenn er den Auftraggeber über die Erfolgsaussichten eines Rechtsmittels berät.[35] Diese Beratung hängt **nicht** mit der gebührenrechtlichen Tätigkeit in dem I. Rechtszug zusammen. Denn der I. Rechtszug ist gebührenrechtlich abgeschlossen mit dem Erlass der diesen Rechtszug abschließenden Entscheidung.[36] Allerdings gehören noch die in § 37 Nr. 7 BRAGO genannten Abwicklungstätigkeiten (wie zB das Kostenfestsetzungsverfahren, die Einholung des Notfristattestes, der Vollstreckungsklausel und des Rechtskraftvermerkes) zum Rechtszug. 211

Die für die Beratung über die Erfolgsaussichten eines Rechtsmittels entstehende gesonderte Gebühr gem § 20 I BRAGO ist dann allerdings wieder anzurechnen auf die Gebühren, die dem Rechtsanwalt nach Einlegung des Rechtsmittels in dem II. Rechtszug entstehen (§ 20 I 4 BRAGO – siehe hierzu auch nachfolgendes Kapitel III. 1. d).

Fall 2:

Der Rechtsanwalt ist für den Mandanten als Prozessbevollmächtigter tätig. Der Mandant als – in Frage kommender – gesetzlicher Erbe hat das Testament des Erblassers angefochten und klagt gegenüber den testamentarischen Erben auf Herausgabe des Barvermögens und der Nachlassgegenstände. 212
Er beauftragt den Rechtsanwalt, ihn auch zu Fragen der anfallenden Erbschaftssteuer zu beraten.
In diesem Fall kann für die Beratung hinsichtlich der anfallenden Erbschaftssteuer eine gesonderte Gebühr gem § 20 I 1 BRAGO berechnet werden. Denn der Gegenstand der Beratung ist nicht identisch mit dem Gegenstand des Rechtsstreits.

Bezieht sich der Rat oder die Auskunft nur auf strafrechtliche, bußgeldrechtliche oder sonstige Angelegenheiten, in denen die Gebühren nicht nach einem Gegenstandswert berechnet werden, so kann der Rechtsanwalt eine Gebühr zwischen 15 € und 180 € berechnen (§ 20 I 3 BRAGO). 213

35 Enders JurBüro 1997, 113 (115) mwN
36 Gerold/Schmidt-von Eicken, BRAGO § 37 Rn 1

Den (Auslagen-)**Pauschsatz des § 26 S 2 BRAGO** kann der Rechtsanwalt neben der Beratungsgebühr des § 20 I BRAGO nur dann berechnen, wenn bei der Ausführung des Auftrages tatsächlich Auslagen für Post- und Telekommunikationsdienstleistungen entstanden sind. Dies wäre zB der Fall, wenn der Rechtsanwalt im Rahmen des Beratungsmandates Telefonate oder Schriftverkehr geführt hat und dadurch Telefonkosten bzw Portokosten verursacht worden sind. Wird die Beratung schriftlich erteilt, kann der Pauschsatz des § 26 S 2 BRAGO berechnet werden. Denn dann fallen bei Ausführung des Auftrages Portokosten für die Übersendung des Beratungsschreibens an den Mandanten an. Gleiches gilt, wenn der Rechtsanwalt auftragsgemäß das Ergebnis der mündlichen Beratung noch einmal schriftlich zusammenfasst und dieses Schreiben dem Mandanten übersendet. Der Pauschsatz des § 26 S 2 BRAGO kann aber dann nicht berechnet werden, wenn der Rechtsanwalt dem Mandanten nur seine Honorarrechnung übersendet. Die hierfür anfallenden Portokosten können nicht dem Mandanten angelastet werden, sondern gehören zum Betreiben des eigenen Geschäftes des Anwaltes.[37]

Praxis-Tipp:

214 *Für eine Beratung fällt eine 1/10 – 10/10 Gebühr gem § 20 I BRAGO an.*
Für eine Erstberatung darf keine höhere Gebühr als 180 € verlangt werden.

a. Erstberatung

215 Handelt es sich um eine **Erstberatung,** so kann der Rechtsanwalt **keine höhere Gebühr als 180 €** fordern. Um eine Erstberatung handelt es sich immer dann, wenn der Mandant sich in der Angelegenheit, in welcher er beraten werden will, zum ersten Mal an den Rechtsanwalt wendet.[38] Der Normbereich der Erstberatungsgebühr endet dann, wenn die erste Beratung beendet oder wegen ihres Beratungsgegenstandes unterbrochen werden muss.[39] Die Erstberatung endet aber nicht, wenn die Unterbrechung aus Gründen erfolgt, die der Rechtsanwalt zu vertreten hat.

Fall 3:

216 *Der Mandant sucht den Rechtsanwalt zu einer ersten Beratung in dessen Kanzlei auf. Das Beratungsgespräch wird auch begonnen, kann aber nicht zu Ende geführt werden, da der Rechtsanwalt die Kanzlei wegen eines Gerichtstermins verlassen muss. Die Beratung wird zwei Tage später zu Ende geführt. Es handelt sich noch um eine Erstberatung iS des § 20 I 2 BRAGO.*

37 Gerold/Schmidt-von Eicken, BRAGO § 26 Rn 5
38 Madert AGS 1996, 7; Enders JurBüro 1995, 225
39 Madert in: Anm zu OLG Jena AGS 2000, 62, 63

Um eine Erstberatung handelt es sich dann nicht mehr, wenn die Beratung aus Gründen unterbrochen werden muss, die der Rechtsanwalt **nicht** zu vertreten hat. 217

Fall 4:

Der Mandant sucht den Rechtsanwalt zu einer Beratung auf. Im Verlaufe des ersten Beratungsgespräches wird klar, dass der Mandant nicht alle erforderlichen Unterlagen bei sich hat und dem Rechtsanwalt vorlegen kann. Der Mandant reicht die Unterlagen später nach, und zwei Wochen danach wird die Beratung fortgesetzt. *Es handelt sich nicht um eine Erstberatung. Sie ist unterbrochen worden aus Gründen, die der Mandant zu vertreten hat.*

218

Um eine Erstberatung handelt es sich aber auch dann noch, wenn der Rechtsanwalt – **ohne dass mit der Beratung bereits begonnen wurde** – zunächst von dem Mandanten übergebene Unterlagen durcharbeiten muss und/oder sich zunächst anhand von Literatur und Rechtsprechung sachkundig machen muss, um die Beratung erteilen zu können.[40] Ist der Rechtsanwalt nicht bereit, diese – umfangreiche – Tätigkeit für maximal 180 € vorzunehmen, so bleibt ihm nur die Möglichkeit, die Anwendung des § 20 I 2 BRAGO durch **schriftliche Honorarvereinbarung** auszuschließen. Der Rechtsanwalt könnte in diesem Fall auch für eine Erstberatung mehr als 180 € liquidieren. 219

Um eine Erstberatung handelt es sich dann nicht mehr, wenn mit der Beratung bereits begonnen worden war, diese aber nicht zu Ende geführt werden kann, weil der Rechtsanwalt erst weitere Unterlagen zum Sachverhalt durcharbeiten oder sich wegen der Schwierigkeit der Rechtslage sachkundig machen muss. Wird die Beratung dann an einem späteren Termin fortgesetzt, nachdem der Rechtsanwalt die Unterlagen durchgearbeitet und/oder sich sachkundig gemacht, kann für die zweite Beratung eine Gebühr ohne die Beschränkung des § 20 I 2 BRAGO liquidiert werden, wobei die erste und zweite Beratung aber wieder eine gebührenrechtliche Angelegenheit bilden (siehe hierzu auch nachfolgendes Kapitel III. 1. b.).[41]

Um eine Erstberatung handelt es sich dann nicht mehr, wenn der Mandant den Rechtsanwalt nach Beendigung des ersten Beratungsgespräches später noch einmal wegen eines Rates zu weiteren Fragen oder zu zwischenzeitlich eingetretenen weiteren Ereignissen in derselben Angelegenheit aufsucht.[42]

Das AG Augsburg[43] sieht in einer Erstberatung eine »pauschale überschlägige Einstiegsberatung«.

§ 20 I 2 BRAGO ist nicht dahingehend auszulegen, dass für jede erste Beratung eine Gebühr in Höhe von 180 € berechnet werden kann. Vielmehr ist die

40 OLG München JurBüro 1999, 298; Enders JurBüro 1995, 225, 226
41 Madert AGS 1996, 7, 10 – rechte Spalte (Mitte); OLG München JurBüro 1999, 298; Enders JurBüro 1995, 225, 227
42 So auch OLG Jena AGS 2000, 62 mit Anm von Madert; AG Bühl JurBüro 1998, 136
43 AG Augsburg AGS 1999, 132

Gebühr innerhalb des in § 20 I 1 BRAGO festgelegten Satzrahmens – wie auch sonst – zu bestimmen und wenn die Gebühr unter 180 € liegt, kann nur dieser niedrigere Betrag berechnet werden. Wenn sich die nach §§ 11, 12 BRAGO bestimmte Gebühr über 180 € beläuft, kann nur der Höchstbetrag in Höhe von 180 € dem Mandanten in Rechnung gestellt werden.[44]

Ob sich die Obergrenze des § 20 I 2 BRAGO für eine Erstberatung gem § 6 BRAGO erhöht, wenn der Rechtsanwalt gleichzeitig für mehrere Auftraggeber tätig wird, ist umstritten.[45]

Praxis-Tipp:

220 *Die Höchstgrenze von 180 € für eine erste Beratung kann durch Honorarvereinbarung ausgeschlossen werden.*

b. Fortsetzung der (Erst-)Beratung

221 Wird die erste Beratung auf Wunsch des Mandanten fortgesetzt, zB weil zwischenzeitlich weitere Fragen aufgetaucht oder eine neue tatsächliche Situation eingetreten ist, zu der der Mandant eine weitere Beratung wünscht, so entfällt die Beschränkung des § 20 I 2 BRAGO auf 180 €. Der Rechtsanwalt kann für die zweite Beratung die vollen Gebühren des § 20 I 1 BRAGO liquidieren. Allerdings dürften in der Regel die erste Beratung und die Fortsetzung der Beratung gem § 13 V 1 BRAGO eine gebührenrechtliche Angelegenheit bilden.

Fall 5:

222 *Im Rahmen einer ersten Beratung hat der Rechtsanwalt die Mandantin zu Fragen im Rahmen der Auseinandersetzung einer Erbengemeinschaft beraten. Die Merkmale des § 12 BRAGO rechtfertigen den Ansatz einer 5,5/10 Gebühr nach einem Gegenstandswert von 25 000 €.*
Für die Erstberatung rechnet der Rechtsanwalt ab:
Gegenstandswert: 25 000 €

1. 5,5/10 Beratungsgebühr gem § 20 I 1 BRAGO	*(377,30 €)*
Aber, da Erstberatung höchstens gem § 20 I 2 BRAGO	*180,00 €*

Zzgl – evtl – Pauschsatz des § 26 S 2 BRAGO und Umsatzsteuer.

Nach einem Monat erscheint die Mandantin erneut in der Kanzlei des Rechtsanwalt und bittet um eine weitere Beratung in derselben Angelegenheit zu zwischenzeitlich im Rahmen der Erbauseinandersetzung aufgetretenen weiteren Fragen. Die Merkmale des § 12 BRAGO rechtfertigen den Ansatz einer 9/10 Gebühr für die erste und zweite Beratung.

44 Beispiele hierzu siehe Enders JurBüro 1995, 225
45 Siehe hierzu Enders Kapitel V. 3.

Der Rechtsanwalt kann also noch berechnen:
Gegenstandswert: 25 000 €

1. 9/10 Gebühr gem § 20 I 1 BRAGO	*617,40 €*
Abzüglich bereits für die Erstberatung berechneter	*180,00 €*

Zzgl – evtl – Pauschsatz des § 26 S 2 BRAGO und Umsatzsteuer.
Da es sich um eine gebührenrechtliche Angelegenheit handelt, kann der Pauschsatz des § 26 S 2 BRAGO nur einmal berechnet werden.

Praxis-Tipp:

Folgen nach der Erstberatung weitere Beratungen in derselben Sache, entfällt die Beschränkung auf 180 €. 223

Teilweise wird von der Rechtsprechung gefordert, dass der Rechtsanwalt den Mandanten darauf hinweist, dass bei einer Fortsetzung der Beratung die Beschränkung des § 20 I S 2 BRAGO (höchstens 180 €) entfällt.[46] M E sollte der Rechtsanwalt auf jeden Fall hierauf hinweisen. Dann läuft er später nicht Gefahr, dass ihm eine Pflichtverletzung unterstellt wird und der Mandant mit einem Schadensersatzanspruch gegenüber seinen Gebührenansprüchen aufrechnet. Auch dürfte es zu einer fairen Abwicklung eines Mandatsverhältnisses gehören, den Mandanten darauf hinzuweisen, dass mit der Fortsetzung der Beratung weitere Kosten auf den Mandanten zukommen, die der Mandant vielleicht in dieser Höhe nicht erwartet hat. 224

c. Anrechnung

Gem § 20 I 4 BRAGO ist die Beratungsgebühr auf Gebühren anzurechnen, die der Rechtsanwalt für eine sonstige Tätigkeit erhält, die mit der Raterteilung oder Auskunft zusammenhängt. Wird der Rechtsanwalt wegen desselben Gegenstandes, wegen desselben er den Mandanten auch beraten hat, noch anderweitig auftragsgemäß tätig und entstehen für diese andere Tätigkeit gesonderte Gebühren, so ist die Beratungsgebühr auf diese anderen Gebühren anzurechnen. Anrechnung bedeutet, dass die Gebühr für die Beratung in der Regel untergeht. Anzurechnen ist zB auf die Geschäftsgebühr des § 118 I 1 BRAGO, die der Rechtsanwalt für eine außergerichtliche Tätigkeit erhält oder auch auf die Prozessgebühr des § 31 I 1 BRAGO, die der Rechtsanwalt verdient, wenn er zum Prozessbevollmächtigten bestellt wird. Anzurechnen ist aber auch auf Gebühren für einzelne Tätigkeiten, wie zB die Gebühren des § 56 BRAGO. 225

In der Praxis wird viel zu wenig beachtet, dass Teile der Beratungsgebühr dem Rechtsanwalt erhalten bleiben können, wenn die Gegenstände der Beratung und der sonstigen Tätigkeit nur teilweise identisch sind (siehe nachstehender Fall 6). Gleiches gilt, wenn der Gebührensatz der Beratungsgebühr höher ist als der für die sonstige Tätigkeit entstehenden Gebühr (siehe nachfolgender Fall 7).

46 AA: Schütt JurBüro 1998, 250 (252) Kap. 2.6

Praxis-Tipp:

226 *Anzurechnen ist die Beratungsgebühr auf alle Gebühren, die der Rechtsanwalt für eine sonstige Tätigkeit in derselben Sache erhält!*
Sind die Gegenstände der Beratung und der sonstigen Tätigkeit nur teilweise identisch, ist auch nur teilweise anzurechnen.

Fall 6:

227 *Der Rechtsanwalt hat den Mandanten hinsichtlich der Geltendmachung eines Vermächtnisses gegenüber den testamentarischen Erben in mehreren Besprechungen beraten. Nach seinen eigenen Vorstellungen und Berechnungen stehen dem Mandanten Ansprüche in Höhe von 8 000 € zu. Nach eingehender Prüfung der Sach- und Rechtslage im Rahmen der Beratung kommt der Rechtsanwalt zu dem Ergebnis, dass wegen mangelnder Erfolgsaussichten im übrigen nur 5 000 € durchsetzbar sind. Das Ergebnis der Beratung teilt der Rechtsanwalt dem Mandanten schriftlich mit.*
Der Mandant beauftragt dann den Rechtsanwalt, 5 000 € außergerichtlich gegenüber den Erben geltend zu machen. Die Erben zahlen dann auch diesen Betrag. Es sind folgende Gebühren und Auslagen entstanden:

Für die Beratung sind entstanden:

1. 5,5/10 Gebühr für die Beratung gem §§ 12, 11, 20 I 1 BRAGO nach Wert: 8 000 €	*226,60 €*
2. Pauschsatz gem § 26 S 2 BRAGO	*20,00 €*

Für die außergerichtliche Geltendmachung sind entstanden:

1. 7,5/10 Geschäftsgebühr gem §§ 12, 11, 118 I 1 BRAGO nach Wert: 5 000 €	*225,75 €*
Hierauf anzurechnen gem § 20 I 4 BRAGO 5,5/10 Gebühr für Beratung nach Wert: 5 000 €	*165,55 €*
	60,20 €
2. Pauschsatz gem § 26 S 2 BRAGO (15 % von 225,75 €)	*20,00 €*
Der Rechtsanwalt kann insgesamt berechnen:	*326,80 €*
+ Umsatzsteuer gem § 25 II BRAGO.	

Der Pauschsatz des § 26 S 2 BRAGO für Post- und Telekommunikationsentgelte ist – wenn entstanden – nicht mit anzurechnen.[47]
In vorstehendem Fall entfällt die Beratungsgebühr also nicht im vollem Umfange, sondern sie ist teilweise auf die Geschäftsgebühr anzurechnen.

47 Enders JurBüro 1996, 561

Fall 7:

Der Rechtsanwalt hat die Erbin beraten wegen eines Anspruches auf Herausgabe von Nachlassgegenständen im Werte von 5 000 €. Da sich die anwaltliche Beratung umfangreich und schwierig gestaltete, rechtfertigen die Merkmale des § 12 BRAGO den Ansatz einer 9/10 Gebühr. Nach durchgeführter Beratung wird der Rechtsanwalt beauftragt, den Herausgabeanspruch außergerichtlich geltend zu machen. Der Rechtsanwalt fertigt ein einfaches Aufforderungsschreiben, wofür er nur eine 5/10 Gebühr in Ansatz bringt. 228

Für die Beratung sind entstanden:	
1. 9/10 Gebühr für Beratung gem §§ 12, 11, 20 I 1 BRAGO nach Wert: 5 000 €	*270,90 €*
2. Pauschsatz gem § 26 S 2 BRAGO	*20,00 €*
+ Umsatzsteuer gem § 25 II BRAGO	
Für die außergerichtliche Geltendmachung sind entstanden:	
1. 5/10 Geschäftsgebühr gem §§ 12, 11, 118 I 1 BRAGO nach Wert: 5 000 €	*150,50 €*
Hierauf anzurechnen gem § 20 I 4 BRAGO 5/10 Gebühr für Beratung nach Wert: 5 000 €	*150,50 €*
verbleiben:	*0,00 €*
2. Pauschsatz gem § 26 S 2 BRAGO (15 % von 150,50 €)	*20,00 €*
+ Umsatzsteuer gem § 25 II BRAGO	
Der Rechtsanwalt kann also insgesamt berechnen:	*310,90 €*
+ Umsatzsteuer gem § 25 II BRAGO.	

2. Tätigwerden iS des § 118 BRAGO

a. Grundsätzliches

Wird der Rechtsanwalt auftragsgemäß[48] außerhalb eines gerichtlichen Verfahrens tätig, so entstehen in der Regel Gebühren gem **§ 118 BRAGO.** Es können die **Geschäfts-** und **Besprechungsgebühr** anfallen. 229

Eine **Beweisaufnahmegebühr** gem § 118 I 3 BRAGO kann bei ausschließlich außergerichtlicher Tätigkeit grundsätzlich nicht ausgelöst werden. Dies selbst dann nicht, wenn der Rechtsanwalt außergerichtlich eine klassische »Beweisaufnahme« durchführt, also zB ein Sachverständigengutachten zum Wert eines Nachlassgegenstandes oder von Grundbesitz einholt. Denn Voraussetzung für das Entstehen der Beweisaufnahmegebühr ist eine von einem Gericht oder einer Behörde **angeordnete** Beweisaufnahme. Die Beweisaufnahmegebühr entsteht also dann, auch außerhalb eines gerichtlichen Verfahrens, wenn eine Behörde in einem behördlichen Verfahren (zB in einem Einspruchs- oder Widerspruchsverfahren vor dem Stadt- oder Kreisrechtsausschuss) eine Beweisaufnahme anordnet und der Rechtsanwalt an dieser Beweisaufnahme mitgewirkt hat. Die Beweisaufnahmegebühr wird im Kapitel IV. 3. a. cc. abgehandelt.

48 Zum Auftrag siehe Kapitel II. 1.

230 Im Rahmen der außergerichtlichen Tätigkeit des Rechtsanwalts kann aber neben den Gebühren gem § 118 I BRAGO noch die **Vergleichsgebühr** des § 23 BRAGO entstehen. Die Vergleichsgebühr wird im Kapitel VI. abgehandelt.

b. Geschäftsgebühr

231 Die Geschäftsgebühr gem § 118 I 1 BRAGO fällt als allgemeine Betriebsgebühr in allen Angelegenheiten an, in welchen Gebühren nach § 118 BRAGO entstehen. Die Gebühr entsteht bereits mit dem ersten Tätigwerden des Rechtsanwalts nach Erhalt des Auftrages von seinem Mandanten.[49] Das erste Tätigwerden des Rechtsanwalts dürfte in der Regel die Entgegennahme der Information von dem Mandanten sein. Mit der Geschäftsgebühr wird dann auch die gesamte Tätigkeit des Rechtsanwalts in der außergerichtlichen Angelegenheit, wie zB Informationsaufnahme, Fertigung und Unterzeichnung von Schriftsätzen usw. abgegolten, sofern in derselben Angelegenheit nicht noch die Tatbestände des § 118 I Nr. 2 oder Nr. 3 oder des § 23 BRAGO erfüllt werden, also noch eine Besprechungs-, Beweisaufnahme- oder Vergleichsgebühr entsteht.

Die Geschäftsgebühr ist innerhalb des in § 118 I 1 BRAGO festgelegten Satzrahmens von **5/10** bis **10/10** zu bestimmen. Die **Mittelgebühr** beträgt **7,5/10.** Innerhalb des Satzrahmens hat der Rechtsanwalt die Gebühr im Einzelfall unter Berücksichtigung aller Umstände, insbesondere der in § 12 I BRAGO genannten Merkmale, zu bestimmen.

232 Hat der Rechtsanwalt den Auftrag, außergerichtlich tätig zu werden und endet das Mandat zB nach der Beratung/Feststellung, dass die notwendigen Erfolgsaussichten nicht gegeben sind, so bleibt es bei der Geschäftsgebühr, auch wenn es zu keiner Tätigkeit nach außen hin kommt. Es entsteht dann nicht etwa die Beratungsgebühr des § 20 I 1 BRAGO.

Praxis-Tipp:

233 *Die Geschäftsgebühr (5/10 – 10/10) entsteht als allgemeine Betriebsgebühr mit dem ersten Tätigwerden des Rechtsanwalts nach Erteilung des Auftrages.*

Fall 1

234 *Gegen den Mandanten als Erbe wird von einem Gläubiger des Verstorbenen eine Forderung in Höhe von 15 000 € außergerichtlich durch Aufforderungsschreiben geltend gemacht. Der Mandant erscheint in der Kanzlei des Rechtsanwalts und beauftragt diesen, diese Forderung außergerichtlich abzuwehren. Der Rechtsanwalt nimmt von dem Mandanten die Informationen und Unterlagen entgegen und prüft anschließend die Sach- und Rechtslage. Er kommt zu dem Ergebnis, dass die Forderung nicht erfolgreich abgewehrt werden kann.*

49 Gerold/Schmidt-Madert, BRAGO § 118 Rn 5; Göttlich/Mümmler, BRAGO, »Sonstige Angelegenheiten« 2.11

Nach entsprechender Beratung des Mandanten durch den Rechtsanwalt erklärt der Mandant sich bereit, die Forderung auszugleichen und bittet den Rechtsanwalt, nicht weiter tätig zu werden.
Obwohl im Ergebnis nur eine Beratung des Mandanten erfolgt ist, entsteht keine Beratungsgebühr gem § 20 I 1 BRAGO. Denn der Auftrag des Mandanten lautete, außergerichtlich tätig zu werden und die Forderung abzuwehren. Damit entstehen Gebühren gem § 118 I BRAGO. Entstanden ist hier die Geschäftsgebühr, die bereits durch die Entgegennahme der Informationen und die anschließende Tätigkeit des Rechtsanwalts ausgelöst worden ist. Dass der Rechtsanwalt hier nicht nach außen hin tätig geworden ist, spielt für das Entstehen der Gebühr keine Rolle. Dieser Umstand muss ggf bei der Höhe der in Ansatz zu bringenden Satzrahmengebühr berücksichtigt werden. Es kann sicherlich nicht eine so hohe Gebühr in Ansatz gebracht werden, als wenn der Rechtsanwalt über Wochen und Monate hinweg umfangreichen Schriftverkehr für den Mandanten in der Angelegenheit geführt hätte. Denn auch der Umfang der anwaltlichen Tätigkeit ist eines der Merkmale, die nach § 12 BRAGO bei der Bestimmung der Höhe der Gebühr zu berücksichtigen sind.

Zur Abgrenzung einer Beratung oder Tätigkeit iS des § 118 BRAGO darf auf das Kapitel II. 1. b. verwiesen werden. 235

Wegen der Abgrenzung zu einer einfachen Tätigkeit iS des § 120 BRAGO siehe nachfolgendes Kapitel III. 2. e.

Die Geschäftsgebühr erhöht sich gem § 6 BRAGO, wenn der Rechtsanwalt für mehrere Auftraggeber gleichzeitig wegen desselben Gegenstandes tätig wird.[50] Wegen der Anrechnung der Geschäftsgebühr auf die in einem nachfolgenden gerichtlichen Verfahren entstehenden Gebühren darf auf das nachfolgende Kapitel III. 2. d. verwiesen werden.

c. Besprechungsgebühr

Für das Mitwirken an einer Besprechung mit dem Gegner oder einem Dritten oder im Rahmen einer mündlichen Verhandlung vor einer Behörde oder einem Gericht erhält der Rechtsanwalt die Besprechungsgebühr des § 118 I 2 BRAGO. Auch die Besprechungsgebühr ist innerhalb des Satzrahmens von $^{5}/_{10}$ bis $^{10}/_{10}$ zu bestimmen. Die Mittelgebühr beträgt $^{7,5}/_{10}$. 236

Ist die Besprechungsgebühr einmal entstanden, bleibt sie erhalten. Sie ist nicht etwa –wie die Geschäftsgebühr – auf die Gebühren anzurechnen, die im Rahmen einer der außergerichtlichen Angelegenheit nachfolgenden Tätigkeit in einem gerichtlichen Verfahren entstehen.

§ 118 I 2 BRAGO nennt drei Tatbestände, die dem Rechtsanwalt die Besprechungsgebühr entstehen lassen:

50 Zur Gebührenerhöhung bei mehreren Auftraggebern siehe Enders JurBüro 2000, 561

- Bei mündlichen Verhandlungen oder Besprechungen, die **von einem Gericht oder einer Behörde angeordnet** worden sind;
- für Besprechungen, die im **Einverständnis des Auftraggebers** mit dem **Gegner** oder einem **Dritten** geführt werden;
- für Besprechungen bei der Gestaltung eines Gesellschaftsvertrages und bei der **Auseinandersetzung** von Gesellschaften und **Gemeinschaften.**

237 Der erste Tatbestand betrifft die im Rahmen eines FGG-Verfahrens von einem Gericht oder in einem behördlichen Verfahren von einer Behörde angeordnete mündliche Verhandlung oder Besprechung. Dieser Tatbestand wird abgehandelt im Zusammenhang mit den FGG-Verfahren in dem Kapitel IV. 3. a. bb.

aa. Besprechung mit dem Gegner oder einem Dritten

238 Damit eine Besprechungsgebühr nach dem 2. in § 118 I Nr. 2 BRAGO aufgeführten Tatbestand entsteht, muss der Rechtsanwalt an einer Besprechung mit dem Gegner oder einem Dritten mitgewirkt haben. Ferner ist für diese Fälle erforderlich, dass der Mandant mit dieser Besprechung einverstanden war (siehe hierzu nachfolgendes Kapitel bb.).

Wer **Gegner** ist, wird sich in der Regel aus dem vom Mandanten erteilten Auftrag an den Rechtsanwalt ergeben.[51] Gegner ist also derjenige, gegen welchen der Rechtsanwalt auftragsgemäß den Anspruch des Mandanten gelten machen soll oder dessen Forderungen gegen den Mandanten abgewehrt werden sollen. Die Besprechungsgebühr entsteht auch, wenn die Besprechung nicht mit dem Gegner persönlich, sondern mit einem Bevollmächtigten des Gegners erfolgt. Ausreichend ist, wenn die Besprechung mit dem vom Gegner eingeschalteten Rechtsanwalt vorgenommen wird. Ist Gegner ein Institut oder eine Behörde, ist auch ausreichend, wenn die Besprechung mit einem Bediensteten derselben durchgeführt wird.

»**Dritter** ist jeder, der nicht Auftraggeber oder sein Bevollmächtigter ist.«[52] Dritte können also zB Sachverständige, Steuerberater, Behördenbedienstete, Zeugen, andere Miterben und auch Angehörige des Mandanten sein, mit denen der Rechtsanwalt eine Besprechung führt. Dritter iS des § 118 I 2 BRAGO ist aber nicht, wer anstelle des Mandanten dem Rechtsanwalt die notwendigen Informationen erteilt. Ist der Mandant etwa infolge Gebrechlichkeit nicht selbst in der Lage, in der Kanzlei des Rechtsanwalts zu erscheinen, und erteilt anstelle des Mandanten zB dessen Ehefrau dem Rechtsanwalt die nötigen Informationen, so fällt keine Besprechungsgebühr an. Denn in diesen Fällen ist die dritte Person nur Bote, der die Willenserklärung des Auftraggebers des Rechtsanwalts diesem nur übermittelt.[53]

Besprechungen mit dem Mandanten lösen grundsätzlich **keine** Besprechungsgebühr aus. Die Besprechungen mit dem Mandanten werden durch die

51 Hansens, BRAGO§ 118 Rn 20
52 *Gerold/Schmidt-Madert*, BRAGO § 118 Rn 8 – S 1260
53 Ausführlich und insbesondere zur Abgrenzung: Gerold/Schmidt-Madert, BRAGO § 118 Rn 8 – S 1260

Geschäftsgebühr abgegolten. Ausnahme: Nur wenn der Rechtsanwalt an Besprechungen mitwirkt, deren Gegenstand die Gestaltung eines Gesellschaftsvertrages oder die Auseinandersetzung von Gesellschaften und Gemeinschaften sind, entsteht die Besprechungsgebühr auch für Besprechungen mit dem Auftraggeber (siehe hierzu nachfolgendes Kapitel III. 2. c. cc.).

bb. Einverständnis des Mandanten

Die Besprechung mit dem Gegner oder einem Dritten löst die anwaltliche Besprechungsgebühr nur dann aus, wenn das **Einverständnis des Mandanten** mit dieser Besprechung besteht. Das Einverständnis muss nicht ausdrücklich erklärt worden sein. Es kann sich auch aus den Umständen des Falles ergeben und dann unterstellt werden. Der Auftrag des Mandanten geht in der Regel doch dahin, die Angelegenheit sachgemäß – im Interesse des Auftraggebers – zu erledigen. Wenn zur sachgemäßen Erledigung eine Besprechung mit dem Gegner oder einem Dritten erforderlich ist, kann mE von einem stillschweigenden Einverständnis des Mandanten ausgegangen werden.[54] Auch vorherige oder nachträgliche »Bewilligung« der Besprechung durch den Auftraggeber ist möglich. 239

Aber dann, wenn der Mandant einer Besprechung mit dem Gegner oder einem Dritten **ausdrücklich widersprochen** hat, wird der Rechtsanwalt für eine Besprechung, die er dennoch mit dem Gegner oder dem Dritten führt, keine Besprechungsgebühr liquidieren können, auch wenn diese Besprechung zu einer Erledigung der Angelegenheit führt und sachdienlich ist. In diesen Fällen wird es an dem vom Gesetz geforderten Einverständnis des Mandanten fehlen.

Vertritt der Rechtsanwalt den Mandanten in einer Angelegenheit, in der regelmäßig mündliche Verhandlungen mit dem Gegner oder einem Dritten geführt werden, so wird der Mandant gegenüber dem von ihm bevollmächtigten Rechtsanwalt zum Ausdruck bringen müssen, dass er keine Besprechung mit der Gegenseite oder einem Dritten wünscht. Ist der Rechtsanwalt aber in einer Angelegenheit tätig, in welcher regelmäßig nicht zu erwarten ist, dass Besprechungen mit einem Gegner oder einem Dritten geführt werden (wie zB wenn der Rechtsanwalt beauftragt ist, einen Vertrag zu entwerfen), so ist fraglich, ob der Rechtsanwalt das stillschweigende Einverständnis des Mandanten mit einer Besprechung unterstellen kann. In diesen Fällen sollte der Rechtsanwalt – im eigenen Interesse – vor einer Besprechung das Einverständnis des Mandanten einholen.[55]

cc. Auseinandersetzung einer Erbengemeinschaft

§ 118 I 2, 3. Alt. BRAGO lässt die Besprechungsgebühr auch entstehen, wenn der Rechtsanwalt an der Gestaltung eines Gesellschaftsvertrages oder bei der Auseinandersetzung von Gesellschaften und Gemeinschaften mitwirkt. In diesen Fällen ist es dann nicht erforderlich, dass die Besprechung mit dem Gegner oder einem Dritten geführt wird. Hier fällt die Besprechungsgebühr auch an, wenn die Besprechung mit dem oder den **Mandanten** geführt wird. 240

54 Hansens, BRAGO § 118 Rn 19; Gerold/Schmidt-Madert, BRAGO § 118 Rn 8 – S 1258 – unten – und 1259; Hartmann, Kostengesetze, BRAGO § 118 Rn 36

55 Gerold/Schmidt-Madert, BRAGO § 118 Rn 8 – S 1259 – Mitte –

Da die Auseinandersetzung von Gemeinschaften in § 118 I 2, 3. Alt. BRAGO ausdrücklich erwähnt ist, entsteht die Besprechungsgebühr auch für die **Auseinandersetzung einer Erbengemeinschaft.**[56]

Selbst wenn § 118 I 2 – vorletzter Halbsatz – BRAGO ausdrücklich auf das **Mitwirken** bei der Auseinandersetzung einer Gesellschaft abstellt, muss eine Besprechung stattgefunden haben, damit die Besprechungsgebühr entsteht. Bei ausschließlich schriftlicher Abwicklung der Auseinandersetzung der Erbengemeinschaft fällt keine Besprechungsgebühr an, auch nicht nach § 118 I 2, 3. Alt. BRAGO.[57] Dies ergibt sich bereits daraus, dass in § 118 I 2 BRAGO die **Besprechungs**gebühr abgehandelt wird.

Ob die Besprechung mit nur einem Mitglied der Erbengemeinschaft erfolgt oder mit allen Mitgliedern der Erbengemeinschaft, ist für den Anfall der Besprechungsgebühr unerheblich. Ebenso entsteht die Besprechungsgebühr in diesen Fällen unabhängig davon, ob die Besprechung nur mit dem auftraggebenden Mitglied der Erbengemeinschaft oder auch mit den übrigen Mitgliedern der Erbengemeinschaft erfolgt, die den Rechtsanwalt nicht mandatiert haben.

dd. Gegenstand der Besprechung

241 Die Besprechung muss über **tatsächliche oder rechtliche** Fragen geführt werden. Es soll aber auch eine Besprechung über Verfahrensfragen genügen (zB Besprechung mit dem Sachbearbeiter bei der Behörde über die Verlängerung einer Frist).[58] Es muss sich um ein sachbezogenes Gespräch handeln, das zur Beilegung bzw Förderung der Erledigung der Angelegenheit geeignet ist. Es ist aber nicht erforderlich, dass die Besprechung die Beilegung des Streites oder die Erledigung der Angelegenheit zum Ergebnis hat.[59]

Es genügt eine einvernehmliche Verhandlung/Besprechung; »streitige« Argumente müssen nicht ausgetauscht werden. Auch kommt es auf die Dauer des Gespräches nicht an. Auch eine kurze fernmündliche Besprechung kann die Besprechungsgebühr auslösen.

Allerdings entsteht die Besprechungsgebühr **nicht** für eine mündliche oder fernmündliche Nachfrage (§ 118 I 2 – letzter Halbsatz – BRAGO). Hierunter versteht man zB Erkundigungen nach dem Sachstand, Nachfragen, wann mit einem Fortgang der Sache zu rechnen sei oder ob noch weitere Schriftsätze/ Stellungnahmen des gegnerischen Rechtsanwalts zu erwarten seien.

d. Anrechnung gem § 118 II BRAGO

242 Die außerhalb eines gerichtlichen oder behördlichen Verfahrens entstandene Geschäftsgebühr ist grundsätzlich auf die entsprechenden Gebühren für ein

56 Hansens, BRAGO § 118 Rn 22; Gerold/Schmidt-Madert, BRAGO § 118 Rn 9

57 Hansens, BRAGO § 118 Rn 22; Gerold/Schmidt-Madert, BRAGO § 118 Rn 9; Göttlich/Mümmler, BRAGO, »Sonstige Angelegenheiten«, 2.21 – Gestaltung eines Gesellschaftsvertrages; Hartmann, Kostengesetze, BRAGO § 118 Rn 44

58 Gerold/Schmidt-Madert, BRAGO § 118 Rn 8

59 Hansens, BRAGO § 118 Rn 23; Göttlich/Mümmler, BRAGO, »Sonstige Angelegenheiten« 2.21 – Sachbezogenes Gespräch

anschließendes gerichtliches oder behördliches Verfahren anzurechnen (§ 118 II 1 BRAGO). Zu beachten ist, dass in vielen Fällen keine oder keine vollständige Anrechnung gem § 118 II BRAGO stattfindet.[60] Dazu im Einzelnen Folgendes:

aa. Nur Geschäftsgebühr ist anzurechnen

243 § 118 II 1 BRAGO bestimmt ausdrücklich, dass nur die in § 118 I 1 BRAGO geregelte Geschäftsgebühr anzurechnen ist. Niemals ist die in § 118 I 2 BRAGO geregelte Besprechungsgebühr anzurechnen. Gleiches gilt für die Beweisaufnahmegebühr des § 118 I 3 BRAGO – soweit diese überhaupt entstanden ist. Eine einmal entstandene Besprechungsgebühr und/oder Beweisaufnahmegebühr ist also auch auf eine im nachfolgenden Rechtsstreit entstandene Verhandlungs- und/oder Beweisgebühr nicht anzurechnen. Besprechungs- und Beweisaufnahmegebühr bleiben dem Rechtsanwalt also erhalten.

bb. Nur die außerhalb eines gerichtlichen oder behördlichen Verfahrens entstandene Geschäftsgebühr ist anzurechnen

244 Die Geschäftsgebühr ist nur dann anzurechnen, wenn sie außerhalb eines gerichtlichen oder behördlichen Verfahrens entstanden ist. Eine in einem gerichtlichen oder behördlichen Verfahren entstandene Geschäftsgebühr ist **nicht** anzurechnen.[61]

Fall 2

245 *Der Rechtsanwalt vertritt den Mandanten zunächst in einem Verfahren auf Erteilung des Erbscheines vor dem Amtsgericht – Nachlassgericht –. Für seine Tätigkeit in diesem Verfahren ist ihm eine 7,5/10 Geschäftsgebühr gem § 118 I 1 BRAGO entstanden.*

Im Anschluss daran vertritt der Rechtsanwalt denselben Mandanten in einem Rechtsstreit »über das Erbe«. In diesem Rechtsstreit entstehen Gebühren gem § 31 ff BRAGO.

Die zunächst entstandene Geschäftsgebühr für die Tätigkeit in dem Erbscheinsverfahren ist nicht auf die in dem nachfolgenden Rechtsstreit entstehende Prozessgebühr anzurechnen, da die Geschäftsgebühr im Rahmen eines gerichtlichen Verfahrens entstanden ist. Nur die außerhalb eines gerichtlichen und behördlichen Verfahrens entstandene Geschäftsgebühr ist anzurechnen.

cc. Anrechnung nur auf die Gebühren eines nachfolgenden gerichtlichen oder behördlichen Verfahrens

246 Die Geschäftsgebühr ist nur auf die Gebühren eines **nachfolgenden** gerichtlichen oder behördlichen Verfahrens anzurechnen. Findet zunächst das gerichtliche oder behördliche Verfahren statt und folgt dem die außergerichtliche

60 Siehe hierzu ausführlich Enders JurBüro 1999, 505 ff, 561 ff und 617 ff

61 Enders JurBüro 1999, 505 (506), Kap 2

Tätigkeit des Rechtsanwalts, so ist die Geschäftsgebühr für die außergerichtliche Tätigkeit nach Abschluss des gerichtlichen oder behördlichen Verfahrens **nicht** anzurechnen auf die in dem vorangegangenen gerichtlichen oder behördlichen Verfahren entstandenen Gebühren.[62]

Fall 3

247 *Der Rechtsanwalt vertritt den Mandanten zunächst in dem Verfahren auf Erteilung eines Erbscheines vor dem Amtsgericht – Nachlassgericht –. In diesem Verfahren entstehen Gebühren gem § 118 BRAGO.*

Nach Abschluss des Erbscheinsverfahrens wird der Rechtsanwalt von dem Mandanten beauftragt, die Ansprüche außergerichtlich gegenüber den Miterben geltend zu machen. Für diese außergerichtliche Tätigkeit entsteht erneut die Geschäftsgebühr des § 118 I 1 BRAGO.

Die durch die außergerichtliche Tätigkeit entstandene Geschäftsgebühr ist nicht auf die in dem gerichtlichen Verfahren entstandene Geschäftsgebühr anzurechnen. Denn das gerichtliche Verfahren ist der außergerichtlichen Tätigkeit vorausgegangen. Anzurechnen ist aber die Geschäftsgebühr nur auf die Gebühren eines ***nachfolgenden*** *gerichtlichen Verfahrens. Die beiden Geschäftsgebühren können nebeneinander entstehen und auch vom Rechtsanwalt verlangt werden.*

dd. Anrechnung nur bei demselben Gegenstand/demselben Gegner

248 Damit die Geschäftsgebühr anzurechnen ist, muss zwischen der außergerichtlichen und der anschließenden gerichtlichen oder behördlichen Tätigkeit des Rechtsanwalts ein **innerer Zusammenhang** bestehen. Das nachfolgende gerichtliche Verfahren muss sich gegen **denselben Gegner** richten wie die außergerichtliche Tätigkeit. Ferner muss der **Streitstoff im Wesentlichen** derselbe sein. Bei dem anschließenden gerichtlichen oder behördlichen Verfahren muss es sich quasi um die notwendige logische Fortsetzung der früheren außergerichtlichen Tätigkeit handeln.[63]

Wird außergerichtlich ein anderer Anspruch geltend gemacht als im anschließenden gerichtlichen Verfahren, findet keine Anrechnung der für die außergerichtliche Tätigkeit entstandenen Geschäftsgebühr statt. Dasselbe gilt, wenn der Anspruch außergerichtlich gegen einen anderen Gegner geltend gemacht wurde, man dann erkennt, dass es sich um den falschen handelt und der Anspruch dann gegen eine dritte Person eingeklagt wird.

ee. Anrechnung nur bei zeitlichem Zusammenhang

249 Die Anrechnung der Geschäftsgebühr gem § 118 II BRAGO findet nur statt, wenn zwischen der außergerichtlichen Tätigkeit und dem nachfolgenden gerichtlichen oder behördlichen Verfahren ein **zeitlicher Zusammenhang** besteht. Ein zeitlicher Zusammenhang ist dann nicht mehr gegeben, wenn zwischen dem Ende der außergerichtlichen Tätigkeit und dem nachfolgenden

62 Enders JurBüro 1999, 505 (506), Kap 3
63 Hansens, BRAGO § 118 Rn 50 bis 53; Enders JurBüro 1999, 505 (507), Kap 4

gerichtlichen oder behördlichen Verfahren ein Zeitraum von mehr als zwei Kalenderjahren liegt.[64] Dies ergibt sich aus § 13 V 2 BRAGO.

Nach Hansens[65] wird bei einer Zeitspanne von einem Monat der zeitliche Zusammenhang noch gegeben sein, bei einem Abstand von sechs Monaten meist jedoch nicht mehr.

Letztlich wird sich die Frage, ob noch ein zeitlicher Zusammenhang zwischen der außergerichtlichen Tätigkeit und der nachfolgenden Tätigkeit in einem gerichtlichen oder behördlichen Verfahren gegeben ist, individuell nach den Umständen des Einzelfalles beurteilen.[66]

ff. Anrechnung bei Anwaltsvergleich

Ist für den Abschluss eines Anwaltsvergleiches eine Geschäftsgebühr entstanden, so ist diese auf die Gebühren für ein nachfolgendes gerichtliches Verfahren auf Vollstreckbarerklärung **nur zur Hälfte** anzurechnen. Dies ergibt sich aus § 118 II 3 BRAGO.[67] Anzurechnen ist die Hälfte der Geschäftsgebühr maximal nur nach dem Wert, nach dem die Gebühren in dem Verfahren auf Vollstreckbarerklärung entstehen. 250

Praxis-Tipp:

Die Geschäftsgebühr ist gem § 118 II BRAGO auf die in einem nachfolgenden gerichtlichen oder behördlichen Verfahren entstehende Betriebsgebühr anzurechnen. Dies aber nur dann, wenn 251

- *derselbe Rechtsanwalt/dieselbe Sozietät (oder Partnerschaft) den Mandanten sowohl aussergerichtlich als auch in dem nachfolgende gerichtlichen oder behördlichen Verfahren vertritt;*
- *die aussergerichtliche Tätigkeit und die Tätigkeit in dem nachfolgenden gerichtlichen oder behördlichen Verfahren sich gegen denselben Gegner richtet;*
- *die Geschäftsgebühr für eine Tätigkeit außerhalb eines gerichtlichen oder behördlichen Verfahrens entstanden ist;*
- *das gerichtliche oder behördliche Verfahren der aussergerichtlichen Tätigkeit nachfolgt;*
- *der Gegenstand der außergerichtlichen Tätigkeit und der Gegenstand des nachfolgenden gerichtlichen oder behördlichen Verfahrens derselbe ist;*
- *zwischen der außergerichtlichen Tätigkeit und dem nachfolgenden gerichtlichen oder behördlichen Verfahren ein zeitlicher Zusammenhang besteht.*

Bei nur teilweiser Identität der Gegenstände verbleiben Gebührenteile von der entstandenen Geschäftsgebühr, die nicht anzurechnen sind. Dies gilt auch dann, wenn der Gebührensatz der Betriebsgebühr des nachfolgenden gerichtlichen oder behördlichen Verfahrens geringer ist als der Gebührensatz der für die außergerichtliche Tätigkeit angefallenen Geschäftsgebühr. 252

---

64 Gerold/Schmidt-Madert, BRAGO § 118 Rn 25 (S 1256 letzten 2 Absätze)
65 Hansens, BRAGO § 118 Rn 54 unter Hinweis auf LG Berlin JurBüro 83, 708
66 Siehe hierzu auch Enders JurBüro 1999, 505, 508 mwN
67 Enders JurBüro 1998, 505, 507 Kap 2.3

gg. Rechnerische Durchführung der Anrechnung

253 Anrechnung bedeutet, dass die im Rahmen einer außergerichtlichen Tätigkeit entstandene Geschäftsgebühr in der Betriebsgebühr eines nachfolgenden behördlichen Verfahrens (ebenfalls eine Geschäftsgebühr gem § 118 I 1 BRAGO) oder in einem gerichtlichen Verfahren (zB in einem Zivilprozess: Prozessgebühr gem §§ 32 I oder 31 I 1 BRAGO) »untergeht«, also im Ergebnis wegfällt.

Fall 4

254 *Außergerichtlich sind entstanden:*

Gegenstandswert: 10 000 €

1. 7,5/10 Geschäftsgebühr gem §§ 11, 12, 118 I 1 BRAGO	*364,50 €*
2. 7,5/10 Besprechungsgebühr gem §§ 11, 12, 118 I 2 BRAGO	*364,50 €*
3. Pauschsatz gem § 26 S 2 BRAGO	*20,00 €*
4. Umsatzsteuer gem § 25 II BRAGO	

Im nachfolgenden Gerichtsverfahren entsteht ua

Gegenstandswert: 10 000 €

1. 10/10 Prozessgebühr gem §§ 31 I 1, 11 BRAGO	*486,00 €*
Hierauf anzurechnen gem § 118 II BRAGO die 7,5/10 Geschäftsgebühr nach Wert: 10 000 €	*364,50 €*
Diese Differenz kann RA von der Prozessgebühr noch verlangen, wenn er die außergerichtlichen Gebühren schon vereinnahmt hat	*121,50 €*
2. + sonstige im Prozess entstehende Gebühren	
3. + Pauschsatz gem § 26 S 2 BRAGO	
4. + Umsatzsteuer gem § 25 II BRAGO	

Die Besprechungsgebühr ist nicht mit anzurechnen.

255 Nicht mit anzurechnen ist der Pauschsatz des § 26 S 2 BRAGO.[68]

hh. Anrechnung bei teilweiser Identität der Gegenstände

256 Die Geschäftsgebühr ist nur teilweise anzurechnen, wenn der Gegenstand der außergerichtlichen Tätigkeit und der Gegenstand der Tätigkeit in einem nachfolgenden behördlichen oder gerichtlichen Verfahren nur teilweise identisch sind. Die Geschäftsgebühr ist dann nämlich nur insoweit anzurechnen, als der Gegenstand des nachfolgenden behördlichen oder gerichtlichen Verfahrens auch bereits Gegenstand der außergerichtlichen Tätigkeit war.[69]

68 Enders JurBüro 1998, 561, 563 Kap 8; Enders JurBüro 1996, 561
69 Enders JurBüro 1999, 561, Kap 6.1

Fall 5

Der Rechtsanwalt ist zunächst beauftragt, 18 500 € außergerichtlich gegenüber der Erbengemeinschaft geltend zu machen. Nach anwaltlicher Aufforderung zahlt die Erbengemeinschaft 6 500 € und weist im Übrigen die Ansprüche des Mandanten zurück. 257
Der Rechtsanwalt wird dann beauftragt, Klage über 12 000 € zu erheben.

Außergerichtlich sind entstanden:

1. 7,5/10 Geschäftsgebühr gem §§ 11, 12, 118 I 1 BRAGO nach Wert: 18 500 €	*454,50 €*
2. Pauschsatz gem § 26 S 2 BRAGO	*20,00 €*
+ Umsatzsteuer gem § 25 II BRAGO	

Im nachfolgenden Gerichtsverfahren entstehen ua:

1. 10/10 Prozessgebühr gem §§ 11, 31 I 1 BRAGO nach Wert: 12 000 €	*526,00 €*
Hierauf anzurechnen gem § 118 II BRAGO	
7,5/10 Geschäftsgebühr nach Wert: 12 000 €	*394,50 €*
	131,50 €
+ weitere Gebühren, Auslagen, Umsatzsteuer.	

Fall 6

Der Rechtsanwalt hat außergerichtlich 4 500 € aus einem Darlehen für die Erbin gegen den Schuldner B des Erblassers auftragsgemäß geltend gemacht. Der Schuldner B zahlt nicht. Der Rechtsanwalt wird dann von der Erbin beauftragt, die Forderung aus dem Darlehen in Höhe von 4 500 € einzuklagen und ferner mit der Klage auch die Herausgabe eines Klaviers im Werte von 12 000 € geltend zu machen. 258

Außergerichtlich sind entstanden:

1. 7,5/10 Geschäftsgebühr gem §§ 118 I 1, 11, 12 BRAGO nach Wert: 4 500 €	*204,75 €*
2. Auslagenpauschsatz gem § 26 S 2 BRAGO	*20,00 €*
+ Umsatzsteuer gem § 25 II BRAGO	

Im nachfolgenden Gerichtsverfahren entstehen ua:

1. 10/10 Prozessgebühr gem §§ 11, 31 I 1 BRAGO nach Wert: 16 500 €	*606,00 €*
Hierauf anzurechnen gem § 118 II BRAGO	
7,5/10 Geschäftsgebühr nach Wert: 4 500,00 €	*204,75 €*
	401,25 €
+ weitere Gebühren, Auslagen, Umsatzsteuer.	

ii. Niedrigerer Gebührensatz im nachfolgenden behördlichen oder gerichtlichen Verfahren

Ist der Gebührensatz für eine der außergerichtlichen Tätigkeit nachfolgenden Tätigkeit in einem gerichtlichen oder behördlichen Verfahren niedriger als der Gebührensatz für die außergerichtliche Tätigkeit, so ist die Geschäftsgebühr 259 maximal in Höhe des Gebührensatzes der Betriebsgebühr des nachfolgenden behördlichen oder gerichtlichen Verfahrens anzurechnen.[70]

Fall 7

260 *Der Rechtsanwalt war zunächst beauftragt, Pflichtteilsansprüche in Höhe von 14 000 € außergerichtlich geltend zu machen. Nachdem die testamentarischen Erben nicht zahlen, beauftragt der Mandant den Rechtsanwalt, für ihn einen Antrag auf Prozesskostenhilfe für eine entsprechende Klage zu stellen. Der Rechtsanwalt reicht auftragsgemäß einen entsprechenden Antrag auf Gewährung von Prozesskostenhilfe bei Gericht ein. Das Gericht lehnt die begehrte Prozesskostenhilfe ab. Daraufhin will der Mandant wegen mangelnder Erfolgsaussichten die Sache nicht fortführen.*

Außergerichtlich sind entstanden:

1. 7,5/10 Geschäftsgebühr gem §§ 11, 12, 118 I 1 BRAGO nach Wert: 14 000 €	*424,50 €*
2. Pauschsatz gem § 26 S 2 BRAGO	*20,00 €*
+ Umsatzsteuer gem § 25 II BRAGO	

Im nachfolgenden Gerichtsverfahren entsteht:

1. 5/10 Prozessgebühr gem §§ 11, 51 I, 31 I 1 BRAGO nach Wert: 14 000 €	*283,00 €*
Hierauf anzurechnen gem § 118 II BRAGO 5/10 Geschäftsgebühr nach Wert: 14 000 €	*283,00 €*
	0,00 €
2. Auslagenpauschsatz gem § 26 S 2 BRAGO	*20,00 €*
+ Umsatzsteuer gem § 25 II BRAGO	

e. Abgrenzung zu § 120 BRAGO

261 Nach § 120 I BRAGO erhält der Rechtsanwalt für ein Schreiben einfacher Art nur eine 2/10 Gebühr.

Praxis-Tipp:

262 *§ 120 I BRAGO ist aber nur dann anwendbar, wenn*

1. *der **Auftrag** des Mandanten an den Rechtsanwalt auf eine Mahnung, Kündigung oder Schreiben einfacher Art **beschränkt** ist.*[71]
2. *der Rechtsanwalt lediglich ein Schreiben einfacher Art erstellt, welches weder schwierige rechtliche Ausführungen noch größere sachliche Auseinandersetzungen enthält.*[72]

70 Enders JurBüro 1999, 562, Kap 6.2

71 Gerold/Schmidt-Madert, BRAGO § 120 Rn 2; Hansens, BRAGO § 120 Rn 1; Riedel/Sußbauer-Chemnitz, BRAGO § 120 Rn 1; Göttlich/Mümmler, BRAGO, »Einfache Schreiben« 1.; Madert, »Anwaltsgebühren in Zivilsachen«, 3. Aufl., Rn 29; Enders JurBüro 1998, 1, 3, Kap 2

72 Gerold/Schmidt-Madert, BRAGO § 120 Rn 3;Hansens, BRAGO § 120 Rn 2; Riedel/Sußbauer-Chemnitz, BRAGO § 120 Rn 2; Göttlich/Mümmler, BRAGO, »Einfache Schreiben« 2; Madert, »Anwaltsgebühren in Zivilsachen«, 3. Aufl., Rn 29; Enders JurBüro 1998, 1, 3, Kap 2

In der Praxis geht der Auftrag an den Rechtsanwalt in der Regel dahin, »die Angelegenheit insgesamt zu erledigen«. Bei einer derartigen Auftragslage ist für eine Anwendung des § 120 I BRAGO kein Raum. 263

Selbst wenn der Auftrag des Rechtsanwalt auf eine Mahnung, Kündigung oder Schreiben einfacher Art beschränkt ist, ist § 120 I BRAGO nicht anwendbar, wenn das Schreiben entweder schwierige rechtliche Ausführungen **oder** größere sachliche Auseinandersetzungen enthält. Auch dann entsteht die Vergütung nach § 118 BRAGO.

IV. Tätigkeit in einem gerichtlichen Verfahren

1. Zivilprozess

a. Grundsätzliches

Ist der Rechtsanwalt vom Mandanten damit beauftragt, ihn in einem Zivilprozess zu vertreten und den Rechtsstreit im Ganzen zu führen und hat der Mandant dem Rechtsanwalt Prozessvollmacht iS des § 81 ZPO erteilt, so berechnet sich die Vergütung des Rechtsanwaltes nach den §§ 31 ff BRAGO. 264

Praxis-Tipp:

Nur der zum Prozessbevollmächtigten bestellte Rechtsanwalt kann Gebühren nach §§ 31 ff BRAGO berechnen.[73] 265

Ist der Rechtsanwalt dagegen nur mit der Vertretung in bestimmten Einzelabschnitten des Zivilprozesses oder nur mit Einzelhandlungen beauftragt, so richtet sich seine Vergütung nicht nach den §§ 31 ff BRAGO, sondern nach besonderen Bestimmungen, zB dem § 56 BRAGO. Hiernach erhält der nur mit der Einreichung, Anfertigung oder Unterzeichnung von Schriftsätzen beauftragte Rechtsanwalt nur eine halbe ($^5/_{10}$) Gebühr (§ 56 I 1 Nr. 1 BRAGO). Gleiches gilt für den Rechtsanwalt, der nur mit der Wahrnehmung von anderen als zur mündlichen Verhandlung oder zur Beweisaufnahme bestimmten Terminen beauftragt ist (§ 56 I 1 Nr. 2 BRAGO). Dies gilt auch dann, wenn dem nur mit Einzelhandlungen beauftragten Rechtsanwalt Prozessvollmacht erteilt ist.[74] Nicht die erteilte Vollmacht ist entscheidend, sondern der von dem Mandanten erteilte Auftrag.[75] 266

So richtet sich die Vergütung des Korrespondenz- oder Verkehrsanwaltes nach § 52 BRAGO,[76] die Vergütung des Unterbevollmächtigten nach § 53 267

73 Gerold/Schmidt-von Eicken, BRAGO § 31 Rn 1
74 Göttlich/Mümmler/Braun/Rehberg, BRAGO, »Einzelaufträge« 2.; Hansens, BRAGO § 56 Rn 2
75 Gerold/Schmidt-von Eicken, BRAGO § 31 Rn 1
76 Ausführlich zB Göttlich/Mümmler, BRAGO, »Verkehrsanwalt«; Enders, Die BRAGO für Anfänger, Kap A XIII Rn 650 ff

BRAGO[77] und die Vergütung des nur mit der Vertretung in einer Beweisaufnahme beauftragten Rechtsanwalt nach § 54 BRAGO.[78]

268 Dem Prozessbevollmächtigten kann auch die Vergleichsgebühr des § 23 BRAGO entstehen. Diese wird in einem gesonderten Kapitel abgehandelt.

b. Prozessgebühr

269 Der zum Prozessbevollmächtigten bestellte Rechtsanwalt erhält als allgemeine Betriebsgebühr die Prozessgebühr des § 31 I Nr. 1 BRAGO. Die Gebühr fällt mit dem ersten Tätigwerden des Rechtsanwalts nach Erteilung des Auftrages an, also in der Regel bereits mit der Entgegennahme der Informationen.[79] Die Prozessgebühr entsteht in der Regel als volle Gebühr ($^{10}/_{10}$ im I. Rechtszug; $^{13}/_{10}$ im II. Rechtszug; $^{20}/_{10}$ im III. Rechtszug, soweit sich die Parteien nur durch einen beim BGH zugelassenen Rechtsanwalt vertreten lassen können – § 11 I 5 BRAGO –). Sie entsteht nur dann nicht als volle Gebühr, wenn der Auftrag endet, bevor eine die volle Prozessgebühr auslösende Tätigkeit ausgeübt wurde. Gem § 32 I BRAGO entsteht die volle Prozessgebühr bei dem **Klägervertreter** mit der **Einreichung der Klageschrift** bei Gericht. Bei dem Prozessbevollmächtigten des **Beklagten** wird die volle Prozessgebühr ausgelöst mit der **Einreichung** eines **Schriftsatzes mit Sachanträgen** (§ 32 I BRAGO). Die Wahrnehmung eines Termins zur mündlichen Verhandlung löst auf jeden Fall die Prozessgebühr sowohl bei dem Kläger als auch bei dem Beklagtenvertreter aus.

Praxis-Tipp:

270 *Die Anzeige der Verteidigungsabsicht ist kein Sachantrag. Möchte der Rechtsanwalt bereits durch diesen Schriftsatz die volle Prozessgebühr auslösen, wird er gleichzeitig neben der Anzeige der Verteidigungsabsicht auch den Antrag auf Klageabweisung in den Schriftsatz einstellen müssen.*
Die Prozessgebühr entsteht immer nach dem höchsten Wert der anhängigen Ansprüche.

271 Nach dem Wert nicht anhängiger Ansprüche kann keine volle Prozessgebühr nach § 31 I Nr. 1 BRAGO entstehen. Hatte der Rechtsanwalt den Auftrag, Ansprüche gerichtlich geltend zu machen und erledigt sich dieser Auftrag, bevor der Rechtsanwalt die Klage oder einen das Verfahren einleitenden Schriftsatz bei Gericht eingereicht hat, so erhält er nach dem Wert der nicht anhängig gewordenen Ansprüche nur eine $^{5}/_{10}$ Prozessgebühr (§ 32 I BRAGO).

77 Ausführlich zB Göttlich/Mümmler, BRAGO, »Unterbevollmächtigter«; Enders, Die BRAGO für Anfänger, Kap A XIV, Rn 672 ff

78 Ausführlich zB Göttlich/Mümmler, BRAGO, »Beweisanwalt«; Enders, Die BRAGO für Anfänger, Kap A XV Rn 688 ff

79 Gerold/Schmidt-von Eicken § 31 Rn 13; Göttlich/Mümmler, BRAGO, »Prozessgebühr«, 1.4

Fall 1:

Der Rechtsanwalt wird von A beauftragt, Klage gegen die Erbengemeinschaft über 18 000 € zu erheben. Bevor er die Klage bei Gericht eingereicht hat, meldet sich A und teilt mit, dass die Erbengemeinschaft 10 000 € gezahlt habe. Die Klage soll jetzt nur noch über 8 000 € bei Gericht eingereicht werden. 272 *Es sind folgende Prozessgebühren entstanden:* *1. 5/10 Prozessgebühr gem §§ 11, 32 I BRAGO nach Wert: 10 000 € — 243,00 €* *2. 10/10 Prozessgebühr gem §§ 11, 31 I 1 BRAGO nach Wert: 8 000 € — 412,00 €* *655,00 €* *Die Summe der beiden Einzelgebühren darf gem § 13 III BRAGO nicht höher sein als eine 10/10 Gebühr aus dem Gesamtwert (hier: 18 000 €) = 606 €. Da die Summe der beiden Einzelgebühren mit 655 € höher ist als die 10/10 Gebühr aus dem Gesamtwert (606 €), darf der Rechtsanwalt hier nur die 10/10 Gebühr aus dem Gesamtwert = 606 € berechnen.*

Die Prozessgebühr entsteht in der Regel in jedem Rechtszug nur einmal. 273

Vertritt der Rechtsanwalt gleichzeitig mehrere Auftraggeber wegen desselben Gegenstandes, so erhöht sich die Prozessgebühr gem § 6 I 2 BRAGO um 3/10 für jeden weiteren Auftraggeber.[80]

c. Verhandlungsgebühr

aa. Streitige Verhandlung

Durch die Antragstellung in einer mündlichen Verhandlung vor Gericht verdient der Rechtsanwalt die Verhandlungsgebühr des § 31 I Nr. 2 BRAGO. Sie fällt als **volle** (10/10 im I. Rechtszug; 13/10 im II. und im III. Rechtszug) Gebühr an, wenn streitige, also **sich widersprechende Anträge** zur Hauptsache gestellt werden.[81] Vertritt der Prozessbevollmächtigte in einer mündlichen Verhandlung, in der nur nichtstreitige Anträge gestellt werden, so fällt nur eine halbe – 5/10 – Verhandlungsgebühr an (siehe nachfolgendes Kapitel bb.). 274

Die volle Verhandlungsgebühr entsteht nach dem Wert der Ansprüche, über die streitig verhandelt wird.

Die Verhandlungsgebühr des § 31 I 2 BRAGO entsteht nicht für jede mündliche Verhandlung gesondert, sondern die Gebühr gilt in der Regel die Tätigkeit für alle mündlichen Verhandlungen in einem Rechtszug ab. Es können aber, wenn in einem Rechtszug mehrere gebührenrechtliche Verfahren stattfinden, auch mehrere Verhandlungsgebühren entstehen. Dies könnte zB der Fall sein

80 Siehe Kapitel V.
81 Gerold/Schmidt-von Eicken, BRAGO § 31 Rn 55 u 66

- in einem Einspruchsverfahren § 38 I BRAGO (siehe nachfolgendes Kapitel ff.)
- in dem Vor- und Nachverfahren im Urkundenprozess § 39 BRAGO[82]
- und in dem Grund- und Höheverfahren im Falle der Zurückverweisung, § 15 BRAGO.[83]

Praxis-Tipp:

275 *Für eine streitige Verhandlung entsteht eine volle – 10/10 – Verhandlungsgebühr gem § 31 I 2 BRAGO,*
für eine nichtstreitige Verhandlung (in der Regel) eine halbe – 5/10 – Verhandlungsgebühr gem § 33 I 1 BRAGO.
Die volle Verhandlungsgebühr kann – von Ausnahmen abgesehen – nicht neben der halben Verhandlungsgebühr nach demselben Gegenstand in derselben Angelegenheit entstehen.

bb. Nichtstreitige Verhandlung

276 Verhandelt der Prozessbevollmächtigte in einem Termin zur mündlichen Verhandlung vor Gericht nichtstreitig, so entsteht gem § 33 I 1 BRAGO in der Regel nur eine halbe (5/10) Verhandlungsgebühr. § 33 I 2 BRAGO bestimmt einige Ausnahmen, in welchen der Rechtsanwalt trotz nichtstreitiger Verhandlung eine volle (10/10) Verhandlungsgebühr erhält, und zwar:

- wenn eine Entscheidung nach Lage der Akten (§ 331 a ZPO) beantragt wird,
- wenn der Berufungs**kläger** oder Revisions**kläger** ein Versäumnisurteil beantragt,
- wenn der Kläger in Ehesachen, in Lebenspartnerschaftssachen nach § 66 1 I Nr. 1 bis 3 ZPO oder in Rechtsstreitigkeiten über die Feststellung der Rechtsverhältnisse zwischen Eltern und Kindern nichtstreitig verhandelt.

In der Regel kann die 5/10 Verhandlungsgebühr des § 33 I 1 BRAGO nicht neben der vollen Verhandlungsgebühr des § 31 I 2 BRAGO entstehen. Dies ist ausnahmsweise möglich, wenn nach Einlegung eines Einspruchs gegen ein Versäumnisurteil zur Hauptsache streitig, nichtstreitig verhandelt oder die Hauptsache erörtert wird (siehe nachfolgendes Kapitel ee.).

Eine 5/10 Verhandlungsgebühr erhält der Rechtsanwalt auch nur dann, wenn er in der mündlichen Verhandlung nur Anträge zur Prozess- oder Sachleitung stellt (§ 33 II BRAGO).

82 Ausführlich zB Enders, Die BRAGO für Anfänger, Kap A X, Rn 617 ff
83 Ausführlich zB Göttlich/Mümmler, BRAGO, »Zurückverweisung«; Enders, Die BRAGO für Anfänger, Kap A XVI, Rn 698 ff

cc. *Anerkenntnis*

277 Erkennt der Beklagte in dem Termin zur mündlichen Verhandlung den mit der Klage geltend gemachten Anspruch an, liegt eine nichtstreitige Verhandlung iS des § 33 I 1 BRAGO vor. Es entsteht dem Prozessbevollmächtigten des Klägers eine halbe ($^5/_{10}$) Verhandlungsgebühr. Bei dem Klägervertreter wird die Verhandlungsgebühr ausgelöst mit dem Antrag auf Erlass eines Anerkenntnisurteils.[84] Dem Beklagtenvertreter ist ebenfalls die halbe Verhandlungsgebühr entstanden, wenn er in der mündlichen Verhandlung das Anerkenntnis ausgesprochen hat.

Haben die Prozessbevollmächtigten allerdings vor dem Anerkenntnis bereits streitig zur Hauptsache verhandelt oder erörtert, ist also bereits die volle Verhandlungsgebühr des § 31 I 2 BRAGO oder die Erörterungsgebühr des § 31 I 4 BRAGO angefallen, verbleibt es bei der vollen Verhandlungs- oder Erörterungsgebühr. Daneben kann eine Gebühr für ein Anerkenntnis nicht mehr entstehen. Dies gilt auch dann, wenn die Erörterungsgebühr in einer Güteverhandlung gem § 278 II ZPO nF entstanden ist.

Praxis-Tipp:

278 *Wird nur teilweise anerkannt und über den restlichen Klageanspruch streitig verhandelt, so kann neben der $^5/_{10}$ Gebühr für das Anerkenntnis noch eine volle Verhandlungsgebühr entstehen. Die halbe Gebühr für das Anerkenntnis fällt an nach dem Teil des Anspruchs, der anerkannt worden ist, die volle Verhandlungsgebühr entsteht nach dem Teil des Anspruchs, über welchen streitig verhandelt worden ist. Die beiden Einzelgebühren dürfen allerdings nicht höher sein als eine volle Gebühr nach dem Gesamtwert (§ 13 III BRAGO).*

Fall 2:

279 *Eingeklagt sind 4 000 €. Eine Güteverhandlung findet nicht statt. Im ersten Termin zur mündlichen Verhandlung erkennt der Prozessbevollmächtigte des Beklagten einen Teilbetrag in Höhe von 1 300 € an. Wegen des restlichen Anspruchs in Höhe von 2 700 € wird streitig verhandelt.*

Es sind folgende Verhandlungsgebühren entstanden:

1. $^5/_{10}$ Gebühr für nichtstreitige Verhandlung gem §§ 11, 31 I 1 BRAGO nach Wert: 1 300 €	*52,50 €*
2. $^{10}/_{10}$ Verhandlungsgebühr gem § 31 I 2 BRAGO nach Wert: 2 700 €	*189,00 €*
	241,50 €
Gem § 13 III BRAGO dürfen die beiden Einzelgebühren nicht höher sein als eine $^{10}/_{10}$ Gebühr aus dem Gesamtwert:	
$^{10}/_{10}$ aus 4 000 € =	*245,00 €*

Der Rechtsanwalt kann also vorliegend die Verhandlungsgebühr nur in Höhe von 241,50 € berechnen, da die Summe der beiden Einzelgebühren niedriger ist als die $^{10}/_{10}$ Gebühr aus dem Gesamtwert.

84 Gerold/Schmidt-von Eicken, BRAGO § 33 Rn 4

dd. Versäumnisurteil

280 Erscheint in einem Termin zur mündlichen Verhandlung eine der Parteien nicht und ist diese in dem Termin auch nicht durch einen Prozessbevollmächtigten vertreten, wird auf Antrag der erschienenen Gegenpartei ein Versäumnisurteil ergehen. Für den Antrag auf Erlass eines Versäumnisurteils kann der Prozessbevollmächtigte eine 5/10 Verhandlungsgebühr gem § 33 I 1 BRAGO verdienen. Die 5/10 Verhandlungsgebühr für das Versäumnisurteil kann nur der Rechtsanwalt verdienen, der in der mündlichen Verhandlung anwesend war. Der Prozessbevollmächtigte, der in der mündlichen Verhandlung nicht anwesend ist und gegen dessen Partei das Versäumnisurteil ergeht, kann die 5/10 Verhandlungsgebühr des § 33 I 1 BRAGO nicht verdienen.

Auch der Anwalt, der zwar im Termin anwesend ist, aber weder einen Antrag stellt noch sich zu dem von der Gegenseite gestellten Antrag erklärt, sich also völlig passiv verhält, erhält keine Verhandlungsgebühr.[85] Dies gilt auch, wenn der erschienene Rechtsanwalt ausdrücklich erklärt, keinen Antrag zu stellen. Allerdings wirkt derjenige Rechtsanwalt an einer nichtstreitigen Verhandlung mit, der zwar keinen Antrag stellt, aber sich sonst irgendwie an der Verhandlung beteiligt (zB anerkennt oder anregt, dass das Gericht nach der Sachlage entscheiden möge).

Ist nur eine Partei erschienen und erörtert diese mit dem Gericht die Sach- oder Rechtslage und stellt dann anschließend den Antrag auf Erlass eines Versäumnisurteils, so ist in Literatur und Rechtsprechung umstritten, ob dem Rechtsanwalt nur eine 5/10 Verhandlungsgebühr entsteht oder eine 10/10 Erörterungsgebühr. Hartmann[86] vertritt die Auffassung, dass die Erörterungsgebühr auch dann entsteht, wenn nur eine der Parteien anwesend ist und diese mit dem Gericht die Sache erörtert. Anderer Auffassung ist von Eicken in Gerold/Schmidt:[87] Sind nicht beide Parteien im Termin zur mündlichen Verhandlung anwesend, kann keine Erörterungsgebühr entstehen. Denn die Erörterungsgebühr kann nur entstehen, wenn auch die volle Verhandlungsgebühr des § 31 I 2 BRAGO entstehen könnte.

Die 5/10 Gebühr für das Versäumnisurteil kann in der Regel nicht neben einer vollen Verhandlungsgebühr gem § 31 I 2 BRAGO oder einer Erörterungsgebühr gem § 31 I 4 BRAGO anfallen. Nur dann, wenn nach Einlegung eines Einspruches gegen ein Versäumnisurteil zur Hauptsache streitig oder nichtstreitig verhandelt oder die Hauptsache erörtert wird, kann die 5/10 Gebühr für das Versäumnisurteil neben einer vollen Verhandlungsgebühr des § 31 I 2 BRAGO entstehen (siehe nachfolgendes Kapitel ee.).

ee. Weitere Tätigkeit nach Einspruch gegen Versäumnisurteil

281 Wird nach Einspruch gegen ein Versäumnisurteil zur Hauptsache streitig oder nichtstreitig verhandelt oder die Hauptsache erörtert, so entsteht gem § 38 II BRAGO die Gebühr für die Verhandlung, auf welches das Versäumnisurteil ergangen ist, gesondert. Dies bedeutet, dass der Rechtsanwalt in diesen Fällen

---

85 Gerold/Schmidt-von Eicken, BRAGO § 33 Rn 4; Hansens, BRAGO § 33 Rn 3
86 Hartmann, Kostengesetze, BRAGO § 31 Rn 227
87 Gerold/Schmidt-von Eicken, BRAGO § 31 Rn 156

die $^{5}/_{10}$ Gebühr für die Verhandlung, in welcher das Versäumnisurteil ergangen ist, gem § 38 II BRAGO gesondert berechnen kann – unabhängig davon, ob vor Erlass des Versäumnisurteils bereits eine volle Verhandlungs- oder Erörterungsgebühr gem § 31 I 2 oder 4 BRAGO ergangen ist.

Fall 3:

Es wird Klage über 10 000 € erhoben. Im ersten Termin zur mündlichen Verhandlung wird nach gescheiterter Güteverhandlung streitig verhandelt. Nach durchgeführter Beweisaufnahme erscheint der Beklagte in dem neuen Termin zur mündlichen Verhandlung nicht, so dass auf Antrag des Prozessbevollmächtigten des Klägers ein Versäumnisurteil gegenüber dem Beklagten ergeht. Der Beklagte lässt gegen das Versäumnisurteil Einspruch einlegen. In dem neuen Termin zur mündlichen Verhandlung wird zur Hauptsache streitig verhandelt, anschließend ergeht ein Urteil. 282

Es sind folgende Gebühren entstanden:
Gegenstandswert: 10 000,00 €

1. $^{10}/_{10}$ Prozessgebühr gem §§ 11, 31 I 1 BRAGO	*486,00 €*
2. $^{10}/_{10}$ Verhandlungsgebühr gem §§ 11, 31 I 2 BRAGO	*486,00 €*
3. $^{10}/_{10}$ Beweisgebühr gem §§ 11, 31 I 3 BRAGO	*486,00 €*
4. $^{5}/_{10}$ Gebühr für Versäumnisurteil gem §§ 11, 31 I 1, 38 II BRAGO	*243,00 €*
+ Pauschsatz gem § 26 S 2 BRAGO, Umsatzsteuer etc.	

In dem vorliegenden Fall wäre die $^{5}/_{10}$ Verhandlungsgebühr für das Versäumnisurteil nicht mehr entstanden, wenn gegen das Versäumnisurteil kein Einspruch eingelegt und anschließend nicht zur Hauptsache noch einmal streitig verhandelt worden wäre.

ff. Gesondertes Verfahren über den Einspruch

Findet über einen Einspruch, der gegen ein Versäumnisurteil eingelegt wurde, ein gesondertes Verfahren statt, so gilt dieses Verfahren über den Einspruch als besondere gebührenrechtliche Angelegenheit, wenn der Einspruch **zurückgenommen** oder **verworfen** wurde (§ 38 I BRAGO). In diesem besonderen Verfahren über den Einspruch können dann alle Gebühren gem § 38 I BRAGO erneut entstehen, mit Ausnahme der Prozessgebühr. 283

Fall 4:

Es wird Klage erhoben über 8 000 €. Im ersten Termin wird nach gescheiterter Güteverhandlung streitig verhandelt, anschließend wird Beweis erhoben. In dem nächsten mündlichen Verhandlungstermin erscheint der Beklagte nicht. Auf Antrag des Klägers ergeht ein Versäumnisurteil. Gegen dieses Versäumnisurteil wird vom Beklagtenvertreter Einspruch eingelegt. Alsdann entsteht Streit darüber, ob der Einspruch form- und fristgerecht eingelegt worden ist. Die Parteien verhandeln hierüber streitig. Das Gericht erhebt Beweis durch Vernehmung der Überbringerin des Einspruchsschreibens. Nach durchgeführter Beweisaufnahme wird der Einspruch als unzulässig verworfen. 284

Beim Klägervertreter sind folgende Gebühren entstanden:
Gegenstandswert: 8 000 €

1.	$^{10}/_{10}$ Prozessgebühr gem §§ 11, 31 I 1 BRAGO	412,00 €
2.	$^{10}/_{10}$ Verhandlungsgebühr gem §§ 11, 31 I 2 BRAGO	412,00 €
3.	$^{10}/_{10}$ Beweisgebühr gem §§ 11, 31 I 3 BRAGO	412,00 €
4.	Pauschsatz gem § 26 S 2 BRAGO	20,00 €

Für das Einspruchsverfahren:

1.	$^{10}/_{10}$ Verhandlungsgebühr gem §§ 11, 31 I 2, 38 I BRAGO	412,00 €
2.	$^{10}/_{10}$ Beweisgebühr gem §§ 11, 31 I 3, 38 I BRAGO	412,00 €
3.	Pauschsatz gem § 26 S 2 BRAGO	20,00 €
+	Umsatzsteuer pp.	

Da der Einspruch vorliegend als unzulässig verworfen wurde, gilt das Verfahren über den Einspruch als besondere gebührenrechtliche Angelegenheit. Die Verhandlungs- und Beweisgebühr für die Verhandlung und die Beweisaufnahme über die form- und fristgerechte Einlegung des Einspruches lässt eine besondere Verhandlungs- und besondere Beweisgebühr entstehen, die neben den in der Hauptsache entstandenen Gebühren berechnet werden können. Der Pauschsatz des § 26 S 2 BRAGO kann hier einmal für das Hauptsacheverfahren und gesondert für das Verfahren über den Einspruch verlangt werden.[88]

Fall 5:

285 *Es wird Klage erhoben über 20 000 €. Im ersten Termin zur mündlichen Verhandlung werden nach gescheiterter Güteverhandlung widersprechende Anträge gestellt, anschließend vernimmt das Gericht Zeugen.*
Im nächsten Termin erscheint der Beklagte nicht. Auf Antrag des Klägers ergeht ein Versäumnisurteil. Gegen das Versäumnisurteil wird Einspruch eingelegt. Die Parteien verhandeln im nächsten Termin streitig darüber, ob der Einspruch form- und fristgerecht eingelegt worden ist. Das Gericht vernimmt Zeugen hierzu. Schließlich stellt das Gericht fest, dass der Einspruch form- und fristgerecht eingelegt wurde. Die Parteien verhandeln erneut zur Hauptsache streitig. Das Gericht verkündet ein Urteil.

Dem Klägervertreter sind entstanden:
Gegenstandswert: 20 000 €

1.	$^{10}/_{10}$ Prozessgebühr gem §§ 11, 31 I 1 BRAGO	646,00 €
2.	$^{10}/_{10}$ Verhandlungsgebühr gem §§ 11, 31 I 2 BRAGO	646,00 €
3.	$^{10}/_{10}$ Beweisgebühr gem §§ 11, 31 I 3 BRAGO	646,00 €
4.	$^{5}/_{10}$ Gebühr für Versäumnisurteil gem §§ 11, 33 I 1, 38 I BRAGO	323,00 €
5.	Pauschsatz gem § 26 S 2 BRAGO	20,00 €
+	Umsatzsteuer pp.	

Vorliegend findet zwar ein gesondertes Verfahren über den Einspruch statt. Allerdings werden die Voraussetzungen des § 38 I BRAGO nicht erfüllt, denn der Einspruch wird nicht als unzulässig verworfen oder zurückgenommen. Da

88 Gerold/Schmidt-von Eicken, BRAGO § 26 Rn 5

aber nach Einlegung des Einspruchs noch einmal zur Hauptsache streitig verhandelt wird, wird der Tatbestand des § 38 II BRAGO erfüllt, so dass die 5/10 Gebühr für das Versäumnisurteil noch einmal gesondert entsteht.

Praxis-Tipp:

Besonderheiten beim Versäumnisurteil: 286
Wird nach Einspruch gegen ein Versäumnisurteil noch einmal nichtstreitig oder streitig zur Hauptsache verhandelt oder wird diese erörtert, so entsteht die Gebühr für die Verhandlung, auf welche das Versäumnisurteil ergangen ist, gesondert dem Rechtsanwalt, der das Versäumnisurteil erwirkt hat (§ 38 II BRAGO).
Das Verfahren über den Einspruch ist eine gesonderte gebührenrechtliche Angelegenheit, wenn der Einspruch als unzulässig verworfen oder zurückgenommen wurde (§ 38 I BRAGO).

d. Schriftliches Verfahren

Eine Verhandlungsgebühr kann grundsätzlich nur für eine Tätigkeit in einer mündlichen Verhandlung vor Gericht entstehen. § 35 BRAGO durchbricht diese Regel und ordnet an, dass der Rechtsanwalt für den Fall, dass das Gericht im schriftlichen Verfahren entscheidet, die gleichen Gebühren erhält, wie in einem Verfahren mit mündlicher Verhandlung. Dies bedeutet, dass auch die halbe oder volle Verhandlungsgebühr entstehen können, wenn das Gericht das schriftliche Verfahren anordnet.[89] Folgende Voraussetzungen müssen erfüllt sein: 287

- An sich muss eine mündliche Verhandlung vorgeschrieben sein;
- Die Parteien müssen ihr Einverständnis erklärt haben, dass von einer mündlichen Verhandlung abgesehen wird oder ein Fall der §§ 307 II, 331 III oder 495 a I ZPO muss vorliegen;
- Das Gericht muss daraufhin eine Entscheidung erlassen.[90]

Praxis-Tipp:

Unter den in § 35 BRAGO genannten Voraussetzungen lösen auch eine streitige oder nichtstreitige Verhandlung im schriftlichen Verfahren eine Verhandlungsgebühr aus. 288

Es muss nicht unbedingt ein Urteil ergehen, damit die Verhandlungsgebühr im schriftlichen Verfahren entsteht. Ein Verweisungs-, Aufklärungs- oder Beweisbeschluss ist ausreichend. Die volle Verhandlungsgebühr des § 31 I Nr. 2

89 Gerold/Schmidt-von Eicken, BRAGO § 35 Rn 1
90 Hansens, BRAGO § 35 Rn 8; Gerold/Schmidt-von Eicken, BRAGO § 35 Rn 4

BRAGO entsteht im schriftlichen Verfahren unter denselben Voraussetzungen, wie auch in einem Verfahren mit mündlicher Verhandlung. Es müssen also sich widersprechende Anträge in den gewechselten Schriftsätzen gestellt worden sein. Sind keine sich widersprechenden Anträge in den Schriftsätzen gestellt worden, entsteht nur eine halbe Verhandlungsgebühr gem § 33 I 1 BRAGO.[91] Dies ist zB der Fall, wenn der Beklagte seine Verteidigungsabsicht nicht rechtzeitig angezeigt und gem § 331 III ZPO ein Versäumnisurteil auf Antrag des Klägers ergeht.

e. Erörterungsgebühr

289 Werden rechtshängige Ansprüche in einem Termin vor Gericht erörtert, so kann der Rechtsanwalt, der an der Erörterung mitgewirkt hat, eine volle (10/10 im I. Rechtszug; 13/10 im II. und III. Rechtszug) Erörterungsgebühr verdienen. Nach dem Wert nicht anhängiger Gegenstände kann keine Erörterungsgebühr anfallen, auch wenn diese in dem Termin mit erörtert werden. Unerheblich ist, ob tatsächliche oder rechtliche Fragen erörtert werden. Auch Erörterungen über prozessuale Fragen (zB über die Zuständigkeit, über Zulässigkeitsvoraussetzungen, zur Beweislast etc.) reichen aus, um die Erörterungsgebühr entstehen zu lassen. Nicht ausreichend ist dagegen die Erörterung von Fragen der Prozess- oder Sachleitung (zB über einen Vertagungsantrag, über die Reihenfolge der Zeugenvernehmungen).[92] Der Rechtsanwalt muss sich nicht aktiv an der Erörterung der Sache des Gegners mit dem Gericht beteiligen. Ausreichend ist, wenn er diese Erörterung verfolgt um – falls die Interessen seines Auftraggebers dies erfordern – einzuschreiten.[93]

Praxis-Tipp:

290 *Eine Erörterung rechtshängiger Ansprüche in einer mündlichen Verhandlung vor Gericht löst eine Erörterungsgebühr aus.*

291 Die Verhandlungs- und Erörterungsgebühr, die denselben Anspruch betreffen und nebeneinander in demselben Rechtszug entstehen, sind gem § 31 II BRAGO aufeinander anzurechnen. Der Rechtsanwalt wird in diesem Fall nur **eine** 10/10 Gebühr geltend machen können. Entstehen Erörterungs- und Verhandlungsgebühr in demselben Rechtszug nach unterschiedlichen Teilen des anhängigen Anspruches, dürfen die beiden Einzelgebühren gem § 13 III BRAGO nicht höher sein, als eine volle Gebühr aus dem Gesamtwert.

Die Erörterungsgebühr wird mE auch entstehen, wenn die Erörterung in einer Güteverhandlung gem § 278 II ZPO nF stattfindet.

91 Gerold/Schmidt-von Eicken, BRAGO § 35 Rn 7
92 Hansens, BRAGO § 31 Rn 56; Gerold/Schmidt-von Eicken § 31 Rn 155
93 Gerold/Schmidt-von Eicken § 31 Rn 156 cc

f. Beweisgebühr

Der zum Prozessbevollmächtigten bestellte Rechtsanwalt kann die Beweisgebühr verdienen, wenn 292
- eine Beweisaufnahme stattgefunden hat;
- der Rechtsanwalt in dem Beweisaufnahmeverfahren tätig geworden ist.

Die Beweisgebühr des § 31 I Nr. 3 BRAGO entsteht stets als volle Gebühr ($^{10}/_{10}$ im I. Rechtszug, $^{13}/_{10}$ im II. und III. Rechtszug). Nur der Beweisanwalt, dessen Tätigkeit auf die Vertretung in der Beweisaufnahme beschränkt ist, erhält die Beweisgebühr nur in Höhe von $^{5}/_{10}$ (§ 54 BRAGO). Die Beweisgebühr entsteht nach dem Wert der anhängigen Ansprüche, über welche Beweis erhoben worden ist.

Die Ladung von Zeugen und Sachverständigen gem § 273 II 4 ZPO zur Vorbereitung eines Termins ist noch keine Beweisaufnahme iSd § 31 I 1 Nr. 3 BRAGO. Erst wenn das Gericht in der mündlichen Verhandlung die Vernehmung der Zeugen oder des Sachverständigen beschließt, beginnt die Beweisaufnahme. Wird der Rechtsanwalt danach in dem Beweisaufnahmeverfahren tätig, kann ihm die Beweisgebühr des § 31 III BRAGO entstehen.[94] 293

Erlässt das Gericht gem § 358 a ZPO vor der mündlichen Verhandlung einen Beweisbeschluss, so wird hierdurch bereits eine gebührenrechtlich relevante Beweisaufnahme eingeleitet. Auch wenn dieser Beweisbeschluss gem § 358a ZPO später nicht mehr durchgeführt wird, ist dem Prozessbevollmächtigten die Beweisgebühr entstanden, vorausgesetzt, er ist im Hinblick auf die Beweisaufnahme bereits tätig geworden.[95]

Praxis-Tipp:

Für das Entstehen der Beweisgebühr des § 31 I Nr. 3 BRAGO kommt es nicht auf den Umfang der anwaltlichen Tätigkeit an. So wird die Beweisgebühr schon ausgelöst durch die Prüfung des Beweisbeschlusses auf Vollständigkeit und Richtigkeit.[96]

Noch nicht ausreichend für das Entstehen der Beweisgebühr ist allerdings die bloße Entgegennahme des Beweisbeschlusses und die – ungeprüfte – Weiterleitung an den Mandanten. Hat der Rechtsanwalt den Beweisbeschluss allerdings auf Vollständigkeit der Beweisanordnung und die Notwendigkeit etwaiger Ergänzungsanträge geprüft, so ist die Beweisgebühr entstanden.

Ergänzt wird die Vorschrift des § 31 I Nr. 3 BRAGO durch den § 34 BRAGO. Hiernach erhält der Rechtsanwalt die Beweisgebühr nicht, wenn die Beweis-

94 Hansens, BRAGO § 31 Rn 31; Gerold/Schmidt-von Eicken, BRAGO § 31 Rn 109
95 Hansens, BRAGO § 31 Rn 27
96 Riedel/Sußbauer-Keller, BRAGO § 31 Rn 132; Gerold/Schmidt-von Eicken § 31 Rn 124 ff

aufnahme lediglich in der Vorlegung der in den Händen des Beweisführers und des Gegners befindlichen Urkunden besteht (§ 34 I BRAGO).

294 Werden dagegen **Akten oder Urkunden beigezogen**, so kann dem Prozessbevollmächtigten die Beweisgebühr entstehen,

- wenn die Akten oder Urkunden durch Beweisbeschluss beigezogen werden;
- wenn die Akten oder Urkunden sonst erkennbar zum Beweis beigezogen werden;[97]
- oder wenn die Akten oder Urkunden als Beweis verwertet werden.[98]

2. Auskunfts- und Stufenklage

295 In der Praxis ist es häufig erforderlich, dass bevor Herausgabe- oder Zahlungsansprüche beziffert werden können, der Leistungspflichtige zunächst Auskunft über das Erlangte erteilt oder Rechnung legt. In erbrechtlichen Angelegenheiten kommt hier zB die Auskunftspflicht des Erben gegenüber dem Pflichtteilsberechtigten (§ 2314 BGB), die Auskunftspflicht des Erbschaftsbesitzers gegenüber den Erben (§ 2027 BGB), die Auskunftspflicht des Fiskus als Erbe gegenüber dem Nachlassgläubiger über den Bestand des Nachlasses (§ 2011 BGB) in Betracht. Die Auskunft und/oder Rechnungslegung kann entweder im Rahmen einer gesonderten Klage auf Auskunft/Rechnungslegung geltend gemacht werden oder in Form einer Stufenklage.

a. Gesonderte Auskunftsklage

296 Die Auskunftsklage kann gesondert und unabhängig von einer späteren Leistungsklage erhoben werden. Wird die Klage auf Auskunft oder Rechnungslegung **gesondert** neben einer späteren Klage auf Leistung oder Herausgabe erhoben, so handelt es sich um zwei gesonderte gebührenrechtliche Angelegenheiten. Der Prozessbevollmächtigte, der die Partei in den beiden Zivilprozessen vertritt, erhält

- einmal die Gebühren für den Zivilprozess über die Klage auf Auskunft oder Rechnungslegung

und zum anderen völlig unabhängig hiervon und ohne dass diese aufeinander anzurechnen wären;

- die Gebühren für den Zivilprozess über die Klage auf Zahlung oder Herausgabe.

---

97 Hansens, BRAGO § 34 Rn 11; Gerold/Schmidt-von Eicken, BRAGO § 34 Rn 14 u 15; Riedel/Sußbauer-Keller, BRAGO § 34 Rn 17; Göttlich/Mümmler, BRAGO, »Beweisgebühr«, 4.322

98 Hansens, BRAGO § 34 Rn 12; Gerold/Schmidt-von Eicken, BRAGO § 34 Rn 16; Riedel/Sußbauer-Keller, BRAGO § 34 Rn 19; Göttlich/Mümmler, BRAGO, »Beweisgebühr«, 4.323

Die Gebühren in dem Auskunftsverfahren entstehen nach dem Wert der Auskunft (zum Wert siehe nachfolgendes Kapitel IV. 2.). Die Gebühren in dem Verfahren über die Klage auf Zahlung/Herausgabe entstehen nach dem Wert des in diesem Prozess geltend gemachten Anspruchs.

Praxis-Tipp:

*Die Geltendmachung des Auskunfts- und des Leistungsanspruches in getrennten Prozessen führt zu Mehrkosten gegenüber der Geltendmachung der beiden Ansprüche in Form einer Stufenklage. Dies könnte zu **kostenerstattungsrechtlichen Problemen** führen.* 297

Der Erstattungspflichtige könnte die Erstattung der Mehrkosten, die durch die getrennte Geltendmachung des Auskunfts- und des Leistungsanspruches in zwei verschiedenen Prozessen entstanden sind, verweigern mit der Begründung, dass der Kläger kostengünstiger die Ansprüche in einer Stufenklage geltend hätte machen können. Bei Baumbach/Lauterbach-Hartmann[99] wird angedeutet, dass bei getrennter Erhebung von Auskunfts- und Leistungsklage die entstehenden »Mehrkosten evtl nur teilweise erstattet« verlangt werden können. 298

Meines Erachtens muss dem Kläger die Entscheidung überlassen werden, welchen Rechtsweg er beschreitet, also ob er zunächst die Auskunftsklage anstrengt und später dann die Leistungsklage erhebt oder ob er sich direkt für eine Stufenklage entscheidet. Denn hat der Kläger sich für eine **Stufenklage** entschieden **und stellt sich nach Erteilung der Auskunft heraus, dass ihm kein Leistungsanspruch zusteht,** er also keinen Leistungsantrag mehr stellt, wird es für ihn möglicherweise schwierig, eine für ihn positive Kostengrundentscheidung zu erlangen. Es ist umstritten, ob nur eine einheitliche Kostenentscheidung im Schlussurteil zu ergehen hat oder eine Kostengrundentscheidung nach jeder Stufe, also auch nach der Auskunft zu treffen ist.[100] Trifft das Gericht im Urteil über die Auskunftserteilung keine Kostenentscheidung, bleibt dem Kläger die Möglichkeit, den Leistungsantrag (mit Zustimmung des Beklagten) für erledigt zu erklären, oder den Leistungsantrag dahingehend zu ändern, dass festgestellt wird, dass der Beklagte zum Ersatz der Prozesskosten verpflichtet ist. Sowohl bei einer übereinstimmenden Erledigungserklärung des Leistungsantrages als auch bei einer – sachdienlichen – Klageänderung des Leistungsantrages in einen Antrag auf Feststellung der Pflicht zum Ersatz der Prozesskosten[101] verbleibt für den Kläger das Risiko, dass das Gericht die Kostengrundentscheidung nicht zu seinen Gunsten trifft.

Hat der Kläger dagegen **nur Auskunftsklage** erhoben und hat das Gericht dem Auskunftsanspruch stattgegeben, wird es in der Regel dem Beklagten auch die Kosten des Rechtsstreits auferlegen müssen.

99 Baumbach/Lauterbach-Hartmann, ZPO, § 254 Rn 7
100 Baumbach/Lauterbach-Hartmann, ZPO, § 254 Rn 20: »Nach jeder Stufe ist eine zugehörige Kostenentscheidung nötig...«; aA: Zöller-Greger, ZPO § 254 Rn 5: »Die Verfahrenseinheit der Stufenklage bedingt auch die einheitliche Kostenentscheidung im Schlussurteil..«.
101 Zöller-Greger, ZPO, § 254 Rn 15

Praxis-Tipp:

299 *Gesonderte Auskunfts- und Leistungsklage*
= zwei getrennte gebührenrechtliche Angelegenheiten.

Stufenklage
= eine gebührenrechtliche Angelegenheit.

Achtung!
Unter Umständen kann es nicht nur aus kostenerstattungsrechtlicher Sicht geboten sein, direkt Stufenklage zu erheben, zB auch dann, wenn die Verjährung – auch hinsichtlich des Leistungsanspruches – unterbrochen werden muss.[102]

b. Stufenklage

300 Wird der Anspruch auf Auskunft/Rechnungslegung und/oder auf Abgabe einer eidesstattlichen Versicherung mit dem Leistungsantrag in einer **Stufenklage** (§ 254 ZPO) geltend gemacht, so handelt es sich um **eine gebührenrechtliche Angelegenheit,** auch wenn zunächst nur über die Auskunft und erst später über den Leistungsantrag verhandelt wird. Die Gebühren entstehen also in dem gesamten Rechtszug nur einmal. Sie richten sich nur nach dem Wert der Auskunft oder nach dem Wert des Leistungsanspruches, maßgebend ist der höhere Wert (§ 18 GKG).

c. Gegenstandswert

301 Werden im Rahmen einer **Stufenklage** der Auskunftsanspruch und der Leistungsanspruch gemeinsam – nacheinander – geltend gemacht, so ist jeder der beiden einzelnen Ansprüche gesondert zu bewerten. Allerdings sind die Werte der einzelnen Ansprüche nicht zu addieren. Vielmehr gilt gem § 18 GKG nur der Wert des **höchsten** mit der Klage verfolgten Anspruches.

Da die Auskunft den Zahlungsanspruch nur vorbereitet, ist der Wert der Auskunft niedriger anzusetzen als der des Zahlungsanspruches.

Praxis-Tipp:

302 *Also wird in der Regel **der Wert des Zahlungsanspruches** den Gegenstandswert der Stufenklage bilden.*[103] *Dennoch wird sich der Anwalt mit dem Wert der Auskunft beschäftigen müssen, denn dieser wird dann maßgebend sein, wenn es nicht mehr zu einem Leistungsantrag kommt oder aber in dem Stadium des Rechtsstreits, in welchem nur die Auskunft Gegenstand ist, eine Gebühr entsteht, deren Tatbestand im Verlaufe des weiteren Rechtsstreits nicht mehr erfüllt wird.*

---

102 Zöller-Greger, ZPO, § 254 Rn 2; OLG Celle, NJW-RR 1995, 1411
103 Schneider/Herget, aaO, »Stufenklage« Rn 4251–4254

aa. Gegenstandswert Auskunft

303 Da der Auskunftsanspruch den Zahlungs-/Leistungsanspruch nur vorbereitet, ist er in der Regel mit einem geringeren Gegenstandswert zu bewerten als der Zahlungs-/Leistungsanspruch selbst. Maßgebend für die Bestimmung des Gegenstandswertes des Auskunftsanspruches ist das **Interesse des Klägers** an der Vorbereitung des Zahlungs-/Leistungsanspruches (§ 3 ZPO).[104]

Abzustellen ist auf das Interesse des Klägers zum Zeitpunkt der **Klageerhebung.** Auch wenn sich nach Erteilung der Auskunft herausstellen sollte, dass dem Kläger kein Anspruch zusteht, ist nicht etwa der Wert gleich »null« mit der Folge, dass vom Mindestwert in Höhe von 300 € auszugehen wäre. Vielmehr ist auf die Leistungen abzustellen, die der Kläger »aufgrund der Sach- und Rechtslage, die er zur Klagebegründung vorgetragen hat, nach Auskunftserteilung **objektiv** zu erwarten hatte. Übersetzte, nicht nachvollziehbare Vorstellungen bleiben unberücksichtigt.«[105] Wunschvorstellungen des Klägers bleiben bei der Bemessung des Gegenstandswertes außer Betracht. Solange noch kein Leistungsantrag gestellt worden ist, wird man die objektiven, möglichen Ansprüche des Klägers nach Auskunftserteilung schätzen müssen.

Von dem – notfalls geschätzten – Leistungsanspruch ist dann auch auszugehen bei der Ermittlung des Gegenstandswertes für die Auskunft. Ein Bruchteil des Leistungsanspruches bildet den Wert für die Auskunft. Im Allgemeinen wird von der Rechtsprechung **1/10 bis 2/5 des Wertes des Leistungsanspruches** als **Gegenstandswert für die Auskunft** angenommen.[106] Der BGH[107] weist darauf hin, dass der Bruchteil nicht generell festgelegt werden könne; vielmehr komme es immer auf die Umstände des einzelnen Falles an. So wird von einem hohen Wert für die Auskunft auszugehen sein, wenn der Kläger ohne die Auskunftserteilung seinen Leistungsanspruch praktisch überhaupt nicht geltend machen und durchsetzen könne. Unter Umständen könne dann auch der Wert der Auskunft den Wert des Leistungsantrages nahezu erreichen.[108]

bb. Gegenstandswert materiellrechtliche eidesstattliche Versicherung

304 Auch der Gegenstandswert des Anspruches auf Abgabe einer materiellrechtlichen eidesstattlichen Versicherung richtet sich nach dem **Interesse des Klägers** an der Abgabe einer entsprechenden eidesstattlichen Versicherung. Dieses Interesse des Klägers wird mit einem Bruchteil des Wertes der **Auskunft**

---

104 Schneider/Herget, aaO, »Stufenklage« Rn 4266; Hillach/Rohs, Handbuch des Streitwerts in Zivilsachen, § 26 M

105 Zitiert nach Schneider/Herget, Streitwert-Kommentar für den Zivilprozess, »Stufenklage« Rn 4257; so auch Hillach/Rohs, Handbuch des Streitwertes in Zivilsachen, § 26 M

106 Siehe hierzu Schneider/Herget, aaO, »Stufenklage«, Rn 4270 ff mit zahlreichen Nachweisen aus der Rechtsprechung; Hillach/Rohs, Handbuch des Streitwertes in Zivilsachen, § 26 M

107 BGH in NJW 1960, 1252 zitiert nach Hillach/Rohs, Handbuch des Streitwerts in Zivilsachen, § 26 M (S 137 – vorletzter Absatz)

108 BGH in NJW 1962, 1248 zitiert nach Hillach/Rohs, Handbuch des Streitwertes in Zivilsachen, § 26 M (S 137 – vorletzter Absatz)

oder der Rechnungslegung zu bewerten sein (zB 1/2 des Wertes der Auskunft).[109] Denn die materiellrechtliche eidesstattliche Versicherung dient doch lediglich dazu, den Auskunftpflichtigen anzuhalten, eine vollständige und wahrheitsgemäße Auskunft zu erteilen. Unter dem Druck der strafrechtlichen Folgen der Abgabe einer falschen Erklärung an Eides statt soll der Auskunftpflichtige angehalten werden, seine bisherigen Angaben noch einmal zu überprüfen und ggf zu ergänzen.

Geht man vom Wert des Leistungsantrages aus, so ist der Bruchteil für die Abgabe einer materiellrechtlichen eidesstattlichen Versicherung geringer anzusetzen als der Bruchteil vom Leistungsantrag, welcher als Gegenstandswert für den Auskunftsantrag angenommen wurde.

Sind in derselben Sache nebeneinander Auskunft **und** die Abgabe der materiellrechtlichen eidesstattlichen Versicherung verlangt worden, muss sich dies in einem höheren Wert niederschlagen. Dann ist von einem höheren Bruchteil vom Wert des Leistungsantrages auszugehen, als wenn nur Auskunft oder nur Abgabe der materiellrechtlichen eidesstattlichen Versicherung verlangt worden wäre.

Auch für die Abgabe einer materiellrechtlichen eidesstattlichen Versicherung wird man keinen generellen Bruchteil für alle Fälle festlegen können, sondern es wird jeweils auf die Umstände des Einzelfalles ankommen.

cc. Gegenstandswert Rechnungslegung

305 Die Rechnungslegung geht inhaltlich weiter als die bloße Erteilung einer Auskunft. Im Rahmen einer Rechnungslegung hat der Auskunftpflichtige eine geordnete Aufstellung der Einnahmen und Ausgaben und ggf auch noch entsprechende Belege vorzulegen. Dieser Umstand, dass die Rechnungslegung in der Regel weiter geht als eine Auskunft, ist bei der Wertbestimmung dadurch zu berücksichtigen, dass das Interesse des Klägers an einer Rechnungslegung mit einem höheren Bruchteil vom Leistungsanspruch zu bewerten ist, als seine Interessen an einer »einfachen« Auskunft.[110] Die Höhe des Bruchteils wird man auch hier unter Berücksichtigung der Umstände des Einzelfalles schätzen müssen.

dd. Gegenstandswert Leistungsantrag

306 Der Wert des Leistungsantrages entspricht dem konkreten Anspruch, den der Kläger mit diesem Antrag verfolgt. Verlangt der Kläger nicht Zahlung einer bestimmten Geldsumme, sondern Herausgabe von Gegenständen, so bildet die Summe der Verkehrswerte der herauszugebenden Gegenstände den Gegenstandswert des Leistungsantrages.

Problematisch wird die Bestimmung des Gegenstandswertes des Leistungsantrages dann, wenn noch kein konkreter Leistungsantrag gestellt worden ist. Dann ist auf die Erwartungen des Klägers zu Beginn der Instanz abzustellen.[111] Maßgebend sind allerdings nicht die Wunschvorstellungen des Klägers,

---

109 Hillach/Rohs, Handbuch des Streitwertes in Zivilsachen, § 26 N – mwN
110 Hillach/Rohs, aaO, § 26 M (S 137 – 2. Absatz von oben)
111 Schneider-Herget, aaO, »Stufenklage« Rn 4256 mwN

sondern welche Leistungen er aufgrund seines Vorbringens in der Klagebegründung objektiv zu erwarten hat. Übersetzte, nicht nachvollziehbare Vorstellungen bleiben unberücksichtigt.[112] Der so bestimmte – **geschätzte** – Wert bildet in der Praxis die Grundlage für die Berechnung des Gegenstandswertes für die Auskunft, des Gegenstandswertes für die Abgabe der materiellrechtlichen eidesstattlichen Versicherungen und des Gegenstandswertes für die Rechnungslegung (siehe vorangegangene Kapitel IV. 2. c. aa. bis dd.). Dieser geschätzte Wert ist solange maßgebend, bis ein konkreter bezifferter Leistungsantrag gestellt worden ist.

Beziffert der Kläger nach Auskunftserteilung den Leistungsanspruch **höher,** als dieser zunächst geschätzt worden ist, so ist die **frühere Wertfestsetzung zu berichtigen,**[113] dh, der Bruchteil vom Leistungsantrag, welcher als Gegenstandswert für den Auskunftsanspruch angenommen wurde, berechnet sich nach dem späteren höheren tatsächlichen Leistungsantrag und nicht nach dem früher angenommenen – geschätzten – geringeren Leistungsanspruch.

Wird tatsächlich ein **geringerer** Leistungsantrag gestellt, als aufgrund der Erwartung des Klägers bei Klageerhebung festgesetzt wurde, **gilt ab bezifferter Antragstellung der geringere** – tatsächliche – Leistungsantrag. Die frühere – höhere – Schätzung des Klägers zum Leistungsanspruch bleibt aber solange wertbestimmend, bis der Leistungsantrag beziffert wird. Erst ab dann tritt die **Wertänderung** ein, so dass nur noch die danach entstehenden Gebühren nach dem geringeren Streitwert anzusetzen sind.[114]

Es bleibt bei dem Wert, der aufgrund der Erwartungen des Klägers bei Klageerhebung festgesetzt worden war, wenn der Kläger keinen Leistungsantrag stellt oder sich nach Auskunftserteilung herausstellt, dass der Kläger keinen Anspruch hat.

Im Rahmen der Stufenklage ist gem § 18 GKG der Wert des höchsten der mit der Klage verfolgten verbundenen Ansprüche maßgebend als Anwaltsgebührenwert. Dies wird in der Regel der Wert des Leistungsanspruches sein.

Praxis-Tipp:

Bei einer Stufenklage ist nur der höhere Wert als Gegenstandswert anzunehmen (§ 18 GKG), entweder der Wert des Auskunftsantrages oder der Wert des Leistungsantrages. 307
Der Wert des Leistungsantrages entspricht dem konkreten Anspruch, den der Kläger mit seinem Antrag verfolgt.
Der Wert der Auskunft ist in der Regel mit einem Bruchteil von 1/10 bis 2/5 des Wertes des Leistungsanspruches anzusetzen.
Bei der Wertbestimmung zu berücksichtigen ist, wenn der Kläger eine materiellrechtliche eidesstattliche Versicherung oder Rechnungslegung vom Auskunftspflichtigem verlangt.

112 Schneider-Herget, aaO, »Stufenklage« Rn 4257 mwN
113 Schneider-Herget, aaO, »Stufenklage« Rn 4261
114 Schneider-Herget, aaO, »Stufenklage« Rn 4263, 4264 mwN; aA wohl OLG Frankfurt – siehe Rn 4265 bei Schneider-Herget aaO

d. Gebühren

aa. Prozessgebühr

308 Bereits mit Erhebung der Stufenklage wird nicht nur der Auskunftsanspruch, sondern auch bereits der Leistungsanspruch in der sich später ergebenden Höhe rechtshängig.[115] Daher erwächst dem Prozessbevollmächtigten des Klägers durch die Einreichung der Klageschrift die volle Prozessgebühr des § 31 I Nr. 1 BRAGO nach dem **höchsten** Wert der Ansprüche (§ 18 GKG). Der höchste Wert ist in der Regel der Wert des Leistungsanspruches. Zur Bestimmung des Wertes des Leistungsanspruches, wenn der Leistungsantrag noch nicht gestellt worden ist, darf auf die Ausführungen in dem vorangegangenen Kapitel IV. 2. c. dd. verwiesen werden.[116]

bb. Verhandlungs- und Erörterungsgebühr

309 Die Verhandlungsgebühr des § 31 I Nr. 2 BRAGO entsteht nur nach dem Wert des Antrages, der Gegenstand der mündlichen Verhandlung war. In der Regel wird zunächst über den Auskunftsantrag – streitig – verhandelt werden. Die Verhandlungsgebühr entsteht daher zunächst einmal nach dem Wert dieses Auskunftsanspruches. Erst wenn dann über den später gestellten Leistungsantrag streitig verhandelt worden ist, fällt auch nach dem – höheren – Wert des Leistungsantrages die Verhandlungsgebühr des § 31 I Nr. 2 BRAGO an.[117] Sie entsteht dann aber nur einmal (also nicht gesondert für die mündliche Verhandlung über den Auskunftsanspruch und daneben noch für die mündliche Verhandlung über den Leistungsantrag, sondern sie fällt nur einmal nach dem höchsten Wert an).

Gleiches gilt auch für die **Erörterungsgebühr** gem § 31 I Nr. 4 BRAGO. Auch die Erörterungsgebühr entsteht nur nach dem Wert des Antrages, welcher auch Gegenstand der Erörterung in der Güteverhandlung und der sich anschließenden mündlichen Verhandlung war. Wird zB in dem ersten Termin zur mündlichen Verhandlung nur der Auskunftsantrag erörtert, entsteht die Erörterungsgebühr nur nach dessen Wert.

Erörterungs- und Verhandlungsgebühr, die in demselben Rechtszug entstehen, werden gem § 31 II BRAGO aufeinander angerechnet. Die Summe der beiden Gebühren darf dann nicht höher sein, als eine volle Gebühr nach dem höchsten Wert.

Wird teilweise nichtstreitig und teilweise streitig verhandelt, entsteht nach dem Wert des Antrages, über welchen nichtstreitig verhandelt wurde, in der Regel nur eine 5/10 Verhandlungsgebühr gem § 33 I 1 BRAGO. Wird neben der nichtstreitigen Verhandlung über den anderen Teil des Anspruches streitig verhandelt (zB der Beklagte erkennt den geltend gemachten Auskunftsan-

---

115 Zöller-Herget, ZPO, § 254 Rn 1

116 Hansens, BRAGO, § 31 Rn 8 »Stufenklage« unter Hinweis auf OLG Bamberg JurBüro 1986, 1062 und OLG Hamm JurBüro 1989, 1004; Göttlich/Mümmler, BRAGO, »Stufenklage« 1.51 unter Hinweis auf OLG Frankfurt JurBüro 1973, 66

117 Hansens, BRAGO, § 31 Rn 20; Göttlich/Mümmler, BRAGO »Stufenklage« 1.52

spruch an und verhandelt streitig über den danach gestellten Leistungsantrag) so dürfen die beiden Summen der halben und der vollen Verhandlungsgebühr eine volle Gebühr nach dem höchsten Wert nicht übersteigen (§ 13 III BRAGO).

Hat das Gericht die Stufenklage bereits abgewiesen, ohne dass es zu einer Verhandlung über den Leistungsantrag gekommen ist, so entsteht die Verhandlungsgebühr nur nach dem Wert der Auskunft.

Wird in dem nur für das in der ersten Stufen verfolgte Auskunftsbegehren anberaumten Verhandlungstermin auch der Leistungsanspruch mit erörtert, bleibt dessen Wert für die Erörterungsgebühr außer Betracht.[118]

cc. Beweisgebühr

Bei der Beweisgebühr des § 31 I 3 BRAGO kommt es darauf an, in welcher 310
Stufe Beweis erhoben wurde.[119] Erfolgte die Beweisaufnahme in dem Stadium des Verfahrens, in welchem nur der Auskunftsantrag gestellt worden ist, richtet sich die Beweisgebühr nach dem Wert des Auskunftsanspruches. Erfolgte die Beweisaufnahme dagegen zu einem Zeitpunkt, als schon der Leistungsantrag beziffert und gestellt worden war, entsteht die Beweisgebühr nach dem – höheren – Wert des Leistungsantrages. Wird in beiden Stadien des Verfahrens eine Beweisaufnahme durchgeführt, entsteht die Beweisgebühr nur einmal nach dem höchsten Wert (§ 18 GKG).

dd. Vergleichsgebühr

Praxis-Tipp:

Gegenstandswert für die Vergleichsgebühr ist der Wert der Ansprüche, über die 311
sich verglichen wird.

Auch wenn noch vor Erteilung der Auskunft und Stellung des Leistungsantra- 312
ges ein Vergleich geschlossen wird, in welchem der Leistungsanspruch mitverglichen wird, ist als Gegenstandswert für die Vergleichsgebühr des § 23 I BRAGO der Wert des »höheren« mitverglichenen Leistungsanspruchs anzusetzen.

Die Vergleichsgebühr entsteht auch dann nur in Höhe von 10/10 nach dem Wert des Leistungsanspruches, wenn der Leistungsanspruch mitverglichen wird, bevor der Leistungsantrag spezifiziert und gestellt worden ist. Denn die Stufenklage wird – wie bereits ausgeführt – mit der Einreichung wegen aller Anträge rechtshängig. Gem § 23 I BRAGO kann nach Gegenständen, die in einem gerichtlichen Verfahren anhängig sind, nur eine 10/10 Vergleichsgebühr entstehen.

118 Hansens, BRAGO, § 31 Rn 63 unter Hinweis auf KG JurBüro 1983, 1684
119 Hansens, BRAGO, § 31 Rn 47 unter Hinweis auf OLG Bamberg JurBüro 1986, 1062

e. Zwangsvollstreckung des Auskunftsanspruches

313 Bei dem ausgeurteilten Auskunftsanspruch dürfte es sich in der Regel um eine unvertretbare Handlung des Schuldners handeln. Die Vollstreckung einer unvertretbaren Handlung erfolgt nach § 888 ZPO. Auf Antrag des Gläubigers kann von dem Prozessgericht zunächst ein Zwangsgeld oder Zwangshaft angedroht und für den Fall des fruchtlosen Fristablaufes auch festgesetzt werden. Das gesamte Verfahren wegen der Zwangsvollstreckung auf Vornahme einer unvertretbaren Handlung bildet gem § 58 III Nr. 8 BRAGO eine gebührenrechtliche Angelegenheit.

Es entstehen nur einmal die Gebühren des § 57 I BRAGO. Dieser verweist auf § 31 I 1 BRAGO. Es können also entstehen – vorausgesetzt, die entsprechenden Tatbestände sind erfüllt: Prozess-, Verhandlungs-, Erörterungs- und Beweisgebühr. Alle Gebühren entstehen in Höhe von 3/10 (§ 57 I BRAGO). In der Regel wird nur eine 3/10 Prozessgebühr entstehen, da keine mündliche Verhandlung und Beweisaufnahme in dem Verfahren auf Festsetzung von Zwangsgeld/Zwangshaft stattfindet.

Die Gebühr entsteht nur einmal, auch wenn der Rechtsanwalt zunächst einen Antrag auf Festsetzung von Zwangsgeld und dann anschließend einen Antrag auf Festsetzung von Zwangshaft stellt.[120] Mit den Gebühren wird auch abgegolten, wenn der Rechtsanwalt die Beitreibung/Vollstreckung des Zwangsgeldes veranlasst. Auch mehrere Verfahren/Anträge auf Festsetzung von Zwangsgeld oder Zwangshaft bilden nur eine gebührenrechtliche Angelegenheit.

Der Wert bestimmt sich danach, welchen Wert die zu erzwingende Leistung für den Gläubiger hat. Die Höhe des Zwangsgeldes ist nicht maßgebend.

3. FGG-Verfahren

a. Gebühren nach § 118 BRAGO

Praxis-Tipp:

314 *Wird der Rechtsanwalt auftragsgemäß in Angelegenheiten der freiwilligen Gerichtsbarkeit als Verfahrensbevollmächtigter tätig, so richtet sich sein Vergütungsanspruch nach § 118 BRAGO.[121] In erbrechtlichen Angelegenheiten könnten dies zB sein:*

- *Erbscheinsverfahren;*
- *Verfahren zur Vermittlung einer Nachlassauseinandersetzung (§§ 86 ff FGG);*

120 Gerold/Schmidt-von Eicken, BRAGO, § 58 Rn 31; Göttlich/Mümmler, BRAGO, »Straffestsetzung« 1.

121 Göttlich/Mümmler, BRAGO, »Sonstige Angelegenheiten« 1.41; Gerold/Schmidt-Madert, BRAGO, Vor § 118 Rn 12

> *Nachlasspflegschaftsverfahren (aber: keine Gebühren nach § 118 BRAGO bei einer Tätigkeit als Nachlasspfleger)[122]*
> *Verfahren auf Aufstellung eines Nachlassverzeichnisses durch Behörde (§ 2314 I S 3 BGB);*
> *Verfahren auf Stundung des Pflichtteilsanspruches (§ 2331 a BGB, § 83 a FGG).*

Bei den Gebühren nach § 118 BRAGO handelt es sich um Satzrahmengebühren. § 118 I BRAGO bestimmt einen Satzrahmen von $^{5}/_{10}$ bis $^{10}/_{10}$. Innerhalb dieses Rahmens hat der Rechtsanwalt die Gebühr im Einzelfall unter Berücksichtigung aller Umstände, insbesondere der Bedeutung der Angelegenheit, des Umfangs und der Schwierigkeit der anwaltlichen Tätigkeit sowie der Einkommens- und Vermögensverhältnisse des Auftraggebers nach billigem Ermessen zu bestimmen (§ 12 BRAGO). 315

aa. Geschäftsgebühr

Die Geschäftsgebühr gem § 118 I 1 BRAGO fällt auch in Angelegenheiten der freiwilligen Gerichtsbarkeit als allgemeine Betriebsgebühr an. Die Geschäftsgebühr ist bereits in Kapitel III. 2. b. behandelt worden. Das dort Ausgeführte gilt grundsätzlich auch für die Tätigkeit in Verfahren der freiwilligen Gerichtsbarkeit. 316

Hat der Rechtsanwalt den Auftrag, als Verfahrensbevollmächtigter in einer Angelegenheit der freiwilligen Gerichtsbarkeit tätig zu werden und endet der Auftrag, bevor der Rechtsanwalt einen entsprechenden Antrag bei Gericht einreichen konnte, so ermäßigt sich nicht etwa (wie bei der Prozessgebühr – § 32 I BRAGO) die Geschäftsgebühr auf die Hälfte, sondern es bleibt bei dem Satzrahmen von $^{5}/_{10}$ bis $^{10}/_{10}$. Der geringere Umfang der anwaltlichen Tätigkeit ist in diesen Fällen über die Höhe des in Ansatz zu bringenden Gebührensatzes zu berücksichtigen. Möglicherweise ist dann nur die Mindestgebühr in Höhe von $^{5}/_{10}$ in Ansatz zu bringen.

bb. Besprechungsgebühr

Die Besprechungsgebühr wurde bereits im Zusammenhang mit der außergerichtlichen Tätigkeit in erbrechtlichen Angelegenheiten behandelt (siehe Kapitel III. 2. c.). 317

Das dort Ausgeführte gilt grundsätzlich auch für den Anfall der Besprechungsgebühr in gerichtlichen Verfahren der freiwilligen Gerichtsbarkeit. Die Besprechungsgebühr fällt hier insbesondere an, wenn der Rechtsanwalt an einer **von einem Gericht oder einer Behörde angeordneten mündlichen Verhandlung** mitgewirkt hat. 318

Gegenstand der mündlichen Verhandlung vor Gericht müssen tatsächliche oder rechtliche Fragen sein; eine Besprechung über Verfahrensfragen reicht

122 Zur Vergütung des Rechtsanwalts als Nachlasspfleger siehe Göttlich/Mümmler, BRAGO, »Nachlasspfleger«;

auch aus, um die Besprechungsgebühr entstehen zu lassen.[123] Für den Anfall der Besprechungsgebühr ist nicht erforderlich, dass in der vom Gericht angeordneten mündlichen Verhandlung **gegensätzliche** Argumente vorgebracht werden. Eine einvernehmliche Verhandlung reicht aus. Denn auch eine nichtstreitige Verhandlung in einem ordentlichen Zivilprozess löst eine Verhandlungsgebühr, wenn auch nur eine 5/10 Gebühr aus.

319 Auch wenn in einem Verfahren der freiwilligen Gerichtsbarkeit nur einvernehmlich mündlich verhandelt wird, ist die Besprechungsgebühr nicht auf den Mindestgebührensatz von 5/10 beschränkt.[124] Bei der Höhe des innerhalb des im Gesetz festgelegten Satzrahmens (5/10 bis 10/10) vom Anwalt zu bestimmenden Gebührensatzes sind immer alle in § 12 BRAGO genannten Merkmale zu berücksichtigen.[125]

320 Voraussetzung für das Entstehen der Besprechungsgebühr ist, dass der Rechtsanwalt an der mündlichen Verhandlung/Besprechung mitwirkt. An der von einem Gericht oder einer Behörde angeordneten mündlichen Verhandlung kann nur der Rechtsanwalt mitwirken, der in dem Termin erschienen ist. Seine Anwesenheit und Bereitschaft, in die mündliche Verhandlung einzugreifen, falls die Interessen des Mandanten dies erfordern, genügt. Es ist nicht erforderlich, dass der anwesende Rechtsanwalt tatsächlich das Wort ergreift und sich aktiv an der mündlichen Verhandlung beteiligt.[126] Es ist also ausreichend, dass er als Berater oder Beobachter teilnimmt.

Mehrere vom Gericht angeordnete mündliche Verhandlungen lösen die Besprechungsgebühr des § 118 I Nr. 2 BRAGO nicht mehrfach aus. Da aber über § 12 BRAGO auch der Umfang der anwaltlichen Tätigkeit bei der Höhe des in Ansatz zu bringenden Gebührensatzes zu berücksichtigen ist, kann die Mehrtätigkeit des Rechtsanwalts, die er dadurch hat, dass er an mehreren mündlichen Verhandlungen mitgewirkt hat, sich dadurch niederschlagen, dass ein höherer Gebührensatz innerhalb des im Gesetz festgelegten Gebührenrahmens in Ansatz gebracht wird.

Auch wenn die mündliche Verhandlung nicht von dem Gericht oder einer Behörde angeordnet worden ist, kann die Besprechungsgebühr entstehen. Nämlich dann, wenn der Rechtsanwalt bei dem Gericht (zB bei dem Richter oder Rechtspfleger) vorspricht und mit diesem ein sachbezogenes Gespräch führt. In diesen Fällen ist für den Anfall der Besprechungsgebühr allerdings das **Einverständnis des Mandanten**[127] erforderlich.

Dem als Bevollmächtigten in einem Verfahren der freiwilligen Gerichtsbarkeit tätigen Rechtsanwalt entsteht die Besprechungsgebühr auch dann, wenn

123 Gerold/Schmidt-Madert, BRAGO § 118 Rn 8; Hansens, BRAGO, § 118 Rn 23; Hartmann, Kostengesetze, BRAGO § 118 Rn 37; Göttlich/Mümmler, BRAGO, »Sonstige Angelegenheiten« 2.21

124 Gerold/Schmidt-Madert, BRAGO § 118 Rn 8

125 Siehe hierzu Enders JurBüro 2000, 617 Kap 1 mwN zur Höhe der Bestimmung einer Satzrahmengebühr

126 Gerold/Schmidt-Madert, BRAGO § 118 Rn 8; Riedel/Sußbauer-Schneider, BRAGO, § 118 Rn 40; Hansens, BRAGO § 118 Rn 24

127 Zum Einverständnis des Mandanten Enders JurBüro 2001, 1, 3 – Heft 1/2001 – dort Kap 3.1.1.

er – im Einverständnis des Mandanten – die Besprechung mit dem Gegner oder einem Dritten außerhalb einer von dem Gericht angeordneten mündlichen Verhandlung führt.[128]

Die Besprechungsgebühr fällt ferner an, wenn der Rechtsanwalt die Sache **fernmündlich** mit dem Sachbearbeiter bei Gericht, der Behörde, dem Gegner oder einem Dritten bespricht.

cc. Beweisaufnahmegebühr

Für die Mitwirkung bei einer von einem Gericht oder einer Behörde **angeordneten** Beweisaufnahme erhält der Rechtsanwalt eine Beweisaufnahmegebühr gem § 118 I Nr. 3 BRAGO. 321

Die Beweisaufnahmegebühr ist innerhalb des in § 118 I Nr. 1 BRAGO bestimmten Satzrahmens von 5/10 bis 10/10 zu bestimmen.

§ 118 I Nr. 3 BRAGO stellt ausdrücklich klar, dass der Rechtsanwalt die Beweisaufnahmegebühr nur für eine Tätigkeit im Rahmen einer von dem Gericht oder einer Behörde **angeordneten** Beweisaufnahme verdienen kann. Die Beweisaufnahmegebühr des § 118 I Nr. 3 BRAGO entsteht dem Rechtsanwalt also nicht, wenn er selbst eine Beweisaufnahme veranlasst und vornimmt (zB eine Ortsbesichtigung durchführt, die Sache mit einem Zeugen »bespricht«).[129]

Fall 1:

Der Rechtsanwalt ist in einem Verfahren nach dem Gesetz über die Angelegenheit der freiwilligen Gerichtsbarkeit tätig. In Absprache mit dem Mandanten gibt er von sich aus ein Sachverständigengutachten in Auftrag. Nachdem das Sachverständigengutachten vorliegt, bespricht er dieses ausführlich mit dem Sachverständigen. Anschließend legt er das Sachverständigengutachten dem Gericht vor. Dieses verwertet das Parteigutachten nicht. 322
Da der Rechtsanwalt in dem vorliegenden Fall nicht tätig geworden ist in einer von dem Gericht ***angeordneten*** *Beweisaufnahme, fällt keine Beweisaufnahmegebühr gem § 118 I Nr. 3 BRAGO an.*
Allerdings wird durch die Besprechung mit dem Sachverständigen die Besprechungsgebühr des § 118 I Nr. 2 BRAGO ausgelöst. Denn der Sachverständige ist Dritter iS des § 118 I Nr. 2 BRAGO. Voraussetzung für das Entstehen der Besprechungsgebühr ist, dass das Gespräch mit dem Sachverständigen im Einverständnis mit dem Mandanten erfolgt ist. Vorliegend wäre die Besprechungsgebühr also auch dann entstanden, wenn keine von dem Gericht angeordnete Besprechung/mündliche Verhandlung stattgefunden hätte.

Da in Verfahren nach dem Gesetz über die freiwillige Gerichtsbarkeit der »Amtsermittlungsgrundsatz« (Untersuchungsgrundsatz) gilt, ist nicht jede »Ermittlung« des Gerichts Beweisaufnahme. Es dürfte aber dann regelmäßig 323

128 Siehe hierzu Enders JurBüro 2001, 1, 2 – Heft 1/2001 – dort Kap 3.1
129 Gerold/Schmidt-Madert, BRAGO § 118 Rn 10

eine Beweisaufnahme vorliegen, wenn das Gericht sich der ordentlichen Beweismittel (nach der ZPO) bedient.[130] Die Beweisaufnahme muss von dem Gericht nicht unbedingt förmlich durch einen Beweisbeschluss angeordnet worden sein, sondern es reicht aus, wenn sich der Wille des Gerichts, Beweis erheben zu wollen, aus anderen Umständen ergibt, wie zB

- wenn der Nachlassrichter im Erbscheinsverfahren ein Gutachten eines Schriftsachverständigen einholt[131]
- oder wenn der Nachlassrichter in einem Erbscheinsverfahren bestellte Zeugen ohne Beweisbeschluss zur Frage der Testierfähigkeit des Erblassers vernimmt.[132]

§ 34 BRAGO gilt auch im Falle des § 118 I Nr. 3 BRAGO entsprechend. Dies bedeutet, dass die Beweisaufnahmegebühr auch dann entsteht, wenn Akten oder Urkunden – die die Parteien nicht in ihren Händen haben – vom Gericht beigezogen werden und die Beiziehung entweder

- durch Beweisbeschluss angeordnet worden ist
- oder sonst erkennbar zum Beweis erfolgt ist
- oder die beigezogenen Akten oder Urkunden als Beweis verwertet wurden.[133]

324 Weitere Voraussetzungen für das Entstehen der Beweisaufnahmegebühr des § 118 I Nr. 3 BRAGO ist, dass der Rechtsanwalt an der Beweisaufnahme **mitgewirkt** hat. Nach einer älteren Auffassung der Rechtsprechung und Literatur sind unter Mitwirkung nur Tätigkeiten zu verstehen, die der Rechtsanwalt bei der Beweisaufnahme selbst ausgeübt hat (zB Anwesenheit bei der Zeugenvernehmung, Anwesenheit bei der Ortsbesichtigung durch den Sachverständigen, Anwesenheit bei der Erläuterung des Gutachtens durch den Sachverständigen im Termin vor Gericht).[134] Nach einer neuen Meinung entsteht die Beweisaufnahmegebühr des § 118 I Nr. 3 BRAGO schon unter den gleichen Voraussetzungen wie auch die Beweisgebühr des § 31 I Nr. 3 BRAGO.[135] Nach dieser neueren Meinung ist es also ausreichend, wenn der Rechtsanwalt im Beweisaufnahmeverfahren »vertreten« hat. Vertretung ist jede Tätigkeit des Bevollmächtigten in dem Verfahren, die im unmittelbaren Zusammenhang mit der Beweisaufnahme entsteht. Für das Entstehen der Beweisgebühr reicht in der Regel schon die Prüfung des Beweisbeschlusses auf Vollständigkeit und Richtigkeit aus.[136]

---

130 Riedel/Sußbauer-Keller, BRAGO § 31 Rn 107

131 Hansens, BRAGO § 118 Rn 39

132 Hansens, BRAGO § 118 Rn 39; Gerold/Schmidt-Madert, BRAGO § 118 Rn 10

133 Hansens, BRAGO § 118 Rn 41; Gerold/Schmidt-Madert, BRAGO § 118 Rn 10

134 Hansens, BRAGO § 118 Rn 40; Riedel/Sußbauer-Keller, BRAGO § 31 Rn 42

135 Gerold/Schmidt-Madert, BRAGO § 118 Rn 10 – S 1265 unten bis 1267; Madert AGS 1999, 33; Hansens JurBüro 1999, 510; OLG Bamberg JurBüro 1998, 640; KG JurBüro 2000, 137; Göttlich/Mümmler, BRAGO, »Sonstige Angelegenheiten«, 2.32; anderer Meinung aber wieder jüngst BVerwG, Beschluss vom 8. 5. 2001 – BVerwG 6 B 12 01 – = JurBüro 2001, Heft 11

136 Gerold/Schmidt, BRAGO § 31 Rn 123 und 124

b. Vergleichsgebühr

Auch in Sachen nach dem Gesetz über Angelegenheiten der freiwilligen Gerichtsbarkeit kann die Vergleichsgebühr des § 23 BRAGO entstehen. 325

Zu beachten ist allerdings, dass die Vergleichsgebühr nur dann anfällt, wenn tatsächlich zwischen den am Verfahren Beteiligten ein Vergleich geschlossen werden kann. Erforderlich ist also, dass die Parteien über den Gegenstand des Verfahrens frei disponieren können. Dies ist nicht der Fall, wenn die Parteien über den Streitgegenstand nicht frei bestimmen können, sondern die Entscheidung letztlich in der Hand des Gerichtes liegt.[137]

Die Vergleichsgebühr im Einzelnen ist ausführlich und gesondert in dem folgenden Kapitel VI. abgehandelt.

c. Beschwerdeverfahren

Das Beschwerdeverfahren gegen eine Entscheidung des Gerichts in Angelegenheiten der freiwilligen Gerichtsbarkeit stellt gebührenrechtlich **eine gesonderte Angelegenheit** dar. Denn gem § 13 II 2 BRAGO kann der Rechtsanwalt die Gebühren – soweit diese in gerichtlichen Verfahren entstehen, also auch in gerichtlichen Verfahren nach dem FGG – in jedem Rechtszug gesondert fordern. 326

Für die Tätigkeit des Rechtsanwalts als Bevollmächtigter im Beschwerdeverfahren in einer Sache nach dem Gesetz über Angelegenheiten der freiwilligen Gerichtsbarkeit **entstehen Gebühren gem § 118 BRAGO.**[138] § 61 BRAGO kommt also in diesen Fällen nicht zur Anwendung. Im Verfahren über die Beschwerde können alle Gebühren des § 118 I BRAGO erneut entstehen, soweit die entsprechenden Gebührentatbestände auch in dem Verfahren über die Beschwerde erneut erfüllt werden.

Im Beschwerdeverfahren bleibt es bei dem in § 118 I Nr. 1 BRAGO festgelegten Gebührensatzrahmen von **5/10** bis **10/10.** Der Gebührensatzrahmen erhöht sich nicht gem § 11 I 4 BRAGO. Ist die anwaltliche Tätigkeit im Beschwerdeverfahren umfangreich und/oder schwierig, so kann dies Berücksichtigung finden dadurch, dass ein entsprechend höherer Gebührensatz innerhalb des vorgenannten Satzrahmens von dem Rechtsanwalt berechnet wird.

137 Göttlich/Mümmler, BRAGO, »Sonstige Angelegenheiten«, 2.4

138 Göttlich/Mümmler, BRAGO, »Sonstige Angelegenheiten« 2.5; Gerold/Schmidt-Madert, BRAGO § 118 Rn 15; Hansens, BRAGO § 118 Rn 6, »Beschwerdeverfahren«; Riedel/Sußbauer-Schneider, BRAGO § 118 Rn 17

Praxis-Tipp:

327 *Vertritt der Rechtsanwalt als Bevollmächtigter in Verfahren nach dem Gesetz über Angelegenheiten der freiwilligen Gerichtsbarkeit, können die Gebühren des § 118 BRAGO entstehen:*

- ➢ *Geschäftsgebühr;*
- ➢ *Besprechungsgebühr;*
- ➢ *Beweisaufnahmegebühr.*

Daneben kann noch die Vergleichsgebühr des § 23 BRAGO anfallen.
Für die Vertretung in einem Beschwerdeverfahren in einer FGG-Sache entstehen gesonderte Gebühren gem § 118 BRAGO.

V. Mehrere Auftraggeber

1. Grundsätzliches

328 Wird **derselbe** Rechtsanwalt in derselben gebührenrechtlichen Angelegenheit für mehrere Auftraggeber tätig, so erhält er die Gebühren grundsätzlich nur einmal (§ 6 I 1 BRAGO).

Wird der Rechtsanwalt in derselben Angelegenheit für mehrere Auftraggeber wegen desselben Gegenstandes tätig, so erhöhen sich die Prozessgebühr, die Geschäftsgebühr und ähnliche Betriebsgebühren um $^{3}/_{10}$ für jeden weiteren Auftraggeber.

Praxis-Tipp:

329 *Die Prozessgebühr, die Geschäftsgebühr und ähnliche Betriebsgebühren erhöhen sich dann um $^{3}/_{10}$, wenn der Rechtsanwalt*

- ➢ *für **mehrere Auftraggeber***
- ➢ *in derselben Angelegenheit **wegen desselben Gegenstandes gleichzeitig** tätig wird.*

2. Mehrere Auftraggeber

330 Mehrere Auftraggeber sind vorhanden, wenn zB mehrere natürliche Personen den Rechtsanwalt beauftragen. Auch wenn mehrere juristische Personen den Rechtsanwalt in derselben Angelegenheit mandantieren, ist von mehreren Auftraggebern iS des § 6 BRAGO auszugehen. Unbeachtlich ist die Zahl der gesetzlichen oder vertraglichen Vertreter einer Partei; entscheidend ist allein die Zahl der Vertretenen.[139]

---

139 Göttlich/Mümmler, BRAGO, »Mehrere Auftraggeber« 6.1 unter Hinweis auf SchlHOLG JurBüro 1980, 1505

Fall 1:

Das minderjährige Kind, gesetzlich vertreten durch seine Eltern, die Eheleute..., macht als Erbin Ansprüche geltend. Rechtsanwalt D vertritt das Kind in dem Rechtsstreit als Prozessbevollmächtigter. *Es liegt kein Fall des § 6 I 2 BRAGO vor. Rechtsanwalt D vertritt nur das minderjährige Kind. Dadurch, dass dieses gesetzlich durch seine Eltern, die Eheleute... vertreten wird, hat Rechtsanwalt D nicht mehrere Auftraggeber.* 331

Mehrere Auftraggeber iSd § 6 I 2 BRAGO können zB sein: Eheleute, Mitglieder einer Wohnungseigentümergemeinschaft und auch die natürlichen Personen, die zusammen eine Erbengemeinschaft bilden (siehe hierzu nachfolgendes Kapitel V. 2. a).[140] 332

Seit der BGH[141] entschieden hat, dass die (Außen-)BGB-Gesellschaft rechtsfähig und damit auch sowohl aktiv als auch passiv parteifähig ist, wird man nicht mehr mehrere Auftraggeber annehmen können, wenn die BGB-Gesellschaft klagt oder verklagt wird.[142] Aber dann, wenn neben der BGB-Gesellschaft ein oder mehrere Gesellschafter mit verklagt werden – etwa damit auch in ihr persönliches Vermögen vollstreckt werden kann – sind die mit verklagten Gesellschafter mehrere Auftraggeber iS des § 6 BRAGO und für diese fällt die Erhöhung an.

a. Erbengemeinschaft

Da eine Erbengemeinschaft aus mehreren natürlichen Personen besteht, 333
liegt eine Auftraggebermehrheit iSd § 6 I 2 BRAGO vor. Dies bedeutet, dass sich die Geschäfts-, Prozess- und ähnliche Betriebsgebühren entsprechend der Anzahl der Mitglieder der Erbengemeinschaft erhöhen, wenn die Erbengemeinschaft durch denselben Rechtsanwalt vertreten wird. Dies gilt nach heute ganz überwiegender Meinung unabhängig davon, ob der Rechtsanwalt die Erbengemeinschaft in einem Aktiv- oder in einem Passivprozess vertritt.[143]

Teilweise unterschiedlich wird dies in der Rechtsprechung gesehen, wenn eine Erbengemeinschaft anstelle einer verstorbenen Partei in einen Rechtsstreit eintritt. Aber auch für diese Fälle kommt § 6 I 2 BRAGO zur Anwen-

140 Zur Konkretesierung »mehrere Auftraggeber« siehe – jeweils mit Beispielen und Rechtsprechungsnachweisen: Göttlich/Mümmler, BRAGO, »Mehrere Auftraggeber« 6.2 – Einzelbeispiele; Hansens, BRAGO § 6 Rn 6; Gerold/Schmidt-von Eicken, BRAGO § 6 Rn 7; Riedel/ Sußbauer-Fraunholz, BRAGO § 6 Rn 11; Hartmann, Kostengesetze, BRAGO § 6 Rn 6

141 BGH NJW 2001, 1056 = JurBüro 2001, 319

142 Hansens, BRAGOreport, 2001, 33; Jungbauer JurBüro 2001, 284

143 Göttlich/Mümmler, BRAGO, »Mehrere Auftraggeber« 6.2; Hansens, BRAGO § 6 Rn 6 – Erbengemeinschaft –; Gerold/Schmidt-von Eicken, BRAGO § 6 Rn 9; Hartmann, Kostengesetze, BRAGO § 6, Rn 9; OLG Düsseldorf JurBüro 1995, 304; OLG Karlsruhe AnwBl 1981, 193; OLG Stuttgart JurBüro 1986, 720

dung.[144] Die Prozessgebühr des Rechtsanwalts, der vorher die verstorbene Partei in dem Rechtsstreit vertreten hat und nach deren Tod die Erbengemeinschaft weiter vertritt, erhöht sich folglich um 3/10 für das zweite und alle weiteren Mitglieder der Erbengemeinschaft (maximale Erhöhung: zwei volle Gebühren – siehe hierzu auch nachfolgendes Kapitel V. 4.). Die Gegenmeinung[145] argumentiert dahingehend, dass der von dem Erblasser erteilte Auftrag nach §§ 672, 675 BGB ebenso wie die Prozessvollmacht nach § 86 ZPO fortbestehe und lehnt deshalb eine Erhöhung der Prozessgebühr ab. Es kann aber doch nicht entscheidend sein, wer ursprünglich den Auftrag erteilt hat. Selbst wenn dies nur eine Person war, so wird der Rechtsanwalt ab dem Zeitpunkt, ab welchem die Erbengemeinschaft den Rechtsstreit aufnimmt, tatsächlich für mehrere Auftraggeber tätig. Folglich muss die Erhöhung der Prozessgebühr gem § 6 I 2 BRAGO eintreten.

Bei Vertretung einer Erbengemeinschaft tritt in der Regel eine Erhöhung der Betriebsgebühr gem § 6 I 2 BRAGO ein.

b. Derselbe Gegenstand

334 Nur wenn der Rechtsanwalt wegen desselben Gegenstandes für mehrere Auftraggeber in derselben Angelegenheit tätig wird, tritt eine Erhöhung gem § 6 BRAGO ein.

Wird der Rechtsanwalt in derselben Angelegenheit für mehrere Auftraggeber wegen verschiedener Gegenstände tätig, sind die Werte der einzelnen Gegenstände zu addieren und nach der Summe der Werte entstehen die Gebühren nur einmal, wobei keine Erhöhung gem § 6 BRAGO eintritt.

Fall 2:

335 *Rechtsanwalt B wird von dem Kind C und dem Kind D gemeinschaftlich beauftragt, in einer Angelegenheit zusammen die Pflichtteilsansprüche gegenüber den testamentarischen Erben geltend zu machen. Rechtsanwalt B berechnet die Pflichtteilsansprüche für jedes Kind mit 45 000 €.*

Rechtsanwalt B wird vorliegend zwar für mehrere Auftraggeber, aber nicht wegen desselben Gegenstandes tätig. Denn jedes Kind hat einen eigenen Pflichtteilsanspruch. Die Werte der einzelnen Gegenstände sind zu addieren und danach entstehen die Gebühren nur einmal (hier: 45 000 € + 45 000 € = 90 000 € und nach diesem Wert entstehen die Gebühren nur einmal ohne Erhöhung gem § 6 I 2 BRAGO).

---

144 So auch: Gerold/Schmidt-von Eicken, BRAGO § 6 Rn 9; Riedel/Sußbauer-Fraunholz, BRAGO § 6 Rn 14; Hansens, BRAGO § 6 Rn 6 – Erbengemeinschaft –; Pfälz.OLG Zweibrücken JurBüro 1995, 304; OLG Stuttgart JurBüro 1990, 1611; OLG Düsseldorf JurBüro 1997, 27; SchlHOLG JurBüro 1989, 1391; OLG München JurBüro 1985, 1651

145 OLG Frankfurt JurBüro 1982, 858; OLG Koblenz JurBüro 1988, 1162; LG Göttingen JurBüro 1990, 335; Mümmler JurBüro 1978, 1180; zweifelnd auch Göttlich/Mümmler, BRAGO, »Mehrere Auftraggeber« 6.2

Hätten die Kinder C und D den Rechtsanwalt B beauftragt, die ihnen zustehenden Ansprüche völlig getrennt voneinander in zwei verschiedenen Angelegenheiten geltend zu machen, so würde es sich auch bei dem Rechtsanwalt um zwei gebührenrechtliche Angelegenheiten handeln. Er würde dann in jeder Angelegenheit nach einem Gegenstandswert von 45 000 € die angefallenen Gebühren abrechnen können.

Fall 3:

Der Verstorbene hatte noch eine Schadensersatzforderung in Höhe von 15 000 €. Die gesetzlichen Erben als Gesamtrechtsnachfolger beauftragen in ihrer Eigenschaft als Erbengemeinschaft Rechtsanwalt C, den Schadensersatzanspruch einzuklagen. Die Erbengemeinschaft setzt sich zusammen aus M, N und P. 336

Die $^{10}/_{10}$ Prozessgebühr des § 31 I 1 BRAGO entsteht nach einem Wert in Höhe von 15 000 €. Die Prozessgebühr erhöht sich für jeden weiteren Auftraggeber um $^{3}/_{10}$, hier also um 2 x $^{3}/_{10}$ = $^{6}/_{10}$. Rechtsanwalt C kann also eine $^{16}/_{10}$ Prozessgebühr gem § 31 I 1 BRAGO iVm § 6 I 2 BRAGO berechnen.

Werden mehrere Erbprätendenten auf Feststellung verklagt, dass sie nicht 337
Erben geworden sind, so erhöht sich die Prozessgebühr des Rechtsanwalts, der alle verklagten Erbprätendenten vertritt, nicht, weil es sich nicht um denselben Gegenstand handelt.[146]

Bei einer Klage mehrerer Miterben gegen einen weiteren Miterben auf Zustimmung zur Verteilung des hinterlegten Erlöses aus einer Verteilungsversteigerung des Nachlasses liegt ebenfalls kein Fall des § 6 I 2 BRAGO vor, weil es sich bei den einzelnen Ansprüchen der Miterben nicht um denselben Gegenstand handelt.[147]

3. Welche Gebühren erhöhen sich?

Nach dem Wortlaut des § 6 I 2 BRAGO erhöht sich nur die Geschäftsgebühr 338
des § 118 I Nr. 1 BRAGO und die Prozessgebühr des § 31 I Nr. 1 BRAGO. Nach Rechtsprechung und Kommentierung hierzu erhöhen sich aber nicht nur die Geschäfts- und die Prozessgebühr, sondern auch die diesen **ähnlichen Betriebsgebühren,** wie zB

- die Prozessgebühr des § 32 I BRAGO – vorzeitige Erledigung des Auftrages;
- die Prozessgebühr des § 32 II BRAGO – Mitvergleichen nicht anhängiger Ansprüche;
- die Korrespondenzgebühr des § 52 BRAGO;

146 OLG Hamm AGS 1994, 41
147 OLG Karlsruhe JurBüro 1990, 334

- die Prozessgebühr des § 53 BRAGO – für den Unterbevollmächtigten;
- die Prozessgebühr des § 51 I BRAGO – Tätigkeit in einem Prozesskostenhilfe-Bewilligungsverfahren;
- die Prozessgebühr des § 57 I BRAGO – Tätigkeit in der Zwangsvollstreckung;
- die Gebühr für den Antrag auf Erlass eines Mahnbescheides gem § 43 I 1 BRAGO usw.[148]

339 Es erhöht sich aber immer nur die Geschäfts-, die Prozess- oder eine diesen ähnliche Betriebsgebühr. Es erhöhen sich **nicht** die in einer gebührenrechtlichen Angelegenheit weiter entstehenden Gebühren, wie zB die Besprechungsgebühr, die Verhandlungsgebühr, die Erörterungsgebühr, die Beweisgebühr und auch nicht die Vergleichsgebühr.

Umstritten ist, ob sich auch die **Gebühr für** eine **Beratung** des § 20 I 1 BRAGO erhöht, wenn der Rechtsanwalt für mehrere Auftraggeber in derselben gebührenrechtlichen Angelegenheit wegen desselben Gegenstandes gleichzeitig beratend tätig wird.[149] Meines Erachtens kann sich auch die Beratungsgebühr des § 20 I 1 BRAGO erhöhen, wenn die Voraussetzungen des § 6 I BRAGO vorliegen. Denn die Gebühr des § 20 I 1 BRAGO ist eine der Geschäfts- und Prozessgebühr ähnliche »Betriebs«-gebühr. Denn sowohl die Geschäfts- als auch die Prozessgebühr gelten die »allgemeine« Tätigkeit des Rechtsanwalts ab, ebenso wie die Beratungsgebühr. Wenn keine besonderen Tätigkeiten mehr hinzukommen, die weitere Gebühren auslösen (wie etwa die Besprechung mit einem Dritten = Besprechungsgebühr; streitige Verhandlung in einem Termin zur mündlichen Verhandlung = Verhandlungsgebühr; Tätigkeit in einem Beweisaufnahmeverfahren = Beweisgebühr) gelten auch die Geschäfts- oder auch die Prozessgebühr die gesamte Tätigkeit des Rechtsanwalts in der gebührenrechtlichen Angelegenheit ab. Ebenso wird die gesamte Tätigkeit in einem Beratungsmandat mit der Gebühr des § 20 I 1 BRAGO abgegolten.

Umstritten ist auch, ob sich die Obergrenze des § 20 I 2 BRAGO für eine **Erstberatung** in Höhe von **180** € gem § 6 BRAGO erhöht.[150] Meines Erachtens ist Madert und Lappe[151] zu folgen, wonach sich die Obergrenze für eine Erstberatung um 3/10 für jeden weiteren Auftraggeber erhöhen kann (180 € + 3/10 davon = 54 €, also Obergrenze für die Erstberatung bei zwei Auftraggebern 234 €). Denn § 6 I 2 BRAGO will doch die Mehrtätigkeit des Anwaltes vergüten, die

---

148 Göttlich/Mümmler, BRAGO, »Mehrere Auftraggeber« 3.; Hansens, BRAGO § 6 Rn 8; Gerold/Schmidt-von Eicken, BRAGO § 6 Rn 29; jeweils mit weiteren angeführten Gebühren, die sich nach § 6 I 2 BRAGO erhöhen können

149 Für eine Erhöhung gem § 6 I 2 BRAGO der Gebühr für die Beratung des § 20 I 1 BRAGO: Gerold/Schmidt-von Eicken, BRAGO § 6 Rn 32; OLG Saarbrücken JurBüro 1988, 860; LG Dortmund Rpfleger 1990, 437 = JurBüro 1991, 237 – für die Beratungshilfegebühren.

150 Für eine Erhöhung der Erstberatungshöchstgebühr: Gerold/Schmidt-Madert, BRAGO § 20 Rn 11; Lappe ZAP 1994, 915, 917; Göttlich/Mümmler, BRAGO, »Rat« 4. – nur für eine Erhöhung der Betragsrahmengebühr des § 20 I 3 BRAGO

151 Madert in Gerold-Schmidt, BRAGO § 20 Rn 11; Lappe ZAP 1994, 915, 917

dieser dadurch hatte, dass er für mehrere Auftraggeber tätig wird. Auch der Anwalt, der im Rahmen einer Erstberatung mehrere Auftraggeber wegen desselben Gegenstandes berät, wird in der Regel mehr an Dienstleistung erbringen, als wenn er nur einen Auftraggeber berät. Daher ist es angezeigt, auch die Obergrenze des § 20 I 2 BRAGO für eine Erstberatung um $^3/_{10}$ für jeden weiteren Auftraggeber zu erhöhen.

4. Berechnung der Erhöhung

Gem § 6 I 2 BRAGO erhöhen sich die Geschäfts-, die Prozess- und ähnliche Betriebsgebühren um $^3/_{10}$ für **jeden weiteren Auftraggeber.** Die Erhöhung berechnet sich immer von der Ausgangsgebühr. Die Erhöhung beträgt also 340

- bei einer $^{10}/_{10}$ Prozessgebühr = $^3/_{10}$ Erhöhung für jeden weiteren Auftraggeber;
- bei einer $^5/_{10}$ Prozessgebühr = $^{15}/_{100}$ Erhöhung für jeden weiteren Auftraggeber;
- bei einer $^3/_{10}$ Prozessgebühr = $^9/_{100}$ Erhöhung für jeden weiteren Auftraggeber;
- bei einer $^{7,5}/_{10}$ Geschäftsgebühr = $^{22,5}/_{100}$ Erhöhung für jeden weiteren Auftraggeber.[152]

Fall 4:

Der Rechtsanwalt vertritt außergerichtlich fünf Auftraggeber wegen desselben Gegenstandes. Die Merkmale des § 12 BRAGO rechtfertigen den Ansatz einer Mittelgebühr. 341
Die entstandene
$^{7,5}/_{10}$ Geschäftsgebühr gem § 118 I 1 BRAGO
erhöht sich gem § 6 I 2 BRAGO wie folgt:
+ $^{22,5}/_{100}$ Erhöhung für den zweiten Auftraggeber
+ $^{22,5}/_{100}$ Erhöhung für den dritten Auftraggeber
+ $^{22,5}/_{100}$ Erhöhung für den vierten Auftraggeber
+ $^{22,5}/_{100}$ Erhöhung für den fünften Auftraggeber.
Der Rechtsanwalt wird also insgesamt eine
$^{165}/_{100}$ Geschäftsgebühr gem §§ 6, 118 I 1 BRAGO
berechnen können.

Mehrere Erhöhungen dürfen den Betrag von zwei vollen Gebühren nicht übersteigen (§ 6 I 2, letzter Halbsatz BRAGO). 342

152 Hansens, BRAGO § 6 Rn 9; Gerold/Schmidt-von Eicken, BRAGO § 6 Rn 34; Göttlich/Mümmler, BRAGO, »Mehrere Auftraggeber« 4.

Dies bedeutet eine **maximale Erhöhung** wie folgt:

- $^{10}/_{10}$ Prozessgebühr maximal $^{20}/_{10}$; der Rechtsanwalt kann also insgesamt eine $^{30}/_{10}$ Prozessgebühr berechnen. Auch diese Obergrenze orientiert sich an der Grundgebühr;
- $^{5}/_{10}$ Prozessgebühr maximal um $^{10}/_{10}$;
- $^{3}/_{10}$ Prozessgebühr maximal um $^{6}/_{10}$;
- $^{7,5}/_{10}$ Geschäftsgebühr maximal um $^{15}/_{10}$.[153]

343 Infolge dieser maximalen Erhöhung von zwei vollen Ausgangsgebühren wirkt es sich über § 6 I 2 BRAGO nicht mehr aus, wenn der Rechtsanwalt mehr als acht Auftraggeber hat (siehe hierzu aber nachfolgendes Kapitel 6).

> Für jeden weiteren Auftraggeber tritt eine Erhöhung von $^{3}/_{10}$ – ausgehend von dem Gebührensatz, der sich erhöhenden Betriebsgebühr – ein.
>
> Maximale Erhöhung: 2 x die Ausgangsgebühr.

5. Haftung der einzelnen Auftraggeber

344 Gem § 6 III 1 BRAGO haftet jeder Auftraggeber dem Rechtsanwalt nur für die Gebühren und Auslagen, die er schulden würde, wenn der Rechtsanwalt nur in seinem Auftrag tätig geworden wäre. Jeder Auftraggeber haftet also nur für maximal eine Grundgebühr (zB $^{10}/_{10}$ Prozessgebühr, $^{5}/_{10}$ Prozessgebühr oder $^{7,5}/_{10}$ Geschäftsgebühr) und nicht für die Erhöhung derselben gem § 6 BRAGO.[154] Er haftet auch dann nicht mehr für die Erhöhung gem § 6 BRAGO, wenn der Anspruch bei den übrigen – weiteren – Auftraggebern nicht beizutreiben ist.

Fall 5:

345 *Der Rechtsanwalt vertritt zwei Auftraggeber in derselben Angelegenheit wegen desselben Gegenstandes.*

Mit dem Auftraggeber A hat er abgerechnet:
a. $^{10}/_{10}$ Prozessgebühr gem § 31 I 1 BRAGO
b. $^{10}/_{10}$ Verhandlungsgebühr gem § 31 I 2 BRAGO
c. $^{10}/_{10}$ Beweisgebühr gem § 31 I 3 BRAGO
d. Pauschsatz gem § 26 S 2 BRAGO
e. 16 % Umsatzsteuer gem § 25 II BRAGO.

---

153 Gerold/Schmidt-von Eicken, BRAGO § 6 Rn 34; Hansens, BRAGO § 6 Rn 13; Göttlich/Mümmler, BRAGO, »Mehrere Auftraggeber« 4.

154 Göttlich/Mümmler, BRAGO, »Mehrere Auftraggeber« 7.; Gerold/Schmidt-von Eicken, BRAGO § 6 Rn 50; Hansens, BRAGO § 6 Rn 19

Die 3/10 Erhöhung auf die Prozessgebühr zuzüglich Umsatzsteuer hierauf stellt er B in Rechnung, da A insoweit eine Zahlung ablehnt. B zahlt nicht. Es stellt sich heraus, dass B zahlungsunfähig ist. Da § 6 III BRAGO im Ergebnis die gesamtschuldnerische Haftung nach dem BGB beschränkt, kann der Rechtsanwalt den A nicht mehr wegen der Erhöhung zzgl der hierauf anfallenden Umsatzsteuer in Anspruch nehmen.

Jeder Mandant haftet maximal für die Gebühren, die er schulden würde, wenn er den Rechtsanwalt alleine beauftragt hätte. **346**

6. Schreibauslagen bei mehr als 10 Auftraggebern

Da sich die Erhöhung der Prozessgebühr gem § 6 BRAGO bei mehr als acht Auftraggebern nicht mehr auswirkt (denn mehrere Erhöhungen dürfen den Betrag von zwei vollen Gebühren nicht übersteigen – siehe Kapitel 4), hat der Gesetzgeber in § 6 II BRAGO einen Ausgleich geschaffen, wenn der Rechtsanwalt mehr als zehn Auftraggeber hat. Hat der Rechtsanwalt in derselben Angelegenheit mehr als 10 Auftraggeber, so kann er für Abschriften und Ablichtungen, die er zur notwendigen Unterrichtung dieser Auftraggeber herstellt, Schreibauslagen iS des § 27 BRAGO verlangen. **347**

Praxis-Tipp:

*Normalerweise gehört die Herstellung von Abschriften **zur Unterrichtung des Auftraggebers** zum Betreiben des Geschäfts des Rechtsanwalts und löst gem § 27 BRAGO keine Schreibauslagen aus. Aufgrund der Ausnahmevorschrift des § 6 II BRAGO kann der Rechtsanwalt für Abschriften und Ablichtungen, die er seinen Auftraggebern zur notwendigen Unterrichtung übersendet, Schreibauslagen verlangen.* **348**

Die Schreibauslagen fallen in der in § 27 II BRAGO bestimmten Höhe an, also für die ersten fünfzig Seiten 0,50 € und ab der einundfünfzigsten Seite 0,15 € je Seite. Ob der Rechtsanwalt die Abschriften für den elften und alle weiteren Auftraggeber per Fotokopie oder per Mehrausdruck herstellt, ist unerheblich.

7. Gewillkürter Parteiwechsel

Im Zusammenhang mit § 6 BRAGO soll auch der gewillkürte Parteiwechsel angesprochen werden. Bei einem Wechsel der Partei liegt für den Prozessbevollmächtigten des in dem Rechtsstreit **verbleibenden Prozessgegners** gebührenrechtlich nur eine Angelegenheit vor, da der Wechsel des Prozessgegners grundsätzlich keinen neuen Rechtszug eröffnet.[155] Bei dem Prozessbevoll- **349**

155 Hansens JurBüro 1997, 568 – nicht unumstritten – siehe weitere Nachweise bei Hansens aaO; Hansens, BRAGOreport 2000, 5; Gerold/Schmidt-von Eicken, BRAGO § 26 Rn 27

mächtigten des Prozessgegners tritt auch keine Erhöhung gem § 6 BRAGO ein, da dieser Rechtsanwalt immer nur einen Auftraggeber hatte (denselben Kläger oder denselben Beklagten).

Anders stellt sich die Situation bei dem Rechtsanwalt dar, der **zunächst** die **ausscheidende Partei** und **dann** die in den Rechtsstreit **eintretende Partei** als Prozessbevollmächtigter vertritt. Hier tritt eine Erhöhung der Prozessgebühr um 3/10 ein, wenn die erste Partei aus dem Rechtsstreit erst ausscheidet, nachdem die in den Rechtsstreit eintretende Partei denselben Prozessbevollmächtigten bereits beauftragt hat. Dann vertritt der Prozessbevollmächtigte vorübergehend zwei Auftraggeber mit der Folge, dass sich die Prozessgebühr gem § 6 I 2 BRAGO erhöht.[156]

Anders liegt der Fall, wenn die erste Partei bereits aus dem Rechtsstreit ausgeschieden ist, bevor die zweite Partei den Rechtsanwalt mit ihrer Vertretung beauftragt hat. Dann liegen für den Prozessbevollmächtigten, der zunächst die ausscheidende Partei und dann später die in den Rechtsstreit eintretende Partei vertritt, zwei gebührenrechtliche Angelegenheiten vor. Der Rechtsanwalt wird bei dieser Fallkonstellation die Gebühren zweimal berechnen können, einmal für die Tätigkeit, die er für die aus dem Rechtsstreit ausscheidende Partei entfaltet hat und einmal für die Tätigkeiten, die er für die in den Rechtsstreit eintretende Partei ausführt.[157] In diesen Fällen erhöht sich die Prozessgebühr dann nicht gem § 6 I 2 BRAGO, da der Rechtsanwalt ja nicht in derselben gebührenrechtlichen Angelegenheit mehrere Parteien vertritt.

Wird ein Rechtsstreit durch den Tod einer Partei unterbrochen und nehmen die Rechtsnachfolger den Rechtsstreit wieder auf, so handelt es sich um eine gebührenrechtliche Angelegenheit, auch wenn der Rechtsanwalt zunächst die verstorbene Partei und später den Rechtsnachfolger in dem Verfahren vertritt. Sind mehrere Rechtsnachfolger vorhanden, etwa eine Erbengemeinschaft, erhöht sich die Prozessgebühr gem § 6 I 2 BRAGO ab dem Zeitpunkt, ab welchem die mehreren Rechtsnachfolger den Rechtsanwalt mit der Wahrnehmung ihrer Interessen beauftragen (siehe hierzu auch die Ausführungen in Kapitel V. 2. a.).

VI. Vergleichsgebühr

1. Grundsätzliches

350 Für die Mitwirkung beim Abschluss eines Vergleiches erhält der Rechtsanwalt die Vergleichsgebühr des § 23 I BRAGO. Die Vergleichsgebühr kann sowohl bei außergerichtlicher Tätigkeit entstehen, als auch dann, wenn der Rechtsanwalt als Prozess- oder Verfahrensbevollmächtigter in einem gerichtlichen Verfahren tätig wird. Die Vergleichsgebühr kann also sowohl neben den Gebühren des § 118 BRAGO als auch neben den Gebühren des § 31 ff BRAGO anfallen. Dies ergibt sich schon allein daraus, weil sie im zweiten Abschnitt der

156 Hansens JurBüro 1997, 568 – dort 1. a. mwN
157 Hansens aaO, 1. b. mwN

BRAGO und damit unter »**Gemeinsame Vorschriften** über Gebühren und Auslagen« geregelt ist. Sie kann auch in Angelegenheiten der freiwilligen Gerichtsbarkeit entstehen, wenn die Parteien in dem Verfahren über den Streitgegenstand disponieren können, also sie darüber vertraglich verfügen können.[158]

2. Vergleich iS des § 779 BGB

Erste Voraussetzung für das Entstehen der Vergleichsgebühr ist, dass tatsächlich ein Vergleich geschlossen wird. § 23 I 1 BRAGO nimmt wegen des Begriffes »Vergleich« auf § 779 BGB Bezug. Danach liegt ein Vergleich vor, »wenn[159] 351

- zwischen den Parteien ein Rechtsverhältnis besteht;[160]
- über dieses Rechtsverhältnis Streit, Ungewissheit oder Unsicherheit bzgl der Verwirklichung eines Anspruches herrscht;[161]
- der Streit, die Ungewissheit oder die Unsicherheit bzgl der Verwirklichung des Anspruchs durch Vertrag zwischen den Parteien beendet wird;[162]
- und im Rahmen des Vertrages ein gegenseitiges Nachgeben beider Parteien erfolgt ist«.[163]

Nur wenn alle der vier vorgenannten Voraussetzungen gegeben sind, kann von einem Vergleich iSd § 779 BGB ausgegangen werden und nur dann kann eine Vergleichsgebühr gem § 23 BRAGO entstehen.

Der Begriff des **Rechtsverhältnisses** ist weit auszulegen. Er umfasst sowohl gesetzliche als auch vertragliche Beziehungen der Parteien untereinander. Hierher gehören auch erbrechtliche Verhältnisse der Parteien, gleich ob sie auf einer vertraglichen, testamentarischen oder gesetzlichen Grundlage beruhen.[164] Besteht zwischen den Parteien aber noch kein Rechtsverhältnis, sondern soll dies erst durch die »Vereinbarung« begründet werden, so kann noch keine Vergleichsgebühr entstehen.

158 Göttlich/Mümmler, BRAGO, »Sonstige Angelegenheiten«, 2.4 Vergleichsgebühr
159 Zitiert nach Enders, Die BRAGO für Anfänger, Rn 458, 459
160 Gerold/Schmidt-von Eicken, BRAGO § 23 Rn 8; Hansens, BRAGO § 23 Rn 4; Göttlich/Mümmler, BRAGO, »Vergleich« 1.1. a; Riedel/Sußbauer-Fraunholz, BRAGO § 23 Rn 6
161 Gerold/Schmidt-von Eicken, BRAGO § 23 Rn 7; Hansens, BRAGO § 23 Rn 6; Göttlich/Mümmler, BRAGO, »Vergleich« 1.1. a; Riedel/Sußbauer-Fraunholz, BRAGO § 23 Rn 8
162 Gerold/Schmidt-von Eicken, BRAGO § 23 Rn 6 und 15; Hansens, BRAGO § 23 Rn 6; Göttlich/Mümmler, BRAGO, »Vergleich« 1.1. a; Riedel/Sußbauer-Fraunholz, BRAGO § 23 Rn 15
163 Gerold/Schmidt-von Eicken, BRAGO § 23 Rn 9; Hansens, BRAGO § 23 Rn 5; Göttlich/Mümmler, BRAGO, »Vergleich« 1.1. b; Riedel/Sußbauer-Fraunholz, BRAGO § 23 Rn 13
164 Riedel/Sußbauer-Fraunholz, BRAGO § 23 Rn 6

Häufiger Streitpunkt ist die Frage, ob das für einen Vergleich erforderliche **gegenseitige Nachgeben** der Parteien vorliegt. »Der Ausdruck ist nicht im juristisch technischen Sinne, sondern nach dem Sprachgebrauch des Lebens aufzufassen. Nachgeben bedeutet Zugeständnisse irgendwelcher Art, um zu einer Einigung zu kommen. Es genügt daher jedes Opfer, dass eine Partei auf sich nimmt, mag es auch ganz geringfügig sein, oder mag objektiv ein Opfer gar nicht vorliegen, also auch ein Verzicht auf einen vermeintlichen Anspruch. Es genügt, dass die Parteien sich ohne längere Auseinandersetzung oder gegenseitiges Feilschen auf eine bestimmte Geldsumme einigen, oder dass eine Seite den Anspruch ganz befriedigt oder aufgibt und die andere eine Gegenleistung anderer Art übernimmt«.[165]

Sind die vorstehend dargestellten Voraussetzungen des § 779 BGB erfüllt, liegt auch dann ein Vergleich vor, wenn dieser nicht ausdrücklich als solcher bezeichnet ist. Es kommt nur auf den sachlich-rechtlichen Inhalt der Vereinbarung/des Vertrages an, nicht wie dieser bezeichnet ist.[166]

Ein **widerrufbarer** Vergleich lässt die Vergleichsgebühr nur entstehen, wenn der Vergleich nicht widerrufen wird oder nicht mehr widerrufen werden kann. Wird der Vergleich widerrufen, kann dem Rechtsanwalt die Vergleichsgebühr durch den widerrufenen Vergleich nicht entstehen.[167]

352 Dem Rechtsanwalt entsteht die Vergleichsgebühr des § 23 I BRAGO, wenn

- ein Vergleich iSd § 779 BGB abgeschlossen wird,
- der Rechtsanwalt an dem Zustandekommen des Vergleiches zumindest mitursächlich mitgewirkt hat.

3. Mitwirkung

353 Zweite Voraussetzung für das Entstehen der Vergleichsgebühr ist, dass der Rechtsanwalt an dem Zustandekommen des Vergleiches **mitgewirkt** hat. Die Tätigkeit des Rechtsanwalts muss für den Vergleich ursächlich, zumindest mitursächlich gewesen sein. Von einer Mitwirkung iSd § 23 I BRAGO kann selbstverständlich ausgegangen werden, wenn der Rechtsanwalt die Vergleichsverhandlung für den Mandanten mit der Gegenseite geführt hat oder für den Mandanten den Vergleich abgeschlossen hat. Für das Entstehen der Vergleichsgebühr reicht es aber auch schon aus, wenn der Rechtsanwalt einen Vergleichsvorschlag des Gerichts oder der Gegenseite für den Mandanten prüft und diesen hierüber berät.[168] Ausreichend ist auch, wenn der Rechtsanwalt den Mandanten dazu berät, ob ein von dem Mandanten selbst oder von

165 Zitiert nach Palandt, § 779 BGB Rn 9 – dort unter Hinweis auf BGH 39, 60; BGH NJW 70, 1122/1124; BGH 1, 57
166 Hansens, BRAGO § 23 Rn 3 mwN und Beispielen
167 Gerold/Schmidt-von Eicken, BRAGO § 23 Rn 22 ff
168 Gerold/Schmidt-von Eicken, BRAGO § 23 Rn 29, 30; Hansens, BRAGO § 23 Rn 9; Riedel/Sußbauer-Fraunholz § 23 Rn 21 ff; Göttlich/Mümmler, BRAGO, »Vergleichsgebühr« 2.2

einem anderen Rechtsanwalt abgeschlossener Vergleich vom Mandanten widerrufen werden soll. Wird von dem Widerruf des Vergleiches dann kein Gebrauch gemacht, ist bei dem Rechtsanwalt die Vergleichsgebühr entstanden.[169] Weicht der letztlich vom Mandanten abgeschlossene Vergleich von den Vorschlägen ab, die der Rechtsanwalt dem Mandanten gemacht hat oder über welche er den Mandanten beraten hat, so steht dies dem Entstehen der Vergleichsgebühr nicht entgegen, wenn der letztlich abgeschlossene Vergleich im Großen und Ganzen dem entspricht, wozu der Rechtsanwalt dem Mandanten geraten hatte.[170]

Nicht ausreichend für das Entstehen der Vergleichsgebühr ist zB, wenn der Mandant nur beraten wird über einen Vergleich, der bereits fest – also ohne Widerrufsvorbehalt – abgeschlossen wurde und der Rechtsanwalt zuvor im Hinblick auf den abzuschließenden Vergleich nicht tätig geworden ist.[171]

4. Höhe der Vergleichsgebühr

a. ... ein gerichtliches Verfahren ist *nicht* anhängig

Grundsätzlich fällt die Vergleichsgebühr als **15/10** Gebühr an (§ 23 I 1 BRAGO). Nur wenn über den Gegenstand/den Anspruch, über den sich verglichen wird, ein gerichtliches Verfahren anhängig ist, entsteht die Vergleichsgebühr nur in Höhe von 10/10 (siehe hierzu nachfolgendes Kapitel VI. 4. b.). Es ist also nicht entscheidend, ob der Vergleich außergerichtlich oder im Rahmen eines gerichtlichen Verfahrens geschlossen wird. Auch wenn der Vergleich außergerichtlich abgeschlossen wird, entsteht die Vergleichsgebühr nur in Höhe von 10/10, wenn über den Gegenstand/den Anspruch, über den sich verglichen wird, ein gerichtliches Verfahren anhängig ist.[172] Andererseits kann nach dem Wert nicht anhängiger Ansprüche auch dann eine 15/10 Vergleichsgebühr entstehen, wenn diese im Rahmen eines gerichtlichen Verfahrens mitverglichen werden (siehe hierzu nachfolgendes Kapitel VI. 4. c.). 354

b. ... ein gerichtliches Verfahren ist anhängig

Ist über den Gegenstand/den Anspruch, über welchen sich verglichen wird, ein gerichtliches Verfahren anhängig, so entsteht die Vergleichsgebühr nur in Höhe von 10/10 (§ 23 I 3 BRAGO). Unerheblich ist, welche Art von gerichtlichem Verfahren über den Gegenstand/den Anspruch des Vergleiches anhängig ist. Es muss also nicht unbedingt ein Rechtsstreit über den Gegenstand/den Anspruch anhängig sein. Ausreichend ist zB auch, wenn ein Mahnverfahren, ein selbständiges Beweisverfahren oder ein einstweiliges Verfügungsverfah- 355

169 Gerold/Schmidt-von Eicken, BRAGO § 23 Rn 32
170 Gerold/Schmidt-von Eicken, BRAGO § 23 Rn 31
171 Gerold/Schmidt-von Eicken, BRAGO § 23 Rn 34
172 Gerold/Schmidt-von Eicken, BRAGO § 23 Rn 40; Enders JurBüro 1995, 1, 3 Kap II 1

ren anhängig ist.[173] Auch wenn nur ein Verfahren über die Bewilligung von Prozesskostenhilfe anhängig ist, entsteht die Vergleichsgebühr nur in Höhe von $^{10}/_{10}$ (so ausdrücklich geregelt in § 23 I 3, letzter Halbsatz BRAGO).

§ 23 I 3 BRAGO stellt ausdrücklich darauf ab, dass zum Zeitpunkt des Abschlusses des Vergleiches ein gerichtliches Verfahren über den Gegenstand des Vergleiches anhängig **ist.** Der $^{10}/_{10}$ Gebührensatz kommt also nur zur Anwendung, wenn im Zeitpunkt des Abschlusses des Vergleiches ein gerichtliches Verfahren bereits anhängig ist und die Anhängigkeit auch noch besteht.[174] Ist das gerichtliche Verfahren über den Gegenstand des Vergleiches zum Zeitpunkt des Vergleiches bereits abgeschlossen, ist die Vergleichsgebühr mit $^{15}/_{10}$ anzusetzen. Dies insbesondere dann, wenn durch den Abschluss des Vergleiches die erneute Inanspruchnahme des Gerichts vermieden wird.[175]

Fall 1:

356 *Es ist zunächst ein einstweiliges Verfügungsverfahren bei Gericht anhängig. Nach Abschluss dieses einstweiligen Verfügungsverfahrens vergleichen sich die Parteien außergerichtlich über die Hauptsache.*
Es kann eine $^{15}/_{10}$ Vergleichsgebühr in Ansatz gebracht werden. Denn durch den Vergleich wird das gerichtliche Hauptsacheverfahren vermieden.

Fall 2:

357 *Nachdem das selbständige gerichtliche Beweisverfahren abgeschlossen ist, vergleichen sich die Parteien außergerichtlich zur Hauptsache.*
Es entsteht eine $^{15}/_{10}$ Vergleichsgebühr. Durch den außergerichtlichen Vergleich wird vermieden, dass das Gericht mit der Klage zur Hauptsache belastet wird.

c. Nicht anhängige und anhängige Ansprüche in einem Vergleich

358 Wird ein Vergleich über nicht anhängige und anhängige Ansprüche geschlossen, so entsteht die Vergleichsgebühr wie folgt:

- $^{10}/_{10}$ Vergleichsgebühr nach dem Wert der mit dem Vergleich erledigten anhängigen Ansprüche;
- $^{15}/_{10}$ Vergleichsgebühr nach dem Wert der mit dem Vergleich erledigten nicht anhängigen Ansprüche.

173 Hansens, BRAGO § 23 Rn 15; Gerold/Schmidt-von Eicken, BRAGO § 23 Rn 40 a
174 Gerold/Schmidt-von Eicken, BRAGO § 23 Rn 40 a
175 Enders JurBüro 1995, 1, 5 Kap II 4

Die beiden Vergleichsgebühren dürfen nach § 13 III BRAGO **nicht höher sein als eine 15/10 Gebühr aus dem Gesamtwert**(Summe der mit dem Vergleich erledigten anhängigen und nicht anhängigen Ansprüche). Ist die Summe der beiden Einzelgebühren niedriger als eine 15/10 Gebühr aus dem Gesamtwert, so bleibt es bei dem Ansatz der Einzelgebühren. 359

Fall 3:

In einem Zivilprozess wird ein Vergleich über anhängige und nicht anhängige Ansprüche geschlossen. Mit dem Vergleich erledigt werden die Klageforderung in Höhe von 10 000 € und nicht anhängige Ansprüche in Höhe von 15 000 €. 360

Der Rechtsanwalt, der als Prozessbevollmächtigter beim Abschluss des Vergleiches mitgewirkt hat, kann folgende Vergleichsgebühren berechnen:

1. 10/10 Vergleichsgebühr gem § 23 I 3 BRAGO nach Wert: 10 000 €		*486,00 €*
2. 15/10 Vergleichsgebühr gem § 23 I 1 BRAGO nach Wert: 15 000 €		*849,00 €*
	insgesamt:	*1 335,00 €*
Die beiden Vergleichsgebühren dürfen gem § 13 III BRAGO nicht höher sein als eine 15/10 Gebühr aus 25 000 € =		*1 029,00 €.*

Der RA kann vorliegend die Vergleichsgebühr nur mit 1 029,00 € in Ansatz bringen.
Neben den Vergleichsgebühren erhält er natürlich noch die weiteren in dem Rechtsstreit und für evtl. sonstige Tätigkeit entstandenen Gebühren.

Fall 4:

Die Parteien vergleichen sich außergerichtlich über in einem Zivilprozess anhängige Ansprüche in Höhe von 4 000 € und über nicht anhängige Ansprüche in Höhe von 1 000 €. 361

Der Rechtsanwalt, der als Bevollmächtigter der Partei an dem Zustandekommen des Vergleiches mitgewirkt hat, kann folgende Vergleichsgebühren berechnen:

1. 10/10 Vergleichsgebühr gem § 23 I 3 BRAGO nach Wert: 4 000 €		*245,00 €*
2. 15/10 Vergleichsgebühr gem § 23 I 1 BRAGO nach Wert: 1 000 €		*127,50 €*
	insgesamt:	*372,50 €*
Eine 15/10 Gebühr aus 5 000 € beträgt		*451,50 €.*

In diesem Fall ist die Summe der beiden Einzelgebühren niedriger als eine 15/10 Gebühr aus dem Gesamtwert. Es bleibt daher bei den beiden Einzelgebühren. Der Rechtsanwalt kann also die Vergleichsgebühren nur mit 372,50 € in Ansatz bringen.

Daneben entstehen natürlich noch die weiteren Gebühren, ausgelöst durch die in dem Zivilprozess und die sonstige (außergerichtliche) Tätigkeit entstehenden Gebühren.

362 Nach dem Wert der mitverglichenen nicht anhängigen Ansprüche entstehen noch Betriebsgebühren neben den Gebühren des § 31 BRAGO, die der Rechtsanwalt für seine Tätigkeit in dem Zivilprozess nach dem Wert der anhängigen Ansprüche erhält. Der dem Rechtsanwalt erteilte Auftrag ist dafür entscheidend, welche Betriebsgebühren nach dem Wert der nicht anhängigen Ansprüche entstehen (siehe hierzu Kapitel VI. 6.).

d. Mitvergleichen nicht anhängiger Ansprüche in der Berufung

363 In dem Berufungs- und auch in dem Revisionsrechtszug erhöhen sich die Anwaltsgebühren um $^{3}/_{10}$ (§ 11 I 4 BRAGO). Folglich muss sich auch die $^{15}/_{10}$ Vergleichsgebühr des § 23 I 1 BRAGO um $^{3}/_{10}$ erhöhen, wenn in dem II. oder III. Rechtszug nicht anhängige Ansprüche mitverglichen werden. Dies ist allerdings umstritten; so wird in Rechtsprechung und Literatur teilweise die Auffassung vertreten, dass es bei Mitvergleichen nicht anhängiger Ansprüche in der Berufung bei einer $^{15}/_{10}$ Vergleichsgebühr bleibt.[176]

Die Erhöhung berechnet sich wie folgt:

$^{15}/_{10}$ Vergleichsgebühr + ($^{3}/_{10}$ von $^{15}/_{10}$ =) $^{4,5}/_{10}$, so dass die Gebühr $\mathbf{^{19,5}/_{10}}$ beträgt. Diese $^{19,5}/_{10}$ Vergleichsgebühr entsteht nur nach dem Wert der nicht anhängigen Ansprüche, die in dem Vergleich mit erledigt wurden.

Die $^{13}/_{10}$ Vergleichsgebühr nach dem Wert der mitverglichenen anhängigen Ansprüche und die $^{19,5}/_{10}$ Vergleichsgebühr nach dem Wert der mitverglichenen nicht anhängigen Ansprüche dürfen gem § 13 III BRAGO nicht höher sein als eine $^{19,5}/_{10}$ Gebühr aus dem Gesamtwert (Wert der mitverglichenen nicht anhängigen Ansprüche + Wert der mitverglichenen anhängigen Ansprüche).

---

176 Für eine $\mathbf{^{19,5}/_{10}}$ Vergleichsgebühr bei mitverglichenen nicht anhängigen Ansprüchen in einem höheren Rechtszug: LG Bochum JurBüro 1996, 638; Kammergericht JurBüro 1998, 189; OLG Hamm JurBüro 1998, 585 und JurBüro 1999, 470; OLG Frankfurt AGS 1998, 147; LG Frankfurt AnwBl 1998, 537; SchlHOLG JurBüro 1999, 586; OLG Nürnberg JurBüro 1999, 586; OLG Koblenz JurBüro 2000, 21; OLG Köln JurBüro 2000, 246; LG Kleve JurBüro 2000, 638; Kronenbitter BRAGO 94, Rn 384 und AGS 1995, 82; Schneider, Norbert MDR 1998, 197; Enders JurBüro 1995, 114 und 584 JurBüro 1996, 617 (618 und 619); Riedel/Sußbauer-Fraunholz, BRAGO § 23 Rn 43
Für eine $\mathbf{^{15}/_{10}}$ Vergleichsgebühr bei mitverglichenen und nicht anhängigen Ansprüchen in einem höheren Rechtszug:
LG Köln JurBüro 1997, 414; LG Berlin JurBüro 1997, 639; OLG Stuttgart JurBüro 1998, 585; OLG München JurBüro 1999, 302; von Eicken AGS 1995, 45; von Eicken/Madert NJW 1996, 1649 1650; von Eicken/Madert NJW 1998, 2402, 2404 u 2405; von Eicken in Gerold/Schmidt/von Eicken/Madert, BRAGO § 23 Rn 53; Hartmann, Kostengesetze, BRAGO § 23 Rn 84

Die Vergleichsgebühr fällt an 364
- in Höhe von 15/10, wenn über den Gegenstand des Vergleiches ein gerichtliches Verfahren nicht anhängig ist;
- in Höhe von 10/10, wenn über den Gegenstand des Vergleiches ein gerichtliches Verfahren anhängig ist;
- in Höhe von 13/10, wenn der Vergleich in einem höheren Rechtszug (Berufungs- oder Revisionsrechtszug) abgeschlossen wird;
- in Höhe von 19,5/10, wenn in einem höheren Rechtszug nicht anhängige Ansprüche mitverglichen werden (str.).

5. Gegenstandswert

Der Gegenstandswert der Vergleichsgebühr richtet sich nach den Ansprüchen, über die sich verglichen wird. Maßgebend ist also der Anspruch, der eingeklagt war und der mit dem Vergleich erledigt wird. Bei außergerichtlicher Tätigkeit kommt es darauf an, in welcher Höhe Ansprüche geltend gemacht wurden, die dann mit dem Vergleich erledigt werden. Auf das Ergebnis, also auf den Betrag, auf den sich verglichen wird, kommt es grundsätzlich nicht an.[177] 365

Werden in den Vergleich nicht anhängige Ansprüche mit einbezogen, so sind diese neben den anhängigen Ansprüchen gesondert zu bewerten. Auch wegen der nicht anhängigen Ansprüche kommt es darauf an, in welcher Höhe sich die nicht anhängigen, mitverglichenen Ansprüche belaufen haben. Maßgebend ist auch hier nicht, mit welchem Betrag sich die Ansprüche bei dem letztlich ausgehandelten Vergleichsbetrag niedergeschlagen haben.

Wird der Vergleich nur über einen Teil der anhängigen oder nicht anhängigen Ansprüche geschlossen, so ist auch nur dieser Teilanspruch, der mit dem Vergleich erledigt wird, maßgebend für den Gegenstandswert der Vergleichsgebühr.

Bei mehreren Teilvergleichen in derselben gebührenrechtlichen Angelegenheit sind die Werte der einzelnen Ansprüche, die durch die Teilvergleiche erledigt wurden, zu addieren und danach entsteht die Vergleichsgebühr einmal.[178]

Die Vergleichsgebühr entsteht nach dem Wert der Ansprüche, die mit dem Vergleich erledigt werden. Der ausgehandelte Vergleichsbetrag ist für den Gegenstandswert in aller Regel ohne Bedeutung.

177 Gerold/Schmidt-von Eicken, BRAGO § 23 Rn 41 ff; Riedel/Sußbauer-Fraunholz, BRAGO § 23 Rn 29; Göttlich/Mümmler, BRAGO, »Vergleichsgebühr« 5.; Hansens, BRAGO § 23 Rn 17

178 Gerold/Schmidt-von Eicken, BRAGO § 23 Rn 50 und 51

6. Welche Betriebsgebühren bei Mitvergleichen nicht anhängiger Ansprüche?

366 Nach dem Wert der in einem Zivilprozess anhängigen Ansprüche entstehen für den Rechtsanwalt, der als Prozessbevollmächtigter tätig ist, grundsätzlich die Gebühren nach den §§ 31 ff BRAGO. Nachstehend soll dargelegt werden, welche (Betriebs-)Gebühren nach dem Wert mitverglichener nicht anhängiger Ansprüche entstehen.

Denn neben der Vergleichsgebühr entstehen noch weitere Gebühren nach dem Wert der nicht anhängigen Ansprüche. Entscheidend dafür, welche Gebühren nach dem Wert der nicht anhängigen Ansprüche entstehen, ist der dem Rechtsanwalt erteilte Auftrag (siehe hierzu die nachfolgenden Kapitel). Diese Gebühren nach dem Wert der nicht anhängigen Ansprüche entstehen neben den Gebühren, die der Rechtsanwalt für seine Tätigkeit als Prozessbevollmächtigter nach dem Wert der in dem Zivilprozess anhängigen Ansprüche erhält. Je nach Lage des Falles ist aber § 13 III BRAGO oder die Anrechnungsvorschrift des § 118 II BRAGO zu beachten (siehe nachfolgende Kapitel).[179]

a. Auftrag: Einbeziehung der nicht anhängigen Ansprüche in den Rechtsstreit

367 Hat der Rechtsanwalt den Auftrag, die noch nicht anhängigen Ansprüche in den Rechtsstreit – wenn auch nur zum Abschluss des Vergleiches – einzubeziehen und dort geltend zu machen, so fällt eine 5/10 Prozessgebühr gem § 32 II BRAGO an. Diese 5/10 Prozessgebühr entsteht nach dem Wert der nicht anhängigen Ansprüche.

Sobald aber die Klage um die zunächst nicht anhängigen Ansprüche erhöht worden ist, ist kein Raum mehr für eine 5/10 Prozessgebühr gem § 32 II BRAGO. Dann fällt nach dem Wert der insgesamt anhängigen Ansprüche die 10/10 Prozessgebühr des § 31 I 1 BRAGO an.

Die Summe der

- 5/10 Prozessgebühr des § 32 II BRAGO nach dem Wert der nicht anhängigen Ansprüche und
- die 10/10 Prozessgebühr des § 31 I 1 BRAGO nach dem Wert der anhängigen Ansprüche

dürfen gem § 13 III BRAGO nicht höher sein als eine 10/10 Gebühr aus dem Gesamtwert.

Ist die Summe der beiden Einzelgebühren niedriger als eine 10/10 Gebühr aus dem Gesamtwert, bleibt es bei den Einzelgebühren.

---

179 Gerold/Schmidt-von Eicken, BRAGO § 23 Rn 62; Göttlich/Mümmler, BRAGO, »Vergleichsgebühr« 3.2

Fall 5:

Eingeklagt ist ein Anspruch in Höhe von 25 000 €. Daneben hat der Rechtsanwalt den Auftrag, weitere nicht anhängige Ansprüche in Höhe von 30 000 € mit gerichtlich geltend zu machen. Bevor der Rechtsanwalt die Klage entsprechend erhöht, kommt es zu einem Vergleich, wonach der Gegner zur Abgeltung der anhängigen und nicht anhängigen Ansprüche einen Betrag in Höhe von 35 000 € zahlt. 368

Die Prozessgebühr berechnet sich wie folgt:

10/10 Prozessgebühr gem § 31 I 1 BRAGO	
nach Wert: 25 000 €	*686,00 €*
5/10 Differenzprozessgebühr gem § 32 II BRAGO	
nach Wert: 30 000 €	*379,00 €*
Insgesamt:	*1 065,00 €.*
(Gem § 13 III BRAGO darf die Summe der beiden	
Einzelgebühren nicht höher sein als 10/10 aus 55 000 € =	*1 123,00 €.*

Da die Summe der beiden Einzelgebühren niedriger ist, kann der Rechtsanwalt vorliegend die Prozessgebühr nur in Höhe von 1 065,00 € berechnen.)

Daneben entstehen noch die weiter in dem Rechtsstreit entstandenen Gebühren und die Vergleichsgebühren zzgl Auslagen und Umsatzsteuer.

Die Prozessgebühr des § 32 II BRAGO fällt dann nicht wieder weg, wenn der Vergleich widerrufen wird. Ist sie einmal entstanden, bleibt sie dem Rechtsanwalt erhalten.[180]

Werden nicht anhängige Ansprüche in einem gerichtlichen Verfahren mitverglichen, kommt es auf den dem Rechtsanwalt von dem Mandanten erteilten Auftrag an, welche Betriebsgebühren neben den Vergleichsgebühren entstehen. Hatte der Rechtsanwalt den Auftrag, die zunächst nicht anhängigen Ansprüche noch gerichtlich geltend zu machen, so entsteht nach dem Wert der nicht anhängigen Ansprüche nur eine 5/10 Differenz-Prozessgebühr gem § 32 II BRAGO.

Ging der Auftrag des Rechtsanwalts dahin, die Ansprüche zunächst außergerichtlich geltend zu machen, können nach dem Wert der nicht anhängigen Ansprüche die Geschäftsgebühr (§ 118 I Nr. 1 BRAGO) und die Besprechungsgebühr (§ 118 I Nr. 2 BRAGO) entstehen.
Werden nicht anhängige und anhängige Ansprüche in einem Vergleich erledigt, entsteht

- nach dem Wert der anhängigen Ansprüche eine 10/10 Vergleichsgebühr
- und nach dem Wert der nicht anhängigen Ansprüche eine 15/10 Vergleichsgebühr.
- Die Summe der beiden Vergleichsgebühren darf gem § 13 III BRAGO nicht höher sein als eine 15/10 Gebühr aus dem Gesamtwert.

180 Gerold/Schmidt-von Eicken, BRAGO § 23 Rn 62; Enders JurBüro 1995, 113 »Zusätzliche Prozessgebühr gem § 32 Abs 2 BRAGO«

b. Auftrag: Außergerichtliche Tätigkeit

369 Hatte der Rechtsanwalt wegen der nicht anhängigen Ansprüche zunächst nur den Auftrag, außergerichtlich tätig zu werden, um eine Einigung zu versuchen oder die Ansprüche außergerichtlich geltend zu machen, so entstehen nach dem Wert der nicht anhängigen Ansprüche Gebühren gem § 118 BRAGO.[181] Nach dem Wert der nicht rechtshängigen Ansprüche können dann sowohl die Geschäftsgebühr des § 118 I 1 BRAGO als auch die Besprechungsgebühr des § 118 I 2 BRAGO entstehen. Natürlich müssen die jeweiligen Gebührentatbestände erfüllt sein, damit die Gebühren anfallen.[182]

Die Gebühren des § 118 I BRAGO entstehen daneben und unabhängig von den Gebühren nach §§ 31 ff BRAGO nach dem Wert der anhängigen Ansprüche. § 13 III BRAGO kommt hier nicht zur Anwendung, da es sich um zwei verschiedene gebührenrechtliche Angelegenheiten handelt.

Wird der Auftrag hinsichtlich der nicht anhängigen Ansprüche dann dahingehend erweitert, dass der Rechtsanwalt die außergerichtlich ausgehandelte Einigung in einem vor dem Gericht zu protokollierenden Vergleich mit einbeziehen soll, so entsteht nach dem Wert der nicht anhängigen Ansprüche durch den Antrag, die Einigung zu gerichtlichem Protokoll zu nehmen, eine 5/10 Prozessgebühr gem § 32 II BRAGO. Auf diese 5/10 Prozessgebühr ist die Geschäftsgebühr gem § 118 II BRAGO in Höhe von 5/10 anzurechnen.[183]

Fall 6:

370 *Vor dem Landgericht ist ein Rechtsstreit über 24 000 € anhängig, in welchem Rechtsanwalt A als Prozessbevollmächtigter für die Mandantschaft tätig ist. In dem Rechtsstreit wird – ohne dass eine Güteverhandlung stattfindet – streitig verhandelt und Beweis erhoben.*
Der Rechtsanwalt erhält dann den Auftrag, außergerichtlich weitere Ansprüche in Höhe von 10 000 € gegenüber demselben Gegner geltend zu machen. Es kommt dann wegen den gesamten Ansprüchen zu einer außergerichtlichen Besprechung, die Rechtsanwalt A im Einverständnis mit dem Mandanten mit dem Gegenanwalt führt. Am Ende dieser Besprechung vergleichen sich die Parteien dahingehend, dass zur Abgeltung der eingeklagten und der nicht anhängigen Ansprüche ein Betrag in Höhe von 30 000 € gezahlt wird.
Rechtsanwalt A wird beauftragt, diesen Vergleich gerichtlich protokollieren zu lassen. In dem vom Gericht auf Antrag bestimmten Termin wird der Vergleich dann förmlich vor Gericht geschlossen und zu Protokoll genommen.

---

181 Gerold/Schmidt-von Eicken, BRAGO § 23 Rn 63; von Hettinga Voss JurBüro 1995, 342

182 Siehe hierzu zB Enders JurBüro 2001, 1 ff

183 Enders JurBüro 1999, 561 (562) Kap 6.2 und JurBüro 2000, 1, 6 Kap 4.7.2. und JurBüro 1998, 561, 563 Kap 3 Bsp 1

Der Rechtsanwalt kann berechnen:

Für die Tätigkeit als Prozessbevollmächtigter im Zivilprozess:

1. $^{10}/_{10}$ Prozessgebühr gem §§ 11, 31 I 1 BRAGO nach Wert: 24 000 €	*686,00 €*
2. $^{5}/_{10}$ Differenzprozessgebühr gem §§ 11, 32 II BRAGO nach Wert: 10 000 €	*243,00 €*
	929,00 €
1. und 2. dürfen gem § 13 III BRAGO nicht höher sein als $^{10}/_{10}$ aus 34 000 €	*830,00 €*
Auf die $^{5}/_{10}$ Differenzprozessgebühr des § 32 II BRAGO ist anzurechnen gem § 118 II BRAGO: $^{5}/_{10}$ Geschäftsgebühr des § 118 I 1 BRAGO nach Wert: 10 000 € = 243,00 €, aber da die Differenzprozessgebühr infolge der Anrechnung gem § 13 III BRAGO nur mit (830 € – 686 € =) 144 € in Ansatz kommt, sind auch nur diese anzurechnen	*144,00 €*
verbleiben:	*686,00 €*
3. $^{10}/_{10}$ Verhandlungsgebühr gem §§ 11, 31 I 2 BRAGO nach Wert: 24 000 €	*686,00 €*
4. $^{10}/_{10}$ Beweisgebühr gem §§ 11, 31 I 3 BRAGO nach Wert: 24 000 €	*686,00 €*
5. $^{10}/_{10}$ Vergleichsgebühr gem §§ 11, 23 I 3 BRAGO nach Wert: 24 000 €	*686,00 €*
6. $^{15}/_{10}$ Vergleichsgebühr gem §§ 11, 23 I 1 BRAGO nach Wert: 10 000 €	*729,00 €*
Vergleichsgebühren insgesamt:	*1 415,00 €*
5. und 6. dürfen gem § 13 III BRAGO nicht höher sein als $^{15}/_{10}$ aus 34 000 €	*1 245,00 €*
7. Pauschsatz gem § 26 S 2 BRAGO	*20,00 €*
Anwaltsgebühren netto:	*3323,00 €*

+ evtl sonstige Auslagen und Umsatzsteuer.

Für die außergerichtliche Tätigkeit wegen der nicht anhängigen Ansprüche:

1. $^{7,5}/_{10}$ Geschäftsgebühr gem §§ 11, 12, 118 I 1 BRAGO nach Wert: 10 000 €	*364,50 €*
2. $^{7,5}/_{10}$ Besprechungsgebühr gem §§ 11, 12, 118 I 2 BRAGO nach Wert: 10 000 €	*364,50 €*
3. Pauschsatz gem § 26 S 2 BRAGO	*20,00 €*
Anwaltsgebühren netto:	*749,00 €*

+ evtl sonstige Auslagen und Umsatzsteuer.

Der Rechtsanwalt kann vorliegend neben den Gebühren für die Tätigkeit als Prozessbevollmächtigter im Zivilprozess in Höhe von – netto – 3 323,00 € noch die Gebühren für die außergerichtliche Tätigkeit wegen der nicht anhängigen Ansprüche in Höhe von 749,00 € berechnen.
Die Besprechungsgebühr ist nicht mit anzurechnen (vgl § 118 II BRAGO).
Nach dem Wert der anhängigen Ansprüche kann keine Besprechungsgebühr entstehen (vgl § 37 Nr. 2 BRAGO).

VII. Streit-/Gegenstandswert

1. Allgemeines

371 Der Streit-/Gegenstandswert, nach dem die anfallenden Anwaltsgebühren zu berechnen sind, bestimmt sich nach dem Gegenstand, auf den sich die anwaltliche Tätigkeit bezieht (§ 7 I BRAGO). Wie der Gegenstand der anwaltlichen Tätigkeit wertmäßig zu erfassen ist, ergibt sich aus § 8 BRAGO.

a. Streit-/Gegenstandswert im gerichtlichen Verfahren

372 Nach § 8 I 1 BRAGO bestimmt sich der Gegenstandswert im gerichtlichen Verfahren nach den für die Gerichtsgebühren geltenden Wertvorschriften. Grundsätzlich gilt also der Gegenstandswert, der für die Gerichtskosten anzunehmen ist, auch als Wert für die Anwaltsgebühren. Dennoch müssen die Werte nicht immer identisch sein. Unterschiedliche Gegenstandswerte ergeben sich zB dann, **wenn** der **Gegenstand** des **gerichtlichen Verfahrens** und der **der anwaltlichen Tätigkeit nicht identisch** sind.[184]

In bürgerlichen Rechtsstreitigkeiten bestimmt sich der Wert für die Gerichtsgebühren nach § 12 I GKG. Dieser verweist zunächst auf die Wertbestimmungen der §§ 3–9 ZPO. Die §§ 3–9 ZPO regeln den Wert für die Zuständigkeit des Prozessgerichts oder die Zulässigkeit des Rechtsmittels. Die sich aus den §§ 3–9 ZPO ergebenden Werte sind für die Gerichtsgebühren allerdings nur dann zu übernehmen, wenn sich aus den §§ 12 I 2 bis 25 GKG keine **speziellere** Wertvorschrift ergibt.[185]

Für die Verfahren der freiwilligen Gerichtsbarkeit finden sich die entsprechenden Wertvorschriften in der Kostenordnung (§ 1 KostO). Der Streit-/Gegenstandswert richtet sich für diese Verfahren also nach den §§ 18 bis 31 a KostO. Der sich hiernach ergebende Wert gilt dann auch für die Anwaltsgebühren, wenn der Rechtsanwalt im Verfahren der freiwilligen Gerichtsbarkeit tätig wird (§ 8 I 1 BRAGO).

b. Streit-/Gegenstandswert bei außergerichtlicher Tätigkeit

373 Nach § 8 I 2 BRAGO sind die für die Gerichtsgebühren geltenden Wertvorschriften auch heranzuziehen, wenn der Rechtsanwalt beauftragt ist, ausschließlich außergerichtlich tätig zu werden. Dies allerdings nur dann, wenn die außergerichtliche Tätigkeit, die vom Rechtsanwalt entfaltet wird, auch Gegenstand eines gerichtlichen Verfahrens **sein könnte** (§ 8 I 2 BRAGO). Maßgebend sind dann die Wertvorschriften, die zur Anwendung kämen, wenn die Sache gerichtlich anhängig würde.

---

184 Gerold/Schmidt-Madert, BRAGO § 8 Rn 19; Enders, Die BRAGO für Anfänger, Rn 73 ff

185 Enders, Die BRAGO für Anfänger, Rn 77 ff

Kann dagegen die außergerichtliche Tätigkeit, die der Rechtsanwalt auftragsgemäß entfaltet, nicht Gegenstand eines gerichtlichen Verfahrens sein, so bestimmt sich der Wert nach § 8 II BRAGO. § 8 II 1 BRAGO verweist zunächst auf einige Vorschriften der Kostenordnung und erklärt diese für sinngemäß anwendbar. Lässt sich die außergerichtliche Tätigkeit des Rechtsanwalts **nicht** in eine der in § 8 II 1 BRAGO genannten Vorschriften der Kostenordnung einordnen, so bestimmt sich der Anwaltsgebührenwert nach § 8 II **2** BRAGO. Der Rechtsanwalt hat den Gegenstandswert dann »nach billigem Ermessen zu bestimmen«, wobei hier oft nur eine Schätzung weiter hilft. § 8 II 2 BRAGO unterscheidet folgende zwei Fälle:

1. Alternative

Ergeben sich genügend tatsächliche Anhaltspunkte für eine Schätzung, dann dienen diese Anhaltspunkte als Grundlage für das anwaltliche Ermessen und der Wert ist danach zu bestimmen. In diesem Fall gilt die Streitwertobergrenze von 500 000 € nicht.[186] 374

2. Alternative

Fehlen genügende tatsächliche Anhaltspunkte für eine Schätzung, ist von einem »Regelwert« von 4 000 € auszugehen. Nach Lage des Falles kann der Wert auch darunter oder darüber liegen, er darf jedoch 500 000 € nicht übersteigen. Die Wertvorschrift des § 8 II 2 Alt. 2 BRAGO gilt auch bei nicht vermögensrechtlichen Gegenständen. 375

Im Falle einer bürgerlichen Rechtsstreitigkeit orientiert sich der Gegenstandswert am Klageantrag. Bei einer außergerichtlichen Tätigkeit fehlt es natürlich an einem Klageantrag. Maßgeblich ist dann der dem Rechtsanwalt vom Mandanten erteilte Auftrag (siehe hierzu Kapitel II. 1. c.).

Übersicht:

- Streit-/Gegenstandswert bei Tätigkeit in einem **gerichtlichen** Verfahren: 376
  Anwaltsgebührenwert richtet sich nach den für die Gerichtsgebühren geltenden Wertvorschriften – § 8 I 1 BRAGO
  - in der streitigen Gerichtsbarkeit:
    § 12 I 1 GKG§ 12 II bis 25 GKG§ 3 bis 9 ZPO
  - in der freiwilligen Gerichtsbarkeit:
    § 18 bis 31 a KostO.
- Streit-/Gegenstandswert bei **außergerichtlicher** Tätigkeit
  Anwaltsgebührenwert richtet sich nach den für Gerichtsgebühren geltenden Wertvorschriften, wenn Gegenstand der außergerichtlichen Tätigkeit auch Gegenstand eines gerichtlichen Verfahrens **sein könnte** (§ 8 I 2 BRAGO).

186 Gerold/Schmidt-Madert, BRAGO § 8 Rn 23; Enders, Die BRAGO für Anfänger, Rn 1111

Kann der Gegenstand der außergerichtlichen Tätigkeit nicht Gegenstand eines gerichtlichen Verfahrens sein, so bestimmt sich der Anwaltsgebührenwert nach:

- § 8 II 1 BRAGO,
  §§ 18 II, 19 bis 23, 24 I, II, IV, V, VI, 25, 39 II KostO
- oder, wenn Tätigkeit unter diesen Vorschriften der KostO nicht einzuordnen ist:
  § 8 II 2 BRAGO.

2. Einzelfälle

377 Nachstehend folgt eine alphabetisch geordnete Übersicht über den Gegenstandswert für die diversen Auseinandersetzungen, die im Rahmen des Erbrechts auftreten können. Die nachstehende Übersicht kann nur einen groben Überblick über den Gegenstandswert in den verschiedenen Fallkonstellationen geben. Im Zweifelsfalle sind die angegebenen Fundstellen heranzuziehen, unter welchen man in der Regel auch weitere Nachweise findet. Da die Probleme in Rechtsprechung und Literatur teilweise sehr unterschiedlich beurteilt werden, empfiehlt es sich generell, in erbrechtlichen Auseinandersetzungen den Gegenstandswert mit dem Mandanten im Zuge des Abschlusses einer **Honorarvereinbarung** festzuschreiben (vgl hierzu Kapitel VIII.).

a. Auflassung

378 Verlangt ein Miterbe die **Auflassung eines zum Nachlass gehörenden Grundstückes an sich persönlich,** ist der Anteil des beklagten Miterben an dem Grundstück als Streitwert anzusetzen.[187] Werden mehrere Miterben verklagt, bildet die Summe von deren Anteilen an dem Grundstück den Streitwert. Der Anteil des Klägers bleibt bei der Wertbestimmung unberücksichtigt, denn der seinem Erbanteil entsprechende Anteil am Grundstück ist außer Streit. Maßgebend ist der Verkehrswert des Grundstückes. Nach Göttlich/Mümmler[188] bleiben Belastungen des Grundstückes unbeachtet, sind also nicht vom Verkehrswert abzusetzen. Hat der Kläger das Grundstück bereits auf seine Kosten bebaut, so ist der Bauwert beim Streitwert nicht zu berücksichtigen.[189]

Verklagt ein Miterbe die übrigen Miterben oder nur einen Teil derselben auf Auflassung des zum Nachlass gehörenden Grundstückes **an die Erbengemeinschaft,** soll nach Hillach/Rohs[190] der Streitwert nach dem Wert des Grundstücks unter Abzug der Anteile der beklagten Miterben zu bestimmen sein.

187 Schneider/Herget, Streitwert-Kommentar für den Zivilprozess, »Miterbe« Rn 3169, 3170 ff; Hillach/Rohs, Handbuch des Streitwerts in Zivilsachen, § 60 B. II.; Oestreich/Winter/Hellstab, Streitwerthandbuch, »Erbrechtliche Streitigkeiten« – »Auflassung«

188 Göttlich/Mümmler, BRAGO, »Erbrechtliche Streitigkeiten«, 1

189 Schneider/Herget, »Miterbe«, Rn 3175

190 Hillach/Rohs § 60 B. II

»Denn den Beklagten steht ein ihrem Erbteil entsprechender Anteil zu; dieser Anteil steht außer Streit und muss daher bei der Berechnung des Streitwertes außer Ansatz bleiben.[191]« Das gleiche gilt nach Hillach/Rohs[192] dann, wenn ein Miterbe gegen einen oder mehrere andere Miterben auf Berichtigung des Grundbuches dahingehend klagt, dass an Stelle der beklagten Miterben die Erben in Erbengemeinschaft als Eigentümer des Grundstücks eingetragen werden. Ob der Meinung von Hillach/Rohs zu folgen ist, erscheint mir zumindest zweifelhaft: Denn auch wenn die Auflassung des zum Nachlass gehörenden Grundstückes an die Erbengemeinschaft verlangt wird, geht es doch im Ergebnis um die Anteile der Beklagten, deretwegen die Beklagten die Auflassung zu Gunsten der Erbengemeinschaft verweigern. Folglich müssen diese Anteile auch den Streitwert bilden, und nicht die Anteile des Klägers/der Kläger, die ihre Anteile an die Erbengemeinschaft auflassen wollen.

Nach Schneider/Herget[193] richtet sich der Streitwert auch dann nach den Anteilen der beklagten Miterben, wenn diese von einem anderen Miterben auf Mitwirkung bei der Auflassung eines zum Nachlass gehörenden Grundstückes **an einen Dritten** verklagt werden. Anders hat wohl – früher – der BGH bewertet, nämlich mit dem vollen Wert des Grundstückes.[194]

Mit dem vollen Wert des Grundstückes wollen Hillach/Rohs[195] dann bewerten, wenn ein Miterbe von einem anderen Miterben die Auflassung eines zum Nachlass gehörenden Grundstückes **an den Vermächtnisnehmer** zur Erfüllung des Vermächtnisses verlangt.

b. Auseinandersetzung einer Erbengemeinschaft

Der Gebührenstreitwert einer Klage auf Auseinandersetzung der Erbengemeinschaft (Zustimmung zum Auseinandersetzungsplan) richtet sich nach dem **Interesse des Klägers** an der Auseinandersetzung der Erbengemeinschaft (§ 8 I 1 BRAGO, § 12 I 1 GKG, § 3 ZPO). Folglich richtet sich der Streitwert nach dem **Erbanteil des Klägers,**[196] nicht nach dem vollen Wert des Nachlasses.[197] Da in der Regel nicht mehr die Erbbeteiligung im Streit ist, sondern nur noch die Auseinandersetzung der Erbengemeinschaft, ist das Interesse mit einem Betrag zu bewerten, der unter dem wirtschaftlichen Wert des Erbanteils des Klägers liegt.[198] Mit welchem Bruchteil vom wirtschaftlichen Wert des Erbanteils des Klägers letztlich der Streitwert anzusetzen ist, wird nach den Umständen des Einzelfalles zu bestimmen sein. 379

191 Zitiert nach Hillach/Rohs § 60 B. II
192 Hillach/Rohs § 60 B. II
193 Schneider/Herget, »Miterbe« Rn 3176–3179; so auch Oestreich/Winter/Hellstab, »Erbrechtliche Streitigkeiten«, Auflassung
194 Siehe Nachweise bei Schneider/Herget, »Miterbe« Rn 3176–3179
195 Hillach/Rohs § 60 B. II
196 Schneider/Herget, »Miterbe« Rn 3166 ff; Hillach/Rohs § 62 A; Finke, Streitwerttabelle, B 110
197 So aber wohl frühere Rechtsprechung des BGH: Vgl Nachweise bei Schneider/Herget, »Miterbe« 3157
198 Schneider/Herget, »Miterbe« 3168

Gleiches wird über §8 I 2 BRAGO auch dann gelten müssen, wenn der Rechtsanwalt auftragsgemäß **außergerichtlich** den Mandanten bei der Auseinandersetzung der Erbengemeinschaft vertritt und etwa mit den Miterben darüber verhandelt.

Auch wenn zunächst der Umfang des Nachlasses festzustellen ist, ist als Gegenstandswert nicht der wirtschaftliche Wert des gesamten Nachlasses anzunehmen. Auch in diesem Fall wird nur das Interesse des Mandanten an der Auseinandersetzung mit einem Bruchteil des wirtschaftlichen Wertes seines Erbanteils zu bewerten sein. Allerdings wird dann der Ansatz eines höheren Bruchteils in Frage kommen, also in den Fällen, in denen der Umfang des Nachlasses »unstreitig« fest steht (siehe hierzu auch das Kapitel IV. 2. c.).

380 Anders wird dann zu bewerten sein, wenn für den Mandanten Leistungsklage auf Zahlung eines exakten Betrages erhoben wird. Dann ist natürlich die geforderte Summe als Gegenstandswert für die Anwaltsgebühren anzunehmen (siehe hierzu Kapitel VII. 2. l, Leistungsansprüche).

c. Auskunft

381 Verlangt der Kläger im Wege einer Auskunfts- oder Stufenklage Auskunft zB über den Bestand des Nachlasses, so ist der Auskunftsantrag mit einem Bruchteil des Wertes des durch ihn vorbereiteten Leistungsantrages zu bewerten (siehe hierzu Kapitel 1. D. IV. 2. c.).

Dasselbe gilt auch dann, wenn außergerichtlich Auskunft verlangt wird.

d. Berichtigung des Grundbuches

382 Verlangt ein Miterbe mit seiner Klage von den anderen Miterben die Berichtigung des Grundbuches dahingehend, dass anstelle des Miterben die Erben in **Erbengemeinschaft** als Eigentümer im **Grundbuch eingetragen** werden, so ist der Gegenstandswert wie folgt zu bestimmen: Verkehrswert des streitgegenständlichen Grundstückes abzüglich Anteil des beklagten Miterben am Grundstück[199] (siehe hierzu aber auch vorangegangenes Kapitel VII. 2. a.).

e. Untersagung Eigentumsumschreibung im Grundbuch

383 Soll mit der Klage eines Miterben gegen den anderen Miterben die Umschreibung eines zum Nachlass gehörenden Grundstückes im Grundbuch auf die beklagten Miterben untersagt werden, so bemisst sich der Gegenstandswert nach dem Erbanteil des klagenden Miterben.[200]

---

199 Göttlich/Mümmler, BRAGO, »Erbrechtliche Streitigkeiten« 4.; Schneider/Herget, »Miterbe« Rn 3207; Oestreich/Winter/Hellstab, »Erbrechtliche Streitigkeiten« – »Berichtigung des Grundbuches«

200 Göttlich/Mümmler, BRAGO, »Erbrechtliche Streitigkeiten« 4.; Oestreich/Winter/Hellstab, »Erbrechtliche Streitigkeiten« – Eigentumsumschreibung

f. Erbschein

aa. Verfahren auf Erteilung eines Erbscheins

Vertritt der Rechtsanwalt den Mandanten im Verfahren auf Erteilung eines Erbscheins, so ist als Gegenstandswert der Wert des Erbanteils des Mandanten anzunehmen. Verbindlichkeiten sind bei der Wertbestimmung zu berücksichtigen und vom Aktiv-Nachlass abzusetzen. Der Streitwert bestimmt sich also nur nach dem Verkehrswert des Erbanteils des Mandanten abzüglich des darauf entfallenden Schuldenanteils. Maßgebend ist der Zeitpunkt des Erbfalles.[201] **384**

Vertritt der Rechtsanwalt im Erbscheinsverfahren den Mandanten, der **Gesamtrechtsnachfolger** ist, so ist der Verkehrswert des gesamten Nachlasses abzüglich der Verbindlichkeiten zum Zeitpunkt des Erbfalles als Gegenstandswert zugrunde zu legen.

Der Wert des gesamten Nachlasses zum Zeitpunkt des Erbfalles abzüglich der Verbindlichkeiten ist auch dann als Gegenstandswert anzunehmen, wenn der Rechtsanwalt **alle Erben** vertritt.

Vertritt der Rechtsanwalt **mehrere,** aber nicht alle **Erben,** so ist die Summe der den vom Rechtsanwalt vertretenen Erben zustehenden Erbanteile als Gegenstandswert anzunehmen. Verbindlichkeiten sind abzusetzen, soweit sie auf die Erbanteile der Mandanten entfallen. Maßgebend ist auch in diesen Fällen der Wert des Nachlasses im Zeitpunkt des Erbfalles.

bb. Klage auf Herausgabe des Erbscheins

Der Streitwert einer Klage der wirklichen Erben auf Herausgabe eines unrichtigen Erbscheins an das Nachlassgericht gegen den Besitzer dieses unrichtigen Erbscheins richtet sich nach dem **Interesse des Klägers an der Herausgabe dieses Erbscheins.**[202] **385**

Als Streitwert maßgebend ist also **nicht** der Wert des Nachlasses und auch nicht das Interesse des Klägers an der Ungültigkeit des Erbscheins. Entscheidend ist nur das Interesse des Klägers gerade an der Herausgabe des Erbscheins. Dieses Interesse geht in der Regel nur dahin, »dass die Nachteile nicht eintreten, die dem wirklichen Erben infolge der rechtlichen Bedeutung des Erbscheins mit Rücksicht auf die §§ 2365, 2367 BGB drohen.«[203]

---

201 Göttlich/Mümmler, BRAGO, »Sonstige Angelegenheiten«, 4.339; Madert, NJW-Schriftenreihe Band 20, »Der Gegenstandswert in bürgerlichen Rechtsangelegenheiten«, Rn 197; Finke, B 114

202 Schneider/Herget, »Erbschein« Rn 1482; Oestreich/Winter/Hellstab, »Erbrechtliche Streitigkeiten« – »Erbschein«; Finke, B 114

203 Zitiert nach Schneider/Herget, »Erbschein« Rn 1482

g. Erbrechtsfeststellung

386 Verfolgt der Kläger mit seiner Klage das Ziel, festzustellen, dass er **Erbe oder Miterbe** ist, ist sein Interesse an dieser Feststellung zu bemessen und als Gegenstandswert anzunehmen. Das Interesse wird regelmäßig in dem Erbanteil des klagenden Erben/Miterben bestehen. Also wird dieser Erbanteil wertmäßig zu erfassen sein. Ein – meist – unstreitiger Pflichtteilsanspruch ist abzusetzen.[204]

Da es sich um eine Feststellungsklage handelt, ist ein Abschlag von 20 % zu machen.[205]

Klagt ein Miterbe auf Feststellung, dass er **Alleinerbe** geworden ist, beziffert sich der Streitwert nach dem Anteil, den der **beklagte** Miterbe für sich begehrt. In diesem Fall ist also der Anteil, der dem klagenden Miterben unstreitig eingeräumt wird, nicht bei der Bemessung des Streitwertes zu berücksichtigen.[206] Denn Streitgegenstand ist in diesen Fällen nur das, was der Kläger zusätzlich zu seinem ihm ohnehin eingeräumten Anteil begehrt, also das, was ihm die Beklagten vorenthalten. Meines Erachtens ist auch hier der für positive Feststellungsklagen übliche Abschlag von 20 % zu machen.

Klagt der Kläger auf Feststellung der **Nichtigkeit eines Testamentes**, ist als Gegenstandswert das anzunehmen, was der Kläger bei Nichtigkeit – überhaupt oder zusätzlich – erhalten würde.[207]

h. Erbunwürdigkeitsklage

387 Der Streitwert einer Klage eines Miterben, die zum Ziel hat, einen anderen Miterben wegen Erbunwürdigkeit aus der Erbengemeinschaft auszuschließen, bemisst sich nach dem **Anteil des Beklagten am Nachlass.**[208] Dies ist zwar, soweit ersichtlich, überwiegende Meinung, aber wohl nicht unstreitig.

Bei Hillach/Rohs[209] wird die Meinung vertreten, dass der Streitwert einer Erbunwürdigkeitsklage allein nach dem Interesse des Klägers zu bewerten ist, welches sich daraus ergebe, welchen Vorteil **der Kläger selbst** durch die Erb-

---

204 Göttlich/Mümmler, BRAGO, »Erbrechtliche Streitigkeiten« 6.; Finke, B 118; Oestreich/Winter/ Hellstab, »Erbrechtliche Streitigkeiten« – »Erbrecht«

205 Göttlich/Mümmler, BRAGO, »Erbrechtliche Streitigkeiten« 6.; Schneider/Herget, »Miterbe« Rn 3201

206 Schneider JurBüro 1977, 433 (442); Madert, »Der Gegenstandswert in bürgerlichen Rechtsangelegenheiten«, Rn 195

207 Madert, »Der Gegenstandswert in bürgerlichen Rechtsangelegenheiten«, Rn 195; Oestreich/Winter/ Hellstab, »Erbrechtliche Streitigkeiten« – »Testament«; Finke, B 124

208 Schneider/Herget, »Miterbe«, Rn 3199; Göttlich/Mümmler, BRAGO, »Erbrechtliche Streitigkeiten« 7.; Madert, »Der Gegenstandswert in bürgerlichen Rechtsangelegenheiten«, Rn 196 – mit widersprüchlichen Ausführungen –; Schneider JurBüro 1977, 433, 442; Finke B 116; Oestreich/Winter/Hellstab, »Erbrechtliche Streitigkeiten« – »Erbunwürdigkeit«

209 Hillach/Rohs § 57 A. III

unwürdigkeit des Beklagten hat. Dies beruht auf Folgendem: Gem §§ 2341, 2342 BGB kann jeder Miterbe die Anfechtungsklage erheben, mit welcher die Erbunwürdigkeit des Beklagten geltend gemacht wird. Bei Erfolg der Klage erhöht sich aber nicht nur die Beteiligung des Klägers am Nachlass, sondern auch die der anderen – nicht klagenden – Miterben. Während Hillach/Rohs (aaO) nur mit dem Anteil bewerten wollen, um den sich der Erbteil des Klägers erhöht, geht die wohl überwiegende Meinung (s Fn 208) dahin, dass der gesamte Erbteil des Beklagten den Streitwert bildet, da auch dieser letztlich im Streit stehe.

Würde man der Auffassung von Hillach/Rohs folgen, so ergäbe sich auch bei der Bestimmung des Rechtsmittelwertes folgendes Problem: Der Beklagte wäre – obwohl er bei Erfolg der Klage seinen gesamten Erbanteil verlieren würde – nur in Höhe des Betrages beschwert, um den sich der Erbteil des Klägers erhöht. Dies kann nicht angehen, denn der Beklagte verliert seinen gesamten Erbteil und muss auch insoweit für ein Rechtsmittel beschwert sein. Es wäre wenig praktikabel, den Gebührenstreitwert und den Rechtsmittelwert vorliegend unterschiedlich zu beurteilen.[210]

i. Erbvertrag

Entwurf eines Erbvertrages

Soll in dem Erbvertrag über den **gesamten Nachlass** verfügt werden, so ist als 388
Gegenstandswert für die Anwaltsgebühren der Wert des nach Abzug der Verbindlichkeiten verbleibenden reinen Vermögens anzunehmen. Vermächtnisse, Pflichtteilsrechte und Auflagen mindern den Wert nicht.[211] Maßgebend für die Wertbestimmung ist die Zeit des Tätigwerdens des Anwalts. Spätere Veränderungen des Wertes sind grundsätzlich unerheblich, es sei denn, die Tätigkeit des Anwalts erstreckt sich auch auf zukünftiges Vermögen (zB wenn Gegenstand des Erbvertrages auch eine in Zukunft fällig werdende Nacherbschaft ist).[212]

Wird nur über einen **Bruchteil des Nachlasses** mit dem Erbvertrag verfügt, so ist der Wert dieses Bruchteils, über welchen sich der Erbvertrag verhält, Gegenstandswert für die Anwaltsgebühren. Die auf dem Bruchteil lastenden Verbindlichkeiten sind abzusetzen.[213] Dies gilt aber dann nicht, wenn im Erbvertrag bestimmt ist, dass von dem Bruchteil des Nachlasses, über welchen er sich verhält, Verbindlichkeiten nicht abzusetzen sind.

---

210 Vgl hierzu Schneider JurBüro 1977, 434, 442 10 unter Hinweis auf Speckmann MDR 1972, 905

211 Madert, »Der Gegenstandswert in bürgerlichen Rechtsangelegenheiten«, Rn 586; Enders JurBüro 1996, 169, 171 Kap 2; Göttlich/Mümmler, BRAGO, »Erbvertrag«; Kindermann, Gebührenpraxis für Anwälte, Teil 2, Rn 661

212 Madert, »Der Gegenstandswert in bürgerlichen Rechtsangelegenheiten«, Rn 586

213 Madert, »Der Gegenstandswert in bürgerlichen Rechtsangelegenheiten«, Rn 586; Enders JurBüro 1996, 169, 171 Kap 2; Göttlich/Mümmler, BRAGO, »Erbvertrag«

Wird der Erbvertrag nur über einen **einzelnen Gegenstand** geschlossen, so ist der Wert dieses Gegenstandes auch als Gegenstandswert für die Anwaltsgebühren maßgebend. Verbindlichkeiten sind in diesem Fall nicht abzusetzen.[214]

Praxis-Tipp:

389 *Der Erbvertrag bedarf gem § 2276 BGB der notariellen Beurkundung. Der mit dem Entwurf eines Erbvertrages beauftragte Rechtsanwalt wird den Mandanten darauf hinweisen müssen, dass der Erbvertrag der notariellen Beurkundung bedarf und dass hierdurch bei dem beurkundenden Notar weitere Kosten entstehen. Meines Erachtens wird er dem Mandanten auch klar machen müssen, dass der Mandant sich die Anwaltskosten ersparen kann, wenn er direkt den Notar mit dem Entwurf des Erbvertrages beauftragt. Allerdings ist der Rechtsanwalt nicht verpflichtet, das Mandat abzulehnen und den Mandanten an einen Notar zu verweisen. Denn nach BGH[215] kann der Mandant »wegen der unterschiedlichen Aufgabenbereiche des Rechtsanwaltes einerseits und des Notars andererseits verständige Gründe haben, einen Anwalt seines Vertrauens mit einem Vorentwurf zu beauftragen: Der Rechtsanwalt ist Parteivertreter, der das Beste gerade für seinen Auftraggeber anstreben und dementsprechend die Verträge gestalten soll; der Notar hingehen ist unparteiischer Mittler zwischen beiden Vertragsteilen, der nicht einseitig die eine oder andere Seite begünstigen darf. ... Der Rechtsanwalt darf im Allgemeinen davon ausgehen, dass seine fachkundige Hilfe gerade in dieser Hinsicht gewünscht wird, wenn der Auftraggeber weiß, dass zusätzliche Kosten durch die Einschaltung eines Notars entstehen werden und dennoch den Rechtsanwalt mit einem Vertragsentwurf beauftragt. ... Ist der Mandant darüber unterrichtet, dass der anwaltliche Entwurf zusätzliche Kosten verursacht, so ist er in der Lage, eigenverantwortlich zu entscheiden, ob ihm Bedeutung und Schwierigkeitsgrad der Sache den weiteren Aufwand wert sind. ...«[216]*

j. Feststellungsklage auf Unwirksamkeit des Rücktritts von einem Erbvertrag

390 Der Gegenstandswert für eine Klage auf Feststellung der Unwirksamkeit des Rücktritts von einem Erbvertrag bemisst sich auf 1/4 des derzeitigen reinen Vermögens des Erblassers.[217]

214 Madert, »Der Gegenstandswert in bürgerlichen Rechtsangelegenheiten«, Rn 586; Enders JurBüro 1996, 169, 171 Kap 2; Göttlich/Mümmler, BRAGO, »Erbvertrag«
215 BGH AnwBl 1997, 673
216 So auch Gerold/Schmidt-Madert, BRAGO § 1 Rn 9 a
217 Göttlich/Mümmler, BRAGO, »Erbrechtliche Streitigkeiten« – »Erbvertrag« unter Hinweis auf OLG Celle NJW 1962, 540 = Rpfleger 1962, 57

k. Erbverzichtsvertrag

Beim Erbverzichtsvertrag findet in der Regel ein Austausch von Leistungen statt (Erbverzicht gegen Zahlung einer Abfindung). Austauschverträge sind nach § 39 II KostO zu bewerten. § 39 II KostO ist über § 8 II 1 BRAGO auch für den Anwaltsgebührenwert maßgebend. Nach § 39 II KostO bestimmt sich der Gegenstandswert nur nach dem Wert **einer** Leistung, und zwar der höheren.[218] Gegenüberzustellen sind also der Wert der gewährten Abfindung und der Wert des Verzichts. 391

Der Wert der gewährten Abfindung dürfte nicht schwierig zu bemessen sein, da die Abfindung in der Regel in Geld geleistet wird. Erfolgt die Abfindung durch Übereignung einer Sache, so ist vom Verkehrswert der übereigneten Sache auszugehen.

Der Wert des Verzichts bestimmt sich nach dem Anteil des Verzichtenden an dem Nachlass des Erblassers (im Falle dessen Todes), also dem Anteil, worauf der Vertragspartner verzichtet. Auszugehen ist vom Verkehrswert des Anteils an dem Nachlass, auf den verzichtet wird. Maßgebend ist der Verkehrswert im Zeitpunkt des Verzichtes = hier der anwaltlichen Tätigkeit. Auszugehen ist vom Reinvermögen des Erblassers; Schulden sind also vorher abzusetzen. Maßgebend für den Wert des Verzichtes ist dann der Erbanteil vom Reinvermögen des Erblassers, auf den verzichtet wird.

Wie bereits erwähnt, ist dann als Gegenstandswert für die Anwaltsgebühren nur die **höhere Leistung** maßgebend, also entweder die Abfindung oder der Anteil an dem Nachlass, auf den verzichtet wird.

Mümmler will zusätzlich – wohl durch geschätzte Abschläge vom Wert bzw Erhöhung des Wertes – die mehr oder minder große Wahrscheinlichkeit des Längerlebens des Erblassers und die Erhöhung oder Verminderung des Wertes des Erblassers bis zu seinem Tod berücksichtigen.[219]

Erfolgt der Erbverzicht ohne Gegenleistung, ist als Gegenstandswert der Wert des Bruchteils am Reinvermögen des Erblassers anzunehmen, auf den der Erbe verzichtet.

Vorstehende Ausführungen gelten auch dann, wenn auf einen **Pflichtteil** verzichtet wird.

l. Herausgabe von Nachlassgegenständen

Wird außergerichtlich oder gerichtlich die Herausgabe von Nachlassgegenständen gefordert, so ist als Gegenstandswert der **Verkehrswert der herausverlangten Nachlassgegenstände** anzunehmen. 392

218 Madert, Der Gegenstandswert in bürgerlichen Rechtsangelegenheiten, Rn 587 Göttlich/Mümmler, BRAGO, »Sonstige Angelegenheiten«; 4.3310 Erbverzichtsvertrag; Enders JurBüro 1996, 169 (171) Kap 3

219 Göttlich/Mümmler, KostO, »Erbverzicht«; Kritik hieran: Korintenberg/Lappe/Bengel/ Reimann, KostO, § 39 Rn 24

Wird die Herausgabe von Nachlassgegenständen im Rahmen einer **Erbunwürdigkeitsklage** verlangt, so soll sich nach Schneider/Herget[220] der Gegenstandswert der Erbunwürdigkeitsklage nicht erhöhen. Denn bei wirtschaftlicher Betrachtungsweise sei Streitgegenstand nur der Anteil des beklagten Miterben, der diesem wegen Erbunwürdigkeit aberkannt werden soll. Gegenstandswert ist also auch in dem Falle, dass eine Erbunwürdigkeitsklage mit einer Klage auf Herausgabe von Nachlassgegenständen verbunden ist, nur der Anteil des beklagten Miterben am Nachlass (s hierzu auch Kapitel VII. 2. h.).

m. Leistungsansprüche

aa. Nachlassforderungen

393 Als Nachlassforderung bezeichnet man gemeinhin die zum Nachlass gehörende Forderung (§ 2039 BGB). Klagt ein Miterbe eine **Nachlassforderung gegen einen außenstehenden Dritten** ein, wird er im Klageantrag Zahlung an alle Erben (bzw die Erbengemeinschaft) verlangen. Der Gegenstandswert für die Anwaltsgebühren bestimmt sich in diesem Falle nach dem **vollen Wert** der geforderten Leistung, da es sich um einen Fall der Gesamtgläubigerschaft iSd § 438 BGB handelt.[221] Es ist nicht etwa nur die anteilige Forderung des klagenden Miterbens als Gegenstandswert anzunehmen. Dasselbe gilt auch dann – also voller Wert der geforderten Leistung –, wenn der klagende Miterbe auf Leistung an sich allein klagt, weil die übrigen Miterben ihn zur Einziehung der Forderung ermächtigt haben.[222]

Der volle Wert des verlangten Anspruches ist auch dann maßgebend, wenn mit der Klage wegen der Nachlassforderung Hinterlegung für alle Erben verlangt wird.[223]

Klagt der Miterbe nicht auf Leistung, sondern auf **Feststellung** des Bestehens einer Nachlassforderung, so ist auch grundsätzlich vom vollen Wert des geforderten Betrages auszugehen; allerdings ist, wie allgemein bei positiven Feststellungsklagen, in der Regel ein Abschlag von etwa 20 % zu machen.[224]

394 Wird die Klage wegen einer Nachlassforderung nicht gegen einen unbeteiligten Dritten, sondern **gegen einen Miterben** erhoben, so ist nicht der volle Betrag der Nachlassforderung als Gegenstandswert anzunehmen, sondern

---

220 Schneider/Herget, »Miterbe« Rn 3200; aA: Hillach/Rohs § 57 A. III. Voller Wert der herausverlangten Nachlassgegenstände ist maßgebend – aber nach Schneider/Herget (aaO) ist diese Meinung im Hinblick auf BGH JurBüro 1969, 1168 überholt

221 Göttlich/Mümmler, BRAGO, »Erbrechtliche Streitigkeiten« 9.; Hillach/Rohs § 60 C. II.; Schneider/Herget, »Miterbe«, Rn 3211; Oestreich/Winter/Hellstab, »Streitwerthandbuch«, »Erbrechtliche Streitigkeiten – Leistungsklage«; Madert, »Der Gegenstandswert in bürgerlichen Rechtsangelegenheiten«, Rn 201; Finke, Streitwert-Tabelle, B 119 Miterben

222 Schneider/Herget, »Miterbe«, Rn 3212

223 Hillach/Rohs § 60 C. II.

224 Hillach/Rohs § 60 C. III.

dieser ist um den Anteil des **beklagten** Miterben zu mindern.[225] In diesem Falle muss dem Umstand Rechnung getragen werden, dass dem Beklagten, der zugleich Miterbe ist, ein seinem Erbteil entsprechender Anteil an der geforderten Leistung zukommt.

bb. Nachlassverbindlichkeit

Klagt ein **Dritter** (Nachlassgläubiger) gegen die Erbengemeinschaft oder einzelne Miterben – bei ungeteilter Erbengemeinschaft – auf Zahlung, so bestimmt sich der Gegenstandswert nach der **vollen** Forderung.[226] Denn die Erben haften für gemeinschaftliche Nachlassverbindlichkeiten als Gesamtschuldner. Die volle, gegenüber den Erben geltend gemachte Forderung ist auch dann als Gegenstandswert anzunehmen, wenn die einzelnen Miterben jeweils von einem anderen Anwalt vertreten werden. Dann kann jeder Anwalt den vollen Wert der Forderung als Gegenstandswert annehmen. Der Wert ist auch in diesen Fällen nicht entsprechend dem Erbanteil des Miterben beschränkt.[227] 395

Nur dann, wenn der klagende Nachlassgläubiger zugleich Miterbe ist, ist die volle Forderung gegen die übrigen Miterben (Erbengemeinschaft) um den entsprechenden Anteil des klagenden Gläubiger-Miterben zu mindern.[228] In diesen Fällen ist zu berücksichtigen, dass die von dem Gläubiger – Miterben geltend gemachte Forderung ihn selbst als Miterben in Höhe seines Erbanteils belastet.

Erhebt ein **Miterbe als Nachlassgläubiger** Klage gegen die übrigen Miterben auf **Feststellung eines ihm gegen den ungeteilten Nachlass zustehenden Anspruches,** so soll nach Hillach/Rohs[229] der Gegenstandswert gem § 3 ZPO bestimmt werden nach dem Interesse des Klägers an der begehrten Feststellung. Allerdings soll das Interesse auf den Betrag begrenzt sein, für den die beklagten Miterben im Innenverhältnis der Miterben haften. Meines Erachtens stellt sich in diesen Fällen die Frage, ob Gegenstandswert nicht die volle Nachlassverbindlichkeit ist, gemindert um den entsprechenden Anteil des klagenden Miterben und weiter gemindert um den für positive Feststellungsklagen regelmäßigen Abschlag von 20 %.

Wird gegen den **Testamentsvollstrecker auf Duldung der Zwangsvollstreckung geklagt,** so richtet sich der Gegenstandswert nach dem vollen Betrag der Forderung, wegen derer die Zwangsvollstreckung erfolgen soll. Ist jedoch der Wert der Gegenstände, in die die Zwangsvollstreckung erfolgen soll, geringer, so ist der Wert dieser Gegenstände maßgebend (§ 6 ZPO).[230]

---

225 Hillach/Rohs § 60 C. II.; Schneider/Herget, »Miterbe«, Rn 3210; Oestreich/Winter/Hellstab, »Streitwerthandbuch«, »Erbrechtliche Streitigkeiten – Leistungsklage«; Madert, Der Gegenstandswert in bürgerlichen Rechtsangelegenheiten, Rn 201; Finke, Streitwert-Tabelle B 119 Miterben; Göttlich/Mümmler, BRAGO, »Erbrechtliche Streitigkeiten« 9

226 Hillach/Rohs § 61 A; Schneider/Herget, »Miterbe« Rn 3215; Göttlich/Mümmler, »Erbrechtliche Streitigkeiten«, 9

227 Göttlich/Mümmler, BRAGO, »Erbrechtliche Streitigkeiten«, 9

228 Hillach/Rohs § 61 A.; Schneider/Herget, »Miterbe« Rn 3214

229 Hillach/Rohs § 61 D. 1 Absatz

230 Hillach/Rohs § 61 C

Der Gegenstandswert einer negativen Feststellungsklage eines Miterben gegen einen Nachlassgläubiger dahingehend, dass diesem eine Forderung gegen den Nachlass **nicht** zusteht, soll sich nach dem Interesse des klagenden Miterben an der Befreiung von der Verbindlichkeit richten.[231]

Das Interesse des Miterben ist aber nicht grundsätzlich auf den seinem Erbteil entsprechenden Anteil an der Nachlassverbindlichkeit beschränkt. Denn auch der klagende Miterbe kann wegen der vollen Forderung in Anspruch genommen werden, weil er gesamtschuldnerisch haftet. Das für den Wert maßgebende Interesse wird sich also auch daran zu orientieren haben, wie wahrscheinlich es ist, dass der klagende Miterbe wegen der Gesamtforderung oder einem höheren Anteil als dem, der seinem Erbteil entspricht, in Anspruch genommen wird. Unter Umständen ist also der Wert höher anzusetzen als der dem Erbteil des klagenden Miterben entsprechende Anteil an der Forderung, dessen Nichtbestehen der klagende Miterbe mit der Klage festgestellt wissen möchte.

n. Pflichtteil

396 Macht der Pflichtteilsberechtigte gegenüber den testamentarischen Erben einen konkreten Betrag geltend, so ist dieser Betrag auch als Gegenstandswert für die Anwaltsgebühren anzunehmen.

Verlangt der Pflichtteilsberechtigte zunächst Auskunft zB über den Bestand des Nachlasses, so ist das Auskunftsverlangen mit einem Bruchteil des Wertes des durch ihn vorbereiteten Leistungsanspruches zu bewerten (s hierzu Kapitel IV. 2. c. aa.).

Macht der Pflichtteilsberechtigte im Wege der Stufenklage den Auskunftsanspruch und den sich nach Auskunftserteilung ergebenden Leistungsanspruch geltend, so ist für die Berechnung des Anwaltsgebührenwertes nur der höchste der verbundenen Ansprüche maßgebend (s hierzu Kapitel IV. 2. c.).

Der Streitwert einer Klage auf **Anerkennung oder Feststellung des Pflichtteilsanspruches** soll gem § 3 ZPO nach freiem Ermessen zu schätzen sein.[232]

Ist der Pflichtteilsanspruch dem Grunde nach unstreitig, aber dessen Höhe umstritten, weil zB die Höhe des dem Pflichtteilsberechtigten zustehenden gesetzlichen Erbteils umstritten ist, und wird auf Feststellung des – fiktiven – Erbanteils geklagt, so bestimmt sich der Gegenstandswert nach dem Unterschied zwischen der Hälfte des Erbteils, den der Kläger begehrt, und der Hälfte des Erbteils, den der oder die Beklagten dem Kläger zugestehen.[233]

Haben **mehrere Pflichtteilsberechtigte** denselben Rechtsanwalt beauftragt, die Ansprüche gemeinsam gegenüber dem oder den Erben geltend zu machen, so sind die Werte der einzelnen Ansprüche zu addieren. Die Summe

231 Hillach/Rohs § 61 D
232 Hillach/Rohs § 57 B.; Oestreich/Winter/Hellstab, »Streitwerthandbuch«, »Erbrechtliche Streitigkeiten – Pflichtteil«
233 Hillach/Rohs § 57 B II.; Oestreich/Winter/Hellstab, »Streitwerthandbuch«, »Erbrechtliche Streitigkeiten – Pflichtteil«

bildet dann den Gegenstandswert für die Anwaltsgebühren. Eine Erhöhung der Gebühren gem § 6 BRAGO tritt in diesem Fall nicht ein, da der Anwalt **nicht wegen desselben Gegenstandes** (unterschiedliche Pflichtteilsansprüche) für mehrere Auftraggeber tätig wird. Die einzelnen Ansprüche sind auch dann zu addieren, wenn mehrere Pflichtteilsansprüche zusammen in einer Klage geltend gemacht werden.[234]

Soll der Rechtsanwalt aber **auftragsgemäß** mehrere Pflichtteilsansprüche 397
getrennt behandeln, so fallen für jeden Auftraggeber nach dem Anspruch, den er für diesen geltend macht, getrennte Gebühren an.

Dies gilt auch, wenn die Ansprüche von verschiedenen Pflichtteilsberechtigten in verschiedenen Klagen geltend gemacht werden. Verschiedene Pflichtteilsberechtigte können aus **kostenerstattungsrechtlicher** Sicht nicht gezwungen sein, den Rechtsanwalt zu beauftragen, die Ansprüche für sie gemeinsam in einer gebührenrechtlichen Angelegenheit geltend zu machen oder die Ansprüche in einer Klage geltend zu machen. Denn hier liegen vertretbare Gründe für die getrennte Geltendmachung schon allein deshalb vor, weil die beklagten Erben unterschiedlich auf die von mehreren Pflichtteilsberechtigten geltend gemachten Ansprüche reagieren könnten (zB könnten die Ansprüche des Pflichtteilsberechtigten A anerkannt werden; hinsichtlich der Pflichtteilsansprüche des B könnten die Erben aus den unterschiedlichsten Gründen nicht gewillt sein, diese zu befriedigen).

Der Anspruch des Erblassers auf Feststellung, dass er **zur Entziehung des** 398
Pflichtteils berechtigt ist, soll nicht vermögensrechtlicher Art sein. Der Streitwert soll sich daher nach § 12 II GKG bestimmen.[235] Nach § 12 II GKG ist in nicht vermögensrechtlichen Streitigkeiten der Wert unter Berücksichtigung aller Umstände des Einzelfalles, insbesondere des Umfangs und der Bedeutung der Sache und der Vermögens- und Einkommensverhältnisse der Partei nach Ermessen zu bestimmen. Der Wert darf nicht über 1 Million € angenommen werden. Diese Vorschrift gilt über § 8 I 1 BRAGO auch für die Anwaltsgebühren.

o. Stufenklage

Wird der Anspruch auf Auskunft/Rechnungslegung mit dem Leistungsantrag 399
in seiner Stufenklage (§ 254 ZPO) geltend gemacht, so richtet sich der Gegenstandswert entweder nach dem Wert der Auskunft oder nach dem Wert des Leistungsanspruches. Maßgebend ist nur der höhere Wert (§ 18 GKG; s ausführlich Kapitel IV. 2. c).

---

234 Hillach/Rohs § 57 B II
235 Hillach/Rohs § 57 B I

p. Testament

aa. *Entwurf eines Testamentes*

400 Ist der Rechtsanwalt auftragsgemäß damit befasst, den Mandanten über die Errichtung eines Testamentes zu beraten und für ihn ein Testament zu entwerfen, so bestimmt sich der Gegenstandswert nach § 8 II 2 Alt. 1 BRAGO. Beabsichtigt der Mandant, über sein gesamtes Vermögen eine letztwillige Verfügung zu treffen, so kommt als Wert das gesamte nach Abzug der Verbindlichkeiten verbleibende Vermögen des Erblassers (= Reinvermögen) in Betracht. Maßgebend ist das Vermögen des Erblassers zum Zeitpunkt des Tätigwerdens des Rechtsanwalts. Grundstücke und sonstige Vermögensgegenstände sind mit dem Verkehrswert anzusetzen. Auf dem Grundbesitz des Erblassers lastende Hypotheken und Grundschulden sind in Höhe ihrer Valutierung im Zeitpunkt der anwaltlichen Tätigkeit wertmindernd zu berücksichtigen.[236]

401 Soll in dem Testament nur über einen Teil des Vermögens verfügt werden und ist auch dieses nur Gegenstand der anwaltlichen Beratung bzw des vom Rechtsanwalt zu fertigenden Testamentes, so richtet sich der Wert auch nur nach dem betroffenen Teil des Vermögens, über den verfügt werden soll. Dies ist zB dann der Fall, wenn im Testament ausschließlich ein Vermächtnis oder eine Auflage verfügt wird. Dann ist nur der Wert des betroffenen Gegenstandes maßgebend. Schulden sollen hiervon nicht in Abzug gebracht werden, auch dann nicht, wenn dadurch der Wert des Reinvermögens überschritten wird.[237]

Auch wenn nur über einen Bruchteil des Vermögens verfügt werden soll, ist dessen Aktiv-Wert (ohne Abzug von Verbindlichkeiten) als Gegenstandswert für die Anwaltsgebühren anzunehmen.

Ist Gegenstand der anwaltlichen Tätigkeit die Beratung über ein **gemeinschaftliches Testament** oder dessen Entwurf, so richtet sich der Anwaltsgebührenwert nach dem Vermögen beider Verfügenden, wobei die Verbindlichkeiten beider Verfügenden abzusetzen sind. Ist einer der Verfügenden überschuldet, übersteigen also seine Schulden sein Aktiv-Vermögen, so ist der übersteigende Schuldenbetrag nicht noch bei dem Reinvermögen des anderen Verfügenden abzusetzen.[238]

bb. *Wirksamkeit und Auslegung des Testamentes*

402 Klagt der Rechtsanwalt auftragsgemäß auf
- Feststellung der Nichtigkeit eines Testamentes
- oder Feststellung der Ungültigkeit eines Testamentes
- oder Feststellung einer anderen Auslegung des Testamentes, die für den Kläger eine günstigere Rechtsfolge ergibt,

---

236 Ausführlich: Enders JurBüro 1996, 169 ff; Kindermann, Gebührenpraxis für Anwälte, Teil 2, Rn 671

237 Enders JurBüro 1996, 169 ff ausführlich mit Beispielen und weiteren Nachweisen

238 Enders JurBüro 1996, 169, 170 Kap 1.2 ausführlich mit Beispielen und weiteren Nachweisen; Kindermann, Gebührenpraxis für Anwälte, Teil 2, Rn 671

so bestimmt sich der Gegenstandswert nach dem mit der Klage verfolgten Interesse des Klägers an der Feststellung (§ 3 ZPO). Gegenstandswert ist in diesen Fällen nicht grundsätzlich der Wert des gesamten Nachlasses. Wertmäßig zu erfassen ist die Besserstellung des Klägers, die er mit der Klage begehrt. Ein dem Kläger ohnehin zustehender und auch nicht bestrittener Erbteil und/oder ein dem Kläger zustehender Pflichtteil sind beim Gegenstandswert nicht zu berücksichtigen.[239] Entscheidend ist also das Interesse des Klägers, »das in seinem konkreten Klageantrag ausgedrückt wird.« Es kommt darauf an, wie er stehen würde, wenn seine Klage Erfolg hätte.[240]

Klagt der Kläger nicht auf Feststellung der Nichtigkeit, Ungültigkeit oder anderweitiger Auslegung eines Testamentes, sondern begehrt er sofort mit der Klage Herausgabe bestimmter Sachen oder Zahlung bezifferter Geldbeträge, so ist Gegenstandswert der Verkehrswert der herausverlangten Sachen oder der eingeklagte Geldbetrag.[241]

Auch bei einer Klage auf **Feststellung der Rechtsgültigkeit eines Testaments** bestimmt sich der Streitwert nur nach dem Interesse des Klägers an der Feststellung der Rechtsgültigkeit des Testamentes und nicht nach dem gesamten Nachlasswert.[242] Entscheidend ist also auch hier, welche Besserstellung der Kläger dadurch erfährt, dass die Rechtsgültigkeit des Testaments festgestellt wird. Pflichtteile und Anteile anderer Miterben, die auch im Falle der Rechtsgültigkeit des Testamentes bestehen bleiben würden, sind also vom Netto-Nachlasswert abzusetzen. Von dem verbleibenden Gegenstandswert ist dann noch, da es sich um eine positive Feststellungsklage handelt, in der Regel ein Abzug von 20 % zu machen. Die danach verbleibende Differenz könnte das Interesse des Klägers an der Klage auf Feststellung der Rechtsgültigkeit eines Testamentes sein. Erbt der Kläger aber ohnehin mit oder hat er einen Anspruch auf einen Pflichtteil, so ist dieser dem Kläger unstreitig zustehende Erbanteil/Pflichtteil bei der Wertermittlung ebenfalls nicht mit zu berücksichtigen.

q. Testamentsvollstreckung

Es würde den Rahmen dieses Kapitels sprengen, wenn hier die komplette Vergütung des Testamentsvollstreckers abgehandelt würde. Insoweit darf auf Kap 6 IX dieses Buches sowie weitere einschlägige Literatur verwiesen werden.[243] 403

239 Göttlich/Mümmler, BRAGO, »Erbrechtliche Streitigkeiten« 11.; Hillach/Rohs § 58 C.; Oestreich/Winter/Hellstab, »Streitwerthandbuch«, Erbrechtliche Streitigkeiten – Testament

240 Zitiert nach Schneider/Herget, »Testament« Rn 4319

241 Schneider/Herget, »Testament« Rn 4318

242 Oestreich/Winter/Hellstab, »Streitwerthandbuch«, Erbrechtliche Streitigkeiten – Testament«; Hillach/Rohs § 58 C.; Göttlich/Mümmler, BRAGO, »Erbrechtliche Streitigkeiten« 11

243 ZB Göttlich/Mümmler, BRAGO, »Testamentsvollstrecker« mwN; Brieske, »Die anwaltliche Honorarvereinbarung«, 1. Aufl. »Anhang: Zur Vergütung des Testamentsvollstreckers und des Schiedsrichters«, Seite 197

Erhebt ein Miterbe, dessen Erbanteil einer Testamentsvollstreckung unterliegt, **Klage auf Feststellung, dass die Testamentsvollstreckung beendet ist,** so ist maßgebend das Interesse des Klägers an der begehrten Feststellung. Dieses Interesse ist ggf im Wege der Schätzung nach freiem Ermessen wertmäßig zu erfassen (§ 3 ZPO).[244] Bei der Schätzung ist ua zu berücksichtigen, dass der Kläger durch den Wegfall der Testamentsvollstreckung eine freie Rechtsstellung erlangt und dass in Zukunft Gebühren für den Testamentsvollstrecker nicht mehr erwachsen. Der Wert wird in der Regel erheblich geringer sein als der Verkehrswert des Erbanteils des Klägers.

Klagt der **Testamentsvollstrecker auf Feststellung, dass seine Ernennung wirksam erfolgt ist** und dass sie noch fortdauert, so ist der Gegenstandswert ebenfalls nach § 3 ZPO zu bestimmen. In diesem Fall hat sich die Bestimmung des Gegenstandswertes vor allem an der dem Testamentsvollstrecker zustehenden Vergütung zu orientieren.[245]

r. Vermächtnis

404 Verlangt der Vermächtnisnehmer von den Erben das Vermächtnis heraus, so ist als Anwaltsgebührenwert anzunehmen:
- Wenn das Vermächtnis Sachen betrifft, der Verkehrswert dieser Sachen
- Wenn das Vermächtnis in Geld besteht, der tatsächliche, im Rahmen des Vermächtnisses zu zahlende Geldbetrag.

Besteht das Vermächtnis in wiederkehrenden Leistungen bis zum Tod des Berechtigten, so sind diese wiederkehrenden Leistungen nicht mit dem Jahresbetrag zu bewerten. Denn bei derartigen Leistungen handelt es sich nicht um gesetzlichen Unterhalt, so dass § 17 I und IV GKG nicht anzuwenden sind. Vielmehr ist der Anspruch nach § 9 ZPO mit dem 3 1/2 fachen Jahresbetrag zu bewerten. § 9 ZPO ist über § 8 I 1 BRAGO auch für den Anwaltsgebührenwert maßgebend.[246]

Praxis-Tipp:

405 *Nicht selten ist der Gegenstandswert für die anwaltliche Tätigkeit in erbrechtlichen Angelegenheiten schwer zu bestimmen. Dies insbesondere dann, wenn der Gegenstandswert sich nach dem Interesse des Mandanten zu bestimmen hat, also im Ergebnis zu schätzen ist. Aber auch dann, wenn auf den Wert des Nachlasses abzustellen ist, bleibt häufig die Frage, ob der richtige Gegenstandswert in Ansatz gebracht worden ist, etwa weil der Mandant, um den Gegenstandswert niedrig zu halten, keine korrekten Angaben zum Nachlasswert gemacht hat oder etwa von den Gegnern nur unzureichende Auskünfte*

244 Hillach/Rohs § 57 D. I; Oestreich/Winter/Hellstab, »Streitwerthandbuch«, »Erbrechtliche Streitigkeiten – Testamentsvollstreckung«

245 Hillach/Rohs § 57 D. II.; Oestreich/Winter/Hellstab, »Streitwerthandbuch«, »Erbrechtliche Streitigkeiten – Testamentsvollstreckung«

246 Hillach/Rohs § 57 C., dort auch weitere Hinweise dazu, wie es zu bewerten ist, wenn die wiederkehrenden Leistungen für verschiedene Zeiträume unterschiedlich hoch sind oder wenn der Vermächtnisnehmer sehr alt ist

über den Nachlasswert zu erhalten sind, oder der Nachlasswert etwa nur auf Schätzungen beruht, weil zB im Hinblick auf die dadurch entstehenden Kosten auf die Einschaltung eines Sachverständigen verzichtet wird. Nicht zuletzt auch im Hinblick auf die teilweise unterschiedliche Behandlung in Literatur und Rechtsprechung empfiehlt es sich, dass der in einer erbrechtlichen Angelegenheit beauftragte Rechtsanwalt zumindest den Gegenstandswert, den er den ihm zustehenden Anwaltsgebühren zugrunde legen will, mit dem Mandanten im Wege einer ***Honorarvereinbarung*** *»festschreibt«. Dies dürfte auch im Hinblick auf eine faire Abwicklung des Mandatsverhältnisses von Vorteil sein. Der Mandant kann dann von Beginn an absehen, welche Anwaltsgebühren auf ihn zukommen; der Anwalt seinerseits weiß von vornherein, mit welchem Gebührenaufkommen er rechnen kann. Beide Parteien werden dann nicht dadurch »überrascht«, dass das Gericht am Ende einen extrem niedrigen oder extrem hohen Gegenstandswert festsetzt. Es versteht sich am Rande, dass für die Kostenerstattung der vom Gericht festgesetzte Gegenstandswert maßgebend ist und nicht ein zwischen dem Rechtsanwalt und seinem Mandanten vereinbarter Gegenstandswert. Da es für Anwaltstätigkeiten in* ***gerichtlichen*** *Verfahren gem § 49 b BRAO unzulässig ist, geringere Gebühren und Auslagen zu vereinbaren als die BRAGO es vorsieht, ist es auch unzulässig, einen geringeren Gegenstandswert zu vereinbaren als das Gericht festsetzt. In der Regel wird die Honorarvereinbarung zu einem höheren Honoraraufkommen führen als der Mandant im Falle des kompletten Obsiegens vom unterlegenen Gegner erstattet bekommt.*

VIII. Honorarvereinbarung

1. Plädoyer für die Honorarvereinbarung

In der Praxis ist zu beobachten, dass sich die Rechtsanwälte viel zu oft ausschließlich auf die Bearbeitung des Mandates konzentrieren und nicht daran denken, dass auch ihre Kanzlei eine auf Gewinnerzielung ausgerichteter Wirtschaftsbetrieb ist. Eigentlich sollte jedes Mandat für den Anwalt Gewinn bringend sein, auch wenn die BRAGO von einer Mischkalkulation (Mandate mit hohem Streitwert sollen Fälle mit niedrigem Streitwert »mit tragen«) ausgeht. In Fällen, in denen die Vergütung nach der BRAGO in keinem angemessenen Verhältnis zum Arbeitsaufwand des Rechtsanwalts steht, sollte dieser stets überlegen, ob er nicht die Übernahme des Mandates davon abhängig macht, dass der Mandant ihm im Rahmen einer Honorarvereinbarung eine angemessene Vergütung »verspricht«. Natürlich werden häufig Mandate angenommen, auch wenn von vornherein keine dem Arbeitsaufwand angemessene Vergütung zu erwarten ist, vor dem Hintergrund, dass bei ordentlicher Bearbeitung des Mandates der zufriedene Mandant den Rechtsanwalt weiter empfiehlt und/oder ihm auch selbst evtl Folgemandate überträgt. Allerdings sollte sich der Rechtsanwalt auch vor Augen führen, dass auch die Bearbeitung von Mandaten mit niedrigem Streitwert wertvolle Arbeitszeit in Anspruch nimmt, in welcher er unter Umständen lukrativere Mandate bearbeiten könnte. 406

Gerade Mandate in erbrechtlichen Angelegenheiten erfordern oft einen großen anwaltlichen Arbeitsaufwand, sei es nun dadurch, dass ein großes Rechenwerk zu bewältigen ist oder umfangreiche Besprechungen/Verhandlungen zu führen sind, um endlich eine Einigung aller Erben über die angestrebte Auseinandersetzung der Erbengemeinschaft zu erzielen. Daher sollte der Rechtsanwalt gerade bei einem erbrechtlichen Mandat prüfen, ob das gesetzliche Honorar nach der BRAGO ihm eine angemessene Vergütung bringt oder ob sich der Abschluss einer Honorarvereinbarung anbietet. Da es in erbrechtlichen Angelegenheiten für den Mandanten oft um erhebliche Beträge geht, wird dieser im Hinblick auf die in Aussicht stehende Erbschaft oft auch bereit sein, mit dem Rechtsanwalt eine Honorarvereinbarung abzuschließen.

Oft wünscht der Mandant auch während des laufenden Mandates »Sonderleistungen«. Der Mandant, der diese weitergehende Tätigkeit des Rechtsanwalts wünscht, wird oft leicht davon zu überzeugen sein, dass diese Leistungen dann auch gesondert vergütet werden müssen und wird bereit sein, dem Rechtsanwalt ein »weiteres« Honorar für diese Sonderleistung zu zahlen.

Fall 1:

407 *Der Rechtsanwalt vertritt den Mandanten als Prozessbevollmächtigter in einem laufenden Zivilprozess. Da ein Abschluss der Beweisaufnahme und ein Ende des Rechtsstreits nicht abzusehen ist, beauftragt der Mandant den Rechtsanwalt, doch einmal mit dem Gegenanwalt Kontakt aufzunehmen und mit diesem eine vergleichsweise Erledigung des Rechtsstreits außergerichtlich zu besprechen. Diese außergerichtliche Vergleichsverhandlungen lösen keine gesonderten Gebühren aus, sondern gehören gem § 37 Nr. 2 BRAGO zum Rechtszug.*
Hier kann dem Mandanten sicherlich klar gemacht werden, dass, wenn er eine zusätzliche Leistung (= außergerichtliche Besprechung der Angelegenheit) wünscht, er dann auch ein gesondertes Honorar für diese Besprechung zahlen muss, etwa eine $^{10}/_{10}$ Besprechungsgebühr gem § 118 I 2 BRAGO, über die dann eine Honorarvereinbarung geschlossen wird.

Fall 2:

408 *Der Mandant sucht den Rechtsanwalt zum ersten Mal in der erbrechtlichen Angelegenheit auf und bittet um eine Beratung. Der Rechtsanwalt ist nicht bereit, die Erstberatung unter Berücksichtigung der Kappungsgrenze von 180,00 € durchzuführen. Der Rechtsanwalt kann durch eine Honorarvereinbarung die Kappungsgrenze des § 20 I 2 BRAGO ausschließen.*

Fall 3:

Der Mandant beauftragt den Rechtsanwalt, ihn auch über die steuerlichen Auswirkungen zu beraten bzw für ihn die erforderliche Steuererklärung zu fertigen. Obwohl man hier die Auffassung vertreten könnte, dass es sich bei der Beratung über steuerliche Auswirkungen bzw der Fertigung einer Steuererklärung ohnehin um eine gesonderte gebührenrechtliche Angelegenheit handelt, sollte mit dem Mandanten vereinbart werden, dass für die Bearbeitung der Sache in steuerrechtlicher Hinsicht ein gesondertes Honorar neben den ansonsten anfallenden Gebühren zu zahlen ist. Hier sollte auch die Höhe des Honorars in der Honorarvereinbarung festgelegt werden bzw ob die BRAGO oder die Steuerberatergebührenverordnung zur Anwendung kommen soll. **409**

Weitere Anwendungsbereiche für Honorarvereinbarungen s zB Brieske, Die anwaltliche Honorarvereinbarung, Kapitel 3, S 27 ff; Kindermann, Gebührenpraxis für Anwälte, Teil 1, Rn 893 ff. **410**

2. Form der Honorarvereinbarung

a. Schriftform

Gem § 3 I 1 BRAGO bedarf die Vereinbarung, welche den Rechtsanwalt berechtigt, eine **höhere als die gesetzliche Vergütung** zu fordern, der **Schriftform.** Es muss aber nur die **Erklärung des Auftraggebers,** mit der die höhere Vergütung versprochen wird, schriftlich abgegeben werden.[247] Dagegen ist es nicht erforderlich, dass auch der Rechtsanwalt die Vereinbarung unterschreibt. **411**

Praxis-Tipp:

Ausreichend dürfte sein, wenn der Rechtsanwalt dem Mandanten mit Schreiben oder mit Telefax seine Honorarvorstellungen mitteilt ***und*** *der Mandant dieses Schreiben gegengezeichnet zurücksendet etwa mit dem Vermerk: »Mit Ihren Honorarvorstellungen gemäß vorstehendem Schreiben bin ich einverstanden.«* **412**

Gezeichnet: Unterschrift/Mandant.

Bei einer derartigen Verfahrensweise (Anschreiben des Rechtsanwalts an den Mandanten mit der Bitte um Bestätigung) ist aber unbedingt darauf zu achten, dass die Erklärung des Mandanten hinreichend im Hinblick auf die Höhe des vereinbarten Honorars konkretisiert ist.[248] Zweifel könnten bereits dann auf-

247 Gerold/Schmidt-Madert, BRAGO § 3 Rn 5; Madert/Müller-Rabe, Kostenhandbuch Familiensachen, Kapitel L. II. 1; Brieske, Die anwaltliche Honorarvereinbarung, Kapitel IV. 8.; Kindermann, Gebührenpraxis für Anwälte, Teil 1 Rn 920

248 Gerold/Schmidt-Madert, BRAGO § 3 Rn 5; Madert/Müller-Rabe, Kostenhandbuch Familiensachen, Kapitel L. II. 1. c); Brieske, Die anwaltliche Honorarvereinbarung, Kapitel IV. 8.; Kindermann, Gebührenpraxis für Anwälte, Teil 1, Rn 921

treten, wenn der Mandant mit gesondertem Schreiben von sich aus nur mitteilt: »Mit Ihrer Honorarforderung bin ich einverstanden« und es nicht klar wird, welche Honorarforderung gemeint ist.

Zweifelhaft ist, ob es ausreicht, wenn der Mandant seine unterzeichnete Erklärung dem Rechtsanwalt per **Telefax** übermittelt.[249] Im Hinblick auf die unklare Rechtslage sollte der Rechtsanwalt darauf bestehen, dass ihm die Erklärung des Mandanten per Post auf dem Briefweg übermittelt wird, damit ihm die Unterschrift des Mandanten **im Original** vorliegt.

b. Nicht in Vollmacht/Vordruck

413 § 3 I 1 BRAGO bestimmt ausdrücklich, dass die Erklärung des Auftraggebers/Mandanten über ein vereinbartes Honorar **nicht in der Vollmacht oder in einem Vordruck, der auch andere Erklärungen umfasst,** enthalten sein darf. Die Honorarvereinbarung bedarf also stets einer – auch von ihrer äußeren Form her – gesonderten Erklärung des Mandanten.

Unzulässig ist eine Honorarvereinbarung dann, wenn der Vordruck neben der Honorarvereinbarung zB auch eine allgemeine Gerichtsstandsregelung für alle Streitigkeiten aus dem Mandatsverhältnis enthält, eine Haftungsbeschränkung oder anderes.[250]

Zulässig dürfte dagegen sein, wenn in dem Vordruck über die Honorarvereinbarung auch Erklärungen enthalten sind über Fälligkeit, Sicherstellung, Stundung des Honorars, ausdrückliche Gerichtsstandsvereinbarung für die Honoraransprüche, Geltungsdauer der Honorarvereinbarung, Kündigungsmöglichkeiten der Honorarvereinbarung.[251]

Wird **kein Vordruck** für die Honorarvereinbarung verwandt, so können nach Brieske[252] in dem vom Mandanten unterzeichneten Schriftstück zur Honorarvereinbarung auch andere Erklärungen enthalten sein. Aber Vorsicht: Als Vordruck wird nicht nur ein fremdhergestelltes Formular angesehen, dass ergänzend ausgefüllt wird. Sondern als Vordruck ist jedes Schriftstück anzusehen, dass sich nach seiner äußeren Aufmachung als Formblatt (Formular) darstellt und von dem man annehmen kann, dass es in gleicher Weise häufiger verwendet wird. Dies gilt auch dann, wenn es in der Kanzlei mittels EDV-Technik jeweils hergestellt und nur einzelfallbezogen ergänzt wird.[253]

---

249 Gerold/Schmidt-Madert, BRAGO § 3 Rn 5; Madert/Müller-Rabe, Kostenhandbuch Familiensachen, Kapitel L. II. 2; Brieske, Die anwaltliche Honorarvereinbarung, Kapitel IV. 8. c); Kindermann, Gebührenpraxis für Anwälte, Teil 1, Rn 926

250 Brieske, Die anwaltliche Honorarvereinbarung, Kapitel IV. 8. f) mwN

251 Brieske, Die anwaltliche Honorarvereinbarung, Kapitel IV. 8. f) mwN; Madert/Müller-Rabe, Kostenhandbuch Familiensachen, Kapitel L. II. 3

252 Brieske, Die anwaltliche Honorarvereinbarung, Kapitel IV. 8. f)

253 Madert/Müller-Rabe, Kostenhandbuch Familiensachen, Kapitel L. II. 3.; Brieske, Die anwaltliche Honorarvereinbarung, IV. f)

Nach Madert[254] »werden die Anwälte sich darauf einstellen müssen, dass jede Honorarvereinbarung, die nicht vom Mandanten formuliert oder mit ihm auch individuell ausgehandelt worden ist, dass also alle vom Rechtsanwalt allein formulierten Vereinbarungen der Kontrolle der Vorschriften des AGBG unterfallen«.

c. Formvorschrift ist nicht gewahrt

aa. Folgen für den Anwaltsvertrag

Genügt die Honorarvereinbarung den Formvorschriften des § 3 I BRAGO nicht, so kann der Rechtsanwalt das die gesetzliche Vergütung übersteigende Honorar weder fordern, noch einklagen, noch sonst wie geltend machen und auch nicht mit ihm aufrechnen.[255] Die Unzulässigkeit der Honorarvereinbarung hat nicht etwa die Nichtigkeit des gesamten Anwaltsvertrages zur Folge. Der Anwaltsvertrag besteht fort mit der Maßgabe, dass der Rechtsanwalt keine höhere als die gesetzliche Vergütung beanspruchen kann. 414

bb. Zahlung des »vereinbarten« Honorars

Nach § 3 I 2 BRAGO kann der Auftraggeber **freiwillig** und **ohne Vorbehalt gezahlte Beträge nicht** deshalb zurückfordern, weil seine Erklärung nicht den Formvorschriften des Satzes 1 des § 3 Abs 1 BRAGO entspricht. Hat der Mandant also das »vereinbarte« Honorar an den Rechtsanwalt gezahlt, so kann er den die gesetzlichen Gebühren übersteigenden Teil nicht deshalb zurückfordern, weil er im Nachhinein feststellt, dass die Honorarvereinbarung nicht in der von § 3 I 1 BRAGO geforderten Form abgeschlossen worden ist. Allerdings muss der Mandant freiwillig und ohne Vorbehalt das »vereinbarte« Honorar gezahlt haben.[256] Nach Madert[257] muss der Auftraggeber mehr zahlen wollen, »als er nach dem Gesetz ohne die Vereinbarung zu zahlen hätte. Er muss also wissen, dass seine Zahlungen die gesetzliche Vergütung übersteigen.« 415

254 Zitiert nach Gerold/Schmidt-Madert, BRAGO § 3 Rn 5, S 132 – Mitte – (in 14. Aufl.) mit weiteren Ausführungen; so auch Madert in Madert/Müller-Rabe, Kostenhandbuch Familiensachen, Kapitel L. II. 4

255 Madert/Müller-Rabe, Kostenhandbuch Familiensachen, Kapitel L. III. 1; Gerold/Schmidt-Madert, BRAGO § 3 Rn 6

256 Riedel/Sußbauer-Fraunholz, BRAGO § 3 Rn 20; Gerold/Schmidt-Madert, BRAGO § 3 Rn 8

257 Madert in Madert/Müller-Rabe, Kostenhandbuch Familiensachen, Kapitel L. III. 2. mit weiteren Ausführungen zur »freiwilligen« Leistung des Mandanten und zur »vorbehaltslosen« Zahlung

3. Inhalt der Honorarvereinbarung

a. Grundsätzliches

416 Die Honorarvereinbarung sollte so konkret gefasst sein, dass die in ihr vereinbarte Vergütung der Höhe nach bestimmbar ist. Der Inhalt der Vereinbarung muss so gefasst sein, dass sich daraus die Berechnungsgrundlagen ergeben, also zu gegebener Zeit mit diesen Grundlagen die ziffernmäßige Berechnung des letztlich vom Mandanten zu zahlenden Endhonorars möglich ist. Es ist aber nicht nötig, dass die Berechnung sofort, also schon vor Abschluss der Tätigkeit des Rechtsanwalts erfolgt. Es genügt, dass die Vergütung am Ende der Tätigkeit des Rechtsanwalts endgültig berechnet werden kann, da häufig erst dann alle Komponenten bekannt sind, die zur Berechnung des Honorars notwendig sind.[258] So steht zB bei Vereinbarung eines Zeithonorars erst bei Abschluss der Tätigkeit fest, welcher Zeitaufwand für die Bearbeitung des Mandates erforderlich war. Auch die gesetzlichen Gebühren können abschließend erst am Ende des Mandates bzw eines Tätigkeitsabschnittes berechnet werden.

aa. Höhere Vergütung als nach der BRAGO

417 Nach § 49 b I 1 BRAO ist es unzulässig, geringere Gebühren und Auslagen zu vereinbaren oder zu fordern als die Bundesgebührenverordnung für Rechtsanwälte vorsieht, soweit diese nichts anderes bestimmt. Eine andere Bestimmung iS des § 49 b I 1 BRAO findet man in § 3 V BRAGO. Nach § 3 V 1 BRAGO kann der Rechtsanwalt in **außergerichtlichen** Angelegenheiten Pauschalvergütungen und Zeitvergütungen vereinbaren, die niedriger sind als die gesetzlichen Gebühren (s hierzu auch nachfolgendes Kapitel VIII. 3. a. cc.). Grundsätzlich kann gesagt werden, dass der Rechtsanwalt für die Vertretung in gerichtlichen Verfahren keine Vergütung vereinbaren darf, die niedriger ist als die Gebühren und Auslagen, die sich nach der BRAGO ergeben würden.[259]

Nach § 49 b I 2 BRAGO kann der Rechtsanwalt **im Einzelfall** auch für eine Tätigkeit in einem gerichtlichen Verfahren **besonderen Umständen in der Person des Auftraggebers,** insbesondere dessen Bedürftigkeit, Rechnung tragen durch **Ermäßigung oder Erlass von Gebühren oder Auslagen** nach Erledigung des Auftrages. Der Rechtsanwalt darf bei Vertretung von Verwandten, Freunden, eines Kollegen, der Witwe eines Kollegen, oder eines Mitarbeiters seiner Kanzlei auf die Gebühren ganz oder teilweise verzichten.[260] Ansonsten kann er die gesetzlichen Gebühren nur dann unterschreiten, wenn dies durch besondere Umstände in der Person des Auftraggebers gerechtfertigt erscheint, insbesondere auch dann, wenn dieser nicht liquide ist. Bei mangelnder Zahlungsfähigkeit wird der Rechtsanwalt auch auf die Möglichkeiten von Prozesskostenhilfe und Beratungshilfe hinweisen müssen (§ 16 I BerufsO).

---

258 Gerold/Schmidt/von Eicken/Madert, BRAGO § 3 Rn 9; Riedel/Sußbauer-Fraunholz, BRAGO § 3 Rn 26; Brieske, Die anwaltliche Honorarvereinbarung, V. 5

259 Gerold/Schmidt-Madert, BRAGO § 3 Rn 2; Riedel/Sußbauer-Fraunholz, BRAGO § 3 Rn 6; Madert/Müller-Rabe, Kostenhandbuch Familiensachen, Kap L. VII. 1

260 Madert/Müller-Rabe, Kostenhandbuch Familiensachen, Kap. L. VII. 2. a)

Dadurch, dass der Rechtsanwalt in den in § 49 b I 2 BRAO geregelten Fällen nur **nach Erledigung des Auftrages** die Gebühren ganz oder teilweise erlassen darf, soll sichergestellt werden, dass der Rechtsanwalt damit nicht wirbt, dass er zu einer niedrigeren Vergütung als die gesetzlichen Gebühren tätig wird.

bb. Belehrungspflicht?

Aus **berufsrechtlicher** Sicht ist der Rechtsanwalt nicht verpflichtet, darauf hinzuweisen, dass die vereinbarte Vergütung die gesetzliche Vergütung übersteigt. Auch aus **zivilrechtlicher** Sicht wird die Rechtswirksamkeit einer Honorarvereinbarung nicht dadurch berührt, dass der Rechtsanwalt den Auftraggeber nicht darauf hingewiesen hat, dass die vereinbarte Vergütung die gesetzliche Vergütung nach der BRAGO übersteigt.[261] Allerdings sollte der Rechtsanwalt nach meinem Dafürhalten im Hinblick auf eine faire Abwicklung des Mandatsverhältnisses den Auftraggeber darauf hinweisen, dass die vereinbarte Vergütung die gesetzliche Vergütung übersteigt. Denn es wäre dem notwendigen Vertrauensverhältnis zwischen Mandant und Rechtsanwalt nicht dienlich, wenn der Mandant von dritter Seite während des Mandates oder nach Beendigung desselben erfahren müsste, dass die von ihm an den Rechtsanwalt zu zahlende Vergütung höher ist als die gesetzlichen Gebühren nach der BRAGO. 418

cc. Niedrigere Vergütung als nach der BRAGO

Wie schon im vorangegangenen Kapitel VIII. 3 a. aa. angesprochen, kann der Rechtsanwalt in **außergerichtlichen** Angelegenheiten Pauschalvergütungen und Zeitvergütungen vereinbaren, die niedriger sind als die gesetzlichen Gebühren nach der BRAGO. Zwar sollen auch Vereinbarungen über Vergütungen, die niedriger sind als die gesetzlichen Gebühren und Auslagen, nach der BRAGO schriftlich abgeschlossen werden (§ 3 I 3 BRAGO). »Verstöße« gegen diese Sollvorschrift führen in diesen Fällen aber nicht zur Unwirksamkeit der Vereinbarung.[262] Stellt der Rechtsanwalt dem Mandanten in einer außergerichtlichen Angelegenheit einfach ein niedrigeres Honorar in Rechnung, als sich nach der BRAGO ergeben würde, und zahlt der Mandant dieses ohne Vorbehalte, ist stillschweigend die in § 3 V 1 BRAGO geforderte Vereinbarung zustande gekommen. 419

Auch für das **gerichtliche Mahnverfahren** und **Zwangsvollstreckungsverfahren** nach den §§ 803 bis 863 und 899 bis 915 ZPO kann der Rechtsanwalt eine Vereinbarung mit dem Auftraggeber dahingehend treffen, dass er, wenn der Anspruch des Auftraggebers auf Erstattung der gesetzlichen Vergütung nicht beigetrieben werden kann, einen Teil des Erstattungsanspruches an Erfüllungs statt annimmt (§ 3 V 3 BRAGO).

In allen Fällen des § 3 V BRAGO muss die vereinbarte – niedrigere – Vergütung im angemessenen Verhältnis zur Leistung, Verantwortung und zum Haftungsrisiko des Rechtsanwalts stehen.

---

261 Gerold/Schmidt-Madert, BRAGO § 3 Rn 5

262 Kindermann, Gebührenpraxis für Anwälte, Teil 1, Rn 938; Madert/Müller-Rabe, Kostenhandbuch Familiensachen Kap. L. VII 3. a)

b. Honorarformen

aa. Berechnungsgrundlage: Gesetzliche Vergütung

420 Im Rahmen einer Honorarvereinbarung kann als Berechnungsgrundlage die gesetzliche Vergütung vereinbart werden. Möglich ist, dass

- ein prozentualer Aufschlag auf die Vergütung nach der BRAGO vereinbart wird (etwa + 50 %);
- ein Mehrfaches der gesetzlichen Vergütung vereinbart wird (zB das Dreifache der gesetzlichen Vergütung nach der BRAGO);
- der Anfall einer oder mehrerer Gebühren nach der BRAGO für bestimmte Tätigkeiten vereinbart wird, obwohl die gesetzlichen Gebührentatbestände nicht erfüllt sind (zB Anfall einer Besprechungsgebühr für Vergleichsgespräche des Prozessbevollmächtigten oder Entstehung einer Vergleichsgebühr, auch wenn kein Vergleich zustande kommt);
- ein fester – höherer – Gegenstandswert vereinbart wird, nach dem sich die Vergütung nach der BRAGO berechnen soll;
- ein prozentualer Aufschlag auf den vom Gericht festgesetzten Gegenstandswert vereinbart wird, nach dem sich die Gebühren nach der BRAGO dann berechnen;
- ein Mehrfaches des vom Gericht festgesetzten Gegenstandswertes vereinbart wird, nach dem sich die Gebühren nach der BRAGO dann berechnen;
- es bei den gesetzlichen Gebühren nach der BRAGO verbleibt, aber höhere Auslagensätze vereinbart werden, als die BRAGO sie vorschreibt;
- bei Satz- oder Rahmengebühren die Abrechnung des Höchstsatzes nach der BRAGO vereinbart wird (zB $^{10}/_{10}$ Geschäftsgebühr);
- bestimmte Tätigkeitsabschnitte unabhängig von der gesetzlichen Regelung vereinbarungsgemäß als neue gebührenrechtliche Angelegenheit angesehen werden soll und hierfür gesonderte Gebühren nach der BRAGO abgerechnet werden sollen;
- anstelle der BRAGO die Geltung einer anderen Gebührenordnung vereinbart wird (zB für die Ausarbeitung einer Steuererklärung die Anwendung der Steuerberater-gebührenverordnung);
- vereinbart wird, dass eine in der BRAGO vorgesehene Beschränkung entfällt (zB Erstberatung max 180 €);
- vereinbart wird, dass die in der BRAGO vorgeschriebene Anrechnung entfällt (zB § 118 II BRAGO, 20 I 4 BRAGO).

bb. Zeithonorar

421 Die Abrechnung eines Zeithonorares, welches sich an dem tatsächlichen Zeitaufwand des Rechtsanwalts orientiert, den er auf die Bearbeitung der Angelegenheit verwenden muss, ist die sowohl für den Anwalt als auch für den Mandanten gerechteste Lösung. Der Mandant bezahlt exakt nur den Zeitaufwand, den der Rechtsanwalt auf die Bearbeitung seiner Sache verwandt hat.

In diesen Fällen sollte in die Honorarvereinbarung aufgenommen werden, in welchen **Zeiteinheiten** abgerechnet wird (Stunde, Minuten, Viertelstunde oder ähnliches). Ferner sollte konkret vereinbart werden, ob angefangene Einheiten als ganze Einheit gewertet werden oder ob minutengenaue Abrechnung erfolgt. Auch sollte sich die Vereinbarung darüber erklären, wie zB Reisezeiten (Fahrzeiten zu Besprechungen oder Gerichtsterminen) abgerechnet und vergütet werden.

Darüber hinaus sollte daran gedacht werden, dass bei der Bearbeitung der Sache unter Umständen auch Referendare oder Fachangestellte herangezogen werden. Es sollte in der Vereinbarung klar zum Ausdruck kommen, dass auch für die Tätigkeit dieser Mitarbeiter des Rechtsanwalts ein gesonderter Stundensatz – wenn auch ein geringerer – zu zahlen ist.[263]

Die Vereinbarung sollte sich auch nicht darüber ausschweigen, wie der Rechtsanwalt den **Zeitaufwand** nachzuweisen hat. Der Rechtsanwalt wird in der Regel eine genaue Aufzeichnung führen müssen, in welcher festgehalten werden:

- das Mandat;
- der genaue Zeitaufwand;
- der Bearbeiter;
- die Art der Tätigkeit (wie zB Studium der vom Mandanten hereingegebenen Unterlagen, Entwurf der Klageschrift, Studium von Fachliteratur oder ähnliches).

Schließlich wird der **Preis der Einheiten** in die Honorarvereinbarung aufzunehmen sein. Die Höhe des Stundensatzes wird sicherlich jeder Anwalt individuell für sich und seine Kanzlei festlegen müssen. Nach Madert[264] wird in Anwaltskreisen über Stundensätze zwischen 125 € und 500 € gesprochen.

Unter Umständen wird es der Anwalt schwer haben, dem Mandanten gegenüber einen Stundensatz von mehreren Hundert Euro zu argumentieren. Denn der Mandant geht doch in der Regel davon aus, dass der Stundensatz gleich dem Verdienst des Anwalts ist. Vielleicht hilft es, wenn der Rechtsanwalt dem Mandanten gegenüber zumindest teilweise die Kostenstruktur seiner Kanzlei dar- und offenlegt. Wenn dem Mandanten nämlich klar gemacht wird, dass in der Regel ca 50 % bis 60 % – und teilweise noch mehr – des eingenommenen Honorars von laufenden Kosten (wie Miete für Kanzleiräume, Personalkosten, Anschaffung und Unterhaltung von EDV, Literatur, usw) wieder »aufgefressen« wird, und von dem ihm verbleibenden Rest der Anwalt seine Steuern, Krankenversicherung und Altersversorgung bestreiten muss, wird der Mandant vielleicht einsehen, dass der Rechtsanwalt einen derart hohen Stundensatz braucht, um wirtschaftlich arbeiten zu können.[265]

263 Kindermann, Gebührenpraxis für Anwälte, Teil 1 Rn 960 ff

264 Madert in Gerold/Schmidt, BRAGO § 3 Rn 9

265 Vgl Enders JurBüro 1995, 449, 450 und zur Höhe des Stundensatzes auch: Kindermann, Gebührenpraxis für Anwälte, Teil 1, Rn 966 ff; Brieske, Die anwaltliche Honorarvereinbarung, Teil VI.-Beträge

Eine Art von **Mandantenbindung** tritt ein, wenn ab einer gewissen Anzahl von Zeiteinheiten **ermäßigte Stundensätze** vereinbart werden (zB für die ersten fünfzehn Beratungsstunden 450 € und ab der sechzehnten Beratungsstunde 400 € pro Stunde. Oder für die Bearbeitung des Erstmandates 400 € pro Stunde und für die Bearbeitung von Folgemandaten 300 € pro Stunde).

Praxis-Tipp:

422 ***Immer sollte eine Honorarvereinbarung enthalten, dass:***

- *Auslagen, wie Reisekosten, Schreibauslagen, Aufwendungen für Post- und Telekommunikationsentgelte oder ähnliches gesondert neben dem vereinbarten Honorar zu vergüten sind;*
- *auf die vereinbarte Vergütung und die Auslagen noch die gesetzliche Umsatzsteuer zu zahlen ist;*
- *... mindestens die gesetzliche Vergütung nach der BRAGO geschuldet wird (wenn ein Honorar vereinbart werden soll, welches über den gesetzlichen Gebühren liegt).*

423 Es empfehlen sich **Zwischenabrechnungen:** Sie geben dem Mandanten einerseits einen Überblick über den bereits angefallenen Zeitaufwand und das fällige Honorar. Andererseits mindern sie das Risiko des Rechtsanwalts, dass der Mandant am Ende des Mandates den Zeitaufwand und damit die Höhe des Honorars in Zweifel zieht. Sie lassen den Rechtsanwalt ferner frühzeitig mögliche Liquiditätsengpässe des Mandanten erkennen.

cc. Pauschalen

424 Möglich ist auch, dass der Rechtsanwalt für die Bearbeitung des bestimmten Falles ein **pauschales Honorar** mit dem Mandanten vereinbart. Die Vereinbarung einer Pauschale birgt natürlich die Gefahr, dass im Voraus meist schlecht abzusehen ist, welchen Arbeitsaufwand der Rechtsanwalt tatsächlich hat. Daher kann der Abschluss eines pauschalen Honorares für die Bearbeitung des Falles meist nicht empfohlen werden. Entscheidet sich der Rechtsanwalt dennoch zB auf Wunsch des Mandanten für ein pauschales Honorar, so muss in der Vereinbarung klar aufgezeigt werden, **welche Tätigkeiten mit dem vereinbarten pauschalen Honorar abgegolten sein sollen** und für welche Tätigkeiten evtl eine zusätzliche Vergütung (in welcher Höhe?) zu zahlen ist.[266]

dd. Festsetzung durch RA-Kammer

425 Gemäß § 3 II 1 BRAGO kann die Festsetzung der Vergütung auch dem billigem Ermessen des Vorstandes der Rechtsanwaltskammer überlassen werden. Nach Madert[267] besteht für eine solche Vereinbarung dann »ein gewisses Bedürfnis, wenn sich der Umfang und die Schwierigkeit der von dem Rechts-

266 Kindermann, Gebührenpraxis für Anwälte, Teil 1 Rn 947 ff
267 Madert in Gerold/Schmidt, BRAGO § 3 Rn 12

anwalt zu entfaltenden Tätigkeit im Voraus nicht übersehen lässt«. Obwohl die Vorstände der Rechtsanwaltskammern sicherlich bestens geeignet sind, ein anwaltliches Honorar zu bestimmen, empfiehlt es sich nicht, die Honorarvereinbarung dahingehend abzuschließen, dass der Vorstand der Rechtsanwaltskammer die Höhe des Honorares bestimmen soll. Denn weder für den Mandanten noch für den Anwalt ist absehbar, auf welchen Betrag der Vorstand der Rechtsanwaltskammer das Honorar letztlich festsetzt.

c. Kein Erfolgshonorar

Gemäß § 49 b II BRAO sind Vereinbarungen über eine anwaltliche Vergütung oder ihre Höhe unzulässig, 426

- wenn die Höhe der Vergütung vom Ausgang der Sache abhängig gemacht wird;
- wenn die Höhe des Honorares vom Erfolg der anwaltlichen Tätigkeit abhängig gemacht wird;
- wenn vereinbart ist, dass der Rechtsanwalt einen Teil des erstrittenen Betrages als Honorar erhält.[268]

Im Hinblick darauf, dass die BRAGO selbst mehrere Tatbestände enthält, in denen Gebühren nur bei einem bestimmten Erfolg anfallen (wie zB die Vergleichsgebühr des § 23 I BRAGO, die nur anfällt, wenn ein Vergleich zustande kommt oder die Gebühr des § 84 II BRAGO, die ua entsteht, wenn der Rechtsanwalt daran mitgewirkt hat, dass das Verfahren endgültig eingestellt wird), hält es Brieske[269] für durchaus möglich, wenn zB in Anlehnung an die auch in der BRAGO erfolgsabhängigen Gebührentatbestände in einer Honorarvereinbarung zB vereinbart wird, dass im Falle eines Vergleiches zB eine dreifache Vergleichsgebühr vom Auftraggeber zu vergüten ist.

4. Unangemessen hohe Vergütung

Eine vereinbarte oder von dem Vorstand der Rechtsanwaltskammer festge- 427
setzte **unangemessen hohe** Vergütung kann im Rechtsstreit auf einen angemessenen Betrag herabgesetzt werden (§ 3 III 1 BRAGO). Das Gericht hat in dem Rechtsstreit über die Vergütung ein Gutachten des Vorstandes der Rechtsanwaltskammer zur Angemessenheit der Vergütung einzuholen; dies gilt nicht, wenn der Vorstand der Rechtsanwaltskammer die Vergütung nach § 3 II 1 BRAGO festgesetzt hatte (§ 3 III 2 BRAGO).[270]

---

268 Ausführlich s Brieske, Die anwaltliche Honorarvereinbarung, IV. 9. a) mit zahlreichen Beispielen

269 Brieske, Die anwaltliche Honorarvereinbarung, IV. 9. a); so auch: Madert in Gerold/Schmidt, BRAGO § 3 Rn 14; Kindermann, Gebührenpraxis für Anwälte, Teil I Rn 910

270 Zu den Auswirkungen einer vereinbarten, unangemessen hohen Vergütung s: Gerold/Schmidt-Madert, BRAGO § 3 Rn 15 und Riedel/Sußbauer-Fraunholz, BRAGO § 3 Rn 1

Nachstehend soll dem Leser eine Übersicht darüber gegeben werden, was in Literatur und Rechtsprechung noch nicht als unangemessen hohe Vergütung angesehen wird:

Als nicht unangemessen hoch gilt

428 ➢ das 6-fache der gesetzlichen Gebühren in einer BTM-Strafsache;[271]

➢ 1 533,88 € je Verhandlungstag in einer Strafsache;[272]

➢ 100 € bis 200 € pro Stunde;[273]

➢ 200 € bis 250 € für Fälle mit auslands- oder wirtschaftlichem Bezug;[274]

➢ 250 € bis 375 € je Stunde für Umwandlungen, Fusionen und Sanierungen durch renommierte Wirtschaftsanwälte;[275]

➢ das 10-fache der gesetzlichen Vergütung für den Antrag, das gerichtliche Vergleichsverfahren zur Abwendung des Konkurses einzuleiten;[276]

➢ 5,5-fache der gesetzlichen Vergütung;[277]

➢ 1 533,88 € bei Nichteröffnung des Hauptverfahrens im Notzuchtsfall in 1964 nach einschlägigen Vorstrafen, heute entsprechend etwa 4090 €;[278]

➢ 5-facher Satz der gesetzlichen Gebühren angesichts eines sehr umfangreichen Räumungsrechtsstreits mit vier Terminen zur Beweisaufnahme;[279]

➢ 5-facher Streitwert in Unterhalts- und Zugewinnsachen.[280]

429 Die vorstehende Aufzählung erhebt keinesfalls den Anspruch auf Vollständigkeit. Sie soll dem Leser nur einen groben Überblick geben.

5. Checkliste Honorarvereinbarung

430 Nachstehend wird in kurzen Stichworten zusammengefasst, was bei Abschluss einer Honorarvereinbarung vom Anwalt beachtet werden sollte. Diese Checkliste erhebt keinesfalls den Anspruch auf Vollständigkeit. Im Zweifelsfalle ist einschlägige Rechtsprechung und Kommentierung heranzuziehen.

---

271 LG Berlin, AnwBl 82, 262 zitiert nach Hansens, BRAGO § 3 Rn 17

272 LG Karlsruhe, AnwBl 83, 178 zitiert nach Hansens, BRAGO § 3 Rn 17 und Brieske, Die anwaltliche Honorarvereinbarung VI

273 Hansens, BRAGO § 3 Rn 17 unter Berufung auf Schall BB 1989, 956, 958

274 Hansens, BRAGO § 3 Rn 17 unter Berufung auf Schall BB 1989, 956, 958

275 Hansens, BRAGO § 3 Rn 17 unter Berufung auf Schall BB 1989, 956, 958

276 Hansens, BRAGO § 3 Rn 17 unter Hinweis auf BGHZ 1977, 250 = NJW 80, 1962

277 LG Konstanz AGS 1994, 82, zitiert nach Brieske, Die anwaltliche Honorarvereinbarung, VI

278 OLG München NJW 1967, 1571 zitiert nach Brieske, Die anwaltliche Honorarvereinbarung, VI

279 LG Braunschweig AnwBl 1973, 358 zitiert nach Brieske, Die anwaltliche Honorarvereinbarung, VI

280 LG Düsseldorf JurBüro 1991, 530 zitiert nach Brieske, Die anwaltliche Honorarvereinbarung, VI

- ✔ Erklärung/Unterschrift des Mandanten bedarf der Schriftform (Telefax umstritten).
- ✔ Honorarvereinbarung darf nicht in Vollmacht enthalten sein.
- ✔ Bei Verwendung eines »Vordruckes« darf dieser keine anderen Erklärungen neben der Honorarvereinbarung enthalten.
- ✔ Alle vom Anwalt allein formulierten Vereinbarungen unterliegen der Kontrolle der Vorschriften des AGBG.
- ✔ Präzise Beschreibung der anwaltlichen Leistungen, die mit dem vereinbarten Honorar abgegolten werden, insbesondere bei Vereinbarung eines Pauschalhonorars.
- ✔ bei Zeithonorar vereinbaren:
  - Zeiteinheit und deren Preis;
  - Behandlung angefangener Zeiteinheiten;
  - Honorar auch für Fahrt- und Reisekosten;
  - Gesondertes evtl ermäßigtes Honorar für Einsatz von Mitarbeitern des Rechtsanwalts
  - Erfassungsform der Zeiteinheiten.
- ✔ Verschiedene Möglichkeiten: Berechnungsgrundlage ist das nach BRAGO zu zahlende Honorar (s Kapitel VIII. 3. b) aa).
- ✔ Fälligkeit des Honorars, Vorschuss, Zwischenabrechnungen.
- ✔ Zusätzlich zum vereinbarten Honorar zu zahlen, ggf in welcher Höhe
  - Reisekosten (Fahrtkosten, Kosten für Übernachtungen,
  - Verpflegungsaufwendungen uä);
  - Auslagen/Schreibauslagen, Aufwendungen für Post- und Telekommunikationsentgelte uä);
  - die gesetzliche Umsatzsteuer.
- ✔ Erfolgshonorar kann nicht vereinbart werden.
- ✔ Hat der Mandant freiwillig und ohne Vorbehalt das »vereinbarte« Honorar geleistet, kann er das Gezahlte nicht deshalb zurückfordern, weil die Honorarvereinbarung nicht den Formvorschriften des § 3 I BRAGO entsprach.
- ✔ Entspricht die Honorarvereinbarung nicht der Formvorschrift des § 3 I 1 BRAGO, so führt dies nicht zur Nichtigkeit des Anwaltsvertrages. Der Rechtsanwalt kann dann nur die gesetzliche Vergütung fordern.
- ✔ Belehrung des Mandanten, dass das vereinbarte Honorar im Falle des Obsiegens nicht vom unterlegenen Gegner erstattet wird, soweit es die gesetzliche Vergütung nach der BRAGO übersteigt.
- ✔ Belehrung des Mandanten, dass Rechtsschutzversicherer nur die gesetzliche Vergütung nach der BRAGO und nicht das höhere vereinbarte Honorar übernimmt.

F. Anwaltshaftung 191

ÜBERBLICK

F. Anwaltshaftung

I. Einführung

Ein Spiel mit statistischen Zahlen belegt die Wichtigkeit des Themas: Wenn vier Anwälte sich zu einem Gedankenaustausch treffen, kann einer aus eigener leidvoller Erfahrung davon berichten, dass er seiner Versicherung einen Haftungsfall melden musste. Nach Erhebungen der deutschen Versicherer melden tatsächlich 25 % aller zugelassenen deutschen Anwälte jährlich einen Schadensfall an.[1] Diese hohe Zahl ist Folge der höchstrichterlichen Rechtsprechung, die strenge Anforderungen an den Anwalt stellt. Dieser muss praktisch »allwissend« sein, er muss die Rechtslage umfassend kennen, alle einschlägigen Vorschriften geprüft, alle in Betracht kommenden ober- und höchstrichterlichen Entscheidungen analysiert, alle maßgeblichen Informationen vom Mandanten eingeholt haben. Er muss seinen Auftraggeber ständig unterrichten und sein Büro so zuverlässig organisieren, dass alle gesetzlichen und vom Gericht gesetzten Fristen beachtet werden. Er muss den für den Mandanten sichersten Weg wählen, ihn auf alle Risiken hinweisen und die maßgeblichen Schritte – etwa im Rahmen des Abschlusses eines Vergleiches – mit ihm abstimmen. 431

Kommt er dem nicht nach, kann bereits ein leichter Fehler dazu führen, dass ihn ein unabsehbares Haftungsrisiko trifft. Er muss dem Mandanten alle Schäden ersetzen, die auf den – möglicherweise nur durch leichte Fahrlässigkeit entstandenen – Fehler zurückzuführen sind. Soweit dieser Schaden nicht durch die Berufshaftpflichtversicherung gedeckt ist, ist er nicht nur für den sachbearbeitenden Anwalt existenzbedrohend; die Haftung trifft alle Sozietätsmitglieder, also auch die Partner des Anwalts, die mit der Sachbearbeitung nichts zu tun hatten. 432

Es kann also durchaus sein, dass sich hinter den ca 800 Fällen, über die Gerichte jährlich in Anwaltshaftpflichtfragen zu entscheiden haben, menschliche Dramen verbergen.[2] Dasselbe gilt natürlich auch für die »Dunkelziffer« derjenigen Fälle, die so klar sind, dass sie nicht zu gerichtlichen Auseinandersetzungen führen. 433

Die Schlussfolgerung ist sicherlich nicht gewagt: Jeder Anwalt begibt sich bei der Mandatsbearbeitung, bei der Erteilung eines Rates, bei außergerichtlichen Verhandlungen mit der Gegenseite oder der Prozessführung auf »dünnes Eis«. Das hohe Haftungsrisiko darf andererseits nicht dazu verleiten, alle »Wenn und Aber«, die jeder Fall naturgemäß mit sich bringt, mit dem Mandanten zu erörtern. Ein verunsicherter Mandant ist nicht in der Lage, Vertrauen zum Anwalt zu entwickeln. Das richtige Maß zwischen Information, Aufklärung, Abwägen von Risiken und Erörterung derselben mit dem Mandanten ist mit das schwierigste Kapitel im Buch der »Anwaltskunst«.[3] 434

1 Rinsche, Die Haftung des Rechtsanwalts und des Notars, V
2 Borgmann/Haug, Anwaltshaftung, Vorbemerkungen
3 Franzen, Anwaltskunst, S 28 ff

II. Der Anwaltsvertrag

1. Abschluss und Gegenstand des Vertrages

Fall:

435 *Rechtsanwalt R spielt regelmäßig mit seinem alten Freund G Golf. Nach Abschluss einer Golfrunde offenbart G dem R, dass er beabsichtige, sich von seiner Ehefrau zu trennen, er wolle künftig mit seiner neuen Lebenspartnerin zusammenleben und mit dieser auch ein Geschäft aufbauen. Die Scheidung wolle man gründlich vorbereiten, seine Ehefrau sei im wesentlichen mit seinen Plänen vertraut. Er wolle auch in erbrechtlicher Hinsicht klare Verhältnisse schaffen und beabsichtige, seine neue Lebenspartnerin als Alleinerbin einzusetzen, zumal diese bereits erhebliche Mittel in das gemeinsame Unternehmen investiert habe. Er habe mit seiner Ehefrau ein gemeinschaftliches Testament errichtet und fragt R, ob es ausreiche, die dort von ihm getroffenen Verfügungen in einem neuen Testament zu widerrufen. R verneint dies und weist darauf hin, dass G den Widerruf seiner Ehefrau offenbaren müsse, damit diese sich entsprechend einrichten könne. Er empfiehlt G, den Widerruf entweder durch Gerichtsvollzieher zustellen zu lassen oder unter Zeugen auszuhändigen, damit es später keine Schwierigkeiten gebe. G folgt dem Rat, errichtet ein neues Testament zu Gunsten seiner neuen Lebenspartnerin und stirbt überraschend wenig später.*
Die neue Lebenspartnerin muss feststellen, dass das zu ihren Gunsten errichtete Testament unwirksam ist, nachdem das gemeinschaftliche Testament nicht formwirksam widerrufen wurde, gemäß § 2271 I 1 BGB iVm § 2296 II BGB wäre eine notariell beurkundete Widerrufserklärung zuzustellen gewesen. Das spätere Testament verstößt gegen die in § 2271 I 2 BGB geregelte Bindungswirkung und ist unwirksam. Hat R sich schadensersatzpflichtig gemacht, haftet er der Lebenspartnerin seines verstorbenen Golffreundes?

a. Abgrenzung vom Gefälligkeitsverhältnis

436 Voraussetzung der Haftung ist die schuldhafte Verletzung des Anwaltsvertrages. Dieser ist nach herrschender Auffassung als entgeltlicher Geschäftsbesorgungsvertrag im Sinne des § 675 BGB anzusehen.[4]

437 Der Anwalt ist nicht verpflichtet, ein ihm unterbreitetes Angebot auf Abschluss eines Mandatsvertrages anzunehmen.[5] Er muss allerdings kurzfristig über die Mandatsannahme entscheiden; er kann sich schadensersatzpflich-

4 Palandt/Thomas, BGB, Rn 11 vor § 611 BGB; § 675 BGB Rn 6; Rinsche, Die Haftung des Rechtsanwalts und des Notars, I Rn 3 ff; Borgmann/Haug, Anwaltshaftung, S 41 ff; Vollkommer, Anwaltshaftungsrecht, Rn 2

5 Rinsche, Die Haftung des Rechtsanwalts und des Notars, Rn 6 unter Hinweis auf den Ausnahmefall der gerichtlichen Beiordnung

tig über die Mandatsannahme entscheiden; er kann sich schadensersatzpflichtig machen, wenn er die Ablehnung nicht unverzüglich erklärt.[6]

Der Anwaltsvertrag bedarf nicht der schriftlichen Bestätigung, er kann auch durch konkludentes Verhalten zustande kommen, etwa indem der Anwalt einen Besprechungstermin mit dem Mandaten verabredet, auf der Grundlage schriftlich erteilter Informationen die Korrespondenz aufnimmt oder im Rahmen eines Dauerberatungsverhältnisses tätig wird.[7] 438

Wird der Anwalt allerdings aufgrund außerrechtlicher Bindung, beispielsweise aus Freundschaft, Kollegialität oder im Rahmen eines nachbarschaftlichen Verhältnisses tätig, kommt kein Vertrag zustande, es fehlt in diesen Fällen am Rechtsbindungswillen.[8] Es ist jedoch nicht die Vorstellung des Anwalts über das mögliche Zustandekommen eines Vertrages maßgeblich, sondern vielmehr, wie sich sein Verhalten bei Würdigung aller Umstände für einen objektiven Betrachter darstellt.[9] Erteilt der Rechtsanwalt aufgrund freundschaftlicher Beziehungen einen Rat und musste sein Gesprächspartner erkennen, dass ein Vertragsverhältnis nicht begründet werden sollte, fehlt es an einer vertraglichen Beziehung und damit an der Grundlage der Haftung. 439

Allein die Unentgeltlichkeit ist noch kein abschließendes Kriterium für die Annahme eines Gefälligkeitsverhältnisses. Die fehlende Honorierung ist aber in der Regel ein maßgebliches Indiz für das Fehlen einer vertraglichen Bindung. Derjenige, der Haftungsansprüche geltend macht, trägt jedenfalls im Rahmen unentgeltlicher Tätigkeit des Anwalts die Beweislast für das Zustandekommen eines Anwaltsvertrages.[10] 440

Fall:

Dies bedeutet für den Beispielsfall, dass ein Anwaltsvertrag nicht zustande gekommen ist. Angesichts der Umstände (Zusammentreffen bei Freizeitvergnügen, fehlende Honorierung) musste G einen aus Gefälligkeit erteilten Rat, nicht ein Vertragsverhältnis annehmen. Allerdings bleibt eine »Grauzone«: Hat der erteilte Rat für den Anfragenden erkennbar erhebliche Bedeutung, sollte der Anwalt in jedem Fall darauf hinweisen, dass er keine Gewähr für die Richtigkeit seiner Angaben übernehmen könne.[11] 441

6 Rinsche, Die Haftung des Rechtsanwalts und des Notars, I Rn 6 und 33: Rechtsgrundlage für derartige Haftungsansprüche ist die culpa in contrahendo. Eine Haftung ist beispielsweise dann denkbar, wenn der Anwalt erkennt, dass Ansprüche des potentiellen Mandanten zu verjähren drohen, gleichwohl die Mandatsablehnung solange verzögert, dass die Ansprüche nicht mehr mit Aussicht auf Erfolg beigetrieben werden können; vgl in diesem Zusammenhang auch die berufsrechtliche Regelung in § 44 BRAO

7 BGH WM 1988, 905, 907; Vollkommer, Anwaltshaftungsrecht, Rn 23

8 Vgl zum Gefälligkeitsverhältnis: BGH NJW 1968, 1874; 1971, 1404; Palandt/Heinrichs, BGB, Einleitung vor § 241 Rn 9; im hier interessierenden Zusammenhang: Rinsche, Die Haftung des Rechtsanwalts und des Notars, I Rn 8

9 BGHZ 21, 107

10 Borgmann/Haug, Anwaltshaftung, S 46, 242 ff

11 Rinsche, Die Haftung des Rechtsanwalts und des Notars, I Rn 9

b. Partner des Anwaltsvertrages

442 Der Anwaltsvertrag berechtigt und verpflichtet auf der einen Seite den Auftraggeber, den Mandanten, auf der anderen Seite den beauftragten Anwalt sowie alle mit ihm in Sozietät verbundenen Rechtsanwälte. Sozietätsmitglieder haften bei schuldhafter Verletzung des Anwaltsvertrages gesamtschuldnerisch.[12] Das einzelne Sozietätsmitglied kann sich nicht mit Hinweis darauf verteidigen, dass nur der sachbearbeitende Rechtsanwalt den Schaden verursacht habe.[13]

Praxis-Tipp:

443 *Die Haftung trifft nicht nur die Partner des Sozietätsvertrages, sondern alle sogenannten »Außensozien«, also alle Rechtsanwälte, die auf dem Briefkopf und auf dem Praxisschild als in der Firma tätige Anwälte genannt sind. Dies folgt aus dem Charakter der Anwaltssozietät als Gesellschaft bürgerlichen Rechts.[14]*

444 Ausnahmsweise werden nicht alle Sozietätsmitglieder Vertragspartner, nämlich dann, wenn der Mandant bei Mandatserteilung klargestellt hat, dass er nur mit dem beauftragten Anwalt, keinem anderen kontrahieren will.[15] Arbeitet der beauftragte Anwalt mit Rechtsanwälten in Form einer Rechtsanwalts-GmbH zusammen, wird die Gesellschaft Vertragspartner des Mandanten.[16]

445 Das Vertragsverhältnis kann von beiden Seiten jederzeit ohne besondere Voraussetzungen beendet werden. Aus Sicht des Mandanten ergibt sich dies bereits aus § 627 I BGB.[17] Beide Seiten haben die gebührenrechtlichen Konsequenzen zu beachten: der Mandant haftet für die bis zur Mandatsbeendigung angefallenen Gebühren, der Anwalt muss im Fall der von ihm ausgesprochenen Kündigung regelmäßig den bereits erhaltenen Gebührenanteil zurückzahlen, weil der Mandant im Anschluss an die Kündigung einen neuen Anwalt beauftragen muss.[18] Im Falle der berechtigten fristlosen Kündigung ist der Mandant von Gebührenansprüchen befreit, umgekehrt kann bei fristloser Kündigung seitens des Anwalts dieser die bereits verdienten Gebühren verlangen bzw behalten: die fristlose Kündigung des Mandatsverhältnisses durch den Rechts-

12 BGH VersR 1991, 1003; WM 1988, 457; VersR 1986, 686; NJW 1982, 1886
13 BGH NJW 1982, 1866; Rinsche, Die Haftung des Rechtsanwalts und des Notars, I Rn 18
14 BGH NJW 1995, 1841; NJW 1994, 257; NJW 1982, 1866
15 BGH NJW 1994, 257. Praktisch kann dies vor allem werden, wenn aufgrund von Zulassungsbeschränkungen nur ein Anwalt die für das Tätigwerden vorausgesetzten Kriterien erfüllt, also beispielsweise nur ein Sozietätsmitglied vor dem Berufungsgericht zugelassen ist und diesem Sozius das Mandat erteilt wird, vgl BGH VersR 1979, 232. Dasselbe gilt im Falle gerichtlicher Beiordnung gemäß §§ 78b, 121, 625, 668, 679 ZPO, 141 ff StPO
16 Rinsche, Die Haftung des Rechtsanwalts und des Notars, I Rn 23
17 Vollkommer, Anwaltshaftungsrecht, Rn 75
18 Rinsche, Die Haftung des Rechtsanwalts und des Notars, I Rn 28

anwalt bei erheblicher Erschütterung oder Zerstörung des Vertrauensverhältnisses führt also nicht zum Wegfall des Gebührenanspruches.[19]

Abgesehen von der Kündigung endet das Mandat auch mit dem Tod des Anwalts oder der Erreichung des mit dem Mandat verfolgten Zwecks. 446

c. Umfang des Mandats

Wann der Zweck des dem Anwalt erteilten Auftrages erreicht ist, zu welcher Tätigkeit er im einzelnen verpflichtet ist, hängt vom erteilten Auftrag ab. Den Umfang des Mandats einzugrenzen, ist in der Praxis nicht immer leicht, aber gleichwohl wichtig. 447

Fall:

Der Mandant M übersendet dem Anwalt ein von ihm gemeinsam mit seiner Ehefrau errichtetes Testament mit insgesamt fünf Nachträgen. Er äußert die Vermutung, dass durch die Nachträge die ursprüngliche Absicht der Testierenden nicht mehr klar erkennbar sein könne, so dass es nach dem Tod des erstversterbenden Ehepartners möglicherweise zu Streitigkeiten kommen könne. Er bittet den Anwalt, die Rechtslage nach dem Tod des Erstversterbenden gutachterlich darzustellen. Der Anwalt bestätigt die Befürchtungen des M, macht deutlich, dass das ursprüngliche Ziel, die Verwandten des M keinesfalls zu bedenken, durch die Nachträge in Zweifel gezogen werden könne. M verstirbt, ohne dass es zu der vom Anwalt empfohlenen Klarstellung gekommen wäre. Es wird ein Erbschein erteilt, der auch die Verwandten des M als Miterben ausweist. Die hierdurch benachteiligten Verwandten der Ehefrau möchten R in Regress nehmen. 448

Ist der Anwalt nur beauftragt, eine klar umrissene Frage zu beantworten, zu dieser gutachterlich Stellung zu nehmen oder einen ganz bestimmten Aspekt eines Falles zu prüfen, beziehen sich seine Pflichten nur auf diesen eng umrissenen Auftrag.[20] 449

Dies entspricht nicht dem Regelfall. Meist wird dem Rechtsanwalt ein bestimmtes Problem geschildert und er beauftragt, dieses – mit allen ihm rechtlich zur Verfügung stehenden Mitteln – zu lösen. Ist der Anwaltsvertrag derart umfassend geschlossen, kann der Anwalt sich nicht darauf berufen, er habe sich nur mit einem Teilaspekt zu befassen gehabt, zur umfassenden Rechtsberatung sei er nicht berufen gewesen.[21] 450

19 Vollkommer, Anwaltshaftungsrecht, Rn 78; vgl auch Amtsgericht Papenburg AnwBl 1989, 47

20 Rinsche, Die Haftung des Rechtsanwalts und des Notars, I Rn 76

21 BGH NJW 1991, 2079: »Nach gefestigter Rechtsprechung des BGH ist der um eine Beratung ersuchte Rechtsanwalt zu einer umfassenden und möglichst erschöpfenden Belehrung seines Auftraggebers verpflichtet, er hat dem Mandanten diejenigen Schritte anzuraten, die zu dem erstrebten Ziel zu führen geeignet sind und Nachteile für den Auftraggeber zu verhindern, soweit solche voraussehbar und vermeidbar sind«; vgl auch BGH NJW-RR 1990, 1241; NJW 1988, 562

451 Aber auch bei einem beschränkten Auftrag treffen den Anwalt über den beurteilten Einzelaspekt hinausgehende Pflichten. Er muss den Mandanten im Hinblick auf die von diesem einzuleitenden weiteren Schritte beraten.

Fall:

452 *Der Anwalt kann sich zwar damit begnügen, die ihm gestellte Frage gutachterlich zu behandeln. Er muss aber dem Mandanten konkret aufzeigen, welche Schritte zur Klärung der festgestellten Unklarheiten in den letztwilligen Verfügungen geboten sind. Dennoch muss er nicht von sich aus Vorkehrungen zur Beseitigung der aufgezeigten Probleme treffen, es sei denn, er wird hierzu konkret beauftragt.*

453 Richtig ist mithin der Hinweis, wonach der Anwalt nicht verpflichtet ist, »nebenbei« dem Mandanten »alle nur denkbaren Hinweise« zur rechtlichen Problematik des Falles zu geben.[22] Geschuldet werden nur Belehrungen, die dem Anwalt möglich sind, und zu denen er besonderen Anlass sehen muss.

Praxis-Tipp:

454 *Der Anwalt tut gut daran, im Mandatsbestätigungsschreiben oder in einem Schreiben, in dem die Erstbesprechung mit dem Mandanten zusammengefasst wird, den Gegenstand des Mandats genau zu definieren. Sieht er sich aufgrund bestimmter Umstände (Zeitmangel, fehlende Kenntnis des einschlägigen Rechtsgebiets, Notwendigkeit der Prüfung ausländischer Rechtsvorschriften) nicht in der Lage, das Mandat umfassend zu bearbeiten, sollte er dies deutlich machen.*

Musterformulierung:

455 *Sehr geehrter Herr M,*

am 2. 10. 2000 haben wir das weitere Vorgehen in Ihrer Erbsache besprochen. Sie haben mich mit der Abwicklung aller Nachlassfragen beauftragt. Hierzu bin ich gerne bereit. Ich muss allerdings darauf hinweisen, dass die Frage, wie das Vermächtnis bezüglich des Ferienhauses auf Mallorca erfüllt werden soll, von mir nicht geprüft werden kann. Sie wollten hierzu Herrn Kollegen X, den Sie auf dieses Problem bereits angesprochen haben, einschalten. Auf die Frage der Erfüllung des Vermächtnisse in Deutschland sowie die Auseinandersetzung mit Ihrem Miterben E komme ich mit gesondertem Schreiben zurück.

Mit freundlichen Grüßen

22 Rinsche, Die Haftung des Rechtsanwalts und des Notars, I Rn 78

2. Haftungsansprüche dritter Personen

In den oben dargestellten Beispielsfällen stellt sich die Frage, ob Dritte, also am Vertrag nicht unmittelbar beteiligte Personen, Regressansprüche gegen den beauftragten Rechtsanwalt geltend machen können. 456

Fall:

Die Lebenspartnerin des Golffreundes hatte mit Sicherheit kein Mandatsverhältnis zu diesem begründet. Dasselbe gilt für die Verwandten, die sich durch die Ansprüche Dritter in ihren Rechten beeinträchtigt sehen. 457

Die sogenannte Dritthaftung des Rechtsanwalts basiert nach Ansicht der Rechtsprechung ungeachtet der in der Literatur vertretenen rechtsdogmatischen Begründungen[23] auf dem Rechtsinstitut des Vertrages mit Schutzwirkung zu Gunsten Dritter.[24] Auch ein am Vertragsverhältnis nicht unmittelbar Beteiligter Dritter kann gegen den Rechtsanwalt Schadensersatzansprüche geltend machen, wenn er nach dem Inhalt des Vertrages in die Sorgfalts- und Obhutspflichten einbezogen war.[25] Die Rechtsprechung stellt entscheidend darauf ab, ob der Auftraggeber redlicher Weise damit rechnen konnte, dass der Anwalt auch gegenüber einem Dritten bestimmte Obhutspflichten erfüllen werde.[26] Die Einbeziehung stellt sich damit als eine Frage der ergänzenden Vertragsauslegung – unter Beachtung von Treu und Glauben – dar.[27] 458

Wenn man sich vor Augen hält, in welchen Fällen der Bundesgerichtshof die Einbeziehung Dritter in den Schutzbereich des Vertrages bejaht hat, wird in Umrissen deutlich, wo die Trennlinie verläuft: 459

Der Anwalt haftet 460

- Kindern des Mandanten, wenn diese auf der Grundlage einer Scheidungsvereinbarung Vermögenswerte erhalten sollen, diese aber aufgrund anwaltlicher Pflichtverletzung nicht bekommen;[28]
- Kindern des Mandanten, wenn zu ihren Gunsten eine Wohnung gekündigt werden soll, diese aber unwirksam ist;[29]
- der Ehefrau des Mandanten, wenn eine auch ihr zugute kommende Ruhegehaltsvereinbarung aufgrund Anwaltsverschulden nicht zustande kommt;[30]

23 Vgl Reihlen, Die Haftung von Rechtsanwälten und Notaren gegenüber Drittbegünstigten für Fehler bei der Testamentserrichtung; Vollkommer, Anwaltshaftungsrecht, Rn 221 ff; Rinsche DJ 1986, 210; Schlee AnwBl 1993, 118
24 BGH NJW 1991, 32; vgl zur Rechtsentwicklung BGH NJW 1996, 2927; Palandt/Heinrichs, BGB, § 328 Rn 13 ff
25 Vgl die Beispiele aus der Rechtsprechung: BGH NJW 1996, 2927; 1976, 712; 1959, 1676
26 BGH NJW-RR 1987, 1266
27 BGH NJW 1984, 356; Dahm JZ 1992, 1167
28 BGH NJW 1977, 2073
29 LG München NJW 1983, 1621
30 BGH NJW 1988, 201

- dem Kind, das deshalb nicht Alleinerbe wird, weil er es im Ehelichkeitsanfechtungsprozess nicht ordnungsgemäß vertreten hat.[31]

461 Allen diesen Fällen ist gemeinsam, dass die anwaltliche Pflichtverletzung sich unmittelbar bei dem Dritten ausgewirkt hat. So führte im zuletzt genannten Fall die fehlgeschlagene Ehelichkeitsanfechtung zur Halbierung der erbrechtlichen Ansprüche des Kindes. Hätte der Anwalt die Ehelichkeit erfolgreich angefochten, wäre das eheliche Kind Alleinerbe geworden. In allen zitierten Fällen hätte die Frage nach dem hypothetischen Parteiwillen[32] ergeben, dass der geschädigte Dritte in den Schutz des Anwaltsvertrages hätte einbezogen werden sollen. Mit diesem Abgrenzungskriterium können auch die »erbrechtlichen Fälle« der Dritthaftung gelöst werden:

462 Der Anwalt haftet

- den Kindern, die durch die schuldhaft fehlgeschlagene Enterbung der Mutter hätten begünstigt werden sollen;[33]
- den vorgesehenen Erben, wenn ein Rechtsanwalt bei Prüfung eines Testaments zu Unrecht dessen Wirksamkeit bestätigt.[34]

463 Die obige Rechtsprechungsanalyse zeigt, in welchen Fällen der im Erbrecht, insbesondere im Rahmen der Testamentsberatung tätige Rechtsanwalt besonders auf der Hut sein muss: Immer dann, wenn sich seine Leistung nicht nur in Erfüllung des Vertrages mit dem Erblasser auswirkt, sondern unmittelbar drittbezogen (drittbegünstigend) wirkt, ist das Risiko eines hohen Schadens bei fehlerhafter Leistungserbringung hoch. Es kann zur sogenannten »Verdoppelung des Nachlasses«[35] kommen. Der Nachlass wird an die Erben vererbt, die der Erblasser gar nicht einsetzen wollte; ein Schadensersatzanspruch in Höhe des Nachlasswertes steht den Erben zu, die berufen worden wären, hätte der Anwalt den Mandatsvertrag ordnungsgemäß erfüllt. Die Haftung des Anwalts kann mithin schon dann begründet sein, wenn er den Auftrag, ein Testament zu entwerfen, nicht in der üblichen Zeit erfüllt und damit ungewollt dafür sorgt, dass der verstorbene Auftraggeber nicht in der beabsichtigten Form testiert.

31 OLG Hamm MDR 1986, 1028
32 Vgl zu diesem Palandt/Heinrich, BGB, § 157 Rn 2 und § 328 Rn 14, auch BGH NJW-RR 1987, 485
33 BGH NJW 1995, 52
34 BGH NJW 1995, 2551
35 Zimmermann FamRZ 1980, 99 in Anlehnung an Kegel in Festschrift für Flume, Bd I, S 545, zugl Besprechung der Entscheidung BGH NJW 1979, 2033

III. Die Verletzung anwaltlicher Pflichten

1. Pflichtverletzung als Haftungsgrundlage

Anwaltshaftpflichtrecht ist im wesentlichen Fallrecht. Dies bedeutet, dass die Haftungsgrundlage die Pflichtverletzung weniger an konkrete im Gesetz (BGB, BRAO) geregelte Verpflichtungen anknüpft, als vielmehr an die von der Rechtsprechung entwickelten Grundsätze.[36] **464**

2. Informationspflicht

Der Anwalt kann das Mandat nicht ordnungsgemäß bearbeiten, wenn er sich nicht über den entscheidungserheblichen Sachverhalt informiert.[37] Mit dieser Verpflichtung korreliert die Pflicht des Mandanten, den Berater über den dem Mandat zugrundeliegenden Sachverhalt umfassend zu unterrichten.[38] Der Anwalt muss die erforderlichen Informationen selbst vom Mandanten einholen, er darf hierzu Büropersonal nur eingeschränkt einsetzten.[39] Bei lückenhafter Unterrichtung muss er nachfragen, muss auf Vervollständigung des Sachverhalts drängen. **465**

Fall:

Rechtsanwalt R betreibt seine Praxis in Rosenheim. Seine ihm seit langem bekannte Mandantin M bittet um einen Beratungstermin. Sie habe vor kurzem geheiratet und wolle mit ihrem Ehemann ein gemeinschaftliches Testament errichten. R spricht mit beiden Eheleuten, setzt ein Testament auf und empfiehlt, dieses entsprechend § 2269 BGB als Ehegattentestament zu errichten. Kurz darauf stirbt der Ehemann, es stellt sich heraus, dass er als Südtiroler die italienische Staatsangehörigkeit besaß. Die beiden Eheleute hatten unterstellt, dass dieses dem Rechtsanwalt bekannt sei. R hatte von der Staatsangehörigkeit des Ehemanns jedoch nichts gewusst und nach dieser auch nicht gefragt. Das Testament ist nichtig, M macht Schadensersatzansprüche geltend. Zu Recht, sofern das nichtige Testament sie um den Nachlass oder einen Teil desselben gebracht hat. Bei der Ermittlung des Sachverhalts hätte R auch nach der Staatsangehörigkeit des Ehemannes fragen müssen.[40] **466**

---

36 Rinsche, Die Haftung des Rechtsanwalts und des Notars, I Rn 3

37 Borgmann/Haug, Anwaltshaftung, S 91 ff; Hartstang, Anwaltsrecht, S 457 ff

38 BGH WM 1996, 1832; Borgmann/Haug, Anwaltshaftung, S 89 ff

39 BGH NJW 1981, 2751

40 Palandt/Heldrich, Art. 25 EGBGB, Rn 13. Bei verschiedenen Erbstatuten der Ehegatten muss das gemeinschaftliche Testament den Gültigkeitsanforderungen beider Erbstatute entsprechen. Soweit das Verbot der Errichtung eines gemeinschaftlichen Testaments als Formerfordernis zu qualifizieren ist, wie im französischen und niederländischen Recht, ist das Testament gültig, wenn es den Anforderungen eines der nach Art. 26 I EGBGB berufenen Rechte genügt (Palandt/Heldrich, Art. 25 EGBGB Rn 14). Ist das Verbot materieller Natur, wie im italienischen Recht, ist das gemeinschaftliche Testament nichtig (BayObLG 1957, 376; OLG Frankfurt am Main IPRax 1986, 111; teilweise aA Neuhaus/Gündisch, Rabels Z 1956, 563)

467 Die Pflicht zur Sachverhaltsermittlung im Rahmen der Testamentsberatung umfasst Fragen nach dem zu vererbenden Vermögen, nach früheren Verfügungen, von denen Bindungswirkungen ausgehen können, nach etwaigen ausgleichungspflichtigen Vorwegempfängen, nach den zu bedenkenden Personen sowie den Pflichtteilsberechtigten. Wie das obige Beispiel zeigt, darf der Anwalt sich nicht mit den bereitwillig vom Mandanten erteilten Informationen begnügen, er muss nachfragen, bisweilen »nachbohren«.[41] Unterrichtet der Mandant den Anwalt über einen relevanten Sachverhalt nicht oder nicht vollständig, kann dies zu einem Mitverschulden im Sinne des § 254 BGB führen.[42]

468 Dagegen besteht keine Ermittlungspflicht in dem Sinne, dass der Anwalt verpflichtet wäre, von sich aus Sachverhaltsrecherche zu betreiben. Er muss nicht selbst Zeugen befragen, Sachverständige einschalten oder »vor Ort« Erkundigungen einholen. Das heißt nicht, dass er sich nicht in Einzelfällen um eine vertiefte Sachverhaltsermittlung bemühen dürfte. Es ist eine Frage des Fingerspitzengefühls, wann und in welchem Umfang der Anwalt sich selbst Informationen verschafft. Jedenfalls begründet es keinen Verschuldensvorwurf, wenn der Anwalt nicht im Stile eines Privatdetektivs Ermittlungen anstellt und Informationen einholt, die der Mandant selbst nicht besitzt.[43] Wenn er allerdings selbst leichter an Unterlagen (beispielsweise an Gerichtsakten) herankommt, als dies dem Mandanten möglich ist, muss er diese Möglichkeit der Sachverhaltsermittlung ergreifen. Dies gilt für alle Fragen, von denen er annehmen muss, dass der Mandant sie aufgrund fehlender Rechtskenntnisse nicht beantworten kann.[44]

3. Prüfung der Rechtslage

469 Der Anwalt muss über alle für die Bearbeitung des Falles erforderlichen Rechtskenntnisse verfügen. Dies gilt für alle Vorschriften des Bürgerlichen Gesetzbuches,[45] aber auch anderer Gesetze, insbesondere des Steuerrechts.[46] Übernimmt der Anwalt ein Mandat, das Spezialkenntnisse erfordert, muss er sich auch die Kenntnis der einschlägigen Vorschriften und deren Auslegung verschaffen.[47]

Fall:

470 *Rechtsanwalt R aus Hamburg übernimmt einen erbrechtlichen Fall, in dem ua ein Hof in Nordrhein-Westfalen zum Nachlass gehört. Übersieht er die Höfeordnung oder wendet er diese nicht zutreffend an, haftet er.*

---

41 BGH NJW 1994, 1472; 1982, 435: »Bei lückenhaften und oberflächlichen Informationen muss der Rechtsanwalt daher auf deren Vervollständigung dringen...«
42 BGH WM 1994, 1805
43 Rinsche, Die Haftung des Rechtsanwalts und des Notars, I Rn 87
44 Rinsche, Die Haftung des Rechtsanwalts und des Notars, I Rn 95
45 OLG Hamm VersR 1981, 936: »Gesetzeskenntnis, zumindest des BGB bis ins Detail wird in der Rechtsprechung vom Anwalt fast ausnahmslos gefordert.«
46 BGH NJW 1982, 1866; LG Köln NJW 1981, 351
47 BGH MDR 1958, 496

Der Anwalt kann im Rahmen der Mandatsbearbeitung mit Fragen konfrontiert werden, die an sich seine Kompetenz übersteigen. 471

Fall:

Rechtsanwalt R wird von seinem Mandaten, der Miterbe eines umfassenden Nachlasses geworden ist, um Unterstützung bei der Nachlassauseinandersetzung gebeten. Er muss nicht nur die einschlägigen erbrechtlichen Vorschriften kennen, sondern auch alle Vorschriften, die die Durchsetzung der in den Nachlass gefallenen Ansprüche betreffen,[48] etwa die einschlägigen gesellschaftsrechtlichen Regelungen. 472

Der Anwalt muss von sich aus auf Gestaltungsmöglichkeiten hinweisen, auch auf solche, an die der Mandant nicht gedacht hat und die sich nicht gleichsam aufdrängen. 473

Fall:

Im vorhergehenden Beispiel muss der Rechtsanwalt ungefragt auf die Möglichkeit hinweisen, zur Einsparung von Erbschaftsteuern zu Gunsten der Kinder auszuschlagen.[49] 474

Der Anwalt muss ausländische Rechtsvorschriften nicht kennen, wohl aber internationale Abkommen, die in innerstaatliches Recht überführt worden sind. Auch die in Deutschland geltenden europarechtlichen Vorschriften müssen ihm bekannt sein.[50] 475

Der Anwalt darf nicht vorgeben, er könne auch im ausländischen Recht beraten. Ruft er diesen Eindruck hervor, haftet er für falsche Rechtsauskünfte.[51] 476

Er muss die höchstrichterliche Rechtsprechung verfolgen und über deren aktuellen Stand informiert sein.[52] Zur höchstrichterlichen Rechtsprechung zählen die in den amtlichen Sammlungen veröffentlichten Entscheidungen (BGHZ, BVerfGE) aber auch die in den allgemein zugänglichen juristischen Zeitschriften veröffentlichten.[53] Dagegen muss der Anwalt nicht alle juristi- 477

48 LG Köln NJW 1981, 351

49 LG Köln NJW 1981, 351; ablehnend: Rinsche, Die Haftung des Rechtsanwalts und des Notars, I Rn 103: Der Anwalt habe schwerlich annehmen können, dass der Mandant sich seiner Rechtsposition zu Gunsten seiner Nachkommen habe entledigen wollen. Aber auch nach Ansicht von Rinsche ist der Anwalt gut beraten, den Mandanten darauf hinzuweisen, dass er nicht ungefragt eine steuerliche Beratung verlangen könne. Vgl auch die umgekehrte Fallgestaltung: Der zur Lösung von Steuerproblemen konsultierte Rechtsanwalt muss auf naheliegende zivilrechtliche Probleme aufmerksam machen: BGH NJW 1988, 563

50 Rinsche, Die Haftung des Rechtsanwalts und des Notars, I Rn 107

51 Rinsche, Die Haftung des Rechtsanwalts und des Notars, I Rn 108

52 BGH NJW 1983, 1656

53 OLG Düsseldorf VersR 1980, 359

schen Zeitschriften lesen und die dort veröffentlichte Rechtsprechung bei der Fallbearbeitung berücksichtigen:[54] Nach Ansicht des Bundesgerichtshofes musste der Anwalt in einem familienrechtlichen Fall zwar die in der NJW veröffentlichten Entscheidungen, nicht jedoch die erst vor kurzem in der FamRZ publizierten kennen.

478 Sämtliche für die Mandatsbearbeitung erforderlichen Entscheidungen von Oberlandesgerichten oder erstinstanzlichen Spruchkörpern müssen nicht berücksichtigt werden,[55] es sei denn, dass der Anwalt bei der Bearbeitung hinreichend Zeit für eine umfassende Prüfung der Rechtslage hat.[56] Etwas anderes gilt allerdings für Rechtsgebiete, in denen in der Regel Oberlandesgerichte als letzte Instanz entscheiden (Familiensachen; Erbscheinverfahren). Der Anwalt kann sich bei derartigen Mandaten nicht darauf berufen, ihm sei die maßgebliche Rechtsprechung des zuständigen Oberlandesgerichts unbekannt.[57] Angesichts der immer strengeren Rechtsprechung des Bundesgerichtshofs tut er ohnehin gut daran, eine umfassende Rechtsprechungsanalyse vorzunehmen.[58] Der Anwalt muss nicht nur die obergerichtliche Rechtsprechung kennen, er muss sie auch anwenden. Der Hinweis auf in der Literatur vertretene abweichende Auffassungen hilft ihm nicht weiter.[59]

4. Hinweis- und Belehrungspflichten

479 Der Anwalt muss sich nicht nur über die Rechtslage informieren, er muss, nachdem er gemeinsam mit dem Mandaten das Ziel des Mandats definiert hat, Wege aufzeigen, dieses Ziel zu erreichen. Er muss dabei die – auch nur möglicherweise auftretenden – Risiken aufzeigen.

Praxis-Tipp:

480 *Der Anwalt muss sich vor vollmundigen Erklärungen hüten, wie etwa, eine Sache sei einhundertprozentig sicher, der Prozess werde leicht gewonnen, ein Testament könne **nur** so ausgelegt werden, wie er es dem Mandanten erläutert habe.*

481 Wird der Anwalt angehalten, sich zu den Erfolgsaussichten der Rechtsverfolgung zu äußern (»Liegen unsere Chancen eher bei 50 % oder eher bei 75 %?«), kann er nicht ohne weiteres auf die immer unsichere Prognose eines Prozessausgangs verweisen. Er muss selbst eine Wertung vornehmen und die

54 BGH VersR 1979, 232
55 OLG München NJW-RR 1991, 803
56 Rinsche, Die Haftung des Rechtsanwalts und des Notars, I Rn 116
57 Vollkommer, Anwaltshaftungsrecht, Rn 133
58 BGH WM 1993, 420: Kenntnis der in den Wertpapiermitteilungen und der NJW-RR veröffentlichten oberlandesgerichtlichen Entscheidungen wird vom Rechtsanwalt, der einen Vertrag überprüft, gefordert!
59 Rinsche, Die Haftung des Rechtsanwalts und des Notars, I Rn 115, 118; vgl auch BGH NJW 1974, 1865

für ihn erkennbar überwiegende Möglichkeit, dass ein Prozess verloren gehen kann, als solche ansprechen.[60] Im Vorgriff auf die unten beschriebenen Erläuterungen zur Beweislast ist der Rat sinnvoll, die Hinweise zur Rechtslage und den bestehenden Risiken schriftlich zu dokumentieren.

Musterformulierung:

Sehr geehrter Herr Klein, 482

anliegend überreiche ich den Entwurf der Klageschrift in Ihrer Pflichtteilsangelegenheit. Ich bitte Sie, den Entwurf gut durchzusehen und mir Änderungs- bzw Ergänzungswünsche mitzuteilen.

Wie schon im Rahmen unserer Besprechung am 20. 6. 2000 betont, mache ich nochmals deutlich, dass sich die Gegenseite aller Voraussicht nach auf die Einrede der Verjährung berufen wird. Insbesondere wird vorgetragen werden, dass Sie von dem Testament Ihres Vaters bereits einen Tag nach seinem Tod Kenntnis erlangt haben, ab diesem Zeitpunkt die dreijährige Verjährungsfrist des § 2332 BGB zu laufen begonnen hat. Ob Ihr Bruder diese (unrichtige) Behauptung im Prozess unter Beweis stellen wird, ist offen. Es bleibt in diesem Punkt ein Risiko. Ich schlage vor, dass wir uns nochmals abstimmen und warte Ihre Stellungnahme ab.

Mit freundlichen Grüßen

Die Rechtsprechung verlangt, dass der Anwalt den sichersten und zweckmäßigsten Weg wählt, um den (mit dem Mandanten abgestimmten) Erfolg zu erreichen.[61] Dies gilt nicht nur für die prozessuale Verfolgung von Zielen, sondern auch für die außergerichtliche Tätigkeit. 483

Praxis-Tipp:

Befürchtet der Anwalt, dass von ihm errichtete Testament werde möglicherweise nach dem Tod des Erblassers nicht aufgefunden, muss der Anwalt nicht nur auf die sichere Verwahrung zu Hause (»im Safe«) hinweisen, sondern auch die Möglichkeit benennen, das Testament in amtliche Verwahrung zu geben (vgl §§ 2258 a, 2258 b BGB). 484

Selbstverständlich gilt das Gebot, das »sicherste Mittel zu wählen«, auch im Schriftverkehr mit der Gegenseite. 485

60 BGH NJW 1984, 791: »[...] genügt er (der Rechtsanwalt) seiner Beratungspflicht in der Regel nicht schon durch den Hinweis, dass ein Risiko besteht und der Ausgang des Rechtsstreits offen sei; er muss vielmehr von sich aus deutlich zum hohen Grad des Risikos und der Wahrscheinlichkeit eines Prozessverlustes Stellung nehmen.«

61 BGH NJW-RR 1990, 1241

Fall:

486 *Der Mandant beauftragt seinen Rechtsanwalt, Klarheit darüber herbeizuführen, ob der pflichtteilsberechtigte Vermächtnisnehmer das Vermächtnis annimmt oder ausschlägt. Der Anwalt geht gemäß § 2307 II BGB vor, setzt dem Pflichtteilsberechtigten eine Frist, ohne seinem Schreiben eine Vollmacht des Erben beizulegen. Weist der Gegner die Fristsetzung unter Hinweis auf § 174 BGB zurück, begründet dies den Vorwurf pflichtwidrigen Handelns.[62]*

5. Weisungen des Mandanten

487 Im Rahmen des Anwaltsvertrages ist der Rechtsanwalt an die Weisungen des Mandanten gebunden,[63] ohne von diesem gezwungen werden zu können, rechtswidrig zu handeln,[64] auch aussichtslose oder unseriöse Maßnahmen muss der Anwalt nicht ausführen.[65] Der Anwalt kann sich weigern, in unangemessener Weise den Gegner zu beschimpfen oder polemisch vorzutragen. Der Bevollmächtigte, der entgegen eigener Überzeugung handelt, würde sich zum »willenlosen Werkzeug seiner Partei machen«, was ihm nach der Rechtsprechung des Bundesgerichtshofes nicht zugemutet werden kann.[66]

488 Besonders problematisch ist das Spannungsfeld zwischen Weisungsgebundenheit und Unabhängigkeit des Anwalts bei Vergleichsverhandlungen und -abschlüssen.

Praxis-Tipp:

489 *Im Rahmen eines Pflichtteilsprozesses regt das Gericht zur Vermeidung kostspieliger Sachverständigengutachten einen Vergleich an. Der Anwalt kommt dem nach, ohne sich mit seinem Mandanten abgestimmt zu haben. Ist der Mandant mit dem Vergleich nicht zufrieden, besteht die Gefahr eines Regresses.[67] Will der Anwalt seinem Mandanten die – von ihm so eingeschätzten – Vorteile des Vergleichsabschlusses sichern, sich gleichwohl mit seinem Auftraggeber abstimmen, wird er versuchen, den Vergleich unter Widerrufsvorbehalt zu schließen, auch wenn dies in der Regel nicht ohne einen entsprechenden Vorbehalt für die Gegenseite möglich ist und damit auch der anderen Prozesspartei der Widerruf eröffnet ist.*

---

62 Vgl zu den Pflichten bei Vornahme eines einseitigen Rechtsgeschäfts: BGH WM 1994, 1114

63 BGH NJW 1985, 42; Borgmann/Haug, Anwaltshaftung, S 142 ff

64 BGH NJW 1991, 2280

65 Rinsche, Die Haftung des Rechtsanwalts und des Notars, I Rn 140

66 BGH MDR 1958, 496

67 Rinsche, Die Haftung des Rechtsanwalts und des Notars, I Rn 141: »Es ist dringend zu raten, dass ein Anwalt ohne Einwilligung seiner Partei keinen Vergleich mit der Gegenseite schließt.«

Ist eine Abstimmung mit der Partei ausgeschlossen, sollte der Anwalt sich vor endgültigen Entscheidungen hüten. Unabgestimmte Maßnahmen sollten nur veranlasst werden, wenn das Einverständnis des Mandanten, etwa aus Zeitgründen, nicht eingeholt werden kann, und der Anwalt mit hoher Wahrscheinlichkeit unterstellen kann, dass der Mandant die von ihm getroffenen Schritte billigt.[68] 490

IV. Rechtswidrigkeit und Verschulden

1. Rechtswidrigkeit der Pflichtverletzung

Die Frage der Rechtswidrigkeit spielt in den veröffentlichten Entscheidungen zum Haftungsrecht keine besondere Rolle. Hat das Gericht erst einmal die Pflichtverletzung bejaht, setzt es sich nur in Ausnahmefällen mit Problemen der Rechtswidrigkeit auseinander. Zu denken ist etwa an das Vorliegen eines Rechtfertigungsgrundes, etwa der Notwehr, des Notstandes oder der Selbsthilfe (§§ 227–229 BGB).[69] Am ehesten praxisrelevant ist die Frage, ob die Pflichtwidrigkeit im Hinblick auf das Einverständnis des Mandanten mit dem Handeln des Anwalts ausgeschlossen ist. 491

Fall:

Führt der Anwalt einen aussichtlosen Prozess, kann der Mandant den Vorwurf der pflichtwidrigen Handelns nicht erheben, wenn er den Anwalt ausdrücklich, trotz Belehrung, aufgefordert hatte, Klage zu erheben. 492

2. Verschulden

Der Anwalt handelt schuldhaft, wenn er seine Pflichten entweder vorsätzlich verletzt (in der Praxis eher selten) oder die im Verkehr erforderliche Sorgfalt außer Acht lässt, § 276 I 2 BGB. 493

Auch hier indiziert in der Regel die Feststellung der Pflichtwidrigkeit den Verschuldensvorwurf. In nur wenigen Fallgestaltungen spielt die Verschuldensfrage eine Rolle. 494

Fälle:

- *Der Anwalt kann sich in der Regel nicht darauf berufen, dass seine (fehlerhaft vorgenommene) Beurteilung der Rechtslage von der Auffassung eines Kollegialgerichts geteilt worden sei.*[70] 495

68 Rinsche, Die Haftung des Rechtsanwalts und des Notars, I Rn 142
69 Rinsche, Die Haftung des Rechtsanwalts und des Notars, I Rn 150
70 So ausdrücklich BGH NJW 1994, 211, Bestätigung der Entscheidung BGH WM 1986, 202, letztere Entscheidung hat die früher noch offen gelassene Frage (BGH NJW 1985, 42; NJW-RR 1990, 1241) »anwaltunfreundlich« entschieden, anders: OLG München VersR 1987, 208

- *Der Anwalt kann sich nicht darauf berufen, dass ein von ihm (unabgestimmt) abgeschlossener Prozessvergleich dem Vorschlag des Gerichts entspricht.*
- *Existiert noch keine höchstrichterliche Rechtsprechung, muss der Anwalt nicht »voraussehen«, dass der Bundesgerichtshof die Frage anders entscheiden könnte als die Obergerichte.*[71]

496 In (extremen) Ausnahmefällen kann die persönliche Situation des Anwalts (Erkrankung oder familiäre Sorgen) einen Pflichtenverstoß entschuldigen.[72] Hierauf verlassen sollte sich der Anwalt jedoch nie.

V. Kausalität, Mitverschulden des Mandanten, Verjährung

1. Kausalitätsfragen

497 Der Anwalt (bzw seine Haftpflichtversicherung) muss die Vermögenslage wiederherstellen, die bestünde, wäre das zum Ersatz verpflichtende Ereignis nicht eingetreten.[73] Um beurteilen zu können, wie die anwaltliche Pflichtverletzung sich ausgewirkt hat, ist festzustellen, »welchen Verlauf die Dinge bei pflichtgemäßem Verhalten genommen hätten und wie die Vermögenslage des Betroffenen sein würde, wenn der Pflichtverstoß nicht begangen, sondern pflichtgemäß gehandelt worden wäre.«[74]

498 Bei einer Pflichtverletzung im Rahmen forensischer Tätigkeit muss der Prozess unter Berücksichtigung pflichtgemäßen Verhaltens durchgespielt werden, bei außergerichtlicher Beratung muss im Regressprozess gegen den Rechtsanwalt geprüft werden, wie die Vermögenssituation des Mandanten wäre, hätte der Anwalt pflichtgemäß gehandelt.

499 Bei der Schadensberechnung sind etwaige Vorteile des Mandanten zu berücksichtigen, wie etwa Steuer- bzw Aufwandsersparnis, nicht aber Versicherungsleistungen, etwa solche einer Rechtsschutzversicherung.[75] Versucht der Mandant den Schaden dadurch abzuwenden oder zu verringern, dass er sich gegen Dritte wehrt, etwa gegen diese einen Prozess führt, können die dadurch entstandenen Kosten dann dem Anwalt belastet werden, wenn die Aufwendungen als sachgerecht und sinnvoll anzusehen sind.[76] Wäre der Mandant auch bei pflichtgemäßem Verhalten des Anwalts wirtschaftlich nicht zu seinem Ziel gekommen, weil der (Prozess-) Gegner vermögenslos war oder später wurde, entlastet dies den Anwalt. Auch hier gilt: Der Mandant kann durch die Pflichtverletzung nicht besser stehen als bei ordnungsgemäßem Verhalten des

71 BGH VersR 1994,1193
72 BGH VersR 1990, 1026; vgl auch die Ausführungen bei Hansens NJW 1992, 1353, 1358
73 »Differenzhypothese«, vgl Palandt/Heinrichs, BGB, Rn 8 ff vor § 249 BGB
74 BGH WM 1988, 906; NJW 1990, 2882
75 Borgmann/Haug, Anwaltshaftung, S 201
76 BGH NJW 1985, 1152

Anwalts.[77] Bei der hypothetischen Betrachtung ist zu untersuchen, wie der Vorprozess bei korrekter Beurteilung ausgegangen wäre, nicht, wie das zuständige Gericht entschieden hätte;[78] es ist – mit den Worten des Bundesgerichtshofes – maßgeblich, wie der Vorprozess bei pflichtgemäßem Anwaltsverhalten »richtigerweise hätte entschieden werden müssen«.[79]

Die Folge hieraus: Ein Schaden kann dem Mandanten nicht entstanden sein, 500
wenn er den Prozess auch bei pflichtgemäßem Verhalten des Anwalts verloren hätte, etwa deshalb, weil Beweisschwierigkeiten unabhängig vom Verschulden des Anwalts den Prozessverlust herbeigeführt hätten.[80] Zugunsten des Mandanten gilt die Vermutung, dass dieser sich »beratungskonform« verhalten hätte. Der Anwalt kann sich deshalb in der Regel nicht darauf berufen, der Mandant wäre – hätte er den unterlassenen Hinweis erhalten – diesem ohnehin nicht nachgekommen.[81]

2. Mitverschulden des Mandanten

Hat der Mandant den Schaden schuldhaft mit herbeigeführt, entlastet dies den 501
Anwalt mit der Folge, dass die Schadenersatzpflicht gemindert wird oder wegfällt.

Fälle:

- *Der Mandant verletzt seine Informationspflicht.* 502
  Zu beachten ist in diesem Zusammenhang aber, dass der Anwalt auf vollständige Informationserteilung drängen muss. Nur wenn der Mandant dem Anwalt trotz ausreichender Nachfragen den Sachverhalt nicht vollständig offenbart hat und dies zum Prozessverlust führt, begründet dies den Mitverschuldensvorwurf.[82]
- *Verletzung von Mitwirkungspflichten.*
  Beispielhaft zu nennen ist die verzögerte Einzahlung des Gerichtskostenvorschusses durch den Mandanten.[83]
- *Der Mandant muss sich das Mitverschulden eines Erfüllungsgehilfen anrechnen lassen.*
  Als Erfüllungsgehilfen des Mandanten gelten dessen Angestellte oder Familienmitglieder, denen der Mandant etwa die Informationserteilung überträgt, nicht jedoch ein später vom Mandanten eingeschalteter Anwalt, der den Schadenseintritt nicht verhindert.[84]

77 BGH NJW 1986, 246; VersR 1974, 906
78 BGH NJW-RR 1990, 204
79 BGH NJW-RR 1990, 204
80 BGH VersR 1985, 446
81 Rinsche, Die Haftung des Rechtsanwalts und des Notars, I Rn 127
82 BGH VersR 1997, 187
83 BGH VersR 1995, 336
84 BGH NJW 1993, 1779

Etwas anderes gilt nur dann, wenn der Mandant den zweiten Anwalt beauftragt hatte, einen erkannten oder jedenfalls unterstellten Fehler des ersten Anwalts zu korrigieren.[85]

3. Verjährung

503 Haftpflichtansprüche gegen den Anwalt verjähren gemäß § 51 b BRAO in drei Jahren. Die Frist beginnt mit der Entstehung des Anspruchs zu laufen, und zwar unabhängig von einer Kenntnis des Mandanten vom Schaden, spätestens jedoch mit dem Mandatsende. Der Anwalt ist verpflichtet, den Mandanten auf die bestehende Regressmöglichkeit, also eine von ihm begangene Pflichtverletzung, hinzuweisen. Kommt er dieser Verpflichtung nicht nach, führt der sogenannte »sekundäre Regressanspruch« dazu, dass die Verjährung des ursprünglichen Ersatzanspruches – Primäranspruch – nicht beachtet wird.[86] Problematisch ist die Frage, wann ein Schaden eingetreten ist und damit die Verjährungsfrist zu laufen begonnen hat. Nach der neueren höchstrichterlichen Rechtsprechung[87] ist das der Fall, wenn sich die Vermögenslage des Betroffenen objektiv verschlechtert hat; nicht jedoch, wenn nur das Risiko eines Vermögensnachteils besteht.

Fall:

504 *Ein nichteheliches Kind macht gegen die Erben seines Vaters Pflichtteilsansprüche geltend. Die Erben verteidigen sich mit Hinweis darauf, dass die Abstammung des Klägers nicht bewiesen sei.*[88] *Der Anwalt versäumt es, die Abstammung durch Vorlage der entsprechenden Urkunde zu belegen. Die Klage wird abgewiesen. Nach Ansicht des Bundesgerichtshofes ist ein Schaden noch nicht eingetreten, nachdem die erstinstanzliche Entscheidung im Berufungsrechtszug noch korrigiert werden kann.*[89]

505 Anders beim Fall der Fristversäumnis:

---

85 Rinsche, Die Haftung des Rechtsanwalts und des Notars, I Rn 250

86 BGH NJW 1985, 2250; 1996, 661

87 BGH NJW 1996, 2929 (vgl zur früheren Rechtsprechung: BGH NJW-RR 1990, 459; NJW 1987, 1887)

88 Voraussetzung des Pflichtteilsanspruches ist, dass die Vaterschaft förmlich feststeht, was voraussetzt, dass sie entweder durch rechtskräftiges Urteil gerichtlich festgestellt wurde (§§ 1592 Nr. 3, 1600 d) oder wirksam anerkannt wurde (§§ 1592 Nr. 2, 1594, 1596 ff BGB), zu letzterem ist seit 1. 7. 1978 auch die Zustimmung der Mutter, ggf auch des Kindes erforderlich, § 1595 I 2 BGB; vgl hierzu Palandt/Edenhofer, BGB, § 1924 Rn 8; § 2303 Rn 3

89 BGH NJW 1992, 2828

Fall:

Der Anwalt versäumt es, den Pflichtteilsanspruch rechtzeitig einzuklagen. Der Gegner beruft sich auf die Einrede der Verjährung. Der Schaden tritt mit Fristablauf ein.[90] 506

Der zur Vermeidung des Sekundäranspruchs erforderliche Hinweis des Anwalts auf die gegen ihn bestehende Regressmöglichkeit muss so rechtzeitig erfolgen, »dass der Mandant in der Lage ist, ohne Zeitdruck anderweitigen Rechtsrat einzuholen und ggf. die Verjährung durch gerichtliche Geltendmachung (§ 209 BGB) zu unterbrechen.[91] Verletzt der Anwalt die Hinweispflicht, hat er den Auftraggeber so zu stellen, wie dieser bei richtiger Belehrung stünde: Die Verjährung des Primäranspruches gilt als nicht eingetreten.[92] 507

Die Verjährung wird durch Anerkenntnis (§ 208 BGB) oder durch Klageerhebung (§ 209 BGB) unterbrochen; durch Stundung wird sie gehemmt (§ 202 BGB). 508

VI. Beweisfragen

1. Nachweis des Vertragsschlusses

Der Mandant hat die Voraussetzungen für das Vorliegen eines Vertrages zu beweisen.[93] In aller Regel kommt es, wie oben in Rn 436 ff bereits erläutert, auf die Umstände der Ratserteilung an. Sprechen diese, etwa weil der Mandant sich schriftlich an den Anwalt unter dessen Kanzleiadresse gewandt hat, dafür, dass ein Vertrag zustande kommen sollte, ist von dem Bestehen eines Anwaltsvertrages auszugehen. 509

Wie wichtig es ist, den Umfang des Mandats klarzustellen, ist ebenfalls oben in Rn 447 ff bereits erläutert worden. Nachdem der Anwalt »zur allgemeinen, umfassenden und möglichst erschöpfenden Belehrung des Auftraggebers verpflichtet« ist,[94] trifft ihn die Substantiierungspflicht dafür, dass sich seine Tätigkeit nur auf einen bestimmten Teilaspekt der Angelegenheit bezog. Es reicht nicht aus, pauschal ein »umfassendes Mandat« zu bestreiten.[95] 510

2. Nachweis der Pflichtwidrigkeit

Der Mandant trägt die Beweislast für die von ihm behauptete Pflichtwidrigkeit. Er muss etwa darlegen und beweisen, dass der Anwalt Rechtsvorschriften fehlerhaft angewendet hat.[96] Der Mandant muss auch sogenannte negative 511

90 BGH WM 1994, 2162; WM 1998, 297
91 BGH NJW 1992, 836
92 BGH NJW-RR 1990, 459; NJW 1985, 2250
93 Borgmann/Haug, Die Anwaltshaftung S 274 ff
94 BGH NJW 1988, 563, 566
95 Rinsche, Die Haftung des Rechtsanwalts und des Notars, I Rn 295; BGH VersR 1997, 187
96 BGH NJW 1985, 264; 1988, 706; Vollkommer, Anwaltshaftungsrecht, Rn 495 ff

Tatsachen beweisen, also darlegen und den Nachweis führen, dass der Anwalt einen erforderlichen Hinweis nicht erteilt habe.[97]

Fall:

512 *Kurz vor Ablauf der Verjährungsfrist sucht der Mandant, der Pflichtteilsansprüche geltend machen will, einen Anwalt auf. Dieser fasst das Beratungsgespräch zusammen und weist darauf hin, dass Pflichtteilsergänzungsansprüche hinsichtlich derjenigen Geschenke geltend gemacht werden könnten, die innerhalb der letzten 10 Jahre vor dem Tod des Erblassers vorgenommen worden wären. Der Mandant entschließt sich, Ansprüche nicht zu verfolgen, behauptet später jedoch, er hätte sich anders entschieden, hätte er gewusst, dass für Grundstücksschenkungen unter Nießbrauchsvorbehalt die 10-Jahresfrist des § 2325 III BGB nicht gilt.[98] Der Anwalt behauptet, er habe auf diesen Teilaspekt der Rechtslage durchaus hingewiesen, ihn jedoch in seinem zusammenfassenden Schreiben nicht (nochmals) wiedergegeben. Nach Ansicht des Bundesgerichtshofs trägt der Mandant auch dann die Beweislast für einen unterlassenen Hinweis, wenn eine schriftliche Stellungnahme des Rechtsanwalts einen Teilaspekt nicht enthalte.[99] Der Anwalt darf jedoch nicht »ins Blaue hinein« behaupten, er habe den erforderlichen Rat erteilt, auch wenn er sich an Einzelheiten des Beratungsgespräches nicht erinnern kann. Er verhält sich aber korrekt, wenn er im Haftpflichtprozess vorträgt, er erteile in vergleichbaren Fällen immer einen entsprechenden Ratschlag.[100]*

3. Schaden und Schadenseintritt

513 Der Mandant hat zu beweisen, dass ihm ein Schaden entstanden ist, der auf das pflichtwidrige Verhalten des Anwalts zurückzuführen ist. Gewisse Erleichterungen kommen ihm im Bereich der haftungsausfüllenden Kausalität zu Hilfe. Nach Ansicht des Bundesgerichtshofs ist in diesem Bereich § 287 ZPO mit der Folge zu beachten, dass eine »deutlich überwiegende, auf gesicherter Grundlage beruhende Wahrscheinlichkeit [...] für die richterliche Überzeugungsbildung ausreichen soll«.[101] Ist ein erforderlicher Hinweis des Anwalts nicht erteilt worden, gilt die bereits angesprochene »Vermutung des

---

97 Rinsche, Die Haftung des Rechtsanwalts und des Notars, I Rn 297

98 BGHZ 118, 49

99 BGH NJW 1985, 264; vgl auch Rinsche, Die Haftung des Rechtsanwalts und des Notars I Rn 298, der darauf hinweist, dass nach der höchstrichterlichen Rechtsprechung – nach den Umständen des Einzelfalls – ein Anscheinsbeweis zugunsten des Mandanten nicht ausgeschlossen sei.

100 Rinsche, Die Haftung des Rechtsanwalts und des Notars, I Rn 300, der allerdings hervorhebt, dass der Vortrag des Anwalts vor dem Hintergrund der strengen Rechtsprechung möglicherweise nicht ausreicht, nachdem der Bundesgerichtshof dem Anwalt abverlangt, er müsse den »Gang der Besprechung im einzelnen schildern«; BGH NJW 1987, 1322; vgl auch BGH NJW 1991, 2280, 2283

101 BGH WM 1992, 2020, 2022

beratungsgemäßen Verhaltens«.[102] Zugunsten des Mandanten wird angenommen, dass dieser einen sachgemäßen Rat des Anwalts befolgt hätte. Allerdings handelt es sich hierbei nur um einen Anscheinsbeweis: Die Vermutung des beratungskonformen Verhaltens kann erschüttert werden, wenn die konkrete Möglichkeit eines anderen Kausalverlaufs dargetan und bewiesen wird.[103]

Fall:

514 *Kann der Anwalt darlegen und beweisen, dass der Mandant auch in anderen Fällen sinnvolle Ratschläge nicht befolgt hat, weil er die Kosten einer gerichtlichen Auseinandersetzung (grundsätzlich) scheut, kann nicht (mehr) von einem Anscheinsbeweis beratungsgemäßen Verhaltens ausgegangen werden.*[104]

515 Es ist zulässig, im Regressprozess Erkenntnismöglichkeiten zu nutzen, die im Vorprozess nicht zur Verfügung gestanden hätten. Dies führt dazu, dass der Prozessgegner als Zeuge vernommen werden kann, auch wenn er im Ausgangsprozess im Hinblick auf seine Parteirolle als Zeuge nicht zur Verfügung gestanden hätte.[105]

Fall:

516 *Wird im obigen Beispielsfall die Pflichtteilsklage abgewiesen, weil der Anwalt es pflichtwidrig versäumt hat, die Abstammung des Klägers zu beweisen, können im Regressprozess die Erben als Zeugen dafür benannt werden, dass der Anspruch im Hinblick auf die Überschuldung des Nachlasses nicht hätte durchgesetzt werden können.*

VII. Haftungsbeschränkungen und Versicherungsfragen

1. Haftungsbeschränkungsvereinbarungen

517 Gemäß § 51 a BRAO ist es zulässig, die Haftung durch schriftliche Individualvereinbarung mit dem Mandanten auf die Mindestversicherungssumme in Höhe von 500 000 DM zu beschränken.

518 Durch vorformulierte Vertragsbedingungen kann der Anwalt die Ersatzverpflichtung auf den vierfachen Betrag der Mindestversicherungssumme, mithin auf 2 Mio. DM, beschränken, wenn insoweit auch Versicherungsschutz besteht.

---

102 Rinsche, Die Haftung des Rechtsanwalts und des Notars, I Rn 309
103 BGH VersR 1994, 189
104 Rinsche, Die Haftung des Rechtsanwalts und des Notars, I Rn 309
105 BGH NJW 1979, 819

519 Die gesamtschuldnerische Haftung aller Sozien kann durch vorformulierte Bedingungen eingeschränkt werden, mit der Folge, dass nur einzelne Mitglieder der Sozietät als Haftungsschuldner in Betracht kommen, § 51 a II 2 BRAO. Eine Beschränkung ist aber nur auf Sozietätsmitglieder möglich, die das Mandat im Rahmen ihrer eigenen beruflichen Befugnisse bearbeiten.[106]

520 Eine Haftung wegen Vorsatzes kann nicht im Voraus ausgeschlossen werden, wie sich aus § 276 II BGB ergibt. Der Anwalt kann ferner nicht die Haftung für grobe Fahrlässigkeit durch vorformulierte Bedingungen – Mandatsbedingungen – ausschließen; dies ergibt sich aus § 11 Nr. 7 AGBG.

521 Eine vorformulierte Haftungsbeschränkung könnte etwa wie folgt lauten:

Musterformulierung:

Die Haftung der beauftragten Rechtsanwälte wird für alle leicht fahrlässig verursachten Haftpflichtfälle auf einen Höchstbetrag von 2 Mio. DM beschränkt. Eine weitergehende Haftung der Rechtsanwälte bei Vorsatz und grober Fahrlässigkeit bleibt hiervon unberührt.

Auf ausdrückliche Weisung des Auftraggebers ist es möglich, auf dessen Kosten eine Einzelfallversicherung mit einer höheren Haftungssumme abzuschließen.

Praxis-Tipp:

522 *Eine Einzelvereinbarung wird von der Rechtsprechung nur angenommen, wenn die gewünschte Regelung ernsthaft zur Disposition steht;[107] anderenfalls wird sie als AGB beurteilt.*

523 Eine gesetzliche Haftungsbeschränkung für Fehler bei der Berufsausübung auf den handelnden Partner ist in § 8 II PartGG enthalten.

2. Haftpflichtversicherung

524 Gemäß § 51 BRAO ist jeder Anwalt verpflichtet, eine Versicherung von Vermögensschäden zur Deckung der zivilrechtlichen Haftung aus seiner Berufstätigkeit mit einer Versicherungssumme von mindestens 500 000 DM abzuschließen und aufrecht zu erhalten; die Summe muss mindestens viermal im Jahr zur Verfügung stehen. Das Bestehen einer derartigen Haftpflichtversicherung ist Voraussetzung für die Zulassung gemäß § 12 BRAO.

525 Von der Haftpflichtversicherung nicht gedeckt sind Veruntreuungen durch den Anwalt, seiner Angehörigen, Sozien und Kanzleipersonal sowie die Tätigkeit in ausländischen Kanzleien oder Büros. Diese Risikoausschlüsse kann der Versicherer auch geschädigten Dritten gegenüber geltend machen.[108] Die Ver-

106 Rinsche, Die Haftung des Rechtsanwalts und des Notars, I Rn 324 und ZAP 1997, 23, 262
107 BGH NJW 1992, 2759
108 Borgmann in: Büchting Beck'sches Rechtsanwalts-Handbuch 1999/2000, E 2 Rn 48

sicherung haftet gemäß § 158 c II VVG noch einen Monat nach Mitteilung vom Ende des Versicherungsschutzes.

3. Obliegenheiten im Rahmen des Versicherungsvertrages

Es gibt keinen direkten Anspruch des Mandanten gegen die Haftpflichtversicherung des Anwalts. Ist diese wegen Obliegenheitsverletzungen des Versicherungsnehmers leistungsfrei, muss sie gemäß § 158 c I VVG[109] an den geschädigten Mandanten leisten und ist selbst auf einen Rückgriffsanspruch gegen den Versicherungsnehmer verwiesen. 526

Bei vorsätzlicher Verletzung vertraglicher Obliegenheiten ist der Versicherer im Innenverhältnis zu seinem Vertragspartner leistungsfrei. Bei grob fahrlässiger Obliegenheitsverletzung ist entscheidend, inwieweit diese den Schaden oder seinen Umfang beeinflusst hat; Kenntnis der Obliegenheiten setzt die Rechtsprechung bei einem Anwalt voraus.[110] 527

Folgende Obliegenheiten sind zu beachten: 528

Schadensmeldung

Der Anwalt muss den Schaden schon dann melden, wenn ihm bekannt wird, dass er einen Fehler begangen hat, der Haftpflichtansprüche auslösen könnte. Auf diese Art und Weise wird dem Versicherer die Möglichkeit eingeräumt, den Schadenseintritt durch geeignete Abhilfemaßnahmen zu vermeiden.[111]

Unverzügliche Anzeige an den Versicherer

Mitzuteilen sind: ein gegen den Anwalt gerichteter Mahnbescheid, ein Straf- oder Ermittlungsverfahren, gegen ihn erhobene Schadenersatzansprüche, Prozesskostenhilfegesuche oder andere gerichtliche Geltendmachung eines Anspruchs gegen den Anwalt, ebenfalls Arreste, einstweilige Verfügungen oder Beweissicherungsverfahren sowie die Streitverkündung.[112]

Schadensminderungspflicht

Der Anwalt muss alles tun, was zur Information des Versicherers beiträgt, etwa Handakten übersenden und ihn bei der Abwehr des Schadens unterstützen.[113]

---

109 Der geschädigte Dritte kann den fingierten Befreiungsanspruch des Versicherungsnehmerns pfänden und an sich überweisen lassen, nachdem er ein Urteil über den Haftungsanspruch erwirkt hat, BGHZ 7, 244; 26, 133

110 Borgmann in: Büchting Beck'sches Rechtsanwalts-Handbuch 1999/2000, E 2 Rn 49

111 Borgmann in: Büchting Beck'sches Rechtsanwalts-Handbuch 1999/2000, nennt bei Versäumung von Notfristen die Wiedereinsetzung in den vorigen Stand, zu der die Versicherung die erforderlichen Schritte Hinweise zu geben hat

112 Borgmann in: Büchting Beck'sches Rechtsanwalts-Handbuch 1999/2000, E 2 Rn 50

113 Borgmann in: Büchting Beck'sches Rechtsanwalts-Handbuch 1999/2000/Borgmann, E 2 Rn 52

■ **Anerkenntnisverbote**

Der Anwalt muss darauf achten, dass er durch den Hinweis seine Ersatzpflicht nicht anerkennt, er muss insbesondere die Kausalitätsfrage offen lassen.[114] Hierzu gehört nicht der Hinweis des Anwalts an seinen Mandanten, dass ein Anspruch gegen ihn in Betracht komme.

529 Der Deckungsanspruch des Anwalts gegen seinen Versicherer verjährt in zwei Jahren, gerechnet vom Jahresende nach der ersten Inanspruchnahme an, § 12 I VVG. Die Anmeldung beim Versicherer hemmt die Frist bis zu dessen schriftlicher Entscheidung, § 12 II VVG.

VIII. Einzelfälle der Anwaltshaftung im Erbrecht

1. Verjährung und Verfristung

530 Die Prüfung von Fristen, die bei der Mandatsbearbeitung eine Rolle spielen können, gehört zu den wichtigsten Aufgaben des Anwalts, der gesamte Bürobetrieb muss auf die unbedingte Einhaltung dieser Verpflichtung abgestellt sein.[115] Verschließt sich der Anwalt dieser Erkenntnis, drohen ihm sogar strafrechtliche Konsequenzen: Unterlässt er trotz Kenntnis der Verjährungsvorschriften und entsprechender Aufforderung des Mandanten, die gebotenen Schritte einzuleiten, macht er sich möglicherweise sogar der Untreue schuldig.[116] Die wichtigsten im Erbrecht zu behandelnden Fristen sind unten in der Übersicht Rn Kap 1 C. abgedruckt.[117] Besonders praxisrelevant ist die Verjährungsvorschrift des § 2332 BGB.

Fall:

531 *Der Erblasser setzt testamentarisch einen seiner beiden Söhne zum Alleinerben ein, wendet seinem zweiten Sohn seine wertvolle Sammlung ägyptischer Altertümer zu, die drei Jahre nach dem Erbfall vom Erben an den Vermächtnisnehmer zu übergeben ist. Nachdem die Fälligkeit des Vermächtnisanspruches eingetreten ist, bittet der Vermächtnisnehmer einen Rechtsanwalt, die Herausgabe der wertvollen Sammlung zu verlangen. Der Anwalt weist darauf hin, eigentlich hätte der Mandant doch seinen Pflichtteil in Geld verlangen können, nachdem der Pflichtteilsanspruch über dem Wert des Vermächtnisses liege. Er schlägt mit Einverständnis des Mandanten das Vermächtnis aus und verlangt Auszahlung des Pflichtteils. Der Erbe beruft sich auf die Verjährung des Pflichtteilsanspruches und verweigert die Erfüllung des Vermächtnisses im Hinblick auf die Ausschlagung.*

---

114 Borgmann in: Büchting Beck'sches Rechtsanwalts-Handbuch 1999/2000, E 2 Rn 53
115 RGZ 115, 187; BGH VersR 1967, 704; MDR 1971, 917; NJW 1988, 1079
116 BGH NJW 1983, 461
117 Kap 1 C

Der Pflichtteilsanspruch verjährt in drei Jahren von dem Zeitpunkt an, in dem der Pflichtteilsberechtigte Kenntnis vom Erbfall und der ihn beeinträchtigenden letztwilligen Verfügung erlangt. Im Beispielsfall war der Pflichtteilsanspruch verjährt, nicht aber der Vermächtnisanspruch, für den die dreißigjährige Verjährungsfrist des § 195 BGB gilt.[118] Dies führt dazu, dass der Mandant leer ausgeht, die Unkenntnis der Rechtslage berechtigt nicht zur Anfechtung der Ausschlagung.[119] Der Anwalt schuldet Schadensersatz in Höhe des Vermächtnisanspruches. Ein höherer Anspruch scheidet aus: Bereits zum Zeitpunkt seiner Einschaltung konnte der Pflichtteilsanspruch im Hinblick auf die eingetretene Verjährung nicht durchgesetzt werden. 532

Häufig übersehen wird, dass der Ergänzungsanspruch im Sinne des § 2329 BGB unabhängig von der Kenntnis des Berechtigten mit dem Erbfall zu laufen beginnt, § 2332 II BGB. Dies gilt auch für den Fall, in dem der Beschenkte zugleich Miterbe ist.[120] 533

Fall:

*Der unverheiratete Erblasser setzt seinen einzigen Sohn und zwei seiner besten Freunde als Miterben ein. Der vom Sohn eingeschaltete Anwalt schlägt die Erbschaft aus, um Pflichtteilsansprüche geltend machen zu können. Ihn trifft der Vorwurf schuldhaften Verhaltens, weil er § 2305 BGB übersehen hat. Der Erbe kann nicht den unzureichenden Erbteil ausschlagen und den vollen Pflichtteil verlangen. Vielmehr hätte der Anwalt gemäß § 2305 den Zusatz-/Rest-Pflichtteil verlangen müssen. Mit der Ausschlagung hat er den Verlust der Erbeinsetzung herbeigeführt, mit der Folge, dass **nur** der Rest-Pflichtteil verlangt werden kann.*[121] 534

Schwierigkeiten kann das Pflichtteilsrecht des Ehegatten aufwerfen. 535

Fall:

Der Erblasser enterbt seine Ehefrau, vermacht ihr ein lebenslängliches Wohnrecht in dem zuletzt von ihr genutzten Haus und setzt seinen Sohn aus erster Ehe als Alleinerben ein. Die Ehefrau schlägt auf Empfehlung ihres Anwalts das Vermächtnis aus und macht ein Viertel des Nachlasswertes als Pflichtteil geltend. Es kommt zum Prozess. Nach drei Jahren merkt der Anwalt während des laufenden Verfahrens, dass er § 1371 II BGB nicht beachtet hat, der (»kleine«) Pflichtteil beträgt nur ein Achtel des Nachlasswertes. Stützt er nunmehr seinen Zahlungsanspruch teilweise auf den Pflichtteilsanspruch und macht im übrigen Zugewinnausgleichsansprüche geltend, hilft ihm dies nicht weiter: Beruft sich der Erbe auf die Einrede der Verjährung, hat er hiermit Erfolg. Die fehlerhafte Geltendmachung des großen Pflichtteils unterbricht nicht die Verjährung des Zugewinnausgleichsanspruchs, für den gemäß § 1378 BGB ebenfalls eine drei- 536

118 Palandt/Edenhofer, BGB, § 174 Rn 8

119 Lang, AnwBl 1983, 166; Rinsche, Die Haftung des Rechtsanwalt und des Notars, I Rn 386

120 BGH NJW 1986, 1610

121 BGH DNotZ 1974, 597

jährige Verjährungsfrist gilt.[122] Richtig wäre es gewesen, den »großen Pflichtteil« als Zusatz-Pflichtteil geltend zu machen, vorausgesetzt, dass das Vermächtnis nicht ausgeschlagen wurde. Das Vermächtnis wäre auf den Pflichtteil angerechnet worden, § 2307 I 2 BGB.

537 Der Anwalt muss sehr genau prüfen, ob verjährungsunterbrechende Maßnahmen den Mandanten umfassend schützen. Ein Anerkenntnis im Sinne des § 208 BGB **kann** in der Auskunft über den Nachlassbestand zu sehen sein. Um sicher zu gehen, sollte der Anwalt jedoch vom Gegner ausdrücklich eine (nochmalige) Bestätigung fordern, dass dieser sich bis zum Abschluss der außergerichtlichen Korrespondenz nicht auf die Verjährungseinrede beruft.[123]

538 Die Auskunftsklage unterbricht die Verjährung des Pflichtteilsanspruches nicht,[124] so dass im Zweifelsfall die umfassende Verjährungsunterbrechung durch Erhebung der Stufenklage herbeigeführt werden muss.[125] Die Stufenklage unterbricht die Verjährung auch hinsichtlich des noch nicht bezifferten Zahlungsanspruches.

2. Formfragen

539 Berät der Anwalt den Mandanten in Fragen der Testamentsgestaltung, muss er darauf achten, dass die letztwillige Verfügung in wirksamer Form zustandekommt. Nachdem es bei der Erläuterung von Formvorschriften zu Missverständnissen kommen kann, tut der Anwalt gut daran, sich ein vom Mandanten errichtetes Testament im Original oder in Fotokopie vorlegen zu lassen, bevor er das Beratungsmandat abschließt. Dies gilt insbesondere dann, wenn der Anwalt den Text vorformuliert und ihn mit weiten Gestaltungshinweisen dem Mandanten zur Verfügung gestellt hat. Der Anwalt sollte auch auf die Möglichkeit, die letztwillige Verfügung beim Amtsgericht zu hinterlegen (§ 2248 BGB), hinweisen.

540 Formalien sind auch bei der **Aufhebung** letztwilliger Verfügungen zu beachten. Übersehen wird nicht selten, dass ein durch Erbvertrag gebundener Vertragspartner diesen nur bei gleichzeitiger Anwesenheit beider Vertragsparteien aufheben kann, §§ 2290, 2276 BGB (entsprechend der Vorschrift zum Vertragsschluss: § 2276 I 1 BGB).

3. Ausschlagung

541 Das Gesetz stellt mit sechs Wochen eine knapp bemessene Frist für die Ausschlagung zur Verfügung, um den Zeitraum zwischen Anfall der Erbschaft

122 BGH NJW 1983, 388
123 Vgl zum Umfang eines Anerkenntnisses durch Auskunftserteilung: BGH WM 1987, 1108; BGHZ 95, 76
124 RGZ 215, 219
125 BGH NJW 1975, 1409

und deren Annahme kurz zu halten.[126] Hat der Erbe die Ausschlagungsfrist versäumt, muss ihn der Anwalt auf die Möglichkeit hinweisen, bisweilen durch Nachlassverwaltung oder Nachlasskonkurs (vgl § 1975 ff BGB) eine Trennung der Haftungsmassen in Privatvermögen und Nachlass herbeizuführen und dadurch die Haftung für die Nachlassverbindlichkeiten zu beschränken. Bevor der Anwalt zur Ausschlagung rät, muss er sehr genau prüfen, ob er damit seinen Mandanten nicht »rechtlos« stellt. Eine genaue Prüfung ist insbesondere bei der Ausschlagung mit dem Ziel, die Geltendmachung von Pflichtteilsansprüchen zu eröffnen, geboten. Der Pflichtteilsanspruch hängt von der Ausschließung des Erben vom Nachlass durch letztwillige Verfügung des Erblassers ab. Bringt sich der Pflichtteilsberechtigte selbst um seine Mindestbeteiligung am Nachlass, erhält er den Pflichtteil nicht, wenn er im Sinne des § 2306 BGB ein unbeschränkten Erbteil in Höhe von mindestens der Hälfte des gesetzlichen Erbteils bekommen sollte.[127] Die Ausschlagung ist deshalb nur dann in Betracht zu ziehen, wenn der Erbteil mit Belastungen verbunden und größer als die Hälfte des gesetzlichen Erbteils ist. Dasselbe gilt, wenn das Erbe mit einem Vermächtnis belastet ist (vgl §§ 2306 I 2, 2307 BGB). Vorsicht ist also in Fällen geboten, in denen der Erbe unzureichend, aber unbelastet mit einer Quote als Miterbe eingesetzt wurde.

Der im Güterstand der Zugewinngemeinschaft lebende Ehegatte verliert seinen Pflichtteilsanspruch nicht, wenn er als gesetzlicher Erbe oder als testamentarisch Bedachter das ihm Angefallene ausschlägt und den Zugewinnausgleichsanspruch geltend macht. In diesem Fall steht ihn der sogenannte kleine Pflichtteil zu. 542

4. Wechselbezügliche Verfügungen

Die gegenseitige Erbeinsetzung und Bindung des länger lebenden Partners zu Gunsten der gemeinsamen Kinder ist häufiges Regelungsziel vieler testierender Eheleute, wie die nach wie vor große Beliebtheit des »Berliner Testaments« im Sinne des § 2269 BGB zeigt. Dementsprechend häufig sind auch die Fälle, in denen der im Erbrecht tätige Anwalt nach Umfang und Möglichkeit der Beseitigung der Bindung gefragt wird. 543

Fall:

Der Ehemann, der mit seiner Ehefrau ein Berliner Testament errichtet hat, wendet sich einer neuen Partnerin zu und fragt, ob er ohne weiteres ein Testament zu Gunsten seiner Lebenspartnerin errichten könne. Richtig ist nur eine Antwort: Der Ehemann kann einseitig zu Lebzeiten seine testamentarische Anordnung nur dadurch beseitigen, dass er seinem Ehepartner in Urschrift bzw Ausfertigung eine notarielle Widerrufserklärung zustellt, §§ 2271, 2296 BGB (Zustellung einer beglaubigten Abschrift reicht nicht aus[128]). 544

126 Palandt/Edenhofer, BGB, § 1944 Rn 1
127 Staudinger/Otte, BGB, § 2305 Rn 3
128 BGH DNotZ 1992, 261

545 Bei der Testamentsberatung darf die Frage nach früher errichteten Testamenten bzw Erbverträgen nicht fehlen.[129] Fragt der Anwalt oder Notar nicht nach möglichen Bindungswirkungen, haftet er, wenn ein Widerruf der früheren Erklärung möglich gewesen wäre, denjenigen, die durch das neue – unwirksame – Testament begünstigt worden wären.

5. Vorbehalt der Erbenhaftung

546 Der den Erben vertretende Anwalt muss im Prozess dafür sorgen, dass in das Urteil der Vorbehalt der Erbenhaftung im Sinne des § 780 ZPO aufgenommen wird. Ergeht gegen den Erben ein vorbehaltloses Urteil, kann dieser im Rahmen der Zwangsvollstreckung seine Erbenhaftung nicht beschränken.[130]

Fall:

547 *Der Erblasser enterbt einen seiner Söhne, wendet dem anderen sein Vermögen zu, das im Wesentlichen aus Wertpapierbesitz besteht. Es kommt zum Pflichtteilsprozess. Der den Erben vertretende Rechtsanwalt verzichtet auf den Vorbehalt der Erbenhaftung. Zum Zeitpunkt der Urteilsverkündung ist durch Kursverluste das vererbte Vermögen unter den Pflichtteil gefallen. Dieser Verlust trifft nur den Erben, im Hinblick auf das Stichtagsprinzip des § 2311 BGB nicht den Pflichtteilsberechtigten. Der unterlassene Vorbehalt führt zum Regress gegen den Anwalt.*

6. Haftung des Erbschaftserwerbers

548 Der Erbschaftserwerber haftet für die Nachlassverbindlichkeiten wie der ursprüngliche Erbe, § 2382 I BGB. Diese Haftung kann nicht durch abweichende Vereinbarung ausgeschlossen werden, § 2382 II BGB. Der Veräußerer eines Nachlasses oder eines Erbanteils haftet den Nachlassgläubigern, wenn er die Veräußerung dem Nachlassgericht nicht anzeigt, § 2384 BGB. Auf diese strenge Haftungsregelung hat der beurkundende Notar, gegebenenfalls auch der für die Beratung zuständige Rechtsanwalt, hinzuweisen.[131]

7. Vergleich im Erbschaftsstreit

549 Wird eine erbrechtliche Auseinandersetzung durch Vergleich beigelegt, muss der Anwalt immer prüfen, ob die Vereinbarung der notariellen Beurkundung bedarf. Der Vergleich über ein Erbrecht stellt ein erbschaftskaufähnliches Geschäft dar, das gemäß §§ 2385, 2375 BGB notariell beurkundet werden muss.

---

129 BGH DNotZ 1991, 759; NJW 1987, 1266; Reithmann/Röll, Handbuch der notariellen Vertragsgestaltung, Rn 208

130 Rinsche, Die Haftung des Rechtsanwalts und des Notars, I Rn 392

131 Vollkommer, Anwaltshaftungsrecht, Rn 548

Fall:

Der Erblasser E hat zwei Testamente errichtet. In dem ersten hat er seine Kinder eingesetzt, in dem späteren seine Lebensgefährtin. Die Kinder machen geltend, dass das spätere Testament im Hinblick auf die zwischenzeitlich eingetretene Testierunfähigkeit des Erblassers nichtig sei. Der Streit soll durch Vergleich beigelegt werden. Wird dieser außergerichtlich geschlossen, ist er nicht wirksam. Die Einigungsregelung stellt einen Vergleich zwischen Erbschaftsprätendenten dar, der unter § 2385 BGB fällt. Die notarielle Form ist erforderlich, um den Veräußerer vor übereilten Entscheidungen zu schützen.[132] 550

Als erbschaftskaufähnlich werden auch sogenannte »Anerkenntnisverträge« angesehen, in denen die Beteiligten regeln, wie ein Testament auszulegen ist.[133] Nicht unter § 2385 BGB fallen Erbauseinandersetzungsverträge im Sinne des § 2042 BGB.[134] 551

8. Sicherung eines aufschiebend bedingten Vermächtnisses

Ist dem Mandanten ein nicht mit dem Erbfall fälliges Vermächtnis zugewendet worden, muss der Anwalt prüfen, ob Anlass besteht, den Anspruch zu sichern.[135] Es kommt eine einstweilige Verfügung mit dem Ziel der Eintragung einer Vormerkung im Grundbuch in Betracht. Außergerichtlich kann die Sicherung durch Vereinbarung mit dem Erben (Stellung einer Bankbürgschaft beispielsweise) herbeigeführt werden. 552

9. Gesellschaftsrechtliche Nachfolgeklausel

Instruktiv ist der folgende vom Bundesgerichtshof entschiedene Beispielsfall. 553

Fall:

Der Erblasser lässt sich vom Rechtsanwalt gesellschafts- ***und*** *erbrechtlich beraten und zwar mit dem Ziel, seine Kommanditanteile an seine Erben weiterzugeben. Diese Prüfung kann naheliegender Weise nur erfolgen, wenn der Anwalt die erbrechtliche und die gesellschaftsrechtliche Situation analysiert. Übersieht er eine Nachfolgeklausel des Inhalts, dass die verbleibenden Gesellschafter gegenüber den Erben, die nicht Mitgesellschafter (oder keine Abkömmlinge des Erblassers) sind, die Einziehung des Anteils beschließen können, haftet er den enttäuschten Erben.*[136] 554

---

132 So schon RGZ 72, 210; siehe zum Vergleich in Erbschaftsangelegenheiten: Dressler ZEV 1999, 289

133 BGH NJW 1986, 1812

134 Palandt/Edenhofer, BGB, § 2042 Rn 4

135 OLG Hamm, Entscheidung vom 5. 10. 1995, 28 U 22/95

136 BGH NJW 1995, 2551

10. Vorzeitige Klage auf Erbauseinandersetzung

555 Erbauseinandersetzungsklagen gelten zu Recht als schwierig, weil bei der Erstellung eines Teilungsplanes meist eine Fülle von Details zu berücksichtigen sind: Das Ergebnis der vorzunehmenden Auseinandersetzung ist im Teilungsplan vollständig und zutreffend wiederzugeben.[137]

556 Der Anwalt muss bestimmte Anträge stellen. Das Gericht ist nicht befugt, den Teilungsplan von sich aus abzuändern. Es hat aber wegen der eben erwähnten Schwierigkeiten auf die sachgemäße Antragstellung hinzuwirken.[138]

557 Macht der Anwalt die Auseinandersetzung eines noch nicht teilungsreifen Nachlasses geltend, hilft ihm auch ein Hinweis nicht weiter. Er haftet dem Mandanten auf Ersatz der Prozesskosten, wenn es zur Klageabweisung kommt.[139]

IX. Checkliste

558 Durch Beachtung folgender Hinweise kann man Regressansprüche verhindern oder die Wahrscheinlichkeit des Entstehens herabsetzen:

✔ Bei Mandatserteilung und -bearbeitung:
- Umfassende Sachverhaltsaufklärung; Empfehlung: datierte Aktenvermerke über Besprechungen und Telefonate; Weiterleitung derselben an den Mandanten.[140]
- Klarstellung, ob mit Rechtsschutzversicherung korrespondiert werden soll und ob das Mandat nur für den Fall der Rechtsschutzdeckung gilt.[141]
- Rückgriffsmöglichkeiten bei Prozessverlusten im Auge behalten: dem Mandanten mitteilen und die hierfür erforderlichen Fristen wahren.[142]
- Die Rechtslage im einzelnen erläutern mit allem Für und Wider, auch hinsichtlich der Beweislage.
- Telefonnotizen.
- Schriftliche Dokumentation von Weisungen, insbesondere geänderte Weisungen des Mandanten,[143] laufende Unterrichtung des Mandanten.
- Kontrolle des Einverständnisses des Mandanten.

137 OLG Düsseldorf FamRZ 2000, 1049
138 KG NJW 1961, 733
139 LG Erfurt ZEV 1998, 391
140 Borgmann in: Büchting, Beck'sches Rechtsanwalts-Handbuch 1999/2000/, E 2 Rn 24
141 OLG Nürnberg NJW-RR 1989, 1370
142 Borgmann in: Büchting, Beck'sches Rechtsanwalts-Handbuch 1999/2000/, E 2 Rn 62
143 Vgl hierzu den Hinweis auf die Beweislastprobleme Borgmann in: Büchting, Beck'sches Rechtsanwalts-Handbuch 1999/2000/, E 2 Rn 62 und BGH NJW 1994, 3295

- Bei veränderter Prozess- bzw Sachlage neue Weisung des Mandanten einholen,[144] bei Vertrauenskrise Klärung herbeiführen,[145] bei aussichtslosem Klagebegehren ggf. Mandat niederlegen, den Mandanten auf laufende Frist hinweisen.[146]

✔ Bei Fristen:
- Kürzest denkbare Frist berechnen (im Pflichtteilsrecht: vom Tod des Erblassers ausgehen, auch wenn der Mandant von der ihn enterbenden letztwilligen Verfügung erst später Kenntnis erlangt haben will).
- Frist in der Akte und im Fristenkalender mit entsprechend weiträumigen Vorfristen notieren.
- Frist – dokumentiert – dem Mandanten mitteilen.[147]
- Dem Mandanten mitteilen, welche Arbeitsschritte innerhalb der noch zur Verfügung stehenden Zeit zu unternehmen sind: Recherchen, Korrespondenz, Nachfrage bezüglich Anschriften etc.[148]
- Belehrung über Fristversäumung; Dokumentation der Belehrung.
- Belehrung auch bei Mandatsende, insbesondere bei Mandatsniederlegung.
- Eingetragene Fristen ggf. fortschreiben, etwa bei Verlängerung durch Gericht, bei Anerkenntnis, bei Prozessstillstand nach § 211 II BGB.[149]

---

144 Borgmann in: Büchting, Beck'sches Rechtsanwalts-Handbuch 1999/2000/, E 2 Rn 62

145 Borgmann in: Büchting, Beck'sches Rechtsanwalts-Handbuch 1999/2000/, E 2 Rn 62

146 Borgmann in: Büchting, Beck'sches Rechtsanwalts-Handbuch 1999/2000/Borgmann, E 2 Rn 62

147 Borgmann in: Büchting, Beck'sches Rechtsanwalts-Handbuch 1999/2000/Borgmann, E 2 Rn 62

148 Borgmann in: Büchting, Beck'sches Rechtsanwalts-Handbuch 1999/2000/Borgmann, E 2 Rn 62

149 Borgmann in: Büchting, Beck'sches Rechtsanwalts-Handbuch 1999/2000/Borgmann, E 2 Rn 62

KAPITEL 2
Errichtung von Verfügungen von Todes wegen

ÜBERBLICK

A. Testierfähigkeit und Geschäftsfähigkeit

Der Erblasser ist nicht gezwungen, seine Nachlassplanung an der gesetzlichen Erbfolge auszurichten. Er kann statt dessen die Vorgaben des Gesetzgebers durch seine eigenen Vorstellungen ersetzen und über die Verteilung oder Verwaltung seines Vermögens für die Zeit nach seinem Tod eigenverantwortlich bestimmen. Dies erfolgt durch eine Verfügung von Todes wegen. Dem Erblasser stehen nach § 1937 BGB und § 1941 BGB mit der Errichtung eines Testamentes – auch letztwillige Verfügung genannt – und dem Abschluss eines Erbvertrages zwei Instrumente zur Verfügung. Darüber hinausgehende Möglichkeiten hat er nicht. Im Erbrecht herrscht ein strenger Typenzwang. 1

I. Testierfähigkeit beim Testament

Die Errichtung eines wirksamen Testaments setzt die Testierfähigkeit des Erblassers voraus. Unter der Testierfähigkeit ist die Fähigkeit zu verstehen, ein Testament zu errichten, zu ändern oder aufzuheben.[1] Sie bildet eine Unterart der Geschäftsfähigkeit.[2] Gem § 2229 I BGB tritt die Testierfähigkeit erst mit der Vollendung des sechzehnten Lebensjahres ein. Eine jüngere Person ist testierunfähig. Im Hinblick auf § 2064 BGB kann für diese auch nicht ihr gesetzlicher Vertreter ein Testament errichten. Ein Minderjähriger, der das sechzehnte Lebensjahr vollendet hat, bedarf nach § 2229 II BGB zur Errichtung eines Testaments nicht der Zustimmung seines gesetzlichen Vertreters. Minderjährige können gem § 2233 I BGB jedoch wirksam nur ein öffentliches Testament durch mündliche Erklärung vor einem Notar oder Übergabe einer offenen Schrift errichten. Die Testierunfähigkeit im Übrigen ergibt sich aus § 2229 IV BGB. Danach kann derjenige, der wegen krankhafter Störung der Geistestätigkeit, wegen Geistesschwäche oder wegen Bewusstseinsstörung nicht in der Lage ist, die Bedeutung einer von ihm abgegebenen Willenserklärung einzusehen und nach dieser Einsicht zu handeln, kein Testament errichten. 2

1 Palandt/Edenhofer § 2229 Rn 1

2 Nieder, Handbuch der Testamentsgestaltung 2000, Rn 328; Voit in: Dittmann/Reimann/Bengel, Testament und Erbvertrag 1999, § 2229, Rn 4

Praxis-Tipp:

3 *Es genügt nicht, dass der Erblasser eine allgemeine Vorstellung von der Tatsache der Errichtung des Testaments und vom Inhalt seiner letztwilligen Verfügung hatte; er muss vielmehr auch in der Lage gewesen sein, sich über die Tragweite dieser Anordnungen und ihre Auswirkungen auf die persönlichen und wirtschaftlichen Verhältnisse der Betroffenen sowie über die Gründe, die für oder gegen ihre sittliche Berechtigung sprechen, ein Urteil zu bilden und nach diesem Urteil frei von Einflüssen etwa interessierter Dritter zu handeln.*[3]

4 § 2229 IV BGB fasst im Ergebnis die Gesichtspunkte zusammen, die gem §§ 104 Nr. 2, 105 II BGB zur Nichtigkeit einer Willenserklärung führen.[4] Ein voll Geschäftsfähiger ist damit auch immer testierfähig. Für die Beurteilung der Testierunfähigkeit kommt es – wie bei § 105 II BGB – nur auf den Zustand des Testators im Zeitpunkt der Erklärung an. In lichten Augenblicken errichtete Verfügungen sind wirksam.[5] Selbst eine fortschreitende Gehirnerweichung reicht für sich allein noch nicht aus, um den Erblasser für schlechthin testierunfähig zu halten,[6] auch nicht ein paranoidhalluzinatorisches Syndrom mit Wahnvorstellungen.[7] Andererseits kann der auf Altersdemenz beruhende Abbau durch äußere Fassade verdeckt und überspielt werden.[8] Die gewöhnlichen Alterserscheinungen begründen die Testierunfähigkeit nicht.[9]

Praxis-Tipp:

5 *Die Testierfähigkeit liegt entweder vor oder fehlt ganz. Eine relative, dh je nach Schwierigkeit des Testaments abgestufte Testierfähigkeit*[10] *gibt es ebenso wenig wie eine partielle, dh für einen bestimmten, gegenständlich abgegrenzten Kreis von Angelegenheiten bestehende Testierfähigkeit.*[11]

6 Seit das Betreuungsgesetz mit Wirkung vom 1. 1. 1992 die Entmündigung abgeschafft hat, gibt es keine Testierunfähigkeit wegen Entmündigung mehr (§ 2229 III BGB aF). Vor dem 31. 12. 1991 errichtete Testamente Entmündigter sind gleichwohl unwirksam. Es gilt der allgemeine Grundsatz, dass ein von einem Testierunfähigen errichtetes Testament auch nach Eintritt der Testierfähigkeit unwirksam bleibt.[12] Der Testator hat nur die Möglichkeit der formgerechten Neuerrichtung, gegebenenfalls im Sinne einer Bestätigung nach § 141 I BGB.

---

3 Allg Meinung, vgl nur BayObLGZ 1979, 256; jüngst KG NJW 2001, 903
4 Langenfeld, Testamentsgestaltung 1998, Rn 25; BayObLG NJW-RR 1996, 1289
5 BayObLG ZEV 1994, 303 mit Anm Jerschke
6 Bartsch NJW 2001, 861
7 BayObLG FamRZ 1996, 1109
8 BayObLG FamRZ 1997, 1512
9 Vgl Bartsch NJW 2001, 861
10 Vgl BGHZ 30, 117
11 Vgl BayObLG NJW 1992, 248
12 Vgl Nieder, Handbuch der Testamentsgestaltung 2000, Rn 341

Das Betreuungsgesetz hat neben der Abschaffung der Entmündigung den Einwilligungsvorbehalt eingeführt. Das Vormundschaftsgericht kann gem § 1903 BGB anordnen, dass der Betreute zu einer Willenserklärung, die den Aufgabenkreis des Betreuers betrifft, dessen Einwilligung bedarf. 7

Praxis-Tipp:

Zu beachten ist, dass sich der Einwilligungsvorbehalt nach § 1903 II BGB nicht auf Verfügungen von Todes wegen erstrecken kann. In Betreuungsfällen kommt es daher allein darauf an, ob die natürliche Testierfähigkeit des Betreuten iSd § 2229 IV BGB im Zeitpunkt der Errichtung des Testaments vorliegt oder nicht. Nur im ersten Fall kann dieser wirksam testieren. Der Betreuer hat in keinem Fall die Möglichkeit, auf die Errichtung, Änderung oder Aufhebung des Testaments durch den Betreuten einzuwirken.[13] 8

Der Notar soll bei einer Beurkundung gem § 28 BeurkG seine Wahrnehmungen über die erforderliche Geschäftsfähigkeit des Erblassers in der Niederschrift vermerken. Im Falle eines Testamentes betrifft dies die Testierfähigkeit. In problematischen Fällen, insbes bei Krankheit, sollte der Notar oder beratende Anwalt einen Facharzt zu Rate ziehen. Der Notar hat seine Feststellungen in der Urkunde zu vermerken. 9

Praxis-Tipp:

Im Rechtsstreit ist zur Feststellung der Testierfähigkeit das Gutachten eines Spezialisten – Psychiaters oder Neurologen – erforderlich, nicht nur zB das eines Arztes für Allgemeinmedizin.[14] *Wird die Testierfähigkeit bestritten, ist der Erblasser im Rahmen des § 12 FGG entsprechend dem Grundsatz, dass die Störung der Geistestätigkeit die Ausnahme bildet, so lange als testierfähig anzusehen, bis die Testierunfähigkeit zur vollen Überzeugung des Gerichts feststeht.*[15] *Die Feststellungslast trifft denjenigen, der sich auf die daraus hergeleitete Testamentsunwirksamkeit beruft.*[16] 10

---

13 Nieder, Handbuch der Testamentsgestaltung 2000, Rn 330

14 Vgl BGH FamRZ 1984, 1003; BGH MittBayNot 1984, 264; OLG Hamm DNotZ 1987, 434; BayObLG ZEV 1994, 303 mit Anm Jerschke; vgl auch BGH DNotZ 1970, 656; jüngst KG NJW 2001, 904

15 Vgl BayObLG DNotZ 1991, 904; BayObLG MittBayNot 1995, 56; KG NJW 2001, 903

16 Palandt/Edenhofer § 2229 Rn 14; KG NJW 2001, 904; zur postmortalen Schweigepflicht des Arztes beim Streit um die Testierfähigkeit des Patienten siehe Bartsch NJW 2001, 861

II. Geschäftsfähigkeit beim Erbvertrag

11 Im Erbvertragsrecht gibt es im Gegensatz zum Testament keine Regelung über die Testierfähigkeit. Hier ist auf die allgemeine Geschäftsfähigkeit abzustellen. Dies stellt § 2275 I BGB klar, wonach einen Erbvertrag als Erblasser nur schließen kann, wer unbeschränkt geschäftsfähig, also insbes volljährig, ist. Ein Erbvertrag, den ein geschäftsunfähiger oder beschränkt geschäftsfähiger Erblasser schließt, ist nichtig.[17] Eine Ausnahme enthält das Gesetz in § 2275 II und III BGB für Verheiratete und Verlobte. Danach können Ehegatten und Verlobte einen Erbvertrag schließen, auch wenn sie beschränkt geschäftsfähig iSd § 106 BGB sind. Sie bedürfen hierzu allerdings der Zustimmung des gesetzlichen Vertreters und sofern der gesetzliche Vertreter ein Vormund ist, der Genehmigung durch das Vormundschaftsgericht. Für die Zustimmung des gesetzlichen Vertreters gelten die §§ 108, 109, 114, 182 ff BGB. Sie kann formlos, vor Abschluss des Erbvertrages oder nachträglich sowohl dem beschränkt Geschäftsfähigen wie auch seinem Vertragspartner gegenüber erklärt werden.[18] Nach dem Tod des Erblassers ist weder eine Genehmigung noch Zustimmung zum Erbvertrag möglich.[19]

Praxis-Tipp:

12 *Die hM geht allerdings davon aus, dass ein Testierunfähiger, selbst wenn er nach § 2275 II, III BGB fähig ist, einen Erbvertrag wirksam zu schließen, in diesem Erbvertrag keine einseitigen Verfügungen von Todes wegen treffen kann.*[20]

13 Im Streitfall muss derjenige die Geschäftsunfähigkeit beweisen, der sie behauptet.[21] Ebenso wie beim Testament hat der Notar beim Erbvertrag gem § 28 BeurkG seine Wahrnehmungen von der Geschäftsfähigkeit in der Urkunde zu vermerken.

---

17 Nieder, Handbuch der Testamentsgestaltung 2000, Rn 340; J. Mayer in: Dittmann/Reimann/Bengel, Testament und Erbvertrag 1999, § 2275, Rn 4

18 Vgl J. Mayer in: Dittmann/Reimann/Bengel, Testament und Erbvertrag 1999, § 2275, Rn 10; Nieder, Handbuch der Testamentsgestaltung 2000, Rn 340

19 Nieder, Handbuch der Testamentsgestaltung 2000, Rn 340

20 Nieder, Handbuch der Testamentsgestaltung 2000, Rn 340; Palandt/Edenhofer § 2299 Rn 1; aA etwa J. Mayer in: Dittmann/Reimann/Bengel, Testament und Erbvertrag 1999, § 2299, Rn 11

21 Vgl BGH FamRZ 1984, 1003; BayObLG Rpfleger 1982, 286

B. Arten und Formen von Verfügungen von Todes wegen 231

ÜBERBLICK

B. Arten und Formen von Verfügungen von Todes wegen

Verfügungen von Todes wegen unterliegen einem strengen Formzwang. Verstöße gegen Formvorschriften führen zur unheilbaren Nichtigkeit nach § 125 S 1 BGB, ohne dass über § 2084 BGB eine Aufrechterhaltung möglich ist. 14

I. Testament

Ein Testament enthält einseitige Verfügungen des Erblassers von Todes wegen. Zu unterscheiden sind mit dem Einzeltestament und dem gemeinschaftlichen Testament zwei Arten von Testamenten. Im Rahmen der Grenzen des Gesetzes steht es dem Testierenden frei, wie er seine Vermögensnachfolge regeln will. Der Erblasser kann das Testament nur persönlich errichten, Stellvertretung ist nach § 2064 BGB ausgeschlossen. In einem Testament können die verschiedensten erbrechtlichen Anordnungen getroffen werden. 15

Beispiele:

Erbeinsetzung, Vor- und Nacherbeinsetzung, Vermächtnisse, Auflagen, Teilungsanordnung, Testamentsvollstreckung, usw. 16

Praxis-Tipp:

Bei der Gestaltung eines Testaments sollte nach Möglichkeit auf einen formellen Rahmen zurückgegriffen werden, der die üblicherweise benötigten Angaben enthält und den rechtlichen Hintergrund skizziert. Hierdurch ist in gewissem Umfang sicherzustellen, dass keine wesentlichen Umstände übersehen werden. Dementsprechend sollte das Testament insb Aussagen über frühere, den Erblasser bindende Verfügungen von Todes wegen, den Familienstand und Kinder sowie die Staatsangehörigkeit treffen. 17

18 ## Fragebogen zur Testamentsgestaltung:

1. PERSÖNLICHE DATEN

	Erster Testierender	Zweiter Testierender
Familienname		
Vorname		
Geburtsname		
Anschrift		
Geburtsdatum		
Geburtsort		
Geburtsstandesamt mit Nr.		
Namen der Eltern	Vater: Mutter:	Vater: Mutter:
Beruf		
Familienstand	☐ ledig ☐ verh. ☐ gesch. ☐ verwitwet ☐ Lebenspartner	☐ ledig ☐ verh. ☐ gesch. ☐ verwitwet ☐ Lebenspartner
Falls verheiratet, Güterstand:	☐ gesetzl. ☐ Gütertrennung ☐ Gütergemeinschaft ☐ ehel. Vermögensgemeinschaft nach FGB-DDR	☐ gesetzl. ☐ Gütertrennung ☐ Gütergemeinschaft ☐ ehel. Vermögensgemeinschaft nach FGB-DDR
Falls Lebenspartner, Vermögensstand:	☐ Ausgleichsgemeinschaft ☐ Vermögenstrennung ☐ Vermögensgemeinschaft	☐ Ausgleichsgemeinschaft ☐ Vermögenstrennung ☐ Vermögensgemeinschaft
Telefon/Fax (tagsüber)		
Staatsangehörigkeit		
Angaben nur erforderlich, falls ausländische Staatsangehörigkeit: – Datum der Eheschließung – Erster ehelicher Wohnsitz		
Kinder	☐ eheliche: ☐ nichteheliche: ☐ adoptierte: ☐ aus früherer Ehe:	☐ eheliche: ☐ nichteheliche: ☐ adoptierte: ☐ aus früherer Ehe:
Zweifel an der Testierfähigkeit		
Behinderungen		

2. BISHERIGE VERFÜGUNGEN VON TODES WEGEN

	Erster Testierender	Zweiter Testierender
Einzeltestament	☐ nein ☐ ja und zwar:	☐ nein ☐ ja und zwar:
Gemeinschaftliches Testament	☐ nein ☐ ja und zwar:	☐ nein ☐ ja und zwar:
Erbvertrag	☐ nein ☐ ja und zwar:	☐ nein ☐ ja und zwar:
Sonstige Beschränkungen	Bindungen aus eigener Erbfolge und zwar:	

3. WIRTSCHAFTLICHE VERHÄLTNISSE

	Erster Testierender	Zweiter Testierender
Bargeld, Bankkonten		
Wertpapiere		
Lebensversicherungen		
Immobilien		
Unternehmen/Gesellschaftsbeteiligungen		
Ausländisches Vermögen		
Sonstiges Vermögen		
Verbindlichkeiten		

4. REGELUNGSZIELE

	Erster Testierender	Zweiter Testierender
Soll ein Einzeltestament errichtet werden?	☐ nein ☐ ja und zwar:	☐ nein ☐ ja und zwar:
Soll ein gemeinschaftliches Testament errichtet werden?	☐ nein ☐ ja und zwar:	☐ nein ☐ ja und zwar:

Soll ein Erbe eingesetzt werden?	☐ nein ☐ ja und zwar:	☐ nein ☐ ja und zwar:
Sollen Ersatzerben bestimmt werden?	☐ nein ☐ ja und zwar:	☐ nein ☐ ja und zwar:
Soll eine Enterbung oder eine Pflichtteilsentziehung angeordnet werden?	☐ nein ☐ ja und zwar:	☐ nein ☐ ja und zwar:
Soll eine Vor- und Nacherbfolge angeordnet werden?	☐ nein ☐ ja und zwar:	☐ nein ☐ ja und zwar:
Soll die Erbeinsetzung an Bedingungen geknüpft sein?	☐ nein ☐ ja und zwar:	☐ nein ☐ ja und zwar:
Soll bei minderjährigen Erben ein Vormund bestimmt werden?	☐ nein ☐ ja und zwar:	☐ nein ☐ ja und zwar:
Soll eine Wiederverheiratung berücksichtigt werden?	☐ nein ☐ ja und zwar:	☐ nein ☐ ja und zwar:
Sollen Geld-, Wahl- oder Untervermächtnisse angeordnet werden?	☐ nein ☐ ja und zwar:	☐ nein ☐ ja und zwar:
Soll ein Nießbrauch an Grundbesitz, das Vermächtnis einer Geldrente oder ein Vorausvermächtnis angeordnet werden?	☐ nein ☐ ja und zwar:	☐ nein ☐ ja und zwar:
Soll eine Teilungsanordnung oder ein Auseinandersetzungsverbot getroffen werden?	☐ nein ☐ ja und zwar:	☐ nein ☐ ja und zwar:
Sollen für die Erben Auflagen bestimmt werden?	☐ nein ☐ ja und zwar:	☐ nein ☐ ja und zwar:
Soll eine Testamentsvollstreckung zur Auseinandersetzung unter den Miterben bzw zur Erfüllung der Vermächtnisse angeordnet werden?	☐ nein ☐ ja und zwar:	☐ nein ☐ ja und zwar:
Soll eine Testamentsvollstreckung als Dauervollstreckung angeordnet werden?	☐ nein ☐ ja und zwar:	☐ nein ☐ ja und zwar:

1. Testamentsformen

Zu unterscheiden sind die ordentlichen Testamentsformen von den außerordentlichen. Zur ersten Gruppe zählen das eigenhändige Testament und das öffentliche – notarielle – Testament. Zur zweiten Gruppe gehören das Bürgermeistertestament (§ 2249 BGB), das Dreizeugentestament (§ 2250 BGB) und das Seetestament (§ 2251 BGB). 19

Praxis-Tipp:

Den Vorzug verdient immer das notarielle Testament.[1] *Neben einer umfassenden Beratung ist eine fachmännische Gestaltung und Formulierung durch den Notar sicher gestellt. Dem notariellen Testament kommt zudem die Beweiswirkung einer öffentlichen Urkunde nach §§ 415, 418 ZPO zu, dh es begründet vollen Beweis der in ihm bezeugten Tatsachen, somit von Ort und Zeit seiner Errichtung, der Identität des Testierers und dem Inhalt und der Vollständigkeit der von ihm als letztwillig abgegebenen Erklärungen, nicht jedoch ihrer Richtigkeit.*[2] *Auch können bei Errichtung eines notariellen Testaments regelmäßig dem Erben die Kosten der Beantragung und Erteilung eines Erbscheins eingespart werden. Die Kosten des Erbscheins sind zumeist höher als ein notarielles Testament, weil die Werte steigen. Das notarielle Testament ist gem § 35 I 2 GBO in Verbindung mit dem nachlassgerichtlichen Eröffnungsprotokoll als Erbnachweis geeignet. Schließlich enthält das notarielle Testament gem § 28 BeurKG die Feststellungen des Notars über die Testierfähigkeit des Erblassers und ist nach § 34 BeurKG stets unverzüglich in die besondere amtliche Verwahrung beim Amtsgericht zu verbringen. Auch der beratende Anwalt sollte daher auf einer Überprüfung und Beurkundung durch einen Notar Wert legen, wenn nicht ausnahmsweise der Gesichtspunkt der Kostenersparnis ein eigenhändiges Testament angezeigt erscheinen lässt, zB bei häufig wechselnden Testamenten.* 20

a. Eigenhändiges Testament

Der Erblasser kann ein eigenhändiges Testament errichten. Gem § 2247 I BGB hat er den Text eigenhändig zu schreiben und zu unterschreiben. Anders als beim öffentlichen Testament, bei dem dies wegen der Mitwirkung des Notars kaum zweifelhaft sein kann, muss die eigenhändig niedergelegte Erklärung auf einem ernstlichen Testierwillen beruhen. Erforderlich ist, dass der Erblasser die von ihm erstellte Urkunde als rechtsverbindliche letztwillige Verfügung ansieht oder zumindest das Bewusstsein gehabt hat, die Urkunde könne als Testament angesehen werden.[3] Bei einem formgerecht abgefassten 21

1 Vgl Langenfeld, Testamentsgestaltung 1998, Rn 8; Nieder, Handbuch der Testamentsgestaltung 2000, Rn 1046
2 Vgl OLG Frankfurt Rpfleger 1990, 290
3 Vgl BayObLG Rpfleger 1980, 189; BayObLG NJW-RR 1989, 1092; Palandt/Edenhofer § 2247 Rn 4; Voit in: Dittmann/Reimann/Bengel, Testament und Erbvertrag 1999, § 2247, Rn 5

und inhaltlich vollständigen Testament ist dies regelmäßig nicht problematisch.[4]

Praxis-Tipp:

22 *Anlass zu Zweifeln können insb Brieftestamente geben.[5] Zwar kann ein eigenhändiges Testament auch in der Form eines Briefes errichtet werden. Da ein Brief jedoch nicht der übliche Weg zur Errichtung eines Testaments ist, kann er nur dann als eigenhändiges Testament angesehen werden, wenn nachgewiesen wird, dass der Erblasser den ernstlichen Testierwillen hatte und nicht nur eine unverbindliche, informatorische Mitteilung machen wollte.[6]*

23 Das Vorliegen des Testierwillens ist Tatfrage und im Wege der Auslegung nach § 133 BGB unter Heranziehung aller erheblichen auch außerhalb der Urkunde liegenden Umstände und der allgemeinen Lebenserfahrung zu beurteilen. Insoweit sind strenge Anforderungen zu stellen.[7]

24 § 2247 I BGB schreibt die eigenhändige Niederschrift für den gesamten Wortlaut des Testaments vor, um die Echtheit des Testaments aufgrund der individuellen Schriftzüge nachprüfen zu können.[8]

Praxis-Tipp:

25 *Dieses zwingende Erfordernis kann nicht umgangen werden, indem etwa der Erblasser einen Dritten ermächtigt, für ihn die letztwillige Verfügung niederzuschreiben.[9] Auch Computerausdrucke, Schreibmaschinentexte oder Ähnliches reichen nicht aus.*

26 Ist die Eigenhändigkeit gewahrt, kommt es nicht auf die äußerliche Form des Schreibens, des Materials oder der Schreibmittel an.[10] Bei Verwendung ungewöhnlicher Materialien ist allerdings stets sorgfältig zu prüfen, ob es sich nicht um einen bloßen Testamentsentwurf handelt.[11]

27 Die Schriftzeichen müssen von der Hand des Erblassers stammen und die verwendete Sprache muss ihm bekannt sein, gleichgültig ob es sich um eine leben-

4 Palandt/Edenhofer § 2247 Rn 4; Nieder, Handbuch der Testamentsgestaltung 2000, Rn 1075
5 Vgl Nieder, Handbuch der Testamentsgestaltung 2000, Rn 1075; siehe auch BayObLG ZEV 2000, 365 mit Anm Kroppenberg
6 BayObLG Rpfleger 1980, 189; siehe auch OLG Dresden FamRZ 1998, 985
7 BayObLG Rpfleger 1980, 189; siehe auch Nieder, Handbuch der Testamentsgestaltung 2000, Rn 1075; Palandt/Edenhofer § 2247 Rn 4; Voit in: Dittmann/Reimann/Bengel, Testament und Erbvertrag 1999, § 2247; Rn 7
8 Zum Nachweis des testamentarischen Erbrechts durch Vorlage der Fotokopie eines handschriftlichen Testaments siehe etwa DNotI-Gutachten DNotI-Report 2000, 167
9 BayObLG FamRZ 1990, 441
10 Palandt/Edenhofer § 2247 Rn 5
11 Vgl Palandt/Edenhofer § 2247 Rn 5

de oder tote Sprache handelt.[12] Die Errichtung eines eigenhändigen Testaments in Blindenschrift ist nach der hM nicht möglich.[13] Mit Blindenschrift kann allerdings ein öffentliches Testament durch Übergabe einer Schrift gem § 2232 S 1 BGB errichtet werden. Beim Schreiben des Testaments kann der Erblasser durch einen Dritten unterstützt werden, etwa durch Halten des Arms oder der Hand. Das Testament darf aber nicht von dem Dritten durch Führen der Hand des Testierenden ohne dessen Willen hergestellt werden.[14]

Veränderungen etwa durch Durchstreichen oder Rasuren sind unzweckmäßig, da sie den Beweiswert des eigenhändigen Testaments gem § 419 ZPO beeinträchtigen und gegebenenfalls als Widerruf nach § 2255 BGB angesehen werden können.[15]

Praxis-Tipp:

Es empfiehlt sich deshalb, eine Änderung stets in einem neuen formgerechten Testament vorzunehmen. 28

Zusätze Dritter, Einschaltungen in mechanischer Schrift oder von fremder Hand gelten als nicht geschrieben und machen nicht das gesamte Testament nichtig.[16] Etwas Anderes gilt jedoch, wenn der Erblasser den übrigen Teil nicht ohne die unwirksame Verfügung geschrieben hätte.[17] Unlesbare Teile eines Testaments berühren die Formgültigkeit ebenfalls nicht, sofern feststeht, dass das nicht mehr Lesbare ursprünglich lesbar niedergeschrieben worden ist.[18] Sollte das Testament bereits bei Errichtung objektiv vollkommen unlesbar gewesen sein, liegt keine Erklärung im Rechtssinne vor; es ist nichtig.[19] 29

Stets erforderlich ist die eigenhändige Unterschrift des Testators. Sie dient neben der Handschrift als Beweis für die Echtheit und Urheberschaft des Testaments. Die Unterschrift soll gem § 2247 III 1 BGB den Vornamen und den Familiennamen des Erblassers enthalten. Unterschreibt der Erblasser in anderer Weise und reicht diese Unterzeichnung zur Feststellung der Urheberschaft des Erblassers und der Ernstlichkeit seiner Erklärung aus, steht eine solche Unterzeichnung nach § 2247 III 2 BGB der Gültigkeit des Testaments nicht entgegen. Als Abschluss der Urkunde muss die Unterschrift am Schluss des Textes stehen, um diesen auch räumlich abzudecken.[20] 30

---

12 Nieder, Handbuch der Testamentsgestaltung 2000, Rn 1077; Palandt/Edenhofer § 2247 Rn 6

13 Vgl Palandt/Edenhofer § 2247 Rn 6; Schulze DNotZ 1955, 629; Werner DNotZ 1972, 6; LG Hannover NJW 1971, 1204; OLG Koblenz NJW 1985, 1784; Nieder, Handbuch der Testamentsgestaltung 2000, Rn 1077

14 Vgl BGHZ 47, 71; BGH NJW 1981, 1900; BayObLG FamRZ 1985, 1286; Palandt/Edenhofer § 2247 Rn 6

15 Vgl Palandt/Edenhofer § 2247 Rn 6

16 Vgl Palandt/Edenhofer § 2247 Rn 7; Nieder, Handbuch der Testamentsgestaltung 2000, Rn 1076

17 BayObLG FamRZ 1986, 726

18 Palandt/Edenhofer § 2247 Rn 9

19 Vgl OLG Hamm FamRZ 1992, 356; KG FGPrax 1998, 111

20 Vgl BGHZ 113, 48 mit Anm Köhler JZ 1991, 408

Praxis-Tipp:

31 *Wird ein nicht unterzeichnetes Testament in einem Umschlag aufbewahrt und ist dieser mit einer den Inhalt bezeichnenden Aufschrift und der Unterschrift des Erblassers versehen, kann nach der hM der Umschlag Teil der Urkunde und damit die Testamentsform gewahrt sein. Im Einzelfall ist dies Auslegungsfrage.*[21]

32 Für die Formgültigkeit späterer Zusätze ist entscheidend, dass die Testamentsurkunde zurzeit des Erbfalles eine die gesamten Erklärungen deckende Unterschrift aufweist. Nachträge auf demselben Blatt oberhalb der Unterschrift müssen regelmäßig nicht gesondert unterzeichnet sein, sofern die Auslegung ergibt, dass sie nach dem Willen des Erblassers durch die auf dem Testament befindliche Unterschrift umfasst sein sollen und das äußere Erscheinungsbild dem nicht entgegensteht.[22] Nachträge auf demselben Blatt unterhalb der Unterschrift bedürfen regelmäßig einer gesonderten Unterschrift.[23] Nachträge auf einem gesonderten Blatt tragen stets den Charakter einer neuen letztwilligen Verfügung und bedürfen einer eigenen Unterzeichnung durch den Erblasser.[24]

33 Der Erblasser soll in dem eigenhändigen Testament nach § 2247 II BGB das Datum der Errichtung (Tag, Monat und Jahr) sowie den Ort, an dem das Testament niedergeschrieben wurde, angeben. Enthält das eigenhändige Testament keine Angabe über die Zeit der Errichtung und ergeben sich hieraus Zweifel über seine Gültigkeit, ist das Testament gem § 2247 V 1 BGB nur als gültig anzusehen, wenn sich die notwendigen Feststellungen über die Zeit der Errichtung anderweitig treffen lassen. Dasselbe gilt gem § 2247 V 2 BGB für ein eigenhändiges Testament, das keine Angabe über den Ort der Errichtung enthält.

Praxis-Tipp:

34 *Ein Minderjähriger oder jemand, der Geschriebenes nicht zu lesen vermag, kann gem § 2247 IV BGB ein eigenhändiges Testament nicht errichten. Insoweit kommt nur die Errichtung eines öffentlichen Testaments in Betracht.*

35 Zur Errichtung eines gemeinschaftlichen eigenhändigen Testaments durch Ehegatten genügt es gem § 2267 S 1 BGB, wenn einer der Ehegatten das Testament in der in § 2247 BGB vorgeschriebenen Form errichtet und der andere Ehegatte die gemeinschaftliche Erklärung eigenhändig mitunterzeichnet. Der

---

21 Vgl Nieder, Handbuch der Testamentsgestaltung 2000, Rn 1083; Palandt/Edenhofer § 2247 Rn 16. Das OLG Hamm OLGZ 1986, 292 hat die Abschlussfunktion bei Unterzeichnung eines unverschlossenen Umschlags verneint

22 BGH NJW 1974, 1083; BayObLGZ 1984, 194

23 Vgl Palandt/Edenhofer § 2247 Rn 16; Nieder, Handbuch der Testamentsgestaltung 2000, Rn 1085

24 BGH NJW 1974, 1083; OLG Hamm NJW 1983, 689; BayObLG FamRZ 1984, 1269; Stumpf FamRZ 1992, 1134

mitunterzeichnende Ehegatte soll gem § 2267 S 2 BGB angeben, zu welcher Zeit (Tag, Monat und Jahr) und an welchem Ort er seine Unterschrift beigefügt hat.

Praxis-Tipp:

Hat ein Ehegatte die gemeinschaftliche Erklärung vollständig niedergeschrieben und unterschrieben, wird diese vom anderen Ehegatten aber nicht unterzeichnet, liegt nur der Entwurf eines gemeinschaftlichen Testaments vor. Eine Umdeutung in ein Einzeltestament nach § 140 BGB kommt regelmäßig insb bei wechselbezüglich geplanten Verfügungen nicht in Betracht.[25] **36**

Mit Inkrafttreten des Gesetzes zur Beendigung der Diskriminierung gleichgeschlechtlicher Gemeinschaften (Lebenspartnerschaften vom 16. 2. 2001[26]) am 1. 8. 2001 können zwei Personen gleichen Geschlechts, die nach § 1 Lebenspartnerschaftsgesetz (LPartG) eine Lebenspartnerschaft begründen, gem § 10 IV 1 LPartG ein gemeinschaftliches Testament errichten. Die §§ 2266 bis 2273 BGB gelten nach § 10 IV 2 LPartG entsprechend. Das gemeinschaftliche eigenhändige Testament der Lebenspartner hat also ebenfalls der Formvorschrift des § 2267 BGB zu genügen. **37**

Wo das eigenhändige Testament aufbewahrt wird, ist gleichgültig. Der Erblasser kann nach § 2248 BGB verlangen, dass das Testament in die besondere amtliche Verwahrung beim Amtsgericht gem §§ 2258 a, 2258 b BGB genommen wird. **38**

Praxis-Tipp:

Die Abgabe in die besondere amtliche Verwahrung empfiehlt sich stets, um die Gefahr auszuschließen, dass das Testament später verloren geht, verfälscht oder unterdrückt wird. Durch die besondere amtliche Verwahrung ist in jedem Fall gewährleistet, dass das Testament nach dem Tode eröffnet wird. **39**

Verlangt der Erblasser das Testament aus der besonderen amtlichen Verwahrung zurück, bleibt es gem § 2256 III BGB wirksam. Eigenhändige Testamente, die nicht in die besondere amtliche Verwahrung gebracht werden, sind gem § 2259 I BGB unverzüglich nach dem Erbfall beim Nachlassgericht abzuliefern. **40**

---

25 BayObLG NotBZ 2000, 266; siehe aber auch Palandt/Edenhofer § 2267 Rn 4; J. Mayer in: Dittmann/Reimann/Bengel, Testament und Erbvertrag 1999, § 2267, Rn 37

26 BGBl I 2001, 266; siehe hierzu eingehend Kapitel 3 Rn 347 sowie Krause NotBZ 2001, 241

b. Notarielles Testament

41 Die zweite ordentliche Testamentsform bildet das öffentliche Testament. Dieses kann gem § 2232 BGB zur Niederschrift eines Notars errichtet werden, indem der Erblasser dem Notar seinen letzten Willen mündlich erklärt oder ihm eine Schrift mit der Erklärung übergibt, dass die Schrift seinen letzten Willen enthält. Der Beteiligte kann gem § 29 BeurkG verlangen, dass zur Beurkundung bis zu zwei Zeugen oder ein zweiter Notar zugezogen werden. Dies ist in der Niederschrift zu vermerken. Die Niederschrift ist auch von diesen Personen zu unterschreiben.

aa. Testamentserrichtung durch mündliche Erklärung

42 Den Regelfall bildet die Testamentserrichtung durch mündliche Erklärung zur Niederschrift des Notars.[27] Der letzte Wille des Erblassers wird in der notariellen Urkunde niedergeschrieben. Die Niederschrift ist den Beteiligten vom Notar vorzulesen, von ihnen zu genehmigen und eigenhändig zu unterschreiben. Im Normalfall bestehen keine Besonderheiten zu sonstigen Beurkundungen. Der Notar hat die §§ 9 ff BeurkG zu beachten.

Praxis-Tipp:

43 *Nicht ausreichend ist, wenn ein fast taubstummer Erblasser die ihm vorgelegte Urkunde selbst liest und dann einen gerade noch verständlichen, vom Notar als Bejahung empfundenen Laut von sich gibt.*[28]

bb. Testamentserrichtung durch Übergabe einer Schrift

44 Wird ein notarielles Testament durch Übergabe einer Schrift an den Notar errichtet, hat der Übergeber zu erklären, dass diese Schrift seinen letzten Willen enthält. Der Erblasser kann die Schrift gem § 2232 S 2 BGB offen oder verschlossen übergeben. Ist der Erblasser minderjährig, kann er nach § 2233 I BGB nur durch Übergabe einer offenen Schrift testieren.

Praxis-Tipp:

45 *Die übergebene Schrift braucht nicht eigenhändig geschrieben, sie kann in jeder Form gefertigt sein,*[29] *also zB als Computerausdruck, Maschinenschrift, Lithografie, Pause, Blindenschrift, Kurzschrift oder auch in fremden Schriftzeichen und in fremder Sprache oder von einem Dritten stammend.*[30] *Zwingend erforderlich ist, dass der Erblasser den Inhalt kennt.*[31]

---

27 Vgl hierzu BayObLG DNotZ 2000, 471
28 OLG Hamm OLGZ 1989, 20 mit Anm Burkart DNotZ 1989, 587; BayObLG NJW-RR 2000, 456
29 Palandt/Edenhofer § 2232 Rn 3; Nieder, Handbuch der Testamentsgestaltung 2000, Rn 1067
30 Vgl BGHZ 37, 85
31 Palandt/Edenhofer § 2232 Rn 3; aA Nieder, Handbuch der Testamentsgestaltung 2000, Rn 1065

Der Notar hat bei der Beurkundung der Übergabe einer Schrift gem § 30 BeurkG neben der Erklärung des Erblassers, dass die Schrift seinen letzten Willen enthält, in der Niederschrift festzustellen, dass die Schrift übergeben worden ist. In der Niederschrift soll weiter vermerkt werden, ob die Schrift offen oder verschlossen übergeben worden ist. Von dem Inhalt einer offen übergebenen Schrift soll der Notar Kenntnis nehmen, sofern er der Sprache, in der die Schrift verfasst ist, hinreichend kundig ist. Dem Notar obliegen insoweit die Prüfungs- und Belehrungspflichten des § 17 BeurkG. Die übergebene Schrift soll weiterhin der Niederschrift beigefügt werden. Einer Verlesung der Schrift bedarf es nicht. 46

Praxis-Tipp:

Die Übergabe einer offenen Schrift eignet sich besonders in dem Fall, in dem das Testament von einem anderen Rechtskundigen als dem beurkundenden Notar verfasst wurde, oder, da die Schrift nicht mitverlesen werden muss, für die Beurkundung umfangreicher und vorher eingehend ausgearbeiteter und besprochener Verfügungen von Todes wegen.[32] 47

Die verschlossen übergebene Schrift ist erst bei der Testamentseröffnung nach § 2260 II BGB zu öffnen. Bei der Beurkundung der Übergabe ist der Notar berechtigt, aber nicht verpflichtet, den Erblasser über den Inhalt zu befragen und ihn auf mögliche Bedenken hinzuweisen.[33] 48

Es bedarf keiner besonderen Erwähnung, dass diese Testamentsform erhebliche Nachteile und Gefahren haben kann, insb wenn eine verschlossene Schrift übergeben wird. In diesen Fällen besteht weder die Möglichkeit der Prüfung noch der Beratung durch den Notar. 49

Praxis-Tipp:

In der Praxis kommt diese Art der Testamentserrichtung nicht sehr häufig vor. Denkbar könnte sie sein, wenn es dem Erblasser auf eine völlige Geheimhaltung seines letzten Willens bei Festhaltung seiner Geschäftsfähigkeit durch den Notar ankommt. 50

cc. *Besonderheiten bei der Testamentserrichtung durch Behinderte und Sprachunkundige*

Der Gesetzgeber hat eine Reihe von besonderen Regelungen getroffen, um den Personen, die körperlich behindert sind oder die deutsche Sprache nicht verstehen, die Errichtung eines Testamentes zu ermöglichen. 51

So kann derjenige, der nach seinen Angaben oder nach der Überzeugung des Notars nicht im Stande ist, Geschriebenes zu lesen, das Testament gem § 2233 II BGB nur durch mündliche Erklärung errichten. Dies gilt für Blinde und 52

32 Vgl Nieder, Handbuch der Testamentsgestaltung 2000, Rn 1065
33 Vgl Palandt/Edenhofer § 2232 Rn 3

Analphabeten gleichermaßen. Die Übergabe einer Schrift – mit Ausnahme einer in Blindenschrift verfassten Schrift – durch diese scheidet regelmäßig aus.

53 Sofern der Erblasser nach seinen eigenen Angaben oder nach der Überzeugung des Notars nicht hinreichend zu sprechen vermag, kann er das Testament gem § 2233 III BGB nur durch Übergabe einer Schrift errichten. Der Stumme hat zudem gem § 31 BeurkG die Erklärung, dass die übergebene Schrift seinen letzten Willen enthält, bei der Verhandlung eigenhändig in die Niederschrift oder auf ein besonderes Blatt zu schreiben, das der Niederschrift beizufügen ist. Das eigenhändige Niederschreiben in der Erklärung soll in der Niederschrift festgestellt werden. Die Niederschrift braucht von dem Behinderten nicht besonders genehmigt zu werden.

54 Ist ein Erblasser, der dem Notar seinen letzten Willen mündlich erklärt, der Sprache, in der die Niederschrift aufgenommen wird – also regelmäßig der deutschen Sprache –, nicht hinreichend kundig und ist dies in der Niederschrift festgestellt, so muss gem § 32 BeurkG eine schriftliche Übersetzung angefertigt werden, die der Niederschrift beigefügt werden soll. Der Erblasser kann hierauf verzichten; der Verzicht muss in der Niederschrift festgestellt werden.

55 Neben den vorgenannten speziellen Vorschriften gelten die allgemeinen Regelungen über die Beteiligung behinderter Personen an der Beurkundung, also die §§ 22 ff BeurkG.

56 Bei Kombination bestimmter Behinderungen verschließen das BGB und BeurkG dem an sich testierfähigen Erblasser jegliche Testierform, so dass die betroffenen Personen faktisch aus Formgründen nicht testieren können.[34] Dies gilt insb für Personen, die weder schreiben noch sprechen können, sog schreibunfähige Stumme. Diese sind nach § 2233 III BGB auf das öffentliche Testament angewiesen, aber unfähig gem § 2232 S 1 BGB, § 31 BeurkG zu erklären, das Testament enthalte ihren letzten Willen. Ebenso ausgeschlossen sind lesensunfähige Stumme, die nach § 2247 IV BGB kein eigenhändiges, aber auch kein öffentliches Testament errichten können, weil ihnen die vorgeschriebene Errichtung durch mündliche Erklärung iSd § 2233 II BGB unmöglich ist. Gleiches gilt im Ergebnis für stumme Blinde, die die Blindenschrift nicht beherrschen, und taube Analphabeten, mit denen eine Verständigung unmöglich ist.

57 Das BVerfG hat aus Anlass eines schreibunfähigen Stummen in seinem Urteil vom 19. 1. 1999[35] den generellen Ausschluss schreib- und sprechunfähiger Personen von jeglicher Testiermöglichkeit als Verstoß gegen Art. 14 I GG und Art. 3 I, III 2 GG angesehen und die teilweise Verfassungswidrigkeit der §§ 2232, 2233 BGB, § 31 BeurkG durch ihr Zusammenwirken festgestellt. Das Gericht hat in seiner Entscheidung angeordnet, dass die betroffenen Personen bis zu einer gesetzlichen Neuregelung ein Testament mit notarieller Hilfe

---

34 Vgl Rossak MittBayNot 1991, 143; ders ZEV 1995, 236; OLG Hamm NJW-RR 1994, 593

35 BVerfG NJW 1999, 1853 mit Anm Vollkommer ZEV 1999, 268; Rossak, DNotZ 1999, 416; ders MittBayNot 1999, 190; Lösler NotBZ 1999, 185

errichten können. Gleiches gilt für den Abschluss von Erbverträgen. Hierbei sind die §§ 22 bis 26 BeurkG sowie §§ 27 bis 29, 34, 35 BeurkG zu beachten, insb die Zuziehung von Vertrauenspersonen und Zeugen oder eines zweiten Notars.[36] Die Notare können in solchen Fällen die Beurkundung nicht mehr nach § 4 BeurkG ablehnen. Besondere Bedeutung kommt bei Mehrfachbehinderungen der Prüfung der Testier- bzw Geschäftsfähigkeit zu.

Praxis-Tipp:

Auf bereits errichtete letztwillige Verfügungen sind bis zu einer gesetzlichen Neuregelung die Übergangsvorschriften des BVerfG als Mindeststandard anzuwenden.[37] Für bereits eingetretene Erbfälle steht der Vertrauensschutz einer unbegrenzten Rückwirkung der Entscheidung entgegen, da erstmals 1991 die Verfassungsmäßigkeit angezweifelt wurde.[38] 58

dd. Abgabe in die besondere amtliche Verwahrung

Die Abwicklung von notariellen Testamenten unterscheidet sich ganz erheblich von der Behandlung anderer Urkunden. Der Notar hat gem § 34 BeurkG die Niederschrift über die Errichtung eines Testamentes, also die Urschrift, umgehend in einen Umschlag zu nehmen und diesen mit dem Prägesiegel zu verschließen. In den Umschlag sollen auch die nach den §§ 30 bis 32 BeurkG beigefügten Schriften genommen werden. Auf dem Umschlag hat der Notar den Erblasser seiner Person nach näher zu bezeichnen und anzugeben, wann das Testament errichtet worden ist. Die Aufschrift ist vom Notar zu unterschreiben. Sodann hat er zu veranlassen, dass das Testament unverzüglich – ohne schuldhaftes Zögern,[39] regelmäßig spätestens am Tag nach der Beurkundung – in die besondere amtliche Verwahrung gebracht wird. Grundsätzlich zuständig hierfür ist gem § 2258 a I und II BGB das Amtsgericht – Nachlassgericht –, in dessen Bezirk der Notar seinen Amtssitz hat. Der Erblasser kann allerdings gem § 2258 a III BGB jederzeit die Verwahrung bei einem anderen Amtsgericht verlangen. 59

Praxis-Tipp:

Durch die zwingende Abgabe des notariellen Testaments in die besondere amtliche Verwahrung ist in jedem Fall gewährleistet, dass das Testament nach dem Tode des Erblassers eröffnet wird. 60

36 Vgl Rossak ZEV 1999, 254; Rohlfing/Mittenzwei FamRZ 2000, 654; siehe auch Nieder, Handbuch der Testamentsgestaltung 2000, Rn 1056

37 OLG Hamm FGPrax 2000, 151 mit Anm Krug und Anm Lösler NotBZ 2000, 271; siehe auch LG Paderborn MittBayNot 2000, 240

38 Vgl Palandt/Edenhofer § 2233 Rn 8

39 Vgl Bengel in: Dittmann/Reimann/Bengel, Testament und Erbvertrag 1999, § 34 BeurkG, Rn 11

61 Ein notarielles Testament gilt nach § 2256 I 1 BGB als widerrufen, wenn es an den Erblasser aus der amtlichen Verwahrung zurückgegeben worden ist.

62 Der Notar muss die Niederschrift über die Errichtung des Testamentes wie jede sonstige Niederschrift gem § 13 III BeurkG eigenhändig unterschreiben. Sollte der Notar die Unterzeichnung versehentlich unterlassen haben, führt dies gem § 35 BeurkG ausnahmsweise dann nicht zur Unwirksamkeit des Testamentes, wenn er die Aufschrift auf dem verschlossenen Umschlag unterschrieben hat.

c. Nottestamente

63 Zu den außerordentlichen Testamentsformen zählen das Bürgermeistertestament gem § 2249 BGB, das Dreizeugentestament gem § 2250 BGB und das Seetestament gem § 2251 BGB. Die Errichtung von Nottestamenten ist kompliziert und haftungsträchtig. Die in den §§ 2249 ff BGB vorgesehenen Vorschriften sind genauestens zu beachten.

Praxis-Tipp:

64 *Eine Alternative für schreibfähige Erblasser ist stets das eigenhändige Testament gem § 2247 BGB.*

aa. Bürgermeistertestament

65 Das Bürgermeistertestament steht einem öffentlichen Testament gleich. Der Bürgermeister tritt insoweit als Urkundsperson an die Stelle des Notars. Die vom Bürgermeister unter Beachtung der Vorschriften des § 2249 BGB aufgenommene Niederschrift hat die Beweiskraft einer öffentlichen Urkunde iSd § 415 ZPO.[40] Das Bürgermeistertestament kann als Einzeltestament oder gem § 2266 BGB durch Ehegatten bzw seit Inkrafttreten des § 10 IV 1 LPartG durch gleichgeschlechtliche Lebenspartner als gemeinschaftliches Testament errichtet werden, sofern die in § 2249 BGB vorgesehenen Voraussetzungen bei einem der Ehegatten bzw Lebenspartner vorliegen.

66 Voraussetzung für die Errichtung eines Bürgermeistertestaments ist gem § 2249 I BGB die Besorgnis des Ablebens des Erblassers, bevor ihm die Errichtung eines Testaments vor einem Notar möglich ist. Ihr gleichgestellt ist die Besorgnis des Eintritts einer bis zum Tod fortdauernden Testierunfähigkeit des Erblassers.[41] Die Beurteilung der Besorgnis obliegt allein dem Bürgermeister. Unmaßgeblich ist, ob sie vom Erblasser oder von den Zeugen geteilt wird.[42] Gem § 2249 II 1 BGB soll der Bürgermeister die Besorgnis, dass die Errichtung eines Testaments vor einem Notar nicht mehr möglich sein werde, in der Niederschrift feststellen. Hegt er diese, kommt es gem § 2249 II 2 BGB nicht darauf an, ob sie tatsächlich begründet ist. Das Bürgermeistertestament

---

40 Palandt/Edenhofer § 2249 Rn 1
41 Vgl BGHZ 3, 372
42 Palandt/Edenhofer § 2249 Rn 3

ist auch wirksam, wenn die Besorgnis objektiv vorlag, der Bürgermeister sie subjektiv jedoch nicht hatte.[43] Bestand die Besorgnis dagegen weder objektiv noch nach Ansicht des Bürgermeisters, ist das Testament mangels dessen Beurkundungszuständigkeit nichtig.[44]

Praxis-Tipp:

Der nicht rechtzeitigen Erreichbarkeit eines Notars steht es gleich, wenn dieser nicht tätig werden will.[45] 67

Dem Bürgermeister steht darüber hinaus die Beurkundungszuständigkeit nach § 2250 I BGB zu, wenn der Erblasser sich an einem Ort aufhält, der infolge außerordentlicher Umstände dergestalt abgesperrt ist, dass die Errichtung eines Testaments vor einem Notar nicht möglich oder erheblich erschwert ist.

Praxis-Tipp:

Im Falle der Absperrung konkurriert das Bürgermeistertestament mit dem Dreizeugentestament iSd § 2250 I BGB. 68

Sachlich und örtlich zuständig für die Errichtung eines Nottestaments nach § 2249 I 1 BGB ist der Bürgermeister der Gemeinde, in der sich der Erblasser aufhält, bzw gem § 2249 IV BGB der Gutsbezirksvorsteher. Befugt ist gem § 2249 V BGB auch der Vertreter des Bürgermeisters oder des Gutsvorstehers, nicht jedoch sonstige Gemeindeangestellte.[46] Der Vertreter soll in der Niederschrift angeben, worauf sich seine Vertretungsbefugnis stützt. Wer Bürgermeister bzw dessen Vertreter iSd § 2249 BGB ist, bestimmt sich nach den Gemeindeordnungen der Bundesländer. In Hamburg ist der Standesbeamte zuständig.[47] Für die örtliche Zuständigkeit genügt auch ein nur vorübergehender Aufenthalt des Erblassers in der Gemeinde.[48] 69

Der Bürgermeister muss zur Beurkundung gem § 2249 I 2 BGB zwei Zeugen zuziehen. Bei Nichtzuziehung ist das Testament nichtig.[49] Als Zeuge kommt nach § 2249 I 3 BGB nicht in Betracht, wer in dem zu beurkundenden Testament bedacht oder zum Testamentsvollstrecker ernannt wird. Die §§ 7, 27 BeurkG gelten entsprechend; ein Verstoß macht die Zuwendung somit gegenüber dem Bedachten unwirksam. 70

Für die Errichtung des Testaments gelten weiterhin nach § 2249 I 4 BGB: § 2232 BGB (Errichtungsformen), § 2233 BGB (Sonderfälle bei minderjähri- 71

43 Vgl RGZ 171, 29
44 Nieder, Handbuch der Testamentsgestaltung 2000, Rn 1090
45 Palandt/Edenhofer § 2249 Rn 3
46 KG NJW 1947/48, 188
47 Hamburger AGBGB v 1. 7. 1958, VOBl II 1958, 441
48 Nieder, Handbuch der Testamentsgestaltung 2000, Rn 1090
49 Vgl Nieder, Handbuch der Testamentsgestaltung 2000, Rn 1091

gen, leseunfähigen und stummen Erblassern) sowie § 2 BeurkG (Überschreiten des Amtsbezirks), § 4 BeurkG (Ablehnung der Beurkundung), § 5 I BeurkG (Urkundensprache), § 6 BeurkG (Ausschließungsgründe), § 7 BeurkG (Unwirksamkeit bei Beurkundungen zugunsten des Bürgermeisters oder seiner Angehörigen), § 8 BeurkG (Niederschrift), § 9 BeurkG (Inhalt der Niederschrift), § 10 BeurkG (Feststellung der Beteiligten), § 11 I 2, II BeurkG (Feststellung der Geschäftsfähigkeit), § 13 I, III BeurkG (Vorlesen, Genehmigen, Unterschreiben), § 16 BeurkG (Übersetzung der Niederschrift), § 17 BeurkG (Prüfungs- und Belehrungspflicht), § 23 BeurkG (Besonderheiten für Taube), § 24 BeurkG (Besonderheiten für Taube und Stumme, mit denen eine schriftliche Verständigung nicht möglich ist), § 26 I Nr. 3, 4, II BeurkG (Verbot der Mitwirkung als Zeuge), § 27 BeurkG (Mitwirkungsverbot bedachter Personen), § 28 BeurkG (Feststellungen über die Geschäftsfähigkeit), § 30 BeurkG (Übergabe einer Schrift), § 31 BeurkG (Übergabe einer Schrift durch Stumme), § 32 BeurkG (Sprachunkundige), § 34 BeurkG (Verschließung, Verwahrung) und § 35 BeurkG (Niederschrift ohne Unterschrift). Der Bürgermeister tritt insoweit an die Stelle des Notars.

72 Der Akt der Errichtung des Testaments erfordert hinsichtlich aller wesentlichen Teile die ständige Anwesenheit des Bürgermeisters und der beiden Zeugen. Widrigenfalls ist das Testament nichtig.[50] Der Erblasser hat zunächst vor allen Mitwirkenden seinen letzten Willen zu erklären. Dies kann entweder durch mündliche Erklärung, die in eine Niederschrift aufzunehmen ist, geschehen oder durch Übergabe einer offenen oder verschlossenen Schrift mit der Erklärung, dass diese seinen letzten Willen enthalte. Ist der Erblasser minderjährig, lese- oder sprachunfähig, gelten die Sondervorschriften des § 2233 BGB. Im Anschluss an die Erklärung des Erblassers ist vom Bürgermeister eine Niederschrift zu fertigen, ohne die das Testament nicht wirksam errichtet ist.[51] Diese Niederschrift ist sodann in Anwesenheit aller Mitwirkenden dem Erblasser vorzulesen, von diesem zu genehmigen und vom Erblasser, den beiden Zeugen gem § 2249 I 5 BGB und dem Bürgermeister zu unterschreiben. Vermag der Erblasser nach seinen Angaben oder nach der Überzeugung des Bürgermeisters seinen Namen nicht zu schreiben, so wird die Unterschrift des Erblassers nach § 2249 I 6 BGB durch die Feststellung dieser Angabe oder Überzeugung in der Niederschrift ersetzt.

73 Der Bürgermeister soll den Erblasser schließlich gem § 2249 III BGB darauf hinweisen, dass das Testament seine Gültigkeit verliert, wenn dieser den Ablauf der in § 2252 I, II BGB vorgesehenen Dreimonatsfrist überlebt. Der entsprechende Hinweis ist in der Niederschrift festzustellen.

74 Formverstöße, die bei der Abfassung der Niederschrift unterlaufen, sind nach § 2249 VI BGB unschädlich, sofern mit Sicherheit anzunehmen ist, dass das Testament eine zuverlässige Wiedergabe der Erklärung des Erblassers enthält. Unschädlich ist zB die Nichtfeststellung der Besorgnis der Todesgefahr,[52] der Schreibunfähigkeit des Erblassers,[53] fehlende Angaben über Zeit und Ort

50 BayObLG Rpfleger 1977, 439
51 Palandt/Edenhofer § 2249 Rn 8
52 BayObLGZ 1979, 232
53 Palandt/Edenhofer § 2249 Rn 11

oder eine ungenaue Bezeichnung der Mitwirkenden.[54] Unheilbar ist dagegen die Nichtbeachtung der wesentlichen Erfordernisse des Errichtungsaktes. Dies ist zB der Fall, wenn die Niederschrift nicht oder erst nach Ableben des Erblassers erstellt oder von keinem unterschrieben wird.[55] Gleiches gilt, sofern ihre Vorlesung und Genehmigung durch den Erblasser unterbleibt[56] oder die Unterschrift des schreibfähigen Erblassers fehlt.[57]

Praxis-Tipp:

75 *Für schuldhafte Pflichtverletzungen des Bürgermeisters haftet die Gemeinde nach Art. 34 GG in Verbindung mit § 839 BGB.*[58]

bb. Dreizeugentestament

76 Alternativ zu einem Bürgermeistertestament kann gem § 2250 I BGB derjenige, der sich an einem Ort aufhält, der infolge außerordentlicher Umstände dergestalt abgesperrt ist, dass die Errichtung eines Testaments vor einem Notar nicht möglich oder erheblich erschwert ist, auch ein Testament durch mündliche Erklärung vor drei Zeugen errichten. Die Absperrung kann zB Folge von Hochwasser oder Verschüttung sein.[59] Gleiches gilt gem § 2250 II BGB für denjenigen, der sich in so naher Todesgefahr befindet, dass voraussichtlich auch die Errichtung eines Testaments nach § 2249 BGB nicht mehr möglich ist. Gleichgültig ist, aus welchem Grund die Todesgefahr oder an welchem Ort, zB Hochgebirge oder Krankenhaus, diese besteht.[60]

77 Die Zeugen übernehmen im Rahmen des § 2250 BGB die Beurkundungsfunktion, da eine amtliche Urkundsperson (Notar oder Bürgermeister) fehlt. Das Dreizeugentestament ist jedoch kein öffentliches Testament. Die Zeugen haben gem § 2250 III 1 BGB über den letzten Willen des Erblassers eine Niederschrift aufzunehmen. Alle drei Zeugen müssen zur Mitwirkung unter Übernahme der Verantwortung für die richtige Wiedergabe des Erblasserwillens bereit sein.[61] Eine nur zufällige Anwesenheit genügt für die Wahrung der Form nicht.[62] Nach § 2250 III 2 BGB sind auf die Zeugen die Vorschriften des § 6 I Nr. 1 bis 3 BeurkG (Ausschließungsgründe), § 7 BeurkG (Unwirksamkeit bei Beurkundungen zugunsten der Zeugen oder ihrer Angehörigen), § 26 II Nr. 2 bis 5 BeurkG (Verbot der Mitwirkung als Zeuge) sowie des § 27 BeurkG (Mitwirkungsverbot bedachter Personen) und auf die Niederschrift diejenigen des § 8 BeurkG (Niederschrift), § 9 BeurkG (Inhalt der Niederschrift), § 10 BeurkG (Feststellung der Beteiligten), § 11 I 2, II BeurkG (Feststellung der Geschäftsfähigkeit), § 13 I, III 1 BeurkG (Vorlesen, Genehmigen, Unter-

54 Vgl Nieder, Handbuch der Testamentsgestaltung 2000, Rn 1091
55 KG NJW 1966, 1661; BayObLGZ 1979, 232; OLG Köln Rpfleger 1994, 65
56 BGHZ 115, 169
57 Palandt/Edenhofer § 2249 Rn 12
58 OLG Nürnberg OLGZ 1965, 157
59 Palandt/Edenhofer § 2250 Rn 2
60 Siehe zB BayObLGZ 1990, 294
61 BGH NJW 1970, 1601; BGH NJW 1972, 202
62 BGH NJW 1972, 202

schreiben), § 23 BeurkG (Besonderheiten für Taube), § 28 BeurkG (Feststellungen über die Geschäftsfähigkeit) sowie des § 2249 I 5, 6, II, VI BGB (Unterschrift der Zeugen, schreibunfähige Erblasser, Feststellung der subjektiven Todesbesorgnis, Unschädlichkeit von Formfehlern) entsprechend anzuwenden. Gem § 2250 III 3 BGB kann die Niederschrift außer in der deutschen auch in einer anderen Sprache aufgenommen werden. Der Erblasser und die Zeugen müssen jedoch gem § 2250 III 4 BGB der Sprache der Niederschrift hinreichend kundig sein; dies soll in der Niederschrift festgestellt werden, wenn sie in einer anderen als der deutschen Sprache aufgenommen wird.

78 Der Errichtungsakt für ein wirksames Dreizeugentestament umfasst zwingend zwei Teilakte. Zunächst hat der Erblasser vor den drei Zeugen seinen Willen mündlich zu erklären. Die Übergabe einer Schrift ist nicht ausreichend und macht das Testament unwirksam;[63] Sprechunfähige sind damit vom Dreizeugentestament ausgeschlossen. Als zweiter Schritt ist zu Lebzeiten des Erblassers hierüber eine Niederschrift anzufertigen und diese dem Erblasser vorzulesen, von diesem zu genehmigen und im Falle seiner Schreibfähigkeit zu unterschreiben. Alle Zeugen müssen infolge ihrer Beurkundungsfunktion während des gesamten Errichtungsaktes ständig anwesend sein. Das Fehlen nur eines Zeugen macht das Testament unheilbar nichtig wie auch jeder andere Verstoß gegen die zwingenden Erfordernisse des Errichtungsaktes.[64]

79 Ebenso wie im Falle des Bürgermeistertestaments kann nach § 2266 BGB ein gemeinschaftliches Testament auch in der Form des § 2250 BGB durch Ehegatten bzw seit Inkrafttreten des § 10 IV 1 LPartG durch Lebenspartner errichtet werden, sofern die Voraussetzungen bei einem der Ehegatten bzw Lebenspartner vorliegen.

cc. Seetestament

80 Die dritte Gruppe der außerordentlichen Testamentsformen bildet das sog Seetestament. Hierbei handelt es sich nicht um ein Nottestament im eigentlichen Sinne. Das Seetestament setzt keine Notlage voraus. Gem § 2251 BGB kann jeder, der sich während einer Seereise an Bord eines deutschen Schiffes außerhalb eines inländischen Hafens befindet, ein Testament durch mündliche Erklärung vor drei Zeugen nach § 2250 III BGB errichten.

dd. Gültigkeitsdauer der Nottestamente

81 Die außerordentlichen Testamente haben nur eine beschränkte zeitliche Gültigkeitsdauer. Gem § 2252 I BGB gilt ein nach § 2249, § 2250 oder § 2251 BGB errichtetes Testament als nicht errichtet, wenn seit der Errichtung drei Monate verstrichen sind und der Erblasser noch lebt. Die Unwirksamkeit der Nottestamente tritt insoweit rückwirkend ein. Beginn und Lauf der Frist sind nach § 2252 II BGB gehemmt, so lange der Erblasser außerstande ist, ein Testament vor einem Notar zu errichten. Die Beweislast für die Hemmung der Frist trifft denjenigen, der sich auf die fortdauernde Wirksamkeit beruft.[65]

63 OLG Frankfurt HEZ 1, 236
64 Vgl Palandt/Edenhofer § 2250 Rn 6; BGHZ 54, 89; BGHZ 115, 6; siehe im Übrigen OLG Düsseldorf ZEV 2001, 319
65 Palandt/Edenhofer § 2252 Rn 4

Eine Sonderregelung für Seetestamente enthält § 2252 III BGB. Danach wird die Frist, sofern der Erblasser vor dem Ablauf der Frist eine neue Seereise antritt, mit der Wirkung unterbrochen, dass nach Beendigung der neuen Reise die volle Frist von Neuem zu laufen beginnt. 82

Wird der Erblasser nach Ablauf der Frist für Tod erklärt oder seine Todeszeit nach den Vorschriften des Verschollenheitsgesetzes festgestellt, so behält das Testament gem § 2252 IV BGB seine Wirksamkeit, wenn die Frist zu der Zeit, zu welcher der Erblasser nach den vorhandenen Nachrichten noch gelebt hat, noch nicht verstrichen war. 83

2. Einzeltestament

In einem Einzeltestament können Alleinstehende testieren. Darüber hinaus haben Ehegatten bzw Lebenspartner iSd LPartG die Möglichkeit, in Einzeltestamenten ihre letztwilligen Verfügungen zu treffen. Das Einzeltestament kann bei Ehegatten oder Lebenspartnern insb infrage kommen, wenn nur einer von ihnen testieren möchte oder beide je für sich getrennt eine Verfügung von Todes wegen treffen wollen. Darüber hinaus ist an separate Testamente zu denken, wenn einer der Partner Ausländer ist, dessen Heimatrecht bindende Verfügungen von Todes wegen nicht zulässt.[66] Es können aber auch andere Gründe für die Wahl eines Einzeltestaments statt eines gemeinschaftlichen Testaments oder eines Erbvertrages sprechen. So zB wenn Spannungen unter den Partner bestehen oder über das Vermögen des einen sachgerecht unabhängig vom Vermögen des anderen testiert werden kann, wie etwa bei einem Unternehmer, der das Schicksal des Unternehmens in einem einseitigen Testament regelt. Ehegatten und Lebenspartner können ihre Einzeltestamente aufeinander abstimmen und zB unter die Bedingung stellen, dass die Erbeinsetzung des jeweils anderen nur gelten soll, wenn dieser den Testierenden selbst zu seinem Erben bestimmt. In gleicher Weise könnten die Partner einer nichtehelichen Lebensgemeinschaft verfahren. 84

Praxis-Tipp:

Hinsichtlich des Einzeltestamentes ist zu berücksichtigen, dass dieses anders als beim gemeinschaftlichen Testament oder Erbvertrag keine Bindungswirkung entfaltet. 85

Das Einzeltestament ebenso wie in diesem enthaltene einzelne Verfügungen kann der Testierende jederzeit nach § 2253 BGB widerrufen. Der Widerruf erfolgt durch Widerrufstestament gem § 2254 BGB, Vernichtung bzw Veränderung gem § 2255 BGB, Rücknahme aus der besonderen amtlichen Verwahrung beim notariellen Testament gem § 2256 I BGB oder durch ein späteres widersprechendes Testament gem § 2258 BGB.[67] Ein Ehegatte bzw Lebens- 86

66 Vgl zur Möglichkeit eines gemeinschaftlichen Testaments in solchen Fällen: Umstätter DNotZ 1984, 532; OLG Zweibrücken FamRZ 1992, 608

67 Siehe hierzu BayObLG NotBZ 2000, 159 mit Anm Lüdecke-Glaser

partner kann demzufolge sein Einzeltestament jederzeit ohne Kenntnis des anderen Partners widerrufen.

Praxis-Tipp:

87 *Soll eine bindende Verknüpfung einseitiger Verfügungen verschiedener Erblasser erreicht werden, kann das Einzeltestament nicht empfohlen werden. Dies gilt insb für Ehegatten und Lebenspartner.*

88 **Checkliste zur Gestaltung eines Einzeltestaments:**

✔ Personalien des Erblassers:
- Name
- Vorname
- Geburtsname
- Geburtsdatum
- Staatsangehörigkeit
- Geburtsort
- Geburtsstandesamt mit Nr.
- Anschrift
- Güterstand
- Beruf
- Kinder
- Namen der Eltern

✔ Testierfähigkeit

✔ Testierfreiheit
- Bestehen frühere Verfügungen von Todes wegen?
- Ist eine Bindungswirkung eingetreten?
- Sind frühere Verfügungen von Todes wegen zu widerrufen? (**Hinweis:** *Ein rein vorsorglicher Widerruf ist zu empfehlen)*

✔ Formerfordernis bei privatschriftlichem Testament:
Der Erblasser muss den gesamten Wortlaut eigenhändig schreiben und unterschreiben. Er soll seiner Unterschrift Ort und Datum beifügen.

✔ Möglichkeit bei notariellem Testament:
- Zuziehung eines Zeugen oder eines zweiten Notars

✔ Prüfung der wirtschaftlichen Verhältnisse:
- Bargeld
- Wertpapiere
- Lebensversicherungen (**Hinweis:** *Auf Bezugsberechtigung achten*)
- Immobilien
- Unternehmen (**Hinweis:** *Auf Gesellschaftsverträge achten*)
- Ausländisches Vermögen (**Hinweis:** *Ggf Nachlassspaltung beachten*)
- Sonstiges Vermögen (Sammlungen, Antiquitäten, Schmuck, etc)
- Verbindlichkeiten

✔ Erbeinsetzung

✔ Ersatzerbenbestimmung

✔ Teilungsanordnung (**Hinweis:** *Abgrenzung zum Vorausvermächtnis*)

✔ Enterbung

✔ Vermächtnisanordnung
– Wann sind die Vermächtnisse zu erfüllen?
– Wer trägt die Kosten und Lasten der Vermächtniserfüllung?

✔ Ersatzvermächtnisnehmer

✔ Anordnung von Auflagen

✔ Vollmacht für den Todesfall bzw über den Tod hinaus

✔ Testamentsvollstreckung

✔ Befreiung von der Inventarisierungspflicht bei minderjährigen Kindern

✔ Vormundbenennung bei minderjährigen Kindern

✔ Verwahrung des Testaments bei eigenhändigen Testamenten

3. Gemeinschaftliches Testament

a. Errichtung durch Ehegatten und Lebenspartner

Ein gemeinschaftliches Testament konnte bisher gem § 2265 BGB nur von Ehegatten errichtet werden. Diese Einschränkung wurde als verfassungsrechtlich unbedenklich angesehen.[68] Mit Inkrafttreten des Gesetzes zur Beendigung der Diskriminierung gleichgeschlechtlicher Gemeinschaften (Lebenspartnerschaften) hat der Gesetzgeber den Anwendungsbereich des gemeinschaftlichen Testaments ausgedehnt. Gem § 10 IV 1 LPartG können nunmehr seit dem 1. 8. 2001 auch zwei Personen gleichen Geschlechts, die nach § 1 LPartG eine Lebenspartnerschaft begründen, ein gemeinschaftliches Testament errichten. Die §§ 2266 bis 2273 BGB gelten gem § 10 IV 2 LPartG insoweit entsprechend. 89

Praxis-Tipp:

Voraussetzung für die Wirksamkeit des gemeinschaftlichen Testaments ist in beiden Fällen, dass die Ehegatten bzw Lebenspartner zur Zeit der Testamentserrichtung in einer gültigen Ehe bzw Lebenspartnerschaft iSd LPartG leben. 90

Sonstige unverheiratete Personen, wie Verlobte, Verwandte oder die Partner einer nichtehelichen Lebensgemeinschaft können sich nicht des gemeinschaft- 91

68 BVerfG NJW 1989, 1986

lichen Testaments mit seiner Bindungswirkung und Formerleichterung bedienen. Für diese kommt jeweils nur die Errichtung von Einzeltestamenten bzw, sofern eine Bindungswirkung gewollt ist, der Abschluss eines Erbvertrages nach § 2276 BGB infrage. Ein von ihnen gleichwohl errichtetes gemeinschaftliches Testament ist nichtig und wird nicht durch eine spätere Heirat bzw Begründung einer Lebenspartnerschaft geheilt.[69]

Praxis-Tipp:

92 *Soweit die Form des § 2247 BGB gewahrt ist, kommt möglicherweise eine Aufrechterhaltung einseitiger Verfügungen als Einzeltestament im Wege der Umdeutung nach § 140 BGB in Betracht.[70] Da wechselbezügliche Verfügungen miteinander stehen und fallen, wird dies für solche von der hM zu Recht abgelehnt.[71]*

b. Wechselbezügliche Verfügungen

93 Ein gemeinschaftliches Testament enthält wie ein Einzeltestament einseitige Verfügungen der Erblasser, also anders als beim Erbvertrag keine vertraglichen Regelungen. Dennoch können die im gemeinschaftlichen Testament getroffenen Verfügungen im Gegensatz zum Einzeltestament Bindungswirkungen entfalten. Diese treten nach dem Tod eines Ehegatten bzw Lebenspartners bei den sog wechselbezüglichen Verfügungen auf.

aa. Begriff der Wechselbezüglichkeit

94 Unter wechselbezüglichen Verfügungen sind gem § 2270 I BGB solche zu verstehen, die einer der Testierenden gerade deshalb trifft, weil der andere Partner eine bestimmte andere Verfügung getroffen hat. Anzunehmen ist dies, wenn zwischen den einzelnen Verfügungen aus dem Zusammenhang des Motivs eine innere Abhängigkeit derart besteht, dass die Verfügung des einen Ehegatten bzw Lebenspartners gerade deshalb getroffen wurde, weil der andere eine bestimmte andere Verfügung getroffen hat, also nach dem Willen der gemeinschaftlich Testierenden die eine Verfügung mit der anderen stehen und fallen soll.[72] Dies setzt nicht zwangsläufig voraus, dass sich die Partner gegenseitig zu Erben einsetzen oder sonst bedenken.[73]

---

69 Vgl Palandt/Edenhofer § 2265 Rn 2

70 Vgl BGH NJW-RR 1987, 1410; KG NJW 1972, 2133; BayObLG FamRZ 1993, 1370

71 RGZ 87, 33; KG Rpfleger 1969, 93; OLG Hamm FGPrax 1996, 152; aA Kanzleiter DNotZ 1973, 133; zum Meinungsstand siehe auch Palandt/Edenhofer § 2265 Rn 4

72 OLG Stuttgart FamRZ 1977, 274; BayObLGZ 1987, 23; siehe auch Pfeiffer FamRZ 1993, 1266; Nieder, Handbuch der Testamentsgestaltung 2000, Rn 724; J. Mayer in: Dittmann/Reimann/Bengel, Testament und Erbvertrag 1999, § 2270, Rn 8 ff; Radke NotBZ 2001, 15

73 BayObLGZ 1991, 173

Praxis-Tipp:

Zu beachten ist, dass nicht das gemeinschaftliche Testament als solches, sondern nur die einzelnen in ihm getroffenen Verfügungen wechselbezüglich sein können.[74]

95

Gem § 2270 III BGB kommen als wechselbezügliche Verfügungen ausschließlich Erbeinsetzungen, Vermächtnisse oder Auflagen in Betracht. Dementsprechend ist es nicht möglich, zB die Enterbung (§ 1938 BGB),[75] Anordnung einer Testamentsvollstreckung (§ 2197 BGB),[76] Teilungsanordnungen (§ 2048 BGB),[77] Pflichtteilsentziehungen (§§ 2333 ff BGB),[78] den Ausschluss der Auseinandersetzung (§ 2044 BGB),[79] die Errichtung einer Stiftung (§ 83 BGB)[80] oder familienrechtliche Anordnungen,[81] wie etwa die Einschränkung der elterlichen Vermögenssorge nach § 1638 I BGB, wechselbezüglich auszugestalten. Ebenso kann der beiderseitige Verzicht auf Erb- und Pflichtteilsansprüche (§ 2346 BGB) nicht wechselbezüglich sein.[82] 96

Praxis-Tipp:

Möglich ist aber, solche nicht der Wechselbezüglichkeit fähigen Verfügungen durch auflösende Bedingungen oder durch den ausdrücklich oder stillschweigend zum Ausdruck gebrachten Zusammenhang des Motivs, der dann bei Ausfall durch Anfechtung nach § 2078 II BGB geltend gemacht werden kann, in ihrem rechtlichen Bestand voneinander oder von wechselbezüglichen Verfügungen abhängig zu machen.[83]

97

bb. Ermittlung der Wechselbezüglichkeit

– Vorrang der individuellen Auslegung

Die Ermittlung der Wechselbezüglichkeit einzelner Verfügungen erfolgt nach dem Wortlaut und Inhalt des gemeinschaftlichen Testaments. Enthält dieses keine klaren und eindeutigen Anordnungen, richtet sich die Auslegung nach den allgemeinen Grundsätzen;[84] eine ergänzende Auslegung ist möglich.[85] 98

---

74 BGH NJW-RR 1987, 1410; OLG Köln FamRZ 1996, 310
75 BayObLG FamRZ 1993, 240
76 Palandt/Edenhofer § 2270 Rn 11
77 BGHZ 82, 277; BayObLG FamRZ 1988, 660
78 Palandt/Edenhofer § 2270 Rn 11
79 J. Mayer in: Dittmann/Reimann/Bengel, Testament und Erbvertrag 1999, § 2270, Rn 13
80 J. Mayer in: Dittmann/Reimann/Bengel, Testament und Erbvertrag 1999, § 2270, Rn 13
81 Palandt/Edenhofer § 2270 Rn 11
82 BGHZ 30, 261
83 Vgl näher Nieder, Handbuch der Testamentsgestaltung 2000, Rn 725 mwN
84 Siehe J. Mayer in: Dittmann/Reimann/Bengel, Testament und Erbvertrag 1999, § 2270, Rn 24 ff
85 BayObLG FamRZ 1999, 1388

Insoweit kommt es auf den übereinstimmenden Willen der Ehegatten bzw Lebenspartner im Zeitpunkt der Testamentserrichtung an. Nach Auffassung des OLG Hamm[86] sprechen insb gleich lautende Verfügungen in einem gemeinschaftlichen Testament für ihre Wechselbezüglichkeit. Andererseits sind allein dem Grad der Verwandtschaft eines Schlusserben zum Erblasser noch keine sicheren Erkenntnisse zur Wechselbezüglichkeit zu entnehmen.[87] Das BayObLG[88] geht davon aus, dass, selbst wenn die sich gegenseitig bedenkenden Ehegatten bestimmen, dass nach dem Tod des Längerlebenden der beiderseitige Nachlass an die gemeinsamen Kinder fallen soll, nicht ohne weiteres die Schlusserbeneinsetzung wechselbezüglich sein müsse.

Praxis-Tipp:

99 *Im Einzelfall[89] trifft die Feststellungslast für Tatsachen, die die Wechselbezüglichkeit begründen, denjenigen, der sein Erbrecht auf die Wechselbezüglichkeit stützt;[90] verbleibende Zweifel gehen zu seinen Lasten.[91]*

– Gesetzliche Auslegungsregel des § 2270 II BGB

100 Sollte die Erforschung des Willens beider Ehegatten bzw Lebenspartner unter Ausschöpfung aller Auslegungsmöglichkeiten hinsichtlich der Wechselbezüglichkeit kein eindeutiges Ergebnis ermitteln lassen, greift die gesetzliche Auslegungsregel des § 2270 II BGB ein. Danach ist eine wechselbezügliche Verfügung im Zweifel anzunehmen, wenn sich die Ehegatten gegenseitig bedenken oder wenn dem einen Ehegatten von dem anderen eine Zuwendung gemacht und für den Fall des Überlebens des Bedachten eine Verfügung zugunsten einer Person getroffen wird, die mit dem anderen Ehegatten verwandt ist oder ihm sonst nahe steht. Es handelt sich um zwei Fallgestaltungen, bei denen typischerweise von einer Wechselbezüglichkeit auszugehen ist.

101 Zur ersten Alternative des § 2270 II BGB zählt neben der Erbeinsetzung auch die Zuwendung eines Vermächtnisses.[92] Der zweiten Fallgruppe des § 2270 II BGB liegt die Erwägung zugrunde, dass ein Ehegatte in der Verfügung, die zu Gunsten einer ihm nahe stehenden Person von dem anderen Ehegatten getroffen wird, eine Art Gegenleistung dafür sieht, dass er seinerseits seinem Ehegatten eine Zuwendung macht.[93]

86 OLG Hamm FamRZ 1994, 1210
87 BayObLG FamRZ 1992, 1102
88 BayObLG FamRZ 1986, 392; vgl auch BayObLG FamRZ 1985, 1287; LG München I, FamRZ 2000, 705
89 Vgl auch die Beispiele bei Palandt/Edenhofer § 2270 Rn 6
90 BayObLGZ 1970, 173
91 BayObLG FamRZ 1986, 392
92 OLG Hamm FamRZ 1994, 1210
93 KG OLGZ 1993, 398

Beispiel:

Setzen sich Ehegatten gegenseitig als Alleinerben und das Kind des Ehemannes aus erster Ehe als Schlusserben ein, ist entsprechend der Auslegungsregel des § 2270 II Alt. 2 BGB bei Überleben der Ehefrau ihre Erbeinsetzung durch den vorverstorbenen Ehemann wechselbezüglich zu ihrer Einsetzung des Schlusserben.[94] 102

Der Begriff des Verwandtschaftsverhältnisses iSd § 2270 II BGB beurteilt sich nach § 1589 BGB. Das Verwandtschaftsverhältnis muss nicht schon bei der Errichtung des Testaments bestanden haben. Es kann sich auch auf zu diesem Zeitpunkt noch nicht geborene Personen erstrecken.[95] Maßgebend für das Verwandtschaftsverhältnis ist das Recht des Wohnsitzes der Testierenden.[96] Ob eine Person dem Ehegatten iSd § 2270 II BGB nahe steht, beurteilt sich nach den konkreten Umständen des Einzelfalls.[97] Um die Vermutung des § 2270 II BGB nicht zur gesetzlichen Regel werden zu lassen, sind insoweit hohe Anforderungen zu stellen.[98] Stets erforderlich ist eine enge persönliche und innere Bindung des betroffenen Ehegatten, wie sie üblicherweise zwischen nahen Angehörigen besteht.[99] Dies kann zB bei Stief- und Pflegekindern,[100] engen Freunden oder langjährigen Angestellten[101] der Fall sein. Ob dies auch für verschwägerte Personen gilt, lässt sich nur im Einzelfall beurteilen.[102] Lediglich rein nachbarliche Beziehungen dürften dagegen nicht ausreichend sein.[103] 103

– Klarstellung der Wechselbezüglichkeit im Testament

Praxis-Tipp:

Um Auslegungsschwierigkeiten zu vermeiden, sollte in dem gemeinschaftlichen Testament klargestellt werden, welche Verfügungen wechselbezüglich sind. 104

Musterformulierung:

Die in den § 2 und § 3 getroffenen Verfügungen sind wechselbezüglich, vorbehaltlich der Änderungsmöglichkeit gemäß § 3 Ziffer 2. 105

94 Vgl auch Palandt/Edenhofer § 2270 Rn 7
95 KG FamRZ 1983, 98
96 KG FamRZ 1983, 98
97 Vgl auch die Beispiele bei Palandt/Edenhofer § 2270 Rn 10
98 BayObLG FamRZ 1991, 1232
99 BayObLGZ 1982, 474
100 BayObLG FamRZ 1985, 1287
101 BayObLGZ 1982, 474
102 Vgl BayObLG DNotZ 1977, 40 mit Anm Bengel DNotZ 1977, 5; BayObLG Rpfleger 1980, 259
103 Vgl BayObLG FamRZ 1991, 1232

cc. *Wirkung der Wechselbezüglichkeit*

106 Die Wechselbezüglichkeit letztwilliger Verfügungen in einem gemeinschaftlichen Testament hat eine zweifache Wirkung.

107 Zunächst führt gem § 2270 I BGB die Nichtigkeit oder der Widerruf der einen Verfügung zur Unwirksamkeit der anderen. Gleichgültig ist, ob die Nichtigkeit auf formellen oder materiellen Mängeln beruht und ob sie schon ursprünglich oder erst nachträglich – etwa durch Anfechtung des überlebenden Ehegatten gem §§ 2078 ff BGB – eintritt.[104] Ob dies auch gilt, wenn die Unwirksamkeit der einen wechselbezüglichen Verfügung aus einer Ausschlagung, Vorversterben oder Erbunwürdigkeit resultiert, hängt von dem zu ermittelnden Willen der Ehegatten bzw Lebenspartner ab und lässt sich nicht pauschal beantworten.[105]

Praxis-Tipp:

108 *Enthält das gemeinschaftliche Testament neben den wechselbezüglichen Verfügungen sonstige Anordnungen, richtet sich deren Wirksamkeit im Falle der Unwirksamkeit der wechselbezüglichen Verfügungen nach § 2085 BGB.[106] Gem § 2085 BGB hat die Unwirksamkeit einer von mehreren in einem Testament enthaltenen Verfügungen die Unwirksamkeit der übrigen Verfügungen nur zur Folge, wenn anzunehmen ist, dass der Erblasser diese ohne die unwirksame Verfügung nicht getroffen haben würde. Die Beweislast für die Abhängigkeit trägt derjenige, der sich auf die Unwirksamkeit beruft.[107]*

109 Die erbrechtliche Bindungswirkung des Überlebenden an seine wechselbezüglichen Verfügungen tritt nach dem Tod des zuerst versterbenden Ehegatten bzw Lebenspartners ein. Mit dem Tod des anderen Ehegatten bzw Lebenspartners erlischt gem § 2271 II BGB das Recht des Überlebenden zum Widerruf. Der Tod des anderen Partners bewirkt also eine Beschränkung seiner Testierfreiheit. Dem Überlebenden ist es grundsätzlich nicht mehr möglich, abweichend letztwillig zu verfügen. Werden die Rechte des wechselbezüglich Bedachten durch den Überlebenden in einer späteren einseitigen letztwilligen Verfügung beeinträchtigt, so ist diese insoweit unwirksam.[108]

---

104 Vgl Palandt/Edenhofer § 2270 Rn 2; J. Mayer in: Dittmann/Reimann/Bengel, Testament und Erbvertrag 1999, § 2270, Rn 66

105 Vgl Palandt/Edenhofer § 2270 Rn 2

106 RGZ 116, 49

107 Vgl J. Mayer in: Dittmann/Reimann/Bengel, Testament und Erbvertrag 1999, § 2270, Rn 76; Palandt/Edenhofer, BGB § 2085, Rn 1

108 Vgl Palandt/Edenhofer § 2271 Rn 15

Beispiele:

Die Beeinträchtigung kann neben dem Wechsel der Erbeinsetzung zB in der nachträglichen Einsetzung eines Nacherben,[109] Beschwerung mit einem Vermächtnis,[110] Anordnung einer Testamentsvollstreckung[111] oder Wertverschiebungen infolge einer neuen Teilungsanordnung[112] liegen. 110

Sofern die Ehegatten bzw Lebenspartner nicht bereits im gemeinschaftlichen Testament einen Änderungsvorbehalt vorgesehen haben, kann der Überlebende nach § 2271 II 1 Hs 2 BGB die ihn bindende Verfügung aufheben, wenn er das ihm Zugewendete ausschlägt. Nach der Annahme ist dies nicht mehr möglich. Gleiches gilt, wenn dem Überlebenden nichts zugewendet war.[113] 111

Praxis-Tipp:

Wird der Überlebende infolge der Ausschlagung gesetzlicher Erbe und ist der gesetzliche Erbteil nicht erheblich kleiner als der ausgeschlagene, vertritt das KG die Auffassung, dass zur Erlangung der Testierfreiheit eine Ausschlagung aus beiden Berufungsgründen erforderlich ist, da der gebundene Überlebende ein erhebliches Vermögensopfer erbringen müsse.[114] 112

Nach Beseitigung der Bindungswirkung kann der Überlebende seine eigenen Verfügungen gem §§ 2253 ff BGB widerrufen und neu letztwillig verfügen. Der Widerruf zieht die Unwirksamkeit der entsprechenden Verfügungen des Erstverstorbenen nach sich.[115] 113

Hat der überlebende Ehegatte die Zuwendung angenommen, ist er zur Aufhebung seiner wechselbezüglichen Verfügungen gem § 2271 II 2 BGB nach Maßgabe des § 2294 BGB und des § 2336 BGB berechtigt, also bei einer schweren Verfehlung des vom Überlebenden Bedachten wie zB einer vorsätzlichen körperlichen Misshandlung. Schließlich kann der Überlebende pflichtteilsberechtigte Abkömmlinge gem §§ 2271 III, 2289 II, 2338 BGB zu deren Schutz beschränken. Als Grund hierfür kommen nur Verschwendung oder eine Überschuldung[116] in Betracht. 114

109 Palandt/Edenhofer § 2271 Rn 16
110 BGH FamRZ 1964, 592; BGH NJW 1978, 423 mit krit Anm Tiedtke NJW 1978, 2572 und Schubert JR 1978, 287; BayObLG Rpfleger 1989, 457
111 OLG Köln FamRZ 1990, 1402; BayObLG FamRZ 1991, 111; OLG Frankfurt am Main WM 1993, 803
112 Lehmann MittBayNot 1988, 157; vgl aber auch BGHZ 82, 274
113 Vgl Palandt/Edenhofer § 2271 Rn 17
114 KG OLGZ 1991, 6; kritisch dagegen Tiedtke FamRZ 1991, 1259
115 Vgl Palandt/Edenhofer § 2271 Rn 17
116 Siehe OLG Köln MDR 1983, 318

Praxis-Tipp:

115 *Die Aufnahme des Grundes in die Verfügung ist nach § 2336 II BGB unerlässlich.*

116 Trotz der durch den Tod des Erstverstorbenen eintretenden Bindung werden Rechtsgeschäfte unter Lebenden nicht ausgeschlossen.[117] Auf wechselbezügliche Verfügungen in einem gemeinschaftlichen Testament ist § 2286 BGB entsprechend anwendbar.[118] Der Erblasser kann selbst nach Eintritt der Bindungswirkung weiterhin durch Rechtsgeschäft unter Lebenden über sein gesamtes Vermögen frei verfügen.

Praxis-Tipp:

117 *Zu beachten sind insoweit jedoch die Schutzvorschriften der §§ 2287, 2288 BGB zu Gunsten der Schlusserben und Vermächtnisnehmer, die beim gemeinschaftlichen Testament ebenfalls entsprechend anwendbar sind.*

c. Widerruf

118 Zu Lebzeiten beider Ehegatten bzw Lebenspartner können diese gemeinsam das gemeinschaftliche Testament jederzeit widerrufen. Der Widerruf erfolgt durch ein gemeinschaftliches Widerrufstestament gem §§ 2253, 2254 BGB, durch ein widersprechendes gemeinschaftliches Testament gem § 2258 BGB, durch gemeinschaftliche Vernichtung des eigenhändigen Testaments gem § 2255 BGB oder durch gemeinschaftliche Rücknahme des öffentlichen Testaments aus der besonderen amtlichen Verwahrung gem §§ 2256, 2272 BGB.

Praxis-Tipp:

119 *Einseitige – also nicht wechselbezügliche – Verfügungen in einem gemeinschaftlichen Testament kann darüber hinaus jeder Ehegatte bzw Lebenspartner grundsätzlich jederzeit in gleicher Weise wie ein Einzeltestament einseitig und frei widerrufen.*

120 Hinsichtlich der wechselbezüglichen Verfügungen in dem gemeinschaftlichen Testament ist dies nach den Vorschriften über den Widerruf eines einseitigen Testaments nicht möglich. § 2271 I 2 BGB bestimmt ausdrücklich, dass ein Ehegatte bzw Lebenspartner bei Lebzeiten des anderen seine Verfügung allein durch eine neue Verfügung von Todes wegen nicht einseitig aufheben kann. Jeder Ehegatte bzw Lebenspartner hat aber gem § 2271 BGB zu Lebzeiten beider Partner die Möglichkeit, seine wechselbezüglichen Verfügungen

117 Vgl Palandt/Edenhofer § 2271 Rn 11
118 BGH DNotZ 1951, 345; BGH DNotZ 1965, 357

jederzeit frei zu widerrufen.[119] Der Widerruf bedarf gem §§ 2271 I 1, 2296 II BGB – gleichgültig, ob es sich um ein öffentliches oder eigenhändiges gemeinschaftliches Testament handelt – einer notariell beurkundeten Erklärung gegenüber dem anderen Ehegatten.

Praxis-Tipp:

Als empfangsbedürftige Erklärung ist zur Wirksamkeit des Widerrufs der 121
Zugang einer Ausfertigung – nicht lediglich einer beglaubigten Abschrift – der notariellen Widerrufsurkunde beim anderen Ehegatten bzw Lebenspartner erforderlich.[120] Aus Beweisgründen sollte die Zustellung durch den Gerichtsvollzieher erfolgen.[121] Dabei ist darauf zu achten, dass dieser tatsächlich die Ausfertigung der notariellen Urkunde und nicht etwa eine von ihm von der Ausfertigung gefertigte beglaubigte Abschrift zustellt.

Verstirbt der Adressat vor seinem Zugang, ist der Widerruf unwirksam.[122] Der Widerruf der wechselbezüglichen Verfügung durch einen Partner führt nach § 2270 I BGB zur Unwirksamkeit der Verfügung des anderen Ehegatten bzw Lebenspartners.

d. Sonstige Unwirksamkeitsgründe

aa. Unwirksamkeit bei Auflösung der Ehe, Verlobung oder Lebenspartnerschaft

§ 2077 BGB enthält eine Auslegungsregel für die Abhängigkeit letztwilliger 122
Verfügungen von Ehegatten vom Fortbestand der Ehe. § 2068 BGB erweitert die Anwendung dieser Vorschrift für das gemeinschaftliche Testament von Ehegatten auch bezüglich der nicht wechselbezüglichen Verfügungen. Ein gemeinschaftliches Testament ist gem § 2068 I BGB in den Fällen des § 2077 BGB seinem ganzen Inhalt nach unwirksam.

Gem § 2077 I 1 BGB ist eine letztwillige Verfügung, durch die der Erblasser 123
seinen Ehegatten bedacht hat, unwirksam, wenn die Ehe vor dem Tode des Erblassers aufgelöst worden ist. Die Auflösung der Ehe muss spätestens beim Erbfall erfolgt sein. Diese Voraussetzung ist gegeben bei rechtskräftiger Scheidung nach § 1564 BGB oder Aufhebung der Ehe nach § 1313 BGB. Sie liegt gem § 1319 II BGB auch bei Wiederheirat des Ehegatten eines für tot erklärten, aber noch lebenden Erblassers vor. Unerheblich ist dagegen, ob die Ehe bei Errichtung des Testaments bereits geschlossen oder zumindest beabsichtigt war.[123] Der Auflösung der Ehe steht es gem § 2077 I 2, 3 BGB gleich, wenn im Zeitpunkt des Todes des Erblassers die Voraussetzungen für eine

---

119 Vgl hierzu eingehend J. Mayer in: Dittmann/Reimann/Bengel, Testament und Erbvertrag 1999, § 2271, Rn 8 ff

120 Vgl OLG Hamm DNotZ 1992, 261

121 Vgl Palandt/Edenhofer § 2271 Rn 5

122 Nieder, Handbuch der Testamentsgestaltung 2000, Rn 730

123 BGH FamRZ 1961, 364; BayObLG NJW-RR 1993, 12

Scheidung der Ehe vorlagen und der Erblasser den Scheidungsantrag gestellt oder der Scheidung zugestimmt hat[124] bzw der Erblasser zur Zeit seines Todes berechtigt war, die Aufhebung der Ehe zu beantragen und den Antrag gestellt hat. Ebenso ist gem § 2077 II BGB die letztwillige Verfügung, durch die der Erblasser seinen Verlobten bedacht hat, unwirksam, wenn das Verlöbnis vor dem Tode des Erblassers aufgelöst worden ist.

Praxis-Tipp:

124 *Die Feststellungslast für die Auflösung des Verlöbnisses trägt derjenige, der sich darauf beruft.[125] Demzufolge sollte die Auflösung des Verlöbnisses beweiskräftig zumindest schriftlich festgehalten werden, wenn keine gemeinsame schriftliche Erklärung möglich ist.*

125 Nicht anwendbar ist der Rechtsgedanke des § 2077 BGB auf nicht verlobte Partner einer nichtehelichen Lebensgemeinschaft.[126]

126 Da es sich bei § 2077 BGB lediglich um eine Auslegungsregel handelt, hat der Erblasserwillen stets Vorrang. Dementsprechend bestimmt § 2077 III BGB, dass eine Verfügung dann nicht unwirksam ist, wenn anzunehmen ist, dass der Erblasser sie auch für einen solchen Fall getroffen haben würde. Eine vergleichbare Regelung findet sich in § 2268 II BGB. Nach dieser Vorschrift bleiben die Verfügungen des Erblassers im gemeinschaftlichen Testament entgegen § 2268 I BGB bei rechtskräftiger Eheauflösung vor seinem Tod bzw in den ihr gleichgestellten Fällen des § 2077 I 2, 3 BGB insoweit wirksam, als anzunehmen ist, dass sie auch für diesen Fall getroffen sein würden. Es ist also stets durch Auslegung zu ermitteln, ob nach dem wirklichen Willen des Erblassers das Testament auch für den Fall einer späteren Scheidung oder Aufhebung der Ehe Gültigkeit behalten soll. Zur Weitergeltung der letztwilligen Verfügung ist es ausreichend, dass der Erblasser sie auch für den Fall der Auflösung der Ehe getroffen hätte.[127]

Praxis-Tipp:

127 *Die Beweislast trägt der frühere Ehegatte bzw Verlobte.[128] Im Erbscheinsverfahren trifft denjenigen die Feststellungslast, der sich auf die Weitergeltung beruft.[129] Um Auslegungsunsicherheiten zu vermeiden, empfiehlt sich eine Klarstellung in der letztwilligen Verfügung. Dies gilt in besonderem Maße, wenn die Aufrechterhaltung des Testaments für den Fall des Scheiterns der Ehe gewollt ist.*

124 Vgl hierzu jüngst OLG Zweibrücken NJW 2001, 236
125 OLG Stuttgart FGPrax 1997, 110; aA BayObLG Rpfleger 1987, 503
126 BayObLGZ 1983, 440; aA Meier-Scherling DRiZ 1979, 296
127 BGH FamRZ 1960, 28
128 BayObLG Rpfleger 1987, 503
129 OLG Bremen FamRZ 1986, 833; BayObLG FamRZ 1993, 362

Musterformulierung:

Bestand und Wirksamkeit unserer Ehe bis zum Tod des Erstversterbenden von uns oder bis zu unserem gleichzeitigen Tod sind nicht Voraussetzung für die Gültigkeit unserer Verfügungen in diesem Testament. 128

§ 2077 I und III BGB ist gem § 10 V LPartG auf eine letztwillige Verfügung, durch die der Erblasser seinen Lebenspartner bedacht hat, entsprechend anzuwenden. Im Übrigen gilt § 2268 BGB über § 10 IV 2 LPartG entsprechend. 129

bb. Anfechtung

Zu Lebzeiten beider Ehegatten ist die Anfechtung des gemeinschaftlichen Testaments ausgeschlossen. Jeder Ehegatte kann seine wechselbezüglichen Verfügungen in der Form des § 2271 I 1 BGB und einseitige Verfügungen nach §§ 2253 ff BGB frei widerrufen. Soweit der Erbfall noch nicht eingetreten ist, scheidet auch eine Anfechtung durch Dritte aus. In Betracht kommen kann eine Anfechtung des gemeinschaftlichen Testaments aber nach dem Tod eines Ehegatten durch den überlebenden Ehegatten oder durch Dritte. 130

Nach den allgemeinen Vorschriften der §§ 2078 ff BGB kann der überlebende Ehegatte sowohl die Verfügungen des Erstverstorbenen als auch seine eigenen wechselbezüglichen Verfügungen anfechten. Die Selbstanfechtung eigener wechselbezüglicher Verfügungen ist in entsprechender Anwendung der §§ 2281 ff BGB in Verbindung mit §§ 2078, 2079 BGB möglich.[130] 131

Beispiele:

Der überlebende Ehegatte, der wieder heiratet, kann binnen Jahresfrist nach der Eheschließung oder nach der Geburt eines Kindes aus der neuen Ehe seine wechselbezüglichen Verfügungen nach § 2079 BGB anfechten.[131] Gleiches gilt für die Geburt eines nichtehelichen Kindes.[132] 132

Praxis-Tipp:

Unzulässig ist die Selbstanfechtung, wenn der überlebende Ehegatte die Voraussetzungen für die Anfechtung nach § 2078 II BGB selbst durch ein Verhalten herbeigeführt hat, das gegen Treu und Glauben oder gegen §§ 138, 226 BGB verstößt.[133] 133

Die Anfechtung kann gem § 2283 I BGB nur wirksam innerhalb einer einjährigen Ausschlussfrist erklärt werden. Diese Frist beginnt mit dem Zeitpunkt, in dem der überlebende Ehegatte vom Anfechtungsgrund zuverlässig Kenntnis 134

130 BGHZ 37, 333; BGH FamRZ 1970, 79; Peter BWNotZ 1977, 113
131 Vgl OLG Hamm NJW 1972, 1088; BayObLG FamRZ 1995, 1024
132 Palandt/Edenhofer § 2271 Rn 27
133 Palandt/Edenhofer § 2271 Rn 29

erlangt hat, aber nicht vor dem Tod des Erstverstorbenen.[134] Die Anfechtungserklärung bedarf nach § 2282 III BGB der notariellen Beurkundung.

135 Verfügungen des erstverstorbenen Ehegatten kann der Überlebende nur nach § 2078 BGB, nicht aber nach § 2079 BGB anfechten, da dieses Anfechtungsrecht gem § 2080 III BGB nur dem übergangenen Pflichtteilsberechtigten zusteht. Die Erklärung der Anfechtung richtet sich nach § 2081 BGB.

136 Die wirksame Anfechtung der wechselbezüglichen Verfügungen des Erstverstorbenen durch den überlebenden Ehegatten führt gem § 2270 BGB zur Nichtigkeit seiner eigenen wechselbezüglichen Verfügungen. Gleiches gilt für die Selbstanfechtung eigener wechselbezüglicher Verfügungen durch den überlebenden Ehegatten. Soweit diese begründet ist, bewirkt sie gem § 2270 BGB die Unwirksamkeit der wechselbezüglichen Verfügungen des anderen Ehegatten.

Praxis-Tipp:

137 *Ausnahmsweise soll dies nicht gelten, wenn anzunehmen ist, dass der Erstverstorbene seine mit der angefochtenen in Wechselbeziehung stehende Verfügung in gleicher Weise getroffen hätte, wenn die Verfügung des Überlebenden schon bei Errichtung des Testaments den Inhalt gehabt hätte, den sie durch die Anfechtung haben würde.*[135]

138 Dritte können Verfügungen des Erstverstorbenen in einem gemeinschaftlichen Testament unter den Voraussetzungen der §§ 2078, 2079 BGB anfechten. In Betracht kommt insoweit insb das Anfechtungsrecht der Pflichtteilsberechtigten, die zwischen der Errichtung des Testaments und dem Tode des zuerst gestorbenen Ehegatten hinzugekommen sind.[136] Verfügungen des überlebenden Ehegatten können Dritte erst nach dessen Tod anfechten.[137] Für die Form der Anfechtung gilt § 2081 BGB.

Praxis-Tipp:

139 *Die wirksame Anfechtung wechselbezüglicher Verfügungen eines Ehegatten durch Dritte zieht gem § 2270 BGB die Nichtigkeit der wechselbezüglichen Verfügungen des anderen Ehegatten nach sich.*

134 Palandt/Edenhofer § 2271 Rn 28
135 OLG Hamm NJW 1972, 1089
136 Vgl BGH FamRZ 1970, 79
137 KG FamRZ 1968, 219

e. Gestaltungsmöglichkeiten zur Bindungswirkung

Den Ehegatten bzw Lebenspartnern steht es grundsätzlich frei, die Wirkungen, die das Gesetz an die Wechselbezüglichkeit letztwilliger Verfügungen in einem gemeinschaftlichen Testament knüpft, von vornherein auszuschließen oder zu beschränken.[138] 140

aa. Änderungsvorbehalt

Ehegatten bzw Lebenspartner können insb die Widerruflichkeit wechselbezüglicher Verfügungen über § 2271 II BGB hinaus erweitern und dem Überlebenden von ihnen sogar ein freies Widerrufsrecht einräumen. Wirksam kann dies nur durch Verfügung von Todes wegen geschehen.[139] 141

Praxis-Tipp:

Bei der Testamentsgestaltung ist darauf zu achten, dass sich der Inhalt und Umfang des Änderungsvorbehalts aus der letztwilligen Verfügung eindeutig ergibt. Zweifelsfragen wären ansonsten durch Auslegung nach dem Willen beider Ehegatten zu ermitteln. Der Änderungsvorbehalt muss sich auf die Befugnis zu abweichenden Verfügungen von Todes wegen beziehen. Die häufig anzutreffende Bestimmung, dass der Überlebende frei und ungehindert verfügen dürfe, wird von der Rechtsprechung mangels anderer Anhaltspunkte nur als Ermächtigung zu Verfügungen unter Lebenden angesehen.[140] 142

Seinem Inhalt nach sind im Wesentlichen vier Arten von Änderungsvorbehalten zu unterscheiden.[141] In der Praxis nicht sehr häufig anzutreffen ist eine allein auf Schenkungen unter Lebenden begrenzte Freistellung des Längerlebenden, die die Schranken der §§ 2287, 2288 BGB außer Kraft setzt. In einer Vielzahl von Fällen wünschen die Ehegatten, sich hinsichtlich der im gemeinschaftlichen Testament getroffenen wechselbezüglichen Verfügungen eine einseitige Abänderungs- oder Aufhebungsmöglichkeit auch nach dem Tod des anderen vorzubehalten, um die Bindungswirkung zu beseitigen und die Testierfreiheit wiederzuerlangen. Denkbar ist auch eine zeitlich begrenzte Bindungswirkung, wonach zu Lebzeiten nur ein Widerruf nach § 2271 BGB möglich ist, nach dem Tod des Erstversterbenden aber eine freie Änderungsbefugnis besteht. Schließlich kommen spezifizierte Änderungsvorbehalte infrage, die eine beschränkte Bindungswirkung zur Folge haben. Insoweit können einerseits die Voraussetzungen für eine Änderung durch die Testierenden auf der Tatbestandsebene festgelegt werden; 143

---

138 Vgl etwa BGHZ 2, 37; BGHZ 30, 265; BGH NJW 1964, 2056

139 Vgl J. Mayer in: Dittmann/Reimann/Bengel, Testament und Erbvertrag 1999, § 2271, Rn 58

140 Vgl BayObLG FamRZ 1985, 209

141 Vgl J. Mayer in: Dittmann/Reimann/Bengel, Testament und Erbvertrag 1999, § 2271, Rn 66 ff mwN

Beispiel:

144 Befugnis zur Änderung bei einem bestimmten Fehlverhalten der Schlusserben.

andererseits kann die Änderungsmöglichkeit ausschließlich auf bestimmte Rechtsfolgen begrenzt werden.

Beispiel:

145 Beschränkung des Erblassers auf einen bestimmten Adressatenkreis der Zuwendung.

Musterformulierung:

146 *Der Überlebende von uns ist ausdrücklich berechtigt, die gegenständliche und wertmäßige Verteilung des Vermögens auf unsere Abkömmlinge durch Verfügungen unter Lebenden oder von Todes wegen nach seinem freien Ermessen zu bestimmen.*

Praxis-Tipp:

147 *Die Ausübung des vorbehaltenen Widerrufs nach dem Tod eines Ehegatten bedarf auch bei wechselbezüglichen Verfügungen nicht der notariellen Beurkundung nach § 2271 I BGB. Sie kann aber nur durch Errichtung eines weiteren Testaments des Überlebenden bzw den Abschluss eines Erbvertrages erfolgen. Nicht ausreichend ist dagegen die Vernichtung der Testamentsurkunde oder ein auf diese gesetzter, nicht unterschriebener Ungültigkeitsvermerk.*[142]

148 Der erfolgte Widerruf einer wechselbezüglichen Anordnung beseitigt grundsätzlich die entsprechenden Verfügungen des Vorverstorbenen. Etwas Anderes gilt nur, wenn ein entgegengesetzter Wille der Ehegatten ausdrücklich oder stillschweigend festzustellen ist.

Praxis-Tipp:

149 *Soweit die Ehegatten im Rahmen einer Freistellungsklausel verfügen, dass der Längerlebende zu einer Umverteilung des gesamten beidseitigen Vermögens berechtigt sein soll, empfiehlt sich eine klarstellende Regelung, dass die Ausübung des Änderungsvorbehalts die Wirksamkeit aller übrigen Verfügungen unberührt lässt.*

142 OLG Hamm NJW-RR 1996, 1095

Fehlt es hieran, unterscheidet der BGH[143] zwischen der Frage der Bindungsfreistellung und der Wechselbezüglichkeit, so dass die Freistellungsklausel die Wechselbezüglichkeit nicht zwingend ausschließt.[144] Bestünde trotz der Freistellungsbefugnis die Wechselbezüglichkeit fort, so könnte dies dazu führen, dass die Ausübung der Änderungsbefugnis nach § 2270 I BGB zum Wegfall der dazu korrespondierenden Verfügung des Erstverstorbenen führt. 150

bb. Pflichtteilsstrafklauseln

Ehegatten setzen sich in einem gemeinschaftlichen Testament häufig gegenseitig als Erben ein. Nach dem Tod des Zuletztversterbenden sollen die gemeinsamen Kinder Schlusserben sein, also Erbe des zuletzt versterbenden Ehegatten werden und den Nachlass erhalten. Diese Gestaltung folgt der gesetzlichen Vermutung in § 2269 BGB, dem sog Berliner Testament. Problematisch erweist sich dabei, dass die Kinder im ersten Todesfall von der gesetzlichen Erbfolge ausgeschlossen werden und uU Pflichtteilsansprüche geltend machen könnten. Dem kann in gewissem Umfang mit Sanktionsklauseln begegnet werden. 151

Die vornehmliche Bedeutung der Pflichtteilsstrafklauseln besteht in ihrer Abschreckungsfunktion. Mit ihrer Hilfe sollen die Kinder davon abgehalten werden, nach dem Tod des Erstversterbenden ihren Pflichtteilsanspruch geltend zu machen. Derjenige, der den Pflichtteil gleichwohl verlangt, soll auch im zweiten Erbfall auf den Pflichtteil beschränkt sein. Eine einfache Pflichtteilsstrafklausel genügt, wenn die Eltern die Gefahr der Geltendmachung von Pflichtteilsansprüchen als gering erachten. 152

Musterformulierung:

Falls einer unserer Abkömmlinge nach dem Tode des Zuerstversterbenden von uns gegen den Willen des Längerlebenden von uns seinen Pflichtteilsanspruch geltend machen sollte, soll er auch nach dem Längerlebenden von uns enterbt sein und nur seinen Pflichtteil erhalten. 153

Praxis-Tipp:

Es empfiehlt sich, die Strafklausel nicht wechselbezüglich, sondern nur einseitig testamentarisch zu gestalten, um dem Überlebenden die Möglichkeit zu geben, den zunächst Ausgeschlossenen wieder in den Kreis der Schlusserben aufzunehmen.[145] 154

Vergleichbares kann erreicht werden, wenn statt einer Pflichtteilsstrafklausel im eigentlichen Sinne lediglich ein Änderungsvorbehalt aufgenommen wird.

---

143 BGH NJW 1964, 2056; BGH NJW 1987, 901; siehe auch BayObLG FamRZ 1989, 1353; OLG Stuttgart OLGZ 1986, 261

144 Vgl näher J. Mayer in: Dittmann/Reimann/Bengel, Testament und Erbvertrag 1999, § 2271, Rn 75 ff

145 Langenfeld, Testamentsgestaltung 1998, Rn 240; zur Pflichtteilsstrafklausel siehe auch jüngst Radke ZEV 2001, 136

Musterformulierung:

155 *Sollte einer unserer Abkömmlinge nach dem Tod des Zuerstversterbenden gegenüber dem Längerlebenden Pflichtteilsansprüche geltend machen, ist der Längerlebende berechtigt, diesen Abkömmling und seine Nachkommen durch Testament von der Erbfolge auszuschließen.*

Praxis-Tipp:

156 *Die Höhe des Pflichtteils beim zweiten Todesfall hängt vom Wert des Nachlasses des überlebenden Ehegatten ab. Soll dieser möglichst gering gehalten werden, kann versucht werden, durch die sog Jastrow'sche Klausel den Nachlasswert und damit auch den Pflichtteil zu verringern.*[146]

Musterformulierung:

157 *Falls einer unserer Abkömmlinge nach dem Tode des Zuerstversterbenden von uns gegen den Willen des Längerlebenden von uns seinen Pflichtteilsanspruch geltend machen sollte, soll er auch nach dem Längerlebenden von uns enterbt sein und nur seinen Pflichtteil erhalten.*

Außerdem setzt der Erstversterbende von uns denjenigen Abkömmlingen, die den Pflichtteil nicht verlangen, hiermit ein Geldvermächtnis in Höhe des Wertes ihres gesetzlichen Erbteils aus. Dieses Vermächtnis wird jedoch erst mit dem Tode des Längerlebenden von uns fällig.

cc. Wiederverheiratungsklauseln

158 Häufig haben Ehegatten die Sorge, dass der Überlebende von ihnen wieder heiratet und die gemeinsamen Kinder im Erbfall zu kurz kommen. Dieser Sorge liegen im Wesentlichen drei rechtliche Gesichtspunkte zugrunde. Soweit die Einsetzung der Abkömmlinge durch den Überlebenden nicht bindend ist, kann der Überlebende seine Verfügung ändern oder widerrufen. Ist die Einsetzung der Kinder zwar bindend, kann der Überlebende nach einer Wiederverheiratung seine Verfügung uU gleichwohl wegen Übergehen seines neuen Ehepartners als Pflichtteilsberechtigten gem § 2079 BGB anfechten. Aber selbst, wenn der Überlebende seine Verfügung weder widerruft noch anficht, ist der neue Ehepartner zumindest über sein Pflichtteilsrecht am Nachlass des Überlebenden beteiligt.

159 Die in der Literatur entwickelten Wiederverheiratungsklauseln verfolgen das Ziel, den Abkömmlingen auf den Zeitpunkt der Wiederverheiratung des überlebenden Ehegatten eine angemessene Nachlassbeteiligung zu sichern.[147]

146 Zu den Bedenken gegen die Jastrow'sche Klausel siehe J. Mayer ZEV 1995, 136; ders in: Dittmann/Reimann/Bengel, Testament und Erbvertrag 1999, E Rn 106

147 Zu Wiederverheiratungsklauseln vgl etwa Haegele Rpfleger 1976, 73; Hurst MittRhNotK 1962, 435; Meier-Kraut NJW 1992, 143; Otte AcP 187, 603; Wilhelm NJW 1990, 2857; Zawar NJW 1988, 16; Buchholz, Erbfolge und Wiederverheiratung 1986; Langenfeld, Testamentsgestaltung 1998, Rn 248 ff; Palandt/Edenhofer § 2269 Rn 16 ff; siehe auch Jünemann ZEV 2000, 81

– Vorerbschaftslösung

Die klassische Form der Wiederverheiratungsklauseln löst das Problem über die Vor- und Nacherbschaft. Der überlebende Ehegatte wird für den Fall, dass er sich wieder verheiratet, nur zum Vorerben eingesetzt. Diejenigen Personen, denen der Nachlass des Erstversterbenden erhalten werden soll – typischerweise die gemeinsamen Kinder – sind Nacherben. Die Vollerbeneinsetzung des Überlebenden ist somit durch die Wiederverheiratung auflösend bedingt, der Überlebende aufschiebend bedingter Vorerbe und die Abkömmlinge aufschiebend bedingte Nacherben.[148] 160

Praxis-Tipp:

Dies bedeutet für den Überlebenden, dass er ab dem Tod des Erstversterbenden den Beschränkungen des Vorerben unterliegt, auch wenn er sich nicht wieder verheiratet.[149] 161

Im Regelfall ist er allerdings als befreiter Vorerbe iSd § 2136 BGB anzusehen, sofern nicht eine andere Anordnung getroffen ist oder sonst Umstände der Annahme entgegenstehen, dass die Ehegatten einander im Rahmen der gesetzlichen Ermächtigung befreien wollten.[150] 162

Musterformulierung:

Wir setzen uns gegenseitig zu alleinigen Erben ein. Die Vollerbschaft des überlebenden Ehegatten ist jedoch an die auflösende Bedingung seiner Wiederverheiratung geknüpft. Heiratet der Überlebende von uns beiden wieder, so wird er nur Vorerbe. Von den Beschränkungen der §§ 2113 ff BGB wird er, soweit gem § 2136 BGB zulässig, befreit. 163

Nacherben werden unsere gemeinsamen Kinder zu gleichen Teilen. Ersatznacherben eines jeden Kindes sind dessen Abkömmlinge nach Stämmen. Wiederum ersatzweise soll Anwachsung eintreten. Die Ersatznacherbfolge erlischt, wenn der Nacherbe sein Anwartschaftsrecht auf den Vorerben überträgt. Insoweit ist die Ersatznacherbfolge auflösend bedingt.

Der Nacherbfall tritt ein mit der Wiederverheiratung des Überlebenden von uns.

– Vermächtnislösung

Möglich ist auch eine Regelung, durch die der Überlebende von Anfang an als unbedingter Vollerbe eingesetzt, aber mit einem aufschiebend bedingten Vermächtnis belastet wird, das im Falle seiner Wiederverheiratung den Abkömmlingen einen Anspruch auf einen Teil des Nachlasses zuwendet.[151] 164

148 Vgl BGHZ 96, 198 mit Anm Zawar DNotZ 1986, 544; Palandt/Edenhofer § 2269 Rn 17

149 Palandt/Edenhofer § 2269 Rn 18

150 BGH FamRZ 1961, 275; BayObLGZ 1966, 227; OLG Hamm DNotZ 1972, 96

151 Vgl insb Langenfeld, Testamentsgestaltung 1998, Rn 250 f; Wegmann, Ehegattentestament und Erbvertrag 1997, 17 f, 58 ff

Praxis-Tipp:

165 *Vermächtnisgegenstand kann der bei der Wiederverheiratung noch vorhandene Nachlass des Erstverstorbenen, eine Quote des Nachlasses des Erstversterbenden in Geld, ein bestimmter Geldbetrag oder ein bestimmter Gegenstand sein.*

Für die Rechtsstellung der Vermächtnisnehmer gelten nach dem Tod des Erstversterbenden gem § 2179 BGB die §§ 158, 159, 160 und 162 BGB.[152]

Musterformulierung:

166 *Sollte sich der Überlebende von uns wiederverheiraten, so hat er an unsere gemeinschaftlichen Abkömmlinge, einschließlich adoptierter, jedoch mit Ausnahme nichtehelicher Abkömmlinge in männlichen Linien, Geldvermächtnisse entsprechend ihren gesetzlichen Erbteilen erster Ordnung neben ihm, wenn der Erstversterbende erst zum Zeitpunkt der Wiederverheiratung verstorben wäre, berechnet aus dem Wert des reinen Nachlasses des Erstversterbenden zum Zeitpunkt des Erbfalls, auszuzahlen. Von der Bewertung sind dabei die gesamte Haushaltseinrichtung, Kleider, Wäsche und die Hochzeitsgeschenke ausgenommen. Jeder Abkömmling hat einen selbständigen, von den übrigen unabhängigen Vermächtnisanspruch. Die Vermächtnisse sind innerhalb von drei Monaten nach der Wiederverheiratung fällig und bis dahin unverzinslich. Der Anspruch eines Vermächtnisnehmers entfällt, wenn er oder einer seiner weggefallenen Vorfahren Pflichtteilsansprüche auf Ableben des Erstversterbenden geltend gemacht und erhalten hat. Zwecks Feststellung des Wertes des reinen Nachlasses des Erstversterbenden hat der Überlebende auf Kosten des Nachlasses den Nachlass des Erstversterbenden alsbald nach dessen Tod amtlich verzeichnen und schätzen zu lassen.*

167 **Checkliste zur Gestaltung eines Ehegattentestamentes:**

✔ Personalien:

Ehemann	Ehefrau
Name	Name
Vorname	Vorname
Geburtsname	Geburtsname
Geburtsdatum	Geburtsdatum
Staatsangehörigkeit	Staatsangehörigkeit
Geburtsort	Geburtsort
Geburtsstandesamt mit Nr.	Geburtsstandesamt mit Nr.
Anschrift	Anschrift
Beruf	Beruf
Kinder	Kinder
Namen der Eltern	Namen der Eltern

152 Palandt/Edenhofer § 2269 Rn 22

✔ Testierfähigkeit

✔ Testierfreiheit
- Bestehen frühere Verfügungen von Todes wegen?
- Ist eine Bindungswirkung eingetreten?
- Sind frühere Verfügungen von Todes wegen zu widerrufen? (**Hinweis:** *Ein rein vorsorglicher Widerruf bzw eine Vertragsaufhebung ist zu empfehlen*)

✔ Formerfordernis bei privatschriftlichem Testament:
- Ein Ehegatte muss den gesamten Wortlaut eigenhändig schreiben.
- Beide Ehegatten müssen das Testament eigenhändig unterschreiben und sollen ihrer Unterschrift Ort und Datum beifügen.

✔ Möglichkeit bei notariellem Testament:
- Zuziehung eines Zeugen oder eines zweiten Notars.

✔ Prüfung der wirtschaftlichen Verhältnisse

✔ Erbeinsetzung
- Sind gemeinsame und/oder einseitige Kinder vorhanden (Einheits- oder Trennungslösung)?

✔ Ersatzerbenbestimmung

✔ Teilungsanordnung

✔ Enterbung

✔ Vermächtnisanordnung

✔ Ersatzvermächtnisnehmer

✔ Anordnung von Auflagen

✔ Wechselbezüglichkeit der Verfügungen

✔ Änderungsvorbehalt

✔ Pflichtteilsstrafklausel

✔ Wiederverheiratungsklausel

✔ Anfechtungsverzicht

✔ Regelungen für den Fall des Scheiterns und der Auflösung der Ehe

✔ Vollmacht für den Todesfall bzw über den Tod hinaus

✔ Testamentsvollstreckung

✔ Befreiung von der Inventarisierungspflicht bei minderjährigen Kindern

✔ Vormundbenennung bei minderjährigen Kindern

✔ Verwahrung bei privatschriftlichem Testament

II. Erbvertrag

168 Erblasser können statt in einem Testament ihre Verfügungen von Todes wegen gem § 1941 BGB auch in einem Erbvertrag treffen. Ein Erbvertrag wird geschlossen, wenn eine Bindung des Erblassers an seine Verfügungen erreicht werden soll.

Praxis-Tipp:

169 *Im Gegensatz zum gemeinschaftlichen Testament kann ein Erbvertrag nicht nur von Ehegatten bzw Lebenspartnern sondern auch von sonstigen Personen, zB den Partnern einer nichtehelichen Lebensgemeinschaft, Eltern und ihren Kindern oder von Geschwistern, geschlossen werden.*

170 Entsprechend der im Erbvertrag getroffenen Verfügungen sind mit dem einseitigen, zweiseitigen, gegenseitigen, mehrseitigen und entgeltlichen Erbvertrag fünf Arten zu unterscheiden.[153] Einseitig ist ein Erbvertrag, wenn nur der Erblasser Verfügungen von Todes wegen trifft, der Vertragspartner also lediglich zum Zwecke der erbvertraglichen Bindung mitwirkt. Bei einem zweiseitigen Erbvertrag treffen beide Vertragsteile hinsichtlich ihres Nachlasses vertragsmäßige Verfügungen. Ein gegenseitiger Erbvertrag liegt vor, wenn sich die Erblasser jeweils wechselseitig bedenken. Von einem mehrseitigen Erbvertrag kann gesprochen werden, wenn mehr als zwei Personen vertragsmäßige Verfügungen von Todes wegen treffen. Schließlich wird ein Erbvertrag als entgeltlich bezeichnet, der mit einem Rechtsgeschäft verbunden ist, in dem der Vertragspartner sich gegenüber dem Erblasser verpflichtet, zB zu Unterhaltszahlungen, Pflegeleistungen.

Praxis-Tipp:

171 *Der Erbvertrag hat als einheitliches Rechtsgeschäft eine Doppelnatur. Während er als Vertrag mit seinem Abschluss Bindungen entstehen lässt, begründet er als Verfügung von Todes wegen keine schuldrechtliche Verpflichtung, sondern lässt seine Rechtswirkungen erst mit dem Erbfall eintreten.[154] Der Erblasser wird durch den Abschluss des Erbvertrages in seiner Testierfähigkeit beschränkt, aber grundsätzlich nicht an Verfügungen zu Lebzeiten gehindert.*

153 Vgl Palandt/Edenhofer Überbl v § 2274 Rn 2
154 Palandt/Edenhofer Überbl v § 2274 Rn 4

1. Notarielle Beurkundung

Im Unterschied zu den Testamenten, die sowohl eigenhändig wie durch notarielle Beurkundung errichtet werden können, ist für den Abschluss eines Erbvertrages die Form der notariellen Beurkundung in § 2276 I 1 BGB vorgeschrieben.[155] § 2276 I 1 BGB bestimmt weiterhin, dass der Erbvertrag nur bei gleichzeitiger Anwesenheit der Vertragsteile geschlossen werden kann. Hierunter ist die persönliche Anwesenheit bei der Beurkundung zu verstehen. Die Vertretung durch einen Bevollmächtigten, einen Vertreter ohne Vertretungsmacht mit anschließender Genehmigung oder der Abschluss des Erbvertrages durch Angebot und Annahme sind nicht zulässig. Gem § 2274 BGB gilt dies allerdings nur für den Erblasser. Ein Vertragspartner, der keine vertragsmäßigen Verfügungen von Todes wegen trifft, sondern nur die Verfügungen des Erblassers mit erbvertraglich bindender Wirkung annimmt, sog einseitiger Erbvertrag, kann vertreten werden.[156] 172

Gem § 2276 I 2 BGB sind beim Erbvertrag die Vorschriften der §§ 2231 Nr. 1, 2232, 2233 BGB anzuwenden, also die Formvorschriften für das öffentliche Testament und die Sonderfälle seiner Errichtung bei Beteiligung Minderjähriger oder Behinderter. Diese Regelungen gelten nicht nur für den Erblasser, sondern für jeden Vertragsschließenden. Weiterhin sind vom Notar wie beim öffentlichen Testament bei der Beurkundung eines Erbvertrages die Vorschriften des § 30 BeurkG sowie der §§ 31 und 32 BeurkG zu beachten. § 33 BeurkG stellt klar, dass diese bei einem Erbvertrag für die Erklärungen beider Vertragspartner gelten. 173

2. Verwahrung

Im Unterschied zur Verpflichtung des Notars, jedes beurkundete Testament unverzüglich in die besondere amtliche Verwahrung zu verbringen, können die Vertragsschließenden diese beim Erbvertrag gem § 34 II BeurKG ausschließen. Ein solcher Ausschluss ist nach § 34 II Hs 2 BeurKG im Zweifel anzunehmen, wenn der Erbvertrag mit einem anderen Vertrag in derselben Urkunde, zB beim Ehe- und Erbvertrag, verbunden wird. § 34 III 1 BeurkG stellt klar, dass die Erbvertragsurkunde in der Verwahrung des Notars verbleibt, wenn die besondere amtliche Verwahrung ausgeschlossen ist. Gem § 34 III 2 BeurkG hat der Notar nach Eintritt des Erbfalls die Urkunde an das Nachlassgericht abzuliefern, in dessen Verwahrung sie verbleibt. Ist der Ausschluss der besonderen amtlichen Verwahrung gewünscht, sollte dies in der Niederschrift vermerkt werden. 174

Befindet sich ein Erbvertrag seit mehr als 50 Jahren in der Verwahrung des Notars, so hat er nach den §§ 2300 a, 2263 a BGB, soweit tunlich, Ermittlungen darüber anzustellen, ob der Erblasser noch lebt, und den Erbvertrag ggf an das zuständige Nachlassgericht zur Eröffnung abzuliefern. 175

---

155 Die Vorschriften über den Erbvertrag finden in formeller Hinsicht auch auf das Schenkungsversprechen von Todes wegen iSd § 2301 I BGB Anwendung, vgl Krause NotBZ 2001, 87, 92

156 Palandt/Edenhofer § 2274 Rn 2

3. Bindungswirkung beim Erbvertrag

a. Vertragsmäßige Verfügungen

176 In einem Erbvertrag kann jeder der Vertragsschließenden gem § 2278 I BGB sog vertragsmäßige Verfügungen von Todes wegen treffen. Von den Bindungswirkungen des Erbvertrages sind nur diese erfasst. Vertragsmäßig können gem §§ 1941 I, 2278 II BGB – vergleichbar dem gemeinschaftlichen Testament – nur Erbeinsetzungen, Vermächtnisse oder Auflagen getroffen werden. Verfügungen anderen Inhalts können in einem Erbvertrag gleichwohl enthalten sein. Diesen kann jedoch keine Bindungswirkung zukommen. § 2299 I BGB nennt solche Verfügungen »einseitig«. Sie haben gem § 2299 II BGB die Wirkung testamentarischer Verfügungen.

Praxis-Tipp:

177 *Zu beachten ist, dass Verfügungen, die ihrem Inhalt nach vertragsmäßig sein können, dies nicht zwangsläufig sein müssen. Vertragsmäßig ist eine Verfügung nur, wenn der Erblasser sich an diese binden wollte. Ob ein Bindungswille vorlag, ist gegebenenfalls durch Auslegung zu ermitteln. Diese richtet sich nicht nach den Regeln der Testamentsauslegung, sondern nach den Grundsätzen der Auslegung von Rechtsgeschäften unter Lebenden, also insb nach §§ 133, 157 BGB.*[157]

178 Die Rechtsprechung geht davon aus, dass vertragsmäßige Verfügungen in der Regel anzunehmen sind, wenn der Erblasser den Vertragspartner selbst bedenkt.[158] Wird ein Dritter bedacht, so kommt es darauf an, ob der Erblasser oder der andere Vertragspartner ein Interesse an der Bindung gehabt hat oder haben konnte.[159] Bei Personen, die mit den Vertragsschließenden verwandt sind oder ihnen sonst nahe stehen, kann dies regelmäßig bejaht werden.[160]

Praxis-Tipp:

179 *Bei der Vertragsgestaltung ist darauf zu achten, dass deutlich zum Ausdruck kommt, welche Verfügungen vertragsmäßig und welche einseitig getroffen sind.*

157 Palandt/Edenhofer § 2278 Rn 3
158 BGHZ 26, 204; BGHZ 36, 116; BGHZ 106, 359
159 Palandt/Edenhofer § 2278 Rn 3
160 Vgl BGH WM 1970, 482; BayObLG FamRZ 1989, 1353; OLG Saarbrücken NJW-RR 1994, 844; OLG Hamm FamRZ 1996, 637

Musterformulierung:

Die gegenseitige Erbeinsetzung nehmen wir hiermit wechselseitig als erbvertragsmäßig bindend an. Alle anderen Verfügungen sind einseitig getroffen, dh jeder von uns kann sie – auch nach dem Ableben des anderen Teils – beliebig aufheben und ändern. 180

Der Erbvertrag muss mindestens eine vertragsmäßige Verfügung enthalten. 181
Fehlt es hieran, liegt kein Erbvertrag, sondern ein Testament vor.[161] Durch vertragsmäßige Verfügungen kann gem § 1941 II BGB sowohl der Vertragspartner wie auch ein Dritter bedacht werden.

b. Umfang der Bindung

aa. Grundsatz

Die vertragsmäßigen Verfügungen binden den Erblasser rein erbrechtlich. 182
Insb beschränken sie seine Testierfreiheit.

Durch vertragsmäßige Verfügungen in einem Erbvertrag werden gem § 2289 I 183
1 BGB frühere testamentarische Verfügungen aufgehoben, soweit sie das Recht des im Erbvertrag Bedachten beeinträchtigen. Darüber hinaus führen sie in dem gleichen Umfang nach § 2289 I 2 BGB zu einer Unwirksamkeit aller späteren Verfügungen von Todes wegen.

Beeinträchtigende Verfügungen iSd § 2289 I BGB sind nicht nur diejenigen, 184
die dem Recht des vertragsmäßig Bedachten unmittelbar widersprechen, sondern auch solche, die die ihm zugedachte Position mindern, belasten oder beschränken. Dies kann zB die Beschwerung des Vertragserben mit einem Vermächtnis oder einer Auflage,[162] die Einsetzung eines Testamentsvollstreckers[163] oder die Anordnung einer wertverschiebenden Teilungsanordnung[164] sein.

Praxis-Tipp:

Entscheidend ist, dass die Beeinträchtigung im Zeitpunkt des Erbfalls besteht.[165] 185

Die Bindungswirkung bezieht sich nur auf den Erbfall. Stirbt der Bedachte vor 186
dem Tod des Erblassers, ist die Zuwendung gegenstandslos, eine neue Verfügung kann wirksam getroffen werden. Gleiches gilt, wenn der Bedachte die vertragsmäßige Zuwendung ausschlägt.

161 J. Mayer in: Dittmann/Reimann/Bengel, Testament und Erbvertrag 1999, § 2278, Rn 2
162 Palandt/Edenhofer § 2289 Rn 5
163 BGH NJW 1962, 912; OLG Hamm FGPrax 1995, 241
164 Lehmann MittBayNot 1988, 157; BGHZ 82, 274; BGH NJW 1982, 44
165 Palandt/Edenhofer § 2289 Rn 4

Praxis-Tipp:

187 *Eine vor Abschluss des Erbvertrages getroffene letztwillige Verfügung, die nach § 2289 I 1 BGB aufgehoben ist, lebt in einem solchen Fall nicht wieder auf.*[166] *Der Erblasser ist gezwungen, neu zu testieren; ansonsten tritt die gesetzliche Erbfolge ein.*

bb. Änderungsvorbehalt

188 Die vertragsmäßige Bindung kann durch einen Vorbehalt nachträglicher anderweitiger Verfügungen eingeschränkt oder gelockert werden, sog Änderungsvorbehalt. Vorbehalten kann sich der Erblasser insb das Recht, anders als im Vertrag vorgesehen oder abweichend von diesem zu testieren. Er behält dadurch seine Testierfreiheit im Umfang des Vorbehalts.

Praxis-Tipp:

189 *Bei der Formulierung des Erbvertrages ist darauf zu achten, dass sich Inhalt und Umfang des Änderungsvorbehalts aus diesem eindeutig ergeben.*

190 Sofern der Erbvertrag einen Anhalt dafür bietet, kommt gegebenenfalls die Annahme eines Änderungsvorbehalts durch Auslegung in Betracht.[167]

191 Die Zulässigkeit des Änderungsvorbehalts im Erbvertrag ist von der Rechtsprechung anerkannt.[168] Seine Grenzen sind strittig und in den letzten Jahren Gegenstand zahlreicher Erörterungen gewesen.[169] Die Rechtsprechung[170] hat als Grenze des Änderungsvorbehalts festgelegt, dass dieser nicht so weit gehen dürfe, dass der Erbvertrag dadurch seines eigentlichen Wesens entkleidet und inhaltslos wäre. Dies bedeutet, dass ein Änderungsvorbehalt als Totalvorbehalt keinesfalls alle Verfügungen oder die einzige Verfügung des Erbvertrages in der Weise erfassen kann, dass der Erblasser zu seiner uneingeschränkten Abänderung berechtigt wäre. Ein Erbvertrag ohne jegliche Bin-

166 Palandt/Edenhofer § 2289 Rn 6; vgl auch OLG Zweibrücken OLGZ 1990, 134; OLG Zweibrücken FamRZ 1999, 1545

167 Vgl BayObLGZ 1961, 210; OLG Köln NJW-RR 1994, 651; OLG Hamm FGPrax 1995, 241

168 Vgl nur BGHZ 26, 206; BGH DNotZ 1970, 356; BGH NJW 1982, 441; BGH MittBayNot 1986, 265; BayObLGZ 1961, 206; BayObLG FamRZ 1989, 666; BayObLG FamRZ 1992, 724; BayObLG FamRZ 1996, 898; BayObLG FamRZ 1998, 644; OLG Düsseldorf OLGZ 1966, 68; OLG Stuttgart OLGZ 1979, 49; OLG Stuttgart OLGZ 1985, 434

169 Vgl nur Hülsmeier, Die bindende Wirkung des Erbvertrages 1985; ders NJW 1986, 3115; C. Nolting, Inhalt, Ermittlung und Grenzen der Bindung beim Erbvertrag 1985; D. Nolting, Der Änderungsvorbehalt beim Erbvertrag 1994; J. Mayer DNotZ 1990, 755; ders in: Dittmann/Reimann/Bengel, Testament und Erbvertrag 1999, § 2278, Rn 13 ff; Weiler DNotZ 1994, 427; Herlitz MittRhNotK 1996, 153; Lehmann BWNotZ 1999, 1; ders NotBZ 2000, 85

170 BGHZ 26, 204; BGH WM 1970, 482; BGH MittBayNot 1986, 265; OLG Düsseldorf OLGZ 1966, 68; OLG Stuttgart OLGZ 1985, 434; OLG Köln NJW-RR 1994, 651

dung würde sich nicht mehr vom Testament unterscheiden. Im Ergebnis ist somit erforderlich, dass der Änderungsvorbehalt wenigstens eine vertragsmäßige Verfügung nicht erfasst. Dies ist typischerweise bei einem Ehegattenerbvertrag in Form des Berliner Testaments nach § 2280 BGB der Fall, wenn die gegenseitige Erbeinsetzung der Ehegatten unbedingt ist.

Praxis-Tipp:

Zulässige Änderungsvorbehalte sind zB die Möglichkeit der nachträglichen Berufung weiterer Erben neben dem eingesetzten Alleinerben,[171] das Recht des überlebenden Ehegatten, die für den zweiten Erbfall getroffenen Bestimmungen in einem bestimmten Rahmen abzuändern,[172] oder der Vorbehalt der nachträglichen Anordnung von Vermächtnissen, Auflagen[173] oder einer Testamentsvollstreckung.[174] 192

Musterformulierung:

Wir sind uns darüber einig, dass sämtliche Verfügungen in dieser Urkunde, also sowohl die auf den Tod des Erstversterbenden als auch die auf den Tod des Längerlebenden von uns, erbvertraglich bindend sind. Der Längerlebende von uns ist jedoch berechtigt, nach dem Tod des Erstversterbenden die für den Fall seines Todes getroffenen Anordnungen durch eine Verfügung von Todes wegen aufzuheben oder abzuändern, jedoch nur zu Gunsten eines oder mehrerer unser gemeinschaftlichen Abkömmlinge. 193

Über dasjenige, was der Längerlebende von uns nach dem Tod des Erstversterbenden erwirbt, ausgenommen Früchte und Surrogate für im Zeitpunkt des Ablebens des Erstversterbenden vorhandenes Vermögen, kann er vermächtnisweise frei verfügen.

cc. Rücktrittsvorbehalt

Vom Änderungsvorbehalt zu unterscheiden ist die Vereinbarung eines Rücktrittsvorbehalts oder eines Rücktrittsrechts nach § 2293 BGB. Der Rücktritt gibt dem Erblasser die Möglichkeit, sich einseitig ohne Zustimmung des Vertragspartners von der Bindung des Erbvertrags zu lösen.[175] Da das Gesetz keine generelle Rücktrittsmöglichkeit bei einer Änderung der Verhältnisse vorsieht, sondern § 2294 BGB (Rücktritt bei Verfehlungen des Bedachten) und § 2295 BGB (Rücktritt bei Aufhebung der Gegenverpflichtung) nur sehr begrenzte Rücktrittsrechte enthalten, kann sich die Aufnahme eines vertraglichen Rücktrittsrechts in den Erbvertrag empfehlen. 194

Die Ausgestaltung des Rücktrittsvorbehalts unterliegt allein dem Willen der Vertragsparteien. Der Rücktrittsvorbehalt kann für den ganzen Erbvertrag 195

171 Palandt/Edenhofer § 2289 Rn 8
172 OLG Stuttgart OLGZ 1985, 434
173 OLG Düsseldorf OLGZ 1966, 68
174 OLG Stuttgart OLGZ 1979, 49
175 Palandt/Edenhofer § 2293 Rn 1

oder nur für einzelne vertragsmäßige Verfügungen, unbeschränkt oder nur für bestimmte Fälle, bedingt oder befristet vereinbart werden.[176] Er muss im Erbvertrag selbst oder einem Nachtragserbvertrag enthalten sein.[177]

Praxis-Tipp:

196 *Insb in einem zweiseitigen Erbvertrag der Partner einer nichtehelichen Lebensgemeinschaft ist der Vorbehalt eines jederzeitigen Rücktritts für beide Partner unerlässlich. Eine dem § 2077 BGB entsprechende Vorschrift fehlt hier. Ebenso empfiehlt sich die Aufnahme eines Rücktrittsvorbehalts bei einem Ehegattenerbvertrag. Während Ehegatten die wechselbezüglichen Verfügungen in einem gemeinschaftlichen Testament gem § 2271 BGB zu Lebzeiten beider Ehegatten einseitig widerrufen können, enthält des Erbvertragsrecht keine vergleichbare Bestimmung. Eine entsprechende Lösungsmöglichkeit kann im Erbvertrag durch Vereinbarung eines allgemeinen Rücktrittsvorbehalts beschränkt auf die Lebenszeit beider Ehegatten erreicht werden. Gleiches gilt für den Erbvertrag der Lebenspartner einer gleichgeschlechtlichen Lebenspartnerschaft.*

197 Schließlich kommt dem Rücktrittsvorbehalt beim entgeltlichen Erbvertrag besondere Bedeutung zu. Die gesetzlichen Regelungen der §§ 2294, 2295 BGB sind insoweit nicht ausreichend. Die Gestaltung des Rücktrittsvorbehalts ist in diesen Fällen auf die Nichterbringung der vereinbarten Gegenleistung abzustimmen. Die Rechtsprechung verlangt teilweise eine Abmahnung.[178] Auch diese sollte vorgesehen sein. Bei wiederkehrenden Gegenleistungen ist daran zu denken, den Rücktrittsgrund entstehen zu lassen, wenn über einen gewissen Zeitraum die Leistung nicht erbracht wird. Darüber hinaus besteht in diesen Fällen die Möglichkeit, die Ausübung des Rücktrittsrechts auf eine bestimmte Zeit nach Eintritt ihrer Voraussetzungen zu befristen. Schließlich ist daran zu denken, eine Regelung bezüglich bereits erbrachter Gegenleistungen vorzusehen.

Musterformulierung:

198 *Sofern A die von ihm vorstehend übernommenen Verpflichtungen objektiv nicht ordnungsgemäß erfüllt, ist B nach erfolgloser schriftlicher Abmahnung zum Rücktritt von diesem Erbvertrag berechtigt. Im Falle des Rücktritts sind dem A die bis dahin von ihm erbrachten Leistungen durch B nicht zu erstatten. Die Frist zur Ausübung des Rücktrittsrechts endet acht Wochen nach Eintritt des Rücktrittsgrundes.*

176 Vgl J. Mayer in: Dittmann/Reimann/Bengel, Testament und Erbvertrag 1999, § 2293, Rn 12; Palandt/Edenhofer, BGB § 2293, Rn 2

177 Vgl J. Mayer in: Dittmann/Reimann/Bengel, Testament und Erbvertrag 1999, § 2293, Rn 9; Palandt/Edenhofer § 2293 Rn 2

178 Vgl BGH MDR 1967, 993; BGH NJW 1981, 2299; OLG Düsseldorf FamRZ 1995, 58; OLG Hamm NJW-FER 1998, 275; siehe auch Herlitz MittRhNotK 1996, 153; Palandt/Edenhofer § 2293 Rn 3; Johannsen WM 1969, 1222; Kirchner MittBayNot 1996, 19

dd. Auflösende Bedingung

Ähnliche Wirkungen wie durch einen Änderungs- oder Rücktrittsvorbehalt können durch eine auflösende Bedingung erreicht werden. 199

Praxis-Tipp:

Auflösende Bedingungen sind hinsichtlich des gesamten Erbvertrages oder einzelner vertragsmäßiger Verfügungen möglich und zulässig, soweit sie nicht im Widerspruch zur bindenden Kraft des Erbvertrages oder der vertragsmäßigen Verfügung stehen.[179] 200

Denkbar ist zB, den Erbvertrag zwischen nichtehelichen Lebenspartnern unter die auflösende Bedingung der Beendigung der Partnerschaft zu stellen und dabei zu vereinbaren, dass der Eintritt der Bedingung vermutet wird, wenn einer dem anderen das Ende der Partnerschaft schriftlich mitteilt.[180] Auch könnte ein entgeltlicher Erbvertrag unter der auflösenden Bedingung der Nichterfüllung, Verzug oder Schlechterfüllung stehen. 201

Praxis-Tipp:

Mit Eintritt der Bedingung tritt die einzelne Verfügung bzw der ganze Erbvertrag außer Kraft und zwar nach § 158 II BGB ex nunc. Es bedarf keiner förmlichen Handlung des Erblassers. 202

c. Lebzeitige Verfügungsfreiheit[181]

Der Erbvertrag führt nur eine erbrechtliche Bindung herbei. § 2286 BGB bestimmt dementsprechend, dass durch Abschluss eines Erbvertrages das Recht des Erblassers, über sein Vermögen durch Rechtsgeschäft unter Lebenden zu verfügen, nicht beschränkt wird. Das Gesetz sieht allerdings in § 2287 I BGB einen beschränkten Schutz des Vertragserben gegen Schenkungen des Erblassers zu dessen Lebzeiten vor. Diese Vorschrift dient der Verhinderung von Missbrauch. Hat der Erblasser in der Absicht, den Vertragserben zu beeinträchtigen, eine Schenkung gemacht, so kann der Erblasser, nachdem ihm die Erbschaft angefallen ist, von dem Beschenkten die Herausgabe des Geschenkes nach den Vorschriften über die Herausgabe einer ungerechtfertigten Bereicherung fordern. Eine noch weitergehende Schutzvorschrift für den vertragsmäßig bedachten Vermächtnisnehmer enthält § 2288 BGB. Soweit der Erblasser den Gegenstand eines vertragsmäßig angeordneten Vermächtnisses in der Absicht, den Bedachten zu beeinträchtigen, zerstört, beiseite schafft oder beschädigt, tritt gem § 2288 I BGB, soweit der Erbe dadurch 203

179 Vgl J. Mayer in: Dittmann/Reimann/Bengel, Testament und Erbvertrag 1999, § 2293, Rn 7

180 Vgl Kanzleiter DNotZ 1999, 122

181 Siehe hierzu eingehend Kapitel 3 Rn 453 ff

außerstande gesetzt ist, die Leistung zu bewirken, an die Stelle des Gegenstandes der Wert. Hat der Erblasser den Gegenstand in der Absicht, den Bedachten zu beeinträchtigen, veräußert oder belastet, so ist der Erbe gem § 2288 II 1 BGB verpflichtet, dem Bedachten den Gegenstand zu verschaffen oder die Belastung zu beseitigen; auf diese Verpflichtung finden die Vorschriften des § 2170 II BGB entsprechende Anwendung. Ist die Veräußerung oder die Belastung schenkweise erfolgt, steht dem Bedachten gem § 2288 II 2 BGB, soweit er nicht von dem Erben Ersatz erlangen kann, der in § 2287 BGB bestimmte Anspruch gegen den Beschenken zu.

4. Lösung vom Erbvertrag

204 Es gibt verschiedene Möglichkeiten, sich von einem Erbvertrag oder einzelnen vertragsmäßigen Verfügungen zu lösen. Angesichts der starken erbrechtlichen Bindungswirkung der vertragsmäßigen Verfügungen ist dies jedoch nur innerhalb enger Grenzen zulässig.

a. Aufhebung

205 Zunächst kommt gem § 2290 I 1 BGB ein Aufhebungsvertrag durch die Personen, die den Erbvertrag geschlossen haben, in Betracht. Dieser bedarf nach § 2290 IV BGB der Form des Erbvertrages, also notarieller Beurkundung bei gleichzeitiger Anwesenheit der Vertragsteile.

Praxis-Tipp:

206 *Zu beachten ist, dass die Aufhebung gem § 2290 I 2 BGB nach dem Tod einer der Vertragspartner nicht mehr erfolgen kann. Die Zustimmung eines im Erbvertrag bedachten Dritten ist nicht erforderlich, da dieser vor dem Erbfall keinerlei Rechte erwirbt.*[182]

207 Der Erblasser kann den Aufhebungsvertrag gem § 2290 II 1 BGB wie den Erbvertrag nur persönlich schließen. Ein beschränkt Geschäftsfähiger bedarf hierzu gem § 2290 II 2 BGB nicht der Zustimmung seines gesetzlichen Vertreters. Steht ein Vertragsteil unter Vormundschaft oder wird die Aufhebung vom Wirkungskreis eines Betreuers erfasst, ist die Genehmigung des Vormundschaftsgerichts nach § 2290 III 1 BGB erforderlich. Das Gleiche gilt gem § 2290 III 2 BGB, wenn der Vertragspartner unter elterlicher Sorge steht, es sei denn, der Aufhebungsvertrag wird unter Ehegatten oder Verlobten geschlossen.

208 Sofern lediglich vertragsmäßige Vermächtnisse oder Auflagen aufgehoben werden sollen, sieht § 2291 BGB eine Formerleichterung vor. Der Erblasser kann die entsprechenden Anordnungen gem § 2291 I 1 BGB auch durch ein Testament aufheben. Zur Wirksamkeit der Aufhebung ist jedoch zusätzlich

182 J. Mayer in: Dittmann/Reimann/Bengel, Testament und Erbvertrag 1999, § 2290, Rn 8; Palandt/Edenhofer § 2290 Rn 1

gem § 2291 I 2 BGB die Zustimmung des anderen Vertragspartners erforderlich; § 2290 III BGB findet insoweit Anwendung. Während die Aufhebung der Vermächtnis- bzw Auflagenanordnung durch ein eigenhändiges Testament des Erblassers erfolgen kann, bedarf die Zustimmungserklärung zu ihrer Wirksamkeit nach § 2291 II BGB der notariellen Beurkundung. Sie ist empfangsbedürftig und unwiderruflich.

Praxis-Tipp:

Das Zustimmungsrecht geht bei Tod des Vertragspartners nicht auf dessen Erben über, kann also nur zu dessen Lebzeiten ausgeübt werden.[183] *Ebenso kann die Zustimmung als empfangsbedürftige Willenserklärung nach dem Tod des Erblassers nicht mehr wirksam erteilt werden.*[184] 209

Das Aufhebungstestament widerrufen kann der Erblasser, solange der Vertragspartner nicht zugestimmt hat.[185] 210

Ehegatten bzw Lebenspartner iSd LPartG haben schließlich die Möglichkeit, einen zwischen ihnen geschlossenen Erbvertrag gem § 2292 BGB durch ein gemeinschaftliches Testament aufzuheben; § 2290 III BGB gilt auch insoweit. 211

Praxis-Tipp:

Das Aufhebungstestament kann in jeder zulässigen Form des gemeinschaftlichen Testaments errichtet werden, nicht aber durch übereinstimmende Einzeltestamente.[186] *Durch einseitigen Widerruf des Aufhebungstestaments nach §§ 2271, 2253 ff BGB wird der Erbvertrag nicht wieder in Kraft gesetzt.*[187] 212

Eine Aufhebung des Erbvertrages durch Rücknahme des Erbvertrages aus der besonderen amtlichen Verwahrung, vergleichbar §§ 2256, 2272 BGB, kommt nicht in Betracht.[188]

Praxis-Tipp:

In einem Prozessvergleich ist die Aufhebung zulässig, vorausgesetzt, der Erblasser ist persönlich anwesend.[189] 213

183 Palandt/Edenhofer § 2291 Rn 2
184 OLG Hamm NJW 1974, 1774
185 Vgl Palandt/Edenhofer § 2291 Rn 3; J. Mayer in: Dittmann/Reimann/Bengel, Testament und Erbvertrag 1999, § 2291, Rn 137
186 J. Mayer in: Dittmann/Reimann/Bengel, Testament und Erbvertrag 1999, § 2292, Rn 4
187 Palandt/Edenhofer § 2292 Rn 3
188 Palandt/Edenhofer § 2290 Rn 2
189 Palandt/Edenhofer § 2290 Rn 2

b. Rücktritt

214 Als weitere Lösungsmöglichkeit vom Erbvertrag kann ein Rücktritt einer der Vertragspartner in Betracht kommen. Ein solcher ist nur in engen Grenzen zulässig.

215 Ein Rücktrittsrecht kann aufgrund eines im Erbvertrag vereinbarten Rücktrittsvorbehalts nach § 2293 BGB bestehen. Weiterhin sehen die §§ 2294 und 2295 BGB gesetzliche Rücktrittsrechte vor. Im Fall des § 2294 BGB ist Voraussetzung für den Rücktritt, dass sich der Bedachte einer Verfehlung schuldig gemacht hat, die den Erblasser zur Entziehung des Pflichtteils berechtigt, oder, falls der Bedachte nicht zu den Pflichtteilsberechtigten gehört, zu der Entziehung berechtigen würde, wenn der Bedachte ein Abkömmling des Erblassers wäre. Ein Rücktritt kommt danach nur bei einer vorsätzlichen körperlichen Misshandlung, Verbrechen oder sonstigen schweren Verfehlung iSd §§ 2333 ff BGB in Betracht. Im Fall des § 2295 BGB liegt ein Rücktrittsrecht vor, falls der Bedachte dem Erblasser wiederkehrende Leistungen versprochen hat und die Leistungsverpflichtung vor dem Tod des Erblassers entfallen ist. § 2295 BGB setzt weder voraus, dass die Leistungsverpflichtung Gegenstand des Erbvertrages ist, noch dass beide Verträge eine rechtliche Einheit bilden.[190]

Praxis-Tipp:

216 *Der Zusammenhang des Erbvertrages mit dem Verpflichtungsgeschäft wird durch den vom Erblasser verfolgten und dem Bedachten bekannten Zweck der vertragsmäßigen Verfügung hergestellt.*[191]

217 Die Erklärung des Rücktritts ist nach § 2296 II 1 BGB eine einseitige, empfangsbedürftige Willenserklärung gegenüber dem anderen Vertragsschließenden und als solche unwiderruflich und bedingungsfeindlich.[192] Der Rücktritt kann gem § 2296 I 1 BGB nur persönlich, nicht durch einen Vertreter erfolgen. Ein beschränkt Geschäftsfähiger bedarf für den Rücktritt nach § 2296 I 2 BGB nicht der Zustimmung seines gesetzlichen Vertreters.

218 Die Wirksamkeit des Rücktritts setzt nach § 2296 II 2 BGB die notarielle Beurkundung der Rücktrittserklärung voraus.

---

190 Vgl Palandt/Edenhofer § 2295 Rn 2
191 Palandt/Edenhofer § 2295 Rn 3; vgl auch J. Mayer in: Dittmann/Reimann/Bengel, Testament und Erbvertrag 1999, § 2295, Rn 5 ff
192 Vgl Palandt/Edenhofer § 2296 Rn 1; OLG Stuttgart OLGZ 1979, 129

Praxis-Tipp:

Die entsprechende notarielle Urkunde muss dem anderen Vertragsschließenden, bei mehreren jedem von ihnen,[193] in Ausfertigung zugehen. Nur diese ersetzt die Urschrift im Rechtsverkehr. Geht lediglich eine einfache oder beglaubigte Abschrift zu, fehlt es an einem wirksamen Rücktritt. Aus Beweisgründen bietet sich die Zustellung durch den Gerichtsvollzieher an. Auch insoweit ist darauf zu achten, dass der Gerichtsvollzieher tatsächlich die Ausfertigung der notariellen Urkunde und nicht eine von ihm gefertigte beglaubigte Abschrift zustellt. 219

Ist der Erblasser zum Rücktritt berechtigt, kann er die vertragsmäßigen Verfügungen auch noch nach dem Tod seines Vertragspartners zu Fall bringen und zwar durch Testament nach § 2297 S 1 BGB aufheben. Im Falle des Rücktritts aufgrund von Verfehlungen des Bedachten iSd § 2294 BGB findet gem § 2297 S 2 BGB § 2336 II bis IV BGB Anwendung. 220

Durch den Rücktritt werden die vertragsmäßigen Verfügungen des Zurücktretenden und die des anderen Teils nach § 2298 II, III BGB aber nur bei vorbehaltenem Rücktritt aufgehoben, während sie bei einem Rücktritt nach §§ 2294, 2295 BGB wirksam bleiben. 221

Praxis-Tipp:

Das vorbehaltene Rücktrittsrecht erlischt nach § 2298 II 2 BGB mit Tod des anderen Vertragspartners. Der Überlebende kann jedoch, wenn er das ihm durch den Vertrag Zugewendete ausschlägt, seine Verfügung durch Testament aufheben. 222

c. Anfechtung

Schließlich kommt eine Anfechtung des Erbvertrages in Betracht. Neben den allgemeinen Anfechtungsregeln der §§ 119 ff BGB und der für letztwillige Verfügungen geltenden Vorschriften der §§ 2078 ff BGB enthalten die §§ 2281 bis 2285 BGB spezielle Regelungen. 223

Die Besonderheit des § 2281 I BGB besteht darin, dass der Erblasser den Erbvertrag anfechten kann.[194] Dies ist in den Fällen des § 2078 BGB oder des § 2079 BGB möglich, also wenn der Erblasser zu der Verfügung durch Irrtum, Täuschung oder Drohung veranlasst worden ist oder wenn er bei der Verfügung einen ihm nicht bekannten oder noch nicht vorhandenen Pflichtteilsberechtigten übergangen hat. Die Anfechtung ist gem § 2283 BGB nur innerhalb einer Ausschlussfrist von einem Jahr ab Kenntnis des Anfechtungsgrundes bzw Beendigung der Drohung möglich. Die Anfechtung kann der Erblasser nach § 2282 I 1 BGB ebenso wie den Rücktritt nur persönlich erklären. Ein 224

193 Reithmann DNotZ 1957, 529
194 Vgl Veith NJW 1993, 1553

beschränkt Geschäftsfähiger bedarf auch hier gem § 2282 I 2 BGB nicht der Zustimmung seines gesetzlichen Vertreters. Für einen geschäftsunfähigen Erblasser kann sein gesetzlicher Vertreter gem § 2282 II BGB mit Genehmigung des Vormundschaftsgerichts anfechten.

Praxis-Tipp:

225 *Eine Verfügung zugunsten eines Dritten kann nach dem Tod des Vertragspartners gem § 2281 II BGB durch Erklärung gegenüber dem Nachlassgericht angefochten werden. Die Erklärung ist dem Dritten durch das Nachlassgericht mitzuteilen.*

226 Die Anfechtungserklärung bedarf, wie die Rücktrittserklärung, nach § 2282 III BGB der notariellen Beurkundung und ist gem § 143 II BGB dem anderen Vertragsteil gegenüber zu erklären. Auch insoweit genügt eine beglaubigte Abschrift der Urkunde nicht; dem Vertragspartner muss eine Ausfertigung zugehen.[195]

Praxis-Tipp:

227 *Die form- und fristgerechte Anfechtung führt nach §§ 142 I, 2298 I BGB zur Unwirksamkeit des Erbvertrages.*

d. Sonstige Unwirksamkeitsgründe

228 Sind in einem Erbvertrag von beiden Seiten vertragsmäßige Verfügungen getroffen, so hat gem § 2298 I BGB die Nichtigkeit einer dieser Verfügungen die Unwirksamkeit des ganzen Vertrages zur Folge. Dies gilt nach § 2298 III BGB nur dann nicht, wenn ein anderer Wille der Vertragsschließenden anzunehmen ist.

Praxis-Tipp:

229 *Hinsichtlich der Erbverträge von Ehegatten, Verlobten bzw Lebenspartnern ist weiter zu berücksichtigen, dass gem § 2279 BGB insb § 2077 BGB Anwendung findet. Die Auflösung der Ehe, des Verlöbnisses bzw der Lebenspartnerschaft hat somit ebenso wie beim gemeinschaftlichen Testament hinsichtlich der wechselbezüglichen Verfügungen die Unwirksamkeit der vertragsmäßigen Verfügungen im Erbvertrag zur Folge, wenn nicht anzunehmen ist, dass sie auch für diesen Fall getroffen worden sind. § 2279 II BGB stellt klar, dass dies gleichermaßen die Verfügungen zugunsten Dritter betrifft.*

195 Vgl BayObLGZ 1963, 260

e. Einseitige Verfügungen

Einseitige Verfügungen im Erbvertrag erlöschen durch Widerruf nach §§ 2254 ff BGB, durch Aufhebungsvertrag nach § 2290 BGB oder durch Rücktritt vom Erbvertrag nach §§ 2293 ff BGB. Die Beseitigung durch Rücktritt oder Aufhebung setzt die einseitige Verfügung gem § 2299 III BGB nur dann nicht außer Kraft, wenn ein anderer Wille des Erblassers anzunehmen ist. 230

5. Verbindung des Erbvertrages mit anderen Verträgen

Ein Erbvertrag kann mit anderen Verträgen verbunden werden. Eine solche Verbindung kommt häufig mit einem Ehevertrag, einem Erbverzicht oder einem Pflegevertrag vor. 231

Praxis-Tipp:

Bei der Verbindung eines Erbvertrages mit einem Pflegevertrag sollte insb eine Rücktrittsregelung gem § 2293 BGB oder eine auflösende Bedingung für den Fall der Nicht- oder Schlechterfüllung der Verpflichtungen aus dem Pflegevertrag hinsichtlich der erbvertraglichen Vereinbarungen in den Vertrag aufgenommen werden. Im Übrigen ist § 2295 BGB zu beachten. 232

6. Checkliste zur Gestaltung eines Erbvertrages

✔ Personalien des jeweiligen Vertragspartners: 233
- Name
- Vorname
- Geburtsname
- Geburtsdatum
- Staatsangehörigkeit
- Geburtsort
- Geburtsstandesamt mit Nr.
- Anschrift
- Beruf
- Kinder
- Namen der Eltern

✔ Geschäftsfähigkeit

✔ Testierfreiheit

✔ Notarielle Beurkundung

✔ Persönliche Anwesenheit des Erblassers

✔ Gleichzeitige Anwesenheit der Vertragsparteien

✔ Zuziehung eines Zeugen oder eines zweiten Notars

✔ Prüfung der wirtschaftlichen Verhältnisse

- ✔ Vertragsgemäße Verfügungen
- ✔ Einseitige Verfügungen
- ✔ Erbeinsetzung
- ✔ Ersatzerbenbestimmung
- ✔ Teilungsanordnung
- ✔ Enterbung
- ✔ Vermächtnisanordnung
- ✔ Ersatzvermächtnisnehmer
- ✔ Anordnung von Auflagen
- ✔ Änderungsvorbehalt
- ✔ Rücktrittsvorbehalt
- ✔ Auflösende Bedingung
- ✔ Pflichtteilsstrafklausel
- ✔ Wiederverheiratungsklausel
- ✔ Anfechtungsverzicht
- ✔ Regelungen für den Fall des Scheiterns und der Auflösung der Ehe
- ✔ Vollmacht für den Todesfall bzw über den Tod hinaus
- ✔ Testamentsvollstreckung
- ✔ Befreiung von der Inventarisierungspflicht bei minderjährigen Kindern
- ✔ Vormundbenennung bei minderjährigen Kindern
- ✔ Verbindung mit Ehevertrag
- ✔ Verwahrung des Erbvertrages bei Notar oder Amtsgericht

III. Vergleich zwischen gemeinschaftlichem Testament und Erbvertrag

Sofern Ehegatten oder Lebenspartner Verfügungen von Todes wegen treffen wollen, stellt sich in der Beratung die Frage, ob dem gemeinschaftlichen Testament oder dem Erbvertrag der Vorzug zu geben ist.[196] Eine pauschale Antwort hierauf ist nicht möglich. Maßgebend dürfte in erster Linie der Bindungswille der Ehegatten bzw Lebenspartner sein. Der Hauptunterschied zwischen dem gemeinschaftlichen Testament und dem Erbvertrag besteht im Maß der Bindung der durch sie getroffenen Verfügungen gegenüber weiteren beeinträchtigenden Verfügungen des Erblassers von Todes wegen oder unter Lebenden.[197] 234

Bei einem gemeinschaftlichen Testament kann jeder Testierende zu Lebzeiten des anderen seine Verfügung stets einseitig widerrufen mit der Folge, dass auch die Verfügung des anderen unwirksam wird. Wollen sich die Ehegatten bzw Lebenspartner derart binden, dass sich keiner von ihnen einseitig von der gemeinsamen Verfügung lösen kann, bietet das gemeinschaftliche Testament keine ausreichende Sicherheit. In diesen Fällen ist dem Erbvertrag der Vorzug zu geben. Die Bindungswirkung tritt beim Erbvertrag ab Beurkundung ein, während sie hinsichtlich der wechselbezüglichen Verfügungen beim gemeinschaftlichen Testament erst nach dem Tod eines der Testierenden Wirkung entfaltet. Fehlt ein entsprechender lebzeitiger Bindungswille, ist nicht zwangsläufig auf das gemeinschaftliche Testament zurückzugreifen. Der Erbvertrag kann dem Rechnung tragen und derart flexibel gestaltet werden, dass etwa ein Rücktrittsrecht vorbehalten oder eine detaillierte Bestimmung des Bindungsgrades aufgenommen wird. Für den Erbvertrag spricht weiter, dass mit seiner Hilfe eine Bindung auch gegenüber anderen Personen erreicht werden kann. Wird zB ein Erbvertrag zwischen Eltern und Kindern abgeschlossen, sind die Kinder nicht nur Begünstigte, sondern selbst Vertragspartner. Die Bindung kann demgemäß nur mit ihrer Zustimmung aufgehoben werden. Ein gemeinschaftliches Testament scheidet insoweit von vornherein aus. 235

Unterschiede zwischen Erbvertrag und gemeinschaftlichem Testament ergeben sich auch im Hinblick auf die Schutzwirkung der §§ 2287, 2288 BGB zugunsten der vertragsmäßig bzw wechselbezüglich Bedachten. Während diese beim Erbvertrag bereits mit Vertragsschluss eintritt, entsteht sie beim gemeinschaftlichen Testament erst nach dem Todes eines Ehegatten bzw Lebenspartners. Der Erbvertrag eignet sich daher besser für entgeltliche Gestaltungen zwischen Ehegatten oder Lebenspartnern.[198] 236

196 Vgl auch Nieder, Handbuch der Testamentsgestaltung 2000, Rn 819 ff; Langenfeld, Testamentsgestaltung 1998, Rn 24; ders NJW 1987, 1577; J. Mayer in: Dittmann/Reimann/Bengel, Testament und Erbvertrag 1999, vor §§ 2265 ff, Rn 31 ff; Wegmann, Ehegattentestament und Erbvertrag 1997, 5 f

197 Vgl hierzu auch Basty MittBayNot 2000, 73

198 Vgl Langenfeld, Testamentsgestaltung 1998, Rn 24; Meincke DStR 1981, 523

237 Ein Vorteil des Erbvertrages besteht weiterhin darin, dass dieser beliebig mit Erklärungen unter Lebenden verbunden werden kann;[199] So zB mit einem Ehevertrag oder mit anderen Verträgen wie Pflegeverträgen oder Verfügungsunterlassungsverträgen.

238 Auch sprechen Kostengesichtspunkte jedenfalls, soweit die Verfügung von Todes wegen notariell beurkundet wird, für den Erbvertrag. Während das notariell beurkundete gemeinschaftliche Testament zwingend in die besondere amtliche Verwahrung beim Nachlassgericht zu geben ist, können die Beteiligten beim Erbvertrag die besondere amtliche Verwahrung ausschließen. Dieser verbleibt dann in der Verwahrung des Notars. Notargebühren fallen für die Verwahrung nicht an. Anders ist dies beim gemeinschaftlichen Testament. Für die Verwahrung ist an das Gericht gem § 101 KostO eine 1/4 Gebühr zu zahlen. Soll auf eine notarielle Beurkundung verzichtet werden, kommt nur das eigenhändige gemeinschaftliche Testament infrage.

Praxis-Tipp:

239 *Wird der Erbvertrag gleichzeitig mit einem Ehevertrag beurkundet, so fällt die Beurkundungsgebühr nach § 46 III KostO nur einmal an. Der Ehe- und Erbvertrag ist damit besonders kostengünstig und regelt die Folgen der Ehe umfassend.*

240 Verbleibt der Erbvertrag in der Verwahrung des Notars, hat dieser die Urkunde nach Eintritt des Erbfalls an das Nachlassgericht abzuliefern. Bei einem Testament kann der Erblasser nach § 2256 II BGB jederzeit die Rückgabe aus der besonderen amtlichen Verwahrung verlangen. Demgegenüber schließt die hM aus § 34 III BeurkG und § 45 I BeurkG, dass ein Erbvertrag, unabhängig davon, ob er vom Notar oder vom Gericht verwahrt wird, in keinem Fall an die Beteiligten zurückgegeben werden dürfe. Im Eröffnungsverfahren nach dem Tode des Erblassers erfahren somit die Beteiligten den Inhalt aller, gegebenenfalls auch aufgehobener Erbverträge. Dies entspricht oft nicht dem Willen der Erbvertragspartner und stellt sich im Verhältnis zum gemeinschaftlichen Testament nachteilig dar.[200]

241 Im Ergebnis lässt sich festhalten, dass ein Erbvertrag gegenüber dem gemeinschaftlichen Testament bei richtiger Ausgestaltung keine Nachteile, sondern nicht unbedeutende Vorteile hat.[201] In vielen Fällen kommt überhaupt nur ein Erbvertrag in Betracht.

---

199 Vgl Knieper, DNotZ 1968, 331
200 Vgl Nieder, Handbuch der Testamentsgestaltung 2000, Rn 821
201 Vgl Langenfeld, Testamentsgestaltung 1998, Rn 24

C. Grenzen der Gestaltung von Verfügungen von Todes wegen 289

ÜBERBLICK

C. Grenzen der Gestaltung von Verfügungen von Todes wegen

I. Testierfreiheit

1. Bedeutung der Testierfreiheit

Die Testierfreiheit ist nach der ständigen Rechtsprechung des BVerfG[1] das bestimmende Element der durch Art. 14 I 1 GG als Rechtsinstitut und als Individualrecht gewährleisteten Erbrechtsgarantie. Sie dient ebenso wie das Eigentumsgrundrecht und der in Art. 2 I GG verankerte Grundsatz der Privatautonomie der Selbstbestimmung des Einzelnen im Rechtsleben. Die Testierfreiheit gestattet dem Erblasser, nach seinem Belieben über sein Vermögen von Todes wegen zu verfügen, also auch ohne besonderen Grund von der gesetzlichen Erbfolge abzuweichen und sonst beliebig zu testieren. Der Erblasser ist frei, über sein Vermögen im Ganzen zu verfügen, er kann anordnen, dass bestimmte Begünstigte einzelne Gegenstände erhalten, oder Anordnungen darüber treffen, wie sein Nachlass zu verwalten ist.[2] Primär dient die Testierfreiheit dazu, den Freiheitsraum des Erblassers zu sichern. Dieser ist besser als das schematische gesetzliche Erbrecht geeignet, über sein Vermögen nach seinem Tode zu disponieren. Die Ausübung der Testierfreiheit steht damit auch im Allgemeininteresse.[3] 242

Die Erbrechtsgarantie des GG überlässt es dem Gesetzgeber in Art. 14 I 2 GG, ebenso wie beim Eigentum, Inhalt und Schranken des Erbrechts zu bestimmen. Aufgabe des Gesetzgebers ist es in erster Linie, Interessenkonflikte sachgerecht zu lösen. Der Gestaltung durch den Gesetzgeber ist insoweit besonderer Raum gegeben.[4] 243

Die Erbrechtsgarantie garantiert nicht das unbedingte Recht, den vorhandenen Eigentumsbestand von Todes wegen ungemindert auf Dritte zu übertragen.[5] Gesetzliche Schranken nach Art. 14 I 2 GG setzt das Erbrecht selbst durch die Vorschriften über das Pflichtteilsrecht gem §§ 2303 ff BGB, die den nächsten Angehörigen einen Mindestanteil am Erblasservermögen garantieren. Das Pflichtteilsrecht ist durch Art. 6 GG legitimiert.[6] Weiterhin wird die Testierfreiheit durch den erbrechtlichen Typenzwang und das Verbot sittenwidriger Verfügungen nach § 138 BGB begrenzt. Gesetzliche Schranken finden sich darüber hinaus im Anerbenrecht sowie im Heimgesetz. Auch kann 244

1 Vgl etwa BVerfG ZEV 1995, 184; BVerfG ZEV 1999, 147 mit Anm Vollkommer ZEV 1999, 268; jüngst BVerfG ZEV 2000, 399
2 Reimann in: Dittmann/Reimann/Bengel, Testament und Erbvertrag 1999, A Rn 53
3 Schmoeckel JZ 1999, 517
4 BVerfG NJW 1985, 1455
5 BVerfGE 93, 165
6 BGH NJW 1999, 566; vgl auch Reimann in: Dittmann/Reimann/Bengel, Testament und Erbvertrag 1999, A Rn 53

sich der Erblasser selbst Schranken durch frühere, ihn bindende Verfügungen von Todes wegen setzen. Keine Beschränkungen ergeben sich aus dem Güterrecht für Ehegatten.[7]

2. Schutz der Testierfreiheit

245 Primär geschützt ist die Testierfreiheit durch § 2302 BGB. Gem § 2302 BGB ist ein Vertrag, durch den sich jemand verpflichtet, eine Verfügung von Todes wegen zu errichten oder nicht zu errichten, aufzuheben oder nicht aufzuheben, nichtig. Die Testierfreiheit kann außer durch ein gemeinschaftliches Testament oder einen Erbvertrag nicht beschränkt werden. Gesetzlich verboten ist jegliche andere Art von Verträgen über Verfügungen von Todes wegen.[8] Darunter fällt vor allem die Verpflichtung, in bestimmter Form oder in bestimmter Weise zu testieren oder nicht zu testieren.

Praxis-Tipp:

246 *Unwirksam ist nach § 344 BGB auch eine zur Sicherung eines verbotenen Versprechens vereinbarte Vertragsstrafe. Schadensersatzansprüche können aus einer § 2302 BGB widersprechenden Vereinbarung ebenfalls nicht hergeleitet werden.*[9]

247 Nicht gegen § 2302 BGB verstößt die Verpflichtung zur Ausschlagung einer Erbschaft.[10] Soweit der Vertrag mit dem Erblasser geschlossen wird, bedarf dieser als Erbverzichtsvertrag der notariellen Beurkundung nach § 2348 BGB. Für Verträge zwischen Dritten gilt Gleiches gem § 312 II BGB.

248 Verstößt eine Vereinbarung gegen § 2302 BGB, ist von der Nichtigkeit der gesamte Vertrag einschließlich eines etwaigen Gegenleistungsversprechens erfasst.[11] Ggf kommt eine Umdeutung nichtiger Vereinbarungen gem § 140 BGB in Betracht.

Beispiel:

249 Das OLG Hamm[12] hat die Verpflichtung des in einem Erbvertrag bedachten Ehegatten zur Übertragung des Vermögens auf die ehelichen Kinder in eine Erbeinsetzung der Kinder umgedeutet und der BGH[13] die Verpflichtung zum Abschluss eines Erbvertrages in einen Vertrag zugunsten Dritter.[14]

---

7 Vgl Palandt/Edenhofer § 1937 Rn 5
8 Vgl Stöcker WM 1980, 482
9 BGH NJW 1967, 1126
10 Palandt/Edenhofer § 2302 Rn 4
11 Palandt/Edenhofer § 2302 Rn 5
12 OLG Hamm JMBl NRW 1960, 125
13 BGH WM 1961, 87
14 Vgl im Übrigen die Beispiele bei Reimann in: Dittmann/Reimann/Bengel, Testament und Erbvertrag 1999, § 2302, Rn 1 f; Palandt/Edenhofer, BGB § 2302, Rn 7

II. Höchstpersönlichkeit

Folge der durch das Erbrecht gewährleisteten Testierfreiheit ist der Grundsatz der Höchstpersönlichkeit. Der Erblasser kann ein Testament nach § 2064 BGB und einen Erbvertrag nach § 2274 BGB nur persönlich errichten bzw schließen. Jede rechtsgeschäftliche oder gesetzliche Vertretung ist damit ausgeschlossen.[15] Der Erblasser kann sich weder im Willen noch in der Erklärung von einem anderen vertreten lassen.[16] 250

Praxis-Tipp:

Das Testament eines Vertreters ist ebenso wie ein Erbvertrag, bei dessen Abschluss der Erblasser vertreten wurde, ohne Genehmigungsmöglichkeit unheilbar nichtig.[17] 251

§ 2065 I BGB bestimmt weiterhin in Ausgestaltung des Grundsatzes der Höchstpersönlichkeit, dass der Erblasser eine letztwillige Verfügung nicht in der Weise treffen kann, dass ein anderer zu bestimmen hat, ob sie gelten oder nicht gelten soll. Die Geltung der letztwilligen Verfügung darf somit nicht von einer Willenserklärung eines Dritten abhängig gemacht werden.[18] Auch kann der Erblasser nach § 2065 II BGB die Bestimmung der Person, die eine Zuwendung erhalten soll, sowie die Bestimmung des Gegenstandes der Zuwendung nicht einem anderen überlassen. 252

Praxis-Tipp:

Möglich ist nach der Rechtsprechung[19] *aber, die Bezeichnung des Bedachten einem Dritten anheim zu stellen. Dazu muss der Inhalt des Testaments so genaue Hinweise enthalten, dass die Bezeichnung von jeder mit genügender Sachkunde ausgestatteten Person erfolgen kann, ohne dass deren Ermessen bestimmend oder auch nur mitbestimmend ist. Eine zulässige Bezeichnung in diesem Sinne liegt etwa vor, wenn sich der Erblasser damit begnügt, einen eng begrenzten Kreis von Personen zu bestimmen, aus dem ein Dritter den Erben nach genau festgelegten sachlichen Gesichtspunkten auszuwählen hat, wie zB den Geeignetsten zur Übernahme des Unternehmens ermitteln soll.*[20] *Die Auswahlerklärung des Dritten ist analog § 2198 BGB gegenüber dem Nachlassgericht in öffentlich beglaubigter Form abzugeben.*[21] 253

15 Vgl Palandt/Edenhofer § 2064 Rn 1 und § 2274 Rn 1
16 BGH NJW 1955, 100
17 Palandt/Edenhofer § 2064 Rn 2
18 Vgl im Einzelnen Palandt/Edenhofer § 2065 Rn 2; Nieder, Handbuch der Testamentsgestaltung 2000, Rn 277
19 Vgl BGHZ 15, 199; BGH NJW 1965, 2201; OLG Celle NJW 1958, 953; BayObLGZ 1965, 83; siehe auch OLG Frankfurt am Main DNotZ 2001, 143 mit Anm Kanzleiter
20 Vgl im Einzelnen Palandt/Edenhofer § 2065 Rn 3 ff; Nieder, Handbuch der Testamentsgestaltung 2000, Rn 279
21 KG Rpfleger 1998, 288

254 Im Ergebnis muss sich der Erblasser stets selbst über alle wesentlichen Teile seines letzten Willens klar werden und diesen eigenen Willen bekunden. Letztwillige Verfügungen, die § 2065 BGB widersprechen, sind nichtig.[22]

Praxis-Tipp:

255 *Zu beachten ist, dass das Gesetz einige Ausnahmen vom Grundsatz der höchstpersönlichen Willensentscheidung enthält. Solche finden sich zB für die Anordnung von Vermächtnissen und Auflagen in den §§ 2151, 2152, 2156, 2192, 2193 BGB, hinsichtlich der Auseinandersetzung aufgrund einer Teilungsanordnung des Erblassers in § 2048 S 2 BGB sowie in den Vorschriften der §§ 2198 bis 2200 BGB über die Testamentsvollstreckung.*

III. Erbrechtlicher Typenzwang

256 Schranken der Testierfreiheit ergeben sich weiterhin aus dem erbrechtlichen Typenzwang. Im Gegensatz zum Schuldrecht ist es im Erbrecht nicht möglich, jede beliebige Gestaltung zu wählen. Als Instrumentarien stehen dem Erblasser ausschließlich das Testament und der Erbvertrag zur Verfügung. Im Übrigen kann er nur solche Verfügungen von Todes wegen treffen, die das Gesetz als erbrechtliche Typen vorsieht. Zugelassen sind die Erbeinsetzung und die Enterbung, Einzelzuwendungen durch Vermächtnisse und Auflagen, Teilungsanordnungen, Aufschieben der Teilung unter Miterben, Verwaltungsanordnungen, Testamentsvollstreckung und unter gewissen Voraussetzungen die Pflichtteilsentziehung bzw -beschränkung. Neue Typen können nicht geschaffen werden. Geschieht dies gleichwohl, ist die Verfügung unwirksam, ohne dass es eines Rückgriffs auf § 134 BGB bedarf.[23]

Praxis-Tipp:

257 *In solchen Fällen ist jedoch stets zu überprüfen, ob sich der Wille des Erblassers durch Auslegung, Umdeutung gem § 140 BGB bzw über § 2085 BGB (teilweise Unwirksamkeit) aufrechterhalten lässt.[24]*

258 Andererseits hat der Erblasser unter den gesetzlichen Typen die freie Wahl. Die Gestaltungsfreiheit besteht darin, die verschiedenen zugelassenen Gestaltungsmöglichkeiten miteinander zu kombinieren. Die vom Gesetz festgelegte Wirkung bestimmter Anordnungen ist dabei einem inhaltlichen Sachzwang unterworfen.

---

22 BayObLG NJW-RR 2000, 1174
23 Strothmann Jura 1982, 357 mwN
24 Vgl Nieder, Handbuch der Testamentsgestaltung 2000, Rn 275; Reimann in: Dittmann/Reimann/Bengel, Testament und Erbvertrag 1999, A Rn 57

IV. Pflichtteilsrecht

Die Testierfreiheit gestattet dem Erblasser, zB seine nächsten Angehörigen bei der Erbfolge zu übergehen. Das Pflichtteilsrecht der §§ 2303 ff BGB engt diese Möglichkeit ein. Es gibt den Abkömmlingen, dem Ehegatten, dem Lebenspartner sowie unter Umständen den Eltern einen schuldrechtlichen Anspruch auf eine Mindestbeteiligung am Wert des Nachlasses. 259

1. Verfassungsmäßigkeit

Das BVerfG[25] hat in seiner Entscheidung vom 30. 8. 2000 bestätigt, dass der in den Pflichtteilsvorschriften geregelte Ausgleich zwischen Testierfreiheit und Verwandtenerbrecht den verfassungsrechtlichen Vorgaben genügt. Die Frage, in welchem Verhältnis die Prinzipien der Testierfreiheit und des Verwandtenerbrechts zueinander stehen und ob es von Verfassungs wegen geboten ist, nahen Familienangehörigen auch gegen den Willen des Erblassers eine Mindestbeteiligung am Nachlass einzuräumen, hat das Gericht offen gelassen. Ebenso verfassungsrechtlich ungeklärt sind die Einzelheiten der gesetzlichen Regelung des Pflichtteilsrechts, insb die Ausgestaltung der Pflichtteilsentziehungsgründe in § 2333 BGB. Die weitere Rechtsprechung wird abzuwarten sein. 260

2. Berechtigte und Inhalt des Pflichtteilsanspruchs

Pflichtteilsberechtigt sind gem § 2303 BGB nur die Abkömmlinge, Eltern und der Ehegatte des Erblassers, nicht dagegen zB die Geschwister. Die Berechtigten haben nach § 2303 I 1 bzw II 2 BGB einen Pflichtteilsanspruch, wenn sie nach der gesetzlichen Erbfolge zu Erben berufen wären, vom Erblasser jedoch durch Verfügung von Todes wegen von der Erbfolge ausgeschlossen worden sind. Der Pflichtteilsanspruch steht entfernteren Abkömmlingen und den Eltern des Erblassers gem § 2309 BGB nicht zu, wenn ein Abkömmling, der sie im Falle der gesetzlichen Erbfolge ausschließen würde, den Pflichtteil verlangen kann oder das Hinterlassene annimmt. 261

Praxis-Tipp:

Mit Inkrafttreten des LPartG am 1. 8. 2001 sind darüber hinaus die Lebenspartner in den Kreis der Pflichtteilsberechtigten aufgenommen. Hat der Erblasser den überlebenden Lebenspartner durch Verfügung von Todes wegen von der Erbfolge ausgeschlossen, kann dieser gem § 10 VI 1 LPartG von den Erben die Hälfte des Wertes des gesetzlichen Erbteils als Pflichtteil verlangen. Nach § 10 VI 2 LPartG gelten die Vorschriften des BGB über den Pflichtteil mit der Maßgabe entsprechend, dass der Lebenspartner wie ein Ehegatte zu behandeln ist. 262

25 BVerfG ZEV 2000, 399 mit Anm J. Mayer ZEV 2000, 447; siehe hierzu auch Leisner NJW 2001, 126 sowie Haas ZEV 2000, 249

263 Neben einem vollständigen Ausschluss von der Erbfolge kann ein Pflichtteilsanspruch unter Umständen auch entstehen, wenn der Berechtigte zum Erben eingesetzt ist.

Beispiel:

264 Ein im Güterstand der Zugewinngemeinschaft lebender Ehegatte kann die Erbschaft ausschlagen und neben dem Zugewinnausgleich den sog kleinen Pflichtteil[26] nach § 1371 III BGB verlangen. Dieser Weg ist für den überlebenden Ehegatten wirtschaftlich günstiger, wenn der Nachlass überwiegend aus dem Zugewinn des Verstorbenen besteht, während der Überlebende selbst keinen Zugewinn erzielt hat.

265 In Betracht kommt weiterhin ein Anspruch auf den sog Pflichtteilsrest. Ist der Pflichtteilsberechtigte nicht vollständig enterbt, sein Erbteil jedoch geringer als die Hälfte des gesetzlichen Erbteils, so kann er gem § 2305 BGB von den Miterben als Pflichtteil den Wert des an die Hälfte fehlenden Teils verlangen. Einem Pflichtteilsberechtigten, der mit einem Vermächtnis bedacht ist, steht darüber hinaus nach § 2307 I 1 BGB ein Pflichtteilsanspruch zu, falls er das Vermächtnis ausschlägt. Schlägt er das Vermächtnis nicht aus, steht ihm gem § 2307 I 2 BGB ein Recht auf den Pflichtteil nicht zu, soweit der Wert des Vermächtnisses reicht;[27] die Beschränkungen und Beschwerungen der in § 2306 BGB bezeichneten Art bleiben bei der Berechnung des Wertes außer Betracht. Der mit dem Vermächtnis beschwerte Erbe kann den Pflichtteilsberechtigten gem § 2307 II BGB unter Bestimmung einer angemessenen Frist zur Erklärung über die Annahme des Vermächtnisses auffordern. Mit Ablauf der Frist gilt das Vermächtnis als ausgeschlagen, sofern nicht vorher die Annahme erklärt wurde.

266 Der Pflichtteilsanspruch ist gem § 2303 I 2 BGB ein Geldanspruch in Höhe der Hälfte des Wertes des gesetzlichen Erbteils. Maßgebend ist somit, mit welcher Quote der Berechtigte bei gesetzlicher Erbfolge Erbe geworden wäre. Bei der Feststellung sind nach § 2310 S 1 BGB auch diejenigen Personen mitzuzählen, die wegen Enterbung, Ausschlagung oder Erbunwürdigkeit nicht erben. Unberücksichtigt bleiben gem § 2310 S 2 BGB diejenigen, die auf ihr Erbrecht verzichtet haben.

267 Für die Berechnung der Höhe des Pflichtteilsanspruchs ist gem § 2311 BGB der Wert des Nachlasses im Zeitpunkt des Erbfalls maßgeblich.

Der Pflichtteilsanspruch richtet sich nach § 2303 I 1 BGB gegen den bzw die Erben.

268 Der Pflichtteilsanspruch verjährt gem § 2332 BGB in drei Jahren von dem Zeitpunkt an, in welchem der Pflichtteilsberechtigte vom Erbfall und von der ihn beeinträchtigenden Verfügung Kenntnis erlangt hat.

---

26 Vgl Palandt/Brudermüller § 1371 Rn 6; Palandt/Edenhofer § 2303 Rn 8
27 Siehe hierzu BGH ZEV 2001, 20

3. Beschränkungen und Beschwerungen des Pflichtteilsberechtigten

Sowohl bei der Errichtung einer Verfügung von Todes wegen, wie auch bei der Beratung des Pflichtteilsberechtigten nach Eintritt des Erbfalls kommt den Fällen des § 2306 BGB besondere Bedeutung zu. Ist ein als Erbe berufener Pflichtteilsberechtigter durch die Einsetzung eines Nacherben, die Ernennung eines Testamentsvollstreckers oder eine Teilungsanordnung beschränkt oder ist er mit einem Vermächtnis oder einer Auflage beschwert, so gilt die Beschränkung oder Beschwerung gem § 2306 I 1 BGB als nicht angeordnet, wenn der ihm hinterlassene Erbteil die Hälfte des gesetzlichen Erbteils – also die Pflichtteilsquote – nicht übersteigt. Wird der Pflichtteilsberechtigte zu einem solchen Erbteil als Nacherbe eingesetzt, so ist er nach § 2306 II BGB nicht Nacherbe, sondern Vollerbe. Ist der hinterlassene Erbteil größer als die Pflichtteilsquote, kann der Pflichtteilsberechtigte gem § 2306 I 2 BGB die Erbschaft ausschlagen und den Pflichtteil verlangen; die Ausschlagungsfrist beginnt erst, wenn der Pflichtteilsberechtigte von der Beschränkung oder der Beschwerung Kenntnis erlangt. Rechtsfolge der Ausschlagung ist, dass der Nächstberufene (§§ 2161, 2192 BGB) die Pflichtteilsforderung erfüllen und die Lasten gegebenenfalls gekürzt nach § 2322 BGB tragen muss, sofern er nicht ebenfalls ausschlägt oder der Berechtigte sich mit den Vermächtnisnehmern vergleicht.[28] 269

Praxis-Tipp:

Die besondere Problematik des Pflichtteilsberechtigten ergibt sich nach Eintritt des Erbfalls aus § 2305 BGB und § 2306 I 1 BGB. Schlägt er einen Erbteil aus, der die Hälfte des gesetzlichen Erbteils nicht übersteigt, erhält er keinen Pflichtteil. In einem solchen Fall fehlt es an der Grundvoraussetzung des § 2303 I 1 BGB. Er ist nicht durch Verfügung von Todes wegen von der Erbfolge ausgeschlossen. Im Rahmen des § 2305 BGB erhält er dann nur noch die Differenz zwischen dem ausgeschlagenen Erbteil und der Hälfte des Wertes des gesetzlichen Erbteils.[29] Für den Pflichtteilsberechtigten ist also nach dem Erbfall die Frage entscheidend, ob er sich im Anwendungsbereich des § 2306 I 2 BGB befindet und den ihm zugewendeten Erbteil ausschlagen muss, wenn er den Pflichtteil verlangen will, oder ob er sich dem Tatbestand des § 2306 I 1 BGB gegenüber sieht. Im letzteren Fall darf er nicht ausschlagen, da er sonst mit Ausnahme des Anspruchs auf den Differenzpflichtteil nach § 2305 BGB seinen Erb- und Pflichtteil verliert. 270

Über die Abgrenzung zwischen § 2306 I 1 und 2 BGB entscheidet nach der ganz hM die zugewendete Quote.[30] Umstritten ist, ob die Maßgeblichkeit der Quote in Fällen der Anrechnung und Ausgleichung durch die Werttheorie zu 271

---

28 Vgl Palandt/Edenhofer § 2306 Rn 14
29 BGH NJW 1973, 995; BGH DNotZ 1974, 597
30 Vgl BGH WM 1968, 543; BayObLGZ 1968, 112; OLG Köln ZEV 1997, 298; Marotzke AcP 191, 563

korrigieren ist.[31] Im Hinblick auf die Maßgeblichkeit der Quote besonders problematisch sind die Fälle, in denen der Erblasser keine Erbquote bestimmt, sondern einzelne Gegenstände seines Nachlasses verteilt und sich deshalb die Erbquote aus dem Wertverhältnis der zugewendeten Gegenstände ergibt.

Richter-Tipp:

272 *Bei der Gestaltung einer Verfügung von Todes wegen durch einen Rechtsberater sollte die Anordnung von Erbquoten selbstverständlich sein.*

Praxis-Tipp:

273 *Sofern Beschränkungen oder Beschwerungen angeordnet werden sollen, folgt für die Rechtsgestaltung aus § 2306 I 1 BGB, dass den Erben immer ein über die Pflichtteilsquote hinausgehender Erbteil zugewendet werden muss. Dies wird in den Fällen des Behindertentestaments oder dort, wo durch Anordnung von Nacherbfolge und Testamentsvollstreckung verhindert werden soll, dass Gläubiger des Erben auf den Nachlass zugreifen, weitgehend berücksichtigt. In anderen, weit harmloseren Fällen ist hierauf aber ebenfalls besonderes Augenmerk zu legen. Setzt etwa der verwitwete Vater seine einzige Tochter und seine beiden Enkelkinder zu je einem Drittel als Erben ein, sind sämtliche Beschränkungen und Beschwerungen zu Lasten der Tochter, wie etwa die Anordnung von Nacherbfolge, Testamentsvollstreckung, einer Auflage zur Grabpflege oder eines Vermächtnisses, nach § 2306 I 1 BGB unwirksam. Das Gleiche gilt für eine Verwirkungsklausel, die den pflichtteilsberechtigten Erben vor die Wahl stellt, entweder den über die Pflichtteilsquote hinausgehenden Erbteil mit seinen Beschränkungen und Beschwerungen zu akzeptieren oder sich mit dem Geldpflichtteil zufrieden zu geben.[32] Will der Erblasser in einem solchen Fall gleichwohl den Pflichtteilsberechtigten vor die Wahl stellen, darf er diesem nur ein Vermächtnis zuwenden. Im Anwendungsbereich des § 2307 BGB ist eine entsprechende Verwirkungsklausel zulässig.*

4. Pflichtteilsergänzungsanspruch

274 Verschenkt der Erblasser innerhalb der letzten 10 Jahre vor dem Erbfall Vermögensgegenstände, kann der Pflichtteilsberechtigte vom Erben als Ergänzung des Pflichtteils gem § 2325 BGB den Betrag verlangen, um den sich der Pflichtteil erhöht, wenn der verschenkte Gegenstand dem Nachlass hinzugerechnet wird (sog Pflichtteilsergänzungsanspruch). Der Beschenkte selbst haftet nach §§ 2328, 2329 BGB nur dann, wenn die Pflichtteilsergänzung beim Erben dazu führen würde, dass dessen eigener Pflichtteilsanspruch unter Einbeziehung der ergänzenden Schenkung beeinträchtigt würde.

31 Vgl Palandt/Edenhofer § 2306 Rn 5
32 Vgl BGHZ 120, 96; dagegen Kanzleiter DNotZ 1993, 780

Die Zehnjahresfrist des § 2325 III BGB beginnt grundsätzlich mit der Vollendung des Rechtserwerbs. 275

Praxis-Tipp:

Bei Schenkung eines Grundstückes bedeutet dies, dass Fristbeginn nicht der Zeitpunkt des Abschlusses des notariellen Schenkungsvertrages ist, sondern der Tag der Umschreibung des Eigentums auf den Beschenkten im Grundbuch.[33] 276

Ist die Schenkung an den Ehegatten des Erblassers erfolgt, gilt § 2325 III Hs 2 BGB. Die Frist beginnt in diesen Fällen nicht vor der Auflösung der Ehe.

Praxis-Tipp:

Zu beachten ist weiter, dass der BGH[34] *entschieden hat, dass bei einer Grundstücksschenkung unter Nießbrauchsvorbehalt die Frist erst mit dem Erlöschen des Nießbrauchs beginnt. Wird der Nießbrauch auf Lebzeiten des Schenkers bestellt und nicht vorzeitig aufgehoben, ist die Schenkung somit stets ergänzungspflichtig. Ob gleiches auch für die Gewährung eines Wohnungsrechts gilt, ist noch nicht abschließend von der Rechtsprechung entschieden.*[35] *Erstreckt sich das Wohnungsrecht auf sämtliche bzw die Mehrzahl der Räume des übergebenen Anwesens, könnte dies zu bejahen sein. Das OLG Düsseldorf hat beim Vorbehalt eines Wohnungsrechts an den Räumen im Erdgeschoss und einem Raum im Obergeschoss unter gleichzeitiger Vereinbarung vertraglicher Rückforderungsansprüche für den Fall der ohne Einwilligung des Übergebers vorgenommenen Veräußerung oder Belastung des übergebenen Grundbesitzes keine Leistung iSd § 2325 III BGB gesehen und die Ingangsetzung der Zehnjahresfrist verneint.*[36] 277

5. Pflichtteilsentziehung

Das Pflichtteilsrecht soll die nächsten Angehörigen dagegen schützen, dass der Erblasser ihnen durch Verfügung von Todes wegen sein ganzes Vermögen entzieht. Es gibt jedoch Ausnahmefälle, in denen die Angehörigen einen solchen Schutz nicht verdienen. Hierfür hat der Gesetzgeber die Möglichkeit der Pflichtteilsentziehung geschaffen. Die gesetzlichen Gründe für eine Entziehung des Pflichtteils sind eng begrenzt und im Gesetz abschließend aufgeführt. Zu unterscheiden sind die Entziehungsgründe gegenüber Abkömmlingen 278

33 Vgl etwa BGH NJW 1988; BGH ZEV 1996, 188; zu den Besonderheiten bei Schenkungen in den neuen Ländern vor der Deutschen Einheit siehe Krause ZAP-Ost Fach 12, 75 sowie jüngst BGH ZEV 2001, 238 mit Anm Klingelhöffer

34 BGH NJW 1994, 1791

35 Vgl LG Münster MittBayNot 1997, 133

36 OLG Düsseldorf MittBayNot 2000, 120

nach § 2333 BGB, Eltern nach § 2334 BGB und Ehegatten nach § 2335 BGB. In allen Fällen handelt es sich um schwere Verfehlungen gegen den Erblasser, wie zB vorsätzliche körperliche Misshandlung.[37]

279 Die Pflichtteilsentziehung erfolgt gem § 2336 I BGB durch letztwillige Verfügung.

Praxis-Tipp:

280 *Trotz des insoweit klaren Wortlautes des Gesetzes kann die Entziehung nicht nur in einem Testament angeordnet werden, sondern auch Gegenstand eines Erbvertrages sein, dort allerdings nicht mit Bindungswirkung.*[38]

281 Der Grund der Entziehung muss gem § 2336 II BGB zur Zeit der Errichtung der Verfügung bestehen und in der Verfügung angegeben werden. Falsche, irrtümlich genannte, nicht erweisliche oder fehlende Gründe machen die Entziehung unwirksam und können nicht durch andere Gründe ersetzt werden.[39]

Musterformulierung:

282 *Ich entziehe hiermit meinem Sohn S den Pflichtteil. Nachdem ich mich geweigert hatte, ihm ein neues Auto zu kaufen, hat er mich am 23. 3. 2000 überfallen und mit einem Messer niedergestochen. Ich habe hierdurch erhebliche körperliche Verletzungen erlitten und musste mich für zwei Wochen zur ärztlichen Behandlung in ein Krankenhaus begeben. Ich habe gegen mein Sohn Anzeige erstattet. Er wurde wegen dieser Tat durch das Landgericht Magdeburg (Az. . . .) verurteilt.*

283 Das Recht zur Pflichtteilsentziehung kann gem § 2337 S 1 BGB durch Verzeihung erlöschen. Eine Verfügung, durch die der Erblasser die Entziehung angeordnet hat, wird durch die Verzeihung gem § 2337 S 2 BGB unwirksam. Die Unwirksamkeit beschränkt sich jedoch nur auf die ausgesprochene Entziehung.[40]

6. Pflichtteilsbeschränkung in guter Absicht

284 § 2338 BGB eröffnet dem Erblasser die Möglichkeit, den Pflichtteilsanspruch eines Abkömmlings – nicht denjenigen anderer Pflichtteilsberechtigter (Ehegatten, Lebenspartner oder Eltern) – in guter Absicht zu beschränken.[41] Der Erblasser kann im Rahmen des § 2338 BGB erreichen, dass der Abkömmling selbst über den Pflichtteil nicht mehr frei verfügen kann. Hierdurch ist der Pflichtteil zugleich vor dem Zugriff der Eigengläubiger des Abkömmlings

---

37 Vgl im Einzelnen Palandt/Edenhofer §§ 2333 ff
38 Vgl Palandt/Edenhofer § 2336 Rn 1
39 Vgl Palandt/Edenhofer § 2336 Rn 2
40 Vgl Palandt/Edenhofer § 2337 Rn 2
41 Siehe hierzu auch Keller NotBZ 2000, 253

geschützt und den gesetzlichen Erben des Abkömmlings weitgehend erhalten. Ausnahmsweise kann gem §§ 2289 II, 2271 III BGB selbst eine erbvertraglich bindende oder aufgrund gemeinschaftlichen Testaments bindend gewordene Erbeinsetzung des Abkömmlings durch den Erblasser unter den Voraussetzungen des § 2338 BGB nachträglich einseitig beschränkt werden.

Voraussetzung der Pflichtteilsbeschränkung in guter Absicht ist gem § 2338 I BGB, dass sich der Abkömmling in solchem Maße der Verschwendung ergeben hat oder in einem solchen Maße überschuldet ist, dass sein späterer Erwerb ernstlich gefährdet ist. 285

Praxis-Tipp:

Sonstige Gefährdungsgründe, wie zB Alkohol- oder Drogenmissbrauch, erkennt das Gesetz nicht an.[42] *Häufig geht damit aber eine Verschuldung Hand in Hand.* 286

Unter dem Begriff des späteren Erwerbs ist nach einer verbreiteten Meinung nicht allein der Erwerb der Erbschaft bzw des Erbteils, sondern jeglicher Erwerb, etwa durch Arbeitsleistung, Kapitalerträge oder Erbschaft zu verstehen.[43] Keine Tatbestandsvoraussetzung ist die gute Absicht, dem Abkömmling zu nützen.

Hinsichtlich der formellen Voraussetzungen und der Beweislast verweist § 2338 II 1 BGB auf die Vorschriften über die Pflichtteilsentziehung in § 2336 I bis III BGB. Dies bedeutet, dass der Grund der Beschränkung in der letztwilligen Verfügung angegeben werden und zur Zeit ihrer Errichtung bestehen muss. 287

Praxis-Tipp:

Beweispflichtig für den Grund ist derjenige, der sich auf die Beschränkung beruft.[44] 288

§ 2338 BGB sieht zwei mögliche Maßnahmen der Beschränkung vor. Diese können jede für sich angeordnet oder miteinander verbunden werden.[45]

Gem § 2338 I 1 BGB kann der Erblasser das Pflichtteilsrecht des Abkömmlings durch die Anordnung beschränken, dass nach dem Tode des Abkömmlings dessen gesetzliche Erben das ihm Hinterlassene oder den ihm gebührenden Pflichtteil als Nacherben oder als Nachvermächtnisnehmer nach dem Verhältnis ihrer gesetzlichen Erbteile erhalten sollen. 289

42 Kritisch Baumann ZEV 1996, 121
43 Vgl Baumann ZEV 1996, 121
44 Vgl auch Baumann ZEV 1996, 121
45 Palandt/Edenhofer § 2338 Rn 4

Praxis-Tipp:

290 *Das Nachvermächtnis empfiehlt sich wegen seiner nur schuldrechtlichen Wirkung nicht, vorzugswürdig ist die Nacherbeneinsetzung.*[46]

Durch die Anordnung der Nacherbeneinsetzung kann die Substanz des Nachlasses der Verwertung durch Eigengläubiger des Erben entzogen werden, § 2115 BGB, § 773 ZPO. Die Nutzungen stehen nach den allgemeinen Regeln grundsätzlich dem Vorerben zu und sind insoweit dem Zugriff der Gläubiger ausgesetzt. § 863 I 1 ZPO enthält jedoch eine Privilegierung. Sofern der Schuldner als Erbe nach § 2338 BGB durch die Einsetzung eines Nacherben beschränkt ist, sind die Nutzungen der Erbschaft der Pfändung nicht unterworfen, soweit sie zur Erfüllung der dem Schuldner, seinem Ehegatten, seinem früheren Ehegatten, seinem Lebenspartner, einem früheren Lebenspartner oder seinen Verwandten gegenüber gesetzlich obliegenden Unterhaltspflicht und zur Bestreitung seines eigenen standesgemäßen Unterhalts erforderlich sind.

291 Als zweite Möglichkeit der Beschränkung sieht § 2338 I 2 BGB vor, dass der Erblasser für die Lebenszeit des Abkömmlings die Verwaltung des Nachlasses einem Testamentsvollstrecker übertragen kann; der Abkömmling hat in einem solchen Fall Anspruch auf den jährlichen Reinertrag. Durch die Anordnung der Testamentsvollstreckung kann der gesamte Nachlass einschließlich der Nutzungen vor dem Zugriff der Eigengläubiger des Erben geschützt werden, § 2214 BGB, § 748 ZPO, mit Ausnahme des Reinertrages, der dem Abkömmling verbleibt. Auf diesen ist nach der allgemeinen Regel des § 2214 BGB ein Zugriff der Eigengläubiger möglich, wobei die Pfändbarkeit des jährlichen Reinertrages im Rahmen des § 863 I 2 ZPO beschränkt ist.

Praxis-Tipp:

292 *Der Erblasser kann entgegen § 2338 I 2 BGB auch den Reinertrag der Verwaltung durch den Testamentsvollstrecker unterstellen.*[47] *Der Erbe hat in einem solchen Fall die Möglichkeit, dies zu akzeptieren und damit auch den Reinertrag dem Zugriff seiner Gläubiger zu entziehen oder sich im Rahmen der allgemeinen Bestimmung des § 2306 BGB dagegen zur Wehr zu setzen.*[48]

Musterformulierung:

293 *Ich setze meinen Sohn S und meine Tochter T je zur Hälfte meines Nachlasses zu meinen Erben ein. Mein Sohn ist unbeschränkter Erbe, meine Tochter ist nach Maßgabe der nachfolgenden Regelungen beschränkt.*

Meine Tochter ist stark überschuldet. Ein Antrag auf Eröffnung des Insolvenzverfahrens ist mangels Masse abgelehnt worden. Ich setze meine Tochter daher nur zur Vorerbin ein. Nacherben sind ihre gesetzlichen Erben. Der Nacherbfall

---

46 Vgl Baumann ZEV 1996, 121
47 OLG Bremen FamRZ 1984, 213
48 Vgl Palandt/Edenhofer § 2338 Rn 5

ist der Tod der Vorerbin. Die Nacherbenanwartschaftsrechte sind nicht vererblich und nicht übertragbar. Hinsichtlich des Erbteils meiner Tochter ordne ich weiterhin auf deren Lebenszeit Verwaltungstestamentsvollstreckung an mit der Maßgabe, dass ihr der Anspruch auf den jährlichen Reinertrag verbleibt. Der Testamentsvollstrecker ist zugleich Nacherbenvollstrecker mit der Aufgabe, die Rechte der Nacherben auszuüben und deren Pflichten zu erfüllen (§ 2222 BGB). Zum Testamentsvollstrecker ernenne ich Frau Rechtsanwältin ... Diese hat das Recht, einen Nachfolger zu ernennen. Ersatzweise ersuche ich das Nachlassgericht, einen geeigneten Testamentsvollstrecker zu ernennen.

Sollte meine Tochter ihren Erbteil ausschlagen und ihren Pflichtteil verlangen, so soll der Pflichtteil den gleichen Beschränkungen unterliegen, wie sie vorstehend für den Erbteil angeordnet sind.

Sofern sich der Abkömmling zur Zeit des Erbfalls von dem verschwenderi- **294**
schen Leben abgewendet hat oder die den Grund der Anordnung bildende Überschuldung nicht mehr besteht, sind die Anordnungen der Beschränkung nach § 2338 II 2 BGB unwirksam.

Praxis-Tipp:

Die Unwirksamkeit tritt ohne Anfechtung ein und kann vom Abkömmling oder **295**
auch von einem Gläubiger geltend gemacht werden.[49]

V. Besonderheiten des Höferechts

Die Höfeordnung gilt in den Ländern Hamburg, Niedersachsen, Schleswig- **296**
Holstein und Nordrhein-Westfalen als partielles Bundesrecht. Landesrechtliche Sonderregelungen zum Anerbenrecht finden sich darüber hinaus in Bremen, Hessen, Rheinland-Pfalz und Baden-Württemberg. In den übrigen Bundesländern gelten derzeit keine besonderen Anerbenrechte.[50] Wesentlich für die Vererbung einer Besitzung nach Höferecht ist, dass sie geschlossen an einen Erben fällt. Hierdurch soll eine unwirtschaftliche Zersplitterung von Höfen im Erbgang verhindert werden.

Art. 64 I EGBGB bestimmt, dass die landesgesetzlichen Vorschriften über das **297**
Anerbenrecht in Ansehung landwirtschaftlicher und forstwirtschaftlicher Grundstücke nebst Zubehör unberührt bleiben. Dieser Vorbehalt wird in Art. 64 II EGBGB durch die Gewährleistung der Testierfreiheit wesentlich eingeschränkt. Nach dieser Vorschrift können die Landesgesetze das Recht des Erblassers, über das dem Anerbenrecht unterliegende Grundstück von Todes wegen zu verfügen, nicht beschränken. Da die Höfeordnung der britischen Besatzungszone seit dem 1. 7. 1976 als partielles Bundesrecht gilt, unterfällt sie mit ihrer weitgehenden Einschränkung der Testierfreiheit Art. 64 EGBGB jedoch nicht.[51]

49 Palandt/Edenhofer § 2338 Rn 6
50 Vgl hierzu im Einzelnen Palandt/Edenhofer Art. 64 EGBGB Rn 6 ff
51 Vgl Nieder, Handbuch der Testamentsgestaltung 2000, Rn 319

298 Der Sondererbfolge der Höfeordnung unterliegen nur solche Höfe, die im Alleineigentum einer natürlichen Person oder im gemeinschaftlichen Eigentum von Ehegatten stehen. Weiter erforderlich ist, dass sie die sog Hoffähigkeit[52] besitzen. Diese liegt nach § 1 I 1 HöfeO vor, sofern der Hof einen nach den steuerlichen Bewertungsvorschriften festzustellenden Wirtschaftswert von mindestens 10 000 € aufweist (sog geborener Hof). Eine landwirtschaftliche oder forstwirtschaftliche Besitzung mit einem Wirtschaftswert von weniger als 10 000 €, mindestens jedoch 5 000 € wird nach § 1 I 3 HöfeO zum Hof, wenn der Eigentümer erklärt, dass sie ein Hof sein soll und der Hofvermerk in das Grundbuch eingetragen wird (sog Antragshof).

Praxis-Tipp:

299 *Die Erklärung zur Erlangung der Hofeigenschaft ist ein Rechtsgeschäft unter Lebenden[53] und nach § 4 HöfeVfO in öffentlich beglaubigter Form abzugeben.*

Der Verlust der Hofeigenschaft tritt ein, wenn entweder die Hoffähigkeit nach § 1 III HöfeO wegfällt oder gem § 1 IV HöfeO durch Abgabe einer Hofaufhebungserklärung des Eigentümers in öffentlich beglaubigter Form und Löschung des Hofvermerks im Grundbuch. Die Hofaufhebungserklärung ist ebenfalls ein Rechtsgeschäft unter Lebenden und wirkt für alle Rechtsnachfolger.[54]

300 Die Höfeordnung beschränkt die Testier- und Übergabefreiheit des Erblassers in verschiedener Hinsicht. So kann der Hof gem §§ 4, 16, 17 HöfeO stets nur an einen Erben oder Übernehmer oder an Eheleute vererbt bzw übergeben werden. Dies ist grundsätzlich weder durch Verfügung von Todes wegen noch durch einen Hofübergabevertrag abdingbar.

Praxis-Tipp:

301 *Einschränkungen sind in gewissem Umfang durch die Anordnung von Vor- und Nacherbschaft, Testamentsvollstreckung, Nießbrauchsvermächtnis oder -vorbehalt möglich. Solche Anordnungen stehen jedoch unter Zustimmungsvorbehalt, soweit für Rechtsgeschäfte gleichen Inhalts unter Lebenden eine Genehmigung nach dem Grundstücksverkehrsgesetz erforderlich wäre.[55]*

302 Eine weitere Einschränkung der Testierfreiheit ergibt sich aus §§ 6 VI, 7 I 2 HöfeO. Zwar kann der Eigentümer grundsätzlich den Hoferben bzw -übernehmer frei wählen. Dieser muss jedoch wirtschaftsfähig sein. Lediglich bei mangelnder Altersreife oder Vererbung an den überlebenden Ehegatten entfällt diese Voraussetzung. Soweit der Hofeigentümer einem nach § 5 HöfeO gesetzlich hofberechtigten Abkömmling die Bewirtschaftung des Hofes vor-

---

52 Vgl hierzu etwa Dressel NJW 1976, 1244
53 BGH AgraR 1976, 350
54 BGHZ 118, 356; BGH NJW-RR 1999, 945; BGH FamRZ 2000, 224
55 Vgl auch Nieder, Handbuch der Testamentsgestaltung 2000, Rn 325

behaltlos auf Dauer übertragen (§ 6 I Nr. 1 HöfeO) oder ihn durch Art und Umfang der Beschäftigung auf dem Hof erkennen lassen hat, dass er den Hof übernehmen soll (§ 6 I Nr. 2 HöfeO), ist weiterhin die Bestimmung eines anderen Hoferben und damit die Vererbung des Hofes an diesen ausgeschlossen (§ 7 II HöfeO). Schließlich wird die Testierfreiheit durch die Höfeordnung insoweit eingeschränkt, dass bei einem Ehegattenhof keiner der Ehegatten über seinen Eigentumsanteil am Hof ohne den anderen von Todes wegen oder durch lebzeitige Übergabe verfügen kann.

Praxis-Tipp:

Soweit der Hofeigentümer die Begrenzungen seiner Testierfreiheit durch die Höfeordnung nicht hinzunehmen bereit ist, steht es ihm jederzeit frei, sich von diesen durch Abgabe der Hofaufhebungserklärung zu lösen. Beim Ehegattenhof bedarf es insoweit der Aufhebungserklärung beider Ehegatten. Der Verlust der Hofeigenschaft führt zum Ausschluss der Sondererbfolge, auch wenn der Eigentümer zuvor den Hoferben bindend bestimmt hatte.[56] 303

VI. Sonstige gesetzliche Schranken

Abgesehen von der Formungültigkeit kann eine Verfügung von Todes wegen nichtig sein, wenn sie gegen die guten Sitten (§ 138 BGB) oder gegen ein gesetzliches Verbot (§ 134 BGB) verstößt. 304

1. Nichtigkeit nach § 138 BGB

§ 138 I BGB gilt auch im Erbrecht. Ein Verstoß gegen die guten Sitten ist anzunehmen, wenn eine bestimmte Handlungsweise den in den guten Sitten sich ausprägenden Auffassungen und dem Anstandsgefühl aller billig und gerecht Denkender widerspricht.[57] Ob eine Verfügung von Todes wegen nichtig ist, lässt sich nur im Einzelfall nach den gesamten Umständen, insb aus dem Inhalt der Verfügung, den Beweggründen der Beteiligten und den von ihnen verfolgten Zwecken beurteilen.[58] Da die Sittenwidrigkeit zur Unwirksamkeit der Verfügung von Todes wegen führt, stellt sich ihre Bejahung als erheblicher Eingriff in die durch das Grundgesetz gewährleistete Testierfreiheit des Erblassers dar. Sittenwidrigkeit kann dementsprechend nur in besonders schwerwiegenden Ausnahmefällen angenommen werden.[59] Als Begrenzung der Testierfreiheit kommt sie überhaupt nur in Frage, wenn sich die Sittenwidrigkeit auf eine klare, deutlich umrissene Wertung des Gesetzgebers oder auf die allgemeine Rechtsauffassung stützen kann.[60] 305

56 BGH NJW 1988, 710 mit Anm Otte NJW 1988, 672 und Kroeschell JR 1989, 418
57 RGZ 80, 221; BGHZ 10, 232; BGHZ 69, 297; BAG NJW 1976, 1958
58 BGH DNotZ 1956, 414
59 BGHZ 111, 36; BGH NJW 1999, 566; vgl auch BVerfG DNotZ 2000, 391; BayObLG DNotZ 2001, 138
60 BGHZ 123, 368; BayObLG NJW 1998, 2369

306 So verstößt etwa eine willkürliche Differenzierung des Erblassers unter seinen Kindern nach Abstammung oder Geschlecht nicht gegen das Diskriminierungsverbot des Art. 3 GG, wenn er damit von der Testierfreiheit gedeckte Ziele verfolgt, insb die Regelung seiner Vermögensverhältnisse.[61] Auch ein Eingriff in die Eheschließungsfreiheit des Erben nach Art. 6 I GG kann nur ausnahmsweise sittenwidrig sein.[62] Erbrechtliche Regelungen in einem sog Behindertentestament, die dem behinderten Kind zu seinen Lebzeiten zusätzlich zu den Leistungen der Sozialhilfe laufende Einnahmen verschaffen, den Nachlass aber dem Zugriff des Trägers der Sozialhilfe entziehen, verstoßen nach der derzeitigen Rechtsprechung[63] ebenfalls nicht gegen § 138 BGB. Schließlich dürften auch Zuwendungen an Geliebte in der heutigen Zeit nicht mehr dem Makel der Sittenwidrigkeit unterliegen.[64]

307 In Betracht kommen könnte die Nichtigkeit einer Verfügung von Todes wegen nach § 138 BGB, wenn der Erblasser einen nicht zu billigenden Druck auf die Entschließungsfreiheit oder andere Rechte des Bedachten ausübt, in dem er dessen Erbeinsetzung zB von einer Konversion oder von seiner Priesterweihe abhängig macht.[65] Ein Verstoß gegen § 138 BGB könnte darüber hinaus gegeben sein, wenn die Verfügung von Todes wegen auf eine sittlich zu missbilligende Art zustande gekommen ist.

Beispiele:

308 Ein Erbvertrag bietet dem Vertragserben außergewöhnliche Vorteile und dieser hat die Unerfahrenheit des Erblassers ausgenutzt oder der Vertragserbe hat eine psychische Zwangslage des Erblassers herbeigeführt und ausgenutzt.[66]

2. Zuwendungsverbot nach § 14 HeimG

309 Eine Verfügung von Todes wegen, die gegen § 14 HeimG verstößt, ist nach § 134 BGB nichtig.[67] Gem § 14 I HeimG ist es dem Träger eines Heims[68] untersagt, sich von oder zugunsten von Heimbewohnern Geld- oder geldwerte Leistungen über das nach § 4 HeimG vereinbarte Entgelt hinaus versprechen oder gewähren zu lassen. Weiterhin ist es dem Leiter, den Beschäftigten oder sonstigen Mitarbeitern eines Heimes gem § 14 V HeimG untersagt, sich von Bewohnern des Heims neben der vom Träger erbrachten Vergütung Geld-

61 Palandt/Edenhofer § 1937 Rn 20
62 Vgl BVerfG NJW 2000, 2495
63 Vgl BGHZ 111, 39; BGHZ 123, 368; OVG Bautzen NJW 1997, 2898; VG Lüneburg NJW 2000, 1885; siehe auch Nieder NJW 1994, 1264; Bengel ZEV 1994, 29; Damrau ZEV 1998, 1; Eichenhofer JZ 1999, 226
64 Vgl insoweit Palandt/Heinrichs § 138 Rn 50
65 Vgl insoweit die Rechtsprechungsnachweise bei Palandt/Heinrichs § 138 Rn 49
66 Vgl BGHZ 50, 63; Johannsen WM 1971, 927
67 BGHZ 110, 237; Dubischar DNotZ 1993, 419; Rossak ZEV 1996, 44
68 Zum Begriff siehe BayObLG FamRZ 1999, 1310

oder geldwerte Leistungen für die Erfüllung der Pflichten aus dem Heimvertrag versprechen oder gewähren zu lassen, soweit es sich nicht um geringwertige Aufmerksamkeiten handelt. Das Verbot in § 14 HeimG ist verfassungsgemäß[69] und erfasst auch Kleinstheime, nicht aber die Betreuung in der Familie[70] oder Pflege in der eigenen Wohnung.[71]

Durch § 14 HeimG soll verhindert werden, dass die Arg- und Hilflosigkeit oder sonstige Abhängigkeit alter und pflegebedürftiger Menschen ausgenutzt wird.[72] § 14 HeimG gilt auch für letztwillige Zuwendungen an den Heimträger bzw dessen Mitarbeiter. Erfasst vom Verbot des § 14 HeimG sind gleichermaßen Umgehungsversuche.[73] 310

Beispiele:

Zuwendungen an die Kinder des Heimleiters,[74] an den Alleingesellschafter des als GmbH betriebenen Heims oder dessen Ehefrau,[75] Zuwendungen und letztwillige Verfügungen vor Aufnahme in das Heim[76] oder von Eltern der Heimbewohner.[77] 311

Die Testierfreiheit der Heimbewohner ist durch § 14 HeimG eingeschränkt.

Praxis-Tipp:

Gesetzlich verboten sind einseitige testamentarische Verfügungen allerdings nur, wenn der Bedachte vom Inhalt des Testaments Kenntnis erhält und der Heimbewohner von dieser Kenntnis weiß. Das Wissen eines Wissensvertreters vor Ort ist dem Träger oder dem Bedachten zuzurechnen.[78] 312

Sofern eine Verfügung zugunsten des ausgeschlossenen Personenkreises gleichwohl gewollt ist, ist ggf zuvor eine Ausnahmegenehmigung nach § 14 VI HeimG durch die Heimaufsichtsbehörde zu beantragen. Eine nachträgliche Genehmigung ist nicht zulässig. 313

69 BVerfG NJW 1998, 2964; BGH ZEV 1996, 145
70 BayObLG NJW-RR 1998, 729
71 LG Bonn MDR 1999, 809; OLG Düsseldorf NJW 2001, 2338
72 BGHZ 110, 235
73 Siehe hierzu auch BayObLG MittBayNot 2000, 447 mit Anm Rossak
74 OLG Düsseldorf ZEV 1997, 1541
75 BayObLG NJW 2000, 1875; siehe auch OLG Frankfurt NotBZ 2001, 229
76 BGH NJW-RR 1995, 1272; KG NJW-RR 1999, 2
77 LG Flensburg NJW 1993, 1866
78 BayObLG DNotZ 1992, 258; BayObLG DNotZ 1993, 453; OLG Karlsruhe ZEV 1996, 146; KG ZEV 1998, 437; Kössinger ZEV 1995, 13; Rossak ZEV 1996, 41; Niemann ZEV 1998, 419

Praxis-Tipp:

314 *Auf ein Betreuungsverhältnis findet § 14 HeimG keine analoge Anwendung. Ein nach §§ 1896 ff BGB bestellter Betreuer kann daher vom Betreuten wirksam durch letztwillige Verfügungen bedacht werden.*[79]

3. Besonderheiten bei Zuwendungen an Beamte und BAT-Angestellte

315 Beamten bzw BAT-Angestellten ist die Annahme von Belohnungen ohne Zustimmung des Dienstherrn nach § 43 BRRG, § 70 BBG bzw § 10 BAT verboten. Dies gilt auch für dienstbezogen gewährte letztwillige Zuwendungen.[80] Ebenso dürfen Zivildienstleistende, die den Erblasser dienstlich betreut haben, dessen dadurch veranlasste letztwillige Zuwendung auch nach Ausscheiden aus dem Dienst nur mit Zustimmung des Dienstherrn annehmen (§ 78 II ZDG, § 19 SoldatenG).[81] Noch nicht abschließend geklärt sind die Rechtsfolgen eines Verstoßes gegen diese dienstrechtlichen Bestimmungen. Während das BVerwG[82] die Frage offen gelassen hat, vertritt Koos[83] die Auffassung, dass aus dem Rechtsgedanken des § 134 BGB eine schwebende Unwirksamkeit der letztwilligen Verfügung bis zur Genehmigungsverweigerung folge und danach deren Nichtigkeit.

Praxis-Tipp:

316 *Der BGH*[84] *hat eine allein gegen § 10 I BAT verstoßende Annahme eines Geschenks noch nicht als nichtig angesehen.*

VII. Bindung an frühere Verfügungen von Todes wegen

317 Der Erblasser kann seiner Testierfreiheit selbst Schranken durch frühere Verfügungen von Todes wegen setzen. Diese ergeben sich aus der Bindung an wechselbezügliche Verfügungen in einem gemeinschaftlichen Testament gem § 2271 BGB oder an vertragsmäßige Verfügungen in einem Erbvertrag gem § 2289 BGB, § 2278 BGB. Der Eintritt der Bindungswirkung führt zur Nichtigkeit neuer entgegenstehender Verfügungen von Todes wegen.[85]

---

79 BayObLG ZEV 1998, 232; siehe aber auch Müller ZEV 1998, 219
80 BayObLG FamRZ 1990, 302; BayObLG NJW 1995, 3260; Stach NJW 1988, 943
81 BVerwG NJW 1996, 2319 mit Anm Battis JZ 1996, 856 und Ebenroth/Koos ZEV 1996, 344
82 BVerwG NJW 1996, 2319
83 Koos ZEV 1997, 435
84 BGH ZEV 2000, 202 mit krit Anm Koos ZEV 2000, 235
85 Vgl insoweit etwa auch Nieder, Handbuch der Testamentsgestaltung 2000, Rn 318

D. Anordnungen zur Änderung der Erbfolge 309

ÜBERBLICK

D. Anordnungen zur Änderung der Erbfolge

I. Enterbung

Der Erblasser kann sich nach § 1938 BGB darauf beschränken, einen Verwandten, den Ehegatten oder den Lebenspartner von der gesetzlichen Erbfolge auszuschließen, ohne einen Erben einzusetzen. Eine solche negative Anordnung ist durch Testament oder einseitige Verfügung in einem Erbvertrag nach §§ 2278 II, 2299 BGB möglich.[1] 318

Musterformulierung:

Ich enterbe meine Tochter T. 319

Praxis-Tipp:

Das Staatserbrecht nach § 1936 BGB ist nicht ausschließbar. 320

Die Enterbung bedarf zu ihrer Wirksamkeit keiner Begründung. Eine unzutreffende Begründung ist unschädlich; uU kann sie jedoch zur Anfechtung gem § 2078 II BGB berechtigen.[2]

Praxis-Tipp:

Empfehlenswert ist, die Enterbung ausdrücklich zu erklären. Ein stillschweigender Ausschluss ist zwar möglich. Dieser setzt jedoch voraus, dass der Ausschließungswille unzweideutig zum Ausdruck kommt.[3] In einer Zuwendung des Pflichtteils kann eine Enterbung liegen.[4] Erfolgt der Ausschluss durch Einsetzung eines anderen, bleibt er auch im Fall der Nichtigkeit der Erbeinsetzung wirksam, wenn er unter allen Umständen gewollt war.[5] 321

Beschränkt sich die testamentarische Verfügung auf die Enterbung, tritt die gesetzliche Erbfolge so ein, als ob der Enterbte vor dem Erbfall gestorben wäre. Der Ausschluss führt also zur gesetzlichen Erbfolge ohne den Ausgeschlossenen.[6] Bei Ausschluss eines Ehegatten bzw Lebenspartners erhöhen sich die gesetzlichen Erbteile der Verwandten. Wird ein Verwandter der ersten drei Ordnungen ausgeschlossen, ist das Eintrittsrecht seiner Abkömmlin- 322

1 Palandt/Edenhofer § 1938 Rn 2
2 BGH NJW 1965, 584
3 BayObLGZ 1965, 166; BayObLG FamRZ 1992, 986
4 Palandt/Edenhofer § 1938 Rn 2; vgl auch DNotI-Gutachten DNotI-Report 2000, 149; siehe andererseits BayObLG ZEV 2000, 280
5 BGH RdL 1966, 320
6 Palandt/Edenhofer § 1938 Rn 3

ge zu beachten, dh dieser wird durch seine Abkömmlinge analog §§ 1924 III, 1925 III, 1926 III BGB ersetzt.[7] Etwas anderes gilt nur, wenn auch diese ausgeschlossen sind. Der Ausschluss aller Abkömmlinge ist stillschweigend möglich und ggf durch Auslegung gem § 2084 BGB zu ermitteln. Er stellt jedoch nicht den Regelfall dar. Es bedarf konkreter Anhaltspunkte im Testament.[8] Im Zweifel ist nur der Genannte von der Erbfolge ausgeschlossen.[9]

Praxis-Tipp:

323 *Bei der Testamentsgestaltung sollte klargestellt werden, ob sich die Enterbung nur auf den Enterbten selbst oder auch auf dessen Stamm ganz oder teilweise bezieht.*

Die Enterbung berührt das Pflichtteilsrecht nicht. Dieses kann nur unter den besonderen Voraussetzungen der §§ 2333 ff BGB entzogen werden.

II. Erbeinsetzung

324 Die Erbeinsetzung ist als Ausfluss der Testierfreiheit die wichtigste Gestaltungsbefugnis des Erblassers.

1. Grundsatz der Universalsukzession

325 Das Erbrecht des BGB geht in § 1922 BGB vom Grundsatz der Universalsukzession (Gesamtrechtsnachfolge) aus. Mit dem Tod des Erblassers geht sein Vermögen als Gesamtheit unmittelbar und von selbst auf die Erben kraft Gesetzes über,[10] soweit es vererblich ist.[11] Der Erblasser kann gem § 1937 BGB durch Testament oder gem § 1941 BGB durch Erbvertrag bestimmen, wer sein Erbe wird. Gerade die Einsetzung bestimmter Personen zu Erben dürfte in der Mehrzahl aller Fälle das Hauptmotiv für die Errichtung einer Verfügung von Todes wegen sein. Die Erbeinsetzung ist die Entscheidung des Erblassers, auf wen mit dem Erbfall sein Vermögen als Ganzes übergehen soll, also die Berufung zur Gesamtrechtsnachfolge.

326 Der Erblasser kann zu seinem Erben eine Person (Alleinerbe) oder auch mehrere Personen (Miterben) bestimmen. Auf den Miterben geht nur der ihm zugewendete Bruchteil des Vermögens über. Zusammen bilden die Miterben die Erbengemeinschaft iSd § 2032 BGB (Gesamthandsgemeinschaft). Unterlässt der Erblasser eine quotenmäßige Bestimmung, so sind die Erben gem § 2091 BGB grundsätzlich unter sich zu gleichen Teilen berufen.

7 Palandt/Edenhofer § 1938 Rn 3
8 BGH JZ 1959, 444; BayObLGZ 1965, 176
9 BayObLG FamRZ 1989, 1006
10 Siehe hierzu etwa Wacke JA 1982; Muscheler Jura 1999, 234, 289
11 Vgl zu den Ausnahmen Palandt/Edenhofer § 1922 Rn 7 ff

Praxis-Tipp:

Auf die Ergänzungsregel des § 2091 BGB sollte es bei einem von einem Rechtsberater gestalteten Testament nicht ankommen. Es ist unzweifelhaft auszusprechen, ob eine Erbeinsetzung und ggf zu welchen Anteilen gewollt ist. 327

Musterformulierung:

Zu den Erben meines Nachlasses setze ich meine Ehefrau E zur Hälfte, meine Tochter T zu einem Viertel und meinen Sohn S zu einem Viertel ein. 328

Der Einzelerbteil steht dem Miterben selbständig zu. Zu unterscheiden hiervon ist der gemeinschaftliche Erbteil. Dieser verbindet die in ihm zusammengefassten Miterben nach § 2093 BGB untereinander. Nach außen sind die Bruchteile eines gemeinschaftlichen Erbteils selbständige Erbteile. Im Innenverhältnis gelten die §§ 2089 bis 2092 BGB entsprechend. 329

Neben den Begriffen des Alleinerben und des Miterben hat sich in der Rechtspraxis der Begriff des Schlusserben herausgebildet. Unter Schlusserbe ist der Erbe des Letztversterbenden von Ehegatten bzw Lebenspartnern in einem gemeinschaftlichen Testament oder Erbvertrag zu verstehen. 330

Praxis-Tipp:

Von der Verwendung des Begriffs des Schlusserben kann grundsätzlich nicht auf die Anordnung einer Vor- und Nacherbfolge geschlossen werden.[12] 331

Als Erbe kann grundsätzlich jede natürliche oder juristische Person bestimmt werden. Zum Schutz pflegebedürftiger Personen ist aber etwa die Einsetzung des Trägers eines Heimes oder des Heimpersonals zu Erben nach § 14 HeimG in Verbindung mit § 134 BGB nichtig. 332

Praxis-Tipp:

Lässt sich der Wille des Erblassers hinsichtlich der Erbenbestimmung dem Testament nicht eindeutig entnehmen, ist bei der Abgrenzung maßgeblich darauf abzustellen, wem der Erblasser die Rechtsstellung eines Erben mit den damit verbundenen Pflichten, insb zur Abwicklung des Nachlasses, zum Tragen der Beisetzungskosten und der übrigen Nachlassverbindlichkeiten sowie zur Erfüllung etwaiger Vermächtnisanordnungen, hat zuweisen wollen.[13] 333

Mit der Stellung als Erbe muss nicht zwingend ein wirtschaftlicher Vorteil verbunden sein. Rechtlich zulässig ist zB ein Universalvermächtnis, das den 334

12 Vgl Nieder ZEV 1996, 244; OLG Bremen ZEV 1994, 365; zur Abgrenzung siehe auch Palandt/Edenhofer § 2269 Rn 6 f
13 Vgl BayObLG FamRZ 1986, 604

Erben verpflichtet, sämtliche Nachlassgegenstände an einen Dritten herauszugeben.[14]

2. Kautelarjuristische Singularsukzession

335 Aus dem Grundsatz der Universalsukzession folgt, dass die Einsetzung eines Erben auf einen einzelnen Gegenstand des Nachlasses nicht mit dinglicher Wirkung möglich ist.[15]

336 Gleichwohl kann in einer Verfügung von Todes wegen im Ergebnis ein unmittelbarer Rechtsübergang einzelner Gegenstände, also eine Singularsukzession, bewirkt werden. Erreichen lässt sich dies durch eine Kombination der Anordnung von Vor- und Nacherbfolge, wobei jedoch nur ein Vorerbe bestimmt werden darf, mit einem Vorausvermächtnis an den alleinigen Vorerben. Die Rechtsprechung lässt das Vorausvermächtnis an den alleinigen Vorerben mit dinglicher Wirkung zu.[16] Als Vorausvermächtnis kann dem Vorerben ein einzelner Gegenstand, zB das Hausgrundstück, zugewendet werden.

3. Allgemeine Auslegungsregel des § 2087 BGB

337 § 2087 BGB enthält allgemeine Auslegungsregeln für die Erbeinsetzung.

338 Nach § 2087 I BGB kommt es für die Einsetzung eines Erben nicht darauf an, ob der Erblasser den Bedachten tatsächlich als Erben bezeichnet hat. Entscheidend ist, ob dem Bedachten das ganze Vermögen oder zumindest ein bestimmter Bruchteil des Vermögens zugewendet ist. Ist dies zu bejahen, ist er Erbe.

339 Andererseits ist die Zuwendung einzelner Gegenstände gem § 2087 II BGB im Zweifel selbst dann keine Erbeinsetzung, wenn der Bedachte als Erbe bezeichnet ist. Die Erbeinsetzung auf einzelne Gegenstände würde dem Grundsatz der Gesamtrechtsnachfolge widersprechen.

Praxis-Tipp:

340 *Da § 2087 II BGB nur eine Auslegungsregel enthält, greift er bei einem abweichenden Willen des Erblassers nicht ein. Verfügt der Erblasser zwar nur über einen Einzelgegenstand, macht dieser jedoch sein gesamtes oder nahezu gesamtes Vermögen aus, kommt entgegen § 2087 II BGB gleichwohl eine Erbeinsetzung in Betracht.[17] Maßgebend ist die Vorstellung des Erblassers, ob er im Nachlassgegenstand im Wesentlichen seinen Nachlass erblickt hat.[18]*

14 Vgl Nieder, Handbuch der Testamentsgestaltung 2000, Rn 458, 547
15 Palandt/Edenhofer § 1937 Rn 8
16 Vgl BGHZ 32, 60; siehe hierzu Sonntag ZEV 1996, 450; vgl auch Nieder, Handbuch der Testamentsgestaltung 2000, Rn 617
17 BayObLGZ 1965, 77; OLG Düsseldorf ZEV 1995, 410
18 KG NJW 1958, 504

Richter-Tipp:

Um Auslegungsschwierigkeiten zu vermeiden, empfiehlt es sich, keine einzelnen Vermögensgegenstände zuzuweisen, sondern einen Erben und bei mehreren Erben die Erbquoten zu bestimmen. Einzelne Vermögensgegenstände sollten durch eine Teilungsanordnung oder ein Vorausvermächtnis zugewendet werden. 341

4. Anwachsung

Vergleichbar zur Erhöhung des gesetzlichen Erbteils bei Wegfall eines gesetzlichen Erben vor dem Erbfall nach § 1935 BGB hat der Gesetzgeber für den Fall, dass einer der eingesetzten Miterben vor oder nach dem Erbfall wegfällt, in § 2094 I 1 BGB die Anwachsung des Erbteils an die übrigen Erben im Verhältnis ihrer Erbteile angeordnet. Das Wegfallen kann sich ergeben vor dem Erbfall durch Tod sowie Zuwendungsverzicht nach § 2352 BGB, nach dem Erbfall durch Ausschlagung gem § 1953 BGB, Erbunwürdigkeitserklärung gem § 2344 BGB, Nichterleben einer aufschiebenden Bedingung gem § 2074 BGB, Anfechtung gem §§ 2078, 2079 BGB sowie Nichterteilung einer staatlichen Genehmigung nach § 84 BGB.[19] 342

Folge der Anwachsung ist, dass sich die Erbteile der verbliebenen Erben entsprechend ihrem bisherigen Verhältnis zueinander von selbst erhöhen. Es tritt also kein neuer Erbteil hinzu. Der vergrößerte Erbteil ist bereits mit dem Erbfall erworben und stellt eine Einheit dar.[20] Ausnahmen von diesem Grundsatz gelten für Belastungen mit Vermächtnissen und Auflagen sowie sonstigen Beschwerungen mit Ausgleichspflichten. Nach § 2095 BGB werden im Hinblick auf diese der angewachsene Erbteil sowie der ursprüngliche Erbteil als selbständige Erbteile behandelt. 343

Der Erblasser kann die Anwachsung gem § 2094 III BGB durch Verfügung von Todes wegen ausschließen. Die Ausschließung führt zur gesetzlichen Erbfolge; sie ist allgemein oder gegenüber einzelnen Erben möglich.[21] Disponibel ist ebenso die Regel, dass ein für bestimmte Teilbereiche angewachsener und originärer Erbteil als selbständige Erbteile zu behandeln sind.[22] 344

Praxis-Tipp:

Zu beachten ist, dass den Anwachsungsregelungen der §§ 2094, 2095 BGB die Einsetzung eines Ersatzerben gem § 2099 BGB vorgeht. Dies gilt sowohl für eine ausdrückliche wie auch eine stillschweigende Ersatzerbeneinsetzung, vor allem die nach § 2069 BGB.[23] Dies bedeutet, dass bei Wegfall eines Kindes des Erblassers dessen Abkömmlinge zu Ersatzerben berufen sind. Eine Anwachsung gem § 2094 BGB an die weiteren Kinder des Erblassers kommt insoweit regelmäßig nicht in Betracht. Erst wenn auch die Ersatzerben wegfallen, tritt Anwachsung ein. 345

19 Vgl Palandt/Edenhofer § 2094 Rn 2
20 Palandt/Edenhofer § 2094 Rn 6
21 Palandt/Edenhofer § 2094 Rn 3
22 Bengel/Reimann in: Beck'sches Notar-Handbuch 2000, C Rn 56
23 Palandt/Edenhofer § 2099 Rn 1

Praxis-Tipp:

346 *Empfehlenswert ist, in der Verfügung von Todes wegen eine klare Ersatzerben- und Anwachsungsregelung vorzusehen.*

Musterformulierung:

347 *Ersatzerben sind jeweils deren Abkömmlinge nach gleichen Stammanteilen. Wiederum ersatzweise soll Anwachsung eintreten.*

III. Bedingte und befristete Erbeinsetzung

348 Eine Erbeinsetzung kann bedingt oder befristet sein. Der wichtigste Fall einer bedingten bzw befristeten Erbeinsetzung ist die Vor- und Nacherbschaft.

Praxis-Tipp:

349 *Durch eine aufschiebend bedingte Erbeinsetzung kann der Erblasser den Bedachten in erster Linie zu einer Handlung veranlassen, bei einer auflösend bedingten Erbeinsetzung zu einer Unterlassung.*

350 Ist in einer Verfügung von Todes wegen eine Bedingung oder Befristung enthalten, so unterliegt der dadurch gemachte Vorbehalt den allgemeinen Vorschriften der §§ 158 bis 163 BGB, ergänzt durch die §§ 2074 bis 2076 BGB.

Praxis-Tipp:

351 *§ 2075 BGB enthält eine Auslegungsregel für bedingte Zuwendungen. Hat der Erblasser dem Bedachten etwas unter der Bedingung zugewandt, dass dieser fortwährend etwas tut oder unterlässt, so ist im Zweifel von einer auflösend bedingten Zuwendung auszugehen. Der unter einer auflösenden Bedingung Bedachte hat die Stellung eines in der Regel nicht befreiten Vorerben.[24] Erst bei seinem Tod steht fest, ob er Vollerbe geworden ist. Bis zum Tod besteht eine aufschiebend bedingte Nacherbschaft. Bei Zuwiderhandlung ist das Erlangte den Erben oder Ersatzberechtigten herauszugeben.[25]*

352 Eine Erbeinsetzung unter der Bedingung, dass ein Dritter ihr zustimmt, ist nach § 2065 I BGB unzulässig.

---

24 BayObLGZ 1962, 57
25 Palandt/Edenhofer § 2075 Rn 5

IV. Ersatzerbeneinsetzung

Ein vorsichtiger Erblasser wird Überlegungen darüber anstellen, was geschieht, wenn der von ihm eingesetzte Erbe aus welchen Gründen auch immer als Erbe wegfällt. Stirbt dieser etwa vor dem Erblasser oder schlägt er die Erbschaft aus, wird die Erbeinsetzung unwirksam. Es tritt grundsätzlich die gesetzliche Erbfolge ein. Bei mehreren eingesetzten Erben kann Anwachsung nach § 2094 BGB eintreten. Diese Folgen sind nicht immer gewünscht. 353

Den Eintritt der gesetzlichen Erbfolge oder der Anwachsung kann der Erblasser verhindern, indem er Ersatzerben iSd § 2096 BGB bestimmt. Der Ersatzerbe wird nur Erbe, wenn der zunächst berufene Erbe vor oder nach dem Erbfall wegfällt. Dies ist hier weiter zu verstehen als bei § 2094 BGB. Die Ersatzberufung kann auch greifen, wenn die Erbeinsetzung nichtig ist oder widerrufen wird.[26]

Praxis-Tipp:

Fehlt es an einer ausdrücklichen Ersatzerbenberufung, kann die Ersatzerbschaft gleichwohl kraft gesetzlicher Vermutung eintreten. Der praktisch wichtigste Fall ist in § 2069 BGB geregelt. Hat der Erblasser einen seiner Abkömmlinge bedacht und fällt dieser nach der Errichtung des Testaments weg, so ist im Zweifel anzunehmen, dass dessen Abkömmlinge in dem Verhältnis, in dem sie bei gesetzlicher Erbfolge an die Stelle des Weggefallenen treten würden, als Ersatzerben berufen sind. Neben leiblichen Abkömmlingen zählen hierzu auch Adoptivkinder. Im Wege der Testamentsauslegung kann sich darüber hinaus bei Wegfall naher Angehöriger eine Ersatzerbenberufung derer Abkömmlinge ergeben,[27] insb bei Einsetzung des Ehegatten,[28] der Geschwister[29] oder eines Stiefkindes.[30] 354

Richter-Tipp:

Der Ersatzerbenberufung kommt in einer Verfügung von Todes wegen eine wichtige Bedeutung zu. Sie sollte so ausgestaltet sein, dass weder auf gesetzliche Vermutungen noch auf die ergänzende Auslegung zurückgegriffen werden muss. Dies gilt in besonderem Maße bei der Anordnung von Vor- und Nacherbfolge. Gem § 2102 I BGB enthält zwar die Einsetzung als Nacherbe im Zweifel auch die Einsetzung als Ersatzerbe. Stirbt der Nacherbe jedoch vor Eintritt der Nacherbfolge, so geht sein Recht gem § 2108 II 1 BGB auf seine Erben über, sofern nicht ein anderer Wille des Erblassers anzunehmen ist. Die Auslegungsregeln der §§ 2069, 2102 BGB greifen dann nicht. 355

26 Vgl Palandt/Edenhofer § 2096 Rn 2
27 Vgl BGH NJW 1973, 240; KG FamRZ 1977, 344; OLG Hamm Rpfleger 1987, 247; BayObLG FamRZ 1991; BayObLG ZEV 1996, 191; Nieder ZEV 1996, 241
28 BayObLGZ 1988, 165; BayObLG FamRZ 2000, 58; OLG Frankfurt am Main NJW-RR 1996, 261
29 BayObLG NJW-RR 1992, 73; BayObLG FGPrax 2000, 70; OLG Karlsruhe DNotZ 1993, 456
30 BayObLG NJW-RR 1993, 459; BGH NotBZ 2001, 264 mit Anm Egerland; siehe auch BayObLG ZBV 2001, 151

Musterformulierungen:

356 *Zu Ersatzerben des Vorerben bestimme ich die Nacherben zu gleichen Teilen.*

Als Ersatznacherben bestimme ich jeweils die Abkömmlinge der Nacherben nach gleichen Stammanteilen.

357 Die Beschwerungen durch Vermächtnisse, Auflagen und Ausgleichspflichten bestehen nach §§ 2161, 2192, 2051 II BGB bei Eintritt der Ersatznachfolge regelmäßig fort.

V. Vor- und Nacherbeneinsetzung

358 Der Erblasser kann einen Erben gem § 2100 BGB in der Weise einsetzen, dass dieser erst Erbe wird (Nacherbe), nachdem zunächst ein anderer Erbe geworden ist (Vorerbe).[31] Mit der Anordnung von Vor- und Nacherbschaft wird insb eine Erhaltung der Substanz des Nachlasses für den Nacherben angestrebt. Der Erblasser hat die Möglichkeit, über einen längeren Zeitraum hinaus seine Rechtsnachfolger und das Schicksal seines Vermögens zu bestimmen. Dies ist nicht zuletzt deshalb möglich, weil Vor- und Nacherbfolge mehrfach hintereinander angeordnet werden kann.[32]

1. Eintritt des Vor- und Nacherbfalls

359 Der Tod des Erblassers löst zunächst die Vorerbschaft aus. Es tritt der erste Erbfall ein, der Vorerbe wird Erbe. Zu einem späteren, vom Erblasser zu bestimmenden Zeitpunkt tritt ein weiterer Erbfall, der Nacherbfall, ein. Vor- und Nacherbe sind beide Gesamtrechtsnachfolger des Erblassers. Dies bedeutet, der Nacherbe ist nicht Erbe des Vorerben, sondern Erbe des Erblassers.[33] Da Vor- und Nacherbe nacheinander erben, sind sie keine Miterben. Gem § 2139 BGB verliert der Vorerbe mit dem Nacherbfall seine Erbenstellung. Er hat den Nachlass des Erblassers sodann nach § 2130 BGB an den Nacherben herauszugeben.

Praxis-Tipp:

360 *Gesetzliche Erb- und Pflichtteilsansprüche der Verwandten des Vorerben entstehen insoweit nicht.*[34]

361 Den Zeitpunkt des Eintritts des Nacherbfalls bestimmt der Erblasser. Er kann hierfür ein genaues Datum wählen oder den Nacherbfall an ein bestimmtes Ereignis in der Person des Vor- oder Nacherben anknüpfen, zB den 25.

---

31 Das ZGB der DDR kannte keine Vor- und Nacherbschaft; vgl Krause ZAP-Ost Fach 12, 67, 69

32 Vgl BayObLG FamRZ 1997, 316

33 Palandt/Edenhofer § 2100 Rn 1, 10; BGHZ 3, 254

34 Vgl Nieder, Handbuch der Testamentsgestaltung 2000, Rn 588

Geburtstag des Nacherben oder den Tod des Vorerben. Der Eintritt des Ereignisses kann sogar vollkommen ungewiss sein.

Beispiel:

Zeitpunkt der Eheschließung des Vorerben. Heiratet dieser nicht, fällt die Nacherbfolge aus. 362

Trifft der Erblasser keine Anordnung, tritt der Nacherbfall gem § 2106 I BGB mit dem Tod des Vorerben ein.

Praxis-Tipp:

Nach § 2109 I 1 BGB wird die Nacherbeneinsetzung regelmäßig nach Ablauf von dreißig Jahren nach dem Erbfall unwirksam. 363

Der Nacherbe kann die Erbschaft nach § 2142 I BGB bereits vom Zeitpunkt des Erbfalls an ausschlagen. Die Ausschlagungsfrist des § 1944 BGB beginnt jedoch erst mit Eintritt des Nacherbfalls.[35] Die Ausschlagung bewirkt nach § 2142 II BGB, dass die Nacherbfolge gegenstandslos wird und damit dem Vorerben verbleibt, soweit nicht der Erblasser ein anderes, zB einen Ersatznacherben, bestimmt hat.

Praxis-Tipp:

Der Nacherbe ist gem § 2102 I BGB im Zweifel auch Ersatzerbe. Er wird also Erbe, wenn der Vorerbe wegfällt. 364

2. Anwartschaftsrecht des Nacherben

Auch wenn der Nacherbe erst mit dem Nacherbfall Erbe wird, erwirbt er bereits 365
mit dem Tod des Erblassers ein bedingtes oder befristetes Erbrecht in Gestalt eines gegenwärtigen, unentziehbaren, erbrechtlichen Anwartschaftsrechts mit dem Inhalt, dass er beim Nacherbfall Erbe wird.[36] Dieses Recht ist nach allgemeiner Auffassung veräußerlich.[37] Mangels ausdrücklicher gesetzlicher Regelung findet auf die Übertragung des Nacherbenanwartschaftsrechts § 2033 I BGB entsprechende Anwendung. Sie bedarf also insb notarieller Beurkundung. Gleiches gilt für das Verfügungsgeschäft analog § 2371 BGB.[38]

35 BayObLGZ 1966, 230
36 BGHZ 37, 319; BGHZ 87, 367; OLG Düsseldorf MDR 1981, 143; Harder ZEV 1995, 453
37 Vgl BGHZ 87, 367; Palandt/Edenhofer § 2100 Rn 11
38 Nieder, Handbuch der Testamentsgestaltung 2000, Rn 643

Praxis-Tipp:

366 *Sofern der Erblasser ein verkehrsfähiges Anwartschaftsrecht des Nacherben nicht wünscht, ist dieses testamentarisch auszuschließen.*[39]

367 Nach der gesetzlichen Auslegungsregel des § 2108 II 1 BGB ist das unbedingte Nacherbenanwartschaftsrecht vererblich, sofern nicht ein anderer Wille des Erblassers anzunehmen ist; ausgeschlossen ist die Vererblichkeit grundsätzlich beim bedingten Anwartschaftsrecht nach §§ 2108 II 2, 2074 BGB. Der Erblasser wird hinsichtlich des vererblichen Anwartschaftsrechts eine testamentarische Änderung durch den Nacherben häufig nicht wollen. Er kann stattdessen die Vererblichkeit des Anwartschaftsrechts ausschließen.[40]

Praxis-Tipp:

368 *Die Aufgabe der Testamentsgestaltung besteht darin, ausdrücklich zu bestimmen, dass beim Tod des Nacherben vor Eintritt des Nacherbfalles die Anwartschaft nicht auf dessen Erben übergehen soll, sondern an die Stelle des Nacherben ein Ersatznacherbe tritt.*

369 Nach der Rechtsprechung des BayObLG[41] soll auch eine ausdrücklich angeordnete Ersatznacherbfolge nicht eingreifen, wenn die Testamentsauslegung ergibt, dass die Vermutung des § 2069 BGB vorrangig oder das Anwartschaftsrecht des Nacherben gem § 2108 II 1 BGB vererblich ist.

Praxis-Tipp:

370 *Es empfiehlt sich daher, in der Verfügung von Todes wegen klarzustellen, dass der Erblasser weder die Anwendung gesetzlicher Auslegungsregeln noch die Vererbung des Nacherbenanwartschaftsrechts wünscht.*[42]

Musterformulierung:

371 *Die Nacherbenanwartschaft ist weder veräußerlich noch vererblich. Sie geht beim Tod des Nacherben vor Eintritt des Nacherbfalls nicht auf dessen Erben über. Vielmehr bestimme ich abweichend von anders lautenden gesetzlichen Auslegungs-, Vermutungs- und Ergänzungsregeln zum Ersatznacherben Herrn H.*

---

39 Bengel/Reimann in: Beck'sches Notar-Handbuch 2000, C Rn 60; Nieder, Handbuch der Testamentsgestaltung 2000, Rn 643

40 Palandt/Edenhofer § 2108 Rn 3; BGH NJW 1963, 1150; BGH FamRZ 2000, 63

41 BayObLG NJW-RR 1994, 460

42 Vgl J. Mayer MittBayNot 1994, 114; Langenfeld, Testamentsgestaltung 1998, Rn 133; Bengel/Reimann in: Beck'sches Notar-Handbuch 2000, C Rn 60

3. Rechtsstellung des Vorerben

Beim Vorerben entstehen mit dem Vorerbfall zwei Vermögensmassen, sein Eigenvermögen und die Vorerbmasse, sog Trennungsprinzip. Nur über das Eigenvermögen kann der Vorerbe Verfügungen von Todes wegen treffen, nicht aber über die Vorerbmasse. 372

Der Vorerbe hat die Erbschaft gem § 2130 I BGB ordnungsgemäß zu verwalten. Ihm stehen in diesem Rahmen die Nutzungen zu.[43] Dem steht die Pflicht des Vorerben gegenüber, nach § 2124 I BGB die gewöhnlichen Erhaltungskosten, wie etwa Zinsen, Versicherungen oder Grundsteuer,[44] zu tragen. Andererseits darf er außerordentliche Lasten nach §§ 2126, 2124 II BGB aus der Erbschaft bestreiten. 373

Beispiele:

Erblasserschulden, Vermächtnisse und Auflagen, soweit sie dem Vorerben nicht selbst auferlegt sind, Pflichtteilslasten, Erbschaftsteuer.[45] 374

Praxis-Tipp:

Der Vorerbe macht sich dem Nacherben gegenüber regelmäßig schadensersatzpflichtig, wenn er die Erbschaft nicht in einem der ordnungsgemäßen Verwaltung entsprechenden Zustand herausgibt oder wenn er entgegen § 2113 II BGB über einen Erbschaftsgegenstand verfügt oder die Erbschaft in der Absicht, den Nacherben zu benachteiligen, vermindert. 375

Verwendet der Vorerbe Erbschaftsgegenstände eigennützig für sich, ist er dem Nacherben gegenüber nach Eintritt des Nacherbfalls gem § 2134 S 1 BGB zum Wertersatz verpflichtet. 376

4. Beschränkungen des Vorerben

a. Nichtbefreiter Vorerbe

Der Vorerbe kann gem § 2112 BGB grundsätzlich über die zur Erbschaft gehörenden Gegenstände verfügen. Er ist als Erbe Eigentümer der Nachlassgegenstände. Um sicherzustellen, dass dem Nacherben die Erbschaft im Zeitpunkt des Nacherbfalls zugute kommt – zwischen Vor- und Nacherbfall können uU Jahre oder Jahrzehnte liegen –, beschränkt das Gesetz die Befugnisse des Vorerben in den §§ 2113 ff BGB. Verfügungsbeschränkungen bestehen insb für unentgeltliche Verfügungen, Verfügungen über Grundstücke oder Rechte an Grundstücken sowie Zwangsvollstreckungsmaßnahmen gegen den Vorerben. 377

43 BGH NJW 1983, 2875; BGH NJW-RR 1986, 1069
44 Vgl Palandt/Edenhofer § 2124 Rn 2
45 Vgl Palandt/Edenhofer § 2126 Rn 1

Entgeltliche Geschäfte über bewegliche Sachen kann der Vorerbe weitgehend einschränkungslos vornehmen.

378 Gem § 2113 I BGB ist die Verfügung des Vorerben über ein Grundstück oder ein Recht an einem Grundstück im Falle des Eintritts der Nacherbfolge insoweit unwirksam, als sie das Recht des Nacherben vereiteln oder beeinträchtigen würde. Das Gleiche gilt gem § 2113 II BGB für unentgeltliche Verfügungen des Vorerben über Erbschaftsgegenstände, soweit sie nicht einer sittlichen Pflicht oder einer auf den Anstand zu nehmenden Rücksicht entsprechen. Ebenso kann der Vorerbe gem § 2114 BGB nicht ohne Zustimmung des Nacherben über Hypothekenforderungen, Grund- und Rentenschulden verfügen. Vollstreckungsmaßnahmen gegen den Vorerben in Nachlassgegenstände sind gem § 2115 S 1 BGB im Falle des Eintritts der Nacherbfolge insoweit unwirksam, als sie das Recht des Nacherben vereiteln oder beeinträchtigen würden. Wird wegen eines Anspruches eines Nachlassgläubigers oder eines gegenüber dem Nacherben wirksamen Rechts vollstreckt, ist die Maßnahme jedoch nach § 2115 S 2 BGB wirksam.

379 Der Vorerbe ist darüber hinaus im Verhältnis zum Nacherben bei der Anlegung von Geld nach § 2119 BGB gebunden. Auf Verlangen des Nacherben hat er gem § 2116 BGB Wertpapiere zu hinterlegen und nach § 2121 BGB ein Verzeichnis der Erbschaftsgegenstände aufzustellen. Der Nacherbe ist schließlich im Rahmen des § 2127 BGB berechtigt, vom Vorerben Auskunft über den Bestand der Erbschaft zu verlangen.

Praxis-Tipp:

380 *Im Erbschein des Vorerben wird nach § 2363 BGB die Anordnung der Nacherbfolge, die Voraussetzungen ihres Eintritts sowie der Nacherbe angegeben. Gehört Grundbesitz zum Nachlass, erfolgt gem § 51 GBO zum Schutz des Nacherben die Eintragung eines Nacherbenvermerks im Grundbuch von Amts wegen. Der Nacherbenvermerk bewirkt keine Grundbuchsperre.*[46] *Der Vorerbe kann das Grundstück veräußern und das Grundbuchamt den Erwerber als neuen Eigentümer im Grundbuch eintragen. Der Nacherbenvermerk bleibt jedoch bestehen. Mit Eintritt des Nacherbfalls wird die Verfügung, sofern sie den Nacherben beeinträchtigt, unwirksam. Das Grundbuch ist unrichtig und der Nacherbe hat gem § 894 BGB gegen den Erwerber einen Grundbuchberichtigungsanspruch. Ein vernünftiger Käufer wird sich auf diese Gefahr kaum einlassen.*

381 Ausgeschlossen ist eine Beeinträchtigung des Nacherben und die damit einhergehende Unwirksamkeit der Verfügung, wenn dieser der Verfügung des Vorerben zugestimmt hat. Der Nacherbe kann zu diesem Zweck bei Abschluss eines Grundstückskaufvertrages mitwirken und seine Zustimmung nach § 185 BGB erteilen.[47] Eine Verpflichtung gegenüber dem Vorerben zur

---

46 Palandt/Edenhofer Einf v § 2100 Rn 8

47 Zu den Rechtsfolgen fehlender Nacherbenzustimmung siehe BGH NotBZ 2000, 379; zur Verfügung eines nicht befreiten Vorerben über einen Nachlassgegenstand bedarf es dann nicht der Zustimmung der Nacherben, wenn damit ein vom Erblasser angeordnetes Vermächtnis erfüllt wird; vgl Bg 0626 MittBayNot 2001, 403

Zustimmung kann gem § 2120 BGB bestehen, wenn die Verfügung zur ordnungsgemäßen Verwaltung, insb zur Berichtigung von Nachlassverbindlichkeiten, erforderlich ist. Der gutgläubige Erwerb eines Nachlassgegenstandes vom Vorerben ist nach § 2113 III BGB möglich.

b. Befreiter Vorerbe

Der Erblasser kann den Vorerben gem § 2136 BGB von einigen der Beschränkungen und Verpflichtungen der §§ 2113 ff BGB befreien. 382

Praxis-Tipp:

Sowohl der Erbschein wie auch das Grundbuch geben die Befreiung an. 383

Die Befreiung kann bedingt oder differenziert erteilt werden, als Bedingung zB für den Not- oder Pflegefall, als Differenzierung zB für die Belastung von Grundstücken, nicht aber deren Veräußerung.[48] Möglich ist auch, lediglich einzelne Nacherben zu befreien.[49] Durch die Rechtsprechung noch nicht geklärt und in der Literatur umstritten ist die Frage, ob die Befreiung des Vorerben gegenständlich beschränkt erteilt werden kann, zB ausschließlich hinsichtlich eines bestimmten Grundstücks.[50] 384

Praxis-Tipp:

Im Ergebnis ist dieselbe Wirkung zu erreichen durch Zuwendung eines Vorausvermächtnisses an den Vorerben. 385

Keine Befreiung erteilt werden kann dem Vorerben vom Verbot unentgeltlicher Verfügungen nach § 2113 II BGB, von der Verfügung über die Zwangsvollstreckung gem § 2115 BGB, der Pflicht zur Vorlage eines Nachlassgegenstandsverzeichnisses gem § 2121 BGB sowie vom Surrogationsgrundsatz des § 2111 BGB.[51]

Musterformulierung:

Der Vorerbe ist von allen gesetzlichen Beschränkungen und Verpflichtungen, soweit gem § 2136 BGB zulässig, befreit. 386

48 Vgl Palandt/Edenhofer § 2136 Rn 2
49 LG Stuttgart Rpfleger 1980, 387
50 Siehe zum Meinungsstreit etwa Bengel/Reimann in: Beck'sches Notar-Handbuch 2000, C Rn 68 mwN
51 Zum sog superbefreiten Vorerben siehe J. Mayer ZEV 2000, 1

5. Auflösend bedingte Nacherbfolge

387 Zulässig ist, dass der Erblasser den Vorerben ermächtigt, die Nacherbschaft durch letztwillige Verfügung zu beseitigen und sich selbst zum Vollerben zu machen. Die Einsetzung des Nacherben erfolgt insoweit unter der auflösenden Bedingung, dass der Vorerbe über den Nachlass nicht anderweitig verfügt.[52]

Praxis-Tipp:

388 *Anbieten kann sich eine solche Gestaltung, wenn dem Vorerben das Recht gegeben werden soll, unter den als Nacherben eingesetzten Abkömmlingen eine anderweitige Verteilung vorzunehmen.*

Musterformulierung:

389 *Dem Vorerben wird gestattet, die Nacherbfolge dadurch zu beseitigen, dass er über seinen Nachlass abweichend von der vorstehend getroffenen Schlusserbeneinsetzung innerhalb unserer gemeinsamen Abkömmlinge von Todes wegen anderweitig verfügt, wobei es ihm freisteht, die Erbquoten der Abkömmlinge abweichend von der gesetzlichen Erbfolge zu bestimmen, einzelnen Abkömmlingen Vermächtnisse zuzuwenden oder sie auf den Pflichtteil zu setzen.*

390 In einem solchen Fall steht erst mit dem Tod des Vorerben, also rückwirkend, fest, ob dieser Vollerbe gewesen ist. Der Nacherbenvermerk wird dementsprechend im Grundbuch erst mit Tod des Vorerben gelöscht.[53]

6. Gestaltungshinweis

391 Für die Anordnung der Vor- und Nacherbfolge können im Einzelfall verschiedene Gründe sprechen, wie zB die Familienbindung des Vermögens, die Erhaltung der Nachlasssubstanz für den Nacherben oder Schutz dagegen, dass Gläubiger des Vorerben auf die Substanz des Nachlasses zugreifen. Typische Fallgruppen sind Verfügungen zugunsten überschuldeter Erben, das Behindertentestament, das Geschiedenentestament[54] sowie Wiederverheiratungsklauseln. Auch ist die Vor- und Nacherbfolge ein Instrument, mit welchem bei geschiedenen Ehegatten mit Kindern aus erster Ehe oder bei Vorhandensein nichtehelicher Kinder zwar nicht die Quote des Pflichtteils, aber der Wert des Pflichtteils der Kinder beeinflusst werden kann. Da das der Nacherbschaft

52 Vgl BGHZ 59, 220; BGH NJW 1981, 2051; OLG Oldenburg FamRZ 1991, 862; BayObLGZ 1982, 331; OLG Hamm OLGZ 1973, 103; Bengel/Reimann in: Beck'sches Notar-Handbuch 2000, C Rn 65; Frank MittBayNot 1987, 231

53 OLG Braunschweig Rpfleger 1991, 204

54 Vgl hierzu näher Limmer in: Dittmann/Reimann/Bengel, Testament und Erbvertrag 1999, E Rn 42 ff; Langenfeld, Testamentsgestaltung 1998, Rn 473; Nieder ZEV 1994, 158; ders, Handbuch der Testamentsgestaltung 2000, Rn 1289 ff

unterliegende Vermögen des Erblassers nicht vom Vorerben weitervererbt wird, entstehen insoweit keine gesetzlichen Erb- oder Pflichtteilsansprüche der Verwandten des Vorerben, insb nicht des geschiedenen Ehepartners beim Tode des gemeinsamen Kindes (Vorerben). Durch die Anordnung der Vor- und Nacherbfolge kann dementsprechend verhindert werden, dass die Pflichtteilsberechtigten des Längerlebenden indirekt am Nachlass des Erstversterbenden teilhaben.

Musterformulierung:

Wir setzen uns hiermit gegenseitig, der Erstversterbende den Längerlebenden, in folgender Weise zum alleinigen Erben ein: 392

Ich, der Ehemann, setze für den Fall meines Vorversterbens meine Ehefrau zu meiner unbeschränkten Erbin ein.

Ich, die Ehefrau, setze für den Fall meines Vorversterbens meinen Ehemann zu meinem Vorerben ein. Er ist von den für einen Vorerben geltenden gesetzlichen Beschränkungen und Verpflichtungen, soweit gem §2136 BGB zulässig, befreit.

Zu meinen Nacherben berufe ich zu gleichen Teilen unsere gemeinsamen Kinder A, B und C. Die Nacherbfolge soll mit dem Tod des Vorerben eintreten. Die Nacherbenanwartschaftsrechte sind nicht vererblich und nicht übertragbar.

Ersatznacherben sind jeweils die Abkömmlinge eines Nacherben, unter sich entsprechend den Regeln gesetzlicher Erbfolge. Dies gilt nicht, wenn ein Nacherbe gegen eine Abfindung auf sein Nacherbrecht verzichtet hat oder das Nacherbe ausschlägt und den Pflichtteil verlangt. In diesem Fall oder beim Fehlen ersatznacherbberechtigter Abkömmlinge wächst der Nacherbteil des Weggefallenen den übrigen Nacherben im Verhältnis ihrer Nacherbbeteiligung an.

Praxis-Tipp:

Auch wenn die Vor- und Nacherbfolge in vielen Fällen ein geeignetes Gestaltungsinstrument ist, sollte sie im Hinblick auf die komplizierte gesetzliche Ausgestaltung gleichwohl nicht ohne Not angeordnet werden. 393

VI. Verzicht auf eine Erbeinsetzung

In Ausnahmefällen kann bei der Gestaltung einer Verfügung von Todes wegen der bewusste Verzicht auf eine Erbeinsetzung zweckmäßig sein. Infrage kommen könnte er insb, wenn nicht ausreichend ermittelbar ist, ob der Bedachte rechtsfähig ist. Der Erblasser beabsichtigt zB, neben anderen Verfügungen Teile seines Nachlasses den »Personen der örtlichen Altenhilfe« zuzuwenden. In der Kürze der zur Verfügung stehenden Zeit lässt sich jedoch nicht abschließend klären, ob es sich insoweit um einen eingetragenen Verein handelt. In dieser Situation könnte der Erblasser auf eine Erbeinsetzung verzichten, einen Testamentsvollstrecker berufen und diesem die Aufgabe übertragen, die 394 entsprechenden Nachlassgegenstände zu verwerten und den Erlös den »Personen der örtlichen Altenhilfe« zukommen zu lassen. Stellt sich heraus, dass die »Personen der örtlichen Altenhilfe« als rechtsfähige Vereinigung organisiert sind, wird diese (Mit-)Erbe. Ist sie es nicht, erhält sie das Zugewendete als Vermächtnisnehmerin. Im Gegensatz zum Erben, der rechtsfähig sein muss, kommt nach der überwiegenden Auffassung als Vermächtnisnehmer auch eine Gesamthandsgemeinschaft in Betracht.[55]

Praxis-Tipp:

395 *In Fällen der ungenauen Bezeichnung ist im Übrigen an eine Auslegung nach § 2084 BGB zu denken.*[56]

VII. Checklisten zur Änderung der Erbfolge

396 **Enterbung:**
- ✔ Bestimmte Person
- ✔ Ganzer Stamm

Erbeinsetzung:
- ✔ Genaue Bestimmung der Erben durch den Erblasser
- ✔ Alleinerbe
- ✔ Miterben: Erbqouten nach Bruchteilen oder Prozentsätzen
- ✔ Einsetzung mehrerer auf einen gemeinschaftlichen Erbteil
- ✔ Erbeinsetzung unter aufschiebender oder auflösender Bedingung

Ersatzerbenbestimmung:
- ✔ Ausdrückliche Ersatzerbenbestimmung
- ✔ Berufung mehrerer Ersatzerben hintereinander
- ✔ Vorrang vor anders lautenden gesetzlichen Vermutungs-, Ergänzungs- und Auslegungsregeln
- ✔ Pflichtteilsklausel: Erstreckung der Ausschlusswirkung auf den gesamten Stamm (ersatzweise berufene Abkömmlinge)
- ✔ Zuwendungsverzicht: Wegfall der ausdrücklichen oder vermuteten Ersatzerbenberufung
- ✔ Abgrenzung zwischen Anwachsung oder Ersatzerbenberufung

Vor- und Nacherbeneinsetzung:
- ✔ Person des Vor- und Nacherben
- ✔ Bestimmung des Nacherbfalls
- ✔ Umfang der Anordnung (alle oder nur einzelne Erbteile; gegebenenfalls Bruchteil eines Erbteils)
- ✔ Vorausvermächtnis an Vorerben
- ✔ Anordnung unter aufschiebender oder auflösender Bedingung oder Befristung

55 Vgl Palandt/Edenhofer Einf v § 2147 Rn 7
56 Vgl zB DNotI-Gutachten DNotI-Report 2000, 111; BayObLG ZEV 2001, 22

- ✔ Bestimmung von Ersatzerben für den Vor- und Nacherben
- ✔ Vererblichkeit und Veräußerlichkeit des Nacherbenanwartschaftsrechts
- ✔ Befreiung des Vorerben
- ✔ Anordnung mehrfacher Nacherbfolge
- ✔ Anordnung von Testamentsvollstreckung

E. Vermächtnis 329

ÜBERBLICK

E. Vermächtnis

I. Allgemeines

Der Erblasser kann gem § 1939 BGB in einem Testament oder gem § 1941 I BGB in einem Erbvertrag einem anderen einen Vermögensvorteil zuwenden, ohne ihn als Erben einzusetzen. Das Gesetz nennt diese Art der Zuwendung Vermächtnis. Die Vorschriften über das Vermächtnis finden sich in §§ 2147 ff BGB. Durch die Anordnung eines Vermächtnisses kann eine schuldrechtliche Durchbrechung des Grundsatzes der Gesamtrechtsnachfolge erreicht werden. 397

Praxis-Tipp:

Kraft gesetzlicher Anordnung sind die für Vermächtnisse geltenden Vorschriften auf den Voraus des Ehegatten nach § 1932 BGB, auf den Voraus des Lebenspartners nach § 10 I 2 LPartG und den Dreißigsten nach § 1969 BGB entsprechend anwendbar.[1] Vergleichbare Beschwerungen finden sich hinsichtlich der Ausbildungskosten der Stiefabkömmlinge in § 1371 IV BGB und des Lidlohns in § 2057 a BGB. 398

Der Begriff des Vermögensvorteils ist weit zu verstehen. Hierunter fällt alles, was Gegenstand einer schuldrechtlichen Verpflichtung sein kann, neben der Zuwendung von Gegenständen also etwa auch der Erlass von Verbindlichkeiten oder die Einräumung eines Nießbrauchs. Es muss nicht zwangsläufig zu einer Bereicherung im Sinne einer Vermögensmehrung kommen, eine sonstige Begünstigung des Bedachten ist ausreichend.[2] 399

Der Vermächtnisnehmer erlangt keine Erbenstellung, sondern nach § 2174 BGB nur einen schuldrechtlichen Anspruch gegen die Beschwerten. Mit einem Vermächtnis kann gem § 2147 S 1 BGB der Erbe oder ein Vermächtnisnehmer beschwert werden. Soweit der Erblasser nichts anderes bestimmt, ist kraft der Vermutungsregel in § 2147 S 2 BGB der Erbe beschwert. Dies gilt gleichermaßen für gesetzliche Erben und solche, die ihr Erbrecht aus einer Verfügung von Todes wegen herleiten, unabhängig davon, ob sie Allein- oder Miterbe, Vor- oder Nacherbe sind.[3] Durch die Anordnung eines Vermächtnisses wird für den Bedachten gem § 2174 BGB das Recht begründet, von dem Beschwerten die Leistung des vermachten Gegenstandes zu verlangen. Die Leistung ist durch ein selbständiges Erfüllungsgeschäft unter Lebenden auf den Vermächtnisnehmer zu übertragen;[4] im Falle eines Grundstücksvermächtnisses durch Auflassung. 400

1 Zum Begriff des gesetzlichen Vermächtnisses siehe Harder NJW 1988, 2716
2 Vgl Palandt/Edenhofer § 1939 Rn 3
3 Palandt/Edenhofer § 2147 Rn 1
4 Vgl Palandt/Edenhofer § 2174 Rn 2

401 Die Forderung des Vermächtnisnehmers entsteht gem § 2176 BGB in der Regel mit dem Erbfall (Anfall des Vermächtnisses). Ebenso wie die Erbeinsetzung kann die Zuwendung eines Vermächtnisses unter einer Bedingung oder Befristung erfolgen. Der Anfall tritt in diesen Fällen nach § 2177 BGB mit dem Eintritt der Bedingung oder des Termins ein.

402 Ähnlich der Erbfolge ist der Vermächtnisnehmer nicht gezwungen, das Vermächtnis anzunehmen. Er kann dieses ausschlagen. Die Ausschlagung ist gem § 2180 II BGB nach dem Erbfall gegenüber dem Beschwerten zu erklären. Nach § 2180 I BGB kann der Vermächtnisnehmer nicht mehr ausschlagen, wenn er das Vermächtnis angenommen hat. Die Annahme setzt ebenfalls eine Erklärung gegenüber dem Beschwerten voraus. Annahme und Ausschlagung können formlos erklärt werden.[5]

Praxis-Tipp:

403 *Ein Vermächtnis ist gem § 2160 BGB unwirksam, wenn der Bedachte zur Zeit des Erbfalls nicht mehr lebt. Etwas anderes gilt nur, wenn der Erblasser ausdrücklich einen Ersatzvermächtnisnehmer iSd § 2190 BGB bestimmt hat oder ein Ersatzvermächtnisnehmer infolge einer gesetzlichen Vermutung an die Stelle des Verstorbenen tritt, wie etwa im Fall des § 2069 BGB bei Abkömmlingen des Erblassers.*

404 Weitere Unwirksamkeitsgründe sind der Verzicht gem § 2352 BGB, die Auflösung der Ehe, des Verlöbnisses bzw der Lebenspartnerschaft gem § 2077 BGB, Zeitablauf gem §§ 2162, 2163 BGB, Ausschlagung gem § 2180 BGB, Anfechtung gem §§ 2078 ff, 2345 BGB, Tod vor Eintritt der Bedingung gem § 2074 BGB sowie Unmöglichkeit gem §§ 2171, 2172 BGB.

405 Fällt der Beschwerte weg, so bleibt das Vermächtnis im Zweifel bestehen. Beschwert ist dann gem § 2161 BGB derjenige, dem der Wegfall unmittelbar zugute kommt – anstelle des beschwerten Erben also der Ersatzerbe oder anwachsungsberechtigte Miterbe, anstelle eines beschwerten Vermächtnisnehmers der Ersatzvermächtnisnehmer oder der Erbe.

II. Abgrenzung zur Erbeinsetzung und zur Auflage

1. Erbeinsetzung

406 Entscheidend für die Abgrenzung des Vermächtnisses von der Erbeinsetzung ist die Frage, ob der Erblasser den Bedachten unmittelbar am Nachlass beteiligen (Erbeinsetzung) oder ihm lediglich einen schuldrechtlichen Anspruch (Vermächtnis) zuwenden wollte. Sofern sich die Zuwendung auf einzelne Gegenstände beschränkt, ist gem § 2087 II BGB im Zweifel nicht von einer Erbeinsetzung, sondern von einem Vermächtnis auszugehen. Hat der Erblas-

5 Palandt/Edenhofer § 2180 Rn 1

ser dagegen sein Vermögen oder einen Bruchteil seines Vermögens dem Bedachten zugewendet, spricht dies nach der Auslegungsregel des § 2087 I BGB für eine Erbeinsetzung.

Praxis-Tipp:

Im Einzelfall kann die Zuwendung eines Vermächtnisses gegenüber der (Mit-)Erbeneinsetzung Vorteile bieten.[6] Soll etwa einer der Bedachten das Grundstück des Erblassers, der andere das restliche Vermögen erhalten, bietet es sich an, den Grundstücksnachfolger als Alleinerben zu berufen und dem anderen den Restnachlass im Wege des Vermächtnisses zuzuwenden. Anstelle einer kostenintensiven Auseinandersetzung der Erbengemeinschaft bei Berufung zu Miterben unter entsprechender Teilungsanordnung wäre in einem solchen Fall eine bloße Grundbuchberichtigung ausreichend. Diese ist, soweit sie innerhalb von zwei Jahren nach dem Erbfall durchgeführt wird, kostenfrei. **407**

2. Auflage

Der Unterschied zwischen Vermächtnis und Auflage iSd § 1940, 1941, 2192 ff **408** BGB, besteht darin, dass dem Bedachten bei der Anordnung des Vermächtnisses ein Vermögensvorteil zugewendet wird, den der Bedachte ggf auf dem Klageweg gegen den Beschwerten durchsetzen kann. Die Auflage gewährt dem Begünstigen dagegen keinen einklagbaren Anspruch.

III. Vermächtnis als flexibles Gestaltungsinstrument

Das Vermächtnis ist ein ausgesprochen flexibles Instrument der Nachfolgepla- **409** nung. Die Anordnung eines Vermächtnisses kann in einem Erbvertrag bindend und in einem gemeinschaftlichen Testament wechselbezüglich erfolgen.

Der Vorteil des Vermächtnisses besteht darin, dass eine Reihe einschränken- **410** der Bestimmungen, denen die Erbeinsetzung unterworfen ist, auf vermächtnisweise Zuwendungen keine Anwendung finden.

So braucht der Vermächtnisnehmer gem § 2178 BGB im Gegensatz zum Erben nach § 1923 II BGB beim Erbfall noch nicht erzeugt sein. Der Anfall des Vermächtnisses erfolgt in einem solchen Fall mit der Geburt. Der Erbe wäre dagegen gem § 2101 BGB im Zweifel lediglich Nacherbe. Für Vermächtnisnehmer und Nacherbe gilt gem § 2162 II BGB und § 2109 I 1 BGB gleichermaßen, dass die Zuwendung unwirksam wird, wenn der Bedachte nicht innerhalb von dreißig Jahren nach dem Erbfall erzeugt ist.

Im Gegensatz zu § 2065 II BGB ist es beim Vermächtnis darüber hinaus nicht **411** erforderlich, dass der Erblasser die Person des Bedachten selbst bestimmt. Er kann diese Bestimmung gem § 2151 I BGB dem Beschwerten oder einem Dritten überlassen, sofern er den Personenkreis, aus dem der Vermächtnisnehmer

6 Vgl Bengel/Reimann in: Beck'sches Notar-Handbuch 2000, C Rn 83

ausgewählt werden soll, abgegrenzt hat. Der Personenkreis muss allerdings überschaubar, also hinreichend genau bestimmt sein.[7] Nicht erforderlich ist, dass der Erblasser Auswahlkriterien festlegt. Er kann die Auswahl dem freien Belieben eines Dritten überlassen. Bleibt zweifelhaft, wer zum Personenkreis gehört, ist die Anordnung als Vermächtnis unwirksam; ggf kommt Aufrechterhaltung als Auflage in Betracht.[8] Im Übrigen zeichnet sich das Vermächtnis darin aus, dass es als Vorausvermächtnis an den Erben mit der Erbeinsetzung kombiniert werden kann.

IV. Vermächtnisarten

412 Gesetz und Praxis unterscheiden eine Reihe von Vermächtnisarten.

1. Vorausvermächtnis

413 Das einem Erben zugewendete Vermächtnis nennt § 2150 BGB Vorausvermächtnis. Es gilt auch insoweit als Vermächtnis, als der Erbe selbst beschwert ist. Das Vorausvermächtnis enthält die zusätzliche Zuweisung eines Vermögensvorteils an den Erben außerhalb des Erbteils und über den Erbteil hinaus.[9] Der Erblasser kann mit einem Vorausvermächtnis zB einzelne Miterben gegenüber den anderen Miterben wertmäßig begünstigen.

Praxis-Tipp:

414 *Bei der Gestaltung ist deutlich zum Ausdruck zu bringen, ob der Erblasser ein Vorausvermächtnis zuwenden oder eine Teilungsanordnung nach § 2048 BGB treffen will.*

Musterformulierung:

415 *Meine Erben werden mit folgendem Vorausvermächtnis beschwert:*

Meine Ehefrau E erhält im Voraus, also ohne Anrechnung auf den Erbteil, das lebenslängliche und unentgeltliche Wohnungsrecht an dem Flurstück ... der Flur ... Gemarkung ..., eingetragen im Grundbuch von ..., Blatt ... Das Wohnungsrecht umfasst, gem § 1093 BGB, unter Ausschluss des Eigentümers, sämtliche Räume des Wohnhauses (... in ...).

Die Berechtigte ist auch befugt, alle sonstigen, dem gemeinsamen Gebrauch dienenden Einrichtungen und Anlagen mitzubenutzen, auch die zu ihrer standesgemäßen Bedienung und Pflege erforderlichen Personen in die Wohnung aufzunehmen. Die Ausübung des Wohnungsrechts kann dritten Personen nicht überlassen werden.

---

7 Palandt/Edenhofer § 2151 Rn 1
8 Palandt/Edenhofer § 2151 Rn 1
9 Vgl Palandt/Edenhofer § 2150 Rn 1

Desweiteren bestimme ich, dass die Wohnungsberechtigte die privatrechtlichen Kosten, die mit der Ausübung des Wohnungsrechts entstehen, wie zB Nebenkosten für Wasser, Müllabfuhr, Strom usw, zu tragen hat.

Der Jahreswert des Wohnungsrechts wird ca ... € betragen.

Das Wohnungsrecht soll im Grundbuch dinglich gesichert werden.

2. Wahlvermächtnis

Ein Wahlvermächtnis nach § 2154 BGB liegt vor, wenn der Erblasser anordnet, der Bedachte solle von mehreren Gegenständen nur den einen oder den anderen erhalten. Die Gegenstände können der Gattung nach oder stückweise bestimmt, aus dem Nachlass oder auch anderweitig zu verschaffen sein. Das Wahlvermächtnis begründet eine Wahlschuld iSd §§ 262 bis 265 BGB. Das Wahlrecht kann dem Beschwerten, dem Bedachten oder einem Dritten eingeräumt werden. Im Zweifel ist in erster Linie der Beschwerte nach § 262 BGB wahlberechtigt. Ist die Wahl einem Dritten übertragen, so erfolgt sie gem § 2154 I 2 BGB durch Erklärung gegenüber dem Beschwerten. Kann der Dritte die Wahl nicht treffen, geht das Wahlrecht nach § 2154 II 1 BGB auf den Beschwerten über. 416

Musterformulierung:

Meinem Sohn vermache ich einen meiner drei PKW. Er kann zwischen dem VW, BMW und Mercedes wählen. 417

3. Gattungsvermächtnis

Der Erblasser kann sich darauf beschränken, den vermachten Gegenstand nur der Gattung nach zu bestimmen, sog Gattungsvermächtnis. Gem § 2155 I BGB kann der Bedachte in einem solchen Fall in Abweichung zu § 243 I BGB nur eine seinen persönlichen Verhältnissen entsprechende Sache fordern, nicht eine solche von mittlerer Art und Güte. Die Bestimmung kann dem Beschwerten, Bedachten oder einem Dritten auferlegt werden. Für die Bestimmung durch den Bedachten oder Dritten finden gem § 2155 II BGB die nach § 2154 BGB für die Wahl des Dritten geltenden Vorschriften Anwendung. Entspricht die vom Bedachten oder Dritten getroffene Bestimmung den Verhältnissen des Bedachten offenbar nicht, so ist gem § 2155 III BGB so zu leisten, wie wenn der Erblasser über die Bestimmung der Sache keine Anordnung getroffen hätte. 418

Musterformulierung:

Meiner Schwester vermache ich einen Pelzmantel. 419

4. Zweckvermächtnis

420 Bei einem Zweckvermächtnis iSd § 2156 S 1 BGB kann sich der Erblasser darauf beschränken, bei Anordnung des Vermächtnisses dessen Zweck zu bestimmen und im Übrigen die Bestimmung der Leistung dem billigen Ermessen des Beschwerten oder eines Dritten überlassen. Die Übertragung des Bestimmungsrechts auf den Vermächtnisnehmer ist nicht möglich.[10]

421 Das Bestimmungsrecht kann sich nur auf den Gegenstand, die Bedingungen der Leistung und deren Zeit beziehen.[11] In das freie Belieben des Bestimmungsberechtigten kann es nicht gestellt werden.[12] Im Übrigen finden über § 2156 S 2 BGB die §§ 315 bis 319 BGB entsprechende Anwendung.

Musterformulierung:

422 *Meinem Enkel vermache ich eine dreiwöchige Urlaubsreise nach Italien. Über die Einzelheiten entscheidet mein Sohn.*

5. Gemeinschaftliches Vermächtnis

423 Hat der Erblasser denselben Gegenstand mehreren Bedachten vermacht, liegt ein gemeinschaftliches Vermächtnis vor. Für das Verhältnis der Vermächtnisnehmer untereinander gelten gem § 2157 BGB die §§ 2089 bis 2093 BGB entsprechend. Fällt einer der Bedachten vor oder nach dem Erbfall weg, tritt nach § 2158 BGB Anwachsung ein, sofern der Erblasser diese nicht ausgeschlossen hat.

Musterformulierung:

424 *Ich vermache meinen PKW X meinem Bruder und meiner Schwägerin.*

6. Stückvermächtnis

425 Im Gegensatz zum Gattungsvermächtnis liegt ein Stückvermächtnis vor, wenn ein bestimmter Gegenstand vermacht ist.

Musterformulierung:

426 *Meine Erben werden mit folgendem Vermächtnis beschwert:*

Meine Tochter T erhält den Grundbesitz, eingetragen im Grundbuch des Amtsgerichtes…, Grundbuch von…, Blatt… der Gemarkung…, Flur…, Flurstück… in Größe von… qm, mit allen Rechten, Pflichten, Bestandteilen und dem Zubehör, soweit sich dieser in meinem Nachlass befindet.

---

10 BGH NJW 1991, 1885; Kanzleiter DNotZ 1992, 511
11 Palandt/Edenhofer § 2156 Rn 1
12 BGH NJW 1984, 2570

Im Zeitpunkt des Vermächtnisfalls auf diesem Grundbesitz ruhende Belastungen sind, einschließlich der durch sie gesicherten Verbindlichkeiten, vom Vermächtnisnehmer zu übernehmen, Letztere an Stelle der Erben. Etwaige Eigentümerrechte an auf diesem Grundbesitz ruhenden Grundpfandrechten sind mitvermacht.

Etwaige Pflichtteilslasten hat der Vermächtnisnehmer nicht zu tragen. Kosten der Vermächtniserfüllung einschließlich etwaiger Erbschaftsteuer hat der Vermächtnisnehmer zu tragen.

Das Vermächtnis ist binnen drei Monaten nach dem Anfall zu erfüllen. Früchte und Nutzungen sind bis dahin nicht zu ersetzen.

Ersatzvermächtnisnehmer bestimme ich nicht.

7. Verschaffungsvermächtnis

Gehört der vermachte Gegenstand zur Zeit des Erbfalls nicht zur Erbschaft, 427
ist das Vermächtnis nach § 2169 I BGB grundsätzlich unwirksam. Die Unwirksamkeit nach § 2169 I BGB tritt nicht ein, wenn der Gegenstand dem Bedachten auch für den Fall zugewendet ist, dass er nicht zur Erbschaft gehört. Es handelt sich dann um ein sog Verschaffungsvermächtnis. Der Beschwerte hat dem Bedachten den Gegenstand gem § 2170 I BGB zu verschaffen. Ist der Beschwerte hierzu außerstande oder ist die Verschaffung nur mit unverhältnismäßigen Aufwendungen möglich, hat er nach § 2170 II BGB dem Bedachten Wertersatz zu leisten.

Musterformulierung:

Jeder von uns beschwert für den Fall, dass er zuerst verstirbt, den zum Erben 428
berufenen Längerlebenden mit folgendem Vermächtnis, das, soweit der nachstehend genannte Grundbesitz im Eigentum des Längerlebenden steht, Verschaffungsvermächtnis sein soll und somit aus dem eigenen Vermögen des Längerlebenden zu leisten ist, unabhängig vom Umfang der Erbschaft.

Praxis-Tipp:

Entscheidend für die Frage, ob ein Verschaffungsvermächtnis vorliegt, ist der 429
Wille des Erblassers, dem Bedachten den zugewendeten Gegenstand in jedem Fall zukommen zu lassen.

8. Forderungsvermächtnis

Beim Forderungsvermächtnis iSd § 2173 BGB erlangt der Bedachte gem 430
§ 2174 BGB gegen den Beschwerten den Anspruch auf Übertragung der vermachten Forderung nach §§ 398 ff BGB nebst Zinsen seit dem Anfall gem § 2184 BGB und etwaigen Nebenrechten im Sinne der §§ 401, 402 BGB.

Beispiel:

431 Wird ein Sparbuch vermacht, ist regelmäßig die Zuwendung der verbrieften Forderung in ihrer beim Erbfall bestehenden Höhe gemeint.[13]

Musterformulierung:

432 *Frau… erhält vermächtnishalber das gesamte im Zeitpunkt meines Todes bestehende Guthaben auf meinem Sparbuch bei der Sparkasse…, Nr…*

Praxis-Tipp:

433 *Nach der Auslegungsregel des § 2173 S 1 BGB tritt im Zweifel an die Stelle einer untergegangenen Forderung der geleistete Gegenstand, wenn die Forderung vor dem Erbfall durch Erfüllung getilgt wurde. War die Forderung auf die Zahlung einer Geldsumme gerichtet, so gilt im Übrigen gem § 2173 S 2 BGB im Zweifel die entsprechende Geldsumme als vermacht, auch wenn sich eine solche in der Erbschaft nicht vorfindet.*

9. Untervermächtnis

434 Ist der Vermächtnisnehmer seinerseits mit einem Vermächtnis beschwert, liegt ein sog Untervermächtnis vor. Gem § 2186 BGB ist er zu dessen Erfüllung erst dann verpflichtet, wenn er die Erfüllung des ihm zugewendeten Vermächtnisses zu verlangen berechtigt ist.[14] Gleiches gilt bei einer Beschwerung des Vermächtnisnehmers mit einer Auflage.

Musterformulierung:

435 *Mein Sohn S erhält im Vermächtniswege den Grundbesitz, eingetragen im Grundbuch des Amtsgerichtes…, Grundbuch von…, Blatt… der Gemarkung…, Flur…, Flurstück… in Größe von… qm, mit allen Rechten, Pflichten, Bestandteilen und dem Zubehör, soweit sich dieser in meinem Nachlass befindet. Als Untervermächtnis erhält meine Ehefrau E den lebenslangen unentgeltlichen Nießbrauch an diesem Grundstück bei voller Lastentragung durch den Nießbraucher als wirtschaftlichem Eigentümer.*

10. Ersatzvermächtnis

436 Die Zuwendung eines Ersatzvermächtnisses ist mit der Anordnung von Ersatzerbfolge vergleichbar. Sollte der Vermächtnisnehmer vor dem Erbfall versterben, das Vermächtnis ausschlagen oder sonst wegfallen, erhält der

13 OLG Koblenz FamRZ 1998, 579
14 Vgl aber OLG Celle ZEV 2000, 200 mit Anm Kummer

Ersatzvermächtnisnehmer den zugewendeten Gegenstand an Stelle des Vermächtnisnehmers. Gem § 2190 BGB gelten insoweit die Vorschriften der §§ 2097 bis 2099 BGB für Einsetzung eines Ersatzerben entsprechend.

Praxis-Tipp:

Ebenso wie der Ersatzerbenberufung kommt der Einsetzung eines Ersatzvermächtnisnehmers in einer Verfügung von Todes wegen eine wichtige Bedeutung zu. Soweit nicht eine gesetzliche Vermutung, wie § 2069 BGB, eingreift, ist das Vermächtnis nach § 2160 BGB unwirksam, wenn der Bedachte zur Zeit des Erbfalls nicht mehr lebt. 437

Musterformulierung:

Frau ..., ersatzweise deren Abkömmlinge unter sich nach den Regeln der gesetzlichen Erbfolge, erhält vermächtnishalber einen Geldbetrag von ... € (in Worten: ... Euro). Dieser Betrag ist 2 Monate nach meinem Ableben zur Zahlung fällig. 438

11. Nachvermächtnis

Mehrere Personen können gem § 2191 BGB zeitlich hintereinander als Vermächtnisnehmer eingesetzt werden. Die zeitliche Aneinanderreihung von Erst- und Zweitbedachtem ist der Anordnung von Vor- und Nacherbfolge vergleichbar. Das Nachvermächtnis ist ein besonderer Fall eines aufschiebend bedingten oder befristeten Vermächtnisses iSd § 2177 BGB. Es fällt dem Nachvermächtnisnehmer nicht mit dem Erbfall, sondern erst mit dem vom Erblasser bestimmten Zeitpunkt bzw Tod des Vorvermächtnisnehmers an (§§ 2191 II, 2107 BGB). Im Gegensatz zum Ersatzvermächtnis gilt beim Nachvermächtnis gem § 2191 I BGB nicht der Erbe, sondern der erste Vermächtnisnehmer als beschwert. Im Unterschied zum Untervermächtnis betrifft das Nachvermächtnis denselben Gegenstand.[15] Der Untervermächtnisnehmer erhält demgegenüber einen vom Hauptvermächtnis verschiedenen Gegenstand. 439

Auf das Nachvermächtnis finden gem § 2191 II BGB die für die Einsetzung eines Nacherben geltenden Vorschriften des § 2102 BGB, des § 2106 I BGB, des § 2107 BGB und des § 2110 I BGB entsprechende Anwendung. Ziel der Anordnung eines Nachvermächtnisses kann die Erreichung der Familienbindung des Zugewendeten sein. Der Schutz des Nachvermächtnisnehmers ist aber im Vergleich zum Nacherben erheblich geringer. Insb besteht kein ausreichender Schutz vor lebzeitigen Verfügungen des Vorvermächtnisnehmers. Für die Schwebezeit zwischen Erbfall und Anfall des Nachvermächtnisses findet gem § 2179 BGB § 160 I BGB Anwendung. Der Nachvermächtnisnehmer kann danach vom Vorvermächtnisnehmer Schadensersatz verlangen, wenn dieser den Anspruch des Nachvermächtnisnehmers schuldhaft vereitelt oder beeinträchtigt. Die Erhaltung der Substanz des Vermächtnisgegenstandes ist 440

15 Vgl Palandt/Edenhofer § 2191 Rn 1

hierdurch nicht sichergestellt. Darüber hinaus können Eigengläubiger des Vorvermächtnisnehmers vollen Zugriff auf den dem Nachvermächtnis unterliegenden Gegenstand nehmen.[16] Gleichwohl kann durch eine vorsorgende Gestaltung ein gewisser Schutz des Nachvermächtnisnehmers erreicht werden. Möglich ist einerseits die Anordnung von Vermächtnisvollstreckung iSd § 2223 BGB, die sich auf den Gegenstand des Vermächtnisses bezieht.[17] Andererseits könnte bei einem Grundstücksvermächtnis die Anordnung getroffen werden, dass der Anspruch des Nachvermächtnisnehmers nach Anfall des Vermächtnisses an den Vorvermächtnisnehmer durch die Eintragung einer Vormerkung in das Grundbuch zu sichern ist. Die hM lässt eine solche zu.[18]

441 Im Übrigen ist im Hinblick auf die Divergenz der Auslegungsregeln des § 2069 BGB und des § 2074 BGB die ausdrückliche Bestimmung eines Ersatznachvermächtnisnehmers empfehlenswert.

Musterformulierung:

442 *Mein Sohn S erhält als Vorvermächtnis mein Grundstück, eingetragen im Grundbuch des Amtsgerichts… von…, Blatt…, Gemarkung…, Flur…, Flurstück…*

Nachvermächtnisnehmer sind die ehelichen Abkömmlinge des Vorvermächtnisnehmers. Ersatznachvermächtnisnehmer ist der Bruder des Vermächtnisnehmers. Der Nachvermächtnisfall tritt ein mit dem Ableben des Vorvermächtnisnehmers.

12. Universalvermächtnis

443 Zulässig ist nach der hM ein sog Universalvermächtnis.[19] Hierunter ist die Zuwendung des gesamten oder nahezu gesamten Nachlasses im Wege des Vermächtnisses zu verstehen.

Praxis-Tipp:

444 *In der Praxis kann das Universalvermächtnis insb bei der Planung der Unternehmensnachfolge von Bedeutung sein. So bietet es sich etwa an, über § 2151 I BGB einem Dritten unter Ausschaltung des § 2065 II BGB die Bestimmung des Unternehmersnachfolgers zu übertragen. Während der Erblasser gem § 2065 II BGB bei der Erbeinsetzung die Bestimmung der Person, die eine Zuwendung erhalten soll, und die Bestimmung des Gegenstandes der Zuwendung nicht einem anderen überlassen kann, lässt § 2151 I BGB zu, dass der Erblasser die Entscheidung in gewissem Umfang einem Dritten überträgt.*

---

16 Vgl Nieder, Handbuch der Testamentsgestaltung 2000, Rn 682

17 Vgl Dietrich NJW 1971, 2017; Kraiß BWNotZ 1986, 12; Watzek MittRhNotK 1999, 37

18 Vgl BayObLG Rpfleger 1981, 190; Bengel NJW 1990, 1826; siehe auch Maur NJW *1990, 1161*

19 Vgl Palandt/Edenhofer Einf v § 2147 Rn 6; Dobroschke DB 1967, 803; Klunzinger BB 1970, 1199

Musterformulierung:

Zu meiner alleinigen und ausschließlichen Erbin setze ich meine Ehefrau ein. Meinen drei Kinder A, B und C vermache ich meinen Handwerksbetrieb unter Firma... mit Sitz in... Mein Bruder ist berechtigt, zu bestimmen, wer das Vermächtnis erhalten soll. **445**

Zu beachten ist, dass bei einem Universalvermächtnis der Vermächtnisnehmer analog §§ 2378 I, 2385 BGB im Innenverhältnis zum Erben die Nachlassverbindlichkeiten zu tragen hat.[20] **446**

13. Quotenvermächtnis

Der Erblasser kann schließlich anstelle der Zuwendung des gesamten oder nahezu gesamten Vermögens die Zuwendung an den Bedachten auf einen Bruchteil seines Vermögens beschränken. Es liegt dann ein sog Quotenvermächtnis vor. Dieses ist ein echtes Vermächtnis.[21] **447**

Musterformulierung:

Für den Fall der Wiederverheiratung hat der Längerlebende von uns unseren beiden gemeinschaftlichen Kindern einen ihrem gesetzlichen Erbteil entsprechenden Bruchteil des Nachlasses des Zuerstversterbenden als Quotenvermächtnis in Geld zu bezahlen. **448**

V. Belastungen des Vermächtnisgegenstandes

Sofern der Gegenstand des Vermächtnisses belastet ist, etwa bei Grundstücken Grundpfandrechte im Grundbuch eingetragen sind und die ihnen zugrunde liegenden Verbindlichkeiten valutieren, stellt sich die Frage, ob der Beschwerte die Belastung zu beseitigen hat oder ob diese vom Vermächtnisnehmer zu übernehmen ist. **449**

Vorrangig ist der Erblasserwille. Die Entscheidung kann von diesem getroffen werden.

Praxis-Tipp:

Testament oder Erbvertrag sollten hierzu eine klare Bestimmung enthalten. **450**

20 Vgl Nieder, Handbuch der Testamentsgestaltung 2000, Rn 547
21 BGH MDR 1978, 649

Musterformulierung:

451 *Im Zeitpunkt des Vermächtnisfalls auf dem Grundbesitz ruhende Belastungen sind, einschließlich der durch sie gesicherten Verbindlichkeiten, vom Vermächtnisnehmer zu übernehmen, Letztere an Stelle der Erben. Etwaige Eigentümerrechte an auf diesem Grundbesitz ruhenden Grundpfandrechten sind mitvermacht.*

452 Fehlt es an einer Anordnung des Erblassers, gilt bei einem Stückvermächtnis gem § 2165 I BGB, dass dieses im Zweifel einschließlich der Belastungen zu übertragen ist. Hinsichtlich zu übernehmender Hypotheken und Grundschulden ist der Vermächtnisnehmer nach § 2166 I 1 BGB im Zweifel dem Erben gegenüber im Innenverhältnis verpflichtet, die zugrunde liegenden Verbindlichkeiten zu erfüllen, sofern sie eine persönliche Verbindlichkeit des Erblassers darstellen. Die Verpflichtung ist ihrer Höhe nach auf den Wert des Grundstücks beschränkt.

453 Handelt es sich um ein Gattungs- oder Verschaffungsvermächtnis, sind die Gegenstände dagegen nach § 2182 I und II BGB im Zweifel lastenfrei zu übertragen. Grunddienstbarkeiten, beschränkte persönliche Dienstbarkeiten und Reallasten sind gem § 2182 III BGB im Zweifel zu übernehmen, soweit ein Grundstück Gegenstand eines Verschaffungsvermächtnisses ist.

VI. Gestaltungshinweise zur Tragung der Pflichtteilslast, der Kosten der Vermächtniserfüllung und der Erbschaftsteuer

454 Bei der Anordnung eines Vermächtnisses sollte, soweit Pflichtteilsberechtigte in der Verfügung von Todes wegen ganz oder teilweise übergangen werden, die Tragung der Pflichtteilslast klar geregelt werden. Gem § 2318 I BGB kann der Erbe die Erfüllung eines ihm auferlegten Vermächtnisses soweit verweigern, dass die Pflichtteilslast von ihm und dem Vermächtnisnehmer verhältnismäßig getragen wird. Von dieser gesetzlichen Regel kann der Erblasser nach § 2324 BGB abweichende Anordnungen treffen.

Musterformulierung:

455 *Etwaige Pflichtteilslasten hat der Vermächtnisnehmer nicht zu tragen.*

Ebenso empfiehlt sich insb bei Grundstücksvermächtnissen eine ausdrückliche Regelung, ob der Erbe oder der Vermächtnisnehmer die Kosten der Erfüllung des Vermächtnisses zu tragen hat. Fehlt es hieran, fallen diese Kosten regelmäßig dem Beschwerten zur Last.[22]

22 BGH NJW 1963, 1602

Musterformulierung:

Die Kosten der Vermächtniserfüllung einschließlich etwaiger Erbschaftsteuer hat der Vermächtnisnehmer zu tragen. 456

Denkbar ist schließlich eine Anordnung des Erblassers über die Tragung der im Hinblick auf das Vermächtnis anfallenden Erbschaftsteuer.

Musterformulierung:

Erben und Vermächtnisnehmer haben sich im Hinblick auf zu zahlende Erbschaftsteuer so zu stellen, als wären sie Miterben geworden im Verhältnis des Verkehrswertes desjenigen, was jeder von ihnen nach Erfüllung des Vermächtnisses erhält; ein Anspruch Dritter, insb des Finanzamts, wird hierdurch nicht begründet. 457

VII. Absicherung der Vermächtniserfüllung

Das Vermächtnis wirkt nur schuldrechtlich, der Beschwerte ist aber häufig nur widerwillig bereit, nach Anfall und Fälligkeit der Erfüllung des Vermächtnisses nachzukommen. 458

Praxis-Tipp:

> *Es empfiehlt sich daher nicht nur beim Nachvermächtnis, Regelungen zur Sicherung des Vermächtnisnehmers in die Verfügung von Todes wegen aufzunehmen.* 459

Als Möglichkeit der Sicherstellung der Vermächtniserfüllung kommt in Betracht, den Vermächtnisnehmer zu bevollmächtigen, sich nach dem Anfall des Vermächtnisses den Vermächtnisgegenstand selbst zu übertragen.[23] Die Vollmachtserteilung kann unmittelbar in der Verfügung von Todes wegen erfolgen.[24]

Musterformulierung:

Zur Bestellung des Wohnungsrechts erhält der Vermächtnisnehmer hiermit auf den Todesfall unwiderruflich Vollmacht unter Befreiung von den Beschränkungen des § 181 BGB. 460

Darüber hinaus bietet die Anordnung von Testamentsvollstreckung und Ernennung des Vermächtnisnehmers zum Testamentsvollstrecker mit der alleinigen Aufgabe, nach dem Anfall das Vermächtnis gegenüber sich selbst zu 461

23 Vgl OLG Köln Rpfleger 1992, 299
24 Palandt/Edenhofer Einf v § 2197 Rn 17

erfüllen, eine geeignete Absicherung.[25] Die Beschränkung des Testamentsvollstreckers auf die Vermächtniserfüllung ist nach § 2208 BGB möglich. Es liegt insoweit kein Fall des § 181 BGB vor, da die Anordnung ausschließlich der Erfüllung einer Verbindlichkeit dient.[26]

Musterformulierung:

462 *Ich ordne Testamentsvollstreckung an. Zum Testamentsvollstrecker ernenne ich den vorbezeichneten Vermächtnisnehmer. Der Testamentsvollstrecker hat die Aufgabe, dass vorstehend zu seinen Gunsten angeordnete Vermächtnis zu erfüllen. Weitere Aufgaben hat der Testamentsvollstrecker nicht.*

Der Testamentsvollstrecker ist von den Beschränkungen des § 181 BGB, soweit erforderlich, befreit.

Für seine Tätigkeit erhält der Testamentsvollstrecker keine Vergütung; seine Auslagen sind ihm nicht zu ersetzen.

Sollte der Testamentsvollstrecker das Amt nicht annehmen oder nach seiner Annahme wegfallen, so entfällt die Testamentsvollstreckung ersatzlos.

Neben einer konkreten Bestimmung der Fälligkeit sollte bei einem Geldvermächtnis schließlich die Frage einer eventuellen Wertsicherung angesprochen werden.

Musterformulierung:

463 *Frau… erhält vermächtnishalber einen Geldbetrag von… € (in Worten:… Euro). Der Geldbetrag verändert sich in demselben prozentualen Verhältnis, wie sich der Preisindex für die Lebenshaltung aller privaten Haushalte ab heute bis zum Erbfall verändert.*

VIII. Checkliste

464

- ✔ Abgrenzung zur Erbeinsetzung und Auflage
- ✔ Beschwerter des Vermächtnisses
- ✔ Bedachter des Vermächtnisses
- ✔ Vermächtnisobjekt
- ✔ Anfall des Vermächtnisses
- ✔ Ersatzvermächtnisnehmer oder Unwirksamkeit bei Wegfall des Bedachten

25 Vgl Nieder, Handbuch der Testamentsgestaltung 2000, Rn 538; BayObLG NJW-RR 1986, 629

26 Vgl Palandt/Edenhofer § 2205 Rn 30

- ✔ Anordnung unter aufschiebender Bedingung oder Befristung
- ✔ Übernahme der Belastungen des Vermächtnisgegenstandes
- ✔ Tragung der Pflichtteilslast, Kosten der Vermächtniserfüllung und Erbschaftsteuern
- ✔ Absicherung der Vermächtniserfüllung (Testamentsvollstreckung, Vollmacht)

F. Teilungsanordnung, Vorausvermächtnis und Übernahmerecht

Geht die Erbschaft auf mehrere Miterben über, wird der Nachlass gemeinschaftliches Vermögen der Erben. Über einzelne Nachlassgegenstände kann ein Miterbe allein nicht verfügen. Dies ist erst nach einer Auseinandersetzung der Erbengemeinschaft möglich. 465

Für die Auseinandersetzung kann der Erblasser gem § 2048 BGB Teilungsanordnungen treffen. Solche haben regelmäßig die Zuweisung bestimmter Gegenstände an bestimmte Miterben zum Inhalt. Der Erblasser kann sich aber auch nach § 2048 S 2 BGB auf eine Anordnung beschränken, dass die Auseinandersetzung nach dem billigen Ermessen eines Dritten erfolgen soll. 466

Praxis-Tipp:

Da die Teilungsanordnung nur schuldrechtlich wirkt, können sich die Miterben einstimmig über sie hinwegsetzen.[1] 467

Eine reine Teilungsanordnung iSd § 2048 BGB liegt nur vor, wenn der Erblasser die Miterben, die bestimmte Gegenstände erhalten sollen, nicht begünstigen will. Erhält der einzelne Erbe durch die Zuweisung wertmäßig mehr, als seiner Erbquote entspricht, ist er den anderen Miterben gegenüber zum Ausgleich der Differenz verpflichtet.[2] 468

Hiervon zu unterscheiden ist das Vorausvermächtnis iSd § 2150 BGB. Wendet der Erblasser im Wege des Vorausvermächtnisses einem Erben einen Vermögensvorteil über den Erbteil hinaus zu, unterbleibt eine Anrechnung auf den Erbteil.[3] Geht der Wille des Erblassers in einer Anordnung für die Auseinandersetzung dahin, den Miterben im Verhältnis zu den übrigen Miterben zu begünstigen, liegt die Zuwendung eines über die Erbenstellung hinausgehenden Vermögensvorteils in diesem Sinne und damit ein Vorausvermächtnis vor.[4] Insoweit wird auch von einer wertverschiebenden Teilungsanordnung gesprochen. Als Vermächtnisnehmer ist der Bedachte selbst Nachlassgläubiger iSd § 1967 II BGB und kann gem §§ 2046 I 1, 2059 II BGB die Übertragung des Vermächtnisgegenstandes bereits vor einer Auseinandersetzung der Erbengemeinschaft verlangen. Im Übrigen hat er eine Doppelstellung als Erbe und als Vermächtnisnehmer. 469

---

1 Vgl Palandt/Edenhofer § 2048 Rn 4; BGHZ 40, 115; Mattern/BWNotZ 1965, 6

2 Vgl Palandt/Edenhofer § 2048 Rn 1; BGH NJW-RR 1996, 577 mit Anm von Kummer ZEV 1996, 71

3 Vgl Palandt/Edenhofer § 2150 Rn 2

4 Vgl Palandt/Edenhofer § 2048 Rn 5; BGH NJW 1962, 343; OLG Braunschweig ZEV 1996, 69; siehe auch BGH ZEV 199, 144 mit Anm von Skibbe; kritisch Loritz NJW 1988, 2701

Praxis-Tipp:

470 *Unwirksamkeitsgründe für die jeweilige Rechtsstellung erstrecken sich regelmäßig nicht auf die andere Rechtsstellung. So kann der Bedachte etwa die Erbschaft ausschlagen, das Vermächtnis aber annehmen und umgekehrt.*[5]

471 Schwierig ist die Abgrenzung zwischen einer reinen Teilungsanordnung und dem Vorausvermächtnis insb bei der Anordnung von Übernahmerechten. Diese unterscheiden sich von der reinen Teilungsanordnung dadurch, dass der Miterbe nicht verpflichtet ist, den zugewandten Gegenstand zu übernehmen, sondern frei entscheiden kann, ob er dies will.[6] Hinsichtlich ihrer Einordnung besonders problematisch sind die entgeltlichen Übernahmerechte. Denkbar ist in diesen Fällen beides. Einerseits kann allein die Möglichkeit, einen bestimmten Gegenstand, wenn auch gegen Entgelt, zu erwerben, einen Vermögensvorteil darstellen. Andererseits kann die Entgeltlichkeit der Übernahme so verstanden werden, dass der Erblasser mit seiner Anordnung eine Begünstigung des Bedachten über seinen Erbteil hinaus ausschließen wollte. Es wäre dann lediglich eine reine Teilungsanordnung gewollt. Entscheidend für die Qualifizierung als Teilungsanordnung oder Vorausvermächtnis ist, ob der Erblasser dem Bedachten die besonderen Vorteile der Stellung eines Vorausvermächtnisnehmers zukommen lassen wollte oder nicht. Dies ist ggf durch Auslegung zu ermitteln.[7] Fehlt der Begünstigungswille, ist jedoch objektiv ein Vermögensvorteil feststellbar, kann sowohl eine Teilungsanordnung als auch ein Vorausvermächtnis gewollt sein. Fehlt es hingegen an einem Vermögensvorteil, liegt eine bloße Teilungsanordnung vor.[8] Nach der Rechtsprechung des BGH[9] spricht ein Schweigen im Testament regelmäßig für einen Wertausgleich, also eine Teilungsanordnung.

Praxis-Tipp:

472 *Um jeglichen Zweifel zu vermeiden ist in der Verfügung von Todes wegen eine klare Regelung zu treffen.*

Musterformulierung:

473 *Für die Auseinandersetzung meines Nachlasses unter den Miterben treffe ich folgende Anordnungen:*

1. *Mein Sohn S erhält unter Anrechnung auf seinen Erbteil mein Wohnhaus in…, eingetragen im Grundbuch des Amtsgerichts… von…, Blatt…, Gemarkung…, Flur…, Flurstück…*

---

5 Vgl Palandt/Edenhofer § 2150 Rn 2; siehe auch OLG Köln FamRZ 1998, 197

6 Vgl Palandt/Edenhofer § 2048 Rn 8; Nieder, Handbuch der Testamentsgestaltung 2000, Rn 990 ff; Brambring ZAP 1989, 721

7 Vgl Palandt/Edenhofer § 2048 Rn 6

8 Vgl BGH NJW 1985, 51; BGH FamRZ 1987, 62

9 BGH FamRZ 1990, 396

Sollten sich die Erben über den Wert der Nachlassgegenstände nicht einigen, so soll dieser verbindlich von einem vom Präsidenten der Industrie- und Handelskammer in ... zu bestimmenden öffentlich bestellten und vereidigten Sachverständigen festgestellt werden.

2. *Meine Tochter T ist berechtigt, meine Gemäldesammlung gegen Zahlung des Verkehrswertes zu übernehmen. Da meine Tochter Kunstliebhaberin ist, wende ich ihr dieses Recht als Vorausvermächtnis zu. Der Wert der Bilder ist von einem Kunstsachverständigen zu bestimmen. Meine Tochter kann die Übertragung der Bilder bereits vor der Auseinandersetzung verlangen.*

3. *Meine Lebensgefährtin L erhält als Vorausvermächtnis, also ohne Anrechnung auf den Erbteil, meine gesamten Möbel.*

Ein Vorausvermächtnis kann in einem Erbvertrag bindend und in einem gemeinschaftlichen Testament wechselbezüglich angeordnet werden, eine Teilungsanordnung hingegen nicht.

Checkliste:

✔ Ausdrückliche Abgrenzung zwischen Teilungsanordnung und Vorausvermächtnis 474

✔ Festlegung eines Wertausgleichs

✔ Auseinandersetzung nach billigem Ermessen eines Dritten

✔ Absicherung der Erfüllung durch Testamentsvollstrecker; ggf Vollmacht bei Vorausvermächtnis

G. Auseinandersetzungsverbot

Jeder Miterbe kann gem § 2042 BGB jederzeit die Auseinandersetzung der Erbengemeinschaft verlangen. Will der Erblasser dies verhindern, hat er nach § 2044 I 1 BGB die Möglichkeit, durch letztwillige Verfügung die Auseinandersetzung in Ansehung des Nachlasses oder einzelner Nachlassgegenstände auszuschließen oder von der Einhaltung einer Kündigungsfrist abhängig zu machen. Der Ausschluss der Auseinandersetzung ist auf bestimmte Zeit oder auf Dauer zulässig. Soweit seit dem Eintritt des Erbfalls dreißig Jahre verstrichen sind, wird er jedoch nach § 2044 II BGB unwirksam, es sei denn, er ist bis zum Eintritt eines bestimmten Ereignisses in der Person eines Miterben, auf den Anfall eines Vermächtnisses oder den Eintritt der Nacherbfolge angeordnet. 475

Praxis-Tipp:

Über mehrfach hintereinander angeordnete Nacherbfolge kann die zeitliche Schranke über mehrere Generationen hinaus ausgedehnt werden.[1] 476

Die Anordnung eines Auseinandersetzungsverbots bzw einer Erschwerung der Auseinandersetzung kann dazu dienen, eine vorschnelle Verschleuderung des Nachlasses zu verhindern. Ebenso bietet sie sich an, um einzelnen Miterben Zeit zu geben, liquide Mittel für die Auszahlung anderer Miterben anzusammeln.

Praxis-Tipp:

Im Regelfall ist es nicht zweckmäßig, das Schicksal des gesamten Nachlasses oder auch nur einzelner Nachlassgegenstände auf Jahrzehnte hinaus festzulegen. Der Rechtsberater sollte daher eine entsprechende Nachlassbindung nur in Ausnahmefällen empfehlen. 477

Gem § 2044 I 2 BGB finden auf das Auseinandersetzungsverbot die Vorschriften des § 749 II, III BGB, der §§ 750, 751 BGB und des § 1010 I BGB entsprechende Anwendung. Dies bedeutet, dass die Auseinandersetzung aus wichtigem Grund stets möglich bleibt. Was als wichtiger Grund iSd § 759 II BGB anzusehen ist, hängt von den Umständen des Einzelfalles ab.[2] Die drohende Verschlechterung des Nachlasses kann einen wichtigen Grund bilden.[3] Gem § 750 BGB tritt ein auf Zeit verhängtes Auseinandersetzungsverbot im Zweifel mit dem Tod eines Miterben außer Kraft. Die Anwendung des § 1010 I BGB setzt voraus, dass der Erblasser die Umwandlung der Erbengemein- 478

1 Bengel in: Dittmann/Reimann/Bengel, Testament und Erbvertrag 1999, D Rn 166
2 Vgl zB Habersack MittBayNot 1999, 22
3 OLG Hamburg NJW 1961, 610

schaft hinsichtlich eines Grundstücks in eine Bruchteilsgemeinschaft gestattet, deren Teilung aber verboten hat.[4] Im Übrigen ist die Eintragung des Ausschlusses der Auseinandersetzung in das Grundbuch trotz des missverständlichen Verweises in § 2044 I 2 BGB auf § 1010 I BGB nicht möglich.[5]

479 Sofern der Erblasser die Auseinandersetzung generell verbietet, also auch gegen den Willen sämtlicher Miterben, hat die Anordnung des Ausschlusses der Auseinandersetzung den Charakter einer Auflage iSd §§ 1940, 2194 ff BGB.[6] Nach § 2270 III BGB und § 2278 II BGB kann diese mit Bindungswirkung getroffen werden. Verfolgt der Erblasser das Ziel, nur den Anspruch einzelner Miterben gegen die anderen auf Auseinandersetzung auszuschließen, ist in diesem Verbot ein Vermächtnis zugunsten der anderen Miterben iSd §§ 1939, 2147 ff BGB zu sehen.[7] Die Gegenauffassung[8] nimmt eine Qualifikation als negative Teilungsanordnung gem § 2048 BGB an, da der Wille des Erblassers in der Regel nicht auf die Zuwendung eines Vermögensvorteils für die Miterben ausgerichtet sei. Bedeutung erlangt dieser Meinungsstreit für die Frage, ob eine entsprechende Anordnung mit Bindungswirkung iSd § 2270 III BGB bzw des § 2278 II BGB getroffen werden kann. Nur bei Annahme eines Vermächtnisses ist dies zu bejahen.

480 Rechtsfolge der Anordnung des Ausschlusses der Auseinandersetzung ist, dass kein Miterbe gegen die übrigen Miterben einen Anspruch auf Auseinandersetzung hat. Das um Vermittlung nach §§ 86 ff FGG angegangene Nachlassgericht muss dementsprechend seine Mitwirkung versagen.[9] Ebenso ist ein gerichtliches Zuweisungsverfahren nach §§ 13 ff GrdstVG unzulässig.[10]

481 Das Auseinandersetzungsverbot wirkt nur schuldrechtlich.[11] Die Verfügungsbefugnis der Erben in ihrer Gesamtheit bleibt hiervon gem § 137 BGB unberührt.[12] Sind sich die Erben einig, können sie ungeachtet des Verbotes des Erblassers die Auseinandersetzung betreiben und zB die Grundbesitzung einem von ihnen übertragen bzw an Dritte veräußern.

Praxis-Tipp:

482 *Will der Erblasser dies verhindern, muss er eine Verwaltungsvollstreckung anordnen und den Testamentsvollstrecker anweisen, das Auseinandersetzungsverbot zu beachten.*

---

4 Palandt/Edenhofer § 2044 Rn 5
5 Vgl Bengel ZEV 1995, 178; ders in: Dittmann/Reimann/Bengel, Testament und Erbvertrag 1999, D Rn 165
6 BGHZ 40, 115; Palandt/Edenhofer § 2044 Rn 5
7 Palandt/Edenhofer § 2044 Rn 2 mwN; Langenfeld, Testamentsgestaltung 1998, Rn 305
8 Bengel ZEV 1995, 178; ders in: Dittmann/Reimann/Bengel, Testament und Erbvertrag 1999, D Rn 163
9 Palandt/Edenhofer § 2044 Rn 3
10 Palandt/Edenhofer § 2044 Rn 3
11 BGHZ 40, 115; Palandt/Edenhofer § 2044 Rn 2
12 Langenfeld, Testamentsgestaltung 1998, Rn 305

Musterformulierung:

Ich schließe die Auseinandersetzung unter meinen Erben hinsichtlich des gesamten Nachlasses aus, bis der jüngste Erbe das 21. Lebensjahr vollendet hat. 483

Die Auseinandersetzung soll auch nicht im Einvernehmen aller Erben möglich sein. Ich ordne daher Testamentsvollstreckung an. Zum Testamentsvollstrecker wird Herr... ernannt, ersatzweise ersuche ich das Nachlassgericht, einen geeigneten Testamentsvollstrecker zu bestimmen. Der Testamentsvollstrecker hat die einzige Aufgabe, die Einhaltung dieser Auflage zu überwachen. Die Testamentsvollstreckung endet mit dem Zeitpunkt, in dem den Erben die Auseinandersetzung gestattet ist. Der Testamentsvollstrecker erhält die übliche Vergütung.

Praxis-Tipp:

Der Erblasser kann die Auseinandersetzung nicht verhindern, wenn der Testamentsvollstrecker und alle Erben diese einverständlich betreiben.[13] 484

Checkliste:

- ✔ Rechtsnatur: Abgrenzung zwischen Auflage (generelles Auseinandersetzungsverbot) und Vermächtnis (beschränkter Ausschluss des Anspruchs einzelner Miterben gegen die anderen auf Auseinandersetzung) 485
- ✔ Absicherung durch Testamentsvollstreckung
- ✔ Außerkrafttreten eines auf Zeit verhängten Auseinandersetzungsverbotes im Zweifel mit dem Tod eines Miterben

13 Palandt/Edenhofer § 2044 Rn 4

H. Auflage

Ein weiteres außerordentlich flexibles Instrument der erbrechtlichen Gestaltung bildet die Auflage iSd §§ 2192 ff BGB. Der Erblasser kann die Erben oder Vermächtnisnehmer gem §§ 1940, 1941 I BGB zu einer Leistung verpflichten, ohne einem anderen ein Recht auf die Leistung zuzuwenden. Diese Verpflichtung kann gem § 2278 II BGB in einem Erbvertrag bindend und in einem gemeinschaftlichen Testament gem § 2270 III BGB wechselbezüglich erfolgen. **486**

Im Unterschied zum Vermächtnis braucht der Inhalt einer Auflage kein Vermögensvorteil zu sein und niemand begünstigt werden.[1] Falls aber dennoch eine Person begünstigt ist, hat diese im Gegensatz zum Vermächtnisnehmer grundsätzlich keinen Anspruch auf die Leistung.[2] Die Vollziehung einer Auflage kann gem § 2194 S 1 BGB nur der Erbe gegenüber einem mit der Auflage beschwerten Vermächtnisnehmer, jeder Miterbe gegenüber dem beschwerten Miterben oder Vermächtnisnehmer oder derjenige, welchem der Wegfall des mit der Auflage zunächst Beschwerten unmittelbar zustatten kommen würde, also zB Ersatzerben oder Nacherben bzw, wenn solche nicht eingesetzt sind, der nächste gesetzliche Erbe verlangen.[3] Liegt die Vollziehung im öffentlichen Interesse, so kann gem § 2194 S 2 BGB auch die zuständige Behörde die Vollziehung verlangen. Ihre Zuständigkeit richtet sich nach Landesrecht. **487**

Praxis-Tipp:

Der Vollziehungsberechtigte hat einen gerichtlich durchsetzbaren Anspruch auf Vollzug der Auflage durch den Beschwerten.[4] **488**

Eine Drittbestimmung ist bei der Auflage in noch weiterem Umfang als beim Vermächtnis möglich. So kann der Erblasser gem § 2193 I BGB, wenn er den Zweck der Auflage bestimmt hat, die Bestimmung der Person, an die die Leistung erfolgen soll, dem Beschwerten oder einem Dritten, zB dem Testamentsvollstrecker, überlassen. **489**

Für die Wirksamkeit einer Auflage gelten keine zeitlichen Grenzen. Der Erblasser kann zB eine Zuwendung an eine juristische Person machen und diese damit beschweren, wiederkehrende Leistungen zu erbringen. Durch eine solche Auflage können dauernde, stiftungsähnliche Zwecke verfolgt werden. Die 30-jährige Verjährungsfrist des Vollziehungsanspruchs nach § 195 BGB bleibt jedoch unberührt. Die Verjährung kann gem § 225 BGB nicht ausgeschlossen oder erschwert werden. **490**

1 Vgl Palandt/Edenhofer § 2192 Rn 5
2 Palandt/Edenhofer § 2194 Rn 3
3 Vgl Palandt/Edenhofer § 2194 Rn 1
4 Vgl Langenfeld, Testamentsgestaltung 1998, Rn 190

491 Die Auflage ist im Verhältnis zur Zuwendung grundsätzlich selbständig. Die Unwirksamkeit einer Auflage hat gem § 2195 BGB die Unwirksamkeit der unter Auflage gemachten Zuwendung nur zur Folge, wenn anzunehmen ist, dass der Erblasser die Zuwendung nicht ohne die Auflage gemacht haben würde.

Praxis-Tipp:

492 *Die Auflage als Verpflichtung ohne Rechtszuwendung ermöglicht Gestaltungen, die mit anderen erbrechtlichen Mitteln nicht möglich sind. Da die Auflage dem Begünstigten keinen schuldrechtlichen Anspruch gibt, erfolgt deren Anordnung häufig zugunsten objektiver Zwecke bzw persönlicher Wünsche des Erblassers, wie zB Beisetzungsfragen, Grabpflege, Sorge für ein Tier, wohltätige Zwecke. Will der Erblasser eine Person begünstigen, ohne ihr einen Anspruch zu geben, der ggf von Gläubigern gepfändet werden könnte, bietet sich die Auflage ebenfalls an.*[5]

Soll sichergestellt werden, dass die Auflage erfüllt wird, ist zu empfehlen, einen Testamentsvollstrecker mit der Aufgabe einzusetzen, als Vollziehungsberechtigter die Einhaltung der Auflage zu überwachen oder in geeigneten Fällen diese selbst durchzuführen.

Musterformulierung:

493 *Meinem Erben mache ich zur Auflage, mein Grab auf die Dauer der ortsüblichen Ruhezeit für Gräber entsprechend den örtlichen Gepflogenheiten zu pflegen und zu schmücken.*

Praxis-Tipp:

494 *Bei Auflagen zur Regelung der Bestattungsmodalitäten besteht das Problem, dass der Beschwerte in der Regel von der Auflage erst durch die Eröffnung der Verfügung von Todes wegen erfährt. Die Eröffnung erfolgt durch die Nachlassgerichte regelmäßig erst einige Wochen nach dem Todesfall, dh erst nach Beisetzung des Verstorbenen. Es empfiehlt sich daher nicht, Beisetzungsmodalitäten als Auflage im Testament oder Erbvertrag anzuordnen. Stattdessen sollte einer Person des Vertrauens der Auftrag erteilt werden, die Beisetzung im gewünschten Sinn vorzunehmen, und ihr die dazu erforderlichen Vollmachten eingeräumt werden.*[6]

5 Langenfeld, Testamentsgestaltung 1998, Rn 190
6 Vgl Wegmann, Ehegattentestament und Erbvertrag 1997, 82

Checkliste:

- ✔ Ausdrückliche Anordnung als Auflage 495
- ✔ Abgrenzung zum Vermächtnis
- ✔ Bestimmung des Gegenstandes bzw Zwecks der Auflage (Leistung oder Unterlassung)
- ✔ Bestimmung des Beschwerten der Auflage
- ✔ Bestimmung des Begünstigten der Auflage
- ✔ Bestimmung eines Vollziehungsberechtigten
- ✔ Absicherung der Auflagenerfüllung durch Testamentsvollstrecker oder Vollmachtserteilung
- ✔ Bedingungszusammenhang zwischen Auflage und Zuwendung

I. Testamentsvollstreckung

Die Testamentsvollstreckung hat die Funktion, den Willen des Erblassers abzusichern und auszuführen.[1] 496

Praxis-Tipp:

Die Anordnung einer Testamentsvollstreckung kommt insb in Betracht, wenn der Erblasser bei einer Vielzahl von Erben oder Vermächtnisnehmern eine ordnungsgemäße Abwicklung sicherstellen oder Erben vor ihren Eigengläubigern schützen will. Weiterhin kann eine Testamentsvollstreckung zum Schutz gegen unerfahrene oder böswillige Erben oder zum Schutz des Nachlasses gegen Verschleuderung oder Zersplitterung für notwendig gehalten werden. Im Unternehmensbereich spricht bei Erblassern schließlich häufig die Überlegung, dass eine Kontinuität in der Firmenfortführung gewährleistet werden soll, für eine Anordnung der Testamentsvollstreckung. 497

Der Testamentsvollstrecker ist weder Vertreter des Nachlasses noch Vertreter der Erben.[2] Er ist auch nicht Vertreter der Nachlassgläubiger, sondern Träger eines privaten Amtes. Er hat die Stellung eines Treuhänders.[3] Die gesetzlichen Grundlagen der Testamentsvollstreckung finden sich in den §§ 2197 bis 2228 BGB. 498

Die Testamentsvollstreckung kann gem § 2197 I BGB nur in einer einseitigen Verfügung von Todes wegen, sei es durch Testament oder einseitige Verfügung im Erbvertrag gem §§ 2299, 2278 II BGB,[4] angeordnet werden. Zum Testamentsvollstrecker kann jede natürliche oder juristische Person ernannt werden, sofern sie nicht iSd § 2201 BGB untauglich ist. Der Erblasser hat selbst die Möglichkeit, einen oder mehrere Testamentsvollstrecker zu ernennen. Er kann die Bestimmung der Person nach § 2198 BGB aber auch Dritten überlassen oder das Nachlassgericht gem § 2200 BGB ersuchen, einen Testamentsvollstrecker zu ernennen. Schließlich kann der Erblasser den Testamentsvollstrecker nach § 2199 BGB ermächtigen, einen oder mehrere Mitvollstrecker zu ernennen. 499

---

1 Vgl Palandt/Edenhofer Einf v § 2197 Rn 1; Nieder, Handbuch der Testamentsgestaltung 2000, Rn 891; Bengel/Reimann in: Beck'sches Notar-Handbuch 2000, C Rn 90
2 Vgl Palandt/Edenhofer Einf v § 2197 Rn 2
3 BGHZ 25, 275
4 Palandt/Edenhofer § 2197 Rn 1

Praxis-Tipp:

500 *Zu beachten ist, dass die Ernennung des Notars als Testamentsvollstrecker in der von ihm selbst beurkundeten letztwilligen Verfügung gem §§ 27, 7 Nr. 1 BeurKG unwirksam ist. Zulässig ist es jedoch, wenn der Erblasser den Notar in einer weiteren, nicht von ihm beurkundeten Verfügung von Todes wegen zum Testamentsvollstrecker bestimmt.[5] Diese zusätzliche Verfügung sollte ebenfalls in die besondere amtliche Verwahrung gebracht werden.*

501 Das Amt des Testamentsvollstreckers beginnt gem § 2202 I BGB mit dem Zeitpunkt, in welchem der Ernannte das Amt annimmt. Es endet gem § 2225 BGB mit dem Tod des Testamentsvollstreckers, dem Verlust seiner vollen Geschäftsfähigkeit bzw Bestellung eines Betreuers nach § 1896 BGB (§§ 2225, 2201 BGB), der Kündigung gegenüber dem Nachlassgericht (§ 2226 BGB), der Erledigung der letzten Aufgabe durch den Testamentsvollstrecker oder durch Zeitablauf (§ 2210 BGB). Weiter ist gem § 2227 BGB die Entlassung durch das Nachlassgericht aus wichtigem Grund wegen grober Pflichtverletzung oder Unfähigkeit ein Beendigungsgrund.

Praxis-Tipp:

502 *Sofern der Erblasser nicht für eine Ersatzberufung gesorgt hat und kein weiterer Testamentsvollstrecker vorhanden ist, endet mit dem Amt des Testamentsvollstreckers auch die Testamentsvollstreckung.[6]*

503 Der Testamentsvollstrecker hat gem § 2203 BGB die letztwilligen Verfügungen des Erblassers zur Ausführung zu bringen. Hierzu zählt insb die Überwachung der Erfüllung der Vermächtnisse sowie des Vollzugs der Auflagen. Der Testamentsvollstrecker hat zudem gem § 2204 I BGB bei mehreren Erben die Auseinandersetzung unter ihnen nach den §§ 2042 bis 2056 BGB zu bewirken. Schließlich ist es gem § 2205 BGB seine Aufgabe, den Nachlass zu verwalten. Ohne ausdrückliche Anordnung des Erblassers endet die Nachlassverwaltung mit der Auseinandersetzung. Der Erblasser kann dem Testamentsvollstrecker aber auch nach § 2209 S 1 BGB ausschließlich die Verwaltung des Nachlasses übertragen, ohne ihm andere Aufgaben zuzuweisen (sog Verwaltungsvollstreckung). Schließlich kann der Erblasser gem § 2209 S 2 BGB anordnen, dass der Testamentsvollstrecker die Verwaltung des Nachlasses nach Erledigung der ihm sonst übertragenen Aufgaben fortzuführen hat.

504 Der Testamentsvollstrecker ist gem § 2205 S 2 und 3 BGB berechtigt, den Nachlass in Besitz zu nehmen und über Nachlassgegenstände zu verfügen, in der Regel jedoch nicht unentgeltlich. Der Erbe kann demgegenüber gem

5 Bengel in: Dittmann/Reimann/Bengel, Testament und Erbvertrag 1999, § 27 BeurkG, Rn 10; vgl hierzu auch Reimann DNotZ 1990, 433; zur geschäftsmäßigen Übernahme von Testamentsvollstreckungen durch Steuerberater siehe OLG Düsseldorf MittBayNot 2001, 88 mit Anm Schaub und Anm Sandkühler DNotZ 2001, 645; siehe auch Stracke ZEV 2001 250

6 Vgl Palandt/Edenhofer § 2225 Rn 1

§ 2211 BGB über einen der Verwaltung des Testamentsvollstreckers unterliegenden Gegenstand nicht verfügen. Soweit dies zur ordnungsgemäßen Verwaltung erforderlich ist, kann der Testamentsvollstrecker gem § 2206 BGB auch Verbindlichkeiten eingehen.

Praxis-Tipp:

Der Testamentsvollstrecker ist nicht zur Auslegung des Testaments befugt. 505

Der Erblasser kann den Umfang der Testamentsvollstreckung frei bestimmen. 506
So kann er diese zB auf einzelne Nachlassgegenstände beschränken, zeitlich befristen oder auf einzelne Erben beschränken. Das Nachlassgericht ist nicht zur Überwachung der Tätigkeit des Testamentsvollstreckers berufen.[7] Der Testamentsvollstrecker unterliegt bei Minderjährigen auch nicht der Aufsicht des Vormundschaftsgerichts.[8] Er ist jedoch gem § 2216 I BGB im Verhältnis zu den Erben zu einer ordnungsgemäßen Verwaltung des Nachlasses verpflichtet. Bei ordnungswidriger Verwaltung macht sich der Testamentsvollstrecker nach § 2219 BGB schadensersatzpflichtig und kann nach § 2227 BGB vom Nachlassgericht auf Antrag entlassen werden. Im Übrigen richtet sich das Verhältnis gem § 2218 I BGB weitgehend nach Auftragsrecht (§§ 664, 666 bis 668, 670, 673 S 2, 674 BGB).

Der Testamentsvollstrecker kann gem § 2221 BGB für die Führung seines 507
Amtes, sofern nicht der Erblasser ein anderes bestimmt hat, eine angemessene Vergütung und gem §§ 2218 I, 670 BGB Aufwendungsersatz verlangen. Für die Höhe der Vergütung sind stets die Gesamtumstände des Einzelfalls maßgebend.[9]

Praxis-Tipp:

Es empfiehlt sich, einen konkreten Vergütungssatz in die letztwillige Verfügung 508
aufzunehmen. Die vom Erblasser festgesetzte Vergütung ist verbindlich.[10]

Dem Testamentsvollstrecker wird gem § 2368 BGB auf Antrag vom Nachlass- 509
gericht ein Testamentsvollstrecker-Zeugnis erteilt. Der Antrag folgt weitgehend den Regeln über die Erbscheinsanträge gem §§ 2353 ff BGB.

---

7 Palandt/Edenhofer Einf v § 2197 Rn 3

8 Vgl Palandt/Edenhofer Einf v § 2197 Rn 4

9 Vgl Nieder, Handbuch der Testamentsgestaltung 2000, Rn 945; siehe auch die Vergütungsempfehlungen des Deutschen Notarvereins für Testamentsvollstreckungen, abgedruckt in: ZEV 2000, 181; vgl hierzu Reimann DNotZ 2001, 344

10 BayObLG Rpfleger 1980, 152

Praxis-Tipp:

510 *Gehören zum Nachlass Grundstücke, wird gem § 52 GBO bei Eintragung der Erben von Amts wegen ein sog Testamentsvollstrecker-Vermerk in die Grundbücher eingetragen.[11] Die Eintragung erfolgt in Abteilung II. Eingetragen werden jedoch nicht der Name des Testamentsvollstreckungs-Verwalters und der Umfang seiner Befugnisse. Hierüber gibt im Einzelfall das Testamentsvollstrecker-Zeugnis Auskunft. Der Testamentsvollstrecker-Vermerk bewirkt eine Grundbuchsperre, dh ohne Zustimmung des Testamentsvollstreckungsverwalters kann nicht verfügt werden.[12] Die Löschung des Testamentsvollstrecker-Vermerks erfolgt, wenn der Testamentsvollstrecker alle Aufgaben erfüllt bzw das Grundstück den Erben gem § 2217 BGB zur freien Verfügung überlassen oder dieses an Dritte verkauft hat.*

Musterformulierung:

511 *Ich ordne Testamentsvollstreckung an. Zum Testamentsvollstrecker bestimme ich Herrn.., ersatzweise Frau..., wiederum ersatzweise ersuche ich das Nachlassgericht, einen geeigneten Testamentsvollstrecker zu bestimmen.*

Der Testamentsvollstrecker hat die Aufgabe, die von mir in diesem Testament angeordneten Vermächtnisse zu erfüllen. Weiterhin obliegt ihm die Auseinandersetzung des Nachlasses unter den Erben. Mit der Erledigung dieser Aufgaben endet die Testamentsvollstreckung.

Der Testamentsvollstrecker ist von den Beschränkungen des § 181 BGB befreit.

Der Testamentsvollstrecker erhält neben dem Ersatz seiner Aufwendungen eine einmalige Vergütung von 4 % des bei meinem Tode vorhandenen Bruttonachlasses ohne Abzug von Schulden.

Checkliste:

512 ✔ Ausdrückliche Anordnung der Testamentsvollstreckung

✔ Bestimmung der Person des Testamentsvollstreckers und Ersatztestamentsvollstreckers

✔ Bestimmung des Aufgabenkreises des Testamentsvollstreckers

✔ Bestimmung des Umfangs der Testamentsvollstreckung

✔ Festlegung der Dauer der Testamentsvollstreckung

✔ Regelung zu den Befugnissen des Testamentsvollstreckers

✔ Aufteilung der Befugnisse unter mehreren Testamentsvollstreckern

11 Zur Löschung des Testamentsvollstrecker-Vermerks infolge Beendigung der Testamentsvollstreckung siehe DNotI-Gutachten DNotI-Report 2001, 21

12 Vgl Palandt/Edenhofer Einf v § 2197 Rn 14

- ✔ Befreiung des Testamentsvollstreckers von den Beschränkungen des § 181 BGB
- ✔ Regelung zur Kontrolle des Testamentsvollstreckers
- ✔ Festlegung der Vergütung des Testamentsvollstreckers und des Auslagenersatzes
- ✔ Regelung zur Beendigung der Testamentsvollstreckung

J. Anordnungen sonstiger Art 373

ÜBERBLICK

J. Anordnungen sonstiger Art

Neben rein erbrechtlichen Anordnungen sind in einer Verfügung von Todes wegen auch familienrechtliche Anordnungen mit erbrechtlichen Auswirkungen möglich. Zu nennen sind hier insb die Anordnungen über die Verwaltung des Kindesvermögens nach § 1638 BGB, die Befreiung von der Inventarisierungspflicht nach § 1640 II Nr. 2 BGB, die Ernennung und Ausschließung eines Vormunds durch die Eltern gem §§ 1777, 1782 BGB oder Regelungen zur Gütergemeinschaft. Aber auch eine Vaterschaftsanerkennung in einem notariellen Testament oder Erbvertrag genügt der Form des § 1597 BGB.[1] Zu ihrer Wirksamkeit bedarf es dann jedoch noch der Zustimmung der Mutter bzw des Kindes nach § 1595 BGB. Als sonstige Anordnung ist schließlich an letztwillige Schiedsklauseln zu denken. 513

I. Beschränkung der elterlichen Vermögenssorge

Gem § 1626 BGB erstreckt sich die elterliche Vermögenssorge grundsätzlich auf das gesamte Vermögen des Kindes. Erfasst ist hiervon auch dasjenige, was das Kind durch Schenkungen oder von Todes wegen erwirbt. Der Zuwendende kann jedoch nach § 1638 I BGB bei einer unentgeltlichen Zuwendung unter Lebenden oder der Erblasser durch letztwillige Verfügung bestimmen, dass die Eltern eines Minderjährigen das diesem zugewendete Vermögen ganz oder teilweise nicht verwalten sollen. 514

Praxis-Tipp:

Die Ausschließung von Todes wegen hat durch letztwillige Verfügung, dh durch Testament oder einseitige Verfügung in einem Erbvertrag zu erfolgen. Sie muss nicht zwingend in der Verfügung, die die erbrechtliche Zuwendung an das Kind anordnet, enthalten sein[2] und braucht auch nicht ausdrücklich erklärt zu werden.[3] So ist etwa die Bitte um eine Pflegerbestellung oder Anordnung der Verwaltung durch einen anderen Miterben ausreichend.[4] 515

Die Entziehung kann unter einer Bedingung oder Zeitbestimmung getroffen werden.[5] Sie stellt keine erbrechtliche Beschränkung oder Beschwerung iSd § 2306 BGB dar.[6] Gem § 1638 II BGB betrifft die Ausschließung der Verwaltung auch Ersatzstücke im zugewendeten Vermögen, es gilt also das Surrogationsprinzip. Statt den Eltern die Vermögensverwaltung nach § 1638 BGB zu 516

1 Palandt/Edenhofer § 1937 Rn 10
2 Nieder, Handbuch der Testamentsgestaltung 2000, Rn 1015
3 BayObLG FamRZ 1964, 522
4 Vgl Palandt/Diederichsen § 1638 Rn 4
5 Vgl Palandt/Diederichsen § 1638 Rn 6
6 Wendelstein BWNotZ 1974, 10

entziehen, kann der Zuwendende gem § 1639 I BGB für die Eltern Anordnungen hinsichtlich der Verwaltung des zugewendeten Vermögens treffen. Auch dies hat von Todes wegen durch letztwillige Verfügung zu erfolgen.

517 Wird die Verwaltungsbefugnis nur einem Elternteil entzogen, verwaltet der andere gem § 1638 III BGB allein. Betrifft die Beschränkung der Vermögenssorge beide Eltern, entsteht verwaltungsfreies Vermögen. Es ist in diesem Fall ein Pfleger nach § 1909 I 2 BGB zu bestellen. Hinsichtlich des Pflegers hat der Zuwendende gem § 1917 I BGB ein Benennungsrecht.

Praxis-Tipp:

518 *Die Eltern sind gem § 1909 II BGB dem Vormundschaftsgericht gegenüber zur Anzeige verpflichtet, sofern eine solche Pflegschaft erforderlich ist.*

Musterformulierung:

519 *Sollte meine Tochter vor mir versterben und daher ihre Kinder an ihre Stelle treten, entziehe ich, soweit sie noch minderjährig sind, ihrem Vater die Vermögensverwaltung über das von mir ererbte Vermögen. Als Pfleger benenne ich Herrn X, ersatzweise Frau Y.*

Praxis-Tipp:

520 *In der Praxis zu beachten ist, dass derselbe Erfolg durch Einsetzung eines Testamentsvollstreckers erreicht werden kann.*[7]

521 Liegt eine Bestimmung nach § 1638 I BGB neben einer Dauertestamentsvollstreckung vor, nimmt der Pfleger die Rechte des Kindes gegenüber dem Testamentsvollstrecker wahr.

II. Befreiung von der Inventarisierungspflicht

522 Gem § 1640 I 1 BGB haben Eltern das ihrer Verwaltung unterliegende Vermögen, welches ihr minderjähriges Kind von Todes wegen erwirbt, zu verzeichnen, das Verzeichnis mit der Versicherung der Richtigkeit und Vollständigkeit zu versehen und dem Familiengericht einzureichen. Gleiches gilt nach § 1640 I 2 BGB für Vermögen, welches das Kind sonst anlässlich eines Sterbefalles erwirbt, sowie für Abfindungen, die anstelle von Unterhalt gewährt werden, und unentgeltliche Zuwendungen. Die Inventarisierungspflicht besteht bereits, wenn dem Kind nur ein Pflichtteilsanspruch zusteht.

523 § 1640 I BGB gilt nach § 1640 II Nr. 1 BGB nicht, wenn der Wert eines Vermögenserwerbes 15 000 € nicht übersteigt. Der Erblasser kann darüber hinaus die Eltern bei Zuwendungen an Kinder gem § 1640 II Nr. 2 BGB durch letzt-

7 Vgl Damrau ZEV 1994, 1

willige Verfügung von der Pflicht, ein entsprechendes Vermögensverzeichnis zu errichten, befreien.

Praxis-Tipp:

Eine solche Befreiung sollten sich insb Ehegatten, die minderjährige Kinder haben, gegenseitig erteilen. Die anderenfalls eintretende Publizitätspflicht gegenüber dem Familiengericht ist regelmäßig unerwünscht. 524

Musterformulierung:

Soweit unsere Kinder im Erbfall noch minderjährig sind, befreien wir uns hiermit wechselseitig von der Verpflichtung, ein Vermögensverzeichnis nach § 1640 BGB zu errichten. 525

III. Vormundbenennung durch die Eltern

Gerade jüngere Eltern mit minderjährigen Kindern wollen häufig für den Fall ihres Versterbens bestimmen, wer nach ihrem Tod Vormund der minderjährigen Kinder sein soll. Eltern oder ein Elternteil können gem § 1777 III BGB für ihre minderjährigen Kinder durch letztwillige Verfügung einen Vormund benennen. Als Vormund ist gem § 1776 I BGB berufen, wer von der Eltern des Mündels als Vormund benannt ist. Die Berechtigung hierzu ist Ausfluss des Sorgerechts. Voraussetzung für die Wirksamkeit ist gem § 1777 I BGB, dass die Eltern oder der Elternteil zur Zeit ihres Todes sorgeberechtigt sind. Haben Vater und Mutter verschiedene Personen benannt, so gilt gem § 1776 II BGB die Benennung durch den zuletzt verstorbenen Elternteil. 526

Praxis-Tipp:

Bei gemeinsamer Benennung durch die Eltern kann der längstlebende Elternteil nach dem Tod des Vorverstorbenen eine anderweitige Benennung vornehmen. 527

Eine Benennung mit Bindungswirkung ist in einem Erbvertrag nicht möglich, §§ 2270 III, 2278 II BGB.[8] Mit der Benennung können nach § 1803 I BGB Anordnungen darüber verbunden werden, wie der Vormund das erworbene Vermögen zu verwalten hat. 528

Musterformulierung:

Meiner Ehefrau und mir steht für unseren Sohn S das alleinige Sorgerecht für die Person und das Vermögen zu. Für den Fall, dass ich nach meiner Ehefrau, jedoch vor der Volljährigkeit meines vorgenannten Kindes versterbe, benenne 529

8 Vgl Nieder, Handbuch der Testamentsgestaltung 2000, Rn 1017

ich gem §§ 1777 III, 1776 BGB durch letztwillige Verfügung als Vormund meine Schwiegermutter, Frau M. Ersatzweise will ich meinen Schwiegervater, Herrn M, bestimmen.

530 *Die Bestellung eines Gegenvormundes schließe ich aus und befreie den Vormund von allen Beschränkungen, soweit es zulässig ist. Ich befreie ihn insb von der Verpflichtung, Inhaber- und Orderpapiere zu hinterlegen oder bei Buchforderungen gegen den Bund oder ein Land einen beschränkenden Vermerk in das Bundes- und Landesschuldbuch eintragen zu lassen. Auch von der Verpflichtung, während der Dauer des Amtes Rechnung zu legen, soll er befreit sein.*

IV. Anordnungen zur Gütergemeinschaft

531 Soweit ein Erbe oder Vermächtnisnehmer im Güterstand der Gütergemeinschaft lebt, fällt ein Erwerb von Todes wegen ebenso wie unentgeltliche lebzeitige Zuwendungen grundsätzlich in das Gesamtgut. Der Erblasser bzw Schenker kann jedoch gem § 1418 II Nr. 2 BGB durch letztwillige Verfügung bzw bei der lebzeitigen Zuwendung bestimmen, dass der Erwerb Vorbehaltsgut sein soll.

Praxis-Tipp:

532 *Zweckmäßig ist eine solche Bestimmung, um zB die Schwiegerkinder nicht an dem Erwerb oder der Zuwendung zu beteiligen.*

Musterformulierung:

533 *Sofern mein Erbe im Güterstand der Gütergemeinschaft lebt, sollen alle Vermögenswerte, die dem Erben aufgrund der hier getroffenen Verfügung von Todes wegen zufallen, Vorbehaltsgut sein.*

V. Letztwillige Schiedsklausel

534 Zur Entscheidung erbrechtlicher Streitigkeiten kann der Erblasser gem § 1066 ZPO durch letztwillige Verfügung ein Schiedsgericht einsetzen. Erbrechtlich dürfte eine solche Schiedsgerichtseinsetzung weder als Auflage[9] noch als Vermächtnis zu qualifizieren sein. Diese begründen nur schuldrechtliche Verpflichtungen des Beschwerten.

Praxis-Tipp:

535 *Die Einsetzung des Schiedsgerichts braucht nicht in einer separaten Urkunde zu erfolgen.[10]*

9 So Kohler DNotZ 1962, 125

10 Nieder, Handbuch der Testamentsgestaltung 2000, Rn 1019

Dem Schiedsgericht kann die Entscheidung aller die Geltung oder den Inhalt eines Testaments betreffenden Fragen übertragen werden. Hierunter fallen insb Entscheidungen über die Gültigkeit oder die Auslegung der Verfügung. Die Schiedsrichtereinsetzung darf jedoch nicht eine Umgehung des § 2065 BGB zur Folge haben.[11] Die Übertragung von Entscheidungen, durch die das Schiedsgericht an die Stelle des Erblassers treten würde, ist daher nicht möglich. Insb kann es nicht Anordnungen treffen, die der Erblasser bewusst unterlassen hat. 536

Musterformulierung:

Streitigkeiten der Erben, Vermächtnisnehmer oder sonstiger Beteiligter untereinander über die Geltung oder den Inhalt meines Testaments soll ein Schiedsrichter unter Ausschluss des Rechtsweges entscheiden. Zum Schiedsrichter bestimme ich Herrn S. Kann oder will dieser nicht Schiedsrichter werden, so soll der Präsident des Landgerichts X einen Schiedsrichter ernennen. 537

Der Erblasser kann einem Dritten auch lediglich die Aufgabe übertragen, tatsächliche Feststellungen zu treffen. Der Dritte hat in einem solchen Fall die Stellung eines Schiedsgutachters. Für die Überprüfung seiner Entscheidungen ist § 319 I BGB entsprechend anwendbar; sie sind also unverbindlich, wenn sie offenbar unbillig sind.[12] 538

11 Vgl Nieder, Handbuch der Testamentsgestaltung 2000, Rn 1019
12 Vgl Nieder, Handbuch der Testamentsgestaltung 2000, Rn 1019

ÜBERBLICK

K. Auslandsberührung

Im Erbrecht kann eine Auslandsberührung auftreten, wenn der Erblasser ausländischer Staatsangehöriger ist oder ein deutscher Staatsangehöriger Vermögensgegenstände im Ausland hat. Sie kann dazu führen, dass für eine Verfügung von Todes wegen ausländisches Erbrecht maßgeblich ist. 539

Der Weg zur Ermittlung des Erbstatuts beginnt beim deutschen Recht. Deutsches Recht in diesem Sinne sind auch alle für Deutschland verbindlichen völkerrechtlichen und staatsvertraglichen Vereinbarungen. Mit erbrechtlicher Relevanz gibt es solche mit der Türkei,[1] dem Iran[2] und den Nachfolgestaaten der Sowjetunion.[3] Soweit in Staatsverträgen keine besonderen Anknüpfungen vorgesehen sind, richtet sich die Ermittlung des Erbstatuts zunächst nach Art. 25 I EGBGB. Es gilt das Staatsangehörigkeitsprinzip. Maßgebend ist das Recht des Staates, dem der Erblasser im Zeitpunkt seines Todes angehört. Die Verweisung durch Art. 25 I EGBGB auf das fremde Recht erfolgt gem Art. 4 I 1 EGBGB als Gesamtverweisung; es wird also auch auf das ausländische Kollisionsrecht verwiesen.[4] Unterstellt das ausländische Sachrecht den Sachverhalt der gleichen Rechtsordnung wie das deutsche – dem Heimatrecht im Zeitpunkt des Todes –, hat das ausländische Recht die Verweisung angenommen. Praktisch häufiger sind jedoch die Fälle, in denen das ausländische Recht ganz oder teilweise auf das deutsche IPR zurück- oder auf andere ausländische Rechte weiterverweist.[5] Soweit auf deutsches Recht zurückverwiesen wird, kommt gem Art. 4 I 2 EGBGB deutsches Sachrecht und demzufolge deutsches Erbrecht zur Anwendung.

Praxis-Tipp:

Soweit ausländisches Recht Anwendung findet, ist bei der Beratung Vorsicht geboten.[6] 540

---

1 Deutsch-türkischer Konsularvertrag vom 28. 5. 1929, RGBl II 1930, 758, wieder in Kraft gem Bekanntmachung vom 29. 5. 1952, BGBl II 1952, 608; vgl dazu Dörner ZEV 1996, 90

2 Deutsch-iranisches Niederlassungsabkommen vom 17. 2. 1929, RGBl II 1930, 1006, wieder in Kraft gem Bekanntmachung vom 15. 8. 1955, BGBl II 1955, 829; vgl dazu OLG Hamm FamRZ 1993, 111; Schotten/Wittkowski FamRZ 1995, 268; Birmanns IPRax 1996, 320

3 Deutsch-sowjetischer Konsularvertrag vom 25. 4. 1958, BGBl II 1959, 232; vgl dazu OLG Hamm OLGZ 1973, 388

4 BGHZ 28, 380; BayObLGZ 1980, 276

5 Vgl Palandt/Heldrich Art. 25 EGBGB Rn 2

6 Zu neueren Entwicklungen des IPR siehe Lange ZEV 2000, 469; zur Rückverweisung vgl Süß ZEV 2000, 486; zum anwendbaren Erbrecht bei deutschen und polnischen Beteiligten siehe Martiny/Guttzeit NotBZ 2001, 5; zum anwendbaren Recht in deutsch-schweizerischen Erbfällen siehe v Oertzen, ZEV 2000, 495; zum Erbrecht in Frankreich vgl Frank MittBayNot 2001, 46 mwN; zum Erbrecht in Tschechien vgl Rombach MittBayNot 2000, 403

I. Nachlass eines deutschen Erblassers im Ausland

541 Immer mehr Deutsche erwerben Grundeigentum im Ausland. Es tritt daher in der erbrechtlichen Beratung zunehmend die Problematik der erbrechtlichen Auslandsberührung auf. Soweit deutsches Recht auch für die im Ausland belegenen Vermögensgegenstände anwendbar ist, ergeben sich keine Besonderheiten. Es stehen alle Gestaltungsmittel des deutschen Rechts zur Verfügung.

Praxis-Tipp:

542 *Kommt ausländisches Recht zur Anwendung und kennt dies der deutsche Rechtsberater nicht sicher, sollte er dem Erblasser stets empfehlen, vor einem Notar in dem betreffenden Land zu testieren.*

543 Darüber hinaus bietet es sich an, dass der Erblasser seinem Erben, Vermächtnisnehmer oder einem Dritten durch eine Vollmacht über den Tod hinaus die Befugnis erteilt, alle Erklärungen abzugeben, die für die Übertragung des betreffenden Vermögensgegenstandes auf den Bedachten erforderlich sind.

Praxis-Tipp:

544 *Zu beachten ist, dass sich das Recht der Vollmacht grundsätzlich nach dem Recht des Staates, in dem die Vollmacht nach dem Willen des Vollmachtgebers ihre Wirkungen entfalten soll, richtet.*[7]

II. Ausländischer Erblasser

Praxis-Tipp:

545 *Sofern ein ausländischer Erblasser eine Verfügung von Todes wegen in Deutschland errichten will, ist stets ein Einzeltestament vorzuziehen. Die meisten ausländischen Erbrechtsordnungen kennen die Gestaltungsformen des gemeinschaftlichen Testaments oder Erbvertrages nicht.*[8]

546 Die Form des Testaments ist aus deutscher Sicht ebenso wie aus Sicht der Vertragsstaaten des Haager Übereinkommen über das auf die Form letztwilliger Verfügungen anzuwendende Recht vom 5. 10. 1961[9] in aller Regel unproblematisch. Insb ist für ein Testament, das von einem Ausländer in Deutschland errichtet wird, die Form des deutschen Rechts ausreichend (Art. 26 I 1 Nr. 2 EGBGB). Etwas anderes gilt jedoch, wenn das Testament auch in einem Staat

7 Vgl Odersky ZEV 2000, 493

8 Vgl Lichtenberger in: Dittmann/Reimann/Bengel, Testament und Erbvertrag 1999, B Rn 57 f; zu Italien siehe DNatl-Gutachten DNatl-Report 2001, 137; zu Kroatien siehe DNatl-Gutachen DNatl-Report 2001, 97

9 BGBl II 1965, 1145

Wirkungen entfalten soll, der nicht dem Haager Übereinkommen beigetreten ist. In diesen Fällen sollte das Testament neben der deutschen auch der Form des entsprechenden Staates entsprechen.

III. Rechtswahl

Art. 25 II EGBGB eröffnet dem Erblasser die Möglichkeit, für in Deutschland belegenes unbewegliches Vermögen in der Form einer Verfügung von Todes wegen deutsches Recht zu wählen.[10] Der Begriff des unbeweglichen Vermögens richtet sich nach deutschem Recht.[11] 547

Praxis-Tipp:

Die Rechtswahl kann zu einer Nachlassspaltung führen. Während etwa für Grundstücke in Deutschland deutsches Erbrecht gilt, könnte sonstiges Vermögen des Erblassers dem in seinem Heimatland geltenden Erbrecht unterliegen.[12] 548

Die Möglichkeit der Rechtswahl stellt für ausländische Erblasser eine erhebliche Erleichterung dar. Sie sollte in jedem Fall genutzt werden. Die in einem Testament neben anderen Bestimmungen getroffene Rechtswahl ist wie das Testament selbst jederzeit widerruflich. In einem Erbvertrag kann ihr nach der hM eine bindende Wirkung beigelegt werden.[13] 549

Musterformulierung:

Für meinen Nachlass soll, soweit dies gesetzlich möglich ist, zumindest aber für mein in Deutschland belegenes unbewegliches Vermögen, deutsches Recht zur Anwendung kommen. 550

Ehegatten können gem Art. 14 II EGBGB für die güterrechtlichen Wirkungen ihrer Ehe ebenfalls eine Rechtswahl treffen.

Praxis-Tipp:

Um Anpassungsprobleme zu vermeiden, sollte auf einen Gleichlauf von Güterrechtsstatut und Erbrechtsstatut geachtet werden. Gilt für die Ehe nicht ohnehin deutsches Recht, empfiehlt sich eine Kombination der erbrechtlichen Rechtswahl zugunsten des deutschen Rechts mit einer Güterrechtswahl. 551

---

10 Vgl dazu Riering ZEV 1995, 404; Mankowski/Osthaus DNotZ 1997, 10; Lange DNotZ 2000, 332

11 Palandt/Heldrich Art. 25 EGBGB Rn 7

12 Vgl Palandt/Heldrich Art. 25 EGBGB Rn 7, 9

13 Schotten, Das Internationale Erbrecht in der notariellen Praxis 1995, Rn 295; Lichtenberger DNotZ 1986, 665; Krzywon BWNotZ 1987, 6; siehe IPRax 1987, 7; Riering ZEV 1995, 404; aA Dörner DNotZ 1988, 91; Palandt/Heldrich Art. 25 EGBGB Rn 8

L. Typische Ehegattenverfügungen von Todes wegen 387

ÜBERBLICK

L. Typische Ehegattenverfügungen von Todes wegen

In der Praxis der Ehegattenerbverträge und gemeinschaftlichen Testamente haben sich im Wesentlichen vier Grundtypen herausgebildet: Die gegenseitige Erbeinsetzung ohne Bestimmung über die Schlusserbfolge, die gegenseitige Erbeinsetzung und Schlusserbeneinsetzung, die Anordnung von Vor- und Nacherbfolge sowie die Anordnung gegenseitiger Vermächtnisse bei gleichzeitiger Erbeinsetzung anderer Personen, insb der Abkömmlinge.[1] 552

I. Gegenseitige Erbeinsetzung ohne Schlusserbenbestimmung

Die Struktur der gegenseitigen Erbeinsetzung ohne Bestimmungen über die Schlusserbfolge ist einfach. Die Ehegatten setzten sich wechselseitig zu Alleinerben ein. 553

Musterformulierung:

Wir setzen uns gegenseitig, und zwar nach dem Erstversterbenden den Längerlebenden von uns, zum unbeschränkten Alleinerben ein. 554

Praxis-Tipp:

Der Längerlebende der Ehegatten kann nach dem Tod des Erstversterbenden frei über das von diesem stammende Vermögen verfügen. Gemeinsame Kinder der Ehegatten werden gesetzliche Erben nach dem Längerlebenden. Haben die Ehegatten keine gemeinsamen Kinder, hängt es vom Zufall ab, wohin das Vermögen der Ehegatten letztlich fließt, ob zu den Verwandten des Ehemannes oder denen der Ehefrau. Jedem Ehegatten ist es unbenommen, jederzeit testamentarische Bestimmungen nachzuholen, für den Fall, dass er der Überlebende ist. 555

Abkömmlinge bzw mangels Abkömmlingen die Eltern können bei Tod des Zuerstversterbenden Pflichtteilsansprüche geltend machen. Hierauf könnte der Längerlebende bei Abkömmlingen dadurch reagieren, dass er sie auf seinen Tod nicht mehr berücksichtigt. 556

1 Vgl auch Langenfeld, Testamentsgestaltung 1998, Rn 214 ff; ders NJW 1987, 1577; Nieder, Handbuch der Testamentsgestaltung 2000, Rn 823 ff; Wegmann, Ehegattentestament und Erbvertrag 1997; J. Mayer ZEV 1998, 50; Meincke DStR 1981, 523

II. Berliner Testament

557 Die gebräuchlichste Form des Ehegattentestaments ist das Berliner Testament. Dieses folgt der gesetzlichen Vermutung des § 2269 BGB. Das Berliner Testament zeichnet sich durch die Anordnung von Voll- und Schlusserbfolge aus (sog Einheitslösung). Die Ehegatten setzen sich gegenseitig zu Alleinerben ein und bestimmen, dass nach dem Tod des Überlebenden der beiderseitige Nachlass an einen Dritten, regelmäßig die Abkömmlinge, fallen soll. Beim Tod des Erstversterbenden wird der Überlebende Vollerbe, so dass sich in seiner Hand der Nachlass und sein Eigenvermögen zu einer einheitlichen Vermögensmasse vereinigen. Über diese kann er zu seinen Lebzeiten grundsätzlich frei verfügen.[2] Der Schlusserbfall tritt erst mit dem Tod des Längerlebenden ein. Dem Schlusserben erwächst durch den Tod des Erstversterbenden noch kein Recht.[3]

Praxis-Tipp:

558 *Pflichtteilsberechtigte Abkömmlinge, die zu Schlusserben berufen sind, können beim Tod des erstversterbenden Ehegatten ihren Pflichtteil verlangen und Erben des Letztversterbenden bleiben. Dem ist ggf durch eine Pflichtteilsstrafklausel entgegenzuwirken.*

Musterformulierung:

559 *§ 1*

Wir setzen uns gegenseitig, und zwar nach dem Erstversterbenden den Längerlebenden von uns, zum unbeschränkten Alleinerben ein.

Für den Fall der Wiederverheiratung des überlebenden Ehegatten wollen wir keine besonderen Anordnungen treffen.

§ 2

1. *Als Erben des Zuletztversterbenden von uns und für den Fall unseres gleichzeitigen Versterbens setzen wir unsere gemeinschaftlichen Kinder zu gleichen Teilen ein. Ersatzerben eines jeden Kindes sind dessen Abkömmlinge nach Stämmen. Wiederum ersatzweise soll Anwachsung eintreten.*
2. *Der Überlebende von uns ist jedoch ausdrücklich berechtigt, die gegenständliche und wertmäßige Verteilung des Vermögens auf unsere Abkömmlinge durch Verfügungen unter Lebenden oder von Todes wegen nach seinem freien Ermessen zu bestimmen.*

2 Vgl Palandt/Edenhofer § 2269 Rn 3
3 Palandt/Edenhofer § 2269 Rn 11

§ 3

Sollte einer unserer Abkömmlinge nach dem Tod des Zuerstversterbenden gegenüber dem Längerlebenden Pflichtteilsansprüche geltend machen, ist der Längerlebende berechtigt, diesen Abkömmling und seine Nachkommen durch Testament von der Erbfolge auszuschließen.

§ 4

Die in den § 1 und § 2 getroffenen Verfügungen sind wechselbezüglich, vorbehaltlich der Änderungsmöglichkeit gem § 2 Ziffer 2.

Praxis-Tipp:

Erbschaftsteuerlich kann das Berliner Testament nachteilig sein. Die erbschaftsteuerlichen Freibeträge der Kinder nach dem Tod des ersten Elternteils werden nicht ausgenutzt. 560

III. Vor- und Nacherbfolge

Bei der sog Trennungslösung setzt jeder Ehegatte den anderen als seinen Vorerben und den Dritten, zB die gemeinsamen Kinder, als seinen Nacherben ein. Die gegenseitige Anordnung der Nacherbschaft führt beim Tod des Erstversterbenden zu einem Sondervermögen in der Hand des Überlebenden, über das dieser von Todes wegen überhaupt nicht und durch lebzeitige Rechtsgeschäfte nur beschränkt verfügen kann. Dieses Sondervermögen steht neben dem eigenen Vermögen des Überlebenden. Über Letzteres kann er frei verfügen. Nach dem Tod des Längerlebenden erhält der Dritte beide Vermögensmassen getrennt und aus verschiedenen Berufungsgründen, nämlich den Nachlass des Erstverstorbenen als dessen Nacherbe und den des Längerlebenden als dessen Vollerbe. 561

Praxis-Tipp:

Hauptsächlicher Anwendungsfall der Trennungslösung sind die Fälle, in denen bei Ableben der Ehegatten unterschiedliche Pflichtteilsberechtigte vorhanden sind und verhindert werden soll, dass die Pflichtteilsberechtigten des Längerlebenden indirekt am Nachlass des Erstversterbenden teilhaben. In Betracht kommt die Anordnung der Trennungslösung darüber hinaus etwa zur Versorgung eines Ehegatten aus zweiter Ehe bei Erbeinsetzung der Abkömmlinge aus erster Ehe als Nacherben.[4] 562

4 Vgl Langenfeld, Testamentsgestaltung 1998, Rn 272

Musterformulierung:

563 *§ 1*

Wir setzen uns gegenseitig zu alleinigen, nicht befreiten Vorerben ein. Nacherben sollen die Abkömmlinge des Erstversterbenden nach Maßgabe der gesetzlichen Erbfolge sein. Die Nacherbenanwartschaften sind nicht veräußerlich und nicht vererblich.

§ 2

Der Überlebende setzt zu seinen Erben seine Abkömmlinge nach Maßgabe der gesetzlichen Erbfolge ein. Er kann diese Verfügung über seinen eigenen Nachlass jederzeit, auch nach dem Tod des Erstversterbenden, einseitig ändern oder ergänzen.

Praxis-Tipp:

564 *Erbschaftsteuerlich hat die Trennungslösung gegenüber dem Berliner Testament kaum Vorteile. Gem § 6 II 1 ErbStG hat bei Eintritt der Nacherbfolge derjenige, auf den das Vermögen übergeht, den Erwerb als vom Vorerben stammend zu versteuern.*

IV. Vermächtnislösung

565 Die Vereinigung der Vermögen in der Person des überlebenden Ehegatten kann auch verhindert werden durch die Einsetzung der Endbedachten, regelmäßig der Kinder, zu Vollerben des erstversterbenden Ehegatten und gleichzeitiger Absicherung des überlebenden Ehepartners durch Vermächtnisse. Dies erfolgt regelmäßig durch ein Nießbrauchsvermächtnis an bestimmten Gegenständen oder am gesamten Nachlass.

Praxis-Tipp:

566 *Bei derartigen Gestaltungen ist es sinnvoll, die Stellung des überlebenden Ehegatten durch seine Einsetzung als Testamentsvollstrecker oder Erteilung einer Vollmacht zur Erfüllung des Vermächtnisses[5] zu stärken.*

Musterformulierung:

567 *Jeder von uns setzt hiermit unsere gemeinsamen ehelichen Abkömmlinge zu gleichen Stammanteilen zu seinen Erben ein. Ersatzerben sollen die leiblichen ehelichen Abkömmlinge des/der Erben zu gleichen Stammanteilen sein.*

Die vorstehende Erben- bzw Ersatzerbeneinsetzung soll auch dann gelten, wenn wir gleichzeitig versterben.

---

5 Vgl hierzu Nieder, Handbuch der Testamentsgestaltung 2000, Rn 537 mwN

Der überlebende Ehegatte erhält jedoch als Vermächtnis am Nachlass des Erstversterbenden den lebenslangen unentgeltlichen Nießbrauch.

In Abweichung von der gesetzlichen Lastenverteilung trägt der Nießbraucher für die Dauer des Nießbrauchs auch die Lasten, die nach dem Gesetz der Eigentümer zu tragen hat. Etwaige Steuernachteile hat der Nießbraucher dem Eigentümer während der Dauer des Nießbrauchs zu erstatten. Die Ausübung des Nießbrauchs darf Dritten nicht überlassen werden. Der Nießbraucher ist berechtigt, den Nießbrauch jederzeit einseitig aufzugeben. Zur Bestellung des Nießbrauchs erhält der Vermächtnisnehmer hiermit auf den Todesfall unwiderruflich Vollmacht unter Befreiung von den Beschränkungen des § 181 BGB.

Die Kosten und Steuern der Vermächtniserfüllung trägt der Vermächtnisnehmer.

Praxis-Tipp:

Der überlebende Ehegatte kann bei der Vermächtnislösung nicht über die Substanz des Vermögens verfügen. Er ist daher im Verhältnis zur Vor- und Nacherbfolge in einer schwächeren Position. Andererseits wird das Vermögen bei der Vermächtnislösung nur einmal vererbt. Diese Gestaltung kann daher erbschaftsteuerliche Vorteile bieten. **568**

M. Behindertentestament

In der Praxis hat sich mit dem sog Behindertentestament[1] eine besondere Form der Gestaltung einer Verfügung von Todes wegen von Eltern mit behinderten Kindern herausgebildet. Dem liegt regelmäßig folgender Sachverhalt zugrunde: Die Eltern haben mehrere Kinder, von denen eines behindert ist. Die Eltern wollen sich gegenseitig und sodann ihre Kinder erbrechtlich absichern. Das zu vererbende Vermögen soll möglichst dem Zugriff des Sozialhilfeträgers entzogen werden. Andererseits soll das behinderte Kind nicht leer ausgehen, sondern ihm Annehmlichkeiten verschafft und Zuwendungen gemacht werden, auf die der Sozialhilfeträger möglichst nicht zugreifen kann. 569

Die einfachste Gestaltungsvariante wäre es, das behinderte Kind von der Erbfolge auszuschließen mit der Folge, dass diesem Pflichtteilsansprüche erwachsen. Diese könnten jedoch durch den Sozialhilfeträger gemäß § 90 BSHG geltend gemacht und auf diesen übergeleitet werden.[2] Der Überleitung unterliegen auch nicht übertragbare oder nicht pfändbare geldwerte Ansprüche. 570

Denkbar wäre in Ergänzung zu einer Enterbung des behinderten Kindes den übrigen Geschwistern, soweit sie Erben werden sollen, zur Auflage zu machen, dem behinderten Kind fortlaufend solche Zuwendungen zu erbringen, die ihm im Rahmen des § 88 BSHG verbleiben dürfen. Hierzu gehört etwa ein angemessener Hausrat, Gegenstände zur Befriedigung geistiger und künstlerischer Bedürfnisse sowie bescheidene Geldmittel. Da auf die Begünstigung aus einer solchen Auflage kein Anspruch besteht, ist diese nicht gem § 90 BSHG überleitbar. Eine Anrechnung der Auflage auf den Pflichtteil findet aber anders als bei einem zugewendeten Erbteil nach § 2305 BGB oder einem zugewendeten Vermächtnis nach § 2307 BGB nicht statt. Der Pflichtteil bleibt somit bei dieser Gestaltung in voller Höhe dem Zugriff des Sozialhilfeträgers ausgesetzt.[3] 571

Das sog Behindertentestament versucht, den elterlichen Nachlass vollständig dem sozialhilferechtlichen Zugriff zu entziehen. Dies lässt sich durch Anordnung von Vor- und Nacherbschaft und Testamentsvollstreckung weitgehend erreichen.[4] Das behinderte Kind wird zum nicht befreiten Vorerben eingesetzt. Nacherbe beim Tod des erstversterbenden Elternteils ist der überleben- 572

1 Vgl Bengel in: Dittmann/Reimann/Bengel, Testament und Erbvertrag 1999, E Rn 203 ff; ders ZEV 1994, 29; Nieder, Handbuch der Testamentsgestaltung 2000, Rn 1296 ff; ders NJW 1994, 1264; Langenfeld, Testamentsgestaltung 1998, Rn 472; Wietek, Verfügungen von Todes wegen zugunsten behinderter Menschen 1996; Kaden, Zur Sittenwidrigkeit des Behindertentestaments 1997; Van de Loo, MittRhNotK 1989, 233; J. Mayer DNotZ 1994, 347; Damrau ZEV 1998, 1; Eichenhofer JZ 1999, 226; Hartmann ZEV 2001, 89; Weidlich ZEV 2001, 94; Trilsch-Eckardt ZEV 2001, 229; Spall MittBayNot 2001, 249; Demrau/J. Meyer ZEV 2001, 293

2 Vgl Bengel in: Dittmann/Reimann/Bengel, Testament und Erbvertrag 1999, E Rn 203

3 Vgl Bengel in: Dittmann/Reimann/Bengel, Testament und Erbvertrag 1999, E Rn 207

4 Vgl nur Bengel in: Dittmann/Reimann/Bengel, Testament und Erbvertrag 1999, E Rn 209 ff

de Elternteil, bei dessen Tod sind es die Geschwister. Die Erbquote des Vorerben muss über der Hälfte des gesetzlichen Erbteils liegen. Ansonsten gilt die Beschränkung durch die Nacherbfolge gem § 2306 I 1 BGB als nicht angeordnet. Durch die Anordnung der Nacherbfolge wird erreicht, dass der Vorerbe den Nachlass nicht weitervererben kann. Außerdem sperrt die Nacherbfolge den Zugriff von Eigengläubigern des Erben auf die Substanz des Nachlasses, im Fall des behinderten Kindes also den Zugriff des Sozialhilfeträgers. Da die Nacherben nicht Erben des behinderten Kindes, sondern des Erblassers sind, steht dem Sozialhilfeträger darüber hinaus gegen diese kein Kostenersatzanspruch nach § 92 c BSHG zu.

573 Um die Nutzungen des Erbteils ebenfalls weitgehend dem Zugriff des Sozialhilfeträgers zu entziehen, wird die Vor- und Nacherbschaft durch Anordnung einer Dauertestamentsvollstreckung ergänzt. Gläubiger des Erben können sich gem § 2214 BGB nicht an die der Verwaltung des Testamentsvollstreckers unterliegenden Nachlassgegenstände halten. Dem Testamentsvollstrecker wird durch eine Verwaltungsanordnung nach § 2216 II BGB zudem die Aufgabe zugewiesen, dem behinderten Vorerben aus den Erträgnissen des Vorerbteils Zuwendungen bis zu der sozialhilferechtlichen Zugriffsgrenze der §§ 76 ff, 88, 89 BSHG zu machen, wie etwa Taschengeld, Geschenke zu Feiertagen, Ferienaufenthalte.

574 Gem § 2306 I 2 BGB könnte das behinderte Kind den Erbteil infolge der Beschränkung durch die Nacherbfolge und Testamentsvollstreckung ausschlagen. Einer solchen Ausschlagung steht jedoch das Eigeninteresse des Kindes entgegen. Die Ausschlagung würde zum Wegfall der testamentarischen Zuwendung und zugleich zum Pflichtteil führen. Auf den Pflichtteil könnte der Sozialhilfeträger zugreifen, so dass dem behinderten Kind im Ergebnis nichts verbliebe.

Praxis-Tipp:

575 *Der Sozialhilfeträger selbst kann die Ausschlagung nicht erzwingen. Die Ausschlagung ist lediglich ein Gestaltungsrecht. Dieses ist anders als ein Anspruch nicht nach § 90 BSHG überleitbar.*[5]

576 Der BGH hat in seiner Grundsatzentscheidung vom 21. 3. 1990[6] die Sittenwidrigkeit des dem Behindertentestament zugrunde liegenden Lösungsansatzes verneint. Er hatte sich jedoch in dieser Entscheidung nur mit einem verhältnismäßig bescheidenen Erblasservermögen auseinanderzusetzen. Der BGH ließ ausdrücklich dahinstehen, ob die Sittenwidrigkeit anders zu beurteilen wäre, wenn der Erblasser ein beträchtliches Vermögen hinterlassen hätte und der Pflichtteil des Behinderten so hoch wäre, dass daraus oder sogar nur aus den Früchten seine Versorgung sichergestellt wäre. In seiner zweiten richtungsweisenden Entscheidung vom 20. 10. 1993 hat der BGH[7] diese Frage ebenfalls als

5 Bengel in: Dittmann/Reimann/Bengel, Testament und Erbvertrag 1999, E Rn 203
6 BGHZ 111, 36
7 BGHZ 123, 368; siehe aus der Rechtsprechung weiterhin LG Konstanz FamRZ 1992, 360; OVG Bautzen NJW 1997, 2898; VG Lüneburg NJW 2000, 1885

nicht entscheidungserheblich offen gelassen. Nicht auszuschließen ist, dass die Rechtsprechung das Behindertentestament in einem Fall, in dem die Versorgung des Behinderten allein aus dem Pflichtteil auf dessen Lebenszeit sichergestellt wäre, als sittenwidrig einstuft. Im Übrigen ist nicht auszuschließen, dass der Zugriff des Sozialhilfeträgers jedenfalls insoweit droht, als die dem behinderten Kind gem Testament zu gewährenden Leistungen die Nachlassfrüchte nicht ausschöpfen.[8]

Musterformulierung:[9]

§ 1 577

Der Erstversterbende von uns setzt den Überlebenden zu 5/6 und unsere behinderte Tochter A zu 1/6 zu seinen Erben ein. Die behinderte Tochter ist jedoch mit ihrem Erbteil nur von den gesetzlichen Beschränkungen der §§ 2113 ff BGB nicht befreiter Vorerbe. Nacherbe auf ihren Tod ist der Längstlebende von uns. Ersatznacherben sind die Abkömmlinge des Vorerben unter sich, entsprechend den Regeln der gesetzlichen Erbfolge. Weitere Ersatzerben sind die unten eingesetzten Schlusserben des Längstlebenden von uns. Die Nacherbenanwartschaft ist weder vererblich noch übertragbar, ausgenommen ihre Veräußerung an den Vorerben. In diesem Fall entfällt auch jede ausdrückliche oder stillschweigende Ersatzerbeinsetzung.

§ 2

Der Längstlebende von uns setzt auf seinen Tod unsere drei gemeinsamen Kinder A, B und C zu gleichen Teilen zu seinen Schlusserben ein. Diese Erbeinsetzung gilt auch für den Fall unseres gleichzeitigen Versterbens. Ersatzschlusserben sind jeweils die Abkömmlinge der Schlusserben unter sich, entsprechend den Regeln der gesetzlichen Erbfolge. Sind keine vorhanden, tritt bei den übrigen Schlusserben Anwachsung nach § 2094 BGB ein. Die behinderte Tochter A ist auch hier mit ihrem Erbteil nur von den gesetzlichen Beschränkungen der §§ 2113 ff BGB nicht befreiter Vorerbe. Nacherben auf ihren Tod sind die Abkömmlinge des Vorerben. Ersatznacherben sind die anderen Schlusserben nach Maßgabe der gesetzlichen Verwandtenerbfolge. Die Nacherbfolge ist weder vererblich noch veräußerlich, ausgenommen ihre Veräußerung an den Vorerben. In diesem Fall entfällt auch jede ausdrückliche oder stillschweigende Ersatzerbeinsetzung.

§ 3

1. *Unsere Tochter A wird wegen ihrer geistigen Behinderung voraussichtlich nie in der Lage sein, ihre Angelegenheiten selbst zu besorgen. Sie kann daher die ihr bei beiden Erbfällen jeweils zugewandten Vorerbteile nicht selbst verwalten. Wir ordnen daher bezüglich beider Erbfälle und beiden der A als Vorerben zugewandten Erbteile jeweils Dauertestamentsvollstreckung gem § 2209 BGB bis zum Tode des Vorerben an. Zum Testamentsvollstrecker*

8 Vgl J. Mayer DNotZ 1994, 347, 358

9 Nach Nieder in: Münchener Vertragshandbuch 1998, Band 4 Bürgerliches Recht 2. Halbband 1998, XVI. 19

ernennen wir beim Tod des Erstversterbenden den Überlebenden von uns, beim Tod des Längstlebenden Frau X. Die Testamentsvollstrecker haben jeweils das Recht, ihren Nachfolger zu ernennen. Sollte keiner der Testamentsvollstrecker das Amt annehmen oder sollten sie alle vor oder nach dem Erbfall wegfallen, ersuchen wir das Nachlassgericht, eine geeignete Person als Testamentsvollstrecker zu ernennen. Der Testamentsvollstrecker ist in der Eingehung von Verbindlichkeiten für den Nachlass nicht beschränkt und von § 181 BGB befreit. Nach einer Erbteilung hat der jeweilige Testamentsvollstrecker die Vermögenswerte zu verwalten, die unserer Tochter A als Vorerbin zugeteilt werden.

2. *Im Wege der Verwaltungsanordnung nach § 2216 II BGB wird der jeweilige Testamentsvollstrecker verbindlich angewiesen, unserer Tochter A aus den ihr gebührenden anteiligen jährlichen Reinerträgen (Nutzungen) des Nachlasses bzw der ihr bei einer Erbauseinandersetzung zugeteilten Vermögensgegenstände nach billigem Ermessen solche Geld- und Sachleistungen nach Art und Höhe zukommen zu lassen, die zur Verbesserung der Lebensqualität beitragen, aber nach dem Sozialhilferecht nicht dem Zugriff des Sozialhilfeträgers unterliegen und die auch nicht auf die dem Behinderten gewährten Sozialhilfeleistungen anrechenbar sind.*

   Dies sind vor allem:
   a. *Geschenke zum Geburtstag der Tochter A und zu den üblichen Festtagen,*
   b. *Aufwendungen zur Befriedigung ihrer individuellen Bedürfnisse hinsichtlich Freizeitgestaltung und Hobbies,*
   c. *Aufwendungen für eine Teilnahme an Ferien- und Kuraufenthalten.*

3. *Soweit die jährlichen Reinerträge nicht in voller Höhe in der obigen Weise verwendet werden, sind sie entsprechend der obigen Zielsetzungen für größere Anschaffungen oder Unternehmungen zugunsten der Tochter anzulegen.*

§ 4

Sämtliche Bestimmungen dieses Testaments sind – soweit nicht ein anderes bestimmt ist und soweit gesetzlich zulässig – wechselbezüglich.

Der Längstlebende von uns ist befugt, die nach ihm geltende Erbfolge innerhalb der gemeinsamen Abkömmlinge einseitig abzuändern oder zu ergänzen. Er kann insb

- *die Erbquoten der Schluss- und Ersatzschlusserben verändern,*
- *eine für den Schlusserbfall angeordnete Nacherbfolge ändern oder aufheben,*
- *andere gemeinsame Abkömmlinge, insb Enkelkinder, an Stelle der oder neben den oben genannten Schlusserben einsetzen oder ihnen Vermächtnisse zuwenden,*
- *einzelne Abkömmlinge enterben und ihnen bei Vorliegen eines gesetzlichen Grundes den Pflichtteil entziehen,*
- *die für den Schlusserbfall angeordnete Testamentsvollstreckung aufheben.*

Als Alternative zur zuvor dargestellten Vor- und Nacherbschaftsregelung wird in der Literatur hinsichtlich des Behindertentestaments auch die sog Vermächtnislösung vertreten.[10] Dennoch wird der Behinderte nicht als Erbe eingesetzt, sondern ihm ein Vermächtnis ausgesetzt. Dieses muss mindestens die Höhe des Pflichtteils erreichen, um die Entstehung eines überleitbaren (§ 90 BSHG) Pflichtteilsanspruchs (§ 2307 I 2 BGB) auszuschließen. Hinsichtlich des Vermächtnisses ist wiederum, um das Eingreifen des sozialhilferechtlichen Nachrangsprinzips zu vermeiden und den Gläubigerzugriff auszuschließen, für die Lebensdauer des Behinderten Testamentsvollstreckung anzuordnen. Eine allgemeine Vermächtnisvollstreckung ist, obgleich im Gesetz nicht ausdrücklich geregelt, zulässig, auch in Form der Verwaltungsvollstreckung.[11] Es gelten dann für den Vermächtnisnehmer grundsätzlich dieselben Vorschriften, die bei der Testamentsvollstreckung den Erben beschränken.[12] Anstelle des Nachlasses tritt bei der Anwendung der gesetzlichen Vorschriften das Vermächtnis.

Zur Vermächtnislösung beim Behindertentestament fehlt weiter höchstrichterliche Rechtsprechung. Diesem Lösungsweg sollte daher einstweilen äußerste Zurückhaltung entgegengebracht werden.

---

10 Vgl Demrau ZEV 1998, 1; Hartmann ZEV 2001, 81; DNotl-Gutachten DNotl-Report 1999, 149; Spall MittBayNot 2001, 249 mit einer Musterformulierung; siehe auch Demrau/J. Mayer ZEV 2001, 293

11 Vgl BGHZ 13, 203, 205; Kraiß BWNotZ 1986, 12; Demrau ZEV 1998, 2; Wetzck MittRhNotK 1999, 47; Zahn MitRhNotK 2000, 92

12 Vgl Zahn MittRhNotK 2000, 93

N. Verfügungen von Todes wegen nichtehelicher Lebenspartner 403

N. Verfügungen von Todes wegen nichtehelicher Lebenspartner

Die nichteheliche Lebensgemeinschaft gewinnt als Form des Zusammenlebens immer stärker an Bedeutung. Beim Tode eines der Partner ergeben sich vielfältige Rechtsfragen. Mangels einer gesetzlichen Regelung der nichtehelichen Lebensgemeinschaft sind diese nach den allgemeinen Regeln unter Berücksichtigung ihrer spezifischen Eigenschaften zu lösen.[1] 578

Anders als Ehegatten oder gleichgeschlechtlichen Lebenspartnern iSd LPartG steht den nichtehelichen Lebenspartnern bei Tod des anderen Partners kein gesetzliches Erbrecht zu. Eine analoge Anwendung des § 1931 BGB kommt nach allgemeiner Auffassung nicht in Betracht.[2] Gleiches gilt für den Voraus iSd § 1932 BGB.[3] Die nichtehelichen Lebenspartner können sich aber mittels Testament oder Erbvertrag zu Erben einsetzen (§§ 1937, 1941 BGB) oder ein Vermächtnis zukommen lassen (§§ 1939, 1941 BGB). Derartige Verfügungen unter nichtehelichen Lebenspartnern sind nicht sittenwidrig.[4] 579

Das gemeinschaftliche Testament iSd §§ 2265 ff BGB steht den Partnern einer nichtehelichen Lebensgemeinschaft als Form ihrer Verfügung von Todes wegen im Gegensatz zu Ehegatten oder Lebenspartnern nach dem LPartG nicht zur Verfügung.[5] Sie sind daher auf die Errichtung von Einzeltestamenten oder den Abschluss eines notariellen Erbvertrages beschränkt. Sollen bindende Verfügungen getroffen werden, kommt nur ein Erbvertrag in Betracht. 580

Praxis-Tipp:

Zu beachten ist, dass die Auslegungsregel des § 2077 BGB, wonach die Auflösung der Ehe eine letztwillige Verfügung zugunsten des Ehegatten im Zweifel unwirksam werden lässt, auf die nichteheliche Lebensgemeinschaft nicht analog anwendbar ist.[6] § 2077 BGB beruht auf der Vorstellung einer bereits bestehenden oder künftigen lebenslangen Bindung. Soweit sich ein entsprechender Erblasserwille nicht bereits im Wege der ergänzenden Testamentsauslegung feststellen lässt, besteht die Möglichkeit, bei einer Trennung die Verfügung 581

1 Vgl Nieder, Handbuch der Testamentsgestaltung 2000, Rn 60 sowie allgemein zur nichtehelichen Lebensgemeinschaft: zB Palandt/Brudermüller Einl v § 1297 Rn 10 ff; Grziwotz FamRZ 1974, 1217; ders FamRZ 1999, 413; Plate FuR 1995, 212 u. 273; Erler FuR 1996, 10; Weinreich FuR 1999, 356; Ring/Olsen-Ring ZRP 1999, 459; Röthel ZRP 1999, 511; Schlüter FF 2000, 76; BVerfG FamRZ 1993, 164; BSG NJW 1993, 3346; BVerwG NJW 1995, 2802; BGH NJW 1993, 999

2 Vgl Bengel in: Dittmann/Reimann/Bengel, Testament und Erbvertrag 1999, E Rn 75

3 Vgl Bengel in: Dittmann/Reimann/Bengel, Testament und Erbvertrag 1999, E Rn 77

4 BGH FamRZ 1970, 368; BGH NJW 1983, 675; BayObLG FamRZ 1984, 1153

5 Grziwotz ZEV 1994, 267; ders FamRZ 1994, 1217; Battes JZ 1988, 908; Diederichsen FamRZ 1988, 889; BVerfG NJW 1989, 1986

6 Vgl Grziwotz ZEV 1994, 267; ders FamRZ 1994, 1217; aA Meier-Scherling DRiZ 1979, 296

nach § 2078 II BGB anzufechten.[7] Vergleichbares gilt aufgrund der Verweisungen in §§ 2279, 2281 BGB für erbvertragliche Verfügungen.[8]

582 In der Regel wünschen die Partner einer nichtehelichen Lebensgemeinschaft, dass keiner von ihnen ohne Wissen des anderen anderweitig letztwillig verfügen kann. In diesen Fällen ist allein der Erbvertrag die richtige Form der Verfügung von Todes wegen. Im Hinblick auf das Fehlen der automatischen Unwirksamkeit bei Scheitern der nichtehelichen Lebensgemeinschaft ist die Vereinbarung von Rücktrittsvorbehalten zwingend erforderlich. Der Vorzug dürfte einem freien Rücktrittsvorbehalt bei gleichzeitigem Ausschluss von Anfechtungsrechten zu geben sein.[9]

Musterformulierung:

583 ***UR-Nr. /2001***

Erbvertrag

Heute, den … zweitausendeins,
– … 2001 –
erschienen vor mir,
Notar
mit Amtssitz in …,

in meinen Amtsräumen in …:

1. *Herr …,*
   geb am …,
   wohnhaft in …,
   ausgewiesen durch gültigen deutschen Personalausweis,
2. *Frau …, geb …,*
   geb am …,
   wohnhaft ebenda,
   ausgewiesen durch gültigen deutschen Personalausweis.

Die Erschienenen erklärten, einen Erbvertrag errichten zu wollen. Nach meiner aus der Verhandlung gewonnenen Überzeugung sind sie voll geschäftsfähig.

Einen Erbvertrag oder ein gemeinschaftliches Testament, an das sie bei ihren letztwilligen Verfügungen gebunden wären, haben sie nach Angabe bisher noch nicht errichtet.

Es war weder gesetzlich geboten noch von den Beteiligten gewünscht worden, Zeugen oder einen zweiten Notar hinzuzuziehen.

Wir sind nicht miteinander verheiratet und haben weder gemeinsam noch einzeln Kinder. Wir sind beide deutsche Staatsangehörige.

7 Vgl Grziwotz ZEV 1994, 267
8 Vgl Grziwotz FamRZ 1994, 1217
9 So zu Recht auch Nieder, Handbuch der Testamentsgestaltung 2000, Rn 1294

Der Erschienene zu 1. wurde in... (Standesamt..., Nr....) als Sohn der Ehegatten... und... geboren. Die Erschienene zu 2. wurde in... (Standesamt..., Nr....) als Tochter der Ehegatten... und... geboren.

Die Erschienenen erklären sodann gegenüber dem Notar mündlich Folgendes:

§ 1

Wir widerrufen hiermit alle bisher von uns getroffenen Verfügungen von Todes wegen und heben etwa unter uns getroffene vertragsmäßige Verfügungen auf.

§ 2

Wir setzen uns gegenseitig, und zwar nach dem Erstversterbenden den Längerlebenden von uns, zum unbeschränkten Alleinerben ein.

§ 3

Für den Fall des Todes des Überlebenden von uns oder für den Fall unseres gleichzeitigen Versterbens setzen wir die Nichte der Erschienenen zu 2., Frau..., zur Alleinerbin ein.

§ 4

Der Notar hat uns über die Bindungswirkung erbvertraglicher Bestimmungen belehrt.

Die gegenseitige Erbeinsetzung nehmen wir hiermit wechselseitig als erbvertragsmäßig bindend an. Alle anderen Verfügungen sind einseitig getroffen, dh jeder von uns kann sie, auch nach dem Ableben des anderen Teils, beliebig aufheben und ändern.

§ 5

Jeder von uns behält sich das Recht vor, von diesem Erbvertrag zurückzutreten, ohne dass hierfür ein besonderer Rücktrittsgrund vorzuliegen braucht. Der Notar hat uns darauf hingewiesen, dass der Rücktritt der notariellen Beurkundung bedarf und dem anderen Vertragspartner mit einer Ausfertigung der Rücktrittsurkunde mitzuteilen ist.

§ 6

Der Notar hat uns über das gesetzliche Erb- und Pflichtteilsrecht belehrt.

Wir schließen hiermit die Anfechtbarkeit dieses Erbvertrages wegen Übergehung von Pflichtteilsberechtigten, die beim Tode des Zuerstversterbenden oder Längerlebenden von uns etwa vorhanden sein sollten, aus.

§ 7

Weitere Verfügungen von Todes wegen wollen wir heute nicht treffen.

Den Wert unseres gemeinsamen Nettovermögens geben wir mit... € an.

Der Notar soll jedem von uns eine beglaubigte Abschrift dieser Urkunde erteilen und eine beglaubigte Abschrift unverschlossen zu seiner Urkundensammlung nehmen.

Krause

Dieser Erbvertrag soll in die besondere amtliche Verwahrung verbracht werden.

Sämtliche Verfügungen in diesem Erbvertrag gelten ohne Rücksicht auf gegenwärtige oder künftige Pflichtteilsberechtigte und vorrangig gegenüber anders lautenden gesetzlichen Auslegungs-, Vermutungs- und Ergänzungsregelungen.

Vorstehende Niederschrift wurde den Erschienenen vom Notar vorgelesen, von ihnen genehmigt und eigenhändig, wie folgt, unterschrieben:

3

KAPITEL 3
Verfügungen unter Lebenden

ÜBERBLICK

A. Übergabevertrag

Durch einen Übergabevertrag – auch Überlassungs- oder Übertragungsvertrag genannt – überträgt der Übergeber in der Regel einen wesentlichen Teil seines Vermögens, zumeist ein Grundstück, einen landwirtschaftlichen oder gewerblichen Betrieb auf einen Dritten, häufig Abkömmlinge oder nahe Verwandte. Begünstigte können aber auch Familienfremde sein. Im Gegensatz zu den Verfügungen von Todes wegen zeichnet sich der Übergabevertrag durch seine lebzeitige Erfüllung aus. 1

Fragebogen zur Gestaltung eines Grundstücksübergabevertrages:

1. PERSÖNLICHE DATEN 2

a. Veräußerer	**Erster Veräußerer**	**Zweiter Veräußerer**
Familienname		
Vorname		
Geburtsname		
Anschrift		
Geburtsdatum		
Familienstand	☐ ledig ☐ verh. ☐ gesch. ☐ verwitwet ☐ zusammenlebend	☐ ledig ☐ verh. ☐ gesch. ☐ verwitwet ☐ zusammenlebend
Güterstand	☐ gesetzl. ☐ Gütertrennung ☐ Gütergemeinschaft ☐ Lebenspartnerschaft	☐ gesetzl. ☐ Gütertrennung ☐ Gütergemeinschaft ☐ Lebenspartnerschaft
Telefon/Fax (tagsüber)		
Staatsangehörigkeit		
Angaben nur erforderlich, falls ausländische Staatsangehörigkeit: – Datum der Eheschließung – Erster ehelicher Wohnsitz		
Bankverbindung (für Renten- oder Ausgleichszahlung)		
– Name und Sitz der Bank		
– Bankleitzahl		
– Kontonummer		

Anteil am veräußerten Grundbesitz	Miteigentum (Quote: ___/___) BGB-Gesellschaftsanteil Miterbe (Quote: ___/___)	Miteigentum (Quote: ___/___) BGB-Gesellschaftsanteil Miterbe (Quote: ___/___)
Pflichtteilsberechtigte	☐ Kinder: ☐ Ehepartner: ☐ Lebenspartner: ☐ Eltern:	☐ Kinder: ☐ Ehepartner: ☐ Lebenspartner: ☐ Eltern:

b. Erwerber	**Erster Erwerber**	**Zweiter Erwerber**
Familienname		
Vorname		
Geburtsname		
Anschrift		
Geburtsdatum		
Familienstand	☐ ledig ☐ verh. ☐ gesch. ☐ verwitwet ☐ zusammenlebend	☐ ledig ☐ verh. ☐ gesch. ☐ verwitwet ☐ zusammenlebend
Güterstand	☐ gesetzl. ☐ Gütertrennung ☐ Gütergemeinschaft ☐ Partnerschaft	☐ gesetzl. ☐ Gütertrennung ☐ Gütergemeinschaft ☐ Partnerschaft
Telefon/Fax (tagsüber)		
Staatsangehörigkeit		
Angaben nur erforderlich, falls ausländische Staatsangehörigkeit: – Datum der Eheschließung – Erster ehelicher Wohnsitz		
Künftiger Anteil am erworbenen Grundbesitz	Miteigentum (Quote: ___/___) BGB-Gesellschaftsanteil	Miteigentum (Quote: ___/___) BGB-Gesellschaftsanteil

2. DATEN ZUM OBJEKT

a. Grundbuchstand und Lage

1. Gemarkung	Flur-Nr.	Flurstück-Nr.
Grundbuchamt	Blatt	Größe
Postalische Bezeichnung		

Eingetragener Eigentümer:	☐ Veräußerer ☐ nein, sondern	
Veräußerer ist	☐ Erbe (Erbscheinsausfertigung folgt)	☐ seinerseits Erwerber
2. Gemarkung	Flur-Nr.	Flurstück-Nr.
Grundbuchamt	Blatt	Größe
Postalische Bezeichnung		
Eingetragener Eigentümer	☐ Veräußerer ☐ nein, sondern	
Veräußerer ist	☐ Erbe (Erbscheinsausfertigung folgt)	☐ seinerseits Erwerber

b. Zusätzliche Angaben bei Veräußerung von Teilflächen

Sofern nur ein Teil eines Grundstücks veräußert werden soll, ist gleichzeitig ein Lageplan vorzulegen, in welchem die veräußerte Teilfläche eingezeichnet ist.	
Größe der Teilfläche: ca. .... Quadratmeter Beschreibung:	
Teilungsgenehmigung?	erforderlich: ☐ nein ☐ ja: ☐ erteilt ☐ beantragt ☐ noch nicht beantragt ☐ holen die Beteiligten selbst ein
Vermessungsantrag?	☐ bereits gestellt ☐ noch nicht gestellt ☐ stellen die Beteiligten selbst ☐ bereits vermessen (VN Nr. ....)
Vermessungskosten	☐ trägt der Veräußerer ☐ trägt der Erwerber ☐ tragen ....

c. Nutzung, Erschließung, Besitzübergang

Bebauung	☐ unbebaut ☐ bebaut mit ....
Besondere Nutzungen	land-/forstwirtschaftliche Nutzung ☐ ja ☐ nein Naturdenkmal ☐ ja ☐ nein Baudenkmal: ☐ ja ☐ nein
Vermietet	☐ nein ☐ ganz ☐ teilweise (Umfang: ....) Jahresmiete: ....
Selbst genutzt	☐ nein ☐ ganz ☐ teilweise (Umfang: ....)
Wenn vom Veräußerer selbst genutzt:	Auszug ☐ nein ☐ ja, am ....

Erschließung (Straßenausbau, Wasser, Kanal)	☐ voll erschlossen ☐ nicht erschlossen, weil .... ☐ teilerschlossen (Umfang: ....) Erschließungskosten: ☐ bereits abgerechnet ☐ bereits vollständig bezahlt
Besitzübergang:	am ....

3. BELASTUNGEN, VORBEHALTE, GEGENLEISTUNGEN

a. Belastungen

Belastet mit Hypotheken oder Grundschulden	☐ nein ☐ ja, mit Hypotheken/Grundschuld in Höhe von .... € ☐ Kredite bereits getilgt ☐ Kredite laufen in Höhe von ca. .... €
– wenn noch Kredite laufen	Bank/Darlehenskonto-Nr. .... ☐ Ablösung durch Erwerber ☐ Ablösung durch Veräußerer ☐ Übernahme durch Erwerber mit Zustimmung der Bank
Belastet mit Grunddienstbarkeit	☐ Wegerecht(e) ☐ Leitungsrecht(e) ☐ sonstiges: .... ☐ Löschung vorgesehen ☐ Übernahme durch Erwerber
Belastet mit persönlichen Rechten	☐ Nießbrauch ☐ Wohnungsrecht ☐ Reallast ☐ sonstiges: .... ☐ Übernahme durch Erwerber ☐ Löschung vorgesehen ☐ Löschungsbewilligung des Berechtigten ☐ Todesnachweis (Sterbeurkunde)

b. Ausgleichszahlung des Erwerbers an Veräußerer

Ausgleichsbetrag	.... €
Fälligkeit	☐ vierzehn Tage nach Eintragung der Auflassungsvormerkung, Lastenfreistellung und etwa erforderlicher Genehmigungen ☐ zusätzliche Voraussetzung .... ☐ feste Fälligkeit am ....

c. Rentenzahlung des Erwerbers an Veräußerer

Monatlicher Rentenbetrag	.... €
Rentenart	☐ Leibrente ☐ Dauernde Last

d. Abfindungszahlung des Erwerbers an Geschwister

Empfänger	**Erster Empfänger**	**Zweiter Empfänger**
Familienname		
Vorname		
Geburtsname		
Anschrift		
Geburtsdatum		
Verwandtschaftsverhältnis zum Erwerber		
Bankverbindung		
– Name und Sitz der Bank		
– Bankleitzahl		
– Kontonummer		
Abfindungsbetrag	.... €	.... €
Fälligkeit	☐ vierzehn Tage nach Eintragung der Auflassungsvormerkung, Lastenfreistellung und etwa erforderlicher Genehmigungen ☐ zusätzliche Voraussetzung .... ☐ feste Fälligkeit am	
Gegenständlich beschränkter Pflichtteilsverzicht hinsichtlich Vertragsgegenstand?	☐ nein ☐ ja ☐ unter der Bedingung der vollständigen Zahlung	☐ nein ☐ ja ☐ unter der Bedingung der vollständigen Zahlung

e. Finanzierung der Ausgleichs- oder Abfindungszahlungen durch den Erwerber

Finanzierung?	☐ nein ☐ ja, Erwerber finanziert über die .... Bank
Belastung des Grundstücks zur Finanzierung?	☐ vor Eigentumsumschreibung mit Grundschuld über .... € ☐ nach Eigentumsumschreibung mit Grundschuld über .... € ☐ Grundschuldbestellung soll zusammen mit Übergabevertrag beurkundet werden.
Nur bei Teilflächenveräußerung:	Verpfändung des Eigentumsverschaffungsanspruchs? ☐ ja ☐ nein

f. Vorbehalt eines Wohnungsrechts

Berechtigter	**Erster Veräußerer**	**Zweiter Veräußerer**
Nutzungsberechtigung	☐ unter Ausschluss des Eigentümers ☐ Mitbenutzung neben Eigentümer	☐ unter Ausschluss des Eigentümers ☐ Mitbenutzung neben Eigentümer
Räume	☐ ganzes Haus ☐ einzelne Räume und zwar	☐ ganzes Haus ☐ einzelne Räume und zwar ....
Berechtigungsverhältnis	☐ Alleinberechtigung ☐ Gesamtberechtigung gem § 428 BGB	☐ Alleinberechtigung ☐ Gesamtberechtigung gem § 428 BGB
Dauer	☐ lebenslänglich ☐ bestimmte Dauer, und zwar	☐ lebenslänglich ☐ bestimmte Dauer, und zwar ....
Entgelt	☐ unentgeltlich ☐ entgeltlich und zwar	☐ unentgeltlich ☐ entgeltlich und zwar ....

g. Nießbrauchsvorbehalt

Berechtigter	**Erster Veräußerer**	**Zweiter Veräußerer**
Umfang	☐ gesamter Vertragsgegenstand ☐ beschränkt auf:	☐ gesamter Vertragsgegenstand ☐ beschränkt auf: ....

Berechtigter	Erster Veräußerer	Zweiter Veräußerer
Berechtigungsverhältnis	☐ Alleinberechtigung ☐ Gesamtberechtigung gem § 428 BGB	☐ Alleinberechtigung ☐ Gesamtberechtigung gem § 428 BGB
Dauer	☐ lebenslänglich ☐ bestimmte Dauer und zwar	☐ lebenslänglich ☐ bestimmte Dauer und zwar ....

h. Pflegeverpflichtung

Berechtigter	Erster Veräußerer	Zweiter Veräußerer
Verpflichtung	☐ ja ☐ nein	☐ ja ☐ nein
Sanktion bei Nichterfüllung	☐ Rückerwerbsrecht ☐ Vertragsstrafenregelung und zwar	☐ Rückerwerbsrecht ☐ Vertragsstrafenregelung und zwar ....
Dauer	☐ lebenslänglich ☐ bestimmte Dauer und zwar	☐ lebenslänglich ☐ bestimmte Dauer und zwar ....

i. Rückforderungsrechte

Berechtigter	Erster Veräußerer	Zweiter Veräußerer
Rückforderungsgründe	☐ Veräußerung oder Belastung ohne Zustimmung des Veräußerers ☐ Insolvenz des Erwerbers ☐ Zwangsversteigerung des Vertragsgegenstandes ☐ Vorversterben des Erwerbers ☐ Ehescheidung ☐ Sonstiges und zwar	☐ Veräußerung oder Belastung ohne Zustimmung des Veräußerers ☐ Insolvenz des Erwerbers ☐ Zwangsversteigerung des Vertragsgegenstandes ☐ Vorversterben des Erwerbers ☐ Ehescheidung ☐ Sonstiges und zwar ....
Berechtigungsverhältnis bei Ausübung des Rückforderungsrechts		
Dauer	☐ lebenslänglich ☐ bestimmte Dauer und zwar	☐ lebenslänglich ☐ bestimmte Dauer und zwar ....

j. Sonstige Gegenleistungen

Berechtigter	Erster Veräußerer	Zweiter Veräußerer
Tragung der Beerdigungs- und Grabpflegekosten	☐ ja ☐ nein	☐ ja ☐ nein
Beteiligung an einem etwaigen Veräußerungserlös	☐ nein ☐ ja und zwar	☐ nein ☐ ja und zwar ....
Sonstiges		

4. SONSTIGES

Eigentumswohnung ☐ nein ☐ ja	Wenn ja: Verwalterzustimmung erforderlich? ☐ nein ☐ ja Name/Anschrift des Verwalters ....
Sonstiges	Wann hat Veräußerer erworben? .... Wie hat Veräußerer erworben? ☐ Auflassung ☐ Erbfall ☐ .... Genehmigung nach Grundstücksverkehrsordnung erforderlich? ☐ nein ☐ ja Genehmigung nach Grundstücksverkehrsgesetz erforderlich? ☐ nein ☐ ja Sanierungsgenehmigung erforderlich? ☐ nein ☐ ja Sonstige Genehmigungen erforderlich? ☐ nein ☐ ja und zwar .... Auf dem Grundstück stehen ☐ Datschen/Freizeitgebäude ☐ Garagen Bestehen Nutzungsverträge über aufstehende Gebäude etc.? ☐ nein ☐ ja

I. Motive für die lebzeitige Übergabe

3 In früheren Zeiten hatte der Übergabevertrag fast ausschließlich im landwirtschaftlichen Bereich Bedeutung. Es war gemeinhin üblich, dass der alt gewordene Landwirt den Betrieb auf seinen Hoferben übertrug und sich auf sein Altenteil zurückzog. Heute kommt dem Übergabevertrag außerhalb der Landwirtschaft erhebliche praktische Relevanz zu. Die Gründe für einen

Übergabevertrag können vielfältiger Natur sein. Bei der Betriebsübergabe steht nach wie vor der Wunsch des Übergebers im Vordergrund, sich wegen seines fortgeschrittenen Alters von der Erwerbstätigkeit zurückzuziehen und dem Übernehmer eine eigene Existenz zu verschaffen. Motiv für die Übergabe eines Hausgrundstücks ist nicht selten ein vom Übergeber nicht zu deckender Kreditbedarf für notwendige Renovierungsarbeiten. Eine große Rolle spielen steuerliche Gesichtspunkte; durch die schrittweise Vermögensübertragung können die erbschaftsteuerlichen Freibeträge mehrfach ausgenutzt werden. Nicht zu unterschätzen sind die pflichtteilsrechtlich motivierten Übergaben, durch die Pflichtteilsansprüche Dritter gemindert werden sollen. Vielfach ist die Gewohnheit maßgebend, wenn die Übergabe in der Familie bereits seit Generationen üblich ist. In der Mehrzahl der Fälle dürfte Hauptmotiv für einen Übergabevertrag der Wunsch des Übergebers sein, bereits zu Lebzeiten den künftigen Nachlass einvernehmlich zu regeln, um nach seinem Tod Streit unter den Erben zu vermeiden.

II. Abgrenzung der Vertragstypen

Der Übergabevertrag als solcher ist im Gesetz nicht geregelt. Je nach seiner 4
vertraglichen Ausgestaltung kann er im Einzelfall rechtlich unterschiedlich zu qualifizieren sein.

1. Schenkung

a. Begriff und Form der Schenkung

Prototyp des Übergabevertrages ist die Schenkung im Sinne der §§ 516 ff 5
BGB. Als reiner Schenkungsvertrag kommt dieser in der Praxis nur selten vor.[1] Unter einer Schenkung ist gem § 516 I BGB eine Zuwendung zu verstehen, durch die jemand aus seinem Vermögen einen anderen bereichert, wenn beide Teile darüber einig sind, dass die Zuwendung unentgeltlich erfolgt. Neben der objektiven Bereicherung des Empfängers ist die subjektive Einigung zwischen Schenker und Beschenktem über die Unentgeltlichkeit entscheidend. Unentgeltlich ist die Zuwendung, wenn sie unabhängig von einer Gegenleistung – auch von oder an einen Dritten – geschieht.[2] Gem § 517 BGB liegt bei einem bloßen Verzicht auf einen Vermögenserwerb oder der Ausschlagung einer Erbschaft oder eines Vermächtnisses keine Schenkung vor.

Das Schenkungsversprechen bedarf gem § 518 I BGB zu seiner Wirksamkeit 6
der notariellen Beurkundung. Der Mangel dieser Form wird in der Praxis regelmäßig durch die Bewirkung der Leistung gem § 518 II BGB geheilt.

1 So J. Mayer, Der Übergabevertrag in der anwaltlichen und notariellen Praxis 1998, Rn 6
2 BGH NJW 1982, 436

Praxis-Tipp:

7 *Bei der Schenkung von Grundstücken ist ergänzend § 313 BGB und bei der Schenkung von GmbH-Geschäftsanteilen § 15 III, IV GmbHG zu beachten.*

b. Einrede des Notbedarfs und Erlöschen eines Rentenversprechens

8 § 519 BGB und § 520 BGB betreffen das Schenkungsversprechen und sind Ausdruck der erleichterten Lösbarkeit von der Schenkung. Gem § 519 BGB ist der Schenker berechtigt, die Erfüllung des Schenkungsversprechens zu verweigern, soweit sein eigener angemessener Unterhalt oder die Erfüllung seiner gesetzlichen Unterhaltspflichten gefährdet wäre. Ein Rentenversprechen erlischt gem § 520 BGB im Zweifel mit dem Tod des Schenkers.

c. Haftung des Schenkers

9 Die Haftung des Schenkers ist wegen seiner Uneigennützigkeit in mehrfacher Hinsicht gemildert. So haftet er gem § 521 BGB grundsätzlich nur für Vorsatz und grobe Fahrlässigkeit. Zur Entrichtung von Verzugszinsen ist der Schenker nach § 522 BGB nicht verpflichtet. Ausgeschlossen ist damit § 288 BGB, nicht die Anwendung der §§ 286, 291 und 292 BGB;[3] insbesondere der Nachweis eines konkreten Zinsschadens über § 286 I BGB bleibt möglich. Aus Rechtsmängeln resultierende Schäden hat der Schenker nach § 523 I BGB nur zu ersetzen, wenn er den Rechtsmangel arglistig verschwiegen hat. Gleiches gilt gem § 524 I BGB für Sachmängel. Die Schadensersatzpflicht richtet sich nach §§ 249 ff BGB. Ersetzt wird der Vertrauensschaden einschließlich Mangelfolgeschäden, nicht das Erfüllungsinteresse.[4]

Beispiel:

10 Der Vater schenkt seinem Sohn ein Haus und hat leicht fahrlässig übersehen, dass die Wasserleitung aufgefroren ist. Die vom Sohn eingebrachten Gegenstände werden zerstört.

d. Rückforderung wegen Notbedarfs

11 § 528 BGB enthält eine Regelung für den Notbedarfsfall des Schenkers nach einer vollzogenen Schenkung. Soweit der Schenker nach der Vollziehung der Schenkung außerstande ist, seinen angemessenen Unterhalt zu bestreiten und die ihm seinen Verwandten, seinem Ehegatten, seinem Lebenspartner oder

3 Vgl Palandt/Putzo § 522 Rn 1

4 So die hM; vgl Palandt/Putzo § 524 Rn 6; zur Haftung des Schenkers für anfängliches Unvermögen siehe: BGH DNotZ 2000, 843 mit Anm Wegmann

seinem früheren Ehegatten oder Lebenspartner gegenüber gesetzlich obliegenden Unterhaltspflichten zu erfüllen, kann er von dem Beschenkten gem § 528 I 1 BGB die Herausgabe des Geschenkes nach den Vorschriften über die Herausgabe einer ungerechtfertigten Bereicherung fordern. Der Beschenkte kann die Herausgabe durch die Zahlung des für den Unterhalt erforderlichen Betrages nach § 528 I 2 BGB abwenden. Im Übrigen finden auf die Verpflichtung des Beschenkten gem § 528 I 3 BGB die Vorschriften des § 760 BGB sowie die für die Unterhaltspflicht der Verwandten geltende Vorschrift des § 1613 BGB und im Falle des Todes des Schenkers § 1615 BGB entsprechende Anwendung. Unter mehreren Beschenkten haftet der früher Beschenkte nach § 528 II BGB nur insoweit, als der später Beschenkte nicht verpflichtet ist.

Der Anspruch aus § 528 BGB steht dem Schenker selbst zu;[5] gegebenenfalls 12
kommt eine Überleitung auf den Sozialhilfeträger in Betracht. Stirbt der Beschenkte vor der Verarmung des Schenkers, richtet sich der Anspruch gegen dessen Erben.[6] Der Rückforderungsanspruch besteht nur bei Vorliegen des Notbedarfsfalles. Maßgebend sind der eigene angemessene Unterhalt des Schenkers und dessen gesetzliche Unterhaltspflichten aus §§ 1360, 1361, 1569, 1601 und 1615 a BGB. Auf sonstige Verpflichtungen kommt es nicht an.[7] Nicht erforderlich ist, dass die Schenkung die Ursache des Notbedarfs bildet.[8] Der Anspruch richtet sich seiner Höhe nach auf die Deckung des Bedarfs, den § 528 I 1 BGB schützt (»soweit«). Übersteigt der Wert des Geschenks – zB eines Grundstücks – den jeweils aktuellen Unterhaltsbedarf des verarmten Schenkers, folgt hieraus in Verbindung mit dem Rechtsfolgenverweis auf das Recht der ungerechtfertigten Bereicherung, dass gem § 818 II BGB nur Wertersatz zur Deckung des Unterhaltsbedarfs verlangt werden kann, bis der Wert des Schenkungsgegenstandes erschöpft ist.[9] Eine Rückgabe des Geschenks in Natur kommt regelmäßig nur in Betracht, wenn dessen Wert niedriger als die aufgelaufene Bedarfslücke ist und der Beschenkte sich nicht für die Ausübung der Abwendungsbefugnis des § 528 I 2 BGB entscheidet.

Die Verweisungsvorschrift des § 528 I 3 BGB gilt nur, wenn der Beschenkte 13
von der Abwendungsbefugnis des § 528 I 2 BGB Gebrauch gemacht hat.[10] Gem §§ 528 I 3, 760, 1613 II BGB haftet der Beschenkte danach für den laufenden Unterhaltsbedarf und den Sonderbedarf des vorangegangenen Jahres ohne Vorliegen von Verzug oder Rechtshängigkeit. Der laufende Unterhalt ist als Geldrente zu zahlen und gem § 760 II BGB jeweils für drei Monate im Voraus zu befriedigen. Der Anspruch erlischt mit dem Tod des Schenkers nach Maßgabe des § 1615 BGB.

---

5 Vgl OLG Düsseldorf FamRZ 1984, 887

6 BGH NJW 1991, 2558. Der Anspruch des Schenkers nach § 528 I 1 BGB auf Herausgabe des Geschenks erlischt nicht mit dessen Tod, sofern er bereits vom Schenker geltend gemacht oder abgetreten worden ist; vgl BGH NotDZ 2001, 261; siehe hierzu auch ZEV 2001, 289

7 Palandt/Putzo § 528 Rn 5

8 Palandt/Putzo § 518 Rn 6

9 BGH NJW 1996, 987

10 BGH NJW 1985, 2419; BGH NJW 1986, 1926; OLG Düsseldorf FamRZ 1984, 887; aA Franzen FamRZ 1997, 528

14 Der Beschenkte hat die Möglichkeit der Einrede der Entreicherung, sofern er nicht verschärft haftet (§§ 818 III, 819 I BGB).[11] Bei einer unentgeltlichen Weitergabe an einen Dritten gilt § 822 BGB.[12]

15 Das Rückforderungsrecht nach § 528 BGB ist gem § 529 I BGB ausgeschlossen, wenn der Schenker seine Bedürftigkeit vorsätzlich oder durch grobe Fahrlässigkeit herbeigeführt hat oder wenn zurzeit des Eintritts seiner Bedürftigkeit seit der Leistung des geschenkten Gegenstandes zehn Jahre verstrichen sind. Gleiches gilt gem § 529 II BGB, soweit der Beschenkte bei Berücksichtigung seiner sonstigen Verpflichtungen außerstande ist, das Geschenk herauszugeben, ohne dass sein standesgemäßer Unterhalt oder die Erfüllung der ihm kraft Gesetzes obliegenden Unterhaltspflichten gefährdet wird.[13]

Praxis-Tipp:

16 *Bei § 529 BGB handelt es sich um eine Einrede, nicht um eine Einwendung, so dass es dem Beschenkten obliegt, sie geltend zu machen.[14] Darüber können auch Vereinbarungen geschlossen werden.*

17 Maßgeblich für den Beginn der Zehnjahresfrist des § 529 I BGB dürfte nicht der Abschluss des Schenkungsvertrages, sondern der Eintritt des Leistungserfolges sein. Noch nicht abschließend geklärt ist, ob bei der Schenkung von Grundstücken auf den Eingang des Antrages auf Eigentumsumschreibung beim Grundbuchamt bzw das Entstehen einer Anwartschaft[15] oder entsprechend der Rechtsprechung des BGH zu § 2325 III BGB[16] auf die Eigentumsumschreibung im Grundbuch abzustellen ist.

Praxis-Tipp:

18 *Entschieden hat der BGH jüngst, dass der Notbedarf vor Ablauf der Zehnjahresfrist eingetreten sein muss. Es genügt nicht, dass die Umstände, die in Zukunft die Vermögenserschöpfung begründen, innerhalb der Frist vorliegen.[17] Es empfiehlt sich deshalb immer eine sehr genaue Prüfung der zeitweisen Entwicklung der Vermögensverhältnisse.*

---

11 OLG Düsseldorf FamRZ 1997, 769
12 Vgl BGHZ 106, 354; krit Koch JR 1993, 313; Germer BWNotZ 1987, 63. Der Anspruch aus § 528 I BGB unterliegt der 30-jährigen Verjährungsfrist des § 195 BGB; vgl BGH DNotI-Report 2001, 49
13 Vgl hierzu BGH ZEV 2000, 449 sowie jüngst BGH ZEV 2001, 196
14 Palandt/Putzo § 529 Rn 1
15 Vgl OLG Köln FamRZ 1986, 989
16 Vgl etwa: BGH NJW 1988; BGH ZEV 1996, 188; zu den Besonderheiten bei Schenkungen in den neuen Ländern vor der Deutschen Einheit siehe: Krause ZAP-Ost Fach 12, 75 sowie jüngst BGH DNotZ 2001, 711
17 BGH ZEV 2000, 111 mit Anm Putzo

Beispiel:

Die Mutter schenkt dem Sohn im Jahr 1989 ein Hausgrundstück. Aufgrund ihrer Pflegebedürftigkeit zieht sie im Jahr 1995 in ein Pflegeheim. Die Pflegekosten bestreitet sie zunächst aus ihrem sonstigen Vermögen. Erst im Jahr 2001 tritt der Notbedarfsfall ein.

19

e. Widerruf wegen groben Undanks

Der Schenker kann sich gem § 530 I BGB durch Widerruf von der Schenkung lösen, wenn sich der Beschenkte durch eine schwere Verfehlung gegen den Schenker oder einen nahen Angehörigen des Schenkers groben Undanks schuldig gemacht hat. Gerechtfertigt ist ein solcher Widerruf etwa bei Lebensbedrohung, körperlicher Misshandlung, grundloser Strafanzeige,[18] belastenden Aussagen trotz Zeugnisverweigerungsrechts,[19] schweren Beleidigungen, Unterbinden eines Nutzungsrechts[20] oder grundlosem Antrag auf Betreuerbestellung.[21] Im Einzelfall kann das Recht zum Widerruf begründet sein, wenn sich der Beschenkte hartnäckig weigert, ein vom Schenker vorbehaltenes Recht zu erfüllen.[22] Dem Erben des Schenkers steht das Recht zum Widerruf gem § 530 II BGB nur zu, wenn der Beschenkte vorsätzlich und widerrechtlich den Schenker getötet oder am Widerruf gehindert hat. 20

Der Widerruf hat nach § 531 I BGB durch einseitige empfangsbedürftige Erklärung gegenüber dem Beschenkten zu erfolgen. Im Falle eines wirksamen Widerrufs kann der Schenker gem § 531 II BGB vom Beschenkten die Herausgabe des Geschenkes nach den Vorschriften über die Herausgabe einer ungerechtfertigten Bereicherung fordern (§§ 812 ff BGB). Gegenansprüche des Beschenkten, die in Zusammenhang mit dem Geschenk stehen, können über § 818 III BGB geltend gemacht werden.[23]

Beispiel:

Der Beschenkte nimmt zwischen Schenkung und deren Widerruf Reparaturmaßnahmen zur Erhaltung des Hauses vor.

21

Ausgeschlossen ist der Widerruf nach § 532 S 1 BGB, wenn der Schenker dem Beschenkten verziehen hat oder wenn seit dem Zeitpunkt, in welchem der Widerrufsberechtigte von dem Eintritt der Voraussetzungen seines Rechts Kenntnis erlangt hat, ein Jahr verstrichen ist. Nach dem Tode des Beschenkten ist der Widerruf gem § 532 S 2 BGB nicht mehr zulässig. § 533 BGB stellt klar, 22

18 BGHZ 112, 259
19 BGH LM § 530 Nr. 6
20 BGH NJW 1999, 1626
21 OLG Düsseldorf NJW-RR 1998, 1432
22 BGH NJW 1993, 1577 für den Nießbrauch; vgl auch BGH ZEV 2000, 407
23 BGH NJW 1999, 1626

dass auf das Widerrufsrecht erst verzichtet werden kann, wenn der Undank dem Widerrufsberechtigten bekannt geworden ist.

f. Anfechtung

23 Im Rahmen von Übergabeverträgen sind stets die Anfechtungsregeln des Anfechtungsgesetzes und der Insolvenzordnung zu beachten. Gem § 3 II AnfG bzw § 133 II InsO ist ein vom Schuldner mit einer nahestehenden Person geschlossener entgeltlicher Vertrag, durch den seine Gläubiger bzw die Insolvenzgläubiger unmittelbar benachteiligt werden, innerhalb von zwei Jahren anfechtbar. Der Kreis der nahestehenden Personen ist einheitlich in § 138 InsO definiert. Hierzu zählen insbesondere Ehegatten, gleichgeschlechtliche Lebenspartner, auch vor Eheschließung bzw Begründung der Lebenspartnerschaft, Verwandte des Schuldners oder seines Ehegatten und Lebensgefährten. Unentgeltliche Leistungen des Schenkers sind nach § 4 I AnfG bzw § 134 InsO innerhalb von vier Jahren anfechtbar.

2. Schenkung unter Auflagen

24 Die Schenkung unter Auflagen ist als Sonderfall in den §§ 525 bis 527 BGB geregelt. Zivilrechtlich ist die Auflage kein Entgelt oder Gegenleistung. Geschenkt ist daher der gesamte Zuwendungsgegenstand.[24] Auflage ist die einer Schenkung hinzugefügte Bestimmung, dass der Empfänger zu einer Leistung – Tun oder Unterlassung – verpflichtet sein soll, die aus dem Zuwendungsgegenstand zu entnehmen ist.[25] Dies ist auch in der Weise möglich, dass der Empfänger lediglich in der freien Verfügung über den Gegenstand beschränkt werden soll.[26]

Beispiele:

25 Schenkung eines Grundstücks unter Vorbehalt des Nießbrauchs[27] oder Abschluss eines Übergabevertrages gegen Pflegeverpflichtung.[28]

26 Der Schenker ist zur Vorleistung verpflichtet. Er kann die Vollziehung der Auflage gem § 525 I BGB erst verlangen, wenn er seinerseits geleistet hat. Liegt die Vollziehung der Auflage im öffentlichen Interesse, kann gem § 525 II BGB nach dem Tod des Schenkers die zuständige Behörde die Vollziehung verlangen. Insoweit reicht jede Förderung des Gemeinwohls aus.[29] Das Recht der Rechtsnachfolger des Schenkers (§ 1922 BGB) nach § 525 I BGB bleibt

24 Jerschke in: Beck'sches Notar-Handbuch 2000, A V Rn 20
25 Palandt/Putzo § 525 Rn 1
26 Palandt/Putzo § 525 Rn 1
27 OLG Köln FamRZ 1994, 1242
28 OLG Bamberg NJW 1949, 788; BGH NJW 1989, 2122; krit: J. Mayer, Der Übergabevertrag in der anwaltlichen und notariellen Praxis 1998, Rn 8
29 Palandt/Putzo § 525 Rn 14

hiervon unberührt.[30] Die Schenkung unter Auflagen wird dadurch geprägt, dass die Leistung des Beschenkten aus dem zugewendeten Vermögen zu erbringen ist. Er hat gem § 526 S 1 BGB ein Leistungsverweigerungsrecht und gem § 526 S 2 BGB einen Aufwendungsersatzanspruch, wenn sich nachträglich erweist, dass der Wert des gesamten Schenkungsgegenstandes aufgrund eines Rechts- oder Sachmangels für den Vollzug der Auflage nicht ausreicht.

Bei Nichtvollzug der Auflage steht dem Schenker nach § 527 BGB ein Anspruch auf Herausgabe des Geschenks zu. § 527 I BGB verweist auf die für das Rücktrittsrecht bei gegenseitigen Verträgen bestimmten Voraussetzungen. Gemeint sind die §§ 325, 326 BGB.[31] Erforderlich ist zB eine Fristsetzung mit Ablehnungsandrohung. Die Haftung des Beschenkten richtet sich nach den bereicherungsrechtlichen Vorschriften, §§ 812 I 1, 818, 819 I BGB.[32] Rückgabe kommt grundsätzlich nur in Betracht, soweit noch eine Bereicherung des Beschenkten besteht. Die Rückforderung kann im Übrigen nur insoweit verlangt werden, als das Geschenk zur Vollziehung der Auflage hätte verwendet werden müssen.[33] Bei teilbaren Gegenständen ist dementsprechend nur ein Teil herauszugeben. Ist der Schenkungsgegenstand real unteilbar, besteht nur ein Geldanspruch in Höhe des Wertes der Aufwendungen, die zur Erfüllung der Auflage gemacht werden müssen.[34] Bei immateriellen Auflagen ist nichts herauszugeben. 27

Praxis-Tipp:

Es empfiehlt sich, bei Vorliegen einer der beiden zuletzt genannten Sachverhalte zum Schutz des Schenkers ein vertragliches Rückforderungsrecht für den Fall der Nichtvollziehung der Auflage zu vereinbaren. 28

Der Anspruch nach § 527 I BGB ist gem § 527 II BGB ausgeschlossen, wenn ein Dritter berechtigt ist, die Vollziehung der Auflage zu verlangen. Bei der Pflichtteilsanrechnung, Erbausgleichung und der Pflichtteilsergänzung sind die Auflagen als bereicherungsmindernde Abzugsposten wie sonstige Gegenleistungen zu behandeln.[35] 29

3. Gemischte Schenkung

Die gemischte Schenkung ist im Gesetz nicht ausdrücklich geregelt. Ihre dogmatische Einordnung ist umstritten.[36] Eine gemischte Schenkung ist ein einheitlicher Vertrag, bei dem der Wert der Leistung des einen dem Wert der Leistung des anderen nur zum Teil entspricht, die Vertragspartner dies wissen 30

30 Palandt/Putzo § 525 Rn 13
31 Vgl Palandt/Putzo § 527 Rn 4
32 Vgl Palandt/Putzo § 527 Rn 5
33 Vgl Palandt/Putzo § 527 Rn 5
34 Jerschke in: Beck'sches Notar-Handbuch 2000, A V Rn 21
35 Jerschke in: Beck'sches Notar-Handbuch 2000, A V Rn 24
36 Siehe Palandt/Putzo § 516 Rn 14; der BGH entscheidet eher pragmatisch ohne dogmatischen Ansatz, vgl BGH NJW 1972, 247; BGH NJW 1992, 2566

und übereinstimmend wollen, dass der überschießende Wert unentgeltlich gegeben wird.[37]

Beispiel:

31 Die Eltern schenken ihrer Tochter das Hausgrundstück im Wert von 500 000 € und diese verpflichtet sich als Gegenleistung zur Zahlung eines Betrages an den Bruder iHv 20 000 €. Eine vergleichbare Gegenleistung des Übernehmers könnte in der Zahlung einer Leibrente oder dauernden Last an die Eltern liegen.

32 Unabhängig von der dogmatischen Einordnung ist auf die gemischte Schenkung das Schenkungsrecht nur eingeschränkt anwendbar. Hinsichtlich der Haftung des Schenkers gelten die Privilegien der §§ 521, 523, 524 BGB ausschließlich für den Schenkungsteil.[38] Im Falle des § 528 BGB besteht ein Geldanspruch und kein Recht auf Rückforderung des Zuwendungsgegenstandes.[39] Nach § 530 BGB kann der Schenker den Vertragsgegenstand bei grobem Undank des Beschenkten nur zurückfordern, wenn der unentgeltliche Charakter des Vertrages überwiegt.[40] Die Rückabwicklung erfolgt Zug-um-Zug gegen Wertausgleich des entgeltlichen Teils.[41] Vermögensmindernde Aufwendungen des Beschenkten sind zu berücksichtigen.[42] Bei einer gemischten Grundstücksschenkung muss eine Verpflichtung zur Lastenfreistellung von im Grundbuch eingetragenen Grundpfandrechten ausdrücklich vereinbart werden. § 439 II BGB gilt nur für den Kaufvertrag.

Musterformulierung:

33 *Der Veräußerer leistet dafür Gewähr, dass der veräußerte Grundbesitz auf den Erwerber übertragen wird, frei von im Grundbuch in Abteilung II und III eingetragenen Belastungen und Beschränkungen, soweit sie in dieser Urkunde nicht ausdrücklich übernommen werden.*

4. Pflicht- und Anstandsschenkung

34 Die Pflicht- und Anstandsschenkung ist in § 534 BGB normiert. Sie unterliegt nicht der Rückforderung und dem Widerruf; die §§ 528 bis 533 BGB sind nicht anwendbar. Ob eine Pflicht- und Anstandschenkung vorliegt, hängt von den Umständen des Einzelfalles ab. Zu berücksichtigen sind das Vermögen und die Lebensstellung der Beteiligten sowie ihre persönlichen Beziehungen.[43] So

37 BGH NJW-RR 1996, 754
38 Vgl Palandt/Putzo § 516 Rn 17
39 Jerschke in: Beck'sches Notar-Handbuch 2000, A V Rn 14
40 Palandt/Putzo § 516 Rn 16
41 BGH NJW 1989, 2122
42 BGH NJW 1999, 1626
43 Palandt/Putzo § 534 Rn 2

kann die Unterhaltung bedürftiger Geschwister einer sittlichen Pflicht entsprechen, nicht aber eine Belohnung für die Pflege durch nahe Angehörige.[44] Zur Anstandspflicht dürften in der Regel gebräuchliche Gelegenheitsgeschenke, wie zB zum Geburtstag oder zu Weihnachten, zählen. Abzustellen ist darauf, ob die Unterlassung des Geschenks zu einer Einbuße an Achtung führen würde.[45] Bei ungewöhnlichen Schenkungsgegenständen, wie zB Grundstücken, dürfte eine Pflicht- und Anstandsschenkung in der Regel nicht angenommen werden können. Dies gilt selbst unter Ehegatten, wenn Schenkungsobjekt ein Miteigentumsanteil an einem Grundstück ist.[46]

Fällt eine Schenkung nur teilweise unter § 534 BGB, ist der entsprechende Teil 35
von der Rückforderung und dem Widerruf nach §§ 528 bis 533 BGB ausgeschlossen.[47] Bei Unteilbarkeit kommt Rückforderung Zug-um-Zug gegen eine der sittlichen oder Anstandspflicht entsprechenden Leistung in Betracht.[48] Zu beachten ist, dass die Pflicht- und Anstandsschenkungen gem § 2330 BGB nicht der Pflichtteilsergänzung unterliegen. Die Beweislast für die Pflicht- und Anstandsschenkung trägt der Beschenkte.[49]

Sonstige Regelungen zur Pflicht- und Anstandsschenkung finden sich in 36
§§ 814, 1425 II, 1641, 1804, 2113 II, 2205 und 2207 BGB.

5. Ausstattung

Übertragen Eltern auf ihre Kinder Vermögen, kann als eigener Vertragstyp 37
eine Ausstattung im Sinne des § 1624 BGB vorliegen. Ausstattung sind gem § 1624 I BGB alle Vermögenswerte, die der Vater oder die Mutter ihrem Kind mit Rücksicht auf seine Verheiratung oder auf die Erlangung einer selbständigen Lebensstellung zur Begründung oder zur Erhaltung der Wirtschaft oder der Lebensstellung zuwenden.

Musterformulierung:

Die Zuwendung des Veräußerers an den Erwerber wird als Ausstattung zur 38
Erhaltung der Lebensstellung gewährt.

Auf die Ausstattung findet das Schenkungsrecht nach §§ 516 ff BGB grundsätzlich keine Anwendung. Der Ausstattungsvertrag als solcher bedarf mangels Anwendbarkeit des § 518 BGB keiner besonderen Form. § 313 BGB oder § 15 III, IV GmbHG bleiben jedoch unberührt. Nur hinsichtlich der Mängelgewährleistung verweist § 1624 II BGB auf die §§ 523, 524 BGB. Die Ausstattung unterliegt nicht der Gläubigeranfechtung nach § 4 AnfG bzw § 134 InsO,[50] wohl aber der Anfechtung nach § 3 II AnfG bzw § 133 II InsO.

44 Vgl BGH NJW 1986, 1926
45 Vgl Palandt/Putzo § 534 Rn 3
46 Vgl BGH NJW-RR 1986, 1202; aA Karakatsanes FamRZ 1986, 1049
47 Palandt/Putzo § 534 Rn 1
48 BGH MDR 1963, 575
49 Palandt/Edenhofer § 2330 Rn 1
50 Palandt/Diederichsen § 1624 Rn 3; aA MüKo/Hinz § 1624 Rn 13

39 Mangels Schenkung scheidet die Ausstattung aus dem Anwendungsbereich der Pflichtteilsergänzung nach § 2325 BGB aus. Sie ist entsprechend der gesetzlichen Anordnung in § 2050 I BGB bei gesetzlicher Erbfolge unter Abkömmlingen auszugleichen, sofern der Erblasser bei der Zuwendung nicht etwas anderes bestimmt hat.

Praxis-Tipp:

40 *Bei einem Ausschluss der Ausgleichung ist § 2316 III BGB zu beachten. Danach kann der Erblasser eine Zuwendung der in § 2050 I BGB bezeichneten Art nicht zum Nachteil eines Pflichtteilsberechtigten von der Berücksichtigung ausschließen.*

Eine Anrechnung auf den Pflichtteil gem § 2315 BGB kann auch bei der Ausstattung angeordnet werden. Es greift insoweit § 2316 IV BGB ein, wonach sich die Pflichtteilsanrechnung bei gleichzeitig angeordneter Ausgleichung auf die Hälfte des Wertes der Zuwendung beschränkt.

Praxis-Tipp:

41 *Zu beachten ist, dass sich der Ausschluss der Anwendbarkeit des Schenkungsrechts auf die Ausstattung gem § 1624 I BGB nicht auf das sog Übermaß erstreckt. Ein Übermaß liegt vor, wenn die Zuwendung nicht durch die Vermögensverhältnisse der Eltern gerechtfertigt ist.[51] Für das Übermaß gilt uneingeschränkt Schenkungsrecht. Beweispflichtig ist derjenige, der die Übermäßigkeit behauptet, zB ein Pflichtteilsberechtigter. Allein die Bezeichnung einer Zuwendung als Ausstattung kann deshalb nicht als Allheilmittel zur Vermeidung von Pflichtteilsergänzungsansprüchen dienen. Es empfiehlt sich deshalb bei sehr werthaltigen Ausstattungen, Näheres zu den Vermögensverhältnissen auszuführen.*

6. Vorweggenommene Erbfolge

42 Die vorweggenommene Erbfolge ist im Gesetz nicht definiert; in § 593 a BGB wird sie vorausgesetzt. Verträge im Rahmen der vorweggenommenen Erbfolge zeichnen sich dadurch aus, dass Vermögensgegenstände an den vorgesehenen Erben – in der Regel eine Person aus dem Kreis der gesetzlichen Erben – übertragen und dem Erwerber Leistungen zur Versorgung des Übergebers auferlegt werden. Die Versorgungssicherheit des Übergebers stellt nicht zwangsläufig das Hauptmotiv der vorweggenommenen Erbfolge dar. Häufig wird auch eine erbrechtliche Klarheit und Schaffung einer Existenzhilfe für den Erwerber angestrebt.

Die vorweggenomme Erbfolge unterliegt regelmäßig den Normen des Schenkungsrechts.

51 Vgl Schmid BWNotZ 1971, 29

Praxis-Tipp:

Im Hinblick auf § 7 I EstDV, § 11 d EstDV oder § 13 a ErbStG ist die Verwendung des Begriffs der vorweggenommen Erbfolge angezeigt.[52] 43

Musterformulierung:

Die Übertragung erfolgt im Wege der vorweggenommenen Erbfolge. 44

7. Zuwendungen unter Ehegatten

Zuwendungen unter Ehegatten – unbenannte oder ehebedingte – erfolgen regelmäßig unentgeltlich. Gleichwohl werden sie im Zweifel nicht als Schenkung qualifiziert.[53] Ihre Grundlage bildet die eheliche Lebensgemeinschaft. Sie dienen dieser als Beitrag zur Verwirklichung oder Ausgestaltung, Erhaltung oder Sicherung.[54] 45

Beispiele:

Zuwendungsgegenstand sind typischerweise Miteigentumsanteile an Grundstücken oder die Finanzierung ihres Erwerbs; es können aber auch Dienstleistungen,[55] die Anwartschaft aus einer Lebensversicherung[56] oder der Verzicht auf Zugewinnausgleichsansprüche bei Vereinbarung von Gütertrennung[57] sein. 46

Praxis-Tipp:

Zur Vermeidung von Missverständnissen sollte bei Zuwendungen unter Ehegatten der Begriff der Schenkung vermieden werden. Ist eine solche ausnahmsweise gewünscht, bedarf es einer entsprechenden ausdrücklichen Vereinbarung.[58] 47

Musterformulierung:

Die Übertragung erfolgt im Wege der ehebedingten Zuwendung als Beitrag zur Verwirklichung der ehelichen Lebensgemeinschaft. 48

---

52 Vgl J. Mayer, Der Übergabevertrag in der anwaltlichen und notariellen Praxis 1998, Rn 12
53 Vgl Palandt/Putzo § 516 Rn 10; Waas FamRZ 2000, 435; zur Abgrenzung zwischen ehebezogener Zuwendung und Ehegatteninnengesellschaft siehe: BGH DNotZ 2000, 514
54 Vgl BGHZ 84, 364; BGHZ 87, 146; BGHZ 116, 169; Kleinle FamRZ 1997, 1383
55 Vgl BGH NJW 1994, 2545
56 Vgl BGH NJW 1992, 2155
57 Vgl BGH NJW 1997, 2747
58 Vgl OLG Frankfurt FamRZ 1986, 576

49 Mangels Schenkung scheidet bei einer Zuwendung unter Ehegatten ein Widerruf nach § 530 BGB grundsätzlich aus. Im Falle des Scheiterns der Ehe kommt regelmäßig nur ein Ausgleich nach güterrechtlichen Grundsätzen in Betracht.[59] Beim gesetzlichen Güterstand der Zugewinngemeinschaft erfolgt eine Anrechnung des Wertes der Zuwendung auf den Zugewinnausgleichsanspruch nach § 1380 BGB bzw im Endvermögen des Zuwendungsempfängers gem § 1375 BGB.[60] Problematisch ist dies insbesondere in den Fällen, in denen die Zuwendung aus dem Anfangsvermögen des Zuwendenden erfolgt oder wenn der Wert der Zuwendung im Vermögen des Zuwendungsempfängers durch Vermögensverluste neutralisiert wird. Gleichwohl lässt die Rechtsprechung eine Anwendung der Grundsätze über den Wegfall der Geschäftsgrundlage (§ 242 BGB) nur in ganz besonderen Ausnahmefällen zu und gewährt dem Zuwendenden einen Ausgleichsanspruch, wenn der güterrechtliche Ausgleich als nicht tragbar erscheint. Dies wurde angenommen in einem Fall, in dem der Zuwendende seinen angemessenen Unterhalt nicht mehr aus den ihm verbliebenen Mitteln bestreiten konnte.[61]

Praxis-Tipp:

50 *Soll die Zuwendung im Rahmen des Zugewinnausgleichs unberücksichtigt bleiben, ist eine ehevertragliche Modifizierung der Zugewinngemeinschaft unter Beachtung der Formvorschrift des § 1410 BGB erforderlich. Gegebenenfalls ist an die Vereinbarung von vertraglichen Rückforderungsrechten für den Fall der Scheidung der Ehe zu denken.*[62]

51 Leben die Ehegatten im Güterstand der Gütertrennung, erfolgt die Rückabwicklung der Ehegattenzuwendung regelmäßig nach den Grundsätzen über den Wegfall der Geschäftsgrundlage. Dies gilt jedenfalls, soweit die Beibehaltung der Zuwendung nach Treu und Glauben nicht zuzumuten ist.[63]

52 Im Verhältnis zu Pflichtteilsberechtigten behandelt der BGH die Zuwendungen unter Ehegatten wie Schenkungen.[64] Sie unterliegen insbesondere der Pflichtteilsergänzung nach § 2325 BGB. Auf die Zuwendungen unter Ehegatten sind die Anfechtungsrechte aus § 4 I AnfG bzw § 134 InsO anwendbar.[65] Schließlich sind sie nicht von der Schenkungsteuer ausgenommen.[66] Im Verhältnis zu Dritten werden die Zuwendungen unter Ehegatten somit wie Schenkungen behandelt.[67]

---

59 Vgl BGHZ 87, 145; BGHZ 115, 132; BGHZ 116, 178 mwN; auch eine Rückabwicklung nach Bereicherungsrecht scheidet aus, vgl Rauscher AcP 186, 529
60 Vgl Palandt/Brudermüller § 1380 Rn 2; BGH FamRZ 1982, 246; Rauscher AcP 186, 564; Grünewald NJW 1988, 110; aA Lipp JuS 1993, 93
61 Vgl OLG München FamRZ 1999, 1663; vgl auch OLG Bremen NJW 2000, 82
62 Vgl Langenfeld NJW 1986, 2541
63 Vgl BGH FamRZ 1987, 45; OLG Düsseldorf NJW-RR 1996, 644; Jaeger DNotZ 1991, 461
64 Vgl BGH NJW 1992, 564; BGH NJW-RR 1996, 133
65 Vgl OLG München DNotI-Report 1997, 82
66 Vgl BFH ZEV 1994, 188
67 Vgl auch Langenfeld ZEV 2000, 391

8. Betriebs- und Hofübergabe

53 Bei den Verträgen über die Übergabe eines gewerblichen oder landwirtschaftlichen Betriebes steht häufig neben der lebzeitigen Regelung der Unternehmensnachfolge die Alterssicherung der Übergeber bzw ihrer Ehegatten im Vordergrund. Dieser Vertragstyp bedarf einer genauen Regelung von Leistungsstörungen, da das Schenkungsrecht – wenn überhaupt – nur eingeschränkt Anwendung findet. Vor allem stellt sich bei diesen Verträgen die Frage der Einordnung der Versorgungsleistungen und vorbehaltenen Rechte als Auflagen oder sonstige Gegenleistungen im Sinne einer gemischten Schenkung oder aber der Übergang zum Austauschvertrag nach §§ 320 ff BGB mit ausgewogener Leistung und Gegenleistung. Zu beachten ist, dass sämtliche Betriebsgrundlagen einschließlich Betriebsgrundstück und Zubehör im Wege der Einzelrechtsnachfolge übertragen werden sollten. Neben der Übereignung von beweglichen Sachen und der Auflassung von Grundstücken ist an die Abtretung von Forderungen und Übertragung von sonstigen Rechten, wie gewerblichen Schutzrechten, zu denken. Bei der Zurückhaltung von Teilen des Betriebsvermögens drohen Steuergefahren.

54 Übergabestichtag ist zweckmäßigerweise der Bilanzstichtag. Regelungsbedarf besteht auch hinsichtlich der Entlastung des Veräußerers von etwaigen Verbindlichkeiten im Wege der Schuld- oder Erfüllungsübernahme. Bei Fortführung der Firma ist die Haftungsvorschrift des § 25 HGB zu beachten.

55 Die Übergabe eines landwirtschaftlichen Betriebes kann zusätzlich Besonderheiten aufweisen, wenn es sich um ein Landgut im Sinne des § 2312 BGB oder einen Hofübergabevertrag nach der Höfeordnung handelt. Im Übrigen ist die Genehmigungsbedürftigkeit nach dem Grundstücksverkehrsgesetz zu beachten.

56 Zur Erhaltung leistungsfähiger Betriebe wird bei Landgütern gem § 2312 BGB bei entsprechender Anordnung des Erblassers hinsichtlich der Berechnung der Pflichtteilsansprüche nur der Ertragswert des Landgutes zugrunde gelegt. Unter Landgut ist eine Besitzung zu verstehen, die zum Zeitpunkt des Erbfalles[68] eine zum selbständigen und dauernden Betrieb der Landwirtschaft geeignete und bestimmte Wirtschaftseinheit darstellt und mit den nötigen Wohn- und Wirtschaftsgebäuden versehen ist.[69] Die Besitzung muss eine ausreichende Größe erreichen[70] und für den Inhaber eine selbständige Nahrungsquelle darstellen, ohne dass sie eine bäuerliche Durchschnittsfamilie ernähren muss.[71] Eine entsprechende Anwendung des § 2312 BGB ist im Falle lebzeitiger Übergabe des Landgutes durch den Erblasser bei Geltendmachung von Pflichtteilsergänzungsansprüchen nach § 2325 BGB gegenüber dem Übernehmer möglich.[72] Erforderlich ist insoweit, dass die Voraussetzungen des § 2312 BGB zum Zeitpunkt des Erbfalls gegeben sind. Es reicht nicht aus, wenn sie zwar bei der Übergabe vorgelegen haben, aber beim Erbfall nicht mehr bestehen.[73]

---

68 BGH NJW 1995, 1352
69 BGHZ 98, 375
70 Vgl aber BGH NJW-RR 1992, 770
71 Vgl Palandt/Edenhofer § 2312 Rn 8
72 BGH Rpfleger 1964, 312 mit Anm Haegele
73 BGH NJW 1995, 1352

57 Die Höfeordnung gilt in den Ländern Hamburg, Niedersachsen, Schleswig-Holstein und Nordrhein-Westfalen als partielles Bundesrecht. Landesrechtliche Sonderregelungen zum Anerbenrecht gibt es darüber hinaus in Bremen, Hessen, Rheinland-Pfalz und Baden-Württemberg. In den übrigen Bundesländern gelten derzeit keine besonderen Anerbenrechte.[74] Wesentlich für die Vererbung einer Besitzung nach Höferecht ist, dass sie geschlossen an einen Erben fällt. Aus der Höfeordnung ergeben sich einige Besonderheiten für den Hofübergabevertrag. Gem § 17 HöfeO in Verbindung mit § 16 HöfeO muss die Hofnachfolge wie bei der Hoferbfolge geregelt sein. Es besteht gem § 12 HöfeO ein sofort fälliger Abfindungsanspruch der weichenden Erben und gem § 13 HöfeO ein Abfindungsergänzungsanspruch, der modifiziert und ausgeschlossen werden kann.[75]

III. Typische Gegenleistungen und vorbehaltene Rechte

1. Nießbrauch

58 Die Übergabe unter Nießbrauchsvorbehalt im Sinne der §§ 1030 ff BGB dient der frühzeitigen Weichenstellung unter Beibehaltung der wirtschaftlichen Situation. Gem § 1030 BGB ist der Nießbraucher berechtigt, die Nutzungen der belasteten Sache zu ziehen. Dem Erwerber wird die rechtliche Verfügungsmacht verschafft.

59 Neben dem Nießbrauch an der ganzen Sache ist nach § 1066 BGB ein Bruchteilsnießbrauch möglich. Belastungsgegenstand ist in diesem Fall allein der Anteil eines Miteigentümers. Soweit der Alleineigentümer den gesamten Gegenstand mit einem teilweisen Nießbrauch belastet, wird von Quotennießbrauch gesprochen. Neben einem Grundstück kann auch Wohnungs- bzw Teileigentum nach WEG mit einem Nießbrauch belastet werden. Umstritten ist, wer in einem solchen Fall in der Eigentümerversammlung die Rechte aus dem Sondereigentum ausüben bzw Eigentümerbeschlüsse anfechten kann.[76]

Praxis-Tipp:

60 *Zur Klarstellung sollte in den Übergabevertrag eine umfassende Vollmacht an den Nießbraucher aufgenommen werden, sofern dieser im Verhältnis der Vertragsparteien allein berechtigt sein soll.*[77]

74 Vgl hierzu im Einzelnen: Palandt/Edenhofer Art. 64 EGBGB Rn 6 ff
75 Vgl Jerschke in: Beck'sches Notar-Handbuch 2000, A V Rn 126
76 Vgl die Nachweise bei Palandt/Bassenge § 25 WEG Rn 4
77 So auch Jerschke in: Beck'sches Notar-Handbuch 2000, A V Rn 133

Musterformulierung:

Der Nießbraucher wird bevollmächtigt, ab dem heutigen Tage alle Rechte wahrzunehmen, die mit dem Sondereigentum verbunden sind, insbesondere das Recht der Abstimmung in der Eigentümerversammlung und der Anfechtung von Beschlüssen der Eigentümerversammlung. 61

Nach § 1041 S 1 BGB hat der Nießbraucher für die Erhaltung des Nießbrauchsgegenstandes in seinem wirtschaftlichen Bestand zu sorgen. Ausbesserungen und Erneuerungen fallen ihm gem § 1041 S 2 BGB nur zur Last, sofern sie zur gewöhnlichen Unterhaltung der Sache gehören. Die außergewöhnlichen Lasten trägt der Eigentümer. Hinsichtlich der öffentlich-rechtlichen Lasten findet gem § 1047 BGB ebenfalls eine Kostenteilung statt. Während der Eigentümer die außerordentlichen Lasten, die als auf den Stammwert der Sache gelegt anzusehen sind, zB Erschließungskosten nach dem BauGB und Anliegerbeiträge nach den landesrechtlichen Kommunalabgabengesetzen, zu tragen hat, verbleiben beim Nießbraucher die sonstigen öffentlich-rechtlichen Lasten, wie etwa die Grundsteuer. Bei privatrechtlichen Belastungen, die schon zurzeit der Nießbrauchsbestellung auf der Sache ruhten, trägt der Nießbraucher gem § 1047 BGB die Zinslast von Verbindlichkeiten, die mit der Sache in Zusammenhang stehen und durch Grundpfandrechte gesichert sind. Die Tilgung derselben obliegt dem Eigentümer. Wurde das Darlehen nach Nießbrauchsbegründung aufgenommen, ist der jeweilige Schuldner für Zins und Tilgung allein verantwortlich. Änderungen der gesetzlichen Lastenverteilung im Übergabevertrag sind nur in engen Grenzen möglich. Stets ist der Grundsatz der Substanzerhaltung des Nießbrauchers zu beachten. Im Übrigen kann eine Leistungspflicht des Eigentümers nicht zum dinglichen Inhalt gemacht werden.[78] 62

Musterformulierung:

Der Erwerber räumt den Eheleuten, Herrn ... und Frau ..., gem § 428 BGB als Gesamtberechtigten den lebenslänglichen Nießbrauch an dem Flurstück ... der Gemarkung ..., eingetragen im Grundbuch von ..., Blatt ..., ein, für dessen Inhalt die gesetzlichen Bestimmungen gelten, soweit nichts Abweichendes bestimmt ist. 63

In Abweichung von den gesetzlichen Bestimmungen hat der Nießbraucher für sämtliche Ausbesserungen und Erneuerungen auf eigene Kosten zu sorgen, auch insoweit, als sie die gewöhnliche Unterhaltung der Sache überschreiten. Weiter hat der Nießbraucher auch sämtliche auf der nießbrauchsbelasteten Sache ruhenden öffentlichen Lasten einschließlich der außerordentlichen Lasten, die als auf den Stammwert der Sache gelegt anzusehen sind, zu tragen, ebenso sämtliche privatrechtlichen Lasten, die zurzeit der Bestellung des Nießbrauches auf der Sache ruhen, einschließlich der Tilgung von Hypotheken und Grundschulden.

Der Ausübungsbereich des Nießbrauchsrechts ist in dem dieser Niederschrift als Anlage beigefügten Lageplan rot umrandet gekennzeichnet. Der Lageplan wurde den Parteien zur Durchsicht vorgelegt und von ihnen genehmigt.

78 BayObLG DNotZ 1978, 99; vgl näher auch Jerschke in: Beck'sches Notar-Handbuch 2000, A V Rn 139 ff

Der Jahreswert des Nießbrauchs beträgt nach Angaben der Erschienenen ca... €.

Die Beteiligten bewilligen und beantragen die Eintragung des Nießbrauchrechts in das Grundbuch, mit dem Vermerk, dass zur Löschung der Todesnachweis durch Vorlage der Sterbeurkunde der Berechtigten genügt.

64 Anerkannt ist in der Zwischenzeit, dass die Übertragung eines Grundstücks an einen Minderjährigen unter Nießbrauchsvorbehalt im Sinne des § 107 BGB lediglich rechtlich vorteilhaft ist und keinen entgeltlichen Erwerb im Sinne des § 1821 I Nr. 5 BGB darstellt. Einer familiengerichtlichen Genehmigung bedarf der Übergabevertrag dementsprechend nicht.[79]

Praxis-Tipp:

65 *Erfolgt die Übergabe zum Zwecke der Pflichtteilsminimierung weichender Erben, ist sie unter Nießbrauchsvorbehalt regelmäßig nicht zweckmäßig.*

66 Der Vorbehalt des Nießbrauches zugunsten des Veräußerers führt nach der Rechtsprechung des BGH dazu, dass der Gegenstand nicht im Sinne des § 2325 III 1 BGB geleistet ist, da eine wirtschaftliche Ausgliederung des Geschenks aus dem Vermögen des Erblassers nicht erfolgt. Die Zehnjahresfrist des § 2325 BGB hinsichtlich des Wegfalls etwaiger Pflichtteilsergänzungsansprüche beginnt nicht zu laufen.[80]

Praxis-Tipp:

67 *In Einzelfällen kann die Übertragung unter Nießbrauchsvorbehalt gleichwohl sinnvoll sein. Der Berechnung der Pflichtteilsergänzungsansprüche liegt nach § 2325 II 2 BGB das sog Niederstwertprinzip zugrunde. Für die Höhe des Pflichtteilsergänzungsanspruchs ist danach auf denjenigen von beiden Stichtagen (Erbfall oder Schenkung) abzustellen, zu dem das Geschenk weniger Wert war. Bei der Übertragung von Grundstücken ist der Wert im Zeitpunkt der Eigentumsumschreibung im Grundbuch mit dem Wert im Zeitpunkt des Todes zu vergleichen.[81] Ersterer wird in der Regel niedriger sein als der Wert im Todeszeitpunkt. Behält sich der Übergeber den Nießbrauch am Grundstück vor, ist der kapitalisierte Wert des Nießbrauchs vom Grundstückswert im Zeitpunkt der Schenkung in Abzug zu bringen.[82] Die Pflichtteilsergänzungsansprüche richten sich nach dem entsprechend gekürzten Betrag.*

79 Vgl BayObLGZ 67, 245; Schöner/Stöber, Grundbuchrecht 2001, Rn 3608
80 BGH NJW 1994, 1791
81 Vgl Krause ZAP-Ost Fach 12, 78
82 Vgl BGH NJW 1992, 2887

2. Wohnungsrecht

In der Praxis bildet der Vorbehalt eines Wohnungsrechts zugunsten des Veräußerers eine der häufigsten von den Beteiligten gewünschten Gegenleistungen des Erwerbers in Übergabeverträgen. Zu unterscheiden sind das Wohnungsrecht als beschränkt persönliche Dienstbarkeit gem § 1093 BGB, das Benutzungsrecht als beschränkt persönliche Dienstbarkeit im Sinne der §§ 1090 bis 1092 BGB (Wohnrecht), die Wohnungsreallast gem § 1105 BGB sowie das Dauerwohnrecht nach §§ 31 ff WEG.[83] **68**

a. Wohnungsrecht im eigentlichen Sinne

Den Regelfall der Sicherung der bisherigen Wohnung des Veräußerers bildet das Wohnungsrecht im Sinne des § 1093 BGB. Der Veräußerer behält sich das Recht vor, die von ihm genutzten Räume unter Ausschluss des Eigentümers zu benutzen.[84] Das Wohnungsrecht kann sich gem § 1093 I 1 BGB auf das Gebäude oder einen Teil des Gebäudes, also einzelne Räume, erstrecken. **69**

Berechtigte eines solchen Wohnungsrechts können natürliche und juristische Personen sowie Handelsgesellschaften, Partnerschaften, aber auch Miteigentümer sein. Mehreren Berechtigten, zB Ehegatten, kann jeweils ein eigenes Wohnungsrecht im Gleichrang untereinander eingeräumt werden. Häufiger ist in solchen Fällen jedoch die Vereinbarung einer Gesamtberechtigung gem § 428 BGB. **70**

Der Berechtigte ist nach § 1093 II BGB befugt, seine Familie und die zu seiner standesgemäßen Bedienung und Pflege erforderlichen Personen in die Wohnung aufzunehmen. Unter den Begriff der Familie lässt die Rechtsprechung auch nichteheliche Lebensgefährten fallen, nicht jedoch bei Gleichgeschlechtlichkeit.[85] **71**

Praxis-Tipp:

> *Ob diese Rechtsprechung nach Inkrafttreten des Lebenspartnerschaftsgesetzes durch die Gerichte aufrechterhalten wird, bleibt abzuwarten.* **72**

Die Überlassung des Wohnungsrechts an sonstige Dritte ist gem § 1092 I 2 BGB nur bei ausdrücklicher Gestattung des Eigentümers zulässig. Eine entsprechende Vereinbarung kann zum dinglichem Inhalt des Wohnungsrechts gemacht werden. Das Recht zur Überlassung an Dritte umfasst das Recht zur Vermietung der dem Wohnungsrecht unterliegenden Räume. Eine solche Gestattung führt zur Pfändbarkeit des Anspruchs des Wohnungsberechtigten gem § 857 III ZPO[86] und zur Überleitungsfähigkeit an den Sozialhilfeträger nach § 90 BSHG.[87] **73**

---

83 Vgl Schöner/Stöber, Grundbuchrecht 2001, Rn 1236
84 Vgl OLG Zweibrücken DNotZ 1997, 325
85 BGHZ 84, 36
86 Vgl BGH NJW 1999, 643; Rossak MittBayNot 2000, 383
87 AA OLG Braunschweig FGPrax 1995, 224

74 Hauptzweck des Wohnungsrechts ist das Wohnen. Ein Wohnungsrecht kann grundsätzlich nur an bebauten Grundstücken – auch bereits vor Errichtung des Gebäudes – bestellt werden.[88] Möglich ist, das dingliche Wohnungsrecht auf einen unbebauten Teil des Grundstücks zu erstrecken, sofern das Wohnen Hauptzweck bleibt. Der Berechtigte darf die zum gemeinsamen Gebrauch der Bewohner bestimmten Anlagen und Einrichtungen mitbenutzen. Der Mitbenutzung können weitere Wohnräume unterworfen werden.

Praxis-Tipp:

Es empfiehlt sich, die dem Wohnungsrecht unterliegenden Räume nicht zuletzt im Hinblick auf die Bewertung in der Zwangsversteigerung exakt zu beschreiben (§ 92 II ZVG).[89]

75 Ein Wohnungsrecht im Sinne des § 1093 BGB kann nicht entgeltlich bestellt werden. Zulässig ist, die schuldrechtliche Vereinbarung eines Entgelts als Bedingung für die Ausübung oder den Bestand des Wohnungsrechts zu dessen dinglichem Rechtsinhalt zu machen.[90]

76 Die Pflicht zur Unterhaltung der vom Wohnungsrecht erfassten Räume obliegt dem Wohnungsberechtigten gem §§ 1093 I 2, 1041 S 1 BGB. Hierzu zählen die gewöhnlichen Unterhaltungskosten, insbesondere Kosten und Abgaben für Wasser, Müll, Heizung, Strom, Telefon, usw, sowie die Kosten der laufenden Reparaturen. Abweichende Regelungen können nach überwiegender Auffassung dinglich als Inhalt des Wohnungsrechts abgesichert werden.[91]

77 Die öffentlichen und privaten Lasten, wie Grundsteuer, Erschließungskosten, Versicherungen, Zinsverpflichtungen etc, trägt der Grundstückseigentümer. Mangels Verweisung in § 1093 I 2 BGB ist § 1047 BGB auf das Wohnungsrecht nicht anwendbar. Schuldrechtlich können die Vertragsparteien eine abweichende Vereinbarung treffen; mit dinglicher Wirkung ist sie nicht möglich.[92]

78 Nicht verpflichtet ist der Grundstückseigentümer, außergewöhnliche Ausbesserungen des Grundstücks oder Gebäudes auf seine Kosten vorzunehmen oder das Gebäude im Falle eines zufälligen Untergangs wieder aufzubauen.

Das Wohnungsrecht erlischt durch Aufhebung nach § 875 BGB oder Tod des Berechtigten. Es ist als höchstpersönliches Recht nicht vererblich. Soweit keine Rückstände des Wohnungsrechts bestehen können, ist die Löschung im Grundbuch durch Vorlage der Sterbeurkunde des Berechtigten möglich. Bei verdinglichten Nebenleistungspflichten des Eigentümers ist an eine Löschungserleichterung nach § 23 II GBO zu denken.[93]

---

88 BayObLG DNotZ 1956, 483
89 BayObLG Rpfleger 1983, 81
90 Jerschke in: Beck'sches Notar-Handbuch 2000, A V Rn 158
91 Vgl BayObLG DNotZ 1980, 157; BayObLG DNotZ 1981, 124; Amann DNotZ 1989, 541; aA Schöner/Stöber, Grundbuchrecht 2001, Rn 1253
92 BayObLG DNotZ 1989, 569
93 Vgl BayObLG DNotZ 1980, 157

Das Wohnungsrecht erlischt weiterhin mit Zerstörung des Gebäudes.[94] Ein persönliches Ausübungshindernis des Berechtigten, führt dagegen nicht zum Erlöschen des Wohnungsrechts.[95] 79

Beispiel:

Aufenthalt des Berechtigten in einem Pflegeheim. 80

Eine auflösende Bedingung für das Wohnungsrecht, dass der Berechtigte das Anwesen nicht nur vorübergehend verlässt, ist zulässig.[96] 81

Die Gewährung eines Wohnungsrechts an einzelnen Räumen dürfte im Gegensatz zum Vorbehaltsnießbrauch nicht den Lauf der Zehnjahresfrist des § 2325 BGB hinsichtlich der Pflichtteilsergänzungsansprüche hindern.[97] Erstreckt sich das Wohnungsrecht auf sämtliche bzw die Mehrzahl der Räume des übergebenen Anwesens könnte dies fraglich sein. Das OLG Düsseldorf hat beim Vorbehalt eines Wohnungsrechts an den Räumen im Erdgeschoss und einem Raum im Obergeschoss unter gleichzeitiger Vereinbarung vertraglicher Rückforderungsansprüche für den Fall der ohne Einwilligung des Übergebers vorgenommenen Veräußerung oder Belastung des übergebenen Grundbesitzes keine Leistung im Sinne des § 2325 III BGB gesehen und die Ingangsetzung der Zehnjahresfrist verneint.[98] Eine Entscheidung des BGH liegt – soweit ersichtlich – noch nicht vor. 82

Musterformulierung:

Der Erwerber räumt Herrn... das lebenslängliche und unentgeltliche Wohnungsrecht an dem Flurstück... der Flur... Gemarkung..., eingetragen im Grundbuch von... Blatt..., ein. Das Wohnungsrecht umfasst gem § 1093 BGB unter Ausschluss des Eigentümers, sämtliche Räume des Wohnhauses... (Straße, Ort). 83

Der Berechtigte ist auch befugt alle sonstigen, dem gemeinsamen Gebrauch dienenden, Einrichtungen und Anlagen mitzubenutzen, auch die zu seiner standesgemäßen Bedienung und Pflege erforderlichen Personen in die Wohnung aufzunehmen. Die Ausübung des Wohnungsrechts kann dritten Personen nicht überlassen werden.

Der Eigentümer hat das Gebäude und die dem Wohnungsrecht unterliegenden Räume und Einrichtungen stets in ordnungsmäßigem, gut bewohnbarem und beheizbarem Zustand zu erhalten.

Die Unentgeltlichkeit ist nur schuldrechtlich vereinbart.

Desweiteren vereinbaren die Vertragsbeteiligten rein schuldrechtlich, dass der Wohnungsberechtigte neben den privatrechtlichen Kosten, die mit der Aus-

94 BGH LM § 1093, Nr. 6
95 Vgl OLG Zweibrücken OLGZ 1987, 27; aber auch OLG Köln NJW-RR 1995, 1358
96 BayObLG DNotZ 1998, 299
97 Vgl LG Münster MittBayNot 1997, 133
98 OLG Düsseldorf MittBayNot 2000, 120

übung des Wohnungsrechts entstehen wie zB Nebenkosten für Wasser, Müllabfuhr, Strom usw, sämtliche öffentlichen und privaten Lasten des Gebäudes wie zB Grundsteuern, Erschließungskosten, Brandversicherung, Zinsen von Grundpfandrechten, Reallasten, zu tragen hat.

Der Jahreswert des Wohnungsrechts beträgt: ca... €.

Die Beteiligten bewilligen und beantragen die Eintragung des Wohnungsrechts als beschränkt persönliche Dienstbarkeit in das Grundbuch.

Der Notar hat die Erschienenen auf die mit dem umfassenden Wohnungsrecht gegebenenfalls entstehenden Folgen hingewiesen, insbesondere auf die Beeinträchtigung der steuerlichen Geltendmachung getätigter Investitionen sowie die gegebenenfalls nicht inganggesetzte Frist bezüglich der Pflichtteils- und Pflichtteilsergänzungsansprüche. Gleichwohl bestanden die Erschienenen auf der Beurkundung in der vorstehenden Form.

b. Wohnrecht

84 Im Gegensatz zum Wohnungsrecht nach § 1093 BGB zeichnet sich die Benutzungsdienstbarkeit gem §§ 1090 bis 1092 BGB in Form des Wohnrechts dadurch aus, dass der Eigentümer nicht von der Nutzung der dem Recht unterliegenden Räume ausgeschlossen ist. Dem Berechtigten wird lediglich das Recht zur Mitbenutzung der Wohnräume eingeräumt. Die Vereinbarung eines solchen Wohnrechts bietet sich an, wenn Übernehmer und Übergeber unter einem Dach leben und das Wohnungsrecht nicht auf einzelne Räume beschränkt werden soll.

c. Wohnungsreallast

85 Im Falle einer Wohnungsreallast gem § 1105 BGB ist der Eigentümer verpflichtet, allgemein und nicht an bestimmten Räumen ohne Ausschluss des Eigentümers Wohnraum zu gewähren und gebrauchsfähig zu halten.[99] Die Verpflichtung des Eigentümers geht über die Duldung der Nutzung der Räume weit hinaus. Indem sich die Wohnungsreallast nicht auf bestimmte Räume bezieht, sichert sie den Berechtigten unabhängig vom Gebäudebestand; anders als beim Wohnungsrecht also auch im Falle der Zerstörung.

d. Dauerwohnrecht

86 Das Dauerwohnrecht ist in §§ 31 ff WEG geregelt. Es handelt sich hierbei um das veräußerliche und vererbliche Recht, eine in sich abgeschlossene Wohnung unter Ausschluss des Eigentümers zu bewohnen oder in anderer Weise zu nutzen.[100]

---

99 OLG Hamm DNotZ 1976, 229; Palandt/Bassenge Überbl v § 1105 Rn 3
100 Schöner/Stöber, Grundbuchrecht 2001, Rn 3000 ff

3. Pflegeverpflichtung

Die häusliche Versorgung (Wart und Pflege) des Veräußerers durch den Übernehmer hatte in früheren Zeiten stärkere Bedeutung. Auch noch so perfekt definierte Pflegeverpflichtungen[101] in Übergabeverträgen nützen wenig, wenn das persönliche Verhältnis zwischen Verpflichtetem und Berechtigtem gestört ist. Der Übernehmer sollte die Pflege freiwillig übernehmen oder überhaupt nicht. 87

Praxis-Tipp:

Die standardmäßige Aufnahme einer Pflegeverpflichtungsvereinbarung in den Übergabevertrag ist nicht zu empfehlen. Ausnahmsweise kann sie sinnvoll sein, wenn vertragliche Gegenleistungen erforderlich sind, um Schenkungssteuer zu sparen, Pflichtteilsergänzungsansprüche zu minimieren oder für den Fall des Sozialhilferegresses nach § 528 BGB Ansprüche des Staates zu verringern. 88

Übersehen wird von den Beteiligten häufig, dass die Übernahme einer häuslichen Pflegeverpflichtung – wenn überhaupt, sollte nur diese sinnvollerweise vereinbart werden – nichts mit der Tragung der Kosten bei einem notwendigen Heimaufenthalt des Veräußerers zu tun hat. 89

Entscheiden sich die Vertragsparteien im Einzelfall für die Vereinbarung einer Pflegeklausel ist insbesondere regelungsbedürftig der Pflegeanlass, die Art und Weise ihrer Durchführung, der Ort und der Umfang der Pflege sowie die Zumutbarkeit. Die Nichterfüllung der Pflegeverpflichtung durch den Erwerber kann durch Vereinbarung eines vertraglichen Rückerwerbsrechts[102] bzw eine Vertragsstrafenregelung sanktioniert werden. An eine Freistellungsverpflichtung für weichende Geschwister ist zu denken.[103] 90

Die gesetzliche Pflegeversicherung nach dem Pflegeversicherungsgesetz sollte Einfluss auf den Umfang der vertraglich vereinbarten Pflegeverpflichtung haben. Eine Einstufung in die Pflegestufe I erfolgt, wenn ein zeitlicher Pflegeaufwand von 90 Minuten pro Tag und Person erforderlich ist. Bei Unterstützung durch ambulante Pflegedienste wird das Pflegegeld gem § 38 S 2 SGB XI um beanspruchte Sachleistungen anteilig gemindert. Der Anspruch steht dem Pflegebedürftigen nach § 37 I SGB XI selbst zu. 91

101 Vgl etwa J. Mayer, Der Übergabevertrag in der anwaltlichen und notariellen Praxis 1998, Rn 118; Amann DNotI-Report 1995, 62

102 Zum Rücktritt wegen Verstoß gegen die Pflegeverpflichtung siehe BGH MittBayNot 2000, 223

103 Vgl auch die Checkliste von J. Mayer, Der Übergabevertrag in der anwaltlichen und notariellen Praxis 1998, Rn 80

Praxis-Tipp:

92 *Vernünftigerweise sollten die Leistungen nach dem PflegeVG nicht in Frage gestellt werden. Zu denken ist im übrigen daran, die Leistung des Übernehmers von der Weiterleitung des Pflegegeldes durch den Übergeber abhängig zu machen.*

93 Die Leistungen des Übernehmers aus der Pflegeverpflichtung können zugunsten des Veräußerers durch eine Reallast gem § 1105 BGB am übergebenen Grundbesitz dinglich gesichert werden. Das OLG Hamm[104] nimmt im übrigen eine Vererblichkeit der Pflegeverpflichtung an, wenn bereits bei Vertragsabschluss vorgesehen war, dass auch Verwandte des Erwerbers Pflegeleistungen erbringen.

Musterformulierung:

94 *Soweit Frau… hierzu nicht mehr selbst in der Lage ist, hat der Erwerber auf Verlangen unentgeltlich deren Haushalt zu führen, also insbesondere die Mahlzeiten zuzubereiten, die Wohnung sauber zu halten, die Wäsche zu reinigen, Besorgungen und Fahrdienste zu erledigen.*

Soweit der Erwerber hierzu – insbesondere ohne Inanspruchnahme fremder Pflegekräfte – zumutbarerweise in der Lage ist, hat er bei Krankheit und Gebrechlichkeit der Frau…, ferner deren häusliche Pflege zu übernehmen. Dauerpflege ist nur zu erbringen, soweit sie mit den notwendigen hauswirtschaftlichen Verrichtungen nach dem Urteil des behandelnden Arztes der Frau…, einen durchschnittlichen täglichen Zeitaufwand von nicht mehr als insgesamt eineinhalb Stunden erfordert.

Vorstehende Verpflichtungen ruhen, soweit Pflegesachleistungen im Rahmen gesetzlicher Ansprüche, etwa auf Haushaltshilfe, häusliche Krankenpflege oder häusliche Pflegehilfe erbracht werden.

Die vorgenannten Rechte und Leistungen ruhen auch, solange Frau… das übergebene Grundstück, gleich aus welchem Grund, verlassen hat. Ein Geldersatz steht ihr nur zu, wenn der Erwerber den Wegzug veranlasst hat, andernfalls werden Ersatzansprüche aus jedem Rechtsgrund ausgeschlossen.

Soweit Frau… künftig wegen Pflegebedürftigkeit Geldleistungen nach sozialrechtlichen Vorschriften oder aus Versicherungsverträgen zustehen, kann die Übernahme derjenigen Pflege, für welche diese Geldleistung gewährt wird, davon abhängig gemacht werden, dass der Anspruch auf Auszahlung insoweit an die pflegende Person abgetreten wird bzw dieser Betrag an sie ausgekehrt wird.

Der Jahreswert des Pflegerechts beträgt… €.

Die Beteiligten bewilligen und beantragen für den Veräußerer, Frau…, in das Grundbuch des vertragsgegenständlichen Grundbesitzes eine Reallast zur Sicherung des Wart- und Pflegerechts einzutragen.

---

104 OLG Hamm DNotZ 1999, 719

4. Rentenzahlungen

Verpflichtet sich der Erwerber im Rahmen des Übergabevertrages als Gegenleistung zur Zahlung regelmäßiger wiederkehrender Beträge an den Veräußerer, ist bei der zivilrechtlichen Ausgestaltung die steuerliche Einordnung zu berücksichtigen. Von steuerlicher Relevanz ist die Unterscheidung zwischen Leibrente und dauernder Last. Während bei der Leibrente nur der sog Ertragsanteil der Rente steuerbar bzw als Sonderausgabe abziehbar ist, gilt dies bei der dauernden Last für den vollen Zahlbetrag der jeweiligen Leistung. 95

Praxis-Tipp:

Unterliegt der Erwerber einer stärkeren steuerlichen Belastung als der Veräußerer, bietet die dauernde Last unter dem Blickwinkel der Gesamtfamilienbesteuerung Vorteile. 96

Steuerrechtlich liegt eine Leibrente vor, wenn auf Lebenszeit des Begünstigten aus einem einheitlichen Rentenstammrecht wiederkehrende Leistungen in gleichmäßiger Höhe zu erbringen sind. Eine dauernde Laste ist demgegenüber anzunehmen, wenn die in Zeitabschnitten zu erbringende Leistung nicht ihrer Höhe nach gleichmäßig ist, sondern eine Anpassung des Leistungsinhalts an geänderte Verhältnisse – unabhängig ob beim Erwerber oder Veräußerer – eintreten bzw verlangt werden kann. Die Abänderlichkeit der Leistung wird in der Regel daran gemessen, ob § 323 ZPO in entsprechender Weise auf die Zahlungsverpflichtung Anwendung findet.[105] 97

Musterformulierung:

Die Höhe der dauernden Last soll abhängig sein, von der Entwicklung der Währungs- und Preisverhältnisse, von der gesamtwirtschaftlichen Entwicklung des allgemeinen Lebensstandards, von der Leistungskraft des Übernehmers, insbesondere der Gewinnentwicklung des übergebenen Betriebs, sowie von dem sich möglicherweise ändernden Bedarf der Übergeber. 98

Das BGB kennt nur den Vertragstyp der Leibrente gem §§ 759 ff BGB. Im Rahmen der Gestaltung des Übergabevertrages ist die Höhe des jeweiligen Zahlbetrages, der Beginn der Leistungspflicht, ihr Zeitabstand und die Fälligkeit der jeweiligen Leistung festzulegen. Die Fälligkeit wird regelmäßig vorschüssig für Monatszeiträume vereinbart. 99

Soweit der Veräußerer die Rentenzahlung zu seinem Lebensunterhalt benötigt, ist stets an die Vereinbarung einer Wertsicherungsklausel zu denken.[106] 100
Möglich ist die Vereinbarung bloßer – genehmigungsfreier – Leistungsbestim-

105 Vgl BFH NJW 1991, 710
106 Vgl näher J. Mayer, Der Übergabevertrag in der anwaltlichen und notariellen Praxis 1998, Rn 206 ff

mungsvorbehalte, die bei Änderung bestimmter Vergleichsgrößen, zB Preisindex, zu einer Verhandlungspflicht, aber nicht zu einer automatischen Betragsanpassung führen. Denkbar sind Spannungsklauseln, nach denen die Höhe der Zahlungsverpflichtung in einem bestimmten festen Verhältnis zur gewählten Bezugsgröße, zB Tarifgehalt, steht. In Frage kommen auch genehmigungspflichtige Wertsicherungsklauseln im eigentlichen Sinne, wie zB Lebenshaltungskostenindexklauseln. Diese sind gem § 3 PrKV genehmigungsfähig, wenn die wiederkehrende Leistung auf die Dauer von mindestens zehn Jahren oder auf Lebenszeit vereinbart ist. Weiter ist erforderlich, dass sich die Veränderungen nach oben wie nach unten gleichermaßen auswirken und die Änderung der Indexpunktzahl zu einer prozentual gleichen Veränderung der Geldschuld führt. Zuständige Genehmigungsbehörde ist das Bundesamt für Wirtschaft und Ausfuhrkontrolle.

101 Die schuldrechtliche Leibrentenverpflichtung aus § 759 BGB wird im Übergabevertrag regelmäßig durch eine persönliche Zwangsvollstreckungsunterwerfung des Rentenzahlungsverpflichteten gem § 794 I Nr. 5 ZPO abgesichert. Daneben kann zur dinglichen Absicherung eine Reallast im Sinne der §§ 1105 ff BGB bestellt werden. Beide Rechte sind durch eine Sicherungsabrede miteinander zu verknüpfen. Auch ist eine gesonderte Abtretung der verschiedenen Ansprüche auszuschließen. Aus der Reallast steht dem Berechtigten gem §§ 1105 I, 1107, 1147 BGB ein dinglicher Anspruch auf Duldung der Zwangsvollstreckung in das Pfandobjekt zu. Darüber hinaus gewährt ihm § 1108 I BGB einen persönlichen Anspruch gegen den Eigentümer des belasteten Grundbesitzes auf Zahlung der während der Dauer seines Eigentums fällig werdenden Einzelleistungen. Dieser Anspruch ist mit dinglicher Wirkung abdingbar. Hinsichtlich des dinglichen Anspruchs aus der Reallast ist ebenso wie hinsichtlich des persönlichen Anspruchs gegen den jeweiligen Grundstückseigentümer eine Zwangsvollstreckungsunterwerfung im Übergabevertrag sinnvoll. Zum Schutz des Rentenzahlungsverpflichteten ist schließlich zu vereinbaren, dass die jeweiligen Zahlungen gegenseitig anzurechnen sind, so dass an den Berechtigten nur einmal zu leisten ist. Bei der Reallast kann eine entsprechende Leistungsverweigerungseinrede der erfüllten persönlichen Verpflichtung begründet und in das Grundbuch eingetragen werden. Eine Wertsicherung der Reallast ist ebenfalls eintragungsfähig.[107]

Musterformulierung:

102 *Als Gegenleistung wird eine Rente geschuldet. Diese ist ab ... an den Veräußerer zu zahlen und beträgt ... € (in Worten: ... Euro) monatlich. Die Zahlung hat jeweils bis zum dritten Werktag eines Monats im Voraus zu erfolgen.*

Die Rente ist mindestens auf Lebenszeit des Veräußerers zu entrichten. Stirbt allerdings der Veräußerer vor Ablauf von fünf Jahren ab dem Beginn der Rentenzahlung, ist die Rente für den auf zum Ablauf von fünf Jahren verbleibenden Zeitraum an den oder die Erben bzw Erbeserben des Veräußerers weiter zu entrichten, so dass eine Mindestbezugsdauer von fünf Jahren eingehalten werden muss.

107 BGH DNotZ 1991, 803

Die Anwendung des § 323 ZPO wird ausdrücklich ausgeschlossen.

Eine Wertsicherung (Anpassung an die Inflation) wird nicht vereinbart.

Zur Sicherung obiger Rentenzahlungspflichten ist für Frau ... eine Reallast auf Zahlung der bezeichneten fest vereinbarten Rente in das Grundbuch einzutragen.

Für den Inhalt der Reallast wird bestimmt:
Die Zahlungen aus der schuldrechtlichen Rentenverpflichtung und den dinglichen Ansprüchen aus der Reallast sind jeweils gegeneinander anzurechnen. Dem Rentenverpflichteten und dem Grundstückseigentümer steht ein Leistungsverweigerungsrecht als Einrede zu, wenn der Rentenbetrag aus einer dieser Verpflichtungen geleistet wurde. Diese Einrede ist im Grundbuch einzutragen.

Die Reallast ist vererblich, soweit die Erben des Veräußerers noch Rente verlangen können.

Der jeweilige Berechtigte kann für die Reallast eine Ablösesumme verlangen, wenn mit Leistungen aus der Reallast Verzug von mindestens drei Monaten besteht. Die Ablösesumme beträgt ... € zuzüglich 6 % Jahreszins ab .... Sie ermäßigt sich um die bis zur Geltendmachung der Ablösesumme an den Veräußerer oder die Erben bezahlten Rentenbeträge. Die Ablösesumme steht dem jeweiligen Rentenberechtigten zu. Sie ist im Grundbuch bei der Reallast einzutragen.

Die Beteiligten bewilligen und beantragen, die Reallast mit diesem Inhalt im Grundbuch einzutragen.

Wegen der Zahlung einer monatlichen Rente von ... € unterwirft sich der Erwerber der sofortigen Zwangsvollstreckung in sein gesamtes Vermögen. Eine vollstreckbare Ausfertigung kann dem Berechtigten jederzeit auf dessen Verlangen ohne Nachweis der die Fälligkeit begründenden Tatsachen erteilt werden.

5. Altenteil

Der Begriff des Altenteils – je nach Region auch Leibgeding, Auszug oder Leibzucht genannt – ist im Gesetz nicht definiert. Nach der Rechtsprechung[108] ist das Altenteil ein der Versorgung des Berechtigten dienendes Recht, bei dem Leistung und Gegenleistung wertmäßig nicht miteinander abgewogen und nicht nur Geldleistungen, sondern auch Sach- oder Dienstleistungen vereinbart sind. Auch soll als Begriffsmerkmal eine örtliche Bindung des Berechtigten zu dem Grundstück, auf bzw aus dem die Leistungen gewährt werden, dienen. Die Zusammenfassung der in einem Übergabevertrag dem Veräußerer zu seiner Versorgung eingeräumten Rechte, wie zB Wohnungsrecht und Pflegeverpflichtung, wird regelmäßig als Altenteil bezeichnet. Umstritten ist, ob ein Altenteil nur vorliegen kann, wenn eine die Existenz sichernde Wirtschaftseinheit übergeben wird.[109] 103

108 Vgl BGH DNotZ 1982, 697; BGH NJW 1994, 1158; BayObLG DNotZ 1993, 603; siehe auch J. Mayer, Der Übergabevertrag in der anwaltlichen und notariellen Praxis 1998, Rn 13 ff

109 Vgl J. Mayer DNotZ 1996, 622

Musterformulierung:

104 *Die Beteiligten bewilligen und beantragen für den Veräußerer, Frau.... und Herrn...., als Gesamtberechtigte gem § 428 BGB,*

a. auf dem vertragsgegenständlichen Grundbesitz ein Wohnungsrecht als beschränkt persönliche Dienstbarkeit gemäß § 3 Ziff 1 dieser Urkunde,

b. auf dem vertragsgegenständlichen Grundbesitz eine Reallast zur Sicherung des Wart- und Pflegerechts gemäß § 3 Ziff 2 dieser Urkunde,

zusammengefasst als Altenteil, unter Ausschluss des Eigentümers, mit dem Vermerk in das Grundbuch einzutragen, dass zur Löschung der Todesnachweis durch Vorlage der Sterbeurkunde der Berechtigten genügt.

Der Begriff des Altenteils hat im Gesetz an vier Stellen Auswirkungen:

105
- § 49 GBO enthält eine Vorschrift zur erleichterten Grundbucheintragung. Danach bedarf es, sofern Dienstbarkeiten und Reallasten als Leibgedinge, Leibzucht, Altenteil oder Auszug in das Grundbuch eingetragen werden, nicht der Bezeichnung der einzelnen Rechte, wenn auf die Eintragungsbewilligung Bezug genommen wird. Die Bedeutung des § 49 GBO besteht in einer gegenüber § 874 BGB erweiterten Bezugnahme auf die Eintragungsbewilligung.[110] Grunddienstbarkeiten, Grundpfandrechte oder das Dauerwohnrecht gem §§ 31 ff WEG können nicht Bestandteil eines Altenteils sein. Diesen Rechten fehlt der Charakter der höchstpersönlichen Versorgung des Berechtigten.
- § 9 EGZVG normiert ein Vollstreckungsprivileg. Dieses wurde bis auf Bremen, Hamburg und den fünf neuen Ländern in allen übrigen Bundesländern umgesetzt. Das Altenteil bleibt danach in der Versteigerung bestehen, auch wenn es sonst bei der Feststellung des geringsten Gebots nicht berücksichtigt würde. Der durch diese Festsetzung beeinträchtigte Gläubiger kann jedoch beantragen, das Erlöschen des Altenteils als Versteigerungsbedingung festzulegen. Ein solcher Antrag führt zu einem Doppelausgebot gem § 59 II, III ZVG.
- Art. 96 EGBGB enthält eine Fortbestehens- bzw Öffnungsklausel für landesgesetzliche Vorschriften über das sich aus dem Altenteilsvertrag ergebende Schuldverhältnis. Hiervon haben mit Ausnahme Hamburgs alle alten Bundesländer Gebrauch gemacht. In den neuen Bundesländern fehlen bisher entsprechende landesrechtliche Vorschriften. Durch das Landesrecht werden insbesondere Leistungsstörungen normiert, zB Wertersatz für ein nicht wahrgenommenes Wohnungsrecht angeordnet.
- § 850 b I Nr. 3 ZPO verankert schließlich einen Pfändungsschutz für laufende Einkünfte des Schuldners aus einem Altenteilsvertrag.

110 Vgl hierzu OLG Schleswig SchlHAnz 1961, 196; BGH DNotZ 1972, 487; BGH NJW 1979, 421; BGH DNotZ 1994, 881

6. Vertragliche Rückforderungsrechte

106 Die gesetzlichen Rückforderungsrechte sind bei Schenkungen nur auf eng umgrenzte Fälle beschränkt und streitanfällig, wie zB bei grobem Undank gem § 530 BGB. Es bietet sich daher im Einzelfall die Vereinbarung vertraglicher Rückforderungsrechte an. Denkbar ist den Übergabevertrag unter eine auflösenden Bedingung gem § 158 II BGB zu stellen. Vorzuziehen sind Rückforderungsrechte, die dem Veräußerer das Recht einräumen, bei Eintritt bestimmter Ereignisse die Rückübertragung zu verlangen, also über die Rückforderung nach einer zeitlich begrenzten Bedenkzeit zu entscheiden.[111]

107 Ein freies Rückforderungsrecht des Übergebers wird der Erwerber in der Regel nicht akzeptieren. Abgesehen von der Willkür des Veräußerers ist dieses auch unter steuerlichen Gesichtspunkten zumindest bei Betriebsvermögen nicht empfehlenswert. Fehlt es aufgrund eines jederzeitigen Rückforderungsrechts an einer Mitunternehmerschaft, gelten zB die Begünstigungen der §§ 13 a, 19 a ErbStG nicht.[112]

108 Die Bestimmung der Rückforderungsgründe ist den Beteiligten überlassen.

Beispiele:

109 Typischerweise werden Rückforderungsrechte vereinbart für den Fall, dass der Erwerber über den Vertragsgegenstand ohne Zustimmung des Veräußerers verfügt, die Zwangsvollstreckung in den übertragenen Grundbesitz betrieben, über das Vermögen des Erwerbers das Insolvenzverfahren beantragt, die Ehe zwischen Veräußerer und Erwerber geschieden wird, der Erwerber vertraglich vereinbarte Gegenleistungen nicht erbringt oder vor dem Veräußerer verstirbt.

110 Die Rückübertragung erfolgt bei Grundbesitz durch Auflassung in der Form des § 925 BGB. Für den Fall der Rückabwicklung ist zu vereinbaren, innerhalb welcher Frist und welcher Form das Rückübertragungsverlangen ausgeübt werden kann, welche Grundstücksbelastungen durch den Berechtigen zu übernehmen sind und welche Aufwendungen oder Gegenleistungen erstattet werden sollen. Auch ist eine Regelung zur Tragung der Rückabwicklungskosten und etwaigen Steuern vorzusehen.

Praxis-Tipp:

111 *Im Hinblick auf die Ausübung des Rückübertragungsverlangens wegen Todes des Erwerbers empfiehlt es sich, um Schwierigkeiten bei der Erbenermittlung zu umgehen, eine Vollmacht für den Veräußerer vorzusehen, die diesem gestattet unter Befreiung von § 181 BGB die Rückauflassung unter Vorlage der Sterbeurkunde des Erwerbers zu erklären. Zweckmäßigerweise sollte diese Vollmacht an den den Übergabevertrag beurkundenden Notar gebunden sein.*[113]

111 Vgl Weser ZEV 1995, 353; Jülicher ZEV 1998, 201, 289; siehe auch Spiegelberger MittBayNot 2000, 1
112 Kritisch Jülicher DStR 1998, 1980
113 Vgl Jerschke in: Beck'sches Notar-Handbuch 2000, A V Rn 233

112 Die Rückübertragungsverpflichtung kann im Grundbuch durch eine Rückauflassungsvormerkung gesichert werden. Stehen sich auf Erwerber- und/oder Veräußererseite mehrere Berechtigte gegenüber, ist zu klären, in welchem Beteiligungsverhältnis die Rückübertragung und Sicherung im Grundbuch erfolgen soll. Auf Erwerberseite ist zu regeln, ob die Rückübertragung des gesamten Grundbesitzes beabsichtigt ist, sofern der Rückübertragungsgrund nur bei einem von ihnen eintritt oder ob nur dieser Erwerber den auf ihn übertragenen Anteil zurückzugeben hat. Bei mehreren Veräußerern, zB Ehegatten, ist eine Regelung zu treffen, welche Anteile an wen zurückzuübertragen sind. In Betracht kommt Gesamtberechtigung nach § 428 BGB, dh der Erwerber kann schuldbefreiend an jeden Veräußerer leisten.[114] Problematisch ist, wenn der Auflassungsanspruch nur zeitlich hintereinander, zumeist nach dem Tod eines Berechtigten dem Überlebenden allein zustehen soll. Möglich wäre eine entsprechende Anwendung der §§ 502 und 513 BGB. Hier ist die Eintragung einer einzigen Auflassungsvormerkung ausreichend.

Praxis-Tipp:

113 *Den sichersten Weg für die Berechtigten bietet die Einräumung des Rückforderungsrechts nach Bruchteilen sowie für den jeweiligen Berechtigten allein bedingt durch den Tod des Erstversterbenden. Dinglich gesichert werden kann dies durch Eintragung von insgesamt drei Eigentumsvormerkungen in das Grundbuch.[115] Die hiermit verbundene Kostenfolge ist nicht zu übersehen.*

114 Eine Löschungserleichterung bei Tod des Berechtigten nach § 23 II GBO kann nicht in das Grundbuch eingetragen werden.[116] Dies gilt selbst dann nicht, wenn das Rückforderungsrecht zwar mit dem Tod des Berechtigten erlöschen soll, ein aus diesem Verlangen tatsächlich resultierender Anspruch auf Rückerwerb jedoch vererblich ist.[117] Wird die Vormerkung zweckmäßigerweise auf die Lebenszeit des Berechtigten befristet, erfolgt die Löschung unter Vorlage der Sterbeurkunde.

Musterformulierung:

115 *Der Veräußerer ist berechtigt, die Rückübertragung seines bisherigen 1/2 Miteigentumsanteils des Vertragsgegenstandes auf sich zu verlangen, wenn*

a. der Erwerber den Vertragsgegenstand zu Lebzeiten des Veräußerers, ohne dessen Zustimmung, belastet oder veräußert,

b. über das Vermögen des Erwerbers das Insolvenzverfahren eröffnet oder die Zwangsvollstreckung in das übertragene Grundstück betrieben wird, und nicht innerhalb von vier Wochen wieder eingestellt wird,

114 BayObLG DNotZ 1964, 343
115 Amann MittBayNot 1990, 225; Schöner/Stöber, Grundbuchrecht 2001, Rn 1499; siehe aber auch BayObLG ZEV 1995, 294
116 Siehe auch DNotI-Gutachten DNotI-Report 2000, 29
117 BGH DNotZ 1996, 453

c. der Erwerber vor dem Veräußerer verstirbt,

d. die Ehe des Erwerbers mit dem Veräußerer rechtskräftig geschieden ist.

Das Verlangen auf Rückübertragung kann nur schriftlich und nur innerhalb von drei Monaten von dem Zeitpunkt an ausgeübt werden, von welchem der Veräußerer von den Tatsachen Kenntnis erhält, die ihn zur Geltendmachung des Anspruchs berechtigen.

Bei der Ausübung des Rechts sind nur die Grundstücksbelastungen zu übernehmen, die heute bereits im Grundbuch eingetragen sind und solche, denen der Veräußerer zugestimmt hat.

Weitere Gegenleistungen sind nicht zu erbringen, insbesondere sind Aufwendungen und Investitionen des Erwerbers für den Vertragsbesitz nicht zu ersetzen.

Der Erwerber seinerseits hat dem Veräußerer für Nutzungen des Vertragsgrundbesitzes keine Entschädigung zu leisten.

Der Auflassungsanspruch ist nicht vererblich. Ist er beim Tode des Berechtigten zwar geltend gemacht, aber noch nicht erfüllt, so erlischt er mithin.

Die Kosten für die Rückübertragung gehen zu Lasten des jetzigen Erwerbers.

Für den Fall, dass der Erwerber vor dem Veräußerer verstirbt, erhält der Veräußerer die unwiderrufliche Vollmacht zur Rückauflassung des mit dieser Urkunde übertragenen Miteigentumsanteils. Der Bevollmächtigte ist von den Beschränkungen des § 181 BGB befreit und berechtigt, Untervollmacht zu erteilen. Diese Vollmacht kann nur vor dem amtierenden Notar, dessen amtlich bestellten Vertreter oder Nachfolger im Amt ausgeübt werden.

Die Parteien weisen den Notar unwiderruflich an, die Rückauflassung nur gegen Vorlage der Sterbeurkunde des Erwerbers zu beurkunden.

Zur Sicherung der Ansprüche des Veräußerers auf Rückerwerb des Eigentums an dem Vertragsgegenstand wird die Eintragung einer Rückauflassungsvormerkung für den Veräußerer in das Grundbuch bewilligt und beantragt.

7. Übernahme von Grundschulden

Soweit auf dem Vertragsgegenstand Grundschulden lasten, werden diese häufig im Übergabevertrag einschließlich der ihnen zugrunde liegenden persönlichen Verbindlichkeiten des Veräußerers durch den Erwerber übernommen. 116

Hinsichtlich der Übernahme persönlicher Verbindlichkeiten ist bei der Vertragsgestaltung darauf zu achten, dass eine Befreiung des Veräußerers von der Haftung aus dem Darlehensvertrag sowie aus dem in der Grundschuldbestellungsurkunde abgegebenen abstrakten Schuldversprechen erfolgt. Weiter verlangen die Banken regelmäßig gleichwertige Sicherheiten, wie sie gegenüber dem Veräußerer bestanden haben, gegenüber dem Erwerber. Dies bedeutet gewöhnlich die Abgabe eines abstrakten Schuldversprechens des Erwerbers im Sinne des § 780 BGB mit Zwangsvollstreckungsunterwerfung, wie sie in den Grundschuldbestellungsformularen der Banken vorgesehen sind. Eine solche 117

Erklärung des Erwerbers sollte aus Kostenersparnisgründen direkt in den Übergabevertrag aufgenommen werden. Weiter besteht Regelungsbedarf dahingehend, dass der Sicherungsvertrag ununterbrochen vom Veräußerer auf den Erwerber übergeht und der Veräußerer keine Gelegenheit mehr erhält, die Grundschuld zur Sicherung sonstiger eigener Verbindlichkeiten zu verwenden.

118 Die Übernahme der persönlichen Verbindlichkeiten des Veräußerers kann durch den Erwerber im Wege der befreienden Schuldübernahme nach § 415 BGB erfolgen. Sie führt zu einem Schuldnerwechsel; der Übernehmer tritt an die Stelle des Schuldners, dieser wird frei. Zu ihrer Wirksamkeit bedarf die Schuldübernahme gem § 415 I 1 BGB der Genehmigung des Gläubigers. Umstritten ist, ob auf die zwischen Veräußerer als Altschuldner und dem Erwerber als Übernehmer vereinbarte Schuldübernahme das Verbraucherkreditgesetz entsprechend anwendbar ist.

119 Während der BGH[118] diese Frage bisher offen gelassen hat, wird sie von der überwiegenden Auffassung in der Literatur verneint.[119] Die Anwendung des Verbraucherkreditgesetzes auf die Schuldübernahme würde zu Informationspflichten führen, die in der Praxis regelmäßig nicht zu erfüllen sind,[120] und damit zu Widerrufsrechten die den Bestand des Übergabevertrages in Gefahr bringen können.

Praxis-Tipp:

120 *Bis zu einer Klärung durch die Rechtsprechung empfiehlt es sich, bei der Vertragsgestaltung auf die Erfüllungsübernahme auszuweichen.*

121 Im Unterschied zur Schuldübernahme wird bei der Erfüllungsübernahme nur das Ziel festgelegt, dass der Veräußerer von der Haftung befreit wird. Der Weg, wie der Erwerber dies erreicht, bleibt offen. Ihm steht es frei, mit dem Gläubiger eine befreiende Schuldübernahme zu vereinbaren, eine neue Darlehensverbindlichkeit mit diesem oder einem anderen Kreditinstitut einzugehen oder die Verbindlichkeiten des Veräußerers zu tilgen. Der Gläubiger erwirbt nach § 329 BGB aus der Vereinbarung der Erfüllungsübernahme zwischen dem Veräußerer und dem Übernehmer in der Regel keine Rechte.

122 Weiter ist bei der Übernahme von Grundschulden zu berücksichtigen, dass der Anspruch auf Rückgewähr aus dem Sicherungsvertrag in der Regel dem ursprünglichen Eigentümer zu steht. Dieser Anspruch richtet sich, sofern im Sicherungsvertrag nichts anderes vereinbart ist, nach Wahl des Sicherungsgebers auf Abtretung des Rechts, Verzicht oder Aufhebung. Der Inhaber der Rückgewähransprüche entscheidet über die Löschung, Abtretung oder Neuvalutierung der Grundschuld. Rückgewähransprüche gehen ebenso wie

---

118 BGH NJW 1999, 2664

119 So Brambring in: Beck'sches Notar-Handbuch 2000, A I Rn 340 mwN. Das OLG Düsseldorf MittBayNot 2001, 313 mit kom Kolmer hat jüngst entschieden, dass die vertragliche Übernahme nicht unter das VerbrKG fällt, wenn der Kreditgeber der Vertragsübernahme durch den neuen Darlehensschuldner lediglich zustimmt, also ein dreiseitiger Vertrag nicht geschlossen wird

120 Vgl Volmer WM 1999, 209

etwaige Eigentümerrechte an den eingetragenen Grundpfandrechten aus § 1168 I BGB, § 1143 I 1 BGB analog oder § 873 I BGB mit der Umschreibung des Eigentums auf den Erwerber nicht automatisch über. Im Übergabevertrag sollte daher vorgesehen werden, dass etwa entstandene Eigentümerrechte und Rückgewähransprüche auf den Erwerber übertragen und deren Eintragung in das Grundbuch bewilligt wird.

Musterformulierung:

In Abteilung III lfd Nr. 1 ist folgendes Recht eingetragen: Grundschuld im Nennbetrag von ... € nebst .... % Zinsen jährlich und einer einmaligen Nebenleistung von .... % des Grundschuldkapitals, vollstreckbar, brieflos, zugunsten der ... Bank. 123

Die in Abteilung III unter lfd Nr. 1 eingetragene Belastung wird vom Erwerber in dinglicher und persönlicher Hinsicht übernommen.

Alle den Vertragsgegenstand betreffenden Eigentümerrechte und Rückgewähransprüche werden bezüglich der vorgenannten Belastung ab Eigentumsumschreibung auf den Erwerber im Erwerbsverhältnis übertragen. Entsprechende Grundbucheintragung wird bewilligt.

Soweit die übernommene Verbindlichkeit zusätzlich durch ein abstraktes Schuldanerkenntnis oder Schuldversprechen gesichert ist, übernimmt der Erwerber auch diese Verbindlichkeiten im Nennbetrag des vorbezeichneten Grundpfandrechts und seiner Nebenleistungen. Der Erwerber unterwirft sich wegen der übernommenen Zahlungsverbindlichkeiten in Höhe von ... € nebst ... % Zinsen jährlich seit dem heutigen Tage und einer einmaligen Nebenleistung von ... % des vorbezeichneten Betrags gegenüber der ... Bank der sofortigen Zwangsvollstreckung aus dieser Urkunde. Der Gläubigerin kann jederzeit ohne Nachweis der das Entstehen und die Fälligkeit begründenden Tatsachen eine vollstreckbare Ausfertigung dieser Urkunde erteilt werden.

Wegen der persönlichen Verpflichtung vereinbaren die Parteien, dass der Erwerber die zugrunde liegenden Verbindlichkeiten im Wege der Erfüllungsübernahme mit übernimmt.

Der Erwerber stellt im Innenverhältnis den Veräußerer ab dem heutigen Tage von sämtlichen Verbindlichkeiten frei, die den eingetragenen Belastungen zugrunde liegen.

Die zugrunde liegenden Verbindlichkeiten valutieren nach Angaben der Vertragsbeteiligten noch in Höhe von ca ..... €.

Der Veräußerer wurde durch den Notar darauf hingewiesen, dass er aufgrund der vorgenannten Erfüllungsübernahme weiter für die den eingetragenen Belastungen zugrunde liegenden Verbindlichkeiten haftet.

Die Erschienenen erklären hierzu, dass sie sich so bald wie möglich um eine Entlassung des Veräußerers aus der persönlichen Haftung durch die Gläubiger bemühen wollen.

Die Beteiligten beauftragen den amtierenden Notar entsprechende Erklärungen der Gläubigerin bezüglich der Entlassung des Veräußerers aus der persönlichen

Haft einzuholen einschließlich der Erklärung der Gläubigerin, dass unter Abänderung des bisherigen Sicherungsvertrages das vorgenannte Grundpfandrecht nur noch die in dieser Urkunde vom Erwerber übernommenen persönlichen Forderungen und seine eventuell künftig gegenüber ihr begründeten Verbindlichkeiten sichert.
Der Notar wird angewiesen, die Eintragung des Eigentumswechsels erst zu veranlassen, wenn ihm die vorgenannte Erklärung der Gläubigerin über die Haftentlassung des Veräußerers für die den eingetragenen Grundpfandrechten zugrunde liegenden Verbindlichkeiten und Abänderung des Sicherungsvertrages vorliegt. Vorher soll er dem Erwerber, dem Grundbuchamt und den Behörden keine Ausfertigung oder beglaubigte Abschrift dieser Urkunde erteilen, welche die Auflassung enthält.

124 Gefahren bestehen für den Übergeber eines Grundstücks bei gleichzeitigem Vorbehalt von Rechten, die aus dem Grundbesitz zu erbringen sind, wie Nießbrauch oder Wohnungsrecht. Gehen solchen Rechten im Grundbuch Grundschulden im Rang vor, besteht für die Berechtigten die Gefahr, dass sie ihre Rechte verlieren könnten, sofern die den Grundschulden zugrunde liegenden Darlehensverbindlichkeiten nicht getilgt und die Zwangsvollstreckung aus diesen Rechten betrieben wird.[121] Dem könnte durch Rangrücktritt der Grundschuld hinter die vorbehaltenen Rechte begegnet werden. Dies führt in der Praxis jedoch dazu, dass der Kreditspielraum des Erwerbers weitgehend eingeschränkt ist.

8. Sonstiges

125 Typische Gegenleistungen in Übergabeverträgen sind weiterhin die Zahlung eines Abstandsgeldes vom Übernehmer an den Übergeber, Abfindungszahlungen an weichende Erben, die Vereinbarung der Beteiligung an einem etwaigen Veräußerungserlös oder die Gewährung eines Taschengeldes an den Veräußerer. Gewünscht ist gelegentlich auch eine Regelung über die Tragung der Beerdigungs- und Grabpflegekosten der Veräußerer.

Musterformulierung:

126 *Der Erwerber hat die Kosten der standesgemäßen Beerdigung des Herrn…, der üblichen Gottesdienste und der Grabpflege zu tragen. Dafür wird dem Erwerber schon heute unwiderruflich der Anspruch auf Auszahlung etwa anfallender Sterbeversicherungssummen zugewendet. Das Recht auf Übernahme der Grabpflege und der Begräbniskosten soll ausdrücklich nicht dinglich gesichert werden.*

127 Der Gestaltungsphantasie der Beteiligten sind kaum Grenzen gesetzt.

121 Vgl hierzu BGH NJW 1996, 522

IV. Erb- und pflichtteilsrechtliche Fragen

Im Rahmen des Übergabevertrages kann der Übergeber durch Anordnung einer Erbausgleichung oder Pflichtteilsanrechnung weitere erbrechtliche Wirkungen außerhalb einer Verfügung von Todes wegen erreichen. Gleiches gilt für die Vereinbarung von Pflichtteilsverzichten. 128

1. Erbausgleichung

Gem § 2050 I BGB ist bei gesetzlicher Erbfolge unter Abkömmlingen eine Ausstattung bei der Auseinandersetzung des Nachlasses auszugleichen, sofern der Erblasser bei der Zuwendung nichts anderes bestimmt hat. Nach § 2050 II BGB sind Zuschüsse, die zu dem Zweck gegeben worden sind, als Einkünfte verwendet zu werden, sowie Aufwendungen für die Vorbildung zu einem Beruf zur Ausgleichung zu bringen, soweit sie das den Vermögensverhältnissen des Erblassers entsprechende Maß überstiegen haben. Neben diesen gesetzlichen Erbausgleichungsanordnungen steht dem künftigen Erblasser gem § 2050 III BGB die Möglichkeit offen, bei sonstigen Zuwendungen unter Lebenden die Ausgleichung der Zuwendung anzuordnen. 129

Praxis-Tipp:

Zur Vermeidung von Zweifeln empfiehlt sich die Aufnahme einer ausdrücklichen positiven oder negativen Regelung der Ausgleichungspflicht in den Übergabevertrag.[122] 130

Musterformulierung:

Der Empfänger der Zuwendung hat deren Wert im Verhältnis zu den übrigen Abkömmlingen des Veräußerers (nicht) auszugleichen. 131

§ 2050 BGB gilt bei Eintritt der gesetzlichen Erbfolge unter Abkömmlingen und gem § 2052 BGB bei Testamentserben, wenn der Erblasser seine Abkömmlinge auf den gesetzlichen Erbteil gesetzt oder deren Erbteile im gleichen Verhältnis wie ihre gesetzlichen Erbteile bestimmt hat. Anstelle eines als Erbe weggefallenen Abkömmlings treten gem § 2051 I BGB dessen Abkömmlinge in die Ausgleichspflicht ein. 132

Gegenstand einer Ausgleichung nach § 2050 BGB können nur zu Lebzeiten des Erblassers erfolgte Zuwendungen sein. Die Ausgleichungspflicht ist weder Vermächtnis zugunsten des Berechtigten noch Nachlassverbindlichkeit, sondern eine Berechnungsregel für die Erbteilung.[123] Sie mindert nicht die Erbquote als solche. Es wird vielmehr das Auseinandersetzungsguthaben des Ausgleichspflichtigen verkürzt und das der ausgleichungsberechtigten Miterben

122 Jerschke in: Beck'sches Notar-Handbuch 2000, A V Rn 88
123 Palandt/Edenhofer § 2050 Rn 2

vergrößert. Bei hohen lebzeitigen Zuwendungen des Erblassers kann dies für den Empfänger nicht unproblematisch sein. Er verbleibt gesetzlicher Miterbe. Der Erbschein weist ihn mit seiner vollen Erbquote aus. Nach außen haftet er für die Nachlassverbindlichkeiten. Unter Umständen erhält er jedoch als Ergebnis der Ausgleichung nichts aus dem Nachlass.[124]

133 Die Ausgleichung erfolgt im Rahmen der Erbauseinandersetzung. Gem § 2055 I BGB wird bei der Auseinandersetzung dem Ausgleichungspflichtigen der Wert der Zuwendung auf seinen Erbteil angerechnet. Der Wert bestimmt sich gem § 2055 II BGB nach der Zeit, zu der die Zuwendung erfolgt ist. Wertsteigerungen bleiben mit Ausnahme des Kaufkraftschwundes unberücksichtigt.[125] In der Praxis besteht die Hauptschwierigkeit der Durchführung der Ausgleichung in der Wertermittlung.

Praxis-Tipp:

134 *Zur Streitvermeidung empfiehlt sich die Aufnahme des Wertes in den Übergabevertrag.*

Der Veräußerer kann auch eine Ausgleichung zu einem niedrigeren Wert anordnen.[126] Eine solche zu einem höheren Wert dürfte wegen der Unzulässigkeit eines gegenständlich beschränkten Erbverzichts nicht möglich sein.[127]

135 Zur Durchführung der Erbausgleichung werden zunächst die Erbteile von Nicht-Abkömmlingen, also insbesondere der Ehegatten, von der tatsächlich vorhandenen Erbmasse abgezogen. Dem verbleibenden Nachlassteil werden die zur Ausgleichung zu bringenden Zuwendungen hinzugerechnet, sodann für den einzelnen Abkömmling dessen rechnerischer Erbteil ermittelt und beim Erwerber die anzurechnenden Zuwendungen abgezogen.[128] Hieraus ergeben sich die Teilungsquoten.

Beispiel:

136 Der verwitwete Vater hat seiner Tochter zu Lebzeiten ein Grundstück im Wert von 250 000 € übertragen mit der Bestimmung, dass diese den Wert der Zuwendung beim Erbfall im Verhältnis zu ihrem Bruder auszugleichen hat. Bei seinem Tod hinterlässt der Vater ein sonstiges Vermögen von 1 000 000 €. Der Erbanspruch der Tochter errechnet sich wie folgt: (1 000 000 € + 250 000 €) : 2 – 250 000 € = 375 000 €. Im Ergebnis hat jedes Kind 625 000 € erhalten. Dies Ausgleichung scheitert, falls der verbliebene Nachlass geringer als die lebzeitige Zuwendung ist.

124 Vgl J. Mayer, Der Übergabevertrag in der anwaltlichen und notariellen Praxis 1998, Rn 170
125 BGHZ 65, 75 mit Anm Löbbecke NJW 1975, 2292; BGH WM 1975, 1179
126 Frischknecht BWNotZ 1960, 270
127 Vgl Wegmann, Grundstücksüberlassung 1999, Rn 557
128 Vgl auch DNotI-Gutachten DNotI-Report 2000, 82 sowie die Berechnungsbeispiele bei Bertolini MittBayNot 1995, 109

Hat ein Abkömmling durch den Vorempfang mehr als das Auseinandersetzungsguthaben erhalten, scheidet er gem § 2056 BGB bei der Berechnung aus. Die Ausgleichung erfolgt nur zwischen den verbleibenden Abkömmlingen; eine Rückzahlungsverpflichtung kann nicht entstehen. 137

Die Anordnung der Erbausgleichung führt häufig zu unerwünschten Nebenwirkungen. Mit dem sog Ausgleichspflichtteil erhöht sich das Pflichtteilsrecht der anderen Abkömmlinge. Dies ist insbesondere nicht gewollt, wenn einer der Geschwister nicht zu einem gegenständlich beschränkten Pflichtteilsverzicht bereit ist. Gem § 2316 I BGB wird für die Berechnung des Pflichtteils der auszugleichende Vermögensgegenstand dem Nachlass hinzugerechnet. Zwar wird die Pflichtteilslast der Erben insgesamt nicht größer. Es tritt jedoch eine Verschiebung der Pflichtteile zwischen den einzelnen Pflichtteilsberechtigten ein. Diese wirkt sich zu Lasten des Empfängers der Zuwendung und zugunsten des nicht verzichtsbereiten Geschwisterteils aus.[129] Da die rechnerische Vergrößerung des Nachlasses durch die ausgleichspflichtigen Vorempfänge auch etwaigen pflichtteilsberechtigten Erben zugute kommt, kann diesen gegen ihre Miterben ein Pflichtteilsrestanspruch auf entsprechende Aufstockung ihres Pflichtteils bis zur Höhe des Ausgleichungspflichtteils zustehen. Scheidet die Ausgleichungsmöglichkeit gem § 2056 S 1 BGB aus, kommt bei schenkungsweisen Zuwendungen ein Pflichtteilsergänzungsanspruch nach §§ 2325 BGB hinsichtlich des durch Ausgleichung nicht abgedeckten Mehrempfangs in Betracht.[130] 138

Praxis-Tipp:

Eine nachträgliche Anordnung der Ausgleichung durch Rechtsgeschäft unter Lebenden ist nicht möglich. In Frage kommt allein eine Verfügung von Todes wegen als Teilungsanordnung gem § 2048 BGB oder Vorausvermächtnis gem § 2150 BGB zugunsten der anderen Abkömmlinge.[131] Beseitigt werden kann die Ausgleichungsbestimmung durch Vermächtnisanordnung zugunsten des Erwerbers in einer letztwilligen Verfügung.[132] 139

Durch Vereinbarung können die Abkömmlinge die Ausgleichspflicht ganz oder teilweise ausschließen oder über das Gesetz hinaus erweitern.[133] 140

Ein Erbteilserwerber tritt gem §§ 2372, 2376 BGB in die Rechte und Pflichten aus der Ausgleichung ein. Dies gilt auch für den Pfandgläubiger am Erbteil. Dieser steht wegen einer Ausgleichungspflicht dem betreffenden Miterben gleich und muss sie gegen sich gelten lassen. 141

129 J. Mayer, Der Übergabevertrag in der anwaltlichen und notariellen Praxis 1998, Rn 171

130 Vgl J. Mayer, Der Übergabevertrag in der anwaltlichen und notariellen Praxis 1998, Rn 171

131 Palandt/Edenhofer § 2050 Rn 3

132 Vgl J. Mayer ZEV 1996, 441

133 Palandt/Edenhofer § 2050 Rn 3

2. Pflichtteilsanrechnung

142 Der Pflichtteilsberechtigte hat sich gem § 2315 I BGB auf den Pflichtteil anrechnen zu lassen, was ihm von dem Erblasser durch Rechtsgeschäft unter Lebenden mit der Bestimmung zugewendet worden ist, dass es auf den Pflichtteil angerechnet werden soll.

Musterformulierung:

143 *Der Erwerber hat sich den Wert der Zuwendung auf seinen Pflichtteil nach dem Veräußerer anrechnen zu lassen.*

Unter Zuwendung im Sinne des § 2315 I BGB ist jede freiwillige und freigiebige Verschaffung eines Vorteils zu verstehen.[134] Hierunter fallen insbesondere Ausstattungen, vollzogene Schenkungen oder Schenkungsversprechen.[135] Die Anordnung der Pflichtteilsanrechnung hat nicht nur im Verhältnis zwischen dem künftigen Erblasser und dem Empfänger der Zuwendung Bedeutung. Sie berührt auch die Interessen der übrigen künftigen Erben. Durch die Pflichtteilsanrechnung ändert sich deren Pflichtteilslast gegenüber dem Empfänger der Zuwendung, sofern dieser im Erbfall seinen Pflichtteil beansprucht.

Praxis-Tipp:

144 *Zur Vermeidung von Zweifeln empfiehlt sich ebenso wie bei der Erbausgleichung die Aufnahme einer ausdrücklichen positiven oder negativen Regelung der Pflichtteilsanrechnung in den Übergabevertrag.*[136]

145 Die Anordnung der Pflichtteilsanrechnung ist eine einseitige empfangsbedürftige Willenserklärung des Erblassers. Er hat diese gegenüber dem Empfänger vor oder gleichzeitig mit der Zuwendung zu bestimmen, damit der Empfänger die seinen Pflichtteil beeinflussende Beschaffenheit der Zuwendung kennt.[137] Nachträgliche einseitige Anrechnungsbestimmungen des Erblassers, zB durch eine Verfügung von Todes wegen, sind grundsätzlich nicht möglich. Etwas anderes gilt nur, wenn der Erblasser sich bei der Zuwendung eine solche vorbehalten hat oder ein berechtigter Grund zur Pflichtteilsentziehung im Sinne des § 2333 BGB vorliegt.[138] Willigt der Pflichtteilsberechtigte nachträglich in die Bestimmung der Pflichtteilsanrechnung ein, liegt ein – gegenständlich beschränkter – Pflichtteilsverzicht vor. Dieser Bedarf zu seiner Wirksamkeit gem §§ 2346 II, 2348 BGB der notariellen Beurkundung.[139]

134 OLG Düsseldorf ZEV 1994, 173
135 Vgl Palandt/Edenhofer § 2315 Rn 1
136 Jerschke in: Beck'sches Notar-Handbuch 2000, A V Rn 83
137 Vgl OLG Düsseldorf ZEV 1994, 173; Palandt/Edenhofer § 2315 Rn 2
138 Palandt/Edenhofer § 2315 Rn 3; vgl auch BGH NJW 1990, 911
139 Vgl Palandt/Edenhofer § 2315 Rn 3; Jerschke in: Beck'sches Notar-Handbuch 2000, A V Rn 86

Der Wert der Zuwendung wird gem § 2315 II 1 BGB bei der Bestimmung des Pflichtteils dem Nachlass hinzugerechnet und aus dieser Summe der fiktive Pflichtteilsanspruch ermittelt. Nach Abzug der anrechnungspflichtigen Zuwendung ergibt sich der effektive Pflichtteilsanspruch.[140] 146

Beispiel:

Der verwitwete Vater hat seiner Tochter zu Lebzeiten ein Grundstück im Wert von 250 000 € übertragen mit der Bestimmung, dass sie sich den Wert der Zuwendung auf ihren Pflichtteilsanspruch anrechnen lassen muss. Bei seinem Tod hinterlässt der Vater ein sonstiges Vermögen von 1 000 000 €. Der Sohn wird Alleinerbe. Der Pflichtteilsanspruch der Tochter errechnet sich wie folgt: (1 000 000 € + 250 000 €) : 4 – 250 000 € = 62 500 €. 147

Bei mehreren Anrechnungspflichtigen wird der Anspruch jedes Einzelnen individuell errechnet, so dass bei unterschiedlichen Zuwendungen verschieden hohen Nachlässe zu berücksichtigen sein könnten.[141] § 2315 II 2 BGB stellt für die Bewertung der Zuwendung auf den Zeitpunkt ihrer Vornahme ab. Wertsteigerungen bleiben mit Ausnahme des Kaufkraftschwundes unberücksichtigt.[142] 148

Der Erblasser kann einen niedrigeren Wert bestimmen. Die Anordnung eines den Verkehrswert übersteigenden Anrechnungswertes ist ebenfalls möglich Da es sich insoweit um einen teilweisen Pflichtteilsverzicht des Erwerbers handelt, ist dies jedoch nur mit dessen Zustimmung möglich. Die Vereinbarung ist gem §§ 2346 II, 2348 BGB notariell zu beurkunden.[143] 149

Ein eintretender Abkömmling muss sich nach §§ 2315 III, 2051 I BGB die Zuwendungen anrechnen lassen, die dem Weggefallenen hätten angerechnet werden können, wenn er nicht beweist, dass die Anrechnungspflicht des Empfängers nur für dessen Person begründet war.[144] 150

Praxis-Tipp:

Nachträglich kann die Anrechnungsbestimmung formlos und einseitig durch den Erblasser aufgehoben werden. Zu Beweiszwecken empfiehlt es sich, die Aufhebungserklärung schriftlich niederzulegen. 151

Möglich ist auch eine Aufhebung durch letztwillige Verfügung, Erbschaftsvertrag gem § 312 II BGB oder Erlassvertrag gem § 397 BGB.[145]

140 Vgl Palandt/Edenhofer § 2315 Rn 4 ff; Jerschke in: Beck'sches Notar-Handbuch 2000, A V Rn 86
141 Palandt/Edenhofer § 2315 Rn 4
142 BGH NJW 1983, 1486; zur Bewertung siehe auch: J. Mayer ZEV 1994, 331
143 Vgl Jerschke in: Beck'sches Notar-Handbuch 2000, A V Rn 83
144 Palandt/Edenhofer § 2315 Rn 7
145 Vgl J. Mayer ZEV 1996, 441

3. Kombination von Erbausgleichung und Pflichtteilsanrechnung

152 Die Pflichtteilsanrechnung mindert die Summe der Pflichtteilsansprüche der Abkömmlinge, während die Anordnung der Erbausgleichung nur die Verteilung des Pflichtteilsanspruchs verändert. Pflichtteilsanrechnung und Anordnung der Erbausgleichung können miteinander kombiniert werden. Die Kombination vergrößert in der Regel den Pflichtteilsanspruch des Empfängers der Zuwendung. Gem § 2316 IV BGB erfolgt die Pflichtteilsanrechnung nur mit der Hälfte des Wertes. Die Zuwendung wird damit nicht doppelt angerechnet.[146]

Beispiel:

153 Der verwitwete Vater hat seiner Tochter zu Lebzeiten ein Grundstück im Wert von 300 000 € übertragen mit der Bestimmung, dass diese den Wert der Zuwendung beim Erbfall im Verhältnis zu ihrem Bruder auszugleichen hat und sich auf ihren Pflichtteilsanspruch anrechnen lassen muss. Bei seinem Tod hinterlässt der Vater ein sonstiges Vermögen von 1 200 000 €. Der Sohn wird Alleinerbe. Der Pflichtteilsanspruch der Tochter errechnet sich wie folgt: Der Erbteil nach der Ausgleichung [(1 200 000 € + 300 000 €) : 2 – 300 000 €] beträgt 450 000 €. Hieraus ergibt sich ein Pflichtteil von 450 000 € : 2 = 225 000 €. Auf diesen ist die Zuwendung zur Hälfte anzurechnen, also in Höhe von 150 000 €. Der Pflichtteil beträgt somit nach Ausgleichung und Anrechnung [225 000 € – (300 000 € : 2)] 75 000 €.

4. Pflichtteilsverzicht

154 Der Pflichtteilsverzicht des Erwerbers nach § 2346 II BGB ersetzt die Pflichtteilsanrechnung. Gleiches gilt in der Regel für die Anordnung der Erbausgleichung. Im Gegensatz zu dieser führt der Pflichtteilsverzicht des Erwerbers allerdings nicht zu einer Erhöhung des Pflichtteils der anderen Abkömmlinge. Bei Vereinbarung eines Pflichtteilsverzichts des Erwerbers ist zu überlegen, ob dieser auch gegenüber dem Ehegatten des Veräußerers erklärt werden soll, um anlässlich der Übergabe insgesamt das Risiko von Pflichtteilsansprüchen auszuschließen.

155 Darüber hinaus kann die Vereinbarung eines gegenständlich beschränkten Pflichtteilsverzichts weichender Geschwister bzw des Ehegatten des Übergebers angezeigt sein. Der gegenständlich beschränkte Pflichtteilsverzicht bietet sich insbesondere bei der vorweggenommenen Erbfolge an, wenn dem Bedachten der Vermögenserwerb im Hinblick auf den späteren Erbfall dauerhaft gesichert werden soll.

146 Vgl Jerschke in: Beck'sches Notar-Handbuch 2000, A V Rn 93; Wegmann, Grundstücksüberlassung 1999, Rn 568

Praxis-Tipp:

Zweckmäßigerweise sollte der gegenständlich beschränkte Pflichtteilsverzicht direkt in den Übergabevertrag aufgenommen werden. Er kann unter der Bedingung der Erfüllung einer Gegenleistung, zB Zahlung eines Gleichstellungsbetrages, abgeschlossen werden.

156

V. Einschränkungen der Verfügungsbefugnis

Bei der Gestaltung lebzeitiger Übergaben ist zu beachten, dass die Verfügungsfreiheit des Veräußerers durch frühere Verfügungen von Todes wegen eingeschränkt und der gewünschte Erfolg hierdurch gefährdet sein kann. 157

1. Verfügungsfreiheit im Sinne des § 2286 BGB

Gem § 2286 BGB wird durch einen Erbvertrag das Recht des Erblassers, über sein Vermögen durch Rechtsgeschäft unter Lebenden zu verfügen, nicht beschränkt. Auf wechselbezügliche Verfügungen in einem gemeinschaftlichen Testament ist § 2286 BGB entsprechend anwendbar.[147] Auch durch die nach dem Tod des Erstverstorbenen eingetretene Bindung werden Rechtsgeschäfte unter Lebenden nicht ausgeschlossen.[148] 158

Der Erblasser kann also gem § 2286 BGB selbst nach Abschluss eines Erbvertrages bzw einer bindenden Verfügung in einem gemeinschaftlichen Testament grundsätzlich weiterhin durch Rechtsgeschäft unter Lebenden über sein gesamtes Vermögen frei verfügen. Durch die vertragsmäßige bzw wechselbezügliche Verfügung hat er sich lediglich hinsichtlich künftiger letztwilliger Verfügungen gebunden, sich nur in seiner Testierfreiheit beschränkt. Das Recht, zu Lebzeiten Vermögensgegenstände wirksam an Dritte zu übertragen, bleibt hiervon unberührt. Zulässig ist, dass sich der Erblasser zur Absicherung des Bedachten verpflichtet, lebzeitige Verfügungen zu unterlassen (§ 137 S 2 BGB). Ein solcher Vertrag wirkt zwar nur schuldrechtlich zwischen den Beteiligten und nimmt dem Erblasser gegenüber Dritten nicht seine Verfügungsfreiheit, er begründet aber bei Verletzung Schadensersatzansprüche gegenüber dem Erblasser bzw dessen Erben.[149] 159

Die erbvertragliche oder wechselbezügliche Bindung des Erblassers schließt im übrigen familienrechtliche Handlungen, wie Eheschließung und Güterstandwechsel, Begründung einer Lebenspartnerschaft und Wechsel des Vermögensstandes, Annahme als Kind oder Vaterschaftsanerkennung nicht aus. Hierdurch können Pflichtteilsrechte Dritter begründet und so mittelbar die Rechte der vertragsmäßig bzw testamentarisch Bedachten beeinträchtigt werden. Mit Ausnahme der §§ 2333 bis 2336 BGB kann der Pflichtteilsanspruch weder im Erbvertrag noch im gemeinschaftlichen Testament ausgeschlossen werden. 160

---

147 BGH DNotZ 1951, 345; BGH DNotZ 1965, 357
148 Vgl Palandt/Edenhofer § 2271 Rn 11
149 Vgl Palandt/Edenhofer § 2286 Rn 2

2. Schutz der Vertragserben und Schlusserben nach § 2287 BGB

161 Eine Schutzvorschrift für den Vertragserben enthält § 2287 BGB. Hat der Erblasser in der Absicht, den Vertragserben zu beeinträchtigen, eine Schenkung gemacht, so kann der Vertragserbe gem § 2287 I BGB, nachdem ihm die Erbschaft angefallen ist, von dem Beschenkten die Herausgabe des Geschenkes nach den Vorschriften über die Herausgabe einer ungerechtfertigten Bereicherung fordern. Der Anspruch verjährt nach § 2287 II BGB in drei Jahren vom Anfall der Erbschaft an.

162 § 2287 BGB schützt nicht nur die Vertragserben aus einem Erbvertrag, sondern findet darüber hinaus bei gemeinschaftlichen Testamenten auf bindend gewordene wechselbezügliche Verfügungen Anwendung,[150] gilt also auch zugunsten der Schlusserben. Hat der Ehegatte des Schenkers zum Zeitpunkt der Schenkung noch gelebt, scheidet bei gemeinschaftlichen Testamenten ein Anspruch nach § 2287 BGB aus, da die wechselbezüglichen Verfügungen zu diesem Zeitpunkt noch nicht bindend geworden waren.[151]

163 Ebenso greift § 2287 BGB nicht ein, wenn der überlebende Ehegatte sein Vermögen im Wege der vorweggenommenen Erbfolge auf die eingesetzten Schlusserben verteilt.[152]

164 Der Bereicherungsanspruch nach § 2287 I BGB setzt voraus, dass die berechtigte Erwartung des Erbanwärters objektiv durch eine Schenkung des Erblassers beeinträchtigt sein muss, die der Erblasser subjektiv in Beeinträchtigungsabsicht vorgenommen hat, in dem er sein Recht zu lebzeitigen Verfügungen missbrauchte.

165 Nur Schenkungen nach Abschluss des Erbvertrages bzw nach Eintritt der Bindungswirkung wechselbezüglicher Verfügungen in einem gemeinschaftlichen Testament fallen in den Anwendungsbereich des § 2287 BGB. Unter Schenkung in diesem Sinne sind zunächst solche nach § 516 BGB zu verstehen.[153] Erfasst werden aber auch gemischte und verschleierte Schenkungen sowie vollzogene Schenkungen auf den Todesfall. Bei auffallendem, grobem Missverhältnis zwischen Leistung und Gegenleistung spricht eine tatsächliche Vermutung für eine Schenkung.[154]

166 Beeinträchtigungsabsicht liegt vor, wenn der Erblasser die Absicht hat, dem Erbanwärter die Vorteile der Erbeinsetzung zu entziehen oder zu schmälern. Die Beeinträchtigungsabsicht scheidet aus, sofern der Erblasser an der Schenkung ein lebzeitiges Eigeninteresse hatte.[155] Ein solches Eigeninteresse ist anzunehmen, wenn nach dem Urteil eines objektiven Beobachters die Beweggründe des Erblassers in Anbetracht der gegebenen Umstände so sind, dass der erbvertraglich Bedachte sie anerkennen und seine Benachteiligung durch

---

150 BGHZ 82, 274; siehe auch Scheel NotBZ 2001, 58 ff
151 BGHZ 87, 19
152 BGHZ 82, 274 mit Anm Kuchinke JuS 1998, 853
153 Zu ehebedingten Zuwendungen siehe: Hayler MittBayNot 2000, 290
154 BGHZ 82, 274
155 BGHZ 82, 274; BGH NJW 1992, 566

die lebzeitige Verfügung des Erblassers hinnehmen muss.[156] Bejaht wurde von der Rechtsprechung ein solches Eigeninteresse des Erblassers zB, soweit die Schenkung vom Bemühen des Erblassers geleitet ist, seine Altersversorgung zu verbessern,[157] die jüngere Ehefrau zwecks Betreuung und Pflege im Alter an sich zu binden[158] oder wenn der Vertragserbe sich schweren Verfehlungen gegenüber dem Erblasser schuldig gemacht hat.[159] Kein Eigeninteresse liegt zB vor, wenn der Erblasser sich nach Abschluss des Erbvertrages umentschlossen hat und seine Verfügung von Todes wegen durch die Zuwendung an eine andere Person korrigieren will[160] oder wenn der Schenkung die Einsicht zugrunde liegt, dass er den Beschenkten in der bindend gewordenen Verfügung von Todes wegen zu gering bedacht hat.[161] Die Beweislast für die Beeinträchtigungsabsicht trägt der Vertragserbe bzw Schlusserbe.[162]

Willigt der Erbanwärter in die Schenkung ein, bedarf seine Einwilligungserklärung in entsprechender Anwendung des § 2348 BGB der notariellen Beurkundung. Fehlt es an einer solchen, ist die Einwilligungserklärung unwirksam und dem Vertragserben bzw Schlusserben steht weiterhin der Schutz des § 2287 BGB zu.[163] 167

Der Anspruch nach § 2287 I BGB entsteht erst mit dem Anfall der Erbschaft. Er fällt nicht in den Nachlass, sondern steht dem Vertragserben bzw Schlusserben als persönlicher Anspruch gegen den Beschenkten zu. Er ist auf Herausgabe des Geschenks nach §§ 812 bis 822 BGB gerichtet. 168

Praxis-Tipp:

Bei teilweiser Unentgeltlichkeit richtet sich der Anspruch auf Herausgabe nur, wenn der unentgeltliche Charakter des Geschäfts überwiegt,[164] ansonsten auf Erstattung der Wertdifferenz.[165] 169

Seinem Umfang nach kann der Anspruch nicht höher sein als die durch die Schenkung herbeigeführte Beeinträchtigung des Vertragserben bzw Schlusserben, selbst wenn der Erblasser eine darüber hinausgehende Benachteiligung beabsichtigt haben sollte.[166] 170

156 BGHZ 83, 44; vgl auch OLG Köln ZEV 2000, 317
157 OLG Düsseldorf NJW-RR 1986, 806; OLG München NJW-RR 1987, 1484; OLG Köln ZEV 2000, 317
158 BGH NJW 1992, 2630
159 LG Gießen MDR 1981, 582
160 BGH NJW 1980, 2307; OLG Frankfurt NJW-RR 1991, 1157
161 BGHZ 77, 264
162 BGHZ 66, 8
163 BGHZ 108, 252; kritisch: Kanzleiter DNotZ 1990, 776; Damrau FamRZ 1991, 552
164 BGH NJW 1953, 501
165 BGHZ 30, 120
166 Vgl BGH FamRZ 1989, 175

3. Auskunftsanspruch

171 Dem Vertragserben bzw Schlusserben steht gegen den Beschenkten als Gegner des Anspruchs aus § 2287 I BGB gem § 242 BGB ein Anspruch auf Auskunft über den Umfang der Beeinträchtigung zu, sofern er die Voraussetzungen für das Bestehen des Anspruchs aus § 2287 BGB schlüssig und in substantiierter Weise dargelegt hat.[167] Der Auskunftsanspruch besteht dagegen nicht zur bloßen Ausforschung einer Schenkung.[168] Die Darlegungspflicht des Vertragserben bzw Schlusserben ist umso höher, je konkreter der Begünstigte Behauptungen zum lebzeitigen Eigeninteresse des Schenkers aufstellt.[169]

4. Schutz des Erbanwärters zu Lebzeiten des Schenkers

172 § 2287 BGB lässt die Befugnis des Erblassers aus § 2286 BGB, bis zu seinem Tod sein Vermögen durch unentgeltliche lebzeitige Rechtsgeschäfte beliebig zu vermindern, unberührt. Entsprechende Verfügungen des Erblassers sind regelmäßig selbst dann wirksam, wenn eine Beeinträchtigung des Vertragserben bzw Schlusserben beabsichtigt war, so dass dieser als Rechtsnachfolger des Erblassers sie auch gegen sich gelten lassen muss.[170] Sittenwidrig nach § 138 BGB können allerdings hohe Geldzuwendungen auf Grund des vom Empfänger verfolgten Zwecks und der Art und Weise seines Vorgehens sein.[171] Gleichwohl ist der Vertragserbe bzw Schlusserbe gegen einen Missbrauch der dem Erblasser zustehenden Verfügungsgewalt grundsätzlich nur im Rahmen des § 2287 I BGB dergestalt geschützt, dass ihm nach dem Anfall der Erbschaft ein Herausgabeanspruch gegen den Beschenkten zu steht.

173 Ein direkter Anspruch des Erbanwärters gegen den Erblasser besteht regelmäßig nicht.[172] Der Vertragserbe bzw Schlusserbe besitzt zu Lebzeiten des Erblassers kein Anwartschaftsrecht.[173] Mit einer Feststellungsklage könnte er gegenüber dem Erblasser allenfalls Zweifel an der Wirksamkeit des Erbvertrages klären lassen.[174]

174 Für eine Anwendung des § 823 I BGB fehlt es an einem verletzten Recht.[175] In Betracht kommen könnte lediglich ein Anspruch aus §§ 812 I 2, 818, 819 BGB, wenn etwa der Erbanwärter Aufwendungen in ein Grundstück gemacht hat und der Erblasser dieses böswillig veräußert.[176]

175 Ein Anspruch auf Sicherung des künftigen Bereicherungsanspruchs aus § 2287 I BGB nach erfolgter Schenkung zu Lebzeiten des Schenkers durch Arrest

167 Vgl BGHZ 97, 188 mit Anm Hohloch JuS 1986, 811; aA noch BGHZ 18, 67
168 BGHZ 61, 180
169 BGH NJW 1986, 1755
170 Palandt/Edenhofer § 2287 Rn 1
171 BGH FamRZ 1990, 1343
172 Palandt/Edenhofer § 2287 Rn 1
173 Vgl Palandt/Edenhofer § 1922 Rn 3
174 Vgl Hohmann ZEV 1994, 133
175 Palandt/Edenhofer § 2287 Rn 1
176 Vgl Johannsen WM 1977, 280

oder einstweilige Verfügung besteht ebenfalls nicht.[177] Denkbar ist eine Feststellungsklage des Vertragserben bzw Schlusserben nach § 256 ZPO gegen den Beschenkten auf Feststellen des Bestehens des Bereicherungsanspruchs, sobald diesem sein Erbrecht nicht mehr entzogen werden kann.[178]

5. Schutz des Vermächtnisnehmers nach § 2288 BGB

§ 2288 BGB enthält eine Schutzvorschrift für den Vermächtnisnehmer. Soweit der Erblasser den Gegenstand eines vertragsmäßig angeordneten Vermächtnisses in der Absicht, den Bedachten zu beeinträchtigen, zerstört, beiseite schafft oder beschädigt, tritt gem § 2288 I BGB, soweit der Erbe dadurch außerstande gesetzt ist, die Leistung zu bewirken, an die Stelle des Gegenstandes der Wert. Hat der Erblasser den Gegenstand in der Absicht, den Bedachten zu beeinträchtigen, veräußert oder belastet, so ist der Erbe gem § 2288 II 1 BGB verpflichtet dem Bedachten den Gegenstand zu verschaffen oder die Belastung zu beseitigen; auf diese Verpflichtung finden die Vorschriften des § 2170 II BGB entsprechende Anwendung. Ist die Veräußerung oder die Belastung schenkweise erfolgt, steht dem Bedachten gem § 2288 II 2 BGB, soweit er nicht von dem Erben Ersatz erlangen kann, der in § 2287 BGB bestimmte Anspruch gegen den Beschenken zu. Wie § 2287 BGB ist § 2288 BGB auf die bindend gewordenen wechselbezüglichen Verfügungen in einem gemeinschaftlichen Testament entsprechend anwendbar.[179] 176

Nachdem ein Vermächtnis gem § 2169 I BGB unwirksam ist, wenn der vermachte Gegenstand beim Erbfall nicht mehr zum Nachlass gehört und nach dem Willen des Erblassers dann auch nicht verschafft werden soll, wird durch § 2288 BGB dem Fall vorgebeugt, dass sich der Erblasser hinsichtlich des Vermächtnisgegenstandes der erbvertraglichen bzw testamentarischen Bindung entzieht. Allerdings kann bei Änderung der Sachlage nach Abschluss des Erbvertrages bzw Eintritt der Bindungswirkung der wechselbezüglichen Verfügungen in einem gemeinschaftlichen Testament ein lebzeitiges Eigeninteresse des Erblassers der Anwendung des § 2288 BGB entgegenstehen. Insoweit gelten dieselben Voraussetzungen wie bei § 2287 BGB. 177

Im Falle der in § 2288 I BGB genannten, mit Beeinträchtigungsabsicht vorgenommenen Handlungsweisen des Erblassers richtet sich der Anspruch des Vermächtnisnehmers gegen den Erben zunächst auf Wiederherstellung oder Wiederbeschaffung des Vermächtnisgegenstandes. Ist der Erbe hierzu außerstande, steht dem Vermächtnisnehmer gegen den Erben ein Anspruch auf Ersatz des gemeinen Wertes zurzeit des Vermächtnisanfalls zu.[180] Ähnliches gilt im Falle der nach § 2288 II 1 BGB vom Erblasser in Beeinträchtigungsabsicht vorgenommenen Veräußerung oder Belastung des Vermächtnisgegenstandes. Auch hier ist der Anspruch zunächst auf Verschaffung des Gegenstandes oder Beseitigung der Belastung gerichtet. Nur, wenn der Erbe hierzu nicht 178

177 OLG Koblenz MDR 1987, 935; aA Hohmann ZEV 1994, 133

178 Vgl OLG Koblenz MDR 1987, 935; einschränkend OLG München NJW-RR 1996, 328

179 Palandt/Edenhofer § 2288 Rn 1

180 Vgl Palandt/Edenhofer § 2288 Rn 2

imstande ist, besteht ein Wertersatzanspruch nach § 2170 II 1 BGB. Bei einer schenkweisen Veräußerung oder Belastung haftet der Beschenkte dem Bedachten gegenüber gem § 2288 II 2 BGB in Verbindung mit § 2287 BGB hilfsweise aus ungerechtfertigter Bereicherung, soweit der Bedachte vom Erben zB wegen dessen beschränkter Haftung oder Zahlungsunfähigkeit nichts erlangen kann. Der mit dem Vermächtnis belastete Erbe selbst kann vom Beschenkten nicht die Herausgabe des Vermächtnisgegenstandes verlangen.[181]

6. Schutz durch § 826 BGB

179 §§ 2287, 2288 BGB bilden abschließende Sonderregelungen für den Schutz des Vertragserben, Schlusserben bzw Vermächtnisnehmers gegen unentgeltliche Verfügungen des Erblassers zu Lebzeiten.[182] Neben ihnen ist kein Raum für einen originären, in der Person des Vertragserben, Schlusserben bzw Vermächtnisnehmers entstehenden Anspruch nach § 826 BGB gegen den Erblasser, wenn die lebzeitige Vermögensweggabe sittlich zu missbilligen war.[183] Dies gilt nach der Rechtsprechung des BGH selbst dann, wenn der Erblasser mit einem Dritten kollusiv in der Absicht der Schädigung des Vertragserben zusammengewirkt hat.[184]

180 Unberührt hiervon bleibt die Möglichkeit, dass die zu missbilligende Preisgabe von Vermögensbestandteilen bereits den Erblasser selbst schädigte. So könnte etwa der Erblasser von einem Dritten zu einem sittenwidrigen Rechtsgeschäft veranlasst worden sein. Ein hieraus resultierender Schadensersatzanspruch des Erblassers nach § 826 BGB würde auf den Vertragserben bzw Schlusserben als Bestandteil des Nachlasses übergehen und könnte von diesem gegebenenfalls durchgesetzt werden.[185]

VI. Sozialrechtliche Fragen

181 Sozialrechtlichen Fragen kommt bei der Gestaltung von Übergabeverträgen eine zunehmend stärkere Bedeutung zu. Bisweilen sind diesbezüglich ganz erhebliche Probleme zu lösen. Einerseits können Übergaben und dabei vereinbarte Versorgungsrechte Auswirkungen auf den Bestand und die Höhe der Sozialleistungen haben, andererseits erwachsen aus den sozialrechtlichen Vorschriften Grenzen für die Gestaltungsfreiheit bzw den Gestaltungswillen der Vertragsparteien.[186]

---

181 Vgl OLG Frankfurt NJW-RR 1991, 1157
182 Vgl Palandt/Edenhofer § 2287 Rn 2, § 2288, Rn 4
183 BGHZ 108, 73 mit Anm Schubert JR 1990, 159; Kohler FamRZ 1990, 464; Hohloch JuS 1989, 1017
184 BGHZ 108, 73
185 Vgl Palandt/Edenhofer § 2287 Rn 2
186 Vgl auch Gitter DNotZ 1984, 595; Plagemann AgrarR 1989, 85; Krauß MittBayNot 1992, 77; Weyland MittRhNotK 1997, 55; Schwarz ZEV 1997, 309; Littig/J. Mayer, Sozialhilferegress gegenüber Erben und Beschenkten 1999

Gem § 1 II BSHG ist es die Aufgabe der Sozialhilfe, dem Empfänger der Hilfe die Führung eines Lebens zu ermöglichen, das der Würde des Menschen entspricht. Diese Hilfe soll ihn soweit wie möglich befähigen, unabhängig von ihr zu leben; hierbei muss er nach seinen Kräften mitwirken. Sozialhilfe ist also in erster Linie darauf gerichtet, bei fehlender Leistungsfähigkeit des Bedürftigen diesem einen bescheidenen materiellen Grundbedarf zu befriedigen. In immer stärkerem Maße dient sie dazu, einen langjährigen Heimaufenthalt und die damit häufig verbundene Dauerpflege finanziell abzusichern. Soweit die Rente, privates Vermögen oder die Leistungen der Pflegeversicherung nicht ausreichen, können zunehmend auch nicht unvermögende Bevölkerungsschichten mit der Sozialhilfe in Berührung geraten. Ursache sind nicht zuletzt die enormen Pflegekosten. 182

Die Sozialhilfe soll keine rentenähnliche Versorgung gewährleisten, sondern Hilfe zur Selbsthilfe sein. Sobald die Träger der Sozialhilfe Leistungen erbringen sollen, gilt das sog Nachrangprinzip. Gem § 2 I BSHG erhält keine Sozialhilfe, wer sich selbst helfen kann oder die erforderliche Hilfe von anderen, besonders von Angehörigen oder Trägern anderer Sozialleistungen, erhält. Grundsätzlich ist also zunächst das verwertbare Vermögen des Hilfeempfängers zum Ausgleich der Leistungen der Sozialhilfe heranzuziehen. Hierzu zählen auch Ansprüche des Hilfesuchenden gegen Dritte aller Art. Voraussetzung ist, dass diese Ansprüche alsbald realisiert werden können. Neben Ansprüchen gegen Träger anderer Sozialleistungen, wie etwa aus der gesetzlichen Krankenversicherung, nach dem BaföG, SGB III, Bundesversorgungsgesetz, aus der gesetzlichen Rentenversicherung, Unfallversicherung oder nach dem Wohngeldgesetz, können insoweit auch Ansprüche gegen Private in Betracht kommen. Zu denken ist hier zB an Schadensersatzansprüche, rückständige Gehaltsansprüche, gesetzliche Unterhaltsansprüche und insbesondere an die Rückforderungsansprüche bei Schenkungen nach § 528 BGB. 183

In der Praxis spielen die gesetzlich vorgesehenen Ausgleichansprüche der Sozialhilfeträger eine entscheidende Rolle. Die Zugriffsmöglichkeiten der Sozialhilfeträger sind vielfältiger Natur. Möglich ist der Schenkungswiderruf und die Geltendmachung des Wertersatzanspruchs nach § 528 BGB, die Überleitung oder leistungsmindernde Anrechnung vertraglich vereinbarter Versorgungsleistungen und sonstiger Gegenleistungen oder die Überleitung vertraglicher oder gesetzlicher Rückübertragungsansprüche. Zu denken ist aber auch an die Geltendmachung gesetzlicher Unterhaltsansprüche gem § 91 BSHG gegen Zuwendungsempfänger und andere Unterhaltspflichtige. Im Extremfall ist der Zugriff unmittelbar auf übertragenes Vermögen wegen Sittenwidrigkeit der Übertragung oder der Zugriff auf erbrechtliche Positionen des Hilfeempfängers, insbesondere auf seine Pflichtteilsansprüche, möglich. Zu beachten ist in diesem Zusammenhang schließlich die Ersatzpflicht der Erben des Sozialhilfeempfängers für erbrachte Sozialhilfe gem § 92 c BSHG. 184

Die Vorschriften des BSHG führen zu schuldrechtlichen, sachenrechtlichen, familienrechtlichen und erbrechtlichen Anspruchsgrundlagen des BGB und zu landesrechtlichen Bestimmungen über den Altenteilsvertrag sowie zu Normen des PflegeVG. Es stehen insoweit Anspruchsgrundlagen aus verschiedenen Rechtsgebieten in Wechselwirkung zueinander. Die Rechtsprechung und Verwaltungspraxis der Sozialhilfeträger befindet sich in diesem Bereich in ständiger Fortentwicklung. 185

1. Möglichkeit der Nichtigkeit des Übergabevertrages

186 Der Eigentümer kann grundsätzlich über die zu seinem Vermögen gehörenden Gegenstände nach seinem Belieben durch Rechtsgeschäft verfügen. Gleichwohl ist im Rahmen von Übergabeverträgen die Möglichkeit einer Nichtigkeit der Veräußerung und Übereignung wegen Verstoßes gegen die guten Sitten nach § 138 BGB nicht auszuschließen, jedenfalls soweit sie sich zu Lasten des Sozialhilfeträgers auswirkt.

187 Wegen Unterlaufens des Nachrangprinzips hat die Rechtsprechung Unterhaltsverzichte zu Lasten des Sozialhilfeträgers als sittenwidrig eingestuft. Ausnahmen werden nur zugelassen, wenn die Hilfebedürftigkeit nicht voraussehbar war oder besondere Gründe den Verzicht rechtfertigen.[187] Dies ist etwa der Fall, wenn der Verzicht auf sittlich anzuerkennenden Motiven beruht[188] oder wenn er condicio sine qua non für die Eheschließung war und das Risiko der Sozialhilfebedürftigkeit nicht erhöht hat.[189] Auch der Verzicht auf Zugewinnausgleichs- und Pflichtteilsansprüche wurde als sittenwidrig angesehen, wenn er den Zweck hat, Sozialhilfe in Anspruch zu nehmen.[190] Andererseits hat die Rechtsprechung anerkannt, dass erbrechtliche Regelungen im Rahmen eines sog Behindertentestaments, die dem behinderten Kind zu seinen Lebzeiten zusätzlich zu den Leistungen der Sozialhilfe laufende Einnahmen verschaffen, den Nachlass aber dem Zugriff des Trägers der Sozialhilfe entziehen, nicht sittenwidrig sind.[191] Es verstößt auch nicht gegen § 138 BGB, wenn durch Anordnung von Vor- und Nacherbschaft erreicht wird, dass nach dem Tod des Behinderten sein Erbanteil an einen Familienangehörigen fällt und der Aufwendungsersatzanspruch des Sozialhilfeträgers nicht durchgesetzt werden kann.[192]

188 Zu der Frage, ob die Übergabe von Grundstücken wegen Unterlaufens des sozialhilferechtlichen Nachrangprinzips sittenwidrig sein kann, liegen bisher – soweit ersichtlich – noch keine höchstrichterlichen Entscheidungen vor. Instanzgerichte haben Grundstücksübertragungen, die allein zu dem Zweck vorgenommen wurden, den berechtigten Zugriff des Trägers der Sozialhilfe auf diese Vermögenswerte zu vereiteln, mehrfach für sittenwidrig erachtet.[193]

---

187 Vgl BGHZ 86, 82; OLG Schleswig SchlHA 1998, 48; OLG Köln FamRZ 1999, 920

188 BGHZ 86, 87; BGH NJW 1985, 1834

189 BGH NJW 1992, 3165

190 VGH Mannheim NJW 1993, 2953

191 BGHZ 111, 39; BGHZ 123, 368; OVG Bautzen ZEV 1997, 344; VG Lüneburg NJW 2000, 1885

192 BGHZ 123, 373; vgl auch Van de Loo NJW 1990, 2852; Krampe AcP 191, 526; Nieder NJW 1994, 1264; aA LG Konstanz FamRZ 1992, 360 mit Anm Kuchinke FamRZ 1992, 363; siehe im Übrigen: Eichenhofer JZ 1999, 226

193 Vgl VG Freiburg ZfF 1980, 15; OVG Münster NJW 1989, 2834; OVG Münster NJW 1997, 2901

Praxis-Tipp:

Es ist nicht auszuschließen, dass die Rechtsprechung die im Rahmen der Beurteilung nachehelicher Unterhaltsverzichte entwickelten Grundsätze, wonach schon die voraussehbare objektive Benachteiligung des Sozialhilfeträgers für die Annahme der Sittenwidrigkeit ausreicht, auf die Übergabe wesentlicher Vermögensgegenstände überträgt.[194] *In diesem Falle ist also größte Vorsicht geboten.* 189

Anzunehmen sein dürfte ein Verstoß gegen § 138 BGB in den Fällen, in denen die Übertragung nahezu gegenleistungsfrei während des Bezugs von Sozialhilfe oder der sicheren Erwartung des Eintritts des Sozialhilfefalles erfolgt. Liegt Sittenwidrigkeit vor, besteht ein Herausgabe- bzw Grundbuchberichtigungsanspruch nach §§ 985, 894 BGB. Diesen kann der Sozialhilfeträger gem § 90 BSHG auf sich überleiten.[195] Im Übrigen ist die zu Unrecht gewährte Leistung des Sozialhilfeträgers nach Rücknahme des rechtswidrigen Bewilligungsbescheides gem §§ 45 II, 50 SGB X zurückzugewähren bzw der Hilfeempfänger und sein nicht getrennt lebender Ehegatte werden gem §§ 28, 29 S 2 BSHG zur Erstattung der Aufwendungen des Sozialhilfeträgers herangezogen. Diese Verpflichtungen sind vererblich und als Nachlassverbindlichkeit auch aus dem Grundbesitz zu erfüllen. Mangels wirksamen Übertragungsaktes befindet sich dieser noch im Nachlass des Hilfeempfängers. Schließlich sind in Fällen von Absichtsschädigung Schadensersatzansprüche gegen den kollusiv mitwirkenden Erwerber nach § 826 BGB denkbar.[196] 190

2. Mögliche Leistungseinschränkungen bei Vereinbarung von Gegenleistungen im Übergabevertrag

Die Vereinbarung von Gegenleistungen zugunsten des Übergebers oder seines Ehegatten im Übergabevertrag kann bei diesen zu anrechnungspflichtigen Einkünften und damit zu Einschränkungen von Sozialleistungsansprüchen führen.[197] So ist zB die unentgeltliche Mitversicherung des Ehegatten in der gesetzlichen Krankenversicherung gem § 10 I Nr. 5 SGB V gefährdet, wenn er im Rahmen der Übergabe eigene Leistungen erhält. Vertragliche Rentenzahlungen oder Sachbezüge können zu einer Kürzung der Arbeitslosenhilfe führen (§§ 193 ff SGB III). Gleiches gilt für die Hilfe zum Lebensunterhalt nach §§ 11 ff BSHG. Außerdem sind Einschränkungen bei Ausgleichsrenten für Kriegsbeschädigte gem § 32 BVG oder der Berufsschadensausgleichsrente gem § 30 BVG sowie hinsichtlich der entsprechenden Hinterbliebenenrenten, insbesondere Witwen- und Waisenrenten gem §§ 38 ff BVG möglich. 191

---

194 Krauß MittBayNot 1992, 81 hält die Rechtsprechung des BGH zum nachehelichen Unterhaltsverzicht auf für den Sozialhilfeträger nachteilige Grundstücksübertragungen nicht für übertragbar

195 Vgl OVG Münster NJW 1989, 2834

196 Vgl Krauß MittBayNot 1992, 81

197 Vgl hierzu: Krauß MittBayNot 1992, 83 ff; J. Mayer, Der Übergabevertrag in der anwaltlichen und notariellen Praxis 1998, Rn 23

192 Nicht selten besteht der Wunsch der Übergeber, als Gegenleistung für die Übertragung eine Verpflichtung des Übernehmers zur häuslichen Pflege für den Alters- und Pflegefall in den Übergabevertrag aufzunehmen. Auch diese vertraglichen Gegenleistungen stehen in Wechselwirkung zu sozialrechtlichen Ansprüchen. Zu unterscheiden sind insoweit das Pflegegeld nach dem PflegeVG und die sozialhilferechtlichen Pflegeleistungen nach den §§ 68 ff BSHG. Während es sich bei ersteren um beitragserkaufte sozialversicherungsrechtliche Ansprüche handelt, die durch vertragliche Pflegerechte nicht eingeschränkt werden,[198] gilt für die zweite Gruppe das sozialhilferechtliche Nachrangprinzip. Dies bedeutet, dass die Vereinbarung von Pflegeverpflichtungen im Übergabevertrag zu einem (teilweisen) Wegfall der in §§ 68 ff BSHG vorgesehenen Sozialhilfeleistungen wegen anderweitiger Bedarfsdeckung führen kann. Es ist davon auszugehen, dass bei einer Pflegevereinbarung das Pflegegeld nach § 69 a BSHG um bis zu zwei Drittel gekürzt wird und der Aufwendungsersatz für Pflegepersonen nach § 69 b BSHG ganz oder teilweise entfällt.[199]

Praxis-Tipp:

193 *Bei der Vertragsgestaltung ist darauf zu achten, dass der vertraglich geschuldete Pflegeaufwand ausschließlich die häusliche Pflege umfasst, geringer ist als der, der durch die Sozialhilfeleistung abgedeckt wird, und eine Deckelung der geschuldeten Pflegeleistung festgelegt wird.*[200]

194 Solche Leistungseinschränkungen dürfen jedoch keine unzulässigen Nachrangvereinbarungen darstellen. Hierunter sind Klauseln zu verstehen, wonach die vertraglichen Pflegeverpflichtungen bei Bezug nachrangiger Sozialhilfeleistungen wegfallen. Solche wären sittenwidrig und damit unwirksam, § 138 BGB.[201]

Praxis-Tipp:

195 *Trotz der potentiellen Leistungseinschränkungen sollte bei der Vereinbarung von Gegenleistungen im Übergabevertrag stets das Versorgungsinteresse des Übergebers bzw seines Ehegatten im Vordergrund stehen. Im Übrigen haben reduzierte Gegenleistungen eher die Überleitung des Anspruchs aus § 528 BGB bzw den Übergang des gesetzlichen Unterhaltsanspruchs auf den Sozialhilfeträger zur Folge.*

---

198 Vgl Rastätter ZEV 1996, 286; Weyland MittRhNotK 1997, 58; J. Mayer DNotZ 1995, 571

199 Rastätter ZEV 1996, 281

200 Vgl J. Mayer, Der Übergabevertrag in der anwaltlichen und notariellen Praxis 1998, Rn 85 ff

201 Vgl Krauß MittBayNot 1992, 100; Plagemann AgrarR 1989, 86; Schwarz ZEV 1997, 311

3. Überleitung von Rückforderungsansprüchen auf Sozialhilfeträger

Zur Sicherung des der Sozialhilfe zugrunde liegenden Nachrangprinzips kann der Träger der Sozialhilfe Ansprüche des Hilfeempfängers gegen Dritte gem § 90 BSHG auf sich überleiten. Vergleichbare Regelungen finden sich in § 27 g BVG für die Kriegsopferfürsorge und in § 203 I SGB III für die Arbeitslosenhilfe. 196

Hat ein Hilfeempfänger oder haben bei Gewährung von Hilfe in besonderen Lebenslagen auch seine Eltern oder sein nicht getrennt lebender Ehegatte für die Zeit, für die Hilfe gewährt wird, einen Anspruch gegen einen anderen, der kein Leistungsträger im Sinne von § 12 SGB I ist, steht dem Sozialhilfeträger gem § 90 I 1 BSHG die Möglichkeit offen, diesen Anspruch bis zur Höhe seiner Aufwendungen[202] durch schriftliche Anzeige an den anderen auf sich überzuleiten. Gleiches gilt gem § 90 I 2 BSHG für diejenigen Aufwendungen für Hilfe zum Lebensunterhalt, die der Sozialhilfeträger gleichzeitig mit der Hilfe für den in § 90 I 1 BSHG genannten Hilfeempfänger, dessen nicht getrennt lebenden Ehegatten und dessen minderjährigen unverheirateten Kindern gewährt. 197

Als überleitungsfähige Ansprüche kommen solche aus Vertrag oder Gesetz, wie zB der Rückforderungsanspruch wegen Verarmung des Schenkers nach § 528 BGB, aus Bereicherungsrecht oder Altenteilsrechte, in Betracht. Besonders der Rückforderungsanspruch des Schenkers aus § 528 BGB spielt in der Praxis eine immer stärkere Rolle. Er kann jedoch nur innerhalb der Zehnjahresfrist des § 529 BGB geltend und damit auch nur innerhalb dieser Frist übergeleitet werden.[203] Auf den Anspruch kann vertraglich nicht verzichtet werden. 198

Überleitungsfähig sind nicht nur Rückforderungsansprüche bei reinen Schenkungen sondern auch solche bei gemischten Schenkungen oder Schenkungen unter Auflagen.[204] Der Beschenkte kann sich im übrigen nicht auf den Schutz des angemessenen Hausgrundstücks in § 88 II Nr. 7 BSHG berufen.[205]

Haben Geschwister zusammen mit einer Grundstücksschenkung ebenfalls Schenkungen, zB Gleichstellungsgelder, erhalten, haften sie neben dem Empfänger des Grundstücks gleichrangig als Gesamtschuldner im Rahmen des § 528 I BGB bis zur Obergrenze des angemessenen Unterhaltsbedarfs bzw im Falle des § 528 II BGB bis zur Obergrenze des Restbedarfs des Schenkers, der sich ergibt, wenn man den vollen Bedarf um die Herausgabepflichten aller später Beschenkten vermindert.[206] Die Inanspruchnahme der weichenden Geschwister kann in diesen Fällen zu einer unangemessenen Benachteiligung gegenüber dem Erwerber des Grundstücks führen, insbesondere wenn sie anlässlich der Übergabe auf ihr Pflichtteilsrecht verzichtet haben. An die Ver- 199

202 Vgl BGH NJW 1985, 2419
203 Vgl BGH NJW 1986, 1607; Brähler-Boyan/Mann NJW 1995, 1866
204 Jerschke in: Beck'sches Notar-Handbuch 2000, A V Rn 220; OLG Düsseldorf DNotI-Report 2001, 6; OVG Münster NJW 2001, 2191
205 Vgl OVG Münster NJW 1996, 738
206 Vgl BGH DNotZ 1992, 102; BGH DNotZ 1998, 875

einbarung einer Freistellungspflicht des Erwerbers im Übergabevertrag mit entsprechender Absicherung – Sicherungsgrundschuld, Höchstbetragshypothek – zugunsten der weichenden Geschwister vor Ansprüchen der Eltern, die auf den Sozialhilfeträger gem § 90 BSHG übergeleitet werden können bzw auf diesen nach § 91 BSHG übergehen, ist daher zu denken. Eine unbegrenzte Freistellungsverpflichtung bietet für den Erwerber allerdings die Gefahr, in zu starkem Umfang zu solchen Zahlungen herangezogen zu werden.[207]

200 Möglich ist auch die Überleitung von Wertersatzansprüchen, die an die Stelle primärer Altenteilsleistungen treten.[208] Durch den Mehrbedarf des Veräußerers wegen Pflegebedürftigkeit, insbesondere bei Heimunterbringung, kann sich die Leistungspflicht des Erwerbers ungeplant erweitern.[209] Außerdem sehen die meisten Landesrechte vor, dass die durch den Wegzug ersparten Aufwendungen durch eine Geldrente ersetzt werden. Gleichgültig ist, ob es sich um privatrechtliche oder öffentlich-rechtliche Anspruchsgrundlagen handelt. Übergeleitet werden darf nach § 90 I 3 BSHG allerdings nur insoweit, als bei rechtzeitiger Leistung des anderen entweder die Hilfe nicht gewährt worden[210] oder in den Fällen des § 11 II BSHG, des § 29 BSHG und des § 43 I BSHG Aufwendungsersatz oder ein Kostenbeitrag zu leisten wäre. Der VGH Mannheim hat entschieden, dass eine Überleitung ausscheidet, wenn die Sozialhilfe rechtswidrig gewährt worden ist, weil sich der Hilfeempfänger durch Geltendmachung des Rückforderungsanspruchs aus § 528 BGB hätte selbst helfen können.[211]

201 Der Übergang auf den Sozialhilfeträger ist gem § 90 I 4 BSHG nicht dadurch ausgeschlossen, dass der Anspruch nicht übertragen, verpfändet oder gepfändet werden kann. § 852 II ZPO und § 400 BGB stehen somit einer Überleitung des Rückforderungsanspruchs aus § 528 BGB nicht entgegen.

202 Die Überleitung des Anspruchs erfolgt durch Verwaltungsakt. Die schriftliche Anzeige bewirkt gem § 90 II BSHG den Übergang des Anspruchs für die Zeit, für die dem Hilfeempfänger die Hilfe ohne Unterbrechung gewährt wird; als Unterbrechung gilt ein Zeitraum von mehr als 2 Monaten. Widerspruch und Anfechtungsklage haben gegen den Verwaltungsakt, der den Übergang des Anspruchs bewirkt, nach § 90 III BSHG keine aufschiebende Wirkung.

203 Eine Überleitungsmöglichkeit von Ansprüchen des Hilfeempfängers besteht gem § 90 IV 1 BSHG nicht, wenn in den Fällen des § 19 II BSHG und des § 20 II BSHG Hilfe zum Lebensunterhalt zuzüglich einer Entschädigung für Mehraufwendungen gewährt oder in den Fällen des § 18 V BSHG ein Zuschuss gezahlt wird. Die §§ 115 und 116 SGB X gehen im übrigen gem § 90 IV 2 BSHG den Ansprüchen des Sozialhilfeträgers aus § 90 I BSHG vor.

207 Siehe auch: J. Mayer, Der Übergabevertrag in der anwaltlichen und notariellen Praxis 1998, Rn 112 ff; Rastätter ZEV 1996, 281; Keim ZEV 1998, 375

208 Vgl BVerwG NJW 1994, 64 sowie näher J. Mayer, Der Übergabevertrag in der anwaltlichen und notariellen Praxis 1998, Rn 24

209 Vgl OLG Koblenz MittBayNot 1999, 284

210 Vgl hierzu OVG Münster NJW 1988, 1866

211 VGH Mannheim NJW 2000, 376

4. Übergang von Unterhaltsansprüchen

§ 91 BSHG sieht einen kraft Gesetzes eintretenden Übergang von Ansprüchen des Hilfeempfängers gegen einen nach bürgerlichem Recht Unterhaltspflichtigen auf den Sozialhilfeträger vor. Einer schriftlichen Überleitungsanzeige entsprechend § 90 I 1 BSHG bedarf es hier nicht. Hat der Hilfeempfänger für die Zeit, für die Hilfe gewährt wird, nach bürgerlichem Recht einen Unterhaltsanspruch, geht dieser gem § 91 I 1 BSHG bis zur Höhe der geleisteten Aufwendungen zusammen mit dem unterhaltsrechtlichen Auskunftsanspruch auf den Träger der Sozialhilfe über. Der Inhalt des übergegangenen Anspruchs richtet sich nach dem Unterhaltsrecht des BGB, allerdings unter zusätzlicher Beachtung der Grenzen des § 91 BSHG.[212] Ein Forderungsübergang ist nach § 91 I 2 BSHG ausgeschlossen, soweit der Unterhaltsanspruch durch direkte Zahlung an den unterhaltsberechtigten Hilfeempfänger erfüllt wird. 204

Als Unterhaltspflichtige können vom Sozialhilfeträger in erster Linie Verwandte ersten Grades in aufsteigender und absteigender Linie herangezogen werden. Ausgeschlossen ist nach § 91 I 3 BSHG ein Übergang von Unterhaltsansprüchen des Hilfeempfängers gegenüber Verwandten des zweiten oder eines entfernteren Grades. Gleiches gilt im Falle der Gewährung von Hilfe zum Lebensunterhalt im Sinne des § 11 BSHG für Unterhaltsansprüche gegenüber dem mit dem Hilfeempfänger zusammenlebenden Ehegatten oder gegenüber minderjährigen unverheirateten Kindern im Verhältnis zu ihren Eltern oder einem Elternteil, wenn sie in deren Haushalt leben. Bei Gewährung von Hilfe in besonderen Lebenslagen im Sinne des § 27 BSHG ist der Übergang von Unterhaltsansprüchen gegenüber dem zusammenlebenden Ehegatten oder unverheirateten Kindern im Verhältnis zu den Eltern ausgeschlossen. Schließlich findet ein Forderungsübergang von Unterhaltsansprüchen gegen Verwandte ersten Grades, die schwanger sind oder ihr leibliches Kind bis zur Vollendung seines 6. Lebensjahres betreuen, nicht statt. § 90 IV BSHG gilt gem § 91 I 4 BSHG entsprechend. 205

Aus Sicht des Unterhaltsschuldners hat die Frage der sozialrechtlichen Verschonung seines Einkommens und Vermögens besondere Bedeutung. Zur Vermeidung einer eigenen Sozialhilfebedürftigkeit ordnet § 92 II 1 BSHG an, dass der Unterhaltsanspruch nur übergeht, soweit ein Hilfeempfänger sein Einkommen und Vermögen nach den §§ 76 ff BSHG mit Ausnahme des § 84 II BSHG oder des § 85 I Nr. 3 S 2 BSHG einzusetzen hat. Die Schoneinkommens- und Schonvermögensgrenzen des BSHG gelten damit auch zugunsten des Unterhaltsverpflichteten. Die Nichtanwendbarkeit des § 85 I Nr. 3 S 2 BSHG führt dazu, dass die hohen Einkommensgrenzen der Hilfe in besonderen Lebenslagen auch bei dauernder Heimunterbringung des Hilfeempfängers unvermindert gelten. Die Berücksichtigung des Erwerbstätigenfreibetrages des § 76 II a BSHG zugunsten des Unterhaltsverpflichteten unterbleibt nach § 92 II 1 BSHG.[213] Der Forderungsübergang des Unterhaltsanspruchs ist im übrigen gem § 91 II 2 BSHG ausgeschlossen, wenn dies eine unbillige Härte 206

212 Siehe auch: Münder NJW 1990, 2031; Künkel FamRZ 1991, 14; Kohleiss FamRZ 1991, 8; Brudermüller FamRZ 1995, 1033; München NJW 2001, 2201

213 Siehe auch: Künkel FamRZ 1996, 1509

bedeuten würde. Das Gesetz nennt hierfür ein Beispiel. Eine unbillige Härte liegt danach in der Regel bei unterhaltspflichtigen Eltern vor, soweit einem Behinderten, einem von einer Behinderung Bedrohten oder einem Pflegebedürftigen nach Vollendung des 21. Lebensjahres Eingliederungshilfe für Behinderte oder Hilfe zur Pflege gewährt wird.

207 Zivilrechtliche Unterhaltsansprüche für die Vergangenheit sind mit Ausnahme des § 1613 II BGB nach den Vorschriften des BGB grundsätzlich ausgeschlossen. § 91 III 1 BGB ermöglicht demgegenüber die rückwirkende Geltendmachung von Unterhaltsansprüchen durch den Sozialhilfeträger. Für die Vergangenheit kann dieser den übergegangenen Unterhalt außer unter den Voraussetzungen des bürgerlichen Rechts auch von der Zeit an fordern, zu welcher er dem Unterhaltspflichtigen die Gewährung der Hilfe schriftlich mitgeteilt hat. Muss die Sozialhilfe voraussichtlich auf längere Zeit gewährt werden, steht dem Träger der Sozialhilfe gem § 91 III 2 BSHG ein Klageanspruch auf künftige Leistungen bis zur Höhe der bisherigen monatlichen Aufwendungen zu.

208 Die sozialhilferechtlichen Grenzen des Forderungsübergangs führen dazu, dass dem Hilfeempfänger gegenüber dem Unterhaltsschuldner möglicherweise ein weitergehender Unterhaltsanspruch unmittelbar zustehen kann. Soweit dieser nicht auf den Sozialhilfeträger übergegangen ist, kann der Differenzbetrag nur vom Hilfeempfänger selbst geltend gemacht werden.[214] Zur Vermeidung mehrerer Prozesse über denselben Anspruchsgrund bestimmt § 91 IV 1 BSHG, dass der Träger der Sozialhilfe den auf ihn übergegangenen Unterhaltsanspruch im Einvernehmen mit dem Hilfeempfänger auf diesen zur gerichtlichen Geltendmachung rückübertragen und sich den geltend gemachten Unterhaltsanspruch abtreten lassen kann. Kosten, mit denen der Hilfeempfänger dadurch selbst belastet wird, sind vom Sozialhilfeträger gem § 91 IV 2 BSHG zu übernehmen.

209 Für Streitigkeit über Ansprüche aus § 91 BSHG sind nach § 91 IV 3 BSHG ausschließlich die Zivilgerichte zuständig. Grund und Höhe des Anspruchs hat der Sozialhilfeträger mittels Leistungsklage geltend zu machen. Der Erlass eines Verwaltungsaktes scheidet aus.

210 Der Rückforderungsanspruch aus § 528 BGB geht gesetzlichen Unterhaltsansprüchen vor, da der Anspruch als Vermögensbestandteil die Bedürftigkeit beseitigt. Demzufolge ist durch den Sozialhilfeträger zunächst die Überleitung nach § 90 BSHG geltend zu machen und erst dann der gesetzliche Übergang von zivilrechtlichen Unterhaltsansprüchen gem § 91 BSHG.[215]

5. Erbenhaftung

211 § 92 c BSHG normiert eine selbständige Erbenhaftung. Auszugehen ist im Rahmen des § 92 c BSHG vom zivilrechtlichen Erbenbegriff.[216] Beim Behindertentestament besteht daher für den Nacherben keine Ersatzpflicht hin-

---

214 Vgl OLG Köln FamRZ 1997, 1101
215 Vgl BGH NJW 1991, 1824
216 Vgl Krauß MittBayNot 1992, 96 mwN

sichtlich der dem behinderten Vorerben gewährten Sozialhilfe.[217] Anspruchsgegner der Sozialhilfeträger sind in der Praxis häufig die Geschwister des Übernehmers hinsichtlich etwaigen Restbarvermögens.[218] Der Erbe des Hilfeempfängers oder seines Ehegatten, falls dieser vor dem Hilfeempfänger stirbt, ist gem § 92 c I 1 BSHG zum Ersatz der Kosten der Sozialhilfe mit Ausnahme der vor dem 1. 1. 1987 entstandenen Kosten der Tuberkulosehilfe verpflichtet. Die Ersatzpflicht besteht gem § 92 c I 2 BSHG nur für die Kosten der Sozialhilfe, die innerhalb eines Zeitraumes von 10 Jahren vor dem Erbfall aufgewendet worden sind und die das Zweifache des Grundbetrages nach § 81 I BSHG übersteigen. Derzeit beträgt dieser Freibetrag 1 617,73 €.[219] Sollte die Sozialhilfe rechtswidrig gewährt worden sein, weil zB Vermögenswerte des Hilfeempfängers nicht verwertet wurden, ist § 92 c BSHG unanwendbar.[220] Die Ersatzpflicht des Erben des Ehegatten besteht gem § 92 c I 3 BSHG nicht für die Kosten der Sozialhilfe, die während des Getrenntlebens der Ehegatten gewährt worden sind. Ist der Hilfeempfänger Erbe seines Ehegatten, so ist er gem § 92 c I 4 BSHG ebenfalls nicht zum Ersatz der Kosten verpflichtet.

Die Ersatzpflicht des Erben zählt gem § 92 c II 1 BSHG zu den Nachlassverbindlichkeiten. 212 Der Erbe haftet nach § 92 c II 2 BSHG grundsätzlich mit dem Wert des im Zeitpunkt des Erbfalles vorhandenen Nachlasses. In den Fällen des § 92 c III Nr. 1 bis 3 BSHG ist der Anspruch auf Kostenersatz jedoch nicht geltend zu machen. Dies gilt einerseits, soweit der Wert des Nachlasses unter dem Zweifachen des Grundbetrages nach § 81 I BSHG, derzeit also unterhalb 1 617,73 € liegt. Andererseits sind die Erben privilegiert, die Ehegatten des Hilfeempfängers oder mit diesem verwandt sind und nicht nur vorübergehend bis zum Tode des Hilfeempfängers mit diesem in häuslicher Gemeinschaft gelebt und ihn gepflegt haben. Gegen diese besteht kein Kostenersatzanspruch, wenn der Wert des Nachlasses 15 338,76 € nicht erreicht. Die Rechtsprechung versteht diese Sonderregelung entgegen ihres Wortlautes teilweise als allgemeinen Freibetrag bei vorangegangener Pflege unabhängig vom Wert des Nachlasses.[221] Die dritte Gruppe bilden schließlich die Fälle, in denen die Inanspruchnahme des Erben nach der Besonderheit des Einzelfalles eine besondere Härte bedeuten würde.

Der Kostenersatzanspruch erlischt gem § 92 c IV 1 BSHG in drei Jahren nach dem Tode 213 des Hilfeempfängers oder seines Ehegatten. Die Vorschriften der §§ 202 ff BGB über die Hemmung und Unterbrechung der Verjährung gelten entsprechend, §§ 92 c IV 2, 92 a III 2 BSHG.

217 LG Konstanz FamRZ 1992, 360
218 Krauß MittBayNot 1992, 97
219 Stand: 1. 7. 2000
220 Vgl BVerwGE 91, 13
221 Vgl VGH Mannheim NJW 1993, 2955

VII. Musterformulierung eines Grundstücksübergabevertrages

Beispiel:

214 Die verwitwete Mutter ist Alleineigentümerin eines Hausgrundstückes, welches sie zusammen mit ihrem Sohn bewohnt. Es sind erhebliche Reparaturen am Haus notwendig. Diese kann die Mutter nicht aus eigenen Mitteln bestreiten. Sie beabsichtigt daher, den Grundbesitz auf ihren Sohn unter Vorbehalt eines Wohnrechts zur gemeinsamen Nutzung des Hauses zu übertragen. Der Sohn will die Reparaturkosten über einen Bankkredit finanzieren. Die vier Schwestern verzichten gegen Zahlung von Gleichstellungsbeträgen – gegenständlich beschränkt auf den übertragenen Grundbesitz – auf ihr Pflichtteilsrecht nach der Mutter. Aus Liquiditätsgründen kann der Sohn die an die Schwestern auszuzahlenden Beträge erst nach dem Tod der Mutter aufbringen.

215 ***UR-Nr. /2001***

Grundstücksübergabevertrag mit Auflassung

Heute, den .... zweitausendeins,
–.....2001 –
erschienen vor mir,
Notar
mit Amtssitz in....,

in meinen Amtsräumen in.....:

1. Frau... geb...
geb am...
wohnhaft in....
– nachstehend »Veräußerer« genannt

2. der Sohn der Erschienenen zu 1., Herr....
geb am....
wohnhaft ebenda
– nachstehend »Erwerber« genannt

sowie die weiteren Kinder der Erschienenen zu 1.

3. Frau.... geb...
geb am....
wohnhaft in....

4. Frau.... geb....
geb am....
wohnhaft in....

5. Frau.... geb....
geb am.....
wohnhaft in....

6. Frau.... geb....
geb am....
wohnhaft in....

– zu 1. bis 6. ausgewiesen durch gültige deutsche Personalausweise –

Die Erschienenen erklärten:

Wir schließen folgenden

Grundstücksübergabevertrag mit Auflassung

§ 1
Vertragsgegenstand

Im Grundbuch des Amtsgerichtes...., Grundbuch von...., Blatt.... der Gemarkung....,

lfd Nr..., Flur..., Flurstück... in Größe von.... qm,
Lage:...

ist als Eigentümer.... eingetragen.

Der Grundbesitz ist nach Angaben der Beteiligten bebaut mit einem Einfamilienhaus, gelegen in....,.....

Das Grundbuch weist bezüglich des vorgenannten Grundstücks keine Belastungen aus.

Den Grundbuchinhalt hat der Notar am.... einsehen lassen.

§ 2
Übertragung

Der Veräußerer überträgt den eingangs näher bezeichneten Grundbesitz mit aufstehendem Gebäude, sonstigen wesentlichen Bestandteilen und Zubehör, unentgeltlich an den Erwerber, Herrn...., zu Alleineigentum.

Der Erwerber nimmt die Übertragung an.

Der Erwerber hat sich den Wert der Zuwendung nicht auf seinen Pflichtteil nach dem Veräußerer anrechnen zu lassen.

§ 3
Gegenleistungen

Der Erwerber räumt dem Veräußerer das lebenslängliche und unentgeltliche Wohnrecht gem §§ 1090 bis 1092 BGB an dem Flurstück... der Flur... der Gemarkung...., eingetragen im Grundbuch von..., Blatt..., ein. Das Wohnrecht umfasst die Mitbenutzung sämtlicher Wohnräume des Hauses, gelegen in.....,.....

Der Berechtigte ist auch befugt, die Nebenräume, wie Keller und Dachboden, sowie alle sonstigen, dem gemeinsamen Gebrauch dienenden, Einrichtungen und Anlagen mitzubenutzen, auch die zu seiner standesgemäßen Bedienung und Pflege erforderlichen Personen in die Wohnung aufzuneh-

men. Die Ausübung des Wohnrechts kann dritten Personen nicht überlassen werden.

Der Eigentümer hat das Gebäude und die dem Wohnrecht unterliegenden Räume und Einrichtungen stets in ordnungsmäßigem, gut bewohnbarem und beheizbarem Zustand zu erhalten.

Die Unentgeltlichkeit ist nur schuldrechtlich vereinbart.

Desweiteren vereinbaren die Vertragsbeteiligten rein schuldrechtlich, dass der Berechtigte die privatrechtlichen Kosten, die mit der Ausübung des Wohnrechts entstehen wie zB Nebenkosten für Wasser, Müllabfuhr, Strom usw., zu tragen hat.

Der Jahreswert des Wohnrechts beträgt nach Angaben der Erschienenen ca.... €.

Das Wohnrecht soll im Grundbuch dinglich gesichert werden.

Der Erwerber ist berechtigt, an dem mit dieser Urkunde erworbenen Grundbesitz, im Range vor dem bestellten Wohnrecht, Grundpfandrechte bis zu insgesamt.... € (in Worten:.... Euro) mit bis zu 20 % Zinsen jährlich vom Tage der Eintragungsbewilligung der Grundschuld ab und bis zu 10 % des Grundschuldkapitals als sonstige Nebenleistungen, am belasteten Grundbesitz eintragen zu lassen.

Der Rangvorbehalt kann mehrfach ausgenutzt werden.

Der Notar hat den Veräußerer darauf hingewiesen, dass das Wohnrecht aufgrund des Rangvorbehalts Rang erhalten wird nach unter Rangvorbehalt noch einzutragenden Grundpfandrechten samt Zinsen und Nebenleistungen. Sollten die den noch einzutragenden Belastungen zugrunde liegenden Darlehensverbindlichkeiten nicht getilgt werden und die Zwangsvollstreckung aus diesen Rechten betrieben werden, könnte der Veräußerer sein Wohnrecht verlieren.

Trotz Belehrung über die damit verbundenen Gefahren bestanden die Erschienenen auf der sofortigen Beurkundung in der vorstehenden Form.

§ 4
Gleichstellungszahlung

1. Die Erschienenen zu 3. bis 6. sind die weiteren Kinder des Veräußerers.

Der Erwerber, Herr...., verpflichtet sich,

a. an die Erschienene zu 3., Frau...., einen Geldbetrag in Höhe von.... € (in Worten:.... Euro) zu bezahlen,

b. an die Erschienene zu 4., Frau...., einen Geldbetrag in Höhe von.... € (in Worten:.... Euro) zu bezahlen,

c. an die Erschienene zu 5., Frau...., einen Geldbetrag in Höhe von.... € (in Worten:....Euro) zu bezahlen,

d. an die Erschienene zu 6., Frau...., einen Geldbetrag in Höhe von.... € (in Worten:.... Euro) zu bezahlen.

Der jeweilige vorgenannte Geldbetrag ist zur Zahlung fällig spätestens 12 Monate nach dem Tod der Erschienenen zu 1., Frau….., durch den Erwerber an den jeweiligen vorgenannten Berechtigten, frühestens jedoch nach Eigentumsumschreibung des Vertragsgegenstandes auf den Erwerber im Grundbuch zu zahlen.

2. *Bei Fälligkeit hat der Erwerber die vorgenannten Gleichstellungsbeträge an den jeweiligen Berechtigten auf deren jeweils noch zu benennende Konten zu zahlen.*
3. *Auf eine Verzugszinsenregelung für den Fall, dass der Erwerber mit der Zahlung der Gleichstellungsbeträge in Verzug gerät, bzw. auf die Vereinbarung einer Wertsicherungsklausel, wird trotz Belehrung durch den Notar über die damit verbundenen Gefahren, verzichtet. Ebenso wird trotz Belehrung auf eine Zwangsvollstreckungsunterwerfung des Erwerbers hinsichtlich der vorgenannten Gleichstellungsbeträge und eine dingliche Sicherung verzichtet.*
4. *Der Notar hat darauf hingewiesen, dass die Möglichkeit besteht, die Eintragung des Eigentumswechsels erst zu veranlassen, wenn ihm die Zahlung der Gleichstellungsbeträge zur Überzeugung nachgewiesen wurde.*

   Trotz Belehrung über die damit verbundenen Gefahren und Risiken, insbesondere die Gefahr, dass der Veräußerer sein Eigentum verloren hat, ohne dass die Berechtigten die Gleichstellungsbeträge erhalten haben, bestanden die Erschienenen auf der Beurkundung in der vorstehenden Form.

§ 5
Gegenständlich beschränkte Pflichtteilsverzichte

Die Erschienenen zu 3. bis 6., Frau…., Frau…., Frau…. und Frau…., erklären sich mit der Übertragung des oben genannten Vertragsgrundbesitzes, auf den Erwerber, Herrn…., einverstanden.

Die Erschienenen zu 3. bis 6. verzichten hiermit jeweils mit Wirkung für sich und ihre Abkömmlinge gegenüber dem Veräußerer und gegenüber dem Erwerber auf ihre gesetzlichen Pflichtteilsrechte und auf etwaige Pflichtteilsergänzungsansprüche gegenständlich beschränkt auf den mit dieser Urkunde überlassenen Grundbesitz.

Veräußerer und Erwerber nehmen vorstehende Verzichte an.

Die gegenständlich beschränkten Pflichtteilsverzichte der Erschienenen zu 3. bis 6. sind jeweils aufschiebend bedingt durch die Zahlung des jeweils in § 4 Ziff 1. dieser Urkunde genannten Gleichstellungsbetrages an den jeweiligen Berechtigten.

§ 6
Übergabe

1. *Der Besitz und die Nutzung, die Gefahr und die Lasten, einschließlich aller Verpflichtungen, aus den den Grundbesitz betreffenden Versicherungen sowie die allgemeinen Verkehrssicherungspflichten gehen auf den Erwerber über mit Wirkung vom heutigen Tage.*
2. *Der Grundbesitz ist nach Angaben der Erschienenen weder vermietet noch verpachtet.*

§ 7
Gewährleistung und Erschließung

1. *Der Veräußerer übernimmt keine Gewähr für die Richtigkeit der im Grundbuch angegebenen Grundstücksgröße.*

   Der Veräußerer haftet nicht für sichtbare oder unsichtbare Sachmängel.

   Insbesondere übernimmt er keine Gewährleistung für den baulichen Zustand des aufstehenden Gebäudes. Der Erwerber hat dieses besichtigt. Er übernimmt es im gegenwärtigen Zustand.

   Der Veräußerer versichert, dass ihm versteckte Mängel nicht bekannt sind. Auch Verunreinigungen des Bodens mit Ablagerungen, die den Wert des Grundstücks herabsetzen (Altlasten), sind ihm nicht bekannt.

2. *Der Veräußerer leistet dafür Gewähr, dass der veräußerte Grundbesitz auf den Erwerber übertragen wird, frei von im Grundbuch in Abteilung II und III eingetragenen Belastungen und Beschränkungen, soweit sie in dieser Urkunde nicht ausdrücklich übernommen werden.*

   Der Veräußerer übernimmt keine Haftung für die Freiheit von altrechtlichen, im Grundbuch nicht eingetragenen Dienstbarkeiten. Solche sind ihm nach seiner Versicherung nicht bekannt.

   Die Parteien wurden über die Bedeutung des Gewährleistungsausschlusses belehrt.

3. *Baulasten, im Grundbuch nicht eingetragene Dienstbarkeiten und nachbarrechtliche Beschränkungen, werden von dem Erwerber übernommen; solche sind dem Veräußerer nicht bekannt. Der Veräußerer versichert, dass er Eintragungen in das Baulastenverzeichnis nicht veranlasst hat. Die Beteiligten wurden auf die Möglichkeit hingewiesen, das Baulastenverzeichnis selbst einzusehen.*

4. *Der Erwerber trägt sämtliche, für den Vertragsgrundbesitz anfallenden und angefallenen Erschließungs-, Anlieger- und Anschlusskosten, soweit diese bis heute noch nicht bezahlt sind, auch für bereits ganz oder teilweise fertig gestellte Anlagen und auch, soweit sie bereits fällig oder in Rechnung gestellt sind.*

   Etwaige Rückerstattungen stehen dem Erwerber zu.

§ 8
Rückübertragungsverpflichtung

Der Notar hat die Erschienenen darauf hingewiesen, dass die Möglichkeit besteht, dass sich der Veräußerer das Recht vorbehält, unter bestimmten Voraussetzungen, die Rückübertragung des Vertragsgrundbesitzes auf sich zu verlangen.

Trotz Belehrung durch den Notar wünschten die Parteien keine Aufnahme einer derartigen Bestimmung in dieser Urkunde.

§ 9
Kosten und Steuern

1. *Sämtliche mit dieser Urkunde und ihrer Durchführung verbundenen Notar- und Gerichtskosten sowie möglicherweise anfallende Steuern trägt der Erwerber.*
2. *Der Verkehrswert des Vertragsgegenstandes wird mit .... € angegeben. Der Notar hat darauf hingewiesen, dass im Falle der Unrichtigkeit der vorstehend gemachten Wertangabe Notar, Behörden und Gerichte zur Schätzung des Verkehrswertes verpflichtet sind.*

§ 10
Auflassung und Grundbuchanträge

1. *Die Beteiligten sind sich darüber einig, dass das Eigentum an dem in § 2 übertragenen Grundbesitz auf den Erwerber übergehen soll, so dass der Erwerber als Alleineigentümer des vorbezeichneten Grundbesitzes eingetragen wird.*

   Es wird bewilligt und beantragt, die Eigentumsänderung in das Grundbuch einzutragen.
2. *Die Beteiligten stimmen der Löschung aller nicht übernommenen Rechte in Abteilung II und III des Grundbuches zu und bewilligen und beantragen die Löschung, auch soweit sie selbst berechtigt sind, im Grundbuch.*
3. *Der Notar hat die Beteiligten auf die Möglichkeit hingewiesen, zur Sicherung des Eigentumsverschaffungsanspruchs des Erwerbers eine Eigentumsvormerkung in das Grundbuch eintragen zu lassen. Trotz dieser Belehrung verzichteten die Beteiligten auf die Eintragung einer Eigentumsvormerkung.*
4. *Die Beteiligten bewilligen und beantragen die Eintragung des Wohnrechts gemäß § 3 dieser Urkunde als beschränkt persönliche Dienstbarkeit sowie die Eintragung des Rangvorbehalts in das Grundbuch.*
5. *Der Notar ist berechtigt, Anträge aus dieser Urkunde getrennt und eingeschränkt zu stellen und sie in gleicher Weise zurückzunehmen.*

   Die Beteiligten bevollmächtigen den Notar, seinen amtlich bestellten Vertreter oder Nachfolger im Amt, Bewilligungen und Anträge gegenüber dem Grundbuchamt zu stellen, zu ändern und zu ergänzen, soweit dies verfahrensrechtlich zur Durchführung des Vertrages erforderlich sein sollte.

§ 11
Genehmigungen und Durchführung des Vertrages

Der Notar hat die Beteiligten auf die eventuell erforderlichen, gerichtlichen und behördlichen Genehmigungen hingewiesen. Bei diesen Genehmigungen handelt es sich um:

die Genehmigung nach der Grundstücksverkehrsordnung, die auch nach ihrer Erteilung noch aufgehoben oder widerrufen werden kann. Der Veräußerer erklärt hierzu, dass ihm nichts bekannt ist, dass hinsichtlich des Grundstücks Anträge nach der Verordnung über die Anmeldung vermögensrechtlicher Ansprüche gestellt sind.

Außerdem ist die Einholung der steuerlichen Unbedenklichkeitsbescheinigung vom zuständigen Finanzamt erforderlich.

Der Notar wird ermächtigt, alle erforderlichen öffentlich- und privatrechtlichen Genehmigungen und Erklärungen und die steuerliche Unbedenklichkeitsbescheinigung einzuholen.

Der Notar wird ferner ermächtigt, die für die Lastenfreistellung erforderlichen Erklärungen, wie Löschungsbewilligungen, Pfandfreigabeerklärungen und Rangrücktritte für die Vertragsteile einzuholen und entgegenzunehmen.

Sämtliche von dem Notar einzuholenden Genehmigungen, Bescheide und sonstigen Erklärungen sollen mit ihrem Eingang beim Notar als mitgeteilt gelten und damit rechtswirksam sein.

Wird eine behördliche Genehmigung versagt oder unter einer Auflage oder Bedingung erteilt, so ist der Bescheid den Beteiligten selbst zuzustellen, eine Abschrift wird an den Notar erbeten.

§ 12
Hinweise und Belehrungen

Der Notar hat die Beteiligten darauf hingewiesen, dass

1. *dieser Vertrag steuerliche Auswirkungen haben könnte. Die Beteiligten wurden auf die Möglichkeit hingewiesen, wegen der steuerlichen Auswirkungen den Rat eines Steuerberaters einzuholen.*
2. *Pflichtteilsansprüche und Pflichtteilsergänzungsansprüche bestehen könnten.*
3. *das Eigentum erst mit der Umschreibung im Grundbuch übergeht und vorher alle erforderlichen Genehmigungen und die Unbedenklichkeitsbescheinigung des Finanzamtes vorliegen sowie sämtliche Notar- und Gerichtskosten gezahlt sein müssen.*
4. *alle Vertragsvereinbarungen beurkundungspflichtig sind. Nebenabreden außerhalb dieser Urkunde können zur Nichtigkeit des gesamten Rechtsgeschäfts führen.*
5. *der Grundbesitz für rückständige öffentliche Lasten und beide Vertragsteile kraft Gesetzes als Gesamtschuldner für die Grunderwerbsteuer und Kosten bei Notar und Grundbuchamt haften.*
6. *Aufwendungen in den Vertragsgegenstand vor Eigentumsumschreibung Gefahren mit sich bringen und Vertrauenssache sind.*
7. *Nutzungs- und Mitbenutzungsrechte sowie sonstige Rechte Dritter, hinsichtlich des Grundstücks, bestehen können und der Veräußerer verpflichtet ist, auf solche Rechte hinzuweisen.*

Desweiteren wurde auf das Rückforderungsrecht und die Widerrufsmöglichkeit bei Schenkungen nach § 528 und § 530 BGB sowie die gesetzlichen Unterhaltspflichten der Abkömmlinge und auf die Rückgriffsansprüche des Sozialhilfeträgers nach dem Bundessozialhilfegesetz hingewiesen.

§ 13
Belastungsvollmacht

Der Veräußerer verpflichtet sich, bei der Bestellung vollstreckbarer (§ 800 ZPO) Grundschulden in beliebiger Höhe nebst Zinsen und Nebenleistungen in beliebiger Höhe, zugunsten deutscher Kreditinstitute als derzeitiger Eigentümer mitzuwirken. Diese Mitwirkungspflicht besteht nur, wenn in der Grundschuldbestellungsurkunde Folgende, von den Beteiligten bereits jetzt getroffene Bestimmungen, wiedergegeben werden:

a. Persönliche Zahlungspflichten, Kosten:
Der Veräußerer übernimmt im Zusammenhang mit der Grundschuldbestellung keinerlei persönliche Zahlungspflichten. Der Erwerber verpflichtet sich, den Veräußerer von allen Kosten und sonstigen Folgen der Grundschuldbestellung freizustellen.

b. Fortbestand der Grundschuld:
Die bestellte Grundschuld darf auch nach der Eigentumsumschreibung auf den Erwerber bestehen bleiben. Alle Eigentümerrechte und Rückgewähransprüche, die mit ihr zu tun haben, werden hiermit mit sofortiger Wirkung, in jedem Fall ab Eigentumsumschreibung, auf den Erwerber übertragen. Entsprechende Grundbucheintragung wird bewilligt und beantragt.

Der Veräußerer erteilt dem Erwerber Vollmacht, ihn bei allen vorstehenden Rechtshandlungen zu vertreten. Diese

Vollmacht

gilt nur dann, wenn in der Grundschuldbestellungsurkunde die vorstehend unter a. getroffene Bestimmung wiedergegeben wird. Die Vollmacht kann ausgeübt werden, bevor erforderliche behördliche Genehmigungen erteilt sind. Von der Vollmacht kann nur durch Erklärung vor dem Notar, seinem amtlich bestellten Vertreter oder Nachfolger im Amt, Gebrauch gemacht werden.

§ 14
Erteilung von Abschriften bzw Ausfertigungen

Die Beteiligten beantragen die Erteilung
a. je einer Ausfertigung für die Vertragsbeteiligten,
b. einer einfachen Abschrift für das Finanzamt – Grunderwerbsteuerstelle,
c. einer beglaubigten Abschrift für das Finanzamt – Schenkungsteuerstelle,
d. einer Abschrift für den Landkreis,
e. einer Abschrift für die finanzierende Bank und
f. einer beglaubigten Abschrift für das Grundbuchamt.

Vorstehende Niederschrift wurde den Erschienenen vom Notar vorgelesen, von ihnen genehmigt und eigenhändig, wie folgt, unterschrieben:

B. Zuwendungen unter Lebenden auf den Todesfall 481

ÜBERBLICK

B. Zuwendungen unter Lebenden auf den Todesfall

Zwischen der Verfügung von Todes wegen und der lebzeitig vollzogenen Schenkung lassen Gesetz und Kautelarjurisprudenz eine Reihe von Gestaltungen zu, durch die Vermögen auf den Todesfall aufgrund lebzeitiger Verträge und Erklärungen auf andere übertragen werden kann, ohne dass erbrechtliche Formen einzuhalten sind. Die Abgrenzung ist dogmatisch schwierig und im Einzelfall problematisch.[1] Wird der Weg des Rechtsgeschäfts unter Lebenden beschritten, drohen Nachteile für Pflichtteilsberechtigte, Nachlassgläubiger, Vertragserben, Vermächtnisnehmer und Auflagenberechtigte. Bei genauerer Betrachtung ist jedoch keine der möglichen Gestaltungen geeignet, die rechtlichen Interessen dieser Personen zu beeinträchtigen. Dies gilt nicht zuletzt für die Schranken, die dem Erblasser durch das Pflichtteilsrecht gesetzt sind. Die nicht bedachten pflichtteilsberechtigten Personen sind in diesen Fällen regelmäßig auf die Pflichtteilsergänzungsansprüche gem §§ 2325 ff BGB verwiesen. 216

I. Schenkungsversprechen von Todes wegen

Auf ein Schenkungsversprechen, welches unter der Bedingung erteilt wird, dass der Beschenkte den Schenker überlebt, finden gem § 2301 I 1 BGB die Vorschriften über Verfügungen von Todes wegen Anwendung. Gleiches gilt gem § 2301 I 2 BGB für ein schenkweise unter dieser Bedingung erteiltes Schuldversprechen oder Schuldanerkenntnis der in den §§ 780, 781 BGB bezeichneten Art. 217

§ 2301 I BGB ist nur anwendbar, wenn es sich um ein Schenkungsversprechen handelt, dieses unter der Bedingung steht, dass der Beschenkte den Schenker überlebt und die Schenkung nicht zu Lebzeiten des Schenkers vollzogen wird (vgl § 2301 II BGB). Das Schenkungsversprechen von Todes wegen im Sinne des § 2301 I BGB kann als Gestaltungsmittel in Betracht kommen, wenn der Erblasser einen bestimmten Gegenstand einer anderen Person und nur dieser – nicht aber ihren Erben – zuwenden möchte mit der Maßgabe, dass der Bedachte erst nach seinem Ableben Besitz und Eigentum erhält. 218

Praxis-Tipp:

In der Praxis ist der Anwendungsbereich des Schenkungsversprechens von Todes wegen relativ gering. Dies liegt insbesondere daran, dass die Rechtsprechung die Anforderungen an den Begriff »vollzogene Schenkung«im Sinne von § 2301 II BGB gering hält[2] und bei Verträgen zugunsten Dritter auf den Todesfall (§ 331 BGB) Formfreiheit angenommen wird.« 219

---

1 Vgl auch die eingehenden Darstellungen von Nieder, Handbuch der Testamentsgestaltung 2000, Rn 345 ff; ders ZNotP 1998, 143, 192; Reimann in: Dittmann/Reimann/Bengel, Testament und Erbvertrag 1999, § 2301; Krause NotBZ 2001, 87; siehe auch Werkmüller ZEV 2001, 97

2 Vgl etwa BGH DNotZ 1989, 172

1. Schenkungsversprechen

220 Das Schenkungsversprechen ist Teil eines einseitig verpflichtenden Schenkungsvertrages, durch den der Schenker einem anderen eine Leistung (§ 241 BGB) verspricht, die unentgeltlich erfolgen soll (§ 518 BGB). Es steht im Gegensatz zur sofort vollzogenen Schenkung, der sog Handschenkung. Eine solche kann kein Schenkungsversprechen von Todes wegen sein. Das selbständige Schuldversprechen (§ 780 BGB) oder Schuldanerkenntnis (§ 781 BGB) wird wie bei § 518 I 2 BGB in § 2301 I 2 BGB einem gleichartigen Schenkungsversprechen gleichgestellt.

221 § 2301 BGB gilt ausdrücklich nur für Schenkungen, also nicht für sonstige unentgeltliche Verträge. Unter Schenkung ist gem § 516 I BGB eine Zuwendung zu verstehen, durch die jemand aus seinem Vermögen einen anderen bereichert, wenn beide Teile darüber einig sind, dass die Zuwendung unentgeltlich erfolgt. Unentgeltlich ist die Zuwendung, wenn sie unabhängig von einer Gegenleistung – auch von oder an einen Dritten – geschieht.[3]

2. Überlebensbedingung

222 § 2301 I BGB verlangt weiter, dass das Schenkungsversprechen unter der Bedingung erteilt wird, dass der Beschenkte den Schenker überlebt. Ob eine Schenkung unter Lebenden oder von Todes wegen vorliegt, richtet sich also danach, ob eine solche Bedingung vereinbart ist.

Beispiel:

223 Der Übergeber als Eigentümer des Grundstücks A verspricht seinem dies annehmenden Sohn das Eigentum an diesem Grundstück unter der Bedingung, dass er den Übergeber überlebt.

224 Die Bedingung kann aufschiebend oder auflösend sein.[4] Zulässig ist es, die Bedingung mit der Beschränkung auf einen bestimmten Fall des Ablebens zu verbinden.[5] Die Überlebensbedingung ist häufig auch gewollt, wenn der Erblasser sie nicht ausdrücklich erklärt hat. Dies kann etwa der Fall sein, wenn die Gründe für die nach seinem Tod versprochene Zuwendung gerade in der Person des Empfängers liegen.[6] Maßgeblich ist stets der individuelle Wille des Erblassers. Dieser ist im Einzelfall durch Auslegung (§ 133 BGB) zu ermitteln. Führt die Auslegung zu keinem eindeutigen Ergebnis, ist auch der Rechtsgedanke des § 2084 BGB heranzuziehen, also im Zweifel die Auslegung zu wählen, bei der der Wille des Erblassers Erfolg hat.[7]

---

3 BGH NJW 1982, 436
4 Palandt/Edenhofer § 2301 Rn 3
5 Palandt/Edenhofer § 2301 Rn 3
6 BGHZ 99, 97 mit Anm von Leipold JZ 1987, 362 und Olzen JR 1987, 372
7 BGH NJW 1988, 2731; aA Bork JZ 1988, 1059

Fehlt es an der Überlebensbedingung, liegt ein nur auf den Tod des Schenkers befristetes Versprechen unter Lebenden vor, wenn der Schenker sich oder seine Erben schon endgültig zur Leistung verpflichtet hat, aber vereinbart wurde, dass die Erfüllung auf die Zeit seines Todes oder später hinausgeschoben wird.[8] § 2301 I BGB ist hier nicht anwendbar. Gleiches gilt, wenn das Schenkungsversprechen seinem Inhalt nach zwar erst nach dem Tod des Versprechenden angenommen werden darf, aber bei Vorversterben des Versprechensempfänger von dessen Erben angenommen werden kann[9] oder wenn die Bedingung auf gleichzeitiges Versterben von Schenker und Beschenktem lautet.[10] Schließlich fällt eine Schenkung, die der Schenker in der sicheren Erwartung seines baldigen Todes vornimmt, ohne das Überleben des Beschenken ausdrücklich oder stillschweigend zur Bedingung zu machen, nicht unter § 2301 I BGB.[11] Eine Schenkung von Todes wegen liegt im übrigen nicht vor, wenn die Schenkung nicht vom Überleben des Bedachten, sondern einer anderen Bedingung abhängig gemacht wird, wie zB dass die Verwandten nach dem Tode des Schenkers nicht auf der Befolgung des Erbvertrages bestehen.[12] 225

3. Nichtvollzug zu Lebzeiten

Weiterhin darf die Schenkung nicht zu Lebzeiten des Schenkers vollzogen sein. Ansonsten finden gem § 2301 II BGB die Vorschriften über Schenkungen unter Lebenden (§§ 516 ff BGB) Anwendung. Es greift also insbesondere die Formvorschrift des § 518 BGB ein. 226

Vollzug in diesem Sinne erfordert, dass noch der Schenkende selbst das Vermögensopfer erbringt und nicht erst sein Erbe.[13] Dies liegt in allen Fällen der dinglichen Erfüllung (§§ 929 ff, 398, 397 BGB) vor, die den Gegenstand aus dem Vermögen des Schenkers in das Vermögen des Zuwendungsempfängers übergehen lässt. Nur vorbereitende oder sichernde Handlungen, wie zB die Ermächtigung zur Abhebung des im Todeszeitpunkt vorhandenen Bankguthabens, reichen dagegen nicht aus.[14] Gleiches gilt für die Erteilung einer mit dem Auftrag des Erblassers verbundenen Vollmacht, nach seinem Tod das Erfüllungsgeschäft vorzunehmen, unabhängig davon, ob die Vollmacht unwiderruflich erteilt wurde oder der Beschenkte tatsächlich nach dem Tod des Erblassers auf Grund der Vollmacht das ihm Zugewandte erhält.[15] 227

---

8 BGHZ 8, 31; BGH NJW 1959, 2254; BGH NJW 1985, 1553
9 OGH MDR 1949, 282
10 Palandt/Edenhofer § 2301 Rn 4
11 Palandt/Edenhofer § 2301 Rn 4
12 Vgl Reimann in: Dittmann/Reimann/Bengel, Testament und Erbvertrag 1999, § 2301, Rn 29
13 Vgl Palandt/Edenhofer § 2301 Rn 9
14 RG LZ 1919, 692
15 BGHZ 87, 19 mit abl Anm Kuchinke FamRZ 1984, 109; zust Bork JZ 1988, 1059

Praxis-Tipp:

228 *Bei Ausstehen der dinglichen Erfüllung erfordert Vollzug, dass der Schenker seinen Zuwendungswillen bereits in die Tat umgesetzt und schon zu Lebzeiten alles getan hat, was von seiner Seite zur Vermögensverschiebung erforderlich ist, so dass diese ohne sein Zutun eintreten kann.[16] Dies ist zB der Fall, wenn zur Wirksamkeit nur noch behördliche Genehmigungen erforderlich sind[17] oder für den Berechtigten ein Anwartschaftsrecht begründet ist, das sich bei Eintritt der Bedingung zu einem Vollrecht entwickelt.[18] Auch bei der Übertragung an einen Treuhänder, der einem Dritten zur Übertragung verpflichtet ist, dürfte Vollzug vorliegen.[19]*

229 Ein Schenkungsversprechen von Todes wegen im Sinne des § 2301 I BGB liegt also nur vor, wenn der Bedachte noch keine Rechtsposition erreicht hat, die ohne weiteres Zutun des Schenkers mit oder nach dessen Tod zur vollen Inhaberschaft des Rechts führt.

4. Rechtsfolgen

230 Auf das Schenkungsversprechen von Todes wegen finden gem § 2301 I 1 BGB die Vorschriften über Verfügungen von Todes wegen Anwendung.

231 Da das Schenkungsversprechen nach § 518 I BGB einen Vertrag erfordert, kommen in formeller Hinsicht nur die Vorschriften über vertragliche Verfügungen, also über den Erbvertrag gem §§ 2274 ff BGB in Betracht.[20] Das Schenkungsversprechen von Todes wegen bedarf demzufolge der notariellen Beurkundung bei gleichzeitiger Anwesenheit beider Vertragsteile. Der Schenker selbst kann den Vertrag nur persönlich schließen. Der Erbvertrag kann gegebenenfalls durch Anfechtung (§ 2281 BGB), Aufhebung (§ 2290 BGB) oder Rücktritt (§§ 2293 ff BGB) beseitigt werden.

232 Ein Widerruf der Schenkung nach §§ 530 ff BGB scheidet aus.[21] An seine Stelle treten die Vorschriften über den Rücktritt vom Erbvertrag nach §§ 2293 ff BGB. Ist das Schenkungsversprechen von Todes wegen in einer einseitigen letztwilligen Verfügung getroffen worden, kommt eine Umdeutung des Schenkungsversprechens in ein Testament in Betracht.[22]

---

16 BGHZ 87, 19; OLG Düsseldorf NJW-RR 1997, 199

17 Palandt/Edenhofer § 2301 Rn 10

18 Vgl BGHZ 8, 28; BGH NJW 1978, 424

19 Vgl Palandt/Edenhofer § 2301 Rn 10

20 Vgl Palandt/Edenhofer § 2301 Rn 6; Reimann in: Dittmann/Reimann/Bengel, Testament und Erbvertrag 1999, § 2301, Rn 5. Eine andere Ansicht lässt dagegen die für einseitige Erklärungen ausreichende Form des § 2247 BGB genügen; vgl MüKo/Musielak § 2301 Rn 13; Kuchinke FamRZ 1984, 109, 113

21 Vgl Palandt/Edenhofer § 2301 Rn 7

22 Palandt/Edenhofer § 2301 Rn 6; Reimann in: Dittmann/Reimann/Bengel, Testament und Erbvertrag 1999, § 2301, Rn 6

Die in § 2301 I 1 BGB angeordnete Anwendung der Vorschriften über Verfügungen von Todes wegen auf das Schenkungsversprechen von Todes wegen beschränkt sich nicht nur auf die Formvorschriften, sondern hat auch materiellrechtlich Bedeutung. Das Schenkungsversprechen von Todes wegen ist hierdurch den Verfügungen von Todes wegen gleichgestellt. Der Versprechensempfänger hat demzufolge keine gesicherte Rechtsposition, also kein Anwartschaftsrecht.[23] Erstreckt sich die Zuwendung auf Grundbesitz, scheidet eine grundbuchliche Sicherung durch Eintragung einer Eigentumsverschaffungsvormerkung aus.[24] 233

Schließlich entspricht die Rechtslage hinsichtlich der Berechnung der Pflichtteilsansprüche derjenigen beim Erwerb von Todes wegen. 234

Praxis-Tipp:

Indem der Gesetzgeber in § 2301 I BGB normiert hat, dass das Schenkungsversprechen von Todes wegen insbesondere hinsichtlich Form und Rechtsfolgen den Vorschriften über das Erbrecht unterliegt, ist dieses Gestaltungsmittel in der rechtsgestaltenden Praxis nahezu bedeutungslos.[25] Falls eine Überlebensbedingung bei einem Schenkungsversprechen gewünscht wird, kann der Kautelarjurist unmittelbar auf das Instrumentarium der Verfügungen von Todes wegen zurückgreifen. 235

II. Lebzeitig vollzogenes Schenkungsversprechen von Todes wegen

Vollzieht der Schenker die Schenkung durch Leistung des zugewendeten Gegenstandes, so finden gem § 2301 II BGB die Vorschriften über Schenkungen unter Lebenden Anwendung, also die §§ 516 ff BGB. § 2301 II BGB bezieht sich ausschließlich auf § 2301 I BGB. Erfasst werden von dieser Vorschrift nur solche Schenkungsversprechen, die unter der Überlebensbedingung des Beschenkten stehen. Auf alle anderen Schenkungen sind die §§ 516 ff BGB und hier vor allem § 518 BGB unmittelbar anzuwenden.[26] Dies gilt insbesondere für Schenkungen, bei denen lediglich die Erfüllung eines unbedingt abgegebenen Schenkungsversprechens bis zum Tode des Schenkers hinausgeschoben wird.[27] 236

Beispiel:

A wendet B einen Gegenstand unter Lebenden zu mit der Bestimmung, dass dieser dem B erst beim Tod des A unentgeltlich zufallen soll. 237

23 Vgl Palandt/Edenhofer § 2301 Rn 7
24 Reimann in: Dittmann/Reimann/Bengel, Testament und Erbvertrag 1999, § 2301, Rn 9
25 Siehe auch Nieder, Handbuch der Testamentsgestaltung 2000, Rn 346
26 Vgl MüKo/Musielak § 2301 Rn 16
27 Vgl Reimann in: Dittmann/Reimann/Bengel, Testament und Erbvertrag 1999, § 2301, Rn 30

1. Vollzug der Schenkung

238 Zum Leistungsvollzug im Sinne des § 2301 II BGB hat der Schenker ebenso wie bei der Leistungsbewirkung nach § 518 II BGB alles zu tun, was von seiner Seite aus zum Erwerb des Schenkungsgegenstandes für den Beschenkten erforderlich ist.[28] Bei der Schenkung beweglicher Sachen setzt der Vollzug die – gegebenenfalls bedingte oder betagte – Einigung über den Eigentumsübergang und die Übergabe oder ein Übergabesurrogat voraus. Die Schenkung von Forderungen ist erst mit Abtretung (§ 398 BGB) bzw Erlass (§ 397 BGB) vollzogen. Bedingungen oder Betagungen sind insoweit ebenfalls denkbar. Bei Grundstücksschenkungen[29] ist die Schenkung grundsätzlich erst mit Vorliegen einer wirksamen Einigung im Sinne von § 873 BGB und Aushändigung der zu Eintragung in das Grundbuch erforderlichen Eintragungsbewilligung an den Beschenkten bzw Antragstellung durch den Schenker beim Grundbuchamt vollzogen.

Praxis-Tipp:

239 *Im Hinblick auf die Bedingungsfeindlichkeit der Auflassung nach § 925 II BGB kann die Übereignung nicht an eine Überlebensbedingung geknüpft werden. Denkbar ist allerdings der Abschluss des schuldrechtlichen Vertrages mit Aussetzung der Auflassung und Sicherung des Eigentumsverschaffungsanspruchs des Beschenkten durch Eintragung einer Eigentumsverschaffungsvormerkung in das Grundbuch.[30] Hierdurch entsteht ein Anwartschaftsrecht des Beschenkten.[31] Die Auflassung könnte auch unbedingt erklärt und der schuldrechtliche Vertrag unter der auflösenden Bedingung des Vorversterbens des Beschenkten abgeschlossen werden, bei deren Eintritt der Schenker die Rückübertragung des Grundbesitzes verlangen kann. Dieser Rückauflassungsanspruch kann im Grundbuch durch Eintragung einer entsprechenden Rückauflassungsvormerkung gesichert werden.*

240 Vollzug ist im übrigen anzunehmen, wenn dem Beschenkten die Willenserklärung des Schenkers unbeabsichtigt erst nach dessen Tod zugeht.[32] Stirbt der Schenker, bevor ein von ihm beauftragter Dritter (Treuhänder, Bevollmächtigter, Bote) die ihm aufgetragenen Erfüllungshandlungen ausführt, wird ebenfalls Vollzug bejaht, wenn der Mittler unwiderruflich beauftragt war[33] – wie zB die Bank zur Aushändigung verwahrter Wertpapiere –, in anderen Fällen, wenn die Willenserklärung des Schenkers nicht vor ihrer Annahme durch

28 BGH NJW 1970, 1638; BGH WM 1974, 415

29 Siehe hierzu auch Reimann in: Dittmann/Reimann/Bengel, Testament und Erbvertrag 1999, § 2301, Rn 36; Jerschke in: Beck'sches Notar-Handbuch 2000, A V Rn 110; Nieder DNotI-Report 1999, 99; Baumann MittRhNotK 1999, 299

30 Siehe auch OLG Hamm NJW-RR 2000, 1389

31 Vgl OLG Hamm NJW 1975, 879

32 Reimann in: Dittmann/Reimann/Bengel, Testament und Erbvertrag 1999, § 2301, Rn 38

33 Reimann in: Dittmann/Reimann/Bengel, Testament und Erbvertrag 1999, § 2301, Rn 39

den Beschenkten von dem Erben widerrufen wurde. Gleiches gilt, wenn die Schenkung unter der auflösenden Bedingung erfolgt, dass der Beschenkte vor dem Schenker verstirbt, oder die Schenkung aufschiebend bedingt durch das Überleben des Bedachten ist, wenn alle übrigen Voraussetzungen für den Rechtserwerb erfüllt sind, also ein Anwartschaftsrecht entstanden ist.[34] Vollzug wird schließlich angenommen, wenn sich der Schenker mit der Leistung des zugewendeten Gegenstandes das Recht vorbehält, die Schenkung – auch beliebig – zu widerrufen, da der Vorbehalt des Widerrufs grundsätzlich mit dem Tod des Schenkers erlischt (§ 530 II BGB).[35]

2. Einzelfälle von vollzogenen und nichtvollzogenen Schenkungen

Rechtsprechung und Literatur haben sich bereits in einer Vielzahl von Einzelfällen mit der Frage befasst, ob eine Schenkung von Todes wegen vollzogen ist. 241

Bejaht wurde der Vollzug in folgenden Fällen:

- schenkungsweise Abtretung eines Bankkontos für den Zeitpunkt des Ablebens des Gläubigers in Verbindung mit der Erteilung einer Bankvollmacht;[36] 242
- schenkungsweise Zuwendung eines Geldbetrages durch die Erteilung eines Bankauftrages zur Auszahlung nach dem Tod der Erblassers.[37] Der Auftrag kann allerdings von den Erben widerrufen werden, sofern der Erblasser dies nicht durch letztwillige Verfügung oder Ernennung eines Testamentsvollstreckers untersagt hat;[38]
- Einräumung der Mitverfügungsbefugnis bei einem sog Oder-Konto von Ehegatten mit beiderseitiger Verfügungsbefugnis.[39] Für die Schenkung genügt dann der Wille der Eheleute bei Kontoeinrichtung, dass im Todeszeitpunkt des einen die Forderung gegen die Bank auf den Letztlebenden als Alleinberechtigten übergehen soll;[40]
- Treuhandvertrag zwischen Erblasser und Bank mit der Anweisung, bei dessen Tod dem Begünstigten den Verkaufserlös von Wertpapieren auszuzahlen;[41]
- schenkungsweise aufschiebend bedingte Abtretung eines Sparkontos oder Übertragung von Wertpapieren;[42]

---

34 Reimann in: Dittmann/Reimann/Bengel, Testament und Erbvertrag 1999, § 2301, Rn 40 u 41

35 Reimann in: Dittmann/Reimann/Bengel, Testament und Erbvertrag 1999, § 2301, Rn 42

36 OLG Hamburg NJW 1963, 449; KG WM 1969, 1047

37 BGH NJW 1975, 382

38 Vgl Kümpel WM 1977, 1186, 1192

39 BGH FamRZ 1986, 982

40 BGH FamRZ 1985, 693

41 BGH WM 1976, 1130

42 BGHZ 41, 95; BGHZ 87, 19, 23; BGH FamRZ 1989, 959; OLG Frankfurt MDR 1966, 503

- vertraglich vereinbarter Erlass einer Darlehensschuld in der zum Todeszeitpunkt des Gläubigers noch bestehenden Höhe;[43]
- Übertragung der Versicherungsnehmereigenschaft bei Versicherungsverträgen für den Fall des Todes eines Versicherungsnehmers.[44]

Verneint wurde der Vollzug in folgenden Fällen:

243 - Einsetzung einer Hilfsperson (zB eines Boten oder eines postmortal Bevollmächtigten) zum Vollzug nach dem Tode des Schenkers, wenn die Erben den Übermittlungsauftrag und/oder die Vollmacht rechtzeitig vor Annahme der Willenserklärung des Schenkers durch den Beschenkten widerrufen;[45]
- Übergabe von Grundschuldbriefen mit Abtretungserklärungen an einen Beauftragten, der sie nach dem Tode des Auftraggebers als Geschenk einem Dritten aushändigen sollte;[46]
- gesellschaftsvertragliche Nachfolgeregelung, die für alle Gesellschafter gilt und die, weil sie alsbald Rechte und Pflichten zwischen den Beteiligten begründen soll, keine Verfügung von Todes wegen darstellt, selbst wenn ein Abfindungsanspruch der Erben ausgeschlossen ist.[47]

3. Rechtsfolgen

244 Liegt ein lebzeitig vollzogenes Schenkungsversprechen von Todes wegen im Sinne von § 2301 II BGB vor, gilt die Formvorschrift des § 2301 I BGB nicht. Vielmehr bedarf der Vertrag über das Schenkungsversprechen gem § 518 I BGB der notariellen Beurkundung. Der Mangel der notariellen Beurkundung wird durch Bewirkung der versprochenen Leistung nach § 518 II BGB geheilt. Hierbei ist es gleichgültig, ob die Leistung zur Erfüllung des Schenkungsversprechens oder zum Zwecke der Schenkung bewirkt wird. Die Formerleichterung wirkt sich trotz § 313 BGB auch bei Grundstücken dergestalt aus, dass die gleichzeitige persönliche Anwesenheit der Vertragsteile anders als im Anwendungsbereich der §§ 2301 I, 2274, 2276 BGB nicht erforderlich ist.

245 Eine nicht vollzogene Schenkung kann ebenso wenig wie eine formnichtige Verfügung von Todes wegen nach dem Erbfall durch Handlungen einer vom Erblasser bevollmächtigten Person in Kraft gesetzt werden.[48]

43 OLG Hamburg NJW 1961, 76
44 Vgl Mohr VersR 1966, 702
45 Vgl MüKo/Musielak § 2301 Rn 25; Palandt/Edenhofer § 2301 Rn 14
46 Vgl Reimann in: Dittmann/Reimann/Bengel, Testament und Erbvertrag 1999, § 2301, Rn 55
47 BGHZ 22, 194; BGH DNotZ 1966, 620; BGH NJW 1977, 1339
48 BGHZ 99, 97; BGH NJW 1986, 2107; BGH DNotZ 1989, 172

Beispiel:

> Die Ehefrau bevollmächtigt ihren Ehemann nach ihrem Tode über das von ihr eingerichtete Bankkonto zu verfügen. Hier ist eine Heilung durch Vollzug bei einem Schenkungsversprechen von Todes wegen nicht möglich, wohl aber bei einer Schenkung nach § 518 II BGB. 246

Die Rechtsprechung versucht, die Nichtigkeit der Zuwendung durch Auslegung zu retten, indem sie den Anwendungsbereich des § 2301 BGB einengt.[49] 247

Eine vollzogene Schenkung von Todes wegen unterliegt hinsichtlich ihrer Widerruflichkeit den Vorschriften über Schenkungen unter Lebenden (§§ 530 ff BGB) und nicht denen über den Rücktritt vom Erbvertrag (§§ 2293 ff BGB). 248

4. Wirkung des Vollzugs auf Pflichtteilsergänzungsansprüche

Die in § 2325 III BGB aufgestellten Kriterien für den Beginn der Zehnjahresfrist, nach dessen Ablauf Pflichtteilsergänzungsansprüche ausgeschlossen sind, müssen sich nicht notwendigerweise mit den Voraussetzungen für den Vollzug einer Schenkung von Todes wegen decken. Voraussetzung für den Fristbeginn bei der Schenkung von Grundstücken ist nicht bereits der Zeitpunkt des Abschlusses des Schenkungsvertrages, sondern erst der Tag der Umschreibung des Eigentums auf den Beschenkten im Grundbuch.[50] Die Zehnjahresfrist beginnt im übrigen nach der Rechtsprechung erst, wenn der Vermögensgegenstand aus dem Vermögen des Schenkers wirtschaftlich ausgegliedert ist,[51] so dass trotz Vorliegen des Vollzuges einer Schenkung im Sinne des § 2301 II BGB und des § 518 II BGB die Zehnjahresfrist für die Berechnung von Pflichtteilsergänzungsansprüchen nicht stets zu laufen beginnt.[52] 249

III. Vertrag zugunsten Dritter auf den Todesfall

Mit dem echten Vertrag zugunsten Dritter (§§ 328, 331 BGB) steht dem Erblasser außerhalb des Erbrechts ein weiteres zulässiges Mittel für die gewillkürte Weitergabe von Vermögensgegenständen zur Verfügung. 250

49 Vgl BGH DNotZ 1989, 172
50 Vgl etwa BGH NJW 1988; BGH ZEV 1996, 188; zu den Besonderheiten bei Schenkungen in den neuen Ländern vor der Deutschen Einheit siehe Krause ZAP-Ost Fach 12, 75 sowie jüngst BGH DNotZ 2001, 711
51 Vgl BGH DNotZ 1994, 784
52 Vgl auch Nieder DNotZ 1987, 321

1. Grundzüge

251 Der Hauptanwendungsbereich des Vertrages zugunsten Dritter auf den Todesfall (§ 331 BGB) liegt im Bereich des Bank- und Versicherungswesens. Durch einen Vertrag zugunsten Dritter auf den Todesfall ist es dem Erblasser möglich, sich eine Leistung an den von ihm begünstigten Dritten dergestalt versprechen zu lassen, dass der Dritte nach dem Tod des Erblassers unmittelbar gegen den Versprechenden einen schuldrechtlichen Anspruch auf die versprochene Leistung erwirbt. Wie sich aus § 328 II BGB ergibt, kann der Anspruch befristet oder bedingt eingeräumt werden. Dem Dritten ist daher das Recht nicht zwangsläufig endgültig und sofort zuzuwenden.

Praxis-Tipp:

252 *§ 331 BGB ermöglicht lediglich die Zuwendung schuldrechtlicher Ansprüche, nicht deren sachenrechtliche Erfüllung.*

253 Das Rechtsverhältnis zwischen dem Versprechensempfänger (Erblasser) und dem Versprechenden beschreibt das Deckungsverhältnis. Dieses unterliegt ebenso wenig wie der hieraus resultierende Anspruch des Dritten gegen den Versprechenden nicht dem Erbrecht, sondern dem Schuldrecht. § 2301 I BGB ist nicht anwendbar,[53] so dass der Vertrag zugunsten Dritter auf den Todesfall grundsätzlich formfrei abgeschlossen werden kann.[54] Dies gilt selbst dann, wenn es sich im Verhältnis zwischen dem Versprechensempfänger und dem begünstigten Dritten, dem sog Valutaverhältnis, um eine unentgeltliche Zuwendung handelt.[55]

254 Dem Dritten steht der erworbene Anspruch nur zu, wenn im Valutaverhältnis zum Versprechensempfänger ein wirksamer schuldrechtlicher Rechtsgrund für den Erwerb des Zugewendeten besteht. Hier kommt bei unentgeltlichen Begünstigungen regelmäßig eine Schenkung mit entsprechender Einigung über die Unentgeltlichkeit der Zuwendung gem § 516 BGB in Betracht.[56] Wird die Form des § 518 I BGB nicht beachtet, tritt Heilung nach § 518 II BGB ein, sobald der Begünstigte den zugewendeten Anspruch gegen den Versprechenden mit dem Tod des Versprechensempfängers erwirbt. Die Rechtsprechung[57] nimmt in diesen Fällen einen »Vonselbsterwerb«des Begünstigten an, so dass regelmäßig von einem Vollzug nach § 518 II BGB auszugehen ist. Gleiches gilt im Rahmen des § 2301 II BGB.

255 Denkbar ist auch eine Einigung über die Unentgeltlichkeit der Zuwendung nach dem Tode des Versprechensempfängers (vgl §§ 130, 153 BGB). Eine solche ist jedoch nicht mehr möglich, wenn dem Beschenkten vor der Annahme des Angebots der Schenkung oder gleichzeitig mit ihr ein wirksamer Widerruf

53 Vgl BGHZ 46, 198; BGH NJW 1984, 480; J. Mayer DNotZ 2000, 905
54 BGHZ 66, 8; BGH WM 1976, 1130; Palandt/Heinrichs, BGB, § 331, Rn 1
55 Vgl Palandt/Heinrichs § 331 Rn 1
56 Vgl Reimann in: Dittmann/Reimann/Bengel, Testament und Erbvertrag 1999, § 2301, Rn 59 f
57 Vgl BGHZ 41, 95; OLG München NJW 2000, 1423 mit Anm Schulze-Schröder

durch den Erben zugeht. Der Erbe kann in der Regel das Schenkungsangebot in gleicher Weise widerrufen wie der Erblasser.[58] Das Widerrufsrecht folgt aus § 328 II BGB. Dem Erblasser ist es möglich, das Widerrufsrecht des Erben zu beseitigen, wenn er selbst auf dieses Recht verzichtet. Denkbar ist darüber hinaus, dass der Versprechensempfänger in einer Verfügung von Todes wegen seinen Erben durch Vermächtnis oder Auflage verpflichtet, einen entsprechenden Widerruf zu unterlassen.[59]

Praxis-Tipp:

Bei einer Schenkung zugunsten Dritter auf den Todesfall beginnt die Zehnjahresfrist des § 2325 III BGB für die Geltendmachung von Pflichtteilsergänzungsansprüchen in der Regel nicht zu laufen. 256

2. Lebensversicherungsvertrag

Lebensversicherungsverträge gehören zum Vermögen des Erblassers und sind dementsprechend nach den allgemeinen Regeln vererblich. Etwas anderes gilt jedoch, wenn vom Versicherungsnehmer ein Bezugsberechtigter benannt ist. In einem solchen Fall liegt ein Vertrag zugunsten Dritter vor.[60] Eine entsprechende Auslegungsregel findet sich in § 330 BGB. 257

Praxis-Tipp:

§ 330 BGB gilt für alle Arten von Lebensversicherungen, Kapital- und Rentenversicherungen, auf den Todes- oder Erlebensfall, wie auch für Kapitalunfallversicherungen (§ 180 VVG).[61] 258

Der Rechtserwerb des Bezugsberechtigten vollzieht sich im Zeitpunkt des Todes des Versicherungsnehmers schuldrechtlich außerhalb des Erbrechts.[62] Dies gilt auch, wenn die Bezugsberechtigung nicht unwiderruflich ausgestaltet ist.[63] § 167 II VVG bestimmt, dass sich der Rechtserwerb selbst dann außerhalb des Erbrechts vollzieht, wenn die Erben als Bezugsberechtigte benannt sind. 259

58 BGH WM 1976, 1130; BGH DNotZ 1984, 692

59 Vgl Reimann in: Dittmann/Reimann/Bengel, Testament und Erbvertrag 1999, § 2301, Rn 62

60 Siehe hierzu Liessem MittRhNotK 1988, 29; zur Problematik Lebensversicherung und Testamentsvollstreckung siehe DNotI-Gutachten DNotI-Report 2000, 135

61 Palandt/Heinrichs § 330 Rn 2

62 BGHZ 13, 232; BGHZ 32, 47; BGHZ 130, 381; OLG Frankfurt NJW-RR 1998, 795; OLG Schleswig ZEV 1999, 107 mit Anm Muscheler ZEV 1999, 229

63 BGHZ 13, 232; BGHZ 32, 47; BGHZ 130, 381; OLG Frankfurt NJW-RR 1998, 795; OLG Schleswig ZEV 1999, 107 mit Anm Muscheler ZEV 1999, 229

260 Die Zuwendung bedarf im Valutaverhältnis zwischen dem Erblasser und dem Dritten stets eines Rechtsgrundes. Erfolgt sie unentgeltlich, liegt dem Rechtserwerb regelmäßig eine Schenkung im Sinne der §§ 516 ff BGB zugrunde.[64] Heilung tritt gem § 518 II BGB mit Vollzug ein, sofern nicht ein wirksamer Widerruf der Erben erfolgt.

261 Der Versicherungsnehmer kann gem § 332 BGB die Benennung des Bezugsberechtigten »im Zweifel«auch durch eine Verfügung von Todes wegen vornehmen. Hierzu ist erforderlich, dass er sich die Befugnis vorbehalten hat, den Bezugsberechtigten ohne Zustimmung des Versicherungsunternehmens auszuwechseln. Dieses Recht ergibt sich aus § 166 VVG.

Praxis-Tipp:

262 *In der Praxis ist zu beachten, dass das Recht der Auswechslung des Bezugsberechtigten im Versicherungsvertrag ausgeschlossen sein kann. Außerdem gilt für die Lebensversicherungen regelmäßig § 13 ALB, wonach die Begründung oder der Widerruf eines Drittrechts erst mit schriftlicher Anzeige an das Versicherungsunternehmen wirksam wird. Diesem Anzeigeerfordernis genügt die Vorlage eines Testaments des Versicherungsnehmers nach dessen Tod nicht, so dass insoweit eine wirksame Änderung des Bezugsberechtigten nicht möglich ist.[65] Der Inhalt des Versicherungsvertrages ist daher stets vor einer entsprechenden Verfügung von Todes wegen zu prüfen.*

263 Ist die Bezugsberechtigung des Dritten bereits zu Lebzeiten des Versicherungsnehmers durch Übereinkunft mit dem Versicherungsunternehmen unwiderruflich ausgestaltet, liegt regelmäßig eine vollzogene Schenkung gem § 330 BGB vor.[66] Ein mit dem Bezugsberechtigten vereinbartes Widerrufsverbot wirkt dagegen nur schuldrechtlich, sodass ein Schenkungsvollzug nicht angenommen werden kann.

264 Hinsichtlich der Lebensversicherungsverträge zugunsten Dritter ist weiter zu berücksichtigen, dass grundsätzlich nur die vom Versicherungsnehmer erbrachten Prämienzahlungen als Schenkung an den Begünstigten anzusehen sind, nicht jedoch die mit dem Tode des Versicherungsnehmers zur Auszahlung gelangende Versicherungssumme.[67] Dies gilt jedoch nur, wenn das Bezugsrecht des Dritten bereits bei Vertragsabschluss begründet worden ist. Diese Unterscheidung hat nicht nur Auswirkungen auf den Schutz der Vertragserben nach § 2287 BGB oder die Anfechtungsrechte nach §§ 3 f AnfG und §§ 129 ff InsO sondern auch erhebliche Bedeutung für das Pflichtteilsrecht.[68] In solchen Fällen unterliegen regelmäßig nur die Versicherungsbeiträge der letzten 10 Jahre vor dem Tod des Versicherungsnehmers der Pflichtteils-

64 Kritisch: Vollkommer ZEV 2000, 10, nach dem das Valutaverhältnis auch durch ein erbrechtliches Rechtsgeschäft geprägt sein kann

65 Vgl BGH NJW 1993, 3133

66 Vgl auch Reimann in: Dittmann/Reimann/Bengel, Testament und Erbvertrag 1999, § 2301, Rn 73

67 Vgl *BGH* FamRZ 1976, 616

68 Siehe hierzu eingehend: Klingelhöffer ZEV 1995, 180

ergänzung nach § 2325 BGB, nicht jedoch die ausgezahlte Versicherungssumme.[69]

Praxis-Tipp:

Durch Abschluss einer entsprechenden Lebensversicherung kann außerhalb der Schranken des Pflichtteilsrechts Vermögen in erheblichem Umfang übertragen werden. Etwas anderes gilt allerdings, wenn das Bezugsrecht dem Dritten erst nachträglich zugewendet wird. In diesen Fällen bildet die Versicherungssumme den Gegenstand der Zuwendung. Gegebenenfalls sollte statt der späteren Auswechslung der Bezugsberechtigung zugunsten des Bedachten eine neue Versicherung abgeschlossen werden. 265

Problematisch im Zusammenhang mit Lebensversicherungsverträgen sind weiterhin die Fälle, in denen der Versicherungsnehmer seinen Ehepartner namentlich als Bezugsberechtigten gegenüber dem Versicherungsunternehmen benennt und die Bezugsberechtigung nach einer etwaigen Scheidung und Wiederverheiratung nicht ändert. Nach der Rechtsprechung kommt insoweit eine analoge Anwendung des Rechtsgedankens der Unwirksamkeit letztwilliger Verfügungen bei Auflösung der Ehe gem § 2077 BGB nicht in Betracht.[70] Unter Umständen ist in solchen Fällen aber ein Ausgleich zwischen dem geschiedenen, aber bezugsberechtigten Ehepartner und den Erben des Versicherungsnehmers nach den Grundsätzen über den Wegfall der Geschäftsgrundlage möglich. Ähnlich der unbenannten Zuwendungen unter Ehegatten könnte hierbei zwischen Zugewinngemeinschaft und Gütertrennung unterschieden werden. Während bei der Zugewinngemeinschaft ein Ausgleichsanspruch wegen Wegfalls der Geschäftsgrundlage nur in Ausnahmefällen und nur, wenn die Aufrechterhaltung des bestehenden Zustandes für den Zuwendenden schlechthin unzumutbar ist, in Betracht kommt, dürfte in den Fällen der Gütertrennung im Scheitern der Ehe regelmäßig ein Wegfall der Geschäftsgrundlage zu sehen sein.[71] 266

3. Bausparvertrag

Vergleichbar der Rechtslage bei Lebensversicherungen können bei Abschluss von Bausparverträgen Begünstigungen für den Fall des Todes des Bausparers ausgesprochen werden. Auch solche sind als Vertrag zugunsten Dritter auf den Todesfall im Sinne des § 331 BGB zu bewerten. Zuwendungsgegenstand sind hier die Bausparraten, die der Bausparer in Erfüllung des Bausparvertrages gemacht hat,[72] nicht ein etwaig bereits in Anspruch genommenes Bauspardarlehen. Dieses fällt als Passivposten in den Nachlass, sofern keine anderweitige Regelung getroffen ist. 267

69 Vgl BGH FamRZ 1976 616 mit abl Anm Harder; kritisch J. Mayer DNotZ 2000, 905, 927
70 BGH NJW 1987, 3131; BGH ZEV 1995, 150; ebenso OLG Köln VersR 1993, 1133
71 Siehe zum Ganzen näher: J. Mayer DNotZ 2000, 905, 907 ff mwN
72 Vgl BGH NJW 1965, 913

Praxis-Tipp:

268 *In Zwischenfinanzierungsfällen kann es demzufolge zu einem Auseinanderfallen von Guthaben und Darlehen kommen.*

269 Zu beachten ist weiter, dass auch im Rahmen des Bausparvertrages die Benennung eines Bezugsberechtigten durch letztwillige Verfügung ausgeschlossen sein oder aber der Widerruf einer solchen Verfügung nur zu Lebzeiten des Erblassers, also nicht durch Verfügung von Todes wegen erfolgen kann. Hier ist die Vertragslage derjenigen bei Lebensversicherungen vergleichbar.

4. Bankguthaben

270 Insbesondere hinsichtlich Bankguthaben gibt es eine Reihe bankspezifischer Gestaltungen, die es ermöglichen, Vermögenswerte aus dem Nachlass auszugliedern und für sie eine Art Sondernachfolge anzuordnen.

a. Allgemeines

271 Die Verfügungen zugunsten Dritter über Bankguthaben sind in mehrfacher Hinsicht in ihrem Bestand gefährdet.

272 Zunächst können sich Einschränkungen aus dem Deckungsverhältnis zwischen dem Versprechensempfänger (Kontoinhaber) und dem Versprechenden (Bank) ergeben. Der durch den Kontoinhaber begünstigte Dritte erlangt nur einen Anspruch auf Übertragung etwaiger Guthaben nach dessen Tod gegen die Bank, wenn diese Rechtsfolge ausdrücklich mit der Bank vereinbart und von ihrem Leistungswillen erfasst wird.[73]

Praxis-Tipp:

273 *Entsprechende vertragliche Vereinbarungen mit der Bank sind zwingend erforderlich. Sollte eine Bank hierzu im Einzelfall nicht bereit sein, scheidet der Vertrag zugunsten Dritter auf den Todesfall als Instrumentarium der Vermögensübertragung aus. Dem Kontoinhaber verbleibt nur der Weg des allgemeinen Erbrechts.*

274 Dem Valutaverhältnis zwischen Kontoinhaber und Begünstigtem wird regelmäßig eine Schenkung zugrunde liegen. Diese wird wegen der Formvorschrift des § 518 I BGB erst mit Vollzug im Sinne des § 518 II BGB wirksam. Das Angebot der Schenkung kann durch die Erben vor der Annahme des Begünstigten oder gleichzeitig mit ihr wirksam widerrufen werden, falls keine erbrechtliche Absicherung vorliegt oder der Erbe der Verfügung nicht in erbrechtlich bindender Weise zugestimmt hat. Fehlt es nach dem Widerruf an einem wirksamen Valutaverhältnis, steht den Erben ein bereicherungsrechtlicher Anspruch gegen den Begünstigten nach §§ 812 ff BGB zu.

73 Vgl BGH NJW 1965, 913

Praxis-Tipp:

Verfügungen über Bankkonten zugunsten Dritter werden in der Praxis häufig getroffen, wenn der Erblasser in seiner Testierfreiheit beschränkt ist. Auch wenn sie gleichwohl wirksam sind, ist in diesen Fällen zu berücksichtigen, dass dem benachteiligten Vertragserben gegebenenfalls ein Bereicherungsanspruch nach § 2287 BGB zustehen kann. Gleiches gilt gem § 2288 BGB für den Vermächtnisnehmer.[74] Entscheidend ist in diesen Fällen das lebzeitige Eigeninteresse des Erblassers an der Bankverfügung. 275

b. Einzelkonto zugunsten Dritter

Der Erblasser kann zu Lebzeiten ein Konto auf den Namen des Begünstigten einrichten. Es liegt insoweit ein Vertrag mit der Bank zugunsten Dritter gem § 328 BGB vor. 276

Praxis-Tipp:

Da die Rechtsänderung – der Begünstigte wird Kontoinhaber – sofort eintritt, empfiehlt es sich eine Regelung für den Fall des Vorversterbens des Begünstigten zu treffen. 277

Will der Erblasser verhindern, dass der Begünstigte vor seinem Ableben über das Konto verfügen kann, ist ein entsprechender Sperrvermerk aufzunehmen. Die Verfügungsmacht des Kontoinhabers ist hierdurch eingeschränkt. Behält sich der Erblasser zusätzlich die Verfügungsbefugnis vor, wird die Zehnjahresfrist des § 2325 III BGB regelmäßig nicht in Gang gesetzt. 278

Musterformulierung:

Alle Rechte aus dem Konto Nr. ... gehen mit sofortiger Wirkung auf Herrn ... als Begünstigten über. Die dem Begünstigten aus dieser Vereinbarung zustehenden Rechte können von diesem nur in dem Maße geltend gemacht werden, wie sie im Zeitpunkt des Übergangs Herrn ... zustanden. 279

Das Konto ist bis zum Eintritt des Todes des Herrn ... gesperrt, sofern diese Sperre nicht durch diesen als bisherigem Gläubiger vorzeitig aufgehoben wird.

Gleiches gilt, wenn ein Sparbuch etwa zugunsten eines Kindes eingerichtet wird und zwischen dem Erblasser sowie der Bank Einigkeit besteht, dass das Kind die Forderung erst zu einem bestimmten Zeitpunkt erwerben soll. Hält der Erblasser das Sparbuch zurück, steht ihm insbesondere wegen § 808 BGB die Verfügungsbefugnis über das Konto zu.[75] Die Zuwendung eines Anspruchs im Sinne des § 328 I BGB dürfte hierin noch nicht zu sehen sein. 280

74 Vgl BGH FamRZ 1976, 205
75 BGH NJW 1970, 1181; siehe auch: Werkmüller ZEV 2000, 305, 306

Musterformulierung:

281 *Alle Rechte aus dem Sparkonto Nr.... einschließlich der Rechte aus einem etwaigen Verwahrverhältnis bezüglich der über die Forderung ausgestellten Urkunde gehen auf Herrn... – nachstehend »Begünstigter« genannt – nach Maßgabe der nachstehenden Bedingungen über.*

Der Übergang der Rechte soll vom Zeitpunkt der Vollendung des 21. Lebensjahres des Begünstigten an erfolgen. Die dem Begünstigten aus dieser Vereinbarung zustehenden Rechte können von diesem nur in dem Maße geltend gemacht werden, wie sie im vorgenannten Zeitpunkt Frau... zustanden.

Sollte der Begünstigte vorher versterben, wird diese Verfügung hinfällig.

Bei Vorversterben der Frau... soll sich der Übergang der Rechte mit ihrem Tod außerhalb des Nachlasses vollziehen. Die Bank wird in diesem Fall den Begünstigten, soweit er noch nicht informiert ist, benachrichtigen.

Diese Vereinbarung kann von Frau... bis zum Eintritt des vorgenannten Zeitpunktes jederzeit widerrufen werden. Der Widerruf ist gegenüber der Bank zu erklären.

Das Recht der Bank, an jeden Vorleger des Sparbuchs mit befreiender Wirkung zu bezahlen, bleibt unberührt. Das Recht der Frau..., bis zum Eintritt des vorgenannten Zeitpunkts über das Konto frei zu verfügen, wird von dieser Vereinbarung nicht berührt.

Praxis-Tipp:

282 *Zu beachten ist auch in diesen Fällen, dass der Begünstigte die Zuwendung nur bei Vorliegen eines wirksamen Valutaverhältnisses behalten darf.*[76]

c. Gemeinschaftskonto mit dem Begünstigten

283 Gemeinschaftskonten zwischen Erblasser und Begünstigten können in der Form des Und-Kontos oder in der Form des Oder-Kontos eingerichtet werden.

284 Über das Und-Konto sind sämtliche Kontoinhaber nur gemeinsam verfügungsbefugt. Die Bank kann dementsprechend an diese nur gemeinsam mit schuldbefreiender Wirkung leisten. Das Und-Konto ist nicht geeignet, Vermögensverschiebungen außerhalb des Nachlasses vorzunehmen. Bei Tod eines Kontoinhabers fällt dessen Kontoinhaberschaft in den Nachlass. Der überlebende Kontoinhaber kann nur mit Zustimmung der Erben über das Konto verfügen.[77]

76 Vgl etwa BGH WM 1976, 1130

77 Vgl Reimann in: Dittmann/Reimann/Bengel, Testament und Erbvertrag 1999, Teil E, Rn 258

Demgegenüber ist bei einem Oder-Konto jeder Kontoinhaber allein verfügungsberechtigt. Hierbei handelt es sich um den Regelfall eines Kontos mehrerer Personen. Mit Hilfe des Oder-Kontos ist auch eine gewillkürte Weitergabe von Vermögen außerhalb des Nachlasses möglich. Nach Versterben eines Kontoinhabers kann der überlebende Kontoinhaber die Auszahlung des Guthabens an sich allein verlangen. 285

Musterformulierung:

Im Todesfalle kann der überlebende Ehegatte als Kontomitinhaber das Konto auflösen oder auf seinen Namen umschreiben lassen. 286

In diesem Fall besteht allerdings die Ausgleichspflicht gegenüber den Erben gem § 430 BGB. Etwas anderes gilt, wenn nach dem Willen des verstorbenen Kontoinhabers der überlebende Kontoinhaber mit dem am Todestag vorhandenen gesamten Guthaben des Kontos bedacht werden sollte. Soweit der Kontoinhaber dem weiteren Kontoinhaber zu Lebzeiten die Mitverfügungsbefugnis über das Konto eingeräumt hat, dürfte dies als ein schon zu Lebzeiten erbrachtes Vermögensopfer anzusehen sein.[78] Hierin ist auch eine gem § 518 II BGB vollzogene Schenkung hinsichtlich des Kontobestandes zu sehen. Der Lauf der Zehnjahresfrist des § 2325 III BGB dürfte damit in Gang gesetzt sein. 287

d. Bankvollmacht für den Todesfall

Der Erblasser kann dem Begünstigten für seinen Todesfall Vollmacht über sein Bankkonto erteilen.[79] 288

Musterformulierung:

Herr.... ist bevollmächtigt, über das Kontoguthaben sowie einen eingeräumten Kreditrahmen zu verfügen. Der Bevollmächtigte ist von den Beschränkungen des § 181 BGB befreit. Die Vollmacht gilt der Bank gegenüber, bis ihr ein schriftlicher Widerruf zugeht; sie erlischt auch nicht mit dem Tod des Vollmachtgebers. 289

Die Erteilung der Vollmacht als solche bedeutet noch nicht, dass dem Begünstigten der Vermögensvorteil dauerhaft verbleibt. Auch insoweit ist ein wirksames Valutaverhältnis erforderlich, welches dem Bevollmächtigten gestattet, Verfügungen über das Konto zu seinen Gunsten zu treffen. Die Vollmachtserteilung kann auf ein Angebot auf Abschluss eines Schenkungsvertrages hindeuten. Dieses wird, sofern es durch die Erben nicht rechtzeitig widerrufen ist, durch die Verfügung des Bevollmächtigten angenommen und damit das Schenkungsversprechen vollzogen und gem § 518 II BGB geheilt.[80] Eine Nachfrage der Bank bei den Erben ist nicht notwendig.[81] 290

---

78 BGH MittBayNot 1986, 197
79 Siehe hierzu auch: Werkmüller ZEV 2000, 305, 306 f
80 OLG München WM 1973, 1252; BGH DNotZ 1987, 25
81 BGH WM 1969, 702; BGH ZEV 1995, 150

Praxis-Tipp:

291 *Die Zehnjahresfrist des § 2325 III BGB wird durch die Erteilung einer Bankvollmacht nicht in Lauf gesetzt.*

e. Vertrag zugunsten Dritter auf den Todesfall

292 Der Vertrag zugunsten Dritter auf den Todesfall (§ 331 BGB) ist besonders zweckmäßig, um einzelne Bankguthaben außerhalb des Nachlasses Dritten zuzuwenden. Anders als bei der Einrichtung eines Kontos auf den Namen des Begünstigten (Einzel- oder Gemeinschaftskonto) wird dieser erst nach Versterben des Erblassers Kontoinhaber und damit verfügungsbefugt. Es muss jedoch stets ein wirksames Valutaverhältnis vorliegen.

Praxis-Tipp:

293 *Auch der Vertrag zugunsten Dritter auf den Todesfall über ein Bankkonto vermag den Lauf der Frist des § 2325 III BGB nicht in Gang zu setzen.*

Musterformulierung:

294 *Mit dem Zeitpunkt des Todes der Frau… gehen alle Rechte aus dem Konto Nr. … unmittelbar auf Herrn… – nachstehend »Begünstiger« genannt – über. Der Nachweis des Todes erfolgt durch Vorlage der Sterbeurkunde.*

Die dem Begünstigten aus dieser Vereinbarung zustehenden Rechte können von diesem nur in dem Maße geltend gemacht werden, wie sie Frau… im Zeitpunkt ihres Todes zustanden.

Sollte der Begünstigte vor Frau… sterben, soll Frau… begünstigt sein.

Diese Vereinbarung kann von Frau… zu Lebzeiten widerrufen werden. Der Widerruf erfolgt durch schriftliche Erklärung gegenüber der Bank; ein Widerruf durch Testament oder Erbvertrag ist ausgeschlossen. Für den Fall des Widerrufs der Vereinbarung gelten auch ein darin liegendes Schenkungsversprechen bzw. Schenkungsangebot an den Begünstigten sowie ein etwaiger Auftrag zur Weiterleitung dieses Versprechens/Angebots an ihn als widerrufen.

Die Bank wird den Begünstigten erst nach dem Tod der Frau… von dieser Vereinbarung, soweit sie dann noch besteht, unterrichten. Die Bank übernimmt jedoch keine Verpflichtung zur Unterrichtung und insbesondere weder dem Gläubiger noch dem Begünstigten gegenüber eine Haftung für eine rechtzeitige Benachrichtigung.

Auf Wunsch von Frau… wird die Bank ihre Erben nicht von sich aus von dieser Vereinbarung unterrichten.

5. Wertpapierdepot

Problematisch in Zusammenhang mit Wertpapierdepots ist, dass im Wege eines Vertrages zugunsten Dritter nur schuldrechtliche Ansprüche, nicht aber dingliche Rechte übertragen werden können. Dieser Schwierigkeit kann durch Abschluss eines Treuhandvertrages begegnet werden.[82] Zu diesem Zweck überträgt der Depotinhaber sein Eigentum an den im Werpapierdepot gebuchten Wertpapieren treuhänderisch an die depotführende Bank unter Vorbehalt eines bedingten Rückübereignungsanspruchs gem §§ 667, 665 BGB. Dieser schuldrechtliche Rückübereignungsanspruch bildet den Gegenstand des Vertrages zugunsten Dritter auf den Todesfall im Sinne des § 331 BGB. Der Depotinhaber begründet sodann auf den Zeitpunkt seines Todes mit der depotführenden Bank zugunsten des begünstigten Dritten für diesen einen schuldrechtlichen Anspruch auf Übereignung der Wertpapiere. Gleiches gilt für einen vom Depotinhaber mit der Bank abgeschlossenen Treuhandvertrag, wonach die Bank verpflichtet ist, nach seinem Tod den Erlös aus dem Verkauf der Wertpapiere an den Dritten auszukehren. 295

Musterformulierung:

Mit dem Tod des Herrn … sollen alle in dem Depot Nr. … zu diesem Zeitpunkt gebuchten Wertpapiere Frau … – nachstehend »Begünstigter« genannt – zustehen. 296

Das Eigentum an den Wertpapieren – bei Sammelverwahrung das Miteigentum – geht mit dem Zeit des Todes des Herrn … auf die Bank über. Der Begünstigte erwirbt mit dem Tod des Herrn … das Recht, von der Bank die Übertragung des auf diese übergegangenen Eigentums/Miteigentums an den Wertpapieren zu fordern. Mit dem Tode des Herrn … gehen in Bezug auf die dem Begünstigten zustehenden Wertpapiere auch die Rechte des Herrn … aus einem etwaigen Verwahrverhältnis gegen die Bank auf den Begünstigten über.

Der Nachweis des Todes erfolgt durch Vorlage der Sterbeurkunde. Die dem Begünstigten aus dieser Vereinbarung zustehenden Rechte können von diesem nur in dem Maße geltend gemacht werden, wie sie Herrn … im Zeitpunkt seines Todes zustanden.

Sollte der Begünstigte vor Herrn … versterben, wird diese Vereinbarung hinfällig.

Diese Vereinbarung erfolgt unwiderruflich. Herr … hat den Begünstigten über die Vereinbarung bereits informiert.

Das Recht von Herrn …, zu seinen Lebzeiten frei über das Depot zu verfügen, wird von dieser Vereinbarung nicht berührt. Von Herrn … erteilte Vollmachten über das Depot gelten, unabhängig vom Zeitpunkt ihrer Erteilung, nur bis zum Todesfall.

82 Vgl hierzu näher: Nieder, Handbuch der Testamtsgestaltung 2000, Rn 370 mwN

ÜBERBLICK

C. Erbrechtliche Verzichtsverträge

Als unterstützende Maßnahmen zu letztwilligen Verfügungen und Verträgen über die vorweggenommene Erbfolge haben die erbrechtlich-dinglichen Verzichtsverträge erhebliche praktische Bedeutung. Zu unterscheiden sind der Erbverzicht, § 2346 I BGB, der Pflichtteilsverzicht, § 2346 II BGB, und der Zuwendungsverzicht, § 2352 BGB. 297

I. Erbverzichtsvertrag

Niemand kann gezwungen werden, einen anderen zu beerben und dessen Gesamtrechtsnachfolge im Todesfall anzutreten. Mit einem Erbverzicht kann erreicht werden, dass der Verzichtende bereits vor dem Tod des Erblassers aus der gesetzlichen Erbfolge ausscheidet. 298

Praxis-Tipp:

In der Praxis geschieht dies häufig in Zusammenhang mit Übergabeverträgen an Kinder, Scheidungsfolgenvereinbarungen oder der Abfindung eines möglichen Erben zu Lebzeiten. 299

Der Erbverzicht erfolgt durch Vertrag. Dies ergibt sich aus § 2346 I BGB. Nach dieser Vorschrift können Verwandte sowie der Ehegatte durch einen Vertrag mit dem Erblasser auf ihr gesetzliches Erbrecht verzichten. Darüber hinaus ist anerkannt, dass auch der künftige Ehegatte auf sein durch Eheschließung entstehendes Erbrecht bereits vor der Eheschließung verzichten kann. Dies ergibt sich aus der Erwähnung der Verlobten in § 2347 I BGB.[1] Gem § 10 VII LPartG gelten schließlich die Vorschriften des BGB über den Erbverzicht für die Partner einer gleichgeschlechtlichen Lebenspartnerschaft entsprechend. 300

Der Erbverzichtsvertrag ist ein Rechtsgeschäft unter Lebenden auf den Todesfall.[2] Willensmängel beurteilen sich daher nach §§ 116 ff BGB, eine teilweise Unwirksamkeit nach § 139 BGB und nicht nach § 2085 BGB.[3] Die Auslegung des Erbverzichtsvertrages erfolgt nach §§ 133, 157, 242 BGB und nicht nach § 2084 BGB.[4] Seine Anfechtung richtet sich nach §§ 119 ff BGB und nicht nach §§ 2281 ff, 2078 BGB.[5] Ein Motivirrtum ist damit anders als nach § 2078 II BGB unbeachtlich.[6] 301

1 Vgl Nieder, Handbuch der Testamtsgestaltung 2000, Rn 1140
2 Zur Rechtsnatur siehe auch Bengel in: Dittmann/Reimann/Bengel, Testament und Erbvertrag 1999, Teil D, Rn 85
3 Vgl Nieder, Handbuch der Testamtsgestaltung 2000, Rn 1140
4 BayObLG Rpfleger 1984, 191
5 BGH WPM 1980, 876
6 OLG Dresden OLGE 34, 315

302 Ein Erbverzichtsvertrag ist gem § 2348 BGB nur wirksam, wenn er notariell beurkundet worden ist.[7] Er kann nur zu Lebzeiten des Erblassers geschlossen werden.[8] Der Erblasser kann den Vertrag nach § 2347 II BGB nur persönlich schließen.

Praxis-Tipp:

303 *Ein Erbverzichtsvertrag, bei dessen Abschluss der Erblasser vertreten wird, sei es durch einen vollmachtlosen oder einen bevollmächtigten Vertreter, ist unwirksam. Der Verzichtende kann dagegen bei Abschluss des Vertrages vertreten werden. Dies ist gegebenenfalls auch vollmachtlos möglich.*[9]

304 Im Regelfall sollte der Notar darauf drängen, dass die Beurkundung bei gleichzeitiger Anwesenheit des Erblassers und des Verzichtenden erfolgt. Ist dies ausnahmsweise nicht möglich, sollte anstelle der Vertretung des Verzichtenden auf eine Beurkundung des Erbverzichtsvertrages durch Angebot und Annahme zurückgegriffen werden. Gem §§ 152, 128 BGB sind beide Erklärungen zu beurkunden. Hierdurch kann eine Belehrung beider Vertragsteile erreicht werden (§ 17 BeurkG).

Praxis-Tipp:

305 *Die Annahme des Angebotes muss zu Lebzeiten des Erblassers erfolgen. Ansonsten ist der Erbverzicht unwirksam.*[10]

306 Bei Abschluss eines Erbverzichtsvertrages ist weiter zu berücksichtigen, dass eine vormundschaftsgerichtliche Genehmigung erforderlich ist, wenn der Verzichtende unter Vormundschaft bzw elterlicher Sorge steht oder der Verzicht durch den Betreuer erfolgt. Im Falle der elterlichen Sorge bedarf es der Genehmigung gem § 2347 I BGB nicht, sofern der Vertrag unter Ehegatten oder Verlobten geschlossen wird. Ist der Erblasser beschränkt geschäftsfähig, ist die Zustimmung seines gesetzlichen Vertreters gem § 2347 II 1 Hs 2 BGB nicht erforderlich. Bei Geschäftsunfähigen kann der Vertrag durch den gesetzlichen Vertreter geschlossen werden, hierzu ist grundsätzlich die Genehmigung des Vormundschaftsgerichts notwendig. Ausgenommen sind auch insoweit nach § 2347 II 2 BGB die Verträge zwischen Ehegatten und Verlobten.

307 Mit Abschluss des Erbverzichtsvertrages ist der Verzichtende nach § 2346 I 2 Hs 1 BGB von der gesetzlichen Erbfolge ausgeschlossen, wie wenn er zurzeit des Erbfalls nicht mehr lebte. Der Erbverzicht führt außerdem gem § 2310 S 2 BGB zu einer Erhöhung der Pflichtteilsrechte der übrigen, nicht verzichten-

---

7 Zum sog stillschweigenden Erbverzicht siehe: Keim ZEV 2001, 1
8 BGHZ 37, 319; BGH NJW 1997, 521
9 Vgl Bengel in: Dittmann/Reimann/Bengel, Testament und Erbvertrag 1999, Teil D, Rn 86
10 BGH FamRZ 1978, 237

den Verwandten.[11] Auch bleibt ein erbverzichtender Abkömmling gem § 2316 I 2 BGB bei der Berechnung der Ausgleichspflichtteile außer Betracht.

Praxis-Tipp:

Zu beachten ist, dass der Erbverzicht eines Ehegatten gegenüber seinem mit ihm in Zugewinngemeinschaft lebenden Ehepartner den etwaigen rechnerischen Zugewinnausgleichsanspruch nach §§ 1371 II, 1372 ff BGB nicht erfasst.[12] Hierauf kann nur im Rahmen eines Ehevertrages verzichtet werden.[13] 308

§ 2346 I 2 Hs 2 BGB stellt schließlich klar, dass vom Erbverzicht auch das Pflichtteilsrecht erfasst ist. In einem Erbverzichtsvertrag bedarf es somit neben dem Erbverzicht eines ausdrücklichen Verzichts auf die Pflichtteilsrechte nicht. In der Praxis ist dies jedoch durchaus üblich, um den Beteiligten die Reichweite des Vertrages vor Augen zu führen. 309

Der Erbverzicht eines Abkömmlings oder eines Seitenverwandten erstreckt sich gem § 2349 BGB auf seine Abkömmlinge, sofern nichts anderes bestimmt wird. Grundsätzlich scheidet somit der gesamte Stamm des Verzichtenden aus der gesetzlichen Erbfolge aus.[14] 310

Praxis-Tipp:

Der Erbverzicht hindert den Erblasser nicht, den Verzichtenden in einer Verfügung von Todes wegen zu seinem Erben einzusetzen. 311

Verzichtet jemand zugunsten eines anderen auf das gesetzliche Erbrecht, so ist gem § 2350 I BGB im Zweifel anzunehmen, dass der Verzicht nur für den Fall gelten soll, dass der andere Erbe wird. Verzichtet ein Abkömmling des Erblassers auf das gesetzliche Erbrecht, ist gem § 2350 II BGB im Übrigen im Zweifel anzunehmen, dass der Verzicht nur zugunsten der anderen Abkömmlinge und des Ehegatten des Erblassers gelten soll. 312

Die Erklärung des Erbverzichts wird grundsätzlich mit Vertragsabschluss wirksam. Ein Widerrufs- oder Rücktrittsvorbehalt ist unzulässig und kann allenfalls als auflösende Bedingung gewertet werden.[15] 313

11 Vgl auch BGH NJW 1982, 2497; BGH NJW 1990, 2163
12 Palandt/Edenhofer BGB § 2346 Rn 10; Haegele BWNotZ 1971, 36, 41
13 Siehe hierzu auch: Nieder, Handbuch der Testamtsgestaltung 2000, Rn 1142
14 Vgl hierzu näher: Nieder, Handbuch der Testamtsgestaltung 2000, Rn 1142
15 BayObLG NJW 1958, 344

Praxis-Tipp:

314 *Sofern der Verzichtende eine Abfindung für seinen Verzicht erhalten soll, ist bei der Gestaltung des Vertrages darauf zu achten, dass dieser unter der auflösenden Bedingung der Nichterfüllung der Gegenleistung abgeschlossen wird.*[16] *Ansonsten besteht die Gefahr, dass der Verzichtende zwar sein gesetzliches Erbrecht verliert, die versprochene Gegenleistung jedoch nicht erhält.*[17] *Die Abfindungsabrede ist mitzubeurkunden.*[18]

315 Die hM[19] sieht eine Abfindungszahlung als Gegenleistung für den Verzicht an, so dass grundsätzlich Pflichtteilsergänzungsansprüche etwaiger weiterer Pflichtteilsberechtigter gem § 2325 BGB hinsichtlich der vom Erblasser erbrachten Gegenleistung ausscheiden. Etwas anderes dürfte gelten, wenn eine übermäßig hohe Abfindung gewährt wurde, sich also die wirtschaftliche Stellung des Erblassers durch den Verzicht verschlechtert.[20]

Checkliste:

316
- ✔ Höchstpersönliche Willenserklärung des Erblassers
- ✔ Vertretung des Verzichtenden zulässig
- ✔ Bei beschränkt Geschäftsfähigen Zustimmung des gesetzlichen Vertreters erforderlich, ausgenommen Verzicht gegenüber Ehegatten oder Verlobten
- ✔ Bei Geschäftsunfähigen Vertragsschluss durch gesetzlichen Vertreter mit Genehmigung des Vormundschaftsgerichts
- ✔ Gegenstand des Erbverzichts nur: Gesetzliches Erbrecht des Verzichtenden
- ✔ Beschränkung auf bestimmte Erbquote zulässig, Beschränkung auf bestimmte Nachlassgegenstände nicht
- ✔ Erstreckung auf das gesetzliche Pflichtteilsrecht
- ✔ Ausschluss des Verzichtenden aus der gesetzlichen Erbfolge
- ✔ Erhöhung der Pflichtteilsansprüche der übrigen Pflichtteilsberechtigten
- ✔ Verzicht unter der Bedingung einer Abfindungszahlung?

---

16 Vgl hierzu näher Bengel in: Dittmann/Reimann/Bengel, Testament und Erbvertrag 1999, Teil D, Rn 88 f; Nieder, Handbuch der Testamtsgestaltung 2000, Rn 1146

17 Vgl BGHZ 37, 319, 327; zur Anpassung der Abfindung für einen Erbverzicht wegen Wegfalls der Geschäftsgrundlage siehe: OLG Hamm ZEV 2000, 507 mit Anm Kuchinke

18 Vgl Palandt/Edenhofer § 2348 Rn 1 mwN; aA Kuchinke NJW 1983, 2358

19 Vgl Palandt/Edenhofer § 2325 Rn 14; OLG Hamm, ZEV 2000, 277 mit Anm Rheinbay; Coing NJW 1967, 278; Damrau FamRZ 1969, 131; zum Meinungsstand siehe: Kornexl, Der Zuwendungsverzicht 1998, Rn 89 ff

20 Vgl Kornexl, Der Zuwendungsverzicht 1998, Rn 204

- ✔ Verzicht zugunsten eines anderen möglich
- ✔ Grundsätzlich Erstreckung auf Abkömmlinge
- ✔ Form: Notarielle Beurkundung; gleiches gilt für die Aufhebung des Verzichtsvertrages

Musterformulierung:

UR-Nr. /2001 317

Erbverzichtsvertrag

Heute, den ..... zweitausendeins,
– ... 2001 –
erschienen vor mir,
Notar
mit Amtssitz in ...,

in meinen Amtsräumen in ...:

1. Herr ...
geb am ...
wohnhaft in ...
ausgewiesen durch gültigen deutschen Personalausweis,

2. Herr ...
geb am ...
wohnhaft in ...
ausgewiesen durch gültigen deutschen Personalausweis,

Auf Ansuchen beurkunde ich ihren Erklärungen gemäß, was folgt:

Der Erschienene zu 1. – nachfolgend auch »Erblasser« genannt – verpflichtet sich an seinen Sohn, den Erschienenen zu 2., im Wege der vorweggenommenen Erbfolge einen Abfindungsbetrag von ..... € (in Worten: ..... Euro) zu zahlen.

Unter der Bedingung der vollständigen Zahlung des vorgenannten Abfindungsbetrages erklärt sich der Erschienene zu 2. für abgefunden und verzichtet gegenüber dem Erblasser auf sein gesetzliches Erb- und Pflichtteilsrecht. Der Verzicht gilt auch für seine Abkömmlinge. Der Erblasser nimmt diesen Verzicht an.

Der Erschienene zu 2. ist verpflichtet, die Zahlung des Abfindungsbetrages dem beurkundenden Notar unmittelbar nach Zahlungseingang schriftlich mitzuteilen.

Der Notar hat darauf hingewiesen, dass der vereinbarte Erb- und Pflichtteilsverzicht erst mit der Zahlung des Abfindungsbetrages wirksam wird.

Die Kosten dieser Urkunde trägt der Erschienene zu 1.

Vorstehende Niederschrift wurde den Erschienenen vom Notar vorgelesen, von ihnen genehmigt und eigenhändig unterschrieben:

Krause

318 Ein Erbverzichtsvertrag kann gem § 2351 BGB unter Beachtung der gleichen Bestimmungen, die für den Vertrag selbst gelten, durch die Vertragsparteien aufgehoben werden.[21] Die Aufhebung bedarf also insbesondere der notariellen Beurkundung. Nach dem Tod einer der Vertragsparteien ist sie nicht mehr möglich.[22] Gleiches gilt für eine Anfechtung, da nach dem Erbfall die erbrechtlichen Wirkungen bereits eingetreten sind.[23]

II. Pflichtteilsverzichtsvertrag

319 Gem § 2346 II BGB kann der Verzicht auf das Pflichtteilsrecht beschränkt werden. Hierdurch erhält der Erblasser die volle Testierfreiheit. Verzichtet wird dabei auf das abstrakte Pflichtteilsrecht dessen, der zum Kreis der möglichen Pflichtteilsberechtigten nach § 2303 BGB gehört und nicht auf den erst im Erbfall konkret entstehenden Pflichtteilsanspruch gem § 2317 I BGB.[24]

320 Für den Pflichtteilsverzichtsvertrag gelten dieselben Vorschriften wie für den Erbverzichtsvertrag, insbesondere ist notarielle Beurkundung erforderlich. Auch der bloße Pflichtteilsverzicht erstreckt sich im Zweifel automatisch auf die Abkömmlinge des Verzichtenden, sofern ein Abkömmling oder Seitenverwandter des Erblassers verzichtet.

Praxis-Tipp:

321 *Diese Erstreckungswirkung macht den Pflichtteilsverzicht zum geeigneten Gestaltungsmittel, um bei Übereinstimmung zwischen Erblasser und näheren Abkömmlingen entfernteren Abkömmlingen den Pflichtteil zu entziehen.[25] Ein Pflichtteilsverzicht hat gegenüber dem Erbverzicht den Vorteil, dass sich die Pflichtteilsquoten der übrigen gesetzlichen Erben nicht erhöhen (§ 2310 S 2 BGB).*

322 Gleiches gilt für die Pflichtteilsbeträge beim durch ausgleichungspflichtige Zuwendungen unter Abkömmlingen erhöhten Pflichtteil (§ 2316 I 2 BGB). Der uneingeschränkte Pflichtteilsverzicht schließt auch den Verzicht auf den Pflichtteilsrestanspruch gem § 2305 BGB, den Pflichtteilsanspruch bei Zuwendung eines Vermächtnisses gem § 2307 BGB, den Wegfall der Beschränkungen und Beschwerungen gem § 2306 BGB, den Pflichtteilsergänzungsanspruch

---

21 Zur Aufhebung eines Erbverzichts mit Drittwirkung siehe: Kuchinke ZEV 2000, 169

22 BGH NJW 1998, 3117; aA hinsichtlich des Todes des Verzichtenden Muscheler ZEV 1999, 49; OLG München ZEV 1997, 299, dessen Urteil durch BGH NJW 1998, 3117 aufgehoben wurde

23 Vgl Palandt/Edenhofer Überbl v § 2346 Rn 7; OLG Koblenz NJW-RR 1993, 708; OLG Schleswig ZEV 1998, 28; Pentz MDR 1999, 785; aA Mankowski ZEV 1998, 33

24 BGH NJW 1997, 521; kritisch hierzu: Albrecht DNotZ 1997, 425; J Mayer MittBayNot 1997, 85; Muscheler JZ 1997, 853; Hohloch JuS 1997, 353; Reul MittRhNotK 1997, 379, 382

25 Vgl BGHZ 111, 138; Stanovsky BWNotZ 1974, 102

gem § 2325 BGB sowie auf die Berufungsmöglichkeiten nach den §§ 2318 II, 2319 und 2328 BGB ein.

Praxis-Tipp:

Bei Abschluss eines bloßen Pflichtteilsverzichtsvertrages ist zu beachten, dass dieser das gesetzliche Erbrecht des Verzichtenden unberührt lässt. Es bedarf daher stets einer Verfügung von Todes wegen – Enterbungstestament –, wenn der Pflichtteilsverzicht Wirkung entfalten soll. 323

Checkliste:

- ✔ Höchstpersönliche Willenserklärung des Erblassers 324
- ✔ Vertretung des Verzichtenden zulässig
- ✔ Bei beschränkt Geschäftsfähigen Zustimmung des gesetzlichen Vertreters erforderlich, ausgenommen Verzicht gegenüber Ehegatten oder Verlobten
- ✔ Bei Geschäftsunfähigen Vertragsschluss durch gesetzlichen Vertreter mit Genehmigung des Vormundschaftsgerichts
- ✔ Gegenstand des Pflichtteilsverzichts nur: Pflichtteilsrecht
- ✔ Gesetzliches Erbrecht des Verzichtenden bleibt unberührt; es bedarf eines Enterbungstestaments
- ✔ Keine Erhöhung der Pflichtteilsquoten der übrigen Pflichtteilsberechtigten
- ✔ Beschränkung auf bestimmte Nachlassgegenstände möglich
- ✔ Verzicht unter der Bedingung einer Abfindungszahlung?
- ✔ Verzicht zugunsten eines anderen möglich
- ✔ Grundsätzlich Erstreckung auf Abkömmlinge
- ✔ Form: Notarielle Beurkundung; gleiches gilt für die Aufhebung des Verzichtsvertrages

Musterformulierung:

325 ***UR-Nr.   /2001***

Pflichtteilsverzichtsvertrag

Heute, den..... zweitausendeins,
–... 2001 –
erschienen vor mir,
Notar
mit Amtssitz in...,

in meinen Amtsräumen in...:

1. Frau...
geb am...
wohnhaft in...
ausgewiesen durch gültigen deutschen Personalausweis,

2. Herr...
geb am...
wohnhaft in...
ausgewiesen durch gültigen deutschen Personalausweis,

Auf Ansuchen beurkunde ich ihren Erklärungen gemäß, was folgt:

Die Erschienene zu 1. verzichtet hiermit mit Wirkung für sich und ihre Abkömmlinge gegenüber dem Erschienenen zu 2. auf ihre gesetzlichen Pflichtteilsrechte.

Der Erschienene zu 2. nimmt diesen Verzicht hiermit an.

Die Kosten dieser Urkunde trägt der Erschienene zu 2.

Der Notar hat darauf hingewiesen, dass das gesetzliche Erbrecht des Verzichtenden bestehen bleibt. Es bedarf daher einer Verfügung von Todes wegen, wenn der Pflichtteilsverzicht Wirkung entfalten soll.

Von dieser Urkunde erhalten die Beteiligten je eine Ausfertigung.

Vorstehende Niederschrift wurde den Erschienenen vom Notar vorgelesen, von ihnen genehmigt und eigenhändig unterschrieben.

326 Während ein Erbverzicht hinsichtlich einzelner Nachlassgegenstände, zB das Hausgrundstück des Erblassers, nicht möglich ist,[26] kann ein Pflichtteilsverzicht darauf beschränkt werden, dass bestimmte Gegenstände bei der Nachlassbewertung zum Zwecke der Anspruchsberechnung außer Betracht bleiben, sog gegenständlich beschränkter Pflichtteilsverzicht.[27]

---

26 Coing JZ 1960, 209; Fette NJW 1970, 743

27 Vgl etwa: Palandt/Edenhofer § 2346 Rn 6; RGZ 71, 133; Cremer MittRhNotK 1978, 169; Jordan Rpfleger 1985, 7; Weirich DNotZ 1986, 11; Ebenroth/Fuhrmann BB 1989, 2051; J Mayer ZEV 2000, 263; aA Schopp Rpfleger 1984, 175

Praxis-Tipp:

Der gegenständlich beschränkte Pflichtteilsverzicht bietet sich insbesondere bei der vorweggenommenen Erbfolge an, wenn dem Bedachten der Vermögenserwerb im Hinblick auf den späteren Erbfall dauerhaft gesichert werden soll. Zweckmäßigerweise sollte der gegenständlich beschränkte Pflichtteilsverzicht direkt in den Übergabevertrag aufgenommen werden. Er kann wie der Erbverzicht oder unbeschränkte Pflichtteilsverzicht unter der Bedingung der Erfüllung einer Gegenleistung abgeschlossen werden. **327**

III. Zuwendungsverzichtsvertrag

Neben den Erb- und Pflichtteilsverzichtsverträgen sieht § 2352 BGB schließlich die Möglichkeit des sog Zuwendungsverzichts vor. Gem § 2352 S 1 BGB kann derjenige, der durch Testament als Erbe eingesetzt oder mit einem Vermächtnis bedacht ist, durch Vertrag mit dem Erblasser auf die Zuwendung verzichten. Das Gleiche gilt gem § 2352 S 2 BGB für eine Zuwendung, die in einem Erbvertrag einem Dritten gemacht ist. Hinsichtlich einer Auflage[28] oder eines gesetzlich angeordneten Vermächtnisses, wie in 1932 BGB oder in § 1969 BGB,[29] ist ein Zuwendungsverzicht nicht möglich. Auf den Zuwendungsverzichtsvertrag finden die §§ 2347, 2348 BGB Anwendung (§ 2352 S 3 BGB). Er bedarf insbesondere der notariellen Beurkundung. Seine Aufhebung ist nach § 2351 BGB möglich.[30] **328**

Praxis-Tipp:

Der Zuwendungsverzichtsvertrag ist ein Mittel zur Beseitigung einer Verfügung von Todes wegen zu Lebzeiten des Erblassers in anderer Form als durch Widerruf gem §§ 2253 ff, 2271 BGB bzw Aufhebung erbvertragsmäßiger Verfügungen gem § 2290 ff BGB. **329**

Der Bedachte kann auf eine bereits erfolgte – nicht jedoch auf eine erst zukünftige –[31] Zuwendung verzichten. Gleichgültig ist, ob die Zuwendung in einem einseitigen oder gemeinschaftlichen Testament oder in einem ein- oder mehrseitigen Erbvertrag enthalten ist. § 2352 BGB stellt allerdings für die Zulässigkeit eines Zuwendungsverzichts hinsichtlich Testament und Erbvertrag unterschiedliche Regelungen auf. So kann bei einem Erbvertrag gem § 2352 S 2 BGB nur der bedachte Dritte verzichten. Die Zustimmung des Erbvertragspartners ist hierfür nicht erforderlich. Dritter in diesem Sinne ist, wer weder als Erblasser noch als dessen Vertragspartner am Abschluss des Erbver- **330**

28 Vgl J. Mayer in: Dittmann/Reimann/Bengel, Testament und Erbvertrag 1999, Teil D, Rn 97; aA Reul MittRhNotK 1997, 384
29 Vgl Palandt/Edenhofer § 2352 Rn 4
30 Palandt/Edenhofer § 2352 Rn 2; aA Kornexl, Der Zuwendungsverzicht 1998, Rn 559 ff
31 Vgl BayObLG Rpfleger 1987, 374

trages beteiligt war.[32] Hat ein bedachter Dritter am Abschluss des Erbvertrages mitgewirkt, kann er auf die Zuwendung verzichten, wenn er lediglich formal beteiligt war.[33] Handelt es sich bei dem Dritten jedoch um den einzigen Vertragspartner des Erblassers, ist ein Zuwendungsverzicht nach § 2325 BGB in der Regel nicht möglich.[34] Die Parteien des Erbvertrages können diesen nur nach § 2290 BGB aufheben. Für lediglich einseitige Verfügungen von Todes wegen im Erbvertrag gelten die Beschränkungen des § 2352 S 2 BGB nicht.[35]

Praxis-Tipp:

331 *Bedeutung hat der Zuwendungsverzichtsvertrag angesichts der Widerrufsmöglichkeit nach §§ 2253 ff BGB vor allem, wenn der Erblasser nachträglich geschäftsunfähig wird oder die wechselbezüglichen Verfügungen in einem gemeinschaftlichen Testament gem § 2271 II 1 BGB durch den Tod des Ehegatten unabänderlich geworden sind.*

332 Insbesondere kommt der Zuwendungsverzicht des Schlusserben mit dem überlebenden Ehegatten beim Berliner Testament in Betracht.[36] Gleiches gilt beim Erbvertrag, wenn dieser nach § 2290 I 2 BGB nicht mehr aufgehoben werden kann.[37]

333 Der Zuwendungsverzicht bewirkt, dass der Anfall der Zuwendung unterbleibt, wie wenn der Bedachte den Erbfall nicht erlebt hätte.[38] Jedoch umfasst er grundsätzlich keinen Verzicht auf das gesetzliche Erbrecht oder Pflichtteilsrecht.[39] Er kann hierauf unter Umständen durch Auslegung ausgedehnt werden.[40]

32 Palandt/Edenhofer § 2352 Rn 7; zum Streitstand siehe: Kornexl, Der Zuwendungsverzicht 1998, Rn 479 ff
33 Vgl BayObLGZ 65, 188; BayObLGZ 74, 401; Jackschath MittRhNotK 1977, 119; Peter BWNotZ 77, 113
34 Vgl OLG Hamm DNotZ 1977, 751
35 Vgl J. Mayer in: Dittmann/Reimann/Bengel, Testament und Erbvertrag 1999, Teil D, Rn 109
36 Siehe hierzu jüngst BayObLG MittBayNot 2000, 446
37 Vgl OLG Frankfurt Rpfleger 1997, 309; J. Mayer ZEV 1996, 127; ders in: Dittmann/Reimann/Bengel, Testament und Erbvertrag 1999, Teil D, Rn 94
38 Vgl J. Mayer in: Dittmann/Reimann/Bengel, Testament und Erbvertrag 1999, Teil D, Rn 113
39 Palandt/Edenhofer § 2352 Rn 5
40 Vgl BGH DNotZ 1972, 500

Praxis-Tipp:

Zu beachten ist, dass der Zuwendungsverzicht hinsichtlich der Erbfolge nur für den Verzichtenden wirkt, aber nicht ein eigenes Erbrecht seiner Abkömmlinge beseitigt.[41] § 2349 BGB ist in § 2352 BGB nicht für anwendbar erklärt. Die Abkömmlinge des Verzichtenden treten an dessen Stelle, wenn sie als Ersatzerben berufen sind.[42] Dies ist wird in der Praxis häufig übersehen[43] und ist gem § 2069 BGB im Zweifel anzunehmen, wenn die Abkömmlinge bei der gesetzlichen Erbfolge an dessen Stelle treten würden. **334**

Eine Ersatzerbenberufung ist insbesondere anzunehmen, wenn der Bedachte zugunsten seiner Abkömmlinge auf die Zuwendung verzichtet hat, nicht jedoch, wenn gegen eine vollständige Abfindung verzichtet wurde.[44] Eine entsprechende Auslegung soll selbst bei ausdrücklicher Berufung der Abkömmlinge als Ersatzerben in Betracht kommen[45] oder wenn der einzige Sohn auf seine Einsetzung als Schlusserbe verzichtet hat.[46] Statt Eintritt der Ersatzerbschaft könnte im Übrigen Anwachsung nach § 2094 BGB eintreten.[47] **335**

Praxis-Tipp:

Der Zuwendungsverzicht schließt die Möglichkeit nicht aus, dass der Verzichtende vom Erblasser in einer späteren Verfügung von Todes wegen erneut bedacht wird.[48] **336**

Der Zuwendungsverzicht lässt im Gegensatz zu § 2346 I 2 BGB das Pflichtteilsrecht des Verzichtenden einschließlich desjenigen nach § 1371 III BGB unberührt und wirkt sich dementsprechend auf die Pflichtteilsberechnung etwaiger anderer Pflichtteilsberechtigter aus.[49] **337**

Der Verzicht nach § 2352 BGB kann sich auf die gesamte Zuwendung erstrecken. Möglich ist aber auch ein Teilverzicht, zB auf einen ideellen Bruchteil der Erbschaft,[50] nicht jedoch ein gegenständlich beschränkter Verzicht.[51] Auf ein Vermächtnis kann ganz oder bezogen auf einzelne Gegenstände verzichtet werden.[52] **338**

---

41 Vgl OLG Frankfurt Rpfleger 1997, 309; BayObLG NJW-RR 1997, 1027; Palandt/Edenhofer § 2353 Rn 2, § 2352 Rn 6
42 Palandt/Edenhofer § 2352 Rn 6
43 So zu Recht: Brems FamRZ 1983, 1279
44 Vgl BGH NJW 1974, 43 mit Anm Blomeyer FamRZ 1974, 427; OLG Düsseldorf DNotZ 1974, 367; OLG Köln FamRZ 1990, 99; BayObLG NJW-RR 1997, 1027
45 Vgl Palandt/Edenhofer § 2352 Rn 6 unter Hinweis auf OLG Köln FamRZ 1990, 99
46 OLG Frankfurt FamRZ 1998, 57 mit abl Anm Schotten Rpfleger 1998, 113
47 Vgl J. Mayer in: Dittmann/Reimann/Bengel, Testament und Erbvertrag 1999, Teil D, Rn 95
48 BayObLG Rpfleger 1987, 374
49 Palandt/Edenhofer § 2352 Rn 5
50 Palandt/Edenhofer § 2352 Rn 3
51 J. Mayer in: Dittmann/Reimann/Bengel, Testament und Erbvertrag 1999, Teil D, Rn 100
52 Palandt/Edenhofer § 2352 Rn 4; J. Meyer ZEV 1996, 128

Checkliste:

339 ✔ Bindung des Erblassers durch frühere Verfügung von Todes wegen (gemeinschaftliches Testament oder Erbvertrag)

✔ Höchstpersönliche Willenserklärung des Erblassers

✔ Vertretung des Verzichtenden ist zulässig

✔ Bei beschränkt Geschäftsfähigen Zustimmung des gesetzlichen Vertreters erforderlich, ausgenommen Verzicht gegenüber Ehegatten oder Verlobten

✔ Bei Geschäftsunfähigen Vertragsschluss durch gesetzlichen Vertreter mit Genehmigung des Vormundschaftsgerichts

✔ Gegenstand des Zuwendungsverzichts nur: Erbeinsetzungen und/oder Vermächtnisse

✔ Beschränkung auf bestimmte Erbquote zulässig, Beschränkung auf bestimmte Gegenstände nur bei Vermächtnissen

✔ Erstreckung auf das gesetzliche Erb- und/oder Pflichtteilsrecht beabsichtigt?

✔ Verzicht unter der Bedingung einer Abfindungszahlung?

✔ Verzicht zugunsten eines anderen problematisch

✔ Grundsätzlich keine Erstreckung auf Abkömmlinge; Ausnahme gegebenenfalls bei vollständiger Abfindung

✔ Form: Notarielle Beurkundung; gleiches gilt für die Aufhebung des Verzichtsvertrages

Musterformulierung:

340 ***UR-Nr. /2001***

Zuwendungsverzichtsvertrag

Heute, den..... zweitausendeins,
–....2001 –
erschienen vor mir,
Notar
mit Amtssitz in...,

in meinen Amtsräumen in...:

1. Frau...
geb am...
wohnhaft in...
ausgewiesen durch gültigen deutschen Personalausweis,

2. Herr...
geb am...
wohnhaft in...
ausgewiesen durch gültigen deutschen Personalausweis,

Krause

Auf Ansuchen beurkunde ich ihren Erklärungen gemäß, was folgt:

Herr… hat mit Frau…, seiner Ehefrau, einen Erbvertrag geschlossen. Herr… ist zwischenzeitlich verstorben, so dass aufgrund der in dem Erbvertrag bindend angeordneten Erbfolge Herr… als Miterbe berufen ist. Herr… verzichtet hiermit gemäß § 2352 BGB auf diese ihm aus dem Erbvertrag erwachsende Zuwendung.

Frau… nimmt diesen Verzicht an.

Den Beteiligten ist bekannt, dass der Zuwendungsverzicht nach § 2352 BGB nicht für etwaige Ersatzschlusserben (zB Abkömmlinge) gilt.

Die Kosten dieser Urkunde trägt Frau…. Jeder Vertragsteil erhält eine Ausfertigung.

Vorstehende Niederschrift wurde den Erschienenen vom Notar vorgelesen, von ihnen genehmigt und eigenhändig unterschrieben.

D. Erbschaftsvertrag unter künftigen gesetzlichen Erben

Anders als die erbrechtlich-dinglich wirkenden Erb-, Pflichtteils- und Zuwendungsverzichtsverträge bietet § 312 II BGB als flankierende Maßnahme zu letztwilligen Verfügungen und Verträgen über die vorweggenommene Erbfolge die Möglichkeit der vorgezogenen Auseinandersetzung zwischen künftigen gesetzlichen Erben ohne Beteiligung des Erblassers.[1] 341

Praxis-Tipp:

In der Praxis ist der Erbschaftsvertrag unter künftigen gesetzlichen Erben insbesondere von Bedeutung, wenn eine Vereinbarung mit dem Erblasser, zB wegen dessen Geschäftsunfähigkeit, nicht mehr zu erreichen ist oder dessen Einbeziehung bewusst vermieden werden soll. 342

Ein Vertrag über den Nachlass eines noch lebenden Dritten ist gem § 312 I 1 BGB nichtig. Das Gleiche gilt gem § 312 I 2 BGB von einem Vertrag über den Pflichtteil oder ein Vermächtnis[2] aus dem Nachlass eines noch lebenden Dritten. Verträge über einzelne Gegenstände des künftigen Nachlasses werden von § 312 I BGB jedoch grundsätzlich nicht erfasst.[3] Zulässig sind darüber hinaus gem § 312 II 1 BGB Verträge unter künftigen gesetzlichen Erben über den gesetzlichen Erbteil oder den Pflichtteil eines von ihnen. Diese werden auch Erbschaftsverträge genannt.[4] Der Erbschaftsvertrag bedarf gem § 312 II 2 BGB zu seiner Wirksamkeit der notariellen Beurkundung.[5] 343

Die Anwendbarkeit des § 312 II 1 BGB setzt voraus, dass sämtliche Vertragsschließenden künftige gesetzliche Erben sind.[6] Nicht erforderlich ist, dass es sich um die nächsten gesetzlichen Erben handelt, es reicht aus, wenn sie zu den gem §§ 1924 ff BGB möglicherweise zur Erbfolge berufenen Personen gehören.[7] 344

Praxis-Tipp:

Gleichgültig ist, ob die Vertragsschließenden beim Erbfall tatsächlich Erben werden; es genügt ihre abstrakte Stellung.[8] 345

---

1 Vgl hierzu auch: Kaufhold ZEV 1996, 454; Schwarz BWNotZ 1995, 139; Limmer in: Dittmann/Reimann/Bengel, Testament und Erbvertrag 1999, Teil E, Rn 233 ff; ders DNotZ 1998, 927; Nieder, Handbuch der Testamtsgestaltung 2000, Rn 1171 ff
2 Siehe hierzu insbesondere BGH DNotZ 1997, 124
3 Vgl BGH MDR 1960, 575; Kaufhold ZEV 1996, 455
4 Vgl BGH NJW 1995, 448
5 Vgl hierzu auch: BGH ZEV 1995, 142
6 Palandt/Heinrichs § 312 Rn 5
7 RGZ 98, 332; BGH NJW 1956, 1151
8 Vgl BGHZ 104, 282; BGH NJW 1995, 448

346 Der Gegenstand des Erbschaftsvertrages muss sich auf den gesetzlichen Erbteil oder den Pflichtteil beziehen. Das Vermächtnis ist in § 312 II BGB nicht genannt.[9] Zulässig sind über den Wortlaut der Vorschrift hinaus Verträge über testamentarische Erbteile, jedenfalls soweit die vertragliche Regelung nicht über den gesetzlichen Erbteil hinausgeht.[10] Schließlich sind im Anwendungsbereich des § 312 II BGB Ausschlagungsverpflichtungsverträge zwischen zukünftigen Miterben denkbar.[11] Wird ein Ausschlagungsverpflichtungsvertrag erst nach dem Tod des Erblassers geschlossen, unterfällt er nicht § 312 BGB und ist formlos möglich.[12]

347 Wird der sich im Erbschaftsvertrag Verpflichtende nicht Erbe, sind die Grundsätze über den Wegfall der Geschäftsgrundlage anwendbar.[13] Wertänderungen hinsichtlich des Nachlasses begründen dagegen keinen Anspruch auf Anpassung.[14]

348 Der nach § 312 II BGB zulässige Erbschaftsvertrag hat lediglich schuldrechtliche Wirkung.[15] Das Vollzugsgeschäft, wie etwa die Übertragung des Erbteils nach § 2033 BGB, ist daher nach dem Erbfall durchzuführen.[16] Anders verhält es sich beim Vertrag über den Pflichtteilsanspruch. Dieser kann als künftige Forderung gem § 398 BGB auch schon vor dem Erbfall abgetreten werden.[17]

Checkliste:

349
- ✔ Vertrag zwischen künftigen gesetzlichen Erben
- ✔ Gleichgültig, ob Vertragspartner tatsächlich Erben werden
- ✔ Vereinbarung mit Erblasser wegen Geschäftsunfähigkeit oder aus sonstigen Gründen nicht möglich oder nicht gewollt
- ✔ Gegenstand: gesetzlicher Erbteil oder Pflichtteil; nicht Vermächtnis
- ✔ Zulässiger Gegenstand auch: Testamentarischer Erbteil, wenn die vertragliche Regelung nicht über den gesetzlichen Erbteil hinausgeht
- ✔ Ausschlagungsverpflichtungsverträge zwischen zukünftigen Miterben möglich
- ✔ Wirkung des Erbschaftsvertrages nur schuldrechtlich
- ✔ Nach Eintritt des Erbfalls dinglicher Vollzug durch Erbteilsabtretung erforderlich; Ausnahme: Vertrag über Pflichtteilsanspruch, der bereits vor dem Erbfall abgetreten werden kann
- ✔ Form: Notarielle Beurkundung

9 Vgl BGH NJW 1956, 1152
10 BGHZ 104, 279
11 Vgl Nieder, Handbuch der Testamtsgestaltung 2000, Rn 1173 mwN; zu Ausgleichsvereinbarungen unter gesetzlichen Erben siehe: Kues ZEV 2001, 13
12 Vgl Bengel/Reimann in: Beck'sches Notar-Handbuch 2000, C Rn 193
13 Palandt/Heinrichs § 312 Rn 6; Wiedemann NJW 1968, 773
14 BGH NJW-RR 1998, 1379
15 Vgl Palandt/Heinrichs § 312 Rn 7
16 BGHZ 104, 280
17 Palandt/Heinrichs § 312 Rn 7

Musterformulierung:

UR-Nr. /2001 350

Erbschaftsvertrag unter künftigen gesetzlichen Erben

Heute, den ..... zweitausendeins,
– . . . .2001 –
erschienen vor mir,
Notar
mit Amtssitz in . . .,

in meinen Amtsräumen in . . .:

1. Frau . . .
geb am . . .
wohnhaft in . . .
ausgewiesen durch gültigen deutschen Personalausweis,

2. Herr . . .
geb am . . .
wohnhaft in . . .
ausgewiesen durch gültigen deutschen Personalausweis,

Auf Ansuchen beurkunde ich ihren Erklärungen gemäß, was folgt:

I.

Herr . . . ist verwitwet und hat zwei Kinder, die Erschienene zu 1. und den Erschienenen zu 2. Herr . . . ist nicht mehr testier- und geschäftsfähig. Die Beteiligten gehen davon aus, dass sie aufgrund der gesetzlichen Erbfolge Erben ihres Vaters zu gleichen Teilen werden. Die Erschienene zu 1. beabsichtigt, ihren künftigen Erbteil an den Erschienenen zu 2. unentgeltlich abzutreten.

II.

Die Erschienene zu 1. verpflichtet sich, an den Erschienenen zu 2. ihren 1/2 Erbanteil am künftigen Nachlass ihres Vaters frei von Rechten Dritter gem § 2033 BGB zu übertragen.

Die Beteiligten verpflichten sich wechselseitig, unverzüglich nach Eintritt des Erbfalls alle erforderlichen Erklärungen abzugeben, die zum Eintritt der vereinbarten Rechtswirkungen erforderlich sind, insbesondere die Abtretung des Erbteils notariell zu beurkunden.

III.

Der Notar hat darauf hingewiesen, dass die heutige Vereinbarung nur schuldrechtliche Wirkung hat und dann nicht erfüllbar ist, wenn die Erschienene zu 1. nicht Erbin wird.

Die Kosten dieser Urkunde sowie der späteren Abtretung des Erbteils trägt der Erschienene zu 2. Von dieser Urkunde erhalten die Beteiligten je eine Ausfertigung.

Vorstehende Niederschrift wurde den Erschienenen vom Notar vorgelesen, von ihnen genehmigt und eigenhändig unterschrieben.

Krause

Musterformulierung:

UR-Nr. … /2001 140

Erbschaftsvertrag unter künftigen gesetzlichen Erben

Heute, den … zweitausendeins
– 2001 –
erschienen vor mir,
Notar
… mit Amtssitz in …

in meinen Amtsräumen in …

1. Frau …
geb. …
wohnhaft in …
ausgewiesen durch gültigen deutschen [illegible],

2. Herr …
geb. am …
wohnhaft in …
ausgewiesen durch gültigen deutschen Personalausweis.

Auf Ansuchen beurkunde ich ihren Erklärungen gemäß was folgt:

I.

Herr … ist der Vater der … Kinder der Erschienenen zu 1. und des Erschienenen zu 2. [illegible] Die Beteiligten gehen davon aus, dass sie aufgrund der gesetzlichen Erbfolge Erben ihres Vaters zu gleichen Teilen werden. Die Erschienene zu 1. beabsichtigt, ihren künftigen Erbteil an den Erschienenen zu 2. unentgeltlich zu übertragen.

II.

Die Erschienene zu 1. verpflichtet sich, dem Erschienenen zu 2. ihren Erbanteil am künftigen Nachlass ihres Vaters nach den Regeln gemäß § 2033 BGB zu übertragen.

Die Beteiligten verpflichten sich, nach dem Erbfall alle erforderlichen Erklärungen abzugeben, die zum Vollzug des vorstehenden [illegible] erforderlich sind, insbesondere die Abtretung des Erbschaftsanteils zu beurkunden.

III.

Der Notar hat darauf hingewiesen, dass die heutige Vereinbarung nur schuldrechtliche Wirkung hat und dann nichts an [illegible] Erschienene [illegible] nicht Erbin wird.

Die Kosten dieser Urkunde sowie der späteren Abtretung [illegible] trägt der Erschienene zu 2. Von dieser Urkunde erhalten die Beteiligten je eine Ausfertigung.

Vorstehende Niederschrift wurde den Erschienenen vom Notar vorgelesen, von ihnen genehmigt und eigenhändig unterschrieben:

[illegible]

E. Familienrechtliche Gestaltungsmöglichkeiten mit Einfluss auf das Erbrecht 525

ÜBERBLICK

E. Familienrechtliche Gestaltungsmöglichkeiten mit Einfluss auf das Erbrecht

Durch famillienrechtliche Vereinbarungen und Erklärungen kann unmittelbar auf das gesetzliche Erb- und Pflichtteilsrecht oder zB die Verwaltung des einem Minderjährigen übertragenen Vermögens Einfluss genommen werden. 351

I. Wechsel des ehelichen Güterstandes

Von höchster praktischer Relevanz ist für Ehegatten insbesondere beim Berliner Testament die Frage, wie der Überlebende von ihnen vor Pflichtteilsansprüchen der Abkömmlinge geschützt werden kann. Früher wurde versucht, eine lebzeitige pflichtteilsergänzungsfreie Vermögensübertragung auf den bedachten Ehegatten durch Beurkundung einer sog ehebedingten Zuwendung zu erreichen. Dieser Weg ist seit der Grundsatzentscheidung des BGH vom 27. 11. 1991[1] verbaut. Der BGH vertritt die Auffassung, dass die ehebedingte Zuwendung im Erbrecht grundsätzlich wie eine Schenkung zu behandeln ist und damit der Pflichtteilsergänzung im Sinne des § 2325 BGB unterliegt. 352

In Betracht kommen könnte die Möglichkeit, lebzeitige Ehegattenzuwendungen dem Zugriff der Pflichtteilsberechtigten durch den Wechsel des ehelichen Güterstandes zu entziehen. Das eheliche Güterrecht regelt die vermögensrechtlichen Beziehungen der Ehegatten. Die Wahl des ehelichen Güterstandes hat unmittelbare erbrechtliche Auswirkungen. Durch sie wird einerseits bestimmt, welche Vermögenswerte dem verstorbenen Ehegatten gehören und damit in den Nachlass fallen. Andererseits richtet sich nach dem Güterstand die Höhe des Erbteils bzw des Pflichtteilsanspruchs des überlebenden Ehegatten und der sonstigen Erben und Pflichtteilsberechtigten. 353

Unabhängig vom Güterstand gelten für das gesetzliche Erbrecht der Ehegatten zunächst die Bestimmungen des § 1931 I u II BGB. Gem § 1931 I 1 BGB erhält der Ehegatte neben Verwandten der ersten Ordnung ein Viertel der Erbschaft und neben Verwandten der zweiten Ordnung oder neben Großeltern die Hälfte. Treffen mit Großeltern die Abkömmlinge von Großeltern zusammen, so erhält der Ehegatte gem § 1931 I 2 BGB auch von der anderen Hälfte den Anteil, der nach § 1926 BGB den Abkömmlingen zufallen würde. Sind weder Verwandte der ersten Ordnung oder der zweiten Ordnung noch Großeltern vorhanden, so erhält der Ehegatte nach § 1931 II BGB die ganze Erbschaft. Die sich aus den vorgenannten Regelungen jeweils ergebenden Erbquoten bilden den gesetzlichen Erbteil des Ehegatten. 354

Der überlebende Ehegatte hat weiter einen Anspruch auf den sog Voraus gem § 1932 BGB. Ist er neben Verwandten der zweiten Ordnung oder neben Groß- 355

1 BGH NJW 1992, 564

eltern gesetzlicher Erbe, so stehen ihm nach § 1932 I 1 BGB außer dem Erbteil die zum ehelichen Haushalt gehörenden Gegenstände, soweit sie nicht Zubehör eines Grundstücks sind, und die Hochzeitsgeschenke zu. Sofern neben dem Ehegatten Verwandte der ersten Ordnung vorhanden sind, gilt dies gem § 1932 I 2 BGB nur, soweit er die entsprechenden Gegenstände zur Führung eines angemessenen Haushalts benötigt.

Praxis-Tipp:

356 *Zu beachten ist bei der Beurteilung des gesetzlichen Erbrechts des überlebenden Ehegatten die Vorschrift des § 1933 BGB. Das Erbrecht und das Recht auf den Voraus entfallen danach, wenn zurzeit des Todes des Erblassers die Voraussetzungen für die Scheidung der Ehe gegeben waren und der Erblasser die Scheidung beantragt oder ihr zugestimmt hat. Das Gleiche gilt, wenn der Erblasser berechtigt war, die Aufhebung der Ehe zu beantragen, und den Antrag gestellt hatte. In einem solchen Fall tritt an die Stelle des Erbrechts ein Unterhaltsanspruch des Ehegatten gem §§ 1569 bis 1586 b BGB.*

1. Grundzüge des ehelichen Güterrechts

357 Zu unterscheiden sind der gesetzliche Güterstand der Zugewinngemeinschaft sowie die gem § 1410 BGB durch notariell zu beurkundenden Ehevertrag zu vereinbarenden Güterstände der Gütertrennung und der Gütergemeinschaft bzw der fortgesetzten Gütergemeinschaft. Schließlich findet sich in den neuen Bundesländern als Güterstand gelegentlich noch die Eigentums- und Vermögensgemeinschaft nach dem Familiengesetzbuch der ehemaligen DDR.

Praxis-Tipp:

358 *Die eheliche Vermögensgemeinschaft nach DDR-Recht spielt heute nur noch eine untergeordnete Rolle. Die Partner einer vor der Wiedervereinigung geschlossenen Ehe hatten gem Art. 234 § 4 EGBGB bis zum 2. 10. 1992 die Möglichkeit, sich für die Beibehaltung des DDR-Güterstandes zu entscheiden. Hiervon wurde in der Praxis nur wenig Gebrauch gemacht. Soweit eine solche Wahl nicht getroffen worden ist, sind die Ehen mit Wirkung vom 3. 10. 1990 in den gesetzlichen Güterstand der Zugewinngemeinschaft übergeleitet worden.*[2]

2 Vgl hierzu sowie zu den erbrechtlichen Besonderheiten in den neuen Ländern: Krause ZAP-Ost Fach 12, 67

a. Zugewinngemeinschaft

§ 1363 I BGB bestimmt, dass die Ehegatten im Güterstand der Zugewinngemeinschaft leben, wenn sie nicht durch Ehevertrag etwas anderes vereinbaren. Bei der Zugewinngemeinschaft handelt es sich somit um den gesetzlichen Regelfall des Güterstandes. Ohne eine anderweitige ehevertragliche Regelung tritt dieser zwischen den Ehegatten im Zeitpunkt der Eheschließung ein.[3] 359

Die Zugewinngemeinschaft zeichnet sich dadurch aus, dass jeder Ehegatte nach Eintritt des Güterstandes alleiniger Inhaber seines Vermögens bleibt. Auch das, was er während des Güterstandes hinzu erwirbt, wird ihm zugeordnet (§ 1363 II 1 BGB). Als Folge dieser gesetzlichen Trennung der Vermögensmassen der einzelnen Ehegatten scheidet eine Haftung des einen Ehegatten für die Schulden des anderen Ehegatten aus. Jeder Ehepartner haftet allein mit seinem Vermögen für seine Schulden (Ausnahme: § 1357 BGB).[4] 360

Praxis-Tipp:

Die Entstehung gemeinschaftlichen Vermögens der Ehegatten (Miteigentum, Gesamthandseigentum) ist nicht ausgeschlossen, sondern bleibt nach allgemeinen Rechtsgrundsätzen jederzeit möglich. 361

Aus der Trennung der Vermögen der Ehegatten folgt, dass jeder Ehegatte sein Vermögen gem § 1364 Hs 1 BGB selbständig verwaltet. Ehefrau und Ehemann sind also grundsätzlich für die in ihrem Eigentum stehenden Vermögensgegenstände selbst verantwortlich. Zum Schutz des jeweils anderen Ehepartners hat der Gesetzgeber jedoch Beschränkungen eingeführt. Nach § 1365 I 1 BGB kann sich ein Ehegatte nur mit Einwilligung des anderen Ehegatten verpflichten, über sein Vermögen im Ganzen zu verfügen. Der Zweck dieser Vorschrift besteht darin, die wirtschaftliche Grundlage der Familie zu erhalten und den Zugewinnausgleichsanspruch des anderen Ehegatten zu bewahren.[5] Im Ergebnis soll hierdurch verhindert werden, dass ein Ehegatte ohne Wissen und Zustimmung des anderen Ehegatten wesentliche Vermögensgegenstände der ehelichen Gemeinschaft entzieht bzw deren wirtschaftliche Lage beeinträchtigt. Die Feststellung des Anwendungsbereiches des § 1365 BGB bereitet in der Praxis häufig Schwierigkeiten. Es kommt auf eine Verfügung über das »Vermögen im Ganzen« an. Eine solche Verfügung kann sich nicht nur auf das gesamte Vermögen als Einheit beziehen. Es können auch Verfügungen hinsichtlich eines einzelnen Vermögensgegenstandes unter § 1365 BGB fallen, wenn es sich bei diesem Gegenstand wirtschaftlich um das ganze oder zumindest nahezu das ganze Vermögen handelt.[6] Entscheidend kommt es insoweit auf die Kenntnis des Vertragspartners an. Nur wenn diesem bekannt ist, dass eine entsprechende Verfügung vorliegt, kommt § 1365 BGB zum Tragen. Geschützt wird jedoch nur seine Nichtkenntnis, dass der konkrete Vertragsgegenstand das Vermögen im Ganzen darstellt.[7] 362

3 Palandt/Brudermüller § 1363 Rn 1
4 Vgl Palandt/Brudermüller § 1363 Rn 3
5 Vgl BGHZ 77, 293; BGH FamRZ 2000, 744
6 Vgl etwa: BGHZ 35, 135; BGHZ 43, 174; BGHZ 77, 293; BGH NJW 1984, 609
7 Siehe Palandt/Brudermüller § 1365 Rn 9 f mwN

Praxis-Tipp:

363 *Nicht geschützt ist das Nichtkennen, dass der Vertragspartner verheiratet ist und im Güterstand der Zugewinngemeinschaft lebt.*

364 Sofern der Anwendungsbereich des § 1365 BGB eröffnet ist, setzt die Wirksamkeit der Verfügung die Zustimmung des anderen Ehegatten voraus. Diese kann gem § 1365 I 1, 2 BGB entweder zum Verpflichtungsgeschäft oder zum Verfügungsgeschäft erteilt werden. Ein ohne eine solche Zustimmung abgeschlossener Vertrag ist schwebend unwirksam.[8] Er kann durch den anderen Ehegatten gem § 1366 I 1 BGB nachträglich genehmigt werden. Die Einwilligung bzw nachträgliche Genehmigung können sowohl dem anderen Ehegatten wie auch dem Vertragspartner des Ehegatten gegenüber erklärt werden. Etwas anderes gilt, wenn der Vertragspartner den Ehegatten auffordert, die erforderliche Genehmigung des anderen Ehegatten zu beschaffen. Die Genehmigung kann dann gem § 1366 III BGB wirksam nur gegenüber dem Vertragspartner erklärt werden.

365 Verweigert der andere Ehegatte seine Zustimmung nach § 1365 BGB ohne ausreichenden Grund oder ist er durch Krankheit oder Abwesenheit an der Abgabe einer Erklärung verhindert und mit dem Aufschub der Erklärung eine Gefahr verbunden, kann die Zustimmung des anderen Ehegatten auf Antrag des Ehegatten vom Vormundschaftsgericht ersetzt werden. Dies setzt gem § 1365 II BGB voraus, dass das Rechtsgeschäft den Grundsätzen einer ordnungsgemäßen Verwaltung entspricht.[9]

Ein ohne die erforderliche Einwilligung vorgenommenes einseitiges Rechtsgeschäft ist nach § 1367 BGB unheilbar unwirksam.[10]

366 Gem § 1357 I 1 BGB ist jeder Ehegatte weiter berechtigt, Geschäfte zur angemessenen Deckung des Lebensbedarfs der Familie auch mit Wirkung für den anderen Ehegatten abzuschließen. Aus solchen Geschäften werden beide Ehegatten berechtigt und verpflichtet, sofern sich aus den Umständen nichts anderes ergibt (§ 1357 I 2 BGB). Dies bedeutet, dass beide Ehegatten die Leistung als Gesamthandsgläubiger gem § 432 BGB fordern können.[11] Umgekehrt schulden sie aber auch die Gegenleistung als Gesamtschuldner gem § 421 BGB.[12] Abweichend vom allgemeinen Grundsatz, dass jeder Ehegatte Alleineigentümer seines Vermögens ist, werden somit beide Ehegatten in diesen Fällen Eigentümer der entsprechend erworbenen Haushaltsgegenstände zu Bruchteilen gem §§ 1008 ff BGB. Zudem folgt aus § 8 HausratsVO eine – allerdings widerlegbare – Vermutung für entsprechendes gemeinsames Vermögen der beiden Ehegatten. Sofern Haushaltsgegenstände als Ersatz für nicht mehr vorhandene oder wertlos gewordene Gegenstände angeschafft werden, wird gem § 1370 BGB derjenige Ehegatte Eigentümer des neuen Gegenstandes, dem der Alte gehört hat. Dies gilt unabhängig davon, wer den neuen Gegen-

8 Siehe Palandt/Brudermüller § 1365 Rn 11 ff
9 Siehe hierzu näher Palandt/Brudermüller § 1365 Rn 21
10 Vgl Palandt/Brudermüller § 1367 Rn 1
11 Palandt/Brudermüller § 1357 Rn 21
12 Palandt/Brudermüller § 1357 Rn 22

stand erwirbt (sog Surrogationsprinzip). Ein Ehegatte kann über ihm gehörende Haushaltsgegenstände gem § 1369 I BGB nur mit Zustimmung des anderen Ehegatten verfügen. Hier gelten dieselben Grundsätze wie bei einer Verfügung über sein gesamtes oder nahezu gesamtes Vermögen.

Als weiteres Merkmal der Zugewinngemeinschaft wird diese durch den Zugewinnausgleich geprägt. Ein solcher erfolgt bei Beendigung des Güterstandes. Das Gesetz unterscheidet den schuldrechtlichen und den erbrechtlichen Zugewinnausgleich. 367

Sofern der Güterstand der Zugewinngemeinschaft auf andere Weise als durch Tod eines Ehegatten beendet wird, ist der Zugewinn gem § 1372 BGB nach den Vorschriften der §§ 1373 bis 1390 BGB auszugleichen. Als eine solche anderweitige Beendigung kommt insbesondere die Scheidung der Ehe oder die Wahl eines anderen Güterstandes durch die Ehepartner in Betracht.[13] Der Zugewinnausgleich erfolgt in diesen Fällen über eine zu errechnende betragsmäßige Ausgleichsforderung. 368

Unter dem Begriff Zugewinn ist gem § 1373 BGB der Betrag zu verstehen, um den das Endvermögen eines jeden Ehegatten dessen Anfangsvermögen übersteigt. Das Anfangsvermögen ist gem § 1374 I Hs 1 BGB das Vermögen, das einem Ehegatten nach Abzug der Verbindlichkeiten beim Eintritt des Güterstandes – dies ist regelmäßig der Zeitpunkt der Eheschließung – gehört. Verbindlichkeiten können nach § 1374 I Hs 2 BGB nur bis zur Höhe des Vermögens abgezogen werden. Außerdem sind dem Anfangsvermögen gem § 1374 II BGB die Beträge hinzuzurechnen, die ein Ehegatte nach Eintritt des Güterstandes von Todes wegen, also durch Erbschaft, oder mit Rücksicht auf ein künftiges Erbrecht, durch Schenkung erhalten hat. Demgegenüber ist unter dem Endvermögen gem § 1375 I 1 BGB das Vermögen zu verstehen, das einem Ehegatten nach Abzug der Verbindlichkeiten bei der Beendigung des Güterstandes gehört. Diesem Wert ist gem § 1375 II BGB der Betrag hinzuzurechnen, um den das Vermögen des Ehegatten gemindert worden ist, weil er etwas verschenkt hat, ohne dass dies einer sittlichen Pflicht oder Rücksicht entsprochen hat, Vermögen verschwendet oder Handlungen in der Absicht vorgenommen hat, um seinen Ehepartner zu benachteiligen. Eine solche Hinzurechnung entfällt nach § 1375 III BGB, wenn die Vermögensminderung mindestens 10 Jahre vor Beendigung des Güterstandes erfolgt ist oder der andere Ehegatte damit einverstanden war. 369

Nachdem das Anfangs- und Endvermögen in der vorgenannten Form errechnet worden sind, wird für jeden Ehegatten der Betrag ermittelt, um den sein Endvermögen sein Anfangsvermögen übersteigt. Die sich für jeden Ehegatten aus dem Abzug des Anfangs- vom Endvermögen ergebenden Beträge – diese sind der Zugewinn – werden gegenübergestellt. Übersteigt der Zugewinn des einen Ehegatten den Zugewinn des anderen Ehegatten, so steht dem Ehegatten mit dem geringeren Zugewinn gem § 1378 I BGB die Hälfte des Überschusses als Ausgleichsforderung zu. Der Zugewinnausgleichsanspruch wird mit Beendigung des Güterstandes fällig.[14] Er ist auf eine Geldzahlung gerichtet.[15] 370

---

13 Vgl Palandt/Brudermüller § 1372 Rn 13
14 Vgl Palandt/Brudermüller § 1378 Rn 3
15 Vgl Palandt/Brudermüller § 1373 Rn 1

371 Endet der Güterstand der Zugewinngemeinschaft durch den Tod eines Ehegatten so wird der Zugewinnausgleich dadurch verwirklicht, dass an seine Stelle gem §§ 1931 III, 1371 I BGB eine Erhöhung des Erbteils des überlebenden Ehegatten tritt. Hierbei ist nach § 1371 I BGB unerheblich, ob die Ehegatten im Einzelfall einen Zugewinn erzielt haben. Ein Zugewinnausgleich zugunsten des überlebenden Ehegatten erfolgt selbst, wenn er einen höheren Zugewinn als der verstorbene Partner erzielt hat und diesem im Falle einer Scheidung zum Ausgleich verpflichtet wäre.[16]

372 Entsprechend der Regelung des § 1371 I BGB erhöht sich der Erbteil um ein Viertel der Erbschaft. Hatten die Ehegatten gemeinsame Kinder erhöht sich somit der gesetzliche Erbteil des Überlebenden gem § 1931 I BGB von 1/4 um ein weiteres 1/4 auf insgesamt 1/2. Dieser Erbteil von 1/2 stellt eine Einheit dar.[17] Im Erbschein wird daher auch nur ein Erbteil von 1/2 ausgewiesen. Umgekehrt bedeutet dies, dass sich der Pflichtteil ebenfalls nach dieser Quote richtet und somit gem § 2303 BGB 1/4 beträgt. Diesen Pflichtteil nennt man den großen Pflichtteil.[18]

373 Der überlebende Ehegatte ist aber nicht nur auf den erbrechtlichen Zugewinnausgleich beschränkt. Er könnte die Erbschaft ausschlagen und stattdessen den schuldrechtlichen Ausgleich verlangen. Daneben steht dem Überlebenden der Pflichtteilsanspruch zu. Dieser errechnet sich gem § 1371 II, III BGB allerdings nur nach dem nicht erhöhten Erbteil. Ausgehend von einer Quote von 1/4 ergibt sich insoweit ein Pflichtteilsanspruch von 1/8. Hier spricht man vom kleinen Pflichtteil.[19]

Praxis-Tipp:

374 *Dieser Weg ist für den überlebenden Ehegatten wirtschaftlich günstiger, wenn der Nachlass überwiegend aus dem Zugewinn des Verstorbenen besteht, während der Überlebende selbst keinen Zugewinn erzielt hat.*

375 Sollte der überlebende Ehegatte aufgrund einer letztwilligen Verfügung nicht Erbe geworden sein und kein Vermächtnis erhalten haben, findet gem § 1371 II BGB der schuldrechtliche Zugewinnausgleich statt.

b. Gütertrennung

376 Der Güterstand der Gütertrennung ist in § 1414 BGB geregelt. Im Güterstand der Gütertrennung bleiben die Vermögen des Mannes und der Frau getrennt voneinander. Im Gegensatz zur Zugewinngemeinschaft hat die Ehe grundsätzlich keinen Einfluss auf die Verwaltungs- und Verfügungsbefugnis der Ehegatten. Dies bedeutet, dass jeder Ehegatte sein Vermögen selbständig und

16 Vgl Palandt/Brudermüller § 1371 Rn 3
17 Vgl Palandt/Brudermüller § 1371 Rn 6
18 Vgl Palandt/Edenhofer § 2303 Rn 8
19 Vgl Palandt/Brudermüller § 1371 Rn 6; Palandt/Edenhofer § 2303 Rn 8

unbeschränkt – ohne eine eventuelle Zustimmung des anderen Ehegatten – nutzen und verwalten kann.

Weiterhin wird der Güterstand der Gütertrennung dadurch geprägt, dass im Falle der Beendigung der Ehe, sei es durch Scheidung oder Tod, ein Zugewinnausgleich nicht durchgeführt wird. Bei Tod eines Ehegatten verbleibt es grundsätzlich bei den allgemeinen erbrechtlichen Regelungen des § 1931 I u. II BGB. Im Gegensatz zur Zugewinngemeinschaft scheidet die Möglichkeit der Erhöhung des Erbteils des überlebenden Ehegatten um 1/4 aus. § 1931 IV BGB enthält insoweit allerdings eine Modifizierung. Sind neben dem überlebenden Ehegatten ein oder zwei Kinder gesetzliche Erben, so erben diese alle zu gleichen Teilen. Bei zwei Kindern also der überlebende Ehegatte und die Kinder zu je 1/3. Bei drei oder mehr Kindern gilt das allgemeine Erbrecht. 377

Beispiel:

Hatten die Eheleute drei Kinder, erbt der Ehegatte 1/4 Anteil und die Kinder zusammen die restlichen 3/4. 378

Praxis-Tipp:

Zu berücksichtigen ist weiterhin, dass die allgemeinen Ehewirkungen der §§ 1353 bis 1362 BGB auch bei Gütertrennung gelten.[20] *§ 1357 BGB findet also auch hier Anwendung.* 379

Ehegatten können in einem Ehevertrag nach §§ 1408 ff BGB ausdrücklich für ihre Ehe den Güterstand der Gütertrennung vereinbaren. Gütertrennung tritt darüber hinaus gem § 1414 S 1 BGB ein, wenn die Ehegatten in einem Ehevertrag den gesetzlichen Güterstand ausschließen oder aufheben. Das Gleiche gilt gem § 1414 S 2 BGB, wenn sie den Ausgleich des Zugewinns oder den Versorgungsausgleich ausschließen oder eine eventuell zuvor gewählte Gütergemeinschaft aufheben. Es besteht allerdings die Möglichkeit neben dem Ausschluss des Zugewinn- oder Versorgungsausgleichs den Güterstand der Zugewinngemeinschaft im Übrigen ausdrücklich aufrecht zu erhalten. Schließlich sieht § 1388 BGB vor, dass mit Rechtskraft des Urteils, durch das auf vorzeitigen Zugewinnausgleich erkannt ist, Gütertrennung eintritt. 380

Praxis-Tipp:

Der Ehevertrag kann bereits vor der Eheschließung durch die Verlobten abgeschlossen werden.[21] *Hierdurch kann verhindert werden, dass zunächst die Zugewinngemeinschaft als gesetzlicher Güterstand eintritt.* 381

20 Palandt/Brudermüller Grundz § 1414 Rn 1
21 Palandt/Brudermüller § 1408 Rn 1

382 Gem § 1410 BGB bedarf der Ehevertrag der notariellen Form. Weiter hat der Gesetzgeber in dieser Vorschrift festgelegt, dass der Ehevertrag nur bei gleichzeitiger Anwesenheit beider Vertragspartner wirksam geschlossen werden kann. Dies bedeutet nicht, dass beide Eheleute tatsächlich persönlich bei der Beurkundung anwesend sein müssen. Sie können vielmehr durch Bevollmächtigte vertreten werden.[22] Insoweit sind allerdings die Grenzen des § 17 BeurkG zu beachten. Der Abschluss eines Ehevertrages durch Angebot und Annahme ist durch diese Regelung ausgeschlossen.

c. Gütergemeinschaft

383 Die Gütergemeinschaft ist in den Vorschriften der §§ 1415 ff BGB ausführlich normiert. Sie kann ebenfalls nur durch Ehevertrag begründet werden. Die Wahl der Gütergemeinschaft als ehelicher Güterstand kommt in der Praxis nicht sehr häufig vor.

384 Die Gütergemeinschaft zeichnet sich durch das sog Gesamtgut im Sinne des § 1416 BGB aus. Daneben kann jeder Ehegatte sog Sondergut im Sinne des § 1417 BGB oder sog Vorbehaltsgut im Sinne des § 1418 BGB haben.

385 Das Vermögen des Mannes und das Vermögen der Frau werden durch die Gütergemeinschaft gem § 1416 I 1 BGB gemeinschaftliches Vermögen beider Ehegatten. Dieses gemeinschaftliche Vermögen nennt man Gesamtgut. Zum Gesamtgut gehört darüber hinaus gem § 1416 I 2 BGB das Vermögen, das der Ehemann oder die Ehefrau während der Gütergemeinschaft erwerben. § 1416 II BGB stellt ausdrücklich klar, dass der gemeinschaftliche Erwerb kraft Gesetzes eintritt und eine Übertragung der einzelnen Gegenstände durch Rechtsgeschäft, wie zB durch Auflassung, nicht erforderlich ist.

Praxis-Tipp:

386 *Im Falle eines im Grundbuch eingetragenen Rechts kann jeder Ehegatte vom anderen gem § 1416 III 1 BGB verlangen, dass dieser an der Berichtigung des Grundbuchs mitwirkt.*

387 Gem § 1419 BGB gehört den Ehegatten das Gesamtgut zur gemeinsamen Hand. Ein Ehegatte kann nicht über seinen Anteil am Gesamtgut und an den einzelnen hierzu gehörenden Gegenständen allein verfügen. Er ist auch nicht berechtigt, eine Teilung des Gesamtgutes einseitig zu verlangen. Das Gesamtgut wird von den Ehegatten grundsätzlich gemeinschaftlich verwaltet, sofern sie in einem Ehevertrag nicht eine anderweitige Regelung getroffen haben. Die Ehegatten können zB gem § 1421 BGB bestimmen, dass die Verwaltung von einem von ihnen allein wahrgenommen wird. Ist dies der Fall, so handelt der Alleinverwalter im eigenen Namen. Er vertritt den anderen Ehegatten nicht. Der Alleinverwalter kann grundsätzlich gem § 1422 BGB die zum Gesamtgut gehörenden Sachen in Besitz nehmen und über das Gesamtgut

22 Palandt/Brudermüller § 1410 Rn 1; siehe auch Kanzleiter NJW 1999, 1612

verfügen. Der Gesetzgeber hat dieser Befugnis bei bestimmten Geschäften Grenzen gesetzt. So ist die Verpflichtungs- und Verfügungsbefugnis des Alleinverwalters bei Geschäften über das Gesamtgut im Ganzen gem § 1423 BGB, bei Geschäften über Grundstücke gem § 1424 BGB und bei Schenkungen gem § 1425 BGB eingeschränkt. Der Verwalter bedarf insoweit der Einwilligung des nichtverwaltenden Ehegatten. Hier gelten nach § 1427 BGB dieselben Grundsätze wie bei der Zugewinngemeinschaft. Aus Rechtsgeschäften des Verwalters haftet dieser grundsätzlich mit dem Gesamtgut. Es handelt sich gem § 1437 BGB um sog Gesamtgutsverbindlichkeiten. Dem nicht zur Verwaltung berufenen Ehegatten steht nach § 1429 BGB in Ausnahmefällen ein Notverwaltungsrecht zu.

Praxis-Tipp:

Im Falle der gemeinschaftlichen Verwaltung sind die Ehegatten gem § 1450 BGB nur gemeinschaftlich berechtigt, über das Gesamtgut zu verfügen. Bei Geschäften ohne Einwilligung des anderen Ehegatten gelten nach § 1453 BGB ebenfalls die Regelungen über die Zugewinngemeinschaft. Gegebenenfalls kann die Zustimmung gem § 1452 BGB durch das Vormundschaftsgericht ersetzt werden. 388

Vom Gesamtgut ist das Sondergut zu unterscheiden. Das Sondergut ist kraft Gesetzes gem § 1417 I BGB vom Gesamtgut ausgeschlossen. Sondergut sind nach § 1417 II BGB die Gegenstände, die nicht durch Rechtsgeschäft übertragen werden können. 389

Beispiele:

Schmerzensgeldansprüche, unpfändbare Lohn- und Gehaltsansprüche, unpfändbare Unterhaltsansprüche und Renten, Nießbrauch, Beteiligung an einer OHG. 390

Jeder Ehegatte verwaltet sein Sondergut gem § 1417 III BGB selbständig, jedoch für Rechnung des Gesamtgutes. Die Erträge des Sonderguts werden somit Gesamtgut. Den Gläubigern seiner Sondergutsgeschäfte gegenüber haftet der Ehegatte neben dem Sondergut auch weitgehend mit dem Gesamtgut. 391

Weiterhin ist vom Gesamtgut das Vorbehaltsgut im Sinne des § 1418 I BGB ausgeschlossen. Zum Vorbehaltsgut zählen zum einen gem § 1418 II Nr. 1 BGB die Gegenstände, die durch die Ehegatten durch Ehevertrag im Einzelfall zum Vorbehaltsgut eines Ehegatten erklärt worden sind. Zum anderen bilden gem § 1418 II Nr. 2 BGB die Gegenstände Vorbehaltsgut, die ein Ehegatte von Todes wegen, also durch Erbschaft, Vermächtnis bzw als Pflichtteil, oder durch Schenkung erhalten hat, sofern der Erblasser bzw der Schenkende bestimmt hat, dass diese Gegenstände Vorbehaltsgut sein sollen. Die dritte Gruppe bilden nach § 1418 II Nr. 3 BGB die Ersatzgegenstände, die durch Surrogation an die Stelle eines Gegenstandes des Vorbehaltsgutes treten. Das 392

Vorbehaltsgut wird ebenfalls vom jeweiligen Ehepartner selbst verwaltet. Im Gegensatz zum Sondergut geschieht dies gem § 1418 III BGB jedoch auf eigene Rechnung. Die Haftung ist hier wie beim Sondergut zu behandeln.

Die allgemeinen Ehewirkungen der §§ 1353 bis 1362 BGB gelten auch bei Gütergemeinschaft.

Praxis-Tipp:

393 *Eine unmittelbare Auswirkung auf die Höhe der Erbquote des überlebenden Ehegatten hat die Vereinbarung der Gütergemeinschaft als Güterstand nicht. Es verbleibt bei den allgemeinen Bestimmungen des § 1931 I u II BGB. Es tritt also weder die Erhöhung des Erbteils nach §§ 1931 III, 1371 BGB ein, noch ist die Sondervorschrift des § 1931 IV BGB anwendbar.*

b. Fortgesetzte Gütergemeinschaft

394 Das Gesetz kennt schließlich die sog fortgesetzte Gütergemeinschaft. Diese ist in den §§ 1483 ff BGB geregelt. Ihr kommt in der Praxis nur eine sehr geringe Bedeutung zu. Das Wesen der fortgesetzten Gütergemeinschaft besteht darin, durch Ehevertrag die Gütergemeinschaft nach dem Tod des einen Ehegatten durch den Überlebenden und den gemeinschaftlichen Abkömmlingen fortzusetzen. Stirbt ein Abkömmling, rücken in die fortgesetzte Gütergemeinschaft gem § 1490 BGB nur dessen Abkömmlinge, nicht aber Schwiegerkinder nach.

Praxis-Tipp:

395 *Die fortgesetzte Gütergemeinschaft soll es dem überlebenden Ehegatten, der bisher in der Gütergemeinschaft gelebt hat, bis zu seinem Tod, seiner Wiederverheiratung, der Begründung einer Lebenspartnerschaft (§§ 1493, 1494 BGB) oder der durch seine Erklärung herbeigeführten Ablehnung oder Aufhebung (§§ 1484, 1492 BGB) ersparen, den gemeinschaftlichen Abkömmlingen ihren Anteil am Gesamtgut sofort herauszugeben.*[23]

396 Bei der fortgesetzten Gütergemeinschaft sind vier Vermögensmassen zu unterscheiden:

- Das Gesamtgut der fortgesetzten Gütergemeinschaft gem § 1485 I BGB,
- Das Vorbehaltsgut des überlebenden Ehegatten gem § 1486 I BGB,
- Das Sondergut des überlebenden Ehegatten gem § 1486 II BGB,
- Das Vermögen der anteilsberechtigten Abkömmlinge gem § 1485 II BGB.

23 Vgl Palandt/Brudermüller Vor § 1483 Rn 1

Die Beerbung des verstorbenen Ehegatten tritt nur hinsichtlich dessen Vorbehalts- und Sonderguts ein.[24] Die Verwaltung des Gesamtgutes der fortgesetzten Gütergemeinschaft steht dem überlebenden Ehegatten gem § 1487 I BGB allein zu. Für das Gesamtgut der fortgesetzten Gütergemeinschaft gelten im Übrigen die gleichen Bestimmungen wie bei der ehelichen Gütergemeinschaft. Nach Beendigung der fortgesetzten Gütergemeinschaft hat die Auseinandersetzung des Gesamtgutes nach den Vorschriften der §§ 1497 ff BGB zu erfolgen. 397

Praxis-Tipp:

Ein wesentlicher Nachteil der fortgesetzten Gütergemeinschaft besteht darin, dass zu allen Verfügungen – also auch Belastungen – des überlebenden Ehegatten über Grundbesitz des Gesamtgutes gem §§ 1487 I, 1424 II BGB die Mitwirkung sämtlicher anteilsberechtigter Abkömmlinge erforderlich ist.[25] 398

2. Wechsel zur Gütertrennung

Der Übergang vom gesetzlichen Güterstand der Zugewinngemeinschaft zur Gütertrennung bietet sich insbesondere bei unterschiedlichen Vermögenslagen der Ehegatten an. Die Vereinbarung der Gütertrennung bewirkt nach § 1378 II 1 BGB eine Beendigung der Zugewinngemeinschaft und damit die Entstehung des Zugewinnausgleichsanspruchs. In Erfüllung dieses Anspruchs kann der »reichere« Ehegatte dem »ärmeren« Ehegatten entsprechende Vermögenswerte übertragen. Als objektiv entgeltliches Rechtsgeschäft dürfte eine derartige Übertragung nicht der Pflichtteilsergänzung nach § 2325 BGB unterliegen.[26] Voraussetzung hierfür ist freilich, dass ein Zugewinnausgleichsanspruch überhaupt und im erwünschten Ausmaß entstanden ist. 399

Praxis-Tipp:

Der Wechsel zur Gütertrennung dürfte regelmäßig nur bei langjährigen Ehen in Betracht kommen. 400

24 Vgl Bengel in: Dittmann/Reimann/Bengel, Testament und Erbvertrag 1999, Teil E, Rn 22

25 Vgl hierzu auch Bengel in: Dittmann/Reimann/Bengel, Testament und Erbvertrag 1999, Teil E, Rn 26

26 Vgl Brambring ZEV 1996, 252

Musterformulierung:

401 *Mit sofortiger Wirkung schließen wir den gesetzlichen Güterstand der Zugewinngemeinschaft aus und vereinbaren ebenfalls mit sofortiger Wirkung als ehelichen Güterstand die*

Gütertrennung

iSd § 1414 BGB.

Ein Verzeichnis der zu unserem jeweiligen Vermögen gehörenden Gegenstände soll einstweilen nicht aufgenommen werden.

Im Hinblick auf den durch die Aufhebung des bisherigen Güterstandes der Zugewinngemeinschaft entstandenen Zugewinnausgleichsanspruch wird Folgendes vereinbart:

Zur Abgeltung des entstandenen Zugewinnausgleichsanspruchs der Ehefrau verpflichtet sich der Ehemann zur Zahlung eines einmaligen Geldbetrages in Höhe von

... €

(in Worten: ... Euro).

Über die Rechtsfolgen der Gütertrennung wurden wir durch den amtierenden Notar belehrt, insbesondere über

- *den Wegfall des Zugewinnausgleichs;*
- *die Folgen für das Erbrecht und den Pflichtteil;*
- *den Wegfall der Beschränkungen der §§ 1365, 1369 BGB.*

Wir beantragen die Eintragung der Gütertrennung in das Güterrechtsregister. Der Notar soll unbeschadet seines Rechtes hierzu die Eintragung nur auf besondere schriftliche Anweisung eines von uns veranlassen.

402 Als problematisch könnte sich erweisen, wenn die Ehegatten nicht beabsichtigen, dauerhaft in Gütertrennung zu leben und sofort wieder zur Zugewinngemeinschaft zurückkehren, weil es ihnen ausschließlich auf die Herbeiführung einer bestandskräftigen Vermögensübertragung ankommt; sog Güterstandsschaukel.[27]

Praxis-Tipp:

403 *Bisher hatte der BGH eine solche Gestaltung noch nicht zu beurteilen. Es ist nicht auszuschließen, dass die Rechtsprechung in einem solchen Fall eine Umgehungsabsicht bejaht und die in Vollzug des Zugewinnausgleichsanspruchs vorgenommene Vermögensübertragung der Pflichtteilsergänzung unterwirft.*[28]

27 Vgl hierzu auch: Hayler DNotZ 2000, 681

28 Für zulässig gehalten wird dieses Gestaltungsmittel etwa von: Brambring ZEV 1996, 252; Wegmann ZEV 1996, 206; Schotten NJW 1990, 2846; Hayler DNotZ 2000, 689; krit: Ludwig FuR 1992, 8

3. Wechsel zur Gütergemeinschaft

Neben der Vereinbarung von Gütertrennung ist bei Ehegatten mit sehr unterschiedlichen Vermögen an einen Wechsel in den Güterstand der Gütergemeinschaft zu denken. Letzteres gilt insbesondere in den Fällen, in denen es an ausreichenden Zugewinnausgleichsansprüchen, die ausgeglichen werden könnten, fehlt. Zivilrechtlich handelt es sich bei der Vereinbarung der Gütergemeinschaft grundsätzlich nicht um eine Schenkung. Der Rechtsgrund der Bereicherung liegt primär im familienrechtlichen Vertrag und nicht in der Einigung über die Unentgeltlichkeit.[29] Pflichtteilsergänzungsansprüche nach § 2325 BGB scheiden daher insoweit regelmäßig aus. 404

Praxis-Tipp:

Etwas anderes dürfte gelten, wenn die Vereinbarung der Gütergemeinschaft lediglich in Umgehungsabsicht vorgenommen wird.[30] Anzeichen dafür können zB sein, dass die Ehegatten nach einem einheitlichen Plan zunächst die Gütergemeinschaft vereinbart haben und später in einen anderen Güterstand gewechselt sind (Güterstandsschaukel). 405

Musterformulierung:

Mit sofortiger Wirkung schließen wir den gesetzlichen Güterstand der Zugewinngemeinschaft aus und vereinbaren ebenfalls mit sofortiger Wirkung als ehelichen Güterstand die 406

Gütergemeinschaft

iSd §§ 1415 ff BGB.

Das Gesamtgut verwalten wir gemeinschaftlich.

Zum Vorbehaltsgut der Ehefrau erklären wir die folgenden Vermögensgegenstände:

......

Zum Vorbehaltsgut des Ehemannes erklären wir die folgenden Vermögensgegenstände:

......

Im Grundbuch des Amtsgerichts ...... von ......, Blatt ...... ist der Ehemann als Eigentümer des Grundstückes Flur ....., Flurstück ......, zur Größe von ..... qm eingetragen. Wir beantragen hiermit das Grundbuch dahingehend zu berichtigen, dass wir beide als Eigentümer in Gütergemeinschaft eingetragen werden. Der Notar wird mit dem Vollzug beauftragt. Eine Eintragungsnachricht wird an den Notar erbeten.

---

29 Vgl Palandt/Edenhofer § 2325 Rn 15
30 Vgl BGHZ 116, 178

Der amtierende Notar hat uns über die Unterschiede zwischen dem gesetzlichen Güterstand der Zugewinngemeinschaft und der Gütergemeinschaft belehrt. Wir wurden insbesondere darauf hingewiesen, dass unser gesamtes Vermögen, soweit wir es nicht ausdrücklich zu Vorbehaltsgut eines einzelnen Ehegatten erklärt haben, in das uns gemeinsam zustehende, gesamthänderisch gebundene Gesamtgut fällt. Weiter wurden wir belehrt, dass die bisher entstandenen Ansprüche auf Zugewinnausgleich untergehen und dass derartige Ansprüche in Zukunft nicht mehr entstehen. Über die Haftung für die beiderseitigen Schulden im Güterstand der Gütergemeinschaft sind wir ebenfalls hingewiesen worden.

Der Notar hat uns zudem darüber belehrt, dass grundsätzlich keiner von uns einseitig die Aufhebung der Gütergemeinschaft verlangen, sondern jeder nur unter ganz besonderen Voraussetzungen auf Aufhebung der Gütergemeinschaft klagen kann. Wir wollen die einseitige Beendigung der Gütergemeinschaft nicht erleichtern, sondern es insoweit bei der gesetzlichen Regelung belassen.

Der Notar hat uns schließlich über die Rechtslage im Falle der Auseinandersetzung des Gesamtguts, vor allem bei der Scheidung unserer Ehe, unterrichtet, insbesondere über das Recht zur Übernahme eingebrachter Sachen nach § 1477 II BGB und den Anspruch eines jeden von uns nach § 1478 BGB auf Ersatz des Wertes dessen, was er in das Gesamtgut eingebracht hat. Auch insoweit wollen wir es bei der gesetzlichen Regelung belassen.

Wir beantragen die Eintragung der Gütergemeinschaft in das Güterrechtsregister. Der Notar soll unbeschadet seines Rechtes hierzu die Eintragung nur auf besondere schriftliche Anweisung eines von uns veranlassen.

Praxis-Tipp:

407 *Bei der Wahl der Gütergemeinschaft ist stets zu beachten, dass diese nach § 7 I Nr. 4 ErbStG zum Anfall von Schenkungsteuer führt.*

4. Wechsel zur fortgesetzten Gütergemeinschaft

408 Der Wechsel zur fortgesetzten Gütergemeinschaft stellt eine – nahezu in Vergessenheit geratene – Gestaltung dar, bei der Pflichtteilsansprüche der gemeinschaftlichen Abkömmlinge nach dem Tode des erstversterbenden Elternteils kraft Gesetzes ausgeschlossen sind. Pflichtteilsansprüche sind nur hinsichtlich des Vorbehalts- und Sondergutes des verstorbenen Ehegatten denkbar, da allein diese den Nachlass bilden.[31] Diese Gestaltung kann daher im Einzelfall die beste Lösung bieten, wenn es den Ehegatten wichtig ist, Pflichtteilsansprüche ihrer gemeinsamen Kinder beim Tode des erstversterbenden Elternteils sicher auszuschließen.

31 Vgl Palandt/Brudermüller § 1483 Rn 2

Praxis-Tipp:

Zu beachten ist, dass einseitige Kinder des erstverstorbenen Elternteils nicht in die fortgesetzte Gütergemeinschaft eintreten. Bei einseitigen Kindern ist die fortgesetzte Gütergemeinschaft daher weniger geeignet. 409

Als weitere positive Folge der fortgesetzten Gütergemeinschaft erweist sich, dass sie erbschaftsteuerlich sehr günstig ist. Das Vermögen des erstverstorbenen Ehegatten wird gem § 4 I ErbStG voll seinen Abkömmlingen zugerechnet, so dass keine Kummulierung des Vermögens beim überlebenden Ehegatten eintritt. Ob diese Vorteile die Nachteile der fortgesetzten Gütergemeinschaft überwiegen, kann nur im konkreten Einzelfall beurteilt werden. 410

Musterformulierung:

Die zwischen uns vereinbarte Gütergemeinschaft soll nach dem Tod eines Ehegatten zwischen dem überlebenden Ehegatten und unseren gemeinschaftlichen Kindern fortgesetzt werden. 411

II. Annahme als Kind

Die Annahme als Kind, gemeinhin auch Adoption genannt, ist in erster Linie ein Mittel der Fürsorge für elternlose und verlassene Kinder, denen die Möglichkeit gegeben werden soll, in einer harmonischen Familie aufzuwachsen. Sie kann aber auch bewusst als Instrument der Vermögensnachfolge eingesetzt werden. Das angenommene Kind erlangt bei der Volladoption mit dem Ausspruch der Annahme die rechtliche Stellung eines leiblichen Kindes des Angenommenen. Dies gilt nicht nur hinsichtlich der elterlichen Sorge oder Unterhaltsansprüchen sondern insbesondere auch hinsichtlich des gesetzlichen Erbrechts. Neben der Erweiterung des Kreises der gesetzlichen Erben hat die Annahme als Kind unmittelbare Auswirkungen auf den Kreis der Pflichtteilsberechtigten und die Höhe möglicherweise bestehender Pflichtteilsansprüche. 412

Praxis-Tipp:

Die Annahme als Kind kann erhebliche erbschaftsteuerliche Vorteile bieten. Der Erbteil des angenommenen Kindes ist gem § 15 ErbStG nach Steuerklasse I zu versteuern und es gilt gem § 16 I Nr. 2 ErbStG der erhöhte Steuerfreibetrag von 204 516,75 €. 413

Das Gesetz unterscheidet zwischen der Annahme eines Minderjährigen gem §§ 1741 bis 1766 BGB und der Annahme eines Volljährigen gem §§ 1767 bis 1772 BGB. Während die erste Gruppe den Regelfall bildet, ist die Annahme Volljähriger grundsätzlich mit schwächeren Wirkungen verbunden. 414

Die Annahme als Kind wird gem § 1752 I BGB auf Antrag vom Vormundschaftsgericht ausgesprochen. Das Vormundschaftsgericht entscheidet durch Beschluss. 415

1. Annahme Minderjähriger

416 Die Annahme eines Minderjährigen soll in der Regel erst erfolgen, wenn der Annehmende das Kind eine angemessene Zeit in Pflege gehabt hat. Der Gesetzgeber nennt dies »Probezeit«, § 1744 BGB. Gem § 1741 I 1 BGB ist die Annahme als Kind nur zulässig, wenn sie dem Wohl des Kindes dient und zu erwarten ist, dass zwischen dem Annehmenden und dem Kind ein Eltern-Kind-Verhältnis entsteht. Hierfür reicht allein der Wunsch der Eltern oder des Kindes nicht aus. Eine entsprechende Prognose muss vielmehr unter subjektiven und objektiven Gesichtspunkten gerechtfertigt sein.[32] Um dies zu beurteilen, hat das Gericht nach § 56 d FGG unter anderem eine gutachterliche Stellungnahme des Jugendamtes einzuholen.

417 Die einzelnen Annahmeformen sind in § 1741 II BGB geregelt. Danach kann ein Nichtverheirateter ein Kind nur allein und ein Ehepaar dieses nur gemeinschaftlich annehmen. Weiter kann ein Ehegatte ein Kind seines Ehegatten allein annehmen. Schließlich kann ein Kind allein angenommen werden, wenn der andere Ehegatte das Kind nicht annehmen kann, weil er selbst geschäftsunfähig ist oder das 21. Lebensjahr noch nicht vollendet hat. Die Annahme eines Kindes durch die Partner einer gleichgeschlechtlichen Lebenspartnerschaft ist auch nach Inkrafttreten des Lebenspartnerschaftsgesetzes nicht möglich.

418 Die an die Annehmenden zu stellenden Alterserfordernisse ergeben sich im Einzelnen aus § 1743 BGB. Die Annehmenden müssen mindestens 25 Jahre alt sein, zum Teil genügt auch ein Alter von 21 Jahren. Ein Höchstalter kennt das Gesetz nicht. Das Mindestalter des Kindes ergibt sich aus § 1747 II 1 BGB. Es beträgt 8 Wochen.

a. Wirkungen der Annahme als Kind

419 Die Annahme eines Minderjährigen begründet drei Rechtsfolgen:

Der Minderjährige erhält gem § 1754 BGB die rechtliche Stellung eines Kindes mit allen sich daraus ergebenden Rechtsfolgen bis hin zum Unterhalts- und Erbrecht. Im Ergebnis der Volladoption ist der Angenommene somit nicht nur gegenüber den ihn Annehmenden sondern insbesondere auch gegenüber deren Verwandten gesetzlich erb- und pflichtteilsberechtigt. Nimmt ein Ehepaar ein Kind an oder ein Ehegatte ein Kind des anderen Ehegatten, so erlangt das Kind gem § 1754 I BGB die rechtliche Stellung eines gemeinschaftlichen Kindes, in den übrigen Fällen erlangt es gem § 1754 II BGB die rechtliche Stellung eines Kindes des Annehmenden. Die elterliche Sorge steht gem § 1754 III BGB in den zuerst genannten Fällen den Ehegatten gemeinsam zu, im Übrigen dem Annehmenden.

420 Weiterhin erlöschen gem § 1755 I 1 BGB mit der Annahme das Verwandschaftsverhältnis des Kindes und seiner Abkömmlinge zu den bisherigen Verwandten und die sich aus ihm ergebenden Rechte und Pflichten, also ebenfalls einschließlich Unterhalts- und Erbrecht. Der Annehmende verliert infolge

32 Palandt/Diederichsen § 1741 Rn 5. Zur Adoption durch den nichtehelichen Lebensgefährten der Mutter siehe DNot-Gutachten DNotI-Report 2001, 62

des Ausspruches der Annahme somit insbesondere seine gesetzliche Erb- und Pflichtteilsberechtigung gegenüber seinen leiblichen Verwandten. Dies gilt selbstverständlich auch umgekehrt. Nimmt ein Ehegatte das Kind seines Ehegatten an, so tritt das Erlöschen nur im Verhältnis zu dem anderen Elternteil und Verwandten ein. Ausnahmen von dem Erlöschen der bisherigen Verwandschaftsverhältnisse enthält § 1756 BGB für die Verwandtenadoption und nach dem Tod eines Elternteils.

Das Kind erhält schließlich gem § 1757 I 1 BGB grundsätzlich als Geburtsnamen den Familiennamen des Annehmenden. 421

b. Erklärungen

Die Annahme als Kind setzt einen Antrag des Annehmenden voraus. Dieser kann nicht unter einer Bedingung oder einer Zeitbestimmung oder durch einen Vertreter gestellt werden. Er bedarf gem § 1752 II BGB der notariellen Beurkundung. Im Hinblick auf § 1753 II BGB sollte zudem der Notar mit der Einreichung des Antrages beim Vormundschaftsgericht betraut werden. 422

Musterformulierung:

Wir sind deutsche Staatsangehörige. Wir haben am ...... vor dem Standesbeamten in ...... unter Heiratseintrag Nr. ...... die Ehe geschlossen. Wir sind kinderlos. 423

Wir wollen den am .... in ...... geborenen ...... (Geburtseintrag Nr. ...... beim Standesamt ......) als gemeinschaftliches Kind annehmen und beantragen daher beim zuständigen Vormundschaftsgericht auszusprechen:

Das am ...... in ...... geborene Kind ...... wird von den Eheleuten ...... als gemeinschaftliches Kind angenommen. Das Kind erhält als Geburtsnamen den Namen ......

Das Kind befindet sich bei uns seit dem ...... in Pflege.

Für den Fall des Todes eines von uns oder beider wird der beurkundende Notar mit der Einreichung des Antrages auf Annahme als Kind beim zuständigen Vormundschaftsgericht betraut (§ 1753 II BGB).

Wir wurden vom Notar darauf hingewiesen, dass das Kind mit dem Ausspruch der Annahme als Kind die rechtliche Stellung eines gemeinschaftlichen ehelichen Kindes erlangt mit allen Folgen für Unterhalt und Erbrecht.

Zur Annahme ist gem § 1746 BGB weiter die Einwilligung des Kindes erforderlich. Für ein geschäftsunfähiges oder noch nicht vierzehn Jahre altes Kind, kann nur sein gesetzlicher Vertreter die Einwilligung erteilen. Gesetzlicher Vertreter ist häufig das Jugendamt als Amtsvormund.[33] Im Übrigen kann das Kind die Einwilligung nur selbst erteilen, bedarf hierzu allerdings der Zustimmung seines gesetzlichen Vertreters. 424

33 Vgl Palandt/Diederichsen § 1746 Rn 2

Musterformulierung:

425 *Das Jugendamt...... ist Vormund des am...... in geborenen Kindes...... Die Geburt des Kindes ist unter Nr. ...... des Standesamtes in...... beurkundet. Der Erschienene ist mit der Ausübung der vormundschaftlichen Obliegenheiten für das vorgenannte Kind betraut. Die Vormundschaft wird beim Amtsgericht...... unter dem Aktenzeichen...... geführt.*

Ich, der Erschienene, willige hiermit namens des von mir vertretenen Kindes in die Annahme als Kind durch die Eheleute...... ein. Ich gebe diese Einwilligungserklärung gegenüber dem zuständigen Vormundschaftsgericht ab. Mir ist bekannt, dass meine Einwilligungserklärung mit dem Zugang an das Vormundschaftsgericht unwiderruflich wird.

426 Darüber hinaus bedarf es gem § 1747 BGB der Einwilligung der Eltern des Kindes in die Annahme. Hinsichtlich des nicht mit der Mutter verheirateten Vaters enthält § 1747 III BGB einige spezielle Regelungen.[34] Gegebenenfalls kann die Einwilligung eines Elternteils gem § 1748 BGB durch das Vormundschaftsgericht ersetzt werden. Mit Zugang der Einwilligung beim Vormundschaftsgericht treten die Wirkungen des § 1751 BGB ein.

Musterformulierung:

427 *Ich gebe hiermit als Mutter des Kindes......, geb am..... in......, meine Einwilligung dazu, dass das Kind durch die Eheleute...... als gemeinschaftliches Kind angenommen wird. Ich gebe diese Einwilligungserklärung gegenüber dem zuständigen Vormundschaftsgericht ab. Mir ist bekannt, dass meine Einwilligungserklärung mit dem Zugang an das Vormundschaftsgericht unwiderruflich wird. Ich wurde darauf hingewiesen, dass mit dem Zugang meiner Einwilligung bei dem Vormundschaftsgericht meine elterliche Sorge ruht, die Befugnis, mit dem Kind persönlich umzugehen, nicht ausgeübt werden darf und von diesem Zeitpunkt an das Jugendamt Vormund wird.*

428 Als letzte Gruppe der zur Einwilligung berufenen kommen eventuelle Ehegatten in Betracht. Gem § 1749 I BGB ist zur Annahme eines Kindes durch einen Ehegatten allein die Einwilligung des anderen Ehegatten erforderlich. Ist der Anzunehmende verheiratet, ist schließlich gem § 1749 II BGB die Einwilligung seines Ehegatten notwendig.

429 Die Einwilligungserklärungen nach den §§ 1746, 1747 und 1749 BGB bedürfen nach § 1750 I 2 BGB sämtlichst der notariellen Beurkundung.

Praxis-Tipp:

430 *Die jeweiligen Einwilligungen werden gem § 1750 I 3 BGB mit Zugang beim Vormundschaftsgericht wirksam. Sie sind wie der Antrag bedingungsfeindlich und können nicht unter einer Zeitbestimmung erteilt werden.*

34 Siehe hierzu näher: Palandt/Diederichsen § 1747 Rn 9 ff

2. Annahme Volljähriger

Die Annahme Volljähriger ist der Annahme Minderjähriger nachgebildet. Es finden daher gem § 1767 II BGB die Vorschriften über die Annahme Minderjähriger entsprechende Anwendung, sofern die §§ 1767 bis 1772 BGB keine speziellen Regelungen enthalten. Unterschiede bestehen zB darin, dass bei der Annahme Volljähriger keine Probezeit erforderlich ist und die Eltern des Anzunehmenden nicht einwilligen müssen (§ 1768 I 2 BGB). Ebenso sind die Voraussetzungen für die Annahme verschieden. Ein Volljähriger kann gem § 1767 I BGB nur als Kind angenommen werden, wenn die Annahme sittlich gerechtfertigt ist. Dies ist insbesondere anzunehmen, wenn zwischen dem Annehmenden und Anzunehmenden ein Eltern-Kind-Verhältnis bereits entstanden ist. Wirtschaftliche Gründe allein genügen nicht.[35] 431

Praxis-Tipp:

Sofern wirtschaftliche Gründe – wie etwa die Ersparnis von Erbschaftsteuer – Nebenzweck der Annahme sind, schadet dies nicht.[36] 432

a. Wirkungen der Annahme als Kind

Grundlegend unterscheiden sich die Wirkungen der Annahme eines Volljährigen von denen der Annahme eines Minderjährigen. Gem § 1770 BGB tritt keine Volladoption ein. Die Wirkungen der Adoption erstrecken sich nicht auf die Verwandten des Annehmenden. Es tritt lediglich im Verhältnis zum Annehmenden die wechselseitige gesetzliche Erbberechtigung einschließlich des Pflichtteilsrechts ein, während eine solche zu den Verwandten des Annehmenden mangels Verwandtschaftsverhältnis nicht begründet wird. Ebenso wird der Ehegatte des Annehmenden nicht mit dem Angenommenen, dessen Ehegatte nicht mit dem Annehmenden verschwägert. Auch werden die Rechte und Pflichten aus dem Verwandtschaftsverhältnis des Angenommenen und seiner Abkömmlinge zu ihren Verwandten durch die Annahme grundsätzlich nicht berührt. Der Angenommene bleibt gegenüber seinen leiblichen Eltern und deren Verwandten erb- und pflichtteilsberechtigt, wie dies auch umgekehrt der Fall ist. 433

Praxis-Tipp:

Stirbt der Angenommene, so sind seine leiblichen Eltern und seine Adoptiveltern nebeneinander Erben der zweiten Ordnung im Sinne des § 1925 BGB.[37] 434

35 Palandt/Diederichsen § 1767 Rn 7 f
36 BGHZ 35, 75
37 Palandt/Diederichsen § 1770 Rn 2

435 Nur unter den besonderen Voraussetzungen des § 1772 BGB kann das Vormundschaftsgericht die gleichen Wirkungen wie bei der Annahme Minderjähriger anordnen. Dies ist etwa der Fall, wenn ein minderjähriges Geschwisterteil von denselben Personen angenommen wurde bzw gleichzeitig angenommen wird oder der Anzunehmende bereits als Minderjähriger in die Familie des Anzunehmenden aufgenommen worden ist.

b. Erklärungen

436 Für die Annahme eines Volljährigen sind gem § 1768 I BGB der Antrag des Annehmenden und der Antrag des Anzunehmenden erforderlich. Einwilligungserklärungen bedarf es mit Ausnahme der Einwilligung eventueller Ehegatten nach §§ 1767 II, 1749 BGB nicht. Die Anträge bedürfen der notariellen Beurkundung. Wird eine Volladoption nach § 1772 BGB beantragt, hat das Vormundschaftsgericht die leiblichen Eltern des Anzunehmenden am Verfahren zu beteiligen und anzuhören.[38]

Musterformulierung:

437 *Die Erschienenen zu 1. und 2. haben am ...... vor dem Standesamt ...... unter Heiratseintrag Nr. ...... die Ehe geschlossen. Ihre Ehe ist kinderlos. Der Erschienene zu 3. ist am ...... in ...... geboren. Er ist ledig. Sämtliche Erschienene sind deutsche Staatsangehörige.*

Der Erschienene zu 3. lebt seit seinem 10. Lebensjahr im Haushalt der Erschienenen zu 1. und 2. wie ein eheliches Kind. Es ist zwischen den Beteiligten ein echtes Eltern-Kind-Verhältnis entstanden.

Die Erschienenen beantragen beim zuständigen Vormundschaftsgericht auszusprechen:

Der am ..... in ..... geborene ...... wird von den Eheleuten ...... als gemeinschaftliches Kind angenommen. Er erhält als Geburtsnamen den Familiennamen ......

Ferner wird beantragt, beim Ausspruch der Annahme zu bestimmen, dass sich die Wirkungen der Annahme nach den Vorschriften über die Annahme eines Minderjährigen richten.

Die Erschienenen wurden vom Notar über die Rechtswirkungen der Annahme und das Erbrecht belehrt.

Für den Fall des Todes eines der Annehmenden oder beider wird der beurkundende Notar mit der Einreichung des Antrages auf Annahme als Kind beim zuständigen Vormundschaftsgericht betraut (§ 1753 II BGB).

---

38 Vgl Palandt/Diederichsen § 1772 Rn 6

3. Unterlagen zur Vorlage beim Vormundschaftsgericht

Dem Vormundschaftsgericht sind zusammen mit den Ausfertigungen (nicht beglaubigte Abschriften) der Urkunden, die den Antrag sowie die erforderlichen Einwilligungs- bzw Zustimmungserklärungen enthalten, die nachfolgenden Unterlagen einzureichen: 438

- Geburtsurkunden der Annehmenden;
- Heiratsurkunde der Annehmenden;
- Staatsangehörigkeitsnachweis der Annehmenden;
- Polizeiliche Führungszeugnisse der Annehmenden;
- Amtsärztliche Gesundheitszeugnisse der Annehmenden;
- Geburtsurkunde des anzunehmenden Kindes;
- Staatsangehörigkeitsnachweis des anzunehmenden Kindes;
- Amtsärztliches Gesundheitszeugnis des anzunehmenden Kindes;
- Ggf Heiratsurkunde des anzunehmenden Kindes.

Die Einreichung der Unterlagen beim Vormundschaftsgericht kann durch den Antragsteller oder den Notar erfolgen. 439

4. Exkurs: Unterschiedliches Erbrecht der vor der deutschen Teilung adoptierten minderjährigen Kinder in den alten und den neuen Ländern

Mehr als zehn Jahre nach der Einheit Deutschlands ist die Rechtseinheit in den alten und den neuen Ländern noch immer nicht vollständig hergestellt. Die divergierenden Rechtsentwicklungen in beiden Teilen Deutschlands führen in der Praxis in Einzelfällen nach wie vor zu einer unterschiedlichen rechtlichen Beurteilung vergleichbarer Sachverhalte. Dies gilt insbesondere für das Familien- und Erbrecht[39] und soll nachstehend am Beispiel des Erbrechts eines vor der deutschen Teilung adoptierten minderjährigen Kindes aufgezeigt werden.[40] 440

a. Wirkungen der Minderjährigenadoption

Vor Gründung der Bundesrepublik Deutschland und der DDR galt in Deutschland einheitlich das Adoptionsrecht des alten BGB. Die Adoption eines minderjährigen Kindes vor 1949 führte gem § 1754 BGB dazu, dass dieser die rechtliche Stellung eines ehelichen Kindes des Annehmenden erlangte. In Abweichung zur heutigen Rechtslage wurde gem § 1763 BGB aF jedoch nur 441

39 Vgl hierzu: Krause ZAP-Ost Fach 12, 67 ff; ders ZAP-Ost Fach 12, 75 ff
40 Siehe hierzu eingehend: Krause ZAP-Ost Fach 12, 71 ff

ein Verwandtschaftsverhältnis zwischen dem Angenommenen und dem Annehmenden, also nicht zu dessen Verwandten, begründet. Im Übrigen blieb gem § 1764 BGB aF das Verwandschaftsverhältnis zwischen dem Angenommenen und seiner leiblichen Familie bestehen. Die Adoption hatte im Zeitpunkt ihres Ausspruches nur schwache Wirkungen.

b. Rechtslage in der alten Bundesrepublik

442 Dies änderte sich in den alten Bundesländern mit Inkrafttreten des Adoptionsgesetzes am 1. 1. 1977. Durch dieses wurde die Volladoption Minderjähriger als Regelfall eingeführt. Der angenommene Minderjährige erhält gem § 1754 BGB die rechtliche Stellung eines Kindes mit allen sich daraus ergebenden Rechtsfolgen bis hin zum Unterhalts- und Erbrecht.

443 Für die vor Inkrafttreten des Adoptionsgesetzes erfolgten Adoptionen normierte die Übergangsvorschrift des Art 12 § 1 I AdoptG, dass auf diese mit Wirkung vom 1. 1. 1977 die in den §§ 1767 ff BGB neu eingeführten Vorschriften über die Adoption Volljähriger anzuwenden sind, sofern der Angenommene in diesem Zeitpunkt bereits volljährig war.

444 Für die vor 1949 adoptierten Minderjährigen bedeutet dies, dass die Annahme nach dem Recht der Bundesrepublik Deutschland auch nach dem 1. 1. 1977 nur schwache Wirkungen zeitigt. Lediglich im Verhältnis zu den Annehmenden besteht die wechselseitige gesetzliche Erbberechtigung einschließlich des Pflichtteilsrechts, während eine solche zu den Verwandten des Annehmenden mangels Verwandtschaftsverhältnis auch nach dem 1. 1. 1977 nicht begründet wurde. Schließlich bleibt der Angenommene gegenüber seinen leiblichen Eltern und deren Verwandten erb- und pflichtteilsberechtigt, wie dies auch umgekehrt der Fall ist.

c. Rechtslage in der früheren DDR

445 Anders beurteilt sich die Rechtslage nach den Vorschriften der ehemaligen DDR.

446 Mit Wirkung vom 1. 1. 1957 trat in der DDR die Verordnung über die Annahme an Kindes statt in Kraft. Diese ersetzte die bis dahin geltenden Vorschriften des BGB und führte insbesondere zu einer erbrechtlichen Gleichstellung der adoptierten mit den ehelichen Kindern. Die Adoption wurde insgesamt mit starken Wirkungen ausgestattet. Auch das zum 1. 4. 1966 in Kraft getretene Familiengesetzbuch (FGB) der DDR änderte hieran nichts. Die §§ 66 ff FGB behielten für die Adoption in Anlehnung an die Verordnung über die Annahme an Kindes statt die starken Wirkungen einer Volladoption bei. Während gem § 73 FGB die verwandschaftlichen Beziehungen zu den leiblichen Verwandten des Annehmenden infolge der Annahme erloschen, wurde gem § 72 FGB ein Verwandtschaftsverhältnis zwischen dem angenommenen Kind und den Verwandten des Annehmenden begründet einschließlich aller damit verbundenen Folgen für das Erbrecht.

Die Übergangsvorschrift des § 2 EGFGB normierte, dass für alle am 1. 4. 1966 bestehenden familienrechtlichen Verhältnisse grundsätzlich die Bestimmungen des FGB anzuwenden waren. Für die vor dem Inkrafttreten des FGB ausgesprochenen Adoptionen bedeutete dies, dass sich deren Wirkungen ab dem 1. 4. 1966 nach den Vorschriften des FGB richteten. Dies galt insbesondere und gerade für die vor dem 1. 1. 1957 außerhalb des Geltungsbereiches der Verordnung über die Annahme an Kindes statt begründeten Adoptionen. Mit Wirkung ab 1. 4. 1966 wurden diese in solche mit den starken Wirkungen des FGB übergeleitet.[41] Eine Ausnahme galt nur, wenn die Eltern des Adoptierten bereits am 1. 4. 1966 verstorben waren. In diesen Fällen wurden die erfolgten Adoptionen nicht nachträglich den Rechtsfolgen des FGB unterworfen. Es blieb vielmehr bei den schwachen Wirkungen des BGB. 447

Für die vor 1949 adoptierten Minderjährigen folgt hieraus, dass der Angenommene nach dem Recht der früheren DDR im Gegensatz zur Rechtslage in der alten Bundesrepublik sowohl gegenüber den ihn Annehmenden wie auch deren Verwandten voll erbberechtigt wurde, während das Verwandschaftsverhältnis zu den leiblichen Verwandten mit dem 1. 4. 1966 erloschen ist. 448

d. Rechtslage seit dem 3. 10. 1990

Nach der Übergangsvorschrift des Art 234 § 1 EGBGB gilt in den neuen Ländern das Vierte Buch des BGB für alle familienrechtlichen Verhältnisse, die am Tag des Wirksamwerdens des Beitritts bestehen, soweit im Folgenden nichts anderes bestimmt ist. Eine entsprechende Ausnahmevorschrift für das Recht der Annahme als Kind findet sich in Art 234 § 13 EGBGB. Gem Art 234 § 13 I EGBGB gelten für die Annahmeverhältnisse, die vor dem 3. 10. 1990 begründet worden sind, § 1755 I 2, die §§ 1756 und 1760 II Buchstabe e, § 1762 II und die §§ 1767 bis 1772 BGB nicht. § 1766 BGB gilt nicht, wenn die Ehe vor dem Wirksamwerden des Beitritts geschlossen worden ist. 449

Indem der Gesetzgeber insbesondere die Anwendung der Vorschriften über die Volljährigenadoption (§§ 1767 bis 1772 BGB) auf die vor dem Beitritt in den neuen Ländern begründeten Annahmeverhältnisse ausgeschlossen hat, ist auf diese unter Berücksichtigung der in Art 234 § 13 EGBGB genannten Ausnahmen nach dem 3. 10. 1990 ausschließlich das Recht der Minderjährigenadoption des BGB anzuwenden.[42] Die nach dem Recht der DDR begründeten bzw gem § 2 EGFGB ab dem 1. 4. 1966 in das Recht des FGB übergeleiteten Annahmeverhältnisse unterliegen somit nach dem Beitritt den für die Annahme Minderjähriger geltenden Vorschriften des BGB mit ihren starken Wirkungen. Da die Adoption nach den §§ 66 ff FGB vergleichbare Wirkungen entfaltete war diese Entscheidung des Gesetzgebers durchaus sachgerecht. 450

Für die vor der deutschen Teilung adoptierten minderjährigen Kinder, die später ausschließlich im Gebiet der früheren DDR lebten, bedeutet dies, dass deren Annahmeverhältnisse infolge der Übergangsvorschriften des § 2 EGFGB und des Art 234 § 1 und § 13 EGBGB auch nach dem 3. 10. 1990 den 451

41 Vgl MüKo/Lüderitz Art. 234 § 13 EGBGB Rn 13
42 Vgl Palandt/Diederichsen Art. 234 § 13 EGBGB Rn 1

Wirkungen einer Volladoption unterliegen. Die Betroffenen behalten somit ihre in der DDR erworbene rechtliche Stellung eines Kindes der Annehmenden einschließlich der Begründung der Verwandschaftsverhältnisse zu den Verwandten der Annehmenden bei gleichzeitigem Erlöschen der Rechte und Pflichten gegenüber ihren bisherigen Verwandten bei.

452 Im Gegensatz zu den in den alten Ländern Aufgewachsenen bedeutet dies, dass die vor 1949 adoptierten Minderjährigen, die ausschließlich in den neuen Ländern gelebt haben, bei Erbfällen nach dem 3. 10. 1990 nicht nur gegenüber den sie Annehmenden sondern insbesondere gegenüber deren Verwandten entsprechend der Vorschriften des BGB gesetzlich erb- und pflichtteilsberechtigt sind. Eine wechselseitige gesetzliche Erb- und Pflichtteilsberechtigung der angenommenen Kinder und deren Abkömmlinge zu ihren leiblichen Verwandten besteht demgegenüber nicht.

III. Vaterschaftsanerkennung

453 Die Erweiterung des Kreises der gesetzlichen Erben bzw Pflichtteilsberechtigten kann auch durch die Anerkennung der Vaterschaft gem § 1592 Nr. 2 BGB erreicht werden. Mit der Möglichkeit, das Kind durch Anerkennung einem bestimmten Mann zuzuordnen, werden vor allem die Fälle erfasst, in denen die Eltern des Kindes zwar miteinander leben, aber nicht miteinander verheiratet sind. Das Bestehen einer nichtehelichen Lebensgemeinschaft begründet die Vaterschaft ebenso wenig wie die bloße häusliche Gemeinschaft.[43] § 1592 Nr. 2 BGB gilt im übrigen für die Kinder, die nach Scheidung oder Aufhebung der Ehe zur Welt kommen und deshalb nicht nach § 1592 Nr. 1 BGB dem früheren Ehemann der Mutter zugerechnet werden. Ist dieser der Vater, kann er die Vaterschaft durch Anerkennung herbeiführen.

454 Die Voraussetzungen der Vaterschaftsanerkennung sind in den §§ 1594 bis 1598 BGB geregelt. Die Anerkennung kann gem § 1594 IV BGB bereits vor der Geburt des Kindes erklärt werden, unter einer Bedingung oder Zeitbestimmung ist sie jedoch gem § 1594 III BGB unwirksam. Ist der Anerkennende beschränkt geschäftsfähig, bedarf er zu seiner Anerkennung nach § 1596 I 1 und 2 BGB der Zustimmung seines gesetzlichen Vertreters. Für einen Geschäftsunfähigen kann der gesetzliche Vertreter gem § 1596 I 3 BGB mit Genehmigung des Vormundschaftsgerichts anerkennen.

455 Die Anerkennung bedarf darüber hinaus gem § 1595 I BGB der Zustimmung der Mutter. Sofern der Mutter insoweit die elterliche Sorge nicht zusteht, bedarf die Anerkennung nach § 1595 II BGB auch der Zustimmung des Kindes. § 1594 III und IV BGB gelten gem § 1595 III BGB hinsichtlich der Zustimmung ebenso, wie § 1596 I 1 und 2 BGB gem § 1596 I 4 BGB für die Zustimmung der Mutter. Ist das Kind geschäftsunfähig oder noch nicht 14 Jahre alt, kann nach § 1596 II BGB nur sein gesetzlicher Vertreter die Zustimmung erteilen. Im Übrigen kann es nur selbst zustimmen, bedarf hierzu aber wiederum der Zustimmung seines gesetzlichen Vertreters.

43 Palandt/Diederichsen § 1592 Rn 4

Praxis-Tipp:

> *Der Vater kann seine Anerkennung gem § 1597 III BGB widerrufen, wenn sie ein Jahr nach der Beurkundung noch nicht wirksam geworden ist, es also insbesondere an den erforderlichen Zustimmungen fehlt.* 456

Gemäß § 1597 I und III BGB müssen Anerkennung, Zustimmung und Widerruf öffentlich beurkundet werden.

Musterformulierungen:

Vaterschaftsanerkennung: 457

Am...... wurde in...... von Frau......, geb am......, wohnhaft......, das Kind mit dem Namen...... geboren. Die Geburt ist im Geburtsregister des Standesamtes...... unter Nr. ...... eingetragen.

Hiermit erkenne ich an, dass ich der Vater des vorgenannten Kindes bin.

Ich wurde darüber belehrt, dass zur Wirksamkeit der Anerkennung die Zustimmung der Mutter erforderlich ist und dass ich die Anerkennung widerrufen kann, wenn sie ein Jahr nach der heutigen Beurkundung noch nicht wirksam geworden ist. Der Notar hat mich weiterhin über die verwandtschaftliche, unterhaltsrechtliche und erbrechtliche Bedeutung der Anerkennung der Vaterschaft belehrt.

Zustimmung der Mutter:

In der Urkunde des Notars...... in...... vom......, UR-Nr. ......, hat Herr......, geb am......, wohnhaft......, anerkannt, dass er der Vater meines am...... in...... geborenen Kindes...... ist.

Als Mutter gebe ich zu dieser Anerkennung meine Zustimmung.

Praxis-Tipp:

> *Die Vaterschaftseigenschaft ist ausgeschlossen, wenn dies aufgrund einer Anfechtung nach §§ 1599 ff BGB rechtskräftig festgestellt ist.* 458

IV. Einschränkung der elterlichen Vermögenssorge

Die elterliche Vermögenssorge erstreckt sich gem § 1626 BGB grundsätzlich auf das gesamte Vermögen des Kindes, also auch dasjenige, was das Kind durch Schenkungen oder von Todes wegen erwirbt. Nach § 1638 I BGB kann allerdings der Zuwendende bei einer unentgeltlichen Zuwendung unter Lebenden oder der Erblasser durch letztwillige Verfügung bestimmen, dass die Eltern eines Minderjährigen das diesem zugewendete Vermögen ganz oder teilweise nicht verwalten sollen. 459

Musterformulierung:

460 *Die Eltern meines Enkels schließe ich von der Verwaltung des diesem zugewendeten Gegenstandes aus.*

461 Eine entsprechende Ausschließung ist auch unter Ehegatten selbst möglich, insbesondere nach einer Scheidung.[44] Die Beschränkung kann unter einer Bedingung oder Zeitbestimmung getroffen werden.[45] Gem § 1638 II BGB gilt das Surrogationsprinzip; die Ausschließung der Verwaltung betrifft auch Ersatzstücke im zugewendeten Vermögen.

Praxis-Tipp:

462 *Statt einer Beschränkung der Vermögenssorge nach § 1638 BGB kann der Zuwendende durch letztwillige Verfügung oder bei der Zuwendung gem § 1639 I BGB für die Eltern Anordnungen hinsichtlich der Verwaltung des zugewendeten Vermögens treffen.*

463 Wird die Verwaltungsbefugnis nur einem Elternteil entzogen, verwaltet der andere gem § 1638 III BGB allein. Betrifft die Beschränkung der Vermögenssorge beide Eltern, entsteht verwaltungsfreies Vermögen. Es ist in diesem Fall ein Pfleger nach § 1909 I 2 BGB zu bestellen. Der Zuwendende hat gem § 1917 I BGB hinsichtlich des Pflegers ein Benennungsrecht. Die Eltern sind gem § 1909 II BGB dem Vormundschaftsgericht gegenüber zur Anzeige verpflichtet, sofern eine solche Pflegschaft erforderlich ist.

Praxis-Tipp:

464 *In der Praxis ist zu berücksichtigen, dass bei einer Zuwendung unter Lebenden die Bestimmung nach § 1638 BGB nur zusammen mit der Zuwendung erfolgen kann, also weder vorher noch nachher.*[46]

Soweit die Beschränkung auf einer letztwilligen Verfügung beruht, kann sie auch in einer anderen Verfügung als derjenigen, die die Anordnung enthält, erfolgen.

Praxis-Tipp:

465 *Hinsichtlich der Beschränkung durch letztwillige Verfügung ist im Einzelfall zu beachten, dass derselbe Erfolg durch Einsetzung eines Testamentsvollstreckers erreicht werden kann.*[47]

466 Liegt eine Bestimmung nach § 1638 I BGB neben einer Dauertestamentsvollstreckung vor, so nimmt der Pfleger die Rechte des Kindes gegenüber dem Testamentsvollstrecker wahr.

44 BayObLG FamRZ 1989, 1342; vgl auch ZEV 2001, 176
45 Vgl Palandt/Diederichsen § 1638 Rn 6
46 Vgl Palandt/Diederichsen § 1638 Rn 5
47 Vgl Damrau ZEV 1994, 1

F. Gestaltungsmöglichkeiten gleichgeschlechtlicher Lebenspartner mit Einfluss auf das Erbrecht 553

ÜBERBLICK

F. Gestaltungsmöglichkeiten gleichgeschlechtlicher Lebenspartner mit Einfluss auf das Erbrecht

Das Gesetz zur Beendigung der Diskriminierung gleichgeschlechtlicher Gemeinschaften: Lebenspartnerschaften vom 16.2.2001[1] ist am 1.8.2001 in Kraft getreten. Es normiert den ersten Teil einer umfassenden Reform der Rechtsstellung gleichgeschlechtlicher Paare. In dem neuen Gesetz finden sich insbesondere die Regelungen über die Lebenspartnerschaft sowie deren familien-, erb-, miet- und ausländerrechtlichen Folgen. Neben dem Gesetz über die Eingetragene Lebenspartnerschaft (Lebenspartnerschaftsgesetz – LPartG) enthält das Artikelgesetz unter anderem Änderungen des BGB, EGBGB, BeurkG, BRAO, ZPO, GVG, FGG, InsO, GKG, KostO, StGB, StPO, BErzGG sowie des Ausländergesetzes. Den zweiten Teil der Reform soll die steuer- und sozialrechtliche Privilegierung der eingetragenen Lebenspartnerschaft bilden. Das hierzu vorgesehene Lebenspartnerschaftsgesetzergänzungsgesetz (LPartGErG) ist bisher an der Zustimmung des Bundesrates gescheitert. **467**

Auch wenn die Verfassungsmäßigkeit des Gesetzeswerks mit beachtlichen Argumenten bezweifelt wird und äußerst umstritten ist,[2] hat sich die Praxis zunächst auf die Neuregelung einzustellen. Die von den Ländern Bayern, Sachsen und Thüringen gestellten Eilanträge auf Erlass einer einstweiligen Anordnung gegen das Inkrafttreten des LPartG hat das BVerfG mit Urteil vom 18.7.2001[3] abgewiesen. Eine Entscheidung des BVerfG über die in der Hauptsache anhängigen abstrakten Normenkontrollverfahren[4] wird im Jahr 2002 erwartet. **468**

Durch die Begründung einer Lebenspartnerschaft können die gleichgeschlechtlichen Partner unmittelbar auf das gesetzliche Erb- und Pflichtteilsrecht Einfluss nehmen.

I. Grundzüge der eingetragenen Lebenspartnerschaft

Das LPartG sieht vor, dass zwei Personen gleichen Geschlechts eine Lebenspartnerschaft auf Lebenszeit eingehen können. **469**

1 BGBl I 2001, 266; siehe hierzu auch BT-Ds 14/3751 sowie Schwab FamRZ 2001, 385 ff; Grziwotz DNotZ 2001, 280 ff; N. Mayer ZEV 2001, 169 ff; Dorsel RNotZ 2001, 151 ff; Süß DNotZ 2001, 168 ff; Krause NotBZ 2001, 241 ff; Müller DNotZ 2001, 581 ff; dies DNotI-Report 2001, 126 f; Epple BWNotZ 2001, 44 ff; Kaiser JZ 2001, 617 ff; Dethloff NJW 2001, 2598

2 Vgl eingehend: Scholz/Uhle NJW 2001, 393; siehe auch: Krings ZRP 2000, 409; ders FPR 2001, 7; Scholz FF 2000, 73; Braun ZRP 2001, 14 ff; Sachs JR 2001, 45 ff; Beck NJW 2001, 1894 ff

3 BVerfG NJW 2001, 2457

4 Az 1 BvF 1/01 und 1 BvF 2/01

1. Begründung der Lebenspartnerschaft

470 Zur Begründung der Lebenspartnerschaft ist gem § 1 I LPartG erforderlich, dass die zukünftigen Lebenspartner vor der zuständigen Behörde gegenseitig persönlich und bei gleichzeitiger Anwesenheit erklären, miteinander eine Partnerschaft auf Lebenszeit führen zu wollen. Die Erklärungen können nicht unter einer Bedingung oder Zeitbestimmung abgegeben werden. Weitere Voraussetzung für die Begründung der Lebenspartnerschaft ist gem § 1 I 4 LPartG eine Erklärung der Lebenspartner über ihren Vermögensstand (§ 6 I LPartG).

471 Mangels Zustimmung des Bundesrates fehlt es bisher an einer bundeseinheitlichen Regelung über die für die Entgegennahme der Erklärungen zuständigen Behörde und Registerverfahrensvorschriften. Die Mehrzahl der Bundesländer hat diese Aufgaben durch landesgesetzliche Ausführungsbestimmungen[5] den Standesämtern übertragen. Einen Sonderweg geht Bayern, das die Notare für zuständig erklärt.

472 Nicht wirksam begründet werden kann eine Lebenspartnerschaft mit einer Person, die minderjährig oder verheiratet ist oder bereits mit einer anderen Person eine Lebenspartnerschaft führt (§ 1 II Nr. 1 LPartG). Gleiches gilt für Personen, die in gerader Linie miteinander verwandt sind (§ 1 II Nr. 2 LPartG) und für eine Lebenspartnerschaft zwischen vollbürtigen und halbbürtigen Geschwistern (§ 1 II Nr. 3 LPartG). Schließlich ist eine Lebenspartnerschaft zwischen Personen, die bei der Begründung darüber einig sind, keine Verpflichtung zur partnerschaftlichen Lebensgemeinschaft im Sinne des § 2 LPartG einzugehen, unzulässig (§ 1 II Nr. 4 LPartG).

---

5 **Baden-Württemberg**: VO des Innenministeriums zur Durchführung des Lebenspartnerschaftsgesetzes vom 24. 7. 2001, GBl BW 2001, 490; **Berlin**: Gesetz zur Ausführung des Lebenspartnerschaftsgesetzes vom 10. 7. 2001, GVBl Berlin 2001, 222 (= StAZ 2001, 246); **Brandenburg**: LPartG-ZVerfG vom 27. 7. 2001, GVBl Brandenburg I, 102; **Bremen**: BremLPartVerfG vom 26. 6. 2001, GBl Bremen 2001, 213 (= StAZ 2001, 247); **Hamburg**: LPartAusfG vom 4. 7. 2001, HmbGVBl I, 145; **Hessen**: LPartG-ZVerfG vom 25. 8. 2001, GVBl II 302-14 (vgl dazu auch Rundschreiben vom 5. 7. 2001, abgedruckt in: StAZ 2001, 248); **Niedersachsen**: Nds AGLPartG vom 21. 6. 2001, Nds GVBl 2001, 377 (= StAZ 2001, 252); **Rheinland-Pfalz**: AGLPartG vom 10. 7. 2001, GVBl RP 2001, 137 (= StAZ 2001, 254); **Saarland**: AGLPartG vom 13. 6. 2001, Saarl ABl 2001, 1222; **Sachsen**: LPartGZuVO vom 19. 7. 2001, Sächs GVBl 2001, 451 (vorläufige Regelung); **Sachsen-Anhalt**: LPart-AG vom 24. 7. 2001, GVBl LSA Nr. 32/ 2001, 292; **Schleswig-Holstein**: LPartAusfG vom 18. 7. 2001, GVBl Schl.-H. 2001 II, 96; **Länder, in denen Ausführungsgesetze noch nicht in Kraft sind (Stand September 2001): Bayern**: vgl zum Entwurf des Kabinetts das Sammelrundschreiben der Landesnotarkammer Bayern Nr. 05/01 vom 1. 8. 2001; **Mecklenburg-Vorpommern**: bislang nur Entwurf eines Gesetzes zur Ausführung des Lebenspartnerschaftsgesetzes (vgl LT-Drucks 3/2052 vom 30. 04. 2001); **Nordrhein-Westfalen**: vgl Pressemitteilung des Innenministeriums vom 24. 7. 2001 (ab 1. 8. 2001 zunächst übergangsweise Bezirksregierungen für Begründung der Lebenspartnerschaft zuständig); **Thüringen**: Gesetz geplant, Inhalt aber bislang unklar; ab 1. 8. 2001 im Rahmen einer Organisationsverfügung zunächst Thüringer Landesverwaltungsamt in Weimar zur zuständigen Stelle erklärt

2. Partnerschaftliche Lebensgemeinschaft und Umfang der Sorgfaltspflicht

§ 2 LPartG bestimmt, dass die Lebenspartner einander zur Fürsorge und Unterstützung sowie zur gemeinsamen Lebensgestaltung verpflichtet sind. Sie tragen füreinander Verantwortung. Die Lebensgemeinschaft ist damit weniger umfassend als in § 1353 I BGB für Ehegatten, die einander zur ehelichen Lebensgemeinschaft verpflichtet sind, geregelt.[6] 473

Vergleichbar § 1359 BGB haben die Lebenspartner gem § 4 LPartG bei der Erfüllung der sich aus dem lebenspartnerschaftlichen Verhältnis ergebenden Verpflichtungen einander nur für diejenige Sorgfalt einzustehen, welche sie in eigenen Angelegenheiten anzuwenden pflegen. 474

Praxis-Tipp:

Diese Haftungserleichterung erstreckt sich auf die Erfüllung aller sich aus der Lebenspartnerschaft ergebenden Verpflichtungen.[7] 475

3. Lebenspartnerschaftsname

Gem § 3 I LPartG können die Lebenspartner den Geburtsnamen eines von ihnen als gemeinsamen Lebenspartnerschaftsnamen bestimmen. 476

Praxis-Tipp:

Ehegatten sollen demgegenüber nach § 1355 I BGB einen gemeinsamen Familiennamen führen. 477

Die Bestimmung hat in der Regel bei der Begründung der Lebenspartnerschaft zu erfolgen. Eine später abgegebene Erklärung bedarf gem § 3 I 5 LPartG der öffentlichen Beglaubigung. Ein Lebenspartner, dessen Geburtsname nicht Lebenspartnerschaftsname wird, kann nach § 3 II 1 LPartG seinen Geburtsnamen bzw den Namen, den er zur Zeit der Erklärung über die Bestimmung des Lebenspartnerschaftsnamens führt, dem Lebenspartnerschaftsnamen voranstellen oder anfügen. Diese Regelung entspricht § 1355 IV BGB. Gem § 3 III BGB behält ein Lebenspartner den Lebenspartnerschaftsnamen grundsätzlich auch nach der Beendigung der Lebenspartnerschaft, sofern er nicht seinen Geburtsnamen bzw einen etwaig früher geführten Namen wieder annimmt. 478

6 Vgl Diederichsen NJW 2000, 1841; siehe auch Holzhauer JZ 2000, 1076, 1085
7 Krause NotBZ 2001, 241, 242

4. Lebenspartnerschaftsunterhalt

479 Nach § 5 LPartG sind die Lebenspartner einander zum angemessenen Unterhalt verpflichtet. Hinsichtlich des Umfangs des Unterhalts und für Zuvielleistungen gelten die §§ 1360 a und § 1360 b BGB entsprechend.

Die gesetzliche Regelung besagt nicht, wie und in welchem Umfang jeder Lebenspartner zum Unterhalt beizutragen hat. Maßgebend ist die Art und Weise, wie die Partner ihre Lebensgemeinschaft ausgestalten. Gem §§ 5 S 2 LPartG, 1360 a I BGB umfasst der angemessene Unterhalt der Lebenspartnerschaft alles, was nach den Verhältnissen der Lebenspartner erforderlich ist, um die Kosten des Haushaltes zu bestreiten und die persönlichen Bedürfnisse der Partner zu befriedigen.

480 Die Verpflichtung zum Unterhalt während der Lebenspartnerschaft ist zwingend. Ein Verzicht hierauf, etwa in einem Lebenspartnerschaftsvertrag, ist nicht wirksam. Dies ergibt sich aus § 5 S 2 LPartG in Verbindung mit §§ 1360 a III, 1614 I BGB, wonach für die Zukunft nicht auf den Unterhalt verzichtet werden kann.

Praxis-Tipp:

481 *Möglich sind aber Vereinbarungen der Lebenspartner über die Art und Höhe des Unterhalts.*[8]

5. Vermögensstand

482 Gem § 6 I 1 LPartG haben die Lebenspartner vor der Begründung der Lebenspartnerschaft eine Regelung über den Vermögensstand zu treffen. Dabei müssen sie nach § 6 I 2 LPartG entweder erklären, dass sie den Vermögensstand der Ausgleichsgemeinschaft vereinbart haben,[9] oder sie müssen einen Lebenspartnerschaftsvertrag im Sinne des § 7 LPartG abgeschlossen haben.

Praxis-Tipp:

483 *Die Vorschriften über den Vermögensstand sind im LPartG nur unvollkommen geregelt. Im Gesetzestext Erwähnung finden lediglich die Ausgleichsgemeinschaft und die Vermögenstrennung.*

8 Krause NotBZ 2001, 241, 242
9 Kritisch hierzu: N. Mayer ZEV 2001, 169, 171

a. Vermögensstand der Ausgleichsgemeinschaft

Der Vermögensstand der Ausgleichsgemeinschaft ist quasi der gesetzliche Vermögensstand der Lebenspartner. Seine Vereinbarung ist formlos möglich,[10] insbesondere bedarf diese nach § 7 II LPartG nicht der für den Abschluss eines Lebenspartnerschaftsvertrages vorgesehenen notariellen Beurkundung. Ist die Vereinbarung des Vermögensstandes der Ausgleichsgemeinschaft unwirksam, besteht gem § 6 III LPartG Vermögenstrennung. 484

Der Vermögensstand der Ausgleichsgemeinschaft ist mit dem Güterstand der Zugewinngemeinschaft bei Ehegatten vergleichbar. Gem § 6 II 1 LPartG wird beim Vermögensstand der Ausgleichsgemeinschaft Vermögen, das die Lebenspartner zu Beginn der Lebenspartnerschaft haben oder während der Lebenspartnerschaft erwerben, nicht gemeinschaftliches Vermögen. Jeder Lebenspartner verwaltet sein Vermögen nach § 6 II 2 LPartG selbst. Bei Beendigung des Vermögensstandes wird der Überschuss, den die Lebenspartner während der Dauer des Vermögensstandes erzielt haben, nach § 6 II 3 LPartG ausgeglichen. Die §§ 1371 bis 1390 BGB für den Zugewinnausgleich unter Ehegatten gelten im Übrigen gem § 6 II 4 LPartG entsprechend. 485

Praxis-Tipp:

Nach der Regelung des § 1371 I BGB erhöht sich der Erbteil des überlebenden Lebenspartners um 1/4. Die Grundsätze über den sog großen und kleinen Pflichtteil bei Ehegatten gelten auch insoweit. Der überlebende Lebenspartner ist nicht nur auf den erbrechtlichen Überschussausgleich beschränkt. Er könnte auch die Erbschaft ausschlagen und statt dessen den schuldrechtlichen Ausgleich verlangen. Daneben steht dem Überlebenden ein Pflichtteilsanspruch zu. Dieser errechnet sich allerdings nur nach dem nicht erhöhten Erbteil (§ 1371 II, III BGB). Ausgehend von einer Quote von 1/4 ergibt sich insoweit ein Pflichtteilsanspruch von 1/8. Hier spricht man vom kleinen Pflichtteil. Dieser Weg ist für den überlebenden Lebenspartner wirtschaftlich günstiger, wenn der Nachlass überwiegend aus dem Vermögensüberschuss des Verstorbenen besteht, während der Überlebende selbst keinen Vermögensüberschuss erzielt hat.[11] 486

b. Vermögensstand der Vermögenstrennung

Der Begriff der Vermögenstrennung ist ausschließlich in § 6 III LPartG erwähnt. Nach dieser Vorschrift besteht Vermögenstrennung, sofern eine Vereinbarung der Ausgleichsgemeinschaft oder ein Lebenspartnerschaftsvertrag unwirksam ist. Der Wortlaut des § 6 III LPartG könnte darauf hindeuten, dass der Vermögensstand der Vermögenstrennung nur in diesen beiden Unwirksamkeitsfällen eintreten kann. Wäre dem so,[12] hätte der Lebenspartnerschaftsvertrag nur einen eingeschränkten Anwendungsbereich. 487

---

10 Vgl N. Mayer ZEV 2001, 169, 171
11 Krause NotBZ 2001, 241, 242
12 Missverständlich insoweit Grziwotz DNotZ 2001, 280, 287

488 § 7 I 1 LPartG bestimmt, dass die Lebenspartner ihre vermögensrechtlichen Verhältnisse durch Vertrag (Lebenspartnerschaftsvertrag) regeln können. Der Gesetzgeber lässt zu, dass die Lebenspartner über ihre wirtschaftlichen Verhältnisse im Wesentlichen frei disponieren. Dies kann nur bedeuten, dass die Lebenspartner entsprechend der Gütertrennung bei Ehegatten auch über die in § 6 III LPartG genannten Fälle hinaus die Möglichkeit haben, durch vertragliche Vereinbarung den Vermögensstand der Vermögenstrennung zu vereinbaren. Der Gesetzgeber weist zudem in der Gesetzesbegründung[13] ausdrücklich darauf hin, dass der Vermögensstand der Vermögenstrennung keine gesetzliche Regelung erfordere, da eine vertragliche Regelung, dass die vermögensrechtlichen Verhältnisse durch die Begründung der Lebenspartnerschaft nicht berührt werden, ausreiche, um die gewünschten Rechtsfolgen herbeizuführen. Die Vereinbarung des Vermögensstandes der Vermögenstrennung in einem Lebenspartnerschaftsvertrag ist dementsprechend ohne weiteres zulässig.[14]

489 Vergleichbar der Gütertrennung findet bei der Beendigung des Vermögensstandes der Vermögenstrennung, sei es durch Aufhebung oder Tod, ein Überschussausgleich nach § 6 II LPartG nicht statt. Beim Tod eines Lebenspartners verbleibt es somit insbesondere bei den allgemeinen erbrechtlichen Regelungen des § 10 LPartG. Eine Erhöhung des Erbteils des überlebenden Lebenspartners nach § 6 II 4 LPartG, § 1371 I BGB um ein einviertel scheidet aus.

c. Vermögensgegenstand der Vermögensgemeinschaft

490 Umstritten ist, ob die Lebenspartner auch die Möglichkeit haben, den Vermögensstand der Vermögensgemeinschaft durch Bezugnahme auf die Vorschriften über die eheliche Gütergemeinschaft im Sinne der §§ 1415 ff BGB zu vereinbaren. Ebensowenig wie das LPartG eine gesetzliche Regelung über das Wesen der Vermögenstrennung enthält, sieht es eine entsprechende Anwendung der §§ 1415 ff BGB seinem Gesetzeswortlaut nach vor.

491 Grziwotz[15] und N. Mayer[16] vertreten die Auffassung, dass den Lebenspartnern die Vereinbarung einer Vermögensgemeinschaft durch Verweisung auf die §§ 1415 ff BGB versperrt sei, da die hierdurch eintretende dingliche Rechtsänderung (Gesamtgut) nur durch eine gesetzliche Bestimmung erfolgen kann und nicht der vertraglichen Dispositionsbefugnis unterliegt. Die herrschende Meinung in der Literatur[17] hält demgegenüber die Vereinbarung des Vermögensstandes der Vermögensgemeinschaft für zulässig.

---

13 BT-Ds 14/3751, S 38

14 Dies entspricht allgemeiner Ansicht; vgl Schwab FamRZ 2001, 385, 388; Grziwotz DNotZ 2001, 280, 287; N Mayer ZEV 2001, 169, 175; Dorsel RNotZ 2001, 151, 152; Krause NotBZ 2001, 241, 243

15 Grziwotz DNotZ 2001, 280, 287

16 N. Mayer ZEV 2001, 169, 175

17 Krause NotBZ 2001, 241, 243 f; Dorsel RNotZ 2001, 151, 152; Schwab FamRZ 2001, 385, 388; Süß DNotZ 2001, 168, 172; Leipold ZEV 2001, 218, 220; Epple BWNotZ 2001, 44, 46; Dethloff NJW 2001, 2598, 2601

Der Gesetzgeber hat den Lebenspartnern in § 7 I 1 LPartG die Möglichkeit eingeräumt, ihre vermögensrechtlichen Verhältnisse durch Vertrag zu regeln. Da die Lebensverhältnisse gleichgeschlechtlicher Paare vielgestaltig sind, hält es der Gesetzgeber für am besten, dass die Lebenspartner selbst eine auf ihre jeweilige Lebenssituation passende Regelung ihrer vermögensrechtlichen Verhältnisse treffen.[18] Dementsprechend enthält weder § 7 I 1 LPartG noch das LPartG an anderer Stelle eine Beschränkung auf bestimmte Vertragsinhalte oder Vermögensstände. 492

Ausweislich der Gesetzesbegründung[19] hat der Gesetzgeber – ebenso wie hinsichtlich der Vermögenstrennung – bewusst darauf verzichtet, den Vermögensstand der Vermögensgemeinschaft gesetzlich zu regeln. Es sollte vielmehr den Lebenspartnern freistehen, die Wirkungen einer Vermögensgemeinschaft durch einen Lebenspartnerschaftsvertrag herbeizuführen.[20] Es entspricht somit dem Willen des Gesetzgebers, dass die Lebenspartner die Möglichkeit erhalten, einen der ehelichen Gütergemeinschaft vergleichbaren Vermögensstand im Lebenspartnerschaftsvertrag mit Gesamtgut, Sondergut und Vorbehaltsgut zu vereinbaren. Auch wenn eine ausdrückliche Verweisung auf §§ 1415 ff BGB zweifelsohne wünschenswert gewesen wäre, folgt hieraus, dass § 7 I 1 LPartG die vertragliche Vereinbarung des Vermögensstandes der Vermögensgemeinschaft durch Bezugnahme auf die Vorschriften über die Gütergemeinschaft zulässt.[21] 493

Darüber hinaus ist zu berücksichtigen, dass § 6 III LPartG, der an einziger Stelle im Gesetz den Begriff der Vermögenstrennung verwendet, im Gesetzesentwurf nicht erhalten war.[22] Hätte sich der Gesetzgeber im Zuge des Gesetzgebungsverfahrens nicht noch für die in § 6 III LPartG normierte Rechtsfolge entschieden, würde das Gesetz ausschließlich eine Regelung zur Ausgleichsgemeinschaft enthalten. Hieraus zu folgern, dass andere Vermögensstände nicht zulässig seien, führte zu einer Inhaltsleere des § 7 I 1 LPartG. Der Anwendungsbereich der Vorschrift wäre auf die Zulässigkeit der vertraglichen Modifizierung der Ausgleichsgemeinschaft beschränkt. Wie die vergleichbare Rechtslage bei Eheverträgen zeigt, hätte es einer solchen Vorschrift nicht bedurft. Daraus, dass im Gesetz nur die Ausgleichsgemeinschaft und die Vermögenstrennung angesprochen werden, kann demzufolge nicht geschlossen werden, dass die Vereinbarung des Vermögensstandes der Vermögensgemeinschaft unzulässig ist.[23] 494

Schließlich erklärt § 7 I 3 LPartG § 1409 BGB für entsprechend anwendbar. Gem § 1409 BGB kann der Güterstand nicht durch Verweisung auf nicht mehr geltendes oder ausländisches Recht bestimmt werden. Wäre eine Verweisung auf Güter- bzw Vermögensstände, die im LPartG nicht ausdrücklich genannt sind, von vornherein ausgeschlossen, hätte es der Anwendbarerklärung des § 1409 BGB nicht bedurft.[24] 495

18 BT-Ds 14/3751, S 38
19 BT-Ds 14/3751, S 38
20 BT-Ds 14/3751, S 38
21 Krause NotBZ 2001, 241, 243
22 Vgl BT-Ds 14/3751, S 4
23 Krause NotBZ 2001, 241, 243 f
24 Krause NotBZ 2001, 241, 244

496 Nach alledem ist davon auszugehen, dass der Vermögensstand der Vermögensgemeinschaft durch Verweisung auf das Recht der ehelichen Gütergemeinschaft gem. §§ 1415 ff BGB in einem Lebenspartnerschaftsvertrag wirksam vereinbart werden kann.

6. Weitere Wirkungen der Begründung der Lebenspartnerschaft

497 Zugunsten der Gläubiger eines der Lebenspartner wird vergleichbar der für Ehegatten geltenden Regelung des § 1362 BGB nach § 8 I 1 LPartG in Verbindung mit § 739 II ZPO vermutet, dass die im Besitz eines Lebenspartners oder beider Lebenspartner befindlichen beweglichen Sachen dem Schuldner gehören. Gem § 8 I 2 LPartG gilt insoweit § 1362 I 2, 3, II BGB entsprechend.

Praxis-Tipp:

498 *Zur Widerlegung der gesetzlichen Vermutung empfiehlt es sich insbesondere bei überschuldeten Lebenspartnern, in den Lebenspartnerschaftsvertrag ein Vermögensverzeichnis aufzunehmen.*[25]

499 Nach § 8 II LPartG finden weiterhin auf die Lebenspartnerschaft § 1357 BGB (Geschäfte zur Deckung des Lebensbedarfs) und die §§ 1365 bis 1370 BGB Anwendung. Während die in §§ 1365 bis 1370 BGB enthaltenen Verfügungsbeschränkungen ausschließlich für im Güterstand der Zugewinngemeinschaft lebende Ehegatten gelten, enthält § 8 II LPartG eine entsprechende Beschränkung auf den Vermögensstand der Ausgleichsgemeinschaft nicht. § 1365 BGB und § 1369 BGB finden somit grundsätzlich auch bei Lebenspartnern Anwendung, die in einem Lebenspartnerschaftsvertrag den Vermögensstand der Vermögenstrennung oder Vermögensgemeinschaft vereinbart haben.

Praxis-Tipp:

500 *Insbesondere bei der Vereinbarung des Vermögensstandes der Vermögenstrennung dürfte es dem Interesse der Lebenspartner entsprechen, eine Befreiung von den Beschränkungen der §§ 1365, 1369 BGB vorzusehen.*[26]

501 Gemeinsame Kinder der Partner einer gleichgeschlechtlichen Lebenspartnerschaft sind biologisch ausgeschlossen. Die gemeinsame Annahme eines Kindes durch diese ist im Gesetz nicht zugelassen. § 9 LPartG beschränkt sich daher auf eine Regelung für einseitige Eltern. Führt der allein sorgeberechtigte Elternteil eine Lebenspartnerschaft, hat sein Lebenspartner nach § 9 I LPartG im Einvernehmen mit dem sorgeberechtigten Elternteil die Befugnis zur Mitentscheidung in Angelegenheiten des täglichen Lebens des Kindes

25 Krause NotBZ 2001, 241, 244
26 Krause NotBZ 2001, 241, 244

(»kleines Sorgerecht«). § 1629 II 1 BGB gilt entsprechend. Bei Gefahr im Verzug ist der Lebenspartner gem § 9 II LPartG dazu berechtigt, alle Rechtshandlungen vorzunehmen, die zum Wohl des Kindes notwendig sind; der sorgeberechtigte Elternteil ist unverzüglich zu unterrichten. Das Familiengericht kann gem § 9 III LPartG die Befugnisse des anderen Lebenspartners nach § 9 I LPartG einschränken oder ausschließen, wenn dies zum Wohl des Kindes erforderlich ist. Die Befugnisse nach § 9 I LPartG bestehen im Übrigen gem § 9 IV LPartG nicht, wenn die Lebenspartner nicht nur vorübergehend getrennt leben.

Als sonstige Wirkungen der Lebenspartnerschaft bestimmt § 11 I LPartG, dass 502
ein Lebenspartner grundsätzlich als Familienangehöriger des anderen Lebenspartners gilt. Die Verwandten eines Lebenspartners gelten nach § 11 II LPartG mit dem anderen Lebenspartner als verschwägert. Die Linie und der Grad der Schwägerschaft bestimmen sich nach der Linie und dem Grad der sie vermittelnden Verwandtschaft.

Beispiel:

Lebenspartner und »Schwiegermutter« sind Verschwägerte ersten Grades 503
in gerader Linie.

Die Schwägerschaft dauert fort, auch wenn die Lebenspartnerschaft, die sie 504
begründet hat, aufgelöst wurde.

7. Getrenntleben der Lebenspartner

a. Unterhalt bei Getrenntleben

Leben die Lebenspartner getrennt, so kann ein Lebenspartner gem § 12 I 1 505
LPartG von dem anderen den nach den Lebensverhältnissen und den Erwerbs- und Vermögensverhältnissen während der Lebenspartnerschaft angemessenen Unterhalt verlangen. Der nichterwerbstätige Lebenspartner kann nach § 12 I 2 LPartG darauf verwiesen werden, seinen Unterhalt durch eine Erwerbstätigkeit selbst zu verdienen. Insoweit unterscheiden sich die Anspruchsvoraussetzungen von Getrenntlebensunterhalt bei Ehegatten und Lebenspartnern erheblich. Ausgeschlossen ist die Verweisung des nichterwerbstätigen Lebenspartners auf eine Erwerbstätigkeit, wenn dies von ihm nach seinen persönlichen Verhältnissen unter Berücksichtigung der Dauer der Lebenspartnerschaft und nach den Verhältnissen der Lebenspartner nicht erwartet werden kann.

Praxis-Tipp:

Die Beweislast trägt derjenige, der den Getrenntlebensunterhalt beansprucht.[27] 506

27 Vgl Grziwotz DNotZ 2001, 280, 296

507 Zu versagen, herabzusetzen oder zeitlich zu begrenzen ist der Unterhaltsanspruch nach § 12 II LPartG, soweit die Inanspruchnahme des Verpflichteten unbillig wäre. § 1361 IV und § 1610 a BGB gelten entsprechend.

Praxis-Tipp:

508 *Die Verweisung auf § 1361 IV BGB, der seinerseits § 1360 a III BGB und dieser wiederum § 1614 I BGB für anwendbar erklärt, hat insbesondere zur Folge, dass auf den Getrenntlebensunterhalt für die Zukunft nicht wirksam verzichtet werden kann. Dies entspricht der Rechtslage bei Ehegatten.*[28]

b. Hausratsverteilung bei Getrenntleben

509 Im Falle des Getrenntlebens kann jeder der Lebenspartner gem § 13 I 1 LPartG die ihm gehörenden Haushaltsgegenstände von dem anderen herausverlangen. Er ist jedoch gem § 13 I 2 LPartG verpflichtet, sie dem anderen Lebenspartner zum Gebrauch zu überlassen, soweit dieser sie zur Führung eines abgeschlossenen Haushalts benötigt und die Überlassung nach den Umständen des Falles der Billigkeit entspricht. Diese Regelung ist mit § 1361 a I BGB identisch. Haushaltsgegenstände, die den Lebenspartnern gemeinsam gehören, werden nach § 13 II 1 LPartG zwischen ihnen nach den Grundsätzen der Billigkeit verteilt. Das Gericht kann gem § 13 II 2 LPartG eine angemessene Vergütung für die Benutzung der Haushaltsgegenstände festsetzen.

Praxis-Tipp:

510 *Sofern die Lebenspartner nichts anderes vereinbaren, bleiben die Eigentumsverhältnisse nach § 13 III LPartG unberührt.*

c. Wohnungszuweisung bei Getrenntleben

511 Eine § 1361b BGB vergleichbare Regelung für die Wohnungszuweisung bei Getrenntleben findet sich in § 14 LPartG. Gem § 14 I 1 LPartG kann ein Lebenspartner in diesem Fall verlangen, dass ihm der andere die gemeinsame Wohnung oder einen Teil zur alleinigen Benutzung überlässt, soweit dies notwendig ist, um eine schwere Härte zu vermeiden.

28 Krause NotBZ 2001, 241, 244; aA Dorsel RNotZ 2001, 151, 152, der die Verweisungskette von § 1361 IV 4 BGB über § 1360 a III BGB zu § 1614 I 1 BGB übersieht

Praxis-Tipp:

Steht einem Lebenspartner allein oder gemeinsam mit einem Dritten das Eigentum, das Erbbaurecht oder der Nießbrauch an dem Grundstück zu, auf dem sich die gemeinsame Wohnung befindet, so ist dies gem § 14 I 2 LPartG besonders zu berücksichtigen. Entsprechendes gilt für das Wohnungseigentum, das Dauerwohnrecht und das dingliche Wohnrecht. 512

Ist ein Lebenspartner verpflichtet, dem anderen die gemeinsame Wohnung oder einen Teil zur alleinigen Benutzung zu überlassen, kann er von dem anderen Lebenspartner gem § 14 II LPartG eine Vergütung für die Benutzung verlangen, soweit dies der Billigkeit entspricht. 513

II. Erbrechtliche Wirkungen der Begründung einer Lebenspartnerschaft

Die erbrechtlichen Wirkungen der Begründung einer Lebenspartnerschaft ergeben sich im Wesentlichen aus § 10 LPartG. Danach ist das Erbrecht der Lebenspartner demjenigen der Ehegatten gleichgestellt. 514

Nach § 10 I 1 LPartG ist der überlebende Lebenspartner des Erblassers neben Verwandten der ersten Ordnung zu einem Viertel, neben Verwandten der zweiten Ordnung oder neben Großeltern zur Hälfte der Erbschaft gesetzlicher Erbe. 515

Beispiele:

Hat der verstorbene Lebenspartner Kinder, beträgt der gesetzliche Erbteil des überlebenden Lebenspartners $1/4$. Die Kinder erben zusammen $3/4$. Bei zwei Kindern entfällt auf jedes Kind eine Quote von $3/8$. 516

Sind neben dem überlebenden Lebenspartner nur noch Geschwister des Erblassers als gesetzliche Erben vorhanden, beträgt der gesetzliche Erbteil des Lebenspartners $1/2$ und der Erbteil der Geschwister zusammen ebenfalls $1/2$. Das gleiche gilt, falls als gesetzliche Erben ausschließlich Großeltern vorhanden sind. 517

Leben die Lebenspartner im quasi gesetzlichen Vermögensstand der Ausgleichsgemeinschaft, erhöht sich der gesetzliche Erbteil des überlebenden Lebenspartners gemäß § 6 II 4 LPartG in Verbindung mit § 1371 I BGB um ein weiteres Viertel. Diese Erhöhung dient der pauschalen Verwirklichung des Überschussausgleichs. 518

- Im ersten Beispielsfall erbt der überlebende Lebenspartner $1/2$ und die beiden Kinder je $1/4$. 519
- Die Erhöhung hat im zweiten Beispielsfall zur Folge, dass der Lebenspartner zu $3/4$ und die Geschwister bzw Großeltern zusammen zu $1/4$ zu Erben

berufen sind. Bei zwei Geschwistern entfällt auf diese somit eine Quote von je 1/8 und bei vier Großeltern auf diese eine Quote von je 1/16.

520 Vergleichbar der Regelung für Ehegatten in § 1932 BGB stehen dem überlebenden Lebenspartner weiterhin gem § 10 I 2 LPartG die zum lebenspartnerschaftlichen Haushalt gehörenden Gegenstände, soweit sie nicht Zubehör eines Grundstücks sind, und die Geschenke zur Begründung der Lebenspartnerschaft als Voraus zu. Ist der überlebende Lebenspartner neben Verwandten der ersten Ordnung gesetzlicher Erbe, gilt dies jedoch gem § 10 I 3 LPartG nur, soweit er den Voraus zur Führung eines angemessenen Haushalts benötigt. Auf den Voraus sind nach § 10 I 4 LPartG die für Vermächtnisse geltenden Vorschriften anzuwenden.

521 Da der Lebenspartner gem § 11 I LPartG Familienangehöriger seines Lebenspartners ist, kann ihm im Übrigen ein Anspruch auf den sog Dreißigsten im Sinne des § 1969 BGB zustehen.

522 Sind weder Verwandte der ersten noch der zweiten Ordnung noch Großeltern vorhanden, erhält der Lebenspartner nach § 10 II LPartG die ganze Erbschaft.

523 Ausgeschlossen ist das Erbrecht des Lebenspartners in den Fällen des § 10 III LPartG. Diese Vorschrift ist § 1933 BGB nachgebildet. Das Erbrecht des überlebenden Lebenspartners besteht nicht, wenn zur Zeit des Todes des Erblassers entweder die Voraussetzungen für die Aufhebung der Lebenspartnerschaft nach § 15 II Nr. 1 oder 2 LPartG gegeben waren und der Erblasser die Aufhebung beantragt oder ihr zugestimmt hatte (§ 10 III 1 Nr. 1 LPartG) oder der Erblasser einen Antrag nach § 15 II Nr. 3 LPartG gestellt hatte und dieser Antrag begründet war (§ 10 III 1 Nr. 2 LPartG). Gem § 10 III 2 LPartG gilt in beiden Fällen § 16 LPartG (nachpartnerschaftlicher Unterhalt) entsprechend.

524 Den Lebenspartnern ist zudem in § 10 IV LPartG die Form des gemeinschaftlichen Testaments, das bisher ausschließlich Ehegatten vorbehalten war, eröffnet. Die §§ 2266 bis 2273 BGB gelten entsprechend. Im Übrigen ist auf eine letztwillige Verfügung, durch die der Erblasser seinen Lebenspartner bedacht hat, gem § 10 V LPartG § 2077 I und III BGB anzuwenden (Unwirksamkeit bei Aufhebung der Lebenspartnerschaft).

525 Das Pflichtteilsrecht des Lebenspartners entspricht demjenigen des Ehegatten. Sofern der Erblasser den überlebenden Lebenspartner durch Verfügung von Todes wegen von der Erbfolge ausgeschlossen hat, kann dieser gem § 10 IV LPartG von den Erben die Hälfte des Wertes des gesetzlichen Erbteils als Pflichtteil verlangen. Die Vorschriften des BGB über den Pflichtteil (§§ 2303 ff BGB) gelten mit der Maßgabe, dass der Lebenspartner wie ein Ehegatte zu behandeln ist. N Mayer[29] vertritt die Auffassung, dass sich die Verweisung in § 10 VI LPartG nur auf die positiven Pflichtteilsansprüche des Lebenspartners beziehe und nicht zB auf § 2325 III BGB bei Schenkungen an den Lebenspartner erstrecke. Für eine solche Einschränkung ergeben sich aus dem Gesetzeswortlaut keine Anhaltspunkte. Im Übrigen ist der Gesetzesbegründung[30] aus-

29 N. Mayer ZEV 2001, 169, 173
30 BT-Ds 14/3751, S 40

drücklich zu entnehmen, dass die Verweisung in § 10 VI LPartG das gesamte Pflichtteilsrecht einschließlich der Pflichtteilsergänzungsansprüche und insbesondere der Frist des § 2325 III BGB erfassen soll.[31]

Schließlich normiert § 10 VII LPartG, dass die Vorschriften des BGB über den Erbverzicht (§§ 2346 ff BGB) entsprechend gelten. Die Vorschriften der §§ 2329 ff BGB über die Erbunwürdigkeit hat der Gesetzgeber demgegenüber nicht für anwendbar erklärt.[32] 526

III. Aufhebung der Lebenspartnerschaft

1. Voraussetzungen der Aufhebung

Die Lebenspartnerschaft wird gem § 15 I LPartG auf Antrag eines oder beider Lebenspartner durch gerichtliches Urteil aufgehoben. Die Aufhebung ist die zwingende Folge einer der in § 15 II LPartG genannten Fälle. Der Aufhebungsgrund des § 15 II Nr. 1 LPartG setzt voraus, dass beide Lebenspartner erklären, die Lebenspartnerschaft nicht fortsetzen zu wollen, und seit der Erklärung zwölf Monate vergangen sind. Wird eine entsprechende Erklärung nur von einem Lebenspartner abgegeben, ist nach § 15 II Nr. 2 LPartG zusätzlich erforderlich, dass seit der Zustellung dieser Erklärung an den anderen Lebenspartner 36 Monate vergangen sind. Schließlich erfolgt eine Aufhebung der Lebenspartnerschaft nach § 15 II Nr. 3 LPartG, wenn die Fortsetzung der Lebenspartnerschaft für den Antragsteller aus Gründen, die in der Person des anderen Lebenspartners liegen, eine unzumutbare Härte wäre. 527

Praxis-Tipp:

Eine unzumutbare Härte könnte zB bei Misshandlung des Lebenspartners vorliegen.[33] 528

Die Lebenspartner können gem § 15 III 1 LPartG ihre Erklärungen über die Beendigung der Lebenspartnerschaft im Sinne des § 15 II Nr. 1 oder 2 LPartG widerrufen, solange die Lebenspartnerschaft noch nicht aufgehoben ist. Widerruft einer der Lebenspartner im Falle des § 15 II Nr. 1 LPartG seine Erklärung, ist die Lebenspartnerschaft durch das Gericht gem § 15 III 2 LPartG aufzuheben, wenn seit der Abgabe der übereinstimmenden Erklärung 36 Monate vergangen sind. 529

Die Erklärungen nach § 15 II Nr. 1 und 2 LPartG müssen gem § 15 IV LPartG persönlich abgegeben werden und bedürfen der öffentlichen Beurkundung. Gleiches gilt für einen Widerruf im Sinne des § 15 III LPartG. Die Erklärungen 530

31 Vgl Krause NotBZ 2001, 241, 245 f
32 Grziwotz DNotZ 2001, 280, 299 hält diese gleichwohl für anwendbar; vgl auch Diederichsen NJW 2000, 1841, 1843
33 Krause NotBZ 2001, 241, 246

und der Widerruf können nicht unter einer Bedingung oder unter einer Zeitbestimmung abgegeben werden.

Musterformulierung:

531 *Frau A und Frau B erklären hiermit, die am... vor... begründete Lebenspartnerschaft nicht fortsetzen zu wollen.*

Der Notar hat auf die Bedeutung dieser Erklärung, die Fristen für die Aufhebung der Lebenspartnerschaft und das Widerrufsrecht hingewiesen.

Praxis-Tipp:

Gibt nur ein Lebenspartner die Erklärung im Sinne des § 15 II Nr. 2 LPartG ab, ist dem anderen Lebenspartner eine Ausfertigung der notariellen Urkunde, die die entsprechende Erklärung erhält, zuzustellen. Nur die Ausfertigung vertritt die Urschrift im Rechtsverkehr. Eine beglaubigte Abschrift ist nicht ausreichend. Aus Beweisgründen empfiehlt sich die Zustellung durch den Gerichtsvollzieher.[34]

2. Nachpartnerschaftlicher Unterhalt

532 Sofern ein Lebenspartner nach der Aufhebung der Lebenspartnerschaft nicht selbst für seinen Unterhalt sorgen kann, steht ihm gem § 16 I LPartG gegenüber dem anderen Lebenspartner ein Anspruch auf den nach den Lebensverhältnissen während der Lebenspartnerschaft angemessenen Unterhalt zu, soweit und solange von ihm eine Erwerbstätigkeit, insbesondere wegen seines Alters oder wegen Krankheiten oder anderer Gebrechen, nicht erwartet werden kann.

Praxis-Tipp:

533 *Die Unterhaltstatbestände sind eingeschränkter als bei Ehegatten. Aus dem Gesetzeswortlaut («insbesondere«) ergibt sich jedoch, dass der Katalog nicht abschließend ist.*[35]

534 Der Unterhaltsanspruch erlischt gem § 16 II 1 LPartG, wenn der Berechtigte eine Ehe eingeht oder eine neue Lebenspartnerschaft begründet. Im Übrigen gelten nach § 16 II 2 LPartG § 1578 I 1, 2 erster HS, 4, II und III BGB sowie die §§ 1578 a bis 1581, 1583 bis 1586 und 1586 b BGB entsprechend.

535 Aus der Verweisung auf § 1585 c BGB folgt, dass die Lebenspartner im Gegensatz zum Lebenspartnerschafts- und Getrenntlebensunterhalt während der

34 Krause NotBZ 2001, 241, 246
35 Vgl Grziwotz DNotZ 2001, 280, 296; Dorsel RNotZ 2001, 151, 153 spricht insoweit von einer »diffusen Regelung«

Partnerschaft über die Unterhaltspflicht für die Zeit nach der Aufhebung der Lebenspartnerschaft Vereinbarungen treffen können. Derartige Verträge bedürfen in der Regel keiner besonderen Form. Die notarielle Beurkundung im Rahmen eines Lebenspartnerschaftsvertrages wird nicht unüblich sein. Darüber hinaus ist zu beachten, dass eine Unterhaltsvereinbarung, sofern sie mit anderen formbedürftigen Vereinbarungen verbunden wird, wie zB der Vereinbarung der Vermögenstrennung oder Vermögensgemeinschaft, zur Vermeidung der Nichtigkeit der notariellen Beurkundung bedarf (§§ 125, 139 BGB).[36]

Der Inhalt einer Unterhaltsvereinbarung (Höhe, Modalitäten, Dauer der Unterhaltspflicht) ist grundsätzlich der Vertragsfreiheit überlassen. Es kann sogar ganz auf den Unterhaltsanspruch verzichtet werden. Ebenso wie Ehegatten bildet ihre Grenze die Sittenwidrigkeit gem § 138 BGB. Sittenwidrig könnte ein Unterhaltsverzichtsvertrag sein, wenn ein Lebenspartner die Unerfahrenheit oder die besonders schwierige Lage seines Partners dazu ausgenutzt hat, um seine Zustimmung zu einer grob nachteiligen Vereinbarung zu erreichen. 536

Praxis-Tipp:

Die Problematik, die sich hinsichtlich einer entsprechenden Regelung vor Eheschließung bei Ehegatten aufgrund der Entscheidung des BVerfG vom 6. 2. 2001[37] bei einer schwangeren Partnerin ergibt, dürfte sich bei gleichgeschlechtlichen Lebenspartnern nicht stellen, da das Gericht von einem gemeinsamen Kind ausgeht. 537

Sittenwidrig könnte ein Unterhaltsverzicht darüber hinaus sein, wenn er objektiv zu Lasten Dritter, etwa der Sozialhilfe oder der unterhaltsverpflichteten Verwandten geht und die vertragsschließenden Lebenspartner sich dieser Auswirkungen bewusst waren.[38] 538

3. Versorgungsausgleich

Ein Versorgungsausgleich bei Aufhebung der Lebenspartnerschaft ist derzeit im Gesetz nicht vorgesehen. Die Lebenspartner haben gleichwohl die Möglichkeit, eine Versorgungsregelung schuldrechtlich zu vereinbaren.[39] 539

36 Vgl Dorsel RNotZ 2001, 151, 154
37 BVerfG DNotZ 2001, 222 mit Anm Heidrich/Heins NotBZ 2001, 141 ff; vgl hierzu Langenfeld DNotZ 2001, 272 ff
38 Vgl Grziwotz DNotZ 2001, 280, 297
39 Vgl auch Dorsel RNotZ 2001, 151, 153

4. Entscheidung über die gemeinsame Wohnung und über den Hausrat

540 In einer gerichtlichen Entscheidung über die Aufhebung der Lebenspartnerschaft sind schließlich Regelungen des Gerichts über die gemeinsame Wohnung im Sinne der §§ 17, 18 LPartG bzw über die Rechtsverhältnisse am Hausrat im Sinne des § 19 LPartG möglich. Diese Fragen können auch Gegenstand einer vorgerichtlichen Trennungsvereinbarung der Lebenspartner sein.

IV. Lebenspartnerschaftsvertrag

541 Der Lebenspartnerschaftsvertrag entspricht hinsichtlich seiner Formanforderungen dem Ehevertrag. Er muss gem § 7 I 2 LPartG bei gleichzeitiger Anwesenheit beider Lebenspartner zur Niederschrift eines Notars geschlossen werden. Die §§ 1409 und 1411 BGB gelten nach § 7 I 3 LPartG entsprechend. Da § 6 I LPartG für die Begründung der Lebenspartnerschaft voraussetzt, dass die Lebenspartner entweder den Vermögensstand der Ausgleichsgemeinschaft vereinbart oder einen Lebenspartnerschaftsvertrag abgeschlossen haben, ist davon auszugehen, dass ein entsprechender Vertrag bereits vor Begründung der Lebenspartnerschaft beurkundet werden kann.[40]

542 Gegenstand des Lebenspartnerschaftsvertrages bildet die Regelung der wirtschaftlichen Verhältnisse der Lebenspartner. In Anlehnung an die Typenbildung bei Eheverträgen[41] dürften mit der Doppelverdiener-Lebenspartnerschaft, der Hinzuverdiener-Lebenspartnerschaft sowie der Haushaltsführungs-Lebenspartnerschaft im Wesentlichen drei Vertragstypen zu unterscheiden sein.[42]

Praxis-Tipp:

543 *In der Praxis sind die gleichgeschlechtlichen Lebenspartner häufig Doppelverdiener. Diese werden sich nicht selten für den Vermögensstand der Vermögenstrennung entscheiden. Der Vorteil der Vermögenstrennung besteht darin, dass beide Lebenspartner in vermögensrechtlicher Hinsicht so behandelt werden, als ob sie miteinander keine Lebenspartnerschaft begründet haben. Der wesentliche Nachteil der Vermögenstrennung besteht darin, dass der Lebenspartner am Vermögenszuwachs des anderen im Falle der Aufhebung der Partnerschaft nicht beteiligt wird. Auch erhöhen sich beim Vermögensstand der Vermögenstrennung die Pflichtteilsansprüche etwaiger Pflichtteilsberechtigter.*

40 Vgl Grziwotz DNotZ 2001, 280, 286

41 Vgl hierzu etwa: Langenfeld, Handbuch der Eheverträge und Scheidungsvereinbarungen 2000, Rn 935 ff

42 Vgl Grziwotz DNotZ 2001, 280, 283 f

Musterformulierung:

UR-Nr. /2000 544

Lebenspartnerschaftsvertrag

Heute, den ... zweitausend,
– ... 2000 –
erschienen vor mir,
Notar
mit Amtssitz in ...,
in meinen Amtsräumen in ...:

1. *Frau ...*
   geb. am ...
   wohnhaft in ...
   ausgewiesen durch gültigen deutschen Personalausweis,
2. *Frau ...*
   geb. am ...
   wohnhaft in ...
   ausgewiesen durch gültigen deutschen Personalausweis,

Auf Ansuchen der Erschienenen beurkunde ich, Notar, bei gleichzeitiger Anwesenheit ihren Erklärungen gemäß, was folgt:

I.
Vorbemerkung

Wir beabsichtigen am ... vor ... in ... die eingetragene Lebenspartnerschaft zu begründen. Wir sind beide deutsche Staatsangehörige. Wir haben bisher keinen Lebenspartnerschaftsvertrag abgeschlossen. Wir haben keine Kinder.

II.
Lebenspartnerschaftsvertrag

§ 1
Vereinbarung der Vermögenstrennung

Vom Zeitpunkt der Begründung der Lebenspartnerschaft an vereinbaren wir für unsere wirtschaftlichen Verhältnisse den Vermögensstand der Vermögenstrennung.

Wir schließen dementsprechend die Durchführung des Überschussausgleichs im Sinne des § 6 II LPartG ausdrücklich aus.

Ein Verzeichnis der zu unserem jeweiligen Vermögen gehörenden Gegenstände soll einstweilen nicht aufgenommen werden.

Über die Rechtsfolgen der Vermögenstrennung wurden wir durch den amtierenden Notar belehrt, insbesondere über

- *den Wegfall des Überschussausgleichs,*
- *die Folgen für das Erbrecht und den Pflichtteil.*

§ 2

Befreiung von den Beschränkungen der §§ 1365, 1369 BGB

Wir befreien uns wechselseitig von den Beschränkungen der §§ 1365, 1369 BGB in Verbindung mit § 8 II LPartG.

§ 3

Verzicht auf Unterhalt

Wir verzichten gegenseitig für den Fall der Aufhebung der Lebenspartnerschaft auf alle Unterhaltsansprüche, die uns aufgrund Gesetzes eventuell zustehen könnten, insbesondere auf Unterhalt wegen Alters, wegen Krankheit oder Gebrechen (§ 16 LPartG). Kein Lebenspartner soll also im Falle einer Aufhebung der Lebenspartnerschaft vom anderen Lebenspartner in irgendeiner Form Unterhalt verlangen können, in welcher Lage er sich auch befindet, auch nicht für den Fall des Notbedarfs, auch nicht bei Gesetzesänderung.

Wir wurden vom amtierenden Notar im einzelnen über die Folgen dieser Vereinbarung belehrt, insbesondere über das Risiko, dass jeder nach einer Aufhebung der Lebenspartnerschaft in eigener Verantwortung für den eigenen Unterhalt und die Deckung des Lebensbedarfes gleich unter welchen Umständen auch immer zu sorgen hat. Weiter wurden wir darüber belehrt, dass ein Lebenspartnerschaftsvertrag, in dem ein einkommensloser und nichtvermögender Lebenspartner auf nachpartnerschaftlichen Unterhalt mit der Folge verzichtet, der Sozialhilfe anheim zu fallen, wegen Verstoßes gegen die guten Sitten nichtig sein kann.

Wir sind der Meinung, dass die vorstehende Vereinbarung aufgrund der tatsächlichen Lebensumstände rechtswirksam ist, da wir beide berufstätig sind und bleiben werden, so dass jeder Lebenspartner künftig für sich selbst sorgen kann.

Der Bestand der erklärten Unterhaltsverzichte soll jedoch nicht davon abhängen, dass sich diese Prognose bewahrheitet.

III.

Schlussbestimmungen

§ 1

Salvatorische Klausel

Sollten einzelne Bestimmungen dieser Urkunde unwirksam sein oder werden, so soll die Wirksamkeit der übrigen Bestimmungen dadurch nicht berührt werden. Die Vertragsteile verpflichten sich, an Stelle der unwirksamen Bestimmungen eine wirksame Vereinbarung zu treffen, die dem beabsichtigten Zweck möglichst nahe kommt.

§ 2

Kosten, Abschriften

Wir tragen die Kosten dieser Urkunde und ersuchen um Erteilung je einer Ausfertigung.

Krause

Der Wert unseres gemeinsamen Reinvermögens beträgt ... €.

Vorstehende Niederschrift wurde den Erschienenen vom Notar vorgelesen, von ihnen genehmigt und eigenhändig, wie folgt, unterschrieben:

Die Eintragung des Abschlusses eines Lebenspartnerschaftsvertrages in das Güterrechtsregister ist im Gesetz nicht vorgesehen. **545**

V. Internationales Privatrecht

Für das internationale Privatrecht der Lebenspartnerschaft enthält der neu geschaffene Art. 17 a EGBGB eine Spezialregelung.[43] Gem Art. 17 a I 1 EGBGB unterliegen die Begründung, die allgemeinen und die güterrechtlichen Wirkungen sowie die Auflösung der Lebenspartnerschaft den Sachvorschriften des Staates, in dem die Lebensparter ihre Partnerschaft haben eintragen lassen. Auf die unterhaltsrechtlichen und die erbrechtlichen Folgen der Lebenspartnerschaft ist nach Art. 17 a I 2 Hs 1 EGBGB das nach den allgemeinen Vorschriften maßgebende Recht anzuwenden; hinsichtlich der Unterhaltspflicht gem Art. 18 EGBGB also die Vorschriften, die am gewöhnlichen Aufenthaltsort des Unterhaltsberechtigten gelten. Für das Erbrecht eines ausländischen Staatsangehörigen ist gem Art. 25 EGBGB grundsätzlich dessen Rechtsordnung maßgebend. **546**

Praxis-Tipp:

Enthält das ausländische Recht keine gesetzliche Unterhaltsberechtigung oder kein gesetzliches Erbrecht, sind nach Art. 17 a I 2 Hs 2 EGBGB die Sachvorschriften des Staates, in dem die Lebenspartner registriert sind, maßgeblich.[44] **547**

Haben die gleichgeschlechtlichen Lebenspartner ihre Partnerschaft in verschiedenen Staaten eintragen lassen, ist gem Art. 17 a III LPartG die letzte Registrierung entscheidend. Art. 17 a IV LPartG enthält schließlich eine Beschränkung der Wirkungen der Lebenspartnerschaft nach ausländischem Recht in Deutschland. Die Wirkungen einer im Ausland eingetragenen Lebenspartnerschaft gehen danach nicht weiter als nach den Vorschriften des BGB und des LPartG. **548**

43 Vgl hierzu näher: Süß DNotZ 2001, 168 ff; zur Rechtslage der registrierten Lebenspartnerschaft in Dänemark siehe Ring/Olsen-Ring ZRP 1999, 459 ff

44 Krause NotBZ 2001, 241, 247

G. Patientenverfügung

Unter einer Patientenverfügung – auch Patiententestament, Patientenbrief, Alterstestament genannt – ist eine schriftliche Anweisung des Patienten an seinen Arzt zu verstehen, durch die der Patient untersagt, unter bestimmten Umständen künstliche lebensverlängernde Maßnahmen trotz Aussichtslosigkeit seiner Lage anzuwenden.[1] Eine derartige Verfügung bietet ein wichtiges Instrument der Altersvorsorge. Sie findet ihre Grundlage im gesundheitsbezogenen Selbstimmungsrecht des Art 2 II 2 GG. Die Patientenverfügung richtet sich üblicherweise an die behandelnden Ärzte und soll diese binden. Sie definiert aber stets auch Pflichten des Betreuers.[2] Ein Betreuer hat gem § 1901 II 1 BGB die Angelegenheiten des Betreuten so zu besorgen, wie es dessen Wohl entspricht. Zum Wohl des Betreuten gehört gem § 1901 II 2 BGB die Möglichkeit, im Rahmen seiner Fähigkeiten sein Leben nach seinen eigenen Wünschen und Vorstellungen zu gestalten. Der Betreuer hat nach § 1901 III 1 BGB diesen Wünschen zu entsprechen, soweit es dem Wohl des Betreuten nicht zuwiderläuft und dem Betreuer zuzumuten ist. Dies gilt gem § 1901 III 2 BGB insbesondere für Wünsche, die der Betreute – zB in einer Patientenverfügung – vor der Bestellung des Betreuers geäußert hat, es sei denn, dass er an diesen Wünschen erkennbar nicht festhalten will. 549

Noch nicht durch die höchstrichterliche Rechtsprechung entschieden ist der Umfang der Bindungswirkung der Patientenverfügung für ihren Adressatenkreis. In der Literatur herrschen im Wesentlichen zwei Auffassungen vor. Die eine Ansicht[3] will den Adressaten nicht strikt an den Inhalt der Verfügung binden, sondern dieser lediglich eine bedeutende Indizwirkung für die Ermittlung des Willens des Patienten zuerkennen. Die andere Meinung[4] nimmt demgegenüber eine strikte Bindung an mit der Folge, dass jedes Abweichen des Arztes von der Verfügung den Tatbestand der Körperverletzung erfüllen würde. 550

Praxis-Tipp:

Die Patientenverfügung bedarf keiner Form. Empfehlenswert ist aber zumindest die Form der notariellen Unterschriftsbeglaubigung und zweckmäßiger insbesondere im Hinblick auf die Feststellung der Geschäftsfähigkeit des Verfügenden die notarielle Beurkundung.[5] 551

1 Vgl hierzu jüngst eingehend: Baumann/Hartmann DNotZ 2000, 594
2 Baumann/Hartmann DNotZ 2000, 594, 604 mwN
3 Vgl etwa: Deutsch NJW 1979, 1905; Spann MedR 1983, 13; Füllmich NJW 1990, 2301
4 Vgl etwa: Uhlenbruck MedR 1992, 134; ders NJW 1996, 1583; Sternberg-Lieben NJW 1985, 2734; Höfling JuS 2000, 111; siehe auch OLG Frankfurt NJW 1998, 2747
5 Vgl auch Baumann/Hartmann DNotZ 2000, 594, 611 f

Musterformulierung:

552 *Für den Fall, dass ich ohne Aussicht auf Wiedererlangung des Bewusstseins im Koma liege, bitte ich, von lebensverlängernden Maßnahmen und Wiederbelebungsmaßnahmen, insbesondere einer Intensivtherapie, abzusehen, ebenso von Organübertragungen und künstlicher Beatmung, es sei denn die Maßnahmen dienen nur der Schmerzlinderung. Für diesen Fall bitte ich auch um Schmerzmittel, Narkotika und erleichternde operative Eingriffe, auch wenn sie lebensverkürzend wirken oder zu einer Bewusstseinsausschaltung führen.*

Herr … ist beauftragt und ermächtigt, diesen Wünschen Geltung zu verschaffen.

Praxis-Tipp:

553 *Nicht allein aufgrund des noch ungeklärten Umfangs der Bindungswirkung der Patientenverfügung erscheint die Erstellung einer sog Patientenvollmacht (siehe folgende Rn 554 ff) jedoch vorzugswürdig.*

H. Vorsorge- und Patientenvollmacht

I. Vorsorgevollmacht

1. Wesen der Vorsorgevollmacht

Die Vorsorgevollmacht gewinnt immer mehr an Bedeutung. Damit kann nicht nur vorgesorgt werden bei altersbedingter Betreuungsbedürftigkeit, sondern auch bei einer Hilfsbedürftigkeit aus anderen Gründen, wie zB bei Krankheit oder Unfall. Die Testamentsberatung zur Regelung der Vermögensverhältnisse nach dem Tode schafft Klarheit und Sicherheit für einen Fall der endgültigen Handlungsunfähigkeit des Erblassers, nämlich seinen Tod. Immer mehr wird den Menschen aber deutlich, dass auch vorübergehende oder andere endgültige Handlungsunfähigkeiten durch Unfälle, Krankheit und Alter entstehen können, für die es bis zum Tode Vorsorge zu treffen gilt. 554

Die Vorsorgevollmacht ist im Gesetz nicht definiert. Sie wird allerdings in § 6 S 2 des Betreuungsbehördengesetzes (BtBG) und in § 1908 f I Nr. 2 a BGB ausdrücklich angesprochen. Danach sollen Betreuungsbehörden und Betreuungsvereine die Bevölkerung planmäßig über die Möglichkeiten der Vorsorgevollmacht unterrichten. 555

Auch das Vormundschaftsgericht soll Betroffene in geeigneten Fällen bei ihrer Anhörung im Betreuungsverfahren auf die Möglichkeit der Vorsorgevollmacht und ihren Inhalt hinweisen, wie § 68 I 3 FGG verlangt. Daraus wird deutlich, dass auch der Gesetzgeber großen Wert darauf legt, dass die Bevölkerung über die Möglichkeit der Vorsorgevollmacht und ihre weitere Verbreitung unterrichtet wird, weil sie die Gerichte entlastet und im Übrigen auch den Interessen der Betroffenen dient.[1] Die Verpfichtung zur Information steht auch Notaren und Rechtsanwälten gut zu Gesicht, obwohl einzelne Rechtsanwaltskammern wie die Rechtsanwaltskammer Hamm dies noch vor nicht allzu langer Zeit eher als unzulässige Werbung, denn als Verpflichtung der Anwaltschaft angesehen haben.[2] 556

Definition

> Eine Vorsorgevollmacht wird zielgerichtet einer oder mehreren bestimmten Vertrauenspersonen erteilt, um für die Zeit künftiger eigener Hilflosigkeit so vorzusorgen, dass sich eine spätere Betreuerbestellung erübrigt oder auf einen Teilbereich beschränken kann.[3] 557

1 BT-Ds 11/4528 S 122 und BT-Ds 13/7158 S 50 Ziff. 16, S 52 Ziff. 20 und S 53 Ziff. 23
2 Vgl AnwG Hamm Beschl. v. 29. 9. 99 AR 8/99
3 Walter FamRZ 1999, 685 Fn 2

558 Man muss für die Vorsorgevollmacht unterscheiden zwischen einer Bevollmächtigung in rechtlichen, insbesondere in wirtschaftlichen Angelegenheiten und einer Bevollmächtigung in höchstpersönlichen Angelegenheiten.

2. Abwägung zwischen Vorsorgevollmacht und Betreuung

559 Die Bevollmächtigung in wirtschaftlichen Angelegenheiten kann auch ohne Angabe von Gründen durch Bankvollmachten an Angehörige oder Generalvollmachten erreicht werden.

Die Vorsorgevollmacht stellt jedenfalls insoweit keinen gesetzlich geregelten Sonderfall einer Vollmachtserteilung dar.[4]

In der Vollmacht empfiehlt sich allerdings eine ausdrückliche Klarstellung, dass die Vorsorgevollmacht gerade auch für den Fall erteilt wird, dass später eine Geschäftsunfähigkeit eintritt und sie auch dann gültig bleiben soll. In diesem Falle bedarf es der Auslegungsregel der §§ 68, 672 BGB nicht.[5]

Der Vorteil einer rechtzeitig erteilten Vorsorgevollmacht liegt darin, dass Rechtsgeschäfte des Bevollmächtigten auch bei Geschäftsunfähigkeit des Vollmachtgebers keinem gerichtlichen Genehmigungserfordernis unterliegen[6].

Praxis-Tipp:

560 *Naturgemäß bedarf es bei jeder Vollmachtserteilung eines gewissen Vertrauens in den Bevollmächtigten und die Integrität seiner Person. Gerade weil die Tätigkeit des Bevollmächtigten im Falle der Geschäftsunfähigkeit Wirkung entfalten soll, ohne dass der Vollmachtgeber selbst noch zur Kontrolle in der Lage sein wird, ist dieser Vertrauenstatbestand in der Beratung besonders deutlich zu machen; insbesondere sind Möglichkeiten zu erörtern, Kontrollinstrumente einzubauen.*

561 Dabei müssen die Vorteile einer Bevollmächtigung und ihre Nachteile gegenüber den gesetzlichen Möglichkeiten, im Falle einer Geschäftsunfähigkeit durch das Gericht eine Betreuung einzurichten, die gerichtlich kontrolliert wird, abgewogen werden.

In bestimmten Bereichen bietet die Vorsorgevollmacht keine bessere Lösung gegenüber einer Betreuung gemäß § 1896 II 2 BGB:

Es gibt Rechtsgeschäfte, die nicht durch eine rechtsgeschäftliche Vertretung ausgeführt werden können, sondern nur durch den gesetzlichen Vertreter wie zB

---

4 Baumann, Generalvollmachten als Vorsorgevollmachten, MittRhNotK 1998, 1 f
5 Müller DNotZ 1997, 100 ff
6 BT-Ds 11/4528 S 123, 135

- die Anfechtung der Ehelichkeit bei Geschäftsunfähigkeit,
- die Anerkennung der Vaterschaft und die Zustimmung der Mutter und des Kindes jeweils bei Geschäftsunfähigkeit,
- ein Erb- und Pflichtteilsverzicht bei Geschäftsunfähigkeit des Erblassers.
- Auch die Bevollmächtigung einer in § 1897 III BGB genannten Person, zB bei einer Abhängigkeit zur Einrichtung, in der der Betroffene lebt, ist nicht ohne weiteres wirksam; in diesem Fall muss das Vormundschaftsgericht prüfen, ob die Bevollmächtigung im Einzelfall eine Betreuung ersetzen kann oder ob wenigstens ein Überwachungsbetreuer iS von § 1896 III BGB bestellt werden muss.[7]
- Bei einem Geschäftsunfähigen, der in einem Zivilprozess oder in einer Zwangsvollstreckung vertreten werden soll und nach §§ 51, 52 ZPO prozessunfähig ist, hilft die Vorsorgevollmacht nicht; er kann nur von einem gesetzlichen Vertreter vertreten werden.[8]
- In einer Unterbringungssache kann durch den Bevollmächtigten kein Zwang angewendet werden, es ist immerhin zweifelhaft, ob der Bevollmächtigte eine solche Befugnis übertragen erhalten kann, wie sich aus § 70 g V FGG ergibt, in der der Bevollmächtigte nicht genannt wird.[9]
- Eine öffentlich rechtliche Unterbringung zum Schutz Dritter verlangt die Mitwirkung eines gesetzlichen Vertreters, so dass auch insoweit ein Betreuer bestellt werden muss.
- Schließlich könnte auch ein Einwilligungsvorbehalt nach § 1903 BGB nur dann angeordnet werden, wenn zuvor oder gleichzeitig ein Betreuer bestellt wird.

Daraus wird deutlich, dass die Vorsorgevollmacht nicht in allen Fällen ausreicht und ggf doch noch vom Vormundschaftsgericht ein Betreuer zu bestellen ist. 562

Praxis-Tipp:

Es empfiehlt sich deshalb, in der Vorsorgevollmacht vorzuschlagen, dass der Bevollmächtigte zugleich auch – soweit erforderlich – zum Betreuer bestellt wird. 563

Falls Bedenken bestehen, ob der Bevollmächtigte in der Lage ist, die Vorsorgevollmacht von seiner Integrität oder seinem Können her korrekt wahrzunehmen, kann ein Kontrollbetreuer oder ein Betreuer für den Aufgabenkreis des Bevollmächtigten vom Gericht bestellt werden.[10]

7 Walter FamRZ 1999, 685, 688
8 BayOLG FamRZ 1998, 920
9 Vgl Walter aaO, S 692
10 BayOLG FamRZ 1999, 1302, 1303

Richter-Tipp:

564 *Es sollte immer im Rahmen der Beratung mit dem Vollmachtgeber erörtert werden, ob der von ihm ins Auge gefasste Bevollmächtigte geeignet erscheint, insbesondere ob die notwendige Vertrauenswürdigkeit vorhanden ist. Bei langjähriger Freundschaft bzw Familienzugehörigkeit liegt dies nahe, selbst wenn dabei Interessenkollisionen nicht auszuschließen sind. Bei Heimpersonen iS des § 1897 III BGB wäre Skepsis ebenso wie bei schlechten Vermögensverhältnissen des Bevollmächtigten oder wirtschaftlicher Inkompetenz angesagt.*

3. Inhalt der Vorsorgevollmacht

a. Vermögensbereich

565 Der Bevollmächtigte sollte in wirtschaftlichen Dingen den Vollmachtgeber bei jeglichem rechtsgeschäftlichen Handeln vertreten können. Als Vertrauensperson wird man die Vollmacht als Generalvollmacht zur umfassenden gerichtlichen und außergerichtlichen Vertretung in allen persönlichen und vermögensrechtlichen Angelegenheiten ausgestalten, damit keine Regelungslücken im Falle der späteren Geschäftsunfähigkeit bestehen.

Dabei sollte auf die individuelle familiäre und wirtschaftliche Situation des Bevollmächtigten Rücksicht genommen werden: So können ohne weiteres Vermögensbereiche ausgenommen werden, wie zB Verfügungen und Belastungen von Grundbesitz, oder aber rechtsgeschäftliche Handlungen besonderen Genehmigungen unterworfen werden.

566 Grundsätzlich müssen die Befugnisse nicht im Einzelnen aufgezählt werden; allerdings erscheint es hilfreich, wenn die wesentlichen Geschäfte, auf die sich die Vollmacht erstrecken soll, angesprochen werden, indem sie mit der Formulierung »insbesondere« beispielhaft aufgezählt werden.

Es empfiehlt sich im Übrigen, die Vorsorgevollmacht als notariell zu beurkundende Generalvollmacht auszugestalten, um allen Situationen des Lebens gerecht werden zu können.

So erscheint es bei der gegenseitigen Bevollmächtigung von Ehegatten oder Kindern wichtig, dass der Bevollmächtigte Schenkungen in jedem Umfang einschließlich Grundstücksschenkungen vornehmen kann, was ein Betreuer nur in den Grenzen des § 1804 BGB, also nur bei Anstandsschenkungen tun könnte. Denn gerade in diesem Bereich kann es sich aus steuerlichen Gründen als zweckmäßig erweisen, dass Schenkungen nach Eintritt der Geschäftsunfähigkeit gemacht werden müssen. Dieses wäre ohne eine solche Vorsorgevollmacht nicht mehr möglich, da Schenkungen einem Betreuer gemäß §§ 1908 i, 1804 BGB nicht erlaubt sind und auch vom Vormundschaftsgericht nicht genehmigt werden könnten. Insoweit sollte auch eine Befreiung von den Beschränkungen des § 181 BGB erfolgen.

Ähnliches gilt für Einschränkungen der Vertretungsmacht entsprechend § 1795 BGB.

Wegen der nach § 1907 BGB ersichtlichen besonderen Schutzbedürftigkeit des Betroffenen ist es sinnvoll, ausdrücklich festzulegen, dass der Bevollmächtigte zur Kündigung und Aufhebung eines Mietverhältnisses über einen vom Vollmachtgeber gemieteten Wohnraum und zur Vermietung von Wohnraum berechtigt ist. 567

Musterformulierung:

Der Bevollmächtigte ist insbesondere berechtigt, ein Miet- oder Untermietverhältnis über einen vom Vollmachtgeber gemieteten Wohnraum zu kündigen oder Wohnraum zu vermieten oder unterzuvermieten unabhängig von der Dauer des Mietvertrages. 568

Auch die Befugnis zur gerichtlichen Vertretung und zur Vornahme von Prozesshandlungen sollte ausdrücklich genannt werden, weil die Vertretung im rechtsgeschäftlichen Bereich nicht ohne weiteres auch die Vertretung bei Prozesshandlungen umfasst.[11]

Jedenfalls in diesem Zusammenhang erscheint es auch erforderlich, die Befugnis zur Erteilung einer Untervollmacht anzusprechen, wobei dies nur im Rahmen der Vermögensverwaltung zulässig ist. Bei einer Vorsorgevollmacht in höchstpersönlichen Angelegenheiten ist die Erteilung einer Untervollmacht unzulässig.[12]

Der Bevollmächtigte sollte außerdem vertretungsbefugt bei einem Insichgeschäft sein, also von den Beschränkungen des § 181 BGB befreit werden.

Während ein Betreuer gem § 1795 I Nr. 1 BGB den Betreuten nicht wirksam bei einem Rechtsgeschäft zwischen dem Betreuten und dem Ehegatten oder einem Verwandten in gerader Linie des Betreuers vertreten kann, gilt diese Einschränkung für Bevollmächtigte nicht. Der oder die Bevollmächtigte ist deshalb sehr viel eher in der Lage, flexibel auf alle Entwicklungen des Lebens zu reagieren.

b. Höchstpersönlicher Bereich

Im höchstpersönlichen Bereich geht es um eine Bevollmächtigung 569

- für medizinische Maßnahmen,
- für die Unterbringung und
- für unterbringungsähnliche Maßnahmen im Rahmen der §§ 1904, 1906 BGB.

Das Gesetz hat dazu Regelungen durch das In-Kraft-Treten des Betreuungsrechtsänderungsgesetzes am 1. 1. 1999 festgelegt: 570

11 Thomas/Putzo § 81 ZPO Rn 2
12 Walter aaO S 103

571 Die Vollmacht muss schriftlich erteilt werden, die Maßnahmen müssen von ihr ausdrücklich erfasst werden. Das Handeln des Bevollmächtigten bedarf in den Fällen von medizinischen Maßnahmen mit lebensgefährlicher Auswirkung der vormundschaftsgerichtlichen Genehmigung, außer bei Gefahr im Verzug; auch die Unterbringung und unterbringungsähnliche Maßnahmen bedürfen der vormundschaftsgerichtlichen Genehmigung.

572 Das OLG Stuttgart hatte bei der Beurteilung einer solchen Vollmacht zur Einwilligung in höchstpersönliche Maßnahmen Bedingungen aufgestellt[13], die vom Gesetzgeber in die Begründung des Änderungsgesetzes übernommen wurden.[14] Damit sollte sicher gestellt werden, dass der Betroffene sich über Inhalt und Tragweite einer solchen Vollmacht klar wird. Es empfiehlt sich deshalb, die Vollmacht eng an den Gesetzeswortlaut anzulehnen. Insoweit könnte die Vollmacht etwa lauten:

Beispiel:

573 **Ärztliche Maßnahmen**

Die Vollmacht umfasst die Befugnis zur Einwilligung in ärztliche Maßnahmen, wie in eine Untersuchung des Gesundheitszustandes, eine Heilbehandlung oder einen ärztlichen Eingriff, auch dann, wenn die begründete Gefahr besteht, dass der Vollmachtgeber aufgrund der Maßnahme stirbt oder einen schweren und länger dauernden gesundheitlichen Schaden erleidet (§ 1904 BGB).

Unterbringung

Die Vollmacht berechtigt dazu, den Aufenthalt des Vollmachtgebers zu bestimmen. Die Vollmacht umfasst auch die Befugnis zu Unterbringungsmaßnahmen iS des § 1906 BGB, insbesondere eine Unterbringung des Vollmachtgebers, die mit Freiheitsentziehung verbunden ist, die sonstige Unterbringung des Vollmachtgebers in einer Anstalt, einem Heim oder in einer sonstigen Einrichtung sowie die Vornahme von sonstigen Freiheitsentziehungsmaßnahmen durch mechanische Vorrichtungen, Medikamente oä über einen längeren Zeitraum. Diese Maßnahmen bedürfen der Genehmigung des Vormundschaftsgerichtes.

Sonstiges

In allen Angelegenheiten ist der Bevollmächtigte befugt, alle Rechte gegenüber Ärzten, Krankenhäusern, Pflegeheimen etc wahrzunehmen, alle nötigen Auskünfte und Informationen zu verlangen, Einsicht in die Krankenakten zu nehmen und Entscheidungen über Untersuchungen, Heilbehandlungen und ärztliche Eingriffe zu treffen. Die Betroffenen werden dazu insoweit von ihrer Schweigepflicht entbunden.

13 OLG Stuttgart DNotZ 1995, 687 ff
14 BT-Ds 13/7158, S 34

Praxis-Tipp:

Es empfiehlt sich dabei aufzuführen, dass die Unterbringung vom Vormundschaftsgericht genehmigt werden muss, damit dem Vollmachtgeber von vornherein klar ist, dass sein Bevollmächtigter ihn nicht jederzeit ohne gerichtliche Überprüfung unterbringen kann, wie es viele ohne Gesetzeskenntnis befürchten könnten. 574

4. Form der Vollmacht

Es empfiehlt sich, für die gesamte Vorsorgevollmacht, die notarielle Beurkundung vornehmen zu lassen, auch wenn das Gesetz für die höchstpersönliche Vollmacht nur die Schriftform vorsieht. Denn bei notarieller Beurkundung der Vollmacht ist der Notar verpflichtet, nach § 11 BeurkG die Geschäftsfähigkeit des Vollmachtgebers zu prüfen. Damit steht der Notar auch als Zeuge dafür zur Verfügung, dass der Vollmachtgeber bei Beurkundung der Vollmacht entsprechend seiner Prüfung geschäftsfähig erschienen ist. Dies wäre bei einer bloßen Beglaubigung der Unterschrift nicht so deutlich, weil der Notar bei einer Unterschriftsbeglaubigung nach § 4 BeurkG die Beglaubigung nur ablehnen muss, wenn er von der Geschäftsunfähigkeit überzeugt ist, während er die Beurkundung bereits bei der Annahme fehlender Geschäftsfähigkeit ablehnen muss. Im Übrigen ist eine notarielle Beurkundung gerade bei Grundstücken und sonstigen Registersachen erforderlich. 575

5. Kosten

Hinsichtlich der Kosten ist der Höchst- Geschäftswert einer Vollmacht 1 Mio. DM (§ 41 KostO), was eine Gebühr von 411,59 € auslöst, also durchaus überschaubar erscheint und eine vernünftige Kosten-Nutzen-Relation jedenfalls bei höheren Vermögenswerten ausmacht. Für die Anwaltsgebühren ist § 41 KostO in § 8 II BRAGO nicht ausdrücklich genannt, sollte aber bei der Ermessensausübung zur Bildung des Gegenstandswertes herangezogen werden. 576

Musterformulierung:

577 ***Nummer der Urkundenrolle für 2001***

VERHANDELT

zu Lemgo am 2001

Vor mir, dem unterzeichnenden Notar

erschienen heute:

Herr
und seine Ehefrau

Die Erschienenen sind dem Notar von Person bekannt.

Die Frage des Notars nach einer Vorbefassung iS des § 3 I Nr. 7 BeurkG wurde von den Beteiligten verneint.

Auf Ansuchen der Erschienenen beurkunde ich gemäß den vor mir persönlich abgegebenen Erklärungen folgendes:

Vollmachtserteilung

Die Erschienenen erteilen sich hiermit wechselseitig

Generalvollmacht

sich in allen ***persönlichen*** *und* ***vermögensrechtlichen*** *Angelegenheiten, bei denen eine Stellvertretung gesetzlich zulässig ist, umfassend zu vertreten.*

Die Vollmacht soll als ***Betreuungsvollmacht*** *insbesondere zur Vermeidung der Anordnung einer Betreuung dienen und daher bei Eintritt einer Geschäfts- oder Handlungsunfähigkeit des Vollmachtgebers ausdrücklich nicht erlöschen.*

A. Vermögensangelegenheiten

Vollmachtsumfang

Die Vollmacht soll eine ***Generalvollmacht*** *sein und im Umfang unbeschränkt gelten. Zur Erläuterung der Bedeutung der Vollmacht werden nachfolgend einige Angelegenheiten beispielhaft aufgezählt, die insbesondere von der Vollmacht erfasst sind, ohne dass dadurch eine Beschränkung der Vollmacht getroffen wird.*

Die Vollmacht umfasst insbesondere die Befugnis,

- *alle Rechtshandlungen und Rechtsgeschäfte im Namen des Vollmachtgebers vorzunehmen,*
- *über Vermögensgegenstände jeder Art zu verfügen,*
- *Erklärungen aller Art abzugeben und entgegenzunehmen sowie Anträge zu stellen, abzuändern, zurückzunehmen,*
- *Zahlungen und Wertgegenstände anzunehmen,*
- *Verbindlichkeiten einzugehen,*
- *Schenkungen vorzunehmen und entgegenzunehmen,*
- *den Vollmachtgeber vor Behörden, Dienststellen und Notariaten sowie Versicherungsgesellschaften aller Art im In- und Ausland umfassend zu vertreten,*
- *Grundbesitz zu veräußern und zu erwerben, Grundpfandrechte einschließlich Zins- und Nebenleistungen und sonstige Rechte für beliebige Gläubiger und Berechtigte zu bestellen und die Eintragung im Grundbuch zu bewilligen und zu beantragen, dingliche Zwangsvollstreckungsunterwerfung auch nach § 800 ZPO zu erklären, die Löschung von allen dinglichen Rechten zu erklären und im Grundbuch zu bewilligen, Auflassungen zu erklären und entgegenzunehmen,*
- *geschäftsähnliche Handlungen wie zB Mahnungen, Fristsetzungen, Anträge und Mitteilungen vorzunehmen,*
- *Darlehens- und sonstige Kreditverträge abzuschließen,*
- *über Bankkonten und Depots sowie sonstiges Geldvermögen oder – werte aller Art im Namen des Vollmachtgebers zu verfügen und Bankkonten und Depots zu eröffnen oder aufzulösen,*
- *den Vollmachtgeber gegenüber Gerichten zu vertreten sowie Prozesshandlungen aller Art einschließlich Wiedereinsetzungsanträge vorzunehmen,*
- *förmliche Zustellungen entgegenzunehmen.*
- *Miet- oder Untermietverhältnisse über vom Vollmachtgeber gemietete Wohnräume zu kündigen oder Wohnräume zu vermieten unabhängig von der Dauer des Mietverhältnisses.*

B. Persönliche Angelegenheiten

Der Bevollmächtigte ist weiterhin zur Vertretung in allen persönlichen Angelegenheiten befugt. Insbesondere umfasst die Vollmacht nachfolgende persönliche Angelegenheiten:

Ärztliche Maßnahmen

Die Vollmacht umfasst die Befugnis zur Einwilligung in ärztliche Maßnahmen, wie in eine Untersuchung des Gesundheitszustandes, eine Heilbehandlung oder einen ärztlichen Eingriff, auch dann, wenn die begründete Gefahr besteht, dass der Vollmachtgeber aufgrund der Maßnahme stirbt oder einen schweren und länger dauernden gesundheitlichen Schaden erleidet (§ 1904 BGB).

Unterbringung

Die Vollmacht berechtigt dazu, den Aufenthalt des Vollmachtgebers zu bestimmen. Die Vollmacht umfasst auch die Befugnis zu Unterbringungsmaßnahmen iS des § 1906 BGB, insbesondere eine Unterbringung des Vollmachtgebers, die mit Freiheitsentziehung verbunden ist, die sonstige Unterbringung des Vollmachtgebers in einer Anstalt, einem Heim oder in einer sonstigen Einrichtung sowie die Vornahme von sonstigen Freiheitsentziehungsmaßnahmen durch mechanische Vorrichtungen, Medikamente oä über einen längeren Zeitraum. Diese Maßnahmen bedürfen der Genehmigung des Vormundschaftsgerichtes.

Sonstiges

In allen Angelegenheiten ist der Bevollmächtigte befugt, alle Rechte gegenüber Ärzten, Krankenhäusern, Pflegeheimen etc wahrzunehmen, alle nötigen Auskünfte und Informationen zu verlangen, Einsicht in die Krankenakten zu nehmen und Entscheidungen über Untersuchungen, Heilbehandlungen und ärztliche Eingriffe zu treffen. Die Betroffenen werden dazu insoweit von ihrer Schweigepflicht entbunden.

C. Untervollmacht, Befreiung von § 181 BGB

Untervollmacht

Der Bevollmächtigte kann in Vermögensangelegenheiten Untervollmacht erteilen und dabei diese Vollmacht ganz oder teilweise auf Dritte übertragen. In den persönlichen Angelegenheiten ist die Vollmacht nicht übertragbar, Untervollmacht darf insoweit nicht erteilt werden.

Insichgeschäft

Von den Beschränkungen des § 181 BGB ist der Bevollmächtigte in den Vermögensangelegenheiten befreit, so dass er befugt ist, Rechtsgeschäfte im Namen des Vollmachtgebers mit sich selbst oder als Vertreter eines Dritten vorzunehmen.

D. Ersatzbevollmächtigter

Für den Fall, dass der Bevollmächtigte stirbt oder handlungs- oder geschäftsunfähig wird oder aus sonstigen Gründen nicht mehr als Bevollmächtigter tätig werden kann, wird als Ersatzbevollmächtigter benannt: xxxxxxxxx

Dies gilt auch, wenn für beide Vollmachtgeber der Vorsorgefall eintritt.

Der Ersatzbevollmächtigte hat dieselbe Rechtsstellung wie der Bevollmächtigte.

E. Betreuungsverfügung, Grundverhältnis

Durch die vorstehende Vollmachtserteilung soll die Bestellung eines Betreuers im Fall von Krankheit oder Gebrechlichkeit vermieden werden. Im Innenverhältnis, dh ohne Einfluss auf die Vollmacht im Außenverhältnis soll von der Vollmacht erst dann Gebrauch gemacht werden, wenn der Vorsorgefall eintritt (Geschäfts- oder Handlungsunfähigkeit bzw Betreuungsbedürftigkeit), im Außenverhältnis gilt die Vollmacht mit sofortiger Wirkung ohne Einschränkungen.

Für den Fall, dass die Bestellung eines Betreuers notwendig werden sollte, wünscht der Vollmachtgeber den Bevollmächtigten bzw ersatzweise den Ersatzbevollmächtigten als seinen Betreuer. Wird ein Betreuer bestellt, soll die Vollmacht im Übrigen bestehen bleiben.

F. Wirksamkeitsbedingungen, Kontrolle

Die Vollmacht wird mit Errichtung dieser Urkunde wirksam und gilt auch über den Tod des Vollmachtgebers hinaus.

Der Notar hat mit dem Vollmachtgeber erörtert, dass wegen der besonderen Bedeutung der Vollmacht ein besonderes Vertrauensverhältnis zum Bevollmächtigten erforderlich erscheint und die Möglichkeiten von Wirksamkeitsbeschränkungen besprochen. Der Vollmachtgeber wünscht keine Wirksamkeitsbeschränkung dergestalt, dass die Vollmacht erst mit Eintritt der Betreuungsbedürftigkeit wirksam werden soll.

Sollte eine der vorbezeichneten Bestimmungen unwirksam sein oder werden, so bleiben die übrigen Bestimmungen wirksam.

Die Bestellung eines zweiten Bevollmächtigten oder einer sonstigen Kontrollperson wird ausdrücklich nicht gewünscht.

Nunmehr baten die Erschienenen um Beurkundung einer

G. Patientenverfügung

Die Erschienen erklärten:

Wir haben uns intensiv mit den Problemen beschäftigt, die sich im Zusammenhang mit unheilbaren Erkrankungen im letzten Stadium ergeben: Jeder von uns hat dazu folgenden Willen:

> *Für den Fall, dass ich ohne Aussicht auf Wiedererlangung des Bewusstseins im Koma liege, bitte ich, von lebensverlängernden Maßnahmen und Wiederbelebungsmaßnahmen, insbesondere von einer Intensivtherapie abzusehen, ebenso von Organübertragungen und künstlicher Beatmung, es sei denn, die Maßnahmen dienten nur der Schmerzlinderung. Für diesen Fall bitte ich außerdem um Schmerzmittel, Narkotika und erleichternde operative Eingriffe, auch wenn sie lebensverkürzend wirken oder zu einer Verstärkung einer Bewusstseinsausschaltung führen.*

Der Bevollmächtigte ist beauftragt und ermächtigt, diesen Wünschen Geltung zu verschaffen.

H. Sonstiges

Von dieser Urkunde erhalten die Bevollmächtigten eine Ausfertigung und eine beglaubigte Abschrift, außerdem eine Teilausfertigung von der Patientenverfügung.

Auf Antrag sind dem Bevollmächtigten jederzeit weitere Ausfertigungen und beglaubigte Abschriften zu erteilen.

Diese Vollmacht kann von jedem Vollmachtgeber jederzeit widerrufen werden; der Widerruf sollte dem Bevollmächtigten schriftlich mitgeteilt werden, dem Urkundsnotar sollte eine Abschrift zur Kenntnis gegeben werden. Im Falle des Widerrufs hat der Bevollmächtigte alle Ausfertigungen und Abschriften an den Vollmachtgeber oder seinen Beauftragten unverzüglich herauszugeben.

Die Kosten dieser Urkunde trägt der Vollmachtgeber. Der Wert wird mit je XX € geschätzt.

Vorstehende Verhandlung wurde den Erschienenen vom Notar vorgelesen, von ihnen genehmigt und eigenhändig wie folgt unterschrieben: ....

II. Patientenvollmacht

578 Im Gegensatz zu den »Patiententestamenten«, die in Wirklichkeit keine Testamente im juristischen Sinne sind, sondern üblicherweise als Anweisungen oder auch »Patientenverfügungen« an die behandelnden Ärzte verstanden werden, erscheint es sinnvoll, die Vertrauensperson mit den besonderen Wünschen auf ein würdiges Lebensende vertraut zu machen und sie in Form einer »Patientenvollmacht« zu ermächtigen, diesen Wünschen gegenüber Ärzten und Krankenanstalten Geltung zu verschaffen. Dabei darf keineswegs unterschätzt werden, dass in derart schwierigen Situationen zumeist die nächsten Angehörigen in jedem Falle von Ärzten befragt werden, wie sie sich das Lebensende ihres Angehörigen oder lebenserhaltende Maßnahmen vorstellen. In dieser schwierigsten Entscheidungslage wird es von den Angehörigen oder den Bevollmächtigten als außerordentlich hilfreich empfunden, für diesen Fall eine schriftliche Anweisung des Vollmachtgebers erhalten zu haben, die zugleich deutlich macht, dass der Vollmachtgeber sich intensiv mit der Problematik beschäftigt hat. Diese Patientenvollmacht dient nach meiner Auffassung nicht nur einer juristischen Absicherung oder der erleichterten Durchsetzung des Willens, sondern auch der Entscheidungsfindung des Bevollmächtigten. Noch größere Bedeutung gewinnt eine solche Patientenvollmacht für unverheiratet Zusammenlebende, da ihnen häufig ohne eine solche Vollmacht keine Chance gegeben wird, den ihnen bekannten Wünschen des Betroffenen Nachdruck zu verleihen.

579 Ein mir besonders durchdacht erscheinendes Muster ist in Zusammenarbeit mit einem in dieser Materie sehr erfahrenen Mediziner entstanden. Dieses Muster gibt im Grunde das wieder, was von den meisten der von mir Angesprochenen in einer solchen Lebenssituation empfunden wird. Insbesondere die Verfügung zur Schmerztherapie kann außerordentlich hilfreich sein.

Musterformulierung:

Patientenvollmacht 580

Wenn ich nicht in der Lage sein sollte, medizinischen Maßnahmen zuzustimmen oder solche abzulehnen, so soll mein Vollmachtnehmer den Ärzten meine Wünsche zur Kenntnis bringen, so dass die Ärzte diese zur Grundlage ihrer Entscheidungen machen, und ggfs meinen Wünschen Geltung verschaffen.

Meine Wünsche sind:

1.

Ich erbitte ärztlichen und pflegerischen Beistand unter Ausschöpfung aller angemessenen medizinischen Möglichkeiten, solange eine Aussicht auf Heilung besteht oder eine Behandlung chronischer oder schwerer Krankheiten möglich ist, die mir Lebensfreude und -qualität erhält.

2.

Wenn ich mich aber

- *a. im Endstadium einer unheilbar verlaufenden tödlichen Krankheit befinde,*
- *b. wenn ich andauernd geistig so verwirrt bin, dass ich nicht mehr weiß, wer ich bin, wo ich bin und Familie und Freunde nicht mehr erkenne,*
- *c. wenn ich ohne Aussicht auf Wiedererlangung des Bewusstseins im Koma liege oder bei Wiedererlangung des Bewusstseins nur mit schwersten geistigen Defekten überleben würde,*

oder

- *d. wenn ich an unerträglichen, nicht therapierbaren Schmerzen leide,*

dann bitte ich, dass alle medizinischen Maßnahmen unterbleiben, die lediglich lebensverlängernd wären, und auch von einer Intensivtherapie (einschließlich Beatmung, künstliche Ernährung und Flüssigkeitszufuhr) und von Reanimationsmaßnahmen abgesehen wird.

3.

Insbesondere treffe ich folgende Verfügung zur Schmerztherapie:
Ich wünsche eine wirksame Behandlung quälender Zustände wie Atemnot, Schmerzen, Angst, Unruhe, Übelkeit und Erbrechen, auch wenn ich durch die Behandlung müde und schläfrig werde; auch wenn starke Betäubungsmittel erforderlich sind, durch die ich vergleichbar einer Narkose das Bewusstsein verlieren kann, selbst wenn bei diesen Maßnahmen in Kauf genommen werden muss, dass die verbleibende Lebensspanne verkürzt wird.

KAPITEL 4
Stiftungen in der Erbfolgegestaltung

4

ÜBERBLICK

A. Erbfolgegestaltung durch Stiftungen?[1]

Unternehmensverbundene Stiftungen werden als »Chance für den Mittelstand« und als »Weg zur Unternehmenssicherung« gepriesen.[2] Auch außerhalb des unternehmerischen Bereiches gewinnt die Stiftung für die Erbfolgegestaltung offensichtlich an Bedeutung,[3] was sich ua in der großen Anzahl von einschlägigen Publikationen[4] mittelbar in dem neuen günstigeren Stiftungssteuerrecht[5] zeigt. Damit gewinnt das Thema ersichtlich auch für den Anwalt und dessen Beratungspraxis an Bedeutung. Typischerweise kennt sich ein Anwalt aber mit der Thematik eher nicht aus, weshalb sie hier etwas grundsätzlicher beleuchtet werden soll. Naturgemäß können hier nicht alle Facetten des Themas behandelt werden. Der Verfasser hat sich deshalb bemüht, jeweils an den »neuralgischen« Stellen weiterführende praxisrelevante (!) Fundstellen anzugeben. 1

I. Motive für die Errichtung von Stiftungen

Es gibt **drei Hauptgruppen von Motiven** für die Errichtung von Stiftungen, die einzeln oder auch kombiniert auftreten können: 2

- Gemeinnützige Motive und mildtätige Motive vielfältiger Art
- der Wunsch, die Selbständigkeit eines (Familien-)Unternehmens aufrechtzuerhalten, die Unternehmensnachfolge zu sichern, das eigene Lebenswerk oder das Werk, das von der Familie über viele Generationen aufgebaut wurde, zu erhalten
- der Wunsch nach einer langfristigen finanziellen Absicherung der Familie.

Die beiden letztgenannten Motive lassen sich unter dem Schlagwort **»Vermögenssicherung durch Stiftungen«** zusammenfassen.

---

1 Für unermüdliche Hilfe bei der Fertigstellung des Manuskriptes danke ich ganz herzlich Frau cand. iur. Verena Schneider, Bonn

2 Etwa von Nietzer NJW 2000, 3457; Götz NWB F. 2, 7329

3 Siehe etwa: Müller/Schubert, Die Stifterfamilie und die Sicherstellung ihrer Versorgung im Rahmen einer gemeinnützigen Stiftung, DStR 2000 1289; Beder Stiftung & Sponsoring 6/1999, 26

4 Siehe insb Seifart/V. Campenhausen, Stiftungsrecht, 2. Aufl. 1999; Wachter, Stiftungen – Zivil- und Steuerrecht in der Praxis, 2000; Hennerkes/Schiffer, Stiftungsrecht, 3. Aufl. 2001; Martin/Wiedemeier, Stiftungsideen – Moderne Wege zur Vermögenssicherung, 2000; Bertelsmann Stiftung (Hrsg), Handbuch Stiftungen, 1998; Zimmer, Das Museum als Nonprofit-Organisation, 1996; siehe zudem in den laufenden Heften der Zeitschrift »Stiftung & Sponsoring« und die zugehörigen sog »Roten Seiten«

5 Siehe dazu nachfolgend in Abschnitt F

3 Stiftungen werden heute nicht mehr nur von sehr vermögenden Privatleuten errichtet, die ihr Vermögen nach ihrem Tod für einen guten Zweck arbeiten lassen wollen. Dieser Fall der gemeinnützigen Stiftung vermögender Privatleute ist zwar wohl derjenige, der in der Öffentlichkeit am bekanntesten ist, aber Stiftungen werden zunehmend auch aus der Aufbaugeneration heraus oder von erfolgreichen Start-Up-Unternehmern von breiteren Kreisen der Bevölkerung und nach wie vor zur Vermögenssicherung gerade auch unternehmensbezogen gegründet, wie schon bei den drei Grundmotiven angedeutet wurde. Dieser grundsätzliche Befund wird auch dadurch deutlich, dass vermehrt Zustiftungen zu bereits bestehenden Stiftungen erfolgen.

II. Einige Praxisbeispiele

4 An dem Beispiel eines Unternehmers lassen sich die wesentlichen Ansätze und Grundfragen des Stiftungsrechts für einen potenziellen Stifter besonders gut verdeutlichen.

5 Über die Möglichkeit einer unternehmensverbundenen Stiftung denken Unternehmer vor allem dann nach, wenn im Kreise der Familie niemand bereit oder in der Lage ist, das Familienunternehmen fortzuführen.[6] Viele Familienunternehmer befürchten, dass Interessenkonflikte unter ihren Erben oder das generelle Fehlen geeigneter Unternehmerpersönlichkeiten in den Folgegenerationen den Bestand des Familienunternehmens gefährden. Erinnert sei hier nur an die publizierten Beispielsfälle: Bahlsen, 4711, Benteler, Adidas, Neckermann, Grundig, Imhof (Stollwerck). Unter Ziffer III. in diesem Abschnitt, Rn 7 ff wird noch näher darauf eingegangen.

Betrachten wir das typisierte **Praxisbeispiel eines Unternehmers** ohne Nachkommen, der die Mehrheitsbeteiligung an einem Unternehmen hält, das seine Großeltern gegründet haben. Darüber hinaus verfügt der Unternehmer über ein nicht unerhebliches von ihm selbst geschaffenes oder vermehrtes Privatvermögen.

Der Unternehmer wird typischerweise bestrebt sein, die Selbständigkeit des »Familienunternehmens« zu erhalten und möchte ggf daneben einen sinnvollen Beitrag zum Gemeinwohl leisten.

Hat der Unternehmer – wie in unserem Beispielsfall – keine eigenen Kinder, so würde bereits die besonders hohe Erbschaftsteuerbelastung für entferntere Verwandte regelmäßig den Zwang bedeuten, Gesellschaftsanteile zu veräußern, soweit das Privatvermögen für die Steuer nicht ausreicht. Die Mehrheitsbeteiligung an dem Unternehmen wäre zumindest gefährdet oder ginge sogar verloren. Die Einsetzung einer gemeinnützigen und deshalb steuerbefreiten Stiftung zum Erben des Unternehmers oder zumindest zum Erben wesentlicher Anteile an dem Unternehmen könnte dieses Problem möglicherweise lösen. Der Unternehmer könnte etwa Wissenschaft und Forschung, Natur- und Umweltschutz oder das Wohlfahrtswesen fördern. Ggf könnte er zusätzliche Mittel aus seinem Privatvermögen der gemeinnützigen Stiftung

6 Ausf. etwa Hennerkes/Schiffer BB 1992, 1940

übertragen. In jedem Fall muss er aber hinsichtlich der Schenkung-/Erbschaftsteuerbelastung Vorsorge treffen, will er das Unternehmen nicht gefährden. Er hat entweder entsprechende Mittel für die Steuer zur Verfügung zu stellen oder er wählt den Weg über eine Stiftung und die Steuerbefreiung etwa wegen Gemeinnützigkeit.

***Beispiel:*[7]**

> Den letztgenannten Weg haben etwa Dietmar Hopp, Vorstandschef des erfolgreichen hessischen Software-Hauses SAP AG, und Horst Brandstätter, Inhaber der Geobra Brandstätter GmbH & Co. KG (Marke »Playmobil«), gewählt.
>
> Hopp hat seine Stammaktien einer gemeinnützigen Stiftung übertragen, um etwa DM 10 Mio. Vermögensteuer und seiner Familie ca DM 735 Mio. Erbschaftsteuer im Fall seines Ablebens zu »ersparen« (WiWo 4/1996).
>
> Brandstätter hat eine von ihm errichtete gemeinnützige »Stiftung Kinderförderung von Playmobil« gegenwärtig mit einem siebenstelligen Betrag ausgestattet. Nach seinem Tod soll die Stiftung sein gesamtes privates und unternehmerisches Vermögen erhalten (Handelsblatt 2./3. 2. 1996).

Ein anderer, nicht untypischer Beispielsfall für ein Stiftungsprojekt ergibt sich durch eine leichte **Abwandlung** des ersten Beispiels. In diesem Fall hat der Unternehmer zwar Abkömmlinge, diese sind aber – aus welchen Gründen auch immer – nicht bereit oder geeignet, ihm als Unternehmer nachzufolgen. Auch hier wäre zu überlegen, ob die Unternehmensnachfolge durch eine Stiftung geregelt werden soll. Weiter wäre zu prüfen, ob die langfristige Absicherung der Familie durch Gestaltung dieser Stiftung als Familienstiftung sichergestellt werden kann. Zu denken wäre hier auch an das später zu behandelnde Doppelstiftungsmodell (Abschnitt H. unter V.)

Beispiel:

> Über seinen eigenen – durchaus typischen – Beispielsfall zur Regelung der Unternehmensnachfolge hat **der Unternehmer Reinhold Würth**, damaliger geschäftsführender Gesellschafter der Adolf Würth GmbH & Co. KG, einem aus einer Schraubengroßhandlung hervorgegangenen Großhandelsunternehmen, im September 1993 in der FAZ berichtet.[8]
>
> Beginnend mit der Grundidee im Jahre 1985 hat der Unternehmer Würth mit seinen Beratern bis Sommer 1993 »an dem umfangreichen Vertragswerk für die Sicherung des Familienunternehmens gefeilt«. Dieser relativ lange Zeitraum mag auf den ersten Blick erschrecken. Indessen sind durch

7 Zahlreiche weitere Praxisbeispiele bei Berndt, Stiftung und Unternehmen, 6. Aufl. 1998, 362

8 Siehe dazu auch Hennerkes/Schiffer, aaO, 22 f

aus Fälle bekannt, in denen die Regelung der Unternehmensnachfolge weit über 10 Jahre gedauert hat. Entscheidend ist nicht die Dauer, sondern das Ergebnis, das »rechtzeitig« vorliegen muss.

Die Anteile an dem deutschen Würth-Teilkonzern gehören heute fünf in Deutschland ansässigen Familienstiftungen. Eine weitere Stiftung mit Sitz in der Schweiz verwaltet die Beteiligungen im Ausland. Ein fünfköpfiger gemeinsamer Aufsichtsrat, der in allen Stiftungen mit denselben Personen besetzt ist, bildet das »Machtzentrum« der Unternehmung. Drei familienfremde Aufsichtsräte, die später ihre Nachfolger durch Zuwahl (Kooptation) bestimmen, wird der Unternehmer durch Testament ernennen. Zwei der Aufsichtsräte werden von den Familiennachkommen bestimmt.

Die Familienstiftungen im Beispiel Würth als Versorgungsstiftungen dienen zur materiellen Absicherung der Familie. Die Kinder des Unternehmers haben, um die von langer Hand vorbereitete vorweggenommene Nachfolgeregelung zu ermöglichen, gegen Entschädigung Erb- und Pflichtteilsverzichte erklärt.

6 Weitere bekannte gegenwärtige und vormalige **Beispiele** von Stiftungen und Stiftungskonstruktionen im Unternehmensbereich sind etwa die Breuninger Stiftung, die Hertie-Stiftung, die Peter Klöckner-Stiftung, die Krups Stiftung, die Gert Moeller-Stiftung, die Schweissfuhrt-Stiftung, die Sedus Stiftung und die Vorwerk Elektrowerke Stiftung & Co. KG.

III. Die Gefahren eines Erbstreits

7 Die Gefahren eines Erbstreits,[9] denen mit einer Stiftungsgestaltung entgegengewirkt werden kann, werden an dem Beispiel der Unternehmensnachfolge besonders deutlich. Der Unternehmer Würth nennt die typischen Hauptrisiken bei der Unternehmensnachfolge:

- Den (nicht im Einzelnen steuerbaren) Erbgang nach dem Tod des Unternehmers und
- die nicht klar geregelte Management-Nachfolge.

Gesunde und blühende Familienunternehmen, so klagt der Unternehmer Würth, müssten häufig in der dritten oder vierten Generation veräußert werden, nur weil ein Teil der Erben dem Unternehmen über die Maßen Liquidität entziehe oder »Kasse machen wolle«. Er habe das Unternehmen deshalb komplett von der Familie abgeschottet. »Geeigneten« Familienmitgliedern solle zwar die Mitwirkung im Management ermöglicht werden, sofern »guter Wille, Einsatzfreude, gesunde Strebsamkeit und Lernbereitschaft« erkennbar seien. Von einer familieninternen Nachfolgeregelung hält er allerdings wenig.

9 Ausf. und anschaulich mit zahlreichen Praxisbeispielen: Eglau, Erbe Macht & Liebe – Unternehmerfamilien zwischen Interessen und Emotionen, 2001

Namen bekannter Familienunternehmen tauchen im Zusammenhang mit Nachfolge- und Erbstreitigkeiten in der Tat immer wieder in der Wirtschafts- oder gar der Boulevardpresse auf. Das kann angesichts der Statistik auch nicht verwundern. Nach einer Untersuchung des Instituts für Mittelstandsforschung Bonn stehen von 1999 bis 2004 von den insgesamt 2 019 030 Unternehmen in Deutschland mit mehr als DM 100 000 Jahresumsatz 370 864 zur Unternehmensübertragung an.[10] In etwa 50 % aller Fälle ist in der Praxis kein Familienmitglied bereit, die Unternehmensnachfolge anzutreten.[11] 8

Nach Angaben der Europäischen Kommission[12] gehen nahezu 10 % aller »Konkursanträge« auf eine schlecht vorbereitete Unternehmensnachfolge zurück. Fasst man die Erfahrungen zusammen, so drohen bei einem Streit der Erben in einer Unternehmerfamilie

- persönliche »Kränkungen und Wunden«
- die Lähmung des Unternehmens
- ein von dem Unternehmen nicht zu verkraftender kurzfristiger Liquiditätsentzug
- ein für das Unternehmen nicht tragbarer Kapitalverlust.

Oft steht die Existenz des Unternehmens auf dem Spiel.

Führt man sich dazu die wirtschaftliche Bedeutung dieser Unternehmen und die angesprochenen Risiken vor Augen, so wird deutlich, wie wesentlich die Frage der optimalen Erb- und Nachfolgegestaltung einschließlich der Nutzung der Möglichkeiten einer vorweggenommenen Erbfolge[13] letztlich sogar für die gesamte Volkswirtschaft ist. Die Facetten dieses Themas sind äußerst vielfältig. Hier ist nur ein begrenzter, aber wichtiger Teilaspekt, nämlich die Möglichkeit der Gestaltung unter Einbeziehung von Stiftungen anzusprechen.[14] 9

---

10 Institut für Mittelstandsforschung »Neue Entwicklungen auf dem Markt für die Übertragung mittelständischer Unternehmen« (IFM-Materialien Nr. 36, Feb. 1999) von Schröer/Freund, 19

11 Mario Ohoven (Bundesverband mittelständische Wirtschaft), Bonner Generalanzeiger v 23. 1. 2001, 20

12 Amtsbl der EG Nr. C (23. 7. 1994, Mitteilung der Kommission zur Überleitung von Unternehmen, 2

13 Ausf. dazu etwa Schiffer in Hennerkes (Hrsg), Unternehmenshandbuch Familiengesellschaften, 1995, 495

14 Aktuell etwa: Von Löwe, Familienstiftung und Nachfolgegestaltung, 1999

Praxis-Tipp:

Das oben angeführte Praxisbeispiel Würth gibt – auch in der angedeuteten Komplexität – einen guten Eindruck von der Vielfalt der gedanklichen Lösungsansätze, die im konkreten Einzelfall gründlich geprüft und analysiert werden müssen. Tatsächlich sind bei einer Stiftungskonstruktion zur Regelung der Unternehmensnachfolge häufig mehrere Stiftungen beteiligt, die zum Teil auch ihren Sitz im Ausland haben. Wie komplex die zu erarbeitende Stiftungslösung tatsächlich ist, hängt von den Gegebenheiten des jeweiligen Falles ab. In jedem Fall aber stellt sich Frage nach der »richtigen« fachmännischen Beratung für einen Stifter.

IV. Unerlässlich: Fachmännische Beratung

10 Das Stiftungsrecht und das Stiftungssteuerrecht sind zu kompliziert und zu komplex, als dass der Laie sich alleine zurechtfinden könnte. Selbst unter den Juristen und Steuerberatern findet man nur selten einen Stiftungsfachmann, sodass auch von diesen üblicherweise ein entsprechend erfahrener Kollege bzw Stiftungsfachmann als sog Zweitberater hinzugezogen wird, wenn eine Stiftungsgestaltung infrage steht.

11 Besonders wesentlich für Stifter ist typischerweise, dass ihr (Familien-) Vermögen über ihren Tod hinaus zusammengehalten wird. Das Vermögen soll nicht zersplittern und eine hohe Steuerbelastung soll möglichst (!) vermieden werden, um vor allem den Liquiditätsabzug aus dem Unternehmen zu begrenzen. Daneben wird häufig über die Hingabe größerer Geldbeträge für gemeinnützige Zwecke nachgedacht. Wesentlich konkreter sind die gedanklichen Ansätze potenzieller Stifter zumindest in der ersten Phase ihrer Überlegungen häufig nicht. Dem gilt es durch eine behutsame Beratung abzuhelfen, die den potenziellen Stifter zunächst dabei unterstützt, seine Vorstellungen zu konkretisieren. Patentlösungen und allgemein gültige Musterlösungen gibt es hier nicht! Die Erfahrung zeigt, dass hier jeder einzelne Fall eine ganz spezifische Lösung erfordert.

12 Der Stifter ist regelmäßig in rechtlichen Dingen eher unerfahren und wird daher leicht durch eine Beratung »überfahren«, deren Schwerpunkt von Anfang an auf den nicht leichten rechtlichen und steuerrechtlichen Fragen eines Stiftungsprojektes liegt. Die detaillierte Erörterung der anstehenden Rechtsfragen mit einem Stifter führt (jedenfalls zu Beginn der Beratung!) eher dazu, dass dieser mehr verwirrt, als in die Lage versetzt wird, seinen gedanklichen Ansatz zu konkretisieren. Die juristische Technik ist Sache des spezialisierten Beraters! Die Kunst des Beraters muss darin bestehen, die unerlässlichen und wesentlichen juristischen Fragen dem Stifter in verständlicher Art und Weise nahe zu bringen. Sodann sollte gemeinsam nach einer Lösung gesucht werden, die überschaubar und für den Stifter nachvollziehbar, aber vor allem (auch in Zukunft!) praktisch handhabbar ist. Dabei spielen grundsätzlich steuerliche Aspekte eine wesentliche Rolle. Es ist jedoch für den Bereich des Stiftungsrechts (wie auch sonst) mit Nachdruck davor zu warnen, eine rechtlich zulässige Gestaltung allein aus steuerrechtlichen Erwägungen

zu wählen. Dafür ist der Atem des Steuergesetzgebers viel zu kurz. Kein Rechtsgebiet ist dermaßen stetigen Änderungen und Verkomplizierungen unterworfen wie das Steuerrecht. (Man denke nur an das andauernde Reformwerk »Unternehmensbesteuerung«!) Erfahrene und angesehene Steuerrechtler sprechen ganz deutlich und plastisch von »Steuerchaos«.[15]

Zu fordern ist bei einer Stiftungs- und einer Nachfolgegestaltung allerdings in jedem Fall eine steuerliche Optimierung der gewählten Konstruktion.

Am Anfang der Gestaltung eines Stiftungsprojektes steht typischerweise eine 13
vage Grundidee des Stifters, die dieser zusammen mit seinem Berater entwickelt und/oder konkretisiert. Der Berater wird dabei immer die juristischen und steuerrechtlichen Möglichkeiten im Auge behalten und seinem Mandanten eine angemessene Lösung vorschlagen. Ein Stifter wird vor einer zu komplexen Gestaltung, die er letztlich nicht durchschaut, in der Regel (zu Recht !!) zurückscheuen. Er wird sein Stiftungsprojekt auf die lange Bank schieben oder es direkt aufgeben.

Hinzu kommt das Problem, dass Stifter nicht selten kurz vor Abschluss des 14
Stiftungsprojektes vor dessen tatsächlicher Umsetzung zurückschrecken. Sie zögern – oft aus verständlichen emotionalen Gründen –, den letzten Schritt zu vollziehen und das für die Stiftung vorgesehene Vermögen tatsächlich auf diese zu übertragen. Um eine endgültige Entscheidung zu vermeiden, wird dann nicht selten der Weg der Errichtung einer Stiftung von Todes wegen gewählt. Gerade die Errichtung einer Stiftung von Todes wegen birgt aber die Gefahr, dass das Stiftungsprojekt nicht im Sinne des Stifters umgesetzt wird. Nach seinem Tode kann der Stifter auf etwaige Fehlentwicklungen in der Anfangsphase der Stiftung oder auf geänderte Umstände keinen Einfluss mehr nehmen. Er muss sich absolut auf den entsprechend beauftragten Testamentsvollstrecker und/oder die von ihm eingesetzten Stiftungsorgane verlassen. Die Errichtung einer Stiftung von Todes wegen ist daher häufig nur die zweitbeste Lösung, worauf nachfolgend noch näher einzugehen sein wird. In jedem Fall ist für einen potenziellen Stifter ein intensives Befassen mit seinem Stiftungsprojekt und eine kompetente fachliche Beratung unerlässlich.

Checkliste Beratung bei einem Stiftungsprojekt

✔ Der Weg:
- Gemeinsame Konkretisierung der Vorstellungen des Stifters; Entwicklung der Grundidee
- Heranführen des Stifters an die juristischen und steuerlichen Fragen; Rechtstechnik ist Sache des Beraters !

✔ Das Ziel:
- Nachvollziehbare und handhabbare, jedoch nicht halbherzige Lösungen

15 Siehe nur Tipke/Lang, Steuerrecht, 15. Aufl. 1996, 62 (»Steuerchaos«); grundlegend zu dieser Thematik: Tipke StuW 1971, 2

V. Das Pflichtteilsproblem

15 Wenn wir uns hier mit der Frage der Erbfolgegestaltung durch Stiftungen befassen, so sei noch ein wichtiger Punkt vor die Klammer gezogen. Nicht ganz selten wird man als Berater in Sachen Stiftungen gefragt, ob man durch eine Stiftung Pflichtteilsansprüche vermeiden kann – etwa indem man eine Stiftung als Alleinerben einsetzt.[16]

Die Antwort auf diese Frage war ursprünglich umstritten. So wurde etwa angenommen, bei Familienstiftungen (!) stünde den enterbten gesetzlichen Erben kein Pflichtteilsrecht zu, wenn sie Destinatäre seien und die zu erwartenden Zahlungen der Stiftung in angemessener Zeit die Summe des Pflichtteils erreichten.[17]

Dem kann jedoch ersichtlich nicht gefolgt werden, hängen doch die Leistungen der Stiftung erst noch von einer Entscheidung des Stiftungsvorstandes ab. Sie sind also grundsätzlich als eine Erwartung einzustufen und eben nicht als ein (Pflichtteils-)Anspruch. Zudem erscheint das geforderte Merkmal »angemessener Zeitraum« ersichtlich als zu unkonkret. Die völlig herrschende Meinung bejaht denn auch in solchen Fällen Pflichtteils- und Pflichtteilsergänzungsansprüche der enterbten Erben.[18] Zur Pflichtteilsvermeidung bleibt damit in solchen Fällen nur der Weg über Erbverzichtsverträge nach §§ 2346 ff BGB.

16 Ausf. Florian Stiftung & Sponsoring, 3/2001, 23
17 Steffek, Die Anforderung an das Stiftungsgeschäft von Todes wegen, 1996, 39
18 Siehe etwa Hof in Seifart/V. Campenhausen, Handbuch des Stiftungsrechts, 2. Aufl. 1999, 106; ausf schon Rawert/Katschinski ZEV 1996, 161; Florian, aaO

B. Rechtsgrundlagen der Erbfolgegestaltung durch Stiftungen – Eine Übersicht zum Stiftungsrecht – 605

ÜBERBLICK

B. Rechtsgrundlagen der Erbfolgegestaltung durch Stiftungen – Eine Übersicht zum Stiftungsrecht

Hier sind zunächst einige Grundlagen und Begriffe zum Stiftungsrecht näher zu erläutern.

I. Die Stiftung als juristische Person

Die Stiftung ist eine juristische Person ohne Gesellschafter oder Mitglieder. 16
Sie ist als eine Zusammenfassung von vermögenswerten Gegenständen auf Dauer angelegt. Ihr Vermögen darf in seiner Substanz grundsätzlich nicht angegriffen werden, es ist zugriffsicher festzulegen (»Grundsatz der Vermögenserhaltung«). Die Stiftung ist aber entgegen manchem Missverständnis und Vorurteil eine **wertneutrale, steuerpflichtige**[1] **juristische Person**, die – wie andere Rechtsformen (in der Praxis insb Vereine und GmbHs, Paradebeispiel: Robert Bosch Stiftung GmbH) auch – gemeinnützig im Sinne der §§ 51 ff AO sein kann, aber nicht sein muss. Körperschafts-/Gesellschaftsrecht und Steuerrecht sind als zwei gesonderte Rechtsgebiete auch bei den Stiftungen zu trennen! Sofern eine Stiftung unmittelbar oder mittelbar unternehmerisch tätig ist, kann sie sich den Gesetzmäßigkeiten des Wirtschaftslebens, wie insb der Steuerpflicht, nicht entziehen.

Die unternehmensverbundene Stiftung oder anders ausgedrückt die Stiftung im 17
Unternehmensbereich als spezielle Form der Stiftung ist bisher im BGB und in den Stiftungsgesetzen nicht ausdrücklich geregelt. Deshalb ist die Diskussion zur Frage der Zulässigkeit der unternehmensverbundenen Stiftung bis heute nicht ganz verstummt.[2] Darauf wird nachfolgend noch näher eingegangen.

Eine rechtsfähige Stiftung wird nach aktueller Rechtslage durch das Stiftungs- 18
geschäft des Stifters nebst Stiftungsverfassung und durch die staatliche Genehmigung errichtet (ausführlich dazu in Abschnitt C., Rn 74 ff).

II. Die unselbständige Stiftung

Die unselbständige, treuhänderische Stiftung[3] unterscheidet sich von der Stif- 19
tung des Privatrechts dadurch, dass sie **keine juristische Person** ist. Der Stifter überträgt vielmehr einer bereits bestehenden – natürlichen oder juristischen – Person als Treuhänder Vermögenswerte zur Verfolgung des von ihm vorgegebenen Stiftungszweckes. Dieser Treuhänder kann natürlich auch eine (selbständige) Stiftung sein.

1 Näher zur Steuerpflicht der Stiftung siehe etwa bei Boochs NWB F. 2, 6397; Berndt, Stiftung und Unternehmen, 6. Aufl. 1998, 170; siehe auch nachfolgend in Abschnitt B
2 Etwa Rawert ZEV 1999, 294 und 426; Schiffer ZEV 1999, 424
3 Ausf. Schindler/Steinsdörfer, Treuhänderische Stiftungen, 6. Aufl. 1998 (Materialien aus dem Stiftungszentrum, Heft 18); Schiffer ErbBStg 2001, 173

20 Weder die Vorschriften des BGB, noch die Landesstiftungsgesetze finden auf diese rein schuldrechtliche Form der Stiftung Anwendung. Ihre Errichtung erfordert kein staatliches Genehmigungsverfahren. Auch eine unselbständige Stiftung kann etwa wegen Mildtätigkeit oder Gemeinnützigkeit steuerbefreit sein. Dabei ist die Gemeinnützigkeit des Trägers der unselbständigen Stiftung nicht erforderlich, jedoch ist in Stiftungsgeschäft und Satzung der unselbständigen Stiftung die Gemeinnützigkeit festzulegen und festzuhalten, dass die Mittel nur für die vom Stifter festgelegten steuerbegünstigten Zwecke verwendet werden können. Hier wird in der Regel eine sehr genaue Abstimmung des Stiftungszwecks mit dem Aufgabenbereich des vorgesehenen Trägers/Treuhänders erforderlich sein. Das spricht dafür, eine treuhänderische Stiftung bereits zu Lebzeiten zu errichten.

21 Die unselbständige Stiftung unterliegt keiner staatlichen Aufsicht. Im Fall der Steuerbefreiung wacht aber natürlich die Finanzverwaltung über die Einhaltung der einschlägigen Steuervorschriften (insb §§ 51 ff AO). Die unselbständige Stiftung ist eine recht unkomplizierte Form für den Stifter, Vermögenswerte nachhaltig einem bestimmten Zweck zu widmen. Sie hängt allerdings in ihrem Schicksal naturgemäß ganz von der Person des Treuhänders ab.

22 Die unselbständige Stiftung kann unter Lebenden oder von Todes wegen errichtet werden. Das Stiftungsgeschäft unter Lebenden ist hier ein Vertrag zwischen dem Stifter und dem Stiftungsträger. Der Stifter überträgt in der Regel der von ihm gewählten Person seines Vertrauens die von ihm dem Stiftungszweck gewidmeten Vermögenswerte unter der Auflage, sie entsprechend zu verwenden (Schenkung unter Auflage oder Zweckschenkung), oder vereinbart mit der betreffenden Person direkt ein Treuhandverhältnis. Für das Treuhandverhältnis gilt Auftragsrecht (§§ 662 ff BGB). Der Stiftungsträger wird (treuhänderisch) Eigentümer der Vermögenswerte und handelt für die unselbständige Stiftung. Die Einzelheiten wird der Stifter mit dem Stiftungsträger aushandeln und in einer Stiftungssatzung festhalten, die man richtigerweise als »Organisationsvertrag« bezeichnen sollte. Für den Inhalt dieses Vertrages gilt entsprechend das, was noch zur rechtsfähigen Stiftung des Privatrechts auszuführen sein wird.

Praxis-Tipp:

Anders als im Fall der Schenkung kann ein Treuhandverhältnis nach Auftragsrecht grundsätzlich jederzeit gekündigt werden (§ 671 BGB), dh ggf auch von den Erben des Stifters. Endgültigkeit erreicht der Stifter hier also nur über eine Schenkung.

23 Bei einer treuhänderischen Stiftung von Todes wegen errichtet typischerweise ein **Testamentsvollstrecker** die Stiftung für den Erblasser, der beispielsweise die Stiftungserrichtung durch eine **Auflage** für seine Erben bestimmt.

24 Will der Stifter nicht auf die bereits vorhandene Organisation eines Stiftungsträgers – etwa auf die des Stifterverbandes für die Deutsche Wissenschaft in Essen – zurückgreifen, so wird er sich zur Schaffung der internen Organisation der treuhänderischen Stiftung im Rahmen des Stiftungsträgers an den für die

privatrechtliche selbständige Stiftung entwickelten Modellen orientieren, die nachfolgend behandelt werden. Dabei kann und sollte der unselbständigen Stiftung durchaus ein **eigener Name** – etwa zur Erinnerung an den Stifter – gegeben werden.

Ersichtlich ist bei der **Auswahl des treuhänderischen Stiftungsträgers** für die unselbständige Stiftung besondere Sorgfalt anzuwenden. Die Auswahl einer juristischen Person – vor allem des öffentlichen Rechts – hat den Vorteil, dass diese ebenso wie die unselbständige Stiftung, aber anders als natürliche Personen, zumindest potenziell unsterblich ist. In der Regel werden daher als Stiftungsträger bereits bestehende selbständige Stiftungen, Gesellschaften, Vereine oder auch Universitäten oder Gemeinden gewählt. Der Stifter sollte dabei besonderen Wert darauf legen, dass der Stiftungsträger über eine Organisation verfügt, deren Kontrollmechanismen (insb Aufsichtsorgane wie zB Beirat) die Verwendung der treuhänderisch übertragenen Mittel für den gewählten Stiftungszweck sicherstellen. 25

III. Die Familienstiftung

Die Familienstiftung[4] ist keine gesonderte Stiftungsart, sondern eine **Unterart der rechtsfähigen Stiftung des Privatrechts**. Eine einheitliche Definition für diese besondere Stiftungsart gibt es bisher leider nicht. Die Besonderheit einer Familienstiftung liegt aber jedenfalls darin, dass sie nach ihrem Stiftungszweck in erster Linie oder jedenfalls wesentlich den Interessen einer oder mehrerer Familien dient. Welchen Umfang diese Familienförderung haben muss, ist allerdings beinahe schon »traditionell« umstritten. Die Frage wird zudem für das Stiftungszivilrecht anders beantwortet als für das Stiftungssteuerrecht. Die Einzelheiten der wissenschaftlichen Diskussion können hier nicht nachgezeichnet werden. Es muss die nachfolgende Skizze genügen. 26

Die Familienstiftung als Stiftung des privaten Rechts ist in den einzelnen Landesstiftungsgesetzen, im Erbschaftsteuergesetz und im Außensteuergesetz **unterschiedlich definiert**. Allen Definitionen gemeinsam ist jedoch das Erfordernis der Begünstigung einer oder mehrerer Familien. Welchen Umfang diese Begünstigung zu haben hat, legen die einzelnen Gesetze allerdings in unterschiedlicher Weise fest. Familienstiftungen werden danach definiert als: 27

- Wesentlich im Interesse einer bestimmten Familie errichtet (§ 15 I 1 ErbStG)
- Stiftungen, bei denen der Stifter, seine Angehörigen und deren Abkömmlinge zu mehr als der Hälfte bezugsberechtigt oder anfallsberechtigt sind (§ 15 II AStG)
- **Überwiegend** dem Wohle der Mitglieder einer oder mehrerer bestimmter Familien dienend (zB § 21 StiftungsG von Hessen)
- **Ausschließlich** dem Interesse der Mitglieder einer oder mehrerer bestimmter Familien dienend (zB § 2 V StiftungsG NRW).

4 Sorg Stiftung und Sponsoring 2/2000, 14; ausf. etwa: Von Löwe, Familienstiftung und Nachlassgestaltung, 1999; Schindler, Die Familienstiftung, 1975

28 Die Art und Weise der Familienbegünstigung ist ebenfalls nicht in allen Gesetzen gleich definiert. So wird in den stiftungsrechtlichen, dh zivilrechtlichen Definitionen zumeist eine immaterielle Begünstigung als ausreichend angesehen, im Steuerrecht hingegen auch ein materieller Vorteil gefordert.

Praxisübersicht:
Familienstiftung im Stiftungszivilrecht – unterschiedliche Definitionen

Überwiegende Familienbegünstigung	Berlin, Brandenburg, Bremen, Hamburg, Hessen, Mecklenburg-Vorpommern, Rheinland-Pfalz, Schleswig-Holstein
Ausschließliche Familienbegünstigung	Baden-Württemberg, Bayern, Niedersachsen, Nordrhein-Westfalen

Quelle: Sorg Stiftung & Sponsoring 2/2000, 14

29 Für den **Bereich des Steuerrechts** ist, wenngleich die Finanzverwaltung das bestreitet, nach der hier vertretenen Ansicht für die Einstufung als Familienstiftung zu fordern, dass den begünstigten Familienangehörigen (Destinatären) mindestens 75 % der laufenden Bezüge und des bei der Auflösung der Stiftung anfallenden Vermögens zugesagt sein müssen (sog »Löwenanteilstheorie«).[5]

Die Finanzverwaltung setzt diese Grenze, um zu den Steuerfolgen für Familienstiftungen, dh insb zu der Erbersatzsteuer zu gelangen, auf bis zu 25 % herab (R 2. II ErbStR).

30 Vor dem Hintergrund dieses Abgrenzungsstreites wurde dieser Darstellung zum Zwecke einer möglichst umfassenden Betrachtung ein weiter Begriff der Familienstiftung zu Grunde gelegt, wonach diese Stiftung zumindest wesentlich den Interessen einer Familie dienen muss. Natürlich ist aber im Geltungsbereich insb des jeweiligen Landesstiftungsgesetzes und des Steuerrechts die betreffende Definition des jeweiligen Gesetzes anzuwenden. Im Zweifelsfall ist die Abgrenzung rechtzeitig mit der betroffenen Behörde zu klären!

31 Sowohl nach Bundesrecht als auch nach den einzelnen Landesstiftungsgesetzen sind Familienstiftungen in allen Bundesländern aktuell grundsätzlich zulässig, wenngleich in manchen Ländern Einschränkungen gemacht werden. Diese beziehen sich jedoch mehr auf die Privatnützigkeit dieser Stiftungen. Die für die **Genehmigungsfähigkeit von Familienstiftungen** wohl gravierendste Einschränkung machen das nordrhein-westfälische Stiftungsgesetz (§ 4 II b) und das insoweit identische Stiftungsgesetz von Mecklenburg-Vorpommern (§ 7 III a). Nach diesen Regelungen kann Stiftungen, deren Hauptzweck im Betrieb und in der Verwaltung eines erwerbswirtschaftlichen Unternehmens besteht, das ausschließlichen oder überwiegend eigennützigen Interessen des Stifters oder seiner Erben dient, die Genehmigung versagt werden.

5 Ähnlich Meincke, ErbStG, 11. Aufl. 1999, § 1 ErbStG Rn 17

Praxisübersicht:
Genehmigungsbeschränkungen bei Familienstiftungen

Erfordernis eines wichtigen Grundes	Bayern[6]
Satzungsmäßige Verankerung eines Aufsichtsorgans	Berlin
Keine ausschließliche Familienbegünstigung	Brandenburg
Vermögen des Stifters oder dessen Verwendung darf nicht gesetzlich vorgeschriebener Kontrolle oder Publizität entzogen werden	Brandenburg, Mecklenburg-Vorpommern, Nordrhein-Westfalen
Hauptzweck der Stiftung darf nicht in Betrieb oder Verwaltung eines erwerbswirtschaftlichen Unternehmens bestehen (Kann-Bestimmung)	Brandenburg, Mecklenburg-Vorpommern, Nordrhein-Westfalen

Quelle: Sorg Stiftung & Sponsoring 2/2000, 14

Außerhalb des Steuerrechts entscheidet die Einordnung als Familienstiftung 32 vor allem darüber, ob und in welchem Umfang die jeweilige Stiftung der **staatlichen Stiftungsaufsicht** unterliegt. So entfällt beispielsweise bei der Familienstiftung nach dem Stiftungsgesetz Baden-Württemberg (§ 13 I, II StiftungsG Baden-Württemberg) die ansonsten für die Stiftung geltende Verpflichtung, bestimmte Rechtsgeschäfte der Stiftung im Voraus anzuzeigen. Keine Einschränkung der Beaufsichtigung von Familienstiftungen kennt das Stiftungsrecht der Länder Brandenburg, Sachsen-Anhalt, Thüringen, Nordrhein-Westfalen und Saarland (§§ 1, 18, 20 StiftungsG Brandenburg; § 18 StiftungsG Sachsen-Anhalt, § 18 Stiftungsrecht Thüringen). In den übrigen Ländern sind, weil man dort zu Recht auf die Kontrolle durch die von der Stiftung begünstigte Familie vertraut, die sonst gültigen Vorschriften zur Stiftungsaufsicht nur in eingeschränktem Umfang gültig. In der Praxis kommt ein Einschreiten der Stiftungsaufsicht indessen eher selten vor, da sich die Familienstiftungen – auch nach den Erfahrungen der Behörden – in aller Regel korrekt verhalten. Das rechtfertigt grundsätzlich eine recht großzügige Aufsichtsführung.

Praxisübersicht:
Eingeschränkte oder fehlende Stiftungsaufsicht bei Familienstiftungen

Stiftungsaufsicht entfällt ganz	Bayern
Beschränkung auf Beachtung des öffentlichen Interesses	Hessen, Mecklenburg-Vorpommern, Rheinland-Pfalz
Beschränkung auf Sicherstellung der Handlungsfähigkeit der Stiftung	Berlin, Niedersachsen, Schleswig-Holstein

6 **Hinweis:** In Bayern ist zurzeit ein neues Landesstiftungsgesetz in Arbeit.

Zustimmungsvorbehalte entfallen	Baden-Württemberg, Brandenburg, Bremen
Beim Vorhandensein eines Aufsichtsorgans: Beschränkung auf Sicherstellung der Handlungsfähigkeit der Stiftung	Nordrhein-Westfalen
Verpflichtung zur Einreichung der Jahresrechnung entfällt	Bremen, Hamburg

Quelle: Sorg Stiftung & Sponsoring 2/2000, 15

33 Familienstiftungen sind, wie die Beispiele in Abschnitt A. dieses Kapitels zeigen – vor allem **im Unternehmensbereich** beliebt. Über eine Familienstiftung kann die von der Familie unabhängige Sicherung der Zukunft des Unternehmens bei gleichzeitiger finanzieller Versorgung der Familienangehörigen erreicht werden.

34 In der Debatte zur Reform des Stiftungssteuerrechts wurde insb in dem von Bündnis 90/Die Grünen vorgelegten Gesetzesentwurf, der dem Vernehmen nach maßgeblich von Rawert (Hamburg) »beeinflusst« wurde, der Gedanke vertreten, eine Familienstiftung längstens für 30 Jahre zuzulassen und zwar mit Fortsetzungsmöglichkeit durch zustimmenden Beschluss aller Begünstigten.[7] Dieser Gedanke scheint jedoch zwischenzeitlich nicht weiter verfolgt zu werden. Er ist auch systemfremd für das Stiftungsrecht. Stiftungen sind, wenngleich sie auf Zeit möglich sind,[8] dennoch grundsätzlich auf ewig angelegt.[9] dennoch grundsätzlich auf ewig angelegt.[10]

IV. Die unternehmensverbundene Stiftung

35 In Abschnitt A. dieses Kapitels wurden bereits Praxisbeispiele der unternehmensverbundenen Stiftung ausführlich vorgestellt. Man unterscheidet traditionell ausgehend von der Zweckrichtung und den Motiven des Stifters zwei Grundtypen der unternehmensverbundenen Stiftung:[11]

- Eine **Unternehmensträgerstiftung** betreibt das Unternehmen unmittelbar selbst. Diese Stiftungsform ist wenig praktikabel und hat sich deshalb in der Praxis nicht durchgesetzt. Sie ist für eine Nachfolge-Gestaltung grundsätzlich uninteressant.
- Hält eine Stiftung eine Beteiligung an einer Personen- oder Kapitalgesellschaft, so bezeichnet man sie als **Beteiligungsträgerstiftung**. Diese Form

7 Sorg Stiftung und Sponsoring, 2/2000, 14, 16
8 Sorg Stiftung und Sponsoring, 2/2000, 14, 16
9 Hof in Seifart/ Von Campenhausen, aaO, 99
10 Hof in Seifart/Von Campenhausen, aaO, 99
11 Ausf etwa Berndt, Stiftung und Unternehmen, 6. Aufl. 1998; Herrman, Unternehmenskontrolle durch Stiftungen, 1996; Schurr, Die Stiftung mit unternehmerischer Verantwortung, 1998; Heuel, Die Entwicklung der Unternehmensträgerstiftung in Deutschland, 2001, Abschnitt H Rn 231 ff

der unternehmensverbundenen Stiftung ist bei richtiger Gestaltung in geeigneten Fällen durchaus praktikabel. Die Stiftung ist alleinige Gesellschafterin oder Mitgesellschafterin. Das Unternehmen wird als Personen- oder Kapitalgesellschaft betrieben, so dass das Unternehmen den Vorschriften für diese Rechtsformen unterfällt,[12] weshalb auch die erforderliche Flexibilität des Unternehmens selbst grundsätzlich erhalten bleiben kann. Eine Beteiligungsträgerstiftung kann für eine Nachfolgegestaltung interessant sein.

Die Beteiligungsträgerstiftung kann als Dotationsquelle für durchaus verschiedene Zwecke, als Familientreuhänder oder auch als Führungsinstrument für das Unternehmen dienen. Dabei können die genannten Aufgaben im Einzelfall auch miteinander kombiniert werden. Bei der Stiftung als **Dotationsquelle** steht das Motiv des Stifters im Vordergrund, die für die Erfüllung des Stiftungszwecks erforderlichen Mittel über die Unternehmensbeteiligung bereit zu stellen. Die Unternehmensbeteiligung ist für diese in der Praxis regelmäßig gemeinnützigen Stiftungen folglich nur das Mittel zur Erfüllung des gemeinnützigen Stiftungszwecks.[13]

Ist eine Stiftung als **Familientreuhänder** eingesetzt, soll sie vorrangig dafür Sorge tragen, dass bei einer Unternehmensbeteiligung die Beteiligungsrechte iSd Stifters/der Familie ausgeübt werden und dass die Beteiligung der Familie erhalten bleibt. In einem solchen Fall erhalten die Familienmitglieder regelmäßig keinen Zugriff auf die in der Beteiligung enthaltene Unternehmenssubstanz. Als Begünstigte der Stiftung kommen sie aber in den Genuss der Unternehmenserträge. Steuerlich ist diese Familienstiftung nicht begünstigt, sondern wird neben den »normalen« Steuerpflichten in Analogie zu dem Fall einer natürlichen Person als Erbe sogar zusätzlich mit der sog Erbersatzsteuer belastet. Deshalb ist bei genauer Betrachtung der Vorwurf der angeblichen »Feudalisierung« großer Familien-Vermögen über Stiftungsgestaltungen[14] nicht nachvollziehbar. Als Hauptfall des Einsatzes einer Stiftung als Führungsinstrument ist der der Stiftung & Co. KG zu nennen.[15]

12 Schon deshalb wird, anders als wohl Rawert – ZEV 1999, 294, 295 – meint, hier nicht die angebliche »frappierende Regellosigkeit« der Rechtsform Stiftung ausgenutzt; wie hier etwa Schwintek ZRP 1999, 25, 29

13 Dazu Matyschik/Schiffer, StuB 2000, 1102

14 So aber Frau Vollmer in einem Interview in Stiftung & Sponsoring 2/1998, 8. Ausf. zur »Zuwendung von unternehmerisch genutztem Vermögen an Stiftungen«: Diedrichs Stiftung & Sponsoring 3/2000, 12., 5/2000, 14, 6/ 2000, 25

15 Siehe etwa Berndt, aaO, 421

V. Steuerbefreite Stiftungen: Gemeinnützigkeit – Mildtätigkeit

36 Grundsätzlich ist die Errichtung und die Tätigkeit einer Stiftung mit unterschiedlichen steuerlichen Belastungen verbunden (Schenkungsteuer, Körperschaftsteuer,...). Gemeinnützige Stiftungen oder andere Stiftungen, die sonstige steuerbegünstigte Zwecke iSd §§ 51 ff AO verfolgen,[16] dh etwa mildtätig sind, sind im Gegensatz dazu nach den einschlägigen Steuergesetzen beinahe vollständig von den betreffenden Steuern befreit.

37 Stiftungen, die ausschließlich und unmittelbar gemeinnützigen Zwecken dienen (§§ 51 ff AO), sind nach § 5 I Nr. 9 S 1 KStG von der Körperschaftsteuer befreit. Die Befreiung von der Körperschaftsteuer ist neben der Möglichkeit zum Empfang steuerlich abzugsfähiger Zuwendungen (vgl § 10 b EStG, § 9 Nr. 3 KStG, § 9 Nr. 5 GewStG) der wichtigste steuerliche Vorteil der Gemeinnützigkeit. Weitere Steuervergünstigungen wegen Gemeinnützigkeit bestehen bei der Gewerbesteuer (§ 3 Nr. 6 S 1 GewStG), der Umsatzsteuer (§ 12 II 2 Nr. 8 a UStG) sowie im Bereich der Grundsteuer (§ 3 I Nr. 3 b GrStG) und Erbschaft- und Schenkungsteuer (§ 13 I Nr. 16 b ErbStG).

Es handelt sich demnach bei der gemeinnützigen Stiftung nicht um eine besondere Rechtsform, sondern vielmehr um eine **Stiftung, der Steuerbefreiungen gewährt werden**, weil sie bestimmte steuerrechtliche Vorgaben einhält.[17] Die Steuerbefreiung setzt voraus, dass eine Stiftung nach ihrer Satzung und tatsächlichen Geschäftsführung ausschließlich und unmittelbar gemeinnützige, mildtätige oder kirchliche Zwecke verfolgt.

38 **Gemeinnützige Zwecke** (§ 52 AO) verfolgt eine Stiftung, wenn ihre Tätigkeit darauf gerichtet ist, die Allgemeinheit (!) auf materiellem, geistigem oder sittlichem Gebiet selbstlos zu fördern.[18] Als **Beispiele** seien hier die Förderung von Wissenschaft und Forschung, Bildung[19] und Erziehung, Kunst und Kultur, der Religion, der Völkerverständigung, des Umweltgedankens, der Jugend- und Altenhilfe, des Sports und des Wohlfahrtswesens genannt.

39 Um einem in der Praxis recht häufigen Missverständnis entgegenzuwirken, sei der folgende Praxis-Tipp besonders betont:

---

16 Ausf. Troll/Wallenhorst/Halacinsky; Die Besteuerung gemeinnütziger Vereine und Stiftungen, 4. Aufl. 2000; Schauhoff (Hrsg), Handbuch der Gemeinnützigkeit, 2000; Kießling/Buchna, Gemeinnützigkeit im Steuerrecht, 7. Aufl. 2000

17 »Gemeinnützige« Stiftungen genießen in der Bevölkerung eine ganz besondere Wertschätzung, ausf dazu Schäfers Stiftung & Sponsoring, 4/ 2000, 30 ff (zu einer vom Zentralinstitut für kirchliche Stiftungen (Zks) in Mainz/Wiesbaden in Auftrag gegebenen Representativ-Erhebung, die das Institut für Markt- und Politikforschung (»dimap«), Bonn, durchgeführt hat)

18 Zur »Nichtanerkennung der Gemeinnützigkeit wegen durch Stiftungsgeschäft übergegangener Verpflichtungen« siehe Berndt Stiftung & Sponsoring 5/ 1999, 16

19 Zum Thema »Stiftungen und Universitäten« siehe Göring Stiftung & Sponsoring 6/ 1999, 13; Zimmerli (Interview) Stiftung & Sponsoring 6/2000, 3

Praxis-Tipp:

*Eine **Förderung der Allgemeinheit** ist dann nicht mehr gegeben, wenn der Kreis der Personen, denen die Förderung durch die Stiftung zugute kommt, geschlossen ist. Ein solcher geschlossener Kreis ist etwa bei einer Familie oder der Belegschaft eines Unternehmens gegeben, aber auch wenn die betreffenden Personen nach ihrer Abgrenzung, vor allem nach räumlichen oder beruflichen Merkmalen, dauernd nur einen kleinen Kreis bilden. Errichtet ein Unternehmen oder der Unternehmer eine gemeinnützige Stiftung, kann er also damit nicht etwa – ausschließlich – seine Belegschaft fördern; zu fördern ist vielmehr die Allgemeinheit, zu der aber natürlich auch die Belegschaftsmitglieder gehören können. Eine solche gemeinnützige Stiftung bietet für das Unternehmen die Möglichkeit einer positiven Öffentlichkeitsarbeit – etwa im Sinne eines Mäzenatentums des Unternehmers, das dieser über die Stiftung ausführt.*

Mildtätige Zwecke (§ 53 AO) verfolgt eine Stiftung, wenn ihre Tätigkeit dar- 40
auf gerichtet ist, Personen selbstlos zu unterstützen, die infolge ihres körperlichen, geistigen oder seelischen Zustandes oder auch aufgrund ihrer wirtschaftlichen Situation (näher: § 53 Ziffer 2 AO) auf die Hilfe anderer angewiesen sind. Hier ist die Leistung der Stiftung also nicht an die Allgemeinheit gerichtet, sondern an einzelne Personen oder Personenkreise, die auch aus der Familie und/oder dem Unternehmen des Stifters stammen können.

Besonders zu beachten ist, dass die Steuerbefreiungen in den einzelnen Steu- 41
ergesetzen in der Regel soweit aufgehoben werden, als die gemeinnützige Stiftung keine reine Vermögensverwaltung betreibt, sondern einen **wirtschaftlichen Geschäftsbetrieb** (§ 64 AO). Hier gibt es ganz häufig Abgrenzungsprobleme in der Praxis.[20]

Auch eine steuerbefreite Stiftung darf im Übrigen – anders als andere steuer- 42
befreite Körperschaften (!!) – bis zu einem Drittel ihres steuerfreien (!) Einkommens dazu verwenden, um in angemessener Weise den **Stifter** und seine nächsten Angehörigen zu **unterhalten**, deren Gräber zu pflegen und deren Andenken zu ehren, ohne dass die Stiftung dadurch den Vorteil der Steuerbefreiung verliert (§ 58 Ziffer 6 AO).

Eine gemeinnützige Stiftung darf aber niemanden durch unverhältnismäßig 43
hohe Vergütungen begünstigen (§ 55 AO), zB durch überhöhte Vergütungen oder unangemessenen Reisekostenersatz an Mitglieder der Stiftung. Steuerschädlich sind beispielsweise auch unangemessen hohe Vergütungen für Tätigkeiten im Auftrag der Stiftung.

Eine gemeinnützige/mildtätige Stiftung muss **ausschließlich** dem satzungsge- 44
mäßen **gemeinnützigen/mildtätigen Zweck** dienen (§ 56 AO). Verfolgt die Stiftung zusätzlich nicht gemeinnützige Zwecke (!), so ist das steuerschädlich. Zulässig ist allerdings, wenn die Stiftung mehrere gemeinnützige Zwecke nebeneinander verfolgt.

20 Ausf. Kiefer, Die Abgrenzung von Vermögensverwaltung und wirtschaftlichem Geschäftsbetrieb, 2000

45 Grundsätzlich muss eine gemeinnützige Stiftung ihre **Mittel zeitnah verwenden**. Eine Verwendung der Mittel des einen Geschäftsjahres im nächsten Geschäftsjahr ist unschädlich (§ 55 I Nr. 5 AO).

Praxis-Tipp:

Verwendet die Stiftung die betreffenden Mittel nach der Frist aus § 55 I Nr. 5 AO nicht bestimmungsgemäß, so ist dies je nach Sachlage im Einzelfall als gemeinnützigkeitsschädlich anzusehen. Der Stiftung würde in so einem Fall die Gemeinnützigkeit entweder bis zum Jahr der Rücklagenbildung oder zumindest bis zum Jahr der Auflösung der Rücklage rückwirkend aberkannt werden. Etwas anderes gilt, soweit die Stiftung den Nachweis erbringt, dass sie an der Nichtrealisierung des vorgesehenen begünstigten Zwecks kein Verschulden trifft. Der gemeinnützigen Stiftung wird in einem solchen Fall in der Regel von dem zuständigen Finanzamt zunächst eine Frist zur zweckgerichteten Verwendung der Mittel gesetzt.

46 Die Stiftung muss nach ihrer **Satzung** steuerbegünstigten Zwecke dienen (§§ 59, 60 AO). Dabei gilt ein strenger Formalismus. Aus der Satzung einer steuerbegünstigten Stiftung muss sich genau ergeben, dass ihre Zwecke den Anforderungen der entsprechenden Regelungen der Abgabenordnung entsprechen und dass sie ausschließlich und unmittelbar verfolgt werden. Es muss allein aufgrund der Satzung geprüft werden können, ob die Voraussetzungen für die Steuerbefreiung gegeben sind. Vor allen Dingen muss der Stiftungszweck präzisiert werden. Es ist anzugeben, in welcher Form der Stiftungszweck verfolgt wird und welche Personen gefördert werden sollen.

47 Für die Steuerbefreiung einer Stiftung ist es weiter unverzichtbar, dass die Satzung und die **tatsächliche Geschäftsführung** der Stiftung übereinstimmen (§ 63 AO). Auch die tatsächliche Geschäftsführung der Stiftung muss auf die ausschließliche und unmittelbare Erfüllung der steuerbegünstigten Zwecke gerichtet sein und den Bestimmungen entsprechen, die die Satzung zu den Voraussetzungen für die Steuervergünstigungen enthält.[21]

- Steuerschädlich ist es beispielsweise, wenn die Stiftung eine Tätigkeit ausübt, die in der Satzung nicht enthalten ist.
- Zur tatsächlichen Geschäftsführung einer Stiftung gehören etwa die Einhaltung der in der Satzung vorgeschriebenen Vermögensbindung und der Gewinnverwendung.
- Die Geschäftsführung hat steuerliche Spendenbescheinigungen auszustellen, soweit die Stiftung selber zur Ausstellung berechtigt ist. Durch bloße Gefälligkeitsbescheinigungen gefährdet eine Stiftung ihre Gemeinnützigkeit.

21 Zur »Prüfung der tatsächlichen Geschäftsführung gemeinnütziger Stiftungen« siehe etwa Buchna Stiftung & Sponsoring 6/1999, 5 und 1/2000, 6

Bei der **Auflösung der Stiftung** oder bei Wegfall ihres bisherigen Zwecks darf das Vermögen der Stiftung, soweit es das eingezahlte Kapital und den gemeinen Wert der »Sacheinlagen« übersteigt, nur für steuerbegünstigte Zwecke verwendet werden (steuerlicher **Grundsatz der Vermögensbindung** (§ 55 I Nr. 1 AO). Diese Voraussetzung ist auch erfüllt, wenn das Vermögen, wie es regelmäßig in Satzungen gemeinnütziger Stiftungen geregelt ist, einer anderen steuerbegünstigten Körperschaft oder einer Körperschaft des öffentlichen Rechts für steuerbegünstigte Zwecke übertragen werden soll. Mit anderen Worten: 48

Der Stifter und seine Erben dürfen höchstens das eingezahlte Kapital und den gemeinen Wert der geleisteten Sachanlagen zurückerhalten. Auf diese Weise soll sichergestellt werden, dass die stillen Reserven und die während der Verweildauer in der Stiftung eingetretenen Wertsteigerungen für die satzungsmäßigen Zwecke der Stiftung verwendet werden.

Gemeinnützige Stiftungen sind heute auch vermehrt ein Thema im Kulturbereich – vor allem im Zusammenhang mit der Frage der **Museums- und Ausstellungsfinanzierung.**[22] Auch dort ist angesichts der weitgehend leeren öffentlichen Kassen ein neues, wirtschaftliches Denken und Handeln erforderlich. 49

Die öffentliche Hand wird wegen steigender Finanznot zunehmend weniger in der Lage sein, den Kulturbetrieb zu finanzieren. Mithin sind Finanzmittel aus dem Privat- und dem Unternehmensbereich gefragt. Erfolgreiche Museen werden sich zukünftig dadurch auszeichnen, dass sie durch geeignete Organisationsformen und moderne Denkansätze private Finanzmittel requirieren. Stichworte im Zusammenhang mit Stiftungen sind etwa: Gemeinnützige Stiftungen zur zusätzlichen finanziellen Absicherung oder auch als Träger eines Museums, Kultursponsoring, Museen als Marketingplattform, etc. Auch solche Stiftungen werden in der Praxis zur (teilweisen) Regelung der Erbfolge errichtet. Der Umstand, dass gegenwärtig das gewaltige von der Nachkriegsgeneration erarbeitete Vermögen zur »Vererbung« ansteht, und die jüngst erfolgte Reform des Stiftungssteuerrechts stimmen optimistisch für eine zunehmende Zahl von (gemeinnützigen) Stiftungen auch im Kulturbereich.

Nur am Rande sei hier erwähnt, dass bei bestehenden (gemeinnützigen) Stiftungen das Thema »Outsourcing« aus Stiftungen zunehmend diskutiert wird.[23] 50

VI. Aktuell: Bürgerstiftungen

Mit dem zur Vererbung anstehenden Vermögen der Nachkriegsgeneration gewinnt gegenwärtig nicht nur traditionelles soziales Engagement an Bedeutung, sondern etwas, was man als **bürgerschaftliches Engagement** beschreiben kann. Bürger setzen sich vor Ort konkret für ihr Gemeinwesen ein. Eine Auswirkung dieses Engagements vor Ort sind die sog **Bürgerstiftungen,**[24] die in den letzten Jahren errichtet worden sind, und zwar idR von mehreren Stiftern. 51

22 Ausf. Zimmer (Hrsg), Das Museum als Nonprofit-Organisation, 1996

23 Zum Einstieg in dieses Thema siehe Orth Stiftung & Sponsoring 1/1998, 20

24 Ausf. dazu Bertelsmann Stiftung (Hrsg), Handbuch Bürgerstiftungen, Gütersloh 2000

Bürgerstiftungen lassen sich definieren als »Stiftungen von Bürgern für Bürger zur Förderung sozialer, kultureller oder ökologischer Zwecke in einem geographisch begrenzten, lokalen oder regionalen Raum«. Bürgerstiftungen sind damit eine Sonderform der steuerbefreiten Stiftung. Typischerweise ist in der Satzung einer Bürgerstiftung ausdrücklich vorgesehen, dass Zustiftungen möglich und erwünscht sind.

VII. Bundesrecht und Landesstiftungsgesetze[25]

52 Die **Anfänge** des deutschen Stiftungswesens liegen **im kirchlichen Bereich**. Die damaligen Stiftungen betrafen kirchlich-religiöse und soziale Angelegenheiten. Sie wurden von gläubigen Stiftern überwiegend von Todes wegen errichtet. Die Verwaltung der Stiftungen erfolgte durch die Kirche. Schon bald setzte jedoch eine schrittweise Verweltlichung des Stiftungswesens ein. Der kirchliche Einfluss ging zurück.

53 Das Recht der Stiftung ist aktuell in zahlreichen Gesetzen geregelt. Neben dem **Bürgerlichen Gesetzbuch**, das die privatrechtliche Stiftung näher behandelt, wirkt der Bundesgesetzgeber über das **Steuerrecht** wesentlich auf die Stiftungen ein. Die im Bürgerlichen Gesetzbuch vorgegebenen Grundlagen für das Stiftungsrecht werden durch die unterschiedlichen **Stiftungsgesetze in den einzelnen Bundesländern** ergänzt.

54 Die Vielzahl der Landesstiftungsgesetze hat ihre Ursache darin, dass der historische Gesetzgeber des Bürgerlichen Gesetzbuches aus verfassungsrechtlichen Erwägungen nur die privatrechtlichen Gesichtspunkte der Stiftung einheitlich geregelt und alle ihrem Inhalt nach **öffentlich-rechtlichen Fragen** (Genehmigung, Beaufsichtigung,…) den einzelnen Landesgesetzgebern vorbehalten hat. Der Schwerpunkt des materiellen Stiftungsrechtes liegt damit – der bundesstaatlichen Ordnung der Bundesrepublik Deutschland folgend – im **Landesrecht**.

55 Im Bürgerlichen Gesetzbuch sind nur wenige Aspekte der Stiftung geregelt, nämlich die Rechtsnatur und die Rechtsfolgen des Stiftungsgeschäfts, vermögensrechtliche Gesichtspunkte sowie die Eigenschaft der Stiftung als Rechtsobjekt und ihre Teilnahme am Rechtsverkehr. Die Stiftungsgesetze der einzelnen Bundesländer regeln die öffentlich-rechtlichen Fragen im Zusammenhang mit der Stiftung, dh insbesondere die Fragen der staatlichen Genehmigung und der Stiftungsaufsicht. Auch wenn der Geltungsbereich der einzelnen Landesstiftungsgesetze für die verschiedenen Formen von Stiftungen unterschiedlich weit ist, so gelten doch alle Landesstiftungsgesetze jedenfalls für die hier vorrangig interessierende privatrechtliche Stiftung.

25 Ausf. Andrick/Suerbaum, Stiftung und Aufsicht, 2001, 70 ff

VIII. Die Stiftungsrechtsreformdebatte

Die »Politik« hat nicht zuletzt angesichts der zunehmend leeren öffentlichen Kassen die Stiftung entdeckt. Das Stiftungssteuerrecht[26] ist ebenso wie das Spendenrecht[27] schon reformiert. Die Reform des Stiftungszivilrechts wird intensiv diskutiert.[28] 56

- Nach einem Gesetzesentwurf von **Bündnis 90/Die Grünen** zu den stiftungsrechtlichen Grundregelungen im BGB[29] soll die Dauer von Familienstiftungen entgegen dem Grundsatz, dass Stiftungen auf ewig ausgerichtet sind, begrenzt (§ 81 II BGB des Neuentwurfes) und ein wirtschaftlicher Geschäftsbetrieb als Stiftungszweck untersagt werden (§ 81 I BGB des Neuentwurfes).[30] Beides betrifft unmittelbar die Frage der Unternehmensnachfolgeregelung unter Verwendung von Stiftungen.
- Die **FDP** hat unter dem Datum vom 28. 1. 1999 einen insoweit deutlich weniger weitgehenden Gesetzesentwurf eingebracht,[31] der sich »nur« gegen die sogleich näher zu behandelnde Stiftung & Co. KG wendet. Die FDP-Bundestagsfraktion hat danach am 18. 4. 2001 einen neuen Gesetzesentwurf vorgestellt.[32] Die Errichtung von Stiftungen soll erleichtert werden (Registerverfahren statt Genehmigungsverfahren). Es soll mehr Transparenz geschaffen werde. Stiftungen sollen weiterhin zu allen rechtmäßigen Zwecken errichtet werden können. Der Entwurf enthält einige von Rawert[33] kritisierte »handwerkliche Fehler« – so wird etwa die unselbständige Stiftung als juristische Person bezeichnet. Das nimmt dem Entwurf einiges von seinem Schwung.
- Die **CDU/CSU** hat einen allgemeinen Entwurf zum Erlass eines Reformgesetzes vorgelegt, in dem sie verschiedene Thesen vertritt, aber keine Gesetzesvorlage gibt.
- Die **Bundesjustizministerin** hat eine interne Bund-/Länder-Arbeitsgruppe zur Reform des Stiftungs(zivil)rechts eingesetzt. Zu der Arbeit dieser Kommission ist anzumerken, dass diese, wie Expertenanhörungen zeigen, offensichtlich viel weniger aufgeregt verläuft als mancher Diskussionsbeitrag,[34] der sich etwa gegen die von der hM[35] nach wie vor befürwortete

26 Siehe dazu nachfolgend unter F
27 Einen Überblick gibt Jost DB 2000, 1248 ff
28 Siehe zB Dietlein/ Miehl ZRP 2000, 72 ff; ausf Wachter, aaO
29 Unter dem Datum des 1. 12. 1997 wurde der Entwurf (BT-Ds 13/9320 – 13. Wahlperiode) vorgelegt. Er soll leicht modifiziert wieder eingebracht werden. Das ist entgegen der Ankündigung jedoch bisher noch nicht geschehen.
30 Zur Klarstellung: Mit diesem Gesetzesentwurf hat sich der Verfasser auf Anregung der AGP Arbeitsgemeinschaft Partnerschaft in der Wirtschaft e.V., Kassel, in einer kritischen Stellungnahme befasst, die den Initiatoren zugeleitet wurden. Außerdem hat er der FDP-Fraktion eine Stellungnahme vorgelegt
31 BT-Ds 14/336 – 14. Wahlperiode
32 Stiftung & Sponsoring, 3/2001, 43
33 FAZ v 26. 4. 2001
34 Siehe etwa Rawert ZEV 1999, 294
35 Siehe nur Palandt/Heinrichs, 60. Aufl. 2001, vor § 80 BGB, Rn 11 mwN unter Hinweis auf Schiffer/v. Schubert DB 2000, 437; Abschnitt 61 Rn 252

Zulässigkeit der unternehmensverbundenen Stiftung wendet, vermuten ließ.

Diese Bund-Länder-Arbeitsgruppe[36] hat in ihrem Ende Oktober 2001 vorgelegten 170-seitigen Bericht zur Förderung des gemeinwohlorientierten Stiftungswesens in Deutschland[37] vor allem vier Eckpunkte vorgeschlagen:

- Ein Rechtsanspruch auf die Genehmigung/Anerkennung der Stiftung, dh ein im BGB formuliertes »Recht auf Stiftung« soll eingeführt werden.
- Die inhaltlichen Voraussetzungen für das Entstehen einer Stiftung des bürgerlichen Rechts sollen durch bundeseinheitliche Bestimmungen festgelegt werden.
- Alle gemeinwohlkonformen Zwecke für Stiftungen sollen weiterhin zugelassen werden, dh es soll keine Einschränkung der zulässigen Stiftungszwecke vorgenommen werden. Damit sollen wie erwartet Familienstiftungen und insbesondere auch unternehmensverbundene Stiftungen weiterhin zulässig bleiben.
- Der Begriff der »Genehmigung« einer Stiftung soll durch die »Anerkennung« einer Stiftung ersetzt werden.

Es bleibt abzuwarten, wie und wie schnell die »Politik« die aus Sicht der Praxis begrüßenswerten Vorschläge umsetzen wird.

IX. Einige Zahlen

57 Im Gegensatz zu der umfangreichen rechtswissenschaftlichen Diskussion und trotz der vielfältigen Einsatzmöglichkeiten für Stiftungen[38] ist die Rechtsform Stiftung in der Praxis noch von zu geringer Bedeutung.

- Es gibt gegenwärtig etwa 10 000 Stiftungen in Deutschland, wobei die ganz überwiegende Zahl der Stiftungen gemeinnützig ist.
- Die gemeinnützigen Stiftungen ihrerseits machen allerdings allenfalls etwa 2 % aller gemeinnützigen Körperschaften in Deutschland aus.
- Auf etwa 100 GmbHs kommt in Deutschland statistisch eine Stiftung.[39]
- Unternehmensverbundene Stiftungen gibt es in Deutschland wohl einige Hundert.[40]

---

36 Siehe auch Schiffer StuB 2001, 924

37 Siehe auch Deutsche Stiftungen (Mitteilungen des Bundesverbandes Deutscher Stiftungen) Ausgabe 3/1999: Das Heft befasst sich ausführlich mit der Reformdebatte und lässt wesentliche Stimmen zu Wort kommen; siehe zudem: Staenger/Arndt ZRP 2000, 13; Janitzki, ZRP 2000, 24; Dietlein/Miehl ZRP 2000, 72; ausf. siehe Wachter aaO

38 Siehe dazu etwa Schiffer/Peters/Seifert DSWR 1997, 38

39 Zu den aktuellen Zahlen siehe Anheier, 47 ff, in: Bertelsmann Stiftung (Hrsg.) Handbuch Stiftungen, Wiesbaden 1998

40 Siehe etwa Berndt, aaO, Rn 1456 ff

X. Ersatzformen

Nicht jedem liegt die Stiftung als Rechtsform. Sie ist auch nicht für jede Konstellation geeignet. Das führt zu der Frage nach alternativen Gestaltungsmöglichkeiten.

1. Die Stiftungs-GmbH und ähnliche Ersatzformen[41]

In der Praxis wird die Bezeichnung »Stiftung« nicht nur für Stiftungen im eigentlichen Sinne verwandt, sondern etwa auch für Vereine oder Gesellschaften mit beschränkter Haftung. Der Zusatz »Stiftung« soll in diesen Fällen die Gemeinnützigkeit des betreffenden Zusammenschlusses kennzeichnen. 58

Da ein **Verein** oder auch eine **GmbH** als Zusammenschluss von Mitgliedern anders als die Stiftung grundsätzlich nicht auf Ewigkeit angelegt sind, sind die typischen Merkmale dieser Organisationsformen »zu unterdrücken«, um die Dauerhaftigkeit sicherzustellen. Hier ist ausgefeilte juristische Vertragstechnik gefragt. Was heißt das? 59

➢ Die Zahl der Mitglieder ist langfristig bewusst klein zu halten.

➢ Die Mitgliedschaftsrechte, Geschäftsanteile und Aktien sollten nur treuhänderisch übertragen werden, wobei sicherzustellen ist, dass sie unveräußerlich und nicht vererblich sind.

➢ Satzungsänderungen und Zweckänderungen sind durch Einstimmigkeitserfordernisse und/oder Genehmigungserfordernisse (Beirat/Stiftungsrat) zu erschweren.

➢ Der konkrete Einzelfall gibt jeweils vor, wie die Satzung solcher »Stiftungen« zu gestalten ist.

Beispiel:

Ein bekanntes Beispiel aus der Praxis ist etwa die **Konrad-Adenauer-Stiftung e.V.,** die gemeinnützige Zwecke auf christlich-demo-kratischer Grundlage fördert und insb politische Bildung vermittelt sowie die wissenschaftliche Aus- und Fortbildung begabter junger Menschen fördert.

Für den Unternehmensbereich ist die »**Robert Bosch Stiftung GmbH**« zu nennen. Sie ist mit über 90 % an der Unternehmung Robert Bosch GmbH, Stuttgart beteiligt.

Insgesamt wird man sagen müssen, dass »Stiftungen« 60

- im Sinne einer Vermögensverselbständigung
- unter eigenständiger Organisation (mit einer Aufsichtsbehörde!!)
- zu einem auf Dauer angelegten Zweck

41 Ausf. Schauhoff (Hrsg), Handbuch der Gemeinnützigkeit, 2000

am ehesten über die Rechtsform der rechtsfähigen Stiftung des Privatrechts vollzogen werden. Die genannten Ersatzformen sind nur »Lösungen zweiter Klasse«, die versuchen, den Stiftungsansatz künstlich zu imitieren.

61 Zuletzt sei hierzu angemerkt, dass die steuerliche Vergünstigung nach **§ 58 Nr. 5 AO** nur für Stiftungen gilt. Danach ist es steuerlich nur bei einer steuerbefreiten Stiftung und nicht bei anderen Rechtsformen unschädlich, ein Drittel ihres Einkommens, also auch der Erträge, zu verwenden, um in angemessener Weise den Stifter (»Gründer«) und seine nächsten Angehörigen zu unterhalten.

2. Testamentsvollstreckung

62 Je größer die Zahl der Erben, je schutzbedürftiger ein Erbe, je komplizierter der Nachlass ist, je weniger einträchtig die Erben vermutlich sein werden, desto näher liegt der Gedanke an die Einstellung eines Testamentsvollstreckers.[42] Thema ist hier als partieller »Ersatz« für eine »ewige« Stiftung nur die bis zu 30 Jahren mögliche Dauertestamentsvollstreckung. Sofern bei dem plötzlichen Ableben des Erblassers vom vorgesehenen Erben die Unternehmerfunktion voraussichtlich nicht voll wahr genommen werden kann, bietet sich die Dauertestamentsvollstreckung an. Der Testamentsvollstrecker übernimmt zeitlich begrenzt (!!) die Unternehmensführung oder die Ausübung des Stimmrechts für eine Gesellschaftsbeteiligung.

63 Neben den damit verbundenen rechtlichen Schwierigkeiten und Bedenken[43] sprechen grundsätzlich auch **betriebswirtschaftliche Erwägungen** gegen eine Dauertestamentsvollstreckung im unternehmerischen Bereich.

- ➢ Der Leiter/Geschäftsführer eines Unternehmens muss ein »Profi« mit entsprechender Führungs- und Branchenerfahrung sein. Er benötigt gänzlich andere Qualifikationen als sie von einem Testamentsvollstrecker typischerweise verlangt werden.
- ➢ Beim Aussuchen des erforderlichen Geschäftsführers wird ein Testamentsvollstrecker, falls er nicht über besondere Erfahrungen verfügt, regelmäßig überfordert sein.
- ➢ Sinnvoll erscheint es allenfalls, wenn ein Testamentsvollstrecker zur Überwachung der Geschäftsführung tätig wird. Aber auch in einem solchen Fall benötigt er entsprechende Spezialkenntnisse und -erfahrungen etwa als Beirats- oder Aufsichtsratsmitglied. Insgesamt erscheint hier ein entsprechend besetzter Beirat wesentlich sinnvoller.

XI. Stiften von Todes wegen oder zu Lebzeiten?

64 Ein potenzieller Stifter mag sich, etwa weil er sein Vermögen zu seinen Lebzeiten für andere Zwecke nutzen oder unmittelbar selbst verwalten will, die Frage stellen, ob er die Stiftung zu seinen Lebzeiten vorbereiten, aber erst nach seinem Tod tatsächlich errichten kann.

42 Ausf. zur Testamentsvollstreckung in diesem Buch in Kapitel 6
43 Siehe Kapitel 9 in diesem Buch

Eine Stiftung kann nach dem Tod des Stifters errichtet werden.[44] Das Stiftungsgeschäft kann in einer **Verfügung von Todes wegen** bestehen, wobei die Vermögenszuwendung an die Stiftung durch **Erbeinsetzung**, **Vermächtnis** oder **Auflage** erfolgt. Das Stiftungsgeschäft unterliegt dann den besonderen **erbrechtlichen Formvorschriften**, dh es kann als handschriftliches oder notarielles Testament oder in einem Erbvertrag nur vom Stifter persönlich verfasst werden. Die Stellvertretung ist beim Stiftungsgeschäft von Todes wegen ausgeschlossen. Regelmäßig wird für die Stiftungserrichtung durch Verfügung von Todes wegen ein Testament des Stifters infrage kommen. Wählt der Stifter einen **Erbvertrag**, so hat er verschiedene Besonderheiten zu beachten.[45] 65

- Die Errichtung einer Stiftung von Todes wegen kann in der Weise erfolgen, dass der Erblasser in der letztwilligen Verfügung seinen Stifterwillen, die Errichtung der Stiftung und die Vermögenszuwendung ohne nähere Einzelheiten festlegt. Es muss besonders darauf geachtet werden, dass der Erblasser in dem Testament formgültig seinen Stifterwillen mit den wesentlichen Merkmalen festlegt, die eine Stiftung kennzeichnen. Zu diesen Merkmalen gehören der Stiftungszweck, die Dauerhaftigkeit, die Vermögensausstattung und die Organisation der rechtsfähigen Stiftung.[46] Es reicht demnach nicht, dass der Stiftungszweck selbst, dh die Erklärung der Zwecksetzung der nur in einer maschinenschriftlich abgefassten Satzung als Anlage zum handschriftlich abgefassten Testament festgelegt wird. Das Stiftungsgeschäft von Todes wegen unterliegt den besonderen erbrechtlichen Formvorschriften. Das Stiftungsgeschäft kann deshalb nur höchstpersönlich vorgenommen werden, eine Stellvertretung ist ausgeschlossen (§§ 2064, 2065 BGB).[47]

In diesem Falle ist unbedingt die Einsetzung eines Testamentsvollstreckers, der den Willen des Stifters umsetzt, zu empfehlen. Der **Testamentsvollstrecker** hat insb für die Einholung der Genehmigung der Stiftung Sorge zu tragen.

- Der Stifter kann seiner letztwilligen Verfügung auch bereits die von ihm vorgesehene Satzung der Stiftung beifügen, anstatt den Testamentsvollstrecker mit der Fertigung einer Satzung gemäß der letztwilligen Verfügung zu beauftragen.
- Sinnvollerweise wird der Stifter den Testamentsvollstrecker in jedem Fall bevollmächtigen, etwaige Mängel des Stiftungsgeschäftes bzw der Stiftungssatzung durch entsprechende Änderungen und Ergänzungen zu beheben.

44 Ausf. Mecking/Schindler/Steinsdörfer, Stiftung und Erbe, 3. Aufl. 1997 (Materialien aus dem Stiftungszentrum, Heft 21)
45 Siehe dazu in Kapitel 2 II
46 LG Berlin, Beschluss vom 28. 5. 2000, 87 T 708/99, FamRZ 2001, 450 ff
47 LG Berlin, aaO

Praxis-Tipp:

Ist kein Testamentsvollstrecker bestellt, die Stiftung aber zur Erbin oder Vermächtnisnehmerin bestimmt worden, wird vom Nachlassgericht nach Eröffnung des Testamentes ein sog ***Nachlasspfleger*** *als gesetzlicher Vertreter der zu errichtenden Stiftung bestimmt. Hierzu sollte es ein Stifter nicht kommen lassen. Er sollte nicht die Möglichkeit versäumen, durch die Einsetzung eines Testamentsvollstreckers seiner Wahl auf die Einsetzung seines Stiftungsprojektes nach seinem Tode einzuwirken.*

66 Die rechtsfähige Stiftung des Privatrechts entsteht nach gegenwärtiger Rechtslage bei einem Stiftungsgeschäft von Todes wegen **formal erst** mit Erteilung der **Genehmigung**. Die Genehmigung ist jedoch **rückwirkend**, so dass die Stiftung mit dem Zeitpunkt des Todes des Erblassers/Stifters als existent angesehen wird.

Checkliste Errichtung einer Stiftung von Todes wegen

✔ Möglich durch handschriftliches oder notarielles Testament oder notariellen Erbvertrag

✔ Vermögenszuwendung durch Erbeinsetzung, Vermächtnis oder Auflage

✔ Zur Absicherung der Stiftungserrichtung im Sinne des Erblassers sinnvoll: Testamentsvollstrecker

67 Die Stifter »verschenken« bei einer Stiftung von Todes wegen die Möglichkeit, maßgeblichen Einfluss auf »ihre« Stiftung und deren Arbeit zu nehmen.

Deutlich sinnvoller ist es in der Regel, die Stiftung bereits zu Lebzeiten mit einem vergleichsweise geringen Vermögen zu errichten und das Vermögen der Stiftung durch Zustiftungen von Todes wegen aufzustocken. Auf diese Weise behalten die Stifter zu Lebzeiten die finanzielle Absicherung durch ihr eigenes Vermögen und erhalten gleichzeitig die Gelegenheit, die Stiftung in ihren Gründungsjahren – sei es als Vorstands- oder Stiftungsratsmitglied – wesentlich **mitzugestalten** und sie über den Text der Stiftungsverfassung hinaus deutlich **zu prägen**.

Wählen die Stifter diesen Weg, können sie zu Lebzeiten quasi mit ihrer Stiftung »üben«. Sie können etwa

- Fehlentwicklungen entgegenwirken,
- Fehleinschätzungen korrigieren,
- auf Änderungen im gesellschaftlichen, politischen und wirtschaftlichen Umfeld der Stiftung reagieren,
- neue Ideen integrieren,
- die Stiftungsorganisation optimieren und
- das Bild der Stiftung in der Öffentlichkeit mitbestimmen.

Zu Lebzeiten der Stifter lässt sich vor allem auch eine etwaig erforderliche **Änderung der Stiftungssatzung**, sei es zur Anpassung an geänderte Verhältnisse oder zur Korrektur eventueller Fehlvorstellungen, leichter bei den Stiftungsbehörden durchsetzen. 68

Nicht unterschätzt werden sollte auch, dass Stifter zu Lebzeiten die **Leitungspersonen auswählen** können, die die Stiftung verwalten. Gerade die ersten Stiftungsvorstände und Stiftungsräte prägen das Bild und die Kultur einer Stiftung für die Nachfolger. Wollen die Stifter nicht selbst konkret in der Stiftung tätig werden und so Maßstäbe setzen, können sie jedenfalls die geeigneten Persönlichkeiten bestimmen und deren Wirken verfolgen. 69

Alle die genannten Möglichkeiten kann nur der lebende Stifter optimal nutzen. Die Stiftungserrichtung zu Lebzeiten und deren sukzessive Ausstattung mit größeren Vermögenswerten durch Zustiftungen zu Lebzeiten und von Todes wegen erscheint deshalb auch im gemeinnützigen Bereich empfehlenswert. Steuerliche Nachteile durch die Zustiftungen gibt es wegen der bestehenden Steuerfreiheit wegen **Gemeinnützigkeit** für diese Form einer Stiftung grundsätzlich nicht. Zustiftungen und auch Spenden an eine gemeinnützige Stiftung sind in bestimmten Umfang sogar steuerlich absetzbar, worauf nachfolgend noch näher einzugehen sein wird (Abschnitt F., Rn 177 ff). 70

Auch im Bereich der **Familienstiftung** ist das Modell bedenkenswert. Auf diese Weise kann flexibel auf steigende Versorgungsbedürfnisse der Familie reagiert werden, allerdings ist hier die steuerliche Benachteiligung von Zustiftungen zu beachten, worauf nachfolgend noch einzugehen sein wird (Abschnitt E. IV.). 71

XII. Rechnungslegung und Prüfung von Stiftungen

Die Rechnungslegung bei Stiftungen[48] dient den Stiftungsorganen und der Finanzverwaltung, aber auch der Stiftungsaufsicht als Informationsquelle und im Rahmen ihrer jeweiligen Aufgaben als Entscheidungsgrundlage. In den einzelnen Landesstiftungsgesetzen finden sich üblicherweise einschlägige Vorschriften. Außerdem finden sich Vorschriften im BGB (§§ 86, 27 III, 259, 260, 660 BGB), im Handelsrecht (§§ 238 ff HGB) und in der Abgabenordnung (§§ 140, 141, 63 III AO). Eine Stiftung kann sich auch freiwillig oder nach ihrer Satzung einer Prüfung durch einen Wirtschaftsprüfer oder eine sonstige anerkannte Prüfungseinrichtung unterwerfen. Sie kann dann natürlich auch freiwillig den Prüfungsbericht der Stiftungsaufsichtsbehörde vorlegen. 72

48 Näher dazu Walter/Golpayegani DStR 2000, 701; Wachter, aaO, 112

Praxis-Tipp:

In der Praxis regen die Stiftungsgenehmigungsbehörden bei Errichtung größerer Stiftungen nicht selten an, eine Prüfungspflicht in der Satzung festzuschreiben, um so auch die Stiftungsaufsicht etwa bei unternehmensverbundenen Stiftungen zu erleichtern. Das sollte nicht etwa als »Gängelung« verstanden werden. Die Prüfungspflicht ist regelmäßig eine sinnvolle Grundlage für eine erfolgreiche Stiftungsarbeit.

73 Der Hauptfachausschuss (HFA) des Instituts der Wirtschaftsprüfer in Deutschland (IDW) hat, weil die Wirtschaftsprüfer Stiftungen zunehmend als Klientel entdeckt haben, am 25. 2. 2000 eine Stellungnahme zur Rechnungslegung und Prüfung von Stiftungen vorgelegt.[49]

49 S IDW RS HFA 5, IDW-Nachrichten 2000, 129 = WPg 2000, 391; IDW PS 740, IDW-Nachrichten 2000, 142 = WPg 2000, 385

C. Die Praxis der Errichtung von Stiftungen zur Erbfolgegestaltung . . . 627

ÜBERBLICK

C. Die Praxis der Errichtung von Stiftungen zur Erbfolgegestaltung[1]

I. Das Stiftungsgeschäft und der Stifter

Nach § 80 BGB ist zur Entstehung einer rechtsfähigen Stiftung des Privatrechts nach gegenwärtiger Rechtslage neben dem **Stiftungsgeschäft** die **Genehmigung der zuständigen Behörde** in dem Bundesland erforderlich, in dessen Gebiet die Stiftung ihren Sitz haben soll. Als Sitz der Stiftung gilt, wenn nicht ein anderer bestimmt ist, der Ort, an welchem die Verwaltung geführt wird. Bei dem Stiftungsgeschäft ist zwischen einem solchen unter Lebenden und dem Stiftungsgeschäft von Todes wegen zu unterscheiden. In den meisten Fällen wird eine Stiftung zu Lebzeiten des Stifters errichtet. 74

Sowohl **natürliche Personen** als auch **juristische Personen** können Stifter sein. Also können etwa auch Stiftungen wiederum Stiftungen, dh **»Unterstiftungen«** errichten. In jedem Fall muss der Stifter unbeschränkt geschäftsfähig sein. Der Stifter ruft durch Vorgabe des Stiftungszwecks und durch Übertragung von Vermögen auf die Stiftung die Stiftung ins Leben. Durch dieses sog **Stiftungsgeschäft** und die Satzung drückt er seinen Stifterwillen aus, der über die Stiftungssatzung für die Stiftung auch nach seinem Tode bestimmend bleibt. 75

Das Stiftungsgeschäft muss der Stifter nicht höchstpersönlich vornehmen, er kann sich durch einen Bevollmächtigten vertreten lassen. Auch mehrere Stifter können die Stiftung gemeinsam in einer **Urkunde** oder durch gesonderte Erklärungen **errichten**. 76

Das Stiftungsgeschäft ist als **einseitige, nicht empfangsbedürftige Willenserklärung** grundsätzlich bedingungsfeindlich, denn jede Unsicherheit über die Existenz der Stiftung muss im Interesse des Rechtsverkehrs vermieden werden. Nicht möglich wäre also beispielsweise die Errichtung einer Stiftung für den Fall des Eintritts eines bestimmten Ereignisses (Beispiel: Errichtung einer Stiftung unter der Bedingung, dass ein Enkel des Stifters geboren wird.) 77

Nach § 81 BGB bedarf das Stiftungsgeschäft unter Lebenden der **schriftlichen Form**. Die Stiftungsurkunde ist eigenhändig von dem Stifter oder den Stiftern zu unterschreiben oder notariell zu beurkunden. Die einfache Schriftform genügt sogar auch dann, wenn im Stiftungsgeschäft die Übertragung von **Grundstücken** oder von Geschäftsanteilen an einer GmbH auf die Stiftung vorgesehen ist, denn die Sonderformvorschriften für die Übertragung von Grundstücken und GmbH-Anteilen gelten nur für Verträge – also nicht für einseitige Erklärungen wie ein Stiftungsgeschäft. Außerdem hat das stiftungsrechtliche Genehmigungsverfahren dieselbe Richtigkeitsgewähr wie die ansonsten erforderliche notarielle Form. 78

1 Ausf. zu den im Folgenden dargestellten Punkten siehe etwa: Hof in Seifart/v. Campenhausen, aaO, 91; Berndt, aaO, 80, Hennerkes/Schiffer, aaO, 79 ff

79 Das Stiftungsgeschäft hat einen bestimmten Mindestinhalt. Der Stifter muss verbindlich erklären, dass ein bestimmter Teil seines Vermögens auf Dauer der Erfüllung eines oder mehrerer von ihm vorgegebener Zwecke gewidmet wird **(Vermögensausstattung)** und dass er eine **selbständige Stiftung errichten** will. Bei Zweifeln am Stiftungsgeschäft ist die Stiftungsbehörde zu Lebzeiten des Stifters gehalten, ihn zur Präzisierung zu veranlassen.

80 In den Stiftungsgesetzen der Länder werden die genannten Anforderungen präzisiert und ergänzt. Danach müssen in dem Stiftungsgeschäft auch der **Name** und der **Sitz der Stiftung**, der oder die **Stiftungszwecke** und die **Organe der Stiftung** angegeben werden. **Einzelne Landesstiftungsgesetze** verlangen überdies nähere Angaben über Zahl, Berufung, Amtsdauer und Abberufung der Mitglieder der Stiftungsorgane, über deren Geschäftsbereiche und Vertretungsberechtigung, über die Einberufung der Organe, deren Beschlussfähigkeit und Beschlussfassung, sowie nähere Angaben zu den Regelungen über Satzungsänderungen, über die Aufhebung der Stiftung und den Vermögensverfall sowie über etwaige Rechte der durch die Stiftung Begünstigten. In der Praxis werden hier mögliche Zweifelsfragen dadurch umgangen, dass in dem Stiftungsgeschäft auf die jeweils beigefügte **Stiftungsverfassung** Bezug genommen und die Stiftungsverfassung ausdrücklich zum Bestandteil des Stiftungsgeschäfts erklärt wird (siehe das Beispiel im Anhang). Die Anforderungen an das Stiftungsgeschäft sind bei jedem Stiftungsprojekt konkret anhand des einschlägigen Landesstiftungsgesetzes zu prüfen. Eine abschließende Regel zu den Anforderungen lässt sich nicht aufstellen. Die nachfolgende Übersicht kann jedoch einen grundsätzlichen Anhaltspunkt geben:

Checkliste Stiftungsgeschäft:

✔ Inhalt:
- Errichtung einer selbständigen Stiftung
- Vermögensausstattung
- Name der Stiftung
- Sitz der Stiftung
- Stiftungszweck(e)
- Organe der Stiftung

Achtung: In jedem Einzelfall Sonderregeln einzelner Landesstiftungsgesetze beachten!

✔ Form:
- Schriftform
- bedingungsfeindlich

81 Auf die Möglichkeit der **Errichtung einer Stiftung von Todes wegen** (§ 83 BGB) ist bereits oben (Abschnitt B. XI. Rn 64 ff) ausführlich eingegangen worden.

II. Der Name der Stiftung

Potenzielle Stifter fragen häufig, ob sie bei der Wahl des Namens ihrer Stiftung ähnlich strenge Regeln zu beachten haben wie bei der Wahl der Firmierung für ein Unternehmen. Diese Frage ist mit »Nein« zu beantworten. Der Stifter ist bei der Wahl des Namens der Stiftung grundsätzlich frei. Eine gesetzlich geschützte Firma oder ein anderweitig geschützter Name dürfen allerdings nicht verletzt werden. 82

Durch den Namen der Stiftung kann insb deren Zwecksetzung umrissen werden (Beispiel: »Studienstiftung des deutschen Volkes«).

Praxis-Tipp:

*Um die Erinnerung an den Stifter wach zu halten, kann auch dessen Name in den **Namen der Stiftung** aufgenommen werden. Ein prominentes Beispiel hierfür ist die »Dr. Mildred Scheel Stiftung«. Etwas weniger bekannt sein dürfte die »Ingeborg Schmidt Gedächtnis-Stiftung«, die aber ebenfalls ein typisches Beispiel darstellt. Ebenso kann der Stifter aber auch den Namen eines erinnerungswürdigen Vorfahrens wählen.*

III. Der Sitz der Stiftung

Nach § 80 BGB gilt, sofern im Stiftungsgeschäft oder in der Stiftungssatzung keine andere Festlegung erfolgt ist, der Ort, an dem die Verwaltung der Stiftung geführt wird, als **Sitz der Stiftung**. Nach dem Sitz der rechtsfähigen Stiftung des Privatrechts bestimmt sich das für diesen maßgebende Stiftungsgesetz und die zuständige Genehmigungsbehörde. Über die ihm freistehende Wahl des Sitzes der Stiftung hat der Stifter also die Möglichkeit, gleichzeitig auch das für die Stiftung einschlägige Landesstiftungsgesetz zu wählen. 83

IV. Die Endgültigkeit des Stiftungsgeschäfts

Ganz oft stellen potenzielle Stifter die Frage nach der Endgültigkeit ihrer Erklärungen im Zusammenhang mit der Errichtung einer Stiftung. Hier sind verschiedene Fälle zu unterscheiden. Die Umgestaltung der von ihm gewählten Stiftungskonstruktion und -konzeption kann der Stifter nach der Genehmigung durch eine **Änderung der Stiftungssatzung** erreichen. Hierauf wird an späterer Stelle noch einzugehen sein. Nur bis zur Erteilung der Genehmigung der Stiftung kann der Stifter das Stiftungsgeschäft **widerrufen**. Widerruft er das Stiftungsgeschäft tatsächlich, so ist die Entstehung der Stiftung ausgeschlossen. Hat der Stifter bereits bei der zuständigen Stiftungsbehörde wegen der Genehmigung nachgesucht, so kann der Widerruf nur der Behörde gegenüber erklärt werden. 84

Ist die Genehmigung einer Stiftung einmal erfolgt, kann das Stiftungsgeschäft nicht mehr widerrufen, sondern nur noch wegen Irrtums, Täuschung oder 85

Drohung angefochten werden. Solche Fälle sind allerdings kaum praxisrelevant. Seine **Anfechtungserklärung** hat der Stifter an die Stiftung zu richten. Für die Stiftung ist dann ggf ein Pfleger durch das Amtsgericht zu bestellen, der die Frage der rechtsgültigen Anfechtung des Stiftungsgeschäftes im Wege der Feststellungsklage klären lassen kann. Ein angefochtenes Stiftungsgeschäft wird als von Anfang an nichtig angesehen. Die Stiftung als Organisation und Körperschaft wird durch die Anfechtung nach richtiger Ansicht jedoch nicht in Ihrem Bestand berührt. Faktisch wird das Erreichen des Stiftungszwecks in einem solchen Fall allerdings regelmäßig unmöglich werden, da die wirksame Anfechtung den Anspruch der Stiftung gegen den Stifter auf Übertragung des Stiftungsvermögens hemmt. Die Stiftung ist dann von der Genehmigungsbehörde richtigerweise aufzuheben.

86 Fehlt dem Stiftungsgeschäft die vorgeschriebene Form, verstößt das Stiftungsgeschäft gegen gesetzliche Vorschriften, ist es sittenwidrig oder ist gar der Stifter geschäftsunfähig, so ist das **Stiftungsgeschäft ebenfalls nichtig** und zwar mit den entsprechenden Folgen wie bei der wirksamen Anfechtung.

V. Die Stiftungssatzung

Bei der Gestaltung einer **Stiftungssatzung** ist zwischen dem notwendigen und dem möglichen Inhalt zu unterscheiden.

1. Notwendiger Satzungsinhalt

87 Notwendig und zwingend für eine Stiftungsverfassung sind zunächst Angaben zu Namen, Sitz, Zweck und Vermögen der Stiftung. Außerdem muss in der Satzung geregelt sein, welche Organe die Stiftung hat, wie sich diese Organe zusammensetzen und wie deren Mitglieder bestimmt wenden. Zwingendes Organ für eine Stiftung ist der Vorstand.

Checkliste notwendiger Inhalt einer Stiftungssatzung

- ✔ Name der Stiftung
- ✔ Sitz der Stiftung
- ✔ Stiftungszweck(e)
- ✔ Stiftungsvermögen
- ✔ Organ(e) der Stiftung (mindestens: Ein-Personen-Vorstand)

2. Fakultativer Satzungsinhalt

88 Neben den vorstehend genannten notwendigen Angaben kann eine Stiftungssatzung zahlreiche weitere Regelungen enthalten. Durch Regelungen in der Stiftungssatzung können vor allem die Wege zur Erreichung des Stiftungs-

zwecks näher konkretisiert, Vorgaben zur Art und Weise der Vermögensverwaltung der Stiftung gegeben oder neben dem Vorstand weitere Organe für die Stiftung festgelegt werden. Das im Anhang wiedergegebene Beispiel einer ausführlichen Satzung einer gemeinnützigen Stiftung verdeutlicht einige der hier für den Stifter bestehenden zahlreichen Möglichkeiten. Letztlich lässt sich für jedes konkrete Stiftungsprojekt eine maßgeschneiderte Satzung entwerfen. Es besteht ein **weiter Gestaltungsspielraum**.

Im Regelfall ist es vor allem bei Stiftungen mit einem größeren Vermögen 89
sinnvoll, als weiteres Organ einen **Stiftungsrat**, auch Kuratorium oder Beirat genannt, zu bestimmen, dem die Beratung und Beaufsichtigung des Stiftungsvorstandes, sowie – nach dem Tod des Stifters – die Bestellung des Stiftungsvorstandes zugewiesen wird.

3. Der Zweck der Stiftung

Der **Zweck einer Stiftung** entspricht in seiner Funktion dem Unternehmens- 90
gegenstand eines Gewerbebetriebes und ist von entsprechender Wichtigkeit.

Der Stiftungszweck bezeichnet die spezifischen der Stiftung vom Stifter zugedachten Aufgaben und kann nach dem Tod des Stifters faktisch kaum noch oder nur sehr schwer geändert werden. Vor allem durch die Formulierung des Stiftungszweckes legt der Stifter seinen Stifterwillen verbindlich nieder.

Die gesetzlichen Vorschriften enthalten keine besonderen Voraussetzungen 91
für die Zulässigkeit von Stiftungszwecken. Allerdings darf die Stiftung nicht gegen bestehende Gesetze verstoßen und nicht das Gemeinwohl gefährden. Bei Einhaltung dieser Grenzen kann eine Stiftung an sich beliebige private wie öffentliche Zwecke verfolgen.

Die Stiftungsgesetze der Länder knüpfen dennoch im einzelnen unterschiedliche Voraussetzungen an die Zulassung privater Stiftungen. So soll zB nach dem Bayerischen Stiftungsgesetz eine rechtsfähige Stiftung des Privatrechts nur genehmigt werden, wenn sie überwiegend öffentliche Zwecke verfolgt. Im Gegensatz dazu knüpft etwa das nordrhein-westfälische Stiftungsgesetz an die Zulassung solcher Stiftungen keine besondere Voraussetzung. Hier zeigt sich, wie wesentlich die Wahl des Sitzes der Stiftung ist, die darüber entscheidet, welches Landesstiftungsgesetz auf eine bestimmte Stiftung Anwendung findet.

Praxis-Tipp:

> ➢ *Bei jedem einzelnen Stiftungsprojekt sollte konkret geprüft werden, welches Landesstiftungsgesetz nach seinen rechtlichen Regelungen für das Stiftungsvorhaben am besten geeignet ist. Hinzu kommt – und das ist eine leidige Erfahrung aus der Praxis –, dass innerhalb eines Bundeslandes die einzelnen Stiftungsbehörden mitunter das Landesstiftungsgesetz unterschiedlich auslegen und handhaben. Die konkrete Handhabung hängt erfahrungsgemäß stark von dem einzelnen Sachbearbeiter der Behörde ab.*

> *Im potenziellen Problemfall sollten mögliche Streitfragen durch den Berater des Stifters mit der Stiftungsgenehmigungsbehörde vorab geklärt werden. Lässt sich eine Klärung im Sinne des Stifters nicht erzielen, bietet sich als Ausweg an, den Sitz der Stiftung in den Bereich einer »offeneren« Genehmigungsbehörde zu verlegen. Die Tätigkeit einer Stiftung ist nicht auf das Bundesland beschränkt, in dem sie ihren formellen Sitz hat. Sie kann also bei einem Sitz in einem anderen Bundesland trotzdem in dem ursprünglich vorgesehenen Bundesland tätig werden.*

4. Die Organe der Stiftung

92 Die konkrete Ausgestaltung der Organisation einer Stiftung richtet sich zunächst nach deren jeweiligem Stiftungszweck, insbesondere aber auch nach der Vermögensausstattung. Die spezifische Organisation muss den zu erwartenden Erträgen und dem tatsächlichen Geschäftsumfang entsprechen. Sie divergiert zB deutlich im Fall einer kleinen Familienstiftung zur Versorgung der Familiengrabstätte und im Fall einer unternehmensbezogenen Familienstiftung, die in bezug auf ein großes (Familien-) Unternehmen errichtet wird.

Praxis-Tipp:

In der Praxis werden nur größere Stiftungen über eine ausgefeilte Organisation und mehrere die Stiftung leitende Personen verfügen. Regelmäßig dürften unternehmensverbundene Stiftungen in diese Kategorie fallen.

93 Das wesentliche Organ einer Stiftung ist deren Vorstand. Seine Größe und Funktion richten sich nach der konkreten Geschäftstätigkeit der Stiftung. Davon hängt insb auch ab, ob er ehrenamtlich, nebenamtlich oder hauptamtlich tätig wird.

Nach dem Bürgerlichen Gesetzbuch hat der Vorstand die Stellung eines gesetzlichen Vertreters der Stiftung, dh er vertritt die Stiftung gerichtlich und außergerichtlich. Die Vertretungsberechtigung kann in der Satzung wie bei einem Unternehmen als Einzelvertretungsmacht oder als Gesamtvertretungsberechtigung mehrerer Vorstandsmitglieder ausgestattet werden. Die Aufsichtsbehörde stellt im Bedarfsfall für den Vorstand eine **Vertretungsbescheinigung** aus, die den Vorstand im Rechtsverkehr nach einhelliger Rechtsprechung legitimiert.

94 Die **Geschäftsführungsbefugnis**, dh die Befugnisse des Vorstandes im Innenverhältnis zur Stiftung und etwaigen weiteren Stiftungsorganen, kann, ebenso wie wir es vor allem aus dem Unternehmensbereich kennen, in der Satzung, im Anstellungsvertrag oder auch in einer Geschäftsordnung für die Vorstandsmitglieder detailliert geregelt werden. So kann der Stifter etwa

- bestimmte Geschäfte der Geschäftsführungsbefugnis des Vorstandes entziehen oder

- das Erfordernis der vorherigen Zustimmung beispielsweise des Stiftungsrates für solche Geschäfte festlegen oder
- dem Stiftungsrat die Befugnis zuweisen, in einer Geschäftsordnung für den Vorstand entsprechende Regeln festzulegen.

Ihre Grenze findet diese Regelungsmacht des Stifters darin, dass die Organstellung des Vorstandes und die Funktionsfähigkeit der Stiftung nicht ausgehöhlt werden dürfen.

Ist der Stiftungsvorstand rechtlich oder tatsächlich nicht in der Lage, seine Funktion auszuüben, beispielsweise weil er durch den Wegfall einzelner Vorstandsmitglieder beschlussunfähig geworden ist, so kann das für den Sitz der Stiftung zuständige Amtsgericht in dringenden Fällen einen **Notvorstand** bestellen. 95

Hat die Stiftung nur den **Vorstand** als einziges Organ, so hat dieser natürlich alle für die Erfüllung des Stiftungszweckes anfallenden Aufgaben zu erledigen. 96

- In diesem Zusammenhang sollte sich ein (potenzieller) Stifter unbedingt vor Augen führen, dass der Vorstand in dem ihm durch die Satzung und den Stiftungszweck vorgegebenen Rahmen über eine sehr große Handlungsfreiheit verfügt, da dem Stifter mit der Genehmigung der Stiftung grundsätzlich keine Einwirkungsmöglichkeiten mehr zustehen. Häufig bestellt sich deshalb der Stifter selbst zum ersten Vorstand der Stiftung, um jedenfalls in der Anfangsphase den entscheidenden Einfluss auf die Stiftung ausüben zu können. Überdies werden zumindest bei größeren Stiftungen zur Beschränkung der »Allmacht« des Vorstandes vom Stifter Beratungs- und Kontrollorgane eingesetzt.

Die **Kontrollorgane** ähneln dem Aufsichtsrat bei der Aktiengesellschaft und dem Beirat bei sonstigen Gesellschaften. Sie werden als **Stiftungsrat**, Verwaltungsrat, Kuratorium oder auch als Beirat bezeichnet. Um eine wirkliche Kontrolle zu ermöglichen, sollte auch eine nur teilweise Personenidentität zwischen einem solchen Stiftungsrat und dem Vorstand der Stiftung unbedingt vermieden werden. Der Stiftungsrat ist regelmäßig zuständig für die vorherige Zustimmung zu bestimmten wesentlichen Geschäften des Stiftungsvorstandes (»Zustimmungskatalog«), für die Entlastung des Vorstandes, die Jahresrechnung, die Prüfung der Wirtschaftspläne und die Prüfung der Haushalts- und Wirtschaftsführung. Fachlich versierte »prominente« Mitglieder des Stiftungsrats können überdies einen guten Ansatz für eine erfolgreiche **Öffentlichkeitsarbeit** der Stiftung darstellen. 97

Sowohl für die Tätigkeit des Vorstandes als auch des Stiftungsrates werden üblicherweise **Geschäftsordnungen** verabschiedet. Sie werden entweder vom Stifter oder von den Organen erlassen. Als sinnvoll hat sich dabei herausgestellt, dass der Stiftungsrat die Geschäftsordnung für den von ihm zu kontrollierenden Vorstand entweder selbst festlegt oder jedenfalls dadurch auf deren Inhalt Einfluss nimmt, dass sie seiner Genehmigung bedarf. 98

Praxis-Tipp:

In jedem Fall sollte die Geschäftsordnung innerhalb des vom Stifter mit der Stiftungsverfassung vorgegebenen Rahmens abänderbar sein, um sie geänderten Anforderungen anpassen zu können, die sich zB aus einem erhöhten oder verringerten Verwaltungs-/»Geschäfts«-Volumen der Stiftung ergeben. Von einer starren Geschäftsordnung ist grundsätzlich abzuraten. Sie würde die erforderliche Flexibilität der Gesamtkonstruktion unnötig beschränken. Eine flexibel gestaltete Geschäftsordnung für den Vorstand und/oder den Stiftungsrat ist – ähnlich wie die aus dem unternehmerischen Bereich bekannten Geschäftsordnungen – ein gutes Instrument zur Fernsteuerung der Verwaltung der Stiftung.

99 Neben natürlichen Personen können auch juristische Personen **Mitglieder von Stiftungsorganen** sein. Letztere sind ebenso wie die Stiftung vom Ansatz her »unsterblich«. Juristische Personen sollten jedoch nur in besonderen Ausnahmefällen ernannt werden – etwa wenn der Stifter auf den besonderen Sachverstand einer Organisation für seine Stiftung Wert legt (Beispiel: »Greenpeace« als Fachorganisation für Umweltschutz). Einem solchen Bestreben kann der Stifter aber regelmäßig sinnvoller dadurch Rechnung tragen, dass er in der Satzung bestimmte Anforderungen an die fachliche oder sonstige Qualifikation der Organmitglieder festlegt (näher dazu sogleich). Die Mitgliederzahl für die einzelnen Organe bestimmt sich im konkreten Einzelfall nach dem Zweck der Stiftung und dem Umfang der Geschäftstätigkeit der Organe.

100 Entweder beruft der Stifter die Organmitglieder selbst oder es berufen in der Satzung festgelegte Personen/Instanzen.[2] In aller Regel bestellt der Stifter jedenfalls die ersten Organmitglieder. Er kann sich selbst oder auch engen Vertrauten die Mitgliedschaft in den Organen zeitlich befristet oder auf Lebenszeit vorbehalten. Er kann sich auch vorbehalten, die Besetzung bestimmter Positionen durch letztwillige Verfügung zu regeln. Es ist allerdings zu beachten, dass die Eigenständigkeit der Stiftung als juristische Person erhalten bleibt und die Stiftung nicht lediglich als »verlängerter Arm« des Stifters oder seiner Vertrauten erscheint. Das würde der Genehmigung der Stiftung entgegenstehen. Spätere Neu- oder Wiederbestellungen von Organmitgliedern kann der Stifter sich ebenfalls selbst vorbehalten.

101 Für die Zeit nach dem Tod des Stifters dürfte es regelmäßig sinnvoll sein, dass der Stiftungsrat die Mitglieder des Vorstandes bestimmt. Für den Stiftungsrat selbst empfiehlt sich zur Wahrung und Betonung der Autonomie dieses Kontrollorgans die **Kooptation**, dh die Selbstergänzung durch einstimmigen oder jedenfalls mehrheitlich gefassten Beschluss. Der Stifter kann Neu- oder Wiederbestellungen aber auch dritten Personen, wie etwa seinen Erben, juristischen Personen, Inhabern bestimmter Ämter oder bestimmten Personengruppen überlassen. Hierzu gehört von der Sache her auch der Fall, dass der Stifter eine Organmitgliedschaft an die Innehabung eines bestimmten Amtes knüpft (Pfarrer der Gemeinde X; Präsident der Industrie- und Handelskam-

2 Ausf. zur Bestellung der Organmitglieder in einer Stiftung: Werner Stiftung & Sponsoring, 2/2000, 19

mer Y; Vorsitzender der Geschäftsführung der Unternehmung Z,...). In der Praxis ist die Mischung mehrerer der vorstehend angesprochenen Bestellungsverfahren häufig.

Praxis-Tipp:

Eine Personalunion von Mitgliedern verschiedener Organe einer Stiftung sollte grundsätzlich vermieden werden, um eine möglichst ungehinderte Ausübung der verschiedenen Organfunktionen – insb der Kontrollfunktion des Stiftungsrates – zu gewährleisten und etwaige Interessenkonflikte zu vermeiden. In der Praxis wird hier bedauerlicherweise oft recht unkritisch verfahren.

Die Stiftungsverfassung sollte diese Fragen einschließlich der **Vergütung** der Organmitglieder (Ehrenamtlich oder entgeltlich? Höhe der Vergütung?[3] Sitzungsgelder? ...) detailliert regeln. Dabei kann es auch sinnvoll sein, dass in der Stiftungsverfassung je nach Zweck der Stiftung die Mitgliedschaft im Vorstand oder Stiftungsrat an bestimmte berufliche Qualifikationen oder Erfahrungen oder auch an bestimmte Ämter (zB: IHK-Präsident; Vorsitzender des örtlichen Tierschutzvereins) gebunden wird. Der (potenzielle) Stifter sollte sich jedoch darüber im klaren sein, dass er durch solche Festlegungen Fehlbesetzungen nicht verhindern kann, sie uU etwa bei der Koppelung an bestimmte Ämter sogar heraufbeschwören mag. Die jeweiligen den hinzutretenden Stiftungsrat auswählenden, verbleibenden Stiftungsratsmitglieder werden bei verantwortungsbewusster Amtsführung regelmäßig besser wissen, mit welcher Qualifikation zur Ergänzung des Stiftungsorgans welche Person geeignet ist. Das gilt zunehmend mit fortschreitendem Zeitablauf nach dem Tod des Stifters. Kein noch so vorausplanender Stifter kann über Jahrzehnte in die Zukunft schauen. Die Geschichte zeigt uns immer wieder überraschende, so nicht erwartete Wendungen. Die Satzung einer Stiftung sollte daher hinsichtlich der Qualifikation von Mitgliedern der Stiftungsorgane sinnvollerweise grundsätzlich nur sog »Sollvorschriften« enthalten, von denen im Einzelfall begründet abgewichen werden kann. Etwas anderes mag gelten, wenn der Stifter die Organmitgliedschaft eines Juristen für erforderlich hält, den er als eine Art Justitiar der Stiftung und als »Garant« für ein »geordnetes« Stiftungsleben ansieht. 102

Organmitglieder können theoretisch auf Lebenszeit bestimmt werden. Das ist jedoch in aller Regel nicht sinnvoll. Üblich ist jedenfalls eine Höchstaltersbegrenzung. Größere Flexibilität bietet die von vornherein begrenzte **Amtsdauer** der Organmitglieder, wie wir sie etwa für den Vorstand und die Aufsichtsratsmitglieder einer Aktiengesellschaft kennen. Die Stiftungsverfassung sollte überdies eine Regelung dazu enthalten, dass und wie oft die Wiederbestellung von Organmitgliedern zulässig ist. Von sich aus kann sowohl ein Mitglied des Vorstandes als auch des Stiftungsrates sein Amt grundsätzlich jederzeit niederlegen, es sei denn, aus der Satzung oder dem Anstellungsvertrag ergibt sich ausnahmsweise etwas anderes. Keinesfalls darf die Niederlegung zur Unzeit 103

3 Ausf. zur Frage der Angemessenheit der Organbezüge: Herfurth/Dehesselles, Stiftung und Sponsoring, 1/2000, 22 und 2/2000, 17

erfolgen. Auch durch die ernennende Instanz kann das einzelne Organmitglied abberufen werden. Die Einzelheiten ergeben sich wiederum aus der Stiftungssatzung und etwaigen Anstellungsverträgen.

104 Die meisten Stiftungsgesetze sehen überdies in schwer wiegenden Fällen (vor allem bei grober Pflichtverletzung oder etwa bei Unfähigkeit zur Amtsführung wegen schwerer Krankheit) die Möglichkeit der **Abberufung von Organmitgliedern** durch die Stiftungsaufsicht vor.[4] Ein einmaliges Versagen des Organmitgliedes reicht hierzu in der Regel aber nicht aus.

105 Das Verhältnis zwischen der Stiftung und ihren Organmitgliedern bestimmt sich nach den vereinbarten Anstellungsmodalitäten. Insb bei kleineren Stiftungen kann die Tätigkeit auch ehrenamtlich erfolgen. Jedenfalls bei größeren Stiftungen und bei unternehmensverbundenen Stiftungen ist jedoch eine professionelle Führung der Stiftung erforderlich, die mit wesentlicher Verantwortung verbunden ist. Die Anstellungsmodalitäten von Vorstands- und Stiftungsratsmitgliedern sind hier in der Praxis denen von Geschäftsführern/Vorständen und Beirats-/Aufsichtsratsmitgliedern in gewerblichen Unternehmen zumindest angenähert.

5. Haftung von Stiftung und Organmitgliedern

106 Die Stiftung haftet gegenüber Dritten nach dem Bürgerlichen Gesetzbuch zwingend für jeden Schaden, den ein Stiftungsorgan oder ein Organmitglied in Ausführung der ihm übertragenen Aufgaben schuldhaft verursacht (Außenhaftung). Grundsätzlich kann die Stiftung Rückgriff gegenüber den betreffenden Organmitgliedern nehmen (Innenhaftung), wobei diese auch für leicht fahrlässige Nicht- oder Schlechterfüllung haften. Allerdings kann in der Stiftungssatzung der Rückgriff auf Fälle von Vorsatz und grober Fahrlässigkeit beschränkt werden.

a. Allgemeine Haftungsverschärfung durch KonTraG und Rechtsprechung

107 Das Gesetz zur Kontrolle und Transparenz im Unternehmensbereich (KonTraG), das am 1. 5. 1998 in Kraft getreten ist, hat hier auch für die Organe von Stiftungen zu wesentlichen Neuerungen geführt. Das Gesetz hat anerkanntermaßen vor allem psychologische Bedeutung und strahlt weit über die Kapitalgesellschaften auf alle Unternehmen aus. Wer (mehr) Einfluss hat, hat auch (mehr) Verantwortung. Auf die Haftungsrisiken insb von Aufsichtsorganen bleibt dies, wie jüngste Gerichtsentscheidungen zur Haftung von Aufsichtsräten[5] zeigen, nicht ohne Einfluss.

108 Besonders wesentlich ist hier die weitreichende Rechtsprechung des BGH aus dem Jahr 1990 zum Organisationsverschulden.[6] Bei dieser Entscheidung ging

4 Ausf. dazu Werner Stiftung & Sponsoring 3/2000, 15
5 Etwa: LG Bielefeld BB 1999, 263
6 BGHZ 109, 297 »Baustoff«

es vordergründig um den Eingriff in das Eigentum des Vorbehaltsverkäufers durch Weiterverarbeitung seitens des Vorbehaltskäufers. Der Eingriff war rechtswidrig, weil die Weiterverarbeitung ohne Vorausabtretung der jeweiligen Kundenforderungen stattfand, was wie üblich Voraussetzung war. Obwohl dem Unternehmensleiter eine persönliche Beteiligung an der Entscheidung zur Weiterverarbeitung des gelieferten Materials nicht (!) nachgewiesen werden konnte, wurde er dennoch dem Vorbehaltsverkäufer gegenüber zum Schadensersatz verurteilt. Zum Vorwurf gemacht wurde ihm mangelnde Organisation seines Betriebs. Als »Beschützergarant« für die dem Unternehmen anvertrauten Rechtsgüter Dritter hätte er nach Ansicht des BGH darauf hinwirken müssen, dass durch eine geeignete Organisation rechtswidrige Eingriffe in solche Rechtsgüter unterbleiben.

Diese Entscheidung zum Organisationsmangel hat besonders weitreichende Auswirkungen, da sie für den Unternehmensleiter eine deliktische Haftung ohne direkte Tatbeteiligung begründet. Ihr Rechtsgedanke lässt sich auch bei anderen absolut geschützten Rechtsgütern problemlos einsetzen, wie zB im Bereich des Patentrechts oder des Produkthaftungsrechts.

b. Die besondere Rechtslage im Stiftungsrecht

Im Stiftungsrecht stellt sich die Rechtslage tendenziell zwar gleich, aber noch 109
weniger ausgefeilt dar. Das liegt zum einen an der noch immer recht geringen Zahl von Stiftungen, die in der Konsequenz zu weniger Problemfällen und entsprechend zu einer geringeren Zahl einschlägiger Gerichtsentscheidungen führt. Zum anderen finden sich hier vielfach ehrenamtliche Organmitglieder, für die grundsätzlich ein geringerer Sorgfaltsmaßstab gilt.[7] Dieser Gedanke ist etwa auch im Zusammenhang mit den sog Gefälligkeitsverhältnissen bekannt. (Beispiel: Unentgeltliche Verwahrung – § 690 BGB. Der Verwahrer hat hier nur für diejenige Sorgfalt einzustehen, welche er in eigenen Angelegenheiten anzuwenden pflegt. Das bedeutet nach § 277 BGB die Befreiung von der Haftung für grobe Fahrlässigkeit.)

Der Gedanke hat auch seinen Niederschlag in § 8 HessStifG gefunden.

- Die **Außenhaftung** einer Stiftung bestimmt sich nach §§ 86, 31 BGB.[8]

  Eine Stiftung haftet danach gegenüber Dritten zwingend für jeden Schaden, den ein Stiftungsorgan (hier: Stiftungsbeirat) oder ein Organmitglied in Ausführung der ihm übertragenen Aufgaben verursacht, da Wille und Handlungen der Organe der Stiftung als eigene zuzurechnen sind. Voraussetzung der Haftung nach § 31 BGB ist ein innerer Zusammenhang zwischen der schädigenden Handlung und der Organtätigkeit. Auf die Vertretungsmacht und deren Grenzen kommt es dabei nicht an. Besteht die schädigende Handlung aber lediglich in einer Überschreitung der Vertretungsmacht, so haftet dafür nicht die Stiftung, sondern das Organmitglied selbst

7 Siehe etwa Stengel, Kommentar zum Hessischen Stiftungsgesetz, 2. Aufl. 2000, § 8 HessStiftG, Anm 1
8 Hof in Seifart/v. Campenhausen, aaO, 227

(§ 179 BGB). Auch Schadenszufügung »nur« bei Gelegenheit der Organtätigkeit führt nicht zu einer Haftung der Stiftung.

110 Für unerlaubte Handlungen haftet nach außen neben (!) der Stiftung auch das betreffende Organglied nach § 840 BGB – und zwar als Gesamtschuldner.

Für ihre sonstigen Bediensteten und für Bevollmächtigte haftet die Stiftung nach den allgemeinen Vorschriften (§§ 278, 831 BGB).

Hier kommt außerdem eine gesonderte (Außen-)Haftung der Stiftung nach §§ 31, 823 BGB wegen Verletzung von Organisations- und Aufsichtspflichten in Betracht.

■ In allen Fällen der Außenhaftung der Stiftung stellt sich zugleich die Frage nach der **Innenhaftung** der Organe, dh nach dem Rückgriff der Stiftung auf die Organmitglieder wegen des ihr entstandenen Schadens. Diese Frage stellt sich natürlich auch, wenn der Stiftung ein Schaden nicht durch einen Fall der Außenhaftung, sondern etwa auf sonstige Weise (zB Vermögensverlust) entstanden ist.

111 Im Rückgriff haften die Organmitglieder der Stiftung gegenüber im Innenverhältnis regelmäßig nach § 276 BGB wegen positiver Forderungsverletzung des mit ihr geschlossenen Anstellungsvertrages. Mehrere Organmitglieder haften als Gesamtschuldner.

Dabei ist besonders zu berücksichtigen, dass die Organe, vor allem der Vorstand, hinsichtlich der Vermögensinteressen der Stiftung eine treuhänderische Funktion besitzen, deren Bindungskraft besonders beim Fehlen eines Kontrollorgans beträchtlich höher als bei normalen Anstellungsverträgen zu veranschlagen ist. Im Umkehrschluss wirft dieser Zusammenhang zugleich ein deutliches Licht auf die Haftungsmaßstäbe für Organmitglieder eines entsprechenden Kontrollorgans.

c. Beispiel: Satzungswidrige Mittelverwendung

112 Hat der Vorstand Mittel der Stiftung satzungswidrig, dh entgegen dem Stiftungszweck verwendet, so haftet er hierfür der Stiftung nicht, wenn der Aufsichtsbehörde der Sachverhalt in vollem Umfang (!) bekannt war und sie ihn gleichwohl nicht beanstandet hat.[9] Allerdings kommt dann eine Haftung der Aufsichtsbehörde wegen Verletzung von Amtspflichten gegenüber der Stiftung in Betracht. In der Praxis wird eine so umfassende Information der Stiftungsaufsicht aber kaum einmal gegeben sein. Für eine satzungswidrige Vermögensminderung wegen des Grundsatzes der Vermögenserhaltung haftet der Vorstand jedoch auch bei Kenntnis der Behörde.

113 Eine Innenhaftung/ein Rückgriff bei Abweichungen von dem Grundsatz der Vermögenserhaltung soll gegen Organmitglieder allerdings nur dann in Frage kommen, wenn sie »bei deutlich erkennbaren, konkreten Vermögensverlus-

9 Kammergericht, StiftRspr III, 35 ff

ten grob pflichtwidrig im Einzelfall tatsächlich und rechtlich verfügbare und Erfolg versprechende Gegenmaßnahmen unterlassen haben.«[10]

Diese Rechtsansicht wird zwar nachdrücklich vertreten, Zweifel an ihrer Dauerhaftigkeit sind aber nicht ganz unangebracht. Erinnert sei an das typisierte Bild der ehrenamtlichen Stiftungsorgane. Dieses Bild passt bei einer unternehmensverbundenen Stiftung ersichtlich nur bedingt. Es steht zu erwarten, dass die allgemeinen Haftungsverschärfungen für Unternehmensleiter auch vor Stiftungsorganen nicht Halt machen. Unabhängig davon sind die genannten Haftungsvoraussetzungen recht abstrakt und vage formuliert. Ihre Anwendung im Einzelfall ist mangels einer ausdifferenzierenden Rechtsprechung mit erheblichen Unwägbarkeiten verbunden.

d. Die Rolle der Stiftungsaufsicht

Als wichtiger »Sonderfaktor« tritt hier anders als bei anderen Körperschaften, 114
wo diese Instanz fehlt, die staatliche Stiftungsaufsicht hinzu.

Wird der etwa in § 7 HessStiftG vorgeschriebene Rechenschaftsbericht des Stiftungsvorstands von der Aufsichtsbehörde gebilligt, so kann darin keine (!) Entlastung des Vorstands gesehen werden.[11] Etwa bestehende Regressansprüche der Stiftung gegen Organmitglieder entfallen durch diese etwaige Billigung in jedem Fall nicht, denn die Aufsichtsbehörde hat lediglich auf gesetzes- und satzungsgetreues Verhalten der Stiftungsorgane zu achten, ist hingegen zur Verfügung über Rechte der Stiftung nicht befugt.

Dagegen erlöschen die Regressansprüche der Stiftung, wenn dem für den Schaden verantwortlichen Organ von dem zuständigen Kontrollgremium der Stiftung Entlastung erteilt wird, da dieses über die Rechte der Stiftung mit der Entlastung verfügt. Das betrifft indessen eben nur den Stiftungsvorstand. Für das Kontrollorgan existiert ersichtlich kein »Entlastungsorgan«!

Organmitglieder haben naturgemäß auch für etwaige rechtswidrige Handlungen, die sie im Interesse der Stiftung begehen, strafrechtlich persönlich einzustehen.

Eine etwaige Haftung der Aufsichtsbehörde bestimmt sich nach Art. 34 GG, 115
§ 839 BGB. Eine Haftung setzt hier vor allem voraus, dass die Behörde eine gerade gegenüber dem Anspruchsteller bestehende Amtspflicht verletzt hat. Solche Amtspflichten bestehen auf Grund der gesetzlichen Aufsichtsbefugnisse zunächst gegenüber der einzelnen Stiftung. Erfährt die Behörde auf irgendeine Weise davon, dass der Stiftung Schaden droht, so verstößt sie gegen ihre Aufsichts- und Beratungspflichten, wenn sie die ihr verfügbaren Aufsichtsmittel nicht oder nur unzureichend nutzt. Damit verletzt sie zugleich ihre Amtspflichten gegenüber der Stiftung.[12] Das gilt insb, wenn die Behörde nicht gegen zweckwidrige Verwendung von Stiftungsmitteln durch Stiftungsorgane einschreitet oder einen Zugriff auf das Stiftungskapital zulässt, den die Satzung nicht erlaubt.

10 Hof in Seifart/v. Campenhausen, aaO, 260
11 So auch Hof in Seifart/v. Campenhausen, aaO, 229
12 Hof in Seifart/v. Campenhausen, aaO, 349

116 Ansprüche der Stiftung gegen Mitglieder vertretungsberechtigter Organe können von der Stiftungsaufsicht im Namen und auf Kosten der Stiftung geltend gemacht werden.[13] Es liegt auf der Hand, dass die Stiftungsbehörde idR entsprechend vorgehen wird, wenn die Frage ihrer etwaigen Haftung auch nur im Raume steht. Nach § 839 I 2 BGB scheidet ein Amtshaftungsanspruch bei wohl allenfalls in Frage stehendem fahrlässigem Verhalten der Aufsichtsbehörde nämlich aus, soweit die Stiftung ihr pflichtwidrig handelndes Organmitglied in Anspruch nehmen kann. Das ist von der Aufsichtsbehörde zu prüfen und notfalls durchzusetzen. Im Verhältnis zum Stifter können Amtspflichten insoweit in Betracht kommen, als die Behörde ihm die Überwachung der Einhaltung seines Stifterwillens garantieren muss oder Beratungsfunktionen ihm gegenüber wahr genommen hat, und daraus für ihn selbst (!) ein Schaden entsteht. Wie die Stiftungsaufsicht in einem konkreten Fall tatsächlich reagieren wird, lässt sich kaum vorhersagen.

e. Haftungsbeschränkung, Haftungsfreistellung und D & O-Versicherung

117 In der Stiftungssatzung kann für die Organmitglieder der Rückgriff auf Fälle von **Vorsatz und grober Fahrlässigkeit** beschränkt werden. In § 8 S 2 HessStiftG ist das bereits nach dem Gesetz vorgesehen.

Die haftungsbeschränkende Regelung in § 8 HessStiftG führt indessen nicht zu einer Haftungsbeschränkung bei den anderen vertraglichen Schadensersatzanspruchsgrundlagen,[14] macht also eine satzungsmäßige Haftungsbeschränkung nicht etwa überflüssig.

Praxis-Tipp:

- *Bei der Prüfung, ob eine (vertragliche/satzungsmäßige) Haftungsbeschränkung angeraten ist, sollte bedacht werden, dass unangemessen strenge Haftungsregeln die Akteure verunsichern und zu einer »Rückversicherungsmentalität« führen können, die der Entschlusskraft der Stiftungsorgane und der Stiftungsautonomie abträglich ist.*[15]
- *Wird hier in der Praxis überzogen, könnte gerade in dem hier infrage stehenden unternehmerischen Bereich die Zusammenarbeit der Organe leiden. Es besteht die Gefahr, die Besonderheiten in Familienunternehmen nicht hinreichend zu beachten und sich für diese untypischen »Konzernstrukturen« anzunähern.*

118 Wird von außen, dh von Dritten eine Schadensersatzhaftung eines Organmitgliedes geltend gemacht, kann eine **Haftungsbeschränkung**, der die Gesellschafter (innen) zugestimmt haben, nicht greifen. Zu Lasten Dritter können

13 So ausdrücklich Hof in Seifart/v. Campenhausen, aaO, 228
14 Stengel, aaO, § 8 HessStiftG, Anm 4.2
15 So auch Hof in Seifart/v. Campenhausen, aaO, 228

die Gesellschafter ersichtlich keine Haftungsbeschränkung festlegen. Eine solche Haftungsbeschränkung kann sich nur aus dem Verhältnis zwischen dem potentiell haftenden Organmitglied und dem Dritten selbst ergeben.

Im Gegensatz zu der Haftungsbeschränkung, die eine Haftung insoweit gar nicht erst entstehend lässt, bedeutet **»Haftungsfreistellung«** (im eigentlichen Sinne), dass die an sich haftende Person durch einen Dritten von der Haftung freigestellt wird, der die Haftung »übernimmt«, dh im Innenverhältnis den Schadensersatz für die Außenhaftung gegenüber dem Haftenden finanziell ausgleicht. Ein solches Modell macht jedoch grundsätzlich nur Sinne, wenn entweder nur geringe Schadensbeträge drohen, oder anderenfalls der Dritte, der freistellt, über ganz erhebliche freie Mittel verfügt. 119

Wegen der verhältnismäßig eingeengten und auch oft unpraktikablen Haftungsbeschränkungsmöglichkeiten ist die Versicherungsdeckung in der Praxis ein wichtiges Thema. Entsprechende Policen **(D & O-Policen)** werden seit einer Reihe von Jahren auch in Deutschland von verschiedenen in- und ausländischen Versicherern angeboten. 120

Praxis-Tipp zur D & O-Versicherung bei Stiftungen:

Ob die Versicherer wirklich passende Angebote für den nicht eben häufigen Spezialfall »Stiftung« unterbreiten können, ist im Einzelfall sehr genau zu prüfen. Nach den Erfahrungen des Verfassers sind hier durchaus Zweifel angebracht. Folgende Eckpunkte sind besonders wesentlich:

- *Sorgfältig zu prüfen bleibt in jedem Einzelfall der Deckungsumfang der Policen (Ausschlüsse, Rückwärtsversicherung, Nachhaftung etc) sowie die Angemessenheit der Deckungssumme.*
- *Versicherte Personen sind typischerweise sämtliche Organe.*
- *Auch grob fahrlässiges Verhalten wird gedeckt; erst bei Vorsatz scheitert die Versicherungslösung.*

6. Das Stiftungsvermögen

Damit die Organe der Stiftung den Stiftungszweck verwirklichen können, bedürfen sie eines ausreichenden Stiftungsvermögens,[16] das aus Finanzmitteln, Sachen und Rechten bestehen kann. 121

a. Vermögensausstattung

Zur Verwirklichung des Stiftungszwecks muss das Vermögen der Stiftung erhalten bleiben. Es darf grundsätzlich nicht zur Erfüllung des Stiftungszwecks verbraucht werden. Man spricht von dem Grundsatz der Substanzer- 122

16 Siehe etwa Lex Stiftung & Sponsoring 5/1999, 3; Schindler Stiftung & Sponsoring, 2/2001, 21 (»Erhaltung der Leistungskraft von Stiftungen«)

haltung oder der Vermögenserhaltung. Ausnahmsweise kann der Stifter aber auch den Verbrauch des Vermögens in der Satzung anordnen **(»Verbrauchsstiftungen«)**.[17]

123 Eine für die Erfüllung des Stiftungszwecks **angemessene Vermögensausstattung** wird allseits für erforderlich gehalten. Es ist jedoch nirgendwo gesetzlich geregelt, um welche Mindestausstattung es sich handeln muss. Der Gedanke einer festen Mindestkapitalausstattung für Stiftungen ist zu Recht verworfen worden. Zu groß sind in der Praxis die Unterschiede zwischen den einzelnen Stiftungen. Es besteht damit in jedem Einzelfall für die Vermögensausstattung der Stiftung ein erheblicher Ermessensspielraum. Verschiedentlich werden jedoch Faustregeln und Zirka-Beträge genannt. Die Beantwortung der Frage nach der ausreichenden Vermögensausstattung hängt vorrangig vom jeweiligen Stiftungszweck und von der konkreten Praxis der einzelnen Stiftungsbehörden ab. Letztere ist, wie Untersuchungen der Praxis gezeigt haben, beinahe bis an die Grenzen der Willkür unterschiedlich.

124 Für unternehmensverbundene Stiftungen wird man zum gegenwärtigen Zeitpunkt wohl sagen müssen, dass **grundsätzlich jedenfalls** ein Mindestkapital in Höhe von **EURO 40 000** erforderlich ist. Verschiedene Stiftungsbehörden fordern allerdings deutlich niedrigere oder höhere Mindestbeträge. Nach einer Untersuchung aus dem Jahre 1994[18] lagen zB für unternehmensverbundene Familienstiftungen die geforderten Beträge zwischen 20 000 DM (Regierungspräsident Darmstadt) und 500 000 DM (Chemnitz und Dessau).

In der Tat ist es richtig, dass es kaum sinnvoll ist, für kleinere Vermögen eine eigenständige Stiftung zu gründen. Derartige Stiftungen werden kaum in der Lage sein, aus ihrem Vermögen ausreichende Erträge zu erwirtschaften, um ihren Zweck umzusetzen und die Stiftung mit Leben zu erfüllen. Für solche Fälle bietet sich vielmehr die Möglichkeit einer Zustiftung zu einer anderen Stiftung oder die Möglichkeit einer unselbständigen, treuhänderischen Stiftung an. Anders wird man die Angelegenheit aber wohl bewerten müssen, wenn zunächst zu Lebzeiten eine Stiftung mit relativ geringem Vermögen errichtet wird, um der Stiftung später durch letztwillige Verfügung ein größeres Vermögen zukommen zu lassen.

b. Vermögensbewirtschaftung

125 **Umschichtungen des Stiftungsvermögens**, dh Veränderungen in der Zusammensetzung des zu erhaltenden Vermögens[19] sind, falls sich aus der Satzung nicht etwas anderes ergibt, grundsätzlich zulässig.[20] Erzielte Buchgewinne sind keine Erträge; sie fließen dem zu erhaltenden Vermögen (»Grundstock«) zu.[21]

17 Siehe Hof in Seifart/v. Campenhausen, aaO, 239
18 Hennerkes/Schiffer/Fuchs BB 1995, 209
19 Hof in Seifart/v. Campenhausen, aaO, 249
20 Hof, aaO
21 Ausf. zu der Behandlung von Erträgen aus der Umschichtung von Stiftungsvermögen: Koppenhöfer Stiftung & Sponsoring, 2/2000, 24; Wilkes, Stiftung & Sponsoring, 3/2000, 20

Eine gegenwärtig heftig diskutierte Frage ist die der Bewirtschaftung des Stiftungsvermögens: Wie darf, soll, muss ein Stiftungsvermögen verwaltet werden?[22] Einige Stiftungsgesetze enthalten Vorschriften zur Vermögensverwaltung durch Stiftungen[23] – im Übrigen ist der Stifterwille auch hier maßgebend.[24] 126

Praxis-Tipp:

> *Eine Stiftungssatzung sollte Vorgaben zur Verwaltung des Stiftungsvermögens enthalten,*
>
> - *die einerseits den Stiftungsorganen eine Leitlinie geben (Welches Risiko dürfen wir eingehen?) und*
> - *andererseits wegen der naturgemäß nicht absehbaren Zukunft eine hinreichende Flexibilität ermöglichen.*

c. Zustiftungen

Zustiftungen sind Zuwendungen des Stifters oder dritter Personen, die dem Stiftungsvermögen zufließen sollen. Anders als Spenden unterliegen Zustiftungen damit nicht dem Gebot der zeitnahen Mittelverwendung bei steuerbegünstigten Stiftungen. 126a

Praxis-Tipp:

> *Sofern nicht ausdrücklich eine Zustiftung erfolgt, ist eine betreffende Zuwendung steuerlich als Spende einzuordnen.*

Ob eine Stiftung Zustiftungen annehmen kann, ist in der Stiftungssatzung zu regeln.

7. Die Destinatäre

Eine Stiftung hat keine Mitglieder oder Gesellschafter. Sie hat nur Nutzer oder Destinatäre. Als Destinatäre bezeichnet man diejenigen Personen (natürliche oder juristische Personen!), denen die Vorteile der Stiftung (Stiftungsleistungen) zugutekommen sollen. 127

Wer Destinatär einer Stiftung ist, wird generell durch den Stiftungszweck und konkret durch eine entsprechende Regelung in der Stiftungssatzung und die Entscheidung des zuständigen Organs innerhalb der Stiftung bestimmt. Es 128

22 Übersicht: Hof, aaO, 239; grundlegend: Hüttemann, FS für Flume zum 90. Geburtstag, 59; Spiegel Rote Seiten zum Magazin Stiftung & Sponsoring, 3/2000
23 ZB § 21 StiftG-NRW
24 Wie hier und ausf. Hüttemann, aaO, 68

können sowohl **einzelne Personen, bestimmte Personenkreise oder die Allgemeinheit bzw Öffentlichkeit** als Destinatäre eingesetzt werden. Bei der Familienstiftung werden die Familienmitglieder des Stifters oder bestimmte Mitglieder der Familie als Destinatäre bestimmt.

129 **Bei der Bestimmung** der Destinatäre ist der **Stifter frei**, allerdings gilt im Stiftungsrecht der (jedoch letztlich nirgendwo gesetzlich niedergelegte) Grundsatz der »Unzulässigkeit der Stiftung für den Stifter«. Begründet wird der Grundsatz damit, dass bei der Stiftungserrichtung aus Sicht des Stifters die Uneigennützigkeit dessen Handelns zu fordern sei. Ob dieser Forderung der Uneigennützigkeit des Stiftungszwecks zu folgen ist, erscheint indessen jedenfalls für Familienstiftungen zweifelhaft.

Zwischenzeitlich hat nämlich der Gesetzgeber sogar für gemeinnützige Stiftungen ausdrücklich anerkannt, dass solche Stiftungen bis zu einem Drittel ihres Einkommens verwenden dürfen, um in angemessener Weise den Stifter und seine nächsten Angehörigen zu unterhalten, ihre Gräber zu pflegen und ihr Andenken zu ehren, ohne dass die Steuervergünstigung (Steuerbefreiung) hierdurch ausgeschlossen wird (§ 58 Ziffer 5 AO). Im Gegensatz dazu ist ein Fall aus der Praxis bekannt, in dem ein Stifter eine gemeinnützige Stiftung errichten wollte, um bestimmte Projekte im Ausland zu fördern, die federführend von ihm geleitet wurden. Hier hat die Genehmigungsbehörde in überzogener Anwendung dieses Gedankens erklärt, dass sie darin eine Stiftung für den Stifter sehe, die aus ihrer Sicht nicht zu genehmigen sei. Das Projekt wurde daraufhin von dem potenziellen Stifter fallen gelassen.

Das Problem der **Unzulässigkeit der »Stiftung für den Stifter«** kann sowohl im Genehmigungsverfahren als auch später bei der Beaufsichtigung der Stiftung Bedeutung erlangen.

130 Im Rahmen der Stiftungsaufsicht (!) entschärft sich das Problem allerdings ganz wesentlich dann, wenn eine **Familienstiftung** gegründet wird. Familienstiftungen unterliegen grundsätzlich nur einer eingeschränkten (Rechts-)Aufsicht. Die Verwendung der Mittel wird regelmäßig nicht kontrolliert. In aller Regel unterliegen sie nur insoweit der Aufsicht, als sicher zu stellen ist, dass ihr Bestand und ihre Betätigung nicht dem öffentlichen Interesse zuwiderlaufen. Damit beaufsichtigt die Stiftungsbehörde also nicht, an wen die Familienstiftung tatsächlich Ausschüttungen vornimmt. Das entspricht der grundsätzlichen Tendenz der Landesgesetzgeber, die Regelung und die Kontrolle dieses Aspektes der Familie zu überlassen. Damit wird sich in der Praxis die Frage der etwaigen Unzulässigkeit der »Stiftung für den Stifter« grundsätzlich nur im Rahmen des Genehmigungsverfahrens stellen. Für gemeinnützige Stiftungen enthält die Abgabenordnung zwischenzeitlich eine klare gesetzliche Regelung zur Begünstigung des Stifters und seiner nächsten Angehörigen (Rn 42, 61, 235 ff)

131 Die Destinatäre sind weder Mitglieder noch Gesellschafter der Stiftung. Damit haben sie grundsätzlich auch **keine »Mitgliedschaftsrechte«**, wie insb Verwaltungs- oder Kontrollbefugnisse. Dem Stifter ist es aber unbenommen, in geeigneten Fällen den Destinatären in der Stiftungssatzung **entsprechende Rechte einzuräumen**. Er kann die Stellung der Destinatäre durch bestimmte Organisations- und Verwaltungsbestimmungen in der Stiftungssatzung deut-

lich stärken. So kann er ihnen zB klagbare Ansprüche auf Stiftungsleistungen einräumen oder bestimmte Verwaltungs- und Kontrollrechte (zB ein Recht zur Einsichtnahme in die Bücher der Stiftung) übertragen. Hierfür kann der Stifter die Destinatäre auch zu einem eigenen Stiftungsorgan, einem Kuratorium etwa, zusammenschließen und diesem Organ konkrete Verwaltungsbefugnisse und/oder etwa die Überwachung des Stiftungsvorstandes übertragen.

8. Die Genehmigung einer Stiftung

Stiftungen mit einer zu geringen Vermögensausstattung werden grundsätzlich 132
nicht genehmigt.

Die Genehmigung einer Stiftung steht nach gegenwärtiger Rechtslage im **Ermessen** der zuständigen Genehmigungsbehörde. Die Behörde ist, so lange sie ihr Ermessen nicht missbraucht, in ihrer Entscheidung zwischen Genehmigung und Genehmigungsversagen frei. Das bedeutet: je nach Einstellung der Behörde kann diese Wohl wollend oder restriktiv entscheiden. Die Handhabung ist mitunter sogar bei den einzelnen Genehmigungsbehörden ein- und desselben Bundeslandes stark unterschiedlich.

In Ausführungsrichtlinien zu den Stiftungsgesetzen haben zwar die einzelnen 133
Bundesländer in der Regel verschiedene Gesichtspunkte zur Ausübung des Ermessens der Behörde bei der Genehmigung einer Stiftung niedergelegt. Ein Rechtsanspruch auf die Genehmigung einer Stiftung besteht dennoch nicht. Der Stifter hat nur Anspruch darauf, dass die Genehmigungsbehörde ihr Ermessen nicht missbraucht. Nur diesen Anspruch auf korrekte Ermessensausübung kann er vor den Verwaltungsgerichten einklagen. Bei Problemen hinsichtlich der Genehmigung einer Stiftung empfiehlt es sich deshalb an Stelle des Rechtsweges jedoch eher, gemeinsam mit der Genehmigungsbehörde eine Lösung zu suchen oder auch die Stiftung in dem Bezirk einer »offeneren« Genehmigungsbehörde zu errichten. Rechtsstreitigkeiten in diesem Bereich bringen in der Praxis nur in den allerseltensten Fällen den gewünschten Erfolg.

Bestehen aus Sicht der Stiftungsbehörde Unklarheiten oder Mängel etwa hin- 134
sichtlich des Stiftungsgeschäftes oder der Stiftungssatzung, so kann sie diese im Laufe des Genehmigungsverfahrens aufklären und beseitigen lassen. Wird aber einmal die Genehmigung erteilt, so gilt diese ohne wenn und aber. Allerdings kann die Genehmigung einer Stiftung nach der Mehrzahl der Landesstiftungsgesetze mit Nebenbestimmungen versehen werden – wie etwa mit der Auflage, eine Geschäftsordnung oder eine Benutzerordnung durch die Stiftungsorgane zu erlassen. Die Nebenbestimmungen können vor dem Verwaltungsgericht angefochten werden. Anfechtungsberechtigt ist, je nach dem, wer durch die Nebenbestimmungen beschwert ist, der Stifter oder die Stiftung selbst.

Das Genehmigungsverfahren wird eröffnet durch einen **Antrag des Stifters**, 135
seines Vertreters oder seiner Erben bei der zuständigen Genehmigungsbehörde. Bei der Stiftung von Todes wegen ist ein Antrag verzichtbar. Der Antrag wird in diesem Fall nach dem Bürgerlichen Gesetzbuch ersetzt durch die Verpflichtung des Nachlassgerichtes, die Genehmigung einzuholen. Mehrere Stifter müssen den Antrag gemeinsam stellen.

136 Im Genehmigungsverfahren prüft die Behörde, ob die gesetzlichen Anforderungen an eine selbständige Stiftung bürgerlichen Rechts nach dem Bürgerlichen Gesetzbuch und dem betreffenden Landesstiftungsgesetz gegeben sind. Nach einigen Landesstiftungsgesetzen ist die Genehmigungsbehörde befugt, eine Satzung, die den gesetzlichen Anforderungen teilweise nicht genügt, zu ergänzen. In jedem Fall müssen aber wegen der sich aus dem Grundgesetz ergebenden Stifterfreiheit die Bestimmung des Stiftungszwecks und die Vermögensausstattung der Stiftung vom Grundsatz her dem Stifter vorbehalten bleiben. Ein Ergänzungsrecht der Behörde kommt daher allenfalls in Betracht, um Lücken, Unklarheiten und Widersprüche in dem Stiftungsgesetz und der Satzung zu beseitigen. In der Praxis empfiehlt sich nach alledem eine informelle vorherige Abstimmung mit der Genehmigungsbehörde.

137 Die Versagung der Genehmigung ist zulässig, wenn die Erfüllung des Stiftungszwecks unmöglich ist oder der Stiftungszweck das Gemeinwohl gefährdet. Dabei lassen die Stiftungsgesetze eine Genehmigung nur zu, wenn die Verwirklichung des Stiftungszwecks nachhaltig gesichert erscheint.

9. Die Auflösung einer Stiftung

138 Ebenso wie bei der Errichtung hat die Stiftungsaufsichtsbehörde auch bei der Auflösung einer Stiftung mitzuwirken. Entweder verfügt sie hoheitlich die Beendigung der Stiftung oder genehmigt einen entsprechenden Auflösungsbeschluss der Stiftungsorgane.

Voraussetzung für einen **Auflösungsbeschluss** ist, dass dieser entweder nach dem Landesstiftungsrecht oder nach der betreffenden Stiftungssatzung überhaupt zulässig ist. Ist in der Satzung die Aufhebung der Stiftung bei Eintritt bestimmter Auflösungsgründe (etwa Zeitablauf oder vollständige Erfüllung der Stiftungszwecke) vorgesehen, so stellt das nach der Satzung zuständige Stiftungsorgan das Vorliegen des betreffenden Aufhebungsgrundes fest. Die **Aufsichtsbehörde prüft** sodann unter dem Aspekt der Rechtsaufsicht, ob diese Feststellung richtig ist. Darüber hinaus ermächtigen die meisten Stiftungsgesetze die Stiftungsorgane für den Fall, dass sich die Verhältnisse wesentlich geändert haben, die Aufhebung oder den Zusammenschluss der Stiftung mit einer anderen Stiftung zu beschließen.

139 Ist nach dem Willen des Stifters in der Stiftungssatzung oder dem Stiftungsgeschäft die Aufhebung der Stiftung ausdrücklich oder stillschweigend untersagt, so bleibt zur Beendigung der Stiftung nur der Weg einer hoheitlichen Aufhebung durch eine entsprechende Verfügung der Stiftungsbehörde. Die wesentlichen Aufhebungsgründe sind der Konkurs, die Möglichkeit der Zweckerfüllung und die Fälle der Gesetzwidrigkeit sowie die Gefährdung des Gemeinwohls.

D. Die Stiftungsaufsicht 649

ÜBERBLICK

D. Die Stiftungsaufsicht

Die Stiftungsaufsicht[1] ist der **»Garant des Stifterwillens«** und der Stiftungsautonomie. Sie ist, wenn auch in den Einzelnen Bundesländern im einzelnen unterschiedlich ausgestaltet, überall auf eine reine **Rechtsaufsicht** beschränkt, betrifft also nicht Fragen der Zweckmäßigkeit. In Fragen der Zweckmäßigkeit ihres Vorgehens zur Erreichung des Stiftungszweckes sind die Stiftungsorgane frei von staatlicher Aufsicht. 140

I. Abgrenzungsprobleme bei der Rechtsaufsicht

Die Rechtsaufsicht der Stiftung durch die Stiftungsbehörde umfasst »nur« die Überwachung der Einhaltung von Gesetz und Stiftungssatzung, durch die der Stifterwille manifestiert ist. Es besteht auch keine Aufsicht hinsichtlich fachlicher Fragen (Fachaufsicht), dh die Stiftungsorgane sind hinsichtlich ihrer Entscheidung betreffend die Art und Weise der Verwaltung der Stiftung insoweit frei. Hier kommt es in der Praxis allerdings mitunter zu Abgrenzungsproblemen. So ist etwa die Rechtmäßigkeit wirtschaftlicher Entscheidungen der Stiftungsorgane nicht nur an den Gesetzen, sondern auch an den abstrakt formulierten Satzungserklärungen des Stifters zu messen. 141

Beispiele solcher Entscheidungen sind die Frage der Büroeinrichtung des Stiftungsvorstandes, die Einstellung einer Vollzeitsekretärin an Stelle einer Teilzeitkraft oder die Frage der Vergütung des Stiftungsvorstandes. In vielen Stiftungssatzungen hat der Stifter hierzu abstrakt und »unbestimmt« festgelegt, dass die Verwaltung der Stiftung »sparsam und wirtschaftlich« zu erfolgen habe. Auch in diesen Fällen darf die Aufsichtsbehörde nicht ihre eigene Einschätzung zur Sparsamkeit und Wirtschaftlichkeit an die Stelle der Einschätzung der Stiftungsorgane setzen. Auch hier bleibt die Behörde auf die Rechtsaufsicht beschränkt.

Nach den einzelnen Stiftungsgesetzen der Länder lassen sich verschiedene Erscheinungsformen der Stiftungsaufsicht unterscheiden. Die Spannbreite reicht von Hamburg, das den Umfang der Stiftungsaufsicht dem Ermessen der Stiftungsbehörde anheim stellt, bis zu den juristisch im Detail ausgefeilten Regelungen etwa in dem Stiftungsgesetz von Baden-Württemberg. 142

---

1 Ausf. dazu Hof in Seifart/v. Campenhausen, aaO, 270; Peiker Stiftung & Sponsoring, 2/2000, 8 (Frankfurt/M.); Schönfeld Stiftung & Sponsoring, 2/2000, 6 (Detmold); Pfeifer Stiftung & Sponsoring, 3/1999, 6 (Düsseldorf); Büermann in IDW (Hrsg), Stiftungen – Rechnungslegung, Kapitalerhaltung, Prüfung und Besteuerung, 1997, 23; ders, Stiftungsautonomie und Staatsaufsicht, in: Bertelsmann Stiftung (Hrsg), Handbuch Stiftungen, 1998, 1009; Berndt, aaO, 133; Andrick/Suerbaum, Stiftung und Aufsicht, 2001

Praxis-Tipp:

*Nach der **Rechtsprechung des Bundesverwaltungsgerichts**[2] darf die Stiftungsaufsicht nicht zum Durchsetzen öffentlicher Interessen gegenüber der Stiftung missbraucht werden. Öffentliche Interessen können vielmehr nur dann und insoweit als Maßstab für die Stiftungsaufsicht dienen, wenn sie als solche in dem Stiftungszweck und dem Stifterwillen erkennbar aufgenommen worden sind.*

- *Ausgehend von diesem Grundgedanken wird in einigen Landesstiftungsgesetzen für rein privatnützige Stiftungen, dh insb für Familienstiftungen auf staatliche Aufsicht und Kontrolle unter Hinweis auf mangelndes Interesse der Allgemeinheit an der Führung privater Zwecke ausdrücklich verzichtet.*
- *Außerdem bietet die Entscheidung natürlich einen guten Ansatz für einschlägige »Diskussionsfälle« in der Praxis.*

II. Die Aufsichtsmittel

143 Damit die Stiftungsaufsichtsbehörde die Einhaltung der gesetzlichen Anforderungen und des Stifterwillens sicher stellen kann, werden ihnen in den Landesstiftungsgesetzen verschiedene rechtliche Instrumente wie insb die Beanstandung des Vorgehens der Stiftungsorgane, die Anordnung bestimmter Maßnahmen der Stiftungsorgane, die Ersatzvornahme und die Abberufung von Organmitgliedern anhand gegeben. Diese Aufsichtsmittel können hier nicht im Einzelnen erläutert werden. Als wesentlich ist aber zu vermerken, dass die Eingriffe der Behörde in jedem Fall nur unter den einzelnen in den betreffenden Landesstiftungsgesetzen genannten Voraussetzungen und unter Beachtung des Grundsatzes der Verhältnismäßigkeit zur Anwendung kommen dürfen. Bei Verletzung ihrer Amtspflichten im Zusammenhang mit der Stiftungsaufsicht haftet die Stiftungsbehörde wie alle öffentlichen Behörden nach den Grundsätzen der Amtshaftung. Gegen Maßnahmen der Stiftungsaufsicht besteht Rechtsschutz nach den Grundsätzen des Verwaltungsrechtes.

144 Zur Umsetzung der Aufsichtspflicht der Stiftungsbehörden bestehen nach den einzelnen Landesstiftungsgesetzen **Informationsansprüche** der Stiftungsaufsichtsbehörde. Der Behörde steht es im Rahmen der einschlägigen landesgesetzlichen Regelungen grundsätzlich frei, wie sie sich von der Stiftung die für die Aufsicht erforderlichen Informationen verschafft. Wichtig zu wissen ist in diesem Zusammenhang, dass die einzelnen Gesetze Regelungen dazu treffen, welche **Auskunftspflichten der Stiftungsorgane** gegenüber den Stiftungsbehörden bestehen. So ist etwa grundsätzlich in den Landesgesetzen festgelegt, dass eine Jahresrechnung mit einer Vermögensübersicht und mit einem Bericht über die Erfüllung des Stiftungszwecks von den Stiftungsorganen der Stiftungsaufsichtsbehörde vorzulegen ist. Unabhängig von der etwaigen Prüfung der Verwaltung der Stiftung durch die Aufsichtsbehörde steht es dem

2 BVerwGE 40, 437; Hof, aaO, 279

Stifter frei, in der Stiftungssatzung stiftungseigene oder auch externe Kontrollinstanzen festzulegen. Eine derartige interne Kontrollinstanz ist der bereits angesprochene Stiftungsrat. Dessen Kontrollkompetenz kann der Stifter so ausgestalten, dass der Stiftungsrat den Vorstand gerade auch in fachlichen Fragen beaufsichtigt. Eine externe Prüfung der Verwaltung der Stiftung könnte beispielsweise im Wege der Prüfung der Jahresrechnung durch einen Wirtschaftsprüfer erfolgen.

Übersicht: Wesentliche Aufsichtsmittel der Stiftungsbehörden

- Auskunftspflichten der Stiftungsorgane
- Informationsansprüche
- Beanstandung von Maßnahmen der Stiftungsorgane
- Anordnung bestimmter Maßnahmen der Stiftungsorgane
- Ersatzvornahme/Abberufung von Organmitgliedern

Achtung:
Es gilt immer der Verhältnismäßigkeitsgrundsatz!

III. Die Aufsicht in der Praxis

In der Praxis[3] kontrollieren die Behörden vor allem die Einhaltung der für die betreffende Stiftung jeweils einschlägigen landesrechtlichen Regelungen und die in der Satzung enthaltenen Rechtsregelungen. Die einzelnen landesrechtlichen Regelungen zur Ausübung der Rechtsaufsicht sind aber durchaus unterschiedlich. Nach dem saarländischen Stiftungsgesetz beispielsweise ist die Prüfung nur bei Vorliegen eines wichtigen Grundes vorgesehen. Die Handhabung der Stiftungsaufsicht hängt überdies wesentlich nicht zuletzt von der spezifischen Auffassung der jeweiligen Behörde ab. 145

Stellt die Behörde **Verstöße gegen gesetzliche Vorschriften oder Satzungsregelungen** fest, so hat sie unverzüglich Maßnahmen zu ergreifen, die die Erhaltung der Stiftung oder etwa die Rückerlangung unzulässig verwendeten Stiftungsvermögens sicher stellen. Sie wird das betreffende rechtswidrige Verhalten beanstanden und die Beanstandung gegebenenfalls mit der Ankündigung weiter gehender aufsichtsrechtlicher Maßnahmen – etwa der Androhung eines Zwangsgeldes – verbinden. Als zusätzliches Mittel steht der Stiftungsaufsichtsbehörde nach den unterschiedlichen Landesrechten in geeigneten Fällen regelmäßig die Aufhebung der beanstandeten Maßnahme zu. Erfüllen die Stiftungsorgane ihre Verpflichtungen nicht, so kann die Behörde die erforderlichen Maßnahmen unter Setzung einer angemessenen Frist anordnen. Wird die Maßnahme auch dann nicht vorgenommen, so hat die Behörde die Möglichkeit der Ersatzvornahme, dh sie kann die Maßnahme selbst durchführen oder durch Dritte durchführen lassen. 146

3 Siehe insb Peiker, Schönfeld, Pfeifer, wie eingangs dieses Abschnitts (Rn 140) zitiert

147 Für den Fall, dass ein entsprechend wichtiger Grund in der Person eines Stiftungsorganmitgliedes vorliegt, sehen die meisten Landesstiftungsgesetze die Möglichkeit vor, dieses **Organmitglied abzuberufen**. Ein wichtiger Grund wird jedoch in der Regel nur in Fällen grober Pflichtverletzung oder der Unfähigkeit zu ordnungsgemäßer Geschäftsführung gegeben sein. Eine grobe Pflichtverletzung liegt etwa dann vor, wenn der Betreffende seine Kompetenzen in schwer wiegender Weise und mehrfach missbraucht, die Vermögensinteressen der Stiftung grob vernachlässigt oder sich beharrlich weigert, den Stiftungszweck zu erfüllen. Die Unfähigkeit zur ordnungsgemäßen Geschäftsführung ist zB dann anzunehmen, wenn das betreffende Organmitglied dauerhaft schwer erkrankt oder für einen längeren Zeitraum ortsabwesend ist. Hohes Alter allein rechtfertigt die Abberufung dagegen nicht. – Hier sollte der Stifter in der Stiftungsverfassung durch Festschreibung einer Altersgrenze Vorsorge treffen! – Mangelnde Eignung und mangelnde Vertrauenswürdigkeit hingegen können die Unfähigkeit zur ordnungsgemäßen Geschäftsführung begründen. Liegt ein entsprechender wichtiger Grund bei einem Organmitglied vor, so hat die Aufsichtsbehörde keine Wahl, sie muss das Organmitglied abberufen.

148 Um **in Eilfällen** eine Reaktion der Stiftungsbehörde zu ermöglichen, gewähren einige Stiftungsgesetze auch die Möglichkeit, einem Organmitglied die Ausübung seiner Funktionen auf Zeit zu untersagen. Nach richtiger Auffassung obliegt wegen des Grundsatzes der Verhältnismäßigkeit bei der Stiftungsaufsicht die Bestellung des Nachfolgers eines abberufenen Organmitgliedes in erster Linie den Organen der Stiftung entsprechend der Stiftungssatzung und erst dann, falls dieser Weg in angemessener Frist nicht zum Erfolg führt, der Aufsichtsbehörde. Für den Fall, dass sich ein abberufenes Organmitglied schadensersatzpflichtig gemacht hat, besteht nach einigen Landesstiftungsgesetzen die Möglichkeit, dass die Aufsichtsbehörde diese Ansprüche für die Stiftung auf deren Kosten gerichtlich geltend macht, sofern dies nicht die Stiftungsorgane innerhalb einer angemessenen Frist tun.

149 Reichen die übrigen Befugnisse der Aufsichtsbehörde nicht aus, um eine rechtmäßige Verwaltung der Stiftung durchzusetzen, besteht nach einigen Landesstiftungsgesetzen die Möglichkeit, dass die Behörde ausnahmsweise sog Beauftragte oder **Sachwalter** bestellt. Da in diesen Fällen besonders die Gefahr besteht, dass die Rechtsaufsicht der Stiftungsbehörde in eine Zweckmäßigkeitsaufsicht umschlägt, ist eine entsprechende Anordnung der Stiftungsaufsichtsbehörde allerdings in der Regel unverhältnismäßig, dh nur ganz ausnahmsweise zulässig.

150 Ein gänzlich anderes Instrument zur Durchsetzung der Rechtsaufsicht der Stiftungsbehörde sind die in den Landesstiftungsgesetzen für verschiedene wesentliche Rechtsgeschäfte der Stiftungen vorgesehenen **Genehmigungsvorbehalte** – etwa für die Aufnahme von Darlehen und die Übernahme von Darlehen und Bürgschaften bei Grundstücksveräußerungen. So sollen insb risikoreiche und mit dem Stiftungszweck unvereinbare Geschäfte verhindert werden. Die Genehmigungsvorbehalte ähneln damit stark dem aus der Gestaltung von Gesellschaftsverträgen im Unternehmensbereich bekannten Zustimmungskatalog, wonach die Geschäftsführung für entsprechende Geschäfte der Zustimmung des Aufsichts- und Kontrollorgans (Aufsichtsrat, Beirat)

bedarf. Bis zur Erteilung der etwaig erforderlichen Genehmigung ist das betreffende Rechtsgeschäft schwebend unwirksam. Wird die Genehmigung erteilt, wirkt sie auf den Zeitpunkt der Vornahme des Geschäfts zurück. Für Familienstiftungen gelten solche Genehmigungsvorbehalte allerdings regelmäßig nicht oder allenfalls eingeschränkt. Bei den Familienstiftungen gehen die Landesgesetzgeber von dem Grundsatz aus, dass es Sache der Familie, dh der durch die Stiftung begünstigten Familienmitglieder ist, im eigenen Interesse die Einhaltung des Stifterwillens und der Stiftungssatzung zu überwachen.

IV. Genehmigung von Satzungsänderungen

Satzungsänderungen bedürfen als besonders grundlegendes Ereignis für eine 151
Stiftung ebenfalls der Genehmigung der Aufsichtsbehörde. Sämtliche Landesgesetze lassen Satzungsänderungen nur unter besonderen Voraussetzungen zu. Die Änderung muss von den zuständigen Stiftungsorganen beschlossen worden und in der Satzung ausdrücklich vorgesehen oder wegen wesentlicher Änderungen der bestehenden Bedingungen unumgänglich notwendig sein, um die (weitere) Tätigkeit der Stiftung entsprechend dem Stifterwillen zu ermöglichen. **Grundlegender Maßstab** für die Zulässigkeit der Satzungsänderung ist der **Stifterwille**.

Praxis-Tipp zur Satzungsänderung:

Ein Stifter ist daher insb aber nicht nur im Unternehmensbereich sehr gut beraten, wenn er, um eine Anpassung an geänderte wirtschaftliche Rahmenbedingungen zu ermöglichen,

- *in der Verfassung der Stiftung ausdrücklich entsprechende Änderungen der Stiftungsverfassung zulässt und, wenn möglich, Beispielsfälle nennt: »Eine Änderung der Stiftungsverfassung ist **insbesondere** zulässig, wenn …«.*
- *Außerdem sollte der Stifter in der Verfassung ausdrücklich feststellen, in welchem Verfahren und mit welchen Mehrheiten die Stiftungsorgane hierüber zu beschließen haben. Die Genehmigung der Änderung liegt im Ermessen der Aufsichtsbehörde, die darauf achten wird, dass der Stifterwille bestmöglich verwirklicht wird.*

Relativ häufig sind in der Praxis **Verfassungsänderungen zur Umgestaltung** 152
der Organisation der Stiftung. Beispielsweise erweist sich die vom Stifter vorgesehene Organisation als nicht tragfähig – etwa weil sich die Stiftung anders als erwartet nicht allein durch ehrenamtliche Kräfte führen lässt. Seltener sind solche Organisationsänderungen im Bereich der unternehmensverbundenen Stiftungen (zu diesen siehe im 2. Kapitel). Hier ist die Organisation in Anlehnung an weithin übliche Gestaltungen anderer Rechtsformen für Unternehmungen durch Einsatz eines Vorstandes und eines kontrollierenden Stiftungsrates in der Regel praktikabel gestaltet. Auch in diesen Fällen sollten aller-

dings vor allem die Satzungsregelungen zur Besetzung der Organe flexibel gestaltet sein. Es ist beispielsweise auch hier wenig hilfreich, bestimmte persönliche Eigenschaften der Organmitglieder als zwingende Anforderungen in der Satzung festzuschreiben.

Negatives Formulierungsbeispiel aus der Praxis:

»Ein Stiftungsratsmitglied muss ein langjähriger Mitarbeiter des Familienunternehmens sein«.

153 Findet sich in dem Unternehmen keine – auch fachlich – geeignete Persönlichkeit, so wäre die rein formale Erfüllung der Satzungsregelung sicher ein schlechter Dienst für das Unternehmen. Auf eine entsprechende Satzungsregelung sollte daher möglichst verzichtet werden, jedenfalls aber sollte sie Ausnahmen zulassen. Sie wäre also etwa als **»soll«-Regelung** abzufassen.

154 Ein Sonderfall der Änderung der Stiftungssatzung ist die Änderung des Zwecks der Stiftung (§ 87 BGB). Nach der Genehmigung der Stiftungssatzung durch die Stiftungsbehörde ist die Änderung des Stiftungszwecks grundsätzlich ausgeschlossen. Der Stiftungszweck hat für die Stiftungsorganisation, Vermögensbindung und die tägliche Arbeit der Stiftung grundlegende Bedeutung. Seine **Änderung** darf **daher nur unter besonderen Voraussetzungen zulässig** sein und muss im Einklang mit dem in der Satzung ausdrücklich geäußerten oder mutmaßlichen Willen des Stifters erfolgen. Die Zweckänderung muss entweder in der Stiftungsverfassung ausdrücklich zugelassen werden oder es müssen sich die bei der Errichtung der Stiftung für die Stiftung maßgebenden Verhältnisse wesentlich geändert haben.

Einzelheiten in diesem Bereich sind nicht abschließend geklärt, so dass sich für die Praxis vorsorglich eine **abgestufte Vorgehensweise** empfiehlt:

Praxis-Tipp:

- *Zunächst kann der Stifter den Stiftungszweck – wenn möglich – thematisch weit fassen und ihn auf diese Weise so flexibel gestalten, dass die Stiftungsorgane innerhalb dieses Zwecks zumindest den Schwerpunkt verlagern können.*
- *Überdies kann der Stifter Ersatzzwecke festlegen. Dieser Ansatz ist allerdings etwas zweischneidig, da der Stifter kaum voraussehen kann, welcher Ersatzzweck nach mehreren Jahrzehnten sinnvoll ist.*
- *Schließlich kann der Stifter in der Satzung eine Zweckänderungsklausel aufnehmen, wonach bei wesentlicher Änderung der für die Stiftung maßgebenden Verhältnisse der Zweck der Stiftung geändert werden kann. Dabei wird er zur Erläuterung sinnvollerweise einige denkbare Fälle angeben, in denen **insbesondere** die Zweckänderung zulässig sein soll.*

Nach § 87 I BGB hat überdies die Stiftungsbehörde, falls die Erfüllung des Stiftungszwecks unmöglich geworden oder das Gemeinwohl gefährdet ist, die Möglichkeit, den Zweck der Stiftung zu ändern. Vor einer solchen Änderung soll sie den Vorstand der Stiftung hören. Außerdem hat sie bei der Zweckänderung die Absicht des Stifters tunlichst zu berücksichtigen und insb dafür Sorge zu tragen, dass die Erträge des Stiftungsvermögens dem vom Stifter vorgesehenen Personenkreise erhalten bleiben. 155

E. Die Stiftung im Steuerrecht 659

ÜBERBLICK

E. Die Stiftung im Steuerrecht

Grundsätzlich ist eine Stiftung zu besteuern wie jede sonstige Körperschaft. Eine Stiftung ist schon deshalb kein Steuersparmodell! Rein steuerliche Gründe sollten, wie bereits angesprochen, ohnehin nicht ausschlaggebend für die Wahl einer Stiftungskonstruktion sein. Dafür ist einerseits das Steuerrecht zu schnelllebig und andererseits eine Stiftung zu langfristig angelegt, dennoch sind die möglichen echten oder vermeintlichen steuerlichen Vor- und Nachteile von Stiftungsgestaltungen zweifellos ein ganz wesentliches Thema einer jeden Beratung für ein Stiftungsprojekt. Deutlich zu betonen ist jedoch – und nicht nur für den Unternehmensbereich –, dass bei der Entscheidung über die Wahl einer Stiftungskonstruktion in jedem Einzelfall ein genauer steuerlicher Belastungsvergleich mit anderen denkbaren Gestaltungsformen erstellt werden sollte. Das gilt nach der Reform des Unternehmens- und des Stiftungssteuerrechts ganz besonders. Hier können nur grundsätzliche Aussagen getroffen werden.[1] Die speziellen Steuerfragen der gemeinnützigen Stiftung werden im nächsten Abschnitt, Rn 177 ff behandelt. 156

I. Errichtungsbesteuerung

1. Erbschaftsteuer

Die Übertragung von Vermögenswerten (Zuwendungen zum Grundstockvermögen, Zustiftungen und »Spenden«) auf eine Stiftung ist **schenkungs- bzw erbschaftsteuerpflichtig** (§§ 1 I Nr. 2 und 7 I Nr. 8 ErbStG bzw §§ 1 I Nr. 1 und 3 II 2 Nr. 1 ErbStG), wenn nicht der Sonderfall einer steuerbefreiten Stiftung vorliegt (§ 13 I Nr. 16 b ErbStG). Die Steuer entsteht bei lebzeitig errichteten Stiftungen mit der Zuwendung und bei Stiftungen, die von Todes wegen errichtet werden, mit dem Zeitpunkt der Genehmigung der Stiftung. Da die Stiftung als juristische Person in keinem Verwandtschaftsverhältnis zum Stifter steht, ist grundsätzlich die ungünstige Steuerklasse III anzuwenden. 157

Praxis-Tipp:

Der Steuersatz hängt von dem Wert des übertragenen Vermögens ab. Er ist in der Steuerklasse III gestaffelt von 17 % bis 50 % (früher sogar bis 70 %). 17 % werden erhoben bei steuerpflichtigem Erwerb bis zu einschließlich 52 000 €, 50 % bei steuerpflichtigem Erwerb über 25 565 000 €.

---

1 Ausf. und aktuell Götz NWB F 2, 7533; v. Oertzen Stiftung & Sponsoring, 2/2001, 24 (»Auswirkungen der Unternehmensteuerreform auf inländische Familienstiftungen«); siehe auch Wachter, aaO, 92; Pöllath in Seifart/v. Campenhausen, aaO, 661 mit zahlreicher weiterführender Literatur

158 **Steuerschuldner** sind im Fall der Schenkung die Stiftung als Beschenkte und der Stifter als Schenker sowie im Erbfall die Stiftung als Erbin.

159 Der Steuer unterfällt der Reinerwerb der Stiftung. Anzusetzen ist im Erbfall das **Rohvermögen unter Abzug der Kosten,** die unmittelbar im Zusammenhang mit der Erlangung des Erwerbs durch die Stiftung stehen (zB die Kosten einer notariell zu beurkundenden Grundstücksübertragung oder einer Handelsregisteranmeldung bei der Übertragung eines Kommanditanteils). Bei der Errichtung einer Stiftung von Todes wegen sind außerdem folgende Abzugsposten zu beachten, falls die Stiftung Erbin ist: Nachlassverbindlichkeiten, Verbindlichkeiten des Erblassers, Vermächtnisse, Pflichtteils- und Erbersatzansprüche. Keine den steuerlichen Wert des Stiftungsvermögens mindernde Last ist hingegen die Verpflichtung der Stiftung, das Stiftungsvermögen satzungsgemäß zu verwenden.

2. Einkommensteuer

160 Einkommensteuer fällt bei einer Stiftungserrichtung nur ausnahmsweise an, nämlich nur, wenn die von dem Stifter auf die Stiftung übertragenen Vermögensgegenstände aus einem Betriebsvermögen des Stifters stammen. Die **unentgeltliche Übertragung einzelner Wirtschaftsgüter aus einem Betriebsvermögen** auf eine Stiftung führt als Entnahme im einkommensteuerlichen Sinne grundsätzlich zu einer Besteuerung der in den betreffenden Wirtschaftsgütern enthaltenden stillen Reserven (§ 6 I Nr. 4 EStG; **Achtung:** Dortige Sonderregelung für gemeinnützige Stiftungen beachten).

161 Im Gegensatz dazu sind die **unentgeltliche Übertragung eines Betriebs oder Teilbetriebs** auf eine Stiftung, die Übertragung von Teilen des Privatvermögens des Stifters sowie mangels Entgeltlichkeit auch die unentgeltliche Übertragung von wesentlichen Beteiligungen an Kapitalgesellschaften nicht einkommensteuerpflichtig (§ 6 III 3 EStG: Buchwertprivileg, solange die Steuerverhaftung bestehen bleibt).

3. Sonstige Steuern

162 Da die Stiftungserrichtung in die Vermögenssphäre der Stiftung fällt, löst ihre Vermögensausstattung bei ihr auch **keine Körperschaftsteuer** und **keine Gewerbeertragsteuer** aus.

163 Bei der **Umsatzsteuer** ist zu unterscheiden:

- Die Entnahme von **Vermögensgegenständen** aus einem Einzelunternehmen des Stifters bzw. aus einer Personengesellschaft ist umsatzsteuerpflichtig (§ 3 I b UStG). Die unentgeltliche Lieferung von Vermögensgegenständen einer Körperschaft, an der der Stifter beteiligt ist, an eine Stiftung unterliegt ebenfalls der Umsatzsteuer. Schon deshalb sollte eine Vermögensausstattung einer Stiftung auf diesem Wege möglichst vermieden werden.
- Die Umsätze im Rahmen einer Geschäftsveräußerung hingegen unterliegen nicht der Umsatzsteuer (§ 1 I a UStG). Eine Geschäftsveräußerung

liegt danach vor, wenn ein Unternehmen oder ein in der Gliederung eines Unternehmens gesondert geführter Betrieb im Ganzen entgeltlich oder unentgeltlich (!) übereignet wird. Bei einer unentgeltlichen Übertragung eines Betriebs auf eine Stiftung fällt demnach keine Umsatzsteuer an. Das fördert auch Gestaltungen zur Regelung von Unternehmensnachfolgen durch Stiftungen.

4. Steuervorteile bei der Familienstiftung?

Bei der Erbschafts- und Schenkungssteuer kann uU die Familienstiftung einen Vorteil bieten. Bei ihr richtet sich die Steuerklasse nach dem Verwandtschaftsverhältnis des nach der Stiftungsurkunde entferntest Berechtigten zu dem Stifter (§ 15 II 1 ErbStG). Da sich die Familienstiftung je nach Gegebenheiten im Einzelfall so gestalten lässt, dass als Begünstigte des Stifters nur seine Angehörigen, die unter die günstigeren Erbschaftsteuerklassen I und II fallen, genannt werden, lassen sich hier gegebenenfalls wesentliche steuerliche Vorteile erzielen. Bei einer auf »ewig« angelegten Stiftung, die von vorneherein Generationen von Destinatären aus der Familie unterstützen soll, kann dieser Weg aber ersichtlich nicht beschritten werden. 164

- In die Steuerklasse I fallen der Ehegatte des Stifters, seine Kinder und Stiefkinder sowie die Kinder verstorbener Kinder und Stiefkinder.
- In die Steuerklasse II fallen die Eltern und Voreltern, die Geschwister, die Abkömmlinge ersten Grades von Geschwistern, die Stiefeltern, die Schwiegerkinder, die Schwiegereltern und der geschiedene Ehegatte.

Praxis-Tipp:

Unter die Steuerklasse I fiele eine Stiftung, nach deren Satzung nur der überlebende Ehegatte des Stifters, dessen Kinder und Enkelkinder bezugsberechtigt sein sollen, dh die Stiftung danach aufgehoben werden soll. Es bliebe aber wohl bei der Steuerklasse I, wenn das Fortbestehen der Stiftung nach der zweiten Generation (jeweils) einem besonderen Beschluss der Bezugsberechtigten dieser Generation überlassen bliebe. Diese Generationen wäre dann zunächst nur aufschiebend bedingt bezugsberechtigt, wobei der Eintritt der Bedingung nicht etwa einen besonderen (schenkungsteuerpflichtigen) Erwerb zur Folge hätte.

Hier ist jedoch Vorsicht geboten. Zumindest die Finanzverwaltung von Nordrhein Westfalen folgt dem nicht, sondern stellt auf die potenzielle Berechtigung künftiger Generationen ab, womit die Steuerklasse I nie zutreffen dürfte. Mit dem Gesetzeswortlaut und dem Sinn des Gesetzes scheint uns das indessen nicht vereinbar.

Zu der steuerlichen Streitfrage der Abgrenzung der Familienstiftung sei auf R. 2 ErbStR verwiesen.[2] Dieser Frage muss in der Praxis auch wegen der Erber- 165

2 Ausf. Meincke, 12. Aufl., 1999, § 1 ErbStG, Rn 16 ff; § 15 ErbStG, Rn 22

satzsteuer (§ 1 I Nr. 4 ErbStG, dazu sogleich unter Ziffer V.) eine ganz besondere Aufmerksamkeit gewidmet werden.

II. Auflösungsbesteuerung

166 Wird die Stiftung aufgelöst, fällt ihr Vermögen an die in der Stiftungssatzung bestimmten Personen.

Praxis-Tipp:

Mangels einer einschlägigen Satzungsregelung fällt das Vermögen nach den Stiftungsgesetzen der Länder in der Regel an den Staat. Der Stifter sollte also in der Stiftungssatzung regeln, an wen das Stiftungsvermögen im Fall der Auflösung fällt.

167 Was bei der Aufhebung einer Stiftung erworben wird, gilt als **Schenkung.** Einen steuerlichen Vorteil für Familienstiftungen gibt hier § 15 II 2 ErbStG. Danach hat im Fall der Aufhebung einer Familienstiftung ein Erwerber den Vermögensanfall so zu versteuern, als habe er ihn vom Stifter und nicht von der Stiftung erhalten. Ohne diese Sonderregelung ist der Vermögensanfall als von der Stiftung kommend immer nach Steuerklasse III zu versteuern.

Praxis-Tipp:

- *Schenker ist dabei nach der Rechtsprechung des BFH[3] entgegen der bis dahin allgemeinen Ansicht die Stiftung und nicht der Stifter, deshalb soll bei einem Vermögensrückfall an den Stifter selbst anders als bisher keine Steuerfreiheit eintreten, sondern die ungünstige Steuerklasse III Anwendung finden. Nach Ansicht des BFH erschöpft sich die Sonderregelung des § 15 II ErbStG für Familienstiftungen nämlich in der Bestimmung der maßgeblichen Steuerklasse und trifft keine Aussage über die Person des Zuwendenden.*
- *Das ist mit dem eindeutigen Wortlaut der Vorschrift und deren Entstehungsgeschichte nicht vereinbar.[4] Es bleibt abzuwarten, ob der BFH, der zu diesen Punkten, weil ihm ein spezifischer Sachverhalt vorlag, ausdrücklich »keine abschließende Aussage« getroffen hat, an seiner (vorläufigen) Auffassung festhalten wird. Bis auf weiteres bleibt innerhalb der Familie, um negative steuerrechtliche Auswirkungen zu vermeiden, jedenfalls nur die Möglichkeit, den Vermögensrückfall an den Stifter auszuschließen und Abkömmlinge des Stifters als Anfallsberechtigte einzusetzen.*

3 BFH BStBl II 1993, 238 ff

4 Kritisch dazu Meincke, 12. Aufl. 1999, § 15 ErbStG Rn 24; Binz/Sorg, DStR 1994, 229

III. Die laufenden Steuern

Welche Steuern laufend bei der Stiftung anfallen, soll hier an dem Beispiel der Stiftung & Co. KG verdeutlicht werden, deren Komplementärin eine Familienstiftung ist.

Als Personengesellschaft im Sinne des Einkommensteuergesetzes hat die Stiftung & Co. die **Möglichkeit der unmittelbaren Verlustverrechnung** und der Inanspruchnahme aller weiteren Steuervorteile einer Personengesellschaft. Im Vergleich zur GmbH & Co. KG bietet die Stiftung & Co. KG aber noch zusätzliche Vorteile bei der laufenden Besteuerung. 168

Die Tätigkeit der GmbH & Co. KG als gewerblich geprägte Personengesellschaft gilt unabhängig von der Art ihrer Tätigkeit als Gewerbebetrieb im Sinne des Steuerrechts. Die Tätigkeit einer Stiftung & Co. KG dagegen ist **nur dann als Gewerbebetrieb einzustufen, wenn** sie tatsächlich die betreffenden steuerrechtlichen Voraussetzungen für eine gewerbliche Tätigkeit erfüllt. Nur dann ist sie auch gewerbesteuerpflichtig. Sie ist deshalb die einzige Rechtsform, die eine gewerbesteuerfreie Vermögensverwaltung oder eine gewerbesteuerfreie Vermietungs- und Verpachtungstätigkeit unter Ausschluss der unbeschränkten Haftung ermöglicht. Auch die Beteiligung der Stiftung selbst an der Kommanditgesellschaft, die kein Gewerbe betreibt, kann zu keiner Gewerbesteuerpflicht führen, da anderenfalls die Stiftung ausschließlich aufgrund ihrer Beteiligung an der Kommanditgesellschaft gewerbesteuerpflichtig wäre, obwohl die Stiftung & Co. selbst nicht gewerbesteuerpflichtig ist. 169

Auch bei der Stiftung & Co. KG unterliegt die Stiftung selbst mit ihren Einkünften – wie die GmbH bei der GmbH & Co. KG – der **Körperschaftssteuer.** Rechtsfähige wie nicht rechtsfähige Stiftungen sind mit ihren Einkünften unbeschränkt steuerpflichtig. Der Steuersatz beträgt ab 2001 25 % (§ 23 I KStG). Die satzungsmäßigen Leistungen der Familienstiftung an die Destinatäre mindern das steuerpflichtige Einkommen der Stiftung nicht (§ 10 Nr. 1 KStG). 170

Die satzungsmäßigen Zuwendungen aus dem Vermögen von Stiftungen fallen bei den **Bedachten/Destinatären** zwar unentgeltlich, aber dennoch **schenkungssteuerfrei** zu, da sie zur Erfüllung des Stiftungszwecks, aber nicht um der Bereicherung des Bedachten willen geleistet werden. Die Einkünfte unterliegen jedoch bei den Destinatären dem neuen sog Halbeinkünfteverfahren (§ 3 Nr. 40 EStG), was zusammen mit der Körperschaftsteuerbelastung der Stiftung zu einer höheren Gesamtsteuerbelastung führen kann. 171

Es ist **umstritten,** ob die Besteuerung im Rahmen des Halbeinkünfteverfahrens nach dem neuen § 20 I Nr. 9 EStG (Einkünfte aus Kapitalvermögen)[5] oder nach dem Auffangtatbestand[6] des § 22 Nr. 1 S 2 Hs 2 EStG[7] erfolgt. Letztere Auffassung führt dazu, dass keine Kapitalertragsteuer anfällt. Gerade 172

5 Wachter, aaO, 112
6 Vgl § 22 Nr. 1, S 1 EStG
7 Schauhoff in Schaumburg/Rödder (Hrsg.), Unternehmensteuerreform 2001, 2000, 299, 315, der § 22 Nr. 1 S 2 EStG trotz § 22 Nr. 1 S 1 EStG (!) als lex specialis sehen will.

weil der Gesetzgeber den § 20 I Nr. 9 EStG neu eingeführt hat, sollte dieser Tatbestand greifen. Er ist lex specialis. Eine vermittelnde Meinung will danach differenzieren, ob der betreffende Destinatär einen Anspruch auf die Leistung der Stiftung hat oder nicht.[8] Diese Unterscheidung erscheint wenig hilfreich, denn typischerweise haben die Destinatäre gerade keinen Anspruch gegenüber der Stiftung auf deren Leistung. Die Neuregelung des Gesetzgebers wäre also, wenn man der vermittelnden Ansicht folgte, genau genommen überflüssig. Der Gesetzgeber hätte es einfach bei der Geltung des § 22 Nr. 1 S 2 Hs 2 EStG belassen können. Das hat er nicht getan, mithin ist § 20 I Nr. 9 EStG anwendbar – und zwar erst ab 1. 1. 2002.[9]

Praxis-Tipp:

Der hier vertretenen Auffassung hat sich (informell) eine OFD in einem ersten Fall aus der Praxis des Verfassers angeschlossen.

Diese Streitfrage ist noch nicht ausdiskutiert! Es ist deshalb die weitere Entwicklung der Diskussion abzuwarten, denn der Gegenmeinung zu der hier vertretenen ist immerhin zuzugeben, dass die hier in Frage stehenden Einkünfte keine typischen Einkünfte aus Kapitalvermögen sind, wie sie § 20 EStG ansonsten regelt.

Das ist jedoch ein systematisches Argument, das angesichts des bereits oben angesprochenen »Steuerchaos«[10] nur relativ leicht wiegt.

IV. Besteuerung von Zustiftungen

173 Durch nachträgliche Zuwendungen (Zustiftungen) kann das Stiftungsvermögen erhöht werden. Zustiftungen werden steuerrechtlich wie gewöhnliche **Schenkungen** oder als Erwerb von Todes wegen behandelt. Sie fallen also unter die **ungünstigste Steuerklasse III.** Das bedeutet in der Regel erhebliche Steuerbelastungen.

Praxis-Tipp:

Die bei der Errichtung einer Familienstiftung geltende steuerrechtliche Vergünstigung findet bei Zustiftungen keine Anwendung. Hat allerdings der Stifter im Stiftungsgeschäft die hinreichend konkretisierte Verpflichtung zu weiteren Zuwendungen (Zustiftungen) an die Stiftung übernommen, so soll es sich bei der Erfüllung dieser Verpflichtung noch um einen einheitlichen (ersten) Erwerbsvorgang handeln.[11] Dadurch kann sich die Einordnung in eine günstigere Steuerklasse ergeben. Hier besteht also gegebenenfalls Gestaltungsspielraum.

8 Orth DStR 2001, 325, 333
9 Orth DStR 2001, 325, 331; Wachter, aaO, 111
10 Siehe Rn 12 a E
11 Siehe Meincke, 12. Aufl. 1999, § 7 ErbStG Rn 112

Körperschaftsteuerrechtlich dürften Zustiftungen, die als Vermögensmehrungen schlechthin keiner der sieben Einkunftsarten des Einkommensteuergesetzes zugeordnet werden können, nicht als Einkünfte aus Gewerbebetrieb behandelt werden, d. h. es fällt **keine Körperschaftsteuer** an. 174

V. Die Erbersatzsteuer bei der Familienstiftung

Der Gesetzgeber hat sich im Jahre 1974 entschieden, dem eventuellen Vorteil der günstigen Steuerklasse bei der Familienstiftung als Nachteil die Erbersatzsteuer nach § 1 I Nr. 4 ErbStG[12] gegenüberzustellen, die erstmals zum 1. 1. 1984 angefallen ist. Nachdem in der rechtswissenschaftlichen Diskussion heftig über die Verfassungsmäßigkeit der Erbersatzsteuer gestritten worden ist, hat das Bundesverfassungsgericht im Jahre 1983 die Verfassungsmäßigkeit ausdrücklich bejaht. 175

Die Erbersatzsteuer fällt **alle 30 Jahre** an, wobei das Gesetz zwei selbständig zu besteuernde Vermögensteile fingiert. Im Ergebnis führt das zu einer Steuerbelastung der Stiftung wie sie anfallen würde, wenn der Nachlass alle 30 Jahre auf zwei natürliche Personen der Steuerklasse I verteilt würde (§ 15 II 3 ErbStG). So räumt das Gesetz auch einen Freibetrag in Höhe von DM 800 000 ein. Die Last der Erbersatzsteuer ist im Übrigen tatsächlich auch dadurch verringert, dass die Steuer bei einer Verzinsung von 5,5 % pro Jahr in 30 gleichen Jahresbeträgen entrichtet werden kann (§ 24 ErbStG). Die Gesamtbelastung entspricht in etwa der bisherigen Vermögensteuer. 176

Praxis-Tipp:

Die Erbersatzsteuer trifft nur Familienstiftungen, die ihren Sitz oder den Ort der Geschäftsleitung im Inland haben. Hier müssen Strategien zur Vermeidung dieser Steuer ansetzen.
Da die Abgrenzung der Familienstiftung für das Steuerrecht nach wie vor stark umstritten ist und die Finanzverwaltung eine sehr weite Auffassung vertritt, bietet die Gründung einer Stiftung im Ausland möglicherweise einen Erfolg versprechenden Ansatz. Auch hier kann die Situation aber wegen eines etwaig im Inland liegenden Ortes der Geschäftsleitung steuerrechtlich problematisch werden (siehe nachfolgend unter Rn 238).

12 Ausf. Pöllath in Seifart/v. Campenhausen, 429

F. Steuerbefreiung von Stiftungen – Das neue Stiftungssteuerrecht 669

ÜBERBLICK

F. Steuerbefreite Stiftungen – Das neue Stiftungssteuerrecht –

Die wesentliche Frage ist hier zunächst, wie weit die Steuerbefreiung der gemeinnützigen Stiftung reicht. Die Steuerbefreiung richtet sich jeweils nach den einzelnen Steuergesetzen, die für die Steuerfreiheit die Gemeinnützigkeit im Sinne der Abgabenordnung fordern. Der Gesetzgeber hat hier jüngst mit dem neuen Stiftungssteuerrecht wesentliche Verbesserungen normiert. 177

I. Grundlagen[1]

Die gemeinnützige Stiftung ist bei ihrer **Errichtung** und auch bei **Zustiftungen** von der **Erbschafts- und Schenkungsteuer** befreit. Die Vermögensausstattung der gemeinnützigen Stiftung erfolgt also steuerfrei. Die gemeinnützige Stiftung ist zudem als solche, dh nicht in ihrem etwaigen wirtschaftlichen Geschäftsbetrieb, auf den später noch näher einzugehen ist, in ihrem **laufenden Betrieb** von der **Gewerbesteuer** und der **Körperschaftssteuer** befreit, sie unterliegt also nicht der Ertragsbesteuerung. 178

In bestimmten Fällen ist die gemeinnützige Stiftung schließlich auch von der **Umsatzsteuer** befreit. So ist sie unter bestimmten Voraussetzungen bei Umsätzen, die mit dem Betrieb von Krankenhäusern eng verbunden sind, nicht mit Umsatzsteuer belastet. 179

Entsprechendes gilt auch für gemeinnützige Stiftungen, die einem Wohlfahrtsverband als Mitglied angeschlossen sind. Im Übrigen beträgt für Leistungen gemeinnütziger Stiftungen, die nicht im Rahmen eines wirtschaftlichen Geschäftsbetriebs (näher dazu sogleich) ausgeführt werden, der Steuersatz nicht 16 %, sondern nur 7 %. Regelmäßig wird sie aber gar keine Umsätze im Sinne des Steuerrechts tätigen.

Wird eine gemeinnützige **Stiftung** wider Erwarten **aufgelöst,** so fallen allerdings Erbschaft- und Schenkungsteuer nur dann nicht an, wenn der Empfänger des durch Auflösung der Stiftung frei gewordenen Vermögens – etwa wegen Gemeinnützigkeit – ebenfalls steuerbefreit ist. Etwaige Veräußerungsgewinne im Fall der Auflösung der Stiftung sind, nur soweit sie ein gewerbliches Betriebsvermögen der Stiftung betreffen, steuerpflichtig. 180

1 Ausf. und aktuell Wachter, aaO, 76; siehe auch schon in Abschnitt B. Rn 36 ff dieses Kapitels; zur Auswirkung der Unternehmensteuerreform auf steuerbefreite Stiftungen siehe etwa Orth DStR 2001, 325, Schindler DB 2001, 448; Tönies Stiftung & Sponsoring, 2/2001, 28

II. Das neue Stiftungssteuerrecht[2]

181 Das sog »Gesetz zur weiteren steuerlichen Förderung von Stiftungen«[3] ist am 26. 7. 2000 verkündet worden. Es findet bereits ab dem Veranlagungszeitraum 2000 Anwendung und hat erhebliche Vergünstigungen gebracht, deshalb ist es hier etwas ausführlicher zu betrachten.

182 Im Gemeinnützigkeitssektor sind gegenwärtig vor allem Stiftungen im Fokus der Betrachtungen. Der Staat kann offensichtlich nur noch eingeschränkt Mittel für die Bereiche Soziales und Kulturelles zur Verfügung stellen.[4] Neue Stiftungen sollen das vor dem Hintergrund zunehmender Millionenvermögen zumindest teilweise ausgleichen. Kernpunkte des neuen Gesetzes sind

- die Erhöhung des Spendenabzugs für Zuwendungen an Stiftungen und
- Verbesserungen hinsichtlich der Möglichkeit der Rücklagenbildung, die auf alle gemeinnützigen Körperschaften Anwendung finden.

Bei den Neuerungen, die das »Gesetz zur weiteren steuerlichen Förderung von Stiftungen« bringt, ist zwischen den alle gemeinnützige Körperschaften betreffenden Regelungen und den steuerlichen Regelungen nur für Stiftungen zu unterscheiden.

1. Neuerungen für alle gemeinnützigen Körperschaften

183 Hier ist auf drei für die Praxis wesentliche Punkte hinzuweisen:

- Die zeitnahe Mittelverwendung (§ 55 I Nr. 5 AO)
- Die Zuführung von Mitteln zum Vermögen (§ 58 Nr. 11 AO)
- Die erweiterte Möglichkeit zur Rücklagenbildung (§ 58 Nr. 7 a AO)

a. Zeitnahe Mittelverwendung

184 Nach § 55 I Nr. 5 AO müssen Körperschaften ihre Mittel grundsätzlich zeitnah für die satzungsmäßigen Zwecke verwenden. Zeitnah ist eine Mittelverwendung nach der nun im Gesetz enthaltenen Definition (§ 55 I Nr. 5 S 3 AO), wenn die Mittel »spätestens in dem auf den Zufluss folgenden Kalender- oder Wirtschaftsjahr für die steuerbegünstigten satzungsmäßigen Zwecke verwendet werden«. Diese neue gesetzliche Definition stimmt wörtlich mit Nr. 9 und

2 Dieser Abschnitt geht zurück auf einen Vortrag des Verfassers am 28. 11. 2000 vor dem Arbeitskreis Stiftungssteuerrecht des Bundesverbandes Deutscher Stiftungen (Vorsitz: Prof. Dr. Hüttemann) – auch an dieser Stelle sei für die dortige anregende Diskussion gedankt – und auf einen anschließenden Aufsatz mit RA Swoboda StuB 2001, 317

3 Gesetz v. 14. 7. 2000, BGBl I 2000, 1034; Überblick: StuB 2000, 837

4 Siehe etwa: Die Zeit, Ausgabe 23/2000 – »Zuflucht zu den Spendern«; Wirtschaftswoche 17/2001, 190

10 zu § 55 I Nr. 1 AO des Anwendungserlasses zur Abgabenordnung (AEAO) überein. Sie hat damit letztlich nur klarstellende Bedeutung.[5]

b. Zuführung von Mitteln zum Vermögen

Auch die nunmehr in § 58 Nr. 11 AO gesetzlich geregelten Ausnahmen von der Pflicht zeitnaher Mittelverwendung (Mittelzuführung zum Vermögen ohne Ausschluss der Steuervergünstigung), die weitestgehend den bisherigen Bestimmungen der Nr. 10 a bis d zu § 55 Nr. 1 AO des AEAO entsprechen, haben »nur« klarstellende Bedeutung. Eine wesentliche Abweichung vom Wortlaut des AEAO in Nr. 10 b zu § 55 Nr. 1 AO ist aber in § 58 Nr. 11 c AO festzustellen. 185

Nach der gesetzlichen Vorschrift muss es sich um einen Spendenaufruf einer »Körperschaft« handeln. Es fragt sich, ob Spendenaufrufe Dritter nun anders zu bewerten sein sollen.[6] Nach der hier vertretenen Auffassung kann es nach dem Sinn des Gesetzes weniger auf die Person des Aufrufenden ankommen, als auf die aus dem Aufruf hervorgehende Erklärung, dass die Beträge als Zuwendung zum Kapital der betreffenden Körperschaft gedacht sind. Dafür spricht auch die Nähe zur Regelung des § 58 Nr. 11 b AO. 186

Praxis-Tipp:

In der Praxis lassen sich Probleme hier wohl leicht dadurch vermeiden, dass der Dritte im Namen der Körperschaft für diese aufruft.

Ungeklärt ist bisher, ob die Aufzählung in § 58 Nr. 11 AO zu den Möglichkeiten der Mittelzuführung zum Vermögen ohne Ausschluss der Steuervergünstigung als abschließende Regelung anzusehen ist.[7] Gegen die Annahme einer abschließenden Aufzählung spricht, dass es nach allgemeinen Rechtsgrundsätzen allein Sache des Zuwendenden ist, die Art und Weise der Verwendung seiner Zuwendung bei der Empfangskörperschaft festzuschreiben. Ein solches Verständnis der Vorschrift nähme aber der sehr konkreten Aufzählung des § 58 Nr. 11 AO nicht nur jegliche Bedeutung, er widerspräche auch der um Rechtssicherheit bemühten Intention des Gesetzgebers. Schließlich spricht auch der deutliche Wortlaut der Vorschrift (»folgende Mittel...«) gegen eine – aus der Sicht der Praxis sicherlich angenehme – nur beispielhafte Aufzählung des § 58 Nr. 11 AO. 187

5 So auch Crezelius/Rawert ZEV 2000, 427; Herfurth/Dehesselles INF 2000, 554
6 Hüttemann DB 2000, 1584, 1585
7 Dagegen: Hüttemann DB 2000, 1584, 1585; dafür: Myßen NWB F 2, 7429, 7431

c. Erweiterte Möglichkeit zur Rücklagenbildung

188 Nachgekommen ist der Gesetzgeber der seit langem im Interesse einer gesicherten Kapitalausstattung erhobenen Forderung, die Möglichkeiten der Rücklagenbildung zu erweitern. Während nach der alten Gesetzeslage 1/4 der Überschüsse der Einnahmen über die »Unkosten« aus der Vermögensverwaltung thesauriert werden durften, sind es nun 1/3. Darüber hinaus ist es nunmehr steuerlich unschädlich, wenn eine gemeinnützige Körperschaft höchstens 10 vom Hundert ihrer »sonstigen« nach § 55 I Nr. 5 AO zeitnah zu verwendenden Mittel einer freien Rücklage zuführt. Dazu zählen Überschüsse aus Zweckbetrieben (§§ 65, 66, 67 a, 68 AO), aus steuerpflichtigen wirtschaftlichen Geschäftsbetrieben (§§ 64, 67 a AO) sowie Spenden und Beiträge. Diese 10 %-Regelung ist als Ausgleich für diejenigen gemeinnützigen Körperschaften zu sehen, die mangels besonderer Einkünfte aus Vermögensverwaltung von dem ersten Teil der Neuregelung des § 58 Nr. 7 a AO keine Vorteile erfahren.[8] Dazu gehören insb Körperschaften mit Zweckvermögen und wirtschaftlichen Geschäftsbetrieben sowie Spendensammelkörperschaften.

189 Als Bemessungsgrundlage für die neue 10 %-Regelung ist trotz des Verweises auf die »sonstigen Mittel« nach § 55 I Nr. 5 AO und des dort gebrauchten Begriffs des »Zuflusses«, der die Annahme einer Bruttogröße zuließe, nur der bereinigte Nettobetrag heranzuziehen. Dafür spricht neben dem Sinnzusammenhang mit der 1/3-Regelung und der dortigen Bezugsgröße »Überschuss«, der Sinn einer Rücklage. Ein Rücklage kann nur aus Überschüssen gebildet werden. Bei der Bemessung der 10 %-Rücklage dürfen im übrigen die Überschüsse aus der Vermögensverwaltung nicht mit einbezogen werden. Dafür spricht die vom Gesetzgeber in § 58 Nr. 7 a AO gewählte Formulierung »darüber hinaus«.

Praxis-Tipp:

Festzuhalten bleibt für die Praxis, dass aufgrund der verschiedenen Bemessungsgrundlagen Überschüsse aus der Vermögensverwaltung buchhalterisch gesondert erfasst werden sollten.

190 Von wesentlicher Bedeutung für die Praxis ist das Verhältnis von § 58 Nr. 7 a AO und § 58 Nr. 6 AO. Durch die Erweiterung der Möglichkeit zur Bildung freier Rücklagen kann es dazu kommen, dass der Überschuss der Einnahmen über die Ausgaben in einem Veranlagungszeitraum nicht ausreicht, um Rücklagen zu dotieren.

Praxis-Tipp:

Da die Rücklagenbildung nicht zwingend ist, kann mit der Auflösung vorhandener Rücklagen gemäß § 58 Nr. 6 AO und einer Umschichtung reagiert werden.

8 Hüttemann DB 2000, 1584, 1585

2. Neuerungen nur für gemeinnützige Stiftungen

Schwerpunkt des neuen Gesetzes ist die Förderung gemeinnütziger Stiftungen. 191
Hier ist zwischen Vorteilen unmittelbar für Stiftungen und solchen für Stifter, die sich mittelbar für die Stiftungen positiv auswirken, zu differenzieren.

a. Mittelthesaurierung

Als besondere Ausnahme zum Verbot der Mittelansammlung ist es Stiftungen 192
nach dem neuen § 58 Nr. 12 AO gestattet, im Jahr ihrer Errichtung und in den zwei folgenden Kalenderjahren Überschüsse aus der Vermögensverwaltung, sowie Gewinne aus wirtschaftlichen Geschäftsbetrieben (§ 14 AO) ganz oder teilweise ihrem Vermögen zuzuführen. Nicht erfasst von der Regelung werden damit Spenden oder sonstige Zuwendungen, die nur unter den Voraussetzungen des § 58 Nr. 11 AO dem Vermögen zugeführt werden dürfen.

Praxis-Tipp:

Diese zu begrüßende erweiterte steuerliche (!) Möglichkeit der Thesaurierung darf in der Praxis indessen nicht den Blick auf das Stiftungszivilrecht verstellen, denn das Steuerrecht geht nicht etwa dem Zivilrecht vor. Eine der neuen steuerrechtlichen Regelung entsprechende Rücklagenbildung ist nur bei entsprechendem Stifterwillen stiftungszivilrechtlich zulässig. In der Beratungspraxis wird dies durch entsprechende Hinweise zur Satzungsgestaltung zu berücksichtigen sein.

b. Erweiterter Zuwendungsabzug und Errichtungsdotation

Die bedeutendsten Veränderungen bringt das Stiftungsförderungsgesetz aus 193
Sicht der (potentiellen) Stifter durch die in § 10 b I 3 und § 10 b I a EStG eingeführten einkommensunabhängigen und kumulativ anwendbaren jährlichen Höchstbeträge über 20 450 € (laufende Zuwendung) und 307 000 € (Errichtungsdotation). Beide Neuregelungen sind entgegen der bisherigen Systematik des Spendenrechts beschränkt auf Zuwendungen an Stiftungen des öffentlichen Rechts (einschließlich kirchlicher Stiftungen[9]) und an nach § 5 I Nr. 9 des Körperschaftsteuergesetzes steuerbefreite Stiftungen des privaten Rechts. Nicht erfasst sind andere steuerbefreite Körperschaften – etwa in der Rechtsform des eingetragenen Vereins oder der GmbH.[10]

Praxis-Tipp:

Während es damit bisher lediglich auf das Vorliegen der Gemeinnützigkeit ankam, ist nunmehr im Rahmen der Beratungspraxis auf die besondere Förderungswürdigkeit bei Verfolgung begünstigter Zwecke durch eine Stiftung hinzuweisen. Es ist zu erwarten, dass die gesetzlichen Neuerungen erheblichen Einfluss auf die Gestaltungsentscheidungen am Spendenabzug interessierter Spender haben wird.

---

9 AA ohne Begründung Schindler BB 2000, 2077, 2078
10 Lex DStR 2000, 1933, 1941

aa. Verfassungsrechtliche Bedenken?

194 Der Entscheidung des Gesetzgebers, eine rechtsformspezifische Privilegierung durch das Stiftungsförderungsgesetz in dieser Form vorzunehmen, sind von verschiedenen Seiten unter Hinweis auf den Gleichbehandlungsgrundsatz verfassungsrechtliche Bedenken entgegengesetzt worden.[11] Bei näherer Betrachtung ist hier eine Differenzierung zwischen selbständigen und unselbständigen Stiftungen geboten.

195 Zumindest die Annahme einer gegen Art. 3 I GG verstoßenden rechtsformspezifischen Privilegierung kann im Hinblick auf die Gruppe der selbständigen Stiftungen einer genaueren Überprüfung nicht standhalten. »Rechtsfähige Stiftungen« werden erst dann als solche genehmigt, wenn sichergestellt ist, dass die dauernde und nachhaltige Erfüllung des Stiftungszwecks durch die Erträge des Vermögens gewährleistet ist,[12] denn eine Stiftung hat ja keine Gesellschafter/Mitglieder. Die Ausstattung einer rechtsfähigen Stiftung mit einem ausreichendem Grundstock an Kapital ist mithin im Vergleich zu anderen gemeinnützigen Körperschaften, die sich insb aus dem Kreis ihrer Mitglieder/Gesellschafter Mittel verschaffen können, ungleich wichtiger. Schon darin liegt ein die »Bevorzugung« der Rechtsform Stiftung sachlich rechtfertigender Grund.

196 Die dauernde staatliche Rechtsaufsicht über die Einhaltung der gesetzlichen Vorschriften und der den Stifterwillen zum Ausdruck bringenden Stiftungssatzung mit der daraus resultierenden dauerhaften Zweckverwirklichung rechtfertigen zusätzlich die dargelegte steuerliche Sonderbehandlung rechtsfähiger Stiftungen.

197 Mangels Übertragbarkeit der vorangegangenen Überlegungen auf die unselbständigen (treuhänderischen) Stiftungen ist allerdings deren rechtsspezifische Privilegierung durch das neue Gesetz durchaus kritisch zu beurteilen. Angesichts der klaren Formulierung und der dem Gesetzeswortlaut folgenden Praxis der Finanzverwaltung[13] genießen betroffene Stifter indessen jedenfalls Vertrauensschutz.

bb. Sonderabzug

198 Nach der neuen Regelung sind Zuwendungen an besagte Stiftungen zur Förderung steuerbegünstigter Zwecke iS der §§ 52–54 der AO mit Ausnahme der Zwecke, die nach § 52 II Nr. 4 AO gemeinnützig sind, zusätzlich bis zur Höhe von 20 450 € abziehbar (§ 10 b I S 3 EStG). Für die Praxis sind hier vor allem vier Punkte wesentlich:

➢ Der Sonderausgabenabzugtatbestand ist auch in das KStG (§ 9 I Nr. 2 S 3) und das GewStG (§ 9 V Nr. 3) aufgenommen worden, so dass der Spenden-

11 Lex DStR 2000, 1939, 1941; Hüttemann DB 2000, S 1584, 1592; Crezelius/Rawert ZEV 2000, 421, 425; zu der Verfassungsrechtlichen Frage (Art. 6, Abs. 1 GG), ob zusammenveranlagten Ehegatten die neuen Steuervorteile ggf jeweils und nicht nur insgesamt einmal zustehen: Kröger DStR 2001, 426 ff

12 Vgl dazu § 4 I b StiftG NW

13 Siehe auch Schreiben des Bundesministers der Finanzen v. 21. 3. 2000 (IV C 6 – S 0171 – 54/00), wonach auch nicht rechtsfähige/unselbständige Stiftungen von den Regelungen erfasst sind; dazu Schindler BB 2000, 2077, 2078

abzug auch im Rahmen der Körperschaftsteuer und der Gewerbesteuer geltend gemacht werden kann.

➢ Der neue Sonderausgabenabzug tritt, wie die Gesetzesformulierung (»darüber hinaus«) zeigt, neben die bisher geltenden jährlichen Höchstgrenzen des § 10 b I S 1 und 2 EStG.[14] Zwar ließe sich eine andere Auslegung durch die Betonung auf die Formulierung »bis zur Höhe von 20 450 €« und nicht auf die Worte »darüber hinaus« begründen.[15] Sie nähme der Vorschrift aber jegliche betragsmäßige Bedeutung und widerspräche ersichtlich der klaren Intention des Gesetzgebers. Das gleiche gilt auch für das Verhältnis des neuen § 10 b I S 3 EStG zu der in S 4 normierten Großspendenregelung. Die Neuregelung tritt auch kumulativ neben die Großspendenregelung.

➢ Ungeklärt ist noch das Verhältnis des neuen Sonderabzugbetrages zu den Regelungen des § 58 Nr. 1 und 2 AO. Hier droht der Praxis erhebliche Rechtsunsicherheit.

§ 58 Nr. 1 und 2 AO normieren die Zulässigkeit der Beschaffung von Mitteln zur Verwirklichung und die Weitergabe von Mitteln zu steuerbegünstigten Zwecken. Bei wortwörtlicher Anwendung der neuen Regelung des § 10 b I S 3 EStG blieben auch mittelbar verwendete Zuwendungen, zB im Rahmen sog Förderstiftungen, abzugsfähig. Nach § 10 b I S 3 EStG sind Zuwendungen für Zwecke im Sinne der §§ 52 bis 54 der Abgabenordnung mit Ausnahme der Zwecke, die nach § 52 II Nr. 4 der Abgabenordnung gemeinnützig sind, »... bis zur Höhe von 20 450 €... abziehbar«. Eine Beschränkung auf eine unmittelbare Zweckverwirklichung durch Stiftungen ist aus dieser Formulierung nicht ableitbar. Dass der Gesetzgeber, wie allerdings diskutiert wurde, etwa Förderstiftungen nicht in den Anwendungsbereich des § 10 b I S 3 EStG mit einbeziehen wollte, ergibt sich auch nicht der Gesetzesbegründung,[16] wonach »die Verbesserung der Rahmenbedingungen und die Arbeit gemeinnütziger Stiftungen« insgesamt bezweckt sind. Indem das Gesetz nur von »Zuwendungen an Stiftungen« spricht, hat der Gesetzgeber es der Stiftung selbst überlassen, ob sie ihre steuerbegünstigten Zwecke mittelbar oder unmittelbar verwirklicht. Deshalb kann nach der hier vertretenen Auffassung die Zulässigkeit auch nicht an den für sog Kettenschenkungen vom Bundesfinanzgericht aufgestellten Kriterien gemessen werden.[17] Gegen eine Beschränkung der Vorschrift auf die unmittelbare Zweckverwirklichung durch eine Stiftung spricht auch, dass eine solche Beschränkung leicht im Wege der Durchleitung von Zuwendungen durch eine Stiftung umgangen werden könnte.[18] Gerade in Kenntnis dieser Möglichkeit[19] und damit sehenden Auges hat der Gesetz-

14 Hütteman DB 2000, 1584, 1588
15 Vgl Lex, DStR 2000, 1939, 1940
16 BT-Ds 14/2340, 1
17 Siehe aber den Vorschlag von Crezelius/Rawert ZEV 2000, 421, 426 (Fn 66)
18 Siehe Hüttemann, DB 2000, 1584, 1588
19 Auf die im Rahmen des Gesetzgebungsverfahrens vorgebrachte Bedenken durch den Bundesverband Deutsche Stiftungen gegenüber verschiedenen Parlamentarier weisen Rawert/Crezelius ZEV 2000, 421, 425 hin

geber von einer weiteren Regelung zur Form der Zweckverwirklichung abgesehen.

➢ Keine Vereinfachung hat die neue Regelung hinsichtlich des Kreises der begünstigten Stiftungszwecke gebracht. Durch die Verweisung auf § 5 I Nr. 9 KStG ist zwar einerseits die in § 10 b I S 1 EStG normierte Beschränkung auf besonders förderungswürdig anerkannte gemeinnützige Zwecke entfallen. Andererseits sind durch die Ausklammerung der in § 52 II Nr. 4 AO festgelegten Zwecke (sog Freizeitzwecke) von § 10 b I S 1 EStG abweichende Einschränkungen vorgenommen worden, so dass von einer eigenständigen Definition der spendenbegünstigten Stiftungszwecke durch § 10 b I S 3 EStG gesprochen werden kann. Eine grundlegende, an Verfassungsmaßstäben orientierte Überarbeitung der förderungswürdigen Zwecke, verbunden mit einer Vereinheitlichung des in der Abgabenordnung kodifizierten Gemeinnützigkeitsrecht und dem Spendenrecht hätte eine insgesamt sinnvollere Lösung dargestellt. Das nunmehr die Rechtsanwendung komplizierende Vorliegen unterschiedlicher Voraussetzungen für die steuerliche Begünstigung in den §§ 10 b I S 1 und 2, 10 b I S 3 und in § 10 b I a EStG vermag nicht zu überzeugen.

cc. *Errichtungsdotation*

199 Die weitestgehende Neuerung im Rahmen des Stiftungsförderungsgesetzes besteht in der Einführung des § 10 b I a EStG. Nach der erst im Vermittlungsverfahren in das Gesetz mit aufgenommenen Regelung[20] können

»Zuwendungen im Sinne des Absatzes 1, die anlässlich der Neugründung in den Vermögensstock einer Stiftung des öffentlichen Rechts oder einer nach § 5 I Nr. 9 KStG steuerbefreiten Stiftung des privaten Rechts geleistet werden, im Jahr der Zuwendung und in den folgenden neun Veranlagungszeiträumen nach Antrag des Steuerpflichtigen bis zu einem Betrag von 307 000 € den als Sonderausgaben im Sinne des Absatzes 1 zu berücksichtigenden Zuwendungen und über den nach Absatz 1 zulässigen Umfang hinaus abgezogen werden.«

200 Im Gegensatz zu § 10 b I EStG regelt § 10 b I a EStG ausdrücklich (»neben«) die kumulative Anwendbarkeit neben dem Sonderausgabenabzug. Bei Zusammenveranlagungen wird der Betrag nicht verdoppelt (§ 26 EStG).

201 Die Regelung zur Errichtungsdotation trägt der Erkenntnis Rechnung, dass allein durch die Einführung des neuen Abzugtatbestandes in Höhe von 20 450 € einer neuen Stiftungsoffensive keine ausreichenden Impulse verliehen worden wären.[21] Dagegen verbessert der an die Gründungsdotation gebundene Höchstbetrag die steuerlichen Abzugsmöglichkeiten ganz erheblich.[22] Das Fehlen einer entsprechenden Regelung im Körperschaftsteuerge-

20 So Hendricks, Parlamentarische Staatssekretärin beim Bundesminister der Finanzen, Stiftung & Sponsoring 5/2000, 3

21 Siehe Hüttemann (»Das neue Stiftungsrecht motiviert keine Mäzene«) Handelsblatt vom 8. 2. 2000, 2

22 Rechenbeispiele für Einzelfälle bei Schindler BB 2000, 2077, 2079

setz macht deutlich, dass die Regelung sich gezielt an vermögende Privatpersonen richtet, darüber hinaus aber auch an Einzelunternehmen und Personengesellschaften, die gemäß § 9 Nr. 5 S 5 GewStG die Gründungsdotation vom Gewerbeertrag abziehen können.

Wesentlich sind aus **Sicht der Praxis** besonders folgende Punkte: 202

- Der Abzugstatbestand setzt eine Zuwendung »in den Vermögensstock« voraus. Diesem Begriff fehlt ein Anknüpfungspunkt im bisherigen Spenden- als auch Gemeinnützigkeitsrecht. Anhaltpunkte für eine Auslegung des Begriffs finden sich im Gesetzesentwurf des Landes Baden-Württemberg.[23] Dort war der Begriff Vermögensstock als Überschrift einem neuen § 55 a AO zugeordnet, welcher inhaltlich im neuen § 58 Nr. 11 a–d AO zu finden ist. Die Regelungen dieses Entwurfes eines neuen § 55 a AO betrafen solches Vermögen, für welches keine Pflicht zur zeitnahen Mittelverwendung besteht.[24] So wird der Begriff denn auch verstanden. Das deckt sich mit der gesetzgeberischen Intention einer Verbesserung der Anfangsvermögensausstattung einer Stiftung.
- Die Zuwendung muss anlässlich einer Neugründung erfolgen und darf nur »bis zum Ablauf eines Jahres nach Gründung der Stiftung« erfolgen. Der Beginn der Frist ist abhängig von der jeweiligen Rechtsform der Stiftung und der damit verbundenen Wirksamkeit der Stiftung. Während es bei Stiftungen des öffentlichen Rechts auf den Zeitpunkt ankommt, in dem das Gesetz oder der entsprechende Hoheitsakt Wirkung entfaltet, ist bei der rechtsfähigen Stiftung des Privatrechts die Wirksamkeit der Genehmigung der entscheidende Zeitpunkt.[25] Bei nichtrechtsfähigen Stiftungen des Privatrechts ist der Abschluss des schuldrechtlichen (Treuhand-)Vertrages maßgeblich.[26]
- Eine Kuriosität ergibt sich bei der Bestimmung der zu begünstigenden Zwecke. Durch den Verweis auf »Zuwendungen im Sinne des Absatzes 1« werden auch die Zwecke erfasst, die im Rahmen der jeweiligen Anwendung der Ausgabenabzugtatbestände des § 10 b I S 1–3 EStG nicht erfasst sind. So kommt es zu dem merkwürdigen Ergebnis, dass alle (!) gemeinnützigen Zwecke im Sinne der AO, also einschließlich der Freizeitzwecke, im Rahmen der Gründungsdotation zu berücksichtigen sind. Eine Begründung für eine derartige Differenzierung der zu begünstigenden Zwecke ist nicht ersichtlich.
- Ganz wichtig für die Praxis ist die Antwort auf die Frage, ob der Abzugsbetrag über 600 000 DM in dem Zehnjahreszeitraum zur steuerlichen Optimierung (etwa Kappung des Grenzsteuersatzes) auch gestückelt in Anspruch genommen werden darf.
  Der Gesetzeswortlaut gibt hier keine eindeutige Antwort. Zum Teil wird die Zulässigkeit unter Berufung auf die Formulierung »auf Antrag« bejaht.[27] Diese Argumentation erscheint indessen nicht zwingend. Der

23 BT-Ds 629/99 Art 2, § 55 a »Vermögensstock«
24 Vgl Myßen NWB F 2, 7429, 7434
25 Vgl § 80 BGB für privatrechtliche Stiftungen
26 Wochner ZEV 1999, 125, 128
27 Hüttemann DB 2000, 1584, 1591

Sinn der Formulierung könnte sich auch darin erschöpfen, dass der Abzugsbetrag »nur« auf Antrag gewährt wird. Dagegen spricht jedoch die von der OFD Koblenz erlassene Verfügung.[28] Die OFD bezieht die Formulierung »Zuwendungen« auf die Neugründung nur einer (!) Stiftung. Danach wäre eine Stückelung des Abzugsbetrages in mehrere – allerdings allesamt fristgerechte – Zuwendungen zulässig.[29]

dd. Mehrfache Nutzung der Errichtungsdotation in der Praxis?

203 Ungeklärt und heftig umstritten ist, ob mangels Anwendbarkeit der neuen Vorschriften zur Errichtungsdotation auf Zustiftungen[30] Gestaltungen zulässig sind, die die Errichtung mehrerer Stiftungen beinhalten.

Denkbare Ansätze für Praxis wären etwa:

- Die Errichtung mehrerer »ähnlicher« Stiftungen, etwa auch um sie später zusammenzulegen.[31]
- Unselbständige Stiftungen, die mit identischer Zwecksetzung in die Verwaltung einer Mutter-Stiftung gegeben werden.[32]

204 Die Zulässigkeit solcher Gestaltungen wird zum Teil unter Berufung auf § 42 AO vehement und generell verneint.[33]

205 Einer generellen Ablehnung derartiger Konstruktionen kann nicht zugestimmt werden. Es sind für die Praxis durchaus Lebenssachverhalte denkbar, die eine gleichzeitige Errichtung mehrerer Stiftungen mit demselben Zweck (!) auch nach dem Maßstab des § 42 AO sinnvoll und plausibel erscheinen lassen:

Beispiel:

Mehrere potenzielle Mitstifter möchten – aus welchen Gründen auch immer – nicht mit einem jeweils anderen Mitstifter gemeinsam, sondern nur parallel zueinander stiften:

- Ein Initiator regt mehrere Personen an, für einen bestimmten Zweck zu stiften. Diese Personen wollen jeweils eine eigene selbständige oder unselbständige Stiftung – etwa um jeweils das Andenken ihrer Eltern zu würdigen oder weil sie zwar denselben Zweck verfolgen wollen, aber deutlich unterschiedliche Vorstellungen über das Wie der Zweckverfolgung haben.

---

28 DStR 2000, 1603

29 Für diese Auffassung spricht auch die Äußerung der parlamentarischen Staatssekretärin beim Bundesminister der Finanzen, Frau Dr. Barbara Hendricks Stiftung & Sponsoring 5/2000 S 3

30 Siehe nur Lex DStR 2000, 1939, 1943

31 *So ausdrücklich Hüttemann* DB 2000, 1584, 1589 f

32 So etwa Mecking NJW 2001, 203

33 So Crezelius/Rawert ZEV 2000, 421, 426

Beispiel:

> Parallelstiftungen bezogen auf mehrere Personen von einem Stifter:
>
> - Ein Unternehmer richtet für alle seine Kinder jeweils eine Stiftung ein, die dann jeweils von den Kindern geführt werden (sollen).
> - Ein Stifter errichtet jeweils eine Stiftung zum Andenken an seine Mutter und seinen Vater.

In derartigen Fällen, in denen auch eine spätere Zusammenlegung der Stiftungen möglich sein muss, erscheint die Anwendung des § 42 AO grundsätzlich nicht sachgerecht. Vor allem Rose und Glorius-Rose machen sich seit Jahren durch ihre Übersichten zu der Missbrauchsrechtsprechung des BFH verdient. In ihrer lesenswerten jüngsten Darstellung[34] haben sie anhand der aktuellen Judikatur herausgearbeitet, dass im Zweifelsfall natürlich außersteuerliche Gründe für eine (auch) steuerliche Gestaltung vorgebracht und bewiesen (!) werden müssen, weisen aber auch nach, dass die Rechtsprechung sich von einer »Gefühlsjurisprudenz« zu nachvollziehbaren rechtlichen Überlegungen bewegt hat. Ein Verstoß gegen § 42 AO wird mithin nur dann nahe liegen, wenn die Errichtung mehrerer Stiftungen ohne einen sachlichen außersteuerlichen Grund mit demselben Zweck nur (!) erfolgt, um die steuerliche Begünstigung der Errichtungsdotation zur Anwendung kommen zu lassen. Hier wie auch sonst ist der konkrete Einzelfall zu betrachten. 206

Nicht hinter jeder etwas untypischen oder selteneren Gestaltung steckt entgegen der wissenschaftlichen Vermutung des einen oder anderen Professoren sowie des einen oder anderen Finanzbeamten ein Gestaltungsmissbrauch iSd. § 42 AO. Stiftungsgestaltungen sind keine Steuersparmodelle, sondern erfordern einen echten Stifterwillen zu dem gewählten Stiftungszweck und entsprechende Stiftungsreife,[35] dh der Stifter muss bereit sein, sich zugunsten des Stiftungszwecks endgültig (!) von seinem Vermögen oder Teilen seines Vermögens zu trennen. Das alles hat, um es angesichts vielfacher Vorurteile noch einmal zu betonen, mit Steuersparen nichts zu tun, auch wenn der Gesetzgeber erhebliche Steuervorteile gewährt. 207

»Gespart« werden tatsächlich keine Steuern, da der Stifter naturgemäß mehr an Vermögen an die Stiftung zahlt, als ihm der Staat an Steuervorteilen gewährt.

c. Erweiterung des Buchwertprivilegs

Durch Einfügung des neuen § 6 I Nr. 4 S 5 EStG wird das Buchwertprivileg in § 6 I Nr. 4 S 4 EStG auf Zuwendungen erweitert, die von § 10 b I S 3 EStG erfasst werden. Unbefriedigend ist an der Neuregelung, dass das Buchwertprivileg bei gemeinnützigen Stiftungen im Gegensatz zu anderen Körperschaften 208

34 DB 2000, 1633

35 Ausf. Schiffer/Bach Stiftung & Sponsoring 4/1999, 16 und 5/1999, 21; Schiffer/v. Schubert DB 2000, 437; ausdrücklich folgend: Wachter, aaO, 32

an andere Förderzwecke anknüpft. Dies führt wie bei § 10 b I S 3 EStG einerseits zu einer Erweiterung der förderungswürdigen Zwecke, anderseits zu einer Einschränkung.

d. Erweiterte Erbschaftsteuerbefreiung

209 Durch die Neufassung des § 29 I 1 Nr. 4 S 1 ErbStG aufgrund des sog »Gesetz zur weiteren steuerlichen Förderung von Stiftungen« ist die betreffende Erbschaftsteuerbefreiung auf alle Stiftungen ausgeweitet worden, die **steuerbegünstigte Zwecke** im Sinne der §§ 52 bis 54 der Abgabenordnung verfolgen (bisher: nur wissenschaftliche und kulturelle Zwecke) – mit Ausnahme der Zwecke des § 52 II Nr. 4 AO (»Freizeitzwecke«). Mithin entfällt nun auch bei diesen Stiftungen die Erbschaftsteuer mit Wirkung für die Vergangenheit, soweit Vermögensgegenstände, die von Todes wegen oder durch Schenkung erworben worden sind, innerhalb von 24 Monaten[36] nach dem Zeitpunkt der Entstehung der Steuer ua einer inländischen Stiftung zugewendet werden. Dieser Steuervorteil gilt nicht, wenn die steuerbefreite Stiftung Leistungen im Sinne des § 58 Nr. 5 AO (Unterstützung des Stifters und seiner nahen Angehörigen) erbringt oder soweit für die Zuwendung Vergünstigungen insb nach § 10 b EStG in Anspruch genommen werden (§ 29 I Nr. 4, S 2 ErbStG).

3. Bewertung der neuen Rechtslage

210 Das Gesetz zur weiteren steuerlichen Förderung von Stiftungen ist ein Schritt in die richtige Richtung, um insb dem Stiftungswesen neue Impulse zu verleihen. Diese Erkenntnis kann aber nicht darüber hinwegtäuschen, dass dem Gesetzgeber bei der Formulierung des Gesetzes einige Ungenauigkeiten und Unstimmigkeiten unterlaufen sind. Die dadurch erzeugten Rechtsunsicherheiten gilt es im Wege der Rechtsprechung und auf dem Verwaltungsweg zu beseitigen, wenn nicht der Gesetzgeber mit einem »Reparaturgesetz« eingreift.

III. Steuerliche Folgen bei Wegfall der Voraussetzungen für die Steuerbefreiung

211 Von der Frage der steuerlichen Folgen der Auflösung einer gemeinnützigen Stiftung ist die Frage zu unterscheiden, welche steuerlichen Folgen sich ergeben, wenn die Voraussetzungen der Gemeinnützigkeit einer Stiftung wegfallen, ohne dass die Stiftung aufgelöst wird.

212 Eine steuerbefreite Stiftung darf, wie in Abschnitt B. V. näher dargelegt, ihr Einkommen (ihre Mittel) nur für gemeinnützige und mildtätige sowie kirchliche Zwecke verwenden. Zum Schutz des Wettbewerbs darf sie ihr Einkommen überdies nur aus privater Vermögensverwaltung erzielen (zu den Folgen eines wirtschaftlichen Geschäftsbetriebes siehe sogleich). Die Satzung der

36 Zur möglichen Gefahr einer Fristenkollision: Schindler BB 2000, 2077, 2078

Stiftung muss diesen gesetzlichen Anforderungen entsprechen und die tatsächliche Geschäftsführung der Stiftung muss auf die ausschließliche und unmittelbare Erfüllung der steuerbegünstigten Zwecke gerichtet sein und den Bestimmungen der Satzung über die Voraussetzungen der Steuervergünstigung entsprechen (§ 60 II AO).

Die genannten Voraussetzungen für die Steuerbefreiungen müssen zum Zeitpunkt der Entstehung der jeweiligen Steuer gegeben sein, d h zum Beginn des Kalenderjahres bei der Vermögensteuer und der Grundsteuer, zum Ende des Voranmeldungszeitraumes bei der Umsatzsteuer und zum Zeitpunkt des Erwerbs bei der Erbschafts- und Schenkungsteuer. Liegen die Voraussetzungen zu den betreffenden Zeitpunkten nicht vor, so fällt die jeweilige Steuer an. 213

Bei der Körperschafts- und Gewerbesteuer entfällt die Steuerbefreiung für den gesamten Veranlagungs- bzw Bemessungszeitraum, wenn die Voraussetzungen für die Steuerbefreiung auch nur zu irgendeinem Zeitpunkt des Zeitraumes nicht erfüllt sind, dh die Steuerbefreiung entfällt mit Wirkung zu Beginn des Veranlagungs- bzw Bemessungszeitraumes. Davon unberührt bleiben die allgemeinen Vorschriften der Abgabenordnung über die Verjährung von Steuerforderungen und die Bestandskraft von Steuerbescheiden. 214

Noch schärfere Anforderungen stellen die Steuergesetze an die **Einhaltung des Grundsatzes der Vermögensbindung.** Eine Verletzung des Grundsatzes der Vermögensbindung führt dazu, dass die Steuerbefreiung rückwirkend für alle Steuern von Anfang an entfällt. Steuerbescheide können geändert oder aufgehoben werden, es können neue Steuerbescheide erlassen werden für sämtliche Steuern, die **innerhalb der letzten zehn Kalenderjahre** vor der steuerschädlichen Satzungsänderung oder Geschäftsführungsmaßnahme entstanden sind (§ 61 III AO). Wirtschaftlich betrachtet tritt also eine ganz erhebliche Rückwirkung ein. 215

Die Rückwirkung der Verletzung der Vermögensbindung durchbricht also die Bestandskraft von einschlägigen Steuerbescheiden, nicht jedoch die Verjährungsvorschriften. Ein Änderungs- oder anderer Steuerbescheid wegen der Verletzung der Vermögensbindung kann also zwar für die zehn Jahre vor dieser Verletzung ergehen, aber nur innerhalb der Festsetzungsfrist von vier Jahren nach Ende des Kalenderjahres, in dem die Verletzung erfolgt ist. Eine ähnliche, besondere Vorschrift zur Sanktion einer Verletzung der Vermögensbindung lässt die Erbschaftsteuerfreiheit von Zuwendungen ebenfalls rückwirkend über zehn Jahre entfallen. 216

Damit die genannten Folgen eintreten, muss allerdings die Verletzung der Vermögensbindung nach richtiger Auffassung bei der Auflösung oder Aufhebung oder beim Wegfall des bisherigen Zwecks der Stiftung geschehen. Wegen der besonderen Schwere der Folge genügt eine bloße Mittelverwendung für nicht begünstigte Zwecke, eine steuerschädliche Begünstigung durch Aufgaben oder Vergütungen oder auch eine steuerschädliche Abfindung an Organmitgliedern der Stiftung allenfalls in besonderen Missbrauchsfällen, um die Steuerfreiheit rückwirkend entfallen zu lassen. 217

IV. Unternehmerische Betätigung einer gemeinnützigen Stiftung

218 Die Steuerbefreiung für gemeinnützige Stiftungen wird in den einzelnen Steuergesetzen in der Regel soweit aufgehoben, wie die Stiftung einen wirtschaftlichen Geschäftsbetrieb unterhält. Die Steuerbefreiung entfällt also für den wirtschaftlichen Geschäftsbetrieb, aber auch nur insoweit, dh nicht für sonstige Bereiche der gemeinnützigen Stiftung. Das hat seinen Grund insb darin, dass die Steuerbefreiung eines wirtschaftlichen Geschäftsbetriebes zu unhaltbaren, volkswirtschaftlich nicht erwünschten Wettbewerbsvorteilen für diesen Betrieb führen würde.

1. Wirtschaftlicher Geschäftsbetrieb

219 Als wirtschaftlichen Geschäftsbetrieb (§ 64 AO iVm § 14 AO) bezeichnet das Gesetz eine selbständige nachhaltige Tätigkeit, durch die Einnahmen oder andere wirtschaftliche Vorteile erzielt werden und die über den Rahmen einer Vermögensverwaltung hinausgeht.

Die Absicht, einen Gewinn zu erzielen, ist für einen wirtschaftlichen Geschäftsbetrieb nicht erforderlich. Eine Vermögensverwaltung, die der Steuerbefreiung nicht entgegensteht, liegt in der Regel vor, wenn Vermögen genutzt, zB Kapitalvermögen verzinslich angelegt oder unbewegliches Vermögen vermietet oder verpachtet wird.

220 Während Beteiligungen an einer Personengesellschaft (OHG, KG) in aller Regel als wirtschaftlicher Geschäftsbetrieb eingestuft werden, ist die Beteiligung einer steuerbegünstigten Stiftung an einer Kapitalgesellschaft (Aktiengesellschaft, GmbH) ebenso wie der Erwerb und die Verwaltung von Wertpapieren grundsätzlich als Vermögensverwaltung einzustufen. Ein wirtschaftlicher Geschäftsbetrieb ist hier im Einzelfall ausnahmsweise nur dann gegeben, wenn die steuerbegünstigte Stiftung auf die laufende Geschäftsführung der Kapitalgesellschaft, an der sie beteiligt ist, tatsächlich in erheblichem Maße Einfluss nimmt.[37] Ob das bereits bei einer »beherrschenden Gesellschafterstellung« oder einer »Mehrheitsbeteiligung« anzunehmen ist, hängt von der konkreten Ausgestaltung des Einzelfalles ab. Bei einer entsprechenden Gestaltung kann eine Stiftung jedenfalls auch 100 % der Anteile an einer GmbH halten, ohne ihre Steuerbefreiung wegen Gemeinnützigkeit zu verlieren.

Beispiele für den wirtschaftlichen Geschäftsbetrieb einer gemeinnützigen Stiftung:

- Abhalten von Basaren oder Flohmärkten, sonstige Verkaufsaktivitäten, (zB Museumsshop), Restauration, Karnevalsbälle
- entgeltliche Dienstleistungen wie etwa die Ausrichtung von Tagungen für andere

37 BFH BStBl. II 1971, 753; Gersch in Klein, 7. Aufl. 2000, § 14 AO, Rn 18 mwN

Zum Vorteil steuerbefreiter Körperschaften hat der Gesetzgeber allerdings **zwei Ausnahmen von dem Grundsatz der Besteuerung des wirtschaftlichen Geschäftsbetriebes** bestimmt. 221

➢ Solange die Einnahmen einschließlich Umsatzsteuer aus wirtschaftlichen Geschäftsbetrieben einer gemeinnützigen Körperschaft, die keine Zweckbetriebe sind, insgesamt 60 000 DM im Jahr nicht übersteigen (Umsatzmindestbetrag), wird die Steuerbefreiung hinsichtlich der Körperschaft- und Gewerbesteuer nicht berührt (§ 64 III AO).
Von dieser Annahme wird beispielsweise regelmäßig das vorgenannte Beispiel eines Karnevalballs oder eines Flohmarktes erfasst werden. In der Praxis handelt es sich bei dem wirtschaftlichen Geschäftsbetrieb einer steuerbegünstigten Stiftung sehr häufig um Fälle, die die genannte Wertgrenze nicht überschreiten.

➢ Die zweite Ausnahme ist der sog Zweckbetrieb.

2. Zweckbetrieb

Ein steuerbegünstigter Zweckbetrieb (§ 65 AO) einer gemeinnützigen Stiftung ist gegeben, wenn 222

➢ der wirtschaftliche Geschäftsbetrieb in seiner Gesamtrichtung dazu dient, die steuerbegünstigten satzungsmäßigen Zwecke der Körperschaft zu verwirklichen,

➢ die Zwecke nur durch einen solchen Geschäftsbetrieb erreicht werden können und

➢ der wirtschaftliche Geschäftsbetrieb zu nicht begünstigten Betrieben derselben oder ähnlicher Art nicht in größerem Umfang in Wettbewerb tritt, als bei Erfüllung der steuerbegünstigten Zwecke unvermeidbar ist.

Um nicht über einen Zweckbetrieb **zu unerwünschten Wettbewerbsverzerrungen** zu gelangen,[38] wird in der Rechtsprechung der Fall des Zweckbetriebes als enge Ausnahme gesehen. 223

➢ **Von der Rechtsprechung anerkannte typische Beispiele für einen wirtschaftlichen Zweckbetrieb:**
– Die eigene Bewirtschaftung eines Rittergutes durch eine gemeinnützige Stiftung
– Der entgeltliche Musikunterricht einer gemeinnützigen Musikschule
– Die Ladenkette für Konsumwaren aus gemeinnützigen Behindertenwerkstätten, wenn keine anderen Erzeugnisse zugekauft werden

➢ **Nicht anerkannt als Zweckbetrieb hat die Rechtsprechung dagegen beispielsweise:**
– sog »Dritte-Welt-Läden«
– das Anzeigengeschäft im Rahmen einer Vereinszeitung

38 BMF-Schr. v. 27. 11. 2000, BStBl I 2000, 1548 (Nichtanwendung von BFH, BStBl. II 2000, 705)

224 Der Gesetzgeber hat die **Zweckbetriebseigenschaft von Forschungseinrichtungen** in § 68 Nr. 9 AO besonders geregelt.[39] Man denke für die Erbfolgegestaltung durch Stiftungen hier nur an die Forschungseinrichtung eines Unternehmens oder einer Universität, die gefördert werden.

3. Ein aktuelles Grundsatzurteil des BFH

Nach einem aktuellen Grundsatzurteil des BFH[40] vom 15. 7. 1998 kann eine Stiftung bei ansonsten selbstloser Mittelverwendung trotz überwiegenden wirtschaftlichen Geschäftsbetriebs gemeinnützig sein.

a. Erweiterter Bereich für »steuerunschädlichen« wirtschaftlichen Geschäftsbetrieb

225 Bisher bestand dabei das Risiko, dass die Finanzverwaltung bei Körperschaften wie etwa Stiftungen, die einen wirtschaftlichen Geschäftsbetrieb unterhielten, wegen nicht nur geringer Gewinnerzielung die Gemeinnützigkeit insgesamt verneinte.[41]

226 Eine Stiftung verfolgt, wie der BFH nun ausdrücklich bestätigt hat, aber nicht schon allein deswegen (steuerschädlich) in erster Linie eigenwirtschaftliche Zwecke iSd § 55 I AO, weil sie einen wirtschaftlichen Geschäftsbetrieb unterhält und die unternehmerischen Aktivitäten die gemeinnützigen Aktivitäten übersteigen. Diese begrüßenswerte Auffassung[42] begründet der BFH ebenso einfach wie deutlich insb damit, dass es dem Ziel der (steuerlichen) Förderung gemeinnütziger Zwecke zuwiderliefe, Körperschaften allein wegen der Größe der von ihnen unterhaltenen wirtschaftlichen Geschäftsbetriebe die Möglichkeit gemeinnütziger Tätigkeiten vorzuenthalten.

227 Diese Begründung überzeugt, denn es ist bei einer gemeinnützigen Stiftung deutlich zwischen Einkommenserzielung und Mittelverwendung zu trennen; es kann hier kein Umschlagen der Quantität des wirtschaftlichen Geschäftsbetriebes in eine bestimmte Qualität, nämlich die »Aberkennung der Gemeinnützigkeit« geben.[43] So geht denn auch die Finanzverwaltung in den Erbschaftsteuerrichtlinien 1999[44] davon aus, dass eine Stiftung einen wirtschaftlichen Geschäftsbetrieb ohne Verlust der Gemeinnützigkeit als Zuwendung annehmen kann.

39 Näher dazu Augsten Stiftung & Sponsoring, 6/1999, 21
40 ZEV 1999, 155 ff; dazu Matyschik/Schiffer StuB 200, S 1102 f
41 Siehe bei Gersch in Klein, noch in der 6. Aufl. 1998, § 55 AO, Anm 2
42 *Zustimmend* auch v. Oertzen ZEV 1999, 157
43 Pöllath in Seifart/v. Campenhausen, aaO, 799
44 R 47 Abs. 2

b. Folgerungen für die Praxis

Aus dem BFH-Urteil vom 15. Juli 1998 ergeben sich vier wesentliche Folgerungen für die Praxis der gemeinnützigen Stiftung: 228

- Eine Stiftung kann auch dann gemeinnützig und damit grundsätzlich steuerbefreit sein, wenn der von ihr gehaltene wirtschaftliche (steuerpflichtige!) Geschäftsbetrieb (zB eine Beteiligung an einer Personengesellschaft) das gesamte oder nahezu gesamte Vermögen der Stiftung ausmacht. Das gilt selbst dann, wenn der wirtschaftliche Geschäftsbetrieb die einzige Einkunftsquelle der gemeinnützigen Stiftung ist. Die früher diskutierte Überlegung, zwischen Stiftung und Gewerbebetrieb eine »Holding« in Form einer Kapitalgesellschaft einzuziehen, ist damit aus stiftungsrechtlicher Sicht überholt. Ob hier dennoch an eine steuerliche Optimierung durch solche Holding-Gestaltungen bei unternehmensverbundenen Stiftungen zu denken ist,[45] wird auch vor dem Hintergrund des Steuersenkungsgesetzes im Einzelfall neu zu überdenken sein.
- Entscheidend für die Einstufung einer Stiftung als gemeinnützig ist im vorliegenden Zusammenhang nicht, ob die Stiftung zur Einkünfteerzielung (mit-)unternehmerisch tätig wird, sondern dass sie ihre Mittel maßgeblich für gemeinnützige Zwecke verwendet.[46] Die grundsätzliche Gemeinnützigkeit der Stiftung führt bei der beschriebenen Konstellation – das sei hier ausdrücklich klargestellt – aber nicht etwa zu einem Ausschluss der Besteuerung des wirtschaftlichen Gewerbebetriebs (§ 5 I Nr. 9 KStG iVm § 64 AO).
- Eine Stiftung ist in der hier fraglichen Konstellation nur solange gemeinnützig, wie sie die von dem wirtschaftlichen Geschäftsbetrieb erzielten Mittel zeitnah für gemeinnützige Zwecke verwendet. Diesem Gebot der zeitnahen Mittelverwendung (§ 55 I Nr. 1 AO) stehen, wie der BFH in dem Urteil betont, notwendige (!) Planungsphasen nicht entgegen, denn jeder sachgerechte zeitnahe Mitteleinsatz verlange eine planerische Überlegungszeit, die um so länger sei, je höher die einzusetzenden Mittel seien. Die Planung muss allerdings ernsthaft sein. Außerdem muss die Stiftung die Planung und deren Erforderlichkeit belegen können.
- Schließlich ergibt sich aus dem Urteil des BFH, dass eine begrenzte Gewinnthesaurierung in dem gewerblichen Geschäftsbetrieb zulässig ist, wenn sie dem Erhalt der Wettbewerbsfähigkeit des Unternehmens und damit zur Sicherung der wirtschaftlichen Existenz des Unternehmens dient. Die Eigenkapitalausstattung muss allerdings betriebswirtschaftlich notwendig sein, was im Einzelfall ebenfalls durch die Stiftung nachzuweisen ist.

Was bedeutet das Urteil konkret für die Nachfolgegestaltung? 229

- Das Urteil fördert in weiterem Umfang als bisher auch unternehmensverbundene gemeinnützige Stiftungen, die beispielsweise Mehrheitsbeteiligungen an Kapitalgesellschaften und/oder Beteiligungen an Personenge-

45 Orth in IDW, Stiftungen – Rechnungslegung, Kapitalerhaltung, Prüfung und Besteuerung, 1997, 223

46 Siehe auch R 47 Absatz 2, Satz 6 Erbschaftsteuerrichtlinien 1999

sellschaften halten. Damit fördert das Urteil die Unternehmensnachfolgegestaltung durch oder in Verbindung mit Stiftungen. Zudem steht das Urteil auch den Reformbestrebungen zum Stiftungszivilrecht entgegen, die sich gegen die unternehmensverbundene Stiftung wenden. Das BFH-Urteil sollte deshalb den Kritikern der unternehmensverbundenen Stiftung einmal mehr Anlass geben, über ihre Kritik nachzudenken.

- Die weitergehende Frage, ob solche Beteiligungen (insb eine Mitunternehmerschaft) als Vermögensverwaltung oder als wirtschaftlicher Geschäftsbetrieb zu werten sind, wird in dem Urteil nicht angesprochen. Sie ist derzeit auch eindeutig entschieden. Die oben dargestellte noch (?) herrschende Ansicht wertet die Beteiligung einer Stiftung an einer gewerblich geprägten Personengesellschaft immer als steuerpflichtigen wirtschaftlichen Geschäftsbetrieb im Sinne des § 14 AO. Der vermögensverwaltende Bereich betreffe die Einkunftsarten der §§ 20 und 21 EStG, nicht dagegen die gewerblichen Einkünfte aus § 15 EStG. Auch seien die Einkünfte eines Mitunternehmers nicht als bloße Fruchtziehung aus der Vermögenssubstanz anzusehen, sondern es handele sich vielmehr um eine selbständige, nachhaltige Betätigung mit Gewinnerzielungsabsicht.

Diese Ansicht und deren Begründung überzeugen indessen nur bedingt. Besonders deutlich wird das am Beispiel einer Kommanditbeteiligung. Das Institut für Finanzen und Steuern etwa wertet die Kommanditbeteiligung nicht anders als eine Beteiligung an einer Kapitalgesellschaft.[47] Begründet wird dies zunächst mit der geänderten steuerrechtlichen Bewertung von Personengesellschaften nach Wegfall der Bilanzbündeltheorie. Danach unterhalten nicht die Gesellschafter den wirtschaftlichen Geschäftsbetrieb, sondern die Gesellschaft. Außerdem wird darauf hingewiesen, dass für den Kommanditisten kein wirkliches Mitunternehmerrisiko besteht, da dieser maximal seine Einlage verlieren könne. Er ist also nicht wirklich am Gewinn und Verlust sowie den stillen Reserven der Gesellschaft einschließlich des Geschäftswertes beteiligt. Das aktuelle Urteil des BFH gibt Anlass, auch in dieser Richtung erneut nachzudenken.

4. Die (vorläufige) Bescheinigung der Gemeinnützigkeit

230 Die Steuerfreiheit einer gemeinnützigen Stiftung wird von der Finanzverwaltung grundsätzlich nicht im vorhinein, sondern nur im nachhinein überprüft. Die Finanzverwaltung erteilt jedoch eine **»vorläufige Bescheinigung« der Gemeinnützigkeit,** sobald die Gemeinnützigkeit behördenintern überprüft worden ist. Ein offizieller Bescheid über die Gemeinnützigkeit ergeht nicht.

231 Die »vorläufige Bescheinigung« der Gemeinnützigkeit kann jederzeit ohne sachliche Begründung zurückgenommen werden.

232 Die eigentliche Überprüfung der Gemeinnützigkeit erfolgt im Rahmen des jeweiligen Veranlagungsverfahrens für die betreffenden Steuern und den jeweiligen zeitlichen Steuerabschnitt. Dabei bindet die Finanzbehörde die

47 Institut für Finanzen und Steuern Nr. 330, 36, insb 41

Entscheidung über eine Steuerbefreiung für eine Steuerart nicht bei der Entscheidung im Rahmen einer anderen Steuerart. In der Praxis wird allerdings grundsätzlich die körperschaftsteuerliche Entscheidung auch für die anderen Steuerarten zugrundegelegt.

Unterhält die gemeinnützige Stiftung einen wirtschaftlichen Geschäftsbetrieb, so dass sie nur teilweise steuerbefreit ist, so ergeht ein einheitlicher Körperschaftsteuerbescheid an die gesamte Stiftung, und nicht etwa ein gesonderter Bescheid für den wirtschaftlichen Geschäftsbetrieb. Wie bei anderen Steuerpflichtigen kann die Finanzbehörde zur Überprüfung der Voraussetzungen der Gemeinnützigkeit eine steuerliche Außenprüfung anordnen. 233

5. Angemessenheit der Aufwendungen einer gemeinnützigen Stiftung für die Verwaltung und Spendenwerbung

Eine Stiftung muss für ihre Verwaltung und vor allem auch für eine etwaige Spendenwerbung unvermeidlich Mittel aufwenden. Hier ergeben sich in der Praxis nicht selten Streitpunkte mit der Finanzverwaltung, denn unangemessen hohe Aufwendungen in diesem Bereich können zum Verlust der Gemeinnützigkeit führen und den Haftungstatbestand des § 10 b IV 4 EStG (Fehlverwendung gemeinwohlgebundener Mittel) begründen. In welchem Umfang hier Mittel steuerunschädlich aufgewendet werden dürfen, ist nach der Rechtsprechung des BFH eine Frage des Einzelfalls.[48] 234

Praxis-Tipp:

> *Im Sinne einer **Faustregel (!!)** lässt sich festhalten: Eine Quote von 20 bis 35 % der Gesamtausgaben wird als vertretbar angesehen.*[49]

V. Die gemeinnützige Familienstiftung

Eine steuerbefreite Stiftung darf bis zu einem Drittel ihres Einkommens dazu verwenden, um in angemessener Weise den Stifter und seine nächsten Angehörigen zu unterhalten, deren Gräber zu pflegen und deren Andenken zu ehren, ohne dass sie dadurch den Vorteil der Steuerbefreiung verliert (§ 58 Ziffer 5 AO). 235

Maßstab für die Angemessenheit ist der Lebensstandard des Zuwendungsempfängers.[50] 236

Die gemeinnützige Stiftung bietet also – wenn auch eingeschränkt – die Möglichkeit, Familienangehörige bei gleichzeitiger steuerbegünstigter Förderung gemeinnütziger Zwecke zu versorgen (»gemeinnützige Familienstiftung«). Für andere gemeinnützige Körperschaften gilt dieses Privileg nicht. Es gilt nur für die Stiftung. 237

---

48 BFHE 186, 433 = DStR 1988, 1674
49 Ausf. Geserich DStR 2001, 604
50 Gersch in Klein, aaO, § 58 AO Rn 6 aE

G. Trusts und ausländische Stiftungen . . 691

ÜBERBLICK

G. Trusts und ausländische Stiftungen

Im Zusammenhang mit der Beratung von Stiftungsprojekten fallen auch immer wieder die Stichworte »Trust« und »ausländische Stiftungen«. Auf beide Rechtsformen und die mit ihnen zusammenhängenden wesentlichen Probleme ist hier zumindest kurz näher einzugehen.

I. Trusts

Dem deutschen Recht ist die Rechtsfigur des Trust[1] fremd.

1. Die Rechtsform des Trust

Trust-Rechtsverhältnisse sind äußerst vielschichtig und zudem in den einzelnen Ländern entsprechend deren Rechtstradition unterschiedlich geregelt und ausgestaltet. Trusts findet man vorwiegend im angloamerikanischen Rechtsraum. Sie werden vor allem in der Wirtschaftspresse zur langfristigen Vermögens-, Erbschafts- und Steuerplanung empfohlen. Es würde den Rahmen dieses Beitrags sprengen, auf die komplizierten Fragen des Internationalen Privatrechts und Steuerrechts im Zusammenhang mit Trust-Gestaltungen ausführlich einzugehen. Die Darstellung ist auf einige wesentliche Grundzüge zu beschränken. 238

Besonders beliebt für die Trust-Gründung sind die britischen Kanalinseln Guernsey und Jersey, empfohlen werden aber auch Gibraltar, Zypern, die Bahamas oder die Cayman-Islands. Auch das liechtensteinische Recht kennt Trust-Gestaltungen. Die britischen Kanalinseln **Guernsey und Jersey** sollen hier beispielhaft näher betrachtet werden. Sie haben – und das macht sie für viele attraktiv – ihre eigene Steuerhoheit und erheben weder Schenkungs- und Erbschaftsteuer, noch Umsatzsteuer oder Kapitalertragsteuer. Die »Inländer« müssen lediglich eine niedrige Einkommensteuer abführen. Diese Steuer gilt auch für auf den Inseln verwaltete Trusts – seien sie von Ausländern oder Inländern. Ausländer sind dagegen (im Übrigen) grundsätzlich nicht steuerpflichtig. Als Großbritannien der EG beigetreten ist, haben die Inseln ihre Steuerprivilegien beibehalten. Das ist in einem Zusatzprotokoll ausdrücklich festgehalten worden. Den Steuerprivilegien droht allerdings nach der gegenwärtigen Diskussionen zum Thema »Steuerdumping« innerhalb der EU die Abschaffung. 239

Eingeteilt werden Trusts vor allem in solche, die in letztwilligen Verfügungen angeordnet werden (testamentary-trusts), und solche, die durch Rechtsgeschäft unter Lebenden errichtet werden (intervivos-trusts). 240

1 Näher dazu Siemers ZEV 1998, 459; Seibold IStR 1994, 16, ders IStR 1993, 545; Bredow/Reich WIB 1995, 775; v. Oertzen IStR 1995, 149; Hennerkes/Schiffer, aaO, 186 ff

2. Errichtung eines Trust

241 Zur Errichtung eines Trust genügt im Wesentlichen ein **schuldrechtlicher »Treuhandvertrag«** mit einem »Treuhänder« **(Trustee),** in der Regel einem Rechtsanwalt vor Ort oder auch eine dortige, entsprechend spezialisierte Bank. Hier wird die Abhängigkeit des Trust von bestimmten Personen ähnlich wie bei der unselbständigen, treuhänderischen Stiftung deutlich. Ein Trust und dessen Errichter sind letztlich von der Vertrauensperson, dem Trustee, abhängig. Der Trustee ist für das Trust-Vermögen und die »Ausschüttungen« an die Begünstigten **(beneficiaries)** aufgrund des Vertrages mit dem Errichter verantwortlich. Anders als eine Stiftung ist ein Trust also keine juristische Person. Die Errichtung eines Trust dauert in der Regel nicht länger als etwa vier Wochen. Dabei kann der Errichter für Dritte **anonym** bleiben. Pauschale Aussagen zu den **Kosten** lassen sich kaum machen.

3. Steuerrechtliche Betrachtung

242 Die **steuerrechtlichen Konsequenzen** einer Trust-Gestaltung variieren naturgemäß mit der Vielfalt der Gestaltungsmöglichkeiten. Sie sind zudem im einzelnen unter den Fachleuten umstritten. Jedenfalls **vier allgemeine Aussagen** lassen sich treffen:

- Ein Trust mit Sitz und Geschäftsleitung im Ausland kann in Deutschland beschränkt **körperschaftssteuerpflichtig** sein. Der **Bundesfinanzhof** hat in einem Grundlagenurteil aus dem Jahre 1992[2] zur **Rechtsnatur von Trusts** entschieden, dass ein Trust eine körperschaftsteuerpflichtige Vermögensmasse sein **kann,** wobei die Vermögensmasse als »selbständiges, einem bestimmten Zweck dienendes Sondervermögen, das aus dem Vermögen des Widmenden ausgeschieden ist und dem eigene Einkünfte zufließen« definiert wird. Damit ähnelt ein Trust tatsächlich der Stiftung, ohne allerdings beispielsweise deren Grad an Unabhängigkeit von bestimmten Personen zu erlangen.
- Ein Trust mit Sitz und Geschäftsleitung im Ausland **kann** in Deutschland im Hinblick auf das besagte BFH-Urteil zudem steuerrechtlich als (ausländische) **Familienstiftung** im Sinne des deutschen Außensteuerrechts einzustufen sein mit den oben dargestellten Steuerfolgen. Dabei soll nach Ansicht des Bundesfinanzhofes dem in Deutschland unbeschränkt steuerpflichtigen Errichter des Trusts das Trust-**Einkommen** unabhängig von seiner Bezugsberechtigung im Verhältnis zu dem Trust zuzurechnen sein. Damit verlieren Trust-Gestaltungen ersichtlich viel von ihrem steuerlichen Reiz.
- Seit 1999 werden Vermögensübertragungen auf »Trusts« entgegen der früheren Rechtslage (!) von der **Erbschaft-/Schenkungsteuer** erfasst (§§ 3 II, Nr. 1, 7 I Nr. 8 und 9 ErbStG). Damit ist **manches** bis dahin propagierte **Steuersparmodell überholt.**

2 BFH BStBl II 1993, 388

- **Erbersatzsteuer** dürfte nicht anfallen, da die diesbezügliche Ausnahmevorschrift für Familienstiftungen nach den allgemeinen Rechtsgrundsätzen eng auszulegen, dh nicht auf Trusts auszudehnen ist.

II. Ausländische Stiftungen

1. Ausländische Stiftungen

Auch ausländische Stiftungen sind alternative Ansätze zu der Wahl einer Stiftung nach deutschem Recht. Das gilt unabhängig davon, dass auch die Gemeinnützigkeit deutscher Stiftungen nicht an der Staatsgrenze endet,[3] dh es können auch gemeinnützige Zwecke im Ausland verwirklicht werden. 243

Besonders »beliebt« sind in der Praxis die sehr einfach zu errichtenden und grundsätzlich verschwiegenen **Stiftungen in Liechtenstein,**[4] die allerdings zunehmend auch bei einzelnen Steuerhinterziehungsfällen genannt werden. Schwarze Schafe gibt es aber überall. Zunehmend wichtig in der Beratungspraxis ist auch das **österreichische Stiftungsrecht** geworden.[5] Die Details sind hier auch nicht darzustellen. Das Thema kann nur grundsätzlich betrachtet werden. Wegen einzelner Stiftungsländer wird auf die nachgewiesenen Fundstellen verwiesen.[6]

2. Steuerliche Probleme in der Praxis[7]

a. *Fall:*

> *Ein in Deutschland lebender, sehr vermögender Unternehmer will seinen zwei Enkeln jeweils hohe Beträge zukommen lassen. Um Steuern zu sparen, will er das über eine liechtensteinische Stiftung abwickeln, die sich recht unproblematisch errichten lässt. Aus dieser Stiftung sollen die Enkel unwiderruflich begünstigt sein.*

Nach § 15 Außensteuergesetz sind Vermögen und Einkommen auch einer Familienstiftung, die Geschäftsleitung und Sitz außerhalb Deutschlands hat, dem Stifter zuzurechnen, wenn er in Deutschland unbeschränkt steuerpflichtig ist, ansonsten anteilig den unbeschränkt steuerpflichtigen Personen, die bei der Stiftung bezugs- und anfallberechtigt sind (Destinatäre). 244

---

3 V. Oertzen Stiftung und Sponsoring, 1/1998, 33
4 Hennerkes/Schiffer, aaO, 168 ff
5 Shamiyeh Stiftung & Sponsoring, 4/1998, 30; Heinhold IWB Gruppe 1, 1555 und 1575 (1999); Wachter DStR 2000, 474 und 1037
6 Siehe auch Schweiz: Degen, Stiftung & Sponsoring, 3/1998, 37; Italien: Hüttemann Stiftung & Sponsoring, 2/2000, 29; Niederlande: V. Ijsselmuiden/Schreiber Stiftung & Sponsoring 2/1998, 34; Schweden: Surmatz Stiftung & Sponsoring, 1/2000, 30; Stiftungsrecht in Europa (Rechtsvergleich): Baumanns Stiftung & Sponsoring, 4/2000, 22
7 Hennerkes/Schiffer, aaO, 182 ff; Raupach/Pohl Stiftung & Sponsoring, 5/1999, 38

245 Die durch die ausländische Stiftung gewollte **steuerliche Abschottungswirkung** gegenüber der deutschen Finanzverwaltung wird durch diese steuerliche Zurechnung also **insoweit durchbrochen,** wenn die Beteiligten in Deutschland einen Wohnsitz oder ihren gewöhnlichen Aufenthalt haben.

246 **Familienstiftungen im Sinne des Außensteuerrechts** sind solche, bei denen der Stifter, seine Angehörigen oder seine Abkömmlinge zu mehr als der Hälfte bezugs- oder anfallberechtigt sind. Unter bestimmten Voraussetzungen sind auch unternehmensverbundene Stiftungen als solche Familienstiftungen (siehe § 15 III AStG).

Zugerechnet werden den Betreffenden nach dem Gesetzestext lediglich Vermögen und Einkommen der Familienstiftung. Auswirkungen hat das Außensteuergesetz damit nach dem Auslaufen der Vermögensteuer bis zu deren etwaiger Wiedereinführung (!) zunächst nur noch auf die Besteuerung des Einkommens (Einkommen- und Körperschaftssteuer). Die Errichtung einer Familienstiftung im Ausland ist also demnach gegenwärtig kein legales Steuersparmodell für die Besteuerung des Einkommens eines (»inländischen«) Stifters und seiner Familie.

247 **Welche Steuersparmöglichkeiten bleiben dennoch, wenn der Wohnsitz in Deutschland beibehalten werden soll?**

Jenseits der Einkommensbesteuerung bietet eine »ausländische« Stiftung für einen »inländischen« Stifter und seine Familie insb folgende Möglichkeiten zur Steuerersparnis:

- ➢ Weil die gesetzliche Zurechnungsregelung nach ihrem Wortlaut allein die Vermögens- und Einkommensbesteuerung betrifft, hat sie (bei einer unternehmensverbundenen Familienstiftung) keinen Einfluss auf Gewerbeertrag und Betriebsvermögen und ist mithin für die **Gewerbesteuer** bedeutungslos.
- ➢ Eine Auswirkung auf die Erbschaft- und Schenkungsteuer ist nach dem ausdrücklichen Wortlaut des Gesetzes ebenfalls ausgenommen. Da die deutsche Erbschaft- und Schenkungsteuer auch bei einer Stiftung im Ausland, wie oben schon angesprochen, in den hier in Frage stehenden Konstellationen anfällt, bleibt dadurch »nur« die Möglichkeit, die **Erbersatzsteuer** einzusparen. Das können im Einzelfall ganz erhebliche Beträge sein. Bei einer deutschen Familienstiftung fällt alle 30 Jahre die sog Erbersatzsteuer an (§ 1 I Nr. 4 ErbStG), wobei das Gesetz zwei selbständig zu besteuernde Vermögensteile fingiert. Im Ergebnis führt das zu einer Steuerbelastung der Stiftung wie sie anfallen würde, wenn der Nachlass alle 30 Jahre auf zwei natürliche Personen der Steuerklasse I verteilt würde (§ 15 II 3 ErbStG). Die Erbersatzsteuer kann im Übrigen bei einer Verzinsung von 5,5 % pro Jahr in 30 gleichen Jahresbeträgen entrichtet werden (§ 24 ErbStG). Die sich auf diese Weise ergebende jährliche Steuerlast ist in etwa mit der Belastung durch die bisherige Vermögensteuer (Steuersatz: 0,6 %) vergleichbar!

Es sind aber in jedem Einzelfall die Steuergesetze am Sitz der Stiftung zu beachten. Die hier möglicherweise anfallenden Steuern sind jedoch zB bei der Errichtung in der »Steueroase« Liechtenstein so gering, dass sie zu vernachlässigen sind.

b. Besondere Gefahr: Irrtümlicher Sitz in Deutschland

Unabdingbare Voraussetzung für die gewünschte Steuerersparnis ist, dass die Familienstiftung weder ihren Sitz, noch ihre Geschäftsleitung in Deutschland hat. Hier wird in der Praxis häufig übersehen,[8] dass aufgrund einer ungeschickten Handhabung der Leitung der ausländischen Familienstiftung sich deren Geschäftsleitung (steuerlicher Sitz) sehr leicht unabsichtlich nach Deutschland verlagern kann. **Was ist zu beachten?** 248

Der **Ort der Geschäftsleitung** ist der Mittelpunkt der tatsächlichen geschäftlichen Oberleitung der Stiftung. Er befindet sich dort, wo der für die Geschäftsführung maßgebende Wille gebildet wird, dh wo alle für die Geschäftsführung nötigen Maßnahmen von einiger Wichtigkeit angeordnet werden, was sich nach dem Gesamtbild der tatsächlichen Verhältnisse des Einzelfalles bestimmt. Die Bewertung der Angelegenheit durch Finanzbehörden und Finanzgerichte erfolgt also nicht abstrakt, sondern konkret für den jeweiligen Einzelfall aufgrund der diesem zugrunde liegenden Sachverhaltseinzelheiten. Dabei kann sich die tatsächliche geschäftliche Oberleitung der Stiftung auch in den Händen anderer als der offiziellen Stiftungsorgane befinden, etwa auch bei einem aktiven Stifter, der keine Organstellung innehat. Entscheidend ist jeweils, wo die maßgebenden Personen tätig sind. In der Rechtsprechung sind hierfür verschiedene Anhaltspunkte herausgearbeitet worden. 249

So hat der BFH[9] insb als maßgeblich betont, 250

- ob sich ein Büro zur Geschäftsleitung am Sitz der Stiftung befindet,
- wo die Geschäftsunterlagen aufbewahrt werden,
- wo die Korrespondenz geführt wird,
- wo sonstige Kontorarbeiten erledigt werden.

Besonders leicht schleichen sich Fehler mit der Folge einer unabsichtlichen Verlegung des Stiftungssitzes nach Deutschland bei den drei letztgenannten Punkten ein.

Fall:

Das »Stiftungsbüro« wird bei einem Treuhänder in Liechtenstein unterhalten, der zugleich Mitglied des Stiftungsrats (= ausführendes Organ der Stiftung) ist. Der aktive Stifter, der ebenfalls Mitglied im Stiftungsrat ist, führt von Deutschland aus wesentliche Korrespondenz der Stiftung. Natürlich benötigt man deshalb auch in Deutschland zumindest die wesentlichen Geschäftsunterlagen. Um den Aufwand zu minimieren, erledigt man mit der Zeit auch die Buchführung in Deutschland. Einige Jahre nach der Errichtung der Stiftung tagt schließlich auch der Stiftungsrat in Deutschland. Das Stiftungsratsmitglied aus Liechtenstein reist an. Die deutschen Stiftungsratsmitglieder »sparen« sich das Reisen nach Liechtenstein.

8 Schiffer Stiftung & Sponsoring 5/1998, 22
9 BFH BStBl. II 1991, 154; vgl auch Nieders FG EFG 1970, 316

Tatsächlich werden die Fehler selten so gehäuft auftreten. Die Beratungspraxis des Verfassers zeigt aber, dass sie sich mit der Zeit leicht einschleichen. Um hier keinen Fehler zu machen, der nicht gewollte und an sich auch unnötige Steuerzahlungen zur Folge hat, ist die Geschäftsleitung einer ausländischen Familienstiftung im Einzelfall fortlaufend sorgfältig mit einem einschlägig spezialisierten Berater fachkundig abzustimmen.

H. Unternehmensverbundene Stiftungen in der Erbfolge 699

ÜBERBLICK

H. Unternehmensverbundene Stiftungen in der Erbfolgegestaltung

Besonders nachhaltig thematisiert wird, wie bereits eingangs dieses Kapitels dargelegt, in Veröffentlichungen und in Vortragsveranstaltungen die unternehmensverbundene Stiftung im Zusammenhang mit der Erb- und Nachfolgegestaltung.

I. Die Beteiligungsträgerstiftung als Normalfall in der Praxis

Für die Stiftung gilt der Grundsatz der Zulässigkeit der »gemeinwohlkonformen Allzweckstiftung«.[1] Die herrschende Ansicht befürwortet vor diesem Hintergrund die Zulässigkeit der unternehmensverbundenen Stiftung bis zur **Grenze der Gemeinwohlgefährdung** im Sinne des § 87 BGB.[2] 251

Zu der hier gleichwohl geführten »wissenschaftlichen« Diskussion seien deshalb nur einige Punkte angemerkt: 252

➢ Die unternehmensverbundene Stiftung ist gegenwärtig eine – allerdings eher seltene – »Normalerscheinung«[3] im Rechtsleben, was auch für die rechtswissenschaftliche Diskussion vermerkt werden sollte, tatsächlich in der theoretischen Diskussion aber nicht immer hinreichend klar wird.[4]

➢ Bedauerlicherweise wird die Diskussion auch von wissenschaftlicher Seite mitunter stark ideologisch geführt.[5]

➢ Es ist auch nicht überzeugend, wenn gegen die Beteiligungsträgerstiftung eine angebliche »Perversion des Stiftungsgedankens«[6] und die angebliche Gefahr von »Selbstbedienungsläden der Organe«[7] eingewendet wird. Das sind drastische Formulierungen und keine Argumente.

➢ Es überzeugt auch nicht, wenn in der »wissenschaftlichen« Diskussion de lege lata eine Rechtslage behauptet, die allenfalls de lege ferenda in Frage kommt.[8]

---

1 Allgemeine Ansicht: Siehe etwa Rawert ZEV 1999, 294

2 Etwa: Palandt/Heinrichs, 60. Aufl., Vorb zu § 80 BGB, Rn 11; Schwintek ZRP 1999, 25, 29; Pöllath in Seifert/v. Campenhausen, aaO, 367 mit einer ausgewogenen Darstellung und Übersicht zu der Problematik

3 Pöllath, aaO, 370

4 Etwa bei Rawert ZEV 1999, 294 ff, der sich nachhaltig gegen die herrschende Meinung wendet. Dazu Schiffer ZEV 1999, 424

5 Beispiel: Rawert in einem Interview von Mecking mit ihm und dem Verfasser in Deutsche Stiftungen (Mitteilungen des Bundesverbandes Deutscher Stiftungen) 3/1999, 45, insb 49 (» … Ich sehe – salopp gesagt – keinen Sinn darin, den VEB durch eine gesetzlich neu geschaffene »Unternehmensstiftung« wieder einzuführen. …«)

6 So Karsten Schmidt DB 1987, 261; wiederholend Rawert ZEV 1999, 294

7 So Rawert ZEV 1999, 294, 296; dazu Schiffer ZEV 1999, 424 und wieder Rawert ZEV 1999, 426

8 So etwa MüKo-Reuter vor § 80 BGB Rn 48

➢ Eine Stiftung kann sich jedenfalls nach gegenwärtiger Rechtslage[9] an jeder Art von Gesellschaft, dh auch an Personengesellschaften – wie der Gesellschaft bürgerlichen Rechts – beteiligen. Sie kann persönlich haftende Gesellschafterin einer Offenen Handelsgesellschaft oder Kommanditgesellschaft (Stiftung & Co. KG) werden, aber auch Kommanditistin einer Kommanditgesellschaft. Als weithin bekannte Praxisbeispiele für die Stiftung & Co. KG seien hier die Schickedanz Holding Stiftung & Co. KG, Fürth, und die Vorwerk Elektrowerke Stiftung & Co. KG, Wuppertal, genannt. Auch andere bedeutende Unternehmen belegen (oder haben belegt), dass die unternehmensverbundene Stiftung und auch die Stiftung & Co. KG in der Rechtspraxis sehr wohl anerkannt und erfolgreich möglich sind:
Die Moeller-Stiftung Holding & Co. KG, Dachholding der Klöckner-Moeller-Gruppe, die Peter Eckes KG mit beschränkter Haftung, Niederolm, die mit der Ludwig-Eckes Familienstiftung und der Peter-Eckes-Familienstiftung sogar über zwei Stiftungskomplementäre verfügt, oder die Lidl u Schwarz Stiftung & Co. KG, Neckarsulm. Als weitere für Stiftungsgestaltungen bekannte Unternehmen sind etwa zu nennen:[10] Würth, Bertelsmann, SAP.

➢ Wer die in der Praxis überzeugende Beteiligungsträgerstiftung zukünftig abschaffen will, sollte vor diesem Hintergrund für eine fruchtbare wissenschaftliche Diskussion (endlich) echte und treffende Argumente für seine Forderung vorbringen.[11]

II. Die unterschiedliche Praxis der Landesstiftungsbehörden

253 Die Praxis der einzelnen Landesstiftungsbehörden bei der Genehmigung von unternehmensverbundenen Familienstiftungen ist bisher in hohem Maße unterschiedlich und häufig bedenklich,[12] was angesichts der relativ wenigen Stiftungsgestaltungen in der Praxis allerdings auch kaum überraschen kann. Es hat sich angesichts der geringen Zahl unternehmensverbundener Stiftungen noch keine bundesweit einheitliche Praxis ausgebildet. Man spricht – überspitzt formuliert – von »stiftungsfreundlichen« und »stiftungsfeindlichen« Bundesländern, wenngleich es immer auf den im Einzelfall tätigen Stiftungsreferenten ankommt.

254 Die restriktive Haltung einzelner Stiftungsbehörden widerspricht ebenso wie der bereits erwähnte Gesetzesentwurf von Bündnis 90/Die Grünen dem durch das Grundgesetz geschützten, aus Art 2 Grundgesetz (persönliche Freiheitsrechte) abgeleiteten Grundsatz der Stifterfreiheit und erscheint von daher schon verfassungsrechtlich bedenklich. Die etwaige Abschaffung der Zulässigkeit der Beteiligungsträgerstiftung würde auch dem allgemein anerkannten Ziel widersprechen, die Stiftungsfreudigkeit in der Bundesrepublik

9 Berndt, aaO; Brandmüller, Gewerbliche Stiftungen, 2. Aufl. 1998; Stengel, Stiftung und Personengesellschaft, 1993; Palandt/Heinrichs, aaO
10 Berndt, aaO, Rn 1456 ff nennt zahlreiche weitere Beispiele
11 Siehe schon Schiffer Stiftung & Sponsoring, 2/2000, 25
12 Hennerkes/Schiffer/Fuchs BB 1995, 207

Deutschland zu fördern. Die Annahme in der Begründung zu dem Gesetzesentwurf von Bündnis 90/Die Grünen,[13] die neue Regelung werde auf die Bereitschaft von Unternehmen, ihr Vermögen für steuerbegünstigte Zwecke zu stiften, keinen negativen Einfluss haben, erscheint zu optimistisch. Es sollten tatsächlich die (potentiellen) Stifter befragt werden. Mit Blick gerade auf bekannte große Unternehmen, die Stiftungsgestaltungen zur Regelung der Unternehmensnachfolge gewählt haben, drängt sich die Frage auf, ob diese überhaupt solche Gestaltungen unter Einbindung von gemeinnützigen Stiftungen etwa über das Modell einer Doppelstiftung gewählt hätten, wenn nicht die Möglichkeit der Beteiligungsträgerstiftung, die erst die sogleich näher zu behandelnde Unternehmenskontinuität gewährleistet, gegeben wäre. Von daher ist es nicht übertrieben, zu sagen, dass die Möglichkeit einer Beteiligungsträgerstiftung die Gründung von gemeinnützigen Stiftungen fördert.

III. Die Stiftung & Co (KG)

Bei der an die GmbH & Co. (KG) angelehnten Stiftung & Co. (KG) übernimmt die Stiftung die Rolle der Komplementärin. 255

Über ihre Führungsrolle als Komplementärin der Gesellschaft ist die Stiftung bei der **Stiftung & Co. KG** in der Lage, nach dem Tod des Stifters eine Art Garantie für die Durchsetzung dessen Willens zu übernehmen.[14]

Die Stiftung dient hier in Zusammenwirkung mit der Stiftungsaufsicht – wenn die Stiftung nicht als von der Stiftungsaufsicht teilweise »befreite« Familienstiftung ausgestattet ist –, als verlängerter Arm des Stifters weit über dessen Tod hinaus. Die Aufhebung der Stiftung und auch jede Satzungsänderung bedürfen der Genehmigung der Stiftungsbehörde, die nur erteilt wird, wenn sie dem erklärten oder mutmaßlichen Willen des Stifters entspricht.

Praxis-Tipp:

Anders als bei der Rechtsform der GmbH & Co KG, die sehr häufig zu finden ist, ist die Stiftung & Co. KG nach wie vor relativ selten. Anders als die Stellung eines GmbH-Geschäftsführers bei einer GmbH & Co. KG ist daher die Position als Vorstand einer Stiftung, die Komplementärin einer Stiftung & Co. KG ist, in der Öffentlichkeit mit einem wesentlich größeren Sozialprestige verbunden. Ähnlich wie für eine Aktiengesellschaft im Vergleich zur GmbH lassen sich für eine Stiftung & Co. KG im Vergleich zur GmbH & Co. KG deshalb nach Erfahrungen aus der Praxis eher geeignete Führungskräfte finden.

In der Praxis trifft man mitunter auf die Ansicht, dass Stiftungsvorstände bei ihrer Tätigkeit schlechter motiviert seien als sonstige Führer von Wirtschaftsunternehmen. Begründet wird das vor allem mit der eben behandelten gerin- 256

13 S 9 der Begründung
14 Näher dazu etwa Hennerkes/Schiffer, BB 1992, 1940

geren Flexibilität von Stiftungskonstruktionen und der damit einhergehenden, in gewisser Weise statischen Haltung des Unternehmens.

Außerdem wird darauf verwiesen, dass gelegentlich der regelmäßig bestehende Stiftungsrat die unternehmerische Tätigkeit des Stiftungsvorstandes unnötig einschränke, wobei mitunter die (ehrenamtlichen) Mitglieder des Stiftungsrates nicht die erforderliche unternehmerische Kompetenz hätten. Es erscheint fraglich, ob dieser Einwand tatsächlich begründet ist. Die **möglichst optimale Besetzung der Organe** ist jedenfalls kein Problem, das spezifisch für Stiftungskonstruktionen ist.

Die »richtige« **Besetzung der Organe** eines Unternehmens ist eine Frage, die sich für Unternehmen in jeder Rechtsform stellt. Gleiches gilt für die Art und Weise der Zusammenarbeit zwischen Geschäftsleitung und Kontrollorgan. Werden hier die richtigen kompetenten Persönlichkeiten gefunden, so dürften sich – abgesehen von der geringeren Flexibilität einer Stiftungskonstruktion – im Falle einer unternehmensverbundenen Stiftung keine zusätzlichen Probleme ergeben, die zu einer Einschränkung der Motivation des Stiftungsvorstandes führen. Letztlich ist die Frage nach der richtigen Motivation der Mitglieder der Führungsorgane einer unternehmensverbundenen Stiftung eine Frage nach den für die Aufgabe geeigneten Persönlichkeiten.

257 Eher zutreffen mag im Einzelfall der folgende Praxis-Tipp.

Praxis-Tipp:

> *Es wird von einem Familienmitglied, das in der Leitung einer unternehmensverbundenen Stiftung tätig ist, die wiederum Mehrheitsgesellschafterin und Komplementärin einer Kommanditgesellschaft ist (Stiftung & Co. KG), beklagt, es fehle die rechte **Motivation für die Familie** zur Mitarbeit im Unternehmen, da das Unternehmen ganz überwiegend nicht der Familie, sondern der Stiftung gehöre.*

258 Ebenso wie die GmbH & Co. KG genießt die Stiftung & Co. KG die **Vorteile einer Personengesellschaft bei gleichzeitiger Vermeidung des Haftungsnachteils.** Anders als bei der GmbH & Co. KG ist bei der Stiftung & Co. KG die »beschränkte Haftung natürlicher Personen« rechtlich sogar noch perfekter ausgestaltet. Bei der Komplementärstiftung als rechtsfähigem Sondervermögen ohne Gesellschafter ist eine **Durchgriffshaftung ausgeschlossen,** während eine solche Haftung für die hinter einer Komplementär-GmbH stehenden Gesellschafter durchaus möglich ist. Die Stiftung & Co KG kann man insofern also als konsequente Fortentwicklung der GmbH & Co. KG bezeichnen.

Praxis-Tipp:

> *Wählt der Stifter zur angemessenen Verstetigung seines Willen die Gestaltung einer Stiftung & Co. KG, so ist der Stiftung im Gesellschaftsvertrag der Kommanditgesellschaft eine entsprechend starke Stellung einzuräumen. Es sollte insbesondere bestimmt werden, dass Änderungen des KG-Vertrages jedenfalls in wichtigen Fällen der Zustimmung der Stiftung bedürfen.*

259 Die Stiftung ist keine Kapitalgesellschaft. Sie gehört nicht zu den im Mitbestimmungsgesetz abschießend aufgezählten Gesellschaften. Sie ist daher ebenso wie die Stiftung & Co. von der **Mitbestimmung** nach dem Mitbestimmungsgesetz befreit. Möglich bleibt jedoch die Mitbestimmung nach dem Betriebsverfassungsgesetz.

IV. Rechtsänderung: Neues zur Publizität bei der Stiftung & Co.

260 Eine Änderung gegenüber der gegenwärtigen Rechtslage hat sich bei der Publizität für die Stiftung & Co. KG ergeben, was hier besonders erwähnt werden soll, weil gerade mittelständische Unternehmen (fälschlicherweise?) als recht publizitätsscheu gelten. Auf Klage der europäischen Kommission hat der EuGH mit Urteil vom 22.4.1999 (Rs.C-272/97)[15] die Bundesrepublik Deutschland verurteilt, die sog GmbH & Co. – Richtlinie unverzüglich in deutsches Recht umzusetzen. Schon knapp vor dem Urteil ist das Umsetzungsgesetz vorgelegt worden.[16] Am 28.7.1999 hat die Bundesregierung einen überarbeiteten Gesetzesentwurf verabschiedet, der am 13.8.1999 veröffentlicht[17] und am 16.12.1999 vom Bundestag verabschiedet worden ist; der Bundesrat hat am 4.2.2000 zugestimmt.[18]

➢ Betroffen ist entgegen früheren Äußerungen aus der »Politik« auch die Stiftung & Co. KG.[19] Das wäre, wie der Bundesjustizminister seinerzeit betonte, nach der EG-GmbH & Co. Richtlinie an sich nicht erforderlich.[20] Ob in einer solchen Publizität tatsächlich ein Nachteil liegt, ist zu bezweifeln.

Praxis-Tipp:

»Publizität« wird in modernen Unternehmen sinnvollerweise als Marketinginstrument genutzt. Ähnlich wie bei einem Börsengang dieser Aspekt im Zusammenhang mit der Frage nach der sog »Börsenreife« behandelt wird, ist es eine Frage der sogleich gesondert zu behandelnden »Stiftungsreife«[21] des Stifters und des Nachfolgegründers, ob die Publizität der Stiftung & Co. KG positiv verstanden und aufgegriffen wird.

15 GmbHR 1999, 535 ff
16 Siehe etwa Heni DStR 1999, 912, 914
17 BR-Ds 458/99; siehe dazu Stuckert StuB 1999, 816 ff; Bihr BB 1999, 1862 ff
18 Schiffer/v. Schubert DB 2000, 437, 440
19 Ernst DStR 1999, 903, 904; Begründung zu dem Gesetzesentwurf, 23
20 Siehe etwa bei Hennerkes/Schiffer BB 1992, 1940, 1943; siehe auch die klare Aussage in der Begründung zu dem Gesetzesentwurf, 23
21 Näher dazu nachfolgend in Abschnitt J

V. Die Doppelstiftung

261 In der Praxis findet sich die Kombination einer Familienstiftung mit einer gemeinnützigen Stiftung (sog Doppelstiftung). Dieses Modell lässt sich wie folgt kennzeichnen:[22]

Zwei Schritte zur Doppelstiftung:

➢ 1. Schritt:
Der Familienunternehmer überträgt beispielsweise alle seine Gesellschaftsanteile, die nicht benötigt werden, um den Unterhalt der Familie nachhaltig zu sichern, auf eine steuerbefreite, gemeinnützige Stiftung.

➢ 2. Schritt:
Die restlichen Anteile überträgt er auf eine Familienstiftung, die die unternehmerische Verantwortung dadurch trägt, dass das Stimmrecht für die von der gemeinnützigen Stiftung gehaltene Anteile ausgeschlossen wird. Dabei wird die gemeinnützige Stiftung gerade nicht mitunternehmerisch an einer Personengesellschaft beteiligt. Sie führt keinen wirtschaftlichen Geschäftsbetrieb.

Das Modell der Doppelstiftung kombiniert die Vorteile einer unternehmensverbundenen Stiftung mit den Steuervorteilen einer gemeinnützigen Stiftung.

262 Das Modell der Doppelstiftung soll hier beispielhaft anhand einer – was angesichts mancher Zeitungsberichte über eine bestimmte andere Stiftungsgestaltung betont werden muss – praktisch außer Streit stehenden Gestaltung aus dem Bereich der großen Familienunternehmen beleuchtet werden:

Praxis-Tipp:

*Die bekannte »**Robert Bosch Stiftung GmbH**« ist mit über 90 % an der Unternehmung Robert Bosch GmbH, Stuttgart beteiligt. Geleitet wird die Unternehmung Robert Bosch GmbH aber nicht etwa durch die Stiftung GmbH, sondern durch an der Robert Bosch GmbH mit einem »Zwerganteil« beteiligten Robert Bosch Industrie Treuhand KG, die auch das Stimmrecht aus den Anteilen der Robert Bosch Stiftung GmbH erhalten hat.*

Diese juristische Konstruktion, die ebenso bei Einsatz einer Stiftung anstelle einer GmbH möglich wäre, dient der deutlichen Trennung zwischen dem Unternehmen einerseits und der gemeinnützigen Aufgabenstellung andererseits.

Die Unternehmensführung liegt, um die Steuerbefreiung zu erhalten, nicht bei der gemeinnützigen Stiftung GmbH, sondern bei der Kommanditgesellschaft.

Der gemeinnützige Bereich stellt also steuerfrei das Betriebskapital bereit, mit dem der Unternehmensvorstand arbeitet.

22 Vgl Hennerkes/Schiffer, aaO, 216 ff

Mit ihrer gegenseitigen Funktionsbezogenheit arbeiten im Fall der Doppelstiftung beide Stiftungen in Verantwortung für das Unternehmen zur Erhaltung und Vermehrung der Vermögenssubstanz zusammen. Dabei besteht in der Regel eine weitgehende organisatorische und personelle Übereinstimmung zwischen den beiden Stiftungen. Gleichzeitig wird nachhaltig ein gemeinnütziger Zweck gefördert. Die Doppelstiftung kombiniert damit auch im besten Sinne des Wortes die **»Sinn-Stiftung«** in der Form der gemeinnützigen Stiftung mit der Unternehmenssicherung in Form der gesamten Stiftungsgestaltung. Sie ist damit Ausdruck eines verantwortungsbewussten und eigenverantwortlichen Unternehmertums. Ist die Beteiligungsträgerstiftung nicht mehr zulässig und/oder wird sie in Form der Familienstiftung – wie vorgesehen durch eine zeitliche Begrenzung (siehe dazu sogleich) – erschwert, so kann keine »Doppelstiftung« im dargestellten Sinne mehr errichtet werden. Damit fällt dann auch die gemeinnützige Stiftung oder die sonstige gemeinnützige Körperschaft weg. 263

VI. Grundlegende Vor – und etwaige Nachteile einer Beteiligungsträgerstiftung[23]

Die Beteiligungsträgerstiftung ist nach dem Vorstehenden also grundsätzlich als Ansatz für eine Nachfolgegestaltung denkbar. Damit stellt sich die Frage: **Warum sollte ein Unternehmer bei der Nachfolgeregelung einem solchen Modell zustimmen? Worauf sollte er bei einer solchen Gestaltung zudem besonders achten?**

1. Vorteil: Sicherung der Unternehmenskontinuität

Eine Stiftungskonstruktion im Unternehmensbereich bietet dem Unternehmer, seinem Nachfolger und dem Unternehmen als sozialer Einheit vor allem den Vorteil der Sicherung der Unternehmenskontinuität.[24] Damit kann insb im objektivierten Interesse aller Beteiligten auch den eingangs angesprochenen Gefahren wirkungsvoll begegnet werden, die sich für Familienunternehmen bei einer Mehrzahl von Erben ergeben. 264

Die Sicherung der Unternehmenskontinuität ist einer der hervorragenden Gründe, warum mittelständische Unternehmer sich in ganz bewusster Wahrnehmung ihrer Verantwortung für das Unternehmen und die Unternehmerfamilie für Stiftungslösungen zur Regelung der Unternehmensnachfolge interessieren und sich gegebenenfalls zu einer solchen Lösung entschließen. Mögliche Wünsche nach Veräußerung oder Auszahlung der Anteile zu Lasten der Unternehmensliquidität entfallen bei einer Stiftungskonstruktion. Dieser besondere Vorteil der Kontinuität kann jedoch im negativen Fall mit mangelnder Flexibilität einhergehen.

23 Schiffer/v. Schubert, DB 2000, 437
24 Etwa: Berndt, aaO, 389

2. Gestaltungserfordernis: Flexibilität für das Unternehmen erhalten

265 Der Unternehmensnachfolger und Gründer sollte deshalb, wenn er einer Stiftungsgestaltung im Interesse des Unternehmens zustimmt, gemeinsam mit seinem Berater besonders darauf achten, dass die Stiftungsgestaltung die für das Unternehmen erforderliche Flexibilität gewährt. Kann doch die Stiftungssatzung nur in dem durch den tatsächlich geäußerten oder mutmaßlichen Willen des Stifters gesetzten engen Rahmen geändert wenden; für die Änderung ist außerdem grundsätzlich die Zustimmung aer Stiftungsaufsicht erforderlich. Die Stiftung ist damit vom Ansatz her statisch und wenig flexibel. Folglich können auch Unternehmen, die in Form von Stiftungskonstruktionen gestaltet sind, auf Änderungen ihres Marktes und der wirtschaftlichen Rahmenbedingungen durch eine Änderung der Unternehmensstruktur nur bedingt reagieren – jedenfalls solange die Stiftungskonstruktion beibehalten werden soll.

266 Durch eine **sorgfältige Gestaltung** der Stiftungskonstruktion und eine überlegte Formulierung der Stiftungsverfassung kann allerdings ein erhöhtes Maß an Flexibilität erreicht werden.

- So kann den Stiftungsorganen in der Stiftungsverfassung beispielsweise ausdrücklich die Möglichkeit eingeräumt werden, Anpassungen an veränderte wirtschaftliche Verhältnisse im Bereich der Stiftung durchzuführen. Die Stiftungsaufsichtsbehörde darf, da sie den in der Satzung dokumentierten Stifterwillen zu beachten hat, die Zustimmung zu einem geänderten, den neuen wirtschaftlichen Rahmenbedingungen entsprechenden Verhalten der Stiftung grundsätzlich nicht verweigern.
- Denkbar ist außerdem zB eine Ermächtigung in der Stiftungssatzung zu einem Wechsel der Rechtsform des Unternehmens in besonderen Fällen. Hinzuweisen ist auch auf die Möglichkeit, in dem Gesellschaftsvertrag einer Stiftung & Co. (KG) den Ausschluss der Komplementär-Stiftung im Wege eines Mehrheitsbeschlusses der Kommanditisten vorzusehen. Ersichtlich ergibt sich in diesen Fällen als Preis für die erhöhte Flexibilität aber die Konsequenz, dass die möglicherweise vom Stifter gewünschte »ewige« Verbindung zwischen Unternehmen und Stiftung in letzter Konsequenz gelöst werden könnte.

Mit einer durchdachten Gestaltung der Stiftungskonstruktion lässt sich also im Einzelfall einiges an der erforderlichen Flexibilität für ein Unternehmen erreichen. Das darf jedoch nicht darüber hinwegtäuschen, dass die Flexibilität von Personen- und Kapitalgesellschaften bei einer Stiftungskonstruktion nicht erreicht werden kann. Ebenso wie die GmbH & Co. KG genießt dabei die Stiftung & Co. KG im Übrigen aber die Vorteile einer Personengesellschaft bei gleichzeitiger Vermeidung des Haftungsnachteils. Darauf muss hier nicht näher eingegangen werden.[25]

25 Näher dazu etwa Berndt, aaO, 397

3. Kapitalbeschaffung am Kapitalmarkt als Problem?

Ein weiterer Punkt ist hier noch zu erwähnen. Es ist ein allgemein beklagter Umstand, dass die Kapitaldecke deutscher Unternehmen – insb deutscher Familienunternehmen – oftmals recht dünn ist. Die finanziellen Möglichkeiten der Unternehmerfamilien reichen gerade in Zeiten neuer wirtschaftlicher Herausforderungen nur bedingt aus, um das für das Unternehmen erforderliche Kapital zur Verfügung zu stellen. Ab Ende der 80er Jahre haben sich daher zahlreiche Unternehmerfamilien dazu entschlossen, mit ihren Unternehmen an die Börse zu gehen, um die Kapitalbasis für ihr Unternehmen zu verbreitern. Unternehmen, die in Form einer Stiftungskonstruktion gestaltet sind, ist das jedenfalls auf direktem Weg verschlossen. 267

Da gegenwärtig allein der Aktiengesellschaft und der Kommanditgesellschaft auf Aktien der direkte Zugang zum Kapitalmarkt möglich ist, besteht für unternehmensverbundene Stiftungen, die nicht an einem Unternehmen in einer der genannten Rechtsformen der Rechtsformen beteiligt sind, keine Möglichkeit der Kapitalbeschaffung über die Börse. Die Umwandlung einer Stiftung in eine andere Rechtsform ist ausgeschlossen. Insgesamt ist festzuhalten, dass es einer unternehmensverbundenen Stiftung in aller Regel tendenziell deutlich schwerer fallen wird, das für anstehende größere Investitionen erforderliche Kapital zur Verfügung zu stellen. Aber auch hier lassen sich Gestaltungen etwa über Tochtergesellschaften, die an die Börse gehen, oder über die Gestaltung einer Kommanditgesellschaft auf Aktien (KGaA) finden, um eine Kapitalbeschaffung am Kapitalmarkt zu ermöglichen.

VII. Stiftungen und Mitarbeiterbeteiligung?

Zu bedenken ist bei dem Blick in die Praxis gerade auch, wie sehr gerade Unternehmen, die von Stiftungen dauerhaft mitgetragen werden, sich für eine **Mitarbeiterbeteiligung** eignen. Gerade in von Stiftungen getragenen Unternehmen lässt sich über eine Mitarbeiterbeteiligung der (vermeintliche) Gegensatz zwischen Arbeitnehmer- und Kapitalgeberinteressen elegant aufheben, stehen doch auf der Kapitalgeberseite, der Stiftung, keine wirklichen Kapitalgeber, die versuchen könnten, einseitig ihre Interessen durchzusetzen. Die Stiftung ist vielmehr eine von Einzelpersonen, Mitgliedern oder Gesellschaftern unabhängige Vermögensansammlung. 268

Wie positiv die Mitarbeiterbeteiligung betriebs- und volkswirtschaftlich schon allgemein zu bewerten ist, muss hier nicht wiederholt werden. Es entspricht allgemeiner Meinung und ergibt sich beispielsweise 269

- aus dem Wegweiser der Bundesregierung aus 1999 für Arbeitnehmer und Arbeitgeber zur »Mitarbeiterbeteiligung am Produktivvermögen« und
- aus dem von der Bertelsmann-Stiftung und von der Prognos GmbH 1997 herausgegebenen Leitfaden für die Praxis, »Mitarbeiter am Kapital beteiligen«

Dort werden auch die verschiedenen rechtlichen Möglichkeiten näher erläutert.

270 Bei der **Integration einer Beteiligungsträgerstiftung in ein Mitarbeiterbeteiligungsmodell** (MAB) beherrscht die Stiftung entweder die Gesellschaft (Modell 1) oder sie ist das »Zünglein an der Waage« (Modell 2)

MAB-Modell 1

GmbH-Beteiligungsstruktur		
Stiftung 51 %	Unternehmer 25 %	MAB 24 %

MAB-Modell 2

GmbH-Beteiligungsstruktur		
Stiftung 2 %	Unternehmer 49/%	MAB 49 %

271 Gerade über solche Fallkonstellationen kann eine Stiftung gegebenenfalls ein geeignetes Gestaltungsinstrument zur Lösung eines Unternehmensnachfolgeproblems sein, wenn ein geeigneter Nachfolger nicht vorhanden ist. Im Zusammenhang mit der Aktivierung des enormen Mitarbeiterbeteiligungspotenzials vermeidet eine Stiftung klassischerweise überholte Interessengegensätze, da über die Stiftung eine nicht personenorientierte, sondern eine sachorientierte Entscheidungsfindung sichergestellt wird. Die Stiftung steht hier die Neutralität und Sachorientierung her, die auch von Unternehmerseite für die Unternehmensfortführung und -erhaltung typischerweise gewünscht wird.

VIII. Gemeinnützige Stiftungen im Unternehmensbereich?

272 Im Unternehmensbereich kann eine gemeinnützige Stiftung auch über die bereits angesprochene Möglichkeit der Doppelstiftung hinaus eine sinnvolle Rolle spielen und gleichzeitig der Allgemeinheit dienen.

- Unternehmenseinkünfte können zB dem eventuellen Wunsch der Familie entsprechend ganz oder teilweise gemeinnützigen Zwecken zugeführt werden, was durchaus als positiver Marketingeffekt für das Unternehmen genutzt werden kann. Ohne eine gemeinnützige Stiftung könnte das über steuerbegünstigte Spenden nur in begrenztem Umfang geschehen. Vor allem »Bertelsmann« gibt dafür immer wieder interessante Beispiele.
- Eine gemeinnützige Stiftung kann, wenn sie nicht unmittelbar an dem Unternehmen beteiligt ist, als Kreditgeber für das Unternehmen fungieren. Sie erwirtschaftet dann entsprechend ihrem Satzungszweck ihr Einkommen durch zinspflichtige Darlehensgewährung an das Unternehmen. Dabei müssen die Bedingungen des Darlehens (Verzinsung, Sicherung, ...) zur steuerrechtlichen Anerkennung grundsätzlich dem Vergleich mit einem von dritter Seite gewährten Darlehen standhalten.

Für die Praxis sind hier vor allem drei Punkte festzuhalten: 273

- Trotz möglicher Vorteile sollten auch gemeinnützige Stiftungen nicht einseitig als »Steuersparmodelle« betrachtet werden, sondern als Möglichkeit, (auch) der Allgemeinheit zu dienen.
- Die Gesamtgestaltung muss vor allem in sich stimmig sein und für die betreffende Familie passen.
- Die Familie muss die Stiftungslösung annehmen und, obwohl das Stiftungsvermögen rechtlich dauerhaft »weggegeben« wird, nicht als eine Art »Familienenteignung« auffassen.

I. Die »private« Stiftung in der Erbfolgegestaltung 713

ÜBERBLICK

I. Die »private« Stiftung in der Erbfolgegestaltung

»Private« Stiftungen kommen für die Erbfolgegestaltung als Familienstiftungen, als gemeinnützige Stiftungen und als mildtätige Stiftungen in Betracht. Die rechtlichen Grundlagen dieser Stiftungsformen wurden oben bereits näher dargestellt. Hier bleibt mithin nur noch folgende Frage zu beantworten:

Für welche typisierten (!) Fälle sind die jeweiligen Stiftungsformen geeignet?

I. Die Familienstiftung

Die Familienstiftung dient typischerweise dazu, größere Vermögen zusam- 274
menzuhalten und die Familie zu versorgen. Damit sind nicht nur die bereits ausführlich behandelten Fälle der unternehmensverbundenen Stiftungen gemeint. Auch nicht unternehmerisch orientierte Vermögen lassen sich natürlich in einer Familienstiftung zusammenhalten. In der Praxis finden sich hier oft Mischfälle. Der Umfang der Versorgung der Familie reicht von regelmäßigen Zahlungen an die betreffenden Familienmitglieder bis zur Unterstützung »nur« bei der Ausbildung und in Notlagen.

II. Die gemeinnützige Stiftung

Die gemeinnützige Stiftung ist der **häufigste Fall** der Stiftung. Der Stifter 275
möchte – aus welchen Gründen auch immer – mit der Stiftung der Allgemeinheit dienen und entsprechende Zwecke fördern, was der Gesetzgeber durch die oben bereits behandelten steuerlichen Vergünstigungen ganz bewusst »versüßt«. Die (schon zu Lebzeiten errichtete) gemeinnützige Stiftung wird zur (Mit-)Erbin oder als Vermächtnisnehmerin eingesetzt.

Es wird allgemein erwartet, dass die Zahl solcher Stiftungen angesichts der zur Übertragung anstehenden gewaltigen Vermögensmassen der Aufbaugeneration, die »ihrem Staat« über die Steuerzahlungen hinaus etwas zurückgeben will, steigen werden. Das sieht auch der Gesetzgeber so, der solche Vorhaben mit seinem neuen Stiftungssteuerrecht noch zusätzlich fördern will. Diese Erwartungen klingen plausibel, sind aber natürlich bisher nur eine Spekulation.

Gemeinnützige Stiftungen müssen **der Allgemeinheit dienen.** Der Kreis der 276
geförderten Personen darf also nicht fest abgeschlossen sein (§ 52 AO). Das wird nicht selten verkannt. So ist zB der Gedanke aufgekommen, mit einer gemeinnützigen Stiftung die Mitarbeiter des eigenen Unternehmens und deren Angehörige zu fördern (Praxisfall: Allgemeines Versorgungswerk für die Mitarbeiter). In einem solchen Ansatz kann, obwohl der Begriff der Allgemeinheit als unbestimmter Rechtsbegriff im Fluss ist,[1] grundsätzlich keine

1 Gresch in Klein, Abgabenordnung, 7. Aufl. 2000, § 52 AO, Rn 2 ff

Förderung der Allgemeinheit liegen, denn die Angehörigen eines Unternehmens bilden einen fest abgeschlossenen Kreis.

➢ Dem steht aber nicht entgegen, mit einer gemeinnützigen Stiftung mittelbar und gleichzeitig auch dem »Image« eines Unternehmens zu dienen. Bertelsmann/Mohn oder auch die Volkswagen-Stiftung sind dafür hervorragende Beispiele.

III. Die »gemeinnützige Familienstiftung«

277 Auf die »gemeinnützige Familienstiftung«, die der Gesetzgeber in § 58 Ziffer 5 AO erfunden hat, ist bereits oben eingegangen worden. Bei jeder gemeinnützigen Stiftung sollte dieser Aspekt – und sei es als Notfallvorsorge – mit dem potentiellen Stifter erörtert werden.

IV. Die mildtätige Stiftung – die »mildtätige Familienstiftung«

278 Anders als bei der gemeinnützigen Stiftung muss hier nicht die Allgemeinheit gefördert werden. Mildtätigkeit bedeutet vielmehr die Unterstützung einzelner bedürftiger Personen. In der Praxis sind die Grenzen oft fließend. Für die Steuerbegünstigung ist es ja auch unerheblich, ob die Stiftung gemeinnützige oder mildtätige Zwecke fördert. Auch die Finanzverwaltung grenzt hier in der Regel bei der Veranlagung nicht konkret ab.

279 Soweit die wirtschaftliche oder persönliche Hilfsbedürftigkeit iSd § 53 AO vorliegt, können über eine mildtätige Stiftung auch **Familienangehörige** oder **Angehörige eines Unternehmens** gefördert werden. Hier dürften sich in der Zukunft vor dem Hintergrund der erwarteten Stiftungsrenaissance interessante Ansätze ergeben. Man denke nur an die Förderung von bedürftigen Personen in einer Großfamilie. Es gibt beispielsweise durchaus Adelsgeschlechter, die diesen Ansatz einer »mildtätigen Familienstiftung« erfolgreich vorleben.

J. Beratungsproblem: Das Erfordernis der »Stiftungsreife« . . . 717

ÜBERBLICK

J. Beratungsproblem: Das Erfordernis der »Stiftungsreife«[1]

Aufsichtsbehörden und Stiftungsanwälte stehen nicht selten vor dem Problem des Auseinanderfallens von Stiftungssatzung und Stiftungswirklichkeit. Dieser Befund belegt, dass es nicht eben ganz leicht ist, in dieser Spezialmaterie zu beraten. Das soll hier näher hinterfragt werden.

I. Errichtung und Kontrolle von Stiftungen

Steuerbegünstigte gemeinnützige Stiftungen und auch nicht steuerbegünstigte 280 Stiftungen werden aus den verschiedensten Gründen errichtet. Neben philanthropischem Engagement stehen hinter dem Wunsch zur Errichtung einer Stiftung nicht selten zugleich legitime Eigeninteressen – wie etwa die Hoffnung auf eine dauerhafte Nachfolgeregelung für das Familienunternehmen, die langfristige Sicherung des Familienvermögens, das Wachhalten der Erinnerung der zukünftigen Generationen an die Person des Stifters oder eine sonstige bedeutende Person, deren Namen die Stiftung trägt. Zunehmend findet man auch das Zusatzmotiv der steuergünstigen Öffentlichkeitsarbeit bei unternehmensnahen gemeinnützigen Stiftungen.

Welche Ziele eine Stiftung verfolgen soll, wird in der Stiftungssatzung und dort insb in dem Stiftungszweck ausdrücklich festgelegt. Der Stiftungszweck bestimmt sich ausschließlich nach dem Willen des Stifters. Nach der Genehmigung durch die Aufsichtsbehörden ist der Stiftungszweck grundsätzlich der Disposition des Stifters und der von ihm gewählten Stiftungsorgane entzogen. Die Formulierung und Ausgestaltung des Stiftungszwecks und der Satzung insgesamt bedarf daher – wie oben ausführlich dargestellt – ganz besonderer Sorgfalt.

Die Erfüllung des Stiftungszwecks obliegt den vom Stifter bestimmten Stif- 281 tungsorganen, deren Arbeit überwiegend durch die staatlichen Stiftungsaufsichtsbehörden überwacht wird. Bei der steuerbefreiten gemeinnützigen Stiftung kommt hinsichtlich der Einhaltung der Vorschriften des Gemeinnützigkeitsrechts die Kontrolle durch die Finanzverwaltung hinzu. Die Finanzverwaltung achtet zunehmend auf die Einhaltung der §§ 51 ff Abgabenordnung. Von den Finanzbehörden wird vor allem überprüft, ob die tatsächliche Geschäftsführung einer gemeinnützigen Stiftung auf die ausschließliche und unmittelbare Erfüllung der steuerbegünstigten Zwecke gerichtet ist und den Bestimmungen entspricht, die die Stiftungssatzung über die Steuervergünstigungen enthält (§§ 63, 59 AO). Außerdem wird insb die satzungsmäßige Vermögensbindung der Stiftung (§ 61 AO) und – wie die aktuelle Praxis zeigt – die zeitnahe Verwendung der Mittel der Stiftung geprüft.

1 Ausf. Schiffer/Bach Stiftung & Sponsoring, 4/1999, 16 und 5/1999, 21; Schiffer/v. Schubert DB 2000, 437; dem dort entwickelten Ansatz ausdrücklich folgend Wachter, aaO, 32

282 Eine **interne Kontrolle,** wie sie ein Verein durch seine Mitglieder und eine Gesellschaft durch ihre Gesellschafter erfährt, fehlt der Stiftung. Sie hat weder Mitglieder noch Eigentümer, die diese Funktion übernehmen könnten. Eine gewisse Kontrolle außer der durch einen Stiftungsrat, der aber eben auch selbst Organ (!) der Stiftung ist, wird durch die Destinatäre der Stiftung und den Stifter ausgeübt, die in der Regel ein materielles oder ideelles Eigeninteresse an einer satzungsgemäßen Zweckerfüllung der Stiftung haben.

283 Die **Aufsichtsbehörden** sind für ein schnelles Eingreifen regelmäßig auf »stiftungsinterne« Hinweise angewiesen. Die Rolle, die die Destinatäre dabei spielen, ist praktisch zu vernachlässigen. Sie sind weder an der Stiftungsführung beteiligt, noch haben sie einen konkreten Einblick in die Geschäfte der Stiftung. Ein Rechtsanspruch für sie auf Leistungen durch die Stiftung ist zudem fast immer ausdrücklich satzungsmäßig ausgeschlossen. Familienstiftungen und unternehmensverbundene Stiftungen bilden insoweit eine Ausnahme, als die Familienmitglieder oder Unternehmensangehörige häufig in einer besonderen Nähebeziehung zur Stiftung stehen, die ihnen zumindest einen begrenzten Einblick in die interne Stiftungstätigkeit ermöglicht.

284 Eine wirksame (innere) Kontrolle der Stiftungstätigkeit obliegt folglich im wesentlichen dem **Stifter.** Er kann durch eine besonnene Ausgestaltung der Stiftungssatzung und die kluge Regelung zur Besetzung der Stiftungsorgane späteren Unregelmäßigkeiten in der Stiftungsführung frühzeitig begegnen. Ist er Mitglied eines Stiftungsorgans (Stiftungsvorstand oder Stiftungsratsmitglied), kann er zusätzlich einwirken. Dies setzt jedoch voraus, dass sich der Stifter selbst an die Stiftungssatzung gebunden fühlt.

II. Verstöße gegen den Stiftungszweck

285 Wie die Praxis zeigt, treten vor allem Probleme auf, wenn der Stifter selbst unmittelbar oder mittelbar durch die von ihm (faktisch) kontrollierten Stiftungsorgane, oder wenn eben diese Stiftungsorgane – nach dem Tod des Stifters – autonom gegen den Stiftungszweck und den rechtlichen Rahmen der Stiftung verstoßen. Ein solcher Verstoß kann verschiedene Gründe haben.

- Mitunter sind Verstöße auf **schlecht formulierte Stiftungssatzungen** zurückzuführen, in denen der ursprüngliche Stifterwille nur unzureichend zum Ausdruck kommt. Die Stiftungswirklichkeit hat sich in diesen Fällen schleichend von der Stiftungssatzung und dem Stiftungszweck entfernt. Es werden beispielsweise bei einer unternehmensverbundenen Familienstiftung, die einst zur Erhaltung des Familienunternehmens und zur finanziellen Absicherung der Familie des Stifters errichtet worden ist, mit der Zeit die Ausschüttungen an die Destinatäre als nicht mehr so »wesentlich« empfunden. Die **»Ausschüttungspolitik«** der Stiftung wird vorrangig von den Interessen des Unternehmens bestimmt. Diese Interessen widersprechen zunehmend denen der Familiendestinatäre. Oder es werden bei einer unternehmensnahen gemeinnützigen Stiftung unter Verstoß gegen den Grundsatz der zeitnahen Mittelverwendung die Mittel der Stiftung verspätet ausgezahlt und »vorübergehend« dem Unternehmen zugeführt, um dieses in Krisenzeiten zu unterstützen.

- Teilweise werden an die Gründung der Stiftung auch **falsche Vorstellungen und Erwartungen** geknüpft, die vom Stiftungszweck grundsätzlich nicht gedeckt sind und/oder vom Stiftungsrecht nicht gedeckt werden können. So bieten Stiftungsgestaltungen – etwa die Stiftung & Co KG – gerade im Unternehmensbereich wie oben dargestellt regelmäßig eine geringere Flexibilität als andere Rechtsformen für Unternehmen.
- In seltenen Fällen sollen, wie die Praxis leider zeigt, durch die Stiftungserrichtung auch treuwidrige Ziele verfolgt werden, die mit dem Wesen der Stiftung von vornherein unvereinbar sind.
- Der in der Praxis häufigste Fall ist aber wohl, dass sich ein Stifter der vollen **Tragweite einer Stiftungserrichtung** nicht bewusst ist:

Praxis-Tipp:

Der Stifter verkennt, dass die Stiftung ein sehr langlebiges Gebilde ist, dessen Wirkung sich auf die Ewigkeit richtet. Die Stiftung eignet sich nicht zur Verfolgung kurzfristiger oder gar kurzsichtiger Ziele. Die einmal genehmigte Stiftung genießt mit ihrem jeweiligen spezifischen Stiftungszweck staatlichen Bestandsschutz – auch gegenüber dem Stifter. Stiftern ist mitunter nur schwer zu vermitteln, dass sie mit der wirksamen Stiftungserrichtung das Eigentum an dem Stiftungsvermögen verlieren. Dieses geht auf die Stiftung über, ohne dass der Stifter dadurch Eigentum an der Stiftung erlangt. Die Stiftung ist ausschließlich sich selbst und ihrer Satzung verpflichtet. Darüber sollte ein Stifter in jedem Fall ausdrücklich belehrt werden.

Letztlich ist es häufig eine **Mischung** aus enttäuschten Erwartungen und Unkenntnis der Grundprinzipien des Stiftens, die in der Praxis zu Verstößen gegen die Stiftungssatzung führen. So scheuen Stifter den vermeintlich mühsamen Weg über die behördlich genehmigte Satzungsänderungen. Sie sehen hier oft einen unnötigen Formalismus und betrachten das Stiftungsvermögen nach wie vor als ihr Vermögen. Sie akzeptieren nicht, dass Stiftungszweck und Stiftungsvermögen ihrer freien Disposition entzogen sind und verfahren mit der Stiftung so, wie sie es für angemessen halten. Die Kontrolle durch die Stiftungsorgane versagt in diesen Fällen regelmäßig, weil die Organe durch den Stifter kontrolliert werden. 286

Bei den nicht steuerbefreiten Familienstiftungen spielen mitunter auch persönliche Vorlieben und Abneigungen zwischen Stifter, Stiftungsorganen und Destinatären eine besondere Rolle, die die jeweilige Stiftungspolitik stark beeinflussen können. In der Folge verkennt der Stifter, dass sich eine Stiftungssatzung – anders als eine testamentarische Verfügung – nicht nach Gemütslage abändern lässt. Der materielle Schaden, der für Stiftung und Gesellschaft aus solchen Verstößen entsteht, ist meist jedoch gering. Dies liegt daran, dass die Stiftung die Erträge auch weiterhin ausschüttet – wenn auch für einen anderen Zweck bzw an einen anderen Destinatär. Viel größer ist hier der Vertrauensschaden, den diese Verstöße bei den Stiftungsorganen, den Destinatären und schlimmstenfalls auch in der Öffentlichkeit hinterlassen. In der Praxis sind Verstöße gerade hier nur schwer feststellbar. Die Aufsichtsbehörden sind auf Hinweise Dritter angewiesen, die sich durch das Vorgehen des Stifters benachteiligt fühlen. Es kommt deshalb nicht selten vor, dass diese Stifter jahrzehntelang unbehelligt bleiben.

287 Mitunter wird das Problem erst mit dem Tod des Stifters bekannt. Es bleibt dann den Hinterbliebenen nur, mit Hilfe von Aufsichtsbehörden und Stiftungsanwälten eine vertretbare Lösung zu erarbeiten. Dies wird dadurch erschwert, dass bei der Neufassung eines Stiftungszwecks die Absicht des Stifters stets zu berücksichtigen ist. Aus einem vorgeschobenen Stiftungszweck lassen sich aber nur selten brauchbare Lösungen herleiten.

III. Lösungsansätze – »Stiftungsreife« analog der Börsenreife

288 Eine Kontrolle des Stifters selbst erscheint weder sonderlich praktikabel, noch ist sie letzten Endes wirklich erforderlich. Schließlich entäußert sich der Stifter eines Gutteils seines Vermögens, um einen bestimmten Zweck zu verfolgen. Es ist zuvorderst in seinem eigenen Interesse, dass die Stiftung ihr satzungsmäßiges Ziel erreicht. Dazu muss der Stifter aber gewisse persönliche Qualifikationen erfüllen, die, in Anlehnung an den Begriff der Börsenreife bei der Aktiengesellschaft, mit Stiftungsreife bezeichnet werden könnten.

289 Ein Unternehmer, der mit seinem Unternehmen an die Börse gehen will, muss nicht nur eine Vision und eine »Geschichte«, die Phantasie zulässt, haben, sondern vorher der ihn begleitenden Bank und der Öffentlichkeit seine »Börsenreife« nachweisen. Dazu gehört ua, dass er gewillt ist, neue Aktionäre als Partner zu akzeptieren und deren Belange angemessen zu berücksichtigen. Dazu muss er insb zu einer ausreichenden Publizität und Öffentlichkeitsarbeit bereit sein, anderenfalls wird der Markt seinem Börsengang keinen Erfolg bescheren. Der Markt kontrolliert die an der Börse eingeführte Aktiengesellschaft.

290 Folgende Kriterien für eine entsprechende »Stiftungsreife« bei einem Stifter lassen sich aufstellen:

Checkliste Stiftungsreife:

✔ Der **Stifter** muss gewillt sein, zu akzeptieren, dass er mit der Stiftung eine eigenständige, von seinem Willen zukünftig unabhängige, juristische Person ins Leben ruft, mit der Folge, dass
- er nach der Stiftungserrichtung nicht mehr frei über das gestiftete Vermögen verfügen kann, und dass
- er in seinem Handeln ebenso an die Stiftungssatzung gebunden ist, wie jedes andere Stiftungsorgan auch.

✔ Bei einer gemeinnützigen Stiftung sollte der **Stifter** zudem erkennen, dass
- ihm mit der Stiftung ein wirkungsvolles, staatlich geschütztes Instrument zur Verwirklichung seiner individuellen Ziele zur Verfügung gestellt wird, das weit mehr darstellt als ein bloßes Steuersparmodell.

Die meisten Stifter sind erfahrungsgemäß bereit, diese Kriterien zu erfüllen. Es ist letztlich die Aufgabe der **Stiftungsberater,** den Stiftern das hierzu erforderliche Wissen zu vermitteln. 291

➢ Der Stiftungsberater muss
  - seinen Mandanten umfassend über die möglichen Folgen der Stiftungserrichtung aufklären, damit keine falschen Erwartungen entstehen, die später enttäuscht werden und die zu einer Missachtung des Stiftungssatzung führen können,
  - im Gespräch mit dem Stiftungswilligen dessen teilweise recht vagen und oft nicht näher definierten Vorstellungen möglichst umfassend in den Stiftungszweck einfließen lassen.

Darüber hinaus treffen den Stiftungsberater besondere **Hinweispflichten.** Er genießt das Vertrauen des Stifters und ist ihm gegenüber zur Objektivität und Unabhängigkeit verpflichtet. Der verbreiteten Vorstellung von der Stiftung als reinem Steuersparmodell hat er entgegenzuwirken. Diesbezüglich muss er auf eine Entmystifizierung der Stiftung hinwirken und den Stifter auf die besondere Verantwortung, die mit der Stiftungserrichtung einhergeht, umfassend vorbereiten. 292

K. Schlussbemerkung

Stiftungsgestaltungen zur Regelung der Erbfolge und der Unternehmensnachfolge müssen von den Beteiligten und Betroffenen akzeptiert werden. Sie sind, damit sie erfolgreich werden, nur mit der Familie möglich und nicht gegen sie. Der Stifter muss die Gestaltung also unbedingt mit seinem Nachfolger abstimmen und in der Familie dafür »werben«, die dann auf die Akzeptanz bei seinem Nachfolger hinwirken wird. Stiftungsgestaltungen erfordern, ähnlich wie ein Börsengang die sog Börsenreife des Unternehmers bzw der Unternehmerfamilie erfordert, eine **Stiftungsreife** bei dem Stifter und möglichst auch bei seiner Familie. 293

Stiftungsgestaltungen sind **keine Steuersparmodelle.** Das ist immer wieder klarzustellen. Ohnehin wird jeder erfahrene Berater dem Grundsatz folgen, dass das Steuerrecht nur einer von mehreren Aspekten bei einer Beratung ist, der das Beratungsergebnis nicht einseitig bestimmen darf. Die Möglichkeit einer Beteiligungsträgerstiftung fördert die Gründung von gemeinnützigen Stiftungen im Unternehmensbereich. 294

Die **unternehmensverbundene Stiftung** hat sich vor allem in Form der Beteiligungsträgerstiftung in der Praxis bewährt. Sie ist – auch in Nachfolgefällen – keine Patentlösung. Trotz mancher Nachteile wie der Inflexibilität der Konstruktion kann sie aber im Einzelfall etwa zur Sicherung der Unternehmenskontinuität durchaus sinnvoll sein. 295

L. Formulierungsbeispiele

Vorbemerkung:

Da Bundes- und Landesgesetzgeber von ihrer Befugnis, die Satzung privatrechtlicher Stiftungen zu regeln, nur in begrenztem Umfange Gebrauch gemacht haben, ergeben sich für die einzelnen Stiftungen die stiftungsrechtlichen Regelungen im wesentlichen aus ihrer Stiftungssatzung, auch Stiftungsverfassung genannt. (Der Sprachgebrauch in den einzelnen Landesstiftungsgesetzen ist unterschiedlich.) Bei deren **Gestaltung** bleibt dem Stifter ein **außergewöhnlich großer Spielraum.** Unter Beachtung des für die betreffende Stiftung geltenden Landesstiftungsgesetzes kann ein Stifter eine konkret auf seine Wünsche zugeschnittene Stiftungssatzung festlegen. Nicht umgehen kann er grundsätzlich allerdings die staatliche Stiftungsaufsicht, welche in erster Linie dem öffentlichen Interesse an der Verwirklichung des Stifterwillens dient. Sie ist reine Rechtsaufsicht, also nicht etwa auch Fachaufsicht. 296

Die Rechtsaufsicht betrifft nur die Beaufsichtigung der Einhaltung der Rechtsvorschriften des jeweiligen Stiftungsrechts, schließt also die Aufsicht hinsichtlich fachlicher Fragen der Stiftungsverwaltung durch dessen Organe (Fachaufsicht) nicht mit ein. Die Stiftungsorgane sind hinsichtlich ihrer Entscheidungen zur Art und Weise der Verwaltung der Stiftung insoweit also frei. In gewissem Maße lässt sich die Stiftungsaufsicht für Familienstiftungen wie oben dargelegt vermeiden. Ebenfalls nicht umgehen kann der Stifter, dass als notwendige Grundvoraussetzung einer Stiftungsorganisation ein Stiftungsvorstand einzusetzen ist, der die Stiftung nach außen vertritt und für sie handelt. Die Einzelheiten des Inhalts einer Stiftungssatzung wurden oben dargestellt. Deshalb **finden sich nachfolgend ausdrücklich nur »Beispiele« und nicht etwa Muster**, da gerade im Stiftungsrecht eine auf die besonderen Erfordernisse des jeweiligen Einzelfalls zugeschnittene Stiftungssatzung unerlässlich ist, so dass sich die Verwendung sog »Mustersatzungen« verbietet. Vor allem die »Verewigung des Stifterwillens« auch für die Zeit nach dem Tod des Stifters erfordert eine sehr sorgfältig gestaltete Stiftungssatzung, die einerseits den Stifterwillen ausreichend konkret festschreibt, andererseits aber in der Zukunft – soweit rechtlich zulässig – eine Anpassung an etwaig zwischenzeitlich geänderte Verhältnisse ermöglicht. Anders als beispielsweise bei den Handelsgesellschaften, deren Gesellschaftsverträge nach dem Willen ihrer Gesellschafter geänderten Umständen angepasst werden können, ist die Änderung von Stiftungssatzungen nach dem Tod des Stifters nur in sehr eingeschränktem Umfange möglich. 297

1. Formulierungsbeispiel für ein Stiftungsgeschäft unter Lebenden

Stiftungsgeschäft

der Eheleute ....

*Hiermit errichten wir unter Bezugnahme auf das Stiftungsgesetz des Landes Baden-Württemberg die rechtsfähige und **gemeinnützige***

*............ **Stiftung für Landschaftsschutz***

mit dem Sitz in ......

Zweck der Stiftung soll die Förderung des Landschaftsschutzes sein.

Wir sichern der Stiftung ein Vermögen in Höhe von EURO 100 000 in bar zu. Überdies haben wir die Stiftung erbvertraglich zum Alleinerben des von uns Letztversterbenden berufen. Wir nehmen hierzu Bezug auf 4 der als Anlage beigefügten Stiftungsverfassung.

Organe der Stiftung sind ein aus bis zu zwei Personen bestehender Vorstand und ein dreiköpfiger Stiftungsrat.
Zu Mitgliedern des ersten Vorstandes benennen wir gemäß ...... der anliegenden Stiftungsverfassung uns als Stifter. Zu Mitgliedern des ersten Stiftungsrates ernennen wir: ...., ..., ...

Wir geben der Stiftung die als Anlage beigefügte Stiftungsverfassung, die ausdrücklich Bestandteil dieses Stiftungsgeschäftes ist.

............, den ......

(Stifter) *(Stifter)*

Anmerkung:

Es ist regelmäßig sinnvoll, in dem Stiftungsgeschäft auf die Stiftungsverfassung Bezug zu nehmen und die Stiftungsverfassung dem Stiftungsgeschäft beizufügen.

2. Formulierungsbeispiel für ein Stiftungsgeschäft von Todes wegen

Testament

Ich berufe zu meiner alleinigen Erbin die nach meinem Tode nach Maßgabe dieses Testaments zu errichtende rechtsfähige

.... Stiftung.

Diese soll ihren Sitz in Essen habe. Sie soll vom Stifterverband für die Deutsche Wissenschaft, Essen, verwaltet werden.

Zweck der Stiftung ist es, besonders begabte, junge Wissenschaftler im Bereich der Humanmedizin durch Stipendien zu fördern.

Ich ordne Testamentsvollstreckung an und bestimme zum Testamentsvollstrecker Herrn Rechtsanwalt . . ., der insbesondere für die Genehmigung der Stiftung Sorge tragen soll.

Der Stifterverband in Essen soll in Abstimmung mit dem Testamentsvollstrecker eine den Bestimmungen des Gemeinnützigkeitsrechts entsprechende Satzung fertigen.

. . . . den. . .

(Erblasser/Erblasserin)

Anmerkung:

Es ist auch möglich und oftmals sinnvoll, die Verfassung der Stiftung in ihrer endgültigen Fassung unter Beachtung der für das Testament gültigen Formvorschriften dem Testament beizufügen.

3. Formulierungsbeispiel der Verfassung einer gemeinnützigen Stiftung

VERFASSUNG
der
Stiftung ....

– gemeinnützige Stiftung für
....
mit Sitz in . . . . . –

PRÄAMBEL

.... (In der Präambel können zB Angaben zum Hintergrund der Stiftungsgründung, die den Stifterwillen näher erläutern, niedergelegt werden. Sie sind später oft eine wichtige Auslegungshilfe.) ....

§ 1
Name, Sitz, Rechtsform, Geschäftsjahr

(1) Die Stiftung führt den Namen:
Stiftung *..............*

(2) Die Stiftung hat ihren Sitz in ....

(3) Die Stiftung ist eine auf unbestimmte Zeit errichtete rechtsfähige Stiftung des bürgerlichen Rechts, die nach dem Stiftungsgesetz für Nordrhein-Westfalen errichtet worden ist.

(4) Das Geschäftsjahr der Stiftung ist das Kalenderjahr.

§ 2
Stiftungszweck

(1)
Die Stiftung verfolgt ausschließlich gemeinnützige Zwecke im Sinne des Abschnitts »Steuerbegünstigte Zwecke« der Abgabenordnung.

(2) Zwecke der Stiftung sind die Förderung der Wissenschaft und Forschung bezogen auf .... – national wie international.

(3) Die Zwecke werden ***insbesondere*** *verwirklicht durch*

a) die Unterstützung und Durchführung wissenschaftlicher Veranstaltungen, die dem Zweck der Stiftung dienen,

b) die Unterstützung von Forschungsvorhaben, die dem Zweck der Stiftung dienen,

c) die Vergabe von Forschungsaufträgen und Stipendien, die dem Zweck der Stiftung dienen,

d) die Herausgabe und sonstige Förderung einschlägiger Publikationen und Veröffentlichungen,

e) die Unterstützung von sonstigen Institutionen, Einrichtungen, Vereinigungen etc., die dem Zweck der Stiftung dienen,

f) ....

Bei alledem soll insbesondere in Richtung innovativer und ressourceschonender sowie gesundheitsfreundlicher und -fördernder Verfahren sowie Produkte gefördert werden.

(3) Ein Rechtsanspruch auf Gewährung von Leistungen der Stiftung besteht nicht.

§ 3
Gemeinnützigkeit

(1) Die Stiftung ist unmittelbar selbstlos tätig. Sie verfolgt nicht in erster Linie eigenwirtschaftliche Zwecke.

(2) Mittel der Stiftung dürfen nur für die satzungsmäßigen Zwecke verwendet werden. Die Stifter und ihre Rechtsnachfolger erhalten keine über die in § 58

Nr. 5 der Abgabenordnung genannten Beträge hinausgehenden Zuwendungen. Näheres regelt § 6 dieser Stiftungsverfassung.

(3) *Es darf keine Person durch Ausgaben, die dem Zweck der Stiftung fremd sind, oder durch unverhältnismäßig hohe Vergütungen begünstigt werden.*

(4) *Die sog 1/3-Regelung des § 58 Ziffer 5 der Abgabenordnung findet auf die Stifter und deren nächsten Angehörigen Anwendung.*

§ 4
Stiftungsvermögen, flüssige Mittel

(1) *Die Stiftung wird zunächst mit einem Barvermögen von EURO 250 000 ausgestattet. Im Interesse des langfristigen Bestandes der Stiftung ist das Stiftungsvermögen durch geeignete Maßnahmen in seinem Wert zu erhalten. Es ist von den übrigen Vermögensmassen der Stiftung stets so getrennt zu halten, das es als selbständiges Vermögen erkennbar ist und ausgewiesen werden kann. Der Stand des Vermögens ist in einem Verzeichnis aufzunehmen. Die Zu- und Abgänge sind laufend ersichtlich zu machen.*

(2) *Außerdem haben die Stifter die Stiftung mit handschriftlichem Testament vom ...... bedacht.*

(3) *Dem Vermögen wachsen Zuwendungen der Stifter oder Dritter zu, sofern diese Zuwendungen (Zustiftungen) ausdrücklich dazu bestimmt sind.*

(4) *Flüssige Mittel (Kassenbestand, Bankguthaben) sind, soweit sie nicht den steuerrechtlichen Anforderungen an die Steuerbefreiung der Stiftung nach § 52 ff. Abgabenordnung entsprechend zur Erfüllung des Stiftungszwecks zeitnah unmittelbar zu verwenden sind, wiederum ertragsbringend anzulegen.*

(5) *Vermögensumschichtungen sind nach den Regeln ordentlicher Wirtschaftsführung zulässig, wenn sie der dauernden und nachhaltigen Verwirklichung des Stiftungszwecks oder der Steigerung der Stiftungsleistung dienlich sind.*

§ 5
Zuwendungen

(1) *Zuwendungen können ausdrücklich für die Erhöhung des Stiftungsvermögens bestimmt sein (Zustiftungen) oder zur unmittelbaren Verwendung für die Zwecke der Stiftung.*

(2) *Darlehen dürfen nur zur unmittelbaren Verwendung für Zwecke der Stiftung angenommen werden. Bei der Entgegennahme von Darlehen ist die Vollstreckung wegen eines Darlehensrückgewährungsanspruches in das Stiftungsvermögen auszuschließen.*

§ 6
Mittelverwendung

(1) *Mittel der Stiftung im Sinne dieses Paragraphen sind diejenigen Zuwendungen bzw. Erträge aus der Vermögensverwaltung, die nicht dazu bestimmt*

worden sind, das Stiftungsvermögen zu erhöhen. Die Verwaltungskosten sind auf ein Mindestmaß zu beschränken.

(2) Die Erträge des Stiftungsvermögens und die ihm nicht zuwachsenden Zuwendungen sind zur Erfüllung des Stiftungszwecks zeitnah zu verwenden.

(3) Die Stiftungen dürfen gemäß § 58 Nr. 7 a Abgabenordnung höchstens ein Drittel des Überschusses der Einnahmen über die Unkosten aus Vermögensverwaltung und darüber hinaus höchstens 10 % ihrer sonstigen nach § 55 I Nr. 5 Abgabenordnung zeitnah zu verwendenden Mittel einer freien Rücklage zuführen. Zur Erhaltung ihrer Leistungsfähigkeit hat die Stiftung mindestens 10 % ihrer sonstigen nach § 55 I Nr. 5 AO zeitnah zu verwendenden Mittel einer freien Rücklage zuzuführen.

(4) Die Stiftung kann ihre Mittel teilweise einer anderen, ebenfalls steuerbegünstigten Körperschaft oder einer Körperschaft des öffentlichen Rechts zur Verwendung zu steuerbegünstigten Zwecken zuwenden.

(5) Die Entscheidung über Art und Weise der Verwendung der Mittel der Stiftung trifft der Vorstand durch einstimmigen Beschluss.

(6) Die Jahresabrechnung, die Vermögensübersicht sowie der Bericht über die Erfüllung des Stiftungszweckes sind der Stiftungsaufsichtsbehörde vorzulegen.

§ 7
Organe der Stiftung

Organe der Stiftung sind der Vorstand und der Stiftungsrat.

§ 8
Stiftungsvorstand

(1) Der Stiftungsvorstand ist der gesetzliche Vertreter der Stiftung. Er verwaltet die Stiftung und führt den Willen der Stifter aus.

(2) Der Vorstand besteht aus ein oder zwei Personen. Besteht er aus zwei Personen, so wird die Stiftung durch zwei Vorstandsmitglieder gemeinschaftlich vertreten. Der Stiftungsrat kann mit einfacher Mehrheit Vorstandsmitglieder von den Beschränkungen des § 181 BGB befreien und einem Vorstandsmitglied Einzelvertretungsmacht erteilen.

(3) Vorbehaltlich der Regelung in Abs. 5 beträgt die Amtszeit eines Vorstandsmitglieds drei Jahre, wenn nicht bei seiner Bestellung etwas anderes bestimmt wird. Vorbehaltlich der Regelung in Abs. 5 scheidet ein Vorstandsmitglied mit Vollendung seines 70. Lebensjahres aus dem Vorstand aus.

(4) Der Stiftungsrat kann nach Anhörung des Vorstandes mit einfacher Mehrheit ein Vorstandsmitglied zum Vorsitzenden ernennen.

(5) Zu dem ersten Vorstandsmitglied wird lebenslänglich der Stifter Herr . . . . bestellt. Er hat das Recht, sein Amt jederzeit niederzulegen. Verstirbt Herr . . . . . . oder legt sein Amt nieder, wird die Stifterin Frau . . . . . ., sofern sie den Stifter Herrn . . . . . . überlebt, alleiniger Vorstand, es sei denn,

die Stifter bestellen eine andere Person. Der betreffende Beschluss des Stiftungsrates bedarf der einfachen Mehrheit.

(6) Der Stiftungsrat kann vorbehaltlich der Regelungen in Abs. 5 die Bestellung zum Vorstandsmitglied und die Ernennung zum Vorsitzenden jederzeit mit einfacher Mehrheit widerrufen. Bis seine Unwirksamkeit rechtswirksam festgestellt worden ist, ist ein Widerruf wirksam.

(7) Soweit erforderlich, gibt sich der Stiftungsvorstand eine schriftliche Geschäftsordnung.

(8) 10 VII der Stiftungsverfassung gilt entsprechend.

§ 9
Aufgaben des Vorstandes; Zustimmung des Stiftungsrates

(1) Dem Stiftungsvorstand steht die Leitung und Verwaltung der Stiftung und die Beschlussfassung über alle ihre Angelegenheiten zu.

(2) Der Stiftungsvorstand hat über Einnahmen und Ausgaben der Stiftung Buch zu führen und nach Ablauf des Kalenderjahres unverzüglich einen Jahresabschluss zu fertigen, den er dem Stiftungsrat zur Feststellung vorlegt. Er hat, nach dem Tod beider Stifter oder deren Rücktritt aus dem Vorstand, dem Stiftungsrat zwei Monate vor Jahresablauf seine Planung für das nächste Jahr (insbesondere: Einnahmen- und Ausgabenplanung, soweit möglich unter Nennung der beabsichtigten Förderungsmaßnahmen) zur Genehmigung vorzulegen.

(3) Nach dem Tod beider Stifter oder dem Rücktritt beider Stifter aus dem Vorstand benötigt der Stiftungsvorstand die vorherige Zustimmung des Stiftungsrates in sämtlichen Angelegenheiten, die über den gewöhnlichen Betrieb der Stiftung hinausgehen, dh ***insbesondere*** *in folgenden Angelegenheiten:*

a) Übernahme von Bürgschaften und Garantien

b) Aufnahme oder Gewährung von Krediten

c) Investitionsvorhaben

d) ....

§ 10
Stiftungsrat

(1) Der Stiftungsrat ist Organ, aber kein Vertreter der Stiftung.

(2) Der Stiftungsrat besteht aus fünf Personen. Zwei Mitglieder des Stiftungsrates sollen geeignete Persönlichkeiten aus dem Bereich des Umweltschutzes sein. Ein Mitglied des Stiftungsrates soll ein Jurist mit Wirtschaftserfahrung sein.

(3) Zu Lebzeiten der Stifter bestimmen die beiden Stifter oder der letztlebende Stifter die Mitglieder des Stiftungsrates. Bei Ausscheiden eines Mitgliedes aus dem Stiftungsrat nach dem Tod beider Stifter bestimmen die verbleibenden Mitglieder des Stiftungsrates den Nachfolger des ausgeschiedenen Mit-

gliedes durch Zuwahl (Kooptation). Die Wahl des Nachfolgers eines Stiftungsratsmitgliedes soll so rechtzeitig erfolgen, dass die Mitwirkung des ausscheidenden Stiftungsratsmitgliedes bei der Wahl möglich ist.

(4) Ein Mitglied des Stiftungsrates kann sein Amt durch schriftliche Erklärung gegenüber dem Vorstand der Stiftung mit einer Frist von drei Monaten ohne Angabe von Gründen jederzeit niederlegen. Die Stifter oder der letztlebende Stifter können ein von ihnen ernanntes Stiftungsratsmitglied jederzeit ohne Angabe von Gründen abberufen.

(5) Die Mitglieder des Stiftungsrates sollen nicht älter als siebzig Jahre sein. Ein Stiftungsratsmitglied, das diese Altersgrenze erreicht, scheidet mit Ende des laufenden Geschäftsjahres aus dem Gremium aus, sofern der Stiftungsrat nicht mit qualifizierter Mehrheit einen ausdrücklichen gegenteiligen Beschluss fasst, der eine weitere Amtszeit von einem Jahr vorsieht. Ein solcher Beschluss kann betreffend ein- und dieselbe Person mehrfach gefasst werden.

(6) Der Stiftungsrat wählt aus seinen Reihen einen Sprecher und dessen Stellvertreter.

(7) Die Stiftungsratsmitglieder erhalten für ihre Tätigkeit eine Vergütung, die nach dem Tod der Stifter unter Beachtung von § 3 III dieser Satzung mit qualifizierter Mehrheit in der Geschäftsordnung für den Stiftungsrat zu regeln ist. Zu ihren Lebzeiten legen die Stifter diese Vergütung fest. Die Stiftungsratsmitglieder können außerdem notwendige und nachgewiesene Auslagen erstattet erhalten.

§ 11
Beschlussfassungen des Stiftungsrates

(1) Der Stiftungsrat erfüllt seine Aufgaben durch Beschlussfassung grundsätzlich in Sitzungen oder, wenn alle Stiftungsratsmitglieder einverstanden sind, durch Beschlüsse im schriftlichen Verfahren, per Telefax oder unter Ausnutzung der modernen Medien. Beschlüsse des Stiftungsrates sind in jedem Fall schriftlich festzuhalten.

(2) Beschlüsse werden mit der einfachen Mehrheit der abgegebenen Stimmen gefasst, es sei denn, diese Stiftungsverfassung oder die Geschäftsordnung für den Stiftungsrat bestimmen etwas anderes. Jedes Stiftungsratsmitglied hat eine Stimme. Enthaltungen zählen als nicht abgegebene Stimmen. Bei Stimmengleichheit entscheidet die Stimme des Sprechers bzw. des stellvertretenden Sprechers, wenn der Sprecher nicht anwesend ist. Eine qualifizierte Mehrheit im Sinne dieser Stiftungsverfassung erfordert drei Stimmen einschließlich der Stimme des Sprechers oder seines Stellvertreters.

(3) Der Stiftungsrat ist beschlussfähig, wenn mindestens drei seiner Mitglieder unter ihnen der Sprecher oder sein Stellvertreter anwesend sind.

(4) Weitere Einzelheiten regelt eine Geschäftsordnung, die sich der Stiftungsrat spätestens innerhalb von drei Monaten nach seiner Konstituierung selbst gibt. Er beschließt hierüber und auch über Änderungen der Geschäftsordnung mit qualifizierter Mehrheit.

§ 12
Aufgaben des Stiftungsrates

(1) Der Stiftungsrat berät und überwacht den Stiftungsvorstand nach Maßgabe dieser Stiftungsverfassung

(2) Aufgaben des Stiftungsrates sind insbesondere die

a) Beratung des Stiftungsvorstandes in allen den Stiftungszweck betreffenden Fragen,

b) Beschlussfassung über die vorgelegte Jahresplanung und über zustimmungspflichtige Geschäfte,

c) Beschlussfassung über Änderungen der Stiftungsverfassung nach dem Tod beider Stifter,

d) Bestellung des Stiftungsvorstandes nach dem Tod oder Rücktritt beider Stifter,

e) Entlastung des Stiftungsvorstandes nach dem Tod der Stifter,

f) Feststellung des Jahresabschlusses,

g) etwaige Wahl eines Prüfers für den Jahresabschluss.

§ 13
Änderungen der Stiftungsverfassung

(1) Änderungen dieser Stiftungsverfassung sollen die nachhaltige Erfüllung des Zweckes der Stiftung nach dem Willen und den Vorstellungen der Stifter im Wandel der Verhältnisse ermöglichen.

(2) Zu Lebzeiten der Stifter können Änderungen der Stiftungsverfassung nur aufgrund übereinstimmender Erklärung beider Stifter oder einer Erklärung des länger Lebenden der beiden Stifter erfolgen.

(3) Nach dem Tod beider Stifter erfordern Änderungen der Stiftungsverfassung einen Beschluss des Stiftungsrates mit qualifizierter Mehrheit. Der Stiftungsrat wird den Vorstand jeweils vorher informieren und angemessen anhören.

(4) Die Änderung der Stiftungsverfassung bedarf der Genehmigung der Stiftungsaufsichtsbehörde und ist, soweit die Möglichkeit besteht, dass die in jedem Fall zu erhaltene Gemeinnützigkeit der Stiftung betroffen ist, vor der Änderung der Stiftungsverfassung mit der zuständigen Finanzbehörde abzustimmen.

§ 14
Auflösung der Stiftung und Vermögensanfall

(1) Der Stiftungsrat kann nach dem Tod beider Stifter die Auflösung der Stiftung beschließen, wenn die Erfüllung des Stiftungszwecks entsprechend dem Willen und den Vorstellungen der Stifter rechtlich oder tatsächlich nicht mehr möglich ist oder sich die grundlegenden Verhältnisse seit Errichtung der Stiftung wesentlich geändert haben. Vorher entscheiden beide Stifter bzw. der letztversterbende Stifter über die Auflösung.

(2) *Der Beschluss des Stiftungsrates ist mit qualifizierter Mehrheit zu fassen. Der Stiftungsrat wird den Vorstand vorher informieren und angemessen anhören. Der Beschluss bedarf der Genehmigung der Stiftungsaufsichtsbehörde.*

(3) *Bei Auflösung oder Aufhebung der Stiftung fällt das Vermögen an die deutsche Bundesstiftung Umwelt, Osnabrück, die es unmittelbar und ausschließlich für gemeinnützige Zwecke zu verwenden hat.*

§ 15
Unterrichtung der Stiftungsaufsichtsbehörde

(1) *Stiftungsaufsichtsbehörde ist die Bezirksregierung in Düsseldorf. Oberste Stiftungsaufsichtsbehörde ist das Innenministerium des Landes Nordrhein-Westfalen. Die stiftungsaufsichtsbehördlichen Genehmigungs- und Zustimmungsbefugnisse sind zu beachten.*

(2) *Die Stiftungsaufsichtsbehörde ist auf deren Wunsch jederzeit über alle Angelegenheiten der Stiftung zu unterrichten. Ihr ist unaufgefordert der Jahresabschluss vorzulegen.*

§ 16
Finanzverwaltung

(1) *Unbeschadet der sich aus dem Stiftungsgesetz NRW ergebenden Genehmigungspflichten sind Beschlüsse über eventuelle Satzungsänderungen und über die etwaige Auflösung der Stiftung dem zuständigen Finanzamt anzuzeigen.*

(2) *Bei eventuellen Satzungsänderungen, die den Zweck der Stiftung betreffen, ist in jedem Fall zuvor die Einwilligung des zuständigen Finanzamtes zur Steuerbegünstigung einzuholen.*

........, den ....

(Stifter) *(Stifter)*

Anmerkung:

Diesem Beispiel einer Stiftungsverfassung liegen mehrere Fälle aus der Praxis zugrunde, in denen die Formulierungen mit der Stiftungsbehörde und der Finanzverwaltung abgeklärt wurden. Die Usancen sind jedoch von Bundesland zu Bundesland recht unterschiedlich. Die konkreten Formulierungen sollten deshalb jeweils vor der formellen Einreichung des Genehmigungsantrages mit der Genehmigungsbehörde und der Finanzverwaltung (Steuerbefreiung) abgestimmt werden. Das ist in der Praxis regelmäßig problemlos.

4. Formulierungsbeispiel einer Verfassung für eine unternehmensverbundene Familienstiftung (Stiftung & Co. KG)

STIFTUNGSVERFASSUNG

PRÄAMBEL

....

§ 1
Name, Sitz, Rechtsform und Geschäftsjahr

(1) Die Stiftung führt den Namen

.... Stiftung

(2) Die Stiftung hat ihren Sitz in ......

(3) Die Stiftung ist eine rechtsfähige Stiftung des bürgerlichen Rechts.

(4) Geschäftsjahr ist das Kalenderjahr. Das erste Geschäftsjahr beginnt am Tage der Genehmigung der Stiftung und endet am ....

§ 2
Zweck der Stiftung

(1) Die Stiftung soll dem Wohl der Nachkommen des Vaters des Stifters, Herrn .... dienen. Sie erfüllt diesen Zweck durch:

a) Die Unterstützung der Familienzugehörigen und deren ehelichen Abkömmlingen (Destinatäre) durch laufende oder einmalige Zuwendungen oder durch unentgeltliche bzw. entgeltliche Überlassung von Teilen des Stiftungsvermögens;

b) die Übernahme der Stellung eines persönlich haftenden Gesellschafters oder eines Kommanditisten bei der Kommanditgesellschaft .... mit Sitz in .... um – wenn möglich – den Charakter der Gesellschaft als Familiengesellschaft zu bewahren und die Fortführung des Unternehmens auf gesicherter finanzieller Grundlage zu gewährleisten.

(2) Zur Erfüllung des Stiftungszwecks gemäß Abs. 1 kann die Stiftung Wirtschaftsunternehmen jeder Art gründen oder sich daran beteiligen.

§ 3
Stiftungsvermögen

(1) Die Stiftung wird mit einem Kapital von DM .... ausgestattet. Außerdem hat der Stifter der Stiftung Geschäftsanteile an folgenden Unternehmungen zugewendet ....

(2) Die Stiftung hat ihren Gewinn, der nach Abzug der Zuwendungen gemäß

§ 2 I a) der Stiftungsverfassung verbleibt, in die offenen Rücklagen einzustellen, um ihren satzungsmäßigen Zweck nachhaltig erfüllen zu können.

§ 4
Verwendung der Stiftungserträge

(1) Aus den der Stiftung zufließenden Erträgen sind zunächst die Kosten der Stiftungsverwaltung und die gesetzlichen Abgaben zu decken. Im Übrigen sind die Erträge zur Erfüllung des Stiftungszwecks gemäß § 2 zu verwenden.

(2) Die Unterstützung von Destinatären erfolgt bei Bedürftigkeit. Bedürftigkeit ist anzunehmen, wenn ein Nachkomme des Stifters nicht in der Lage ist, aus eigener Kraft für einen angemessenen Lebensunterhalt zu sorgen. Die Art und Höhe der Unterstützung beschließt der Stiftungsrat nach pflichtgemäßem Ermessen. Einzelheiten hierzu regelt die Geschäftsordnung des Stiftungsrates.

(3) Außer in den Fällen des Absatzes 2 kann der Stiftungsrat nach pflichtgemäßem Ermessen weitere Zuwendungen an Destinatäre beschließen, beispielsweise Erziehungs- und Ausbildungsbeihilfen. Die Einzelheiten hierzu regelt die Geschäftsordnung des Stiftungsrates.

(4) Ausschüttungen an die Destinatäre erfolgen freiwillig, sie werden ohne Rechtsansprüche der Destinatäre gewährt.

§ 5
Stiftungsorgane

Organe der Stiftung sind der Vorstand und der Stiftungsrat.

§ 6
Zusammensetzung und Bestellung des Stiftungsvorstandes

(1) Der Vorstand besteht aus bis zu drei Personen.

(2) Die Mitglieder des Vorstandes werden vom Stiftungsrat gewählt und bestellt. Die Amtszeit der Mitglieder des Vorstandes beträgt vorbehaltlich des Satzes 3 dieses Absatzes fünf Jahre. Wiederbestellung ist zulässig, wobei jedoch darauf zu achten ist, dass ein Vorstandsmitglied nicht über den Tag der Erreichung seines 65. Lebensjahres bestellt wird.

(3) Der Stiftungsrat kann mit einer Mehrheit von 3/4 seiner Stimmen eine vorzeitige Abberufung eines Mitgliedes des Vorstandes beschließen. Besteht der Vorstand aus mehr als einer Person, so kann der Stiftungsrat einen Vorstandsvorsitzenden bestimmen.

(4) Die Mitglieder des Vorstandes haben Anspruch auf eine angemessene, ihrer Verantwortung und zeitlichen Inanspruchnahme für die Tätigkeit entsprechenden Vergütung, die vom Stiftungsrat festgesetzt wird.

§ 7
Stellung und Aufgaben des Stiftungsvorstandes

(1) Der Vorstand ist vertretungsberechtigtes Organ der Stiftung (§ 26, 86 BGB). Besteht der Vorstand aus mehr als einer Person, wird die Stiftung durch zwei Vorstandsmitglieder vertreten.

(2) Besteht der Vorstand aus mehr als einer Person, führen die Vorstandsmitglieder die Geschäfte des Vorstandes unbeschadet ihrer Befugnisse gem Abs. 1 gemeinschaftlich und in gemeinsamer Verantwortung. Der Stiftungsrat gibt dem Vorstand eine Geschäftsordnung. Der Vorstand beschließt nach dem in der Geschäftsordnung festgelegten Verfahren. Bei Stimmengleichheit entscheidet die Stimme des Vorsitzenden.

(3) Aufgaben des Vorstandes sind insbesondere:

a) die Verwaltung des Stiftungsvermögens;

b) die Wahrnehmung der Rechte und Pflichten der Stiftung als Gesellschafterin der Unternehmen, an denen sie Beteiligungen hält zur Erfüllung des Stiftungszweckes;

c) Ausführung der Beschlüsse des Stiftungsrates, insbesondere auch solcher, die in Erfüllung des Stiftungszweckes gemäß § 2 I a beschlossen worden sind;

d) Aufstellung und Vorlage des Jahresabschlusses;

e) Aufstellung einer Jahresplanung (......) für das nächste Geschäftsjahr und einer Unternehmensplanung für die Folgegeschäftsjahre nach näherer Maßgabe durch den Stiftungsrat bis zwei Monate vor Ablauf eines Geschäftsjahres, die dem Stiftungsrat zur Genehmigung vorzulegen ist.

(4) Bei Erfüllung der Vorstandsaufgaben hat der Vorstand für die folgenden Maßnahmen und Rechtsgeschäfte die vorherige ausdrückliche Zustimmung des Stiftungsrates einzuholen:

.... (Zustimmungskatalog für wesentliche Geschäfte) ...

§ 8
Zusammensetzung des Stiftungsrates

(1) Der Stiftungsrat besteht aus fünf Personen.

(2) Die Mitglieder des Stiftungsrates sollen besonders qualifizierte Persönlichkeiten aus der Wirtschaft sein. Sie dürfen nicht in einer Position sein, die zu einer Interessenkollision mit ihren Aufgaben als Stiftungsratsmitglied führen kann. Mitglied des Stiftungsrates kann nur sein, wer nicht zugleich Mitglied des Vorstandes der Stiftung oder Mitglied des Vorstandes oder der Geschäftsführung einer der Gesellschaften ist, an denen die Stiftung Beteiligungen hält.

(3) Die ersten Mitglieder des Stiftungsrates ernennt der Stifter. Diese wählen dann ihre Nachfolger selbst (Kooptation).

(4) Die Stiftungsratsmitglieder werden für eine Amtszeit von fünf Jahren gewählt. Die Amtszeit endet mit Ablauf der Stiftungsratsitzung, die über die Feststellung des Jahresabschlusses für das vierte Geschäftsjahr nach dem Beginn der Amtszeit beschließt. Das Geschäftsjahr, in dem die Amtszeit beginnt, wird nicht mitgerechnet. Wiederwahl ist zulässig, wobei jedoch darauf zu achten ist, dass ein Vorstandsmitglied nicht über den Tag der Erreichung seines 70. Lebensjahres bestellt wird.

(5) Die Mitglieder des Stiftungsrates wählen aus ihrer Mitte einen Vorsitzenden und einen stellvertretenden Vorsitzenden.

(6) Die Abberufung eines Stiftungsratsmitgliedes erfolgt durch Beschluss des Stiftungsrates. Ein Stiftungsratsmitglied kann von sich aus seinen Rücktritt schriftlich gegenüber den anderen Stiftungsratsmitgliedern erklären.

(7) Die Mitglieder des Stiftungsrates sollen nicht älter als 70 Jahre sein. Ein Stiftungsratsmitglied, das diese Altersgrenze erreicht hat, scheidet mit Ende des laufenden Geschäftsjahres aus dem Gremium aus, sofern der Stiftungsrat nicht ausdrücklich einen gegenteiligen Beschluss wählt.

(8) Die Stiftungsratsmitglieder erhalten für ihre Tätigkeit eine Vergütung, die in der Geschäftsordnung zu regeln ist.

§ 9
Beschlussfassung durch den Stiftungsrat

(1) Der Stiftungsrat erfüllt seine Aufgaben durch Beschlussfassung, grundsätzlichen Sitzungen oder, wenn alle Stiftungsratsmitglieder einverstanden sind, im schriftlichen Verfahren. Beschlüsse werden mit der Mehrheit der abgegebenen Stimmen gefasst, es sei denn, diese Satzung oder die Geschäftsordnung für den Stiftungsrat bestimmt etwas anderes. Bei Stimmengleichheit entscheidet die Stimme des Sprechers bzw. des Vorsitzenden bzw. des stellvertretenden Vorsitzenden. Der Stiftungsrat ist beschlussfähig, wenn mindestens drei Mitglieder anwesend sind und zu diesen der Sprecher oder sein Stellvertreter gehören.

(2) Beschlüssen, zu denen die qualifizierte Mehrheit erforderlich ist, müssen mindestens vier Stiftungsratsmitglieder zustimmen.

(3) Abstimmungen in Personalfragen erfolgen geheim. Bei Angelegenheiten, die ein Stiftungsratsmitglied oder einen Familienangehörigen des Stiftungsratsmitglieds betreffen, ist das Stiftungsratsmitglied von der Beratung und Beschlussfassung ausgeschlossen.

(4) Weitere Einzelheiten regelt eine Geschäftsordnung, die sich der Stiftungsrat innerhalb von drei Monaten nach Gründung der Stiftung selbst gibt. Er beschließt hierüber und auch über Änderungen der Geschäftsordnung mit qualifizierter Mehrheit.

§ 10
Stellung und Aufgabe des Stiftungsrates

(1) Der Stiftungsrat ist das oberste Organ der Stiftung.

(2) Aufgaben des Stiftungsrates sind ***insbesondere:***

a) Beschlüsse gem. § 4;

b) die Wahl, Bestellung und Abberufung des Vorstandes sowie der Abschluss von Verträgen über Einstellung und Vergütung;

c) die Überwachung des Vorstands bei der Erfüllung seiner Aufgaben;

d) die Beschlussfassung gem. § 7 III e (Unternehmensplanung) und § 7 IV (Zustimmungskatalog);

e) Feststellung des Jahresabschlusses;

f) Entlastung des Vorstandes;

g) Wahl des Abschlussprüfers.

§ 11
Satzungsänderungen

(1) Satzungsänderungen sollen die nachhaltige Erfüllung des Zwecks der Stiftung nach dem Willen und den Vorstellungen des Stifters im Wandel der Verhältnisse ermöglichen.

(2) Für Satzungsänderungen ist ein Beschluss des Stiftungsrates mit qualifizierter Mehrheit erforderlich. Der Stiftungsrat hat den Vorstand von der Satzungsänderung jeweils zu informieren und angemessen anzuhören.

§ 12
Aufhebung der Stiftung

(1) Die Stiftung kann nur durch Beschluss des Stiftungsrates aufgehoben werden, und auch nur dann, wenn die Erfüllung des Stiftungszwecks entsprechend dem Willen und den Vorstellungen des Stifters rechtlich oder tatsächlich nicht mehr möglich ist oder bei einer wesentlichen Änderung der Verhältnisse. Der Beschluss bedarf der Genehmigung durch die Stiftungsaufsichtsbehörde.

(2) Bei Aufhebung der Stiftung fällt das Vermögen zu gleichen Teilen an die Destinatäre. Sind keine Destinatäre mehr vorhanden, fällt das Vermögen an die gemeinnützige XY-Stiftung, Bonn.

.............., den

....
(Stifter)

Anmerkung:

Das vorstehende Beispiel geht auf verschiedene Fälle aus der Praxis zurück.

Stiftungsverfassungen für unternehmensverbundene Stiftungen sind deutlich komplizierter in ihrer Gestaltung als sonstige Stiftungsverfassungen. Sie bedürfen einer besonders sorgfältigen Abstimmung und Beratung, so dass es allgemeingültige »Formulierungsbeispiele« nicht geben kann.

5. Formulierungsbeispiel für eine unselbständige Stiftung

PRÄAMBEL

....

§ 1
Name der Stiftung

Die Stiftung führt den Namen »XY-Stiftung für .... Sie ist eine unselbständige (treuhänderische) Stiftung.

§ 2
Treuhänderschaft

Der Treuhänder, der die unselbständige Stiftung verwaltet, ist die O-Stiftung, eine rechtsfähige Stiftung des bürgerlichen Rechts mit Sitz in............ Über die Vergütung des Treuhänders wurde eine gesonderte Vereinbarung getroffen.

§ 3
Stiftungszweck

(1) Die Stiftung hat den Zweck, ... Sie verfolgt damit ausschließlich und unmittelbar mildtätige Zwecke im Sinne des Abschnitts »Steuerbegünstigte Zwecke« der Abgabenordnung und ist selbstlos tätig.

(2) Der Stiftungszweck wird ***insbesondere*** *verwirklicht durch .... (Beispiele für konkrete Tätigkeiten)*

(3) Die Stiftung kann zur Zweckerreichung anderen, ebenfalls steuerbegünstigten Körperschaften, Anstalten oder Stiftungen oder einer geeigneten öffentlichen Behörde finanzielle oder sachliche Mittel zur Verfügung stellen, wenn diese Stellen mit den Mitteln Maßnahmen nach Abs. 2 fördern.

§ 4
Einschränkungen

(1) Die »XY-Stiftung für ......« verfolgt nicht in erster Linie eigenwirtschaftliche Zwecke. Sie darf keine juristische oder natürliche Person durch Ausgaben, die dem Zweck der Stiftung fremd sind, oder durch unverhältnismäßig hohe Unterstützungen, Zuwendungen oder Vergütungen begünstigen.

(2) Ein Rechtsanspruch auf Gewährung des jederzeit widerruflichen Stiftungsgenusses besteht nicht.

§ 5

Grundstockvermögen

Das Grundstockvermögen der Stiftung, das aus einem Barkapital in Höhe von EURO .... besteht, ist in seinem Bestand dauernd und ungeschmälert zu erhalten. Zu dem Grundstockvermögen zählen auch Zustiftungen oder sonstige Zahlungen an die Stiftung, die mit der Maßgabe erfolgen, dass sie dem Grundstockvermögen zugeführt werden Die Anlage des Stiftungsvermögens erfolgt nach den Anweisungen des Vorstandes durch geeignete, von dem Vorstand benannte Personen und/oder Gesellschaften. Das übrige Vermögen der Stiftung ist gesondert zu verwalten.

§ 6
Stiftungsmittel

(1) Die Stiftung erfüllt ihre Aufgaben

a) aus den Erträgen des Stiftungsvermögens.

b) aus Zuwendungen, soweit diese vom Zuwendenden nicht zur Stärkung des Grundstockvermögens bestimmt sind.

(2) Sämtliche Mittel dürfen nur für die satzungsgemäßen Zwecke verwendet werden.

(3) Es dürfen Rücklagen in steuerrechtlich zulässigem Umfang gebildet werden.

§ 7
Geschäftsjahr, Jahresrechnung

(1) Das Geschäftsjahr ist das Kalenderjahr.

(2) Der Treuhänder hat in den ersten fünf Monaten des Geschäftsjahres für das vorangegangene Geschäftsjahr eine Jahresrechnung mit einer Vermögensübersicht und einen Bericht über die Erfüllung des Stiftungszwecks der »XY Stiftung für ....« im vorhergehenden Jahr aufzustellen, die dem Vorstand der »XY-Stiftung für ......« und auch dem Stifter vorzulegen sind.

§ 8
Stiftungsvorstand,
Zusammenarbeit mit dem Treuhänder

(1) Organ der Stiftung ist der Stiftungsvorstand.

(2) Der Stiftungsvorstand besteht aus .... Personen. Über die Zahl der Vorstandsmitglieder bestimmt unter Berücksichtigung des zu erwartenden Arbeitsanfalls jeweils diejenige Person, die berechtigt ist, die Vorstandsmitglieder zu ernennen. Die Vorstandsmitglieder werden zu dessen Lebzeiten vom Stifter bestimmt. Nach dessen Tod werden sie von einer vom Stifter gegenüber dem Treuhänder schriftlich festgelegten Person bestimmt, deren diesbezügliches Amt, so die Person es nicht niederlegt, was sie jederzeit ohne Angabe von Gründen kann, automatisch mit Ablauf des Jahres endet, in dem diese Person ihr 70. Lebensjahr vollendet hat. Zur Bestimmung dieser Person legt der Stifter eine schriftliche Liste an, die er jederzeit ändern kann, in der die Person und entsprechende Ersatzpersonen in fester Reihenfolge festgelegt sind. Übernimmt die Person Nr. 1 das Amt nicht, wird Person Nr. 2 gefragt usw. Jede Person, die das Amt übernimmt, bestimmt ihren Nachfolger durch eine ebensolche Liste auf die gleiche Weise. Der vom Stifter am .... ernannte Gründungsvorstand ist: Herr ....

(3) Die Amtszeit des Stiftungsvorstands beträgt jeweils .... Jahre ab dem Tage seiner Ernennung. Eine wiederholte Bestellung zum Stiftungsvorstand ist

zulässig. Ein Vorstand kann jederzeit ohne Angabe von Gründen von seinem Amt zurücktreten. Er kann von derjenigen Person, die jeweils zur Ernennung des Vorstandes berechtigt ist, nur aus wichtigem Grund vor Ablauf seiner Amtszeit abberufen werden. In jedem Fall scheidet ein Vorstand mit Ablauf des Jahres, in dem er sein 70. Lebensjahr vollendet hat, automatisch aus seinem Amt.

(4) Ist zu einem Zeitpunkt kein Vorstand eingesetzt, so übernimmt automatisch der Treuhänder die Vorstandstätigkeiten. Er ernennt dann unverzüglich einen geeigneten Vorstand, der die Stiftung im Sinne des Stifters führt.

(5) Die Tätigkeit im Vorstand ist, sofern die den Vorstand ernennende Person im Hinblick auf den Umfang der Tätigkeit des Vorstandes nicht ausdrücklich etwas anderes bestimmt, ehrenamtlich. Anfallende angemessene Auslagen werden ersetzt. Der Vorstand kann in angemessenem Umfang Hilfspersonal beschäftigen.

(6) Der Treuhänder hat gegenüber dem Vorstand der »XY Stiftung für ......« insbesondere folgende Pflichten:

a) Die Erstellung des Jahresabschlusses, der dann durch einen Wirtschaftsprüfer geprüft wird, der, falls der Vorstand der Sonnenstrahl Kinderfonds-Stiftung nicht ausdrücklich etwas anderes bestimmt, von der Kinderfonds Stiftung bestimmt wird.

b) Die geschäftliche Verwaltung des Kontos der »XY-Stiftung für ....«. Die Vermögensverwaltung erfolgt gem. § 4 Satz 3 dieser Stiftungssatzung.

c) Die Abwicklung der Stiftungsaktivitäten der »XY-Stiftung für ....« beispielsweise im Bereich von Spendenaktionen oder der Öffentlichkeitsarbeit nach Rücksprache mit dem Vorstand der Sonnenstrahl Kinderfonds Stiftung.

d) Die Prüfung und Kontrolle von allen weiteren Projektunterstützungen – und zwar ausschließlich dahingehend, dass die Vorschriften des Abschnittes »Steuerbegünstigte Zwecke« der Abgabenordnung eingehalten werden.

(8) Der Vorstand der »XY Stiftung für ....« hat gegenüber dem Treuhänder insbesondere folgende Rechte:

a) Die Entscheidung, auf welche Projekte und in welcher Form die Erträge des Stiftungsvermögens und die eingegangenen Spenden verteilt werden.

b) Die Entscheidung, ob bzw. welche weiteren Aktivitäten die Stiftung durchführt, zB Spendenaktionen, Öffentlichkeitsarbeit etc.

c) Die Entscheidung über den oder die Vermögensverwalter und die Vermögensverwaltung nach § 5 Satz 3 dieser Stiftungssatzung.

§ 9

Fakultativer Stiftungsrat

Der Vorstand der »XY Stiftung für .....« kann als weiteres Organ einen Stiftungsbeirat ernennen. Einzelheiten über die Aufgaben und Pflichten sind in einer Geschäftsordnung des Beirats festzuhalten, die der Vorstand der »XY-Stiftung für . . . . .« aufstellt.

§ 10
Satzungsänderungen

Satzungsänderungen können vom Vorstand des Treuhänders nach vorheriger Anhörung des Vorstandes der »XY Stiftung für . . . . . .« durchgeführt werden, soweit dadurch die Vorschriften des Abschnittes »Steuerbegünstigte Zwecke« der Abgabenordnung nicht verletzt werden.

§ 11
Vermögensanfall

Bei Aufhebung oder Auflösung der Stiftung oder bei Wegfall des steuerbegünstigten Zweckes fällt das Stiftungsvermögen an den Treuhänder, soweit der Vorstand der »XY-Stiftung für . . . . .« keine entsprechende andere gemeinnützige und/oder mildtätige Körperschaft bestimmt hat. Der Empfänger des Vermögens hat das Vermögen unter Beachtung des Stiftungszwecks unmittelbar und ausschließlich für mildtätige Zwecke zu verwenden.

(Ort/Datum)

....	....
Treuhänder	*Vorstand der XY-Stiftung für . . . . .*

Anmerkung:

Dieses Formulierungsbeispiel geht auf einen Praxisfall zurück. Die Formulierung einer solchen Satzung ist im Einzelfall sorgfältig mit der zuständigen Finanzbehörde abzustimmen. Die Usancen divergieren von Behörde zu Behörde.

KAPITEL 5
Der Erbe nach dem Erbfall

ÜBERBLICK

A. Praktische Hinweise

I. Verkehr mit Behörden

Mit dem Tod eines Menschen sind für die meist nächsten Angehörigen und/ oder Verwandten **zahlreiche Aufgaben** verbunden. Das beginnt schon beim Ableben des Erblassers: Der Arzt muss verständigt und die Überlegung angestellt werden, ob das Begräbnis durch die Angehörigen selbst oder durch ein Bestattungsunternehmen organisiert werden soll. Es schließen sich daran Behördengänge und Kontaktaufnahmen zu verschiedenen Einrichtungen und Ämtern an, um diese über den Tod des Erblassers zu informieren. 1

Die **Gründe** hierfür sind verschiedener Natur: Im wesentlichen geht es darum, Leistungen, die mit dem Tod des Erblassers verbunden sind, wie zB Lebensversicherungssummen, Sterbegeld, Witwen-/Witwer- und Hinterbliebenenrenten, zu erlangen. Darüber hinaus bedarf es der Mitteilung vom Ableben, damit Leistungen, die der Erblasser höchstpersönlich empfangen hat, wie zB Arbeitseinkommen, Arbeitslosengeld, Sozialhilfe oder Rente, eingestellt werden, um sich selbst keinen Regressforderungen dieser Einrichtungen ausgesetzt zu sehen. 2

1. Standesamt

Der erste und wichtigste Schritt, den die Angehörigen bzw. Verwandten nach dem Tod des Erblassers zu unternehmen haben, ist die Feststellung des Todes durch einen Arzt. Dieser stellt dann den **Totenschein** aus, der neben den Personalien des Verstorbenen insbesondere Angaben zum Todeszeitpunkt und zur Todesursache enthält. 3

Nach § 32 PStG muss der Tod eines Menschen dem Standesbeamten, in dessen Bezirk er gestorben ist, spätestens am folgenden Werktag mündlich angezeigt werden. Zu dieser Anzeige sind verpflichtet 4

- das Familienhaupt
- derjenige, in dessen Wohnung sich der Sterbefall ereignet hat, sodann
- jede Person, die beim Tod zugegen war oder vom Sterbefall aus eigener Wissenschaft unterrichtet ist, § 33 PStG.

Eine **Anzeigepflicht** besteht nach Abs 2 nur, wenn eine in der Reihenfolge früher genannte Person nicht vorhanden oder an der Anzeige verhindert ist. Bei einem Todesfall in einem Krankenhaus oder einer sonstigen Pflegeeinrichtung ist ausschließlich der Leiter der Einrichtung oder der von ihm ermächtigte Angestellte zur Erstattung der Anzeige zuständig (§ 34 iVm § 18 I PStG); es genügt in diesen Fällen eine **schriftliche Anzeige in amtlicher Form.** 5

Der Verpflichtete legt dem Standesbeamten den Totenschein vor; dieser stellt daraufhin die **Sterbeurkunde** aus. Von dieser Urkunde sollten sich die Ange- 6 hörigen mehrere Abschriften aushändigen lassen, da diese gegenüber anderen Behörden und Institutionen als Nachweis des Todes des Erblassers dienen.

7 Im Folgenden nimmt der Standesbeamte dann folgende **Eintragungen im Sterbebuch** vor:

- Die Vornamen, der Familienname des Verstorbenen, sein Beruf, Wohnort, Ort und Tag der Geburt, ggf Zugehörigkeit zu einer Kirche/Religionsgemeinschaft oder Weltanschauungsgemeinschaft;
- Die Vornamen und der Familienname des Ehegatten bzw. der Vermerk, dass der Verstorbene nicht verheiratet war;
- Ort, Tag und Stunde des Todes;
- Vor- und Familienname des Anzeigenden, sein Beruf und Wohnort.

Die Eintragung im Sterbebuch ist vom zur Anzeige Erschienenen und von dem Standesbeamten **zu unterschreiben,** § 37 PStG.

2. Notariat/Nachlassgericht

8 Nachdem das Standesamt aufgrund des von den Angehörigen oder sonstigen Dritten vorgelegten Totenscheins die Sterbeurkunde ausgestellt hat, leitet der Standesbeamte die Sterbeurkunde an das am letzten Wohnsitz des Erblassers zuständige Nachlassgericht weiter.

Praxis-Tipp:

Nach § 72 FGG werden die staatlichen Aufgaben im Erbrecht[1] durch das Nachlassgericht erfüllt. Zuständig ist grundsätzlich das Amtsgericht, in dessen Bezirk der Erblasser seinen letzten Wohnsitz bzw Aufenthalt hatte. Lag dieser nicht in Deutschland, so ist für einen deutschen Erblasser das Amtsgericht Berlin-Schöneberg (§ 73 II FGG), für einen ausländischen Erblasser das Amtsgericht zuständig, in dessen Bezirk sich die Nachlassgegenstände befinden, § 73 III FGG. In Baden-Württemberg sind die Aufgaben des Nachlassgerichts aufgrund des landesrechtlichen Vorbehalts in Art 147 EGBGB dem staatlichen Notariat zugewiesen (§§ 1, 36, 38 LFGG B-W). Nachlassrichter ist der Notar. Der beamtete Notar im Landesdienst ist funktionell ausschließlich zuständig. Eine funktionell Zuständigkeitsaufteilung zwischen Richter und Rechtspfleger iSd §§ 3, 16 RPflG gibt es daher nicht (§ 35 RPflG).[2]

9 Das Nachlassgericht überprüft nun seinerseits, ob eine Verfügung von Todes wegen des Erblassers in der **Testamentskartei** registriert ist. Befindet sich eine derartige erbrechtliche Verfügung in amtlicher Verwahrung beim Nachlassgericht, so wird Termin zur Eröffnung der Verfügung von Todes wegen bestimmt

1 Eröffnung, Verkündung, Feststellung, Fürsorge, Sicherung und Legitimation
2 Vgl Tschichoflos, Rn 117 ff

und die Erben hierzu förmlich geladen. Ist eine letztwillige Verfügung in der Testamentskartei dieses Nachlassgerichts nicht verzeichnet, so wird der Angehörige oder Dritte, der in der Sterbeurkunde benannt ist, vom Nachlassgericht geladen und um Mithilfe bei der Erbenermittlung gebeten. Gleichzeitig ergeht auch die Aufforderung nach § 2259 BGB, die in ihrem Besitz befindlichen Testamente beim Gericht **abzuliefern.**

Praxis-Tipp:

Nach § 2259 BGB ist jeder, der ein Testament, das nicht in besondere amtliche Verwahrung gebracht wurde, im Besitz hat, verpflichtet, es unverzüglich, nachdem er vom Tod des Erblassers Kenntnis erlangt hat, an das Nachlassgericht abzuliefern. Dieselbe Verpflichtung trifft auch andere Behörden als ein Gericht. Das Nachlassgericht, bei dem sich eine Verfügung von Todes wegen befindet, welches aber nicht für die Eröffnung zuständig ist, hat die Ablieferung zu veranlassen. Im Übrigen besteht die Pflicht zur Ablieferung nicht nur gegenüber dem Nachlassgericht; vielmehr kann jeder Betroffene die Ablieferung des Testaments im Wege einer Klage erzwingen.

Aufgrund der so ermittelten Informationen prüft das Nachlassgericht dann die Erbfolge.

Hat das Nachlassgericht die Erbfolge festgestellt, werden die betreffenden 10 Personen, soweit es sich um die gesetzliche Erbfolge handelt und eine Eröffnung der letztwilligen Verfügung nicht zu erfolgen hat, vom Nachlassrichter schriftlich verständigt. Nimmt der Erbe die Erbschaft an, kann er **zu seiner Legitimation als Erbe** gegenüber jedem Dritten die Erteilung eines **Erbscheins** beim Nachlassgericht beantragen.

In ähnlicher Weise verfährt das Nachlassgericht in den Fällen, in denen Ange- 11 hörige, die Angaben zur Erbfolge machen könnten, zunächst nicht erreichbar sind, weil der Erblasser **nicht in seiner häuslichen Umgebung,** sondern zB bei einem Unfall außerhalb seiner Wohnung verstorben ist. Hier erfolgt die Ermittlung der näheren Lebensumstände und der Angehörigen des Erblassers durch die Polizei.

3. Grundbuchamt

Kommt es im Rahmen eines Erbfalles zu einer Änderung der Güterzuordnung 12 und befindet sich im Nachlass u. a. auch Grundbesitz, so muss der Antragsteller, um die Eintragung dieser Rechtsänderung zu veranlassen, den Nachweis der Erbenstellung und damit den **Nachweis seiner Berechtigung** erbringen. Der Grund dafür ist darin zu sehen, dass mit dem Tod des Erblassers, der Eigentümer eines Grundstücks war und dem erfolgenden Übergang des Eigentums auf die Erben, das Grundbuch nachträglich unrichtig wird. Zur Berichtigung nach §§ 13, 22, 29, 39 GBO muss die Erbfolge nachgewiesen werden. § 35 GBO regelt nun im einzelnen, wie dem Grundbuchamt die Erbfolge und die Verfügungsmacht des Testamentsvollstreckers nachzuweisen sind.

13 Nach § 35 I GBO kann der Nachweis der Erbfolge grundsätzlich nur durch einen **Erbschein** geführt werden. Dabei muss es sich um einen nach § 2353 oder § 2369 BGB erteilten Erbschein (Eigenrechts-, gegenständlich beschränkter Eigenrechts- oder gegenständlich beschränkter Fremdrechtserbschein) handeln.[3]

Praxis-Tipp:

Sind Nachlassgericht und Grundbuchamt beim selben Amtsgericht/ Notariat, so kann im Grundbuchantrag auf den in den Nachlassakten befindlichen Erbschein verwiesen werden. Die Verantwortung für die Richtigkeit des Erbscheins liegt beim Nachlassgericht. Daher kann auch das Grundbuchamt eine abweichende Erbenfeststellung nicht vornehmen.[4]

14 Darüber hinaus gestattet § 35 I 2 GBO, den Nachweis auch auf andere Weise zu führen: Beruht nämlich die Erbfolge auf einer Verfügung von Todes wegen, die in einer öffentlichen Urkunde enthalten ist, so genügt es, wenn anstelle des Erbscheins die **Verfügung und die Niederschrift über die Eröffnung der Verfügung,** entweder im Original oder als Abschrift, vorgelegt werden. Dabei handelt es sich um die vor einem Notar errichteten öffentlichen Testamente (§ 2232 BGB), Erbverträge (§§ 2274 ff BGB) sowie die vor einem Bürgermeister errichteten Nottestamente nach §§ 2249, 2250 I iVm 2249 BGB.

15 Der Nachweis, dass ein Testamentsvollstrecker eingesetzt und zur Verfügung über den Nachlass berechtigt ist, muss durch die Vorlage **eines Testamentsvollstrecker-Zeugnisses** nach § 2368 BGB erbracht werden. Dies gilt auch dann, wenn der Testamentsvollstrecker bereits nach § 52 GBO im Grundbuch eingetragen ist, da diese Eintragung nur den Zweck hat, Verfügungen der Erben zu verhindern, nicht aber geeignet ist, den Nachweis der tatsächlichen Verfügungsbefugnis des Testamentsvollstreckers zu erbringen.[5]

16 Das Testamentsvollstrecker-Zeugnis ist **dann nicht** erforderlich, wenn die Verfügungsbefugnis des Testamentsvollstreckers

- offenkundig ist
- durch eine vor einem Notar errichtete Verfügung von Todes wegen mit der Eröffnungsniederschrift vorgelegt wird oder
- in den Fällen der §§ 36, 37 GBO.

Praxis-Tipp:

Ein Zeugnis nach §§ 36 f GBO kann den Erbschein ersetzen. Stellt der Anwalt als Bevollmächtigter des Erben den Berichtigungsantrag, so bedarf die Vollmacht der öffentlichen Beglaubigung.

3 Holzer/Kramer, 4. Teil Rn 223
4 Vgl Tschichoflos, Rn 1034 ff
5 Holzer/Kramer, 4. Teil Rn 274

Nach erfolgter **Prüfung der formellen Wirksamkeit** der vorlegten Urkunden nimmt das Grundbuchamt die beantragte Eintragung der Rechtsänderung vor. Das Grundbuch ist damit wieder richtig. 17

Musterformulierung für einen Antrag auf Berichtigung des Grundbuchs durch Eintragung einer Erbengemeinschaft: 18

Amtsgericht Hamburg
– Grundbuchamt –
PLZ, Hamburg

Grundbuchberichtigungsantrag auf Eintragung der Erben in Erbengemeinschaft

Im Grundbuch der Stadt Hamburg, Band 238, Blatt 1198, ist Wilhelm August Müller als Eigentümer der dort im Bestandsverzeichnis unter Nr. 1–3 gebuchten Grundstücke Flurstück 53–56 als Alleineigentümer eingetragen.

Wilhelm August Müller ist am 23. 2. 1998 gestorben und von den Kindern Anton, Agathe und Gustav beerbt worden. Die Erbfolge ist nachgewiesen durch die eigenhändige letztwillige Verfügung des Erblassers vom 14. 1. 1970 und dem Eröffnungsprotokoll des Amtsgerichts Hamburg vom 27. 2. 1998 unter Az:. .... Beide Urkunden befinden sich in den Nachlassakten des Nachlassgerichts Hamburg, auf die wir Bezug nehmen.

Wir beantragen die Berichtigung des Grundbuchs in der Weise, dass wir anstelle des Erblassers als neue Eigentümer mit dem Zusatz »in Erbengemeinschaft« des oben bezeichneten Grundbesitzes im Grundbuch eingetragen werden.

Hamburg, den 1. 4. 1998

....	....	....
Anton Müller	*Agathe Müller*	*Gustav Müller*

Praxis-Tipp: 19

Nach § 60 I KostO entsteht für die Eintragung eines Eigentümers/von Miteigentümern eine $^{10}/_{10}$ Gebühr, wobei sich der Wert nach den §§ 18 ff KostO richtet.

Wird der Eintragungsantrag innerhalb von 2 Jahren seit dem Erbfall von den Erben (auch Nacherbe und Erbeserbe) des eingetragenen Erblassers beim Grundbuchamt gestellt, wird eine Grundbuchberichtigungsgebühr ***nicht*** *erhoben, § 60 IV KostO.*

Hinsichtlich der ***Anwaltsgebühren*** *ist der Streitwert nach § 3 ZPO zu bestimmen, wobei ein geringerer Wert als der Verkehrswert des Grundstücks maßgebend ist, wenn es nur um die formale Position geht, die Eigentumsverhältnisse also geklärt und unstreitig sind.*

Klagt ein Miterbe *gegen einen anderen Miterben auf Berichtigung des*

Grundbuchs dahin, dass nicht der beklagte Miterbe, sondern die Erbengemeinschaft als Eigentümer eingetragen wird, so ist der Streitwert der Verkehrswert des Grundstücks abzüglich eines dem Erbteil des Beklagten entsprechenden Anteils.[6] Der Streitwert bemisst sich in dem Fall, in dem ein Miterbe gegen einen anderen Miterben auf Untersagung der Eigentumsumschreibung eines zum Nachlass gehörenden Grundstücks an denselben klagt, nach der quotenmäßigen Beteiligung des klagenden Miterben an der Gesamthandsgemeinschaft.[7]

4. Register

20 Befindet sich im Nachlass ein einzelkaufmännisches Unternehmen oder die Beteiligung an einer Gesellschaft, so wird idR durch den Tod des Erblassers das Handelsregister unrichtig, da das Vermögen des Verstorbenen, und damit auch die Beteiligung an dem Unternehmen, entweder im Wege der Universalsukzession auf den/die Erben oder im Wege einer Nachfolgeregelung im Gesellschaftsvertrag auf den/die dort bezeichneten Nachfolger übergeht. Zur Berichtigung des Handelsregisters bedarf es neben des Nachweises der Nachfolgerbestellung auch der Kenntnis vom Gesellschaftstyp und der Nachfolgeregelung im Testament bzw Gesellschaftsvertrag.

Praxis-Tipp:

Wichtig ist, dass die Handelsregisteranmeldungen und Vollmachten zur Vornahme der Anmeldungen der öffentlichen Beglaubigung bedürfen, § 12 HGB.

21 Nach § 12 I HGB ist für die **Handelsregisteranmeldung** die notarielle Unterschriftsbeglaubigung erforderlich. Die Rechtsnachfolge kann durch öffentliche Urkunden nachgewiesen werden, § 12 II 2 HGB. Bei gesetzlicher Erbfolge ist idR die Vorlage eines Erbscheins erforderlich.[8] Darüber hinaus kann die Rechtsnachfolge auch durch eine beglaubigte Abschrift der öffentlich beurkundeten Verfügung von Todes wegen nebst der Eröffnungsniederschrift des Nachlassgerichts nachgewiesen werden. Ergibt sich die Rechtsnachfolge aus den Akten des Nachlassgerichts, die bei demselben Gericht geführt werden wie das Handelsregister, ist das Begehren nach der Vorlage eines Nachweises untunlich und hat daher zu unterbleiben.[9]

Praxis-Tipp:

Die Zeichnung der Firma und die Namensunterschriften sind persönlich vor dem Notar zu leisten. Eine Stellvertretung ist hier nicht möglich.

---

6 BGH MDR 1958, 676
7 OLG Köln JurBüro 1975, 939
8 OLG Hamm Rpfleger 1986, 140
9 BayObLG WM 1983, 1093; OLG Hamm Rpfleger 1986, 140

a. Einzelkaufmann

Das Gesetz schreibt in §§ 31 I, 29 HGB vor, dass jede Änderung des Inhabers eines Unternehmens zum Handelsregister anzumelden ist. Daher ist auch der Übergang eines einzelkaufmännischen Unternehmens, der nach § 1922 BGB erfolgt, durch den/die Erben zur Eintragung im Handelsregister anzumelden. 22

Mehrere Miterben können zu gemeinschaftlichen Inhabern des Unternehmens werden. Sie werden dadurch aber **nicht automatisch** zu einer Personenhandelsgesellschaft. Der Erbe/die Miterben haben die Möglichkeit, sich bei der Anmeldung zur Eintragung der Inhaberschaft durch einen Bevollmächtigten gemäß § 12 II 1 HGB mittels einer beglaubigten Vollmacht vertreten lassen.

Praxis-Tipp:

Minderjährige Miterben können grundsätzlich durch ihre Eltern bei der Anmeldung zur Änderungseintragung vertreten werden. Unter Umständen, va bei Interessenkollisionen, hat aber das Vormundschaftsgericht einen Ergänzungspfleger nach § 1909 BGB zu bestellen, der die Handelsregisteranmeldung unterschreibt.

Hat der Erblasser **Testamentsvollstreckung angeordnet,** so ist zu beachten, dass der Testamentsvollstrecker zwar für den Nachlass Verbindlichkeiten eingehen kann, nicht aber für den Erben persönlich. Deshalb ist zu unterscheiden:

- Ist der Testamentsvollstrecker **Bevollmächtigter der Erben,** so werden die Erben als Inhaber des einzelkaufmännischen Unternehmens im Handelsregister eingetragen, wobei sie selbst die Anmeldepflicht trifft.
- Führt der Testamentsvollstrecker das Unternehmen **als Treuhänder** im eigenen Namen fort, so haftet er nach außen persönlich und unbeschränkt. Er ist Inhaber des Unternehmens und als solcher ist er im Handelsregister einzutragen. Die Anmeldung ist nicht nur vom Testamentsvollstrecker, sondern auch von allen Miterben vorzunehmen.
- **Gibt** der Testamentsvollstrecker das einzelkaufmännische Unternehmen **aus seiner Verwaltung frei,** so sind ausschließlich die Erben Inhaber und werden aufgrund ihres Eintragungsantrags im Handelsregister eingetragen. Zu beachten ist, dass auch hier der Testamentsvollstrecker bei der Anmeldung mitzuwirken hat.

b. Offene Handelsgesellschaft (oHG)

In folgenden Fällen haben alle Gesellschafter sowie die Erben des verstorbenen Gesellschafters bei der Anmeldung mitzuwirken: 23

- Auflösung der Gesellschaft durch den Tod eines Gesellschafters (wenn dies im Gesellschaftsvertrag vereinbart ist);

- Fortsetzung der Gesellschaft mit den verbliebenen Gesellschaftern oder mit einem/mehreren Miterben;
- Erbe wechselt nach § 139 HGB in die Stellung eines Kommanditisten, wobei sich die oHG in eine Kommanditgesellschaft umwandelt.

Praxis-Tipp:

Hat der Erblasser Testamentsvollstreckung angeordnet, so ist die Mitwirkung des Testamentsvollstrecker bei der Handelsregisteranmeldung notwendig.

c. Kommanditgesellschaft (KG)

24 Bei der KG ist danach zu unterscheiden, ob der persönlich haftende Gesellschafter oder der Kommanditist durch Tod aus der Gesellschaft ausscheidet.

- Beim Tod des Komplementärs geltend die Regeln entsprechend wie bei der oHG.
- Beim Tod des Kommanditisten wird die Gesellschaft nicht aufgelöst; vielmehr ist der Eintritt einzelner/aller Miterben von allen Gesellschaftern und den Erben des verstorbenen Kommanditisten zur Eintragung anzumelden.

Ist vom Erblasser Testamentsvollstreckung hinsichtlich des Kommanditanteils angeordnet worden, so hat sich auch der Testamentsvollstrecker an der Anmeldung zu beteiligen.

d. Gesellschaft mit beschränkter Haftung (GmbH)

25 Der Tod eines Gesellschafters einer GmbH führt grundsätzlich nicht zur Auflösung der Gesellschaft. Findet ein **Rechtsübergang eines Gesellschaftsanteils** auf einen Erben statt, so muss dies nicht förmlich angemeldet werden, es reicht aus, wenn bei der Einreichung der jährlichen Gesellschafterliste die Veränderung angezeigt wird und nunmehr die Rechtsnachfolger statt des verstorbenen Gesellschafters genannt sind.

Ist allerdings der Geschäftsführer gestorben, so ist die Änderung der Person des Geschäftsführers von allen Geschäftsführern, nicht aber von dessen Erben, zum Handelsregister anzumelden, §§ 39, 78 GmbHG.

e. Aktiengesellschaft (AG)

26 Der Tod des Vorstandes hat keinen Einfluss auf das Bestehen der AG. Allerdings gilt hier das zur GmbH Gesagte entsprechend. Nach § 81 AktG ist jede Änderung des Vorstandes oder der Vertretungsbefugnis eines Vorstandsmitglieds vom Vorstand zur Eintragung ins Handelsregister anzumelden.

Gegen die Eintragung der Änderung im Handelsregister ist wegen der Außenwirkung der Handelsregistereintragung **ein Rechtsbehelf nicht statthaft.**[10]

Gebührenrechtliche Hinweise: 27

> *Der Rechtsanwalt erhält für seine Tätigkeiten bei Anmeldungen und Eintragungen im Handelsregister die in § 118 BRAGO bestimmten Gebühren. Der Gegenstandswert wird nach den für die Gerichtsgebühren geltenden Vorschriften (§ 8 I BRAGO) ermittelt.*
>
> *Betreibt ein Anwalt aufgrund eines Urteils des Prozessgerichts nach § 16 I 1 HGB die Eintragung ins Handelsregister, so handelt es sich hierbei nicht um eine Tätigkeit im Rahmen der Zwangsvollstreckung. Er erhält daher keine Gebühr nach § 57 BRAGO, sondern nach § 118 BRAGO.*

5. Krankenkasse

Nach § 28 i I 2 SGB IV ist die Krankenkasse, bei der die Krankenversicherung durchgeführt wird, die **zuständige Einzugsstelle für den Gesamtsozialversicherungsbeitrag.** Zur Durchführung der damit verbundenen Aufgaben, insbesondere des Meldeverfahrens und der Beitragszahlung, ist der Beschäftigte verpflichtet, dem Arbeitgeber gegenüber die erforderlichen Angaben zu machen und die dafür notwendigen Unterlagen vorzulegen, § 28 o I SGB IV. 28

Darüber hinaus ist der Beschäftigte nach § 28 o II SGB IV auf Verlangen verpflichtet, den zuständigen Versicherungsträgern **Auskunft** über Art und Dauer seiner Beschäftigungen, die dabei erzielten Einkünfte, Arbeitgeber und die für die Erhebung der Beiträge notwendigen Tatsachen zu erteilen und die für die Prüfung der Meldungen und Beitragszahlungen erforderlichen Unterlagen vorzulegen. 29

Nach dem Tod des Beschäftigten trifft diese Verpflichtung zur Auskunftserteilung den/die Erben. Zum Nachweis vom Ableben des Arbeitnehmers ist die Sterbeurkunde vorzulegen. Dadurch erhält der Sozialversicherungsträger die Gelegenheit, die Leistungen rechtzeitig einzustellen, damit es zu keiner Überzahlung kommt, die dann von den Angehörigen bzw Erben zurückgefordert werden müsste. 30

Im Übrigen wird auf Rn 43 ff verwiesen.

6. Bank, Versicherung

a. Bank

In der Regel erlangt die Bank **Kenntnis vom Tod des Kunden** durch die Erben oder die Rücksendung von Postsendungen mit dem Vermerk »Empfänger verstorben«. Die Angehörigen, Erben oder der Testamentsvollstrecker erbringen 31

10 Vgl hierzu Tschichoflos, Rn 1052

den Nachweis der Verfügungsberechtigung durch die Vorlage eines mit öffentlichem Glauben ausgestatteten Erbscheins, eines Testamentsvollstreckerzeugnisses oder sonstiger hierfür notwendiger Urkunden. Auch eine Verfügung von Todes wegen nebst Eröffnungsprotokoll ist ausreichend, um den Nachweis zu erbringen.

32 Nach Vorlage dieser Unterlagen kann die Bank denjenigen, der darin als Erbe oder **Testamentsvollstrecker** bezeichnet ist, als Berechtigten ansehen, ihn Verfügungen vornehmen lassen und insbesondere mit befreiender Wirkung an ihn leisten, es sei denn, es sind der Bank Umstände bekannt, die Zweifel an der Verfügungsbefugnis des in der Urkunde Genannten entstehen lassen (vgl Nr. 5 S 3 AGB-Banken).

33 Mit dem Tod eines Kunden ist die Bank verpflichtet, die in ihrem Gewahrsam befindlichen Vermögensgegenstände des Kunden, die beim Tod des Kunden zu dessen Vermögen gehörten, **anzuzeigen,** § 33 I 1 ErbStG. Anzeigepflichtig ist der Name, die Anschrift, der Todestag und der Sterbeort des Kunden. Dabei sind die Forderungen des Kunden zum Nennbetrag, dh ohne Zinsen für das Jahr des Todes anzugeben.

34 Auch ohne einer entsprechenden erbrechtlichen Legitimation kann es nach dem Tod des Kunden zu **wirksamen Verfügungen zu Lasten seines Kontos** kommen. So lässt der Tod den Scheckvertrag grundsätzlich unberührt. Im Rahmen des Notgeschäftsführungsrecht kann der legitimierte Erbe, auch durch einen einzelnen Miterben, nach § 2038 I 2 BGB den Scheckvertrag wirksam widerrufen. Gleiches gilt für Überweisungs- und Daueraufträge sowie Lastschriften, sofern der Vertrag keine dahingehende Vereinbarung enthält, dass der Dauerauftrag mit dem Tod des Kunden enden soll.

35 Im Übrigen erlischt auch eine Vollmacht, deren Grundverhältnis einen **Geschäftsbesorgungsvertrag** darstellt, nicht mit dem Tod des Kunden, § 672 BGB; es wirkt vielmehr bis zum **Widerruf** durch die Erben fort,[11] so dass der Bevollmächtigte auch nach dem Tod des Erblassers wirksam und zu Lasten des Kontos über dieses verfügen kann. Der Widerruf der Vollmacht kann gemäß § 2038 I 2 BGB durch einen Miterben erfolgen. Vollmachten, die erst mit dem Tod des Kunden wirksam werden, unterliegen denselben Regeln.

36 Bei einem **Vertrag zugunsten Dritter auf den Todesfall** vereinbaren Bank und Kunde, dass ein Dritter ein Forderungsrecht auf eine Leistung mit dem Tod des Kunden erwerben soll, ohne dass der Dritte davon Kenntnis erlangt. Unabhängig davon kann der Erbe die erworbene Forderung von dem Dritten nach den Grundsätzen der ungerechtfertigten Bereicherung herausverlangen, sofern sie ohne rechtlichen Grund erfolgt ist. Regelmäßig liegt als Rechtsgrund ein Schenkungsvertrag vor, dessen Angebot postmortal durch den Begünstigten unter vermittelnder Beteiligung der Bank angenommen wird. Allerdings können die Erben das Schenkungsangebot vor der Annahme durch den Begünstigten widerrufen.

37 Schwierigkeiten können sich ergeben, wenn der verstorbene Kunde mit einem Dritten ein **Gemeinschaftskonto** hatte. Handelte es sich um ein Oder-Konto,

11 OLG Düsseldorf WM 1983, 548

so kann sowohl der Erbe als auch der andere Kontoinhaber einzeln darüber verfügen. Will der Oder-Berechtigte dies verhindern, kann er durch einen einseitigen Widerruf das Oder-Konto in ein Und-Konto umwandeln, so dass beide nur gemeinsam über das Konto verfügen können.

b. Versicherung

Ist der Versicherungsnehmer verstorben, so ist der Versicherer durch die Angehörigen oder Erben des Verstorbenen von diesem Umstand in Kenntnis zu setzen, damit die **Beitragspflicht erlischt,** wie zB bei der Kfz-, Unfall-, Kranken-, Hausrat- und Haftpflichtversicherung und um ggf in den **Genuss der Versicherungsleistung** zu gelangen, wie dies zB bei der Lebens- und Unfallversicherung der Fall ist. 38

Bei der in diesem Zusammenhang bedeutsamsten Versicherungsart, der **Lebensversicherung,** ist die Leistung nach § 11 VVG mit der Beendigung der zur Feststellung des Versicherungsfalls und des Umfangs der Leistung des Versicherers nötigen Erhebungen fällig. Für die Prüfung des Eintritts des Versicherungsfalls und seiner Leistungspflicht ist der Versicherer auf die Mitwirkung des Versicherungsnehmers bzw. des Anspruchsberechtigten angewiesen. Nach §§ 171 II, 34 VVG ist der Versicherer über den Eintritt des Versicherungsfalles »Tod« zu unterrichten. Der Anzeigepflicht wird genügt, wenn die Anzeige binnen 3 Tagen nach dem Eintritt des Versicherungsfalles erfolgt, wobei die Frist durch die Absendung der Anzeige gewahrt wird. 39

Die Feststellung des Todesfalles erfolgt durch die **Sterbeurkunde.** Weitere Erhebungen sind ua dann von Seiten des Versicherers erforderlich, wenn seine Leistungsfreiheit wegen Selbsttötung des Versicherungsnehmers in Betracht kommt oder die versicherte Person verschollen ist. 40

Gebührenrechtlicher Hinweis: 41

> *Beauftragt der Versicherungsnehmer bzw im Falle seines Todes der Angehörige oder Erbe schon vor Fälligkeit der Versicherungsleistung einen Anwalt, so hat er idR keinen Anspruch auf Erstattung der dadurch entstandenen Anwaltsgebühren, selbst dann nicht, wenn der Versicherer später in Verzug gerät.*[12]

7. Sonstige Einrichtungen

Neben den bisher genannten Behörden und Einrichtungen ist noch an weitere Stellen zu denken, die Kenntnis vom Tod des Erblassers erlangen müssen. Zu nennen sind hier insbesondere: 42

- Private Sterbegeldversicherung;
- Krankenhaustagegeldzusatzversicherung;

12 AG Köln VersR 1994, 1170

- Hausratversicherung;
- Kraftfahrzeugversicherung.

Praxis-Tipp:

Bei der Kfz-Versicherung ist im Einzelnen von den Angehörigen/Erben zu prüfen, ob und inwieweit die Möglichkeit besteht, dass der vom Erblasser über viele Jahre hinweg durch unfallfreie Teilnahme am Straßenverkehr erworbene hohe Schadensfreiheitsrabatt übernommen werden kann, bevor der Versicherungsvertrag gekündigt wird.

- Abmeldung des Fahrzeugs bei der Zulassungsstelle;
- Rentenversicherung;
- Unfallversicherung;
- Rechtsschutzversicherung;
- Vereine, bei denen eine Mitgliedschaft des Erblassers bestand;
- Vermieter.

II. Finanzielle Angelegenheiten

1. Sterbegeld

a. Nach SGB V (Krankenversicherung)

43 Nach § 58 SGB V wird beim Tod eines Krankenversicherten ein Zuschuss zu den Bestattungskosten **(Sterbegeld)** bezahlt, wenn er am 1. 1. 1989 krankenversichert war. Der Eintritt des Versicherungsfalls wird der Krankenkasse durch die Sterbeurkunde oder eine andere öffentliche Urkunde nachgewiesen.

44 Folgende **Voraussetzungen** müssen für die Gewährung dieser Regelleistung, auf die ein Rechtsanspruch besteht, vorliegen:

- Mitgliedschaft des Verstorbenen am 1. 1. 1989 bei einer Krankenkasse oder Versicherungsverhältnis nach § 10 SGB V
- Mitgliedschaft des Verstorbenen bei einer Krankenkasse oder bestehendes Versicherungsverhältnis nach § 10 SBG V im Zeitpunkt des Todes, wobei die Versicherung im Zeitpunkt des Todes nicht identisch sein muss mit dem am 1. 1. 1989.

45 Das **Versicherungsverhältnis** muss nicht vom 1. 1. 1989 an ununterbrochen bis zum Tod bestanden haben. Selbst langjährige Unterbrechungen sind unschädlich, sofern das Versicherungsverhältnis erstmals zum 1. 1. 1989 begründet wurde. Bei Tod- und Fehlgeburten besteht kein Anspruch auf Sterbegeld.

Das Sterbegeld der Gesetzlichen Krankenversicherung wird als **Zuschuss zu den Bestattungskosten** gewährt. Dieser Anspruch setzt aber voraus, dass die Kosten auch tatsächlich angefallen sind. Zu den Bestattungskosten gehören alle notwendigen Aufwendungen für Maßnahmen, welche die Bestattung vorbereiten und ermöglichen und die durch die Beisetzung bedingt sind.[13] Zu den Bestattungskosten gehören demnach: 46

- Kosten für Todesanzeigen und Danksagungen (Dankkarten, Zeitungsanzeigen);
- Kosten für Blumenschmuck auf dem Sarg und in der Gruft;
- Kosten für Transporte und Aufbahrung;
- Überführungskosten vom Krankenhaus zum Wohnort/zur Leichenhalle;
- Kosten für die Begräbniszeremonie und den Trauergottesdienst;
- Kosten für die kirchliche Beerdigung;
- Kosten für ein schlichtes Grabmahl, den Sarg, die Erstbepflanzung des Grabes;
- Kosten für die Urnenkapsel;
- Gruftgebühr und
- Totenscheingebühr.

Zu den Bestattungskosten gehören aber nicht die Kosten für die laufende Grabpflege oder eine gerichtlich angeordnete Leichenöffnung.

Praxis-Tipp:

Für den Fall, dass die Bestattungskosten niedriger sind als der Zuschuss zum Sterbegeld, so wird das Sterbegeld nur bis zur Höhe der tatsächlichen Bestattungskosten gewährt; ein Überschuss verbleibt bei der Krankenkasse.

Die Leistung des Sterbegeldes erfolgt von der Krankenkasse, bei welcher der Verstorbene im Zeitpunkt des Todes **Mitglied** oder nach § 10 SGB V versichert war, an denjenigen, der die Bestattungskosten trägt, dh die Person, die das Bestattungsunternehmen beauftragt hat.[14] In der Regel geht die Bestattung zu Lasten der Erben; die Krankenkasse zahlt mit befreiender Wirkung an die Person, welche die Kosten nachweist. Der Grund für die Übernahme der Bestattungskosten ist dabei unerheblich. Bestätigt das Bestattungsunternehmen, dass die Bestattungskosten das Sterbegeld übersteigen, wird auf die Vorlage von Originalrechnungen verzichtet. 47

Ist der Tod die **Folge eines Arbeitsunfalls oder einer Berufskrankheit** iSd gesetzlichen Unfallversicherung, so besteht für Versicherte nach § 10 SGB V 48

13 BSG BKK 1975, 81
14 BSG USK 6606

kein Anspruch auf Sterbegeld aus der gesetzlichen Krankenversicherung, sondern nur aus der gesetzlichen Unfallversicherung.

49 Nach § 64 SGB VII hat der Zuschuss zu den Bestattungskosten dann **zurückzutreten,** wenn ein Sozialleistungsträger, wie zB die gesetzliche Unfallversicherung, die Bestattungskosten in vollem Umfang übernommen werden. Werden die Kosten für die Bestattung vom Sozialhilfeträger übernommen, so ist er dennoch nicht Besorger der Bestattung iSd § 58 S 2 SGB V.

50 Die **Höhe des Sterbegeldes** ist einheitlich geregelt und beträgt nach § 59 SGB V beim Tod eines Mitglieds 1 073,71 €, beim Tod eines nach § 10 SGB V Versicherten 536,87 €. Für die Höhe des Sterbegeldes ist ausschließlich das im Zeitpunkt des Todes bestehende Versicherungsverhältnis maßgebend.

51 **Scheidet ein Mitglied aus** der Krankenkasse aus und stirbt es binnen eines Monats nach dem Ende der Mitgliedschaft, so ist das Mitgliedersterbegeld zu bezahlen. Übernimmt eine private Versicherung die Bestattungskosten in voller Höhe, so wird ein Zuschuss zu den Bestattungskosten nicht bezahlt.

b. Nach SGB VII (Unfallversicherung)

52 Die durch einen Todesfall entstehenden Bestattungskosten sollen durch das **Sterbegeld,** das nach § 64 I SGB VII in Höhe von $1/7$ der im Zeitpunkt des Todes bestehenden Bezugsgröße beträgt und an denjenigen, der die Bestattung zu besorgen hat, erstattet werden. Für die Gewährung des Sterbegeldes ist es unerheblich, ob der Anspruchsberechtigte in einer persönlichen Beziehung zum Verstorbenen stand. Da es ausschließlicher Sinn und Zweck des Sterbegeldes ist, die Kosten für die Bestattung auszugleichen, kann Leistungsbezieher neben

- dem Hinterbliebenen auch
- der Bestattungsunternehmer,
- ein vom Verstorbenen Beauftragter,
- die Gemeinde oder
- eine sonstige Institution

sein.

53 Über das Sterbegeld hinaus werden nach § 64 II SGB VII auch die **Überführungskosten** für die Verbringung der Leiche an den Ort der Bestattung ersetzt, sofern der Tod infolge eines Versicherungsfalls am Ort der Tätigkeit oder auf dem Weg zum oder vom Ort der Tätigkeit eintritt. Dem Grunde nach handelt es sich hierbei um Bestattungskosten, die mit dem Sterbegeld zu zahlen wären. Allerdings ist der Kostenumfang einer Überführung weit höher als das gewährte Sterbegeld, was den Gesetzgeber veranlasst hat, diese Kosten neben dem Sterbegeld von den zuständigen Unfallversicherungsträgern tragen zu lassen.

Die Überführungskosten werden von der Unfallversicherung dann übernommen, wenn der Ort, an dem der Tod eingetreten ist und der Ort, an dem der Verstorbene bestattet werden soll, verschieden sind.

Tschichoflos

Praxis-Tipp:

> *Die Kosten für die Überführung innerhalb der Gemeindegrenzen ist aus dem Sterbegeld zu finanzieren.*

Eine **Überführung iSd Gesetzes** liegt in der Verbringung der Leiche von dem auswärtigen Ort zum Ort der ständigen Familienwohnung vor, wenn ein rechtlich wesentlicher Zusammenhang zwischen der versicherten Tätigkeit und dem Aufenthalt an einem auswärtigen Ort besteht und der Tod dort, infolge der Ausübung der versicherten Tätigkeit bzw der Folgen des Versicherungsfalls eintritt. Hat sich der Versicherte zum Todeszeitpunkt aus privaten Gründen an einem auswärtigen Ort aufgehalten und verstirbt er aus Anlass einer anerkannten Berufskrankheit zB am Urlaubsort, so sind die Kosten der Überführung durch den Unfallversicherungsträger nicht zu erstatten. 54

Hat der Versicherte aufgrund einer vorliegenden **Willensäußerung,** wie zB in Form eines Testaments, bestimmt, dass der Ort der Bestattung nicht der Ort der ständigen Familienwohnung sein soll oder haben sich die nächsten Hinterbliebenen entsprechend geäußert, so kann die Rückführung des Verstorbenen auch an einen anderen Ort als an den Mittelpunkt seiner familiären Beziehungen erfolgen. 55

Bei **ausländischen Versicherten,** deren Familie noch im Heimatort wohnt, liegt der Mittelpunkt der familiären Beziehung in diesem Heimatort, auch wenn sich der Arbeitsplatz und der Wohnsitz in Deutschland befinden. Lebte der Versicherte mit seiner Familie in Deutschland und kehrt die Familie nach dessen Tod wieder in ihren Heimatort zurück, so ist der ursächliche Zusammenhang gegeben und die Überführungskosten sind zu erstatten. Der Wunsch, in der Familiengruft am Heimatort beigesetzt zu werden, ohne dass die Hinterbliebenen in den Heimatort zurückkehren, bleibt bei der Entscheidung über die Erstattungsfähigkeit der Überführungskosten ebenso unberücksichtigt wie ethnische oder/und rituelle Besonderheiten. 56

Zu den Überführungskosten gehören nicht nur alle mit dem Transport an den Bestattungsort entstehenden Kosten, wie Leichenpass, Einbalsamierung, spezieller Transportsarg und Transportkosten, sondern auch die Kosten für die Exhumierung, Umbettung und Überführung, wenn die Beisetzung eines ausländischen Versicherten in Deutschland nur vorläufigen Charakter hatte, weil die Übersiedlung an den Heimatort längere Zeit in Anspruch nimmt.[15] 57

Praxis-Tipp:

> *Eine Minderung der Transportkosten um die Kosten, die dem Versicherten durch die Heimreise vom auswärtigen Ort zum Heimatort entstanden wären, wenn der Tod nicht eingetreten wäre, erfolgt nicht.*[16]

15 Jahn, § 64 SGB VII Rn 10 f
16 Jahn, § 64 SGB VII Rn 11

2. Hinterbliebenenversorgung

a. Nach SGB VII (Unfallversicherung)

58 Die im Rahmen der gesetzlichen Unfallversicherung gezahlten **Hinterbliebenenleistungen** sollen den durch einen Versicherungsfall eingetretenen Schaden möglichst vollständig ersetzen. Bei diesem Anspruch handelt es sich um selbständige Ansprüche, die sich aus dem Recht des durch einen Versicherungsfall Getöteten herleiten. In diesem Zusammenhang soll auch der durch den Tod des Versicherten entfallende Unterhalt durch die Hinterbliebenenrente ausgeglichen werden, selbst wenn der Getötete tatsächlich keinen Unterhalt an die Hinterbliebenen geleistet hat.

59 Nach § 63 SGB VII haben die Hinterbliebenen **Anspruch** auf

- Sterbegeld;
- Erstattung der Kosten der Überführung an den Ort der Bestattung;
- Hinterbliebenenrenten und
- Beihilfe.

60 Voraussetzung für die Gewährung dieser Hinterbliebenenleistungen ist, mit Ausnahme der Beihilfen, dass der **Tod durch den Versicherungsfall** wesentlich **verursacht** worden ist. Da es sich bei den einzelnen Leistungen um **jeweils selbständige Ansprüche** handelt, kann der Unfallversicherungsträger vor Erbringung der Leistung an die Hinterbliebenen jeweils neu entscheiden, ob der Anspruch zu erfüllen ist oder nicht; dies gilt auch für die Frage des ursächlichen Zusammenhangs zwischen Versicherungsfall und Tod. So kann zB die Hinterbliebenenrente aus den eben dargestellten Gründen abgelehnt werden, obwohl ein Kausalzusammenhang zwischen Versicherungsfall und Tod bei der Gewährung von Sterbegeld und Überführungskosten angenommen wurde.

Der für die Gewährung der Hinterbliebenenleistungen notwendige Zusammenhang zwischen Versicherungsfall und Tod wird bereits dann angenommen, »wenn die vermutliche Lebensdauer um mindestens 1 Jahr **verkürzt** wurde.«[17] Grundlage dieser Überlegung ist, dass bei einem längerer Zeitraum zwischen Versicherungsfall und Tod die unfallbedingte Beschleunigung des Todeseintritts nicht mehr mit der erforderlichen Wahrscheinlichkeit nachgewiesen werden kann. In jedem Fall setzt der Anspruch voraus, dass die tödliche Folge der unfallbedingten Körperschädigung voraussehbar war. Lässt sich feststellen, dass der Tod auch ohne den Versicherungsfall innerhalb eines Jahres eingetreten wäre, so ist zu prüfen, ob der Tod konkret durch die Folgen des Versicherungsfalls eingetreten ist. War der Versicherte durch eine Erkrankung geschwächt und ist er dann an den Folgen des Versicherungsfalls verstorben, so ist der Versicherungsfall als rechtlich wesentliche Bedingung für den Todeseintritt zu bewerten.

17 Jahn, § 63 SGB VII Rn 5

Eine Besonderheit gilt bei bestimmten **Berufskrankheiten:**[18] Bei einer Minderung der Erwerbsfähigkeit des Versicherten auf dem allgemeinen Arbeitsmarkt um mindestens 50 % infolge dieser Erkrankungen gilt die widerlegbare Vermutung, dass der Tod eines Erkrankten dem Tod infolge eines Versicherungsfalls gleichsteht. Bei den genannten Berufskrankheiten wird das Vorliegen des Kausalzusammenhangs zwischen Erkrankung und Tod unterstellt, wodurch ein Streit über die medizinische Ursache des Todes zugunsten der Hinterbliebenen ausgeschlossen wird. 61

Fehlte es zum Zeitpunkt des Todes an einer bindenden Feststellung der krankheitsbedingten Minderung der Erwerbsfähigkeit, muss, da die **Rechtsvermutung** hier nicht automatisch eingreift, die Höhe der Erwerbsminderung nach allgemeinen Beweisregeln ermittelt werden. 62

In folgenden Fällen ist die **Rechtsvermutung widerlegt,** wenn offenkundig ist, dass 63

- der Tod nicht in ursächlichem Zusammenhang mit der Berufskrankheit steht;
- die Berufskrankheit den Tod nicht zumindest wesentlich mitverursacht hat;
- die krankheitsbedingte Erwerbsminderung nicht mindestens 50 % betragen hat oder
- der Versicherte infolge eines Selbstmordes gestorben ist.[19]

In diesem Zusammenhang liegt **Offenkundigkeit** vor, »wenn mit einer jeden ernsthaften Zweifel ausschließenden Wahrscheinlichkeit die genannten Ursachen für den Tod vorliegen«, wobei die medizinischen Erkenntnisse entscheidend sind.[20] Den Unfallversicherungsträger trifft dabei die objektive Beweislast für die Annahme der Offenkundigkeit. 64

Hat das zuständige Amtsgericht eine Person **für Tod erklärt** und den Todeszeitpunkt festgestellt, so ist diese gerichtliche Todeserklärung auch für den gesetzlichen Unfallversicherungsträger bindend; eigene Feststellungen zum Todeszeitpunkt sind dem Unfallversicherungsträger dadurch nicht mehr möglich. 65

b. Nach SGB VI (Altersrente)

Nach § 46 SBG VI hat der überlebende Ehegatte eines Versicherten Anspruch auf Rente, die ihren **Rechtsgrund** in der Versicherung des verstorbenen Ehegatten hat. Die große Witwen-/Witwerrente nach Abs 2 hat unterhaltsersetzende Funktion, wohingegen die kleine Witwen-/Witwerrente lediglich einen Zuschuss zum Unterhalt darstellt. Darüber hinaus findet auch ein größerer 66

18 Nr. 4101 bis 4104 der Anlage 1 der Berufskrankheiten-VO vom 20. 6. 1968 in der Fassung der 2. Verordnung zur Änderung der Berufskrankheiten-VO vom 18. 12. 1992
19 Jahn, § 63 SGB VII Rn 7
20 Jahn, § 63 SGB VII Rn 7

Kreis von Kindern und ihnen gleichgestellte Personen bei der Rentenleistung Berücksichtigung.

67 Anspruch auf die **kleine Witwen-/Witwerrente** besteht, wenn der Anspruchsteller/die Anspruchstellerin

aa. Witwe/Witwer des verstorbenen Versicherten ist

Voraussetzung ist zunächst, dass im Zeitpunkt des Todes eine **rechtsgültige Ehe** bestanden hat, wobei die im Inland geschlossene Ehe den Erfordernissen des deutschen Rechts (Art 13 EGBGB) genügen muss, dh die Ehe vor einem Standesbeamten geschlossen wurde. Für die Gewährung der Rentenleistung ist es ohne Bedeutung, wie lange die Ehe bestanden hat und ob die Ehegatten getrennt gelebt haben. Aufgelöst ist eine Ehe erst durch ein rechtskräftiges Scheidungsurteil. Nach Ansicht der Rechtsprechung des BSG[21] hat der überlebende Partner einer nichtehelichen Lebensgemeinschaft keinen Anspruch auf Witwen-/Witwerrente.

bb. nicht wieder geheiratet hat und

Eine erneute Eheschließung lässt den Anspruch auf die Rentenleistung entfallen. Zu beachten ist aber, dass in diesem Fall nach § 107 SGB VI ein **Abfindungsanspruch** besteht. Unter den in Abs 3 geregelten Voraussetzungen (Auflösung oder Nichtigerklärung der erneuten Ehe) kann der Rentenanspruch erneut aufleben.

cc. der Versicherte die allgemeine Wartezeit erfüllt hat.

Der verstorbene Ehegatte muss die **allgemeine Wartezeit** nach § 50 I 1 Nr. 3 SGB VI von 5 Jahren erfüllt haben. Sie gilt als erfüllt, wenn der Verstorbene bis zum Tod eine Rente bezogen hat. Unter den Voraussetzungen des § 53 SGB VI ist die allgemeine Wartezeit vorzeitig erfüllt.

68 Den Anspruch auf die **große Witwen-/Witwerrente** erwirbt der überlebende Ehegatte dann, wenn er **zusätzlich** zu den oben geschilderten Anforderungen der kleinen Witwen-/Witwerrente wenigstens eine der in § 46 II 1 Nr. 1 – 3 genannten weiteren Kriterien erfüllt. Dabei handelt es sich um folgende Voraussetzungen:

- Erziehung eines Kindes bis zum 18. Lebensjahr (Nr. 1);
- Vollendung des 45. Lebensjahres des überlebenden Ehegatten (Nr. 2);
- Erwerbsminderung (Nr. 3).

69 Den Kindern in Nr. 1 sind **Stief- und Pflegekinder gleichgestellt,** sofern sie in den Haushalt der Witwe/des Witwers aufgenommen sind und von ihr/ihm überwiegend unterhalten werden. Von dieser Vorschrift werden auch die Geschwister, die mindestens zu einem Elternteil des Versicherten oder der

21 BSG NJW 1995, 3270

Witwe/des Witwers in einem Kindschaftsverhältnis stehen, erfasst. Schließlich gehört auch das Kind, das wegen körperlicher, geistiger oder seelischer Behinderung außerstande ist, sich selbst zu unterhalten, zu dem von dieser Vorschrift erfassten Personenkreis, und zwar auch dann, wenn es das 18. Lebensjahr bereits vollendet hat.

Ein Anspruch auf die **kleine Witwen-/Witwerrente** eines vor dem 1.7.1977 **geschiedenen Ehegatten** besteht nach § 243 I SGB VI ua nur dann, wenn die Ehe der antragstellenden Person mit dem verstorbenen Versicherten nach dem vor dem 1.7.1977 geltenden Eherecht aufgelöst worden ist, wobei der Zeitpunkt der Verkündung des Scheidungsurteils maßgebend ist. Darüber hinaus darf der überlebende geschiedene Ehegatte nicht wieder geheiratet haben und im letzten Jahr vor dem Tod des Versicherten Unterhalt von diesem erhalten oder zumindest einen Anspruch darauf gehabt haben, sofern der Versicherte die allgemeine Wartezeit erfüllt und nach dem 30.4.1942 gestorben ist. 70

Der Anspruch auf die **große Witwen-/Witwerrente** entsteht dann, wenn zu den og Voraussetzungen des Abs 1 mindestens einer der folgenden Umstände hinzutritt: 71

- Erziehung eines eigenen Kindes oder eines Kindes des Versicherten (§ 46 II SGB VI);
- Vollendung des 45. Lebensjahres oder
- Erwerbsminderung.

Kinder eines verstorbenen Versicherten haben nach dessen Tod einen Anspruch auf **Halbwaisenrente,** wenn sie noch einen unterhaltspflichtigen Elternteil haben und die allgemeine Wartezeit erfüllt ist. 72

Kinder iSd § 48 SGB VI sind eheliche, für ehelich erklärte, nichteheliche und adoptierte Kinder des verstorbenen Versicherten. **Waise** ist das Kind auch dann, wenn es erst nach dem Tod des Versicherten geboren, aber bereits im Zeitpunkt des Todes gezeugt war.[22] Im Übrigen findet in Abs 3, entsprechend der Regelung in § 46 II SGB VI, eine Gleichstellung der Stiefkinder, Pflegekinder, Enkel und Geschwister mit den in Abs 1 genannten Kindern statt.

Der **Anspruch auf Halbwaisenrente entsteht,** wenn ein Elternteil, als Versicherter der gesetzlichen Rentenversicherung, verstorben ist. Elternteil iSd Gesetzes ist jede Person, zu der ein Kindschaftsverhältnis der in Abs 1 oder 3 genannten Art besteht. Mithin kann ein Kind mehr als zwei Elternteile haben (leibliche und Pflegeeltern). Darüber hinaus muss noch mindestens ein unterhaltspflichtiger Elternteil leben. Dabei ist gleichgültig, ob noch mehr als ein unterhaltpflichtiger Elternteil lebt. Schließlich setzt der Rentenanspruch die Erfüllung der allgemeinen Wartezeit von 5 Jahren voraus; auf diese Zeit werden Kalendermonate mit Beiträgen oder mit Ersatzzeiten (§ 51 I, IV SGB VI) angerechnet. Im Übrigen finden die §§ 50 I 2 Nr. 2 und 53 SGB VI auch hier Anwendung. 73

22 BSG MDR 1976, 258

74 Ein **Anspruch auf Vollwaisenrente** nach § 48 II SGB VI besteht für das Kind eines verstorbenen Versicherten sowie für die ihm gleichgestellten Personen gemäß Abs 3, wenn der Versicherte die allgemeine Wartezeit erfüllt hat und nunmehr, durch den Tod des Versicherten bedingt, kein unterhaltspflichtiger Elternteil mehr vorhanden ist.

75 Der Anspruch auf Waisenrente ist grundsätzlich **befristet** bis zur Vollendung des 18. Lebensjahres; ausnahmsweise wird die Rente aber bis zur Vollendung des 27. Lebensjahres gewährt, wenn sich die Waise in der Schul- oder Berufsausbildung befindet, ein soziales bzw ökologisches Jahr absolviert oder wegen körperlicher, geistiger oder seelischer Behinderung außerstande ist, sich selbst zu unterhalten (§ 48 IV Nr. 2 SGB VI). Der Anspruch ist auf das Ende des Kalendermonats befristet, in dem voraussichtlich der Anspruch auf Waisenrente entfällt. Beim Zusammentreffen von mehreren Ansprüchen auf Waisenrente für denselben Zeitraum wird nur die höchste Waisenrente gewährt, § 89 III SGB VI.

III. Vertragliche Angelegenheiten

1. Dauerschuldverhältnisse

76 Im Laufe seines Lebens begründet der Erblasser zahlreiche Rechtsverhältnisse, die auf unbestimmte Zeit und damit auf Dauer angelegt sind. Das Schuldverhältnis erschöpft sich dabei nicht in einer einmaligen Erfüllungshandlung, sondern begründet eine Verpflichtung zu einem fortlaufenden Tun, Verhalten oder Unterlassen. Auf diese Rechtsverhältnisse finden grundsätzlich die allgemeinen Vorschriften über die Schuldverhältnisse entsprechende Anwendung. Zu diesen sog Dauerschuldverhältnissen gehört insbesondere das Arbeits- und das Mietverhältnis. Im einzelnen:

a. Arbeitsverhältnis

77 Das Arbeitsverhältnis ist als Dauerarbeitsverhältnis auf eine unbestimmte, längere Zeit angelegt. Der zugrunde liegende Arbeitsvertrag ist Verpflichtungstatbestand und **Rechtsgrundlage für die Erbringung der Arbeitsleistung** durch den Arbeitnehmer und des Arbeitsentgelts durch den Arbeitgeber. Im Rahmen der Vertragsfreiheit hat sich der Arbeitgeber konkret für eine Person, mit der er einen Arbeitsplatz besetzen möchte, entschieden. Mit dieser Person schließt er dann auch den Arbeitsvertrag. Bereits daraus ergibt sich für den Arbeitnehmer die Pflicht zur persönlichen Arbeitsleistung.

78 Darüber hinaus ist der Arbeitnehmer auch nach § 613 S 1 BGB verpflichtet, die **Arbeitsleistung persönlich** zu erbringen; er darf sich nicht durch einen anderen vertreten lassen. Die Arbeitsleistung ist eine höchstpersönliche Pflicht. Daher trifft den Arbeitnehmer auch keine Verpflichtung, bei Ausfall seiner Arbeitskraft eine Ersatzkraft zu bestellen. Dies gilt nicht nur für die Fälle von Urlaub und Krankheit, sondern auch für den Tod des Dienstverpflichteten.

Stirbt nun der Arbeitnehmer, so **endet die Dienstverpflichtung,** das Arbeitsverhältnis erlischt. Die Pflicht zur Erbringung von Arbeitsleistungen geht nicht im Wege der Universalsukzession auf die Erben über (vgl § 613 S 2 BGB). Die Erben haben daher auch kein Recht, den Arbeitsplatz für sich zu beanspruchen. Allerdings sind die Erben des Dienstverpflichteten aufgrund ihrer Haftung nach § 1967 BGB verpflichtet, für die Nachlassverbindlichkeiten aufzukommen. Dh sie haben die Ansprüche des Arbeitgebers, die nicht die Arbeitsleistung betreffen, zu erfüllen. Zu nennen ist hier insbesondere die Herausgabe von Arbeitsgeräten, Arbeitsunterlagen, Dienstbekleidung u dgl. 79

Die Erben, die mit dem Erbfall in die Rechtsstellung des Erblassers eintreten, sind im Falle des Todes des Arbeitnehmers verpflichtet, **den Arbeitgeber** über diesen Umstand **zu informieren.** Diese Pflicht ist Ausfluss der den Arbeitnehmer treffenden Treuepflicht, die nunmehr, zur Abwicklung des durch den Erbfall erloschenen Arbeitsverhältnisses, von den Erben zu erfüllen ist. 80

Mit der Beendigung des Arbeitsverhältnis endet nicht nur die Dienstpflicht des Arbeitnehmers, sondern auch die Vergütungspflicht des Arbeitgebers. 81

Da mit dem Tod des Arbeitnehmers das Arbeitsverhältnis ipso iure endet, ergibt sich hieraus ua auch, dass Ansprüche des Arbeitnehmers, die, wie etwa der Urlaubs- und der Urlaubsabgeltungsanspruch, an den Fortbestand des Arbeitsverhältnisses anknüpfen, **unvererblich** sind.[23] Mit dem Tod erlischt also auch der Anspruch auf Erholungsurlaub. Ein Abgeltungsanspruch entsteht daher nicht. Die Rechtslage gestaltet sich nicht anders, wenn der Abgeltungsanspruch bereits begründet wurde und der Arbeitnehmer dann stirbt; auch dann erlischt dieser Anspruch. Ein Übergang im Wege der Erbfolge nach § 1922 BGB scheidet nach Ansicht des BAG aus.[24]

Der Abgeltungsanspruch kann dann auf die Erben übergehen, wenn der Arbeitnehmer nach seinem Ausscheiden vergeblich versucht hat, von seinem früheren Arbeitgeber Urlaubsabgeltung zu bekommen, so dass deshalb ein Schadensersatzanspruch wegen zu vertretender Unmöglichkeit gemäß § 280 I BGB besteht und er vor Erfüllung dieses Anspruchs stirbt.[25] 82

b. Mietverhältnis

aa. Rechtslage bis zum Inkrafttreten des Mietrechtsreformgesetzes

Beim Tod des Mieters endet das Mietverhältnis nach § 569 BGB nicht, es sei denn, der Vertrag ist für die Lebenszeit des Mieters abgeschlossen (§ 567 S 2 BGB). Vielmehr treten die Erben im Wege der Gesamtrechtsnachfolge nach § 1922 BGB in den zwischen dem Erblasser und dem Vermieter bestehenden Mietvertrag ein. Da es einerseits gerade bei der **Überlassung von Wohnraum** für den Vermieter von Bedeutung ist, wer Erbe geworden ist und andererseits der Erbe in der Regel kein Interesse am Fortbestand des Mietverhältnisses 83

23 BAG 23. 6. 1992 AP Nr. 58 zu § 7 BUrlG Abgeltung
24 BAG 23. 6. 1992 AP Nr. 59 zu § 7 BUrlG Abgeltung
25 BAG 19. 11. 1996 AP Nr. 71 zu § 7 BUrlG Abgeltung

hat, stellt das Gesetz sowohl dem Vermieter als auch dem Erben die Möglichkeit einer außerordentlichen befristeten Kündigung zur Verfügung.

84 Voraussetzung des **Kündigungsrechts** nach § 569 BGB ist zunächst das Bestehen eines Mietverhältnisses und der Tod des Mieters. Haben mehrere Mieter gemeinsam die Wohnung angemietet und stirbt nun einer dieser Mieter, so besteht hier kein Sonderkündigungsrecht iS dieser Vorschrift.

85 **Kündigt** nun **der Erbe** das Mietverhältnis außerordentlich, so ist dafür nicht die Vorlage eines Erbscheins erforderlich. Die Kündigung, die von einem Scheinerben unter Vorlage eines Erbscheins ausgesprochen wird, wirkt wegen der mit dem Erbschein verbundenen Vermutung der Richtigkeit und dessen öffentlichen Glauben für und gegen den wahren Erben. Auch die Vermieterkündigung ist, wenn sie dem Scheinerben gegenüber wirksam ausgesprochen ist, für und gegen den wahren Erben. Mehrere Erben bzw Vermieter können die Kündigungserklärung nur allen Vermietern bzw Erben gegenüber abgeben.

86 Die Kündigung des Vermieters eines Wohnraummietverhältnisses ist, abgesehen von der Möglichkeit einer fristlosen Kündigung infolge eines wichtigen Grundes, grundsätzlich nur bei **Vorliegen eines wichtigen Grundes** iSd § 564 b BGB zulässig und wirksam. Dies gilt nach der Rechtsprechung des BGH auf für den Fall, dass der Erbe zu keinem Zeitpunkt mit dem Mieter einen gemeinsamen Haushalt geführt hatte.[26] Zu recht ist diese Rechtsprechung auf Kritik gestoßen, nicht zuletzt deshalb, weil Gesichtspunkte des Mieterschutzes in einem derartigen Fall kaum noch zu erkennen sind.

87 Die Kündigung kann nach § 569 I 2 BGB **nur für den ersten Termin erfolgen, für den sie zulässig ist.** Nicht anwendbar sind die verlängerten Kündigungsfristen des § 565 II BGB, sondern, da es sich um eine außerordentliche befristete Kündigung handelt, § 565 V BGB. Im Rahmen des § 569 BGB kann auch eine längere als die gesetzliche Kündigungsfrist vertraglich vereinbart werden.

Der erste zulässige Termin ergibt sich aus dem Zeitpunkt, in dem die Abgabe der Kündigungserklärung dem Mieter bzw dem Vermieter **subjektiv möglich** war, dh sobald Erbe oder Vermieter vom Tod des Mieters Kenntnis erlangt haben.[27] Eine Identität dieses Zeitpunktes mit dem Todeszeitpunkt ist nicht zwingend.

88 Die **gesetzliche Kündigungsfrist** beträgt immer 3 Monate, also sowohl für die Kündigung des Erben als auch für die Kündigung des Vermieters.

89 Nach § 569 II BGB **entfällt** die Kündigungsmöglichkeit nach Abs 1, wenn bei einem Mietverhältnis über Wohnraum die Voraussetzungen für den Eintritt von Familienangehörigen (§ 569 a BGB) bzw eines gemeinsamen Mietvertrags von Ehegatten (§ 569 b BGB) vorliegen.

Nach § 569 a BGB ist, im Hinblick auf die **Sicherung und Erhaltung der gemeinsamen Wohnung** als Mittelpunkt der Lebensführung, der überlebende Ehegatte bzw. sind die Familienangehörigen, die mit dem verstorbenen Mieter einen gemeinsamen Haushalt geführt haben, berechtigt, in das bestehende

26 BGHGE 1997, 683
27 LG Berlin ZMR 1988, 181

Mietverhältnis einzutreten. Dabei ist zu beachten, dass dieses Eintrittsrecht nur auf Wohnraummietverhältnisse und zwar gleich welcher Art (möblierter Wohnraum, Werkwohnung, nicht abgeschlossene Wohnung), Anwendung findet.

Das **Eintrittsrecht des Ehegatten** hat nach § 569 a I BGB folgende Voraussetzungen: 90

➢ Tod des Wohnungsmieters

Praxis-Tipp:

Der verstorbene Mieter muss Alleinmieter der Wohnung gewesen sein. Haben mehrere Personen gemeinsam den Wohnraum angemietet und ist der Überlebende Mitmieter, so findet § 569 b BGB Anwendung.

➢ Ehegattengemeinschaft

Praxis-Tipp:

Die Ehegatteneigenschaft endet mit der Scheidung bzw Nichtigkeitserklärung der Ehe. Auf Partner einer nichtehelichen bzw eheähnlichen Lebensgemeinschaft findet diese Vorschrift genauso wenig Anwendung wie auf geschiedene Eheleute, die zusammen in einer Wohnung leben. Nach dem Wortlaut des Gesetzes findet auch § 569 a II BGB keine Anwendung, da es an dem Verwandtschaftsverhältnis der Beteiligten fehlt.

➢ Führung eines gemeinsamen Hausstandes mit dem Ehegatten

Praxis-Tipp:

Bildete die Wohnung für den Verstorbenen und die mit ihm lebenden Angehörigen den Mittelpunkt der gemeinsamen Lebens- und Wirtschaftsführung, so ist von einem gemeinsamen Hausstand auszugehen.[28] *In diesem Zusammenhang hat es die Rechtsprechung für ausreichend erachtet, wenn die beteiligten Personen für die Dauer von ca fünf Monaten gemeinsam in der Wohnung gewohnt und gelebt haben.*[29] *Die vorübergehende Trennung aus beruflichen oder gesundheitlichen Gründen führt nicht zur Aufhebung des gemeinsamen Hausstandes.*[30]

Der überlebende Ehegatte tritt in das bestehende vertragliche Mietverhältnis ein, und zwar **unabhängig von der Erbfolge** oder der Abgabe einer entsprechenden Willenserklärung.

28 LG Düsseldorf WM 1987, 225
29 LG Düsseldorf WM 1987, 225
30 LG Kiel WM 1992, 692

91 Im Hinblick auf die **Verlängerung der Kündigungsfrist** nach § 565 II 2 BGB ist für die Berechnung der Mietzeit auch die Zeit zu berücksichtigen, in welcher der eingetretene Mieter aufgrund des Mietvertrages des verstorbenen Mieters berechtigterweise in der Wohnung gelebt hat.[31]

92 Will der Ehegatte das aufgrund des Eintritts fortgesetzte Mietverhältnis beenden, so muss er sein **Ablehnungsrecht** nach § 569 a I 2 BGB innerhalb eines Monats, nachdem er von dem Tode des Mieters Kenntnis erlangt hat, dem Vermieter gegenüber erklären, wobei sich die Frist nach §§ 186 ff BGB berechnet. Im Falle der Geschäftsunfähigkeit oder beschränkten Geschäftsfähigkeit des Ehegatten, der ohne gesetzlichen Vertreter ist, endet die Frist zur Ausübung des Ablehnungsrechts nicht vor Ablauf von sechs Monaten nach dem Zeitpunkt, in dem der Ehegatte unbeschränkt geschäftsfähig wird oder der Mangel der Vertretung aufhört.

Durch die fristgerecht erklärte Ablehnung des Eintritts durch den Ehegatten wird dieser **rückwirkend** beseitigt, so dass nun die Familienangehörigen nach § 569 a II BGB eintreten können.

93 **Familienangehörige** sind Verwandte oder Verschwägerte des Verstorbenen, wie insbesondere die Kinder und Enkel, die Eltern und Großeltern sowie Geschwister des Mieters. Inwieweit auch Neffen, Nichten,[32] der Cousin,[33] die Schwiegermutter oder der Schwager[34] zu den Familienangehörigen zu zählen sind, hängt nach der überwiegenden Rechtsprechung davon ab, ob weitere besondere Umstände vorliegen, die eine enge Verbindung des Mieters zu dieser Person ergeben.

94 Derzeit ist noch ungeklärt, inwieweit der **überlebende Partner einer nichtehelichen oder eheähnlichen Lebensgemeinschaft** den Familienangehörigen iSd § 569 a II BGB gleichzustellen sind. Der BGH[35] versteht unter einer »eheähnlichen Gemeinschaft eine Lebensgemeinschaft zwischen Mann und Frau, die auf Dauer angelegt ist, daneben keine weitere Lebensgemeinschaft gleicher Art zulässt und sich durch innere Bindungen auszeichnet, die ein gegenseitiges Einstehen der Partner füreinander begründen«; damit scheiden gleichgeschlechtliche und ihrer Art nach nur vorübergehende Partnerschaften aus.[36]

95 **Weitere Voraussetzungen** des Eintrittsrechts eines Familienangehörigen sind:

- Tod des Alleinmieters;
- Gemeinsamer Hausstand;
- Vorrang des Ehegatteneintritts;
- Ablehnungsrecht der Familienangehörigen.

31 OLG Stuttgart MieWoE § 565 BGB Nr. 1
32 LG Münster W M 1991, 107
33 OLG Braunschweig WM 1993, 731
34 *OLG Oldenburg WM 1993, 386*
35 BGH MieWoE § 569 a BGB Nr. 5
36 Zum Meinungsstand vgl Wetekamp, § 569 a Rn 14 ff

Praxis-Tipp:

> *Der Familienangehörige muss, um seinerseits die Voraussetzungen für die Ausübung des ihm zustehenden Ablehnungsrechts zu prüfen, **Kenntnis vom Ablehnungsrecht des Ehegatten** erlangt haben.*

Im Übrigen wird auf die Ausführungen zum Eintrittsrecht des Ehegatten unter Rn 90 verwiesen.

Mehrere eintretende Familienangehörige üben die Rechte aus dem Mietverhältnis gemeinsam aus und haften als Gesamtschuldner. Im Übrigen sind sie **Gesamtgläubiger** nach § 432 BGB. 96

Der eintretende Ehegatte **haftet,** ebenso wie die Familienangehörigen, über die Eintrittshaftung hinaus, für die früher, dh die bis zum Tod des verstorbenen Mieters begründeten Verbindlichkeiten, wie Mietzins, Nebenkostenrückstände und sonstige aus dem Mietverhältnis stammende offene Forderungen (§ 569 a III BGB). 97

Der Vermieter kann das nach Eintritt des Ehegatten bzw der Familienangehörigen fortgesetzte Mietverhältnis **kündigen,** wenn ein wichtiger Grund, wie zB Feindschaft zum Vermieter oder Zahlungsunfähigkeit in der Person des Eintretenden vorliegt. Dabei ist der wichtige Grund nicht gleichbedeutend mit dem zur fristlosen Kündigung berechtigenden Grund, sondern entspricht dem wichtigen Grund iSd § 549 I 2 BGB.[37] 98

Nach § 569 a VI BGB kann das Mietverhältnis **mit den Erben fortgesetzt** werden, wenn keiner der in Abs 1 und 2 berechtigten Personen in das Mietverhältnis eintritt. Auch insoweit steht sowohl dem Erben als auch dem Vermieter das Recht zur außerordentlichen befristeten Kündigung des Mietverhältnisses zu. 99

Im Mietvertrag kann weder das Eintrittsrecht des Ehegatten (§ 569 a I BGB) noch der Familienangehörigen (§ 569 a II BGB) und das Kündigungsrecht des Vermieters wegen eines wichtigen Grundes in der Person des Eintretenden (§ 569 a V BGB) **abbedungen** werden. Die übrigen Regelungen dieser Vorschrift sind dispositiv. 100

Haben die Ehegatten eine Wohnung **gemeinschaftlich** angemietet und bestand zum Zeitpunkt des Todes des einen Ehegatten die Ehe noch, so kommt § 569 b BGB zur Anwendung, dh das Mietverhältnis wird mit dem überlebenden Ehegatten fortgesetzt. Entscheidend ist, dass der ursprüngliche Mietvertrag von beiden Ehegatten unterschrieben wurde oder dass zumindest beide im Mietvertrag erwähnt und beide beim Vertragsschluss anwesend waren, auch wenn nur einer die Unterschrift leistet. 101

Weitere Voraussetzung ist, dass die Ehegatten einen **gemeinsamen Hausstand** geführt haben. 102

Nach einem Rechtsentscheid des BGH[38] ist auch der Partner einer nichtehelichen Lebensgemeinschaft, der selbst Mitmieter ist, berechtigt, das Mietverhältnis allein, dh ohne die Erben des verstorbenen Mitmieters, fortzusetzen.

---

37 Palandt/Putzo, § 569 a Rn 14
38 BGH MieWoE § 569 a BGB Nr. 5

103 Das Mietverhältnis wird unverändert mit dem überlebenden Ehegatten im Wege der **Sonderrechtsnachfolge** unabhängig von der Erbfolge fortgesetzt. Er haftet mit den Erben für die bis zum Tod des verstorbenen Mitmieters von diesem begründeten Verbindlichkeiten. Nach § 569 a IV BGB hat der überlebende Mieter den Erben das herauszugeben, was er infolge einer Mietvorauszahlung des Verstorbenen erlangt oder erspart hat.

104 Der überlebende Ehegatte hat gemäß § 569 b I 3 BGB **ein Recht zur außerordentlichen befristeten Kündigung** des Mietverhältnisses und zwar für den ersten Termin, für den sie zulässig ist. Allerdings ist dem fortsetzenden Mitmieter eine kurze Überlegungszeit zuzubilligen.[39]

Schließlich ist darauf hinzuweisen, das dem **Vermieter** im Rahmen des § 569 b BGB **kein Recht zur außerordentlichen Kündigung** zusteht, denn nach § 569 II BGB ist das außerordentliche Kündigungsrecht im Fall der Fortsetzung des Mietverhältnisses ausgeschlossen.

bb. Rechtslage seit Inkrafttreten der Mietrechtsreform

105 Nach der am 1. 9. 2001 in Kraft getretenen Mietrechtsreform haben auch die Vorschriften zum Wechsel der Vertragsparteien gerade beim Tod eines Mieters eine grundlegende Änderung erfahren.

106 Zunächst soll der **Wortlaut der in diesem Zusammenhang geänderten Vorschriften** im Überblick wiedergegeben werden:

§ 563
Eintrittsrecht bei Tod des Mieters

(1) Der Ehegatte, der mit dem Mieter einen gemeinsamen Haushalt führt, tritt mit dem Tod des Mieters in das Mietverhältnis ein. Dasselbe gilt für den Lebenspartner.

(2) Leben in dem gemeinsamen Haushalt Kinder des Mieters, treten diese mit dem Tod des Mieters ein, wenn nicht der Ehegatte eintritt. Der Eintritt des Lebenspartners bleibt vom Eintritt der Kinder des Mieters unberührt. Andere Familienangehörige, die mit dem Mieter einen gemeinsamen Haushalt führen, treten mit dem Tod des Mieters in das Mietverhältnis ein, wenn nicht der Ehegatte oder der Lebenspartner eintritt. Dasselbe gilt für Personen, die mit dem Mieter einen auf Dauer angelegten gemeinsamen Haushalt führen.

(3) Erklären eingetretene Personen im Sinne des Absatzes 1 oder 2 innerhalb eines Monats, nachdem sie vom Tod des Mieters Kenntnis erlangt haben, dem Vermieter, dass sie das Mietverhältnis nicht fortsetzen wollen, gilt der Eintritt als nicht erfolgt. Für geschäftunfähige oder in der Geschäftsfähigkeit beschränkte Personen gilt § 206 entsprechend. Sind mehrere Personen in das Mietverhältnis eingetreten, so kann jeder die Erklärung für sich abgeben.

39 LG Berlin ZMR 1986, 54

(4) Der Vermieter kann das Mietverhältnis innerhalb eines Monats, nachdem er von dem endgültigen Eintritt in das Mietverhältnis Kenntnis erlangt hat, außerordentlich mit der gesetzlichen Frist kündigen, wenn in der Person des Eintretenden ein wichtiger Grund vorliegt.

(5) Eine abweichende Vereinbarung zum Nachteil des Mieters oder solcher Personen, die nach Absatz 1 oder 2 eintrittsberechtigt sind, ist unwirksam.

§ 563 a
Fortsetzung mit überlebenden Mietern

(1) Sind mehrere Personen im Sinne des § 563 gemeinsam Mieter, so wird das Mietverhältnis beim Tod eines Mieters mit den überlebenden Mietern fortgesetzt.

(2) Die überlebenden Mieter können das Mietverhältnis innerhalb eines Monats, nachdem sie vom Tod des Mieters Kenntnis erlangt haben, außerordentlich mit der gesetzlichen Frist kündigen.

(3) Eine abweichende Vereinbarung zum Nachteil der Mieter ist unwirksam.

§ 563 b
Haftung bei Eintritt oder Fortsetzung

(1) Die Personen, die gemäß § 563 in das Mietverhältnis eingetreten sind oder mit denen es gemäß § 563 a fortgesetzt wird, haften neben dem Erben für die bis zum Tod des Mieters entstandenen Verbindlichkeiten als Gesamtschuldner. Im Verhältnis zu diesen Personen haftet der Erbe allein, soweit nichts anderes bestimmt ist.

(2) Hat der Mieter die Miete für einen nach seinem Tod liegenden Zeitraum im voraus entrichtet, sind die Personen, die gemäß § 563 in das Mietverhältnis eingetreten sind oder mit denen es gemäß § 563 a fortgesetzt wird, verpflichtet, dem Erben dasjenige herauszugeben, was sie infolge der Vorausentrichtung der Miete ersparen oder erlangen.

(3) Der Vermieter kann, falls der verstorbene Mieter keine Sicherheit geleistet hat, von den Personen, die gemäß § 563 in das Mietverhältnis eingetreten sind oder mit denen es gemäß § 563 a fortgesetzt wird, nach Maßgabe des § 551 eine Sicherheitsleistung verlangen.

§ 564
Fortsetzung des Mietverhältnisses mit dem Erben, außerordentliche Kündigung

Treten beim Tod des Mieters keine Personen im Sinne des § 563 in das Mietverhältnis ein oder wird es nicht mit ihnen nach § 563 a fortgesetzt, so wird es mit dem Erben fortgesetzt. In diesem Fall ist sowohl der Erbe als auch der Vermieter berechtigt, das Mietverhältnis innerhalb eines Monats außerordentlich zu kündigen, nachdem sie vom Tod des Mieters und davon Kenntnis erlangt haben, dass ein Eintritt in das Mietverhältnis oder dessen Fortsetzung nicht erfolgt sind.

107 Nach der Neuregelung in § 563 II BGB können, in Erweiterung des bisherigen § 569 BGB, auch andere Familienangehörige, die mit dem Mieter einen gemeinsamen Haushalt geführt haben, in das Mietverhältnis eintreten, sofern nicht der Ehegatte des verstorbenen Mieters eintritt. Gleiches gilt für Personen, die mit dem Mieter einen **auf Dauer angelegten gemeinsamen Haushalt** führten. In S 1 ist das Vorrangverhältnis des Ehegatten sowie das Verhältnis der Kinder des Mieters zum eingetragenen Lebenspartner geregelt. Nach der Intention des Gesetzgebers soll mit dieser Neuregelung nicht nur der verschiedengeschlechtliche nichteheliche Lebenspartner, sondern auch der gleichgeschlechtliche Lebenspartner des Mieters erfasst werden. Diese Neuregelung schafft das Eintrittsrecht für alle Lebenspartner, ungeachtet ihrer sexuellen Orientierung. Maßgebend ist allein das Bestehen einer besonders engen Lebensgemeinschaft zwischen den Partnern.

108 Wegen der **Ausdehnung des Eintrittsrecht** und der sich daran anschließenden Rechtsfolgen werden an die Intensität der Beziehung Mieter – Eintrittsberechtigter hohe Anforderungen gestellt. Es reicht nicht aus, wenn lediglich eine Haushalts- oder Wohngemeinschaft besteht.[40] Bislang nicht geklärt ist die Rechtslage, wenn neben Familienangehörigen ein Lebensgefährte in der Wohnung wohnen.

109 Der neue § 564 BGB stellt klar, dass der Erbe das Mietverhältnis erst dann fortsetzt, wenn feststeht, dass die anderen Eintrittsberechtigten von ihrem Recht, das Mietverhältnis fortzusetzen, keinen Gebrauch machen. Dem Erben steht in diesem Fall, ebenso wie dem Vermieter, ein außerordentliches Kündigungsrecht mit gesetzlicher Frist zu. Es ist innerhalb einer Überlegungsfrist von einem Monat auszuüben. Stirbt der Mieter vor Inkrafttreten des Mietrechtsreformgesetzes, so gilt § 569 BGB a F für das bestehende Mietverhältnis weiter. Dies gilt für die Kündigung des Vermieters nur, wenn dem Erben die Kündigungserklärung vor dem 1. 9. 2001 zugegangen ist (Art. 229 § 3 I Ziff. 5 EGBGB).

Eine umfassende Neuregelung stellt § 563 b E BGB dar. Nach dieser Vorschrift kann der Vermieter, sofern der **verstorbene Mieter keine Sicherheit geleistet** hat, von den Personen, die in den Mietvertrag eingetreten sind und mit denen das Mietverhältnis nun fortgesetzt wird, nach Maßgabe des § 551 e BGB eine Kaution verlangen. Diese Vorschrift begründet einen **eigenen Anspruch des Vermieters**,[41] der mittels einer Zahlungsklage realisiert werden kann. Aus der Eigenständigkeit dieses Anspruchs ergibt sich, dass der Vermieter auch dann berechtigt ist, die Mietsicherheit zu verlangen, wenn er mit dem verstorbenen Mieter keine Sicherheit vereinbart hatte. Treten mehrere Personen in das Mietverhältnis ein oder wird es mit mehreren Personen fortgesetzt, so haften diese gesamtschuldnerisch für die Kaution.

110 § 564 S 2 BGB bestimmt nun, in Abweichung zur bisherigen Rechtsprechung des BGH,[42] ausdrücklich, dass das neben dem Kündigungsrecht des Erben des Mieters bestehende Kündigungsrecht des Vermieter das Mietverhältnis zu einer Kündigung berechtigt, **ohne** dass es eines **berechtigten Interesses** bedürfte.

---

40 BR-Ds 439 /2000 (zu § 564 e Nr. 3)
41 BR-Ds 439/ 2000 (zu § 563 b Nr. 2)
42 BGH NJW 1997, 2195

Diese Regelungen finden auf alle Mietverhältnisse, die am Tag des In-Kraft-Tretens des Mietrechtsreformgesetzes, bestehen, Anwendung, wenn der Mieter vor diesem Zeitpunkt verstorben ist; im Falle der Vermieterkündigung gegenüber dem Erben aber nur, wenn auch die Kündigungserklärung dem Erben vor diesem Zeitpunkt zugegangen ist. 111

B. Sicherung des Nachlasses 783

ÜBERBLICK

B. Sicherung des Nachlasses

I. Allgemeines

Nach § 1960 I 1 BGB hat das Nachlassgericht bis zur Annahme der Erbschaft für die Sicherung des Nachlasses zu sorgen, soweit ein Bedürfnis besteht. Ob und welche Sicherungsmaßnahmen notwendig sind, hat das Gericht von Amts wegen zu ermitteln. Es wird sich zu Sicherungsmaßnahmen veranlasst sehen, wenn es vom Tod eines Menschen und von Tatsachen Kenntnis erlangt, welche die Grundlage für die Entscheidung über **Fürsorgeanlass und -bedürfnis** bilden können. Anhaltspunkte für den Fürsorgeanlass sind die Voraussetzungen in § 1960 I 1 und 2 BGB. Maßgebend für das Bedürfnis nach Fürsorge ist demnach das Interesse des Erben an Bestand und Innehabung des Nachlasses. 112

Die Entscheidung über das Ob und die Art der Fürsorgemaßnahme trifft das Nachlassgericht nach **pflichtgemäßem Ermessen.** 113

Bestehen **Zweifel am Tod des Vermögensinhabers,** so trifft das Nachlassgericht eine Amtsermittlungspflicht hinsichtlich des Eintritts des Erbfalls. In Bezug auf die Person des Erben sind Feststellungen nur insoweit zu treffen, bis sich beurteilen lässt, ob Sicherungsmaßnahmen erforderlich sind. Ansonsten hat das Nachlassgericht keine besondere Ermittlungspflicht hinsichtlich der Erbenfeststellung. 114

Das Nachlassgericht ist in der Auswahl der **Sicherungsmittel** frei; das Gesetz nennt in Abs 2 exemplarisch – also keinesfalls abschließend – einige wichtige Sicherungsmittel, wie 115

- das Anlegen von Siegeln,
- die Hinterlegung von Geld, Wertpapieren und Kostbarkeiten,
- die Aufnahme eines Nachlassverzeichnisses und/oder
- das Bestellen eines Nachlasspflegers.

Darüber hinaus können auch Ermittlungen über die Erben, über den Nachlassbestand, über die Frage der Annahme und das Vorhandensein von Verfügungen von Todes wegen nach § 12 FGG in Betracht kommen. 116

Verzichtet das Nachlassgericht auf die Anordnung einer Nachlasspflegschaft, so sind folgende Sicherungsmaßnahmen denkbar: 117

- Anordnung des Verkaufs verderblicher Gegenstände;
- Sperrung von Konten[1];
- Anstellung eines Hauswächters;
- Anordnung zur Hinterlegung eines erteilten Erbscheins.[2]

---

1 KG Rpfleger 1982, 184
2 OLG Stuttgart NJW 1975, 880

II. Siegelanlegung

118 Es ist Aufgabe des Nachlassgerichtes, die Anordnung der **Versiegelung von Räumen oder sonstigen Behältnissen** auszusprechen. Die Durchführung dieser Anordnung, also die Anbringung des Siegels, überträgt der Nachlassrichter einem nach jeweiligem Landesrecht zuständigen Organ (vgl § 9 der 1. VVLFGG Ba-Wü).

119 Wegen des Sicherungszwecks ist ein **schnelles Handeln erforderlich;** daher kann sowohl an Sonn- und Feiertagen als auch zur Nachtzeit eine Siegelung vorgenommen werden. Im Falle der Behinderung der Anlegung des Siegels kann mit den Zwangsmitteln des § 33 FGG (Zwangsgeld, Zwangshaft) die Anbringung erzwungen und durchgesetzt werden.

120 Über die Anbringung ist ebenso wie bei der Entfernung eines Siegels ein **Protokoll** zu erstellen.

Praxis-Tipp:

Bei der Versiegelung von Räumen kann nur dann in die Besitzrechte Dritter, wie zB in das Recht des Mitmieters oder der Zugang über fremde Räume eingegriffen werden, wenn eine entsprechende richterliche Anordnung vorliegt.

121 Weigert sich das Nachlassgericht, eine Sicherungsanordnung aufzuheben, ist gegen diese Entscheidung die **Beschwerde nach §§ 19, 20 FGG** möglich. Erforderlich ist die unmittelbare Beeinträchtigung eines eigenen Rechts. Die Beschwerdeberechtigung fehlt, wenn der Erbe sich gegen die Aufhebung von Sicherungsmaßnahmen wendet.

III. Amtliche Inverwahrnahme

122 Befinden sich **Wertgegenstände,** wie Geld, Schmuck oder sonstige Kostbarkeiten im Nachlass, und dauert die Erbenermittlung und Feststellung des Erbrechts noch an, so kann das Nachlassgericht, sofern nichts anderes vereinbart ist, die Gegenstände in amtliche Verwahrung nehmen. Die Objekte erhalten eine **Siegelung** und werden idR von dem sichernden Beamten in ein Verzeichnis aufgenommen und sodann in die amtliche Verwahrung gebracht.

Praxis-Tipp:

Liegt die Zustimmung von allen anwesenden Beteiligten vor, so können die Gegenstände an dem bisherigen Verwahrungsort verbleiben, sofern diese sicher und unter Verschluss gebracht werden können.

123 Die Gegenstände sind **beim Nachlassgericht abzuliefern.** Liegt die og Zustimmung der Anwesenden nicht vor, so kann die Ablieferung durch Zwangsmaßnahmen nach § 33 FGG (Zwangsgeld, Anwendung von Gewalt, Abgabe einer eidesstattlichen Versicherung) erzwungen werden.

In der Praxis ist in besonderer Weise von Bedeutung, dass das Nachlassgericht befugt ist, den Beteiligten eine **bestimmte Geldsumme zur Verfügung** zu **stellen**, damit diese den Haushalt oder den Geschäfts-/Wirtschaftsbetrieb fortführen und dringende Nachlassverbindlichkeiten (bspw die Zahlung der Beerdigungskosten) erfüllen können. Die Beteiligten erhalten den Geldbetrag nur gegen ein schriftliches Empfangsbekenntnis. Darüber hinaus sind die Beteiligten verpflichtet, mit den Erben über den vorab geleisteten Betrag abzurechnen. 124

Handelt es sich um größere Beträge, so sollte der Beteiligte **nicht ohne ausdrückliche Anordnung** des Nachlassgerichts tätig werden. Bei kleineren Beträgen kann der mit der Sicherung Beauftragte eigenverantwortet handeln. Auf diese Art und Weise kann bei geringfügigen Erbschaften auf die Ermittlung und Feststellung der Erben und das Ausstellen eines Erbscheins verzichtet werden. Auch die Vorlage des Erbscheins wird dadurch entbehrlich. 125

In diesem Zusammenhang ist das **Nachlassgericht berechtigt, Geldinstitute anzuweisen,** vom Konto des Erblassers einen bestimmten Geldbetrag an im einzelnen genau bestimmte Personen auszuzahlen. Wichtig ist, dass eine weitere Maßnahme zur Sicherung des Nachlasses in der Sperrung eines Kontos liegt. 126

IV. Erstellen eines Nachlassverzeichnisses

Das Nachlassverzeichnis ist ein Verzeichnis, das sich auf den Aufnahmezeitpunkt bezieht aber wegen seines Zwecks, anders als das Inventar, keine Nachlassverbindlichkeiten enthalten muss. Der Inhalt dieses Verzeichnisses bestimmt sich nach den Bedürfnissen, die zur Anordnung geführt haben. Auf das Nachlassverzeichnis finden überwiegend die Vorschriften für das Inventar nach §§ 2001 ff BGB mit Ausnahme der §§ 2002, 2003 und 2009 BGB Anwendung. 127

Die **Aufnahme des Nachlassverzeichnisses** erfolgt entsprechend den Vorschriften der §§ 2001 ff BGB, für deren Anordnung das Nachlassgericht zuständig ist. Gemäß § 2001 II BGB soll das Nachlassverzeichnis eine Beschreibung der Nachlassgegenstände enthalten, soweit dies zur Wertbestimmung erforderlich ist. Eine Wertangabe der Nachlassgegenstände ist nicht erforderlich; eine pauschale Zusammenfassung der Art, dass der Nachlass nur aus wertlosen Kleinigkeiten bestehe, reicht aber keinesfalls aus. Das Nachlassgericht kann zur Bestimmung des Nachlasses und seines Wertes die Hinzuziehung eines Schätzers anordnen. 128

Die Nachlassgegenstände müssen in dem **Bestand** erfasst werden, den sie **beim Tod des Erblassers** hatten; spätere Änderungen, Abgänge und Zugänge sowie Verbesserungen oder Verschlechterungen werden nicht berücksichtigt. 129

Entsprechend den Vorschriften des BeurkG (§§ 1 II, 36, 60 und 61 I Nr. 2) ist eine **Niederschrift** aufzunehmen. Das Verzeichnis ist an Ort und Stelle anzufertigen. Allerdings kann es im Beisein der Beteiligten und der zugezogenen Auskunftspersonen auch an einem anderen Ort niedergeschrieben werden. 130

Für die Niederschrift gilt die Form des § 37 BeurkG. Sie ist den Nachlassakten beizufügen und mit diesen beim Nachlassgericht aufzubewahren.

131 Die angeordneten Sicherungsmaßnahmen sind **aufzuheben,** sobald das Sicherungsbedürfnis nicht mehr besteht, spätestens mit der Annahme der Erbschaft durch den bekannt gewordenen Erben. Der Nachlass ist an den Erben herauszugeben.

Praxis-Tipp:

*Wegen des **zwingenden Charakters des § 1960 BGB** ist der Erblasser rechtlich nicht in der Lage, Maßnahmen der Fürsorge in einer Verfügung von Todes wegen oder in anderer Form auszuschließen. Allerdings kann der Erblasser durch die Anordnung der Testamentsvollstreckung das Sicherungsbedürfnis und mithin die Notwendigkeit des Eingreifens des Nachlassgerichts beseitigen, jedenfalls ab dem Zeitpunkt der Annahme des Testamentsvollstreckeramtes durch die vorgesehene Person. Schließlich kann der Erblasser durch Erb- und Ersatzerbeinsetzung unter der Bedingung kurzfristiger Annahmeerklärungen die Zeit, während es an einer Zuordnung des Nachlasses fehlt, verringern.*

132 Die **Kosten für die Nachlasssicherung** treffen den Erben, belasten nicht nur einzelne Erbteile, sondern den gesamten Nachlass. Im Falle der Unzulänglichkeit des Nachlasses und bei Mangel eines zahlungsfähigen Erben fallen die Kosten der Staatskasse zur Last.

Gebührenrechtliche Hinweise:

133 *Wirkt der Rechtsanwalt bei der Aufstellung des Nachlassverzeichnisses mit, so erfolgt die Vergütung über § 118 BRAGO. Wird auf Vorlage eines Nachlassverzeichnisses geklagt, so erhält der Anwalt die Regelgebühren aus §§ 31 ff BRAGO. Der Streitwert bestimmt sich gem § 3 ZPO nach dem Interesse des Klägers, Schwierigkeiten bei der Ermittlung des Bestandes der Erbschaft, die ohne die verlangte Auskunft eintreten würden, zu vermeiden; dabei haben die Angaben der Partei lediglich Indizwirkung.[3] Da der Auskunftsanspruch nur die Zahlungsklage vorbereitet, beträgt der Wert 1/5 der Erbquote.*

V. Nachlasspflegschaft

134 Die Nachlasspflegschaft ist eine Sicherungsmaßnahme im Interesse der Erben und als solche auf die **Ermittlung der unbekannten Erben** und die Sicherung und Erhaltung des Nachlasses bis zur Annahme der Erbschaft gerichtet, sofern sie nicht nur auf eine Einzelaufgabe beschränkt ist.

3 OLG Köln MDR 1959, 223, Göttlich/Mümmler, S 985

Das Gesetz kennt **drei Arten der Nachlasspflegschaft:** 135

- Pflegschaft zur Sicherung des Nachlasses, § 1960 BGB;
- Pflegschaft zur gerichtlichen Geltendmachung eines gegen den Nachlass gerichteten Anspruchs, § 1961 BGB;
- Nachlassverwaltung, §§ 1975 ff BGB.

Zuständig für die Anordnung von Sicherungsmaßnahmen bzw der Nachlasspflege ist in erster Linie das Nachlassgericht, darüber hinaus aber auch jedes Amtsgericht, in dessen Bezirk ein Fürsorgebedürfnis für den Nachlass besteht, § 74 FGG. Die deutschen Gerichte sind auch dann zuständig, wenn es gilt, den inländischen Nachlass eines ausländischen Erblassers zu sichern, selbst wenn es nach der ausländischen Rechtsordnung die Nachlasspflegschaft nicht kennt.[4] Die Beurteilung der Notwendigkeit und die Entscheidung über die zu treffenden Maßnahmen richten sich nach deutschem Recht. Inwieweit das deutsche Nachlassgericht auch für Sicherungsmaßnahmen für im Ausland befindlichen Nachlass zuständig ist, beurteilt sich danach, ob eine Nachlassspaltung eingetreten ist.[5] 136

Voraussetzung für die Anordnung gerichtlicher Fürsorgemaßnahmen ist ein entsprechendes **Bedürfnis und** ein **noch unbekannter Erbe** bzw die noch fehlende Annahme der Erbschaft durch den Erben. Die Bundesländer sind aufgrund Art. 140 EGBGB ermächtigt, andere Anforderungen zu treffen. Das Nachlassgericht entscheidet selbständig über das Vorliegen dieser Voraussetzungen entsprechend seinem Kenntnisstand im Zeitpunkt seiner Entscheidung und nach **pflichtgemäßem Ermessen,** welche geeigneten Maßnahmen bei einem Sicherungsbedürfnis zu treffen sind;[6] unter den Voraussetzungen des § 1960 I BGB ist aber die Bestellung eines Nachlasspflegers zwingend vorgeschrieben, wenn ein Nachlassgläubiger die Bestellung zum Zwecke der gerichtlichen Geltendmachung eines Anspruchs, der sich gegen den Nachlass richtet, beantragt (§ 1961 BGB). Allerdings gibt es keine Vermutung für das Vorhandensein eines Fürsorgebedürfnisses für eine Nachlasspflegschaft; vielmehr bedarf es einer über den Sicherungsanlass hinausgehenden Gefährdung des Nachlasses.[7] 137

Besteht **Gefahr,** dass der **Bestand des Nachlasses** ohne Eingreifen des Nachlassgerichts beeinträchtigt würde, liegt ein Bedürfnis iSd § 1960 I BGB. Ob es zu seiner Erhaltung und Sicherung der Fürsorge bedarf, richtet sich nach dem Interesse des endgültigen Erben; kann auf einfachere Weise, zB einen den Nachlass verwaltenden Testamentsvollstrecker,[8] angeordnete Nachlassverwaltung oder durch den Erlass einer einstweiligen Verfügung derselbe Erfolg herbeigeführt werden, so fehlt es an einem Fürsorgebedürfnis. 138

Darüber hinaus muss nach § 1960 I 2 BGB die Person des endgültigen Erben **unbekannt** sein bzw es muss **Ungewissheit** darüber bestehen, ob die als Erbe ermittelte Person die Erbschaft annimmt oder noch ausschlägt. 139

---

4 BGHZ 49, 1
5 BayObLGE 82, 284
6 OLG Köln OLGE 89, 144; BayObLG Rpfleger 1975, 47
7 OLG Düsseldorf FamRZ 1998, 583
8 KG OLGZ 73, 106

140 Neben der Bestellung eines Nachlasspflegers für einen bereits lebenden, aber noch unbekannten Erben kann das Nachlassgericht auch einen **Pfleger für den nasciturus** bestellen. Aus zwei Gründen kommt die Bestellung eines Pflegers in Betracht:

- Das Vormundschaftsgericht kann unter den Voraussetzungen des § 1912 BGB einen Pfleger zur Wahrung der künftigen Rechte der Leibesfrucht bestellen.
- Das Nachlassgericht kann, da der Erbe noch unbekannt ist, unter den Voraussetzungen des § 1960 BGB einen Nachlasspfleger bestellen.

141 Die Nachlasspflegschaft als **Sonderfall der Pflegschaft für unbekannte Beteiligte** verdrängt die Abwesenheitspflegschaft nach § 1913 BGB, wenn alle Voraussetzungen des § 1960 BGB vorliegen. Fehlt es an einem Erfordernis des § 1960 BGB, kann auf § 1911 BGB zurückgegriffen werden. Wegen der unterschiedlichen Zwecke, welche die jeweilige Pflegschaft verfolgt, ist es zulässig, dass neben der Nachlasspflegschaft, deren vornehmlichste Aufgabe die Ermittlung der Erben ist, auch die Nachlassverwaltung, als Mittel zur Haftungsbeschränkung, angeordnet wird. Daher kann die Person des Nachlasspflegers mit der des Nachlassverwalters identisch sein.

142 Ist der Erbe zur Zeit des Erbfalls schon **gezeugt, aber noch nicht geboren,** so wird das ihm vorbehaltene Erbrecht auf folgende Weise geschützt:

- Das Nachlassgericht hat, falls ein Bedürfnis besteht, die erforderlichen Sicherungsmaßnahmen anzuordnen, § 1960 BGB.
- Die Mutter des ungeborenen Erben hat indessen einen **Unterhaltsanspruch** gegen den Nachlass. Sie kann bis zur Entbindung Unterhalt aus dem Nachlass oder dem Erbteil des Kindes verlangen, wenn sie außerstande ist, sich selbst zu unterhalten, § 1963 BGB.

143 Die Anordnung der Fürsorgemaßnahmen steht im Ermessen des Nachlassgerichts. Es ist daher, unter **Beachtung der vermögensrechtlichen Interessen** des endgültigen Erben an der Sicherung und Erhaltung des Nachlasses, frei, die geeignete Maßnahme anzuordnen. § 1960 II BGB enthält nur beispielhaft aufgeführte Möglichkeiten.

144 Allgemein bestimmen sich die **Aufgaben des Nachlasspflegers** nach dem vom Nachlassgericht festgelegten Wirkungskreis entsprechend dem jeweiligen Bedürfnis des Einzelfalls angepasst. Daher kann es sich um die Besorgung nur einzelner Angelegenheiten, die Verwaltung einzelner Nachlassgegenstände[9] oder aber die gesamten Sicherung des Nachlasses handeln.

145 Unabhängig von der im einzelnen angeordneten Fürsorgemaßnahme hat der Nachlasspfleger folgende **allgemeine Aufgaben:**

- Sicherung und Erhaltung des Nachlasses;

9 KG NJW 1965, 1719

- Inbesitznahme des Nachlasses und Verwaltung unter der Aufsicht des Nachlassgerichts;
- Ermittlung und Benachrichtigung der Erben;
- Herausgabeverlangen hinsichtlich der Nachlassgegenstände, die sich bei Dritten befinden;
- Befugnis zur gerichtlichen Geltendmachung der zum Nachlass gehörenden Ansprüche;
- Passive Prozessführungsbefugnis;
- Rechnungslegung gegenüber dem Nachlassgericht, §§ 1915 I, 1840 ff, 1962 BGB und
- Haftung gegenüber den Erben wegen Pflichtverletzung, §§ 1915 I, 1833 BGB.

Darüber hinaus hat bzw kann er 146

- ein Nachlassverzeichnis beim Nachlassgericht vorzulegen, § 1802 BGB
- die Steuerschulden zu bezahlen, §§ 34, 36, 69 AO
- ein Inventar für den Erben errichten
- das Gläubigeraufgebot bzw das Nachlassinsolvenzverfahren beantragen und
- ggf als gesetzlicher Vertreter des verschollenen Erben dessen Todeserklärung beantragen.

Den Nachlassgläubigern gegenüber hat er nach § 2012 I 2 BGB Auskunft zu erteilen über den Bestand des Nachlasses; dabei gehört es nicht zu seinen Aufgaben, die Forderungen zu befriedigen oder gar den Nachlass auseinanderzusetzen,[10] da es in erster Linie seine Aufgabe ist, den Nachlass zu sichern, vor Verlust zu bewahren und damit zu erhalten, nicht aber entsprechend einem Testamentsvollstrecker die Verwaltung und die Auseinandersetzung des Nachlasses zu betreiben. Darüber hinaus kann er weder einen Erbschein für den seiner Pflegschaft unterliegenden Nachlass noch die Nachlassverwaltung nach § 1981 BGB beantragen. 147

Darüber hinaus gehört auch die **Wahrnehmung der höchstpersönlichen Rechte** des Erben nicht zu seinem Aufgabenbereich. Er kann daher für den Erben weder die Erbschaft annehmen noch ausschlagen oder gar auf Haftungsbeschränkungsmöglichkeiten verzichten. 148

Die **Arten** der Nachlasspflegschaft im einzelnen:

1. Die sog **Sicherungspflegschaft** nach § 1960 BGB ist das wichtigste Sicherungsmittel. Sie ist ihrem Wesen nach eine wirkliche Pflegschaft iSd §§ 1909 ff BGB, auf die nach § 1915 I BGB die Vorschriften über die Vormundschaft entsprechend anwendbar sind. Statt des Vormundschaftsgerichts ist das Nachlassgericht zuständig, § 1962 BGB. Dem noch unbekannten Erben wird ein Personenpfleger bestellt. Die als Nachlasspfleger bestellte Person ist **nicht Amtsträger,** sondern gesetzlicher Vertreter des noch unbekannten Erben. 149

10 KG NJW 1971 565

150 Fraglich ist, ob dem Nachlasspfleger auch der **Erbschaftsanspruch nach § 2018 BGB** zusteht. Zum einen wird die Ansicht vertreten, dass dem Nachlasspfleger mit der Gewährung des Erbschaftsanspruchs die Möglichkeit eröffnet wird, dieses Recht auch gegen der sich später als wahren Erben herausstellenden Person erfolgreich durchzusetzen.[11] Zum anderen wird von der Gegenmeinung die Anwendung des § 2018 BGB generell abgelehnt, wobei dem Nachlasspfleger aber ein Herausgabeanspruch aus § 1960 BGB zustehen soll.[12] Nach Ansicht des BGH, der hierzu eine vermittelnde Meinung vertritt, wird dem Nachlasspfleger ein Herausgabeanspruch gegen den Erbschaftsbesitzer gewährt, und zwar solange, bis dessen Erbrecht rechtskräftig festgestellt ist, ohne dass er die Nichtberechtigung des Erbschaftsbesitzers nachweisen müsste.[13] Der Anspruch auf Herausgabe des Nachlasses kann nach Ansicht des BGH auf § 2022 BGB gestützt werden, der die Rechte des Erbschaftsbesitzers wegen Verwendungen regelt.

151 Im Zusammenhang mit der Sicherungspflegschaft hat das **Gericht** folgende Aufgaben:

- ➢ Bestellung des Nachlasspflegers, §§ 1962, 1915 I, 1789, 1791 BGB;
- ➢ Sperrung eines Bankkontos;[14]
- ➢ Beaufsichtigung des Nachlasspflegers, §§ 1915 I, 1837 BGB;
- ➢ Genehmigung der Geschäfte, die er nicht allein vornehmen kann, §§ 1915 I, 1821 f BGB;
- ➢ Festsetzung der Vergütung des Nachlasspflegers, §§ 1915 I, 1836 BGB.

Praxis-Tipp:

*Das Nachlassgericht kann die **Höhe der Vergütung** des Nachlasspflegers nicht nach starren Regeln oder bestimmten Prozentsätzen festsetzen. Maßgebend sind neben der Größe des Nachlasses vor allem die für die Tätigkeit des Nachlasspflegers bestimmenden Merkmale, nämlich Dauer, Umfang, Bedeutung und Tragweite der Pflegergeschäfte und das Maß der damit verbundenen Verantwortung. Darüber hinaus sind auch die besonderen Schwierigkeiten und Umstände der Erbenermittlung bzw der außerordentliche Umfang der Nachforschungen zu berücksichtigen. Bei kleineren Nachlässen (bis etwa 25 000 €) können **3 bis 5 % des Aktivnachlasses** zugrunde gelegt werden, um einen Anhaltspunkt für die Überprüfung des anhand der sonstigen Umstände des Einzelfalls ermittelten Ergebnisses zu gewinnen.[15] Wird der Nachlasspfleger aus der Staatskasse vergütet, ist der maßgebende **Stundensatz** gesetzlich festgelegt, und zwar entsprechend der beruflichen Qualifikation.[16]*

11 RG JW 1931, 44; Lange/Kuchinke, § 42 II 1 a
12 RGRK/Kregel, § 2018 Rn 3
13 BGH NJW 1983, 226
14 Vgl RGZ 154, 110, 114
15 BayObLG FamRZ 1999, 255 f
16 Näher hierzu: Palandt/Edenhofer, § 1836 a Rn 2

Der Nachlasspfleger erhält ***zusätzlich*** zu seiner Vergütung die ihm entstandenen ***Aufwendungen erstattet,*** *§§ 1915, 1835 BGB, wie zB Auslagen, Fahrtkosten, Anwaltsgebühren, Bürounkosten einschließlich der von ihm zu entrichtenden Umsatzsteuer. Seit 1. 1. 1999 kann der ehrenamtlich tätige Nachlasspfleger eine pauschale Aufwandsentschädigung verlangen.*

Hat er als Rechtsanwalt einen Rechtsstreit geführt, muss er sich wegen der dadurch entstandenen ***Anwaltsgebühren*** *an die Erben wenden;*[17] *er kann die Gebühren aber nicht nach § 19 BRAGO festsetzen lassen.*[18]

Gegen die Festsetzung der Vergütung ist das Rechtsmittel der ***Beschwerde*** *nach § 19 FGG statthaft. Weitere Beschwerdeberechtigte nach § 20 I FGG sind der Erbe, der Erbanwärter, der Testamentsvollstrecker und der Nachlassgläubiger, soweit die Vergütung seine Befriedigung beeinträchtigt, der Erbschaftskäufer und der Nachlasspfleger, wobei dann das Verbot der Schlechterstellung gilt. Gegen die Bewilligung der Vergütung kann nicht eingewendet werden, die Anordnung der Pflegschaft sei nicht erforderlich gewesen.*

2. Im Rahmen der **sog Prozesspflegschaft nach § 1961 BGB** ist der Nachlass- 152
pfleger für Prozesse, die sich gegen den Nachlass richten, passiv legitimiert und prozessführungsbefugt.[19] Darüber hinaus ist der Pfleger auch befugt, Prozesse für den Nachlass zu führen, in welchem dem künftigen Erben Prozesskostenhilfe bewilligt werden kann, da der Nachlasspfleger lediglich gesetzlicher Vertreter, nicht aber Partei kraft Amtes ist. Maßgebend für die Beurteilung der Voraussetzungen für die Bewilligung der Prozesskostenhilfe ist die Frage, ob die Verfahrenskosten aus dem Nachlass beglichen werden können.[20]

Ein **vom Erblasser** noch **begonnener Prozess,** der wegen dessen Tod unterbro- 153
chen bzw ausgesetzt wurde, endet mit der Anzeige der Bestellung eines Nachlasspflegers.[21]

Vor der Annahme der Erbschaft kann ein Nachlassgläubiger nur dann in den 154
Nachlass vollstrecken, wenn er zuvor die Bestellung eines Nachlasspflegers beantragt hat, § 1961 BGB, § 778 I ZPO.

Die **Bestellung des Nachlasspflegers** durch das Nachlassgericht ist rechtsbe- 155
gründend und bis zu seiner Aufhebung wirksam, unabhängig davon, ob die materiell-rechtlichen Voraussetzungen vorliegen oder nicht.[22] Im Übrigen untersteht der Pfleger der Aufsicht des Nachlassgerichts, §§ 1962, 1837 BGB. Hält das Gericht eine Aufteilung der Wirkungskreise für geboten, so ist es möglich, mehrere Nachlasspfleger zu bestellen, §§ 1915, 1797 BGB. Die ihm dabei ausgehändigte Bestallungsurkunde hat er bei Beendigung seines Amtes dem Nachlassgericht zurückzugeben.

17 Vgl BayObLGE 59, 329
18 OLG München NJW 1965, 1027
19 OLG Köln NJW-RR 1997, 1091
20 BVerfG NJW-RR 1998, 1081
21 BGH NJW 1995, 2171
22 BGHZ 49, 1

Praxis-Tipp:

*Die **Auswahl** des im Einzelnen zu bestellenden Pfleger erfolgt durch den Rechtspfleger nach pflichtgemäßem Ermessen, wobei die Beteiligten keinen Anspruch darauf haben, dass eine bestimmte Person zum Nachlasspfleger bestellt wird.*

156 Gegen die **Anordnung** der Pflegschaft kann der Erbanwärter, ebenso wie gegen die **Auswahl der Person des Nachlasspflegers die Beschwerde** nach § 20 FGG einlegen. Der Testamentsvollstrecker kann sich lediglich gegen die Anordnung, nicht aber gegen die Auswahl mit der Beschwerde zur Wehr setzen. Die Aufhebung der Pflegschaft während des schwebenden Beschwerdeverfahrens führt zum Verlust des Rechtsschutzbedürfnisses und damit zur Unzulässigkeit des Rechtsmittels.

157 Die Nachlasspflegschaft ist vom Nachlassgericht durch Beschluss **aufzuheben,** wenn die Erben ermittelt sind und die Erbschaft angenommen haben oder der Erbschein erteilt und die Schlussrechnung des Nachlasspflegers geprüft ist. Nach der Aufhebung ist der Pfleger verpflichtet, den Nachlass an den/die Erben herauszugeben, §§ 1960, 1915, 1890 BGB. Allerdings hat er ein **Zurückbehaltungsrecht** hinsichtlich der Bezahlung der ihm bewilligten Vergütung, sofern nicht vorrangige Sicherungsrechte anderer Nachlassgläubiger an den Nachlassgegenständen bestehen.

158 Im Übrigen **haftet der Nachlasspfleger** nach §§ 1915, 1833 BGB **dem Erben gegenüber** für den von ihm vorsätzlich oder fahrlässig verursachten Schaden, wobei der Anspruch im Klageweg geltend zu machen ist. **Den Nachlassgläubigern gegenüber** hat der Pfleger nur für eine Verletzung der Auskunftspflicht und aus unerlaubter Handlung einzustehen. Im übrigen haftet der Erbe nach § 278 BGB für das Verschulden des Pflegers als seines gesetzlichen Vertreters, wobei er aber die Haftung auf den Nachlass beschränken kann. Der Grund für die Haftungsbeschränkung ist darin zu sehen, dass es sich bei den aus der Tätigkeit des Nachlasspflegers ergebenden Ansprüchen um Nachlassverbindlichkeiten handelt. Schließlich kann der in Anspruch genommene Erbe den Nachlasspfleger in Regress nehmen.

159 Erheben Dritte **Ansprüche auf Nachlassgegenstände,** die von Sicherungsmaßnahmen betroffen sind, so sind diese Rechte gegen den Nachlasspfleger gerichtlich geltend zu machen. Das Nachlassgericht selbst ist nicht zu einer Entscheidung befugt.

160 Die **Aushändigung des Nachlasses** ist Sache der Beteiligten; das Nachlassgericht kann vom Nachlasspfleger nur die Einreichung einer formell ordnungsgemäßen Schlussrechnung und die Rückgabe der Bestellung verlangen. Notfalls kann es die Befolgung dieser Anordnungen durch Festsetzung von Zwangsgeld (§ 33 FGG) erzwingen.

161 Die Anordnungen des Nachlassgerichts können mit der **einfachen Beschwerde** nach § 19 FGG angegriffen werden. Dabei ist zu beachten, dass seit 1. 10. 1998 die Rechtspflegererinnerung nach § 11 RPflG im Erbrecht weggefallen ist. Daher entscheidet die Zivilkammer des Landgerichts über die Beschwerde. Hierfür besteht kein Anwaltszwang. Dieser besteht aber für die

weitere Beschwerde, über die der Zivilsenat des Oberlandesgericht entscheidet, §§ 27–29 FGG. Allerdings hat der Nachlasspfleger **kein Beschwerderecht** gegen die Aufhebung der Nachlasspflegschaft. Bei der Ablehnung der Aufhebung bestimmt sich das Beschwerderecht nach § 20 I FGG.

Ist der Nachlass dürftig, so kann für die Nachlasspflegschaft Prozesskostenhilfe beantragt und bewilligt werden.[23] 162

Nach §§ 1915, 1886 BGB kann der Nachlasspfleger auch gegen seinen Willen **entlassen** werden. Die Entlassung ist zwingend geboten, wenn ein Untauglichkeitsgrund nach § 1781 BGB (Minderjährigkeit, Betreuer und Schuldner eines Insolvenzverfahrens) vorliegt. Aber auch bei der Gefährdung der Interessen der Erben durch pflichtwidriges Verhalten oder objektiv ohne Verschulden des Nachlasspflegers ist die Entlassung das letzte Mittel, wenn die milderen, weniger einschneidenden Maßnahmen erfolglos geblieben sind oder im konkreten Fall objektiv nicht ausgereicht haben.[24] Der Pfleger ist vorher zu hören. Nach § 16 II FGG ist ihm die Entlassungsverfügung zuzustellen. Die Entlassungsverfügung ist mit der sofortigen Beschwerde angreifbar. Die Aufhebung dieser Verfügung durch das Beschwerdegericht wirkt zurück, so dass der Nachlasspfleger im Amt bleibt und nicht neu bestellt werden muss. 163

Musterformulierung für den Antrag auf Anordnung der Nachlasspflegschaft:

Rechtsanwalt/Rechtsanwältin 164

Amtsgericht/Notariat (in Ba-Wü)
– Nachlassgericht –

PLZ, Ort

Antrag auf Anordnung der Nachlasspflegschaft

in der Nachlasssache des am 13. 9. 1998 verstorbenen Leopold Mayer, zuletzt wohnhaft in Neustadt/Weinstraße, Winzerstraße 3.

Am 13. 9. 1998 ist Herr Leopold Mayer, zuletzt wohnhaft in der Winzerstraße 3 in Neustadt/Weinstraße, gestorben. Eine Verfügung von Todes wegen hat er nicht errichtet. Der Erblasser hat nur Verwandte der dritten Ordnung hinterlassen. Wer diese sind, ist zur Zeit noch unbekannt.

Der Erblasser hat einen Hotelbetrieb in Köln, Rheinpromenande 27 hinterlassen. Der Betrieb wurde bis zuletzt vom Erblasser betrieben.

Das Hotel wird von der Angestellten des Erblassers, Frau Therese Klein, fortgeführt. Es sind Reservierungen bis zur Mitte des nächsten Jahres gebucht. Im Interesse der Erben und zur Vermeidung von Regressansprüchen der Hotelgäste ist die Fortführung des Geschäfts dringend angezeigt. Es sind erhebliche Zahlungen an die Lieferanten zu leisten.

23 BVerfG Rpfleger 1998, 525
24 BayObLG Rpfleger 1983, 108

Frau Klein hat, um den Betrieb fortführen zu können, eigene Mittel eingesetzt. Ich beantrage, in ihrem Namen einen Nachlasspfleger zu bestellen. Für dieses Amt wird Herr RA Listig vorgeschlagen. Dieser hat sich mir gegenüber bereit erklärt, das Amt zu übernehmen.

Der Wert des Netto-Nachlasses liegt schätzungweise bei 375 000 €.

Eine Vollmacht von Frau Klein ist beigefügt.

gez Unterschrift
Rechtsanwalt/Rechtsanwältin

Gebührenrechtlicher Hinweis:

165 *Vertritt der Rechtsanwalt einen Beteiligten in einem Nachlasspflegschaftsverfahren, so erhält er dafür die in § 118 BRAGO bestimmten Gebühren.[25] Der diesen Gebühren zu Grunde liegende Geschäftswert und damit der Wert einer Nachlasspflegschaft ist der Wert des Nachlasses zur Zeit der Anordnung der Pflegschaft. Umfasst der Nachlass auch Grundstücke, so sind diese mit dem Verkehrswert anzusetzen.[26]*

VI. Erbschaftsanspruch

1. Allgemeines

166 Nach § 1922 BGB geht der Nachlass im Wege der **Gesamtrechtsnachfolge** auf den Erben über, gleiches gilt für den unmittelbaren und mittelbaren Besitz (§ 857 BGB). Für den Rechtserwerb auf der Seite des Erben kommt es nicht darauf an, wo sich der Nachlass befindet und wer ihn in Händen hält. Durch verschiedene Umstände (Auffinden eines eigenhändigen Testaments, mehrere letztwillige Verfügungen liegen vor, Anfechtung einer Verfügung von Todes wegen mit Rückwirkung auf den Erbfall) kann der Nachlass sich **im Besitz eines nur vermeintlichen,** letztlich aber nicht berechtigten **Erben** befinden.

167 **Nach dem Eintritt des Erbfalls** ist der Erbe in der Regel daran interessiert, den Nachlass ausgehändigt zu bekommen. Befindet sich der Nachlass im Besitz eines anderen, so kann der Erbe die **ererbten Einzelrechte,** wie bspw

- Herausgabeanspruch des Erblassers als Eigentümer nach §§ 985 ff BGB;
- Grundbuchberichtigungsanspruch, § 894 BGB;
- Anspruch auf Besitzeinräumung, § 861 BGB;
- Schadensersatzansprüche aus unerlaubter Handlung, §§ 823 ff BGB und
- Herausgabeansprüche aus ungerechtfertigter Bereicherung, §§ 812 ff BGB

25 Vgl auch: Göttlich/Mümmler, Stichwort »Sonstige Angelegenheiten«
26 BayObLG NJW 1962, 1727

geltend machen. In diesen Zusammenhang gehören auch die besonderen erbrechtlichen Rechtsbehelfe des Erben gegen den Besitzer eines unrichtigen Erbscheins auf

- Herausgabe und Auskunft, § 2362 BGB.

Neben diesen Einzelansprüchen kann der Erbe von jedem, der aufgrund eines ihm nicht zustehenden Erbrechts etwas aus der Erbschaft erlangt hat, mit dem **Gesamtanspruch des § 2018 BGB** im Wege der **Erbschaftsklage** die Herausgabe des Erlangten verlangen. Dieser Anspruch gegen den Erbschaftsbesitzer ergibt sich unmittelbar aus der Verletzung des Erbrechts und richtet sich entweder auf die Herausgabe der gesamten Erbschaft oder auf einzelne Gegenstände als Bestandteile des Nachlasses. Dabei hat der Erbe das Wahlrecht, ob er die Einzelansprüche oder den Gesamtanspruch geltend machen will. 168

Gehört der vom Erbschaftsbesitzer herauszugebende Gegenstand zum **Vermögen des Erben,** weil es sich beispielsweise um sein Eigentum handelt, hat der Anspruch dinglichen Charakter mit der Folge, dass in der Zwangsvollstreckung ein Widerspruchsrecht iSd § 771 ZPO und im Insolvenzverfahren ein Aussonderungsrecht nach § 47 InsO besteht. Gehört das Erlangte aber in das **Vermögen des Erbschaftsbesitzers,** weil es zB sein Eigentum ist, so hat der Erbe lediglich einen schuldrechtlichen Anspruch auf Verschaffung des jeweiligen Rechts (vgl zB §§ 2021, 818 II; 2020 S 2 BGB). 169

Nach § 2019 BGB erfasst der Erbschaftsanspruch auch die **Surrogate** der Nachlassgegenstände. Der Erbschaftsanspruch als solcher gehört ebenfalls zum Nachlass. 170

Praxis-Tipp:

Durch den Gesamtanspruch hat der wirkliche Erbe die Möglichkeit, den Nachlass vollständig zu erlangen, ohne auf Einzelklagen zurückgreifen zu müssen.

Gläubiger des Herausgabeanspruchs nach § 2018 BGB ist der wahre Erbe, wobei sein Erbrecht auf Gesetz oder Verfügung von Todes wegen beruhen kann. Art und Umfang der Anspruchsberechtigung wird durch sein Erbrecht bestimmt. Weitere Anspruchsberechtigte sind: 171

- Der Miterbe nach § 2039 BGB, der zwar die Klage allein erheben, aber die Leistung nur an alle Erben gemeinsam verlangen kann;
- Der Vorerbe bis zum Eintritt des Nacherbfalls, danach steht er dem Nacherben zu, §§ 2100, 2139 BGB;
- Der Erwerber eines Miteigentumsanteils, § 2033 BGB;
- Der Erbschaftskäufer, nachdem ihm dieser Anspruch vom Verkäufer abgetreten worden ist, §§ 398, 412, 2374 BGB;
- Der Testamentsvollstrecker;

- Der Nachlassverwalter, § 1985 BGB sowie
- Der Nachlassinsolvenzverwalter.

Praxis-Tipp:

Umstritten ist, ob und inwieweit dem Nachlasspfleger der Erbschaftsanspruch zusteht. Neben verschiedenen Rechtspositionen vertritt der BGH eine vermittelnde Meinung, wonach dem Nachlasspfleger ein Herausgabeanspruch gegen den Erbschaftsbesitzer zusteht, ohne dass er dessen Nichtberechtigung beweisen müsste. Diesen Anspruch kann der Pfleger sogar gegen den wahren Erben geltend machen, solange sein Erbrecht dem Nachlasspfleger gegenüber nicht rechtskräftig festgestellt ist.[27]

172 Der Erbschaftsanspruch kann **nicht nur** durch Abtretung (§§ 387, 413 BGB) oder Erbfolge (§ 1922 BGB) auf eine andere Person übergehen, sondern auch im Wege der Zwangsvollstreckung, §§ 829, 835, 857 ZPO.

173 Der Erbschaftsanspruch richtet sich gegen den **Erbschaftsbesitzer.** Erbschaftsbesitzer ist jeder, der den Nachlass oder einzelne Erbschaftsgegenstände unter Berufung auf ein angebliches Erbrecht dem wahren Erben vorenthält. Der Anspruchsschuldner muss also irgendeinen Vermögensvorteil aus dem Nachlass durch Anmaßung eines ihm in Wirklichkeit nicht zustehenden Erbrechts oder Miterbenrechts erlangt haben.[28] Auf eine etwaige Gutgläubigkeit des Anspruchsschuldners bei der Erbschaftsanmaßung kommt es nicht an.

Anspruchsschuldner ist daher:

174
- Derjenige, der aufgrund eines ihm in Wirklichkeit nicht zustehenden Erbrechts etwas aus der Erbschaft erlangt hat, § 2018 BGB;
- Derjenige, der Nachlassgegenstände zunächst ohne Anmaßung einer Erbenstellung erlangt hat, sie später aber als Erbe für sich in Anspruch nimmt;
- Derjenige, der zu Lebzeiten des Erblassers Gegenstände aus dessen Vermögen erhalten hatte, die er nach dem Erbfall als vermeintlicher Erbe zurückhält;[29]
- Derjenige, der den Nachlass zunächst als wahrer Erbe in Besitz genommen hat, seine Erbenstellung aber durch eine Erbunwürdigkeitserklärung oder eine erfolgreiche Anfechtung der Verfügung von Todes wegen rückwirkend verloren hat;
- Derjenige, der Erbschaftsgegenstände aufgrund eines Kaufvertrages vom Erbschaftsbesitzer übertragen erhält, § 2030 BGB; ein gutgläubiger Erwerb scheidet wegen der Gleichstellung von Erwerber und Erbschaftsbesitzer aus.

27 BGH NJW 1983, 226; siehe auch Rn 150; im Übrigen: Brox, Rn 548 mwN
28 Vgl im Einzelnen BGH FamRZ 1985, 693; Gursky, S 80
29 RGZ 81, 293

Praxis-Tipp:

Der Erbschaftskäufer, der nur einzelne Gegenstände vom Erbschaftsbesitzer käuflich erwirbt, wird nach den Vorschriften der §§ 932 ff BGB und der §§ 2366 ff BGB geschützt.

Der **Miterbe** ist nur dann Erbschaftsbesitzer, wenn er die anderen Miterben aufgrund des sich angemaßten Erbrechts vom Besitz an den Nachlassgegenständen ausschließt. Während des gesamthänderischen Mitbesitzes aller Erben ist § 2018 BGB nicht anwendbar. **175**

Der Erbschaftsanspruch **richtet sich nicht** gegen **176**

- den, der zwar Nachlassgegenstände erlangt, sich ein Erbrecht aber nie angemaßt hat;
- den, der zwar behauptet, Erbe zu sein, aber noch nichts aus dem Nachlass erlangt hat;
- den vorläufigen Erben, der später die Erbschaft ausschlägt, da er gemäß § 1959 BGB ausschließlich nach GoA-Grundsätzen haftet.

Nicht zum Kreis der Erbschaftsbesitzer gehört der Erbe, der von seinem Ausschlagungsrecht Gebrauch gemacht hat, der Testamentsvollstrecker, Nachlasspfleger sowie der Nachlass- und Konkursverwalter. Sie alle beanspruchen kein Erbrecht an den Nachlassgegenständen, sie besitzen vielmehr aufgrund ihrer Verwaltungsaufgabe den Nachlass(gegenstand). **177**

Praxis-Tipp:

Wird das Erbrecht des Erben durch die og Personen bestritten, so kann der Erbe Klage auf Feststellung seines Erbrechts nach § 256 ZPO erheben.

Der Erbschaftsanspruch richtet sich zunächst auf die **Herausgabe** dessen, was der Erbschaftsbesitzer aus dem Nachlass erlangt hat, § 2018 BGB. Erlangt sein kann nicht nur **178**

- der Besitz an Sachen, die im Eigentum des Erblassers standen oder
- was unmittelbar aus dem Nachlass erlangt ist, wie Wertpapiere, Schuldscheine oder eine unrichtige Grundbuch- bzw Handelsregisterposition, Schuldbefreiung,
- Sachen, an denen er ein zum Besitz berechtigendes schuldrechtliches oder dingliches Nutzungsrecht hatte, wie bspw Miete, Pacht oder Nießbrauch,

sondern auch

- Urkunden und Beweismittel, die ein Recht verkörpern, wie Wechsel, Schuldschein oder Beweismarken oder
- jeder andere Vorteil, wie bspw die unrichtige Eintragung in einem Register, die der Erbschaftsbesitzer zu seinen Gunsten herbeigeführt hat oder

die Schuldbefreiung durch eine Aufrechnung einer Nachlassforderung mit einer Forderung des Nachlassgläubigers gegen den Erbschaftsbesitzer persönlich.

179 Entscheidend ist, dass sich die Sachen **tatsächlich in der Erbschaft befunden** haben, und zwar unabhängig davon, ob sie einst im Eigentum des Erblassers gestanden haben.

180 Die Herausgabepflicht erstreckt sich auch auf Gegenstände, die der Erbschaftsbesitzer durch Rechtsgeschäft **mit Mitteln der Erbschaft** erlangt hat (Surrogate, § 2019 BGB). Sie werden ohne Rücksicht auf den Willen des Erbschaftsbesitzers mit dessen Erwerb Bestandteile der Erbschaft und somit Eigentum des wirklichen Erben **(Grundsatz der dinglichen Surrogation).** Ein Erwerb mit Mitteln der Erbschaft liegt nur vor, wenn die Verfügungen des Erbschaftsbesitzers über die Nachlassgegenstände von Anfang an wirksam waren oder der Erbe sie rückwirkend durch seine Genehmigung wirksam gemacht hat.

181 Von § 2019 I BGB werden nur die Sachen erfasst, die der Erbschaftsbesitzer **durch Rechtsgeschäft** mit Mitteln der Erbschaft erwirbt. Darüber hinaus ist anerkannt, dass dem Erben im Wege der dinglichen Surrogation auch dasjenige zufällt, was der Erbschaftsbesitzer aufgrund eines zum Nachlass gehörenden Rechts oder als Ersatz für die Beschädigung/Zerstörung eines Nachlassgegenstandes erwirbt.

182 Schließlich erstreckt sich die Herausgabepflicht auch auf alle aus den Nachlassgegenständen gezogenen **Nutzungen** (§ 2020 BGB), einschließlich der Früchte, an denen der Erbschaftsbesitzer nach § 955 BGB Eigentum erworben hat. Dieser umfassende Nutzungsherausgabeanspruch gilt auch für einen entgeltlichen Erwerb nach § 2030 BGB.

Praxis-Tipp:

> *Weil der Erbschaftsbesitzer die Nachlassgegenstände in der Regel unentgeltlich erworben hat, entspricht seine Rechtsstellung der des gutgläubigen, unentgeltlichen Besitzer mit der Folge, dass er bis zum Eintritt der Rechtshängigkeit nur nach den Vorschriften über die ungerechtfertigte Bereicherung (§§ 988, 2020 f, 2023 BGB) haftet.*

183 Erfasst werden nicht nur unentgeltlich erlangte Nutzungen, sondern auch der **entgeltliche Erwerb,** § 2030 BGB.

184 Ist der Erbschaftsbesitzer nicht in der Lage, das Erlangte, die Surrogate oder die gezogenen Nutzungen herauszugeben, tritt an die Stelle des Herausgabeanspruchs der **bereicherungsrechtliche Wertersatzanspruch** nach § 2021 BGB, uU eine **Schadensersatzpflicht** nach §§ 2023 ff BGB.

2. Auskunftsanspruch

Da der Erbe und die anderen Gläubiger des Erbschaftsanspruchs den Nachlass nicht (genau) kennen und um die Gegenstände in einer Herausgabeklage im Einzelnen bezeichnen zu können (§ 253 II Nr. 2 ZPO), gewährt ihnen das Gesetz nach § 2027 BGB einen **Auskunftsanspruch** gegen den Erbschaftsbesitzer und alle, die mit dem Nachlass in Berührung gekommen sind. Darüber hinaus besteht auch gegen die Hausgenossen des Erblassers nach § 2028 BGB ein Auskunftsanspruch. Im Übrigen gehören auch die Auskunftsrechte zum Nachlass. 185

Praxis-Tipp:

*Ist auch das Erbrecht als solches im Streit, so kann die Stufenklage (Auskunft- und Herausgabeanspruch) mit der **Klage auf Feststellung des Erbrechts** verbunden werden (§ 256 ZPO).*

Zur **Auskunftserteilung** sind folgende Personen verpflichtet:

➢ Der Erbschaftsbesitzer, § 2027 I BGB

Er ist verpflichtet, über **den Bestand der Erbschaft** Auskunft zu erteilen, und zwar über den Verbleib von Erbschaftsgegenständen, ihre Verschlechterung, ihren Untergang und ihre Surrogate. Die Auskunftspflicht beschränkt sich auf die **Aktiva der Erbschaft** und deren Veränderungen, nicht erfasst werden Wertangaben und Nachlassverbindlichkeiten.[30] 186

Nach § 260 BGB ist er auch verpflichtet, dem Erben ein **Verzeichnis** der zur Erbschaft gehörenden einzelnen Gegenstände, die er in Besitz hat oder mit Mitteln aus der Erbschaft erlangt hat, vorzulegen. Darüber hinaus hat er auch über den Verbleib der Nachlassgegenstände Auskunft zu erteilen. Unter Umständen muss er eine förmliche **Rechnung** iSd § 259 BGB **legen.** Besteht Grund zu der Annahme, dass die Aufstellung nicht mit der gebotenen Sorgfalt erstellt worden ist, hat der Erbschaftsbesitzer die Richtigkeit des Verzeichnisses und der Rechnung durch **eidesstattliche Versicherung** vor dem Gericht zu bekräftigen, §§ 260 II, 261 BGB. Die Vollstreckung richtet sich nach § 889 ZPO. 187

Praxis-Tipp:

Der Erblasser kann die Auskunftspflicht nicht im voraus durch eine Vereinbarung oder in einer Verfügung von Todes wegen ausschließen, da ihm eine diesbzgl Verfügungsbefugnis mangels Innehabung der Verpflichtung nicht zusteht. Allerdings kann der Erbe auf die Geltendmachung des Auskunftsanspruchs verzichten.

30 RGZ 71, 360 ff

188 Neben der außergerichtlichen Auskunftserteilung kann der Erbe auch **auf Auskunftserteilung** vor dem Gericht **klagen,** bei dem der Erblasser zur Zeit des Todes den allgemeinen Gerichtsstand hatte, § 27 ZPO. Ein obsiegendes Urteil ist nach § 888 ZPO zu vollstrecken. Mit Hilfe der Vollstreckungsgegenklage nach § 767 ZPO kann geprüft werden, ob die nach der Verurteilung erfolgte Auskunft genügt. Dabei ist zu berücksichtigen, dass mehrere Teilverzeichnisse eine ausreichende Auskunft darstellen können.[31]

189 Der Auskunftsanspruch ist **selbständig einklagbar.** Da die Auskunftsklage die Verjährung nicht unterbricht, kann der Erbe Stufenklage erheben und sich die Bezeichnung der einzelnen Nachlassgegenstände vorbehalten, bis die Auskunft erteilt ist.

➢ Sonstige Besitzer von Nachlassgegenständen, § 2027 II BGB

190 Auch die Personen, die **ohne Berufung auf ein Erbrecht** Gegenstände aus dem Nachlass an sich genommen haben, bevor der Erbe den Besitz tatsächlich erlangt hat, sind, in gleicher Weise wie der Erbschaftsbesitzer, zur Auskunftserteilung verpflichtet.

191 Hat der Besitzer den Besitz bereits vor dem Erbfall erlangt oder nimmt er eine Sache nach Eintritt des Erbfalls in Besitz, die der Erblasser einem Dritten überlassen hatte, so besteht gegen ihn **kein Auskunftsanspruch** nach § 2027 II BGB, weil diese Gegenstände nicht zum Nachlass gehörten, folglich auch nicht aus dem Nachlass entfernt werden konnten.

192 **Zweck des Auskunftsanspruchs** ist die Ermittlung des tatsächlichen Bestandes des Nachlasses. Daher kommt es in diesem Zusammenhang nicht darauf an, ob die Inbesitznahme berechtigt oder unbefugt, zum Schutz des wahren Erben oder eigennützig, gut- oder bösgläubig erfolgte und aus welchen Gründen in den Nachlass eingegriffen wurde.

193 § 2027 II BGB gilt nicht für Testamentsvollstrecker, Nachlassverwalter und Nachlasspfleger, da sie, wenn sie **aufgrund ihres besonderen Amtes** Nachlassgegenstände in Besitz nehmen, nach Sondernormen rechenschaftspflichtig sind; so

- der Testamentsvollstrecker nach §§ 666, 242 BGB;
- der Nachlassverwalter nach §§ 2012 II, 1960, 1915, 1839 BGB und
- der Nachlasspfleger nach §§ 2012 I, 1960, 1915, 1839 BGB.

194 Ob der **besondere Gerichtsstand** der Erbschaft nach § 27 ZPO auch für den Auskunftsanspruch gilt, ist streitig.[32]

31 BGH NJW 1962, 1499
32 So Brox, Rn 566; aA: MüKo-Frank, § 2027 Rn 14 mwN

- Die Hausgenossen des Erblassers, §§ 2028 I BGB

Auskunftspflichtig sind darüber hinaus auch die Personen, die zur Zeit des Erbfalls mit dem Erblasser **in häuslicher Gemeinschaft** gelebt haben, wobei der Begriff der häuslichen Gemeinschaft weit auszulegen ist. Danach reicht es aus, dass die betreffende Person nach ihren räumlichen und persönlichen Beziehungen zum Erblasser Gelegenheit hatte, erbschaftliche Geschäfte zu führen oder sonst auf den Nachlass einzuwirken.[33] Für die Auskunftspflicht ist nicht erforderlich, dass die betreffenden Personen zum Hausstand gehören, Familienzugehörigkeit vorliegt oder Unterhalt bezogen wurde. 195

Zu den **auskunftspflichtigen Hausgenossen** gehören daher: 196

- Familienangehörige;
- Hausangestellte;
- Pflegepersonal;
- Gastgeber;
- Zimmernachbarn.

Die Auskunft erstreckt sich hier va auf die Frage, ob **erbschaftliche Geschäfte** geführt worden sind. Hat der Erbe Kenntnis darüber, dass ein Hausgenosse derartige Geschäfte getätigt hat, ist er nach den Vorschriften der §§ 681, 666, 259, 260 BGB auskunftspflichtig. 197

Praxis-Tipp:

Der Gegenstandswert einer Klage auf Erteilung einer Auskunft ist nach § 3 ZPO frei zu schätzen, und zwar entsprechend dem Interesse des Klägers an der erstrebten Vorbereitung und Klarstellung seines Leistungsanspruchs. In der Regel bestimmt er sich nach einem Bruchteil der beanspruchten Leistung, der auf 1/10 bis 1/4 angesetzt werden kann.[34] Im Einzelfall kann der Streitwert auch mit dem Wert des Leistungsanspruchs identisch sein, diesen aber niemals überschreiten. Dieser Streitwert ist Grundlage für die Anwaltsgebühren, die Regelgebühren nach §§ 31 ff BRAGO sind. 198

3. Haftung

Die **Haftung des Erbschaftsbesitzers** bzw deren Umfang richtet sich danach, ob der Erbschaftsbesitzer die Nachlassgegenstände gutgläubig oder bösgläubig in Besitz genommen hat und ob er bereits verklagt ist oder nicht. Nach § 2029 BGB gelten die Haftungsgrundsätze auch dann, wenn der Erbe nicht den Gesamtanspruch, sondern nur Einzelansprüche geltend macht. 199

33 BGH LM Nr. 1 zu § 2028 BGB
34 BGH FamRZ 1993, 1189

a. Gutgläubiger, unverklagter Erbschaftsbesitzer

200 Kann der Erbschaftsbesitzer das ursprünglich Erlangte, Surrogate oder davon gezogene Nutzungen nicht herausgeben, haftet er nach §§ 2021, 818 II, III BGB auf **Wertersatz** nur in Höhe seiner noch vorhandenen Bereicherung.

Praxis-Tipp:

> *Der **Wegfall der Bereicherung** beurteilt sich nach wirtschaftlichen Gesichtspunkten. Es ist daher zu prüfen, ob sich der Wert des Nachlassgegenstandes noch ganz oder teilweise im Vermögen des Erbschaftsbesitzers befindet. Ist der Nachlassgegenstand untergegangen oder wurde er vom Erbschaftsbesitzer verbraucht, dann liegt ein Wegfall der Bereicherung **(= Entreicherung)** vor. Ein derartiger Fall ist ua auch dann gegeben, wenn Verwendungen auf den Nachlass gemacht wurden. Dies gilt nicht für Aufwendungen, die für den Erwerb des herauszugebenden Gegenstandes gemacht wurden.*

201 Hat der Besitzer den erlangten Nachlassgegenstand einem Dritten **schenkweise** übertragen, so ist dieser nach § 822 BGB zur Herausgabe verpflichtet.

Praxis-Tipp:

> *Bei der Verweisung in § 2021 BGB auf das Bereicherungsrecht handelt es sich nur um eine Rechtsfolgenverweisung, da die besonderen bereicherungsrechtlichen Voraussetzungen nicht zu prüfen sind.*

202 Der **leicht fahrlässige Irrtum** über die Erbberechtigung schadet beim gutgläubigen Erbschaftsbesitzer nicht und führt auch nicht zu einer gesteigerten Haftung.

203 Im Gegenzug kann der unverklagte Erbschaftsbesitzer **Ersatz für** alle von ihm vorgenommenen **Verwendungen** verlangen, die er auf den Nachlass insgesamt oder auf irgendwelche Nachlassgegenstände gemacht hat, § 2022 BGB.

Beispiel:

> Der Erbschaftsbesitzer wendet aus seinem Vermögen Mittel auf, um die Nachlassverbindlichkeiten zu erfüllen. Nach § 2022 II BGB hat er Anspruch auf **Ersatz dieser Verwendungen,** wenn er gleichzeitig auf die **Geltendmachung des Bereicherungsanspruchs** verzichtet und damit seine Leistung als für den Erben und damit den wahren Schuldner erbracht gelten lässt.

204 Der Erbschaftsbesitzer kann seinen **Ersatzanspruch gemäß § 2022 I BGB** wie bei der Eigentumsklage durch Zurückbehaltungsrecht, pfandrechtliches Befriedigungsrecht, klagbaren Zahlungsanspruch nach Herausgabe oder nach Genehmigung der Verwendungen geltend machen.

b. Bösgläubiger/verklagter/deliktischer Erbschaftsbesitzer

Bösgläubig ist der Erbschaftsbesitzer, wenn er bei der Begründung des Erbschaftsbesitzes weiß oder infolge grober Fahrlässigkeit nicht weiß, dass er nicht Erbe ist oder wenn er es später erfährt, §§ 2024 BGB. 205

Praxis-Tipp:

*Den Erbschaftsbesitzer trifft nur im Zeitpunkt der Besitzbegründung eine allgemeine **Prüfungspflicht,** ob er aufgrund der Umstände zum Erben berufen ist. Nach der Begründung des Besitzes darf sich der Erbschaftsbesitzer einer naheliegenden Aufklärung aber nicht bewusst verschließen.*

Der bösgläubige Erbschaftsbesitzer haftet verschärft, wenn er mit der Herausgabe der Nachlassgegenstände, den Surrogaten oder Nutzungen in **Verzug** gerät, §§ 2024 S 3 BGB. 206

Der verklagte Besitzer haftet nach denselben **Vorschriften aus dem Eigentümer-Besitzer-Verhältnis** (§§ 2023, 2024, 987 ff, 291 f BGB) wie der bösgläubige Besitzer, weil die Interessenlage des Erben identisch ist. Dies gilt auch dann, wenn der Erbe statt des Gesamtanspruchs die Einzelansprüche gemäß § 2029 BGB geltend macht. Im Falle der Rechtshängigkeit eines Rechtsstreits um das Erbrecht muss der Besitzer mit der Möglichkeit rechnen, dass es sich bei den von ihm in Besitz genommenen Nachlassgegenständen um für ihn fremde Gegenstände handelt. 207

Der **bösgläubige oder verklagte Erbschaftsbesitzer** haftet demnach für 208

- jede verschuldete Verschlechterung bzw Unfähigkeit zur Herausgabe der Nachlassgegenstände (§§ 2023 I, 989 BGB) und der ins Eigentum des Erblassers gefallenen Sachfrüchte (§§ 2020, 2023 II, 292, 989 BGB) und
- schuldhaft nicht gezogene Nutzungen – er hat dafür Ersatz zu leisten bzw den objektiven Wert der gezogenen Gebrauchsvorteile zu vergüten (§§ 2023 II, 987 I BGB).

Auf einen **Wegfall der Bereicherung** kann sich der Erbschaftsbesitzer **nicht** mehr berufen, §§ 2024, 818 IV BGB. 209

Der **deliktische Erbschaftsbesitzer** haftet nach den Regeln über den Schadensersatz bei unerlaubten Handlungen, wenn er einen Erbschaftsgegenstand durch eine mit Strafe bedrohte Handlung, wie bspw durch verbotene Eigenmacht (§ 858 BGB), durch Vorlage eines gefälschten Erbscheins oder durch Nötigung/Erpressung, erlangt hat, § 2025 BGB. Wegen der Bezugnahme auf die Deliktsvorschriften ist auch bei der verbotenen Eigenmacht Verschulden erforderlich.[35] 210

Art und Umfang des Schadensersatzanspruchs richten sich nach §§ 823 ff iVm §§ 848 – 850, 249 ff BGB. Ein Schaden ist nur insoweit anzunehmen, als er nicht 211

35 MüKo-Frank, § 2025 Rn 4

durch Ersatzansprüche abgedeckt werden kann. Das Prinzip der Ersetzung in § 2019 BGB ist dabei nicht ausgeschlossen.

212 Die **Haftungsverschärfung des § 2025 BGB** erstreckt sich nicht nur auf Sachen, sondern auf alle Nachlassgegenstände einschließlich der Nutzungen, soweit es sich nicht um Früchte, die in das Eigentum des Erbschaftsbesitzers gefallen sind oder um bloße Gebrauchsvorteile handelt, §§ 2018, 2019, 2020, 953 BGB.

213 Da der Besitz nach § 857 BGB **kraft Gesetzes** auf den Erben übergeht, begeht derjenige verbotene Eigenmacht, der einen Nachlassgegenstand ohne Willen des Erben erlangt, bevor dieser die Erbschaft tatsächlich in Besitz genommen hat. Ein gutgläubiger Erbschaftsbesitzer haftet nach deliktischen Regeln wegen verbotener Eigenmacht nur dann, wenn der Erbe den Nachlass bereits in Besitz genommen hatte.

214 Nur soweit dem **gutgläubigen und nicht verklagten Erbschaftsbesitzer** alle **Verwendungen** ersetzt werden und diese nicht schon durch eine Anrechnung auf die geschuldete Bereicherung nach § 2021 BGB gedeckt ist, muss er den Erbschaftsanspruch erfüllen. Verwendungen sind dabei alle vermögenswerten Maßnahmen und Ausgaben, die der Sache zugute kommen sollen.[36] Eine Unterscheidung nach notwendigen, nützlichen, überflüssigen oder werterhöhenden Verwendungen wird nicht vorgenommen. Nach § 2022 II BGB gehören zu den Verwendungen auch die Aufwendungen, die der Erbschaftsbesitzer zur Bestreitung von Lasten der Erbschaft oder zur Begleichung von Nachlassverbindlichkeiten macht.

Praxis-Tipp:

*Die **irrtümliche Zahlung** durch den Erbschaftsbesitzer aus dem Nachlass auf eine Nachlassschuld führt zu einem dem Erben unmittelbar zustehenden Rückzahlungsanspruch. Begleicht der Erbschaftsbesitzer eine Nachlassverbindlichkeit, so leistet er auf eine vermeintlich eigene Schuld. Die Leistung kann er entweder mit der Leistungskondiktion gegen den Nachlassgläubiger geltend machen oder Geschäftsführung ohne Auftrag gegen den wahren Erben, sofern er nach Kenntnis des fehlenden Erbrechts erklärt, er habe für den wahren Erben geleistet.*

215 Wird vom Erbschaftsbesitzer die Herausgabe der zur Erbschaft gehörenden Sachen **(Erbschaftsanspruch dinglicher Natur)** verlangt, so soll der Anspruch auf Ersatz der Verwendungen, dem Wortlaut des Gesetzes nach, nur dem gutgläubigen und unverklagten Erbschaftsbesitzer zustehen. In gleicher Weise muss dieser Verwendungsersatzanspruch aber auch für den **schuldrechtlichen Anspruch** auf Herausgabe der Früchte gewährt werden.

216 Da die allgemeinen Vorschriften der §§ 1000 ff BGB auf die Verwendungen nach § 2022 BGB anzuwenden sind, kann der Erbschaftsbesitzer bis zur Erfüllung seines Anspruchs ein **Zurückbehaltungsrecht** wegen aller sich noch in sei-

36 Vgl BGHZ 41, 157

nem Besitz befindlichen Nachlasssachen geltend machen, auch wenn die Verwendungen nur einzelnen Nachlassgegenständen zugute gekommen sind. Darüber hinaus steht ihm auch ein **Wegnahmerecht** analog §§ 997, 258 BGB zu.

Der **bösgläubige bzw verklagte Erbschaftsbesitzer** hat nach Eintritt der Haftungsverschärfung nur **Anspruch auf die notwendigen Verwendungen** unter den zusätzlichen Voraussetzungen der Geschäftsführung ohne Auftrag. Ersatzpflichtig sind die Verwendungen demnach nur dann, wenn sie dem wirklichen oder mutmaßlichen Willen des Erben entsprochen haben, von ihm genehmigt worden sind oder eine ungerechtfertigte Bereicherung des Erben darstellen. Im Umfang des Verwendungsersatzes hat der Erbschaftsbesitzer nach § 997 BGB ein **beschränktes Wegnahmerecht.** 217

Auch der **deliktische Besitzer** kann, selbst wenn er im Hinblick auf das Erbrecht selbst gutgläubig war, nicht sämtliche Verwendungen ersetzt verlangen. Nach § 2025 BGB hat er nur **Anspruch auf Vergütung der notwendigen und nützlichen Verwendungen** (§§ 850, 994–1003 BGB). War die unerlaubte Handlung vorsätzlich begangen worden, so steht dem Erbschaftsbesitzer nach § 1000 S 2 BGB auch das Zurückbehaltungsrecht nicht mehr zu. 218

4. Verjährung

Nach § 2026 BGB verjährt der Erbschaftsanspruch einheitlich nach 30 Jahren. Die Verjährung beginnt für den gesamten Erbschaftsanspruch in dem Zeitpunkt, in dem der Erbschaftsbesitzer erstmals etwas aus dem Nachlass erlangt; dabei ist es für die Beurteilung gleichgültig, ob er später weitere Nachlassgegenstände hinzuerlangt. Die **Regelverjährung von 30 Jahren** gilt in den Fällen nicht, in denen der Erbschaftsbesitzer nach Deliktsrecht verantwortlich ist. Aufgrund der Globalverweisung auf das Deliktsrecht findet daher auch die kurze Verjährungsfrist des § 852 BGB Anwendung.[37] 219

Der **Verjährungsbeginn** kann aber – bei Vorliegen besonderer Umstände – ein anderer sein. So insbesondere dann, wenn dem Erben das Erbrecht erst durch eine Anfechtung zugefallen ist. Hier beginnt die Verjährung nach § 200 BGB mit dem Zeitpunkt der Zulässigkeit der Anfechtung, und zwar unabhängig vom Anfechtungszeitpunkt und der Kenntnis des Anfechtungsgrundes durch den Berechtigten. 220

Nach Vollendung der Verjährung kann der Erbschaftsbesitzer zwar die Herausgabe der Erbschaftsgegenstände nach § 222 BGB verweigern, er erhält aber dadurch nicht die Stellung eines Erben. Das hat zur Folge, dass er weder von Dritten die Herausgabe von Nachlassgegenstände verlangen kann noch die Nachlassverbindlichkeiten begleichen muss. 221

Der gutgläubige Erbschaftsbesitzer ist **Eigenbesitzer** nicht nur der Nachlassgegenstände, sondern auch der Surrogate, der Nutzungen nach § 2020 BGB und der im Eigentum Dritter stehender Gegenstände, die er für Erbschaftsbestandteile hält.[38] Nach § 937 BGB wird er Eigentümer dieser Gegenstände, 222

37 HM; Brox, Rn 568; Staudinger/Gursky, § 2025 Rn 7
38 Brox, Rn 569

wenn er über eine Dauer von 10 Jahren gutgläubig war und die Sachen in Besitz hatte. Allerdings kann er sich dem Erben gegenüber während der Verjährungsfrist nicht auf die Ersitzung berufen.

5. Gerichtliche Geltendmachung des Erbschaftsanspruchs

223 Der Erbschaftsanspruch ist ein **einheitlicher erbrechtlicher Gesamtanspruch,** der, zusammen mit Einzelansprüchen, nach § 260 ZPO in einer Klage zusammengefasst geltend gemacht werden kann. Daher wird das Gericht, sollte der Erbe vom Gesamtanspruch zu den Einzelansprüchen übergehen, in der Regel die Sachdienlichkeit der Klageänderung iSd § 263 ZPO bejahen. Allerdings ist darauf zu achten, dass der besondere Gerichtsstand des § 27 ZPO, der dem Erben für den erbrechtlichen Anspruch neben dem allgemeinen Gerichtsstand des §§ 12 ff ZPO zur Verfügung steht, auf die Klagen, mit denen die Einzelansprüche geltend gemacht werden, nicht anwendbar ist.

Praxis-Tipp:

*Der **dingliche Gerichtsstand** des § 24 ZPO steht dem Erben für die Geltendmachung des Erbschaftsanspruchs nicht zur Verfügung.*

224 Der Erbe muss im Klageantrag, auch wenn er im Wege des Gesamtanspruchs die Herausgabe des **Inbegriffs des Nachlasses** verlangt, gemäß § 253 II Nr. 2 ZPO die einzelnen Gegenstände bezeichnen, auf die sich der Herausgabeanspruch bezieht. Dies ist zur Feststellung des Umfangs der Rechtshängigkeit, der Rechtskraft und schließlich zur Durchführung der Zwangsvollstreckung zwingend notwendig. Ist der Erbe hierzu nicht in der Lage, weil er insbesondere den Umfang der Erbschaft nicht kennt, muss er zunächst Auskunftsklage hinsichtlich des Bestandes des Nachlasses erheben.

225 Ergänzt der Erbe nachträglich, dh während des laufenden Prozesses, die im Klageantrag nur unzureichend bezeichneten Gegenstände, so handelt es sich hierbei um eine **zulässige Klageerweiterung** iSd § 264 Nr. 2 ZPO, nicht aber um eine Klageänderung. Darüber hinaus kann der Erbe den bereits anhängigen Auskunftsanspruch und das Herausgabeverlangen im Wege der Stufenklage (§ 254 ZPO) miteinander verbinden, wobei er sich die Konkretisierung des Leistungsanspruchs bis zum Vorliegen der Auskunft oder/und der eidesstattlichen Versicherung vorbehalten kann.

226 Die **Rechtshängigkeit** erstreckt sich ebenso wie die **Rechtskraft** nur auf die im Urteil im einzelnen bezeichneten Gegenstände. Damit ist aber (noch) keine Feststellung über das Erbrecht als solches getroffen worden. Dabei handelt es sich um eine Vorfrage des Rechtsstreits (§ 322 ZPO), die, ist der Erbe an einer rechtskräftigen Entscheidung interessiert, im Wege einer **Feststellungs- bzw Zwischenfeststellungsklage** nach § 256 I, II ZPO entschieden werden kann. Da das Leistungsbegehren keine verbindliche Aussage über das Erbrecht als solches enthält, ist auch das besondere Feststellungsinteresse gegeben.

a. Auskunftsklage

Der Auskunftsanspruch kann selbständig mit der **Leistungsklage** geltend gemacht werden. Nach § 27 ZPO ist für die Klage auf Auskunftserteilung das Gericht örtlich zuständig, bei dem der Erblasser zum Todeszeitpunkt seinen allgemeinen Gerichtsstand hatte. **227**

Bei der Beurteilung der Frage, ob die nach der Verurteilung erteilte Auskunft ausreichend ist, ist zu berücksichtigen, dass **mehrere Teilauskünfte und Teilverzeichnisse** eine insgesamt ausreichende Auskunft darstellen können.[39] Genügt die Auskunft nicht, so kann einer neuen Klage nur dann nicht der Einwand der Rechtskraft entgegen gehalten werden, wenn es sich um einen selbständigen Erbschaftsteil oder um eine bestimmte Mehrheit von Nachlassgegenständen handelt, über die noch keine Auskunft erteilt worden ist. **228**

Liegen diese Voraussetzungen nicht vor, kann der Erbe die Vervollständigung nur unter den Voraussetzungen des § 260 BGB und die Bekräftigung der Vollständigkeit durch Abgabe einer **eidesstattlichen Versicherung** erzwingen, die dann nach § 889 ZPO vollstreckt wird. **229**

Die Klage auf Auskunftserteilung unterbricht die **Verjährung** des Erbschaftsanspruchs nicht. Allerdings kann der Erbe im Wege der Stufenklage das Rechtsverhältnis rechtshängig machen und damit die Verjährung unterbrechen. Er verlangt dann zunächst Auskunft, um im nächsten Schritt – nach Erlangung der notwendigen Auskunft – die einzelnen Gegenstände genau zu bezeichnen, auf die sich der Herausgabeanspruch bezieht. **230**

Verfügt der Erbe über ein obsiegendes Urteil, so erfolgt, da die Auskunfterteilung eine unvertretbare Handlung darstellt, die nur vom Auskunftspflichtigen selbst erfüllt werden kann, die **Vollstreckung nach § 888 ZPO,** und zwar durch die gerichtliche Anordnung von Zwangsgeld oder/und Zwangshaft. **231**

Gebührenrechtlicher Hinweis:

*Beim Auskunftsanspruch richtet sich der **Zuständigkeitsstreitwert** nach dem Interesse des Klägers. Dieses ist zu schätzen. Die Schätzung orientiert sich an objektiven Kriterien, und zwar an den realistischen Erwartungen des Klägers bzgl des Leistungsbegehrens zu Beginn der Instanz, nicht aber an den Wunschvorstellungen des Klägers. Anknüpfungspunkt ist der durch die Auskunftsklage vorbereitete Leistungsanspruch. Von diesem Wert ist für den Auskunftsanspruch ein Bruchteil, zwischen 1/10 und 1/4, anzusetzen. Je weniger der Kläger weiß, desto höher ist der Streitwert für die Auskunftsklage. Eine geringe Bewertung ist hingegen angezeigt, wenn der Kläger nur einige ergänzende Hinweise benötigt.* **232**

*Gemäß § 12 I GKG, § 3 ZPO kommt es auch für den **Gebührenstreitwert** auf das Interesse des Klägers an der Auskunft an, wenn es um einen vermögensrechtlichen Auskunftsanspruch geht (vgl insoweit die Ausführungen zum Zuständigkeitsstreitwert). Bei nichtvermögensrechtlichen Streitigkeiten gilt § 12 II GKG.*

39 BGH NJW 1962, 1499

b. Stufenklage

233 Der Erbe hat aber auch die Möglichkeit, den Auskunftsanspruch mit dem Herausgabeanspruch im Wege einer Stufenklage nach § 254 ZPO zu verbinden. Insoweit handelt es sich entweder um eine **Leistungs- oder,** je nach Formulierung des Klageantrags, um eine **Stufenfeststellungsklage.** Vorteil dieser Klageart ist die Rechtshängigkeit des gesamten Anspruchs und die damit verbundene Unterbrechung der Verjährung, auch wenn die bestimmte Angabe der Leistung bis zum Vorliegen der Auskunft bzw der eidesstattlichen Versicherung vorbehalten bleibt.

234 **Örtlich zuständig** ist neben dem Gericht des allgemeinen Gerichtsstandes des Erbschaftsbesitzers (§§ 12 ff ZPO) auch der Gerichtsstand der Erbschaft (§ 27 ZPO), wobei letzterer nicht für die Klagen aus Einzelansprüchen gilt.

235 In der **ersten Stufe** verlangt der Erbe Auskunft über den Umfang des Nachlasses. Insoweit unterscheidet sich die Geltendmachung nicht von der in einem eigenständigen Klageverfahren. Für den Fall, dass die Auskunft nicht mit der erforderlichen Sorgfalt erteilt wird, kann der Erbe in der **zweiten Stufe** beantragen, dass der Beklagte die Richtigkeit und Vollständigkeit der Auskunft mit der Abgabe einer eidesstattlichen Versicherung bestätigt und bekräftigt. In der **dritten Stufe** erfolgt schließlich, nachdem Auskunft erteilt und ggf die eidesstattliche Versicherung abgegeben wurde, die genaue Bezeichnung der zu erbringenden Leistung.

236 Jede Stufe schließt, nach der über sie gesondert verhandelt wurde, mit einem Urteil, das der Rechtskraft fähig ist, ab. Gegen jedes **Teilurteil** kann Rechtsmittel eingelegt werden. Die jeweils nächste Stufe kann erst in Gang gesetzt werden, wenn das vorhergehende Urteil rechtskräftig geworden ist. Jedes Teilurteil unterliegt der Vollstreckbarkeit. Die dritte Stufe schließlich endet, nachdem auch über diesen Antrag nach § 128 I ZPO mündlich verhandelt wurde, mit einem Schlussurteil, in dem auch über die Frage der Kostentragung nach dem Grundsatz der Einheitlichkeit der Kostenentscheidung zu befinden ist. Die Entscheidung ergeht dann auch hinsichtlich der vorläufigen Vollstreckbarkeit der letzten Stufe.

237 Da jedes Teilurteil mit der **Berufung** angegriffen werden kann, gilt dies auch und gerade für die Auskunftsstufe. Zu beachten ist, dass die Berufung nur dann zulässig ist, wenn die Berufungssumme erreicht ist. Diese richtet sich beim obsiegenden Urteil nicht nach dem Interesse des Klägers an der Auskunftserteilung, sondern nach dem Abwehrinteresse des Beklagten bzw Berufungsklägers, die Auskunft nicht erteilen zu müssen. Die **Streitwertfestsetzung** für die Berufung erfolgt im Wege der Schätzung nach §§ 2, 3 ZPO und unterliegt daher nur eingeschränkt der Überprüfung durch das Beschwerdegericht. Für die **Beurteilung der Berufungssumme** sind daher neben dem Aufwand an Zeit und Arbeit auch die Kosten für die geforderte Auskunftserteilung von Bedeutung.[40] Im übrigen bleibt das Gericht des ersten Rechtszuges, das den Auskunftsanspruch abgewiesen hat, auch für die zweite Stufe zuständig, wenn das Teilurteil der ersten Stufe mit der Berufung ange-

40 BGH FamRZ 1989, 731

fochten wurde. Es bedarf für die Begründung der Zuständigkeit keiner Zurückverweisung.

Das Teilurteil, durch das der Beklagte zur Erteilung der Auskunft verpflichtet wird, erwächst in **Rechtskraft.** Dies führt aber nicht zu einer Rechtskrafterstreckung auf den Hauptanspruch. 238

Ist das Erbrecht selbst streitig, kann die **Stufenklage mit der Klage auf Feststellung** des Erbrechts verbunden werden, weil sonst zwar über den Herausgabeanspruch eine rechtskräftige Entscheidung vorliegt, nicht aber auch über das Erbrecht. Die Feststellung des Erbrechts ist eine Vorfrage des Rechtsstreits auf Herausgabe der Nachlassgegenstände. 239

Bei der **Stufenklage mit Feststellungsantrag** sind folgende Anträge zu stellen: 240

Stufe 1: Antrag auf Feststellung des Erbrechts
Stufe 2: Antrag auf Erteilung der Auskunft
Stufe 3: Antrag auf Abgabe einer eidesstattlichen Versicherung, sofern die Voraussetzungen der §§ 259 II, 260 II BGB vorliegen
Stufe 4: Antrag auf Herausgabe der im einzelnen zu bezeichnenden Gegenstände/Antrag auf Zahlung eines noch zu beziffernden Geldbetrages

Musterformulierung für den Antrag einer Stufenklage auf Auskunft, Feststellung des Erbrechts und Herausgabe des Nachlasses:

*Namens und in Vollmacht des Klägers erhebe ich Stufenklage und werde **beantragen:*** 241

1. Der Beklagte wird verurteilt, dem Kläger Auskunft über den Bestand der Erbschaft nach dem am 10. 1. 1998 verstorbenen Anton Werther und über den Verbleib der Erbschaftsgegenstände zu erteilen durch Vorlage eines durch eine Amtsperson aufgenommenen Verzeichnisses.
2. Für den Fall, dass das Verzeichnis nicht mit der erforderlichen Sorgfalt erstellt worden sein sollte, wird der Beklagte weiter verurteilt, an Eides statt zu versichern, dass er nach bestem Wissen den Bestand so vollständig angegeben hat, als er dazu imstande ist.
3. Es wird festgestellt, dass der Kläger Alleinerbe nach dem am 10. 1. 1998 verstorbenen Anton Werther geworden ist.
4. Der Beklagte wird verurteilt, an den Kläger die nach Erteilung der Auskunft und ggf erfolgter eidesstattlicher Versicherung noch zu bezeichnenden Nachlassgegenstände herauszugeben.
5. Der Beklagte hat die Kosten des Rechtsstreits zu tragen.
6. Das Urteil ist, notfalls gegen Sicherheitsleistung, vorläufig vollstreckbar.

Stellt sich im Laufe des Verfahrens heraus, dass der Erbschaftsbesitzer **weitere Gegenstände in Besitz** hat, so kann der Erbe nachträglich die im Klageantrag bezeichneten Gegenstände ergänzen; hierbei handelt es sich um eine 242

zulässige Klageerweiterung nach § 264 Nr. 2 ZPO, nicht aber um eine Klageänderung.

243 Wurde ein in der Auskunftsstufe vorgetragener Sachverhalt nach § 296 ZPO als **verspätet zurückgewiesen,** so kann ihn der Kläger innerhalb der Leistungsstufe erneut vorbringen, ohne sich die Verspätungsrüge entgegenhalten lassen zu müssen.[41]

244 Im Falle der **Säumnis des Beklagten** ergeht, sofern die Voraussetzungen und ein entsprechender Antrag des Klägers vorliegen, Teilversäumnisurteil hinsichtlich des geltend gemachten Auskunftsanspruchs, das dann, sofern kein Widerspruch eingelegt wurde, nach den allgemeinen Regeln (§ 888 ZPO) vollstreckt werden kann. Ist hingegen der **Kläger selbst säumig,** erlässt das Prozessgericht ein klageabweisendes Versäumnisurteil, und zwar bezüglich aller geltend gemachten Stufen.

245 Hat sich aufgrund der erteilten Auskunft ergeben, dass von Anfang an kein Herausgabe- bzw Zahlungsanspruch bestanden hat, so liegt hier **keine Erledigung der Hauptsache** vor. Der mit der Stufenklage geltend gemachte Leistungsantrag war daher von Anfang an unbegründet. Erklärt nun der Kläger den Rechtsstreit einseitig für erledigt, kann er ggf einen Kostenerstattungsanspruch aus Verzug nach § 286 BGB im anhängigen Verfahren geltend machen.[42]

246 Wird die **Auskunft nach Rechtshängigkeit** der Stufenklage erteilt, kann der Rechtsstreit entweder einseitig oder übereinstimmend für erledigt erklärt werden, da es sich um jeweils selbständige Streitgegenstände handelt.[43]

247 Das Auskunftsurteil wird, da eine **unvertretbare Handlung** geschuldet wird, nach § 888 ZPO vollstreckt. Ist der Beklagte zur Vorlage von Belegen oder Urkunden verurteilt worden, so richtet sich die Vollstreckung nach § 883 ZPO, da keine unvertretbare Handlung vorliegt.[44] Der Gläubiger des Auskunftsanspruchs kann sich bei der Zwangsvollstreckung zunächst darauf beschränken, das Zwangsgeld nur androhen zu lassen. Dies bietet sich insbesondere dann an, wenn fraglich ist, ob die Auskunft vollständig erteilt wurde.

Praxis-Tipp:

Der Schuldner des Auskunftsanspruchs kann den Beschluss auf Androhung von Zwangsgeld mit der Beschwerde nach § 793 ZPO angreifen.

248 Wendet der Vollstreckungsschuldner ein, er habe die Auskunft ordnungsgemäß und vollständig erteilt, so ist dieser grundsätzlich mit der **Vollstreckungsgegenklage nach § 767 ZPO** geltend zu machen. Darüber hinaus besteht auch die Möglichkeit, diesen Einwand im Vollstreckungsverfahren geltend zu machen, da für die Androhung und/oder die Anordnung von Zwangsmitteln

41 OLG Karlsruhe NJW 1985, 1349
42 So BGH NJW 1994, 2895
43 So Stein/Jonas, § 254 Rn 31; aA: OLG München FamRZ 1983, 629
44 OLG Köln NJW-RR 1989, 568

erforderlich ist, dass die unvertretbare Handlung nicht vorgenommen wurde. Kommt das Vollstreckungsorgan bei der Prüfung der Voraussetzungen zu dem Ergebnis, dass die Auskunft erteilt ist, fehlt es aufgrund der Erfüllung des materiell-rechtlichen Anspruchs an einer Vollstreckungsvoraussetzung, der Antrag ist mithin unzulässig.

Praxis-Tipp:

*Bei der Bemessung des Gebührenstreitwertes der Stufenklage nach § 254 ZPO ist gemäß § 18 GKG nur **der höchste Wert** der in der Klage verbundenen Ansprüche maßgebend.[45] Eine Wertkumulation kommt nicht in Betracht. Es sind folglich die Einzelansprüche nach den jeweiligen Vorschriften wertmäßig zu bestimmen und der höhere sich ergebende Wert ist entscheidend. Wichtig ist, dass der nach § 18 GKG festgesetzte **Gesamtstreitwert** nur für solche Gebühren gilt, die sich auf sämtliche verbundene Ansprüche beziehen. Dazu gehört die gerichtliche allgemeine Verfahrensgebühr und die anwaltliche Prozessgebühr, da mit der Erhebung der Stufenklage alle Ansprüche rechtshängig geworden sind. Der Streitwert der anwaltlichen Verhandlungs- und Beweisgebühr richtet sich hingegen nach dem Wert derjenigen Verfahrensstufe, in der sie angefallen sind.* 249

*Der **Streitwert der vorbereitenden Ansprüche,** Anspruch auf Auskunftserteilung und Rechnungslegung, ist niedriger als der Hauptanspruch. Der Wert des Auskunftsanspruch bewegt sich, wie bereits mehrfach genannt, zwischen 1/10 und 1/4 des Hauptanspruchs. In Ausnahmefällen kann der Anspruch auf Rechnungslegung eine solche Bedeutung für die Weiterverfolgung des Hauptanspruchs haben, dass der Streitwert des vorbereitenden Anspruchs wesentlich höher ist und dem Wert des Hauptanspruchs angenähert werden kann.[46] Der Anspruch auf Abgabe der eidesstattlichen Versicherung, der mit dem Begehren auf Auskunft/Rechnungslegung verbunden wird, besitzt keinen besonderen Streitwert.[47]*

*Legt die zur Auskunftserteilung verpflichtete Partei ein **Rechtsmittel** ein, so bestimmt sich der Streitwert nach dem Interesse, das die Partei daran hat, die Auskunft nicht erteilen zu müssen, wobei dieses Interesse nicht geringer sein kann als das des Klägers an der Erteilung der Auskunft.*

*Der erst nach der Rechnungslegung endgültig feststehende Hauptanspruch ist (zunächst) nach § 3 ZPO zu schätzen, wobei grundsätzlich von der Wertangabe des Klägers auszugehen ist. Stellt sich im Rahmen der Stufenklage bei der Auskunftserteilung heraus, dass der **Zahlungsanspruch von Anfang an unbegründet** war, so hat der Beklagte die gesamten Verfahrenskosten zu tragen, wenn er vor Klageerhebung grundlos keine oder nur unvollständige Angaben gemacht hat. Werden die Auskünfte nach Erhebung der Klage erteilt, befindet sich der Auskunftspflichtige also in Verzug, und ergibt auch hier die Auskunft, dass der Leistungsanspruch unbegründet ist, so können die Verfahrenskosten als Schadensersatzanspruch im Wege einer Umstellung der Klage geltend gemacht werden.*

45 Schneider, Rn 4232 ff
46 Vgl BGH Rpfleger 1963, 15
47 Vgl OLG Köln, MDR 1963, 144; aA: OLG Bamberg FamRZ 1997, 40

VII. Geschäftsführung durch den vorläufigen Erben

1. Allgemeines

250 Nach § 1922 BGB fällt dem Erben die Erbschaft kraft Gesetzes, dh ohne Willensakt des Erben und ohne sein Zutun, an. Da aber eine Erbschaft nicht notwendigerweise für den Erben nur vorteilhaft sein muss, hat er die Möglichkeit, den Eintritt des Rechtsübergangs durch eine Ausschlagungserklärung innerhalb von 6 Wochen nach Kenntnis vom Anfall und dem Grunde der Berufung rückgängig zu machen, § 1944 I, II BGB. Bis zum Ablauf dieser Ausschlagungsfrist ist der zur Erbfolge Berufene nur **vorläufiger Erbe.** Für ihn als vorläufigen Erben besteht daher grundsätzlich keine Verpflichtung, tatsächliche Handlungen oder Rechtsgeschäfte für den Nachlass vorzunehmen oder gar Prozesse zu führen.

Praxis-Tipp:

> *Macht der vorläufige Erbe Rechte aus dem Nachlass gerichtlich geltend, so liegt darin die Annahme der Erbschaft, es sei denn, es handelte sich um eine unaufschiebbare Angelegenheit.*

251 Mit der Ausübung seines Ausschlagungsrechts wird seine Zuständigkeit für den Nachlass nicht nur für die Zukunft beseitigt, sondern **rückwirkend** auf den Zeitpunkt des Erbfalls, § 1953 BGB. Den von ihm vorgenommenen Rechtsgeschäften wird dadurch die rechtliche Grundlage entzogen. Zu berücksichtigen ist aber auch, dass der Nachlass bis zur Ausschlagung auf den vorläufigen Erben übergegangen und er zur Vornahme von Fürsorgemaßnahmen berechtigt und verpflichtet war. Der Gesetzgeber hat diesen Konflikt erkannt und in § 1959 BGB eine Regelung getroffen, welche die Wirksamkeit der zugunsten des Nachlasses getroffenen Maßnahme – trotz der Ausschlagung – nicht beseitigt. Nach § 1959 II BGB bleiben unaufschiebbare Verfügungen über Nachlassgegenstände wirksam. Sie werden wie Verfügungen des endgültigen Erben behandelt; auf den guten Glauben des Erwerbers kommt es daher nicht an. Die Abwicklung des Verhältnisses zwischen dem vorläufigen und dem endgültigen Erben erfolgt daher nach den Grundsätzen der Geschäftsführung ohne Auftrag, nicht aber nach deliktischen bzw bereicherungsrechtlichen Vorschriften.

2. Rechtsverhältnis zwischen vorläufigem und endgültigem Erben

252 Im Hinblick auf die vom vorläufigen Erben vorgenommenen Rechtsgeschäfte bestimmt sich das Rechtsverhältnis zum endgültigen Erben nach den Vorschriften der Geschäftsführung ohne Auftrag, §§ 1959 I, 677 ff BGB. Da der vorläufige Erbe bis zum Zeitpunkt der Ausschlagungserklärung berechtigter Besitzer ist, kann der endgültige Erbe weder den Erbschaftsanspruch aus §§ 2018 ff BGB noch Ansprüche aus dem Eigentümer-Besitzer-Verhältnis geltend machen. Ihm stehen daher nur **dingliche Einzelansprüche,** die sich aus

den jeweiligen Rechten an den Nachlassgegenständen ergeben, wie zB der Herausgabeanspruch nach § 985 BGB, zu.

3. Verpflichtungsgeschäfte des vorläufigen Erben

Der vorläufige Erbe haftet für die Verbindlichkeiten aus schuldrechtlichen Geschäften, die er bis zur Ausschlagung vorgenommen hat, mit seinem Privatvermögen, sofern die Parteien keine **Haftungsbeschränkung auf den Nachlass vereinbart** haben. Von einer derartigen Haftungsbeschränkung ist nur dann auszugehen, wenn der Vertragpartner erkennen konnte, dass das Rechtsgeschäft ausschließlich mit Wirkung für den Nachlass geschlossen wurde. 253

Im **Innenverhältnis** handelt der vorläufige Erbe als Geschäftsführer ohne Auftrag, § 1959 I BGB. Daher hat er unter den Voraussetzungen der §§ 683 iVm 670 BGB gegen den endgültigen Erben Anspruch auf Ersatz seiner Aufwendungen, die er für den Nachlass gemacht hat; ggf kann er nach § 257 BGB Freistellung vom endgültigen Erben verlangen. 254

Keine Probleme entstehen hinsichtlich der **Wirkung** der Verpflichtungsgeschäfte, wenn der vorläufige Erbe die Erbschaft später annimmt und er zum endgültigen Erben wird. Damit sind die von ihm in der Schwebezeit vorgenommenen Geschäfte nun seine eigenen. 255

4. Verfügungsgeschäfte des vorläufigen Erben

Bei der **Beurteilung der Verfügungen,** die der vorläufige Erbe getätigt hat, kommt es ua darauf an, ob sie ohne Nachteil für den Nachlass vorgenommen worden sind. Maßgebend dafür ist eine objektive und wirtschaftliche Betrachtungsweise, wobei es auf die Verhältnisse im Zeitpunkt der Vornahme der Verfügung ankommt. In diesem Zusammenhang sind die Verfügungen über Nachlassgegenstände zu berücksichtigen, die vorgenommen werden, weil der natürliche Verderb droht oder mit einer wirtschaftlichen Entwertung des Rechtes (bspw. der Kursverfall von Aktien und sonstigen Wertpapieren) zu rechnen ist. 256

Unaufschiebbare Verfügungen sind nach § 1959 II BGB im **Außenverhältnis** wirksam; sie werden wie Verfügungen eines Berechtigten behandelt, ohne dass es auf den guten Glauben des Erwerbers ankommen würde. Verfügung ist jedes Rechtsgeschäft, durch das unmittelbar auf ein zum Nachlass gehörendes Recht eingewirkt wird, wie zB 257

- die Annahme von Zahlungen;
- die Zahlung der Beerdigungskosten aus Mitteln des Nachlasses;
- die Veräußerung verderblicher Waren;
- die sonstigen Leistungen zur Erfüllung einer dringlichen Nachlassforderung durch den Nachlassschuldner.[48]

48 Vgl Palandt/Edenhofer, § 1959 Rn 3

258 Von § 1959 II BGB ist nur das Verfügungsgeschäft des Erben vor der Ausschlagung erfasst. Dies führt nicht dazu, dass das schuldrechtliche Geschäft **den endgültigen Erben unmittelbar verpflichtet.**[49] So begründet auch die aktive Prozessführung durch den vorläufigen Erben keine Rechtskraft gegenüber dem endgültigen Erben,[50] sofern darin nicht bereits die Annahme der Erbschaft zu sehen ist.

259 Hat der vorläufige Erbe über einen Nachlassgegenstand verfügt und ist darin die Annahme der Erbschaft zu sehen, so **erwirbt der Erwerber vom Berechtigten.** Schlägt der vorläufige Erbe aber später die Erbschaft aus, dann sind seine Verfügungen nach § 1959 II BGB nur insoweit wirksam, als sie nicht ohne Nachteil für den Nachlass aufgeschoben werden konnten. Bei den dringlichen Verfügungen erwirbt der Erwerber ebenfalls vom Berechtigten, sie sind auch gegenüber dem endgültigen Erben wirksam.

260 Zu allen **sonstigen, nicht dringlichen Verfügungen** ist der vorläufige Erbe nicht berechtigt. Nimmt er sie dennoch vor, so hängt deren Wirksamkeit von der Genehmigung des endgültigen Erben ab (§ 185 II BGB). Liegen die Voraussetzungen des gutgläubigen Erwerbs vom Nichtberechtigten (§§ 932 ff BGB) vor, dh ist der Erwerber gutgläubig davon ausgegangen, dass der vorläufige Erbe Eigentümer ist und ist er auch **gutgläubig hinsichtlich der Vorläufigkeit der Erbenstellung, so sind die Verfügungen des vorläufigen Erben ebenfalls wirksam und der endgültige Erbe muss sie gegen sich gelten lassen. Hatte der Erwerber aber Kenntnis** von der noch bestehenden Ausschlagungsmöglichkeit des vorläufigen Erben, so scheitert daran der gutgläubige Erwerb analog § 142 II BGB.[51] Der gutgläubige Erwerb durch den Erwerber scheitert nicht an §§ 935, 857 BGB, weil die Nachlassgegenstände, über die der vorläufige Erbe verfügt hat, dem endgültigen Erben nicht abhanden gekommen sind.

5. Rechtsgeschäfte gegenüber dem vorläufigen Erben

261 § 1959 III BGB erleichtert für Dritte die Rechtsausübung; denn derjenige, der eine Willenserklärung mit Wirkung gegenüber dem Nachlass abzugeben hat, kann dies gegenüber dem vorläufigen Erben tun, da diese einseitigen Rechtsgeschäfte auch nach der Ausschlagung der Erbschaft wirksam bleiben. Dies ist insbesondere bei fristgebundenen Erklärung bedeutsam. Betroffen sind hier vor allem folgende Willenserklärungen:

- Kündigung;
- Anfechtung;
- Widerruf;
- Aufrechnung eines Nachlassschuldners mit einer Forderung, die gegen den Nachlass besteht;

---

49 Palandt/Edenhofer, § 1959 Rn 3
50 RGRK, § 1959 Rn 2
51 Soergel/Stein, § 1959 Rn 11

Praxis-Tipp:

Die Aufrechnung führt mangels Gegenseitigkeit der Forderungen dann nicht zum Erlöschen der sich aufrechenbar gegenüberstehenden Ansprüche, wenn es sich bei der Gegenforderung um eine persönliche Forderung des vorläufigen Erben handelt und er die Erbschaft ausschlägt.

- Rücktritt;
- Wandelung oder
- Minderung.

Diese Rechtsgeschäfte bleiben also gemäß der gesetzlichen Regelung auch nach der Ausschlagung wirksam. Das gilt selbst dann, wenn es an der Dringlichkeit fehlt und der Erklärende positive Kenntnis davon hat, dass der Erklärungsempfänger nur der vorläufige Erbe ist. Gegenüber dem vorläufigen Erben kann auch eine **Mahnung** ausgesprochen werden. Sie führt allerdings nicht zum Eintritt der Folgen des Schuldnerverzugs, weil der vorläufige Erbe während der Schwebezeit, also bis zur Annahme der Erbschaft, nicht zur Leistung verpflichtet ist. Problematisch ist die Bewertung der Rechtslage bei der Erfüllung einer Nachlassforderung: Zum einen fällt sie unter § 1959 III BGB, gleichzeitig aber auch unter § 1959 II BGB, da die Forderungseinziehung eine Verfügung über die Forderung darstellt. Nach Ansicht der hM kommt es für die Wirksamkeit der Verfügung entscheidend auf die Dringlichkeit an.[52] **262**

6. Gerichtliche Verfahren gegen den vorläufigen Erben

Der vorläufige Erbe ist bis zur Annahme der Erbschaft grundsätzlich nicht verpflichtet, **Prozesse für den Nachlass** zu führen. Macht er aber Rechte aus dem Nachlass gerichtlich geltend, so ist darin in der Regel die Annahme der Erbschaft zu sehen, sofern es sich nicht um eine unaufschiebbare Angelegenheit handelt. **263**

Bei der gerichtlichen Geltendmachung von Ansprüchen Dritter gegen den vorläufigen Erben sind verschiedene Interessenlagen zu berücksichtigen: **264**

- Zum einen muss der vorläufige Erbe bis zur Annahme der Erbschaft vor gerichtlichen Verfahren weitestgehend verschont bleiben; nicht zuletzt muss auch sein Privatvermögen – gerade in der **Schwebezeit** zwischen Anfall und Annahme/ Ausschlagung der Erbschaft – vor dem Zugriff der Nachlassgläubiger geschützt werden.
- Zum anderen muss sowohl der **endgültige Erbe** als auch der einzelne Nachlassgläubiger davor geschützt werden, dass sich persönliche Gläubiger des vorläufigen Erben aus dem Nachlass befriedigen, um im Falle der Ausschlagung durch den vorläufigen Erben eine Minderung des Nachlasses zu Lasten des endgültigen Erben und der Nachlassgläubiger zu vermeiden.

52 Erman/Schlüter, § 1959 Rn 4 mwN; aA: Kipp/Coing, § 90 III 3 c

265 Im Gesetz finden sich keine Vorschriften, die es dem vorläufigen Erben verbieten, schon vor der Annahme der Erbschaft **Rechte aus dem Nachlass geltend zu machen.** § 1958 BGB verbietet für diesen Zeitraum lediglich Prozesse über Nachlassverbindlichkeiten (sog Passivprozesse). Aufgrund der Tatsache, dass bereits der vorläufige Erbe Träger des Nachlasses ist, steht ihm nach allgemeinen Grundsätzen auch das **Prozessführungsrecht** zu. Erhebt der Erbe nun Klage, so kann darin konkludent die Annahme der Erbschaft liegen. Eine Ausschlagung kommt dann nur noch indirekt unter den Voraussetzungen der Anfechtung der Annahme in Betracht.

266 Ist die Klageerhebung aber nicht als Annahme der Erbschaft zu werten, so beurteilt sich die Rechtslage nach den allgemeinen Vorschriften: Da die ZPO keine Prozessstandschaft zur Fortführung von Prozessen für den endgültigen Erben kennt, wird die **Klage unbegründet,** wenn der vorläufige Erbe während eines laufenden Verfahrens die Erbschaft ausschlägt.

267 Eine andere Möglichkeit bietet die analoge Anwendung der §§ 242, 239 ZPO.[53] Mit der Ausschlagung durch den vorläufigen Erben tritt eine **Unterbrechung des Verfahrens** ein, die einen Parteiwechsel ermöglicht. Der Rechtsstreit kann nach §§ 242, 239 V ZPO erst wieder aufgenommen werden, wenn der endgültige Erbe die Erbschaft angenommen hat.

Praxis-Tipp:

> *Nach § 246 ZPO tritt die Unterbrechung im Falle der Ausschlagung durch den vorläufigen Erben nur auf einen entsprechenden **Antrag** hin ein.*

268 In der **Praxis** sind folgende Fälle von Bedeutung:

- Hat eine Zwangsvollstreckung durch einen Nachlassgläubiger bereits zu Lebzeiten des Erblassers begonnen, so wird sie nach § 779 I ZPO in den Nachlass fortgesetzt. Eine Umschreibung der Vollstreckungsklausel gegen den Erben ist nicht erforderlich. Solange der Erbe die Erbschaft **nicht angenommen** hat, kann nach § 778 I ZPO **nur in den Nachlass** vollstreckt werden. Der Erbe hat allerdings die Möglichkeit, mit der Vollstreckungserinnerung nach § 766 ZPO die Art und Weise der Zwangsvollstreckung anzugreifen und wahlweise mit der Drittwiderspruchsklage nach § 771 ZPO gegen den pfändenden Gläubiger vorzugehen, wenn dieser in das persönliche Vermögen des Erben vollstreckt. Da eine derartige Maßnahme auch die persönlichen Gläubiger des Erben beschwert, können sie sich mit der Vollstreckungserinnerung dagegen zur Wehr setzen. Die Drittwiderspruchsklage steht ihnen nur dann zur Verfügung, wenn sie ein die Veräußerung hinderndes Recht an dem Gegenstand haben.
- Hat die Zwangsvollstreckung aufgrund eines gegen den Erblasser erwirkten Urteils durch einen Nachlassgläubiger **noch nicht begonnen,** so muss die Vollstreckungsklausel nach § 727 ZPO gegen den Erben umgeschrieben werden. Während der Schwebezeit bis zur Ausschlagung der Erbschaft

53 Kerscher/Tanck/Krug, § 11 Rn 59

ist die Umschreibung wegen § 1958 BGB nicht zulässig. Wird entgegen des gesetzlichen Verbots die Vollstreckungsklausel erteilt, so hat der vorläufige Erbe die Möglichkeit, gegen diese Maßnahmen die Erinnerung nach § 732 ZPO oder die Vollstreckungsklauselgegenklage nach § 768 ZPO zu erheben. Eine ohne Vollstreckungsklausel vorgenommene Zwangsvollstreckungsmaßnahme kann mit der Vollstreckungserinnerung nach § 766 ZPO aufgehoben werden.

- Vollstreckt ein persönlicher Gläubiger des vorläufigen Erben vor der Annahme der Erbschaft in den Nachlass, so ist dies im Interesse des endgültigen Erben und der Nachlassgläubiger nach § 778 II ZPO unzulässig. Wird aber entgegen der Vorschrift des § 778 II ZPO die Zwangsvollstreckung betrieben, hat der Erbe die **Rechte aus § 766 ZPO oder § 771 ZPO.** Sowohl die Nachlassgläubiger als auch der Nachlassverwalter und der Testamentsvollstrecker können den Verstoß nur mit Hilfe der Vollstreckungserinnerung nach § 766 ZPO rügen.
- Für den Fall, dass der Rechtsstreit erst nach dem Tod des Erblassers anhängig gemacht werden soll, ist § 1958 BGB zu beachten, der es verbietet, einen gegen den Nachlass gerichteten Anspruch vor der Annahme der Erbschaft gegen den Erben gerichtlich geltend zu machen. Will der Gläubiger nicht warten, bis die Annahme/Ausschlagung erklärt wird, muss er beim Nachlassgericht die Bestellung eines Pflegers beantragen, gegen den er die Klage dann zu richten hat (vgl §§ 1961, 1960 III BGB).
- Ist der Rechtsstreit bereits zu Lebzeiten des Erblassers anhängig gemacht worden und stirbt er nun, ohne durch einen Prozessbevollmächtigten vertreten zu werden, während des laufenden Verfahrens, so wird dieses bis zur Aufnahme durch den Rechtsnachfolger unterbrochen, § 239 I ZPO. Nach § 239 V ZPO ist der Erbe vor der Annahme der Erbschaft zur Fortsetzung des Rechtsstreits nicht verpflichtet. Da es sich bei dieser Vorschrift um eine Regelung zum Schutz des vorläufigen Erben handelt, kann er darauf verzichten und den Rechtsstreit auch während des Schwebezustandes aufnehmen. In einer derartigen Handlung ist meist die Annahme der Erbschaft zu sehen. War der Erblasser aber durch einen Prozessbevollmächtigten vertreten, so wird der Prozess durch den Tod des Erblassers nicht unterbrochen; vielmehr kann der Bevollmächtigte nach § 246 I ZPO beantragen, das Verfahren auszusetzen. Die Aussetzung dauert dann längstens bis zur Annahme der Erbschaft durch den Erben (§§ 246 II, 239 V ZPO), wobei dieser, wie oben dargestellt, auch bereits zu einem früheren Zeitpunkt die Verfahrensaufnahme betreiben kann.

C. Ausschlagung der Erbschaft 821

ÜBERBLICK

C. Ausschlagung der Erbschaft

I. Allgemeine Bemerkungen

Die Berufung zum Erben geschieht durch den Erblasser und zwar idR ohne Mitwirkung des Bedachten. Ist die Erbschaft nicht nur vorteilhaft, weil sie erhebliche Verbindlichkeiten oder Verpflichtungen mit sich bringt, hat der Erbe ein Interesse daran, sich gegen den Erwerb der Erbschaft zu wehren. Das BGB geht in seinem 5. Buch davon aus, dass die Erbschaft, unabhängig vom Willen oder der Mitwirkung des bzw eines Erben, auf ihn übergeht. Da aber niemand gezwungen werden kann, gegen seinen Willen Vermögen oder gar Schulden anzunehmen, kann der Erbe die Annahme der Erbschaft gegenüber dem Nachlassgericht ausschlagen. 269

Ausschlagung ist eine einseitige **amtsempfangsbedürftige,** form- und fristgebundene Willenserklärung des Erben, dass er die Erbschaft nicht haben möchte. Mit ihrer Erklärung wird der Anfall der Erbschaft **rückwirkend** beseitigt (§§ 1922, 1942 I, 1944, 1945, 1953 I BGB). Nach § 1947 BGB kann die Ausschlagung weder bedingt noch befristet erklärt werden oder gar auf einen Teil des Nachlasses beschränkt werden. 270

Bei der Ausschlagung wird fingiert, dass der Ausschlagende zu keinem Zeitpunkt Erbe geworden ist. Solange dem Erben die Ausschlagung noch möglich ist, dh also bis zum Ablauf der Ausschlagungsfrist, ist der Erbschaftserwerb nur vorläufig. 271

Besondere Bedeutung gewinnt die Frage der **Ausschlagung für den pflichtteilsberechtigten Erben.** Dieser muss prüfen, ob er durch die Ausschlagung der Erbschaft wertmäßig besser gestellt ist und ob die Voraussetzungen der Ausschlagung gegeben sind, ohne dass er dadurch seinen Pflichtteil verliert. Dem Grundsatz nach hat die Ausschlagung den Verlust des Erb- **und** Pflichtteilsrechts zur Folge. Eine Ausnahme gilt aber für den Fall des § 2306 I 2 BGB, wonach der Erbe zwar die Erbschaft ausschlagen, seinen Pflichtteil aber verlangen kann. 272

§ 2306 I 2 BGB setzt voraus, dass dem pflichtteilsberechtigten Erben mehr als die Hälfte des gesetzlichen Erbteils zugewandt wurde, dass er also **mehr als seine Pflichtteilsquote erhalten** hat und der Erbteil belastet ist. Liegen diese Voraussetzungen nicht vor, hat also der Erbe weniger als seine Pflichtteilsquote zugewandt bekommen, so ist er nach § 2306 I 1 BGB von der Verpflichtung zur Erfüllung der Beschränkungen (Nacherbe, Testamentsvollstreckung oder Teilungsanordnung) und Beschwerungen, wie Auflagen und Vermächtnisse, befreit. 273

Sind die **Beschränkungen und Beschwerungen** bereits nach § 2306 I 1 BGB **weggefallen,** kann der pflichtteilsberechtigte Erbe – zur Erhöhung auf seinen vollen Pflichtteil – die Erbschaft nicht mehr ausschlagen. Der Restpflichtteil, als Differenz zwischen dem erlangten und dem eigentlichen Pflichtteil, kann nach § 2305 BGB gefordert werden. 274

275 Das Ausschlagungsrecht ist als Teil der Erbenstellung zwar **vererblich,** § 1952 I BGB, nicht aber übertragbar. Es geht auf die Erben des vorläufigen Erben (Erbeserben) über, nicht aber auf den rechtsgeschäftlichen Erwerber einer Erbschaft.

276 Der **Erbeserbe,** auf den das Ausschlagungsrecht übergeht, hat verschiedene Möglichkeiten, auf den Anfall der Erbschaft zu reagieren:

- Er kann beide Erbschaften annehmen oder ausschlagen, § 1952 II BGB.
- Er kann die Erbschaft seines unmittelbaren Erblassers annehmen und die diesem zugewendete Erbschaft ausschlagen.

Praxis-Tipp:

Die Ausschlagung des Erstnachlasses enthält idR zugleich die Annahme des Zweitnachlasses, also die Annahme der Erbschaft nach seinem direkten Erblasser.
*Der **Erbeserbe** kann aber nicht die Ersterbschaft annehmen und die Erbschaft seines direkten Erblassers ausschlagen. Der Grund liegt darin, dass er mit der Ausschlagung des Zweitnachlasses das zum Zweitnachlass gehörende Annahme- und Ausschlagungsrecht hinsichtlich des Erstnachlasses verliert.*

II. Feststellung der Höhe des Erbteils

277 Für die Bestimmung der Höhe des Erbteils ist grundsätzlich die **Quote** des hinterlassenen Erbteils von Bedeutung. Die Beschränkungen und Beschwerungen, wie Vermächtnis und Auflage, sind nicht in Abzug zu bringen und bleiben daher unberücksichtigt. Ebenso wenig ist der Wert der Zuwendung maßgebend.

278 Die Quote ist va im Rahmen des **Pflichtteilsrecht** von erheblicher Bedeutung:

- Ist die Quote höher als der Pflichtteilsanspruch (= die Hälfte des gesetzlichen Erbteils), so hat der Erbe die Möglichkeit, die Erbschaft nach § 2306 I 2 BGB auszuschlagen und den Pflichtteil zu verlangen.
- Ist die konkrete Quote geringer oder gleich wie der Pflichtteil, so greift § 2306 I 1 BGB ein, wonach Beschränkungen und Beschwerungen als nicht angeordnet gelten.
- Fehlt in der Verfügung von Todes wegen eine quotenmäßige Verteilung des Nachlasses, ist zunächst im Wege der Auslegung zu ermitteln, ob und in welcher Höhe eine Erbeinsetzung vom Erblasser gewollt war. Erst dann ist zu prüfen, ob die Regelung des § 2306 BGB eingreift.

279 Hat der Pflichtteilsberechtigte **anrechenbare oder ausgleichspflichtige Vorempfänge** erhalten, die auf den zugewendeten Erbteil anzurechnen oder durch ihn auszugleichen sind, so ist sein Pflichtteil tatsächlich nicht mehr die

Hälfte des gesetzlichen Erbteils, sondern nur die Hälfte des durch Ausgleichung ermittelten Erbteils, §§ 2050 ff, 2316 BGB.

Ist durch die Vorempfänge die Erb- und Pflichtteilsquote verändert worden, wird der tatsächliche Wert des Pflichtteils, also nach Ausgleichung, mit dem Wert des hinterlassenen Erbteils **verglichen,** um über die Frage der Ausschlagung nach § 2306 BGB zu entscheiden. 280

Praxis-Tipp:

Diese Art der Berechnung gilt nach der Rechtsprechung des BGH[1] nur für die Personen, die den anrechnungs- oder ausgleichspflichtigen Vorempfang selbst erhalten hat.

Beschränkungen und Beschwerungen fallen nur demgegenüber weg, dessen Pflichtteil beschwert ist. Wurde durch den Erblasser Testamentsvollstreckung für den gesamten Nachlass angeordnet, so bleibt dies gegenüber den anderen Erben der Miterbengemeinschaft bestehen. 281

Kann eine Beschwerung nur **durch alle Erben erfüllt** werden (bspw die Erfüllung eines Wohnrechtsvermächtnisses am Hausgrundstück des Erblassers), so kann sie nur insgesamt wegfallen, da nach Ansicht des BGH[2] die Belastung gegenüber demjenigen, dessen Pflichtteil betroffen ist, bestehen bleiben müsste, weil sein Erbteil unter der Hälfte des gesetzlichen Erbteils liegt. 282

III. Ausschlagungsrecht

Jeder Erbe hat nach §§ 1942 I, 1953 I BGB das Recht, die ihm angefallene Erbschaft auszuschlagen. Durch die entsprechende Erklärung wird das Erbrecht **rückwirkend** auf den Zeitpunkt des Erbfalls beseitigt. Dabei ist unerheblich, ob es sich um einen Fall der gesetzlichen oder gewillkürten Erbfolge handelt. 283

Das **Ausschlagungsrecht** ist in zwei Fällen ausgeschlossen: 284

- Hat der Erbe die Erbschaft angenommen, kann er nach § 1943 BGB nicht mehr ausschlagen.
- Dem Fiskus ist es als gesetzlicher Zwangserbe nach §§ 1942 II iVm 1936 BGB versagt, die ihm anfallende Erbschaft auszuschlagen, auch wenn der Nachlass überschuldet sein sollte.

Im Übrigen ist das Recht, eine Erbschaft auszuschlagen, zwar nicht übertragbar, aber doch **vererblich** (§ 1952 I BGB) und geht, im Falle des Vorversterbens des Erben, auf dessen Erben, die sog Erbeserben, über. Bei einer rechtsgeschäftlichen Übertragung der Erbschaft (Erbschaftskauf) kann dieser Teil der Erbenstellung nicht mitübertragen werden. 285

1 ZEV 1996, 307
2 NJW 1981, 1837 f

286 Der Erbeserbe hat, nachdem das Ausschlagungsrecht auf ihn übergegangen ist, folgende Möglichkeiten:

- Annahme oder Ausschlagung der Erbschaft sowohl des Erblassers als auch die des Erben
- Annahme der Erbschaft des Erben und Ausschlagung der Erbschaft des Erblassers

Praxis-Tipp:

Schlägt der Erbeserbe den Nachlass, den er vom Erblasser erhalten hat, aus, so führt dies idR dazu, dass er ohne weiteres Dazutun die Erbschaft des Erben annimmt.

Im übrigen kann jeder Erbeserbe bei Bestehen einer Erbengemeinschaft nach § 1952 III BGB den auf ihn entfallenden Erbteil nach dem Erblasser (= Erstnachlass) ausschlagen.

- Annahme der Erbschaft des Erblassers bei gleichzeitiger Ausschlagung des Nachlasses des Erben (= Zweitnachlass) ist nicht möglich. Sobald der Erbeserbe von seinem Ausschlagungsrecht hinsichtlich des Zweitnachlasses Gebrauch gemacht hat, verliert er sein Annahme-/Ausschlagungsrecht bezüglich des Erstnachlasses.

IV. Verfahren bei der Ausschlagung

1. Form

287 Die Ausschlagung ist eine einseitige, empfangsbedürftige, form- und fristgebundene Willenserklärung und erfolgt durch Erklärung **gegenüber dem örtlich zuständigen Nachlassgericht,** entweder zur Niederschrift des Gerichts oder in öffentlich beglaubigter Form, § 1945 I, II BGB. Die Erklärung wird erst **mit ihrem Zugang bei Gericht wirksam,** auch wenn der Erklärende danach geschäftsunfähig wird oder verstirbt. Sie wird nur dann unwirksam, wenn vorher oder gleichzeitig mit der Erklärung ein Widerruf beim Nachlassgericht eingeht, § 130 I 2 BGB. Im übrigen ist die Ausschlagung unwiderruflich.

Praxis-Tipp:

Der Widerruf der Ausschlagungserklärung ist formfrei und ohne Zustimmung des Vormundschaftsgerichts möglich, auch wenn die Ausschlagung selbst der Genehmigung bedürfte.

288 Erklärt der Ausschlagende **zur Niederschrift** des Nachlassgerichts, er nehme die Erbschaft nicht an, so hat der funktionell zuständige Rechtspfleger (in

Baden-Württemberg der Notar) dem Erklärenden auf sein Verlangen hin ein Zeugnis auszustellen, dass die Ausschlagung von ihm erklärt wurde.

Gleiches gilt auch dann, wenn die Ausschlagung beim Notar in **öffentlich beglaubigter Form** abgegeben wurde. Das Nachlassgericht muss als Erklärungsempfänger, sofern ein entsprechender Antrag des Ausschlagenden gestellt wird, den Empfang bestätigen. 289

Ist die Ausschlagungserklärung mit einem **Formmangel** behaftet, so kann dieser bis zum Ablauf der Ausschlagungsfrist (nachträglich) geheilt werden. Es gehört zwar nicht zu den Aufgaben des Nachlassgerichts, die Verfahrensbeteiligten auf Formmängel oder anderweitige Unwirksamkeitsgründe hinzuweisen. Es ist aber verpflichtet, die Beteiligten über formelle Fragen zu informieren. Eine entsprechende Mitteilung des Nachlassgerichts, die Ausschlagungserklärung sei verspätet oder mangelhaft abgegeben worden, ist mit der Beschwerde **nicht** angreifbar.[3] 290

Wird der ausschlagende Erbe als Erbe in Anspruch genommen oder beansprucht er gar die rechtliche Stellung eines Erben, so hat das **Prozessgericht,** nicht aber das im Erbscheinsverfahren befindliche Nachlassgericht über die Wirksamkeit der Ausschlagung zu entscheiden. Im Übrigen ist das Nachlassgericht berechtigt, die Unwirksamkeit der Ausschlagung auszusprechen. Dieser Beschluss kann auf die Beschwerde eines Verfahrensbeteiligten vom Beschwerdegericht auf seine sachliche Richtigkeit hin überprüft werden.[4] 291

Die **örtliche Zuständigkeit** richtet sich im allgemeinen nach dem Wohnsitz des Erblassers zum Zeitpunkt des Erbfalls. Hat der Erblasser keinen Wohnsitz im Inland, so ist sein Aufenthalt maßgebend. Fehlt es auch hieran, so ist das Amtsgericht in Berlin-Schöneberg örtlich zuständig. Hat ein ausländischer Erblasser Nachlassgegenstände im Inland, obgleich er hier beim Erbfall weder seinen Wohnsitz noch seinen Aufenthalt, so ist jedes Nachlassgericht, in dessen Bezirk sich ein derartiger Nachlassgegenstand befindet, berechtigt, die Ausschlagungserklärung entgegenzunehmen. 292

Der Zugang bei einem **örtlich oder interlokal unzuständigen Nachlassgericht** hindert idR die Wirksamkeit der Ausschlagung nicht, sofern 293

- sich das Gericht selbst für zuständig gehalten und die notwendigen Maßnahmen ergriffen hat,
- das Nachlassgericht die Ausschlagungserklärung innerhalb der Ausschlagungsfrist dem zuständigen Gericht weiterleitet, auch wenn die Erklärung dort nicht mehr innerhalb der Ausschlagungsfrist eingeht oder
- es nach der Entgegennahme der Ausschlagungserklärung keine Handlungen entfaltet.

Wird die Ausschlagungserklärung innerhalb der Frist gegenüber einem **ersuchten Gericht** abgegeben, so muss sie zu ihrer Wirksamkeit innerhalb der Ausschlagungsfrist dem Nachlassgericht zugehen, § 1944 II BGB. Im Rahmen 294

3 KG OLG 21, 299; LG Ellwangen BWNotZ 1989, 148
4 BayObLGZ 1968, 68; aA: MüKo-Leipold, § 1945 Rn 14

einer Einvernahme eines Erbbeteiligten kann das ersuchte Amtsgericht neben der Entgegennahme einer Erbausschlagung auch den Erben anhören und ggf dessen Ausschlagungerklärung rechtswirksam protokollieren.[5]

295 Beim Nachlassgericht ist der Rechtspfleger als Erklärungsempfänger nach § 3 Nr. 2 c) RPflG für die Entgegennahme der Ausschlagungserklärung **funktionell zuständig.** Nachlassgericht ist das Amtsgericht. In Baden-Württemberg ist die Erklärung dem Bezirksnotar gegenüber abzugeben, § 38 LFGG.

296 Die Ausschlagungserklärung kann durch einen **Vertreter** abgegeben werden. Der gewillkürte Vertreter bedarf einer **öffentlich beglaubigten Vollmacht,** die spätestens bis zum Ablauf der Ausschlagungsfrist beim Nachlassgericht eingereicht sein muss, § 1945 III BGB. Erklärt der **gesetzliche Vertreter**[6] die Ausschlagung für den Vertretenen, so bedarf diese Erklärung der vormundschaftsgerichtlichen Genehmigung (§§ 1822 Nr. 2, 1643 II, 1908 i I, 1915 BGB), die wegen § 1831 BGB im vorhinein zu erteilen bzw einzuholen ist.

Praxis-Tipp:

Die Vorlage einer formgerechten Generalvollmacht ist als Legitimation des Vertreters im Zweifel ausreichend.[7] Eine formlose Genehmigung des Handelns des Vertreters ohne Vertretungsmacht durch den Vertretenen scheidet nach Ansicht der Rechtsprechung aus.[8]

297 Im Übrigen hat derjenige, der für die Ausschlagung **beweispflichtig** ist, neben den sonstigen Voraussetzungen wie Existenz, Zeitpunkt und Formwirksamkeit, auch den Nachweis der Vollmachtserteilung zu erbringen.

298 Ist die Erbschaft dem Kind nur deshalb angefallen, weil die Eltern bzw ein Elternteil[9] die Ausschlagung erklärt haben bzw hat, so ist das Einholen der **vormundschaftsgerichtlichen Genehmigung** entbehrlich, weil die Gefahr einer eigennützigen Entscheidung durch die Eltern – nach Auffassung des Gesetzgebers – ausgeschlossen erscheint.

Nach § 1831 S 1 BGB muss die vormundschaftsgerichtliche Genehmigung für ein **einseitiges Rechtsgeschäft** vor deren Vornahme eingeholt werden bzw bei deren Vornahme vorliegen. Es ist aber, abweichend von dieser Regelung, bei der Ausschlagung ausreichend, wenn dem Nachlassgericht die Genehmigung des Vormundschaftsgerichts und ihre Bekanntmachung an den gesetzlichen Vertreter bis zum Ablauf der Ausschlagungsfrist nachgewiesen werden.

5 BayObLGZ 1968, 68; aA: MüKo-Leipold, § 1945 Rn 14
6 Eltern, Vormund, Betreuer, Pfleger
7 Soergel/Stein, § 1945 Rn 8
8 BayObLG NJW 1958, 260
9 Vgl OLG Hamm NJW 1959, 2215; str

Praxis-Tipp:

Hat das Kind die Erbschaft ausgeschlagen und ist daraufhin nun der gesetzliche Vertreter zur Erbfolge berufen, so ist dieser nicht kraft Gesetzes von der Vertretung des Kindes im Rahmen der Ausschlagung ausgeschlossen, da weder die Voraussetzungen des § 1795 I Nr. 1–3 BGB noch die des über §§ 1629, 1795 BGB anwendbaren § 181 BGB vorliegen. In einem solchen Fall ist dem gesetzlichen Vertreter nach § 1796 I, II BGB die Vertretungsmacht zu entziehen und dem Kind ein Pfleger zu bestellen.

Ehegatten benötigen zur Ausschlagung nicht der Zustimmung des anderen Ehegatten, und zwar ist dies unabhängig vom jeweiligen Güterstand. Die Ausschlagungserklärung kann weder der **Testamentsvollstrecker** noch der **Nachlassverwalter oder -pfleger** für den Erben abgeben. 299

Die Ausschlagungserklärung darf **weder** an **eine Bedingung noch** an **eine Zeitbestimmung** geknüpft werden. 300

Praxis-Tipp:

Erfolgt die Ausschlagung zugunsten eines Dritten, liegt eine unzulässige Bedingung vor.[10] *Anders ist die Rechtslage, wenn der Dritte kraft der gesetzlichen Regelung in § 1953 II BGB Erbe wird. Dann handelt es sich um eine Rechtsbedingung, die unschädlich ist.*

2. Ausschlagungsfrist

Bei der Ausschlagung sind **zeitliche Grenzen** zu beachten: Sie kann bei gesetzlicher Erbfolge frühestens nach Eintritt des Erbfalls und zwar innerhalb einer Frist von 6 Wochen ab Kenntnis des Erben vom Anfall und dem Grund des Anfalls der Erbschaft erklärt werden, §§ 1946, 1944 BGB. Bei einer Verfügung von Todes wegen beginnt die Frist mit der Verkündung des Erblasserwillens durch das Nachlassgericht. Für den Fall, dass der Erbe zur Eröffnung der Verfügung von Todes wegen nicht geladen wurde, beginnt die Ausschlagungsfrist erst dann, wenn der Erbe Kenntnis von der Eröffnung erlangt hat.[11] 301

Innerhalb der Ausschlagungsfrist hat der Erbe die Möglichkeit, den Bestand des Nachlasses zu prüfen, soweit ihm dies ohne Erbschein bzw Nachweis seiner Erbenstellung möglich ist. Aufgrund des Ergebnisses dieser Ermittlungen kann der Erbe, nachdem er sich über die für die Ausschlagung bzw Annahme der Erbschaft maßgebenden Umstände informiert hat, eine Entscheidung treffen. 302

10 BayObLG, Rpfleger 1982, 69
11 BGHZ 112, 229

Praxis-Tipp:

303 *Die Regelung der Ausschlagungsfrist steht im Interesse des Gläubigerschutzes nicht zur Disposition des Erblassers, dh er kann die Frist in seiner letztwilligen Verfügung weder verlängern noch verkürzen oder »durch eine Änderung der ihren Beginn auslösenden Tatsachen herbeiführen«.*[12]

Bei der Beurteilung, ob die Ausschlagungsfrist bereits abgelaufen ist, muss stets berücksichtigt werden, dass diese für die einzelnen Mitglieder einer Erbengemeinschaft unterschiedlich zu laufen beginnen kann. Sie ist daher jeweils für jeden (Mit-)Erben gesondert festzustellen.

Praxis-Tipp:

*An der **Einheitlichkeit der Fristbestimmung** kann es dann fehlen, wenn ein einziger Erbe mehrfach zum Erben berufen ist und die angefallenen Erbteile gesondert ausgeschlagen werden können.*

304 Die Ausschlagungsfrist **beginnt** zu dem Zeitpunkt zu laufen, sobald der Erbe bzw sein gesetzlicher Vertreter Kenntnis erlangt sowohl von der Tatsache des **Anfalls** der Erbschaft als auch vom **Berufungsgrund.** Kenntnis heißt in diesem Zusammenhang, dass der Erbe die in Betracht kommenden Umstände, die für sein Handeln maßgebend sind, zuverlässig erfahren haben muss.[13] Zu beachten ist, dass in diesen Fällen ausschließlich positive Kenntnis verlangt wird; Kennenmüssen reicht nicht aus. Hat der Erbe unverschuldet keine Kenntnis von den Umständen, die zur Ausschlagung berechtigen, so schützt auch das den Erben.

Praxis-Tipp:

Ist der Erbe aufgrund seines körperlichen und/oder geistigen Zustandes nicht mehr in der Lage, Kenntnis vom Erbfall und dem Berufungsgrund zu nehmen, so wird die Ausschlagungsfrist nicht in Gang gesetzt.[14]

305 Im Übrigen beginnt die Ausschlagungsfrist für **geschäftsunfähige und beschränkt geschäftsfähige Erben** mit der Kenntnis des gesetzlichen Vertreters von den maßgebenden Umständen. Der beschränkt geschäftsfähige Erbe bedarf zur Ausschlagung der Einwilligung des gesetzlichen Vertreters, die vorab einzuholen ist, § 111 BGB. In entsprechender Anwendung der Vorschrift des § 166 I BGB ist es für den Lauf der Ausschlagungsfrist bei geschäftsunfähigen bzw beschränkt Geschäftsfähigen entscheidend, wann der gesetzliche Vertreter Kenntnis vom Anfall der Erbschaft und vom Berufungsgrund unterrichtet ist. Wird der Erbe durch mehrere gesetzliche Vertreter in der Wahrnehmung seiner Interessen vertreten, wie zB von den Eltern oder von Vormündern, so kommt nur ein einheitlicher Fristbeginn in Betracht, dh sie läuft

12 Soergel/Stein, § 1944 Rn 2
13 BGH MDR 1968, 477
14 BayObLG NJW 1953, 1431

bereits zu dem Zeitpunkt an, in dem nur eine der vertretungsberechtigten Personen die erforderliche Kenntnis erlangt hat. Dabei handelt es sich um eine Auslegung, welche die Interessen der übrigen Beteiligten am Nachlass stärker berücksichtigt und erscheint im Hinblick darauf, dass eventuelle Verständigungsschwierigkeiten zwischen den Vertretern nicht zu Lasten Dritter gehen soll, als gerechtfertigt.

Die Frist zur Ausschlagung der Erbschaft beginnt auch dann **nicht** zu laufen, **306**
wenn der Erbe wegen Unkenntnis der Umstände und Tatsachen eine irrige rechtliche Beurteilung des Sachverhalts vornimmt. Allerdings wird in einem solchen Fall im Hinblick auf die Berücksichtigungsfähigkeit zu fordern sein, dass sich der Erbe nicht »rechtsblind« stellen darf, sofern die Rechtslage eindeutig und auch für den Laien überschaubar ist,[15] ggf muss er Rechtsrat einholen.

Praxis-Tipp:

*Der **Nacherbe** ist nach § 2142 I BGB berechtigt, bereits bei Eintritt des Erbfalls die Erbschaft auszuschlagen. Er ist nicht erst auf den Eintritt des Nacherbfalls verwiesen. Für den **Ersatzerben** beginnt die Ausschlagungsfrist erst dann zu laufen, wenn er sichere Kenntnis vom Eintritt des Ersatzerbfalls erlangt hat.*

*Für den **pflichtteilsberechtigten Erben**, der durch eine Verfügung von Todes wegen, in seiner Erbenstellung beschwert oder beschränkt wurde, läuft die Frist zur Ausschlagung erst, wenn er auch die Beschwerungen und Beschränkungen kennt, § 2306 I 2, 2. Hs BGB. Die Frist beginnt, sofern der Pflichtteil des pflichtteilsberechtigten Erben durch Vermächtnisse oder durch die Anordnung der Testamentsvollstreckung beschwert und deshalb sein Pflichtteil infolge der Anrechnungspflicht beeinträchtigt wird, erst dann, wenn er sichere Kenntnis davon hat, dass sein Erbteil den nach erfolgter gesetzlicher Anrechnung verbleibenden Pflichtteilsbetrag übersteigt.*[16]

*Erbt ein **nasciturus**, so beginnt für ihn die Ausschlagungsfrist frühestens nach der Vollendung seiner Geburt, da er erst zu diesem Zeitpunkt die Rechtsfähigkeit erlangt. Allerdings besteht Streit darüber, ob es eine Möglichkeit gibt, bereits vorher auszuschlagen, dh vom Erbfall an*[17] *oder ob die Geburt abgewartet werden muss.*[18] *Aufgrund der rechtlichen Gegebenheiten im Zusammenhang mit den Vorwirkungen auch der elterlichen Sorge ist im Interesse der Gläubiger an der Klärung der Nachlassverhältnisse davon auszugehen, dass eine vorgeburtliche Ausschlagung zulässig ist. Zum Schutz des ungeborenen Kindes beginnt die Ausschlagungsfrist aber erst mit seiner Geburt.*

15 MüKo-Leipold, § 1944 Rn 12
16 BayObLGZ 1959, 77; RGZ 113, 45, 47; MüKo-Frank, § 2306 Rn 18; Palandt/Edenhofer, § 2306 Rn 13
17 MüKo-Leipold, § 1923 Rn 19; so auch Peter in Anm zu AG Recklinghausen Rpfleger 1988, 54, 56 f
18 So LG Berlin Rpfleger 1990, 362; AG Recklinghausen Rpfleger 1988, 106

307 **Kennt** der Erbe die den **Anfall der Erbschaft** begründenden Umstände, wie zB Tod, Verwandtschaft oder Wegfall näherer Verwandter, so liegt eine der beiden Voraussetzungen für den Beginn des Fristenlaufs vor. Hat nun ein Erbe die Erbschaft ausgeschlagen und ist dadurch der nachfolgende Erbe zum Erben berufen, dann beginnt die Ausschlagungsfrist im Zeitpunkt der Kenntnisnahme, nicht aber erst dann, wenn das Nachlassgericht den Erben nach § 1953 III BGB darüber informiert.

308 Darüber hinaus muss, damit die Ausschlagungsfrist in Gang gesetzt wird, der Erbe insoweit informiert sein, ob er **kraft gesetzlicher oder gewillkürter Erbfolge** zum Erben berufen ist. Ausreichend, aber auch erforderlich ist bei der gesetzlichen Erbfolge

- die Information über den die Erbfolge begründenden Sachverhalt und
- die Kenntnis des Fehlens einer Verfügung von Todes wegen.

309 Nimmt der gesetzliche Erbe **irrig** an, er sei durch eine letztwillige Verfügung zum Erben berufen worden, so fehlt es an der Kenntnis des Berufungsgrundes. Entsprechendes gilt sowohl für den umgekehrten Sachverhalt als auch für den Fall, dass die dem Erben bekannte Verfügung von Todes wegen unwirksam ist, eine wirksame aber existiert, von der er keine Kenntnis hat.[19]

310 Ist die Verfügung von Todes wegen **rechtsunwirksam,** so beginnt die Ausschlagungsfrist für den gesetzlichen Erben erst dann, wenn er sichere Kenntnis von der Unwirksamkeit des Testaments hat. Spätester Zeitpunkt für den Beginn des Fristenlaufs ist die Rechtskraft des die Unwirksamkeit feststellenden Urteils.

311 Im übrigen kann der Erbe, da es sich sowohl bei der Erklärung der Ausschlagung als auch der Annahme nicht um höchstpersönliche Rechtsgeschäfte handelt, für die Abgabe dieser Willenserklärungen **rechtsgeschäftliche Vertretungsmacht** erteilen. Dies hat auf den Lauf der Ausschlagungsfrist insoweit Auswirkungen, als es auf den Umfang der erteilten Vollmacht und der zugrunde liegenden Aufgaben ankommt. Hat der Vertreter vor Abgabe der Annahme- oder Ausschlagungserklärung zunächst auch den Erbfall als solchen zu ermitteln, so wird die Frist des § 1944 I BGB erst dann in Gang gesetzt, wenn entweder der Vertreter oder der Vertretene Kenntnis vom Erbschaftsanfall und vom Berufungsgrund erlangt hat.

312 Hat der Erblasser den Erben durch eine Verfügung von Todes wegen (Testament, gemeinschaftliches Testament oder Erbvertrag) berufen, so ist es erforderlich, dass neben der Kenntnis vom Anfall der Erbschaft und der vom Berufungsgrund noch die **Verkündung der Verfügung** hinzukommt, § 1944 II 2 BGB. Die Verkündung ist erfolgt, wenn die Verfügung von Todes wegen entsprechend der §§ 2260, 2300 BGB eröffnet wurde, und zwar unabhängig davon, ob der Erblasserwille den Erben zur Kenntnis gebracht wurde oder der betreffende Erbe bei der Eröffnung geladen und anwesend gewesen ist. Entscheidend ist allein, dass der Eröffnungstermin die Möglichkeit der Kenntnisnahme vom Anfall und Berufungsgrund vermittelt.[20]

19 BGH MDR 1968, 477; Staudinger-Otte/Marotzke, § 1944 Rn 13
20 Soergel/Stein, § 1944 Rn 14

Da es nach § 2260 I 2 BGB zulässig ist, von der Ladung der Erben zur Eröffnung der Verfügung von Todes wegen abzusehen, unterbleibt folglich nach § 2260 II 3 BGB auch die Verkündung des Erblasserwillens. Um aber dem Erfordernis des § 1944 II 2 BGB gerecht zu werden und den gesetzlichen Widerspruch aufzulösen, fordert die Rechtsprechung des BGH,[21] dass der Erbe zumindest von der **Eröffnung** Kenntnis erlangt haben muss, damit die Frist zur Ausschlagung anläuft. Allerdings reicht es nicht aus, dass der Erbe anderweitig von dem Eröffnungstermin erfährt; entscheidend ist die Testamentseröffnung. 313

Ist die Verkündung der Verfügung von Todes wegen durch den **Verlust der Verfügung** unmöglich geworden, so bestimmt sich die Ausschlagungsfrist ausschließlich nach § 1944 II 1 BGB, wobei hinzukommen muss, dass der Erbe die näheren Umstände kennen muss, aus denen sich die Unmöglichkeit der Verkündung ergeben. Handelt es sich um ein in Verlust geratenes **notarielles Testament** oder um einen **Erbvertrag** und kann der Inhalt wiederhergestellt werden, beginnt die Frist zur Ausschlagung erst in dem Zeitpunkt, in dem die Verfügung von Todes wegen rekonstruiert ist, selbst wenn der ausschlagungsberechtigte Erbe vom Anfall und dem Berufungsgrund Kenntnis hat. 314

Hatte der Erblasser seinen letzten Wohnsitz **nur** im **Ausland** oder hielt sich der Erbe bei Fristbeginn im Ausland auf, beträgt die Ausschlagungsfrist sechs Monate, § 1944 II BGB. Für den Wohnsitz kommt es darauf an, wo sich »der räumliche Schwerpunkt seiner Lebensverhältnisse befand«.[22] Befindet sich der Erbe zum Zeitpunkt des Todes des Erblassers im Ausland und kehrt er alsbald zurück, so kommt ihm dennoch die verlängerte Frist des Abs 3 zugute. 315

Ist der Erbe (noch) **nicht voll geschäftsfähig** und hat er mehr als einen gesetzlichen Vertreter (wie zB Eltern, Betreuer, Vormünder), so kommt es hinsichtlich des Fristbeginns darauf an, ob sich eine dieser Personen zum Zeitpunkt des Erbfalls im Ausland aufgehalten hat. 316

Für die **Berechnung der Ausschlagungsfrist** gelten die allgemeinen Regeln der §§ 187 I, 188 II und III und 193 BGB. Ebenso finden die Vorschriften zur Hemmung aus tatsächlichen Gründen, wie zB bei höherer Gewalt (§ 203 BGB) und der Ablaufhemmung bei nicht voll Geschäftsfähigen (§ 206 BGB) entsprechende Anwendung. Stirbt der Erbe während des Laufs der Ausschlagungsfrist, so greift § 1952 II BGB ein, wonach die Frist nicht vor dem Ablauf der für die Erbschaft des Erben vorgeschriebenen Ausschlagungsfrist endigt. 317

Ein Fall der höheren Gewalt, mit der Konsequenz einer Fristhemmung, liegt dann vor, wenn die nach §§ 1822 Nr. 2, 1908 i, 1915, 1643 II BGB notwendige vormundschaftsgerichtliche Genehmigung zur Ausschlagung zwar rechtzeitig beantragt, aber verspätet, dh nach Ablauf der Ausschlagungsfrist, erteilt wird. Die Hemmung endet in dem Zeitpunkt des **Zugangs des Genehmigungsbeschlusses** beim gesetzlichen Vertreter. 318

Wird der Erbe **innerhalb** der Ausschlagungsfrist geschäftsfähig oder wechselt der gesetzliche Vertreter, so beginnt die Frist neu zu laufen; allerdings müssen sich sowohl der nun geschäftsfähige Erbe als auch der neue Vertreter die Kenntnis des früheren Vertreters anrechnen lassen, § 206 I BGB. 319

21 BGH FamRZ 1991, 52; ähnlich bereits OLG Karlsruhe in: Rpfleger 1989, 62
22 Soergel/Stein, § 1944 Rn 4

320 Hinsichtlich der **Beweislastverteilung** gilt:

- Der Erbe hat zu beweisen, dass die Ausschlagungsfrist noch nicht abgelaufen ist, weil zB die Voraussetzungen des § 1944 III BGB vorgelegen haben oder weil er sich in einem den Fristenlauf ausschließenden Irrtum befunden hat. Entsprechendes gilt auch für die Hemmung der Frist. Im Übrigen muss, da es sich um einen Ausnahmetatbestand handelt, der Erbe das Vorliegen der Voraussetzungen des Abs. 3 darlegen und beweisen.
- Wer Rechtsfolgen aus dem Ablauf der Ausschlagungsfrist geltend machen will, muss zum einen beweisen, dass die Frist tatsächlich abgelaufen ist und keine Gründe vorliegen, die den Ablauf der Frist hindern oder hemmen und zum anderen den Nachweis erbringen, dass der Erbe Kenntnis vom Anfall und Berufungsgrund hatte.[23]

321 Der Erblasser ist ebenso wenig wie das Nachlassgericht befugt, die Ausschlagungsfrist zu verkürzen oder gar zu verlängern. Die Regelung des § 1944 BGB steht **nicht zur Disposition,** weshalb eine Änderung der gesetzlichen Bestimmungen durch Verfügungen privatrechtlicher Art nicht möglich ist.[24]

322 Nach Ablauf der Ausschlagungsfrist **gilt** die Erbschaft **als angenommen.** Eine Ausschlagung ist dann nicht mehr möglich.

Praxis-Tipp:

Hat der Erbe die Erbschaft angenommen, kann er sie nicht mehr ausschlagen, auch wenn die Ausschlagungsfrist noch nicht abgelaufen ist. Ihm bleibt, sofern die Voraussetzungen einer Anfechtung vorliegen, nur dieser Weg, um die Folgen einer vorschnellen Ausschlagung bzw Annahme zu beseitigen. Insoweit sind die allgemeinen Vorschriften der §§ 119 ff BGB anwendbar. Schließlich kann nach § 1956 BGB auch das Versäumen der Ausschlagungsfrist angefochten werden, um die Wirkung der Erbschaftsannahme zu beseitigen.

3. Inhalt der Ausschlagungserklärung

323 Der Erbe muss in der Ausschlagungserklärung zu verstehen geben, dass er die Erbschaft nicht annehmen will, dass er die Erbenstellung ablehnt. Dabei ist es unerheblich, ob der Begriff »Ausschlagung« verwendet wird. Nach den allgemeinen Auslegungsgrundsätzen ist zu ermitteln, welche Bedeutung der Erklärung zukommt. Auf den wirklichen Willen des Ausschlagenden kommt es nicht an. Unklare und/ oder widersprüchliche Aussagen können den Anfall der Erbschaft, mithin die Wirkungen des § 1953 BGB nicht verhindern.

---

23 OLG Düsseldorf MDR 1978, 142 f; Palandt/Edenhofer, § 1944 Rn 11, Anm 5; MüKo-Leipold, § 1944 Rn 26; Staudinger-Otte/Marotzke, § 1944 Rn 29

24 Näher hierzu vgl Soergel/Stein, § 1944 Rn 19

Checkliste für eine Ausschlagungserklärung:

1. Ist eine Ausschlagung tatsächlich gewollt? 324
   ➢ §§ 2305 bis 2307 BGB sind zu beachten!
2. Angaben:
   ➢ Zur Person des Erblassers, einschließlich Todestag und Ort des Todes
   ➢ Zum Berufungsgrund
   ➢ Zum Zeitpunkt der Kenntniserlangung von Anfall und Berufungsgrund
3. Soll die Erbschaft auch für die Kinder des Ausschlagenden ausgeschlagen werden (§ 1643 II 2 BGB)?
   ➢ Erfolgt der Anfall an das Kind erst infolge der Ausschlagung durch den Elternteil?
   Wenn ja: Eltern können das Kind ohne vormundschaftsgerichtliche Genehmigung vertreten
   ➢ In allen übrigen Fällen besteht Genehmigungspflicht
4. Ausschlagungserklärung gegenüber dem zuständigen Nachlassgericht
5. Form: Unterschriftsbeglaubigung, § 1945 BGB
6. Frist beachten!
   ➢ 6 Wochen im Inland, 6 Monate bei Wohnsitz des Erblassers/Aufenthalt des Erben im Ausland, § 1944 BGB
   Maßgebender Zeitpunkt: Zugang der Ausschlagungserklärung beim Nachlassgericht, § 130 BGB

Musterformulierung für eine Ausschlagungserklärung:

Karin Mayer 325
Mühlstraße 27
Köln
23. 9. 1998

Amtsgericht Köln
– Nachlassgericht –

PLZ, Köln

Nachlass des am 22. 8. 1998 in Köln verstorbenen Erblassers Gustav Mayer

Am 22. 8. 1998 ist der Erblasser Gustav Mayer, zuletzt wohnhaft in Köln, Mühlstraße 27, verstorben. Ob er eine Verfügung von Todes wegen hinterlassen hat, ist mir nicht bekannt.

Ich komme als Witwe zu 1/2 und meine beiden minderjährigen Kinder
Sandra, geb am 30. 7. 1990 und
Georg, geb am 1. 1. 1994
als gesetzliche Erben in Betracht.

Der Nachlass ist überschuldet.

Tschichoflos

Ich schlage die Erbschaft nach meinem Mann Gustav Mayer für mich selbst und gleichzeitig als alleinige elterliche Sorgerechtsinhaberin meiner beiden minderjährigen Kinder aus allen möglichen Berufungsgründen und ohne jede Bedingung aus.

Die vormundschaftsgerichtliche Genehmigung vom 20. 9. 1998 ist beigefügt.

Köln, 23. 9. 1998

Karin Mayer
(notarielle Unterschriftsbeglaubigung)

4. Ausschlagender und Erklärungsempfänger

a. Ausschlagender

326 Zur Abgabe einer wirksamen Ausschlagungserklärung ist die **Geschäftsfähigkeit** des Erklärenden erforderlich. Ein beschränkt Geschäftsfähiger kann nur mit Einwilligung des gesetzlichen Vertreters ausschlagen, da diese Erklärung für ihn nicht lediglich rechtlich vorteilhaft iSd § 107 BGB ist. Wegen der Vorschrift des § 111 BGB scheidet eine Genehmigung, dh eine nachträgliche Zustimmung des gesetzlichen Vertreters, aus. Es besteht aber, wie bei den Geschäftsunfähigen, die Möglichkeit, diese zunächst unwirksame Willenserklärung in eine wirksame eigene Willenserklärung des Vertreters umzudeuten, womit er für den beschränkt Geschäftsfähigen ausschlägt.

Praxis-Tipp:

*Bei einer **Personenmehrheit** auf der Seite des gesetzlichen Vertreters, wie zB bei Eltern oder Vormündern, muss jeder von ihnen die Erbschaft ausschlagen, damit der Anfall des Nachlasses beseitigt wird. Eine nur formlose Zustimmungserklärung kann die vor dem Nachlassgericht abzugebende Willenserklärung nicht ersetzen.*

327 Wird der **gesetzliche Vertreter** seinerseits **geschäftsunfähig,** so beeinträchtigt dieser Umstand gemäß § 130 II BGB die Wirksamkeit seiner Ausschlagungserklärung für den Geschäftsunfähigen nicht, auch wenn seine Geschäftsunfähigkeit nach Abgabe der Willenserklärung und vor dem Zugang beim Erklärungsempfänger (Nachlassgericht) eingetreten ist.

328 Für die Wirksamkeit der Abgabe der Ausschlagungserklärung des gesetzlichen Vertreters für ein als Erbe bzw Vermächtnisnehmer eingesetztes Kind kommt es nicht darauf an, ob der Erblasser in seiner Verfügung von Todes wegen einen oder beide Elternteile von der **Nachlassverwaltung** nach § 1638 BGB **ausgeschlossen** hat.

329 Die **amtlich bestellten gesetzlichen Vertreter** wie Vormund, Betreuer und Pfleger bedürfen zur wirksamen Abgabe der Ausschlagungserklärung stets der vormundschaftsgerichtlichen Genehmigung (§§ 1822 Nr. 2, 1908 i, 1915 BGB).

Auch die **Eltern** bedürfen grundsätzlich zur Ausschlagung der Erbschaft für ihr Kind nach § 1643 II 1 BGB der vormundschaftsgerichtlichen Genehmigung. Diese ist dann nicht erforderlich, wenn das Kind erst dadurch zum Erben berufen ist, weil ein Elternteil die ihm angefallene Erbschaft ausgeschlagen hat. Der Grund für diese Ausnahmeregelung ist idR in der Vermutung der Unwirtschaftlichkeit zu sehen;[25] denn die Überlegungen des Elternteils, die Erbschaft auszuschlagen, weil der Nachlass zB überschuldet ist oder mit Auflagen versehen ist, die der Erbe nicht erbringen kann oder will, sind dann auch für das von ihm gesetzlich vertretene Kind von Bedeutung. Schlägt der Elternteil aber nur deshalb die Erbschaft aus, um das Kind in den Genuss des Nachlasses zu bringen, bedarf es der vormundschaftgerichtlichen Genehmigung. 330

Die Genehmigung der Ausschlagung durch das Vormundschaftsgericht muss **dem Nachlassgericht vorgelegt** werden. Sie kann auch nachgereicht werden.[26] Darüber hinaus ist auch der Nachweis der Bekanntmachung dieser Genehmigung an den gesetzlichen Vertreter nach § 1828 BGB, die Wirksamkeitserfordernis ist, zu erbringen. 331

Der gesetzliche Vertreter ist nicht daran gehindert, den Vertretenen bei der Abgabe der Ausschlagungserklärung **zu vertreten,** wenn er durch die Ausschlagung des Vertretenen zum Erben wird, da die Voraussetzungen der §§ 181 und 1795 I Nr. 1–3 BGB nicht vorliegen. 332

Praxis-Tipp:

*In aller Regel ist dem gesetzlichen Vertreter bei Vorliegen einer derartigen Konstellation wegen der nicht unerheblichen Gefahr der Interessenkollision und des Missbrauchs der Vertretungsmacht diese zu entziehen und dem Vertretenen ein Pfleger nach § 1909 BGB zu bestellen. Erforderlich ist zur **Entziehung der Vertretungsmacht,** dass der gesetzliche Vertreter erkennbar eigennützig handelt.*[27]

Testamentsvollstrecker, Nachlasspfleger und -verwalter sind nicht berechtigt, die Erbschaft **anstelle der Erben** auszuschlagen. 333

Die **Ehegatten** bedürfen, unabhängig in welchem Güterstand sie leben, nicht der Zustimmung des anderen, wenn sie die Erbschaft ausschlagen. 334

In gleicher Weise ist es Ausdruck des Persönlichkeitsrechts, wenn der **Gemeinschuldner** frei entscheiden kann, ob er einen ihm vor Eröffnung des Insolvenzverfahrens angefallenen Nachlass annimmt oder ausschlägt; er bedarf daher nicht der Zustimmung des Insolvenzverwalters (§ 83 InsO).[28] 335

25 Soergel/Stein, § 1945 Fn 18
26 RGZ 118, 145, 147; BayObLG FamRZ 1983, 834; der BGH hat diese Frage bislang offengelassen
27 Erman/Schlüter, § 1945 Rn 3
28 Gottwald/Riedel, Teil 6/3.2.2 S 4

336 Aus § 1945 III BGB ergibt sich, dass sich der Erbe bei der Abgabe der Ausschlagungserklärung durch einen **rechtsgeschäftlich bestellten Bevollmächtigten** vertreten lassen kann. Für die Vollmacht schreibt das Gesetz aber die **öffentliche Beglaubigung** vor. Zur wirksamen Stellvertretung ist es notwendig, dass die Vollmacht der Ausschlagungserklärung beigefügt oder innerhalb der Ausschlagungsfrist nachgereicht werden muss. Dieser gesetzlich vorgeschriebenen Form entspricht auch die Vorlage einer notariell beurkundeten Generalvollmacht. Eine formlose Genehmigung des Handelns des Vertreters durch den Vollmachtgeber genügt zur Formwahrung nicht. Aufgrund der Vorschriften im BeurkG ist es dem Nachlassgericht nicht möglich, die öffentliche Beglaubigung bzw. Beurkundung der Vollmacht vorzunehmen.

337 Unter Anwendung der allgemeinen Beweislastregeln hat der für die Ausschlagung Beweispflichtige auch den **Nachweis** dafür zu erbringen, dass die Vollmacht erteilt wurde.

b. Erklärungsempfänger

338 Die Ausschlagungserklärung des Erben kann nur **gegenüber dem Nachlassgericht** abgegeben werden, § 1945 I BGB. Etwas anderes gilt nach § 2180 II BGB für den Vermächtnisnehmer; er hat die Erklärung gegenüber dem Beschwerten abzugeben. Zuständig ist das bei den Amtsgerichten angesiedelte Nachlassgericht, § 72 FGG, in Baden-Württemberg wird die Tätigkeit des Nachlassgerichts aufgrund des landesrechtlichen Vorbehalts durch Notare ausgeübt (vgl § 38 LFGG BW). Zur örtlichen Zuständigkeit s. Rn 287 und 292 ff.

5. Umfang der Ausschlagung

339 Nach der zwingenden Vorschrift des § 1950 BGB kann die Ausschlagung nicht auf einen Teil der Erbschaft beschränkt werden. Die Erbschaft kann **nur einheitlich** ausgeschlagen oder angenommen werden. Dies gilt nicht nur für den Alleinerben, sondern auch für die einzelnen Mitglieder einer Erbengemeinschaft hinsichtlich ihres Erbteils. Eine entsprechende Regelung ist auch auf den Testamentserben anzuwenden, der nicht zum Kreis der gesetzlichen Erben gehört. Die Beschränkung der Ausschlagung auf einen ideellen oder realen Bruchteil der Erbschaft oder auf einen einzelnen Nachlassgegenstand, wie zB einen im Wege der Sonderrechtsnachfolge erworbener Gesellschaftsanteil,[29] ist nicht möglich, eine Teilausschlagung ist also unwirksam.

Von diesem Grundsatz macht das Gesetz verschiedene **Ausnahmen:**

340 ➢ Ist der gesetzliche Erbe durch eine Verfügung von Todes wegen zum Erben eingesetzt worden, so kann er die Erbschaft als eingesetzter Erbe ausschlagen und als gesetzlicher Erbe annehmen, **§ 1948 I BGB.** Voraussetzung für die Anwendung dieser Vorschrift ist es, dass es sich bei dem durch Verfügung von Todes wegen berufenen Erben ohne dieser Verfügung um einen

29 MüKo-Leipold, § 1950 Rn 10

gesetzlichen Erben handelt. Die Ausschlagungsfrist beginnt auch in diesem Fall mit der Kenntnis des Anfalls und des Berufungsgrundes. Aus dem Wortlaut des Abs 1 des § 1948 BGB ist zu entnehmen, dass der Erbe nicht in der Lage ist, seine gesetzliche Erbenstellung auszuschlagen.

➢ Ist der Erbe sowohl durch Testament als auch durch Erbvertrag als Erbe berufen, kann er die Erbschaft aus dem einen Grund annehmen und aus dem anderen ausschlagen, § **1948 II BGB.** **341**

Praxis-Tipp:

Da sich die Ausschlagungserklärung nach § 1949 II BGB im Zweifel auf alle Berufungsgründe erstreckt, die dem Erben zur Zeit der Erklärung bekannt sind, muss die Beschränkung in den Fällen des § 1948 BGB deutlich gemacht werden.

§ 2289 I 1 BGB stellt zwar klar, dass die ältere Erbeinsetzung durch Testament nicht durch die in einem Erbvertrag enthaltene jüngere Berufung derselben Person aufgehoben wird. Allerdings entfallen testamentarisch angeordnete Beschwerungen, soweit sie nicht auch im Erbvertrag enthalten sind. Etwas anderes gilt dann, wenn sie nur im Erbvertrag angeordnet wurden; dann bleiben sie idR bestehen, vgl § 2161 BGB.

➢ Sind dem Erben **mehrere Erbteile aus demselben Berufungsgrund** angefallen, so gilt nach § 1951 II 1 BGB die Ausschlagung eines Erbteils für alle Erbteile, selbst wenn die anderen Erbteile erst später angefallen sind. Zu einer Mehrfachberufung kann es dann kommen, wenn **342**
- der gesetzliche Erbe infolge Ehe und Verwandtschaft oder mehrfacher Verwandtschaft mehrfach am Nachlass teilhat (§§ 1927, 1934 BGB)
- der gewillkürte Erbe ausnahmsweise auch als gesetzlicher Erbe am Nachlass partizipiert (§ 2088 BGB) oder
- der Erblasser dem Erben in einer oder mehreren Verfügungen von Todes wegen verschiedene, zu addierende Erbteile zugewendet hat.[30]

Beispiel:

Der Erbe wird durch mehrere Erbverträge, die zwischen denselben Personen geschlossen wurden oder durch verschiedene Testamente zu unterschiedlichen Erbteilen berufen.

30 Soergel/Stein, § 1951 Rn 2

Praxis-Tipp:

*Nach § 1951 III BGB ist eine **Teilausschlagung** trotz der Einheitlichkeit des Erwerbsgrundes möglich, wenn dies der Erblasser in seiner Verfügung von Todes wegen so angeordnet hat. Davon ist dann auszugehen, wenn der Erbe sowohl als Erbe als auch als Nacherbe eingesetzt ist.[31] Zu beachten ist, dass diese Regelung nur insoweit eingreift, als nicht bereits Abs 1 Anwendung findet. Unter Durchbrechung des Grundsatzes der Unteilbarkeit des Erbteils kann der Erbe aufgrund der Gestattung des Erblassers seine Erbschaft in mehrere Erbteile zerlegen, um den einen Teil anzunehmen und den anderen auszuschlagen. Dieses ist nur deshalb möglich, weil auf die Verschiedenheit des Berufungsgrundes verzichtet wird.*

343 ➢ Sind dem Erben **aus verschiedenen Gründen mehrere Erbteile** angefallen, so kann er den einen Erbteil annehmen und den anderen ausschlagen, § 1951 I BGB. Die Verschiedenheit der Berufungsgründe liegt bei einer Mehrheit der Erbteile dann vor, wenn
- der Erbe sowohl aufgrund einer Verfügung von Todes wegen als auch aufgrund Gesetzes erbt;
- ein Erbteil kraft Testament, der andere durch Erbvertrag zugewendet wurde;
- ein Erbe mehrfacher gesetzlicher Erbe ist oder
- ein Erbe mehrere Erbteile aus Erbverträgen, die der Erblasser mit verschiedenen Personen geschlossen hat, erhält.

344 Liegt keiner der og Gründe vor, die zur Teilausschlagung berechtigen, dann ist eine dennoch erklärte **Teilausschlagung oder -annahme** hinsichtlich der gesamten Erklärung unwirksam. Sie kann auch nicht in eine Ausschlagung bzw Annahme in vollem Umfang umgedeutet werden. Behält sich der Erbe den Pflichtteil vor, schlägt aber die Erbschaft aus, so sieht die hL[32] darin eine unzulässige Teilausschlagung, sofern nicht ein Fall des § 1371 BGB oder § 2306 I 2 BGB vorliegt.

345 § 1371 III BGB enthält eine für die **Zugewinngemeinschaft,** im Hinblick auf die erbrechtliche Regelung, wonach die Ausschlagung der Erbschaft zu einem Verlust auch des Pflichtteilsrechts führt, abweichende Rechtsgrundlage. Nach dieser Vorschrift kann der Ehegatte, der die ihm zugedachte Erbschaft nicht annehmen möchte, neben dem Zugewinnausgleich auch den Pflichtteil beanspruchen.

Praxis-Tipp:

Bei dem nach § 1371 I BGB erhöhten gesetzlichen Erbteil handelt es sich um einen einheitlichen Erbteil.[33] Daher kann der ausschlagende Ehegatte nicht nur das Zugewinnausgleichsviertel oder nur den gesetzlichen Erbteil nach § 1931 I BGB ausschlagen. § 1950 BGB ist weder unmittelbar noch analog anwendbar.

31 So zutreffend Palandt/Edenhofer, § 1951 Rn 5, Anm 5
32 RGZ 93, 3; Staudinger-Otte/Marotzke, § 1950 Rn 3; RGRK/Johannsen, § 1950 Rn 1; aA: OLG Hamm MDR 1981, 1017
33 KG NJW-RR 1991, 330; Palandt/Edenhofer, § 1950 Rn 2 Anm 2

Tschichoflos

Lediglich in den Fällen, in denen die Ausschlagungserklärung innerhalb der Ausschlagungsfrist des § 1944 BGB **nachgeholt** wird, kann die zunächst fingierte Annahme beseitigt werden. Versäumt der Ausschlagende die Frist, gilt die Erbschaft gemäß § 1943 BGB als angenommen. 346

6. Rechtsfolgen der Ausschlagung/Wirkung

Mit dem Wirksamwerden der Ausschlagungserklärung wird vom Gesetz **fingiert,** dass die **Erbschaft** dem Erben **nie angefallen** sei, §§ 1953 I, 1942 BGB. Der Ausschlagende verliert rückwirkend die durch den Erbfall eingetretene vorläufige Rechtsstellung. Das hat zur Folge, dass die Erbschaft mit rückwirkender Kraft vom Zeitpunkt des Erbfalls an dem Nächstberufenen zufällt, § 1953 II BGB. Dieser tritt im Wege der Gesamtrechtsnachfolge unmittelbar in die Rechtsposition des Erblassers ein. In diesem Zusammenhang ist lediglich entscheidend, dass der nachrückende Erbe den Erbfall, nicht aber die Ausschlagung erlebt hat. Stirbt er vor der Ausschlagungserklärung, so übt nun sein Erbe das Ausschlagungsrecht aus. 347

Als **nächstberufener Erbe** iSd § 1953 II BGB kommt zunächst der Ersatzerbe in Betracht. Ist kein Ersatzerbe benannt, erfolgt eine Anwachsung bei den Erbteilen der übrigen Miterben. Schlägt ein gesetzlicher Erbe aus, rücken, sofern nicht eine Erhöhung von Erbteilen erfolgt, die nach gesetzlicher Erbfolge berufenen Eintrittsberechtigten derselben Ordnung nach. 348

Nächstberufene sind 349

- bei der Einsetzung eines Alleinerben die Ersatzerben oder, sofern solche nicht vorhanden sind, die gesetzlichen Erben;
- bei gewillkürter Erbfolge und dem Umstand, dass von mehreren Miterben einige ausschlagen, die übrigen Miterben; insoweit findet Anwachsung nach § 2094 BGB statt;
- bei gesetzlicher Erbfolge die erbberechtigten Abkömmlinge des Ausschlagenden; fehlen diese, dann erhöht sich der Erbteil der übrigen Erben der gleichen Ordnung entsprechend, §§ 1924 ff, 1935 BGB;
- bei der Ausschlagung der Nacherbschaft durch den Nacherben der Vorerbe, da sein Vorerbrecht zum Vollerbrecht erstarkt, sofern der Erblasser keine abweichende Regelung in Form einer Ersatznacherbeinsetzung getroffen hat.

Schlagen alle Ersatzerben die Erbschaft gemäß § 1952 I BGB aus ererbtem Ausschlagungsrecht aus, erbt derjenige, der in dem Fall berufen wäre, wenn der Erbe den Erbfall nicht erlebt hätte.[34] Dh es ist demnach zu ermitteln, wer Rechtsnachfolger dieses Erben geworden wäre. 350

34 BayObLG NJW 1953, 1431; Soergel/Stein, § 1953 Rn 1

Praxis-Tipp:

*Hinsichtlich der **Rechtsstellung des Ausschlagenden** ist Folgendes zu beachten:*

- *Er ist nicht Gesamtrechtsnachfolger des Erblassers geworden;*
- *Es steht ihm das Aktivvermögen des Erblassers nicht zu;*
- *Er haftet nicht für die Nachlassverbindlichkeiten;*
- *Die Rechtsbeziehungen zwischen ihm und dem Erblasser sind nicht durch Konfusion oder Konsolidation erloschen;*
- *Er erwirbt durch die Ausschlagung grundsätzlich kein Pflichtteilsrecht, § 2303 BGB (Ausnahmen: § 1371 III BGB und § 2306 I 2, II BGB);*
- *Er ist im Verhältnis zu Dritten im Rahmen von Verfügungen Nichtberechtigter, soweit nicht § 1959 II, III BGB Anwendung findet; allerdings besteht nach §§ 2366, 2367, 932 ff, 892 BGB die Möglichkeit des gutgläubigen Erwerbs.*

351 Der für den Ausschlagenden eintretende Erbe wird **zunächst nur vorläufiger Erbe,** da auch er berechtigt ist, die Erbschaft nach §§ 1942 ff BGB auszuschlagen. Die Ausschlagungsfrist beginnt für ihn im Zeitpunkt der Ausschlagung durch den Erstberufenen. Wird die Erbschaft nicht fristgerecht ausgeschlagen, gilt sie als angenommen. Der Erbschaftserwerb ist dann endgültig.

352 Bis der neue Erbe feststeht, muss das Nachlassgericht den Nachlass sichern und ggf einen **Nachlasspfleger bestellen,** §§ 1960 ff BGB.

353 Im **Zwischenstadium,** bis die Erbschaft endgültig angenommen ist, besteht zunächst für den vorläufigen Erben grundsätzlich keine Verpflichtung, den Nachlass zu verwalten und für seine Erhaltung zu sorgen. In einem eingeschränkten Umfang ist der Erbe bis zur Ausschlagung bzw bis zum Ablauf der Ausschlagungsfrist nach dem Gesetz berechtigt, einzelne Verfügungen vorzunehmen (§ 1959 II, III BGB). Dem wahren Erben gegenüber hat er nach § 1959 I BGB die Stellung eines Geschäftsführers ohne Auftrag. Im Rahmen dieser Stellung haftet er dem endgültigen Erben entsprechend den Vorschriften der §§ 677 ff BGB für die erbschaftlichen Geschäfte. Von diesem eingeschränkten Tätigkeitsbereich sind alle tatsächlichen und rechtsgeschäftlichen Handlungen erfasst, die sich auf den Nachlass beziehen oder mit dem Tod des Erblassers im Zusammenhang stehen. In Betracht kommen hierbei **folgende Geschäfte:**

- Abwicklung der vom Erblasser zu seinen Lebzeiten geschlossenen Verträge;
- Fortführung des ererbten Unternehmens;
- Fortführung des Haushalts des Erblassers;
- Veräußerung von Nachlassgegenständen zur Begleichung von Verbindlichkeiten;
- Abschluss von Verträgen zur Erhaltung oder/und Verwaltung des Nachlasses;

- Vertragsabschlüsse zur Durchführung der Beerdigung des Erblassers;
- Aufwendung eigener finanzieller Mittel und eigener Arbeitskraft;
- Führen eines Prozesses wegen eines zum Nachlass gehörenden Anspruchs.

Gerade im Hinblick auf die Führung erbschaftlicher Geschäfte und der Führung von Prozessen ist sehr sorgfältig zu prüfen, ob in diesem Verhalten eine **konkludente Annahme** der Erbschaft zu sehen ist mit der Konsequenz, dass dann die Anwendung des § 1959 BGB ausgeschlossen ist. 354

Im Verhältnis zu den Nachlassgläubigern haftet der ausschlagungsberechtigte Erbe, sofern er die Ausschlagungserklärung bereits abgegeben hat, nicht als vorläufiger Erbe. 355

Grundsätzlich handelt es sich bei **Verfügungen des vorläufigen Erben** um Verfügungen eines Nichtberechtigten. Von diesem Grundsatz macht nun § 1959 II BGB eine Ausnahme, sofern es sich um eine unaufschiebbare Angelegenheit handelt, die **ohne Nachteile für den Nachlass** auch **nicht aufschiebbar** gewesen sind. In einem solchen Fall verfügt der ausschlagungsberechtigte Erbe als Berechtigter mit der Folge, dass die Verfügungen auch gegenüber dem wahren und endgültigen Erben wirksam sind. Auf die Möglichkeit eines gutgläubigen Erwerbs nach den allgemeinen Vorschriften der §§ 932 ff, 892 BGB kommt es insoweit nicht an. 356

Als Nachteil für den Nachlass ist nicht jede geringfügige oder vorübergehende Minderung des Wertes maßgebend, zumal in diesem Zusammenhang auch das Affektionsinteresse berücksichtigt werden kann.[35] Die Annahme eines an den Erben auf Erfüllung einer Verbindlichkeit gerichteten Angebots ist immer dann **dringlich,** wenn andernfalls Annahmeverzug eintreten würde[36] oder wenn Gefahr besteht, dass beim Schuldner Leistungsunvermögen eintritt.[37] Im Streitfall hat derjenige, der aus der Verfügung mit dem vorläufigen Erben begünstigt ist, die Dringlichkeit der Handlung durch den vorläufigen Erben zu beweisen.[38] Im übrigen steht es dem endgültigen Erben frei, sofern die Voraussetzungen des § 1959 II BGB nicht vorliegen, die Verfügungen, die er vorläufige Erbe getätigt hat, zu **genehmigen** und ihnen damit zur Wirksamkeit zu verhelfen, § 185 BGB. 357

Leistet ein Schuldner an den vorläufigen Erben, dh wird eine Nachlassforderung erfüllt, so findet keine **dingliche Surrogation** statt, sondern es gelangt der endgültige Erbe nach § 1959 I iVm §§ 681, 667 BGB an den Leistungsgegenstand. 358

Einseitige empfangsbedürftige Rechtsgeschäfte Dritter, die dem vorläufigen Erben gegenüber vorgenommen werden, bleiben, unabhängig von einer eventuell gegebenen Dringlichkeit, auch dem wahren Erben gegenüber wirksam, § 1959 III BGB. In Betracht kommen folgende einseitigen Rechtsgeschäfte: 359

35 So Lüke, JuS 1978, 254, 255
36 Staudinger-Otte/Marotzke, § 1959 Rn 11
37 Soergel/Stein, § 1959 Rn 10
38 RGRK/Johannsen, § 1959 Rn 15

- Kündigung;
- Rücktritt;
- Anfechtung;
- Ausübung des Vorkaufsrechts;
- Annahme eines Vertragsangebots, welches noch der Erblasser abgegeben hatte;
- Genehmigung;
- Mahnung, die allerdings bis zur Annahme der Erbschaft keine verzugsbegründende Wirkung aufweist sowie das
- Angebot der Leistung, um den Annahmeverzug herbeizuführen.

360 Im Stadium zwischen Anfall und endgültiger Annahme bzw Ausschlagung der Erbschaft können Nachlassverbindlichkeiten, die sich gegen den Nachlass richten, gegen den vorläufigen Erben **nicht gerichtlich** geltend gemacht werden, § 1958 BGB.

Praxis-Tipp:

Der Kläger, der die Nachlassverbindlichkeit geltend macht, muss daher behaupten und im Falle des Bestreitens auch beweisen, der vorläufige Erbe habe die Erbschaft bereits angenommen oder die Ausschlagungsfrist sei abgelaufen; der »vorläufige Erbe« sei daher passivlegitimiert. Fehlt es hieran, kann auch kein Versäumnisurteil ergehen. Der Kläger ist beweispflichtig, wenn der vorläufige Erbe die Annahme der Erbschaft bestreitet.

361 Nach § 1958 BGB ist der vorläufige Erbe nicht berechtigt, Passivprozesse zu führen.[39]

362 Die Nachlassgläubiger sind aber berechtigt, ihre Ansprüche gegenüber dem vorläufigen Erben durch eine Gestaltungserklärung wie Kündigung, Rücktritt, Anfechtung oder Aufrechnung des Nachlassgläubiger gegen eine Nachlassforderung **außergerichtlich geltend** zu machen. In gleicher Weise wirksam ist eine dem Erben gegenüber ausgesprochene Mahnung eines noch nicht im Verzug befundenen Erblassers. Zu beachten ist aber, dass der Erbe solange nicht in Verzug gerät, solange er die Erbschaft noch nicht angenommen hat.[40] Er gerät auch nach der Annahme der Erbschaft nicht in Verzug, wenn er die Verspätung der Leistungserbringung nicht zu vertreten hat.

363 Dagegen ist den Nachlassgläubigern sowohl die gerichtliche als auch die außergerichtliche **Rechtsverfolgung gegen** den **Testamentsvollstrecker,** den **Nachlassverwalter** und den **Nachlasspfleger** vollumfänglich möglich, aller-

39 Str so Palandt/Edenhofer, § 1958 Rn 1 Anm 1; MüKo-Leipold, § 1958 Rn 10, 11; Erman/Schlüter, § 1958 Rn 11; aA: RGZ 60, 179, 181; Brox, Rn 306

40 RGZ 79, 201, 202 f; Palandt/Edenhofer, § 1958 Rn 4 Anm 3; MüKo-Leipold, § 1958 Rn 18; Brox, Rn 309

dings mit der Einschränkung, dass dies nur soweit möglich ist, als deren Rechte reichen.

Praxis-Tipp:

Bei der Ausschlagung richtet sich der Geschäftswert nach dem Reinwert der Erbschaft, §§ 38 III, 112 II KostO. Nach §§ 38 III, 112 III KostO fällt für die Beurkundung oder den Entwurf einer Ausschlagungserklärung eine 1/4 Gebühr an; schlagen mehrere nacheinander Berufene (Mutter und Kinder) aus, bleibt es bei einer Gebühr. Ist der Nachlass überschuldet, so ist nur eine Mindestgebühr gemäß § 33 KostO, die derzeit 10,23 € beträgt, zu entrichten. 364

7. Rechtsstellung des vorläufigen Erben

Bis zur Annahme bzw Ausschlagung der Erbschaft ist die Rechtsstellung des Erben eine **vorläufige.** Er ist aus dieser Rechtsstellung heraus aber verpflichtet, für den Nachlass zu sorgen, dh Rechtsgeschäfte und tatsächliche Handlungen vorzunehmen sowie Prozesse zu führen. Sobald der Erbe Rechte aus dem Nachlass gerichtlich geltend macht, ist darin die Annahme der Erbschaft zu sehen, sofern es sich hierbei nicht um eine unaufschiebbare Angelegenheit handelt. 365

a. Verpflichtungsgeschäfte

Hat der vorläufige Erbe vor der Ausschlagung schuldrechtliche Rechtsgeschäfte getätigt, so **haftet** er, sofern er mit dem Gläubiger keine Haftungsbeschränkung auf den Nachlass vereinbart hat, für deren Erfüllung **mit seinem Privatvermögen.** Eine Beschränkung der Haftung auf den Nachlass kommt nur dann in Betracht, wenn der vorläufige Erbe, für den Gläubiger erkennbar, ausschließlich für den Nachlass gehandelt hat. 366

Im Verhältnis zum endgültigen Erben haftet der vorläufige Erbe nach den Vorschriften der §§ 1959, 677 ff BGB. Darüber hinaus hat er aber gegen den wahren Erben einen **Anspruch** nach § 670 BGB **auf Ersatz der** von ihm im Rahmen seiner Geschäftsführung zugunsten des Nachlasses gemachten **Aufwendungen.** 367

Nimmt der vorläufige Erbe dann die Erbschaft an, so gelten die von ihm in der Schwebezeit getätigten Geschäfte als **seine eigenen.** 368

b. Verfügungsgeschäfte

Verfügungen des vorläufigen Erben über einen Nachlassgegenstand sind wirksam und gelten **als von einem Berechtigten** vorgenommen, wenn 369

- in der Verfügung die Annahme der Erbschaft gesehen werden kann;
- der vorläufige Erbe die Erbschaft annimmt oder

➢ der vorläufige Erbe später die Erbschaft ausschlägt, die Verfügung aber dringlich war, § 1959 II BGB.

370 Ist die Verfügung nicht dringlich, so ist der vorläufige Erbe zu ihrer Vornahme nicht berechtigt. Er handelt **als Nichtberechtigter** mit der Folge, dass die Verfügung wirksam ist, wenn der endgültige Erbe diese Verfügungen nach § 185 BGB genehmigt oder die Voraussetzungen des gutgläubigen Erwerbs nach § 932 BGB vorliegen. Da die Sache dem endgültigen Erben nicht abhanden gekommen ist, kann der gutgläubige Erwerb nicht nach § 935 BGB ausgeschlossen sein.

c. Einseitige Rechtsgeschäfte gegenüber dem vorläufigen Erben

371 Noch bevor die Erbschaft angenommen ist, kann der Dritte einseitige Erklärungen (Anfechtung, Rücktritt, Kündigung, Mahnung ua)[41] gegenüber dem vorläufigen Erben abgeben, die nach § 1959 III BGB auch nach der Ausschlagung wirksam sind. Diese Rechtswirkung tritt unabhängig davon ein, ob der Erklärende Kenntnis von der vorläufigen Erbenstellung des Erklärungsempfängers hat oder ob es sich um eine dringliche Erklärung handelt.

d. Gerichtliche Verfahren

372 Wegen der haftungsrechtlichen Folgen für sein Privatvermögen ist der vorläufige Erbe vor gerichtlichen Verfahren gegen sich als Erben weitgehend zu verschonen. Darüber hinaus sind aber auch der endgültige Erbe und die Nachlassgläubiger davor zu schützen, dass sich persönliche Gläubiger des vorläufigen Erben aus dem Nachlass befriedigen.

aa. Zwangsvollstreckung durch einen Nachlassgläubiger

373 Es ist zunächst danach zu unterscheiden, ob die Zwangsvollstreckung bereits **zu Lebzeiten des Erblassers begonnen** hat; dann ist sie nach § 779 ZPO in den Nachlass fortzusetzen, ohne dass die Vollstreckungsklausel umgeschrieben werden muss. Bis zur Annahme der Erbschaft ist die Vollstreckung nur in den Nachlass zulässig, § 778 ZPO.

Praxis-Tipp:

Erstreckt sich die Vollstreckung auch auf das Privatvermögen des vorläufigen Erben, obwohl er die Erbschaft noch nicht angenommen hat, kann er gegen die Art und Weise der Zwangsvollstreckung die Erinnerung nach § 766 ZPO einlegen oder Drittwiderspruchsklage nach § 771 ZPO gegen den pfändenden Gläubiger erheben.

41 Vgl Rn 357

Wurde die Zwangsvollstreckung aufgrund des gegen den Erblasser vorliegenden Titels **noch nicht begonnen,** so ist die Vollstreckungsklausel nach § 727 ZPO gegen die Erben umzuschreiben. Wegen § 1958 BGB ist dies während des Schwebezustandes zwischen Anfall und Annahme der Erbschaft nicht zulässig. 374

Praxis-Tipp:

> *Für den Fall, dass die Vollstreckungsklausel dennoch erteilt wird, kann der vorläufige Erbe die Erinnerung gegen die Erteilung der Vollstreckungsklausel nach § 732 ZPO oder die Vollstreckungsklauselgegenklage nach § 768 BGB erheben.*

Beabsichtigt der Nachlassgläubiger, vor der Annahme der Erbschaft durch den vorläufigen Erben, in den Nachlass zu vollstrecken, muss er vorab einen **Nachlasspfleger bestellen** lassen, § 1961 BGB, § 778 I ZPO. 375

bb. Zwangsvollstreckung durch einen persönlichen Gläubiger

Nach § 778 II ZPO ist die **Zwangsvollstreckung der persönlichen Gläubiger** des vorläufigen Erben in den Nachlass vor der Annahme der Erbschaft im Interesse und zum Schutz des endgültigen Erben und der Nachlassgläubiger nicht zulässig. Wird gegen diese Vorschrift verstoßen, so kann sich der Erbe mit der Vollstreckungserinnerung nach § 766 ZPO oder der Drittwiderspruchsklage nach § 771 ZPO zur Wehr setzen. 376

Führt der Erblasser einen Prozess, **ohne anwaltlich vertreten** zu sein und stirbt er während des Verfahrens, so wird nach § 239 ZPO der Rechtsstreit bis zur Aufnahme durch den Rechtsnachfolger unterbrochen. Der vorläufige Erbe ist nicht verpflichtet, das Verfahren fortzusetzen, solange er die Erbschaft nicht angenommen hat, § 239 V BGB. War der Erblasser hingegen **anwaltlich vertreten** und stirbt er im Laufe des Rechtsstreits, so wird dieser ohne Unterbrechung fortgesetzt. Auf Antrag des Prozessbevollmächtigten kann das Verfahren aber nach § 246 I ZPO ausgesetzt werden, bis die Erbschaft angenommen wurde. 377

Wird der **Rechtsstreit** erst **nach dem Tod des Erblassers anhängig** gemacht, so darf der Anspruch wegen § 1958 BGB nicht gegen den Erben geltend gemacht werden, solange er die Erbschaft noch nicht angenommen hat. Beabsichtigt der Gläubiger aber dennoch, seinen Anspruch gegen den vorläufigen Erben geltend zu machen, dann muss er die Bestellung eines Nachlasspflegers beantragen, § 1961 BGB. Gegen den Nachlasspfleger ist dann auch die Klage zu richten, er ist allein passivlegitimiert (vgl § 1960 III BGB). 378

8. Anfechtung der Ausschlagung bzw Annahme der Erbschaft

379 Die Annahme der Erbschaft ist, ebenso wie die Erklärung der Ausschlagung, grundsätzlich **unwiderruflich.** Sie unterliegen aber als Willenserklärungen den für die Anfechtung geltenden Bestimmungen der §§ 119 ff BGB, die lediglich durch die speziellen Regelungen in den §§ 1954 – 1957 BGB ergänzt werden.

380 Für die Annahme der Erbschaft sind, anders als bei der Ausschlagung, **keine Formvorschriften** zu beachten. Jedes rechtsgeschäftliche Verhalten und jede schlüssige Handlung ist für die Annahme ausreichend. Die allgemeinen Vorschriften zu den Willensmängeln und deren Folgen bei erfolgter Anfechtung gelten auch hier, daher kann hinsichtlich der Irrtumsgründe vollumfänglich auf die §§ 119 ff BGB verwiesen werden.

Praxis-Tipp:

> *Der Motivirrtum berechtigt **nur** bei der Anfechtung letztwilliger Verfügungen unter den dort genannten Voraussetzungen zur Anfechtung.*

a. Irrtum bei der Ausschlagung

aa. Irrtum über Erklärungshandlung und Erklärungsbedeutung

381 Unter Berücksichtigung des Umstandes, dass ein **Erklärungsirrtum,** als Irrtum über die Erklärungshandlung, welche die Ausschlagung insgesamt betrifft, nur äußerst selten vorkommen wird, nicht zuletzt deshalb, weil den Notar aufgrund seiner Unterschriftsbeglaubigung verschiedene Aufklärungspflichten treffen, kommt der Irrtum sowohl in Form eines Versprechens als auch Verschreibens in Betracht. Dies kann zu einer Ausschlagung der falschen von mehreren Erbschaften führen. Darüber hinaus ist es möglich, dass aufgrund der in den §§ 1948, 1951 und 1952 erfassten Sachverhalte die Erbteile, Erbschaften oder Berufungsgründe verwechselt, Einschränkungen gemacht oder unterlassen werden. Im übrigen ist davon auszugehen, dass die für die Anfechtung notwendige Ursächlichkeit des Irrtums für die Erklärung vorgelegen hat.

bb. Inhaltsirrtum

382 Von einem Inhaltsirrtum ist auszugehen, wenn der Anfechtende über die rechtliche Bedeutung seiner Erklärung im Irrtum war. Ist das Handeln des Anfechtungsberechtigten **nicht vom Willen** getragen, ist es aber geeignet, Rechtsfolgen herbeizuführen, so ist, unter Zugrundelegung des Wortlautes des § 119 I BGB, diese Vorschrift anzuwenden. Ein solcher Irrtum liegt insbesondere in folgenden Fällen vor:

- Das Verhalten des Erben stellt eine schlüssige Annahme der Erbschaft dar, obgleich ein entsprechender Wille beim Erben fehlt;

- Fehlvorstellung des vorläufigen Erben über die Reichweite des § 1949 II BGB;
- Fehlvorstellung über die Identität des Nachlasses;
- Fehlvorstellung über die Identität des Erblassers;
- der Erklärende geht davon aus, seine Erklärung zur Annahme der Erbschaft sei eine nur unverbindliche Protokollierung eines bereits feststehenden unabänderbaren Faktums[42];
- Fehlvorstellung darüber, die Ausschlagungserklärung führe unmittelbar zum Übergang des Erbteils auf die Miterben.[43]

Auch in diesem Fall ist es erforderlich, dass die Erklärung aufgrund des Irr- 383
tums erfolgt ist. Der Irrtum ist **ursächlich,** wenn der Erbe, hätte er die Sach- und Rechtslage erkannt bzw gekannt, die Erklärung nicht oder zumindest so nicht abgegeben hätte.

Irrt der Anfechtungsberechtigte über die Person desjenigen, dem die Aus- 384
schlagung zugute kommt, so ist darin nur ein **unbeachtlicher Motivirrtum** zu sehen, der nicht zur Anfechtung berechtigt.[44]

Als **weitere Fälle** eines unbeachtlichen Irrtums im Beweggrund (Motivirrtum) 385
kommen in Betracht:

- Irrtum über die Folgen der Ausschlagung in güterrechtlicher und pflichtteilsrechtlicher Hinsicht[45];
- Irrtum über den Wert des Nachlasses oder des Erbteils;
- Irrtum über den Umfang der Haftung;
- Irrtum über die Höhe der Erbschaftssteuer;
- Irrtum über den Umfang von Beschwerungen oder Beschränkungen.

cc. *Irrtum über verkehrswesentliche Eigenschaften*

Bei dem Irrtum über eine verkehrswesentliche Eigenschaft handelt es sich um 386
einen **Eigenschaftsirrtum,** der, als Spezialfall des Motivirrtums, nach § 119 II BGB zur Anfechtung berechtigt. Von großer praktischer Bedeutung ist der Irrtum über eine verkehrswesentliche Eigenschaft der »Sache« Nachlass, und zwar in Form des Irrtums über die Überschuldung des Nachlasses.[46] Grundlage für diese Betrachtungsweise ist die Überlegung, dass die Überschuldung

42 Soergel/Stein, § 1954 Rn 2
43 Staudinger-Otte/Marotzke, § 1954 Rn 4
44 OLG Stuttgart MDR 1983, 751; RGRK/Johannsen, § 1954 Rn 3
45 Schwab, JuS 1965, 437; MüKo-Leipold, § 1954 Rn 6; aA: OLG Hamm MDR 1981, 1017
46 BGHZ 106, 359, 363; RGZ 158, 50; BayObLG FamRZ 1983, 834; BayObLG Rpfleger 1980, 188; Palandt/Edenhofer, § 1954 Rn 4 Anm 3; Staudinger-Otte/Marotzke, § 1954 Rn 5; Lange/Kuchinke, ErbR, § 8 VII 2 d–f; Brox, Rn 302; aA: MüKo-Leipold, § 1954 Rn 8

nicht nur ein Werturteil, sondern ein wertbildendes Kriterium für den gesamten Nachlass darstellt.

387 Folgende Irrtumsfälle sind **in der Praxis** als anfechtbare Eigenschaftsirrtümer **anerkannt:**

- Annahme, der Nachlass sei überschuldet[47];
- Unkenntnis der Formbedürftigkeit der Ausschlagungserklärung.

Praxis-Tipp:

Verstreicht die Frist, weil der Erbe glaubt, wirksam ausgeschlagen zu haben, kann er die Versäumung der Ausschlagungsfrist anfechten.

- Irrtum über das Bestehen bzw. Nichtbestehen einzelner Nachlassaktiva oder -passiva, auch wenn § 2308 I BGB nicht eingreift[48]
- Unkenntnis des Erben vom Bestehen öffentlich-rechtlicher Ansprüche, die ihm selbst als Rechtsnachfolger zustehen[49]
- Kenntnis der Quote des Erbteils bei der Ausschlagung durch einen Miterben[50]

388 Auch bei dieser Irrtumsart ist es erforderlich, dass die **Fehlvorstellung** des erklärenden Erben für die Abgabe der Ausschlagungserklärung **kausal** war und objektiv erheblich ist. Ein Anfechtungsrecht besteht hier ebenso wenig, wie in den anderen Irrtumsfällen, wenn der Erbe bei Kenntnis der wahren Sach- und Rechtslage nicht anders gehandelt hätte. Gleiches gilt auch dann, wenn die Abweichung des Vorgestellten vom Tatsächlichen nur unwesentlich ist.

389 **Nicht anfechtungsfähig** ist der Irrtum über den Wert des Nachlasses, der auf einer fehlerhaften Bewertung des Nachlasses oder einzelner Nachlassgegenstände durch den Erben beruht. Dieser Irrtum stellt ebenso einen **Motivirrtum** dar, wie der Irrtum des überlebenden Ehegatten, dem im gemeinschaftlichen Testament für den Fall der Wiederverheiratung Belastungen auferlegt sind, wobei er bei der Annahme der Erbschaft mit einer Wiederverheiratung nicht rechnete.[51] Der Motivirrtum ist ein Irrtum bei der Willensbildung, dh der Erklärende geht irrtümlich von einem falschen Umstand aus, der für den Geschäftswillen von Bedeutung ist. Zum Schutz des Rechts- und Geschäftsverkehrs ist dieser Irrtum unbeachtlich und berechtigt nicht zur Anfechtung der darauf beruhenden Willenserklärung.

---

47 Vgl Nachweise in Rn 313

48 BGHZ 106, 359 = NJW 1989, 2885; Palandt/Edenhofer, § 1954 Rn 4 Anm 3; aA: OLG Braunschweig OLGZ 30, 169; Erman/Schlüter, § 1954 Rn 3; Staudinger-Otte/Marotzke, § 1954 Rn 3

49 So auch RGRK/Johannsen, § 1954 Rn 4; aA: KG NJW 1969, 191; Palandt/Edenhofer, § 1956 Rn 1 Anm 1; Erman/Schlüter, § 1954 Rn 3

50 *OLG* Hamm NJW 1966, 1080

51 OLG Braunschweig OLGZ 30, 169

dd. Irrtum über eine verkehrswesentliche Eigenschaft erbrechtlich Beteiligter

Ein **Irrtum** des Erben **über eine im Verkehr wesentliche Eigenschaft** eines am Erbverfahren Beteiligten, der dem Erben einen Anfechtungsgrund für die Ausschlagung bieten könnte, ist sehr selten. In Betracht kommt allenfalls die fehlende Eignung des Testamentsvollstreckers.[52] Irrt sich der Erbe über Eigenschaften des Ersatzerben, des Nacherben oder eines Nachlassgläubigers, so berechtigt dieser Irrtum nicht zur Anfechtung nach § 119 II BGB. 390

Nach **§ 166 I BGB** kann ein Kind, welches bei der Ausschlagung gesetzlich vertreten war, nach Eintritt seiner Volljährigkeit nur dann anfechten, wenn der Anfechtungsgrund in der Person des Vertreters vorlag.[53] Dies gilt auch für die rechtsgeschäftliche Stellvertretung bei der Abgabe der Ausschlagungserklärung. 391

b. Irrtum bei der Annahme der Erbschaft

Hinsichtlich des Irrtums bei der Annahme der Erbschaft gilt das zur Ausschlagung Erörterte entsprechend. An dieser Stelle werden daher nur einige **Besonderheiten,** die bei der Annahme der Erbschaft auftreten können, dargestellt: 392

➢ Irrtum über die Erklärungshandlung, § 119 I Alt. 1 BGB:

  Bedeutenster Fall eines Erklärungsirrtums bei der Annahme der Erbschaft ist, sofern ein solcher überhaupt auftreten kann, das unbewußte Verstreichenlassen der Ausschlagungsfrist (§§ 1956, 1943 BGB). 393

➢ Irrtum in der Erklärungsbedeutung, § 119 I Alt. 2 BGB:

  Ein Inhaltsirrtum ist dann anzunehmen, wenn eine schlüssige bzw eindeutige Annahmehandlung ohne den erforderlichen Annahmewillen festzustellen ist. Auch das bewußte Verstreichenlassen der sechswöchigen Ausschlagungsfrist in dem Glauben, die Frist betrage sechs Monate ist ein Irrtum iSd § 119 I BGB und berechtigt zur Anfechtung. 394

Voraussetzung der Anfechtung der Annahmeerklärung ist, ebenso wie bei der Anfechtung der Ausschlagung, neben dem Irrtum auch die **Kenntnis der Sachlage** und die Tatsache, dass der Erbe bei verständiger Würdigung des Falles die Erbschaft nicht angenommen hätte. 395

Für die Fälle der **Täuschung und Drohung** gelten die allgemeinen Regeln des § 123 BGB. 396

---

52 Lange/Kuchinke, ErbR § 8 VII 2 d; aA: MüKo-Leipold, § 1954 Rn 10

53 LG Koblenz FamRZ 1968, 656

c. Anfechtungsberechtigung

397 Zur Anfechtung berechtigt sind nur der Erbe und der Erbeserbe. Hat der gesetzliche Vertreter für die Erklärung der Ausschlagung die vormundschaftsgerichtliche Genehmigung vorlegen müssen, so ist diese für die **Anfechtung der Ausschlagungserklärung** nicht erforderlich, da die Genehmigung keine Verpflichtung für den gesetzlichen Vertreter enthält, die Erbschaft tatsächlich auszuschlagen.

398 Anders ist die Situation dann, wenn die **Annahmeerklärung angefochten** werden soll: Wegen der in § 1957 I BGB beschriebenen Wirkungen bedarf die Anfechtung dann der vormundschaftsgerichtlichen Genehmigung, wenn auch die Ausschlagung genehmigungsbedürftig wäre (vgl §§ 1643 II, 1822 Nr. 2 BGB).

399 **Nicht zum Kreis der Anfechtungsberechtigten** gehören:

- Testamentsvollstrecker;
- Nachlasspfleger und -verwalter;
- Insolvenzverwalter sowie
- Gläubiger des Erklärenden.

400 Die Anfechtung muss **gegenüber dem Nachlassgericht** innerhalb von 6 Wochen bzw 6 Monaten, gerechnet vom Aufhören der Zwangslage/von der Kenntnis des Anfechtungsgrundes, erklärt werden, da dieses Gericht die Erbfolge für die Erbscheinserteilung beurteilen und feststellen muss. Die Anfechtungserklärung erfolgt zur Niederschrift oder in öffentlich beglaubigter Form, §§ 1954, 1944 BGB und bedarf daher derselben Form wie die Ausschlagung selbst. Hinsichtlich einer eventuellen Vollmacht gelten die Vorschriften wie bei der Ausschlagung, dh sie ist nachzuweisen.

d. Anfechtungsfrist

401 Die Anfechtungsfrist entspricht der Frist, innerhalb derer der vorläufige Erbe die Erbschaft ausschlagen kann, vgl § 1954 I, III BGB. In Abänderung der Regelung in § 121 BGB, wonach die Anfechtung wegen Irrtums unverzüglich erfolgen muss, hat hier der Anfechtungsberechtigte **6 Wochen** Zeit zu entscheiden, ob er die Anfechtung erklären will oder nicht. Die Frist verlängert sich auf 6 Monate, sofern der Erblasser im Ausland verstorben oder der vorläufige Erbe sich zum Zeitpunkt des Todes im Ausland aufgehalten hat.

402 Nach § 1954 II BGB **beginnt** die Anfechtungsfrist mit Kenntnis vom Anfechtungsgrund bzw bei der Drohung, sobald die Zwangslage aufhört. Für die Kenntnis des Anfechtungsgrundes ist nicht erforderlich, dass der Erklärende auch Kenntnis von seinem Anfechtungsrecht haben muss. Ist seit der Annahme bzw Ausschlagung der Erbschaft eine Frist von 30 Jahren verstrichen, ist eine Anfechtung nicht mehr möglich, § 1954 IV BGB.

e. Wirkung der Anfechtung

Durch die Anfechtungserklärung wird, unter Anwendung des § 142 I BGB, die angefochtene **Willenserklärung beseitigt.** Darüber hinaus wird nunmehr fingiert, es sei die gegensätzliche Erklärung abgegeben worden. Dh die Anfechtung der Ausschlagung bewirkt die Annahme der Erbschaft, die Anfechtung der Annahme führt zur Ausschlagung, § 1957 BGB. Im Übrigen wird in dem Fall, in dem die Ausschlagung angefochten wird, die Annahmeerklärung des nachrückenden Ersatzerben wirkungslos. 403

Schließlich ist, da die §§ 1954 ff BGB keine abweichende Regelung enthalten, der Anfechtende nach § 122 BGB zum **Ersatz des Vertrauensschadens** verpflichtet. 404

Praxis-Tipp:

Die Anfechtung führt nicht zur Nichtigkeit. Allerdings kommt der Ersatz des negativen Interesses gem § 122 BGB in Betracht und zwar in Form der Ersetzung der Aufwendungen, die im Vertrauen auf die Erbenstellung gemacht wurden.

f. Anfechtung der Anfechtungserklärung

Die Anfechtung der Anfechtungserklärung ist ihrerseits eine Willenserklärung, die mit **Willensmängeln** behaftet sein kann und daher durch eine einfache Erklärung beseitigt werden kann. Form und Frist der Anfechtung richten sich nicht nach den allgemeinen Vorschriften der §§ 119 ff BGB, sondern nach den Sonderregelungen in §§ 1954, 1955 BGB. 405

Hinsichtlich der **Form** macht das Gesetz keinen Unterschied danach, ob es sich um eine Anfechtung oder um die Anfechtung einer Anfechtung handelt: Beide Willenserklärungen haben Wirkungen für alle Nachlassbeteiligten und sind geeignet, Maßnahmen des Nachlassgerichts auszulösen. Aufgrund der Verweisung in § 1955 BGB auf die Vorschrift des § 1945 BGB wird deutlich, dass die Zweitanfechtung entweder zur Niederschrift des Nachlassgerichts oder in öffentlich beglaubigter Form erklärt werden muss. 406

Praxis-Tipp:

Die Anfechtung der Anfechtung kann nicht durch Anwaltschriftsatz erklärt werden.[54]

Gibt ein **Bevollmächtigter** die Anfechtungserklärung ab, so bedarf er zu seiner Legitimation einer öffentlich beglaubigten Vollmacht, die der Erklärung beigefügt oder innerhalb der Anfechtungsfrist an das Nachlassgericht nachgereicht werden muss. 407

54 BayObLG Recht 1918 Nr. 878

408 Die Anfechtung ist gegenüber dem **örtlich zuständigen Nachlassgericht** zu erklären.

Im Übrigen gelten die zur örtlichen Zuständigkeit gemachten Ausführungen bei der Ausschlagung auch hier, vgl insoweit Rn 287, 292 ff.

409 Die Zweitanfechtung muss, wegen der Wirkungen der ersten Anfechtung, entsprechend der gesetzgeberischen Entscheidung, **innerhalb der Ausschlagungsfrist** vorgenommen werden, dh der Anfechtende muss seine Erklärung innerhalb von 6 Wochen bzw 6 Monaten dem Nachlassgericht gegenüber abgeben.

410 Zu beachten ist allerdings, dass ein und derselbe Umstand nicht zweimal Gegenstand eines Irrtums sein kann. Ist die Zweitanfechtung wirksam, so führt diese zur Nichtigkeit der ersten Anfechtungsklärung und mithin entfallen die gesamten in § 1957 BGB fingierten Wirkungen. Durch die Anfechtung der Anfechtungserklärung entsteht der Rechtszustand, der vor der ersten Anfechtung bestanden hat.

411 Hat der Erbe die **Frist zur Ausschlagung versäumt,** so kann er die nach § 1943 BGB als Annahme geltende Fristversäumnis anfechten, § 1956 BGB. Zwar handelt es sich bei der Versäumnis der Ausschlagungsfrist nicht um ein Rechtsgeschäft, sie ist aber vom Gesetz mit den Rechtsfolgen eines Rechtsgeschäfts ausgestattet. Wegen der Gleichstellung der Fristversäumnis mit der Annahme bedarf der Erbe des gleichen Schutzes wie beim Vorliegen von Willensmängeln. Daher werden von § 1956 BGB sowohl die bewusste als auch die unbewusste Versäumung der Ausschlagungsfrist erfasst.[55] Die Anfechtungsfrist bestimmt sich auch hier nach § 1954 BGB.

g. Beweisfragen

412 Die **Darlegungs- und Beweislast** für den Anfechtungsgrund, die Anfechtungserklärung und den Anfechtungszeitpunkt trägt derjenige, der aus den Folgen einer Anfechtung der Ausschlagung oder Annahme Rechte herleitet. Wer Rechte bestreitet, die auf eine wirksame Anfechtung gestützt werden, muss die Überschreitung der Frist, da sie gegenüber den Anfechtungsfolgen rechtsvernichtende Wirkung hat, darlegen und beweisen.

55 *RGZ 143, 419, 423*; OLG Hamm FamRZ 1985, 1185; Palandt/Edenhofer, § 1956 Rn 1 Anm 1; Erman/Schlüter, § 1956 Rn 2; Brox, Rn 305

Musterformulierung für die Anfechtung einer Erbschaftsannahme:

Helene Winter 413
Bahnhofstraße 2
PLZ, Königswinter

Amtsgericht München
– Nachlassgericht –

PLZ, München

Nachlasssache Hilmar Freund

Am 31. 1. 1997 ist mein Onkel Hilmar Freund, zuletzt wohnhaft in München, Max-Weber-Platz 3, verstorben.

Ich bin gesetzliche Erbin meines Onkels geworden, da er keine eigenen Kinder hat und auch nicht verheiratet war. Die Erbschaft nach meinem Onkel habe ich nie annehmen wollen. Ich ging irrtümlich davon aus, zur Annahme der Erbschaft bedürfe es einer ausdrücklichen Erklärung. Mir war nicht bekannt, dass die Erbschaft dem Erben ohne sein Zutun anfällt, wenn nicht ausgeschlagen wird. Nicht bekannt war mir, dass die Erbschaft innerhalb von sechs Wochen ausgeschlagen werden muss.

Ich erkläre hiermit die Anfechtung des Ablaufs der Ausschlagungsfrist und schlage die Erbschaft aus jedem Berufungsgrunde aus.

Königswinter, 5. 4. 1997

Helene Winter
(notarielle Unterschriftsbeglaubigung)

9. Formulierungsmuster

Schriftliche Ausschlagung durch den gesetzlichen Vertreter 414

Amtsgericht/Notariat (in Ba-Wü)
– Nachlassgericht –

PLZ, Ort

Nachlasssache …

Mein Ehemann …, geboren am … in …, zuletzt wohnhaft in … ist am … in … verstorben. Das von meinem Ehemann errichtete handschriftliche Testament vom … wurde bereits am … eröffnet und liegt dem Nachlassgericht vor. Darin hat er mich zur Erbin zu $1/8$, unsere Tochter zu $7/8$ berufen.

Ich schlage die Erbschaft im eigenen Namen und im Namen meiner minderjährigen Tochter … aus allen Berufungsgründen aus. Die vormundschaftsgerichtliche Genehmigung zur Ausschlagung der Erbschaft für die Kinder wurde mit Beschluss vom … (Az: …) erteilt. Eine Ausfertigung dieses Beschlusses mit Zustellungsvermerk habe ich diesem Schreiben beigefügt.

Als gesetzliche Erben kommen die beiden Brüder des Erblassers,..., wohnhaft... und..., wohnhaft..., in Betracht.

Der Nachlass ist vermutlich überschuldet und darüber hinaus mit erheblichen Auflagen belastet.

Unterschrift

***Ausschlagung der Erbschaft durch den gesetzlichen Erben*[56]**

Amtsgericht/Notariat (in Ba-Wü)
– Nachlassgericht –

PLZ, Ort

Nachlasssache...

Am... ist, ausweislich der beigefügten Sterbeurkunde, mein Großvater..., zuletzt wohnhaft in..., verstorben. Eine Verfügung von Todes wegen hat er nicht errichtet.

Mein Großvater war verwitwet. Sein Sohn, der einzige Abkömmling, ist bei einem Verkehrsunfall vor 6 Jahren, am... bereits verstorben. Ich selbst habe ebenfalls keine Abkömmlinge.

Ich schlage die Erbschaft aus allen Berufungsgründen aus.

Über den Wert des Nachlasses kann ich keine Angaben machen, ich nehme aber an, dass kein Vermögen vorhanden ist.

Unterschrift

Anfechtung der Ausschlagung

Amtsgericht/Notariat (in Ba-Wü)
– Nachlassgericht –

PLZ, Ort

Nachlasssache...

Am... ist mein Vater..., geboren am... in..., zuletzt wohnhaft in... verstorben. Seit mehreren Jahren lebe ich in USA und hatte keinen Kontakt zu meinem Vater. Neben mir hinterließ er als gesetzliche Erben noch seine Ehefrau..., geborene...

Bei der Beerdigung wurde mir von der Ehefrau des Erblassers mitgeteilt, dass der Nachlass völlig überschuldet sei. Aufgrund dessen schlug ich am... dem Nachlassgericht gegenüber die Erbschaft aus.

56 Für den Fall, dass ein Bevollmächtigter für den Erben handelt, muss er eine notarielle Vollmacht vorlegen

Vor einigen Tagen, am…, habe ich nun erfahren, dass der Nachlass meines Vaters neben 4 schuldenfreien Mehrfamilienhäusern in bester Wohnlage in München aus einem Wertpapierdepot im Wert von… € besteht.

Ich erkläre daher die

Anfechtung der Ausschlagung der Erbschaft

wegen arglistiger Täuschung.

Unterschrift

10. Kosten

Nach § 112 I Nr. 2 KostO entsteht für die Erklärung der Ausschlagung gegenüber dem Nachlassgericht eine **Gebühr** in Höhe von 1/4 der vollen Gebühr. Die Gebühr in gleicher Höhe fällt darüber hinaus an für 415

- die Anfechtung der Annahme;
- die Anfechtung der Ausschlagung oder
- die Anfechtung der Versäumung der Ausschlagungsfrist.

Die **Mindestgebühr** in Höhe von 10,23 € wird nach § 33 KostO auch dann erhoben, wenn der Nachlass überschuldet ist.

Für die Entgegennahme einer Ausschlagungserklärung wird dann **keine Gebühr** erhoben, wenn eine solche Erklärung aufgrund der Erbschaftsteilung unter Berücksichtigung der Ausschlagung angefallen ist.[57]

Bei der Berechnung der Gebühren wird, sofern es sich um eine vermögensrechtliche Angelegenheit handelt, der **Wert der Vermögensmasse nach Abzug der Verbindlichkeiten** zugrunde gelegt, § 112 II 1 KostO. Schlagen mehrere Erben gleichzeitig die Erbschaft aus, so wird die Gebühr nur einmal nach dem Wert der ausgeschlagenen Erbschaft erhoben.

57 OLG Düsseldorf, MDR 1991, 999

D. Das gesetzliche Erbrecht 859

ÜBERBLICK

D. Das gesetzliche Erbrecht

I. Grundzüge des gesetzlichen Erbrechts

1. Allgemeines

Hat der Erblasser die Erben nicht durch eine Verfügung von Todes wegen bestimmt, so tritt die gesetzliche Erbfolge unabhängig davon ein, ob er dies beabsichtigt hat oder nicht. Diese Art der Erbfolge verwirklicht das **Interesse der nächsten Angehörigen,** das Vermögen der Familie zu erhalten. 416

Der Regelung der gesetzlichen Erbfolge liegt der Gedanke zugrunde, dass das Vermögen des Erblassers in der Familie verbleiben, also innerhalb der Familie weitervererbt werden soll. Dieser Grundsatz gilt nach den Vorschriften der §§ 1924 ff BGB. Nicht zu den Verwandten iSd Erbenordnung gehört der **Ehegatte** des Erblassers. Diesem hat der Gesetzgeber in § 1931 BGB ein eigenes Erbrecht zugesprochen. 417

Hat der Erblasser die Erbfolge also weder testamentarisch noch erbvertraglich geregelt, liegt somit keine Verfügung von Todes wegen vor, dann kommt die **gesetzliche Erbfolge** zur Anwendung. Sie ist subsidiär zur gewillkürten Erbfolge. Dieselbe Rechtsfolge tritt ein, wenn die erbrechtlichen Verfügungen wegen Formmangels, Testierunfähigkeit des Erblassers, Anfechtung oder Ausschlagung des Alleinerben unwirksam sind. 418

In der Regel wird es im Umfeld des Erblassers zumindest eine Person geben, auf die er sein Vermögen nach seinem Tod übertragen will. Weiß er aber nicht, wie er die **Vermögensnachfolge** regeln soll, wird er sich beim Anwalt beraten lassen. Dieser informiert ihn dann, nachdem er die gesetzliche Erbfolge erläutert hat, über die Möglichkeit, durch eine Verfügung von Todes wegen die gesetzlichen Erben auszuschließen und die Vermögensaufteilung nach eigenen Vorstellungen vorzunehmen. 419

Praxis-Tipp:

> *Es kommt in der Praxis häufig vor, dass der Erblasser, ist er über die gesetzliche Erbfolge informiert, diese als eine gerechte Verteilung des Vermögens ansieht und sich mit ihr zufrieden gibt.*

Nach § 1922 I BGB geht mit dem Tode des Erblassers dessen Vermögen im Wege der Gesamtrechtsnachfolge (Universalsukzession) als Ganzes auf den/die Erben über. 420

Zur Geltendmachung des Erbrechts muss der **Tod** und ggf auch der Zeitpunkt des Todes des Erblassers **bewiesen** werden. Der Beweis wird durch das vom Standesbeamten geführte Sterbebuch bzw durch eine von ihm ausgestellte Sterbeurkunde erleichtert oder durch die rechtskräftige Todeserklärung bzw gerichtliche Feststellung der Todeszeit nach dem Verschollenheitsgesetz ersetzt. 421

2. Rangfolge

422 Mit den erbrechtlichen Vorschriften der §§ 1937, 1941 BGB hat der Gesetzgeber dem Erblasser die Möglichkeit gegeben, unabhängig von der gesetzlichen Erbfolge sein Vermögen **beliebig** aufzuteilen. Diese gesetzgeberische Entscheidung, die gewillkürte neben der gesetzlichen Erbfolge zuzulassen, ist Ausdruck für das Rangverhältnis: Die gewillkürte Erbfolge genießt Vorrang vor der gesetzlichen.

423 Dessen ungeachtet hat der Gesetzgeber die **gesetzliche Erbfolge,** sich an der Realität orientierend, als den **Normalfall** eingestuft, weil er sie für die angemessenste und damit gerechteste Verteilung der Vermögenswerte ansah. Im übrigen ergibt sich auch aus der Gesetzessystematik, dass die einfachere der komplexeren Regelung vorangestellt wird.

424 Die **gesetzliche Erbfolge** findet immer nur dann Anwendung, wenn

- ➢ eine Verfügung von Todes wegen nicht existiert, weil
  - – der Erblasser weder ein Testament errichtet noch einen Erbvertrag geschlossen hat,
  - – eine letztwillige Verfügung wegen Formmangels nichtig ist oder
  - – der Erblasser testierunfähig war;
- ➢ eine Verfügung von Todes wegen nicht mehr existiert, weil sie zB widerrufen oder angefochten wurde,
- ➢ zwar eine Verfügung von Todes wegen vorliegt, diese aber keine Erbeinsetzung enthält.

425 Zu beachten ist aber, dass sich gewillkürte und gesetzliche Erbfolge **nicht zwingend gegenseitig ausschließen.** Vielmehr können sie nebeneinander zur Anwendung gelangen, und zwar immer dann, wenn der Erblasser im Rahmen einer von ihm errichteten Verfügung von Todes wegen nicht über den gesamten Nachlass verfügt hat. Soweit keine erbrechtliche Regelung getroffen wurde, tritt gesetzliche Erbfolge ein.

426 Folgende Fallgestaltungen sind in diesem Zusammenhang von Bedeutung:

- ➢ Der Erblasser hat den Alleinerben/die Erben **nur auf einen Bruchteil** der Erbschaft **eingesetzt,** wobei der Bruchteil/die Bruchteile den Nachlass nicht erschöpfen. Wegen des verbleibenden, nicht in die gewillkürte Nachlassregelung aufgenommenen Teils finden die Regeln der gesetzlichen Erbfolge Anwendung.
- ➢ Der Erblasser hat in seiner Verfügung von Todes wegen die Vor- und Nacherbfolge angeordnet, aber **nur einen Erben** entweder als Vor- oder als Nacherben eingesetzt. Nach der gesetzlichen Vermutungsregelung in § 2104 BGB sind als Nacherben diejenigen eingesetzt, welche die gesetzlichen Erben des Erblassers sein würden, wenn er zur Zeit des Eintritts des Nacherbfalls gestorben wäre.

3. Wirkungen der gesetzlichen innerhalb der gewillkürten Erbfolge

Auch im Rahmen der gewillkürten Erbfolge können die Regeln der gesetzlichen Erbfolge von Bedeutung sein. Dies gilt zum einen dann, wenn der Erblasser in seiner letztwilligen Verfügung die »gesetzlichen Erben« oder allgemein »die Erben« bedenkt. In einem solchen Fall muss dann durch Auslegung ermittelt werden, wer gemeint ist und zu welchem Bruchteil die Erbeinsetzung erfolgt sein soll. Die Vorschrift des § 2066 BGB **ergänzt den** nur **unvollständigen Willen des Erblassers** dahingehend, dass diejenigen, die zur Zeit seines Erbfalls seine gesetzlichen Erben sein würden, nach dem Verhältnis ihrer gesetzlichen Erbteile bedacht sind. 427

Darüber hinaus enthalten auch die **Auslegungsregeln** der §§ 2066 S 2, 2067 und 2069 BGB Hinweise auf die gesetzliche Erbfolge, wenn die Verfügungen des Erblassers in der Verfügung von Todes wegen insoweit nicht eindeutig sind. 428

Schließlich ist die gesetzliche Erbfolge auch dann von Bedeutung, wenn der Erblasser durch seine letztwillige Verfügung nahe Angehörige, dh Abkömmlinge und Eltern sowie seinen Ehegatten von der Erbfolge ausschließt. In diesem Fall steht diesen Personen ein **Pflichtteilsanspruch** zu, dessen Höhe sich nach dem gesetzlichen Erbteil richtet. Der Pflichtteil besteht nach § 2303 BGB in Höhe der Hälfte des gesetzlichen Erbteils. 429

4. Prinzipien des Verwandtenerbrechts

Die Verwandtenerbfolge des BGB beruht auf dem **Parentelsystem** als dem Grundsatz, dass diejenigen Verwandten, die mit dem Erblasser die näheren Verwandten gemeinsam haben, solche Verwandten ausschließen, die mit ihm nur durch entferntere gemeinsame Verwandte verbunden sind. Innerhalb dieses Systems werden verschiedene Ordnungen gebildet, welche nach der Nähe zum Erblasser gegliedert sind. 430

Der gesetzlichen Erbfolge des BGB liegt also grundsätzlich das **Ordnungssystem** zugrunde. Dabei ist zu beachten, dass das Gesetz statt von »Parentel« von »Ordnung« spricht. Gesetzliche Erben des Erblassers sind ua dessen Verwandte; nach § 1589 BGB sind Personen miteinander verwandt, wenn eine von der anderen abstammt oder sie von derselben dritten Person abstammen. Die Verwandten des Erblassers sind in fünf Ordnungen zur gesetzlichen Erbfolge berufen, wobei ein Verwandter nicht zur Erbfolge berufen ist, solange ein Verwandter einer vorhergehenden Ordnung noch vorhanden ist. 431

Beispiel:

> Der Erblasser E hinterlässt bei seinem Tod neben seinem Sohn S noch seine beiden Enkelkinder K1 und K2. Da S zum Zeitpunkt des Erbfalls noch am Leben ist, schließt er seine Kinder K1 und K2 von der Erbfolge aus. S ist damit Alleinerbe geworden.
>
> Anders ist es, wenn S bereits vor dem Erbfall verstorben wäre oder er die Erbschaft ausgeschlagen hätte. In diesem Fall sind die Enkelkinder K1 und K2 als Verwandte der nachfolgenden Ordnung zu Erben des E berufen.

Im Folgenden sollen nun zunächst die im BGB verwirklichten System gesondert dargestellt werden, bevor dann im Rahmen des geltenden Verwandtenerbrechts die Kombinationen näher dargestellt werden.

a. Parentelsystem

432 Unter »**Parentel**« ist die Gesamtheit derjenigen Personen zu verstehen, die von ein und derselben Person abstammen, einschließlich dieser Person selbst.[1] Dabei kommt es nicht darauf an, dass diese Personen einer Generation angehören. Kinder, Enkel und Urenkel des Erblassers gehören zwar nicht zu einer Generation, wohl aber zu einer Parentel, weil sie vom Erblasser abstammen.

433 Das Gesetz stuft die Verwandten des Erblassers in **verschiedene Ordnungen** ein. Diese Einstufung ist davon abhängig, ob die Verwandten vom Erblasser selbst, von seinen Eltern, Großeltern oder Urgroßeltern abstammen. Daraus ergeben sich die fünf Ordnungen:

- Erben 1. Ordnung – Abkömmlinge des Erblassers, § 1924 BGB
- Erben 2. Ordnung – Eltern des Erblassers und deren Abkömmlinge, § 1925 BGB
- Erben 3. Ordnung – Großeltern des Erblassers und deren Abkömmlinge, § 1926 BGB
- Erben 4. Ordnung – Urgroßeltern des Erblassers und deren Abkömmlinge, § 1928 BGB
- Erben 5. Ordnung – Ururgroßeltern des Erblassers und deren Abkömmlinge, § 1929 BGB.

434 Aus den Verwandten des Erblassers wählt das BGB entsprechend diesen Ordnungen die **gesetzlichen Erben** aus. § 1930 BGB bestimmt, dass ein Verwandter nicht zur Erbfolge berufen ist, solange ein Verwandter einer vorhergehenden Ordnung vorhanden ist. Daher ist bei der Bestimmung der gesetzlichen Erbfolge stets zunächst zu prüfen, ob ein Verwandter der 1. Ordnung (Kind, Enkelkind, Urenkel, Ururenkel etc) vorhanden ist. Dieser schließt alle übrigen Verwandten von der Erbfolge aus.

---

1 Brox, Rn 44

Existiert kein Verwandter der 1. Ordnung, so erben nun die Verwandten der 2. Ordnung. Verwandte der 3. Ordnung sind erst dann zu gesetzlichen Erben des Erblassers berufen, wenn kein Verwandter der 2. Ordnung (mehr) vorhanden ist (usw). 435

Das Parentelsystem **begünstigt** in erster Linie die **Nachkommen** des Erblassers. Dies entspricht regelmäßig auch dem Willen des Erblassers, der seine Abkömmlinge finanziell abgesichert wissen will. Darüber hinaus bleibt der Nachlass auf diese Art und Weise meist über einen längeren Zeitraum bei einem Besitzer. Hat der Erblasser keine Abkömmlinge, so geht der Nachlass auf die ihm nach den Abkömmlingen am nächsten stehenden Personen, nämlich seine Eltern, über. Sind diese beim Erbfall des Erblassers bereits verstorben, so bleibt der Nachlass in dieser Ordnung; gesetzliche Erben werden dann seine Geschwister. Die Verwandten der 3. Ordnung werden in diesem Fall also nicht in die gesetzliche Erbfolge einbezogen. Dadurch bringt das Gesetz die **Bevorzugung der jüngeren vor der älteren Generation** zum Ausdruck. 436

b. Gradualsystem

Beim Gradualsystem bestimmen sich die Erben nach dem **Grad der Verwandtschaft mit dem Erblasser,** der sich gemäß § 1589 S 3 BGB nach der Anzahl der sie vermittelnden Geburten richtet. Danach würde beispielsweise der Vater als Verwandter 1. Grades vor dem Urenkel des Erblassers als Verwandtem 3. Grades als gesetzlicher Erbe erben. 437

Der Gesetzgeber hat dem Gradualsystem in den ersten Ordnungen nur eingeschränkte Bedeutung beigemessen. Grundsätzlich soll das Vermögen an die jüngere Generation weitergegeben werden. Lediglich **innerhalb einer Parentel** greift das Gradualsystem durch; und es gilt uneingeschränkt erst in den entfernteren Ordnungen. 438

c. Repräsentationssystem

Repräsentation bedeutet zum einen, dass der Erbe die von ihm abstammenden Personen von der Erbfolge ausschließt und zum anderen das Nachrücken von entfernteren Verwandten, die derselben Parentel angehören, wenn der mit dem Erblasser näher Verwandte aus der Erbfolge herausfällt (= Eintrittsrecht). 439

Das BGB hat das **Eintrittsrecht** übernommen. Danach sind nur die Abkömmlinge des Erben als Nachfolger berufen, nicht auch deren Ehegatten. Sie sind weder mit dem Erben noch mit dem Erblasser verwandt iSd § 1589 BGB. Eine **Einschränkung** hat dieses Repräsentationssystem in **§ 1928 II BGB** erfahren: Diese Vorschrift bestimmt, dass die Urgroßeltern, sofern diese im Zeitpunkt des Erbfalls noch leben, allein erben, dh sie schließen ihre eigenen, aber auch die Abkömmlinge der bereits vorverstorbenen Urgroßeltern aus. Sind die Urgroßeltern bereits vor dem Erbfall verstorben, so erben deren Abkömmlinge, abhängig von der Gradnähe zum Erblasser, § 1928 III BGB. 440

441 **Erbausschlagung und Erbunwürdigkeit** haben zur Folge, dass die betreffende Person als vor dem Erbfall verstorben gilt, §§ 1953 II, 2344 II BGB; insoweit ist das Eintrittsrecht ihrer Abkömmlinge von Bedeutung. Der **Erbverzicht** führt, sofern nichts anderes vereinbart ist, zu einem Ausschluss auch der Abkömmlinge, § 2349 BGB. Hat der Erblasser einen gesetzlichen Erben durch Testament von der Erbfolge ausgeschlossen, so ist im Zweifel davon auszugehen, dass sich die **Enterbung** nach § 1938 BGB nicht auch auf die Abkömmlinge erstrecken soll.[2]

d. Stammes- und Liniensystem

442 Das BGB hat sich in § 1924 III BGB ausdrücklich für die **Erbfolge nach Stämmen** entschieden. Dabei bildet jedes **Kind** des Erblassers einen **eigenen Stamm,** jedes Enkelkind einen Unterstamm. § 1927 BGB geht daher davon aus, dass ein Erbe innerhalb einer Parentel verschiedenen Stämmen angehören kann. Danach erhält der Erbe, der in der ersten, zweiten oder dritten Ordnung verschiedenen Stämmen angehört, den in jedem dieser Stämme ihm zufallenden Anteil, wobei jeder Anteil als besonderer Erbteil gilt.

443 Eine **Linie** ist die Verbindung von einer Person aufwärts zu deren Vorfahren. Sie findet nur in der 2. und 3. Ordnung Anwendung. Hat der Erblasser keine Abkömmlinge, so fällt der Nachlass je zur Hälfte an die Mutter bzw deren Abkömmlinge und an den Vater bzw dessen Abkömmlinge, § 1925 BGB. Eine derartige Aufgliederung in Linien findet sich auch in der 3. Ordnung, wenn die Großeltern des Erblassers betroffen sind. Mit Hilfe des Liniensystems werden Probleme der gesetzlichen Erbfolge bei Halb- bzw Stiefgeschwistern vermieden, da eine Erbfolge nach Linien zu einer Beteiligung nur am Nachlass dessen führt, mit dem der Erbe auch verwandt ist.

444 **Von der 4. Parentel an** hat der Gesetzgeber das Stammes- und Liniensystem zugunsten des Gradualsystems aufgegeben, vgl § 1928 BGB. Mehrere Urgroßeltern erben zu gleichen Teilen, unabhängig davon, welchen Linien sie angehören, § 1928 II BGB. Entsprechendes gilt nach § 1929 II BGB, der für die weiteren Ordnungen auf § 1928 II und III BGB verweist.

5. Verwandtenerbrecht

445 In den ersten drei Ordnungen tritt die Erbfolge nach **Stämmen** ein, dh an die Stelle des zur Zeit des Erbfalls nicht mehr lebenden, zum Erben Berufenen treten die durch ihn mit dem Erblasser verwandten Abkömmlinge. Von der 4. Ordnung an gilt die Berufung zum Erben nach dem **Verwandtschaftsgrad.**

2 BGH FamRZ 1959, 149

a. Erben der 1. Ordnung

Erben der 1. Ordnung sind nach § 1924 I BGB die Abkömmlinge, also die Kinder, Enkel, Urenkel, usw des Erblassers, die mit ihm **in gerader Linie verwandt** sind. Hinsichtlich der ehelichen, nichtehelichen und adoptierten Kinder kommt es, da bei der gesetzlichen Erbfolge nur die rechtlich anerkannte Abstammung zählt, auf das zum Zeitpunkt des jeweiligen Erbfalls geltende Familierecht an, das auch die gesetzliche Erbberechtigung bestimmt. **446**

Ein zur Zeit des Erbfalls **lebender Abkömmling** schließt die durch ihn mit dem Erblasser verwandten Abkömmlinge von der Erbfolge aus (Repräsentationssystem, § 1924 II BGB). Solange Erben der 1. Ordnung vorhanden sind, werden nach § 1930 BGB alle anderen Verwandten von der Erbfolge ausgeschlossen. Dabei bleibt der Verwandtschaftsgrad völlig unberücksichtigt. **447**

Lebt ein Abkömmling zur Zeit des Erbfalls nicht mehr, so treten die durch ihn mit dem Erblasser verwandten Abkömmlinge, § 1924 III BGB. Kinder erben zu gleichen Teilen. **448**

Wurde ein **Kind** vom Erblasser **angenommen,** so ist dessen Erbberechtigung davon abhängig, ob eine Volljährigenadoption oder eine Minderjährigenadoption stattgefunden hat und ob das Adoptionsgesetz, welches am 1. 1. 1977 in Kraft getreten ist, bereits Geltung beanspruchte oder noch nicht. **449**

Ein nach dem 1. 1. 1977 **angenommenes minderjähriges Kind** ist gesetzlicher Erbe nach § 1924 BGB nach dem Annehmenden, dessen Eltern und Großeltern, da das Kind mit der Adoption die volle Rechtsstellung eines ehelichen Kindes erhält, also das Verwandtschaftsverhältnis zu den Adoptiveltern begründet und zu den leiblichen Eltern beendet wird. Weil das Verwandtschaftsverhältnis zu den biologischen Eltern erlischt, scheidet das Kind aus der Erbfolge der leiblichen Eltern und deren Vorfahren vollständig aus, § 1755 BGB. **450**

Bei der **Verwandtenadoption,** dh wenn ein Verwandter oder Verschwägerter der 2. oder 3. Ordnung (Onkel/Tante, Großeltern) das Kind adoptiert, so erlischt nach § 1756 I BGB nur das Verwandtschaftsverhältnis zu den leiblichen Eltern, nicht aber auch zu seinen Großeltern. Daher ist das Kind weiterhin mit seinen Geschwistern verwandt. Das adoptierte Kind kann daher gesetzlicher Erbe sowohl der beiden leiblichen Großelternpaare als auch nach dem durch die Annahme an Kindes statt vermittelten Großelternpaar werden. **451**

Die **Annahme eines Volljährigen** an Kindes statt hat nur geringfügige erbrechtliche Auswirkungen. Zwar wird es Kind des Annehmenden. Die Wirkungen der Adoption erstrecken sich nicht auf dessen Verwandte, § 1770 I BGB. In der Regel bleiben die verwandtschaftlichen Beziehungen zur leiblichen Familie erhalten. Das volljährige Kind ist daher gesetzlicher Erbe nach dem Annehmenden und nach seinen leiblichen Eltern und deren Verwandten, nicht aber nach den Vorfahren des Annehmenden. Eine Volladoption kommt nur in den von § 1772 BGB bestimmten Fällen in Betracht. **452**

Die **Aufhebung der Adoption** wirkt nur für die Zukunft; die bis zu diesem Zeitpunkt eingetretenen Rechtswirkungen bleiben bestehen. Durch den **453** rechtskräftigen Aufhebungsbeschluss des Vormundschaftsgerichts entfallen auch die erbrechtlichen Beziehungen zwischen dem Kind sowie seinen Abkömmlingen und den Adoptiveltern und deren Verwandten. Die ursprünglichen Rechts- und damit auch erbrechtlichen Beziehungen zu den leiblichen Eltern leben wieder auf, §§ 1764 II, III BGB.

b. Erben der 2. Ordnung

454 Erben der 2. Ordnung sind die Eltern, Geschwister, Neffen und Nichten des Erblassers sowie deren Kinder, § 1925 BGB. Sie erben nur dann, wenn kein Erbe der 1. Ordnung vorhanden ist, wenn also keine Abkömmlinge vorhanden sind oder sie durch Ausschlagung, Enterbung, Erbverzicht oder Erbunwürdigkeit als vorverstorben gelten. Die gesetzlichen Erben der 2. Ordnung schließen ihrerseits die Erben der 3. Ordnung von der Erbfolge aus.

455 Die Eltern des Erblassers erben nach Linien **(Liniensystem).** Die eine Hälfte des Nachlasses fällt an die väterliche, die andere Hälfte an die mütterliche Linie. Unberücksichtigt bleibt dabei, ob die Eltern verheiratet oder geschieden sind. Die Eltern schließen dabei nach dem Repräsentationssystem zu ihren Lebzeiten ihre eigenen Abkömmlinge von der Erbfolge aus. Dies gilt auch beim Tod eines nichtehelichen Kindes.

456 **Lebt nur noch ein Elternteil** oder ist er erbrechtlich weggefallen, so treten an die Stelle des Erblassers nach § 1925 III BGB seine Abkömmlinge. Hinterlässt der verstorbene Elternteil keine Abkömmlinge, so fällt seine Nachlasshälfte an den noch lebenden Elternteil (§ 1925 III 2 BGB). Die Abkömmlinge erben nach den für die Beerbung in der 1. Ordnung geltenden Vorschriften, § 1925 III 1 BGB.

457 **Leben** zum Zeitpunkt des Erbfalls **beide Eltern nicht mehr,** so treten deren Abkömmlinge an ihre Stelle. Dabei ist zu beachten, dass die Abkömmlinge nur an die Stelle des Elternteils treten, mit dem sie verwandt sind. Insoweit tritt eine Aufteilung nach Linien ein, innerhalb deren nach Stämmen geerbt wird. Hat der Erblasser zB **keine Kinder** hinterlassen, wohl aber einen leiblichen Bruder und eine Halbschwester, so ist nach Vater- und Mutterseite zu unterscheiden. Der vollbürtige Bruder tritt an die Stelle beider Eltern, die halbbürtige Schwester nur an die Stelle des Elternteils, den sie mit dem Erblasser gemeinsam hat. Auch wenn nur halbbürtige Geschwister vorhanden sind, schließt ihre Existenz die Erbfolge der Angehörigen der 3. Ordnung aus.

Stirbt ein Adoptivkind, so kommt es für die Erbfolge darauf an, ob das Kind als Minderjähriger oder als Volljähriger angenommen wurde:

458 Der als **Minderjähriger** angenommene Erblasser wird nur von dem Annehmenden und dessen Ankömmlingen beerbt. Nach § 1755 BGB scheiden seine leiblichen Verwandten, dh Eltern und Geschwister, von der Erbfolge aus.

459 Wegen der beschränkten Adoptionswirkung bei einem **als volljährig Angenommenen** sind sowohl die leiblichen als auch die Adoptiveltern gesetzliche Erben der 2. Ordnung. Regelungslücken bestehen für den Fall, dass ein Elternteil vor dem Erbfall aus der gesetzlichen Erbfolge ausgeschieden ist. Die Abkömmlinge der vorverstorbenen Adoptiveltern treten nicht an deren

Stelle in der Erbfolge, weil sich die Adoptionswirkungen nicht auf die Verwandten erstreckt; insoweit ist der Repräsentationsgrundsatz ausgeschlossen.[3]

Besonderheiten ergeben sich wegen § 1756 BGB bei der **Verwandtenadoption:**

Hat der **Onkel**/die **Tante** das Kind angenommen, so wird es in 2. Ordnung von seinen Adoptiveltern bzw deren Abkömmlingen gesetzlich beerbt. Mangels Verwandtschaftsverhältnis mit dem Angenommenen haben die leiblichen Geschwister aber kein Eintrittsrecht, Abs 4. Umgekehrt beerbt das adoptierte Kind seine leiblichen Eltern, von denen eines ein Geschwister des Annehmenden ist. Bei der Adoption durch **Geschwister** erbt der Annehmende als Elternteil, die anderen Geschwister haben kein Eintrittsrecht. 460

Das **von seinen Großeltern adoptierte** Enkelkind wird gemeinschaftliches eheliches Kind und wird von ihnen beerbt. Da die leiblichen Eltern keine Erben 2. Ordnung mehr sind, haben auch die Geschwister nach § 1956 IV BGB kein Eintrittsrecht. Durch die Annahme wurden aber die verwandtschaftlichen Beziehungen nur zu den leiblichen Eltern, nicht aber zu den sonstigen Verwandten abgebrochen, so dass weder die leiblichen Eltern noch deren Kinder als Abkömmlinge der annehmenden Großeltern ausscheiden.[4] 461

c. Erben der 3. Ordnung

Nach § 1926 BGB bilden die Großeltern, Onkel und Tante, Cousine und Cousin des Erblassers sowie deren Kinder und Kindeskinder die Erben der dritten Ordnung in der Verwandtenerbfolge. Dabei ist es unerheblich, ob sie ehelich oder nichtehelich geboren sind. 462

Leben zum Zeitpunkt des Todes des Erblassers **noch beide Großelternpaare,** so erben sie nach § 1926 II BGB allein und zu gleichen Teilen, dh jeder erbt grundsätzlich ein Viertel. Sie schließen die Erben einer entfernteren Ordnung aus, § 1930 BGB. Für den Fall, dass ein Großelternteil wegfällt, treten seine Abkömmlinge nach Stämmen an seine Stelle. Innerhalb eines Stammes erben die Kinder, entsprechend der Regelung in § 1924 III, IV BGB, zu gleichen Teilen. Der Grund hierfür ist darin zu sehen, dass die Großelternpaare wie eine Einheit im Gesetz behandelt werden. 463

Sind **auf der einen Seite** beide Großeltern verstorben oder auf andere Weise aus der Erbfolge ausgeschieden und existieren auch keine Abkömmlinge von ihnen, so erben erst dann die anderen Großeltern bzw deren Linie allein, § 1926 IV BGB. 464

War der Erblasser verheiratet, so erbt der überlebende Ehegatte neben den Großeltern zur Hälfte. Lebten die Ehegatten im gesetzlichen Güterstand der Zugewinngemeinschaft, so beträgt der gesetzliche Erbteil des Ehegatten drei Viertel. Das Erbrecht eventuell vorhandener Abkömmlinge wird dadurch 465

3 OLG Zweibrücken FGPrax 1996, 189
4 Soergel/Stein, § 1925 Rn 10 mwN

gänzlich ausgeschlossen. Dadurch erhöht sich sein Erbteil. Darüber hinaus kann der **überlebende Ehegatte** das gesetzliche Vermächtnis des Voraus nur dann geltend machen, wenn er neben den Großeltern zum gesetzlichen Erben berufen ist. Ansonsten ist er Alleinerbe und benötigt diesen Voraus nicht. Der Ehegatte erbt nach § 1931 II BGB allein, wenn von den Großeltern keiner mehr vorhanden ist.

466 Bei **an Kindes Statt angenommenen Kindern** gilt Folgendes:

➢ Die Adoption minderjähriger Kinder führt erbrechtlich dazu, dass das Kind nur durch die Familien des Annehmenden beerbt wird.

➢ Stirbt der adoptierte Volljährige, so sind Erben der 3. Ordnung seine leiblichen Großeltern und deren Abkömmlinge, § 1770 I BGB. Die Kinder des Verstorbenen haben durch seinen Tod nun drei erbberechtigte Großelternpaare.

➢ Wird ein minderjähriges Kind von seiner Tante/seinem Onkel und deren/dessen Ehegatten adoptiert, so bleibt es nach § 1756 BGB mit seinen beiden leiblichen Großelternpaaren verwandt; es erhält noch ein weiteres Großelternpaar des annehmenden Ehegatten hinzu, die zusammen mit ihren Abkömmlingen im Falle des Todes des Kindes Erben dritter Ordnung werden.

➢ Die leiblichen Geschwister des an Kindes Statt angenommenen Kindes haben als Abkömmlinge der gemeinsamen Großeltern ein Eintrittsrecht nach § 1926 III BGB. Dieses Recht steht auch dem mit den Großeltern verwandten Elternteil des Kindes zu.

d. Erben der 4. und weiterer Ordnungen

467 Erben der vierten Ordnung sind die Urgroßeltern des Erblassers und deren Abkömmlinge. Sie erben nach § 1930 BGB erst dann, wenn kein Verwandter der vorhergehenden Ordnung vorhanden ist. Lebt nur noch ein Urgroßelternteil, so erbt er allein und schließt, unabhängig von der bestehenden Linie, alle Abkömmlinge der anderen vorverstorbenen Urgroßeltern aus. Den Erben der vierten Ordnung steht, mit Ausnahme des Ehegatten des Erblassers, kein Erbrecht zu.

468 Eine **Besonderheit** gilt es **nach § 1928 III BGB** dann zu beachten, wenn die Urgroßeltern zum Zeitpunkt des Erbfalls nicht mehr leben bzw als vorverstorben gelten: In diesem Fall erbt der Abkömmling der Urgroßeltern, der mit dem Erblasser dem Grade nach am nächsten verwandt ist. Dadurch soll eine zu große Aufspaltung des Nachlasses vermieden werden. Der Nächstverwandte schließt somit die ferneren Verwandten von der gesetzlichen Erbfolge aus. Nach § 1931 II BGB verdrängt der noch lebende Ehegatte des Erblassers die Verwandten der vierten Ordnung.

469 Existieren **mehrere Erben mit demselben Verwandtschaftsgrad,** so wird der Nachlass unter ihnen nicht mehr nach Stämmen, sondern nach Köpfen aufgeteilt. Die Regelung des § 1927 BGB findet hier keine Anwendung; die Mehrfachverwandtschaft bleibt außer Betracht.

Tschichoflos

Im Falle der **Volladoption** erbt das Kind nur von den Adoptivurgroßeltern, ohne am Nachlass der leiblichen Urgroßeltern beteiligt zu sein, §§ 1754, 1755 BGB. Etwas anderes gilt bei der Adoption des volljährigen Erblassers: Nach § 1770 I BGB findet keine Beerbung des Erblassers in der Familie seiner Adoptiveltern statt. 470

Erben der fünften Ordnung sind die Ururgroßeltern des Erblassers und deren Abkömmlinge, § 1929 BGB. Daraus wird ersichtlich, dass das Gesetz das Verwandtenerbrecht unbegrenzt fortführt. Dabei ist zu beachten, dass innerhalb der Ordnung das **Gradualsystem** Anwendung findet. Erben einer niedrigeren Ordnung schließen die jeweils höhere Ordnung aus. Innerhalb der zur Erbfolge berufenen Ordnung gilt, wie in der vierten Ordnung, das Gradualsystem, wonach derjenige erbt, der am nächsten mit dem Erblasser verwandt ist. Mehrere gleichnah Verwandte erben zu gleichen Teilen. 471

Nach § 1931 II BGB schließt **ein Ehegatte** des Erblassers ab der vierten Ordnung sämtliche Verwandten von der gesetzlichen Erbfolge aus. 472

Schwierigkeiten rein tatsächlicher Natur ergeben sich bei der **Erbfolge entfernterer Ordnungen** daraus, dass die Verwandtschaft meist nicht mehr nachweisbar ist. Kann der Nachweis der Erbfolge nicht erbracht werden, erbt der Fiskus als letzter gesetzlicher Erbe. 473

6. Ehegattenerbrecht

Nach § 1931 BGB ist der überlebende Ehegatte gesetzlicher Erbe neben den Verwandten des Erblassers. Die **Höhe seines Erbteils** ist zum einen abhängig vom Güterstand, in dem er mit dem Erblasser gelebt hat und zum anderen kommt es darauf an, neben welchen Verwandten er gesetzlicher Erbe wird. Sinn des Ehegattenerbrechts ist die Erhaltung des bisherigen Lebenszuschnitts der Eheleute. Selbst dann, wenn der Erblasser den Ehegatten durch eine Verfügung von Todes wegen enterbt, partizipiert der Ehegatte über den Pflichtteil am Nachlass. 474

a. Voraussetzungen des Ehegattenerbrechts

Der überlebende Ehegatte ist nur dann **erbberechtigt,** wenn er im Zeitpunkt des Erbfalls mit dem Erblasser verheiratet war. Die Ehe hat im Zeitpunkt des Eintritts des Erbfalls nicht mehr bestanden, wenn 475

- ein rechtskräftiges Ehescheidungsurteil vorliegt, § 1564 BGB
- die Ehe rechtskräftig aufgehoben wurde
- eine nichtige Ehe durch rechtskräftiges Nichtigkeitsurteil aufgehoben wurde

Im Falle einer **Nichtehe** bestand zu keinem Zeitpunkt eine wirksame Ehe, weshalb das gesetzliche Ehegattenerbrecht nicht zur Entstehung gelangt, da der Überlebende zu keinem Augenblick Ehegatte des Erblassers war.

Bei einer **Doppelehe** hinterlässt der Erblasser zwei Ehegatten, die beide zu gesetzlichen Erben berufen sind, sofern nicht § 1318 V BGB eingreift.

Praxis-Tipp:

Die beiden Ehegatten erhalten bei der Doppelehe den gesetzlichen Ehegattenerbteil nur einmal, und zwar gemeinsam, auf keinen Fall aber doppelt.[5]

Die Ehe eines **irrtümlich für tot Erklärten** ist durch diese Erklärung noch nicht aufgelöst. Stirbt nun der andere Ehegatte, so beerbt der fälschlich für tot Erklärte kraft Gesetzes.

476 Sterben die Ehegatten durch das gleiche Ereignis, so ist der jeweilige Todeszeitpunkt zu ermitteln. Ist dies nicht möglich und ist vom **gleichzeitigen Versterben** auszugehen, so kann der eine Ehegatte nicht Erbe des anderen Ehegatten sein. Darüber hinaus besteht in diesem Fall auch kein Zugewinnausgleichsanspruch.[6]

477 Starb der Erblasser **während des Scheidungsrechtsstreits,** dann bestand die Ehe beim Eintritt des Erbfalls noch und der überlebende Ehegatte ist zum gesetzlichen Erben nach § 1931 BGB berufen. Da dieses Ergebnis dem mutmaßlichen Willen des Erblassers widerspricht, der geschieden worden wäre, wenn der Tod nicht eingetreten wäre, hat der Gesetzgeber in § 1933 BGB das **Erbrecht dann ausgeschlossen,** wenn zur Zeit des Todes des Erblassers die Voraussetzungen für die Scheidung der Ehe gegeben waren und der Erblasser die Scheidung beantragt oder ihr zugestimmt hatte. Nach Ansicht der hM[7] muss dem anderen Ehegatten das Scheidungsbegehrens zugestellt sein, um das Erbrecht auszuschließen.

478 Hatte der überlebende Ehegatte den Scheidungsantrag beim Gericht eingereicht, der Erblasser aber **noch nicht zugestimmt,** so bleibt das gesetzliche Erbrecht des Ehegatten erhalten. Allerdings wird das Scheidungsverfahren nicht fortgesetzt, wenn der Erblasser, nachdem er den Sachverhalt geschildert hat, stirbt. Das Verfahren ist durch den Tod als in der Hauptsache für erledigt anzusehen. Ein bereits ergangenes Scheidungsurteil kann nicht mehr rechtskräftig werden und ist daher bedeutungslos.

b. Umfang/Quoten des Ehegattenerbrechts

479 Die Erbquote des Ehegatten richtet sich danach, **mit welchen Verwandten** er noch als gesetzlicher Erbe berufen ist. Neben Erben der 1. Ordnung erbt er zu einem Vierteile, neben Verwandten der 2. Ordnung oder neben Großeltern ist der Ehegatte zur Hälfte der Erbschaft berufen, § 1931 BGB. Leben zum Zeitpunkt nicht mehr alle Großeltern und treffen Abkömmlinge dieser vorverstor-

---

5 KG OLGZ 77, 386; MüKo-Leipold, § 1931 Rn 9

6 BGH NJW 1978, 1855

7 BGHZ 111, 329 mwN; aA: Brox, Rn 56, wonach es ausreichen soll, dass der Antrag bei Gericht eingegangen ist

benen Großeltern mit lebenden Großeltern zusammen, so erhält der Ehegatte nach § 1931 I 2 BGB auch den Anteil der Abkömmlinge. Neben Erben der 4. Ordnung ist der überlebende Ehegatte zum **Alleinerben** berufen (§ 1931 II BGB).

Hinterließ der Erblasser neben dem Ehegatten **nur nichteheliche Kinder,** so erbte der überlebende Ehegatte vor dem 1. 4. 1998 als Alleinerbe und hatte die Erbersatzansprüche der Kinder zu erfüllen. Neben den Eltern des Erblassers und deren Abkömmlingen erbt der überlebende Ehegatte zur Hälfte. Gleiches gilt, wenn beide Eltern vorverstorben sind und Abkömmlinge nur eines Elternteils vorhanden sind. In Erbfällen vor dem 1. 4. 1998 war der nichteheliche Vater neben dem Ehegatten seines Kindes auf einen Erbersatzanspruch beschränkt, § 1934 a III BGB aF. 480

Umstritten ist die rechtliche Situation, wenn zum Zeitpunkt des Erbfalls des Erblassers nicht mehr alle Großeltern leben. Treffen Abkömmlinge mit den weggefallenen Großeltern zusammen, so fällt der Anteil der weggefallenen Großeltern nach hM dem Ehegatten zu,[8] weil der Ehegatte nur die Abkömmlinge ausschließt. Die Großeltern erben nur dann, wenn sie keine Abkömmlinge haben. 481

Nach § 1934 S 1 BGB erbt der überlebende Ehegatte, wenn er **zugleich** zu den **erbberechtigten Verwandten** gehört, sowohl den gesetzlichen Erbteil als Ehegatte als auch den gesetzlichen Erbteil als Verwandter, wobei die beiden Erbteile aber rechtlich selbständig sind, dh der Ehegatte kann den Verwandtenerbteil ausschlagen, ohne dass davon der andere Erbteil, der Ehegattenerbteil, betroffen wäre, § 1934 S 2 BGB. 482

c. Güterrechtlicher Einfluss

Lebten die Ehegatten im gesetzlichen Güterstand der **Zugewinngemeinschaft,** so erhöht sich nach § 1371 BGB der gesetzliche Erbteil um ein Viertel (sog erbrechtliche Lösung, §§ 1931 III, 1371 I BGB). Grundgedanke dieser Regelung war, dass bei der Beendigung des Güterstandes durch Ehescheidung oder Tod der Zugewinn festzustellen ist. Nach der Legaldefinition in § 1373 BGB ist der Zugewinn der Betrag, um den das Endvermögen jedes Ehegatten dessen Anfangsvermögen übersteigt. Die Differenz dieser beiden Beträge ist dann auszugleichen. Um diesen Schwierigkeiten bei der **Beendigung des gesetzlichen Güterstandes** durch Tod zu entgehen, hat der Gesetzgeber bestimmt, dass der gesetzliche Erbteil pauschal um ein Viertel erhöht wird, und zwar unabhängig davon, ob überhaupt ein Zugewinn innerhalb der Ehezeit erwirtschaftet wurde und wenn ja, wer diesen erlangt hat.[9] 483

Der so erhöhte Erbteil ist ein **einheitlicher,** der es ihm unmöglich macht, das zusätzliche Viertel gesondert auszuschlagen, § 1950 BGB. 484

---

8 Lange/Kuchinke, S 242; Kipp/Coing, S 42 Fn 15; kritisch: Staudinger/Werner, § 1931 Rn 26

9 Palandt/Edenhofer, § 1931 Rn 8

485 Demnach erbt der überlebende Ehegatte

- ➢ neben Abkömmlingen der 1. Ordnung $1/4 + 1/4 = 1/2$
- ➢ neben Verwandten der 2. Ordnung bzw sämtlichen Großeltern $1/2 + 1/4 = 3/4$

486 Erbt der Ehegatte gemäß § 1931 I 2 schon $3/4$ der Erbschaft, so wird er **Alleinerbe,** wenn die Ehegatten im gesetzlichen Güterstand der Zugewinngemeinschaft gelebt haben.

487 Die Vorschrift des **§ 1371 I BGB** setzt voraus, dass der Güterstand durch den Tod eines Ehegatten aufgelöst wurde und der überlebende Ehegatte gesetzlicher Erbe iSd § 1931 BGB geworden ist.

488 Die Erhöhung des Ehegattenerbteils führt zwangsläufig zu einer Verringerung des Nachlasses bei den Verwandten. Zum Schutz der Abkömmlinge des Erblassers, die nicht gemeinschaftliche sind, bestimmt § 1371 IV BGB, dass der überlebende Ehegatte den genannten Abkömmlingen des Erblassers aus dem zusätzlichen Viertel die Mittel zu einer **angemessenen Berufsausbildung** zu gewähren hat, sofern Bedarf besteht.

489 Neben der erbrechtlichen Lösung hat der Ehegatte auch die Möglichkeit, die Erbschaft auszuschlagen und dafür den konkret berechneten Zugewinnausgleich nach §§ 1371 III, I, 1373 ff BGB sowie den kleinen Pflichtteil zu verlangen (sog **güterrechtliche Lösung).** Wurde der Ehegatte durch eine Verfügung von Todes wegen enterbt, so findet auch hier die güterrechtliche Lösung Anwendung. Nach hM hat der Ehegatte in diesem Fall kein Wahlrecht hinsichtlich des großen Pflichtteils.[10]

Praxis-Tipp:

Versterben beide Ehegatten gleichzeitig, so kommt der Zugewinnausgleichsanspruch nicht zur Entstehung. Nach § 1378 III 1 BGB ist der Zugewinn zwar vererblich; nach Ansicht der Rechtsprechung des BGH muss aber, entsprechend dem Sinn und Zweck des § 1371 II BGB, der Anspruch in der Person der Eheleute entstanden sein, nicht erst in der Person der Erben.[11]

490 Haben die Ehegatten durch Abschluss eines Ehevertrages den Güterstand der **Gütertrennung (§ 1414 BGB)** begründet, so wird der überlebende Ehegatte zunächst mit einer Erbquote von $1/4$, $1/2$ oder $1/1$ gemäß § 1931 I, II BGB Erbe, sofern der Erblasser neben dem Ehegatten auch noch Verwandte hinterlässt. Darüber hinaus findet § 1931 IV BGB Anwendung. Sind neben dem überlebenden Ehegatten ein oder zwei Kinder des Erblassers als gesetzliche Erben berufen, so erben der überlebende Ehegatte und jedes Kind zu gleichen Teilen. Dh der Ehegatte erbt neben einem Kind zu $1/2$, neben zwei Kindern zu $1/3$ und bei mehr als zwei Kindern beträgt die Höhe des Erbteils $1/4$, und zwar

10 BGH NJW 1982, 2497; Palandt/Edenhofer, § 1371 Rn 15
11 BGHZ 72, 85

unabhängig, um welche Anzahl von Kindern es sich handelt. Die Kinder teilen sich dann 3/4 des Nachlasses.

Haben die Ehegatten den Wahlgüterstand der **Gütergemeinschaft** vereinbart, so führt dies grundsätzlich nicht zu einer Veränderung der Erbquote; vielmehr bleibt es nach § 1482 BGB bei der Regelung in § 1931 I, II BGB. Der Anteil am Gesamtgut, der das gesamte Vermögen der Ehegatten darstellt, wird nach den allgemeinen Regeln vererbt. 491

Im Falle einer **fortgesetzten Gütergemeinschaft,** bei der die Gemeinschaft mit dem überlebenden Ehegatten und den Abkömmlingen fortgesetzt wird, tritt ein Erbfall am Gesamtgut nach § 1483 BGB nicht ein, vielmehr setzt sie sich gerade am Gesamtgut fort. Hatte der Erblasser weitere, aber nicht gemeinschaftliche Abkömmlinge, so bestimmen sich deren Erbteile so, als wäre die fortgesetzte Gütergemeinschaft nicht eingetreten. In einem solchen Fall muss dann eine Auseinandersetzung hinsichtlich des **Gesamtgutes** zwischen den gemeinschaftlichen Abkömmlingen und dem überlebenden Ehegatten einerseits und den nicht gemeinschaftlichen Abkömmlingen andererseits stattfinden. 492

Nach § 1509 S 1 BGB kann jeder Ehegatte für den Fall der Auflösung der Ehe durch Tod **die Fortsetzung** der Gütergemeinschaft **ausschließen,** wenn er berechtigt ist, dem anderen Ehegatten den Pflichtteil zu entziehen oder auf Aufhebung der Gütergemeinschaft zu klagen. Im übrigen kann der überlebende Ehegatte, entsprechend den Regeln zur Ausschlagung, die Fortsetzung der Gütergemeinschaft ablehnen, § 1484 BGB. 493

Für die Bestimmung der Erbfolge hinsichtlich des **Vorbehalts-**[12] und das **Sondergutes**[13] sind die erbrechtlichen Vorschriften von Bedeutung, §§ 1417, 1418 BGB. 494

d. Nichteheliche Lebensgemeinschaft

Die nichteheliche Lebensgemeinschaft führt beim Tod eines Partners, mangels entsprechender gesetzlicher Regelung, nicht zu einem gesetzlichen Ehegattenerbrecht. Darüber hinaus ist § 1931 BGB nach allgemeiner Ansicht nicht analog anwendbar ist. Der überlebende Partner kann gegen die gesetzlichen Erben allenfalls Ansprüche aus **besonderen Vereinbarungen** mit dem verstorbenen Partner geltend machen, die dann den Nachlass beeinträchtigen und als Nachlassverbindlichkeit iSd § 1967 BGB zu bewerten sind. Im übrigen bleibt derzeit nur der Weg über eine Verfügung von Todes, um dem anderen Partner erbrechtliche Zuwendungen machen zu können. 495

12 Zum Vorbehaltsgut gehören Gegenstände, die durch den Ehevertrag dazu bestimmt sind

13 Zum Sondergut gehören die Gegenstände, die nicht durch Rechtsgeschäft übertragen werden können, § 1417 BGB

e. Gesetzliche Vermächtnisse

aa. Voraus

496 Nach § 1932 BGB hat der überlebende Ehegatte einen Anspruch auf den Voraus. Dabei handelt es sich um ein **gesetzlich angeordnetes Vorausvermächtnis** (§ 1932 II BGB), das dem Ehegatten als gesetzlichem Erben zusätzlich zu seinem Erbteil und unabhängig vom Güterstand zusteht, sofern die Eheleute einen gemeinsamen Haushalt hatten, dh die Ehe zum Zeitpunkt des Todes noch bestanden hatte. Der Ehegatte muss **endgültiger gesetzlicher Miterbe** geworden sein. Er kann daher nicht die Erbschaft ausschlagen und den Voraus annehmen, wohl aber umgekehrt den Voraus ausschlagen und die Erbschaft annehmen. Um den Voraus zu erhalten, kann der überlebende Ehepartner die Erbschaft, die ihm der Erblasser in einer Verfügung von Todes wegen zugedacht hat, ausschlagen und den gesetzlichen Erbteil nebst Voraus beanspruchen.

497 Der Voraus ist gerichtet auf die **zum ehelichen Haushalt gehörenden Gegenstände,** soweit sie nicht Zubehör des Grundstücks sind und die Hochzeitsgeschenke. Im Einzelnen:

➢ **Haushaltsgegenstände** sind Sachen und Rechte, die dem Erblasser gehört und dem gemeinsamen Haushalt gedient haben, und zwar unabhängig von deren Wert oder tatsächlichen Gebrauch.[14] Hierzu gehören also: Möbel, Teppiche, Geschirr, Haushaltsgeräte, Bücher, Schallplatten, Hifi-Geräte, Bilder und der Familien-PKW; aber auch Miteigentumsanteile und Mietmöbel. Nicht zu den Haushaltsgegenständen gehören die dem persönlichen Gebrauch des einzelnen Ehegatten dienenden Gegenstände, wie Kleider und Schmuck, aber auch die ausschließlich der zur Berufsausübung bestimmten Gegenstände.

➢ Bei den **Hochzeitsgeschenken,** die im Zweifel gemeinschaftliches Eigentum der Eheleute geworden sind, richtet sich der Anspruch auf Verschaffung der ideellen Eigentumshälfte des Erblassers.

498 Nach § 1932 I 2 BGB ist der Voraus, wenn der Ehegatte neben Abkömmlingen als gesetzlicher Erbe berufen ist, insoweit eingeschränkt, als ihm die Gegenstände des Voraus nur insoweit zustehen, als sie **zur Führung eines angemessenen Haushalts notwendig** sind. Der überlebende Ehegatte darf daher weder über eine genügende Anzahl der Gegenstände dieser Art verfügen noch darf ihm die Anschaffung dieser Gegenstände aus eigenen Mitteln zumutbar sein.[15] Bei der Abwägung der Interessen ist zu berücksichtigen, dass sich der Bedarf und damit auch der Haushalt reduziert.[16] Der Wert der Haushaltsgegenstände ist dabei nicht entscheidend.

499 Der überlebende Ehegatte hat aufgrund des gesetzlichen Vorausvermächtnisses gegen die Erbengemeinschaft einen **schuldrechtlichen Anspruch auf Übereignung** dieser Gegenstände, § 2174 BGB. Der Vermächtnisanspruch ist Nach-

14 Palandt/Edenhofer, § 1932 Rn 4
15 RGRK, § 1932 Rn 8
16 MüKo-Leipold, § 1932 Rn 14

lassverbindlichkeit iSd § 1967 BGB und bei der Auseinandersetzung des Nachlasses vorab zu berichtigen, § 2046 BGB. Im Nachlassinsolvenzverfahren oder bei Unzulänglichkeit des Nachlasses ist der Vermächtnisanspruch aus § 1932 BGB erst nach den sonstigen Verbindlichkeiten zu erfüllen, § 1991 IV BGB, § 327 I Nr. 2 InsO.

Das Vermächtnis wird erfüllt durch **Einigung und Übergabe;** ist der Ehegatte bereits im Besitz der Haushaltsgegenstände, so ist die förmliche Übergabe entbehrlich.[17] 500

Der **Wert** des Voraus ist auch im Rahmen einer Ausschlagung zu berücksichtigen. Insoweit besteht für den überlebenden Ehegatten eine **Auskunftspflicht** gemäß § 2027 BGB. Ist beispielsweise der Nachlass relativ gering, der Hausrat (Möbel, Küche usw) aber wertvoll, so ist dies in die Berechnung mit einzustellen. Unter Umständen ist nämlich der gesetzliche Erbteil zuzüglich des Voraus' wertvoller als der konkrete Zugewinn und der (kleine) Pflichtteil. 501

Praxis-Tipp:

> *Der Voraus als gesetzliches Vermächtnis wirkt **pflichtteilsreduzierend,** dh der Wert des Vorausvermächtnisses ist bei der Berechnung des Pflichtteils vom Bestand des Nachlasses abzuziehen. Dies soll nach Ansicht der hM nur dann gelten, wenn der Ehegatte im Rahmen der gesetzlichen Erbfolge zum Erben berufen ist.[18] Der BGH lehnt die Anrechnung des gesetzlichen Vermächtnisses bei der gewillkürten Erbfolge ab.[19]*

bb. Dreißigster

Auch der Dreißigste ist ein **gesetzlich angeordnetes Vermächtnis,** das den Familienangehörigen, die zum Hausstand gehörten, zugute kommt, gleichgültig, ob der Erblasser dies beabsichtigt hatte oder nicht. Nach § 1969 BGB haben die Familienangehörigen des Erblassers also, sofern sie zur Zeit seines Todes **zu dessen Hausstand** gehört und von ihm Unterhalt bezogen haben, **in den ersten 30 Tagen** nach Eintritt des Erbfalls gegen den Erben Anspruch auf Zahlung von Unterhalt und Benutzung der Wohnung und der Haushaltsgegenstände. 502

Zu den Personen, die wegen ihrer **persönlichen Beziehung** zum Erblasser und ihrer **tatsächlichen Aufnahme** in die Familiengemeinschaft als zu ihr gehörig angesehen werden,[20] sind nach § 1619 BGB minder- und volljährige Kinder ebenso wie Pflegekinder zu rechnen. Inwieweit auch der Lebensgefährte und der mit dem Erblasser in Scheidung lebende Ehegatte hierzu gehören, ist streitig.[21] Darüber hinaus müssen diese Personen Unterhalt vom Erblasser bezo- 503

17 KG FamRZ 1960, 1107
18 Kipp/Coing, § 9 II 3 mwN
19 BGHZ 73, 29
20 Staudinger/Marotzke, § 1969 Rn 4–6
21 Bzgl Lebensgefährte bejahend: OLG Düsseldorf NJW 1983, 1566; Soergel/Stein, § 1969 Rn 2; verneinend: Steinert, NJW 1986, 686; bzgl getrennt lebender Ehegatte: bejahend: Palandt/Edenhofer, § 1969 Rn 1; verneinend: Soergel/Stein, § 1969 Rn 2

gen haben, und zwar unabhängig davon, ob er dazu gesetzlich verpflichtet gewesen wäre.

504 Der Vermächtnisanspruch ist grundsätzlich **in Natur** und im bisherigen Umfang zu erfüllen. Ist dies aus Gründen einer vorherigen Haushaltsauflösung nicht möglich, so ist der **Anspruch auf Geld** gerichtet. Der Erblasser kann dieses Vermächtnis durch eine Verfügung von Todes wegen erhöhen, verringern oder gänzlich ausschließen.

505 Der Erbe, gegen den sich der Anspruch richtet, kann die **Haftung beschränken.** Allerdings wird die Forderung durch das Gläubigeraufgebot nicht betroffen, §§ 1969 II, 1972 BGB.

506 Der Anspruch auf den Dreißigsten ist **weder übertragbar noch pfändbar** (§§ 399, 400 BGB, § 850 b I Nr. 2, II, 851 ZPO); er unterliegt damit dem Aufrechnungsverbot des § 394 BGB und dem Ausschluss des Zurückbehaltungsrechts nach § 273 BGB.

Allgemein **für beide gesetzlichen Vermächtnisse** gilt:

507 Auch der Vermächtnisnehmer kann unwürdig sein. Die Unwürdigkeitsgründe sind dieselben wie in § 2339 I BGB. Nach der gesetzgeberischen Entscheidung in § 1932 II BGB und § 1969 II BGB finden die Vorschriften über Vermächtnisse auf die gesetzlichen Vermächtnisse des Voraus' und des Dreißigsten entsprechende Anwendung.

508 Gegenüber den allgemeinen Regelungen sind folgende **Besonderheiten** zu beachten:

Die **Vermächtnisunwürdigkeit** wird durch formlose Anfechtungserklärung, entsprechend der allgemeinen Vorschrift des § 143 BGB, innerhalb der Anfechtungsfrist gegenüber dem Vermächtnisunwürdigen geltend gemacht. Die Frist bestimmt sich nach den für die Testamentsanfechtung geltenden Fristen der §§ 2082 ff BGB. Nach Ablauf der Anfechtungsfrist kann der mit dem Vermächtnis beschwerte Erbe die Erfüllung des Vermächtnisanspruchs durch die **Einrede der Vermächtnisunwürdigkeit** verweigern, §§ 2345 I 2, 2083 BGB. Die Anfechtung richtet sich gegen den schuldrechtlichen Anspruch des Vermächtnisnehmers, § 2345 I 1 BGB und beseitigt rückwirkend den schuldrechtlichen Vermächtnisanspruch des Unwürdigen (vgl § 142 I BGB). Die bereits empfangenen Gegenstände hat der Vermächtnisunwürdige nach § 812 I BGB als ungerechtfertigte Bereicherung zurückzugewähren.

7. Erbrecht der Partnerschaftsgemeinschaft

509 Am 8. 11. 2000 wurde das sog **Lebenspartnerschaftsgesetz** (Gesetz zur Beendigung der Diskriminierung gleichgeschlechtlicher Partnerschaften – LPartG) vom Bundestag, ungeachtet der Einwände und der verfassungsrechtlichen Bedenken, verabschiedet. Es ist im Sommer 2001 in Kraft getreten und in einigen Punkten noch geändert werden. Im folgenden sollen nun die Regelungen, die das neue Lebenspartnerschaftsgesetz zum Erbrecht enthält, dargestellt werden.

Nach § 10 I LPartG ist der überlebende Lebenspartner des Erblassers **gesetzlicher Erbe** neben den Verwandten des Erblassers, entsprechend der Regelung in § 1931 BGB. Darüber hinaus steht ihm das gesetzliche Vermächtnis des Voraus an den zum lebenspartnerschaftlichen Haushalt gehörenden Gegenständen sowie den Geschenken, die sie anlässlich der Begründung der Lebensgemeinschaft erhalten haben, zu. Ist der überlebende Lebenspartner neben gesetzlichen Erben der 1. Ordnung zur Erbfolge berufen, so steht ihm der Voraus nur zu, soweit er ihn zur Führung eines angemessenen Haushaltes benötigt. 510

Der überlebende Lebenspartner wird **Alleinerbe,** wenn weder Abkömmlinge des Erblassers noch Verwandte der 2. Ordnung oder Großeltern vorhanden sind, § 10 II LPartG. Diese Regelung entspricht § 1931 II BGB im Ehegattenerbrecht. 511

Im neuen LPartG ist auch eine Regelung für den Fall verankert worden, dass sich die **Partner trennen.** Dann nämlich soll das Erbrecht des überlebenden Lebenspartner ausgeschlossen werden. Nach § 10 III LPartG steht dem Lebenspartner dann kein gesetzliches Erbrecht zu, wenn 512

- die Voraussetzungen für die Aufhebung der Lebenspartnerschaft nach § 15 II Nr. 1 oder 2 gegeben waren und der Erblasser die Aufhebung beantragt oder ihr zugestimmt hatte oder
- der Erblasser einen Antrag nach § 15 II Nr. 3 gestellt hatte und dieser Antrag begründet war.

§ 15 LPartG regelt die Aufhebung der Lebenspartnerschaft. Sie wird auf Antrag eines oder beider Lebenspartner durch gerichtliches Urteil beendet, und zwar dann, wenn 513

- beide Partner erklären, die Lebenspartnerschaft nicht fortsetzen zu wollen und seit dieser Erklärung zwölf Monate vergangen sind;
- ein Lebenspartner die Lebensgemeinschaft nicht fortsetzen will und seit dieser Willensäußerung gegenüber dem anderen Partner 36 Monate verstrichen sind oder
- die Fortsetzung der Lebenspartnerschaft für den Antragsteller aus Gründen, die in der Person des anderen Partners liegen, eine unzumutbare Härte wäre.

Die Gründe für die **Aufhebung der Lebenspartnerschaft** entsprechen den Scheidungsgründen der §§ 1565 II, 1566 BGB, wobei im Ehescheidungsrecht als weitere Voraussetzung die Trennung von Tisch und Bett zur Zerrüttung hinzukommen muss. Darüber hinaus kommt es bei der Lebenspartnerschaft lediglich auf den Willen eines oder beider Partner an, die Gemeinschaft zu beenden, wohingegen der Gesetzgeber in § 1566 BGB das Zerrüttungsprinzip statuiert, um aufgrund äußerer Umstände und ohne die Intimsphäre der Eheleute zu beeinträchtigen, von einer unwiderlegbaren Vermutung ausgeht, dass die Ehe gescheitert ist, wenn die Eheleute sich getrennt haben. 514

515 Hat der Erblasser den überlebenden Lebenspartner durch eine Verfügung von Todes wegen bedacht, und wird die **Partnerschaft aufgehoben,** so findet § 2077 I und III BGB entsprechend Anwendung, dh die letztwillige Verfügung ist unwirksam, wenn die Partnerschaft vor dem Tod des Erblassers aufgelöst worden ist.

516 Im Falle der Aufhebung der Lebenspartnerschaft kann der Lebenspartner, sofern er nicht in der Lage ist, für seinen Unterhalt zu sorgen, vom anderen Partner den nach den Lebensverhältnissen während der Lebensgemeinschaft angemessenen Unterhalt verlangen. Dieser **nachpartnerschaftliche Unterhaltsanspruch** nach § 16 LPartG besteht nur solange und soweit von ihm eine Erwerbstätigkeit, insbesondere wegen Alters, Krankheit oder anderer Gebrechen, nicht erwartet werden kann.

517 Erstmals ist nun gesetzlich geregelt, dass Personen, die nicht miteinander verheiratet sind, ein **gemeinschaftliches Testament** errichten können, für das die Vorschriften der §§ 2266 bis 2273 BGB entsprechend gelten. Damit wird die gleichgeschlechtliche Partnerschaft erstmals der Ehe gleichgestellt.

518 Hat der Erblasser den überlebenden Lebenspartner durch eine Verfügung von Todes wegen **von der Erbfolge ausgeschlossen,** so hat er nach § 10 VI LPartG, wie ein Ehegatte, einen Pflichtteilsanspruch, der sich als Geldanspruch gegen den/die Erben richtet. Insoweit wird auch auf die Vorschriften der §§ 2303 ff BGB verwiesen. Schließlich kann der überlebende Lebenspartner unter Anwendung der Vorschriften der §§ 2346 ff BGB auch auf die Erbschaft verzichten (§ 10 VII LPartG).

8. Erbrecht des nichtehelichen Kindes

519 Das nichteheliche Kind hat ein **gesetzliches Erbrecht nach seiner Mutter,** umgekehrt ist die Mutter gesetzliche Erbin ihres nichtehelichen Kindes. Dabei handelt es sich um ein vollwertiges Erbrecht.

520 Seit dem **Erbrechtsgleichstellungsgesetz,** das am **1.4.1998** in Kraft getreten ist, sind eheliche und nichteheliche Kinder einander gleichgestellt. Dies gilt nicht nur im Familienrecht, sondern hat auch Auswirkungen auf das Erbrecht des nichtehelichen Kindes. Bis zu dieser Reform war das nichteheliche Kind zwar mit dem leiblichen Vater verwandt, hatte aber nur einen **Erbersatzanspruch** gegen die Erben, der in Geld zu erfüllen war. Mit der Streichung der Vorschriften der §§ 1934 a ff BGB über den Erbersatzanspruch sind nunmehr Kinder, unabhängig davon, ob deren Eltern miteinander verheiratet waren oder sind, als Abkömmlinge ihres Vaters erbberechtigt. Sie bilden mit den übrigen gesetzlichen Erben eine Miterbengemeinschaft und sind, sofern keine letztwillige Verfügung vorliegt, gleichberechtigte Miterben nach dem Erblasser. Für die Erbberechtigung nichtehelicher Kinder ist Voraussetzung, dass ihre Abstammung vom Vater **statusrechtlich** feststeht, die Vaterschaft also anerkannt oder gerichtlich festgestellt ist. Dadurch treten die erbrechtlichen Wirkungen zwischen dem nichtehelichen Kind und seinem Vater, und zwar mit Rückwirkung auf den Erbfall, ein.

Hinsichtlich der **Feststellung der Vaterschaft** ist zu unterscheiden, ob der Vater bei der Geburt mit der Kindesmutter verheiratet war oder nicht. Die Vaterschaft des biologischen Vater nach § 1592 BGB tritt dann ein, wenn 521

- er im Zeitpunkt der Geburt mit der Mutter verheiratet ist;
- er die Vaterschaft anerkannt hat, wobei hierzu die Zustimmung der Mutter in notariell beurkundeter Form erforderlich ist oder
- seine Vaterschaft nach § 1600 d BGB nF gerichtlich festgestellt ist.

Nach § 1593 BGB nF gilt derjenige, dessen Ehe durch Tod aufgelöst wurde dann als Vater, wenn das Kind **innerhalb von 300 Tagen** nach der Auflösung geboren wird.

Im Einzelnen:

a. Anerkennung der Vaterschaft

Vater eines Kindes ist gemäß § 1592 Ziff 2 BGB der Mann, der die Vaterschaft anerkannt hat. Durch die Anerkennung als einem einseitigen, zustimmungsbedürftigen Rechtsgeschäft mit statusbefestigender Wirkung entsteht die Zuordnung Kind – Vater. Die Rechtswirkungen der Anerkennung treten nach § 1594 I und II BGB nur dann ein, wenn die Anerkennung wirksam ist, dh wenn kein anderer Mann als Vater gilt. Bis zu einer eventuellen Anfechtung der Vaterschaft des Schein-Vaters ist die Anerkennung schwebend unwirksam. 522

b. Gerichtliche Feststellung der Vaterschaft

Die Vaterschaft kann nach § 1600 e I BGB durch ein **Feststellungsurteil** vom Familiengericht **auf Antrag** 523

- des Mannes gegen das Kind;
- des Kindes gegen den Mann oder
- die Mutter gegen den Mann

festgestellt werden. Die Rechtswirkungen der Vaterschaft treten erst vom Zeitpunkt ihrer rechtskräftigen Feststellung ein, § 1600 d IV BGB.

Ist der Vater bereits verstorben, bevor die Vaterschaft gerichtlich abschließend festgestellt werden konnte, so kann das Familiengericht, bei einem entsprechenden Antrag der Mutter oder des Kindes, im Rahmen des Verfahrens der freiwilligen Gerichtsbarkeit die Vaterschaft feststellen. War allerdings die Klage bereits rechtshängig, als der Vater verstorben ist, so tritt im Zeitpunkt des Todes die Erledigung des Rechtsstreits nach §§ 640 I 619 ZPO ein.

c. Vaterschaftsanfechtung

524 Die Anfechtung der Vaterschaft erfolgt durch das Familiengericht (§ 621 I Nr. 10 ZPO) nur auf einen entsprechenden Antrag innerhalb einer **Anfechtungsfrist von zwei Jahren** ab Kenntnis des Klageberechtigten von den Umständen, die gegen die Vaterschaft sprechen, § 1600 b I BGB und beginnt frühestens mit der Geburt des Kindes.

Antragsberechtigt sind nach § 1600 BGB:

- der Mann, dessen Vaterschaft nach § 1592 Nr. 1 und 2, § 1593 BGB besteht
- die Mutter und
- das Kind.

525 Ist die Ehe durch eine **rechtskräftige Scheidung** aufgelöst und das Kind erst danach geboren worden, so kann der Vater des Kindes nur durch die Vaterschaftsanerkennung oder die gerichtliche Feststellung der Vaterschaft bestimmt werden. Das Kind gilt nach § 1592 Nr. 1 BGB als Kind des neuen Ehemannes, wenn die Mutter vor der Geburt des Kindes heiratet.

526 Die **Vaterschaftsvermutung für den Ehemann entfällt** dann, wenn das Kind während eines noch nicht rechtskräftig abgeschlossenen Scheidungsverfahren geboren wird, sofern ein anderer Mann entweder

- während der Ehe oder
- binnen einer Frist von **einem Jahr nach Rechtskraft** der Scheidung

die Vaterschaft anerkennt, § 1599 II BGB.

527 Das **bisherige Recht gilt** für die Erbrechtsfälle **weiter,** wenn

- der Erblasser vor dem 1. 4. 1998 verstorben ist oder
- vor dem Inkrafttreten des Gesetzes zur erbrechtlichen Gleichstellung nichtehelicher Kinder vom 16. 12. 1997 eine wirksame Vereinbarung über den Erbausgleich getroffen oder der Erbausgleich durch rechtskräftiges Urteil zuerkannt worden ist.

528 Eine derartige Vereinbarung über den vorzeitigen Erbausgleich war nach § 1934 d IV 1 BGB aF nur wirksam, wenn sie **notariell beurkundet** wurde. Von der Reform des Nichtehelichen-Erbrechts waren aus Gründen der Rechtssicherheit diejenigen ausgenommen, die vor dem Inkrafttreten des **Erbrechtsgleichstellungsgesetzes** eingetreten sind. Seit 1. 4. 1998 richten sich die erbrechtlichen Verhältnisse der nicht-ehelichen Kinder zu ihrem leiblichen Vater nach den Vorschriften der §§ 1924 ff BGB. Das Rechtsinstitut des vorzeitigen Erbausgleichs ist durch die Gleichstellung nichtehelicher mit ehelichen Kindern vollständig beseitigt worden.

529 Bei der **Auslegung** der Vorschriften, die Regelungen zur gesetzlichen Erbfolge enthalten, ist seit 1. 4. 1998 stets darauf zu achten, dass nunmehr auch die nichtehelichen Abkömmlinge dazugehören. Sofern sich kein entgegenstehen-

der Wille des Erblassers ermitteln bzw feststellen lässt, gilt bei den §§ 2066 und 2069 BGB die im Zeitpunkt des Erbfalls geltende gesetzliche Erbfolge.[22]

Ist die gesetzliche Erbfolge in einer Verfügung von Todes wegen, die vor dem 1. 4. 1998 errichtet wurde, zu bestimmen, so muss zunächst geprüft werden, ob dadurch auch die nichtehelichen Abkömmlinge väterlicherseits erfasst werden sollen. 530

Praxis-Tipp:

*Die **Gleichstellung** der nichtehelichen mit den ehelichen Kindern erfolgt aufgrund Art. 12 § 10 II Nichtehelichengesetzes, und entgegen des Erbrechtsgleichstellungsgesetzes nicht für die **vor dem 1. 7. 1949 geborenen Kinder.** Insoweit verbleibt es bei der bisherigen Rechtsstellung und Rechtslage.* 531

*Nach § 10 a I Nichtehelichengesetz in der Fassung des Kindschaftsreformgesetzes, das am 1. 7. 1998 in Kraft getreten ist, kann § 10 II Nichtehelichengesetz durch eine **notariell beurkundete Vereinbarung** zwischen Vater und Kind außer Kraft gesetzt werden. Beide müssen persönlich handeln. Sofern mindestens einer von ihnen verheiratet ist, bedarf die Vereinbarung der Einwilligung des Ehepartners in notarieller Form (§ 10 III Nichtehelichengesetz).*

9. Erbrecht des Fiskus

a. Voraussetzungen des Erbrechts des Staates

Nach § 1936 I 1 BGB ist der **Fiskus** des Bundesstaats, dem der Erblasser zur Zeit des Todes angehört hat, **gesetzlicher Erbe,** sofern zur Zeit des Erbfalls weder ein Verwandter noch ein Ehegatte des Erblassers vorhanden ist, der entweder im Wege der gesetzlichen oder der gewillkürten Erbfolge durch Verfügung von Todes wegen zum Erben berufen wäre. 532

In der Praxis wird der Fiskus dann gesetzlicher Erbe, wenn alle in Betracht kommenden gewillkürten und gesetzlichen Erben die Erbschaft ausgeschlagen haben. Dies geschieht insbesondere dann, wenn der Nachlass überschuldet ist. Im Interesse der Nachlassgläubiger an einer ordnungsgemäßen Abwicklung hat sich der Gesetzgeber dazu entschlossen, **den Staat als letzten gesetzlichen Erben** zu bestimmen, um auf diese Weise zu verhindern, dass es je einen erbenlosen Nachlass gibt. Als Zwangserbe kann der Fiskus weder die Erbschaft ausschlagen noch auf sie verzichten. Darüber hinaus ist es dem Erblasser nicht möglich, das gesetzliche Erbrecht des Fiskus auszuschließen, §§ 1942 II, 2346, 1938 BGB. 533

aa. Ist weder ein Verwandter noch ein Ehegatte des Erblassers vorhanden, so wird der Staat gesetzlicher Erbe, § 1936 I 1 BGB. **»Vorhandensein«** iS dieser Vorschrift bedeutet ein Vorhandensein als Erbe. Daran fehlt es in den Fällen, in denen der Erbe entweder 534

22 Kerscher/Tanck/Krug, § 16 Rn 10

➢ bereits vor dem Erbfall verstorben ist oder

➢ als vorverstorben gilt, wie zB bei der Ausschlagung, beim Erbverzicht und bei der Erbunwürdigkeit.

535 **bb.** Zum gesetzlichen Erben ist der Fiskus des Landes berufen, dem der Erblasser **zum Zeitpunkt seines Todes angehört** hat, § 1936 BGB. Dabei ist von der »Niederlassung« des Erblassers auszugehen, deren Bedeutung weiter zu fassen ist als der »Wohnsitz«, der willentlich begründet wird und einen länger andauernden Aufenthalt voraussetzt. Dagegen ist eine »Niederlassung« überall dort gegeben, wo der Erblasser »Obdach und Unterkommen irgendwelcher Art hatte und es sich dabei nicht nur um ein bloß vorübergehendes Verweilen handelte«.[23]

536 Aufgrund dieses Verständnisses des Begriffs **»angehören«** kann der Erblasser mehrere Niederlassungen, uU auch in verschiedenen Bundesländern, gehabt haben. § 1936 I 2 BGB bestimmt für diesen Fall, dass der Fiskus eines jeden dieser Staaten zu gleichen Anteilen zur Erbfolge berufen ist. Die Länder bilden dann eine Miterbengemeinschaft iSd §§ 2032 ff BGB.

537 Der **Bundesfiskus** wird nach § 1936 II BGB dann gesetzlicher Erbe, wenn der Erblasser zwar Deutscher war, aber keinem Bundesland angehörte.

538 Zunächst ist es Aufgabe des **zuständigen Nachlassgerichts,** nach dem Erbfall den/die Erben zu ermitteln. Es hat nach § 1965 I BGB öffentlich zur Anmeldung der Erbrechte unter **Bestimmung einer Anmeldefrist** aufzufordern. Die Dauer der Frist und die Art der Bekanntmachung bestimmen sich nach den Vorschriften der §§ 948 ff ZPO. Allerdings muss die Frist mindestens 6 Wochen betragen. Innerhalb weiterer 3 Monate sind die Rechte dann nachzuweisen (§ 1965 II BGB). Dabei handelt es sich um ein FG-Verfahren, in dessen Rahmen das Nachlassgericht (Rechtspfleger) von Amts wegen und gebührenfrei zu prüfen hat, ob die og Voraussetzungen vorliegen.

Praxis-Tipp:

*Kommt das Nachlassgericht seiner Verpflichtung zur genügenden Ermittlung der erforderlichen Umstände nicht nach, so ist der Erlass eines **Feststellungsbeschlusses unzulässig.***

539 Bevor es zur Feststellung des Erbrechts des Fiskus kommt, muss die Frist zur Anmeldung des Erbrechts **fruchtlos** abgelaufen sein. Sodann ergeht der Beschluss mit dem Inhalt, dass ein anderer Erbe als der Fiskus nicht vorhanden ist, § 1964 I BGB. Die nachlassgerichtliche Feststellung begründet nach § 1964 II BGB die – **widerlegbare** – Vermutung, dass der Fiskus gesetzlicher Erbe sei. Gegen diese Vermutung ist nach § 292 ZPO der Beweis des Gegenteils möglich. Der wahre Erbe kann diesen Beweis im Wege

➢ des Beschwerdeverfahrens gegen den Feststellungsbeschluss;

➢ mit der Erbschaftsklage nach §§ 2018 ff BGB;

23 Brox, Rn 68

- mit der Feststellungsklage gegen den Fiskus oder
- im Wege des Erbscheinsverfahren, wenn er entgegen dem feststellenden Beschluss, der Fiskus sei Erbe geworden, einen Erbschein beantragt,

führen, da der Feststellungsbeschluss der Einlegung von Rechtsmitteln nicht entgegensteht.

Nach § 18 I FGG kann der Feststellungsbeschluss **jederzeit wieder aufgehoben** werden, wenn das Gericht ihn für nicht gerechtfertigt hält. Zuständig für den Erlass des Feststellungsbeschlusses ist nach § 3 Nr. 2 c RPflG der Rechtspfleger. 540

Der Erlass eines Feststellungsbeschlusses, mit dem das gesetzliche Erbrecht des Fiskus festgestellt wird, ist **in folgenden Fällen ausgeschlossen:** 541

- Unzureichende Ermittlungen bei der Erbenfeststellung;
- Ermittlung von Verwandten, die weder ausgeschlagen noch ausgeschlossen sind;
- Unerbringbarkeit des Nachweises über den Wegfall eines Verwandten einer vorhergehenden Ordnung, wenn bei der Erbenermittlung ein Erbe ermittelt wurde oder
- Anhängigkeit eines gerichtlichen Verfahrens zwischen Erbprätendenten.

Neben der **Klage auf Feststellung** des Erbrechts kann der Fiskus auch einen **Erbschein beantragen,** der ihn als Erben ausweist und den er zur Berichtigung des Grundbuches benötigt.[24] 542

Nach der Feststellung des Erbrechts wird dem jeweiligen Fiskus der Nachlass **ausgehändigt.** 543

Hat das Nachlassgericht durch die von ihm angestellten Ermittlungen erst einen Erben gefunden und führt das Verfahren dadurch zur Ablehnung des Beschlusses, der Fiskus sei gesetzlicher Erbe, so werden in keinem Fall dem Erben die **Kosten** des Verfahrens auferlegt. 544

Der Feststellungsbeschluss ist mit der Beschwerde nach §§ 19, 20 RPFlG durch den Fiskus, den übergangenen oder enterbten gesetzlichen Erben anfechtbar. Die **Beschwerdeberechtigung** ist dann zu bejahen, wenn eine Rechtsbeeinträchtigung möglich erscheint. Im Rahmen der Beschwerde prüft das Beschwerdegericht nicht nur, ob eine wirksame Enterbung der Erbprätendenten erfolgt ist, sondern auch, ob ein anderer Erbe als der Fiskus eingesetzt ist.[25] 545

---

24 BayObLG MDR 1987, 762; OLG Frankfurt/M MDR 1984, 145
25 BayObLG FamRZ 1986, 728

b. Rechtsfolgen

546 Der Fiskus kann erst nach Erlass des nachlassgerichtlichen Feststellungsbeschlusses Rechte **als gesetzlicher Erbe** geltend machen. Grundsätzlich hat er als Zwangserbe aber alle die Rechte und Pflichten eines wirklichen Erben, allerdings mit folgenden Ausnahmen:

- Nach § 1942 II BGB kann der Fiskus die ihm als gesetzlichem Erben angefallene Erbschaft nicht ausschlagen. Dieses Gestaltungsrecht steht ihm nur dann zu, wenn er testamentarisch zum Erben eingesetzt wird.
- Aus § 2346 I 1 BGB ergibt sich zwar, dass die Verwandten und der Ehegatte des Erblassers auf ihr gesetzliches Erbrecht verzichten können, der Fiskus wird in dieser Vorschrift aber nicht erwähnt. Daraus wird der Schluss gezogen, dass ein Verzicht des Staates auf sein gesetzliches Erbrecht nicht möglich ist.
- Darüber hinaus kann der Staat auch nicht wegen Erbunwürdigkeit als gesetzlicher Erbe ausscheiden (vgl § 2344 I BGB).
- Im Übrigen kann der Erblasser weder durch eine testamentarische noch durch eine erbvertragliche Verfügung verhindern, dass der Fiskus als letzter gesetzlicher Erbe berufen ist. Eine Verfügung von Todes wegen, die den Ausschluss des Staates als gesetzlichen Erben vorsehen würde, wäre wegen des Verstoßes gegen ein gesetzliches Verbot nach § 134 BGB nichtig.

547 Vom gesetzlichen Erbrecht des Staates **nicht erfasst** wird nach § 167 III VVG das Bezugsrecht bei der Lebensversicherung, wohl aber das Recht auf Erteilung eines Patents sowie das Recht auf das Patent und das Recht aus dem Patent (vgl § 15 PatG). Steht die Wahrnehmung von Persönlichkeitsbelangen nach dem Erblasser nur den Erben zu, wie zB nach dem Urhebergesetz oder dem Feuerbestattungsgesetz, so ist auch der Fiskus mit einbezogen.

548 Im Übrigen **haftet** der Fiskus auch **für die ererbten Nachlassverbindlichkeiten,** allerdings nur beschränkt, und nicht in vollem Umfang. Zur Erlangung der Haftungsbeschränkung ist es nicht notwendig, dass sich der Fiskus diese beschränkte Erbenhaftung im Urteil vorbehalten lässt, § 2011 BGB, § 780 II ZPO. Darüber hinaus kann ihm keine Inventarfrist gesetzt werden.

10. Erb- und Pflichtteilsunwürdigkeit

a. Allgemeines

549 Dem Erben kann die bereits angefallene Erbschaft wieder entzogen werden, wenn er erbunwürdig ist. Der Erbe ist erb- und pflichtteilsunwürdig, wenn er gewisse, in § 2339 I Nr. 1 bis 4 BGB abschließend aufgeführte, **schwere,** die Testierfreiheit beeinträchtigende **Verfehlungen gegen den Erblasser** begangen hat.

550 Über § 2345 BGB sind neben der Erbunwürdigkeit auch die **Pflichtteils- und** die **Vermächtnisunwürdigkeit** miterfasst. Ist der Erbe aufgrund seines Verhal-

tens erbunwürdig, so schließt dies die Pflichtteilsunwürdigkeit mit ein. Die Gründe, die zu einer Erbunwürdigkeit führen, sind im Gesetz abschließend aufgeführt. Sie umfassen neben der Täterschaft alle Formen der Teilnahme, also auch Mittäterschaft, Anstiftung und Beihilfe.

- Nr. 1 erfasst nahezu alle **Formen der Tötung** mit Ausnahme der Tötung auf Verlangen, da hier regelmäßig Verzeihung vorliegen dürfte; nicht erforderlich ist, dass die Tötung, deren Versuch oder das Versetzen in einen die Testierfähigkeit bis zum Tod ausschließenden Zustand in der Absicht, den Erblasser testierunfähig zu machen, begangen wurde. Für den Vortrag der Unzurechnungsfähigkeit im Zeitpunkt der Tatbegehung ist der Unwürdige beweispflichtig.[26] 551

  Der **Vorsatz des Täters** muss sich nur auf die Herbeiführung des Zustandes erstrecken, der objektiv die Testierunfähigkeit bis zum Eintritt des Todeszeitpunkts bewirkt. Unerheblich ist in diesem Zusammenhang, ob der Täter die Fortdauer dieses Zustandes bis zum Tod bzw die Beseitigung der Testierfähigkeit gewollt oder in Kauf genommen hat.[27]

Praxis-Tipp:

> *Da das Gesetz in § 2339 BGB die vorsätzliche Tatbegehung fordert, werden hier die vorsätzlichen Taten nicht erfasst, bei denen die Todesfolge auf Fahrlässigkeit beruht.*

- Nr. 2 erfasst die Fälle, in denen der Täter den Erblasser bewusst, dh mit Mitteln der **physischen Gewalt,** aber auch durch **Täuschung oder Drohung** daran hindert, eine (wirksame) Verfügung von Todes wegen zu errichten oder eine formunwirksame erbrechtliche Verfügung zu vernichten. Zwischen der Handlungstätigkeit und dem Unterbleiben der beabsichtigten Verfügung oder ihrer Aufhebung muss ein ursächlicher Zusammenhang bestehen. Der Erblasser muss eine derartige Verfügung konkret beabsichtigen. Sofern nicht Nr. 3 einschlägig ist, reicht es zur Verwirklichung dieses Tatbestandes aus, wenn der Unwürdige verhindert, dass der Erblasser der Verfügung von Todes wegen einen bestimmten Inhalt geben kann. 552
- Nr. 3 erfasst all die Fälle, in denen der Erblasser durch arglistige Täuschung, die auch durch Unterlassen begangen werden kann, oder durch Drohung bestimmt wird, eine **Verfügung von Todes wegen zu errichten oder aufzuheben.** Die Drohung muss unmittelbar auf die Errichtung bzw Aufhebung der Verfügung zielen. Verschweigt der Erbunwürdige Tatsachen, die für den Erblasser und die Errichtung/Aufhebung der Verfügung von Todes wegen bedeutsam wären, so erfüllt dies den Tatbestand nur dann, wenn eine Pflicht zur Offenbarung dieser Umstände besteht. Von einer derartigen Offenbarungspflicht kann grundsätzlich nicht ausgegangen werden. 553

---

26 BGH NJW 1988, 822
27 Brox, Rn 270

Praxis-Tipp:

Bei Irrtum, (arglistiger) Täuschung und Drohung ist neben der Erbunwürdigkeit auch die Anfechtung nach §§ 2078 ff BGB möglich.

554 ➢ Nr. 4 schließlich erfasst die an einer Verfügung von Todes wegen vorgenommenen **Fälschungshandlungen.** Mitumfasst sind auch die Handlungen, die erst nach dem Erbfall vorgenommen wurden; dies gilt insbesondere – über den Wortlaut der Vorschrift hinaus – auch für die Erstellung einer unechten Urkunde durch den Täter. Hat der Täter ein falsches Testament hergestellt, das dem Willen des Erblassers entspricht bzw ein Testament im Sinne des Erblasserwillens verfälscht, findet diese Vorschrift keine Anwendung.[28] Allerdings muss der Täter beweisen, dass die Fälschung dem wahren Willen des Erblassers entspricht.

555 Liegt mindestens einer der og Gründe einer Erbunwürdigkeit vor, so führt dies zum **Ausschluss** des Erben von der Erbfolge, des Vermächtnisnehmers vom Anspruch auf das Vermächtnis und des Pflichtteilsberechtigten vom Pflichtteil. In gleicher Weise ausgeschlossen ist der Anspruch auf den Voraus nach § 1932 BGB und der Anspruch auf den Dreißigsten nach § 1969 BGB.

b. Geltendmachung der Erb- und Pflichtteilsunwürdigkeit

556 Bei Vorliegen eines der in § 2339 BGB genannten Gründe kann die Erbunwürdigkeit nach dem Erbfall gegenüber dem Erbunwürdigen nur durch eine Anfechtung (§ 2340 BGB) **im Wege der Anfechtungsklage nach § 2342 BGB** vor den ordentlichen Gerichten geltend gemacht werden; die Geltendmachung im Erbscheinsverfahren ist nach Ansicht des BayObLG[29] nicht möglich. Die Klage ist darauf zu richten, dass der Erbe für erbunwürdig erklärt wird.

557 **Anfechtungsberechtigt** ist nach § 2341 BGB jeder, dem der Wegfall des Erbunwürdigen mittelbar oder unmittelbar zustatten kommt, also in erster Linie der Erbe. Ist der Erbe selbst zugleich pflichtteilsberechtigt, so ist sein Antrag auf Feststellung der Erbunwürdigkeit darüber hinaus auch als Anfechtungserklärung nach § 2345 BGB zu werten.[30] Das Anfechtungsrecht ist zwar vererblich,[31] nicht aber übertragbar oder pfändbar.[32] Machen mehrere Berechtigte die Erbunwürdigkeit des Unwürdigen gemeinsam geltend, so sind sie im Prozess notwendige Streitgenossen iSd § 62 ZPO, weil die Entscheidung nur einheitlich ergehen kann.

558 Die **Anfechtungsfrist** beträgt ein Jahr und beginnt mit dem Zeitpunkt, in welchem der Anfechtungsberechtigte vom Anfechtungsgrund Kenntnis erlangt, §§ 2340 III; 2082 BGB.[33] Die Frist endet in jedem Fall 30 Jahre nach dem Anfall

---

28 RGZ 72, 207; 81, 413; MüKo-Frank, § 2339 Rn 12; aA: BGH NJW 1970, 197
29 BayObLG Rpfleger 1975, 243
30 MüKo-Frank, § 2342 Rn 1
31 Mot. V, 521; hM
32 Palandt/Edenhofer, § 2341 Rn 1
33 BGH NJW 1989, 3214

der Erbschaft. Ist nicht nur ein Erbe erbunwürdig, sondern auch der nachberufene Erbe, so beginnt die Anfechtungsfrist gegen diesen trotz der Rückwirkung des Erbanfalls erst mit der Rechtskraft des Urteils gegen den Erben.[34] Stirbt der Erbunwürdige vor Ablauf der Anfechtungsfrist, so hindert dieser Umstand die Anfechtung nicht, vielmehr ist nun die Anfechtungsklage gegen die Erben des Unwürdigen zu richten, um die Wirkung des Anfalls der Erbschaft rückwirkend zu beseitigen.

Die Erbunwürdigkeit des Erben führt aber **nicht** zu einem Ausschluss auch der Abkömmlinge des Erbunwürdigen. 559

c. Wirkung der Anfechtung

Die **Wirkung der Anfechtung** tritt nach § 2342 II BGB erst mit der Rechtskraft des Urteils ein. Sie führt, ebenso wie die Ausschlagung, dazu, dass der Anfall der Erbschaft an den Erbunwürdigen als nicht erfolgt gilt, § 2344 I BGB. Die Erbschaft fällt mit **Wirkung ex tunc** an denjenigen, der berufen wäre, wenn der Erbunwürdige zum Zeitpunkt des Erbfalls vorverstorben wäre. Durch die Anfechtung wird, anders als bei der Anfechtung nach § 2078 BGB, die nur die Verfügung von Todes wegen vernichtet, die Stellung des Unwürdigen als gesetzlicher Erbe betroffen. Nach hM ist die Anfechtungsklage eine Gestaltungsklage, da das stattgebende Urteil eine Rechtsänderung herbeiführt und daher gegenüber jedermann wirkt.[35] 560

Der nach der Anfechtung zum Erben Berufene hat gegen den für erbunwürdig Erklärten, der gleichzeitig Erbschaftsbesitzer ist, auch die Rechte der §§ 2018 ff BGB. In der Regel wird der Unwürdige **bösgläubig iSd § 2024 BGB** sein, da die Erbunwürdigkeitsgründe in § 2339 BGB die vorsätzliche Tatbegehung erfordern. 561

d. Ausschluss der Erbunwürdigkeit

Unter bestimmten Umständen ist trotz des Vorliegens mindestens eines Erbunwürdigkeitsgrundes die Erbunwürdigkeit ohne Einfluss auf die erbrechtliche Stellung des Erbunwürdigen: 562

- Die Geltendmachung der Erbunwürdigkeit im Wege der Anfechtung ist nicht oder nicht rechtzeitig erfolgt, dh die Anfechtungsfrist abgelaufen ist, §§ 2340 III, 2082, 2343 BGB.[36]
- Der Anfechtungsberechtigte hat mit dem Erbunwürdigen durch einen Vertrag auf sein Anfechtungsrecht verzichtet.
- Die aufgrund einer Täuschung, Drohung oder eines Urkundendelikts errichtete Verfügung des Erblassers ist bereits vor Eintritt des Erbfalls unwirksam geworden, § 2339 II BGB. Die Erbunwürdigkeit tritt nur dann

34 Lange/Kuchinke, § 6 III 3 b
35 Palandt/Edenhofer, § 2342 Rn 1; zum Streitstand vgl MüKo-Frank, § 2342 Rn 7 mwN
36 BGH NJW 1990, 234

nicht mehr ein, wenn die letztwillige Verfügung erst später unwirksam wird, zB durch den Tod des Bedachten.

- Die Verfügung von Todes wegen, zu deren Aufhebung der Erblasser durch Täuschung oder Drohung bestimmt worden ist, wäre vor dem Eintritt des Erbfalls ohnehin unwirksam geworden.
- Der Erblasser hat dem Erbunwürdigen verziehen, § 2343 BGB. Erforderlich ist, dass der Erblasser in Kenntnis des zur Erbunwürdigkeit führenden Verhaltens zu erkennen gibt, dass er aus dem Fehlverhalten des Unwürdigen keine für diesen nachteiligen Folgerungen ziehen wird.

e. Pflichtteils- und Vermächtnisunwürdigkeit

563 Die Vermächtnis- und Pflichtteilsunwürdigkeit muss nicht mit Hilfe einer Klage geltend gemacht werden. Ausreichend ist die formlose **Anfechtungserklärung gegenüber dem Unwürdigen** nach § 143 I, IV 1 BGB. Bedeutung kommt der Anfechtungserklärung wegen Pflichtteilsunwürdigkeit als solcher nur dann zu, wenn der Pflichtteilsberechtigte bereits enterbt wurde, die Entziehung des Pflichtteils in der Verfügung von Todes wegen aber nicht erfolgt ist.[37]

564 In einem **laufenden Prozess** kann die Pflichtteils- und Vermächtnisunwürdigkeit im Wege einer Einwendung geltend gemacht werden; darüber hinaus kann der Erbe die Pflichtteilsunwürdigkeit auch durch schlichte Leistungsverweigerung zum Ausdruck bringen.[38] Begründet wird dies von der hM mit dem Argument des geringen öffentlichen Interesses an der sicheren Klärung der Rechtslage, zumal es sich beim Pflichtteils-, ebenso wie beim Vermächtnisanspruch lediglich um einen schuldrechtlichen Anspruch handelt.[39]

565 Die **Anfechtungsfrist** beträgt, unter analoger Anwendung des § 2340 BGB, ebenfalls ein Jahr. Ist die Jahresfrist verstrichen, so ist zwar wegen der Ausschlusswirkung der Anfechtungsfrist die Anfechtung als solche nicht mehr möglich; die Vermächtnis- und Pflichtteilsunwürdigkeit kann aber im Wege der **Einrede der Vermächtnisunwürdigkeit** weiterhin in der Weise geltend gemacht werden, dass der Beschwerte die Leistung verweigern kann, §§ 2345 I 2 iVm § 2083 BGB. Hat der mit dem Pflichtteilsanspruch beschwerte Erbe die Leistung bereits erbracht, so kann er das Geleistete mit dem bereicherungsrechtlichen Herausgabeanspruch vom Unwürdigen zurückverlangen.[40]

566 Die Anfechtung wegen Vermächtnisunwürdigkeit beseitigt rückwirkend den schuldrechtlichen Vermächtnisanspruch des Unwürdigen. Ist der Pflichtteilsanspruch wirksam angefochten worden, können die in § 2309 BGB genannten entfernteren Pflichtteilsberechtigten ihren Pflichtteil verlangen.

37 MüKo-Frank, § 2345 Rn 7
38 Soergel/Damrau, § 2345 Rn 1
39 Lange/Kuchinke, § 6 V 1 mwN
40 MüKo-Frank, § 2345 Rn 10

Gebührenrechtlicher Hinweis:

*Der **Streitwert** für eine Erbunwürdigkeitsklage, dh einer Anfechtungsklage nach § 2342 BGB, bemisst sich nicht nach dem Interesse des Klägers an der für ihn aus der Erbunwürdigkeit ergebenden Besserstellung, sondern nach der gesamten Beteiligung des Beklagten am Nachlass, also nach dem Interesse des Beklagten. Dieses Interesse ist gleich dem Wert des Anteils am Nachlass, den der Beklagte bei erfolgreicher Klage verliert. Wird nämlich der einzelne Erbe für erbunwürdig erklärt, gilt gemäß § 2344 BGB der Anfall als nicht erfolgt, und die Erbschaft fällt demjenigen zu, welcher berufen sein würde, wenn der Erbunwürdige zur Zeit des Anfalls nicht gelebt hätte. Daher geht es um die gesamte Beteiligung des Beklagten am Nachlass und nicht nur um die Besserstellung des Klägers. Durch die Rückwirkung der Klage ist nicht der Wert des Nachlasses im Zeitpunkt des Erbfalls maßgebend, sondern es gelten uneingeschränkt § 4 I 1 ZPO und für die Gebührenberechnung § 15 I GKG.* 567

*Wird gleichzeitig mit der Erbunwürdigkeitsklage die Herausgabe des Nachlasses verlangt, findet wegen wirtschaftlicher Identität **keine Addition** nach § 5 S 1 ZPO, § 12 I GKG statt.*

E. Auslegung letztwilliger Verfügungen . 893

ÜBERBLICK

E. Auslegung letztwilliger Verfügungen

I. Allgemeines

Nach § 1937 BGB kann der Erblasser durch einseitige Verfügung von Todes wegen den Erben bestimmen. Eine entsprechende Regelung enthält das Gesetz in § 1941 BGB für den Erbvertrag. Gewillkürte Erbfolge liegt also vor, wenn der Erblasser die Person des Erben und den Umfang seiner Beteiligung am Nachlass frei und ohne gesetzliche Vorgaben bestimmen kann. 568

Da bei der gewillkürten Erbfolge, und insbesondere bei einem eigenhändigen Testament, der Nachfolger häufig **nicht zweifelsfrei feststeht,** weil der Erblasser die Bedeutung der juristischen Begriffe im Einzelnen nicht kennt, kommt der **Auslegung von Testamenten** eine erhebliche Bedeutung zu. Zentrale Fragen des erbrechtlichen Mandats im Zusammenhang mit der Feststellung des Erbrechts sind also solche der Auslegung und der Anfechtung letztwilliger Verfügungen. 569

II. Auslegungsgrundsätze

Zu den wohl schwierigsten Aufgaben der anwaltlichen Tätigkeit im Rahmen der Bearbeitung eines erbrechtlichen Mandats gehört die Auslegung einer zweifelhaften letztwilligen Verfügung. 570

Praxis-Tipp:

Bei der Auslegung einer letztwilligen Verfügung kommt es entscheidend auf die Umstände des Einzelfalles an. Deshalb sollte sich der Anwalt davor hüten, bei der Auslegung auf allgemeines Wissen oder auf ähnlich gelagerte Vergleichsfälle zurückzugreifen. Bevor sich der Anwalt an die Auslegung des Inhalts des Testamentes begibt, muss er in einem ersten Schritt, einer Art Vorprüfung, zunächst klären, ob die vorliegende erbrechtliche Verfügung ***auslegungsbedürftig und auslegungsfähig*** *ist. Erst in einem zweiten Schritt wird er sich im Rahmen der Auslegung mit dem Problem der Abgrenzung von Auslegung und Anfechtung und den von der Rechtsprechung aufgestellten Grundsätzen zu beschäftigen haben.*

Konnte aufgrund der näheren Beschäftigung mit der Testamentsurkunde festgestellt werden, dass nach dem äußeren Anschein und der Form eine letztwillige Verfügung vorliegt, die der Auslegung zugänglich ist, so muss die Feststellung des Erbrechts in folgender Weise fortgesetzt werden: 571

Da auch eine Verfügung von Todes wegen eine Willenserklärung ist, die einen erklärten Willen beinhaltet, dient die Auslegung einer solchen Willenserklärung der Ermittlung ihres rechtlich entscheidenden Sinnes. Dabei kommt es darauf an, ob das **Vertrauen des Erklärungsempfängers zu schützen** ist oder ob 572 es ausschließlich darauf ankommt, dem Willen des Erklärenden zum Erfolg zu verhelfen. Im ersteren Fall stellt das Gesetz auf den Empfängerhorizont ab, dh maßgebend ist, was »der Erklärungsempfänger bei zumutbarer Sorgfalt als Willen des Erklärenden zu ermitteln vermag«.[1] Dann ist auf das Erklärte abzustellen, weil sich der Erklärungsempfänger darauf verlassen können muss.

573 Bedarf es eines Vertrauensschutzes nicht, dann ist nur der **erklärte Wille** entscheidend. Bei einem Testament, einer einseitigen Willenserklärung also, gibt es keine Person, deren Vertrauen in die Verfügung zu schützen wäre, da weder dem Erben noch dem Vermächtnisnehmer aus der Erklärung eine Anwartschaft oder gar ein Anspruch auf die Erbschaft erwächst. Daher ist allein maßgebend der tatsächliche Wille des Erblasser zum Zeitpunkt der Errichtung der letztwilligen Verfügung.

574 **Ziel der Auslegung** ist also die Ermittlung des tatsächlichen Willens des Erblassers, ohne dabei an dem buchstäblichen Sinne des Ausdrucks zu haften, § 133 BGB. Es muss daher festgestellt werden, was der Erblasser mit dem Testament aussagen bzw erreichen wollte. Diese Intention des Gesetzgebers kommt gerade auch in § 2078 BGB zum Ausdruck, wonach jeder Motivirrtum des Erblassers von Bedeutung ist.

575 Nach allgemeiner Ansicht **geht die Auslegung der Anfechtung vor.**[2] Soweit dem Erblasserwillen durch Auslegung Geltung verschafft werden kann, ist die Anfechtung, die den Willen des Erblassers rückwirkend vernichtet und meist zum Eintritt der vom Erblasser nicht gewollten gesetzlichen Erbfolge führt, ausgeschlossen.

Praxis-Tipp:

*Durch die weitreichende Auslegung wird die Anfechtung nach § 2078 I BGB nicht ausgeschlossen. Führte die Auslegung nur zu dem Ergebnis, dass der Erblasser das Erklärte nicht wollte, kann aber **nicht** ermitteln, **was er wollte,** hilft die Auslegung nicht weiter. In einem solchen Fall bleibt Raum für die **Anfechtung** der letztwilligen Verfügung.*

576 Bei der Auslegung einer letztwilligen Verfügung, die formwirksam vorliegen muss, können alle Umstände herangezogen werden, die im Zusammenhang mit den im Testament enthaltenen Erklärungen und Äußerungen stehen. So sind insbesondere das Verhalten des Erblassers, seine Handlungen und Bemerkungen von zentraler Bedeutung. Daher darf, auch im Hinblick auf die Formbedürftigkeit des Testaments, kein anderer Wille des Erblassers ermittelt werden, als der, der sich zumindest andeutungsweise in der letztwilligen Verfügung wiederfindet (sog **Andeutungstheorie).**

577 Darüber hinaus sind bei der Erforschung des tatsächlichen Erblasserwillens neben den Umständen, die außerhalb der Testamentsurkunde liegen, auch die

1 Brox, Rn 194
2 Vgl RGZ 70, 391, 393; BGH LM Nr. 1 zu § 2078 BGB

allgemeine Lebenserfahrung und alle sonstigen Erkenntnismittel bei der Auslegung zu berücksichtigen, sofern sie in der letztwilligen Verfügung verankert sind. So »sind alle zugänglichen Umstände vor und nach der Errichtung der Verfügung, die im Zusammenhang mit den in ihr enthaltenen Erklärungen stehen, heranzuziehen; es sind das gesamte Verhalten der Vertragsschließenden sowie alle ihre Äußerungen und Handlungen zu berücksichtigen; der Gesamtinhalt der Erklärung einschließlich aller Nebenumstände ist als Ganzes zu würdigen.«[3]

Praxis-Tipp:

Der Anwalt hat jede Auslegung dahingehend zu überprüfen, ob es für den ermittelten Willen Anhaltspunkte im Testament gibt.[4]

Dabei ist eine durch den Erblasser **fälschlicherweise verwendete Bezeichnung** für die Auslegung unschädlich. Auch kommt es nicht in erster Linie auf die einzelnen Worte und Redewendungen des Erblassers bei der Abfassung seines letzten Willens an. Entscheidendes Kriterium ist, ob der tatsächliche Wille des Erblassers ermittelt werden kann. 578

Beispiel:

Hat der Erblasser seine Ehefrau im Testament als »Mutter« bezeichnet und sie zur Erbin eingesetzt, so ist beim Eintritt des Erbfalls seine Frau Erbin geworden, obgleich dem Wortlaut der Verfügung eine derartige Regelung nicht zu entnehmen ist.

Der BGH[5] hat hinsichtlich der Auslegung von letztwilligen Verfügungen folgende Grundsätze aufgestellt:

- ✦ Es ist der **tatsächliche Erblasserwille** zu ermitteln. Dafür ist zunächst vom Wortlaut der letztwilligen Verfügung auszugehen. Dabei kommt es nicht nur auf das geschriebene Wort an; vielmehr können auch alle außerhalb der erbrechtlichen Verfügung liegenden Umstände und Informationen für die Auslegung herangezogen werden, soweit sie im Wortlaut des Testamentes ihren Niederschlag gefunden haben. 579

Nur wenn besondere Umstände vorliegen, die den Schluss zulassen, dass der Erblasser eine **Erklärung anderen Inhalts** abgeben wollte oder dass er mit dem Geschriebenen etwas anderes gemeint hat, kann bei der Auslegung vom Wortlaut abgewichen werden.

- ✦ Kann der tatsächliche Wille des Erblassers durch Auslegung nicht festgestellt werden, dann ist in einem weiteren Schritt der **mutmaßliche Wille** des 580

3 OLG Saarbrücken NJW-RR 1994, 844
4 BGHZ 80, 242 ff
5 BGH NJW 1993, 256; BGHZ 80, 242 ff

Erblassers zu ermitteln. Es ist der Inhalt des Testamentes also dahingehend auszulegen, wie der Erblasser bei objektiver Beurteilung der Gesamtumstände letztwillig verfügt hätte.

581 ✦ Eine **ergänzende Auslegung** ist in den Fällen angezeigt, in denen es gilt, Veränderungen, die zwischen dem Zeitpunkt der Testamentserrichtung und dem Erbfall eingetreten sind, an den Willen des Erblassers anzupassen. Es ist folglich der Wille des Testators festzustellen, den er gehabt hätte, wenn er die späteren Veränderungen vorhergesehen oder bedacht hätte. Voraussetzung für die Anwendung einer ergänzenden Testamentsauslegung ist stets eine Unvollkommenheit des Inhalts der letztwilligen Verfügung.

582 In einem **ersten Schritt** ist im Rahmen der ergänzenden Vertragsauslegung eine **Lücke im Testament** festzustellen. Soll nun der Erblasserwille ausgelegt werden, so muss dabei über die Erklärungs- und Inhaltsvorstellung des Erblassers hinausgegangen werden und die näheren und ferneren Motive, die zu diesem Inhalt des Testaments geführt haben, ermittelt werden. Der Vergleich dieses Ergebnisses mit der objektiv gegebenen Sach- und Rechtslage bringt schließlich die Erkenntnis, ob der Erblasser von einem unrichtigen Motiv oder einem unrichtigen Wertungsmoment ausgegangen ist, als er seinen letzten Willen verfasst hat.

583 Ist der Erblasser von einer unrichtigen Wertung ausgegangen, so muss in einem **zweiten Schritt** ermittelt werden, wie er testiert hätte, wenn er die Bewertung richtig vorgenommen hätte. Diese **Lücke ist** nun **auszufüllen.**

584 **Entscheidender Zeitpunkt** für die Beurteilung und damit für die ergänzende Auslegung ist die **Errichtung der letztwilligen Verfügung.** Bei einem erst später eintretenden Ereignis ist nicht maßgebend, was der Erblasser zu diesem späteren Zeitpunkt verfügt hätte, sondern der »fortgebildete frühere Wille«[6] des Erblassers. Zu ermitteln ist, was der Testator gewollt hätte, wenn er das später eintretende Ereignis bereits zum Zeitpunkt der Errichtung bedacht hätte.[7]

585 Ist der Inhalt eines Testaments derart unbestimmt, dass verschiedene Auslegungen möglich sind, so bestimmt die Auslegungsregel des **§ 2084 BGB,** dass dann diejenige Auslegung vorzuziehen ist, bei welcher die Verfügung Erfolg haben kann. Voraussetzung für diese **wohlwollende Auslegung** ist zunächst ein (form-)gültiges Testament und dass ein eindeutiges Ergebnis der Auslegung des Erblasserwillens nicht vorliegt. Sind mindestens zwei Auslegungen denkbar und ist eine geeignet, das Testament unwirksam zu machen, ist nach der gesetzlichen Regelung des § 2084 BGB die Auslegung anwenden, wonach die letztwillige Verfügung fortbesteht.

586 Ergeben sich auch nach der Ermittlung des Erblasserwillens und der Auslegung nach den og allgemeinen Auslegungsgrundsätzen Fragen oder Zweifel an der Erbenstellung, ist auf die **gesetzlichen Auslegungsregeln des 5. Buches des BGB** zurückzugreifen. Sie sind nur dann anwendbar, wenn weiterhin Zweifel bestehen.

---

6 Brox, Rn 200

7 RGZ 99, 82, 85; BGHZ 22, 357, 360; BGH FamRZ 1962, 256 f

Die gesetzlichen Auslegungsregeln gehen von **allgemeinen Erfahrungssätzen** aus, die, wenn der Erbe einen anderen Willen des Erblassers behauptet, von ihm als Ausnahmetatbestand zu beweisen sind. Misslingt der Beweis, so bleibt es bei der gesetzlichen Regelung. 587

Das Gesetz enthält **eigene Auslegungsregeln** für die verschiedenen erbrechtlichen Aspekte, wie bspw das Testament, die Erbeinsetzung, Vor-/Nacherbenverhältnis und das Vermächtnis. Diese sollen nun im Folgenden kurz erläutert werden: 588

In der Praxis bedarf es va in folgenden Bereichen der Auslegung:

1. Erbeinsetzung – Vermächtnis

Für die Frage, ob eine Erbeinsetzung oder ein Vermächtnis vorliegt, kommt es darauf an, ob der Erblasser den Bedachten **unmittelbar am Nachlass beteiligen** wollte oder ob er ihm nur einen schuldrechtlichen Anspruch zuwenden wollte. 589

Nach § 2087 I BGB ist die erbrechtliche Verfügung als **Erbeinsetzung** anzusehen, wenn der Erblasser sein Vermögen oder einen Bruchteil seines Vermögens dem Bedachten zugewendet hat. Im Zweifel ist eine Erbeinsetzung dann nicht anzunehmen, wenn dem Bedachten nur einzelne Gegenstände zugewendet werden, § 2087 II BGB. 590

Die Rechtsprechung legt die gesetzliche Regelung in der Weise aus, dass in dem Fall, in welchem der Erblasser dem Bedachten einen bestimmten Gegenstand durch letztwillige Verfügung hinterlässt, im Wege der Auslegung davon auszugehen ist, es liege eine Erbeinsetzung vor, wenn es sich bei dem Gegenstand um den **wesentlichen Teil des Nachlassvermögens** handelt.[8] Gleiches gilt auch dann, wenn es sich um das gesamte Vermögen handelt, das nach Vermögensgruppen oder nach Einzelgegenständen unter den Bedachten verteilt wird.[9] 591

Praxis-Tipp:

*Die Zuwendung eines einzelnen Gegenstandes bedeutet nicht notwendigerweise, dass es sich um eine Vermächtnisanordnung handelt. Vielmehr kann darin eine **Erbeinsetzung mit einer Teilungsanordnung** nach § 2048 BGB oder die Zuwendung eines nicht ausgleichspflichtigen **Vorausvermächtnisses** nach § 2150 BGB zu sehen sein.*

In jedem Fall ist aber der wirkliche oder mutmaßliche Wille des Erblassers zu ermitteln. Er entscheidet letztlich darüber, ob der Bedachte Erbe oder Vermächtnisnehmer sein soll, auch wenn dies im Wortlaut der Verfügung nicht eindeutig zum Ausdruck kommt. 592

8 BayObLG FamRZ 1993, 854
9 BGH DNotZ 1972, 500

593 Beim Zeitpunkt der Bewertung der **Höhe der Erbquote** ist Folgendes zu beachten:

- Wollte der Erblasser den Bedachten mit einem bestimmten Wertverhältnis am Nachlass beteiligen, dann ist maßgebender Zeitpunkt für die Wertermittlung die Errichtung des Testaments.
- Wollte der Erblasser dem Bedachten einen bestimmten Gegenstand zukommen lassen, dann ist maßgebender Zeitpunkt für die Wertermittlung der Erbfall.

2. Teilungsanordnung – Vorausvermächtnis

594 Von einer **Erbeinsetzung mit Teilungsanordnung** nach § 2048 BGB ist auszugehen, wenn der Erblasser dem Bedachten einzelne Gegenstände zuwenden wollte, die aber nicht zu einer wertmäßigen Besserstellung des Bedachten hinsichtlich der Erbquote führen sollte. Der Erbe muss sich daher die Zuwendung auf seinen Erbteil **anrechnen** lassen. Der Bedachte ist Miterbe und hat bei der Auseinandersetzung des Nachlasses einen schuldrechtlichen Anspruch auf Übertragung des ihm vermachten Gegenstandes gegen die Erbengemeinschaft.

595 Ein **Vorausvermächtnis** nach § 2150 BGB liegt vor, wenn der Erblasser dem Bedachten einzelne Gegenstände zugewendet hat, die diesen gegenüber den übrigen Miterben hinsichtlich seiner Erbquote wertmäßig besser stellen sollte. Der Bedachte ist daher Miterbe und außerdem in Bezug auf die einzelnen Gegenstände Vermächtnisnehmer. Die Zuwendung hat der Erbe nicht auszugleichen, er bekommt sie vielmehr **zusätzlich** zu seinem Erbteil hinzu.

Praxis-Tipp:

*In jedem Fall ist aber die letztwillige Verfügung des Erblassers auf Abgrenzungskriterien hin genau zu untersuchen. Ordnet der Erblasser eine Anrechnung an, so ist dies nur ein **Indiz** für eine Teilungsanordnung.*

3. Zeitpunkt zwischen Testamentserrichtung und Erbfall

596 Probleme können sich ergeben, wenn ein vermachter Gegenstand zum Zeitpunkt des Erbfalls nicht mehr Teil des Nachlasses ist oder der Bedachte schon vor dem Erbfall weggefallen ist.

597 - Befindet sich der Gegenstand nicht mehr im Nachlass, so ist zu prüfen, ob der Erblasser ein **Verschaffungsvermächtnis** nach §§ 2169 f, 2173 BGB angeordnet hat. Beim Verschaffungsvermächtnis ist ein nicht zum Nachlass gehörender Gegenstand vermacht und der mit dem Vermächtnis Beschwerte ist entsprechend dem Erblasserwillen verpflichtet, dem Bedachten den Gegenstand zu verschaffen.

Praxis-Tipp:

Entscheidend ist, dass der letztwilligen Verfügung der unbedingte Wille des Erblassers zu entnehmen ist, dass dem Bedachten der zugewandte Gegenstand in jedem Fall zukommen soll.

Wenn sich der vermachte Gegenstand nicht mehr im Nachlass befindet, so ist zu prüfen, inwieweit ein durch die Veräußerung **erlangtes Surrogat** an die Stelle des ursprünglichen Gegenstandes getreten ist, auf das sich nunmehr das Vermächtnis erstreckt. **598**

Für den Fall, dass sich die Vermögenslage zwischen Testamentserrichtung und Erbfall in erheblichem Umfang ändert, kann die letztwillige Verfügung der geänderten Sachlage, und zwar im Wege der **ergänzenden Testamentsauslegung,**[10] angepasst werden. Dies gilt, je nach Vermächtnisart, grundsätzlich auch für Veränderungen, die nach dem Erbfall eingetreten sind. **599**

➢ Ist zum Zeitpunkt des Erbfalls der Bedachte bereits verstorben und auch kein **Ersatzerbe bzw Ersatzvermächtnisnehmer** bestimmt, so ist zu prüfen und durch Auslegung des Inhalts der letztwilligen Verfügung zu ermitteln, inwieweit der Erblasser eine Ersatzerbenbestimmung gewollt hat. **600**

In diesem Zusammenhang kommt der **Auslegungsregel des § 2069 BGB** erhebliche Bedeutung zu: Im Zweifel, dh wenn ein tatsächlicher Wille des Erblassers nicht festgestellt werden kann, ist davon auszugehen, dass der Erblasser beim Wegfall eines Abkömmlings dessen Abkömmlinge nach den Regeln der gesetzlichen Erbfolge als Ersatzerben eingesetzt hätte, wenn sie mit dem Erblasser in gerader Linie verwandt sind. **601**

Praxis-Tipp:

Der BGH[11] wendet den Rechtsgedanken des § 2069 BGB im Wege der ergänzenden Auslegung auch an, wenn es sich bei den weggefallenen Personen um ***»nahe Angehörige«*** *des Erblassers gehandelt hat oder ein solch enges Verhältnis zu ihm bestand, das mit dem eines Abkömmlings vergleichbar ist. Dies gilt insbesondere für die Mutter, den Ehegatten, Geschwister, sowie Stief- und Geschwisterkinder.*
Die Vorschriften der §§ 2069 ff BGB werden entsprechend auf die Vermächtniseinsetzung und die Auflagenbestimmung angewendet.

4. Anwachsung

Von Bedeutung ist auch die **Anwachsung** nach § 2094 BGB, die, als der Ersatzerbenregelung nachgeordnet, eingreift, wenn mehrere Personen unter Ausschluss der gesetzlichen Erbfolge zu Erben eingesetzt wurden, einer dieser Miterben vor oder nach dem Erbfall weggefallen ist, der Erblasser aber einen Ersatzerben **602**

10 Vgl hierzu Rn 581 ff
11 BGH NJW 1973, 240

nicht bestimmt und ein solcher durch Auslegung auch nicht ermittelbar ist. Dann wächst der Erbteil des weggefallenen Miterben den übrigen Erben nach dem Verhältnis ihrer Erbteile an. Sind einige dieser Erben auf einen gemeinschaftlichen Erbteil eingesetzt, so tritt die Anwachsung zunächst unter ihnen ein.

5. Auslegung zur Quote

603 Hat der Erblasser mehrere Erben in der Weise bedacht, dass er den jeweiligen Anteil nicht näher bestimmt hat, so findet die **Auslegungsregel des § 2066 S 1 BGB** Anwendung. Sind die bedachten Erben gleichzeitig die gesetzlichen Erben des Erblassers, so ist davon auszugehen, dass diejenigen, die zur Zeit des Erbfalls seine gesetzlichen Erben wären, nach dem Verhältnis ihrer gesetzlichen Erbteile eingesetzt sein sollen.

604 Hatte der Erblasser bereits in einer **früheren Verfügung von Todes wegen** eine Erbeinsetzung vorgenommen und bestimmte Personen bedacht, so ist davon auszugehen, dass unter der Bestimmung »meine Erben« meist diese Personen gemeint sein sollen; in einem derartigen Fall ist die Anwendung der Auslegungsregel des § 2066 BGB ausgeschlossen, soweit nicht eine später errichtete letztwillige Verfügung als Widerruf zu verstehen ist.[12]

6. Auslegung im Falle der Ehescheidung

605 Schwierigkeiten bereitet die Frage nach dem Fortbestand der erbrechtlichen Berechtigung des Ehepartners, wenn die Ehe geschieden wurde, eine Änderung der letztwilligen Verfügung aber nicht erfolgt ist. Wurde die Möglichkeit einer Ehescheidung bei der Errichtung des letzten Willens nicht bedacht, ist der hypothetische Wille des Erblassers zu ermitteln.[13] Grundsätzlich ist eine **Erbeinsetzung** nur dann anzunehmen, **wenn die Ehe noch besteht,** sofern keine besonderen Umstände vorliegen. Nach der Vermutungsregel des § 2077 I, III BGB ist die Verfügung von Todes wegen dann unwirksam, wenn die Ehe nichtig oder vor dem Tode des Erblassers aufgelöst wurde. Der Auflösung der Ehe steht es gleich, wenn zum Zeitpunkt des Erbfalls die Voraussetzungen für die Scheidung der Ehe gegeben waren und der Erblasser selbst den Scheidungsantrag gestellt oder ihr zustimmt hatte oder berechtigt war, die Aufhebung der Ehe zu beantragen und den entsprechenden Antrag gestellt hatte, § 2077 I 2, 3 BGB.

Praxis-Tipp:

*§ 2077 I BGB wird auch auf die Fälle angewendet, in denen der Erblasser und die bedachte Person zum Errichtungszeitpunkt des Testaments **verlobt** waren oder später geheiratet haben (§ 2077 II BGB).*

Bei der **Auslegung von Ehegattentestamenten** sind einige Besonderheiten zu berücksichtigen:

12 Palandt/Edenhofer, § 2066 Rn 1
13 BGH FamRZ 1961, 364

➢ Das gemeinschaftliche Testament ist unter Anwendung des § 157 BGB nach dem **Empfängerhorizont** zu beurteilen, wobei zu prüfen ist, ob der Wille mit dem des anderen Ehegatten übereinstimmt.[14] Maßgebender Zeitpunkt für die Beurteilung der Übereinstimmung ist der Errichtungszeitpunkt für die erbrechtliche Verfügung. Ist eine solche Übereinstimmung nicht festzustellen, so ist nach dem Willen des Erblassers, dessen letztwillige Verfügung Probleme bereitet, zu fragen. **606**

➢ Des Weiteren gilt es in der Praxis, den Willen hinsichtlich der **Wechselbezüglichkeit** und der **Bindungswirkung** in einem Ehegattentestament zu ermitteln. Grundsätzlich wird, mangels entsprechender Kenntnisse beim testierenden Laien, eine Wechselbezüglichkeit fehlen. Lässt sich kein eindeutiges Ergebnis feststellen, so ist die gesetzliche Auslegungsregel des § 2270 II BGB anzuwenden. Eine Bindungswirkung ist danach anzunehmen, wenn sich die Ehegatten gegenseitig bedenken oder wenn der eine Ehegatte dem anderen eine Zuwendung macht und für den Fall des Überlebens eine Verfügung zugunsten einer Person getroffen wird, die mit dem erstversterbenden Ehegatten verwandt ist oder ihm nahe steht. **607**

Praxis-Tipp:

Fehlt ein derartiges Verwandtschafts- oder Näheverhältnis, so ist im Zweifel eine Wechselbezüglichkeit nicht anzunehmen. Gleiches gilt für den Fall, dass der Überlebende berechtigt ist, einen anderen Schlusserben einzusetzen.

In diesem Zusammenhang stellt sich die Frage, ob die Eheleute überhaupt ein Ehegattentestament errichten wollten. Davon ist auszugehen, wenn sie ihren **letzten Willen in einer gemeinsamen Urkunde** niedergelegt haben. Dies gilt selbst dann, wenn dies zeitversetzt geschehen ist[15] oder die Ehegatten wortgleich in getrennten Urkunden testiert haben[16] – vorausgesetzt, ein derartiger gemeinsamer Testierwille ist durch Auslegung zu ermitteln. **608**

Praxis-Tipp:

Nach §§ 2268 I BGB iVm 2077 I 2 BGB ist die letztwillige Verfügung unwirksam, wenn die Ehe aufgelöst wurde, dh die Scheidungsvoraussetzungen vorliegen.

➢ Zweifel können sich auch im Hinblick darauf ergeben, ob die Ehegatten ein sog **Berliner Testament** errichtet haben. Ergibt die Auslegung der letztwilligen Verfügung keine entgegenstehenden Anhaltspunkte, so ist nach § 2269 BGB von einem Berliner Testament auszugehen, wonach sich die Eheleute gegenseitig zu Alleinerben und einen Dritten zum Schlusserben nach dem Letztversterbenden einsetzen. **609**

---

14 BGH NJW 1993, 256
15 BayObLG FamRZ 1994, 191
16 BayObLG FamRZ 1991, 1485

610 ➢ Auslegungsbedarf besteht in der Praxis va bei der sog **Wiederverheiratungsklausel.** Sollen bspw die Kinder im Falle der Wiederverheiratung des überlebenden Ehegatten sofort (Schluss-) Erben werden, so ist fraglich, ob es sich dabei um eine aufschiebend bedingte Vor- und Nacherbschaft oder eine auflösend bedingte Vollerbeneinsetzung handelt. Nach Ansicht der Rechtsprechung[17] ist der überlebende Ehegatte im Falle der Wiederverheiratung auflösend bedingter Vollerbe und aufschiebend bedingter Vorerbe. Das hat zur Folge, dass er als Nacherbe den Vorschriften der §§ 2113 ff BGB unterliegt. In der Regel ist aber von einer befreiten Vorerbschaft auszugehen, um ihn nicht zu sehr in seiner Verfügungsbefugnis einzuschränken.

611 ➢ Schwierigkeiten bereiten auch die **Pflichtteilsklauseln.** Ihr Bedeutungsgehalt kann unterschiedlich sein, einerseits so, dass der Überlebende Vollerbe wird, ohne an die Schlusserbenbestimmung gebunden zu sein oder andererseits, dass die Schlusserben unter der aufschiebenden Bedingung zum Erben eingesetzt sind, dass der Anspruch auf den Pflichtteil nicht geltend gemacht wird. Letzteres ist die Regel und muss anhand der Umstände des Einzelfalls ermittelt werden.

Praxis-Tipp:

*Die Schwierigkeiten bei der Auslegung einer Verfügung von Todes wegen können die Parteien dadurch umgehen, dass sie einen **sog Auslegungsvertrag** schließen, der zwar keine dingliche Wirkung hat, aber durch den sich die Parteien so stellen, als sei die vereinbarte Auslegung richtig. Wird in diesem Vertrag die Feststellung des Erbrechts, eine Auseinandersetzungsregelung oder eine Vereinbarungen nach § 313 BGB getroffen, so ist zu seiner Wirksamkeit die notarielle Beurkundung erforderlich.*

Bei der **Auslegung eines Erbvertrages** ist danach zu unterscheiden, ob es sich um einseitige oder vertragsmäßig bindende Verfügungen handelt.

612 Hat der Erblasser **einseitige Verfügungen ohne Bindungswirkung** getroffen, so ist der Vertragspartner nicht schutzwürdig. Vielmehr kann der Verfügende frei wie bei einem Testament verfügen. Für die Auslegung dieser Regelungen gelten die Auslegungsgrundsätze wie beim Testament.

613 Bei **vertragsmäßig bindenden Verfügungen** tritt im Interesse des Vertragserben eine Bindungswirkung ein, wobei fraglich ist, ob bei der Auslegung des Erbvertrages der wirkliche Wille des Erblassers maßgebend sein soll oder das, was der Erbe verstanden hat bzw verstehen durfte. Von zentraler Bedeutung für die Auslegung ist wohl, ob und inwieweit der Vertragserbe schutzwürdig ist, dh ob der Erbvertrag überwiegend entgeltliche oder unentgeltliche Elemente enthält.[18]

614 **Fehlt** es an einer **Leistungsverpflichtung** auf Seiten des Vertragserben, so ist er nicht schutzwürdig; bei der Auslegung ist trotz des bindenden Wesens des Erbvertrages allein auf den Erblasserwillen abzustellen.

17 BGHZ 96, 198 ff
18 Brox, Rn 219

Anders ist die Rechtslage, wenn sich auch der im Erbvertrag bedachte **Erbe seinerseits zu einer Leistung verpflichtet** hat. In einem solchen Fall hat der Vertragserbe im Vertrauen auf die Erbeinsetzung die Leistungspflicht übernommen und ggf bereits zu Lebzeiten des Erblassers erfüllt. Daher sind bei der Auslegung auch seine Interessen in angemessener Weise zu berücksichtigen. 615

In beiden Fällen wird zur Begründung dieses Ergebnisses auf die Anfechtungsregeln und deren Folgen verwiesen. 616

- Hat der Erbe **keine Verpflichtung** übernommen, so führt die Anfechtung des Erbvertrages, der die Willenserklärungen rückwirkend beseitigt, zu keiner Benachteiligung.
- Bestand auf Seiten des Erben eine Leistungspflicht und hat der Vertragserbe seinerseits die Leistung noch zu Lebzeiten des Erblassers erbracht, weil er zB Unterhalt an den Erblasser bezahlt hat, so kann er, wenn die Anfechtung die Willenserklärung beseitigt, seine erbrachte Leistung nach den Grundsätzen einer ungerechtfertigten Bereicherung **zurückverlangen.** Insoweit ist der Erbe also nicht rechtlos gestellt. Allerdings muss die Auslegung neben der vertragsmäßigen Verfügung auch die Willenserklärung des Vertragserben erfassen, da er, nach Erforschung seines hypothetischen Willens, die Leistungspflicht nicht übernommen hätte, wenn er gewusst hätte, dass er nicht als Erbe eingesetzt werden würde.

In dem Fall, dass **beide Vertragspartner** im Erbvertrag **bindend verfügt** haben, sind die Verfügungen wie entgeltliche Erbverträge zu behandeln, da die Verfügungen voneinander abhängig sind. 617

Nach § **2279 BGB** finden die Auslegungsregeln für das Testament sowohl für die einseitigen als auch für die vertragsmäßig bindenden Verfügungen in einem Erbvertrag entsprechende Anwendung. 618

Checkliste für die Auslegung:

619

✔ Einzeltestament
1. Tatsächlicher Erblasserwille, § 133 BGB
2. Mutmaßlicher Erblasserwille
3. Ergänzende Auslegung bei Veränderungen zwischen der Errichtung des Testaments und dem Erbfall
4. Wohlwollende Auslegung bei mehreren Auslegungsergebnissen
5. Gesetzliche Auslegungsregeln
   a. § 2066 BGB bei der Erbquote für gesetzliche Erben
   b. §§ 2087 ff BGB bei der Erbeinsetzung
   c. §§ 2068 f BGB bei Ersatzbedachten
   d. § 2077 BGB bei Scheidung und Auflösung der Ehe
   e. § 2094 BGB bei der Anwachsung
   f. § 2102 BGB beim Wegfall eines Vorerben
   g. § 2106 BGB bei unbestimmtem Nacherbfall
   h. § 2108 BGB bei unbestimmter Vererblichkeit des Nacherbenanwartschaftsrechts
   i. §§ 2147 ff BGB bei Vermächtnissen

✔ 6. Richterliche Auslegungsregeln
   a. Erbeinsetzung nach Vermögensgruppen/einzelnen Vermögensgegenständen
   b. Hypothetische Ersatzbedachte

✔ Gemeinschaftliches Testament
1. Tatsächliche Auslegung nach Empfängerhorizont, § 157 BGB
2. Ergänzende Auslegung bei Veränderungen zwischen der Errichtung des Testaments und dem Erbfall
3. Gesetzliche Auslegungsregeln
   a. §§ 2270 II BGB bei der Wechselbezüglichkeit und Bindungswirkung
   b. § 2269 BGB beim Berliner Testament

✔ §§ 2070, 2068 BGB bei der Scheidung bzw Auflösung der Ehe

✔ Richterliche Auslegungsregeln

✔ Erbvertrag
1. Einseitige Verfügungen:
   Es gelten die gleichen Grundsätze wie bei der Auslegung eines Einzeltestaments
2. Vertragsmäßig bindende Verfügungen:
   a. Einseitig verpflichtende Verfügungen:
      Auslegung nach dem Erblasserwillen und damit Anwendung der Grundsätze zur Auslegung eines Einzeltestaments
   b. Gegenseitig verpflichtende Verfügungen:
      Berücksichtigung der Interessen des Vertragserben
      Empfängerhorizont

III. Auslegungsvertrag

620 Seit einigen Jahren ist es von der Rechtsprechung des BGH[19] anerkannt, dass die Erben die Möglichkeit haben sollen, sich im Wege eines **Vergleichs über die Erbenstellung** zu einigen, und zwar sowohl außergerichtlich als auch gerichtlich. Auch wenn dieser Vertrag lediglich **schuldrechtliche Wirkung** (§§ 305, 2371 BGB) hat, verpflichten sich die Vertragspartner, unabhängig von der tatsächlich bestehenden Rechtslage, sich entsprechend ihrer Einigung zu stellen. Voraussetzung für den Abschluss eines Auslegungsvertrages ist es, dass jeder, dessen materielle Rechtsposition betroffen ist, an der Vereinbarung mitwirkt. Die Stellung der Beteiligten kann **dinglich durch** einen **Erbteilsübertragungsvertrag** (§ 2033 BGB) der im Auslegungsvertrag vereinbarten Rechtsstellung angenähert werden.

621 Da es sich bei dem Auslegungsvertrag um einen unter § 2385 BGB fallenden »anderen Erbschaftsveräußerungsvertrag«[20] handelt, bedarf er wie dieser, der **notariellen Beurkundung** (§ 2371 BGB). Die notarielle Beurkundung kann

19 BGH NJW 1986, 1812
20 Krug in: Krug/Rudolf/Kroiß, Erbrecht § 8, Rn 214

nach § 127 a BGB durch einen **gerichtlich protokollierten Vergleich** ersetzt werden. Darüber hinaus ist es möglich, eine Vereinbarung über die Auslegung einer letztwilligen Verfügung auch in einem Erbscheinsverfahren, selbst wenn dafür der Rechtspfleger, und nicht der Nachlassrichter zuständig ist,[21] oder vor einem Schiedsgericht als **Schiedsvergleich**[22] zu schließen.

In einem Auslegungsvertrag können **alle denkbaren erbrechtlichen Fragen** geklärt werden, insbesondere die Erbenstellung, Vermächtnisansprüche und Pflichtteilsrechte. 622

Musterformulierung eines Auslegungsvertrages:

Vor mir, dem unterzeichnenden Notar. . ., sind heute erschienen: 623

1. *Anna Müller, Tochter des Erblassers*
2. *Lina Müller, Ehefrau des Erblassers*
3. *Wilhelm Fröhlich, Testamentsvollstrecker*

Die Parteien schließen folgende

Vereinbarung

über die Auslegung des gemeinschaftlichen Testaments vom 28.2.1978 und über die Abwicklung des Nachlasses des am 28. 4. 1997 verstorbenen Erblassers Kurt Müller.

Es besteht Unklarheit über die Auslegung des Testaments vom 28. 2. 1978, insbesondere über die Frage, ob ein Berliner Testament errichtete oder (befreite) Vor- und Nacherbfolge angeordnet ist. Unklar ist auch, ob der Aufgeführten unter 1. ein Pflichtteilanspruch nach dem Tod des Vaters zustehen sollte. Um diese und etwaige weitere Auslegungsprobleme zu beseitigen, wollen alle Beteiligten ihr Verhältnis untereinander verbindlich festlegen, ohne Rücksicht darauf, ob sich ihre Auslegung im nachhinein als zutreffend oder unzutreffend erweisen sollte. Damit wollen die Vertragschließenden die Auslegung des Testaments einem künftigen Streit entziehen.

Vor diesem Hintergrund und zu diesem Zweck schließen die Parteien den nachstehenden Feststellungs- oder Auslegungsvertrag gemäß §§ 305, 2385 BGB

1. *Die Aufgeführte zu 2., Frau Lina Müller, ist Alleinerbin und hat die nachstehend aufgeführte Pflichtteilslast zu tragen; die Aufgeführte zu 1. ist Schlusserbin nach dem Tod der Aufgeführte zu 2.*
2. *Der Aufgeführten zu 1., Frau Anna Müller, steht ein Pflichtteilsanspruch in Höhe von 75 000 € (in Worten: fünfundsiebzigtausend Euro) zu.*

Alle Beteiligten verpflichten sich, in einem etwaigen Erbscheinsverfahren darauf hinzuwirken, dass die Aufgeführte zu 2. als Alleinerbin im Erbschein genannt wird.

21 BGHZ 14, 381; OLG Nürnberg RPfl 1972, 305
22 MüKo-Förschler, § 127 a BGB Rn 4

Sollten sich die bisher bekannten und der Vermögensaufstellung zugrundegelegten Vermögenswerte im Nachhinein ändern, sei es, dass bisher überhaupt nicht bekannte Vermögenswerte auftauchen, dass sich die Ansprüche gegen das Finanzamt für die Zeit von 1992 bis 1996 durch den beantragten Beschluss beim Bundesfinanzhof wesentlich ändern, erhalten die in diesem Vertrag aufgeführten Personen Nr. 1–2 entsprechende Nachzahlungen.

Der Nachlassbestand entspricht der Aufstellung vom… (als Anlage dieser Urkunde beigefügt). Der Testamentsvollstrecker behält sich vorsorglich für Erbschaftssteuer und seine Kosten den Betrag von… € zurück. Der Testamentsvollstrecker schuldet die Erfüllung des Pflichtteilsanspruchs innerhalb von drei Monaten nach endgültiger Genehmigung dieser Vereinbarung durch alle Beteiligten.

Etwaige Forderungen dritter Gläubiger hat die Alleinerbin im Innen- und Außenverhältnis allein zu tragen.

Die Erbin und die Pflichtteilsberechtigte erklären, dass sie die vom Testamentsvollstrecker bisher vorgenommenen Berechnungen und Bewertungen der einzelnen Ansprüche als ordnungsgemäß und endgültig anerkennen.

Vorbehaltlich der in dieser Vereinbarung enthaltenen Rechte und Ansprüche verzichten die Aufgeführten zu 1–2 auf die Geltendmachung weitere erbrechtlicher Ansprüche und Rechte, gleich aus welchem Grunde. Der Verzicht wird von allen und wechselseitig angenommen.

Die Aufgeführten zu 1–2 tragen die durch ihre Rechtsanwälte bzw Verfahrensbevollmächtigten entstandenen Kosten selbst.

Erstattungsansprüche werden weder gegen den Erben noch gegen den Testamentsvollstrecker geltend gemacht. Die Kosten für diese Urkunde tragen die Aufgeführten zu 1–2 je zur Hälfte.

Sollte eine dieser Bestimmung unwirksam sein oder werden bzw Lücken enthalten sein, so wird dadurch die Wirksamkeit der übrigen Vereinbarungen nicht berührt. Die Beteiligten verpflichten sich vielmehr in einem solchen Fall, anstelle der unwirksamen oder unvollständigen Bestimmung eine Regelung zu treffen, die rechtlich und wirtschaftlich der unwirksamen oder unvollständigen Bestimmung am nächsten kommt.

Den Aufgeführten zu 1–2 ist bekannt, dass diese Vereinbarung nach der gegenwärtigen Rechtsprechung nur schuldrechtliche, nicht aber auch dingliche Wirkung hat.

Die Haftung des Notars für steuerrechtliche Erfolge ist ausgeschlossen.

Diese Niederschrift lag den Erschienenen nebst Anlage zur Durchsicht vor, wurde ihnen von dem unterzeichnenden Notar vorgelesen, von ihnen genehmigt und, wie folgt, eigenhändig unterschrieben.

Unterschriften

F. Die Anfechtung einer Verfügung von Todes wegen 909

ÜBERBLICK

F. Die Anfechtung einer Verfügung von Todes wegen

I. Allgemeines

Da auch eine Verfügung von Todes wegen eine Willenserklärung ist bzw aus solchen besteht, können diese ebenso angefochten werden, wie andere Willenserklärungen auch, sofern der Erblasser bei ihrer Abgabe in einem **Irrtum** gefangen war oder durch eine **Drohung** zu dieser Erklärung bestimmt wurde und dem wahren Willen des Erblassers auch mittels Auslegung nicht zum Erfolg verholfen werden kann. Allerdings stehen im Falle der Anfechtung einer letztwilligen Verfügung, insbesondere und gerade beim Testament als einseitiger Willenserklärung nicht die Interessen des Erklärungsempfängers bzw des Bedachten an der Gültigkeit der Verfügung im Vordergrund, sondern allein der **Wille des Erblassers.** Etwas anderes kann beim gemeinschaftlichen Testament und beim Erbvertrag gelten, wenn die Anfechtung Auswirkungen auf die Verfügungen des Partners hat. In diesen Fällen können schutzwürdige Interessen betroffen sein. Aus diesem Grund enthalten die §§ 2078 ff BGB und die §§ 2281 ff BGB **Sondervorschriften** für die Anfechtung einer Verfügung von Todes wegen, die den Vorschriften der §§ 119 ff im Allgemeinen Teil des BGB vorgehen. 624

Bei der Anfechtung einer letztwilligen Verfügung sind einige **Besonderheiten** gegenüber der Anfechtung des Allgemeinen Teils des BGB in den §§ 119 ff BGB zu beachten. Auf folgende Unterschiede gilt es besonders hinzuweisen: 625

- ➢ Anfechtungsgrund;
- ➢ Anfechtungsberechtigung;
- ➢ Anfechtungsfrist und
- ➢ Schadensersatzpflicht.

II. Anfechtungsgründe

626

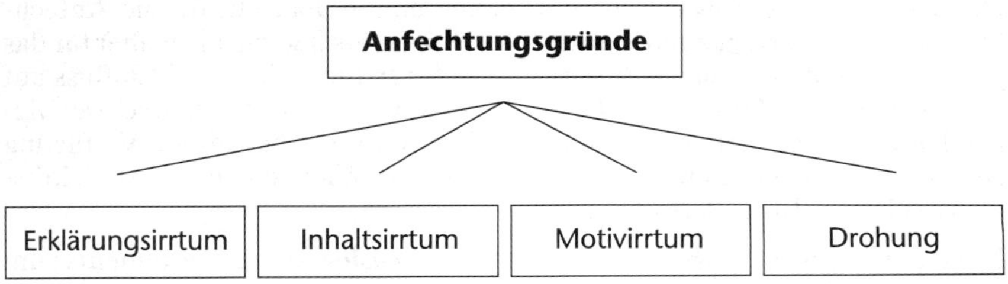

Beispiele:

✦ Verschreiben ✦ Irrtum über den Wortlaut der abgegebenen Erklärung	✦ Irrtum über die rechtliche Bedeutung einer Regelung/Erklärung	✦ Irrtum des Erblassers über Ereignisse im Zeitpunkt der Errichtung, die nicht eingetreten sind ✦ keine konkreten Gedanken über zukünftige Umstände	✦ Drohender gibt vor, Einfluss auf den Eintritt des angekündigten Übels zu haben
➢ In beiden Fällen muss der Irrtum erheblich gewesen sein, dh der Erblasser hätte von der letztwilligen Verfügung abgesehen, wenn er von den konkreten Umständen Kenntnis gehabt hätte ➢ Im Übrigen sind die Grundsätze der §§ 119 ff entsprechend anzuwenden		➢ Der Erblasser muss einer gefestigten Erwartung vom künftigen Verlauf unter normalen Umständen gefolgt sein	Die Widerrechtlichkeit ist gegeben, wenn – das Übel – der Erfolg – die Zweck-Mittel-Relation unerlaubt ist

Praxis-Tipp:

> *Die Beweislast für das Vorliegen eines Anfechtungsgrundes trägt grundsätzlich der Anfechtende.*

III. Anfechtung eines Testaments

1. Anfechtungstatbestand

627 Die Vorschriften der §§ 2078 ff BGB gelten unmittelbar nur für die Anfechtung **einzelner Verfügungen in einer letztwilligen Verfügung,** nicht aber für das gesamte Testament[1] und zwar nur, soweit der Irrtum reicht und Einfluss auf den Inhalt der Erklärung hat. Notwendig ist, dass es sich um einen schwerwiegenden Irrtum handelt, der unmittelbar kausal für die betroffene Verfügung geworden ist, wobei es bei der Beurteilung ausschließlich auf die subjektive Denkweise des Erblassers ankommt.

628 Die Anfechtung ist ausgeschlossen, wenn die **Auslegung** des Testaments zum Ergebnis der Wirksamkeit geführt hat.

1 BGH NJW 1985, 2025 f

Weitere Voraussetzung des Anfechtungstatbestands einer Testamentsanfechtung ist das Vorliegen eines Anfechtungsgrundes. Entsprechend der Anfechtung im Allgemeinen Teil des BGB kommen **folgende Anfechtungsgründe** in Betracht: 629

a. Inhaltsirrtum

Die Verfügung kann nach § 2078 I Alt. 1 BGB angefochten werden, soweit der Erblasser über den Inhalt seiner Erklärung im Irrtum war. Bei diesem **Irrtum in der Erklärungsbedeutung** muss anzunehmen sein, dass der Erblasser eine Erklärung diesen Inhalts nicht abgegeben hätte, wenn er die Sachlage gekannt hätte. 630

Beispiel:

Ein derartiger Fall liegt dann vor, wenn der Erblasser mit einem im Testament verwendeten Begriff eine andere als die tatsächliche Bedeutung verbindet. Ist es möglich, das Gemeinte durch Auslegung zu ermitteln, so ist der Weg zur Anfechtung verschlossen.

b. Erklärungsirrtum

Irrt der Erblasser **über die Erklärungshandlung,** so kann er, sofern anzunehmen ist, dass er bei Kenntnis der Sachlage die Erklärung so nicht abgegeben hätte, anfechten, § 2078 I Alt. 2 BGB. Als typische Fälle eines Erklärungsirrtums kommen in Betracht: 631

- Verschreiben bei der Errichtung eines eigenhändigen Testaments;
- Versprechen bei der mündlichen Abgabe der Erklärung vor dem Notar;
- Übergabe einer anderen Testamentsurkunde in die amtliche Verwahrung.

Bei beiden genannten Irrtumsarten handelt es sich um ein unbewusstes Abweichen der Erklärung vom tatsächlichen Willen. Maßgebend für die Testamentsanfechtung ist allein die **Feststellung der subjektiven Ursächlichkeit,** dh dass der konkrete Erblasser die Verfügung bei Kenntnis der Sachlage nicht getroffen hätte. 632

c. Motivirrtum

Ist Anfechtungsgrund nicht das unbewusste Abweichen von Wille und Erklärung, sondern handelt es sich um einen **Irrtum bei der Willensbildung,** so kann der Erblasser das Testament nach § 2078 II BGB dann anfechten, soweit er zu der Verfügung durch die irrige Annahme oder Erwartung des Eintritts oder 633

Nichteintritts eines Umstandes bestimmt worden ist **(= Motivirrtum)**. Dieser gesetzlichen Regelung ist zu entnehmen, dass jeder Motivirrtum zur Anfechtung berechtigt. Der Grund dafür ist darin zu sehen, dass bei der Testamentsanfechtung Fragen der Verkehrssicherheit und des Vertrauensschutzes nicht zu berücksichtigen sind.

Praxis-Tipp:

*Die **arglistige Täuschung**, die zu einem Motivirrtum führt und daher zur Anfechtung berechtigt, ist im Gesetz nicht eigens aufgeführt worden. Sie wird als selbstverständlich vorausgesetzt.*

634 Für die Annahme eines Motivirrtums ist es gleichgültig, ob der Erblasser bei der Errichtung seiner letztwilligen Verfügung über **gegenwärtige, vergangene oder zukünftige Umstände** im Irrtum war und wodurch es zu dem Irrtum gekommen ist. So handelt es sich insbesondere in folgenden Fällen um einen Motivirrtum:

- Irrtum über das Verhalten des bedachten Erben gegenüber dem Erblasser oder einem Dritten;
- Irrtum über die Vermögensverhältnisse;
- Irrtum über die Währungsentwicklung.

In jedem Fall ist aber, bevor die Anfechtung erklärt wird, zu prüfen, ob nicht die Möglichkeit der **Auslegung** des Testaments besteht, um die letztwillige Verfügung aufrechterhalten zu können.

635 Bei der Anfechtung steht der **Irrtum über einen Umstand dem Nichtwissen gleich.**[2] § 2079 BGB enthält einen Spezialfall des Motivirrtums in Form der Umgehung eines Pflichtteilsberechtigten. Entscheidend dürfte dabei sein, ob der Erblasser zum Zeitpunkt der Errichtung seines Testaments die Tatsachen kannte, die zu einer Pflichtteilsberechtigung beim Erbfall führen werden.[3]

d. Widerrechtliche Drohung

636 Wurde der Erblasser zu der Verfügung widerrechtlich durch Drohung bestimmt, so berechtigt dieser Umstand nach § 2078 II BGB ebenfalls zur Anfechtung. Für die Beurteilung der Anfechtbarkeit ist es unerheblich, von wem die Drohung ausgeht. Maßgebend ist, dass mit einem für den Erblasser empfindlichen Übel gedroht wurde. Davon abzugrenzen ist die bloße Aufdringlichkeit, die auch im Falle der Wiederholung nicht zu einer Drohung wird. Die **Widerrechtlichkeit** liegt vor, wenn weder das Mittel (angedrohtes Übel) noch der Zweck (bezweckter Erfolg) oder die Mittel-Zweck-Relation erlaubt ist.

---

2 Str; vgl BGHZ 4, 91, 95; BGH NJW 1963, 246; BGH DB 1971, 1859
3 Brox, Rn 229; Soergel/Loritz, § 2079 Rn 3

Der Irrtum bzw die widerrechtliche Drohung muss zum **Zeitpunkt der Errichtung** der letztwilligen Verfügung vorgelegen haben, denn nur dann beruht die Verfügung auf dieser Fehlvorstellung. 637

Ein Willensmangel berechtigt nur dann zur Anfechtung, wenn er für die Errichtung der letztwilligen Verfügung **ursächlich und** als solcher **erheblich** war. Zu prüfen ist in einem solchen Fall daher, ob der Erblasser bei Kenntnis der Sachlage in gleicher Weise verfügt hätte oder nicht.[4] Hat der Erblasser bei Erlangen der Kenntnis vom Willensmangel das Testament dennoch nicht verändert, so ist darin ein Indiz dafür zu sehen, dass der Irrtum für die Errichtung der letztwilligen Verfügung nicht ursächlich war.[5] 638

Es ist nicht erforderlich, dass die Fehlvorstellung des Erblassers die einzige Ursache für die Verfügung gewesen ist. Sie muss aber, neben möglichen anderen Gründen, für den Entschluss des Erblassers **mitbestimmend** gewesen sein (sog **Motivbündel).** Dabei steht die positive Fehlvorstellung dem Fehlen jeglicher Vorstellung über einen bestimmten Umstand gleich. 639

Praxis-Tipp:

§ 2078 BGB erfasst nicht nur die allgemeinen Fälle einer Anfechtung, sondern auch den Widerruf einer letztwilligen Verfügung durch Rücknahme aus der amtlichen Verwahrung sowie die Schenkung auf den Todesfall nach § 2301 BGB.

2. Anfechtungsberechtigte

Anfechtungsberechtigt ist nach § 2080 I BGB nur derjenige, dem **die Aufhebung** der letztwilligen Verfügung **unmittelbar zustatten** kommen würde. Da der Erblasser sein Testament jederzeit ohne Schwierigkeiten widerrufen kann, gelten für ihn die Anfechtungsregeln nicht. Die Unmittelbarkeit ist dann gegeben, wenn der Anfechtende mit dem Wegfall der testamentarischen Verfügung Erbe wird oder von der Erfüllung eines Vermächtnisses befreit wird. Nach der Intention des Gesetzgebers sind »nur diejenigen Personen zu schützen, welche bei unbeeinflusster Willensentscheidung des Erklärenden nicht benachteiligt worden wären«.[6] 640

Sind **mehrere Personen anfechtungsberechtigt,** so steht jedem von ihnen das Anfechtungsrecht alleine zu, sofern sich der Irrtum nicht nur auf eine bestimmte Person bezieht; in diesem Fall ist dann nur diese konkrete Person berechtigt, die Anfechtung zu erklären, § 2080 II BGB. Ist diese Person vorverstorben, so entfällt das Anfechtungsrecht mangels Anfechtungsberechtigung. Einen Sonderfall regelt insoweit § 2080 III BGB für die Übergehung des Pflichtteilsberechtigten. Unter den Voraussetzungen des § 2079 BGB kann, da 641

4 RGZ 59, 33; Brox, Rn 231; Staudinger-Otte, § 2078 Rn 25
5 RGZ 77, 165, 170; BayObLG Rpfleger 1975, 242; LG Tübingen BWNotZ 1982, 164, 166; Palandt/Edenhofer, § 2081 Rn 11
6 Mot. V, 56

sich der Irrtum nur auf seine Person bezieht, die Verfügung anfechten. Im übrigen **wirkt** die Anfechtung eines einzelnen **gegenüber allen.**[7]

642 Zwar ist das Anfechtungsrecht unter Lebenden **nicht übertragbar,** es geht aber, wenn der Anfechtungsberechtigte verstirbt, im Wege der Universalsukzession auf seine Erben über.

643 Weil bei einem Testament, das nur von einem Erblasser errichtet wurde, der Erbe keine Anwartschaft erwirbt, kann dieses auch **erst nach dem Erbfall angefochten** werden.

3. Anfechtungserklärung

644 Die Anfechtung ist eine einseitige, **empfangsbedürftige** Willenserklärung, die **keiner Form** bedarf. Soweit § 2081 BGB keine abweichende Regelung trifft, findet die allgemeine Anfechtungsvorschrift des § 143 BGB Anwendung.

645 Nach § 2081 I BGB ist die letztwillige Verfügung, soweit sie die Erbeinsetzung, Enterbung, Ernennung eines Testamentsvollstreckers oder die Aufhebung einer derartigen Verfügung betrifft, **gegenüber dem Nachlassgericht** anzufechten.

646 Die **Erbeinsetzung** erfasst neben der Bestimmung eines oder mehrerer Erben auch die Einsetzung eines Nach- oder Ersatzerben. Die Befreiung eines Vorerben ist nach wohl richtiger Ansicht keine Erbeinsetzung, sondern lediglich eine Modalität in Bezug auf die Rechte des (Vor-)Erben.[8]

647 Durch die Amtsempfangsbedürftigkeit, die in erster Linie der Rechtssicherheit dient, wird der Anfechtungsberechtigte von der Pflicht zur Ermittlung der durch die Verfügung Begünstigten enthoben. Das Nachlassgericht soll, entsprechend der Regelung in § 2081 II BGB, die **Anfechtungserklärung** demjenigen **mitteilen,** dem die angefochtene Verfügung unmittelbar zustatten kommt. Wird ein rechtliches Interesse nachgewiesen, so hat das Nachlassgericht darüber hinaus Einsicht in die Anfechtungserklärung zu gestatten.

648 Über die Bestimmung in Abs 1 hinaus ist die Anfechtung auch dann dem Nachlassgericht gegenüber zu erklären, wenn eine letztwillige Verfügung angefochten werden soll, durch die ein **Recht für einen anderen nicht begründet** wird, wie zB bei der Anfechtung einer Auflage oder der Entziehung des Pflichtteils, § 2081 III BGB.

649 Als weitere letztwillige Verfügungen, **die kein Recht begründen,** sind zu nennen:

- Auseinandersetzungsverbot;
- Familienrechtliche Anordnungen im Rahmen des ehelichen Güterrechts;
- Vormundschaftsrecht;

7 So BGH NJW 1985, 2025 f; aA: MüKo-Leipold, § 2080 Rn 8

8 So Staudinger-Otte, § 2081 Rn 2; abweichend hiervon: Soergel/Damrau, 11. Auflage, § 2081 Rn 2; MüKo-Leipold, § 2081 Rn 6

- Vermögenssorge im Rahmen der elterlichen Sorge und
- Pflichtteilsbeschränkungen.

In allen anderen Fällen, insbesondere bei der Vermächtnis- oder Teilungsanordnung, in denen eine Anfechtung erklärt werden kann, findet die allgemeine Regel des § 143 IV 1 BGB Anwendung: Der Anfechtungsberechtigte muss **gegenüber dem Anfechtungsgegner,** dh gegenüber demjenigen, der aufgrund der letztwilligen Verfügung unmittelbar einen rechtlichen Vorteil erlangt, anfechten. Dabei kann sich der Anfechtungsberechtigte nur auf die Gründe beziehen, die **vor der Abgabe** der Anfechtungserklärung vorgelegen haben. Ein Nachschieben von Anfechtungsgründen ist nur insoweit möglich, als diese im Prozess zwar nachträglich geltend gemacht werden können, aber schon vor der Abgabe der Erklärung entstanden sein müssen. 650

Die Anfechtungserklärung muss **den Willen des Berechtigten erkennen** lassen, das Testament aufzuheben. Dabei ist es unerheblich, ob bei der Abgabe der Erklärung der Begriff »Anfechtung« verwendet wird oder nicht. Es besteht auch kein Begründungszwang, wohl aber ein Recht, die Anfechtung zu begründen. 651

Praxis-Tipp:

Zwar steht es dem Anfechtungsberechtigten frei, die Anfechtungserklärung zu begründen; es ist aber in diesem Zusammenhang zu beachten, dass sowohl das Nachlassgericht im Erbscheinsverfahrens als auch das Prozessgericht im Streitverfahren ***keine Ermittlungen der Anfechtungsgründe von Amts wegen*** *vornehmen, sondern lediglich die vorgetragenen Gründe prüfen. Daher ist ein* ***Mindestmaß an Tatsachenvortrag*** *erforderlich, um das Gericht über den zugrunde liegenden Sachverhalt zu informieren und ihm dadurch die Entscheidungsgrundlage zur Verfügung zu stellen.*

Sind in einem Testament mehrere anfechtbare Verfügungen enthalten, so muss **für jede einzelne Verfügung** ermittelt werden, wem gegenüber sie anzufechten ist. Es ist daher möglich, dass die Verfügung über die Enterbung gegenüber dem Nachlassgericht, die Verfügung über ein Vermächtnis aber gegenüber dem Vermächtnisnehmer anzufechten ist, wobei zu beachten ist, dass mehrere Verfügungen gegenüber demselben Anfechtungsgegner in einer Anfechtungserklärung angefochten werden können. 652

4. Verlust des Anfechtungsrechts

Das Anfechtungsrecht ist dann **ausgeschlossen,** wenn 653

- die Anfechtungsfrist des § 2082 BGB verstrichen ist, ohne dass die Anfechtung erklärt worden wäre oder
- die fehlerhafte Erklärung bestätigt worden ist.

654 Bei der **Anfechtungsfrist** des § 2082 BGB handelt es sich um eine Ausschlussfrist. Danach kann die Anfechtung nur binnen Jahresfrist erfolgen und ist gegenüber dem Nachlassgericht oder dem Betroffenen zu erklären. Voraussetzung für die Rechtzeitigkeit der Ausübung dieses Gestaltungsrechtes ist, dass die Anfechtungserklärung dem Anfechtungsgegner innerhalb der Frist zugeht (vgl § 130 BGB).

655 Die Anfechtungsfrist **beginnt** mit der Kenntnisnahme vom Anfechtungsgrund, frühestens aber mit dem Erbfall, selbst wenn der Anfechtungsberechtigte bereits vor Eintritt des Erbfalls wusste, dass der Erblasser einem Irrtum unterlegen war. Die Kenntnis vom Anfechtungsgrund liegt vor, wenn

- der Berechtigte den Grund zuverlässig erfahren hat, dh wenn er weiß, dass der Erblasser ein Testament errichtet hat und hierbei von einem Irrtum oder einer Drohung bestimmt wurde;
- er den Inhalt der letztwilligen Verfügung kennt, soweit er dadurch benachteiligt ist und
- er vom Erbfall weiß.

656 Dabei reichen vage Vermutungen nicht aus; vielmehr bedarf es **sicherer objektiver Anhaltspunkte** für die das Anfechtungsrecht begründenden Umstände und Tatsachen,[9] wobei diese nicht beweisbar sein müssen.

657 Grundsätzlich ist es **nicht möglich, die Frist** des § 2082 BGB **zu unterbrechen,** weil es sich nicht um eine Verjährungs-, sondern um eine Ausschlussfrist handelt. § 2082 II BGB verweist nur auf die Vorschriften der §§ 203, 206 und 207 BGB, die zu einer Hemmung des Fristablaufs führen bei einem Stillstand der Rechtspflege innerhalb der letzten Monate, bei einem Fall von höherer Gewalt, wenn eine geschäftsunfähige oder beschränkt geschäftsfähige Person ohne gesetzlichen Vertreter ist und bei Nachlasssachen.

658 Die Anfechtung ist ausgeschlossen, wenn **seit dem Erbfall dreißig Jahre** verstrichen sind, § 2082 III BGB. Allerdings kann die Anfechtung nach § 2083 BGB einredeweise geltend gemacht werden, auch wenn die Anfechtung wegen Fristversäumnis bzw Ablauf der Anfechtungsfrist ausgeschlossen ist. Voraussetzung der Anwendung dieser Vorschrift ist das Verstreichenlassen der Anfechtungsfrist durch den Anfechtungsberechtigten. Da die Einrede der Anfechtbarkeit als Leistungsverweigerungsrecht nur dann Berücksichtigung findet, wenn sich der Leistungsverpflichtete darauf beruft, kann es – als unmittelbarer Ausfluss des Anfechtungsrechtes und aufgrund des sich daraus ergebenden höchstpersönlichen Charakters – nur vom Anfechtungsberechtigten selbst geltend gemacht werden.

Praxis-Tipp:

Nach § 2083 BGB kann der Erbe die Erfüllung eines Vermächtnisses, das er anfechten könnte, verweigern, selbst wenn er die Anfechtungsfrist verstreichen ließ. Er kann sich darauf aber nicht berufen, wenn bereits der Erblasser die Anfechtung nicht innerhalb der Frist erklärt hat, § 2283 BGB. Dem Erben steht schon aus diesem Grund kein Anfechtungsrecht zu (§ 2285 BGB).

9 OLG München, MDR 1957, 612

Praxis-Tipp:

Der Anfechtungsberechtigte kann insbesondere dem Testamentsvollstrecker, dem Nachlassverwalter und dem Nachlasspfleger ***Vollmacht zur Abgabe der Anfechtungserklärung*** *erteilen.[10] Sie müssen dann die Anfechtungserklärung im Namen des Anfechtungsberechtigten abgeben. Ein eigenes Anfechtungsrecht steht ihnen nicht zu. Hat eine dieser Personen, ohne dazu bevollmächtigt zu sein, die letztwillige Verfügung des Erblassers angefochten, so kann der Erbe die Ausübung des Anfechtungsrechts nachträglich und sogar noch nach Ablauf der Anfechtungsfrist genehmigen.[11]*

Die Anfechtung ist **ausgeschlossen,** wenn der Erblasser das Testament trotz eines Anfechtungsgrundes bestehen lässt, sich keine Gedanken über seine Motive macht oder die letztwillige Verfügung bestätigt. 659

Die Anfechtung nach § 2078 BGB ist aber dann **nicht ausgeschlossen,** wenn zwei selbständige Anfechtungstatbestände vorliegen, die auf verschiedenen tatsächlichen Voraussetzungen beruhen. So steht § 2079 BGB, der einen **Spezialfall des Motivirrtums** darstellt und zur Anfechtung berechtigt, wenn der Erblasser einen Pflichtteilsberechtigten übergangen hat, der zum Zeitpunkt der Errichtung bereits vorhanden, zum Zeitpunkt der Errichtung nicht bekannt war oder der erst nach der Errichtung geboren oder pflichtteilsberechtigt wurde, als eigener Anfechtungstatbestand neben § 2078 BGB. 660

Hinsichtlich der Bestätigung eines anfechtbaren Testamentes ist davon auszugehen, dass die **Bestätigung** auch durch die Anfechtungsberechtigten erfolgen kann.[12] Allerdings verliert der Anfechtungsberechtigte dadurch sein Anfechtungsrecht. 661

Hat der Anfechtungsberechtigte Kenntnis von der Anfechtbarkeit und leistet er dennoch, so kann er das Geleistete nach § 814 BGB **nicht** mehr **zurückfordern.** Leistet er hingegen ohne diese Kenntnis, so steht ihm das Rückforderungsrecht nach § 813 BGB zu. 662

5. Wirkung der Anfechtung

Die Anfechtung einer Verfügung des Erblassers führt infolge der Anwendbarkeit der allgemeinen Anfechtungsregeln zur **Nichtigkeit ex tunc,** dh von Anfang an. Soweit die Verfügung auf einem Irrtum beruhte, wird sie durch die Anfechtung vernichtet. Nach § 2085 BGB soll, sofern kein entsprechender Wille erkennbar ist, nicht die gesamte letztwillige Verfügung erfasst werden. 663

Das negative Interesse **(Vertrauensschaden)** nach § 122 BGB wird, so die gesetzgeberische Entscheidung in § 2078 III BGB, **nicht ersetzt.** 664

10 BGH NJW 1962, 1058; Hamburg OLGE 21, 308, 309
11 Hamburg OLGE 21, 308, 309
12 BayObLGZ 1965, 258, 265; MüKo-Leipold, § 2078 Rn 48 mwN

6. Gerichtliche Überprüfung

665 Nach § 2081 I und III BGB ist das Nachlassgericht **Erklärungsempfänger;** es hat, nachdem es die Betroffenen benachrichtigt, die Anfechtungserklärung zu den Akten zu nehmen und, bei entsprechendem Nachweis eines berechtigten Interesses, Einsicht in die Akten bzw in die Erklärung zu gewähren.

666 Es gehört nicht zu den Aufgaben des Nachlassgerichts, zu prüfen, ob die Anfechtung materiell berechtigt oder formell fristgemäß erklärt wurde.

667 Im Rahmen des Erbscheinsverfahrens muss das Gericht allerdings prüfen, wer im Wege der Universalsukzession **Rechtsnachfolger des Erblassers** geworden ist. Es hat daher von Amts wegen zu ermitteln, ob die testamentarisch angeordnete Erbfolge durch eine Anfechtung des Testaments beseitigt und dadurch gesetzliche Erbfolge eingetreten ist. In diesem Zusammenhang muss das Nachlassgericht dann auch klären, ob die Anfechtung wirksam erklärt wurde. Dies gilt hinsichtlich der Wirksamkeit der Anfechtung in gleicher Weise für das Prozessgericht.

7. Anfechtung eines gemeinschaftlichen Testaments

668 Die Anfechtung gegenseitiger Verfügungen in einem Ehegattentestament ist gesetzlich nicht ausdrücklich geregelt; das bedeutet aber nicht, dass bei dieser Art der Verfügung von Todes wegen, insbesondere dann, wenn sie bindend geworden ist, eine Anfechtung nicht möglich sein soll. Nach Ansicht der Rechtsprechung[13] finden die Vorschriften der §§ 2281 ff BGB für die Anfechtung erbvertraglicher Verfügungen entsprechende Anwendung. Diese verweisen ihrerseits auf die §§ 2078 ff BGB.

a. Anfechtungsrecht des Erblassers

669 Die Verfügungen in einem gemeinschaftlichen Testament sind vom Erblasser **nur** dann anfechtbar, wenn es sich um eine **wechselbezügliche Verfügung** handelt, da die sonst getroffenen Verfügungen wie in einem Testament frei widerruflich sind. Darüber hinaus kann der Erblasser wegen der unter Beachtung der entsprechenden Formvorschriften möglichen Widerruflichkeit der wechselbezüglichen Verfügungen zu Lebzeiten beider Ehegatten (§ 2271 I BGB), die Anfechtung erst dann erklären, wenn der andere Ehegatte bereits verstorben ist. Nach § 2271 II 1 BGB erlischt zu diesem Zeitpunkt das Recht zum Widerruf. Sind diese Voraussetzungen erfüllt, dann kann der Erblasser sowohl die Verfügungen des Erstverstorbenen als auch seine eigenen wechselbezüglichen Verfügungen nach den §§ 2078 ff BGB anfechten.

670 Mit der Anfechtung will der **Erblasser,** der unter den genannten Umständen selbst anfechtungsberechtigt ist, die Bindung an die gegenseitigen Verfügungen beseitigen und die **Testierfreiheit wiederherstellen.** Der Erblasser kann seine eigenen Verfügungen bei Vorliegen eines in §§ 2078, 2079 BGB genann-

13 BGHZ 37, 331 ff; BGH FamRZ 1970, 79

ten Anfechtungsgrundes jederzeit anfechten, während er die gemeinsamen Verfügungen nur anfechten kann, wenn ihm die Aufhebung der Verfügung unmittelbar zustatten kommen würde.

In Bezug auf die **Anfechtungsgründe** gilt das zum Testament eines Erblassers Gesagte entsprechend (vgl Rn 629 ff). Insbesondere ist auch hier die Anfechtung wegen eines Motivirrtums möglich. 671

Die **Anfechtung eigener wechselbezüglicher Verfügungen** durch den Erblasser wird unter dem Gesichtspunkt des § 2079 BGB dann von Bedeutung sein, wenn er eine neue Ehe eingeht[14] und/oder aus dieser Ehe ein Kind hervorgeht. 672

Bezieht sich die **Anfechtung** durch den Erblasser nicht auf eigene wechselseitige Verfügungen, sondern **auf die Verfügungen des erstverstorbenen Ehegatten,** gleichgültig, ob sie nun einseitig oder ebenfalls wechselbezüglich sind, so kann der überlebende Ehegatte die Anfechtung unter den Voraussetzungen des § 2078 BGB erklären, nicht aber nach § 2079 BGB. Der Grund dafür ist in § 2080 III BGB zu sehen, da das Anfechtungsrecht des § 2079 BGB nur dem Pflichtteilsberechtigten zusteht. 673

Die Anfechtung durch den Überlebenden ist **nicht dadurch ausgeschlossen,** dass er die Erbschaft bzw das ihm Zugewendete angenommen hat. 674

Werden wechselbezügliche Verfügungen durch den Erblasser angefochten, dann bedarf die Anfechtungserklärung gemäß § 2282 III BGB der **notariellen Beurkundung.** 675

Nach § 2283 I BGB kann der Erblasser die Anfechtung **nur innerhalb eines Jahres** erklären, wobei die Anfechtungserklärung dem Nachlassgericht innerhalb der Anfechtungsfrist **zugehen** muss. Die Frist läuft auch dann, wenn der Erblasser an das gemeinschaftliche Testament nicht mehr gedacht hat. Allerdings gilt dies nicht, wenn die Verfügung derart aus seinem Bewusstsein verschwunden ist, dass auch die Beschäftigung mit erbrechtlichen Fragen die Erinnerung an das Ehegattentestament nicht wieder aufleben lässt.[15] Hält der Erblasser das gemeinschaftliche Testament irrtümlich für wirksam angefochten oder widerrufen und damit für ungültig, so läuft die Frist nicht.[16] 676

Die Anfechtungsfrist **beginnt** im Falle der Drohung in dem Zeitpunkt, in welchem die Zwangslage aufhört, in den übrigen Fällen mit dem Zeitpunkt, in welchem der Erblasser von dem Anfechtungsgrund Kenntnis erlangt (§ 2283 II BGB). Sie beginnt frühestens mit dem Tod des anderen Ehegatten. 677

Die Anfechtung ist **unzulässig,** wenn der Erblasser durch sein Verhalten, das gegen Treu und Glauben oder gegen die guten Sitten (§§ 138, 226 BGB) verstoßen haben muss, den Anfechtungsgrund geschaffen hat.[17] 678

Nach § 142 BGB hat die Anfechtung die **Nichtigkeit der angefochtenen Verfügung** zur Folge. Da es sich aber um eine wechselbezügliche Verfügung gehan- 679

---

14 BayObLG FamRZ 1995, 1024
15 BayObLG FamRZ 1995, 1024
16 BGH FamRZ 1968, 218
17 BGHZ 4, 91, 96; BGH FamRZ 1962, 427; 1970, 79

delt hat, führt der Wegfall der einen zur Unwirksamkeit der anderen Regelung, § 2270 I BGB. Dies gilt insbesondere für die Erbeinsetzung des überlebenden Ehegatten als Erben; in der Regel tritt im Falle der Anfechtung infolgedessen nachträglich gesetzliche Erbfolge ein. Das gilt dann nicht, wenn davon auszugehen ist, dass der Erstverstorbene seine wechselbezügliche Verfügung, die mit der Anfechtung der eigenen wechselbezüglichen Verfügung des Erblassers weggefallen ist, auch dann getroffen hätte, wenn die Verfügung des überlebenden Ehegatten bereits zum Zeitpunkt der Errichtung des gemeinschaftlichen Testaments den nach der Anfechtung bestehenden Inhalt gehabt hätte.[18]

680 Ficht der überlebende Ehegatte seine wechselbezüglichen Verfügungen an, so führt dies zur Nichtigkeit auch der wechselbezüglichen Verfügungen des Erblassers, § 2270 I BGB. Wird die letztwillige Verfügung **nur teilweise angefochten,** so bleiben die Verfügungen des vorverstorbenen Ehegatten wirksam, wenn davon auszugehen ist, dass er sie auch dann getroffen hätte, wenn der Ehepartner nur die übrigen, nicht angefochtenen Verfügungen getroffen hätte. Maßgebend ist der hypothetische Wille des Erblassers im Zeitpunkt der Errichtung der Verfügung von Todes wegen.[19]

681 Ist im Rahmen der Auslegung der Verfügungen der Wille der Ehegatten zu erkennen, dass durch die Anfechtung die getroffenen Verfügungen **nicht vollständig vernichtet werden** sollte, so führt die Anfechtung in einem solchen Fall nicht zwingend zur Nichtigkeit der wechselbezüglichen Verfügung.[20]

682 Nach § 2270 BGB bewirkt die Anfechtung der wechselbezüglichen Verfügungen des erstverstorbenen Ehegatten durch den Überlebenden die Nichtigkeit auch seiner eigenen wechselbezüglichen Verfügungen.[21]

683 Der Erblasser kann nach §§ 2284, 144 BGB eine eigene wechselseitige Verfügung durch eine einseitige, formlose Erklärung **bestätigen.**

Praxis-Tipp:

Der Erblasser hat auch die Möglichkeit, im gemeinschaftlichen Testament auf einen konkret möglich erscheinenden Anfechtungsgrund ganz oder teilweise zu verzichten, §§ 2270 III, 2278 II BGB. Ein Ausschluss jeglicher Anfechtungsmöglichkeit ist ebenso unzulässig wie ein nachträglicher Anfechtungsverzicht.

b. Anfechtungsrecht Dritter

684 Die Anfechtung eines gemeinschaftlichen Testaments durch **Dritte** ist erst nach dem Erbfall möglich. Sie können die Verfügungen des Erstverstorbenen in einem Ehegattentestament nach den Vorschriften der §§ 2078, 2079 BGB

18 OLG Hamm NJW 1972, 1089
19 OLG Hamm NJW 1972, 1089
20 OLG Hamm NJW 1972, 1088
21 Palandt/Edenhofer, § 2271 Rn 35

anfechten. Dies gilt insbesondere für Pflichtteilsberechtigte, die zwischen der Testamentserrichtung und dem Tod des erstverstorbenen Ehegatten durch Adoption u dgl hinzugekommen sind. In gleicher Weise können auch die Kinder, die bei einer Wiederverheiratung des überlebenden Ehegatten hinzugekommen sind, von diesem Anfechtungsrecht Gebrauch machen, sofern keine entsprechende Regelung in einer Wiederverheiratungsklausel vorhanden ist.

Anfechtungsberechtigt ist nach §§ 2285, 2080 BGB derjenige, dem die Aufhe- 685
bung der letztwilligen Verfügung oder einzelner Verfügungen in einem Ehegattentestament unmittelbar zustatten kommen würde. Allerdings unterliegt das Anfechtungsrecht des Dritten den Einschränkungen des § 2285 BGB, dh hat der Erblasser sein Anfechtungsrecht, zB durch Bestätigung oder Fristablauf, verloren, so kann der Dritte die Verfügung aus dem selben Grund nicht mehr anfechten. Er muss sich den Verlust des Anfechtungsrechts entgegenhalten lassen. Diese Einschränkung gilt dann nicht, wenn eine einseitige Verfügung des überlebenden Ehegatten angefochten werden soll.[22]

Erbeinsetzung und Auflagen sind gegenüber dem Nachlassgericht, das Ver- 686
mächtnis gegenüber dem Bedachten, anzufechten, § 143 IV BGB.

Im Übrigen gilt das bei der Anfechtung durch den Erblasser unter Rn 668 ff 687
Gesagte hinsichtlich des Ausschlusses und der Rechtsfolgen der Anfechtung entsprechend.

IV. Anfechtung eines Erbvertrages

Die Frage, ob und unter welchen Voraussetzungen ein Erbvertrag anfechtbar 688
und damit vernichtbar ist, bestimmt sich grundsätzlich nach den für die Anfechtung eines Testaments geltenden Vorschriften. Dabei sind aber **folgende Fallgruppen** zu unterscheiden:

- Der Erblasser trifft Regelungen im Vertrag, die **keine auf den Tod bezoge-** 689
nen Verfügungen darstellen. In einem solchen Fall finden die allgemeinen Anfechtungsregeln der §§ 119 ff BGB Anwendung.
- Verfügt der Erblasser **einseitig** im Erbvertrag, ohne dass die Verfügung der 690
speziellen erbvertraglichen Bindung unterliegt, so finden auf den anfechtenden Dritten die Regeln zur Testamentsanfechtung in den §§ 2078 ff BGB entsprechende Anwendung. Die Anfechtung der Verfügung durch den Erblasser selbst ist ausgeschlossen, da er seine eigenen Verfügungen frei widerrufen kann.
- Hat der Erblasser **vertraglich bindend** über sein Vermögen verfügt, so ist er 691
im Interesse des Vertragserben gebunden und daran gehindert, seine Verfügungen frei zu widerrufen. Daher besteht ein Bedürfnis nach einer »Selbstanfechtung« durch den Erblasser. Sie richtet sich nach den §§ 2281 ff BGB. Eine dritte Personen kann die erbvertraglichen Verfügungen erst dann anfechten, wenn der Erbfall eingetreten ist und ihr die Anfechtung unmittelbar zustatten käme.

22 BGH FamRZ 1956, 83

Die folgenden Ausführungen beziehen sich nur auf den Fall der vertragsmäßig bindenden Verfügungen:

1. Anfechtungstatbestand

692 Aus der **Verweisung** in § 2281 I BGB auf die Vorschriften der §§ 2078, 2079 BGB ergibt sich, dass die Anfechtungsgründe beim Erbvertrag denen beim Testament entsprechen. Da jeder einseitige Motivirrtum zur Anfechtung berechtigt, wird auch bei der erbvertraglichen Anfechtung in verstärktem Maße auf die Interessen des Erblassers Rücksicht genommen.

693 Eine **Besonderheit** gilt es, wie beim Testament, zu beachten: Wurde ein Pflichtteilsberechtigter übergangen und soll deshalb der Erbvertrag angefochten werden, so setzt dies voraus, dass der **Pflichtteilsberechtigte die Anfechtung erlebt** hat. Verstirbt er, bevor die Anfechtung erfolgt ist, so erlischt sein Anfechtungsrecht. Wurde dagegen die Anfechtung erklärt und verstirbt er noch vor Eintritt des Erbfalls, so bleibt die Anfechtung wirksam. Durch diese Regelung wird verhindert, dass sich die Wirkung der Anfechtung solange in einem Schwebezustand befindet, bis der Erblasser verstorben ist und festgestellt wird, dass der Pflichtteilsberechtigte zu diesem Zeitpunkt noch lebt.

694 Der Erbvertrag kann wegen Irrtums oder Drohung angefochten werden, wobei es unerheblich ist, wer (Dritter oder Vertragserbe) die Täuschung verübt hat.[23] Voraussetzung der Anfechtung ist aber, dass der **Anfechtungsgrund** für die Verfügung **zumindest mitbestimmend** war, dh er diese Verfügung ohne die irrige Vorstellung nicht getroffen hätte.[24] Hätte der Erblasser auch ohne diese Fehlvorstellung oder die Drohung in gleicher Weise verfügt, fehlt der ursächliche Zusammenhang für die Anfechtung; sie ist damit ausgeschlossen.

695 Hat sich der Vertragspartner zu einer Gegenleistung verpflichtet und erfüllt er diese nicht oder nur schlecht, so liegt darin, über die Regelung des § 2295 BGB hinaus, ein zur Anfechtung berechtigender **Irrtum im Beweggrund** vor. Die arglistige Täuschung kann, sofern der Motivirrtum auf ihr beruht, zur Anfechtung führen, wobei entgegen der allgemeinen Vorschrift des § 123 II BGB die arglistige Täuschung eines jeden Dritten ausreicht.

696 Wurde eine vom Erblasser gehegte **Erwartung nicht erfüllt,** so kann sie, unabhängig davon, ob sie im Erbvertrag ihren Niederschlag gefunden hat, nur dann Grundlage für die Anfechtung sein, wenn besondere Umstände des Einzelfalls in die Richtung einer derartigen Vorstellung gehen.[25]

697 Die Anfechtung einer erbvertraglichen Verfügung führt nach § 142 BGB zur **Nichtigkeit von Anfang an** und wirkt nur soweit die Anfechtung reicht. Sind in einem Erbvertrag von beiden Teilen vertragsmäßige Verfügungen getroffen worden, so hat die Nichtigkeit einer dieser Verfügungen die Unwirksamkeit des ganzen Vertrage zur Folge, § 2298 I BGB.

---

23 Vgl im Übrigen die Ausführungen in Rn 627 ff zu den Anfechtungsgründen
24 BGH FamRZ 1961, 366
25 BGH NJW 1963, 246

Ficht der Erblasser den Erbvertrag selbst nach § 2079 BGB an, so erfasst die Nichtigkeit grundsätzlich den **gesamten Vertrag;** eine bedingte Anfechtung ist wegen des Schwebezustandes, der dann entstehen würde, nicht möglich. Es ist davon auszugehen, dass der Erblasser, hätte er Kenntnis vom Pflichtteilsberechtigten gehabt, den Erbvertrag nicht geschlossen hätte. 698

Durch die Anfechtung erhält der Erblasser seine uneingeschränkte Testierfreiheit zurück; daher dient sie auch seinen eigenen Interessen.[26] Ist der Erbfall bereits eingetreten und wird der Erbvertrag durch den Pflichtteilsberechtigten nach § 2079 BGB angefochten, so erfolgt dies ausschließlich in dessen Interesse und Schutz. Im Hinblick auf die **unterschiedliche Interessenlage** ist es angezeigt, den Erbvertrag durch die erklärte Anfechtung nur insoweit als unwirksam zu erachten, als die Verfügungen dem Erbrecht des Pflichtteilsberechtigten entgegenstehen.[27] Ansonsten ist über § 2079 S 2 BGB, sofern auch ein entsprechender Wille des Erblassers feststellbar ist, von der Wirksamkeit der übrigen erbvertraglichen Verfügungen auszugehen.[28] 699

Streitig ist, ob der Erblasser, der die Anfechtung erklärt, dem Vertragserben den **Vertrauensschaden** zu ersetzen hat. Nach der Regelung in § 2078 III BGB ist die Anwendung des § 122 BGB ausdrücklich ausgeschlossen. Allerdings soll der damit verbundene Haftungsausschluss nur für Dritte gelten, die nicht für die Folgen eines Irrtums, dem der Erblasser unterlegen ist, einzustehen haben.[29] Zu ersetzen ist nicht der Wert der erbvertraglichen Zuwendung, sondern lediglich die beim Vertragsschluss verursachten Kosten und sonstigen Aufwendungen.[30] 700

Hat der Erblasser die Anfechtung erklärt, kann er **Klage auf Feststellung der Nichtigkeit** des Erbvertrages erheben.[31] 701

2. Anfechtungsberechtigte

Unter Anwendung der Regelung in § 2281 I BGB kann der Erbvertrag von folgenden Personen angefochten werden: 702

- Vom Erblasser zu seinen Lebzeiten höchstpersönlich, um die Bindungswirkung zu beseitigen. Dabei ist eine Stellvertretung nicht zulässig, § 2282 I 1 BGB;
- Von demjenigen, dem die Anfechtung der Verfügung von Todes wegen unmittelbar zustatten kommt, aber erst nach dem Tod des Erblassers, §§ 2080, 2285 BGB; es gelten die §§ 2078 ff BGB.

26 BGH FamRZ 1970, 79
27 MüKo-Musielak, § 2281 Rn 18
28 OLG Hamm, Rpfleger 1978, 179
29 So Staudinger/Kanzleiter, § 2281 Rn 37; Mankowski, ZEV 1998, 46 mwN; Soergel/Wolf, § 2281 Rn 7; aA: OLG München NJW 1997, 2331; MüKo-Musielak, § 2281 Rn 20; Lange/Kuchinke, § 37 VI 4
30 Lange/Kuchinke, § 37 VI 4
31 Johannsen, WM 1969, 1320

Praxis-Tipp:

Ist das Anfechtungsrecht des Erblassers vor seinem Tod durch Fristablauf oder Bestätigung erloschen, so muss sich der anfechtungsberechtigte Dritte dies gemäß § 2285 BGB entgegenhalten lassen.

703 Der Erblasser soll die erbvertragliche Verfügung nur selbst anfechten können. Dies gilt sogar in dem Fall, dass der Erblasser **beschränkt geschäftsfähig** ist, ohne dass er zur Anfechtung einer eigenen erbvertraglichen Regelung der Zustimmung des gesetzlichen Vertreters bedarf, § 2282 I 2 BGB. Durch die Anfechtung wird der Erblasser von der Bindungswirkung befreit und kann in einer neuen Verfügung von Todes wegen frei verfügen. Bedenklich ist die Anfechtung eines beschränkt Geschäftsfähigen dann, wenn sie nicht nur Vorteile bringt, sondern auch nachteilige Folgen für den Erblasser hat, wenn er zB seinen Unterhaltsanspruch gegen den Vertragspartner verliert, der sich vertraglich zur Leistung verpflichtet hatte.

704 Ist der Erblasser **geschäftsunfähig,** so bedarf es hinsichtlich der Anfechtungserklärung des gesetzlichen Vertreters der Zustimmung des Vormundschaftsgerichts, § 2282 II BGB. Zuständig ist hier der Richter nach § 14 Nr. 17 RPflG. Eine Übertragung auf den Rechtspfleger ist nicht möglich.

3. Anfechtungserklärung

705 Die Anfechtung ist vom Anfechtungsberechtigten **höchstpersönlich** gegenüber dem Vertragspartner zu erklären, §§ 143 II, 2282 BGB; die Anfechtungserklärung muss **dem Erklärungsempfänger zugehen.** Ist letzterer bereits vorverstorben und die Verfügung zugunsten eines Dritten getroffen, so muss sie gegenüber dem zuständigen Nachlassgericht erklärt werden, das die Anfechtungserklärung nach § 2281 II 2 BGB dem Dritten mitteilen soll. Die Anfechtungserklärung ist dann dem Anfechtungsgegner in Urschrift, als Ausfertigung oder in beglaubigter Abschrift zuzustellen oder zu übergeben.[32]

706 Etwas anderes gilt, wenn die anfechtbare Verfügung zugunsten des Vertragserben angeordnet, dieser aber **bereits verstorben** ist. In einem solchen Fall bedarf es einer Anfechtung nicht, da die Verfügung durch seinen Tod gegenstandslos geworden ist.

707 Die Anfechtungserklärung des Erblassers bzw seines gesetzlichen Vertreters im Falle des § 2282 II BGB bedarf der **notariellen Beurkundung,** § 2282 III BGB. Alle sonstigen Anfechtungsberechtigten sind befugt, den Erbvertrag nach §§ 2080, 2081 BGB formfrei anzufechten.

708 Nach § 2283 I BGB kann die Anfechtung durch den Erblasser **nur binnen Jahresfrist** erfolgen, und zwar seit Kenntnis des Anfechtungsgrundes bzw im Falle der Drohung nach Beendigung der Zwangslage. Dafür ist es notwendig, dass der Erblasser alle Umstände kennt, die erforderlich sind, um die Sachlage richtig einschätzen zu können.[33] Die Frist läuft auch gegenüber dem geschäfts-

32 BayObLG 1963, 260
33 BGH FamRZ 1973, 539; BayObLG FamRZ 1995, 1024

unfähigen Erblasser und dessen gesetzlichem Vertreter. Nach § 2283 III BGB wird dem geschäftsunfähigen Erblasser, der (gesetzlich) vertreten wird, die sechsmonatige Nachfrist des § 206 BGB eingeräumt. Im Übrigen kann eine **Hemmung der Verjährungsfrist** unter Verweis auf § 203 BGB und den darin genannten Voraussetzungen, eintreten.

Haben **mehrere Erblasser** gemeinsam einen Erbvertrag geschlossen, so ist jeder von ihnen berechtigt, die erbvertraglichen Verfügungen anzufechten. Wird eine Verfügung nur von einem Erblasser angefochten, so führt dies zur Unwirksamkeit bzw Nichtigkeit auch der Verfügungen der anderen. 709

Praxis-Tipp:

*Tritt ein neuer Pflichtteilsberechtigter hinzu, so entsteht dadurch ein **neues Anfechtungsrecht**, auch wenn das Anfechtungsrecht nach § 2079 BGB wegen Zeitablauf erloschen war.*

Erklärt der Dritte aufgrund seines eigenen Anfechtungsrechts die Anfechtung, so müssen in seiner Person die Voraussetzungen des § 2080 BGB gegeben sein. Die Anfechtung ist nach § 2285 BGB ausgeschlossen, wenn das Anfechtungsrecht des Erblassers zum Zeitpunkt des Erbfalls bereits erloschen war, weil er zB die Frist ungenutzt verstreichen ließ oder den anfechtbaren Erbvertrag bestätigt hat. 710

Die Anfechtungsfrist steht dem Dritten **in vollem Umfang** zu, auch wenn die Frist für den Erblasser schon zu einem Teil abgelaufen ist. Insoweit findet keine Anrechnung statt.[34] 711

4. Verlust des Anfechtungsrechts

Das Anfechtungsrecht kann entweder durch 712

- Ablauf der Anfechtungsfrist, §§ 2283 BGB oder
- Bestätigung des Erblassers, § 2284 BGB

ausgeschlossen sein.

Die Anfechtung eines Erbvertrages muss **vom Erblasser** gemäß § 2283 BGB binnen Jahresfrist erklärt werden. Sie beginnt nach § 2283 II BGB im Fall der Drohung mit der Beendigung der Zwangslage, in den übrigen Fällen mit dem Zeitpunkt, in welchem der Erblasser vom Anfechtungsgrund Kenntnis erlangt. 713

Praxis-Tipp:

Die Anfechtungsfrist beginnt unabhängig davon zu laufen, ob der Erblasser in seiner Geschäftsfähigkeit eingeschränkt ist oder ob ein gesetzlicher Vertreter für ihn handelt.

34 Mot. V, 325

714 In gleicher Weise wie beim (gemeinschaftlichen) Testament **beginnt die Frist** zur Anfechtung dann **nicht** zu laufen, wenn der Erbvertrag irrtümlich für ungültig oder als bereits angefochten erachtet wird.

715 Verfügen **mehrere Erblasser gemeinschaftlich** in einem Erbvertrag, so führt die Anfechtung einer bindenden Regelung durch einen Erblasser zum Wegfall der vertraglichen Verfügungen auch der anderen Erblasser (vgl insoweit auch Rn 709).

716 Nach § 2284 S 1 BGB kann die **Bestätigung eines anfechtbaren Erbvertrags** nur durch den Erblasser persönlich erfolgen; dies gilt nach § 2278 BGB nur für vertragsmäßig bindende Verfügungen. Die einseitigen Verfügungen sind für den Erblasser ohne weiteres widerruflich. Daher ist ein zusätzliches Anfechtungsrecht ausgeschlossen.

717 Ist der Erblasser **in der Geschäftsfähigkeit beschränkt,** so ist nach dem Willen des Gesetzgebers eine Bestätigung ausgeschlossen, dh sie kann auch nicht durch einen (gesetzlichen) Vertreter rechtswirksam erklärt werden. Der Grund für diese Regelung ist darin zu sehen, dass durch die Bestätigung die Bindungswirkung des Vertrages erhalten bleibt.

718 Bei der Bestätigung handelt es sich um eine **formfreie, nicht empfangsbedürftige Willenserklärung,** die auch durch eine schlüssige Handlung erfolgen kann.[35] Die Bestätigungserklärung muss mangels Empfangsbedürftigkeit zu ihrer Wirksamkeit weder dem Vertragspartner noch dem Nachlassgericht nach dessen Tod gegenüber erklärt werden. Voraussetzung ist aber, dass der Anfechtungsberechtigte den Anfechtungsgrund kennt.[36]

5. Wirkung der Anfechtung

719 Wird der Erbvertrag wirksam angefochten, so hat die Anfechtung dieselben Folgen wie bei der Anfechtung eines (gemeinschaftlichen) Testaments: Nach § 142 I BGB wird das anfechtbare Rechtsgeschäft, wenn die Anfechtung erfolgt, als **von Anfang an nichtig** angesehen.

720 Die Frage, ob durch die Anfechtung einzelner Verfügungen der gesamte Erbvertrag nichtig ist, muss im Wege der Auslegung ermittelt werden. Liegt ein zweiseitiger Erbvertrag nach § 2298 I BGB vor, so hat die **Nichtigkeit einer** dieser Verfügungen die Unwirksamkeit des ganzen Vertrages zur Folge. Im übrigen, dh bei nicht vorhandener Bindungswirkung, ist § 2085 BGB zu beachten. Allerdings wird diese Vorschrift bei vertragsmäßig bindenden Verfügungen für nicht anwendbar erachtet, da eine gegenseitigen Abhängigkeit vermutet wird.

721 Wird der Erbvertrag durch einen **Dritten angefochten,** so ergibt sich aus der Verweisung des § 2279 BGB auf § 2078 BGB, dass der Vertragspartner keinen Anspruch auf **Ersatz des Vertrauensschadens** nach § 122 BGB geltend machen kann. Gleiches gilt für den Fall, dass der Erblassers selbst den Erbvertrag anficht, § 2281BGB.

35 BayObLG NJW 1954, 1039
36 MüKo-Musielak, § 2284 Rn 5

6. Anfechtung eines Aufhebungsvertrages

Grundsätzlich ist ein Erbvertrag wegen der Bindungswirkung, welche die darin enthaltenen Verfügungen entfalten, nicht mehr rückgängig zu machen. Allerdings kann die bindende Wirkung der vertraglichen Verfügungen durch Rücktritt, Aufhebung oder Anfechtung beseitigt werden. Durch einen **Aufhebungsvertrag** kann der Erbvertrag, wie jeder andere Vertrag auch, von einem der Vertragsparteien rückgängig gemacht werden. Er bedarf, wie der Erbvertrag, der notariellen Beurkundung, § 2290 IV BGB. 722

Inhaltlich kann in der Vereinbarung folgendes geregelt werden: 723

- ➢ Vereinbarung der Aufhebung der getroffenen Verfügung(en);
- ➢ Aufhebung der bisherigen Verfügung(en) und Vereinbarung neuer erbvertraglicher Verfügungen.

Nach § 2290 II 1 BGB kann der Erblasser den Aufhebungsvertrag **nur persönlich** schließen. Das setzt voraus, dass er voll geschäftsfähig ist. Der beschränkt Geschäftsfähige bedarf, sofern nur der Erbvertrag als solches aufgehoben werden soll, nicht der Zustimmung des gesetzlichen Vertreters. Etwas anderes gilt nur dann, wenn bestehende Verfügungen abgeändert werden sollen. 724

Da es sich auch bei dem Aufhebungsvertrag um gegenseitige Willenserklärungen handelt, kann dieser Vertrag **durch** eine Gestaltungserklärung in Form der **Anfechtung beseitigt** werden. Fraglich ist jedoch, ob hier die allgemeinen Regeln der Anfechtung zur Anwendung kommen oder ob auch die Sondervorschriften der §§ 2281 ff BGB eingreifen. Gemäß den Protokollerklärungen hat der Gesetzgeber die allgemeinen Anfechtungsregeln der §§ 119 ff BGB für anwendbar erklärt. 725

Voraussetzungen der Anfechtung des Aufhebungsvertrages sind demnach: 726

- ➢ Vorliegen einer Willenserklärung
- ➢ Willensmangel (Erklärungs-/Inhaltsirrtum, Irrtum über eine verkehrswesentliche Eigenschaft einer Person oder Sache, § 119 I, II BGB, Täuschung oder Drohung, § 123 BGB);
- ➢ Ursächlichkeit des Irrtums für die Abgabe der Willenserklärung;
- ➢ Fristgemäße Abgabe der Anfechtungserklärung;
- ➢ Fehlen eines Ausschlussgrundes.

Ist der Aufhebungsvertrag wirksam angefochten worden, so **tritt** der **Erbvertrag,** der ursprünglich zwischen dem Erblasser und dem Vertragserben geschlossen wurde, wieder **in Kraft.** 727

V. Musterformulierungen

728 **1. Anfechtung einer letztwilligen Verfügung wegen Inhaltsirrtums**

Amtsgericht/Notariat (in Ba-Wü)
– Nachlassgericht –

PLZ, Ort

Az:

Nachlasssache…

In der Nachlasssache des/der… am… in…, zuletzt wohnhaft in… Verstorbenen… erkläre ich namens und im Auftrag meines Mandanten/meiner Mandantin die

Anfechtung

des Testaments des Erblassers/der Erblasserin vom…. Der Erblasser/die Erblasserin hat sich über die Bedeutung eines Vorausvermächtnisses geirrt. Er/Sie ging in dem Testament davon aus, dass der Erbe neben seinem Erbteil einen weiteren Vermögensgegenstand erhalten sollte, der nicht auf den Erbteil anzurechnen sei. Im Rahmen dieser Verfügung erklärte er dann aber, dass eine Anrechnung erfolgen solle. Dieser Widerspruch ist auch durch eine Auslegung nicht zu beseitigen.

Rechtsanwältin/Rechtsanwalt

2. Anfechtung eines Testaments wegen Erklärungsirrtums

Namens und im Auftrag meiner Mandantin… erkläre ich die

Anfechtung

der letztwilligen Verfügung der Erblasserin vom… Bei der Errichtung des Testaments hat sich die Erblasserin, als sie ihren letzten Willen dem Notar gegenüber erklärte, versprochen (wird weiter ausgeführt).

Beweis:…

Damit ist ein zur Anfechtung berechtigender Grund iSd §2078 I BGB gegeben.

Rechtsanwältin/Rechtsanwalt

3. Anfechtung eines Testaments wegen Motivirrtums

In der og Nachlasssache erkläre ich namens und im Auftrag meines Mandanten… die

Anfechtung

des Testamentes des Erblassers vom… Der Erblasser ging bei der Errichtung des Testaments davon aus, dass er mit seiner Tochter, die mit ihm in seinem Haus die durch einen separaten Eingang getrennte Wohnung im Obergeschoss bewohnte, friedlich und harmonisch zusammenleben könnte. Im Laufe der letzten beiden Jahre vor dem Tod des Erblassers stellte sich aber heraus, dass die Tochter bösartig und streitsüchtig war und dem Erblasser durch Sticheleien und schikanösem Verhalten das Leben schwer machte (wird weiter ausgeführt). Hätte der Erblasser dies gewusst, hätte er die Wohnung seinem Freund…, der ihm immer beigestanden war, im Wege eines Vermächtnisses übertragen.

Die irrige Annahme des friedlichen und harmonischen Zusammenlebens im selben Haus stellt einen beachtlichen Motivirrtum dar (vgl BGH FamRZ 1973, 539).

Rechtsanwältin/Rechtsanwalt

4. Anfechtung einer letztwilligen Verfügung wegen widerrechtlicher Drohung

Namens und im Auftrag meiner Mandantin erkläre ich die

Anfechtung

der letztwilligen Verfügung der Erblasserin vom… Der Enkel der Erblasserin hatte ihr gedroht, sie in der Öffentlichkeit wegen ihres vermeintlich unsittlichen Lebenswandels bloß zu stellen, sofern sie ihn nicht als Alleinerben im Testament einsetzen würde.

Beweis:…

Aus der Stellung als gesetzliche Erbin ist meine Mandantin berechtigt, die Anfechtung der letztwilligen Verfügung zu erklären.

Rechtsanwältin/Rechtsanwalt

5. Anfechtung eines gemeinschaftlichen Testaments

Vor mir, dem unterzeichnenden Notar… erscheint heute, am…

Herr…,

mir persönlich bekannt und ohne Zweifel geschäftsfähig und erklärt:

Ich habe zusammen mit meiner Ehefrau… am… ein gemeinschaftliches Testament errichtet, in dem wir uns gegenseitig zu Alleinerben, unsere beiden Kinder… und… zu Erben des Letztversterbenden eingesetzt. Meine Frau starb am… Ich habe dann am… wieder geheiratet.

Ich erkläre hiermit die Anfechtung der von mir im Ehegattentestament vom… getroffenen Verfügung wegen Übergehung eines Pflichtteilsberechtigten.

Daraufhin beantrage ich die Übergabe einer Ausfertigung dieser Verfügung zur Weiterleitung an das Nachlassgericht in…

Tschichoflos

Diese Niederschrift wurde den Anwesenden vom Notar vorgelesen, von diesen genehmigt und wie folgt eigenhändig unterschrieben:

Unterschriften

6. Anfechtung eines Erbvertrags durch den Erblasser

Vor mir, dem unterzeichnenden Notar … erscheinen heute, am …

Frau …,

ausgewiesen durch Reisepass des Bürgermeisteramtes …, Nr. … und nach meiner Überzeugung voll geschäftsfähig, und erklärt:

Mit meinem Lebensgefährten … habe ich am vor dem Notar … in …, Urkunden-Rolle-Nr. … einen Erbvertrag geschlossen. Nach Ziff 1 haben wir uns gegenseitig zu Alleinerben und den Sohn meines Lebensgefährten … zum Erben des Letztversterbenden eingesetzt. Mein Lebensgefährte ist am … verstorben. Ich habe daraufhin am … wieder geheiratet.

Wegen Übergehung eines Pflichtteilsberechtigten fechte ich die von mir im Erbvertrag vom … getroffenen Verfügungen an.

Ich beantrage die Übergabe einer Ausfertigung dieser Verfügung zur Weiterleitung an das Nachlassgericht in …

Die vorliegende Niederschrift wurde den Anwesenden vom Notar vorgelesen, von diesen genehmigt und wie folgt eigenhändig unterschrieben:

Unterschriften

7. Anfechtung eines Erbvertrags durch den Erblasser bei Hinzutreten eines Pflichtteilsberechtigten

In der og Nachlasssache erkläre ich namens und im Auftrag meines Mandanten … die

Anfechtung

des von seinem Vater … mit seiner Ehefrau … am … vor dem Notar … in … geschlossenen Erbvertrages vom … (UR-Nr. …). In diesem Erbvertrag haben sich die Eheleute gegenseitig zu Alleinerbin eingesetzt. Schlusserben nach dem Letztversterbenden sollten die Kinder sein. Als der Vater am … starb, heiratete seine Ehefrau den Kaufmann … . Aus dieser am … geschlossenen Ehe ging das Kind …, geboren am … hervor. Am … verstarb die Ehefrau, ohne weitere Verfügungen von Todes wegen errichtet zu haben.

Die Anfechtung ist nach § 2079 BGB möglich, da zum Zeitpunkt des Erbfalls das Kind … noch nicht geboren war. Die Anfechtungsfrist des § 2082 BGB ist gewahrt.

Die Anfechtungsberechtigung meines Mandanten ergibt sich aus §§ 2080 I, 2285 BGB.

Rechtsanwältin/Rechtsanwalt

Tschichoflos

8. Anfechtung eines Erbvertrags durch einen Dritten

Namens und im Auftrag meiner Mandantin... fechte ich die letztwillige Verfügung des Erblassers vom... an. Der Erblasser verfügte im Erbvertrag in Unkenntnis der später einmal nichtehelich geborenen Tochter... Meine Mandantin wurde am... als Tochter der... geboren. Die Vaterschaft des Erblassers wurde durch Vaterschaftsklage vom... (Az:...) festgestellt.

Der Anfechtungsgrund des § 2079 BGB ist gegeben. In Kenntnis der Geburt der Tochter... hätte der Erblasser die vorliegende Verfügung von Todes wegen nicht errichtet.

Rechtsanwältin/Rechtsanwalt

VI. Kosten der Anfechtung

Der für die Berechnung der Gebühren maßgebende Gegenstandswert beurteilt sich danach, ob die Verfügung von Todes wegen insgesamt oder nur bzgl einzelner Verfügungen darin angefochten werden soll. Soll die gesamte letztwillige Verfügung durch die Anfechtung beseitigt werden, so ist auch der Wert des gesamten Nachlasses maßgebend. **729**

Nach § 112 I Nr. 4 KostO entstehen Gerichtskosten in Höhe von 1/4-Gebühr. Der die Erklärung beurkundende Notar erhält ebenfalls eine 1/4-Gebühr (§§ 145 I, 38 III KostO). Ist ein Anwalt an der Anfechtung beteiligt, so richten sich seine Gebühren nach § 118 BRAGO.

G. Haftung 935

ÜBERBLICK

G. Haftung

Nach § 1922 I BGB geht mit dem Tod einer Person deren Vermögen als Ganzes auf einen oder mehrere Erben über **(Universalsukzession).** Mit dem Erbfall endet also die Rechtsfähigkeit als die Fähigkeit, Träger von Rechten und Pflichten sein zu können. Der Erbe tritt an die Stelle des Erblassers. In diesem Augenblick gehen damit nicht nur die Forderungen, die der Erblasser als Gläubiger gegen den Schuldner geltend machen kann, auf ihn über; vielmehr wird er durch den Erbfall auch Schuldner, gegen den sich die Forderungen der Gläubiger richten. 730

In § 1967 I BGB ist dies ausdrücklich geregelt: Danach haftet der Erbe für die **Nachlassverbindlichkeiten.** Gemeint ist damit, dass das Vermögen des Erben dem Zugriff vollstreckender Gläubiger ausgesetzt ist. Der Erbe ist nun, ebenso wie es der Erblasser zu seinen Lebzeiten war, persönlicher Schuldner der vom Erblasser begründeten Verbindlichkeiten. 731

I. Haftungssysteme

732

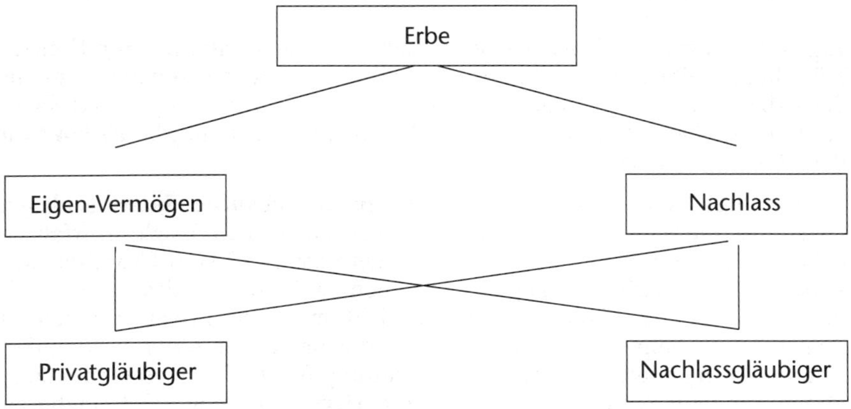

Der Erbe ist auch vor dem Erbfall bereits Träger einer Vermögensmasse, nämlich seines Eigen- oder **Privatvermögens.** Mit dem Erbfall erwirbt er eine weitere Vermögensmasse, den Nachlass, hinzu. Da der **Nachlass,** den er im Wege der Erbfolge erworben hat, sowohl aus Aktiva als auch aus Passiva besteht, stehen ihm neben seinen Privat-Gläubigern[1] auch die Nachlassgläubiger[2] gegenüber. 733

Daraus ergeben sich folgende Haftungssysteme:

1 Privat-Gläubiger ist ein Gläubiger, dem gegen den Schuldner eine Forderung zusteht, die aber mit dem Nachlass in keinem Zusammenhang steht

2 Nachlassgläubiger ist ein Gläubiger, dem eine Forderung gegen den Erblasser bzw den Erben zusteht

1. Einheitliche Vermögensmasse

734 Mit dem Erbfall verschmelzen die beiden Vermögensmassen haftungsrechtlich zu einer Einheit, so dass der Erbe den Privat- und den Nachlassgläubigern sowohl mit dem Nachlass als auch mit dem Eigenvermögen haftet. Eine Beschränkung der Haftung für die Nachlassverbindlichkeiten auf den Nachlass ist dem Erben nicht möglich, vielmehr entsteht eine **unbeschränkte Haftung** der zu einer Einheit verschmolzenen Vermögensmassen.

2. Gegenständlich getrennte Vermögensmassen

735 Haftungsrechtlich bleiben die beiden Vermögensmassen getrennt mit der Folge, dass das Eigen-Vermögen ausschließlich den Privat-Gläubigern zur Verfügung steht und der Nachlass von den Nachlassgläubigern für die Begleichung der Nachlassverbindlichkeiten in Anspruch genommen werden kann. Aufgrund dieser **Trennung des Vermögens des Erben** können die Gläubiger einer Nachlassverbindlichkeit nur auf den Nachlass zugreifen und in ihn vollstrecken.

3. Wertmäßig getrennte Vermögensmassen

736 Eigen-Vermögen und Nachlass verschmelzen zu einer untrennbaren Einheit. Allerdings bleibt der Wert des Nachlasses insoweit rechtlich bedeutsam, als der Erbe zwar mit seinem gesamten Vermögen (Eigen-Vermögen und Nachlass) für die Nachlassverbindlichkeiten haftet, aber **wertmäßig beschränkt** auf die Höhe des Nachlasses.

737 Diesen drei Haftungssystemen stehen **unterschiedliche Interessenlagen** gegenüber, die aber durch das Gesetz einen angemessenen Ausgleich erfahren haben. Zugunsten der Nachlassgläubiger geht das BGB vom **Grundsatz der unbeschränkten Erbenhaftung** aus. Daneben berücksichtigt das Gesetz auch die Interessen des Erben, möglichst nicht mit dem Privatvermögen in Anspruch genommen zu werden: Der Erbe hat daher unter bestimmten Voraussetzungen die Möglichkeit, die Haftung für die Nachlassverbindlichkeiten auf den Nachlass zu beschränken **(Grundsatz der beschränkbaren Erbenhaftung,** vgl dazu unten ab Rn 792 ff).

II. Arten von Nachlassverbindlichkeiten

738 Nach § 1967 I BGB haftet der Erbe für die Nachlassverbindlichkeiten. In Anlehnung an § 1967 II BGB werden folgende Nachlassverbindlichkeiten unterschieden:

✦ Erblasserschulden

Zu den Nachlassverbindlichkeiten, die auf einem Rechtsgeschäft des Erblassers oder auf Gesetz beruhen können, gehören die vom Erblasser herrührenden Schulden, also solche, die **schon beim Erbfall** gegenüber dem Erblasser bestanden. Es handelt sich aber nur um solche Verbindlichkeiten, die vererblich, dh nicht höchstpersönlich vom Erblasser zu erfüllen sind. Diese Verpflichtungen (bspw die Unterhaltspflicht gegenüber Verwandten, § 1615 I 1 BGB oder die Dienstverpflichtung aus Dienstvertrag, § 613 BGB) erlöschen mit dem Tod des Erblassers. Dabei ist es unerheblich, ob die Verbindlichkeit auf Vertrag, Delikt oder öffentlich-rechtlichem Rechtsverhältnis beruht.

Die **Unterhaltsverpflichtung gegenüber dem geschiedenen Ehegatten** erlischt nicht mit dem Tod des Unterhaltspflichtigen – sie ist vielmehr eine Nachlassverbindlichkeit, die auf den Erben übergeht, § 1586 b I BGB. Die **Zugewinnausgleichsforderung** bei der güterrechtlichen Lösung ist ebenfalls Nachlassverbindlichkeit, §§ 1371 II, III BGB und geht sowohl dem Vermächtnis als auch dem Pflichtteilsanspruch vor (vgl § 2311 BGB).[3] 739

Die **Forderungen** des überlebenden Ehegatten **aus einer Innengesellschaft** können sich aus einer Mitarbeit des Ehegatten im Geschäft ergeben und zielen auf Abrechnung und Zahlung eines Abfindungsguthabens. Als solche sind sie Erblasserschulden, die den Nachlass schmälern.[4] 740

Die **Kosten eines vom Erblasser begonnenen Rechtsstreits** sind ebenfalls Nachlassverbindlichkeiten. Hat der Erbe den Prozess aufgenommen, so muss der Erbe den Vorbehalt der beschränkten Erbenhaftung gemäß § 780 ZPO bezüglich der Kosten ausdrücklich in den Tenor des Urteils aufnehmen lassen. Dies bedeutet, dass der Antrag nach § 780 ZPO auf den Vorbehalt bezüglich Hauptsumme, Nebenforderungen und Kosten gerichtet sein muss. 741

Eine **Abgrenzung** der **Erblasser-** von der **Eigenschuld** eines Erben kann dann problematisch werden, sofern noch nicht alle Voraussetzungen für die Entstehung der Nachlassverbindlichkeit vor dem Erbfall vorliegen. Entscheidend ist, ob der wesentliche Entstehungstatbestand noch in der **Sphäre des Erblassers** lag.[5] Ging der Erblasser eine bedingte oder befristete Verpflichtung ein, so handelt es sich um eine Erblasserschuld, auch wenn die Bedingung oder der Zeitpunkt erst nach dem Erbfall eingetreten ist.[6] 742

✦ Erbfallschulden

Die Erbfallschulden sind Schulden, die in der Person des Erben und frühestens mit dem Erbfall entstanden sind, die also den Erblasser **zu seinen Lebzeiten noch nicht betroffen** haben. Hierzu gehören insbesondere: 743

- Der Pflichtteilsanspruch;
- Der Vermächtnisanspruch aus gewillkürtem und gesetzlichem Vermächtnis (Voraus, § 1932 BGB und Dreißigster, § 1969 BGB);
- Die Auflagen;

3 BGHZ 37, 64
4 BGH NJW 1990, 573
5 Brox, Rn 625
6 BGH BB 1968, 152

- Die Erbersatzansprüche eines nichtehelichen Kindes für Erbfälle bis 31. 3. 1998, § 1934 a BGB;
- Die Kosten für eine standesgemäße Beerdigung, § 1968 BGB;

Praxis-Tipp:

Die Aufwendungen für die Grabpflege gehören ebenso wenig zu den Erbfallschulden[7] wie die Kosten für die Anreise naher Angehöriger zur Beerdigung des Erblassers.[8]

- Zugewinnausgleichsforderung nach § 1371 II, III BGB;
- Unterhaltsanspruch der werdenden Mutter, die den Erben erwartet und selbst außerstande ist, sich zu unterhalten, § 1963 BGB;
- Erbschaftssteuer, § 20 ErbStG.

✦ Nachlasskostenschulden

744 Es handelt sich dabei um Verbindlichkeiten, die erst nach dem Tod des Erblassers **durch die Nachlassabwicklung** oder **Geschäfte für den Nachlass** in der Person des Erben entstehen und für die letztlich der Nachlass haftet. Zu diesen Kostenschulden gehören insbesondere:

- Kosten für die Eröffnung einer Verfügung von Todes wegen (§§ 2260, 2300 BGB)
  - der gerichtlichen Nachlasssicherung (§ 1960 BGB)
  - der Nachlasspflegschaft (§ 1961 BGB)
  - des Nachlassgläubigeraufgebots (§§ 1970 ff BGB)
  - der Nachlassverwaltung (§§ 1975 ff BGB)
  - der Nachlassinsolvenz (§ 1975 BGB, §§ 315 ff InsO)
  - der Inventarerrichtung (§§ 1993 ff BGB) sowie
- die Verpflichtungen aus Geschäften des Nachlasspflegers, -verwalters, insolvenzverwalters und Testamentsvollstreckers und schließlich
- die Verbindlichkeiten aus der ordnungsgemäßen Verwaltung des vorläufigen Erben, des Nacherben bei der Nachlassabsonderung und des Vorerben.

✦ Nachlasserbenschulden

745 Diese Art von Verbindlichkeiten, für die sowohl der Nachlass als auch das Eigenvermögen des Erben haftet, entsteht **aus Rechtshandlungen des Erben** im Rahmen einer ordnungsgemäßen Nachlassverwaltung. Der Gläubiger

7 RGZ 160, 255 f; OLG Oldenburg DNotZ 1993, 135
8 BGHZ 32, 72

einer Nachlasserbenschuld hat somit zwei Haftungsmassen, in die er wegen seiner Forderung vollstrecken kann; der Erbe haftet mithin unbeschränkt. Bezahlt der Erbe aus seinem Eigenvermögen, kann er nach §§ 1978 III, 670 BGB Ersatz aus dem Nachlass verlangen.

Praxis-Tipp:

*Ordnet das Gericht, nachdem eine Nachlasserbenschuld eingegangen wurde, antragsgemäß eine **Haftungsbeschränkungsmaßnahme** (Nachlassverwaltung/-insolvenz) an, hat der Erbe nach § 257 BGB die Möglichkeit, Befreiung von der ihn persönlich treffenden Verbindlichkeit zu erlangen, wenn die Eingehung der Schulden zur ordnungsgemäßen Verwaltung des Nachlasses erforderlich war.*

Um feststellen zu können, ob der Erbe nach § 1978 III BGB **einen Ersatzanspruch gegen den Nachlass** geltend machen kann und ob eine Maßnahme zur Haftungsbeschränkung herbeigeführt werden soll, muss eine Abgrenzung zwischen Eigen- und Nachlassverbindlichkeiten vorgenommen werden. Die Rechtsprechung hat hierfür folgenden Maßstab entwickelt: 746

- Hat der Erbe selbst Verbindlichkeiten begründet, so handelt es sich sowohl um Eigenschulden als auch um Nachlassschulden, wenn sie »vom Standpunkt eines sorgfältigen Verwalters in ordnungsgemäßer Verwaltung des Nachlasses eingegangen sind«.[9]
- War die Eingehung dieser Schulden zu einer ordnungsgemäßen Verwaltung nicht erforderlich, so handelt es sich um Eigenverbindlichkeiten, für die der Erbe ausschließlich mit seinem Privatvermögen haftet.

Nach allgemeiner Ansicht sind die **Kosten eines Rechtsstreits,** den der Erbe im Hinblick auf den Nachlass führt, Nachlasserbenschulden, wobei sich der Vorbehalt der beschränkten Erbenhaftung nur auf die Hauptforderung bezieht.[10] Unter den Voraussetzungen des § 93 ZPO kann der Erbe, will er für die Kosten der gerichtlichen Geltendmachung nicht unbeschränkt haften, den Anspruch unter dem Vorbehalt der beschränkten Erbenhaftung anerkennen.[11] 747

Neben den im Gesetz genannten Nachlassverbindlichkeiten können sich **spezielle Schulden** ergeben, die sich nicht unter die vier oben genannten Kategorien einordnen lassen:

9 BGHZ 32, 60, 64; Staudinger/Marotzke, § 1967 Rn 42
10 Soergel/Stein, § 1967 Rn 12; Staudinger/Marotzke, § 1967 Rn 47; OLG Frankfurt, RPfl 1977, 372
11 Staudinger/Marotzke, § 1967, Rn 47; Zöller/Stöber, § 780 Rn 6

➢ Steuerforderungen

748 Steuerpflichtige Einkünfte, die nach dem Erbfall entstehen, sind Einkünfte des Erben und somit Eigenverbindlichkeiten des Erben. Der Steuersatz richtet sich nach seinen persönlichen Verhältnissen. Die Einkünfte sind dem Erben auch dann persönlich zuzurechnen, wenn Nachlassverwaltung angeordnet ist.[12]

749 **Einkommenssteuerforderungen,** die bis zum Tod des Erblassers entstehen, sind Nachlassverbindlichkeiten und als solche Erblasserschulden. Sind Nachlassverbindlichkeiten noch nicht fällig oder sind sie streitig, so ist nach § 2046 I 2 BGB das zur Berichtigung erforderliche zurückzubehalten, dh dieser Teil des Nachlasses kann, solange der »Schwebezustand« besteht, nicht auseinandergesetzt werden.

750 Besteht eine für den Erben **unbekannte Steuerverbindlichkeit** für einen zurückliegende Veranlagungszeitraum, von welcher der Erbe keine Kenntnis hatte und nimmt er daraufhin die Erbschaft an, so berechtigt dieser Irrtum zur Anfechtung der Annahmeerklärung nach § 119 II BGB.[13]

➢ Geschäftsverbindlichkeiten

751 Der Erbe haftet für die früheren Geschäftsschulden, die der Erblasser im Rahmen der Geschäftsführung seines **Handelsgeschäfts** begründet hat, ebenso wie für die sonstigen Erblasserschulden, persönlich und unbeschränkt, aber beschränkbar auf den Nachlass.

752 Führt der Erbe die **frühere Firma des Handelsgeschäfts** des Erblassers gemäß § 27 HGB fort, wobei es gleichgültig ist, ob dies mit oder ohne einen das Nachfolgeverhältnis andeutenden Zusatzes erfolgt, so haftet er für die Geschäftsverbindlichkeiten auch mit seinem Privatvermögen, ohne die Möglichkeit einer Haftungsbeschränkung zu haben. Dies gilt auch, wenn die Übernahme der Schulden in handelsüblicher Weise bekannt gemacht oder ein sonstiger besonderer Verpflichtungsgrund vorliegt, §§ 27 I, 25 III HGB.

753 Gibt der Erbe innerhalb der **Überlegungszeit** von 3 Monaten nach Kenntnis vom Anfall der Erbschaft den Geschäftsbetrieb auf, tritt die unbeschränkte Erbenhaftung nach § 27 II HGB nicht ein. Die Frist orientiert sich an der Ausschlagungsfrist, dh, ist die Ausschlagungsfrist für den Erben noch nicht abgelaufen, so endet die Überlegungsfrist nicht vor Ablauf der Ausschlagungsfrist.

754 Die über § 27 I HGB mögliche analoge Anwendung des § 25 II HGB ermöglicht es dem Erben, die Haftung durch eine **einseitige Erklärung,** die im Handelsregister eingetragen und bekannt zumachen oder Dritten gegenüber mitzuteilen ist, auf den Nachlass zu beschränken.[14] Die vom Erben eingegangenen Geschäftsschulden sind Nachlasserbenschulden, für die er, sofern er die Haftung nicht beschränkt hat, sowohl mit dem Nachlass als auch mit seinem Privatvermögen haftet.

---

12 BFH NJW 1993, 350
13 BayObLG NJW-RR, 1999, 590
14 Brox, Rn 629 mwN

Befindet sich im Nachlass die **Gesellschafterstellung an einer oHG** und soll diese mit den Erben fortgesetzt werden, ergeben sich folgende Konstellationen: 755

- Wird der Erbe persönlich haftender Gesellschafter, dann haftet er für frühere und neue **Gesellschaftsverbindlichkeiten** in gleicher Weise persönlich und unbeschränkt (vgl § 139 IV, § 128 HGB).
- Verlangt der Erbe **innerhalb von drei Monaten** nach Kenntnis vom Anfall der Erbschaft die Einräumung einer Kommanditistenstellung, so haftet er für die früheren Gesellschaftsverbindlichkeiten als Erbe nach BGB mit dem Recht der Haftungsbeschränkung auf den Nachlass. Er haftet persönlich bis zur Höhe seiner Einlage, soweit diese noch nicht geleistet ist, § 171 I HGB. Für neue Verbindlichkeiten haftet er nur als Kommanditist.
- Wird der **Antrag** des Erben, Kommanditist zu werden, von den übrigen Gesellschaftern abgelehnt, hat der Erbe das Recht, aus der Gesellschaft auszuscheiden, § 139 II HGB. Er haftet dann für die früheren Gesellschaftsschulden nach BGB mit der Möglichkeit der Haftungsbeschränkung.

War der Erblasser **Gesellschafter einer Kommanditgesellschaft,** so kommt es darauf an, ob er Komplementär oder Kommanditist war. 756

- Hatte der Erblasser die Stellung eines persönlich haftenden Gesellschafters (= Komplementär), so wird die Gesellschaft nach § 139 HGB mit seinen Erben fortgesetzt.
- Hatte er lediglich die **Stellung eines Kommanditisten,** so führt der Tod des Erblassers nicht zur Auflösung der Gesellschaft; vielmehr tritt der Erbe in diese Kommanditistenstellung ein, § 177 HGB. Als solcher haftet er für frühere Gesellschaftsschulden mit seinem Kommanditanteil und, sofern die Hafteinlage nicht vollständig einbezahlt ist, hinsichtlich dieses Betrages mit dem sonstigen Nachlass. Für neue Gesellschaftsschulden hat der Erbe mit seinem Gesellschaftsanteil und bei rückständiger Hafteinlage auch persönlich mit dem Nachlass einzustehen, §§ 171, 172 HGB.

III. Die Haftung des Alleinerben

Der Alleinerbe haftet den Nachlassgläubigern nach § 1967 BGB für die Nachlassverbindlichkeiten unbeschränkt, dh mit dem Nachlass und seinem Privatvermögen. Er hat allerdings unter bestimmten Voraussetzungen die Möglichkeit, seine Haftung **gegenüber allen Nachlassgläubigern** auf den Nachlass zu beschränken, und zwar 757

- ➢ durch die rechtliche Absonderung des Nachlasses im Wege der Nachlassverwaltung oder die Nachlassinsolvenz, § 1975 BGB oder
- ➢ durch Erhebung der Dürftigkeitseinrede nach § 1990 BGB bei Unzulänglichkeit des Nachlasses.

758 Darüber hinaus kann der Alleinerbe seine Haftung **einzelnen Nachlassgläubigern gegenüber** beschränken

➢ durch Erhebung der Erschöpfungseinrede nach § 1973 BGB im Wege des Ausschlusses des Gläubigers im Aufgebotsverfahrens oder

➢ durch Erhebung der Erschöpfungseinrede nach § 1974 BGB bei der verspäteten Geltendmachung des Anspruchs durch den Gläubiger.

759 Macht der Alleinerbe von der Möglichkeit, die Haftung auf den Nachlass zu beschränken, Gebrauch, so haftet den Nachlassgläubigern für die Nachlassverbindlichkeiten **ausschließlich der Nachlass,** ohne dass sie auf das Privatvermögen des Erben zugreifen könnten.

760 Durch den Verlust der Haftungsbeschränkungsmöglichkeit **haftet der Erbe unbeschränkt:**

➢ Gegenüber **allen** Gläubigern
  - bei Versäumung der Inventarpflicht, §§ 1994, 2005 BGB;
  - bei Inventaruntreue;

➢ Gegenüber **einzelnen** Gläubigern
  - bei Verweigerung der eidesstattlichen Versicherung, § 2006 BGB;
  - bei Verzicht auf die Haftungsbeschränkung oder
  - bei vorbehaltloser Verurteilung zur Erfüllung einer Nachlassverbindlichkeit.

Zu den Möglichkeiten der Haftungsbeschränkung su Rn 792 ff., 839 ff

IV. Die Haftung der Miterben

761 Bei der Erbenhaftung ergeben sich, wenn **mehrere Personen zur Erbfolge berufen** sind, Besonderheiten. Zunächst knüpfen sich an diese Situation haftungsrechtlich mehrere Fragen an:

➢ Haftet der Miterbe unbeschränkt oder beschränkt?

➢ Haftet der Miterbe als Gesamtschuldner auf das Ganze oder nur auf einen Teilbetrag entsprechend seinem Erbteil?

Das Gesetz unterscheidet in zweierlei Hinsicht:

1. Gemeinschaftliche Nachlassverbindlichkeit

762 Nach § 2058 BGB haften die Miterben für **gemeinschaftliche Schulden** grundsätzlich als **Gesamtschuldner,** und zwar jeder Miterbe sowohl mit seinem Anteil am Nachlass als auch mit seinem Privatvermögen. Bei der Haftung der Miterbengemeinschaft ist im Einzelnen zu unterscheiden, wofür und womit der einzelne Miterbe haftet. Je nach Interessenlage ist darüber hinaus zu berücksichtigen, ob der Nachlass noch ungeteilt oder schon geteilt ist.

a. Bis zur Nachlassteilung

Bis zur Nachlassteilung haftet der Miterbe 763

- als Gesamtschuldner nur mit dem Nachlass, soweit die Haftung noch beschränkbar ist, § 2059 I 1 BGB, §§ 781, 785 ZPO;
- als Teilschuldner einem seinem quotenmäßigen Anteil am Nachlass entsprechenden Teil der Verbindlichkeiten mit seinem eigenen Vermögen, und zwar bei unbeschränkbarer Haftung, § 2059 I 2 BGB;
- den Nachlassgläubigern mit sämtlichen Miterben auf Befriedigung der Nachlassverbindlichkeiten aus dem ungeteilten Nachlass nach § 2059 II BGB.

b. Nach der Nachlassteilung

Nach der Nachlassteilung, durch welche die Vermögensmassen (Nachlass und Eigenvermögen) untrennbar miteinander verschmolzen sind, haftet der Miterbe 764

- grundsätzlich unbeschränkt, aber beschränkbar als Gesamtschuldner;
- in den Fällen der §§ 2060, 2061 BGB ausnahmsweise als Teilschuldner in Höhe eines seinem quotenmäßigen Anteil am Nachlass entsprechenden Teils der Verbindlichkeit auch mit seinem Privatvermögen.

Praxis-Tipp:

Nach der Nachlassteilung ist der Antrag auf Anordnung der Nachlassverwaltung ausgeschlossen, § 2062 BGB.

Hat ein Miterbe ein Inventar errichtet, so kommt dieses auch den anderen Miterben zustatten, soweit sie nicht bereits unbeschränkt haften, § 2063 I BGB.

2. Nachlassverbindlichkeiten einzelner Miterben

Ist eine Nachlassverbindlichkeit **nur von einzelnen Miterben zu erfüllen,** wie zB ein Vermächtnis oder eine Auflage, so scheidet eine Mitverpflichtung der übrigen Miterben aus. Daher haftet, sofern nicht für einzelne Miterben derselbe erbrechtliche Haftungsgrund Anwendung findet und somit eine gesamtschuldnerische Haftung besteht, jeder Miterbe wie ein Alleinerbe nach den allgemeinen Grundsätzen. 765

Im Übrigen gelten auch die §§ 2059 ff BGB analog, sofern es nicht auf die Haftung des gesamten Nachlasses ankommt. Hinzuweisen ist besonders darauf, dass die Rechte aus den §§ 1990, 1992 BGB auch hier anwendbar sind. Bei einer beschränkten Haftung haften nur die betroffenen Erbteile.

3. Haftung vor der Nachlassteilung

a. Haftung vor der Erbschaftsannahme

766 Der Miterbe haftet bis zur Annahme der Erbschaft wie ein Alleinerbe, insoweit ergeben sich keine Besonderheiten. Im Übrigen ist jeder Miterbe frei, darüber zu entscheiden, ob er die Erbschaft annehmen oder ausschlagen will. Eine diesbezügliche Erklärung gibt **jeder Miterbe für sich selbst** ab. Vor der Annahme der Erbschaft kann ein Anspruch, der sich gegen den Nachlass richtet, gegen die Miterben nicht gerichtlich geltend gemacht werden, § 1958 BGB.

Anders stellt sich die Rechtslage dar, wenn ein **Nachlasspfleger, ein Nachlassverwalter oder ein verwaltender Testamentsvollstrecker** bestellt ist. In einem solchen Fall können die Nachlassgläubiger ihre Ansprüche diesen gegenüber bereits vor der Nachlassteilung auch gerichtlich geltend machen. Da es sich um gemeinschaftliche Nachlassverbindlichkeiten handelt, kann die Befriedigung nur aus dem Nachlass und nur wegen Erbteilschulden aus dem Erbteil erfolgen.

b. Haftung zwischen Annahme und Teilung der Erbschaft

767 Die Miterben haften für die gemeinschaftlichen Nachlassverbindlichkeiten nach § 2058 BGB grundsätzlich als Gesamtschuldner. Daher kann der Nachlassgläubiger bereits vor der Nachlassteilung

- gegen jeden Miterben als Gesamtschuldner die **Gesamtschuldklage** erheben, mit der er die Befriedigung seiner Nachlassverbindlichkeit aus dem Privatvermögen des Erben, zu dem auch der Miterbenanteil am Nachlass gehört, versucht (§§ 2033 I BGB, 859 II ZPO); der Miterbe kann aber seine Haftung nach § 2059 BGB auf den Erbteil beschränken. Im Übrigen kann der Nachlassgläubiger mit dieser Klage entweder mehrere oder alle Miterben einzeln nacheinander oder gleichzeitig verklagen. Sie sind keine notwendigen Streitgenossen iSd § 62 ZPO.
- die **Gesamthandsklage** gegen alle Miterben als Träger des Nachlasses erheben, mit der er die Befriedigung aus dem ungeteilten, gesamthänderisch gebundenen Nachlass, dh aus dem Sonder-, nicht aus dem Privatvermögen versucht (§ 2059 II BGB). Die derart in Anspruch genommenen Miterben sind notwendige Streitgenossen, § 62 ZPO.[15]

768 Die Nachlassgläubiger haben **bis zur Teilung des Nachlasses** die **Wahl** zwischen der Gesamtschuld- und der Gesamthandsklage. Insbesondere können sie von einem Klagebegehren zum anderen gemäß § 264 Nr. 2 ZPO übergehen. Darüber hinaus kann der Nachlassgläubiger auch beide Klagen gleichzeitig erheben, da die Vollstreckung in zwei unterschiedliche Vermögensmassen betrieben wird.

15 BGH NJW 1963, 1611

Nach der Teilung des Nachlasses ist nur noch die Gesamtschuldklage möglich. 769

Da die für den Alleinerben geltenden Haftungsbestimmungen der §§ 1967 bis 2017 BGB grundsätzlich auch für den Miterben gelten, und die Vorschriften der §§ 2058 bis 2063 BGB insoweit nur Ergänzungen darstellen, kann jeder Miterbe die Maßnahmen, die für die Haftungsbeschränkung eines Alleinerben vorgesehen sind, selbständig und ohne Mitwirkung der übrigen Miterben ergreifen. 770

Verteidigt sich der Miterbe **gegen die Gesamtschuldklage,** so ist zu berücksichtigen, dass der Miterbe nach § 2058 BGB grundsätzlich als Gesamtschuldner für die Nachlassverbindlichkeiten mit seinem Privatvermögen haftet. Will der Miterbe nun seine Miterbenhaftung auf den Nachlass beschränken, so ist, gegenüber den für den Alleinerben geltenden Regeln, Folgendes zu beachten: 771

Ohne Einschränkung stehen dem Miterben zu: 772

- Die Verschweigungseinrede, § 1974 BGB;
- Die Unzulänglichkeitseinreden, §§ 1990 – 1992 BGB;
- Die aufschiebenden Einreden der §§ 2014–2017 BGB;
- Die Ausschließungseinrede (§ 1973 BGB) mit der Besonderheit, dass ein Ausschlussurteil zur Haftungsbeschränkung bei allen noch nicht unbeschränkbar haftenden Miterben führt, § 997 I 1 BGB;
- Inventarerrichtung, wobei die Inventarfrist für jeden Miterben gesondert zu bestimmen ist; die Errichtung des Inventars kommt nach § 2063 BGB auch den anderen Miterben zugute, wenn sie noch nicht unbeschränkt haften. Inventarverfehlungen des einen Miterben gehen nicht zulasten der anderen Miterben;
- Antrag auf Eröffnung des Nachlassinsolvenzverfahrens kann jeder Miterbe stellen, die anderen Miterben werden vom Gericht gehört;
- Antrag auf Anordnung der Nachlassverwaltung können nur alle Miterben gemeinsam stellen, § 2062 BGB; dieser Antrag ist ausgeschlossen, wenn ein Miterbe den Nachlassgläubigern unbeschränkt haftet, § 2013 I, II BGB.[16]

Darüber hinaus gilt für die **Haftungsbeschränkung des Miterben bei der Gesamtschuldklage** vor der Teilung die Regelung des § 2059 I BGB. Der Miterbe 773

- kann die **aufschiebende Einrede der beschränkten Miterbenhaftung** erheben, § 2059 I 1 BGB, wodurch der Nachlassgläubiger nur diesen Anteil am Nachlass pfänden und verwerten kann, § 859 II ZPO, nicht aber das sonstige Privatvermögen des Miterben;
- haftet sowohl mit seinem Anteil am Nachlass als auch mit seinem Privatvermögen bis zur Höhe des Bruchteils der gesamten Schuld, wenn eine Haftungsbeschränkung nicht mehr möglich ist, § 2059 I 2 BGB **(Teilhaftung).**

16 AA Kipp/Coing, § 121 II 1

774 Da es sich bei § 2059 I BGB um ein **Leistungsverweigerungsrecht** handelt, wird dieses nur dann berücksichtigt, wenn es der Miterbe geltend macht.

775 Will sich der Miterbe hingegen gegen die **Gesamthandsklage** verteidigen, ist zu beachten, dass der Gläubiger in diesem Fall nur die Duldung der Zwangsvollstreckung in den Nachlass verlangen kann, § 2059 II BGB. Daher sind hier nur Einwände möglich, die eine Nachlasshaftung abwehren, wie zB

- ➢ das Erlöschen;
- ➢ die Verjährung der gegen den Nachlass gerichteten Forderung.

Im Übrigen sind hier die Dreimonatseinrede und die Aufgebotseinrede von Bedeutung, mit denen der Miterbe die auf die Vollstreckung folgende Verwertung des Nachlasses mit aufschiebender Wirkung verhindern kann (§§ 2014 ff BGB, §§ 782, 783 785 ZPO).

776 Haftet der Miterbe **noch nicht unbeschränkt,** so kann er, mit Wirkung auch für die übrigen Miterben, soweit diese ebenfalls noch nicht unbeschränkbar haften, das Aufgebotsverfahren einleiten, §§ 991 I, III, 997 ZPO.

4. Haftung nach der Nachlassteilung

a. Nachlassteilung

777 Der **Nachlass** ist iSd § 2059 BGB **geteilt,** wenn ein so erheblicher Teil der gesamthänderisch gebundenen Nachlassgegenstände in das Privatvermögen des einzelnen Miterben übertragen ist, dass die Gesamthandsgemeinschaft der Miterben bei wirtschaftlicher Betrachtung faktisch als aufgelöst erscheint.[17] Dabei ist es unerheblich, ob weitere Nachlassverbindlichkeiten bestehen oder ob einzelne Gegenstände bereits verteilt sind.

b. Gesamtschuldnerische Haftung

778 Nach der Teilung des Nachlasses haften die Miterben gemäß § 2058 BGB als Gesamtschuldner mit ihrem Privatvermögen für die noch bestehenden Nachlassverbindlichkeiten. Die Nachlassgläubiger können sich nun wegen der gesamten Forderung an jeden Miterben halten und die Leistung insgesamt verlangen, da die gesamthänderische Haftung mit dem Nachlass nach § 2059 II BGB und die beschränkte Haftung der Miterben mit ihrem Erbteil nach § 2059 I 1 BGB entfällt.

Nach der Nachlassteilung

- ➢ erlischt die gesamthänderische Haftung mit dem Nachlass nach § 2059 II BGB;
- ➢ entfällt die beschränkte Haftung der Miterben mit ihrem Erbteil nach § 2059 I 1 BGB;

17 Brox, Rn 699

- bleibt die gesamtschuldnerische Haftung der Miterben für gemeinschaftliche Nachlassverbindlichkeiten bestehen, allerdings sind die §§ 2060 und 2061 BGB zu beachten;
- kann jedem einzelnen Miterben eine Inventarfrist gesetzt werden;
- können die aufschiebenden Einreden von allen Miterben erhoben werden;
- kann der unbeschränkt haftende Miterbe den Antrag auf Eröffnung des Nachlassinsolvenzverfahrens stellen;
- ist die Nachlassverwaltung ausgeschlossen;
- kann der noch beschränkbar haftende Miterbe die einem Alleinerben zustehenden haftungsbeschränkenden Einreden erheben.

c. Haftungsbeschränkung

Die Gesamtschuld des Miterben wird mit der Nachlassteilung kraft Gesetzes 779
auf den Anteil der Schuld beschränkt, der seinem Erbteil entspricht, wenn die folgenden Voraussetzungen der §§ 2060, 2061 BGB vorliegen:

- Der Nachlassgläubiger wurde nach öffentlichem Aufgebot des Nachlassgerichts **ausgeschlossen** bzw ist ohne Aufgebot säumig ist, wobei die Beschränkung nur diesem Gläubiger gegenüber wirkt;
- Die Nachlassgläubiger haben ihre Forderungen, trotz öffentlichen Privataufgebots eines Miterben im Bundesanzeiger, **nicht** innerhalb von 6 Monaten nach der Aufforderung beim Nachlassgericht **angemeldet** oder dem Miterben bekannt geworden ist, § 2061 BGB; hier tritt die Beschränkung gegenüber all den Nachlassgläubigern ein, die der Aufforderung nicht gefolgt sind;
- Die Nachlassgläubiger haben ihre Forderungen erst **fünf Jahre nach dem Erbfall** geltend gemacht, § 2060 Nr. 2 BGB; hier wirkt die Beschränkung gegenüber den Gläubigern, welche die Frist versäumt haben;
- Das Nachlassinsolvenzverfahren ist durch die **Verteilung der Masse** oder durch einen Zwangsvergleich beendet worden, § 2060 Nr. 3 BGB, wobei die Beschränkung gegenüber allen Nachlassgläubigern eintritt.

5. Haftung gegenüber einem miterbenden Nachlassgläubiger

Im Gesetz fehlt eine Regelung für den Fall, dass der Miterbe gleichzeitig Gläu- 780
biger einer Nachlassverbindlichkeit ist. Daher ist davon auszugehen, dass er nach den allgemeinen Regeln und **nach seiner Wahl** die übrigen Miterben entweder mit der Gesamtschuld- oder der Gesamthandsklage in Anspruch nehmen kann.[18]

18 HM; BGH NJW-RR 1988, 710; BGH NJW 1963, 1611

Im **Innenverhältnis** unter den Miterben ist der den Gläubiger treffende Haftungsanteil an der Nachlassverbindlichkeit sofort in Abzug zu bringen,[19] es sei denn, dass er die Zahlung des ihm gebührenden Betrags ausdrücklich nur »aus dem Nachlass« verlangt.[20] Infolgedessen kann nur der Teilbetrag eingeklagt werden, für den die anderen Miterben haften. Nach der Teilung des Nachlasses kann der Gläubiger-Miterbe als Gesamtschuldner auf den vollen Betrag seiner Forderung, abzüglich des auf seinen Anteil entfallenden Betrag, in Anspruch genommen werden.[21]

Ist ein Miterbe von einem Nachlassgläubiger **als Gesamtschuldner** für die Nachlassverbindlichkeit **in Anspruch genommen** worden, hat er gegen die anderen Miterben einen Ausgleichsanspruch nach § 426 BGB, sofern die Verbindlichkeit nicht gemäß § 2046 BGB bei der Erbauseinandersetzung Berücksichtigung findet bzw gefunden hat. Im Übrigen erfolgt der Ausgleich im Verhältnis der Erbteile der Miterben.[22] Der Gesamtschuldnerausgleich richtet sich bei bestehender Ausgleichspflicht nach dem Verhältnis ihrer Erbteile.[23]

V. Haftung der Vor- und Nacherben

781 Die gesetzlichen Haftungsregeln gehen von dem Grundgedanken aus, dass derjenige, der einmal Erbe geworden ist, diese Stellung behält. Daher sind diese Vorschriften nicht ohne weiteres auf die Haftung des Vor- und Nacherben anwendbar, da **mit Eintritt des Nacherbfalls die Erbenstellung des Vorerben endet** und der Nachlass auf den Nacherben übergeht. Für Nachlassverbindlichkeiten haftet in der Regel zunächst der Vorerbe und nach dem Nacherbfall dann der Nacherbe. Besonderheiten ergeben sich aus den §§ 2144 ff BGB.

1. Haftung bis zum Eintritt des Nacherbfalls

a. Haftung des Vorerben

782 Solange der Vorerbe den Nachlass berechtigterweise, dh während der Zeit seiner Erbenstellung, besitzt, gelten die allgemeinen Regeln, vgl unten Rn 790. Der Vorerbe hat also, **wie ein endgültiger Erbe,** die Nachlassverbindlichkeiten zu erfüllen und dem Nacherben bei Eintritt des Nacherbfalls den um die Nachlassverbindlichkeiten bereinigten Nachlass herauszugeben, § 2130 BGB. Mit dem Eintritt des Nacherbfalls endet spätestens die Haftung des Vorerben. Für Vermächtnisse und Auflagen, mit denen der Erblasser nur den Nacherben beschwert hat, haftet der Vorerbe nicht.

Mehrere Vorerben haften wie Miterben.

19 OLG Düsseldorf MDR 1970, 766
20 BGH NJW 1963, 1611; BGH NJW-RR 1988, 710
21 RGZ 150, 344
22 BayObLGE 70, 132
23 Palandt/Edenhofer, § 2058 Rn 4

b. Haftung des Nacherben

Mit Eintritt des Nacherbfalls wird der Nacherbe Erbe und haftet nach den allgemeinen Grundsätzen. Ihm stehen nach § 2144 BGB die Möglichkeiten der Haftungsbeschränkung auf den Nachlass in gleicher Weise zur Verfügung wie dem Erben. Vor dem Nacherbfall **haftet der Nacherbe nicht.** Die Beschränkungen zulasten des Vorerben und die Rechte des Nacherben dienen der Erhaltung des Nachlasses für den Nacherben und bilden somit die Haftungsgrundlage für die Nachlassverbindlichkeiten. Im Übrigen haftet der Nacherbe für die ihm vom Erblasser auferlegten Vermächtnisse und Auflagen erst mit Eintritt des Nacherbfalls, selbst wenn er die Erbschaft schon vor dessen Eintritt annehmen sollte. 783

Hat der Vorerbe Maßnahmen zur Beschränkung der Haftung ergriffen, so wirken diese auch **zugunsten des Nacherben.** Im umgekehrten Fall, in dem es der Vorerbe unterlassen hat, derartige Haftungsbeschränkungsmaßnahmen zu ergreifen, wirkt sich dies nicht zu Lasten des Nacherben aus.

2. Haftung nach dem Eintritt des Nacherbfalls

a. Haftung des Nacherben

Der Nacherbe haftet nach Eintritt des Nacherbfalls **wie ein Alleinerbe,** und zwar auch für die vom Vorerben im Rahmen einer ordnungsgemäßen Verwaltung begründeten Verbindlichkeiten;[24] mehrere Nacherben haben wie Miterben für die Nachlassverbindlichkeiten des Erben einzustehen. 784

Nach § 2146 I 1 BGB ist der Vorerbe den Nachlassgläubigern gegenüber verpflichtet, den **Eintritt der Nacherbfolge** unverzüglich dem Nachlassgericht **anzuzeigen.** Dies kann selbstverständlich nur dann gelten, wenn der Nacherbfall nicht mit dem Tod des Vorerben eintritt. In diesem Fall trifft die Anzeigepflicht nicht den Nacherben, sondern die Erben des Vorerben. Allerdings bestimmt § 2146 I 2 BGB, dass die Anzeige des Vorerben durch die Anzeige des Nacherben ersetzt werden kann. Hintergrund dieser Bestimmung ist, dass die Person des Schuldners wechselt und die Nachlassgläubiger ein erhebliches Interesse daran haben, wer nun für die Verbindlichkeiten aufzukommen hat. 785

Da sich der **Bestand des Nachlasses** während der Zeit der bestehenden Vorerbschaft erheblich verändert haben kann, haftet der Nacherbe nun nicht mit dem Bestand des Nachlasses, wie er dem Vorerben angefallen ist, sondern mit dem, was er aus der Erbschaft erlangt. Hierzu gehören auch die Ansprüche, die dem Nacherben gegen den Vorerben als solchen zustehen, § 2144 I BGB. Dabei handelt es sich insbesondere um die Forderungen aus den §§ 2130, 2134 und 2138 II BGB. 786

Nach § 2144 I BGB kann der Nacherbe die Haftung für die Nachlassverbindlichkeiten wie ein Erbe **auf den Nachlass beschränken.** Hat der Vorerbe 787

24 BGHZ 32, 63

bereits derartige Maßnahmen in die Wege geleitet, so wirken diese auch zugunsten des Nacherben. Ausdrücklich geregelt ist dies für die Inventarerrichtung in § 2144 II BGB, muss aber in gleicher Weise auch für die sonstigen haftungsbeschränkenden Maßnahmen gelten. Sind die vom Vorerben eingeleiteten Haftungsbeschränkungsmaßnahmen abgeschlossen und die Haftung auf den Nachlass beschränkt, richtet sich die Haftung des Nacherben ausschließlich nach § 1973 BGB.

788 Der Verlust des Rechts des Vorerben, die Haftung auf den Nachlass zu beschränken, wirkt sich **nicht zu Lasten des Nacherben** aus; vielmehr kann er selbst die notwendigen Schritte einleiten.

789 Nach § 2144 III BGB kann sich der Nacherbe dem Vorerben gegenüber auf die Haftungsbeschränkung auch dann berufen, wenn er den übrigen Nachlassgläubigern gegenüber unbeschränkt haftet, da der Vorerbe selbst die Möglichkeit der Inventarerrichtung hatte (arg § 2144 II BGB).

b. Haftung des Vorerben

790 Der Vorerbe **haftet** nach Eintritt des Nacherbfalls grundsätzlich **nicht mehr.** Allerdings gibt es folgende Ausnahmen:

- Der Vorerbe haftet, abgesehen von seinen **eigenen Verbindlichkeiten,** für die Nachlassschulden (Vermächtnisse, Auflagen), mit denen der Erblasser nur ihn beschwert hat.
- Der Vor- und Nacherbe haften den Nachlassgläubigern **gesamtschuldnerisch** wegen einer Nachlassschuld, wenn der Vorerbe vor Eintritt des Nacherbfalls nach den allgemeinen Vorschriften unbeschränkbar haftete. Die gesamtschuldnerische Haftung besteht auch für die Verbindlichkeiten, die der Vorerbe im Verhältnis zum Nacherben zu tragen hat, wie zB die rückständigen Zinsen von Nachlassschulden für die Zeit der Vorerbschaft,[25] die Grundsteuern eines im Nachlass befindlichen Grundstücks für die Zeit vor dem Nacherbfall.[26]
- Vor- und Nacherbe haften gesamtschuldnerisch für die vom Vorerben im Rahmen einer ordnungsgemäßen Nachlassverwaltung begründeten Schulden, sofern der Vorerbe die persönliche Haftung den Gläubigern gegenüber nicht ausgeschlossen hat.[27]
- Nach § 2145 I 1 BGB haftet der Vorerbe auch nach Eintritt der Nacherbfolge für die Nachlassverbindlichkeiten insoweit, als der Nacherbe nicht haftet. Von Bedeutung ist diese subsidiäre Haftung in den Fällen, in denen der Nacherbe nur beschränkt haftet.

791 Hat der Vorerbe seine Haftung wirksam auf den Nachlass beschränkt, so haftet er gemäß § 2145 II 1 BGB nur mit dem, was ihm aus dem Nachlass zusteht,

25 Palandt/Edenhofer, § 2145 Rn 1
26 Brox, Rn 706
27 Erman/Schlüter, § 2145 Rn 4

wobei er die Möglichkeit hat, die Dürftigkeitseinrede zu erheben, § 2145 II 2 BGB.

VI. Möglichkeiten der Haftungsbeschränkung

1. Inventar, §§ 1993 ff BGB

Das Inventar ist eine **Aufstellung des Nachlasses** über die Aktiva und Passiva. 792
Es soll darüber hinaus auch über den gesamten Nachlassbestand und den Wert der Nachlassgegenstände Auskunft geben, § 2001 BGB. Es dient somit dem Erben als Bestandsverzeichnis des Nachlasses und informiert den Nachlassgläubiger über den Umfang des Nachlasses.

Praxis-Tipp:

*Das Inventar ist **keine Möglichkeit**, um **die Erbenhaftung** auf den Nachlass **zu beschränken**, es bereitet aber eine Haftungsbeschränkung vor. Das Verzeichnis begründet im Verhältnis Erbe-Nachlassgläubiger die **Vermutung**, dass weitere Nachlassgegenstände als die, die im Inventar verzeichnet sind, nicht existieren, § 2009 BGB. Die Vermutung geht aber nicht soweit, dass sich die verzeichneten Gegenstände auch tatsächlich im Nachlass befinden.*

Mit der Errichtung eines Inventars kann der Erbe nicht die Haftungsbeschrän- 793
kung auf den Nachlass vornehmen. Er behält vielmehr die **Möglichkeit,** die Haftung für die Nachlassverbindlichkeiten ausschließlich auf den Nachlass zu beschränken.

Neben dem Erben hat auch der **Nachlassgläubiger** ein Interesse an der Errich- 794
tung eines Inventars, weil es ihm Aufschluss gibt über den Umfang des Nachlasses. Im Übrigen ermöglicht nur das Inventar die Geltendmachung von Schadensersatzansprüchen, wenn Veränderungen im Bestand des Nachlasses auftreten.

Schließlich kann auch der Nachlassgläubiger selbst, um die unbeschränkte 795
Erbenhaftung herbeizuführen, einen Antrag stellen, in dessen Folge dann das Nachlassgericht dem Erben eine Frist zur Errichtung des Inventars setzt, § 1994 I 1 BGB. Versäumt der Erbe die Frist, so tritt die unbeschränkte Erbenhaftung ein.

Man unterscheidet zwischen der freiwilligen und der vom Gläubiger beantragten Inventarerrichtung:

a. Freiwillige Inventarerrichtung

- Bei der freiwilligen Inventarerrichtung nach §§ 1993, 2002 BGB errichtet 796
der Erbe selbst, unter Hinzuziehung einer zuständigen Behörde, eines zuständigen Beamten oder eines Notars, das Inventar und reicht es beim örtlich zuständigen Nachlassgericht ein.

➢ Der Erbe kann aber auch beim Nachlassgericht beantragen, dass die Inventarerrichtung durch das Nachlassgericht erfolgt, welches diese Aufgabe an eine zuständige Behörde, einen zuständigen Beamten oder einen Notar übertragen kann, § 2003 BGB. Das Verzeichnis ist nach der Errichtung beim Nachlassgericht einzureichen. Nach § 2004 BGB kann der Erbe gegenüber dem Nachlassgericht erklären, dass ein dort befindliches Inventar als von ihm errichtet gelten soll.

➢ Schließlich kann der Erbe dem Nachlassgericht gegenüber erklären, dass ein bereits dem Nachlassgericht vorliegendes Inventar als von ihm errichtet gilt, § 2004 BGB.

Zweck des Inventars ist es nach § 2001 BGB, die beim Erbfall im Nachlass vorhandenen Nachlassgegenstände und -verbindlichkeiten vollständig zu bezeichnen und deren Wert anzugeben.

b. Beantragte Inventarerrichtung

797 Bei der beantragten Inventarerrichtung nach §§ 1994 ff BGB sind folgende Voraussetzungen zu erfüllen:

➢ Antrag eines Nachlassgläubigers, § 1994 I 1 BGB und

➢ Glaubhaftmachung der Forderung durch den Nachlassgläubiger, § 1994 II 1 BGB.

Dem Erben wird eine **Inventarfrist** gesetzt, die bei Unvollständigkeit des Inventars erneuert werden kann. Nach § 2006 I BGB muss der Erbe, der ein Inventar errichtet hat, auf Verlangen eines Nachlassgläubigers zur Glaubhaftmachung der Vollständigkeit und Richtigkeit des Verzeichnisses eine **eidesstattliche Versicherung** vor dem Nachlassgericht abgeben. Nach § 3 Nr. 1 b RPflG ist der Rechtspfleger zur Abnahme der eidesstattlichen Versicherung funktionell zuständig. Zur Abgabe dieser eidesstattlichen Versicherung bedarf es weder eines Vollstreckungstitels noch einer Verurteilung des Erben. Es handelt sich vielmehr um einen Akt der freiwilligen Gerichtsbarkeit nach § 79 FGG.

Praxis-Tipp:

*Es besteht **keine Pflicht** des Erben, ein Inventarverzeichnis zu erstellen. Daher kann der Erbe auch zur Abgabe einer eidesstattlichen Versicherung nicht gezwungen werden.*

Auf den entsprechenden Antrag eines Nachlassgläubigers setzt das Nachlassgericht dem Erben eine Inventarfrist. Zu beachten ist, dass diese Frist dann nicht bestimmt werden kann, wenn der Erbe einzelnen Nachlassgläubiger gegenüber zur **Auskunft über den Bestand des Nachlasses** verpflichtet ist; so zB der Fiskus in § 2011 BGB und in § 2000 S 2 BGB.

c. Wirkungen einer rechtzeitigen Inventarerrichtung

Die **rechtzeitige Inventarerrichtung** hat zur Folge, dass im Verhältnis zwischen dem/den Erben und dem/den Nachlassgläubiger(n) nach § 2009 BGB vermutet wird, dass zur Zeit des Erbfalls weitere Nachlassgegenstände als die angegebenen nicht vorhanden gewesen seien. 798

Diese Vermutung stellt einen **Schutz für den Erben** dar, wenn er den Nachlass herauszugeben hat oder seine Verwaltung den Nachlassgläubigern gegenüber verantworten muss; sie kann nach § 292 ZPO dadurch widerlegt werden, dass der Nachlassgläubiger beweist, dass vorhandene Nachlassgegenstände nicht im Inventar verzeichnet sind. 799

Die Vermutung erstreckt sich **nur auf die Aktiva** des Nachlasses, nicht aber auf die Wertangaben und die Passiva. Sie gilt auch nur gegenüber den Nachlassgläubigern. Der Nachlassgläubiger kann die Vermutung dadurch erschüttern, dass er den Beweis dafür erbringt, die Nachlassgegenstände seien nicht im Inventar verzeichnet gewesen. 800

d. Folgen des nicht rechtzeitig errichteten Inventars

Nach § 1994 I 2 BGB führt die **nicht rechtzeitige Errichtung des Inventars** zu einer unbeschränkten Haftung des Erben gegenüber sämtlichen Nachlassgläubigern sowohl mit dem Nachlass als auch mit seinem Eigenvermögen. 801

Aufgabe der vom Nachlassgericht auf Antrag eines Nachlassgläubigers bestimmten Frist zur Errichtung eines Inventars ist es, **den Erben zu zwingen,** dieses Verzeichnis zu erstellen. Eine Fristversäumnis führt auch in diesem Fall zu einer unbeschränkten Haftung des Erben gegenüber allen Nachlassgläubigern mit dem Nachlass und seinem Privatvermögen. 802

Im Falle der **Verzögerung** der Inventarerrichtung bzw Verweigerung der Auskunft bei der amtlichen Errichtung des Inventars führt dies ebenfalls zu einer unbeschränkten Erbenhaftung. Dies setzt aber nach §§ 2003, 2205 I 1 BGB im Fall des beantragten Inventars voraus, dass der Erbe die Auskunft, trotz entsprechender Aufforderung, ausdrücklich ablehnt oder in erheblichem Maße verzögert. 803

Danach sind **ausgeschlossen:** 804

- Nachlassgläubiger-Aufgebot, §§ 1970 ff BGB, 991 I ZPO;
- Ausschließungseinrede, § 1973 BGB;
- Verschweigungseinrede, § 1974 BGB;
- Aufrechnung, § 1977 BGB;

Praxis-Tipp:

> *Die Aufrechnung ist nach Abs 1 nur dann ausgeschlossen, wenn der Nachlassgläubiger vor der Anordnung der Nachlassverwaltung oder vor der Eröffnung des Nachlassinsolvenzverfahrens mit seiner Forderung gegen eine nicht zum Nachlass gehörende Forderung des Erben ohne dessen Zustimmung **aufgerechnet** hat. Die Aufrechnung wird dann nach der Anordnung der Nachlassverwaltung bzw nach Eröffnung des Insolvenzverfahrens als nicht erfolgt angesehen.*
>
> *Entsprechendes gilt, wenn ein anderer Gläubiger die ihm gegen den Erben zustehende Forderung gegen eine zum Nachlass gehörende Forderung aufgerechnet hat, § 1977 II BGB.*

➢ Nachlassverwaltung, §§ 1981 I, 2013 I 1 BGB;

Praxis-Tipp:

> *Es ist dem Erben aber unbenommen, den Antrag auf Eröffnung der Nachlassinsolvenz zu stellen. Darüber hinaus behalten auch die Nachlassgläubiger ihr Antragsrecht auf Nachlassverwaltung und -insolvenz. Da nach § 2013 I 1 BGB die Vorschrift des § 1975 nicht anwendbar ist, führt die Einleitung des Nachlassverwaltungs- bzw Nachlassinsolvenzverfahrens nicht mehr zu einer Haftungsbeschränkung beim Erben.*

➢ Dürftigkeitseinrede, § 1990 BGB;

➢ Überschwerungseinrede, §§ 1991, 1992 BGB;

➢ Aufschiebende Einreden nach §§ 2014, 2015 BGB;

Praxis-Tipp:

> *Nach § 2016 I BGB stehen dem Erben die aufschiebenden Einreden nicht mehr zu, da sie lediglich den Zweck verfolgen, die Haftungsbeschränkung vorzubereiten. Bei einem bereits unbeschränkt haftenden Erben besteht hierzu aber keine Veranlassung. Dies gilt im Übrigen auch für die Einreden nach §§ 1989, 1990 und 1992 BGB, da sie zu einer Haftungsbeschränkung führen würden.*

➢ Aufhebung von Zwangsvollstreckungsmaßregeln, § 784 I ZPO;

Praxis-Tipp:

> *Wird die Zwangsvollstreckung zugunsten eines Nachlassgläubigers in das Privatvermögen des Erben betrieben, so kann dieser, trotz Nachlassverwaltung oder -insolvenz, eine Aufhebung der Vollstreckungsmaßregeln nicht fordern. Die Aufhebung kann aber vom Nachlassverwalter geltend gemacht werden, wenn persönliche Gläubiger des Erben die Zwangsvollstreckung betreiben, § 784 II ZPO.*

- Antrag auf Zwangsversteigerung eines Nachlassgrundstücks, § 175 II ZVG.

Praxis-Tipp:

> *Haftet der Erbe bereits unbeschränkt, so ist ihm das Antragsrecht nach § 175 I ZVG, mit dem der Erbe feststellen können soll, ob der Gläubiger zumindest mit einem Teil seiner Forderung ausfällt und er daher persönlich zu haften hat, genommen.*

Eine **unbeschränkte Haftung des Erben** tritt nicht nur bei einem nicht rechtzeitig errichteten Inventar ein, sondern auch bei Inventaruntreue (§ 2005 BGB) und dem Verzicht des Erben auf haftungsbeschränkende Maßnahmen gegenüber allen Nachlassgläubigern, der nach § 305 BGB möglich ist. 805

e. Verweigerung der Abgabe einer eidesstattlichen Versicherung

Nach § 2006 III 1 BGB haftet der Erbe dem Nachlassgläubiger gegenüber, der den Antrag auf Abgabe einer eidesstattlichen Versicherung stellt, unbeschränkt, dh neben dem Nachlass auch mit seinem Privatvermögen; das gilt auch für den Fall, dass Termin zur Abgabe der eidesstattlichen Versicherung anberaumt ist und der Erbe zu diesem Termin unentschuldigt nicht erscheint. 806

Darüber hinaus haftet der Erbe einem **einzelnen Nachlassgläubiger** gegenüber unbeschränkt, wenn er auf haftungsbeschränkende Einreden bzw Anträge verzichtet oder sich, ohne den Vorbehalt nach § 780 ZPO im Urteil aufnehmen zu lassen, verurteilen lässt. 807

Praxis-Tipp:

> *Der Erbe hat, selbst wenn er einzelnen Nachlassgläubigern unbeschränkt haftet, dennoch die Möglichkeit, die Haftung den übrigen Nachlassgläubigern gegenüber auf den Nachlass zu beschränken, § 2013 II BGB.*

f. Inventaruntreue

Führt der Erbe absichtlich eine **erhebliche Unvollständigkeit** der im Inventar enthaltenen Angaben der Nachlassgegenstände herbei oder bewirkt er in Benachteiligungsabsicht die Aufnahme einer nicht bestehenden Nachlassverbindlichkeit in das Inventar, so haftet er für die Nachlassverbindlichkeiten unbeschränkt, § 2005 I 1 BGB. Dieselbe Rechtsfolge tritt ein, wenn der Erbe die Auskunft bei der Aufnahme des Verzeichnisses durch eine amtliche Stelle verweigert oder in erheblichem Maße verzögert. 808

809 Der Tatbestand der Inventaruntreue erfordert **objektiv** eine erhebliche Unvollständigkeit der Angabe zu den Aktiva des Nachlasses und **subjektiv die Absicht** des Erben, die einen bestimmten Zweck, insbesondere die Täuschung von Behörden oder anderen Personen, verfolgt. Eine Benachteiligungsabsicht ist nicht erforderlich; sie reicht aber aus, um den subjektiven Untreuetatbestand zu begründen.

810 Bei der Aufnahme einer nicht bestehenden Nachlassverbindlichkeit in das Inventar entsteht der Eindruck, der Nachlass sei geringwertiger als er es tatsächlich ist. Subjektiv muss eine Benachteiligungsabsicht vorhanden sein. Wird eine bestehende Nachlassverbindlichkeit in das Verzeichnis nicht oder ein nicht vorhandener Nachlassgegenstand aufgenommen, so erfüllt dies nicht den Tatbestand der Inventaruntreue und führt damit auch nicht zum Verlust der Möglichkeit, die Haftung zu begrenzen, da diese Angaben nicht geeignet sind, die Rechte der Nachlassgläubiger zu verkürzen.

811 Schließlich ist der Tatbestand der Inventaruntreue nach § 2005 BGB auch dann erfüllt, wenn der Nachlassgläubiger einen Antrag auf Bestimmung einer Inventarfrist gestellt hat und sich der Erbe der Aufforderung einer Amtsperson, Auskunft über den Nachlass nach § 2003 BGB zu erteilen, widersetzt und diese verweigert. Der Erbe muss die Erteilung der Auskunft **ausdrücklich** ablehnen.

812 Hat der Erbe freiwillig ein Inventar errichtet, so handelt es sich bei der Verzögerung oder gänzlicher Verweigerung der Auskunftserteilung lediglich um eine **Inventarversäumung,** nicht aber um Inventaruntreue. Dem Erben kann auf Antrag eines Nachlassgläubigers eine neue Inventarfrist gesetzt werden, §§ 1993, 2005 II BGB. Gleiches gilt in den Fällen, wenn die Auskunft nur unerheblich oder unabsichtlich unvollständig oder unabsichtlich verzögert erteilt wurde. Anders ist die Beurteilung in den Fällen des § 2005 I BGB: Hier kann auch dann eine Inventaruntreue vorliegen, wenn der Erbe **freiwillig** ein Inventar errichtet hat.

813 Es ist nicht möglich, ein absichtlich falsches oder unvollständiges Inventar, wenn es eingereicht ist, zu berichtigen. Eine **Vervollständigung** nach § 2006 II BGB schützt den Erben zwar vor strafrechtlichen Konsequenzen, ändert aber nichts am Verlust der Haftungsbeschränkungsmöglichkeit.

814 Etwas anderes gilt im Falle der unverschuldeten Unvollständigkeit des Inventars: Hier kann der Nachlassgläubiger nach § 1994 BGB einen Antrag auf Gewährung einer **neuen Inventarfrist** zur Ergänzung stellen.[28] Ist durch den Erbfall der Nachlass auf mehrere Erben übergegangen, so kann, wenn das Inventar des anderen unvollständig ist, jedem Miterben eine Inventarfrist gesetzt werden.

Praxis-Tipp:

Lehnt das Nachlassgericht die Gewährung einer neuen Inventarfrist ab, so kann der Antragsteller gegen diese Entscheidung die sofortige Beschwerde nach; § 77 II, 22 I FGG einlegen.

28 Staudinger/Marotzke, § 2005 Rn 14

2. Gläubigeraufgebot, §§ 1970 ff BGB, §§ 946 ff, 989 ff ZPO

a. Allgemeines

Zur zuverlässigen Feststellung der Nachlassverbindlichkeiten und letztlich zur Entscheidung, ob Maßnahmen zur Haftungsbeschränkung beantragt werden sollen, stellt das Gesetz dem Erben in § 1970 BGB die Möglichkeit zur Verfügung, die Nachlassgläubiger in einem gerichtlichen Verfahren (§§ 946 ff, 989 ff ZPO) aufzufordern, ihre Forderungen anzumelden. 815

Praxis-Tipp:

*Die Nachlassgläubiger sind zur Anmeldung ihrer Forderungen **nicht gezwungen;** tun sie es nicht, sind sie im Aufgebotsverfahren ausgeschlossen (ihre Forderung erlischt aber nicht), ihnen haftet dann ausschließlich der Nachlass nach Bereicherungsgrundsätzen für ihre Forderungen.*

*Vom Aufgebot **nicht betroffen** und daher nicht zur Anmeldung ihrer Forderungen im Aufgebotsverfahren verpflichtet, sind die dinglich gesicherten Gläubiger, wie Pfandgläubiger, Absonderungsberechtigte (wie Sicherungseigentümer) und die Aussonderungsberechtigten (wie Eigentümer, Vorbehaltseigentümer und Grundpfandrechtsgläubiger) nach § 1971 BGB sowie die Berechtigten aus Pflichtteilen, Vermächtnissen und Auflagen (§ 1972 BGB), weil sie beim Erbfall bekannt werden. Eine Haftungsbeschränkung kommt auch gegenüber den Gläubigern nicht in Betracht, denen der Erbe unbeschränkt haftet, § 2013 I BGB.*

Darüber hinaus dient das Gläubigeraufgebot dem Erben dazu, die Haftung gegenüber den sich **nicht meldenden Gläubigern** auf den Nachlass zu beschränken, denn der Erbe erwirbt ihnen gegenüber die Erschöpfungseinrede nach § 1973 BGB. Eine Vermögenssonderung als solche tritt durch das Gläubigeraufgebot nicht ein. 816

Ergibt das Aufgebotsverfahren, dass der **Nachlass nicht überschuldet** ist, so kann der Erbe die Befriedigung der Nachlassgläubiger selbst übernehmen, auch wenn sich später noch weitere Gläubiger melden und dadurch der Nachlass überschuldet würde. Es bedarf dennoch keines Nachlassinsolvenzantrages des Erben, sondern er kann mit der Nachlassabwicklung fortfahren, da er den verspätet meldenden Gläubigern nur beschränkt mit dem Nachlass haftet. 817

b. Ablauf des Aufgebotsverfahrens

Für das Gläubigeraufgebot ist nach § 990 ZPO, § 73 FGG das **Nachlassgericht** (Amtsgericht) am letzten Wohnsitz, hilfsweise letzten Aufenthalt des Erblassers örtlich zuständig. 818

Das Aufgebotsverfahren wird **nur auf Antrag** durch das Nachlassgericht betrieben, § 990 ZPO. Zuständig ist der Rechtspfleger nach § 20 Nr. 2 RPflG. 819

820 **Antragsberechtigt** sind

- der Erbe nach Annahme der Erbschaft, sofern noch keine unbeschränkte Haftung eingetreten ist, § 991 I, III ZPO;
- jeder Miterbe der Miterbengemeinschaft, wobei das Aufgebot eines Miterben auch für die anderen wirkt, § 997 I ZPO;
- Vor- und Nacherbe, wobei auch hier der Antrag des Vorerben für den Nacherben wirkt, § 998 ZPO;
- der verwaltende Nachlasspfleger;
- der Nachlassverwalter;
- der verwaltende Testamentsvollstrecker nach der Annahme der Erbschaft, § 991 II, III ZPO und
- der Erbschaftskäufer, § 1000 ZPO sowie
- der das Gesamtgut (mit-)verwaltende Ehegatte, wenn der Nachlass zum Gesamtgut gehört, § 999 ZPO.

821 Der Antrag ist **schriftlich oder zu Protokoll der Geschäftsstelle** des Nachlassgerichts zu stellen, § 947 I 1 ZPO.

822 **Bei der Anmeldung** hat der Gläubiger den Gegenstand und den Grund der Forderung anzugeben, damit sie dann im Ausschlussurteil genau bezeichnet werden kann, § 996 I 1 ZPO. Darüber hinaus sind alle in Betracht kommenden Beweisstücke im Original oder als Abschrift beizufügen. Nach § 951 ZPO kann ein Gläubiger, der die Aufgebotsfrist versäumt hat, die Anmeldung seiner Forderung bis zum Erlass des Ausschlussurteils nachholen.

823 Der antragstellende Erbe hat dem Nachlassgericht ein Verzeichnis der ihm bekannten bzw bekannt gewordenen Nachlassgläubiger vorzulegen und auf Verlangen die Richtigkeit dieses Verzeichnisses eidesstattlich zu versichern, §§ 992, 952 III ZPO.

824 **Ziel des Aufgebotsverfahrens** ist der Ausschluss von Nachlassgläubigern, die ihre Forderungen nicht anmelden.

825 Das zuständige Nachlassgericht erlässt eine **öffentliche Aufforderung,** die Nachlassforderungen anzumelden. Bereits in der Aufforderung wird auf die Rechtsnachteile hingewiesen, die eintreten, wenn die Forderungen nicht angemeldet werden. Schließlich setzt der Rechtspfleger in dieser Aufforderung eine **Anmeldefrist,** die mindestens 6 Wochen betragen muss. Nach Ablauf dieser Frist findet der **Aufgebotstermin** statt, in welchem der Richter nach § 952 I ZPO in öffentlicher Sitzung das Ausschlussurteil erlässt, in dem die ordnungsgemäß angemeldeten Forderungen vorbehalten und die übrigen ausgeschlossen werden.

Nach § 2054 BGB kann die Auseinandersetzung des Nachlasses **auf Antrag** eines Miterben bis zur Beendigung des Aufgebotsverfahrens hinausgeschoben werden.

c. Wirkungen des Aufgebotsverfahrens

Nach § 1973 I 1 BGB sind die **ausgeschlossenen** Gläubiger erst dann zu befriedigen, wenn die rechtzeitig angemeldeten und festgestellten Nachlassverbindlichkeiten der Nachlassgläubiger befriedigt sind. 826

Hat ein Nachlassgläubiger seine **Forderung nicht angemeldet,** so erlischt dadurch nicht die Forderung, sie ist vielmehr einredebehaftet: Der Erbe kann die Ausschließungseinrede des § 1973 BGB erheben. 827

Praxis-Tipp:

*Die Forderungen der ausgeschlossenen Gläubiger haben **Vorrang** vor den Pflichtteils- und Vermächtnisansprüchen und den Auflagen, sofern diese noch nicht erfüllt waren, als sie ihre Forderungen angemeldet haben, § 1973 I 2 ZPO.*

Der Erbe haftet den verspätet anmeldenden Nachlassgläubigern, da er ihnen gegenüber die **Erschöpfungseinrede erwirbt,** nur beschränkt mit dem Nachlass, ohne dass es der Einleitung der Nachlassinsolvenz oder -verwaltung bedarf. 828

Ist der **Nachlass** durch die Befriedigung der vorbehaltenen Forderungen **erschöpft,** kann der Erbe die Begleichung der Forderungen der ausgeschlossenen Gläubiger verweigern, dh die Erschöpfungseinrede erheben, § 1973 I BGB. Klagt ein ausgeschlossener Gläubiger auf Erfüllung, so muss der Erbe im Erkenntnisverfahren die Voraussetzungen dieser Einrede nachweisen oder sich die Möglichkeit der Haftungsbeschränkung auf den Nachlass **nach § 780 ZPO vorbehalten** lassen. Im letzteren Fall kann der Erbe im Wege der Vollstreckungsgegenklage die Erschöpfungseinrede geltend machen, §§ 780, 785 ZPO. 829

Hat der Erbe unter Missachtung des Vorrangs der Forderungen ausgeschlossener Nachlassgläubiger die Pflichtteils- und Vermächtnisansprüche sowie die Auflagen bereits erfüllt, muss dies der Gläubiger gegen sich gelten lassen, auch wenn der Erbe Kenntnis von der Nachlassverbindlichkeit des Gläubigers hatte. Entscheidend ist nach § 1973 I 2 BGB nicht die Kenntnis des Erben, sondern der Zeitpunkt der Geltendmachung der Forderung durch den Gläubiger. 830

Verbleibt nach der Befriedigung der festgestellten Forderungen noch ein **Überschuss,** so sind die ausgeschlossenen Gläubiger aus diesem Überrest zu befriedigen. Im Übrigen kann der Erbe die Erschöpfungseinrede erheben. Ansonsten muss er die Zwangsvollstreckung dieser Gläubiger nach den **Vorschriften über die ungerechtfertigte Bereicherung** dulden. Ist der Erbe nicht mehr bereichert, haftet er nicht, es sei denn, er wusste von der Forderung des ausgeschlossenen Gläubigers (§§ 818, 819 BGB). Richten sich Vollstreckungsmaßnahmen gegen sein Privatvermögen, so kann der Erbe diese gänzlich abwehren. Allerdings muss sich der Erbe, klagt ein Gläubiger auf Zahlung, im Urteil die Möglichkeit der Haftungsbeschränkung vorbehalten lassen, um sein Privatvermögen vor dem Zugriff der Nachlassgläubiger zu schützen. 831

832 Darüber hinaus kann der Erbe die sich **verspätet meldenden,** an sich aber ausgeschlossenen **Nachlassgläubiger freiwillig befriedigen** und allen weiteren Gläubigern gegenüber die Erschöpfungseinrede entgegenhalten. Bei der Befriedigung der Nachlassgläubiger hat der Erbe lediglich darauf zu achten, dass die Gläubiger, die über einen rechtskräftigen Titel verfügen, vor den anderen Gläubigern zu befriedigen sind; an eine weitergehende Reihenfolge ist der Erbe nicht gebunden.

833 Schließlich hat der Erbe die Möglichkeit eines **Auslösungsrechtes,** dh der Erbe kann die Herausgabe der noch vorhandenen Nachlassgegenstände durch Zahlung des Wertes dieser Gegenstände abwenden, § 1973 II 2 BGB.

834 Stellt sich im Aufgebotsverfahren heraus, dass der Nachlass überschuldet ist, so kann auch während des laufenden Verfahrens die **Eröffnung der Nachlassinsolvenz** beantragt werden. Mit der Eröffnung des Nachlassinsolvenzverfahrens endet das Aufgebotsverfahren, § 993 II 2 ZPO.

835 Der **Aufgebotsbeschluss** wird vom Rechtspfleger erlassen (§ 20 Nr. 2 RPflG). Der Richter erlässt auf Antrag das zu verkündende Ausschlussurteil, das nur unter den in § 957 II ZPO näher bezeichneten Anfechtungsgründen mit der Anfechtungsklage vor dem Landgericht angefochten werden kann. Im Übrigen findet ein Rechtsmittel gegen das Ausschlussurteil nicht statt, § 957 ZPO.

836 Die **Kosten des Aufgebotsverfahrens** sind Nachlassverbindlichkeiten[29] und Masseschulden in einem Nachlassinsolvenzverfahren, §324 I Nr. 4 InsO.

837 Die Verschweigung bzw die **Gläubigerversäumung** nach § 1974 BGB ist in der Praxis in den Fällen von Bedeutung, in denen kein Aufgebotsverfahren stattgefunden hat, der Gläubiger seine Forderung erst nach Ablauf der Aufgebotsfrist erworben hat oder für die nach § 1972 BGB durch das Aufgebot nicht betroffenen Personen.

Praxis-Tipp:

*Wird eine Forderung erst **5 Jahre nach dem Erbfall** geltend gemacht, haftet der Erbe nach § 1974 BGB dem Gläubiger gegenüber wie einem im Aufgebotsverfahren ausgeschlossenen Gläubiger, wobei auch hier die dinglich gesicherten Gläubiger bevorrechtigt sind, §§ 1974 III, 1971 BGB. Davon nicht betroffen sind die Pflichtteilsberechtigten, Vermächtnisnehmer und Auflageempfänger, § 1974 III BGB.*

Das Versäumnis des Nachlassgläubigers ist bei den Nachlassverbindlichkeiten unschädlich, die dem Erben bereits vor Ablauf der 5 Jahre bekannt geworden oder die im Aufgebotsverfahren angemeldet worden sind, § 1974 I 1 BGB, bei dinglich gesicherten Nachlassverbindlichkeiten, §§ 1974 III, 1971 BGB und bei Nachlassverbindlichkeiten, für die der Erbe (bereits) unbeschränkt haftet.

29 Palandt/Edenhofer, § 1970 Rn 10

Praxis-Tipp:

§ 45 BRAGO gilt nur für das Aufgebotsverfahren nach §§ 946 ff, 989 ff ZPO, das dem Zweck dient, Nachlassgläubiger auszuschließen. Der ***Streitwert*** *bestimmt sich gemäß § 3 ZPO, § 12 I GKG entsprechend dem Interesse des Antragstellers und ist zu schätzen, allerdings unter Berücksichtigung des jeweiligen Aufgebotsgegenstandes. Im Einzelfall kann § 6 ZPO herangezogen werden. Bei Verbindung mehrerer selbständiger Anträge werden die Werte getrennt berechnet. Grundsätzlich wird ein Bruchteil des Wertes des Aufgebotsgegenstandes, etwa 10 bis 20 %, in Ansatz zu bringen sein. Bei Anmeldung von Rechten durch eine Person, die nicht nach § 953 ZPO Antragsteller ist, bemisst sich der Streitwert nach dem Wert des angemeldeten oder des ihm entgegenstehenden Rechts. Im Hinblick auf die* ***Zuständigkeit*** *kommt es nicht auf den Streitwert an; unabhängig davon ist nämlich das Amtsgericht nach § 23 Ziff 2 h GVG zuständig.* 838

Im Aufgebotsprozess entstehen die Regelgebühren nach § 31 BRAGO, im Beschwerdeverfahren nach § 952 IV ZPO fällt die Gebühr des § 61 gesondert an. Bei den landesrechtlich geregelten Verfahren, soweit sie nicht auf die ZPO verweisen, und in FG-Angelegenheiten entstehen die in § 118 BRAGO bestimmten Gebühren.

Darüber hinaus ist zu unterscheiden, ob der Anwalt den Antragsteller oder eine andere Person vertritt. Wird er als Vertreter des Antragstellers tätig, können folgende Gebühren anfallen:

- *5/10 Prozessgebühr, § 45 I Nr. 1 BRAGO, für die gesamte Tätigkeit in diesem Verfahren, soweit § 45 BRAGO keine besonderen Gebühren bestimmt;*
- *5/10 Gebühr für den Antrag auf Erlass des Aufgebots, § 45 I Nr. 2 BRAGO; sie entsteht mit der Einreichung und deckt auch später notwendig werdende Ergänzungen oder/und Begründungen ab;*
- *5/10 Gebühr für den Antrag auf Anordnung der Zahlungssperre, § 45 I Nr. 3 BRAGO. Diese Gebühr entsteht dann zusätzlich zu den Gebühren des § 45 I Nr. 1 und 2 BRAGO, wenn dieser Antrag* ***vor*** *dem Antrag auf Aufgeboterlass gestellt wurde.*
- *5/10 Gebühr für die Wahrnehmung des Aufgebotstermins, § 45 I Nr. 4 BRAGO, auch wenn mehrere Aufgebotstermine erforderlich sind.*

Im Aufgebotsverfahren können dem Anwalt als Vertreter des Antragstellers insgesamt 4 Gebühren zu je 5/10, insgesamt also 20/10 der vollen Gebühr entstehen. Eine 10/10 Vergleichsgebühr (§ 23 BRAGO) steht, sofern er an einem Vergleich mitgewirkt hat, zusätzlich zu den Gebühren aus § 45 BRAGO.

- *Vertritt der Anwalt eine andere Person als den Antragsteller, so erhält er 5/10 der vollen Gebühr für das gesamte Verfahren, § 45 II BRAGO. Eine Ermäßigung nach § 32 BRAGO tritt nicht ein. Wird der Rechtsanwalt für mehrere »andere Personen« tätig, so entsteht, sofern es sich nicht um dieselbe Angelegenheit handelt, die Gebühr des § 45 II BRAGO für jeden Auftraggeber gesondert.*

Im Einzelnen vgl Göttlich/Mümmler, Stichwort Aufgebotsverfahren.

3. Zeitlich begrenzte Haftungsbeschränkung

a. Dreimonatseinrede

839 Nach Annahme der Erbschaft kann der Erbe die Erfüllung einer Nachlassverbindlichkeit verweigern, wenn er innerhalb der ersten drei Monate nach der Erbschaftsannahme die Dreimonatseinrede nach § 2014 BGB erhebt. Die Frist beginnt mit der Annahme der Erbschaft und spätestens nach Ablauf der Ausschlagungsfrist. Die Frist dient dem Erben dazu, sich einen **Überblick über den Nachlass** zu verschaffen.

840 Die dem Erben durch die Einrede gewährte **Schonfrist** endet spätestens mit Ablauf von 3 Monaten nach der Annahme bzw nach Ablauf der Ausschlagungsfrist. Sie kann aber auch zu einem früheren Zeitpunkt enden, nämlich mit Erstellung eines Inventars, da der Erbe dadurch einen ausreichenden Überblick über die Erbschaftsverhältnisse und die Nachlassverbindlichkeiten erhalten hat.

841 Der Erbe kann die Einrede nur dann erheben, wenn er **noch nicht unbeschränkt haftet,** § 2016 I BGB, und nur gegenüber den Ansprüchen der Nachlassgläubiger. Aus § 2016 II BGB ergeben sich Einschränkungen dann, wenn der Nachlassgläubiger über dingliche Sicherheiten verfügt.

842 Die Dreimonatseinrede hat *keine materiell-rechtliche Wirkung;*[30] sie ist aber prozessual und vollstreckungsrechtlich insoweit von Bedeutung, als ihre Geltendmachung zu einem Vorbehaltsurteil und im Rahmen der Zwangsvollstreckung lediglich zu einer Pfändung, nicht aber zu einer Verwertung führt. Sie verhindert weder die Erhebung einer Leistungsklage noch deren Verurteilung oder gar den Beginn der Zwangsvollstreckung.

843 Im Erbschaftsstreit führt die Geltendmachung dieser Einrede also zur **Aufnahme des Vorbehalts der beschränkten Erbenhaftung** ins Urteil, §§ 305 I, 780 ZPO.

Der Klageantrag der Feststellungsklage lautet:

»Dem Beklagten bleibt vorbehalten, die Beschränkung seiner Haftung auf den Nachlass geltend zu machen.«

Fehlt der Vorbehalt im Urteil, obwohl der Erbe die Einrede erhoben hat, kann er nach § 321 ZPO die Ergänzung des Urteils verlangen. Wurde es vom Erben versäumt, die Einrede zu erheben und kam es daher auch nicht zu einem Vorbehalt im Urteil, hat der Erbe keine Möglichkeiten, die Zwangsvollstreckung zu verhindern.

844 Nach § 782 ZPO ist die **Zwangsvollstreckung** aufgrund des Vorbehalts nur auf Sicherungsmaßnahmen, dh Pfändung ohne Verwertung, gerichtet und dadurch auch beschränkt. Der Beklagte, zugunsten dessen der Vorbehalt im Urteil aufgenommen wurde, kann den Vorbehalt nur mit der **Vollstreckungsgegenklage** (§§ 780 I, 782, 785, 767 ZPO) durchsetzen.

---

30 RGZ 79, 201, 204 ff; Soergel/Stein, § 2014 Rn 4 mwN; Lange/Kuchinke, § 50 III 2; Schlüter, § 51 II 2 c; MüKo-Siegmann, § 2014 Rn 5; aA: Brox, Rn 677

Da der Dreimonatseinrede keine materiell-rechtliche Wirkung zukommt, verhindert deren Erhebung weder den Eintritt des Verzugs noch die Verzugsfolgen, wie Verzugszinsen, Schadensersatz und Vertragsstrafe. Im Übrigen stehen dem Gläubiger auch die Rechte aus § 326 BGB zu. Darüber hinaus kann der Nachlassgläubiger gegen eine Nachlassforderung aufrechnen oder sein Zurückbehaltungsrecht geltend machen. Schließlich wird die Verjährung nach § 202 II BGB durch die Erhebung der Einrede nicht gehemmt. 845

b. Aufgebotseinrede

Nach § 2015 BGB kann der Erbe während des laufenden Aufgebotsverfahrens der Nachlassgläubiger die Erfüllung der Nachlassverbindlichkeiten durch Erhebung der Aufgebotseinrede **verweigern,** um sich einen Überblick über die Nachlassschulden und den Nachlassumfang verschaffen zu können. Er kann sich bis zur Beendigung des Aufgebotsverfahrens weigern, wenn das Gläubigeraufgebot innerhalb eines Jahres nach der Annahme der Erbschaft beantragt und der Antrag zugelassen wurde. 846

Zweck der Aufgebotseinrede ist es, die gleichmäßige Befriedigung aller Nachlassgläubiger zu gewährleisten und (noch) unbekannte Nachlassgläubiger vor einer Vorwegbefriedigung einzelner Gläubiger zu schützen. 847

Der Erbe hat den Aufgebotsantrag **innerhalb eines Jahres** zu stellen; der Antrag muss auch zugelassen sein, wobei die Zulassung auch nach Ablauf der Jahresfrist noch möglich ist, § 947 ZPO. 848

Zur Vermeidung von Verzögerungen bei einem rechtzeitig begonnenen Aufgebotsverfahren werden **der Verfahrensbeendigung gleichgestellt:** 849

- Das Nichterscheinen im Aufgebotstermin und mangelnder Antrag auf Neuterminierung;
- Das Nichterscheinen im neuen Aufgebotstermin.

Hat der ausgebliebene Erbe vor dem ersten oder dem weiteren Aufgebotstermin den Antrag auf Erlass eines Ausschlussurteils schriftlich oder zu Protokoll des Gerichts gestellt, so verliert er seine Einrede nach § 2015 BGB nicht.

Erhebt der Erbe diese Einrede, so führt dies im Prozess zu einem **Vorbehaltsurteil** nach § 305 I ZPO und in der Zwangsvollstreckung über § 782 ZPO lediglich zu Sicherungsmaßnahmen, nicht aber auch zu einer Verwertung der gepfändeten Gegenstände bzw Forderungen. 850

Die Dreimonatseinrede kann ebenso wie die Aufgebotseinrede nicht nur vom Erben, sondern auch vom **Nachlasspfleger,** der vor der Annahme der Erbschaft zur Nachlassverwaltung bestellt ist, erhoben werden. Nach § 2017 BGB beginnen die Fristen erst mit dem Zeitpunkt der Bestellung. Die Einreden stehen daneben auch dem **verwaltenden Testamentsvollstrecker** zu, wobei die Frist wegen § 991 III ZPO erst mit der Erbschaftsannahme beginnt. 851

Mit der **Vollstreckungsgegenklage** soll für die Dauer der Schonfrist die Verwertung des gepfändeten Gegenstandes für unzulässig erklärt und gepfände- 852 tes Geld hinterlegt werden. Eine Verwertung kann erst nach Ablauf der Schonfrist erfolgen, wobei aber nach § 782 S 2 ZPO die Möglichkeit besteht, die Frist zu verlängern, wenn vor Fristablauf das Nachlassinsolvenzverfahren beantragt wird.

Darüber hinaus steht dem nur beschränkt haftenden Erben die Klage gemäß §§ 785, 767 ZPO auch dann zu, wenn ein **Eigengläubiger** in den Nachlass vollstrecken will, § 783 ZPO.

4. Nachlassverwaltung

a. Allgemeines

853 Besteht die Gefahr der Überschuldung des Nachlasses, so gewährt das Gesetz dem Erben die Möglichkeit, die Haftung zu beschränken. Die Anordnung der Nachlassverwaltung als ein Mittel zur Beschränkung der Haftung auf den Nachlass führt zu einer auf den Erbfall bezogenen, **rückwirkenden Trennung der Vermögensmassen** Eigenvermögen des Erben und Nachlass. Nach § 1975 BGB haftet der Erbe den Nachlassgläubigern dann nur mit dem Nachlass, nicht aber mit seinem eigenen Vermögen. Letzteres dient den Eigengläubigern des Erben als Haftungsmasse.

854 Die Nachlassverwaltung ist eine Nachlasspflegschaft zum Zwecke der Befriedigung der Nachlassgläubiger. Auf sie finden die allgemeinen Bestimmungen des Vormundschaftsrechts Anwendung.[31]

855 Ist mit dem Erbfall ein Rechtsverhältnis durch **Konfusion** (Vereinigung von Recht und Verbindlichkeit) oder durch **Konsolidation** (Vereinigung von Recht und Belastung) erloschen, so gilt es wegen der Gütersonderung, wenn Nachlassverwaltung oder Nachlassinsolvenz angeordnet wurde, rückwirkend als nicht erloschen, § 1976 BGB.

856 Hat der Erbe vor der Anordnung der Nachlassverwaltung Gegenstände aus dem Nachlass veräußert, verändert, beschädigt oder zerstört, kann dies trotz der **Rückwirkung der Anordnung** auf den Erbfall nicht ungeschehen gemacht werden. Allerdings müssen auch die Interessen der Gläubiger an einem ungeschmälerten Nachlass angemessen berücksichtigt werden. Nach § 1978 BGB wird, um den Konflikt zu beheben, der Erbe rückwirkend wie ein Verwalter des fremden Nachlasses angesehen und die Haftung des Erben für die Nachlassverwaltung bestimmt.

b. Verfahren

857 Die Nachlassverwaltung, als Sonderfall der Nachlasspflegschaft, wird nach § 1981 BGB nur **auf Antrag** angeordnet, und zwar unter gleichzeitiger Bestellung eines Nachlassverwalters.

31 RGZ 88, 264

Praxis-Tipp:

> *Nach § 1982 BGB* ***kann*** *das Nachlassgericht die Anordnung der Nachlassverwaltung mangels Masse ablehnen.*

Zuständig ist der Rechtspfleger nach §§ 3 Nr. 2 c, 16 I Nr. 1 RPflG beim Nachlassgericht. In Baden-Württemberg ist der beamtete Notar als Nachlassgericht funktionell und sachlich zuständig. Die Anordnung der Nachlassverwaltung wird zum einen öffentlich (§ 1983 BGB) und zum anderen gegenüber dem Erben nach § 16 FGG bekannt gemacht. 858

Praxis-Tipp:

> *Die Nachlassverwaltung wird, sofern sich ein Grundstück im Nachlass befindet, als Verfügungsbeschränkung in Abteilung II des Grundbuches eingetragen. Für die Eintragung reicht ein schriftlicher Antrag nach § 13 GBO an das Grundbuchamt. Beizufügen ist diesem Antrag eine* ***Ausfertigung*** *(= öffentliche Urkunde iSd § 29 GBO) des Anordnungsbeschlusses über die Nachlassverwaltung. Der Antrag des Nachlassgläubigers und die Vorlage des gerichtlichen Anordnungsbeschlusses sind ausreichend. Wegen § 29 GBO bedarf der Rechtsanwalt einer öffentlich beglaubigten Vollmacht.*

Antragsberechtigt sind: 859

- Der Erbe, solange er nicht allen Gläubigern gegenüber unbeschränkt haftet, § 1981 I BGB;
- Die Miterben nur gemeinschaftlich, § 2062 BGB;
- Jeder Nachlassgläubiger innerhalb von 2 Jahren nach der Annahme der Erbschaft, wenn die Gefahr besteht, dass die Befriedigung der Nachlassverbindlichkeiten aus dem Nachlass nicht erfolgen wird, § 1981 II BGB;
- Der Nacherbe nach Eintritt des Nacherbfalls, § 2144 I BGB;
- Der Testamentsvollstrecker, der den Nachlass verwaltet, § 317 I InsO analog und
- Der Erbschaftskäufer.

Praxis-Tipp:

> *Ist der Rechtsanwalt Bevollmächtigter des Erben, eines Nachlassgläubigers oder eines Testamentsvollstreckers, so kann er für sie die Anordnung der Nachlassverwaltung beantragen.*

Der **Nachlasspfleger** nach § 1960 II BGB hat kein eigenes Antragsrecht, da es nicht zu seinen Aufgaben gehört, die Haftungsbeschränkung des Erben herbeizuführen oder die Gläubiger zu befriedigen.

860 Die Nachlassverwaltung darf **nicht angeordnet** werden, wenn

- bei einer Miterbengemeinschaft der Nachlass **bereits geteilt** ist, § 2062 BGB oder
- feststeht, dass der Nachlass **überschuldet** ist.

861 Der Nachlassverwalter ist **Partei kraft Amtes** und im Prozess gesetzlicher Prozessstandschafter. Er unterliegt der Aufsicht des Nachlassgerichts. Niemand ist aber zur Übernahme des Verwalteramtes verpflichtet, § 1981 III BGB.

c. Rechte und Pflichten des Nachlassverwalters

862 Als Verwalter hat er das Recht und die Pflicht, den **Nachlass zu verwalten;** er führt die Aktivprozesse für den Nachlass und ist für die Prozesse gegen den Nachlass legitimiert, § 1984 I 3 BGB. Insoweit verliert der Erbe die Prozessführungsbefugnis. Die Berechtigung des Nachlassverwalters reicht auch zur Aufnahme der durch den Tod des Erblassers unterbrochenen Prozesse, §§ 239, 246 ZPO. Neue Prozesse über den Nachlass können nach § 1984 I 1, 3 BGB nur vom Nachlassverwalter oder gegen ihn anhängig gemacht werden.

863 Darüber hinaus ist der Nachlassverwalter berechtigt, über den **Nachlass zu verfügen,** soweit es sich nicht um höchstpersönliche Rechte des Erben handelt. Er darf, sobald er über einen Vollstreckungstitel verfügt, den Nachlass in Besitz nehmen. Für die Führung seines Amtes kann der Verwalter eine angemessene Vergütung verlangen, § 1987 BGB.

Praxis-Tipp:

864 *Die Vergütung des Nachlassverwalters ergibt sich nicht aus der BRAGO (vgl § 1 II BRAGO). Er kann aber für die Führung des Amtes die Vergütung entweder einmalig oder laufend für bestimmte Zeitabschnitte fordern. Die Höhe der vom Nachlassgericht (Rechtspfleger, §§ 3 Nr. 2 c, 16 I Nr. 1 RPflG) festzusetzenden Vergütung richtet sich nach der Nachlassmasse, dem Umfang und der Bedeutung der Verwaltergeschäfte, der Dauer der Verwaltung und dem Maß der Verantwortung des Verwalters. Nach Ansicht der Rechtsprechung[32] kann als Anhaltspunkt für die Höhe der Vergütung die des Konkursverwalters oder die Gebührenstaffel der BRAGO herangezogen werden. Bei der Bemessung können Bürounkosten nicht völlig unberücksichtigt bleiben, denn es kann nicht erwartet werden, dass der Rechtsanwalt die Tätigkeit als Nachlassverwalter außerhalb seiner Berufstätigkeit und ohne Inanspruchnahme seiner Büroeinrichtung erledigt.[33]*

Als Prozessvertreter hat der Nachlassverwalter Anspruch auf Kostenerstattung gegen den unterlegenen Gegner, § 91 II 4 ZPO. Der Rechtsanwalt haftet für die Gerichtskosten in diesem Fall nicht persönlich, sondern nur mit dem Vermögen, über das er kraft seines Amtes verfügt.

32 BayObLG MDR 1972, 692
33 BayObLG JurBüro 1986, 90

Neben diesen Rechten, die zum Verlust der Befugnisse des Erben, den Nachlass zu verwalten und über ihn zu verfügen, führen, trifft den Nachlassverwalter zunächst die **Pflicht,** dem Nachlassgericht ein Nachlassverzeichnis einzureichen (§§ 1975, 1962, 1915, 1802 BGB) und sodann die weitere Pflicht, die Nachlassverbindlichkeiten aus dem Nachlass zu berichtigen, § 1985 I BGB. Mit der Anordnung der Nachlassverwaltung verliert der Erbe die Befugnis, den Nachlass zu verwalten und über ihn zu verfügen, da dieses Recht auf den Verwalter übergeht. 865

Praxis-Tipp:

*Rechtshandlungen, die der Erbe nach der Anordnung der Nachlassverwaltung vornimmt, sind **absolut unwirksam,** §§ 1984 I 2 BGB. Wegen der Verweisung in §§ 1975, 1962, 1915 BGB bestehen auch bei volljährigen Erben Genehmigungserfordernisse, für deren Erteilung das **Nachlassgericht** zuständig ist.*

Dafür müssen zunächst der Nachlass und die Nachlassgläubiger **festgestellt** werden. Die Befriedigung der Gläubiger darf erst erfolgen, wenn die Prüfung ergeben hat, dass der Nachlass zur Erfüllung aller Verbindlichkeiten ausreicht.[34] Nicht erforderlich ist, dass eine den Kosten des Verfahrens entsprechende Masse vorhanden ist. 866

Praxis-Tipp:

Hat die Prüfung des Nachlasses ergeben, dass dieser überschuldet ist und somit nicht zur Befriedigung aller Forderungen ausreicht, muss der Nachlassverwalter Nachlassinsolvenz beantragen, §§ 1985 II, 1980 BGB.

Der Nachlassverwalter darf die Nachlassgegenstände nur insoweit versilbern, als dies zur Befriedigung der Nachlassgläubiger erforderlich ist. Sind alle geltend gemachten Forderungen beglichen, hat er den **verbliebenen Nachlass an den/die Erben herauszugeben,** § 1986 BGB. 867

Es ist nicht Aufgabe des Nachlassverwalters, den Nachlass auseinander zusetzen.[35]

Der Nachlassverwalter führt sein Amt **eigenverantwortlich und unabhängig** aus. Er steht aber unter Aufsicht des Nachlassgerichts, das den Verwalter zu entlassen hat, wenn die Fortführung des Amtes ein den Interessen der Gläubiger zuwiderlaufendes pflichtwidriges Verhalten darstellt. 868

Zwischen dem Verwalter und dem Erben besteht ein **gesetzliches Schuldverhältnis.**[36] Der Nachlassverwalter haftet sowohl den Erben gegenüber für jede schuldhafte Pflichtverletzung, §§ 1985 I, 1915 I, 1833 BGB, als auch gegenüber den Nachlassgläubigern, § 1985 II BGB. Ihre Ersatzansprüche gehören zum Nachlass (§§ 1985 II 2, 1978 II BGB). 869

34 BGH NJW 1985, 140
35 OLG Frankfurt FamRZ 1998 636 f
36 RGZ 150, 189 f; OLGZ 4, 219

870 Gehört zum Nachlass eine **Beteiligung an einer Personengesellschaft,** so ist bei der Nachlassverwaltung zu unterscheiden:

- Die Vermögensrechte der Gesellschafterstellung, insbesondere Gewinn- und Auseinandersetzungsansprüche, verwaltet der Nachlassverwalter, obwohl der Gesellschaftsanteil kraft Sondererbfolge unmittelbar in das Eigenvermögen des Erben gefallen ist.[37]
- Die höchstpersönlichen Mitgliedschaftsrechte übt allein der Erbe aus.

Praxis-Tipp:

Der Erbe ist als Gesellschafter Rechtsträger seines Eigenvermögens und des Sondervermögens Nachlass.

d. Ende der Nachlassverwaltung

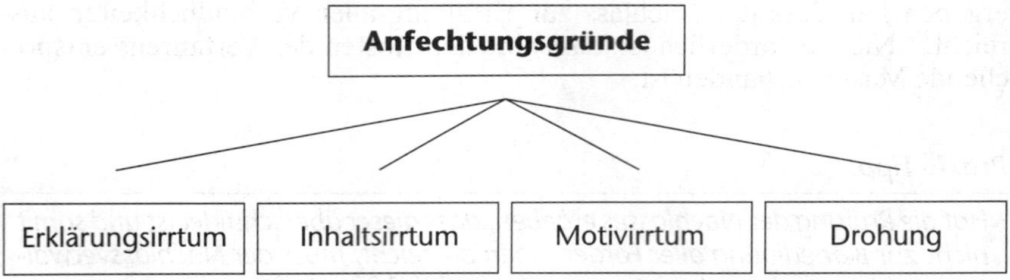

871 Das Nachlassgericht **hebt die Nachlassverwaltung auf,** wenn der Zweck der Verwaltung erreicht ist, die Nachlassverbindlichkeiten berichtigt und die noch vorhandenen Nachlassgegenstände an den Erben herausgegeben sind. Mit der Bekanntgabe des Aufhebungsbeschlusses endet das Amt des Nachlassverwalters (§ 16 FGG). Weitere Gründe, die Nachlassverwaltung aufzuheben, sind der Tod des Verwalters, seine Entlassung durch das Nachlassgericht, Geschäftsunfähigkeit und/oder Betreuung sowie Entlassung auf eigenen Antrag des Verwalters.

872 Die **Beendigung** der Nachlassverwaltung hat zur Folge, dass der Erbe nur beschränkt auf den Nachlass haftet,[38] wobei § 1990 BGB analog gilt.

873 Der Nachlassverwalter hat nach Beendigung seines Amtes über die Verwaltung dem Nachlassgericht gegenüber **Rechenschaft** abzugeben, Rechnung zu legen und sodann den Nachlass an den/die Erben herauszugeben.

37 BGHZ 91, 136 f
38 BGH NJW 1954, 635 mwN

Praxis-Tipp:

> *Der Erbe hat erst dann einen Anspruch auf Herausgabe des Nachlasses, wenn alle bekannt gewordenen Nachlassverbindlichkeiten erfüllt sind (§ 1986 I BGB) und die Nachlassverwaltung durch das Nachlassgericht förmlich aufgehoben ist, § 1919 BGB. Melden sich nach Aufhebung der Nachlassverwaltung* ***neue Gläubiger****, so kann der Erbe, falls kein ausreichender Nachlass mehr vorhanden ist, die Erschöpfungseinrede erheben, um auf diese Weise die Beschränkung der Haftung auf den Nachlass geltend zu machen.*

Musterformulierung für den Antrag auf Anordnung der Nachlassverwaltung:

Rechtsanwalt/Rechtsanwältin **874**

Amtsgericht/Notariat (in Ba-Wü)
– Nachlassgericht –

PLZ, Ort

Nachlasssache: Erwin Müller, verstorben am 23. 2. 1997
zuletzt wohnhaft in Hanau, Goethestr. 3

Antrag

der Frau Hermine Schulze,
wohnhaft Augustenstraße 37, Hanau

Namens und in Vollmacht meiner Mandantin beantrage ich in der oben bezeichneten Nachlasssache die Anordnung der

Nachlassverwaltung und die Bestellung von Herrn Anton Schnell zum Nachlassverwalter.

Begründung:

Frau Schulze ist Alleinerbin des am 23. 2. 1997 verstorbenen Erwin Müller. Ein Erbschein wurde vom Amtsgericht Hanau unter Az:...... am 30. 4. 1997 erteilt.

Nach den bisherigen Ermittlungen und den daraus gewonnenen Feststellungen meiner Mandantin nach der Annahme der Erbschaft beträgt der Wert des aktiven Nachlasses ungefähr 37 500 €.

Beweis: *Bescheinigungen der D-Bank in Wiesbaden und Bescheinigung der X-Versicherung in Berlin*

Bis zum heutigen Tag haben mehrere Gläubiger ihre Forderungen meiner Mandantin gegenüber angemeldet. Die sich daraus ergebenden Nachlassverbindlichkeiten belaufen sich auf nahezu 35 000 €.

Beweis: *Schreiben von Herrn Otto Fröhlich vom 27. 2. 1997, Schreiben von Frau Helga Schmitt vom 3. 4. 1997 und Schreiben der Bauflaschnerei Weinmann vom 10. 4. 1997.*

Da nicht sicher ist, ob der aktive Nachlass für die Nachlassverbindlichkeiten ausreichen wird, ist Nachlassverwaltung anzuordnen.

gez Unterschrift
Rechtsanwalt/Rechtsanwältin

5. Nachlassinsolvenz

a. Allgemeines

875 Die Durchführung des Nachlassinsolvenzverfahrens sorgt zum einen für eine **gleichmäßige Verteilung des dürftigen Nachlasses** unter den Nachlassgläubigern und dient zum anderen dem Erben, ebenso wie die Nachlassverwaltung und die og Einreden, der Beschränkung der Haftung auf den Nachlass und zu einer Trennung der Vermögensmassen Nachlass und Privatvermögen. Voraussetzung für die Verfahrenseinleitung ist ein dürftiger Nachlass. Ist der Nachlass derart gering oder überschuldet, dass er nicht ausreicht, um die Verfahrenskosten abzudecken und wird daher die Eröffnung des Nachlassinsolvenzverfahrens mangels Masse abgewiesen, so hat der Erbe dadurch den Nachweis erhalten, um die Dürftigkeitseinrede nach § 1990 BGB zu erheben bzw die Unzulänglichkeit in einem Prozess zu beweisen.

876 Für die Nachlassinsolvenz gilt in gleicher Weise wie für die Nachlassverwaltung:

Durch die Eröffnung des Nachlassinsolvenzverfahrens wird die **Insolvenzmasse beschlagnahmt.** Insolvenzmasse ist ausschließlich der Nachlass. Die Eröffnung führt zur haftungsrechtlichen Trennung der Vermögensmassen Nachlass und Eigenvermögen des/der Erben und zwar rückwirkend auf den Zeitpunkt des Erbfalls.

b. Verfahren

877 In § 11 II Nr. 2 InsO ist bestimmt, dass über einen Nachlass ein Insolvenzverfahren zulässig ist. Daraus ergibt sich, dass die Vorschriften der §§ 315 ff InsO die Besonderheiten gegenüber einem Regelinsolvenzverfahren beinhalten, die sich aus dem Zweck der Nachlassinsolvenz, die Haftung auf den Nachlass zu beschränken, ergeben. Finden sich dort keine speziellen Regelungen, so ist auf die Normen des Regelinsolvenzverfahren zurückzugreifen.

878 Auch das Nachlassinsolvenzverfahren wird **nur auf einen Antrag** hin eröffnet. Örtlich zuständig für das Insolvenzverfahren über den Nachlass ist ausschließlich das **Insolvenzgericht,** in dessen Bezirk der Erblasser zur Zeit des Todes seinen allgemeinen Gerichtsstand hatte, § 315 S 1 InsO. Satz 2 des § 315 InsO bestimmt für die Fälle, in denen sich der Mittelpunkt einer selbständigen wirtschaftlichen Tätigkeit an einem anderen Ort als dem Wohnsitz des Erblassers befindet, dass dann das Insolvenzgericht in dem Bezirk ausschließlich zuständig ist, in dem der Sitz des Unternehmens liegt. Erreicht wird damit, dass das Insolvenzverfahren beispielsweise eines Einzelkaufmanns über seinen Nachlass am Sitz seines Unternehmens durchgeführt werden kann.

Praxis-Tipp:

Diese Bestimmung wird dazu führen, dass das Nachlassgericht und das Insolvenzgericht des Insolvenzverfahrens hinsichtlich des Nachlasses an unterschiedlichen Orten zuständig sind.

Antragsberechtigt nach § 317 InsO sind: 879

- Der Erbe bzw jeder Miterbe, sobald er Kenntnis der Eröffnungsgründe hat;
- Der Nachlassverwalter;
- Ein anderer Nachlasspfleger;
- Der verwaltende Testamentsvollstrecker;
- Jeder Nachlassgläubiger innerhalb von 2 Jahren nach Annahme der Erbschaft, §§ 317 I, 319 InsO;
- Der Vorerbe, solange er im Besitz des Nachlasses ist und
- der Nacherbe nach Eintritt des Nacherbfalls, § 329 InsO.

Neben der Berechtigung, Insolvenzantrag zu stellen, besteht für einzelne 880
Antragsberechtigte darüber hinaus auch die **Verpflichtung,** den Insolvenzantrag zu stellen:

- Der Erbe gegenüber den Nachlassgläubigern gemäß § 1980 I BGB; verstößt er gegen diese gesetzliche Pflicht, kann dies zu einer Schadensersatzpflicht führen;
- Der Nachlassverwalter gemäß § 1985 II 2 BGB und
- der Testamentsvollstrecker gemäß § 2219 I BGB.

Voraussetzung für die Antragstellung ist der Nachweis der Antragsberechti- 881
gung, den der **Erbe** durch die Vorlage der Sterbeurkunde des Erblassers und den Erbschein erbringt. Stellen nur einzelne Miterben den Insolvenzantrag, so bestehen gegen die Zulässigkeit dann keine Bedenken, wenn der Eröffnungsgrund glaubhaft gemacht wird. Das Insolvenzgericht hat die übrigen Miterben nach § 317 II InsO hierzu zu hören. Die Pflicht entsteht zu dem Zeitpunkt, zu dem der Erbe Kenntnis von der Zahlungsunfähigkeit bzw der Überschuldung des Nachlasses erlangt, § 1980 BGB.

Nachlassverwalter und Testamentsvollstrecker weisen ihre sich aus der Bestel- 882
lung ergebende Berechtigung zur Antragstellung durch die gerichtliche Entscheidung, nämlich der Bestallungsurkunde, nach. Stellt der Testamentsvollstrecker Insolvenzantrag, so ist nach § 317 III InsO der Erbe zu hören. Im umgekehrten Fall, wenn also bei angeordneter Testamentsvollstreckung der Erbe den Eröffnungsantrag stellt, ist der Testamentsvollstrecker zu hören.

Im Übrigen hat jeder **Nachlassgläubiger** schon aus der Natur der Sache heraus, 883
wenn der Nachlass dürftig ist, ein rechtliches Interesse an der Verfahrenseröff-

nung, das er, ebenso wie seine Forderung und den Eröffnungsgrund, glaubhaft zu machen hat, § 14 I InsO. Für die Glaubhaftmachung gilt § 294 ZPO: Alle präsenten Beweismittel, welche die ZPO kennt, können, ebenso wie die eidesstattliche Versicherung, zur Glaubhaftmachung eingesetzt werden.

884 Der Antrag eines Nachlassgläubigers auf Eröffnung des Insolvenzverfahrens ist nach § 319 InsO unzulässig, wenn seit der Annahme der Erbschaft **zwei Jahre** verstrichen sind. Hintergrund dieser gesetzlichen Regelung ist die Vorstellung, dass der Erfolg des Verfahrens gefährdet ist, je länger die Verschmelzung der beiden Vermögensmassen angedauert hat. Diese Antragsfrist gilt nur für den Antrag eines Nachlassgläubigers, nicht auch für den Erben, da er ohnehin nach § 1980 BGB verpflichtet ist, unverzüglich nach Kenntnis des Eröffnungsgrundes Antrag auf Durchführung des Nachlassinsolvenzverfahrens zu stellen.

885 Nach Eingang des Insolvenzantrags eines Antragsberechtigten und Anhörung der Beteiligten prüft das Insolvenzgericht, ob die Insolvenzgründe hinreichend dargetan und glaubhaft gemacht wurden, § 14 InsO.

886 Nach § 316 I InsO ist die Eröffnung des Insolvenzverfahrens **nicht** dadurch **ausgeschlossen,** dass der Erbe die Erbschaft noch nicht angenommen hat oder dass er für die Nachlassverbindlichkeiten unbeschränkt haftet. Bei einer Miterbengemeinschaft ist die Eröffnung auch nach der Nachlassteilung noch möglich (§ 316 II InsO). Daraus ergibt sich nicht nur, dass die durch die Eröffnung des Insolvenzverfahrens über den Nachlass bezweckte Trennung des Nachlasses vom sonstigen Vermögen des Erben bereits vor der Erbschaftsannahme zulässig ist, sondern auch, dass ihr weder der Eintritt der endgültig unbeschränkten Erbenhaftung für die Nachlassverbindlichkeiten noch die Teilung des Nachlasses entgegensteht.[39] Damit haftet den Nachlassgläubigern nicht nur der Nachlass, sondern auch das Privatvermögen für die Nachlassverbindlichkeiten, wohingegen den Eigengläubigern, die von der Teilnahme am Nachlassinsolvenzverfahren ausgeschlossen sind, nur das Privatvermögen des Erben haftet.

887 Kommt es neben dem Nachlassinsolvenzverfahren auch zu einem Insolvenzverfahren über das Eigenvermögen des Erben, so können die Nachlassgläubiger, denen beide Vermögensmassen haften, ihre Forderung in diesem Verfahren nur insoweit geltend machen, als sie im Nachlassinsolvenzverfahren damit ausgefallen sind, § 331 I InsO.

888 Das Insolvenzverfahren erstreckt sich auf den **Nachlass als Ganzes,** über einen Erbteil findet ein Insolvenzverfahren nicht statt, § 316 III InsO.

889 Als **Eröffnungsgründe** für das Nachlassinsolvenzverfahren kommen nach § 320 InsO in Betracht:

- Überschuldung,
- Zahlungsunfähigkeit und
- drohende Zahlungsunfähigkeit.

---

39 Gottwald/Riedel, 10/4.2

Bis zur Feststellung der Überschuldung des Nachlasses kann uU geraume Zeit verstreichen, in der die Nachlassgläubiger gemäß § 1985 BGB in den Nachlass vollstrecken und ihm dadurch wertvolle Vermögensobjekte entziehen können. Dieser »Benachteiligung der Insolvenzgläubiger« wollte der Gesetzgeber dadurch begegnen, dass er neben der Zahlungsunfähigkeit auch die drohende Zahlungsunfähigkeit als Insolvenzgrund ins Gesetz aufgenommen hat, um die Möglichkeit zu schaffen, das Insolvenzverfahren sofort einleiten zu können. 890

Die Eröffnungsgründe des § 320 InsO stehen **allen Antragsberechtigten** zur Seite. Eine Ausnahme gilt für die Nachlassgläubiger – sie sind auf die Geltendmachung der Überschuldung und der Zahlungsunfähigkeit beschränkt, die sie nach § 14 InsO glaubhaft machen müssen. Entsprechend dieser Regelung besteht auch für den Erben bei drohender Zahlungsunfähigkeit keine Pflicht, Insolvenzantrag zu stellen. 891

Praxis-Tipp:

*Bei der **Prüfung der Zahlungsunfähigkeit** und der drohenden Zahlungsunfähigkeit im Zusammenhang mit der Eröffnung des Nachlassinsolvenzverfahrens sind ausschließlich die im Nachlass vorhandenen **flüssigen Mittel** zu berücksichtigen. Die sonstigen Verhältnisse des Erben bleiben außer Betracht. Als Schuldner ist hier der Nachlass anzusehen.*

Eine **Überschuldung des Nachlasses** ist gegeben, wenn die Aktiva zur vollen Befriedigung aller Nachlassverbindlichkeiten nicht ausreicht. Entscheidend ist allein eine rechnerische Überschuldung. Vermächtnisse und Auflagen bleiben bei der Berechnung unberücksichtigt, wohingegen Pflichtteilsansprüche, die Nachlassverbindlichkeiten darstellen, vollumfänglich anzurechnen sind.[40] Gleiches gilt für die Masseschulden (§§ 54 f InsO) und die Masseverbindlichkeiten der §§ 324 ff InsO: 892

Praxis-Tipp:

*An die **Glaubhaftmachung,** die dem Eröffnungsantrag beizufügen ist, sind, mangels Einblick der Gläubiger in den Nachlass, keine hohen Anforderungen zu stellen. In der Regel ist es ausreichend, wenn der Gläubiger darlegt und ggf beweist, dass er vergeblich versucht hat, in den Nachlass zu vollstrecken.*

Hat das Insolvenzgericht nach Prüfung des Antrags festgestellt, dass ein Eröffnungsgrund gegeben ist, wird das Insolvenzverfahren **durch Beschluss eröffnet.** Dies führt zu einer Beschlagnahmung der Masse, die nur aus dem der Pfändung unterliegenden Nachlass besteht. Mit dem Eröffnungsbeschluss tritt die Trennung der Vermögensmassen Nachlass und Privatvermögen beim 893

40 Gottwald/Riedel, 10/4.2; nach Kerscher/Tanck/Krug, § 21 Rn 107 werden Vermächtnisse, Auflagen und Pflichtteilsansprüche als Verbindlichkeiten bei der Ermittlung der Überschuldung neben den Masseverbindlichkeiten berücksichtigt

Erben ein. Das Gericht wird die Erben dann auffordern, ein Nachlassverzeichnis sowie ein Gläubigerverzeichnis einzureichen und sie dann anhören.

894 Bejaht das Gericht die Zulässigkeit des Insolvenzantrags, so stellt es dann **Ermittlungen über den Nachlass** an. In diesem Zusammenhang kann es nach seinem Ermessen Sicherungsmaßnahmen anordnen, einen Gutachter bestellen oder einen vorläufigen Insolvenzverwalter bestellen. Nach Abschluss der Ermittlungen wird das Gericht einen Insolvenzverwalter bestimmen, der den Nachlass in Besitz nimmt, verwaltet und schließlich auch verwertet.

895 Zwischen der Antragstellung und der Entscheidung über die Eröffnung des Nachlassinsolvenzverfahrens ist das Gericht berechtigt, folgende **Sicherungsmaßnahmen** zu erlassen:

- Bestellung eines vorläufigen Nachlassinsolvenzverwalters, § 21 II Nr. 1 InsO;
- Untersagung/Einstellung der Einzelzwangsvollstreckungsmaßnahmen in das bewegliche Vermögen, § 21 II Nr. 3 InsO;
- Erlass eines allgemeinen Verfügungsverbots oder Androhung der Zustimmungspflicht des vorläufigen Insolvenzverwalters zu Verfügungen des/der Erben, § 21 II Nr. 2 InsO.

896 Nach § 321 InsO gewähren Maßnahmen der Zwangsvollstreckung in den Nachlass, die nach dem Eintritt des Erbfalls erfolgt sind, **kein Recht zur abgesonderten Befriedigung.**

Praxis-Tipp:

*Während der Dauer des Insolvenzverfahrens sind **Einzelvollstreckungen** der Gläubiger **unzulässig, §§ 89 f InsO.** Auf **Antrag** des Insolvenzgerichts wird der Insolvenzvermerk ins Grundbuch eingetragen, §§ 32 f, 81 InsO.*

897 Hat der Erbe vor der Eröffnung des Insolvenzverfahrens aus dem Nachlass Vermächtnisse, Auflagen oder Pflichtteilsansprüche erfüllt, so ist diese Rechtshandlung in gleicher Weise **anfechtbar** wie eine unentgeltliche Leistung des Erben, § 322 InsO.

Diese Regelung ist vor dem Hintergrund zu sehen, dass nach § 327 InsO die Nachlassgläubiger vor den Vermächtnisnehmern und Pflichtteilsberechtigten zu befriedigen sind.

898 Die Eröffnung des Nachlassinsolvenzverfahrens hat folgende rechtliche **Konsequenzen:**

- Beschlagnahmung des Nachlasses;
- Verlust der Verwaltungs- und Verfügungsbefugnis des Erben;
- Ausschließliche Verwaltungs- und Verfügungsbefugnis des Insolvenzverwalters;

- ➢ Eintragung des Insolvenzvermerks im Grundbuch;
- ➢ Unwirksamkeit der Rechtshandlungen des Erben;
- ➢ Haftungsbeschränkung auf den Nachlass;
- ➢ Beseitigung der Verschmelzung von Nachlass und Privatvermögen des Erben;
- ➢ Vorbehalt des Nachlasses zugunsten der Nachlassgläubiger;
- ➢ Unzulässigkeit der Einzelvollstreckung für die Dauer des Insolvenzverfahrens;
- ➢ Rückschlagsperre des § 88 InsO;
- ➢ Verbot der Eintragung einer Zwangshypothek im Grundbuch bezüglich der persönlichen Nachlassgläubiger. Die Forderung ist zur Insolvenztabelle anzumelden.

Im Nachlassinsolvenzverfahren können nur Nachlassverbindlichkeiten iSd 899 § 1967 BGB geltend gemacht werden, **nicht aber private Verbindlichkeiten des Erben.** Denn der Nachlass soll in erster Linie den Nachlassgläubigern und der Begleichung ihrer Forderungen zur Verfügung stehen. Die Eigenschulden des Erben sind nur insoweit zu berücksichtigen, als es sich um sog Nachlasserbenschulden handelt. Dann hat der Erbe durch die Anmeldung seiner Forderung beim Insolvenzverwalter zugleich die Stellung eines Nachlassgläubigers. Wegen der Aufwendungen, die ihm nach §§ 1978, 1979 BGB aus dem Nachlass zu ersetzen sind, steht dem Erben nach § 323 InsO kein Zurückbehaltungsrecht zu. Sie gehören aber zu den Masseverbindlichkeiten, die als Nachlassverbindlichkeiten bei der Feststellung der Überschuldung in vollem Umfang zu berücksichtigen sind.

Durch das Nachlassinsolvenzverfahren **beschränkt** sich die Haftung des Erben 900 gegenüber den Nachlassgläubigern nach § 2013 BGB auf den Nachlass. Dieser ist den Nachlassgläubigern vorbehalten (§§ 325, 327 InsO).

Praxis-Tipp:

Die Gerichtskosten in einem Nachlassinsolvenzverfahren sind als Massekosten 901 *zu erheben. Nach § 37 I GKG werden für den Antrag auf Eröffnung des Insolvenzverfahrens und die Durchführung des Insolvenzverfahrens die Gebühren nach dem Betrag der Aktivmasse erhoben. Dasselbe gilt gemäß § 77 I BRAGO für die Rechtsanwaltsgebühren. Ist die Aktivmasse höher als die Schuldenmasse, ist die Schuldenmasse entscheidend, § 37 III GKG. Für die Berechnung der Masse kommt es nach § 37 III GKG auf die Zeit der Beendigung des Verfahrens an.*

*Für die **Vertretung des Gemeinschuldners** bei einem Antrag auf Eröffnung eines Insolvenzverfahrens entsteht dem Rechtsanwalt eine 3/10-Gebühr (§ 72 BRAGO), wobei das Verfahren mit der Einreichung des Antrags beginnt und mit der Eröffnung bzw der Zurückweisung des Eröffnungsantrags oder der Rücknahme des Antrags endet.*

*Für die **Vertretung des Gläubigers** beträgt die Gebühr im Eröffnungsverfahren 5/10. Sie berechnet sich nach dem Nennwert seiner gesamten Forderung unter Hinzurechnung von Zinsen und Kosten und entsteht mit der Stellung des Antrags.*

*Ist das **Insolvenzverfahren eröffnet**, so erhält der Rechtsanwalt für seine Vertretung eine 5/10-Gebühr nach § 73 BRAGO. Abgegolten wird damit die gesamte Tätigkeit, soweit die BRAGO keine besonderen Gebühren vorsieht.*

*Legt der Rechtsanwalt gegen eine Entscheidung des Rechtspflegers **Erinnerung** ein, so erhält er die für das **Beschwerdeverfahren** vorgesehenen 5/10 der in § 31 BRAGO bestimmten Gebühr nur dann, wenn das Verfahren an das Landgericht gelangt.*

*Beschränkt sich die Tätigkeit **ausschließlich** auf die Anmeldung einer Forderung, so entsteht nach § 75 BRAGO nur eine 3/10-Gebühr.*

902 Nach § 134 InsO kann jede **unentgeltliche Leistung** (Schenkungsversprechen und -vollzug) des Schuldner angefochten werden, sofern sie nicht früher als vier Jahre vor dem Antrag auf Eröffnung des Insolvenzverfahrens vorgenommen wurde. Liegt darüber hinaus auch eine Gläubigerbenachteiligungsabsicht vor, so kann **jede andere Rechtshandlung** nach § 133 I InsO angefochten werden, wenn sie innerhalb der letzten 10 Jahre vor dem Eröffnungsantrag vorgenommen wurde.

c. Rechte und Pflichten des Insolvenzverwalters

903 Der Insolvenzverwalter nimmt den **Nachlass in Besitz, verwaltet** und **verwertet** ihn. Er hat das ausschließliche Verwaltungs- und Verfügungsrecht, § 27 InsO. Zu dem im Eröffnungsbeschluss genannten Zeitpunkt verliert der Erbe die Verwaltungs- und Verfügungsbefugnis über den Nachlass. Die von ihm vorgenommenen Rechtshandlungen werden mit der Eröffnung des Insolvenzverfahrens den Gläubigern gegenüber unwirksam.

904 Die wichtigste Aufgabe des Insolvenzverwalters ist zunächst, den Nachlass auf den **Stand zum Zeitpunkt des Eintritts des Erbfalls** zu bringen, denn die Wiederherstellung dieses Zustandes entspricht der Vermögenssonderung, der haftungsrechtlichen Trennung von Nachlass und Eigenvermögen des Erben.[41]

905 Für seine Tätigkeit im Rahmen des Insolvenzverfahrens hat der Verwalter einen **Anspruch auf Vergütung** für seine Geschäftsführung und auf Erstattung angemessener Auslagen, § 63 InsO.

Praxis-Tipp:

906 *Nach § 1 II BRAGO gilt die BRAGO nicht für die Tätigkeit des Rechtsanwalts als Insolvenzverwalter. Die Art und Weise der Berechnung der Vergütung und der Auslagen ist in der am 1. 1. 1999 in Kraft getretenen Insolvenzrechtlichen Vergütungsordnung (InsVV) dargestellt.*

41 Gottwald/Riedel, 10/4.3

d. Beendigung

Die Besonderheiten des Nachlassinsolvenzverfahren haben auch Auswirkungen auf die Reihenfolge und die Art und Weise der **Befriedigung der Nachlassgläubiger.** So sind zunächst die Masseverbindlichkeiten festzustellen. Zu ihnen zählen, neben den in §§ 54, 55 InsO genannten Verbindlichkeiten: 907

- ➢ Die dem Erben nach §§ 1978 f BGB zu ersetzenden Aufwendungen;
- ➢ Die Beerdigungskosten;
- ➢ Die Verfahrenskosten für eine eventuell notwendige Todeserklärung des Erblassers;
- ➢ Die Kosten
  - für die Eröffnung einer Verfügung von Todes wegen;
  - für die gerichtliche Nachlasssicherung;
  - für eine Nachlasspflegschaft;
  - für das Gläubigeraufgebot und
  - für die Inventarerrichtung;
- ➢ Die Verbindlichkeiten, die der Nachlasspfleger bzw der Testamentsvollstrecker eingegangen sind;
- ➢ Sonstige Verbindlichkeiten, die aus der Geschäftsführung eines Nachlasspflegers, Testamentsvollstreckers oder ausschlagenden Erben für den Erben entstanden sind, sofern diese Personen die Geschäfte auch gegenüber den Nachlassgläubigern hätten ausführen müssen.

Was infolge der Anfechtung einer vom Erblasser oder ihm gegenüber vorgenommenen Rechtshandlungen **zur Insolvenzmasse zurückgewährt** wird, darf nicht zur Erfüllung der in § 327 I InsO bezeichneten Verbindlichkeiten verwendet werden, § 328 I InsO. Aus diesen Vermögenswerten sind anteilig die Insolvenzgläubiger, nicht aber die nachrangigen Gläubiger zu befriedigen. 908

Das Insolvenzverfahren über den Nachlass wird nach der Verwaltung und Verteilung der Insolvenzmasse unter den gleichen Voraussetzungen beendet wie das Regelinsolvenzverfahren.

Nachdem der Verwalter die **Schlussverteilung** nach dem vom Insolvenzgericht genehmigten **Schlussverzeichnis** vorgenommen hat, beschließt das Insolvenzgericht die Aufhebung des Verfahrens, § 200 InsO. Der Beschluss und der Grund der Aufhebung sind öffentlich bekannt zumachen. 909

Mit der Aufhebung des Insolvenzverfahrens erlangt der Erbe die Verwaltungs- und **Verfügungsmacht** über die Insolvenzmasse zurück. 910

Im Einzelnen ist noch nicht abschließend geklärt, ob der Erbe als Schuldner in den Genuss der **Restschuldbefreiung** kommen kann. Denkbar ist sie letztlich nur dann, wenn der Erbe den Nachlassgläubigern uneingeschränkt, dh ohne der Möglichkeit, die Haftung auf den Nachlass beschränken zu können, haftet. 911

Erbt der Schuldner, so ist er entsprechend der im Antrag auf Restschuldbefreiung abgegebenen Abtretungserklärung verpflichtet, die Hälfte des Wertes seines Erbteils an den vom Insolvenzgericht bestellten Treuhänder herauszugeben. Allerdings steht das Recht, die Erbschaft auszuschlagen, nach wie vor dem Insolvenzschuldner zu. Stirbt der Schuldner innerhalb der siebenjährigen Wohlverhaltensperiode, so ist über die endgültige Restschuldbefreiung zu entscheiden. Nach § 303 InsO kann die einmal erteilte Restschuldbefreiung innerhalb eines Jahres widerrufen werden. Dies bedeutet für die Erben ein erhebliches Haftungsrisiko, das mit dem Aufgebotsverfahren nach §§ 1970 ff BGB begrenzbar ist.

Musterformulierung für den Antrag auf Eröffnung des Nachlassinsolvenzverfahrens:

912 *Rechtsanwalt/Rechtsanwältin*

Amtsgericht
– Insolvenzgericht –

PLZ, Ort

Antrag auf Eröffnung des Nachlassinsolvenzverfahrens

In der Nachlasssache des am 20. 1. 1998 verstorbenen Herrn Johann Schimmel, zuletzt wohnhaft in Schwäbisch Hall beantrage ich namens des Alleinerben Anton Schimmel

die Eröffnung des Nachlassinsolvenzverfahrens
wegen Überschuldung des Nachlasses.

Begründung:

Herr Anton Schimmel wurde aufgrund des privatschriftlichen Testaments vom 1. 1. 1987 Alleinerbe des oben näher bezeichneten Erblassers.

Beweis: *beglaubigte Kopie des Testaments und der Eröffnungsniederschrift des Nachlassgerichts Schwäbisch Hall vom 29. 4. 1998*

Namens und in Vollmacht meines Mandanten wird vorgetragen, dass der Nachlass nach seinen bisherigen Erkenntnissen überschuldet ist. Aufgrund des von ihm erstellten Nachlassverzeichnisses belaufen sich die Schulden auf ca 45 000 €. Der aktive Nachlass beträgt aber nur ungefähr 15 000 €. Der Alleinerbe hat die Richtigkeit des Verzeichnisses durch die Abgabe einer eidesstattlichen Versicherung versichert.

Beweis: *Eidesstattliche Versicherung des Alleinerben*

Dem Insolvenzgericht bleibt es überlassen, einen geeigneten Insolvenzverwalter auszuwählen.

Der Nachlass dürfte zur Deckung der Verfahrenskosten ausreichen. Sollte dies nicht der Fall sein, wird beantragt, diesen Antrag mangels Masse durch Beschluss zurückzuweisen.

Um die Übersendung einer Ausfertigung der ergehenden Entscheidung wird gebeten.

gez Unterschrift
Rechtsanwalt/Rechtsanwältin

Das soeben dargestellte, seit 1. 1. 1999 in Kraft getretene Insolvenzrecht unterscheidet sich von dem bis zu diesem Zeitpunkt geltenden und **für die bis zum 31. 12. 1998 eingeleiteten Konkursverfahren in folgenden Punkten:** 913

- Beseitigung des selbständigen Nachlassvergleichsverfahrens;
- Ersetzung des bisherigen Vergleichs und des bisherigen Zwangsvergleichs durch den Insolvenzplan;
- Verringerung der Gläubigervorrechte;
- Restschuldbefreiung;
- Verschärfung der Insolvenzanfechtung und der allgemeinen Gläubigeranfechtung;
- Anpassung der erbrechtlichen Haftungsvorschriften des BGB auf die Neuregelung.

6. Dürftigkeitseinrede

Ist der **Nachlass nur geringfügig,** dh reicht der Nachlass weder für die Kosten der Nachlassverwaltung noch für den Nachlasskonkurs, so verzichtet das Gesetz unter wirtschaftlichen Gesichtspunkten auf eine Gütersonderung. Der Erbe erhält aber dennoch den Vorteil der beschränkten Haftung durch die Ausübung einer einfachen Einrede, die auch nach Beendigung der Nachlassverwaltung noch erhoben werden kann. Nach § 1990 I BGB kann der Erbe die Befriedigung eines Nachlassgläubigers insoweit verweigern, als der Nachlass nicht ausreicht. 914

Die **Einrede** kann daher in folgenden Fällen erhoben werden: 915

- Der Nachlass ist dürftig, aber nicht überschuldet;
- Der Nachlass ist dürftig und überschuldet;
- Im Nachlass befindet sich kein Gegenstand mehr.

Der Erbe kann die Dürftigkeitseinrede nach § 1990 BGB gegenüber allen Nachlassgläubigern erheben, sofern er diesen noch nicht unbeschränkt haftet, und zwar unabhängig von der Art der Forderung und unbeschadet der Einreden nach §§ 1973, 1974 BGB. Die Einrede der Unzulänglichkeit des Nachlasses steht dem Erben auch **gegenüber folgenden Ansprüchen** zur Verfügung: 916

- Pflichtteilsergänzungsanspruch, § 2325 BGB;[42]

42 BGH LM § 2325 Nr. 2

- Rückforderung von Sozialhilfe nach § 50 I SGB X;[43]
- Leistungen nach dem LAG[44] und
- nach der Teilung, wenn der Nachlass schon bei der Teilung dürftig war.[45]

917 Der Umstand, dass der Erbe den Nachlassgläubigern gegenüber nicht sofort die Unzulänglichkeitseinrede geltend macht, stellt weder einen Verzicht auf die Geltendmachung der Haftungsbeschränkungsmöglichkeit dar, noch kann bei einer späteren Ausübung dieses Rechts der Einwand der unzulässigen Rechtsausübung entgegengehalten werden.

918 Die Einrede kann **nicht nur der Erbe,** sondern darüber hinaus auch der Nachlasspfleger, der Testamentsvollstrecker und der Gesamtgutsverwalter bei den in Gütergemeinschaft lebenden Ehegatten geltend machen. Dieses Recht steht auch dem Insolvenzverwalter im Insolvenzverfahren des Erben zu (§ 331 InsO).

919 Nach § 1990 II BGB verliert der Erbe das Recht zur Geltendmachung der Dürftigkeitseinrede nicht, selbst wenn der Nachlassgläubiger nach dem Erbfall im Wege der Zwangsvollstreckung oder Arrestvollziehung ein Sicherungsrecht oder durch eine einstweilige Verfügung eine Vormerkung erlangt hat. Der Grund ist darin zu sehen, dass der Erbe nicht schlechter gestellt werden darf als bei der amtlichen Nachlassverwaltung. Unter analoger Anwendung des § 784 ZPO kann der Erbe die Aufhebung der Vollstreckungsmaßnahme in sein Privatvermögen fordern.

920 Im Übrigen kann der Erbe, um die **Haftungssituation der Nachlassgläubiger** nicht zu beeinträchtigen, wenn ein Eigengläubiger auch in den Nachlass vollstrecken will, Vollstreckungsgegenklage analog §§ 784, 767 ZPO erheben.

921 **Maßgebender Zeitpunkt** für die Entscheidung über die Dürftigkeitseinrede ist der Zeitpunkt der letzten mündlichen Verhandlung in der letzten Tatsacheninstanz.[46] Daraus ergibt sich, dass dem Erben die Einrede auch dann zusteht, wenn der Nachlass erst nach dem Eintritt des Erbfalls unzulänglich geworden ist. Unter Umständen hat der Erbe, wenn er dafür verantwortlich ist, ohne dass es auf ein Verschulden seinerseits ankommt, Ersatz zu leisten, §§ 1991 I, 1978 BGB.

Praxis-Tipp:

Die Dürftigkeitseinrede ist schon im Erkenntnisverfahren zu erheben, weil die Beschränkungsmöglichkeit der Erbenhaftung im Urteilstenor vorbehalten werden muss, § 780 ZPO.

43 VGH Mannheim, NJW 1986, 272
44 BVerwG, NJW 1963, 1075
45 RGRK, § 1990 Rn 3
46 BGHZ 85, 274, 280 f

Hat das Nachlassgericht den Antrag auf Anordnung der Nachlassverwaltung, den Antrag auf Eröffnung des Nachlasskonkurses **mangels Masse abgelehnt** bzw abgewiesen oder das Verfahren mangels Masse aufgehoben, so ist durch den entsprechenden Gerichtsbeschluss der Nachweis der Dürftigkeit geführt. Dieser Nachweis kann auch durch den Beschluss des Nachlassgerichts geführt werden, welches die Eröffnung des Nachlassinsolvenz- bzw des Nachlassverwaltungsverfahrens abgelehnt bzw aufgehoben hat oder durch eine Entscheidung des Insolvenzgerichts, das die Eröffnung der Nachlassinsolvenz mangels Masse nicht durchgeführt bzw aufgehoben hat. An diese Entscheidungen ist das Prozessgericht gebunden. 922

Praxis-Tipp:

*Kann der Erbe die entsprechenden Gerichtsbeschlüsse nicht vorlegen, muss er die Dürftigkeit dartun und ggf beweisen. Der **Beweis** kann bspw durch die Vorlage eines Inventars geführt werden. Maßgeblicher Zeitpunkt für die Dürftigkeit ist der Zeitpunkt der letzten mündlichen Verhandlung zur Entscheidung über die Dürftigkeit.*

Ist dem Erben der Nachweis der Dürftigkeit im Erkenntnisverfahren nicht möglich, so ist diese Frage dann im Vollstreckungsverfahren zu klären. Im Urteil wird dem Erben die Möglichkeit der Haftungsbeschränkung vorbehalten werden.

Der **Erbe verwaltet den Nachlass selbst und erfüllt die Nachlassschulden.** Er ist dabei an eine bestimmte Reihenfolge grundsätzlich nicht gebunden. Von diesem Grundsatz gibt es zwei Ausnahmen: Der Gläubiger, der bereits im Besitz eines rechtskräftigen Titels ist, geht im Rang den anderen Gläubigern vor und für Verbindlichkeiten aus Vermächtnissen, Pflichtteilen und Auflagen gilt die Reihenfolge wie in der Insolvenz, §§ 1991 IV BGB, 324 InsO. Bei der Erhebung der Einrede ist er den Nachlassgläubigern auch für seine bisherige Verwaltung verantwortlich. Ersatzansprüche der Gläubiger gelten nach § 1978 BGB als zum Nachlass gehörend, sie vergrößern den bereits unzureichenden Nachlass. 923

Neben der **Unterwerfung unter die Zwangsvollstreckung** kann der Erbe den Nachlassgläubigern den dürftigen Nachlass zur Befriedigung auch freiwillig überlassen. Allerdings muss er dabei beachten, dass diese Vollstreckungsfreigabe nicht zu einer Schuldbefreiung führt und damit auch nicht zu einer Befreiung von der Verwalterhaftung, § 1991 I BGB. Zur Absicherung sollte der Erbe mit den Nachlassgläubigern Vollstreckungsvereinbarungen schließen, dass diese den Nachlass im Wege der öffentlichen Versteigerung oder im Wege der Zwangsvollstreckung verwerten müssen.[47] 924

Hat der Erbe die Einrede der Dürftigkeit erhoben, kann er zwar die Befriedigung eines Nachlassgläubigers verweigern, er muss ihm aber den Nachlass **im Wege der Zwangsvollstreckung, zu deren Duldung er sich verpflichtet hat,** zur Befriedigung **herausgeben.** Da die Unzulänglichkeitseinrede lediglich dem 925

47 MüKo-Siegmann, § 1990 Rn 17

Zweck dient, das Privatvermögen vor dem Zugriff der Nachlassgläubiger zu schützen, hat der Erbe nicht die Möglichkeit, die Zwangsvollstreckung durch Zahlung des Wertes abzuwenden. Er hat den Gläubigern vielmehr auch die unpfändbaren Nachlassgegenstände herauszugeben.

926 Die Dürftigkeitseinrede führt **nicht zu einer Absonderung** des Nachlasses vom Eigenvermögen, sondern lediglich zu einer Trennung im Verhältnis zwischen dem Erben und dem einzelnen Nachlassgläubiger.

927 Kennt der Nachlassgläubiger einzelne Nachlassgegenstände, so können diese im Falle des Nachweises der Bedürftigkeit im Urteil bereits einzeln bezeichnet werden. Der Erbe hat dann, wurde die **Zahlungsklage** im Wege der Klageänderung (§ 263 ZPO) auf einen Antrag auf Duldung der Zwangsvollstreckung umgestellt, die Zwangsvollstreckung in diese Gegenstände zu dulden. Dadurch wird auch die Vollstreckungsgegenklage vermieden, sollte der Nachlassgläubiger in Vermögensgegenstände, die zum Privatvermögen des Erben gehören, vollstrecken. Durch die Herausgabe kann der Erbe den Zugriff der Nachlassgläubiger auf sein eigenes Vermögen abwehren.

928 Der Erbe kann **rechtskräftige Titel** anderer Gläubiger zuvor befriedigen und eigene Forderungen gegen den Nachlass erfüllen.

929 Meldet sich ein **weiterer Nachlassgläubiger,** nachdem der Nachlass bereits für die bekannten Gläubiger aufgebraucht wurde, so kann diesem neuen Nachlassgläubiger die Erschöpfungseinrede entgegengehalten werden.

930 Erhebt der Erbe im Erkenntnisverfahren die Dürftigkeitseinrede, so führt dies im Urteil entweder zum **Vorbehalt der beschränkten Erbenhaftung** nach § 780 ZPO oder zur Beschränkung der Vollstreckung auf bestimmte, noch im Nachlass vorhandene Nachlassgegenstände. Die Einrede der Unzulänglichkeit oder der Erschöpfung führt bei Unstreitigkeit oder im Falle des Nachweises der Bedürftigkeit zur Klageabweisung als unzulässig, ansonsten wird der Vorbehalt nach § 780 ZPO in den Urteilstenor aufgenommen.

931 Der Erbe kann nur dann die **Unzulässigkeit der Zwangsvollstreckung** gegen den Gläubiger, der in andere als in die Nachlassgegenstände vollstreckt, einwenden, wenn der Vorbehalt der beschränkten Erbenhaftung im Urteil aufgenommen wurde. Allerdings muss der Erbe die Einwendungen umgehend geltend machen, da die Haftungsbeschränkung bis zu diesem Zeitpunkt unberücksichtigt bleibt, § 781 ZPO. Vollstreckt ein Gläubiger dennoch in das Privatvermögen des Erben, so muss er sich hiergegen mit der Vollstreckungsgegenklage nach §§ 785, 767, 769, 770 ZPO zur Wehr setzen.

7. Einrede der Überschwerung

932 Das Gesetz stellt dem Erben eine weitere Möglichkeit zur Verfügung, die Haftung auf den Nachlass zu beschränken, wenn der Erblasser die Überschuldung des Nachlasses durch Anordnung von Vermächtnissen und Auflagen selbst herbeigeführt hat, § 1992 BGB. Es ist davon auszugehen, dass der Erblasser trotz seiner Verfügungen eine Nachlassverwaltung ebenso wenig gewollt hat wie eine Nachlassinsolvenz. Daher ist der Erbe in einem solchen Fall nicht verpflichtet, das Nachlassinsolvenzverfahren zu beantragen, § 1980 I 3 BGB, viel-

mehr hat ihm der Gesetzgeber eine andere Möglichkeit geschaffen, die Haftung auf den Nachlass zu beschränken.

Praxis-Tipp:

> *Wegen der Überschuldung des Nachlasses durch Vermächtnisse und Auflagen kann ein Insolvenzverfahren* ***nicht beantragt*** *werden, weil nach § 1980 I 2 BGB weder Vermächtnisse noch Auflagen bei der Prüfung der Überschuldung des Nachlasses als Verbindlichkeiten mitberücksichtigt werden.*

Voraussetzung des § 1992 BGB ist es, dass die **Überschuldung auf Vermächtnissen und Auflagen beruht** und dass der Nachlass ohne Vermächtnisse und Auflagen zur Berichtigung der Nachlassverbindlichkeiten ausreichen würde.[48] Ist der Nachlass bereits ohne Vermächtnisse und Auflagen überschuldet, so müsste der Erbe nach § 1980 I 1 BGB Insolvenzantrag stellen. 933

Neben dem Erben steht die Einrede des § 1992 BGB auch dem Nachlasspfleger, dem Nachlassverwalter und dem Testamentsvollstrecker zu. 934

Durch die Erhebung der Überschwerungseinrede werden ebenso wenig wie bei der Dürftigkeitseinrede **die beiden Vermögensmassen getrennt,** wohl aber werden sie als getrennt behandelt, wenn sich der Erbe gegenüber einer Forderung des Nachlassgläubigers auf die Einrede beruft. Nach § 1991 I BGB ist im Verhältnis zwischen Erbe und Nachlassgläubiger hinsichtlich seiner Aufwendungsersatzansprüche und seiner Verantwortlichkeit von einer Trennung der Vermögensmassen wie bei der Nachlassverwaltung oder –insolvenz auszugehen. Dabei gehören die Ersatzansprüche der Nachlassgläubiger gegen den Erben zu den Aktiva, die Aufwendungsersatzansprüche des Erben zu den Passiva des Nachlasses. 935

Da der Erbe in den Fällen der §§ 1990, 1992 BGB als Selbstverwalter bei der Erfüllung der Verbindlichkeiten tätig wird, ist über einen Umkehrschluss zu § 1991 III, IV BGB davon auszugehen, dass der Erbe zur Einhaltung einer bestimmten Reihenfolge bei der Begleichung der Forderungen nicht verpflichtet ist. 936

Dies **gilt dann nicht,** wenn 937

- ✦ der Erbe zur Befriedigung eines bestimmten Nachlassgläubigers rechtskräftig verurteilt wurde. Eine Erfüllung der Ansprüche der anderen Gläubiger ist insoweit nicht möglich, als dadurch der titulierte Anspruch beeinträchtigt werden würde.[49] Beachtet der Erbe diesen Vorrang nicht, so haftet der Erbe auch mit seinem Privatvermögen. Darüber hinaus macht er sich schadensersatzpflichtig.

---

48 So RGJW 1912, 40; Soergel/Stein, § 1992 Rn 2; nach der anderen Ansicht ist es ausreichend, dass der Nachlass auch ohne die Vermächtnisse und Auflagen überschuldet ist; Schlüter, § 54 a II 4; RGRK/Johannsen, § 1992 Rn 2

49 HM; Soergel/Stein, § 1991 Rn 7; anders: Lange/Kuchinke § 51 III 3 c Fn 236

- ✦ Pflichtteilsansprüche, Vermächtnisse, Auflagen und Erbersatzansprüche zu erfüllen sind. Diese Verbindlichkeiten sind erst nach den anderen Ansprüchen, und zwar in einer für das Insolvenzverfahren bestimmten Reihenfolge zu erfüllen, wobei im Falle der Ranggleichheit das Verhältnis der Forderungen zueinander maßgebend ist. Die Pflicht zur Beachtung der Rangfolge besteht erst dann, wenn er weiß oder schuldhaft keine Kenntnis davon hat, dass der Nachlass nicht ausreichen wird.

Ausgeschlossene und säumige Gläubiger nach §§ 1973 f BGB sind vor den in § 1991 IV BGB genannten, aber nach den übrigen Gläubigern zu befriedigen.

938 Die **Rechtsfolgen der Geltendmachung** der Überschwerungseinrede bestimmen sich nach den Vorschriften der §§ 1990, 1991 BGB. Erhebt also der Erbe im Prozess gegenüber dem Nachlassgläubiger und dessen Zahlungsanspruch die Einrede der Überschwerung, so hat das Gericht die Möglichkeit, nachzuprüfen, ob die Einrede begründet ist. Es wird die Klage abweisen, wenn es zu dem Ergebnis kommt, dass der Nachlass völlig erschöpft ist. Sind im Nachlass noch einzelne Nachlassgegenstände vorhanden, so kann es bei einem entsprechenden Antrag des Gläubigers anordnen, der Erbe habe die Duldung der Zwangsvollstreckung in diese Gegenstände zu dulden. Darüber hinaus hat das Gericht auch die Möglichkeit, den Vorbehalt der beschränkten Erbenhaftung in das Urteil aufnehmen. Wurde bereits der für die Zwangsvollstreckung zur Verfügung stehende Nachlass im Urteil gegenständlich bezeichnet, so muss auch die Ersetzungsbefugnis des S 2 in § 1992 BGB ins Urteil aufgenommen werden.

Will der Erbe die Einrede des § 1992 BGB berücksichtigt haben, muss er diese bis zur **letzten mündlichen Verhandlung** der letzten Tatsacheninstanz erhoben haben.

Der **Antrag** des Erben im Prozess lautet folgendermaßen:

»Es wird festgestellt, dass dem Erben vorbehalten wird, die Vollstreckung in den Nachlass des am… in… verstorbenen… wegen des Vermächtnisses durch Zahlung des Wertes der Nachlassgegenstände in Höhe von… € abzuwenden.«[50]

939 Aufgrund der Überschwerungseinrede hat der Erbe das Recht, den Vermächtnisnehmer und den Auflagenbegünstigten **auf den noch vorhandenen Nachlass zu verweisen** (§§ 1990 f BGB) oder durch Zahlung des Wertes die Herausgabe der Nachlassgegenstände nach § 1992 S 2 BGB abzuwenden.

940 Ist der Erbe darüber hinaus **auch noch Pflichtteilsberechtigter,** so kann er, sofern die Voraussetzungen des § 2306 I BGB vorliegen, von der Erfüllung der Vermächtnisse und Auflagen befreit werden.

941 Hat der Erblasser **bei einem Vermächtnis** einen bestimmten Nachlassgegenstand zugewendet, so wandelt sich der Vermächtnisanspruch bei der Erhebung der Überschwerungseinrede in einen gekürzten Geldanspruch um. Allerdings hat der Vermächtnisnehmer, wenn er die Sachleistung verlangen

50 Palandt/Edenhofer, § 1992 Rn 3

kann, die Möglichkeit, einen dem Kürzungsbetrag entsprechenden Geldbetrag in den Nachlass einzuzahlen, um den vermachten Gegenstand zu erlangen.[51] Entsprechendes gilt auch bei einem Verschaffungsvermächtnis nach § 2170 BGB.

In der Praxis kann es dann zu einer Überschwerung des Nachlasses kommen, 942 wenn der Erblasser im **Zeitpunkt der Errichtung seiner Verfügung von Todes wegen** über ein ausreichendes Vermögen verfügt hat, das sich aber nach der Anordnung von Vermächtnissen und Auflagen derart negativ verändert hat, dass nun im Zeitpunkt des Erbfalls die erforderlichen finanziellen Mittel nicht mehr zur Verfügung stehen, um diese Anordnungen zu erfüllen.

Der im Urteil enthaltene Vorbehalt der Haftungsbeschränkung nach § 780 ZPO 943 wird im Zwangsvollstreckungsverfahren zunächst nicht berücksichtigt. Erst wenn ein Nachlassgläubiger, dem grundsätzlich das gesamte Vermögen des Erben als Haftungsmasse zur Verfügung steht, in das Privatvermögen des Erben vollstreckt, muss er sich mit der Vollstreckungsgegenklage dagegen zur Wehr setzen. Mit der Vollstreckungsgegenklage will der Erbe erreichen, dass die Zwangsvollstreckung in Gegenstände seines Privatvermögens für unzulässig erklärt wird. Allerdings muss der Erbe in diesem Prozess den Nachweis führen, dass die Voraussetzungen der Überschwerungseinrede auch tatsächlich vorliegen.

Die Einrede des § 1992 BGB kann der Erbe auch gegenüber solchen Nachlass- 944 gläubigern geltend machen, die nach dem Erbfall im Wege der Zwangsvollstreckung **ein dingliches Sicherungsrecht** oder eine Vormerkung im Wege einer einstweiligen Verfügung erlangt haben, vgl § 1990 II BGB. Hat der Nachlassgläubiger bereits in den Nachlass vollstreckt und dabei ein Sicherungsrecht erlangt, so muss der Erbe nach § 1990 I 2 BGB grundsätzlich die Vollstreckung in den Nachlass dulden. Kann der Erbe unter Anwendung des § 1990 I 1 BGB die Befriedigung der Nachlassgläubiger verweigern, so steht ihm aufgrund des § 1990 II BGB die Vollstreckungsgegenklage zur Verfügung.[52]

VII. Erbenhaftung im Prozess

Bei der Erbenhaftung ist zunächst danach zu unterscheiden, ob sich das Verfahren im Erkenntnis- oder bereits im Vollstreckungsverfahren befindet. Darüber hinaus kommt es auch darauf an, ob der Nachlass auf den Alleinerben oder auf eine Miterbengemeinschaft übergegangen ist.

1. Erkenntnisverfahren

a. Rechtsstreit gegen den Erblasser

Ist im Zeitpunkt des Todes des Erblassers ein Rechtsstreit anhängig, so wird 945 dieser gemäß § 239 I ZPO unterbrochen (bei anwaltlicher Vertretung gemäß § 246 ZPO nur auf Antrag), wobei der Erbe den Prozess aufnehmen kann.

51 BGH NJW 1964, 2298
52 Vgl hierzu Staudinger/Marotzke, § 1990 Rn 25 ff; Erman/Schlüter, § 1990 Rn 9

Nimmt er ihn auf, muss er sich – zur Erhaltung der Haftungsbeschränkungsmöglichkeit – den **Vorbehalt des § 780 ZPO** in den Urteilstenor aufnehmen lassen, und zwar auch hinsichtlich der Prozesskosten.

Musterformulierung:

946 *Dem Beklagten bleibt die Beschränkung seiner Haftung bezüglich der Hauptsache, Nebenforderungen und der Kosten des Rechtsstreits auf den Nachlass des am... verstorbenen... gemäß § 780 ZPO vorbehalten.*

Praxis-Tipp:

*Durch den Vorbehalt des § 780 ZPO hat der Erbe die Möglichkeit, die Haftungsbeschränkung im Wege der **Vollstreckungsgegenklage** (§ 767 ZPO) durchzusetzen. Ist ein derartiger Vorbehalt zwar beantragt, aber im Urteilstenor nicht aufgenommen, kann der Erbe die Aufnahme nach § 321 ZPO innerhalb einer **Frist von 2 Wochen**, die mit der Zustellung des Urteils beginnt, durch Einreichen eines Schriftsatzes beantragen. Wurde dem Erblasser Prozesskostenhilfe mit Ratenzahlung gewährt und wird der Rechtsstreit durch die Erben nicht aufgenommen, können sie für die Kosten nicht haftbar gemacht werden.*[53]

b. Rechtsstreit gegen die Erben

Soll der Erbe verklagt werden, ist entscheidendes Kriterium, ob die Erbschaft schon angenommen ist oder noch nicht.

947 **Vor Annahme** der Erbschaft kann eine Nachlassverbindlichkeit nicht eingeklagt werden, § 1958 BGB. Die Erbenstellung ist nur eine vorläufige.

Praxis-Tipp:

*Insoweit handelt es sich um eine Prozessvoraussetzung, die **von Amts wegen** zu beachten ist und die beim Fehlen zur Unzulässigkeit der Klage führt.*

*Bis zur Annahme der Erbschaft tritt trotz Mahnung **kein Schuldnerverzug** ein, § 285 BGB.*

*Will ein Gläubiger eine Nachlassverbindlichkeit vor der Erbschaftsannahme geltend machen, muss er beim zuständigen Nachlassgericht die **Anordnung der Nachlasspflegschaft beantragen;** denn gegenüber dem Nachlasspfleger und dem Testamentsvollstrecker gilt § 1958 BGB nicht.*

948 **Nach der Annahme** der Erbschaft muss der Erbe den Vorbehalt der Haftungsbeschränkung auch hinsichtlich der Kosten eines Rechtsstreits nach § 780

53 OLG Düsseldorf Rpfleger 1999, 334

ZPO **spätestens** in der letzten mündlichen Verhandlung der Tatsacheninstanz beantragen und in den Tenor des Urteils aufnehmen lassen, um sich die Möglichkeit der Beschränkung der Haftung zu erhalten. Eine Nachholung im Kostenfestsetzungsverfahren ist nicht möglich.[54]

Praxis-Tipp:

> *Nach § 240 ZPO wird der Rechtsstreit unterbrochen, wenn während des Prozesses Nachlassverwaltung oder Nachlassinsolvenz angeordnet wird. Der Verwalter ist berechtigt, den Rechtsstreit aufzunehmen.*
>
> *Erhebt der Erbe die Unzulänglichkeitseinreden nach §§ 1990, 1991 f, 1993 BGB, kann im Prozess der Vorbehalt des § 780 ZPO im Urteil aufgenommen werden, wobei die Beschränkung **effektiv erst in der Zwangsvollstreckung** erfolgt, oder die Unzulänglichkeit ist schon im Erkenntnisverfahren zu prüfen mit der Folge, dass die Zwangsvollstreckung auf die vorhandenen Nachlassgegenstände beschränkt wird.*

2. Vollstreckungsverfahren

a. Titel gegen den Erblasser

Wurde gegen den Erblasser ein Titel erstritten, der darüber hinaus auch bereits vollstreckbar ist, kann er nach § 727 ZPO gegen **Nachweis durch einen Erbschein** nach Annahme der Erbschaft auf den Erben umgeschrieben werden oder es ist **Klage auf Erteilung der Vollstreckungsklausel** nach § 731 ZPO zu erheben. Der Antrag kann nicht nur vom Erben selbst, sondern auch vom Nachlassgläubiger nach §§ 792, 896 ZPO gestellt werden. 949

Hat die **Vollstreckung beim Erbfall noch nicht begonnen,** kann sie vor der Erbschaftsannahme nach § 778 I ZPO nur in den Nachlass betrieben werden. Ein Privatgläubiger des Erben kann vor der Annahme der Erbschaft nach § 778 II ZPO nicht in den Nachlass vollstrecken. 950

Hat die **Vollstreckung bereits zu Lebzeiten des Erblassers begonnen,** wird sie nach § 779 I ZPO in den Nachlass fortgesetzt. 951

Gegen eine titulierte Forderung kann der Erbe seine Haftungsbeschränkung nur mittels einer **Vollstreckungsgegenklage** durchsetzen, §§ 767, 785 ZPO und beantragen, die Zwangsvollstreckung für unzulässig zu erklären. 952

Ist die **Haftungsbeschränkung noch nicht eingetreten,** wird dem Einwand der beschränkten Erbenhaftung mit dem Vorbehalt des § 780 ZPO Rechnung getragen. Ein diesbzgl **Antrag einer Vollstreckungsgegenklage** könnte lauten: 953

54 KG MDR 1981, 851; LG Berlin, JurBüro 1987, 710 mwN

Die Zwangsvollstreckung aus dem Urteil des.............gerichts vom............. wird insoweit für unzulässig erklärt, als dem Kläger die beschränkte Haftung auf den Nachlass des am............. verstorbenen Erblassers............. vorbehalten bleibt.

954 Ist die **Haftungsbeschränkung bereits eingetreten,** ist der Vorbehalt entbehrlich; die Zwangsvollstreckung in das Privatvermögen des Erben ist für unzulässig zu erklären.

955 Der Vorbehalt des § 780 ZPO sollte, damit die Möglichkeit der Haftungsbeschränkung für den Erben insgesamt wirkt, auch in anderen Vollstreckungstiteln als Urteilen, wie zB in Vollstreckungsbescheiden, notariell errichtete und vollstreckbare Urkunden, Prozessvergleiche und Kostenfestsetzungsbeschlüsse aufgenommen werden (§§ 795, 699, 700 ZPO). Hinsichtlich der zu erstattenden Kosten eines Rechtsstreits kann der Vorbehalt des § 780 ZPO in einem Kostenfestsetzungsbeschluss nur aufgenommen werden, wenn der Vorbehalt hinsichtlich der Kosten bereits im Urteil enthalten ist.

H. Streit um die Wirksamkeit einer letztwilligen Verfügung 991

ÜBERBLICK

H. Streit um die Wirksamkeit einer letztwilligen Verfügung

I. Die Beteiligten und ihre Interessen

1. Ausgangsfall:

Erhard Eigen und seine Frau Franziska, aus deren Ehe drei Kinder hervorgegan- 956
gen sind, errichten am 22. 3. 1990 ein Ehegattentestament, in dem sie sich gegenseitig zu Erben einsetzen. Erben des Längerlebenden sollen die drei aus der Ehe hervorgegangenen Kinder sein. Der Überlebende soll nach dem Tod des Erstversterbenden »frei und ungehindert verfügen« dürfen. Am 7. 3. 1992 verstirbt Franziska Eigen. Die Kinder kümmern sich nicht um ihren erkrankten Vater, der in einem städtischen Pflegeheim untergebracht werden muss. Er beginnt eine Beziehung mit der Pflegerin Paula Prüm, die er mit notariellem Testament vom 7. 8. 1995 als seine Alleinerbin einsetzt. Am 10. 8. 1995 verstirbt E kurz nach seinem 87. Geburtstag.

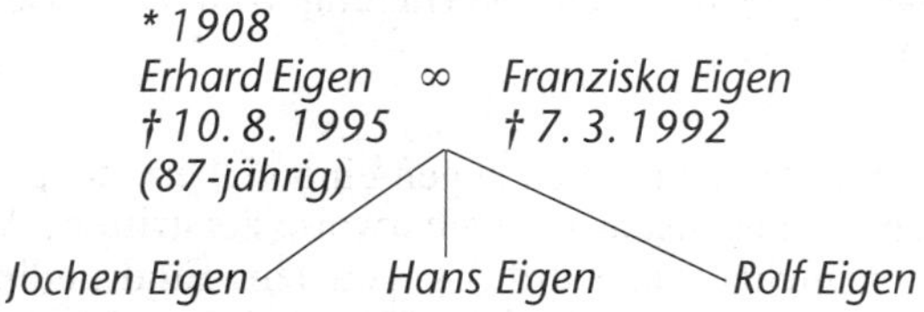

– Ehegattentestament vom 22. 3. 1990
– Notarielles Testament vom 7. 8. 1995

2. Handelnde Personen: Erben und weichende Erben

a. Enttäuschte Familienangehörige

Aufgrund des gemeinschaftlichen Testaments würden die Kinder des Erhard 957
Eigen diesen als Erben zu je 1/3 Anteil beerben. Sie wären von der Erbfolge ausgeschlossen, falls die letztwillige Verfügung vom 7. 5. 1995 wirksam ist. Würde Frau Prüm Alleinerbin sein, stünden den Kindern gemäß § 2303 BGB Pflichtteilsansprüche in Höhe des hälftigen gesetzlichen Erbteils, mithin in Höhe von je 1/6, zu. Das wirtschaftliche Interesse der Kinder besteht folglich in der Differenz zwischen der Erbquote von 1/3 und der Pflichtteilsquote von 1/6. Nachdem der Pflichtteilsanspruch immer Bargeldanspruch ist, würden die Kinder, falls sich ihre Enterbung als wirksam herausstellt, auch gegenständlich vom Nachlass ausgeschlossen. Sie würden beispielsweise, falls Erhard Eigen Grundvermögen hinterlässt, keinen Anspruch auf Einräumung einer Mitberechtigtenposition haben.

958 In der Praxis fällt dieser Umstand häufig stark ins Gewicht: Der enterbte Pflichtteilsberechtigte empfindet es als erhebliche Beeinträchtigung, ja Demütigung, von einem – bisweilen völlig fremden – Außenstehenden vom »Familienbesitz« ausgeschlossen zu werden.

959 Das Interesse der in dieser Form Beeinträchtigten richtet sich deshalb darauf, das notarielle Testament zu Fall zu bringen. Angriffe gegen das Testament werden – grundsätzliche Entschlossenheit zur Auseinandersetzung vorausgesetzt – schon dann geführt, wenn sich auch nur eine vage Aussicht eröffnet, gegen das Testament erfolgreich vorzugehen.

b. Der durch die letztwillige Verfügung Begünstigte

960 Ansatzpunkte für eine einvernehmliche Regelung resultieren in derartigen Konstellationen im Wesentlichen daraus, dass für den durch die letztwillige Verfügung Bedachten, der nicht gesetzlicher Erbe ist, ein Streit um das Erbe ein solcher um »Alles oder Nichts« ist.

961 Die Lebensgefährtin des Erblassers kommt als Pflichtteilsberechtigte nicht in Betracht. Sie kann nur dann Rechte gegen den Nachlass erfolgreich durchsetzen, wenn die notarielle Verfügung vom 7.5.1995 als wirksam anerkannt wird.

962 Nicht selten hat der Bedachte auch gegen eine »Übermacht« insofern anzukämpfen, als sich die ansonsten möglicherweise zerstrittene Verwandtschaft (auch diejenige, die nicht erben würde), gegen den »Eindringling« zusammenschließt. Zwingend ist dies freilich nicht: Gerade wenn sich der Erblasser auf Dauer von seiner Familie abgewandt hat, ist es denkbar, dass der **Informationsvorsprung** auf Seiten desjenigen ist, den der Erblasser in seiner letztwilligen Verfügung bedacht hat. Häufig ist auch aufgrund lebzeitiger Zuwendungen die wirtschaftliche Stellung des letztwillig Bedachten so, dass er sich eine langwierige Auseinandersetzung leisten kann. Die Frage, wer einen Informationsvorsprung besitzt, wer über eine gut gefüllte »Kriegskasse« verfügt, ist jedenfalls dann entscheidend, wenn die Beteiligten ihre Aussichten für den Fall eines Streites »bis zum bitteren Ende« abwägen. Häufig ist die Frage des Scheins entscheidender als diejenige des Seins:

963 Wer zu erkennen gibt, dass er aus persönlichen oder wirtschaftlichen Gründen eine Auseinandersetzung nicht durchstehen kann oder will, verliert von vornherein an **Glaubwürdigkeit** und damit an **Durchsetzungskraft.** Er muss seine Interessen häufig zu einem geringeren Preis verkaufen, als dies aufgrund der objektiven Gegebenheiten notwendig wäre. Dies zeigt, dass die Frage der **psychologischen Einschätzung** der gegnerischen Position häufig über den Erfolg im Rahmen der Erbauseinandersetzung entscheidet.

II. Rechtliche Grundlagen

1. Bindung an Verfügungen in einem Ehegattentestament?

a. Wechselbezügliche Verfügungen

Falls die Kinder keine erfolgreichen Angriffe gegen das notarielle Testament führen können, hat dieses als »späteres Testament« im Sinne des § 2258 BGB das frühere Testament des Erblassers aufgehoben, nachdem es mit den Verfügungen des Erblassers im Ehegattentestament in Widerspruch steht. Die entscheidende Frage lautet: War der Erblasser an die Verfügungen des Ehegattentestaments gebunden? War ihm der Widerruf der Einsetzung seiner Kinder als Schlusserben[1] möglich? 964

Mit dem Tod des erstversterbenden Ehegatten ist der überlebende Partner an **wechselbezügliche Verfügungen** gebunden. Diese **Bindungswirkung** hindert ihn, solche Verfügungen zu widerrufen oder abweichend letztwillig neu zu testieren, wie sich aus § 2271 II 1 BGB ergibt.[2] Als wechselbezüglich gelten Verfügungen eines gemeinschaftlichen Testaments, die – wie häufig formuliert wird – »miteinander stehen und fallen«.[3] Wenn beide Ehegatten bestimmte Verfügungen nur deshalb getroffen haben, weil auch der andere entsprechend verfügte und vor diesem Hintergrund nach dem Willen der Eheleute eine **»innere Abhängigkeit«**[4] aus dem **»Zusammenhang des Motivs«**[5] anzunehmen ist, besteht »Wechselbezüglichkeit« im Sinne des § 2270 BGB. Ob wechselbezügliche Verfügungen vorliegen, muss durch **Auslegung** nach den allgemein für die Auslegung letztwilliger Verfügungen geltenden Grundsätzen[6] ermittelt werden.[7] Abzustellen ist auf den übereinstimmenden Willen beider Ehegatten zum Zeitpunkt der Testamentserrichtung.[8] Das Nachlassgericht (im Rahmen des Feststellungsprozesses: das Prozessgericht) ist verpflichtet, die letztwillige Verfügung nach 965

---

1 Vgl zur Unterscheidung zwischen Schlusserben- und Nacherbeneinsetzung in einem Berliner Testament im Sinne der Unterscheidung zwischen Einheits- und Trennungslösung: Palandt/Edenhofer BGB § 2269 Rn 5 ff; Soergel/Wolf BGB § 2269 Rn 15, dort insbesondere zur »Zweifelsregel« des § 2269 BGB; BGHZ 22, 364; BGH WM 1973, 41; BGH LM Nr. 1 zu § 2100; BGH NJW 1983, 277; OLG Düsseldorf NJW-RR 1997, 136; BayObLG Rechtspfleger 1988, 314; BayObLG 1966, 61; 417; KG DNotZ 1955, 411; OLG Hamm OLGZ 1968, 468

2 Palandt/Edenhofer BGB § 2270 Rn 3 und § 2271 Rn 9–16

3 Palandt/Edenhofer BGB § 2270 Rn 1, Ritter S 190

4 Palandt/Edenhofer BGB § 2270 Rn 1

5 KG FamRZ 1977, 485; OLG Stuttgart FamRZ 1977, 274; BayObLG 1987, 23; BayObLG FamRZ 1999, 1538 f

6 Palandt/Edenhofer BGB § 2270 Rn 5 unter Bezugnahme auf die Ausführungen zu § 2084 Rn 1 ff; vgl BayObLG FamRZ 1999, 1388 ff

7 Gleichlautende Verfügungen deuten auf Wechselbezüglichkeit hin, OLG Hamm FamRZ 1994, 1210

8 Palandt/Edenhofer BGB vor § 2265 Rn 12; BGHZ 112, 229

- ihrem Wortlaut,
- allen Nebenumständen,
- der allgemeinen Lebenserfahrung und den
- Umständen außerhalb der Testamentsurkunde

zu würdigen. In diesem Zusammenhang muss, ggf durch Beweisaufnahme, ermittelt werden, wie die Ehegatten selbst die Situation einschätzten, wie ihre **Vermögensverhältnisse** und wie die **Beziehungen der Beteiligten** zueinander waren.[9]

966 Die **Auslegungsregel** des § 2270 II BGB greift nur dann ein, wenn die Auslegung und die eben genannten Umstände zu keinem eindeutigen Ergebnis führen.[10] Bleiben Zweifel, ist Wechselbezüglichkeit gemäß § 2270 BGB in zwei Konstellationen zu vermuten:

- Wenn sich die Ehegatten gegenseitig bedacht haben.
- Wenn der eine Ehegatte durch den anderen bedacht worden ist und der Bedachte für den Fall seines Überlebens eine Verfügung zugunsten von Personen getroffen hat, die mit dem Partner verwandt sind oder ihm nahe standen.[11]

967 Für den vorliegenden Fall bedeutet dies: Nachdem die Eheleute sich gegenseitig zu Alleinerben und die Kinder als Schlusserben eingesetzt haben, ist die Erbeinsetzung des längerlebenden Partners durch seine verstorbene Ehefrau als wechselbezüglich zur Einsetzung der Kinder als Schlusserben anzusehen, es sei denn, die Auslegung führte zu einem anderen Ergebnis.

968 Nach § 2271 II 1 BGB erlischt mit dem Tod des erstversterbenden Partners das **Recht zum Widerruf** der aufeinander bezogenen Verfügungen. Im Hinblick auf die Vergleichbarkeit der Konstellationen folgt aus der analogen Anwendung des § 2289 BGB,[12] dass die vom längerlebenden Ehegatten getroffenen Verfügungen, insoweit unwirksam sind, als sie die Rechte des oder der im Ehegattentestament Bedachten **beeinträchtigen.**[13]

---

9 Die Vermögensverhältnisse der Ehegatten spielen häufig eine nicht unwesentliche Rolle. War nur einer der Ehegatten vermögend, so dass dieser aus den Verfügungen seines Partners keinen Vermögensvorteil zu erwarten hatte, kann dies ein erheblicher Anhaltspunkt dafür sein, dass er nicht daran interessiert war, seine eigene Verfügung von der seines Partners abhängig sein zu lassen: BayObLG FamRZ 1995, 251; OLG Hamm NJW-RR 1995, 777

10 Palandt/Edenhofer BGB § 2270 Rn 7

11 Ritter, S 210, fordert aufgrund geänderter sozialer Realität eine Einschränkung auf Verwandte, die einem nahe stehen

12 MüKo-Musielak BGB § 2271 Rn 15; OLG Frankfurt am Main NJW-RR 1995, 265

13 Palandt/Edenhofer BGB § 2271 Rn 15 f; vgl auch BGH NJW 1978, 423; unwirksam sind nachträgliche Verfügungen wie: Einsetzung eines Nacherben, Beschwerung mit einem Vermächtnis: BGH FamRZ 1964, 592; NJW 1978, 423; Wertverschiebungen zu Lasten des Bedachten infolge neuer Teilungsanordnung ohne Ausgleichungspflicht: BGHZ 82, 274; nachträgliche Anordnung einer Testamentsvollstreckung: OLG Köln FamRZ 1990, 1402; BayObLG FamRZ 1991, 111; OLG Ffm WM 1993, 803

b. Befreiung von der Bindung

Immer zu prüfen ist, ob nicht eine **Befreiung von der Bindung** eingetreten ist oder herbeigeführt werden kann. Dieser Möglichkeit kommt in der Zeit, in der die Ehe »ihre Funktion als singuläre partnerschaftliche Organisationsform«[14] eingebüßt hat und die »Folgeehe«[15] zur Realität geworden ist, immer mehr Bedeutung zu. 969

Berufen sich im Ausgangsfall die Kinder darauf, der überlebende Vater habe nicht zu Lasten der Kinder und zugunsten von seiner Lebensgefährtin verfügen können, muss diese prüfen, ob 970

- die Behauptung, es liege ein Verstoß gegen eine wechselbezügliche Verfügungen vor, zutrifft;
- ob sie die aus § 2271 II 1 iVm § 2289 BGB resultierende Bindung beseitigen kann
- oder der Erblasser bereits entsprechende Vorsorge getroffen hatte.

Als Reaktion auf das »Angriffssignal« (Berufung auf § 2271 II 1 BGB) wird der durch die letztwillige Verfügung Bedachte alle Argumente ins Feld führen, die gegen die Wechselbezüglichkeit der Verfügungen sprechen. Zu prüfen hat der Anwalt des Bedachten aber auch, ob nicht die Möglichkeit besteht, durch **Anfechtung des gemeinschaftlichen Testaments** die Bindungswirkung zu beseitigen.[16] Verfügungen des überlebenden Ehegatten können Dritte nach dessen Tod anfechten, wenn ihnen die Aufhebung des gemeinschaftlichen Testaments oder einzelner der im Testament enthaltener Verfügungen »zustatten« kommen würde, § 2080 BGB. Häufigster Fall der Anfechtung nach dem Tod des längerlebenden Ehepartners ist derjenige des § 2079 BGB. Geht der überlebende Ehegatte eine **neue Ehe** ein, kann der neue Ehegatte unter Berufung auf §§ 2281, 2079 BGB das gemeinschaftliche Testament der Eheleute insoweit angreifen, dass ihm der gesetzliche Erbteil zufällt.[17] Auf diesen Zug könnte im Schachspiel der erbrechtlichen Auseinandersetzung mit einem Gegenzug geantwortet werden: Das Anfechtungsrecht des neu hinzugekommenen Pflichtteilsberechtigten – hier: des zweiten Ehegatten – kann nicht mehr ausgeübt werden, wenn der zweitverstorbene Ehepartner das Recht, die Verfügung aus demselben Grund anzufechten, durch **Fristablauf** (oder Bestätigung) verloren hatte: §§ 2283, 2285 BGB.[18] 971

14 Ritter S 33

15 Frieser Zerb 2000, 98

16 Der Irrtum über die Bindungswirkung bei wechselseitigen Verfügungen ist unbeachtlich, OLG Frankfurt/M. ZEV 2000, 106

17 Palandt/Edenhofer BGB § 2271 Rn 33; RGZ 132, 1; KG FamRZ 1968, 219; Ritter fordert Anfechtungsmöglichkeit auch bei Eingehung einer neuen nichtehelichen Lebensgemeinschaft durch Anerkennung als Motivirrtum iSd § 2078 II, Ritter S 213

18 BayObLG NJW-RR 1989, 587; KG FamRZ 1968, 219; vgl auch für die Anfechtung einseitiger Verfügungen des überlebenden Ehegatten: Palandt/Edenhofer BGB § 2271 Rn 33 aE; Zweifel an der Anwendbarkeit des § 2285 BGB äußert Musielak, in: MüKo, BGB § 2271 Rn 41

972 Dem Bedachten steht gegebenenfalls eine andere Variante zur Verfügung: eine **Abänderungsklausel** im Ehegattentestament. Grundsätzlich können Ehegatten die Bindungswirkung ihrer Verfügungen beschränken oder ausschließen, sie können sich ein freies Widerrufsrecht einräumen.[19] An die Abänderungsklausel muss der Anwalt des Bedachten nicht nur denken, wenn sich diese schon aus dem Wortlaut des Ehegattentestaments ergibt. Die Ermächtigung, von Verfügungen des Ehegattentestaments abzuweichen, muss nicht unmittelbar aus dem Testamentstext hervorgehen, sie kann sich auch aus einer **Auslegung** der Verfügung der Ehegatten ergeben.[20] Allerdings obliegt es demjenigen, der sich auf eine stillschweigende oder durch ergänzende Testamentsauslegung zu ermittelnde Abänderungsbefugnis beruft, die für diese Auslegung maßgeblichen Umstände darzutun. Haben die Eheleute die Abänderung ausdrücklich erwähnt, ist durch Auslegung festzustellen, wie weit die Freiheit des überlebenden Ehegatten reichen sollte. Der Änderungsvorbehalt muss sich auf die Befugnis zu **abweichenden letztwilligen Verfügungen** beziehen. Eine Bestimmung, wonach der Überlebende frei und ungehindert verfügen darf, ist, wenn nicht andere Auslegungskriterien hinzukommen, in der Regel nur als **Ermächtigung zu freien Verfügungen unter Lebenden anzusehen.**[21]

973 Die Verteidigungsstrategie des von der Lebensgefährtin des Erblassers beauftragten Rechtsanwalts lässt sich wie folgt zusammenfassen: Er wird sich gegen die Auslegung der Verfügungen im Ehegattentestament als wechselbezüglich wenden. Er wird ferner geltend machen, dass selbst dann, wenn Wechselbezüglichkeit und damit die Bindungswirkung angenommen werden müsste, es dem Erblasser ausdrücklich gestattet war, von der Verfügung zugunsten der Kinder abzuweichen. Die Kinder wiederum werden dem entgegenhalten, dass die Klausel ihrem Vater nicht das Recht eingeräumt hat, von der Schlusserbeneinsetzung abzuweichen, es vielmehr einer weiteren und hinreichend präzisen Einräumung des Rechts, eine anders lautende letztwillige Verfügung zu errichten, bedurft hätte.

19 Vgl Palandt/Edenhofer BGB § 2271 Rn 19; BGHZ 2, 35; KG OLGZ 1977, 457; Zur nachträglichen Einräumung der Abänderungsbefugnis, die sich nur aus einer Verfügung von Todes wegen ergeben kann: Palandt/Edenhofer BGB § 2271 Rn 20 f

20 Zurückhaltend: BayObLG FamRZ 1991, 1488; siehe aber: OLG Hamm ZEV 1995, 146, 148, auch zum Änderungsvorbehalt, wenn dem Längerlebenden die Befugnis eingeräumt wird, neu zu verfügen, wenn eines der als gemeinsame Schlusserben eingesetzten Kinder die Pflege des Längerlebenden übernimmt

21 BayObLG FamRZ 1985, 209; KG FamRZ 1998, 124; Palandt/Edenhofer BGB § 2271 Rn 22

Musterformulierung:

An das 974
Amtsgericht
– Nachlassgericht –

In dem Nachlassverfahren des am 10. 8. 1995 verstorbenen Erhard Eigen

widersprechen wir dem Antrag der Frau Paula Prüm, einen Erbschein zu erteilen, der sie als Alleinerbin ausweist, aus den nachfolgenden Gründen:

1. *Der Erblasser war aufgrund der Bindung, die durch das Ehegattentestament vom 22. 3. 1990 eingetreten war, nicht in der Lage, zugunsten der Antragstellerin wirksam zu verfügen. Der Erblasser hatte mit seiner am 7. 3. 1992 verstorbenen Ehefrau ein »Berliner Testament« im Sinne des § 2269 BGB errichtet, in dem die Eheleute sich gegenseitig als Erben eingesetzt hatten; Erben des Längerlebenden und damit Schlusserben sollten die gemeinsamen Kinder sein.*

   Beweis: *Beiziehung der Akten des Nachlassverfahrens 7 IV 395/92*

   Wie sich bereits unter Anwendung der Auslegungsregel des § 2270 II BGB (vgl zur Einordnung als solcher: Palandt/Edenhofer BGB § 2270 Rn 7) ergibt, waren die Verfügungen der Eheleute von einander abhängig. Sie sind also als wechselbezüglich anzusehen, mit dem Ergebnis, dass ein Widerruf nach dem Tod des erstversterbenden Ehepartners nicht mehr möglich war, § 2271 I 1 BGB iVm § 2289 BGB.

2. *Die Antragstellerin hat – außergerichtlich mit den Rechtsfolgen der Bindungswirkung des Berliner Testaments konfrontiert – eingewandt, das wesentliche Vermögen stamme vom Erblasser. Dieser habe deshalb keinen Grund gehabt, seine Verfügungen von denjenigen seiner Ehefrau abhängig zu machen. Dabei verkennt die Antragstellerin, dass die Eheleute das während der über 30-jährigen Ehezeit erwirtschaftete Vermögen stets als ihr »gemeinsames« ansahen, unabhängig von der rechtlichen Zuordnung bzw der Eintragung im Grundbuch. Dies kann die Schwester des Erblassers, mit der er häufig über seine Absichten und seine Einstellungen zur vorverstorbenen Ehefrau sprach, bestätigen.*

   Beweis: *Zeugnis der Frau Anna Schweigmüller,*
   Hohensteinerstraße 4, 81234 München

   Die Antragsgegner haben in der Zwischenzeit selbst einen Erbscheinantrag gestellt, dem entsprechend den obigen Darlegungen stattzugeben ist.

3. *Die Antragstellerin hat unter Berufung auf § 2078 II BGB das Ehegattentestament umfassend angefochten, wie sich aus ihrer, dem Gericht vorliegenden Anfechtungserklärung vom 29. 11. 1995 ergibt. Sie hat sich darauf berufen, der Erblasser hätte seine Kinder nicht als Schlusserben eingesetzt, falls er gewusst hätte, dass diese sich im Alter nicht um ihn kümmern.*

   Abgesehen davon, dass der behauptete Anfechtungsgrund nicht vorliegt, muss die Anfechtung schon deshalb unbeachtlich bleiben, weil der Erblasser das – angebliche – Recht zur Anfechtung durch Fristablauf verloren hatte (§§ 2283, 2285 BGB). Der Kontakt zwischen dem Erblasser und den

Antragsgegnern beschränkte sich seit mindestens 2 1/2 Jahren auf gelegentliche Besuche und den Austausch von Glückwunschkarten zu Geburtstagen und Feiertagen. Der Erblasser hätte mithin zu Lebzeiten in Kenntnis des – vermeintlichen – Anfechtungsgrundes die Anfechtung erklären können, hat dies aber innerhalb der Jahresfrist des § 2283 BGB nicht getan. Im übrigen kann aus dem spärlichen Kontakt nicht auf ein schlechtes Verhältnis geschlossen werden. Hierzu wird noch ergänzend vorzutragen sein, falls das Gericht Zweifel an der Verfristung des Anfechtungsrechts haben sollte.

Rechtsanwalt

2. Testierfähigkeit

975 Eine letztwillige Verfügung ist unwirksam, wenn der Erblasser wegen **krankhafter Störung seiner Geistestätigkeit,** wegen **Geistesschwäche** oder **Bewusstseinsstörungen** nicht in der Lage war, die Bedeutung seiner Willenserklärung einzusehen und nach dieser Einsicht zu handeln: Testierunfähigkeit im Sinne des § 2229 IV BGB. Enterbte Verwandte behaupten oft vorschnell, die für sie negative letztwillige Verfügung sei nur darauf zurückzuführen, dass der Erblasser nicht mehr Herr seiner Sinne gewesen sei, und er deshalb die vom Gesetz geforderte freie Willensbetätigung nicht mehr habe ausüben können. Der Anwalt muss derartigen Behauptungen nachgehen, sollte aber die kritische Haltung an den Tag legen, mit der er im Rahmen einer etwaigen Auseinandersetzung bei Gericht rechnen muss. Streitigkeiten, in deren Mittelpunkt Fragen der Testierfähigkeit stehen, sind langwierig und kostenaufwendig, beides nicht zuletzt bedingt durch die notwendige Einschaltung von Gutachtern. Deshalb gilt: Der leichtfertig erhobene Vorwurf fehlender Testierfähigkeit kann dem Mandanten teuer zu stehen kommen, insbesondere wenn er im Rahmen eines Feststellungsprozesses mit der Kostenfolge des § 91 I ZPO erhoben wird.

976 In der obigen Skizze sind das Sterbedatum, das Datum der Errichtung des notariellen Testaments und das Geburtsjahr des Erblassers durch Unterstreichung hervorgehoben. Zwischen Testamentserrichtung und Tod liegen nur wenige Tage, der Testierende war hochbetagt. Die Frage, ob der Erblasser zum Zeitpunkt der Testamentserrichtung (noch) testierfähig war, muss dementsprechend mit den Kindern erörtert werden.

977 Der Anwalt muss sich vor Augen halten, dass der die Wirksamkeit einer letztwilligen Verfügung Angreifende, die Unwirksamkeitsgründe **darlegen und beweisen** muss. Der Erblasser ist bis zum Beweis des Gegenteils als testierfähig anzusehen.[22] Dies bedeutet, dass der Sachverhaltsaufklärung noch größere Bedeutung zukommt, als in praktisch allen übrigen Erbschaftsstreitigkeiten. Der Anwalt muss sich minutiös schildern lassen, worauf der Mandant seine Behauptung, der Erblasser sei nicht mehr in der Lage gewesen, wirksam einen rechtsgeschäftlich relevanten Willen zu bilden, stützt. Wichtig

22 BayObLG NJW-RR 1996, 1160; BGH FamRZ 1958, 127, KG FamRZ 2000, 912

ist das Verhalten des Erblassers und sein Zustand zum Zeitpunkt der Testamentserrichtung, die Krankheitsgeschichte, Beobachtungen von Freunden, Nachbarn, Bekannten, ja außenstehenden Personen, die zum Erblasser Kontakt hatten.

Praxis-Tipp:

Im Mittelpunkt aller Überlegungen stehen aber die Fragen: 978

- *Wie werden unabhängige Zeugen, in einer etwaigen gerichtlichen Auseinandersetzung befragt, reagieren?*
- *Was werden die Krankenhausärzte aussagen, was der Hausarzt?*
- *Liegt eine notarielle letztwillige Verfügung vor: Warum sollte dem Notar verborgen geblieben sein, dass der Erblasser testierunfähig war?*

Die Aussagen der **Zeugen,** die kraft Amtsstellung oder fachlicher Autorität 979 besonderes Gewicht haben – Ärzte, Notare, Richter, Rechtsanwälte – sind für den Ausgang des Verfahrens von entscheidender Bedeutung. Es hat in der Regel wenig Sinn, mit Äußerungen von Verwandten, wonach der Erblasser zeitlich und örtlich desorientiert gewesen sei, die Wirksamkeit eines **notariellen Testaments** zu bekämpfen. Der Notar muss seiner Pflicht nachkommen und vor der Beurkundung die Testierfähigkeit des Erblassers überprüfen, er vermerkt in aller Regel gemäß § 28 Beurkundungsgesetz seine Wahrnehmungen über die erforderliche Geschäftsfähigkeit des Erblassers in der Urkundsniederschrift. Erfolgreiche Angriffe gegen ein notarielles Testament empfehlen sich deshalb in der Regel nur, wenn erwartet werden kann, dass die behandelnden Ärzte das Angriffsziel mit medizinisch fundierten Aussagen unterstützen können und werden. Der Anwalt muss aber auch selbst über ein Mindestmaß an **medizinischen Grundkenntnissen** verfügen, um vor dem oder im Lauf des Verfahrens die »richtigen« Fragen stellen zu können.[23]

Ihm muss bekannt sein, dass Zeugen, die beruflich an der Testamentserrich- 980 tung mitgewirkt oder in ihrer Stellung als Ärzte mit dem Testator zu tun hatten, grundsätzlich berechtigt sind, das Zeugnis zu verweigern. Die **Schweigepflicht** besteht nach dem Tod des Erblassers fort.[24] Mit dieser Erkenntnis darf sich der Anwalt aber nicht begnügen. Er muss wissen, dass nicht etwa der Erbe oder derjenige, der das Testament angreift, über den Geheimnisschutz disponieren darf. Die Frage, ob eine **Befreiung vom Geheimnisschutz** besteht, hängt allein vom Willen des Erblassers ab, der auch konkludent erklärt sein kann.[25] Es muss abgewogen werden, ob der Erblasser unter Berücksichtigung seiner Interessen und Belange auf eine Geheimhaltung verzichten würde. Das Gericht hat, ggf auf Veranlassung des Anwalts, dem aussageunwilligen Ge-

23 Vgl Frieser, Die anwaltliche Praxis in Erbschaftssachen, Rn 144 ff; s auch den Aufsatz von Wetterling/Neubauer/Naubauer zur psychiatrischen Beurteilung der Testierfähigkeit Dementer ZEV 1995, 46

24 BGH NJW 1984, 2893 (fortdauernde Schweigepflicht des Arztes); BayObLG NJW 1966, 1664 (Rechtsanwalt); BayObLG NJW 1986, 332 (Steuerberater)

25 BGH NJW 1984, 2893

heimnisträger vor Augen zu halten, dass in der Regel der Wille des Erblassers dahin geht, Zweifel an der Testierfähigkeit aufzuklären.[26]

Praxis-Tipp:

981 *Es wäre mithin ein grober Fehler, wenn der Anwalt Angriffe gegen ein Testament deshalb unterließe, weil die einzigen Personen, die konkret zur Testierunfähigkeit aussagen können, der Schweigepflicht unterliegen.*

982 In Ausnahmefällen können die Grundsätze über den **Anscheinsbeweis** weiterhelfen. Dieser kommt in Frage, wenn die Testierunfähigkeit vor und nach der Testamentserrichtung festgestellt wurde.[27] In diesem Fall wird aber derjenige, der das Testament verteidigt, auf ein **»lichtes Intervall«** zum Zeitpunkt der Testamentserrichtung setzen. Die ernsthafte Möglichkeit eines solchen Intervalls reicht zur Erschütterung des ersten Anscheins aus. Das Vorliegen des »lichten Moments« muss derjenige beweisen, der sich auf dieses beruft.[28]

983 Im Streit um die Testierfähigkeit spielen **gutachterliche Feststellungen** eine erhebliche Rolle. Der Anwalt sollte darauf drängen, dass der **ärztliche Sachverständige** (in aller Regel ein Psychiater) von Anfang an bei der Vernehmung derjenigen Personen, die Kontakt zum Erblasser hatten, anwesend ist, wie dies auch die Rechtsprechung fordert.[29] Der Sachverständige hat sein Gutachten auf Antrag mündlich zu erläutern (§ 15 FGG iVm §§ 402, 397 ZPO). Das Gericht hat Zweifeln am Gutachten nachzugehen und muss bei groben Mängeln ein Obergutachten einholen.[30]

Musterformulierung:

984 *An das*
Amtsgericht
– Nachlassgericht –

In dem Nachlassverfahren des am 10.8.1995 verstorbenen Erhard Eigen

beantragen wir, den Chefarzt der Universitätsklinik Erlangen, Herrn Prof. Dr. Peter Huber, zur Frage zu vernehmen, ob der Erblasser zum Zeitpunkt der Errichtung der notariellen Verfügung am 7. 8. 1995 noch in der Lage war, die Bedeutung und Tragweite seiner Anordnungen einzusehen und nach dieser Einsichtsfähigkeit zu handeln.

---

26 BGHZ 91, 392; BayObLG NJW-RR 1991, 1287; Palandt/Edenhofer BGB § 2358 Rn 5 f
27 OLG Köln NJW-RR 1991, 1412, Palandt/Edenhofer BGB § 2229 Rn 13
28 BayObLG ZEV 1994, 303; BayObLG FamRZ 1999, 819 f: Nachlassgericht muss von anhaltender Testierunfähigkeit überzeugt sein
29 BGH NJW 1962, 1770
30 BGHZ 53, 258; BayObLG Rechtspfleger 1988, 67

Begründung:

1. *Ausweislich des anliegend beigegebenen Arztberichtes litt der Erblasser an einem hirnorganischen Psychosyndrom. Er wurde während der letzten zwei Jahre vor seinem Tod wiederholt ambulant und zweimal (jeweils für vierzehn Tage) stationär in der Universitätsklinik behandelt. Wie sich aus dem Arztbericht ergibt, stellten die Ärzte bei der Anamnese fest, dass der Erblasser zeitlich und örtlich desorientiert war und auch einfache Fragen (nach Alter, Wohnort etc) nicht oder nur mit Schwierigkeiten beantworten konnte.*

   Der Errichtung des Testaments war die zweite der eben genannten stationären Behandlungen unmittelbar vorausgegangen. Der Erblasser war ausweislich des Entlassungsberichtes, der den Antragsgegnern nicht vorliegt, von dessen Vorhandensein sie aber wissen, nur »bedingt« wiederhergestellt. Er musste Medikamente einnehmen, die seine Wahrnehmungs- und Einsichtsfähigkeit erheblich einschränkten.

   Der Zeuge Prof. Huber hat, von den Antragsgegnern auf die fehlende Testierfähigkeit im Zeitpunkt der Errichtung des notariellen Testaments angesprochen, erklärt, er werde sich nicht äußern, auch nicht im Rahmen einer gerichtlichen Befragung, weil er sich an seine »Schweigepflicht« gebunden fühle. Es besteht deshalb Anlass, den Zeugen darauf hinzuweisen, dass zwar die Schweigepflicht nicht schlechthin mit dem Tod entfällt, jedoch auf den mutmaßlichen Willen des Erblassers abzustellen ist. Diesem Willen entspricht es im Allgemeinen, und auch im vorliegenden Fall, Zweifel über die Testierfähigkeit auszuräumen (vgl BGH NJW 1984, 2893).

2. *Wir beantragen weiter, das Pflegepersonal zu vernehmen, insbesondere die Krankenschwestern Ingrid Bauer und Roswitha Müller. Die Zeuginnen können bestätigen, dass der Erblasser sich während seines Klinikaufenthalts, unmittelbar vor Errichtung des notariellen Testaments die meiste Zeit in einem Dämmerzustand befand, und nicht in der Lage war, mit dem an das Krankenbett gerufenen Notar eine Unterhaltung zu führen. Dieser Zustand hielt bis zur Entlassung an und konnte sich in den wenigen Tagen bis zum Notartermin nicht gebessert haben.*

   Beweis: *Zeugnis der beiden obengenannten Zeuginnen, zu laden über die Universitätsklinik Erlangen;*
   Einholung eines Sachverständigengutachtens

Rechtsanwalt

3. Verstoß gegen § 2065 BGB

Eine häufig unterschätzte Möglichkeit, eine dem Mandanten unliebsame letztwillige Verfügung zu Fall zu bringen, stellen die in § 2065 BGB geregelten Unwirksamkeitsgründe dar. Die vom Gesetz geforderte **Höchstpersönlichkeit** der Testamentserrichtung hat zur Folge, dass eine letztwillige Verfügung nur dann gültig ist, wenn der Erblasser weder die Bestimmung über die Gültigkeit 985 der Verfügung (§ 2065 I BGB), noch die Bestimmung der Person des Zuwendungsempfängers oder des Gegenstands der Zuwendung (§ 2065 II BGB) einem Dritten überlassen.

986 Nicht immer liegt die Anwendbarkeit des § 2065 BGB bzw die Frage, ob diese Vorschrift zur Nichtigkeitsfolge führt, auf der Hand. Am ehesten ist dies noch dann der Fall, wenn der Testator sich an einen **Dritten** wendet und diesem **Ermessensspielraum** einräumt. Ist dieser Spielraum darauf gerichtet, die Gültigkeit des Testaments zu bestätigen oder in Frage zu stellen, wird jeder, der aus dem Testament Rechte herleitet oder es für unwirksam hält, die letztwillige Verfügung auf den Prüfstand des § 2065 BGB stellen. Anderes sieht es schon aus, wenn es um die **Auswahl** des Bedachten geht. Testamente, in denen die Erbeinsetzung von bestimmten **Qualifikationen** des Erben abhängig gemacht wird, sind nicht selten.

987 Insbesondere bei der Auswahl eines Unternehmensnachfolgers finden sich oft Formulierungen wie: der Nachfolger solle der »am besten Geeignetste« oder der »wirtschaftlich Tüchtigste« sein. Grundsätzlich muss der Erblasser die als Erbe vorgesehene Person nicht individuell, aber doch so eindeutig bestimmen, dass »jede Willkür eines Dritten«[31] ausgeschlossen ist. Die Auswahl kann einem Dritten überlassen werden, sofern das Testament so genaue Hinweise enthält, dass die Auswahlentscheidung von jeder mit genügender Sachkunde ausgestatteten Person erfolgen kann, ohne dass deren Ermessen an die Stelle des Ermessens des Erblassers gesetzt wird.[32] Gibt der Erblasser so **genaue Kriterien** vor, dass die Auswahl aus einem eng begrenzten Personenkreis erfolgt und sich die »geeignetste Person« gleichsam aufdrängt, müssen Bemühungen, das Testament über § 2065 BGB »zu kippen«, scheitern.[33]

988 Ein »Gespür« für problematische Fälle, für Fallkonstellationen, die dem Anwendungsbereich des § 2065 BGB unterworfen werden können, obwohl man nicht »auf den ersten Blick« an das Auswahlermessen eines Dritten denkt, gewinnt man, wenn man sich zunächst einige von den Gerichten entschiedene Fälle vor Augen führt.

■ **Unwirksam** sind Verfügungen wie:

989 ➢ »Mein Testamentsvollstrecker hat das Recht, zu entscheiden, welches meiner beiden Testamente gelten soll.«[34]

➢ »Mein Testamentsvollstrecker bestimmt, wann der Nacherbfall eintritt.«[35]

➢ »Der überlebende Ehepartner kann entscheiden, ob er es bei den Anordnungen des Ehegattentestaments belässt oder diese widerruft.«[36]

31 Palandt/Edenhofer BGB § 2065 Rn 4; BayObLG FamRZ 1991, 610
32 BGHZ 15, 199; BGH NJW 1965, 2201
33 Hayer ZEV 1995, 247
34 LG Leipzig JW 1922, 629
35 BGHZ 15, 199
36 RGZ 79, 32

- »Mein Vorerbe trifft die Auswahl des Nacherben unter den würdigsten meiner Verwandten.«[37]
- »Mein Erbe ist irgendeine Blindenanstalt in Köln oder Umgebung.«[38]
- »Erbe ist derjenige, der die Beerdigung übernimmt.«[39]
- »Hoferbe ist dasjenige meiner Enkelkinder, das am besten für die Landwirtschaft geeignet ist.«[40]

■ **Wirksam** sind dagegen folgende Verfügungen:

- »Meine Ehefrau kann entscheiden, ob sie die Erbeinsetzung annimmt oder nicht.«[41] 990
- »Erbe soll derjenige meiner beiden Großneffen sein, den meine Nichte als den Geeignetsten erachtet, unter den heutigen schwierigen Verhältnissen das Gut zu bewirtschaften und in sozialem Geiste zu wirken.«[42]
- »Mein Rechtsnachfolger ist derjenige aus dem Kreis meiner Nichten und Neffen, der als Erster eine betriebs- oder volkswirtschaftliche Ausbildung absolviert und praktische Erfahrungen in der Wirtschaft in Form eines mehrjährigen Betriebspraktikums oder zumindest einer Banklehre sammelt.«
- Sollte der Überlebende von uns wieder heiraten, so sind unsere gemeinsamen Abkömmlinge (nach Stämmen) zu Nacherben des Verstorbenen berufen. Der Überlebende kann jedoch bestimmen, welchem der Erben bzw Nacherben die Siedlungsstelle allein unter Lebenden oder von Todes wegen übertragen werden soll.«[43]

In den nicht seltenen Fällen der Auswahlentscheidung ist die Bandbreite der in Rechtsprechung und Literatur vertretenen Auffassungen groß: Ob man Vorgaben nur dann als zulässig ansieht, wenn für die Auswahl ganz klare Kriterien genannt sind,[44] oder fordert, dass der Personenkreis, aus dem der Bedachte ausgewählt werden soll, so klein sein müsse, dass der Auswählende ihn unschwer übersehen kann,[45] mag dahinstehen. 991

---

37 LG München I FamRZ 1998, 1261
38 LG Bonn Rechtspfleger 1989, 63
39 LG Magdeburg Rechtspfleger 1999, 493
40 BGH NJW 1965, 2201
41 Palandt/Edenhofer BGB § 2065 Rn 2: Es ist zulässig, die Wirksamkeit einer Verfügung der Entscheidung des Erben zu unterstellen, nachdem dieser über die Ausschlagung frei entscheiden kann; vgl aber die Bedenken von Leipold in MüKo, BGB § 1942 Rn 7: Der Erblasser darf die gesetzliche Ausschlagungsfrist weder verkürzen noch verlängern oder für die Erklärung der Annahme oder Ausschlagung einen anderen Inhalt oder eine andere Form als das Gesetz vorschreiben; großzügiger: Staudinger/Otte BGB § 1942 Rn 5, § 2065 Rn 18
42 RGZ 159, 296
43 Im Rahmen eines Ehegattentestaments: OLG Hamm FamRZ 2000, 446
44 Zu unbestimmt: »Neigung, allgemeine Fähigkeiten und Charaktereigenschaften«, OLG Celle RdL 1955, 137
45 Unzulässig: Auswahl des Hoferben aus 19 Nachkommen von Geschwistern des Erblassers, OLG Hamm RdL 1961, 45

Praxis-Tipp:

992 *Entscheidend ist, dass in diesen Fällen der Anwalt sich ohne weiteres einen Überblick über den Meinungsstand verschaffen und die jeweils für den Mandanten günstige Position begründen muss.*[46]

993 Problematisch sind die Fälle der Erbeinsetzung unter einer Bedingung. **Bedingte Verfügungen** sind grundsätzlich zulässig; Bedingung kann auch das Tun und/oder Unterlassen des Bedachten oder eines Dritten sein, wenn es sich auf den Gegenstand einer Zuwendung auswirkt.[47] Wie weit die Möglichkeit der Einflussnahme eines Dritten durch Einschaltung einer Bedingung geht, zeigt die Zulässigkeit der folgenden Formulierung:

»Zu meinen Erben setzte ich diejenigen Kinder ein, die mein überlebender Ehegatte als Adoptivkinder in sein Heim aufnimmt.«[48]

994 Unbedenklich ist es auch, eine Person unter der Bedingung einzusetzen, dass sie bestimmte Handlungen vornimmt oder nicht vornimmt. Kriterium für die Abgrenzung von unzulässigen Bedingungen soll das Motiv des Erblassers sein: die Bedingung soll dann zur Nichtigkeit führen, wenn der Erblasser hinsichtlich seiner Entscheidung **unentschlossen** war, zulässig soll sie dagegen sein, wenn er für den Fall des Eintritts oder Nichteintritts einen **bestimmten Willen** gehabt habe. Zu Recht wird in der Literatur darauf hingewiesen, dass das vom Bundesgerichtshof aufgestellte Kriterium der »Unentschlossenheit« zur Abgrenzung wenig geeignet ist.[49] Im Schwebezustand, der durch die Bedingung herbeigeführt wird, manifestiert sich in aller Regel die noch nicht abgeschlossene Willensbildung des Erblassers. Aber auch durch ein anderes Kriterium, nämlich dasjenige der **»Interessiertheit«,** wird die Frage nicht beantwortet, inwieweit sich der Erblasser einer eigenen Willensentscheidung entzogen hat.[50]

995 Wer im Rahmen des § 2065 BGB für oder gegen die Unwirksamkeit einer letztwilligen Verfügung argumentiert, muss die von der Rechtsprechung mittlerweile herausgearbeiteten **Sonderfallgruppen** kennen:

➢ Änderungsermächtigung bei **Nacherbfolge:**[51]
Die herrschende Meinung hält die Einsetzung eines Nacherben unter der Bedingung, dass der Vorerbe nicht anderweitig verfügt, für zulässig.[52]

---

46 Vgl die Rechtsprechungs- und Literaturhinweise bei Palandt/Edenhofer BGB § 2065 Rn 4 ff
47 Staudinger/Otte BGB § 2065 Rn 13
48 BayObLG NJW 1966, 622; OLG Köln Rechtspfleger 1984, 236
49 Staudinger/Otte BGB § 2065 Rn 14
50 Für dieses Kriterium: Staudinger/Otte BGB § 2065 Rn 13
51 Palandt/Edenhofer BGB § 2065 Rn 8; siehe hierzu auch die Ausführungen bei Frieser, Anwaltliche Strategien im Erbschaftsstreit, S 189 ff
52 Kritisch: MüKo-Leipold BGB § 2065 Rn 10

- Entscheidung durch **Schiedsrichter** oder Schiedsgutachter:[53]
  Wenn der Schiedsrichter an die Stelle eines ordentlichen Gerichts tritt und nicht den Erblasserwillen ersetzt, liegt kein Verstoß gegen § 2065 BGB vor.
- Anordnung eines **Losentscheides** zur Feststellung des Erben wird als zulässig angesehen.[54]

Die Entscheidung über die Wirksamkeit oder Nichtigkeit ist im Einzelfall schwierig. Sie hängt oft am »seidenen Faden«. Streiten die Parteien über die Reichweite des § 2065 BGB, ist es deshalb gerechtfertigt, eher als in vielen anderen Fällen »weit auszuholen« und über den Einzelfall hinaus unter Bezugnahme auf von der Rechtsprechung bereits entschiedene Fälle, aber auch unter Aufarbeitung der wissenschaftlichen, ja rechtshistorischen Diskussion, die eigene Position zu stärken. Wie weit dies gehen kann, zeigt das folgende Muster zur Verteidigung der Klausel: 996

Musterformulierung:

»Meiner Ehefrau wird überlassen, unter meinen vier Kindern die Geeignetste oder den Geeignetsten zur Unternehmensfortführung auszuwählen.« 997

Im Schriftsatz vom 4. 5. 1998 hat die Antragsgegnerin die Auffassung vertreten, die Auswahlklausel verstoße wegen der Unbestimmtheit des Auswahlermessens gegen § 2065 II BGB.

Diese Auffassung ist unzutreffend.

Nachdem es um wirtschaftlich und persönlich einschneidende, ja bedeutende Fragen geht, ist es gerechtfertigt, sich näher mit Sinn und Zweck der Regelung des § 2065 BGB und dessen rechtshistorischer Einordnung zu befassen:

§ 2065 BGB ergänzt in materieller Hinsicht die formelle Regelung des § 2064 BGB: Während § 2064 BGB ein Vertretungsverbot anordnet (»Der Erblasser kann ein Testament nur persönlich errichten.«), betrifft § 2065 BGB die inhaltliche Seite der Testamentserrichtung: Der Erblasser darf die Entscheidung darüber, ob seine letztwillige Verfügung gelten soll oder nicht, keinem Dritten überlassen. Die Gesetzesverfasser verwiesen darauf, es sei dem Erblasser untersagt, aus »Unentschlossenheit oder Verantwortungsscheu« einen eigenen Entschluss über Geltung und Inhalt seiner Verfügungen durch die Willensentscheidung eines Dritten zu ersetzen, diesem zu gestatten, den Erblasserwillen erst zu schaffen« (Mot. V 35, 41). Damit folgte der Gesetzgeber keineswegs einem allgemein anerkannten Grundsatz des Naturrechts, auch keinem Prinzip, das etwa die Zeiten überdauert hätte. Wie Zimmermann (»Quos Titius voluerit«, höchstpersönliche Willensentscheidung des Erblassers oder »Power of appointment« 1991, S 10 ff) gezeigt hat, haben verschiedene Rechtsordnungen zu verschiedenen Zeiten den Grundsatz der Selbstentscheidung hochgehalten oder im Gegensatz dazu die Privatautonomie des Erblassers betont, dem es auch gestattet sein müsse, sich der Hilfe oder der Entscheidungsbefugnis Dritter zu bedienen. Dies geht

53 Soergel/Loritz BGB § 2065 Rn 9
54 Staudinger/Otte BGB § 2065 Rn 13 gegen MüKo-Leipold, BGB § 2065 Rn 14

*etwa aus der Bestimmung des **§ 2086 BGB des Sächsischen Gesetzbuches** hervor:*

»Der Erblasser kann die Person des Bedachten oder den Gegenstand seiner Verfügung von dem Willen eines oder mehrerer bestimmter Dritter abhängig machen.«

Dem entspricht es, dass die Rechtsprechung von der reichsgerichtlichen Judikatur über diejenige des Bundesgerichtshofs – in weitgehendem Umfang den Erblasserwillen auch dann zum Erfolg verholfen hat, wenn eine der denkbaren Auslegungen eine Willensdelegation als möglich ansah. So hat das Reichsgericht der Einsetzung der Nichte des Erblassers als Nacherbin unter der Bedingung, dass die Ehefrau des Erblassers nicht anderweitig verfüge, als zulässig angesehen: Der Erblasser habe mit der erteilten Ermächtigung nur eine in das Unterlassen des Erben gestellte Bedingung gesetzt, von deren Eintritt der Anfall an die eingesetzte Nacherbin abhängig sein sollte. Auch eine in das Tun oder Unterlassen des Bedachten selbst gestellte Bedingung ist zulässig, wie sich aus § 2065 BGB ergibt (RGZ 95, 278). Diese Auffassung hat der Bundesgerichtshof (BGHZ 15, 201) bestätigt: § 2065 BGB verlange nur, dass die willkürliche Entscheidungsbefugnis eines Dritten ausgeschlossen werde. Dies bedeute für die Frage, inwieweit der Erblasser durch die Anordnung von Bedingungen die Selbstentscheidung delegieren könne:

»Die Frage, welche an das Tun oder Unterlassen eines Dritten geknüpfte Bedingungen nach § 2065 BGB zulässig sind, entscheidet sich danach, was der Erblasser damit, dass er die Bedingung setzte, bezweckt hat. Es ist unzulässig, wenn er hinsichtlich der von ihm selbst zu treffenden Entscheidung unentschlossen war und die Bedingung von ihm nur als Mittel genutzt wird, um den Entschluss dem Bedachten oder dem Dritten zu überlassen.«

Enthält ein Testament unklare Anordnungen, muss zunächst versucht werden, den erklärten Willen des Erblassers im Wege der Auslegung festzustellen. Dies gilt auch und gerade im Rahmen des § 2065 BGB (Münchener Kommentar/Leipold § 2065 Rn 3). Der Grundsatz der Privatautonomie gebietet es, nach Auslegungsergebnissen zu suchen, die dem Willen des Erblassers zur Umsetzung verhelfen, und nicht – wie der Schriftsatz vom 4. 5. 1998 es versucht – der Nichtigkeit anheim zu geben. Anders formuliert: die Darlegungslast liegt bei demjenigen, der dem Testament des Erblassers die Wirksamkeit versagt. Plakativ formuliert (vgl Wubbe, Der Wille des Erblassers bei Iav.D. 32, 100, 1, in: Festgabe für Max Kaser 1986, S 371):

»Hauptanliegen der Jurisprudenz war es wohl immer, dem Verstorbenen seinen letzten Willen zu erfüllen.«

Dies muss dazu führen, dass die vorliegende Klausel, in der der Witwe des Erblassers die Auswahl des Erben aus dem Kreis ihrer Kinder überlassen wird, wirksam ist. Hierbei wird nicht verkannt, dass in der Regel der Bedachte testamentarisch so bestimmt werden soll, dass der Dritte nicht eigenes Ermessen an die Stelle der Auswahlentscheidung des Erblassers setzt. Es ist jedoch ohne weiteres möglich, die Witwe des Erblassers als unter der Auflage als Erbin eingesetzt anzusehen, dass sie die Erbschaft dem für die Fortführung des Unternehmens am geeignetsten erscheinenden Kind überträgt. Dass die Witwe mit erheblichen Macht- und Kontrollbefugnissen versehen sein sollte, zeigen die übrigen

Klauseln des Testaments, insbesondere auch die gegenständliche Zuwendung des beweglichen und unbeweglichen Privatvermögens des Erblassers. Dass dieses im Verhältnis zur Gesellschaftsbeteiligung nur einen geringen Bruchteil des Vermögens ausmacht, spielt keine Rolle. Wichtig ist, dass der Erblasser seiner Witwe die Befugnis einräumen wollte, nach Inbesitznahme des gesamten Vermögens darüber zu entscheiden, wer die Geschäfte der Firma fortführt. Dies kann die Antragstellerin nur, wenn sie bei der Auswahl weite Freiheit genießt. Dieses Auswahlermessen wiederum kann der Erblasser dem Bedachten durch Anordnung einer Auflage im Sinne des § 2193 BGB vorgeben. Nach dieser Vorschrift kann die Bestimmung der Person, an welche die Leistung erfolgen soll, dem Beschwerten überlassen werden.

Rechtsanwalt

Das vorstehende Beispiel zeigt, dass durch die Anordnung von Vermächtnissen und Auflagen der Anwendungsbereich des § 2065 BGB unterlaufen bzw eingeschränkt werden kann. Mit einem Vermächtnis können beispielsweise mehrere Begünstigte in der Weise bedacht werden, dass der Beschwerte oder ein Dritter zu bestimmen hat, wer von ihnen das Vermächtnis erhalten soll, §§ 2151 f BGB. Bei einem Vermächtnis an mehrere kann dem Beschwerten oder einem Dritten das Recht übertragen werden, zu bestimmen, was jeder von dem vermachten Gegenstand erhalten soll, § 2153 BGB. Beim Vermächtnis und bei der Auflage kann dem Beschwerten oder einem Dritten die Auswahl unter mehreren vom Erblasser angegebenen Gegenständen übertragen werden, §§ 2154, 2192 BGB. Darüber hinaus kann bei Vermächtnissen und Auflagen, deren Zweck vom Erblasser bestimmt ist, die Bestimmung der Leistung dem billigen Ermessen des Beschwerten oder eines Dritten überlassen werden, §§ 2156, 2192 BGB. 998

Praxis-Tipp:

> *Geht das Gericht von einem Verstoß gegen § 2065 BGB aus, muss nicht zwangsläufig die gesamte letztwillige Verfügung nichtig sein. Der mit § 2065 BGB und der möglichen Nichtigkeitsfolge konfrontierte Anwalt muss an § 2085 BGB denken.* 999

Die **teilweise Unwirksamkeit** einer vom mehreren in einem Testament enthaltenen Verfügungen hat die Unwirksamkeit der übrigen Verfügungen nur zur Folge, wenn anzunehmen ist, dass der Erblasser ohne die unwirksame Verfügung die restlichen Verfügungen des Testaments nicht getroffen hätte. Dies gilt auch und gerade für die Fälle des § 2065 BGB. Erfolgte die Erbeinsetzung unter einer **auflösenden Bedingung,** kann diese in der Regel sachlich und logisch vom übrigen Regelungsgehalt des Testaments abgegrenzt werden. Die Nichtigkeitsfolge bezieht sich danach nur auf die Bedingung, der übrige Inhalt des Testaments bleibt wirksam.[55] 1000

55 Staudinger/Otte BGB § 2065 Rn 65

4. Sittenwidrigkeit

1001 Auch hier muss der Anwalt genau unterscheiden zwischen einer auf persönlicher Enttäuschung gründenden Empörung und der möglichen Durchsetzbarkeit der Interessen seiner Mandanten. Sittenwidrig können letztwillige Verfügungen sein, wenn

➢ **der Erblasser seine nächsten Angehörigen übergangen hat.**

1002 Der Erblasser kann jedoch grundsätzlich über sein Vermögen verfügen, wie es ihm beliebt. Es verstößt deshalb nicht gegen § 138 BGB, unter **Übergehung der nächsten Familienangehörigen** einen Freund oder ein nichteheliches Kind zum Universalerben einzusetzen.[56] Nur in Ausnahmefällen, nämlich wenn der Erblasser durch die Ausschließung der Angehörigen von der Erbfolge Druck auf deren **Entschließungsfreiheit** ausüben wollte, kann sein letzter Wille gemäß § 138 BGB nichtig sein. Die in der Kommentarliteratur[57] genannten Fälle (Beispiel: Abhängigmachen der Erbeinsetzung von der Ehelosigkeit des Bedachten) zeigen bereits den Ausnahmecharakter eines derartigen Vorwurfs.

➢ **der Erblasser seine(n) Geliebte(n) bedacht hat.**

1003 Es reicht nicht aus, dass zwischen dem Verfügenden und dem Bedachten eine außereheliche Liebesbeziehung bestanden hat. Sittenwidrigkeit kommt nur dann in Betracht, wenn die Zuwendung ausschließlich den Zweck hatte, die **geschlechtliche Hingabe** zu belohnen oder zu fördern.[58] Eine Vermutung, dass die Zuwendung an den Partner einer außerehelichen Beziehung eine Belohnung für die Aufrechterhaltung sexueller Beziehungen darstellt, besteht – entgegen der Rechtsprechung bis Anfang der 70er Jahre – nicht.[59]

➢ **der Erblasser einem behinderten Kind Zuwendungen gemacht hat, um diese dem Zugriff des Trägers der Sozialhilfe zu entziehen.**

1004 Derartige Verfügungen unterliegen zwar Bedenken,[60] sind aber nach Auffassung des Bundesgerichtshofs nicht sittenwidrig,[61] nachdem nach »allgemeiner Rechtsüberzeugung« Eltern ihrem **behinderten Kind** nicht einen über dem Pflichtteil hinausgehenden Erbteil hinterlassen müssen.[62] Zulässig ist es auch, das behinderte Kind zum Vorerben zu berufen und Testamentsvollstreckung (§§ 2209, 2210 S 2 BGB) anzuordnen, um so den Sozialhilfeträger von den Nachlassgegenständen fernzuhalten (§ 2214 BGB).

56 OLG Hamm OLGZ 1979, 425; BayObLG NJW 1990, 2056; NJW 1998, 2369: Kinder des Lebensgefährten und Betreuers statt eigenem Sohn
57 Palandt/Heinrichs BGB § 138 Rn 49
58 BGHZ 112, 262; 53, 375; 77, 59
59 BGH FamRZ 1971, 638
60 Goebel FamRZ 1997, 656
61 BGHZ 111, 39; 123, 369; VG Lüneburg NJW 2000, 1885
62 Nieder NJW 1994, 1264

In dieser Fallgestaltung ist es üblich, den Testamentsvollstrecker anzuweisen, bestimmte Leistungen aus den Erträgnissen dem Behinderten zu erbringen, ohne dass der Sozialhilfeträger die Erträgnisse nach den §§ 88, 89, 76 ff BSHG für sich verwenden könnte.[63]

5. Zuwendung an Personen in besonderer Stellung oder an Angehörige bestimmter Berufsgruppen (Heimgesetz, BAT)

Praxis-Tipp:

> *In allen Fällen, in denen Begünstigter einer letztwilligen Verfügung ein **Angehöriger des öffentlichen Dienstes** oder ein **Mitarbeiter des Heimes** ist, in dem der Erblasser zuletzt wohnte, muss der Anwalt an Nichtigkeitsgründe denken, die sich aus speziellen gesetzlichen Vorschriften ergeben.* 1005

Eine letztwillige Verfügung kann wegen Verstoßes gegen ein gesetzliches Verbot nichtig sein, wenn 1006

➢ **dem Leiter, den Beschäftigten oder sonstigen Mitarbeitern einer Heimeinrichtung Vermögensvorteile durch die letztwillige Verfügung zufließen.**

Das Verbot der Annahme von Vermögensvorteilen im Sinne des **§ 14 Heimgesetz**[64] führt nach nahezu einhelliger Auffassung in Rechtsprechung und Literatur[65] zur Nichtigkeit der Verfügung. Dieses Verbot gilt auch für Zuwendungen von Heimbewerbern[66] und von Eltern von Heimbewohnern.[67] Letztwillige Verfügungen sind aber nicht unwirksam, wenn der Bedachte von diesen nicht unterrichtet war, vielmehr erst nach dem Tod des Erblassers von ihnen erfährt, wobei sich allerdings der Heimträger das Wissen des Heimpersonals zurechnen lassen muss.[68] 1007

63 Van de Loo NJW 1990, 2852; Ob der Sozialhilfeträger auch das Ausschlagungsrecht gemäß § 90 I 1 BSHG auf sich überleiten kann, ist umstritten. Verneinend mit der Begründung, es handele sich bei diesem um ein Gestaltungsrecht und nicht um einen Anspruch: Kuchinke FamRZ 1992, 362 f; aA: Die hM, vgl Nieder NJW 1994, 1265 mwN, insb Fn 4

64 Das Verbot ist verfassungsgemäß: BVerfG NJW 1998, 2964; auch Kleinstheime werden erfasst: BayObLG NJW-RR 1999, 1454

65 BGHZ 110, 237; OLG München ZEV 1996, 148; Palandt/Heinrichs BGB § 134 Rn 19

66 BGH NJW-RR 1995, 1272

67 LG Flensburg NJW 1993, 1866

68 BayObLG NJW 1992, 56; 1993, 1143; OLG Karlsruhe ZEV 1996, 146

- **Angestellte des öffentliches Dienstes sowie Beamte dürfen gemäß § 10 BAT, § 43 Beamtenrechtsrahmengesetz bzw § 70 Bundesbeamtengesetz Zuwendungen, die nicht hauptsächlich in der privaten Sphäre begründet sind, nicht annehmen.**

1008 Umstritten ist bei derartigen Zuwendungen die Reichweite des § 134 BGB: Während eine Auffassung in der Literatur[69] die Anwendung des § 134 BGB uneingeschränkt bejaht, vertreten abweichende Stimmen die Auffassung, die **beamten- und tarifrechtlichen Bestimmungen** beträfen nur das Beschäftigungsverhältnis, unterlägen jedoch keiner zivilrechtlichen Sanktion.[70] Diese Diskussion kann für den Einzelfall von erheblicher Bedeutung sein, wenn man sich vor Augen hält, dass nicht selten in Tarifverträgen, etwa von Sparkassenangestellten, die Vorschriften des BAT in Bezug genommen werden. Hierdurch weitet sich der Kreis der Adressaten, die möglicherweise »gesetzwidrig« bedacht sind, aus, mit der Folge, dass bei Anwendung der nötigen juristischen Kreativität letztwillige Verfügungen erfolgreich angreifbar sind, die zunächst unantastbar erschienen.

6. Verstoß gegen Formvorschriften

1009 In aller Regel lässt sich »auf den ersten Blick« feststellen, ob Angriffe gegen das Testament im Hinblick auf etwaige Formbedenken möglich sind. Aber auch hier gilt: Juristische Phantasie eröffnet weitergehende Angriffsmöglichkeiten als zunächst Erfolg versprechend erscheint. Genannt seien folgende praxisrelevanten Fallgestaltungen:

a. Bei eigenhändigen Testamenten:

1010
- **Minderjährige oder Leseunfähige** können kein eigenhändiges Testament errichten, § 2247 IV BGB.
- Zweifel am Testierwillen sind angebracht, wenn der letzte Wille als **Brief** formuliert ist oder Umstände vorliegen, die auf einen Entwurf hindeuten.[71]
- An der Voraussetzung der **»eigenhändigen Unterschrift«** im Sinne des § 2247 I BGB kann gezweifelt werden, wenn ein Dritter an der Niederschrift mitwirkt **(»Schreibhilfe«).** Solange der Schriftzug noch vom Willen des Erblassers abhängig bleibt, ist das Erfordernis der Eigenhändigkeit gewahrt.[72]
- **Zusätze** in Maschinenschrift machen die Anordnung des Erblassers ungültig, wenn anzunehmen ist, dass der Erblasser nicht ohne die unwirk-

69 Stach NJW 1988, 943
70 Soergel/Stein BGB § 1923 Rn 11
71 BayObLG Rechtspfleger 1980, 189; BayObLG NJW 1970, 2300; FamRZ 1999, 534; Notizbucheintragung als formwirksames Testament: Krappenberg ZEV 2000, 366 f; Bloße Bankvollmacht reicht nicht aus: BayObLG FGPrax 2000, 151
72 BGHZ 47, 68

same Ergänzung verfügt hätte, § 2085 BGB.[73] Unwirksamkeit ist auch anzunehmen, wenn die maschinenschriftlichen Zusätze von derartiger Bedeutung sind, dass der verbleibende, wirksam errichtete Text nicht ausreicht, um den letzten Willen des Erblassers nachvollziehbar zu machen.[74]

➢ Die **Bezugnahme** auf nicht den Voraussetzungen des § 2247 I BGB unterliegende Schriftstücke, etwa einen Maschinen geschriebenen Text, kann zur Unwirksamkeit führen. Dies gilt nur dann nicht, wenn der wesentliche Wille des Erblassers (Erbeinsetzung, Begünstigter, Gegenstand der Zuwendung, Quote) aus dem Testament selbst hervorgeht, die Bezugnahme also nur der Erläuterung oder Auslegung dient.[75]

➢ Die **Unterschrift** muss den Text **abschließen.** Die Rechtsprechung fordert den »räumlichen Abschluss« durch die Unterschrift, um nachträglichen Zusätzen von fremder Hand vorzubeugen.[76] Wird die Unterschrift neben den Text oder auf ein neues Blatt der Urkunde gesetzt, weil unter den Anordnungen des Erblassers kein Raum mehr ist, lassen die Gerichte das »Erscheinungsbild« der gesamten Urkunde entscheiden. Ergibt der Gesamteindruck, dass der Text von der Unterschrift gedeckt ist, wird das Testament als wirksam angesehen.[77] Die **Selbstbenennung** des Erblassers am Anfang der Urkunde stellt keine Unterschrift im Sinne des § 2247 I BGB dar.[78]

Dagegen kann die Namensunterschrift auf dem **Testamentsumschlag** das Formerfordernis erfüllen, wenn der Gesamteindruck ergibt, dass es sich bei der Unterschrift auf dem Umschlag um die äußere Fortsetzung und den Abschluss der im Umschlag vorhandenen Erklärungen des Erblassers handelt.[79] 1011

Bei allen eben genannten Zweifelsfällen gilt: Ein äußerlich formgültiges Testament begründet die tatsächliche Vermutung, dass es formwirksam vom Erblasser errichtet wurde.[80] Gelingt es dem Angreifer, diese Vermutung zu erschüttern, ist derjenige, der sich auf das Testament beruft, nach allgemeinen Grundsätzen für die Einhaltung der Wirksamkeitsvoraussetzungen **beweispflichtig,** er muss insbesondere die Echtheit der Unterschrift, die eigenhändige Errichtung des Textes und den Testierwillen des Erblassers beweisen.[81] Die Beweismittel müssen die volle Überzeugung des Gerichts von den zu beweisenden Tatsachen begründen. Bleiben nach Durchführung aller Ermittlungen (im Erbscheinverfahren: § 2358 BGB iVm §§ 12, 15 FGG) Zweifel an der 1012

73 BayObLG FamRZ 1986, 726
74 Nieder, Handbuch der Testamentsgestaltung, Rn 1076
75 BGH WM 1980, 1039; OLG Zweibrücken NJW-RR 1989, 1413
76 BayObLGZ 1981, 79
77 BayObLG FamRZ 1986, 728
78 BayObLG NJW-RR 1986, 494; 1989, 9
79 RGZ 110, 166; BayObLG NJW-RR 1989, 9
80 BayObLG 1970, 2300
81 BayObLG FamRZ 1985, 837; NJW-RR 1988, 389; Nieder, Handbuch der Testamentsgestaltung, Rn 1087

Echtheit der letztwilligen Verfügung, ist diese nicht für die Erbfolge maßgeblich; das Nachlassgericht wird aufgrund der umstrittenen letztwilligen Verfügung keinen Erbschein erteilen.[82]

b. Bei öffentlichen Testamenten im Sinne des § 2232 BGB:

1013 Eine von einem Notar beurkundete Verfügung von Todes wegen ist insoweit unwirksam, als sie dem Notar selbst, seinem jetzigen oder früheren Ehegatten oder näher verwandten Personen einen **Vorteil** bringt (§ 7 BeurkG). Bedacht ist der Notar bzw eine der im Gesetz als ihm nahestehend bezeichneten Personen, wenn sich eine **unmittelbare Begünstigung** als Folge der letztwilligen Verfügung ergibt.[83] Erlangt der Notar in irgendeiner Weise durch die letztwillige Verfügung einen Vorteil, muss akribisch geprüft werden, ob dieser nur als »ideeller« anzusehen ist, mit der Folge, dass die Nichtigkeitsfolge nicht eingreift oder ob dem Notar ein »rechtlicher Vermögensvorteil« zugewendet wurde.[84] Unwirksam ist auch eine Verfügung, in der der Notar zum **Testamentsvollstrecker** ernannt wird (§ 27 BeurkG). Ein Verstoß gegen die §§ 7, 27 BeurkG liegt dagegen nicht vor, wenn ein Sozius des Notars Testamentsvollstrecker wird, selbst dann nicht, wenn der Notar an der Vergütung aufgrund entsprechender Vereinbarungen im Sozietätsvertrag beteiligt ist.[85]

1014 Zu beachten ist in diesem Zusammenhang auch ein möglicher Verstoß gegen **§ 45 BRAO:** Die Vorschrift führt als Verbotsgesetz im Sinne des § 134 BGB[86] zur Nichtigkeit der notariell beurkundeten Verfügung. § 45 BRAO hindert den Anwalt(-snotar) an der Übernahme eines Mandats, in dem er selbst oder sein Sozius (§ 45 III BRAO) zuvor mit der Rechtssache oder der Angelegenheit befasst war. § 45 II BRAO untersagt dem Rechtsanwalt die Übernahme des Mandats, wenn er zuvor gegen den Träger des zu verwaltenden Vermögens tätig geworden ist. Allerdings ist die Beurkundung des Testaments allein keine Rechtsanwaltstätigkeit gegen den Nachlass.[87]

82 BayObLG NJW-RR 1988, 389
83 MüKo-Burkhart BGB § 27 BeurkG Rn 8
84 Vgl die Beispielsfälle bei Burkhart in: MüKo BGB § 27 BeurkG Rn 9
85 BGH NJW 1997, 946
86 Feuerich/Braun, BRAO § 45 Rn 36
87 BGH NJW 1997, 946

Musterformulierung:

An das 1015
Amtsgericht
– Nachlassgericht –

In dem Verfahren auf Erteilung eines Testamentsvollstrecker-Zeugnisses

beantragen wir, den Antrag aus den nachfolgenden Gründen zurückzuweisen:

Die Übernahme des Testamentsvollstreckeramtes durch den Antragsteller, Herrn Notar Dr. Rasche, verstößt gegen § 45 II Nr. BRAO, seine Einsetzung als Testamentsvollstrecker ist gemäß § 134 BGB unwirksam. Der Antragsteller hat nicht nur als Notar das Testament vom 6. 10. 1989 beurkundet. Er hat im Rahmen des Erbverzichtsvertrages, den die Erblasserin mit dem von uns vertretenen Antragsgegner am 31. 7. 1993 abgeschlossen hatte, die Erblasserin anwaltlich vertreten. Dies ergibt sich aus dem anliegend beigegebenen Schreiben des Antragstellers vom 1. 7. 1993.

Darüber hinaus liegen in der Person des Antragstellers Gründe für seine Entlassung gemäß § 2227 BGB vor. Es ist nicht gewährleistet, dass er sein Amt unparteiisch ausüben wird (Vgl Palandt/Edenhofer BGB § 2227 Rn 5). Er hat sich in dem vorgenannten Schreiben überaus kritisch, ja abfällig, über den Antragsgegner geäußert.

Rechtsanwalt

Der Notar muss dem Erblasser die gesamte Niederschrift der letztwilligen Verfügung **vorlesen.** Diese Pflicht bezieht sich auch auf ein Schriftstück, auf das in der Niederschrift verwiesen und das ihr beigefügt wird, §§ 9 I 3, 13 I BeurkG. Karten, Zeichnungen oder Abbildungen, auf die in der Urkunde verwiesen wird, sind ihr förmlich beizufügen, § 9 I 3 BeurkG. Verletzt der Notar diese Beurkundungspflichten, liegt ein unheilbarer **Formfehler** vor,[88] der zur Nichtigkeit der letztwilligen Verfügung führt. 1016

➢ Errichten schreibbehinderte, schrift- und leseunkundige, blinde, stumme, taube oder taubstumme[89] Personen eine letztwillige Verfügung,[90] ist zu prüfen, ob die speziellen gesetzlichen Regelungen beachtet wurden: § 2233 BGB, §§ 22 ff BeurkG.[91] 1017

Die folgende Tabelle[92] zeigt, welche **Sondervorschriften bei behinderten Personen** beachtet werden müssen: 1018

88 BayObLG Rechtspfleger 1979, 458
89 Zu der Problematik der Testierfähigkeit von Personen, die sowohl sprech- als auch schreibunfähig sind, vgl Nieder, Handbuch der Testamentsgestaltung, Rn 1054 ff; Sachs JuS 2000, 288 ff
90 Die Beweislast für den Einwand der Leseunfähigkeit trägt derjenige, der sich auf die Unwirksamkeit beruft, OLG Düsseldorf OLGR 2000, 240 ff
91 Vgl die tabellarische Übersicht bei Nieder, Handbuch der Testamentsgestaltung, Rn 1073, dort auch zu den Voraussetzungen der Testamentserrichtung durch Sprachunkundige
92 Vgl Nieder, Handbuch der Testamentsgestaltung, Rn 1073

Art der Behinderung des Testierenden	Testamentserrichtung/Sondervorschriften
1. Schreibbehinderter, der lesen kann	Alle öffentlichen Verfügungen von Todes wegen sind unter Zuziehung eines Schreibzeugen oder zweiten Notars zu errichten (§ 25 BeurkG), wenn nicht bereits ein Zeuge nach § 22 BeurkG zugezogen wurde.
2. Schrift- und Leseunkundiger	
a) auch hinsichtlich des Namens	Verfügung von Todes wegen nur durch mündliche Erklärung (§ 2233 II BGB) unter Zuziehung eines Schreibzeugen oder zweiten Notars möglich (§ 25 BeurkG), wenn nicht bereits Zeuge nach § 22 zugezogen wurde.
b) nicht hinsichtlich des Namens	Verfügung von Todes wegen nur durch mündliche Erklärung (§ 2233 II BGB).
3. Blinder	
a) Blindenschrift beherrschend	Verfügung von Todes wegen durch Übergabe einer Blindenschrift (§ 2232 II BGB) oder durch mündliche Erklärung möglich. Wenn nicht Verzicht hierauf: Zuziehung eines Zeugen oder zweiten Notars (§ 22 BeurkG).
b) Blindenschrift nicht beherrschend	Verfügung von Todes wegen nur durch mündliche Erklärung möglich (§ 2233 II BGB). Wenn nicht Verzicht hierauf: Zuziehung eines Zeugen oder zweiten Notars (§ 22 BeurkG).
c) schreibunfähig	Zuziehung eines Schreibzeugen oder zweiten Notars (§ 25 BeurkG), wenn nicht bereits Zeuge nach § 22 BeurkG zugezogen.
4. Stummer	
a) schreib- und lesensfähig	Verfügung von Todes wegen durch Übergabe einer Schrift möglich (§ 2233 III BGB). Stummer muss die Erklärung, dass die Schrift seinen letzten Willen enthalte, eigenhändig auf ein Blatt schreiben (§ 31 BeurkG). Wenn nicht Verzicht hierauf: Zuziehung eines Zeugen oder zweiten Notars (§ 22 BeurkG). Ferner eigenhändiges Testament möglich.
b) schreib-, aber nicht lesensunfähig	Bisher faktisch testierunfähig (§ 31 BeurkG, der § 24 BeurkG als Sondervorschrift vorging). Seit BVerfG-Urteil vom 19. 1. 1999 durch Übergabe einer offenen Schrift unter Zuziehung einer Vertrauensperson (§ 24 BeurkG) und eines Schreibzeugen möglich.
c) schreibfähig, aber lesensunfähig;	Bisher faktisch testierunfähig (§§ 2233 II und III BGB), seit BVerfG-Urteil vom 19. 1. 1999 Verfügung von Todes wegen durch Übergabe einer offenen Schrift unter Zuziehung einer Vertrauensperson (§ 24 BeurkG) möglich.

Art der Behinderung des Testierenden	**Testamentserrichtung/Sondervorschriften**
d) Minderjähriger über 16 Jahren (schreib- und lesensfähig)	Verfügung von Todes wegen nur durch Übergabe einer offenen Schrift (§§ 2233 I, III BGB)
5. Tauber	
a) schreib- und/oder lesensfähig	Verfügung von Todes wegen in jeder Form möglich. Niederschrift ist, statt vorzulesen, zur Durchsicht vorzulegen (§ 23 BeurkG). Wenn nicht Verzicht hierauf: Zuziehung eines Zeugen oder zweiten Notars (§ 22 BeurkG).
b) lesensunfähig	Verfügung von Todes wegen nur durch mündliche Erklärung möglich (§ 2233 II BGB). Da schriftliche Verständigung nicht möglich, Zuziehung einer Vertrauensperson (zB Taubstummendolmetscher oder naher Angehöriger) gem § 24 BeurkG. Wenn nicht Verzicht hierauf: Zuziehung eines Zeugen oder zweiten Notars (§ 22 BeurkG). Falls Verständigung auch mittels Vertrauensperson nicht möglich, faktische Testierunfähigkeit.
6. Taubstummer	
a) schreib- und lesensfähig	Wie Ziffer 4 a, zusätzlich ist die Niederschrift statt vorzulesen zur Durchsicht vorzulegen (§ 23 BeurkG).
b) schreib-, aber nicht lesensunfähig	Bisher faktisch testierunfähig (§§ 2233 III BGB, 31 BeurkG, der § 24 BeurkG als Sondervorschrift vorging), seit dem BVerfG-Urteil vom 19. 1. 1999 durch Übergabe einer offenen Schrift unter Zuziehung einer Vertrauensperson (§ 24 BeurkG) und eines Schreibzeugen möglich.
c) schreibfähig, aber lesensunfähig	Bisher faktisch testierunfähig (§§ 2233 II und III BGB) seit dem BVerfG-Urteil vom 19. 1. 1999 durch Übergabe einer offenen Schrift unter Zuziehung einer Vertrauensperson (§ 24 BeurkG) möglich.
7. Minderjähriger über 16 Jahre (schreib und lesensfähig	Verfügung von Todes wegen nur durch Übergabe einer offenen Schrift (§§ 2233 I, III BGB).
8. Sprachunkundiger	Falls Notar nicht selbst übersetzt, muss Dolmetscher zugezogen werden (§ 16 BeurkG). Wenn nicht Verzicht hierauf, ist Übersetzung anzufertigen und der Niederschrift beizufügen (§ 32 BeurkG).

7. Anfechtung

Ist der Mandant entschlossen, das Testament anzugreifen, muss der Anwalt alle in Betracht kommenden **Anfechtungsmöglichkeiten** prüfen. Es sind dies bei einseitigen Testamenten neben der **Übergehung eines Pflichtteilsberech-** 1019

tigten gem § 2079 BGB insbesondere die in § 2078 BGB geregelten **Irrtumsfälle.**

1020 Fälle des **Inhalts- und Erklärungsirrtums**[93] sind in der Praxis selten. Auch wenn bisweilen ein Irrtum über die rechtliche Tragweite behauptet wird, lässt sich ein solcher selten schlüssig darlegen, geschweige denn beweisen. Am ehesten kann ein solcher Irrtum bei der Bindungswirkung eines gemeinschaftlichen Testaments oder Erbvertrages eine Rolle spielen.[94] Fälle des **Verschreibens oder Versprechens** (letzteres nur denkbar bei einem öffentlichen Testament) spielen praktisch keine Rolle.

Praxis-Tipp:

1021 *Die Behauptung, der Erblasser hätte, falls er diesen oder jenen Umstand gekannt oder bedacht hätte, anders testiert, wird häufig aufgestellt. Der mit diesem Vorbringen konfrontierte Anwalt tut gut daran, auf den »Filter« hinzuweisen, der sich aus der Rechtsprechung der Obergerichte ergibt: nur **besonders schwerwiegende Umstände**, die gerade diesen Erblasser unter Berücksichtigung seiner Vorstellungen mit Sicherheit dazu gebracht hätten, anders zu testieren, begründen einen **Motivirrtum** im Sinne des § 2078 II BGB.[95] Es reicht also nicht jede Fehlvorstellung aus, um einen relevanten Irrtum anzunehmen. Bedeutsame Umstände im Sinne des 2078 II BGB können sich auf die Vergangenheit und Gegenwart, die Erwartung des Eintritts oder Nichteintritts in der Zukunft beziehen.[96]*

1022 Nicht leichtfertig übergangen, genauso wenig aber ohne weiteres zum Anlass für eine Anfechtung genommen werden darf die Schilderung des Mandanten, der Erblasser habe in der Erwartung testiert, dass **künftige Unstimmigkeiten** zwischen ihm und den in der letztwilligen Verfügung Bedachten ausbleiben.[97] Zwar begründet diese Erwartung grundsätzlich einen Anfechtungsgrund.[98] Dem Anfechtenden obliegt es aber, nachzuweisen, dass die Fehlvorstellung mindestens mitbestimmend für die letztwillige Verfügung gewesen ist. Die **Kausalität** fehlt, wenn der Erblasser auch ohne die irrige Vorstellung in der vorliegenden Weise testiert hätte.[99] Änderte beispielsweise der Erblasser trotz eingetretener Zwistigkeiten nach der Testamentserrichtung seine letztwillige Verfügung nicht, ergibt sich in der Regel hieraus, dass die getroffene Verfügung seinem Willen (weiter) entspricht.[100] Demjenigen, der sich auf die Irrtumsanfechtung beruft, muss in einem solchen Fall der Nachweis gelingen, dass der Erblasser nur aus Nachlässigkeit oder Passivität oder im Hinblick auf

93 Vgl zu diesen Palandt/Edenhofer BGB § 2078 Rn 3
94 Vgl hierzu BayObLG NJW-RR 1997, 1027; OLG Hamm OLGZ 1966, 497
95 BGH NJW-RR 1987, 1412
96 Vgl die Beispielsfälle bei Palandt/Edenhofer BGB § 2078 Rn 4 ff
97 Keine Fehlvorstellung liegt vor, wenn der Erblasser die künftige Entwicklung als ungewiss ansieht und deshalb im Testament selbst Regelungen für verschiedene Möglichkeiten der künftigen Entwicklung trifft, BayObLGZ 2000, 62
98 BGH NJW 1963, 246; BGH FamRZ 1973, 539; BayObLG FamRZ 1998, 1625
99 Palandt/Edenhofer BGB § 2078 Rn 9
100 BayObLG FamRZ 1995, 246

seinen schlechten Gesundheitszustand den Widerruf oder die Neuerrichtung seines Testaments unterließ.[101]

Schwierig ist der Umgang mit sogenannten »**unbewussten Vorstellungen**«. 1023
Darunter werden in die Zukunft gerichtete Erwartungen des Erblassers verstanden, die ihm als so selbstverständlich erschienen, dass sie nur in seinem Unterbewusstsein vorhanden waren, er sie aber als Grundlage seiner Verfügungen ansah. Klassischer Beispielsfall für eine derartige Vorstellung ist die Erwartung des Erblassers, die **Ehe** mit seinem als Erben eingesetzten Partner werde **harmonisch** verlaufen.[102] Tritt diese Erwartung nicht ein, kann dies die Anfechtung nach **§ 2078 II BGB** begründen.[103] Auch hier gilt aber das eben genannte Korrektiv der Kausalität.

Eine eigene Fallgruppe bilden die im Vertrauen auf den Fortbestand der **politischen Verhältnisse** in der ehemaligen DDR errichteten letztwilligen Verfü- 1024
gungen. Zwar kann bei Testamenten, denen Fehlvorstellungen über die politische und geschichtliche Entwicklung zugrunde lagen, ein Anfechtungsgrund gegeben sein, etwa wenn der Erblasser annahm, sein Vermögen in der ehemaligen DDR habe keinen wirtschaftlichen Wert, es sei nicht realisierbar.[104] Es ist jedoch eine starke Neigung der Rechtsprechung zu konstatieren, auf der Wiedervereinigung beruhende Veränderungen, auch Wertsteigerungen, als erst nach dem Tod eingetretene künftige Tatsachen anzusehen, die nicht als bestimmend für die letztwillige Verfügung anzusehen seien.[105]

Praxis-Tipp:

*Bei der Anfechtung wegen **Übergehens eines Pflichtteilsberechtigten** im Sinne des § 2079 BGB ist ebenfalls das Korrektiv der Ursächlichkeit besonders sorgfäl-* 1025
*tig zu prüfen. Fälle, in denen der Erblasser bei der Wiederverheiratung nicht sah oder nicht sehen wollte, dass er bereits mit seinem ersten Ehepartner ein Testament errichtet hatte, und die ihm bereits zu Lebzeiten mögliche Anfechtung unterließ, sind nicht selten. Eine weitere häufig vorkommende Fallgruppe des § 2079 BGB darf nicht übersehen werden: Der Pflichtteilsberechtigte war im Zeitpunkt der Errichtung des Testaments noch gar nicht geboren. Immer zu prüfen ist, ob der neu hinzugekommene Berechtigte tatsächlich »**übergangen**« wurde. Dies ist nur dann anzunehmen, wenn er weder enterbt noch als Erbe eingesetzt oder mit einem Vermächtnis bedacht wurde.[106] Hat aber der Erblasser den Pflichtteilsberechtigten bewusst von der Erbfolge ausgeschlossen, besteht kein Anfechtungsrecht gemäß § 2079 BGB.*

101 OLG Köln FamRZ 1990, 1038; BayObLG FamRZ 1990, 211
102 BayObLG FamRZ 1990, 322
103 BGH WM 1983, 567; OLG Hamm FamRZ 1994, 849
104 Vgl die bei Palandt/Edenhofer BGB § 2078 Rn 6 zitierten Beispielsfälle
105 Vgl Meyer ZEV 1994, 12
106 BayObLG 1993, 389; weitergehend MüKo-Leipold BGB § 2079 Rn 6: Übergehen liegt auch vor, wenn das Pflichtteilsrecht des Anfechtenden bei Testamentserrichtung noch nicht bestand, die Zuwendung zwar erfolgte, nicht jedoch vor dem Hintergrund der Stellung als pflichtteilsberechtigter Erbe vorgenommen wurde

1026 Besondere Bedeutung kommt der Regelung in § 2079 S 2 BGB zu: Ist anzunehmen, dass der Erblasser die gleiche Verfügung getroffen hätte, falls er gewusst hätte, dass der anfechtungswillige Berechtigte zum Kreis der Pflichtteilsgläubiger gehört, scheidet die Anfechtung aus.[107] Auch hier ist auf die **tatsächliche Entwicklung** abzustellen. Zwar lässt sich aus dem Umstand, dass der Erblasser beispielsweise nach Wiederverheiratung sein Testament nicht geändert hat, nicht zwingend der Schluss ziehen, er habe schon bei der Errichtung der letztwilligen Verfügung beabsichtigt, einen etwaigen zweiten Ehegatten zu übergehen. Die unterlassene Änderung kann aber ein Mosaikstein sein, der neben anderen Umständen belegt, dass der Erblasser eine Testamentsänderung absichtlich unterlassen hat.[108]

1027 Bei allen in Betracht kommenden Anfechtungen sind **Form- und Fristfragen** zu beachten. Diese spielen gerade bei den eben referierten Fällen des § 2079 BGB häufig eine entscheidende Rolle. Beim Ehegattentestament können Verfügungen des überlebenden Ehegatten erst nach dessen Tod von Dritten angefochten werden. Der neue Ehegatte des Zuletztverstorbenen kann – wie oben gezeigt – als neu hinzugekommener Pflichtteilsberechtigter das Anfechtungsrecht nicht mehr wirksam ausüben, wenn sein Partner das Recht, die Verfügung aus eben diesem Grunde – Wiederverheiratung – anzufechten, durch Fristablauf oder Bestätigung verloren hatte. Dies gilt jedoch nicht für die Anfechtung einseitiger Verfügungen des überlebenden Ehegatten.[109]

1028 **Anfechtungsberechtigter** ist gemäß § 2080 I BGB jeder, dem die Vernichtung der Verfügung unmittelbar zustatten kommt. Die Anfechtung erfolgt **formlos,** und zwar bei einer Erbeinsetzung, Enterbung, Testamentsvollstrecker-Ernennung oder Aufhebung solcher Verfügungen, gegenüber dem Nachlassgericht (§ 2081 I BGB), sonst gegenüber dem Anfechtungsgegner (§ 143 I, IV BGB). Die Anfechtung ist **innerhalb eines Jahres** ab Kenntnis des Anfechtungsgrundes zu erklären, § 2082 BGB.

1029 **Erbvertragliche Verfügungen** kann der Erblasser zu Lebzeiten seines Partners durch **höchstpersönliche, notariell beurkundete Erklärung,** die dem anderen Vertragsschließenden in Ausfertigung zugehen muss, anfechten, §§ 2282, 130 BGB. Für **Dritte** gilt nach dem Erbfall: Gegen die Erbeinsetzung, die Enterbung, die Testamentsvollstreckerernennung und die Aufhebung solcher Verfügungen ist das **Nachlassgericht Anfechtungsadressat** (§ 2081 I BGB), sonst der Anfechtungsgegner. Dasselbe gilt analog bei vertragsmäßigen Verfügungen in gemeinschaftlichen Testamenten.[110]

---

107 BGH NJW 1981, 1735; OLG Brandenburg FamRZ 1998, 59; BayObLG FamRZ 2000, 1331 f
108 BGHZ 80, 295
109 BGH FamRZ 1956, 83
110 BGH NJW 1962, 1913

III. Übersicht über Unwirksamkeitsgründe

Die nachfolgenden Gründe,[111] die ein Testament oder einen Erbvertrag unwirksam machen können, muss der Anwalt kennen und sowohl in der Position desjenigen, der gegen ein Testament vorgeht, als auch als Vertreter des Mandanten, der eine letztwillige Verfügung verteidigt, anzuwenden in der Lage sein. 1030

	Gründe für die Unwirksamkeit	Voraussetzungen/ Besonderheiten	Fragen
1.	Bindung an früher abgeschlossenen Erbvertrag, § 2289 II 1 BGB oder Ehegattentestament, § 2271 I 2 BGB	▪ Wirksamkeit des Erbvertrages ▪ Bindung besteht nur bei vertragsmäßigen Verfügungen im Sinne des § 2299 BGB bzw wechselbezüglichen Verfügungen im Sinne des § 2270 BGB.	▪ Wurde im Erbvertrag ein (ggf stillschweigend vereinbarter) Änderungsvorbehalt geregelt? ▪ Hat der Vertragspartner formgerecht in die Abänderung eingewilligt (§ 2290 IV, 2276 BGB)? ▪ Enthält das Ehegattentestament einen (stillschweigenden) Änderungsvorbehalt? ▪ Befreiung von der Bindung durch den anderen Ehegatten (beispielsweise durch Zustimmung)? ▪ Formgerechter Widerruf des Ehegattentestaments (§§ 2270 I 1, 2296 II BGB)?
2.	Testierunfähigkeit, § 2229 IV BGB (Erbvertrag: § 2275 I BGB iVm §§ 2, 104 Nr. 2 BGB)	▪ Testierunfähig ist, wer nicht in der Lage ist, sich ein klares Urteil über die Tragweite seiner Anordnungen zu bilden, insbesondere über ihre Auswirkungen auf die persönlichen und wirtschaftlichen Verhältnisse der Betroffenen sowie über die Gründe, die für und gegen ihre sittliche Berechtigung sprechen, und nach diesem Urteil frei von den Einflüssen	▪ Berufen sich Auskunftspersonen auf Zeugnisverweigerungsrecht? In diesem Fall: Hinweis auf mutmaßlichen Willen des Erblassers, die für die Wirksamkeit des Testaments sprechenden Umstände aufzuklären. ▪ Kann nachgewiesen werden, dass der Erblasser daran gehindert war, sich ein klares Urteil über die Tragweite seiner

111 Vgl auch Nieder, Handbuch der Testamentsgestaltung, § 4

	Gründe für die Unwirksamkeit	Voraussetzungen/ Besonderheiten	Fragen
		etwaiger Dritter zu handeln (BGH NJW 1959, 1822; BayObLG FamRZ 1986, 728; OLG Köln FamRZ 1991, 1356). ■ Feststellungslast trifft denjenigen, der Testierunfähigkeit behauptet. ■ Klärung der Testierfähigkeit erfordert meist ein Gutachten eines Sachverständigen (Psychiater).	Anordnungen zu bilden? ■ Gibt es Zeugen für die Testierunfähigkeit?
3.	Verstoß gegen die guten Sitten gemäß § 138 BGB	■ Maßgeblich ist nicht die Auffassung des Gerichts, sondern objektive Maßstäbe. ■ Zu beurteilen ist die Sittenwidrigkeit nach den Verhältnissen zum Zeitpunkt der Errichtung der letztwilligen Verfügung. ■ Von sittenwidrigen Bedingungen ist auszugehen, wenn durch diese unzulässiger Druck auf die Entschließungsfreiheit des Bedachten genommen werden sollte.	■ Können Umstände nachgewiesen werden, die die Zurücksetzung nahe stehender Personen als sittenwidrig qualifizieren? (Beispiele: familienfeindliche Gesinnung; Druck auf die Entscheidungsfreiheit) ■ Beim Geliebtentestament: Lässt sich beweisen, dass die Zuwendung ausschließlich die geschlechtliche Hingabe belohnen oder den Bedachten zur Fortsetzung des geschlechtlichen Verhältnisses veranlassen sollte?
4.	Verstoß gegen das Verbot der Drittbestimmung im Sinne des § 2065	■ Gilt nicht bei Vermächtnissen und Auflagen (§§ 2151, 2152, 2156, 2192, 2193 BGB); gilt nicht bei Erbauseinandersetzungen (§ 2048 S 2 BGB) sowie bei der Drittbestimmung des Testamentsvollstreckers (§§ 2198 ff BGB)	■ Bei Auswahlermessen: Hat der Erblasser dem Dritten Vorgaben gemacht, die die Bezeichnung des Erben jedem mit ausreichender Sachkunde Ausgestatteten erlauben, ohne dass dieser eigenes Ermessen einsetzen müsste? ■ Kann die Verfügung nach Auslegung als

	Gründe für die Unwirksamkeit	Voraussetzungen/ Besonderheiten	Fragen
			wirksam aufrechterhalten werden? (Beispiel: Der Auswahlberechtigte gilt als unter der Auflage eingesetzt, unter bestimmten Voraussetzungen das Erbe weiterzugeben.) ■ Liegt der anerkannte Ausnahmefall vor, wonach ein Nacherbe unter der aufschiebenden oder auflösenden Bedingung eingesetzt wurde, dass der Vorerbe nicht anders verfügt (BGHZ 59, 229)?
5.	Gesetzesverstoß im Sinne des § 134 BGB		
a)	Strafrechtliche Vorschriften: Finanzierung einer verfassungswidrigen Partei, §§ 84, 85 StGB, Wählerbestechung im Sinne des § 108 b StGB, Vorteilsgewährung im Sinne des § 333 StGB		
b)	Heimgesetz	§ 14 HeimG gilt nur, wenn die Zuwendung dem Bedachten bekannt war, aber auch für Zuwendungen von Heimbewerbern.	■ Ist Kenntnis des Bedachten von der Verfügung nachweisbar?
c)	Verstoß gegen Verbot der Annahme von Vergünstigungen gemäß § 10 BAT bzw § 43 Beamtenrechtsrahmengesetz oder § 70 Bundesbeamtengesetz	Nichtigkeit setzt dienstbezogene Begünstigung im Testament voraus.	■ Sind die Vorschriften einschlägig, wurde beispielsweise die Geltung tarifvertragsrechtlicher Vorschriften vereinbart? ■ Ist ein Dienstbezug erkenn- und beweisbar?

	Gründe für die Unwirksamkeit	Voraussetzungen/ Besonderheiten	Fragen
6.	Anfechtung wegen Irrtums (Inhalts-, Erklärungs- bzw Motivirrtum) oder wegen Drohung	■ Vorrang der Auslegung ■ Zu prüfen: Hätte der Erblasser bei Kenntnis der Sachlage die Erklärung abgegeben oder nicht?	■ Lässt sich der Irrtum nachweisen? ■ Hat sich der Erblasser über zukünftige Entwicklungen geirrt, etwa die Vorstellung, seine Beziehungen zu den Bedachten würden weiter gut bleiben? ■ Kann die Kausalität des Irrtums nachgewiesen werden? ■ Lagen besonders schwerwiegende Umstände vor, die den Erblasser mit Sicherheit dazu bestimmt hätten, anders zu testieren, hätte er die Umstände bzw die Entwicklung gekannt?

KAPITEL 6
Testamentsvollstreckung

ÜBERBLICK

A. Grundlagen

Die Testamentsvollstreckung (§§ 2197–2228 BGB) wird im Interesse des Erblassers am künftigen Schicksal seines Vermögens über den Tod hinaus angeordnet.[1] Die **Folgen** sind in der Regel: 1

- ➢ Dem Erben sind die Verwaltungs- und Verfügungsbefugnisse über den Nachlass entzogen.
- ➢ Die Haftung des Erben sowohl mit dem Nachlass als auch mit seinem eigenen Vermögen wird dadurch nicht berührt.

Die Testamentsvollstreckung kann angeordnet werden für 2

- den gesamten Nachlass oder einzelne Gegenstände hieraus;
- für einen von mehreren Erben;
- für einen Vermächtnisnehmer.[2]

Das Interesse des Erblassers, über den Tod hinaus Einfluss auf den Nachlass zu nehmen, kann neben der Testamentsvollstreckung durch andere Maßnahmen, wie postmortale Vollmacht, Anordnung der Vor- und Nacherbschaft oder eines aufschiebend bedingten Herausgabevermächtnisses bewirkt werden (vgl unten Rn 37 ff). 3

Die Testamentsvollstreckung tritt in folgenden **Formen** auf: 4

- Abwicklungsvollstreckung (§§ 2202–2207 BGB) – diese ist der Regelfall;
- Verwaltungsvollstreckung (§ 2209 I BGB);
- Dauervollstreckung (§ 2209 II BGB);
- Nacherbentestamentsvollstreckung (§ 2222 BGB);
- Vermächtnisvollstreckung (§ 2223 BGB);
- Testamentsvollstrecker mit beschränktem Aufgabenkreis (§ 2208 BGB);
- Zur Pflichtteilsbeschränkung in guter Absicht (§ 2338 BGB).

Bei der erbrechtlichen Beratung ist daher abzuwägen, welche Ziele der Erblasser verfolgt, um geeignete Regelungen vorzuschlagen. 5

1 BayObLG 76, 67
2 BGHZ 13, 203

I. Zwecke der Testamentsvollstreckung

1. Schutz des Nachlasses

a. Schutz vor Zerschlagung des Nachlasses

6 Die Erbengemeinschaft ist eine auf Auflösung angelegte Gemeinschaft. Jeder Miterbe kann jederzeit ohne Angabe von Gründen die Teilung verlangen (§ 2042 BGB).

Falls eine gütliche Einigung nicht möglich ist, wird die Teilungsversteigerung (§ 180 ZVG) hinsichtlich einzelner Nachlassgegenstände durchgeführt und der erzielte Erlös geteilt.

7 Die damit möglicherweise verbundene Zerschlagung wirtschaftlicher Werte ist für den Erblasser oftmals nicht akzeptabel.

8 Im landwirtschaftlichen Bereich kann bei Unklarheit über die Person des Hoferben das Zuweisungsverfahren nach §§ 13 ff GrdStVG durch die Anordnung der Testamentsvollstreckung verhindert werden.

Wird dem Testamentsvollstrecker dabei die Aufgabe übertragen, das Anwesen zu ortsüblichen Bedingungen zu übergeben, stellt sich das Problem der teilweisen unentgeltlichen Verfügung.

9 Je nach dem Ziel des Erblassers bietet die Testamentsvollstreckung folgende **Gestaltungsmöglichkeiten**:

Ziel	Gestaltungsmöglichkeit
Beseitigung der Unklarheit, **wie** der Nachlass geteilt wird	Abwicklungstestamentsvollstreckung
Beseitigung der Unklarheit, **wann** der Nachlass geteilt wird	Dauertestamentsvollstreckung

10 Welche **Gestaltungsalternativen** hat der Erblasser?

11 Auseinandersetzungsverbot

Ist sich der Erblasser im Unklaren, wann der Nachlass geteilt werden soll, hilft die Anordnung eines Auseinandersetzungsverbotes der Erben (§ 2044 BGB) wenig, weil

- das Verbot zeitlich beschränkt ist und somit der Nachlass zementiert wird, ohne dem mutmaßlichen Erblasserwillen zu einer zeitlich und inhaltlich flexiblen Geltung zu verhelfen
- die Teilung aus wichtigem Grund immer verlangt werden kann (§§ 2044 I S 1, 749 II BGB)
- das Teilungsverbot nicht gegenüber der Insolvenzmasse eines Miterben wirkt (§ 84 II InsO)

– bei Wiederverheirat des überlebenden Ehegatten, der in Erbengemeinschaft mit minderjährigen Kindern lebt, grundsätzlich die Auseinandersetzung verlangt werden kann (§ 1683 I BGB), unabhängig vom Teilungsverbot des Erblassers.[3]

Teilungsanordnung

12

Oftmals ist der Erblasser nicht willens oder nicht in der Lage, durch eine Teilungsanordnung (§ 2048 BGB) die Auseinandersetzung des Nachlasses festzulegen (weil zB der Umfang des Nachlasses noch nicht festliegt).

Denn auch durch die Anordnung, dass ein Dritter die Teilung nach billigem Ermessen durchführen soll (§ 2048 S 2 BGB), sind die Erben nicht gehindert, einvernehmlich eine andere Teilung vorzunehmen.

b. Schutz des Nachlasses vor sachlich ungeeigneten Erben

Die Sorge des Erblassers gilt aber auch dem Schutz des Nachlasses vor ungeeigneten Erben. 13

Oft befürchtet der Erblasser, dass der Erbe sachlich ungeeignet ist, den Nachlass zu verwalten. Diese Besorgnis tritt auf

- bei der Unternehmensnachfolge;
- bei unzuverlässigen Erben, die nur die Versilberung des Nachlasses als Ziel haben;
- bei verschwenderischen Erben.

aa. Minderjährige Erben

Für die minderjährigen Erben verwaltet der gesetzliche Vertreter den Nachlass. 14

Dieser kann sachlich ungeeignet sein, weil ihm die notwendigen Qualifikationen für die Verwaltung des Nachlasses fehlen.

Oft ist er auch persönlich ungeeignet. Zu denken ist hier vor allem daran, dass dem überlebenden Elternteil bei Scheidungskindern oder nichtehelichen Kinder automatisch mit dem Tod des sorgeberechtigten Ehegatten das alleinige Sorgerecht zuwächst (§ 1680 I BGB).

Die Haftungsbeschränkung des § 1629 a BGB für Minderjährige reicht zum Schutz des Nachlasses oftmals nicht aus, weil sich diese auf den Bestand des Nachlasses zum Zeitpunkt der Volljährigkeit bezieht und nicht vor der Verringerung der Erbmasse bis zu diesem Zeitpunkt schützt. 15

Die Entziehung der Vermögenssorge (§ 1638 BGB) führt zur Anordnung einer Ergänzungspflegschaft (§ 1909 I 2 BGB) mit dem Nachteil, dass der Ergänzungspfleger der Kontrolle durch das Vormundschaftsgericht und den damit verbundenen Einschränkungen unterliegt. 16

3 BayObLG 67, 230

bb. Der dauerhaft geschäftsunfähige Erbe

Fall:

17 *Der Erblasser hat einen Abkömmling, welcher dauerhaft geschäftsunfähig ist und in einem Heim untergebracht ist.*

Er will diesen Abkömmling letztwillig bedenken. Gleichzeitig soll verhindert werden, dass der Sozialhilfeträger auf den Nachlass zugreift. Weiter will der Erblasser, dass dem Abkömmling aus dem Nachlass Leistungen gewährt werden, ohne dass dies zur Schmälerung der Leistungen der Sozialhilfe führt. Welche Möglichkeiten bestehen?

18 Der Erblasser hat bei einem dauerhaft geschäftsunfähigen Erben die Möglichkeit, nach §§ 1917, 1909 BGB einen Pfleger zu benennen. Dieser Pfleger unterliegt dann der Aufsicht des Vormundschaftsgerichts und den Beschränkungen des Vormundschaftsrechtes.

Diese damit verbundene Einschränkung des Verwaltungsrechtes kann durch die Anordnung der Testamentsvollstreckung umgangen werden.

Damit tritt gleichzeitig der Effekt des § 2214 BGB ein (siehe nachstehend Rn 24 ff), so dass Eigengläubiger, dh der Sozialhilfeträger, wegen seiner Leistungen nicht auf den Nachlass zugreifen können.

19 Diese Möglichkeit kann in Verbindung mit der Anordnung der Vor- und Nacherbschaft bei bescheidenen Vermögen[4] genutzt werden, um den Zugriff des Sozialhilfeträgers in den Nachlass nach § 90 BSHG zu verhindern.

Wird keine Vor- und Nacherbschaft angeordnet, so haftet später der Erbe des dauerhaft Geschäftsunfähigen mit dessen Nachlass und ggf mit seinem eigenen Vermögen.

Checkliste Testamentsvollstreckung bei dauerhaft geschäftsunfähigem Erben

20
- ✔ Bescheidenes Vermögen
- ✔ Anordnung der Dauertestamentsvollstreckung
- ✔ Verwaltungsanweisung an den Testamentsvollstrecker, die Erträge des Nachlasses nur für solche Leistungen zu verwenden, die der Sozialhilfeträger nicht auf sich überleiten kann. An diese Verwaltungsanweisung ist der Testamentsvollstrecker gebunden (§ 2216 II 1 BGB).
- ✔ Der geschäftsunfähige Erbe ist nicht befreiter Vorerbe und ein Dritter Nacherbe.

4 BGH NJW 1990, 2055; Pieroth NJW 1993, 173; Van den Loo NJW 1990, 2852

Damit ist ausgeschlossen, dass

- die Wirkung des § 2306 BGB eintritt, dh die Anordnung der Testamentsvollstreckung nicht kraft Gesetzes in Wegfall gerät; 21
- der Erbe die Erbschaft ausschlägt und den Pflichtteil verlangt.[5]

22

Ziel: Schutz des Nachlasses bei	Gestaltungsmöglichkeit
Minderjährigen Erben	Verwaltungstestamentsvollstreckung
Sachlich ungeeigneten Erben	Dauer- oder Verwaltungstestamentsvollstreckung
Dauerhaft geschäftsunfähigen Erben	Dauertestamentsvollstreckung + Verwaltungsanordnung

2. Schutz der Erben

Ein weiteres Ziel der Testamentsvollstreckung ist der Schutz der Erben vor 23

a. Zugriff von Eigengläubigern des Erben, § 2214 BGB

Beispiel:

Der Erblasser will verhindern, dass Eigengläubiger des Erben auf den Nachlass zugreifen können. Gleichzeitig will er dem Erben die Erträge des Nachlasses sichern. 24

Ist der Erbe verschuldet oder steht zu befürchten, dass er sich künftig verschuldet, bietet die Anordnung der Testamentsvollstreckung nach § 2214 BGB Schutz vor allen Vollstreckungsmaßnahmen der Eigengläubiger. 25

Diese sind auf die Erinnerung (§ 766 ZPO) des Testamentsvollstreckers hin aufzuheben.

Keinen Schutz bietet § 2214 BGB gegen 26

- die Pfändung des Erbteils, wenn der Pfandgläubiger dann die Auseinandersetzung verlangt (anders, wenn Dauertestamentsvollstreckung angeordnet ist);
- die Pfändung von Gegenständen, die der Testamentsvollstrecker nach Erledigung seiner Aufgaben an den Erben herauszugeben hat;
- dingliche Rechte, die der Erbe vor Inkrafttreten der Testamentsvollstreckung Dritten eingeräumt hat.[6]

5 Der Sozialhilfeträger kann nach hM das Recht, die Erbschaft auszuschlagen, als höchstpersönliches Recht nicht auf sich überleiten.

6 Palandt/Edenhofer § 2214 Rn 2

Praxis-Tipp:

27 *Sollen dem Erben die Erträge des Nachlasses gesichert werden, sollte Dauertestamentsvollstreckung angeordnet werden – verbunden mit der Anweisung an den Testamentsvollstrecker, die Erträge nur für bestimmte Zwecke des Erben zu verwenden bzw nur Erträge in der Höhe aus dem Nachlass freizugeben, welche der Pfändungsfreigrenze unterliegen.*

Weiter kann die Testamentsvollstreckung dahingehend auflösend bedingt sein, dass sie entfällt, wenn

- *die Forderungen der Eigengläubiger verjährt sind;*
- *der Erbe durch ein Verbraucherinsolvenzverfahren Restschuldbefreiung erreicht hat.*

Ist die Möglichkeit einer solchen Restschuldbefreiung gegeben, sollte bestimmt werden, dass der Testamentsvollstrecker verpflichtet ist, die Kosten des Verbraucherinsolvenzverfahrens aus dem Nachlass zu bestreiten.

b. Schutz vor Mitverwaltungsrechten des Ehegatten des Erben

Beispiel:

28 Der Erblasser befürchtet, dass der im gesetzlichen Güterstand verheiratete Erbe künftig den Beschränkungen des § 1 365 BGB unterliegt oder der Erbe durch Vereinbarung der Gütergemeinschaft oder durch Inkrafttreten eines ausländischen Güterstandes nach dem Erbfall seine alleinigen Verwaltungsrechte einschränkt oder verliert.

Hier bietet sich die Anordnung der Testamentsvollstreckung an, weil der Testamentsvollstrecker weder den Beschränkungen des §1365 BGB noch den Einschränkungen der §§1423, 1424 BGB bei der Gütergemeinschaft unterliegt.[7]

Praxis-Tipp:

29 *Die Testamentsvollstreckung sollte dabei dahingehend aufschiebend und auflösend bedingt sein, dass sie nur in Kraft tritt, wenn der Erbe solchen güterrechtlichen Einschränkungen unterliegt.*

3. Vereinfachung der Nachlassabwicklung

30 Ein weiteres Ziel der Testamentsvollstreckung kann die Vereinfachung der Nachlassabwicklung sein, wenn

7 Haegele/Winkler, Rn 219

- die Nachlassabwicklung vom Willen der Erben unabhängig sein soll;
- minderjährige Erben beteiligt sind und die Zustimmung des Vormundschaftsgerichts umgangen werden soll;
- ein Vermächtnis erfüllt und der Bedachte nicht auf den Klageweg gegen die Erben verwiesen werden soll;
- die Erfüllung von Auflagen sichergestellt werden soll.

Ziel	Gestaltungsmöglichkeit
Vermächtniserfüllung	Abwicklungsvollstreckung
Erfüllung von Auflagen	Abwicklungsvollstreckung

4. Schutz des überlebenden Ehegatten

Beispiel:

Der Erblasser will zwar an der gesetzlichen Erbfolge nichts ändern, aber dem überlebenden Ehegatten auf Lebenszeit oder bestimmte Dauer die Verwaltung über den Nachlass zuweisen. Motive für die Beibehaltung der gesetzlichen Erbfolge können sein: 31

➢ Erbschaftssteuerliche Gründe, um die Freibeträge für die Abkömmlinge ausnützen zu können

➢ Erbrechtliche Überlegungen, um den Abkömmlingen den Nachlass bei einer etwaigen Wiederheirat des überlebenden Ehegatten zu sichern oder neben dessen Abkömmlingen die Erbteile ungeschmälert zu erhalten

Verbleibt es bei der gesetzlichen Erbfolge, ist der überlebende Ehegatte bei minderjährigen Erben deren gesetzlicher Vertreter. Er unterliegt aber bei einzelnen Rechtsgeschäften der Kontrolle des Vormundschaftsgerichts (§ 1643 BGB). Bei Rechtsgeschäften mit den Miterben ist er von der Vertretung ausgeschlossen und es muss Ergänzungspflegschaft angeordnet werden. 32

Praxis-Tipp:

Der überlebende Ehegatte wird zum Testamentsvollstrecker über den Nachlass der Miterben ernannt mit der Aufgabe, den Nachlass der Miterben zu verwalten. 33

Damit wird der überlebende Ehegatte unabhängig von den Miterben und der Kontrolle des Vormundschaftsgerichts.

Wichtig: Immer die **Höchstfristen** für die Anordnung der Verwaltungsvollstreckung beachten! 34

Beispiel:

35 Der überlebende Ehegatte soll auch die Erträge des Nachlasses auf Lebenszeit oder eine bestimmte Dauer erhalten.

36 Neben der Verwaltungsvollstreckung ist dem Ehegatten der Nießbrauch an den Erbteilen der Miterben einzuräumen.

Der Ehegatte erhält die Erträge und Früchte des Nachlasses, ohne selbst die Substanz des Nachlasses anzugreifen.

Ziel	**Gestaltungsmöglichkeit**
Verwaltungsrecht des überlebenden Ehegatten	Verwaltungs- oder Dauertestamentsvollstreckung
Der überlebende Ehegatte soll die Erträge und Früchte des Nachlasses erhalten	Wie oben + Nießbrauch an den Erbteilen der Miterben

II. Ausweichgestaltungen zur Testamentsvollstreckung

1. Postmortale Vollmacht

Fall:

37 *Der Erblasser will geregelt haben, dass nach seinem Tode*

- *die Wohnung aufgelöst wird;*
- *sein Tier in ein Tierheim gebracht wird;*
- *eine würdige Beerdigung stattfindet;*
- *Sparbücher, die im Wege des Vertrages zugunsten Dritter auf den Todesfall zugewendet sind, nicht in die falschen Hände gelangen;*
- *dingliche Rechte des Erblassers, bei denen eine Löschungserleichterung nach der Grundbuchordnung nicht möglich ist,[8] ohne Erbschein und Bewilligung der Erben gelöscht werden können.*

Kosten besonderer Art sollen durch diese Maßnahmen nicht entstehen.

38 Die Anordnung der Testamentsvollstreckung ist hier nicht anzuraten, weil

- die Eröffnung des Testaments geraume Zeit in Anspruch nimmt;
- der Testamentsvollstrecker erst sein Amt annehmen muss;
- die Anordnung der Testamentsvollstreckung mit Gerichtskosten und Kosten für den Testamentsvollstrecker verbunden ist.

8 Wie zB Hypothek, Vormerkung

Der Erblasser erteilt eine Vollmacht, die erst mit seinem Tode wirksam wird. 39

Praxis-Tipp:

Diese Vollmacht sollte immer mit einem bestimmten Auftrag verbunden sein, um im Verhältnis zu den Erben einen Rechtsgrund für das Handeln des Bevollmächtigten zu schaffen und gleichzeitig den Aufwendungsersatz des Bevollmächtigten sicher zu stellen. 40

Musterformulierung:

Ich bevollmächtige und beauftrage Herrn/Frau..., nach meinem Tode 41

- *meine Wohnung aufzulösen*
- *die Sparbücher bei... entsprechend der bei der Bank hinterlegten Verträge auf den Todesfall an die Berechtigten herauszugeben*
- *meine Hypothek im Grundbuch von... zu löschen.*

(Nachdem es problematisch ist, bei den Standesämtern als Dritter eine Sterbeurkunde zu erlangen, die für den Nachweis der Wirksamkeit der Vollmacht unerlässlich ist, sollte weiter angeordnet werden:)

Der Bevollmächtigte ist berechtigt, sich beim zuständigen Standesamt eine Sterbeurkunde aushändigen zu lassen.

a. Erteilung der Vollmacht

Die Vollmacht kann erteilt werden als: 42

➢ Innenvollmacht, dh sie wird dem Bevollmächtigten gegenüber erklärt

➢ Außenvollmacht, dh sie wird dem Geschäftsgegner gegenüber erklärt.

Die Vollmacht kann erklärt werden in 43

- einer gesonderten Erklärung;
- einem gemeinschaftlichen Testament oder Erbvertrag;
- einer einseitigen letztwilligen Verfügung.

Praxis-Tipp:

Erforderlich ist in allen Fällen, dass die Vollmacht dem Bevollmächtigten oder dem Geschäftsgegner in Urschrift oder Ausfertigung zugeht (§ 130 BGB). Eine einfache oder beglaubigte Abschrift genügt nicht. 44

Dies ist unproblematisch bei einem gemeinschaftlichen Testament oder Erbvertrag unter Beteiligung des Bevollmächtigten. 45

Bei einer einseitigen letztwilligen Verfügung muss sichergestellt sein, dass die Vollmacht dem Bevollmächtigten zugeht.[9]

➢ **Technische Besonderheiten**

46 – Beim privatschriftlichen Testament:

47 Auch wenn der Erblasser zwei identische Testamente errichtet, sind **beide** bei seinem Tod an das Nachlassgericht abzuliefern. Der Bevollmächtigte ist nicht in der Lage, die Vollmacht zurück zu behalten.

48 – Beim öffentlichen Testament:

Hat der Erblasser bei der Testamentserrichtung bestimmt, dass dem Bevollmächtigten eine gesamte Ausfertigung des Testaments zu erteilen ist, welche sodann die Urschrift im Rechtsverkehr vertritt, so ist diese beim Tod des Erblassers an das Nachlassgericht abzuliefern.

Praxis-Tipp:

49 *Es muss ausdrücklich angeordnet werden, dass dem Bevollmächtigten eine auszugsweise Ausfertigung* ***nur*** *mit dem Inhalt der Vollmacht zu erteilen ist. Diese Ausfertigung enthält dann keine letztwillige Verfügung und ist auch nicht abzuliefern.*

50 Weiter muss bestimmt werden, dass die Ausfertigung sofort nach Beurkundung gefertigt wird.

Der Notar ist verpflichtet, dass Testament unverzüglich nach Beurkundung in amtliche Verwahrung zu geben. Wenn er nicht mehr im Besitz der Urschrift ist, kann er keine Ausfertigungen mehr erteilen.

Praxis-Tipp:

51 *Wegen § 130 BGB ist die postmortale Vollmacht immer in gesonderter Urkunde zu erteilen.*

b. Form der Vollmacht

52 Die Vollmacht kann grds **formfrei** erteilt werden, auch wenn der Inhalt der Vollmacht ein beurkundungspflichtiges Rechtsgeschäft umfasst (§ 167 II BGB).

53 Jedoch gibt es **Ausnahmen**:

9 OLG Köln NJW-RR 92, 1357, Staudinger/Reimann, Vorb zu § 2197 Rn 58

aa. *Vollmacht zur Gründung einer GmbH oder AG*

Die Vollmacht zur Gründung einer GmbH (§ 2 II GmbHG) oder zur Gründung einer AG (§§ 134 III, 135 AktG) bedarf der notariellen Beglaubigung. 54

Wünscht daher der Erblasser, dass der Bevollmächtigte nach seinem Tode aus Mitteln des Nachlasses eine solche Gesellschaft gründet, muss die Vollmacht beglaubigt werden.

bb. *Unwiderrufliche Vollmacht*

Wird eine Vollmacht in der Weise erteilt, dass der Erbe in gleicher Weise gebunden ist wie durch die Vornahme des Rechtsgeschäfts, bedarf die Vollmacht der Form des Rechtsgeschäfts.[10] 55

cc. *Vollmacht für Grundstücksgeschäfte*

Eine Vollmacht für Grundstücksgeschäfte ist grundsätzlich formfrei. Wegen § 29 GBO sollte jedoch die Vollmacht notariell beglaubigt werden. 56

c. Person des Bevollmächtigten

Der Erblasser kann eine beliebige Person, auch den Testamentsvollstrecker, bevollmächtigen. 57

Die Vollmacht für den Testamentsvollstrecker bietet sich an, wenn der Testamentsvollstrecker nicht den Beschränkungen eines Testamentsvollstreckers unterliegen soll, insb wenn ihm unentgeltliche Verfügungen gestattet werden sollen (siehe Rn 342 ff) oder wenn es um die Fortführung eines Handelsgeschäftes oder eine Beteiligung an einer Personengesellschaft (siehe Rn 246 ff) geht.

Fall:

Ein Erbe sucht anwaltlichen Rat und trägt vor: 58
Der Erblasser hat eine unwiderrufliche Generalvollmacht erteilt. Der Bevollmächtigte behauptet, dass ich, der Erbe, damit nicht mehr handeln kann.
Kann ich die Vollmacht widerrufen?

d. Generalvollmacht über den Tod hinaus

Eine unwiderrufliche Generalvollmacht über den Tod hinaus ist wegen der damit verbundenen Knebelung der Erben und der Umgehung der Vorschriften über die Testamentsvollstreckung sittenwidrig.[11] Sie bleibt als stets widerrufliche Vollmacht bestehen, wenn dies dem Erblasserwillen entspricht. 59

10 Einzelfälle siehe Palandt/Heinrichs § 167 Rn 2
11 Palandt/Edenhofer Vor § 2197 Rn 20

Praxis-Tipp:

> *Eine unwiderrufliche postmortale Vollmacht ist immer als Spezialvollmacht zu erteilen.*

e. Wirkung der Vollmacht

60 Die Vollmacht ändert nichts an der Verfügungsbefugnis des Erben über den Nachlass.

Eine verdrängende Vollmacht ist unzulässig.[12]

Der Erbe bleibt neben dem Bevollmächtigten uneingeschränkt verfügungsbefugt.

In der Praxis bedeutet dies:

Wer zuerst handelt, dessen Handlung gilt.

61 Dieser Grundsatz hat auch dann Geltung, wenn neben der Vollmacht ein entsprechender Auftrag an den Bevollmächtigten erteilt ist. Denn der Auftrag regelt nur das »Dürfen« des Bevollmächtigten gegenüber dem Erben, nicht aber den Umfang der Rechtsmacht des Erben.

f. Widerruf der Vollmacht

62 Eine postmortale Vollmacht kann durch die Erben widerrufen werden, wobei der Widerruf durch **einen** Erben genügt.[13]

63 Der Widerruf durch einen Erben beseitigt die Vertretungsmacht für die weiteren Erben nicht.

Der Widerruf ist unabhängig davon möglich, ob der Vollmacht ein Rechtsverhältnis (zB Auftrag) zugrunde liegt oder nicht.

64 Ist die Vollmacht unwiderruflich, bleibt der Widerruf aus wichtigem Grunde dennoch immer möglich.

g. Absicherung der Vollmacht durch Verfügungen von Todes wegen

65 Es ist daher durch erbrechtliche Gestaltungen zu regeln, dass die Vollmacht auch Wirkung für die Erben entfaltet.

Hierzu werden folgende Vorschläge gemacht:

aa. Auflösend bedingte Erbeinsetzung

66 Der Erblasser kann die Erbeinsetzung dahingehend auflösend bedingt gestalten, dass sie entfällt, wenn der Erbe (oder einer von ihnen) die Vollmacht widerruft.

12 Haegele/Winkler, Rn 352 mwN
13 Palandt/Edenhofer Vor § 2197 Rn 20

Nachteil dieser Lösung ist, dass damit Vor- und Nacherbschaft angeordnet wird[14] und für diesen Fall ein Nacherbe bestimmt werden muss. 67

Weiterer Nachteil ist, dass der ganze Nachlass an den Nacherben übergeht. Der Erblasser will jedoch im Regelfall, dass der Bevollmächtigte nur einzelne Rechtsgeschäfte für den Nachlass tätigt und im Übrigen die Verfügungsbefugnis der Erben uneingeschränkt erhalten bleibt.

Der Erblasser kommt nicht umhin, zu bestimmen, wer in diesem Fall den Nachlass erhalten soll, weil ansonsten die gesetzlichen Erben als Nacherben in Betracht kommen (§§ 2104, 2105 BGB) und diese widerrufsbefugt sind. 68

bb. Aufschiebend bedingtes Herausgabevermächtnis

Der Erblasser kann anordnen, dass ein oder mehrere Nachlassgegenstände für den Fall des Widerrufs der Vollmacht an einen Dritten, auch an den Testamentsvollstrecker, herauszugeben sind. Damit wird dem widerrufenden Erben der übrige Nachlass gewahrt. 69

cc. Weitere Regelungen im Zusammenhang mit einer auflösend bedingten Erbeinsetzung und einem aufschiebend bedingten Herausgabevermächtnis

Werden die Lösungen gemäß vorstehend aa. und bb. gewählt, sollte geregelt werden, was nach Erfüllung des Auftrages des Bevollmächtigten mit dem Nachlass erfolgen soll. 70

dd. Auflagen

Dem Erben wird zur Auflage gemacht, die Vollmacht nicht zu widerrufen. 71

Diese Auflage wird kontrolliert durch die Anordnung der Testamentsvollstreckung mit dem Aufgabenkreis »Überwachung und Durchsetzung der Auflage«.[15]

Weiter kann den Erben zur Auflage gemacht werden, dem Testamentsvollstrecker selbst Vollmacht zu erteilen. Diese Möglichkeit ist umstritten und wird für teilweise sittenwidrig angesehen, weil der Erbe durch die Erteilung der Vollmacht die Möglichkeit verliert, die Haftungsbeschränkung auf den Nachlass herbeizuführen.[16] 72

Allerdings hat die postmortale Vollmacht des Erblassers die gleiche Wirkung. 73

Haegele/Winkler[17] schlagen als sichersten Weg vor, dass neben einer postmortalen Vollmacht die Erben durch Auflage selbst verpflichtet werden, dem Dritten eine Vollmacht zu erteilen. 74

Hierbei wird ausdrücklich angeordnet, dass die Wirksamkeit der Vollmachten nicht voneinander abhängen. 75

14 Haegele/Winkler, Rn 354
15 Haegele/Winkler, Rn 353
16 Haegele/Winkler, Rn 360
17 Haegele/Winkler, Rn 359

h. Postmortale Vollmacht bei gemeinschaftlichem Testament/Erbvertrag

76 Ist der Erblasser durch gemeinschaftliches Testament/Erbvertrag gebunden, so kann er mit Wirkung für und gegen die Erben einen Bevollmächtigten bestellen.

Es handelt sich um keine letztwillige Verfügung, der die Bindungswirkung entgegensteht.

77 Allerdings kann der Erblasser keine erbrechtlichen Einflüsse, wie unter vorstehend Rn 260 ausgeführt, ausüben.

Checkliste Postmortale Vollmacht

78
- ✔ Ist die Aufgabe für die Erteilung einer Vollmacht geeignet?
- ✔ Person des Bevollmächtigten
- ✔ Vollmacht immer in gesonderter Urkunde
- ✔ Auftragsverhältnis festlegen
- ✔ Sind Formvorschriften zu beachten?
- ✔ Soll die Vollmacht unwiderruflich sein? (dann nur Spezialvollmacht)
- ✔ Vollmacht durch erbrechtliche Anordnungen unterstützen

2. Vor- und Nacherbschaft

79 Will der Erblasser, dass sein Vermögen zunächst dem Vorerben zukommt, aber nicht dessen Erben, wählt er den Weg der Vor- und Nacherbschaft.

Der Nachlass bildet ein Sondervermögen in der Hand des Vorerben.

80 In der Wirkung ergeben sich folgende Unterschiede zur Testamentsvollstreckung:

a. Zwangsverfügungen der Eigengläubiger des Erben bzw Vorerben

81 Zwangsverfügungen, also Vollstreckungsmaßnahmen der Eigengläubiger, sind bei der Testamentsvollstreckung ausgeschlossen, soweit und solange die Testamentsvollstreckung reicht (§ 2214 BGB). Beim Vorerben sind sie nur insoweit unwirksam, als die Maßnahme dem Nacherben gegenüber unwirksam ist (§ 2115 BGB).

Will der Erblasser diese Wirkung erzielen, darf er nur unbefreite Vorerbschaft anordnen.

82 Damit ist die möglicherweise sinnvolle Umgestaltung des Nachlasses auf Dauer verhindert.

b. Erbauseinandersetzung

Der Vorerbe ist nicht zur Erbauseinandersetzung befugt. 83

c. Verwaltung des Nachlasses

Der Vorerbe wird den Nachlass bestmöglich im eigenen Interesse verwalten. 84
Soweit also Erträge nicht für den notwendigen Erhalt des Nachlasses[18] benötigt werden, wird diese der Vorerbe für sich selbst verbrauchen.

Der Testamentsvollstrecker ist dagegen verpflichtet, auch die Erträge dem Nachlass wieder zuzuführen.

d. Aufschiebend bedingtes Herausgabevermächtnis

Will der Erblasser auf bestimmte Zeit dem Erben oder einem Vermächtnis- 85
nehmer die Nutzungen eines Nachlassgegenstandes zuwenden oder will er die Beschränkungen der Vor- und Nacherbschaft vermeiden,[19] wird er ein aufschiebend bedingtes Herausgabevermächtnis wählen.

Nachteil dieser Lösung ist, dass der Bedachte nicht gehindert ist, den Gegen- 86
stand bis zum Eintritt der Herausgabebedingung zu verbrauchen. Der Nachbedachte ist nur nach § 160 I BGB durch einen Schadenersatzanspruch geschützt.

Gleichzeitig ist damit den Eigengläubigern des Bedachten der uneingeschränkte Zugriff ermöglicht.

III. Anordnung der Testamentsvollstreckung und Ernennung des Testamentsvollstreckers

Streng zu trennen ist die Frage der Anordnung der Testamentsvollstreckung 87
als solcher, der Ernennung des Testamentsvollstreckers, der Annahme des Amtes und des Beginns der Amtstätigkeit.

Die Anordnung der Testamentsvollstreckung beschränkt bereits die Erben in ihren Rechten, ohne dass die Person des Testamentsvollstreckers bekannt ist.

1. Anordnung der Testamentsvollstreckung

a. Anordnung durch den Erblasser

Nur der Erblasser kann in einer letztwilligen Verfügung die Testamentsvoll- 88
streckung für seinen Nachlass anordnen (§ 2197 BGB).

Er kann es somit nicht einem Dritten überlassen, ob Testamentsvollstreckung angeordnet wird. Dies ist nach § 2065 BGB unwirksam.

---

18 Nur hierzu ist der Vorerbe verpflichtet, § 2124 BGB
19 Nieder, Testamentsgestaltung, Rn 675

89 Die Verwendung des Begriffes »Testamentsvollstrecker« ist nicht notwendig, es kann die Bezeichnung Pfleger, Bevollmächtigter, Verwalter uä genügen. Ebenso genügt es, wenn sich aus der letztwilligen Verfügung ergibt, dass dem Erben die Verwaltung des Nachlasses entzogen sein soll.

90 Entscheidend ist der Erblasserwille, dass der Nachlass unter der alleinigen und ausschließlichen Verfügungsgewalt eines Dritten stehen soll.

Praxis-Tipp:

91 *Es ist ratsam, immer den Begriff »Testamentsvollstreckung« zu verwenden, um Auslegungsprobleme zu vermeiden.*

b. Anordnung, ohne einen Testamentsvollstrecker zu ernennen

92 Ordnet der Erblasser Testamentsvollstreckung an, ohne einen Testamentsvollstrecker oder einen Bestimmungsberechtigten anzugeben, so ist dies in der Regel als Ersuchen an das Nachlassgericht nach § 2200 BGB anzusehen.[20]

Musterformulierung:

93 Wenn »Testamentsvollstreckung« angeordnet wird, immer hinzufügen:

»Ich ersuche das Nachlassgericht, einen geeigneten Testamentsvollstrecker zu ernennen.«

c. Testamentsvollstreckung über den Nachlass eines Dritten

94 Der Erblasser kann nicht durch Auflage anordnen, dass der Erbe für seinen Nachlass Testamentsvollstreckung anordnet. Denn es kann nicht Gegenstand einer Auflage sein, ein bestimmtes Testament zu errichten.[21]

d. Anordnung der Testamentsvollstreckung ohne weitere letztwillige Verfügung

95 Wird in einer letztwilligen Verfügung nur Testamentsvollstreckung angeordnet, ohne weitere Verfügungen zu treffen, so ist dies wirksam.

96 Sind weitere unwirksame Verfügungen getroffen, so bleibt die Anordnung wirksam, wenn nicht nach § 2085 BGB anzunehmen ist, dass damit auch die Anordnung entfallen soll.[22]

20 Palandt/Edenhofer § 2200 Rn 1
21 Palandt/Edenhofer § 2192 Rn 6
22 Haegele/Winkler, Rn 41

Musterformulierung:

»Es soll bei der gesetzlichen Erbfolge bleiben. Für die gesetzlichen Erben ordne ich Testamentsvollstreckung an.« **97**

2. Die Ernennung des Testamentsvollstreckers

Ist Testamentsvollstreckung angeordnet, bestehen für die Ernennung des Testamentsvollstreckers folgende Möglichkeiten: **98**

a. Durch den Erblasser

Der Erblasser kann selbst einen oder mehrere Testamentsvollstrecker bestimmen (§ 2197 I BGB). **99**

Daneben kann er einen oder mehrere Ersatztestamentsvollstrecker bestimmen (§ 2197 II BGB) oder das Bestimmungsrecht auf Dritte (2198 BGB) übertragen oder das Nachlassgericht um die Ernennung ersuchen (§ 2200 BGB). Weiter kann er den Testamentsvollstrecker ermächtigen, einen oder mehrere Mittestamentsvollstrecker oder einen Nachfolger zu ernennen (§ 2199 BGB).

Anordnung der Testamentsvollstreckung

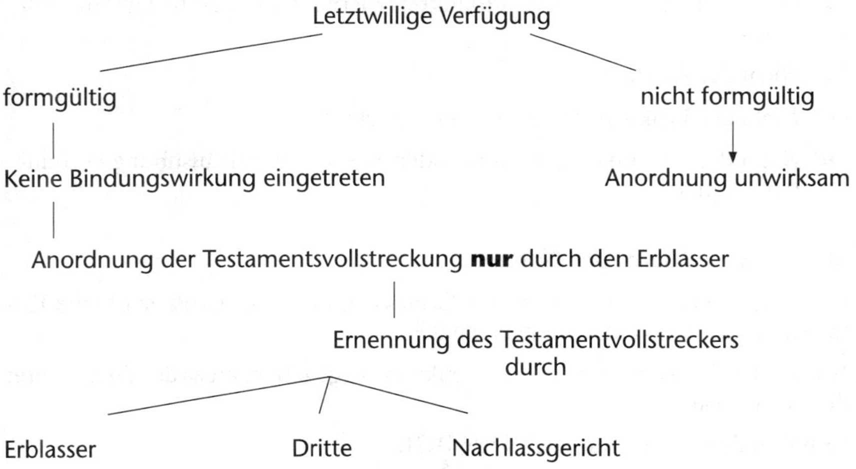

b. Durch Dritte, § 2198 BGB

Eine Übertragung des Bestimmungsrechtes auf Dritte ist zulässig. **100**

aa. Person des Dritten

Dritter kann sein:

- Jede natürliche Person, wenn diese zum Zeitpunkt der Ernennung des Testamentsvollstreckers geschäftsfähig ist; **101**

- Der Erbe selbst,[23] falls er nicht Alleinerbe ist;
- Der Inhaber eines bestimmten Amtes;
- Eine juristische Person, die dann durch den gesetzlichen Vertreter vertreten wird.

102 Dritter kann **nicht** sein:

- Der Notar, der die Verfügung von Todes wegen beurkundet hat, ein Zeuge des öffentlichen Testaments oder ein in gemeinsamer Berufsausübung verbundener Dritter (§§ 7, 27 BeurkG). Denn wer selbst nicht Testamentsvollstrecker sein kann, kann auch nicht bestimmen, wer Testamentsvollstrecker sein soll;[24]
- Der Prokurist für den Inhaber eines Handelsgeschäfts.[25]

103 Soll die Bestimmung durch mehrere Dritte erfolgen, so entscheidet die **Auslegung**, ob ein Mehrheitsbeschluss oder Einstimmigkeit genügt.[26]

Checkliste Bestimmung eines Dritten als Ernennungsberechtigten

104
- ✔ Natürliche Person
- ✔ Inhaber eines bestimmten Amtes
- ✔ Geschäftsfähigkeit zum Zeitpunkt der Ernennung des Testamentsvollstreckers
- ✔ Nicht der Alleinerbe
- ✔ Nicht der Prokurist für ein Handelsgeschäft
- ✔ Nicht der beurkundende Notar oder eine zur Berufsausübung verbundene Person.

bb. Auswahl durch den Dritten

105 Der Dritte entscheidet nach freiem **Ermessen**, wenn der Erblasser keine Kriterien für die Auswahl vorgegeben hat.[27]

Hat der Erblasser nur einen Personenkreis vorgegeben, muss der Dritte unter diesem auswählen.

Er haftet dem Erben nur nach § 826 BGB.

Der Dritte kann auch sich selbst benennen, falls er nicht der Alleinerbe ist.

---

23 RG 92, 88
24 AA Haegele/Winkler, Rn 47 mit Hinweis auf OLG Neustadt DNotZ 1951, 339. Diese Entscheidung ist vor Erlass des Beurkundungsgesetzes gefallen.
25 Haegele/Winkler, Rn 57 ohne nähere Begründung
26 Staudinger/Reimann § 2199 Rn 4
27 Palandt/Edenhofer § 2198 Rn 2

cc. *Form der Bestimmung*

Die Bestimmung erfolgt durch einseitige, unwiderrufliche amtsempfangsbedürftige Erklärung gegenüber dem Nachlassgericht in öffentlich beglaubigter Form (§ 129 BGB). 106

Ausnahmen vom Formzwang wurden zugelassen bei der Benennung durch 107

- OLG-Präsident;
- Präsident der Rechtsanwaltskammer;
- Notar.

Schreibt der Erblasser als strengere Form die Beurkundung vor, so genügt dennoch die öffentliche Beglaubigung. 108

Im Einzelnen sind diese Ausnahmen vom Formzwang umstritten.[28] 109

Praxis-Tipp:

Es ist ratsam, immer die öffentliche Beglaubigung durch den Notar bzw – wenn der Erblasser dies angeordnet hat – die Beurkundung für die Bestimmung zu wählen.

110

Nachdem die Erteilung des Testamentsvollstrecker-Zeugnisses keine konstitutive Wirkung hat,[29] ist diese als sicherster Weg einzuhalten. 111

Sonst besteht die Gefahr, dass die Bestimmung und damit alle nachfolgenden Rechtshandlungen des Testamentsvollstreckers unwirksam sind.

dd. *Frist zur Bestimmung*

Fall:

Der gemäß Testament bestimmungsberechtigte Dritte äußert sich nicht, obwohl er vom Erben mehrfach aufgefordert wurde. *Was ist zu tun?*

112

Hat der Erblasser selbst keine Frist festgelegt, kann das Nachlassgericht auf formlosen Antrag eines Beteiligten eine Frist setzen. 113

➢ **Beteiligte** sind dabei: 114
Erbe, Nacherbe, Mittestamentsvollstrecker, Vermächtnisnehmer, Pflichtteilsberechtigter.

➢ **Nicht Beteiligte** sind: 115
Nachlassgläubiger und Auflagenbegünstigter.

Das Nachlassgericht entscheidet dabei nach billigem Ermessen. 116

---

28 Palandt/Edenhofer § 2198 Rn 2
29 Siehe Rn 611 ff

Fall:

117 *Der Erblasser hat bestimmt:*
Der Dritte soll den Testamentsvollstrecker binnen einer Woche ab Eröffnung des Testamentes bestimmen. Der Dritte sieht sich nicht in der Lage, innerhalb dieser Zeit eine Bestimmung zu treffen.

Die Fristsetzung durch den Erblasser kann auf Antrag des Dritten durch das Nachlassgericht verlängert oder verkürzt werden.[30]

Praxis-Tipp:

118 *Unklar ist, ob der Dritte nach Ablauf der vom Erblasser gesetzten Frist noch den Antrag auf Fristverlängerung stellen kann, weil mit Ablauf der Frist das Bestimmungsrecht verloren gegangen ist. Als sicherster Weg sollte der Antrag innerhalb der Bestimmungsfrist gestellt werden.*

119 Eine einmal vom Nachlassgericht gesetzte Frist kann nicht mehr geändert werden (§ 18 II FGG).[31]

Nach Ablauf der Frist geht das Bestimmungsrecht des Dritten verloren (§ 2198 II BGB), wobei die Bestimmung **innerhalb** der Frist formgerecht beim Nachlassgericht eingegangen sein muss.

Praxis-Tipp:

120 *Wenn der Erblasser eine Frist bestimmt, ist es gefährlich, den Beginn der Frist auf den Todestag zu legen. Es wäre dabei denkbar, dass das Testament noch nicht eröffnet ist, wenn die Frist abgelaufen ist und somit das Bestimmungsrecht verloren geht.*

121 Fraglich ist, ob damit die Anordnung der Testamentsvollstreckung in Wegfall kommt oder in der letztwilligen Verfügung ein stillschweigendes Ersuchen an das Nachlassgericht nach § 2200 BGB zu sehen ist.[32]

Praxis-Tipp:

122 *Wenn die Bestimmung des Testamentsvollstreckers durch einen Dritten erfolgen soll, sollte immer eine Frist hierfür festgelegt und die ersatzweise Ernennungsbefugnis des Nachlassgerichts angeordnet werden.*

Fristbeginn: Frühestens Eröffnung des Testaments, besser noch Kenntnis des Dritten vom eröffneten Testament.

30 Palandt/Edenhofer § 2198 Rn 3
31 Palandt/Edenhofer § 2198 Rn 3, aA Haegele/Winkler, Rn 47: Angemessene Fristverlängerung auf Antrag des Dritten.
32 Haegele/Winkler, Rn 47

Musterformulierung:

Der Dritte hat den Testamentsvollstrecker binnen ... ab Kenntnis vom eröffneten Testament zu bestimmen. 123

ee. Verpflichtung zur Bestimmung

Nachdem keine Verpflichtung des Dritten besteht,[33] einen Testamentsvollstrecker zu bestimmen, hat es damit der Dritte in der Hand, über die Wirksamkeit der Anordnung zu entscheiden. 124

ff. Ablehnung des Bestimmungsrechtes

Lehnt der Dritte die Bestimmung vor Fristablauf ab, geht analog § 2298 II BGB das Bestimmungsrecht unter. 125

Die Ablehnung der Bestimmung bedarf ebenfalls der öffentlichen Beglaubigung und des Zuganges an das Nachlassgericht; sie ist unwiderruflich.

Praxis-Tipp:

> *Um zu verhindern, dass der Dritte über den Bestand der Testamentsvollstreckung als solchen entscheidet, sollte in allen Fällen der Drittbestimmung die Ernennungsbefugnis des Nachlassgerichts (§ 2200 BGB) angeordnet werden.* 126

Musterformulierung:

Trifft der Dritte eine solche Bestimmung nicht oder nicht fristgerecht, ersuche ich das Nachlassgericht um Ernennung eines Testamentsvollstreckers.

gg. Wirksamwerden der Erklärung

Die Benennung wird mit Zugang beim Nachlassgericht (analog § 1945 BGB) wirksam, auch wenn sie erst nach dem Tod des Erklärenden zugeht (§ 130 II BGB). 127

Praxis-Tipp:

> *Aus Beweisgründen sollte man die Erklärung nur gegen Empfangsbestätigung an das Nachlassgericht geben.* 128

hh. Kosten

129

- Beim Notar
  Die Kosten der Beglaubigung trägt der Bestimmungsberechtigte.
  Er hat allerdings nach §§ 2218, 670 BGB einen Aufwendungsersatzanspruch gegen den Erben.

33 Etwas anderes würde nur gelten, wenn sich der Dritte in einem Vertrag mit dem Erblasser hierzu verpflichtet hätte.

- Gebühren:
  Die Gebühr richtet sich nach § 45 KostO (1/4 Gebühr) bzw § 38 II Zf 7 KostO (5/10 Gebühr), wenn vom Notar der Entwurf der Bestimmungserklärung gefertigt wurde.

130 ➢ Beim Nachlassgericht
Für die Entgegennahme der Erklärung fällt 1/4 Gebühr nach § 112 I Nr. 6 KostO an.

Der Geschäftswert (Notar und Nachlassgericht) richtet sich nach § 30 II KostO, wobei ein Gebührenansatz von 10–30 % des Reinnachlasses angemessen ist.

ii. Zuständigkeit und Rechtsmittel

131 Zuständig ist in allen Fällen der Fristsetzung der Rechtspfleger (§ 3 Nr. 2 c RPflG)

jj. Rechtsmittel

132

Gegen die Festsetzung der Frist bzw gegen die Verlängerung/Verkürzung der Frist:	Befristete Erinnerung durch den Antragsteller (§ 11 RPflG) und die sonstigen Beteiligten (s Rn 114).
Gegen die Ablehnung der Fristsetzung:	Einfache Erinnerung durch den Antragsteller (§ 11 RPflG)

kk. Behandlung der Erklärung

133 Die Bestimmung wird vom Nachlassgericht zu den Akten genommen.

Eine Benachrichtigung der Erben ist nicht vorgeschrieben.

d. Die Ermächtigung zur Ernennung von Mittestamentsvollstreckern und Nachfolgern, § 2199 BGB

134 Der Erblasser kann den Testamentsvollstrecker ermächtigen, selbst einen Nachfolger und/oder Mittestamentsvollstrecker zu ernennen, § 2199 BGB.

Es kann aber auch ein Dritter ermächtigt werden. § 2198 BGB gilt entsprechend.[34]

aa. Ernennung durch den Testamentsvollstrecker

135 Die Ernennung ist nur wirksam, wenn der Testamentsvollstrecker zum Zeitpunkt der Abgabe der Erklärung noch im Amt ist. Auf den Zugang beim Nachlassgericht kommt es nicht an.

Der Testamentsvollstrecker muss nur alles von seiner Seite getan haben, dass die Erklärung wirksam wird (§ 130 II BGB).

34 Palandt/Edenhofer § 2200 Rn 1

Bestimmt daher der Testamentsvollstrecker, dass die Erklärung erst nach seinem Tode dem Gericht zugehen soll, so ist die Nachfolgerbestimmung unwirksam.

Kündigt der Testamentsvollstrecker gleichzeitig mit der Nachfolgerbestimmung, ist die Nachfolgerbestimmung wirksam, weil die Kündigung erst mit Zugang beim Nachlassgericht wirksam wird. 136

bb. Mehrere Testamentsvollstrecker

Soll die Bestimmung durch mehrere Testamentsvollstrecker erfolgen, so entscheidet die Auslegung, ob ein Mehrheitsbeschluss oder Einstimmigkeit genügt,[35] wenn im Testament nichts festgelegt ist. 137

Praxis-Tipp:

Sollen mehrere Testamentsvollstrecker einen Nachfolger ernennen, ist es ratsam, genaue Kompetenzen im Testament festzulegen. 138

cc. Fristsetzung

Eine Fristsetzung nach § 2198 BGB ist nicht möglich, so dass es der Testamentsvollstrecker in der Hand hat, einen Mittestamentsvollstrecker/Nachfolger zu ernennen. 139

dd. Ernennung und Absetzung eines Nachfolgers

Die Ernennung eines Nachfolgers ist nur wirksam für den Fall der Beendigung des Amtes (§§ 2225–2227 BGB). 140

Zur Absetzung eines ernannten Mittestamentsvollstreckers oder eines wirksam ernannten Nachfolgers (Zugang beim Nachlassgericht maßgebend) ist der Testamentsvollstrecker nicht befugt.

ee. Rechtsmittel

Rechtsmittel gegen die Ernennung eines Mittestamentsvollstreckers/Nachfolgers durch den Testamentsvollstrecker sind nicht möglich. 141

Der Testamentsvollstrecker haftet den Erben nach §§ 2218, 2219 BGB für die sorgfältige Auswahl.

Den Beteiligten bleibt nur der Antrag auf Entlassung (§ 2227 BGB).

Checkliste Nachfolgerbestimmung

- ✔ Ist die Nachfolgerbestimmung im Testament zugelassen ? 142
- ✔ Ist der Testamentsvollstrecker bei Angabe der Erklärung noch im Amt?
- ✔ Nachfolgerbestimmung nur für den Fall der Beendigung des Amtes
- ✔ Form der Erklärung (öffentliche Beglaubigung) eingehalten?

35 Staudinger/Reimann § 2199 Rn 4

e. Ernennung eines Testamentsvollstreckers durch das Nachlassgericht, § 2200 BGB

aa. Ersuchen durch den Erblasser

143 Eine Ernennung durch das Nachlassgericht ist nur zulässig, wenn der Erblasser in der Form der letztwilligen Verfügung das Nachlassgericht hierzu ersucht hat.

Das Ersuchen kann auch bedingt sein.

Beispiele:

144
- Wenn der benannte Testamentsvollstrecker sein Amt nicht annimmt, so soll das Nachlassgericht einen Testamentsvollstrecker ernennen.
- Fällt der vom Erblasser oder Dritten bestimmte Testamentsvollstrecker weg, so ist damit kein automatisches Ersuchen an das Nachlassgericht verbunden.[36]
  Es kommt dann auf die Umstände des Einzelfalles an.
- Ist der Erblasser ein Ausländer und kommt ausländisches Erbstatut zur Anwendung, so ist die Ernennung nur zulässig, wenn dies nach dem Heimatrecht zulässig ist.
- Fehlt das Ersuchen des Erblassers, ist die gleichwohl erfolgte Ernennung durch das Nachlassgericht gegenstandslos.
  Wenn aber kein Antrag auf Entlassung vorliegt, kann das Nachlassgericht selbst die getroffene Ernennung von Amts wegen nicht aufheben. Dies kann nur das Beschwerdegericht zur Beseitigung des nachteiligen Rechtsscheins.[37]

bb. Zuständigkeit und Form der Entscheidung

145 Zuständig für die Ernennung von Testamentsvollstreckern ist der Richter (§ 16 I Nr. 2 RPflG).

146 Die Entscheidung erfolgt durch Beschluss.

Der Beschluss ist dem Testamentsvollstrecker formlos bekannt zu machen (§ 16 I FGG) und den Beteiligten zuzustellen (§ 16 II FGG).[38]

147 Vor der Entscheidung soll den Beteiligten, also denjenigen, die hieran ein rechtliches Interesse haben, Gelegenheit zur Stellungnahme gegeben werden, wenn dies ohne Verzögerung und unverhältnismäßige Kosten geschehen kann (§ 2200 II BGB).

Die Stellungnahme kann formlos erfolgen.

Ein Vorbescheid des Nachlassgerichts ist nicht zulässig.[39]

---

36 Einzelfälle bei: Palandt/Edenhofer § 2200 Rn 1
37 BayObLG FamRZ 95, 124
38 Palandt/Edenhofer § 2200 Rn 5, str
39 BayObLG 93, 389

- **Beteiligte** sind dabei: 148
  Erbe, Nacherbe, Mittestamentsvollstrecker, Vermächtnisnehmer, Pflichtteilsberechtigter.
- Beteiligte sind **nicht**: 149
  Nachlassgläubiger und Auflagenbegünstigter.

Eine besondere Form für die Anhörung ist hierfür nicht vorgeschrieben. 150

Die fehlende Anhörung macht die Entscheidung nicht unwirksam.

cc. Wirkung des Beschlusses

Mit der Zustellung des Beschlusses tritt die Anordnung der Testamentsvollstreckung ein, wobei das Amt aber erst nach Annahme des Amtes durch den ernannten Testamentsvollstrecker beginnt. 151

dd. Ermessen des Gerichts

Es steht im pflichtgemäßen **Ermessen** des Gerichts, **ob** es Testamentsvollstreckung anordnet und welchen Testamentsvollstrecker es auswählt. 152

Für das **Ermessen**, ob eine Anordnung erfolgt, sind maßgebend: 153

- Der Umfang des Nachlasses, so dass bei einem Nachlass, bei welchem sich die Vollstreckung nicht lohnt, die Anordnung unterbleiben kann;
- Der Wille des Erblassers;
- Das Interesse der Beteiligten an der Testamentsvollstreckung;
- Die Frage, ob sich die Aufgaben des Testamentsvollstreckers bereits tatsächlich erledigt haben.

Nicht entscheidend ist dagegen die Arbeitsüberlastung des Gerichts. 154

Ordnet das Gericht ermessensfehlerhaft die Testamentsvollstreckung an, ist die Anordnung gegenstandslos.[40]

Ebenso steht es im **Ermessen** des Gerichts, **welchen** Testamentsvollstrecker es ernennt. 155

Soweit der Erblasser die Auswahl des Gerichts nicht eingeschränkt hat,[41] ist maßgebend: 156

- Der mutmaßliche Wille des Erblasser;
- Die Eignung des Testamentsvollstreckers;
- Der künftige Vergütungsanspruch des Testamentsvollstreckers.[42]

---

40 Palandt/Edenhofer § 2200 Rn 2
41 Staudinger/Reimann § 2220 Rn 10
42 Haegele/Winkler, Rn 80 mwN: Wenn der Erblasser die unentgeltliche Testamentsvollstreckung angeordnet hat, kann keine Person bestellt werden, welche eine erhebliche Testamentsvollstrecker-Vergütung zu erwarten hat.

ee. Mehrfache Anordnung der Testamentsvollstreckung

157 Hat das Gericht auf Antrag eines Beteiligten die Anordnung der Testamentsvollstreckung abgelehnt, und wurden dagegen keine Rechtsmittel eingelegt, kann auf Antrag eines weiteren Beteiligten die Testamentsvollstreckung nicht erneut angeordnet werden.

158 Dies gilt jedoch dann nicht, wenn der Beteiligte nicht angehört wurde und ihm keine Beschlussausfertigung zugestellt wurde.[43]

ff. Mehrfache Ernennung eines Testamentsvollstreckers

159 Hat das Gericht die Testamentsvollstreckung angeordnet und nimmt der ernannte Testamentsvollstrecker sein Amt nicht an oder fällt nachträglich weg, kann das Gericht einen Nachfolger oder mehrere ernennen.[44]

gg. Umfang der Testamentsvollstreckung

160 Das Gericht kann bei der Ernennung den Umfang der Testamentsvollstreckung nicht festlegen.

Hierfür gelten alleine die Anordnungen des Erblassers, hilfsweise die Vorschriften der §§ 2203–2209 BGB.

hh. Rechtsmittel

161 Wird die Anordnung der Testamentsvollstrecker durch das Gericht abgelehnt, ist die **einfache Beschwerde** zulässig (§§ 19, 20 FGG). Gleiches gilt für die Auswahl des Testamentsvollstreckers.

Beschwerdeberechtigt sind die Beteiligten,[45], nicht jedoch Nachlassgläubiger.

162 Der Testamentsvollstrecker selbst hat kein Beschwerderecht, weil er die Annahme des Amtes ablehnen oder sein Amt niederlegen kann.[46]

ii. Kosten

163 Der Geschäftswert bestimmt sich nach § 30 II KostO[47]

Es fällt für die Anordnung und Ernennung nach § 113 KostO eine $^{5}/_{10}$ Gebühr an.

Daneben fällt keine Gebühr für die Erteilung des Testamentsvollstreckerzeugnisses an (§ 115 KostO).

Kostenschuldner ist der Antragsteller.

---

43 Art. 103 GG – rechtliches Gehör –
44 Palandt/Edenhofer § 2000 Rn 2
45 Siehe Rn 114
46 Palandt/Edenhofer § 2000 Rn 6
47 Siehe Rn 130

Checkliste Ernennung durch das Nachlassgericht

- ✔ Ersuchen des Erblassers 164
- ✔ Entscheidung durch den Richter
- ✔ Entscheidung durch Beschluss
- ✔ Zustellung an den Testamentsvollstrecker
- ✔ Ermessensausübung des Gerichtes
- ✔ Anhörung der Beteiligten

3. Die Ernennung durch letztwillige Verfügung

a. Letztwillige Verfügung

Nur der Erblasser kann die Testamentsvollstreckung in einer gültigen letztwilligen Verfügung anordnen und einen Testamentsvollstrecker ernennen bzw einen Dritten oder das Nachlassgericht zur Ernennung ermächtigen. 165

Zu beachten ist die Staatsangehörigkeit.

Staatsangehörigkeit

- deutsch → Testamentsvollstreckung uneingeschränkt zulässig
- ausländisch → IPR beachten

b. Gemeinschaftliches Testament

Fall:

Die Ehegatten wollen sicherstellen, dass ihr Nachlass der Testamentsvollstreckung unterliegt. 166

Unabhängig von der Frage, ob bei einem bindenden Erbvertrag oder Berliner Testament überhaupt Testamentsvollstreckung angeordnet werden kann, ist bei einem Berliner Testament von Folgendem auszugehen: 167

aa. Umfang der Testamentsvollstreckung

Haben die Ehegatten Testamentsvollstreckung angeordnet, ohne anzugeben, für welchen Nachlass, gilt die Anordnung im Zweifel für beide Nachlässe.[48] 168

48 BayObLG FamRZ 85, 1187

Etwas anderes gilt nur, wenn die Auslegung ergibt, dass die Ernennung nur für den Tod des Überlebenden gelten soll.

In der Regel wird dies anzunehmen sein, wenn die Ehegatten sich zu gegenseitigen Alleinerben und einen Dritten zum Schlusserben eingesetzt haben.[49]

Musterformulierung Ehegattentestament/Erbvertrag:

■ ***Version 1 (Testamentsvollstreckung für beide Nachlässe)***

169 *»Jeder von uns ordnet für **seinen** Nachlass Testamentsvollstreckung an.«*

■ ***Version 2 (Testamentsvollstreckung für den Schlusserben)***

170 *Jeder von uns ordnet **für den Schlusserben** Testamentsvollstreckung an. Dies gilt auch für den Fall des gleichzeitigen Ablebens für beide Nachlässe.*

bb. Bindungswirkung

171 Die Testamentsvollstreckung kann in einem gemeinschaftlichen Testament oder einem Erbvertrag **nicht** mit Bindungswirkung angeordnet werden.

Die gleichwohl »bindend« angeordnete Testamentsvollstreckung macht das Testament/Erbvertrag nicht unwirksam, sondern bezieht sich auf den jeweiligen Nachlass und ist damit für beide Erbfälle angeordnet.[50]

172 ➢ Wenn also für den Schlusserben im »Berliner Testament« Testamentsvollstreckung angeordnet ist, kann der Überlebende diese frei widerrufen.
Dieser Widerruf beseitigt nicht die Bindungswirkung des Testaments im Übrigen, weil es sich um keine wechselbezügliche Verfügung handelt (§ 2270 III BGB).

173 ➢ Ordnet jeder Erblasser bei der Trennungslösung für seinen Nachlass Testamentsvollstreckung an, so gilt dies nur für diesen Nachlass.

174 ➢ Ein gemeinschaftliches Testament, in dem der Erblasser nur anordnet, dass für seinen Nachlass Testamentsvollstreckung angeordnet wird – ohne eine weitere Verfügung zu treffen –, ist nicht unwirksam.
Denn im Wege der wohl wollenden Auslegung ist davon auszugehen, dass diese Verfügung als einseitige Erklärung wirksam sein soll.
Sie ist als Ersuchen an das Nachlassgericht zu behandeln, einen Testamentsvollstrecker zu benennen (§ 2200 BGB).
Im Übrigen tritt sodann gesetzliche Erbfolge ein.

cc. Frühere Anordnung der Testamentsvollstreckung

175 Hat der Erblasser in einem früheren Testament Testamentsvollstreckung angeordnet, ist diese bei einem nachfolgenden gemeinschaftlichen Testament/Erbvertrag nur wirksam, wenn sie in diesem erneut angeordnet oder vorbehalten wird.

---

49 Staudinger/Reimann § 2197 Rn 5
50 Palandt/Edenhofer § 2197 Rn 1

Denn die spätere Verfügung macht alle vorhergehenden Verfügungen unwirksam.

dd. Früheres gemeinschaftliches Testament/Erbvertrag

Ist der Erblasser durch ein gemeinschaftliches Testament oder Erbvertrag gebunden, so kann er – soweit die Bindung reicht – keine Testamentsvollstreckung für seinen Nachlass anordnen. 176

Fall:

Die Ehegatten haben sich gegenseitig zu Alleinerben und einen Dritten zum Schlusserben eingesetzt. Ein Ehegatte ordnet in einer einseitigen Verfügung zu Lebzeiten oder nach dem Tode des anderen Ehegatten für seinen Nachlass Testamentsvollstreckung an. 177

In beiden Fällen ist die Anordnung unwirksam (§ 2271 BGB). Die Anordnung zu Lebzeiten des anderen Ehegatten stellt keinen Widerruf der wechselbezüglichen Verfügungen im gemeinschaftlichen Testament dar. 178

Hierfür muss das Verfahren nach § 2271 BGB eingehalten werden.

Praxis-Tipp:

- *Beim Erbvertrag ist die Ernennung nur wirksam, wenn diese ausdrücklich oder stillschweigend vorbehalten war. Der Bedachte kann sich mit der Anordnung der Testamentsvollstreckung einverstanden erklären. Dies kann im gleichen Erbvertrag erfolgen.* 179
- *Eine nachträgliches Einverständnis mit dem Bedachten bedarf einer neuen* ***erbvertraglichen*** *Regelung. Ein einseitiges Einverständnis genügt nicht.*[51]

Hat sich der Erblasser für einen Teil des Nachlasses die Anordnung der Testamentsvollstreckung vorbehalten und ordnet er sodann für den gesamten Nachlass Testamentsvollstreckung an, ist diese insgesamt unwirksam.[52] 180

Ist die Anordnung der Testamentsvollstreckung einem Miterben gegenüber wegen der Bindung eines Erbvertrages unwirksam, so kann sie dem weiteren Miterben gegenüber wirksam sein, wenn diese dem Willen des Erblassers entspricht.[53] 181

51 Haegele/Winkler, Rn 6
52 LG Stuttgart RPfl 93, 68
53 BayObLG RPfl 91, 112

182 **Anordnung der Testamentsvollstreckung bei vorhergehendem Erbvertrag/Gemeinschaftlichem Testament**

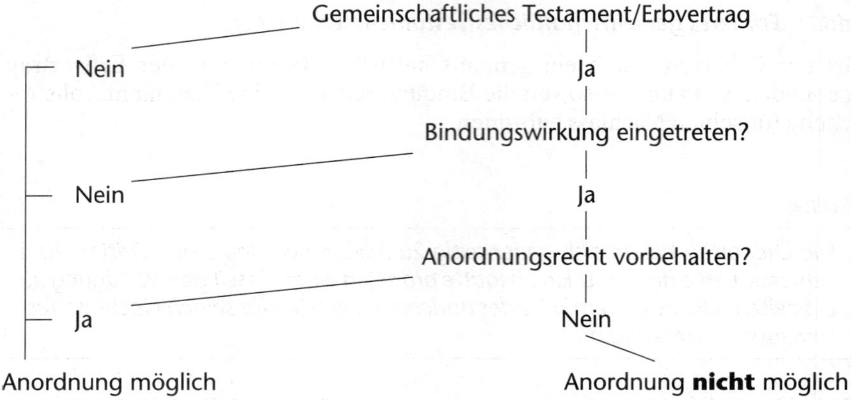

Praxis-Tipp:

> *Bei verwitweten Personen immer den Nachlassakt nach dem Erstverstorbenen einsehen.*

4. Begrenzung durch das Pflichtteilsrecht, § 2306 BGB

183 Eine Testamentsvollstreckung gilt als nicht angeordnet, wenn dem als Erben berufenen Pflichtteilsberechtigten ein Erbteil hinterlassen ist, dessen Quote geringer als die Hälfte des gesetzlichen Erbteils ist (Quotentheorie).[54] Es kommt daher nur auf die Quote an, nicht auf den Wert des hinterlassenen Erbteils.

Etwas anderes gilt nur, wenn der Pflichtteil unter Beachtung der Anrechungs- und Ausgleichungsbestimmungen rechnerisch geringer ist als der Wert des hälftigen Erbteils.

Dann kann auch eine geringere Quote vererbt werden, ohne dass die Rechtsfolgen des § 2306 BGB eintreten.[55]

Praxis-Tipp:

184 > *Soll dem Erben ein geringerer Wert als dieser halbe Erbteil nach § 2306 BGB zugewandt werden, so bietet sich an, dem Erben ein Vermächtnis zuzuwenden. Für den Wert dieses Vermächtnisses bleibt die Anordnung der Testamentsvollstreckung unbeachtlich. Der Erbe kann, wenn er das Vermächtnis nicht ausschlägt, das Vermächtnis nur mit der Testamentsvollstreckung annehmen (§ 2307 BGB).*

---

54 Palandt/Edenhofer § 2306 Rn 1
55 Palandt/Edenhofer § 2306 Rn 5

5. Begrenzung durch den Güterstand

Der Güterstand des Erblassers hat grundsätzlich keinen Einfluss auf die Anordnung der Testamentsvollstreckung.[56] 185

Allerdings hat der Güterstand Auswirkungen auf die Verwaltungs- und Verfügungsbefugnisse des Testamentsvollstreckers.[57]

6. Die Person des Testamentsvollstreckers

Testamentsvollstrecker können natürliche und juristische Personen sein. 186

a. Natürliche Personen

Natürliche Personen müssen zum Zeitpunkt, in welchem sie das Amt anzutreten haben, geschäftsfähig sein und dürfen zu diesem Zeitpunkt nicht hinsichtlich der Vermögensangelegenheiten unter Betreuung stehen (§ 2201 BGB). 187

Ein Wegfall der Geschäftsfähigkeit oder die Anordnung der Betreuung nach Amtsantritt beendet das Amt (§ 2225 BGB). 188

Die Staatsangehörigkeit spielt hierbei keine Rolle.

Die Benennung einer nicht rechtsfähigen **Personenmehrheit** ist dahingehend auszulegen, dass mehrere Testamentsvollstrecker benannt sind. 189

Die Geschäftsfähigkeit bzw fehlende Betreuung in Vermögensangelegenheiten muss für den Zeitpunkt gegeben sein, in welcher der ernannte Testamentsvollstrecker sein Amt anzutreten hat. 190

Entscheidend ist daher, wann der ernannte Testamentsvollstrecker Kenntnis von seiner Ernennung hat.[58] Bei geschäftsunfähigen Personen ist die Kenntnis des gesetzlichen Vertreters maßgebend. 191

Fehlt die Geschäftsunfähigkeit oder steht der Testamentsvollstrecker unter Betreuung, ist die Ernennung unwirksam. Einer besonderen Entlassung bedarf es nicht. 192

Wird die Betreuung aufgehoben oder erlangt der Testamentsvollstrecker später die Geschäftsfähigkeit, so hat dies auf die Unwirksamkeit der Ernennung keinen Einfluss. 193

■ **Sonderfälle:**

➢ Betreuer/Vormund des Erben 194

Wird der Betreuer/Vormund des Erben zum Testamentsvollstrecker ernannt, so steht die Betreuung dem nicht im Wege.

---

56 Mit Ausnahme der nach § 2306 BGB zu beachtenden Erbquoten
57 Siehe unten Rn 341
58 Haegele/Winkler, Rn 98

Die Aufgabe des Betreuers/Vormund, für den Erben den Testamentsvollstrecker zu überwachen und ggf Schadensersatzansprüche geltend zu machen, führt zu einem Interessengegensatz.

Dieser macht es notwendig, für den Betreuer/Vormund einen Ergänzungspfleger zu bestellen (§ 1909 BGB) – mit dem Wirkungskreis »Wahrnehmung der Rechte des Betreuten gegen den Testamentsvollstrecker.«[59]

195 ➢ Der gesetzliche Vertreter als Testamentsvollstrecker

Gleiches gilt, wenn der gesetzliche Vertreter gleichzeitig Testamentsvollstrecker für den Erben ist.[60]

196 ➢ Alleinerbe

Der Alleinerbe kann nicht sein alleiniger Testamentsvollstrecker sein.

Allerdings kann der Alleinerbe zum Vermächtnisvollstrecker (§ 2223 BGB) ernannt werden.[61]

197 ➢ Vorerbe

Der Vorerbe kann wegen des Interessengegensatzes nicht alleiniger Testamentsvollstrecker für die Rechte und Pflichten des Nacherben (§ 2222 BGB) sein.[62]

Der Vorerbe kann Mittestamentsvollstrecker für den Nacherben sein.[63]

Allerdings kann der Vorerbe für den Nacherben als Testamentsvollstrecker nach Eintritt des Nacherbfalles ernannt werden, weil dann der Interessengegensatz entfallen ist.

198 ➢ Nacherbe

Der Nacherbe kann zum Testamentsvollstrecker für den Vorerben ernannt werden, wenn sich seine Aufgabe auf die Überwachung und Beschränkung des Vorerben bezieht.[64]

199 ➢ Mehrere Erben

Ein oder mehrere Erben können Testamentsvollstrecker sein, wenn ihnen damit eine Aufgabe zukommt, die sie als bloße Miterbe (§ 2038–2040 BGB) nicht besitzen.

Auch können alle Miterben Testamentsvollstrecker sein, weil damit § 2224 BGB und nicht § 2038 I BGB gilt.

59 BayObLG RPfl 77, 440
60 Palandt/Edenhofer Vor § 2197 Rn 6
61 Palandt/Edenhofer § 2223 Rn 1
62 Haegele/Winkler, Rn 90
63 BayObLG NJW 76, 1692
64 BGH NJW 90, 2056

Der Erblasser hat damit die Möglichkeit, die Verwaltung abweichend zu regeln[65] und auch den Schutz des § 2214 BGB herbeizuführen.

➢ Ausgeschlossene Personen: 200

– **Der beurkundende Notar**

Wird der Notar, welches das Testament beurkundet, im gleichen Testament zum Testamentsvollstrecker berufen, ist dies nichtig (§§ 7, 27 BeurkG).

Gleiches gilt, wenn ein naher Angehöriger des Notars berufen wird (§§ 27, 7 BeurkG).

Die Errichtung des Testaments ist allerdings dann nicht zwingend unwirksam, 201
wenn der Erblasser das Testament auch in Kenntnis der unwirksamen Verfügung errichtet hätte (§§ 2085, 2298 BGB).[66] Es ist damit nur die materiellrechtliche Unwirksamkeit der entsprechenden Verfügung verbunden.

Praxis-Tipp:

Wird der Sozius, mit dem der Notar zur gemeinsamen Berufsausübung verbunden ist oder eine Person, mit der er gemeinsame Büroräume hat, zum Testamentsvollstrecker ernannt, ist dies zulässig.[67] § 3 BeurkG stellt nur eine dienstrechtliche Sollvorschrift dar.[68] Trotz dieser Rechtslage sollte die Ernennung des Sozius etc zum Testamentsvollstrecker vorsichtig gehandhabt werden, weil höchstrichterliche Urteile seit der Änderung des Beurkundungsgesetzes zu dieser Frage ausstehen.[69] 202

Wird ein zur Beurkundung notwendig[70] zugezogener Zeuge zum Testaments- 203
vollstrecker ernannt, ist dies gleichfalls unwirksam (§ 26 I Nr. 2 BeurkG).

Praxis-Tipp:

Diese gesetzlichen Verbote des Beurkundungsgesetzes können dadurch umgangen werden, dass in einer gesonderten privatschriftlichen Verfügung der Notar zum Testamentsvollstrecker ernannt wird. 204

– **Der Rechtsanwalt**

War der Rechtsanwalt oder sein Sozius früher gegen den Erben als Träger 205
des zu verwaltenden Vermögens tätig, verbietet § 45 II und III BRAO die Tätigkeit als Testamentsvollstrecker.

---

65 Palandt/Edenhofer § 2197 Rn 9
66 Haegele/Winkler, Rn 93
67 BGH NJW 97, 946
68 Haegele/Winkler, Rn 93
69 Ebenso Nieder, Testamentsgestaltung, Rn 900
70 OLG Frankfurt OLGZ 71, 308

Ist der Rechtsanwalt zugleich Notar, verbietet § 45 BRAO jedoch nicht die Beurkundung eines Testaments.[71]

Davon zu unterscheiden ist die Frage, ob der zum Testamentsvollstrecker ernannte Rechtsanwalt die Tätigkeit nach § 14 BRAO ausüben darf. § 14 BRAO führt nicht zur materiell-rechtlichen Unwirksamkeit der Ernennung, sondern führt dienstrechtliche Konsequenzen nach sich.[72]

– **Heimgesetz**

206 Vorsicht ist geboten, wenn der Träger eines Heimes oder dessen Personal zum Testamentsvollstrecker ernannt werden sollen. Zwar verbietet § 14 HeimG nur die Zuwendung an solche Personen,[73] aber aus dem Sinn des Gesetzes, den Heimfrieden zu wahren und arg- und hilflose Personen zu schützen, kann auch entnommen werden, dass die Übertragung der Verfügungsbefugnis über den Nachlass unwirksam sein könnte.

– **Steuerberater/Wirtschaftprüfer**

207 Das StBG und die WPO verbietet nicht die Tätigkeit als Testamentsvollstrecker, es sei denn, die Tätigkeit wird gewerbsmäßig ausgeübt.

Checkliste Natürliche Person als Testamentsvollstrecker

208 ✔ Geschäftsfähigkeit zum Zeitpunkt des Amtsantrittes

✔ Keine Betreuung in Vermögensangelegenheiten angeordnet

✔ Sonderfälle beachten
- Betreuer/Vormund des Erben
- Alleinerbe
- Vorerbe
- Nacherbe
- Mehrere Erben

✔ Ausgeschlossene Personen
- Der beurkundende Notar
- Personen, die in gemeinsamer Berufsausübung mit dem Notar verbunden sind (str)
- Testamentszeugen
- Rechtsanwalt im Falle des § 45 II und III BRAO
- Heimträger (fraglich)
- Steuerberater/Wirtschaftsprüfer bei gewerbsmäßiger Tätigkeit

71 BGH NJW 97, 946
72 EGH Baden-Württemberg NJW 91, 2298
73 Palandt/Edenhofer § 1937 Rn 19

Praxis-Tipp:

In den zweifelhaften Fällen (Personen in gemeinsamer Berufsausübung, Rechtsanwalt, Steuerberater) sollte immer eine Ersatzbestimmung getroffen werden. 209

➢ Die persönliche Eignung des Testamentsvollstreckers

Die Ernennung eines Testamentsvollstreckers, dem die persönliche Eignung zur Ausübung des Amtes fehlt, ist nicht unwirksam, sondern kann lediglich zur Abberufung führen. 210

Davon zu unterscheiden ist der Fall, dass der Erblasser den Testamentsvollstrecker unter der Bedingung einer persönlichen Qualifikation benannt hat.

Musterformulierung:

»Wenn mein Sohn die Prüfung als Bankkaufmann bestanden hat, soll er das Bankdepot für die Erben verwalten.« 211

b. Juristische Personen

Juristische Personen des öffentlichen oder privaten Rechtes können zum Testamentsvollstrecker ernannt werden. 212

Sie werden dann durch das vertretungsberechtigte Organ vertreten.

Davon unabhängig ist die Frage, ob das vertretungsberechtigte Organ für die Ausübung des Amtes einer dienstrechtlichen Genehmigung oder der Zustimmung der Gesellschafterversammlung bedarf. Dies betrifft nur das Verhältnis zum Dienstherrn/Gesellschaft.

7. Bedingungen und Befristungen

a. Bedingungen

Die Ernennung des Testamentsvollstreckers kann unter einer auflösenden oder aufschiebenden Bedingung erfolgen (§§ 2074–2076 BGB) 213

Die Bedingung kann
- in der Person des Bedachten;
- in einem bestimmten Ereignis, insb in der Person eines Dritten,

liegen.

aa. Bedingung

Eine echte Bedingung liegt vor, wenn das künftige Ereignis sowohl objektiv als auch nach der Vorstellung des Erblassers ungewiss ist. 214

Die Bedingung kann auch vom Verhalten des Erben als auch von dem eines Dritten abhängig gemacht werden.

bb. Eintritt der Bedingung

215 Die Testamentsvollstreckung gilt vom Eintritt der Bedingung an. Sie wirkt nicht auf den Erbfall zurück.

Im Einzelfall gilt daher:

➢ **Aufschiebende Bedingung**

216 Ist die Bedingung zum Zeitpunkt des Erbfalles bereits eingetreten, sind zwischenzeitliche Verfügungen des Erben unwirksam.

Tritt die Bedingung später ein, bleiben zwischenzeitliche Rechtshandlungen wirksam.

➢ **Auflösende Bedingung**

217 Bei einer auflösenden Bedingung bleiben die Rechtshandlungen des Testamentsvollstreckers wirksam.

Maßgebender Zeitpunkt ist jeweils der Beginn der Testamentsvollstreckung, nicht die Annahme des Amtes.

cc. Welche Bedingungen sind zulässig?

218 ➢ Bedingungen in der Person des Beschwerten

Bedingungen in der Person des Beschwerten sind zulässig.

Fällt die Person weg, für die Testamentsvollstreckung angeordnet ist, so wird die Bedingung gegenstandslos.

Bei Wegfall nach dem Erbfall bedarf es keiner besonderen Entlassung.
Bei Wegfall vor dem Erbfall gilt die Testamentsvollstreckung als nicht angeordnet und erstreckt sich nicht automatisch auf Ersatzerben.

Die Beendigung der Testamentsvollstreckung kann vom freien Willen des Beschwerten abhängig gemacht werden, weil der Erblasser verfügen kann, dass der Testamentsvollstrecker auf Verlangen des Erben den Nachlass freizugeben hat.

Allerdings wird diese Gestaltung, weil sie dem Sinn einer Testamentsvollstreckung entgegen steht, in der Praxis nicht vorkommen.

219 ➢ Bedingung in der Person eines Dritten

Die Bedingung in der Person eines Dritten darf nicht dazuführen, dass der Dritte nach seinem Willen bestimmt, ob Testamentsvollstreckung angeordnet ist.[74]

Es sind nur solche Bedingungen zulässig, die den Eintritt der Testamentsvollstreckung an ein objektives Ereignis in der Person des Dritten knüpfen.

---

74 Siehe Rn 88

Musterformulierung:

»Wenn der Vater meines Kindes zum Zeitpunkt meines Todes noch lebt, so ordne ich Testamentsvollstreckung an.« 220

➢ Bedingungen in der Person des Testamentsvollstreckers 221

Aufschiebende Bedingungen in der Person des Testamentsvollstreckers sind zulässig, wenn es nicht Bedingungen sind, die alleine dem Willen des Testamentsvollstreckers unterliegen.

Dagegen ist eine auflösende Bedingung, die alleine dem Willen des Testamentsvollstreckers unterliegt, zulässig,[75] so dass er alleine beschließen kann, dass die Testamentsvollstreckung beendet ist.

Von der Bedingung zu unterscheiden ist der Fall, dass der benannte Testamentsvollstrecker vor oder nach Annahme des Amtes wegfällt, ohne dass eine Nachfolgeregelung getroffen ist. 222

Im ersten Fall gilt die Testamentsvollstreckung als nicht angeordnet, im zweiten Fall endet sie, ohne dass es einer besonderen Entlassung bedarf.

Checkliste Bedingungen

- ✔ Objektiv und nach der Vorstellung des Erblassers ungewisses Ereignis 223
- ✔ Bedingung liegt nicht im Belieben eines Dritten
- ✔ Eintritt der Bedingung

b. Befristungen

Wenn der Erblasser selbst keine Befristungen angeordnet hat, regelt das Gesetz nach der Art der Vollstreckung folgende Befristungen: 224

aa. Verwaltungsvollstreckung

Die Verwaltungsvollstreckung – nicht die Abwicklungsvollstreckung – wird 30 Jahre nach dem Erbfall unwirksam (§ 2210 BGB). 225

Die dreißigjährige Frist beginnt daher bei Anordnung der Testamentsvollstreckung für einen Nacherben mit dem Nacherbfall.

Diese zwingende Vorschrift ändert sich auch nicht, wenn aufgrund einer aufschiebenden Bedingung der Beginn der Testamentsvollstreckung später erfolgt. 226

Die Testamentsvollstreckung endet **auf jeden Fall** nach 30 Jahren.

Der Erblasser kann jedoch anordnen, dass die Testamentsvollstreckung bis zu einem Ereignis in der Person des Erben oder des Testamentsvollstreckers oder bis zu dessen jeweiligen Tode andauert (Dauertestamentsvollstreckung). 227

75 BayObLG 76, 67

Erbe im Sinne dieser Vorschrift ist auch der Nacherbe.[76]

228 Um zu verhindern, dass durch die Ermächtigung des Testamentsvollstreckers, einen Nachfolger zu benennen, diese dreißigjährige Frist auf unbeschränkte Zeit ausgedehnt wird, kann sich die Dauer nach dem Lebensalter des Testamentsvollstreckers nur richten, wenn der Nachfolger zurzeit des Erbfalles bereits gelebt hat und er vor Ablauf der Frist wirksam zum Nachfolger ernannt wurde.[77]

229 Die Bestimmung einer Frist von mehr als 30 Jahren macht die Anordnung der Testamentsvollstreckung als solche nicht unwirksam, sondern beschränkt sie kraft Gesetzes auf die gesetzliche Frist.

Eine Anfechtung der Testamentsvollstreckung aus diesem Grund führt nicht zum Erfolg, weil der Erblasser in Kenntnis der gesetzlichen Frist diese gewählt hätte (§ 2078 Hs 2 BGB).

bb. Abwicklungsvollstreckung

230 Für die Abwicklungsvollstreckung ist eine gesetzliche Befristung nicht vorgesehen.

Der Gesetzgeber geht davon aus, dass sich die Abwicklungsvollstreckung von selbst innerhalb angemessener Zeit erledigt.

Bei unangemessener Zeitüberschreitung hilft nur der Antrag auf Entlassung des Testamentsvollstreckers.

cc. Urheberrecht

231 Als lex specialis ist die Testamentsvollstreckung in die Ausübung eines Urheberrechtes (§ 28 III UrhG) zu sehen. Diese kann für die 70-jährige Schutzdauer des § 64 UrhG angeordnet werden.[78]

dd. Juristische Personen

232 Bei der Testamentsvollstreckung durch eine juristische Person bleibt es immer bei der 30-jährigen Frist ab dem Erbfall (§ 2210 S 3 iVm § 2163 II BGB).

Eine Befristung auf den Tod des Erben oder ein anderes Ereignis in dessen Person ist in diesem Fall unzulässig.

ee. Wirkung der Befristungen durch den Erblasser

233 Befristungen durch den Erblasser beenden die Testamentsvollstreckung.

Einer Entlassung aus dem Amt bedarf es nicht.

76 Haegele/Winkler, Rn 139
77 Haegele/Winkler, Rn 139
78 Palandt/Edenhofer § 2210 Rn 3

Übersicht Befristungen 234

Art der Vollstreckung	Gesetzliche Frist	Verlängerung	Ende
Abwicklungsvollstreckung, § 2203	Keine	Nein	Mit Beendigung der Abwicklung; bei unangemessener Dauer Entlassung des Testamentsvollstreckers
Verwaltungsvollstreckung, § 2209 BGB	30 Jahre ab Erbfall bzw Nacherbfall, § 2210 BGB	Bis zum Tode des Erben oder Testamentsvollstreckers; Nachfolgernennung nur, wenn Nachfolger zum Zeitpunkt des Erbfalles bereits gelebt hat	Fristablauf
Durch jur. Person	30 Jahre	Keine	Fristablauf
Sonderfall: Vollstreckung über ein Urheberrecht, § 28 III UrhG	70 Jahre	Keine	Fristablauf

8. Umfang der Testamentsvollstreckung

a. Gesamter Nachlass

Der Umfang der Testamentsvollstreckung richtet sich nach den Anordnungen des Erblassers. 235

Hat dieser keine Anordnung getroffen, so erfasst die Testamentsvollstreckung den gesamten Nachlass, wenn sie für den oder alle Erben angeordnet ist.

Ist sie nur für einen Miterben oder Vermächtnisnehmer oder zur Erfüllung einer Auflage angeordnet, gilt sie nur für diesen.

Soweit Einzelgegenstände oder Sachgesamtheiten der Testamentsvollstreckung unterliegen, erfasst dies nicht den restlichen Nachlass. 236

Einer Freigabe nach § 2217 I BGB bedarf es nicht.

Aber auch wenn für den gesamten Nachlass Testamentsvollstreckung angeordnet ist, bestehen Ausnahmen und Einschränkungen: 237

aa. *Höchstpersönliche Rechte*

238 Nicht der Verwaltung durch den Testamentsvollstrecker unterliegen die höchstpersönlichen Rechte des Erben, wie

- Annahme und Ausschlagung der Erbschaft
- Anfechtung einer Verfügung von Todes wegen (§ 2078 BGB), soweit nicht die Anfechtung aus Gründen erfolgt, die den Testamentsvollstrecker selbst betreffen
- Widerruf einer Schenkung nach § 530 II BGB
- Annahme und Ausschlagung einer dem Erblasser zugefallenen Erbschaft[79]
- Anspruch wegen Verletzung des Namensrechts, anders jedoch bei urheberrechtlichen Streitigkeiten
- Anspruch auf Herausgabe einer beeinträchtigenden Schenkung nach § 2287 BGB[80]
- Herbeiführen der Haftungsbegrenzung nach § 1629 a IV BGB (Minderjährigenschutz).

bb. *Zustimmungserfordernisse Dritter*[81]

239 – Ehegatten

Ist der Erbe verheiratet, so gelten die güterrechtlichen Beschränkungen der §§ 1365, 1369, 1423, 1424 BGB nicht für den Testamentsvollstrecker.

240 – Pfandgläubiger hinsichtlich des Erbteils

Ist der Erbteil gepfändet oder verpfändet, bedarf der Testamentsvollstrecker keiner Zustimmung des Pfandgläubigers zu Verfügungen.

241 – Vormundschaftsgericht

Steht der Erbe unter elterlicher Sorge, Betreuung oder Vormundschaft, bedarf der Testamentsvollstrecker weder der Zustimmung des gesetzlichen Vertreters noch des Vormundschaftsgerichts.

242 – Vor- und Nacherbschaft

Ist Nacherbschaft angeordnet, unterliegt der Testamentsvollstrecker nicht den Beschränkungen des Vorerben, weil die §§ 2113, 2114 nur im Verhältnis Vor- und Nacherbe gelten.
Anders nur, wenn der Testamentsvollstrecker auch Mitvorerbe ist.
Dann unterliegt er den gleichen Beschränkungen wie der Vorerbe.[82]

79 Str, siehe Staudinger/Reimann § 2205 Rn 18
80 RG 77, 5
81 Siehe hierzu Palandt/Edenhofer § 2205 Rn 28
82 Palandt/Edenhofer § 2112 Rn 1

cc. *Verfügung über den Erbteil/Nachlass im Ganzen*

Das Verfügungsrecht des Erben über seinen Erbteil oder beim Alleinerben über den Nachlass im Ganzen wird von der Testamentsvollstreckung nicht umfasst. Verfügt der Erbe über den Erbteil/den Nachlass, so bleibt die Testamentsvollstreckung für die Nachlassgegenstände bestehen. **243**

Die erzielte Gegenleistung für den Erbschaftsverkauf fällt nicht in den Nachlass und unterliegt daher auch nicht der Testamentsvollstreckung.[83]

dd. *Schuldrechtliche Verpflichtungen des Erben*

Das Recht des Erben, sich schuldrechtlich zu verpflichten, wird durch die Testamentsvollstreckung nicht berührt. **244**

Soweit die Verpflichtung Nachlassgegenstände erfasst, kann die Erfüllung durch den Erben erst nach Wegfall der Testamentsvollstreckung bewirkt werden.[84]

Eine Aufrechnung mit Forderungen aus solchen Verpflichtungsgeschäften gegen den Nachlass ist nicht möglich; ebenso kann gegen den Testamentsvollstrecker kein Zurückbehaltungsrecht geltend gemacht werden.[85] **245**

b. Handels- und Gesellschaftsrecht

aa. *Fortführung eines Handelsgeschäfts*

Weil der Testamentsvollstrecker nur für den Nachlass handeln kann und er den Erben nicht persönlich verpflichten kann, bestehen zwei Möglichkeiten,[86] um ein Handelsgeschäft, also ein Geschäft, bei dem der Erblasser als Kaufmann in das Handelsregister eingetragen ist, bei der Verwaltungsvollstreckung fortzuführen. **246**

➢ **Inhaberschaft des Testamentsvollstreckers und Ermächtigungstreuhand**

Der Testamentsvollstrecker führt das Handelsgeschäft im eigenen Namen, eigener Haftung und Verantwortung. **247**

Im Außenverhältnis ist er uneingeschränkter Inhaber, im Innenverhältnis ist der Testamentsvollstrecker Treuhänder des Erben.

Der Testamentsvollstrecker **muss** sich in das Handelsregister eintragen lassen. **248**

Eine Mitwirkung der Erben ist nicht erforderlich.

Ein Testamentsvollstrecker-Vermerk wird nicht eingetragen.

Mit dem Übergang der Inhaberschaft ist kein dinglicher Eigentumsübergang auf den Testamentsvollstrecker verbunden. **249**

Grundstücke sind nicht aufzulassen, Forderungen gehen nicht auf ihn über.

---

83 Haegele/Winkler, Rn 233
84 Haegele/Winkler, Rn 230
85 BGHZ 25, 275
86 Hinsichtlich einer dritten Möglichkeit (echte Testamentsvollstreckerlösung) siehe: Palandt/Edenhofer § 2205 Rn 12

Es handelt sich um eine Ermächtigungstreuhand, nicht um eine Vollrechtstreuhand.[87]

250 Nach außen greift die Haftungsbeschränkung des Testamentsvollstreckers bei einem Handelsgeschäft nicht.

Der Testamentsvollstrecker haftet mit seinem gesamten Vermögen für die im Handelsgeschäft durch den Erblasser begründeten und die neu hinzu kommenden Verbindlichkeiten.

Er hat gegen die Erben einen Anspruch auf Befreiung von diesen Verbindlichkeiten, soweit sie im Rahmen der ordnungsgemäßen Verwaltung eingegangen wurden (§§ 2218, 670 BGB).[88]

Praxis-Tipp:

251 *Bei minderjährigen Erben ist die Haftungsbeschränkung nach § 1629 a BGB unbedingt zu beachten.*[89]

252 Der Testamentsvollstrecker ist befugt, Prokura zu erteilen und zu widerrufen.

Ist der Testamentsvollstrecker selbst Prokurist, verliert er durch die Annahme des Amtes nicht die Stellung als Prokurist.

253 Die Inhaberschaft des Testamentsvollstreckers ist dann **nicht** möglich, wenn er aus Rechtsgründen (zB fehlende gewerberechtliche Genehmigung) das Geschäfts nicht führen kann. In diesem Fall ist er verpflichtet, das Geschäft an die Erben freizugeben.[90]

➢ **Fortführung des Handelsgeschäfts im Namen der Erben durch den Testamentsvollstrecker**

254 Der – insoweit anmeldepflichtige – Erbe wird als Inhaber des Handelsgeschäfts in das Handelsregister eingetragen.

Hierzu ist die Zustimmung des dann vollhaftenden Erben erforderlich, die in der Regel in der Tatsache der Anmeldung liegt.

255 Der Testamentsvollstrecker führt das Handelsgeschäft als rechtsgeschäftlicher Vertreter der Erben. Er benötigt in diesem Fall eine rechtsgeschäftliche Vollmacht des Erben.

Soweit der Erblasser den Erben in der letztwilligen Verfügung nicht durch Bedingung oder Auflage verpflichtet, kann in der Anordnung der Testamentsvollstrecker unter Umständen eine solche Bedingung liegen.

Aufgrund dieser Anordnung kann der Testamentsvollstrecker die Erteilung der Vollmacht verlangen.

---

87 Palandt/Edenhofer § 2205 Rn 8
88 Haegele/Winkler, Rn 308
89 Siehe unten Rn 516 ff
90 BGH 12, 100

Auch bei dieser Gestaltung kann der Testamentsvollstrecker Prokura erteilen oder widerrufen.[91]

Die Vollmachtslösung ist dann zwingend, wenn dem Testamentsvollstrecker die nötige öffentlich-rechtliche Qualifikation für die Führung des Handelsgeschäfts fehlt. 256

Die Vollmachtlösung führt aber auch dazu, dass die Haftungsbeschränkung gegenüber Eigengläubigern des Erben nicht eintritt.

Aus den Geschäften des Testamentsvollstreckers haftet der Erbe persönlich, ohne die Haftung auf den Nachlass beschränken zu können.[92] 257

Praxis-Tipp:

Auch hier ist die Haftungsbeschränkung nach § 1629 a BGB zugunsten minderjähriger Erben unbedingt zu beachten. 258

➢ Geht das Handelsgeschäft auf mehrere Erben über, wandelt sich dieses nicht nach Ablauf der Frist des § 27 II HGB in eine oHG um. 259

Auch ist der Testamentsvollstrecker nicht befugt, eine solche zu gründen, soweit ihm der Erblasser hierzu nicht Weisung gegeben hat.[93]

Übersicht der Verwaltungsvollstreckung bei Handelsgeschäften 260

	Treuhandlösung	**Vollmachtlösung**
Öffentlich-rechtliche Eignung	Bei Testamentsvollstrecker notwendig	Beim Erben notwendig
Eintragung im Handelsregister	Testamentsvollstrecker	Erbe
Haftung	Unbeschränkt durch den Testamentsvollstrecker, Freistellungsanspruch gegenüber Erben. § 1629 a BGB bei Minderjährigen beachten.	Unbeschränkt durch den Erben; keine Beschränkung auf den Nachlass. § 1629 a BGB bei Minderjährigen beachten
Wirkung	Keine dingliche Rechtsübertragung	Keine dingliche Rechtsübertragung
Eigengläubiger des Erben	Kein Zugriff möglich	Zugriff möglich

91 KG NJW 59, 1086
92 Siehe Rn 516 ff bei Minderjährigen
93 Palandt/Edenhofer § 2205 Rn 13

bb. Beteiligung an Personengesellschaften

261 Geht der Gesellschaftsanteil auf den Erben im Wege der gesellschaftsvertraglichen Sondererbfolge über, ist zu unterscheiden:

➢ **Gesellschafterstellung nach innen**

262 Der Testamentsvollstrecker kann nicht in die inneren Angelegenheiten der Gesellschaft eingreifen, so dass insoweit der Anteil der Testamentsvollstreckung entzogen ist.[94]

Der Erbe entscheidet daher selbst über Fragen wie

- Satzungsänderung
- Aufnahme und/oder Ausschluss von Gesellschaftern
- Beendigung der Gesellschaft
- Möglichkeit des § 131 HGB (Umwandlung in KG)

263 Sieht der Gesellschaftsvertrag vor, dass für einen Anteil Testamentsvollstreckung zulässig ist, wird dennoch nicht der Testamentsvollstrecker Gesellschafter.

Er kann nur als Treuhänder oder als Bevollmächtigter den Gesellschaftsanteil verwalten.

Als Treuhänder ist der Gesellschaftsanteil an den Testamentsvollstrecker zu übertragen.[95]

Die Bevollmächtigung muss im Gesellschaftsvertrag zugelassen sein oder die Mitgesellschafter müssen zustimmen.[96]

Dann stehen ihm allerdings die obigen Rechte zu.

Im Falle des Treuhänder-Testamentsvollstreckers haftet der Testamentsvollstrecker den Gläubigern der Gesellschaft unbeschränkt mit seinem Vermögen.

➢ **Gesellschafterstellung nach außen**

264 Dagegen verwaltet der Testamentsvollstrecker alle aus der Mitgliedschaft fließenden Vermögensrechte (Ansprüche auf Gewinn, Auseinandersetzungs- und Abfindungsguthaben).[97]

Auch kann der Erbe nicht über seinen Anteil als solchen ohne Zustimmung des Testamentsvollstrecker verfügen.

Damit wird verhindert, dass Eigengläubiger des Erben auf diese Vermögenswerte zugreifen können.[98]

94 BGH 98, 48
95 Palandt/Edenhofer § 2205 Rn 15
96 BayObLG 86, 34
97 BGH NJW 85, 1953
98 BGH 98, 48

➢ Keine Sondererbfolge

Ist im Gesellschaftsvertrag keine Sondererbfolge angeordnet, scheidet der Erbe kraft Gesetzes aus. 265

Die Testamentsvollstreckung beschränkt sich dann auf die Geltendmachung des Auseinandersetzungsguthabens.

➢ Eintrittsrecht

Sieht der Gesellschaftsvertrag das Eintrittsrecht eines Erben vor, so ist die Frage des Eintritts der Testamentsvollstrecker entzogen.[99] 266

Wählt der Erbe den Eintritt, so hat der Testamentsvollstrecker die obigen Rechte.

Tritt er nicht ein, so verwaltet der Testamentsvollstrecker die Abfindungsansprüche.

➢ Kommanditist

Die Verwaltungstestamentsvollstreckung in einen Kommanditanteil ist zulässig, wenn die anderen Gesellschafter zugestimmt haben oder dies im Gesellschaftsvertrag vorgesehen ist.[100] 267

Allerdings bezieht sich die Befugnis des Testamentsvollstreckers nicht auf solche Handlungen, die eine erweiterte Haftung des Kommanditisten über seine Hafteinlage hinaus bewirken, wie 268

- die Erhöhung der Hafteinlage und
- die Einlagenrückgewähr.

In das Handelsregister wird der Erbe mit Testamentsvollstrecker-Vermerk[101] auf Antrag des Testamentsvollstrecker eingetragen, um den Zugriff der Eigengläubiger zu verhindern. 269

Das Ausscheiden des Erblassers ist durch den Testamentsvollstrecker immer anzumelden, ohne Rücksicht auf die Art der Testamentsvollstreckung; der Erbe hat daneben kein Anmelderecht.[102] 270

99 BGH 22, 186
100 BGH 108, 187
101 Palandt/Edenhofer Vor § 2197 Rn 15
102 Palandt/Edenhofer Vor § 2197 Rn 15

271 **Beteiligung an Personengesellschaften**

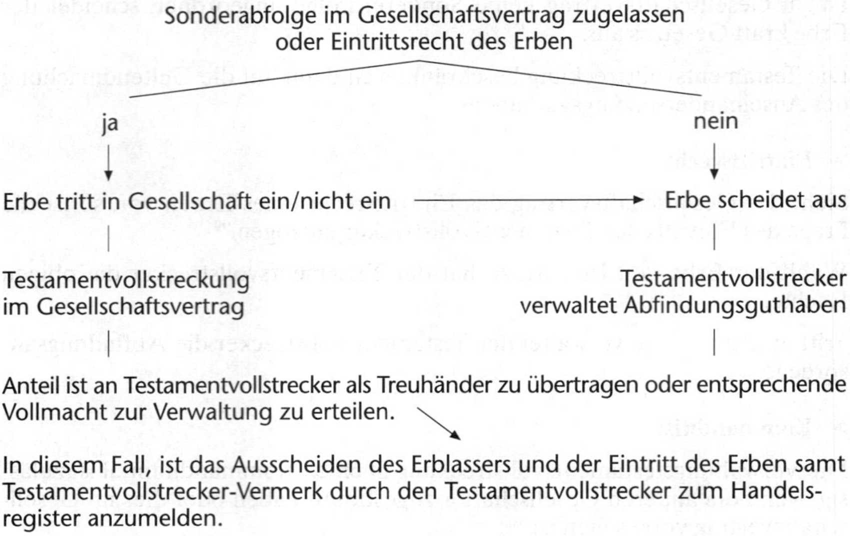

➢ **Kündigung durch den Testamentsvollstrecker**

272 Der Testamentsvollstrecker kann allerdings jede Gesellschaft für den Erben kündigen, weil es zu seinen Aufgaben gehört, den Nachlass bestmöglich zu verwalten und zu verwerten, vorausgesetzt der Gesellschaftsvertrag sieht ein Kündigungsrecht vor.

➢ **Erwerb von Gesellschaftsanteilen**

273 Der Erwerb von Gesellschaftsanteilen für den Nachlass durch den Testamentsvollstrecker ist ausgeschlossen, weil der Erwerb bei mehreren Erben nicht möglich ist und sich der Erwerb nur bei Alleinerbschaft beschränken würde.[103]

cc. Beteiligungen an Kapitalgesellschaften (AG und GmbH)

274 Der Testamentsvollstrecker verwaltet den Geschäftsanteil an einer GmbH bzw die Aktie aus eigenem Recht und im eigenen Namen.

Allerdings wird er nicht Gesellschafter. Aktionär bzw Gesellschafter bleibt vielmehr der Erbe.

Er übt das Stimmrecht und sonstige Rechte aus der Gesellschafterstellung aus.

Dies gilt auch für alle gesellschaftsvertraglichen Sonderrechte des Erblassers, wie zB das Recht zur Bestellung eines Geschäftsführers, Aufsichtsrates oder Beirates.

103 Palandt/Edenhofer § 2205 Rn 22, str

Hinsichtlich der Stimmrechtsausübung bestehen folgende Beschränkungen: 275

➢ Gesellschaftsvertragliche Beschränkung

Sieht der Gesellschaftsvertrag vor, dass eine Bevollmächtigung Dritter in der Gesellschafterversammlung eingeschränkt oder ausgeschlossen ist, so ist der Testamentsvollstrecker von der Stimmabgabe ausgeschlossen.[104] 276

➢ Beschränkung aus dem Wesen der Testamentsvollstreckung

Der Testamentsvollstrecker ist nur berechtigt, für den Nachlass zu handeln und den Erben nicht persönlich zu verpflichten. Daraus folgt, dass alle Beschlüsse, die zu einer persönlichen Haftung der Erben führen können, unzulässig sind,[105] wie 277

- Nachschuss- und Nebenleistungspflicht (§ 3 II GmbHG), wenn die Leistung nicht aus dem Nachlass erbracht werden kann. 278
- Effektive Kapitalerhöhung, wenn nach § 24 GmbHG eine kollektive Ausfallhaftung entsteht. Der Testamentsvollstrecker darf daher einem Erhöhungsbeschluss nur zustimmen, wenn die Einlage sofort fällig und erbracht wird. Wird der Erbe zur Übernahme des neuen Geschäftsanteils zugelassen, ist dies nur zulässig, wenn die Einlage aus dem Nachlass erbracht werden kann.
- Eine Kapitalerhöhung aus Gesellschaftsmitteln ist immer zulässig.

Die Testamentsvollstreckung umfasst nicht höchstpersönliche Rechte, die mit der Gesellschafterstellung verbunden sind, wie das Recht zur satzungsgemäßen Geschäftsführung für einen Gesellschafter.[106] 279

Sich selbst kann der Testamentsvollstrecker zu einem solchen Organ nur bestellen, wenn er von den Beschränkungen des § 181 BGB befreit ist,[107] obwohl § 181 BGB bei Beschlüssen grundsätzlich nicht gilt.[108]

Checkliste Kapitalgesellschaften

- ✔ Testamentsvollstreckung im Gesellschaftsvertrag zugelassen 280
- ✔ Stimmrechtsvollmacht im Gesellschaftsvertrag zugelassen
- ✔ Gesellschaftsvertragliche Sonderrechte für den Erblasser
- ✔ Ist der Testamentsvollstrecker bei Beschlüssen von § 181 BGB befreit?
- ✔ Beschlüsse, die eine persönliche Haftung des Gesellschafters bewirken

104 Haegele/Winkler, Rn 399
105 Haegele/Winkler, Rn 401 ff
106 Haegele/Winkler, Rn 393
107 Palandt/Edenhofer § 2205 Rn 30
108 Palandt/Heinrichs § 181 Rn 4

281 Wird jedoch die Kapitalgesellschaft in eine Personengesellschaft umgewandelt, erlischt mit der Eintragung der Umwandlung das Verwaltungsrecht des Testamentsvollstreckers.

Der Testamentsvollstrecker hat jedoch dann Anspruch darauf, dass der Anteil vom Erben treuhänderisch übertragen wird.[109]

dd. Genossenschaft

282 Mit dem Tod eines Genossen geht die Mitgliedschaft auf den Erben über; diese endet mit dem Schluss des Geschäftsjahres, in dem die Erbfolge eingetreten ist (§ 77 I GenG).

Das Stimmrecht nimmt bis dahin der Testamentsvollstrecker wahr.

Sieht der Gesellschaftsvertrag die Fortsetzung mit den Erben vor, kann der Testamentsvollstrecker die hierzu erforderlichen Erklärungen nicht wahrnehmen.

ee. Stille Gesellschaft

Die Stille Gesellschaft begründet nur schuldrechtliche Rechtsbeziehungen.

Der Testamentsvollstrecker kann alle Rechte wahrnehmen.[110]

Über das Eintrittsrecht entscheidet jedoch nur der Erbe.

ff. Gesellschaft des bürgerlichen Rechtes

Für die Gesellschaft des bürgerlichen Rechtes gelten die Ausführungen zur offenen Handelsgesellschaft entsprechend.

gg. Partnerschaft

Grundsätzlich ist die Beteiligung an der Partnerschaft nicht vererblich (§ 9 IV 1 PartGG). Die Testamentsvollstreckung kann sich in diesem Fall nur auf das Abfindungsguthaben beziehen.

Hat der Gesellschaftsvertrag bestimmt, dass die Beteiligung an Dritte vererblich ist (§ 9 IV 2 PartGG), so kann meines Erachtens der Testamentvollstrecker nicht als Treuhänder des Erben in die Gesellschaft eintreten. Denn bei der Partnerschaft steht die persönliche Arbeitsleistung des eintrittsberechtigten Dritten im Vordergrund.

Die Testamentsvollstreckung kann sich daher nur auf aus der Mitgliedschaft fließende Vermögensrechte (Ansprüche auf Gewinn, Abfindungsguthaben) beziehen.

Zur Wahrnehmung dieser Rechte ist eine entsprechende Vollmacht zu erteilen.

---

109 BGH 24, 106
110 Haegele/Winkler, Rn 388

c. Gegenstände im Ausland

Ob Verfügungsbefugnis über Gegenstände im Ausland besteht, richtet sich nach den Regeln des internationalen Privatrechtes.

Weist das ausländische Recht auf das deutsche Erbrecht zurück, ist der Testamentsvollstrecker verfügungsbefugt.

Erfolgt keine Rückverweisung, so gilt die Verfügungsbefugnis des ausländisches Rechtes.

Im Innenverhältnis zwischen Testamentsvollstrecker und Erben ist jedoch der 283
Erbe verpflichtet, dem Testamentsvollstrecker die erforderlichen Vollmachten zu erteilen, um im Ausland verfügungsbefugt zu sein.

B. Der Testamentsvollstrecker 1077

ÜBERBLICK

B. Der Testamentsvollstrecker

I. Das Amt des Testamentsvollstreckers

1. Das private Amt

Der Testamentsvollstrecker ist Inhaber eines privaten Amtes. 284

Er ist **nicht:**

- Vertreter des Nachlasses, da dieser keine eigene Rechtspersönlichkeit hat;
- Vertreter des Erben.

Er ist Verwalter des Nachlasses und gleichzeitig **treuhänderisch** für die Erben oder für den Nachlass tätig.

Er übt seine Rechte aufgrund des Amtes aus, nicht aufgrund einer Beauftragung.

Praxis-Tipp:

Um sich nicht selbst zu verpflichten, muss der Testamentsvollstrecker bei Rechtsgeschäften auf seine Stellung hinweisen. 285

Das Nachlassgericht ist nicht befugt, den Testamentsvollstrecker zu überwachen und in seine Amtsführung einzugreifen.

Auch der Erblasser kann diese Kontrolle durch das Nachlassgericht nicht anordnen, weil dies ein Eingriff in öffentliches Recht wäre. Gleiches gilt für das Vormundschaftsgericht.[1]

Das Amt Testamentsvollstrecker teilt sich auf in: 286

- Das Verwaltungsrecht: Dieses regelt das »Dürfen« gegenüber dem Nachlass und gegenüber Dritten, insb das Recht, Verpflichtungen für den Nachlass einzugehen.
- Das Verfügungsrecht: Dieses regelt die Wirksamkeit im technischen Sinne, also die dingliche Übertragung, Belastung, Inhaltsänderung und Aufgabe eines Nachlassgegenstandes.

1 Palandt/Edenhofer Vor § 2197 Rn 3, 4

2. Annahme des Amtes

287 Ist der Testamentsvollstrecker ernannt, beginnt das Amt mit der Annahme (§ 2202 I BGB)

a. Voraussetzungen für die Annahme des Amtes

Checkliste Voraussetzungen Amtsannahme

288
- ✔ Eintritt des Erbfalles
- ✔ Eintritt von Bedingungen für die Testamentsvollstreckung
- ✔ Geschäftsfähigkeit des Testamentsvollstreckers
- ✔ Ist der Testamentsvollstrecker in der Geschäftsfähigkeit beschränkt und die Ernennung unter einer Bedingung oder Zeitbestimmung erfolgt, kann der gesetzliche Vertreter das Amt annehmen, wenn die Geschäftsfähigkeit bis zum Eintritt der Bedingung eintritt.[2]
- ✔ **Nicht:** Annahme der Erbschaft oder Testamentseröffnung

b. Erklärung gegenüber dem Nachlassgericht

289 Die Annahme des Amtes ist gegenüber dem Nachlassgericht zu erklären und wird mit Zugang wirksam.

Privatschriftliche Form genügt.[3]

c. Unwiderruflichkeit und Bedingungsfeindlichkeit

290 Die Erklärung ist unwiderruflich. Sie darf nicht unter einer Bedingung oder Zeitbestimmung abgeben werden (§ 2202 II 2 BGB).

d. Fristsetzung

291 Das Nachlassgericht kann auf Antrag eines Beteiligten[4] oder von Amts wegen[5] dem vom Erblasser ernannten Testamentsvollstrecker eine Erklärungsfrist setzen.

Die Fristsetzung ist entbehrlich, wenn der Testamentsvollstrecker unbekannt oder nicht erreichbar ist.

---

2 Palandt/Edenhofer § 2202 Rn 3
3 Palandt/Edenhofer § 2202 Rn 3
4 Siehe oben Rn 114
5 Staudinger/Reimann § 2202 Rn 20

Praxis-Tipp:

Nach Ablauf der Frist gilt das Amt als abgelehnt, wenn nicht die Erklärung vorher erfolgt. 292
Der ***Zugang beim Nachlassgericht*** *ist entscheidend.*

Zuständig für die Fristsetzung ist der Rechtspfleger (§ 3 Nr. 2 c RPflG). 293

Checkliste Erklärung der Annahme des Amtes

- ✔ Unwiderruflich 294
- ✔ Bedingungsfeindlich
- ✔ Zugang beim Nachlassgericht
- ✔ Fristgerecht

e. Keine Verpflichtung zur Annahme des Amtes

Eine Verpflichtung, das Amt anzunehmen, besteht nicht. 295

Aus einem diesbezüglichen Vertrag kann nicht auf Erfüllung geklagt werden, weil der Verpflichtete jederzeit sein Amt niederlegen kann.[6]

Der Verpflichtete haftet jedoch ggf auf Schadenersatz.

f. Bestätigung über die Annahme des Amtes

Der Testamentsvollstrecker kann vom Nachlassgericht eine Bestätigung über 296 die Annahme des Amtes verlangen.[7]

g. Kosten

Wert: 10–30 % des Aktivnachlasses 297

- ➢ Für die Entgegennahme der Annahme/Ablehnung: 1/4 Gebühr (§ 112 I Nr. 6 KostO)
- ➢ Für die Fristsetzung: 5/10 Gebühr (§ 113 KostO)
- ➢ Bestätigung der Annahme: 10/10 Gebühr (§ 109 KostO)

Kostenschuldner sind die Erben. 298

6 Str, Haegele/Winkler, Rn 102
7 Palandt/Edenhofer § 2202 Rn 3

3. Ablehnung des Amtes

299 Für die Ablehnung des Amtes gelten die gleichen Grundsätze wie für die Annahme.

4. Mehrere Testamentsvollstrecker, § 2197 I BGB

Fall:

300 *Nachdem der Erblasser darüber belehrt wurde, dass ein Testamentvollstrecker nicht durch das Nachlassgericht kontrolliert wird, erwägt er, mehrere Testamentsvollstrecker zu ernennen.*
Er möchte dadurch auch sicher gehen, dass zumindest einer der Testamentsvollstrecker sein Amt antritt bzw bei Wegfall ein Testamentsvollstrecker verbleibt.

a. Mehrere Testamentsvollstrecker

301 Der Erblasser kann auch mehrere Personen gleichzeitig zum Testamentsvollstrecker bestimmen (§ 2197 I BGB).

Davon zu unterscheiden ist die Bestimmung eines Nachfolgers.

Fällt einer der Mitvollstrecker weg, ohne dass für diesen ein Nachfolger benannt ist, beschränkt sich die Testamentsvollstreckung auf den Verbleibenden (§ 2224 I 2 BGB).

Praxis-Tipp:

302 *Sind Mitvollstrecker für ein Handelsgeschäft oder einen Gesellschaftsanteil an einer Handelsgesellschaft ernannt, kann nur* ***einer*** *Treuhänder sein.*

Die Frage der Amtsfähigkeit und der Annahme des Amtes ist für jeden Testamentsvollstrecker gesondert zu prüfen.

b. Gemeinschaftliche Amtsführung

303 Mehrere Testamentsvollstrecker führen das Amt nach innen und nach außen gemeinschaftlich.

Dies bedeutet, dass eine Verpflichtung für den Nachlass nur wirksam ist, wenn alle zugestimmt haben.

Praxis-Tipp:

Bei mehreren Testamentsvollstreckern sollten immer die Stimmrechtsmodalitäten festgelegt werden. 304

Davon zu unterscheiden ist die Aufgabenteilung im Innenverhältnis.

c. Entscheidung bei Meinungsverschiedenheiten

Bei Meinungsverschiedenheiten zwischen den Testamentsvollstreckern entscheidet ausschließlich das Nachlassgericht durch den Richter (§ 16 I Nr. 4 RPflG), wenn im Testament hierzu keine Regeln aufgestellt sind. 305

Antragsberechtigt sind jeder Testamentsvollstrecker sowie alle sonstigen Berechtigen,[8] nicht jedoch die Nachlassgläubiger. Diese sind gehalten, gegen alle Testamentsvollstrecker Klage vor dem Prozessgericht zu erheben. 306

Zu entscheiden ist immer über einen **bestimmten** Antrag. 307

Das Nachlassgericht kann seine Entscheidung nicht an Stelle der Beteiligten setzen.

d. Zuständigkeit des Nachlassgerichts

Die **ausschließliche** Zuständigkeit des Nachlassgerichts setzt voraus, dass es sich um einen Streit innerhalb der Gemeinschaft der Testamentsvollstrecker über die sachliche und ordnungsgemäße Amtsführung handelt. 308

Besteht Streit über Rechtsfragen, auch wenn diese Vorfrage sind, wie zB die Auslegung eines Testaments, so ist das **Prozessgericht** zuständig. 309

Checkliste Meinungsverschiedenheiten zwischen Mitvollstreckern

310
- ✔ Regelung im Testament
- ✔ Zuständigkeit des Nachlassgerichts
- ✔ Antrag an Nachlassgericht
- ✔ Bestimmter Antrag

8 Siehe oben Rn 114

II. Die Aufgaben des Testamentsvollstreckers

1. Allgemeine Grundsätze

Fall:

311 *A ist zum Testamentsvollstrecker ernannt und hat das Amt angenommen. Welche Maßnahmen muss er ergreifen, um seine Aufgaben ausführen zu können?*

a. Inbesitznahme des Nachlasses, § 2005 S 2 BGB

312 Der Testamentsvollstrecker hat, soweit sein Aufgabengebiet reicht, den Nachlass in Besitz zu nehmen. Es findet kein unmittelbarer Besitzübergang statt. Notfalls muss der Testamentsvollstrecker auf Herausgabe klagen.[9]

Forderungen, die sich im Nachlass befinden, gehen nicht auf den Testamentsvollstrecker über.

Der Erbe verliert jedoch die Einziehungsbefugnis.

313 Folgende Maßnahmen sind anzuraten:

Vermögensgegenstand	Maßnahme
Grundstücke	Eintragung des Testamentsvollstrecker-Vermerks
Bewegliche Gegenstände	Inbesitznahme
Forderungen	Mitteilung an den Schuldner, dass dieser nicht mehr befreiend an den Erben leisten kann
Inhaberpapiere	Inbesitznahme
Legitimationspapiere	Inbesitznahme
Gesellschaftsanteile	– Mitteilung an die Gesellschaft; – Je nach Art des Anteils: Eintritt in die Gesellschaft; Vollmacht.

b. Die Erwirkung erforderlicher Zeugnisse

314

Zeugnis über die Annahme des Amtes	Nachlassgericht
Testamentsvollstrecker-Zeugnis	Nachlassgericht

9 Haegele/Winkler, Rn 165

c. Das Verpflichtungsrecht des Testamentsvollstreckers, § 2206 BGB

Fall:

a. Ein Testamentsvollstrecker beantragt ein Darlehen bei einer Bank. Die Bank fragt an, ob sie das Darlehen gewähren kann und damit auch der Nachlass verpflichtet wird. 315

b. Ein Mieter will ein Gewerbeobjekt langfristig von einem Testamentsvollstrecker mieten. Er fragt an, ob der Mietvertrag auch gegenüber den Erben wirkt.

aa. Grundsatz

Grundsätzlich ist der Testamentsvollstrecker berechtigt, für den Nachlass Ver- 316
bindlichkeiten einzugehen, wenn dies für die ordnungsgemäße Verwaltung erforderlich ist (§ 2206 I 1 BGB).

Anderenfalls ist die eingegangene Verpflichtung gegenüber dem Nachlass unwirksam.

Maßstab der ordnungsgemäßen Verwaltung:

Eine wirksame Nachlassverbindlichkeit kommt zustande, wenn der Vertrags- 317
partner annimmt und ohne Fahrlässigkeit annehmen konnte, dass die Verpflichtung zur ordnungsgemäßen Verwaltung erforderlich sei.[10]

Praxis-Tipp:

Beachte: Die Beweislast trägt der Dritte. 318

Konnte der Dritte die Wirksamkeit nicht annehmen, erlangt er keine Rechte gegen den Nachlass.

Ihm bleibt nur der Anspruch nach § 179 BGB gegen den Testamentsvollstrecker.

bb. Verpflichtung zur Verfügung über einen Nachlassgegenstand, § 2206 II BGB

Die Verpflichtung, über einen Nachlassgegenstand zu verfügen,[11] ist auch 319
wirksam, wenn sie nicht der ordnungsgemäßen Verwaltung dient.

Mit Ausnahme der unentgeltlichen Verfügungen ist das Verfügungsrecht des Testamentsvollstreckers nach außen hin unbeschränkt, soweit der Erblasser keine abweichenden Anordnungen getroffen hat.

10 BGH NJW 83, 40
11 Verfügung ist jedes auf Einräumung eines dinglichen Rechtes/dingliche Rechtsänderung gerichtete Rechtsgeschäft.

320 Der Dritte erwirbt daher wirksam Rechte gegenüber dem Nachlass, auch wenn dies nicht ordnungsgemäßer Verwaltung entspricht.

Nur der Testamentsvollstrecker macht sich gegen den Erben schadensersatzpflichtig (§ 2218 BGB).

Praxis-Tipp:

321 *Da der gute Glaube an die Nachlasszugehörigkeit eines Gegenstandes nicht geschützt ist, ist es ratsam, sich immer das Nachlassverzeichnis des Testamentsvollstreckers vorlegen zu lassen.*

cc. Mitwirkungspflicht des Erben

322 Nachdem sowohl der Testamentsvollstrecker als auch der Dritte ein Interesse daran hat, die Rechtsgültigkeit des Verpflichtungsgeschäftes festzustellen, ist der Erbe verpflichtet, zur Eingehung von Verbindlichkeiten zur ordnungsgemäßen Verwaltung einzuwilligen (§ 2206 II BGB).

323 Bei Vor- und Nacherbschaft ist der Vorerbe, nicht aber Nacherben und Ersatznacherben beizuziehen.

Damit ist der Testamentsvollstrecker vor Schadensersatzansprüchen und der Dritte vor der Unwirksamkeit des Geschäftes geschützt.

Praxis-Tipp:

324 *Der Vertragspartner sollte bei jedem Zweifel vom Testamentsvollstrecker verlangen, dass der Erbe zustimmt.*

dd. Befreiung nach § 2207 BGB

325 Der Erblasser kann den Testamentsvollstrecker dahingehend befreien, dass die Beschränkung nach § 2206 I 1 BGB nicht gelten soll.

Bei der Dauervollstreckung gilt dies kraft Gesetztes als angeordnet (§ 2209 S 2 BGB).

Die Befreiung ist nach § 2368 I S 2 BGB im Testamentsvollstrecker-Zeugnis anzugeben:

➢ Nur Außenwirkung:

326 Dies bedeutet, dass der Testamentsvollstrecker gegenüber Dritten auch Verpflichtungen eingehen kann, die nicht für die ordnungsgemäße Verwaltung notwendig sind.

Der Nachlass und damit der Erbe haftet damit unbeschränkt, soweit er keine Haftungsbeschränkung herbeigeführt hat.

➢ Wirkung gegenüber dem Erben:

Gegenüber dem Erben gilt weiter § 2206 BGB, so dass bei Verpflichtungsgeschäften außerhalb der ordnungsgemäßen Verwaltung der Testamentsvollstrecker zu Schadenersatz verpflichtet ist.[12] 327

Praxis-Tipp:

Eine Befreiung vom Verbot, nur Verpflichtungen im Rahmen der ordnungsgemäßen Verwaltung einzugehen, ist immer dann zweckmäßig, wenn Dauerschuldverhältnisse notwendig werden. 328

Damit wird dem Geschäftsgegner der Vertragsabschluss erleichtert.

➢ Keine Befreiung vom Schenkungsverbot:

Vom Schenkungsverbot kann der Erblasser nicht befreien (§ 2207 S 2 BGB). 329

2. Das Verbot des Selbstkontrahierens, § 181 BGB

Grundsätzlich gilt das Verbot des Selbstkontrahierens (§ 181 BGB), es sei denn, der Erblasser hat ausdrücklich oder stillschweigend Befreiung erteilt. 330

Eine **stillschweigende Befreiung** ist anzunehmen, wenn 331

- die Testamentsvollstreckung zum Zweck angeordnet ist, dass der Testamentsvollstrecker einen Nachlassgegenstand auf sich selbst überträgt;[13]
- der Testamentsvollstrecker Miterbe ist und die Teilung vornehmen soll. In diesem Fall ist die Befreiung dahingehend begrenzt, dass sie nur im Rahmen ordnungsgemäßer Verwaltung gilt.[14]

Beweispflichtig für die Befreiung von § 181 BGB ist der Testamentsvollstrecker. 332

Insichgeschäfte werden wirksam, wenn die Erben sie genehmigen.

12 Palandt/Edenhofer § 2207 Rn 2
13 BayObLG RPfl 1982, 344
14 Palandt/Edenhofer § 2205 Rn 30

333 **Checkliste Verpflichtungsgeschäfte des Testamentsvollstreckers**

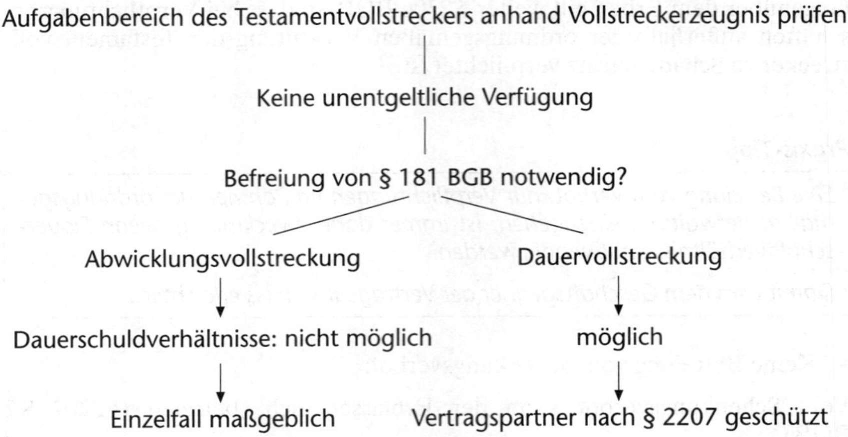

3. Das Verfügungsrecht des Testamentsvollstreckers

a. Recht zur uneingeschränkten Verfügung

334 Der Testamentsvollstrecker ist – mit Ausnahme der unentgeltlichen Verfügungen – gegenüber Dritten zur uneingeschränkten Verfügung über den Nachlass berechtigt, wenn der Erblasser nach § 2208 BGB nichts angeordnet hat.

Verfügungen sind daher uneingeschränkt wirksam, es sei denn, der Dritte hat mit dem Testamentsvollstrecker bewusst zum Nachteil des Nachlasses gehandelt.

Praxis-Tipp:

335 *Das Testamentsvollstrecker-Zeugnis bietet keinen Schutz, wenn der Testamentsvollstrecker nicht mehr im Amt ist. Deshalb ist es ratsam, immer eine Bestätigung des Nachlassgerichts darüber zu verlangen, dass bei Abschluss des Geschäftes das Amt nicht beendet war.*

Das zugrunde liegende Verpflichtungsgeschäft hinsichtlich der Verfügung über Nachlassgegenstände ist wirksam (§ 2206 I 2 BGB), unabhängig davon, ob es sich um ordnungsgemäße Verwaltung gehandelt hat.

Unberührt bleibt die Haftung des Testamentsvollstreckers gegenüber den Erben.

Checkliste Verfügungsgeschäfte des Testamentsvollstreckers 336

- ✔ Nachlassgegenstand
- ✔ Testamentsvollstrecker-Zeugnis wegen § 2208 BGB prüfen
- ✔ Ist der Testamentsvollstrecker zum Zeitpunkt des Vertragsabschlusses im Amt?
- ✔ Ist der Testamentsvollstrecker zum Zeitpunkt der dinglichen Erfüllung im Amt?
- ✔ Keine unentgeltliche Verfügung

b. Verfügungsrecht des Erben, § 2211 BGB

aa. Unwirksamkeit der Verfügungen des Erben

Mit dem Erbfall bzw mit dem Eintritt einer aufschiebenden Bedingung erlischt das dingliche Verfügungsrecht des Erben. Auf die Annahme des Amtes kommt es nicht an. 337

Trotzdem getroffene Verfügungen sind nicht nichtig, sondern unwirksam.

Sie werden wirksam, wenn

- sie der Testamentsvollstrecker genehmigt (§ 185 II BGB);
- die Testamentsvollstreckung wegfällt. In diesem Fall tritt die Wirksamkeit nicht mit Rückwirkung ein.

Nicht genehmigen kann der Testamentsvollstrecker unentgeltliche Verfügungen des Erben, es sei denn, alle Beteiligten stimmen zu.[15] 338

bb. Gutgläubiger Erwerb vom Erben, § 2211 II BGB

In den Fällen, in denen der Dritte die Anordnung der Testamentsvollstreckung nicht kannte oder gutgläubig annahm, dass der Gegenstand nicht zum Nachlass gehört oder nicht der Testamentsvollstreckung unterliegt, ist er bei Verfügungen des Erben nach § 2211 II BGB geschützt. 339

§ 2211 II BGB gilt entsprechend für Forderungen, die zum Nachlass gehören.[16]

Der gute Glaube wird **zerstört**, wenn die Testamentsvollstreckung nach außen hin kenntlich gemacht wird, also durch 340

- Inbesitznahme;
- Eintragung des Testamentsvollstrecker-Vermerks;
- Mitteilung der Testamentsvollstreckung an die Schuldner.

---

15 Siehe nachstehend Rn 364
16 Palandt/Edenhofer § 2211 Rn 7

c. Testamentsvollstreckung und eheliche Gütergemeinschaft

341 Hat der Erblasser, der im Güterstand der Gütergemeinschaft lebt, für seinen Nachlass Testamentsvollstreckung angeordnet, so bedarf der Testamentsvollstrecker für alle Verwaltungshandlungen und Verfügungen über das Gesamtgut der Mitwirkung des überlebenden Ehegatten.[17]

Soweit Vorbehaltsgut oder Sondergut betroffen ist, handelt der Testamentsvollstrecker alleine.[18]

d. Das Verbot unentgeltlicher Verfügungen, § 2205 S 3 BGB

342 Für alle Arten der Testamentsvollstreckung gilt ein zwingendes Verbot der unentgeltlichen Verfügung, soweit diese nicht einer sittlichen Pflicht oder einer Anstandspflicht entspricht.

aa. Unentgeltlichkeit

343 Unentgeltlich ist eine Verfügung dann, wenn

- objektiv eine Vermögensminderung des Nachlasses eintritt;
- subjektiv der Testamentsvollstrecker weiß oder wissen müsste, dass aus dem Rechtsgeschäft **kein gleicher Gegenwert** dem Nachlass zufließt.

344 Es genügt daher, dass keine vollwertige Gegenleistung zufließt.[19]

Die Verfügung wird nicht zur unentgeltlichen, wenn sich später herausstellt, dass tatsächlich keine gleichwertige Leistung in den Nachlass geflossen ist.

Erhält der Testamentsvollstrecker die Leistung und führt sie nicht dem Nachlass zu, so wird die Verfügung dadurch nicht zur unentgeltlichen.[20]

345 Auch die **rechtsgrundlose** Verfügung ist unentgeltlich.

346 Niemals unentgeltlich sind Verfügungen, welche die Anordnungen des Erblassers erfüllen – wie die Erfüllung eines Vermächtnisses oder einer Auflage –, auch wenn dem Nachlass hierbei keine Gegenleistung zufließt; denn damit wird gleichzeitig der Nachlass von einer Verbindlichkeit in gleicher Höhe befreit.

bb. Keine Kenntnis der Gegenseite erforderlich

347 Die Kenntnis der Gegenseite von der Unentgeltlichkeit ist nicht notwendig.

cc. Maßgebender Zeitpunkt

348 Maßgebender Zeitpunkt ist die Vornahme der Verfügung.

---

17 Haegele/Winkler, Rn 67, 68
18 Zum Spezialfall der fortgesetzten Gütergemeinschaft siehe: Haegele/Winkler, Rn 72
19 Palandt/Edenhofer § 2205 Rn 33
20 Haegele/Winkler, Rn 198

dd. Folge der unentgeltlichen Verfügung

Eine unentgeltliche Verfügung hat die **Unwirksamkeit** des schuldrechtlichen und des dinglichen Rechtsgeschäfts zur Folge. 349

Die Gegenseite kann sich nicht auf gutgläubigen Erwerb berufen.

ee. Einzelfälle:

350

- Die **Löschung von Grundpfandrechten**, die einem nachrangigen Gläubiger eine Rangverbesserung gibt, ohne das eine Gegenleistung dem Nachlass zufließt, ist **unentgeltlich**.

Anders dann, wenn aufgrund der Sicherungsvereinbarung der nachrangigen Grundschuld die Rückgewährsansprüche an deren Gläubiger abgetreten sind, weil dann die Löschung aufgrund einer Verpflichtung erfolgt. 351

- Die **Bestellung von Grundpfandrechten** ist **nicht unentgeltlich**, auch wenn das Grundpfandrecht nicht voll valutiert wird, weil die Rückgewähransprüche für den nicht valutierten Teil dem Nachlass als Gegenleistung zufließen. 352

Wird die Grundschuld für Zwecke des Testamentsvollstreckers und nicht des Nachlasses valutiert, ist sie unentgeltlich mit der Folge, dass der Gläubiger die Grundschuld nicht wirksam erworben hat.

Praxis-Tipp:

> *Räumt der Testamentsvollstrecker im Rahmen eines Grundstücksverkaufes dem Käufer das Recht ein, ein Grundpfandrecht zur Kaufpreisfinanzierung zu bestellen, handelt es sich um eine unentgeltliche Verfügung.* 353

- Vergleich,[21] wobei ein Ermessenspielraum des Testamentsvollstreckers besteht.
- Erbauseinandersetzung, wenn ein Miterbe mehr erhält, als ihm nach seiner Erbquote zusteht.
- Erbauseinandersetzung mit Ausgleichszahlung direkt an Miterben

Kann die Teilung in der Natur nicht entsprechend der Wertansprüche durchgeführt werden, kann die Mehrzuteilung an einen Miterben eine verbotene unentgeltliche Verfügung darstellen, wenn der Leistungsempfänger zu einer Ausgleichsanzahlung direkt an den anderen Miterben verpflichtet wird. 354

Grundsätzlich muss die Gegenleistung in den Nachlass bewirkt werden.

Das Vorliegen einer unentgeltlichen Verfügung wurde verneint, wenn der ausgleichungspflichtige Leistungsempfänger direkt zur Zahlung verpflichtet wird.[22] 355

---

21 BGH NJW 91, 842
22 KG, RPfl 72, 58; zustimmend: Haegele/Winkler, Rn 517

356 Probleme an dieser Lösung sind jedoch:

- Die Ausgleichungsforderung unterliegt nicht der Testamentsvollstreckung;
- Werthaltigkeit und Sicherstellung der Forderung;
- Zwischenzeitliche Pfändung von Eigengläubigern des Leistungsempfängers.

357 Um Zweifel auszuschließen, ist zu empfehlen, die Leistung in den Nachlass zu erbringen.

358 Wird die Leistung nicht sofort in bar erbracht, ist zu beachten:

- Leistung nur Zug um Zug;
- Bei gestundeter Forderung: Sicherstellung durch erstrangige vollstreckbare Hypothek an Grundstücken oder Bankbürgschaft.

359
- Gesellschaftsrechtliche Beschlüsse, in denen auf Rechte aus dem Gesellschaftsverhältnis verzichtet wird, wie zB Gewinnausschüttung, auch wenn die Satzung dies vorsieht
- Ausstattungen und Betriebsübergabe

360 Der Testamentsvollstrecker ist nicht zur Gewährung einer Ausstattung an Abkömmlinge des Erblassers verpflichtet, wenn ihm der Erblasser dies nicht auferlegt hat. Nachdem keine Rechtspflicht für eine Ausstattung besteht, kann eine solche nur an Miterben als Vorschuss auf die künftig aus dem Erbteil zu erwartenden Leistungen bewertet werden.[23]

Ist ein Abkömmling nicht Miterbe, kann eine Ausstattung nicht gewährt werden.

361 Die gleichen Grundsätze gelten für eine Betriebsübergabe. Der Testamentsvollstrecker kann, auch wenn dies ortsüblich ist, nicht zu einem verbilligten Abfindungspreis übergeben. Hier hilft nur die Zustimmung aller Erben, Nacherben und Vermächtnisnehmer (siehe nachfolgend Rn 130 ff).

gg. Zwingendes Recht

362 Der Erblasser kann den Testamentsvollstrecker nicht vom Schenkungsverbot befreien (§ 2207 S 2 BGB).

Praxis-Tipp:

363 *Will der Erblasser dem Testamentsvollstrecker unentgeltliche Verfügungen ermöglichen, bleibt nur die Erteilung einer postmortalen Vollmacht, die allerdings von den Erben widerrufen werden kann.*

23 Haegele/Winkler, Rn 266

ff. *Wirksame unentgeltliche Verfügungen*

Mit Zustimmung derjenigen, zu deren Schutz das Verfügungsverbot besteht, also der Erben, Nacherben (nicht der Ersatznacherben) und Vermächtnisnehmer (soweit deren Forderung noch nicht erfüllt ist), kann eine unentgeltliche Verfügung vorgenommen werden. 364

Ein entgegenstehender Wille des Erblassers ist unbeachtlich.

Nicht notwendig sind: 365

- Zustimmung von Auflagenbegünstigten;
- Zustimmung von Gläubigern.[24]

Soweit Nacherben noch nicht bekannt sind, ist für die Erteilung der Zustimmung ein Pfleger zu bestellen,[25] der seinerseits wieder der vormundschaftsgerichtlichen Genehmigung bedarf.

Der Nachweis der zustimmungspflichtigen Personen ist bei Grundstücken dem Grundbuchamt gegenüber zu führen durch 366

- Einsicht in den Nachlassakt;
- falls Einsicht nicht möglich ist, durch Vorlage beglaubigter Testamentsabschriften samt einer Bestätigung des Nachlassgerichts, dass weitere Verfügungen nicht vorhanden sind.

Checkliste Unentgeltliche Verfügungen

- ✔ Objektive Vermögensminderung des Nachlasses 367
- ✔ Kennen müssen des Testamentsvollstreckers von der Vermögensminderung
- ✔ Keine Kenntnis des Geschäftsgegners erforderlich
- ✔ Zustimmung der Erben, Nacherben und Vermächtnisnehmer
- ✔ Wille des Erblasser bei Zustimmung unbeachtlich

4. Die Verwaltung des Nachlasses, § 2205 BGB

a. Grundsatz der ordnungsgemäßen Verwaltung

Grundsätzlich unterliegt der gesamte Nachlass der Verwaltung durch den Testamentsvollstrecker, wenn nicht der Erblasser etwas anderes bestimmt hat (§ 2208 BGB). 368

Im Gegenzug ist der Erbe von der Nachlassverwaltung während der Dauer der Testamentsvollstreckung ausgeschlossen, auch wenn kein Testamentsvollstrecker bestellt ist. 369

---

24 Haegele/Winkler, Rn 199
25 Haegele/Winkler, Rn 205

Der Entzug des Verfügungsrechtes tritt bereits mit dem Erbfall bzw dem Eintritt einer aufschiebenden Bedingung ein, nicht erst mit Annahme des Amtes oder der Ernennung durch das Nachlassgericht oder Dritte.

370 Verfügungen des Erben sind schwebend unwirksam.

Sie werden wirksam, wenn

- der Testamentsvollstrecker sie nachträglich genehmigt (§ 184 BGB);
- die Testamentsvollstreckung wegfällt. In diesem Fall werden sie ohne Rückwirkung wirksam.[26]

371 Der Testamentsvollstrecker ist zur ordentlichen Verwaltung verpflichtet (§ 2216 I BGB).

Dabei ist besondere Gewissenhaftigkeit und Sorgfalt erforderlich.

Diese Verpflichtung besteht gegenüber Erbe, Vermächtnisnehmer und Auflagenbegünstigten, nicht jedoch gegenüber Nachlassschuldnern und -gläubigern.[27]

Jedoch unterliegt der Testamentsvollstrecker nicht den Beschränkungen, denen ein Vormund/Betreuer unterliegt.

Er handelt nach eigenem Ermessen unter dem Gesichtspunkt der Wirtschaftlichkeit, wobei eine zwingende Mehrung des Nachlasses nicht notwendig ist.[28]

372 Der Testamentsvollstrecker ist dabei Weisungen des Erben oder Dritter nicht unterworfen.

Er hat nur die Anordnungen des Erblassers und die Grundsätze ordnungsgemäßer Verwaltung zu befolgen.

373 Der Erbe hat die Möglichkeit, bei nicht ordnungsgemäßer Verwaltung den Testamentsvollstrecker auf Einhaltung seiner Pflichten zu verklagen[29] oder die Entlassung des Testamentsvollstreckers zu beantragen.

b. Die Anordnungen des Erblassers

374 Bei der Verwaltung sind die Anordnungen des Erblassers zu beachten (§ 2216 II 1 BGB). Die Anordnungen sind **nur** bindend, wenn sie in der Form der letztwilligen Verfügung getroffen sind.

375 Auf Antrag des Testamentsvollstreckers oder eines Beteiligten[30] können sie durch das Nachlassgericht außer Kraft gesetzt werden, wenn die Befolgung den Nachlass erheblich gefährden würde.

376 Zuständig für die Entscheidung ist der Richter (§ 16 I Nr. 3 RPflG)

26 Palandt/Edenhofer § 2208 Rn 2
27 Haegele/Winkler, Rn 166
28 BGH NJW RR 89, 642
29 BGH NJW 73, 76
30 Siehe oben Rn 43

c. Die Einschränkung nach § 2208 BGB

Der Erblasser kann durch letztwillige Verfügung die Verpflichtungs- und Verwaltungsbefugnis des Testamentsvollstreckers einschränken. 377

Die Einschränkung kann folgende Bereiche umfassen:

aa. Gegenständliche Beschränkung

Der Testamentsvollstrecker ist nicht befugt, einzelne Gegenstände des Nachlasses zu verwalten. 378

bb. Inhaltliche Beschränkung

Der Testamentsvollstrecker kann zwar den ganzen Nachlass verwalten, er kann aber einzelne Rechtshandlungen, wie zB die Belastung oder Veräußerung von Nachlassgegenständen nicht vornehmen.

cc. Überwindung der Beschränkungen

Die Beschränkungen kann der Testamentsvollstrecker dadurch überwinden, dass er mit Zustimmung **aller** Erben verfügt. 379

dd. Testamentsvollstrecker-Zeugnis

Die Einschränkungen sind im Testamentsvollstrecker-Zeugnis anzugeben. 380

Sind die Beschränkungen im Zeugnis nicht angegeben, sind sie gegenüber Dritten dann wirksam, wenn sie ihm bekannt sind.

5. Herausgabe von Nutzungen

Hat der Erblasser über die Herausgabe von Nutzungen, Früchten, Gewinnen etc keine Anordnungen getroffen, sind diese bei Beendigung des Amtes herauszugeben.[31] 381

Während der Testamentsvollstreckung sind sie nur herauszugeben, wenn dies Grundsätzen ordnungsgemäßer Verwaltung entspricht.

§ 2217 BGB (Freigabe von Gegenständen) findet keine Anwendung.

Praxis-Tipp:

> *Im Regelfall will der Erblasser die Nutzungen, Gewinne etc dem Erben zuwenden.* 382
>
> *Diese Frage muss im Testament geregelt werden.*

Eine Ausnahme gilt im Falle des § 2338 BGB bei Pflichtteilsbeschränkung in guter Absicht. 383

31 Haegele/Winkler, Rn 515

Hier ist der jährliche Reinertrag an den pflichtteilsberechtigten Abkömmling herauszugeben (§ 2338 I 2 Hs 2 BGB).

Der Testamentsvollstrecker hat hierbei ein Zurückbehalterecht wegen seiner Vergütung.

6. Die Freigabe von Gegenständen, § 2217 BGB

a. Rechtsanspruch

384 Gegenstände, die offenbar zur ordnungsgemäßen Aufgaben nicht mehr benötigt werden, sind auf Verlangen an den Erben heraus zu geben.

»Offenbar« bedeutet, dass es ohne weitgehende Beweiserhebung feststellbar sein muss, dass der Gegenstand nicht mehr benötigt wird.[32]

Besteht Streit unter mehreren Erben, an wen der Gegenstand heraus zu geben ist, obwohl er offenbar nicht mehr benötigt wird, kann sich der Testamentsvollstrecker durch Hinterlegung befreien.

b. Zeitpunkt

385 Die Herausgabe kann nicht verlangt werden:

- Vor der Erledigung der steuerlichen erbschaftssteuerlichen Pflichten (weil der Nachlass hierfür haftet);
- Vor Berichtigung der Nachlassverbindlichkeiten (weil es im Ermessen des Testamentsvollstreckers steht, wie er diese begleicht);
- Bei Abwicklungsvollstreckung: Vor Aufstellung des Auseinandersetzungsplanes, weil erst dann feststeht, welche Gegenstände zur Verteilung gelangen;
- Bei Dauertestamentsvollstreckung.

386 Soweit Nachlassverbindlichkeiten zu berichtigen sind, kann der Testamentsvollstrecker die Herausgabe nicht verweigern, wenn der Erbe Sicherheit leistet.

Dies gilt nicht, wenn es sich bei den Verbindlichkeiten um Vermächtnisse und Auflagen handelt (§ 2217 II BGB).

Eine freiwillige Herausgabe ist immer möglich.

c. Ausschluss der Herausgabe

387 Hat der Erblasser angeordnet, dass die Überlassung ausgeschlossen sein soll, kann der Testamentsvollstrecker trotzdem mit dem Einverständnis der Erben (Vor- und Nacherben) und der Vermächtnisnehmer die Herausgabe bewirken.

32 Palandt/Edenhofer § 2217 Rn 3

Dies stellt keinen Verstoß gegen ein gesetzliches Verbot (§ 137 I BGB) dar.[33]

d. Wirkung der Herausgabe

Mit der Herausgabe erlischt das Verwaltungsrecht des Testamentsvollstreckers. 388

Sie wirkt stets dinglich, auch wenn sie grundlos oder gegen Anordnungen des Erblassers erfolgt.

Allerdings kann der Erbe den Gegenstand freiwillig in die Verwaltung zurückgeben.[34]

Gibt der Testamentsvollstrecker den Gegenstand irrtümlich heraus, so kann er nach § 812 BGB die Wiederherstellung verlangen. 389

e. Durchführung der Herausgabe

Herausgabe liegt vor, wenn der Testamentsvollstrecker durch bedingungslose empfangsbedürftige Erklärung gegenüber dem Erben erklärt, dass er den Gegenstand nicht mehr benötigt. 390

Damit entsteht das uneingeschränkte Verfügungsrecht des Erben.

Gleichzeitig ist der Besitz an den Erben zurück zu übertragen.

Forderungen sind abzutreten, Inhaberpapiere zu übereignen etc.

Gegenüber dem Grundbuchamt ist die Erklärung nach § 29 I GBO in öffentlich beglaubigter Form abzugeben; gegenüber dem Handelsregister ist der Antrag auf Löschung des Testamentsvollstrecker-Vermerks zu stellen.

Das Grundbuch-Amt hat daher kein Prüfungsrecht.

Ein Testamentsvollstrecker-Vermerk im Grundbuch, Schiffsregister, Luftfahrzeugregister ist zu löschen.

f. Kosten der Herausgabe

Die Kosten der Herausgabe trägt der Nachlass (§§ 2218, 670 BGB), soweit es sich nicht um eine freiwillige Herausgabe handelt. 391

Praxis-Tipp:

Bei freiwilliger Herausgabe ist unbedingt zu regeln, wer die Kosten trägt.

33 BGH 56, 275; 57, 84
34 Palandt/Edenhofer § 2217 Rn 7; aA BayObLG 92, 390

g. Zurückbehaltungsrecht

392 Ein Zurückbehaltungsrecht wegen des Honorars oder eines Aufwendungsersatzanspruches des Testamentsvollstreckers besteht nicht, weil § 2218 BGB nicht auf § 669 BGB verweist.

h. Abtretung und Pfändung des Anspruches

393 Der Erbe kann seinen Anspruch abtreten, Gläubiger können den Anspruch gegenüber dem Erben (nicht gegenüber dem Testamentsvollstrecker) pfänden.

In beiden Fällen kann das Verlangen auf Herausgabe vom Abtretungsempfänger/Pfandgläubiger gestellt werden.

7. Geschäfte für den Nachlass

a. Surrogationsprinzip

394 Soweit der Testamentsvollstrecker mit Mitteln des Nachlasses Gegenstände erwirbt, wird das Surrogationsprinzip des § 2041 BGB entsprechend angewandt.[35]

Dies gilt auch, wenn ein Alleinerbe vorhanden ist.[36]

Es kommt hierbei nicht auf den Willen des Testamentsvollstreckers an, eine objektive Beziehung zum Nachlass reicht aus.[37]

Der Testamentsvollstrecker bedarf zu solchen Geschäften keiner Genehmigung des Vormundschaftsgerichts, auch wenn ein Erbe minderjährig ist, weil der Erwerb für den Nachlass erfolgt.[38]

b. Erwerb durch den Erben mit Mitteln des Nachlasses

395 Überlässt der Testamentsvollstrecker dem Erben Nachlassmittel, um Gegenstände zu erwerben, erstreckt sich die Testamentsvollstreckung nicht auf diesen Gegenstand.

Mit der Überlassung sind die Mittel aus dem Nachlass frei gegeben.

Ein entgegenstehender Wille der Beteiligten ist unbeachtlich.

35 Haegele/Winkler, Rn 290
36 Haegele/Winkler, Rn 291
37 BGH NJW 68, 1824
38 OLG Hamburg DNotZ 83, 381

c. Erbschein erforderlich

Bei einem Zuerwerb zum Nachlass ist ein Erbschein erforderlich, weil nur dann feststeht, welche Personen erwerben. 396

Der Testamentsvollstrecker erwirbt als Amtstreuhänder in Vertretung der Erben.

Es genügt nicht, dass er nur für einen Erben von mehreren erwirbt.[39]

III. Die Arten der Testamentsvollstreckung

Die Arten der Testamentsvollstreckung werden gegliedert in: 397

- Abwicklungstestamentsvollstreckung;
- Verwaltungstestamentsvollstreckung;
- Dauertestamentsvollstreckung;
- Nacherbentestamentsvollstreckung;
- Vermächtnistestamentsvollstreckung;
- Testamentsvollstreckung mit beschränktem Aufgabenkreis nach § 2208 BGB;
- Testamentsvollstreckung bei Pflichtteilsbeschränkung in guter Absicht, § 2338 BGB.

1. Die Abwicklungstestamentsvollstreckung, §§ 2203–2007 BGB

Der Testamentsvollstrecker hat die letztwilligen Anordnungen des Erblassers zur Ausführung zu bringen. 398

Sind solche Anordnungen nicht getroffen, ist die Anordnung der Testamentsvollstreckung als Abwicklungsvollstreckung zu deuten.[40]

Soweit der Erblasser keine Anordnungen über die Auseinandersetzung des Nachlasses getroffen hat, muss der Testamentsvollstrecker nach den gesetzlichen Vorschriften der §§ 2050 ff BGB, innerhalb diesen nach billigem Ermessen, die Auseinandersetzung bewirken. 399

Er ist dazu verpflichtet und kann durch die Erben auf Vornahme verklagt werden.

Das Vermittlungsverfahren vor dem Nachlassgericht nach § 86 I FGG und das Zuweisungsverfahren nach § 14 GrdstVG sind daneben unzulässig. 400

Etwas anderes gilt, wenn der Testamentsvollstrecker vor Durchführung der Auseinandersetzung wegfällt und kein Nachfolger benannt oder dieser sein Amt noch nicht angetreten hat.

39 BayObLG RPfl 92, 62
40 Palandt/Edenhofer § 2203 Rn 1

Dann kann das gerichtliche Verfahren beantragt werden.

401 Voraussetzung der Auseinandersetzungsbefugnis ist, dass der Testamentsvollstrecker für den gesamten Nachlass ernannt ist.

402 Ist er nur für einen Erbteil, einen Erben, zur Wahrnehmung der Rechte des Nacherben oder für die Beschwerungen eines Vermächtnisnehmers ernannt, kann er die Auseinandersetzung nicht durchführen.

Er kann bei Miterben jedoch nach § 86 I FGG die Auseinandersetzung betreiben.

403 Die Anordnungen setzen die Rechtsgültigkeit der Verfügung voraus.

Im Zweifel bleibt dem Testamentsvollstrecker nur die Feststellungsklage (§ 256 ZPO) gegen die Erben.

404 Insb obliegen dem Testamentsvollstrecker folgende Aufgaben:

- Verwaltung des Nachlasses bis zur Auseinandersetzung, § 2205 BGB;
- Auseinandersetzung des Nachlasses, § 2204 BGB;
- Erfüllung der Vermächtnisse und Auflagen.

405 Die **Auseinandersetzung** ist in folgenden Schritten durchzuführen:

a. Bezahlung der Schulden

406 Der Testamentsvollstrecker hat zunächst die Nachlassverbindlichkeiten zu bezahlen, § 2046 BGB.

Hierzu ist zunächst der Schuldenstand zu ermitteln.
Zu den Nachlassverbindlichkeiten gehören auch die zu erfüllenden Vermächtnisse und Auflagen sowie die Pflichtteilsansprüche.
Der Testamentsvollstrecker ist nicht berechtigt, eine Pflichtteilsforderung ohne Zustimmung des Erben anzuerkennen.[41]

Soweit notwendig, ist der Nachlass zur Begleichung der Verbindlichkeiten zu versilbern, § 2046 III BGB.

407 Da der Testamentsvollstrecker nach eigenem Ermessen entscheidet, kann er – solange nichts anderes angeordnet ist – jedoch die Auseinandersetzung vornehmen und gleichzeitig die erforderlichen Beträge zurückbehalten.

b. Begleichung der Erbschaftssteuer

408 Soweit der Testamentsvollstrecker für die Begleichung der Erbschaftssteuer verantwortlich ist, muss er die Auseinandersetzung aufschieben, bis die Steuerveranlagung durchgeführt ist.[42]

---

41 BGHZ 51, 125, 127
42 Siehe unten Rn 649 ff

c. Teilung in Natur

Danach ist die Teilung in Natur vorzunehmen. 409

aa. Berücksichtigung der gesetzlichen Ausgleichungsvorschriften

Die Teilung erfolgt nach Erbteilen unter Berücksichtigung der gesetzlichen Ausgleichungsvorschriften, §§ 2050 ff BGB. 410

bb. Auskunftspflicht der Erben

Dabei ist der Testamentsvollstrecker berechtigt, von einzelnen Erben nach §§ 2057 BGB Auskunft und ggf die eidesstattliche Versicherung zu verlangen.[43] 411

Umgekehrt können die Erben nicht Auskunft vom Testamentsvollstrecker verlangen, weil sich diese Vorschrift nur gegen Erben richtet.

Anders liegt der Fall jedoch, wenn der Testamentsvollstrecker gleichzeitig Miterbe ist.

Ist der Testamentsvollstrecker gleichzeitig gesetzlicher Vertreter eines Erben, so ist für den Erben bei der Auskunft nach § 2057 BGB ein Ergänzungspfleger aufzustellen. 412

cc. Die Teilung

Die Teilung erfolgt aufgrund des Auseinandersetzungsplanes durch Einzelzuteilung in Natur und dingliche Übertragung an den jeweiligen Erben, soweit die Zuteilung den jeweiligen Wertansprüchen der Miterben entspricht. 413

Notfalls entscheidet das Los (§ 752 BGB).

Kann die Teilung in Natur nicht entsprechend der Wertansprüche durchgeführt werden, so kann der Testamentsvollstrecker den Nachlass oder einzelne Gegenstände hieraus versilbern. 414

Er entscheidet dabei nach eigenem Ermessen.

Aufgrund der Verpflichtung, die Auseinandersetzung zügig zu betreiben, ist der Testamentsvollstrecker auch bei einer schlechten Marktlage nicht gehindert, den Verkauf zu betreiben.[44]

§ 753 BGB (Pfandverkauf) gilt nicht, so dass der Testamentsvollstrecker nicht gehindert ist, Gegenstände freihändig zu verwerten.[45]

dd. Auseinandersetzungsverbot

Hat der Erblasser ein Auseinandersetzungsverbot (§ 2044 BGB) angeordnet oder liegen Fälle des § 2043 BGB (zu erwartende Geburt eines Miterben) oder 415

---

43 Palandt/Edenhofer § 2057 Rn 1

44 Palandt/Edenhofer § 2204 Rn 3 mwN

45 Allerdings haftet der Testamentsvollstrecker, wenn das Höchstgebot in einer Versteigerung hinter dem Angebot im freihändigen Verkauf zurückbleibt (OLG Saarbrücken JZ 53, 509).

§ 2045 BGB (Gläubigerermittlung) vor, muss der Testamentsvollstrecker die Teilung aufschieben.

416 Nimmt er dennoch unter Verstoß gegen die Anordnungen die Teilung vor, so macht dies die Teilung nicht unwirksam.[46]

Dies gilt jedenfalls dann, wenn die Erben – nicht die Nacherben – zugestimmt haben.[47]

417 Haben die Erben wirksam vereinbart, die Auseinandersetzung auszuschließen oder aufzuschieben, so ist der Testamentsvollstrecker an diese Vereinbarung gebunden.

Verlangt dann später ein Erbe die Auseinandersetzung, muss der Testamentsvollstrecker wieder tätig werden.

An Vereinbarungen der Erben über die Art und Weise der Auseinandersetzung ist der Testamentsvollstrecker nicht gebunden.

Ist der überlebende Ehegatte neben minderjährigen Kindern Miterbe und zur Testamentsvollstreckung berufen, so ist bei Wiederverheiratung zu beachten, dass nach § 1683 BGB in diesem Falle die Auseinandersetzung durchzuführen ist, auch wenn dies der Erblasser anders angeordnet hat.[48]

Praxis-Tipp:

418 *Will der Erblasser die Vorschrift des § 1683 BGB umgehen, besteht die Möglichkeit, den überlebenden Ehegatten als Testamentsvollstrecker abzuberufen und für diesen Fall einen Ersatzvollstrecker als Verwaltungsvollstrecker zu benennen und wiederum den Ehegatten für den Zeitpunkt der Volljährigkeit der Kinder aufschiebend bedingt als Testamentsvollstrecker zu ernennen.*
Der Ersatzvollstrecker sollte nach § 2208 BGB zur Verwaltung des Nachlasses nur mit Zustimmung des überlebenden Ehegatten befugt sein.

ee. Der Auseinandersetzungsplan

419 Grundlage der Teilung ist der vom Testamentsvollstrecker aufzustellende Auseinandersetzungsplan.

➢ **Rechtsnatur und Bindungswirkung**

420 Der Auseinandersetzungsplan ist eine einseitige feststellende Erklärung des Testamentsvollstreckers.[49] Er ist kein Vertrag, sondern ersetzt diesen.

Der Auseinandersetzungsplan wird mit Bekanntgabe an die Erben für diese bindend, auch wenn die Testamentsvollstreckung später wegfällt (zB durch Tod des Testamentsvollstreckers).

46 Palandt/Edenhofer § 2204 Rn 2
47 BGHZ 40, 155; 56, 275
48 BayObLG 67, 230
49 BayObLG 67, 240

Dies bedeutet jedoch nicht, dass die Erben nach dem Wegfall der Testamentsvollstreckung einvernehmlich eine andere Auseinandersetzung beschließen können.

Der Testamentsvollstrecker kann den Plan nicht mehr ändern, wenn er gegenüber den Erben für bindend erklärt ist.[50]

➢ Anhörung der Erben

Der Testamentsvollstrecker soll die Erben nur anhören (§ 2204 II BGB). 421

Eine fehlende Anhörung macht den Plan nicht ungültig und begründet kein Anfechtungsrecht, macht aber den Testamentsvollstrecker eventuell nach § 2219 BGB schadensersatzpflichtig.

Einwendungen des Erben müssen durch den Testamentsvollstrecker nicht beachtet werden.

➢ Durchführung der Anhörung

Die Anhörung der Erben ist formfrei möglich. 422

Aus Beweisgründen empfiehlt sich die schriftliche Anhörung.

Nachdem der Testamentsvollstrecker in der Gestaltung des Anhörungsverfahrens frei ist, kann er den Erben eine angemessene Frist zur Anhörung setzen.

Der Erbe ist nicht zur Äußerung verpflichtet.

Für minderjährige Erben ist für die Anhörung ein Pfleger zu bestellen, wenn der Testamentsvollstrecker gleichzeitig gesetzlicher Vertreter ist.

➢ Genehmigungspflichten

Der Testamentsvollstrecker benötigt keine Genehmigung des Nachlassgerichts. 423

Auch wenn minderjährige bzw unter Betreuung oder Vormundschaft stehende Erben beteiligt sind, ist eine vormundschaftsgerichtliche Genehmigung nicht erforderlich; es sei denn, es werden Vereinbarungen unter den Erben geschlossen, die nicht den Anordnungen des Erblassers entsprechen oder die sich außerhalb des Verwaltungs- und Verfügungsrechts des Testamentsvollstreckers bewegen.[51]

Soweit **Grundstücke** betroffen sind, bedarf der Testamentsvollstrecker zum Auseinandersetzungsplan notwendiger öffentlich-rechtlicher Genehmigungen (GrdstVG, BauGB etc), die dann regelmäßig auch das Ausführungsgeschäft umfassen. 424

---

50 RG Warn 1939, Nr. 9

51 Haegele/Winkler, Rn 531

ff. Form des Auseinandersetzungsplanes

425 Eine gesetzliche Formvorschrift besteht nicht. Dies gilt auch, wenn sich Grundstücke im Nachlass befinden, so dass eine Beurkundung nicht erforderlich ist.[52]

gg. Ausführung des Planes

426 Der Plan wird ausgeführt durch Verfügungsgeschäft mit den Erben, also Abtretung von Forderungen, Übereignung von beweglichen Gegenständen und Grundstücken.

Das Verfügungsgeschäft bedarf der gesetzlichen Form, also bei Grundstücken der beurkundeten Auflassung und der beurkundeten Abtretung von Geschäftsanteilen an einer GmbH.

Bei der Beurkundung ist **ausdrücklich** anzugeben, dass die Übereignung/ Abtretung in Erfüllung des Auseinandersetzungsplanes erfolgt.[53]

427 Zur Erfüllung ist der Testamentsvollstrecker aufgrund seiner Verfügungsbefugnis berechtigt und verpflichtet.

Die Erben sind zur Annahme der Erklärungen verpflichtet.

Der Testamentsvollstrecker kann hierbei die Erben nicht vertreten.[54]

Ist der Testamentsvollstrecker gleichzeitig Miterbe, gilt er bei der Ausführung des Planes an sich selbst von den Beschränkungen des § 181 BGB befreit, wenn sich die Ausführung im Rahmen der ordnungsgemäßen Verwaltung bewegt oder der Erblasser die Befreiung von § 181 BGB ausdrücklich gestattet hat.

Praxis-Tipp:

428 *Ist der Testamentsvollstrecker gleichzeitig Miterbe, sollte ausdrücklich eine Befreiung von § 181 BGB in der letztwilligen Verfügung aufgenommen werden, auch wenn der Testamentsvollstrecker im Übrigen nach eigenem Ermessen handeln kann.*

hh. Anordnungswidriger Auseinandersetzungsplan

429 Setzt sich der Testamentsvollstrecker über die Anordnungen des Erblassers im Plan hinweg, ist der Plan unverbindlich.

Die Verfügungen sind rechtswirksam; aber nachdem die Leistungen rechtsgrundlos erfolgen, sind sie auf Antrag eines jeden Erben (§ 2039 BGB) nach § 812 BGB in den Nachlass zurückzugewähren.

Der Anspruch besteht gegenüber dem Miterben, der rechtsgrundlos bereichert ist.

Daneben macht sich der Testamentsvollstrecker schadensersatzpflichtig.

---

52 Haegele/Winkler, Rn 526
53 Haegele/Winkler, Rn 527
54 Palandt/Edenhofer § 2204 Rn 4

ii. Kosten des Planes und der Ausführung

Die Kosten des Planes, wie etwaige Sachverständigengutachten, und der Auseinandersetzung treffen die Erben (§§ 2218, 670 BGB). 430

jj. Anfechtung des Planes

➢ Vor Ausführung des Planes

Jeder Miterbe ist berechtigt, den Plan mit Feststellungsklage (§ 256 ZPO) gegen den Testamentsvollstrecker anzufechten. 431

Klagegründe sind:

- Ungesetzlichkeit, wenn zB den Anordnungen des Erblassers nicht entsprochen wird oder die Verteilung entgegen der gesetzlichen Teilungsregeln erfolgt.
- Unwirksamkeit wegen offenbarer Unbilligkeit, wenn der Testamentsvollstrecker nach billigem Ermessen entscheidet.

➢ Nach Ausführung des Planes

Mit der Ausführung des Planes und der Zuweisung und dinglichen Erfüllung des Planes endet das Amt des Testamentsvollstreckers. 432

Eine Klage gegen den Testamentsvollstrecker ist damit nicht mehr statthaft.

In diesem Fall hat sich die Klage gegen alle Erben zu richten, wobei der **Klageantrag** auf Rückgewähr in den Nachlass zu richten ist.

d. Der Auseinandersetzungsvertrag

An die Beschränkungen der ordnungsgemäßen Verwaltung und an das Schenkungsverbot ist der Testamentsvollstrecker nicht gebunden, wenn er mit den Erben einen Auseinandersetzungsvertrag schließt. 433

Diesem Vertrag müssen auch alle Nacherben und Vermächtnisnehmer, deren Ansprüche noch nicht erfüllt sind, zustimmen. 434

Dieser Auseinandersetzungsvertrag wird notwendig, wenn der Erbe zu einer Leistung in den Nachlass oder an einen anderen Miterben aus seinem sonstigen Vermögen verpflichtet werden soll, weil der Testamentsvollstrecker nur über den Nachlass handeln kann. 435

In diesem Fall sind die allgemeinen Vorschriften des Vertragsrechtes einzuhalten, also 436

- Beurkundungspflicht, wenn Grundstücke oder GmbH-Anteile betroffen sind;
- Genehmigungspflicht durch das Vormundschaftsgericht (Familiengericht), wenn ein minderjähriger Erbe beteiligt ist. Der Testamentsvollstrecker, der gleichzeitig gesetzlicher Vertreter eines Erben ist, ist dabei von der Vertretung ausgeschlossen. Für ihn handelt ein aufzustellender Pfleger.

2. Die Verwaltungsvollstreckung

437 Der Erblasser kann Testamentsvollstreckung nur mit dem Ziel anordnen, dass der Nachlass verwaltet wird (§ 2209 S 1 BGB).

Die **Verwaltung** umfasst ua:

- Inbesitznahme und Sicherung des Nachlasses;
- Aufstellung eines Nachlassverzeichnisses;
- Einziehung von Forderungen;
- Zahlung von Nachlassverbindlichkeiten;
- Geltendmachung von Ansprüchen für den Nachlass;
- Kündigung und Abschluss von Mietverträgen;
- Die Beantragung von Nachlassinsolvenz, § 317 I InsO.

438 Die Verwaltung umfasst damit **nicht** die Erbauseinandersetzung durch den Testamentsvollstrecker.

Auch wenn nur Verwaltungsvollstreckung angeordnet ist, ist der Testamentsvollstrecker verpflichtet, die Erbschaftssteuer zu begleichen, wenn ein entsprechender Bescheid ergeht.

Der Nachlass haftet für die Steuer (§ 20 III EstG).

a. Umfang der Verwaltungsbefugnis

aa. Gegenständliche Beschränkung

439 Die Verwaltung kann sich auf den gesamten Nachlass oder einzelne Nachlassgegenstände beziehen.

Soweit nur einzelne Nachlassgegenstände umfasst sind, bezieht sich nicht nur die Verwaltungsbefugnis, sondern auch das Recht, Verbindlichkeiten einzugehen, nur auf diesen Gegenstand.

Folge ist weiter, dass der betreffende Gegenstand dem Teilungsverbot (§ 2044 BGB) unterliegt, weil die Erben über ihn nicht verfügen können.[55]

440 Wird die Testamentsvollstreckung über einen Erbteil angeordnet, kann der Testamentsvollstrecker nur die Rechte des Miterben ausüben. Zur Verfügung über den Erbteil ist er nicht berechtigt.[56]

bb. Inhaltliche Beschränkung

441 Der Erblasser kann die grundsätzlich im Ermessen des Testamentsvollstreckers stehende Verwaltungsbefugnis (§ 2205 BGB) einschränken durch:

- Ausschluss einzelner Rechtshandlungen, wie zB dem Verbot, Grundstücke zu belasten;
- Gestattung nur einzelner Rechtshandlungen;
- Das Zustimmungserfordernis der Erben zu Verwaltungshandlungen.

55 Palandt/Edenhofer § 2208 Rn 5
56 Palandt/Edenhofer § 2208 Rn 6

Die Einschränkung wirkt im Regelfall dinglich.[57] 442

Sie wirkt gegen Dritte, wenn sie ihm bekannt ist, im Testamentsvollstrecker-Zeugnis vermerkt oder kein Zeugnis erteilt ist.[58]

cc. *Zeitliche Beschränkungen*

Der Erblasser kann das Verwaltungsrecht auch zeitlich beschränken. 443

Denkbar sind:

- Die Bestimmung eines Endtermins, an welchem die Testamentsvollstreckung enden soll;
- Die Bestimmung eines Anfangstermins.

b. Erweiterung der Befugnisse des Testamentsvollstreckers

aa. *Dauertestamentsvollstreckung, § 2209 S 2 Hs 2 BGB*

Der Erblasser kann die Fortsetzung der Verwaltung des Nachlasses nach Erfüllung der sonstigen Aufgaben anordnen. 444

Zu beachten sind dabei die zeitlichen Beschränkungen des § 2210 BGB.[59]

Die Dauertestamentsvollstreckung kann bei mehreren Erben für alle oder für einzelne angeordnet werden.

Ist sie für Einzelne angeordnet, besteht das Teilungsverbot des § 2044 BGB.

Nehmen die Erben und der Testamentsvollstrecker gleichwohl die Teilung vor, erstrecken sich die Rechte des Testamentsvollstreckers auf das, was der Erbe zugeteilt erhält.[60]

bb. *Befugnisse, die auch einem Dritten zugeteilt werden können*

Der Testamentsvollstrecker kann auch Befugnisse wie jeder Dritte erhalten (zB §§ 2048, 2151, 2153–2156, 2192, 2193 BGB). 445

Praxis-Tipp:

An diese Vorschriften ist zu denken, wenn der Erblasser sich nicht im Klaren ist, wer von mehreren Bedachten einen Gegenstand aus dem Nachlass erhalten soll. 446

Wird dem Testamentsvollstrecker nach § 2151 BGB das Bestimmungsrecht eingeräumt, handelt er bei der Bestimmung als Dritter im Sinne dieser Vorschrift.

Die Erfüllung des Vermächtnisses stellt sodann keinen Verstoß gegen das Schenkungsverbot dar.

---

57 BGH NJW 84, 2464
58 Palandt/Edenhofer § 2208 Rn 1
59 Siehe Rn 234
60 Palandt/Edenhofer § 2209 Rn 4

3. Die Vermächtnisvollstreckung, § 2223 BGB

a. Vollstreckung zur Ausführungen von Beschwerungen des Vermächtnisnehmers

447 Der Testamentsvollstrecker kann ernannt werden, um für die Ausführungen der Beschwerungen zu sorgen, die einem Vermächtnisnehmer auferlegt sind.

An Stelle des Nachlasses tritt dann der vermachte Gegenstand. Handelt es sich hierbei um ein Grundstück, ist die Eintragung des Testamentsvollstrecker-Vermerks gleichzeitig mit der Übertragung an den Vermächtnisnehmer möglich.[61]

Beschwerungen können sein:

448 ➢ Anordnung einer Auflage;
➢ Untervermächtnis oder
➢ Nachvermächtnis.

b. Verwaltungsvollstreckung über einen vermachten Gegenstand

449 In entsprechender Anwendung der §§ 2209, 2210 BGB ist es zulässig, dem Testamentsvollstreckung die Verwaltung eines Vermächtnisses zu übertragen.[62] Ein solcher Testamentsvollstrecker kann zugleich für den Erben und den Vermächtnisnehmer bestellt werden.

c. Erbschein und Testamentsvollstrecker-Zeugnis

450 Im Erbschein ist die Vermächtnisvollstreckung nicht zu erwähnen.

Allerdings erhält der Testamentsvollstrecker ein Zeugnis nach § 2368 BGB.[63]

d. Vermächtnisvollstreckung und Nachlassverbindlichkeiten

Bei der Vermächtnisvollstreckung entfällt die Notwendigkeit, zunächst die Nachlassverbindlichkeiten zu begleichen, weil § 2046 BGB nicht gilt.

---

61 BayObLG 90, 82
62 Palandt/Edenhofer § 2223 Rn 2
63 Palandt/Edenhofer § 2368 Rn 3

4. Die Testamentsvollstreckung bei Vor- und Nacherbschaft

a. Anordnungsmöglichkeiten

Im Zusammenhang mit der Anordnung der Vor- und Nacherbschaft bestehen folgende Möglichkeiten:[64] 451

- Testamentsvollstreckung für Vor- und Nacherben;
- Testamentsvollstreckung für Vorerben;
- Testamentsvollstreckung für Nacherben;
- Testamentsvollstreckung zur Wahrung der Rechte des Nacherben bis zum Eintritt des Nacherbfalles (§ 2222 BGB).

b. Testamentsvollstreckung für Vor- und Nacherben

Ist der Testamentsvollstrecker zugleich für den Vor- und Nacherben eingesetzt, so unterliegt er nicht den Beschränkungen des Vorerben.[65] 452

Er ist damit in der Verwaltung und Verfügung über den Nachlass nur den allgemeinen Vorschriften über die Testamentsvollstreckung unterworfen.

c. Testamentsvollstreckung für den Vorerben

Das Verwaltungsrecht des Testamentsvollstreckers geht dem Recht des Vorerben vor. 453

Er ist damit nicht an die Beschränkungen des Vorerben gebunden,[66] solange er den Nachlass nicht an den Vorerben herausgegeben hat.

Dieser Grundsatz gilt nicht, wenn der Testamentsvollstrecker gleichzeitig Vorerbe oder Mitvorerbe ist.

Dann gelten die Beschränkungen der §§ 2112 ff BGB.

Sind jedoch mehrere Testamentsvollstrecker ernannt und ist nur einer Vorerbe oder Mitvorerbe, so gilt wieder das allgemeine Verwaltungsrecht des Testamentsvollstreckers.

Die Testamentsvollstreckung endet mit dem Eintritt des Nacherbfalles, soweit nicht frühere Beendigungsgründe eintreten.

---

64 Siehe Haegele/Winkler, Rn 153
65 Palandt/Edenhofer § 2113 Rn 1
66 Palandt/Edenhofer § 2205 Rn 28

d. Testamentsvollsteckung für den Nacherben

454 Die Testamentsvollstreckung für den Nacherben beginnt mit dem Eintritt des Nacherbfalles und umfasst dann den Nachlass, wie ihn der Nacherbe erhält.

Für die Geschäfte gelten die allgemeinen Regeln.

5. Nacherbentestamentsvollstreckung nach § 2222 BGB

a. Allgemeines

455 Die Nacherbentestamentsvollstreckung nach § 2222 BGB ist von der Testamentsvollstreckung für den Nacherben zu unterscheiden.

§ 2222 BGB regelt die Wahrnehmung der Rechte und Pflichten des Nacherben bis zum Eintritt des Nacherbfalles. Der Testamentsvollstrecker hat dabei alle Rechte und Pflichten, wie sie dem Nacherben bis zum Eintritt des Nacherbfalles gegenüber dem Vorerben zustehen.[67]

Praxis-Tipp:

456 *Diese Lösung bietet sich an, wenn die Nacherben unbekannt sind. Es erübrigt sich damit die Bestellung eines Pflegers für die Nacherben, der zu seinen Rechtshandlungen der Genehmigung des Vormundschaftsgerichts bedarf.*[68]

b. Gleiche Person

457 Für den Vorerben und als Nacherbentestamentsvollstrecker kann die gleiche Person bestellt werden.[69]

Allerdings kann dies nicht der alleinige Vorerbe sein, es sei denn, dieser wird durch die Anordnung einer Mitvollstreckung überwacht.[70]

c. Ende der Nacherbentestamentsvollstreckung

458 Die Nacherbentestamentsvollstreckung endet mit dem Eintritt des Nacherbfalles.

67 BGH NJW 95, 456
68 Haegele/Winkler, Rn 155
69 BGH 127, 360
70 Staudinger/Reimann § 2222 Rn 15

6. Pflichtteilsbeschränkung in guter Absicht, § 2338 BGB

Liegen die Voraussetzungen des § 2338 BGB vor, kann der Erblasser die Dauervollstreckung auf Lebenszeit des Abkömmlings anordnen. Ihm steht dann der jährliche Reinertrag zu. 459

Unterstellt der Erblasser auch den Ertrag der Verwaltung des Testamentsvollstreckers, kann der Pflichtteilsberechtigte dies akzeptieren und damit auch den Reinertrag dem Gläubigerzugriff entziehen.[71]

IV. Rechnungslegungs- und Auskunftspflicht des Testamentsvollstreckers

1. Die Errichtung des Nachlassverzeichnisses, § 2215 BGB

a. Zeitpunkt der Errichtung

Unverzüglich nach Annahme des Amtes muss der Testamentsvollstrecker ein Nachlassverzeichnis errichten. 460

Darin sind aufzuführen:

- Alle Nachlassgegenstände, die der Verwaltung des Testamentsvollstrecker unterliegen;
- Alle bekannten Verbindlichkeiten.

b. Form

Es ist Schriftform erforderlich, weil sonst § 2215 II BGB (Pflicht zur Unterzeichnung) unsinnig wäre. 461

Der Testamentsvollstrecker **muss** das Verzeichnis mit dem Tag der Aufnahme versehen und eigenhändig unterzeichnen.

Fehlt das Datum und/oder die Unterschrift, ist das Verzeichnis ungültig.

Auf Verlangen des Erben ist die Unterschrift durch einen Notar zu beglaubigen.

Der Erbe kann auf Erstellung eines ordnungsgemäßen Verzeichnisses klagen.

c. Zuziehung Dritter

Der Erbe, nicht jedoch der Vermächtnisnehmer, kann verlangen, dass er bei der Aufnahme beigezogen wird (§ 2215 BGB). 462

71 OLG Bremen FamRZ 84, 213

Ebenfalls kann er verlangen, dass ein Notar die Aufnahme durchführt (§ 20 I BNotO).

Sonstige Behörden und Beamte können landesrechtlich zuständig sein.

d. Inhalt

463 Es genügt eine einfache Aufzählung der Aktiva und Passiva des Nachlasses.

Eine Wertangabe ist nicht erforderlich.

Praxis-Tipp:

464 *Abzuraten ist entgegen Haegele/Winkler[72] von einer Wertangabe, wenn sie nicht eindeutig festzustellen ist.*
Der Testamentsvollstrecker könnte damit den Erben gegenüber seine Verpflichtung zur ordnungsgemäßen Verwaltung verletzen, wenn sich zB ein Pflichtteilsberechtigter oder ein Nachlassgläubiger hierauf beruft und sich die Wertangabe später als unzutreffend erweist.

e. Wirkung

465 Das Verzeichnis hat keine feststellende Wirkung und kann später ergänzt werden.

Der Erbe kann sich also, wenn ein Gegenstand nicht aufgenommen wurde, nicht darauf berufen, dass dieser aus der Testamentsvollstreckung freigegeben ist.

Es dient nur dazu, die Grundlagen der Verwaltung festzulegen.
Zur eidesstattlichen Versicherung ist der Testamentsvollstrecker verpflichtet, wenn die Annahme besteht, dass das Verzeichnis nicht sorgfältig erstellt ist.

f. Adressat des Verzeichnisses

466 Adressat ist der Erbe, ggf der Pfandgläubiger oder Nießbraucher an einem Erbteil.[73]

Diesem ist das Verzeichnis **unverlangt** zu übersenden.

Das Nachlassgericht oder sonstigen Dritten, wie Nachlassgläubiger etc, ist das Verzeichnis nicht zu übersenden.

72 Haegele/Winkler, Rn 485
73 Palandt/Edenhofer § 2215 Rn 1

g. Inventarwirkung

Das Nachlassverzeichnis hat keine Inventarwirkung. Allerdings ist der Testamentsvollstrecker verpflichtet, dem Erben bei der Inventarerrichtung beizustehen, damit dieser die Möglichkeit des § 1903 BGB wahrnehmen kann. 467

Ist das Nachlassverzeichnis mit Wertangabe errichtet, kann sich der Erbe nach § 2204 BGB darauf berufen, wenn es beim Nachlassgericht eingereicht wird.

h. Kosten

Kosten der Aufnahme und der Beglaubigung trägt der Nachlass, § 2215 IV BGB. 468

2. Auskunftspflicht, §§ 2218, 666 BGB

a. Auskunftspflicht

Auf Verlangen ist jedem Erben jederzeit Auskunft über den Stand der Testamentsvollstreckung zu geben, soweit der Erbe ein berechtigtes Interesse hat. 469

Die Auskunftspflicht besteht gegenüber jedem Erben, wobei jedoch ein Miterbe nur Leistung an alle verlangen kann.

Eine Verpflichtung gegenüber dem Nachlassgericht besteht nicht.

Die Auskunft kann sich auch auf bevorstehende Geschäfte beziehen, nicht jedoch auf einen bevorstehenden Aufteilungsplan.

Hier kann der Testamentsvollstrecker die Erben nur anhören, muss es aber nicht.

b. Umfang

Die Auskunft muss dem Verlangen des Erben entsprechen und so umfangreich sein, dass der Erbe die Richtigkeit der Auskunft nachprüfen kann. 470

Auch wenn der Testamentsvollstrecker sich selbst strafbarer Handlungen bezichtigen muss oder Handlungen vornimmt, die Schadenersatzansprüche begründen, befreit dies nicht von der Auskunftspflicht.

Die Auskunftspflicht umfasst auch Wertangaben über den Nachlass.

Der Testamentsvollstrecker kann sich ggf der Hilfe eines Sachverständigen bedienen.

c. Eidesstattliche Versicherung

Wird Auskunft über eine Sachgesamtheit gegeben, ist § 260 BGB zu beachten, dh es ist ein Verzeichnis vorzulegen und ggf die Richtigkeit an Eides statt zu versichern (§ 260 II BGB). 471

Das Antragsrecht steht dem Erben zu.

Zuständigkeit für die Abnahme ist das Amtsgericht nach §§ 163, 79 FGG vor dem Rechtspfleger (§ 3 Nr. 1 b RPflG).

d. Form

472 Soweit Auskunft über eine Sachgesamtheit verlangt wird, ist Schriftform erforderlich (§ 260 I BGB). Wird nur Auskunft über einen einzelnen Gegenstand gefordert, bestehen keine Formvorschriften.

e. Keine Befreiung

473 Keine Befreiung von der Auskunftspflicht erfolgt durch die Erstellung des Nachlassverzeichnisses oder durch Rechnungslegung.

3. Rechnungslegungspflicht, §§ 2218, 666 BGB

a. Anspruchsberechtigte

474 Neben der Auskunft ist der Testamentsvollstrecker dem Erben zur Rechnungslegung verpflichtet. Sie besteht jedoch nur auf Verlangen.

Die Vermächtnisnehmer und Auflagenbegünstigten haben keinen Anspruch, ebenso wenig die Nachlassgläubiger.

Allerdings geht mit der Pfändung des Erbteils der Auskunftsanspruch an den Pfandgläubiger über.

b. Fälligkeit

475 Der Anspruch auf Rechnungslegung wird fällig:

- Bei länger andauernder Testamentsvollstreckung, dh bei einem Zeitraum von mehr als einem Jahr, gerechnet ab dem Beginn des Amtes, einmal jährlich nachträglich und bei Beendigung des Amtes;
- Bei kürzerer Testamentsvollstreckung bei Beendigung des Amtes.

c. Form

476 Es bestehen keine Formvorschriften.

In einfach gelagerten Fällen kann daher eine mündliche Rechenschaft genügen.

Aus Beweisgründen ist aber immer schriftliche Form zu empfehlen.

d. Umfang

Erforderlich ist eine übersichtliche und in sich verständliche Zusammenstellung der Einnahmen und Ausgaben.[74] 477

Der Erbe muss in der Lage sein, ohne fremde Hilfe seine Ansprüche und die gegen den Nachlass gerichteten Ansprüche dem Grund und der Höhe nach zu überprüfen.

Die Zusammenstellung umfasst nicht nur die Ergebnisse der Einnahmen- und Ausgaben, sondern auch deren Entwicklung.

Die bloße Vorlage von Belegen mit dem Angebot der mündlichen Erläuterung genügt nicht.[75]

Ein Anspruch auf Überprüfung durch einen Sachverständigen besteht nicht.[76]

f. Herausgabe der Belege

Ein Anspruch auf Herausgabe der Belege besteht aufgrund der Rechnungslegungspflicht nicht (§ 259 I BGB); es genügt die Möglichkeit der Einsichtnahme oder die Erteilung von Abschriften. 478

V. Der Testamentsvollstrecker im Prozess

1. Passivprozesse, § 2213 BGB

Das Prozessführungsrecht bei Prozessen gegen den Nachlass hängt davon ab, welche Aufgaben der Testamentsvollstrecker zu erfüllen hat. 479

a. Verwaltung des ganzen Nachlasses

Verwaltet der Testamentsvollstrecker den ganzen Nachlass, kann ein Nachlassanspruch gegen die Erben (nach Annahme der Erbschaft) oder gegen den Testamentsvollstrecker (nach Annahme des Amtes) geltend gemacht werden (§ 2213 I 1 BGB). 480

74 BGH NJW 82, 573; 85, 2699
75 Köln NJW RR 89, 568
76 BGH 92, 84

Praxis-Tipp:

481 *Nach hM ist es zulässig, die Klage gegen den Erben auf Leistung und gegen den Testamentsvollstrecker auf Duldung der Zwangsvollstreckung **gleichzeitig** zu erheben.[77] Dies ist zudem zweckmäßig, weil bei der Vollstreckung in den Nachlass ein Titel gegen den Testamentsvollstrecker und bei Vollstreckung in das Eigenvermögen des Erben auch gegen diesen ein Titel notwendig ist.*

Wird die Klage gegen den Testamentsvollstrecker erhoben, so kann er nicht Zeuge sein.

b. Verwaltung einzelner Teile des Nachlasses

482 Verwaltet der Testamentsvollstrecker nur einzelne Teile des Nachlasses, so kann der Anspruch nur gegen die Erben erhoben werden.

Soll aber die Zwangsvollstreckung auch in den Nachlass betrieben werden, ist daneben ein Duldungstitel gegen den Testamentsvollstrecker erforderlich (§ 748 ZPO).

c. Keine Verwaltungsbefugnis des Testamentsvollstreckers

483 Ist dem Testamentsvollstrecker die Nachlassverwaltung entzogen, so kann die Klage nur gegen den Erben erhoben werden.

Aber auch hier gilt, dass ein Duldungstitel gegen den Testamentsvollstrecker erforderlich ist, um in den Nachlass zu vollstrecken.

d. Pflichtteilsanspruch

484 Ein Pflichtteilsanspruch einschließlich dem Auskunftsbegehren nach § 2314 BGB ist nach dem Gesetzeswortlaut nur gegen den Erben zu richten (§ 2213 I S 3 BGB), auch wenn dem Erben die Verwaltung entzogen ist.

Im Einzelnen gilt:

- Ist der Pflichtteilsanspruch unbestritten, so kann und muss diesen der Testamentsvollstrecker als Nachlassverbindlichkeit erfüllen.
- Der Testamentsvollstrecker kann nicht an Stelle des Erben einen Pflichtteilsanspruch als wirksam anerkennen.[78]

77 BGH 104, 1

78 Siehe aber auch: OLG Celle MDR 67, 46. An ein Anerkenntnis des Erben hinsichtlich eines Pflichtteilsanspruches ist der Testamentsvollstrecker nicht gebunden. (fraglich)

e. Prozesskosten

Die Kosten der Prozessführung des Testamentsvollstreckers fallen dem Nachlass zur Last. 485

f. Wirkung der Titel

aa. Allgemeines

Ist der Erbe zur Leistung verurteilt, eröffnet dies nur den Weg der Zwangsvollstreckung in dessen Vermögen. 486

In den Nachlass kann erst vollstreckt werden, wenn die Testamentsvollstreckung beendet ist.

Ist daneben der Testamentsvollstrecker zur Duldung der Zwangsvollstreckung verurteilt, ist auch die Vollstreckung in den Nachlass möglich.

Dem Testamentsvollstrecker stehen dann folgende Rechte zu: 487

- Drei-Monatseinrede nach § 2014 BGB;
- Aufgebot nach § 2015 BGB.

Die Frist beginnt jeweils mit der Annahme der Erbschaft durch den Erben, nicht mit dem Amtsantritt des Testamentsvollstreckers.

Zur Beantragung der Nachlassverwaltung oder -insolvenz und zur Inventarerrichtung ist der Testamentsvollstrecker nicht befugt. 488

Dies ist alleinige Sache der Erben.

bb. Rechtskraftwirkung

Die Rechtkraft eines obsiegenden Urteils gegen den verwaltenden Testamentsvollstrecker wirken für und gegen die Erben (§ 327 III ZPO), so dass in dessen Eigenvermögen vollstreckt werden kann, wenn er unbeschränkt haftet (§ 2013 BGB). 489

Das obsiegende Urteil gegen die Erben wirkt nur gegen diese.

Daneben ist ein Duldungstitel gegen den Testamentsvollstrecker erforderlich.

Das obsiegende Urteil für den Erben wirkt auch für den Testamentsvollstrecker.

2. Aktivprozesse; § 2212 BGB

Nur der Testamentsvollstrecker ist aktiv legitimiert, ein seiner Verwaltung unterliegendes Recht geltend zu machen. 490

Dies gilt im ordentlichen Prozess, im Patentrechtsstreit, und im Verwaltungs- und Sozialgerichtsverfahren.

Der Testamentsvollstrecker ist Partei kraft Amtes, nicht Vertreter der Erben.[79]

Er kann als Partei vernommen werden.

491 Als Partei kraft Amtes hat er Anspruch auf Prozesskostenhilfe.

Der Erbe kann als Zeuge gehört werden, ebenso kann er Haupt- oder Nebenintervenient oder Streitverkündeter sein.

492 Das Urteil wirkt für und gegen die Erben, wenn der Testamentsvollstrecker zur Prozessführung befugt war (§ 327 I ZPO), also der Gegenstand seiner Verwaltung unterliegt.

Das Gericht muss dies im Rahmen der Prozessvoraussetzungen prüfen, so dass die Feststellung auch inzident gegenüber den Erben wirkt.

3. Sonstige Prozesse

a. Streitigkeiten der Erben untereinander

493 Besteht Streit unter den Erben, zB über die Ausgleichung, so betrifft dies den Testamentsvollstrecker nicht.

Der Streit ist unter den Erben zu führen. Dies gilt auch, wenn der Testamentsvollstrecker Miterbe ist.

Die Testamentsvollstreckung bleibt in diesem Fall angeordnet und wirksam.

494 Erhebt der Testamentsvollstrecker selbst Ansprüche gegen den Nachlass, weil er zB als Vermächtnisnehmer die Herausgabe verlangt, gibt er damit gleichzeitig den Gegenstand aus der Testamentsvollstreckung frei.[80]

b. Streitigkeiten gegen den Testamentsvollstrecker

495 Gegen den Testamentsvollstrecker persönlich richten sich folgende Klagen:

- Statusklagen, also die Frage der Wirksamkeit der Ernennung bzw der spätere Wegfall der Testamentsvollstreckung (zB Eintritt einer Bedingung);
- Herausgabeklagen nach Beendigung der Testamentsvollstreckung;
- Schadenersatzklagen;
- Klage auf Erstellung des Nachlassverzeichnisses;
- Klage auf Rechnungslegung.

---

79 BGH NJW 88, 1390
80 Palandt/Edenhofer § 2214 Rn 4

Praxis-Tipp:

Die so ergangenen Urteile wirken nur zwischen den Beteiligten, so dass es bei Statusklagen für nicht klagende Miterben zweckmäßig ist, der Klage beizutreten.

496

Die Kosten trägt die unterlegene Partei, nicht der Nachlass.

VI. Rechtsverhältnis Erbe – Testamentsvollstrecker

1. Anwendung einiger Vorschriften des Auftragsrechtes, § 2218 I BGB

a. Gesetzliches Schuldverhältnis

Zwischen Erbe und Testamentsvollstrecker besteht ein gesetzliches Schuldverhältnis. **497**

Der Testamentsvollstrecker handelt kraft eigenen Amtes.

Der Erbe kann daher **keine** Weisungen erteilen.

b. Pflicht zur höchstpersönlichen Amtsausübung

Der Testamentsvollstrecker muss sein Amt selbst und persönlich ausüben. **498**

Eine Ausübungsübertragung ist – außer im Falle der Ernennung eines Nachfolgers (§ 2199 BGB) – nicht zulässig (§§ 2218, 664 BGB).

Daraus folgt:

- In Einzelfällen ist die Erteilung einer Spezialvollmacht zulässig;
- Bedenklich ist die Erteilung einer Generalvollmacht, auch wenn sie jederzeit widerruflich ist. Die Zulässigkeit ist im Einzelnen umstritten. Sie wird für zulässig gehalten, wenn der Erblasserwillen dies ermöglicht.[81]

Praxis-Tipp:

Es sollte daher immer eine Spezialvollmacht erteilt werden, wobei für die einzelnen Geschäfte[82] die gesetzlichen Formvorschriften einzuhalten sind.

499

Der Testamentsvollstrecker haftet für die sorgfältige Auswahl des Bevollmächtigten und für dessen Überwachung. Er ist ggf zum Widerruf verpflichtet. **500**

81 Haegele/Winkler, Rn 468
82 ZB § 29 GBO, § 2 GmbHG

Die fehlerhafte Auswahl und Überwachung kann einen Grund zur Entlassung (§ 2227 BGB) darstellen und den Testamentsvollstrecker zum Schadenersatz verpflichten.

Soweit es sich um rein tatsächliche Handlungen ohne Übertragung von Vertretungsbefugnissen handelt (Prozessvollmacht, Auftrag an Handwerker, Bestellung eines Gutachters), haftet der Testamentsvollstrecker für die sorgfältige Auswahl und Überwachung.

c. Anhörungspflichten

501 Grundsätzlich ist der Testamentsvollstrecker nicht verpflichtet, den Erben vor einer Maßnahme anzuhören.[83]

Allerdings muss er die Erben auch unverlangt soweit informieren, dass diese ihre Rechte wahrnehmen können.

Bei Unterlassung dieser Informationspflicht haftet der Testamentsvollstrecker auf Schadenersatz. Auch kann das Unterlassen ein Entlassungsgrund sein.[84]

2. Die Herausgabepflicht, § 667 BGB

a. Fälligkeit

502 Der Testamentsvollstrecker ist verpflichtet, bei Beendigung des Amtes den Nachlass samt allen Surrogaten, Gewinnen, Früchten sowie Zubehör und die Akten an den Erben heraus zu geben.

Die Herausgabe erfolgt durch dingliche Übereignung und Besitzübergabe, Abtretung von Forderungen etc.

b. Sonderfragen

aa. Herausgabe der Akten

503 Haegele/Winkler[85] empfiehlt, dass der Testamentsvollstrecker wegen der 30-jährigen Verjährungsfrist der Haftungsansprüche die Akten selbst für diesen Zeitraum aufbewahrt, insb das Nachlassverzeichnis und den Teilungsplan.

Dies widerspricht § 667 BGB.

Richtig ist wohl, dass der Testamentsvollstrecker die Originale an den Erben heraus zu geben hat.

83 Haegele/Winkler, Rn 477
84 OLG Zweibrücken RPfl 77, 306
85 Haegele/Winkler, Rn 553

Praxis-Tipp:

> *Es ist dringend zu empfehlen, zum eigenen Schutz Abschriften zurückzubehalten!* 504

bb. Verwendung von Geldern zur eigenen Nutzung

Hat der Testamentsvollstrecker Gelder aus dem Nachlass für eigene Zwecke verwendet, so ist er – unabhängig davon, ob er dazu berechtigt war – dazu verpflichtet, diese von der Verwendung an mit dem gesetzlichen Zinssatz (§ 246 BGB) zu verzinsen (§ 668 BGB). 505

cc. Verwendung sonstiger Nachlassgegenstände

Die Frage der Verwendung sonstiger Nachlassgegenstände für eigene Zwecke des Testamentsvollstreckers richtet sich dagegen nach der Schadenersatzvorschrift des 2219 BGB. 506

c. Zurückbehaltungsrecht

Gegen den Herausgabeanspruch, nicht gegen den Anspruch auf Auskunft und Rechnungslegung, steht dem Testamentsvollstrecker ein Zurückbehaltungsrecht wegen seiner Forderung auf Aufwendungsersatz (§ 670 BGB) und seinem Vergütungsanspruch (§ 2221 BGB) zu. 507

Umgekehrt haben die Erben einen Zurückbehaltungsanspruch gegen diese Ansprüche.

Wenn einer der gegenseitigen Ansprüche nicht erfüllt ist, kann daher nur die Klage auf Leistung Zug um Zug Erfolg haben.

Checkliste 508

Zurückbehaltungsrecht des Testamentsvollstreckers wegen Vergütungs- und Aufwendungsersatzanspruch

Anspruch	Zurückbehaltungsrecht	
	Ja	Nein
Auskunft		X
Rechnungslegung		X
Herausgabe nach Beendigung der Vollstreckung	X	
Freigabe von Gegenständen		X
Reinertrag bei Pflichtteilsbeschränkung in guter Absicht	X	

3. Der Aufwendungsersatzanspruch, § 670 BGB

509 Der Testamentsvollstrecker hat Anspruch auf Ersatz seiner Auslagen, die er für erforderlich halten durfte.

Im Einzelnen:

- Aufwendungen für Hilfspersonen, soweit es nicht Aufgaben betrifft, die der Testamentsvollstrecker in zumutbarer Weise selbst erbringen konnte;
- Kosten eines Rechtsstreites, wenn dieser im Rahmen des § 2212 BGB geführt wurde;
- Außergerichtliche Kosten für die Beiziehung eines Rechtsanwaltes oder Sachverständigen, wenn der Testamentsvollstrecker dies für erforderlich halten konnte;
- Ist der Testamentsvollstrecker selbst sachkundig, also RA, Steuerberater bzw Handwerker, und wird der Testamentsvollstrecker in dieser Eigenschaft für den Nachlass tätig, so sind die Dienste für den Nachlass nach den Gebührenvorschriften oder dem ortsüblichen Werklohn zu vergüten, wenn er sie sonst einem Dritten übertragen musste.

510 Der Testamentsvollstrecker ist nicht verpflichtet, wenn es der Erblasser nicht anders angeordnet hat, seine besonderen beruflichen Dienste für den Nachlass zu leisten.

Bei mehreren Testamentsvollstreckern hat jeder ein eigenen Ersatzanspruch.

511 **Checkliste Aufwendungsersatz**

✔ Porto, Telefon, Fahrtkosten

✔ Kosten der Rechts- und Steuerberatung

✔ Verauslagte Kosten für Hilfspersonen und Sachverständige

✔ Kosten eines Rechtsstreites für den Nachlass

✔ Kosten bei Gericht und Notar für
- Annahmeerklärung
- Testamentsvollstrecker-Zeugnis
- Bescheinigung über Amtsfortdauer
- Nachfolgerbenennung

✔ Sonstige Kosten?

4. Durchsetzung der Ansprüche auf Auskunft, Rechnungslegung, Herausgabe und Aufwendungsersatz

512 Zuständig ist das Prozessgericht.

Es handelt sich hierbei um einen Rechtsstreit der Erben mit dem Testamentsvollstrecker.

Die Kosten fallen der unterliegenden Partei zur Last.

5. Tod des Testamentsvollstreckers, § 673 S 2 BGB

Stirbt der Testamentsvollstrecker, so ist sein Erbe verpflichtet, dies dem Erben anzuzeigen und bei Gefahr im Verzug die Geschäfte selbst fortzuführen. 513

6. Amtsfortdauer

Nach § 674 BGB gilt zugunsten des Testamentsvollstreckers das Amt als fortbestehend, wenn eine auflösende Bedingung ohne seine Kenntnis eingetreten ist. 514

Dies gilt nicht für die Entlassung (§ 2227 BGB). Hierfür ist der Zugang der Entlassungsverfügung (§ 16 FGG) maßgebend.

Praxis-Tipp:

Das Amt gilt nur als fortbestehend, wenn es tatsächlich einmal bestanden hat; also nicht, wenn es nur vermeintlich bestanden hat.[86] 515

VII. Testamentsvollstrecker und minderjährige Erben

Fall:

Ein Minderjähriger sucht den Rat eines Rechtsanwaltes. 516

Er trägt vor:

- *Der Testamentsvollstrecker hat einen Mietvertrag abgeschlossen, der dem Vermieter Pflichten auferlegt, welche den Nachlass verbrauchen. Ist er an den Mietvertrag gebunden?*
- *Die Vergütung und der Aufwendungsersatz des Testamentsvollstreckers sind so hoch, dass der noch vorhandene Nachlass aufgebraucht ist. Muss er aus seinem sonstigen Vermögen bezahlen?*
- *Er ist als Erbe Gesellschafter einer oHG geworden. Die Geschäftslage lässt befürchten, dass die Gesellschafter für erhebliche Beträge haften müssen. Kann er die Gesellschaft unabhängig vom Gesellschaftsvertrag kündigen?*

Der Testamentsvollstrecker bedarf für Verpflichtungen im Rahmen der ordnungsgemäßen Verwaltung und Verfügungen über Nachlassgegenstände keiner Zustimmung des gesetzlichen Vertreters minderjähriger Erben und/oder des Vormundschaftsgerichts. 517

Auch der minderjährige Erbe wird aus den Handlungen berechtigt und verpflichtet.

86 BGH NJW 77, 1726

Die Haftung des Minderjährigen wird nach § 1629 a BGB auf das Vermögen bei Eintritt der Volljährigkeit begrenzt, weil auch der Testamentsvollstrecker Vertreter im Sinne dieser Vorschrift ist.[87]

1. Beschränkung auf das Vermögen des Volljährigen

518 Hinsichtlich der Verbindlichkeiten aus einer Erbschaft, zu denen auch die neu hinzu tretenden Verbindlichkeiten, welcher der Testamentsvollstrecker für den Nachlass eingeht, gehören, kann der Erbe seine Haftung auf den Nachlass entsprechend §§ 1990, 1991 BGB beschränken, wenn er sich auf die Unzulänglichkeit des Nachlasses beruft.[88]

Maßgebender Zeitpunkt ist die Erhebung der Einrede.

Die Beweislast trägt der Erbe.

519 Der Erbe wird daher zum Zeitpunkt seiner Volljährigkeit nach §§ 2218, 666 BGB Auskunft vom Testamentsvollstrecker über den Bestand des Nachlasses verlangen müssen.

520 Die **Haftungsbeschränkung** umfasst:

- Die Nachlassverbindlichkeiten;
- Den Vergütungs- und Aufwendungsersatzanspruch des Testamentsvollstreckers.

521 Im Mietvertragsfall kann daher der Minderjährige zwar nicht den Mietvertrag kündigen, aber den Mieter wegen seiner Ansprüche auf den Nachlass verweisen.

Gleiches gilt für die Ansprüche des Testamentsvollstreckers.

2. Haftungsbeschränkung bei Erbengemeinschaft

522 Die Haftungsbeschränkung tritt bei der Beteiligung an einer Erbengemeinschaft nur ein, wenn der Volljährige binnen drei Monaten ab Volljährigkeit die Auseinandersetzung des Nachlasses verlangt (§ 1629 a IV BGB).

Es genügt das bloße Verlangen der Auseinandersetzung; der Vollzug ist nicht erforderlich.[89]

523 Das Verlangen ist zu stellen:

- Gegenüber dem Testamentsvollstrecker, wenn dieser den ganzen Nachlass zum Zwecke der Auseinandersetzung verwaltet;[90]

87 Palandt/Diederichsen § 1629 a Rn 10
88 Palandt/Diederichsen § 1629 a Rn 2
89 Palandt/Diederichsen § 1629 a Rn 30
90 Palandt/Edenhofer § 2042 Rn 14

- Gegenüber den Miterben, wenn der Testamentsvollstrecker nur einzelne Gegenstände verwaltet;
- Gegen Testamentsvollstrecker und Miterben, wenn Verwaltungsvollstreckung angeordnet ist. Die Rechtslage ist hierzu noch unklar.

3. Beteiligung an Gesellschaften

Ist der Minderjährige an Gesellschaften beteiligt, kann er die Beteiligung binnen drei Monaten ab Volljährigkeit kündigen, auch wenn das Kündigungsrecht im Gesellschaftsvertrag ausgeschlossen ist. 524

Dies gilt mE nicht nur für Gesamthandgemeinschaften,[91] sondern für alle Gesellschaften, bei denen eine Nebenleistungs- oder Nachschusspflicht besteht.

Unterliegt der Gesellschaftsanteil der Testamentsvollstreckung, ist die Kündigung nicht durch den Testamentsvollstrecker, sondern durch den Erben auszusprechen. 525

Im oHG-Fall kann der Minderjährige unabhängig von der Frage der Testamentsvollstreckung kündigen.

4. Selbständiges Erwerbsgeschäft des Minderjährigen

Soweit der Minderjährige ein selbständiges Erwerbsgeschäft führt, haftet er unbeschränkt, wenn ihm dies nach § 112 BGB erlaubt war (§ 1629 a II BGB). 526

Dies gilt mE nicht für den Fall, dass der Minderjährige als Erbe eines solchen Erwerbsgeschäftes dieses durch einen Testamentsvollstrecker fortführt.

Unabhängig davon, ob nach der Treuhandlösung der Testamentsvollstrecker nach außen hin auftritt oder der Testamentsvollstrecker nur Bevollmächtigter ist, tritt die Haftungsbeschränkung nach § 1629 a I BGB ein.

§ 1629 a II BGB erfasst nur solche Geschäfte, bei denen der Erbe eigenverantwortlich das Erwerbsgeschäft geführt hat.

Praxis-Tipp:

Bei allen Rechtsgeschäften mit einem Testamentsvollstrecker ist zu prüfen, ob Minderjährige als Erben beteiligt sind, da der Verlust von Ansprüchen bei Eintritt der Volljährigkeit droht. 527

91 So aber Palandt/Diederichsen § 1629 a Rn 26

VIII. Der Vergütungsanspruch des Testamentsvollstreckers, § 2221 BGB

1. Allgemeines

a. Festlegung durch den Erblasser

528 Grundsätzlich bestimmt der Erblasser die Vergütung des Testamentsvollstreckers. Er kann diese ausschließen oder im Einzelnen festlegen.

Er kann auch einen Dritten mit der Festsetzung der Vergütung nach billigem Ermessen betrauen (§ 315 BGB).

529 Hat der Erblasser eine Vergütung festgelegt, so kann der Testamentsvollstrecker nach Annahme des Amtes nur diese verlangen. Die Frage der Angemessenheit ist nicht zu prüfen.

Ist die Vergütung unangemessen hoch, so ist in dem über den angemessenen Betrag hinaus gehenden Betrag ein Vermächtnis an den Testamentsvollstrecker zu sehen.[92]

Dies hat Bedeutung für die Vorschrift des § 2318 BGB, dh der Erbe kann vom Testamentsvollstrecker verlangen, sich an der Pflichtteilslast mit dem Vermächtnis zu beteiligen.

530 Weiter hat es steuerliche Bedeutung:
Das Vermächtnis unterliegt der Erbschaftsteuer, die Testamentsvollstrecker-Vergütung der Einkommensteuer.

b. Ausschluss der Vergütung

531 Der Erblasser kann die Vergütungspflicht ausschließen.

Der Testamentsvollstrecker ist an diese Bestimmung gebunden.

c. Angemessene Vergütung

532 Ist die Vergütungspflicht nicht ausgeschlossen und hat der Erblasser keine Festlegung getroffen, steht dem Testamentsvollstrecker eine angemessene Vergütung zu.

Eine Gebührenreglung existiert nicht. Auch sind nicht die staatlichen Gebührenordnungen heranzuziehen, wenn eine solche für die Person des Testamentsvollstreckers existiert.

533 Grundsätzlich sieht § 2221 BGB nur eine Gesamtvergütung in Form einer einmaligen Zahlung vor.

92 Palandt/Edenhofer § 2221 Rn 1

Die Angemessenheit kann nur anhand des Einzelfalles festgestellt werden.

Als Richtlinie empfehlen sich die »Richtlinien des Deutschen Notarvereins«.

d. Arten der Vergütung

Als Arten der Vergütung haben sich konkretisiert: 534

aa. Die Konstituierungsgebühr

Unter Konstituierung versteht man die Ermittlung und Inbesitznahme der Nachlassgegenstände (§ 2205 BGB), die Aufstellung und Begleichung der Erblasserschulden, die Regelung der Beerdigung, Grabstein und der Erbschaftsteuer. 535

Nicht dazu gehören: 536

- Nachlassauseinandersetzung;
- Aktiv- oder Passivprozesse für den Nachlass;
- Die weiter gehende Verwaltung des Nachlasses, insb bei Dauer-Testamentsvollstreckung.

bb. Die Verwaltungsgebühr

Diese umfasst die Vergütung für die Verwaltung des Nachlasses, der Abwicklung und der Nachlassauseinandersetzung. 537

cc. Weitere Gebühren

Für weitere Gebühren, wie eine Auseinandersetzungsgebühr, Abschlussgebühr oder Herausgabegebühr ist kein Raum.[93] 538

e. Bemessungsgrundlage

Bemessungsgrundlage ist der Bruttonachlass, dh die Summe der Aktiva ohne Schuldenabzug. 539

Auszugehen ist vom gemeinen Wert der Nachlassgegenstände.

Maßgeblicher Zeitpunkt für die Bewertung ist der Erbfall.

f. Verminderung der Regelgebühr

Eine Verminderung der Regelgebühr ist möglich bei: 540

- Vorzeitiger Beendigung des Amtes;
- Besonders einfacher Abwicklung des Nachlasses;

93 Haegele/Winkler, Rn 571

- Überlassung von Arbeiten an Dritte durch den Testamentsvollstrecker, die dieser selbst hätte erledigen können.

Diese Verminderung ist auch möglich bei testamentarisch angeordneter Vergütung.

g. Fälligkeit der Vergütung

541 Die Gebühr ist mit Beendigung des Amtes in einem Betrag fällig.

Ein Anspruch auf Vorschuss besteht nicht.
Die Rechtsprechung lässt nur bei langandauernden Verwaltungen periodische Abschlagszahlungen zu.[94]

h. Schuldner

542 Schuldner der Vergütung sind die Erben, bei der Testamentsvollstreckung über ein Vermächtnis der Vermächtnisnehmer.
Die Verbindlichkeit ist Nachlassforderung und aus dem Nachlass zu entnehmen.

i. Entnahme aus dem Nachlass

543 Der Testamentsvollstrecker kann die Vergütung aus dem Nachlass entnehmen.

Soweit der Erblasser keine Höhe festgelegt hat, trägt das Risiko der Angemessenheit der Testamentsvollstrecker.

Sind keine flüssigen Mittel vorhanden, kann der Testamentsvollstrecker Gegenstände aus dem Nachlass versilbern, wobei immer die Umstände des Einzelfalles entscheiden.

Praxis-Tipp:

544 *Nachdem die Frage der Bemessung der Vergütung Streit birgt und die Endfälligkeit oftmals unbillig ist, sollten durch den Erblasser unbedingt Festsetzungen gemacht werden*

- *zur Höhe der Gebühr;*
- *zur Fälligkeit;*
- *zur Frage, welche Tätigkeiten abgegolten sind.*

94 BGH NJW 67, 876

j. Empfehlung Deutscher Notarverein

Als Richtlinie können die Empfehlungen des deutschen Notarsvereins für die Vergütung des Testamentsvollstreckers herangezogen werden.[95] 545

Der Deutsche Notarverein schlägt vor:

Vergütungsgrundbetrag:

546

Nachlassbruttowert am Todestag	Höhe des Vergütungsgrundbetrages
Bis 250 000,– €	4,0 %
Bis 500 000,– €	3,0 %
Bis 2 500 000,– €	2,5 %
Bis 5 000 000,– €	2,0 %
Über 5 000 000,– €	1,5 %

Mindestmaß ist aber stets der höchste Betrag der Vorstufe.

Mit dem Vergütungsgrundbetrag ist die einfache Testamentsvollstreckung abgegolten.

Zuschläge zum Vergütungsgrundbetrag bei der Abwicklungsvollstreckung

547

Zusätzliche Tätigkeit	Zuschlag zur Grundvergütung
Aufwändige Grundtätigkeit	2/10 bis 10/10
Auseinandersetzung	2/10 bis 10/10
Komplexe Nachlassverwaltung	2/10 bis 10/10
Aufwändige/Schwierige Gestaltungsaufgaben	2/10 bis 10/10
Steuerangelegenheiten	2/10 bis 10/10

Die Zuschläge werden für jeden Aufgabenbereich gesondert erhoben.

Insgesamt soll die Vergütung das Dreifache des Grundbetrages nicht übersteigen.

95 Notar 1/2000 S 2 ff

Dauertestamentsvollstreckung

548 Zusätzlich zur Grundvergütung samt Zuschlägen wird vorgeschlagen:

Normalfall	0,3–0,5 % des in dem jeweiligen Jahr gegebenen Bruttonachlasswertes oder 2–4 % des jährlichen Reinertrages. Der höhere Betrag ist maßgebend.
Übernahme einer Unternehmerstellung	10 % des jährlichen Reingewinns
Tätigkeit als Organ einer Kapitalgesellschaft	Branchenübliches Gehalt
Beaufsichtigende Tätigkeit	Branchenübliche Vergütung für Aufsichtsräte

Die Vergütung bei Dauervollstreckung ist in Teilbeträgen, die dem Ausmaß der Testamentsvollstreckung nach Art und Dauer entsprechen, fällig.

2. Vergütungsanspruch bei mehreren Testamentsvollstreckern

549 Bei mehreren Testamentsvollstreckern kann jeder eine Vergütung beanspruchen, und zwar unabhängig voneinander.[96]

Auch die Aufwendungen sind gesondert abzurechnen.

Maßstab für die Vergütung sind die Aufgaben und die Verantwortung des jeweiligen Testamentsvollstreckers.

Eine Vereinbarung zwischen den Testamentsvollstreckern über die Höhe der Vergütung ist unzulässig.[97]

3. Der Vergütungsanspruch des vermeintlichen Testamentsvollstreckers

550 Wird jemand gutgläubig als Testamentsvollstrecker tätig, obwohl sich später herausstellt, dass er nicht Testamentsvollstrecker ist, so steht ihm aufgrund Geschäftsbesorgungsvertrag (§§ 675, 612 BGB) ein Vergütungsanspruch zu.[98]

Anspruchsgrundlage ist nicht § 2221 BGB.

551 Haben die Erben die Testamentsvollstreckung bestritten, steht dem Testamentsvollstrecker kein Vergütungsanspruch zu.[99]

96 Haegele/Winkler, Rn 602
97 BGH DNotZ 57, 609
98 BGH NJW 63, 1615
99 BGH NJW 77, 1726; aA Palandt/Edenhofer § 2221 Rn 3

Ist das wirksam begründete Amt nachträglich weg gefallen und nimmt der Testamentsvollstrecker irrtümlich den Fortbestand an, so steht ihm ein Vergütungsanspruch zu, weil die Anordnung zugunsten des Testamentsvollstrecker als fortbestehend gilt (§§ 673, 2218 BGB).

4. Verjährung

Die Ansprüche des Testamentsvollstreckers verjähren in 30 Jahren (§ 195 BGB). Die 4-jährige Verjährungsfrist (§ 197 BGB) tritt ein, wenn die Vergütung in Zeitabschnitten regelmäßig zu zahlen ist.[100] 552

5. Steuerliche Behandlung

Die Vergütung des Testamentsvollstreckers fällt unter Einkünfte aus selbstständiger Tätigkeit (§ 18 I Nr. 3 EStG). 553

Umsatzsteuerpflicht besteht nicht, es sei denn, die Tätigkeit wird nachhaltig über längere Zeit ausgeübt.[101]

Die Umsatzsteuer ist sodann in der Vergütung enthalten.[102]

Praxis-Tipp:

Bei Anordnung einer längeren Vollstreckung oder Dauervollstreckung ist unbedingt zu regeln, ob die mögliche Umsatzsteuer in der Vergütung enthalten ist. 554

IX. Weitere Aufgaben des Testamentsvollstreckers

1. Aufgebot der Nachlassgläubiger und Nachlassverwaltung

Der Testamentsvollstrecker ist berechtigt und im Rahmen der ordnungsgemäßen Verwaltung verpflichtet, das Aufgebot der Nachlassgläubiger herbeizuführen (§§ 991 II, III ZPO) oder Nachlassverwaltung zu beantragen (§ 1981 BGB). 555

Dies gilt auch, wenn der Erbe bereits unbeschränkt haftet.

Wird Nachlassverwaltung angeordnet, endet die Verwaltungsbefugnis des Testamentsvollstreckers. 556

Die Anordnung der Testamentsvollstreckung als solche bleibt bestehen.

100 Haegele/Winkler, Rn 646
101 BFH BStBl 76 II, 57
102 AA Richtlinie des Deutschen Notarvereins

557 Der Testamentsvollstrecker hat dann folgende Aufgaben:

- Übernahme der vom Nachlassverwalter freigegebenen Gegenstände (§ 1986 BGB);
- Vertretung der Erben gegen den Nachlassverwalter.

2. Antrag auf Nachlassinsolvenz, § 317 InsO

558 Dieses Recht hat der Testamentsvollstrecker nur, wenn er zum Verwalter des gesamten Nachlasses bestellt ist. In diesem Falle ist er gegenüber dem Erben zur Antragstellung verpflichtet und haftet ggf auf Schadenersatz.[103]

X. Die Haftung des Testamentsvollstreckers, § 2219 BGB

1. Haftung gegenüber Erben

559 Der Testamentsvollstrecker haftet gegenüber dem Erben bzw Vermächtnisnehmer auf Schadenersatz, wenn er die ihm obliegenden Verpflichtungen schuldhaft (§ 276 BGB) verletzt.

560 Von seiner Schadenersatzpflicht kann ihn der Erblasser nicht befreien (§ 2220 BGB).

Er kann auch nicht anordnen, dass der Erbe den Testamentsvollstrecker freistellt (Befreiungsvermächtnis).[104]

Für Verschulden eines Gehilfen haftet der Testamentsvollstrecker wie für eigenes Verschulden (§ 278 BGB).

Mehrere Testamentsvollstrecker haften als Gesamtschuldner.

Die Pflichtverletzung kann in folgenden Stadien der Testamentsvollstreckung entstehen:

a. Haftung bei Annahme des Amtes

561 Fehlt dem Testamentsvollstrecker die notwendige Sachkunde, so darf er sein Amt nicht annehmen.

Im Zweifel muss er sich vorher sachkundigen Rat einholen.

---

103 Haegele/Winkler, Rn 170
104 Str, siehe Haegele/Winkler, Rn 566

b. Haftung bei der Führung des Amtes

Bei der Führung seines Amtes haftet der Testamentsvollstrecker 562

- bei nicht ordnungsgemäßer Verwaltung des Nachlasses, § 2216 BGB[105] und
- bei Verletzung von Anweisungen des Erblassers.

Führt jedoch der Testamentsvollstrecker sein Geschäft so, dass er nach Abwägung aller ihm erkennbarer Umstände zum einem vertretbaren Ergebnis gelangt, haftet er nicht.

Es fehlt dann das Verschulden.

Ebenso haftet er nicht, wenn der Erbe mit der Handlung einverstanden war.

2. Haftung gegenüber dem Vermächtnisnehmer

Auch gegenüber dem Vermächtnisnehmer haftet der Testamentsvollstrecker. 563

Dieser muss seinen Anspruch nicht erst gegen den Erben geltend machen.[106]

3. Die Haftung gegenüber Dritten

a. Nur bei unerlaubter Handlung

Den weiteren Nachlassgläubigern – auch Pflichtteilsberechtigten – haftet der Testamentsvollstrecker nur bei unerlaubter Handlung. 564

Dabei entsteht eine persönliche Haftung des Testamentsvollstreckers.

Die Erben haften nicht, weil der Testamentsvollstrecker nicht Verrichtungsgehilfe der Erben iSd § 831 BGB ist und §§ 31, 86 BGB nicht analog anzuwenden sind.[107]

b. Haftung aus Rechtsgeschäften des Testamentsvollstreckers

Soweit es sich nicht um eine unerlaubte Handlung handelt, haften die Erben aus den Rechtsgeschäften des Testamentsvollstreckers. 565

Diese können die Haftung nach § 1978 BGB auf den Nachlass beschränken.

105 Einzelfälle siehe Palandt/Edenhofer § 2220 Rn 2
106 BGH LM Nr. 1 zu § 2258
107 Str, siehe Palandt/Edenhofer § 2219 Rn 5

4. Weitere Ansprüche der Erben

566 Neben der Schadenersatzpflicht nach § 2219 BGB kann der Erbe Klage auf Einhaltung der Grenzen seiner Verwaltungsbefugnisse gegen den Testamentsvollstrecker erheben.

XI. Das Ende der Testamentsvollstreckung

1. Die Beendigung des Amtes

a. Beendigungsgründe unabhängig vom Willen des Testamentsvollstreckers

567 Das Amt endet durch

- den Tod des Testamentsvollstreckers.
  Hierbei sind die Verpflichtungen des Testamentsvollstreckers aus dem Auftragsrecht zu beachten.
- bei juristischen Personen durch den Verlust der Rechtsfähigkeit.
- den Eintritt einer auflösenden Bedingung.
- den Eintritt einer Endfrist oder im Falle der Dauervollstreckung durch Ablauf der 30-jährigen Frist des § 2210 BGB.
- Erledigung der zugewiesenen Aufgaben.
- Geschäftsunfähigkeit des Testamentsvollstreckers oder wenn er einen Betreuer oder vorläufigen Betreuer für die Besorgung seiner Vermögensangelegenheiten erhält (§§ 2225, 2201 BGB).

568 In keinem dieser Fälle sind erforderlich:

- Niederlegung des Amtes;
- Anzeige an das Nachlassgericht;
- Aufhebung der Testamentsvollstreckung durch das Nachlassgericht.

569 Weiter endet das Amt des Testamentsvollstreckers bei der Abwicklungsvollstreckung, wenn die Erben vereinbaren, nach Erledigung der sonstigen Aufgaben des Testamentsvollstreckers die Auseinandersetzung zu unterlassen.

b. Keine Beendigung bei Ersatzbestimmung

570 Die Testamentsvollstreckung als solche endet nicht, wenn der Erblasser für diesen Fall eine Ersatzbestimmung getroffen hat oder ein weiterer Testamentsvollstrecker vorhanden ist.

Fällt der Testamentsvollstrecker, der das Recht zur Nachfolgerbestimmung hat, weg, ohne einen solchen bestimmt zu haben, so endet die Testamentsvollstreckung.

c. Tod des Erben

Durch den Tod des Erben tritt das Ende der Testamentsvollstreckung nicht ein, es sei denn, der Erblasser hat nur für diese Person Testamentsvollstreckung angeordnet. 571

d. Keine Beendigung durch Vereinbarung

Nicht beendet wird das Amt des Testamentsvollstreckers durch eine Vereinbarung mit den Erben. 572

Hieraus kann sich aber eine Verpflichtung zur Amtsniederlegung ergeben.[108]

2. Die Kündigung durch den Testamentsvollstrecker

a. Kündigungserklärung

Der Testamentsvollstrecker ist berechtigt, sein Amt jederzeit zu kündigen (§ 2226 BGB). 573

Die Kündigung zur Unzeit kann zum Schadenersatz verpflichten (§ 671 II BGB).

Die Kündigung erfolgt durch empfangsbedürftige Erklärung gegenüber dem Nachlassgericht (§ 2226 S 2 BGB).

b. Form

Die Kündigung ist formlos möglich. 574

c. Unwiderruflichkeit

Die zugegangene Kündigung ist unwiderruflich. 575

Die Anfechtung nach § 119 BGB ist möglich und gegenüber dem Nachlassgericht zu erklären.

Aus der Anfechtung kann sich eine Schadensersatzpflicht gegenüber den Erben ergeben, nicht gegenüber dem Nachlassgericht (dieses hat keinen Schaden).

---

108 BGH NJW 62, 912

d. Ausschluss durch den Erblasser

576 Der Erblasser kann das Kündigungsrecht nicht ausschließen oder erschweren.

Allerdings ist es möglich, eine Zuwendung an den Testamentsvollstrecker auflösend bedingt durch die Kündigung zu gestalten.

e. Vereinbarung mit den Erben

Ein Verzicht des Testamentsvollstreckers gegenüber den Erben auf sein Kündigungsrecht hindert nicht die Kündigung aus wichtigem Grund (§ 671 III BGB).

Eine Vereinbarung des Testamentsvollstrecker mit den Erben, sein Amt nieder zu legen, ist zulässig und einklagbar.

Diese Vereinbarung kann einen Entlassungsgrund darstellen.

f. Teilkündigung

577 Die Teilkündigung ist gesetzlich nicht geregelt.

Sie ist nur möglich, wenn der Erblasser dies angeordnet hat oder es seinem mutmaßlichen Willen entspricht.

Eine Teilkündigung liegt zB vor, wenn der Testamentsvollstrecker erklärt, die Vollstreckung hinsichtlich eines Erben nicht mehr fortzuführen.

Eine unzulässige Teilkündigung führt nicht zum Erlöschen des Amtes. Vielmehr bleibt die Testamentsvollstreckung als Ganzes bestehen.

g. Kosten

578 Gebühr: § 112 Nr. 1–6 KostO.

h. Rechtsstreit über Wirksamkeit

579 Ein Streit, ob die Kündigung wirksam ist, ist durch Feststellungsklage vor dem Prozessgericht zu führen.

Das Nachlassgericht kann dies nur als Vorfrage prüfen, etwa wenn es ersucht ist, einen Nachfolger zu ernennen.

3. Die Entlassung des Testamentsvollstreckers, § 2227 BGB

580 *Die Entlassung bewirkt die endgültige Amtsbeendigung.*

a. Voraussetzungen

Voraussetzungen der Entlassung sind: 581

aa. Wirksame Testamentsvollstreckung

Voraussetzung für die Entlassung ist das Bestehen einer wirksamen, nicht beendeten Testamentsvollstreckung. 582

Nicht notwendig ist hingegen die Annahme des Amtes oder der Antritt der Tätigkeit.

bb. Antrag eines Beteiligten

Antragsberechtigt sind alle erbrechtlich Betroffenen, also Erben, auch der Nacherbe oder Erbeserbe,[109] Vermächtnisnehmer, Pflichtteilsberechtigte sowie Mitvollstrecker und der Auflagenberechtigte. 583

Ist der Erbteil eines Miterben gepfändet oder an Dritte übertragen, so bleibt sein Antragsrecht bestehen, weil die Haftung nach §§ 2382, 2385 BGB fortdauert.

Nicht antragsberechtigt sind: 584

- Nachlassgläubiger oder Nachlassschuldner sowie der Auflagebegünstigte sowie der Miterbe, der als Testamentsvollstrecker über einen anderen Erbteil entlassen worden ist;[110]
- Eltern, denen nach § 1638 die Verwaltung des dem Kinde zustehenden Nachlass entzogen ist. Für diesen Fall ist ein Pfleger zu bestellen, der allerdings den Antrag der Eltern auch noch in der 3. Instanz genehmigen kann;
- Der Eigengläubiger des Erben, auch wenn er den Erbteil gepfändet hat;
- Die Staatsanwaltschaft oder sonstige Behörden.

b. Form

Der Antrag ist formfrei an das Nachlassgericht zu stellen. 585

Eine Zurücknahme des Antrages vor der Entscheidung des Gerichts ist zulässig. Für eine Entscheidung von Amts wegen ist dann kein Platz.

c. Verwirkung des Antragsrechtes

Eine Verwirkung des Antragsrechtes durch Zeitablauf kann nur angenommen werden, wenn besondere Umstände hinzu kommen, wie zB länger andauerndes widerspruchslose Entgegennahme der Amtsführung des Testamentsvollstrecker. 586

109 BayObLG FamRZ 98, 235
110 OLG Köln RPfl 87, 313

d. Wichtiger Grund für die Entlassung

587 Das Gesetz sieht die grobe Pflichtverletzung als beispielhaft an.

Grobe Pflichtverletzung ist eine erhebliche und schuldhafte Zuwiderhandlung der dem Testamentsvollstrecker kraft Gesetzes obliegenden Verpflichtungen.[111]

588 ■ **Einzelfälle:**

- ➢ Missachtung der vom Erblasser getroffenen Verwaltungsanordnungen, auch wenn diese nur im Wege der Auslegung zu ermitteln sind;[112]
- ➢ Verstoß gegen die Grundsätze ordentlicher Verwaltung (§ 2216 BGB);[113]
- ➢ Bevorzugung einzelner Erben oder der eigenen Interessen;[114]
- ➢ Inanspruchnahme und Einbehaltung einer unangemessenen Vergütung;[115]
- ➢ Schuldhaftes Unterlassen oder verzögerliche Erstellung des Nachlassverzeichnisses, wenn dadurch die Erben ernsthaft gefährdet werden;
- ➢ Nichtbeachtung des Ersuchens um Auskunft und Rechnungslegung;
- ➢ Unzutreffende Auskunft;
- ➢ Auswahl und Beibehaltung ungeeigneter Vertreter.

589 Alle diese Fälle setzen **schuldhaftes** Verhalten des Testamentsvollstreckers voraus.

- ➢ Unfähigkeit zur ordnungsgemäßen Amtsausübung

Diese setzt kein Verschulden voraus und liegt vor, wenn von einer ordnungsgemäßen Verwaltung nicht mehr gesprochen werden kann.

590 Einzelfälle:

- Längere Abwesenheit oder Krankheit;[116]
- Verhaftung, Insolvenz oder strafgerichtliche Verurteilung des Testamentsvollstreckers.[117]

591 Weitere wichtige Gründe für die Entlassung können sein:[118]

- ➢ Bei besonderen Umständen Feindschaft oder Spannungen zwischen Testamentsvollstrecker und Erben oder Mitvollstreckern, wenn sie die ordnungsgemäße Amtsführung gefährden;

---

111 BayObLG FamRZ 91, 235, 615
112 BayObLG FamRZ 00, 573, 1055
113 BayObLG FamRZ 97, 905
114 BayObLG ZEV 00, 315
115 BayObLG 72, 380
116 BayObLG FamRZ 92, 615
117 Palandt/Edenhofer § 2227 Rn 4
118 Weitere Einzelfälle siehe Palandt/Edenhofer § 2227 Rn 5

- objektiv gerechtfertigtes Misstrauen in die Unparteilichkeit der Amtsführung, auch wenn der Testamentsvollstrecker nur unverschuldet hierzu Anlass gegeben hat.

e. Die Entscheidung des Nachlassgerichts

aa. Ermittlung von Amts wegen

Das Nachlassgericht hat nach § 12 FGG vom Amts wegen den Sachverhalt zu ermitteln und darf sich nicht auf die Angaben der Beteiligten verlassen. **592**

bb. Entscheidung durch den Richter

Die Entscheidung erfolgt durch den Richter (§ 16 I Nr. 5 RPflG) durch Beschluss. **593**

Eine Anhörung des Testamentsvollstreckers soll durch das Gericht erfolgen (§ 2227 II BGB), ist aber nach Art. 103 I GG wohl zwingend geboten.

cc. Ermessensentscheidung

Das Gericht trifft eine Ermessensentscheidung, wobei abzuwägen ist, ob unter Berücksichtigung aller Umstände nicht überwiegende Gründe **für die Beibehaltung** des Testamentsvollstreckers sprechen.[119] **594**

dd. Wirkung der Entscheidung

Mit der Zustellung des Beschlusses an den Testamentsvollstrecker (§ 16 FGG) endet dessen Amt ohne Rücksicht auf die Rechtskraft der Entscheidung.[120] Wird die Entscheidung in der Rechtsmittelinstanz aufgehoben, so wird das Amt als von Anfang an wirksam angesehen. **595**

Eine vorläufige Amtsenthebung oder eine zeitweilige Entlassung ist nicht zulässig.

Ebenso wenig ist es zulässig, die Entlassung auf einzelne Nachlassgegenstände zu beschränken. **596**

Etwas anderes gilt nur im Bereich der Höfeordnung:

Hier wird es für zulässig angesehen, den Testamentsvollstrecker für den Hof zu entlassen und für die weiteren Nachlassgegenstände aufrecht zu erhalten, wenn der Hoferbe willens und in der Lage ist, die Verwaltung selbst zu übernehmen und dies dem Erblasserwillen entspricht.[121] **597**

Eine Ernennung eines Nachfolgers durch das Nachlassgericht ist nur möglich, wenn der Erblasser dies angeordnet oder selbst einen Ersatzvollstrecker bestimmt hat. Der Testamentsvollstrecker selbst kann keinen Nachfolger mehr ernennen.

---

119 BayObLG FamRZ 87, 101
120 BayObLG 69, 142
121 Haegele/Winkler, Rn 798

ee. Keine Aufhebung der Testamentsvollstreckung

598 Eine Aufhebung der Testamentsvollstreckung als solche durch das Nachlassgericht ist nicht möglich.

Dies kann nur dadurch erreicht werden, dass alle Testamentsvollstrecker und Ersatzvollstrecker entlassen werden.

599 Eine **Ausnahme** wird nur für den Fall angenommen, dass bei völlig veränderten Umständen eine Testamentsvollstreckung für den Nachlass nicht mehr tragbar erscheint und dies dem mutmaßlichen Erblasserwillen entspricht.[122]

Richtiger erscheint es allerdings, hier die Möglichkeit einer Irrtumsanfechtung des Testaments anzunehmen.[123]

ff. Weitere Folgen

600 Weitere Folgen der Entscheidung des Nachlassgerichts sind:

- Das Testamentsvollstrecker-Zeugnis wird kraft Gesetzes kraftlos (§ 2368 III BGB);
- Der Testamentsvollstrecker ist verpflichtet, nach § 2218 BGB seinem Nachfolger Rechenschaft zu geben und die Akten heraus zu geben;
- Bis zur Ernennung eines Nachfolgers ist ein Pfleger durch das Vormundschaftsgericht für den unbekannten Testamentsvollstrecker zu bestellen.

XII. Das Testamentsvollstrecker-Zeugnis

601 Auf Antrag des Testamentsvollstreckers erteilt das Nachlassgericht durch den Richter (§ 16 I Nr. 6 RPflG) ein Testamentsvollstrecker-Zeugnis (§ 2368 BGB).

Die Zuständigkeit des Nachlassgerichts gilt auch im Bereich der Höfeordnung, so dass das Landwirtschaftsgericht nicht zuständig ist.[124]

Praxis-Tipp:

602 *Das Zeugnis hat keine konstitutive Wirkung, sondern dient der Legitimation des Testamentsvollstreckers.*

Daneben dient es dem Schutz des Rechtsverkehrs bei Verfügungen, die der Testamentsvollstrecker vornimmt.

122 Haegele/Winkler, Rn 811
123 Kohler DNotZ 58, 245, 252
124 BGH NJW 72, 582

1. Antragsrecht

Antragsberechtigt sind: 603

- Der Testamentsvollstrecker;
- Jeder Nachlassgläubiger nach §§ 792, 896 ZPO.

Nicht berechtigt ist der Erbe oder Vermächtnisnehmer.

2. Inhalt des Antrags

a. Inhalt

Im Antrag sind anzugeben: 604

- Zeit des Todes des Erblassers;
- Aufgrund welcher Verfügung von Todes wegen die Testamentsvollstreckung begehrt wird, bzw bei Ernennung durch das Nachlassgericht oder durch einen Dritten die entsprechende Erklärung;
- Ob und welche Personen vorhanden sind oder waren, durch die der Testamentsvollstrecker von seinem Amt ausgeschlossen oder in seinen Verfügungen beschränkt sein würde
  (wenn zB aufgrund eines früheren Testaments ein anderer Testamentsvollstrecker vorhanden war oder ein früherer Testamentsvollstrecker gekündigt hat oder entlassen wurde sowie wenn mehrere Testamentsvollstrecker vorhanden sind);
- Ob und welche weiteren Verfügungen von Todes wegen vorhanden sind;
- Ob ein Rechtsstreit über die Ernennung zum Testamentsvollstrecker anhängig ist.

Obwohl in der Antragsstellung die Annahme des Amtes durch den Testamentsvollstrecker zu sehen ist,[125] ist der Klarheit halber weiter anzugeben, dass der Testamentsvollstrecker sein Amt angenommen hat.

Dies gilt insb bei Mitvollstreckern, wenn nur einer einen Antrag stellt.

Weiter muss der Antrag beinhalten, welche Art der Testamentsvollstreckung vorliegt.

b. Nachweise

605 Die Angaben zum Todeszeitpunkt und der Verfügung von Todes wegen (Ernennung) sowie die Erklärung der Annahme des Amtes sind durch öffentliche Urkunde nachzuweisen.

125 Haegele/Winkler, Rn 685

606 Die Richtigkeit der weiteren Angaben ist in der Weise an Eides Statt zu versichern, dass der Testamentsvollstrecker erklärt, ihm sei nichts bekannt, was der Richtigkeit seiner Angaben entgegen steht.

Für die Abnahme der eidesstattlichen Versicherung ist das Nachlassgericht oder der Notar zuständig.

3. Inhalt des Zeugnisses

607 Welche Angaben **muss** das Zeugnis enthalten?

608 Anzugeben sind:

- Name des Erblassers;
- Namen aller Testamentsvollstrecker;
- Beschränkungen des Testamentsvollstreckers in der Verwaltung des Nachlasses;
- Alle Anordnungen des Erblassers, die von der gesetzlichen Regelung der Abwicklungsvollstreckung abweichen,[126] also insb die Verwaltungs- und Dauervollstreckung;
- Das besondere Verwaltungsrecht nach § 2209 BGB (Eingehen von Verbindlichkeiten für den Nachlass);
- Befristungen und auflösende Bedingungen.

609 Was wird **nicht** angegeben?

Nicht anzugeben sind:

- Nur im Verhältnis zum Erben wirkende Verwaltungsanordnungen (§ 2216 II BGB);
- Bei Dauervollstreckung an Gesellschaftsanteilen nicht die aus dem Gesellschaftsrecht sich ergebenden Einschränkungen des Testamentsvollstreckers, weil das Nachlassgericht dies nicht zu prüfen hat.[127]

4. Prüfungsumfang durch das Nachlassgericht

610 Das Nachlassgericht kann dem Antrag nur entsprechen oder ihn ablehnen.

Eine Ergänzung oder Änderung des erteilten Zeugnisses durch das Gericht ist ausgeschlossen.

126 BayObLG 90, 82
127 BGH NJW 96, 1284

5. Wirkung des Testamentsvollstrecker-Zeugnisses

Fall:

A will ein Kraftfahrzeug vom Testamentsvollstrecker kaufen. Der Kraftfahrzeugbrief lautet auf den Erblasser. Der Testamentsvollstrecker legt ein Zeugnis vor, in welchem keine Verfügungsbeschränkungen angegeben sind. Der Preis scheint marktüblich angemessen zu sein. 611

Kann A wirksam erwerben?

Das Testamentsvollstrecker-Zeugnis ist ausgestattet mit der Vermutung der Richtigkeit (§ 2365 BGB). 612

Es wird vermutet, dass die im Zeugnis bezeichnete Person rechtsgültig Testamentsvollstrecker geworden ist und ihr die gesetzlichen Befugnisse der §§ 2303–2306 BGB zustehen, soweit im Zeugnis keine anderen Angaben getroffen sind.

Nicht vermutet wird das Fortbestehen des Amtes über seinen Wegfall hinaus. 613

Verbunden mit der Vermutung der Richtigkeit ist der öffentliche Glaube nach § 2366 BGB.

Dieser Schutz wirkt nur zwischen Dritten und dem Testamentsvollstrecker, nicht im Verhältnis zum Erben.

Der öffentliche Glaube nach § 2366 BGB reicht nur soweit wie die Vermutung des § 2365 BGB, wobei im Unterschied zum Erbschein auch die Verpflichtungsgeschäfte des Testamentsvollstreckers umfasst sind. 614

Dies bedeutet:

- Vermutung dafür, dass der im Amt befindliche Testamentsvollstrecker zur Verfügung über einen Nachlassgegenstand berechtigt ist, wenn keine Beschränkungen im Zeugnis angegeben sind;
- **Keine** Vermutung für die Fortdauer des Amtes.

Nachdem das Testamentsvollstrecker-Zeugnis kraft Gesetzes bei Beendigung des Amtes kraftlos wird (§ 2368 III BGB), kann sich ein Dritter, obwohl ihm das Zeugnis vorgelegt wurde, nicht darauf berufen, dass die Verfügung des Scheinvollstreckers ihm gegenüber wirksam ist. 615

Praxis-Tipp:

Im Zweifel ist daher eine Bestätigung des Nachlassgerichts zu verlangen, dass der Testamentsvollstrecker im Zeitpunkt des Verfügungsgeschäfts noch im Amt war. 616

c. Keine Vermutung über die Nachlasszugehörigkeit eines Gegenstandes

617 Umfasst wird auch nicht die Vermutung, dass ein Gegenstand, über welchen der Testamentsvollstrecker verfügt, zum Nachlass gehört.

Dabei hilft insb nicht die Beiziehung des Nachlassverzeichnisses, weil dieses keinen öffentlichen Glauben besitzt.

Ebenso wenig hilft die Eintragung des Testamentsvollstreckungsvermerks im Grundbuch. Dieser hat nur negativen öffentlichen Glauben dahingehend, dass der Erbe nicht zur Verfügung befugt ist.

d. Keine Vermutung für ordnungsgemäße Verwaltung

618 Das Zeugnis begründet keine Vermutung dafür, dass sich der Testamentsvollstrecker innerhalb der Grenzen ordnungsgemäßer Nachlassverwaltung bewegt.

Dies spielt dann keine Rolle, wenn er zur Verfügung über den Nachlass nicht beschränkt ist und es sich um ein Verfügungsgeschäft handelt.

Lösung zum Fall:

619 Nachdem die Frage der ordnungsgemäßen Verwaltung bei Verfügungsgeschäften nicht zu prüfen ist, kann A erwerben.

Er sollte sich jedoch beim Nachlassgericht erkundigen, ob der Testamentsvollstrecker bei Abschluss des Kaufvertrages und der dinglichen Übereignung noch im Amt war.[128]

6. Einziehung und Rückgabe des Testamentsvollstrecker-Zeugnisses

a. Einziehung

620 Erweist sich das Testamentsvollstrecker-Zeugnis im Nachhinein als falsch, so ist es durch den Richter einzuziehen.

Es darf nicht berichtigt, geändert oder ergänzt werden.

Ein anfänglich falsches Testamentsvollstrecker-Zeugnis verliert seine Wirkung erst mit der Einziehung bzw Kraftloserklärung sowie bei Kenntnis des Dritten von der Unrichtigkeit.

128 Die hM in der Literatur wendet bei Grundstücksgeschäften § 878 BGB analog an. Dh bei Amtsverlust nach Abschluss des schuldrechtlichen Rechtsgeschäftes kann sich der Erwerber auf die Richtigkeit des Zeugnisses berufen. Eine höchstrichterliche Entscheidung steht noch aus. Vgl hierzu Heil RNotZ 2001, S 2 ff

b. Bei Beendigung des Amtes

Mit der Beendigung des Amtes wird das Testamentsvollstrecker-Zeugnis kraft Gesetzes kraftlos. 621

Einer besonderen Einziehung bedarf es nicht.

Das Nachlassgericht hat jedoch die Rückgabe des Zeugnisses zu verlangen und dieses zu den Akten zu nehmen.

c. Rechtsmittel

Gegen die Kraftloserklärung als solche ist die Beschwerde nach § 84 II FGG ausgeschlossen. 622

Gegen die Anordnung der Einziehung oder die Ablehnung der Einziehung ist Beschwerde und weitere Beschwerde zulässig (§§ 19, 20, 27 FGG).

Beschwerdeberechtigt sind:

- Gegen die Einziehung: Der Testamentsvollstrecker.
- Gegen die Ablehnung der Einziehung: Der Erbe bzw Vermächtnisnehmer, wenn er durch die Anordnung beschwert ist.

d. Kosten

Nach § 109 I Nr. 2 KostO werden 5/10 Gebühr erhoben, es sei denn, es wird im gleichen Verfahren ein neues Zeugnis erteilt. 623

7. Gegenständlich beschränktes Testamentsvollstrecker-Zeugnis

Bei Anwendung ausländischen Erbrechts kann ein gegenständlich beschränktes Zeugnis entsprechend § 2369 BGB in Betracht kommen. 624

Das Verfahren richtet sich stets nach deutschem Recht als lex fori.[129]

Inhalt und Wirkungen richten sich nach dem Erbstatut.[130]

129 BayObLG 65, 385
130 BayObLG 90, 51

8. Rechtsmittel

a. Gegen die Erteilung

625 Gegen die Erteilung ist Beschwerde zulässig.[131]

Beschwerdeberechtigt sind alle, deren Recht durch die Erteilung des Testamentsvollstrecker-Zeugnisses beeinträchtigt sind, also jeder Erbe, Nacherbe und bei Vollstreckung über einen Kommanditanteil auch der Mitgesellschafter, dessen Zustimmung nach § 2205 BGB erforderlich ist.[132]

Nicht berechtigt sind:

- Der Pflichtteilsberechtigte;
- Eigengläubiger des Erben: Diese sind darauf verwiesen, die Anordnung der Testamentsvollstreckung als solche anzugreifen.

b. Gegen die Ablehnung der Erteilung

626 Gegen die Ablehnung der Zeugniserteilung ist nur der antragstellende Testamentsvollstrecker beschwerdeberechtigt.

9. Testamentsvollstrecker-Zeugnis und Erbschein

627 Über das Erbrecht gibt das Testamentsvollstrecker-Zeugnis keine Auskunft.
Grundsätzlich bedarf der Testamentsvollstrecker keines Erbscheins.

Auch im Grundbuch kann eine Verfügung ohne Voreintragung der Erben erfolgen (§ 40 GBO).

Allerdings bedarf der Testamentsvollstrecker eines Erbscheins, wenn er Rechtsgeschäfte vornimmt, welche die Erben dinglich berechtigen (zB Erwerb eines Grundstückes mit Mitteln des Nachlasses, Kaufpreisresthypothek).

Nur dann kann nachgewiesen werden, wer Erwerber ist.

---

131 BayObLG FamRZ 92, 1354; aA Haegele/Winkler, Rn 700: Nur Antrag an das Nachlassgericht, vom Amts wegen das Zeugnis einzuziehen oder Klage auf Herausgabe nach § 2352 BGB

132 OLG Hamm 91, 388

XIII. Der Testamentsvollstrecker und das Grundbuch

1. Der Testamentsvollstrecker-Vermerk

a. Eintragung von Amts wegen

Mit der Eintragung der Erben in das Grundbuch ist gleichzeitig von Amts wegen der Testamentsvollstrecker-Vermerk (§ 52 GBO) einzutragen, es sei denn, das Grundstück oder Recht ist nachweislich nicht von der Testamentsvollstreckung betroffen. 628

b. Antrag auf Grundbuchberichtigung

Antrag auf Grundbuchberichtigung aufgrund der nachgewiesenen Erbfolge kann nur der Testamentsvollstrecker stellen.[133] 629

Die Eintragung des Vermerks erfolgt, wenn das Eigentum betroffen ist, in Abteilung II, ansonsten beim betroffenen Recht.

Die Eintragung ist bei einem Briefrecht auf dem Brief zu vermerken.

Unterbleibt die Eintragung des Vermerks pflichtwidrig, ist ein Amtswiderspruch einzutragen.

c. Kein Testamentsvollstrecker-Vermerk bei BGB-Gesellschaft

War der Erblasser als Gesellschafter des bürgerlichen Rechtes eingetragen, kann der Testamentsvollstrecker-Vermerk nicht eingetragen werden, weil der Testamentsvollstrecker nur Treuhänder oder Bevollmächtigter sein kann. 630

d. Vorzulegende Unterlagen

Bei der Eintragung des Vermerks sind das Testamentsvollstrecker-Zeugnis oder ein öffentlich beurkundetes Testament und eine Eröffnungsniederschrift in durch das Nachlassgericht beglaubigter Abschrift vorzulegen. 631

Praxis-Tipp:

Die Vorlage eines Erbscheines genügt nicht, weil dieser zwar die Tatsache der Testamentsvollstreckung beinhaltet, aber keine Aussage über den Umfang der Verfügungsmacht des Testamentsvollstreckers gibt. 632

Ebenso wenig genügt die bloße Vorlage des Testamentsvollstrecker-Zeugnisses, weil dieses die Erben nicht ausweist.

133 AA Haegele/Winkler, Rn 273

Der Erblasser kann die Eintragung des Vermerks nicht verbieten, der Testamentsvollstrecker kann nicht darauf verzichten.

e. Wirkung des Vermerks

633 Die Eintragung des Vermerks im Grundbuch bewirkt, dass Verfügungen der Erben ohne Zustimmung des Testamentsvollstreckers nicht mehr in das Grundbuch eingetragen werden können und damit ein gutgläubiger Erwerb ausscheidet.

Weiter bewirkt der Vermerk, dass der Nachlass auch gegen Zwangsverfügungen der Eigengläubiger der Erben geschützt ist.

f. Ausnahme von der Eintragung des Vermerks

634 Vom Grundsatz der Voreintragung des Betroffenen wird dann eine Ausnahme zugelassen, wenn eine Eintragung aufgrund der Bewilligung des Testamentsvollstreckers erfolgt, die auf die Übertragung oder Aufhebung eines Rechtes gerichtet ist (§ 40 GBO).

In diesen Fällen kann sowohl auf die Eintragung der Erben als auch des Testamentsvollstrecker-Vermerks verzichtet werden.

635 Praktisch ist dieser Fall, wenn ein Nachlassgrundstück in Erfüllung eines Vermächtnisses durch den Testamentsvollstrecker aufgelassen wird.

g. Löschung des Vermerks

636 Die Löschung des Vermerks erfolgt aufgrund formlosen Antrages des Erben oder sonstiger von der Eintragung betroffener Dritter oder des Testamentsvollstreckers (sofern er noch im Amt ist).

Voraussetzung der Löschung ist, dass die Testamentsvollstreckung für das betroffene Grundstück oder Recht nicht mehr besteht und dies dem Grundbuchamt in der Form des § 29 GBO nachgewiesen ist.

637 Neben den Fällen des von Anfang an zu Unrecht eingetragenen Testamentsvollstrecker-Vermerks, der Befristung oder Beendigung der Testamentsvollstreckung sind praktisch wichtig:

- Veräußerung eines Grundstückes aus dem Nachlass:
  Hier ist die Testamentsvollstreckung erst mit dem Eigentumsübergang beendet. Erst dann kann die Löschung erfolgen.
- Abtretung von Grundpfandrechten:
  Erfolgt die Abtretung außerhalb des Grundbuches durch Abtretungserklärung und Briefübergabe, kann eine Löschung des Vermerks erfolgen, wenn dem Grundbuchamt die Abtretung durch Vorlage der Urkunden und des Briefes ohne Antrag auf Umschreibung nachgewiesen wird.

➢ Freigabe von Grundstücken:
Gibt der Testamentsvollstrecker Grundstücke frei, erfolgt die Löschung durch die Berichtigungsbewilligung des Testamentsvollstreckers in öffentlich beglaubigter Form, wobei in der Bewilligung ausdrücklich anzugeben ist, dass die Löschung wegen Freigabe aus der Testamentsvollstreckung erfolgt.

h. Grundbuchkosten

Für die Eintragung des Testamentsvollstrecker-Vermerks fällt nach § 65 KostO eine $^{5}/_{10}$ Gebühr, für die Löschung nach § 65 KostO eine $^{1}/_{4}$ Gebühr an. **638**

Der Wert ist nach § 30 KostO aus einem Bruchteil des Verkehrswertes des Grundstückes zu berechnen.

Praxis-Tipp:

Die Eintragung ist gebührenfrei, wenn die Grundbuchberichtigung auf die Erben nach § 60 IV KostO gebührenfrei binnen zwei Jahren ab dem Erbfall erfolgt. **639**

2. Testamentsvollstreckung im Grundbuchverkehr

a. Keine Prüfungsrecht des Grundbuchamtes

Das Grundbuchamt ist nicht berechtigt und nicht verpflichtet, die Richtigkeit des Testamentsvollstrecker-Zeugnisses in Zweifel zu ziehen,[134] es sei denn, das Grundbuchamt hat Kenntnis von Tatsachen, die dem Nachlassgericht bei der Erteilung des Zeugnisses unbekannt waren. **640**

Ebenso wenig ist das Grundbuchamt verpflichtet, Verfügungen des Testamentsvollstreckers ohne Zeugnis anzuerkennen.

b. Vorlage des Zeugnisses

Das Zeugnis ist in Urschrift oder Ausfertigung bei der Beurkundung entsprechender Rechtsgeschäfte vorzulegen. **641**

Erfolgt der Nachweis der Ernennung des Testamentsvollstreckers durch Vorlage eines öffentlich beurkundeten Testaments/Erbvertrages und der Eröffnungsniederschrift, muss dem Grundbuchamt zusätzlich die Annahme des Amtes durch den Testamentsvollstrecker in der Form des § 29 GBO nachgewiesen werden. **642**

Ebenso müssen nachgewiesen werden:

Die Ernennung eines Nachfolgers durch das Nachlassgericht oder einen vorherigen Testamentsvollstrecker. **643**

---

134 Haegele/Winkler, Rn 714

c. Inhaltliche Prüfung des Rechtsgeschäfts

644 Dagegen ist das Grundbuchamt berechtigt, zu prüfen, ob

- sich der Testamentsvollstrecker im Rahmen seiner Verfügungsbefugnis bewegt;
- eine unentgeltliche Verfügung vorliegt.

XIV. Testamentsvollstrecker und Steuerrecht

1. Allgemeine Pflichten

645 Nach § 34 AO hat der Testamentsvollstrecker alle steuerlichen Pflichten zu erfüllen, die das von ihm verwaltete Vermögen betreffen.

Der Testamentsvollstrecker haftet neben den Erben nach § 69 AO persönlich, wenn durch schuldhafte Verletzung seiner Pflichten Steueransprüche verkürzt werden.

646 Die Beendigung der Testamentsvollstreckung berührt entstandene Haftungsansprüche nicht (§ 36 AO).

2. Anzeigepflicht nach § 153 AO

647 Erkennt der Testamentsvollstrecker, dass der Erblasser unvollständige oder unrichtige Erklärungen zur Festsetzung oder Veranlagung von Steuern abgegeben oder es pflichtwidrig unterlassen hat, solche Erklärungen abzugeben, ist er verpflichtet, binnen eines Monates ab Kenntnis von diesen Tatsachen Anzeige an das Finanzamt zu machen.

Auf ein Verschulden des Erblassers kommt es nicht an.

648 Unterlässt der Testamentsvollstrecker die Anzeige, so haftet er persönlich für die vorenthaltenen Steuern (§ 191 AO).

Die Anzeigepflicht gilt nicht für einen Testamentsvollstrecker, der Rechtsnachfolger des Erblassers oder dessen naher Angehöriger iSd § 15 AO ist (§§ 101, 93 AO).

3. Erbschaftssteuer

a. Abgabe der Erbschaftssteuererklärung

649 Der Testamentsvollstrecker ist verpflichtet, die Erbschaftsteuererklärung abzugeben (§ 31 V 1 ErbStG iVm § 149 AO), soweit die Testamentsvollstreckung reicht.

Nach § 32 ErbStG muss der Testamentsvollstrecker die zur Begleichung der Steuer erforderlichen Mittel zurück halten oder Sicherheit leisten.

b. Angabe aller Zuwendungen nach § 14 ErbStG

In der Steuererklärung sind auch alle Zuwendungen innerhalb der letzten zehn Jahre vor dem Tod anzugeben (§ 14 ErbStG). Der Testamentsvollstrecker muss sich von allen Erben eindeutige Erklärungen über den Erhalt steuerpflichtiger Zuwendungen geben lassen. 650

c. Bekanntgabe des Steuerbescheids

Der Steuerbescheid ist dem Testamentsvollstrecker bekannt zu geben, und zwar für jeden Erben/Vermächtnisnehmer gesondert (§ 32 I 1 ErbStG). 651

Einer Bekanntgabe an den Erben bedarf es nicht.

d. Rechtsmittel

Obwohl der Bescheid dem Testamentsvollstrecker zugeht und dieser damit dem Erben gegenüber wirksam wird (§ 124 I 1 AO), sind nur die Erben rechtsmittelberechtigt. 652

Der Testamentsvollstrecker ist durch den Bescheid selbst nicht beschwert (§ 350 AO).

Etwas anderes gilt nur, wenn der Bescheid fälschlicherweise auf den Namen des Testamentsvollstreckers lautet oder wenn es sich um einen Haftungsbescheid (§ 191 AO) oder einen Duldungsbescheid (aus der Haftung des Nachlasses für die Steuerschuld, §§ 77, 191 AO) gegen den Testamentsvollstrecker persönlich handelt.

Praxis-Tipp:

> *Hieraus folgt, dass der Testamentsvollstrecker den Bescheid* ***sofort*** *an die Erben weiterzugeben hat, um die Einspruchsfristen zu wahren. Eine verzögerliche Weitergabe kann Schadenersatzansprüche begründen.* 653

e. Begleichung der Steuer

Der Testamentsvollstrecker ist verpflichtet, die Steuer aus dem Nachlass zu begleichen. 654

Eine etwaige Überzahlung steht den Erben zu.

Verfügungsberechtigt über den Erstattungsanspruch ist der Testamentsvollstrecker.

f. Abzugsfähigkeit der Testamentsvollstrecker-Vergütung

655 § 10 V Nr. 3 ErbStG bestimmt, dass die Kosten für die Verwaltung des Nachlasses bei der Ermittlung der Bemessungsgrundlage nicht abzugsfähig sind.

Abzugsfähig sind nur die Kosten für die Abwicklung und Regelung des Nachlasses.

Daraus folgt:

- Die Kosten der Abwicklungsvollstreckung sind abzugsfähig.
- Die Kosten einer Dauervollstreckung oder Verwaltungsvollstreckung sind nicht abzugsfähig.

4. Einkommensteuer

656 Soweit der Erblasser noch Steuererstattungsansprüche hat, sind diese vom Testamentsvollstrecker einzufordern.

Soweit Nachzahlungen an das Finanzamt zu leisten sind, haftet der Nachlass.

Der Testamentsvollstrecker ist ggf verpflichtet, in Bezug auf Nachzahlungen gegen einen Bescheid des Finanzamtes Einspruch einzulegen.

5. Grunderwerbsteuer

657 Wenn der Testamentsvollstrecker für den Nachlass Grundstücke erwirbt, haften die als Vertragsteile beteiligten Personen, § 13 Nr. 1 GrEStG. Somit haftet der Nachlass für die Grunderwerbsteuer. Der Testamentsvollstrecker als solcher haftet nur, wenn er sich außerhalb der Rahmens verordnungsgemäßer Verwaltung bewegt.

6. Gewerbesteuer

658 Schuldner der Gewerbesteuer bleibt der Erbe, und zwar auch dann, wenn das Unternehmen einer treuhänderischen Verwaltungsvollstreckung unterliegt.[135]

7. Haftung als Betriebsnachfolger, § 75 AO

659 Soweit der Testamentsvollstrecker bei Handelsgeschäften den Betrieb im eigenen Namen fortführt, haftet er **persönlich** für die in diesem Betrieb begründeten Steuern.

135 BFH NJW 95, 3406

XV. Sonstige Fragen

1. Klauselumschreibungen

a. Vollstreckungstitel für den Erblasser

Der Vollstreckungstitel für den Erblasser kann auf den Testamentsvollstrecker umgeschrieben werden, wenn der Gegenstand seiner Verwaltung unterliegt (§ 749 I ZPO). 660

Hat die Zwangsvollstreckung zu Lebzeiten des Erblassers begonnen, kann sie ohne Umschreibung fortgesetzt werden (§ 779 ZPO).

b. Vollstreckungstitel gegen den Erblasser

Die Umschreibung gegen den Testamentsvollstrecker ist zulässig, wenn der gesamte Nachlass seiner Verwaltung unterliegt (§§ 748 I, 795 ZPO). 661

Soweit nur einzelne Gegenstände der Verwaltung unterliegen, ist die Umschreibung gegen die Erben und den Testamentsvollstrecker notwendig (§§ 748 II, 795 ZPO).

c. Vollstreckungstitel gegen den Testamentsvollstrecker

Dieser kann bereits vor Beendigung der Testamentsvollstreckung gegen die Erben umgeschrieben werden, wenn der Titel nach § 327 BGB ihm gegenüber wirksam ist (§§ 728 II 1, 795 ZPO). 662

Dies ist dann der Fall, wenn der Testamentsvollstrecker nach § 2213 BGB zur Prozessführung befugt war.

d. Vollstreckungstitel für den Testamentsvollstrecker

Dieser kann erst nach Beendigung der Testamentsvollstreckung für die Erben umgeschrieben werden. 663

e. Nachweise

In allen Fällen der Klauselumschreibung sind vorzulegen: 664

- Das Testamentsvollstrecker-Zeugnis;
- Ggf eine Bestätigung des Nachlassgerichts, dass die Testaments vollstreckung noch andauert bzw
- eine Bestätigung des Nachlassgerichtes, dass die Testamentsvollstreckung beendet ist.

665 Die Frage, ob der Gegenstand der Verwaltung des Testamentsvollstreckers unterliegt, ist von der klauselumschreibenden Stelle an Hand des Testamentsvollstrecker-Zeugnisses zu prüfen.

2. Internationales Privatrecht

666 Die Zulässigkeit einer Testamentsvollstreckung bei einem ausländischen Erblasser richtet sich nach dem Heimatrecht (Erbstatut, Art. 25 I EGBGB).

Rück- und Weiterverweisungen durch das Heimatrecht sind zu beachten (Art. 4 I EGBGB), wobei ggf Nachlassspaltung eintritt.

Soweit das ausländische Recht die Zulässigkeit einer Testamentsvollstreckung kennt,[136] ist die sachliche Zuständigkeit des deutschen Nachlassgerichts nicht gegeben.[137]

667 Eine **Ausnahme** zu diesem so genannten **Gleichlaufgrundsatz** wird nur gemacht, soweit es sich um vorläufige Sicherungsmaßnahmen für den Nachlass handelt.

668 Findet nach dem Heimatrecht aufgrund Rück- oder Weiterverweisung deutsches Erbrecht ganz oder teilweise Anwendung, richtet sich die Frage, ob und in welchem Umfang der Erblasser Testamentsvollstreckung angeordnet hat, nach dem Aufgabenkreis, den das ausländische Recht dem Vermögensverwalter zubilligt, wenn der Erblasser die Anordnung der »Verwaltung und/oder Abwicklung« nach seinem Heimatrecht getroffen hat.[138]

669 Im Verhältnis zum Beitrittsgebiet gelten nach Art. 235 § 1 I EGBGB die Vorschriften des ZGB der DDR, wenn der Erbfall vor dem 3. 10. 1990 eingetreten ist.

3. Höfeordnung

670 Der Eigentümer eines Hofes im Bereich der Höfeordnung ist nicht gehindert, für den Hof einen Testamentsvollstrecker zu ernennen.[139]

Dies stellt eine nach § 16 I HöfeO zulässige Beschränkung der Erbfolge kraft Höferechtes dar.

4. Schiffs- und Flugzeugregister

671 Die Vorschriften der Testamentsvollstreckung und die entsprechenden Eintragungen in den Registern gelten auch bei Luftfahrzeugen (§ 86 Gesetz über Luftfahrzeuge) und eingetragenen Schiffen (§ 41, 55, 58, 74 SchiffsregisterO).

136 Staudinger/Reimann Vor § 2197 Vorb 91 ff
137 Palandt Art. 25 EGBGB Rn 18
138 Beispiele bei: Haegele/Winkler, Rn 36, 37
139 Haegele/Winkler, Rn 39, 40; BGH NJW 72, 582

5. Akteneinsicht, § 2228 BGB

Soweit ein rechtliches Interesse glaubhaft gemacht wird, muss das Nachlassgericht Akteneinsicht gewähren in: 672

- Die Erklärung über die Bestimmung eines Testamentsvollstreckers durch Dritte;
- Ernennung eines Mitvollstreckers oder Nachfolgers;
- Annahme und Entlassung des Amtes.

Ein rechtliches Interesse liegt vor, wenn sich die Anordnung auf die rechtlichen Beziehungen des Einsichtnehmenden auswirkt.[140] Es ist daher enger als das berechtigte Interesse nach § 34 FGG. 673

Dieses genügt, um die anderen Akten einzusehen, wie zB die Verfügung des Gerichts über die Ernennung und Entlassung des Testamentsvollstreckers.

140 Palandt/Edenhofer § 2264 Rn 1

KAPITEL 7
Die Erbengemeinschaft –

Erbrechtliche Gestaltungsfragen im Rahmen der Erbengemeinschaft und ihre Bewährung im Streitfall

7

ÜBERBLICK

A. Die Erbengemeinschaft: Zwangsverbund auf Zeit oder endloser Streit ums Erbe?

I. Die Erbengemeinschaft und ihre Auseinandersetzung, §§ 2042–2057 a BGB

Ohne Nachlassplanung und bei fehlender letztwilliger Verfügung geht das Vermögen des Erblassers beim Erbfall automatisch auf seine gesetzlichen Erben über. Wenn bei durchschnittlichem Lebenssachverhalt zwei Kinder ihren allein stehenden Vater beerben, so entsteht zwangsläufig eine Erbengemeinschaft gemäß den §§ 1922 I, 2032 BGB. Ihr Vermögen ist gesamthänderisch gebunden (»Zwangsverbund«). Die Kinder (Abkömmlinge) stehen in der Verantwortung, das Erbe des Vaters treuhänderisch zu verwalten oder die Gemeinschaft einvernehmlich aufzuheben. Innerhalb von Verwaltung und Erbauseinandersetzung haben die Miterben viele Freiheiten zur rechtlichen Gestaltung ihres ererbten Vermögens. 1

Die Rechtsregeln zur Erbengemeinschaft im Bürgerlichen Gesetzbuch bieten trotz möglicher Vorurteile für ihre Mitglieder konkrete Chancen, sich ohne staatliche Einmischung auf spezielle Verwaltungs- oder Verwertungsvarianten zu einigen. Hierbei hatte der Gesetzgeber bestimmte Vorstellungen. Er ging optimistisch von großer Konsensbereitschaft aus, wonach die Miterben demzufolge das gesamte verteilungsfähige Vermögen möglichst intern ohne Vermögensverlust aufteilen wollen bzw danach streben (»Teilung in Natur«). 2

Erst wenn dieser gewünschte Totalkonsens scheitert, soll jeder Miterbe die Möglichkeit haben, das erworbene Vermögen mit gerichtlicher Hilfe gemäß Erbquote zur Verteilung zu bringen. Hierbei konzentrieren sich die »Prozessangebote« auf zwei Möglichkeiten: 3

- Die Erhebung einer Erbteilungsklage mit gleichzeitiger Vorlage eines »perfekten« Aufteilungsplans
- Die Teilungsversteigerung von Grundstücken und anteilige Erlösverteilung.

Wer sich einen Einblick in das Phänomen »Erbengemeinschaft« verschaffen will, muss sich primär mit den Risiken und Chancen des geltenden Rechts der Erbengemeinschaft befassen. Dies betrifft in erster Linie das geltende gesetzliche Teilungsmodell gemäß § 2042 ff, 753 ff BGB einschließlich seiner unabänderlichen Vorgaben. 4

1. Risikofaktoren, Nachteile und Chancen des gesetzlichen Teilungsmodells

5 Die Teilungsregeln des BGB implizieren staatliche Zurückhaltung. Verwaltung und Abwicklung einer Erbengemeinschaft sollen vorrangig von den Vorstellungen der Miterben getragen werden. Sie sollen selbst bestimmen, ob der Zwangsverbund profitabel genutzt wird oder das gemeinsame Vermögen wirtschaftlich vernünftig aufgeteilt wird. In der Rechtspraxis wollen die Miterben zwecks Verbesserung der eigenen wirtschaftlichen Lage regelmäßig eine zügige Erbauseinandersetzung.

6 Die hiermit zusammenhängenden Fragestellungen stehen im Vordergrund. Zur Erbauseinandersetzung/Aufhebung der Gemeinschaft bietet das geltende Recht im Wesentlichen folgende **Rechtsgestaltungsmöglichkeiten**:

- ➢ Nachlassübernahme durch einen Miterben ohne Gegenleistung[1]
- ➢ Realteilung von beweglichen Nachlassgegenständen und Aufteilung auf alle Miterben
- ➢ Realteilung von Immobilien und Betrieben nach Vermögensgruppen (»verkappte Teilungsanordnung«)
- ➢ Übernahme von Nachlassgegenständen gegen Einräumung von Nutzungsrechten für weichende Miterben (zB Wohnrecht/Nießbrauch)
- ➢ Freihändige Veräußerung des gesamten Nachlasses und Verteilung des Erlöses unter den Miterben gemäß Erbquote

7 Zeitlich und wirtschaftlich ist die Einigung der Miterben über den Vollzug einer dieser Varianten der Idealfall. Für die auseinandersetzungsbereiten Erben kann dies mit einer Serie von Verhandlungen verbunden sein, um den richtigen Teilungsmodus zu finden und sich hierauf zu einigen.

Praxis-Tipp:

8 *Schon mit der ersten Verhandlung mit dem anderen Miterben oder Miterben-Vertreter sollten die einzelnen Vereinbarungsvarianten und ihre Grenzen durch das Teilungsmodell konkret vorgestellt und durch entsprechende Rahmenvereinbarungen Vorschläge mit Leben gefüllt werden. Hierdurch kann aussichtsreich eine gute Verhandlungsatmosphäre geschaffen werden. Eine mögliche taktische Prozessorientierung kann im Ansatz als unprofessionell kompromittiert werden.*

---

1 LG Stuttgart FamRZ 2000, 1251 (nur Ls.)

2. Fall: Die günstige Auseinandersetzung

Wird der Erblasser von zwei Abkömmlingen beerbt und gehören zum Nachlassvermögen lediglich Girokonten und Sparbriefe (Spareinlagen), so ist das Auflösungsguthaben nach Abzug der Verbindlichkeiten unter den Miterben aufzuteilen. Auch dieser einfach erscheinende Lebenssachverhalt verlangt die Einigung der Miterben. Wegen des überschaubaren und teilbaren Erblasservermögens (Geld ist immer teilbar) laufen die Miterbeninteressen aus wirtschaftlichen Gründen schnell zusammen und führen regelmäßig zur zügigen Beendigung der Erbengemeinschaft. In solchen Fällen ist es ausnahmsweise unschädlich, dass der Erblasser letztwillige Verfügungen unterlassen hat. 9

Praxis-Tipp:

Für die erbrechtliche Beratungspraxis kann sich in solchen geeigneten Einzelfällen die mögliche (Erst-)Beratung darin erschöpfen, den rechtssuchenden Mandanten in der zügigen Erbabwicklung zu bestärken und die schriftliche Auseinandersetzungsvereinbarung lediglich anwaltlich zu begleiten. 10

Bei geringem teilbaren Nachlassvermögen sowie im Übrigen eindeutiger Rechtslage kann sich eine weitergehende anwaltliche Betreuung auch bald als entbehrlich erweisen. Denn für einfache Fallgestaltungen kann durch die Miterben zurückgegriffen werden auf entsprechende Vordrucke (Vollmachten), die Sparkassen und Banken bereithalten. Sie sind regelmäßig ein geeignetes Instrumentarium zur vernünftigen Abwicklung von Nachlassvermögen auf Erblasserkonten. Die nachfolgende Vollmacht stellt eine Grundstruktur dar und ist auf den Einzelfall anzupassen: 11

Musterformulierung Nachlassabwicklungsvollmacht:[2]

Betreffend: Erbengemeinschaft nach ... *(Erblasserin)* 12

Ich/Wir
bevollmächtige (n)
den/die Miterben (in)
den Nachlass nach .... (Erblasserin), geb. am ....,
verstorben am ....,
für uns zu regeln, speziell Auskunft über vorhandene Guthaben und Werte von der B-Bank erteilen zu lassen.

Die B-Bank wird vom Bankgeheimnis entbunden, falls der/die Bevollmächtigte nicht selbst Miterb/e (in) sein sollte. Der/Die Bevollmächtigte ist berechtigt, über Konten/Depots usw. zu verfügen und Verbindlichkeiten zu erfüllen.

Von den Beschränkungen des § 181 BGB ist der/die Bevollmächtigte befreit.

2 Auch Erbschaftsvollmacht genannt

Ich/Wir sind damit einverstanden, dass die den Miterben zustehenden Geldbeträge bzw. Guthaben gemäß Vereinbarung des/der Bevollmächtigten mit der B-Bank bzw. gemäß Weisung des/der Bevollmächtigten an die übrigen Miterben ausgekehrt werden. Diese Vollmacht erlischt grundsätzlich nicht mit dem Ableben eines der Vollmachtgeber. Sie wirkt fort, bis der B-Bank............... in................ ein schriftlicher Widerruf zugeht, wobei dieser Widerruf nur zum Erlöschen der Vollmacht des Widerrufenden führt. Für diesen Fall kann der/die Bevollmächtigte dann nur gemeinsam mit dem Widerrufenden wirksam handeln.

Ich/Wir verzichten/verzichten nicht auf Rechnungslegung durch den/die Bevollmächtigte.

Köln, den ....

____

Name

____

Unterschrift

3. Gesamthandsvermögen aus Immobilien und Unternehmen oder mit Gegenständen von hohem Wert

13 Insbesondere bei real nicht teilbaren Immobilien, Betrieben oder wertvollen Gegenständen (wertvoller Schmuck, Gemälde oder Teppiche) ergeben sich schnell Kontroversen zwischen Miterben, wenn der Erblasser keine lebzeitige Vermögenssteuerung für den Fall des Todes vorgenommen hat. Im Zentrum stehen häufig Meinungsunterschiede zur Bewertung des Vermögens. Ohne Einigung kann dies leicht zu einer vorschnellen Vermögenszerschlagung des Gesamthandsvermögens führen. Die mögliche Zwangsversteigerung von Immobilien allein verursacht regelmäßig Verluste, weil bei marktorientierter Veräußerung durchaus höhere Verkaufserlöse erzielbar sein können. Bei langandauernden Verhandlungen, zunehmend fehlender oder sinkender Verhandlungs- und Vergleichsbereitschaft können langfristig unkalkulierbare wirtschaftliche Risiken entstehen. Ihre Ursachen liegen darin, dass Immobilien durch Zeitablauf an Wert verlieren oder eine verlustreiche Zwangsversteigerung nicht vermeidbar erscheint. In solchen Verhandlungsstadien ist der anwaltliche Berater gehalten, mit dem von ihm vertretenen Miterben den noch verbliebenden restlichen Verhandlungserfolg zu erörtern und die entsprechenden Entscheidungsgrundlagen für weiteren Verhandlungsspielraum anwaltlich zur Verfügung zu stellen. Nur mit eindeutiger Beratungsattitüde und der Entscheidungshoheit für den Mandanten mit Blick auf den sichersten Weg vermeidet der anwaltliche Berater, sich später unberechtigter und belastender Kritik aussetzen lassen zu müssen.[3]

3 Zu Lösungsansätzen und Strategien vgl auch Frieser, Anwaltliche Strategien im Erbschaftsstreit, S 124 ff; Sarres, Die Erbengemeinschaft, S 91 ff, jeweils mit zahlreichen Beispielen, Mustern und Strategievorschlägen

Praxis-Tipp:

Zur Risikovermeidung für den Mandanten und zur eigenen Absicherung sollte die anwaltliche Beratung vertretbare Vergleichsberechnungen zu den Verlustrisiken erfassen, um dem Mandanten die Problematik deutlich zu machen (Wertminderung/Kostenrisiko für Gerichts- und Anwaltskosten). 14

Ohne diese gebotenen Hinweise müsste sich der Berater später bei vermeintlichem Misserfolg der Auseinandersetzung ggf den Vorhalt gefallen lassen, dass der Mandant sich bei beratungsgerechter Aufklärung und Information anders verhalten hätte.[4]

4. Erblasseranordnungen zur Regulierung des gesetzlichen Teilungsmodells[5]

Das gesetzliche Teilungsmodell kann der Erblasser bei drohendem Streitpotential zwischen Erben dadurch umgehen oder anpassen, dass er nur eine Person (zB Abkömmling) für die Rechtsnachfolge auswählt und zum Alleinerben einsetzt. Hierdurch wird erreicht, dass der Alleinerbe sich nicht mit anderen Miterben (Brüdern/Schwestern) über die Nachlassauseinandersetzung streiten muss, ferner Prozesse und schwierige Vertragsgestaltungen vermieden werden. Übertragungstatbestände werden überflüssig.[6] 15

Sollen mehrere Erben Nachlassvermögen erhalten, so geht es für den Erblasser um die bestmögliche Verwaltung oder Verwertung seines Nachlassvermögens.

Primär vier Gestaltungsmittel kennt das deutsche Erbrecht für eine bestmögliche oder abgemilderte Auseinandersetzung von Erbengemeinschaften. Die rechtliche Einflussnahme des Erblassers kann zB den Wunsch nach Fortsetzung der Gemeinschaft fördern oder andererseits zur beschleunigten Beendigung der Gesamthandsgemeinschaft nach dem Erbfall beitragen.

Eine sinnvolle Nachlassplanung umfasst ua nachfolgende Testiermöglichkeiten des Erblassers, die dieser sachverhaltsbezogen auch **kombinieren** kann: 16

a. Testiermöglichkeit Nr. 1: Vorausvermächtnis, § 2150 BGB[7]

Durch Vorausvermächtnis kann der Erblasser einem Miterben zusätzlich zu dessen Erbteil einen bestimmten Vermögensvorteil zuwenden. Dieser Vermögensvorteil wird auf den Erbteil nicht angerechnet. 17

4 Vgl hierzu die grundlegende Entscheidung des BGH NJW 1993, 3259
5 Vgl Sarres, Die Erbengemeinschaft und das Teilungskonzept des BGB, ZEV 1999, 377 ff; Krenz, Die Auseinandersetzung der Erbengemeinschaft AcP 1995, 362
6 Vgl hierzu Langenfeld, Testamentsgestaltung, 2. Aufl. 1998 Rn 95 (S 75)
7 Vgl Tschichoflos aaO, Rn 476 ff

b. Testiermöglichkeit Nr. 2: Teilungsanordnung, § 2048 BGB[8]

18 Für die Auseinandersetzung unter den Miterben kann der Erblasser durch Testament oder Erbvertrag bestimmte Anordnungen dazu treffen, wie der spätere Nachlass aufzuteilen ist. Er kann zB einzelnen Miterben bestimmte Vermögensgegenstände zuweisen. Die Teilungsanordnung bleibt ohne Einfluss auf die Erbquoten und hat nur schuldrechtliche Wirkung. Für den Berater ist zu bedenken, dass Teilungsanordnungen frei widerruflich sind, §§ 2253, 2299 BGB.

c. Testiermöglichkeit Nr. 3: Anordnung der Testamentsvollstreckung; § 2204 BGB[9]

19 Mit letztwilliger Verfügung kann der Erblasser Testamentsvollstreckung anordnen, durch die die Auseinandersetzung unter den Miterben zu bewirken ist. Dies bietet Gewähr in der Regel dafür, dass der Erblasserwille umgesetzt wird.

d. Testiermöglichkeit Nr. 4: Teilungsverbot, § 2044 BGB[10]

20 Der Erblasser kann durch letztwillige Verfügungen die Erbauseinandersetzung ausschließen oder von der Einhaltung einer Kündigungsfrist abhängig machen. Hierdurch kann er erreichen, dass sein Vermögen als Einheit zunächst bestehen bleibt – bis die Voraussetzungen erfüllt sind, die eine Teilung der Nachlassmasse rechtfertigen.

e. Testiermöglichkeit Nr. 5: Schiedsklauseln, §§ 1029 ff, 1066 ZPO[11]

21 Durch eine letztwillige Schiedsklausel kann der Erblasser die Anordnung treffen, dass erbrechtliche Streitigkeiten durch ein Schiedsgericht entschieden werden sollen. Mit dieser Schiedsklausel, die regelmäßig als Auflage eingestuft werden muss, kann der Erblasser erreichen, dass Streitigkeiten anlässlich der Auseinandersetzung seines Nachlasses nicht vor einem staatlichen Gericht, sondern vor einem privaten Schiedsgericht entschieden werden. Die Vorschriften über die Schiedsvereinbarungen, die Schiedsfähigkeit von vermögensrechtlichen Ansprüchen, die Zusammensetzung des Schiedsgerichts, die Bestellung der Schiedsrichter usw sind in den §§ 1025–1066 ZPO geregelt. Sie beruhen auf dem Gesetz zur Neuregelung des Schiedsverfahrensrechts.[12]

---

8 Vgl Tschichoflos aaO, Rn 471 ff

9 Zum Verhältnis Erbe und Testamentsvollstrecker vgl Frieser aaO, S 205 ff; zur Testamentsvollstreckung im Unternehmensbereich vgl J. Mayer, Grundzüge des Rechts der Unternehmensnachfolge, Luchterhand 1999, 74 ff; vgl ferner zu den Rechtsverhältnissen bei der Testamentsvollstreckung Tschichoflos aaO, Rn 991 ff

10 Vgl hierzu umfassend Bengel in: Dittmann/Reimann/Bengel, Testament und Erbvertrag, D160 ff (S 208); vgl auch Tschichoflos aaO, Rn 483, 484

11 Vgl zum schiedsgerichtlichen Verfahren auch Frieser aaO, S 7 ff

12 Vgl hierzu die Neuregelung vom 22. 12. 1997 (BGBl I 1997, 3324)

Wegen der ausdrücklichen gesetzlichen Regelung ist es unbedenklich, durch letztwillige Verfügung einen Dritten als Schiedsrichter einzusetzen. Dabei ist der Schiedsrichter nach zunehmender Auffassung berechtigt, zwischen den Parteien nicht nur über die Auslegung, sondern auch über die Formwirksamkeit und damit über die Gültigkeit einer Verfügung zu entscheiden, sofern diese nicht zugleich die Schiedsrichtereinsetzung betrifft.[13]

Praxis-Tipp:

22 *Bei den unterschiedlichen Auswirkungen der verschiedenen Testiermöglichkeiten werden die differenzierten Regelungschancen deutlich.*

Bei dem Wunsch nach umfassender Beratung ist für den Erbrechtspraktiker angezeigt, den hierbei besonders hohen Aufwand und das Haftungsrisiko mandatsbezogen zu berücksichtigen.

II. Bei Mehrheit von Erben: Bedarf für Vorsorgeregelung

1. Erbengemeinschaft: Sonderfall für die Nachfolge- und Auseinandersetzungsplanung

23 Bei einer Regelung für eine zukünftige Erbengemeinschaft steht das Problem im Blickpunkt, dass das BGB ohne interne Einigung strenge Teilungsregeln aufstellt. Gemäß den gesetzlichen Vorgaben der §§ 752, 753 BGB hat die Aufhebung der Gemeinschaft durch Teilung in Natur zu erfolgen, wenn sich das gemeinschaftliche Vermögen ohne Verminderung des Wertes in gleichartige, den Anteilen der Teilhaber entsprechende Teile aufteilen lässt (Realteilung entsprechend der Erbquoten). In Natur teilbar ist danach nur Geldvermögen in weitesten Sinne (Geld, Wertpapiere). Dies gilt **nicht** für gemeinschaftliche Immobilien und Unternehmen. Denn Grundstücke und Betriebe lassen sich natürlich nicht derart aufteilen, dass Miterben gemäß ihrer Quote gleichartige Anteile erhalten können.

Unteilbar sind demzufolge: Bebaute Grundstücke, landwirtschaftliche Grundstücke, Unternehmen.[14] Die unterschiedlichen Konsequenzen bei der gesetzlichen Erbfolge einerseits und alternativer Verfügung von Todes wegen andererseits sind im Einzelfall von überragender Bedeutung.[15]

---

13 Vgl hierzu instruktiv Voit in: Dittmann/Reimann/Bengel, aaO, Rn 21 vor § 2229 BGB

14 Vgl Palandt/Thomas § 752 Rn 3

15 Vgl hierzu vertiefend mit Beispielen und Formulierungshilfen Sarres aaO, Rn 12 ff

2. Die vorweggenommene Erbfolge: Eine relevante Planungsalternative[16]

24 Durch eine phantasiereiche Ausschöpfung der Vertragsfreiheit bieten sich hier zahlreiche Vorsorgeregelungen. Diese Gestaltung ist in der Praxis seit langem weit verbreitet, sie kommt im geltenden Recht vor allem in der Höfeordnung (§ 17 Höfeordnung), aber auch in § 35 I Nr. 2 Baugesetzbuch[17] vor. Im BGB ist sie nur in § 593 a S 1 BGB (Betriebsübergabe bei Pachtvertrag) ausdrücklich erwähnt.

25 **Unter vorweggenommener Erbfolge versteht man die Übertragung des Vermögens oder eines wesentlichen Teils davon durch den (künftigen) Erblasser auf einen oder mehrere als (künftige) Erben in Aussicht genommenen Empfänger. (Definition)**

26 Bei der vorweggenommenen Erbfolge geht es um die Anwendbarkeit der Grundsätze für Rechtsgeschäfte unter Lebenden.[18]

Ein typisches Mittel der vorweggenommenen Erbfolge ist der sog Übergabevertrag. In der notariellen Praxis firmiert dieser Vertrag auch als Überlassungsvertrag. Dieser kann unentgeltlich, entgeltlich oder teilentgeltlich sein. Übergabeverträge bestimmen häufig zusätzlich zu der Übertragung von Vermögensgegenständen durch den Übergeber, dass auch den Übernehmer Verpflichtungen treffen. Dabei kann es sich um **Abfindungszahlungen** an weichende Miterben, aber auch um **Verpflichtungen zur Pflege des Übergebers** (etwa im Sinne eines Altenteils) handeln.[19]

27 Solche Zahlungen werden auch als Gleichstellungsgelder bezeichnet, obwohl die Rechtsordnung diesen Begriff nicht kennt.

Derartige Gegenleistungen aus dem Vermögen des Übernehmers sind entgeltlich.

28 Generell von Bedeutung für den Übergeber (ehemaliger Eigentümer) sind seine lebzeitige Nutzung von Grundstücken und Wohnungsrechten sowie die gleichzeitige oder isolierte Inanspruchnahme von persönlichen Versorgungsleistungen.

Der Übergeber hat zahlreiche Gestaltungsmöglichkeiten, seine Position abzusichern (einzelfallbezogene Rückfallklauseln).

16 BGH FamRZ 1991, 689

17 Früher Bundesbaugesetzbuch, Neufassung Baugesetzbuch in Kraft ab 1. 1. 1998 (*BGBl I 1997, 2141*)

18 BGHZ 113, 310, 312 = NJW 1991, 1345

19 Vgl BGH NJW-RR 1990, 1283

Musterformulierung: Überlassung eines Grundstücks gegen Zahlung von Geschwistergleichstellungsgeld:

»I. Vorbemerkung: 29

Im Grundbuch des Amtsgerichts ...., Band ......, Blatt..., ist das folgende Hausgrundstück lastenfrei eingetragen:

....

Eigentümer dieses Hausgrundstücks sind die Eheleute E. und F. zu je 1/2. Dieses Hausgrundstück soll im Wege der vorweggenommenen Erbfolge an die Tochter T. übertragen werden......................................

Die Erwerberin verpflichtet sich als Gegenleistung, an ihre Schwester eine Abfindung in Höhe von .... DM zu zahlen. Diese Zahlung hat spätestens zu erfolgen bis zum .... Dieser Betrag ist nicht zu verzinsen.

(Vollstreckungsunterwerfung, Vollzug)

Nach Belehrung durch den Notar wird für die übernommene Zahlungsverpflichtung auf Zwangsvollstreckungsunterwerfung verzichtet.

....

II. Rückübertragungsverpflichtung

Die Erwerberin verpflichtet sich, das verkaufte Grundstück auf einseitiges Verlangen der Überlasser auf diese und nach dem Tode des Erstversterbenden auf den Überlebenden allein zurückzuübertragen, wenn die Übernehmerin vor den Überlassern oder einem von ihnen verstirbt, ohne dass das Eigentum an dem Vertragsgegenstand ausschließlich an **leibliche Abkömmlinge** *der Übernehmerin übergeht.*
In diesem Fall haben die Überlasser den gezahlten Kaufpreis zu erstatten. Zinsen werden nicht vergütet.«
(Vollmacht/Sonstiges/Hinweise/Kosten/Steuerliche Beratung/Verkehrswert/Salvatorische Klausel)[20]

Auch für **den Unternehmensbereich** hat die vorweggenommene Erbfolge eine besondere Bedeutung. Denn Unternehmen werden in der Regel noch zu Lebzeiten des aktuell agierenden Betriebsinhabers übertragen. Hierfür sprechen die mit der vorweggenommenen Erbfolge erreichbaren Regelungsziele, nämlich: Unternehmenskontinuität, Qualifikation des Nachfolgers, Liquidität und Pflichtteilskürzung, Versorgung des Übergebers und Reduzierung der Erbschaftsteuerbelastung.[21] 30

20 Vgl Felix, Geschwistergleichstellungsgeld und Schenkungssteuer, BB 1995, 2449
21 Vgl hierzu im Einzelnen J. Mayer, Unternehmensnachfolge, S 175 ff

III. Erbengemeinschaft und aktuelle Rechtsentwicklung

1. Gesetzliche Neuregelungen:

a. Insolvenzordnung

31 Bestandteil der seit 1.1.1999 in Kraft getretenen Insolvenzordnung ist auch das Nachlassinsolvenzverfahren. Die Regelungen zur Nachlassinsolvenz ergeben sich aus den §§ 317–331 Insolvenzordnung (InsO). Für den Erbrechtspraktiker ist von Bedeutung, dass durch die gesetzlichen Neuregelungen eine Reduzierung des Haftungsrisikos herbeigeführt werden kann. Diese Neuregelungen haben auch für die Haftung bei Auseinandersetzung von Erbengemeinschaften Bedeutung.
Kommt es gemäß § 317 II InsO in Anschluss an die Aufteilung des Nachlasses unter den Miterben zur Eröffnung des Insolvenzverfahrens, so muss der Insolvenzverwalter bereits verteilte Nachlassgegenstände zur Masse zurückfordern.[22]

Für die anwaltliche Beratung von Miterben sind ua beachtenswert: **Eröffnungsgrund, Antragsberechtigung, Antragsfrist sowie örtliche Zuständigkeit des Insolvenzgerichts**.

aa. Eröffnungsgründe

32 Gemäß § 320 InsO stehen dem Antragsteller drei Insolvenzeröffnungsgründe zur Verfügung:

- Die Zahlungsunfähigkeit
- Die Überschuldung
- Die drohende Zahlungsunfähigkeit.

bb. Besonderheit bei drohender Zahlungsunfähigkeit

33 Die drohende Zahlungsunfähigkeit als Eröffnungsgrund reicht aus, wenn folgende Personen den Antrag stellen: **Der Nachlassverwalter oder ein anderer Nachlasspfleger oder ein Testamentsvollstrecker**.

Der Kreis der Antragsberechtigten ist gemäß § 317 InsO weit gefasst:

Berechtigt ist hiernach neben dem Nachlassgläubiger, dem Nachlassverwalter, dem Nachlasspfleger, dem Verwaltungstestamentsvollstrecker auch grundsätzlich **jedes Mitglied einer Erbengemeinschaft**, § 317 II InsO. Bei alleiniger Antragstellung eines einzelnen Miterben **muss er den Eröffnungsgrund glaubhaft machen**. Die übrigen Erben sind vom Gericht hierzu anzuhören.

Beratungsrelevant ist der Hinweis auf § 316 InsO, der sich mit der Einleitung des Nachlassinsolvenzverfahrens **nach der Teilung des Nachlasses** befasst.

22 Vgl Marotzke in: Heidelberger Kommentar Insolvenzordnung 1999, § 317 Rn 2

Praxis-Tipp:

34 *Das Nachlassinsolvenzverfahren bei der Erbengemeinschaft kann auch noch **nach der Teilung des Nachlasses** eröffnet werden. Die Miterben gemeinsam sowie auch jeder einzelne Miterbe haben es also in der Hand, bei massearmen Nachlässen noch längere Zeit nach der Teilung Haftungsbeschränkungsmöglichkeiten ggf auszuschöpfen.*[23]

b. Erbengemeinschaft und nichteheliche Kinder

35 Wie im Familienrecht durch das Kindschaftsrechtsreformgesetz mit Wirkung ab 1. 7. 1998 hat das Gesetz zur erbrechtlichen Gleichstellung nichtehelicher Kinder (BGBl I 1997, 2968) mit Wirkung bereits ab 1. 4. 1998 die bisher bestehenden erbrechtlichen Differenzen zwischen nichtehelichen und ehelichen Kindern beseitigt.

Kinder von verheirateten und von nicht verheirateten Eltern sind jetzt als Abkömmlinge grundsätzlich gleichberechtigte Miterben. Wenn ein Erblasser aus zwei Ehen und aus einer weiteren nichtehelichen Lebensgemeinschaft jeweils ein Kind hervorbringt, so entsteht im Erbfall eine Erbengemeinschaft aus drei Miterben.

Durch die gesetzliche Neuregelung ist zu erwarten, dass die Zahl der Mitglieder von Erbengemeinschaften durch das Zusammentreffen von nichtehelichen und ehelichen Abkömmlingen ansteigt. Ohne lebzeitige Regelung (zB Verzicht) können zunehmend umfangreiche Zufallsgemeinschaften entstehen. Durch diese nicht vorhersehbaren bzw auch ungewollten Zwangsgemeinschaften werden die Erbauseinandersetzungen an Streitpotential zunehmen. Die zufällige Zusammensetzung von Erbengemeinschaften produziert noch ein anderes unberechenbares Phänomen: Es müssen sich nunmehr Miterben als Mitglieder von Erbengemeinschaften auseinandersetzen, die sich bisher völlig fremd waren.

Fall Nr. 1:

36 *Im Erbfall kann eine Erbengemeinschaft entstehen aus den Kinder K1, K2 und K3: Die Wissenschaftlerin W arbeitet zunächst als Dozentin in Deutschland. Aus der nichtehelichen Lebensgemeinschaft mit dem Professor P stammt das Kind K1. Die Verbindung hält nicht. W nimmt eine Stelle als Universitätsdozentin in Genf an und aus der Verbindung mit dem Dozenten D. aus Lausanne stammen im Laufe der Jahre zwei weitere Kinder, nämlich K2 und K3. Die Wissenschaftlerin W ist also Mutter von drei nichtehelichen Kindern, die sich unter Umständen nicht persönlich kennen lernen.*

23 Vgl zur Nachlassinsolvenz im Einzelnen: Krug, Das neue Nachlassinsolvenzrecht, Zerb 1999, 7 ff; Siegmann, Der Tod des Schuldners im Insolvenzverfahren, ZEV 2000, 345; OLG Düsseldorf ZEV 2000, 236 zum Umfang der Haftungspflicht der Erben im Nachlasskonkurs mit Anm Küpper; vgl auch ausführlich und übergreifend Graf, Möglichkeiten der Haftungsbeschränkung für Nachlassverbindlichkeiten, ZEV 2000, 126 ff

Fall Nr. 2:

37 *Der weltbekannte Fußballer D hat vor Beginn seiner Weltkarriere ein nichteheliches Kind K1 aus der Beziehung zu einer Haushälterin.*

Aus seiner ersten Ehe stammen zwei weitere Kinder K2 und K3. Auf dem Höhepunkt seiner Karriere als Aufsichtsrat hat er dann ein weiteres uneheliches Kind (K4) mit der Vorstandssekretärin V. Im Erbfall kann eine Erbengemeinschaft entstehen aus vier Kindern als gleichberechtigte Miterben, nämlich K1, K2, K3 und K4.

Praxis-Tipp:

Die konkret gelebte Gemeinschaft orientiert sich nicht mehr konsequent an der Familienbande, so dass wegen der verschiedenen Beziehungs- und Lebensmodelle Erbberechtigungen in Vergessenheit geraten können. Der sog »vergessene Miterbe« kann die Vollauseinandersetzung später hindern. In der Rechtsberatung ist anzustreben, die Erbenermittlung konsequent einzusetzen oder auch die Nachlasspflegschaft/Nachlassverwaltung ins Kalkül zu ziehen,[24] um Störfaktoren bei sachgerechter Erbauseinandersetzung zu minimieren.

c. Das Gesetz zur Beschränkung der Haftung Minderjähriger (MHbeG vom 1. 1. 1999)[25]

38 Im Zentrum der nicht unumstrittenen[26] gesetzlichen Neuregelungen steht § 1629 a BGB. Hierbei hat der Volljährige die Möglichkeit, durch rechtzeitige Erhebung der Einrede aus § 1629 a IV BGB seine Haftung für Schulden aus Geschäften als Minderjähriger auf das Aktivvermögen zu begrenzen, über das er bei Eintritt der Volljährigkeit verfügt. Die Beschränkung der Haftung bezieht sich auf solche Verbindlichkeiten, die zB die Eltern des Minderjährigen im Rahmen ihrer gesetzlichen Vertretungsmacht begründet haben. Die Haftungsbeschränkung zu Gunsten des Volljährigen gilt auch für Schulden im Zusammenhang mit Erbschaften, die während der Minderjährigkeit gemacht worden sind.

39 Ob die Haftungsbeschränkung auf den **volljährig gewordenen Miterben** zur Anwendung kommt, hängt davon ab, ob die beiden Voraussetzungen des Vermutungstatbestandes gemäß § 1629 a IV BGB erfüllt sind:

---

24 Zum veränderten Familienverständnis und der möglicherweise rechtlichen Bedeutung von veränderten Lebensverhältnissen vgl eindrucksvoll Dauner-Lieb, FF 2000, 110 ff; Vollkommer, Der übergangene Miterbe, FamRZ 1999, 350 zu den Ansprüchen des bei der Erbteilung übergangenen/vergessenen Miterben

25 Vgl hierzu Haftung Minderjähriger bei der Erbauseinandersetzung, BVerfGE 72, 155 = FamRZ 1986, 769; dazu K. Schmidt BB 1986, 1238; Fehnemann JZ 1986, 1055; Hertwig FamRZ 1987, 124

26 Vgl zB Muscheler, WM 1998, 2282

Danach muss sich der minderjährige Miterbe unternehmerisch betätigen und innerhalb einer Frist von drei Monaten nach Eintritt der Volljährigkeit die Erbauseinandersetzung verlangen.[27]

2. Aktuelle Rechtsprechung

a. Rechtsprechung zur Abschichtung:[28]

Bei dieser Neuorientierung der Rechtsprechung geht es im Kern um die Frage, ob ein Miterbe durch privatschriftliche Vereinbarung aus der Miterbengemeinschaft ausscheiden kann, sein Erbteil der verbleibenden Erbengemeinschaft anwächst, obwohl ein Grundstück zum Gesamthandsvermögen gehört (formfreie Abschichtung). 40

In dieser neuen Spielart der Abschichtung sieht der BGH ein Aufgeben von Mitgliedschaftsrechten an der Erbengemeinschaft. Gleichzeitig verzichtet der Erbe auf Auseinandersetzungsguthaben. Diese Art der Abschichtung ist demnach vergleichbar mit der formfreien Regelung des § 738 BGB. Denn der BGH hält in diesen Abschichtungsfällen § 313 S 1 BGB nicht für anwendbar, obwohl ein Grundstück zum verbleibenden Nachlassvermögen gehört. 41

Formzwang entsteht bei der Abschichtung aber dann gemäß § 313 S 1 BGB, also die Verpflichtung zur notariellen Beurkundung, wenn als Abfindung für das Ausscheiden die Leistung eines Gegenstands abgesprochen wird, der nur durch ein formbedürftiges Rechtsgeschäft übertragen werden kann (Immobilie/GmbH-Anteil).[29] 42

b. Rechtsprechung zur Teilauseinandersetzung und Surrogation[30]

Wenn Teile des Nachlassvermögens veräußert werden und aus dem Veräußerungserlös wiederum Vermögen (Immobilien) erworben wird, so kann im Einzelfall die Zugehörigkeit des neu erworbenen Vermögens zum ungeteilten Nachlass streitig werden, wenn zB nur ein Miterbe als Eigentümer im Grundbuch eingetragen wird. Hier kann sich eine Konkurrenz zur Teilauseinandersetzung aufdrängen. Die Rechtsprechung bejaht auch bei der sog Doppelsurrogation (Nachlassveräußerung – Veräußerungserlös hieraus – Neuerwerb durch Verkaufserlös) gemäß § 2041 BGB die dingliche Surrogation (Ersatzerwerb) im Wesentlichen unter folgenden Voraussetzungen: 43

- ➢ Nachlassbezogener Erwerb durch Rechtsgeschäft
- ➢ Erwerb mit Mitteln des Nachlasses

27 Wegen der weiteren Einzelheiten und Anwendungsfälle zu § 1629 a BGB vgl Christmann ZEV 1999, 416; ders ZEV 2000, 45 ff; ferner Bittner FamRZ 2000, 325 ff; Peschel-Gutzeit FamRZ 1993, 1011; Habersack MittBayNot 1999, 22 ff
28 Vgl BGH ZEV 1998, 148
29 Vgl hierzu vertiefend Sarres, Die Erbengemeinschaft, S 72 ff; ferner hierzu auch Frieser aaO, S 147 ff
30 Vgl BGH ZEV 2000, 62

- Wille, für den Nachlass erwerben zu wollen
- Widerlegbarkeit fehlenden Nachlassbezuges

Praxis-Tipp:

44 *Bei einer ungeteilten Erbengemeinschaft mit zahlreichen Vermögenspositionen besteht die Gefahr, dass durch eine bestimmte wirtschaftliche Praxis zwischen den Miterben der falsche Eindruck einer Teilauseinandersetzung im Hinblick auf bestimmte Gegenstände erweckt wird. Diesem ist durch klare Teilvereinbarung unter Beteiligung aller Miterben vorzubeugen. Auch die Auffassung, Gegenstände von weniger bedeutsamen Wert seien zu vernachlässigen, belasten eher den gesamten Vollzug der Auseinandersetzung.*

c. Girokontenverhältnis zwischen Erblasserbank und Miterben: BGH ZEV 2000, 157

45 Bei einem Bankkonto rückt der Erbe in das sog Girovertragsverhältnis zwischen Erblasser und Erblasserbank mit allen Rechten und Pflichten ein. Diese persönliche Vertragsbeziehung soll auch für jeden einzelnen Miterben gelten, der das Konto zB für den eigenen Zahlungsverkehr und nicht für Nachlasszwecke in Anspruch nimmt. Für das ererbte Konto muss dies praktisch zur Konsequenz haben, dass jedes einzelne Mitglied der Erbengemeinschaft weiterer Kontoinhaber wird mit entsprechend gesonderten Rechten, Pflichten und Serviceleistungen. Mit dieser für Einzelkonten geltenden Rechtsprechung[31] wurden die dort aufgestellten Grundsätze auf Miterbengemeinschaften erstreckt, die Oder-Konten führen.[32]

d. Haftung der Miterben für Sozialhilfeleistungen zu Gunsten des Erblassers[33]

46 Gemäß § 92 c I BSHG hat der Sozialhilfeträger (Sozialamt) gegen jeden Miterben einen Anspruch auf Rückzahlung von Sozialhilfeleistungen, die der verstorbene Erblasser erhalten hat. Der Regress ist gemäß § 92 c III BSHG beschränkt. Der Sozialhilfeträger ist verpflichtet, hinsichtlich eines jeden Miterben zu prüfen, ob ein Ausnahmetatbestand des § 92 c III BSHG vorliegt. Erweist sich die Inanspruchnahme eines Miterben nach der Besonderheit des Einzelfalles als »besondere Härte«, so ist einzelfallbezogen von dem Regress gegen ihn abzusehen.[34]

---

31 Vgl BGH NJW 1996, 160

32 Zur Vermeidung möglicher Konfliktsituationen vgl die Anmerkung von Werkmüller ZEV 2000, 158, 159

33 Hess. VGH FamRZ 1999, 1023

34 Vgl zB Fall des § 92 c III BSHG, wenn der Wert des Nachlasses unter dem Betrag von DM 30 000 liegt und die weiteren Voraussetzungen gegeben sind, zB dauerhafte häusliche Gemeinschaft mit dem gepflegten Erblasser

Praxis-Tipp:

Bei der Vertretung von Miterben gibt diese Rechtsprechung Anlass zu der intensiven Überprüfung, ob der Sozialhilfeträger seinen möglichen Kostenersatzanspruch unter dem Gesichtspunkt der Leistungsfähigkeit gegenüber allen in Betracht kommenden Miterben geprüft und alle Einzelfallumstände zu Gunsten des Miterben berücksichtigt hat. Für die vorsorgende Beratung ist von Bedeutung, auf die Unsicherheit hinzuweisen, dass mögliche Nachfolgegestaltungen zur Umgehung sozialhilferechtlicher Regresse von Verwaltungsgerichten nicht akzeptiert werden.[35] 47

35 Vgl hierzu Littig/Mayer, Sozialhilferegress gegenüber Erben und Beschenkten, S 116 ff

B. Vor dem Erbfall: Lebzeitige Gestaltung des Erblassers zur Vermeidung von Erbenstreit 1175

ÜBERBLICK

B. Vor dem Erbfall: Lebzeitige Gestaltung des Erblassers zur Vermeidung von Erbenstreit

I. Testamentsvollstreckung

1. Bedeutung und Motive

Im Vordergrund steht das Interesse des Erblassers, postmortalen Einfluss auf die Geschicke seines Vermögens nehmen zu können. Zu Lebzeiten kann er abwägen, welche geeignete Persönlichkeit für dieses Amt in Betracht kommen kann. Denn diese Aufgabe verlangt nicht nur Zuverlässigkeit und Kontinuität, sondern auch Sachkompetenz im Zusammenhang mit dem Nachlassvermögen (zB besondere Steuerung der Entwicklung des Erblasser-Unternehmens). 48

Mit einem umsichtigen Testamentsvollstrecker kann der Erblasser auch erreichen, dass die späteren Erben möglichst gleich behandelt werden. Der Testamentsvollstrecker hat hier Streitvermeidungsfunktion. 49

2. Erbengemeinschaft und notwendige Testamentsvollstreckung

Fall Nr. 1: Kontroversen zwischen gesetzlichen Abkömmlingen

Der potentielle vermögende Erblasser hat vier volljährige und ehrgeizige Kinder, die Interesse an der Übernahme des Unternehmens bzw an der Mitarbeit in diesem Betrieb haben. 50

Die Abkömmlinge sind unterschiedlich ehrgeizig und haben gegenläufige politische Einstellungen.

Beim Erbfall droht aller Voraussicht nach Streit zwischen diesen Miterben. Sie benötigen daher Autorität und Sachverstand für die Problemlösungen bei der Verwaltung oder Auseinandersetzung.

Fall Nr. 2: Zufällige Miterben durch gewillkürte Erbfolge

Die in zweiter Ehe verheirateten Erblasser mit erwachsenen Kindern haben durch unwiderruflichen Erbvertrag ihre jeweiligen Kinder zu gleichberechtigten Miterben bestimmt. Diese waren sich bisher fremd und ihr Verhältnis ist durch wechselseitige Vorurteile belastet. Hier bedarf es einer umsichtigen Persönlichkeit, die als Testamentsvollstrecker auch ausgleichende Funktion einnehmen kann. 51

Fall Nr. 3: Unternehmensnachfolge bei minderjährigen Abkömmlingen

52 *Drei minderjährige Abkömmlinge mit Ambitionen für die Unternehmensnachfolge bereiten dem potentiellen Erblasser Probleme. Hier kann sich anbieten, zumindest bis zur Volljährigkeit bzw zur fachlichen Eignung eines oder mehrerer Abkömmlinge Testamentsvollstreckung mit bestimmten Zielsetzungen anzuordnen.*

Hierdurch wird die Testamentsvollstreckung zu einem sinnvollen Gestaltungsmittel zwecks Verwirklichung des Erblasserwillens.

Praxis-Tipp:

53 *Besonders bei der Erbengemeinschaft ist Testamentsvollstreckung Vertrauenssache. Vorsicht ist geboten, bei mehreren Abkömmlingen eventuell den Ältesten als Testamentsvollstrecker zu bestimmen, weil seine Verpflichtungen bei der späteren Auseinandersetzung Streitpotential provozieren. Einzelfallbezogen erscheint es effektiver, einen Dritten für die Testamentsvollstreckung einzusetzen und zusätzlich einen Ersatztestamentsvollstrecker zu bestimmen.*

II. Erbteilungsverbot

1. Motive für ein Teilungsverbot

54 Das Interesse des Erblassers an einem Teilungsverbot kann folgende Gründe haben:

- Verhinderung frühzeitiger Vermögenszerschlagung
- Vermeidung von Streitigkeiten zwischen den Abkömmlingen als Miterben
- Erhaltung des Nachlassvermögens auf Zeit
- Bewahrung unternehmerischer Solidität

55 Die Verwirklichung seiner Ziele sind durch unterschiedliche Maßnahmen möglich:

- Die Auseinandersetzung kann zeitlich befristet werden
- Das Teilungsverbot kann auf spezielle Nachlassgegenstände konzentriert sein

2. Das Teilungsverbot und seine rechtliche Verbindlichkeit

Dem Erblasser ist daran gelegen, dass seine Anordnungen auch realisiert werden können. Dieses Ziel lässt sich durch das Teilungsverbot prinzipiell nicht erreichen. Dieses hat nur schuldrechtliche Bedeutung. 56

Die Absicherung des Erblasserwillens muss daher durch andere spezielle erbrechtliche Regelungen angestrebt werden.

In Betracht kommt etwa eine letztwillige Verfügung, wonach bei Verletzung oder Missachtung des Teilungsverbots eine bereits testierte Erbeinsetzung entfällt.[1]

Allerdings können die Miterben das Teilungsverbot ignorieren, falls der Erblasser mit dem Teilungsverbot die Auseinandersetzung verhindern wollte.

Wenn die Erben sich über das Teilungsverbot hinwegsetzen wollen, so ist dies nur mit Einvernehmen aller Mitglieder der Erbengemeinschaft möglich.[2]

Das Teilungsverbot ist gemäß § 2044 BGB auf 30 Jahre beschränkt.

3. Musterformulierung zu einem Teilungsverbot:

➢ **Erblasserziel: Auseinandersetzung erst nach Ausbildungsende einer Miterbin**

Testament 57

Für den Fall meines Todes bestimme ich:

Meine Kinder C und K sowie mein langjähriger Freund A beerben mich zu gleichen Teilen. Der Nachlass ist gemäß nachfolgender Teilungsanordnung aufzuteilen und im Zweifel wie folgt auf die jeweilige Erbquote von 1/3 anrechenbar:

- *Die Galerie »Komm Herein« soll meine Tochter C erhalten.*
- *Den Oldtimer »Mercedes«, Baujahr 1950, erhält mein Freund A.*
- *Das unbebaute Grundstück »Hamburg, Außenalster« erhält mein Sohn K.*

Die Auseinandersetzung meines Nachlasses ist ausgeschlossen, bis meine Tochter C das Studium für Kunst abgeschlossen hat.
Bis dahin soll die Galerie unter Mithilfe meiner Lebensgefährtin M – wie bisher – fortgesetzt werden.
Als Vermächtnis für ihre Mithilfe erhält M mein Aktiendepot auf der Sparkasse in Neu, Konto Nr. ....
Die Zuwendung für M muss mindestens 40 000 DM betragen.
Mit diesem Vermächtnis belaste ich im Zweifel den Erbteil meiner Tochter C.

Ort, Datum, Unterschrift, Vor- und Zuname (Erblasser)

1 Vgl zur Rechtsnatur des vom Erblassers verfügten Erbteilungsverbots, Bengel in ZEV 1995, 178–180
2 Vgl BGHZ 40, 117

C. Nach dem Erbfall: Erbauseinandersetzung ohne Prozess . 1181

ÜBERBLICK

C. Nach dem Erbfall: Erbauseinandersetzung ohne Prozess

I. Normalfallmethode: Die sog Totalauseinandersetzung

1. Erbengemeinschaft und Privatautonomie

Die Miterben haben durch gestalterische Ausnutzung der Vertragsfreiheit viele Möglichkeiten, den Weg der Auseinandersetzung bis zur Aufhebung der Erbengemeinschaft vertraglich zu fixieren. Wie bei anderen Verträgen ist die Gestaltungsfreiheit begrenzt durch die gesetzlichen Schranken aus den §§ 134, 138, 242 BGB. Grenzen ergeben sich auch durch die Beachtung von Formvorschriften. Diese sind bei der Übertragung von Grundstücken und Gesellschaftsanteilen zu erfüllen, §§ 313 BGB, 15 GmbHG. 58

Auch wenn das Gesamthandsvermögen bebaute und unbebaute Grundstücke enthält, gewährleistet es gleichzeitig, dass die Miterben auch dieses Vermögen durch freie Vereinbarung aufteilen können. Die Beachtung von Formvorschriften (notarielle Beurkundung) versteht sich von selbst. Auch in diesem Fall ist Rechtsgrundlage für einen Auseinandersetzungsvertrag unter den Mitgliedern der Erbengemeinschaft das Regelwerk gemäß den §§ 2042 ff, 2040 BGB.

Die Erbauseinandersetzung kann sich über einen langen Zeitraum erstrecken. 59
Um eine freie Vereinbarung nicht zu gefährden, ist den Gesamthändern auch gestattet, über mobile oder immobile Nachlassgegenstände durch Teilauseinandersetzungsvereinbarungen die Totalauseinandersetzung **sukzessive** herbeizuführen.

Die Summe mehrerer Teilauseinandersetzungsvereinbarungen ergibt dann die Totalauseinandersetzung mit der möglichen Konsequenz der Aufhebung der Erbengemeinschaft, wenn die Teilregelungen den gesamten Nachlass erfassen.

Wirksame Teilvereinbarungen können die Totalauseinandersetzung allerdings nur unter der Voraussetzung herbeiführen, dass die Teilverträge mit dem Zweck geschlossen worden sind, durch den rechtlichen, zeitlichen und sachlichen Zusammenhang dieser Regelungen eine vollkommene Nachlassteilung herbeizuführen.[1]

1 Vgl hierzu vertiefend Petzold, Die Teilauseinandersetzung bei der Miterbengemeinschaft, Hamburg 1973, S 11

2. Musterformulierung für einen Erbauseinandersetzungsvertrag zwecks Aufhebung der Erbengemeinschaft

Mannheim

Geschehen am 22. Oktober 1999

60 *Vor mir, dem Notar Krause*
mit dem Amtssitz in Mannheim
erscheinen heute in der Notariatskanzlei Mannheim:
– persönlich bekannt –

1. *Frau Carolin Marschall, geb. am 2.1.1949, ledig, wohnhaft in Mannheim, Karl-Geusen-Straße 2*
2. *Herr Hubert Marschall jun., geb. 1.5.1943, ledig, wohnhaft in Mannheim, Sohnstraße 6*
3. *Frau Trude Karl, geb. Marschall, geb. am 8.4.1968, wohnhaft in Mannheim, Rehbeinweg 1*
   – verheiratet, nach ihren Angaben im gesetzlichen Güterstand lebend und durch den nachfolgenden Vertrag nicht über ihr Vermögen im ganzen verfügend –

Die Erschienenen erklärten mit dem Ersuchen um Beurkundung Folgendes mündlich zur notariellen Niederschrift:

Wir schließen folgenden

Erbauseinandersetzungsvertrag:

§ 1

Am 8. März 1999 starb in Wuppertal Herr Hubert Marschall sen., geb. am 9.3.1924, zuletzt wohnhaft in Mannheim.

Die Erbfolge nach ihm richtet sich nach dem Erbschein des Notariats – Nachlassgericht – Mannheim vom 25. Mai 1999 (GR N 53/99). Auf diesen Erbschein wird ausdrücklich Bezug genommen.

§ 2

Das Kapitalvermögen, das sich im Nachlass befindet und ca 160 000 DM beträgt, ist grundsätzlich entsprechend den Erbquoten zu verteilen.

Vorab erhält jedoch Frau Carolin Marschall 15 000 DM. Sie verpflichtet sich, die Grabpflege bezüglich des Grabes des Erblassers auf die Dauer der Grabnutzung durchzuführen oder auf ihre Kosten durchführen zu lassen. Diese Verpflichtung geht mit ihrem Tod auf ihre Erben über.

Alle Beteiligten bevollmächtigen Frau Carolin Marschall zur Verfügung über das im Nachlass befindliche Kapitalvermögen. Sie kann insbesondere die Erbteilung entsprechend den obigen Bestimmungen durchführen. Von den Beschränkungen des § 181 BGB wird sie befreit.

Untervollmacht ist zulässig.

§ 3

Das im Grundbuch von Mannheim Blatt 1474 BV Nr. 1 eingetragene Hausgrundstück Flurstück 528/7, Am Hausweg 6, Gebäude- und Freifläche Wohnhaus 9a 28 m² übernimmt im Wege der Erbauseinandersetzung

die Miterbin Frau Carolin Marschall.

Über den Eigentumsübergang sind die Beteiligten einig. Sie bewilligen und beantragen die Eintragung der Eigentumsänderung im Grundbuch.

Sie beantragen ferner die Löschung der Buchhypothek der Sparkasse Abt. III Nr. 2 über 12 500 DM. Alle Beteiligten stimmen der Löschung zu. Die Löschungsbewilligung liegt dem Notare bereits vor.

Die in Abt. II Nr. 1 eingetragene Belastung ist den Beteiligten bekannt und bleibt bestehen.

Ebenfalls bestehen bleibt die Grundschuld Abt. III Nr. 1 für die Stadtsparkasse Mannheim in Höhe von 8 000 DM, die nicht valutiert ist. Alle Beteiligten stimmen der Löschung zu.

Die Rückgewähransprüche im weitesten Sinne sowie etwaige Eigentümerrechte werden an Carolin Marschall abgetreten.

§ 4

Carolin Marschall hat bezüglich des in § 3 genannten Hausgrundstücks folgende Leistungen zur Gleichstellung zu erbringen:

Je 100 000 DM erhalten die Miterben Hubert Marschall jun. und Trude Karl, geb. Marschall.

Die Beträge sind am 1. April 2002 zur Zahlung fällig und bis dahin nicht zu verzinsen.

§ 5

Weitere Bestimmungen

§ 6

Die Kosten dieses Vertrags und seines Vollzugs im Grundbuch trägt Carolin Marschall.
In Gegenwart des Notars vorgelesen, genehmigt und unterschrieben:[2]

2 Entsprechend Bolz/Kraiß, Notarielle Urkunden im Grundstücksrecht, S 143 ff

3. Erbauseinandersetzung durch Erbteilungsübertragung

61 Gesetzliche Grundlage für die Erbteilsübertragung ist § 2033 BGB. Danach kann jeder Miterbe über seinen Anteil an dem Nachlass verfügen. Der Vertrag, mit welchem über den Erbanteil verfügt wird, bedarf der notariellen Beurkundung. Diese Möglichkeit der Erbauseinandersetzung wird neben der einvernehmlichen Auseinandersetzung über den gesamten Nachlass gemäß § 2042 BGB als ein zweiter Weg angesehen. Die Erbteilsübertragung hat andere Voraussetzungen und rechtliche Konsequenzen.

Musterformulierung Erbteilsübertragung:[3]

62 *Am*

ist vor mir,

....

Notar in...................................

in den Amtsräumen in................................

gleichzeitig anwesend:

1. Klaus Kurtz 2. Maria Holbring 3. Xaver Schneider
(Veräußernde Miterben)

4. Maria Ludwig geb..................................*, nach eigenen Angaben im gesetzlichen Güterstand der Zugewinngemeinschaft lebend.*
(Erwerberin: Dritte oder anderer Miterbe)

Auf Ansuchen der Beteiligten

beurkunde ich die abgegebenen Erklärungen wie folgt:

I. Vorbemerkungen, Grundbuchstand

1. Erbfolge

Am...............

ist..................

.... *verstorben. Letzter Wohnort des Erblassers war*...................................

Der Erblasser wurde laut Erbschein des Amtsgerichts....................... *vom*.................... *Az.:* ....*, beerbt von: 1), 2), 3) erwähnten Personen sowie von der Beteiligten zu 4) in Erbengemeinschaft.*

3 Vgl auch den abstrakten Formulierungsvorschlag von Kössinger in: Limmer/Krauß, Vertragsmusterhandbuch für die Rechtspraxis, Teil 3, III.: Erbrecht, Muster 1; Weirich, Erben und Vererben, 1998, Rn 240 ff; vgl auch vertiefend Norbert Mayer, Sicherungsprobleme beim Erbteilskauf, ZEV 1997, 105

2. Grundbuchstand

Im Grundbuch des Amtsgerichts ist Folgendes eingetragen:

Grundbuchamt des Amtsgericht

von

Band

Blatt

Flst.

Eingetragener Eigentümer:

Eintragungen in:

Abteilung II: keine Belastungen

Abteilung III: keine Belastungen

II. Erbteilsübertragung

Die unter 1), 2), 3) Genannten, nachstehend »die Veräußerer« genannt –

überträgen den in Abschnitt 2.) bezeichneten Vertragsgegenstände (Erbanteile am Nachlass)

an..

– »die Erwerberin« genannt –

zur Alleinberechtigung.

Die Erwerberin nimmt diese Erbteilübertragung hiermit an.

III. Bestimmungen für die Erbteilsübertragung/Gegenleistung

Erbteilskauf

Die Erbteilsübertragung erfolgt im Wege des Kaufes.

Der Kaufpreis beträgt DM/€

– in Worten Deutsche Mark/Euro:...................... –

Der Kaufpreis ist fällig am........................... 2001/2002.

Ab Fälligkeit sind ausstehende Kaufpreisteile mit 12% jährlich zu verzinsen.

IV. Besitz, Nutzen, Lasten

Besitzer der zum Nachlass gehörigen Gegenstände wird der Erwerber im Anteilsverhältnis seines Erwerbs ab dem heutigen Tag, unabhängig von der Erbringung etwaiger Gegenleistungen.

Nutzungen, Lasten und die Gefahr gehen auf den Erwerber im Anteilsverhältnis seines Erwerbs über ab demselben Zeitpunkt.

Hinsichtlich der in der Vergangenheit gezogenen Nutzungen und getragenen Lasten sowie für etwa auf den Erbteil getätigte Aufwendungen wird von keinem der Vertragsteile eine Abrechnung verlangt oder geleistet, soweit in dieser Urkunde nicht Abweichendes bestimmt ist. Der Erbteil wird in dem Zustand übertragen, den der Nachlass heute hat.

Der Erwerberin ist bekannt, welche Gegenstände

– auch etwaige Verbindlichkeiten – zum Nachlass gehören. Auf Einzelaufzählung wird verzichtet.

V. Erschließungskosten

Hinsichtlich der zum Nachlass gehörigen Grundstücke gilt Folgendes:

Die Erschließungskosten trägt der Erwerber, soweit sie noch nicht bezahlt sind, unabhängig vom Zeitpunkt ihres Anfalls. Diese Vereinbarung gilt für die Erschließungs- und Anschlusskosten im weitesten Sinne, insbesondere für Straße, Kanal, Wasser und Energieversorgungsanschlüsse. Der Notar hat darauf hingewiesen, dass die Gemeinde Auskunft über Stand und Abrechnung der Erschließung gibt.

VI. Haftung des Veräußerers

1. Der Veräußerer haftet für den Bestand seines Erbrechts und für den ungehinderten Übergang des Erbrechts auf den Erwerber und für die Freiheit des Erbteils von Beschränkungen.

Weiter leistet der Veräußerer dafür Gewähr, dass der Erwerber nicht in Anspruch genommen wird für Verpflichtungen des Veräußerers aus einer angefallenen Erbschaftsteuer, aus Vermächtnissen, Auflagen oder Pflichtteilen oder Ausgleichungspflichten, soweit in dieser Urkunde nichts Abweichendes bestimmt ist.

2. Im Übrigen leisten die Veräußerer keine Gewähr, insbesondere für Güte und Ertragskraft des Erbteils oder für Bestand, Zustand und Lastenfreiheit der zum Nachlass gehörigen einzelnen Gegenstände, soweit in dieser Urkunde nichts Abweichendes bestimmt ist.

VII. Einigung, Grundbuchberichtigung

1. Die Beteiligten sind sich über die vereinbarte Erbteilsübertragung einig.
Sie bewilligen und

beantragen

die Erbteilsübertragung im Weg der Grundbuchbesitzberichtigung bei dem in Abschnitt...... dieser Urkunde angeführten Grundbesitz zu vermerken.

2. Trotz Hinweis des Notars auf Sicherungsmöglichkeit wünschen die Beteiligten weder die Vereinbarung einer auflösenden Bedingung des Rechtsübergangs mit Rücktritt des Veräußerers wegen Verzug noch die Zurückstellung des Rechtsübergangs noch die Hinterlegung von Gegenleistungen.

VIII. Vollzugsauftrag/Vorkaufsrecht

1. Die Beteiligten bevollmächtigen den Notar, sie im Grundbuchverfahren uneingeschränkt zu vertreten. Sie bevollmächtigen den Notar ferner, den Vollzug dieser

Urkunde einschließlich der Lastenfreistellung zu betreiben und zu überwachen und sämtliche erforderlichen Genehmigungen einzuholen, entgegenzunehmen und mitzuteilen sowie die Mitteilungen in Empfang zu nehmen. Mit Eingang aller Genehmigungen beim Notar sollen sie als allen Beteiligten mitgeteilt gelten.

2. Vorkaufsrecht
*Der Notar hat die Beteiligten auf das Vorkaufsrecht von Miterben hingewiesen. Der Notar wird **beauftragt**, diesen Vertrag durch Übersendung einer Ausfertigung folgenden Miterben an die nachstehend genannten Anschriften mitzuteilen und sie zur Erklärung über die Ausübung ihres Vorkaufsrechts namens der Beteiligten aufzufordern:*

Der Notar wird ermächtigt, eine Erklärung von Miterben, dass ein Vorkaufsrecht nicht ausgeübt wird, mit Wirkung für die Beteiligten entgegenzunehmen.

Für die Erklärung, dass ein Vorkaufsrecht ausgeübt wird, gelten die gesetzlichen Bestimmungen.

Für den Fall der Ausübung eines Vorkaufsrechts behält sich der Veräußerer gegenüber dem Erwerber ein Rücktrittsrecht vom schuldrechtlichen Teil dieses Vertrages vor.

Soweit Zahlungsansprüche des Veräußerers gegen den oder die Vorkaufsberechtigten bestehen, sind sie dann an den Erwerber bis zur Höhe der von ihm bereits geleisteten Kaufpreiszahlungen abgetreten.

IX. Kosten und Abschriften

1. Die Kosten dieser Urkunde, ihres Vollzugs, von Vorkaufsrechtserklärungen, erforderlicher Genehmigungen und der Katasterfortführung trägt der Erwerber. Eine zu diesem Vertrag etwa anfallende Grundbucherwerbsteuer und Schenkungsteuer trägt der Erwerber. Soweit die Übertragung an einen Miterben erfolgt, wird GrErwSt-Befreiung beantragt gem. § 3 Nr. 3 GrEStGr.

2. Von dieser Urkunde erhalten:

Ausfertigung:

Grundbuchamt

Nachlassgericht, als Anzeige gem. § 2384 BGB

Miterben

Beglaubigte Abschrift:

Veräußerer

Erwerberin

Finanzamt – Schenkungsteuerstelle –

LRA – Gen. GrundstücksverkehrsG –

Einfache Abschrift:

Finanzamt – Grunderwerbsteuerstelle –

Gutachterausschuss

X. ***Hinweise***

Der Notar hat die Beteiligten über die rechtliche Tragweite des Geschäfts aufgeklärt und auf Folgendes hingewiesen:

1. *Die Vertragsteile wurden aufgeklärt über die Wirkung der Erbteilsübertragung, insbesondere darüber, dass alle im ungeteilten Nachlass befindlichen Vermögenswerte einschließlich etwaiger Nachlassverbindlichkeiten auf die Erwerberin übergehen.*

2. *Es können gesetzliche Vorkaufsrechte für die Miterben bestehen. Über deren Bedeutung, Inhalt und Vollzugsvoraussetzung wurden die Beteiligten aufgeklärt.*

3. *Das Eigentum geht sofort mit Wirksamkeit dieses Vertrages über.*

4. *Die Eintragung im Grundbuch kann erst dann erfolgen, wenn die Unbedenklichkeitsbescheinigung des Finanzamtes betreffend Grunderwerbsteuer vorliegt.*

5. *Die Vertragteile haften gesamtschuldnerisch für die Zahlung von Notar- und Grundbuchkosten sowie für die Zahlung von anfallenden Steuern.*
Ein im Nachlass befindlicher Grundbesitz haftet für Rückstände von öffentlichen Abgabe und Lasten, auch für Erschließungsbeiträge.

6. *Der Notar hat die Beteiligten nicht in steuerlicher Hinsicht beraten.*

7. *Sämtliche in dieser Urkunde getroffenen Vereinbarungen sind abschließend. Weitere nicht beurkundete Absprachen sind nichtig oder können die Wirksamkeit des gesamten Vertrages in Frage stellen.*

8. *Mit der dinglichen Übertragung gemäß § 2033 BGB gehen sämtliche noch im ungeteilten Nachlassvermögen befindlichen Vermögensgegenstände auf die Erwerbin über.*
Die Erwerberin haftet im Verhältnis zu den Nachlassgläubigern mit Abschluss dieses Vertrages neben den weiterhin haftenden Veräußerern für sämtliche etwaigen Nachlassverbindlichkeiten.

9. *Die Erbteilsübertragung sowie der Name der Erwerberin sind gemäß § 2384 I BGB gegenüber dem Nachlassgericht anzuzeigen.*

....
(Unterschrift der Vertragsbeteiligten)

....
(Unterschrift des Notars)

4. Erbauseinandersetzung durch Abschichtung

– Der sog dritte Weg –

63 Die sog Abschichtung ist ein Unterfall oder ein Synonym für den Begriff der persönlichen Teilauseinandersetzung, bei der einzelne Miterben aus der Gesamthandsbindung mit oder ohne Erbteilsübertragung ausscheiden. Typisch für die Abschichtung sind zwei Merkmale: Die Personenzahl der

Erbengemeinschaft verändert sich, der Nachlassbestand der Erbengemeinschaft bleibt grundsätzlich unverändert, lediglich die Anteilsverhältnisse können sich verschieben.

Rechtspolitisch soll die Abschichtung einen Ausgleich für die regelmäßig unfreiwillig entstandene Erbengemeinschaft sein. Bei der Teilauseinandersetzung können ausnahmsweise einzelne Miterben die juristische Zwangsgemeinschaft verlassen, also abgeschichtet werden. Zahlreiche Fragestellungen zur Abschichtung, etwa Form- und Haftungsfragen, sind höchst streitig und befinden sich in lebhafter Diskussion.

Folgende Rechtsfrage stellt sich:

Können Miterben durch privatschriftliche Vereinbarung regeln, dass ein Miterbe aus der Erbengemeinschaft, zu der ein Grundstück gehört, ausscheidet und sein Erbteil der verbleibenden Erbengemeinschaft anwächst (Formfreie Abschichtung)? 64

a. Abschichtung ohne Formzwang

Die neue Rechtsprechung des BGH sieht in der Abschichtung **ein Aufgeben von Mitgliedschaftsrechten an der Erbengemeinschaft**, insbesondere ein Aufgeben des Auseinandersetzungsguthabens. 65

Diese Art der Auseinandersetzung ist gemäß BGH-Entscheidung **keine Verfügung über den Erbteil** im Sinne des § 2033 I 1 BGB. Die Abschichtung ist danach vergleichbar mit der (formfreien) Regelung des § 738 BGB und bisher in einzelnen Entscheidungen gleichfalls schon angenommen worden. Der BGH hält § 313 S 1 BGB nicht für anwendbar, auch wenn ein Grundstück zum verbleibenden Nachlass gehört. Dasselbe muss gelten, wenn ein Gesellschafter gegen Abfindung aus einer Gesellschaft bürgerlichen Rechts mit Grundeigentum ausscheidet.[4] 66

b. Abschichtung, Ausscheiden gegen Abfindung und Formbedürftigkeit, § 313 S 1 BGB

In seiner Entscheidung vom 21. 1. 1998[5] stimmt der BGH ausdrücklich der Auffassung zu, dass ein Miterbe im Wege der Abschichtung formfrei gegen Abfindung einverständlich aus der Erbengemeinschaft ausscheiden kann, zu der ein Grundstück gehört. Hierbei solle es nicht darauf ankommen, ob die Abfindung aus dem Nachlass geleistet werde oder aus dem Privatvermögen des oder der anderen Erben. 67

Diese neue Rechtsprechung des BGH hält das Ausscheiden eines Miterben aus einer Erbengemeinschaft unter erleichterten Umständen nur dann für möglich, wenn tatbestandlich tatsächlich auch von einer Abschichtung gespro- 68

4 Vgl BGHZ 86, 367, 369; BGH ZEV 1998, 141 reSp.
5 ZEV 1998, 141

chen werden kann. Der BGH präsentiert auch gleich die Abgrenzungsregel, mit welcher sich gerade die Abschichtung von der Übertragung des Erbteils unterscheiden lässt:

69 Bei der Abschichtung aus der Erbengemeinschaft verzichtet der ausscheidende Erbe lediglich auf seine Rechte als Mitglied. Demgegenüber bedeutet die Verfügung im Sinne des § 2033 BGB, dass der Miterbe nicht lediglich auf seine Rechte verzichtet, sondern den Erbanteil auf einen bestimmten Rechtsnachfolger überträgt.[6]

Ausnahmsweise besteht bei der Abschichtung Formzwang gemäß § 313 S 1 BGB, also die Pflicht zur notariellen Beurkundung, wenn als Abfindung die Leistung eines Gegenstands vereinbart wird, der nur durch ein formbedürftiges Rechtsgeschäft übertragen werden kann (etwa ein Grundstück).

70 Im Ergebnis vollzieht sich die Abschichtung gemäß der neuen BGH-Rechtsprechung wie der Austritt eines Gesellschafters aus der BGB-Gesellschaft mit der Konsequenz der Anwachsung des Vermögens der Gesamthand (hier des Nachlasses der Erbengemeinschaft) bei den verbleibenden Gesamthändern (hier den anderen Miterben). Die Abschichtung als besondere Art der persönlichen Teilauseinandersetzung ist in den letzten rund 30 Jahren lediglich in zwei Urteilen behandelt.[7]

c. Der sicherste Weg

71 Die aufgrund der neuen BGH-Rechtsprechung mögliche formfreie Abschichtung als »verführerische dritte formfreie Variante« der Erbauseinandersetzung könnte dazu führen, notwendige Beurkundungsvorgänge zu übersehen. Auch wenn von einer Formfreiheit bei einer Abschichtungsvereinbarung auszugehen ist, sollte wegen der nicht immer vorhersehbaren Einzelfallrechtsprechung vorsorglich und prinzipiell auch bei der Abschichtung die Form des § 313 BGB beachtet werden, insbesondere dann, wenn auch eine Immobilie, **die nicht als Abfindung vereinbart ist**, zur auseinander zu setzenden Erbengemeinschaft gehört.

72 Ferner kann der Weg der notariellen Beurkundung auch dann zweckmäßig und geboten sein, wenn sichergestellt werden muss, dass der aus der Erbengemeinschaft durch Abschichtung ausscheidende Miterbe seine Mitgliedschaft nicht verlieren soll, bevor er die Gegenleistung erhalten hat. Insoweit wird empfohlen, den Erbauseinandersetzungsvertrag sowie die Austrittsvereinbarung unter der aufschiebenden Bedingung zu regeln, dass die hiermit korrespondierende Gegenleistung erbracht wird. Demzufolge wäre der die Abschichtungsvereinbarung beurkundende Notar anzuweisen, den Grundbuchberichtigungsantrag erst dann beim Grundbuchamt zu stellen, wenn die Erbringung der Gegenleistung nachgewiesen ist.[8]

6 AA Reimann, Erbauseinandersetzung durch Abschichtung, ZEV 1998, 213, 214 reSp.
7 Vgl OLGZ 1965, 244, 247; BFH NJW 1991, 249, 251 f
8 Vgl vertiefend und sehr instruktiv mit verschiedenen Lösungsansätzen die Darstellung von Reimann, aaO, 213 ff, 214

Musterformulierung: *(in Anlehnung an Reimann aaO)*

UR-Nr. 73
Verhandelt zu .... am 2001/2002
Vor Notar ....
mit Amtssitz in ....
erschienen:

M1 = Miterbe 1
M2 = Miterbe 2
M3 = Miterbe 3
M4 = Miterbe 4

Das Grundbuch wurde von dem beurkundenden Notar eingesehen. Die Grundbucheinsicht ergab Folgendes:

A.

M1, M2, M3 und M4 sind zu je 1/4-Anteil gesetzliche Miterben nach dem am ..... in ..... verstorbenen R.
Die Erbfolge richtet sich nach dem Erbschein des Amtsgerichts ...., Geschäftsnr.: .... Auf diesen Erbschein wird Bezug genommen.

Im Grundbuch des Amtsgerichts .... von .... ist für die Erbengemeinschaft M1 bis M4 nachfolgender Grundbesitz von B-Stadt, Gemarkung B-Stadt, Blatt .... lastenfrei voreingetragen:
Flur ....
Flurstück ....
Anschrift ....

M4 beabsichtigt, ua gegen eine Abfindungszahlung bzw. gegen Übereignung einer Immobilie aus der Erbengemeinschaft auszuscheiden.
Die Einzelheiten des Ausscheidens aus der Gesamthand ergeben sich aus den nachfolgenden Regelungen.

B. Gegenleistung

I.

Die Miterben M1, M2, M3 und M4 sind sich darüber einig, dass M4 aus der Erbengemeinschaft ausscheidet.
M1, M2 und M3 verpflichten sich, M4 für dessen Ausscheiden aus der Erbengemeinschaft folgende Gegenleistung als Abfindungen zu erbringen:

1.

Übertragung der Kunstsammlung .... im einvernehmlich veranschlagten Schätzwert von .... DM;

2.

Zahlung von 200 000 DM(€) nebst Zinsen seit dem ....

Der Betrag ist am .... zur Zahlung fällig.

3.

Übertragung der im Wohnungsgrundbuch von.............., Gemarkung.............., Blatt..........., Straße, Ort eingetragenen Eigentumswohnung, bestehend aus Miteigentumsanteil von 80/1.000 im Grundstück der Gemarkung.............., Flur........, Flurstück..........., Gebäude und Freifläche verbunden mit dem Sondereigentum an der Wohnung im Aufteilungsplan mit Nr. 5 sowie ein Abstellraum im Kellergeschoss.

4.

M4 wird von sämtlichen Nachlassverbindlichkeiten freigestellt, insbesondere betreffend:
a.
b.
c.

II.

Die Erfüllung dieser Abfindungsleistungen sind aufschiebende Bedingungen für den Erbauseinandersetzungsvertrag und die Austrittsvereinbarung.

Der Eintritt der vorstehenden Bedingungen betreffend Grundstücksübertragung usw. ist als erfüllt anzusehen, wenn die in dieser Vereinbarung bewilligte Auflassungsvormerkung im Grundbuch voreingetragen ist.

III.

Die Parteien dieser Vereinbarung beantragen die Berichtigung des Grundbuchs entsprechend den vorstehenden Vereinbarungen. Demgemäß werden M1, M2 und M3 als Eigentümer in Erbengemeinschaft eingetragen.

Der Notar ist angewiesen, diese Vereinbarung zwecks Vollzugs der Berichtigung des Grundbuchs dem Grundbuchamt erst einzureichen, wenn der Nachweis des Eintritts der Bedingungen gemäß Abschnitt B. dieses Vertrages erbracht worden ist.

C.

I.

Zwischen den Parteien besteht Einigkeit darüber, dass zwecks Erfüllung der Bedingungen unter B. dieser Vereinbarung das Eigentum an der Eigentumswohnung auf M4 übergeht. Die Parteien bewilligen und beantragen die Eintragung des Eigentumswechsels in das Grundbuch (Auslassungsvormerkung).

II.

Weitere Bestimmungen
(Vollstreckungsunterwerfung/Vollzug/Alternativ: Rücktrittsrecht/Hinweise und Kosten/Steuerliche Beratung/Verkehrswert/Salvatorische Klausel/Unterschriften)

II. Erbauseinandersetzungen und Vermittlung durch das Nachlassgericht, (§§ 86–99 FGG)

1. Problemstellung

Die Einschaltung des Nachlassgerichts als Vermittler wird als unergiebig angesehen, weil bei **Widerspruch** auch nur eines Miterben eine sachliche Entscheidung über die Erbauseinandersetzung nicht mehr in Betracht kommt. Es fehlt an verfahrensrechtlich ausgestalteten Druckmitteln. Gleichwohl ist die gerichtliche Vermittlung von Bedeutung und sollte wieder mehr in den Mittelpunkt des Interesses der Rechtspraxis gerückt werden. Die Vermittlung durch das Gericht wäre auch kostengünstig (vgl §§ 116, 148 KostO). Ferner könnte die gerichtliche Autorität (zuständig der Rechtspfleger) durch entsprechende Vermittlungsvorschläge die Erbauseinandersetzung forcieren. Wenn auch auf anderer Ebene könnte das Nachlassgericht in reduziertem Maße die Stellung eines Mediators oder Schiedsrichters einnehmen. Deswegen sollen die Voraussetzungen und Möglichkeiten der freiwillig gewählten gerichtlichen Nachlassauseinandersetzung hier dargestellt werden. 74

2. Antragsprinzip

Die Einleitung des Verfahrens erfolgt nur auf **Antrag**. Abweichend von den üblichen Regeln des FGG-Verfahrens kann hier eine Einschaltung des Gerichts durch einfache Mitteilung von Tatsachen nicht bewirkt werden. 75

Strategisch und zur Beschleunigung der Auseinandersetzung der Erbengemeinschaft erscheint es sinnvoll, wenn auch nur ein Miterbe bei drohenden Streitigkeiten den Antrag zur Vermittlung stellt. Wegen des Prinzips der Freiwilligkeit – auch bei Mediation und dem schiedsgerichtlichen Verfahren – erscheint es durchaus realistisch, dass sich die anderen Miterben wegen der Autorität des Gerichts dem Vermittlungsverfahren zunächst oder insgesamt unterwerfen. 76

Es besteht kein Grund, die gesetzlich vorgegebenen Möglichkeiten zur Schlichtung als geeignetes Instrumentarium außer Acht zu lassen bzw gering zu schätzen. 77

3. Antragsberechtigte

Der Kreis der Antragsberechtigten ist ausdrücklich in § 86 II FGG aufgeführt. Diese sind: 78

Jeder Miterbe, der Erwerber eines Erbteils, der Pfandrechtsgläubiger sowie der Nießbraucher.

Ausdrücklich **nicht** antragsberechtigt sind die Nachlassgläubiger. Kein Antragsrecht haben auch der Vermächtnisnehmer, der Pflichtteilsberechtigte, der Nacherbe sowie der Nachlassverwalter, der Nachlasspfleger, der Konkursverwalter.[9] 79

9 Vgl Bumiller/Winkler, FGG, 5. Aufl. 92, Anm 7 zu § 86

Grundsätzlich ist auch der Testamentsvollstrecker nicht antragsberechtigt.

Soweit jedoch für einen Erbteil Testamentsvollstreckung angeordnet ist, hat er für diesen Anteil auch eine Antragsberechtigung.

4. Verfahrensvoraussetzungen:

80 Das Gesetz schreibt in § 87 FGG vor, dass der oder die Antragsteller **die Miterben** (Beteiligten) sowie die **Teilungsmasse** angeben müssen.

Nach Vorstellung des Gesetzgebers hat eine Vermittlung nur dann Sinn, wenn die erbrechtliche Rechtslage eindeutig ist und auch die Möglichkeit einer Nachlassteilung realistisch erscheint.

81 Die Antragsteller haben daher dem Gericht die persönlichen Verhältnisse des Erblassers sowie der Beteiligten, eine genaue Auflistung der Teilungsmasse einschließlich Aktivposten und Passivposten, den Anfall sowie den Erwerbsgrund unbedingt mitzuteilen, damit das Gericht in der Sache als Vermittler tätig werden kann.

Wegen notwendiger Aufklärung kann das Gericht den oder die Antragsteller anhalten, den Sachvortrag zu erweitern oder Unterlagen beizubringen.[10]

5. Gerichtliche Aktivität und Terminsbestimmungen

82 Wenn die notwendigen Informationen für eine Vermittlung beigebracht sind, hat das Gericht den Antragsteller und die übrigen Beteiligten zu laden. Auch bei Ausbleiben eines Beteiligten kann über die Auseinandersetzung verhandelt werden, § 89 FGG. Die Ladung an die Beteiligten hat zwingend den Antrag des oder der Antragsteller für die Auseinandersetzung zu enthalten. Hierbei handelt es sich um eine **Mussvorschrift**.

Bei Ausbleiben eines der Beteiligten kann das Gericht auch ohne diesen über den Auseinandersetzungsantrag verhandeln.

83 Voraussetzung für dieses verfahrensrechtliche Vorgehen ist selbstverständlich immer, dass **sich alle Beteiligten diesem Vermittlungsverfahren formell und materiell eingeschränkt unterwerfen**.

6. Vereinbarungsmöglichkeiten, Beurkundung, weiteres Verfahren

84 Das weitere gerichtliche bzw außergerichtliche Verfahren ergibt sich im Einzelnen aus § 91 I bis III FGG. Hier ist zu unterscheiden:

10 Vgl § 87 II 2 FGG

a. Maßnahmen zur Vorbereitung der endgültigen Auseinandersetzung

Die Beteiligten können in einem gerichtlichen Verhandlungstermin diejenigen Punkte erörtern, über sie verhandeln und beurkunden lassen, die auch bei einer außergerichtlichen Auseinandersetzung notwendig sind, **um eine Teilerbauseinandersetzung oder eine Totalauseinandersetzung herbeiführen zu können.** 85

Hierzu gehören entsprechend: Die Feststellung der Nachlassmasse, also der mobilen und immobilen Nachlassgegenstände, deren Teilungsmöglichkeit, sei es durch Realteilung oder sei es durch Verkauf, Teilauseinandersetzungen, Abschichtungen, Vorausempfänge, Anrechnung von Vorausempfängen usw. 86

Eine Einigung über die vorstehenden Teilbereiche kann vom Rechtspfleger protokolliert und beurkundet werden. Können die Beteiligten sich nicht einigen, so sind die streitigen Punkte aufzunehmen und das Verfahren ist auszusetzen bis zur Klärung bzw Einigung der Beteiligten, § 95 FGG. 87

b. Verhandlungstermin und vollständige Einigung

Als weitere Möglichkeit steht den Beteiligten offen, **nach vorhergehenden Verhandlungen die erzielten Übereinstimmungen und Vereinbarungen protokollieren bzw beurkunden zu lassen und die Einigung unterschriftlich zu bestätigen**. 88

Diese Vereinbarung kann sich auf vorbereitende Maßnahmen beziehen, aber auch auf die vollständige Totalauseinandersetzung. Damit könnte die Auseinandersetzung einer Erbengemeinschaft in einem Termin vor dem Nachlassgericht realisiert werden.

Die Vereinbarung der Beteiligten wird durch das Gericht bestätigt. Diese Bestätigung erfolgt formell durch einen Beschluss.

c. Wirkung der gerichtlichen Bestätigung und Rechtsbehelfe

Der Bestätigungsbeschluss, mit dem die Auseinandersetzungsvereinbarung gegenüber allen Beteiligten als verbindlich wirkt, ist nach Rechtskraft vollstreckbar. Die Rechtskraft tritt ein mit Ablauf der Frist zur Einigung der sofortigen Beschwerde. 89

Die Auseinandersetzungsvereinbarung hat jedoch keine endgültige materiellrechtliche Wirkung. Die Vereinbarung kann wie jeder Vertrag angefochten, geändert, aufgehoben oder modifiziert werden.

Mit dieser Qualität haben die entsprechenden Vereinbarungen zwischen Miterben dieselbe Wirkung wie jede außergerichtliche streitbeendende Vereinbarung oder wie ein Prozessvergleich. 90

Die rechtskräftig bestätigte Vereinbarung ist daher vollstreckbarer Titel für die in den Urkunden von den Beteiligten eingegangenen Verpflichtungen.[11]

11 Vgl Bumiller/Winkler aaO, Anm 1 zu § 98 FGG

Praxis-Tipp:

91 *Ein Vermittlungsverfahren hat nur dann Zweck, wenn damit zu rechnen ist, dass der oder die widersprechenden Miterben ihre Einwände im Hinblick auf die Vermittlungsaktivitäten des Gerichts reduzieren oder aufgeben. Denn ein Widerspruch kann nach überwiegender Auffassung nur im gerichtlichen Vermittlungstermin erklärt werden. Eine schriftliche Erklärung soll nicht möglich sein.*[12]

d. Vermittlungsantrag an das Nachlassgericht (Kurzrubrum)

92 *An das*
Amtsgericht........
– Nachlassgericht –

Antrag auf Vermittlung im Sinne des § 86 FGG

Gemäß anliegender Vollmacht bestelle ich mich zum Verfahrensbevollmächtigten der Frau Magda Glücklich, Holländer Weg 100, 53300 Bonn. Namens meiner Mandantin wird beantragt,

die Auseinandersetzung des Nachlasses nach Herrn Friedrich Traurig zu vermitteln.

Begründung:

...

7. Langrubrum und Begründung für den Vermittlungsantrag an das Nachlassgericht:[13]

93 *An das*
Amtsgericht.......
– Nachlassgericht –

Antrag auf Vermittlung im Sinne des § 86 FGG

Ich bestelle mich zum Verfahrensbevollmächtigten der Frau............., ..., ... (Name/Straße/PLZ/Ort). Auf die anliegend gegebene Vollmacht nehme ich Bezug. Namens meiner Mandantin ***beantrage ich,***

die Auseinandersetzung des Nachlasses des Herrn............. zu vermitteln.

Begründung:

1. *Herr.................. (Erblasser) ist am............ 2001/2001 mit letztem Wohnsitz in.............. verstorben. Er hat keine letztwillige Verfügung hinterlassen. Gesetzliche Erben sind neben der Antragstellerin, die Erbin zu 1/2 Anteil ist, deren Töchter: Frau....................... (Name/Straße/*

12 Str, vgl hierzu Frieser aaO, S 153
13 Vgl Frieser aaO, Rn 434 (S 152)

PLZ/Ort) und Frau .... (Name/Straße/PLZ/Ort), zu je 1/6-Anteil sowie die minderjährigen Kinder des vorverstorbenen Sohnes des Erblassers, ... (Namen/Anschriften), zu 1/12-Anteil.
Der Nachlass setzt sich aus folgenden Aktiva und Passiva zusammen:

- *Hausgrundstück .... (genaue Bezeichnung)*
- *Festgeldkonto bei der xy-Bank, Konto-Nr. ...., Wert: DM/€...............*
- *Darlehensforderung gegen Herrn .... in Höhe von DM/€.................. nebst 6 % Zinsen hieraus seit dem .... 2001/2002.*

Die Beerdigungskosten in Höhe von DM/€..................... sowie die Nachlassverbindlichkeit (Werklohnforderung des ....) sind von der Antragstellerin beglichen worden.

2. *Es besteht Einigkeit unter den Miterben, dass die Antragstellerin die Verwaltung des Hauses in .... (Ort), das vermietet ist und vermietet bleiben soll, übernimmt, die Erbengemeinschaft an dem Hausgrundstück bis zum Tode der Antragstellerin fortbesteht. Unsere Mandantin ist bereit, auf die Erstattung der Beerdigungskosten sowie der verauslagten Kosten (Werklohnforderung) zu verzichten, im Gegenzug soll ihr im Einvernehmen aller Miterben die Darlehensforderung gegen Herrn ...., ihren Schwager, übertragen werden. Die Einigungsbereitschaft haben die Miterben in dem anliegend beigegebenen Protokoll bestätigt.*
   Nicht einig sind sich die Miterben bisher über die Frage, ob und in welchem Umfang die Miterbin Frau .... einen vom Erblasser erhaltenen Zuschuss zum Hausbau auszugleichen hat. Frau .... hat erklärt, der Betrag in Höhe von DM/€..................... sei zum Ausgleich der von ihr erbrachten Dienste bezahlt worden. Dies bestreiten die übrigen Miterben. Es steht zu erwarten, dass im Rahmen des gerichtlichen Vermittlungsverfahrens die bestehenden Meinungsverschiedenheiten ausgeräumt werden können. Unsere Mandantin ist auf die Verteilung der vorhandenen Festgeldmittel angewiesen; wir bitten, die Beteiligten möglichst umgehend zu einem Erörterungstermin zu laden.

Rechtsanwalt/Rechtsanwältin

III. Erbauseinandersetzung und lebzeitige Leistungen an Abkömmlinge

1. Einführung

Die sog Vorausempfänge oder Vorempfänge können gemäß § 2050 BGB eine Ausgleichspflicht für den begünstigten Empfänger begründen. Diese orientiert sich an dem Typus der Zuwendungen. Zu unterscheiden sind die lebzeitige Ausstattung, lebzeitige Zuschüsse als Einkünfte, lebzeitige Aufwendungen für die Vorbildung mit Übermaßtendenz; andere Zuwendungen. 94

Hierbei sind wiederum zwei große Gruppen zu unterscheiden: Zuwendungen gemäß § 2050 I und II BGB mit der gesetzlichen Vermutung zur Ausgleichung; andererseits sind Zuwendungen gemäß § 2050 III BGB lediglich bei Anordnung des Erblassers auszugleichen.

2. Lebzeitige Ausstattung gemäß § 1624 BGB

95 Diese gehört in der Rechtspraxis zu der häufigsten Zuwendungsart. Maßstäbe erhält sie aus § 1624 BGB. Danach ist der Begriff der Ausstattung nach dem Gesetz weit auszulegen. Sie erfassen sämtliche Vermögenswerte, die ein Kind von den Eltern zur Hochzeit als Aussteuer erhalten hat.

96 Für einen volljährigen Abkömmling fallen hierunter Zuwendungen, die als Starthilfe in die Selbständigkeit anzusehen sind. Entsprechende Zahlungen sollen eine Hilfe zur Existenzgründung darstellen.[14]

97 Für die Bejahung der Voraussetzungen der Ausstattung soll ausreichend sein, dass der Erblasser die Ausstattungsabsicht hat. Nicht entscheidend ist, ob die erfolgte Zuwendung objektiv auch erforderlich war.[15] Auch hier hängt es von den Einzelfallumständen ab, ob von einer Ausstattung im Sinne von § 1624 BGB ausgegangen werden kann. Die nachfolgende Auflistung gibt Anhaltspunkte dafür, welche Zuwendungen den Begriff »Ausstattung« erfüllen oder nicht. Die nachfolgende Übersicht verweist auf anerkannte (ja) und nicht anerkannte (nein) **Ausstattungen gemäß § 1624 BGB:**

➢ Übernahme von Verbindlichkeiten des Schwiegervaters[16]	**ja**
➢ Mitgift oder Aussteuer[17]	**ja**
➢ Einrichtung eines Betriebes[18]	**ja**
➢ Wohnungsausstattung bei Eheschließung[19]	**ja**
➢ Hofübergabe gemäß § 17 Höfeordnung[20]	**nein**
➢ Unentgeltliche Dienstleistung[21]	**nein**

14 Vgl Staudinger/Coester, BGB, 12. Aufl. 1993, § 1624 Rn 1
15 Vgl BGHZ 44, 91, 94 ff; ferner Thubauvielle, Die Anrechnung lebzeitiger Leistungen auf Erb- und Pflichtteilsrechte, MittRhNotK 1992, 289 ff, 296
16 Vgl RG, JW 1912, 913
17 Vgl BGHZ 11, 206; 14, 205
18 Vgl Palandt/Diederichsen § 1624 Rn 1
19 Vgl OLG Köln FamRZ 1986, 703
20 Vgl OLG Schleswig AgrarR 1972, 362
21 Vgl BGH NJW 1982, 575

3. Wiederkehrende Zuwendungen gemäß § 2050 II Hs 1 BGB

Hierunter fallen wiederkehrende Zuwendungen des Erblassers, die damit den Charakter von Einkünften erhalten. In Betracht kommen hier laufende und gleich hohe Geldzuwendungen mit Unterhaltscharakter für die verschiedenen Vorbereitungsdienste nach dem Lehrerstudium oder nach dem juristischen Studium oder etwa während der praktischen ärztlichen Ausbildung. Eine Ausgleichsverpflichtung ist hier aber nur dann anzunehmen, wenn diese sog Zuschüsse über den normalen Vermögensstatus des Erblassers deutlich hinausgehen, so dass die Frage der Angemessenheit angesprochen ist. **Orientierungsmaßstab** soll hierbei sein, ob der Erblasser anderen Kindern wirtschaftlich vergleichbare Zuwendungen machen konnte oder ob er für diese Zuwendungen sein Vermögensstamm angreifen musste.[22] Soweit der Erblasser sein Vermögen in Anspruch genommen hat, kann im Zweifel eine Ausgleichungspflicht angenommen werden. Denn in entsprechenden Fällen wurde sein üblicher Vermögensstatus durch diese Zuschüsse überschritten und sie waren unverhältnismäßig. 98

4. Zuschüsse für Vorbildung zum Beruf gemäß § 2050 II Hs 2

Unter diese Zuwendungsart fallen spezielle Aufwendungen des Erblassers, die zur Erreichung eines weitergehenden Ausbildungsniveaus gedacht sind. Hierzu gehört speziell die Finanzierung eines Hochschulstudiums. Für die Ausgleichspflicht soll es nicht darauf ankommen, dass etwa der Erblasser bei den Zuwendungen für seine Abkömmlinge den Gleichbehandlungsgrundsatz nicht beachtet hat. Entscheidungsmaßstab bilden die **konkreten Einkommens- und Vermögensverhältnisse** des Erblassers im Zeitpunkt der Zuwendung, so dass die gesamten Umstände des Einzelfalles der Bewertung unterliegen. 99

Auch über die Frage der Ausgleichung kann der Erblasser disponieren. Er kann selbst abweichende Anordnungen zu Lebzeiten treffen, die jedoch vor oder bei der Zuwendung erfolgen müssen, um durchgreifen zu können.[23] Wenn der Erblasser eine klare Regelung, etwa durch Verfügung von Todes wegen, über die Ausgleichung ausgeschlossen hat oder den Ausgleichsumfang nicht konkretisiert hat, spricht zunächst eine Vermutung dafür, dass eine Ausgleichung bei der späteren Erbauseinandersetzung stattfinden soll. Bei fehlender lebzeitiger Vertragsgestaltung oder bei fehlender Nachlassregelung zur Ausgleichungspflicht kann dann der fordernde Miterbe die möglichen übermäßigen Zuwendungen an andere Abkömmlinge für sich in Ansatz bringen. 100

Für die Bejahung oder Verneinung einer Ausgleichungspflicht gelten die üblichen Darlegungs- und Beweislastregeln. Derjenige Miterbe, der die Berücksichtigung von Zuwendungen fordert, hat hierfür zB sowohl in der außergerichtlichen als auch gerichtlichen Auseinandersetzung die Voraussetzungen im Einzelnen darzulegen oder Urkunden vorzulegen, die den Erblasserwillen deutlich zum Ausdruck bringen (Notarielle Urkunde, Testament, Regelung im Zuge der vorweggenommenen Erbfolge).

---

22 Vgl Weirich aaO, Rn 211
23 Vgl Palandt/Edenhofer § 2050 Rn 3

5. Andere Zuwendungen gemäß § 2050 III BGB

101 Hierunter fallen zunächst diejenigen Vermögensvorteile des Erblassers, die von den anderen Zuwendungen gemäß §§ 2050 I und II BGB nicht erfasst sind. Eine Ausgleichungspflicht besteht hier nur dann, wenn der Erblasser dies angeordnet hat. Die Ausgleichungsanordnung muss dem Zuwendungsempfänger entweder vor oder spätestens anlässlich der Zuwendung zugehen. Dieser soll die Möglichkeit haben, die Zuwendung eventuell zurückzuweisen.[24]

102 Für die Erblasseranordnung ist eine bestimmte Form nicht vorgeschrieben. Zur Klarstellung und zur Streitvermeidung zwischen den späteren Miterben ist der Erblasser jedoch gehalten, die Ausgleichsfrage frühzeitig und nachweislich zu regeln.

Wenn eine Erblasseranordnung vorliegt, so kann der Erblasser diese auch wieder beseitigen. Hierzu bedarf es jedoch einer Abänderungsanordnung durch Testament. Als klassische Zuwendungen gemäß § 2050 III BGB sind einzustufen: Zahlungen zur Begleichung von Schulden, Geschenke, Geldbeträge für eine Urlaubsreise.[25]

6. Berechnungsbeispiel bei Vorausempfängen[26]

Ausgangsdaten:

103 Erblasser verfügt über Nachlassmasse von 1 Mio. DM.
Eheleute lebten im Güterstand der Gütertrennung.

Berechnungsweg:[27]

Erbquote für Ehefrau = 1/4 =	250 000 DM
Ausgleichspflichtiger Vorempfang der Ehefrau =	0 DM
Ausgleichspflichtiger Vorempfang von Kind 1 =	100 000 DM
Ausgleichspflichtiger Vorempfang von Kind 2 =	0 DM
Ausgleichspflichtiger Vorempfang von Kind 3 =	300 000 DM

Restliche Verteilungsmasse (1 000 000 – 750 000 für Ehefrau vorab)	750 000 DM
+ Vorempfang K1 = (gemäß § 2055 BGB)	100 000 DM
+ Vorempfang K3 = (gemäß § 2055 BGB)	300 000 DM
Berechnungsmasse (1,5 Mio. DM)	1 150 000 DM

24 Vgl Thubauvielle aaO

25 Vgl MüKo-Dütz, BGB, 3. Aufl. 1997, § 2050 Rn 30

26 Vgl vertiefend hierzu auch noch Kerscher/Tanck, Zuwendungen an Kinder zur Existenzgründung: Die Ausstattung als ausgleichungspflichtiger Vorempfang, ZEV 1997, 354

27 Indexierung nicht berücksichtigt

Ausgleichsquote	Ausgleichs-nachlass	abzüglich Vorempfang	Erbteil (= Anspruch)
Kind 1 (1 150 000 : 3 =)	383 333,33	100 000,00	= 283 333,33
Kind 3 (1 150 000 : 3 =)	383 333,33	300 000,00	= 83 333,33
Kind 2 (1 150 000 : 3 =)	383 333,33	0,00	= 383 333,33

7. Die Spezialregelung des § 2057 a BGB: Ausgleichung für Solidarleistungen des Abkömmlings

Die Tatbestandsvoraussetzungen sind strenger als allgemein angenommen. 104
Zunächst muss der Abkömmling zur Erhaltung oder Vermehrung des Vermögens beigetragen haben.

Dies kann auch durch Einschränkungen bei der beruflichen Tätigkeit möglich 105
sein. Allerdings fordert § 2057 a BGB, um die Pflege von älteren Familienmitgliedern gegenüber den üblichen abzugrenzen, **dass der Abkömmling dabei auf berufliches Einkommen verzichtet hat, wobei ein Verzicht auf einen nicht belanglosen Teil des Einkommens genügt**.

Wer nicht berufstätig und berufswillig ist, verzichtet nicht auf Einkommen und ist deshalb nicht ausgleichsberechtigt.[28]

Praxis-Tipp:

Auf der Anspruchsseite des vermeintlich ausgleichsberechtigten Miterben ist 106
die Rechtslage schwierig bis gefährlich. Bei der Beratung ist darauf zu achten, ob Verfügungen im Testament nicht entsprechende Ausgleichsforderungen ausschließen. Denn allein der Nachlass des Erbberechtigten könnte bereits eine Vergütung für lebzeitige Betreuung und Pflege sein. Wer diesen Gesichtspunkt eventuell übersieht, provoziert ein hohes Prozessrisiko.[29]

8. Der problematische Zeitpunkt der Bewertung

– Die möglichen Zeitpunkte –

Zur Bewertung von Nachlassvermögen bieten sich drei Zeitpunkte an: Der 107
Zeitpunkt der Vorausempfänge, der Erbfall oder der Zeitpunkt der Erbteilung (Auseinandersetzung). Diese Frage war vom BGH zu entscheiden, da im

28 Vgl hierzu OLG Düsseldorf, OLG-Report 1998, 81, 82; vgl ferner schon Weimar MDR 1973, 24

29 Vgl OLG Düsseldorf aaO, S 83

Zusammenhang mit Vorausempfängen der Kaufkraftschwund (Geldentwertung) eine wirtschaftlich große Rolle spielt. Die Rechtsprechung geht hier einen eindeutigen Weg:[30]

108 Sollte danach eine Ausgleichung von Vorempfängen bei der Erbauseinandersetzung in Frage kommen, so ist der Wert der Vorausempfänge zum Stichtag gemäß § 2055 II BGB zu ermitteln. Im Anschluss daran ist ihr Wert auf den Tag des Erbfalls umzurechnen. Das Berechnungsergebnis gemäß § 2055 I 2 BGB ist dann zur Errechnung der Teilungsquote dem Wert des Nachlasses hinzuzurechnen. Diese Lösung steht im Einklang mit benachbarten gesetzlichen Regelungen. Denn auch für die Berechnung des Pflichtteilsanspruchs ist bei der Ausgleichung gemäß § 2316 BGB auf die Verhältnisse beim Erbfall (§ 2311 BGB) abzustellen.

109 Auch dieser Weg ist nicht unumstritten. Fraglich ist, ob die Grundsätze der Pflichtteilsberechtigung auf die Erbteilung übertragbar sein können.[31]

Praxis-Tipp:[32]

110 *Probleme mit der Bewertung von Vorempfängen lassen sich dann ausschließen, wenn es zu einer Realteilung des Nachlasses kommen kann (Aufteilung nach Vermögensgruppen oder einzelnen Vermögenspositionen ohne Vermögensverlust). Eine entsprechende Regelung wäre wegen des regelmäßigen Streitpotentials innerhalb der Erbengemeinschaft zwar die Ausnahme. Aber jeder Miterbe erhielte bestimmte Nachlassgegenstände zu Alleineigentum und der Verteilerschlüssel entspräche den Erbquoten der Miterben ohne Rücksicht auf den Wert der Vermögenspositionen.*[33]
Realistische Hinweise auf Kosten und Prozessrisiken steigern aber die Aussichten für diese Lösung. Im Übrigen ist sie eine Herausforderung an den Erbrechtspraktiker.

30 Vgl BGH NJW 1975, 1831
31 Vgl hierzu im Einzelnen Krug, Die Kaufkraftproblematik bei ausgleichungspflichtigen Vorempfängen in der Erbteilung, ZEV 2000, 41–45
32 Zu Berechnungsbausteinen vgl Sarres aaO, S 120–122; Frieser aaO, S 142 ff mit Musterschreiben einschließlich Berechnungsmodell
33 Vgl Krug ZEV 2000, 41 ff, 42

D. Nach dem Erbfall: Erbauseinandersetzung mit Prozess . . 1205

ÜBERBLICK

D. Nach dem Erbfall: Erbauseinandersetzung mit Prozess

I. Erbteilungsklage

1. Problemstellung und Ausschlusstatbestände

Die Klage zur Auseinandersetzung der Erbengemeinschaft hat ihre Grundlage in § 2042 BGB, wonach jeder Miterbe jederzeit die Auseinandersetzung verlangen kann. Dieses »Verlangen« an das Gericht auf Vertragshilfe indiziert zunächst, dass die **Klageausschlussgründe gemäß den §§ 2043–2045 BGB nicht vorliegen** und ferner **eine außergerichtliche Erbauseinandersetzungsvereinbarung gescheitert ist.** 111

Die Klage ist ferner unzulässig, wenn die Vermittlung zur Auseinandersetzung der Erbengemeinschaft durch das angerufene Nachlassgericht insgesamt erfolgreich und rechtskräftig bestätigt worden ist, §§ 86, 97 FGG.

2. Vorbereitung der Klage

Der Kläger möchte mit seiner Klage gegen einen oder mehrere Miterben die Zustimmung zu einem Auseinandersetzungsplan durch gerichtliches Urteil ersetzen lassen. Für die Erfolgsaussichten der Klage ist erforderlich, dass ein dezidierter Teilungsplan aufgestellt worden ist.[1] 112

Die Informationsgewinnung hat das Ziel, Feststellungen in tatsächlicher und persönlicher Hinsicht zu treffen. Personell geht es um die Erfassung sämtlicher Miterben, da ohne Kenntnis aller Miterben eine Auseinandersetzung sachlich nicht zu richtigen Ergebnissen führen kann. Die Nachlassauseinandersetzung wäre ohne Beteiligung sämtlicher Erben allein wegen der nicht festlegbaren Erbquoten fehlerhaft und korrekturbedürftig. Hier kann es geboten sein, Erbenermittler einzuschalten. 113

In sachlicher Hinsicht ist die Ermittlung des vollständigen Nachlasses von Bedeutung. Hierbei gilt es, die gesetzlichen Auskunftsansprüche auszuschöpfen, um im weitesten Sinne Erkenntnisse über den Bestand der Erbschaft und den Verbleib von Erbschaftsgegenständen zu sammeln. Auch vom Akteneinsichtsrecht bei berechtigtem Interesse ist Gebrauch zu machen. Grundlage hierfür ist § 34 FGG.[2] 114

---

1 Vgl hierzu die Übersicht von Steiner ZEV 1997, 89 ff
2 Zu Auskunftsansprüchen vgl Tschichoflos, Kapitel 1, 2. d. aa.

3. Erbteilungsklage und Erfolgsaussichten

115 Die Klage eines Miterben auf Auseinandersetzung des Nachlasses der Erbengemeinschaft verlangt nach Rechtsprechung und herrschender Meinung die sog Teilungsreife des gesamten Nachlasses. Gemeint sind also immer sämtliche Nachlasspositionen der Erbengemeinschaft.[3]

116 **Teilungsreife ist regelmäßig dann zu bejahen, wenn festzustellen ist, welche Aktiva und Passiva vorhanden sind, so dass eine den gesetzlichen Regeln vorgesehene Auseinandersetzung möglich ist bzw. erscheint.**

Ausreichend soll sein, dass der Bestand feststeht oder doch wenigstens in einem Rechtsstreit feststellbar werden kann.[4]

117 Wenn der Nachlass teilungsreif ist, die Miterben sich aber über die Auseinandersetzung des Nachlasses **nicht** einigen können, kann der teilungswillige Miterbe die anderen nicht teilungswilligen Miterben auf Zustimmung eines im Prozess vorgelegten Teilungsplans verklagen. Hier geht es schlicht darum, dass der ablehnende Miterbe oder die ablehnenden Miterben gerichtlich gezwungen werden, dem konsensfähigen Plan zuzustimmen. Das gerichtliche Urteil ersetzt die Zustimmung des anderen Miterben, § 894 ZPO.

4. Teilungsplan und Beweislast

Checkliste:

118

- ✔ Der Klageantrag muss den Gesamtnachlass durch genauen Teilungsplan erfassen (**Vollständigkeitsprinzip/Teilungsreife**).
- ✔ Der Klageantrag muss Vorschläge bei streitiger Bewertung enthalten (**Bewertungsgebot**).
- ✔ Der Klageantrag muss sämtliche Anrechnungs- und Ausgleichsposten sowie sämtliche Nachlassverbindlichkeiten erfassen **(Anrechnungs- und Bereinigungsprinzip)**
- ✔ Hilfsanträge für alternative Teilungsmöglichkeiten (**Alternativprinzip**)

---

3 Vgl OLG Karlsruhe NJW 1974, 956; KG NJW 1961, 733; BGH FamRZ 1984, 688; Palandt/Edenhofer § 2042 Rn 16; LG Erfurt ZEV 1998, 391 zur verfrühten Klageerhebung auf Auseinandersetzung einer Erbengemeinschaft

4 OLG Karlsruhe NJW 1974, 956; KG NJW 1961, 733

5. *Fall: Die problematische Teilungsklage*

Gesetzliche Miterben nach Erblasser A sind dessen Tochter T und dessen Ehefrau M. Nach erfolgloser außergerichtlicher Korrespondenz ließ Tochter T Erbteilungsklage erheben mit einem Erbteilungsplan, der Zuweisung von Grundstücken und Konten des Erblassers auf die Miterben vorsah. Die Klageschrift enthielt wegen der Nachlassverbindlichkeiten lediglich den Hinweis, dass diese nicht bekannt seien bzw eingearbeitet werden könnten. Hilfsanträge waren nicht gestellt worden. Wegen der geäußerten Rechtsauffassung des Gerichts wurde die Klage für Tochter T zurückgenommen. Tochter T verlangt nunmehr von den Bevollmächtigten Ersatz der vergeblich aufgewendeten Kosten für die Erbteilungsklage.[5] 119

Die vorstehende Klage befasst sich mit einem Anspruch auf Rückzahlung von erfolglos aufgewendeten Anwaltskosten in Höhe von rund 6 500 DM aus positiver Vertragsverletzung eines Anwaltsvertrages. Im Rahmen dieses Prozesses wurde auch das Vorgehen in dem Vorprozess (Erbteilungsklage) geprüft. 120

Das Gericht kam zunächst zu dem Ergebnis, dass die Klage bereits zurzeit der Erhebung mangels Begründetheit ohne Aussicht auf Erfolg gewesen war. Denn es habe bereits an den notwendigen Teilungsvoraussetzungen der §§ 2042 ff BGB gefehlt. Vorrangig hätten in einem Teilungsplan die Nachlassverbindlichkeiten gemäß § 1967 BGB berichtigt werden müssen. Als Nachlassverbindlichkeiten waren hier Beerdigungskosten gemäß § 1968 BGB als sog Erbfallschulden in Höhe 35 000 DM in Ansatz zu bringen. Hiernach musste der Teilungsplan wegen der Regelung in § 2046 I BGB alle Verbindlichkeiten unabhängig von ihrer Höhe aufführen und berichtigen. Denn nur der sich aus dem **reinen Nachlass** ergebende Teilungsrahmen kann Grundlage einer Erbauseinandersetzung sein. Ein Hilfsantrag zur Vermeidung des Prozessrisikos war in diesem Verfahren nicht gestellt worden, obwohl nur die Höhe der Nachlassverbindlichkeiten unbekannt war, nicht dagegen deren Existenz.

Diese Entscheidung macht deutlich, dass der Teilungsplan bei einer Auseinandersetzungsklage konsequent das Schuldenbereinigungsprinzip beachten muss. Denn nur wenn die Nachlassverbindlichkeiten bereinigt sind, ist der Nachlass auch teilungsreif und demzufolge die Klageerhebung mit Aussichten auf Erfolg verbunden. Zumindest muss im Einzelnen dargelegt werden, wie ggf noch bestehende Nachlassverbindlichkeiten bereinigt werden können. Zur Vermeidung von Prozessrisiken können für diesen Fall dann aber Hilfsanträge gestellt werden. 121

5 LG Erfurt ZEV 1998, 391 rkr.

II. Die Rechtsposition des Testamentsvollstreckers

1. Problemstellung

122 Die Anordnung der Testamentsvollstreckung für das Nachlassvermögen hat insbesondere Konsequenzen für die Verfügungsbefugnis und das Prozessführungsrecht der Miterben. Die gesetzlichen Regelungen der §§ 2211, 2212, 2213, 2214 BGB normieren weitgehend klare Grundsätze. Hier kann es zu Interessenkollisionen zwischen Miterben und Testamentsvollstrecker kommen.

2. Befugnisse des Testamentsvollstreckers

123 Bei alleiniger Verwaltung des Nachlasses durch einen Testamentsvollstrecker obliegt diesem das ausschließliche Verfügungsrecht über die Nachlassgegenstände, §§ 2205, 2211 BGB. Diese Rechtslage ist begründet mit dem Eintritt des Erbfalls.

Gleichwohl können die Miterben über ihren jeweiligen **Erbteil** verfügen, § 2033 BGB.

3. Prozessführung durch Testamentsvollstrecker

124 Die Prozessführungsbefugnis des Testamentsvollstreckers ist immer in sog Aktivprozessen gegeben, wenn Prozessgegenstand und Verwaltungsbefugnis des Testamentsvollstreckers sachlich identisch sind. Demzufolge ist der Testamentsvollstrecker Partei kraft Amtes, wenn er gerichtlich ua um das streitet, was seiner Verwaltung unterliegt.[6]

125 Für diese Aktivprozesse hat ausschließlich der Testamentsvollstrecker die Prozessführungsbefugnis. Diese umfasst Zivilrechtsprozesse, wie Klage, Widerklage, Vollstreckungsgegenklage und einstweiligen Rechtsschutz. Einbezogen sind auch Prozesse vor dem Verwaltungsgericht oder dem Schiedsgericht. Ferner Fälle der freiwilligen Gerichtsbarkeit, zB Berichtigung des Grundbuchs.[7]

126 Die Vorschrift des § 2212 BGB zum Prozessführungsrecht des Testamentsvollstreckers für Aktivprozesse stellt keine abschließende Regelung dar. Denn der Testamentsvollstrecker kann den oder die Miterben auch dazu ermächtigen, bestimmte Prozesse für die Erbengemeinschaft zu führen. Der Testamentsvollstrecker kann sozusagen **delegieren.**

127 Grundsätzlich bleibt es auch dem Testamentsvollstrecker vorbehalten, den Antrag auf Teilungsversteigerung für ein zum Nachlass gehörendes Grundstück zu stellen, § 180 ZVG. Sollte bereits ein Miterbe einen Antrag auf Teilauseinandersetzung beim Gericht gestellt haben, so kann dieser Antrag auch nachträglich vom Testamentsvollstrecker genehmigt werden.

6 Vgl Bengel/Mayer, Handbuch der Testamentsvollstreckung, 2. Aufl. 1998, S 257
7 Vgl Palandt/Edenhofer § 2212 Rn 1; Bengel/Mayer aaO, Rn 375 (S 257)

Über die verschiedenen Interessenpositionen im **Innenverhältnis** zwischen Miterben und Testamentsvollstrecker kann es zu gerichtlichen Auseinandersetzungen kommen. Hierzu kann ua die streitige Auseinandersetzung über den vom Testamentsvollstrecker vorzulegenden Auseinandersetzungsplan gemäß § 2204 II BGB gehören. Wenn etwa der Testamentsvollstrecker die Anordnungen des Erblassers ignoriert, so kann dies Schadensersatzansprüche der Erbengemeinschaft gegenüber dem Testamentsvollstrecker auslösen. Der vom Testamentsvollstrecker aufgestellte Auseinandersetzungsplan gilt dann als unverbindlich und kann Ansprüche auf Rückübertragung gemäß § 812 BGB begründen. 128

Weitere Streitquelle aus dem **Innenverhältnis** kann der Umstand sein, dass etwa Miterben Nachlassgegenstände nicht an den Testamentsvollstrecker herausgeben, welche dem Testamentsvollstrecker bereits bekannt sind. In diesem Fall kann eine **Klage des Testamentsvollstreckers** geboten sein. Hierbei handelt es sich um eine Herausgabeklage **gegen die Erben**. Der Testamentsvollstrecker müsste also in eigener Sache klagen und mit nachfolgenden Anträgen das **Prozessgericht** anrufen: 129

Musterformulierung Herausgabeklage gegen die Erben:

*Hiermit wird **beantragt**,* 130

1. *die Beklagten zu verurteilen, nachfolgende zum Nachlass-Vermögen des .... am 1. 10. 1990 in Köln verstorbenen Manfred Müller gehörenden Gegenstände an den Kläger **herauszugeben:***
   a. *Den Grundbesitz der Gemarkung ...., Flurstück ...., Sutterstraße 100 (Wohnhaus mit 4 Etagen, Nebengebäude, Hofraum, Garten) zu .... ha, eingetragen im Grundbuch des Amtsgerichts Köln, Band ....., Blatt .....,*
   b. *Den Wohnwagen; Marke Haviland, Modell Holland, rot-schwarz lackiert mit zahlreichen Farbschäden, pol. Kennzeichen: K-AB 123, Fahrgestell-Nr. ....*
2. *den Beklagten die Kosten des Rechtsstreits aufzuerlegen.*[8]

III. Die Anspruchsverfolgung durch einen Miterben, § 2039 BGB

1. Basiswissen

Jedes Mitglied einer Erbengemeinschaft kann selbständig, also aufgrund eigener Initiative, Ansprüche für die Erbengemeinschaft verfolgen (»actio pro socio«). Entscheidende Rechtsgrundlage für den initiativen Erben bildet § 2039 131

8 Vgl hierzu auch Bengel/Schaub, aaO, S 131 Rn 7–17

BGB. Mit dieser Sonderbefugnis wird verhindert, dass ein störender bzw uninteressierter Miterbe die Belange der Erbengemeinschaft untergräbt.

132 Um zur Rechtsverwirklichung für die Erbengemeinschaft tätig werden zu dürfen, müssen für den aktiven Miterben folgende Voraussetzungen vorliegen:

133 Der geltendgemachte Anspruch muss zum Nachlass der Gesamthandsgemeinschaft gehören. Der Miterbe klagt im eigenen Namen. Der verfolgte Anspruch wird zur Leistung an alle Miterben gefordert.

2. Die Rechtsposition des Miterben

134 Jeder Miterbe hat die verfahrensrechtliche Möglichkeit, Ansprüche im eigenen Namen zur Leistung an die Erbengemeinschaft geltend zu machen. Hierbei klagt er im Wege der Prozessstandschaft für die Gesamthandsgemeinschaft. Dies ist deswegen erforderlich, weil die Erbengemeinschaft nicht parteifähig ist. Deswegen ist der nachfolgende Klageantrag erforderlich, um auch mit dem materiellen Recht aus § 2039 BGB überein zu stimmen.

Musterformulierung Zahlungsklage eines Miterben auf Erfüllung einer Werklohnforderung:[9]

135 *An das*
Landgericht
Mannheim

Klage der .... (Klägerin)

vertreten durch .... (Rechtsanwälte, Ortsangabe)

g e g e n

Herrn Martin Schumacher, Huberweg 8, 67800 Mannheim
(Beklagter)

wegen Werklohnforderung.

Streitwert vorläufig: 70 000,00 DM/€

Namens und gemäß anliegender Vollmacht der Klägerin erheben wir hiermit ***Klage*** *und kündigen die* ***Anträge*** *an:*

1. Den Beklagten zu verurteilen, an die Miterbengemeinschaft nach dem .... am .... verstorbenen .... bestehend aus:

a. der Klägerin, Frau ....
b. dem Miterben 2 ....
c. dem Miterben 3 ....
d. dem Miterben 4 ....

70 000 DM/€ nebst 4 % Zinsen ab Zustellung der Klage zu zahlen;

---

9 Zur Vertiefung zu § 2039 BGB sowie zum Aktivprozess der Erbengemeinschaft vgl Frieser aaO, S 133 ff

2. dem Beklagten die Kosten des Rechtsstreits aufzuerlegen.

Begründung:

Die Mutter der Klägerin verstarb unter dem .... Sie wurde kraft gesetzlicher Erbfolge von der Klägerin und den anderen Miterben, den im Antrag aufgeführten Geschwistern beerbt. Die Erblasserin und Mutter war von dem Beklagten beauftragt worden, einen bestimmten Einbauschrank für das Schlafzimmer herzustellen. Hierbei handelte es sich um eine Schrankwand von 4 m Breite und 2,5 m Höhe aus Kiefernholz. Als Grundlage des Vertrages wurde nach Besichtigung der Örtlichkeiten eine Skizze erstellt und die einzelnen Wünsche des Beklagten in die Skizze und das spätere Vertragswerk aufgenommen.

***Beweis:** Anliegende Kopie der Skizze nebst Erläuterungen und Unterschriften vom ......*

Die Werklohnforderung war am .... zur Zahlung fällig. Trotz Mahnung hat der Beklagte bis heute nicht gezahlt.

***Beweis:** Anliegende Kopien der Aufforderungsschreiben vom ....*

Der Beklagte hat zwischenzeitlich eingewandt, der Einbauschrank habe in einzelnen Bereichen Mängel und er sei im Ergebnis für ihn nicht mehr vollständig brauchbar.

Hierbei handelt es sich um eine Schutzbehauptung. Denn zwischenzeitlich hat ein Sachverständiger das Werk geprüft und keine Mängel feststellen können.

***Beweis:** Anliegende Kopie des Gutachtens des Gutachters vom ....*

Der Beklagte hatte das Werk auch bereits abgenommen und war grundsätzlich mit der Leistung der Klägerin einverstanden. Rechte hatte er sich nicht vorbehalten.

***Beweis:** Anliegende Kopie des Abnahmeprotokolls vom ....*

Der Werklohn ist fällig. Durch die Nichtzahlung des Beklagten ist Klage daher geboten.
Nach dem vorstehenden Streitwert sind Gerichtskosten[10] in Höhe von .... DM/€ mit gleicher Post eingezahlt worden.

Beglaubigte und einfache Abschrift zur Zustellung anbei.

Rechtsanwalt/Rechtsanwältin

10 Zum Streitwert, Anwaltsgebühren und Kostensachen im Zusammenhang mit der Erbengemeinschaft vgl Sarres aaO, S 141 ff; derselbe Gebühren und Kosten im Familien- und Erbrecht, Luchterhand 1999

IV. Feststellungsklage gemäß § 256 ZPO und »Kombinationsklagen«

136 Die Feststellungsklage ist gegenüber der Erbteilungsklage (Leistungsklage) subsidiär. Denn ein Auseinandersetzungsbegehren ist auf Zustimmung der vom klagenden Miterben beantragten Auseinandersetzung, nämlich auf die Schließung eines ganz bestimmten, konkret zu bezeichnenden Auseinandersetzungsvertrages zu richten. Der die Auseinandersetzung betreibende Miterbe muss deshalb einen Auseinandersetzungsplan vorlegen und bestimmte Anträge für die Art der Durchführung der Auseinandersetzung stellen. An die Genauigkeit dieses Auseinandersetzungsplans stellt die Rechtsprechung hohe Anforderungen. Dies hat bei Erbauseinandersetzungsklagen, bei denen noch zahlreiche Streitkomplexe ungeklärt sind, zur Folge, dass der Klagende wegen des fehlenden Gestaltungsrechts des Richters gehalten ist, zahlreiche Hilfsanträge zu stellen, um einer Klageabweisung zu begegnen. **Die Auseinandersetzungsklage ist regelmäßig mit einem sehr hohen Prozessrisiko belastet.** Wegen der zahlreichen Probleme der Erbauseinandersetzungsklage kann nicht verlangt werden, möglichst alle Streitigkeiten in einem einzigen Auseinandersetzungsprozess zu erledigen. Ein derartiger prozessrechtlicher Zwang zur Häufung sämtlicher auftauchender Streitkomplexe der Erbauseinandersetzung in einem einzigen Rechtsstreit führt lediglich dazu, dass die Zahl umfangreicher, schwer übersichtlicher und daher langwieriger Erbrechtsprozesse zunimmt und damit das Recht der Erben auf jederzeitige Auseinandersetzung nicht selten gefährdet oder so gar vereitelt wird.

137 Dementsprechend ist anerkannt, dass ein Miterbe zum Zwecke der Auseinandersetzung eine Klage auf Feststellung **einzelner Streitpunkte** erheben kann, wenn eine solche Feststellung einer sinnvollen Klärung der für die Auseinandersetzung maßgebenden Grundlagen dient. **Für solche Fälle ist die Feststellungsklage gegenüber der Leistungsklage der einfachere und billigere Weg und deshalb das prozesswirtschaftlich sinnvollere Verfahren, so dass in entsprechenden Fällen das Feststellungsinteresse des klagenden Miterben trotz der Möglichkeit der Leistungsklage zuzulassen ist.**[11]

V. Erbengemeinschaft und Teilungsversteigerung

138 Die Auseinandersetzung der Gemeinschaft kann jeder Miterbe jederzeit gemäß § 2042 BGB verlangen. Gemäß § 2042 II BGB finden die Vorschriften der §§ 750–758 BGB entsprechend Anwendung, also auch § 753 I BGB, wonach die Aufhebung der Gemeinschaft bei Grundstücken durch Zwangsversteigerung und durch Teilung des Erlöses erfolgt.

139 Das Recht auf Einleitung der Teilungsversteigerung bedingt keine speziellen Voraussetzungen für den antragstellenden Miterben. Wenn die Teilungsversteigerung **nicht durch Vereinbarung** (§§ 749, 751 BGB) oder **durch Erblasser-**

---

11 Vgl RG, JW 1909, 223; RG, JW 1910, 655; RG, JW 1911, 804; RG, JW 1938, 1728; RG, HRR 1929, Nr. 1620; RG, HRR 1931, Nr. 1963; RG, HRR 1936, Nr. 388; RG, HRR 1942; Nr. 684; RGR 1925, Nr. 461; BGHZ 1, 74; BGHZ 2, 250; BGH FamRZ 1987, 475; BGH FamRZ 1990, 1112; KG, JR 1961, 144; OLG Karlsruhe, NJW 1974, 956; OLG Düsseldorf FamRZ 1996, 1338

anordnung (§ 2048 BGB) gehindert ist, sind für die ordnungsgemäße Antragstellung lediglich die Voraussetzungen der §§ 180, 181 ZVG zu erfüllen. Zwei Voraussetzungen sind zwingend:

Der Antragsteller muss Teilhaber der Gemeinschaft sein. Er muss als Eigentümer im Grundbuch auch eingetragen sein.

Ein **vollstreckbarer Titel** ist für die Anordnung der Zwangsversteigerung **nicht erforderlich**, § 181 I ZVG.

Musterformulierung Zwangsversteigerungsantrag:

An das 140
Amtsgericht Mannheim

Zwangsversteigerungsantrag
gemäß §§ 180ff ZVG

des Grafikers Peter Schon, Heineweg 12, 68001 Mannheim

Verfahrensbevollmächtigter: Rechtsanwältin Corinna Schütte aus Mannheim

Namens und in Vollmacht des Antragstellers ***beantrage ich,***

die Zwangsversteigerung des Grundstücks, Gertrudisstr. 2, 68002 Mannheim, Amtsgericht Mannheim, Grundbuch von.............., Blatt...........,

anzuordnen.

Es wird um Beiziehung der Grundbuchakten gebeten. Eine Kopie des Grundbuchauszugs liegt an.

Gründe:

1. *Der Antragsteller und der Antragsgegner sind einzige Miterben der ungeteilten Erbengemeinschaft nach.........................*
   Als einzige Immobilie gehört das vorgenannte Hausgrundstück zum ungeteilten Nachlass.
   Die Miterben sind Miteigentümer des obigen Nachlassgrundstückes. Das Haus ist unbewohnt und steht zur Veräußerung an, die bisher im freien Verkauf nicht gelungen ist.
   Beide Miterben wollen Veräußerung der Immobilie und die Teilung des Erlöses.
2. *Die Veräußerung des Nachlassgrundstückes über einen Makler ist misslungen. Eine Einigung mit privaten Interessenten ist auch nicht geglückt.*
3. *Aktiva und Passiva des Nachlasses der ungeteilten Erbengemeinschaft sind geklärt.*
4. *Das Hausgrundstück ist verwahrlost und es verliert deswegen zunehmend an Wert.*
5. *Andere triftige Gründe stehen der Zwangsversteigerung nicht entgegen. Berechtigte Kinder sind nicht vorhanden.*

Der Antragsgegner hat seine Mitwirkung zur Veräußerung der Immobilie verweigert.
Die Zwangsversteigerung ist daher geboten.

Rechtsanwältin

E. Verwirkung von Erbauseinandersetzungsansprüchen? . 1217

E. Verwirkung von Erbauseinandersetzungsansprüchen?

Ansprüche aus einer Nachlassregulierung sollen auch der Verwirkung unterliegen können. Hierbei handelt es sich um spezielle Ausnahmefälle, die jedoch **Signalwirkung** haben. 141

Verwirkung ist angenommen worden, wenn über zwei Jahrzehnte lang Ansprüche aus der Nachlassteilung nicht verfolgt worden sind, und auch bei der Regulierung eines anderen Nachlasses, mit dem sie in Zusammenhang stehen, nicht geltend gemacht worden sind. Der Verwirkungstatbestand soll aber erst dann erfüllt sein, wenn der oder die Miterben nach 20 Jahren davon ausgehen konnten, dass wegen der bisher erfolgten Abwicklung eine endgültige Befriedung und Beruhigung zwischen den Beteiligten wegen der Auseinandersetzung des Nachlasses eingetreten sei. 142

Diese Grundsätze bezogen sich auf einen besonders komplizierten Fall im Zusammenhang mit einer Erbauseinandersetzung.[1]

- **Zur Auswahl wichtiger Fristen bei der Erbengemeinschaft:**

  Vgl Kapitel 1 C. Rn 93 ff.

1 Vgl BGH Urteil vom 18. 01. 1978 = WM 1978, 377

KAPITEL 8
Wesentliche Grundlagen des Pflichtteilsrechts

ÜBERBLICK

A. Das Pflichtteilsrecht: Eine umstrittene Rechtsgarantie

I. Pflichtteil und Pflichtteilsanspruch

Die abstrakte Möglichkeit, ein Pflichtteilsrecht (= den Pflichtteil) zu erwerben, basiert auf familienrechtlichen Beziehungen: 1

Abkömmlinge, der Ehegatte und die Eltern des Erblassers können beim Erbfall prinzipiell mit einer Mindestbeteiligung – regelmäßig in Höhe der Hälfte des gesetzlichen Erbteils – rechnen. Das Gesetz (§ 2303 BGB) garantiert für oben genannten Personenkreis dieses Minimum an wirtschaftlicher Teilhabe am Nachlass des Erblassers. Nicht pflichtteilteilsberechtigt sind demnach Geschwister oder Großeltern.

Ob aber dieses Pflichtteilsrecht **umschlägt** in einen konkreten Pflichtteilsanspruch, hängt davon ab, ob der potentielle Erblasser von seiner Testierfreiheit Gebrauch gemacht hat und Erbberechtigte von der gesetzlichen Erbfolge ausgeschlossen bzw auf den Pflichtteil gesetzt hat.[1] Wenn dies der Fall ist, **erstarkt die potentielle Mindestbeteiligung am Nachlass zu einem konkreten Pflichtteilsanspruch**.

II. Pflichtteilsrecht und Diskussionsstand

Das Pflichtteilsrecht ist seit langem umstritten.[2] Die geführte Diskussion um die Berechtigung des Pflichtteilsrechts wurde aber zunächst entgegen mancher Erwartung relativiert durch den Beschluss des BVerfG vom 30. 8. 2000, mit dem es eine erhobene Verfassungsbeschwerde zum Pflichtteilsrecht nicht zur Entscheidung angenommen hat.[3] 2

Das Pflichtteilsrecht steht also weiterhin im Spannungsverhältnis von Testierfreiheit und verfassungsrechtlichem Schutz aus Art. 14 I 2 GG oder Art. 6 I GG. Die Frage der Mindestbeteiligung am Nachlass durch die Einbeziehung des Pflichtteils in die Erbrechtsgarantie bedarf verfassungsrechtlich noch einer abschließenden Überprüfung.

Denn in dem oben genannten Beschluss hat das BVerfG[4] nochmals ausdrücklich klargestellt, dass der in den geltenden Pflichtteilsvorschriften geregelte Ausgleich zwischen Testierfreiheit und Verwandtenerbrecht dem Verfassungsrecht genügt. 3

---

1 Durch Ausschluss von der gesetzlichen Erbfolge oder durch Benennung eines Dritten zum Alleinerben

2 Str, vgl hierzu Otte ZEV 1994, 193; Leipold JZ 1990, 700; Gersken, RPfleger 1989, 45

3 BVerfGE, Beschluss vom 30. 8. 2000, 1 BvR 2464/97, abgedruckt in: ZEV 2000, 399, 400

4 ZEV 2000, 399, 400

Eine nähere verfassungsrechtliche Überprüfung hielt das Bundesverfassungsgericht bisher in dem der Verfassungsbeschwerde zugrunde liegenden Sachverhalt nicht für erforderlich, weil dies vorausgesetzt hätte, dass hier der Erblasser in der letztwilligen Verfügung deutlich zum Ausdruck gebracht hätte, den Abkömmling von jeglicher Beteiligung am Nachlass ausschließen zu wollen.[5] Hierfür sah das BVerfG aber keine Anhaltungspunkte. Das BVerfG hält demnach eine weitergehende Überprüfung des Pflichtteilsrechts erst dann für erforderlich, wenn die durch das gesetzliche Pflichtteilsrecht gewährleistete Mindestbeteiligung am Nachlass gegen den Willen des Erblassers erfolgen soll, weil erst dann das in der Testierfreiheit enthaltene Selbstbestimmungsrecht eine Einschränkung erfahren würde.[6]

4 Gerade wegen dieser offenen Entscheidung des BVerfG wird die Diskussion um das Pflichtteilsrecht weiter anhalten.[7] Da nicht vorhersehbar ist, ob noch mit einer Entscheidung zum Pflichtteilsrecht gerechnet werden kann, besteht auch Unsicherheit für den Rechtsanwender in der Rechtspraxis, insbesondere für die Vertragsgestaltung.[8]

5 Vgl BVerfGE ZEV 2000, 400 reSp
6 Vgl BVerfGE ZEV 2000, 400 reSp
7 Dauner-Lieb, Das Pflichtteilsrecht – Ketzerische Fragen an ein altehrwürdiges Institut = eine gründliche Darstellung mit zahlreichen rechtlichen und familiensoziologischen Bezügen, die die Schwachstellen des Pflichtteilsrechts offen legen soll
8 Vgl hierzu J. Mayer ZEV 2000, 447

B. Der Pflichtteilsanspruch – eine anwaltliche Spezialaufgabe 1225

ÜBERBLICK

B. Der Pflichtteilsanspruch – eine anwaltliche Spezialaufgabe

I. Mandatserfolg

Wenn das erbrechtliche Mandat vom Pflichtteilsberechtigten erteilt wird, so konzentriert sich die Interessenwahrnehmung selbstverständlich in der Regel auf den größtmöglichen wirtschaftlichen Erfolg. Der sog Mandatserfolg hat aber nicht nur wirtschaftliche Interessen, sondern in der anwaltlichen Praxis auch familiär-emotionale Dimensionen. Hier gilt es, den entsprechenden Mandantentypus sowie die Mandatsziele richtig zu erkennen, um auch effektive Strategien einzelfallbezogen zu entwickeln. 5

Einerseits wird zB der über die Enterbung enttäuschte Unternehmersohn (Mandant) sicher häufig die schnelle und profitable Umsetzung seines Geldanspruchs gegen den oder die Erben ins Zentrum der Mandatierung rücken wollen. Andererseits führen in anderen Fällen trotz Enterbung bestimmte Familienbiografien auch zu anderen Anspruchshaltungen, die dem Berater ein flexibles Mandatsmanagement abverlangt.

1. *Fall: Familie und Entfremdung*

S1 ist einer von drei Söhnen des Erblassers V, der seine zweite Ehefrau E zur Alleinerbin eingesetzt hatte. Vater und Söhne hatten wegen tiefer Zerrüttung seit zwei Jahrzehnten keine Kontakte mehr. Die Söhne hatten die Wiederverheiratung von V nur schwerlich akzeptiert, wollten jetzt aber keinen Erbrechtsstreit mit E, vielmehr die Sache diskret behandelt wissen und Ansprüche nur stellen wollen, wenn »genügend Nachlass« vorhanden ist und hierdurch E nicht über Gebühr belastet würde. S1 bittet um eine erste juristische Einschätzung. 6

Für den Rechtsanwalt geht es nunmehr um die Ermittlung und Darstellung der konkreten und endgültigen Mandatsziele.

Erweist sich die bescheidene Anspruchshaltung des Mandanten als sicher, so spiegelt sie in diesem Einzelfall sein Unbehagen darüber wider, trotz des jahrzehntelangen Zerwürfnisses und der Entfremdung zum Vater von einem bestimmten Bestandteil des väterlichen Vermögens dennoch profitieren zu können. Ob diese als realistisch einzuschätzende Attitüde von Abkömmlingen als repräsentativ anzusehen ist, lässt sich selbstverständlich nicht objektivieren.[1] 7

Der zumindest formell zur Anspruchsverwirklichung beauftragte Gläubigeranwalt wird unter Berücksichtigung der Vorstellungen des Mandanten S1 diesen gleichwohl über die aktuelle Rechtslage sowie die Handlungsalternati- 8

1 Statistiken über eine Einstellung zum Pflichtteilsrecht (Wertewandel) auf Schuldner- oder Gläubigerseite wird es nicht geben können

ven vorsorglich aufklären müssen, damit S1 genügend Informationen für sein weiteres Vorgehen gewinnen kann.

a. Auskunftsrechte und Verjährung

9 Unabhängig vom Einzelfallbezug muss der Berater zunächst über folgende Punkte Auskunft erteilen bzw beraten:

➢ Die dreijährige Verjährungsfrist des Pflichtteilsanspruchs gemäß § 2332 BGB:
- Beginn und Ablauf der Verjährungsfrist[2]
- Verjährungsunterbrechungsmöglichkeiten
- Möglichkeiten der Verjährungshemmung

➢ Auskunfts- und Wertermittlungsmöglichkeiten über den Nachlass des Erblassers:[3]
- Zum realen Nachlassbestand
- Zum fiktiven Nachlassbestand

➢ Die Beweislastkonstellation beim Pflichtteilsanspruch.[4]

10 Wenn die pflichtteilsberechtigten Söhne in diesem Fall ihre Anspruchsverfolgung nach subjektiv-enttäuschenden Erstinformationen zum kargen Nachlass oder wegen der Entfremdung zur Familie aufgeben, dann hätten sie das Dilemma mit dem Pflichtteilsrecht beim Erbfall anscheinend gelöst, was dem Erblasser und Vater zu Lebzeiten trotz (angeblicher) Testierfreiheit nicht gelingen konnte. Denn der Erblasser hatte (wohl) **keine Gestaltungsmöglichkeit** zur Verfügung, um seine Kinder erbrechtlich völlig auszuschalten, damit seiner zweiten Ehefrau das gesamte Vermögen zufließen konnte.

b. Rechtslage: Erwägungen und Subsumtion

11 Diese diktiert der mitgeteilte Sachverhalt:

➢ Die Pflichtteilsentziehungstatbestände[5] des § 2333 BGB waren zu Lasten der Söhne **nicht** erfüllt.

➢ Die durch Testament mögliche Anordnung einer **Pflichtteilsbeschränkung in guter Absicht** gemäß § 2338 BGB zu Lasten der Söhne hätte dem Erblasser auch nicht zu weiterer Verfügungsfreiheit verhelfen können, weil entsprechende Voraussetzungen für diese Norm, nämlich Suchtkrankheit oder Verschwendung, bei den Abkömmlingen nicht begründbar waren.[6]

---

2 OLG Oldenburg MDR 1999, 41
3 OLG Düsseldorf FamRZ 1999, 1097; OLG Hamm ZEV 1998, 188
4 BGHZ 89, 24 ff, 29
5 Vgl hierzu zB Klingelhöffer aaO, S 12 ff; Frieser aaO, S 113 f
6 Zur Pflichtteilsbeschränkung in guter Absicht vgl Langenfeld aaO, Rn 330, 474; Klingelhöffer aaO, S 18 ff; Tschichoflos aaO, S 113 ff

- Ein Erbverzichtsvertrag oder Pflichtteilsverzichtsvertrag gemäß § 2346 I, II BGB hätte bei Lebzeiten des Erblassers gemäß § 2348 BGB durch notarielle Beurkundung geschlossen werden müssen.[7] Hiergegen sprach die familiäre Entfremdung.

Ergebnis:

Der Pflichtteilsanspruch für S1 und seine Brüder besteht. 12

Die aktuelle Rechtslage zum Pflichtteilsrecht kann also bei bestimmten Lebensverläufen den Erblasser in seiner Vermögensverteilungsdisposition erheblich beschränken bzw behindern, wenn trotz tiefgreifender Entfremdung innerhalb der Familie lebzeitige Gestaltungsmöglichkeiten die Mindestteilhabe am Nachlass nicht ausschließen können.[8]

2. *Fall: Der anspruchsvolle Unternehmersohn*

Der verwitwete mittelständische Unternehmer M hat zwei Kinder, Tochter T und den nicht ehrgeizigen Sohn S. Zur Alleinerbin hatte M seine Tochter T, die Betriebswirtschaft studiert hatte, eingesetzt. Unternehmersohn S mandatiert Rechtsanwalt Z und erwartet »Erfolgsstrategien«, um zügig zu seinem Geld zu kommen (Maximalanspruch). 13

Der Wert[9] des Unternehmens von M war kurz vor dem Erbfall realistisch auf ca € 800 000 beziffert worden.

a. Mandatsstadien

Nach der Mandatsübernahme für den Pflichtteilsberechtigten können folgende Mandatsstadien durchlaufen werden: 14

- **Erstberatung/Beratung** des Pflichtteilsberechtigten über die Anspruchsrealisierungsmöglichkeiten und die damit verbundenen Vorarbeiten: 15
  Hinweise zur Verjährung des Pflichtteilsanspruchs, Auskunfts- und Wertermittlungsmöglichkeiten, insb zur Unternehmensbewertung einschließlich ihrer verschiedenen Methoden,[10] Feststellung der Pflichtteilsquote;[11] Abstimmung der weiteren Mandatsschritte mit dem Mandanten.
- Im zweiten Stadium wäre die Alleinerbin T aufzufordern, die zur **Unternehmensbewertung relevanten Belege** zu übersenden, zB Gewinn- und 16

---

7 Vgl BGH DNotZ1997, 422 mit Anm Albrecht, zitiert nach Langenfeld aaO, S 347

8 Zur Testamentsgestaltung im Zusammenhang mit dem Pflichtteilsrecht vgl auch Keim ZEV 1998, 127 ff, ferner zu ähnlichen Problemstellungen Hagena ZEV 1998, 131 f

9 Vgl Piltz, Die Unternehmensbewertung in der Rechtsprechung, 3. Aufl. 1994

10 Vgl hierzu Frieser aaO, S 82 ff

11 T und S wären gesetzliche Miterben gewesen zu je 1/2. Die Pflichtteilsquote für S beträgt also die Hälfte des gesetzlichen Erbteils = 1/4

Verlustrechnung der letzten fünf Jahre vor dem Todesfall, wozu der Alleinerbe verpflichtet ist.[12]

17 ➢ Im Interesse des S wäre schon **vor einer endgültigen Bezifferung** des Geldanspruchs anspruchsorientiert die Möglichkeit gegeben, eine verzugsbegründende Mahnung an die Alleinerbin auszubringen. Der Pflichtteilsanspruch entsteht zwar mit dem Tod des Erblassers, § 2317 BGB. Zur Absicherung einer Verzinsung ist aber die rechtzeitige Inverzugsetzung notwendig, weil ansonsten die Verzinsung erst mit Rechtshängigkeit einsetzen würde.[13]

18 ➢ Im nächsten Stadium der Anspruchsverwirklichung für S müsste der auf einen Geldanspruch gerichtete **Pflichtteilsanspruch beziffert** werden. Geht man von einem bestätigten Unternehmenswert von € 800 000 aus, so ist wie in anderen Fällen der Pflichtteilsanspruch wie folgt zu ermitteln:

$$\frac{\text{Gesetzliche Erbquote} \times \text{Nachlasswert}}{2}$$

Für S bedeutet dies:

$$\frac{1/2 \times € 800\,000}{2} = 400\,000 : 2 = 200\,000$$

Der Geldanspruch für S beträgt also € 200 000.

b. Verzug – Bezifferung

19 Sollte bis zu dem Zeitpunkt der Feststellung des endgültigen Zahlungsanspruchs für S eine Inverzugsetzung zur Zinssicherung noch nicht erfolgt sein, so müsste dies mit der endgültigen Anspruchsbezifferung nachgeholt werden.[14]

Ergebnis:

20 Erfahrungsgemäß ist die Durchsetzung von Pflichtteilsansprüchen im Zusammenhang mit vorhergehenden Unternehmensbewertungen unsicher, aufwendig und zeitlich belastend. Daher bieten sich ohne Berücksichtigung von Formfragen einvernehmliche Regelungen an. Die zur Disposition der Parteien stehenden Vereinbarungsmöglichkeiten eröffnen einen großen Verhandlungs- und Abschlussspielraum.[15]

---

12 Vgl OLG Düsseldorf NJW-RR 1997, 454; ferner zur Wertermittlung OLG München NJW-RR 1988, 390; Muster für ein Anspruchsschreiben betreffend Auskunftserteilung vgl Frieser aaO, S 94; zu weiteren Einzelheiten des Wertermittlungsanspruchs im Unternehmensbereich vgl auch Sarres ZEV 1998, 4 ff, 6

13 Vgl hierzu auch Frieser aaO, S 69

14 Muster für das Aufforderungs- und Abrechnungsschreiben vgl Frieser aaO, S 81; ders mit einem Musterschreiben betreffend Gutachtensüberprüfung zum Unternehmenswert aaO, S 84 ff mit Erläuterungen

15 Vgl auch das Vereinbarungsmuster bei Frieser aaO, S 115 ff

II. Der Pflichtteilsergänzungsanspruch, § 2325 BGB

1. Funktion des § 2325 BGB

Der Pflichtteilsergänzungsanspruch ist für die nächsten Angehörigen des Erblassers (= abstrakte Pflichtteilsberechtigung gemäß § 2303 BGB ist ausreichend) von überragender Bedeutung, weil er dort seinen Anwendungsbereich hat, wo der Erblasser durch lebzeitige unentgeltliche Verfügungen eine angemessene Beteiligung an seinem Nachlass verhindern will.[16] 21

Auch ein nicht enterbter Allein-/Miterbe kann einen Pflichtteilsergänzungsanspruch haben.

Für die anwaltliche Beratungspraxis ist bei der Anspruchsprüfung von Relevanz, dass entgegen gelegentlicher Annahme **zwei Gesichtspunkte für den Ergänzungsanspruch grundsätzlich keine Rolle spielen**:

- Der ordentliche Pflichtteilsanspruch gemäß § 2303 BGB: Denn dieser erfährt separat von dem rechtlich selbständigen Ergänzungsanspruch ein eigenes Rechtsschicksal. Beide Ansprüche haben getrennt verlaufende Verjährungsfristen; ferner kann ein Pflichtteilsergänzungsanspruch auch dann bestehen, wenn das Nachlassvermögen (realer Nachlass) selbst bei 0 anzusetzen ist.[17] 22
- Obwohl den Pflichtteilsergänzungsanspruch gelegentlich die Aura böswilligen Verhaltens des Erblassers[18] umgibt, ist eine Beeinträchtigungsabsicht des Erblassers grundsätzlich keine Voraussetzung für den Pflichtteilsergänzungsanspruch.[19] 23

2. Berechnungsschritte

Der **Berechnungsmodus**[20] zur Ermittlung des Pflichtteilsergänzungsanspruchs soll in der Regel in vier Schritten erfolgen. Gelegentlich werden (irritierend) unterschiedliche Begriffe bei den Ausgangs- und Zwischenwerten verwendet. 24

---

16 Kornexl, Der Zuwendungsverzicht, Schriftenreihe des Deutschen Notarinstituts, Band 7, 1998 Rn 187; zum Kreis der Ergänzungsberechtigten, zum Schenkungsbegriff und zur Bewertung von Schenkungen vgl Bengel in: Dittmann/Reimann/Bengel, D 65 ff (S 181 ff); instruktiv: Steiner, Pflichtteilsergänzung für den »nicht enterbten« Pflichtteilsberechtigten, MDR 1997, 906; Frieser aaO, S 103 ff zur Gesamtproblematik; zum Streit des »Erbanwärters« (potenzieller Erbe) mit dem vom Erblasser Beschenkten vgl ausführlich Frieser aaO, S 237 ff

17 Vgl hierzu Klingelhöffer aaO, S 111; Palandt/Edenhofer § 2325 Rn 2

18 Gemeint ist das möglicherweise nachlassentwertende Verhalten des Erblassers zu Lebzeiten

19 Vgl Kornexl aaO, S 58, Fn 111 mit Hinweis auf die Motive, V. S 452 f; und Protokolle, V. S 588

20 Vgl zB Palandt/Edenhofer § 2325 Rn 5; ferner Kasper aaO, S 28 ff; Kornexl aaO, S 58

Zur Übersichtlichkeit der an § 2325 BGB orientierten Berechnung erscheinen jedoch fünf Berechnungsschritte angezeigt. Für den hier vorgestellten sog Normalfall bei einem Alleinerben, der von der gesetzlichen Erbfolge ausgeschlossen worden ist, ergeben sich nachfolgende Berechnungsstationen:

- Feststellung des Realnachlasses
- Feststellung des ordentlichen Pflichtteils
- Feststellung des sog fiktiven Gesamtnachlasses (Schenkung + Realnachlass)
- Feststellung des Pflichtteilsbetrages (Pflichtteilsquote) aus dem fiktiven Gesamtnachlass
- Feststellung des Pflichtteilsergänzungsanspruchs = Pflichtteilsbetrag aus fiktivem Gesamtnachlass – Betrag aus ordentlichem Pflichtteil

Fall:

25 *S ist der einzige Sohn von Erblasser E. E enterbt den S.*

Der Realnachlass beträgt € 10 000, der gesetzliche Erbteil für S € 5 000. Innerhalb des 10-Jahres-Zeitraums hat der E € 2 000 an F verschenkt.

26 Hieraus errechnet sich folgender Pflichtteilsergänzungsanspruch für S:

Realnachlass	€ 10 000
Ordentlicher Pflichtteil des S = (5 000 : 2)	€ 2 500
Sog fiktiver Gesamtnachlass = (10 000 + 2 000)	€ 12 000
Pflichtteilsquote (Betrag) aus dem fiktiven Gesamtnachlass = (12 000 : 4)	€ 3 000
Pflichtteilsergänzungsanspruch = (3 000 – 2 500)	€ 500

Alternativberechnungsmodus[21]

27 € 2 000 : 4 = € 500

€ 500 umfasst dann der Pflichtteilsergänzungsanspruch gegen F.

21 Vgl Kasper aaO, S 30

3. *Fall: Die Lebensversicherung für den konkurrierenden Miterben*

Rechtsanwältin C wird im Zuge der erbrechtlichen Erstberatung vom Miterben M2 damit betraut, die Rechtslage nach folgendem Sachverhalt zu überprüfen: M1 und M2 sind Miterben aufgrund der gesetzlicher Erbfolge nach Erblasser V. Das Erblasservermögen (Realnachlass) umfasst lediglich einige alte sperrmüllreife Möbelstücke, ist auch ansonsten wertlos. M1 hat in Erfahrung gebracht, dass sein Vater etwas sechs Jahre vor seinem Tod den M2 in einem Lebensversicherungsvertrag als Bezugberechtigten genannt hat (Wert ca € 30 000), so dass die Lebensversicherung nicht in den Nachlass fällt. 28

M1 möchte ausschließlich wissen, ob er Pflichtteilsergänzungsansprüche gegenüber M2 haben könnte.

Für die Beurteilung dieses Falles ist von Bedeutung, dass nach der Rechtsprechung des BGH[22] **nicht** verlangt wird, dass der Angehörige aus dem Kreis der § 2303 BGB auch tatsächlich einen Pflichtteilsanspruch habe. Die sogenannte Enterbung ist nicht Voraussetzung für einen Ergänzungsanspruch. 29

Der Realnachlass liegt bei Null (0) und hat prinzipiell keine Bedeutung für den Ergänzungsanspruch. Ein aktiver Nachlass ist nicht Voraussetzung für einen Pflichtteilsergänzungsanspruch.[23]

Der M1 hat also einen Pflichtteilsergänzungsanspruch, der wie ein Pflichtteilsanspruch behandelt wird.[24]

Der Ergänzungsanspruch für M1 berechnet sich also wie ein normaler Pflichtteilsanspruch nach der üblichen Pflichtteilsquote auf der Grundlage der gesetzlichen Erbteile. Demzufolge hat M1 hier einen Ergänzungsanspruch in Höhe von 1/4 von € 30 000, also in Höhe von € 7 500 (30 000 : 2 : 2).

Ergebnis:[25]

Der Pflichtteilsergänzungsanspruch für M1 beträgt € 7 500. 30

III. Nachlassvermögen, fiktiver Gesamtnachlass und Anrechnung gemäß § 2315 BGB

1. Terminologie

Wenn der Erblasser nahe Familienangehörige enterbt hat und zu seinen Lebzeiten rechtswirksam bestimmt hat, dass Vorempfänge auf den Pflichtteil anzurechnen sind, ergeben sich für die anwaltliche Beratung im Einzelfall 31

22 BGH MDR 1973, 750
23 Vgl Lange/Kuchinke aaO, S 880, 881
24 Deswegen ist am besten die Rede von einem fiktiven Pflichtteilsanspruch (Quote 1/4)
25 Zum Streit, ob die Versicherungssumme oder nur die Prämien maßgeblich sind vgl auch BGH, FamRZ 76, 616

sowohl mit den unterschiedlich verwendeten Begriffen als auch mit den verschiedenen Berechnungsmodi gewisse Schwierigkeiten, die nur bei klaren Berechnungsstrukturen behoben werden können.

Bei den verschiedenen Berechnungsvorgängen tauchen dann unterschiedliche Termini auf, wie zB Nachlassvermögen, Gesamtpflichtteil, erhöhter Nachlass, Ergänzungsnachlass usw. Hier gilt es, eigene Begriffe zu favorisieren und konsequent bei Berechnungsvorgängen einzusetzen und beizubehalten.

2. *Fall: Anrechnungsbestimmungen*

32 *Rechtsanwältin C wird beauftragt, Pflichtteilsansprüche für die von ihrem Vater (V) enterbten Geschwister D und E zu berechnen.*

Erblasser V hat seine Töchter enterbt und den Studienfreund Z zum Alleinerben eingesetzt. D hatte vom Vater zur Anrechnung auf den Pflichtteil € 10 000 erhalten, E € 20 000. Die Anrechnungsbestimmung erfolgte rechtswirksam bei der Zuwendung.[26] In der Beratung geben die Geschwister einen Reinnachlass beim Erbfall an in Höhe von € 200 000. Für die Rechtsanwältin sind nunmehr separat die jeweiligen Pflichtteilsansprüche von D und E zu berechnen.

3. Ermittlung der Pflichtteilsansprüche

33

Pflichtteilsanspruch für D: Nachlassvermögen	€ 200 000
Anrechnungspflichtige Zuwendung	€ 10 000
Fiktiver Gesamtnachlass	€ 210 000
Pflichtteilsquote = 1/4	€ 52 500
Minus Schenkung	€ 10 000
Verbleibender Pflichtteilsanspruch	€ 42 500
Pflichtteilsanspruch für E: Nachlassvermögen	€ 200 000
Anrechnungspflichtige Zuwendung	€ 20 000
Fiktiver Gesamtnachlass	€ 220 000
Pflichtteilsquote = 1/4	€ 55 000
Minus Schenkung	€ 20 000
Verbleibender Pflichtteilsanspruch	€ 35 000

Ergebnisse:

34 Die Pflichtteilsansprüche sind der Höhe nach unterschiedlich. Die Anrechnungen bewirken nicht, dass die beiden pflichtteilsberechtigten Geschwister gleich behandelt werden.

26 Vgl hierzu Langenfeld aaO, S 255; auch Klingelhöffer aaO, S 107; eine spätere Anrechnungsbestimmung wäre wirkungslos, vgl Klingelhöffer aaO, Rn 309

Bei den für die anwaltliche Beratung wichtigen **Beweislastfragen** ist zu berücksichtigen, dass grundsätzlich der Erbe darzulegen und zu überweisen hat, dass vom Erblasser eine **Anrechnungsbestimmung** rechtswirksam erfolgt ist. Im Gegensatz hierzu wird in der Literatur großzügig verfahren und die Ansicht vertreten, dass bei vermeintlich größeren Schenkungen schon nach dem Beweis des ersten Anscheins von einer Anrechnung auszugehen sei.[27] 35

27 Vgl hierzu Klingelhöffer aaO, S 107; zur Anrechnungsbestimmung vgl auch Nieder aaO, S 179 ff

C. Pflichtteilsberechtigte und Beispielsfälle 1237

ÜBERBLICK

C. Pflichtteilsberechtigte und Beispielsfälle

I. Die Anspruchberechtigten gemäß §§ 2303 ff BGB

1. Die vorrangig Pflichtteilsberechtigten

a. Abkömmlinge § 1589 BGB

Die Pflichtteilsberechtigung von Abkömmlingen hat uneingeschränkten verfassungsrechtlichen Schutz aus Art. 6 I GG. Deshalb gilt ihre Rechtsposition als gesichert. Ihre Teilhabe am Erblasservermögen ist ohne Rechtsrisiko (derzeit noch) gewährleistet. 36

Die Familiengebundenheit des Erblasservermögens erscheint verfassungsfest.[1] Der Schutzbereich des Art. 6 GG soll grundsätzlich die Kleinfamilie, nicht die Generationen – Großfamilien erfassen.

b. Die besondere Rechtslage ab 1. 4. 1998, Art. 227 EGBGB

Durch das Erbrechtgleichstellungsgesetz (BGBl 97 I, 2968) ist eine vollständige **erbrechtliche Gleichstellung** von ehelichen und nichtehelichen Kindern erfolgt. Dies gilt speziell für sämtliche (neuen) Erbrechtsfälle seit dem **1. 4. 1998.** 37

Erbrechtsfälle **vor dem 1. 4. 1998** sind in der Regel nach der Übergangsvorschrift des Art. 227 EGBGB zu lösen, wonach die bis zum 1. 4. 1998 geltenden Erbrechtsvorschriften für das nichteheliche Kind weiter anwendbar sind, wenn vor diesem Zeitpunkt entweder der Erblasser gestorben ist oder über den Erbausgleich eine wirksame Vereinbarung getroffen oder der Erbausgleich durch rechtskräftiges Urteil zuerkannt worden ist.

c. Das angenommene minderjährige Kind, §§ 1754, 1755 BGB

Durch Adoption erlischt gemäß § 1755 BGB das Verwandtschaftsverhältnis des Kindes und seiner Abkömmlinge zu den bisherigen Verwandten und die sich aus ihm ergebenden Rechte und Pflichten. 38

Wegen des Wegfalls aller erbrechtlichen-familienrechtlichen Bande des adoptierten Kindes zu seiner (biologischen) Ursprungsfamilie wird es gegenüber den Adoptiveltern pflichtteilsberechtigt. Es ist also so zu behandeln, als wäre es der leibliche Abkömmling der Adoptiveltern.

---

1 Rauscher, Reformfragen des gesetzlichen Erb- und Pflichtteilsrecht, 1993 Band II/2, S 2 ff; Haas ZEV 2000, 253, 254

d. Das volljährige Kind, §§ 1767 II, 1754, 1770 BGB

39 Pflichtteilsberechtigt sind auch **volljährige Adoptivkinder**. Auf sie sind die gemäß § 1767 II BGB maßgeblichen Vorschriften und erbrechtlichen Grundsätze anwendbar, die für die Annahme minderjähriger Kinder gelten. Zu beachten ist, dass das volljährige Adoptivkind Pflichtteilsrechte nach seinen leiblichen Eltern und auch nach den Adoptiveltern hat.

Im Gegensatz hierzu erlöschen aber bei der Minderjährigenadaption für das minderjährige Kind wesentliche Rechtspositionen (zB Unterhaltsansprüche, Namensrechte, Erb- und Pflichtteilsrechte). Dies normiert § 1755 BGB, wonach die sich aus dem bisherigen Verwandschaftsverhältnis der Kinder ergebenden Rechte und Pflichten erlöschen.

e. Der vermeintliche vorzeitige Erbausgleich

40 Aufgrund der neuen Rechtslage zum Pflichtteilsrecht durch Gleichstellung der ehelichen mit den nichtehelichen Kindern ist für die Beratungssituation darauf zu achten, dass es einen **vorzeitigen Erbausgleich** nicht mehr gibt. Ausgenommen sind zB Erbersatzansprüche zwischen nichtehelichen Kindern und ihren Vätern für Erbfälle zwischen dem 1. 7. 1970 und dem 31. 3. 1998.[2]

2. Die nachrangig Pflichtteilsberechtigten: Entfernte Abkömmlinge und die Eltern des Erblassers

a. Entfernte Abkömmlinge, § 2309 BGB

41 Die Vorschrift des § 2309 BGB wird zu recht als undurchsichtig eingestuft und ist sehr problematisch in ihrer praktischen Umsetzung.

Die Norm hat anspruchseinschränkenden Charakter. Sie soll verhindern, den Pflichtteil in demselben Stamm mehrfach zuzuwenden. Dies geschieht mit einer gesetzlichen Fiktion des § 2309 BGB, der einen Pflichtteilsanspruch voraussetzt.

§ 2309 BGB ist daher keine Anspruchsgrundlage, sondern begründet beziehungsweise fördert das Rangverhältnis der Pflichtteilsberechtigten.[3]

Für Abkömmlinge gilt:

42 Kann ein näherer Abkömmling den Pflichtteil verlangen, verdrängt er dadurch den entfernteren Abkömmling. Ausreichend soll sein, einen Pflichtteil rechtlich in Anspruch nehmen zu können.[4]

---

2 Vgl zu den weiteren Voraussetzungen Palandt/Edenhofer aaO, zu den §§ 1934 a–1934 c aF; ferner Frieser aaO, Rn 660 ff, 662

3 Vgl insoweit zutreffend Mayer ZEV 1998, 433

4 Vgl Nieder aaO, S 84

Fall:

M ist Witwer. Er ist Vater des einzigen Sohnes S und Großvater des einzigen Enkelkindes E. 43

M enterbt S und vorsorglich auch sein Enkelkind E. Alleinerbe ist AE. Nach dem Tode des M will S seinen Pflichtteil.

Wegen des Rangverhältnisses aus § 2309 BGB ist S vor dem E pflichtteilsberechtigt (sog Pflichtteilsverdrängung).

b. Die Eltern des Erblassers, § 2309 BGB

Für die mögliche Pflichtteilsberechtigung von Eltern gelten die vorstehenden Grundsätze in gleicher Weise. 44

Fall:

Der verwitwete M ist Vater des einziges Sohn N und Großvater des einzigen Enkelkindes E. Sohn N verzichtet für sich und seinen Sohn auf Erb- und Pflichtteilsrechte. 45

M hat seine Eltern von der gesetzlichen Erbfolge rechtswirksam ausgeschlossen.

In diesem Falle sind die Eltern nach dem Tode des M pflichtteilsberechtigt.

II. Sonderfall: Pflichtteilsberechtigung und entgeltlicher Erb- und Pflichtteilsverzicht

Streitig ist die Frage, ob die Eltern eines Erblassers dennoch einen Pflichtteilsanspruch geltend machen können, wenn die Abkömmlinge des Erblassers gegen eine Abfindung auf sämtliche Erbteilsrechte verzichtet haben (Erb- und Pflichtteilsrecht). 46

Bei dieser **stark umstrittenen** Rechtsfrage hängt die Streitentscheidung davon ab, ob durch die an die Abkömmlinge gezahlte Abfindung ein Ausschluss-/Einschränkungsfall des § 2309 Fall 2 BGB vorliegt, weil »das ihm Hinterlassene« angenommen worden ist.

Pflichtteilsrechtsausschließend sind Zuwendungspositionen durch letztwillige Verfügungen und insb auch lebzeitige Zuwendungen zum Zwecke der Anrechnung oder Ausgleichung, so dass durch den entgeltlichen Erbverzicht der Abkömmlinge das Eltern-Pflichtteilsrecht entfällt.[5]

Die Rechtsprechung[6] geht diesen Weg.

5 Instruktiv zu dieser Problematik mit seinen weiteren vielgestaltigen Auswirkungen vgl J. Mayer ZEV 1998, 433; zu den Problemstellungen des § 2309 BGB umfassend Bestelmeyer FamRZ 1997, 1124

6 OLG Celle, ZEV 1998, 433

D. Pflichtteilsquotenermittlung, der Pflichtteilsanspruch und seine Fälligkeit 1243

ÜBERBLICK

D. Pflichtteilsquotenermittlung, der Pflichtteilsanspruch und seine Fälligkeit

Pflichtteilsrechte der Abkömmlinge, der Eltern oder der Ehegatten des Erblassers setzen gemäß § 2309 BGB **zwingend** voraus, dass diese durch Verfügung von Todes wegen von der Erbfolge ausgeschlossen worden sind. 47

Diese Erblasser-Verfügung kann gemäß § 1938 BGB erfolgen durch ausdrückliche Enterbung oder ferner durch rechtsverkürzende Einsetzung zum Ersatzerben, wobei im Einzelfall schwierige Auslegungsprobleme vorgeschaltet sein können.[1]

I. Umfang des Pflichtteilsanspruchs: Die gesetzliche Pflichtteilsquote

Der abstrakte Umfang des Pflichtteilsanspruchs orientiert sich zunächst an dem gedachten gesetzlichen Anspruch (= gesetzlicher Erbteil). Der Pflichtteil besteht sodann in der Hälfte des Wertes dieses gesetzlichen Erbteils, § 2303 II 2 BGB. 48

Für die jeweilige Ermittlung des gesetzlichen Erbteils sind die speziellen Vorschriften für Abkömmlinge, Eltern und Ehegatten zu beachten. Für Abkömmlinge ist § 1924 BGB maßgeblich, für die Eltern § 1925 BGB sowie für den gesetzlichen Erbteil bei Ehegatten die §§ 1931, 1933 BGB einschließlich der Besonderheiten im Hinblick auf den jeweiligen Güterstand sowie im Hinblick auf mögliche Scheidungsverfahren.

Aus diesen ermittelten gesetzlichen Erbteilsquoten folgt dann der sog Pflichtteilsbruchteil als Synonym für die Hälfte des Wertes des gesetzlichen Erbteils.

1. Die Pflichtteilsquotenermittlung gemäß § 2310 I 1 BGB

Zur Feststellung des sog Pflichtteilsbruchteils werden bestimmte gesetzliche Erben mit berücksichtigt. 49

Diese sind:

- Erben, die enterbt worden sind;
- Erben, die die Erbschaft ausgeschlagen haben sowie
- Erben, die für erbunwürdig erklärt worden sind.

1 Hierzu umfassend J. Mayer in: Dittmann/Reimann/Bengel, Teil D, Rn 1 ff

Fall:

50 *Der verwitwete und elternlose Erblasser E hat seine beiden Abkömmlinge K1 und K2 von der gesetzlichen Erbfolge ausgeschlossen (enterbt). Zum Alleinerben hat er den D eingesetzt. Der Wert des Nachlasses beläuft sich auf € 600 000.*

51 Gemäß den §§ 1924, 1930 BGB wären die beiden Kinder K1 und K2 als gesetzliche Erben zu je 1/2 berufen, § 2310 BGB.

Gemäß § 2303 BGB beträgt die Pflichtteilsquote für K1 und K2 jeweils 1/4. Die Beteiligung des Nachlasses verteilt sich wie folgt:

Alleinerbe D = 1/2
Pflichtteilsquote für K1 = 1/4
Pflichtteilsquote für K2 = 1/4

52 Der erste Berechnungsschritt folgte aus § 2310 BGB, wonach diejenigen mitzuzählen sind, die von der gesetzlichen Erbfolge ausgeschlossen sind.

Dies sind K1 und K2. Bei gesetzlicher Erbfolge haben K1 und K2 zu je 1/2 Anteil geerbt.

Gemäß § 2303 I BGB beträgt die Quote jetzt 1/2 des gesetzlichen Erbteils, also jeweils 1/4-Anteil für K1 und K2.

Der Nachlass ist wertmäßig wie folgt aufzuteilen:
Alleinerbe D = 1/2 Anteil = € 300 000
Pflichtteilsquote für K1 = 1/4 Anteil = € 150 000
Pflichtteilsquote für K2 = 1/4 Anteil = € 150 000

2. Die Pflichtteilsquotenermittlung gemäß § 2310 I 2 BGB

53 Die Vorschrift des § 2310 I BGB unterscheidet verschiedene Fälle bei der Pflichtteilsquotenfeststellung. **Keine Berücksichtigung** findet derjenige ursprünglich Pflichtteilsberechtigte, der durch **Erbverzicht** ausgeschlossen ist. In entsprechenden Konstellationen kann sich eine »**Beratungsfalle**[2]« verbergen. Denn bei weiteren Pflichtteilsberechtigten erhöht sich dadurch deren Quote. Verfehlt ist dann das Erblasserziel, Pflichtteilsansprüche auf Distanz zu halten bzw zu minimieren.

Fall:

54 *Erblasser E hat vier Söhne, S1 (Pfarrer), S2 (Richter), S3 (Sozialpädagoge) und S4 (Lektor). E setzt S1 als Alleinerben ein. Die Gestaltungsaktivität von E führt zu weiteren Konsequenzen: S2 erklärt den Erbverzicht, S3 hat auf den Pflichtteilsanspruch verzichtet. S4 ist durch Testament aus der Erbfolge ausgeschlossen worden. Der Nachlasswert beträgt € 2,4 Mio.*

2 Crezelius, Unternehmenserbrecht aaO, S 73

S1, S3 und S4 werden mitgezählt, S2 **nicht** (§ 2310 I 2 BGB). Die gesetzliche **Erbquote** für S1, S3 und S 4 beträgt jeweils 1/3. Die Pflichtteilsquote beträgt demnach für S1, S3 und S4 jeweils 1/6. 55

Hierbei ist zu berücksichtigen, dass S2 wegen seines Erbverzichts bei der Ermittlung der Pflichtteilsquoten lediglich als »Rechnungsposten« eine Rolle gespielt hat. Denn faktisch hat er keine Ansprüche.

Der Geldanspruch als Pflichtteil beträgt daher für S1, S3 und S4 jeweils € 400 000.

Der bloße Erbverzicht bewirkt aber die Erhöhung der Quoten der Pflichtteilsberechtigten und erfüllt speziell im Unternehmensbereich nicht die gewünschte Zielsetzung. **Ohne Erbverzicht ergeben sich im Einzelfall dann niedrigere Pflichtteilsquoten.** Hätte im obigen Fall S2 **nicht** den Erbverzicht erklärt, wäre die jeweilige Pflichtteilsquote niedriger. 56

Lösungsansatz könnte der Weg über § 2346 II BGB sein (Isolierter Pflichtteilsverzicht), da dann eine Pflichtteilserhöhung anderer potentieller Pflichtteilsberechtigter nicht stattfindet.[3] Der Isolierte Pflichtteilsverzicht ist also günstiger als der (bloße) Erbverzicht.[4] Er begünstigt die Gestaltungsfreiheit des Erblassers enorm.[5]

II. Fälligkeit des Pflichtteilsanspruchs, § 2317 I BGB

Für die Schuldnerstellung des mit dem Pflichtteil belasteten Erben ist von Bedeutung, dass gemäß § 2317 BGB schon mit dem Erbfall der Anspruch auf den Pflichtteil entsteht. Der Erbe sieht sich also im Zweifel mit einer **sofortigen Zahlungsverpflichtung** konfrontiert. 57

Das vom Berater zu beachtende **Stundungsverlangen** unter den speziellen Voraussetzungen des § 2331 a BGB beinhaltet Zumutbarkeitskriterien im Hinblick auf sämtliche Einzelfallaspekte. Für die Rechtspraxis stehen im Vordergrund formlos-gültige Abreden zwischen Erbe und Pflichtteilsberechtigtem.[6]

Zum postmortalen wirtschaftlichen Schutz des Erben wegen der sofortigen Fälligkeit des Pflichtteilsanspruchs gibt es keine durchgreifende Rechtsmöglichkeiten. 58

Vorsorgliche letztwillige Stundungsregelungen sind grundsätzlich wegen § 2306 I 1 BGB unwirksam. Trotzdem können Stundungsregelungen als **Wünsche** in letztwillige Verfügungen aufgenommen werden. Hierbei muss sich der verfügende Erblasser von der Hoffnung leiten lassen, dass seine Autorität auch über den Tod hinaus wirkt.[7]

---

3 Crezelius aaO, S 73
4 Vgl Leipold, Erbrecht, 12. Aufl. 1998, S 185 ff mwN
5 Vgl Leipold aaO, S 186; zur weiteren Konsequenz anschaulich Reithmann aaO, S 561 ff
6 Vgl hierzu Klingelhöffer, Die Stundung des Pflichtteilsanspruchs, ZEV 1998, 121–123
7 Vgl Klingelhöffer, aaO

III. Pflichtteilsanspruch: Nur Geldzahlung

59 Der Pflichtteilsanspruch ist kein Anspruch minderer Art, weil dieser eine geringere wirtschaftliche Beteiligung am Nachlass ausmacht. Als günstig zahlt sich aus, dass dieser aus dem Nachlasswert sich ergebende Anspruch wirtschaftlich klare Grenzen hat, sofort fällig ist und er als Erbfallschuld gemäß § 1967 BGB etwa gegenüber Auflagen, Erbersatzansprüchen und Vermächtnissen vorrangig zu befriedigen ist.

60 Für die konkrete erbrechtliche Beratung des potentiellen Erblassers ist **strategisch** von überragender Bedeutung, ob die spätere Nachlassmasse zu Befriedigung des vorhersehbaren Pflichtteilsanspruchs auch tatsächlich versilbert werden kann. Erschöpft sich der Nachlass in **Immobilien** oder in **Gesellschaftsanteilen**, so birgt dies nicht unerhebliche Gefahren für eine vernünftige Auseinandersetzung des Erblasser-Vermögens. In entsprechenden Fällen ist die Nachlassplanung zu korrigieren (vgl hierzu Kapitel 9 Rn 1 ff in diesem Werk).

61 Besteht der vorhersehbare Nachlass erkennbar in **Barvermögen** oder **Sparvermögen**, so wird die Befriedigung des Pflichtteilsanspruchs als abgrenzbarer Geldzahlungsanspruch keine unüberwindbaren Schwierigkeiten für den potentiellen Erben bedeuten.

E. Ehegattenerbrecht, Güterstand und Pflichtteilsquote 1249

ÜBERBLICK

E. Ehegattenerbrecht, Güterstand und Pflichtteilsquote

I. Allgemeine Grundsätze

Gemäß § 2303 I 2 BGB besteht der Pflichtteil in der Hälfte des Wertes des gesetzlichen Erbteils. 62

Um die jeweilige güterstandsbezogene Pflichtteilsquote neben anderen Erbberechtigten zu fixieren, sind zunächst die gesetzlichen Erbteile festzustellen. Ohne genaue Kenntnis der gesetzlichen (fiktiven) Erbquoten ist grundsätzlich eine Berechnung der Pflichtteilsquote/des Pflichtteilsanspruchs nicht möglich.

II. Güterstand der Zugewinngemeinschaft

Die für die spätere Pflichtteilsquotenermittlung maßgeblichen Erbquoten für den Ehegatten beim gesetzlichen Güterstand der Zugewinngemeinschaft erschließen sich aus den §§ 1931, 1371 BGB. Unter Berücksichtigung anderer gleichzeitig Erbberechtigter ergeben sich bei der Zugewinngemeinschaft folgende **Erbanteile** für den überlebenden Ehegatten (gesetzliche Erbfolge): 63

1. **Neben Verwandten der erster Ordnung** 64
   (Abkömmlinge) = Erbanteil = 1/4
   Im Güterstand der Zugewinngemeinschaft, § 1371 BGB = Erbanteil = 1/2
2. **Neben Verwandten der zweiten Ordnung**
   (Eltern und Geschwistern) = Erbanteil = 1/2
   Im Güterstand der Zugewinngemeinschaft = Erbanteil = 3/4
3. **Neben Großeltern** = Erbanteil = 1/2
   Im Güterstand der Zugewinngemeinschaft = Erbanteil = 3/4

Die sich aus der vorstehenden Darstellung ergebenden Erhöhungen im Güterstand der Zugewinngemeinschaft auf 1/2 bzw 3/4, je nach erbrechtlicher Ordnung, folgen daraus, dass sich gerade im gesetzlichen Güterstand der Zugewinngemeinschaft der gesetzliche Erbteil des überlebenden Ehegatten zum Ausgleich etwaigen Zugewinns unabhängig von anderen Voraussetzungen gemäß § 1371 I BGB pauschal um 1/4-Anteil beim Erbfall erhöht. Hierbei ist gemäß der ausdrücklichen gesetzlichen Regelung **unerheblich**, ob tatsächlich ein Zugewinn erzielt worden ist oder nicht (sog erbrechtliche Lösung). Diese erbrechtliche Lösung wird als Regelfall angesehen. 65

1. Pflichtteilsquote/Pflichtteilsanspruch des Ehegatten

66 Im Güterstand der Zugewinngemeinschaft kann die Pflichtteilsquote des überlebenden Ehegatten bzw das wirtschaftliche Ausmaß des Pflichtteilsanspruchs des überlebenden Ehegatten nicht prinzipiell durch Halbierung des gesetzlichen Erbanteils fixiert bzw errechnet werden.[1] Für die praxisrelevanten Fallgestaltungen sind zwei Fragestellungen maßgeblich:

➢ Liegt ein Fall des § 1371 II BGB vor?

➢ Liegt ein Fall des § 1371 III BGB vor?

67 Der Fall des § 1371 II BGB regelt die Rechtsstellung des völlig enterbten Ehegatten.[2]

Der Fall des § 1371 III BGB betrifft die Rechtssituation, wenn der überlebende Ehegatte zwar zum Erben geworden ist, er aber die Erbschaft (»taktisch«) auszuschlagen berechtigt ist (komplizierte Interessenabwägung).[3]

68 Wenn der überlebende Ehepartner in keiner Konstellation Erbe oder Vermächtnisnehmer geworden ist, so kann er folgende Rechte nebeneinander verlangen:

1. Den sog kleinen Pflichtteil = $1/8$ + ggf
2. den güterrechtlichen Zugewinnausgleichsanspruch[4]

69 Der sog kleine Pflichtteil mit einem Anspruch auf $1/8$ des Nachlasswertes ist dem überlebenden Ehegatten sicher, da dieser Anspruch sich eindeutig aus der gesetzlichen Regelung ableitet, § 1371 II, III BGB. Nicht sicher ist aber, ob bzw in welchem Umfange ein Zugewinnausgleichsanspruch gegeben ist. Dieser ist – wie bei der Ermittlung des Zugewinns im Ehescheidungsverfahren – in gleicher Weise konkret zu berechnen.[5]

Dies kann zu folgenden rechtlichen Konsequenzen führen:

70 Ist der Zugewinn des überlebenden Ehegatten höher als derjenige des Erblassers, so entfällt ein Zugewinnausgleichsanspruch neben dem Pflichtteilsanspruch ($1/8$).

Ergibt die Berechnung beim Erblasser einen Überschuss, so hat der überlebende Ehegatte neben der Pflichtteilsquote von $1/8$ noch einen entsprechenden Zugewinnausgleichsanspruch.[6]

1 Vgl zu diesem Irrtum in einem weiteren Zusammenhang Klingelhöffer aaO, S 35
2 Vgl hierzu ausführlich mit den unterschiedlichen Auswirkungen Leipold aaO, S 55 ff
3 Vgl hierzu Palandt/Brudermüller § 1371 Rn 18 f
4 Vgl hierzu weitergehend Bengel in: Dittmann/Reimann/Bengel aaO, Teil D, Rn 52 ff = S 179 ff
5 Vgl hierzu die gesetzlichen Voraussetzungen nach den §§ 1372 ff BGB
6 Der Zugewinnausgleichsanspruch beträgt $1/2$ des Überschusses, § 1378 BGB

2. Gütertrennung

Bei dem gesetzlichen Güterstand der Gütertrennung ergeben sich je nach Kinderzahl nachfolgende Erbanteile für den überlebenden Ehegatten: 71

1. Bei 1 Abkömmling ➪ Ehegattenerbanteil = 1/2 (1 Kind = 1/2 Anteil)
2. Bei 2 Abkömmlingen ➪ Ehegattenerbanteil = 1/3 (2 Kinder zusammen = 2/3 Anteile)
3. Bei 3 Abkömmlingen ➪ Ehegattenerbanteil = 1/4 (3 Kinder zusammen = 3/4 Anteile)

III. Übersichten zu güterstandsbezogenen Erbteilsquoten

Aus den nachfolgenden Übersichten können die güterstandsbezogenen Erbteilsquoten unter Berücksichtigung erbberechtigter Abkömmlinge abgelesen werden. 72

Sie können die Pflichtteilsquotenermittlung in diesen Fällen erleichtern.

Gesetzlicher Güterstand	Ehegatte	1 Abkömmling
Zugewinngemeinschaft	1/2	1/2
Gütertrennung	1/2	1/2

Gesetzlicher Güterstand	Ehegatte	2 Abkömmlinge gleichberechtigt
Zugewinngemeinschaft	1/2	1/2 = (1/4 + 1/4)
Gütertrennung	1/3	2/3 = (1/3 + 1/3)

Gesetzlicher Güterstand	Ehegatte	3 Abkömmlinge gleichberechtigt
Zugewinngemeinschaft	1/2	1/2 = (1/6 + 1/6 + 1/6)
Gütertrennung	1/4	3/4 = (2/8 + 2/8 + 2/8)

Trotz punktuell gleich lautender Ergebnisse können gerade vorstehende Übersichten die güterstandsbezogenen Pflichtteilsquoten deutlich werden lassen. 73

F. Durchsetzung von Pflichtteilsansprüchen 1255

ÜBERBLICK

F. Durchsetzung von Pflichtteilsansprüchen

I. Stufenklage gemäß § 254 ZPO

Zur Realisierung von Pflichtteilsansprüchen gegenüber dem Erben steht die Stufenklage als wichtigste Klageart im Vordergrund, da sie als insbesondere verjährungsunterbrechendes Klageinstrument drei prozessual untereinander selbständige Stufen umfasst: 74

1. **Auskunft**
2. **Eidesstattliche Versicherung**
3. **Zahlung (= Leistung)**[1]

Die Stufenklage ist prozessual als der sog sicherste Weg anzusehen. Dies gilt primär für ihre umfassende Verjährungsunterbrechungswirkung. Ferner wird mit der Stufenklage und ihren Anträgen regelmäßig der gesamte Streitstand zur Diskussion gestellt und sukzessive zur Entscheidung vorgesehen. 75

Musterformlierung für Klageanträge bei der Stufenklage:

An das 76
Landgericht Köln

Klage

der Frau Johanna Kurz, Ernst-Heinrich-Weg 3, 50511 Köln

– Klägerin zu 1) –

der Frau Petra Schmidt, Schumannstr. 1, 50443 Köln

– Klägerin zu 2) –

Prozessbevollmächtigter: Kurt Kleinmann, Köln

g e g e n

Frau Eleonore Hutmacher, Goetheweg 3, 50333 Köln

– Beklagte –

wegen: *Pflichtteilsanspruch*
Streitwert: *geschätzt vorläufig: 80 000*

*Namens und in Vollmacht der Kläger erhebe ich hiermit gegen die Beklagte **Stufenklage** und werde im Termin zur mündlichen Verhandlung **beantragen**,*

---

1 »Zum grundsätzlich jederzeitigen Übergang auf die Leistungsstufe wegen des bloßen Hilfscharakters des Auskunftsanspruchs« vgl OLG Düsseldorf, NJW-RR 1996, 839; OLG Koblenz, FamRZ 1996, 882 (str)

1. *die Beklagte zu verurteilen, den Klägerinnen Auskunft zu erteilen über den Bestand des Nachlasses des am 12. 1. 1999 verstorbenen Friedrich Schebel zum Stichtag 12. 1. 1999 des Todestages durch Vorlage eines notariellen Verzeichnisses*[2]*,*
2. *die Beklagte zu verurteilen, den Wert des einzelkaufmännischen Unternehmens Friedrich Schebel e.K. durch Sachverständigengutachten zu ermitteln;*
3. *für den Fall, dass das Verzeichnis nicht mit der erforderlichen Sorgfalt errichtet worden sein sollte, die Beklagte zu verurteilen, zu Protokoll an Eides statt zu versichern, dass sie den Bestand des Nachlasses so vollständig und richtig angegeben hat, als sie dazu in der Lage ist,*
4. *nach Auskunftserteilung die Beklagte zu verurteilen, an die Klägerinnen den Pflichtteil in Höhe einer Pflichtteilsquote von je 1/8 des Nachlasswertes zu zahlen*

Begründung:

(.........................)

II. Klage wegen Pflichtteilsergänzung gegen einen Dritten (Beschenkten)

Grundsätze

77 Zwar haftet grundsätzlich der Erbe/Miterbe für einen Pflichtteilsergänzungsanspruch (§ 2325 BGB). Die Inanspruchnahme des Erben entfällt jedoch, wenn der Nachlass zB nicht werthaltig ist, also die Befriedigung des Bereicherungsanspruchs ausgeschlossen ist (»der Erbe zur Ergänzung des Pflichtteils nicht verpflichtet ist.......«), § 2329 BGB.

Außerdem kann der Erbe der selbst pflichtteilsberechtigt ist, die Erfüllung unter den Voraussetzungen des § 2328 BGB verweigern.

Die Haftung des Dritten ist subsidiär.[3]

Die verschiedenen Klageforderungen

78 Im Falle des § 2329 BGB muss der Beschenkte das Geschenk zum Zwecke der Befriedigung herausgeben oder durch Zahlung des fehlenden Betrages abwenden.[4]

Der Ergänzungsanspruch des § 2329 BGB ist nur bei Geldgeschenken auf Zahlung gerichtet, bei anderen Geschenken muss er durch Klage auf Duldung

2 Vgl hierzu Frieser aaO, S 96

3 Palandt/Edenhofer § 2329 Rn 2; zum defizitären Nachlass BGH NJW 1981, 1446; zu weiteren Einzelheiten und Streitfragen vgl Pentz MDR 1998, 132, OLG Zweibrücken NJW 1977, 1825;

4 Vgl Frieser aaO, S 111; Klingelhöffer aaO, S 42; auch zur Tenorierung bei Urteilen gemäß § 2328 BGB sowie zur Hinweispflicht des Gerichts gemäß § 139 ZPO

der Zwangsvollstreckung in den geschenkten Gegenstand durchgesetzt werden.[5]

Musterformulierung Klage:[6]

An das 79
Landgericht..........

Klage

des Hubert Waldberg, Schonauer Weg 2, 40311 Düsseldorf

– Kläger –

Prozessbevollmächtigte: Rita Schmidt, Düsseldorf

gegen

die Marion Zottel, Buchnergasse 5, 60322 Frankfurt am Main

– Beklagte –

wegen Zahlungsanspruchs.

[oder]

wegen Duldung der Zwangsvollstreckung.

Vorläufiger Streitwert: Geschätzt €..............

Namens und in Vollmacht des Klägers erhebe ich Klage und werde ich ***beantragen,***

> ***die Beklagte zu verurteilen, an den Kläger € 30 000 nebst 5 % Zinsen über den Basiszinssatz seit dem........... 2001 zu zahlen,***

[oder]

> ***die Beklagte zu verurteilen, wegen des Pflichtteilsergänzungsbetrages von € 30 000 die Zwangsvollstreckung in....... (hier: Genaue Angabe des geschenkten Gegenstandes) zu dulden, zB:***
>
> ***in das im Grundbuch von............, Band......, Blatt..... eingetragene Grundstück zu Gunsten des Klägers zu dulden.***

Begründung:

Der Kläger macht einen Pflichtteilsergänzungsanspruch gegen die beschenkte Beklagte geltend.

Diesem Ergänzungsanspruch liegt folgender Sachverhalt zugrunde:

5 BGH NJW 1990, 2064

6 Klagegegner können der Beschenkte oder dessen Erben sein, BGHZ 80, 205; wegen der kurzen Verjährungsfrist von grundsätzlich 3 Jahren im Interesse des Beschenkten vgl Palandt/Edenhofer § 2332 Rn 8; kurze Frist der Verjährung auch, wenn der Beschenkte zugleich Miterbe ist, BGH NJW 1986, 1610

Am ...... verstarb ..... in ...... der .... (hier: Name des Erblassers).

***Beweis:** Akten des Nachlassgerichtes ...., Az. ....*

Der Kläger ist der Sohn und der einzige Hinterbliebene des Erblassers.

Bereits zu Lebzeiten hat der Erblasser über sein damaliges Vermögen wie folgt verfügt:

Durch notariellen Überlassungsvertrag vom .... hat er das ihm gehörende Grundstück in ...., Schön-Str. 11, eingetragen im Grundbuch von ...., Band ......, Blatt .... an die Beklagte .... im Wege der Schenkung übertragen.

***Beweis:** Akten des Grundbuchamtes ...., Band ...., Blatt ....., die beizuziehen sind, da sich darin der Überlassungsvertrag befindet.*

Das Grundstück hatte im Zeitpunkt der Schenkung einen Wert von mindestens € 60 000.

Beweis: Einholung eines Sachverständigengutachtens

Dem Sohn als Pflichtteilsberechtigten steht ein Pflichtteilsergänzungsanspruch in Höhe der Hälfte des Nachlasswertes zu. Dabei ist bei der Berechnung des Wertes des Nachlasses der Wert des übertragenden Grundstückes an die Beklagte dem Realnachlass hinzuzurechnen. Da der Erblasser beim Tode keine Gegenstände von Wert hinterlassen hat, kann der Kläger von der Beklagten wegen seines Plichtteilsergänzungsanspruches verlangen, dass sie die Zwangsvollstreckung in das geschenkte Grundstück duldet.

Der Kläger hat Anspruch auf Verzugszinsen.[7] Denn die Beklagte wurde mit Schreiben vom .... 2001 mit Fristsetzung zum .... 2001 vergeblich zur Zahlung aufgefordert. Sie ist daher gemäß §§ 284, 288 BGB zur Zinszahlung verpflichtet.

....
Rechtsanwältin

7 Zum 1. 9. 2001 betrug der Basiszinssatz 4,92 %, vgl § 1 des Diskontsatz-Überleitungsgesetzes (BGBl I 1998, 1242). Der Basiszinssatz ändert sich jeweils zum 1. Januar, 1. Mai und 1. September jedes Jahres. Ab 1. 5. 2000 beträgt der Zinssatz 3,42 %, ab dem 1. 9. 2000 4,26 %, so dass die Verzugszinsen insgesamt seit 1. 5. 2000 bei 8,42 % und seit dem 1. 9. 2000 bei 9,26 % pro Jahr anzusetzen sind

KAPITEL 9
Unternehmensnachfolge

9

ÜBERBLICK

A. Einleitung

I. Die wichtigsten Gestaltungsziele

Das Ziel der Gestaltung einer Unternehmensnachfolge entspricht vordergründig dem Ziel nahezu jeder beratenden und kautelarjuristischen Tätigkeit, nämlich »Geld sparen und Streit vermeiden«. Jedoch lassen sich darüber hinaus weitere nachfolgespezifische Ziele ausmachen, die mit unterschiedlichen Prioritäten verfolgt und – je nach Sachverhalt – mit unterschiedlichem Erfolg verwirklicht werden können. Zu diesen Zielen gehören: 1

- Die Sicherung der Altersversorgung der Senioren 2
- Der Erhalt des Unternehmens
- Die Gleichstellung der Kinder
- Die Vermeidung unnötiger Liquiditätsbelastungen

1. Sicherung der Altersversorgung

Das Ziel der Sicherung einer ausreichenden Altersversorgung der abgebenden Senioren wird für den Berater vor allem im Rahmen der Gestaltung von Maßnahmen vorweggenommener Erbfolge, somit lebzeitiger Unternehmensnachfolgen relevant. Dem gegenüber sehen manche Unternehmer es als einen Akt der Alterssicherung an, sich gerade nicht von ihrem Unternehmen zu trennen und bis ins hohe Alter oder sogar bis zum Tode die Geschicke des Unternehmens zu bestimmen. Das Unternehmen stellt nämlich bei den meisten Mittelständlern den wesentlichen Teil des Vermögens dar. Die Erträge aus dem Unternehmen dienen, soweit sie nicht reinvestiert werden, dem Lebensunterhalt und werden später auch für die Altersversorgung benötigt. Es ist daher nicht nur das psychologische Phänomen des »Nichtloslassenkönnens«, welches den Unternehmer an seinem Unternehmen festhalten lässt. Darüber hinaus besteht häufig die Sorge, die eigene Altersversorgung zu gefährden, wenn das Unternehmen einem Nachfolger übertragen wird. In den eigenen Händen erscheint der Unternehmenserhalt vielen Unternehmern sicherer. 3

Tatsächlich aber ist die Altersversorgung des Unternehmers, der sich einer Nachfolge verweigert, nur scheinbar gesichert. Ein alternder Senior mit ungeregelter Nachfolge stellt vielmehr in der Regel ein höheres Unternehmensrisiko dar als ein unerfahrener Junior. So spielt beispielsweise für Banken die Nachfolgefrage bei der Beurteilung der Bonität eines Unternehmens eine wesentliche Rolle. Die ungeregelte Nachfolge wird als erhebliches Kreditrisiko gewertet. Notwendige Investitionen werden nicht mehr finanziert. Mitarbeiter, vor allem die Besten, sehen durch eine ungeregelte Nachfolgesituation ihren Arbeitsplatz gefährdet und wandern ab. Kunden und Lieferanten sind allenfalls noch zu kurzfristigen Abnahme- und Lieferverträgen bereit und orientieren sich um. Das Unternehmen verliert nicht nur in kürzester Zeit erheb- 4 lich an Wert, vielmehr ist nicht selten sein Erhalt ernstlich gefährdet. Die erste Alterssicherungsmaßnahme muss daher vom Unternehmer selbst kommen. Er muss bereit sein, die Nachfolge in sein Unternehmen zu planen, testamentarisch und vertraglich abzusichern und möglichst zu Lebzeiten einzuleiten.

Praxis-Tipp:

5 *Dieser erste Schritt aber ist für viele Unternehmer häufig der schwierigste. Der Berater kann dabei insoweit Hilfestellung bieten, als er aufzeigt, dass mit den Mitteln des Rechts durchaus den Wechselfällen des Lebens Rechnung getragen und die Versorgung des abgebenden Unternehmers gesichert werden kann. Auch die mit lebzeitigen Maßnahmen zu erreichenden steuerlichen Vorteile können dem wirtschaftlich denkenden Unternehmer entscheidendes Argument für die Einleitung der Nachfolge sein.*

6 Als rechtliche Instrumente zur Sicherung der Altersversorgung des abgebenden Seniors kommt beispielsweise bei der Gestaltung des Übergabevertrages die Aufnahme von Rückfallklauseln in Betracht. Hiermit kann für unerwartete und unerwünschte Entwicklungen und Ereignisse Vorsorge getroffen werden. Zwar hat sich die Nachfolgeplanung, wie jede Planung, an Wahrscheinlichkeiten zu orientieren. Der rechtliche Berater ist aber gerade dazu berufen, vertraglich auch das zu berücksichtigen, was der Statistik gerade nicht entspricht. So ist es beispielsweise unwahrscheinlich, aber eben nicht auszuschließen, dass der junge Nachfolger vor dem Senior stirbt oder dass er bereits nach zwei Jahren Tätigkeit im Unternehmen sein Arbeitsleben als beendet betrachtet und das ihm vorweg übertragene Unternehmen veräußern will.

7 Erträge aus dem Unternehmen und ggf auch Mitspracherechte, kann sich der Senior durch Nießbrauchsgestaltungen oder gesellschaftsvertragliche Sonderrechte sichern. Auch kommt eine Altersversorgung gegen Übertragung von Versorgungsleistungen in Form von Leibrenten oder dauernden Lasten in Betracht. Sogar entgeltliche Geschäfte, wie der Verkauf des Unternehmens oder die Verpachtung, können auch in der Familie im Einzelfall sinnvoll sein.

8 Neben der Sicherung der Altersversorgung des abgebenden Seniors ist sowohl bei Maßnahmen vorweggenommener Erbfolge, vorrangig aber bei der Gestaltung der letztwilligen Verfügungen an die Altersversorgung des länger lebenden Ehegatten sowie die Versorgung unterhaltsbedürftiger Angehöriger zu denken. Die Gestaltungsvarianten zur Sicherung der Altersversorgung sind also vielfältig, einen Überblick bietet der nachfolgende Abschnitt B. Rn 16.

2. Erhalt des Unternehmens

9 Das Ziel des Unternehmenserhalts wird von den meisten Unternehmern keineswegs nur aus finanziellen Interessen verfolgt. Hinzu kommt ein berechtigter Stolz und das Anliegen, dass dasjenige, was man sein Leben lang aufgebaut und durch seine Individualität geprägt hat, auch über den Tod hinaus erhalten

bleibt. Ein ganz wesentlicher Gesichtspunkt, das Ziel des Unternehmenserhalts vor viele andere Ziele zu stellen, ist aber weiterhin die besonders bei Unternehmern der Nachkriegsgeneration ausgeprägte Verantwortung gegenüber den Mitarbeitern.

Dem Unternehmenserhalt dienlich ist vor allem die lebzeitige, sukzessive Aufnahme des Nachfolgers ins Unternehmen. Das dabei unvermeidliche Konfliktpotenzial kann verringert werden, wenn die Schritte der Nachfolge sachverständig geplant und entsprechend dieser Planung auch vertraglich verwirklicht werden. Der rechtlichen Ausgestaltung bedarf insbesondere die Stellung des Nachfolgers im Unternehmen, wozu sowohl die Regelung seiner operativen Verantwortung als auch seiner Beteiligung am Unternehmen gehört. In diesem Zusammenhang wird eine Entscheidung über die passende Rechtsform des Unternehmensträgers notwendig, was einer rechtlichen, aber auch steuerlichen Abwägung bedarf. Soweit aus Gründen der Gleichstellung oder Versorgung sonstige Familienangehörige passiv am Unternehmen beteiligt werden sollen, sind hierfür rechtliche Gestaltungen zu wählen, die einerseits dem Versorgungsinteresse dieser Familienangehörigen Rechnung tragen, andererseits aber dem Nachfolger die zur Unternehmensführung notwendige Freiheit belassen. Wird das Unternehmen hingegen dem Nachfolger ausschließlich übertragen, sind existenzgefährdende Liquiditätsbelastungen durch gesellschaftsvertragliche Abfindungsansprüche ausscheidender Gesellschafter oder Ausgleichsansprüche weichender Erben zu vermeiden oder zumindest gering zu halten. 10

Da der Erhalt des Unternehmens gerade im mittelständischen Bereich wesentlich von der Person des Nachfolgers abhängt, ist dessen Nachfolge auch testamentarisch abzusichern. Der junge Unternehmer, bei dem der Nachfolger noch nicht feststeht, kann die erbrechtlichen Möglichkeiten nutzen, auf die Auswahl des Nachfolgers Einfluss zu nehmen. Die Anordnung einer Testamentsvollstreckung kann eine fachkundige Interimsgeschäftsführung gewährleisten und so den Erhalt des Unternehmens sichern helfen. Diese und andere dem Erhalt des Unternehmens dienende Maßnahmen sind dargestellt in Abschnitt C. Rn 256. 11

3. Gleichstellung der Kinder

Die Zeiten, in denen der älteste Sohn den Hof übernahm und der zweitgeborene Pastor wurde, sind vorbei. Die Eltern wollen ihre Kinder gleichbehandeln und die Kinder wollen, häufig ohne Rücksicht auf den Unternehmenserhalt, gleichbehandelt werden. Wird ein Unternehmen einem Abkömmling als Unternehmensnachfolger übertragen, fühlen sich die nicht ins Unternehmen nachfolgenden Abkömmlinge häufig benachteiligt. Dies trotz aller Bemühungen der Eltern um eine gerechte Verteilung. Grund für die Unzufriedenheit der lediglich mit Privatvermögen bedachten Abkömmlinge ist meist eine Fehlvorstellung vom Wert des elterlichen Unternehmens. Erfahrungsgemäß bewerten die nicht unternehmerisch tätigen Kinder das Unternehmen deutlich zu hoch. Vor allem das vom Nachfolger übernommene Unternehmensrisiko und die im Betriebsvermögen ruhende latente Steuerbelastung wird regelmäßig übersehen. Eine sachkundige Plausibilisierung des bei der Verteilung in 12

Ansatz gebrachten Unternehmenswertes hilft daher Streit vermeiden. In Abschnitt D. Rn 359 finden sich einführende Erläuterungen zur Unternehmensbewertung und zur Ermittlung von verteilungsrelevanten Gleichstellungswerten.

4. Vermeidung unnötiger Liquiditätsbelastungen

13 Sowohl die ungeregelte als auch die unfachmännisch geregelte Nachfolge kann erhebliche Liquiditätsbelastungen auslösen, die bei einer sorgfältigen Nachfolgeplanung vermeidbar gewesen wären. Liquiditätsgefahren drohen von unterschiedlichster Seite. Die Geltendmachung von Pflichtteilsansprüchen ist von übergangenen Abkömmlingen, Ehepartnern, manchmal sogar Eltern oder Sozialhilfeträgern zu befürchten. Der im gesetzlichen Güterstand verheiratete Unternehmer muss mit Zugewinnausgleichsansprüchen im Falle der Scheidung seines Ehepartners rechnen. Der Staat erhebt auf jeden Erwerb von Todes wegen oder durch lebzeitige Schenkung – so die Freibeträge überschritten sind – Erbschaftsteuer. Vermögensverschiebungen durch Erbfall oder Schenkung sowie die Auseinandersetzung der Erben kann darüber hinaus, gerade bei Vorhandensein von steuerlichem Betriebsvermögen, ertragsteuerliche Belastungen mit sich bringen. Existenzbedrohend können die Ansprüche der Verwandten, des Ehepartners und des Fiskus für den Unternehmensnachfolger vor allem deshalb werden, weil sie in der Regel sofort fällig, in Geld zu erbringen und steuerlich nicht effektuierbar sind. Um die Vermeidung oder zumindest Reduzierung solcher Liquiditätsbelastungen geht es in Abschnitt E. Rn 404.

II. Der notwendige Blick über den erbrechtlichen Tellerrand

14 Schon die aus den unterschiedlichsten Bereichen drohenden Liquiditätsbelastungen zeigen, dass bei der Gestaltung der Unternehmensnachfolge über das Erbrecht hinaus zahlreiche weitere Rechtsgebiete in den Blick genommen werden müssen. Zu den Kerngebieten der Nachfolgeplanung gehört neben dem Erbrecht das Gesellschaftsrecht, das eheliche Güterrecht und – sämtliche Gebiete überlagernd – das Steuerrecht. Die eigentliche Aufgabe der Nachfolgeberatung liegt nun in der Koordination dieser unterschiedlichen Rechtsgebiete. Die Nachfolgeberatung ist daher immer »ganzheitliche Beratung«. Es geht um das Zusammenspiel und die Ausnutzung der in den unterschiedlichen Rechtsgebieten angebotenen Gestaltungsinstrumentarien.

15 Der Gang der folgenden Darstellung ist demnach nicht nach Rechtsgebieten gegliedert, sondern nach Gestaltungszielen. Damit sollen die Interdependenzen der unterschiedlichen Rechtsgebiete bei der Lösung einer konkreten Gestaltungsaufgabe im Bereich der Unternehmensnachfolge deutlich gemacht werden. Das dies nur beschränkt und lediglich beispielhaft gelingen kann, liegt zum einen in der Natur der Sache. Die Gestaltung der Unternehmensnachfolge fordert gerade Kreativität bei der Bearbeitung des konkreten Falles, die in keiner Abhandlung vorweggenommen werden kann. Zum anderen wäre auch nur das Streben nach Vollständigkeit in einem im Umfang von

vorne herein beschränkten Kapitel zur Unternehmensnachfolge innerhalb eines Erbrechtshandbuchs fehl am Platz. Derjenige, der sich mit der Materie intensiver beschäftigen möchte, sei daher auf Spezialliteratur verwiesen.[1]

1 Siehe beispielsweise: Nieder, Handbuch der Testamentsgestaltung, 2. Aufl. 2000, J. Mayer, Grundzüge des Rechts der Unternehmensnachfolge 1999; Schäfer/Schlarb, Erbschaft- und Schenkungsteuer, 2000; Fromm/Vogt, Richtig schenken und vererben, 4. Aufl. 1999; Esch/Schulze zur Wiesche/Baumann, Handbuch der Vermögensnachfolge, 6. Aufl. 2000; Luckey, Unternehmensnachfolge, 2. Aufl. 1998; Landsittel, Gestaltungsmöglichkeiten von Erbfällen und Schenkungen, 2000; Hollender/Kussmann, Erbfall und Schenkung im Zivil- und Steuerrecht, 1999; Hübner, Unternehmensnachfolge im Erbschaftsteuerrecht, 1998; Müller/Ohland/Brandmüller, Gestaltung der Erb- und Unternehmensnachfolge in der Praxis (Loseblatt); Crezelius, Unternehmenserbrecht, 1998; Spiegelberger, Vermögensnachfolge, vorweggenommene Erbfolge, Erbauseinandersetzungen, Unternehmertestament – Gestaltungen nach Zivil- und Steuerrecht, 1994; Sudhoff, Unternehmensnachfolge, 2000; Flick/Piltz, Der internationale Erbfall, 1999; Gebel, Betriebsvermögen und Unternehmernachfolge, 1997; zahlreiche Gestaltungshinweise enthalten auch die einschlägigen Erbschaftsteuerkommentare.

B. Sicherung der Altersversorgung 1269

ÜBERBLICK

B. Sicherung der Altersversorgung

I. Sicherung der eigenen Altersversorgung bei lebzeitigen Maßnahmen

Erfahrungsgemäß gelingt eine Unternehmensnachfolge besser, wenn sie bereits zu Lebzeiten durchgeführt oder zumindest eingeleitet wird. Wenn auch die lebzeitige Unternehmensnachfolge nicht immer reibungslos verläuft, so erfolgt sie doch – anders als bei nicht selten unerwartet eintretenden Erbfällen – geplant, nämlich auf Grundlage einer mehr oder weniger sorgfältig ausgearbeiteten Konzeption. Die Einleitung der Unternehmensnachfolge bereits zu Lebzeiten bietet darüber hinaus den Vorteil, dass die **Unternehmenskontinuität** gewahrt bleibt. Mitarbeiter, Lieferanten und Kunden können behutsam auf den Wechsel in der Chefetage vorbereitet werden. Die vom abgebenden Senior über Jahrzehnte aufgebauten geschäftlichen Beziehungen bleiben erhalten. 16

Gerade aber im Mittelstand lässt sich eine Unternehmensnachfolge nicht allein durch die Bestellung des Nachfolgers zum Geschäftsführer vollziehen. Vielmehr wollen qualifizierte Nachfolger, die sich mit all ihrer Kraft für das Unternehmen einzusetzen bereit sind, neben angemessenen Dienstbezügen auch an der Substanz und dem Wachstum des Unternehmens beteiligt sein; das gilt für Söhne und Töchter genauso wie für fremde Dritte. Dies aber erfordert die – entgeltliche oder unentgeltliche – Übertragung des Unternehmens oder zumindest von Anteilen daran. 17

Neben der Begünstigung des Unternehmenserhalts bietet die lebzeitige Unternehmensnachfolge zahlreiche **steuerliche Vorteile.** Dies gilt besonders für die familieninterne Nachfolge. So helfen Maßnahmen vorweggenommener Erbfolge im Zehnjahresrhythmus, Erbschaftsteuern zu sparen. Durch die in § 14 ErbStG angeordnete Zusammenfassung von Erwerben innerhalb eines Zehn-Jahres-Zeitraumes führen Schenkungen im Abstand von mehr als zehn Jahren zur mehrmaligen Ausnutzung der persönlichen Freibeträge nach § 16 ErbStG und, sofern es sich um Betriebsvermögen handelt, des Betriebsvermögensfreibetrags nach § 13 a ErbStG. Auch die Progression kann durch die Aufteilung in kleinere Erwerbseinheiten häufig gesenkt werden. Darüber hinaus bleiben Wertsteigerungen des bereits lebzeitig übertragenen Betriebsvermögens von der Erbschaftsteuer verschont.[1] 18

Ertragsteuerliche Vorteile können sich daraus ergeben, dass die Erträge des Unternehmens auf mehrere Köpfe verteilt werden, womit faktisch ein Familiensplitting zur Senkung der Steuerprogression geschaffen werden kann. 19

1 Solche Wertsteigerungen ergeben sich bereits durch den Kaufkraftschwund. Die Erfahrung hat gezeigt, dass die erbschaftsteuerlichen Freibeträge nicht mit der Inflation wachsen. So galt der ehemalige Kinderfreibetrag in Höhe von 90 000 DM immerhin von 1974 bis 1996, während sich die Lebenshaltungskosten in dieser Zeit mehr als verdoppelt hatten.

20 Eine Beteiligung von Familienmitgliedern kann sich auch **vor** Veräußerung eines Unternehmens anbieten. Die dadurch erreichte Verteilung des Veräußerungsgewinns auf mehrere Köpfe führt häufig zu Einkommensteuerersparnissen bei Anwendung der Fünftelregelung des § 34 EStG, die bekanntlich nur noch bei relativ geringen Veräußerungsgewinnen und niedrigen laufenden Einkünften im Jahr der Veräußerung einen Entlastungseffekt bietet. In erbschaftsteuerlicher Hinsicht ist zu beachten, dass der erbschaftsteuerliche Wert der Gesellschaftsbeteiligung regelmäßig niedriger ist als der nach Veräußerung verschenkte oder vererbte Verkaufserlös.

21 Soweit im Erbfall aufgrund der testamentarischen Verfügung **Pflichtteilsgefahren** drohen, können diese durch frühzeitige Schenkungen unter Ausnutzung der Zehn-Jahres-Frist des § 2325 III BGB zumindest reduziert werden.

22 So vorteilhaft jedoch eine rechtzeitige und lebzeitige Unternehmensnachfolge für das Unternehmen und die Beteiligten sein kann, so gefährlich kann sie sich für den Übergeber darstellen. Dies gilt vor allem für solche Unternehmer, die ihre Unternehmenserträge immer wieder ins Unternehmen reinvestiert und keine Altersversorgung auf privater Ebene begründet haben. In diesen Fällen ist es vorrangige Aufgabe des Beraters, die Nachfolge so zu gestalten, dass die **Altersversorgung** des Übergebers gesichert bleibt. Dies geschieht im Rahmen der familieninternen Nachfolge vorrangig durch den vertraglichen Vorbehalt von Ertragsziehungsrechten, so zum Beispiel durch den Vorbehalt eines Nießbrauchs, die Verpflichtung des Nachfolgers zu Versorgungsleistungen oder die Begründung gesellschaftsvertraglicher Sondergewinnbezugs- und Sonderentnahmerechte.

23 Sollen **familienfremde Dritte** die Nachfolge antreten, so geschieht dies meist durch Verkauf oder Verpachtung des Unternehmens. Die Altersversorgung wird in diesem Falle durch Anlage des Kaufpreises oder durch die Pacht bestritten.

24 Doch auch wer es sich leisten kann, möchte sich häufig nicht endgültig von seinem Unternehmen trennen, er möchte vielmehr noch »die Hand darauf halten« oder zumindest »die Notbremse ziehen können«. Die Motive hierfür sind vielfältig. Sie reichen von Zweifeln an der Fähigkeit des Nachfolgers zur Unternehmensfortführung bis zum möglicherweise negativen Einfluss der ungeliebten Schwiegertochter. Schenkungsvertragliche Rückfallklauseln und die Installation gesellschaftsrechtlicher Kontroll- und Eingriffsinstrumente tragen solchen Sorgen Rechnung.

1. Die vorbehaltlose Schenkung

a. Allgemeines

25 Vorbehaltlose Schenkungen sollte nur derjenige vornehmen, der sich den damit verbundenen Vermögens- und Ertragsverlust selbst bei ungünstiger Zukunftsprognose (»worst case«) leisten kann.

26 Aus gutem Grund ist nach § 518 I BGB zur Wirksamkeit eines Schenkungsversprechens dessen **notarielle Beurkundung** erforderlich. Die Regelung soll

davor bewahren, dass möglicherweise ein ganzes Unternehmen aus einer unbedachten und spontanen Laune heraus verschenkt wird. Sie soll also vor übereilten Handlungen schützen.

Gemessen an diesem Sinn und Zweck erscheint allerdings die **Heilungsvorschrift des § 518 II BGB**, wonach der Formmangel mit Bewirkung der entsprechenden Leistung geheilt wird, als durchaus gefährlich. Der Gesetzgeber war aber offenbar der Meinung, dass mit der Hingabe des Geschenks der damit verbundene Vermögensverlust ausreichend spürbar und deshalb Warnung genug sei. Tatsächlich erfordert der Schenkungsvollzug die Überwindung einer größeren psychischen Hemmschwelle als das so leicht hingesagte Versprechen. Kleiner wird diese Hemmschwelle allerdings beispielsweise bei der **Schenkung eines Kommanditanteils**; diese kann bereits dadurch vollzogen werden, dass die Kommanditeinlage auf den Beschenkten **formlos umgebucht** wird.[2] 27

Es gehört daher zu den vorrangigen Aufgaben des Beraters, dem Mandanten bewusst zu machen, dass mit der vorbehaltlosen Schenkung der Vermögensgegenstand endgültig und grundsätzlich unwiderruflich aus seinem Vermögen ausscheidet. 28

b. Schenkung von Unternehmens- und Gesellschaftsbeteiligungen

Die Aufnahme eines Nachfolgers in ein Einzelunternehmen erfolgt rechtstechnisch regelmäßig in der Weise, dass der Unternehmer und sein Nachfolger eine Gesellschaft gründen und der Unternehmer seinen Betrieb in diese Gesellschaft teils auf eigene Rechnung, teils auf Rechnung des Nachfolgers einbringt. In gleicher Weise erfolgt die Aufnahme eines Nachfolgers in eine bereits bestehende Personengesellschaft. Die Schenkung wird vollzogen durch Abschluss eines Gesellschaftsvertrages und entsprechende **Umbuchung** der jeweiligen Kapitalkonten. Der BGH hat in seiner – für die hier zu behandelnden Fragenkomplexe richtungsweisenden – Benteler-Entscheidung klargestellt, dass in solchen Einbuchungsfällen der Gesellschaftsanteil und nicht etwa die Einlageleistung Schenkungsgegenstand ist.[3] Mit der Einbuchung ist die Schenkung vollzogen und ein eventueller Formmangel geheilt. 29

2 BGH NJW 1990, 2616; bei Innengesellschaften, insbesondere stillen Gesellschaften und Unterbeteiligungen verneint die Rechtsprechung allerdings einen Schenkungsvollzug durch formlose Einbuchung oder auch den Abschluss eines Gesellschaftsvertrages. Mangels Heilungsmöglichkeit ist daher bei solchen Beteiligungen zur Wirksamkeit der Schenkung die notarielle Beurkundung erforderlich, BGH NJW 1953, 138; BGH WM 1967, 685; aA, nämlich differenzierend Kohlhosser AcP 194 (1994), 231, 244 f; Karsten Schmidt BB 1990, 1992, 1995

3 BGHZ 112, 40 = NJW 1990, 2616; letztlich maßgeblich bleibt freilich der Wille der Vertragsparteien; diese können genauso vereinbaren, dass die Befreiung von der gesellschaftsvertraglichen Einlageschuld oder die zum Erwerb des Gesellschaftsanteils notwendigen Mittel geschenkt werden, was im Falle des Widerrufs zur Folge hätte, dass nicht der Gesellschaftsanteil, sondern nur die Einlageleistung zurückzugewähren wäre; der Beschenkte bliebe also Gesellschafter

30 Allerdings ging es im Fall Benteler um die Schenkung einer Kommanditbeteiligung, weshalb die bis dahin ergangene und zurecht kritisierte Rechtsprechung, nach der die schenkweise Übertragung von **Gesellschaftsbeteiligungen mit persönlicher Haftung** überhaupt nicht möglich sein soll, nach wie vor maßgeblich ist.[4]

31 Nach dieser Rechtsprechung ist die mit der Schenkung beispielsweise einer OHG-Beteiligung verbundene Übernahme der Haftung auch für Altverbindlichkeiten (§§ 128 bis 130 HGB), die Beteiligung am Verlust (§§ 120, 121 HGB) sowie die Verpflichtung zur Geschäftsführung unter Einsatz der vollen Arbeitskraft (§ 114 HGB) als vollwertige Gegenleistung zu qualifizieren. Die Aufnahme eines Nachfolgers in eine OHG oder als Komplementär in eine KG ist nach dieser Rechtsprechung somit – trotz Übernahme der Einlageleistung durch den Übergeber – zivilrechtlich nicht als Schenkung und, von Ausnahmefällen abgesehen, auch nicht als gemischte Schenkung zu qualifizieren.[5]

32 Hiergegen ist zurecht eingewandt worden, dass die Haftungs- und Verlustübernahme sowie die Geschäftsführertätigkeit keine Gegenleistung darstellen, sondern der Komplementärstellung innewohnen. Für die Übernahme der Geschäftsführertätigkeit und teils auch für die Übernahme der persönlichen Haftung wird heute regelmäßig eine gesondert vereinbarte Vergütung gezahlt. Auch sind – wie der Markt seit vielen Jahren zeigt – Erwerber von Beteiligungen an mehr- oder minder werthaltigen offenen Handelsgesellschaften trotz Übernahme von Haftung und Geschäftsführung durchaus bereit, einen Kaufpreis zu zahlen oder eine gleichwertige Einlage zu erbringen. Wer einen solchen, gewöhnlich zu zahlenden Kaufpreis nicht zu erbringen hat, erwirbt die Beteiligung jedenfalls insoweit unentgeltlich.

Praxis-Tipp:

33 *Die Beratungspraxis wird die vorgenannte Rechtsprechung dennoch zu beachten haben und die schenkungsrechtlichen Vorschriften, soweit sie denn Beachtung finden sollen, ausdrücklich vertraglich vereinbaren müssen.*

34 Die gleiche Vorsorge sollte auch bei der Schenkung von Anteilen an einer Gesellschaft bürgerlichen Rechts oder einer Partnerschaftsgesellschaft walten, obwohl GbR-Gesellschafter nach der gesetzlichen Haftungsverfassung nicht für Altverbindlichkeiten haften[6] und sich die Haftung von Partnern einer Partnerschaftsgesellschaft für berufliche Fehler auf die jeweils Leistenden beschränkt. Hingegen können haftungsbeschränkte Gesellschaftsbeteiligungen (Kommanditbeteiligung, stille Beteiligung, GmbH-Geschäftsanteile, Aktien) unproblematisch Gegenstand einer Schenkung sein.

---

4 BGH NJW 1959, 1433; ebenso Palandt/Putzo § 516 Rn 9 a

5 BGH NJW 1981, 1956

6 Nach Stenger in: Sudhoff, Unternehmensnachfolge, S 254 ist die Haftung für zukünftige Verbindlichkeiten nicht mehr Inhalt einer Kompensation für die unentgeltliche Einräumung der Gesellschafterstellung und die Geschäftsführung allein nicht für die Annahme eines entgeltlichen Austauschvertrages ausreichend

Der Fiskus kennt die vorgenannten Probleme nicht. Zwar werden die mit dem Personengesellschaftsanteil übernommenen Gesellschaftsschulden im Rahmen der Bewertung berücksichtigt. Dies jedoch nur in Höhe der Beteiligung. Die Übernahme der vollen Haftung und der Geschäftsführungstätigkeit wird hingegen weder als Gegenleistung qualifiziert noch mindert sie die Bereicherung. 35

Sollen **Minderjährige** ins Unternehmen aufgenommen werden, so ist hierzu im Regelfall die Genehmigung des Vormundschaftsgerichts erforderlich. Einer solchen bedarf es gemäß § 1643 I iVm § 1822 I 3 BGB insbesondere zum Abschluss eines Gesellschaftsvertrages, der zum Betrieb eines Erwerbsgeschäfts eingegangen wird. Über den Wortlaut hinaus wird hierunter nicht nur der Abschluss eines Gesellschaftsvertrages bei Gründung, sondern auch seine Änderung bei Beitritt eines weiteren Gesellschafters gefasst. 36

Genehmigungspflichtig ist damit die Aufnahme des Minderjährigen in eine OHG[7] oder KG[8] sowie die Begründung einer stillen Gesellschaft. Auch fällt hierunter die Gründung einer Kapitalgesellschaft, wenn dem Minderjährigen der zur Erlangung der Einlage erforderliche Betrag geschenkt wird. Hingegen ist nicht genehmigungsbedürftig die schenkweise Beteiligung an einer Gesellschaft, die reine Vermögensverwaltungszwecke verfolgt sowie die Schenkung von GmbH-Geschäftsanteilen,[9] soweit die Einlage voll erbracht ist.[10] 37

Weiterhin ist wegen des Selbstkontrahierungsverbots der §§ 181, 1629 II, 1795 II BGB – der Abschluss eines Gesellschaftsvertrages ist nicht lediglich rechtlich vorteilhaft – in diesen Fällen die Bestellung eines **Ergänzungspflegers** nach § 1909 BGB erforderlich. Nach Übertragung der Gesellschaftsbeteiligung dürfen jedoch die Eltern als gesetzliche Vertreter die Gesellschaftsrechte ihrer Kinder ausüben. Der Begründung einer **Dauerpflegschaft** bedarf es demnach nicht. Lediglich bei wesentlichen Änderungen des Gesellschaftsvertrages ist erneut die Bestellung eines Ergänzungspflegers und auch eine vormundschaftsgerichtliche Genehmigung erforderlich. 38

c. Notbedarfseinrede und Rückforderungsanspruch

Ist das (wirksame) Schenkungsversprechen noch nicht vollzogen, so gewährt § 519 BGB dem Schenker die Einrede des Notbedarfs. Er ist hiernach berechtigt, die Erfüllung des Schenkungsversprechens zu verweigern, soweit er bei Berücksichtigung seiner sonstigen Verpflichtungen außerstande ist, das Ver- 39

7 BGHZ 38,26
8 Auch bei Aufnahme als (haftungsbeschränkter) Kommanditist, BGHZ 17,160
9 BGHZ 107,23
10 Nach Damrau ZEV 2000, 209 ff sind entgegen der vorgenannten herrschenden Meinung Schenkungen von allen gesellschaftsrechtlichen Beteiligungen ohne gerichtliche Genehmigung möglich, insbesondere der Minderjährigenschutz sei nach Inkrafttreten des Minderjährigenhaftungsbeschränkungsgesetzes kein Argument für eine über den Wortlaut des § 1822 BGB hinausgehende Auslegung. Dennoch rät Damrau, den sichersten Weg zu beschreiten und um gerichtliche Genehmigung der Schenkung nachzusuchen, wobei in der Regel ein Rechtsanspruch auf Erteilung der Genehmigung bestehe; vgl hierzu auch J. Mayer FamRZ 1994, 1007

sprechen zu erfüllen, ohne dass sein angemessener Unterhalt oder die Erfüllung der ihm kraft Gesetzes obliegenden Unterhaltspflichten gefährdet wird.

40 Ist die Schenkung bereits vollzogen, kann der Schenker gemäß § 528 BGB im Notbedarfsfall vom Beschenkten die Herausgabe des Geschenks nach den Vorschriften über die Herausgabe einer ungerechtfertigten Bereicherung fordern (Rechtsfolgenverweisung). Anders als im Fall des § 519 BGB muss der Notbedarf nicht nur drohen, sondern bereits eingetreten sein. Während es für die Notbedarfseinrede ohne Belang ist, ob der Schenker den Notbedarf selbst verschuldet hat, schließt § 529 BGB das Rückforderungsrecht des § 528 BGB aus, wenn der Schenker seine Bedürftigkeit vorsätzlich oder durch grobe Fahrlässigkeit herbeigeführt hat. Gleichfalls ist das Rückforderungsrecht ausgeschlossen, wenn zwischen Schenkung und Eintritt der Bedürftigkeit zehn Jahre vergangen sind.

41 Sowohl die Möglichkeit der Notbedarfseinrede als auch der Rückforderungsanspruch bestehen nur in der Höhe des Notbedarfs. Ist das Geschenk nicht teilbar, so ist der Beschenkte zu entsprechendem Wertersatz in Geld verpflichtet, wobei er sich allerdings durch Herausgabe des ganzen Geschenks in natura von der Teilwertersatzpflicht in Geld befreien kann.[11] Darüber hinaus kann der Beschenkte den Rückforderungsanspruch abwenden, indem er dem Schenker den für seinen Unterhalt und die zur Erfüllung seiner Unterhaltspflichten erforderlichen Beträge zahlt (§ 528 I 2 BGB).

Praxis-Tipp:

42 *In der Praxis erlangt der Rückforderungsanspruch nach § 528 BGB meist dann Bedeutung, wenn der Sozialhilfeträger für den in Not geratenen Schenker in Vorlage getreten ist und den Rückforderungsanspruch des Schenkers gemäß § 90 I 1 BSHG auf sich überleitet. Aufgrund dieser Überleitungsmöglichkeit sollte auch die Minderung der Leistungsfähigkeit zur Befreiung von einer eigenen Unterhaltsverpflichtung nie Motiv einer Schenkung sein.*

d. Widerruf wegen groben Undanks

43 Ein Widerruf der Schenkung kommt ohne vertraglichen Vorbehalt nur im Falle des § 530 BGB in Betracht, nämlich wenn sich der Beschenkte durch eine schwere Verfehlung gegen den Schenker oder einen nahen Angehörigen des Schenkers groben Undankes schuldig macht. Wie der Begriff »grober« Undank aussagt, muss das Fehlverhalten objektiv eine gewisse Schwere aufweisen und subjektiv eine tadelnswerte, auf Undankbarkeit deutende Gesinnung offenbaren.[12] Ob diese Voraussetzungen erfüllt sind, lässt sich nur durch eine Gesamtwürdigung aller Umstände des jeweiligen Einzelfalls feststellen.

11 MüKo-Kollhosser, BGB, § 528 Rn 5
12 BGH NJW 1992, 183; BGH NJW 1999, 1623

Die Berufung auf den »groben Undank« kommt in der Praxis nicht so selten vor, wie man an und für sich vermuten möchte. Besonders häufig sind die Fälle, in denen Eltern ihren Kindern im Rahmen vorweggenommener Erbfolge Zuwendungen gemacht haben, sich im Alter aber von den Kindern vernachlässigt fühlen. Die Feststellung, ob in diesen Fällen die Schwelle des groben Undanks bereits überschritten ist, ist jedoch meist schwierig. Gleiches gilt für die Frage, ob der Beschenkte grob undankbar ist, wenn er ihm zustehende Rechte – etwa Gesellschafterrechte aus einem geschenkten Gesellschaftsanteil – mit Wirkung gegen den Schenker ausübt, beispielsweise dessen Ausschluss aus der Gesellschaft betreibt oder ihn als Geschäftsführer abberuft. 44

Ein Beispiel hierzu bietet erneut die **Benteler-Entscheidung** des BGH.[13] 45

Fall:

Der Vater, Seniorchef eines Familienkonzerns, hatte seinen Sohn im Wege der vorweggenommenen Erbfolge schenkweise als Kommanditisten in sein Unternehmen aufgenommen, indem er mit ihm zusammen eine KG gründete und in diese seine Beteiligungen an den Konzerngesellschaften einbrachte. Der Beschenkte hatte sodann laut Feststellungen des Berufungsgerichts nach eigens dazu eingeholter anwaltlicher Beratung eine Strategie entwickelt, mit deren Hilfe sein Vater aus seinem damaligen Amt als Vorstandsvorsitzender einer AG und schließlich als Gesellschafter der Kommanditgesellschaft ausgeschlossen werden sollte. Entsprechend dieser Strategie hatte der Sohn zahlreiche Maßnahmen eingeleitet, die dazu dienten, seinen Vater »unter Druck zu setzen, ihn ›weich zu kochen‹ und schließlich zu entmachten«. Weiterhin hatte der Sohn in einem gegen ihn und den Vater eingeleiteten Ermittlungsverfahren wegen Steuerhinterziehung vor der Staatsanwaltschaft den Vater unnötig belastende Angaben gemacht. Das Berufungsgericht und ihm folgend die Revisionsinstanz kam zu dem Ergebnis, dass der Sohn die vorgenannte Maßnahme aus einer »feindlichen Gesinnung« heraus ergriffen hatte. Der Widerruf wegen groben Undanks war daher zulässig. 46

Der Widerruf hat gemäß § 531 I BGB durch Erklärung gegenüber dem Beschenkten zu erfolgen. Möglich ist auch die Erklärung in einem Testament; sie wird dann wirksam mit Zugang beim Beschenkten, etwa durch Bekanntgabe einer Testamentsabschrift.[14] 47

Mit dem Widerruf verliert der Schenkungsvertrag seine Wirksamkeit und das dingliche Vollzugsgeschäft seinen Rechtsgrund.[15] § 531 II BGB gewährt, insoweit klarstellend, dem Schenker einen Herausgabeanspruch nach den Regeln der ungerechtfertigten Bereicherung (Rechtsgrundverweisung). Die verschärfte Haftung des § 819 I BGB beginnt nicht erst mit Wegfall des Rechtsgrundes durch Zugang der Widerrufserklärung, sondern bereits im Zeitpunkt 48

13 BGHZ 112, 40 = NJW 90, 2616

14 RGZ 170, 380, 383; MüKo-Kollhosser, BGB, § 531 Rn 1; Palandt/Heinrichs § 130 Rn 12; zu beachten ist aber die Frist des § 532 BGB

15 Zu den schenkungssteuerlichen Auswirkungen s u Rn 89 ff

der den groben Undank begründenden Verfehlung. Der Beschenkte ist entsprechend dem Rechtsgedanken des § 142 II BGB somit bösgläubig, sobald er die den Widerruf begründenden Tatsachen kennt.[16]

49 Die Herausgabe des geschenkten Gegenstandes hat grundsätzlich in natura zu erfolgen. Ist dem Beschenkten dies jedoch unmöglich, so hat er Wertersatz zu leisten. Eine solche Unmöglichkeit kann bei Rückforderung eines geschenkten Gesellschaftsanteils insbesondere dadurch eintreten, dass das Gesetz – bei Personengesellschaften – oder der Gesellschaftsvertrag die Übertragung des Anteils von der Zustimmung der übrigen Gesellschafter abhängig machen und diese (oder auch nur einer von ihnen) ihre Zustimmung verweigern. Insoweit bestimmt das Gesellschaftsrecht reflexiv den Inhalt des Rückforderungsanspruchs.

50 Darüber hinaus können hingegen gesellschaftsrechtliche Grundsätze das Widerrufsrecht und damit den Rückforderungsanspruch dem Grunde nach nicht beschränken.[17] Der Bundesgerichtshof hat in der Benteler-Entscheidung vielmehr betont, dass Gesellschaftsrecht und Schenkungsrecht mit ihren jeweiligen Tatbeständen und Rechtsfolgen gleichberechtigt nebeneinander stehen. Das gesellschaftsrechtliche Verbot der Ausschließung eines Gesellschafters ohne Abfindung steht damit der Wirksamkeit eines Widerrufs wegen groben Undanks mit der Folge der Herausgabe des geschenkten Gesellschaftsanteils ohne Entschädigung nicht entgegen. Die grundsätzliche Möglichkeit des Widerrufs aus schenkungsrechtlichen Gründen macht den Beschenkten nach Ansicht des BGH nicht zu einem »Gesellschafter minderen Rechts«. Dem ist zuzustimmen: das Gesellschaftsrecht will die Gesellschafter, nicht aber grob undankbare Beschenkte schützen.

51 Der Widerruf wegen groben Undanks ist ausgeschlossen, wenn seit Kenntnis des Widerrufsberechtigten – das kann der Schenker, im Fall des § 530 II BGB auch der Erbe des Schenkers sein – von der Verfehlung bereits ein Jahr verstrichen ist (§ 532 Alt. 2 BGB). Gleiches gilt, wenn der Schenker dem Beschenkten verziehen hat (§ 532 Alt. 1 BGB), wenn der Schenker nach Kenntnis der Verfehlung auf sein Widerrufsrecht verzichtet hat (§ 533 BGB), wenn der Beschenkte verstorben ist[18] und schließlich, wenn mit der Schenkung einer sittlichen Pflicht oder einer auf den Anstand zu nehmenden Rücksicht entsprochen wurde (§ 534 BGB).

e. Wegfall der Geschäftsgrundlage

52 Die Grundsätze über den Wegfall der Geschäftsgrundlage gelten auch für Schenkungen. Denn auch hier haben die Parteien eine gemeinsame Vorstellung von der künftigen Entwicklung der Verhältnisse, die allein die Schenkung

16 Str, s MüKo-Kollhosser, BGB, § 531 Rn 4 mwN

17 Soergel-Mühl/Teichmann, BGB, § 516 Rn 44 sehen hingegen die Gefahr, dass sich der Beschenkte aus Furcht vor dem Ausschluss aufgrund schenkungsrechtlichen Widerrufs »gefügig verhält« und verlangen deshalb eine Synchronisation von Gesellschaftsrecht und Schenkungsrecht. Bei gesellschaftsbezogenem Verhalten sei »im Einzelfall möglicherweise« das Merkmal des groben Undanks enger zu interpretieren

18 MüKo-Kollhosser, BGB, § 532 Rn 5

sinnvoll erscheinen lassen. Tritt diese Entwicklung tatsächlich nicht ein, so gebietet es der Grundsatz von Treu und Glauben, dass der Vertrag an die neuen Verhältnisse angepasst oder dass er rückabgewickelt wird.

Die Fälle der **§ 528** und **§ 530 BGB** stellen insoweit jedoch eine Konkretisierung des Instituts des Wegfalls der Geschäftsgrundlage dar. Aufgrund der gesetzlichen Sonderregelungen wird daher eine Korrektur nach den Regeln über den Wegfall der Geschäftsgrundlage nur außerhalb des Anwendungsbereichs dieser Sonderregelungen zugelassen.[19] 53

Einen besonderen Fall des Wegfalls der Geschäftsgrundlage stellt im Schenkungsrecht die **Zweckverfehlung** dar. Erfolgt die Schenkung zu einem bestimmten Zweck, ohne dass vertraglich die Zweckerfüllung zur Auflage gemacht oder für den Fall der Zweckverfehlung ein Rückforderungsrecht begründet wurde, so kann die Zweckverfehlung dennoch einen bereicherungsrechtlichen Rückforderungsanspruch (§ 812 I 2 Alt. 2 BGB) begründen. 54

f. Steuerliche Auswirkungen

Die Schenkung löst Schenkungsteuer aus, verschafft aber gleichzeitig die Chance der Ausnutzung der eingangs beschriebenen **erbschaftsteuerlichen Begünstigungen**, wie insbesondere der mehrfachen Inanspruchnahme von Freibeträgen, der Minderung der Progression und der Verlagerung von Wertsteigerungen auf die Seite des zukünftigen Erben. 55

Fall:

Der Unternehmer U (50 Jahre) möchte sein Einzelunternehmen im Erbschaftsteuerwert von 4 Mio. € auf seinen Sohn S übertragen. Geplant ist, dass S das Unternehmen insgesamt erhalten soll, wenn U 70 Jahre alt wird. Diese Schenkung wird nach Inanspruchnahme des Betriebsvermögensfreibetrages von 256 000 €, des Bewertungsabschlags von 40 % und des persönlichen Freibetrages zu einer Steuerbelastung von 388 000 € führen. 56

Der Unternehmer A, ebenfalls 50 Jahre alt und Inhaber eines Einzelunternehmens im Wert von 4 Mio. €, möchte seinen Sohn mit gleicher Großzügigkeit bedenken. Nach seiner Planung erhält S jedoch sofort 25 % des Unternehmens, ein weiteres Viertel erhält er, wenn A 60 Jahre alt wird; das dritte Viertel zum 70. Geburtstag von A und den Rest im Erbfall (es wird unterstellt, dass A im Alter von 81 Jahren verstirbt). A, der wie U nur bis zum Alter von 70 Jahren im Unternehmen tätig sein will und dort auch die Geschicke desselben bestimmen möchte, behält sich allerdings gesellschaftsvertraglich ein gegenüber seinem Sohn erhöhtes Stimmrecht vor.

19 Geschäftsgrundlage können auch die Vorstellungen der Zuwendungsbeteiligten über die steuerlichen Folgen der Schenkung sein; siehe hierzu sowie zur Anwendbarkeit des § 29 I Nr. 1 ErbStG in solchen Fällen: FG Rheinland-Pfalz DStRE 2001, 765

57 Der A hat erbschaftsteuerlich klüger geplant. Seinem Sohn, der viermal den Betriebsvermögensfreibetrag und den persönlichen Freibetrag in Anspruch nehmen kann und aufgrund des jeweils geringeren Erwerbs mit einem geringeren Steuersatz besteuert wurde, entsteht lediglich eine Steuerbelastung auf den gesamten Erwerb von 106 000 €.

58 **Ertragsteuerliche** Vorteile können Maßnahmen vorweggenommener Erbfolge dadurch bringen, dass mit der Übertragung von Einkunftsquellen zumindest im begrenzten Rahmen ein faktisches Familiensplitting erreicht wird. Dies gilt vor allem dann, wenn die zu beschenkenden Abkömmlinge noch keine nennenswerten eigenen Einkünfte haben, vielmehr auf – steuerlich nicht effektuierbare – Unterhaltsleistungen der Eltern angewiesen sind.

59 Erhalten die Kinder statt Unterhaltsleistungen beispielsweise Erträge aus einer GmbH, an welcher sie im Wege vorweggenommener Erbfolge minderbeteiligt werden, so führt dies bei den Eltern zu einer Verringerung ihres zu versteuernden Einkommens und damit zu einer Minderung der Progression, also zu einer Besteuerung zu einem niedrigeren Steuersatz. Statt der Eltern haben nunmehr die Kinder die Dividenden – nach der Unternehmensteuerreform ab 2002 nur die Hälfte der Dividenden – zu versteuern. Sie können hierbei den Sparerfreibetrag von 1 550 € (bei zusammen veranlagten Ehegatten 3 100 €) sowie den Werbungskostenpauschbetrag von 51 € (bei Zusammenveranlagung 102 €) beanspruchen. Bis zu einem Betrag von 1 601 € (3 202 €) sind die Dividenden des Kindes somit steuerfrei, so dass (»Halbeinkünfteverfahren«) ab 2002 praktisch Dividenden in Höhe des Doppelten der genannten Beträge steuerfrei vereinnahmt werden können. Doch selbst wenn die Dividenden die Freibeträge übersteigen, werden im Regelfall, nämlich wenn das Kind keine sonstigen Einkünfte hat, keine Steuern anfallen. Dem Kind steht nämlich, wie jedem Steuerpflichtigen ein Grundfreibetrag zur Sicherung seines Existenzminimums zu. Dieser beträgt seit 2001 14 093 DM und erhöht sich in 2002 auf 7 235 €.

2. Schenkung mit Rückfallklauseln

a. Allgemeines

60 Vielen Schenkern ist der Anwendungsbereich der gesetzlichen Rückforderungsrechte aus guten Gründen zu eng. Sie möchten sich deshalb generell oder für bestimmte Fälle die Rückforderung oder den Rückfall des Schenkungsgegenstandes vertraglich vorbehalten.

61 Durch die Aufnahme einer auflösenden Bedingung, eines Widerrufs- oder eines Rücktrittsrechts in den Schenkungsvertrag soll für unerwartete und unerwünschte Entwicklungen und Ereignisse Vorsorge getroffen werden. Hierzu gehören insbesondere:

62
- Das Vorversterben des Beschenkten vor dem Schenker
- Das Insolvenzverfahren über das Vermögen des Beschenkten oder dessen Ablehnung mangels Masse

- Die Einzelzwangsvollstreckung in den Schenkungsgegenstand
- Die Veräußerung oder Belastung des geschenkten Vermögens durch den Beschenkten ohne Zustimmung des Schenkers
- Die Nichtvollendung einer zur Unternehmensnachfolge qualifizierenden Ausbildung innerhalb bestimmter Frist
- Die Heirat des Beschenkten ohne ehevertraglichen Ausschluss des Schenkungsgegenstandes vom Zugewinnausgleich
- Die Eingehung des Güterstandes der Gütergemeinschaft, ohne dass der Schenkungsgegenstand zuvor zum Vorbehaltsgut erklärt worden ist
- Die Scheidung des Beschenkten vom Schenker
- Der Eintritt der Geschäftsunfähigkeit oder auch nur der dauernden Erwerbsunfähigkeit des Beschenkten
- Die nachhaltige Einstellung der aktiven Mitarbeit des Beschenkten im Unternehmen.

Die Motivationen für solche Rückfallklauseln sind somit meist der Schutz des Unternehmens vor Liquiditätsbelastungen und die Sicherung des Unternehmensvermögens in der Familie. Bei Schenkungen gegen Versorgungsleistungen helfen solche Maßnahmen zur Sicherung des Erhalts des Unternehmens gleichzeitig, die Altersversorgung der Senioren zu sichern. Der Erhalt des Unternehmens ist nämlich ernstlich gefährdet, wenn der Juniorunternehmer wegfällt oder erheblichen Liquiditätsbelastungen ausgesetzt ist. 63

Besonders vorsichtige Schenker wünschen gar einen **freien Widerrufsvorbehalt**, der grundsätzlich zulässig ist und einer unentgeltlichen Zuwendung auch nicht den Schenkungscharakter nimmt. Jedoch kann die Ausübung des Widerrufsrechts bei Schenkungen von Unternehmensbeteiligungen gesellschaftsrechtlichen Schranken ausgesetzt sein. In steuerlicher Hinsicht schließt der freie Widerrufsvorbehalt die Qualifizierung der unentgeltlichen Zuwendung als Schenkung nicht aus. Jedoch wird der mit einer Gesellschaftsbeteiligung Beschenkte ertragsteuerlich nicht als Mitunternehmer qualifiziert, was dann wiederum auch schenkungsteuerliche Folgen hat.[20] 64

b. Auflösende Bedingung

Wird eine Schenkung unter einer auflösenden Bedingung vorgenommen, so bestimmt § 158 II BGB, dass mit dem Eintritt der Bedingung die Wirkung des Rechtsgeschäfts endet und der frühere Rechtszustand wieder eintritt. 65

Zwar beeinträchtigt die Vereinbarung der auflösenden Bedingung nicht den Vollzug der Schenkung, jedoch hat der Schenker bis zum Eintritt der Bedingung – oder bis feststeht, dass die Bedingung nicht mehr eintreten kann –, ein Anwartschaftsrecht auf Rückübertragung des geschenkten Gegenstandes. 66

20 So etwa bei der Bewertung und für die Inanspruchnahme der Betriebsvermögensprivilegierungen, dazu noch unten Rn 87

67 Die auflösende Bedingung löst – anders als der Vorbehalt eines Widerrufs- oder Rücktrittsrechts – einen **Automatismus** aus. Mit Eintritt der auflösenden Bedingung tritt der frühere Rechtszustand wieder ein, ohne dass es einer besonderen Gestaltungserklärung bedarf. Der Eintritt der Bedingung hat allerdings, wie § 159 BGB klarstellt, keine rückwirkende Kraft.

68 Hinsichtlich der Rechtsfolgen ist zu differenzieren. Soweit sich die auflösende Bedingung nur auf das Verpflichtungsgeschäft, den eigentlichen Schenkungsvertrag bezieht, kann der Schenker nach § 812 I 2 Alt. 1 BGB die Rückübertragung des Eigentums und des Besitzes am Schenkungsgegenstand verlangen. Stand hingegen auch das Verfügungsgeschäft unter der auflösenden Bedingung, so fällt mit dem Eintritt der Bedingung das Eigentum am Schenkungsgegenstand sogleich an den Schenker zurück. Dieser kann als Eigentümer nach § 985 BGB dann die Herausgabe des Schenkungsgegenstandes beanspruchen.

Surrogate und vom Beschenkten gezogene Nutzungen kann der Schenker nach den bereicherungsrechtlichen Vorschriften – also solange der Beschenkte bereichert ist (§ 818 III) und abzüglich der vom Beschenkten auf den Schenkungsgegenstand gemachten Aufwendungen (Saldotheorie) – herausverlangen.

69 Angesichts der praktischen Schwierigkeiten einer Rückabwicklung nach den bereicherungsrechtlichen Vorschriften empfiehlt es sich, im Schenkungsvertrag die auflösende Bedingung um eine Regelung zu ergänzen, nach der dem Beschenkten einerseits die zwischenzeitlich gezogenen Nutzungen verbleiben, ihm andererseits aber kein Aufwendungsersatz zusteht.[21]

70 Das mit der auflösenden Bedingung begründete Anwartschaftsrecht auf Rückerwerb ist grundsätzlich vererblich und übertragbar, wobei sich jedoch in vielen Fällen anbietet, die Vererblichkeit und Übertragung vertraglich auszuschließen. Jedenfalls empfiehlt es sich, eine auflösende Bedingung zu befristen. So ist es beispielsweise dem mit einer Gesellschaftsbeteiligung beschenkten Unternehmensnachfolger, der seine ganze Kraft und Energie der Expansion des Unternehmens widmet, kaum zumutbar, noch nach zwanzig Jahren dem Risiko ausgesetzt zu sein, bei Eintritt bestimmter Bedingungen die Gesellschaftsbeteiligungen rückübertragen zu müssen.

71 Empfehlenswert ist gelegentlich auch eine **Weiterleitungsklausel**. Ein Beispiel bietet die unter der auflösenden Bedingung des Vorversterbens des Beschenkten vor dem Schenker erklärte Schenkung an den ältesten Sohn mit einer unter gleicher, jedoch aufschiebender Bedingung erklärten Schenkung an den Zweitgeborenen.[22]

72 Die auflösende Bedingung bietet sich besonders an, wenn der Rückfall des Schenkungsgegenstandes an Einzelzwangsvollstreckungsmaßnahmen in das Vermögen des Beschenkten und insbesondere den Schenkungsgegenstand anknüpfen soll. Während nämlich ein vorbehaltenes Widerrufs- oder Rück-

---

21 Jülicher ZEV 1998, 201, 202

22 Wie Jülicher ZEV 1998, 285, 288 nachgewiesen hat, verstößt auch eine Weiterleitungsklausel, die den Schenkungsgegenstand bei Nachversterben des Beschenkten, also nach dem Tod des Schenkers, unmittelbar auf einen Dritten weiterleiten soll, nicht gegen die erbrechtlichen Vorschriften und ist damit zulässig; aA Staudinger/Cremer, BGB, § 525 Rn 12

trittsrecht kein Recht zur Drittwiderspruchsklage gewährt,[23] kann die Vereinbarung einer auflösenden Bedingung jedenfalls für die Fälle der Schenkung beweglicher Sachen dem Schenker Schutz vor Zwangsvollstreckungsmaßnahmen bieten. Bei Einzelzwangsvollstreckungsmaßnahmen (zB Pfändung) handelt es sich nämlich um Zwischenverfügungen, die gemäß § 161 I 2 gerade unwirksam sind. Bei der Schenkung von Immobilien scheitert die Vereinbarung einer auflösenden Bedingung allerdings an der Bedingungsfeindlichkeit der Auflassung. Zum Schutz vor Zwangsvollstreckungsmaßnahmen kommt in diesen Fällen lediglich die aufschiebend bedingte Erklärung des Widerrufs bereits bei Abschluss des Schenkungsvertrages in Betracht.[24]

c. Vertragliches Rücktrittsrecht

Die Ausübung eines vertraglich vorbehaltenen Rücktrittsrechts führt zur Anwendung der §§ 346 ff BGB. Durch den Rücktritt wird das bestehende Vertragsverhältnis in ein Abwicklungsschuldverhältnis umgestaltet. 73

Bei Rückabwicklung eines Schenkungsvertrages entsteht dem Schenker ein schuldrechtlicher Anspruch auf Rückübertragung des Schenkungsgegenstandes. Schenker und Beschenkter unterliegen hinsichtlich der Haftung bei Unmöglichkeit der Herausgabe des Schenkungsgegenstandes sowie hinsichtlich der Ansprüche auf Nutzungs- und Verwendungsersatz den strengen Vorschriften, welche für das Verhältnis zwischen dem Eigentümer und dem Besitzer von dem Eintritt der Rechtshängigkeit des Eigentumsanspruchs an gelten. Hiernach ist der Beschenkte, wenn er die Unmöglichkeit der Herausgabe des Schenkungsgegenstandes zu vertreten hat, zum Schadensersatz verpflichtet, ohne den Entreicherungseinwand nach § 818 III BGB erheben zu können. Für den zufälligen Untergang des Schenkungsgegenstandes haftet er, sobald er bösgläubig ist. Die Bösgläubigkeit beginnt nicht erst mit Zugang der Rücktrittserklärung des Schenkers, sondern bereits in dem Zeitpunkt, indem er von der Erfüllung der Rücktrittsvoraussetzungen Kenntnis erlangt.[25] 74

Weiterhin ist der Beschenkte gemäß § 347 S 2 iVm § 987 BGB zum Ersatz der tatsächlich gezogenen oder schuldhaft nicht gezogenen Nutzungen verpflichtet, wobei ihm auch hier der Entreicherungseinwand nach § 818 III BGB nicht zusteht. Der Schenker hat seinerseits gemäß § 347 S 2 iVm §§ 994 II, 995, 998 BGB dem Beschenkten nur die notwendigen Verwendungen auf den Schenkungsgegenstand zu ersetzen. Bei nützlichen Verwendungen hat der Beschenkte nur ein Wegnahmerecht, aber keinen Ersatzanspruch.[26] 75

Das Rücktrittsrecht bietet somit gegenüber der auflösenden Bedingung den Vorteil, dass der Schenker in seiner Entscheidung, die Schenkung tatsächlich 76

23 MüKo-K. Schmidt, ZPO, § 771 Rn 39

24 Jülicher ZEV 1998, 285, 289, mit Hinweis auf einen Formulierungsvorschlag von Brambring in: Becksches Formularhandbuch zum Bürgerlichen Handels- und Wirtschaftsrecht, S 714

25 Siehe hierzu bereits die Ausführungen zum Schenkungswiderruf Rn 48; ebenso Jülicher ZEV 1998, 201, 204

26 Palandt/Heinrich § 347 Rn 5 mwN

rückabzuwickeln, frei bleibt. Vom vorbehaltenen Widerrufsrecht unterscheidet sich das vertragliche Rücktrittsrecht im wesentlichen in den Rechtsfolgen. Durch den Verweis auf die strenge Haftung des Eigentümer-Besitzer-Verhältnisses wird der Beschenkte in höherem Maße belastet, umgekehrt aber der rücktrittswillige Schenker stärker geschützt.

d. Widerrufsvorbehalt

77 Die Ausübung des vertraglich vorbehaltenen Widerrufsrechts hat die gleichen Rechtsfolgen wie ein Schenkungswiderruf nach § 530 BGB. Die Rückabwicklung erfolgt somit nach den bereicherungsrechtlichen Vorschriften.[27]

78 Hingegen sind die Einschränkungen des gesetzlichen Widerrufsrechts (Ausschlussfrist, Verzeihung, Tod) auf vertragliche Widerrufsvorbehalte nicht übertragbar. Allerdings sind die allgemeinen Grundsätze der Verwirkung und des Schikaneverbots zu beachten.

79 Auch der Widerrufsvorbehalt belässt – anders als der Automatismus der auflösenden Bedingung – dem Schenker die Freiheit in der Entscheidung, ob die Schenkung rückabgewickelt werden soll oder nicht. Er bietet darüber hinaus sinnvollen Ersatz für die auflösende Bedingung bei bedingungsfeindlichen Rechtsgeschäften, wie insbesondere der Auflassung nach § 925 II BGB.

80 Ein besonderes Problem, gerade im Hinblick auf die Schenkung von Personengesellschaftsbeteiligungen stellt der **freie Widerrufsvorbehalt** dar.[28] Der freie Widerruf der Schenkung gesellschaftsrechtlicher Beteiligungen widerspricht scheinbar dem von der Rechtsprechung entwickelten gesellschaftsrechtlichen Verbot der Hinauskündigung eines Gesellschafters ohne sachlichen Grund und eines Ausschlusses ohne angemessene Abfindung.[29] Zwar wird überwiegend die vom BGH in der Benteler-Entscheidung betonte Trennung und Eigenständigkeit von Schenkungsrecht und Gesellschaftsrecht betont, gleichzeitig aber werden für die Ausübung des Widerrufsrechts besondere Schranken aufgebaut.

81 So wird bereits aus dem Schenkungsrecht unter Bezugnahme auf allgemeine Rechtsgrundsätze abgeleitet, dass der Widerruf nur in zeitlich beschränktem Rahmen – vorgeschlagen wird insoweit eine Höchstdauer von zehn bis fünfzehn Jahren – möglich ist und zudem einer Rechtsausübungskontrolle unter dem Gesichtspunkt des § 242 BGB unterliegt, wodurch einer schikanösen Ausübung des Widerrufsrechts Einhalt geboten werden soll.[30] So soll beispielsweise der Widerruf ausgeschlossen sein, wenn der Wert des geschenkten Anteils durch erhebliche Eigenleistungen des Beschenkten erhöht wurde und

27 Siehe hierzu bereits oben Rn 48 f

28 Ausführlich hierzu Jülicher ZGR 1996, 82 ff

29 BGH NJW 1981, 2566; BGH NJW 1985, 2422; BGH NJW 1990, 2622; BGH NJW 1990, 2623; zur Abfindungsklausel siehe den Überblick bei Goette StbJb 1996/97, 221

30 K. Schmidt BB 1990, 1992, 1997; Mayer, ZGR 1995, 93, 104 f; Klumpp ZEV 1995, 385, 389 hält eine Dauer von mindestens zehn Jahren für zulange bemessen; er schlägt weiterhin vor, nach Lebensalter und beruflicher Stellung des Beschenkten zu differenzieren

der Entzug der Beteiligung als unbillig anzusehen wäre.[31] Andere haben sich darum bemüht, unter Beachtung der gesellschaftsrechtlichen Schutzprinzipien Fallgruppen aufzuzeigen, in denen ein freier Widerruf zulässig oder unzulässig sein soll.[32]

Zwar wird zur Entscheidung der Frage der Zulässigkeit eines freien Widerrufs immer eine Würdigung des Einzelfalls notwendig sein. Die Gestaltungspraxis sollte jedoch den zahlreichen in der Literatur geäußerten Bedenken Rechnung tragen und von der Vereinbarung freier Widerrufsvorbehalte absehen. Wie noch im Folgenden zu zeigen sein wird, führen Widerrufsvorbehalte, jedenfalls bei der Übertragung von Gesellschaftsbeteiligungen, auch zu erbschaftsteuerlichen Nachteilen und hindern nicht selten auch die Erreichung ertragsteuerlich gewünschter Effekte. 82

e. Steuerliche Besonderheiten

aa. Ertragsteuer

Rückfallklauseln können Einfluss auf die einkommensteuerliche Zurechnung der Einkünfte aus dem Schenkungsgegenstand haben. Je nach Ausgestaltung können sie insbesondere dazu führen, dass der Beschenkte im Hinblick auf die Zurechnung privater Einkünfte nicht als wirtschaftlicher Eigentümer und weiterhin im Bereich der Gewinneinkünfte nicht als Mitunternehmer qualifiziert wird. Die steuerliche Folge ist, dass die Einkünfte trotz des zivilrechtlichen Eigentumsübergangs weiterhin dem Schenker als nach wie vor Mitunternehmer und wirtschaftlichem Eigentümer zugerechnet werden. 83

Allerdings führt nicht jede Rückfallklausel zu einer von den zivilrechtlichen Verhältnissen abweichenden Einkünftezurechnung. Unschädlich sind grundsätzlich Klauseln, bei denen der Schenker nicht ohne weiteres selbst die Möglichkeit hat, die Voraussetzungen des Rückfalls herbeizuführen.[33] Hierzu gehört der Rückfall auf das Vorversterben des Beschenkten, eine Scheidungsklausel[34] sowie die gesetzlichen Rückfallklauseln des Notbedarfs und des groben Undanks.[35] Weiterhin dürften nach vorgenannten Kriterien unschädlich sein die Vereinbarung des Rückfalls bei Insolvenz des Beschenkten oder bei Vollstreckung in den Schenkungsgegenstand. Problematisch kann hingegen die Kombination mehrerer Rückfallklauseln werden. In diesen Fällen kann über die Einkünftezurechnung nur eine Gesamtwürdigung der Umstände des Einzelfalls entscheiden. Demgegenüber ist bei Vereinbarung eines freien 84

31 Jülicher ZGR 1996, 82, 100; Wiedemann/Heinemann DB 1990, 1649, 1655; nach Klumpp, ZEV 1995, 385, 390 ist wie bei der Unangemessenheit einer Buchwertabfindungsklausel das Missverhältnis zwischen dem Wert des Anteils im Zeitpunkt der Schenkung und dem Wert im Zeitpunkt des Widerrufs über den Verwendungsersatzanspruch hinaus auszugleichen

32 Kollhosser AcP 1994, 231; ihm folgend Klumpp ZEV 1995, 385, 388 f

33 Jülicher DStR 1998, 1977, 1978

34 BFH BStBl II 1998, 542; FG Rh-Pf EFG 1999, 1207; anders bei Hinzutreten weiterer Umstände BFH BStBl II 1994, 645

35 BFH BStBl II 1994, 635; hierzu Piltz ZEV 1994, 320

Widerrufsvorbehalts generell von einer abweichenden Einkünftezurechnung auszugehen.[36]

85 Wird die Schenkung rückabgewickelt und ist der Beschenkte mangels abweichender Regelung im Schenkungsvertrag zur Herausgabe zwischenzeitlich erzielter Erträge nach Saldierung mit seinen Aufwendungen verpflichtet, so stellt sich die Frage, wem dieser Ertragsüberschuss steuerlich zuzurechnen ist. Hierzu wird vertreten, dass die nach Bereicherungsrecht herauszugebenden Einkünfte dem Schenker zuzurechnen sind. Der Kondiktionsanspruch sei quasi zurückbehaltenes Vermögen aus der ursprünglichen Einkünfteerzielung. Der Schenker habe – wie bei einer Schenkung unter Nießbrauchsvorbehalt – die Einkunftsquelle nicht uneingeschränkt, sondern unter Rückbehalt bestimmter Rechtspositionen übertragen und erhalte die Einkünfte aus seiner früheren Rechtsstellung als Eigentümer und nicht aufgrund eines vom Beschenkten abgeleiteten Rechts. Dabei sei hinzunehmen, dass dem Schenker die von dem Beschenkten möglicherweise in mehreren Veranlagungszeiträumen erzielten Einkünfte zusammengeballt zufließen und gegebenenfalls einer höheren Progression unterliegen. Auf Seiten des Beschenkten sind zur Vermeidung einer zweifachen Besteuerung die herauszugebenden Nutzungen zum steuerlichen Abzug zuzulassen.[37]

bb. Schenkungsteuer

86 Unabhängig von der einkommensteuerlichen Anerkennung unterliegt die Schenkung mit Rückfallklausel – was nicht selten auch gewollt ist (Zehn-Jahres-Frist, s. o. Rn 18 u. 55) – als freigiebige Zuwendung unter Lebenden der Schenkungsteuer. Jedoch ist die nach einkommensteuerlichen Kriterien vorzunehmende Qualifizierung des Beschenkten als Mitunternehmer auch von schenkungsteuerlicher Relevanz.

87 Dies gilt zum einen für die Frage der Bewertung des Schenkungsgegenstandes und zum anderen für die Ausnutzung der Betriebsvermögensprivilegien nach §§ 13 a, 19 a ErbStG. Der Umfang des Betriebsvermögens ergibt sich nämlich aus der Verweisung des § 12 V ErbStG über § 95 I BewG auf die Grundsätze des Ertragsteuerrechts. Zum Betriebsvermögen rechnen danach alle Teile eines Gewerbebetriebs im Sinne des § 15 I und II EStG, die bei der steuerlichen Gewinnermittlung zum Betriebsvermögen gehören. Die ertragsteuerliche Anerkennung des Beschenkten als Mitunternehmer ist daher Voraussetzung für die Ermittlung des Wertes der Personengesellschaftsbeteiligung nach Betriebsvermögensgrundsätzen sowie für die Gewährung der Begünstigungen nach §§ 13 a, 19 a ErbStG. Wird also beispielsweise die Schenkung eines Kommanditanteils mit einem freien Widerrufsvorbehalt verbunden, so ist der Kommanditanteil wie sonstiges Privatvermögen nach § 12 I bis IV ErbStG zu bewerten und die Inanspruchnahme des Betriebsvermögensfreibetrags, des Bewertungsabschlags und des Steuerklassenprivilegs bleiben dem Beschenkten versagt.[38]

---

36 BFH BStBl II 1974, 740; BFH BStBl II 1989, 877; EStR 138 a II

37 Jülicher DStR 1998, 1977, 1981 f sowie für den Bereich der gewerblichen Einkünfte bereits Schön ZHR 155 (1991), 247, 258 ff

38 H 51 I ErbStH; Moench, ErbStG, § 13 a Rn 11; Piltz ZEV 1997, 61; Jülicher in: Troll/Gebel/Jülicher, ErbStG, § 13 a Rn 134; aA Münch ZEV 1998, 8, 12 f; Ebeling NJW 1999, 1087, 1088; Köhler DStR 1997, 1553, 1554

Nach einer jüngeren Entscheidung des BFH[39] soll allein das Bestehen einer ertragsteuerlichen Mitunternehmerschaft hingegen bei schenkweisen Übertragungen nicht ausreichen. Aus dem Tatbestandsmerkmal »im Wege vorweggenommener Erbfolge« folgert der BFH vielmehr, dass zur Erlangung der Begünstigung der §§ 13 a und 19 a ErbStG der Erwerb unter Lebenden einem Erwerb durch Erbanfall »materiell vergleichbar« sein müsse. Ein Übergang von Betriebsvermögen durch Erbanfall aber werde im Wesentlichen dadurch charakterisiert, dass die Rechtsstellung des Unternehmers hinsichtlich des Betriebsvermögens als solche auf einen oder mehrere Erben übergeht und dass die Übertragung endgültig erfolgt. Eine Übertragung »unter dem Vorbehalt der Rückgängigmachung durch Eintritt aufschiebender Bedingungen bzw durch Kündigung«, ist nach Ansicht des BFH nicht endgültig. Die konkreten Auswirkungen dieser freilich zu einem Extremfall ergangenen Entscheidung – es ging um die Schenkung einer Unterbeteiligung an die 7 Monate alte Tochter der Klägerin – sind derzeit noch nicht abzusehen.[40] Jedoch steht mit der genannten steuerrechtlichen Definition des Begriffs der Maßnahme vorweggenommener Erbfolge – was die Inanspruchnahme der Betriebsprüfungsprivilegien angeht – vorerst jede Rückfallklausel auf den Prüfstand. Der BFH schafft in seinem neuen und mit dem Vollständigkeits- und Endgültigkeitserfordernis nur unzureichend konkretisierten Kriterium der Vergleichbarkeit mit einem Erwerb durch Erbanfall erhebliche Unsicherheit in der Gestaltung der Unternehmensnachfolge – eine Unsicherheit, die die Finanzverwaltung durch ihre erfreuliche Klarstellung in den Richtlinien (R 46 II 1 ErbStR), dass nämlich bei freigiebigen Zuwendungen an Erwerber der Steuerklasse I »ohne weiteres« von einer Maßnahme vorweggenommener Erbfolge ausgegangen werden könne, beseitigt hatte. Es bleibt zu hoffen, dass der Gesetzgeber Entsprechendes in einem der nächsten Steuerreformänderungsgesetze klarstellt. 88

Kommt es zum **Rückfall** aufgrund vorbehaltenen Rücktritts, Widerrufs oder auflösender Bedingung, so führt dies – anders als bei einer Rückschenkung – zu keiner weiteren Steuerbelastung. Da der Beschenkte nämlich einen Rückforderungsanspruch erfüllt, erfolgt seine Zuwendung nicht freigiebig und erfüllt damit keinen schenkungsteuerpflichtigen Tatbestand. 89

Hingegen ist von einer freiwilligen und damit steuerpflichtigen Rückschenkung auszugehen, wenn Schenker und Beschenkter die Rückfallklausel erst nach Abschluss des Schenkungsvertrages vereinbaren[41] oder der Beschenkte den Schenkungsgegenstand vor Ausübung eines entsprechenden Rückforderungsrechts durch den Schenker zurückgibt. 90

39 BFH ZEV 2001, 165 mit Anm Viskorf; DStR 2001, 573 mit Anm Mößlang; DB 2001, 787; zu dieser Entscheidung weiterhin Jülicher DStR 2001, 769; Geck ZEV 2001, 180; M. Söffing ZEV 2001, 207

40 Die Finanzverwaltung hat allerdings zwischenzeitlich mit einem Nichtanwendungserlass reagiert. Darüber hinaus hat sie in ihrem »Bericht zur Fortentwicklung des Unternehmenssteuerrechts« vorgeschlagen, das Tatbestandsmerkmal »im Wege vorweggenommener Erbfolge« gänzlich zu streichen und die Betriebsvermögensprivilegien generell auch bei lebzeitigen Schenkungen zu gewähren. Ob der Gesetzgeber dem folgt, bleibt freilich abzuwarten

41 Jülicher DStR 1998, 1977, 1984 sieht in solcher Vereinbarung zutreffend eine auf den Zeitpunkt des Widerrufs aufschiebend bedingte Rückschenkung

91 Soweit aber die Rückgabe in Erfüllung eines gesetzlichen oder vertraglichen Rückforderungsrechts erfolgt, lässt § 29 I ErbStG die zunächst für die Schenkung mit Rückfallklausel festgesetzte Steuer erlöschen. Die seinerzeit gezahlte Steuer ist daher vom Finanzamt zu erstatten, allerdings ohne Berücksichtigung des zwischenzeitlichen Zinsverlustes.[42] Allerdings hat der Beschenkte nach § 29 II ErbStG die Nutzungen, die ihm in der Zeit bis zur Rückgabe des Schenkungsgegenstandes zugestanden haben, wie ein Nießbraucher zu versteuern.[43] Das Finanzamt wird in solchen Fällen daher den Erstattungsbetrag um die Schenkungsteuer auf den Wert des Nutzungsvorteils mindern, sofern dieser Wert über dem Freibetrag liegt.

92 Erwirbt ein Dritter den Schenkungsgegenstand aufgrund einer Weiterleitungsklausel,[44] ist dies nicht ohne weiteres als Herausgabe eines Geschenks wegen eines »Rückforderungsrechts« zu qualifizieren.

93 Jedoch ist eine solche Gestaltung als auflösend bedingter Erwerb des Zwischenerwerbers und aufschiebend bedingter Erwerb des Letzterwerbers zu qualifizieren mit der Folge, dass die Steuer auf den ursprünglichen Erwerb des Zwischenerwerbers nach § 29 I Nr. 1 ErbStG zu erstatten ist und der Letzterwerber seinen Erwerb mit Bedingungseintritt (§ 9 I Nr. 2 ErbStG) zu versteuern hat.[45]

3. Schenkung unter Nießbrauchsvorbehalt

94 Die Schenkung unter Nießbrauchsvorbehalt erlebte Mitte der 90er Jahre eine Renaissance durch die damals bevorstehende Einführung der neuen und für den Steuerpflichtigen teureren erbschaftsteuerlichen Grundstücksbewertung. Zahlreiche Immobilien wurden noch vor der angekündigten Gesetzesänderung zu alten Einheitswerten auf die nächste Generation übertragen. Der Altersversorgung der abgebenden Senioren wurde dadurch Rechnung getragen, dass diese sich den Nießbrauch und damit ein umfassendes Nutzungs- und insbesondere Ertragsziehungsrecht am jeweiligen Grundbesitz vorbehielten. Doch auch heute noch ist der Nießbrauchsvorbehalt ein beliebtes Gestaltungsmittel im Rahmen der vorweggenommenen Erbfolge. Dabei kommt neben dem Nießbrauch an Immobilien genauso ein Nießbrauch an beweglichen Sachen, Sachgesamtheiten und Rechten in Betracht.

95 Im Bereich der Unternehmensnachfolge spielt vor allem die Schenkung von Einzelunternehmen und Gesellschaftsbeteiligungen unter Nießbrauchsvorbehalt eine bedeutende Rolle. Im Hinblick auf die konkrete Gestaltung bestehen allerdings beachtliche gesellschaftsrechtliche, vor allem aber auch ertragsteu-

---

42 Meincke, ErbStG, Anm 17, der dies zu Recht aufgrund der Besteuerung der zwischenzeitlichen Nutzungen nach § 29 II ErbStG für unangemessen hält

43 Meincke, ErbStG, § 29 Anm 18 hat zu Recht darauf hingewiesen, dass § 29 II ErbStG nur dort Anwendung finden kann, wo die Nutzungen dem Beschenkten auch tatsächlich verbleiben, also nur in den Fällen, in welchen die Herausgabepflicht nach Bereicherungsrecht nicht greift oder vertraglich abbedungen wurde

44 Dazu oben Rn 71

45 Jülicher DStR 1998, 1977, 1984 f

erliche Unsicherheiten. Eine sorgfältige und umfassende Vertragsgestaltung ist bei solchen Nießbrauchslösungen daher unerlässlich und gestaltungssicherere Alternativlösungen – etwa die Vereinbarung von Versorgungsleistungen – sollten stets in die Überlegungen mit einbezogen werden.[46]

Mit einer Schenkung unter Nießbrauchsvorbehalt lassen sich allerdings – gerade bei der Übertragung von Einzelunternehmen und Personengesellschaftsbeteiligungen – erhebliche schenkungsteuerliche Effekte erzielen. Hingegen ist sie als pflichtteilsreduzierende Maßnahme nur begrenzt geeignet. Zwar ist bei der Berechnung des Pflichtteilsergänzungsanspruchs nach § 2325 BGB der Kapitalwert des Nießbrauchs vom Wert des Schenkungsgegenstandes abzuziehen, wenn der inflationsbereinigte Wert des Schenkungsgegenstandes im Zeitpunkt des Schenkungsvollzugs geringer ist als der Wert im Zeitpunkt des Erbfalls.[47] Insoweit kann der vorbehaltene Nießbrauch durchaus zu einer Minderung des Pflichtteilsergänzungsanspruchs führen. Anders aber als etwa bei einer Schenkung gegen Versorgungsleistungen hindert der Vorbehalt des Nießbrauchs den Lauf der Zehn-Jahres-Frist des § 2325 III BGB,[48] so dass die Schenkung auch nach Ablauf von zehn Jahren (und beim – den Regelfall darstellenden – lebenslangen Nießbrauch bis zum Tode des Schenkers und damit »endgültig«) pflichtteilsrelevant bleibt. 96

a. Allgemeines

Die Schenkung unter Nießbrauchsvorbehalt ist als eine Schenkung unter Auflage im Sinne des § 525 I BGB zu qualifizieren. Die Auflage liegt in der Verpflichtung des Beschenkten zur Bestellung eines Nießbrauchs zugunsten des Schenkers. Mit dem Nießbrauch wird der Schenkungsgegenstand in der Weise belastet, dass der Schenker (weiterhin) berechtigt ist, die Nutzungen aus dem Schenkungsgegenstand zu ziehen. 97

Hingegen ist zu Verfügungen über den Schenkungsgegenstand alleine der Beschenkte als neuer Eigentümer berechtigt. Mit der Schenkung unter Nießbrauchsvorbehalt verliert der Schenker somit die Möglichkeit, sein Vermögen durch Veräußerung kurzfristig zu Liquidität zu machen. Seiner Altersversorgung können daher nur die zukünftigen Erträge aus dem Schenkungsgegenstand dienen. Aus diesem Grunde empfiehlt es sich grundsätzlich nicht, das gesamte Vermögen im Rahmen vorweggenommener Erbfolge zu übertragen und die gesamte Altersversorgung auf vorbehaltene Nießbrauchsrechte aufzubauen. 98

46 So auch das Resümee von Korn DStR 1999, 1516; dort auch ein Formulierungsvorschlag für eine Steuerklausel, mit der den ertragsteuerlichen Zweifelsfragen Rechnung getragen werden soll

47 BGHZ 125, 395, 399 (= NJW 1994, 1791); ebenso Palandt/Edenhofer § 2325 Rn 20; aA Reiff ZEV 1998, 241, 243 (keine Berücksichtigung des Nießbrauchs), J. Mayer FamRZ 1994, 739, 743 (Abzug des Nießbrauchswertes vom Grundstückswert im Zeitpunkt sowohl der Schenkung als auch des Erbfalls); zutreffend unseres Erachtens Soergel/Dieckmann, BGB, § 2325 Rn 35 ff (Abzug des Nießbrauchs vom Schenkungswert, auch wenn dieser über dem Erbfallwert liegt)

48 BGHZ 125, 395 (= NJW 1994, 1791); Palandt/Edenhofer § 2325 Rn 22 mwN; aA Reiff ZEV 1998, 241, 246; MüKo-Frank, BGB, § 2325 Rn 24 a

99 Der Nießbrauch ist ein höchstpersönliches Recht, welches grundsätzlich nicht übertragbar und auch unvererblich ist. Lediglich die Ausübung kann gemäß § 1059 S 2 BGB einem Dritten überlassen werden, wobei es sich im Rahmen von Maßnahmen vorweggenommener Erbfolge aufgrund der persönlichen Verbundenheit zwischen dem Schenker als Nießbrauchsberechtigtem auf der einen Seite und dem Beschenktem als Nießbrauchsverpflichtetem auf der anderen Seite empfiehlt, die Überlassung der Ausübung auszuschließen. Allerdings führt der vertragliche Ausschluss der Nießbrauchsüberlassungsbefugnis gemäß § 857 I und III iVm § 851 II ZPO nicht zur Unpfändbarkeit des Nießbrauchsrechts.[49] Ein solcher Pfändungsschutz könnte nur durch Bestellung eines **dinglichen Wohnungsrechts** (§ 1093 BGB) erreicht werden.

100 Durch die Nießbrauchsbestellung entsteht zwischen dem Schenker und dem Beschenkten ein gesetzliches Schuldverhältnis. Danach ist der Nießbraucher verpflichtet, für die Erhaltung der Sache in ihrem wirtschaftlichen Bestand zu sorgen. Er ist zu Ausbesserungen und Erneuerungen verpflichtet, soweit diese zur gewöhnlichen Unterhaltung der Sache gehören. Darüber hinausgehende, außergewöhnliche Ausbesserungen oder Erneuerungen darf, aber muss er nicht vornehmen. Er hat die bisherige wirtschaftliche Bestimmung der Sache aufrecht zu erhalten (§ 1036 II BGB) und ist nicht berechtigt, sie umzugestalten oder wesentlich zu verändern (§ 1037 I BGB).

101 Soweit der Wesenskern des Nießbrauchs nicht tangiert wird, können die gesetzlichen Vorschriften allerdings in weitem Rahmen vertraglich modifiziert werden. Dispositiv sind insbesondere die Regelungen in §§ 1036 II 1, 1038, 1041 S 2, 1045 bis 1049, 1051, 1059 S 2, 1067, 1077 bis 1079 und 1081 bis 1084 BGB, wohin gegen die §§ 1036, 1037 I und 1039 I 2 BGB zwingend sind.[50] Insbesondere bei Grundstücksschenkungen unter Nießbrauchsvorbehalt ist es nach wie vor üblich, dass sich der Schenker als Nießbrauchsberechtigter zur Übernahme der außergewöhnlichen Ausbesserungen und Erneuerungen verpflichtet.[51]

102 Der Nießbrauch kann als sogenannter **Bruchteilsnießbrauch** nur an einem ideellen Bruchteil eines Gegenstandes und als sogenannter **Quotennießbrauch** auf eine Quote der Nutzungen bestellt werden. Nicht möglich ist hingegen die Beschränkung des Nießbrauchsvorbehalts auf eine oder mehrere Wohnungen in einem Mehrfamilienhaus oder umgekehrt der Ausschluss der Nießbrauchsnutzung betreffend diese Wohnungen.[52]

49 Nieder, Testamentsgestaltung, Rn 686 mit Hinweis auf BGHZ 95, 99

50 Nieder, Testamentsgestaltung, Rn 687 mwN

51 Jülicher ZEV 2000, 183, 184 sieht die Gefahr, dass die Finanzverwaltung den Aufwand für außergewöhnliche Maßnahmen als zusätzliche Schenkung an den Beschenkten ansieht und selbständig besteuert

52 Nach Nieder, Testamentsgestaltung, Rn 693 hilft hier nur die Bestellung einer beschränkt persönlichen Dienstbarkeit an der Wohnung, deren Nutzung vorbehalten werden soll

b. Der Nießbrauch am Einzelunternehmen

aa. Zivilrechtliche Besonderheiten

103 Die Bestellung des Nießbrauchs an einem Einzelunternehmen erfolgt im Rahmen einer Schenkung unter Nießbrauchsvorbehalt häufig als sogenannter **Ertragsnießbrauch**. Dieser wird auch »unechter Unternehmensnießbrauch« genannt, weil tatsächlich keine dingliche Bestellung des Nießbrauchs erfolgt. Das Unternehmen wird vielmehr vom Eigentümer auf eigenes Risiko geführt. Der Nießbrauchsberechtigte hat keinen unmittelbaren Besitz, er ist vorbehaltlich vertraglicher Modifikationen von der Unternehmensleitung ausgeschlossen und haftet auch nicht nach außen. Dem Nießbrauchsberechtigten steht damit lediglich ein schuldrechtlicher Anspruch auf Auszahlung des Gewinns zu. Der Ertragsnießbrauch wird in der Regel als Quotennießbrauch vereinbart, dh der bisherige Einzelunternehmer behält sich bei der Übertragung des Unternehmens auf den Nachfolger nur eine Quote des Ertrags vor.

104 Seltener ist hingegen der Vorbehalt des Nießbrauchs als **Vollrechtsnießbrauch**, auch »echter Unternehmensnießbrauch« genannt. Hier bleibt die Unternehmensleitung und der unmittelbare Besitz an den Unternehmensgegenständen beim Nießbraucher. Dieser bleibt auch im Handelsregister als Einzelunternehmer eingetragen und behält die volle Haftung nach außen. Die Nießbrauchsbestellung kann nicht in einem einheitlichen Rechtsakt erfolgen, vielmehr muss der Nießbrauch an sämtlichen Unternehmensgegenständen entsprechend den jeweiligen gesetzlichen Bestimmungen für Grundstücke, bewegliche Sachen und Rechte begründet werden.[53]

bb. Ertragsteuerliche Besonderheiten

105 Für die Ertragsbesteuerung stellt sich die Frage, ob die im Einzelunternehmen erzielten Einkünfte dem Beschenkten als Nießbrauchsbesteller oder dem Schenker als Nießbrauchsberechtigtem zuzurechnen sind. Nach § 2 I EStG sind Einkünfte demjenigen zuzurechnen, der sie erzielt, dh den Tatbestand einer Einkunftsart verwirklicht. Gewerbliche Einkünfte nach § 15 I Nr. 1 EStG sind dem Unternehmer zuzurechnen. Das Problem der subjektiven Einkünftezurechnung konzentriert sich damit auf die Frage, ob der Nießbrauchsberechtigte oder der Nießbrauchsbesteller oder gegebenenfalls sogar beide als Unternehmer zu qualifizieren sind, nämlich Unternehmerinitiative entfalten und Unternehmerrisiko tragen.

106 Die Rechtsprechung hat diese Frage in der Weise beantwortet, dass bei einem reinen Ertragsnießbrauch nur der Nießbrauchsbesteller Unternehmer und damit Zurechnungssubjekt gewerblicher Einkünfte ist.[54] Hingegen wird im Rahmen eines echten Unternehmensnießbrauchs dem Nießbraucher Unternehmerinitiative und Unternehmerrisiko übertragen. Die Rechtsprechung sieht im echten Unternehmensnießbrauch eine verdinglichte Form der Unter-

53 MüKo-Petzoldt, BGB, § 1085 Rn 9; siehe dort auch zur Vermögenszuordnung zwischen Nießbraucher und Eigentümer, zur Schuldenhaftung und zur Erhaltungspflicht
54 BFH BStBl II 1975, 498; BFH BStBl II 1992, 330, 333

nehmenspacht und wendet deshalb die von ihr entwickelten Grundsätze zur Betriebsverpachtung entsprechend an.[55] Hiernach besteht beim Nießbrauchsbesteller der Betrieb als ruhender Gewerbebetrieb fort, der Nießbrauchsberechtigte ist Inhaber des operativen Betriebes.

cc. Vorbehaltsnießbrauch an Betriebsgrundstücken oder sonstigen betrieblichen Wirtschaftsgütern

107 Behält sich der Schenker des Einzelunternehmers den Nießbrauch nicht am gesamten Unternehmen, sondern lediglich an einzelnen, werthaltigen und ertragreichen Wirtschaftsgütern, beispielsweise einem Betriebsgrundstück vor, so ist ungeklärt, ob diese nach wie vor dem steuerlichen Betriebsvermögen zuzuordnen sind oder steuerpflichtig entnommen wurden. Zwar wird man das Grundstück nicht dem notwendigen Betriebsvermögen zuordnen können, wohl aber erscheint seine Willkürung als Betriebsvermögen möglich. Dies soll jedenfalls dann gelten, wenn der Vorbehaltsnießbraucher es weiter dem Betrieb des Nachfolgers mietweise zur Nutzung überlässt.[56] Auch das nießbrauchbelastete Grundstück bleibt für den Betrieb förderlich, nämlich als Sicherheit, Kapitalverstärkung und aufgrund der betrieblichen Nutzungsmöglichkeit nach Wegfall des Nießbrauchs.[57] Entnommen werden allerdings die Nutzungen.

c. Der Nießbrauch am Gesellschaftsanteil einer Personengesellschaft

aa. Zivilrechtliche Besonderheiten

108 Die Bestellung eines dinglichen Nießbrauchs an einer Personengesellschaftsbeteiligung – ohne gleichzeitige Übertragung der vollen Gesellschafterstellung – ist grundsätzlich möglich, sog **echte Nießbrauchsbestellung.** Sie verstößt nach heute wohl herrschender Auffassung nicht gegen das in § 717 S 1 BGB verankerte Abspaltungsverbot, wonach die Abspaltung einzelner Teilbefugnisse an dem Gesellschaftsanteil mit dem Wesen der Gesamthandsgemeinschaft unvereinbar ist. Denn mit der Nießbrauchsbestellung werden nicht einzelne Mitgliedschaftsrechte von der Mitgliedschaft abgespalten, sondern die Ausübung dieser Mitgliedschaftsrechte wird auf den Gesellschafter und den Nießbraucher verteilt.[58]

---

55 BFH BStBl II 1987, 772

56 Korn DStR 1999, 1461, 1469; im Falle der Vermietung an den Betriebsinhaber kann dieser den Mietzins einschließlich Nebenkosten als Betriebsausgabe geltend machen, der Nießbraucher hat die Mieterträge wie im Falle des Vorbehaltsnießbrauchs an Grundstücken des steuerlichen Privatvermögens zu versteuern

57 Korn DStR 1999, 1461, 1469

58 Vgl hierzu die Rechtsprechung des BGH zur Testamentsvollstreckung an Personengesellschaftsanteilen, insb BGHZ 108, 187, 199 (= NJW 1989, 3152, 3155). Die grundsätzliche Möglichkeit der Bestellung eines Nießbrauchs an einem Personengesellschaftsanteil bejaht auch BGHZ 58, 316; BGH ZEV 99, 71

Solange die Zulässigkeit einer dinglichen Nießbrauchsbestellung fraglich war, behalf sich die Praxis mit **Ausweichgestaltungen.** So wurde dem Nießbraucher die **volle Gesellschafterstellung treuhänderisch** übertragen, mit der Folge, dass der Nießbraucher für die Dauer des Nießbrauchs mit allen haftungs- und registerrechtlichen Konsequenzen Gesellschafter auf Zeit wurde. Die Schwäche der Treuhandlösung lag jedoch in der fehlenden Sicherung des Nachfolgers, der nach dem Tode des Treuhänders auf die Rückübertragung der Beteiligung durch dessen Erben angewiesen war.[59] 109

Ein anderer Gestaltungsvorschlag war die Bestellung des **Nießbrauchs am »Gewinnstammrecht«**,[60] wodurch dem Nießbraucher entsprechend § 1073 BGB ein Anspruch auf den Gewinn aus der Gesellschaftsbeteiligung eingeräumt werden sollte.[61] 110

Zulässig war und ist schließlich auch die Bestellung eines Nießbrauchs an den Gewinnansprüchen, was jedoch keine gleichwertige Ersatzlösung bieten kann. Dem Nießbraucher wird hierdurch vielmehr nur das Recht eingeräumt, die Nutzungen aus dem Gewinnanteil, beispielsweise also Zinsansprüche hieraus, zu ziehen.[62] 111

Trotz der zwischenzeitlich anerkannten Zulässigkeit der Bestellung eines dinglichen Nießbrauchs an der Mitgliedschaft sind die **Rechtsfolgen einer** solchen **echten Nießbrauchsbestellung** äußerst umstritten. Dies gilt für die Aufteilung der mit dem Gesellschaftsanteil verbundenen Vermögensrechte und in noch höherem Maße für die Verteilung der Verwaltungs-, Mitwirkungs- und Kontrollrechte. 112

Zu den dem Nießbraucher zustehenden **Nutzungen** gehört jedenfalls der Ertrag aus der Gesellschaftsbeteiligung, also der auf den Gesellschaftsanteil entfallende entnahmefähige Handelsbilanzgewinn. Darüber hinausgehende Gewinnansprüche, namentlich thesaurierte Gewinne oder Gewinne durch Realisierung stiller Reserven von Wirtschaftsgütern des Anlagevermögens kommen nicht dem Nießbraucher, sondern dem Nießbrauchsbesteller zugute.[63] Etwaige Liquidationserlöse oder Auseinandersetzungsguthaben sind keine Nutzungen und deshalb als Surrogate dem Nießbrauchsbesteller zuzurechnen. Dem Nießbraucher stehen lediglich die Nutzungen aus diesen Surrogaten, beispielsweise also Zinseinkünfte zu. 113

Verluste der Gesellschaft hat der Nießbrauchsbesteller als Anteilsinhaber zu tragen. Der Nießbraucher nimmt an diesen Verlusten allerdings insoweit mittelbar teil, als der Gewinn folgender Jahre zunächst zum Ausgleich der entstande- 114

59 Brandi/Mühlmeier GmbHR 1997, 737

60 Siebert BB 1956, S 26

61 Die Zulässigkeit eines solchen Nießbrauchs am Gewinnstammrecht wird bestritten von MüKo-Petzoldt, BGB, § 1068 Rn 29; Rolff NJW 1971, 1337, 1339. Der BGH (BB 1975, 295) hat die Frage offengelassen; der BFH hat die Gestaltung ihrem zivilrechtlichen und wirtschaftlichen Gehalt nach als Vorausabtretung künftiger Gewinnansprüche qualifiziert

62 MüKo-Petzoldt, BGB, § 1068 Rn 28 mwN; Rodin in: Münchener Handbuch des Gesellschaftsrechts I, § 60 Rn 7 mwN

63 MüKo-Petzoldt, BGB, § 1068 Rn 21 empfiehlt dennoch aus ertragsteuerlichen Gründen eine klarstellende vertragliche Regelung der Entnahmerechte

nen Verluste zu verwenden und somit nicht entnahmefähig ist. Die Haftung für Gesellschaftsverbindlichkeiten übernimmt der Nießbrauchsbesteller und Anteilsinhaber.[64] Er ist entsprechend auch im Handelsregister einzutragen.[65]

115 Die unterschiedlichsten Auffassungen werden zur Aufteilung der **Verwaltungsrechte** vertreten. Nach einer Ansicht bleibt der Gesellschafter zuständig für Grundlagengeschäfte, während der Nießbraucher für die laufenden Angelegenheiten, soweit sie seine Rechtsstellung betreffen, verantwortlich ist.[66] Nach einer anderen Ansicht stehen die Verwaltungsrechte dem Anteilsinhaber und dem Nießbraucher gemeinsam zu.[67] Eine dritte Auffassung schließlich meint, dass die Verwaltungsrechte grundsätzlich beim Anteilsinhaber liegen, dem Nießbraucher jedoch ein Mitwirkungsrecht im Innenverhältnis zusteht.[68]

116 Dies bedeutet beispielsweise für die **Ausübung der Stimmrechte**, dass nach der ersten Auffassung der Nießbraucher in laufenden Angelegenheiten der Gesellschaft ein originäres Stimmrecht hat, während der Anteilsinhaber bei Beschlüssen über außergewöhnliche Maßnahmen und insbesondere Grundlagenentscheidungen, die seine Rechtsstellung innerhalb der Gesellschaft betreffen, stimmberechtigt ist. Nach der zweiten Auffassung müssen sich Nießbraucher und Anteilsinhaber über die Ausübung des Stimmrechts einigen; gelingt dies nicht, so entfällt die Stimme für den nießbrauchsbelasteten Anteil. Nach der letztgenannten Auffassung hat der Nießbraucher lediglich im Innenverhältnis ein Mitwirkungsrecht bei der Stimmrechtsausübung.

117 Der BGH hat zur Stimmrechtsausübung noch nicht abschließend Stellung nehmen müssen. In seiner jüngsten zu diesem Fragenkomplex ergangenen Entscheidung hat er jedoch klargestellt, dass bei Beschlüssen, welche die Grundlagen der Gesellschaft betreffen, das Recht des Gesellschafters, selbst abzustimmen, durch die Einräumung eines Nießbrauchs an seinem Anteil nicht eingeschränkt wird.[69]

118 Aufgrund der äußerst vielfältigen und konträren Meinungen zu den Rechtsfolgen der Nießbrauchsbestellung an Personengesellschaftsanteilen wird zu Recht empfohlen, die Position von Nießbraucher und Anteilsinhaber nicht dem Gesetz und seiner Auslegung durch Rechtsprechung und Schrifttum zu überlassen, sondern ausdrücklich vertraglich zu regeln.[70]

---

64 MüKo-Petzoldt, BGB, § 1068 Rn 26, aA: Flume, Allg. Teil des Bürgerl. Rechts, Bd. 1, Teil 1: Die Personengesellschaft, S 366; Schön ZHR 1994, 229, 256

65 T.-F. Müller in: Beck'sches Handbuch der Personengesellschaft, S 617; MüKo-Petzoldt, BGB, § 1068 Rn 26 empfiehlt im Hinblick auf Stimmen im Schrifttum, die eine Außenhaftung des Nießbrauchers bejahen, dennoch den Nießbrauch zur Eintragung ins Handelsregister anzumelden, um dem Nießbraucher für den Fall einer Außenhaftung das Haftungsprivileg der §§ 171, 172 HGB zu verschaffen. Soweit der Eintragungsantrag zurückgewiesen und der Rechtsmittelweg ausgeschöpft werde, unterliege zumindest der Berater keiner Haftung wegen falscher Beratung

66 Baumbach/Duden/Hopt, HGB, § 124 Tz 2 D; MüKo-Ulmer, BGB, § 705 Rn 83

67 Schön, Steuerberaterjahrbuch 1996/1997, S 45, 57

68 OLG Koblenz NJW 1992, 2163

69 BGH ZEV 1999, 71 f

70 MüKo-Petzoldt, BGB, § 1068 Rn 10; die gleiche Empfehlung gibt bereits den Nießbrauch am Einzelunternehmen betreffend Nieder, Testamentsgestaltung, S 473

Bevor aber eine Nießbrauchsgestaltung vertraglich entworfen werden kann, ist zu klären, ob eine solche überhaupt gesellschaftsvertraglich gestattet ist oder, wenn nicht, sämtliche Gesellschafter ihre Zustimmung zur Nießbrauchsbestellung erteilen, da ansonsten die Bestellung am (dispositiven) Verfügungsverbot des § 719 BGB scheitern würde. 119

bb. Ertragsteuerrechtliche Besonderheiten

Wie beim Nießbrauch an einem Einzelunternehmen beantwortet sich auch hier die Frage der subjektiven Einkünftezurechnung nach der **Qualifizierung** des Nießbrauchsberechtigten und Nießbrauchsbestellers **als Mitunternehmer.** Hierfür ist in erster Linie die Ausgestaltung des Nießbrauchsverhältnisses im Einzelfall maßgeblich. 120

Im Falle der **treuhänderischen Rückübertragung des Gesellschaftsanteils** auf den Schenker wird sowohl der Schenker als Nießbrauchsberechtigter als auch der Beschenkte als Nießbrauchsbesteller als Mitunternehmer angesehen. Voraussetzung ist allerdings, dass das Treuhandverhältnis steuerlich anzuerkennen ist, also ein wirksamer Treuhandvertrag, wonach der Treugeber »das Treuhandverhältnis beherrscht«, abgeschlossen und tatsächlich durchgeführt wurde.[71] Weitere Voraussetzung ist, dass der Beschenkte (= Treugeber) über das Treuhandverhältnis neben Kontrollrechten auch schuldrechtliche Anteile an der Vermögenssubstanz der Beteiligung erhält.[72] 121

Der **Nießbrauch am Gewinnstammrecht** wird von der Rechtsprechung als Vorausabtretung künftiger Gewinnansprüche[73] qualifiziert, so dass nur der Beschenkte, nicht aber der Nießbrauchsberechtigte gewerbliche Einkünfte erzielt. Der Beschenkte kann, sofern bei ihm nicht lediglich eine verdeckte, nichtabzugsfähige Einkommensverwendung iSd § 12 Nr. 2 EStG vorliegt, die Zahlung an den Nießbrauchsberechtigten als Sonderausgabe nach § 10 I Nr. 1 a EStG geltend machen.[74] Für diesen sind – korrespondierend zur steuerlichen Behandlung beim Beschenkten – die Einkünfte entweder nicht steuerpflichtig oder als wiederkehrende Bezüge nach § 22 Nr. 1 EStG zu versteuern. 122

Beim **echten Nießbrauch** sind im Regelfall sowohl der Nießbrauchsberechtigte als auch der Nießbrauchsbesteller als Mitunternehmer zu qualifizieren. Das Mitunternehmerrisiko ergibt sich für den Nießbrauchsberechtigten aus dessen mittelbarer Beteiligung am Verlust,[75] das des Nießbrauchsbestellers durch dessen unmittelbares Verlustrisiko sowie seine Beteiligung an stillen Reserven und Geschäftswert. Mitunternehmerinitiative hat der Nießbrauchsberechtigte, wenn ihm im Rahmen der Aufteilung der Verwaltungsrechte wenigstens eine dem Kommanditisten gleichkommende Rechtsposition (§§ 164, 166 HGB) belassen wird oder er über das Widerspruchsrecht hinaus bei Beschlüssen über laufende Geschäfte der Gesellschaft stimmberechtigt ist. Der Nieß- 123

71 BFH BStBl II 1999, 514
72 Schmidt, EStG, § 15 Rn 313 und 296
73 BFH BStBl II 1976, 592; BFH BStBl II 1991, 899
74 Schmidt, EStG, § 15 Rn 314
75 BFH BStBl II 1973, 528, 531

brauchsbesteller ergreift Mitunternehmerinitiative durch Ausübung der ihm verbleibenden Verwaltungsrechte, insbesondere seines Stimmrechts bei wesentlichen Gesellschaftsangelegenheiten.

124 Ergibt die Gesamtwürdigung der rechtlichen und tatsächlichen Verhältnisse des Einzelfalls, dass beide als Mitunternehmer zu qualifizieren sind, so ist dem Nießbraucher der ihm zivilrechtlich zustehende entnahmefähige Gewinnanteil laut Handelsbilanz auch steuerlich zuzurechnen.

125 Der Nießbrauchsbesteller hat als Gesellschafter den darüber hinausgehenden Gewinn zu versteuern, insbesondere solchen aus Substanzverwertung.[76] Verlustanteile werden dem Nießbrauchsbesteller zugerechnet, es sei denn, der Nießbrauchsberechtigte hat diese im Innenverhältnis zu tragen.[77]

126 Ist der Nießbrauchsbesteller ausnahmsweise nicht als Mitunternehmer zu qualifizieren, wird auch der nicht entnahmefähige Steuerbilanzgewinnanteil dem Nießbraucher zugerechnet, ein steuerlicher Ausgleich soll erst bei Beendigung des Nießbrauchs stattfinden.[78]

d. Nießbrauch an Kapitalgesellschaftsbeteiligungen

aa. Zivilrechtliche Besonderheiten

127 Die Bestellung eines Nießbrauchs an Kapitalgesellschaftsbeteiligungen bedarf nur dann der Zustimmung der übrigen Gesellschafter, wenn der Gesellschaftsvertrag eine entsprechende Vinkulierungsklausel enthält. Sofern sich das gesellschaftsvertragliche Zustimmungserfordernis nur auf die Abtretung bezieht, ist hiervon auch die Nießbrauchsbestellung erfasst.[79] Wie die Abtretung, bedarf auch die Nießbrauchsbestellung der notariellen Beurkundung (§ 1069 I BGB iVm § 15 III GmbHG). Der Nießbrauch ist weiterhin nach § 16 GmbHG bei der Gesellschaft anzumelden.

128 Anders als beim Vollrechtsnießbrauch an einer Personengesellschaftsbeteiligung gehen bei der Bestellung eines Nießbrauchs am Geschäftsanteil einer GmbH nicht die volle Gesellschafterstellung, sondern lediglich die **Vermögensrechte** auf den **Nießbraucher** über.

129 Die aus der Gesellschafterstellung fließenden **Verwaltungsrechte**, wie zB das Teilnahmerecht an Gesellschafterversammlungen, das Auskunftsrecht nach § 51 a GmbHG, die Anfechtungsbefugnis gegen Gesellschafterbeschlüsse und die Minderheitsrechte nach § 50 GmbHG werden vom Nießbrauch nicht

---

76 Für den Beschenkten entsteht dadurch das Problem, dass er die auf den ihm zuzurechnenden Gewinn entfallende Einkommensteuer nicht durch Gewinnentnahmen begleichen kann. Münch ZEV 1998, 8, 11 empfiehlt deshalb im Nießbrauchsvertrag ausgleichende Regelungen (sogenannte »Steuerbeihilfe«) zu vereinbaren; siehe hierzu auch Oldenburg in: Münchener Vertragshandbuch, Bd. 1, S 149 (II, 10 Anm 15 b) mit Hinweis auf BGHZ 58, 316, 322

77 Schön, Steuerberaterjahrbuch 1996/97, 45, 72 mwN; BFH BStBl II 1995, 241, 244 f; aA Schmidt, EStG, § 15 Rn 311

78 Schmidt, EStG, § 15 Rn 307

79 MüKo-Petzoldt, BGB, § 1068 Rn 31

erfasst und verbleiben beim **Gesellschafter**. Einem Übergang dieser Verwaltungsrechte steht nach herrschender Meinung bei der GmbH der gesellschaftsrechtliche Grundsatz entgegen, dass diese Rechte wegen ihres sozialrechtlichen Charakters nicht von der Person des Gesellschafters getrennt werden können.[80] Ähnlich wie beim Nießbrauch an Personengesellschaftsbeteiligungen ist auch hier die Frage der Stimmrechtsausübung umstritten, wobei die herrschende Meinung davon ausgeht, dass das Stimmrecht dem Gesellschafter zusteht. Allerdings kann dem Nießbraucher die Stimmrechtsausübung (sowie die Ausübung sonstiger Verwaltungsrechte) durch widerrufliche Vollmacht ermöglicht werden.[81]

Der Nießbrauch an einem Geschäftsanteil an einer Kapitalgesellschaft ist hiernach nur ein vermögensrechtlicher. Der Nießbraucher hat, sobald die Gewinnverteilung beschlossen ist, einen Anspruch auf den auf den Geschäftsanteil entfallenden Jahresgewinn. Eine eventuelle Liquidationsquote, eine Abfindung oder ein Einziehungsentgelt sind Surrogate des Geschäftsanteils, an denen sich der Nießbrauch fortsetzt. Das Kapital ist von beiden mündelsicher und verzinslich anzulegen, gleichzeitig ist dem Nießbraucher erneut der Nießbrauch hieran zu bestellen. Im Falle einer Kapitalerhöhung aus Gesellschaftsmitteln steht das Bezugsrecht dem Gesellschafter zu. Jedoch hat der Nießbraucher einen Anspruch auf Erstreckung des Nießbrauchs auf den neuen Anteil.[82] 130

bb. Ertragsteuerrechtliche Besonderheiten

Auch beim Nießbrauch an Kapitalgesellschaftsanteilen stellt sich die Frage der subjektiven Einkünftezurechnung. Die Finanzverwaltung hat hierzu in einem nach wie vor gültigen Erlass von 1983[83] Stellung genommen. Hiernach sind jedenfalls beim Vorbehaltsnießbrauch die Kapitaleinkünfte dem Nießbrauchsberechtigten zuzurechnen.[84] 131

e. Schenkungsteuerliche Besonderheiten

Die Übertragung eines Einzelunternehmens oder einer Gesellschaftsbeteiligung unter Nießbrauchsvorbehalt ist in aller Regel ein schenkungsteuerpflichtiger Vorgang. Obwohl der Nießbrauch für den Erwerber eine Belastung darstellt und dessen Bereicherung mindert, wird der Erwerb aufgrund der Anordnung des § 25 I 1 ErbStG ohne Berücksichtigung der Belastung durch den Nießbrauch besteuert. Jedoch ist der dem Kapitalwert des Nießbrauchs entsprechende Teil der Steuer bis zur Beendigung des Nießbrauchs – im Regelfall also bis zum Tode des Schenkers – zinslos zu stunden. Der Erwerber 132

80 Nieder, Testamentsgestaltung, Rn 709 mwN
81 OLG Koblenz NJW 1992, 2163; s entsprechende Gestaltungshinweise bei Milatz/Sonneborn DStR 1999, 137; Korn DStR 1999, 1461, 1469
82 MüKo-Petzoldt, BGB, § 1068 Rn 36, der weiterhin empfiehlt, hierüber bei Bestellung des Nießbrauchs eine ausdrückliche Vereinbarung zu treffen
83 BMF BStBl I 1983, 508
84 BMF BStBl I 1983, 508, Tz 55

kann den Stundungsbetrag auch zu jeder Zeit – unter Abzinsung mit 5,5 % entsprechend der statistischen Lebenserwartung des Schenkers zum Ablösezeitpunkt – vorzeitig ablösen.

133 Der Erwerb eines Einzelunternehmens, einer Personengesellschaftsbeteiligung sowie eines Anteils an einer Kapitalgesellschaft, an welchem der Schenker mit mehr als einem Viertel unmittelbar beteiligt ist, ist zudem nach § 13 a und 19 a ErbStG begünstigt. Voraussetzung hierfür ist allerdings, dass der Beschenkte trotz der Nießbrauchsberechtigung des Schenkers als Mitunternehmer im erbschaftsteuerlichen Sinne zu qualifizieren ist, was aber – wie oben dargestellt – in der Regel der Fall ist. Irritierend, aber dennoch beachtenswert ist insoweit die Stellungnahme der Finanzverwaltung in H 51 I 5 ErbStH, wonach wie bei einer Schenkung unter freiem Widerrufsvorbehalt die Betriebsvermögensprivilegierungen nicht zu gewähren sind, wenn »der Schenker sich den Nießbrauch vorbehält und der Bedachte deshalb nicht Mitunternehmer wird«.[85]

134 Ist hingegen sichergestellt, dass der mit dem Nießbrauch belastete Beschenkte als Mitunternehmer anzusehen ist, so ermöglicht die Schenkung unter Nießbrauchsvorbehalt die Erlangung bedeutender Steuerspareffekte. Die Entlastung ergibt sich vor allem aus der Vorschrift des § 10 VI 4 ErbStG, wonach die Nießbrauchslast in vollem Umfang abgezogen werden kann, obwohl das begünstigte Betriebsvermögen um den Betriebsvermögensfreibetrag und den Bewertungsabschlag gemindert wird. Lediglich für den Erwerb von Anteilen an Kapitalgesellschaften und land- und forstwirtschaftlichem Betriebsvermögen schreibt § 10 VI 5 ErbStG eine anteilige Kürzung des Abzugsbetrages vor.[86]

85 Gemeint ist mE, dass der Nießbrauch in einer Art und Weise vorbehalten wird, dass der Beschenkte nicht als Mitunternehmer zu qualifizieren ist. Kritisch zum Hinweis der Finanzverwaltung Ebeling NJW 1999, 1087, 1088; Jülicher in: Troll/Gebel/Jülicher, ErbStG § 13 a Rn 150. Dennoch empfiehlt Münch ZEV 1998, 8, 12 zu Recht, die konkrete Vertragsgestaltung so zu wählen, dass eine Mitunternehmerschaft des Beschenkten jedenfalls zu bejahen ist und in Zweifelsfällen eine entsprechende verbindliche Auskunft einzuholen. Eine weitere Gestaltungsalternative sieht er darin, dass sich der Schenker zwar umfassende Verwaltungsrechte vorbehält, diese aber nicht im eigenen wirtschaftlichen Interesse ausübt, sondern für Rechnung des Beschenkten. Auch eine hierfür entrichtete Vergütung durch den Beschenkten ändere nichts daran, dass die ertragsteuerliche Zurechnung beim Beschenkten erfolge. Jülicher, aaO, rät davon ab, den Vorbehaltsnießbrauch auch auf sämtliche außerordentlichen Erträge zu erstrecken oder dem nießbrauchsberechtigten Schenker das Stimmrecht auch für außerordentliche Angelegenheiten vorzubehalten

86 Der Gesetzgeber hatte im Entwurf für das Steuerbereinigungsgesetz 1999 die Aufhebung des § 10 VI 4 ErbStG und die inhaltliche Ausweitung des Satzes 5 auf Vermögen im Sinne des § 13 IV Nr. 1 ErbStG vorgesehen. Jedoch wurde der Entwurf seinerzeit durch den Vermittlungsausschuss abgelehnt und ist bis heute nicht umgesetzt

Fall:[87] 135

Der 65-jährige U schenkt seinem Sohn unter Vorbehalt eines lebenslänglichen Nießbrauchsrechts seine Kommanditbeteiligung an der U GmbH & Co. KG im erbschaftsteuerlichen Wert von 4 Mio. €. Der durchschnittliche entnahmefähige Jahresgewinn aus dem KG-Anteil beträgt 250 000 €.

(1) Kapitalwert des Nießbrauchs 136

Jahreswert (gemäß § 16 BewG max. 1/18,6 des Substanzwertes, somit 4 000 000 € : 18,6 =)	*215 053,76 €*
× Vervielfältiger für 65-jährigen Mann gemäß Anlage 9 BewG	*× 9,019*
= Kapitalwert	*1 939 569,90 €*

(2) Steuer auf unbelasteten Erwerb

Wert des steuerpflichtigen Erwerbs	*4 000 000,00 €*
./. Betriebsvermögensfreibetrag (§ 13 I ErbStG)	*– 256 000,00 €*
	3 744 000,00 €
./. Bewertungsabschlag (§ 13 II ErbStG)	*– 40 %*
	2 246 400,00 €
./. persönlicher Freibetrag (§ 16 ErbStG)	*– 205 000,00 €*
	2 041 400,00 €
× Steuersatz (§ 19 iVm § 15, eventuell ergänzt um § 19 a ErbStG)	*× 19 %*
	387 866,00 €

(3) Steuer für belasteten Teil des Erwerbs

Wert des steuerpflichtigen Erwerbs nach Freibetrag und Bewertungsabschlag	*2 246 400,00 €*
./. (ungekürzter) Kapitalwert des Nießbrauchs (1)	*– 1 939 569,90 €*
	306 830,10 €
./. persönlicher Freibetrag (§ 16 ErbStG)	*– 205 000,00 €*
	101 830,10 €
auf volle 100,00 € abgerundet (§ 10 I 5 ErbStG)	*101 800,00 €*
× Steuersatz (§§ 19, 19 a ErbStG)	*× 11 %*
Sofortsteuer	***11 198,00 €***

(4) Zinslos zu stundende Steuer

Steuer auf unbelasteten Erwerb	*387 866,00 €*
./. Sofortsteuer	*– 11 198,00 €*
zinslos zu stundende Steuer	*376 668,00 €*

87 Vergleiche auch die Berechnungsbeispiele bei Moench, § 25 Rn 30; Troll/Gebel/Jülicher, ErbStG, § 13 a Rn 150; Hübner in: Sudhoff, Unternehmensnachfolge, S 1189 f – Jülicher, aaO, weist darauf hin, dass Männer bis zum 57. Lebensjahr und Frauen bis zum 63. Lebensjahr bei maximalem Nießbrauch beliebig viel Betriebsvermögen unter Nießbrauchsvorbehalt übertragen können, ohne dass eine Sofortsteuer anfällt

bei Sofortablösung abgezinst	
mit Abzinsungsfaktor für 65-jährigen Mann	*× 0,473*
Ablösebetrag	***178 163,96 €***

f. Verzicht auf vorbehaltenen Nießbrauch

137 Stellt sich nach erfolgter Schenkung unter Nießbrauchsvorbehalt im Laufe der Zeit heraus, dass der Altersversorgungsbedarf des Seniors geringer ist oder durch andere Einkunftsquellen hinreichend gedeckt werden kann, so liegt es nahe, auf den vorbehaltenen Nießbrauch ganz oder teilweise zu verzichten. Ein solcher Verzicht schafft – sofern er unentgeltlich erfolgt – zwar keine besonderen ertragsteuerlichen Belastungen. Er ist aber schenkungsteuerlich relevant. Der Verzicht wird nämlich überwiegend[88] und insbesondere von der Finanzverwaltung[89] als steuerpflichtige freigiebige Zuwendung an den Nießbrauchsverpflichteten nach § 7 I Nr. 1 ErbStG gesehen. Gegen eine Besteuerung spricht allerdings das Abzugsverbot des § 25 I ErbStG, wonach der Erwerber seinerzeit, bei Erhalt des belasteten Gegenstandes die vom Schenker vorbehaltene Nießbrauchsbelastung nicht abziehen durfte, so dass der Nießbrauch im wirtschaftlichen Ergebnis zumindest teilweise zweimal besteuert wird. Diese Doppelbelastung erkennt auch die Finanzverwaltung und erhebt deshalb – aus Billigkeitsgründen – die Steuer für den Verzicht nur, soweit sie den Betrag der seinerzeit gestundeten Steuer übersteigt.[90]

4. Unternehmensübertragung gegen Versorgungsleistungen

a. Allgemeines

138 Ein nach wie vor beliebtes Gestaltungsinstrument zur Sicherung der Altersversorgung des abgebenden Seniors ist die Verpflichtung des Unternehmensnachfolgers zu Versorgungsleistungen.

139 In Zeiten, in denen noch mehr Höfe als Unternehmen übergeben wurden, sind solche Versorgungsleistungen regelmäßig als **Leibgeding**, auch Altenteil genannt, vereinbart worden. Hierbei handelt es sich um einen Mischvertrag, der dem Berechtigten eine dauernde Versorgung durch Geld- und Naturalleistungen in Verbindung mit einem Wohnrecht gewährt und dinglich durch Reallasten und beschränkte persönliche Dienstbarkeiten gesichert wird.[91] Die inhaltliche Ausgestaltung des Leibgedings ist, soweit nicht individualvertrag-

---

88 Moench DStR 1998, 634; Troll/Gebel, ErbStG, § 25 Rn 49; Kapp/Ebeling, ErbStG, § 25 Rn 27 sowie jüngst FG Nürnberg DStRE 2001, 150; aA Meincke ZEV 1998, 406; Ziegeler DB 1998, 1058

89 H 85 IV ErbStR

90 H 85 IV ErbStR; war die gestundete Steuer bereits abgelöst worden, wird die Steuer für den Verzicht nur erhoben, soweit sie den Betrag übersteigt, der bei einer Ablösung der gestundeten Steuer im Zeitpunkt des Verzichts zu zahlen wäre

91 MüKo-Joost, BGB, § 1105 Rn 21

lich geregelt, den jeweiligen landesrechtlichen Vorschriften zu entnehmen.[92] Die dingliche Sicherung erfolgt durch Eintragung von Reallasten, bei Nutzungsrechten durch beschränkt persönliche Dienstbarkeiten.[93] Nach § 48 GBO können die dinglichen Rechte als Altenteil zusammenfassend eingetragen werden, wenn zu ihrer näheren Bezeichnung auf die hinreichend bestimmte Eintragungsbewilligung Bezug genommen wird. Nach § 9 I EGZVG kann das Landesrecht bestimmen, dass eingetragene Altenteile vom Zuschlag in der Zwangsversteigerung unberührt bleiben. Die Ansprüche auf fortlaufende Einkünfte aus dem Altenteil sind nach § 850 b I Nr. 3 ZPO unpfändbar.[94] Übergabeverträge mit Vereinbarung eines Leibgedings sind seltener geworden, tauchen aber dennoch vereinzelt auf. So hatte der Verfasser jüngst Ansprüche aus einem Übertragungsvertrag geltend zu machen, in welchem der Beschenkte neben anderem verpflichtet war, seinen Eltern »jährlich ein Schwein von 125 kg, und zwar zum 1. November eines Jahres, weiter zum selben Zeitpunkt jährlich 5 Doppelzentner Kartoffeln, weiter wöchentlich 2 Pfund Butter, 35 Eier, täglich 1 Liter Milch (Vollmilch)« zu liefern.

Häufiger ist hingegen heute noch die Verpflichtung des Beschenkten zur häuslichen Pflege des Übergebers anzutreffen.[95] Dabei ist zu beachten, dass vertragliche Pflegeverpflichtungen zwar nicht zu einem Verlust der Geld- und Sachleistungsansprüche aus der Pflegeversicherung führen können, wohl aber können sie im Zusammenhang mit einer Schenkung zu einer Kürzung sozialhilferechtlicher Leistungen führen (§§ 69 a und 69 b BSHG; § 528 BGB, § 90 BSHG).[96] 140

Die größte praktische Relevanz im Bereich der Versorgungsleistungen haben hingegen heute die Geldleistungen, die unter den steuerrechtlich geprägten Begriffen der **Rente** und der **dauernden Last** begegnen. Die Rente ist – ungeachtet der unterschiedlichen steuerlichen Auswirkungen – grundsätzlich vereinbar als Zeit- oder Leib- (= Lebens-) Rente. Soweit die Rente die Altersversorgung des Übergebers sichern soll, ist jedoch von einer Zeitrente abzuraten, da ansonsten der Übergeber mit der ständigen Sorge belastet ist, dass nach einer gewissen Zeit mit Wegfall der Rentenbezüge seine Altersversorgung erheblich beeinträchtigt wird. 141

Die Leibrente findet ihre gesetzliche Regelung in den §§ 759 ff BGB. Nach der Regelung des § 761 BGB hat das Leibrentenversprechen schriftlich zu erfolgen. Ein Formmangel führt zur Nichtigkeit und wird nicht durch Entrichtung der Leibrente geheilt. Allerdings wird ein Leibrentenversprechen, das im Rahmen eines unvollständig beurkundeten Grundstückskaufvertrages (‚Schenkungsvertrages oder Vertrages zur Übertragung eines GmbH-Geschäftsanteils) mündlich erteilt wurde, zusammen mit dem übrigen Vertragsinhalt nach § 313 S 2 BGB (§ 518 II BGB, § 15 IV 2 GmbHG) wirksam.[97] 142

92 § 96 EGBGB 96; Palandt/Bassenge § 96 EGBGB Rn 5
93 MüKo-Joost, BGB, § 1105 Rn 23; Palandt/Bassenge § 96 EGBGB Rn 6, wonach auch eine dingliche Sicherung durch Nießbrauch erfolgen kann
94 MüKo-Joost, BGB, § 1105 Rn 27, 28
95 Formulierungsbeispiele finden sich bei Spiegelberger, Vermögensnachfolge, Rn 117; J. Mayer ZEV 1995, 269, 274 f; Rastätter ZEV 1996, 281, 289
96 Rastätter ZEV 1996, 281 ff; J. Mayer ZEV 1997, 176 ff
97 Palandt/Sprau § 761 Rn 1; BGH NJW 1978, 1577; Stenger in: Sudhoff, Unternehmensnachfolge, S 290 f; aA: MüKo-Pecher, BGB, § 761 Rn 10

143 Von der dauernden Last unterscheidet sich die Leibrente dadurch, dass sie eine gleich bleibende Leistung darstellt, während die Höhe der dauernden Last bei sich ändernder Leistungsfähigkeit des Verpflichteten oder sich änderndem Bedarf des Berechtigten abzuändern ist. Beide Arten von Versorgungsleistungen sollten vertraglich wertgesichert werden. Die Wertsicherungsklausel bedarf nach § 2 Preisangaben- und Preisklauselgesetz der Genehmigung, welche vom Bundesamt für Wirtschaft üblichen Klauseln regelmäßig erteilt wird. Bei Übergabe von Grundbesitz sollte eine dingliche Sicherung durch Eintragung einer Reallast oder Rentenschuld erfolgen.

144 Die dinglich gesicherten Versorgungsleistungen bieten dem Übergeber eine größere Sicherheit als ein vorbehaltener Nießbrauch. Während beim Nießbrauch die Fruchtziehung allein von der zukünftigen Ertragskraft des Unternehmens abhängt, haftet für die Erbringung der Versorgungsleistungen der Übergeber mit seinem gesamten künftigen Einkommen und Vermögen einschließlich des Unternehmens. Mit einer Schenkung gegen Versorgungsleistungen können sowohl ertragsteuerliche als auch schenkungsteuerliche Effekte erzielt werden. Darüber hinaus mindert die Verpflichtung des Beschenkten zu Versorgungsleistungen eventuell aus der Schenkung erwachsende Pflichtteilsergänzungsansprüche.

b. Unternehmensübertragungen gegen Versorgungsleistungen im Einkommensteuerrecht

145 Die ertragsteuerlichen Auswirkungen von Versorgungsleistungen sind unterschiedlich je nachdem, ob sie als Leibrente oder dauernde Last vereinbart wurden.

146 Während die Leibrente vom Leistungsverpflichteten lediglich in Höhe ihres seinerseits wiederum vom Alter der Rentenberechtigten bei Rentenbeginn abhängigen Ertragsanteils (zu dessen Berechnung siehe § 22 Nr. 1 EStG) als **Sonderausgabe** nach § 10 I Nr. 1 a EStG vom Gesamtbetrag der Einkünfte abgezogen werden kann und korrespondierend hierzu der Leistungsberechtigte auch lediglich diesen Ertragsanteil zu versteuern hat, ist die dauernde Last beim Verpflichteten in voller Höhe als Sonderausgabe abziehbar und vom Berechtigten in voller Höhe zu versteuern. Die konkrete Gestaltungsempfehlung hat sich daran zu orientieren, ob der Leistungsverpflichtete oder der Leistungsberechtigte zukünftig einer höheren Progression unterliegen wird. Wird der Leistungsverpflichtete aufgrund eines höheren Einkommens nach einem höheren Steuersatz besteuert, so empfiehlt sich die Vereinbarung einer dauernden Last, im umgekehrten Fall, wenn also der Leistungsberechtigte einer höheren Progression unterliegt, sollte eine Leibrente vereinbart werden. Jedenfalls aber sind die unterschiedlichen steuerlichen Auswirkungen bei der Bemessung der Versorgungsleistung zu berücksichtigen.

147 Die Finanzverwaltung hat in einem umfassenden Rentenerlass[98] klargestellt, unter welchen Voraussetzungen sie eine Versorgungsleistung als dauernde Last oder als Leibrente qualifiziert. Dauernde Lasten liegen hiernach vor, wenn eine

98 BMF v. 6.12.1996, BStBl I 1996, 1438

Abänderbarkeit der Versorgungsleistung vereinbart wurde, hingegen ist von einer Leibrente auszugehen, wenn die Versorgungsleistungen unabänderbar sind, wobei eine stets zu empfehlende Wertsicherungsklausel eine Leibrente nicht zu einer dauernden Last macht. Wurde die Versorgungsleistung im Zusammenhang mit der Übergabe einer Wirtschaftseinheit vereinbart, deren Erträge ausreichen, um die wiederkehrenden Leistungen zu erbringen (von der Finanzverwaltung sogenannter Typus 1) so vermutet die Finanzverwaltung die Abänderbarkeit und damit das Vorliegen einer dauernden Last.

Wurde hingegen eine Wirtschaftseinheit übergeben, deren Erträge nicht ausreichen, die wiederkehrenden Leistungen zu erbringen (sog Typus 2), ist grundsätzlich von einer **Unabänderbarkeit** und damit einer Leibrente auszugehen, es sei denn, es sind Leistungen mit schwankenden Größen – beispielsweise die Orientierung der Versorgungsleistungen an Umsatz oder Gewinn eines Unternehmens – vereinbart oder der Versorgungsvertrag enthält einen Verweis auf § 323 ZPO oder eine gleichwertige Änderungsklausel. Nach diesen Vorgaben der Finanzverwaltung sollte also derjenige, der auch im steuerlichen Sinne eine dauernde Last vereinbaren möchte, mit der ohnehin früher empfohlenen Bezugnahme auf § 323 ZPO auf der sicheren Seite sein. Umgekehrt sollte bei gewünschter Leibrente deren Unabänderbarkeit (abgesehen von einer generell empfehlenswerten Wertsicherungsklausel) ausdrücklich festgeschrieben werden. 148

Neben dieser quasi internen Differenzierung zwischen dauernder Last und Leibrente ist die Vermögensübergabe gegen Versorgungsleistungen, welche die geschilderten Steuerfolgen mit sich bringt, jedoch auch nach außen hin in zweifacher Richtung abzugrenzen: Zum einen gegenüber steuerpflichtigen entgeltlichen Geschäften und zum anderen gegen vom Sonderausgabenabzug ausgeschlossenen und nicht steuerbaren Unterhaltszahlungen nach § 12 Nr. 2 EStG. 149

Im Falle der **Vereinbarung eines entgeltlichen Veräußerungsgeschäfts** werden die Versorgungsleistungen in Höhe ihres Barwertes als Kaufpreis qualifiziert. Der Veräußerer hat – bei Veräußerung von Betrieben, Teilbetrieben oder Mitunternehmeranteilen[99] – den ihm entstehenden Gewinn grundsätzlich sofort nach §§ 16, 34 EStG und die in den Rentenzahlungen enthaltenen Ertragsanteile nach § 22 Nr. 1 S 3 a EStG im Jahre des Rentenbezugs zu versteuern. 150

Er kann aber auch stattdessen in Ausübung eines entsprechenden Wahlrechts die lebenslänglichen Versorgungsleistungen in vollem Umfang (also nicht nur mit dem Ertragsanteil) als nicht begünstigte nachträgliche Einkünfte aus Gewerbebetrieb im Zuflusszeitpunkt nach § 15 I iVm § 24 Nr. 2 EStG versteuern, wobei die Steuerpflicht erst dann entsteht, wenn die gezahlten Versorgungsleistungen in der Summe den Buchwert zuzüglich Veräußerungskosten übersteigen und somit Gewinn darstellen.[100] Der Erwerber und somit Leistungsverpflichtete hat – unabhängig von der Ausübung des Wahlrechts durch 151

99 Bei Veräußerung von Einzelwirtschaftsgütern ist der Gewinn voll zu versteuern, bei Veräußerung von Privatvermögen nur in den Ausnahmefällen des § 17 (ab 1. 1. 2002 Halbeinkünfteverfahren) und des § 23 ErbStG

100 Schmidt/Wacker, EStG, § 16 Rn 221; dort auch zu den Voraussetzungen des Wahlrechts

den Veräußerer – in Höhe des Barwerts der Versorgungsleistungen Anschaffungskosten und erreicht eine Einkommensminderung durch Abschreibungen. Den in den Versorgungsleistungen enthaltenen Zinsanteil kann er als Betriebsausgaben geltend machen.[101]

152 Für eine Vermögensübertragung gegen Versorgungsleistungen und damit ein unentgeltliches Geschäft ist nun typisch, dass sich der Übergeber im Zuge vorweggenommener Erbfolge in Form der Versorgungsleistungen Erträge seines Vermögens in der Weise vorbehält, dass der Übernehmer sich verpflichtet, aus diesen erwirtschafteten Erträgen einen Teil an den Übergeber abzuführen.[102] Die Höhe der Versorgungsleistungen wird dabei nicht – wie beim entgeltlichen Geschäft – nach kaufmännischen Gesichtspunkten, sondern nach der Leistungsfähigkeit des Verpflichteten und dem Versorgungsbedürfnis des Berechtigten bemessen. Typischerweise ist dies bei Vermögensübertragungen zwischen nahen Angehörigen so. Gehen hingegen die Vertragsparteien subjektiv von der Gleichwertigkeit von zu übergebendem Vermögen und Versorgungsleistungen aus, so ist die Vermögensübergabe als entgeltliches, gegebenenfalls teilentgeltliches Geschäft zu qualifizieren.

153 Weiterhin ist von einem entgeltlichen Geschäft auszugehen, wenn die Mindestlaufzeit der Versorgungsleistungen kürzer ist als die voraussichtliche durchschnittliche Lebenserwartung des Berechtigten.[103]

Praxis-Tipp:

154 *Die Gestaltungspraxis sollte sich auf die klassische Vereinbarung einer lebzeitigen Rentenverpflichtung beschränken und von der Vereinbarung von Mindest- oder Höchstzeitrenten generell absehen.*

155 Von steuerlich unbeachtlichen **Unterhaltsleistungen** im Sinne des § 12 Nr. 2 EStG – das ist die zweite zu treffende Abgrenzung – gehen Rechtsprechung und Finanzverwaltung jedenfalls dann aus, wenn es sich bei dem übergebenen Vermögen nicht um ein die Existenz des Vermögensübergebers wenigstens teilweise sichernde Wirtschaftseinheit handelt, was insbesondere bei ertraglosem Vermögen (beispielsweise nicht wirtschaftlich vermietbaren unbebauten Grundstücken) der Fall ist. Hingegen ist es nicht erforderlich, dass die Versorgungsleistungen vollständig aus den Erträgen des übertragenen Vermögens erbracht werden können. Erst wenn der Wert des Vermögens im Zeitpunkt der Vermögensübergabe selbst bei überschlägiger und großzügiger Berechnung weniger als die Hälfte des Kapitalwerts der Versorgungsleistungen ausmacht, qualifiziert die Finanzverwaltung diese im Anschluss an die Rechtsprechung des XI. Senats des BFH als Unterhaltsleistungen.[104]

---

101 Konkret ist der Barwert der Versorgungsleistungen zu passivieren; die Barwertminderungen stellen Ertrag und die laufenden Leistungen Aufwand dar, so dass der Saldo als Zinsanteil das Einkommen mindert

102 BFH GrS BStBl II 1990, 847

103 BFH ZEV 2000, 116 m. Anm Geck

104 BMF-Schreiben vom 23.12.1996, BStBl I 1996, 1508

Hingegen erklärt der X. Senat des BFH in seinem Vorlagebeschluss vom 10. 11. 1999[105] die 50 %-Rechnung für irrelevant. Nach seiner Ansicht kommt ein Sonderausgabenabzug weder in voller Höhe noch in Höhe des Ertragsanteils in Betracht, wenn die Versorgungsleistungen nicht aus den laufenden Nettoerträgen des übergebenen Vermögens erbracht werden können. Die Versorgungsleistungen sind vielmehr, soweit sie keinen Bezug zu dem erhaltenen Vermögen aufweisen, als Unterhaltsleistungen im Sinne des § 12 Nr. 2 EStG zu qualifizieren. Soweit sie hingegen dem sachlichen Zusammenhang mit der erhaltenen Gegenleistung stehen, sind die für kauf- und darlehensähnliche Rechtsgeschäfte maßgeblichen Grundsätze anzuwenden.[106] Hat beispielsweise die Tante dem Neffen ein Mietwohngrundstück im Verkehrswert von 175 000 € gegen Versorgungsleistungen übertragen, deren Barwert 300 000 € beträgt und die aus den Mieterträgen nicht vollständig erbracht werden können, so hat der Neffe in Höhe von 175 000 € Anschaffungskosten, in Höhe des Restbetrages von 125 000 € erbringt er Unterhaltsleistungen. 156

c. Unternehmensübertragungen gegen Versorgungsleistungen im Schenkungsteuerrecht

Die Vermögensübergabe gegen Versorgungsleistungen ist als Auflagenschenkung schenkungsteuerpflichtig. Anders als bei einer Schenkung unter Duldungs- oder Nutzungsauflage (beispielsweise in Form eines Nießbrauchsvorbehalts) findet § 25 ErbStG jedoch keine Anwendung. Der Bundesfinanzhof qualifiziert die Vermögensübergabe gegen Versorgungsleistung vielmehr als **Schenkung unter Leistungsauflage** und stellt diese in der schenkungsteuerlichen Beurteilung der gemischten Schenkung gleich, das heißt die Versorgungsleistungen werden wie eine Gegenleistung behandelt.[107] 157

Nach den Grundsätzen zur gemischten Schenkung wird die schenkungsteuerliche Bemessungsgrundlage in der Weise ermittelt, dass der Steuerwert der Leistung des Schenkers in dem Verhältnis aufgeteilt wird, in dem der Verkehrswert der Bereicherung des Beschenkten zu dem Verkehrswert des geschenkten Vermögens steht. Die hierfür maßgebliche **Berechnungsformel** lautet wie folgt: 158

159

$$\text{Steuerwert der Schenkerleistung} \times \frac{\text{Verkehrswert der Bereicherung des Beschenkten}}{\text{Verkehrswert der Schenkerleistung}} = \text{Steuerwert der freigebigen Zuwendung}$$

Der Verkehrswert der Bereicherung ergibt sich aus der Differenz aus dem Verkehrswert der Schenkerleistung[108] und dem Verkehrswert (= Kapitalwert) der Versorgungsleistungen. 160

---

105 BFH BStBl II 2000, 188; FR 2000, 270 mit Anm Weber-Grellet

106 Kritisch hierzu Geck ZEV 2000, 136; Spiegelberger DStR 2000, 1074; Weber-Grellet FR 2000, 276

107 BFH BStBl II, 524; ihm folgend die Finanzverwaltung R 17 I, II ErbStR

108 Zur Bestimmung des Verkehrswertes durch die Finanzverwaltung s R 17 V (Übernahme des vom Steuerpflichtigen erklärten Werts) und VI (direkte und indirekte Methode der Unternehmensbewertung, Stuttgarter Verfahren); hierzu auch Schwarz ZEV 2000, 45

Fall:

161 *Der **65-jährige** U schenkt seinem Neffen N eine Kommanditbeteiligung im Verkehrswert von 2 000 000 € und einem Steuerwert von 1 000 000 € gegen eine lebenslängliche Leibrente von monatlich 4 600 €.*

162

(1) Monatliche Leibrente		4 600 €
	× 12	
Jahreswert		55 200 €
× **Vervielfältiger gem Anlage 9 BewG für 65-jährigen Mann**	× 9,019	
Kapitalwert der Versorgungsleistungen (aufgerundet)		500 000 €
(2) Verkehrswert der Schenkerleistung[109]		2 000 000 €
./. **Verkehrswert der Versorgungsleistungen von (1)**		500 000 €
Verkehrswert der Bereicherung des Beschenkten		1 500 000 €
(3) Steuerwert der freigebigen Zuwendung:		$1\,000\,000 \times \frac{1\,500\,000}{2\,000\,000} = 750\,000$

5. Gesellschaftsrechtliche Maßnahmen

a. Beschränkung der eigenen Haftung

163 Zahlreiche Mittelständler führen ihr Unternehmen in vollhaftender Stellung, sei es als Einzelunternehmer, OHG-Gesellschafter oder Komplementär einer Kommanditgesellschaft.

164 Die Vollhaftung wird in der Praxis auch dann häufig beibehalten, wenn die unternehmerische Verantwortung zusammen mit Anteilen am Unternehmen auf den Nachfolger übertragen wird. Der Seniorunternehmer haftet dann mit seinem gesamten Privatvermögen für fremdes Handeln, was eine erhebliche Gefährdung seiner Altersversorgung darstellen kann.

165 Dem abgebenden Senior ist daher zu empfehlen, die eigene Haftung zu beschränken. Hierzu kann es erforderlich sein, das Einzelunternehmen oder die OHG in eine GmbH oder GmbH & Co. KG umzuwandeln. Soll eine natür-

---

109 Moench, Erbschaft- und Schenkungsteuer, § 7 Rn 85 weist zurecht darauf hin, dass das eigentliche praktische Problem in der Aufgabe liegt, den Verkehrswert der Schenkerleistung (vorliegend der Kommanditbeteiligung) und (im Beispiel weniger) der Leistung des Beschenkten zu bestimmen

liche Person Vollhafter bleiben, so empfiehlt sich eine Kommanditgesellschaft, in welcher allerdings der Nachfolger anstelle des abgebenden Seniors die Komplementärfunktion übernehmen sollte.

Die Umwandlung eines Einzelunternehmens **in eine GmbH**[110] kann im Wege der partiellen Gesamtrechtsnachfolge durch Ausgliederung zur Neugründung oder durch Aufnahme in eine bereits bestehende GmbH erfolgen. Sie kann genauso aber auch im Wege der Einzelrechtsnachfolge, nämlich durch Sachgründung vorgenommen werden, bei welcher der Unternehmer zur Erbringung seiner Stammeinlage sein Einzelunternehmen in die neu gegründete GmbH einbringt. Ein wesentlicher Unterschied zwischen den beiden Umwandlungsarten besteht in haftungsrechtlicher Hinsicht: Während bei der Ausgliederung die Verbindlichkeiten auf die GmbH übergehen, ohne dass es der Zustimmung der jeweiligen Gläubiger bedarf und alle Ansprüche gegen den ehemaligen Einzelunternehmer spätestens nach fünf Jahren verjähren (§ 157 UmwG), erfordert der Übergang der Verbindlichkeiten bei Einbringung des Unternehmens die Zustimmung der jeweiligen Gläubiger. 166

Wird diese nicht erteilt, haftet der Unternehmer nach wie vor unbeschränkt. Auch die Nachhaftungsverjährung des § 157 UmwG greift im Falle der Einbringung nicht. Steuerlich werden Ausgliederung und Einbringung gleichbehandelt. Nach § 20 II und III UmwStG kann das Einzelunternehmen steuerneutral zum Buchwert oder mit Versteuerung des dann entstehenden Einbringungsgewinns zum Teilwert oder einem Zwischenwert eingebracht werden. 167

Auch die Umwandlung in eine **GmbH & Co. KG**[111] kann durch Einbringung (Einzelrechtsnachfolge) oder Ausgliederung (Gesamtrechtsnachfolge) erfolgen. Eine Ausgliederung zur Neugründung einer Personenhandelsgesellschaft ist allerdings nicht möglich. Es ist vielmehr notwendig zuvor – gegebenenfalls mit einer ebenfalls neu gegründeten Komplementär-GmbH – die GmbH & Co. KG zu gründen. Die haftungsrechtlichen Unterschiede zwischen Gesamt- und Einzelrechtsnachfolge sind hier geringer. Im Einbringungsfall haftet die Gesellschaft nach § 28 I HGB für alle im Betrieb des Geschäfts entstandenen Verbindlichkeiten des früheren Geschäftsinhabers. Dessen Nachhaftung für Altverbindlichkeiten ist gemäß § 28 III iVm § 26 HGB auf fünf Jahre begrenzt. Steuerlich besteht auch hier in beiden Varianten ein Bewertungswahlrecht. Nach § 24 UmwStG können die Wirtschaftsgüter des Einzelunternehmens zum Buchwert und somit steuerneutral oder – steuerpflichtig – zum Teil- oder Zwischenwert eingebracht werden. 168

Die vorgenannten Umwandlungen lösen keine Umsatzsteuer aus. Bei der Einbringung des Einzelunternehmens handelt es sich vielmehr um eine Geschäftsveräußerung im Ganzen, welche nach § 1 I a UStG nicht umsatzsteuerbar ist. Soweit jedoch zum eingebrachten Einzelunternehmen Grundbesitz gehört, fällt in den Grenzen des § 5 II GrEStG Grunderwerbsteuer an. 169

Bei Umwandlung in eine Personengesellschaft hat der Einzelunternehmer allerdings die Möglichkeit, Alleineigentümer des Grundstücks zu bleiben und 170

110 Siehe hierzu Schwedhelm, Die Unternehmensumwandlung, Rn 174 ff
111 Siehe hierzu Schwedhelm, Die Unternehmensumwandlung, Rn 367, 369 ff

dieses der Personengesellschaft zukünftig zur Nutzung zu überlassen und im steuerlichen Sonderbetriebsvermögen zu halten. Eine steuerneutrale Einbringung bleibt auch in diesem Fall möglich, Grunderwerbsteuer fällt keine an. Der Rückbehalt von betriebswesentlichen Immobilien führt bei Einbringung in eine Kapitalgesellschaft zur Herstellung einer Betriebsaufspaltung. Dies allerdings nur, wenn und solange der Senior auch in der Gesellschaft die Stimmacht hält. Jedoch ist die Übertragung von Einzelwirtschaftsgütern auf die Betriebs-GmbH im Zuge der Aufspaltung des Betriebs seit Einführung des § 6 V EStG durch das Steuerentlastungsgesetz nicht mehr möglich. Durch das anschließende Steuersenkungsgesetz sind zwar einige Verschärfungen des Steuerentlastungsgesetzes wieder zurückgenommen und insbesondere der Mitunternehmererlass durch § 6 V 3 EStG zumindest teilweise wieder eingeführt worden, jedoch wurde die Steuerneutralität der Übertragung von Einzelwirtschaftsgütern zwischen Besitz- und Betriebsunternehmen gerade nicht normiert.[112]

171 Die Reihenfolge von Umwandlung und Beteiligung des Nachfolgers sollte sich an den jeweiligen haftungsrechtlichen und schenkungsteuerlichen Auswirkungen orientieren. Dabei ist beachtlich, dass in erbschaftsteuerlicher Hinsicht Rechtsformunterschiede regelmäßig bei der Bewertung, ausnahmsweise aber auch bei der Inanspruchnahme der Betriebsvermögensprivilegierungen der §§ 13 a, 19 a ErbStG, bestehen.

b. Gesellschaftsvertragliche Sonderrechte

172 Gerade bei Maßnahmen vorweggenommener Erbfolge, die zur Steuerersparnis durchgeführt werden, kann es notwendig sein, die Altersversorgung dadurch zu sichern, dass der Schenker nach wie vor die Geschicke im Unternehmen bestimmen kann und ihm die wesentlichen Erträge aus dem Unternehmen zustehen.

173 Ein probates und insbesondere vor der letzten Erbschaftsteuerreform praktiziertes Gestaltungsmittel – neben dem bereits oben behandelten Nießbrauchsvorbehalt – war die Gründung einer Familiengesellschaft, in welche seinerzeit Immobilien, die nach neuem Recht höher bewertet werden sollten, eingebracht und an der sodann die Abkömmlinge bereits relativ hoch beteiligt wurden. Dies jedoch unter Vorbehalt von Sonderstimmrechten und Sondergewinnbezugsrechten zugunsten der im Übrigen nur noch minderbeteiligten Senioren.

174 Während bei vielen Unternehmern die Vorstellung herrscht, auch ohne besondere gesellschaftsvertragliche Regelung entspräche die Höhe der Stimmrechte der Höhe der Beteiligung am Unternehmen, gilt dies tatsächlich nur für Kapitalgesellschaften. Bei **Personengesellschaften** bestimmt sich hingegen das **Stimmrecht** entsprechend § 119 II HGB, § 709 BGB nach Köpfen. Jeder Gesellschafter hat somit unabhängig von der Höhe seiner Beteiligung eine Stimme. Darüber hinaus gilt in Personengesellschaften für die Beschlussfassung das Einstimmigkeitsprinzip. Die Aufnahme von Abkömmlingen in

112 Kessler/Teufel BB 2001, 17, 25

eine Personengesellschaft bedeutet damit, dass nach gesetzlicher Regelung gegen deren Willen grundsätzlich keine Beschlüsse gefasst werden können. Dies ist jedoch im Regelfall nicht gewollt.

Die gesetzlichen Regelungen sowohl zum Stimmrecht als auch zur Beschluss- 175
fassung sind jedoch dispositiv. Die meisten Gesellschaftsverträge enthalten deshalb die Regelung, dass Beschlüsse mit einfacher oder qualifizierter Mehrheit gefasst werden können und die Stimmrechte der Höhe der Beteiligung an der Gesellschaft entsprechen.

Von der gesetzlichen Regelung kann genauso aber auch in der Weise abgewi- 176
chen werden, dass zum einen das Mehrheitsprinzip gilt und zum anderen den bspw. nach einer Schenkung mit 80 % beteiligten Kindern lediglich 20 % der Stimmrechte zustehen, während die nur noch mit 20 % beteiligten Eltern 80 % der Stimmen halten. Genauso ist es möglich unter Beibehaltung der gesetzlichen Regelung der Stimmrechtsverteilung nach Köpfen gesellschaftsvertragliche Mehrfachstimmrechte zu gewähren also beispielsweise zu regeln, dass die Stimmen der Senioren doppelt oder dreifach zählen. Das Mehrheitsprinzip kann jedoch nicht für solche Beschlüsse vereinbart werden, die den Kernbereich der Gesellschafterrechte betreffen. Der sonderstimmberechtigte Senior wird daher seine grundsätzliche Stimmacht nicht dazu nutzen können, die dem Junior bei Aufnahme gesellschaftsvertraglich gewährten Rechte nachträglich zu entziehen oder ihm neue Pflichten aufzuerlegen.

Auch in der **GmbH**, in der bereits von Gesetzes wegen das Mehrheitsprinzip 177
gilt (§ 47 I GmbHG) und lediglich Kernbereichsbeschlüsse und Satzungsänderungen der Einstimmigkeit bedürfen, ist die Vereinbarung von Mehrstimmrechten zulässig. Hingegen ist in der **AG** die Gewährung von Sonderstimmrechten durch § 12 II 1 AktG untersagt. Einfluss auf die Stimmverhältnisse kann hier nur durch Ausgabe stimmrechtloser Vorzugsaktien bei entsprechendem Dividendenvorzug und – bei nicht börsennotierten, sogenannten kleinen AGs – durch die Vereinbarung von Höchststimmrechten genommen werden.

Halten die Eltern Gesellschaftsanteile an einer Gesellschaft, an welcher auch 178
familienfremde Dritte beteiligt sind und möchten sie Abkömmlingen Teile ihres Gesellschaftsanteils übertragen, so kann ihre Stimmacht bezogen auf den Gesellschaftsanteil durch **Stimmbindungsverträge** gesichert werden, deren Abschluss nicht der Zustimmung der übrigen Gesellschafter bedarf. Dies gilt für Personengesellschaften genauso wie für Kapitalgesellschaften. Beachtenswert ist allerdings, dass solche Stimmbindungsverträge nur schuldrechtlich wirken und bei Verstoß lediglich Schadensersatzansprüche begründen.

Genauso wie das Stimmrecht, kann in der **Personengesellschaft** auch der 179
Gewinnbezug abweichend von der Beteiligung geregelt werden. So können sich insbesondere die nur noch mit 20 % beteiligten Eltern durch entsprechende gesellschaftsvertragliche Regelung 80 % des Gewinns der Gesellschaft vorbehalten. Die bereits mit 80 % beteiligten Kinder sind dann nur mit 20 % am laufenden Gewinn beteiligt.

Nach der mit der Erbschaftsteuerreform 1996 eingeführten Neuregelung des 180
§ 97 I a BewG kann mit derartigen Vereinbarungen von Sondergewinnbezugs-

rechten jedoch der schenkungsteuerlich angestrebte Effekt vereitelt werden. Nach § 97 I a Nr. 3 ist nämlich der Wert des Betriebsvermögens der Personengesellschaft nach dem für die Gesellschaft maßgebenden Gewinnverteilungsschlüssel auf die Gesellschafter aufzuteilen. Maßgeblich für die Wertbestimmung des Erwerbs wird damit nicht die Höhe der Beteiligung am Vermögen der Gesellschaft, sondern die Beteiligung am Gewinn, so dass die Kinder schenkungsteuerlich nicht die angestrebten 80 % des Vermögens, sondern lediglich erst 20 % erhalten.

181 Eine Ausweichgestaltung hierzu ist darin zu sehen, dass statt Sondergewinnbezugsrechten sogenannte **Sonderentnahmerechte** vereinbart werden. So kann der Gesellschaftsvertrag beispielsweise die Regelung enthalten, dass die Senioren berechtigt sind, monatlich einen Betrag von 5 000 € zu entnehmen. Dieser Betrag kann dann ihrer Altersversorgung dienen.

182 Das Entnahmerecht[113] sollte, gerade wenn es die Altersversorgung gewährleisten soll, unabhängig davon gelten, ob die Gesellschaft Gewinne erzielt. Auch bei einem negativen Kapitalkonto der Gesellschafter und bei Liquiditätsbelastungen der Gesellschaft sollten Überentnahmen generell oder innerhalb bestimmter vordefinierter Grenzen gestattet sein. Aus diesem Grund bieten sich solche Sonderentnahmerechte zur Alterssicherung auch nur in der haftungsbeschränkten GmbH & Co. KG an, in der für das negative Kapitalkonto eines Kommanditisten letztlich die Komplementärin haftet. Der Kommanditist haftet nur in Höhe seiner Einlage, die bei zu einem negativen Kapitalkonto führenden Überentnahmen jedenfalls insoweit zurückbezahlt wurde und deshalb Gläubigern gegenüber als nicht geleistet gilt (vgl § 172 IV iVm § 171 I HGB). Das Entnahmerecht kann ausgeübt werden, bis das Vermögen der Kommanditgesellschaft und das Stammkapital der Komplementär-GmbH aufgebraucht ist. Dann nämlich, aber auch erst dann, wird die Komplementär-GmbH aufgrund Überschuldung Insolvenzantrag stellen müssen. Bis dahin aber ist gewährleistet, dass das Vermögen der Gesellschaft der Alterssicherung der minderheitsbeteiligten Senioren weiterhin zur Verfügung steht.

183 Die Durchsetzung der Entnahmeansprüche kann durch notarielle Zwangsvollstreckungsunterwerfung der Gesellschaft erleichtert werden. Den Senioren wird hierdurch erspart, die Auszahlung ihrer Entnahmebeträge im Streitfall zunächst einklagen und längere Zeit auf ihr Geld warten zu müssen.

184 Auch in der **GmbH** kann eine vom Verteilungsmaßstab des § 29 III 1 GmbHG (»nach dem Verhältnis der Geschäftsanteile«) abweichende Gewinnverteilung vereinbart werden.[114] Bei entsprechender Satzungsregelung ist hierin auch keine verdeckte Gewinnausschüttung an die sonderberechtigten Gesellschafter zu sehen, es sei denn, diese wurde nachträglich mit Rückwirkung vereinbart. Allerdings will die Finanzverwaltung inkongruente Gewinnausschüttungen nur dann steuerlich anerkennen, wenn für eine vom gesetzlichen Verteilungsschlüssel abweichende Gewinnverteilung besondere Leistungen eines

113 Zum gesellschaftsvertraglichen Standard sollte gehören, den Gesellschaftern ein Entnahmerecht zumindest in Höhe der auf die Beteiligung entfallenden Steuern zu gewähren

114 Scholz/Emmerich, GmbHG, § 29 Rn 78

oder mehrerer Gesellschafter für die Kapitalgesellschaft ursächlich sind.[115] In der **Aktiengesellschaft** schließlich kann ebenfalls durch ausdrückliche Satzungsregelung eine von § 60 I, II AktG abweichende Art der Gewinnverteilung bestimmt werden, § 60 III AktG.

c. Installation gesellschaftsrechtlicher Sicherungs- und Kontrollinstrumente

aa. Gesellschaftsvertragliche Hürden des kurzfristigen Ausscheidens

Eine bereits lebzeitige Schenkung von Unternehmensteilen kommt für viele Unternehmer nur deshalb in Betracht, weil der Sohn oder die Tochter aktiv im Unternehmen tätig ist und auch in Zukunft tätig bleiben möchte. Wäre dies nicht der Fall, würde die lebzeitige Schenkung meist unterbleiben und stattdessen das Unternehmen entweder vom Senior alleine fortgeführt oder verkauft. Bei lebzeitigen, vorrangig vermögensmäßigen Beteiligungen von Kindern an lediglich vermögensverwaltenden Gesellschaften geht es den abgebenden Senioren vorrangig um die Erzielung steuerlicher Spareffekte. Im Regelfall nicht gewollt ist in beiden Fällen hingegen die Übertragung von Vermögenswerten an die Abkömmlinge zu deren freier Verfügung. **185**

Die Vermögenswerte sollen vielmehr in der Gesellschaft verbleiben. Gleiches gilt für die Abkömmlinge als Gesellschafter. Es ist daher ein Anliegen vieler Seniorunternehmer, den jeweiligen Nachfolger in der Gesellschaft zu binden und Liquiditätsbelastungen durch Kündigungen zu vermeiden. Diesem Anliegen kann zum einen im Schenkungsvertrag,[116] zum anderen aber auch im Gesellschaftsvertrag Rechnung getragen werden. Jedoch sind die Gestaltungsmöglichkeiten relativ beschränkt. **186**

In der **Kapitalgesellschaft** kann der Austritt eines Gesellschafters grundsätzlich nur durch Veräußerung (Abtretung) des Geschäftsanteils erfolgen. Dies kann freilich durch gesellschaftsvertragliche Vinkulierungsklauseln erheblich erschwert werden. Jedoch steht dem ausscheidungswilligen Gesellschafter ein Austrittsrecht aus wichtigem Grund zu, wenn weder eine Fortsetzung der Mitgliedschaft noch eine andere Form der Beendigung derselben zumutbar und möglich ist. Ein ordentliches Kündigungsrecht gibt es bei der GmbH hingegen nicht.[117] **187**

Demgegenüber verbietet § 723 III BGB für den Bereich der **Personengesellschaften**[118] sowohl den Ausschluss als auch nur die Beschränkung des Kündigungsrechts. Dies gilt in der Schärfe des Wortlauts des § 723 III BGB jedenfalls für **außerordentliche Kündigungen** aus wichtigem Grund. Die **ordentliche** **188**

115 Siehe zur inkongruenten Gewinnausschüttung jüngst BFH DStR 1999, 1849 sowie den hierauf bezogenen Nichtanwendungserlass der Finanzverwaltung BMF-Schr. v. 2. 11. 2000 in: DStR 2000, 2188

116 Siehe hierzu bereits oben Rn 60 ff

117 Lutter/Hommelhoff, GmbHG, § 34 Rn 36 mwN

118 § 723 III gilt über die Verweisungsvorschrift des § 105 III HGB auch für Personengesellschaften; MüKo-Ulmer, BGB, § 723 Rn 43

Kündigung betreffend wird hingegen § 723 III BGB einschränkend ausgelegt. Beschränkungen des ordentlichen Kündigungsrechts sind nur dann unzulässig und nichtig, wenn sie wirtschaftlich einem Ausschluss gleichkommen.[119]

189 Dies ist insbesondere der Fall, wenn die ordentliche Kündigung an bestimmte Voraussetzungen geknüpft oder von der Zustimmung von Gesellschaftern oder Dritten abhängig gemacht wird. Zulässig ist hingegen die Vereinbarung einer langen, allerdings angemessenen **Kündigungsfrist** oder die gesellschaftsvertragliche Anordnung bestimmter Kündigungstermine. Denn § 723 I 2 BGB gestattet auch die Errichtung einer **Gesellschaft auf bestimmte Zeit**, während derer die ordentliche Kündigung ausgeschlossen ist. Dem aber ist die Vereinbarung einer Kündigungsfrist zumindest vergleichbar. Jedoch wird eine auf unangemessen lange Zeit eingegangene Gesellschaft wie eine unbefristete behandelt, mit der Folge, dass in diesem Fall auch eine ordentliche Kündigung möglich bleibt. Entsprechend ist auch eine unangemessen lange Kündigungsfrist nichtig. Wie so oft, entscheidet auch hier über die Angemessenheit der Frist der Einzelfall, wobei das Interesse des einzelnen Gesellschafters an einem kurzfristigen Ausscheiden und das Interesse der Gesamthand an einem langfristigen Bestand gegeneinander abzuwägen sind.[120]

190 Bei der Aufnahme **minderjähriger Abkömmlinge** in eine Familiengesellschaft ist deren mit dem Minderjährigenhaftungsbeschränkungsgesetz eingeführtes **Sonderkündigungsrecht** beachtlich. Nach § 723 I 3 stellt die Vollendung des 18. Lebensjahres einen wichtigen Grund dar, der den volljährig Gewordenen zur außerordentlichen und fristlosen Kündigung, allerdings innerhalb von drei Monaten ab Kenntnis oder Kennenmüssen seiner Gesellschafterstellung, berechtigt.

191 Zwar wurde ins HGB kein dem § 723 I 3 Nr. 2 BGB entsprechender Kündigungsgrund aufgenommen. Nach der Begründung des Regierungsentwurfs[121] soll aber die Anwendung des § 723 BGB auf die Regelung des § 133 HGB (Auflösung der Gesellschaft!) ausstrahlen. Der Eintritt der Volljährigkeit des persönlich haftenden Gesellschafters würde demnach einen zur Auflösung der Gesellschaft berechtigenden wichtigen Grund darstellen. Gerade nach der jüngsten Änderung des § 131 III (Ausscheiden statt Auflösung) erscheint diese Rechtsfolge jedoch nicht sachgerecht. Die Sonderkündigung des volljährig Gewordenen sollte vielmehr wie die Kündigung eines sonstigen Gesellschafters entsprechend § 131 III Nr. 3 HGB zum Ausscheiden führen.[122]

192 Angesichts der aufgezeigten Hürden zur Beschränkung des Kündigungsrechts liegt es gerade im Bereich der Personengesellschaften nahe, die wirtschaftlichen Folgen einer solchen Kündigung abzumildern. Dies geschieht in der Gestaltungspraxis regelmäßig durch Vereinbarung liquiditätsschonender Abfindungsregelungen. Jedoch müssen sich auch solche Regelungen im ange-

---

119 Beck-Hdb. Personengesellschaften/Sauter, S 502
120 MüKo-Ulmer, BGB, § 723 Rn 47
121 Begr. RegE MHbeG ZIP 1996, S 935
122 Grunewald ZIP 1999, S 599; Klumpp ZEV 1998, S 413, der weiterhin vorschlägt, dem volljährig Gewordenen analog § 139 HGB eine Kommanditistenstellung einzuräumen; die Rechtsprechung hierzu bleibt abzuwarten

messenen Rahmen halten. Entsteht nämlich je nach Geschäftsentwicklung ein grobes Missverhältnis zwischen Klauselwert und tatsächlichem Verkehrswert, so ist die Abfindungsklausel wegen unzulässiger Beschränkung des Kündigungsrecht nichtig. Besteht das grobe Missverhältnis bereits bei Aufnahme der Abfindungsklausel in den Gesellschaftsvertrag, so kann sie bereits aufgrund Sittenwidrigkeit keine Wirksamkeit entfalten.

Die Problematik stellt sich regelmäßig bei sogenannten **Buchwertklauseln**, 193
die anordnen, dass die Abfindung dem Anteil am bilanziellen Eigenkapital unter Berücksichtigung der individuellen Kapitalkontenentwicklung entspricht, was freilich zur Folge hat, dass stille Reserven der aktivierten Wirtschaftsgüter sowie ein selbstgeschaffener Firmenwert unberücksichtigt bleiben. Rechtsfolge einer nichtigen Abfindungsklausel ist allerdings nicht die Abfindung zum Verkehrswert. Vielmehr ist unter Berücksichtigung der jeweiligen Gesellschafterinteressen eine angemessene Abfindung zu ermitteln.[123]

Mit Aufnahme einer **Vinkulierungsklausel** soll das Eindringen fremder 194
Dritter in die Gesellschaft verhindert werden. Die Vinkulierung erhält daher in Familiengesellschaften besondere Relevanz. Im Rahmen einer Unternehmensnachfolge bietet sie zudem Schutz in zweifacher Richtung. Zum einen trägt sie dem Anliegen des Seniors Rechnung, dass der Junior die geschenkte Beteiligung nicht kurzfristig zu Geld macht und hierdurch Fremde in die Firma gelangen, zum anderen gewährleistet sie aber auch dem Nachfolger, dass ohne seine Zustimmung keine weiteren, ihm unbekannte Personen Gesellschafter werden. Wo ein solcher Schutz des Nachfolgers allerdings nicht notwendig ist, insbesondere bei Vermögensverwaltungsgesellschaften, sollte sich der Seniorgesellschafter gerade vorbehalten, seine Anteile auch an fremde Dritte veräußern zu können. Ein solcher Vorbehalt wird in der Kapitalgesellschaft durch entsprechende Beschränkung der Vinkulierung auf die Anteile des Nachfolgergesellschafters erreicht. In der Personengesellschaft ist es hingegen erforderlich, dass sämtliche Gesellschafter ihre Zustimmung zur Veräußerung des Anteils des Seniorgesellschafters im Voraus erteilen. Beides sollte jedenfalls bereits bei Aufnahme des Nachfolgers vereinbart werden.

Das Bedürfnis nach einem gesellschaftsvertraglichen Schutz vor Überfremdung 195
besteht allerdings nur in Kapitalgesellschaften. Der Gesellschaftsanteil einer Personengesellschaft kann ohnehin nur mit Zustimmung aller Gesellschafter erfolgen. Hingegen sind GmbH-Anteile nach § 15 I GmbHG frei übertragbar, wobei aber die Abtretung der Geschäftsanteile gemäß § 15 V GmbHG durch den Gesellschaftsvertrag an weitere Voraussetzung geknüpft, insbesondere von der Genehmigung der Gesellschaft abhängig gemacht werden kann. In Familiengesellschaften wird von diesem Recht regelmäßig in der Weise Gebrauch gemacht, dass die Übertragung auf einen bestimmten Personenkreis, beispielsweise Ehegatte und Abkömmlinge von Gesellschaftern zustimmungsfrei gestattet bleibt, die Abtretung an fremde Dritte hingegen dem Zustimmungs-

123 BGH NJW 1985, 192, 193; für eine ergänzende Vertragsauslegung auch bei Unbilligkeit BGH NJW 1993, 3193; ausführlicher hierzu K. Schmidt, Gesellschaftsrecht, S 1469 ff; Baumbach/Hopt, HGB, § 131 Rn 58 ff

vorbehalt unterstellt wird. Der Zustimmungsvorbehalt sollte weiterhin auf den Fall der Verpfändung und einer sonstigen Belastung des Gesellschaftsanteils, etwa durch Nießbrauchsbestellung, ausgedehnt werden.

196 In der Aktiengesellschaft ist eine Vinkulierung nur bei Namensaktien möglich (§ 68 II AktG). Bei Inhaberaktien hat hingegen der Grundsatz der Verkehrsfähigkeit Vorrang, eine Vinkulierung ist hier ausgeschlossen. Als Ausweichgestaltung kommt jedoch die Einbringung der Aktien in eine Poolgesellschaft bei gleichzeitiger Vereinbarung entsprechender Verfügungsbeschränkungen in Betracht.[124]

bb. Kontrolle der Geschäftsführung

197 Die Aufnahme des Nachfolgers ins Unternehmen ist häufig auch mit einem Wechsel in der Geschäftsführung verbunden. Der Senior zieht sich aus dem aktiven Geschäftsleben zurück und die unternehmerische Verantwortung geht auf den Junior über. Als Gesellschafter oder gar mehrheitsbeteiligter Gesellschafter kann der Senior freilich die Geschäftsführung kontrollieren und, soweit erforderlich, von seinem **Weisungsrecht** Gebrauch machen. Grundlagengeschäfte bedürfen ohnehin der Zustimmung der Gesellschafter und können von den Geschäftsführern nicht alleine entschieden werden. Zudem kann vorsorglich in den Gesellschaftsvertrag und Anstellungsvertrag des Geschäftsführers ein Katalog von Geschäften aufgenommen werden, vor deren Abschluss der Geschäftsführer die Zustimmung der Gesellschafterversammlung einzuholen hat.

198 Die Aktiengesellschaft kennt demgegenüber andere Schutzmechanismen. Den Aktionären steht weder ein Kontroll- noch ein Widerspruchs- oder Weisungsrecht zu. Nach § 119 II AktG kann die Hauptversammlung über Fragen der Geschäftsführung nur entscheiden, wenn der Vorstand dies verlangt. Sie ist lediglich dazu berufen, den Mitgliedern des Vorstands Entlastung zu erteilen. Die eigentliche Überwachung des Vorstands aber obliegt gemäß § 111 AktG dem **Aufsichtsrat**.

199 Die Installation eines eigenständigen Kontrollorgans in Form eines Aufsichtsrats oder Beirats kann sich auch in der GmbH – § 52 GmbHG gestattet solches ausdrücklich und verweist vorsorglich auf die aktienrechtlichen Regelungen – und in den Personengesellschaften anbieten. Dabei kann der **Beirat** neben den ihm übertragenen Kontrollaufgaben auch die Geschäftsführung als Beratungsorgan unterstützen und darüber hinaus Vermittlungsfunktionen bei Interessengegensätzen zwischen den Generationen oder mehreren Familienstämmen übernehmen und so zu einem Ausgleich unterschiedlicher Geschäftsauffassungen beitragen.[125] Die Zuweisung besonderer Kompetenzen an den Beirat führt notwendigerweise zu einer Kompetenzbeschränkung der übrigen Organe, nämlich der Geschäftsführung und der Gesellschafterversammlung. Im Bereich der Personengesellschaften werden solche Kompetenzverlagerungen begrenzt durch das Prinzip der Selbstorganschaft. Soweit dem Beirat wesentliche Geschäftsführungskompetenzen

---

124 Stenger in: Sudhoff, Unternehmensnachfolge, S 317
125 Froning in: Sudhoff, Unternehmensnachfolge, S 631

übertragen werden, dürfen ihm nicht überwiegend gesellschaftsfremde Mitglieder angehören.[126] Wird in der GmbH ein Beirat geschaffen, so dürfen diesem nur solche Aufgaben übertragen werden, die das Gesetz nicht zwingend der Geschäftsführung[127] oder der Gesellschafterversammlung[128] zuweist.

d. Steuerliche Anerkennung von Gesellschaftsverträgen mit Angehörigen

Die frühzeitige Aufnahme vor allem der Kinder ins Unternehmen kann erhebliche steuerliche Entlastungen bringen (»faktisches Familiensplitting«). Zur Verhinderung von Gestaltungsmissbrauch haben Rechtsprechung und Finanzverwaltung[129] besondere Anforderungen aufgestellt, denen Verträge zwischen Angehörigen genügen müssen, damit die erwünschten steuerlichen Effekte auch tatsächlich eintreten. Wie so oft, führten auch hier die Maßnahmen zur Missbrauchsbekämpfung zu einem Formalismus, der nicht selten auch dem redlichen Steuerbürger die Anerkennung einkommensverlagernder Vertragsgestaltungen und der damit verbundenen steuerlichen Konsequenzen versagt. Zur Sicherung des steuerlichen Effekts der jeweiligen Gestaltung sollten daher die Vorgaben von Rechtsprechung und Finanzverwaltung beachtet werden. Diese Vorgaben differieren, je nach dem um welchen Vertragstypus es im Einzelfall geht. Gleichwohl haben sich, vorbehaltlich dieser Modifizierungen beim einzelnen Vertragstypus, drei Grundvoraussetzungen herausgebildet. **Verträge zwischen Angehörigen** werden danach steuerlich nur anerkannt, wenn sie folgende Voraussetzungen erfüllen: 200

- **Der Vertrag muss zivilrechtlich wirksam zustande gekommen sein und klare, eindeutige und ernsthafte Vereinbarungen enthalten.** 201
- **Der Vertrag muss entsprechend dem Vereinbarten tatsächlich durchgeführt werden.**
- **Der Inhalt des Vertrages und seine Durchführung müssen dem zwischen Fremden üblichen entsprechen (sog Fremdvergleich).**

Diese Grundvoraussetzungen haben in zahlreichen Urteilen des Bundesfinanzhofes und umfänglichen Erlassen der Finanzverwaltung ihre Konkretisierungen im Hinblick auf die unterschiedlichen Vertragstypen – Arbeitsverträ- 202

126 Froning in: Sudhoff, Unternehmensnachfolge, S 632; Thümmel DB 1995 S 2464

127 Dies sind insbesondere die organschaftliche Vertretung, die Pflicht zur Buchführung und Aufstellung des Jahresabschlusses, die Anmeldepflicht gegenüber dem Handelsregister sowie die Einhaltung der Vorschriften über die Erhaltung des Stammkapitals; Lutter/Hommelhoff, GmbHG, § 52 Rn 70

128 Nämlich Satzungsänderungen, die Einforderung von Nachschüssen sowie strukturändernde Grundlagenbeschlüsse, die eine Drei-Viertel-Mehrheit der Gesellschafter erfordern; Lutter/Hommelhoff, GmbHG, § 52 Rn 71

129 R 19 EStR; BMF BStBl I 1992, 729; ausführlich hierzu Schmidt/Heinrichs, EStG, § 4 Rn 520 »Angehörige/Angehörigenverträge«

ge, Darlehensverträge, Schenkungsverträge[130], Miet- und Pachtverträge, Gesellschaftsverträge – erfahren.

203 Im Bereich der Personenhandelsgesellschaften konzentrieren sich diese Konkretisierungen auf die Frage, ob das aufgenommene Kind Mitunternehmer geworden ist. Ist dies der Fall, so sind ihm die Gewinne aus der Gesellschaftsbeteiligung als gewerbliche Einkünfte iSd § 15 I Nr. 2 EStG zuzurechnen. Ist dies hingegen nicht der Fall, so erzielen nach wie vor die Eltern diese Einkünfte. Soweit die Kinder Gewinne aus der Gesellschaft erhalten, stellen diese für die Eltern nichtabzugsfähige Ausgaben iSd § 12 Nr. 2 EStG dar. Kritisch prüft die Finanzverwaltung vor allem die schenkweise Beteiligung von Kindern als Kommanditisten, stille Beteiligte oder Unterbeteiligte. Hingegen findet die Aufnahme von Angehörigen in eine OHG aufgrund der damit verbundenen persönlichen Haftung auch bei atypischen Ausgestaltungen des Gesellschaftsverhältnisses grundsätzliche Anerkennung. Die **Anerkennung des Kindes als Mitunternehmer** wird bei schenkweiser Beteiligung als Kommanditist in der Regel **versagt**,[131]

204 ➢ wenn das Kind bei Ausscheiden oder Liquidation nicht an den stillen Reserven und dem Geschäftswert beteiligt wird;

➢ wenn der Schenker das Kind jederzeit und ohne angemessene Abfindung hinauskündigen kann;

➢ wenn die Mitgliedschaft von vornherein befristet ist;

➢ wenn aufgrund Sonderstimmrechten auch der Gesellschaftsvertrag zu Ungunsten des Kindes geändert werden kann oder

➢ wenn sich der Schenker den freien Widerruf der Schenkung vorbehalten hat.

205 Darüber hinaus kann eine unangemessen hohe Gewinnbeteiligung einen Gestaltungsmissbrauch nach § 42 AO darstellen. Nach Ansicht der Finanzverwaltung[132] ist die Gewinnverteilung noch angemessen, wenn sie ausgehend von der durchschnittlichen Rendite eines Zeitraums von 5 Jahren nicht mehr als 15 % des tatsächlichen Wertes der Beteiligung beträgt.

206 Auch die Anerkennung einer atypisch stillen Beteiligung oder Unterbeteiligung wird am Regelstatut des HGB für Kommanditisten gemessen. Eine **Mitunternehmerschaft** ist **zu verneinen**,[133]

207 ➢ wenn für den Unterbeteiligten jegliches Kündigungsrecht zu Lebzeiten des Hauptbeteiligten ausgeschlossen ist;

➢ wenn der stille Gesellschafter keinen Anspruch auf Auszahlung seiner Gewinnanteile hat;

---

130 Zu den letztgenannten drei Vertragstypen Vogt/Hannes, Arbeits- und Darlehensverträge mit Familienangehörigen
131 Schmidt, EStG, § 15 Rn 750 ff
132 H 138 a Abs. 3 im Anschluss an BFH BStBl II 1987, 54
133 Schmidt, EStG, § 15 Rn 770 ff

- wenn der Gesellschaftsvertrag im Unklaren lässt, ob der Stille oder Unterbeteiligte bei Auflösung des Gesellschaftsverhältnisses an den stillen Reserven beteiligt sein soll;
- wenn der Unterbeteiligte jederzeit zum Buchwert hinausgekündigt werden kann;
- wenn die Eltern minderjähriger Kinder deren Gewinnanteile zu deren Unterhalt verwenden.

Auch auf solche Beteiligungen wendet die Finanzverwaltung die 15 %-Grenze an. Ist der Stille nicht am Verlust der Gesellschaft beteiligt, sinkt die Grenze auf 12 %.[134] 208

6. Entgeltliche und teilentgeltliche Geschäfte

a. Unternehmensverkauf

Eine entgeltliche oder teilentgeltliche Veräußerung des Unternehmens kann sich auch im Rahmen einer familieninternen Nachfolge empfehlen, wenn nämlich der Seniorunternehmer des Kaufpreises zur Sicherung seiner Altersversorgung bedarf. Darüber hinaus kann die Familie vor allem bei Verkauf eines Einzelunternehmens oder der Beteiligung an einer Personengesellschaft ertragsteuerliche Effekte erzielen. Dies gilt insbesondere dann, wenn der Senior den ihm entstehenden Veräußerungsgewinn begünstigt besteuern kann, der Junior als Käufer aber in vollem Umfang neues Abschreibungsvolumen generiert. 209

Bis Ende 1998 hatte der Steuergesetzgeber den veräußernden Unternehmer in der Weise begünstigt, dass der beim Unternehmensverkauf erzielte Gewinn nur mit halbem Steuersatz zu versteuern war. Das Steuerentlastungsgesetz 1999/2000/2002 hatte diese Begünstigung gestrichen und durch eine im Regelfall deutlich ungünstigere Neuregelung, die sogenannte **Fünftel-Regelung** ersetzt. Mit dem »Steuersenkungsänderungsgesetz« wurde mit Wirkung zum 1. 1. 2001 der halbe Steuersatz für Steuerpflichtige, die ihr 55. Lebensjahr vollendet haben oder dauernd berufsunfähig sind, – neben der Fünftel-Regelung, die weiter gilt – wieder eingeführt. Die Begünstigung des halben Steuersatzes kann zukünftig aber nur »einmal im Leben« in Anspruch genommen werden. 210

Demgegenüber kann die Fünftel-Regelung nur in seltenen Fällen spürbare Entlastungen bringen. Nach der Fünftel-Regelung wird die Steuer auf den Veräußerungsgewinn in der Weise ermittelt, dass ein Fünftel des Veräußerungsgewinns den laufenden Einkünften hinzugerechnet wird und die durch diese Hinzurechnung entstehende Mehrsteuer wiederum mit fünf multipliziert wird. Zum besseren Verständnis mag nachfolgendes **Berechnungsbeispiel** dienen: 211

134 H 138 a Abs. 5, hat der stille Gesellschafter die Beteiligung aus eigenen Mitteln angeschafft, beträgt die Renditegrenze bei Verlustbeteiligung des Stillen 35 %, bei Ausschluss der Verlustbeteiligung 25 %

212

Der alleinstehende Steuerpflichtige hat	
– ordentliche Einkünfte von	55 000 €
– und außerordentliche Einkünfte (Veräußerungsgewinn) von	250 000 €
(1) Einkommensteuer auf ordentliche Einkünfte laut Grundtabelle (abgerundet)	17 000 €
(2) Einkommensteuer auf ordentliche Einkünfte zuzüglich 1/5 der außerordentlichen Einkünfte, somit auf 105 000 € (abgerundet)	41 250 €
Mehrbetrag	24 250 €
× 5	
Einkommensteuer auf Veräußerungsgewinn	121 250 €

213 Die Fünftel-Regelung soll Progressionsvorteile bieten. So soll insbesondere vermieden werden, dass der veräußernde Unternehmer mit seinen im Jahr der Betriebsveräußerung ungewöhnlich hohen Einkünften in den Höchststeuersatz katapultiert wird. Damit ist aber auch klar, dass die Fünftel-Regelung demjenigen keine Vorteile mehr bringt, der bereits mit seinen ordentlichen Einkünften nach dem Höchststeuersatz oder zumindest einem hohen Steuersatz besteuert wird. Sie kann auch denjenigen nicht begünstigen, der einen solch hohen Veräußerungsgewinn realisiert, dass auch die Zurechnung von einem Fünftel zu den ordentlichen Einkünften zur Höchstbesteuerung führt. Gerade letzteres ist bei Betriebsveräußerungen, wo häufig oder sogar in der Regel Gewinne über 250 000 € realisiert werden, meist der Fall.

214 Steuerlich attraktiv wird daher ein Unternehmensverkauf innerhalb der Familie allenfalls bei Anwendung des wieder eingeführten **halben Steuersatzes** sein. Voraussetzung hierfür ist ein entsprechender Antrag des Steuerpflichtigen, was sich damit erklärt, dass die Steuerbegünstigung nur einmal im Leben gewährt wird. Voraussetzung ist weiterhin, wie bereits ausgeführt, dass der Steuerpflichtige im Veräußerungszeitpunkt entweder mindestens 55 Jahre alt oder im sozialversicherungsrechtlichen Sinne dauernd berufsunfähig ist. Die Begünstigung ist begrenzt auf einen Gewinn von maximal 10 Mio. DM und es wird mindestens der im jeweiligen Veranlagungszeitraum geltende Eingangssteuersatz (der beträgt in 2001 19,9 %) angesetzt.

215 Darüber hinaus wird dem Steuerpflichtigen, der vorgenannte Voraussetzungen erfüllt, ein Freibetrag von 51 200 € (vor 1999 lag der Freibetrag bei 30 700 €) gewährt, der allerdings um denjenigen Betrag gemindert wird, um den der Veräußerungsgewinn einen Betrag von 154 000 € übersteigt.

216 Nicht in vorgenanntem Sinne begünstigt sind Gewinne aus der Veräußerung von im Privatvermögen gehaltenen Anteilen an Kapitalgesellschaften. Für diese gilt, sofern sie wesentlich im Sinne des § 17 EStG sind (das sind bis zum 31. 12. 2001 Beteiligungen von mindestens 10 % und ab dem 1. 1. 2002 Beteiligungen mit mindestens 1 %) zukünftig auch nicht mehr die Fünftel-Regelung. Vielmehr werden Gewinne aus der Veräußerung solcher Anteile ab dem 1. 1. 2002 (!) dem sogenannten **Halbeinkünfteverfahren** unterworfen, das

heißt, sie sind ab dann ohnehin nach § 3 Nr. 40 c EStG zur Hälfte steuerbefreit. Für das Jahr 2001 aber besteht für die Veräußerung solcher Anteile eine »Begünstigungslücke«.

Das Halbeinkünfteverfahren wird auf die Veräußerung von Kapitalgesellschaftsbeteiligungen Anwendung finden, die von natürlichen Personen gehalten werden; einbringungsgeborene Anteile allerdings erst nach Ablauf einer Sperrfrist von sieben Jahren. Dies wird dem veräußernden Senior zwar erhebliche Entlastungen bringen. Der erwerbende Junior aber wird die ihm entstehenden Anschaffungskosten erst bei späterer Veräußerung seines Anteils steuerlich nutzen können. 217

Eine solche Veräußerung aber ist gerade nach einer familieninternen Nachfolge im Regelfall nicht angestrebt. 218

b. Betriebsverpachtung

Eine Alternative zum Verkauf des Betriebes ist die Betriebsverpachtung. Sie ist bereits aus wirtschaftlichen Gründen häufig dann angezeigt, wenn der Nachfolger den Kaufpreis für das Unternehmen nicht aufbringen oder nur mit erheblichen Belastungen finanzieren kann. Der abgebende Senior übernimmt damit freilich als Verpächter das Risiko der Erfolglosigkeit des pachtenden Nachfolgers. Er läuft also Gefahr, dass das Unternehmen innerhalb von zwei oder drei Jahren heruntergewirtschaftet ist, der Nachfolger die Pacht nicht mehr erbringen kann und ein Verkauf oder eine Weiterverpachtung nicht mehr lukrativ ist. Dennoch kann die Betriebsverpachtung häufig eine sinnvolle Gestaltungsvariante zur Betriebsveräußerung sein. Dies auch in steuerlicher Hinsicht. 219

Zwar wäre an sich der Wechsel von der aktiven Unternehmensführung zur Verpachtung des Unternehmens als Betriebsaufgabe zu bewerten, bei welcher der Unternehmer sämtliche im Unternehmen ruhenden stillen Reserven auflösen und zu versteuern hätte. Der Bundesfinanzhof gewährt in diesen Fällen jedoch ein sogenanntes **Verpächterwahlrecht**[135]. Dies bietet dem verpachtenden Unternehmer die Möglichkeit, seinen Betrieb als »ruhenden Gewerbebetrieb« fortzuführen und eine steuerpflichtige Betriebsaufgabe zu vermeiden. Die dem Verpächter zufließenden Pachtzinsen gelten dann als gewerbliche – aber nicht gewerbesteuerpflichtige – Einkünfte und das unternehmerische Vermögen bleibt Betriebsvermögen. 220

Besondere Sorgfalt ist hier allerdings bei der Gestaltung des Pachtvertrages angezeigt. Es muss insbesondere sichergestellt werden, dass der Verpächter jederzeit und insbesondere im Fall der Beendigung des Pachtverhältnisses in der Lage ist, das Unternehmen in der ursprünglichen Form wieder fortzuführen. Sobald ihm nämlich diese Fortführungsmöglichkeit genommen ist, kommt es zur Betriebsaufgabe und damit zur Versteuerung sämtlicher im Unternehmen ruhenden stillen Reserven. 221

135 Schmidt/Wacker, EStG, § 16 Rn 690 ff mwN, R 139 V EStR

c. Ausgliederung werthaltigen Betriebsvermögens

222 Gerade in Fällen, in denen der Nachfolger die Liquidität für den Erwerb des ganzen Unternehmens nicht aufbringen kann, kann es sich aus Gründen der Alterssicherung empfehlen, werthaltiges Betriebsvermögen, insbesondere Immobilien, aus dem Unternehmen vor dessen Übertragung auf den Nachfolger auszugliedern. Der Nachfolger erwirbt dann lediglich das operative Geschäft und mietet oder pachtet die ausgegliederten Immobilien oder sonstigen Vermögensgegenstände. Damit eine solche Ausgliederung nicht zur steuerschädlichen Entnahme führt, wurde in der Vergangenheit der jeweilige Vermögensgegenstand in ein anderes, häufig neu gegründetes Betriebsvermögen (zB eine gewerblich geprägte Personengesellschaft iSd § 15 III Nr. 2 EStG in Rechtsform der GmbH & Co. KG) überführt. Nach den Regeln des sogenannten »Mitunternehmererlasses« der Finanzverwaltung war dies steuerneutral möglich.

223 Mit der im März/April 1999 verabschiedeten und rückwirkend zum 1.1.1999 wirksam gewordenen Steuerreform wurde der Mitunternehmererlass und die mit ihm eröffneten Gestaltungsmöglichkeiten jedoch zunächst beseitigt. Im Zuge der Unternehmenssteuerreform hat der Gesetzgeber jedoch wieder einen Rückzieher gemacht und den Mitunternehmererlass zum 1.1.2001 zumindest teilweise – nun aber in Gesetzesfassung – wieder eingeführt. Umstrukturierungsmaßnahmen sind also nach wie vor möglich, über Einzelheiten aber wird zwischen Beratern und Finanzverwaltung derzeit noch heftig gestritten.[136]

II. Sicherung der Versorgung des längerlebenden Ehegatten und sonstiger Angehöriger

224 Der abgebende Senior, der häufig alleine für das Familieneinkommen verantwortlich ist, will nach Abgabe seines Unternehmens nicht nur gewährleistet wissen, dass seine eigene Altersversorgung gesichert ist. Es muss vielmehr weiterhin gestaltend dafür Sorge getragen werden, dass auch der möglicherweise längerlebende Ehegatte sowie sonstige Angehörige, vor allem Minderjährige, behinderte oder berufunfähige Kinder nach dem Tode des Übergebers ausreichend versorgt sind. Während die eigene Altersversorgung ausschließlich bei der Gestaltung lebzeitiger Maßnahmen eine Rolle spielt, steht die Versorgung der Angehörigen im Mittelpunkt der Überlegungen zur Gestaltung des Erbfalls. Da die erbrechtlichen Gestaltungsinstrumente bereits an anderer Stelle ausführlich dargestellt wurden, soll hierzu im Folgenden lediglich ein Überblick geschaffen werden.

225 Darüber hinaus kann aber auch bereits bei Maßnahmen vorweggenommener Erbfolge dem Vorsorgungsbedürfnis naher Angehöriger Rechnung getragen werden. So können Ertragziehungsrechte neben dem Übergeber auch nahen Angehörigen vorbehalten werden oder es kann bereits im Übergabevertrag

136 Die Finanzverwaltung hat zwischenzeitlich einen »Bericht zur Fortentwicklung des Unternehmenssteuerrechts« vorgelegt. Ob und wann die dort vorgeschlagenen Änderungen und Klarstellungen umgesetzt werden, ist derzeit noch offen. Zum »Bericht« s Reiß BB 2001, 1225 ff; Schmidt/Franz BB 2001, 1278 ff

vereinbart werden, dass die Erträge nach dem Tode des Übergebers einem anderen nahen Angehörigen zustehen sollen.

1. Vorbehalt von Ertragsziehungsrechten

a. Nießbrauch

226 Der Nießbrauch stellt bei letztwilligen Verfügungen eine sinnvolle Alternative zum Berliner Testament und zur Vor- und Nacherbschaft dar. So hilft insbesondere die nießbrauchsbelastete Begünstigung der Abkömmlinge bereits im ersten Erbfall, Erbschaftsteuern zu sparen und Pflichtteilsgefahren abzuwehren. Ein Unternehmensnießbrauch kann darüber hinaus sinnvoll oder sogar notwendig werden, wenn der Gesellschaftsvertrag den Eintritt des Ehegatten oder der sonstigen zu versorgenden Angehörigen in die Gesellschaft verbietet, hingegen die Bestellung eines Nießbrauchs am Gesellschaftsanteil gestattet. Bei Verfügungen von Todes wegen begegnet der Nießbrauch regelmäßig als sogenannter **Vermächtnisnießbrauch**. Aus steuerlichen Gründen kann es sich allerdings anbieten, den Nachlassgegenstand zu vermachen und dem Erben den Nießbrauch in der Weise zu übertragen, dass dieser mit dem Vermächtnis belastet wird, den Nachlassgegenstand unter Vorbehalt des Nießbrauchs auf den Vermächtnisnehmer zu übertragen.[137]

227 Wird der Nießbrauch zugunsten des Ehegatten oder eines sonstigen Angehörigen zu Lebzeiten begründet, spricht man von einem **Zuwendungsnießbrauch**. Dieser tritt häufig in der Form auf, dass der Ehemann (oder die Ehefrau) das Unternehmen unter Nießbrauchsvorbehalt[138] auf den Nachfolger überträgt mit der Maßgabe, dass der Nießbrauch nach seinem Tode auf die Ehefrau (oder den Ehemann) übergehen soll. Der Vorbehaltsnießbrauch wird mit Übergang auf die Ehefrau zum Zuwendungsnießbrauch.

228 Sowohl für den Vermächtnis- als auch für den Zuwendungsnießbrauch gelten in gesellschaftsrechtlicher Hinsicht die bereits bei der Behandlung des Vorbehaltsnießbrauchs erläuterten Probleme. In **ertrags- und erbschaftsteuerlicher Hinsicht** bestehen jedoch **teilweise Unterschiede,** auf die im Folgenden kurz eingegangen werden soll.

229 Beim Nießbrauch **an Kapitalgesellschaftsanteilen** differenziert die Finanzverwaltung in ihrem bereits oben zitierten Erlass von 1983 zwischen Vermächtnis- und Zuwendungsnießbrauch. Im Fall des Zuwendungsnießbrauchs sind die Einkünfte nicht wie beim Vorbehaltsnießbrauch dem Nießbrauchberechtigten, der die Einkünfte ja letztlich erhält, sondern dem Nießbrauchbesteller zuzurechnen.[139] Hin-

137 Während der Vermächtnisnießbrauch wie der Zuwendungsnießbrauch zum AfA-Verlust führt, weil der Nießbraucher keine Anschaffungskosten hatte und der Eigentümer keine Einkünfte erzielt, ist der Vorbehaltsnießbraucher – wie zuvor als Eigentümer – zur Abschreibung berechtigt; grundlegend hierzu BFH GrS BStBl II 95, 281; BMF BStBl I 1998, 914

138 Hierzu bereits ausführlicher oben Rn 94 ff

139 BMF vom 23.11.1983 BStBl I 1983, S 508, Rn 57; anderer Ansicht Schmidt/Heinicke, EStG, § 20 Rn 21; Korn DStR 1999, S 1474; Milatz/Sonneborn DStR 1999, S 137

gegen rechnet die Finanzverwaltung laut dem nach wie vor gültigen Erlass von 1983 beim Vermächtnisnießbrauch die Einkünfte wie beim Vorbehaltsnießbrauch dem Nießbrauchsberechtigten zu. Jedoch wurde seinerzeit, bei Verabschiedung des Erlasses, der Vermächtnisnießbrauch dem Vorbehaltsnießbrauch mit der Begründung gleichgestellt, dass der Vermächtnisnehmer unmittelbar vom Erblasser erwerbe. Diese Auffassung hat die Steuerrechtsprechung aber zwischenzeitlich aufgegeben, weshalb die Finanzverwaltung bereits für den Bereich der Einkünfte aus Vermietung und Verpachtung den Vermächtnisnießbrauch dem Zuwendungsnießbrauch gleichgestellt hat.[140] Gleiches sollte vorsorglich auch für den Bereich der Einkünfte aus Kapitalvermögen erwartet werden.[141]

230 Wird ein Zuwendungs- oder Vermächtnisnießbrauch **an einem Einzelunternehmen oder einer Personengesellschaftsbeteiligung** bestellt, entstehen die gleichen ertragsteuerlichen Probleme (Qualifizierung des Nießbrauchsbestellers und/oder Nießbrauchsberechtigten als Mitunternehmer) wie beim Vorbehaltsnießbrauch.[142]

231 Sowohl der Zuwendungs- als auch der Vermächtnisnießbrauch lösen **Erbschaftsteuer** aus. Besteuert wird der Kapitalwert des Nießbrauchs, der nach § 12 I ErbStG iVm §§ 13 bis 16 BewG zu bestimmen ist. § 23 ErbStG gewährt dem Steuerpflichtigen jedoch das **Wahlrecht**, statt der Einmalbesteuerung des Kapitalwertes, den Jahreswert des Nießbrauchs laufend zu versteuern. Dieser Jahreswert ist nicht jährlich neu zu bestimmen, vielmehr ist – wie bei der Bestimmung des Kapitalwertes – allein der Kenntnisstand zum Zeitpunkt der Schenkung für die gesamte Laufzeit maßgeblich. Etwaige persönliche Freibeträge werden bei einer Jahresversteuerung zunächst sukzessive aufgebraucht, erst danach fällt Schenkungsteuer an (sogenannte Aufzehrmethode).[143] Die Besteuerung nach dem Jahreswert hat den Vorteil, dass die Belastung bei Inflation sinkt (bei seltenerer Deflation allerdings steigt) und dass die Jahressteuer bei der Einkommensteuer als dauernde Last abgezogen werden kann. Darüber hinaus kann bei Jahresversteuerung jederzeit zur Kapitalwertbesteuerung gewechselt, nämlich die Jahressteuer nach § 23 II ErbStG abgelöst werden.[144] Teuerer wird die Jahressteuer, wenn der Berechtigte länger lebt, als nach seiner statistischen Lebenserwartung, nach der sich der Kapitalwert bestimmt, vorauszusehen war.[145]

---

140 BMF vom 24. 7. 1998, BStBl I 1998, S 914, Rn 32, jedoch mit Übergangsregelung: Rn 71 und 74

141 Angesichts der bestehenden Unsicherheiten kann sich auch hier eine Steuerklausel anbieten. Für einen Zuwendungsnießbrauch findet sich hierzu ein Formulierungsvorschlag bei Korn DStR 1999, S 1516

142 Bedeutende Unterschiede zwischen Vorbehalts-, Zuwendungs- und Vermächtnisnießbrauchs bestehen in der ertragsteuerlichen Behandlung jedoch beim Nießbrauch an Grundstücken, die im steuerlichen Privatvermögen stehen

143 Hierzu und zum alternativen Verfahren der sogenannten Kürzungsmethode Moench, ErbStG, § 23 Rn 10 f und 15 ff

144 Der Antrag auf Ablösung der Jahressteuer ist nach § 23 II 3 ErbStG spätestens bis zum Beginn des Monats zu stellen, der dem Monat vorausgeht, in dem die nächste Jahressteuer fällig wird

145 Ausführlicher hierzu Moench, ErbStG, § 23 Rn 21 ff

Der mit dem Nießbrauch an einem Einzelunternehmen oder einer Gesellschaftsbeteiligung Beschenkte oder Bedachte kann jedoch **nicht die Betriebsvermögensprivilegien** nach §§ 13a, 19a ErbStG in Anspruch nehmen, da es sich bei einem Nießbrauch nicht um einen Betrieb, Teilbetrieb oder Anteil an einer Gesellschaft handelt.[146] 232

b. Versorgungsleistungen

Von einer unentgeltlichen Vermögensübertragung gegen Versorgungsleistungen ist nach dem Rentenerlass[147] auch dann auszugehen, wenn **im Schenkungsvertrag** vereinbart ist, dass die Versorgungsleistungen dem Ehegatten oder einem gesetzlich erbberechtigten Abkömmling des Übergebers zustehen sollen. Demgegenüber können familienfremde Dritte nach Auffassung der Finanzverwaltung nicht Empfänger von Versorgungsleistungen sein. 233

Problematisch sind weiterhin wiederkehrende Leistungen, die **im Rahmen letztwilliger Verfügung** gewährt werden. Nach der Finanzverwaltung sind solche Vermächtnisrenten, auch wenn sie gesetzlich Erbberechtigten gewährt werden, nur dann als Versorgungsleistungen zu qualifizieren – und somit ganz oder mit dem Ertragsanteil als Sonderausgaben beim Verpflichteten abzugsfähig und entsprechend vom Empfänger zu versteuern –, wenn der Rentenberechtigte im Erbwege kein sonstiges existenzsicherndes Vermögen erhält.[148] 234

c. Gesellschaftsrechtliche Maßnahmen

Die **Gründung einer Familiengesellschaft** dient regelmäßig nicht nur dem Zweck, die Altersversorgung des Übergebers zu sichern. Vielmehr ist darüber hinaus gerade auch die Versorgung sonstiger Angehöriger angestrebt. Die bereits oben behandelten Sondergewinn- und Sonderentnahmerechte können dabei freilich genauso zugunsten des Ehegatten oder sonstiger Angehöriger vereinbart werden[149]. Bei der Rechtsformwahl ist besonders darauf zu achten, inwiefern die jeweiligen Familienmitglieder aktiv die Geschicke des Unternehmens bestimmen sollen. Bei Beteiligung passiver Familienmitglieder bietet sich insoweit die Rechtsform der kleinen AG, gegebenenfalls mit Ausgabe von Vorzugsaktien, eine atypische oder auch nur typisch stille Beteiligung oder die Installation betrieblicher partiarischer oder festverzinslicher Darlehen an.[150] 235

---

146 FinMin Ba-Wü vom 4. 1. 2000, DStR 2000, 248; Moench/Weinmann, ErbStG, § 13 a Rn 20; aA Piltz ZEV 1997, S 61, weil das Nießbrauchsrecht beim Zuwender aus einem Mitunternehmeranteil entstehe und beim Erwerber wieder einen Mitunternehmeranteil darstelle

147 BMF vom 23. 12. 1996, BStBl I 1996, S 1508 Rn 24

148 BMF vom 23. 12. 1996, BStBl I 1996, S 1508 Rn 28, 29 mit Hinweis auf BFH BStBl II 1994, 633

149 Siehe oben Rn 179 ff

150 Dabei sind allerdings die von der Rechtsprechung und Finanzverwaltung aufgestellten Kriterien zur Anerkennung von Verträgen mit Familienangehörigen und insbesondere die Voraussetzungen zur Qualifizierung der Angehörigen als Mitunternehmer zu beachten. Siehe hierzu bereits oben Rn 200 ff

236 Jedenfalls aber sollte darauf geachtet werden, dass dem Ehegatten oder sonstigen versorgungsbedürftigen Angehörigen lediglich eine haftungsbeschränkte Stellung in der Familiengesellschaft eingeräumt wird. Hierzu kann es erforderlich sein, den Erben oder Vermächtnisnehmern in der letztwilligen Verfügung aufzuerlegen, das Einzelunternehmen, die GbR oder die OHG in eine haftungsbeschränkte Rechtsform umzuwandeln. Dabei empfiehlt es sich, die wesentlichen vertraglichen Regelungen, insbesondere diejenigen, die die versorgungsbedürftigen Angehörigen schützen sollen, bereits im Wortlaut in die letztwillige Verfügung aufzunehmen. Die Durchsetzung der Auflage und die endgültige vertragliche Umsetzung sollte einem Testamentsvollstrecker übertragen werden.

2. Entgeltliche Geschäfte

237 Entgeltliche Geschäfte werden regelmäßig lebzeitig und vom Unternehmensinhaber selbst durchgeführt. Sie können aber dennoch Gegenstand letztwilliger Verfügungen sein. Dies gilt vor allem dann, wenn Minderjährige oder geschäftlich unerfahrene Personen erben sollen, die weder zu einer Weiterführung des Unternehmens noch zu einer optimalen Verwertung in der Lage sind. In diesem Falle kann es sich anbieten, den Verkauf des Unternehmens in entsprechender Auflage anzuordnen und einem in solchen Dingen erfahrenen Testamentsvollstrecker zu übertragen. Darüber hinaus kann auch ein familieninterner Verkauf oder eine familieninterne Verpachtung testamentarisch angeordnet werden, wobei gleichzeitig der Käufer durch einen ebenfalls anzuordnenden Nachlass auf den Kaufpreis oder Pachtzins begünstigt werden kann. Bei solchen Maßnahmen ist vor allem darauf zu achten, dass das Unternehmen als Einheit erhalten bleibt, da ansonsten erhebliche ertragsteuerliche Gefahren drohen.

238 Weiterhin kann ein entgeltliches Geschäft, insbesondere ein anstehender Unternehmensverkauf, Anlass für eine Schenkung an den Ehegatten oder an die Abkömmlinge sein, deren Versorgung ohnehin durch den erhaltenen Kaufpreis gesichert werden soll. Dabei kann es sich anbieten, den Ehegatten und gegebenenfalls auch die Kinder vor Veräußerung des Unternehmens an diesem zu beteiligen. Dies vor allem aus steuerlichen Gründen.

So ist in schenkungsteuerlicher Hinsicht beachtlich, dass das Einzelunternehmen, die Personengesellschaftsbeteiligung oder auch der GmbH-Anteil regelmäßig günstiger bewertet wird als der als Kaufpreis erhaltene Geldbetrag. Auch kann der Betriebsvermögensfreibetrag von 500 000 DM, der Bewertungsabschlag von 40 % (§ 13 a ErbStG) und – je nach Verwandtschaftsgrad – das Steuerklassenprivileg nach § 19 a ErbStG genutzt werden.[151]

239 Ertragsteuerliche Vorteile können dadurch entstehen, dass durch Aufnahme von Familienangehörigen als Gesellschafter die Zehn-Millionen-Grenze des § 34 ErbStG unterschritten und damit dessen Begünstigung in größerem Umfange genutzt werden kann. Eine vorherige schenkweise Beteiligung des

151 Hierzu sowie zu den beachtlichen Nachsteuertatbeständen ausführlicher unten Rn 542 ff

Ehegatten kann bei kleineren Veräußerungsgewinnen zudem zu einer doppelten Ausnutzung des Altersfreibetrages nach § 16 IV EStG führen, sofern auch der Ehegatte dessen Voraussetzungen erfüllt. Zwischen Schenkung und Unternehmensverkauf sollte möglichst ein gewisser zeitlicher Abstand liegen, damit das Finanzamt nicht den Vorwurf eines Umgehungsgeschäfts aus Steuerersparnisgründen (§ 42 AO) erheben kann.

3. Alternativen zum Berliner Testament

Das bereits oben in Kapitel 2 L. II. behandelte Berliner Testament verschafft dem längerlebenden Ehegatten die weitestgehende Sicherung seiner Altersversorgung. Als Alleinerbe ist er keinerlei Beschränkungen ausgesetzt und kann, sofern zum Nachlass ein Unternehmen gehört, mit diesem machen was er will. Er kann das Unternehmen verkaufen, verschenken,[152] liquidieren, ruinieren oder erfolgreich weiterführen. Gerade diese unbegrenzte Freiheit des längerlebenden Ehegatten aber lässt das Berliner Testament im Bereich der Unternehmensnachfolge häufig als untauglich erscheinen. In den seltensten Fällen nämlich ist der Ehegatte der richtige Unternehmensnachfolger. Die meist angestrebte Dispositionsfreiheit des längerlebenden Ehegatten kollidiert insoweit mit den Zielen, die Fortführung des Unternehmens zu sichern und das Unternehmen der Familie und insbesondere der nächsten Generation zu erhalten. 240

Darüber hinaus wirken sich gerade wenn zum Nachlass ein Unternehmen gehört, die bekannten **Nachteile des Berliner Testaments** besonders aus. So repräsentieren selbst kleine Unternehmen, die häufig in eigenen Immobilien betrieben werden, doch regelmäßig einen relativ hohen Wert. Die Erben und Unternehmensnachfolger werden daher unnötigen erbschaftsteuerlichen Belastungen und Pflichtteilsgefahren ausgesetzt. Die Kinderfreibeträge bleiben im ersten Erbfall ungenutzt und Progressionsnachteile entstehen durch die Bündelung des Erwerbs beim längerlebenden Ehegatten. Das gesamte Vermögen des Erstversterbenden wird zudem zweifach, nämlich im ersten und zweiten Erbfall besteuert, was zudem weitere Progressionsnachteile auch im zweiten Erbfall mit sich bringt. Pflichtteilsgefahren entstehen dadurch, dass die Abkömmlinge im ersten Erbfall enterbt werden und der Pflichtteil im zweiten Erbfall aufgrund des um das Vermögen des Erstversterbenden aufgestockten Nachlasses höher ausfällt. Auch die aus der Wechselbezüglichkeit der Verfügungen des Berliner Testaments resultierende Bindung des längerlebenden Ehegatten (§§ 2271 II, 2270 BGB) wirkt sich gerade bei einer im ersten Erbfall noch nicht entschiedenen Unternehmensnachfolge nachteilig aus. Es sollte deshalb jedenfalls eine Flexibilisierungsklausel aufgenommen werden, welche es dem Längerlebenden gestattet, zumindest die Verteilung unter den Abkömmlingen der Eheleute zu ändern und so den Unternehmensnachfolger zu bestimmen. 241

Über solche Modifikationen des Berliner Testaments hinaus sollte hingegen bei Unternehmertestamenten immer über grundsätzliche Gestaltungsalterna- 242

152 Eine »beeinträchtigende Schenkung« nach dem Tode des Erstversterbenden kann allerdings die Rechtsfolgen des § 2287 BGB auslösen, der in diesem Fall entsprechend anzuwenden ist; MüKo-Musielak, BGB, § 2271 Rn 45

tiven nachgedacht werden. Steht der Unternehmensnachfolger bei Errichtung des Testaments schon fest, so bietet es sich an, ihm bereits im ersten Erbfall das Unternehmen zu übertragen und dem längerlebenden Ehegatten Erträge aus dem Unternehmen zuzuweisen. Gerade bei jüngeren Unternehmern ist die Frage des Nachfolgers bei Errichtung des Testaments jedoch meist noch offen. Die häufig noch minderjährigen Kinder werden bei plötzlichem und unerwartetem Tod des Unternehmers – und gerade für diesen Fall wird das Testament errichtet – zur Führung der Geschäfte noch nicht in der Lage sein. In diesen Fällen wird der Unternehmer im Rahmen der letztwilligen Verfügung darüber zu entscheiden haben, ob das Unternehmen schnellstmöglich verwertet oder vom Ehegatten oder einem Dritten interimsweise fortgeführt werden soll. Er kann freilich diese Entscheidung auch einer sachkundigen Person übertragen. Für eine übergangsweise Fortführung bieten sich als testamentarische Gestaltungsinstrumente die Vor- und Nacherbschaft, das Vor- und Nachvermächtnis, das eventuell um eine Testamentsvollstreckung ergänzte Nießbrauchsvermächtnis und auch ein auf den Todesfall des Längerlebenden hinausgeschobenes Herausgabevermächtnis an. Die Vor- und Nachteile dieser ebenfalls oben bereits ausführlicher behandelten Gestaltungsinstrumente sollen hier lediglich für den Bereich der Unternehmensnachfolge kurz skizziert werden.

a. Anordnung einer Vor- und Nacherbschaft

243 Die Nacherbfolge wird meist angeordnet, um Verwandte des Erben vom Nachlass und insbesondere dem zum Nachlass gehörenden Unternehmen fern zu halten. Zu solchen »unerwünschten Personen« können beispielsweise der Schwiegersohn oder die Schwiegertochter, der geschiedene Ehegatte oder bei kinderlosen Ehen die Verwandten des Ehegatten gehören. Ist für den Seniorunternehmer die Vorstellung unerträglich, dass sein als Unternehmensnachfolger auserkorener Sohn das Unternehmen seiner Ehefrau vererbt oder bei Vererbung in der Linie diese auch nur durch die Geltendmachung von Pflichtteilsansprüchen am Wert des Unternehmens partizipiert, so hat er die Möglichkeit, seinen Sohn lediglich als Vorerben und seinen Enkel als Nacherben einzusetzen. Denn das Unternehmen fällt in diesem Fall nicht in den Nachlass des Sohnes, vielmehr erbt der Enkel unmittelbar vom Großvater.

244 Die Vor- und Nacherbschaft kann auch dazu genutzt werden, dem längerlebenden Ehegatten nur vorübergehend das Unternehmen zu übertragen. Bedarf der Ehegatte des Unternehmens und der Erträge hieraus zur Altersversorgung, wird man den Nacherbfall erst mit dem Tode des Längerlebenden eintreten lassen. Soll der längerlebende Ehegatte hingegen nur als Übergangsunternehmer fungieren, kann geregelt werden, dass der Nacherbfall bereits mit beispielsweise dem Abschluss einer zur Unternehmensführung qualifizierenden Ausbildung des jeweiligen Abkömmlings eintritt.

Soll das Unternehmen noch zu Lebzeiten des längerlebenden Ehegatten auf die Nacherben übergehen, so kann die Altersversorgung des Längerlebenden bei entsprechendem Vermögen durch Vorausvermächtnisse, die den gesamten privaten Nachlass ausmachen können, gesichert werden. Hingegen ist eine gegenständlich, nämlich auf das Unternehmen beschränkte Nacherbfolge, nicht möglich.[153]

Sind minderjährige Kinder vorhanden, kann deren Nacherbeneinsetzung in Kombination mit einer Nacherbentestamentsvollstreckung nach § 2222 BGB eine Einflussnahme des Vormundschaftsgerichts auf wesentliche Entscheidungen im Unternehmen verhindern.[154] Steht im Zeitpunkt der Testamentserrichtung der Unternehmensnachfolger noch nicht fest, so kann mit dem Instrument der Vor- und Nacherbfolge dem Ehegatten als Vorerben die Nachfolgebestimmung übertragen werden, indem die Nacherbschaft unter der auflösenden Bedingung angeordnet wird, dass der Vorerbe nicht anderweitig verfügt.[155]

Die Vor- und Nacherbschaft hat gerade im unternehmerischen Bereich aber **245**
auch bedeutende Nachteile, sie dürften sogar überwiegen.

So wird die unternehmerische Freiheit des Vorerben in starkem Maße einge- **246**
schränkt durch die Verfügungsbeschränkungen der §§ 2116 bis 2119 BGB und die Kontroll- und Sicherungsrechte des Nacherben nach §§ 2121 bis 2123 und §§ 2127 bis 2129 BGB. Dennoch übernimmt der Vorerbe die volle handelsrechtliche Haftung. Er ist allerdings im Gegensatz zum Nießbraucher nicht verpflichtet, das Unternehmen fortzuführen. Er kann es vielmehr innerhalb der Drei-Monatsfrist des § 27 II HGB einstellen und so seine unbeschränkte Haftung für die Geschäftsschulden abwenden. Führt er das Unternehmen hingegen weiter, so hat er sich auch im Handelsregister eintragen zu lassen.

Der **nicht befreite Vorerbe** hat im Rahmen ordnungsgemäßer Verwaltung den **247**
bisherigen Marktanteil des Unternehmens zu halten, die Marktchancen wahrzunehmen und auch notwendige Investitionen vorzunehmen. Als Nutzungen steht ihm der Gewinn laut Handelsbilanz – bei gesellschaftlicher Beteiligung der entnahmefähige Gewinn – zu.[156] Demgegenüber ist der **befreite Vorerbe** weder zu Neuinvestitionen noch zur Rücklagenbildung verpflichtet. Ihm sind lediglich unentgeltliche Verfügungen untersagt, was aber gerade im kaufmännischen Bereich zu Abgrenzungsproblemen führen kann. Auch können Änderungen des Gesellschaftsvertrages, durch welche in die Mitgliedschaftsrechte des Vorerben eingegriffen wird, eine unentgeltliche Verfügung über den Gesellschaftsanteil darstellen. Dies gilt insbesondere bei Ausscheiden des Vorerben gegen eine einvernehmlich vereinbarte Abfindung, die unter dem Verkehrswert der Beteiligung liegt. Es empfiehlt sich daher, bei solchen Satzungsänderungen, welche die Mitgliedschaft betreffen, die Nacherben hinzuzuziehen.[157] Soll der Einfluss der Nacherben eingeschränkt werden, kann deren Zustimmungspflicht auch im Testament angeordnet werden.

153 Möglich wäre freilich die Anwendung eines Vor- und Nachvermächtnisses, welches sich jedoch in einigen wesentlichen Punkten von der Vor- und Nacherbfolge unterscheidet; hierzu jüngst Werkmüller ZEV 1999, S 343; Watzek MittRhNotK 1999, S 37

154 Langenfeld Steuerberaterjahrbuch 1987/88, S 211, 216; Nieder, Handbuch der Testamentsgestaltung, Rd 665

155 Hierzu noch ausführlicher unten Rn 337

156 Nieder, Handbuch der Testamentsgestaltung, Rn 666

157 Nieder, Handbuch der Testamentsgestaltung, Rn 667

248 **Erbschaftsteuerlich** ist die Vor- und Nacherbschaft nicht günstiger als das Berliner Testament. Der Vorerbe hat seinen Erwerb voll zu versteuern, ohne dass er die Nacherbenbelastung steuermindernd berücksichtigen kann. Tritt der Nacherbfall – wie in den meisten Fällen – mit dem Tod des Vorerben ein, haben die Nacherben ihren Erwerb grundsätzlich als vom Vorerben stammend zu versteuern, § 6 II ErbStG. Sie können jedoch beantragen, dass der Versteuerung ihr verwandtschaftliches Verhältnis zum Erblasser zugrundegelegt wird.[158] Auch bei der Vor- und Nacherbschaft wird somit das Vermögen des Erstversterbenden zweifach besteuert und die Freibeträge der zu Nacherben eingesetzten Abkömmlinge bleiben im ersten Erbfall ungenutzt.

249 Die Vor- und Nacherbschaft sollte schließlich nicht über den Kopf des Vorerben hinweg angeordnet werden. Dieser hat nämlich, sofern der ihm hinterlassene Erbteil größer als die Hälfte seines gesetzlichen Erbteils ist nach § 2306 I 2 BGB die Möglichkeit den Erbteil auszuschlagen und den Pflichtteil zu verlangen, über welchen er dann frei verfügen kann. Erhält der Vorerbe lediglich die Hälfte seines gesetzlichen Erbteils oder sogar noch weniger, so gilt sogar gemäß § 2306 I 1 BGB die Nacherbschaft als nicht angeordnet.

b. Aufschiebend bedingtes Herausgabevermächtnis

250 Für denjenigen, dem die Beschränkungen des Vorerben durch die Nacherbfolgeanordnung zu streng sind, bietet sich als weitere Gestaltungsalternative das auf den Tod des längerlebenden Ehegatten aufschiebend bedingte Herausgabevermächtnis zugunsten der Kinder an.[159] Kann der Unternehmensnachfolger im Zeitpunkt der Testamentserrichtung noch nicht bestimmt werden, kann das Herausgabevermächtnis unter Ausnutzung der Möglichkeiten der §§ 2151 BGB und 2153 BGB als Bestimmungsvermächtnis gestaltet werden.[160] Aufgrund der geringen gesetzlichen Regelungsdichte und fehlender Rechtsprechung ist bei der konkreten Gestaltung jedoch besondere Vorsicht geboten. Ausführlich zu regeln sind insbesondere Fragen der Surrogation, der Substanzerhaltung, des Verwendungs- und Aufwendungsersatzes und der Fruchtziehung.[161]

251 Erbschaftsteuerlich ist das aufschiebend bedingte Vermächtnis wie die Vor- und Nacherbfolge zu behandeln (§ 6 IV ErbStG) und damit genauso ungünstig. In seinen pflichtteilsrechtlichen Auswirkungen steht es ebenfalls der Nacherbfolge gleich. Das Herausgabevermächtnis stellt eine aufschiebend bedingte Verbindlichkeit des Erben gegenüber den Vermächtnisnehmern dar, die im Falle des Todes des Erben, also im zweiten Erbfall, als Nachlassverbindlichkeit den Wert des Nachlasses mindert. Die jeweiligen Vermächt-

158 § 6 II 2 ErbStG; tritt allerdings die Nacherbfolge nicht durch den Tod des Vorerben ein, so gilt gemäß § 6 III ErbStG die Vorerbfolge als auflösend bedingter und die Nacherbfolge als aufschiebend bedingter Anfall. In diesem Fall ist dem Nacherben die vom Vorerben entrichtete Steuer abzüglich desjenigen Steuerbetrages anzurechnen, welcher der tatsächlichen Bereicherung des Vorerben entspricht.
159 Siehe hierzu J. Mayer ZEV 2000, S 1, 8 f
160 Hierzu noch unten Rn 336
161 Siehe hierzu J. Mayer ZEV 2000, S 1, 8 f

nisgegenstände bleiben daher bei der Pflichtteilsberechnung im zweiten Erbfall außen vor.[162]

c. Nießbrauchsvermächtnis

Während den einen die gesetzlichen Verfügungsbeschränkungen des Vorerben und die Kontroll- und Sicherungsrechte des Nacherben zu weit gehen und sie deshalb den Vorerben weitestmöglich von solchen Beschränkungen befreien und die Nacherben einer Nacherbentestamentsvollstreckung unterwerfen oder es beim Berliner Testament belassen oder ein aufschiebend bedingtes Vermächtnis anordnen, gehen den anderen diese Beschränkungen nicht weit genug. Bei letzteren steht vielmehr im Vordergrund der Gestaltung die Erhaltung des Unternehmens und auch der übrigen Nachlassgegenstände für die Abkömmlinge. Einem solchen Gestaltungsziel aber kann am besten mit einem Nießbrauchsvermächtnis Rechnung getragen werden. In diesem Falle werden die Kinder und potentiellen Unternehmensnachfolger zu Erben eingesetzt. Die Altersversorgung des längerlebenden Ehegatten wird über einen Nießbrauch am gesamten Nachlass oder den Erbteilen[163] gesichert. 252

Das Nießbrauchsvermächtnis ist gegenüber dem Berliner Testament und der Vor- und Nacherbschaft vor allem **in erbschaftsteuerlicher Hinsicht vorteilhaft**. Grundsätzlich nämlich kann der Erwerber der Nachlassgegenstände den Wert des ihn belastenden Nutzungsrechts von seinem steuerpflichtigen Erwerb abziehen. Der Nachlass wird gespalten, eine doppelte Besteuerung findet nicht statt. Anderes gilt allerdings in einem der häufigsten Fälle des Nießbrauchsvermächtnisses, wenn nämlich der Ehegatte des Erblassers den Nießbrauch an den Nachlassgegenständen erhält.[164] In diesem Falle schließt § 25 ErbStG einen Abzug des Nießbrauchswertes vom Wert der Nachlassgegenstände aus, gewährt aber eine zinslose Stundung des auf den Nießbrauch entfallenden Teils der Erbschaftsteuerschuld bzw gestattet eine sofortige Ablösung zum Barwert. Dennoch bleibt auch in diesem Fall das Nießbrauchsvermächtnis gegenüber Berliner Testament und Vor- und Nacherbschaft erbschaftsteuerlich günstiger. Jedoch sollte die Gestaltung des Testaments nicht allein von den erbschaftsteuerlichen Auswirkungen bestimmt werden. Vielmehr sollten die zivilrechtlichen Auswirkungen der einzelnen Gestaltungsvarianten im Vordergrund stehen. 253

---

162 J. Mayer ZEV 2000, S 1, 9, hält dies allerdings für fraglich, weil wegen § 2176 BGB bis zum Tod des Erben nur eine Anwartschaft bestehe, zudem sei bei Geldvermächtnissen »evt. ein Bewertungsabschlag« wegen der zwischenzeitlichen Nutzungsmöglichkeit der Erben vorzunehmen. Er schlägt deshalb als »sichereren Weg« vor, das Vermächtnis bereits mit dem Erbfall anfallen zu lassen und erst mit dem Tod des Erben fällig zu stellen. Ausführlich auch zu bedingten, befristeten und betagten Vermächtnissen und ihren steuerlichen Auswirkungen, J. Mayer ZEV 1998, S 50 ff

163 Hierzu Nieder, Handbuch der Testamentsgestaltung, Rz 694–696

164 Zu den verfassungsrechtlichen Bedenken gegen die Ungleichbehandlung des Erwerbers, der mit einem Nießbrauch zugunsten des Ehegatten des Erblassers belastet ist, und des Erwerbers, der mit einem Nießbrauch zugunsten einer anderen Person belastet ist, Hannes ZEV 1996, S 10, 16

254 Die testierenden Ehegatten müssen sich bei der Entscheidung zwischen Berliner Testament, Vor- und Nacherbschaft oder Nießbrauchsvermächtnis insbesondere fragen, ob es ihnen vorrangig um die Freiheit des überlebenden Ehegatten geht, über das ererbte Vermögen zu disponieren oder aber in erster Linie um die Sicherung des Vermögens für die Kinder (mit den – im Falle des Nießbrauchsmodells – damit in der Regel verbundenen erbschaftsteuerlichen Entlastungseffekten). Der wesentliche Nachteil des Nießbrauchsvermächtnisses ist sicherlich darin zu sehen, dass der längerlebende Ehegatte die Nachlassgegenstände nur nutzen, nicht aber über diese verfügen darf. Eine Umschichtung des Vermögens durch Veräußerung bestimmter Vermögensteile und insbesondere auch eine Umstrukturierung des Unternehmens ist dem Nießbraucher verwehrt. Dies lässt gerade in Zeiten sich ständig ändernder Märkte das Nießbrauchsvermächtnis in vielen Fällen als untauglich erscheinen.

Praxis-Tipp:

255 *Sofern der Nießbrauch die Altersversorgung des längerlebenden Ehegatten sichern soll, sollte weiterhin darauf geachtet werden, dass diesem gleichzeitig Vermögen zur Verfügung steht, welches er kurzfristig zu Liquidität machen kann. Sofern hierzu dem längerlebenden Ehegatten eigenes Vermögen fehlt, muss hierfür durch entsprechende Vermächtnisse Sorge getragen werden. Die Position des längerlebenden Ehegatten als Nießbraucher wird zudem gestärkt, wenn er gleichzeitig zum Testamentsvollstrecker eingesetzt wird.*

C. Erhalt des Unternehmens 1331

ÜBERBLICK

C. Erhalt des Unternehmens

I. Sukzessive Beteiligung des Nachfolgers

1. Allgemeines

256 Maßnahmen vorgenommener Erbfolge dienen im Bereich der Unternehmensnachfolge neben der Ausnutzung steuerlicher Vorteile vor allem dem Erhalt des Unternehmens. Gerade mittelständische Unternehmen sind häufig personengeprägt, ihr Erfolg und ihre Akzeptanz am Markt hängt wesentlich von der Person des Unternehmensinhabers ab. Ein plötzlicher Ausfall des Unternehmensinhabers bedeutet daher nicht selten der Untergang (auch) des Unternehmens. Eine geplante Nachfolge sollte daher einen kurzfristigen Austausch des Unternehmensinhabers möglichst vermeiden. Vielmehr sollte der Markt – Kunden wie Lieferanten – möglichst schonend und fast unmerklich an den Nachfolger gewöhnt werden. Dies verschafft gleichzeitig dem Nachfolger die Möglichkeit, in die neue Verantwortung langsam herein zu wachsen, was in der Regel leichter fällt.

257 Freilich setzt eine sukzessiv gestaltete Unternehmensnachfolge voraus, dass frühzeitig mit der **Nachfolgeplanung** und auch der Einleitung der ersten Maßnahmen zu ihrer Umsetzung begonnen wird. Der rechtliche und steuerliche Berater wird daher nicht erst gegenüber dem 65-jährigen Unternehmer das Nachfolgeproblem zu thematisieren haben, sondern bereits gegenüber dem 50-jährigen oder sogar dessen 25-jährigen Sohn, der aktuell über seine Zukunft und insbesondere die Frage, ob er ins väterliche Unternehmen nachfolgen soll, zu entscheiden hat. Die Gestaltung der Unternehmensnachfolge reduziert sich also nicht auf die Fertigung eines Übergabevertrages. Sie beginnt vielmehr mit dem Eintritt des Juniors in das Unternehmen, zunächst meist als Angestellter, und endet mit dem endgültigen Ausscheiden des Seniors aus dem operativen Geschäft und der Übergabe seiner Beteiligung am Unternehmen. Während dieser Zeit aber können viele Jahre vergehen. Die Praxis belegt, dass es sich gerade bei Nachfolgen in Familienunternehmen um eine höchst konfliktträchtige Zeit sowohl für das Unternehmen als auch die Familie handelt. Firmenübergaben von Senior oder Seniorin auf Tochter oder Sohn vollziehen sich häufig als Machtkampf, der selbst florierende Unternehmen gefährdet und fest scheinende Familienbande zerreißen kann. Aus gutem Grunde haben sich daher auch Psychologen und Unternehmensberater mit dem Konfliktpotential im Rahmen einer innerfamiliären Unternehmensnachfolge beschäftigt. Zur Beschreibung dieses Konfliktpotentials wird die Unternehmensnachfolge meist in 4 Phasen eingeteilt: die »**Erprobungsphase**«, in welcher das Konfliktpotential noch am geringsten ist, aber mit enger werdender Zusammenarbeit zwischen Senior und Junior stetig ansteigt, die »**Kronprinzenphase**«, in welcher die Übergabe des Unternehmens immer mehr in den Mittelpunkt der Gespräche in der Familie tritt und das Konfliktpotential auf seinen Höhepunkt zugeht, weil der Senior zögert und der Junior drängt, die »**Freischwimmphase**«, in welcher das Konfliktpotential langsam nachlässt, aber immer noch vorhanden ist, weil sich der Seni-

or trotz Übergabe des Unternehmens oder wesentlicher Unternehmensteile immer noch einmischt und Innovationsmaßnahmen des Juniors skeptisch begleitet sowie schließlich die »**Normalisierungsphase**«, in welcher das Konfliktpotential immer mehr zurückgeht.

258 Konflikte in dieser schwierigen Zeit können nur vermieden werden, wenn die unterschiedlichen Phasen rechtlich sinnvoll nachvollzogen werden. Die Nachfolge kann aus rechtlicher Sicht beginnen mit der Begründung eines Anstellungsverhältnisses. Der Dienstvertrag kann nach einer Zeit des Lernens um eine Tantiemevereinbarung ergänzt werden, damit für den Junior sein wirtschaftlicher Erfolg oder Misserfolg spürbar wird. In diesem Zusammenhang kann dem Junior ein Teilbereich des Geschäfts übertragen werden, so zB der Wareneinkauf oder die Abteilung »Young fashion« im Textilunternehmen oder das Küchenstudio im Möbelhaus. Bewährt sich der Nachfolger, kann an eine erste gesellschaftsrechtliche Beteiligung gedacht werden. Geeignet für den ersten Schritt ist hier die sog stille Beteiligung, die als typisch stille Beteiligung ausgestaltet werden sollte, damit der Junior noch nicht Mitunternehmer wird. Um die Liquidität des Nachfolgers zu schonen, kann die stille Beteiligung so ausgestaltet werden, dass der stille Gesellschafter zunächst nur eine Einlage verspricht, diese jedoch ganz oder zum Teil durch stehen lassen zukünftiger Gewinne zu erbringen hat. Die stille Beteiligung am Handelsgeschäft kann dann später in eine unmittelbare Gesellschaftsbeteiligung umgewandelt oder – bei Misserfolg – aufgelöst werden.

259 Den Schwerpunkt der Nachfolgegestaltung bildet freilich die **Gestaltung der eigentlichen Übergabe**, insbesondere also die Gestaltung des Schenkungs-, Kauf- oder Pachtvertrages sowie die Gestaltung der Gesellschaftsverträge, der allerdings noch die grundsätzliche Entscheidung der Rechtsform der Gesellschaft vorauszugehen hat.

2. Die nachfolgegeeignete Rechtsform

260 Die Entscheidung über die Rechtsform der Gesellschaft wird regelmäßig auf zivilrechtlicher und steuerrechtlicher Ebene getroffen. Aus zivilrechtlicher Sicht geht es vor allem um die Fragen der persönlichen Haftung von Senior und Nachfolger sowie der Ausgestaltung ihres Einflusses in der Gesellschaft, die innerhalb der einzelnen Rechtsformen unterschiedlich erfolgen kann. In steuerlicher Hinsicht geht es hauptsächlich um die Wahl zwischen den beiden Rechtsformgruppen Kapitalgesellschaft und Personenhandelsgesellschaft oder – in den Begriffen des Steuerrechts – Körperschaft und Mitunternehmerschaft.

Praxis-Tipp:

261 *Die zivilrechtliche Entscheidung wird gerade im Hinblick auf die immer risikoreiche Übergangsphase meist zugunsten der Haftungsbeschränkung fallen. Die Fortführung als Einzelunternehmen und die Rechtsform der OHG oder KG mit natürlicher Person als Komplementär sind in der Praxis immer seltener anzutreffen. Die Rechtsformfavoriten des Mittelstandes sind vielmehr die GmbH & Co. KG und die GmbH.*

Für die Entscheidung der Rechtsformfrage auf steuerlicher Ebene hat die jüngste Unternehmenssteuerreform mit der Abschaffung des körperschaftsteuerlichen Anrechnungsverfahrens und die weitgehende Neutralisierung der Gewerbesteuerbelastung in der Mitunternehmerschaft gänzlich neue Parameter geschaffen. Der Körperschaftsteuersatz wurde drastisch auf 25 % gesenkt, was zur Folge hat, das die Kapitalgesellschaft unter Berücksichtigung der Gewerbesteuer mit lediglich ca 38,5 % ertragsteuerbelastet ist. Demgegenüber liegt die Steuerbelastung des Einzelunternehmens und der Mitunternehmerschaft trotz Anrechnung des 1,8fachen des Gewerbesteuermessbetrages auf die Einkommensteuer (vgl § 35 EStG) immer noch bei 48,5 % (ab 2005 ca 42 %), bei kirchensteuerpflichtigen Gesellschaftern nochmals erhöht um die Kirchensteuerbelastung. Jedoch besteht dieser Vorteil der Kapitalgesellschaft nur vordergründig. So wirkt sich zum einen die Definitivbesteuerung mit 25 % in der Kapitalgesellschaft nachteilig aus, wenn nur geringe Gewinne erzielt werden, die in der Personengesellschaft, genauer: beim Personengesellschafter, einer geringeren Progression unterliegen. Zum anderen können sich für die Kapitalgesellschaft erhebliche Nachteile ergeben, wenn man den Belastungsvergleich auf Gesellschafterebene durchführt. Soweit nämlich die Kapitalgesellschaft die Gewinne ausschüttet, hat der Anteilseigner nach dem sog Halbeinkünfteverfahren nochmals die Hälfte der Dividende zu versteuern. Vor allem für den kleinen Mittelständler, der auf Ausschüttungen zur Bestreitung seines Lebensunterhalts angewiesen ist und nicht immer Gewinne im Bereich des Höchststeuersatzes erzielt, wird daher für die laufende Besteuerung die Personengesellschaft die günstigere Rechtsform bleiben. 262

Erhebliche steuerliche Vorteile der Kapitalgesellschaft zeigen sich jedoch bei Veräußerung des Unternehmens oder der Unternehmensbeteiligungen. So hat der Kapitalgesellschafter den ihm beim Verkauf seiner Beteiligung entstehenden Gewinn nur zur Hälfte, nämlich nach dem Halbeinkünfteverfahren zu versteuern. Wird – etwa bei Holdingstrukturen – der Kapitalgesellschaftsanteil von einer Kapitalgesellschaft gehalten, so kann diese sogar gänzlich steuerfrei veräußern. Demgegenüber ist der Personengesellschafter grundsätzlich nur durch die sog Fünftelregelung begünstigt. Lediglich nach Vollendung seines 55-igsten Lebensjahres, dann aber nur einmal im Leben, kann er einen Gewinn bis zu einem Höchstbetrag von DM 10 Mio. zum halben Steuersatz, mindestens aber in Höhe des Eingangssteuersatzes, versteuern. Bei geplantem Unternehmensverkauf – das ist die Regel bei familienexterner Unternehmensnachfolge – ist daher die Kapitalgesellschaft bei zu erwartenden Gewinnen die günstigere Rechtsform. 263

Demgegenüber ist die **Personengesellschaft** in erbschaft- und schenkungsteuerlicher Hinsicht und damit **für die familieninterne Nachfolge** meist **günstiger**. Dies ergibt sich vor allem aus der unterschiedlichen Bewertung von Einzelunternehmen und Personengesellschaften auf der einen Seite und Kapitalgesellschaften auf der anderen Seite. Während erstere nur mit dem Substanzwert bewertet werden, bestimmt sich der Wert von Anteilen an Kapitalgesellschaften nach dem sog Stuttgarter Verfahren, bei welchem für die Bestimmung des Unternehmenswertes neben dem Substanzwert auch die Erträge des Unternehmens maßgeblich sind. Dies führt dazu, dass insbesondere ertragsstarke Unternehmen in der Rechtsform der GmbH einen deutlich höheren Erbschaftsteuerwert ausweisen als in der Rechtsform der Personengesellschaft. 264

Umgekehrt kann aber bei schwacher Ertragskraft des Unternehmens durch die Ertragswertkomponente der Steuerwert der Kapitalgesellschaft auch unter den Substanzwert sinken.

265 Rechtsformunterschiede bestehen auch hinsichtlich der Anwendung der Betriebsvermögensprivilegien entsprechend § 13 a, 19 a ErbStG. Während bei Personengesellschaftsbeteiligungen der Betriebsvermögensfreibetrag, der Bewertungsabschlag und das Steuerklassenprivileg unabhängig von der Beteiligungshöhe gewährt werden, ist die Übertragung von Kapitalgesellschaftsanteilen nur dann im Sinne der §§ 13 a, 19 a ErbStG begünstigt, wenn der Erblasser oder Schenker zum Zeitpunkt des Erbfalls oder der Schenkung mit mehr als 25 % an der Kapitalgesellschaft beteiligt ist. Auch die Nachversteuerungsregelung der §§ 13 a V, 19 a V ErbStG differenzieren nach Rechtsformen. So führen Umwandlungen von Kapitalgesellschaften entsprechend der §§ 3 bis 16 UmwStG gem § 13 a V Nr. 4 aE ErbStG zur Nachversteuerung. Umstrukturierungen von Personengesellschaften aber sind unschädlich, solange sie entsprechend der Regelung in § 20 ff UmwStG erfolgen. Andererseits gilt die Entnahmebeschränkung des § 13 a V Nr. 3 ErbStG nur für Einzelunternehmen und Personengesellschaften.

266 Angesichts der vielfältigen Rechtsformunterschiede wird man zusammenfassend sagen müssen, dass es die nachfolgegeeignete Rechtsform nicht gibt, dass die Rechtsformfrage vielmehr immer **einzelfallabhängig** und damit unterschiedlich entschieden werden muss.

267 **Bei umfangreichen Unternehmensvermögen** oder mehreren aktiven Nachfolgern kann sich der Aufbau von **Holdingstrukturen** empfehlen. Dies verschafft die Möglichkeit, die Verantwortung für einzelne Tochtergesellschaften auf unterschiedliche Nachfolger zu übertragen und weitere Familienmitglieder über Minderbeteiligungen in der Muttergesellschaft zu versorgen. Auch die Veräußerung von Unternehmensteilen zum Ausgleich nachfolgebedingter Liquiditätsbelastungen fällt leichter, wenn diese bereits zuvor in Tochtergesellschaften ausgegliedert wurden. Zudem können sowohl die Machtverhältnisse in den jeweiligen Gesellschaften als auch das Verhältnis der Mutter- zur Tochtergesellschaft differenziert und den jeweiligen Nachfolgeproblemen rechnungstragend ausgestaltet werden.[1]

II. Integration passiv beteiligter Familienangehöriger

1. Allgemeines

268 Zuweilen ist es ein Anliegen der Senioren, Familienangehörige, die mangels Qualifikation oder Interesse nicht aktiv im Unternehmen tätig werden wollen, dennoch an diesem zu beteiligen. Häufig ist eine solche Beteiligung aber auch erforderlich, weil die Vermögensstruktur der Senioren eine Gleichstellung passiver Erben mit Privatvermögen nicht zulässt und der Nachfolger von

1 Ausführlicher zur Familienholding im Rahmen der Unternehmensnachfolge, Hübner in: Sudhoff, Unternehmensnachfolge, S 1151 ff

Liquiditätsbelastungen durch Abfindungszahlungen und Gleichstellungsgelder verschont bleiben soll. Die Interessen solcher Passivbeteiligter kollidieren jedoch in der Regel mit denen der aktiven Unternehmensnachfolger. Aus diesem Grunde, aber auch auf Grund unterschiedlicher Qualifikationen kommt es daher häufig zu Meinungsverschiedenheiten bzgl Maßnahmen der laufenden Geschäftsführung sowie der langfristigen Unternehmensstrategie. Um das Unternehmen handlungsfähig zu erhalten, sind daher die passiven Familienangehörigen in einer Weise zu beteiligen, die einerseits ihrem Kapitalanlage- und Versorgungsinteresse Rechnung trägt, andererseits aber den aktiven Nachfolgern den entscheidenden Spielraum bei der Bestimmung der Unternehmenspolitik gewährleistet.

Zur Begründung einer solchen vorwiegend vermögensmäßigen Beteiligung 269 passiver Familienangehöriger bieten sich im Bereich der Personenhandelsgesellschaften die Rechtsform der **stillen Gesellschaft** und der **Kommanditgesellschaft** und im Bereich der Kapitalgesellschaften die **(kleine) AG** und die **KGaA** an. Schließlich kann sich auch eine **Unterbeteiligung** an einem Gesellschaftsanteil durch Gründung einer Gesellschaft bürgerlichen Rechts empfehlen. Die vorgenannten Rechtsformen bieten die Möglichkeit, durch entsprechende Gestaltung den Einfluss der passiven Gesellschafter auf die Unternehmenspolitik und vor allem auf die laufende Geschäftsführung gering zu halten. Der verminderte Einfluss geht, zu ihrem eigenen Schutze und Nutzen, einher mit einem beschränkten Haftungsrisiko oder einer bevorzugten Ertragsbeteiligung. Eine Beteiligung am wirtschaftlichen Erfolg des Unternehmens ohne erhebliche Belastung von dessen Liquidität kann schließlich auch die Begründung langfristiger partiarischer Darlehen zu Gunsten der passiven Familienangehörigen bieten.

2. Kommanditbeteiligung

Als Kommanditisten sind die passiven Gesellschafter nach dem Regelstatut 270 des HGB von der Geschäftsführung und (zwingend) der Vertretung der Gesellschaft ausgeschlossen. Sie können allerdings, und insoweit bleibt ihr Einfluss durchaus bedeutend, Handlungen der persönlich haftenden Gesellschafter widersprechen, soweit diese über den gewöhnlichen Betrieb des Handelsgewerbes der Gesellschaft hinausgehen (§ 164 HGB). Weiterhin stehen den Kommanditisten Informations- und Kontrollrechte zu. Sie können insbesondere gem § 166 HGB die abschriftliche Mitteilung des Jahresabschlusses verlangen und dessen Richtigkeit unter Einsicht der Bücher und Papiere prüfen. Auch das Steuerrecht anerkennt die immer noch bedeutenden Einflussmöglichkeiten des Kommanditisten. Nach einhelliger Meinung entfaltet der Kommanditist auf Grund der ihm von Gesetzes wegen zustehenden Widerspruchs- und Kontrollrechte Mitunternehmerinitiative und trägt angesichts seiner Haftung für versprochene, aber nicht geleistete oder zurückgewährte Einlagen sowie seines Einlageverlustrisikos auch Mitunternehmerrisiko. Er ist daher als Mitunternehmer iSd § 15 I Nr. 2 EStG zu qualifizieren und erzielt gewerbliche und gewerbesteuerpflichtige Einkünfte.

3. Stille Gesellschaft

271 Demgegenüber ist der Einfluss eines stillen Gesellschafters deutlich geringer. Dies ergibt sich schon daraus, dass der Stille nicht gesellschaftlicher Unternehmensinhaber, sondern mit einer Vermögenseinlage an dem Handelsgewerbe des Unternehmensinhabers beteiligt ist. Dem Stillen steht daher nur ein Kontrollrecht (§ 233 HGB), nicht aber ein Widerspruchsrecht gegen Maßnahmen der Geschäftsführung zu. Bei Auflösung der stillen Gesellschaft erhält der Stille lediglich sein bestehendes Guthaben ausgezahlt. Er wird also, anders als der Kommanditist, der im Falle seines Ausscheidens in Höhe des wahren Wertes seiner Beteiligung abzufinden ist, nicht an den stillen Reserven des Unternehmens beteiligt. Entsprechend werden die Einkünfte des Stillen steuerlich als solche aus Kapitalvermögen (§ 20 EStG) qualifiziert.[2] Freilich kann die stille Gesellschaft auch abweichend von den handelsrechtlichen Regelungen, also »atypisch« ausgestaltet werden.

272 Geht dies so weit, dass aufgrund gesellschaftsvertraglicher Vereinbarungen dem stillen Gesellschafter diejenigen Rechte und Pflichten übertragen werden, die nach dem Regelstatut des HGB auch einem Kommanditisten zustehen und obliegen, wird dem Stillen also insbesondere neben dem Kontrollrecht auch das Widerspruchsrecht nach § 164 HGB gewährt und soll er bei Auflösung der Gesellschaft auch an den stillen Reserven beteiligt werden, so ist er steuerlich wie der Kommanditist als Mitunternehmer zu qualifizieren und erzielt gewerbliche Einkünfte nach § 15 EStG.[3]

4. Unterbeteiligung

273 Der Unterbeteiligte ist weder an der Gesellschaft, noch deren Handelsgewerbe, sondern vielmehr an den Gesellschafts- oder Geschäftsanteilen eines Gesellschafters beteiligt. Er steht daher in keinerlei Rechtsbeziehung zur Hauptgesellschaft und deren übrigen Gesellschaftern. Die Unterbeteiligung ist vielmehr eine reine Innengesellschaft in der Rechtsform der Gesellschaft bürgerlichen Rechts, geschlossen zwischen dem Gesellschafter der Hauptgesellschaft und dem Unterbeteiligten. Da die gesetzlichen Regelungen zur Gesellschaft bürgerlichen Rechts jedoch den Besonderheiten der Unterbeteiligung nur unzureichend Rechnung tragen, das Gesetz also anders als bei der Kommanditgesellschaft und der stillen Gesellschaft kein Grundgerüst für den Rechtsformtyp Unterbeteiligung anbietet, sollte auf einen Unterbeteiligungsvertrag mit entsprechenden Detailregelungen zur Kündigung, Nachfolge, Abfindung, Gewinnbeteiligung, Ausübung der Gesellschaftsrechte durch den Hauptgesellschafter u. ä. nicht verzichtet werden. Je nach Ausgestaltung kann der Unterbeteiligte gewerbliche Einkünfte (atypische Unterbeteiligung) oder Einkünfte aus Kapitalvermögen (typische Unterbeteiligung) erzielen.[4] Entscheidend für die steuer-

---

2 Auf Seiten der Gesellschaft stellt der Gewinnanteil des stillen Gesellschafters eine abzugsfähige Betriebsausgabe dar, die jedoch gem § 8 Nr. 3 GewStG zur Ermittlung des für die Gewerbesteuer maßgeblichen Gewerbeertrags wieder hinzu zu rechnen ist

3 Schmidt, EStG, § 15 Rn 341 mwN

4 Der Hauptgesellschafter kann die an den Unterbeteiligten auszuzahlenden Beträge als Sonderbetriebsausgaben abziehen

liche Qualifizierung sind auch hier die Kriterien Mitunternehmerinitiative und Mitunternehmerrisiko. Schenkungsteuerlich wurde die Einräumung einer atypischen Unterbeteiligung wie die unentgeltliche Übertragung eines entsprechenden Teils der Hauptbeteiligung behandelt und dem Erwerber die Betriebsvermögensprivilegierung nach § 13 a, 19 a ErbStG gewährt. Nach der jüngsten höchstrichterlichen Konkretisierung des Tatbestandsmerkmals »Erwerb im Wege der vorweggenommenen Erbfolge«[5] wird man hiervon jedoch nicht länger ausgehen können. Bei der Schenkung typischer stiller Beteiligungen oder Unterbeteiligungen kommt eine Gewährung der Betriebsvermögensprivilegierung ohnehin nicht in Betracht, es handelt sich vielmehr um die Schenkung von Privatvermögen.

5. Kleine AG

Die Aktiengesellschaft ist in den letzten Jahren vor allem in Gestalt der sogenannten »kleinen AG« auch für mittelständische Familienunternehmen zu einer attraktiven Rechtsformalternative geworden. Häufig wird die kleine AG als Rechtsform zur Vorbereitung eines Börsenganges oder zur vermeintlichen Imageverbesserung gewählt, verbinden doch Kunden und Lieferanten mit dieser Rechtsform ein auf dem Markt etabliertes und finanzstarkes Unternehmen. Besondere Bedeutung kommt der kleinen AG aber im Bereich der Unternehmensnachfolge zu. Dies gilt insbesondere dann, wenn nicht alle (zukünftigen) Anteilseigner gleichzeitig die Geschäftsführung übernehmen sollen oder wenn ein qualifiziertes Fremdmanagement eingeschaltet wird. Die kleine AG schafft mit den drei Organen Vorstand, Aufsichtsrat und Hauptversammlung eine klare Trennung von Anteilseignern und Geschäftsführung, so dass interne Differenzen unter den Anteilseignern sich nicht automatisch negativ auf die Verwaltung auswirken und die Handlungsfähigkeit der Gesellschaft zunächst bestehen bleibt. Die Kompetenzen der Hauptversammlung in der AG gehen nämlich nicht so weit, wie diejenigen der Gesellschafterversammlung in der GmbH. Insbesondere ist der Einfluss der Hauptversammlung auf die Geschäftspolitik des Unternehmens deutlich begrenzt. Nach § 119 AktG beschließt die Hauptversammlung über die Bestellung der Mitglieder des Aufsichtsrats, die Verwendung des Bilanzgewinns, die Entlastung der Organe, die Bestellung von Prüfern, über Maßnahmen der Kapitalbeschaffung und der Kapitalherabsetzung sowie die Auflösung der Gesellschaft. Über Fragen der Geschäftsführung kann die Hauptversammlung – wie § 119 II AktG ausdrücklich bestimmt – hingegen nur entscheiden, wenn der Vorstand es verlangt. Die Hauptversammlung ist damit von der Leitung des Unternehmens weitgehend ausgeschlossen, die Richtlinienkompetenz für die Unternehmenspolitik liegt vielmehr beim Vorstand, der durch den – mit ungerader Mitgliederzahl besetzten und damit immer handlungsfähigen – Aufsichtsrat überwacht wird. Die Ausgabe von Vorzugsaktien ohne Stimmrecht (§§ 139 bis 141 AktG) bietet zudem die Möglichkeit, zukünftige Erben, die nicht die Geschicke des Unternehmens bestimmen sollen oder wollen, ohne hohe Liquiditätsbelastung gleichzustellen. Die passiven Erben bleiben am Erfolg 274

5 BFH ZEV 2001, 165; siehe hierzu bereits Rn 88

des Unternehmens – sogar bevorzugt – beteiligt, können aber mangels Stimmrechten auf die Unternehmenspolitik keinen Einfluss nehmen.[6]

III. Schutz vor Liquiditätsabflüssen an ausscheidende Gesellschafter und weichende Erben

275 Von einer passiven Beteiligung Familienangehöriger sollte abgesehen werden, wenn der Umfang und die Zusammensetzung des Nachlasses eine hinreichende Alterssicherung des längerlebenden Ehegatten und eine annähernde Gleichstellung der Geschwister des Unternehmensnachfolgers zulässt. Die familieninterne Unternehmensnachfolge sollte dann vielmehr auf aktiv im Unternehmen tätige Angehörige beschränkt werden. Bevor aber in einer letztwilligen Verfügung das unternehmerische Vermögen dem auserkorenen Nachfolger zugewiesen werden kann, ist auf gesellschaftsrechtlicher Ebene zu klären, ob der Gesellschaftsanteil überhaupt übertragbar ist und ob er auch von dem als Nachfolger vorgesehenen Erben oder Vermächtnisnehmer übernommen werden kann. Ansonsten scheitert nämlich nicht nur die vom Erblasser gewünschte Nachfolge, vielmehr kann auch der Erhalt des Unternehmens gefährdet werden, weil die verbleibenden Mitgesellschafter, denen der Anteil des ausscheidenden Erblassers anwächst, erheblichen Abfindungsansprüchen der Rechtsnachfolger des Erblassers ausgesetzt sind.

1. Gesellschaftsvertragliche Absicherung der Nachfolge

a. Gesetzliche Nachfolgeregelungen

276 Die gesetzlichen Nachfolgeregelungen differieren je nach Rechtsform.

aa. Gesellschaft bürgerlichen Rechts

277 Die Gesellschaft bürgerlichen Rechts wird, vorbehaltlich einer abweichenden gesellschaftsvertraglichen Nachfolgeregelung, bei Tod eines Gesellschafters **aufgelöst**. Die Gesellschaft wird zur Liquidationsgesellschaft, in welche der Erbe oder die Erbengemeinschaft anstelle des verstorbenen Gesellschafters einrückt. Die Erben nehmen dann am Liquidationserlös teil. Sie haften für Gesellschaftsschulden, auch soweit diese vor dem Erbfall entstanden sind, allerdings mit der Möglichkeit, die Haftung auf den Nachlass zu beschränken.

278 Allerdings ist es den verbleibenden Gesellschaftern und den Erben freigestellt, sich in einstimmigem Beschluss statt für die Liquidation für die Fortsetzung der Gesellschaft zu entscheiden. In diesem Falle treten die Erben als Gesellschafter in die Gesellschaft ein, die Erbengemeinschaft wird insoweit teilauseinander gesetzt und die der Erbengemeinschaft eigene gesamthänderische Bindung aufgelöst.

6 Zur Stiftung siehe ausführlich Kapitel 4 in diesem Handbuch.

In steuerlicher Hinsicht wird, sofern die Gesellschaft gewerbliche Einkünfte erzielt, der Erbe oder bei mehreren Erben die Erbengemeinschaft Mitunternehmer. Die Liquidation führt zur Aufgabe des Mitunternehmeranteils. Einen der Erbengemeinschaft dabei entstehenden Aufgabegewinn haben die Miterben nach anteiliger Zurechnung nach § 34 iVm § 16 EStG zu versteuern. Die Besteuerung mit dem halben Steuersatz kommt allerdings nur dann in Betracht, wenn der jeweilige Miterbe – nicht also der verstorbene Erblasser – die entsprechenden persönlichen Voraussetzungen (Vollendung des 55. Lebensjahres, Berufsunfähigkeit, keine vorherige Inanspruchnahme) erfüllt. Die Miterben werden daher im Regelfall auf die meist ungünstigere Fünftel-Regelung verwiesen sein. 279

bb. Personenhandelsgesellschaften

Im Bereich der Personenhandelsgesellschaften ist danach zu differenzieren, ob der Erblasser in der Gesellschaft eine unbeschränkte Haftung übernommen hatte oder als Kommanditist oder stiller Gesellschafter lediglich beschränkt haftete. 280

Für den Fall des Todes eines **OHG-Gesellschafters** und eines KG-**Komplementärs** sieht § 131 III Nr. 1 HGB (auf den § 161 II HGB für die KG verweist) vor, dass der Gesellschafter aus der Gesellschaft **ausscheidet** und die Gesellschaft mit den verbliebenen Gesellschaftern fortgesetzt wird.[7] Die Erben des verstorbenen Gesellschafters erhalten damit nicht wie in der Gesellschaft bürgerlichen Rechts eine Mitgliedschaft in der Liquidationsgesellschaft, sie sind vielmehr auf einen schuldrechtlichen **Abfindungsanspruch** verwiesen, der mangels Regelung im HGB und aufgrund des Verweises in § 105 III HGB aus § 738 BGB abgeleitet wird. Der Abfindungsanspruch besteht gegenüber den übrigen Gesellschaftern und bemisst sich nach dem Verkehrswert des Anteils, also unter Berücksichtigung der vorhandenen stillen Reserven und des Goodwills. 281

Ertragsteuerlich wird das Ausscheiden gegen Abfindung wie eine entgeltliche Veräußerung des Mitunternehmeranteils des verstorbenen Gesellschafters an die verbleibenden Gesellschafter behandelt. Der Veräußerungsgewinn entsteht insoweit noch in der Person des Erblassers, nicht also der Erben, so dass über die Art der Begünstigung (halber Steuersatz oder Fünftel-Regelung) die persönlichen Verhältnisse des Erblassers entscheiden. Für die verbleibenden Gesellschafter stellen die Abfindungsleistungen Anschaffungskosten dar. 282

Soweit der Erblasser der Gesellschaft Wirtschaftsgüter zur Nutzung überlassen und somit im steuerlichen Sonderbetriebsvermögen gehalten hat, kommt es regelmäßig mit dem Erbfall zur Entnahme dieser Wirtschaftsgüter. Der dadurch entstehende Entnahmegewinn ist, da das Sonderbetriebsvermögen zum Mitunternehmerteil gehört, als Teil des Aufgabegewinns begünstigt zu versteuern. 283

Der Erwerb des Abfindungsanspruchs durch die Erben ist **erbschaftsteuerpflichtig**. Er ist als reines Forderungsrecht dem Privatvermögen zuzurechnen, so dass die Privilegierung für den Erwerb von Betriebsvermögen nicht in 284

7 Gleiches gilt in der Partnerschaftsgesellschaft, § 9 I PartGG iVm § 131 III Nr. 1 HGB

Anspruch genommen werden kann.[8] Demgegenüber erfüllt die Anwachsung bei den verbleibenden Gesellschaftern keinen Erbschaftsteuertatbestand, da diese für den ihnen anwachsenden Teil des Gesellschaftsanteils eine gleichwertige Abfindung zu zahlen haben.[9]

285 Stirbt ein **Kommanditist**, so wird die Gesellschaft nach § 177 HGB **mit den Erben fortgesetzt**. Bei Vorhandensein mehrerer Erben geschieht dies im Wege der Sondererbfolge, so dass nicht die Erbengemeinschaft, sondern die Erben unmittelbar Kommanditisten werden. Einkommensteuerrechtlich sind die Buchwerte des erworbenen Teils des Mitunternehmeranteils nach § 6 III EStG fortzuführen. Dies gilt auch für gleichzeitig ererbtes Sonderbetriebsvermögen. Wurde dieses hingegen Nichtgesellschaftern vermacht, kommt es zur steuerpflichtigen Entnahme. Der Erwerb unterliegt der Erbschaftsteuer, die Privilegierungen für Betriebsvermögen nach §§ 13 a, 19 a ErbStG können auch betreffend das Sonderbetriebsvermögen, welches insoweit zum Mitunternehmeranteil zählt, in Anspruch genommen werden.

286 Ebenfalls vererblich ist die Beteiligung eines **stillen Gesellschafters**. Jedoch findet hier keine Sondererbfolge statt, es erbt vielmehr die Erbengemeinschaft. Im Falle des Todes des Geschäftsinhabers wird die stille Gesellschaft aufgelöst.

cc. Kapitalgesellschaften

287 Geschäftsanteile an einer GmbH und Aktien sind **frei vererblich**. Die Vererblichkeit kann nicht durch gesellschaftsvertragliche Vereinbarung ausgeschlossen werden.

288 Die Nachfolge vollzieht sich nicht wie bei Personengesellschaften im Wege der Sondererbfolge, vielmehr erbt bei Vorhandensein mehrerer Erben die Erbengemeinschaft, so dass der Geschäftsanteil **von der gesamthänderischen Bindung erfasst** ist. Die Mitgliedschaftsrechte in der Gesellschaft können gemäß den Regelungen in §§ 18 GmbHG und 69 AktienG von den Miterben nur gemeinschaftlich ausgeübt werden. In erbschaftsteuerlicher Hinsicht ist zu beachten, dass die Privilegierungen für Betriebsvermögen nur in Anspruch genommen werden können, wenn der Erblasser mit mehr als 25 % an der Kapitalgesellschaft beteiligt war (§ 13 a IV Nr. 3, § 19 a II Nr. 3 ErbStG).

b. Gesellschaftsvertragliche Nachfolgeregelungen

aa. Personengesellschaften

289 Die gesetzlichen Regelungen zu den Folgen des Todes eines Personengesellschafters sind – mit Ausnahme der Option nach § 139 HGB – allesamt dispositiv.

---

8 Gebel in: Troll/Gebel/Jülicher, ErbStG, § 3 Rn 138

9 § 3 I Nr. 2 Satz 2 ErbStG erfasst nur solche Erwerbe durch Anwachsung – fingiert als Schenkung auf den Todesfall – bei denen der Steuerwert des Anteils die Abfindung übersteigt

Die Auflösung einer Gesellschaft bürgerlichen Rechts kann durch Verweis auf die handelsrechtlichen Vorschriften, also durch Vereinbarung einer sogenannten **Fortsetzungsklausel** vermieden werden. 290

Musterformulierung Fortsetzungsklausel:

»Beim Tod eines Gesellschafters wird die Gesellschaft von den übrigen Gesellschaftern fortgesetzt.« 291

Darüber hinaus besteht in der BGB-Gesellschaft der gleiche Gestaltungsspielraum wie bei der Personengesellschaft, der einerseits eine individuelle Regelung ermöglicht, andererseits aber auch Gestaltungsgefahren schafft. 292

Eine erste Gestaltungsmöglichkeit ist in der Modifizierung der (vertraglichen oder gesetzlichen) Fortsetzungsklausel zu sehen. Je nach Wert und Größe der gesellschaftlichen Beteiligung des Erblassers kann die den Erben zustehende Abfindung für die Gesellschafter und damit das Unternehmen eine existenzbedrohende Liquiditätsbelastung bedeuten. Im Interesse des Erhalts des Unternehmens kann daher eine **Reduzierung oder** sogar ein gänzlicher **Ausschluss der Abfindung** angezeigt sein. Der Streitvermeidung dienlich sind weiterhin gesellschaftsvertragliche Vorschriften zur **Berechnung der Abfindung** (Buchwert, Stuttgarter Verfahren, korrigiert um Gesellschaftervergütungen, sonstige erbschaftsteuerliche Bewertungsverfahren, Ertragswertverfahren, verbindlicher Verweis auf Sachverständigenbewertung). Die Fortsetzungsklausel kann sich bei Gesellschaften anbieten, bei denen nicht der Kapitaleinsatz, sondern die persönliche Mitarbeit der Gesellschafter im Vordergrund steht und wertprägend ist. Darüber hinaus kann sie bei gänzlichem Abfindungsausschluss Mittel zur Pflichtteilsreduzierung sein.[10] 293

Erbschaftsteuerlich greift bei einer Reduzierung der Abfindung auf einen Betrag, der unter dem nach § 12 V ErbStG iVm §§ 95 bis 99 BewG zu bestimmenden Steuerwert des Anteils liegt, die Fiktion des § 3 I Nr. 2 ErbStG, wonach der Anteilserwerb der verbleibenden Gesellschafter, soweit der Steuerwert des Anteils die Abfindung übersteigt, als Schenkung auf den Todesfall gilt. 294

Die Reduzierung der Abfindung wird auch **ertragsteuerlich**, nämlich bei der Berechnung des Veräußerungsgewinns berücksichtigt. Bei gänzlichem Abfindungsausschluss ist zu differenzieren: Erfolgte der Abfindungsausschluss aus familiären Gründen, liegt eine unentgeltliche Übertragung des Mitunternehmeranteils auf den Todesfall vor.[11] War der Abfindungsausschluss hingegen betrieblich veranlasst, wovon auszugehen ist, wenn er für alle Gesellschafter gleichermaßen galt und die Beteiligten auch nicht von unterschiedlichen Lebenserwartungen ausgingen, so entsteht in der Person des verstorbenen Gesellschafters ein Veräußerungsverlust. Die verbleibenden Gesellschafter, denen der Anteil angewachsen ist, haben entweder die Anteile des Erblassers 295

---

10 Hierzu unten Rn 417 ff

11 Schmidt/Wacker, EStG, § 16 Rn 663 mit Verweis auf BFH BStBl II 1971, 83; BFH/NV 99, 165

vom Gesellschaftsvermögen abzustocken oder die Buchwerte fortzuführen und in deren Höhe einen laufenden Gewinn zu versteuern.[12]

296 Sieht der Gesellschaftsvertrag vor, dass bei Tod eines Gesellschafters dessen Erben in die Gesellschafterstellung nachrücken, spricht man von einer **einfachen Nachfolgeklausel**.

Musterformulierung einfache Nachfolgeklausel:

297 *»Beim Tod eines Gesellschafters wird die Gesellschaft mit den Erben des Verstorbenen oder denjenigen, die er zu Vermächtnisnehmern seiner Beteiligung eingesetzt hat, fortgesetzt.«*

298 Hier wird die Gesellschaft – insoweit wie bei der eben dargestellten Fortsetzungsklausel – mit dem Tod eines Gesellschafters nicht aufgelöst, sondern eben fortgesetzt. Bei dieser Gestaltung aber mit dem oder den Erben des Verstorbenen. Hinterlässt der Erblasser mehrere Erben, so werden alle Gesellschafter und zwar nicht etwa in Erbengemeinschaft, sondern jeder für sich im Wege der sog **Sonderrechtsnachfolge**. Es kommt damit zu einer automatischen Spaltung der Mitgliedschaft. Wertmäßig erhält jeder Erbe den seiner Erbquote entsprechenden Teil des Gesellschaftsanteils des Erblassers. § 139 HGB bietet eine Option zur Einräumung einer haftungsbeschränkten Kommanditistenstellung.

299 Die **Einkommensteuer** folgt dieser zivilrechtlichen Qualifizierung. Die Miterben werden Mitunternehmer und haben – nach § 6 III EStG zwingend – die Buchwerte des Erblassers anteilig **fortzuführen**.[13] Ist der Erbe oder sind die Miterben verpflichtet, den Gesellschaftsanteil aufgrund eines Vermächtnisses an einen Dritten oder aufgrund eines Vorausvermächtnisses oder einer Teilungsanordnung[14] an einen Miterben weiter zu geben, erfolgt auch dies entsprechend § 6 III EStG zwingend zu Buchwerten.[15] Während die Gesellschaftsbeteiligung im Wege der Sondererbfolge bei Spaltung der Mitgliedschaft auf die einzelnen Nachfolger übergeht, bleibt das Sonderbetriebsvermögen in der Erbengemeinschaft gesamthänderisch gebunden. Steuerlich ist aber das Sonderbetriebsvermögen den Mitunternehmern im Verhältnis ihrer Beteiligung zuzuordnen, geht also quotengleich auf diese über. Da das Sonderbetriebsvermögen zum Mitunternehmeranteil gehört, erfolgt auch insoweit eine zwingende Buchwertfortführung. Steuerpflichtige Entnahmen entstehen allerdings, wenn Gegenstände des Sonderbetriebsvermögens in der letztwilligen Verfügung einem Nichtgesellschafter zugewiesen werden.[16]

300 Der Erwerb von Gesellschaftsanteilen mit zugehörigem quotengleichem Sonderbetriebsvermögen unterliegt der **Erbschaftsteuer**, ist aber **nach §§ 13 a, 19 a**

12 Schmidt/Wacker, EStG, § 16 Rn 663; Bolk DStZ, 86, 547, 550; aA Reiß in: Kirchhof/Soehn, EStG, § 16 B 124: § 7 I EStDV aF

13 BFH BStBl II 1997, 535, 538; BFH BStBl II 1999, 291

14 BFH/NV 2000, 1039 ff, auch wenn die Teilungsanordnung nicht innerhalb der von der Finanzverwaltung geforderten Sechsmonatsfrist umgesetzt wird

15 Schmidt/Wacker, EStG, § 16 Rn 665, 668

16 Zur steuerlichen Behandlung einer nachträglichen Auseinandersetzung unter den Miterben s Schmidt/Wacker, EStG, § 16 Rn 670

ErbStG begünstigt. Die Miterben erhalten den Freibetrag grundsätzlich anteilig. Der Erblasser kann jedoch eine andere Aufteilung des Freibetrags verfügen. Setzen sich die Miterben anderweitig auseinander, so hat dies, wie auch im Falle der Teilung aufgrund einer Teilungsanordnung, nach Auffassung der Finanzverwaltung auf die Besteuerung des Erwerbs und deshalb auch auf die Verteilung des Freibetrags keinen Einfluss, es bleibt vielmehr bei der ursprünglichen anteiligen Aufteilung.[17] Auch wird hierdurch kein Nachversteuerungstatbestand nach § 13 a V ErbStG verwirklicht, selbst wenn zum Wertausgleich eine Abfindung gezahlt wird.[18] Wohl aber kann eine solche abweichende Auseinandersetzung einkommensteuerliche Konsequenzen haben.

Bestimmt der Gesellschaftsvertrag, dass nicht allen Erben, sondern nur bestimmten Erben des Gesellschafters bei dessen Tod die Beteiligung zufallen soll, so spricht man von einer **qualifizierten Nachfolgeklausel**. 301

Musterformulierung qualifizierte Nachfolgeklausel:

»Beim Tod eines Gesellschafters wird die Gesellschaft mit dem ältesten leiblichen Abkömmling des Verstorbenen als Nachfolger fortgesetzt.« 302

Eine solche Klausel, die in der Praxis sehr häufig anzutreffen ist, birgt erhebliche Probleme in sich. Zunächst ist unbedingt darauf zu achten, **Gesellschaftsvertrag und letztwillige Verfügung aufeinander abzustimmen**. Unproblematisch sind also die Fälle, in denen der im Testament genannte Erbe dem nach Gesellschaftsvertrag Nachfolgeberechtigten entspricht. In diesem Falle bewirkt nämlich die qualifizierte Nachfolgeklausel, dass der Gesellschaftsanteil im Wege der Sonderrechtsnachfolge unmittelbar auf den qualifizierten Nachfolger übergeht. Jedoch können dem Unternehmensnachfolger erhebliche Liquiditätsbelastungen entstehen, wenn der Erblasser in seiner letztwilligen Verfügung weitere Miterben eingesetzt hat. Diese können zwar nicht Gesellschafter werden, wohl aber steht ihnen gegen den nachfolgeberechtigten Erben ein schuldrechtlicher Ausgleichsanspruch zu.[19] Steuerliche Belastungen entstehen den Miterben hierdurch nicht, allerdings kann auch der Nachfolger die von ihm zu erbringende Ausgleichsleistung nicht als Anschaffungskosten der Beteiligung steuerlich effektuieren.[20] Problematisch kann für den Unternehmensnachfolger aber vor allem die Höhe der Ausgleichsleistung sein. Bei ihrer Bemessung geht es nicht um die Auseinandersetzung zwischen Personengesellschaftern, die zugleich Erben sind, sondern allein um die erbrechtliche Auseinandersetzung. Auch wenn der Gesellschaftsvertrag also besondere Abfindungsklauseln enthalten sollte, ist im Rahmen der erbrechtlichen Auseinandersetzung der volle Verkehrswert der Beteiligung maßgeblich. Dies führt nicht selten zu erheblichen Liquiditätsbelastungen des qualifizierten Nachfolgers. Das gilt vor allem dann, wenn dieser aufgrund gesellschaftsvertraglicher Abfindungsbeschränkungen im Fall der Kündigung der Gesellschaft nur eine geringe Abfindung verlangen kann. Zur Streitvermeidung soll-

17 R 57 Abs. VI ErbStR
18 R 62 Abs. 2 Nr. 2 ErbStR
19 BGHZ 68,225
20 Schmidt/Wacker, EStG, § 16 Rn 672 mwN; BMF BStBl I 93, 62, Rn 83

te sowohl das Ob als auch der Umfang einer Ausgleichszahlung in der letztwilligen Verfügung geregelt werden. Soweit der Nachfolgeerbe auch wertmäßig gegenüber den anderen Miterben bevorzugt werden soll, muss dies in der letztwilligen Verfügung durch ein Vorausvermächtnis zum Ausdruck gebracht werden.

304 Besonders problematisch aber wird es, wenn der im Gesellschaftsvertrag bestimmte Nachfolger überhaupt nicht Erbe des Verstorbenen wird. Die gesellschaftsvertraglich qualifizierte Nachfolgeklausel läuft in diesem Falle leer.

305 Darüber hinaus soll oder kann eine qualifizierte Nachfolgeklausel auch leicht zur Steuerfalle werden. Dies gilt insbesondere dann, wenn zum Nachlass **Gegenstände des Sonderbetriebsvermögens** gehören.

Fall:

306 *Erblasser U ist alleiniger Kommanditist der U GmbH & Co. KG. Die Gesellschaft wirtschaftet auf einem ihr von U zur Nutzung überlassenen Grundstück. Der Gesellschaftsvertrag enthält eine qualifizierte Nachfolgeklausel und bestimmt zum Nachfolger des U dessen Sohn. Der U hat jedoch versäumt, ein Testament zu errichten, in dem er seinen Sohn als Erben einsetzt oder ihm zumindest seine Gesellschaftsbeteiligung (möglichst mit Grundstück) vermacht. Als U plötzlich und unerwartet verstirbt, wird er von seiner Ehefrau zu 1/2 sowie seinem Sohn und seiner Tochter zu jeweils 1/4 beerbt.*

307 Aufgrund der qualifizierten Nachfolgeklausel kann allein der Sohn des U in dessen Gesellschafterstellung nachrücken. Ehefrau und Tochter sind hingegen nicht nachfolgeberechtigt. Dagegen fällt das Betriebsgrundstück, das bislang in vollem Umfang als Sonderbetriebsvermögen des U zu qualifizieren war, in den Nachlass und gehört damit zum Gesamthandsvermögen der aus der Mutter und den beiden Kindern bestehenden Erbengemeinschaft. Steuerrechtlich hat dies aber die nachteilige Konsequenz, dass das Grundstück in Höhe der Erbquoten der nichtqualifizierten Miterben (im Beispiel Ehefrau und Tochter, somit zu einer Quote von 3/4), entnommen wird.[21] Drei viertel der im Sonderbetriebsvermögen ruhenden stillen Reserven werden aufgelöst, der Entnahmegewinn ist dem Erblasser als laufender Gewinn zuzurechnen und nicht begünstigt zu versteuern.[22] Allerdings unterliegt der Entnahmegewinn

21 Neue Probleme schafft die jüngste Rechtsprechung des BFH zur quotalen Mitübertragung von Sonderbetriebsvermögen (BFH DStR 2000, 1768). Da der Nachfolger den ganzen Mitunternehmeranteil aber nur den seiner Erbquote entsprechenden Anteil am Sonderbetriebsvermögen erhält, ist derzeit zweifelhaft, ob der Mitunternehmeranteil und der Teil des Sonderbetriebsvermögens steuerneutral auf den qualifizierten Nachfolger übergehen; für Buchwertfortführung Schmidt/Wacker, EStG, § 16 Rn 672; FG BaWü EFG 98, 140 I

22 Nach Gebel, BB 1995, 173, 176 soll sich diese Steuerbelastung vermeiden lassen, wenn die Teilauseinandersetzung über den Gesellschaftsanteil alsbald durch eine weitere Teilauseinandersetzung über das Sonderbetriebsvermögen ergänzt und dabei auch dieser Nachlassbestandteil vom Gesellschafter-Miterben unter Buchwertfortführung übernommen wird

nicht der Gewerbesteuer, da diese als Objektsteuer an das Ergebnis eines lebenden Betriebs anknüpft. Die Rechtsprechung aber qualifiziert den Unternehmerwechsel in Anwendung des § 2 V GewStG als Betriebseinstellung, was die Beendigung der sachlichen Steuerpflicht zur Folge hat.[23]

In erbschaftsteuerlicher Hinsicht wird dem qualifizierten Nachfolger zwar der 308
gesamte Gesellschaftsanteil zugerechnet, die Betriebsvermögensprivilegierungen stehen jedoch allen Miterben anteilig zu. Insoweit wird die qualifizierte Nachfolgeklausel als ein gesellschaftsrechtlich besonders ausgestalteter Unterfall einer bloßen Teilungsanordnung behandelt.[24] Soweit Sonderbetriebsvermögen entnommen wird, ist es nicht von den Betriebsvermögensprivilegien erfasst. Kommt es aufgrund der Entnahme von Sonderbetriebsvermögen sogar zu einer Betriebsaufgabe, ist auch der Erwerb des Gesellschaftsanteils nicht begünstigt.

Bei der **Eintrittsklausel** wird dem Erben oder einer dritten Person das Recht 309
eingeräumt, in die Gesellschaft einzutreten.[25] In der Zwischenphase, also in der Zeit zwischen dem Tod des Gesellschafters und dem Eintritt des Nachfolgers, besteht die Gesellschaft allein aus den verbleibenden Gesellschaftern. Der Eintritt des neuen Gesellschafters bedarf bei der Eintrittsklausel einer Aufnahmevereinbarung zwischen den überlebenden Gesellschaftern und dem Eintrittsberechtigten. Da die Gesellschaftsnachfolge unabhängig von der erbbedingten Rechtsnachfolge erfolgt, kann das Eintrittsrecht jedem Dritten, insbesondere also auch Nichterben zustehen. Mit Eintritt in die Gesellschaft begründet der durch die Eintrittsklausel Begünstigte seine Mitgliedschaft in der Personengesellschaft. Dem nicht nachfolgeberechtigten Erben steht gegen die Gesellschaft – zunächst unabhängig vom Eintritt des Eintrittsberechtigten – ein Abfindungsanspruch zu. Dieser wird jedoch für den Fall des Eintritts gesellschaftsvertraglich ausgeschlossen.

Die Regeln der Eintrittsklausel sind auch dann von Bedeutung, wenn eine 310
qualifizierte Nachfolgeklausel gescheitert ist, etwa weil es versäumt wurde, dem gesellschaftsvertraglich qualifizierten Nachfolger die Beteiligung auch von Todes wegen zuzuwenden. Nach Auffassung des BGH kann nämlich die gescheiterte Nachfolgeklausel im Wege der ergänzenden Vertragsauslegung als rechtsgeschäftliche Eintrittsklausel qualifiziert werden. Die Auslegung kann also insbesondere dazu führen, dass dem im Gesellschaftsvertrag als Nachfolger Vorgesehenen ein Eintrittsrecht gewährt wird, soweit dies mit der letztwilligen Verfügung des Erblassers in Einklang steht.[26]

---

23 BFH, DStR 2000, 922

24 BFH BStBl II 1983, 329; R 55 Abs. 2 Satz 2 ErbStR; zu Recht krit. hierzu Hübner in: NWB F.10, 787; J. Mayer, Grundzüge des Rechts der Unternehmensnachfolge, S 151 ff; Jülicher in: Troll/Gebel/Jülicher, ErbStG, § 3 Rn 42

25 Formulierungsvorschlag bei Nieder, Handbuch der Testamentsvollstreckung, Rn 1263

26 BGH BB 1966, 1123; BGH NJW 1978, 264; BGH BB 1988, 104

Praxis-Tipp:

311 *Zur Klarstellung empfiehlt es sich, in Ergänzung zur qualifizierten Nachfolgeklausel ein Eintrittsrecht des qualifizierten Nachfolgers bei fehlgeschlagener Nachfolge zu vereinbaren.*[27]

312 Da die Eintrittsklausel unabhängig von den erbrechtlichen Regelungen wirkt, kann der Erblasser die Bestimmung des Eintrittsberechtigten über den Todeszeitpunkt hinausschieben und auch einem Dritten überlassen, was im Rahmen erbrechtlicher Verfügungen nicht möglich wäre (§ 2065 BGB). Ein weiterer Vorteil der Eintrittsklausel ist darin zu sehen, dass mit ihr neben oder statt Erben oder Vermächtnisnehmern auch außenstehende Dritte als Nachfolger bestimmt werden können. Vorteilhaft kann weiterhin sein, dass bei der Eintrittsklausel – im Gegensatz zur erbrechtlichen Nachfolge – keine Wahlmöglichkeit des Nachfolgers nach § 139 HGB besteht.[28] Für den Erblasser und die verbleibenden Gesellschafter bleibt bei Formulierung einer Eintrittsklausel allerdings die Unsicherheit, ob der Eintrittsberechtigte von seinem Eintrittsrecht Gebrauch macht oder die Gesellschaft bei Nichteintritt zu Abfindungszahlungen verpflichtet und diese so in ihrer Liquidität belastet wird. Sofern allerdings zukünftige Erben oder Vermächtnisnehmer des Gesellschafters als Eintrittsberechtigte vorgesehen sind, kann der Erblasser kraft Erbrecht eine Eintrittspflicht begründen, so etwa durch Auflage oder aufschiebende oder auflösend bedingte Erbeinsetzung oder Vermächtniszuwendung.[29]

313 Die **ertragsteuerlichen Auswirkungen** einer Eintrittsklausel hängen davon ab, ob der Eintrittsberechtigte von seinem Eintrittsrecht Gebrauch macht oder nicht. Erfolgt kein Eintritt, wird die Gesellschaft also von den verbleibenden Gesellschaftern fortgesetzt, so entsprechen die ertragsteuerlichen Folgen der Nachfolge kraft Fortsetzungsklausel. Bei Zahlung einer Abfindung erzielt daher noch der Erblasser einen tarifbegünstigten Veräußerungsgewinn.[30] Kommt es hingegen zum Eintritt, differenziert die Finanzverwaltung nach wie vor danach, ob das Eintrittsrecht innerhalb von sechs Monaten nach dem Erbfall ausgeübt wird. Ist dies der Fall, so gelten, wenn alle Erben von ihrem Eintrittsrecht Gebrauch machen, die gleichen Regelungen wie bei der einfachen Nachfolgeklausel, und wenn nur einer oder einige Erben von ihrem Eintrittsrecht Gebrauch machen, die Regelungen zur qualifizierten Nachfolgeklausel entsprechend.[31] Erfolgt hingegen der Eintritt nach Ablauf von sechs Monaten, so bleibt es beim Veräußerungsgewinn des Erblassers, und es kommt lediglich als weiterer Tatbestand der Erwerb des Gesellschaftsanteils durch den Eintrittsberechtigten hinzu. Das Entgelt für den Erwerb entspricht regelmäßig der Höhe des Abfindungsanspruchs, der mit Eintritt entsprechend der gesellschaftsvertraglichen Regelungen rückwirkend entfällt. Im Schrifttum wird danach differenziert, ob die Eintrittsklausel in der Weise auszulegen ist, dass

27 Nieder, Handbuch der Testamentsgestaltung, Rn 1253
28 Nieder, Handbuch der Testamentsgestaltung, Rn 1261
29 Crezelius, Unternehmenserbrecht, Rn 263; Nieder, Handbuch der Testamentsgestaltung, Rn 1261
30 BMF BStBl I 1993, S 62 Rn 79 Satz 3
31 BMF BStBl I 1993, S 62, Rn 79 Satz 4

die verbleibenden Gesellschafter den ihnen angewachsenen Anteil zunächst als Treuhänder halten und der Eintrittsberechtigte somit unentgeltlich erwirbt, oder ob die eintrittsberechtigten Erben zunächst einen Abfindungsanspruch erhalten und dieser bei ihrem Eintritt mit der Einlageverpflichtung verrechnet wird, was einen entgeltlichen Erwerb begründet. Nur im ersteren Falle wären entsprechend den Regelungen zur einfachen Nachfolgeklausel die Buchwerte fortzuführen. Im zweiten Fall aber wäre noch vom Erblasser der Veräußerungsgewinn zu versteuern und die Eintrittsberechtigten hätten in Höhe ihres verrechneten Abfindungsanspruchs Anschaffungskosten.[32] Ist der Eintrittsberechtigte nicht als Erbe oder Vermächtnisnehmer berufen, kommt im Falle seines Eintritts nur die vorgenannte Treuhandlösung in Betracht. Bei Vorhandensein von Sonderbetriebsvermögen stellt sich auch hier das Entnahmeproblem, da Gesellschaftsanteil und Sonderbetriebsvermögen mit dem Erbfall auseinander fallen. Der Gesellschaftsanteil wächst zunächst den verbleibenden Gesellschaftern an, das Sonderbetriebsvermögen erhalten die Erben. Soweit allerdings die Erben eintrittsberechtigt sind und innerhalb von sechs Monaten von ihrem Eintrittsrecht Gebrauch machen, wird vertreten, dass insoweit die Buchwerte fortgeführt werden können.[33] Die Gestaltungspraxis sollte hierauf jedoch trotz des generellen Verweises der Finanzverwaltung auf ihre Ausführungen zur einfachen und qualifizierten Nachfolgeklausel[34] nicht vertrauen.

Erbschaftsteuerlich wird die Eintrittsklausel so verstanden, dass das Eintritts- 314
recht und nicht der Abfindungsanspruch zugewendet wird, so dass der Erwerber bei Ausübung des Eintrittsrechts die Gesellschaftsbeteiligung selbst als Erwerbsgegenstand erhält.[35] Die Finanzverwaltung behandelt den Erwerb kraft Eintrittsklausel fiktiv als Erwerb durch Erbanfall.[36] Das Sonderbetriebsvermögen fällt, sofern es vom eintretenden Gesellschafter erworben wurde, als zum Mitunternehmeranteil gehörig ebenfalls unter die Privilegierung.

bb. Gesellschaftsvertragliche Beschränkungen der Nachfolge in Kapitalgesellschaften

Die in § 15 I GmbHG angeordnete Vererblichkeit des Geschäftsanteils an 315
einer GmbH kann nicht durch anders lautende Satzungsregelung ausgeschlossen werden. Eine Fortsetzungsklausel oder qualifizierte Nachfolgerklausel wäre daher unwirksam. Wohl kann aber durch sog Einziehungs- und Abtretungsklauseln Einfluss auf die Nachfolge in die GmbH genommen werden. Ohne entsprechende Klausel ist eine Einziehung gegen den Willen der Erben hingegen nicht möglich. § 34 GmbHG verlangt vielmehr, dass die Einziehung im Gesellschaftsvertrag zugelassen ist und ihre Voraussetzungen dort aus-

32 Schmidt/Wacker, EStG, § 16 Rn 677; J. Mayer, Grundzüge des Rechts der Unternehmensnachfolge, S 156

33 Wacker/Franz, BB-Beilage 5/93, S 26; Hörger/Stephan, Die Vermögensnachfolge im Erbschaft- und Ertragsteuerrecht, Rn 852; krit. zu Recht J. Mayer, Grundzüge des Rechts der Unternehmensnachfolge S 158

34 BMF BStBl I 1993, S 62 Tz 79 Satz 4

35 Moench, Erbschaftsteuergesetz, § 13 a Rn 53; Hübner, NWB F.10, S 787

36 R 55 Abs. 2 Satz 3 ErbStR

drücklich festgesetzt sind. Voraussetzung der Einziehung kann der Tod eines Gesellschafters sein, was in seinen wirtschaftlichen Auswirkungen der Fortsetzungsklausel gleichsteht, sofern die Gesellschaft von dem Einziehungsrecht Gebrauch macht. Die Einziehung kann aber auch auf die Geschäftsanteile von Erben beschränkt werden, die nicht zu einem in der Satzung genauer bezeichneten Personenkreis gehören. Dies würde einer qualifizierten Nachfolgerklausel entsprechen. Statt einer Zwangseinziehung oder auch als Alternative zu dieser kann die Satzung auch vorsehen, dass die Erben verpflichtet sind, den Geschäftsanteil an die GmbH oder einen Dritten abzutreten (Abtretungsklausel). Die Voraussetzungen des § 34 gelten hier entsprechend.

316 Das Aktienrecht gestattet unter den Voraussetzungen des § 237 AktG ebenfalls die Zwangseinziehung, so dass auch in die Satzung der Aktiengesellschaft eine entsprechende Einziehungsklausel aufgenommen werden kann. Anders als in der GmbH können die Nachfolger hingegen nicht zur Abtretung verpflichtet werden.

317 Wie im Recht der Personengesellschaften wird es auch im Bereich der Kapitalgesellschaften für zulässig erachtet, dass für den besonderen Fall des Todes eines Gesellschafters und Aktionärs die Einziehung unter gänzlichem Ausschluss einer Abfindung erfolgen kann.[37] Nach Neufassung des § 3 I Nr. 2 S 2 ErbStG unterliegt die durch die Einziehung bewirkte Werterhöhung der Anteile der verbleibenden Gesellschafter als gesetzlich fingierte Schenkung auf den Todesfall der Erbschaftsteuer.[38]

2. Regelung der Erbauseinandersetzung durch den Erblasser

a. Das Gesetz, die schlechtere Alternative

318 Das Gesetz nimmt – im Gegensatz zu den meisten Regelungen gewillkürter Erbfolge – keine konkrete Zuweisung von einzelnen Vermögensgegenständen (Unternehmen, Haus, Wertpapiere) an bestimmte Familienangehörige vor. Es bestimmt vielmehr, dass der Nachlass als Ganzes – also ungeteilt – auf die **Gemeinschaft der Erben** übergeht und die Erben anteilig daran beteiligt werden.

319 Wer zur Erbengemeinschaft gehört, bestimmt sich nach dem **Ordnungssystem** der §§ 1924 bis 1930 BGB und der Grundregel, dass solange ein Verwandter einer vorhergehenden Ordnung lebt, sämtliche Verwandte nachfolgender Ordnung von der Erbfolge ausgeschlossen sind.

320 Die quotale Aufteilung der Erbschaft erfolgt innerhalb der zur Erbschaft gelangten Ordnung nach dem **Stammes- und Liniensystem**. In der ersten Ordnung führt jedes Kind des Erblassers einen Stamm an, zu dem alle seine Abkömmlinge gehören; in der zweiten und dritten Ordnung steht jedes Eltern- und Großelternteil einer Linie vor. Für die Aufteilung der Erbschaft gilt nun die Grundregel, dass jeder Stamm oder jede Linie der zur Erbfolge gelangten Ordnung denselben Erbteil erhält. Innerhalb des Stammes und der

37 Lutter/Hommelhoff, GmbHG, § 34 Rn 55; KölnerKomm/Lutter, AktG, § 237 Rn 65
38 Kritisch hierzu Gebel ZEV 1999, 250 ff

Linie erfolgt dann eine weitere Einschränkung gemäß der Regel, dass die mit dem Erblasser näher verwandten Abkömmlinge ihre eigenen Abkömmlinge von der Erbschaft ausschließen.

Eine Sonderrolle im System der Erbordnung nimmt der **Ehegatte des Erblassers** ein. Sein gesetzlicher Erbteil hängt zum einen davon ab, welche Verwandten des Erblassers noch leben. Neben Verwandten der ersten Ordnung (= Abkömmlinge) ist der Ehegatte zu 1/4, neben Verwandten der zweiten Ordnung (= Eltern und deren Abkömmlinge) oder neben Großeltern ist er zur Hälfte erbberechtigt. Leben nur noch Verwandte einer weitergehenden Ordnung erbt der Ehegatte alles. 321

Weiterhin ist die Höhe des Erbteils abhängig vom **Güterstand** der Eheleute. Sind die Eheleute im gesetzlichen Güterstand der Zugewinngemeinschaft verheiratet, so erhöht sich, quasi als pauschaler Ausgleich des Zugewinns, der Erbteil des neben Kindern zur Erbfolge gelangenden Ehegatten von einem Viertel um ein weiteres Viertel auf ein Halb. Das Erbrecht der Kinder verringert sich entsprechend. Haben die Eheleute Gütertrennung gewählt, so bleibt es bei der obigen Grundregel, jedoch mit der Besonderheit, dass bei Vorhandensein nur eines Kindes der Ehepartner und das Kind zu je ein Halb, bei Vorhandensein von zwei Kindern alle zu je ein Drittel erben. 322

Die **Erbengemeinschaft** kann sich also aus zahlreichen Miterben unterschiedlichen Alters und unterschiedlicher Interessen zusammensetzen. Diese unterschiedlichen Interessen prallen spätestens bei der bald nach dem Erbfall zu beantwortenden Frage aufeinander, wie das gemeinschaftlich ererbte Vermögen wirtschaftlich sinnvoll zu verwalten ist.

Ein Einzelunternehmen und eine Beteiligung an einer Kapitalgesellschaft unterliegt der Verwaltung einer Erbengemeinschaft bereits dann, wenn mehrere Erben vorhanden sind und der Erblasser entweder keine Verfügung getroffen hat oder im Rahmen letztwilliger Verfügung mehrere Personen zu seinen Erben eingesetzt hat. Gehört hingegen zum Vermögen des Erblassers eine Beteiligung an einer Personengesellschaft, so erwerben die Miterben bei entsprechender Nachfolgeklausel den Gesellschaftsanteil nicht als Erbengemeinschaft in gesamthänderischer Verbundenheit, sondern einen ihrer Erbquote entsprechenden Teil des Gesellschaftsanteils in Sondererbfolge. Die hier zu behandelnden Probleme stellen sich daher vorrangig bei Vererbung eines Einzelunternehmens oder eines Gesellschaftsanteils an einer Kapitalgesellschaft. 323

Nach §§ 2038 bis 2040 BGB erfolgt die **Verwaltung des Nachlasses** grundsätzlich nach dem Mehrheitsprinzip. Allerdings kann jeder Miterbe die »zur Erhaltung notwendigen« Maßnahmen, bei denen also nicht gewartet werden kann, bis die Zustimmung aller Miterben vorliegt, auch alleine treffen. Soweit Maßnahmen über die normale »ordnungsgemäße« Verwaltung hinausgehen (zB wesentliche Umstrukturierung in dem zum Nachlass gehörenden Unternehmen), ist allerdings Einstimmigkeit erforderlich. Auch Verfügungsgeschäfte bedürfen – abgesehen von Notmaßnahmen – der Zustimmung aller Miterben.[39] Für ein Unter- 324

39 § 2040 I BGB; für eine dem Wortlaut entsprechende Anwendung MüKo/Dütz, BGB, § 2040 Rn 5; Brox ErbR, Rn 484; Lange Kuchinke, ErbR, S 1068 f, Palandt/Edenhofer § 2038 Rn 4; aA Ebenroth, ErbR, Rn 765; Soergel/Wolf, BGB, § 2038 Rn 5

nehmen, das schnell und flexibel auf Marktveränderungen reagieren muss, ist eine Verwaltung durch Miterben oft tödlich.

325 Noch problematischer als die Verwaltung durch Miterben aber ist für das Unternehmen die eigentliche Zweckverfolgung der Erbengemeinschaft. Diese ist nämlich auf Auseinandersetzung angelegt. Deshalb kann jeder Miterbe grundsätzlich **jederzeit** die **Auseinandersetzung** verlangen.[40] Sofern sich die Miterben nicht auf eine bestimmte Verteilung des Nachlasses einigen und sofern auch der Erblasser keine letztwilligen Anordnungen zur Auseinandersetzung getroffen hat, bestimmt sich die Auseinandersetzung nach den §§ 2042 ff BGB, die wiederum auf die Regelungen zur Aufhebung einer Bruchteilsgemeinschaft in §§ 749 bis 758 BGB verweisen.

326 Das Ziel des Erblassers, das Unternehmen zu erhalten wird zerstört, wenn eine Teilung des Nachlasses in Natur nicht möglich ist und deshalb die Auseinandersetzung nach § 753 BGB durch den Verkauf des Nachlasses und die Teilung des Erlöses nach Erbquoten zu erfolgen hat.[41] Unternehmen gehören im Regelfall zu den unteilbaren Gegenständen.[42]

b. Auseinandersetzungsanordnungen durch den Erblasser

327 Wer auf eine konkrete Nachfolgeregelung verzichtet und somit die Auseinandersetzung über den Nachlass seinen Erben überlässt, schafft Streitpotential und gefährdet den Erhalt des Unternehmens über seinen Tod hinaus. Jedem Unternehmer ist daher zu empfehlen, im Rahmen einer letztwilligen Verfügung seinen Erben zumindest die werthaltigen Nachlassgegenstände konkret zuzuweisen. Wer hierzu nicht in der Lage ist, sollte zur Streitvermeidung zumindest die Art der Nachlassverwaltung und das Verfahren der Auseinandersetzung regeln.

328 Unter dem Gesichtspunkt des Unternehmenserhalts erscheint es am sichersten, den **Unternehmensnachfolger als Erben** einzusetzen und den übrigen zu bedenkenden Personen vermächtnisweise Privatvermögen, gegebenenfalls ergänzt um direkte oder indirekte Beteiligungen am Unternehmen, zuzuwenden. Zwar ist genauso denkbar, dem Nachfolger das Vermögen vermächtnisweise oder durch Teilungsordnung zuzuwenden. Jedoch verschafft sowohl die Teilungsanordnung als auch das Vermächtnis dem Nachfolger lediglich einen schuldrechtlichen Anspruch auf Übertragung des Unternehmens gegen die Erbengemeinschaft, den er notfalls klageweise durchzusetzen hat. Demgegenüber wird der zum Erben eingesetzte Nachfolger mit dem Erbfall Eigentümer des Unternehmens und die Durchsetzung weiterer Übertragungsakte bleibt ihm erspart.

---

40 § 2042 BGB, soweit sich nicht aus den §§ 2043 bis 2045 ein anderes ergibt; insbesondere kann der Erblasser durch letztwillige Verfügung die Auseinandersetzung für eine Zeit von maximal 30 Jahren seit dem Eintritt des Erbfalls oder für die Lebenszeit eines Erben ausschließen

41 Die Miterben sind bei Vorhandensein von betrieblichen Vermögen neben dem im Rahmen der erzwungenen Veräußerung regelmäßig entstehenden Wertverlust weiterhin mit Ertragsteuern auf den erzielten Veräußerungserlös belastet

42 MüKo-Schmidt, BGB, § 752 Rn 29

In steuerlicher Hinsicht werden die Einkünfte an dem Unternehmen ab dem Zeitpunkt des Erbfalls dem zum alleinigen Erben eingesetzten Nachfolger zugerechnet. Entnahmen durch die Erfüllung von Teilungsanordnungen oder Vermächtnissen werden in diesem Fall von vornherein vermieden. Die Übertragung von Sonderbetriebsvermögen auf den Nachfolger kann zumindest nicht vergessen werden,[43] und einer Entnahme von Sonderbetriebsvermögen durch Zwischenerwerb der Erbengemeinschaft und zeitlich getrennte Übertragung von Sonderbetriebsvermögen und Gesellschaftsbeteiligungen ist ebenfalls vorgebeugt. Die erbschaftsteuerlichen Privilegien für den Erwerb von Betriebsvermögen stehen in vollem Umfang dem Nachfolger zu und müssen nicht – wie bei Zuweisung des Unternehmens durch Teilungsanordnung – mit anderen Miterben geteilt werden. 329

Bei der Verteilung der Nachlassgegenstände durch Erbeinsetzung und Vermächtnisse kann es allerdings – von vornherein oder durch zwischenzeitliche Wertveränderungen der Nachlassgegenstände – leicht zur Übervorteilung eines Miterben kommen. Wer dem vorbeugen und die wertmäßige Beteiligung der Miterben entsprechend ihrer Erbquoten gewährleistet sehen möchte, wird die Zuweisung der jeweiligen Nachlassgegenstände durch **Teilungsanordnung** (§ 2048 BGB) vorzunehmen haben. Führt nämlich die im Rahmen einer Teilungsanordnung getroffene Zuweisung der Nachlassgegenstände dazu, dass ein Erbe mit höherem Wert am Nachlass beteiligt ist, haben die benachteiligten Miterben Anspruch auf Wertausgleich. Dies erhöht freilich das Streitpotenzial unter den Erben in erheblichem Maße. 330

Zudem darf nicht übersehen werden, dass gerade bei Vorhandensein von betrieblichem Vermögen ein solcher Wertausgleich die Liquidität des Unternehmensnachfolgers existenzgefährdend belasten und zudem Ertragsteuern auslösen kann. Die Teilungsanordnung sollte daher so gestaltet werden, dass ein Wertausgleich möglichst gering gehalten wird. Zur Reduzierung des Wertausgleichs kann es angezeigt sein, noch zu Lebzeiten das Betriebsvermögen durch Einlagen zu erhöhen oder durch Entnahmen – gegebenenfalls nach Aufnahme entsprechenden Fremdkapitals – zu reduzieren.[44] Auch Regelungen über die Lastentragung der Miterben im Innenverhältnis, beispielsweise durch die Verpflichtung einzelner Miterben zur Erfüllung bestimmter Vermächtnisse oder Pflichtteilsansprüche, können der Vermeidung eines steuerpflichtigen Wertausgleichs dienen. Schließlich sollte, damit späterer Streit vermieden wird, die Wertfindung weitestgehend festgelegt oder einem Dritten verbindlich übertragen werden. 331

---

43 Hingegen kann auch bei dieser Gestaltung Sonderbetriebsvermögen dadurch entnommen werden, dass es versehentlich einem am Unternehmen nicht Beteiligten vermacht wird; jedoch erfordert dies eine ausdrückliche Verfügung, bei deren Formulierung der Fehler leichter auffällt

44 Zwar stehen die gleichen Gestaltungsmöglichkeiten auch nach dem Erbfall den Miterben zur Vorbereitung einer einvernehmlichen Auseinandersetzung ohne oder mit geringen Ausgleichszahlungen zu. Jedoch sind diese dem Vorwurf des Missbrauchs rechtlicher Gestaltungsmöglichkeiten nach § 42 AO ausgesetzt, sofern sich kein außersteuerlicher Grund für die jeweilige Gestaltungsmaßnahme finden lässt.

332 Sofern der Erblasser im Zeitpunkt der Testamentserrichtung noch nicht entscheiden kann, wer später einmal Unternehmensnachfolger werden soll, kann diese Entscheidung im Rahmen der Teilungsanordnung auch einem Dritten überlassen werden (§ 2048 S 2, 3 BGB). Der Dritte wird dann nach billigem Ermessen – nicht also etwa nach den gesetzlichen Teilungsregeln – einen Teilungsplan aufstellen, der einer Auseinandersetzungsanordnung des Erblassers gleichsteht.[45]

IV. Bestimmung des Nachfolgers

333 Der Erhalt des Unternehmens hängt wesentlich von der Person des Nachfolgers ab.

334 Für den rechtlichen Berater stellt sich das Problem der Bestimmung des Unternehmensnachfolgers nicht bei der lebzeitigen Unternehmensnachfolge, bei welcher der Senior die erforderliche Auswahl in der Familie oder auch unter Einbeziehung von Fremden selbst vornehmen kann. Zum rechtlichen Problem wird die Bestimmung des Nachfolgers aber bei der Beratung junger Unternehmer, die für den unerwarteten und zu frühen Todesfall testamentarisch die Nachfolge in das Unternehmen regeln möchten. Die letztwillige Verfügung wird also zu einem Zeitpunkt getroffen, in dem noch nicht feststeht, ob eines der Kinder einmal zur Nachfolge geeignet sein wird. Für diese Unternehmer stellt sich insbesondere die Frage, wie sie testamentarisch, also über ihren Tod hinaus, auf die Bestimmung des Unternehmensnachfolgers Einfluss nehmen können.

335 Nach § 2065 II BGB darf der Erblasser die Bestimmung der Person, die eine Zuwendung erhalten soll, **nicht einem anderen überlassen**. Daher kann die Auswahl des Unternehmensnachfolgers einem Dritten testamentarisch nur in der Weise übertragen werden, als dieser nach vom Erblasser vorgegebenen objektiven Merkmalen und ohne dass sein eigenes Ermessen mitbestimmend ist, den Erben zu ermitteln hat.[46] Ab wann das Ermessen des Bestimmungsberechtigten für die Entscheidung relevant und damit die Bestimmungsanordnung unwirksam wird, bleibt freilich der Wertung im Einzelfall vorbehalten. Das OLG Köln hat in großzügiger Auslegung das Kriterium der Befähigung zur Unternehmensführung als für eine zulässige Drittbestimmung ausreichend angesehen.[47] Gerichtsfest ist eine solche Klausel damit aber sicherlich nicht. Tatsächlich wird man über die Befähigung einer Person zur Unternehmensführung nur wertend und damit in Ausübung eigenen Ermessens ent-

---

45 Denkbar ist auch, mehreren als Unternehmensnachfolger in Betracht kommenden Personen das Unternehmen zu vermachen und die Bestimmung, wer von ihnen das Vermächtnis erhalten soll, dem Beschwerten oder einem Dritten zu übertragen, § 2151 BGB. Demgegenüber scheitert die Bestimmung eines Erben oder eines Vermächtnisnehmers ohne vorherige Begrenzung des Personenkreises der Vermächtnisnehmer an § 2065 II BGB

46 BGH NJW 1955, 100; demgegenüber ließ das Reichsgericht in seiner sog *Rittergutsentscheidung* (RGZ 159, 296, 299) noch eine gebundene Ermessensentscheidung des Dritten zu; ausführlich hierzu Nieder, Handbuch der Testamentsgestaltung, Rn 279

47 OLG Köln, BB 1984, 878

scheiden können, was der BGH gerade nicht zulässt. Gestaltungssicher erscheint vielmehr nur die Festlegung eindeutiger Auswahlkriterien wie zB die Erreichung einer besonderen Qualifikation (Examen, Diplom, Meisterprüfung mit bestimmter Note). Wer sich so detailliert nicht festlegen möchte, kann auf die nachfolgenden Ausweichgestaltungen zurückgreifen.

- Eine erste Ausweichmöglichkeit ist darin zu sehen, das Unternehmen **vermächtnisweise** mehreren Personen, etwa mehreren Kindern, zu übertragen. § 2151 BGB eröffnet die Möglichkeit, einem Dritten, beispielsweise dem länger lebenden Ehegatten oder einer sonstigen Vertrauensperson (Testamentsvollstrecker), die Bestimmung zu überlassen, wer das Vermächtnis erhalten soll.[48] Sofern alle Vermächtnisnehmer am Unternehmen beteiligt bleiben sollen, kann dem Dritten auch die Bestimmung übertragen werden, mit welchem Anteil die jeweiligen Vermächtnisnehmer beteiligt werden sollen. Dies verschafft die Möglichkeit, dem oder den aktiven Unternehmensnachfolgern die Mehrheitsbeteiligung zu übertragen und die passiven Familienangehörigen mit Minderbeteiligungen zu versorgen. 336
- Weitere Gestaltungsmöglichkeiten liegen im Bereich der **Vor- und Nacherbschaft**. Zwar kann auch im Rahmen einer Vorerbschaft nicht ohne weiteres die Bestimmung des Nacherben dem Vorerben überlassen werden. Solches würde gegen § 2065 II BGB verstoßen. Der Vorerbe wäre nämlich »ein anderer« im Sinne dieser Vorschrift, denn der Nacherbe erbt vom Erblasser, nicht vom Vorerben. Als – im einzelnen häufig umstrittene – Ausweichgestaltung werden hingegen von der Kautelarjurisprudenz die folgenden Gestaltungen angeboten.[49] So wird empfohlen, die Nacherbschaft unter der auflösenden Potestativbedingung anzuordnen, dass der Vorerbe nicht anderweitig verfügt. Hiernach kann sich der als Vorerbe berufene nach Eintritt des ersten Erbfalls selbst zum Vollerben machen und die Nacherbenbindung auflösen, in dem er über sein eigenes und das vom Erblasser erhaltene Vermögen anderweitig verfügt. Die Befugnis zur anderweitigen Verfügung kann auch darauf beschränkt werden, lediglich eine andere Verteilung des Nachlasses unter den Nacherben zu bestimmen, einen Nacherben als Schlusserben auszuwählen oder aus einem abgegrenzten Personenkreis abweichend von der Nacherbenbestimmung einen Schlusserben zu bestimmen. Beachtenswert bei der konkreten Gestaltung ist allerdings, dass die Nacherbfolge nicht gegenständlich, beispielsweise auf das Unternehmen beschränkt werden kann und daher die auflösende Bedingung den ganzen Nachlass betrifft. Sämtliche Nachlassgegenstände, die nicht von der auflösend bedingten Nacherbschaft erfasst sein sollen, also etwa das gesamte Privatvermögen, sind daher vorausvermächtnisweise dem Vorerben oder bereits dem Nacherben zuzuordnen. Eine weitere Möglichkeit, die Nacherbenbestimmung faktisch dem Vorerben zu überlassen, sieht die herrschende Meinung schließlich in der Einsetzung derjenigen Person als Nacherbe, welche der Vorerbe zu seinem Erben beruft.[50] 337

---

48 Formulierungsbeispiel bei Nieder, Münchener Vertragshandbuch, Bd. 4/2, XVI. 7 § 2
49 Nieder, Handbuch der Testamentsgestaltung, Rn 635 mwN und Formulierungsvorschlag; J. Mayer ZEV 2000, S 1, 6 f
50 Nieder, Handbuch der Testamentsgestaltung, Rn 639 mwN

V. Absicherung durch Testamentsvollstreckung

1. Allgemeines

338 Dem Unternehmenserhalt dienen und damit auch gleichzeitig die Altersversorgung des längerlebenden Ehegatten oder auch den Unterhalt sonstiger, insbesondere minderjähriger Angehöriger sichern kann weiterhin die Anordnung einer Testamentsvollstreckung. Dies gilt sowohl für die Abwicklungsvollstreckung, bei welcher der Testamentsvollstrecker den Nachlass entsprechend den letztwilligen Anordnungen des Erblassers abzuwickeln, insbesondere die Auseinandersetzung unter den Miterben durchzuführen hat (§§ 2203, 2204 BGB), als auch die Verwaltungs- und Dauervollstreckung im Sinne des § 2209 BGB.

339 Mit der Anordnung einer **Abwicklungsvollstreckung** wird gewährleistet, dass die geplante Unternehmensnachfolge auch planmäßig, nämlich entsprechend der testamentarischen Teilungsanordnung oder letztwillig angeordneter Vermächtnisse durchgeführt wird. Sie hilft gleichzeitig, Streitigkeiten zwischen den Erben und Vermächtnisnehmern, insbesondere aber zwischen dem Unternehmensnachfolger und den weichenden Erben zu vermeiden. Im Anwendungsbereich der §§ 2151 und 2153 BGB kann sie – wie bereits oben gezeigt – zur nachträglichen Bestimmung des Unternehmensnachfolgers eingesetzt werden. Schließlich kann sie, wenn keine Unternehmensnachfolger zur Verfügung stehen, den rechtsgeschäftlich unerfahrenen Angehörigen Entlastung bieten, indem dem Testamentsvollstrecker der Verkauf des Unternehmens übertragen wird. Für die Hinterbliebenen wird in diesem Fall der Veräußerungserlös die sicherere Versorgungsgrundlage darstellen.

340 Weitaus größere Bedeutung allerdings hat gerade im Hinblick auf den Erhalt des Unternehmens und die Sicherung der Versorgung des längerlebenden Ehegatten oder sonstiger Angehöriger die **Verwaltungs- und Dauervollstreckung**. Insbesondere in Fällen, in denen die potentiellen Unternehmensnachfolger zur Übernahme der Geschäfte noch nicht in der Lage sind, sich vielmehr noch in Ausbildung befinden oder gar minderjährig sind, bietet sich eine solche Verwaltungsvollstreckung an. Mit ihr wird eine übergangsweise Unternehmensführung eingerichtet, bis die eigentlichen Unternehmensnachfolger die erforderliche Qualifikation erlangt haben. Die Verwaltungsvollstreckung hilft also, das ererbte Unternehmen für, aber eben auch vor den Erben zu sichern, soweit diesen die Qualifikation zur Fortführung des Unternehmens fehlt, was bei minderjährigen Kindern und im Unternehmen nicht tätigen Ehegatten regelmäßig der Fall ist.

341 Auch in steuerlicher Hinsicht kann die Testamentsvollstreckung besonderen Sinn machen. So kann der Testamentsvollstrecker, mit entsprechenden Kompetenzen ausgestattet, die testamentarischen Anordnungen auf ihre steuerlichen Auswirkungen nach aktueller Rechtslage im Erbfall überprüfen und steuerreduzierende Gestaltungsalternativen wählen, die sich in einem in der letztwilligen Verfügung abzusteckendem Rahmen halten sollten.

Praxis-Tipp:

Aus erbschaftsteuerlicher Sicht ist der unmittelbare, mit einer Testamentsvollstreckung belastete Erwerb des zukünftigen Unternehmensnachfolgers günstiger als die Vor- und Nacherbschaft oder ähnliche Gestaltungen, da ein erbschaftsteuerpflichtiger Erwerb – in der Regel durch den längerlebenden Ehegatten – gespart wird. 342

In pflichtteilsrechtlicher Hinsicht schafft der schon bei der Nacherbenbelastung erwähnte § 2306 BGB Risiken, die, soweit möglich, durch Abschluss eines Pflichtteilsverzichtsvertrages reduziert werden sollten. 343

Gerade im unternehmerischen Bereich ist auf die Auswahl des Testamentsvollstreckers besonderen Wert zu legen. Er sollte nicht nur die notwendige fachliche Kompetenz aufweisen, sondern darüber hinaus das Vertrauen der Erben genießen. Von diesen sollte die Testamentsvollstreckung nicht als Bevormundung, sondern vielmehr als Hilfe verstanden werden und der Testamentsvollstrecker sollte versuchen, eben dieses Verständnis den Erben durch die Art seiner Amtsführung zu vermitteln. Die Bedeutung des Testamentsvollstreckers für eine erfolgreiche Unternehmensfortführung kann daher nicht hoch genug eingeschätzt werden. Seine Bestimmung sollte daher weder dem Nachlassgericht (§ 2200 BGB) noch einem Dritten (§ 2198 BGB) übertragen werden. Vielmehr sollte der Erblasser selbst den Testamentsvollstrecker sowie vorsorglich mehrere Ersatztestamentsvollstrecker (§ 2197 I 2 BGB) in seiner letztwilligen Verfügung benennen. Auch sollte von der Möglichkeit des § 2199 BGB, den Testamentsvollstrecker zu ermächtigen, selbst seinen Nachfolger zu bestimmen, Gebrauch gemacht werden. 344

Ein zu Recht immer wieder angemahnter Regelungspunkt ist die **Vergütung des Testamentsvollstreckers**. Sie kann testamentarisch angeordnet oder auch durch lebzeitige Honorarvereinbarung zwischen zukünftigem Erblasser und zukünftigem Testamentsvollstrecker festgelegt werden. Dabei sollten auch die immer wieder streitigen Punkte klargestellt werden, ob in der Vergütung die Umsatzsteuer enthalten ist oder nicht,[51] und inwieweit berufliche Tätigkeiten des Testamentsvollstreckers etwa als Rechtsanwalt oder Steuerberater hiervon erfasst sind.[52] Hat es der Erblasser hingegen versäumt, die Vergütung festzulegen oder zu vereinbaren, kann der Testamentsvollstrecker eine »angemessene Vergütung« verlangen (§ 2221 BGB). Anhaltspunkte hierfür liefert die »Neue Rheinische Tabelle des Deutschen Notarvereins«.[53] Für die Testamentsvollstreckung über Geschäftsbetriebe und Unternehmen sieht die Neue Rheinische Tabelle eine Zusatzvergütung zu dem am Bruttowert des Nachlasses orientierten Grundbetrag vor. Bei der Bestimmung der Zusatzvergütung ist nach Art und Umfang der vom Testamentsvollstrecker auszuübenden Tätigkeit zu 345

51 Nach der herrschenden Meinung, Palandt/Edenhofer § 2221 Rn 4 mwN handelt es sich um eine Bruttovergütung; aA Kürnberger ZEV 1998, 342, 344, Klingelhöffer ZEV 1994, 120, 121

52 Nach Esch/Baumann/Schulze zur Wiesche, Handbuch der Vermögensnachfolge, S 196 stehen dem Testamentsvollstrecker, der beruflich für den Nachlass tätig ist, die beruflichen Gebühren gesondert zu; siehe hierzu auch Henssler ZEV 1994, 261

53 Abgedruckt in: ZEV 2000, 181

differenzieren. Ist der Testamentsvollstrecker bei Verwaltung eines Einzelunternehmens oder des Unternehmens einer Personengesellschaft wie ein Unternehmer tätig, so sollen 10 % des jährlichen Reingewinns eine angemessene Zusatzvergütung darstellen. Ist er geschäftsleitendes Organ, so soll das branchenübliche Geschäftsführer- oder Vorstandsgehalt und eine branchenübliche Tantieme angesetzt werden. Ist er hingegen lediglich als Kontrollorgan, etwa als Vorsitzender im Aufsichtsrat oder Beirat tätig, so soll die branchenübliche Vergütung für solche Mandate gezahlt werden. Die genannten Maßstäbe der Neuen Rheinischen Tabelle eignen sich zwar als Richtschnur zur Bestimmung einer angemessenen Vergütung, bleiben aber dennoch zu unspezifiziert, um Streit zu vermeiden. Dies unterstreicht nochmals die Notwendigkeit einer testamentarischen oder vertraglichen Regelung.

2. Testamentsvollstreckung an Einzelunternehmen und Gesellschaftsbeteiligungen

a. Testamentsvollstreckung am Einzelunternehmen

346 Die Anordnung einer **Verwaltungsvollstreckung** über ein zum Nachlass gehörendes Einzelunternehmen wird allgemein als **unzulässig** angesehen. Begründet wird dies mit der Unterschiedlichkeit der erb- und gesellschaftsrechtlichen Haftungsordnung. Während der Einzelunternehmer persönlich und unbeschränkt haftet, sehen die §§ 2206, 2207 BGB eine Beschränkung der Erbenhaftung auf den Nachlass vor. Zur Lösung dieser Problematik werden in der Regel zwei **Ausweichgestaltungen** angeboten, die allerdings beide mit gewissen Risiken belastet sind. Eine erste Ausweichgestaltung ist darin zu sehen, dass der Testamentsvollstrecker unter dem Namen der Erben und von diesen bevollmächtigt, allerdings auch unter Fortführung von deren persönlicher Haftung den Gesellschaftsanteil hält und das Unternehmen führt (Vollmachtlösung). Dies hat für die Erben die nachteilige rechtliche Konsequenz, dass sie persönlich mit ihrem Gesamtvermögen für fremdes Handeln, nämlich das des Testamentsvollstreckers, haften. Aus diesem Grunde wird es auch als problematisch angesehen, die Erben – wie im Rahmen der Vollmachtslösung notwendig – durch testamentarische auflösende Bedingung oder Auflage zur Erteilung der Vollmacht zu zwingen.[54]

347 Eine zweite Lösungsmöglichkeit wird in der Begründung einer **Treuhandschaft** gesehen. Nach dieser Gestaltung hält der Testamentsvollstrecker den Gesellschaftsanteil im eigenen Namen als Treuhänder für Rechnung der Erben. Er selbst wird also Gesellschafter und haftet gegenüber den Gesellschaftsgläubigern unmittelbar. Er wird als Inhaber des Geschäfts in das Han-

54 Ablehnend insbesondere Lorz, Testamentsvollstreckung und Unternehmensrecht, Seite 51 ff; MüKo-Brandner, BGB, § 2205 Rn 21; Ulmer ZHR 146, 555; Esch/Baumann/Schulze zur Wiesche, Handbuch der Vermögensnachfolge, Rn 1511; vgl zur Frage der Verwaltung von Personengesellschaftsanteilen BGH WM 1969, 492, 493 sowie BayObLGZ 1986, 34, 40; bei minderjährigen Erben kommt die Vollmachtlösung aufgrund BVerfGE 72, 154 ohnehin nicht in Betracht; so Lorz, aaO, Seite 70 ff; nach Nieder, Handbuch der Testamentsgestaltung, Rn 934, ist die Gestaltung bei entsprechender vormundschaftsgerichtlicher Genehmigung hingegen auch bei minderjährigen Erben möglich

delsregister ohne Testamentsvollstreckungsvermerk eingetragen, obwohl er im Innenverhältnis für Rechnung der Erben handelt. Die persönliche Haftung für Altschulden kann der Testamentsvollstrecker durch entsprechende Handelsregistereintragung nach §§ 27 I, 25 II HGB ausschließen. Die Erben haften nach der treuhänderischen Übertragung für Altschulden ohnehin nicht mehr persönlich, da sie den Geschäftsbetrieb eingestellt haben (§ 27 II HGB).[55] Für Neuverbindlichkeiten aber haftet der Testamentsvollstrecker persönlich und unbeschränkt.

Eben aus diesem Grunde aber lässt sich die Treuhandlösung in der Praxis nur selten umsetzen. Obwohl dem Testamentsvollstrecker grundsätzlich ein Freistellungs- oder Ersatzanspruch betreffend seine Haftung für neu begründete Geschäftsverbindlichkeiten zusteht (§§ 2216, 2218, 670 BGB), sind verständlicherweise selbst bei Vereinbarung einer besonderen Vergütung als »Risikoprämie« nur wenige Testamentsvollstrecker bereit, die Treuhand zu übernehmen.[56] 348

Praxis-Tipp:

Angesichts der aufgezeigten Nachteile der Vollmacht- und Treuhandlösung sollte bei beabsichtigter längerfristiger Verwaltungsvollstreckung ***in andere, insbesondere haftungsbeschränkte Rechtsformen*** *(GmbH und GmbH & Co. KG) ausgewichen werden.* 349

Dabei empfiehlt es sich grundsätzlich, die Zielrechtsform bereits zu Lebzeiten einzurichten. Möglich ist aber auch, in der letztwilligen Verfügung die Umwandlung des Einzelunternehmens in beispielsweise eine Kapitalgesellschaft – sei es durch Einbringung im Wege der Sacheinlage oder durch Ausgliederung zur Neugründung nach § 123 III Nr. 2 UmwG – anzuordnen. In diesem Falle ist den Erben aufzuerlegen, sämtliche zur Umwandlung notwendigen Erklärungen abzugeben. Sowohl die Zielrechtsform als auch die wesentlichen Regelungen des Gesellschaftsvertrages sollten bereits in die letztwillige Verfügung aufgenommen werden.[57]

55 Nieder, Handbuch der Testamentsgestaltung, Rn 935

56 Lorz, Testamentsvollstreckung und Unternehmensrecht, Seite 88 f sieht bei Übernahme der Treuhand durch Rechtsanwälte, Steuerberater, Notare und Wirtschaftsprüfer zudem standesrechtliche Probleme

57 Esch/Baumann/Schulze zur Wiesche, Handbuch der Vermögensnachfolge, Rn 1514 halten den Testamentsvollstrecker allerdings ohnehin für legitimiert, das Einzelunternehmen im Wege der Sachgründung auf eine GmbH zu überführen. Haftungsprobleme sehen sie nicht, was im Hinblick auf eine Differenzhaftung bei Überbewertung des Unternehmens als Sacheinlage allerdings zweifelhaft erscheint. Auch eine Unterbilanzhaftung nach den Grundsätzen der Rechtsprechung zur Vor-GmbH und eine Ausfallhaftung erscheinen darüber hinaus denkbar. Für die Gestaltungspraxis empfiehlt es sich jedenfalls, das Einverständnis der Erben mit den angeordneten Umwandlungsmaßnahmen durch Auflage sicherzustellen

b. Testamentsvollstreckung an vollhaftenden Gesellschaftsbeteiligungen

350 Die **Abwicklungsvollstreckung** an einer vollhaftenden Gesellschaftsbeteiligung ist meist unproblematisch. Kommt es entgegen der gesetzlichen Regelung des §§ 131 III Nr. 1 HGB, also etwa aufgrund einer relativ seltenen Auflösungsklausel zur Auflösung der Gesellschaft, so unterliegt die Beteiligung an der dadurch entstehenden Abwicklungsgesellschaft vollumfänglich der Testamentsvollstreckung.[58] Im Falle der Liquidation hat das Erbrecht insoweit Vorrang, als es bei der erbrechtlichen Haftungsbeschränkung bleibt.[59]

351 Scheiden die Erben aufgrund Fortsetzungsklausel oder entsprechend gesetzlicher Regelung gegen Abfindung aus der Gesellschaft aus, fällt der Abfindungsanspruch in den Nachlass und unterliegt damit ebenfalls der Testamentsvollstreckung.

352 Geht schließlich der Anteil aufgrund einfacher oder qualifizierter Nachfolgeklausel kraft Sondererbfolge auf die Erben über, ist eine Abwicklung entbehrlich.[60]

353 Demgegenüber ergeben sich bei angeordneter **Verwaltungsvollstreckung an vollhaftenden Personengesellschaftsbeteiligungen** Probleme.[61] Im Unterschied zur Verwaltungsvollstreckung an Einzelunternehmen ist die Verwaltungsvollstreckung an vollhaftenden Beteiligungen jedoch nicht gänzlich unzulässig, sie ist vielmehr in ihrer Wirkung beschränkt. Grund dieser Beschränkung ist auch hier – wie beim Einzelunternehmen – die Disparität der erb- und gesellschaftsrechtlichen Haftungsordnung. Dass die Testamentsvollstreckung hingegen – anders als beim Einzelunternehmen – nicht gänzlich unzulässig ist, ergibt sich aus der höchstrichterlichen **Differenzierung zwischen Innenseite** (= Mitgliedschaftsrechte) **und Außenseite** (= Vermögensrechte) des Personengesellschaftsanteils. So kann nach Auffassung des BGH[62] an der Außenseite die Beteiligung durchaus der Verwaltung eines Testamentsvollstreckers unterstellt werden. Dies verschafft zumindest den Vorteil, dass die vermögensrechtlichen Ansprüche auf den Gewinn und einen zukünftigen Auseinandersetzungsanspruch dem Zugriff der Privatgläubiger der Gesellschaftererben entzogen sind. Auch hat der Erblasser mit der Anordnung der Verwaltungsvollstreckung wirksam verhindert, dass die Gesellschaftererben über ihre ererbten Geschäftsanteile oder die damit verbundenen Vermögens-

---

58 MüKo-Brandner, BGB, § 2205 Rn 26

59 BGH NJW 1982, 45, 46

60 MüKo-Brandner, BGB, § 2205 Rn 27; sofern man allerdings mit BGH NJW 1989, 3152 die vermögensrechtlichen Ansprüche nicht im Wege der Sondererbfolge übergehen lässt, sondern dem Nachlass zuordnet, hätte insoweit eine auseinandersetzende Abwicklung zu erfolgen; vergleiche hierzu Lorz ZEV 1996, 112, 113

61 Im Hinblick auf die Gestaltung gesellschaftsvertraglicher Nachfolgeklauseln ist zu beachten, dass eine Beteiligung, die aufgrund einer Eintrittsklausel oder einer rechtsgeschäftlichen Nachfolgeklausel übergeht, nicht der Testamentsvollstreckung unterliegt; MüKo-Brandner, BGB, § 2205 Rn 33; Haegele/Winkler, Der Testamentsvollstrecker nach Bürgerlichem-, Handels- und Steuerrecht, Rn 383

62 BGH NJW 1986, 2431, 2433; BGH NJW 1989, 3152; BGH NJW 1996, 1284, 1286; BGH NJW 1998, 1313

rechte verfügen. Die Gesellschaftererben bedürfen vielmehr für sämtliche, die vermögensrechtliche Außenseite ihrer Beteiligung betreffenden Maßnahmen der Zustimmung des Testamentsvollstreckers.[63] Nicht von der Testamentsvollstreckung erfasst ist hingegen die Innenseite des Gesellschaftsanteils, somit die mitgliedschaftlichen Rechte wie Geschäftsführung, Vertretung und das Stimmrecht.

Soll der Verwaltungsvollstrecker auch diese Mitgliedschaftsrechte ausüben können, so ist auch hier auf Alternativgestaltungen[64] auszuweichen, wobei für deren Durchführung jedenfalls die Zustimmung der im Innenbereich immer mitbetroffenen Mitgesellschafter erforderlich ist.[65] Vorzugswürdig ist jedoch auch hier ein Rechtsformwechsel, wobei die Umwandlung der vollhaftenden Beteiligung des Erblassers in eine Kommanditbeteiligung am nächsten liegt. 354

Praxis-Tipp:

Hierzu sollte der Gesellschaftsvertrag bereits so gestaltet werden, dass sich bei Anordnung einer Testamentsvollstreckung die Beteiligung mit dem Erbfall automatisch in eine Kommanditbeteiligung umwandelt. Handelt es sich um den voraussichtlich letzten Komplementär, empfiehlt sich die bereits lebzeitige Aufnahme einer GmbH als (zusätzliche) Komplementärin. Flankierend zur gesellschaftsvertraglichen Regelung kann vorsorglich eine der Ersatzlösungen installiert werden.[66] 355

63 Palandt/Edenhofer § 2205 Rn 14; Nieder, Handbuch der Testamentsgestaltung, Rn 938; Bengel/Reimann/Mayer, Handbuch der Testamentsvollstreckung, Rn V 160, 161; der sogar meint, dass auch Maßnahmen, die lediglich Auswirkung auf die vermögensrechtliche Seite des Anteils haben, wie zB Änderungen der gesellschaftsvertraglichen Regelungen zu Gewinnansprüchen und Abfindungsguthaben, der Zustimmung des Testamentsvollstreckers bedürfen. Dies erscheint jedenfalls dann fragwürdig, wenn die Mitgesellschafter der Testamentsvollstreckung nicht zugestimmt haben

64 Neben der Vollmachts- und Treuhandlösung wird als weitere Ersatzgestaltung die sog Weisungsgeberlösung vorgeschlagen, wonach der Erblasser den Testamentsvollstrecker auf Grundlage des § 2208 II BGB zur Erteilung von Weisungen an die Gesellschaftererben ermächtigt, die im Verhältnis zur Gesellschaft und den Mitgesellschaftern sodann eigenständig handeln; hierzu Weidlich ZEV 1994, 205, 211 f

65 Nach Weidlich ZEV 1994, 205, 207 und Bommert BB 1984, 178, 182 soll die Anordnung der Testamentsvollstreckung auch dann unproblematisch sein, wenn dem Erblasser bereits zu dessen Lebzeiten die Vertretungs- und Geschäftsführungsbefugnis entzogen ist oder mit dem Eintritt des Erbfalls erlischt, der die Testamentsvollstreckung beschränkende Haftungskonflikt entstehe dann nicht, aA MüKo-Brandner, BGB, § 2205 Rn 30

66 Formulierungsvorschläge für Gesellschaftsvertrag und letztwillige Verfügung bei Weidlich ZEV 1994, 205, 213 f

c. Testamentsvollstreckung an Kommanditanteilen

356 Die **Verwaltungsvollstreckung an einer Kommanditbeteiligung** ist grundsätzlich zulässig.[67] Voraussetzung ist allerdings, dass die Mitgesellschafter ihre Zustimmung hierzu erteilt haben, was vorsorglich bereits im Gesellschaftsvertrag antizipativ geschehen sollte. Da nach dem gesetzlichen Regelstatut die Kommanditisten nur beschränkt haften und von der Geschäftsführung und Vertretung der Gesellschaft ausgeschlossen sind, entsteht hier der ansonsten der Testamentsvollstreckung entgegenstehende Haftungskonflikt nicht. Nach Auffassung des BGH gilt dies selbst dann, wenn sich der Testamentsvollstrecker die Hafteinlage auszahlen lässt und hierdurch eine Haftung der Gesellschaftererben nach §§ 172 IV, 171 I HGB begründet. Ebenso ist es kein Hindernis, wenn der Erblasser seiner Einlageverpflichtung nicht nachgekommen ist oder ihm die erbrachte Einlage ganz oder teilweise zurückgewährt wurde.

357 Nach wie vor umstritten und bisher vom BGH offen gelassen ist die Frage, inwieweit der Testamentsvollstrecker Maßnahmen ergreifen kann, die unmittelbar in den Kernbereich der Mitgliedschaft eingreifen. So wird zum Schutze der Gesellschaftererben vor der Fremdherrschaft des Testamentsvollstreckers vertreten, dass die Kernbereichsrechte alleine den Erben zustehen oder der Testamentsvollstrecker bei Kernbereichsbeschlüssen zumindest die Zustimmung der Gesellschaftererben einzuholen hat.[68] Da es vorliegend jedoch allein um das Verhältnis zwischen Erbe und Testamentsvollstrecker geht, kann diesen Schutz vor Fremdherrschaft nur das Erbrecht bieten. Ein darüber hinausgehender gesellschaftsrechtlich begründeter Schutz anhand der Kernbereichslehre erscheint hingegen entbehrlich.[69] Die erbrechtlichen Schranken der Befugnisse des Verwaltungsvollstreckers bestimmen im Wesentlichen § 2205 S 3 BGB (Verbot der unentgeltlichen Verfügung über die verwalteten Nachlassgegenstände), § 2216 BGB (Ordnungsgemäße Verwaltung des Nachlasses) sowie das Verbot, den Gesellschaftererben persönlich über den Nachlass hinaus zu verpflichten.[70] Insbesondere aus letztem Grundsatz ergibt sich, dass auch die Wahlrechte nach § 139 I und II HGB dem Erben und nicht dem Testamentsvollstrecker zustehen, da dieser ansonsten über das Fortbestehen der persönlichen unbeschränkten Haftung der Gesellschaftererben bestimmen könnte.[71]

---

67 BGH NJW 1989, 3152

68 Bengel/Reimann/Mayer, Handbuch der Testamentsvollstreckung, Rn V 174 f; Mayer, ZIP 1990, 976, 978; Ulmer NJW 1990, 73, 80 f; Hägele/Winkler, Der Testamentsvollstrecker nach Bürgerlichem-, Handels- und Steuerrecht, Rn 370

69 Dörrie ZEV 1996, 370, 374; Lorz, Testamentsvollstreckung und Unternehmensrecht, Seite 176 ff; ders. FS Boujong, 319, 325; Hehemann BB 1995, 1301, 1309; für die Frage der – sicherlich kernbereichsrelevanten – Umwandlung einer GmbH & Co. KG in eine AG jüngst LG Mannheim ZEV 1999, 443, 444 m. Anm Wenninger

70 Dörrie ZEV 1996, 370, 371 ff

71 Hierzu jüngst Schörning ZEV 2001, 129, 135, der die Wahlrechte nach § 139 HGB zutreffend auf Grundlage der Rechtsprechung zur Testamentsvollstreckung an vollhaftenden Gesellschaftsanteilen der sogenannten Innenseite zuordnet, die von der Testamentsvollstreckung gerade nicht erfasst ist

d. Testamentsvollstreckung an Kapitalgesellschaftsanteilen

An Kapitalgesellschaftsanteilen ist eine Verwaltungsvollstreckung auch ohne Zustimmung der Mitgesellschafter zulässig. Anderes gilt lediglich, wenn die Satzung eine Testamentsvollstreckung ausschließt oder von der Zustimmung der Mitgesellschafter abhängig macht. Der Testamentsvollstrecker verwaltet den zwingend vererblichen und daher zum Nachlass gehörenden Geschäftsanteil der Erben kraft eigenen Rechts. Neben den erbrechtlichen Beschränkungen (insbesondere § 2205 S 3 BGB) wird auch hier eine weitere Schranke der Befugnisse des Testamentsvollstreckers nach der sogenannten Kernbereichslehre gezogen; hiernach sollen die Kernrechte der Mitgliedschaft dem Gesellschaftererben vorbehalten bleiben.[72] Die Erben erhalten weiterhin ein Stimmrecht, wenn der Testamentsvollstrecker als ihr Vertreter aufgrund persönlicher Betroffenheit verhindert ist. Dies gilt insbesondere für den Beschluss über seine Entlastung als Geschäftsführer oder als Mitglied eines anderen Organs der Kapitalgesellschaft.[73] Weiterhin kann der Testamentsvollstrecker vom Stimmrecht ausgeschlossen sein, wenn das Kontrahierungsverbot nach § 181 BGB greift. Soll also beispielsweise nach dem Willen des Erblassers der Testamentsvollstrecker Geschäftsführer der Kapitalgesellschaft werden, so ist die Befreiung von § 181 BGB testamentarisch anzuordnen.[74] 358

72 Priester, FS Stimpel, 463 ff; Bengel/Reimann/Mayer, Handbuch der Testamentsvollstreckung, Rn V 239; Nieder, Handbuch der Testamentsgestaltung, Rn 942; zu Recht aA: Dörrie, ZEV 1996, 370, 374

73 Palandt/Edenhofer § 2205 Rn 24; BGH, BB 1989, 1499

74 Palandt/Edenhofer § 2205 Rn 24, 30; Formulierungsvorschlag bei Bengel/Reimann/Mayer, Handbuch der Testamentsvollsteckung, Rn II 60

D. Gleichstellung der Kinder 1365

ÜBERBLICK

D. Gleichstellung der Kinder

I. Bewertung des zum Nachlass gehörenden Unternehmens (Verkehrswertermittlung)

Ein wesentliches Gestaltungsziel bei der Regelung der Unternehmensnachfolge ist den meisten Senioren eine »gerechte« Verteilung des Vermögens unter den Kindern. Sofern man, was grundsätzlich zu empfehlen ist, bei der Testamentsgestaltung über die quotengleiche Erbeinsetzung der Kinder hinausgeht und ihnen testamentarisch oder auch schon zu Lebzeiten einzelne Vermögensgegenstände (Unternehmen, Immobilie, Wertpapiere, Geldvermögen) konkret zuweist, ist es erforderlich, zur Gleichstellung der Kinder die einzelnen Vermögensgegenstände zu bewerten. 359

Praxis-Tipp:

Da die Vorstellungen über den Wert eines Unternehmens bereits innerhalb der Familie häufig weit auseinander liegen – erfahrungsgemäß schätzen passive und geschäftlich unerfahrene Familienmitglieder auch ohne Hintergedanken den Wert des Unternehmens deutlich zu hoch ein – kann es zur Nachfolgeberatung auch gehören, insbesondere den weichenden Erben den gefundenen Unternehmenswert zu plausibilisieren. Dies aber setzt, selbst wenn mit der eigentlichen Bewertung ein Sachverständiger betraut wurde, die Kenntnis zumindest von Grundzügen der Unternehmensbewertung auch beim rechtlichen Berater voraus. 360

Für diesen wird es im Übrigen neben der Unternehmensnachfolge zahlreiche weitere erbrechtliche Anlässe für eine Unternehmensbewertung geben. Gehört zum Nachlass ein Unternehmen, so ist dessen Bewertung insbesondere erforderlich zur Begründung und Abwehr von Pflichtteilsgefahren, zur Auseinandersetzung einer Erbengemeinschaft oder zur Ermittlung des Ausgleichsanspruchs bei quotaler Erbeinsetzung mit Teilungsanordnung. Im Rahmen der Regelung einer (familieninternen) Unternehmensnachfolge sind sogar gleich mehrere Wertermittlungen anzustellen. So hat sich die Abschätzung von Pflichtteilsgefahren an dem tatsächlichen Wert, dem Verkehrswert der Schenkungs- oder Nachlassgegenstände zu orientieren. Die Bewertung zu erbschaftsteuerlichen Zwecken erfolgt hingegen nach eigenen, im Erbschaftsteuer- und Bewertungsgesetz ausdrücklich normierten Regeln. Zur Plausibilisierung der Verteilung des Vermögens unter den Erben wird man schließlich Gleichstellungswerte zu ermitteln haben, die, basierend auf der Verkehrswertermittlung, insbesondere die in dem vom Unternehmensnachfolger übernommenen Betriebsvermögen ruhenden latenten Steuerbelastungen in stärkerem Maße berücksichtigen. Im Folgenden soll ein kurzer Überblick über die unterschiedlichen Methoden zur Verkehrswertermittlung von Unternehmen gegeben und sodann das gängigste und anerkannteste 361

Bewertungsverfahren, nämlich das Ertragswertverfahren, erläutert werden.

1. Methoden der Unternehmensbewertung (Überblick)

a. Substanzwertverfahren

362 Beim Substanzwertverfahren ist die Substanz der wertbestimmende Faktor. Der Unternehmenswert bestimmt sich nach der Summe der Werte der einzelnen Wirtschaftsgüter. Es handelt sich insoweit um ein **Einzelbewertungsverfahren**. Die Einzelbewertung erfolgt nach Fortführungsgesichtspunkten. Der Wert der einzelnen Wirtschaftsgüter bestimmt sich nach deren **Wiederbeschaffungspreisen**. Nicht selbständig wiederbeschaffbare Wirtschaftsgüter (wie insbesondere Know-how, Kundenstamm, Ruf des Unternehmens) bleiben unberücksichtigt.[1]

363 Vom Substanzwert abzugrenzen ist der **Liquidationswert**, bei dessen Ermittlung die Zerschlagung des Unternehmens vorausgesetzt wird. Die Wertansätze erfolgen hier nicht nach Wiederbeschaffungs-, sondern nach **Veräußerungspreisen**. Der Liquidationswert stellt zudem die **Untergrenze des Ertragswertes** dar, denn wer durch den Verkauf sämtlicher Wirtschaftsgüter einen höheren Ertrag erzielte als durch die Fortführung des Unternehmens, der wird, wenn er sich ökonomisch rational verhält, liquidieren.[2]

b. Ertragswertverfahren

364 Das Ertragswertverfahren ist ein **Gesamtbewertungsverfahren**. Es ist getragen von der Erkenntnis, dass das Ganze mehr wert ist als die Summe seiner Teile. Wertbestimmender Faktor ist nach dem Ertragswertverfahren der zukünftige Ertrag (Einnahmeüberschuss) aus dem Unternehmen. Der Ertragswert ist der Barwert der zukünftigen Einnahmeüberschüsse. Er wird **ermittelt durch Diskontierung des Zukunftsertrages** auf den Bewertungsstichtag. Aufgabe des Bewerters ist daher zunächst die Ermittlung des nachhaltig erzielbaren Zukunftsertrages und sodann die Bestimmung des Kapitalisierungszinsfußes.

365 Statt mit Kapitalisierungszinsfüßen wird häufig auch mit **Multiplikatoren** gearbeitet.[3] Bekannt ist diese Methode vor allem bei der Bewertung von Immobilien, bei welcher der Wert der Immobilie mit einem Vielfachen der Jahresnettomiete bewertet wird. Rechnerisch macht dies keinen Unterschied, da der Multiplikator den reziproken Wert des Kapitalisierungszinsfußes darstellt. So entspricht beispielsweise der im Bewertungsgesetz für die Bewertung von Immobilien vorgeschriebene Multiplikator von 12,5 einem Zinsfuß von 8 %. Der Unterschied zwischen beiden Verfahren ist vielmehr in der Herlei-

1 Piltz, Die Unternehmensbewertung in der Rechtsprechung, S 34 ff

2 Piltz, aaO S 31 ff; besteht allerdings eine rechtliche oder auch nur faktische Verpflichtung zur Fortführung, gilt der niedrigere Fortführungswert

3 Piltz, aaO, S 28 ff

tung einerseits des Multiplikators und andererseits des Kapitalisierungszinsfußes zu sehen. Während die Multiplikatoren meist Erfahrungswerte darstellen und keiner weiteren Prüfung unterzogen werden, werden die Kapitalisierungszinssätze durch jeweils zu begründende Zu- und Abschläge auf einen aktuellen Basiszinssatz ermittelt. Erfahrungswerte aber spielen bei der Unternehmensbewertung durchaus eine große Rolle. Gefestigte Marktgepflogenheiten können einer Bewertung nach einem detaillierten Ertragswertverfahren sogar vorgehen.[4]

Ein grundsätzlich gleiches Bewertungsprinzip, nämlich die Diskontierung eines Überschusses auf den Barwert zum Bewertungsstichtag verfolgt auch das **discounted-cash-flow-Verfahren**,[5] bei dem man vor allem drei Varianten unterscheidet: 366

Bei dem, dem Ertragswertverfahren am nächsten stehenden Nettoansatz werden die den Eigentümern zufließenden Zahlungsströme mit einem risikoangepassten Zinsfuß auf der Basis des sog capital-asset-pricing-Modells (CAPM) auf ihren Gegenwartswert diskontiert.

Im Rahmen der sog entity-Methode wird nicht lediglich der Wert des Eigenkapitals, sondern der Gesamtwert des Unternehmens ermittelt, nämlich durch Diskontierung der den Eigen- und Fremdkapitalgebern zufließenden Zahlungsströme. Als Diskontierungsfaktor werden die gewogenen durchschnittlichen Kapitalkosten, die sog weighted-average-costs of capital (WACC) herangezogen. Reduziert man sodann den ermittelten Unternehmensgesamtwert um den Wert des Fremdkapitals, so erhält man den maßgeblichen Eigenkapitalwert. 367

Eine komponentenweise Ermittlung des Unternehmensgesamtwertes erfolgt nach der sog adjusted-present-value-Methode (APV-Methode). Hier wird der Einfluss der Finanzierung auf den Gesamtkapitalwert gesondert berechnet und zum Marktwert eines unverschuldeten Unternehmens addiert. 368

c. Mischverfahren

Die Mischverfahren versuchen mit unterschiedlicher Gewichtung sowohl den Substanzwert als auch den Ertragswert eines Unternehmens zu berücksichtigen. Das Mittelwertverfahren bestimmt den Unternehmenswert als Mittelwert zwischen Substanz- und Ertragswert, wobei nicht beide gleichwertig berücksichtigt werden müssen. Beim Verfahren der Übergewinnabgeltung wird dem Substanzwert ein zeitlich begrenzter Übergewinn hinzugerechnet. Der Übergewinn ist dabei die Differenz aus dem Ertrag und der Rendite aus normal verzinster Substanz. Das bekannteste Übergewinnverfahren ist das sog Stuttgarter Verfahren, welches die Übergewinnverzinsung, die zu einem Zinssatz von 9 % erfolgt, auf 5 Jahre begrenzt. Beim Stuttgarter Verfahren ist 369

4 Dies gilt insbesondere für die umsatzorientierten und damit theoretisch angreifbaren aber üblichen Bewertungsverfahren zur Bewertung von beispielsweise Arztpraxen oder Steuerberatungskanzleien

5 Zum discounted-cash-flow-Verfahren siehe Ballwieser WPg 1998, 81 ff; Drukarczyk, Unternehmensbewertung 176 ff; IDW Standard S 1, Grundsätze zur Durchführung von Unternehmensbewertungen, Rn 124 ff

allerdings der Übergewinn nicht der Überschuss über die Normalverzinsung des Substanzwertes, sondern der Überschuss über die Normalverzinsung des gesuchten Unternehmenswertes.[6, 7]

2. Ertragswertermittlung

a. Bewertung durch Vergleich mit einer Investitionsalternative

370 Bei der Ertragswertermittlung wird der Wert eines Unternehmens aus der Summe ermittelt, die ein Investor für eine alternative Investition mit gleicher Sicherheit und gleichem Ertrag aufwenden müsste. Hierzu ist in einem ersten Schritt ein Zukunftsertrag zu ermitteln, der in einem zweiten Schritt mit dem einer vergleichbaren Investition angemessenen Zinssatz auf seinen Barwert im Zeitpunkt der Bewertung zu diskontieren ist. Der ermittelte Wert ist quasi der Preis für die erzielbaren Zukunftserträge. Allerdings können sich Investitionen unterschiedlich auswirken. Ihr Erfolg ist insbesondere abhängig von den vereinbarten Konditionen. Beim Ertragswertverfahren werden daher in der Regel folgende Grundannahmen unterstellt. Zum einen eine unbegrenzte Lebensdauer des zu bewertenden Unternehmens bei Erhaltung der Substanz, weiterhin eine nachschüssige Verzinsung und schließlich ewig gleichbleibende finanzielle Überschüsse, die voll ausgeschüttet werden. Angesichts dieser Prämissen lässt sich der Unternehmenswert rechentechnisch wie der Barwert einer ewigen Rente ermitteln. Es gilt daher:

371 $$\textbf{Unternehmenswert} = \frac{\textbf{Gleichbleibender jährlicher Überschuss}}{\textbf{Kapitalisierungszinsfuß}}$$

372 Wesentliche Größen für die Bestimmung des Unternehmenswertes sind daher:

(1) Der **nachhaltig erzielbare Zukunftserfolg** (Zähler), der ermittelt wird durch

a) eine Vergangenheitsanalyse und
b) eine Zukunftsprognose auf Grundlage von a).

(2) Der **Kapitalisierungszinssatz** (Nenner), der ermittelt wird durch

a) Bestimmung eines Basiszinssatzes und
b) dessen Korrektur durch Zu- und Abschläge.

Die vorgenannten Parameter sollen im Folgenden kurz erläutert werden.

---

6 Piltz, aaO, S 39 f; zum Stuttgarter Verfahren siehe auch unten Rn 507 ff

7 Mit dem DAT/Altana-Beschluss des Bundesverfassungsgerichts, DB 1999, 1693 hat schließlich auch der Börsenkurs Bedeutung für die Unternehmensbewertung erlangt. Er war – aus pragmatischen Gründen – schon immer maßgeblich zur Berechnung von Pflichtteilsansprüchen oder Zugewinnausgleichsansprüchen, wenn zum Nachlass oder Ehevermögen Aktien gehören. Das Bundesverfassungsgericht hat nun den Börsenkurs als maßgebliche Untergrenze für die Abfindung außenstehender und ausgeschiedener Aktionäre eingeführt

b. Ermittlung des Zukunftserfolges

aa. Vergangenheitsanalyse

Im Rahmen des Ertragswertverfahrens ist der zukünftige Erfolg eines Unternehmens zu schätzen. Die Ergebnisse der Vergangenheit sind Grundlage und Maßstab dieser Schätzung. Die Vergangenheitsergebnisse sind vorrangig den Jahresabschlüssen, aber auch sonstigen, möglichst geprüften Unterlagen des Unternehmens der letzten abgeschlossenen Geschäftsjahre zu entnehmen. Die ermittelten Vergangenheitsergebnisse sind sodann jedoch zu bereinigen. Es sind die Erfolgsfaktoren zu ermitteln, die nachhaltig zu dem Vergangenheitsergebnis beigetragen haben. Einmalige und außerordentliche Aufwendungen und Erträge sind daher zu korrigieren. Hierzu sind insbesondere folgende **Arbeitsschritte** vorzunehmen.[8] 373

(1) Die Aufwendungen und Erträge des nicht betriebsnotwendigen Vermögens sind zu eliminieren.[9]

Zum nicht betriebsnotwendigen Vermögen zählt man diejenigen Vermögensgegenstände, die zur Erreichung des eigentlichen Unternehmenszwecks gerade nicht erforderlich sind, die somit veräußert werden könnten, ohne dass davon die eigentliche Unternehmensaufgabe berührt würde (funktionelle Abgrenzung). Das nicht betriebsnotwendige Vermögen ist im Rahmen der Ertragswertermittlung gesondert und mit dem Liquidationswert zu bewerten. Aus diesem Grunde haben die Erträge und Aufwendungen aus diesem nicht betriebsnotwendigen Vermögen bei einer Prognose des Zukunftserfolgs des Unternehmens außen vor zu bleiben. 374

Gehört beispielsweise zum (gewillkürten) Betriebsvermögen eine fremdvermietete Immobilie, so sind die hierauf entfallenden Aufwendungen (zB Grundsteuer, Instandhaltungskosten, Finanzierungszinsen) dem Ergebnis des Jahresabschlusses wieder hinzuzurechnen. Die Erträge aus der Immobilie (Mietzins) sind entsprechend wieder abzuziehen. 375

(2) Bereinigung des nicht periodengerechten Erfolgsausweises

Die handelsrechtlichen Bilanzierungsvorschriften entsprechen aus Vereinfachungsgründen nicht immer der entstehungsgerechten Zurechnung des Unternehmenserfolges. Die periodengerechte Zuordnung von Aufwand und Ertrag ist daher Aufgabe des Bewerters. 376

So sind aufwandswirksame Vorleistungen der Vergangenheit (beispielsweise Werbekampagnen oder Großreparaturen), die noch langfristig in die Zukunft wirken werden, entsprechend zu verteilen. Umgekehrt sind unterlassene Aufwendungen (Reparaturstau) durch periodengerechte Verteilung auf die Vergangenheitsjahre zurück zu beziehen. Aufwendungen und Erträge einmaliger Natur (zB außerplanmäßige Abschreibungen) sind zu eliminieren. Periodische Aufwendungen und Erträge sind periodengerecht zuzuordnen. 377

8 IDW (Hrsg.), WP-Handbuch 1998, S 81 ff; IDW Standard S 1, Rn 108
9 Bayrisches Oberstes Landgericht NJW RR 96, R 25

(3) Korrektur personenbezogener Erfolgsfaktoren

378 Hierzu gehört insbesondere der in der (steuerlichen) Gewinn- und Verlustrechnung einer Personengesellschaft oder eines Einzelunternehmens in der Regel nicht auftauchende Lohn des Gesellschafters oder Inhabers und beispielsweise der Beitrag unentgeltlich mitarbeitender Familienangehöriger. Der Ertrag der Vergangenheit ist um einen angemessenen kalkulatorischen Unternehmerlohn zu kürzen.

(4) Neuberechnung ergebnisabhängiger Aufwendungen

379 Die Bereinigung der Vergangenheitsergebnisse kann insbesondere Auswirkungen auf die vom Ergebnis abhängige Steuerbelastung haben, was die Korrektur des Steueraufwandes des Unternehmens veranlassen kann.

bb. Prognose des Zukunftserfolgs

■ Plan-Gewinn- und Verlustrechnung

380 Im Rahmen der Prognoserechnung sind die zukünftigen Erträge des Unternehmens zu schätzen. Hierzu ist die zukünftige Entwicklung des Unternehmens unter Berücksichtigung möglichst aller interner und externer Einflüsse zu planen. Die Erfolgsplanung erfolgt auf der Grundlage der Aufwands- und Ertragsrechnung des betrieblichen Rechnungswesens. Es empfiehlt sich insoweit eine Plan-Gewinn- und Verlustrechnung nach dem gängigen Gesamtkostenverfahren. Ergänzend hierzu sind ggf noch gesonderte Rechnungen zu fertigen, so für die Ermittlung der zukünftigen Umsatzerlöse eine Umsatzprognose, für die Feststellung des zukünftigen Investitionsbedarfs und – damit zusammenhängend – des Abschreibungsbedarfs und der Reinvestitionsrate eine Investitionsplanung und schließlich zur Ermittlung des zukünftigen Finanzierungsvolumens eine Finanzbedarfsrechnung und Zinsprognose.[10]

■ Das Unsicherheitsproblem[11]

381 So unsicher wie die Zukunft ist die Prognose des Zukunftserfolgs. Das Problem der Unsicherheit kann zwar nicht beseitigt, wohl aber relativiert werden, in dem die Risiken und Chancen der Zukunft systematisch erkennbar gemacht werden. Hierzu wiederum sind unterschiedliche Methoden entwickelt worden.

382 Die **Phasenmethode** trägt dem Umstand Rechnung, dass die Entwicklung in späteren Jahren naturgemäß schwerer abzuschätzen ist als die Entwicklung in den dem Bewertungsstichtag unmittelbar folgenden Jahren. Nach der Phasenmethode ist daher der Prognosezeitraum in eine nähere und in eine fernere Phase zu zerlegen. Für die nähere Phase (beispielsweise die ersten drei bis fünf Jahre nach dem Bewertungsstichtag) werden die finanziellen Überschüsse aufgrund detaillierter Planrechnung geschätzt. Die Erfolge der ferneren Pha-

10 IDW Standard S 1 Rn 109 ff
11 Behringer DStR 1999, 731

se werden unter Berücksichtigung von Trenderwartungen aus den Detailplanungen der näheren Phase abgeleitet.[12]

Eine weitere Methode, dem Unsicherheitsproblem zu begegnen, ist die **Schätzung von Bandbreiten**. Hierbei werden unterschiedliche Szenarien gebildet, die zu mehreren Ertragswerten führen. Diese werden sodann auf einen Ertragswert verdichtet. Nach der Sicherheitsäquivalenz-Methode erfolgt die Verdichtung durch Abschlag auf ein entsprechend der Wahrscheinlichkeitsverteilung gebildetes Sicherheitsäquivalent. Der sicherheitsäquivalente finanzielle Überschuss ist sodann mit einem risikofreien Kapitalisierungszinssatz abzuzinsen. Eine Variante oder Weiterentwicklung der Sicherheitsäquivalenz-Methode ist die Risikoprofil-Methode.[13] 383

■ Berücksichtigung von Steuern

Zu berücksichtigen und im Rahmen der Prognose für die Zukunft zu schätzen sind jedenfalls die Betriebssteuern (zB Grundsteuern, Verbrauchsteuern). Umstritten ist hingegen die Berücksichtigung ertragsabhängiger Steuern, wie insbesondere der Gewerbeertragsteuer, der Einkommensteuer und der Körperschaftsteuer.[14] Das IDW hat mit dem Standard S1 zur Frage der Berücksichtigung von Ertragsteuern eine grundsätzliche Neuorientierung vorgenommen. Auf Grundlage der Überlegung, dass der Wert eines Unternehmens durch die Höhe der Zuflüsse an den Investor, die er zu seiner freien Verfügung hat, bestimmt wird, hält es das IDW für notwendig, die persönliche Einkommensteuer sowohl bei der Prognose des Zukunftserfolges als auch bei der Bestimmung des Kapitalisierungszinssatzes zu berücksichtigen. Ob die Rechtsprechung dem folgt, ist derzeit noch offen.[15] 384

Die jüngste Unternehmenssteuerreform hat zudem gänzlich neue Parameter (Anrechnung des 1,8fachen des Gewerbesteuermessbetrages; Körperschaftsteuer als Definitivsteuer; Halbeinkünfteverfahren) geschaffen, mit welchen sich die Wissenschaft in den nächsten Jahren erst noch wird beschäftigen müssen. 385

c. Kapitalisierungszinssatz

Durch die Abzinsung des Zukunftserfolgs mit einem Kapitalisierungszinssatz werden die Erträge aus dem Unternehmen mit denen einer Alternativinvestition vergleichbar gemacht. Problematisch dabei ist, dass es eine identische Alternativinvestition nicht gibt. Die alternative Investition ist in der Regel einem anderem Risiko ausgesetzt, kann schwerer oder leichter wieder zur Liquidität gemacht werden, unterliegt in stärkerem oder schwächerem Maße inflationären Entwicklungen und ist zeitlich begrenzt. Diesem Problem ist bei der Bestimmung des Basiszinssatzes und dessen Korrektur durch Zu- und Abschläge 386

12 IDW Standard S 1, Rn 80 ff
13 Behringer DStR 1999, 731, 732 f mwN
14 Ballwieser DB 1997, 2393; Günther DB 1999, 2425; Siepe WPg. 1997, 1 ff, 37 ff
15 Kritisch zur Berücksichtigung persönlicher Ertragsteuern bei der Unternehmensbewertung aus (aktien-)rechtlicher Sicht Hennrichs ZHR 2000, S 453 ff

Rechnung zu tragen. Dabei sollte man sich bewusst sein, dass eine geringe Änderung des Kapitalisierungszinssatzes bereits erhebliche Auswirkungen auf den Gesamtwert des Unternehmens hat. Nach einer Verdoppelung des Kapitalisierungszinssatzes ist das Unternehmen nur noch die Hälfte wert.

aa. Basiszinssatz

387 Bei der Bestimmung eines objektivierten Unternehmenswertes wird überwiegend vom landesüblichen Zinssatz einer langfristigen, risikofreien Kapitalmarktanlage, insbesondere für inländische öffentliche Anleihen ausgegangen. Dabei ist insbesondere zwei Problemen zu begegnen. Zum einen ist zu beachten, dass der im Rahmen des Ertragswertverfahrens als gleichbleibend unterstellte Kapitalisierungszinssatz in Zukunft schwanken wird. Zum anderen ist zu berücksichtigen, dass der landesübliche Zinssatz für eine zeitlich begrenzte Investition gewährt wird. Dem ersten Problem versucht man dadurch zu begegnen, dass als Basiszinssatz der durchschnittliche Zinssatz für Anleihen der letzten Jahre vor dem Bewertungsstichtag angesetzt wird. In der Rechtsprechung werden für die Durchschnittsermittlung teilweise Zeiträume bis zu 20 Jahren herangezogen. Das Problem der zeitlichen unbegrenzten Lebensdauer eines Unternehmens wird zwar damit nicht gelöst. Jedoch wird der Rückgriff auf öffentliche Anleihen mit einer festen Laufzeit von 10 oder mehr Jahren als objektivierungsbedingte Vereinfachung anerkannt.[16]

bb. Zuschläge zum Basiszins

388 Die Erträge aus einem Unternehmen sind weniger sicher als die Zinserträge aus einer öffentlichen Anleihe. Investoren lassen sich die Übernahme dieser unternehmerischen Unsicherheit durch Risikoprämien abgelten, sie tätigen die Investition nur, weil mit dem Risiko auch gleichzeitig die Chance eines höheren Ertrages verbunden ist. Eine solche Risikoprämie ist der Zuschlag auf den Basiszins.[17] Das **Unternehmensrisiko** lässt sich aufteilen in das spezielle und das allgemeine Unternehmensrisiko. Mit dem speziellen Unternehmensrisiko werden im Unternehmen selbst angelegte Risikofaktoren, wie zB die bestehende Konkurrenzsituation, die Qualifikation des Personals und der Geschäftsführung, das Auslaufen von Einkaufs- oder Absatzverträgen, berücksichtigt. Das allgemeine Unternehmensrisiko erfasst hingegen die unwägbaren Risiken, wie zB Naturkatastrophen, wirtschaftliche oder politische Krisen, unabsehbare konjunkturelle Entwicklungen. Die Rechtsprechung erfasst die speziellen Unternehmensrisiken meist schon bei der Ertragsprognose (also im Zähler), so dass bei der Bestimmung des Kapitalisierungszinssatzes lediglich das allgemeine Risiko durch einen Zuschlag zu berücksichtigen ist. Sie kommt daher zu relativ geringen Risikozuschlägen in der Größenordnung von 0,5 bis 4 %.[18] Das IDW empfiehlt hingegen, auf eine Auftei-

16 IDW (Hrsg.), WP-Handbuch 1998, S 97 f

17 Anderes gilt freilich, wenn, wie bei der Sicherheitsäquivalenzmethode der Zukunftserfolg bereits unter Berücksichtigung sämtlicher Risiken und Chancen ermittelt wurde. In diesem Falle ist ein nochmaliger Risikozuschlag zum Kapitalisierungszinssatz unzulässig

18 Piltz, aaO, Anhang 3

lung des Unternehmensrisikos zu verzichten und das Unternehmensrisiko ausschließlich im Kapitalisierungszinssatz und damit dem Nenner zu erfassen.[19] Der Risikozuschlag müsste dann entsprechend höher liegen.

Mit einem **Fungibilitätszuschlag** soll dem Umstand Rechnung getragen werden, dass ein Unternehmen anders als eine öffentliche Anleihe nicht kurzfristig veräußert und damit zu Liquidität gemacht werden kann. Der Unternehmensinhaber trägt insoweit das Risiko, dass Unternehmen kurzfristig nur zu einem geringeren Preis verkaufen zu können. Die fehlende Fungibilität wird daher teilweise auch als Wiederverkaufsrisiko als Teil des allgemeinen Unternehmerrisikos beim Risikozuschlag berücksichtigt. 389

cc. Kürzung persönlicher Ertragsteuern

Da die finanziellen Überschüsse aus der Investitionsalternative der persönlichen Ertragsteuer des Investors unterliegen, ist dessen Steuerbelastung auch bei der Bestimmung eines Kapitalisierungszinssatzes zu berücksichtigen. Die steuerlichen Entlastungen durch Sparerfreibeträge und die Steuerfreistellung von Kursgewinnen außerhalb der Spekulationsfrist bleiben dabei unbeachtet. Im Rahmen einer objektivierten Unternehmensbewertung wird die Ertragsteuer pauschal mit 35 % – nach der Unternehmenssteuerreform ist nach Rechtsformen zu differenzieren – berücksichtigt. Der um den Risikozuschlag und den Fungibilitätszuschlag erhöhte Basiszins ist daher entsprechend zu mindern. 390

Die persönlichen Ertragsteuern hätten – jedenfalls bei einer Unternehmensbewertung entsprechend der Rentenformel – unberücksichtigt bleiben können, wenn hiernach der Kapitalisierungszinssatz feststünde, da sowohl der Zähler (Zukunftserfolg) als auch der Nenner (Kapitalisierungszinssatz) im Rahmen der objektivierten Unternehmensbewertung um jeweils 35 % gekürzt werden, was zu keiner Ergebnisveränderung führen kann. Ergebniswirksam wird die Berücksichtigung der persönlichen Steuer nur, wenn der Kapitalisierungszinssatz nach Kürzung persönlicher Ertragsteuern weiterhin um einen Wachstums- oder Geldentwertungsabschlag gemindert wird.[20] 391

dd. Wachstumsrate und Geldentwertungsabschlag

Während bei einer langfristigen Kapitalanlage (= Investitionsalternative) Ertragssteigerungen ausgeschlossen sind, der Zinssatz vielmehr dauerhaft feststeht, eröffnet die Anlage in ein Unternehmen die Chance einer Ertragssteigerung. Darüber hinaus ist ein Unternehmen von inflationären Einflüssen unabhängiger als eine Kapitalmarktanlage. Im Unternehmen können die Aus- 392

19 IDW Standard S 1, Rn 96

20 Die Berücksichtigung der persönlichen Steuerbelastung vor dem Geldentwertungsabschlag führt zu dem »Steuerparadoxon«, dass der Ertragswert nach Steuern höher ausfällt als vor Steuern. Grund hierfür ist, dass der nicht um die Steuerbelastung gekürzte Geldentwertungsabschlag in der Rentenformel den Nenner in höherem Maße mindert. Eine Kürzung des Nenners aber führt zu einem höheren Ertragswert; s hierzu das Beispiel bei Hennrichs ZHR 2000, 453, 465 sowie Siegel, FS Brönner, 391, 399 ff

wirkungen einer Inflation dadurch reduziert werden, dass die gestiegenen Kosten auf der Beschaffungsseite durch Preiserhöhungen an die Kunden weitergegeben werden. Es wird jedoch davon ausgegangen, dass dies dem Unternehmen nur teilweise gelingt, weshalb die Wachstumsrate mit einem Betrag angesetzt wird, der unterhalb der Geldentwertungsrate liegt.

II. Berücksichtigung latenter Steuerbelastungen zu Gleichstellungszwecken

393 In Verfolgung des Ziels einer Gleichstellung der Kinder wird im Rahmen der Nachfolgeplanung der Verkehrswert des Unternehmens um weitere Abschläge gemindert. So wird mit dem Hinweis auf die Tatsache, dass der Wert des Unternehmens wesentlich von der Leistung des Nachfolgers beeinflusst wird, in der Praxis häufig ein Abschlag für das vom Nachfolger übernommene **Unternehmensrisiko** vorgeschlagen.[21] Dies ist grundsätzlich richtig, erscheint jedoch dann fragwürdig, wenn bei der Bestimmung des Verkehrswerts des Unternehmens etwa nach der oben dargestellten Ertragswertmethode das Unternehmensrisiko bereits Berücksichtigung gefunden hat. Ein gegenüber einem Fremderwerber erhöhtes Unternehmensrisiko wird man für den Familiennachfolger nicht annehmen können.

394 Sachgerecht erscheint für Gleichstellungszwecke hingegen ein **Abschlag** auf den Verkehrswert des Unternehmensvermögens **wegen latenter Steuerbelastungen**. Aus der Zweiteilung der steuerpflichtigen Einkunftstatbestände in Gewinn- und Überschusseinkünfte ergibt sich nämlich, dass bei Veräußerung des zur Einkünfteerzielung dienenden Vermögens die Gewinne aus der Veräußerung von Betriebsvermögen grundsätzlich steuerpflichtig und die Gewinne aus der Veräußerung von Privatvermögen grundsätzlich steuerfrei sind. Ausnahmen von letzterem Grundsatz stellen vor allem die Veräußerung wesentlicher Beteiligungen an Kapitalgesellschaften gem § 17 EStG und Veräußerungen innerhalb der Spekulationsfristen des § 23 EStG dar. Im Sinne einer »gerechten« Verteilung unter den Kindern sollte daher nicht gänzlich unberücksichtigt bleiben, dass dem Unternehmensnachfolger bei Verwertung des Unternehmens nur der um eine erhebliche Steuerbelastung reduzierte Veräußerungserlös verbleibt, während sein Bruder oder seine Schwester, welche Privatvermögen (Immobilien, Wertpapiere, Sparguthaben) in gleichem Wert erhalten haben, dieser Wert – zumindest nach Ablauf der Spekulationsfristen, was sich aber in aller Regel herstellen lässt – ungeschmälert zur Verfügung steht.

21 Fromm, Unternehmensnachfolge, S 68 f

Fall:

Zum Vermögen des verwitweten U gehört ein Einzelhandelsgeschäft, welches in eigener, nahezu vollständig abgeschriebener Innenstadt-Immobilie wirtschaftet. Der Buchwert des Unternehmens beträgt daher lediglich 100 000 €, sein Verkehrswert hingegen 1 350 000 €. U ist weiterhin Alleineigentümer einer schon vor zwanzig Jahren angeschafften, mittlerweile lastenfreien Immobilie, die im Erdgeschoss gewerblich und in den übrigen drei Stockwerken zu Wohnzwecken vermietet ist. Der Verkehrswert der Immobilie beläuft sich auf 750 000 €. Der U will sein Vermögen gerecht unter seinen beiden Söhnen A und B verteilen und überlegt, ob er den Unternehmensnachfolger A testamentarisch zu Ausgleichszahlungen von 300 000 € verpflichten soll. **395**

Beachtet man die im unternehmerischen Vermögen ruhende latente Steuer- **396**
belastung, so wird klar, dass der U mit der Verpflichtung des Unternehmensnachfolgers zu Ausgleichszahlungen sein Ziel, eine gerechte Verteilung unter den Kindern herbeizuführen, verfehlen wird. Verkauft nämlich der A das ererbte Unternehmen, weil beispielsweise seine persönlichen Verhältnisse oder die Marktentwicklungen dies erfordern, so wird er mit einem Steuersatz und Solidaritätszuschlag inklusive Kirchensteuer in der Größenordnung von 50 % belastet.[22] Dem A entsteht daher angesichts eines Veräußerungsgewinns von 1,25 Mio. € eine Steuerbelastung von ca 625 000 €, so dass ihm vom Veräußerungserlös an Liquidität lediglich 725 000 € verbleiben. Nach Erbringung der Ausgleichszahlung iHv 300 000 € an seinen Bruder wären es nur noch 425 000 €. Dem B hingegen stünde der bei Verkauf der von ihm ererbten Immobilie erzielbare Veräußerungserlös von 750 000 € voll zur Verfügung. Nach Erhalt der Ausgleichszahlung seines Bruders beliefe sich sein Vermögen auf 1 050 000 €. Er wäre gegenüber seinem Bruder in erheblichem und für U sicherlich unerträglichem Maße bevorzugt. Die Berücksichtigung der latenten Steuerbelastungen aber macht klar, dass im Beispielsfall die naheliegendste Verteilung auch die »gerechteste« ist, nach der nämlich der U das Unternehmen im Gleichstellungswert von ca 725 000 € (1 350 000 € abzügl. 625 000 €) erhält und der B die Immobilie im Gleichstellungswert von 750 000 €.[23]

22 Es wird unterstellt, dass der A im Zeitpunkt des Verkaufs weder berufsunfähig ist noch das 55. Lebensjahr vollendet hat und somit nicht die einmalige Begünstigung des halben Steuersatzes für den Veräußerungsgewinn in Anspruch nehmen kann. Angesichts eines Veräußerungsgewinns von 1,25 Mio. € kann weiterhin unterstellt werden, dass die sog Fünftel-Regelung dem A keine Entlastungen bringt

23 Die leichte Begünstigung des B wird dadurch kompensiert, dass A aufgrund der günstigen erbschaftsteuerlichen Bewertung und der Betriebsvermögensprivilegierungen einer geringeren Erbschaftsteuerbelastung ausgesetzt ist als der B

III. Berücksichtigung lebzeitiger Gegenleistungen, Vorschenkungen und erbschaftsteuerlicher Belastungen

397 Bei der Verteilung unter den Kindern kann es von Relevanz sein, welche **Leistungen** diese zu Lebzeiten **gegenüber ihren Eltern** erbracht haben. Damit wird keine Wertung in dem Sinne getroffen, dass der Sohn, der unterbezahlt jahrelang im elterlichen Unternehmen mitgearbeitet hat, oder die Tochter, welche die Eltern über Jahre gepflegt hat, das bessere Kind war und deshalb mehr vom Nachlass erhalten soll. Es geht lediglich um einen vermögensmäßigen Ausgleich, der zu Lebzeiten gegenüber den Eltern erbrachten Leistungen. Auch das Gesetz berücksichtigt solche lebzeitigen Leistungen an die Eltern. Nach § 2057 a BGB kann ein Abkömmling, der durch Mitarbeit im Haushalt, Beruf oder Geschäft des Erblassers während längerer Zeit durch erhebliche Geldleistungen oder in anderer Weise in besonderem Maße dazu beigetragen hat, dass das Vermögen des Erblassers erhalten – zB Einsparung von Pflegekosten – oder vermehrt – zB Steigerung des Unternehmenswerts durch qualifizierte Mitarbeit – wurde, bei der Auseinandersetzung einen Ausgleich verlangen. Wer – aus guten Gründen – die Auseinandersetzung nicht den Miterben überlässt, sondern selbst eine konkrete Verteilung vornimmt, sollte dabei den Rechtsgedanken des § 2057 a BGB in seine Verteilungsüberlegungen aufnehmen.

398 Auch Vorempfänge (der Kinder) werden bei einer gesetzlichen Erbfolge im Rahmen der Auseinandersetzung der Erbengemeinschaft berücksichtigt. Eine Ausgleichung findet gem § 2050 BGB jedoch nur bei bestimmten Vorempfängen (Zuwendungen) statt und nur, soweit der Erblasser bei der Zuwendung nichts anderes angeordnet hat. Zu den ausgleichspflichtigen Zuwendungen gehört die Ausstattung iSd § 1624 BGB und gehören weiterhin Zuschüsse und Aufwendungen für die Vorbildung zu einem Beruf, insoweit sie das den Vermögensverhältnissen des Erblassers entsprechende Maß überstiegen haben. Alle sonstigen lebzeitigen Schenkungen werden hingegen nur berücksichtigt, wenn der Erblasser dies bei der Zuwendung ausdrücklich angeordnet hat. Bei der gewillkürten Erbfolge sieht das Gesetz überhaupt keine Ausgleichungspflichten von Vorempfängen vor. Das Gesetz geht vielmehr davon aus, dass der Erblasser die von ihm für sachgerecht erachtete Regelung vollständig und bereits unter Berücksichtigung etwaiger Vorempfänge getroffen hat.[24] Daher ist bei der Testamentsgestaltung, insbesondere was die Verteilung unter den Geschwistern angeht, dafür Sorge zu tragen, dass Vorempfänge berücksichtigt werden oder, sofern diese dem Beschenkten zusätzlich zugute kommen sollen, eben – ausdrücklich – nicht berücksichtigt werden.

399 Unterschiedliche steuerliche Belastungen der einzelnen Erben können dazu führen, dass ihr jeweiliger Nettoerwerb unterschiedlich ausfällt. **Erbschaftsteuerliche Belastungsunterschiede** entstehen aufgrund unterschiedlicher Bewertung der verschiedenen Nachlassgegenstände und durch Begünstigung nur bestimmter Erwerbe durch Freibeträge oder Bewertungsabschläge.

24 MüKo-Dütz, BGB, § 2050 Rn 2

Fall:

Der U stirbt und hinterlässt Sohn und Tochter. Zu seinem Nachlass gehört ein Handwerksunternehmen im Gleichstellungswert von 500 000 €, ein 20 Jahre altes Mehrfamilienhaus im Wert von 450 000 €, Hausrat im Wert von 50 000 € sowie – hauptsächlich aus ausgezahlten Lebensversicherungen stammendes – privates Geld- und Wertpapiervermögen im Wert von 1 000 000 €. Das Unternehmen weist ein Eigenkapital von 300 000 € aus. Mit dem Mehrfamilienhaus erzielte U eine Jahresnettomiete von 25 000 €. Er hat seinen Sohn zum Alleinerben eingesetzt und seiner Tochter das Geld- und Wertpapiervermögen vermacht. 400

Zwar haben die Kinder nach Gleichstellungswerten gleich erworben. Die Erbschaftsteuerbelastung und damit ihr Nettoerwerb fällt jedoch unterschiedlich aus. So entspricht der Wert des Einzelunternehmens dem Steuerbilanzwert von 300 000 €. Für die Immobilie ergibt sich ein Grundbesitzwert von (25 000 € × 12,5 = 312 500 € ./. Alterswertabschlag von 10 % =) 281 250 €. Der Erbschaftsteuerwert von Hausrat und Geld- und Wertpapiervermögen entspricht dem Verkehrswert. Die Erbschaftsteuerbelastung der Kinder sieht damit wie folgt aus: 401

402

	Sohn	**Tochter**
Einzelunternehmen	300 000 €	
./. Betriebsvermögensfreibetrag	./. 256 000 €	
	44 000 €	
./. Bewertungsabschlag	./. 40 %	
	26 400 €	
Immobilie	281 250 €	
Hausrat	50 000 €	
Geld/Wertpapiere		1 000 000 €
	357 650 €	1 000 000 €
./. Freibetrag Hausrat	./. 41 000 €	
./. persönliche Freibeträge	./. 205 000 €	./. 205 000 €
Steuerpflichtiger Erwerb	111 600 €	795 000 €
× Steuersatz	× 11 %	× 19 %
Erbschaftsteuer	12 276 €	151 050 €

Die von U angestrebte Gleichstellung der beiden Kinder wird somit durch die unterschiedliche Erbschaftsteuerbelastung gestört. Dies kann er allerdings leicht durch eine Reduzierung des Vermächtnisbetrages (Verprobung erforderlich) kompensieren. 403

Hannes

E. Vermeidung unnötiger Liquiditätsbelastungen 1381

ÜBERBLICK

E. Vermeidung unnötiger Liquiditätsbelastungen

I. Reduzierung von Pflichtteilsgefahren

Der Pflichtteilsanspruch kann als sofort fälliger und in Geld zu leistender Anspruch im Falle seiner Geltendmachung zu erheblichen Liquiditätsbelastungen des Unternehmensnachfolgers führen und so den Bestand eines Unternehmens gefährden. Das Liquiditätsproblem verschärft sich nochmals dadurch, dass der Pflichtteilsanspruch als Privatschuld ertragsteuerlich keine Berücksichtigung findet, er ist vielmehr »nach Steuern« zu erfüllen. Darüber hinaus birgt er, gerade wenn betriebliches Vermögen zum Nachlass gehört, ein hohes Streitpotential. Er berechnet sich nämlich nach der Höhe der Hälfte des Wertes des gesetzlichen Erbteils. Maßgeblich ist der gemeine Wert, das ist grundsätzlich der Verkehrswert des Nachlasses im Zeitpunkt des Erbfalls. Über den Verkehrswert von Unternehmen oder Gesellschaftsbeteiligungen aber bestehen zwischen Unternehmensnachfolgern und Pflichtteilsberechtigten häufig extrem unterschiedliche Vorstellungen, so dass eine gerichtliche Klärung nur selten vermeidbar sein wird. Der Ausgang einer prozessualen Auseinandersetzung über die Bewertung von Unternehmen und Gesellschaftsbeteiligungen aber ist kaum prognostizierbar. Offen ist bereits, welche Bewertungsmethode das Gericht der Bewertung zugrunde legt,[1] weiterhin ob es den Liquidationswert als Wertuntergrenze anerkennt[2] oder schließlich, ob und unter welchen Voraussetzungen latente Steuerbelastungen[3] oder gesellschaftsvertragliche Abfindungsklauseln[4] bei Fortführung des Unternehmens durch den Nachfolger wertmindernd Berücksichtigung finden können. Nach Klärung solcher grundsätzlicher Fragen wird weiterhin fraglich sein, von welchen nachhaltig erzielbaren Zukunftserträgen, welchem Kapitalisierungszins, welchem Substanz- oder Liquidationswert das Gericht oder der hinzugezogene Sachverständige ausgeht. 404

---

1 Siehe zur Vielfalt der unterschiedlichen Vorstellungen Piltz, Die Unternehmensbewertung in der Rechtsprechung, S 131 ff sowie Anlage 2; MüKo-Frank, BGB, § 2311 Rn 23; OLG München BB 1988, 429 ff; nach herrschender Ansicht in Rechtsprechung und Literatur gibt es keine bestimmte rechtlich vorgegebene Bewertungsmethode, so BGH NJW 1973, 506; BGH DB 1972, 1229; BGH DB 78, 974; BGH NJW 1991, 1547 f; Soergel-Dieckmann, BGB, § 2311 Rn 20; RGRK-Johannsen, BGB, § 2311 Rn 20; die Ertragswertmethode halten zutreffend für maßgeblich Braunhofer, Unternehmens- und Anteilsbewertung zur Bemessung von familien- und erbrechtlichen Ausgleichsansprüchen, S 239 ff; Piltz/Wissmann, NJW 1985, 2673, 2678 (für den Zugewinn)

2 Zum Streitstand Braunhofer, Unternehmens- und Anteilsbewertung zur Bemessung von familien- und erbrechtlichen Ausgleichsansprüchen, S 275 ff mit dem zutreffenden Ergebnis, dass der Liquidationswert nur dann nicht der Wertermittlung zugrundegelegt werden sollte, wenn ein rechtlicher oder tatsächlicher Zwang zur Fortführung besteht

3 Rechtsprechungsüberblick bei Helbling, Unternehmensbewertung und Steuern, S 255 ff; in jüngeren Entscheidungen berücksichtigt der BGH die latente Steuerbelastung, siehe insbesondere BGH NJW 1999, 784, 788 betreffend Zugewinnausgleich

4 MüKo-Frank, BGB, § 2311 Rn 26 mwN

1. Pflichtteilsverzichtsvertrag

405 Der sicherste Weg, Liquiditätsbelastungen des Unternehmensnachfolgers durch Geltendmachung von Pflichtteilsansprüchen seiner Geschwister oder des Längerlebenden seiner Eltern zu vermeiden, ist der (notarielle) Abschluss eines Pflichtteilsverzichtsvertrages. Dieser bedarf jedoch der Mitwirkung des Verzichtenden.[5] Der wird den Verzicht aber nur aussprechen, wenn ihm ein ausreichender Erwerb im Erbfall gesichert erscheint oder ein solcher Erwerb durch lebzeitige Maßnahmen vorweggenommen wird. Aus Sicht des Unternehmensinhabers sollte daher mit Blick auf die spätere Erbfolge bei jeder **Schenkung** überlegt werden, ob diese nicht **mit einem Pflichtteilsverzicht** des Beschenkten verbunden werden kann.

406 Die Bereitschaft von Kindern und Ehegatten zum Pflichtteilsverzicht steigt zudem, wenn sie diesen **in modifizierter Form** abgeben können. Entsteht beispielsweise die Pflichtteilsproblematik aufgrund eines von den Senioren verfügten Berliner Testaments und soll durch den Pflichtteilsverzicht lediglich die Altersversorgung des längerlebenden Ehegatten gewährleistet werden, so genügt es, den Verzicht auf den ersten Erbfall zu beschränken. Ergänzt werden kann die Regelung noch um die Zusicherung der Eltern gegenüber dem verzichtenden Kind, diesem nach dem Tode des Längerlebenden Vermögen von Todes wegen zuzuwenden, welches seinen Pflichtteil in beiden Erbfällen wertmäßig übersteigt. Auch sonstige Bedingungen oder Befristungen sowie gegenständliche Beschränkungen des Pflichtteilsverzichts[6] können zu einer Kompromisslösung führen und den Abkömmlingen im Interesse des Unternehmenserhalts oder der Altersversorgung des Längerlebenden der Eltern zum Pflichtteilsverzicht bewegen.

407 Bei Unternehmern, die ein zweites Mal heiraten und in einem Abkömmling den Unternehmensnachfolger gefunden haben, tritt der Konflikt meist zwischen Stiefmutter und Stiefkindern auf. Hier sollte bereits die Eheschließung Anlass sein, mit der (zweiten) Ehefrau einen Pflichtteilsverzicht zu vereinbaren. Vermieden werden sollte die Verbindung des Pflichtteilsverzichts mit einem Erbverzicht, da letzterer bekanntlich zur Erhöhung der Erb- und damit auch der Pflichtteilsquoten anderer Pflichtteilsberechtigter führt.

2. Testamentarische Regelungen

408 Eine Reduzierung der Liquiditätsbelastung kann zwar dadurch erreicht werden, dass der (ansonsten) Pflichtteilsberechtigte **mindestens in Höhe seiner Pflichtteilsquote zum Erben eingesetzt wird.** Jedoch schafft dies bei vorhandenem betrieblichen Vermögen neue Probleme im Rahmen der Erbauseinandersetzung. Mit einer Teilungsanordnung wird das Risiko geschaffen, dass der Pflichtteilsberechtigte die Erbschaft ausschlägt und gem § 2306 I 2 BGB seinen Pflichtteil verlangt. Auch die Zuwendung eines Vermächtnisses statt der Erbeinsetzung ver-

---

5 Minderjährige bedürfen der Zustimmung des Vormundschaftsgerichts (§ 2347 BGB), die in der Regel nicht erteilt wird

6 Zu den zahlreichen Möglichkeiten siehe Kapitel 2 C. IV. sowie Kapitel 3 A. IV und 3 C. II. (Pflichtteilsverzichtsvertrag)

schafft dem Pflichtteilsberechtigten die Möglichkeit, nach Vermächtnisausschlagung den Pflichtteil in Geld zu beanspruchen (§ 2307 I 1 BGB).

Zur Reduzierung von Pflichtteilsgefahren bei Berliner Testamenten empfiehlt sich grundsätzlich die Aufnahme einer **Pflichtteilsstrafklausel** in die letztwillige Verfügung. Eine solche Klausel kann allerdings die Geltendmachung von Pflichtteilsansprüchen durch die im ersten Erbfall enterbten Schlusserben nicht verhindern, sie kann lediglich von der Geltendmachung von Pflichtteilsansprüchen abschrecken. Die Pflichtteilsstrafklausel bestimmt nämlich, dass die Geltendmachung von Pflichtteilsansprüchen im ersten Erbfall dazu führt, dass der Pflichtteilsberechtigte auch im zweiten Erbfall lediglich den Pflichtteil erhält, somit für diesen Erbfall enterbt wird. Die Unattraktivität der Geltendmachung des Pflichtteils kann noch gesteigert werden, wenn die Ehegatten für diesen Fall den anderen Kindern Vermächtnisse in Höhe der gesetzlichen Erbteile aussetzen, deren Fälligkeit auf den Tod des längerlebenden Ehegatten hinausgeschoben ist (sog Jastrowsche Klausel). Dies hat zur Folge, dass der Nachlass des Erstversterbenden in Höhe der Vermächtnisse nicht auf den Längerlebenden übergeht und bei der Pflichtteilsberechnung im zweiten Erbfall somit unberücksichtigt bleibt. Eine doppelte Beteiligung der Pflichtteilsberechtigten am Nachlass des Erstversterbenden kann so vermieden werden.[7] 409

Praxis-Tipp:

Zur Bewahrung erbschaftsteuerlicher Gestaltungschancen sollte die »Bestrafung« nur erfolgen, wenn das Kind im Erstversterbensfall »ohne Einverständnis des längerlebenden Elternteils« den Pflichtteil geltend macht. Dies eröffnet die Möglichkeit, noch nach dem Erbfall darüber zu entscheiden, ob durch die Geltendmachung von Pflichtteilsansprüchen erbschaftsteuerliche Freibeträge der Schlusserben, die beim Berliner Testament grundsätzlich verloren gehen, genutzt werden sollen. 410

In praktisch sehr seltenen Fällen, nämlich wenn der Pflichtteilsberechtigte dem Erblasser, dessen Ehegatten oder einem Abkömmling nach dem Leben trachtet, sich eines Verbrechens oder schweren vorsätzlichen Vergehens gegen den Erblasser schuldig macht, seine dem Erblasser gegenüber gesetzlich obliegende Unterhaltspflicht gröblich verletzt oder aber einen ehrlosen oder unsittlichen Lebenswandel wider den Willen des Erblassers führt, kann ihm der **Pflichtteil entzogen** werden (§ 2333 BGB). Dabei reicht es nicht aus, dass die Pflichtteilsentziehungsgründe tatsächlich vorliegen. Sie müssen im Testament auch benannt werden und zwar möglichst präzise, so dass man weiß, welcher Lebenssachverhalt gemeint ist. 411

7 Hierzu ausführlich Nieder, Handbuch der Testamentsgestaltung, Rn 839 f mit Hinweis auf die Verbesserungsvorschläge von Weiss, MDR 1979, 812; Strobl, MDR 1980, 363 und von Oelshausen, DNotZ 1979, 707, 714, Fußnote 19 und mit Formulierungsvorschlag; kritisch hierzu J. Mayer in: Dittmann/Reimann/Bengel, Testament und Erbvertrag, S 262 ff sowie ders ZEV 1995, 137 f – Schenkungsteuerlich ist die nachstufige Regelung des § 6 Abs. 4 ErbStG zu beachten; Daragon DStR 1999, 393 empfiehlt als Ausweichgestaltung die Auflage.

412 Wird die Geltendmachung von Pflichtteilsansprüchen im nächsten Erbfall, also beim Tod des Erben befürchtet, kann sich zur Pflichtteilsreduzierung die Anordnung einer **Vor- und Nacherbschaft** empfehlen.

413 Möchte beispielsweise der Seniorunternehmer sein Unternehmen seinem Sohn vererben, der es später der bisherigen Familientradition entsprechend wiederum seinen Söhnen vererben wird, so kann zur Reduzierung der Pflichtteilsansprüche der »ungeliebten Schwiegertochter« bei Versterben des Sohnes der Senior seinen Sohn als Voreben und bereits seine Enkel als Nacherben einsetzen. Die Enkel erben dann unmittelbar vom Großvater. Da das Unternehmen nicht in den Nachlass des Sohnes fällt, kann die Schwiegertochter hieraus keine Pflichtteilsansprüche herleiten.

414 Eine ähnliche Konstellation ergibt sich bei Wiederverheiratung des längerlebenden Ehegatten. Folgt dieser beispielsweise einer im gemeinschaftlichen Testament mit dem ersten Ehemann angeordneten Schlusserbeneinsetzung der gemeinsamen Kinder,[8] so kann der zweite, in diesem Fall enterbte Ehemann, einen Pflichtteilsanspruch geltend machen. Dessen Höhe bestimmt sich aber nach dem gesamten Nachlass, also auch unter Berücksichtigung desjenigen Vermögens, welches die Ehefrau vom ersten Ehemann erhalten hat. Der auf dieses Vermögen bezogene Pflichtteilsanspruch wird jedoch vermieden, wenn die Ehefrau als Vorerbin und die Kinder als Nacherben eingesetzt werden.[9]

3. Maßnahmen vorweggenommener Erbfolge

415 Unternehmer, die gehört haben, dass sich die Höhe des Pflichtteils nach der Hälfte des Wertes des gesetzlichen Erbteils bemisst, kommen häufig auf den in der Tat naheliegenden Gedanken, bereits zu Lebzeiten dem potentiellen Unternehmensnachfolger Gesellschaftsbeteiligungen zu übertragen. Der Nachlass und der sich hieraus berechnende Pflichtteil fällt dann, so die Hoffnung des Unternehmers, entsprechend geringer aus. Die Rechnung des Unternehmers geht auf, wenn dieser nach der Schenkung noch 10 Jahre lebt. Ansonsten aber entstehen den Pflichtteilsberechtigten sog **Pflichtteilsergänzungsansprüche**. Deren Höhe ermittelt sich in der Weise, dass dem Nachlass sämtliche Schenkungen hinzugerechnet werden, die der Erblasser in den letzten 10 Jahren vor dem Erbfall getätigt hat (§ 2325 BGB). Schenkungen unter Ehegatten sind als Gestaltung zur Pflichtteilsreduzierung demgegenüber gänzlich ungeeignet. Bei Ehegattenschenkungen beginnt der Lauf der 10-Jah-

---

8 Das gemeinschaftliche Testament sollte einen Verzicht des längerlebenden Ehegatten auf sein Anfechtungsrecht nach § 2079 BGB vorsehen, das gerade bei Wiederverheiratung relevant wird

9 Solche Vor- und Nacherbschaftsgestaltungen sind selbst bei weitestgehender Befreiung des Vorerben von den gesetzlichen Beschränkungen keine Ideallösung, dennoch sind sie mE. den strengeren und hinsichtlich ihrer Zulässigkeit umstrittenen Wiederverheiratungsklauseln (ausführlich hierzu Nieder, Handbuch der Testamentsgestaltung, Rn 855 ff, dort auch zur Wiederverheiratungsklausel bei Vor- und Nacherbschaft) vorzuziehen; kritisch zu den Wiederverheiratungsklauseln Mayer in: Dittmann/Reimann/Bengel, Testament und Erbvertrag, § 2269 Rn 58 ff

resfrist nämlich erst bei Beendigung der Ehe (§ 2325 III 2 BGB). Wer aber eine Schenkung an den Ehegatten zur Pflichtteilsreduzierung als Gestaltungsmittel ins Auge fasst, wird sicherlich nicht von einer zeitnahen Beendigung der Ehe ausgehen.

Pflichtteilsergänzungsansprüche entstehen auch bei Schenkungen unter Nieß- **416**
brauchsvorbehalt. Nach höchstrichterlicher Rechtsprechung hindert nämlich der Vorbehalt des Nießbrauchs den Lauf der 10-Jahresfrist.[10]

4. Gesellschaftsrechtliche Gestaltungen

Der Tod des Gesellschafters einer Personenhandelsgesellschaft hat nach der **417**
gesetzlichen Regelung des § 131 III Nr. 1 HGB zur Folge, dass der Gesellschafter aus der Gesellschaft ausscheidet und sein Gesellschaftsanteil den verbleibenden und fortführenden Gesellschaftern anwächst. Dem ausscheidenden Gesellschafter steht gegenüber den fortführenden Gesellschaftern ein Abfindungsanspruch in Höhe des Verkehrswerts seines Anteils zu.[11] Dieser Abfindungsanspruch fällt in den Nachlass und kann von den Erben geltend gemacht werden. Als Nachlassbestandteil ist er bei der Berechnung von Pflichtteilsansprüchen zu berücksichtigen.

Jedoch haben die Gesellschafter die Möglichkeit, abweichend von den gesetz- **418**
lichen Regelungen, die Abfindung zu reduzieren oder – bei Ausscheiden des Gesellschafters durch Tod – sogar gänzlich auszuschließen.[12] In letzterem Falle gibt es somit keinen Abfindungsanspruch, der in den Nachlass fallen und bei der Berechnung des Pflichtteilsanspruchs berücksichtigt werden könnte.

Jedoch könnte die Anwachsung bei den fortführenden Gesellschaftern **419**
Pflichtteilsergänzungsansprüche begründen. Dies würde voraussetzen, dass die gesetzlich vorgesehene Anwachsung aufgrund des gesellschaftsvertraglich vereinbarten Abfindungsausschlusses als Schenkung zu qualifizieren ist.[13] Die höchstrichterliche Rechtsprechung kommt jedoch zu einem anderen Ergebnis, wenn der Abfindungsausschluss bei Ausscheiden durch Tod für **alle** Gesellschafter vereinbart wurde.[14] In diesem Fall gehen nämlich alle Gesellschafter das Risiko ein, den eigenen Anteil ohne Abfindung zu verlieren, was der BGH offenbar als Gegenleistung für die Chance qualifiziert, den Gesellschaftsanteil der anderen Gesellschafter ohne Abfindungsverpflichtung zu erwerben.[15] Diese sog Wagnis-Rechtsprechung des BGH hat im Schrifttum erhebliche Kritik erfahren. So wurde eingewandt, dass die Qualifizierung des

10 Allerdings ist bei der Berechnung des Pflichtteilsergänzungsanspruchs der Kapitalwert des Nießbrauchs vom Wert des Schenkgegenstandes abzuziehen, wenn der inflationsbereinigte Wert des Schenkgegenstandes im Zeitpunkt des Schenkungsvollzugs geringer ist als der Wert im Zeitpunkt des Erbfalls; siehe hierzu bereits oben Rn 96

11 Siehe hierzu bereits oben Rn 281

12 Siehe hierzu bereits oben Rn 293

13 Zu diesem Ergebnis kommen insb MüKo-Frank, BGB, § 2325 Rn 16; Soergel-Dieckmann, BGB, § 2325 Rn 27, jeweils mwN

14 BGHZ 22, 186, 194

15 BGH NJW 1981, 1956, 1957

allseitigen Abfindungsausschlusses als entgeltliches Geschäft dem wirtschaftlichen Sinn der Vereinbarung nicht gerecht werde und mit den Grundgedanken des Pflichtteilsrechts kollidiere.[16] Dennoch eröffnet die gegenwärtige Rechtsprechung Gestaltungschancen.

Fall:

420 *Der verwitwete U ist Inhaber eines Einzelunternehmens im Verkehrswert von 10 000 000 DM, welches er spätestens im Erbfall auf seine aus zweiter Ehe stammende Tochter, die bereits im Unternehmen tätig ist, übertragen möchte. Sein aus erster Ehe stammender Sohn, mit dem er sich überworfen hat, soll nicht ins Unternehmen nachfolgen. Da sonstiges Vermögen nicht vorhanden ist, wird der Sohn im Erbfall somit leer ausgehen. Die Tochter als Alleinerbin muss hingegen befürchten, dass ihr Halbbruder im Erbfall Pflichtteilsansprüche in Höhe von 2 500 000 DM geltend macht. Eine solche Liquiditätsbelastung erscheint ihr für das Unternehmen aber kaum verkraftbar. Vater und Tochter suchen daher nach Gestaltungsmöglichkeiten, die Pflichtteilsansprüche des Sohnes zu reduzieren.*

421 Das Gesellschaftsrecht eröffnet im Beispielsfalle keine Gestaltungssicherheit, wohl aber Gestaltungschancen, die im Bewusstsein der bestehenden Risiken zu nutzen sich durchaus anbieten können. Eine erste pflichtteilsreduzierende Maßnahme könnte darin gesehen werden, dass der U seiner Tochter im Rahmen vorweggenommener Erbfolge die Hälfte seines Unternehmens überträgt, wobei freilich dem Gestaltungsziel der Sicherung der eigenen Altersversorgung des U Rechnung zu tragen ist. Der U wird mit seiner Tochter eine Gesellschaft zu gründen haben, in welche er sein Einzelunternehmen teils auf eigene Rechnung, teils auf Rechnung der Tochter einbringt. Sofern die Tochter eine beschränkt haftende Gesellschafterstellung übernimmt, handelt es sich um eine Schenkung, die einen Pflichtteilsergänzungsanspruch des Sohnes begründet, wenn U innerhalb der nächsten 10 Jahre verstirbt. Lebt er hingegen länger, ist die Tochter in Höhe von 1,25 Mio. DM von Pflichtteilsansprüchen des Halbbruders entlastet.

422 Sofern die Tochter eine **persönlich haftende Gesellschafterstellung** übernimmt, kann die Qualifizierung der Aufnahme in das Einzelunternehmen als Schenkung auf Grundlage der Rechtsprechung des BGH angezweifelt werden. Der BGH sieht – zu Unrecht freilich[17] – in der Übernahme der persönlichen Haftung des aufgenommenen Gesellschafters auch für Altverbindlichkeiten, in seiner Beteiligung am Verlust sowie in seiner Verpflichtung zur Geschäftsführung unter Einsatz der vollen Arbeitskraft eine vollwertige Gegenleistung für die Übernahme der Gesellschaftsbeteiligung. Gründen Vater und Tochter beispielsweise eine offene Handelsgesellschaft, könnte der Sohn mangels Schenkung des Vaters keinen Pflichtteilsergänzungsanspruch geltend machen.

---

16 MüKo-Frank, BGB, § 2325 Rn 16 mwN; Kerscher/Tanck, Pflichtteilsrecht, S 192 f
17 Siehe hierzu bereits oben Rn 30 ff

Allerdings wäre auch hier, wie in jedem Einzelfall zu prüfen, ob besondere Umstände vorliegen, die eine Abweichung von vorgenanntem Grundsatz, die Aufnahme eines Gesellschafters in eine offene Handelsgesellschaft stelle im allgemeinen keine Schenkung im Sinne des § 516 BGB dar, rechtfertigen. Der BGH hat hierzu allerdings betont, dass es für die Qualifizierung als Schenkung nicht darauf ankomme, ob die Beteiligten den Gesellschaftsvertrag zu dem Zweck geschlossen haben, die Pflichtteilsansprüche zu mindern. Es sei sogar unmaßgeblich, ob eine solche Absicht der einzige Zweck des Gesellschaftsvertrages war. Allerdings spräche ein solcher Zweck im besonderen Maße für den Schenkungswillen der Beteiligten.[18] Hingegen ist es für den BGH von Relevanz, ob die Beteiligten bei Abschluss des Gesellschaftsvertrages von **unterschiedlichen Lebenserwartungen** ausgegangen sind. Eine unterschiedliche Lebenserwartung kann einmal durch das unterschiedliche Lebensalter der Gesellschafter, weiterhin durch den schlechten Gesundheitszustand eines Gesellschafters begründet sein. Während den Äußerungen des BGH zu entnehmen ist, dass die Kenntnis der Gesellschafter von einer verminderten Lebenserwartung eines Gesellschafters (des späteren Erblassers) im Zeitpunkt der Gesellschaftsgründung die Annahme einer – ggf gemischten – Schenkung nahelegt,[19] fehlen Hinweise dazu, welcher Altersunterschied die Qualifizierung als Schenkung rechtfertigen kann. Ob bereits der Unterschied einer Generation für die Annahme einer Schenkung genügt, ist daher offen und bei entsprechenden pflichtteilsreduzierenden Gestaltungen als Risiko zu berücksichtigen. 423

Hinsichtlich des bei dem U verbliebenen Gesellschaftsanteil im Wert von 5 Mio. DM kann sich unter Beibehaltung der gesetzlichen Regelung des § 131 III Nr. 1 HGB der **gesellschaftsvertragliche Ausschluss einer Abfindung** im Falle eines Ausscheidens eines Gesellschafters durch Tod anbieten. Sofern auf Grundlage der Wagnisrechtsprechung des BGH der statistisch wahrscheinlichere Erwerb des Gesellschaftsanteils des U durch T durch Anwachsung ohne Abfindung nicht als Schenkung zu qualifizieren ist, wird der S auch hinsichtlich dieses Vermögens keine Pflichtteilsansprüche geltend machen können. Jedoch gelten auch hier die vorgenannten Vorbehalte bei unterschiedlicher Lebenserwartung der Gesellschafter. Darüber hinaus wird man angesichts der umfassenden Kritik im Schrifttum für die Zukunft eine Änderung der Rechtsprechung nicht ausschließen können. 424

5. Entgeltliche Geschäfte

Der Pflichtteilsergänzungsanspruch nach § 2325 BGB bezieht sich nur auf lebzeitige Schenkungen des Erblassers. Entgeltliche Geschäfte, bei welchem der spätere Erblasser somit ein Äquivalent für die Hingabe seines Vermögensgegenstandes erhält, begründen keine Pflichtteilsergänzungsansprüche. Der lebzeitige Verkauf des Unternehmens oder von Unternehmensteilen kann daher ebenfalls Gestaltungsmittel zur Pflichtteilsreduzierung sein. 425

18 BGH NJW 1981, 1956, 1957

19 BGH NJW 1981, 1956, 1957; nach KG DNotZ 1978, 109, 112 reicht allein die Tatsache, dass der Erblasser an Krebs erkrankt war und bereits 16 Tage nach Abschluss des Gesellschaftsvertrages verstorben ist, für die Annahme einer gemischten oder verschleierten Schenkung nicht aus

Fall:

> *Der U ist in zweiter Ehe verheiratet mit der deutlich jüngeren E. Aus erster Ehe stammen zwei Kinder, mit denen U sich überworfen hat. Da die E im Unternehmen des U mitarbeitet, soll sie spätestens im Erbwege bei gleichzeitigem Ausschluss der Kinder von der Erbfolge das Unternehmen erhalten. Der U befürchtet die Geltendmachung von Pflichtteilsansprüchen durch seine Kinder und möchte dem durch lebzeitige Maßnahmen vorbeugen.*

426 Ein erster, häufig von den Betroffenen bereits selbst entwickelter »Gestaltungstipp« könnte darin gesehen werden, das Unternehmen deutlich unter Wert zu verkaufen. Tatsächlich können die Parteien eines Kaufvertrages selbst den Wert der jeweils auszutauschenden Leistungen frei bestimmen. Sie entscheiden damit selbst über die Entgeltlichkeit oder (teilweise) Unentgeltlichkeit des jeweiligen Geschäfts. Für die Frage des Vorliegens einer Schenkung oder gemischten Schenkung findet der Parteiwille dort seine Grenze, wo die Bewertung von Leistung und Gegenleistung jeder sachlichen Grundlage entbehrt und somit rein willkürlich erfolgt.[20] Allerdings hat der Pflichtteilsberechtigte den den Pflichtteilsergänzungsanspruch begründenden Tatbestand, somit das Vorliegen einer gemischten Schenkung und somit auch den Willen der Parteien zu einer solchen Schenkung, zu beweisen. Die Rechtsprechung kommt ihm hierbei durch eine **Beweiserleichterung** entgegen. Gelingt es dem Pflichtteilsberechtigten das Vorliegen eines auffälligen und **groben Missverhältnisses zwischen Leistung und Gegenleistung** zu beweisen, so spricht nach Auffassung des BGH eine tatsächliche Vermutung dafür, dass sich die Parteien über die Unentgeltlichkeit der Wertdifferenz einig waren. Gelingt es dem pflichtteilsverpflichteten Erben nicht, diese Vermutung zu widerlegen, so ist von einer gemischten Schenkung auszugehen mit der Folge, dass die Wertdifferenz dem Nachlass für die Berechnung des Pflichtteils hinzuzurechnen ist.[21] Bis zur Grenze des Missverhältnisses zwischen Leistung und Gegenleistung[22] kann ein entgeltliches Geschäft somit pflichtteilsreduzierende Auswirkungen haben.

427 Was einem entgeltlichen Geschäft aber häufig entgegensteht, ist die damit für den Verkäufer verbundene Ertragsteuerbelastung und die Liquiditätsbelastung des zukünftigen Erben. Die Steuerbelastung wird bei Veräußerung von Kapitalgesellschaftsanteilen durch das Halbeinkünfteverfahren gemildert. Sollen Anteile an Personenhandelsgesellschaften oder ein Einzelunternehmen veräußert werden, wird sich ein entgeltliches Geschäft innerhalb der Familie hingegen nur lohnen, wenn die Voraussetzungen für die Inanspruchnahme des halben Steuersatz nach §§ 34, 16 EStG vorliegen und gleichzeitig der Käufer Abschreibungsvolumen generieren kann. Zur Vermeidung einer Liquiditäts- oder Finanzierungsbelastung des Käufers (im Beispiel der Ehefrau) kann der

---

20 BGHZ 59, 123, 136; BGH NJW 1981, 2458, 2459; BGH FamRZ 1989, 732

21 MüKo-Frank, BGB, § 2325 Rn 12 mw Rechtsprechungsnachweisen; Kerscher/Tanck, Pflichtteilsrecht, S 121 ff; nach BGH NJW 1995, 1349 sollen die vorgenannten Beweiserleichterungen bereits dann greifen, wenn die Wertdifferenz über ein geringes Maß deutlich hinausgeht

22 Kerscher/Tanck sehen ein solches Missverhältnis bereits bei einer Wertdifferenz von 20 bis 25 %

Kaufpreis ratenweise oder sogar als **Leibrentenkauf** vereinbart werden.[23] Beim Leibrentenkauf handelt es sich um ein Wagnisgeschäft. Der Verkäufer geht das Risiko ein, vor Ablauf seiner statistischen Lebenserwartung zu sterben und somit nicht den vollen Gegenwert seiner Leistung zu erhalten. Der Käufer trägt hingegen das Risiko, über die statistische Lebenserwartung des Verkäufers hinaus weiterhin eine Leibrente zahlen zu müssen. Nach herrschender Meinung sind solche gewagten Geschäfte wie ein Leibrentenkauf grundsätzlich entgeltliche Geschäfte, denn maßgeblich für die Frage, ob eine gemischte Schenkung oder ein voll entgeltliches Geschäft vorliegt, ist der Zeitpunkt der Zuwendung.[24] Im Beispielsfall könnte sich bei überschaubaren ertragsteuerlichen Auswirkungen ein solcher Leibrentenkauf empfehlen. Die Eheleute leben ohnehin von den Erträgen aus dem Unternehmen und es macht keinen wesentlichen Unterschied, ob dem U die Erträge insgesamt unmittelbar aus dem Unternehmen zufließen oder, bei Veräußerung beispielsweise des hälftigen Unternehmens an seine Ehefrau, in Form einer von dieser zu erbringenden Leibrente.[25]

Eine weitere Möglichkeit der Reduzierung von Pflichtteilsansprüche durch ein entgeltliches Geschäft bietet das eheliche Güterrecht. 428

Fall:

Der U ist Inhaber eines Einzelunternehmens im Verkehrswert von 2,5 Mio. €, seine Ehefrau ist Eigentümerin des selbstgenutzten Einfamilienhauses im Verkehrswert von 250 000 €. Die beiden sind ohne Vermögen in die Ehe gegangen, aus der der Sohn S hervorgegangen ist. Die Eheleute haben ein Berliner Testament errichtet und fürchten, dass ihr Sohn, der sich regelmäßig in Geldnöten befindet, im statistisch wahrscheinlicheren Fall des Erstversterbens des U seinen Pflichtteil beansprucht. Der U möchte daher zur Reduzierung der Pflichtteilsgefahr seiner Ehefrau 45 % seines Einzelunternehmens übertragen. 429

Sofern der U seiner Ehefrau die 45 %ige Unternehmensbeteiligung im Verkehrswert von 1 125 000 € schenkt, löst dies zum einen Schenkungsteuer aus, zum anderen wird das erkannte Pflichtteilsproblem nicht gelöst, sondern 430

23 In steuerlicher Hinsicht könnte dann der Verkäufer zwischen einer begünstigten Sofortversteuerung und einer Besteuerung der Rentenzahlung als nachträgliche Betriebseinnahme im Sinne des § 15 iVm § 24 Nr. 2 EStG wählen; siehe R. 139 XI EStR

24 MüKo-Frank, BGB, § 2325 Rn 13; RGRK-Johannsen, BGB, § 2325 Rn 10; BGH NJW 1981, 2458, 2459

25 Die beim Leibrentenverkauf entstehende Ertragsteuerbelastung könnte grundsätzlich vermieden werden, wenn der Ehemann seiner Ehefrau die Unternehmensanteile gegen deren Zusage zur Zahlung lebenslänglicher Versorgungsleistungen in Form einer dauernden Last oder einer Leibrente überträgt (zu deren steuerlichen Auswirkungen siehe bereits oben Rn 145 ff) Jedoch wird zur Erlangung der angestrebten ertragsteuerlichen Vorteile der Vertrag so zu gestalten sein, dass der Kapitalwert der Versorgungsleistungen nicht nach kaufmännischen Gesichtspunkten bestimmt wird, somit nicht einem angemessenen Kaufpreis entspricht. Die Pflichtteilsberechtigten werden daher schon auf Grundlage des Vertragstextes eher den Einwand erheben können, das vorliegend zwischen Ehemann und Ehefrau kein entgeltliches, sondern eben ein unentgeltliches Geschäft vereinbart wurde

nochmals verschärft. Im Falle des Erstversterbens des U ist die geschenkte Unternehmensbeteiligung dem Nachlass bei der Ermittlung des Pflichtteilsergänzungsanspruchs hinzuzurechnen.[26] In dem zwar statistisch unwahrscheinlicheren, dennoch aber nicht auszuschließenden Fall des Erstversterbens der E fällt der Pflichtteilsanspruch des Sohnes aufgrund der Erhöhung des Nachlasswertes um 1 125 000 € sogar deutlich höher aus. Das von U angestrebte Gestaltungsziel kann jedoch erreicht werden, wenn die Eheleute vom gesetzlichen Güterstand der Zugewinngemeinschaft in den Güterstand der Gütertrennung wechseln und den zwischenzeitlich entstandenen Zugewinn vorzeitig ausgleichen.[27] Der Zugewinnausgleichsanspruch beträgt im Beispielsfall bei einem Anfangsvermögen beider Ehegatten von 0 und einem »Endvermögen« des Ehemanns von 2 500 000 € und der Ehefrau von 250 000 € die Hälfte der Wertdifferenz, somit 1 125 000 €. Der Ausgleichsanspruch kann vom Ehemann auch in Sachleistungen, beispielsweise also der 45 %igen Unternehmensbeteiligung erbracht werden. Zwar ist bisher von der Rechtsprechung noch nicht entschieden worden, ob im Wechsel vom gesetzlichen Güterstand zur Gütertrennung und der dadurch bedingten Auslösung eines Zugewinnsausgleichs eine Schenkung gem. § 2325 BGB gesehen werden kann. Für die Frage des Vorliegens eines entgeltlichen oder unentgeltlichen Geschäfts kann es jedoch nur darauf ankommen, ob die Leistung freiwillig – dann Schenkung – oder in Erfüllung eines durch Rechtsgeschäft oder Gesetz begründeten Anspruchs – dann entgeltliches Geschäft – erfolgt. Der vorzeitige Ausgleich des Zugewinns anlässlich des Güterstandwechsels ist daher nicht als Schenkung zu qualifizieren und begründet somit keinen Pflichtteilsergänzungsanspruch.[28]

431 Eine pflichtteilsreduzierende Maßnahme kann schließlich auch die Verpachtung des Betriebes an den Unternehmensnachfolger sein. Der Effekt resultiert daraus, dass selbst bei angemessener Unternehmenspacht der Unternehmenswert des Verpächterunternehmens regelmäßig geringer sein wird als der des operativen Geschäfts vor Abschluss des Pachtvertrages.

26 Der Lauf der 10-Jahresfrist des § 2325 BGB beginnt erst bei Beendigung der Ehe, § 2325 III 2. Hs BGB

27 Zum vorzeitigen Zugewinnausgleich bei Fortführung des gesetzlichen Güterstandes und der sich daraus ergebenden erbschaftsteuerlichen Auswirkungen siehe Hüttemann, DB 1999, 248

28 MüKo-Frank, BGB, § 2325 Rn 13 mit der allerdings vorsichtigen Formulierung, dass eine Qualifizierung des Zugewinnausgleichs bei Güterstandswechsel als Schenkung gem § 2325 BGB »wohl verneint werden müsse«; Wegmann, ZEV 1996, 201, 206 f mit dem für die vorstehende Gestaltung zutreffenden Hinweis auf das Risiko, dass die Eheleute in der »falschen Reihenfolge« sterben können und den Nachteil, das bei Vorhandensein von zwei oder mehr Kindern der Wechsel zur Gütertrennung zu einer Erhöhung der Pflichtteilsquote der Kinder führt, weshalb sich ein späterer Wechsel wieder zur Zugewinngemeinschaft empfehlen kann

II. Schutz vor Zugewinnausgleichsansprüchen

1. Der Zugewinnausgleichsanspruch

Auch der Zugewinnausgleichsanspruch (§ 1378 BGB) ist ein mit Beendigung der Ehe – genauer: mit Beendigung des Güterstands der Zugewinngemeinschaft (§ 1363 II 2 BGB) – fällig werdender, in Geld zu leistender Anspruch, der vom Ausgleichspflichtigen »nach Steuern« zu erbringen ist. Für den Mittelstand ist es geradezu typisch, dass die im Unternehmen erwirtschafteten Erträge, soweit sie nicht für die Lebenshaltung erforderlich sind, wieder im Unternehmen reinvestiert werden. Wird, wie meist, das Unternehmen lediglich von einem Ehegatten gehalten, so findet ein Vermögenszuwachs in der Regel nur bei ihm statt. Zum Aufbau privater Vermögenssubstanz beim anderen Ehegatten fehlen hingegen die Mittel. Ein solcher einseitiger Vermögenszuwachs auf Seiten des Unternehmer-Ehegatten aber verschärft das im gesetzlichen Güterstand bestehende Liquiditätsrisiko durch Geltendmachen von Zugewinnausgleichsansprüchen, insbesondere im Falle der Scheidung. 432

Fall:

Die Eheleute U und E haben mit nichts angefangen. Dem U ist es jedoch, unterstützt durch seine Ehefrau, die sich gleichzeitig um Haushalt und Kinder gekümmert hat, gelungen, ein Unternehmen aufzubauen, welches nach Abzug eines angemessenen Unternehmergehalts Erträge von 200 000 € erzielt. Da diese Erträge auch zukünftig zu erwarten sind, liegt der Verkehrswert des Unternehmens in einer Größenordnung von 2 000 000 €. Daneben haben beide Eheleute Privatvermögen im Wert von jeweils 50 000 €. Nicht so rosig sieht jedoch das Privatleben der Eheleute aus. Es kommt zur Scheidung und die Ehefrau macht – neben Unterhaltsansprüchen – den ihr zustehenden Zugewinnausgleichsanspruch geltend. 433

Bei vorgenannten Vermögenskonstellationen ist der U einem Zugewinnausgleichsanspruch von immerhin 1 Mio. € ausgesetzt. Dies ergibt sich aus den Regelungen der §§ 1373 ff BGB. Hiernach ist zunächst der Zugewinn eines jeden Ehegatten zu ermitteln, also derjenige Betrag, um den das Endvermögen des Ehegatten sein Anfangsvermögen übersteigt. Fällt der Zugewinn des einen Ehegatten höher aus als der Zugewinn des anderen, so hat er die Hälfte seines Zugewinnüberschusses dem anderen Ehegatten in Geld auszugleichen. 434

Im Fall ist daher zu rechnen: 435

	Ehemann		**Ehefrau**
Anfangsvermögen	0 €		0 €
Endvermögen	2 050 000 €		50 000 €
Zugewinn somit	2 050 000 €		50 000 €
Zugewinndifferenz		2 000 000 €	
		: 2	
Zugewinnausgleichsanspruch		**1 000 000 €**	

436 Da das Vermögen des U im Unternehmen gebunden ist, wird er gezwungen sein, zur Erfüllung des Zugewinnausgleichsanspruchs seiner Ehefrau einen Kredit aufzunehmen. Es ist bereits fraglich, ob er eine Bank finden wird, die eine solche Finanzierung übernimmt. Denn selbst Investitionskredite in der vorliegenden Größenordnung würden Banken kritisch prüfen. Vorliegend aber handelt es sich sogar um einen »verlorenen Zuschuss« an die geschiedene Ehefrau, also einen Kredit, der sich nicht in einer Erhöhung der Ertragskraft des Unternehmens niederschlägt. Ein weiteres Problem schafft die Tatsache, dass der Ausgleichsanspruch und damit die Finanzierungsbelastungen steuerlich nicht effektuierbar sind. Sofern es dem U gelingt, ein Kreditinstitut zu einer mittelfristigen Finanzierung zu bewegen, wird er bei einer Laufzeit von zehn Jahren und einer unterstellten Annuität von 15 % eine jährliche Belastung von 150 000 € zu verkraften haben. Vom Jahresertrag aus seinem Unternehmen iHv 200 000 € verbleiben ihm aber nach Steuern lediglich ca 100 000 €. Der Bestand des Unternehmens ist daher in erheblichem Maße gefährdet.

437 Bei familieninternen Unternehmensnachfolgen ist es allerdings häufig so, dass der Junior das Unternehmen von den Senioren **geschenkt oder vererbt erhalten** hat. Bei vielen Unternehmern besteht die insoweit beruhigende Vorstellung, dass geschenktes und ererbtes Vermögen bei der Berechnung des Zugewinnausgleichsanspruchs außen vor bleibt. Die Regelung des Gesetzes sieht jedoch anders aus. Nach § 1374 II BGB ist das Vermögen, welches ein Ehegatte von Todes wegen oder durch Schenkung im Rahmen vorweggenommener Erbfolge erhalten hat, dem Anfangsvermögen hinzuzurechnen. Die Hinzurechnung erfolgt in Höhe des (inflationsbereinigten) Wertes im Zeitpunkt der Schenkung oder des Erbfalls. Dies aber bedeutet, dass Wertsteigerungen nach dem Erwerb durch Schenkung oder Erbfall bis zum Zeitpunkt der Beendigung des Güterstandes durchaus ausgleichspflichtig sind.

Fall:

Der Vater des U hatte sich erst sehr spät zur Übertragung seines Unternehmens auf den Sohn entschlossen. Er wurde hierzu mehr oder weniger von den Banken gedrängt, weil die Erträge des Unternehmens immer geringer ausfielen. Der Verkehrswert des Unternehmens betrug im Zeitpunkt der dann endlich 1980 erfolgten Schenkung lediglich noch 100 000 €. Nachdem der U das Unternehmen übernommen hatte, war die Bank zur Finanzierung notwendiger Neuinvestitionen bereit. Die Expansion gelang und das Unternehmen repräsentiert seit 1995 nahezu gleichbleibend einen Verkehrswert von 2 500 000 €. Im Jahr 2000 musste U jedoch im privaten Bereich einen Rückschlag hinnehmen. Seine Ehefrau, mit der er seit 1975 verheiratet war, reichte die Scheidung ein. Die Eheleute hatten in 1975 beide Barvermögen von jeweils 50 000 € mit in die Ehe gebracht, die Ehefrau darüber hinaus das heute noch zu eigenen Wohnzwecken genutzte Einfamilienhaus im damaligen Verkehrswert von 200 000 €, welches heute das Doppelte, nämlich 400 000 € wert ist. Ihr Barvermögen ist auf 100 000 € angewachsen. Der U hat sein sämtliches Vermögen ins Unternehmen investiert.

Die Ehefrau könnte bei vorstehenden Vermögensverhältnissen den Zugewinnausgleichsanspruch geltend machen: 438

	Ehemann		Ehefrau
Anfangsvermögen 1975	50 000 €		250 000 €
+ Geschenk 1980	100 000 €		
Anfangsvermögen insgesamt	150 000 €		250 000 €
Endvermögen	2 500 000 €		500 000 €
Zugewinn	2 350 000 €		250 000 €
Zugewinndifferenz		2 100 000 €	
		: 2	
Ausgleichsanspruch		1 050 000 €	

Die vorstehende Berechnung bedarf jedoch noch einer Korrektur. Bisher unberücksichtigt geblieben ist nämlich die zwischenzeitliche Geldentwertung **(Kaufkraftschwund)**. Nach der Rechtsprechung aber soll ein lediglich inflationsbedingter Vermögenszuwachs bei der Berechnung des Zugewinns keine Berücksichtigung finden.[29] Die Korrektur der vorstehenden Rechnung hat also in der Weise zu erfolgen, dass das Anfangsvermögen (1975) beider Ehegatten mit einem Quotienten zu multiplizieren ist, der sich ergibt aus dem Indexstand im Jahr der Ehescheidung, dividiert durch den Indexstand im Jahr der Eheschließung. Maßgeblich ist der Preisindex für die Lebenshaltung aller privaten Haushalte.[30] Da der entsprechende Index – orientiert am Basisjahr 1995 = 100 in 1975 54,5 und im Jahr 2000 (erstes Halbjahr) 106,2 betrug, ergibt sich folgender Quotient: 439

$$\frac{Index\,2000}{Index\,1975} = \frac{106{,}2}{54{,}5} = 1{,}949$$

Mit diesem Quotienten ist also das Anfangsvermögen 1975 sowohl des Ehemannes als auch der Ehefrau zu multiplizieren. 440

Die gleiche Berechnung ist bezogen auf das Jahr 1980 für den damaligen Wert des Unternehmens vorzunehmen, welches U von seinem Vater geschenkt erhalten hatte. 441

Mit inflationsbereinigten Werten fällt der Zugewinnausgleichsanspruch der Ehefrau daher wie folgt aus: 442

	Ehemann		Ehefrau
Anfangsvermögen indexiert (× 1,949)	97 450 €		487 250 €
Geschenk indexiert (× 1,599)	159 900 €		
Anfangsvermögen insgesamt	257 350 €		487 250 €
Endvermögen	2 500 000 €		500 000 €
Zugewinn	2 242 650 €		12 750 €
Zugewinndifferenz		2 229 900 €	
		: 2	
Ausgleichsanspruch		1 114 950 €	

29 BGHZ 61, 385

30 Palandt/Brudermüller § 1376 Rn 26; BGHZ 61, 385, 393 verwendet den Preisindex für Arbeitnehmerhaushalte mit mittlerem Einkommen

443 Im Beispiel wirkt sich die Indexierung somit zu Lasten des U aus, was daran liegt, dass seine Ehefrau mehr Vermögen mit in die Ehe gebracht hatte.

444 Für abgebende Senioren kann es schließlich von Relevanz sein, wie sich **Schenkungen während der Ehe** – beispielsweise also die schenkweise Übertragung des Unternehmens an den Sohn – auf den eigenen Zugewinn auswirken. § 1375 II, III BGB ordnet hierzu an, dass solches verschenktes Vermögen dem Endvermögen des Schenkers hinzuzurechnen ist. Allerdings erfolgt die Zurechnung nicht, wenn die Schenkung mindestens zehn Jahre vor Beendigung des Güterstandes erfolgte oder der andere Ehegatte mit der Schenkung einverstanden war.[31]

2. Die beiden Wahlgüterstände

445 Der Zugewinnausgleichsanspruch entsteht nur bei Beendigung des gesetzlichen Güterstandes der Zugewinngemeinschaft. Die Eheleute haben jedoch die Möglichkeit, durch notariellen Ehevertrag einen anderen Güterstand zu wählen. Die beiden Güterstände, die der Gesetzgeber den Eheleuten zur Wahl stellt, sind die Gütertrennung und die Gütergemeinschaft.[32]

446 Die **Gütergemeinschaft** ist sehr umfangreich geregelt in den §§ 1415 bis 1518 BGB. In der Gütergemeinschaft erfolgt eine Aufteilung des Vermögens der Ehegatten in Gesamtgut, Sondergut und Vorbehaltsgut. Das Gesamtgut umfasst sämtliches Vermögen, welches nicht zum Sonder- oder Vorbehaltsgut gehört. Zum Sondergut zählt solches Vermögen, das nicht durch Rechtsgeschäft übertragen werden kann (§ 1417 BGB), so etwa auch Beteiligungen an Personengesellschaften, wenn deren Übertragung nicht im Gesellschaftsvertrag gestattet ist.[33] Das Vorbehaltsgut können zum einen die Eheleute im Ehevertrag bestimmen. Darüber hinaus aber können auch Dritte, die einem Ehegatten etwas schenken oder vererben, bestimmen, dass der Zuwendungsgegenstand nicht ins Gesamtgut fallen soll und somit ebenfalls zum Vorbehaltsgut zählt. Auch Surrogate für Gegenstände des Vorbehaltsguts gehören diesem weiterhin an.

447 Während das Gesamtgut von beiden Eheleuten gemeinschaftlich verwaltet wird, verwalten die Eheleute ihr Sonder- und Vorbehaltsgut jeweils selbständig. Allerdings verwalten sie das Sondergut für Rechnung des Gesamtguts, das Vorbehaltsgut für eigene Rechnung.

448 Der Güterstand der Gütergemeinschaft ist bei Vorhandensein von Unternehmensvermögen zu Recht relativ selten. Gehört das Unternehmen zum Gesamtgut, so unterliegt es der gesamthänderischen Bindung und untersteht

31 Wie diese Vorschrift erbschaftsteuerlich genutzt werden kann, zeigt Piltz, ZEV 1995, 139

32 Daneben kann es derzeit noch geben den vor dem 1. 7. 1958 geltenden gesetzlichen Güterstand der Verwaltung und Nutznießung des Mannes sowie den bis zum 3. 10. 1990 in der DDR geltenden gesetzlichen Güterstand der Errungenschaftsgemeinschaft; siehe zu letzterem die Überleitungsvorschrift in Art. 234 § 4 I EGBGB

33 MüKo-Kanzleiter, BGB, § 1417 Rn 4

grundsätzlich der gemeinschaftlichen Verwaltung durch die Eheleute.[34] Ein weiterer Nachteil ist aber vor allem darin zu sehen, dass ein jeder Ehegatte auch für die Schulden des anderen Ehegatten haftet. Gestaltungsmöglichkeiten für den Bereich der Unternehmensnachfolge verschafft allerdings § 1483 BGB. Hiernach besteht, bei entsprechender Vereinbarung im Ehevertrag, die Möglichkeit, dass bei Tod eines Ehegatten die Gütergemeinschaft vom überlebenden Ehegatten **mit den gemeinschaftlichen Abkömmlingen fortgesetzt** wird. Der Anteil des verstorbenen Ehegatten am Gesamtgut gehört dann nicht zum Nachlass. Zusammen mit der ehevertraglichen Regelung, dass die Verwaltung in der fortgesetzten Gütergemeinschaft allein beim überlebenden Ehegatten liegen soll, kann die Gütergemeinschaft bei »Problemkindern« dem Zusammenhalt des Vermögens unter Ausschaltung von Pflichtteilsansprüchen dienen. § 1477 II BGB hilft, die Teilung von Unternehmen zu vermeiden, wenn diese dem in Gütergemeinschaft lebenden Ehegatten geschenkt oder vererbt wurden.

Zur **Gütertrennung** finden sich im Gesetz keine besonderen Regelungen, was 449
daran liegt, dass es hier nichts zu regeln gibt. Das Vermögen eines jeden Ehegatten bleibt – wie auch im gesetzlichen Güterstand der Zugewinngemeinschaft – während der Ehe getrennt. Wird die Ehe geschieden, so bleibt es bei dieser Güterzuordnung und anders als bei der Zugewinngemeinschaft findet ein vermögensrechtlicher Ausgleich nicht statt. Mit dem Güterstand der Gütertrennung lässt sich somit das oben dargestellte Liquiditätsrisiko, insbesondere im Falle der Scheidung der Ehe, sicher vermeiden.

3. Der »richtige« Güterstand

Die Scheidung ist jedoch nicht der einzige Fall, den die Eheleute bei der Ent- 450
scheidung über den Güterstand zu berücksichtigen haben. Vielmehr kann der gesetzliche Güterstand auch auf andere Weise, nämlich durch ehevertraglichen Güterstandswechsel, vor allem aber durch Tod eines Ehegatten beendet werden. Die Beendigung der Ehe durch Tod ist derzeit sogar immer noch der häufigste Fall. Der Zugewinnausgleich kann dann in zweifacher Weise erfolgen. Finden mangels letztwilliger Verfügung die Regelungen der gesetzlichen Erbfolge Anwendung, so erhöht sich gem. § 1371 I BGB der gesetzliche Erbteil des überlebenden Ehegatten pauschal, also unabhängig davon, ob der verstorbene Ehegatte tatsächlich einen höheren Zugewinn erzielt hatte, um ein Viertel. Mit diesem zusätzlichen Viertel ist der Zugewinnausgleichsanspruch abgegolten. Ist der überlebende Ehegatte hingegen kraft letztwilliger Verfügung enterbt worden, so kann er neben dem Pflichtteil, der sich dann allerdings nach dem nicht gem. § 1371 I BGB erhöhten gesetzlichen Erbteil berechnet und deshalb auch »kleiner« Pflichtteil genannt wird, den konkret nach den Vorschriften der §§ 1373 ff BGB zu berechnenden Zugewinnausgleich beanspruchen (§ 1371 II BGB). Gleiches Recht steht ihm auch zu, wenn er die Erbschaft ausschlägt (§ 1371 III BGB).

34 Allerdings kann die Verwaltung im Ehevertrag einem Ehegatten übertragen werden; daneben kann dem Einstimmigkeitserfordernis bei Verfügungen durch gegenseitige Bevollmächtigung begegnet werden

451 Die Regelfälle sehen jedoch meist anders aus. Häufig wird der überlebende Ehegatte in einem Berliner Testament zum Alleinerben eingesetzt oder er erhält als Erbe oder Vermächtnisnehmer Vermögen, welches seinen Zugewinnausgleichsanspruch und seinen kleinen Pflichtteil deutlich übersteigt. Bei Beendigung der Ehe durch Tod wird daher der Zugewinnausgleichsanspruch und somit die Wahl zwischen Gütertrennung und Zugewinngemeinschaft in zivilrechtlicher Hinsicht überhaupt nicht relevant. Insbesondere bedarf der Unternehmer oder seine Unternehmensnachfolger nur in seltenen Fällen des Liquiditätsschutzes durch Gütertrennung.

452 Hingegen entsteht im Erbfall in der Regel eine Liquiditätsbelastung durch Erbschaftsteuer. Deren Höhe aber kann je nach Güterstand durchaus unterschiedlich ausfallen.

Fall:

Der U und die E sind seit 40 Jahren verheiratet. Der U hatte Vermögen im Wert von 200 000 € heutiger Kaufkraft in die Ehe eingebracht. Die Ehefrau hatte im Zeitpunkt der Eheschließung kein Vermögen. Der U stirbt und hinterlässt seiner Ehefrau als Alleinerbin eine 100 %ige GmbH-Beteiligung im Verkehrswert von 5 Mio. € und Steuerwert von 3,5 Mio. €. Die E hält Immobilienvermögen im Verkehrswert von 700 000 € und Steuerwert von 400 000 €. Die beiden lebten im Güterstand der Gütertrennung.

453 Die erbschaftsteuerliche Belastung der Ehefrau fällt wie folgt aus:

Steuerwert der GmbH	3 500 000 €
./. Betriebsvermögensfreibetrag	./. 256 000 €
	3 244 000 €
./. Bewertungsabschlag	./. 40 %
	1 946 400 €
./. Ehegattenfreibetrag	./. 307 000 €
Wert des steuerpflichtigen Erwerbs	1 639 400 €
× Steuersatz (StKl. I)	× 19 %
Erbschaftsteuer	311 486 €

454 Lebten die Eheleute hingegen im gesetzlichen Güterstand, so ist die Erbschaftsteuerbelastung deutlich geringer. § 5 I ErbStG ordnet nämlich an, dass bei Beendigung der Zugewinngemeinschaft durch Tod, der Zugewinnausgleichsanspruch, den der überlebende Ehegatte geltend machen könnte, nicht der Erbschaftsteuer unterliegt. Auch in Fällen, in denen der überlebende Ehegatte überhaupt keinen Zugewinnausgleichsanspruch geltend macht, beispielsweise weil er ohnehin Vermögen in seinen Ausgleichsanspruch übersteigender Höhe erbt, ist der **Zugewinnausgleichsanspruch fiktiv zu berechnen** und der Wert des steuerpflichtigen Erwerbs entsprechend zu mindern. Bei der Berechnung des fiktiven Zugewinnausgleichsanspruchs ist allerdings nicht der Verkehrswert, sondern der häufig niedrigere Erbschaftsteuerwert maßgeblich.[35] Wie im Zivilrecht ist auch für steuerliche Zwecke der inflationsbedingte Wertzuwachs zu eliminieren.[36]

35 R 11 V ErbStR
36 So jedenfalls H 11 III ErbStH

Hätten die Eheleute im vorigen **Beispiel im gesetzlichen Güterstand** gelebt, so wäre die Steuerbelastung der Ehefrau deutlich geringer ausgefallen. 455

Steuerwert GmbH nach Betriebsvermögensprivilegierungen, s. o.		1 946 400 €
./. fiktiver Zugewinnausgleichsanspruch (siehe Nebenrechnung)	./.	1 450 000 €
		496 400 €
./. Ehegattenfreibetrag	./.	307 000 €
Wert des steuerpflichtigen Erwerbs		189 400 €
× Steuersatz (StKl. I)	x	11 %
Erbschaftsteuer		20 834 €

Nebenrechnung:

	Ehemann		Ehefrau
Indexiertes Anfangsvermögen	200 000 €		–
Endvermögen nach Steuerwerten	3 500 000 €		400 000 €
Zugewinn	3 300 000 €		400 000 €
Zugewinndifferenz		2 900 000 €	
		: 2	
(Fiktiver) Zugewinnausgleichsanspruch		1 450 000 €	

Der gesetzliche Güterstand bringt der überlebenden Ehefrau somit eine Erbschaftsteuerentlastung von 290 600 €. 456

Angesichts dieses erbschaftsteuerlichen Vorteils, den die Zugewinngemeinschaft bei Beendigung der Ehe durch Tod bietet, wird man die Gütertrennung nur in den Fällen empfehlen können, in welchen auch im Todesfall der überlebende Ehegatte weniger als seinen Zugewinnausgleich erben, trotzdem aber keinen Zugewinnausgleich beanspruchen können soll. Die Liquiditätsbelastung im Fall der Scheidung lässt sich nämlich auch im gesetzlichen Güterstand vermeiden. Die gesetzlichen Regelungen zur **Zugewinngemeinschaft** sind dispositiv und können daher in einem ebenfalls notariell zu beurkundenden Ehevertrag **modifiziert** werden. Die Eheleute können also beispielsweise ehevertraglich vereinbaren: 457

»Wir belassen es beim gesetzlichen Güterstand der Zugewinngemeinschaft. Für den Fall der Beendigung unserer Ehe auf andere Weise als durch Tod, insbesondere also durch Scheidung, schließen wir jedoch den Zugewinnausgleich aus.« 458

Mit einer solchen Regelung ist einer Liquiditätsbelastung im Scheidungsfall vorgebeugt, für den Fall der Beendigung der Ehe durch Tod bleibt aber der erbschaftsteuerliche »Freibetrag« erhalten. 459

Andere Modifizierungen der Zugewinngemeinschaft sind ebenfalls möglich. So kann es das Versorgungsinteresse des ausgleichsberechtigten Ehegatten gebieten, den Zugewinn nicht gänzlich auszuschließen, sondern nur zu reduzieren. Dies kann in der Weise geschehen, dass das Unternehmen oder die Unternehmensbeteiligung vom Zugewinnausgleich ausgenommen wird. Sofern die Eheleute es beim Zugewinnausgleich auch im Fall der Scheidung belassen, empfiehlt sich jedenfalls eine ehevertragliche Festlegung der Bewertung des unternehmerischen Vermögens. Zur Milderung der Liquiditätsbelas- 460 tung kann weiterhin die Gestattung einer ratierlichen Erfüllung des Zugewinnausgleichsanspruchs beitragen. Schließlich empfiehlt sich ein Ausschluss der Verfügungsbeschränkungen des § 1365 BGB.[37]

461 Eheleuten, die bereits seit mehreren Jahren im Güterstand der Gütertrennung leben, kann aus erbschaftsteuerlichen Gründen die rückwirkende Vereinbarung einer modifizierten Zugewinngemeinschaft zu empfehlen sein. So ist es zivilrechtlich durchaus möglich, dass die Eheleute vereinbaren, dass ungeachtet der zwischenzeitlich vereinbarten Gütertrennung der Zugewinn seit Eheschließung auszugleichen ist. Die Eheleute erhalten sich damit Gestaltungschancen[38], den Zugewinnausgleichsanspruch durch lebzeitigen Ausgleich oder, bei Beendigung der Ehe durch Tod, durch Ausgleich entsprechend der güterrechtlichen Lösung nach § 1371 II BGB zur Minderung der Erbschaftsteuer zu nutzen.[39] Für die Fälle des Zugewinnausgleichs entsprechend der erbrechtlichen Lösung hat der Gesetzgeber die erbschaftsteuerliche Anerkennung der Rückwirkung ausdrücklich ausgeschlossen. Er hat insbesondere in § 5 I 2–4 ErbStG geregelt, dass ehevertragliche Modifizierungen für die Berechnung des fiktiven Ausgleichsanspruchs nach § 5 I ErbStG unberücksichtigt bleiben. Die Maßgeblichkeit des fiktiven Ausgleichsanspruchs kann sich allerdings auch positiv auswirken. Haben beispielsweise die Eheleute den Zugewinnausgleich auch für den Fall der Beendigung der Ehe durch Tod eingeschränkt, so bleibt dennoch der dann höhere fiktive Ausgleichsanspruch im Erbfall maßgeblich.[40]

---

37 Die Einwilligung der Ehegatten ist hiernach bei Verfügungen über das Vermögen im Ganzen erforderlich, wozu nicht nur Unternehmensverkäufe, sondern bspw auch Umwandlungen, Einbringungen, die Kündigung oder der Auflösungsbeschluss gehören können; s Langenfeld, Handbuch der Eheverträge und Scheidungvereinbarungen, Rn 107 f; Stenger, ZEV 2000, 51, 52, s dort auch zu weiteren ehevertraglichen Modifizierungen

38 Siehe hierzu Piltz, ZEV 1995, 330; Sasse, ZEV 1996, 20; Tischer, BB 1999, 557; Kuhlmann/Jebens, DB 1994, 1156

39 Allerdings qualifiziert die Finanzverwaltung in R 12 II ErbStR die durch die Rückwirkung bewirkte Erhöhung des Zugewinnausgleichsanspruchs als Schenkung auf den Todesfall oder bei lebzeitigem Ausgleich als Schenkung unter Lebenden. Dies widerspricht u.E. der gesetzlichen Regelung und auch deren Auslegung durch den BFH. Dieser hatte in BFH, BStBl II 1989, 897 klargestellt, dass der Gestaltungsfreiheit der Ehegatten erst dort eine erbschaftsteuerliche Grenze gezogen sei, wo sie einem Ehepartner eine überhöhte Ausgleichsforderung verschaffe. Gleichzeitig hat der BFH die Erhöhung des Ausgleichsanspruchs durch rückwirkende Vereinbarung der Zugewinngemeinschaft nicht als »überhöhte Ausgleichsforderung« bewertet. Solange sich daher die ehevertraglichen Modifizierungen im Rahmen des gesetzlichen Ausgleichsmodells bewegen, ist dies in den Fällen des § 5 II ErbStG auch erbschaftsteuerlich anzuerkennen. Aufgrund der Aussage der Finanzverwaltung in den Richtlinien aber wird man bei Gestaltungen im Rahmen des § 5 II ErbStG zukünftig eine (gerichtliche) Auseinandersetzung mit dem Finanzamt einkalkulieren müssen

40 Moench/Weinmann, Erbschaft- und Schenkungsteuer, § 5 Rn 41

4. Gesellschaftsvertragliche Güterstandsklausel

Der Abschluss eines Ehevertrages bedarf selbstverständlich des Einverständnisses beider Ehepartner. Zwar können bereits Verlobte einen Ehevertrag schließen, jedoch wird solches häufig vergessen oder der eine Verlobte vertröstet den regelungsbereiten anderen auf die Zeit nach der Eheschließung. Nach der Heirat aber ist das Einverständnis gerade desjenigen, der auf voraussichtliche Zugewinnausgleichsansprüche verzichten soll, nicht mehr ohne weiteres zu erreichen. Eine Argumentationshilfe kann eine gesellschaftsvertragliche Güterstandsklausel oder eine entsprechende Regelung bereits im Schenkungsvertrag bieten. 462

Der Senior, der Sohn oder Tochter ins Unternehmen aufnimmt, hat ohnehin mit diesen einen Gesellschaftsvertrag zu schließen. Dort kann vereinbart werden, dass jeder Gesellschafter – ggf mit Ausnahme des Seniors – verpflichtet ist, innerhalb von sechs Monaten nach Eintritt in die Gesellschaft bzw nach Eheschließung, mit seinem Ehepartner einen Ehevertrag notariell abzuschließen. In diesen ist – so die gesellschaftsvertragliche Vorgabe – zumindest die Regelung aufzunehmen, dass im Falle der Beendigung der Ehe auf andere Weise als durch Tod die Gesellschaftsbeteiligung (und etwa sonstiges (Sonder-)Betriebsvermögen) vom Zugewinnausgleich ausgeschlossen ist. Soweit ein Gesellschafter der Verpflichtung nicht fristgerecht nachkommt oder nach Erfüllung der Verpflichtung die ehevertragliche Vereinbarung wieder aufhebt oder ändert, soll dies – wie ebenfalls zu vereinbaren ist – die übrigen Gesellschafter nach Mahnung unter Fristsetzung mit Ausschlussandrohung berechtigen, den Gesellschafter aus der Gesellschaft auszuschließen. 463

III. Vermeidung ertragsteuerlicher Belastungen

Sowohl Schenkungen als auch Übertragungen im Erbwege können erhebliche ertragsteuerliche Auswirkungen haben. Sie treffen den Beschenkten oder Erben meist unerwartet und erreichen gerade bei Vorhandensein von Unternehmensvermögen häufig existenzgefährdende Größenordnungen. Ertragsteuerliche Belastungen entstehen insbesondere immer dann, wenn im Rahmen der Nachfolge bisher zum steuerlichen Betriebsvermögen gehörende einzelne Schenkungs- oder Nachlassgegenstände ins Privatvermögen wechseln, also **entnommen werden**. Es kommt dann zur **Besteuerung** der hierdurch **aufgedeckten stillen Reserven**, also der Differenz zwischen den in der Regel niedrigen (bilanziellen) Buchwerten und den tatsächlichen Werten der Schenkungs- oder Nachlassgegenstände, den sog Verkehrswerten. 464

Fall:

465 *Der Unternehmer U betreibt in eigener Innenstadtimmobilie ein Schuhgeschäft. Die Immobilie repräsentiert einen Wert von 1,1 Mio. € (Buchwert 100 000 €), den Wert des Einzelunternehmens (ohne Immobilie) schätzt U auf 500 000 €. U ist verheiratet und hat eine Tochter, die bereits im Unternehmen in leitender Stellung tätig ist. U zieht sich ins »stille Kämmerlein« zurück, um sein Testament zu schreiben. Seine Ziele sind einerseits, die Altersversorgung seiner Ehefrau zu sichern, und andererseits, die alleinige Nachfolge der Tochter ins Unternehmen zu gewährleisten. Er schreibt deshalb in sein Testament, dass die Tochter das Einzelunternehmen und seine Ehefrau die Geschäftsimmobilie erhalten soll. Im Wege einer Auflage verpflichtet er seine Ehefrau, der Tochter die Immobilie zu einem Mietzins zu vermieten, der 20 % unter dem sachverständig zu ermittelnden angemessenen Mietzins liegen soll. Mit dieser Verfügung glaubt U, seine Ziele erreicht zu haben.*

466 Tatsächlich hat der U seine Hinterbliebenen mit einer Ertragsteuerbelastung von ca 500 000 € bedacht. Eine Liquiditätsbelastung, die für das Unternehmen und die Hinterbliebenen nicht verkraftbar sein wird. Die Steuerbelastung entsteht dadurch, dass das bisher zum Betriebsvermögen gehörende Geschäftshaus mit dem Erbfall in das Privatvermögen der am Unternehmen nicht beteiligten Ehefrau entnommen wird. Die Entnahme aber führt dazu, dass die in der Immobilie ruhenden stillen Reserven von (Verkehrswert 1,1 Mio. abzügl. Buchwert 0,1 Mio. =) 1 Mio. € mit dem Spitzensteuersatz von (derzeit noch) 48,5 % zuzüglich (anrechenbarer) Gewerbesteuer sowie Kirchensteuer und Solidaritätszuschlag zu besteuern sind. Tragisch hieran ist vor allem, dass das von dem Erblasser angestrebte Regelungsziel, die Nachfolge der Tochter in das Unternehmen bei gleichzeitiger Sicherung der Altersversorgung der Ehefrau, gleich auf mehrere Arten ertragsteuerneutral hätte gestaltet werden können. Voraussetzung für die Steuerneutralität ist allerdings, dass der Betrieb – oder ein Teilbetrieb oder Mitunternehmeranteil (mit zugehörigem Sonderbetriebsvermögen) – als Einheit erhalten bleibt. Wird nämlich ein **Betrieb**, ein **Teilbetrieb** oder der **Anteil eines Mitunternehmers** an einem Betrieb unentgeltlich übertragen, so sind nach den Regelungen des § 6 III EStG die Buchwerte des bisherigen Betriebsinhabers (Mitunternehmers) zwingend fortzuführen.

467 Die betriebliche Einheit wäre beispielsweise erhalten geblieben, wenn der U seine Ehefrau als Alleinerbin eingesetzt und ihr die – testamentarisch möglichst präzise vorgegebene – **Verpachtung des gesamten Betriebes** an die Tochter auferlegt hätte. Wie bereits erläutert, gewährt der BFH dem verpachtenden Unternehmer das Wahlrecht, statt einer steuerpflichtigen Betriebsaufgabe – was der Wechsel von einer gewerblichen zu einer (privaten) verpachtenden Tätigkeit eigentlich ist – seinen Betrieb als »ruhenden Gewerbebetrieb« fortzuführen. Die Wirtschaftsgüter des Betriebs bleiben dann weiterhin steuerliches Betriebsvermögen. Genauso wie dem Unternehmer aber steht das Verpächterwahlrecht seinem Rechtsnachfolger von Todes wegen, im Beispiel also der Ehefrau, zu.

468 Umgekehrt hätte auch der Tochter der gesamte Betrieb mit Immobilie übertragen und für die Altersversorgung der Ehefrau durch eine dinglich gesicher-

te **Leibrente oder dauernde Last** gesorgt werden können. Sofern, wie im Beispiel, die Rentenberechtigte im Erbwege kein sonstiges existenzsicherndes Vermögen erhält und auch die übrigen Voraussetzungen einer Vermögensübertragung gegen Versorgungsleistungen vorliegen, könnte die Tochter die Rentenleistungen sogar ganz (bei dauernder Last) oder mit dem Ertragsanteil (bei Leibrente) als Sonderausgaben abziehen.

Schließlich hätte im Beispiel der U seiner Ehefrau auch gleichzeitig mit der 469
Immobilie einen unbedeutenden **Anteil am Unternehmen übertragen** können. Eine solche Minderbeteiligung hätte der Ehefrau die Möglichkeit eröffnet, das Geschäftsgrundstück im Sonderbetriebsvermögen zu halten und so einen Wechsel ins Privatvermögen zu verhindern.[41]

Zur Sicherung der Betriebsvermögensqualität der Immobilie hätte auch diese 470
noch zu Lebzeiten in eine neu zu gründende **gewerblich geprägte Personengesellschaft** (§ 15 III Nr. 2 EStG) eingebracht werden können, was nach § 6 V 3 Alt. 1 ebenfalls zwingend zu Buchwerten erfolgt.

Schließlich hätte das ertragsteuerliche Desaster des Ausgangsbeispiels auch 471
noch nach dem Erbfall vermieden werden können, wenn nämlich beispielsweise die Ehefrau zugunsten der Tochter ihr Erbe ausgeschlagen hätte; dies freilich – zur Sicherung ihrer Altersversorgung – nur gegen Abfindung, etwa in Form einer vom Sohn zu leistenden, dinglich gesicherten Leibrente. Für solche Rettungsmaßnahmen ist nach dem Erbfall jedoch Eile geboten: Die Ausschlagung hat innerhalb von sechs Wochen nach Kenntnis des Erben vom Erbanfall und dem Grund seiner Berufung zu erfolgen.

Neben der – relativ offensichtlichen – Entnahme einzelner Wirtschaftsgüter 472
des Betriebsvermögens durch Zuweisung an Nichtunternehmer, können sich bei der Gestaltung der Nachfolge zahlreiche **weitere ertragsteuerliche Risiken** realisieren. Auf einige wurde bereits in anderem Zusammenhang ausdrücklich hingewiesen.

➢ Ein häufig anzutreffender Fehler bei der Verteilung des Nachlassvermö- 473
gens ist vor allem die isolierte Übertragung von Sonderbetriebsvermögen, also von Wirtschaftsgütern, die beispielsweise im Alleineigentum des Erblassers standen und von ihm der Gesellschaft, an der er beteiligt war, zur Nutzung überlassen wurden. Zu solchen steuerpflichtigen Entnahmen kann es insbesondere kommen, wenn eine gesellschaftsvertragliche qualifi-

41 Es ist derzeit allerdings noch unklar, ob die restriktive Rechtsprechung zu den §§ 34 und 16 EStG, wonach die Veräußerung des Teils eines Einzelunternehmens sowie des Teils eines Mitunternehmeranteils ohne quotengleiches Sonderbetriebsvermögen nicht begünstigt (BFH, ZEV 2000, 463 m. Anm Klumpp, DStR 2000, 1768 m. Anm MK; BFH, ZEV 2001, 82) und bereits die steuerneutrale Übertragung des Teils eines Mitunternehmeranteils rechtsdogmatisch nicht zu rechtfertigen ist (BFH GrS, BStBl II 2000, 123) auch auf die Anwendung des § 6 III EStG zu übertragen ist, der ebenfalls von einem Betrieb, Teilbetrieb und Anteil eines Mitunternehmers an einem Betrieb spricht; siehe hierzu; Geck, DStR 2000, 2031; Klumpp, ZEV 2001, 55. Bis zu einer Klarstellung durch Finanzverwaltung oder Gesetzgeber sollte daher jedenfalls von einer Übertragung des Teils eines Mitunternehmeranteils ohne quotengleiches Sonderbetriebsvermögen abgesehen werden

zierte Nachfolgeklausel oder eine Eintrittsklausel nicht mit dem Testament korrespondiert und deshalb **nicht nachfolgeberechtigte Miterben Sonderbetriebsvermögen erwerben.**

474 ➢ Ertragsteuerbelastungen können auch bei der **Auseinandersetzung einer Erbengemeinschaft** – sei es aufgrund einvernehmlicher Regelung der Erben oder Teilungsanordnung des Erblassers – entstehen, wenn nämlich ein Miterbe wertmäßig mehr Betriebsvermögen erhält und für seinen Mehrerwerb den anderen Erben eine Abfindung zahlen muss.

➢ Ein weiterer, zu unnötigen Steuerbelastungen führender Fehler bei der Regelung der Erbfolge ist die **Auflösung einer Betriebsaufspaltung**.

Von einer Betriebsaufspaltung ist immer dann auszugehen, wenn zwischen einem Besitzunternehmen (das kann eine natürliche Person, eine Bruchteilsgemeinschaft oder auch eine Gesellschaft sein) und einer Betriebsgesellschaft (das ist regelmäßig eine GmbH, kann aber nach den Grundsätzen der Rechtsprechung zur mitunternehmerischen Betriebsaufspaltung[42] eine Personengesellschaft sein) eine personelle und sachliche Verflechtung besteht. Eine sachliche Verflechtung ist gegeben, wenn das Besitzunternehmen der Betriebsgesellschaft eine wesentliche Betriebsgrundlage (beispielsweise die Immobilie, in der das Unternehmen wirtschaftet) zur Nutzung überlässt. Eine personelle Verflechtung zwischen Besitzunternehmen und Betriebsgesellschaft besteht, wenn beide von einem einheitlichen geschäftlichen Betätigungswillen getragen sind. Dies ist insbesondere der Fall, wenn eine Person oder Personengruppe beide Unternehmen beherrscht, dh in beiden Unternehmen die Stimmmacht hat.[43]

475 Steuerliche Folge des Vorliegens einer Betriebsaufspaltung ist, dass auch das Besitzunternehmen, das als Vermieter oder Verpächter von Wirtschaftsgütern an sich private Einkünfte erzielt, als Gewerbebetrieb qualifiziert wird. Die Wirtschaftsgüter des Besitzunternehmens gehören somit zum steuerlichen Betriebsvermögen, die Vermietungs- und Verpachtungseinkünfte sind gewerbliche und damit gewerbesteuerpflichtige Einkünfte. Wird die Betriebsaufspaltung durch Auflösung der personellen oder der sachlichen Verflechtung beendet, kommt es zur Betriebsaufgabe des Besitzunternehmens mit voller Realisierung der im Betriebsvermögen – einschließlich der Anteile an der Betriebsgesellschaft – ruhenden stillen Reserven.

476 Im Erbfall kann es zu einer solchen Betriebsaufgabe insbesondere kommen, wenn sich aufgrund der testamentarischen Verfügung die Beteiligungsverhältnisse in Besitzunternehmen und Betriebsgesellschaft ändern und hierdurch – häufig zunächst unbemerkt – die personelle Verflechtung aufgelöst wird.

42 BFH BStBl II 98, 325; BFH BStBl II 99, 483; BMF BStBl I 98, 583

43 Ausführlich hierzu Schmidt, EStG, § 15 Rn 800 ff mwN – gerade bei Familiengesellschaften kommt auch eine »faktische Beherrschung« in Betracht; siehe hierzu Schmidt, aaO, Rn 836 ff; R 137 VIII EStR

Fall:

Der U betreibt in der Rechtsform der GmbH, an welcher er selbst mit 60 % und sein Sohn mit 40 % beteiligt ist, einen Kfz-Handel mit Werkstatt. Die Immobilie, in der die GmbH wirtschaftet und die für diese wesentliche Betriebsgrundlage ist, hält U aus haftungsrechtlichen Gründen im Alleineigentum. Für die Nutzungsüberlassung erhält er einen monatlichen Mietzins von 20 000 €. Die Immobilie repräsentiert einen Wert von 3 Mio. €, ist aber bereits auf 500 000 € abgeschrieben. Der U hat ein Testament errichtet, in welchem er seine Ehefrau als Alleinerbin einsetzt und dem Sohn vermächtnisweise seine GmbH-Beteiligung überträgt. 477

Während der U zu Lebzeiten das Besitzunternehmen (= die Immobilie) mit 100 % und die Betriebsgesellschaft (= die GmbH) mit 60 % beherrschte, somit aufgrund sachlicher und personeller Verflechtung eine Betriebsaufspaltung vorlag, besteht nach seinem Tode diese personelle Verflechtung nicht mehr. Die testamentarische Verfügung des U, dass seine Ehefrau als Erbin die Immobilie, sein Sohn aber die GmbH-Beteiligung erhält, führt zur Auflösung der Betriebsaufspaltung und damit zur steuerpflichtigen Realisierung der in der Immobilie und der GmbH-Beteiligung ruhenden stillen Reserven. Es kommt somit zu einer Steuerbelastung in Millionenhöhe. 478

IV. Reduzierung der Erbschaftsteuer

Die Höhe der Erbschaftsteuer bemisst sich im wesentlichen nach drei Faktoren: Dem Wert des steuerpflichtigen Erwerbs, seiner Minderung durch Freibeträge und sonstige Begünstigungen und dem – progressiv gestalteten – Steuersatz. Die Höhe des Steuersatzes ist wiederum abhängig vom Umfang des steuerpflichtigen Erwerbs und wie auch die Höhe der persönlichen Freibeträge von der Steuerklasse. Letztere wird bestimmt durch das verwandtschaftliche Verhältnis des Erwerbers zum Erblasser.[44] 479

Sämtliche der für die Höhe der Erbschaftsteuer maßgeblichen Faktoren sind durch entsprechende Gestaltungsmaßnahmen beeinflussbar, so dass bei der

44 Eine weitere Entlastung bietet die Stundungsmöglichkeit beim Erwerb von Betriebsvermögen unter den Voraussetzungen des § 28 ErbStG. Hiernach ist eine bis zu zehnjährige, bei Erwerben von Todes wegen zinslose Stundung der Erbschaftsteuer zu gewähren, wenn der Erwerber dies beantragt und es zur Erhaltung des Betriebs notwendig ist. Letzteres nachzuweisen gelingt praktisch jedoch nur in den seltensten Fällen. Zumal die Finanzverwaltung (R 86 II 1 ErbStR) den Fortbestand des Betriebes nur dann als gefährdet ansieht, wenn Mittel des Betriebs zur Zahlung der Erbschaftsteuer verwendet werden müssen, der Erwerber die Steuer also nicht aus erworbenem weiteren Vermögen oder sogar eigenem Vermögen aufbringen kann (zurecht kritisch hierzu Jülicher in Troll/Gebel/Jülicher, ErbStG, § 28, Rn 5). Dabei lässt die Finanzverwaltung weitere betriebsgefährdende Belastungen des Erwerbers, wie zB Pflichtteils- oder Vermächtnislasten außer Betracht (R 86 II 2 ErbStR, ablehnend Jülicher aaO, Rn 6; Meincke, ErbStG, § 28 Rn 6). In Härtefällen bleibt dem Erwerber allerdings die grundsätzliche Möglichkeit einer Stundung aus Billigkeitsgründen nach § 222 AO

Nachfolgeplanung gerade für die Erbschaftsteuer erhebliches Einsparungspotential besteht, das genutzt werden sollte. Die nachfolgenden Ausführungen beschränken sich auf die Darstellungen einiger erbschaftsteuerlicher Besonderheiten beim Erwerb von Unternehmen und Unternehmensbeteiligungen.[45]

1. Reduzierung des erbschaftsteuerlichen Nachlasswertes

480 Der Wert des erbschaftsteuerlichen Erwerbs hängt wesentlich von der gesetzlich vorgegebenen Methode zur Bewertung der einzelnen Nachlass- oder Schenkungsgegenstände ab. Für die Frage, wie die Bewertung zu erfolgen hat, verweist § 12 I ErbStG auf das Bewertungsgesetz. Hiernach sind Forderungen und Schulden, wie Geldvermögen mit dem Nennwert anzusetzen, es sei denn, dass besondere Umstände, wie zB eine unübliche Verzinsung, einen höheren oder niedrigeren Wert begründen. Noch nicht fällige Ansprüche aus Lebensversicherungen sind hingegen mit 2/3 der eingezahlten Prämien oder ihrem Rückkaufswert zu bewerten. Wiederkehrende Nutzungen und Leistungen, also beispielsweise Nießbrauchsrechte und Renten, sind mit ihrem Kapitalwert anzusetzen, Wertpapiere mit dem Kurswert und Fonds mit dem Rücknahmepreis. Ansonsten ist für privates Sachvermögen der gemeine Wert maßgeblich, also der Betrag, der im gewöhnlichen Geschäftsverkehr bei einer Veräußerung zu erzielen wäre.[46]

481 Bei der Bewertung von Betrieben differenziert das Gesetz nach der Rechtsform, in welcher sie gehalten werden. Für die Gestaltung relevant ist vor allem die unterschiedliche Bewertung von Einzelunternehmen und Personengesellschaftsbeteiligungen auf der einen Seite und Anteilen an Kapitalgesellschaften auf der anderen Seite.

a. Die Bewertung von Einzelunternehmen und Personengesellschaften

482 Gem § 95 BewG umfasst das Betriebsvermögen alle Teile eines Gewerbebetriebs iSd § 15 I und II EStG, die bei der steuerlichen Gewinnermittlung zum Betriebsvermögen gehören. Für die Bewertung der zum Betriebsvermögen gehörenden Wirtschaftsgüter gilt gem. § 109 BewG der Grundsatz, dass bei Steuerpflichtigen, die ihren Gewinn durch Betriebsvermögensvergleich (§ 4 I oder § 5 EStG) ermitteln, die Steuerbilanzwerte anzusetzen sind. Für die Bewertung von Einzelunternehmen und Personengesellschaften besteht hiernach eine **Bestands- und Bewertungsidentität** zwischen Steuerbilanz und der für erbschaftsteuerliche Zwecke zu erstellenden Vermögensaufstellung. Dies hat zur Folge, dass grundsätzlich die im Betriebsvermögen ruhenden stillen Reserven, insbesondere auch ein originärer Firmenwert, erbschaftsteuerlich unberücksichtigt bleiben.

45 Eine umfassende Darstellung des Erbschaftsteuerrechts findet sich in Kapitel 12
46 §§ 9 ff BewG – der 2/3-Wert bei Lebensversicherungen soll entfallen

Sowohl der Grundsatz der Bestandsidentität, als auch der Grundsatz der Bewertungsidentität werden in gesetzlichen Sonderregelungen jedoch **mehrfach durchbrochen**. Solche Sonderregelungen finden sich vor allem für **Betriebsgrundstücke**. Ein (ganz oder teilweise) aktiviertes Betriebsgrundstück ist nicht notwendigerweise in einer erbschaftsteuerlichen Vermögensaufstellung zu berücksichtigen. Vielmehr schafft § 99 BewG eine Ausnahme vom Grundsatz der Bestandsidentität, indem er anordnet, dass ein Grundstück nur dann in die Vermögensaufstellung aufzunehmen ist, wenn es zu mehr als der Hälfte seines Wertes dem Gewerbebetrieb dient. In diesem Falle gilt allerdings das ganze Grundstück als Betriebsgrundstück, so dass sich die Regelung durchaus auch vorteilhaft auswirken kann, wie nachfolgendes Beispiel zeigt. 483

Fall:

Der bilanzierende Einzelhändler E betreibt sein Geschäft im Erdgeschoss einer in seinem Alleineigentum stehenden Immobilie. Die 1. und 2. Etage, die jeweils dieselbe Größe haben wie das Erdgeschoss, hat er für jeweils 1 000 € pro Monat zu Wohnzwecken vermietet. Die übliche Miete für das Erdgeschoss im Fall einer Fremdvermietung würde 3 000 € betragen. In der Steuerbilanz hat der Steuerberater Grund und Boden und Gebäude entsprechend dem Flächenverhältnis mit lediglich einem Drittel aktiviert. Der E vererbt sein gesamtes Geschäft einschließlich des Grundstücks seinem Sohn S. 484

Es stellt sich hier die Frage, ob das Grundstück zu einem Drittel, vollständig oder möglicherweise überhaupt nicht zum Betriebsvermögen iSd Bewertungsgesetzes und damit iSd Erbschaftsteuergesetzes gehört. Wie ausgeführt, zählt nach § 99 II BewG ein Grundstück, dass zu mehr als der Hälfte seines Wertes dem Gewerbebetrieb dient, insgesamt zum Betriebsvermögen. Eine Aufspaltung in Betriebs- und Privatvermögen, wie es das Ertragsteuerrecht bei Immobilien vornimmt, gibt es also im Bewertungsrecht nicht. Hier gilt vielmehr das »**Alles oder Nichts-Prinzip**«.[47] Wichtig ist dabei, dass es nicht auf das Verhältnis der Nutzflächen ankommt, sondern auf die jeweiligen Wertanteile. Diese wiederum hängen maßgeblich von den jeweils tatsächlich erzielten oder aber erzielbaren (üblichen) Mieten ab. 485

Im Beispiel liegt die Miete für das Erdgeschoss über den zusammengerechneten Mieten der beiden Obergeschosse. Das Grundstück zählt damit insgesamt zum bewertungsrechtlichen Betriebsvermögen. Diese Qualifizierung ist keineswegs von nur theoretischer Bedeutung. Die Zuordnung des gesamten Grundstücks zum Betriebsvermögen bewirkt nämlich, dass auch der Teil, der ertragsteuerrechtlich Privatvermögen ist oder sein kann (also die beiden oberen Etagen) bei der Erbschaft- und Schenkungsteuer voll von den Begünstigungen des Erwerbs von Betriebsvermögen (Betriebsvermögensfreibetrag, Bewertungsabschlag, Steuerklassenprivileg) profitiert. 486

Neben der Nutzung entscheiden auch die Eigentumsverhältnisse am Grundstück über dessen Qualifizierung als Betriebsgrundstück und somit seine Auf- 487

47 Moench, ErbStG, § 12, Teil 3, Rn 22

nahme in die Vermögensaufstellung. Ist an dem Grundstück noch eine andere Person als der Betriebsinhaber (bei Personengesellschaften ein Nichtgesellschafter) beteiligt, gilt gem. § 99 II 3 BewG das ganze Grundstück als Grundvermögen. Dies gilt nach Auffassung der Finanzverwaltung auch bei Miteigentum eines am Unternehmen nicht beteiligten Ehegatten.[48] Die Betriebsvermögensprivilegien können in diesem Falle also nicht genutzt werden. Ein Vorteil kann sich allerdings daraus ergeben, dass gem § 103 I BewG dann auch die Grundstücksschulden bewertungsrechtlich zum Privatvermögen zählen und somit als Nachlassverbindlichkeiten zu berücksichtigen sind.[49]

488 Auch der Grundsatz der Bewertungsidentität zwischen der Steuerbilanz und der Vermögensaufstellung wird in mehrfacher Weise durchbrochen. Die wichtigsten Ausnahmen, die sich im Regelfall werterhöhend auswirken, bilden die Betriebsgrundstücke und die Wertpapiere. Die **Betriebsgrundstücke** werden gerade nicht mit dem meist niedrigen Buchwert in die Vermögensaufstellung übernommen, sondern statt dessen mit dem in der Regel höheren **erbschaftsteuerlichen Grundbesitzwert**. Bei dessen Ermittlung ist zu unterschieden zwischen der Bewertung unbebauter Grundstücke (§ 145 BewG), der Bewertung bebauter Grundstücke (§ 146 BewG) und der Bewertung in Sonderfällen (§ 147 BewG).[50]

489 Bei der Bestimmung des Wertes **unbebauter Grundstücke** ist grundsätzlich von dem sogenannten **Bodenrichtwert** auszugehen, den die Gutachterausschüsse nach dem Baugesetzbuch auf den 1. 1. 1996 ermitteln. Dabei handelt es sich um durchschnittliche Lagewerte, die sich für ein Gebiet mit im wesentlichen gleichen Lage- und Nutzungsverhältnissen je Quadratmeter Grundstücksfläche ergeben.[51] Grundstücke, die nach Größe, Bebaubarkeit oder Zuschnitt von dem Idealgrundstück laut Bodenrichtwertsammlung abweichen, sind entsprechend zu korrigieren.[52] Der hiernach sich ergebende Grundstückswert pro Quadratmeter ist mit der Größe des Grundstücks zu multiplizieren und von dem Ergebnis ist ein pauschaler Abschlag von 20 % vorzunehmen. Erscheint dem Steuerpflichtigen der sich hiernach ergebende Wert zu hoch, verschafft ihm § 145 III 3 BewG die Möglichkeit, nachzuweisen, dass der gemeine Wert tatsächlich niedriger ist, als der nach vorstehenden Grundsätzen bestimmte Grundbesitzwert (sog Öffnungsklausel). Maßgeblicher Stichtag für die gutachterliche Bewertung ist aber nach Auffassung der Finanzverwaltung nicht wie beim Grundbesitzwert der 1. 1. 1996, sondern der Besteuerungszeitpunkt.[53]

490 **Bei bebauten Betriebsgrundstücken** erfolgt die Wertermittlung grundsätzlich nach dem in § 146 BewG normierten **Ertragswertverfahren**. Hiernach ist die

---

48 Nach R 117 II 3 ist § 26 BewG bei der Erbschaftsteuer und Schenkungsteuer nicht anwendbar, hierzu auch Erlass Hess. vom 24. 6. 1999, DStR 1999, 1231; aA: Strahl, ZEV 1998, 424; Daragan, DB 1999, 2140

49 Gebel in: Troll/Gebel/Jülicher, ErbStG, § 10 Rn 32

50 Weitere Sonderregelungen finden sich für die Bewertung der Erbbaurechte sowie der Gebäude auf fremden Grund und Boden (§ 148 BewG), der Grundstücke im Zustand der Bebauung (§ 149 BewG) und schließlich der Gebäude für den Zivilschutz (§ 150 BewG)

51 R 160 ErbStR

52 Im Einzelnen hierzu R 161 ErbStR

53 R 163 ErbStR, aA Eisele, ZEV 1999, 371

durchschnittliche Jahresnettomiete der letzten drei Jahre mit dem gesetzlich vorgeschriebenen Faktor 12,5 zu multiplizieren und das sich hiernach ergebende Produkt um einen Alterswertabschlag von 0,5 % für jedes Jahr seit Bezugsfertigkeit des Gebäudes – höchstens jedoch 25 % – zu mindern.[54] Bei eigengenutzten Betriebsgrundstücken ist grundsätzlich die übliche Miete anzusetzen (§ 146 III BewG).

Ist diese jedoch – in der Regel mangels Vergleichbarkeit mit anderen Grundstücken – nicht zu ermitteln, so kommt ein anderes Bewertungsverfahren, das sog **gemischte Verfahren** zur Anwendung (§ 147 ErbStG). Die Erbschaftsteuerrichtlinien unterscheiden zwei Fallgruppen, in denen das gemischte Verfahren zur Anwendung kommt.[55] Zur ersten Gruppe, bei der das gemischte Verfahren grundsätzlich zur Anwendung kommt, gehören Gebäude, die zur Durchführung bestimmter Fertigungsverfahren, zu Spezialnutzungen oder zur Aufnahme bestimmter technischer Einrichtungen errichtet worden sind und allenfalls mit erheblichem Aufwand für andere Zwecke nutzbar gemacht werden können. Beispiele hierfür sind: Produktionsgebäude, Werkstattgebäude, Kliniken, Laboratorien und Parkhäuser. Zur zweiten Gruppe, bei der die Sonderbewertung nur dann Anwendung findet, wenn sich tatsächlich für die entsprechenden Gebäude keine übliche Miete auf dem regionalen Grundstücksmarkt ermitteln lassen, gehören etwa Hotelgebäude, Hotelpensionen, Bankgebäude, sowie Lagerhäuser, Ausstellungs- und Messehallen. Sofern das gemischte Verfahren zur Anwendung kommt, ist das bebaute Grundstück – anders also als beim gerade beschriebenen Ertragswertverfahren – nicht einheitlich zu bewerten, sondern bei der Wertbemessung ist zwischen Grund und Boden und Gebäude zu differenzieren. Der Wert des Gebäudes bestimmt sich nach dem Buchwert laut Steuerbilanz, der Grund und Boden ist mit 70 % des Bodenrichtwertes zum (derzeit) 1. 1. 1996 zu bemessen. Damit zur Ermittlung des Steuerbilanzwertes zum Besteuerungszeitpunkt nicht bei jedem Erwerbsfall eine Zwischenbilanz erforderlich wird, gestattet die Finanzverwaltung eine Ableitung des Steuerbilanzwertes aus dem letzten Bilanzansatz für das Gebäude vor dem Besteuerungszeitpunkt, gekürzt allerdings um die anteiligen Abschreibungen bis zum Besteuerungszeitpunkt.[56] Während § 146 auch für den Bereich der bebauten Grundstücke dem Steuerpflichtigen die Möglichkeit verschafft, einen niedrigeren gemeinen Wert gutachterlich nachzuweisen, ist solches im Rahmen des gemischten Verfahrens nur für den Wert des Grund und Bodens, nicht aber den Gesamtwert möglich. Das gemischte Verfahren kann bei neu errichteten Gebäuden durch den Buchwertansatz zu einer Überbewertung führen. Im Regelfall aber wird es aufgrund der Gebäudeabschreibung, vor allem aber etwaiger Sonderabschreibungen oder einer § 6 b-Rücklage zur niedrigeren Werten als das Ertragswertverfahren führen.[57] 491

54 Siehe im Einzelnen hierzu Kap 12 Rn 336 ff

55 R 178 ErbStR

56 R 179 III 5 ErbStR

57 Moench, ErbStG, § 12 Teil 1 Rn 83 spricht nicht ganz zu Unrecht von einem »Zufallsprinzip«

Fall:

492 *A betreibt ein Kino. Die Geschäftsimmobilie ist in der Bilanz wie folgt ausgewiesen:*

Grund und Boden	*1200 000 €*
Gebäude	*140 000 €*

Das Kino steht auf einem Grundstück von 1 000 qm bei einem Bodenrichtwert von 130 € pro qm.

493 Das Kinogebäude zählt zu den Gewerbegrundstücken, für welche sich nach Auffassung der Finanzverwaltung grundsätzlich eine übliche Miete nicht ermitteln lässt, was die Prüfung, ob die übliche Miete auf dem regionalen Grundstücksmarkt feststellbar ist, entbehrlich macht. Es hat daher die Sonderbewertung nach § 147 II BewG zu erfolgen, also eine getrennte Ermittlung des Wertes von Grund und Boden einerseits und Gebäude andererseits:

494 Grund und Boden: 1000 qm x 130 € =	130 000 €
./. Abschlag (30 %)	./. 39 000 €
Grund und Boden somit	91 000 €
Bilanzansatz Gebäude	140 000 €
Grundbesitzwert nach § 147 BewG somit	231 000 €

495 Der Grundsatz der Bewertungsidentität wird nicht nur bei Betriebsgrundstücken durchbrochen, wenn dies auch der praktisch häufigste Fall ist. Von Bedeutung sind weiterhin die folgenden Ausnahmen.[58] Beteiligungen an Personengesellschaften sind mit dem Anteilswert anzusetzen, der für Zwecke der Erbschaft- und Schenkungsteuer maßgeblich ist. Wertpapiere sind mit dem Kurswert und nicht notierte Anteile an Kapitalgesellschaften mit dem gemeinen Wert anzusetzen, der im Regelfall nach dem Stuttgarter Verfahren zu bestimmen ist. Ausländisches Betriebsvermögen ist schließlich mit dem gemeinen Wert anzusetzen.

496 Die Herleitung des für die Erbschaft- und Schenkungsteuer maßgeblichen Wertes des Betriebsvermögens aus der Steuerbilanz soll nachfolgendes Beispiel demonstrieren.

Fall:

497 *In dem obigen »Kinofall« soll unterstellt werden, dass A in seine Bilanz eine GmbH-Beteiligung zutreffend mit den Anschaffungskosten von 25 000 € aktiviert, während der gemeine Wert nach dem Stuttgarter Verfahren 60 000 € betragen soll. Die Steuerbilanz soll demnach folgendermaßen aussehen:*

58 R 122 ErbStR, dort auch noch weitere Ausnahmen vom Grundsatz der Bewertungsidentität

Aktiva		Passiva	
Grund und Boden	100 000 €	**Eigenkapital**	150 000 €
Gebäude	140 000 €	**Verbindlichkeiten**	200 000 €
Beteiligung	25 000 €		
Sonstige Aktiva	85 000 €		
	350 000 €		350 000 €

498 Wurde – wie im Beispiel oben – der Wert des Kinogebäudes im Wege der Sonderbewertung nach § 147 BewG ermittelt, wonach also der Steuerbilanzwert für das Gebäude zu übernehmen ist und lediglich ein gesonderter Wert für Grund und Boden (im obigen Beispiel waren dies 91 000 €) ermittelt werden muss, so ergibt sich der Wert des Betriebsvermögens gem. nachfolgender Vermögensaufstellung:

Grund und Boden (§ 147 BewG)	91 000 €
Gebäude	140 000 €
Beteiligung (gemeiner Wert)	60 000 €
Sonstige Aktiva	85 000 €
Rohbetriebsvermögen	376 000 €
./. Verbindlichkeiten	./. 200 000 €
Wert des Betriebsvermögens	176 000 €

499 Vorstehendes ist also der Wert, mit dem der Gewerbebetrieb »Kino« im Falle einer Vererbung oder Schenkung zum Ansatz käme.

Abwandlung:

500 *Der A verpachtet das Kinogebäude. Aufgrund Anwendung des Ertragswertverfahrens nach § 146 BewG ergibt sich nun für das bebaute Grundstück ein Grundbesitzwert von 300 000 €.*

Die Vermögensaufstellung sähe dann wie folgt aus:

501

Grund und Boden sowie Gebäude	300 000 €
Beteiligung	60 000 €
Sonstige Aktiva	85 000 €
Rohbetriebsvermögen	445 000 €
./. Verbindlichkeiten	./. 200 000 €
Wert des Betriebsvermögens	245 000 €

502 Bei der Variante ist zu beachten, dass der gem § 146 BewG ermittelte Grundbesitz sowohl Grund und Boden als auch Gebäude umfasst, demnach also gegen beide Positionen der Steuerbilanz »auszutauschen« ist.

503 Die Wertansätze des Betriebsvermögens einer **Personengesellschaft** erfolgen grundsätzlich in gleicher Weise wie die eines Gewerbebetriebs. Besonderheiten ergeben sich aber bei der Frage, welches Vermögen zum Betriebsvermögen der Personengesellschaft gehört und wie die Aufteilung des Betriebsvermögens auf die einzelnen Gesellschafter zu erfolgen hat.

504 Den Umfang des Betriebsvermögens bestimmt § 97 I Nr. 5 S 1 und 2 BewG. Danach bilden den Gewerbebetrieb einer Personengesellschaft

- die Wirtschaftsgüter und Schulden, die zum Gesamthandsvermögen der Gesellschaft gehören,
- die Bilanzansätze aus den bestehenden Ergänzungsbilanzen sowie
- die Wirtschaftsgüter aus den Sonderbilanzen der Gesellschafter.[59]

505 Forderungen und Schulden zwischen der Gesellschaft und einem Gesellschafter sind grundsätzlich nicht anzusetzen. Eine Ausnahme macht § 97 I Nr. 5 S 3, soweit es sich um Forderungen und Schulden aus dem regelmäßigen Geschäftsverkehr zwischen der Gesellschaft und dem Gesellschafter oder aus der kurzfristigen Überlassung[60] von Geldbeträgen an die Gesellschaft oder einen Gesellschafter handelt.

506 Die Aufteilung des Wertes des Betriebsvermögens auf die einzelnen Gesellschafter erfolgt nach § 97 I a in folgenden vier Schritten:

(1) Die Wirtschaftsgüter des Sonderbetriebsvermögens und die Gesellschafterschulden sind dem jeweiligen Gesellschafter vorab zuzurechnen.

(2) Bei der Ermittlung der steuerlichen Kapitalkonten der Gesellschafter ist das Eigenkapital auszuscheiden, dass den Wirtschaftsgütern des Sonderbetriebsvermögens in den Steuerbilanzen gegenübersteht.

(3) Der verbleibende Wert des Betriebsvermögens ist auf die Gesellschafter nach dem maßgeblichen Gewinnverteilungsschlüssel aufzuteilen.

(4) Der entsprechende Teilbetrag (3), vermehrt um etwaige Vorwegzurechnungen (1) und (2), stellt den maßgeblichen Wert der jeweiligen Beteiligung dar.[61]

b. Die Bewertung von Anteilen an Kapitalgesellschaften

507 **Anteile an Kapitalgesellschaften**, für die ein Kurs nach § 11 I BewG nicht besteht, sind nach § 11 II BewG mit dem gemeinen Wert (§ 9 BewG) anzusetzen. Der gemeine Wert ist in erster Linie aus zeitnahen Verkäufen herzuleiten, nämlich aus Verkäufen, die im Besteuerungszeitpunkt weniger als ein Jahr zurückliegen.[62] Dabei kann der gemeine Wert sogar aus einem einzigen Verkauf abgeleitet werden, wenn der Gegenstand des Verkaufs nicht nur ein Zwerganteil war. Verkäufe unter nahen Verwandten sind hingegen in der Regel auszuschließen, da hier persönliche Verhältnisse den Kaufpreis beeinflussen können.

---

59 R 115 I ErbStR, siehe hierzu auch das Beispiel in H 115
60 Nach R 115 II 3 ErbStR ist kurzfristig ein Zeitraum von weniger als einem Jahr
61 Siehe hierzu die drei Berechnungsbeispiele für die Aufteilung des Wertes des Betriebsvermögens in einer dreigliedrigen OHG in H 116 ErbStR
62 R 95 III

Liegen solche zeitnahen Verkäufe nicht vor – was in der Praxis die Regel sein wird –, so wendet die Finanzverwaltung ein standardisiertes Bewertungsverfahren an, dass sogenannte **Stuttgarter Verfahren**. Während die oben dargestellten Methoden zur Ermittlung des »Wertes des Betriebsvermögens« für Erbschaftsteuerzwecke dadurch gekennzeichnet waren, dass sie ausschließlich auf den Substanzwert des Unternehmens als Summe der nach bestimmten Grundsätzen zu bewertenden Wirtschaftsgüter abstellten, berücksichtigt das Stuttgarter Verfahren auch die Erträge des Unternehmens. Im Gegensatz zur betriebswirtschaftlichen Unternehmensbewertung wird jedoch – zumindest in der praktischen Umsetzung – nicht auf die Zukunftserträge abgestellt, sondern lediglich auf die Erträge der Vergangenheit. Neben den Erträgen bleibt aber auch die Substanz beim Stuttgarter Verfahren maßgeblich. 508

Die Finanzverwaltung hat die von ihr angewandte Bewertungsmethode des Stuttgarter Verfahrens in R 96 ff ErbStR niedergelegt. Dort ist zunächst (R 97 ff ErbStR) die Regelbewertung dargestellt, sodann folgen Ausführungen zu Sonderbewertungen in bestimmten Sonderfällen (R 102 ff ErbStR). 509

Bei der **Regelbewertung** wird ein Vermögenswert und ein Ertragshundertsatz festgestellt, aus denen dann wiederum nach einer bestimmten Formel der gemeine Wert, sich ausdrückend ebenfalls in einem Hundertsatz des Nennkapitals, errechnet wird. 510

Die **Ermittlung des Vermögenswertes** erfolgt in zwei Schritten. Im ersten Schritt ist es erforderlich, den Steuerwert zum letzten Bilanzstichtag zu ermitteln. Nach dem bereits angesprochenen Grundsatz der Bestandsidentität sind grundsätzlich – zu Einschränkungen vgl R 114 II ErbStR – die entsprechenden Positionen aus der Steuerbilanz zu übernehmen. Was die Bewertung dieser zu übernehmenden Positionen angeht, so gilt der Grundsatz der Bewertungsidentität, wobei allerdings auch hier die bereits oben dargestellten Durchbrechungen, wie beispielsweise die abweichende Bewertung von Grundbesitz, zu berücksichtigen sind. 511

In einem zweiten Schritt ist sodann, sofern der Bewertungsstichtag nicht ausnahmsweise mit dem Bilanzstichtag zusammenfällt, eine Fortschreibung zum Bewertungsstichtag vorzunehmen.[63] Das so ermittelte Vermögen wird in Relation gesetzt zum Nennkapital. Das Ergebnis ist der Vermögenswert. Die Formel lautet somit: 512

513

$$\text{Vermögenswert} = \frac{\text{Vermögen}}{\text{Nennkapital}}$$

63 Siehe hierzu R 98 III ErbStR

Fall:

514 *Die A-GmbH hat ein Stammkapital von 25 000 €. Der nach vorstehenden Grundsätzen ermittelte Wert des Betriebsvermögens soll zum Besteuerungszeitpunkt 70 000 € betragen.*

515 Der Vermögenswert – treffender wäre die Bezeichnung »Vermögenshundertsatz« – errechnet sich dann wie folgt:

$$\frac{70\,000\text{ €}}{25\,000\text{ €}} = 280\ \%$$

516 Der **Ertragshundertsatz** soll sich grundsätzlich nach den voraussichtlichen künftigen Jahreserträgen bemessen. Diese sind jedoch auf der Grundlage der Betriebsergebnisse der letzten drei vor dem Besteuerungszeitpunkt abgelaufenen Wirtschaftsjahre zu schätzen. In der Praxis stellt jedoch diese Schätzgrundlage in der Regel die maßgebliche Größe dar. Auszugehen ist – für das jeweilige zur Bewertung heranzuziehende Jahr – von dem zu versteuernden Einkommen iSd Körperschaftsteuergesetzes. Allerdings wird diese Ausgangsgröße noch um bestimmte Positionen – vgl im einzelnen R 99 I ErbStR – korrigiert, und zwar um folgende:

517 **Hinzuzurechnen** sind beispielsweise

- ➢ Sonderabschreibungen, erhöhte Absetzungen, Bewertungsabschläge, Zuführungen zu steuerfreien Rücklagen sowie Teilwertabschreibungen
- ➢ Absetzungen auf den Firmenwert oder firmenwertähnliche Wirtschaftsgüter
- ➢ ein Verlustabzug
- ➢ einmaliger Veräußerungsverluste.

518 **Abzuziehen** sind insbesondere

- ➢ einmalige Veräußerungsgewinne,
- ➢ nicht abziehbare Ausgaben (Aufsichtsratsvergütungen zur Hälfte) sowie
- ➢ die Tarifbelastung auf die nicht abziehbaren Ausgaben.

519 Das nach vorstehenden Grundsätzen ermittelte Betriebsergebnis kann nochmals um einen Abschlag von bis zu 30 % gemindert werden, wenn es ohne Einsatz eines größeren Betriebskapitals erzielt wurde und ausschließlich und unmittelbar von der persönlichen Tätigkeit des Gesellschafter-Geschäftsführers abhängig ist, ohne dass dies bereits durch ein entsprechendes Entgelt abgegolten wird (R 99 II ErbStR).

520 Einen weiteren Abschlag hat das **Steuersenkungsgesetz** erforderlich gemacht. Mit ihm wurde bekanntlich das körperschaftsteuerliche Anrechnungsverfahren durch das Halbeinkünfteverfahren ersetzt. Hiernach aber sind die Kapitalgesellschaften mit einer Definitivbesteuerung von 25 % belastet. Die zur

Ausschüttung an die Gesellschafter zur Verfügung stehenden Beträge fallen damit entsprechend geringer aus. Die Finanzverwaltung hat dem bereits mit einem Ländererlass[64] Rechnung getragen. Darin ist verfügt, dass die Körperschaftsteuerbelastung bei der Ermittlung des künftigen Jahresertrages dem Grunde nach zu berücksichtigen ist. Für Wirtschaftsjahre, für die noch das Anrechnungsverfahren galt, ist von den jährlichen Betriebsergebnissen eine fiktive Körperschaftsteuer in Höhe von 25 % des zu versteuernden Einkommens abzuziehen. Für Wirtschaftsjahre, in denen bereits das Halbeinkünfteverfahren gilt, ist von den jährlichen Betriebsergebnissen die Körperschaftsteuer mit dem tatsächlich veranlagten Betrag abzuziehen. Die Berücksichtigung der Definitivbelastung führt im Ergebnis zu niedrigeren Anteilswerten und damit zu einer erbschaftsteuerlichen Entlastung. Die Wertminderung fällt um so höher aus, je größer das Verhältnis des Ertragswertes zum Vermögenswert ist.[65]

Die ermittelten Jahreserträge der letzten drei Jahre sind sodann zu gewichten. 521
Dies geschieht in der Weise, dass das Betriebsergebnis des letzten Wirtschaftsjahres vor dem Versteuerungszeitpunkt mit dem Faktor 3, das des vorletzten Jahres mit dem Faktor 2 und das des vorvorletzten Wirtschaftsjahres mit dem Faktor 1 zu multiplizieren und die Summe der so gewichteten Betriebsergebnisse durch 6 zu dividieren ist. Dies ergibt dann den gewichteten Jahresertrag.

Fall:

Die A-GmbH aus obigem Beispiel mit einem Stammkapital von 25 000 € hat nachfolgende Betriebsergebnisse erzielt: 522

Betriebsergebnis für das vorvorletzte Jahr		
6 000 ./. 25 % = 4 500 × 1 =		4 500 €
Für das vorletzte Jahr		
8 000 ./. 25 % = 6 000 × 2 =		12 000 €
Für das letzte Jahr		
10 000 ./. 25 % = 7 500 × 3 =		22 500 €
Zwischensumme		39 000 €
		: 6
Gewichteter Jahresertrag		6 500 €
Ertragshundersatz somit:	$\frac{6\,500\ €}{25\,000\ €}$ = 26 %	

Der gemeine Wert, ausgedrückt als Hundertsatz, ergibt sich nun nach folgender **Formel**: 523

Gemeiner Wert = (Vermögenswert + 5 × Ertragshundertsatz) × 68 % 524

Bezogen auf die Werte obiger Beispiele (Vermögenswert = 280 %; Ertragshundertsatz = 26 %) bedeutet dies: 525

64 Ländererlass v. 13. 2. 2001, BStBl I, 162
65 Weinmann, ZEV 2001, 184 f mit Beispiel

526 Gemeiner Wert = (280 % + 5 x 26 %) x 68 % = 278,8 %

527 Überträgt also beispielsweise der Unternehmer im Wege der Schenkung auf seinen Sohn einen Anteil an der A-GmbH in einem Nennwert von 10 000 €, so beträgt dessen Schenkungsteuerwert:

528 10 000 € x 278,8 % = 27 880 €

Bei Gesellschaften, bei denen nachhaltig und verhältnismäßig geringe Erträge einem großen Vermögen gegenüberstehen, ist der Hundertsatz des gemeinen Wertes um gestaffelte Abschläge zu mindern. Abgestellt wird auf die Rendite, somit das Verhältnis vom Ertragshundertsatz zum Vermögenswert (»Vermögenshundertsatz«). Macht dieses Verhältnis weniger als 4,5 % aus, so ist ein Abschlag vorzunehmen, der sich gem R 100 III ErbStR auf einer Bandbreite von 3 bis 30 % bewegt.

Berechnungsbeispiel:

Stammkapital	25 000 €
Vermögenswert	280 %
Gewichteter Jahresertrag	1 250 €
Ertragshundertsatz somit	5 %

529 $$Rendite = \frac{Ertragshundertsatz}{Vermögenswert} = \frac{5\,\%}{280\,\%} = 1{,}79\,\%$$

530 *Gemeiner Wert laut Formel:*

(280 % × 5 × 5 %) × 68 % =	*207,4 %*
Abschlag bei einer Rendite von 1,79 %:	*./. 21 %*
	163,85 %

531 Da die Minderung der Betriebsergebnisse um die Körperschaftsteuer zu geringeren Ertragshundertsätzen führt, wird die Renditegrenze von 4,5 % zukünftig in einer größeren Zahl von Fällen erreicht werden. Dem Renditeabschlag wird daher eine größere Bedeutung zukommen.[66]

532 Neben der vorstehend dargestellten Regelbewertung nennt die Finanzverwaltung auch Fälle, in denen aus bestimmten Gründen Korrekturen vorzunehmen sind. Solche **Sonderbewertungen** sind insbesondere bei folgenden Sachverhalten vorzunehmen:

- Wenn Geschäftsanteile verschenkt oder vererbt werden, die keinen Einfluss auf die Geschäftsführung gewähren[67]
- Wenn es sich um den Anteil an einer Gesellschaft handelt, die sich im Aufbau befindet[68]

66 Weinmann, ZEV 2001, 184, 185, der mit dem Hinweis, dass die sich nach dem Stuttgarter Verfahren ergebenden Werte damit noch realitätsferner werden, die Frage stellt, ob nicht das Verfahren insgesamt auf den Prüfstand gehört

67 R 101 VIII ErbStR: Abschlag von 10 %

68 R 102 I ErbStR: Anteilswert entspricht in den ersten drei Jahren dem Nennkapital

- Wenn es sich um einen Anteil an einer Holdinggesellschaft, einer Organträgergesellschaft oder einer Organgesellschaft handelt[69]
- Wenn sich die Gesellschaft in Liquidation befindet[70]
- Wenn es sich um Anteile an gemeinnützigen Kapitalgesellschaften handelt.[71]

Angesichts dieser auf einzelne Sachverhalte begrenzten Sonderbewertungen 533
ist es für die Gestaltungspraxis von Relevanz, inwieweit sie auf die Anwendung der Regelungen des Stuttgarter Verfahrens vertrauen kann.[72]

Wie in Ziffer I ErbStR ausdrücklich betont, handelt es sich bei den Regelun- 534
gen zum Stuttgarter Verfahren um »Weisungen an die Finanzbehörden«. Diese Weisungen dienen der einheitlichen Bewertung, der Verwaltungsvereinfachung und der Vermeidung unbilliger Härten. Die Tatsache allein, dass die Bewertung nach dem Stuttgarter Verfahren in einem Einzelfall zu einem unrichtigen Wert führt, veranlaßt noch kein Abweichen von den Richtlinien, weder zugunsten noch zulasten des Steuerpflichtigen. Der BFH hat vielmehr betont, dass eine individuelle Gerechtigkeit der Bewertung gegenüber der angestrebten Typengerechtigkeit zurückzustehen hat.[73] Doch kennt auch der BFH eine Schmerzgrenze: Abweichungen vom Stuttgarter Verfahren sind immer dann zulässig, wenn seine Anwendung zu offensichtlich unrichtigen Ergebnissen führen würde.[74] An dieser Formel sollte sich die Gestaltung orientieren.

---

69 R 103 und R 104 ErbStR

70 R 105 II: Gemeiner Wert entspricht in der Regel dem Vermögenswert (nicht also dem Liquidationswert)

71 R 108 ErbStR: Abschlag von 30 % von dem durch den Nennwert nach oben begrenzten Vermögenswert, kein Renditeabschlag

72 Die Frage stellt sich beispielsweise bei vermögensverwaltenden GmbHs mit Beteiligungsbesitz von höchstens 50 % wie im Beispiel Rn 538

73 BFH BStBl II 1973, 98. Er hat im selben Urteil aber auch ausgeführt, dass eine Bindung an das Stuttgarter Verfahren dann nicht besteht, wenn sich im Einzelfall eine ebenfalls einfache, dabei aber genauere Bewertung der Anteile anbietet. Troll, Bewertung der Aktien und GmbH-Anteile bei der Vermögensteuer, S 41 ff, weist allerdings darauf hin, dass diese Feststellung des BFH zu einer Zeit erfolgte, als er in der Literatur stark angegriffen wurde , weil von ihm die Anweisungen in den Richtlinien nahezu wie Gesetzesvorschriften behandelt wurden. Einem solchen Eindruck habe der BFH entgegen wirken wollen. Tatsächlich hat der BFH auch in nachfolgenden Urteilen eine gewisse Bindung an das Stuttgarter Verfahren mehrfach betont. Nach BFH BStBl II 1991, 459, 460 bspw braucht sich ein Finanzgericht nicht in anderer Weise davon zu überzeugen, dass der nach den Richtlinien geschätzte Wert tatsächlich dem gemeinen Wert entspricht

74 So erst jüngst BFH BStBl 2000, 251, 253 mwN; s auch BFH BStBl II 1978, 323; BFH BStBl II 1982, 8; BFH BStBl II 1994, 505

c. Erbschaftsteuerminderung durch Rechtsformwechsel

535 Vergleicht man die beiden vorstehend erläuterten Bewertungsmethoden, so wird klar, dass renditestarke Unternehmen in Rechtsform der Kapitalgesellschaft regelmäßig einen höheren Wert ausweisen und damit erbschaftsteuerlich teuerer sind, als in Rechtsform des Einzelunternehmens oder der Personengesellschaft. Ein über den Vermögenswert hinausgehender Anteilswert wird insbesondere erzielt, wenn die Rendite, (= Verhältnis des Ertragshundertsatzes zum Vermögenswert) höher ist als 9,412 %.[75] Liegt die Rendite hingegen unter vorgenanntem Wert, ist das Stuttgarter Verfahren erbschaftsteuerlich günstiger, da in diesem Falle der hiernach ermittelte Anteilswert unter dem Vermögenswert liegt.

Fall:

U betreibt eine Werbeagentur in fremdgemieteten Räumen. Das Betriebsvermögen besteht im wesentlichen aus der größtenteils abgeschriebenen Büroausstattung und einer hochwertigen Computeranlage mit zugehöriger Software. Der Vermögenswert des Unternehmens beläuft sich auf 200 000 €. U konnte in den letzten drei Jahren einen (gewichteten) Jahresertrag von 600 000 € erzielen. Er beabsichtigt, das Unternehmen in ca 2 Jahren seinem Sohn im Rahmen vorweggenommener Erbfolge zu übertragen. Zuvor möchte er es jedoch in eine haftungsbeschränkte Rechtsform umwandeln und schwankt zwischen der Rechtsform der GmbH und der GmbH & Co. KG.

536 Angesichts der geplanten Unternehmensnachfolge empfiehlt sich dem U aus erbschaftsteuerlicher Sicht die Rechtsform der GmbH & Co. KG. Der Erwerb des Sohnes kann dann nämlich aufgrund der Maßgeblichkeit des Vermögenswertes erbschaftsteuerfrei erfolgen:

Steuerwert der GmbH & Co. KG	200 000 €
./. Betriebsvermögensfreibetrag	256 000 €
steuerpflichtiger Erwerb	0 €

537 Dagegen würde dem Sohn, dessen persönliche Freibeträge bereits durch Vorschenkungen in den letzten Jahren verbraucht sind, bei Erwerb desselben Unternehmens in Rechtsform der GmbH eine nicht unerhebliche Erbschaftsteuerbelastung entstehen:

Steuerwert der GmbH		
(200 000 € + 5 × 600 000 €) × 68 %		2 176 000 €
./. Betriebsvermögensfreibetrag	./.	256 000 €
		1 920 000 €
./. Bewertungsabschlag	./.	40 %
Steuerpflichtiger Erwerb		1 152 000 €
× Steuersatz (Steuerklasse I)	×	19 %
Erbschaftsteuer		218 880 €

75 Weinmann, ZEV 2001, 184, 185

Fall:

P hat sein Unternehmen verkauft und den erhaltenen Kaufpreis nach Entrichtung der Steuer auf den Veräußerungsgewinn in sicheren Rentenpapieren, Festgeldern und sonstigen wertbeständigen Vermögensanlagen im Wert von 6 Mio. € angelegt, die ihm zwar relativ geringe, aber dafür sichere Erträge von jährlich 250 000 € bringen. P, der nur einen Bruchteil des ihm nach Steuern zur Verfügung stehenden Betrages zum Lebensunterhalt bedarf, überlegt, ob er zur Ausnutzung der ertragsteuerlichen Thesaurierungsvorteile der Kapitalgesellschaft das Geld- und Wertpapiervermögen sowie die sonstigen Vermögensanlagen in eine GmbH einlegen soll. Er befürchtet jedoch, dass seiner Frau, die seine Alleinerbin werden soll, hierdurch erbschaftsteuerliche Nachteile entstehen. 538

Die Befürchtungen des P sind unbegründet. Erbt die Ehefrau von ihrem Mann als Privatier, fällt die Erbschaftsteuerbelastung wie folgt aus: 539

Steuerwert des Anlagevermögens	6 000 000 €
./. Ehegattenfreibetrag	307 000 €
Steuerpflichtiger Erwerb	5 693 000 €
× Steuersatz (Steuerklasse I)	× 23 %
Erbschaftsteuer	1 309 390 €

Hinterlässt der P hingegen seiner Ehefrau eine GmbH mit gleichem Vermögen, ist die Erbschaftsteuerbelastung deutlich geringer: 540

Steuerwert der GmbH[76]	
(6 Mio. € + 5 × 250 000 €) × 68 % =	4 930 000 €
./. Renditeabschlag (R 100 III ErbStR)	./. 3 %
	4 782 100 €
./. Betriebsvermögensfreibetrag	./. 256 000 €
	4 526 100 €
./. Bewertungsabschlag	./. 40 %
	2 715 660 €
./. Ehegattenfreibetrag	./. 307 000 €
Steuerpflichtiger Erwerb (abgerundet)	2 408 600 €
× Steuersatz (Steuerklasse I)	× 19 %
Erbschaftsteuer	457 634 €

Die Ehefrau spart also 851 756 € Erbschaftsteuer. 541

76 Bei der Zusammenstellung des Anlageportfolios der GmbH sind die Grenzen der R 103 ErbStR zu beachten, da ansonsten die – hier zu einem niedrigeren Wert führenden – Ertragssaussichten unberücksichtigt bleiben. Der Vermögenswert wird darüber hinaus in den ersten – »im allgemeinen« – drei Jahren seit Gründung der GmbH maßgeblich bleiben, R 100 ErbStR. Nicht auszuschließen ist, dass ein Finanzamt oder ein Gericht von der hier vorgeschriebenen Regelbewertung abweicht. ME wäre dies unzulässig, da die Regelbewertung einer GmbH, deren Vermögen aus einem »Anlagenmix« besteht (Portfolio-GmbH), nicht zu »offenbar« unrichtigen Ergebnissen führt. Vielmehr ist bei solchen Gesellschaften mit Mischvermögen eine Berücksichtigung der Ertragsaussichten dadurch gerechtfertigt, dass der Erwerber der Anteile sich eben keinen Vermögensgegenstand aussuchen kann, sondern den »Anlagemix« als Quote (bei Erwerb eines Anteils) oder insgesamt (bei Erwerb aller Anteile) erwerben muß. Er wird daher auch ertragsorientiert investieren.

2. Ausnutzung der Begünstigung des Erwerbs von Betriebsvermögen

542 Den Erwerb von Betriebsvermögen privilegiert das Erbschaftsteuergesetz in gleich dreifacher Weise, nämlich durch den Betriebsvermögensfreibetrag in Höhe von 256 000 €, den 40 %igen Bewertungsabschlag und schließlich das Steuerklassenprivileg, wonach der Erwerb von Betriebsvermögen generell den Steuersätzen der günstigsten Steuerklasse I unterliegt (§§ 13 a, 19 a ErbStG).

a. Begünstigtes Vermögen

543 Beachtenswert ist jedoch, dass nach der gesetzlichen Regelung Betriebsvermögen nicht gleich Betriebsvermögen ist. Nach § 13 a IV Nr. 1 und § 19 a II Nr. 1 ErbStG[77] ist nämlich nur der Erwerb eines **ganzen Gewerbebetriebs, eines Teilbetriebs oder der Beteiligung an einer Personengesellschaft** iSd § 15 I Nr. 2 und 3 und § 18 IV EStG begünstigt und dies auch nur, soweit es sich dabei um inländisches Betriebsvermögen iSd § 12 V ErbStG handelt.[78]

544 Mit dem Verweis auf § 12 V ErbStG und dessen Verweis auf die §§ 95 bis 99, 103, 104, 109 I und II und 137 BewG wird dasjenige Betriebsvermögen von der Begünstigung ausgenommen, welches in Durchbrechung des Grundsatzes der Bestandsidentität nicht in die Vermögensaufstellung aufzunehmen ist.[79] Ein Beispiel hierfür sind die Grundstücke, die zur Hälfte oder zu einem geringeren Teil dem Gewerbebetrieb dienen und daher erbschaftsteuerlich insgesamt dem Privatvermögen zuzurechnen sind. Andererseits ist mit vorgenanntem Verweis gewährleistet, dass sämtliches in die Vermögensaufstellung aufzunehmende Vermögen von der Begünstigung erfasst ist. Grundstücke also, die zu mehr als der Hälfte ihres Wertes dem Gewerbebetrieb dienen, zählen nach dem Alles oder Nichts-Prinzip insgesamt zum privilegierten Betriebsvermögen. Auch zählt hierzu das Sonderbetriebsvermögen (§ 97 I Nr. 5 S 2 und 3 BewG), wozu insbesondere die Anteile an der Betriebs-GmbH bei einer bestehenden Betriebsaufspaltung oder die Anteile an der Komplementär-GmbH einer GmbH & Co. KG gehören. Für die Gestaltungspraxis ist von Bedeutung, dass damit auch gewillkürtes Betriebsvermögen und – wie das Gesetz ausdrücklich klarstellt – das Betriebsvermögen einer gewerblich geprägten Personengesellschaft iSd § 15 III Nr. 2 EStG privilegiert ist. Beides kann relativ einfach geschaffen werden.

545 Nicht zum begünstigten Betriebsvermögen zählt nach Auffassung der Finanzverwaltung hingegen der Nießbrauch am Gewerbebetrieb oder einem Mitunternehmeranteil. Dies gilt selbst dann, wenn der Nießbraucher ertragsteuer-

77 Nach den Nrn. 2 und 3 der Absätze vorgenannter §§ ist weiterhin begünstigt der Erwerb land- und forstwirtschaftlichen Vermögens und der Erwerb von Anteilen an Kapitalgesellschaften, zu letzteren unten Rn 551 ff

78 Von der Begünstigung ausgeschlossen ist damit ausländisches Betriebsvermögen, wozu auch ausländische Betriebsstätten eines inländischen Gewerbebetriebs gehören, R 51 IV 4 ErbStR

79 Hierzu bereits oben Rn 483 ff

lich als Mitunternehmer zu qualifizieren ist.[80] Auch kann von den Betriebsvermögensprivilegierungen kein Gebrauch gemacht werden, wenn die Übertragung des Betriebsvermögens unter freiem Widerrufsvorbehalt erfolgt, da in diesem Falle der Erwerber nicht Mitunternehmer wird, das Betriebsvermögen vielmehr nach wie vor dem Schenker zuzurechnen ist.[81]

Mit der Beschränkung der Privilegien auf Erwerbe von ganzen Gewerbebetrieben, Teilbetrieben und Mitunternehmeranteilen ist klargestellt, dass der Erwerb einzelner Wirtschaftsgüter des steuerlichen Betriebsvermögens keine Begünstigung erfährt. Damit sind nicht nur die ohnehin seltenen Schenkungen gemeint, die gleichzeitig zu einer ertragsteuerpflichtigen Entnahme des Wirtschaftsguts führen. Nicht begünstigt sind vielmehr auch ertragsteuerneutrale Übertragungen von Einzelwirtschaftsgütern im Anwendungsbereich des § 6 V 5 EStG. **546**

Fall:

Der Unternehmer U schenkt seinem Sohn S ein Grundstück, welches er im Sonderbetriebsvermögen der U & S KG gehalten hatte, an welcher er und S beteiligt sind. **547**

Zwar kann die Übertragung des Betriebsgrundstücks gem § 6 V S 3, letzte Alt. EStG ertragsteuerneutral erfolgen. Da jedoch kein ganzer Gewerbebetrieb, Teilbetrieb oder Mitunternehmeranteil übertragen wird, wird schenkungsteuerlich der Erwerb gleich dem Erwerb von Privatvermögen besteuert. Eine Inanspruchnahme des Betriebsvermögensfreibetrages und des Bewertungsabschlags ist somit ausgeschlossen. Die Betriebsvermögensprivilegien könnten hingegen in Anspruch genommen werden, wenn U seinem Sohn gleichzeitig auch einen Teil seiner Gesellschaftsbeteiligung schenkt, da das Sonderbetriebsvermögen zum Mitunternehmeranteil zählt, würde es sich in diesem Falle nicht um den Erwerb eines Einzelwirtschaftsgutes sondern um den begünstigten Erwerb eines (Teils eines) Mitunternehmeranteils mit Sonderbetriebsvermögen handeln.[82] **548**

Die Betriebsvermögensprivilegien werden schließlich auch dann nicht gewährt, wenn der Erbfall oder eine Schenkung zur Auflösung einer Betriebsaufspaltung führt.

80 Erlass Saarland vom 30. 12. 1999, UVR 2000, 235; Jülicher in: Troll/Gebel/Jülicher, ErbStG, § 13 a Rn 149; Moench/Weinmann, Erbschaft- und Schenkungsteuer, § 13 a Rn 20; aA Piltz, ZEV 1997, 61, 63; dagegen hindert der Vorbehalt des Nießbrauchs durch den Schenker nicht die Gewährung der Betriebsvermögensprivilegien, wenn der Beschenkte ertragsteuerlich Mitunternehmer wird; zu dem unklaren Hinweis der Finanzverwaltung in H 51 I aE bereits oben Rn 133

81 H 51 I ErbStR, hierzu bereits oben Rn 87

82 Zur ertragsteuerlichen Problematik, ob auch bei unentgeltlicher Übertragung des Teils eines Mitunternehmeranteils und bei überquotaler Mitübertragung von Sonderbetriebsvermögen § 6 III EStG Anwendung findet, siehe bereits oben Rn 469, Fn 41

Fall:

549 *Der Unternehmer U ist Alleingesellschafter der U-GmbH, die in einer im Alleineigentum des U stehenden Immobilie wirtschaftet. Er hat testamentarisch verfügt, dass im Falle seines Todes sein Sohn Unternehmensnachfolger werden soll und die GmbH erhält. Die Immobilie soll hingegen die Tochter erhalten, der er gleichzeitig auferlegt hat, das bestehende Mietverhältnis mit der GmbH auch nach Ablauf des Mietvertrages fortzusetzen.*

550 Mit Auflösung der hier bestehenden Betriebsaufspaltung fallen sowohl die Immobilie als auch die GmbH-Beteiligung ins steuerliche Privatvermögen, so dass weder Sohn noch Tochter Betriebsvermögen erwerben. Eine Inanspruchnahme des Betriebsvermögensfreibetrages und des Bewertungsabschlags kommt daher für beide nicht in Betracht. Allerdings sollte das mit der Auflösung der Betriebsaufspaltung verbundene ertragsteuerliche Desaster bereits Warnung genug sein.

551 Nach §§ 13 a IV Nr. 3, 19 a II Nr. 3 ErbStG ist weiterhin begünstigt der **Erwerb von Anteilen an einer Kapitalgesellschaft**.[83] Dies gilt jedoch nur, soweit die Kapitalgesellschaft ihren Sitz oder ihre Geschäftsleitung im Inland hat und der Erblasser oder Schenker am Nennkapital der Gesellschaft mit mehr als 25 % unmittelbar beteiligt ist.

Fall:

552 *Der Unternehmer U ist an der ABU-GmbH mit 35 % beteiligt. Er möchte seinem Sohn sukzessiv Anteile hieran übertragen. Er beabsichtigt daher, seinem Sohn zum 31. 12. 2001 einen 10 %igen GmbH-Anteil zu übertragen. Die restlichen 25 % soll der Sohn – zur Ausnutzung der Freibeträge – nach 10 Jahren erhalten.*

553 Während der Sohn für den Erwerb der 10 %igen Beteiligung die Betriebsvermögensprivilegierung in Anspruch nehmen kann, wird er den Erwerb der 25 %igen GmbH-Beteiligung in 10 Jahren hingegen wie Privatvermögen und somit wesentlich teurer zu versteuern haben. Bei der zweiten Schenkung ist der Schenker nämlich lediglich mit 25 %, nicht also mit »mehr als« 25 % an der GmbH beteiligt. U hätte also besser im ersten Schritt seinem Sohn 9 % geschenkt, um ihm in einem zweiten Schritt die restlichen 26 % ebenfalls begünstigt schenken zu können.[84]

---

83 Eigene Anteile rechnen nach R 53 II 2 ErbStR zum Nennkapital; aA Christoffel/Geckle/Pahlke, ErbStG, § 13 a Rn 76

84 Auf einen weiteren, nicht seltenen Gestaltungsfehler weist Moench/Weinmann, Erbschaft- und Schenkungsteuer, § 13 a Rn 42 hin: Der Vater hat zwei Geschäftsanteile von je 15 % an der X-GmbH, die er seinen beiden Kindern A und B übertragen will. Da A und B an verschiedenen Orten wohnen, erfolgt die notarielle Beurkundung der Abtretung vor verschiedenen Notaren und an verschiedenen Tagen. Es wird beurkundet, dass die Übertragung mit sofortiger Wirkung erfolgen soll. Da im Zeitpunkt der zweiten Übertragung der Vater nur noch mit 15 % an der GmbH beteiligt war, ist nur die erste Schenkung durch § 13 a ErbStG begünstigt. In solchen Fällen ist daher in beiden Urkunden ein übereinstimmender Stichtag für den Vermögensübergang festzulegen

b. Begünstigte Erwerbsarten

Die Betriebsvermögensprivilegien werden nur gewährt beim **Erwerb von Todes wegen** (§ 13 a I Nr. 1 ErbStG) und – hierzu unten – beim Erwerb im Wege der vorweggenommenen Erbfolge (§ 13 a I Nr. 2 ErbStG). Damit sind gleichzeitig diejenigen Erwerbe erfasst, die nach den Fiktionen des § 3 I und II ErbStG als Erwerbe von Todes wegen gelten. Hierzu gehört beispielsweise der Erwerb durch ein entsprechendes Sachvermächtnis, der Anwachsungserwerb oder – bei Kapitalgesellschaften – der Erwerb aufgrund gesellschaftsvertraglicher Übertragungsverpflichtung, der Erwerb durch Vertrag zugunsten Dritter, der Vermögensübergang auf eine vom Erblasser angeordnete Stiftung und der Erwerb infolge Vollziehung einer Auflage oder Erfüllung einer Bedingung. Eine Ausnahme macht die Finanzverwaltung jedoch in den Fällen des § 3 II Nr. 4 und 5, nach denen auch eine Sachabfindung für einen Pflichtteilsverzicht oder eine Ausschlagung ebenfalls als vom Erblasser von Todes wegen zugewendet gilt. Die Finanzverwaltung fordert vielmehr über den Gesetzeswortlaut hinaus, dass der Erblasser selbst das begünstigte Vermögen dem Erwerber zugewiesen hat[85], was bei solchen Abfindungsvereinbarungen aber gerade nicht der Fall ist. Darüber hinaus verlangt die Finanzverwaltung, dass das begünstigte Vermögen vom Erblasser stammt. Sie lehnt deshalb die Gewährung der Betriebsvermögensprivilegien ab, wenn das begünstigte Vermögen an Erfüllungs Statt oder in Erfüllung eines Verschaffungsvermächtnisses übertragen wird.[86] Bei der Vor- und Nacherbfolge sind beide Erwerber begünstigt. Der Betriebsvermögensfreibetrag wird in diesem Falle auch dann gewährt, wenn zwischen beiden Erwerben weniger als 10 Jahre liegen.[87] Dies ist eine Konsequenz der vom Zivilrecht abweichenden steuergesetzlichen Konzeption, wonach der Nacherbe nicht vom Erblasser, sondern vom Vorerben erwirbt. Eine Ausübung des Wahlrechts nach § 6 II 2 ErbStG ändert hieran nichts.[88] 554

Erwerbe im Wege vorweggenommener Erbfolge sind im Erbschaftsteuergesetz nicht weiter konkretisiert. Die Finanzverwaltung lehnt sich an zivilrechtliche Definitionsversuche an, wonach mit dem Begriff »vorweggenommene Erbfolge« eine Form der Übertragung von Vermögen durch den künftigen Erblasser auf einen oder mehrere als künftige Erben in Aussicht genommenen Empfänger definiert wird, ohne dass diese Umschreibung eine Begrenzung auf Nachfolgeregelungen im engeren Familienkreis bezwecken oder erlauben würde.[89] Im Bemühen um eine praktische Handhabung geht die Finanzverwaltung »ohne weiteres« vom Vorliegen einer vorweggenommenen Erbfolge aus, wenn die freigiebige Zuwendung an Erwerber der Steuerklasse I erfolgt oder wenn der Schenker bei 555

85 R 55 IV ErbStR

86 R 55 IV ErbStR; ebenso Jülicher in: Troll/Gebel/Jülicher, ErbStG, § 13 a Rn 22 f; aA Meincke, ErbStG, § 13 a Rn 7; Gebel, BB 97, 811, 812; zum Verschaffungsvermächtnis Wohlschlegel ZEV 1997, 107, 109

87 R 55 I 2 ErbStR

88 Gleiches soll allerdings auch in den Fällen des § 6 III ErbStG gelten, wenn also der Nacherbfall in anderer Weise als durch den Tod des Vorerben eintritt und deshalb laut der gesetzlichen Regelung die Vorerbfolge als auflösend bedingter und die Nacherbfolge als aufschiebend bedingter Anfall vom Erblasser zu behandeln ist; siehe hierzu Moench/Weinmann, Erbschaft- und Schenkungsteuer, § 13 a Rn 57

89 R 56 I 2 ErbStR

freigiebigen Zuwendungen an Erwerber der anderen Steuerklassen entweder schriftlich erklärt, dass der Betriebsvermögensfreibetrag in Anspruch genommen werden soll oder, dass es sich bei der Zuwendung um eine Maßnahme der vorweggenommenen Erbfolge handelt. Der BFH sieht das Tatbestandsmerkmal »im Wege vorweggenommener Erbfolge« hingegen nur dann erfüllt, wenn der Erwerb unter Lebenden einem Erwerb durch Erbanfall »materiell vergleichbar« ist.[90] Die Finanzverwaltung hat in einem Nichtanwendungserlass vom 15.5.2001 erklärt, die Grundsätze des BFH-Urteils nicht über den entschiedenen Einzelfall hinaus anzuwenden. Aus Sicht der Finanzverwaltung bleibt es damit bei den Aussagen in R 56 ErbStR. Endgültige Gestaltungssicherheit kann der Nichtanwendungserlass allerdings nicht schaffen. Der Gesetzgeber sollte daher, wie bereits ursprünglich im Entwurf des Steuersenkungsänderungsgesetzes geplant, das Tatbestandsmerkmal »im Wege der vorweggenommenen Erbfolge« durch das Tatbestandsmerkmal »durch Schenkung unter Lebenden« ersetzen.[91]

556 Restriktiver behandelt die Finanzverwaltung die mittelbare Schenkung, also den Erwerb eines Geldbetrages unter der Auflage, damit begünstigtes Vermögen zu erwerben. Die Begünstigungsnormen sollen in diesem Fall nur dann greifen, wenn der Beschenkte begünstigtes Vermögen des Schenkers entgeltlich erwerben soll. Die Geldschenkung mit der Auflage, sich an begünstigtem Vermögen eines Dritten zu beteiligen, ist hingegen nicht begünstigt.[92] Bei der gemischten Schenkung ist der Abzug des Betriebsvermögensfreibetrages und der Bewertungsabschlag vom Steuerwert, also nach Anwendung der bereits oben erläuterten Verhältnisrechnung vorzunehmen, was sich wiederum zum Vorteil des Steuerpflichtigen auswirkt.[93]

c. Besonderheiten des Betriebsvermögensfreibetrages

557 Der Betriebsvermögensfreibetrag steht den Erwerbern – wie auch die persönlichen Freibeträge – alle 10 Jahre wieder neu zur Verfügung. Zur Ausnutzung der Freibeträge ist daher ein sukzessiver Erwerb im 10-Jahres-Rhythmus durch Vorwegnahme der Erbfolge grundsätzlich empfehlenswert.[94]

---

90 Siehe hierzu bereits oben Rn 88

91 Aus dem letztendlich am 30.5.2001 von der Bundesregierung verabschiedeten Entwurf des Steuersenkungsänderungsgesetzes sind jedoch sämtliche erbschaftsteuerlichen Vorschriften herausgenommen worden

92 R 56 III ErbStR

93 Moench/Weinmann, Erbschaft- und Schenkungsteuer, § 13 a Rn 62 mit Hinweis auf das zweite Beispiel in H 68 III ErbStH

94 Die Bedeutung des Betriebsvermögensfreibetrags wird allerdings häufig überschätzt. Insbesondere bei größeren Erwerben bewirkt er im Vergleich zum Bewertungsabschlag nur einen geringen Entlastungseffekt. Tatsächlich beläuft er sich auch nur auf 153 600 €, da er – anders als die persönlichen Freibeträge – vor dem Bewertungsabschlag vom Steuerwert abzuziehen ist. Er unterliegt damit auch selbst dem Bewertungsabschlag. Bei Erwerben zwischen 511 300 € und 5 113 000 € bietet der Freibetrag in der Regel einen Entlastungseffekt von 28 500 €; bei Ausnutzung von Progressionsvorteilen kann die Entlastung auch höher liegen. Hingegen führt der Bewertungsabschlag ohne vorherigen Freibetragsabzug bei vorgenannten Erwerbsgrößen zu einer Ersparnis von 29 000 bis 388 500 €.

Die Inanspruchnahme des Betriebsvermögensfreibetrages bedarf bei Erwerben im Wege vorweggenommener Erbfolge einer entsprechenden Erklärung des Schenkers gegenüber dem Finanzamt. Grund hierfür ist der Umstand, dass laut gesetzlicher Regelung der Betriebsvermögensfreibetrag nur für **einen** Erwerbsvorgang in Anspruch genommen werden kann, danach eben erst wieder in 10 Jahren. Sofern also der Erwerb wertmäßig unter der Freibetragsgrenze liegt, verfällt der Restfreibetrag (anders beim persönlichen Freibetrag, der auf mehrere Erwerbe verteilt werden kann). Überträgt beispielsweise der Schenker unter Inanspruchnahme des Betriebsvermögensfreibetrages Betriebsvermögen im Wert von 100 000 €, so ist ihm die Inanspruchnahme des restlichen Betriebsvermögensfreibetrages in den nächsten 10 Jahren verwehrt. Die restlichen 156 000 € gehen ihm insoweit verloren. Steht aber bereits im Zeitpunkt der Schenkung der 100 000 € fest, dass innerhalb der nächsten 10 Jahre Vermögensgegenständen in den Freibetrag aufzehrender Höhe übergehen, so ist es günstiger und dem Steuerpflichtigen gestattet, die erste Schenkung ohne Inanspruchnahme des Betriebsvermögensfreibetrages zu versteuern, um diesen dann bei der zweiten Schenkung voll ausnutzen zu können. Mit der Erklärung, den Betriebsvermögensfreibetrag in Anspruch zu nehmen, die allerdings unwiderruflich und schriftlich zu erfolgen hat, kann der Schenker bis zur (genauer: bis kurz vor) Bestandskraft der Steuerfestsetzung warten.[95] Solches empfiehlt sich, wenn im Zeitpunkt der Schenkung der Steuerwert des begünstigten Vermögens erst noch ermittelt werden muss und Unsicherheit darüber besteht, ob der Betriebsvermögensfreibetrag in vollem Umfang genutzt werden kann. Stirbt der Schenker vor Abgabe der Inanspruchnahmeerklärung, so erlaubt die Finanzverwaltung dem Erben eine Nachholung allenfalls und nur aus Billigkeitsgründen, wenn zum Nachlass kein begünstigtes Vermögen mehr gehört, der Erblasser vielmehr sein gesamtes begünstigtes Vermögen bereits im Rahmen vorweggenommener Erbfolge verschenkt hat.[96] 558

Beim Erwerb durch mehrere Erwerber steht grundsätzlich jedem einzelnen ein Teilbetrag des Freibetrages zu. Erwerben nur Erben, so richtet sich die Verteilung nach den Erbquoten. Wenn neben den Erben auch Vermächtnisnehmer oder sonstige Berechtigte begünstigt sind, erhalten alle den Freibetrag zu gleichen Teilen, also nach Köpfen.[97] Jedoch kann der Erblasser durch höchst persönliche Erklärung, die keinem anderen, auch nicht etwa einem Testamentsvollstrecker, überlassen werden darf, eine anderweitige, also von Erbquoten oder Kopfteilen abweichende Verteilung des Freibetrages verfügen.[98] Von einem solchen Verteilungsrecht sollte Gebrauch gemacht werden, es kann im Einzelfall zu erheblichen Erbschaftsteuerentlastungen führen und 559

95 R 58 I ErbStR

96 H 58 ErbStH; zustimmend Moench/Weinmann, Erbschaft- und Schenkungsteuer, § 13 a Rn 80; Jülicher in: Troll/Gebel/Jülicher, ErbStG, § 13 a Rn 99; FG Rh.-Pf. ZEV 97, 213; hingegen halten das Recht zur Abgabe der Inanspruchnahmeerklärung für übertragbar: Kapp/Ebeling, ErbStG, § 13 a Rn 26; FG Nürnberg, EFG 2000, 27 (Revision eingelegt unter Az.: II R 53/99)

97 R 57 I, II ErbStR

98 R 57 V ErbStR; in R 57 VI ErbStR stellt die Finanzverwaltung zudem klar, dass nach ihrer Auffassung eine Teilungsanordnung oder eine einvernehmliche abweichende Auseinandersetzung oder Aufteilungsvereinbarung unter den Miterben unbeachtlich ist

eine gerechtere Verteilung unter den Erben bewirken. Bei lebzeitigen Übertragungen im Rahmen vorweggenommener Erbfolge muss nach Auffassung der Finanzverwaltung der Schenker den vollen Freibetrag auf die Erwerber verteilen. Auch die Verteilungserklärung hat nach Auffassung der Finanzverwaltung schriftlich und unwiderruflich zu erfolgen.[99]

d. Gestaltungsmaßnahmen

560 Im Hinblick auf die Betriebsvermögensprivilegierungen der §§ 13 a und 19 a ErbStG besteht Gestaltungsbedarf weniger für den Unternehmer als den Privatier. Denn erhebliche Entlastungseffekte lassen sich gerade dadurch erzielen, dass durch entsprechende Gestaltungsmaßnahmen Privatvermögen in Betriebsvermögen umqualifiziert wird. Eine solche Umqualifizierung kann beispielsweise erreicht werden durch Einlage von Privatvermögen in einen bestehenden Gewerbebetrieb, die Begründung eines Nutzungsverhältnisses mit einer gewerblich tätigen Personengesellschaft zur Schaffung von Sonderbetriebsvermögen oder mit einer Kapitalgesellschaft zur Installierung einer Betriebsaufspaltung, durch Ausdehnung des Tätigkeitsbereichs einer vermögensverwaltenden Personengesellschaft auf gewerbliche Tätigkeiten zur Ausnutzung der Abfärberegelung des § 15 III Nr. 1 oder durch Einlage in eine neu gegründete Kapitalgesellschaft oder gewerblich geprägte Personengesellschaft iSd § 15 III Nr. 2.

561 Für den Unternehmer, der bereits Betriebsvermögen hat, geht es hingegen vorrangig um Fehlervermeidung, dh es ist zu gewährleisten, dass der Erwerb des Unternehmensnachfolgers so gestaltet wird, dass die Betriebsvermögensprivilegien auch tatsächlich in Anspruch genommen werden können. Darüber hinaus kann sich aber auch für Unternehmer Gestaltungsbedarf ergeben. Dies insbesondere in den Fällen, in denen landläufig als betrieblich qualifiziertes Vermögen in den erbrechtlichen Vorschriften gerade nicht als begünstigtes Vermögen qualifiziert wird. Ein Beispiel hierzu sind Anteile an Kapitalgesellschaften, an welchen der Erblasser oder Schenker mit nicht mehr als 25 % beteiligt ist. Solche, regelmäßig im Privatvermögen gehaltenen Anteile, können beispielsweise durch Einlage in eine gewerblich tätige oder gewerblich geprägte Personengesellschaft den Begünstigungen zugeführt werden. Entsprechendes empfiehlt sich vor allem für Anteile in Höhe von 1 % bis 25 % sowie einbringungsgeborene Anteile bis 25 %, die von der erbschaftsteuerlichen Begünstigung ausgenommen, gleichzeitig aber ertragsteuerverstrickt[100] sind.

562 Die Schaffung von Betriebsvermögen kann sich weiterhin in den Fällen anbieten, in denen der bisher im Privatvermögen gehaltene Vermögensgegenstand im Erbfall ohnehin Betriebsvermögen wird.

---

99 R 58 ErbStR; ebenso Moench/Weinmann, Erbschaft- und Schenkungsteuer, § 13 a Rn 78; Jülicher in: Troll/Gebel/Jülicher, ErbStG, § 13 a Rn 102 hält ansonsten eine Aufteilung nach Köpfen für möglich

100 S § 17 EStG und § 21 UmwStG; die Auffassung der Finanzverwaltung in R 53 I2 ErbStR, wonach der Erblasser oder Schenker auch bei einbringungsgeborenen Anteilen die Beteiligungshöhe von 25 % überschreiten muss, hat jüngst das FG Rh.-Pf. EFG 2001, 642 bestätigt

Fall:

U ist alleiniger Gesellschafter der U GmbH. Diese wirtschaftet in einer Immobilie, die im Alleineigentum der Ehefrau des U steht. Unternehmensnachfolger soll der einzige Sohn S werden, der somit spätestens im zweiten Erbfall die 100 %-ige GmbH-Beteiligung seines Vaters und die der GmbH zur Nutzung überlassene Immobilie seiner Mutter erhalten wird. 563

Im Beispiel entsteht spätestens mit dem Tod des Längerlebenden eine Betriebsaufspaltung. Immobilie und GmbH-Beteiligung werden Betriebsvermögen. Es erscheint daher sinnvoll, vor dem Erbfall Betriebsvermögen zu schaffen, um die erbschaftsteuerlichen Begünstigungen auszunutzen. 564

Weitere Gestaltungsmaßnahmen können sich für den Unternehmer im Bereich der Betriebsgrundstücke durch Ausnutzung des »Alles-oder-Nichts-Prinzips« ergeben. Auch kann sich die Aufstockung des Betriebsvermögens durch Tilgung von Betriebsschulden bei gleichzeitiger Aufnahme von Privatschulden empfehlen. Während nämlich die Betriebsschulden aufgrund der vorzunehmenden Saldierung wie die Aktiva des Betriebs dem Bewertungsabschlag unterliegen und deshalb faktisch nur in Höhe von 60 % die erbschaftsteuerliche Bemessungsgrundlage mindern, werden Privatschulden in vollem Umfang berücksichtigt.[101] Eine »mittelbare Betriebsvermögensschenkung« bietet sich hingegen aufgrund der oben dargestellten restriktiven Haltung der Finanzverwaltung allenfalls an, wenn der Schenker bei der anschließenden Veräußerung seines Betriebsvermögens den Altersfreibetrag nach § 16 IV EStG und den halben Steuersatz nach § 34 III EStG in Anspruch nehmen kann und der Nachfolger entsprechend Abschreibungsvolumen generiert. 565

e. Vermeidung von Nachsteuern

Zur Vermeidung unnötiger Nachsteuerbelastungen haben der Erwerber und Unternehmensnachfolger sowie seine Berater den Behaltensregelungen der §§ 13 a V und 19 a V ErbStG besondere Beachtung zu schenken. Hiernach entfallen nämlich die beim Erwerb in Anspruch genommenen Begünstigungen, wenn und soweit der Unternehmensnachfolger innerhalb der nächsten fünf Jahre das erworbene begünstigte Vermögen veräußert oder einen der in §§ 13 a V, 19 a V ErbStG abschließend aufgezählten, vergleichbaren Tatbestände verwirklicht. Diese Tatbestände differenzieren, wie schon § 13 a IV und § 19 a II ErbStG nach der Art des begünstigten Vermögens. § 13 a V Nr. 1 und 3 ist für den Erwerber eines Gewerbebetriebs, eines Teilbetriebs oder Personengesellschaftsanteils maßgeblich, § 13 V Nrn. 2 und 3 für den Erwerber land- und forstwirtschaftlichen Vermögens und § 13 V Nr. 4 für den Erwerber von Anteilen an Kapitalgesellschaften. Neben dem klassischen Fall der Veräußerung geht es dabei vor allem um Umwandlungs- und Einbringungsvorgänge, die Betriebsaufgabe und Liquidation, die Veräußerung und Entnahme wesentlicher Betriebsgrundlagen, die Herabsetzung des Nennkapitals und Überentnahmen. Im Einzelfall ist vie- 566

101 Seer, GmbHR 1999, 64

les streitig.[102] Auch die Finanzverwaltung hat mit den Regelungen in R 62 ff ErbStR nicht in allen Punkten Gestaltungssicherheit gebracht.

567 Erfreulich ist hingegen die Klarstellung der Finanzverwaltung, was aus ihrer Sicht nicht als Verstoß gegen die Behaltensregelungen anzusehen ist. Unschädlich ist hiernach insbesondere die Übertragung des erworbenen begünstigten Vermögens

568 ➢ im Wege der vorweggenommenen Erbfolge[103]; bei gemischter Schenkung oder Schenkung unter Leistungsauflage allerdings nur hinsichtlich des unentgeltlichen Teils der Zuwendung

➢ im Rahmen der Erbauseinandersetzung auf einen oder mehrere Miterben, auch wenn dabei zum Wertausgleich eine Abfindung gezahlt wird

➢ aufgrund der Erfüllung von Weitergabeverpflichtungen iSd § 13 a III ErbStG

➢ als Abfindung für den Verzicht auf einen Pflichtteilsanspruch oder für die Ausschlagung einer Erbschaft oder eines Vermächtnisses[104].

569 Dennoch bleiben zahlreiche Tatbestände, die der Erwerber durchaus auch ungewollt erfüllen kann, welche zu einer Nachsteuer führen. Im Folgenden soll lediglich auf einige Besonderheiten hingewiesen werden.

570 Bei Veräußerungen wird für die Frage, ob diese **innerhalb der Behaltensfrist** erfolgt sind, auf das obligatorische Rechtsgeschäft abgestellt. Allerdings wird der Nachsteuertatbestand erst mit Übergang des wirtschaftlichen Eigentums erfüllt.[105] Bei Betriebsaufgaben, die länger dauern können, wird überwiegend auf den Beginn des Aufgabezeitraums abgestellt, weil damit bereits die entlastungsschädliche Handlung ausgeführt werde.[106] Für die Feststellung des Beginns der Betriebsaufgabe wird man sich an der ertragsteuerlichen Praxis der Finanzverwaltung orientieren können.[107] Hiernach beginnt die Betriebsaufgabe mit der ersten vom Aufgabeentschluss getragenen Handlung, die objektiv auf die Auflösung des Betriebs als selbständigen Organismus des Wirtschaftslebens gerichtet ist.

571 Das Gesetz differenziert zwischen der **Veräußerung** eines Gewerbebetriebs, Teilbetriebs oder Gesellschaftsanteils und der Veräußerung wesentlicher Betriebs-

102 Eine Behandlung der einzelnen Tatbestände würde den Rahmen dieser Darstellung überschreiten; ausführlich hierzu Jülicher in: Troll/Gebel/Jülicher, ErbStG, § 13 a Rn 243–364; Moench/Weinmann, Erbschaft- und Schenkungsteuer, Rn 99–152

103 Dies ermöglicht – unter Beachtung des § 42 AO – eine Kettenschenkung innerhalb der Familie zur doppelten Nutzung des Betriebsvermögensfreibetrages; Moench/Weinmann, Erbschaft- und Schenkungsteuer, § 13 a Rn 103

104 R 62 II ErbStR

105 Moench/Weinmann, Erbschaft- und Schenkungsteuer, § 13 a Rn 107; aA, nämlich Maßgeblichkeit des zivilrechtlichen Eigentumsübergangs, Jülicher in: Troll/Gebel/Jülicher, ErbStG, § 13 a Rn 347

106 Moench/Weinmann, Erbschaft- und Schenkungsteuer, § 13 a Rn 110; Hübner, DStR 1995, 197; aA nämlich Maßgeblichkeit der Beendigung Jülicher in: Troll/Gebel/Jülicher, ErbStG, § 13 a Rn 349

107 H 139 II ErbStH

grundlagen. Bedeutung erhält die Differenzierung dadurch, dass bei Veräußerung ganzer Einheiten auch die dabei mitveräußerten nicht wesentlichen Betriebsgrundlagen Nachsteuern auslösen.[108] Bei Kapitalgesellschaften ist entsprechend § 13 V Nr. 4 ErbStG auch die verdeckte Einlage eine Veräußerung. Gleiches gilt – ohne ausdrückliche Normierung – für die mehrheitsvermittelnde Einbringung von Anteilen in eine Kapitalgesellschaft nach § 20 I 2 UmwStG[109] sowie für die Abtretung und Einziehung von GmbH-Anteilen gegen Abfindung[110].

Schädliche **Aufgabe** ist auch die unfreiwillige Einstellung der gewerblichen 572
Tätigkeit, etwa aufgrund wirtschaftlicher Misserfolge, insbesondere auch die Insolvenz. Während es dem Einzelunternehmer und dem Personengesellschafter noch gelingen kann, die Insolvenz bis zum Ablauf der Behaltensfrist zu vermeiden, wird man im Bereich der Kapitalgesellschaft aufgrund der Insolvenzantragspflicht und der strafrechtlichen Konsequenzen ihrer Verletzung auf die 5-Jahresfrist keine Rücksicht nehmen können. Als Aufgabe ist weiterhin die Verlegung des Geschäftsbetriebs vom Inland ins Ausland anzusehen, wenn die Einkünfte an dem ausländischen Gewerbebetrieb aufgrund eines DBA nicht mehr im Inland besteuert werden können.[111]

Einer erfolgreichen Unternehmensnachfolge hinderlich kann vor allem der 573
Nachsteuertatbestand der **Veräußerung einer wesentlichen Betriebsgrundlage** sein.[112] Denn die Veräußerung betriebswesentlicher Wirtschaftsgüter kann durchaus betrieblich veranlasst und sinnvoll sein. Die Finanzverwaltung verschafft Erleichterung dadurch, dass sie auf die Nachsteuererhebung verzichtet, wenn der Veräußerungserlös wieder reinvestiert wird. Nachsteuer fällt also nur an, wenn und soweit der Veräußerungserlös entnommen wird.[113]

---

108 Moench/Weinmann, Erbschaft- und Schenkungsteuer, § 13 a Rn 106

109 AaO Rn 133; ausführlicher hierzu Jülicher in: Troll/Gebel/Jülicher, ErbStG, § 13 a Rn 339

110 Moench/Weinmann, ErbStG, § 13 a Rn 133; aA betreffend die Einziehung Jülicher in Troll/Gebel/Jülicher, ErbStG, § 13 a Rn 327

111 BFH BStBl II 1991, 630; Moench/Weinmann, Erbschaft- und Schenkungsteuer, § 13 a Rn 110; Jülicher in: Troll/Gebel/Jülicher, ErbStG, § 13 a Rn 273

112 Nach R 63 II 2 ist der Begriff der wesentlichen Betriebsgrundlage nach den Grundsätzen des Ertragsteuerrechts zu beurteilen, maßgeblich ist entsprechend H 137 V EStH somit die funktionale Wesentlichkeit. Nach Moench/Weinmann, aaO § 13 a Rn 114 kommt es für die Beurteilung der Wesentlichkeit auf den Zeitpunkt des Erwerbs, nach Jülicher in: Troll/Gebel/Jülicher, ErbStG, § 13 a Rn 299 auf den Zeitpunkt der Veräußerung und nach Meincke, ErbStG, § 13 a Rn 22 auf beide Zeitpunkte an

113 R 63 II ErbStR; Moench/Weinmann, aaO § 13 a Rn 116 verweist zur näheren Erläuterung der Entnahme des Veräußerungserlöses auf seine Kommentierung zu § 13 a V Nr. 3, mE. passen die Regelungen zu den Überentnahmen jedoch nicht als Konkretisierung der Verwaltungsanweisung, da diese nicht etwa die Entnahme des Veräußerungsgewinns, sondern eben des Veräußerungserlöses für schädlich erklärt. So sollte die Entnahme der auf den Veräußerungsgewinn zu leistenden Einkommensteuer keine schädliche Entnahme im Sinne der Verwaltungsvorschrift darstellen. Umgekehrt aber wird man dem Erwerber auch nicht ohne weiteres darüber hinausgehende Entnahmen bis zu 52 000 € zubilligen können. Allerdings erscheint der Betrag von 52 000 € als Bagatellgrenze und auch die Fünfjahresfrist als Nachprüfungszeitraum praktikabel. Eine Konkretisierung der Finanzverwaltung wäre in diesem Bereich wünschenswert

Neben der Veräußerung der wesentlichen Betriebsgrundlagen wird der Nachsteuertatbestand erfüllt, wenn diese entnommen oder anderen betriebsfremden Zwecken zugeführt werden. Letzteres ist beispielsweise bei – häufig sinnvoller – ertragsteuerneutraler Überführung in einen anderen Gewerbebetrieb oder auch bei einer verdeckten Einlage in eine Kapitalgesellschaft der Fall. Veräußert eine Kapitalgesellschaft wesentliche Betriebsgrundlagen, so ist dies nur schädlich, wenn »das Vermögen« an die Gesellschafter verteilt wird, womit offenbar die Ausschüttung des Veräußerungsgewinns gemeint ist.[114]

574 Hinsichtlich der Steuerschädlichkeit von **Umwandlungsvorgängen** differenziert das Gesetz in unverständlicher Weise nach Rechtsformen. Im Bereich der Kapitalgesellschaften erfüllt bereits eine Umwandlung nach den § 3 bis 16 UmwStG, insbesondere also auch der Formwechsel, den Nachsteuertatbestand. Hingegen ist die Sacheinlage begünstigten Vermögens im Sinne des § 13 a IV Nr. 1 also eines Betriebs, Teilbetriebs oder Personengesellschaftsanteils in eine Kapitalgesellschaft (§ 20 UmwStG) und genauso die Einbringung solchen Vermögens in eine Personengesellschaft gegen Gewährung von Gesellschaftsrechten (§ 24 UmwStG) unschädlich. Eine Nachsteuer entsteht erst und nur dann, wenn der Erwerber innerhalb der Behaltensfrist die ihm gewährten Gesellschaftsanteile veräußert.[115]

575 Schädlich ist schließlich auch die **Herabsetzung des Nennkapitals** bei Kapitalgesellschaften. Die Finanzverwaltung erhebt in diesen Fällen allerdings nur dann Nachsteuern, wenn tatsächlich auch Kapital an die Gesellschafter zurückgezahlt wird, nicht also bei lediglich nominellen Kapitalherabsetzungen.[116]

576 Eine erhebliche Beschränkung des Unternehmensnachfolgers ist schließlich im Nachsteuertatbestand des § 13 V Nr. 3 ErbStG zu sehen, wonach für **Überentnahmen** von mehr als 52 000 € die Nachsteuer zu entrichten ist. Dabei ist es gleichgültig, wofür die Entnahmen verwendet werden. Schädlich sind insbesondere auch Entnahmen zur Bestreitung des notwendigen Lebensunterhalts oder zur Zahlung der Erbschaftsteuer.[117] Überentnahmen sind vielmehr alle Entnahmen, die die Summe der Einlagen und der Gewinne oder Gewinnanteile in der Zeit bis zum Ende des letzten in den Behaltenszeitraum fallenden Wirtschaftsjahres übersteigen, wobei Verluste unberücksichtigt bleiben. Die Begriffe Entnahme, Einlage, Gewinn und Verlust im Gesetzeswortlaut sind nach Ansicht der Finanzverwaltung gemäß den Grundsätzen des Ertragsteuerrechts zu beurteilen.[118] Eine Ausnahme gilt allerdings bei Sachentnahmen, die ohnehin nur insoweit in die Berechnung einzubeziehen sind, soweit sie nicht wesentliche Betriebsgrundlagen betreffen und daher bereits gem. § 13 a V Nr. 1 ErbStG zu berücksichtigen sind. Solche Sachentnahmen nicht wesent-

114 Nach Moench/Weinmann, Erbschaft- und Schenkungsteuer, § 13 a Rn 136 sollte zugunsten des Steuerpflichtigen unterstellt werden, dass die Ausschüttung vorrangig aus den ordentlichen Erträgen bedient wird

115 Hierzu R 63 III ErbStR; entsprechendes gilt auch für die formwechselnde Umwandlung, Verschmelzung oder Realteilung von Personengesellschaften

116 R 66 II ErbStR

117 R 65 I 2 ErbStG

118 R 65 I 4 ErbStR

licher Betriebsgrundlagen sind nicht mit dem ertragsteuerlichen, sondern mit dem erbschaftsteuerlichen Wert anzusetzen.[119] Die Schädlichkeit der Überentnahmen ist nicht zeitraum-, sondern zeitpunktbezogen. Zum Ende des letzten in die fünfjährige Behaltensfrist fallenden Wirtschaftsjahres ist zu prüfen, ob der Erwerber seit dem Erwerb Überentnahmen von insgesamt mehr als 52 000 € getätigt hat. Die Finanzverwaltung sieht es allerdings nicht als Gestaltungsmissbrauch an, wenn gegen Ende des letzten Wirtschaftsjahres im Behaltenszeitraum zwischenzeitlich getätigte Überentnahmen, soweit sie 52 000 € übersteigen, wieder durch entsprechende Einlagen ausgeglichen werden. Jeder Berater sollte sich daher den Erwerbsfall auf »Wiedervorlage« legen und frühzeitig prüfen, ob ein Ausgleich von Überentnahmen durch entsprechende Einlagen zur Verminderung von Nachsteuer angezeigt ist.

119 R 65 I 5 ErbStR

KAPITEL 10
Erbscheinverfahren und Zivilprozess

ÜBERBLICK

A. Unterschiede der Verfahrensarten

I. Grundsätzliches zum Erbscheinverfahren

Der Erbschein ist nur ein »Zeugnis über das Erbrecht mit Klarstellungsfunktion«,[1] kann also am ehesten mit einem »Verfügungsausweis«[2] gleichgestellt werden. Gleichwohl ist das Erbscheinverfahren, wie generell die Verfahren der freiwilligen Gerichtsbarkeit (auch: Verfahren auf Erteilung eines Testamentsvollstrecker-Zeugnisses) häufig das Forum, vor dem die rechtlichen Auseinandersetzungen in Erbrechtsstreitigkeiten, insb diejenigen über die Wirksamkeit einer letztwilligen Verfügung, ausgetragen werden. 1

Beantragt einer der Beteiligten einen Erbschein, wird derjenige widersprechen, der die letztwillige Verfügung, auf die sich der Antrag gründet, für unwirksam hält. Dies, obwohl dem Erbschein »nur« eine **Vermutungsfunktion** zukommt, wie **§ 2365 BGB** zum Ausdruck bringt: 2

»Es wird vermutet, dass demjenigen, welcher in dem Erbschein als Erbe bezeichnet ist, das in dem Erbschein angegebene Erbrecht zustehe und dass er nicht durch andere als die angegebenen Anordnungen beschränkt sei.«

Die eben beschriebene **Anstoßfunktion**, die vom Erbscheinantrag (oder vom Antrag auf Erteilung eines Testamentsvollstrecker-Zeugnisses) ausgeht, lässt den Streit von der Verhandlungs- in die konfrontative Phase treten. Das Nachlassgericht muss den **Grundsatz des rechtlichen Gehörs** iSd Art 103 GG (über die Regelung iSd § 2360 BGB hinaus) beachten[3] und allen Personen, deren Rechte durch die im Verfahren ergehende Entscheidung unmittelbar beeinträchtigt werden können, also den materiell und formell Beteiligten, Gelegenheit zur Äußerung geben.[4] Das Gericht hört die Beteiligten und fordert diese (unter Einräumung einer angemessenen Frist) zur Stellungnahme auf. 3

II. Grundsätzliches zum Feststellungsprozess

Die anwaltliche Pflicht gebietet es, dass der Vertreter des Mandanten, der glaubt, ein im Verhältnis zum Antragsteller »besseres Erbrecht« zu haben, rechtzeitig (dh innerhalb der gesetzten Frist, auch wenn diese keine Ausschlussfunktion[5] hat) dem Antrag des anderen Erbprätendenten widerspricht. Die vom Anwalt im Erbscheinverfahren angemeldeten Bedenken entbinden diesen nicht von der Pflicht, zu prüfen, ob er das Erbrecht seines Mandanten nicht im Rahmen eines (zusätzlich einzuleitenden) **Feststellungsprozesses** zu 4

1 Soergel/Damrau § 2353 Rn 1
2 Palandt/Edenhofer § 2353 Rn 1
3 Vgl Palandt/Edenhofer § 2360 zu den vom Gericht zu veranlassenden Maßnahmen
4 Palandt/Edenhofer § 2360 Rn 2, dort auch zur Verpflichtung, Akteneinsicht zu gewähren
5 BVerfGE 1988, 1963

wahren hat. Dabei muss er sich vor Augen halten, dass der richterlichen Entscheidung **im Erbscheinverfahren keine materielle Rechtskraft** zukommt und sich durch Erteilung oder Ablehnung des Erbscheins die Erbfolge sachlich nicht verändert.[6] Dies zeigt die Tatsache, dass der unrichtige Erbschein gem § 2361 BGB eingezogen wird, das Nachlassgericht jedoch an ein rechtskräftiges Feststellungsurteil zwischen den Erbprätendenten gebunden ist.[7] Anwalt und Mandant muss bewusst sein, dass möglicherweise im Erbscheinverfahren drei Instanzen (Nachlassgericht und Landgericht als Tatsacheninstanzen, Oberlandesgericht als Rechtsbeschwerdeinstanz) durchlaufen werden, aber immer noch nicht rechtskräftig feststeht, wer den Erblasser beerbt hat. Derjenige, der sich im Verfahren der freiwilligen Gerichtsbarkeit durchgesetzt hat, verfügt nur über einen **Beweisvorteil:** Als Kläger kann sich der Erbscheinerbe auf § 2365 BGB berufen, sein Gegner muss die Tatsachen für das von ihm beanspruchte Erbrecht darlegen und beweisen (als Beklagter ist der Erbscheinerbe auf die Vermutung nicht angewiesen, da der Kläger bereits nach allgemeinen Regeln die Tatsachen, die für das behauptete Erbrecht sprechen, beweisen muss).[8]

5 Ein (rechtzeitig) eingeleiteter Zivilprozess kann das Erbscheinverfahren überflüssig machen. Dieses **ist** in der Regel auszusetzen, falls ein **vorgreiflicher Rechtsstreit** über das Erbrecht vor dem Zivilgericht anhängig ist,[9] wohingegen ein Zivilprozess mangels Vorgreiflichkeit nicht bis zur Erledigung eines anhängigen Erbscheinverfahrens gem § 148 ZPO ausgesetzt werden **kann**.[10] Wenngleich die taktische Frage nach der richtigen Verfahrensart sehr häufig zu Gunsten des Verfahrens der Freiwilligen Gerichtsbarkeit ausfällt, hat dies neben den oben angedeuteten psychologischen Erwägungen (»Anstoßfunktion«) auch handfeste Gründe: Das Nachlassgericht hat den Sachverhalt von Amts wegen zu ermitteln, es ist verpflichtet, die erforderliche **Tatsachenaufklärung** zu betreiben und die notwendigen Beweise zu erheben (§ 2358 BGB, § 12 FGG). Auch die **Kostenfrage** spielt eine Rolle: Anders als im Zivilprozess richtet sich (zumindest in der ersten Instanz) die Kostenerstattungspflicht nicht nach dem Verfahrenserfolg. In erster Instanz hat jede Partei in der Regel[11] die bei ihr anfallenden Kosten zu tragen. Anders kann dies gem § 13 II 2 FGG für die in der Beschwerdeinstanz anfallenden Kosten aussehen, aber auch hier hat das Gericht einen Ermessensspielraum.[12]

III. Wahl der Verfahrensart

6 Stichwortartig zusammengefasst, ergeben sich mithin folgende Entscheidungsparameter:[13]

6 BGHZ 47, 66
7 BGHZ 46, 41; BGH WM 1987, 564; NJW 1983, 277
8 Palandt/Edenhofer § 2365 Rn 4 f mwN
9 BayObLG NJW-RR 1992, 968
10 KG OLGZ 1975, 355
11 Zu Ausnahmen: Bumiller/Winkler, Freiwillige Gerichtsbarkeit, § 13 Rn 3 a
12 Vgl Bumiller/Winkler, Freiwillige Gerichtsbarkeit, § 13 Rn 3 b
13 Vgl Frieser, Anwaltliche Praxis in Erbschaftssachen, Rn 110

- Wer auf eine rasche Entscheidung drängt, wird den der **Prozessförderungspflicht** und der **Parteimaxime** verpflichteten Zivilprozess vorziehen.
- Wer erkennt, dass mit der Erteilung des Erbscheins der »gordische Knoten« des Streitverhältnisses nicht durchschlagen wird, etwa weil eine Reihe weiterer Fragen (Wirksamkeit eines Vorausvermächtnisses beispielsweise) streitig sind, wird die im Zivilprozess ungleich größere Möglichkeit, (weitere) Streitfragen zu klären, vorziehen.[14]
- Wer nicht über alle maßgeblichen Informationen verfügt, setzt auf die **Amtsermittlungspflicht** des Nachlassgerichts im Erbscheinverfahren.
- Scheut der Mandant das **Kostenrisiko** (Kostenerstattungspflicht), spricht dies für das Erbscheinverfahren.
- Der konfrontativere Zivilprozess mit zugeordneten Parteirollen (Kläger, Beklagter) eignet sich bei verhärteten Fronten eher als das FGG-Verfahren für eine raschere Klärung. Der Anwalt kennt in der Regel auch die örtlichen Gegebenheiten. Er weiß beispielsweise, ob das Nachlassgericht dazu neigt, kurzfristig Erörterungstermine anzuberaumen und ob im Rahmen eines derartigen Termins sinnvoller Weise mit einem (von ihm angestrebten?) Vergleich zu rechnen ist.

Kurz: Auf die Frage, ob der Streit im Erbscheinverfahren oder im Zivilprozess auszutragen ist, lässt sich keine eindeutige Antwort geben. Der Anwalt muss jedoch zu jeder Zeit prüfen, ob das gewählte Verfahren (noch) das richtige ist. Vertritt er beispielsweise einen hochbetagten Erbprätendenten, der auf eine rasche Entscheidung angewiesen ist, ist die eben angesprochene (in der Regel größere) Dynamik des Zivilprozesses ein wesentlicher Entscheidungsfaktor. Vertritt er eine Partei, die die Nachlassgegenstände in Besitz hält, verwaltet und nutzt, ist er auf eine rasche Entscheidung ungleich weniger angewiesen. Die Erhebung der **Feststellungsklage** kann aber beispielsweise angezeigt sein, wenn das Nachlassgericht geringen Ermittlungseifer zeigt und die Erhebung der Klage »frischen Wind« in die festgefahrene Situation bringt. 7

14 Vgl zur Zulässigkeit der Feststellungsklage hinsichtlich einzelner der Auseinandersetzung vorausgehender Streitpunkte: BGH NJW-RR 1990, 1220 und Palandt/Edenhofer § 2042 Rn 16

B. Das Erbscheinverfahren 1439

ÜBERBLICK

B. Erbscheinsverfahren

I. Bedeutung und Rechtswirkungen des Erbscheins

1. Bedeutung des Erbscheins und Einzelfälle

Der Erbe muss bei der Geltendmachung seiner Rechte als Erbe des Verstorbenen vielen Stellen gegenüber (zB der Bank, dem Grundbuchamt, den Versicherungen oder den einzelnen Nachlassschuldnern) sein Erbrecht nachweisen. Er kann sich diesen Beweis dadurch erleichtern, dass er nur dem Nachlassgericht nachweist, dass er Erbe geworden ist und sich darüber einen Erbschein ausstellen lässt. Durch die Vorlage dieses amtlichen Zeugnisses kann er sich jedem Dritten gegenüber als Erbe legitimieren. 8

Der Erbschein ist ein **amtliches Zeugnis**, welches vom Nachlassgericht auf Antrag erteilt wird und Aussagen trifft über das Erbrecht des Erben und den Umfang seines Erbteils. Darüber hinaus dient es als Nachweis der Berechtigung, dass der Erbe über den ihm vererbten Nachlass und die einzelnen dazu gehörenden Nachlassgegenstände verfügen darf. 9

Die **Banken und Sparkassen** sind nach § 5 ihrer Allgemeinen Geschäftsbedingungen grundsätzlich verpflichtet, sich zum Nachweis der Erbenstellung einen Erbschein vorlegen zu lassen. Gleiches gilt für den Nachweis des Erbrechts gegenüber dem Grundbuchamt, soweit sich Grundstücke im Nachlass befinden oder für die Berichtigung des Handelsregisters, wenn der Erblasser an einer im Handelsregister eingetragenen Personengesellschaft beteiligt war. 10

Praxis-Tipp:

Das Erbrecht kann, sofern eine notariell beurkundete letztwillige Verfügung existiert, auch durch die Vorlage einer beglaubigten Abschrift dieser Verfügung von Todes wegen nachgewiesen werden. Neben dieser Verfügung muss auch die Eröffnungsniederschrift des Nachlassgerichts als Nachweis beigefügt sein. Diese weitere Möglichkeit des Beweises hat ihre Rechtsgrundlage in der entsprechenden Anwendung von § 35 GBO. 11

Das Grundbuchamt oder eine sonstige Behörde, wie zB das Vollstreckungs- oder Registergericht, muss sich mit dieser Form des Nachweises nicht begnügen, wenn sie die Erbfolge wegen Auslegungsbedürftigkeit oder vorzeitigem Wegfall eines eingesetzten Erben als nicht nachgewiesen ansieht. § 12 II 2 HGB sieht die Möglichkeit eines Nachweises der Rechtsnachfolge durch öffentliche Urkunden (Erbschein oder beglaubigte Abschrift der letztwilligen Verfügung nebst Eröffnungsniederschrift) ausdrücklich vor.

Hatte der Erblasser eine **Lebensversicherung** abgeschlossen, so ist der Nachweis der Rechtsnachfolge davon abhängig, ob ein Bezugsberechtigter benannt wurde oder nicht. Ist ein Bezugsberechtigter benannt, so wird die Versiche- 12 rungsgesellschaft die Versicherungssumme an diesen leisten, ohne dass er einen Erbschein vorlegen muss. Die Versicherungssumme ist dann nicht Gegenstand des Nachlasses.

13 Anders ist die Rechtslage, wenn der Versicherungsvertrag keinen Bezugsberechtigten nennt. Dann fällt die Versicherungssumme in den Nachlass. Die Erben müssen hier zum Nachweis ihrer Berechtigung einen Erbschein vorlegen.

14 Die Allgemeinen Lebensversicherungsbedingungen (ALB) ermöglichen es den Lebensversicherern nach § 12, ebenso wie die Allgemeinen Bedingungen für die kapitalbildende Lebensversicherung (KLV), denjenigen als empfangsberechtigt anzusehen, der den Versicherungsschein vorlegt. Davon unabhängig hat aber jeder, der die Versicherungsleistung erhalten möchte, nach § 10 II ALB/KLV

- den Versicherungsschein,
- die Sterbeurkunde und
- ein ärztliches Zeugnis über die Todesursache des Erblassers

dem Versicherer vorzulegen.

Praxis-Tipp:

15 *Der Erbschein ist dann nicht erforderlich, wenn der Erbe gleichzeitig Bevollmächtigter des Erblassers war und eine Vollmacht über den Tod hinaus (transmortale Vollmacht) oder mit Wirkung ab dem Todesfall (postmortale Vollmacht) besitzt. Mit dieser Urkunde kann er – je nach dem Umfang der Vertretungsmacht – Handlungen vornehmen, insb Abhebungen vom Konto des Erblassers tätigen.*

16 Der Erbschein hat keine rechtsbegründende Funktion, er gibt rein **deklaratorisch** den bestehenden Rechtszustand wieder. Für den Rechtsverkehr soll erkennbar sein, wer über den Nachlass verfügen darf. Allerdings erwächst er nicht in materieller Rechtskraft.

Praxis-Tipp:

17 *Der Einzelerwerb durch Zwangsvollstreckung, der Erwerb der Erbschaft oder eines Erbteils, Rechtserwerb kraft Gesetzes, rechtsgeschäftliche Gesamtrechtsnachfolge oder dinglich unvollzogene Rechtsgeschäfte werden vom Schutzbereich des öffentlichen Glaubens nach § 2366 BGB nicht erfasst.*

2. Definition

Der Erbschein ist ein **amtliches Zeugnis**, das dem Erben als Legitimation für sein Recht und dessen Umfang dienen soll, § 2353 BGB. Er führt darüber hinaus den Nachweis, dass der Erbe nicht durch andere als die im Erbschein genannten Anordnungen beschränkt ist. 18

3. Rechtswirkungen

Der Erbschein genießt **öffentlichen Glauben** nach § 2366 BGB. Er ist, soweit die Vermutung der Richtigkeit des Erbscheins (§ 2365 BGB) reicht, Grundlage für einen gutgläubigen Erwerb. Geschützt ist nicht jeder Erwerb im Zusammenhang mit der Erbschaft, sondern nur der rechtsgeschäftliche Einzelerwerb von Erbschaftsgegenständen (bspw Grundstücke, bewegliche Sachen, Forderungen und Mitgliedschaftsrechte) durch dingliche Rechtsgeschäfte. 19

Der Erbschein hat eine doppelte Wirkung. So stellt **§ 2365 BGB** zwei Vermutungen auf: 20

- **Positiv:** Die Richtigkeit und Vollständigkeit des bezeugten Erbrechts und die Höhe der Beteiligung werden vermutet.
- **Negativ:** Angabepflichtige, aber nicht genannte Verfügungsbeschränkungen bestehen nicht.

Pflichtteilsansprüche, Vermächtnisse und Teilungsanordnungen sind, da sie schuldrechtliche Ansprüche darstellen und folglich die Erbfolge nicht berühren, im Erbschein nicht aufzuführen. Über ihr Bestehen oder Fehlen gibt der Erbschein keine Auskunft, weil diese Angaben von der Vermutung des § 2365 BGB nicht erfasst werden. Der öffentliche Glaube bezieht sich nur auf dingliche Rechte, nicht aber auf die Zugehörigkeit eines Gegenstandes zum Nachlass, auf das Verfügungsrecht eines Erben oder darauf, dass ein im Erbschein aufgeführter Miterbe nicht bereits seinen Anteil veräußert hat. 21

Richter-Tipp:

Aufzunehmen sind aber die Vor- und Nacherbschaft sowie eine Testamentsvollstreckung mit etwaigen besonderen Rechtswirkungen. Ein Vorausvermächtnis gehört dann in den Erbschein, wenn Vor- und Nacherbschaft angeordnet ist. Denn in diesem Falle stellt sich für den Vorerben das Vorausvermächtnis wie eine Befreiung von einer Beschränkung dar.[1] 22

§ 2366 BGB enthält – dem Zweck des öffentlichen Glaubens entsprechend – die **Fiktion der Richtigkeit und Vollständigkeit** des Erbscheins und schützt damit, vergleichbar dem Verkehrsschutz des Grundbuchs, den redlichen Dritten im Rechtsverkehr, der auf die Richtigkeit des Erbscheins vertraut und sich beim Handeln darauf verlässt. 23

1 Palandt/Edenhofer § 2363 Rn 6

24 Der Erbschein gilt Dritten gegenüber, die mit dem im Erbschein bezeichneten Erben (»Erbscheinserbe«) in rechtsgeschäftliche Verbindung treten, kraft gesetzlicher Vermutung als richtig und zwar

➢ wenn der Erbscheinserbe zugunsten des Vertragspartners eine rechtsgeschäftliche Verfügung vornimmt, die inhaltlich darauf gerichtet ist, dem Dritten ein Recht an einem Nachlassgegenstand oder den Nachlassgegenstand selbst zu verschaffen (§ 2366 BGB);

Beispiel:

Der Erbscheinserbe S übereignet D eine zum Nachlass gehörende kostbare Vase und überträgt ihm eine zum Nachlass gehörende Grundschuld.

➢ wenn von dem Erbscheinserben ein sonstiges Rechtsgeschäft mit dem Geschäftspartner getätigt wird, dass er über ein zur Erbschaft gehörendes Recht verfügt (§ 2367 Alt. 2 BGB);

Beispiel:

Der Erbscheinserbe S bestellt zugunsten des D eine Vormerkung an dem Nachlassgrundstück.[2]

➢ wenn der Dritte aufgrund eines zur Erbschaft gehörenden Rechts eine Leistung bewirkt (§ 2367, Alt. 1 BGB).

Beispiel:

Der Schuldner F zahlt an den Erbscheinserben S auf eine zur Erbschaft gehörende Grundschuld.

25 Schutz genießt der Dritte aber nur dann, wenn er die Unrichtigkeit des Erbscheins nicht positiv kennt und er auch keine Kenntnis davon hat, dass das Nachlassgericht den Erbschein wegen Unrichtigkeit zurückgefordert hat.

Praxis-Tipp:

26 *Die **grob fahrlässige Unkenntnis** der Unrichtigkeit oder der Rückforderung des Erbscheins schließt den guten Glauben nicht aus.*

2 BGHZ 57, 342

Beispiel:

A erwirbt vom alleinigen Erbscheinserben S einen Bauernschrank, der zum Nachlass gehört. Der wirkliche Erbe E kann von A die Herausgabe des Schrankes nur dann verlangen, wenn er beweisen kann, dass S die Unrichtigkeit des Erbscheins gekannt hat. 27

Zusammenfassend ist Folgendes zu beachten: 28

- Von §§ 2366, 2367 Alt. 2 BGB werden nur **rechtsgeschäftliche Verfügungen mit dinglicher Wirkung** über einzelne Nachlassgegenstände erfasst. Die Verfügung muss ein Verkehrsgeschäft sein.
- Die Vorschriften der §§ 2366, 2367 BGB ermöglichen einen gutgläubigen Erwerb vom Nichtberechtigten, wobei der gute Glaube noch im Zeitpunkt der Vollendung des Rechtserwerbs vorliegen muss. Der **Gutglaubensschutz** tritt nicht nur dann ein, wenn der Erbschein unrichtig ist, der Dritte davon aber keine Kenntnis hat, sondern auch dann, wenn der Erbschein bei dem Rechtsgeschäft mit dem Dritten weder erwähnt noch seine Existenz dem Dritten bekannt ist.
- §§ 892, 893, 932 bis 936, 1032 S 2 und 1207 BGB gelten selbst neben § 2366. Der Nichterbe muss zumindest berechtigter Besitzer sein, der Gegenstand selbst muss zur Erbschaft gehören.[3]

Praxis-Tipp:

Der öffentliche Glaube des Erbscheins erstreckt sich gegenständlich auf den gesamten Nachlass (Sachen und dingliche Rechte). Erfasst werden auch solche Gegenstände und Rechte, bei denen ein gutgläubiger Erwerb nach anderen Bestimmungen (§§ 405, 932 ff BGB) nicht möglich ist. 29

Beispiel:

S, im Erbschein als Alleinerbe ausgewiesen, verkauft an D eine Perlenkette. D erwirbt trotz § 935 BGB aufgrund des Erbscheins das Schmuckstück, da der Erbscheinserbe gem § 2366 BGB auch als Besitzer der Erbschaftssachen gilt und zwar unabhängig davon, dass der Besitz an den beweglichen Nachlasssachen gem § 857 BGB auf den wahren Erben übergegangen ist. 30

- Aufgrund der gesetzlichen Fiktion finden die Vorschriften über den Erwerb vom Berechtigten Anwendung, dh wer als Gutgläubiger Erwerbsgeschäfte mit dem Erbscheinserben abschließt, wird so behandelt, als hätte er vom wirklichen Erben erworben. 31

3 Vgl Palandt/Edenhofer § 2366 Rn 5

Praxis-Tipp:

32 *Nach §§ 892, 2366 BGB kommt auch bei einem unrichtigen Grundbuch ein gutgläubiger Erwerb vom Erbscheinserben in Betracht, wenn der **Erblasser** fälschlich im Grundbuch steht. Ist der wirkliche Erbe im Grundbuch eingetragen, so geht der öffentliche Glaube des Grundbuchs wegen seiner spezielleren Bedeutung einem anders lautenden Erbschein vor.*

33 ➢ Wurden mehrere einander widersprechende Erbscheine ausgestellt, so entfällt im Umfang des Widerspruchs die Wirkung des öffentlichen Glaubens.[4]

34 § 2366 BGB wird durch die Vorschrift des **§ 2367 BGB** ergänzt. Danach wird der gutgläubige Dritte dann geschützt, wenn er wegen eines schuldrechtlichen oder dinglichen Nachlassrechts Leistungen an den Erbscheinserben bewirkt. Leistet der gutgläubige Schuldner an den im Erbschein bezeichneten Erben, so erlischt die Forderung auch gegenüber dem wahren Erben. Dieser kann lediglich den Erbscheinserben in Anspruch nehmen.

35 Von § 2367 BGB werden die Leistungsgeschäfte erfasst, die der gutgläubige Schuldner an den im Erbschein als Erben ausgewiesenen Nichterben oder an den Erben erbringt, dessen Erbrecht zwar besteht, aber durch Verfügungsbeschränkungen eingeschränkt ist, diese aber aus dem Erbschein nicht ersichtlich sind.

36 Darüber hinaus fallen unter die Vorschrift des § 2367 BGB auch solche Geschäfte, die nicht bereits unter die Verfügungsgeschäfte des § 2366 BGB fallen. Hierzu gehören **einseitige Rechtsgeschäfte mit Verfügungswirkung**, wie zB die Anfechtung, die Kündigung oder der Rücktritt.

Praxis-Tipp:

37 *Da es sich nach dem Wortlaut des § 2367 BGB um Rechtsgeschäfte handeln muss, werden Prozesshandlungen oder sonstige, unmittelbar kraft Gesetzes eintretende Rechtswirkungen von dieser Vorschrift nicht erfasst.*

Der durch den Erbschein ausgewiesene Erbe gilt im bezeugten Umfang als verfügungsbefugter Erbe, solange die Erbscheinsvermutung nicht erschüttert ist. Diese Rechtsvermutung kann mit allen Beweismitteln (Urkunden, Zeugen, Sachverständige, Parteivernehmung) widerlegt oder erschüttert werden. § 292 ZPO ist auf die Rechtsvermutung des Erbscheins entsprechend anwendbar.

*Da das **Prozessgericht** an die Feststellungen und Entscheidungen des Nachlassgerichts **nicht gebunden ist**, kann der Beweis des Gegenteils auch mit Beweismitteln geführt werden, die schon bei der Erbscheinserteilung dem Nachlassgericht bekannt waren.*

---

4 BGHZ 33, 314; str

Anders als das Prozess- und das Vormundschaftsgericht ist das **Grundbuchamt an den Erbschein gebunden**, § 35 I GBO.[5] Die Bindungswirkung erstreckt sich auf die Gültigkeit des Erbscheins, die Zulässigkeit des Inhalts des Erbscheins und die inhaltliche Verständlichkeit des Erbscheins, nicht dagegen auf die Richtigkeit der darin festgestellten Erbfolge und die Formgültigkeit und Auslegung der zugrunde liegenden Verfügung von Todes wegen. Lediglich dann, wenn das Grundbuchamt durch Tatsachen erhärtete Erkenntnisse darüber hat, dass das Nachlassgericht Umstände, die zur Unrichtigkeit und damit zur Einziehung bzw Kraftloserklärung des Erbscheins führen werden, bei der Erteilung nicht berücksichtigt hat, fehlt es an der grundsätzlichen Bindung des Grundbuchamtes an den Erbschein.[6] 38

Richter-Tipp:

Das Grundbuchamt wird dann von Amts wegen die Akte erneut dem Nachlassgericht vorlegen mit der Bitte um Überprüfung. 39

Die **Erbscheinsvermutung** kann anders als im Prozess auch durch ein Einziehungsverfahren nach §§ 2361, 2362 BGB erschüttert werden. Entscheidend ist dabei, dass nicht der Nachweis der Unrichtigkeit durch Beweis des Gegenteils erbracht werden muss, sondern dass vielmehr die Erschütterung der nach § 2359 BGB erforderlichen gerichtlichen Überzeugung ausreicht. 40

Praxis-Tipp:

Das Einziehungsverfahren kann für den Gegner des Erbscheinserben günstiger und billiger sein als ein Prozess. 41

Die Legitimation des Erben kann, soweit nicht besondere Bestimmungen etwas anderes anordnen, auch in anderer geeigneter Weise als durch den Erbschein geschehen, nämlich durch Vorlage der Verfügung von Todes wegen mit dem Protokoll über die Eröffnung dieser Verfügung von Todes wegen (vgl § 35 GBO). 42

Praxis-Tipp:

§ 35 I GBO hält nur Verfügungen von Todes wegen, die in einer öffentlichen Urkunde enthalten sind, als Nachweis für das Erbrecht für geeignet. 43

5 BayObLG FamRZ 1990, 669 = NJW-RR 1990, 906
6 OLG Frankfurt/M. Rpfleger 1979, 106, 107

II. Der Erbschein

1. Arten von Erbscheinen

44 Das **Gesetz** sieht verschiedene Arten von Erbscheinen vor:

Erbscheinsarten

Alleinerbschein § 2353, 1. Fall BGB	*gemeinschaftlicher Erbschein* § 2357 BGB	*Teilerbschein* § 2353, 2. Fall BGB	*gegenständlich beschränkter Erbschein* § 2369 BGB

45 Die **Rechtsprechung** hat darüber hinaus weitere Arten von Erbscheinen entwickelt:

Weitere Erbscheinsarten

Gruppenerbschein	*gemeinschaftlicher Teilerbschein*	*Sammelerbschein*

a. Alleinerbschein

46 Er ist der Ausweis über das Erbrecht des Alleinerben.

Richter-Tipp:

47 *Hierzu ist auch der Erbschein für den Vorerben zu zählen, auch wenn der Erbschein mit dem Nacherben eine Mehrheit von Erben aufführt.*

b. Gemeinschaftlicher Erbschein

48 Er bezeugt bei einer Mehrheit von Erben die Erbfolge aller Miterben in den Gesamtnachlass. Der gemeinschaftliche Erbschein weist die Größe der Anteile der einzelnen Miterben aus.

c. Teilerbschein

49 Er ist eine Urkunde über das Erbrecht eines oder eines Teils von mehreren Miterben und trifft eine Aussage über die Größe des Erbteils dieses oder dieser, nicht aber aller Miterben. Als gemeinschaftlicher Teilerbschein ist er eine Unterart des gemeinschaftlichen Erbscheins.

d. Gegenständlich beschränkter Erbschein

Er dient Ausländern zum Nachweis ihres Erbrechts im Inland. Im Übrigen bezeugt dieser sog »Fremdrechtserbschein« nur das Erbrecht, nicht aber die Zugehörigkeit bestimmter Gegenstände zum Nachlass und wird erteilt, wenn zumindest teilweise ausländisches Erbrecht anzuwenden ist. 50

Praxis-Tipp:

Die Erbfolge richtet sich nach dem Recht des Staates, dem der Erblasser zurzeit seines Todes angehört hat (Art 25 EGBGB). Gilt also für den Erbfall eines Ausländers materielles ausländisches Recht, so begründet § 2369 BGB die internationale Zuständigkeit des deutschen Nachlassgerichts zur Erteilung eines Erbscheins über den zurzeit der Antragstellung im Inland befindlichen Nachlass. Die Erbscheinserteilung richtet sich stets nach deutschem Verfahrensrecht (lex fori). 51

Richter-Tipp:

Nach § 16 I Nr. 6 RPflG behält der Richter allein die Zuständigkeit zur Erbscheinserteilung. Im Erbschein ist anzugeben, welches Recht der Erteilung des Erbscheins zugrunde gelegt wurde; andernfalls ist der Erbschein als unrichtig einzuziehen.[7] 52

e. Gruppenerbschein

Er bescheinigt das Erbrecht mehrerer, nicht aber aller Miterben. Hier sind mehrere Teilerbscheine in einer Urkunde zusammengefasst. 53

Praxis-Tipp:

Seit Einführung des gemeinschaftlichen Teilerbscheins durch die Rechtsprechung hat der Gruppenerbschein an Bedeutung verloren. 54

f. Gemeinschaftlicher Teilerbschein

Er bezeugt das Erbrecht mehrerer, nicht aber aller Miterben. 55

7 Vgl Palandt/Edenhofer § 2369 Rn 11 mwN

g. Sammelerbschein

56 Es handelt sich um eine Zusammenfassung mehrerer Erbscheine über mehrere, aufeinander folgende Erbfälle.[8]

Darüber hinaus sind noch weitere Erbscheinsarten zu benennen:

h. Doppelerbschein

57 Er ist die äußere Zusammenfassung eines Eigenrechtserbscheins, der für einen Teil des Nachlasses gilt, und eines gegenständlich beschränkten Erbscheins für den Teil des im Inland befindlichen Nachlasses.

i. Erbschein für Entschädigungsansprüche

58 Er ist ein besonderer Erbschein über Entschädigungsansprüche, § 181 II BEG.

j. Erbschein für Rückerstattungsansprüche

59 Er ist ein besonderer Erbschein für das Rückerstattungsverfahren nach dem REG.

60 In den beiden Fällen der besonderen Erbscheinsarten (i, j) ist streitig, ob es sich hierbei um weitere Arten der gegenständlich beschränkten Erbscheine handelt.[9]

Praxis-Tipp:

61 *Für die Frage, wer welchen Erbschein zu welchem Zweck beantragen kann, kommt es auf die Interessenlage des (Mit-)Erben an. Stellt nur ein einziger Miterbe beim Nachlassgericht den Antrag auf Erteilung eines Erbscheins, so kann es sich dabei um einen*

- *Alleinerbschein,*
- *gemeinschaftlichen Erbschein,*
- *Teilerbschein oder*
- *gemeinschaftlichen Teilerbschein*

handeln.

62 Das Nachlassgericht wird nun zu ermitteln haben, ob der antragstellende (Mit-)Erbe den Erbschein für sich allein oder für weitere Miterben beantragt. Im ersten Fall muss es feststellen, ob der Erbe Alleinerbe geworden ist oder

8 BayObLGZ 1951, 690, 695
9 Vgl hierzu Soergel/Damrau § 2369 Rn 54, 55

einen gemeinschaftlichen Erbschein für alle Miterben, einen Teilerbschein für sich allein oder einen gemeinschaftlichen Teilerbschein als Nachweis seiner Erbquote verlangt. Bereits auf Antrag eines einzigen Miterben kann der gemeinschaftliche Teilerbschein erteilt werden. Stellt der Miterbe den Erbscheinsantrag nicht ausschließlich, um sein Erbrecht beweisen zu können, sondern auch für einen anderen Miterben derselben Erbengemeinschaft, so richtet sich der Antrag auf Erteilung eines Teilerbscheins.

Richtet sich der Antrag hingegen auf die Erteilung eines Gruppenerbscheins, so müssen alle in dieser Urkunde aufgeführten Miterben gemeinsam die Erteilung beantragen. 63

2. Inhalt des Erbscheins

Der Erbschein ist gem § 2353 BGB ein amtliches Zeugnis des Nachlassgerichts über 64

➢ **das Erbrecht bzw die Person des Erben,**
Der Erbschein muss Angaben über den Erblasser und den Erben enthalten, die so detailliert sein müssen, dass eine **Verwechslung** ausgeschlossen ist. Darüber hinaus muss auch der Todeszeitpunkt des Erblassers genau bezeichnet sein.

➢ **die Höhe der Beteiligung am Nachlass (Erteilsquote),**
Im Erbschein ist das Erbrecht des Erben bezeichnet. Wurde der Erblasser von mehreren Erben beerbt, so ist nach §§ 2353, 2357 BGB die Erbteilsgröße in Bruchteilen anzugeben. Es ist aber weder der **Umfang des Nachlasses** insgesamt noch die einzelnen Nachlassgegenstände oder Geldbeträge aufzuführen. Hat der Erblasser im Rahmen der Erbeinsetzung einzelne Gegenstände zugewendet, so bestimmt sich die Größe des Erbteils nach dem Wert der vererbten Gegenstände.

Richter-Tipp:

Zugleich kann die Testamentsauslegung dann, wenn einer Person Vermögensgegenstände zugedacht wurden, die praktisch das gesamte bzw das überwiegende Vermögen ausmachen (Hausgrundstück), dazu führen, dass von der Berufung dieser Person als Alleinerben auszugehen ist.[10] 65

➢ **evtl bestehende Verfügungsbeschränkungen.**
Der Erbschein dient dem Erben als Nachweis über seine Verfügungsbefugnis hinsichtlich des Nachlasses. Hat der Erblasser den Erben mit **Verfügungsbeschränkungen** belegt, so sind diese mit ihrem jeweiligen Umfang im Erbschein aufzuführen. Für den Fall, dass sich eine Verfügungsbeschränkung in der Zeit zwischen dem Erbfall und der Erteilung des Erb-

10 Vgl BayObLG, FamRZ 1997, 641 ff, BayObLG FamRZ 2000, 1458 mwN

scheins erledigt hat, ist dies aus Gründen der Vereinfachung entsprechend zu berücksichtigen.[11]

66 Für den Erbschein sind grundsätzlich nur folgende Verfügungsbeschränkungen von Bedeutung:

➢ **Teilerbschaft** (§ 2353 BGB);

Beispiel:

Der am 3. 10. 1996 in Stuttgart verstorbene E ist von T zu einem Viertel beerbt worden.

➢ **Erbengemeinschaft** (§ 2357 BGB);

Beispiel:

Der am 3. 10. 1996 in Stuttgart verstorbene E ist von T, A, B und D zu je einem Viertel beerbt worden.

➢ **Nacherbeneinsetzung** (§ 2363 BGB);

Beispiel:

Vorerbin des am 3. 10. 1996 in Stuttgart verstorbenen E ist G. Nacherbschaft ist angeordnet. Nacherbe im Falle des Todes der G ist S.

67 Im Erbschein des Vorerben sind nach **§ 2363 BGB** folgende Angaben zu machen:

➢ Anordnung der Nacherbfolge;

➢ Voraussetzungen für den Eintritt der Nacherbfolge (zB Tod des Vorerben, Wiederverheiratung);

➢ Person des Nacherben oder genaue Bezeichnung, sofern die Person noch ungewiss ist (zB der zuerst geborene Sohn, die zuletzt geborene Enkeltochter);

➢ Befreiung von Beschränkungen bei der Vorerbfolge, §§ 2136 f BGB;

➢ Evtl Bestellung eines Nacherbentestamentsvollstreckers, § 2222 BGB;

➢ Bestimmung der Unvererblichkeit des Nacherbenrechts, § 2108 II 1 BGB.[12]

---

11 OLG Celle NdsRpfl 1955, 189; aA: Kipp-Coing, § 128 III 3 c

12 Der Erblasser kann nach der Auslegungsregel des § 2108 II 1 BGB die Übertragbarkeit und damit auch die Vererblichkeit des Nacherbenrechts ausdrücklich oder konkludent ausschließen. Darüber hinaus steht es ihm frei, die Beschränkung nur hinsichtlich bestimmter Erben des Nacherben anzuordnen

Richter-Tipp:

Erbquoten der Nacherben sind nicht bei der Erteilung des Erbscheins für den Vorerben anzugeben. 68

➢ **Testamentsvollstreckung** (§ 2364 BGB).

Beispiel:

Erbe des am 3. 10. 1996 in Stuttgart verstorbenen E ist G. Testamentsvollstreckung ist angeordnet. 69

Praxis-Tipp:

Nach der hM ist der Name des Testamentsvollstreckers nicht anzugeben, da der Erbschein nur einen Ausweis über das Erbrecht darstellt, nicht aber den bestellten Testamentsvollstrecker legitimieren soll. 70

Richter-Tipp:

Ebenso wenig sind Hinweise auf die besondere Rechtsstellung des Testamentsvollstreckers – zB die Befreiung vom Selbstkontrahierungsverbot (§ 181 BGB) – in den Erbschein aufzunehmen. 71

Sonstige Verpflichtungen des Erben, insb **schuldrechtlicher Art**, wie zB Vermächtnisse, Auflagen, Pflichtteilsansprüche und Teilungsanordnungen oder Erbersatzansprüche, werden im Erbschein nicht erwähnt.[13] Sie nehmen nicht an den Wirkungen der §§ 2365–2367 BGB teil. Im Einzelfall ist zu prüfen, inwieweit ein derartiger Erbschein anfechtbar oder ungültig ist. Entsprechendes gilt auch, wenn der Erbschein nicht über die gesetzlichen Anforderungen verfügt. 72

Eine **Bezugnahme** auf andere Urkunden ist **unzulässig**. Der Erbschein muss vielmehr aus sich heraus verständlich sein. Maßgeblich sind die erbrechtlichen Verhältnisse zum Zeitpunkt des Erbfalls, weshalb spätere Veränderungen durch Erbgang, Veräußerung eines Erbteils, Nachlassinsolvenz oder einen Vergleich über die Erbteile grundsätzlich nicht zu berücksichtigen sind. Sie werden nicht in den Erbschein aufgenommen. Eine Ausnahme gilt aber hinsichtlich der Umstände, die auf die Erbfolge Einfluss nehmen können, wie zB die Ausschlagung der Erbschaft oder eine Testamentsanfechtung. 73

13 Vgl Mot V, 565

3. Erbscheinsverfahren

74 Ist der Erblasser verstorben und hinterlässt er Angehörige und/oder Bekannte, die er mit Gegenständen oder Rechten aus seinem Vermögen bedacht hat und die einen Anspruch gegen die Erbmasse haben sollen, so gibt es **2 Möglichkeiten**, das Erbrecht gerichtlich (amtlich) feststellen zu lassen: Das Erbscheinsverfahren mit der Erteilung des Erbscheins als Verfahren der freiwilligen Gerichtsbarkeit und die Erbenfeststellungsklage als streitiges Verfahren nach der Zivilprozessordnung.

a. Übersicht

75 Das Erbscheinsverfahren ist ein Verfahren über die Angelegenheiten der freiwilligen Gerichtsbarkeit (§§ 72 ff FGG). Es gelten daher die Vorschriften des FGG, soweit sie nicht durch die spezielleren Regelungen in §§ 2353 ff BGB verdrängt werden.

76 Eingeleitet wird das Erbscheinsverfahren zwar durch einen **Antrag** (§ 2353 BGB), doch gilt für die Durchführung des Verfahrens der Untersuchungsgrundsatz (§§ 2358, 2360 BGB), dh das Gericht untersucht den Sachverhalt von Amts wegen.

b. Voraussetzungen für die Erteilung eines Erbscheins

77 Für die Erteilung des Erbscheins bzw bevor der Antrag auf Erteilung eines Erbscheins durch den Erben/die Erben gestellt werden kann, sind verschiedene **Formalien** zu erfüllen.

78 Das Erbscheinsverfahren, wird es zeitlich weit gefasst, beginnt mit dem

- Tod des Erblassers.
- Nach dieser Feststellung ist unverzüglich ein **Arzt** zu verständigen, damit dieser die Todesursache fest- und den Totenschein ausstellt.
- Nach der Vorlage des Totenscheins durch Angehörige/Dritte/den Arzt beim **Standesamt** der Gemeinde, in welcher der Erblasser zuletzt gewohnt hat, wird die Sterbeurkunde erstellt.
- Das Standesamt leitet die Sterbeurkunde an das am **letzten Wohnsitz** des Erblassers zuständige Nachlassgericht weiter.
- Beim Nachlassgericht findet eine Überprüfung der **Testamentskartei** statt, ob eine letztwillige Verfügung des Erblassers registriert ist.
- Befindet sich eine Verfügung von Todes wegen in amtlicher Verwahrung beim Nachlassgericht, so wird Termin zur **Eröffnung** der letztwilligen Verfügung bestimmt und die Erben hierzu förmlich geladen.
- Ist eine Verfügung von Todes wegen in der Testamentskartei des Nachlassgerichts nicht verzeichnet, so wird der Angehörige oder Dritte, der in der Sterbeurkunde benannt ist, vom Nachlassgericht geladen und um **Mithilfe** bei der Erbenermittlung gebeten.

➢ Aufgrund der so ermittelten Informationen **prüft** das Nachlassgericht nun die Erbfolge.

➢ Nach Feststellung der Erbfolge werden die betreffenden Personen, soweit es sich um die gesetzliche Erbfolge handelt und eine Eröffnung der letztwilligen Verfügung nicht erfolgt, vom Nachlassgericht **schriftlich** verständigt.

➢ Der Erbe kann, wenn er die Erbschaft angenommen hat, einen Erbschein beim Nachlassgericht beantragen, um sich Dritten gegenüber zu **legitimieren**. Der Erbscheinsantrag wird im folgenden Abschnitt näher dargestellt.

Richter-Tipp:

Ist eine Verfügung von Todes wegen in der Testamentskartei des Nachlassgerichts nicht verzeichnet, so wird der Angehörige oder Dritte, der in der Sterbeurkunde benannt ist, vom Nachlassgericht geladen und um Mithilfe bei der Erbenermittlung gebeten. 79

Gem § 2259 I BGB ist jeder, der ein Testament in Besitz hat, verpflichtet, dieses unverzüglich an das Nachlassgericht abzuliefern, nachdem er vom Tod des Erblassers Kenntnis erlangt hat. Nichtablieferung des Testaments kann Schadensersatzpflicht auslösen; ggf kann die Handlung auch als Straftat gem § 274 StGB zu bewerten sein.

In gleicher Weise verfährt das Nachlassgericht in den Fällen, in denen Angehörige, die Angaben zur Erbfolge machen könnten, zunächst nicht erreichbar sind. Es handelt sich hier insb um solche Fälle, in denen der Erblasser bei einem Unfall außerhalb seiner Wohnung gestorben ist. Hier erfolgt die Ermittlung der näheren Lebensumstände und der Angehörigen des Erblassers durch die Polizei. 80

c. Ablauf des Erbscheinsverfahrens

Nach § 2353 BGB ist die Erteilung eines Erbscheins ausschließlich dem Nachlassgericht vorbehalten. Das Gericht erteilt den Erbschein nur auf Antrag, § 2353 BGB. 81

aa. Antragsberechtigung

■ **Antragsberechtigt** sind folgende Personen: 82

➢ Allein- oder Miterbe (§§ 2353, 2357 S 1 BGB), wobei für einen minderjährigen Erben dessen Eltern, ohne nach § 1795 I Nr. 3 BGB gesetzlich von der Vertretungsmacht ausgeschlossen zu sein, das Antragsrecht ausüben;

➢ Vorerbe bis zum Eintritt des Nacherbfalles, danach der Nacherbe;

➢ Erbeserbe,

- Ersatzerbe nach Anfall der Erbschaft an ihn;
- Erbschaftserwerber, aber nur auf den Namen des Erben;
- Testamentsvollstrecker (§§ 2197 ff BGB);
- Nachlassverwalter (§ 1985 BGB) und –insolvenzverwalter aufgrund ihrer Verfügungsmacht;
- Abwesenheitspfleger aus seiner Stellung und seinem Aufgabenbereich heraus sowie
- Gläubiger des Erben unter den Voraussetzungen der §§ 792, 896 ZPO, wenn er einen vollstreckbaren Titel in Händen hat; dazu gehören insb Pflichtteilsberechtigte, Vermächtnisnehmer und Erbersatzberechtigte und der
- Fiskus.

83 Der **Erbteilserwerber** nach § 2033 BGB ist, soweit er Miterbe ist, ebenfalls antragsberechtigt. Hat er diese Rechtsposition nicht inne, so erwirbt er durch die Übertragung des Erbteils zwar die Mitberechtigung am Nachlass als Gesamthandsvermögen. Er tritt dadurch aber nicht in die Erbenstellung des Veräußerers ein. Insoweit steht ihm dann kein Antragsrecht zu. Beantragt nun der Erbteilserwerber einen Erbschein, so kann er dies nur auf den Namen des und für den wirklichen Erben tun.

84 ■ **Nicht antragsbefugt** sind dagegen:

- Der Pflichtteilsberechtigte, soweit er nicht Gläubiger und im Besitz eines Titels ist, oder

  wenn ihm die Vermögenssorge in Form der Vermögensverwaltung entzogen ist und
- der Nachlasspfleger (§ 1960 BGB), da er keinen bestimmten Erben vertritt; eine Ausnahme gilt allerdings in den Fällen, in denen es sich um eine vom Erblasser erworbene und damit in seinem Nachlass befindliche Erbschaft handelt.

Praxis-Tipp:

85 *Der **minderjährige Erbe** ist nicht antragsbefugt. Der gesetzliche Vertreter kann in gleicher Weise wie das Vormundschaftsgericht das Recht des nicht voll Geschäftsfähigen ausüben und die Erteilung des Erbscheins beantragen. Zu beachten ist, dass es sich um einen Akt der elterlichen Vermögenssorge nach § 1626 I 2, Alt. 2 BGB handelt.*

86 Ein Erbschein kann für einen **abwesenden** Erben nur in der Weise erwirkt werden, dass nachgewiesen wird, dass dieser Erbe zum Zeitpunkt des Erbfalls lebte oder zumindest für diesen Zeitpunkt eine gesetzliche Lebensvermutung nach §§ 9, 10 VerschG bestand.

Praxis-Tipp:

*Die einzelnen Miterben können in einem solchen Fall, wenn also der Nachweis, dass der abwesende Erbe zum Zeitpunkt des Todes des Erblassers lebte, nicht geführt werden kann, zwar keinen gemeinschaftlichen Erbschein beantragen; sie können ihren Antrag aber auf Erteilung eines **Teilerbscheins über ihren jeweiligen Erbteil** stellen.* 87

bb. Inhalt des Erbscheinsantrags

Der Antrag muss einen eindeutigen und ausreichend bestimmten Inhalt haben, dh das beanspruchte Erbrecht ist genau zu bezeichnen, da das Nachlassgericht **streng** an den Antrag **gebunden** ist. Es kann, anders als im Zivilprozess, dem Antrag entweder in vollem Umfang entsprechen oder ihn insgesamt zurückweisen. 88

Praxis-Tipp:

*Aufgrund dieser strengen Bindung des Nachlassgerichts an den gestellten Antrag ist es sinnvoll, einen **Haupt- und** ggf mehrere **Hilfsanträge** zu stellen. Diese Vorgehensweise bietet sich insb dann an, wenn die Erbfolge zweifelhaft ist. Der Antragsteller muss aber die Prüfungsreihenfolge angeben.* 89

Der Erbscheinsantrag hat nach §§ 2354, 2355 BGB einen bestimmten **Mindestinhalt**. 90

Mitzuteilen sind folgende allgemeine Tatsachen:

- Zeit des Todes des Erblassers;
- Rechtsstreitigkeiten über das geltend gemachte Erbrecht;
- Umstände, durch die eine Person weggefallen ist,
  - die den Antragsteller von der Erbfolge ausgeschlossen oder
  - seinen Erbteil gemindert hätte.

Bei der Angabe weiterer Informationen ist zu unterscheiden, ob es sich um einen Erbscheinsantrag eines durch gewillkürte oder gesetzliche Erbfolge berufenen Erben handelt. 91

Der **gewillkürte** Erbe hat nach § 2354 BGB über die in Rn 90 genannten Punkte hinaus Folgendes anzugeben: 92

- Verhältnis, auf dem sein Erbrecht beruht;
- Verfügung, aus der sich sein Erbrecht ergibt;
- Vorliegen sonstiger Verfügungen des Erblassers von Todes wegen, auch wenn diese widerrufen sind, da sie ebenfalls der Ablieferungspflicht nach § 2259 BGB unterliegen und eröffnet werden.

Praxis-Tipp:

93 *Der durch Verfügung von Todes wegen eingesetzte Erbe kann den Antrag aus § 2355 BGB erst nach Eröffnung dieser letztwilligen Verfügung stellen, und zwar unabhängig davon, ob sich das Testament offen im Nachlass befindet oder eine Eröffnung nach anzuwendendem ausländischem Recht nicht vorgesehen ist. Das Nachlassgericht kann aber den Erbscheinsantrag nicht aus diesen eben genannten Gründen zurückweisen, sondern muss den Mangel von Amts wegen beheben.*

94 Der **gesetzliche** Erbe hat über die allgemeinen Tatsachen hinaus Folgendes mitzuteilen:

- Verhältnis, auf dem sein Erbrecht beruht,
  insb:
  - Ehegattenverhältnis und Güterstand;
  - Verwandtschaftliche Beziehung;
  - Fiskus.
- Personen, die für den Ausschluss oder die Minderung seines Erbrechts von Bedeutung sind, auch wenn sie **bereits verstorben** sind oder als **vorverstorben** gelten;
- Sämtliche Verfügungen des Erblassers von Todes wegen, unabhängig von ihrer Gültigkeit;

Richter-Tipp:

95 *Das gilt auch für Kopien, die als solche keine gültige Verfügung von Todes wegen sind. Allerdings ist dieses nicht unstreitig. Vertreten wird auch, dass offensichtlich ungültige Verfügungen von Todes wegen, zB mit Schreibmaschine geschriebene, nicht zu veröffentlichen seien.[14]*

- Die Annahme der Erbschaft durch die Miterben, wenn ein gemeinschaftlicher Erbschein beantragt wird (§ 2357 III 1 BGB).

Praxis-Tipp:

96 *Das Nachlassgericht kann verlangen, dass der Antragsteller die Mitteilung von der Annahme der Erbschaft durch die übrigen Miterben **an Eides Statt versichert**, §§ 2357 IV, 2356 BGB. Nach § 2357 IV BGB kann das Gericht die Vorlage einer eidesstattlichen Versicherung auch von den anderen Miterben fordern.*

97 Der Antragsteller hat gem § 2356 BGB die im Antrag gemachten Angaben, soweit sie nicht beim Nachlassgericht offenkundig sind, zu **beweisen oder glaubhaft** zu machen. Insoweit gelten die Regeln über die objektive materielle Beweislast auch im Erbscheinsverfahren.[15]

14 Vgl Palandt/Edenhofer § 2260 Rn 3
15 LG Neustadt JZ 1962, 417 mit Anm von Habscheid

Praxis-Tipp:

98 *__Offenkundig__ ist eine Tatsache dann, wenn sie allgemein bekannt oder gerichtsbekannt ist, dh die Tatsache ist kraft Amtes bekannt. Offenkundige Tatsachen (§ 291 ZPO) bedürfen weder der Glaubhaftmachung noch des Beweises. Ein entsprechender Hinweis kann im anwaltlichen Schriftsatz erfolgen.*

99 Folgende Umstände sind durch **öffentliche Urkunden iSd § 415 ZPO**, Geburts-, Heirats- und Sterbeurkunden, zu beweisen:

- Zeit des Todes des Erblassers, soweit die Sterbeurkunde nicht vom Standesamt direkt dem Nachlassgericht zugeleitet wurde; ansonsten genügt die Bezugnahme auf die Akte;
- Vorlage der Verfügung von Todes wegen im Original bei **gewillkürter Erbfolge**;
- Berufungsgrund (Verwandtschaftsverhältnis) bei **gesetzlicher** Erbfolge; die Geburts- und Heiratsurkunden sind zusammengefasst im Familienbuch bzw Familienstammbuch;
- Umstände, die den **Wegfall anderer Erben** begründen, wie insb
  - Scheidungsurteil, § 1933 BGB,
  - Ausschlagungserklärung, § 1945 BGB – Verweis auf die Gerichtsakte ist ausreichend,
  - Erbverzichtsvertrag, § 2346 BGB.

Praxis-Tipp:

100 *Kann die Originalurkunde nicht vorgelegt werden, so reicht va bei notariellen Urkunden die Vorlage der __Ausfertigung__, da sie nach § 47 BeurkG die Urschrift ersetzt. Die Angabe anderer Beweismittel (Vorlage einer Fotokopie der Urschrift)[16] ist aber dann zum Nachweis ausreichend, wenn die Urschrift nicht oder nur mit unverhältnismäßigen Schwierigkeiten zu beschaffen ist, § 2356 I 2 BGB.*

Werden dem Nachlassgericht __beglaubigte Kopien__ einer Personenstandsurkunde vorgelegt, so kann es nach freier Überzeugung über die Richtigkeit dieser Urkunden entscheiden, kann aber nur bei Zweifeln an der Richtigkeit verlangen, dass das Original dieser Personenstandsurkunde vorgelegt wird.[17]

Im Übrigen genügt es, wenn eine __eidesstattliche Versicherung__ abgegeben wird. Nach § 2356 II BGB kann das Gericht nach pflichtgemäßem Ermessen von einer derartigen Versicherung absehen.

101 Es ist nicht notwendig, dass sämtliche Urkunden bereits bei der Abgabe der eidesstattlichen Versicherung vorliegen, sie können vielmehr auch nachge-

16 Vgl BayObLG NJW-RR 1992, 1358 mwN
17 BayObLG Rpfleger 1983, 354

reicht werden. Hat der Antragsteller die Richtigkeit seiner Angaben durch öffentliche Urkunden nachzuweisen, so genügt es, **auf** andere **Akten Bezug** zu nehmen, sofern darin die öffentlichen Urkunden enthalten sind.

Praxis-Tipp:

102 *Es ist nicht notwendig, dass sich die Akten, auf die Bezug genommen wird, bei dem Nachlassgericht befinden, das über den Erbscheinsantrag zu entscheiden hat.*

103 Im Übrigen genügt die Abgabe einer **eidesstattlichen Versicherung** zur Glaubhaftmachung der sonstigen Angaben, wenn sich die Beschaffung der Urkunden als unverhältnismäßig schwierig erweist.[18]

Praxis-Tipp:

104 *Die Begründung, durch die Beschaffung der Urkunde verzögere sich die Erteilung des Erbscheins, ist **nicht ausreichend**, um auf die Vorlage zu verzichten und durch die Abgabe einer eidesstattlichen Versicherung zu ersetzen.*[19]

105 Die eidesstattliche Versicherung ist va für **die Umstände** von Bedeutung, deren Existenz **nicht** mit Urkunden **nachgewiesen werden** kann, wie bspw die Unkenntnis vom Vorhandensein einer letztwilligen Verfügung, weiterer möglicher Erben oder eines Ehe- und Erbvertrages.

106 Die eidesstattliche Versicherung kann nur vor einem Notar abgegeben oder beim Nachlassgericht zu Protokoll erklärt werden. Nach § 2356 II BGB kann das Nachlassgericht jederzeit **nach pflichtgemäßem Ermessen** von der Abgabe einer eidesstattlichen Versicherung absehen.

107 Es wird von dieser Möglichkeit dann Gebrauch machen, wenn

- nach Wegfall der Testamentsvollstreckung ein neuer, gleich lautender Erbschein beantragt wird,[20]
- der Nacherbe einen neuen Erbschein beantragt,
- keine anders lautenden Angaben zu erwarten sind[21] oder
- ein Amtsträger den Erbscheinsantrag stellt.[22]

18 BayObLGZ 1951, 690, 694
19 Staudinger/Firsching § 2356 Rn 33
20 KGJ 46, 146; KG OLGZ 1967, 247
21 LG Hannover DA Vorm 1975, 553
22 LG Hannover DA Vorm 1980, 860 – Hier: Jugendamt

Praxis-Tipp:

*Macht das Gericht von dieser Ermächtigung Gebrauch, so kann der Anwalt – unter Hinzufügung des Nachweises seiner Bevollmächtigung – die Erklärung **zusammen mit** seinem **Schriftsatz** abgeben. Die Erklärung muss vom Antragsteller höchstpersönlich erfolgen. Der Anwalt wird die Erklärung seinem Schriftsatz beifügen und sich hinsichtlich seiner verfahrensrechtlichen Ausführungen darauf beziehen.* 108

Beantragt die **Miterbengemeinschaft** die Erteilung eines gemeinschaftlichen Erbscheins, so kann das Nachlassgericht, entsprechend § 2357 IV BGB, die eidesstattliche Versicherung eines oder einiger Miterben für ausreichend erachten. 109

Musterformulierung für eine der eidesstattlichen Versicherung entsprechenden Erklärung im Anwaltsschriftsatz:

Amelie Klein *Stuttgart, den 23. 9. 1998* 110
Schlossstraße 245

Ich, Amelie Klein, Antragstellerin im Erbscheinsverfahren, habe den Erbscheinsantrag gelesen und versichere nach bestem Wissen und Gewissen, dass mir keine Tatsachen bekannt sind, die das geltend gemachte Erbrecht einschränken könnten. Insbesondere ist mir nicht bekannt, dass der Erblasser ein Testament hinterlassen oder dass er mit seiner Frau einen Ehevertrag geschlossen hätte.

Unterschrift

Nach dem für das Verfahren geltenden Untersuchungsgrundsatz (§§ 2358, 2360 BGB) kann das Nachlassgericht, wenn trotz der gemachten Angaben noch Zweifel bestehen, **weitere Ermittlungen anstellen** und ihm geeignete Beweise erheben. Hierzu zählen insb der Zeugenbeweis, die eidesstattliche Versicherung Dritter sowie nicht-öffentliche Urkunden wie Taufschein, Ahnenpass.[23] Das Nachlassgericht kann sogar durch eine öffentliche Aufforderung andere Erbanwärter zur Anmeldung ihrer Rechte veranlassen, § 2358 BGB, §§ 12, 15 FGG. 111

Kann der Antragsteller die Urkunde, auf der sein Erbrecht beruht, nicht vorlegen, weil das betreffende Testament **nicht mehr vorhanden**, verloren gegangen oder abhanden gekommen ist, so ist die Erteilung des Erbscheins nicht dadurch ausgeschlossen. Das Nachlassgericht wird den Erbschein dennoch erteilen, wenn es dem beantragenden Erben gelingt, das Vorhandensein und den Inhalt der letztwilligen Verfügung mit anderen Beweismitteln nachzuweisen. 112

Für die Erteilung des Erbscheins ist es erforderlich, dass der gesamte Inhalt des abhanden gekommenen Testaments **festgestellt** wird. Auf den Wortlaut 113

23 Soergel/Damrau § 2356 Rn 13

kommt es nicht an, soweit nur der Wille des Erblassers insoweit erkennbar ist, dass ohne Rücksicht auf Inhalt und Umfang des nicht ermittelbaren Verfügungsteils der feststellbare Teil des Testaments Bestand hat. Die **Behauptungslast** hat nach den §§ 2354, 2355 und 2356 II BGB derjenige zu tragen, der für sich Rechte aus dem Testament herleiten will. In der Regel ist dies der Antragsteller.

Richter-Tipp:

114 *In der Praxis ist größte Zurückhaltung beim Nachlassgericht zu beobachten. Das ist auch angebracht, da gerade die Einhaltung der Formvorschriften ein unverzichtbares Element des Erbrechts ist.*

115 Schließlich hat der Antragsteller auch den Wegfall der ihn ausschließenden Personen durch die Vorlage von Sterbeurkunden nachzuweisen. Ist das entsprechende Dokument nicht zu erlangen, die betreffende Person aber nach Angaben des Antragstellers verschollen, so bedarf es einer **Todeserklärung**, die eine Todesvermutung begründet und für den Nachweis im Erbscheinsverfahrens ausreichend ist.

116 Eines Beweises bedarf es im Erbscheinsverfahrens nicht, sofern die Tatsachen offenkundig sind. Nach § 2356 III BGB liegt Offenkundigkeit vor, wenn es sich um allgemeine Erfahrungstatsachen und um solche Tatsachen handelt, die dem Gericht im Rahmen seiner amtlichen Tätigkeit zur Kenntnis gelangt sind. Das Gericht erlangt Kenntnis insb von

- öffentlichen Testamenten,
- Erbverträgen und
- Erbverzichtsverträgen.

117 Ist das Nachlassgericht aufgrund der vorgelegten öffentlichen Urkunden, der sonstigen Beweismittel oder infolge einer bestehenden Offenkundigkeit davon **überzeugt**, dass die Angaben des Antragstellers richtig sind, so hat es keine weiteren Ermittlungen anzustellen. Bestehen hingegen **ernsthafte Zweifel** an der Richtigkeit der standesamtlichen Urkunden, so muss das Nachlassgericht die Ermittlungen ausdehnen und den Sachverhalt durch weitere Beweise aufklären. In diesem Stadium ist das Nachlassgericht nicht berechtigt, den beantragten Erbschein abzulehnen.

118 Kommt hingegen der Antragsteller seiner Pflicht aus § 2356 BGB, seine Angaben zu beweisen, **schuldhaft** nicht nach, so hat das Nachlassgericht den Erbscheinsantrag als unzulässig zurückzuweisen. Dies gilt erst recht in den Fällen, in denen das Gericht durch eine Zwischenverfügung förmlich auf den Mangel hingewiesen hat. Ist es dem Antragsteller **nicht möglich**, die Beweismittel vorzulegen und kann er dies schlüssig begründen, muss das Nachlassgericht nun nach § 2358 BGB selbst ermitteln.

cc. *Form des Erbscheinsantrags*

Der Antrag auf Erteilung eines Erbscheins ist **an keine Form gebunden**. Er kann daher formlos gestellt werden. Allerdings ist darauf zu achten, dass er auf einen Erbschein mit einem bestimmten Inhalt gerichtet ist. Davon ist die eidesstattliche Versicherung nach § 2356 II BGB zu unterscheiden, die nur vor einem Notar oder zur Niederschrift des Nachlassgerichtes erklärt werden kann. 119

Praxis-Tipp:

Der Erbschein kann mangels Formvorschriften auch in einem Anwaltsschriftsatz, und zwar unter Beifügung einer schriftlichen Vollmacht (§ 13 FGG), beantragt werden. 120

Richter-Tipp:

Da aber die eidesstattliche Versicherung alle Mal vor dem Notar bzw dem Nachlassgericht abzugeben ist, ist es zweckmäßig, dort auch den Erbscheinsantrag zu stellen. Das Nachlassgericht berechnet auf die Gebühr keine Mehrwertsteuer. 121

Checkliste Erbschein

122

- ✔ Welche Art von Erbschein wird beantragt?

Richter-Tipp:

In vielen Fällen reicht ein Erbschein allein für Grundbuchzwecke. Da dieser geringere Kosten verursacht, sollte der Antragsteller unbedingt darauf hingewiesen werden. 123

- ✔ Welches Nachlassgericht ist zuständig?
  (Beachte: In Baden-Württemberg ist das Bezirksnotariat zuständig. Befindet sich im Nachlass ein Hof und ist die HöfeO anwendbar, ist das Landwirtschaftsgericht zuständig.)
- ✔ Antragsberechtigung
- ✔ Personalien des Antragstellers
- ✔ Personen- und Standesdaten des Erblassers, insb
  - ➢ Ort und Zeit der Geburt
  - ➢ Ort und Zeit des Todes
  - ➢ Wohnsitz zurzeit des Todes
  - ➢ Staatsangehörigkeit
  - ➢ Güterstand bei verheiratetem Erblasser, ggf Vorlage des Ehevertrags/Ausfertigung

✔ **Berufungsgrund** (kraft Gesetzes oder durch Verfügung von Todes wegen)
- ➢ **bei gesetzlicher Erbfolge:**
  - – Ermittlung der gesetzlichen Erben mit Name und Wohnsitz sowie deren Erbquoten;
  - – Verhältnis, auf dem das Erbrecht beruht;
  - – Ermittlung weiterer vorhandener/vorhanden gewesener Personen, die für den Ausschluss oder die Minderung des Erbrechts des in Betracht kommenden Erben von Bedeutung sein können.
- ➢ **bei gewillkürter Erbfolge:**
  - – Bezeichnung der Verfügung von Todes wegen nach
    - ■ Ort und Zeit der Errichtung
    - ■ Ort der Verwahrung
  - – Prüfung des Wegfalls von Personen, durch welche der berufene Erbe von der Erbfolge ausgeschlossen oder sein Erbteil gemindert würde,
  - – Vorliegen weiterer Verfügungen von Todes wegen.

✔ **Verfügungsbeschränkungen**
- ➢ Nacherbfolge/Ersatznacherbfolge:
  - – Name der berufenen Personen
  - – Fehlen weiterer letztwilliger Verfügungen
- ➢ Testamentsvollstreckung:
  - – Name des Testamentsvollstreckers
  - – Erklärung der Amtsannahme

✔ Wert des Nachlasses

✔ Erklärung der Annahme der Erbschaft durch die Erben bei Antragstellung durch einen Miterben

✔ Erklärung über die Anhängigkeit eines Rechtsstreits über das Erbrecht

✔ Eidesstattliche Versicherung nach § 2356 II BGB

✔ Bezeichnung und Vorlage der öffentlichen Urkunden, insb Personenstandsurkunden nach §§ 2354 I Nr. 1, II, 2356 I BGB.

Richter-Tipp:

124 *Auf die Beteiligten – zB die weichenden gesetzlichen Erben – sollte mit vollständiger Angabe der Wohnsitzanschrift hingewiesen werden, da das Nachlassgericht diese Beteiligten zu dem Erbscheinsantrag anhören wird.*

Musterformulierung Erbscheinsantrag bei gewillkürter Erbfolge:
Rechtsanwalt/Rechtsanwältin 125

Amtsgericht/Notariat in Ba.-Wü.
– Nachlassgericht –
Straße/Postfach

PLZ, Ort

Erbscheinsantrag

Unter Vorlage der beigefügten Vollmacht zeige ich die Vertretung von

Herrn... und
Frau...

an.

Namens und mit Vollmacht der Antragsteller beantrage ich in der Nachlasssache (Name des Erblassers) die Erteilung eines Erbscheins mit folgendem Inhalt:

> *Erben des am... in... verstorbenen, zuletzt in... wohnhaften Erblassers... sind aufgrund Testamentes geworden:*
> *Herr..., wohnhaft in... und*
> *Frau..., wohnhaft in...*
> *je zur Hälfte.*

Begründung:

Laut Sterbeurkunde des Standesamtes... ist der Erblasser... am... in... gestorben. Er war deutscher Staatsangehöriger und hatte seinen letzten Wohnsitz in...

Auf die bei den Akten befindliche Sterbeurkunde wird Bezug genommen.

In dem am... eröffneten eigenhändigen Testament des Erblassers vom... hat er die Antragsteller zu gleichen Teilen als Erben eingesetzt. Auf die Akten des Nachlassgerichts unter Az.:... wird Bezug genommen.

Das Testament wurde vom Erblasser in seinem vollständigen Wortlaut von Hand geschrieben, mit Ort und Datum versehen und eigenhändig unterschrieben.

An der Testierfähigkeit des Erblassers bestehen keine Zweifel.

Vom Vorhandensein einer weiteren, vom Erblasser errichteten Verfügung von Todes wegen ist den Antragstellern nichts bekannt.

Es sind keine weiteren Personen vorhanden, die bei Eintritt der gesetzlichen Erbfolge von dieser ausgeschlossen oder deren Erbteile gemindert werden würden. Insbesondere hat der Erblasser keine Kinder hinterlassen.

Beschränkungen in Form einer Nacherbfolge oder Testamentsvollstreckung hat der Erblasser nicht verfügt.

Die Erben haben nach der Testamentseröffnung die Annahme der Erbschaft gegenüber dem Nachlassrichter erklärt. Ein Rechtsstreit über das Erbrecht ist nicht anhängig. Im Ausland befindet sich kein Vermögen.

Die Antragsteller versichern durch Mitunterzeichnung dieses Schriftsatzes nach bestem Wissen und Gewissen, dass ihnen nichts bekannt ist, das der Richtigkeit ihrer Angaben entgegensteht. Sie sind bereit, die Richtigkeit der Angaben an Eides Statt zu versichern, bitten jedoch darum, ihnen die Abgabe der eidesstattlichen Versicherung nach § 2356 II 2 BGB zu erlassen.

Richter-Tipp:

126 Die Praxis verzichtet hierauf in der Regel nicht, da auch »gerichtsbekannte Tatsachen« sich bis zur Antragstellung verändert haben können.

Der Wert des Nachlasses beträgt nach Abzug der Verbindlichkeiten ungefähr DM …

Es wird beantragt, zwei Ausfertigungen und vier beglaubigte Abschriften den Antragstellern zu Händen des/r unterzeichnenden Rechtsanwalts/-anwältin zu erteilen.

Maßnahmen zur Sicherung des Nachlasses wurden, da solche nicht geboten sind und waren, nicht ergriffen.

gez. Unterschrift
Rechtsanwalt/Rechtsanwältin

Musterformulierung Erbscheinsantrag bei gesetzlicher Erbfolge:

127 *Rechtsanwalt/Rechtsanwältin*

Amtsgericht/Notariat in Ba.-Wü.
– Nachlassgericht –
Straße/Postfach
PLZ, Ort

Antrag auf Erteilung eines Erbscheins

Unter Vorlage der beigefügten Vollmacht zeige ich die Vertretung von

Frau …

an.

Namens und im Auftrag der Antragstellerin beantrage ich in der Nachlasssache (Name des Erblassers) die Erteilung eines Erbscheins mit folgendem Inhalt:

> *Erben des am … in … verstorbenen, zuletzt in … wohnhaften Erblassers … sind kraft Gesetzes geworden:*
> 1. *die Witwe, Frau …, wohnhaft in … zu 1/2*
> 2. *die Antragstellerin als Tochter des Erblassers, Frau …, wohnhaft in … zu 1/4*

3. *die Enkel ... und ... nach dem vorverstorbenen Sohn ... des Erblassers zu je 1/8.*

Begründung:

Laut Sterbeurkunde des Standesamtes ... ist der Erblasser ... am ... in ... gestorben. Er war deutscher Staatsangehöriger und hatte seinen letzten Wohnsitz in ...

Auf die bei den Akten befindliche Sterbeurkunde wird Bezug genommen.

Eine Verfügung von Todes wegen hat der Verstorbene, soweit in das Wissen der Antragstellerin gestellt, nicht hinterlassen. Es ist gesetzliche Erbfolge eingetreten.

Der Erblasser war verheiratet mit seiner jetzigen Witwe, Frau ...; die Eheschließung erfolgte am ... in ... Beide Eheleute waren zum Zeitpunkt der Eheschließung und während der Ehezeit deutsche Staatsangehörige mit dauerndem Wohnsitz in Deutschland. Ein Ehevertrag existiert nicht; die Eheleute lebten im gesetzlichen Güterstand der Zugewinngemeinschaft.

Aus der Ehe sind die beiden Kinder ... und ... hervorgegangen. Der Sohn ... ist bereits am ... verstorben. Er hinterlässt die beiden Söhne ... und ...

Beweis: *Beigefügte beglaubigte Abschrift der Familienbücher, Sterbeurkunde des Sohnes*

Andere Personen, durch welche die Vorgenannten von der Erbfolge ausgeschlossen oder deren Erbteil gemindert werden würde, sind und waren nicht vorhanden. Insb hatte der Erblasser keine weiteren Kinder – eheliche, nichteheliche, adoptierte oder für ehelich erklärte – hinterlassen.

Alle Erben haben die Erbschaft angenommen. Ein Rechtsstreit über das Erbrecht ist nicht anhängig. Im Ausland befindet sich kein Vermögen.

Die Antragstellerin versichert durch Mitunterzeichnung dieses Schriftsatzes nach bestem Wissen und Gewissen, dass ihr nichts bekannt ist, das der Richtigkeit ihrer Angaben entgegen steht. Sie ist bereit, die Richtigkeit der Angaben an Eides Statt zu versichern, bittet jedoch darum, ihr und den anderen Miterben die Abgabe der eidesstattlichen Versicherung nach §§ 2356 II 2, 2357 IV BGB zu erlassen.

Der Wert des Nachlasses beträgt nach Abzug der Schulden ungefähr € ...

Es wird beantragt, 4 Ausfertigungen und 4 beglaubigte Abschriften von dem Erbschein der Antragstellerin zu Händen des/r unterzeichnenden Rechtsanwalts/-anwältin zu erteilen.

Maßnahmen zur Nachlasssicherung wurden mangels Bedarf nicht ergriffen.

gez. Unterschrift
Rechtsanwalt/Rechtsanwältin

Praxis-Tipp:

128 *Wird der Antrag auf Erteilung eines Erbscheins nur von einem Miterben gestellt, sollten zur **Verfahrensbeschleunigung** dem Erbscheinsantrag die Zustimmungserklärungen der übrigen Miterben beigefügt werden, da das Gericht den Miterben nach § 2360 BGB rechtliches Gehör gewähren muss. Das gilt natürlich auch für die testamentarische Erbfolge.*

d. Zuständigkeit

129 Örtlich und sachlich zuständig ist das Nachlassgericht des letzten Wohnsitzes (hilfsweise: der inländische Aufenthaltsort) des Erblassers, §§ 2353 BGB, 72 ff FGG.

aa. Örtliche Zuständigkeit

130 Nach § 73 I Hs 1 FGG ist das Gericht an dem Ort zuständig, an dem der Erblasser seinen **inländischen Wohnsitz** zum Zeitpunkt des Todes hatte. Für den Fall, dass der Testator mehrere Wohnsitze begründet hatte, kann die örtliche Zuständigkeit mehrerer Nachlassgerichte gegeben sein. Unter Beachtung des § 4 FGG hat dasjenige Gericht den Vorrang, das zuerst mit dieser Angelegenheit betraut wurde.

131 Ist es nicht möglich, einen bestimmten Wohnsitz des Erblassers zu ermitteln, so wird die Zuständigkeit nach § 73 I Hs 2 FGG anhand des letzten **inländischen Aufenthaltsortes** bestimmt.

132 Hatte der Erblasser weder seinen letzten Wohnsitz noch seinen letzten Aufenthaltsort im Inland, war er aber zum Zeitpunkt seines Todes deutscher Staatsangehöriger, so ist das **Amtsgericht Berlin-Schöneberg** örtlich zuständig.

Praxis-Tipp:

133 *Der Erbschein, der von einem örtlich unzuständigen Gericht erteilt wird, ist nicht deshalb unwirksam (vgl § 7 FGG); vielmehr kann dieser Erbschein auf eine Beschwerde hin nach § 2361 I BGB analog **als unrichtig eingezogen** werden.*

134 Anders ist die örtliche Zuständigkeit geregelt, wenn der Erblasser **Ausländer oder Staatenloser** ohne gewöhnlichen oder schlichten Aufenthalt im Inland war: In diesem Fall ist nach § 73 III FGG jedes Gericht örtlich zuständig, in dessen Bezirk sich Nachlassgegenstände befinden.

bb. Sachliche Zuständigkeit

135 Für die Erteilung des Erbscheins ist das **Amtsgericht** als Nachlassgericht sachlich zuständig, § 72 FGG. (In Baden-Württemberg haben die **staatlichen Notariate** nach dem in Art 147 EGBGB enthaltenen landesrechtlichen Vorbehalt die Funktion des Nachlassgerichts, §§ 1, 36, 38 LFGG Ba.-Wü.).

Praxis-Tipp:

*Das Nachlassgericht muss den **Erbschein selbst erteilen**; es ist nicht befugt, ein anderes Gericht im Wege der Rechtshilfe mit der Erteilung eines Erbscheins zu beauftragen. In diesem Zusammenhang ist darauf hinzuweisen, dass ein Rechtsmittelgericht, welches mit der Nachlasssache beschäftigt ist, den Erbschein nicht selbst erteilen darf. Es kann nur das Nachlassgericht anweisen, einen entsprechenden Erbschein zu erteilen.* 136

cc. Die funktionelle Zuständigkeit ist wie folgt geregelt:

Zuständigkeit des **Richters** 137
nach § 16 I Nr. 6, II RPflG
bei:

- Vorliegen einer Verfügung von Todes wegen;
- Antrag auf Erteilung eines gegenständlich beschränkten Erbscheins;
- Anwendung ausländischen Rechts.

Auch die Anwendung des ehemaligen Rechts der DDR führt zur Zuständigkeit des Nachlassrichters. 138

Zuständigkeit des **Rechtspflegers**
nach § 3 Nr. 2 RPflG
bei:

Gesetzlicher Erbfolge

Der Richter, der nach § 16 I Nr. 6 RPflG für die Erteilung des Erbscheins funktionell zuständig wäre, kann die Zuständigkeit **auf den Rechtspfleger übertragen**, wenn trotz Vorliegens einer Verfügung von Todes wegen ein Erbschein aufgrund gesetzlicher Erbfolge zu erteilen und deutsches Erbrecht anzuwenden ist (§ 16 II RPflG). Allerdings ist der Rechtspfleger an die vom Richter mitgeteilte Auffassung gebunden. Der Rechtspfleger hat in einem solchen Fall keine eigene Entscheidungsbefugnis. 139

Schwierigkeiten können sich hinsichtlich der **Wirksamkeit** des Erbscheins dann ergeben, wenn der funktionell unzuständige Sachwalter tätig geworden ist: 140

➢ Hat der Richter den Erbschein erteilt, obgleich der Rechtspfleger zuständig gewesen wäre, so ist der Erbschein ohne Einschränkung wirksam, § 8 I RPflG.

➢ Wurde der Erbschein vom unzuständigen Rechtspfleger erteilt, so ist dieser Erbschein, unabhängig von seiner sachlichen Richtigkeit, unwirksam und daher einzuziehen, § 8 IV RPflG.

dd. Internationale Zuständigkeit

141 Die internationale Zuständigkeit bestimmt das Verhältnis von Gerichten eines Staates zu Gerichten eines anderen, ausländischen Staates und ist somit eine von Amts wegen zu prüfende selbständige Verfahrensvoraussetzung.[24]

142 Das deutsche Gericht ist in Nachlasssachen zuständig, wenn und soweit deutsches Erbrecht auf die Erbfolge anwendbar ist. Die Frage, ob deutsches Recht anwendbar ist, kann nur im Hinblick auf das Bestehen eines mit dem Heimatstaat des Erblassers geschlossenen Staatsvertrags beantwortet werden. Existiert ein solcher Staatsvertrag nicht, richtet sich die Anwendbarkeit der deutschen Rechtsordnung nach den in Art 25 und 26 EGBGB enthaltenen Grundsätzen des Internationalen Privatrechts. Ist also durch eine Rückverweisung vom inländischen Gericht deutsches Erbrecht anzuwenden, so hat das Nachlassgericht nach § 2353 BGB einen allgemeinen Erbschein zu erteilen.[25] Findet deutsches Recht nur auf einen Teil des Nachlasses Anwendung, so ist ein gegenständlich beschränkter Erbschein auszustellen.

e. Verfahrensgrundsätze

143 Für das Erbscheinsverfahren gelten, da es sich **nicht** um ein Streitverfahren iSd ZPO handelt, die Vorschriften und die für das Amtsverfahren geschaffenen Verfahrensgrundsätze des FGG.

144 Der im Verfahren auf Erteilung eines Erbscheins beauftragte Rechtsanwalt hat darüber zu wachen, dass diese Vorschriften und Grundsätze eingehalten werden. Hierzu gehören insb:

■ **Der Amtsermittlungsgrundsatz**, § 12 FGG

145 Der Sachverhalt wird vom Nachlassgericht von Amts wegen ermittelt. Allerdings bildet der Erbscheinsantrag, mit dem das Verfahren eingeleitet wird, den äußeren Rahmen. In den Grenzen des Antrags wird das Gericht tätig und erforscht zum einen die verfahrensrechtlichen Erteilungsvoraussetzungen und zum anderen die materiell-rechtlichen Erfordernisse des geltend gemachten Erbrechts.

Praxis-Tipp:

146 *Das Nachlassgericht hat auf die Stellung **sachdienlicher Anträge** hinzuwirken, ist aber an diese gebunden und darf bei der Entscheidung von den gestellten Anträgen nicht abweichen (Antragsverfahren).*

24 KG NJW 1968, 1055; BayObLGZ 1966, 248, 249
25 OLG Köln NJW 1955, 755; s auch Drobning JZ 1959, 318

Das Nachlassgericht kann sich zur Durchführung und Erfüllung seiner Aufgaben im Rahmen der **Rechtshilfe** auch anderer Gerichte bedienen, die 147

- den Antragsteller vernehmen,
- ihm die eidesstattliche Versicherung nach § 2356 II BGB abnehmen und
- ihm aufgeben, bestimmte, für die Erteilung des Erbscheins notwendige Unterlagen zu beschaffen.

Allerdings ist es nicht möglich, dass das ersuchte Gericht um die Erteilung des Erbscheins gebeten wird.[26] 148

Im Rahmen des Amtsermittlungsgrundsatzes hat das Nachlassgericht alle materiell-rechtlichen Voraussetzungen für die Erbscheinserteilung zu ermitteln, insb hat es 149

- das vorgelegte Testament auf seine Gültigkeit hin zu prüfen und diese festzustellen bzw ggf zu verneinen,
- die Vorfrage hinsichtlich der Begründetheit einer erklärten Testamentsanfechtung zu beantworten,
- über die Wirksamkeit einer Ausschlagung zu entscheiden und
- die persönlichen Umstände des Erblassers, wie Güterstand, Familienverhältnisse und Staatsangehörigkeit zu erforschen.

Darüber hinaus hat es alle **verfahrensrechtlichen Erteilungsvoraussetzungen**, insb solche, die sich auf die Zulässigkeit eines Erbscheinsantrags beziehen, von Amts wegen zu ermitteln. 150

Praxis-Tipp:

Nach § 17 I BeurkG muss der Notar, wenn er als Urkundsperson im Rahmen der Errichtung einer notariellen letztwilligen Verfügung tätig wird, den Willen des Erblassers ermitteln. Daher kann das Nachlassgericht den beurkundenden Notar zur Aufklärung des Sachverhalts als Zeugen vernehmen. 151

Richter-Tipp:

Da der Notar auch bezüglich der Testierfähigkeit Feststellungen treffen soll, kommt der Notar als Zeuge im Erbscheinserteilungsverfahren in Betracht, wenn die Frage der Testierfähigkeit abzuklären ist. Da infolge des zunehmenden Alters der Testierenden diese Frage immer mehr in den Vordergrund drängt, sollte von den Notaren nicht nur ein umfängliches Gespräch geführt, sondern über dessen Verlauf auch Aufzeichnungen detailliert niedergelegt werden. 152

26 OLG Jena 1, 194

153 Ist bereits eine Klage über das Erbrecht beim ordentlichen Gericht anhängig, so **kann** das Nachlassgericht das Erbscheinsverfahren so lange **aussetzen**, bis eine Entscheidung des Prozessgerichts ergangen ist. Es ist aber dem Nachlassgericht nicht verwehrt, während der Rechtshängigkeit des Erbschaftsprozesses einen Erbschein zu erteilen, da die Entscheidungen im Erbscheinsverfahren nicht in materieller Rechtskraft[27] erwachsen und weder das Prozess-[28] noch das Vormundschaftsgericht binden. Nach § 83 GBO ist das Nachlassgericht, welches den Erbschein schließlich erteilt, gehalten, dem Grundbuchamt Mitteilung vom Erbfall und den Erben zu machen.

154 Das Nachlassgericht darf aber den Antragsteller im Erbscheinsverfahren nicht auf den ordentlichen Rechtsweg und die Erhebung einer Klage auf Feststellung des Erbrechts verweisen, um dadurch eine eigene Entscheidung über die Frage der Gültigkeit einer letztwilligen Verfügung bzw Wirksamkeit einer Testamentsanfechtung nicht treffen zu müssen.

155 Im Übrigen steht es im **pflichtgemäßen Ermessen** des Nachlassgerichts, ob es vor Stellung eines Erbscheinsantrags Auskünfte über die Auslegung einer letztwilligen Verfügung machen will oder nicht. Der Grund hierfür liegt darin, dass die Mitteilung einer Rechtsansicht durch das Nachlassgericht ein selbständiges Beschwerderecht begründet, wenn es sich nicht nur um eine unverbindliche Stellungnahme handelt, sondern zugleich mitgeteilt wird, dass der Antrag, der auf einer anders lautenden Rechtsauffassung beruht, abgelehnt werden wird.[29]

156 Das Nachlassgericht wird in Streitfällen seine Rechtsansicht durch sog Vorbescheid bekannt geben, der dann dem Rechtsmittel der Beschwerde unterliegt.

■ **Die Gewährung des rechtlichen Gehörs**, § 2360 BGB

157 Das Nachlassgericht hat allen Verfahrensbeteiligten rechtliches Gehör zu gewähren.

Praxis-Tipp:

158 *Ist bei der Beteiligung minderjähriger Kinder im Erbscheinsverfahren neben den Eltern eine Gefährdung ihrer Rechte nicht ersichtlich, so ist die Bestellung eines Ergänzungspflegers (§ 1909 BGB) zur Wahrnehmung des rechtlichen Gehörs nicht erforderlich.*[30]

27 BayObLG FamRZ 1986, 1151, 1152
28 BGH NJW 1967, 1126; KG NJW 1955, 1074, 1075
29 RGZ 137, 222, 226
30 LG Bochum Rpfleger 1994, 418; vgl auch BGH NJW 1992, 1884, 1886

Richter-Tipp:

> *Der Kreis der Beteiligten wird zunächst durch die möglichen gesetzlichen Erben und die Nacherben bezüglich des Nacherbenvermerks bestimmt. Aber auch Dritte sind anzuhören, wenn sie Einwendungen vorbringen oder wenn ihre Rechtsstellung vom Inhalt des festzustellenden Erbrechts abhängt.* 159

Bei einem **Verstoß** gegen den in § 2360 BGB konkretisierten Verfassungs- 160
grundsatz des Art 103 I GG gibt es verschiedene Reaktionsmöglichkeiten:

- Die auf dem Mangel beruhende Verfahrenshandlung wird durch die Beteiligten genehmigt;
- Das rechtliche Gehör wird vor dem Nachlassgericht nachgeholt oder
- die Nachholung erfolgt erst vor dem Beschwerdegericht in der Beschwerdeinstanz, wodurch der Mangel geheilt wird.

Liegt keine dieser Alternativen vor, ist die aufgrund der Verletzung von recht- 161
lichem Gehör ergangene Entscheidung aufzuheben.[31]

Das Beweisverfahren

Die Pflicht zur Ermittlung des Sachverhalts von Amts wegen beinhaltet nach 162
§ 12 FGG auch die Pflicht, die geeignet erscheinenden Beweise aufzunehmen. Das Nachlassgericht hat nach eigenem Ermessen die **Auswahl zwischen Strengbeweis** (auf den die Vorschriften der ZPO auch hinsichtlich des Verfahrens zur Beweiserhebung anwendbar sind, § 15 FGG) und **Freibeweis** (das Gericht kann hier die Ermittlungen in jeder zweckmäßig erscheinenden Art und Weise vornehmen, ohne an die förmlichen Beweismittel auch der ZPO gebunden zu sein, § 12 FGG).

Praxis-Tipp:

> *Die ordnungsgemäße Ausübung des dem Nachlassgericht zustehenden Ermessens bei der Entscheidung über den geeignetsten Beweis können die Beteiligten mit dem Rechtsmittel der **Beschwerde** überprüfen lassen.*[32] 163

Die Einhaltung der Beweislastregeln

Anders als im Zivilprozess, bei dem die Grundsätze der formellen Beweislast 164
zu beachten sind, gelten hier nur die Regeln der **materiellen Beweislast**, die darüber entscheiden, wie im FGG-Verfahren das Risiko bei unaufklärbarem Sachverhalt verteilt ist und wer dieses letztlich zu tragen hat. Die hier als Feststellungslast bezeichnete Beweislast trägt jede Partei für diejenigen Tatsachen, die für die von ihr in Anspruch genommene günstige Rechtsfolge von Bedeutung ist.

31 BayObLG NJW-RR 1999, 86
32 BayObLG ZEV 1994, 303

Beispiel:

165 Wer sich auf die Ausschlagung beruft, muss die Rechtzeitigkeit der Ausschlagungserklärung dartun. Behauptet der Nachlassgläubiger aber, das Recht zur Ausschlagung sei bereits erloschen, hat er zu beweisen, dass und wann der Erbe Kenntnis vom Erbanfall und dem Berufungsgrund erhalten hat.

166 Bestehen nach Erschöpfung aller Erkenntnisquellen nicht behebbare Zweifel an der Testierfähigkeit, so trifft denjenigen die Feststellungslast, der sich auf die daraus hergeleitete Testamentsunwirksamkeit beruft.

Praxis-Tipp:

167 *An Anerkenntnisse oder Vergleiche der Beteiligten über die Erbfolge ist das Nachlassgericht grundsätzlich nicht gebunden.*

168 Die Feststellungslast ist in der Praxis in folgenden Fällen von Bedeutung:

➢ **Eigenhändigkeit bei einer handschriftichen letztwilligen Verfügung**

169 Nach § 2247 BGB kann der Erblasser ein privatschriftliches Testament nur durch eine eigenhändig geschriebene und unterschriebene Erklärung errichten. Die charakteristischen Züge der Handschrift müssen erkennbar sein. Daher ist es grundsätzlich unerheblich, ob der Erblasser die letztwillige Verfügung in Druckbuchstaben oder in Schreibschrift verfasst hat.

Der Eigenhändigkeit steht die Errichtung mit dem Mund, dem Fuß oder einer Prothese gleich.

Die **Prüfung der Echtheit** eines eigenhändigen Testaments durch Einholen eines grafologischen Sachverständigengutachtens ist nur in Zweifelsfällen, dh nur dann geboten, wenn besondere Umstände es dem Nachlassrichter unmöglich machen, die Schriftzüge der vorliegenden letztwilligen Verfügung mit anderen Schriftproben des Erblasser zu vergleichen und aufgrund einer tatrichterlichen Würdigung zu einem Ergebnis zu gelangen.[33]

Richter-Tipp:

170 *Zwar mag eine Kopie als letztwillige Verfügung nicht eröffnet werden, sie kann aber, ebenso, wenn das Testament überhaupt nicht mehr auffindbar ist, dennoch dazu führen, dass ein Erbschein erteilt wird. Der Antragsteller hat dann sämtliche Formerfordernisse neben dem Testamentsinhalt zu beweisen. Es sind strenge Anforderungen zu stellen.*[34]

33 BayObLG FamRZ 1990, 1405
34 Vgl Palandt/Edenhofer § 2255 Rn 12

➢ Testierfähigkeit

Das Nachlassgericht prüft die Frage der Testierfähigkeit im Rahmen des Erbscheinsverfahrens nur dann, wenn ein Verfahrensbeteiligter die Behauptung aufstellt, der Erblasser sei im Zeitpunkt der Errichtung des Testamentes wegen einer Störung der Geistestätigkeit nicht in der Lage gewesen, die Tragweite seiner Entscheidung zu erkennen. 171

Liegt ein derartiger Fall vor, muss das Nachlassgericht **von Amts wegen** die Prüfung der Testierfähigkeit des Erblassers vornehmen. Dabei hat das Nachlassgericht mit allen ihm zur Verfügung stehenden Beweismitteln (Zeugen-, Sachverständigen- und Urkundsbeweis) die Umstände zu ermitteln, die zur Beurteilung der Testierfähigkeit geeignet sind.[35]

Richter-Tipp:

In der Praxis steigt die Anzahl dieser Fälle enorm an. Zu beobachten ist, dass grundsätzlich die Abklärung der Testierfähigkeit sehr zeitaufwendig und teuer ist. 172

Handelt es sich bei der zu beurteilenden Verfügung von Todes wegen um eine **notariell beurkundete**, so hat der Notar nach § 28 BeurkG seine Wahrnehmungen über die erforderliche Geschäfts- und Testierfähigkeit des Erblassers in der Niederschrift zu vermerken, worüber das Nachlassgericht im Erbscheinsverfahren im Wege des Freibeweises seine Überzeugung gewinnen kann. 173

Kann sich das Nachlassgericht im Wege des Freibeweises noch keine Überzeugung von der Testierunfähigkeit bilden, so wird es ein Sachverständigengutachten zur Frage der Testierfähigkeit einholen, in dessen Zusammenhang auch die Befunde, Behandlungsergebnisse und Aussagen des **behandelnden Arztes/Hausarztes** von erheblicher Bedeutung sind. 174

Auch der beurkundende Notar wird vom Nachlassgericht über Art und Umfang seiner Feststellungen zu hören sein.

Der den Erblasser behandelnde Arzt ist in diesem Verfahren sachverständiger Zeuge iSd §§ 15 I FGG, 414 ZPO, da er aufgrund seiner besonderen Sachkunde eigene Wahrnehmungen, und zwar im Zusammenhang mit der Behandlung des Erblassers, gemacht hat. Allerdings unterliegen alle Daten, die der Arzt im Rahmen seiner Tätigkeit erhebt oder ihm sonst zur Kenntnis gelangen, und zwar auch diejenigen, welche die Testierfähigkeit betreffen, der **ärztlichen Schweigepflicht** nach § 203 I Nr. 1 StGB. Über die ihm anvertrauten Umstände hat der Arzt ein Zeugnisverweigerungsrecht (§ 383 I Nr. 6 ZPO). Der Arzt darf nur dann Angaben machen, wenn ihn der Patient zuvor persönlich von der Schweigepflicht entbunden hat (vgl § 385 II ZPO). Die Entbindung von der ärztlichen Schweigepflicht ist eine höchstpersönliche Angelegenheit, die auch im Wege der Erbfolge nicht auf die Erben übergeht.[36] 175

35 BayObLG, Beschluss vom 19.11.1998 – 1 Z BR 93/98
36 BayObLG, NJW 1987, 1492

Da diese auch mit dem Tod nicht endet (§ 203 IV StGB), ist nun die Frage zu klären, ob der Erblasser zu seinen Lebzeiten eine derartige Entbindungserklärung gegenüber dem Arzt oder einem Dritten abgegeben hat. In der Regel ist davon auszugehen, dass weder eine ausdrückliche noch eine stillschweigende Befreiung von der ärztlichen Schweigepflicht erklärt wurde. Dann kommt es entscheidend auf den mutmaßlichen Willen des Erblassers an. Die hM geht davon aus, dass der Erblasser ein Interesse an der Feststellung der Gültigkeit/Ungültigkeit seiner Verfügung von Todes wegen hat.[37] Der Arzt darf daher im Wege des Zeugenbeweises über seine Erkenntnisse befragt werden, da er als von der ärztlichen Schweigepflicht entbunden anzusehen ist. Dieses Ergebnis gilt sowohl in dem Fall, dass die Testierfähigkeit festgestellt wird als auch in dem anderen Fall, dass die Testierfähigkeit nicht vorgelegen hat, damit die seinen Schutz bezweckenden Vorschriften nicht unterlaufen werden.

Richter-Tipp:

176 *Grundsätzlich kann sich der Arzt nicht auf seine Schweigepflicht berufen, wenn es um die Aufklärung von Zweifeln an der Testierfähigkeit geht, denn dieses liegt im wohlverstandenen Interesse des von Todes wegen verfügenden Erblassers. So auch grundsätzlich BayObLG NJW 1987, 1492, 1493. Das Nachlassgericht wird den anzuhörenden Arzt auf diese Rechtslage hinweisen, damit das Verfahren nicht unnötig verzögert wird.*

Praxis-Tipp:

177 *Steht die Testierfähigkeit des Erblassers im Mittelpunkt der Überlegungen des Anwalts und seines Mandanten, so empfiehlt es sich, vor der Entscheidung, ob die Wirksamkeit der letztwilligen Verfügung im Rahmen des Erbscheinsverfahrens in Zweifel gezogen werden soll, zunächst mit den behandelnden Ärzten des Erblassers zu klären, ob derartige Angriffe Erfolg versprechen. Die Bereitschaft der Ärzte, über den Gesundheits- und insb über den Geisteszustand des Erblassers Angaben zu machen, hängt von der Interpretation und Handhabung der ärztlichen Schweigepflicht eines jeden Arztes ab. Unter Zugrundelegung der Rechtsprechung des BGH zur Schweigepflicht[38] ist davon auszugehen, dass der Arzt va nahen Verwandten gegenüber bereit ist, zumindest in groben Umrissen Auskunft über den Gesundheitszustand des Erblassers zu geben.*

*Über die Frage der Entbindung von der ärztlichen Schweigepflicht kann das Nachlassgericht einen **Zwischenbeschluss** nach § 15 I FGG, § 387 ZPO erlassen, den der Arzt mit dem Rechtsmittel der Beschwerde anfechten kann, § 568 II ZPO.*

178 Bei **eigenhändigen Testamenten**, die keine Angaben über den Zeitpunkt der Errichtung enthalten, **kehrt** sich, sofern sich hieraus Zweifel über seine Gültigkeit ergeben, die **Beweislast** nach § 2247 V BGB **um**.

37 BGHZ 91, 392, 399, 400
38 BGH NJW 1984, 1893

Zur Beweiserhebung durch Sachverständigengutachten bedarf es der Ermittlung der **Anknüpfungstatsachen** durch das Nachlassgericht, §§ 15 I FGG, 404 a III ZPO. Anknüpfungstatsachen sind die Feststellungen des Sachverhalts, die der gerichtliche Sachverständige seinem Gutachten zugrunde zu legen hat.[39] 179

War der Testierende vor und nach der Errichtung des Testaments anhaltend testierunfähig, so spricht der erste Anschein für die Testierunfähigkeit auch im Zeitpunkt der Testamentserrichtung, es sei denn, er habe das Testament während einer vorübergehenden Besserung des Geisteszustandes in der Art eines **lichten Intervalls** errichtet.[40] Ist das Nachlassgericht von der Testierunfähigkeit überzeugt, so trägt derjenige, der Rechte aus dem Testament herleitet, die Feststellungslast für das tatsächliche Vorbringen eines lichten Intervalls oder dessen ernsthafte Möglichkeit.[41] 180

Praxis-Tipp:

Zwar geht das Gesetz vom Amtsermittlungsgrundsatz aus, es ist aber in der Praxis zu erkennen, dass die Gerichte in unterschiedlichem Maße ihrer Pflicht zur Sachaufklärung nachkommen. Es empfiehlt sich daher in jedem Fall, dem Nachlassgericht die aus Sicht des Antragsgegners aufklärungsbedürftigen Tatsachen möglichst vollständig, dh also vor allem Name und Anschrift der Zeugen, vorzulegen. 181

Ist zu erkennen, dass das Gericht seiner Verpflichtung nicht in ausreichender Weise entspricht, kann ein Hinweis auf die von der obergerichtlichen Rechtsprechung entwickelten Grundsätzen weiterhelfen: Die Rechtsprechung geht in einem solchen Fall davon aus, dass die Ermittlungen soweit auszudehnen sind, dass weitere Nachforschungen kein entscheidungserhebliches Ergebnis erbringen würde.[42] 182

Praxis-Tipp:

Um den Beteiligten unnötige Kosten zu ersparen, mag eine Anregung an das Nachlassgericht zweckmäßig sein, zunächst eine schriftliche Auskunft der beteiligten Ärzte und des Notars unter Versicherung der Richtigkeit der Angabe an Eides Statt einzuholen. Erst wenn hierdurch keine weitere Klärung zu erreichen ist, wird das Nachlassgericht die Zeugen hören müssen und ggf ein Sachverständigengutachten einholen. Unverzichtbar ist es dann auch, die Zeugen in Gegenwart des Gutachters zu vernehmen. 183

39 Zimmermann, § 402 Rn 2; OLG Frankfurt/M. NJW-RR 1998, 870, 871
40 BayObLG FamRZ 1990, 801, 803 mwN
41 BayObLG FamRZ 1994, 1137
42 BGHZ 40, 57; BayObLGZ 1979, 261

***Musterformulierung Anwaltsschriftsatz zur Sachaufklärung:*[43]**

184 *Rechtsanwalt/Rechtsanwältin*

Amtsgericht
Nachlassgericht-

PLZ, Ort

Az.:...
Nachlasssache Hermann Schnell

Sehr geehrte Damen und Herren,

das Amtsgericht hat im Rahmen seiner Verhandlung am 11. 1. 1997 mitgeteilt, es beabsichtige nicht, den vom Antragsteller benannten Zeugen Friedrich Schön (Pfleger des privaten Pflegeheims »Haus Waldfrieden«) zu vernehmen. Diese Entscheidung ist nicht nachvollziehbar. Es wurde bereits mehrfach darauf hingewiesen, dass aufgrund der Erkrankung des Erblassers erhebliche Zweifel an der Testierfähigkeit zum Zeitpunkt der Errichtung der letztwilligen Verfügung bestanden haben. Bislang wurde der vom Antragsteller benannte Zeuge nicht angehört. Gründe wurden hierfür nicht genannt.

Es wird rein vorsorglich darauf hingewiesen, dass der Sachverhalt nach § 12 FGG, § 2358 Abs. 1 BGB von Amts wegen vom Nachlassgericht aufgeklärt werden muss. Aus der obergerichtlichen Rechtsprechung (BGH FamRZ 1984, 1004) ergibt sich für den hier gegebenen Sachverhalt, dass nicht nur auf der Grundlage der vorliegenden Krankenberichte zu entscheiden ist, sondern auch die konkreten Verhaltensweisen des Erblassers aufgeklärt werden müssen, die Rückschlüsse auf die Freiheit seiner Willensbildung und -entschließung zulassen. Hierzu gehört daher auch die Vernehmung bzw persönliche Anhörung der Personen, die im engeren Zeitraum des Tages, an dem die letztwillige Verfügung errichtet wurde, Kontakt mit dem Erblasser gehabt haben.

Darüber hinaus sind auch die tatsächlichen Umstände, wie medizinische Befunde und Medikation, zu ermitteln, welche die geistigen Fähigkeiten des Erblassers im Zeitpunkt der Testamentserrichtung beeinflusst oder beeinträchtigt haben könnten.

Ferner ist abzuklären, welche Auswirkungen daraus für die Beurteilung der Testierfähigkeit des Erblassers resultieren. Die bei der Prüfung der Testierfähigkeit auftretenden, dem Gebiet der ärztlichen Fachwissenschaft angehörenden Fragen können nur von einem fachkundigen ärztlichen Sachverständigen mit ausreichender Sachkenntnis, mithin von einem Psychiater, beantwortet werden, da dem Nachlassrichter mangels medizinischer Vorbildung regelmäßig die erforderliche Sachkunde fehlt.

Es wird daher erneut die Anhörung des Hausarztes Dr. Schneider beantragt, da das vorliegende ärztliche Attest keine hinreichenden Feststellungen zur Testierfähigkeit im Zeitpunkt der Testamentserrichtung trifft.

43 Vgl Frieser, Rn 125

Darüber hinaus wird beantragt, ein

Sachverständigen-Gutachten

einzuholen.

Ferner wird beantragt, den Sachverständigen zur Anhörung der Zeugen, insbesondere des Pflegers Friedrich Schön, hinzuzuziehen. Es entspricht höchstrichterlicher Rechtsprechung (vgl BGH NJW 1962, 1770), dass der Sachverständige bei der Beweiserhebung hinzuzuziehen ist, wenn es auf seine Sachkunde ankommt.

Abschließend wird nochmals Bezug genommen auf den im Schriftsatz vom... enthaltenen Vortrag, wonach der Zeuge Spät bestätigen kann, dass er mit dem Erblasser einen Tag nach der Testamentserrichtung gesprochen hatte und Letzterer sich nicht mehr erinnern konnte, dass ihn seine Frau mit den Kindern im Pflegeheim besucht hatte.

gez. Rechtsanwalt/Rechtsanwältin

Praxis-Tipp:

Zieht das Nachlassgericht Unterlagen bei oder holt es Stellungnahmen ein, die den Beteiligten nicht oder nur unter erschwerten Umständen zugänglich gemacht werden können, wie zB Röntgenbilder, ärztliche Untersuchungsergebnisse oder EKG-/EEG-Blätter, so kann der Anwalt, wenn er den Eindruck hat, nicht umfassend informiert zu werden, ***Akteneinsicht*** *in die Gerichtsakte beantragen, um feststellen zu können, ob ihm alle zur Bearbeitung der Nachlassangelegenheit erforderlichen Unterlagen vorliegen. Allerdings muss der Anwalt nach § 430 ZPO, § 78 FGG zur Einsicht in die Gerichtsakten ein* ***berechtigtes Interesse*** *geltend machen, das aber dann zu bejahen ist, wenn das künftige Verhalten der Beteiligten durch die Kenntnis des Akteninhalts beeinflusst werden kann.[44] In der Regel erhält der Anwalt wegen der Gefahr des Aktenverlustes[45] die Gerichtsakte nicht zur Einsicht in die Kanzlei geschickt, sondern muss Einsicht auf der Geschäftsstelle des Gerichts nehmen.* 185

➢ Anfechtung einer Verfügung von Todes wegen

Die Anfechtung einer letztwilligen Verfügung ist von verschiedenen Voraus- 186
setzungen abhängig. Neben eines Anfechtungsgrundes (Irrtum, Täuschung oder Drohung) bedarf es einer ausdrücklichen Erklärung des Anfechtungsberechtigten gegenüber dem Nachlassgericht bzw gegenüber demjenigen, der aufgrund des Testaments unmittelbar einen rechtlichen Vorteil erlangt hat. Die Anfechtungserklärung ist zwar frist-, nicht aber formgebunden.

Gemäß § 2081 II BGB teilt das Nachlassgericht dem Anfechtungsgegner die Anfechtungserklärung mit.

44 BGH NJW-RR 1994, 381
45 OLG Köln Rpfleger 1983, 325

187 Für das Vorliegen der Anfechtungsvoraussetzungen des § 2078 BGB, wie Anfechtungsgrund und ursächlicher Zusammenhang zwischen Irrtum und nachfolgender Verfügung, trägt die Beweislast **derjenige, der sich auf die Anfechtbarkeit beruft**.[46] Im Rahmen des FGG-Verfahrens muss, damit die Regeln der materiellen Beweislast eingreifen können, der Sachverhalt nach dem Amtsermittlungsgrundsatz aufgeklärt und alle verfügbaren Beweismittel ausgeschöpft sein, wobei der Anfechtungsgrund dabei nicht feststellbar ist.

188 Die Beweislast für die fristgerechte und ordnungsgemäße Anfechtungserklärung trifft ebenfalls denjenigen, der Rechtsfolgen aus der Anfechtung herleiten will.[47] Da es um die Feststellung individueller Vorgänge des Verstandes geht, die nicht verallgemeinerungsfähig sind, kann es hier **keinen Anscheinsbeweis** geben. Entscheidend ist, was sich der Erblasser im konkreten Fall vorgestellt hat. Nicht notwendig ist, dass sich aus der letztwilligen Verfügung irgendwelche Anhaltspunkte für das Vorliegen eines Anfechtungsgrundes ergeben; vielmehr ist ausreichend, wenn Äußerungen des Erblassers existieren, die für einen Anfechtungsgrund sprechen und die dann auch nachweisbar sind. Ist der Anfechtungsgrund im Testament benannt, so stellt dies lediglich eine **widerlegbare Vermutung** dar, dass es sich dabei tatsächlich um den entscheidenden Grund gehandelt hat. Für den Fall, dass unstreitig davon auszugehen ist, dass der bezeichnete Umstand irrig war, muss der Anfechtungsgegner darlegen und beweisen, dass das Testament nicht anfechtbar ist.[48]

189 Liegt ein **Anfechtungsgrund nach § 2079 BGB** vor, so muss der Anfechtende beweisen, dass die Voraussetzungen des S 1 der Vorschrift vorliegen. Es ist der Nachweis zu führen, dass der Erblasser bei der Errichtung des Testaments keine Kenntnis davon hatte, dass ein (weiterer) Pflichtteilsberechtigter vorhanden war. Ausreichend ist dabei, dass der Anfechtende beweist, dass er nach der Testamentserrichtung geboren bzw pflichtteilsberechtigt wurde.[49] Bei Zweifeln, ob eine bewusste Ausschließung vorliegt, spricht eine **Vermutung** dafür, dass der übergangene Pflichtteilsberechtigte nur übersehen, nicht aber bewusst aus der Erbfolge ausgeschlossen werden sollte. War der Pflichtteilsberechtigte zum Zeitpunkt der Errichtung der letztwilligen Verfügung bereits geboren und wurde er dennoch übergangen, so muss er beweisen, dass der Erblasser keine Kenntnis von seiner Existenz hatte.[50]

190 Ist dem Anfechtenden der Beweis der Voraussetzungen des S 1 gelungen, so hat nun der Anfechtungsgegner im Rahmen der Prüfung des § 2079 S 2 BGB die **Kausalitätsvermutung** dadurch zu **entkräften**, dass er alle Umstände darlegt, die erkennen lassen, dass der Erblasser auch bei Kenntnis des tatsächlichen Sachverhalts so und nicht anders letztwillig verfügt hätte. Kann ein derartiger Erblasserwille nicht mit letzter Sicherheit ermittelt werden, so geht dies zu Lasten des Anfechtungsgegners.[51]

---

46 BGH FamRZ 1963, 85; OLG Hamm FamRZ 1967, 697; KG FamRZ 1977, 271, 273
47 BayObLGZ 1971, 147, 150; OLG Hamm FamRZ 1967, 697
48 So bereits das RG DNotZ 1943, 304
49 Baumgärtel/Strieder, § 2079 Rn 2 mwN
50 Staudinger/Otte, § 2079 Rn 18
51 BGH LM § 2079 Nr. 1; OLG Hamburg, FamRZ 1990, 910, 911

Praxis-Tipp:

> *An Anerkenntnisse oder Vergleiche der Beteiligten über die Erbfolge ist das Nachlassgericht grundsätzlich* ***nicht gebunden****.* 191

Richter-Tipp:

> *Die Anfechtung vernichtet das gesamte Testament und führt ggf zur gesetzlichen Erbfolge.*[52] 192

f. Entscheidungsmöglichkeiten des Nachlassgerichts

Voraussetzung der Erteilung eines Erbscheins, auch im Hinblick auf mögliche Entscheidungen des Nachlassgerichts, ist die Annahme der Erbschaft nach § 2357 III 1 BGB. Eine derartige Annahmeerklärung des Erben ist in der Antragstellung zu sehen. 193

Das Nachlassgericht hat folgende Möglichkeiten, über den Antrag auf Erteilung eines Erbscheins zu entscheiden: 194

Entscheidung

- Erteilung
- Vorbescheid
- Zwischenverfügung
- Zurückweisung

aa. Erteilung des Erbscheins

Erachtet das Nachlassgericht die zur Begründung des Antrags erforderlichen Tatsachen für festgestellt, so ist der Erbschein zu erteilen, § 2359 BGB. 195

- ➢ Wegen streitiger Rechts- und Tatfragen darf das Nachlassgericht den Antragsteller nicht auf den Prozessweg verweisen. Es hat diese Fragen selbst zu entscheiden.
- ➢ Ist bereits ein Prozess über das Erbrecht anhängig, so kann das Nachlassgericht das Verfahren und damit seine Entscheidung aussetzen, bis der Prozess abgeschlossen ist.

52 Vgl Palandt/Edenhofer § 2079 Rn 7

Praxis-Tipp:

196 *Das Nachlassgericht ist **grundsätzlich nicht** an eine bereits vorliegende rechtskräftige Entscheidung des Prozessgerichts über das Erbrecht **gebunden.***

Ausnahme:

*Kommen nur die beiden Parteien des Vorprozesses als Erben in Betracht, so darf das Nachlassgericht den Erbschein nur der im Zivilprozess **obsiegenden Partei** erteilen.*

Begründung: Nach § 2362 BGB könnte die obsiegende Partei, welcher der Erbschein nicht erteilt wurde, diesen von der unterlegenen Partei herausverlangen. Die Rechtskraft des ergangenen Urteils wirkt in einem solchen Fall in das Erbscheinsverfahren hinein und bindet das Nachlassgericht.

197 Die Erteilung des Erbscheins erfolgt durch **Aushändigung oder Zustellung** des Originals bzw einer Ausfertigung des Erbscheins an den Antragsteller oder an einen von mehreren Antragstellern. Es ist auch möglich, dass der Erbschein auf Antrag eines Antragsberechtigten an einen Dritten (Grundbuchamt oder eine sonstige Behörde) ausgehändigt wird.

Praxis-Tipp:

198 *Hat das Nachlassgericht bislang lediglich die Erteilung des Erbscheins beschlossen oder die Ausfertigung dieses Beschlusses an den Antragsteller übersandt, ist noch kein Erbschein erteilt.[53] Der Grund dafür ist darin zu sehen, dass der **Anordnungsbeschluss**, anders wie der Erbschein, **keinen öffentlichen Glauben** genießt, auch wenn der Inhalt des später erteilten Erbscheins in seinem vollen Wortlaut wiedergegeben ist. Im Übrigen kann dieser Beschluss mit der Beschwerde angefochten werden.*

199 Allerdings ist der Erbschein auch ohne entsprechende Ausfertigung der Urkunde erteilt, wenn das Nachlassgericht den Anordnungsbeschluss antragsgemäß mit den Nachlassakten an das Grundbuchamt zur Berichtigung des Grundbuchs weiterleitet.[54] Dadurch ist der Erbschein **in Verkehr gebracht** und gilt damit als erteilt. Entsprechendes gilt, wenn das Nachlassgericht den Erbschein oder eine Ausfertigung direkt der anderen Behörde übersendet.

53 So BayObLG NJW 1960, 1722; eine andere Ansicht, dass mit dem Zugang der Beschlussverfügung der Erbschein erteilt ist, vertritt Firsching in: NJW 1955, 1540 und DNotZ 1960, 565, 573

54 BayObLG MDR 1961, 415

Praxis-Tipp:

Das so beschriebene Inverkehrbringen des Erbscheins ist aber nicht gleichzusetzen mit der gesetzlichen Verpflichtung zur Benachrichtigung anderer Behörden (Finanzamt, Grundbuchamt, Handelsregister) von Amts wegen. 200

Zu beachten ist, dass eine **beglaubigte Abschrift** eines Erbscheins die Ausfertigung desselben im Rechtsverkehr nicht ersetzen kann, da die Abschrift, anders als die Ausfertigung, nach § 2361 BGB nicht der Einziehung unterliegt. 201

Richter-Tipp:

Ist zunächst ein Erbschein mit einschränkendem Zweckvermerk – zB für »Grundbuchzwecke« – erteilt, so hindert dieses nicht, später eine Ausfertigung ohne einen solchen Zweckvermerk zu beantragen. Allerdings wird der Antragsteller bei Erteilung einer Ausfertigung ohne Zweckvermerk dann entsprechende Kosten nachentrichten müssen. 202

Musterformulierung Gemeinschaftlicher Erbschein:

Nachlassgericht Stuttgart, 10. 10. 1996 203

Erbschein

Es wird bezeugt, das der am 3. 10. 1996 in Stuttgart verstorbene Ernst Eisele, geb. am 28. 2. 1921 in Sindelfingen, zuletzt wohnhaft in der Stafflenbergstraße 27, von seinen Kindern Hans Eisele und Dorothea Mayer, geb. Eisele, je zur Hälfte beerbt worden ist.

(Unterschrift)

bb. Vorbescheid

Der Erlass eines Vorbescheids ist gesetzlich nicht geregelt. Das Nachlassgericht macht immer dann von diesem Rechtsinstitut Gebrauch, wenn aufgrund eines Streits zwischen den Beteiligten einander widersprechende Erbscheinsanträge vorliegen und die **Sach- und Rechtslage unklar** ist. 204

Der Vorbescheid wird erlassen, bevor eine endgültige Entscheidung getroffen wird. In dem Vorbescheid kündigt das Gericht an, welchen Erbschein es zu erteilen beabsichtigt. Eine Bindung an diese Ankündigung ist dadurch für das Nachlassgericht nicht entstanden.

Praxis-Tipp:

*Durch diese Ankündigung soll **verhindert** werden, dass ein Erbschein mit seiner Gutglaubenswirkung in den Rechtsverkehr gelangt, obwohl unsicher ist, ob er auf Dauer Bestand haben wird.* 205

Richter-Tipp:

206 *Das Nachlassgericht macht vom Vorbescheid auch deshalb Gebrauch, um ggf Haftungen auszuschließen. Für das Nachlassgericht gilt das Spruchrichterprivileg nicht. Ein Vorbescheid kann auch im Verfahren zur Erteilung eines Testamentsvollstrecker-Zeugnisses ergehen.*

207 Grundsätzlich ist ein Vorbescheid **zur Vermeidung von Schäden** durch die Erteilung eines unrichtigen Erbscheins nicht erforderlich, weil – wie bereits oben dargestellt[55] – der Anordnungsbeschluss mit der Beschwerde angreifbar ist. Da aber teilweise in der Beschlussfassung bereits die Erteilung des Erbscheins gesehen wird, besteht in der Praxis ein Bedürfnis, einen solchen Vorbescheid zu erlassen. Es wird daher für zulässig erachtet, den beantragten Erbschein durch Beschluss für den Fall anzukündigen, dass innerhalb einer bestimmten Frist kein Rechtsmittel eingelegt wird.

Praxis-Tipp:

208 *Liegt **noch kein Erbscheinsantrag** vor, ist aber aufgrund der vorliegenden Umstände mit einem solchen zu rechnen, so kann das Nachlassgericht bereits in diesem Verfahrensstadium einen Vorbescheid erlassen.*[56]

209 Der Vorbescheid ist **rechtsmittelfähig**; er kann mit der Beschwerde nach § 19 FGG innerhalb einer vom Nachlassgericht zu setzenden Frist angegriffen werden.[57]

Praxis-Tipp:

210 *Die Frist zur Einlegung der Beschwerde ist **als richterliche Frist verlängerbar** und steht im Ermessen des Gerichts. § 22 FGG findet keine Anwendung.*

55 Vgl Rn 198
56 OLG Karlsruhe Rpfleger 1988, 315; BayObLGZ 1980, 42
57 BayObLG FamRZ 1994, 593; BGH NJW 1956, 987

Musterformulierung Vorbescheid:

Amtsgericht München 211
– Nachlassgericht –

PLZ, München

Az.: III 122/98

In der Nachlasssache des am 21. 7. 1998 in München verstorbenen

Max Zuckmayer,

zuletzt wohnhaft in der Landlstraße 22 in 81539 München, erlässt das Amtsgericht München – Nachlassgericht –
durch Richter am Amtsgericht Hermann
am heutigen 27. 10. 1998
auf Antrag der Elfriede Zuckmayer, geb. Schnell, Kauffrau, Bahnstraße 2 in 81827 München folgenden

Beschluss:

Das Nachlassgericht beabsichtigt, folgenden Erbschein zu erteilen, sofern nicht binnen einer Frist von 2 Wochen nach Zustellung des Beschlusses keine Beschwerde eingelegt wird:

»Erbschein

Es wird bezeugt, dass der am 21. 7. 1998 in München verstorbene Schuster Max Zuckmayer aus München von Frau Elfriede Zuckmayer, geb. Schnell, geb 20. 11. 1945, Bahnstraße 2, 81827 München,

allein

beerbt worden ist.

Testamentsvollstreckung ist angeordnet.«

Gründe:

Im Rahmen der Sachverhaltsschilderung sind Angaben über den Inhalt des Erbscheinsantrags und der gegen den Antrag erhobenen Einwendungen zu machen.

Die rechtliche Würdigung enthält Gesichtspunkte zur Zulässigkeit eines Vorbescheids und zur Begründetheit des Erbscheinsantrags.

....

Unterschrift des Richters

cc. *Zwischenverfügung*

Das Nachlassgericht hat, wenn **Mängel** bei der Zulässigkeit oder Begründetheit des Antrags auf Erteilung eines Erbscheins vorhanden sind und diese sich in absehbarer Zeit beheben lassen, in analoger Anwendung des § 18 GBO die Möglichkeit, eine Zwischenverfügung zu erlassen. Darin wird das Gericht auch die Frist bezeichnen, innerhalb derer der Mangel beseitigt sein muss. 212

213 Eine Zwischenverfügung kann nur dann erlassen werden, wenn folgende **Voraussetzungen** erfüllt sind:

- Zuständigkeit des Amtsgerichts für den Erlass der Endentscheidung;
- Wirksame Antragstellung;
- Behebbarkeit des Erteilungshindernisses.

214 **Inhalt** der Zwischenverfügung:

- Benennung des Mangels;
- Weg/Mittel zur Beseitigung des Mangels;
- Frist zur Behebung des Mangels;
- Hinweis auf die Folgen bei Fristversäumnis.

Praxis-Tipp:

215 *Es **fehlt** eine **gesetzliche Regelung** für den Erlass einer Zwischenverfügung im Erbscheinsverfahren. In der Praxis ist daher allgemein anerkannt, dass für den Bereich der freiwilligen Gerichtsbarkeit der Rechtsgedanke der § 18 GBO, § 139 ZPO gilt.*

Musterformulierung Zwischenverfügung:

216 *Notariat Stuttgart*
– Nachlassgericht –

70173 Stuttgart

Az.: Ha/sc

I. Schreiben an die Antragstellerin:

Ihrem Antrag auf Erteilung eines Erbscheins vom 23.10.1999 kann zurzeit nicht entsprochen werden, da folgende Umstände noch ungeklärt bzw noch nicht (hinreichend) nachgewiesen wurden:

- *Mitteilung, ob Rechtsstreitigkeiten über das geltend gemachte Erbrecht anhängig sind.*
- *Nachweis über den Todeszeitpunkt des an sich nach gesetzlicher Erbfolge erbberechtigten Bruders der Antragstellerin.*

Zur Behebung der Erteilungshindernisse wird Ihnen eine Frist von 2 Wochen ab Zugang dieser Verfügung gesetzt. Nach erfolglosem Fristablauf wird Ihr Antrag, unter Auferlegung der Kosten, zurückgewiesen werden.

II. Zustellung von I. an Antragstellerin

III. Wiedervorlage: 1 Monat

Tschichoflos

Die Zwischenverfügung ist mit der **unbefristeten Beschwerde** selbständig angreifbar, weil in ihr nicht nur eine Rechtsansicht zum Ausdruck kommt, sondern zugleich die Entscheidung liegt, dass der Antrag zurückgewiesen werden wird, wenn die Mängel nicht fristgerecht behoben sein sollten. 217

Die Beschwerde kann nach §§ 20, 21 FGG beim Gericht, das die angefochtene Entscheidung erlassen hat oder beim Beschwerdegericht eingelegt werden. 218

Anwaltszwang besteht hierfür **nicht**, § 21 II FGG.

dd. Zurückweisung

Ist der gestellte Erbscheinsantrag nicht zulässig oder nicht begründet und sind auch die Mängel nicht in absehbarer Zeit behebbar, so ist der Antrag zurückzuweisen. Die Entscheidung des Nachlassgerichts ergeht in Form eines **Beschlusses**, der eine Begründung enthalten muss. Darüber hinaus ist der zurückgewiesene Antrag im Beschluss mit Datum und Antragsteller (Name, Beruf und Wohnort) genau zu bezeichnen, um Verwechslungen auszuschließen. Die Bezeichnung kann entweder im Rubrum oder in der Beschlussformel selbst erfolgen. Der Nachlassrichter sollte dies in den Tenor aufnehmen, wenn er in das Rubrum auch widersprechende Beteiligte aufnimmt. Die Gründe, die zur Zurückweisung des Antrags führen, also Unzulässigkeit bzw Unbegründetheit, finden keinen Eingang in die Beschlussformel. 219

Musterformulierung Zurückweisungsbeschluss:

Amtsgericht Düsseldorf 220
– Nachlassgericht –

PLZ, Düsseldorf

Az.: 12 VI 236/99

30. 9. 1999

In der Nachlasssache

betreffend den Nachlass des am 16. 2. 1999 in Düsseldorf verstorbenen Schreinermeisters Wolfram Muster, zuletzt wohnhaft in der Rheinallee 39 in 40549 Düsseldorf erlässt das Amtsgericht Düsseldorf – Nachlassgericht – durch die Nachlassrichterin Isen auf den Antrag des Norbert Sonnenschein, Gastwirt, Humboldtstraße 3, 40237 Düsseldorf, folgenden

Beschluss:

Der Antrag auf Erteilung eines Erbscheins wird zurückgewiesen.

Gründe:

I.

Schilderung des Sachverhalts und Angabe des Inhalts des Erbscheinsantrags.

II.

Der Antrag vom 21. 6. 1999 ist nicht begründet. Dem Antragsteller steht das Erbrecht, wie beantragt, nicht zu.

Es folgt die rechtliche Würdigung, vgl §§ 2353, 2359 BGB.

....

Unterschrift der Nachlassrichterin

Praxis-Tipp:

221 *Da das Nachlassgericht ein FG-Gericht ist, können vor ihm auch Vergleiche geschlossen werden, die, beziehen sie sich auf den Verfahrensgegenstand, verfahrensbeendigende Wirkung haben. Von der Rechtsprechung ist zwischenzeitlich nun anerkannt, dass eine vergleichsweise Einigung über die Erbenstellung durch einen sog Auslegungsvertrag möglich ist, sofern sich die Beteiligten über die Auslegung streiten.[58] Er bedarf allerdings entweder der notariellen Beurkundung (§ 2385 BGB) oder er muss gerichtlich protokolliert werden, § 127 a BGB. Der gerichtlich protokollierte Vergleich ersetzt die notarielle Beurkundung.*

g. Fristen

222 Der Erbscheinsantrag kann beim Nachlassgericht frühestens dann gestellt werden, wenn der Erbfall eingetreten, dh der Erblasser verstorben ist. Im Übrigen enthält das Gesetz keine Ausschlussfristen, bis zu denen ein Erbschein beantragt sein müsste. Der Grund dafür ist darin zu sehen, dass es den Beteiligten frei steht, einen Erbschein zu beantragen oder nicht. Insoweit besteht auch keine Verpflichtung für den Kreis der Antragsberechtigten, eine derartige Urkunde ausstellen zu lassen, zumal deren Erteilung auch mit Kosten verbunden ist.

h. Kosten im Erbscheinsverfahren

aa. Gebühren

➢ **Geschäftswert**

223 Für die Ermittlung der im Erbscheinsverfahren anfallenden Gebühren und Kosten ist es zunächst entscheidend, den **Gegenstandswert** zu ermitteln. Der Geschäftswert bei Gesamtrechtsnachfolge ist der Wert des nach Abzug aller Verbindlichkeiten verbleibenden Nachlasses, und zwar im Zeitpunkt des Erbfalls. Dies gilt für die Fälle, in denen der Rechtsanwalt einen Erbscheinsantrag beim Nachlassgericht stellt.

58 BGH NJW 1986, 1812 f

Beantragt hingegen ein Miterbe einen **Teilerbschein**, der ihn als Erbe dieses Erbteils ausweist, so ergibt sich hieraus eine Beschränkung des Geschäftswertes auf den Wert seines Anteils am Nettonachlass.

Hat der Erblasser **Einzelrechtsnachfolge** angeordnet, indem er ein Vermächtnis ausgesetzt hat, so ist nach § 8 II 2 BRAGO iVm § 107 II KostO der Wert des/der Vermächtnisgegenstandes/-gegenstände maßgebend; in diesem Fall erfolgt die Wertberechnung ohne Anrechnung von Verbindlichkeiten.

➢ Anwaltsgebühren

224 Ist der Rechtsanwalt von seinem erbberechtigten Mandanten mit der Stellung eines Erbscheinsantrags beauftragt worden, so erhält er für diese **Vertretung im FGG-Verfahren** die Gebühren nach § 118 BRAGO, die sich, je nach Inhalt des Auftrags, aus einer Geschäfts-, einer Besprechungs- und ggf einer Beweisgebühr zusammensetzen können. Angemessen ist regelmäßig eine Gebühr in Höhe von $^{7,5}/_{10}$. Kommt es im Erbscheinsverfahren zwischen den Beteiligten zum Abschluss eines Vergleichs, dann fällt darüber hinaus eine $^{10}/_{10}$ Vergleichsgebühr gemäß § 23 BRAGO an.

225 In besonderen Fällen, insb dann, wenn die Angelegenheit einen über dem Durchschnitt liegenden Umfang aufweist oder überdurchschnittliche Schwierigkeiten bereitet oder für den Auftraggeber von großer Bedeutung ist, ist es gerechtfertigt, die Gebühren des § 118 BRAGO in Höhe von **$^{10}/_{10}$ der vollen Gebühr** in Ansatz zu bringen, auch wenn der Mandant lediglich über ein durchschnittliches Einkommen verfügt.

Praxis-Tipp:

226 *Der beratende Anwalt sollte sich vor der Stellung des Erbscheinsantrags beim Nachlassgericht erkundigen, ob auf die eidesstattliche Versicherung verzichtet wird. Erachtet das Gericht die eidesstattliche Versicherung für erforderlich, so kann der Erbscheinsantrag und die eidesstattliche Versicherung zur Vermeidung weiterer Kosten zur Niederschrift des Nachlassgerichts erklärt werden.*

➢ Notarkosten

227 Die Gebühren für den Antrag auf Erteilung eines Erbscheins richten sich nach der KostO. Gemäß § 107 I KostO erhebt das Nachlassgericht **eine volle Gebühr** für die Erteilung eines Erbscheins. Geschäftswert ist auch hier der Wert des Nachlasses nach Abzug aller Nachlassverbindlichkeiten (§§ 1960–1969 BGB, Reinnachlass). Maßgeblicher Zeitpunkt ist der Erbfall.

Zu den in Ansatz zu bringenden **abzugsfähigen Verbindlichkeiten** gehören:

228

- Vermächtnisse;
- Vorausvermächtnisse;[59]
- Auflagen;
- Pflichtteilsrechte;

59 BayObLG MDR 1984, 948

- Beerdigungskosten;[60]
- Hypotheken und Grundschulden in Höhe ihrer Valutierung.

229 Darüber hinaus sind auch die Pflichtteilsergänzungsansprüche zu berücksichtigen, selbst wenn diese, ebenso wie die Pflichtteilsrechte, nicht geltend gemacht werden.[61]

230 Bei der Festsetzung des Reinnachlasses werden **nicht abgezogen:**

- Kosten für den Erbschein;
- Kosten für die Testamentseröffnung;
- Kosten für die Grundbuchberichtigung;
- Die Erbschaftssteuer.

231 Ist der **Nachlass überschuldet**, so wird nach § 33 KostO nur die Mindestgebühr in Höhe von 10,23 € erhoben.

232 Nach § 130 KostO wird für die **Zurückweisung** eines Erbscheinsantrags nur eine halbe Gebühr erhoben. Der Höchstbetrag liegt bei 33,23 €. Auf die Gebührenerhebung kann unter den Voraussetzungen des § 130 I KostO verzichtet werden. Wird der Antrag **zurückgenommen**, bevor über ihn eine Entscheidung ergangen ist, entsteht nur ein Viertel der vollen Gebühr, höchstens wird ein Betrag von 17,90 € erhoben, § 130 II KostO.

233 Für die eidesstattliche Versicherung gemäß § 2356 II BGB erhält der Notar nach § 49 I KostO eine 10/10-Gebühr. Dies gilt auch dann, wenn die eidesstattliche Versicherung von mehreren Miterben gleichzeitig abgegeben wird und wenn es sich um denselben Erbfall handelt, da dies insoweit denselben Vorgang darstellt. Für die Erteilung des Erbscheins fällt dann **keine zusätzliche Gebühr** an.

234 Anders ist der Gebührenansatz in den Fällen, in denen die eidesstattliche Versicherung **für mehrere Erbfälle** abgegeben wird; dann nämlich liegen mehrere Vorgänge vor, die auch bei gemeinsamer Beurkundung jeweils zu einer vollen Gebühr (10/10), berechnet aus dem Nettonachlass, führen.

235 Muss der Notar zunächst die **Personenstandsurkunden beschaffen**, so erhält er hierfür eine 5/10-Gebühr gemäß § 147 II KostO aus dem Reinnachlass im Zeitpunkt des Erbfalls.

236 Befindet sich im Nachlass **Grundbesitz**, so wird der Verkehrswert, soweit er allgemein- bzw gerichtskundig ist, zugrundegelegt; ist der Verkehrswert nicht bekannt, so wird der Wert nach § 19 II 1 KostO in der Weise festgesetzt, dass bei der Bewertung der letzte Einheitswert maßgebend ist, der zurzeit der Fälligkeit der Gebühr bereits festgestellt ist. Ist das Grundstück mit Verbindlichkeiten belastet, so ist davon auszugehen, dass diese max 7/10 des Verkehrswertes betragen.

237 Soweit der Erblasser Bezugsberechtigter von Versicherungssummen oder Sterbegeldern war, fallen sie in den Nachlass und sind bei der Berechnung des Reinnachlasses zu berücksichtigen.[62]

---

60 KG MDR 1980, 239
61 BayObLGZ 1975, 244; OLG Köln MDR 1987, 1036
62 Korintenberg/Lappe/Bengel/Reimann, § 107 Rn 13

Tschichoflos

bb. Grundbuchberichtigung

Das Grundbuchberichtigungsverfahren und das Erbscheinserteilungsverfahren sind zwei besondere Verfahren der freiwilligen Gerichtsbarkeit und als solche jeweils eigenständige Angelegenheiten, die **gesonderte Anwaltsgebühren** nach § 118 BRAGO entstehen lassen.[63] 238

Die 3/10-Gebühr der §§ 57, 58 III Nr. 6 BRAGO kann für den Anwalt, der den Gläubiger vertritt, nicht herangezogen werden, wenn ein Erbschein beantragt wird, um durch eine Grundbuchberichtigung gemäß § 14 GBO die Voraussetzungen für die Eintragung einer Zwangshypothek gegen den Schuldner zu schaffen. Vielmehr entstehen für diese Tätigkeit die besonderen Gebühren des § 118 BRAGO. 239

Praxis-Tipp:

Wird die Grundbuchberichtigung innerhalb von 2 Jahren nach dem Erbfall beantragt, ist sie gebührenfrei, § 60 IV KostO. 240

cc. Kostentragungspflicht

Nach § 2 Nr. 1 KostO trägt der Antragsteller die Kosten des Erbscheins. Sie sind **keine Nachlassverbindlichkeiten** iSd § 1967 BGB. 241

Wird der Erbschein nur für **bestimmte Zwecke** benötigt, so ist der Erbschein gebührenfrei. Auf dem Erbschein ist dann der Vermerk 242

»... nur gültig für ... Zwecke«

angebracht. Folgende Zwecke kommen in Betracht:

- Rückerstattung nach § 7 a III RückerstattungsG
- Entschädigungsansprüche, § 181 III BEG
- Lastenausgleichszweck, § 317 II LAG
- Sozialrechtliche Zwecke, § 64 II SGB X

Die Gebühren sind nachzuerheben, wenn der zweckgebundene Erbschein für andere, nicht gebührenbefreite Zwecke verwendet wird. 243

Praxis-Tipp:

Nach § 107 a KostO kann ein Erbschein gebührenfrei oder zu ermäßigten Gebühren erteilt werden, wenn er für einen bestimmten Zweck, insb zur Grundbuchberichtigung, benötigt wird. Der Erbschein wird dem Antragsteller aber nicht ausgehändigt, sondern direkt – mit einem entsprechenden Vermerk – der betreffenden Behörde übersandt. 244

63 Vgl Schumann, MDR 1970, 819

Richter-Tipp:

245 *Der Antragsteller sollte deshalb zunächst die Frage abklären, wofür er den Erbschein benötigt. Es ist zu vermuten, dass hier noch ein großes Ersparnispotenzial verborgen ist.*

i. Vergleich im Erbscheinsverfahren

246 Der Abschluss eines Vergleichs im Erbscheinsverfahren ist, anders als in anderen gerichtlichen Verfahren, problematisch. Der Grund hierfür liegt darin, dass die Beteiligten wegen des Amtsermittlungsgrundsatzes weder über den Verfahrensgegenstand verfügen können noch den Gang des Verfahrens beeinflussen dürfen. Die Beteiligten haben aber die Möglichkeit, mittelbar auf die Beendigung des Verfahrens in der Weise einzuwirken, als sie im Wege eines Vergleichs vereinbaren können, auf die Stellung bestimmter Anträge zu verzichten bzw diese, sofern sie bereits gestellt sind, zurückzunehmen.

So können folgende Verpflichtungen **Bestandteil** eines Vergleichs sein:

247
- Rücknahme des Antrags
- Verzicht auf das Antragsrecht
- Rücknahme einer eingelegten Beschwerde
- Rechtsmittelverzicht

248 Im Übrigen hat die Rechtsprechung[64] eine Regelung im Vergleichswege anerkannt, wonach sich die Parteien bei Streitigkeiten über die Auslegung einer Verfügung von Todes wegen darauf geeinigt haben, wie der Erblasserwille zu verstehen und worauf er gerichtet ist.

Richter-Tipp:

249 *Überzeugend ist das Argument, dass die nahen Angehörigen in der Regel den Erblasserwillen am besten kennen. Das Nachlassgericht darf sich deshalb ihre Betrachtung zu Eigen machen.*

250 Dieser **Auslegungsvertrag** hat nur schuldrechtliche Wirkung und kann nur von den Beteiligten, deren materielle Rechtsposition von der gerichtlichen Entscheidung betroffen ist,[65] entweder im Verfahren vor dem Nachlassgericht oder auch außergerichtlich geschlossen werden. Die Beteiligten erkennen dadurch eine Rechtslage als gegeben an, und zwar auch für den Fall, dass sie sich zu einem späteren Zeitpunkt als unrichtig erweisen sollte.

64 BGH NJW 1986, 1812 ff; aA OLG Frankfurt MDR 1990, 56, wobei die sonstige Rechtsprechung bei der Entscheidung völlig unberücksichtigt bleibt

65 = Materiell Beteiligter im FGG-Verfahren

Praxis-Tipp:

Durch den Abschluss eines ***Vergleichs*** *oder der Anerkennung des Erbrechts wird die nachlassgerichtliche Prüfung hinsichtlich der Gültigkeit der letztwilligen Verfügung nicht beseitigt, da es sich um ein Verfahren handelt, das zwar durch einen Antrag eingeleitet, aber von Amts wegen durchzuführen ist. Ebenso wenig ist das Nachlassgericht an eine Vereinbarung der Parteien, wie die letztwillige Verfügung des Erblassers verstanden werden soll (Auslegungsvertrag), gebunden.*[66] 251

In einem Vergleich, der auch im Rahmen des Erbscheinsverfahrens[67] oder als Schiedsvergleich vor einem Schiedsgericht[68] geschlossen werden kann, können alle erbrechtlichen Fragestellungen, insb die Erbenstellung, Vermächtnisansprüche, Auflagen, Pflichtteilsansprüche uä im gegenseitigen Einvernehmen geregelt werden. 252

Für den Fall, dass zu einem späteren Zeitpunkt Streit über die Wirksamkeit des Vergleichs entsteht, weshalb der Erbscheinsantrag dann zurückgenommen wird, soll das Nachlassgericht zur diesbezüglichen Entscheidung berufen sein; dies gilt insb dann, wenn einer der Beteiligten die Fortsetzung des Erbscheinsverfahrens beantragt.[69] 253

Da es sich bei einem Auslegungsvertrag um einen **sog »anderen Erbschaftsveräußerungsvertrag« iSd § 2385 BGB** handelt, bedarf er, sofern er sich auf das Erbrecht bezieht, zu seiner Wirksamkeit der notariellen Beurkundung nach §§ 2033, 2371 BGB bzw eines die notarielle Beurkundung ersetzenden gerichtlichen Vergleichs iSd § 127 a BGB. Sind nur Vermächtnisse, Auflagen oder Teilungsanordnungen betroffen, so kann der Vergleich grundsätzlich formfrei geschlossen werden. 254

Praxis-Tipp:

Der im Erbscheinsverfahren geschlossene Vergleich ist ***kein Vollstreckungstitel*** *iSd § 794 I Nr. 1 ZPO.*[70] *Da die Beteiligten über das den Verfahrensgegenstand bildende Erbrecht nicht unmittelbar verfügen können, stellt sich die Frage nach einer außergerichtlichen Regelung. Eine solche bietet sich an in Form* 255

- *eines Erbvertrages;*
- *einer notariellen Urkunde mit Zwangsvollstreckungsunterwerfung oder*
- *eines Anwaltsvergleichs iSd § 1044 b ZPO.*

Allerdings steht es dem Nachlassrichter frei, aufgrund eines zwischen den Beteiligten geschlossenen Auslegungsvertrages den Erbschein zu erteilen. 256

66 BGH NJW 1986, 1812; DNotZ 1987, 109
67 BGHZ 14, 381; OLG Celle DNotZ 1954, 123
68 MüKo-Förschler, § 127 a Rn 4
69 Vgl OLG Stuttgart MDR 1984, 403
70 So ausdrücklich BayObLG ZEV 1997, 461

Richter-Tipp:

257 *Der übereinstimmenden Testamentsauslegung der Beteiligten kommt im Allgemeinen eine nicht zu unterschätzende indizielle Bedeutung zu; daher wird das Nachlassgericht in der Regel dieser Auslegung folgen, wenn auch die Beteiligten die Auslegung nicht in freier Hand haben.*
*Zu beachten ist, dass vom Gericht **vorab zu klären** ist, ob ein verfahrensbeendender Vergleich geschlossen werden kann oder ob ein notariell beurkundeter Vertrag erforderlich ist.*

258 Ein formlos zustande gekommener Vergleich, der sich zB in einem Anwaltsschriftsatz wieder findet, ist **nichtig**, da eine Vereinbarung zwischen den Beteiligten, die der Klärung des Streits über bzw um das Erbrecht dient, einen erbschaftskaufähnlichen Vertrag darstellt, welcher zu seiner Wirksamkeit der (notariellen) Beurkundung bedarf.[71]

259 Haben sich die Beteiligten dahingehend geeinigt, dass im Wege eines Vermächtnisses ein **Grundstück** übertragen werden soll, so gelten die **allgemeinen Grundsätze** des § 313 BGB. Erfüllt wird der Vergleich entsprechend den darin enthaltenen Regelungen:

- Bei einer Miterbengemeinschaft nach § 2033 BGB;
- Bei beweglichen Sachen nach §§ 929 ff BGB;
- Bei Grundstücken nach §§ 873, 925 BGB und
- bei Forderungen nach § 398 BGB.

Musterformulierung Auslegungsvertrag:

260 *Vor mir, dem unterzeichnenden Notar…,*

sind heute in meinen Amtsräumen erschienen:
1. Anna Müller, Tochter des Erblassers
2. Lina Müller, Ehefrau des Erblassers
3. Wilhelm Fröhlich, Testamentsvollstrecker

Mit der Bitte um notarielle Beurkundung schließen die Parteien folgende

Vereinbarung

über die Auslegung des gemeinschaftlichen Testaments vom 28. 2. 1978 und über die Abwicklung des Nachlasses des am 28. 4. 1997 verstorbenen Erblassers Kurt Müller.

I. Rechtslage

Es besteht Unklarheit über die Auslegung des Testaments vom 28. 2. 1978, insb über die Frage, ob ein Berliner Testament errichtet oder (befreite) Vor- und Nacherbfolge angeordnet ist. Unklar ist auch, ob der Aufgeführten unter 1. ein

71 BGH NJW 1996, 1812; Palandt/Edenhofer § 2385 Rn 2

Pflichtteilsanspruch nach dem Tode des Vaters zustehen sollte. Um diese und etwaige weitere Auslegungsprobleme zu beseitigen, wollen alle Beteiligten ihr Verhältnis untereinander verbindlich festlegen, ohne Rücksicht darauf, ob sich ihre Auslegung im Nachhinein als zutreffend oder unzutreffend erweisen sollte. Damit wollen die Vertragsschließenden die Auslegung des Testaments einem künftigen Streit entziehen.

Die Beteiligte Ziff. 2 hat beim zuständigen Nachlassgericht einen Erbscheinsantrag gestellt, in dem sie als Alleinerbin nach dem verstorbenen Erblasser aufgeführt wird. Diesem Antrag ist die Beteiligte Ziff. 1 entgegen getreten. Im Wege eines Vorbescheids hat das Nachlassgericht am 3. 6. 1997 angekündigt, es beabsichtige, den Erbschein, wie beantragt, zu erteilen. Hiergegen wendete sich die Beteiligte Ziff. 1 mit der Beschwerde (Az.: ...). Das Beschwerdegericht gab der Beschwerde statt. Daraufhin legte die Beteiligte Ziff. 2 weitere Beschwerde ein. Eine Entscheidung ist bislang nicht ergangen.

II. Vergleich

Vor diesem Hintergrund und zum Zwecke der gütlichen Streitbeilegung schließen die Parteien den nachstehenden Feststellungs- und Auslegungsvertrag gemäß §§ 305, 2385 BGB:

1. Die Aufgeführte Ziff. 2, Frau Lina Müller, ist Alleinerbin und hat die nachstehend aufgeführte Pflichtteilslast zu tragen; die Aufgeführte Ziff. 1 ist Schlusserbin nach dem Tod der Aufgeführten Ziff. 2.

2. Der Aufgeführten Ziff. 1, Frau Anna Müller, steht ein Pflichtteilsanspruch in Höhe von 150 000 Euro (in Worten: einhundertfünfzigtausend Euro) zu.

Die Beteiligte Ziff. 2 verpflichtet sich, die weitere Beschwerde, die unter dem Az.: ... beim OLG ... anhängig ist, zurückzunehmen, damit sie im Erbschein als Alleinerbin eingetragen werden kann.

Sollten sich die bisher bekannten und der Vermögensaufstellung zugrundegelegten Vermögenswerte im Nachhinein ändern, sei es, dass bisher überhaupt nicht bekannte Vermögenswerte auftauchen, dass sich die Ansprüche gegen das Finanzamt für die Zeit von 1992 bis 1996 durch den beantragten Beschluss beim Bundesfinanzhof wesentlich ändern, erhalten die in diesem Vertrag aufgeführten Personen Nr. 1–2 entsprechende Nachzahlungen.

Der Nachlassbestand entspricht der Aufstellung vom ... (als Anlage dieser Urkunde beigefügt). Der Testamentsvollstrecker behält sich vorsorglich für Erbschaftssteuer und seine Kosten den Betrag von ... Euro zurück. Er schuldet die Erfüllung des Pflichtteilsanspruchs innerhalb von drei Monaten nach endgültiger Genehmigung dieser Vereinbarung durch alle Beteiligten.

Etwaige Forderungen dritter Gläubiger hat die Alleinerbin im Innen- und Außenverhältnis allein zu tragen.

Die Erbin und die Pflichtteilsberechtigte erklären, dass sie die vom Testamentsvollstrecker bisher vorgenommenen Berechnungen und Bewertungen der einzelnen Ansprüche als ordnungsgemäß und endgültig anerkennen.

Vorbehaltlich der in dieser Vereinbarung enthaltenen Rechte und Ansprüche verzichten die Aufgeführten Ziff. 1–2 auf die Geltendmachung weiterer erb-

rechtlicher Ansprüche und Rechte, gleich aus welchem Grunde. Der Verzicht wird von allen und wechselseitig angenommen.

Die Aufgeführten Ziff. 1 und 2 tragen die durch ihre Rechtsanwälte bzw Verfahrensbevollmächtigten entstandenen Kosten jeder selbst.

Erstattungsansprüche werden weder gegen den Erben noch gegen den Testamentsvollstrecker geltend gemacht. Die Kosten für diese Urkunde tragen die Aufgeführten Ziff. 1 und 2 je zur Hälfte. Eine eventuell anfallende Erbschaftssteuer trägt jeder Beteiligte hinsichtlich seines Erwerbs.

Für den Fall, dass eine Bestimmung in diesem Vergleich unwirksam ist oder werden sollte oder die Vereinbarung irgendwelche Lücken enthält, so wird die Wirksamkeit der sonstigen Bestimmungen nicht berührt. Die Parteien verpflichten sich, beim Auftreten einer unwirksamen Bestimmung eine Regelung zu treffen, die der unwirksamen Bestimmung rechtlich und wirtschaftlich am nächsten kommt.

Im Übrigen ist den Beteiligten bekannt, dass hinsichtlich der erbrechtlichen Positionen ein dinglicher Vergleich nicht möglich ist. Daher handelt es sich im vorliegenden Fall um eine schuldrechtliche Vereinbarung, die den Grundsätzen der Rechtsprechung des BGH zum Abschluss eines Auslegungsvertrages entspricht.

Der Notar übernimmt keine Haftung für steuerliche Erfolge.

Diese Niederschrift lag den Erschienenen nebst Anlage zur Durchsicht vor, wurde ihnen von dem unterzeichnenden Notar vorgelesen, von ihnen genehmigt und, wie folgt, eigenhändig unterzeichnet.

....

Unterschriften

4. Rechtsmittel gegen nachlassgerichtliche Entscheidungen

a. Überblick

261

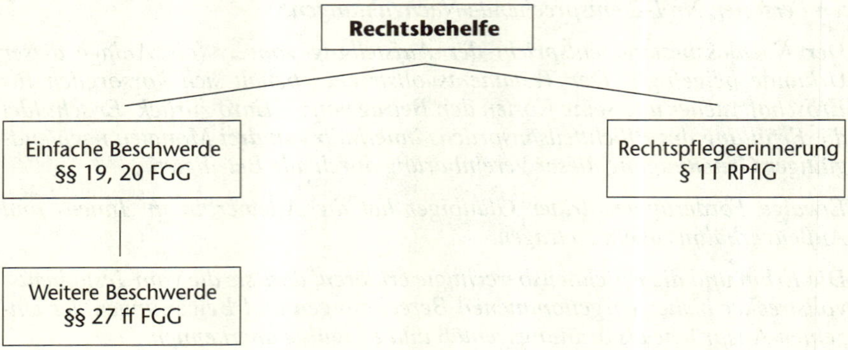

b. Einfache Beschwerde nach §§ 19, 20 FG

Gegen die Entscheidung des Nachlassgerichts können die Beteiligten, soweit 262
sie beschwert sind, Beschwerde einlegen. Es handelt sich um einen **unbefristeten Rechtsbehelf**. Zuständiges Beschwerdegericht ist nach § 19 II FGG das Landgericht. Die Beschwerde kann sowohl beim Nachlassgericht als auch beim Landgericht eingelegt werden, § 21 FGG. Den Beteiligten steht es frei, neue Tatsachen und Beweise vorzubringen. Die Stellung eines Antrags und seine Begründung ist nicht zwingend erforderlich, da auch im Beschwerdeverfahren der Amtsermittlungsgrundsatz gilt.

Richter-Tipp:

Das Nachlassgericht ist gemäß § 18 I FGG berechtigt, aufgrund der Beschwerde die angegriffene Entscheidung selbst abzuändern. Andernfalls fasst das Nachlassgericht einen Nichtabhilfebeschluss und legt die Akten dem Landgericht zwecks Entscheidung über die Beschwerde vor. 263

Praxis-Tipp:

Damit sich das Beschwerdegericht mit der Rechtsauffassung des Beschwerdeführers auseinander setzen kann, ist sowohl ein Antrag als auch eine Begründung zu empfehlen. 264

Zu beachten ist ferner, dass im Beschwerdeverfahren **kein Anwaltszwang** besteht. 265

266

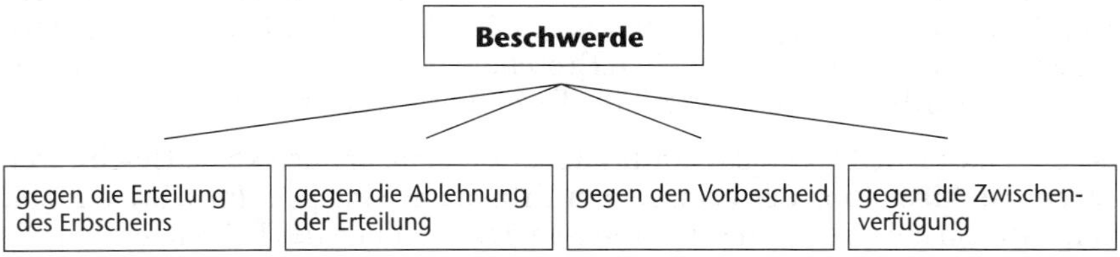

aa. Beschwerde gegen die Erteilung des Erbscheins

Nach Anordnung, aber **vor Erteilung** des Erbscheins ist jeder **beschwerdeberechtigt**, der durch die angefochtene Entscheidung für den Fall ihrer Unrichtigkeit in seinen Rechten betroffen wird, § 20 I FGG. Dies gilt auch für Personen, die materiell am Verfahren nicht beteiligt sind. Sie werden zB dadurch zu formell Beteiligten, dass sie vom Nachlassgericht zu Unrecht in das Verfahren einbezogen worden sind. 267

Ist der **Erbschein** bereits **erlassen**, kann die Beschwerde nur mit dem Antrag auf Einziehung oder Kraftloserklärung des Erbscheins verbunden werden, da die Wirkungen des Erbscheins nicht rückwirkend beseitigt werden können. 268

Praxis-Tipp:

269 *Wurde die Beschwerde mit dem Antrag eingereicht, den Erteilungsbeschluss aufzuheben, so ist der Antrag entsprechend umzudeuten.*

270 Im Übrigen muss das Nachlassgericht nicht zuerst über den Einziehungsantrag entscheiden, da es regelmäßig nicht anders entscheiden würde, als bei der Erbscheinserteilung.

271 Ist die Beschwerde erfolgreich, so ist zu beachten, dass das **Beschwerdegericht nicht befugt** ist, den Erbschein **einzuziehen**. Es muss vielmehr das Nachlassgericht zur Einziehung des angegriffenen Erbscheins **anweisen**.

272 Neben dem Antragsteller, auf dessen Antrag hin die Erteilung des Erbscheins erfolgt ist, kann auch der Vermächtnisnehmer mit der Begründung, er sei nicht Erbe, Beschwerde einlegen, sofern er sie auf dieses Argument stützt.[72]

bb. Beschwerde gegen die Ablehnung der Erteilung

273 Beschwerdeberechtigt ist

- der Antragsteller nach § 20 II FGG;
- derjenige, der zur Stellung des Erbscheinsantrag berechtigt ist – also auch der Testamentsvollstrecker;[73]
- der Insolvenzverwalter und
- der Vermächtnisnehmer, sofern er im Besitz eines Vollstreckungstitels ist.[74]

274 **Grundsätzlich** ist daher nur derjenige beschwerdeberechtigt, der im Erbscheinsverfahren antragsberechtigt ist. Daher ist in dem Fall, dass mehrere Miterben einen gemeinschaftlichen Erbschein beantragen, jeder dieser Miterben beschwerdeberechtigt, sofern die Erteilung abgelehnt wird.

275 Da der **Nachlasspfleger** nicht Antragsteller ist, kann er auch keine Beschwerde gegen die Ablehnung des beantragten Erbscheins einlegen. Im Übrigen fehlt ihm auch ein entsprechendes Interesse an der Erteilung des Erbscheins.

Praxis-Tipp:

276 *Nach dem Wortlaut des § 20 II FGG ist nur der Antragsteller beschwerdeberechtigt. Die Rechtsprechung lässt aus prozessökonomischen Gründen aber auch die Personen, die in der ersten Instanz keinen Antrag gestellt haben, als Beschwerdeberechtigte zu.*[75]

72 BGH NJW 1959, 1730, BayObLGZ 10, 211
73 BGH NJW 1959, 1729; BayObLGZ 1963, 58; KG FamRZ 1990, 1265; aA: Lange/Kuchinke, ErbR § 41 II 7 Rn 87; Erman/Schlüter § 2353 Rn 13
74 Vgl §§ 792, 896 ZPO
75 Vgl BayObLG FamRZ 1990, 650 f

In der Beschwerdeinstanz ist es nicht mehr möglich, den zur Einleitung des Erbscheinsverfahrens gestellten **Antrag abzuändern**, selbst wenn der neue Antrag auf demselben Berufungsgrund beruht, das Nachlassgericht diesen Grund aber für unwirksam erachtet.[76] Darüber hinaus ist es auch nicht gestattet, im Beschwerdeverfahren erstmals Hilfsanträge zu stellen. **277**

Der Ablehnungsbeschluss ist zu **begründen**. **278**

Die Entscheidungen in Nachlassangelegenheiten, insb im Erbscheinsverfahren, erwachsen **nicht in materieller Rechtskraft**, sind damit weder für das Prozessgericht noch das Vormundschaftsgericht bindend bzw verbindlich. **279**

Stirbt der Beschwerdeführer während des Beschwerdeverfahrens, so wird das Erbscheinsverfahren dadurch nicht unterbrochen.[77] Zu beachten ist, dass das Beschwerderecht **vererblich** ist. **280**

Kommt das Beschwerdegericht aufgrund seiner Auslegung der letztwilligen Verfügung zu dem Ergebnis, dass der Erbschein nicht zu erteilen ist, weil ein Erbrecht nicht besteht, und ordnet es auch nicht die Erteilung des Erbscheins an, so wird es die Beschwerde als **unbegründet**, nicht aber als unzulässig zurückweisen. **281**

Da es dem **Beschwerdegericht** wegen § 2353 BGB und der darin geregelten ausschließlichen Zuständigkeit des Nachlassgerichts zur Erteilung eines Erbscheins nicht möglich ist, selbst den Erbschein zu erteilen, kann es sich nicht darauf beschränken, das Nachlassgericht anzuweisen, unter Zurückstellung aller Bedenken den beantragten Erbschein zu erlassen. Es muss vielmehr **selbst** über den Erbschein **entscheiden**. **282**

Richter-Tipp:

Gerade dann, wenn das Beschwerdegericht von der Rechtsauffassung des Nachlassgerichts abweicht, bietet es sich an, auf die Beteiligten zwecks Abschlusses eines »Auslegungsvergleichs« einzuwirken. **283**

Dabei hat das Beschwerdegericht aber verschiedene **Entscheidungsmöglichkeiten:** **284**

➢ Zurückweisung der Beschwerde, sofern diese unzulässig oder unbegründet ist; **285**

Praxis-Tipp:

Die Kostenerstattungspflicht trifft den erfolglosen Beschwerdeführer, § 13 a I 2 FGG.

➢ Aufhebung des Beschlusses des Nachlassgerichts und Zurückverweisung an das erstinstanzliche Gericht zur erneuten Entscheidung; **286**

76 OLG Hamm OLGZ 1970, 119
77 BayObLGZ 1964, 433

Praxis-Tipp:

> *Diese Entscheidung wird das Gericht va bei Verfahrensverstößen oder ungeklärten Beweisfragen wählen.*

287 ➢ Aufhebung des Beschlusses aus erster Instanz mit der Anweisung an das Nachlassgericht, einen Erbschein bestimmten Inhalts zu erteilen.

Praxis-Tipp:

> *Der Zeitablauf an sich kann, wenn keine weiteren Umstände hinzutreten, nicht zur Verwirkung eines unbefristeten Rechtsmittels führen. Weitere Umstände sind insb, wenn der Rechtsmittelberechtigte alles unternimmt, um den Schein entstehen zu lassen, er werde gegen die Entscheidung des Landgerichts nichts unternehmen. Der Antrag auf Einziehung eines Erbscheins ist auch nach Jahrzehnten noch möglich. Es besteht insoweit keine zeitliche Grenze.*[78]

Musterformulierung Beschwerde gegen die Ablehnung eines Erbscheinsantrages:

288 *Rechtsanwalt/Rechtsanwältin*

Amtsgericht
– Nachlassgericht –

PLZ, Ort

In der Nachlasssache des am 27. 4. 1999 verstorbenen Eduard Maier, lege ich namens und im Auftrag meines Mandanten, Frau Friederike Müller, gegen den Beschluss des Nachlassgerichts vom 18. 9. 1999

Beschwerde

ein und ***beantrage,***

den Beschluss vom 18. 9. 1999 aufzuheben und das Nachlassgericht anzuweisen, den beantragten Erbschein zu erteilen, der meine Mandantin als Miterbin zu 1/2 ausweist.

Begründung:

Entgegen der Rechtsauffassung des Nachlassgerichts in seinem am 18. 9. 1999 erlassenen Beschluss ist meine Mandantin nicht nur Vorerbin, sondern Miterbin zu 1/2 geworden. Das Testament vom 11. 1. 1978 ist durch das Testament vom 22. 2. 1980 insoweit aufgehoben worden. Dies ergibt sich nicht nur aus der eindeutigen Datumsangabe am Ende des Textes, sondern bereits aus dem Wortlaut der letztwilligen Verfügung. (Ist ggf näher auszuführen)

Der Beschluss ist daher materiell rechtswidrig und aufzuheben.

gez.
Rechtsanwalt/Rechtsanwältin

78 Vgl Palandt/Edenhofer § 2361 Rn 1

cc. *Beschwerde gegen den Vorbescheid*

Beschwerdeberechtigt ist jeder, dessen Recht durch den Erbschein, würde er in der Form des Vorbescheids erlassen, beeinträchtigt werden würde. Zu beachten ist, dass der Vermächtnisnehmer, abgesehen von den in den §§ 792, 896 ZPO genannten Fällen, nicht beschwerdebefugt ist, auch wenn er zum Kreis der gesetzlichen Erben gehören würde.[79] 289

Richter-Tipp:

Stützt sich der Beschwerdeführer allein auf sein Recht als Vermächtnisnehmer, so ist dem uneingeschränkt zuzustimmen. Anders wäre die Rechtslage jedoch dann zu beurteilen, wenn der Vermächtnisnehmer einwendet, selbst Erbe geworden zu sein. 290

Praxis-Tipp:

Die im Vorbescheid genannte Frist ist weder eine gesetzliche noch eine Ausschlussfrist. Folglich führt ihre Nichteinhaltung nicht zur Unzulässigkeit der Beschwerde. 291

Kommt das Beschwerdegericht im Rahmen seiner Prüfung zu dem Ergebnis, dass der **Vorbescheid unrichtig ist**, so ist es befugt, den Vorbescheid aufzuheben, ohne gleichzeitig auch den Erbscheinsantrag abzuweisen. In diesem Fall wird das Beschwerdegericht dem Nachlassgericht gegenüber gleichzeitig anordnen, einen der Rechtsauffassung des Beschwerdegerichts entsprechenden Erbschein zu erteilen. Dies gilt allerdings nur insoweit, als der/die Antragsteller bereits einen Erbscheinsantrag mit gleich lautendem Inhalt gestellt haben.[80] Liegt diese Voraussetzung vor, ist das Nachlassgericht an die Entscheidung und die darin zum Ausdruck kommende Rechtsauffassung des Beschwerdegerichts gebunden. 292

Praxis-Tipp:

Ein bloßer Vorbescheid, der einzelne Rechts- oder Tatfragen entscheidet, ist ebenso wenig anfechtbar[81] *wie eine bloße Stellungnahme des Nachlassgerichts vor einer Entscheidung über den Antrag. Hingegen besteht ein selbständiges Beschwerderecht in dem Fall, in dem das Nachlassgericht seine Rechtsauffassung mitteilt unter dem Hinweis, dass die Anträge, welche von dieser Rechtsansicht abweichen, abgewiesen werden.* 293

79 BayObLG FamRZ 1999, 817
80 BayOblG MDR 1981, 583 = FamRZ 1991, 710
81 OLG Köln FamRZ 1991, 135

Musterformulierung Beschwerde gegen einen Vorbescheid:

294 *Rechtsanwalt/Rechtsanwältin*

Landgericht
– Beschwerdekammer –

PLZ, Ort

Beschwerde

In der Nachlasssache des am 1. 4. 1999 verstorbenen Otto Schnell, zuletzt wohnhaft in der Bahnhofstraße 39 in Köln lege ich namens und unter Vorlage einer Vollmacht der Beschwerdeführerin Wilhelmine Schröder,

Beschwerde

gegen den Vorbescheid des Amtsgerichts Köln – Nachlassgericht – (in Baden-Württemberg: Notariat – Nachlassgericht), Az.: … vom 1. 7. 1999 ein.

Beschwerdegegner: Franziska Hinterseer, Max-Weber-Platz 2, München

*Ich **beantrage**, wie folgt zu beschließen:*

1. Der Vorbescheid des Amtsgerichts – Nachlassgericht – Köln vom 1. 7. 1999, Az.: … wird aufgehoben.

2. Das Nachlassgericht wird angewiesen, der Beschwerdeführerin einen Erbschein zu erteilen, der folgenden Inhalt hat:

»Aufgrund des Testaments vom 28. 2. 1980 wurde Frau Schröder (Beschwerdeführerin) Miterbin zu 3/4 nach dem Erblasser.«

3. Die Beschwerdegegnerin hat die Kosten des Beschwerdeverfahrens sowie die außergerichtlichen Kosten der Beschwerdeführerin zu tragen.

Begründung:

Der ledige Erblasser, der ohne Hinterlassung von Abkömmlingen am 1. 4. 1999 verstorben ist, hatte zu seinen Lebzeiten zwei Testamente errichtet. Im notariellen Testament vom 1. 2. 1978 hatte der Erblasser die Beschwerdegegnerin zur Alleinerbin eingesetzt. Mit handschriftlichem Testament vom 28. 2. 1980 änderte er die Erbeinsetzung in der Weise, dass er die Beschwerdeführerin, die ihn während einer schweren Erkrankung gepflegt hatte, zur Miterbin neben seinem Neffen Friedrich zu 3/4 einsetzte.

Nach dem Tod des Erblassers beantragte die Beschwerdeführerin die Erteilung eines Erbscheins, der sie als Miterbin zu 3/4 ausweist. Auch die Beschwerdegegnerin beantragte einen Erbschein, der sie als Alleinerbin bezeichnet.

Zwar enthält das Testament vom 28. 2. 1980 keinen ausdrücklichen Widerruf des notariellen Testaments vom 1. 2. 1978; sie enthalten aber beide einander widersprechende Verfügungen, so dass das frühere, wenn auch notarielle Testament, gemäß § 2258 BGB widerrufen ist mit der Folge, dass die Beschwerdeführerin Miterbin geworden ist.

Die Beschwerdegegnerin hingegen macht geltend, die Beschwerdeführerin sei erbunwürdig, weil sie den Erblasser unter Ausnutzung seiner gesundheitlichen

Lage und der Abhängigkeit von ihr dazu veranlasst hat, das notarielle Testament, in dem er sie als Alleinerbin eingesetzt hat, durch ein neues Testament aufzuheben bzw. zu widerrufen.

Dieser Ansicht ist das Nachlassgericht in seiner Entscheidung gefolgt und hat im Vorbescheid angekündigt, es beabsichtige, den Erbschein mit dem Inhalt zu erteilen, der die Beschwerdegegnerin als Alleinerbin ausweise, sofern nicht innerhalb von einem Monat seit seiner Zustellung Beschwerde eingelegt werde. Der Vorbescheid wurde der Beschwerdeführerin am 7. 7. 1999 zugestellt, mithin ist die einmonatige Frist gewahrt.

Das Nachlassgericht geht rechtsirrig davon aus, dass die Beschwerdeführerin erbunwürdig sei, ohne diesbezüglich hinreichend Beweis erhoben zu haben. Es kam nur aufgrund des Vortrags der Beschwerdegegnerin zu dem Ergebnis, es würde ein Erbunwürdigkeitsgrund i. S. d. § 2339 I BGB vorliegen. Dabei hat das Nachlassgericht unberücksichtigt gelassen, dass die Erbunwürdigkeit nur durch eine Unwürdigkeitserklärung im Wege der Anfechtungsklage innerhalb der in § 2082 BGB bestimmten Fristen erfolgen kann. Bis zum heutigen Tag ist eine derartige Klage nicht erhoben worden.

Daher ist der Vorbescheid bereits wegen der schwerwiegenden Verletzung von Verfahrensvorschriften bei der Beweiserhebung aufzuheben.

***Hilfsweise** wird daher beantragt, den angefochtenen Vorbescheid aufzuheben und die Angelegenheit zur erneuten Verhandlung und Entscheidung an das Nachlassgericht zurückzuverweisen.*

Gemäß § 13 a Abs. 1 S. 1 FGG sind der Beschwerdegegnerin die Kosten des Beschwerdeverfahrens ebenso wie die außergerichtlichen Kosten der Beschwerdeführerin aufzuerlegen.

gez.
Rechtsanwalt/Rechtsanwältin

dd. Beschwerde gegen die Zwischenverfügung

Beschwerdeberechtigt ist jeder Antragsberechtigte im Erbscheinserteilungsverfahren. Die Entscheidung des Nachlassgerichts ist anfechtbar, wenn Erteilungshindernisse angemahnt werden, die nach der objektiven Rechtslage nicht bestehen. 295

Musterformulierung für die Beschwerde gegen die Zwischenverfügung:

Rechtsanwalt/Rechtsanwältin 296

Landgericht
– Beschwerdekammer –
Straße/Postfach

PLZ, Ort

Beschwerde

In der Nachlasssache

des am…, zuletzt wohnhaft in…
verstorbenen…

wird – unter Vorlage einer Vollmacht des… – gegen die Zwischenverfügung des Amtsgerichts/Notariats – Nachlassgericht – … vom…, Aktenzeichen…, Beschwerde eingelegt.

Beschwerdegegner sind Frau… und
Herr…

*Namens und im Auftrag des Beschwerdeführers wird **beantragt:***

1. Die Zwischenverfügung des Amtsgerichts/Notariats – Nachlassgericht – vom…, Az.:…, wird aufgehoben.

2. Das Nachlassgericht wird angewiesen, dem Beschwerdeführer einen Erbschein mit folgendem Inhalt zu erteilen:

»Alleinerbe des o. g. Erblassers wurde aufgrund Testaments Herr… (Name des Beschwerdeführers).«

Begründung:

Der Erblasser war verheiratet mit der bereits vorverstorbenen Frau… Aus dieser Ehe ist ein Sohn, der Beschwerdeführer, hervorgegangen.

Im Erbscheinsverfahren hat der Beschwerdeführer die Erteilung eines Erbscheins über sein Alleinerbrecht beantragt mit der Begründung, er sei infolge gesetzlicher Erbfolge Alleinerbe nach dem verstorbenen Vater geworden.

Das Nachlassgericht gab dem Beschwerdeführer auf, binnen einer Frist von 2 Wochen ab Zustellung den Nachweis zu erbringen, dass die an sich als gesetzliche Miterbin berufene Ehefrau vor dem Erbfall verstorben ist, und diesen Nachweis durch Vorlage einer Sterbeurkunde zu führen.

Mit Anwaltsschriftsatz vom… wurde bereits am…, und zwar mit Stellung des Erbscheinsantrags, die Sterbeurkunde der vorverstorbenen Ehefrau des Erblassers nachgewiesen.

Dies hat das Nachlassgericht unberücksichtigt gelassen und die Zwischenverfügung erlassen, obgleich mit Schriftsatz vom… die Sterbeurkunde erneut vorgelegt wurde. Die Zustellung der Zwischenverfügung an den Beschwerdeführer ist am… erfolgt, die zweiwöchige Frist also gewahrt.

Daher ist die Zwischenverfügung aufzuheben und das Nachlassgericht entsprechend dem og Antrag anzuweisen.

gez. Unterschrift
Rechtsanwalt/Rechtsanwältin

Tschichoflos

ee. Prüfungsschema Einfache Beschwerde

Bei der Entscheidung, ob die Beschwerde gemäß §§ 19 ff FGG eingelegt werden kann, steht dem Anwalt folgendes **Prüfungsschema** zur Verfügung: 297

■ Zulässigkeit der Beschwerde

1. Statthaftigkeit, § 19 FGG 298
   Beschwerdefähige Verfügungen des Richters, also Entscheidungen (Endentscheidungen oder Zwischenentscheidungen, die in die Rechte der Beteiligten unmittelbar und erheblich eingreifen), die auf Änderung/Feststellung der Sach- oder Rechtslage abzielen oder diese ablehnen.
2. Form, § 21 FGG
   - Schriftlich oder zu Protokoll beim Nachlass- oder Beschwerdegericht
   - Kein Anwaltszwang
   - Antrag und Begründung sind nicht vorgeschrieben
3. Frist, § 22 FGG
   Grundsätzlich unbefristet; nur in den vom Gesetz ausdrücklich genannten Fällen ist die Beschwerde befristet
4. Beschwerdeberechtigung, § 20 FGG
   - Abs. 1: Verletzung eines subjektiven materiellen Rechts
   - Abs. 2: Neben Abs. 1 ist in Antragssachen derjenige beschwerdeberechtigt, dessen Antrag zurückgewiesen wurde sowie jeder Antragsteller, der einen gleich lautenden Antrag hätte stellen können.
5. Beteiligtenfähigkeit
   Sie liegt vor bei Rechtsfähigkeit des Beschwerdeführers.
6. Verfahrensfähigkeit
7. Beschwerdeführungsbefugnis
   Sie ist zu prüfen bei Beschwerden im fremden Namen. Bei ihrem Fehlen ist die Beschwerde als unzulässig zu verwerfen.
8. Rechtsschutzbedürfnis
   Es ergibt sich idR aus der Beschwerdeberechtigung und muss zurzeit der Entscheidung des Beschwerdegerichts bestehen.
   ➢ Das **Rechtsschutzbedürfnis fehlt** in folgenden Fällen:
     - Bei gesetzlichen Abänderungsverboten;
     - Bei einfacheren anderen Wegen;
     - Bei Abhilfe nach § 18 FGG;
     - Nach Antragsrücknahme im Antragsverfahren;
     - Nach Erledigung der Hauptsache.

■ Begründetheit der Beschwerde

1. **Ordnungsmäßigkeit des Verfahrens vor dem Nachlassgericht** 299
   - Zuständigkeit des Nachlassgerichts in sachlicher, örtlicher und funktioneller Hinsicht;
   - Fehlen des Antrags im Antragsverfahren;
   - Im Erbscheinsverfahren führt die Erteilung des Erbscheins ohne Antrag

zur Einziehung wegen formeller Unrichtigkeit (§ 2361 BGB). Der Verfahrensfehler kann durch ausdrückliche oder stillschweigende Genehmigung (widerspruchslose Entgegennahme des Erbscheins) und durch nachträgliche Antragstellung in allen Rechtszügen geheilt werden.
- Verletzung des rechtlichen Gehörs, Art 103 GG;
- Verstoß gegen § 12 FGG;
- Bei der Anfechtung von Vorbescheid und Zwischenverfügung muss das Beschwerdegericht prüfen, ob die Voraussetzungen für ihren Erlass vorgelegen haben.

2. **Sachliche Richtigkeit der angefochtenen Entscheidung**
Zu prüfen ist, ob die angefochtene Entscheidung zu diesem Zeitpunkt noch richtig ist.

c. Weitere Beschwerde

aa. Allgemeines

300 Nach §§ 27 ff FGG ist gegen die Beschwerdeentscheidung des Landgerichts die weitere Beschwerde (= **Rechtsbeschwerde**) zum Oberlandesgericht statthaft. Sie ist weitgehend der Revision im ZPO-Verfahren nachgebildet. Allerdings handelt es sich in § 27 I 2 FGG keineswegs um eine umfassende Gesamtanalogie, sondern lediglich um eine Verweisung auf einzelne Vorschriften der ZPO, die abschließend aufgeführt sind. Im Rahmen dieses Rechtsmittels prüft das Gericht nur, ob eine **Gesetzesverletzung** vorliegt. Die weitere Beschwerde ist daher nicht geeignet, das Auslegungsergebnis des Nachlassgerichts anzugreifen.

In jedem Fall hat das Gericht zu prüfen, ob Verfahrensgrundsätze verletzt wurden.

301 **Die Verletzungen von Verfahrensgrundsätzen** bilden immer dann einen Beschwerdegrund, wenn sie derart gravierend sind, dass bei geordnetem Verfahrensablauf und Einhaltung der Verfahrensvorschriften die Möglichkeit einer anders lautenden Entscheidung nicht ausgeschlossen ist.[82]

302 Das Gericht der weiteren Beschwerde geht regelmäßig von dem in der Beschwerdeinstanz festgestellten Sachverhalt aus. Eine selbständige Tatsachenfeststellung ist in aller Regel nicht möglich. Daher finden neue Tatsachen, welche die Beteiligten im Verfahren der weiteren Beschwerde vorbringen, grundsätzlich keine Berücksichtigung.

303 Folgende **Ausnahmen** sind aber zu beachten:

■ **Verfahrensmängel**

304 Das Gericht der weiteren Beschwerde hat von Amts wegen zu prüfen, ob die Entscheidung des Beschwerdegerichts auf Verfahrensmängeln beruht. Zu diesem Zweck kann es die erforderlichen Tatsachen im Wege des Freibeweises

82 Bumiller/Winkler, § 27 Anm 3

auch selbst ermitteln. Es ist also möglich, dass auch neue Tatsachen, die zur Verletzung von Verfahrensvorschriften geführt haben können, berücksichtigt werden, § 27 I 2 FGG, §§ 561 I 2, 554 III Nr. 3 b ZPO.

Beispiele:

> ➢ Örtliche, sachliche und funktionelle Zuständigkeit
> ➢ Zulässigkeit der Erstbeschwerde
> ➢ Ordnungsgemäße Feststellung der Tatsachen unter Beachtung der Verfahrensvorschriften wie
>   - Antragsberechtigung
>   - Verfahrensfähigkeit
>   - Rechtliches Gehör
>   - Beachtung der gerichtlichen Aufklärungspflicht
>   - Beachtung der Grundsätze des Beweisrechts

Prozessökonomie

Der Grundsatz der Prozessökonomie kann es gebieten, dass bereits feststehende neue Tatsachen bei der Sachentscheidung des Rechtsbeschwerdegerichts Berücksichtigung finden, auch wenn die Vorentscheidung an sich aufgehoben werden müsste. Dadurch kann eine zeitaufwendige Zurückverweisung an das Beschwerdegericht vermieden werden, wenn die Tatsachen bereits festgestellt sind.[83] 305

Vorliegen von Wiederaufnahmegründen

Stellt das Rechtsbeschwerdegericht fest, dass Gründe vorliegen, die für die Wiederaufnahme des Verfahrens streiten können, so kann es, unter Beachtung des Grundsatzes der Prozessökonomie, die Tatsachenermittlung selbst betreiben, ohne das Verfahren an das Beschwerdegericht zurückzuverweisen. 306

Erledigung der Hauptsache

Zwar ist die Erledigung der Hauptsache als solche im FGG nicht ausdrücklich geregelt, aber als »verfahrensrechtliches Faktum allgemein anerkannt«.[84] Der Grund hierfür ist einleuchtend: Der Wegfall des Verfahrensgegenstandes hat Auswirkungen auf das Verfahren, wie zB durch den Fortfall des Rechtsschutzbedürfnisses oder eine Einstellung durch das Gericht. Stirbt zB der beschwerdeführende Erbe ohne seinerseits Erben zu hinterlassen, hat sich die Hauptsache dadurch erledigt. 307

Das Gericht der weiteren Beschwerde überprüft allerdings die Ermittlungen des Beschwerdegerichts daraufhin, ob die tatrichterlichen Instanzen den Sachverhalt ausreichend erforscht haben,[85] ob dieser unter Beachtung der 308

83 Knöringer, § 13 I 2 c); so auch die hM zur Revision in der ZPO: Thomas/Putzo, § 561 Anm 4 e und BGHZ 35, 135 (LS 4), 142
84 Knöringer, § 9 VI
85 OLG Hamm, OLGZ 89, 271

gesetzlichen Vorschriften ermittelt wurde und das Gericht seiner Amtsermittlungspflicht hinreichend genügt hat.[86] In diesem Zusammenhang kann das Rechtsbeschwerdegericht auch die **Anwendung von Denkgesetzen und Erfahrungssätzen** nachprüfen. Dies gilt auch bzgl Auslegungsfragen, dh es muss überprüfen, ob die **gesetzlichen Auslegungsregeln** ordnungsgemäß angewendet wurden.[87]

Richter-Tipp:

309 *Die obergerichtliche Rechtsprechung stellt strenge Anforderungen an die gerichtliche Ermittlungspflicht. Vernimmt das Nachlassgericht zur Abklärung der Frage der Testierfähigkeit Zeugen, so ist der Sachverständige bereits hier beizuziehen, damit er die Aussagen der Zeugen in sein Gutachten mit einfließen lassen kann.*

310 Der Beschwerdeführer kann den Rechtsbehelf beim erstinstanzlichen Nachlassgericht, beim Landgericht oder beim Oberlandesgericht einlegen. Die weitere Beschwerde ist ebenfalls **unbefristet**. Das Gericht erster Instanz und das Landgericht sind nicht befugt, der weiteren Beschwerde abzuhelfen, § 29 III FGG. Für die weitere Beschwerde besteht **Anwaltszwang**, § 29 I 1 FGG.

311 Das **Rechtsbeschwerdegericht** hat folgende **Möglichkeiten**, auf eine weitere Beschwerde **zu reagieren:**

312 ➢ Verwerfung der weiteren Beschwerde als unzulässig.
Zu beachten ist hier Folgendes: Die Verwerfung als unzulässig erfolgt auch dann, wenn das Beschwerdegericht die an sich unzulässige Beschwerde ausschließlich aus sachlichen Gründen und damit als unbegründet zurückgewiesen hat.[88]

313 ➢ Zurückweisung der Beschwerde als unbegründet, wenn eine Gesetzesverletzung nicht vorliegt.
In diesem Zusammenhang ist zu berücksichtigen, dass die Zurückverweisung gemäß § 563 ZPO auch dann erfolgt, wenn die Vorentscheidung zwar auf einer Gesetzesverletzung beruht, aber aus anderen Gründen die richtige Entscheidung darstellt.

314 ➢ Aufhebung der angefochtenen Entscheidung und Zurückverweisung zur weiteren Verhandlung und Entscheidung.

Praxis-Tipp:

315 *Diese Vorgehensweise wird das Gericht der weiteren Beschwerde immer dann wählen, wenn ein Gesetzesverstoß vorliegt und zusätzliche tatsächliche Ermittlungen notwendig sind oder das Beschwerdegericht noch nicht zur Sache verhandelt hat.*

86 Frieser, Rn 134
87 BayObLGE 1966, 413
88 OLG Hamm, OLGZ 73, 258

➢ Sachliche Änderung der Beschwerdeentscheidung durch das Gericht der weiteren Beschwerde 316

Das Rechtsbeschwerdegericht entscheidet selbst, wenn bei einem Gesetzesverstoß der Sachverhalt hinreichend ermittelt ist. Zu beachten ist, dass die Vollziehung einer Entscheidung, wie zB die Erteilung eines Erbscheins mit einem bestimmten Inhalt, keinesfalls durch das Gericht der weiteren Beschwerde erfolgen kann, sondern nur durch das Erstgericht.[89] 317

bb. Prüfungsschema Weitere Beschwerde:

■ **Zulässigkeit**

1. Statthaftigkeit, § 27 I 1 FGG 318
2. Form, § 29 I FGG
3. Inhalt
   – Antrag und Begründung sind mangels Vorschriften nicht erforderlich.
   – Die Behauptung einer Gesetzesverletzung muss erkennbar sein.
4. Frist, § 29 II, IV FGG
5. Beschwerdeberechtigung
   a. Der Erstbeschwerdeführer, dessen erste Beschwerde erfolglos geblieben ist.
   b. Andere Beteiligte, welche die Möglichkeit einer Erstbeschwerde nicht ergriffen haben.
6. Weitere Zulässigkeitsvoraussetzungen (vgl Prüfungsschema der einfachen Beschwerde).

■ **Begründetheit**

Die weitere Beschwerde ist begründet, wenn die angefochtene Beschwerdeentscheidung auf einer Gesetzesverletzung beruht, § 27 I 1 FGG. 319

➢ **Gesetzesverletzung**
– Sie liegt vor, wenn die Rechtsnorm nicht oder nicht richtig angewendet wurde.

➢ **Beruhen**
– Bei Verfahrensmängeln führen die absoluten Beschwerdegründe des § 27 I 2 FGG iVm § 550 ZPO zu einer unwiderlegbaren Kausalitätsvermutung.
– Bei sachlich-rechtlichen Mängeln ergibt sich die Kausalität aus der sachlich falschen Anwendung des materiellen Rechts.

Der ursächliche Fehler muss im Beschwerdeverfahren begangen worden sein oder das Beschwerdegericht hat das fehlerhafte Ergebnis des Nachlassgerichts übernommen.

89 BayObLGE 1965, 348 f

Erweist sich die angefochtene Entscheidung aus anderen Gründen als richtig, so ist das Beruhen zu verneinen und die weitere Beschwerde zurückzuweisen.

320 ➢ **Aufbau** der Begründetheitsprüfung:

1. Verfahrensrechtliche Richtigkeit der Beschwerdeentscheidung?
- Zulässigkeit der Erstbeschwerde
- Örtliche, sachliche, internationale Zuständigkeit
- Aufklärungspflicht, § 12 FGG
- Vorliegen des Antrags im Antragsverfahren; Nachholbarkeit bis zur 3. Instanz in jeder Lage des Verfahrens

2. Sachliche Richtigkeit der Beschwerdeentscheidung?
- Wurden die Vorschriften richtig angewendet: ausreichende Tatsachenfeststellung, keine Rechtsfehler bei der Beweiswürdigung, Beachtung der Feststellungslast?
- Ermessensausübung korrekt erfolgt?
- Auslegung der unbestimmten Rechtsbegriffe?

Musterformulierung Weitere Beschwerde:[90]

321 *Rechtsanwalt/Rechtsanwältin*

Landgericht
– Beschwerdekammer –

PLZ, Ort

In der Nachlasssache

Ernst Maier,

verstorben am 30. 4. 2000, Aktenzeichen: . . .

lege ich namens und im Auftrag meines Mandanten gegen den Beschluss des Landgerichts . . . vom 28. 9. 2000

weitere Beschwerde

ein.

Für meinen Mandanten werde ich ***beantragen:***

1. *Auf die weitere Beschwerde der Beteiligten zu 1, 2, 4 und 5 werden der Beschluss des Landgerichts . . . vom 28. 9. 2000 sowie der Beschluss des Amtsgerichts . . . vom 14. 6. 2000 aufgehoben.*

2. *Das Amtsgericht – Nachlassgericht – wird angewiesen, den Beteiligten zu 1, 2, 4 und 5 folgenden Erbschein zu erteilen:*

»Der Erblasser Ernst Maier wird aufgrund des handschriftlichen Testaments vom 11. 1. 1999 beerbt von

90 Sachverhalt nach BayObLG FamRZ 1997, 1028

a) ... Beteiligte zu 1
b) ... Beteiligter zu 2
c) ... Beteiligte zu 4
d) ... Beteiligte zu 5

zu je einem Viertel.«

Begründung:

Die Entscheidung des Landgerichts beruht auf einem Verstoß gegen § 12 FGG, weil es seiner gesetzlich vorgeschriebenen Amtsermittlungspflicht aus den Vorschriften der § 12 FGG, §§ 2358 I, 2361 III BGB nicht nachgekommen ist. Es hat die Frage ungeprüft und unbeantwortet gelassen, ob der Erblasser zum Zeitpunkt der Errichtung des Testaments noch in der Lage war, Geschriebenes zu lesen. Das Gericht wurde mehrfach, letztmals mit Anwaltsschriftsatz vom 8. 6. 2000 darauf hingewiesen, dass der Erblasser »fast blind« gewesen sei. Zu diesem Ergebnis kam auch der Sachverständige in seinem Gutachten vom ..., in dem er festgestellt hat, dass der Erblasser wegen einer schwerwiegenden Augenerkrankung über nur noch »rudimentäre visuelle Wahrnehmung« verfüge.

Im Übrigen hatte auch der Erblasser dem Sachverständigen gegenüber geäußert, dass er ohne seine Sehhilfe so gut wie nichts sehe.

Diese Hinweise hätten das Beschwerdegericht veranlassen müssen, weitere Ermittlungen, insb zur Lesefähigkeit, anzustellen; nicht zuletzt deshalb, weil auch das Schriftbild des Testaments vom 11. 1. 1999 erhebliche Zweifel bot.

Hätte das Landgericht die erforderlichen Ermittlungen durchgeführt, wäre es höchstwahrscheinlich zu einer anderen Entscheidung gelangt, mithin beruht die angefochtene Entscheidung auf dem Verfahrensverstoß. Ein Grund, welcher die Entscheidung als richtig erscheinen lassen könnte, ist nicht ersichtlich, § 27 I 2 FGG, § 563 ZPO. Daher ist sie aufzuheben.

Es wird somit beantragt, den Beschluss des Landgerichts vom 28. 9. 2000 aufzuheben und die Angelegenheit an das Landgericht zurückzuverweisen.

Darüber hinaus beantrage ich, die außergerichtlichen Kosten des Beschwerdeführers dem Beschwerdegegner aufzuerlegen.

gez.
Rechtsanwalt/Rechtsanwältin

d. Rechtsmittel gegen Entscheidungen des Rechtspflegers, § 11 RPflG

aa. Beschwerde, § 11 I 1 RPflG, § 19 FGG

Gegen die Entscheidungen des Rechtspflegers nach § 3 Nr. 2 und § 16 II RPflG 322
ist entsprechend der Neuregelung des RPflG mit Wirkung zum 1. 10. 1998 das nach den »allgemeinen verfahrensrechtlichen Vorschriften« gegebene Rechtsmittel zulässig, § 11 I RPflG. Demnach ist gegen Verfügungen/Entscheidungen

des Rechtspflegers in den Verfahren der freiwilligen Gerichtsbarkeit grundsätzlich die **Beschwerde** nach § 19 I FGG statthaftes Rechtsmittel.

bb. Befristete Erinnerung, § 11 II RPflG

323 § 11 II RPflG lässt die befristete Erinnerung als Ausnahme dann zu, wenn gegen die Entscheidung »nach den allgemeinen verfahrensrechtlichen Vorschriften ein Rechtsmittel nicht gegeben ist.«

324 Die befristete Erinnerung ist **in Nachlassangelegenheiten** nur in folgenden Fällen denkbar:

- Kostenentscheidung nach § 20 a FGG und
- Beschluss über die Kraftloserklärung eines Erbscheins und anderer Zeugnisse nach § 84 FGG.

Richter-Tipp:

325 *Ist der Erbschein eingezogen worden, so kann die zugrunde liegende Einziehungsverfügung nicht mehr aufgehoben werden. Die Erinnerung kann deshalb nur das Ziel der Anordnung der Wiedererteilung des Erbscheins haben.*

326 Nach § 11 II 2 RPflG kann der Rechtspfleger der befristeten Erinnerung **abhelfen** oder sie dem Richter zur Entscheidung vorlegen, § 11 II 3 RPflG. Hilft der Richter der Erinnerung nicht ab, ist die Angelegenheit dem übergeordneten Landgericht als Beschwerde (sog Durchgriffserinnerung) vorzulegen.

cc. Prüfungsschema (Befristete) Erinnerung:

■ **Zulässigkeit** der befristeten Rechtspflegererinnerung:

327
1. Statthaftigkeit, § 11 II 1, RPflG
2. Form
3. Frist, § 11 II 1 RPflG
   Die Frist ist nur bei der befristeten Erinnerung zu beachten.
4. Erinnerungsbefugnis
   Es muss ein rechtlich geschütztes Interesse beeinträchtigt sein.
5. Beteiligtenfähigkeit, Verfahrensfähigkeit, Vertretungsbefugnis, Rechtsschutzbedürfnis entsprechend der einfachen Beschwerde
6. Nichtabhilfe und Vorlage

Praxis-Tipp:

*Zur Einlegung der Erinnerung ist **kein Anwaltszwang** vorgesehen.*

■ **Begründetheit:**

Die Erinnerung kann auf neue Tatsachen und Beweise gestützt werden. Dies 328
gilt auch im Zuge des Vorlageverfahrens vor dem Landgericht.

III. Einziehung, Kraftloserklärung und Herausgabeanspruch

Das Nachlassgericht hat auch nach der Erteilung des Erbscheins dessen Rich- 329
tigkeit **von Amts wegen** zu überprüfen, wenn Anlass dafür besteht. Stellt sich heraus, dass er unrichtig ist, so ist er von Amts wegen einzuziehen, § 2361. Mit der Einziehung wird der Erbschein kraftlos.

Folgen der Unrichtigkeit des Erbscheins

Einziehung | **Kraftloserklärung**

Ein Erbschein ist **unrichtig**, wenn sein Inhalt der wirklichen Rechtslage nicht 330
oder nicht mehr entspricht oder wenn notwendige Bestandteile des Erbscheins fehlen. Näher hierzu unter Rn 339 ff.

Nach § 2366 BGB genießt der einmal erteilte Erbschein öffentlichen Glauben. 331
Ist ein **unrichtiger Erbschein** im Umlauf, so bedeutet dies eine **erhebliche Gefahr für den Rechtsverkehr.** Das Nachlassgericht hat den Erbschein einzuziehen. Ist der Erbschein im Zeitpunkt der Feststellung der Unrichtigkeit zwar schon verfügt, noch nicht aber erlassen, so kann das Gericht seine Entscheidung, den Erbschein zu erteilen, wieder aufheben.

Eine **vorläufige Einziehung** des Erbscheins zu den Nachlassakten bis zur 332
abschließenden Klärung des Sachverhalts ist nicht möglich, da die Einziehung – entsprechend dem Wortlaut des § 2361 I 2 BGB – endgültigen Charakter hat.

Praxis-Tipp:

*Daher reicht es aus, dass die **Überzeugung des Gerichts**, die in § 2359 BGB für* 333
*die Erteilung des Erbscheins vorausgesetzt ist, nach abgeschlossenen Ermittlungen **erschüttert** ist.[91] Die Unrichtigkeit muss nicht feststehen. Allerdings genügen bloße Zweifel nicht, sie können dem Nachlassgericht aber Anlass zu weiteren Nachforschungen geben, § 2361 III BGB.*

91 BGHZ 40, 54

Richter-Tipp:

334 *Es empfiehlt sich, die Beteiligten anzuschreiben und über die gerichtlichen Bedenken zu informieren. Gleichzeitig sollte dem Erbscheinserben aufgegeben werden, sich jeder weiteren Verfügung über den Nachlass bis zur Entscheidung über die Einziehung zu enthalten.*

1. Einziehung

335 Das Einziehungsverfahren wird **von Amts wegen** eingeleitet. Die Anträge der Beteiligten mit dem Ziel der Einziehung stellen nur Anregungen dar, da der Amtsermittlungsgrundsatz nach § 12 FGG gilt.

Praxis-Tipp:

336 *In aller Regel werden zum Erbschein weitere Ausfertigungen erteilt. Da eine Ausfertigung das Original im Rechtsverkehr vertritt, muss der Einziehungsbeschluss auch die Ausfertigungen erfassen. Dh erst wenn sämtliche Ausfertigungen beim Nachlassgericht abgeliefert sind, ist die Einziehung durchgeführt. Zu beachten ist, dass der Erbschein nach § 2361 I 2 BGB noch nicht kraftlos ist, solange sich auch nur eine Ausfertigung noch im Rechtsverkehr befindet.*

337 **Zuständig** für die Einziehung ist das Nachlassgericht, welches den unrichtigen Erbschein erlassen hat. Die funktionelle Zuständigkeit ergibt sich entsprechend der Regelung beim Erlass des Erbscheins. Die Einziehungsanordnung ist dem Richter vorbehalten, wenn er den Erbschein erteilt hat oder wenn eine Verfügung von Todes wegen die Einziehung erforderlich macht.

338 Das Beschwerdegericht ist somit nicht befugt, den Erbschein selbst einzuziehen; es kann vielmehr nur das Nachlassgericht hierzu anweisen.

339 Der Erbschein kann nur dann eingezogen werden, wenn er unrichtig ist. Zentrale Frage ist daher stets, ob Unrichtigkeit vorliegt.

340

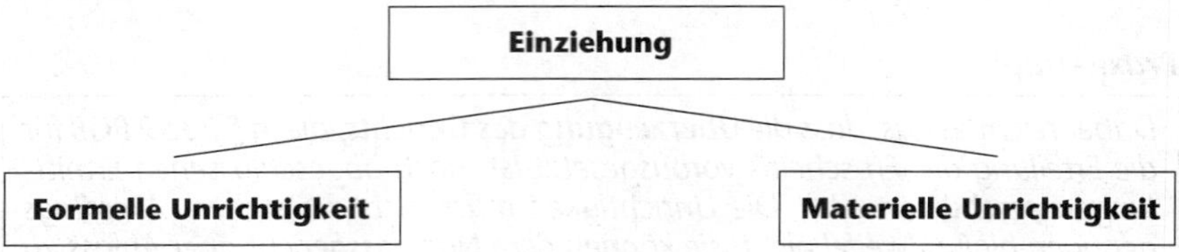

341 Der Erbschein ist **unrichtig**, wenn die Voraussetzungen für seine Erteilung nicht (mehr) gegeben sind. Er wird unrichtig durch neue Tatsachen, die dem Nachlassgericht nachträglich bekannt werden, die sich aus neuen rechtlichen Gesichtspunkten ergeben[92] oder auch bei inneren Widersprüchen oder Unverständlichkeiten. Darüber hinaus berechtigen auch einzelne Verfahrensfehler

92 BGH NJW 1967, 1126; OLG Frankfurt/M. Rpfleger 1953, 36

zur Einziehung des Erbscheins, weil sie wie die inhaltliche Unrichtigkeit behandelt werden. So ist zB ein Erbschein unrichtig und damit einzuziehen, wenn er nicht beantragt bzw abweichend vom gestellten Erbscheinsantrag erteilt wird. Dies gilt insb auch in den Fällen, in denen der so erteilte Erbschein sachlich richtig ist. Allerdings kann der Antragsteller, auch einer von mehreren Antragstellern, in einem solchen Fall die Erbscheinserteilung ausdrücklich oder stillschweigend genehmigen. Darüber hinaus ist der Erbschein auch dann unrichtig, wenn er unvollständig ist. Er ist unvollständig, wenn Angaben zur Vor-/Nacherbfolge oder zur Testamentsvollstreckung (§§ 2363, 2364 BGB) fehlen, diese aber im Testament angeordnet sind oder wenn die Angaben hierzu zwar enthalten, aber unrichtig wiedergegeben sind.

Schließlich ist der Erbschein unrichtig, wenn wesentliche Bestandteile fehlen oder unrichtig sind. Enthält der Erbschein **unzulässige oder überflüssige Zusätze**, wie zB die Anordnung eines Vermächtnisses, Aufzählung von Pflichtteilsansprüchen oder den Namen des Testamentsvollstreckers, so besteht kein Erfordernis, den Erbschein einzuziehen.[93] 342

Im Einzelnen:

- Der Erbschein kann **wegen Verletzung formeller Vorschriften unrichtig** sein, dh wenn die Erteilungsvoraussetzungen von Anfang an nicht vorgelegen haben, weil der Erbschein aufgrund eines unzulässigen Verfahrens ausgestellt worden ist: Denkbar ist hier die **Erbscheinserteilung** 343
  - ohne Antrag.
    Zu beachten ist jedoch, dass die Erteilung des Erbscheins nachträglich durch den Antragsberechtigten genehmigt werden kann.
  - abweichend vom gestellten Antrag.
  - auf Antrag eines Nichtberechtigten.
  - durch ein örtlich unzuständiges Gericht; aber nur, wenn es in der Beschwerde gerügt wurde.[94]
  - durch funktionelle Unzuständigkeit des Rechtspflegers.
    Der Erbschein ist einzuziehen, selbst wenn der Richter dem Rechtspfleger die Aufgabe hätte übertragen können. Das gilt auch, wenn der Erbschein gleich lautend wieder zu erteilen ist.

Praxis-Tipp:

Die Verletzung des rechtlichen Gehörs führt nicht zur Einziehung, da der Mangel durch Nachholung geheilt werden kann. 344

- Der Erbschein kann **inhaltlich unrichtig** sein 345
  - weil sich das Nachlassgericht bei der Erteilung des Erbscheins in rechtlicher oder tatsächlicher Hinsicht geirrt hat;

93 KG OLGZ 40, 155 Fn 1 f
94 BayObLG Rpfleger 1981, 112 f

Beispiele:

- Das vorgelegte und dem Erbschein zugrunde gelegte Testament ist wegen gravierender Formfehler nichtig.
- Der Allein**erbe** oder ein Miterbe ist falsch angegeben.
- Die Erbquoten der einzelnen Miterben sind unrichtig aufgeführt.
- Es fehlt der **Testamentsvollstreckervermerk** im Erbschein.
- Eine nicht angeordnete Testamentsvollstreckung wird im Erbschein bescheinigt.
- Die Anordnung einer Nacherbenvollstreckung fehlt.
- Im Erbschein ist eine gegenständlich beschränkte Testamentsvollstreckung nicht bzw zu Unrecht vermerkt.
- Es fehlt der **Nacherben**vermerk oder er ist zu Unrecht aufgenommen.
- Der Erbschein enthält Befreiungen nach § 2136 BGB für den Vorerben, die im Testament so nicht angeordnet wurden.
- Die Befreiung von den Verfügungsbeschränkungen für den Vorerben sind im Erbschein nicht eingetragen worden.
- Dem Vorerben wird der Erbschein erteilt, obwohl bereits die Nacherbfolge eingetreten ist.
- Unrichtige Angaben zum Tag des Eintritts der Nacherbschaft.
- Im Erbschein des Vorerben ist der Nacherbe unrichtig eingetragen.
- Die Umstände, die zum Eintritt des Nacherbfalls führen, sind unrichtig angegeben.
- Der **Fremdrechtserbschein** nach § 2369 BGB ist unrichtig, wenn er die Beschränkung auf inländisches Vermögen nicht enthält. Unrichtig ist der Fremdrechtserbschein auch dann, wenn sich aus ihm nicht ergibt, nach welchem Recht sich die Erbfolge richtet. Vorschlag: *»… wird in Anwendung des französischen Rechts …«*

Praxis-Tipp:

346 *Eine falsche Versicherung an Eides Statt führt ebenso wenig zur Einziehung des Erbscheins wie die Veräußerung oder Verpfändung eines Erbscheins oder wenn noch nicht alle Erben die Erbschaft angenommen bzw ausgeschlagen haben.*

➢ weil nach Erteilung des Erbscheins neue, die Rechtslage verändernde Tatsachen eingetreten sind.

Beispiele:

- Das vorgelegte und dem Erbschein zugrunde gelegte Testament wurde rechtswirksam angefochten und ist nichtig.
- Der eingesetzte Erbe wurde nachträglich für erbunwürdig erklärt.

347 ■ **Offensichtliche Unrichtigkeiten** wie Schreibversehen, Rechenfehler und solche Fehler, »wenn es sich um die Beseitigung unzulässiger oder überflüs-

siger ... Zusätze handelt, die den Sachverhalt und den sachlichen Inhalt des Erbscheins unberührt lassen und die am öffentlichen Glauben des Erbscheins nach §§ 2366, 2367 BGB nicht teilnehmen«,[95] sind in sinngemäßer Anwendung des § 319 ZPO auch von Amts wegen zu berichtigen. Entsprechendes gilt für Ergänzungen, wenn es sich um die »Aufnahme« vorgeschriebener Zusätze unter den gleichen Voraussetzungen handelt.

In allen übrigen Fällen kann eine Berichtigung des Erbscheins nicht erfolgen. 348
Vielmehr muss hier der Erbschein eingezogen werden. Auf Antrag kann ein neuer, den tatsächlichen Gegebenheiten entsprechender Erbschein erteilt werden.

Der Grundsatz der Amtsermittlung nach § 12 FGG verpflichtet das Nachlassge- 349
richt, alle ihm zur Verfügung stehenden Beweismittel auszuschöpfen, um den Sachverhalt umfassend und abschließend aufzuklären. Daher kann ein Erbschein, wenn **nachträglich Zweifel** an dem im Erbschein bezeugten Erbrecht auftauchen, nicht schon deshalb eingezogen werden. Das Nachlassgericht hat in einem solchen Falle zuerst die notwendigen Beweise zu erheben und erst dann, wenn diese die Zweifel nicht beseitigen können, ist der Erbschein einzuziehen. Zu beachten ist, dass es eines Nachweises der Unrichtigkeit nicht bedarf. Vielmehr genügt es, die Überzeugung des Gerichts zu erschüttern.

Die Einziehung des Erbscheins besteht in der körperlichen Rückführung aller 350
Ausfertigungen zu den Akten. Gem § 33 FGG kann sie mit folgenden Mitteln herbeigeführt werden:

- Androhung und Festsetzung von Zwangsgeld;
- Androhung und Festsetzung von Zwanghaft;
- Anwendung unmittelbaren Zwangs;
- Eidesstattliche Versicherung mit dem Inhalt, dass der Erbschein in Verlust geraten ist[96]

Sobald sämtliche Ausfertigungen eingezogen sind, ist der **Erbschein kraftlos**, 351
§ 2361 I 2 BGB.

Musterformulierung Antrag auf Einziehung eines Erbscheins:

Rechtsanwalt/Rechtsanwältin 352

Amtsgericht/Notariat in Ba.-Wü.
– Nachlassgericht –
Straße/Postfach

PLZ, Ort

Az.: ...

95 Palandt/Edenhofer § 2361 Rn 2
96 Habscheid, FGG § 37 II 1, 2

Antrag auf Einziehung des Erbscheins

Unter Vorlage einer Vollmacht zeige ich an, dass ich Frau… anwaltlich vertrete.

In der Nachlasssache des am… verstorbenen Herrn… ***beantrage*** *ich,*

den am… unter Az.:… erteilten Erbschein wegen Unrichtigkeit einzuziehen und alle erteilten Ausfertigungen zu den Akten zu nehmen.

Begründung:

In der o. g. Nachlasssache hat das Nachlassgericht einen Erbschein erteilt, wonach die Witwe des Erblassers Alleinerbin ihres Mannes geworden sei.

Das vorgelegte handschriftliche Testament des Erblassers beruft aber neben der Witwe auch den noch zu Hause lebenden Sohn zum Erben. Beide sind Erben zu je 1/2. Der ältere Sohn war von der Erbfolge ausdrücklich ausgeschlossen worden. Das Testament befindet sich bei den Nachlassakten.

Der Erbscheinsantrag war gerichtet auf Erteilung eines gemeinschaftlichen Erbscheins für die Witwe und ihren Sohn.

Da der Erbschein damit unrichtig ist, muss er eingezogen werden, § 2361 BGB.

Die Antragstellerin übergibt dem Gericht mit diesem Schriftsatz den Erbschein im Original sowie die beiden notariell beglaubigten Ausfertigungen des Erbscheins zu den Akten.

Mit gesondertem Schriftsatz wird die Erteilung eines neuen, der jetzigen Rechtslage entsprechenden Erbscheins beantragt.

gez. Unterschrift
Rechtsanwalt/Rechtsanwältin

353 Ist der Erbschein unrichtig, so hat das Nachlassgericht die Einziehung durch Beschluss anzuordnen. Der Beschluss muss eine Begründung enthalten und den Antragstellern des Erbscheinsverfahrens zugestellt werden. Die Antragsteller sind **unter Fristsetzung** aufzufordern, die erteilten Ausfertigungen **dem Nachlassgericht zurück zu geben.**

Praxis-Tipp:

354 *Nur die die Urschrift ersetzenden Ausfertigungen müssen an das Nachlassgericht herausgegeben werden. Das Gericht hat bei der Erteilung der Erbscheine und der Ausfertigungen die Namen der Empfänger vermerkt. (Beglaubigte) Abschriften müssen nicht an das Nachlassgericht herausgegeben werden, sie werden von der Einziehung nicht erfasst.*

355 Das Nachlassgericht hat vorrangig die Einziehung anzuordnen. Führt diese aber nicht sofort zum Erfolg, so muss es zum Schutz des Rechtsverkehrs – und zwar unabhängig von eventuell bereits eingeleiteten Zwangsmaßnahmen – den Erbschein für kraftlos erklären.

Hat sich aufgrund der Umstände des Einzelfalls herausgestellt, dass der Erbschein **nicht eingezogen** werden kann, weil zB das Haus, in dem er aufbewahrt wurde, abgebrannt ist, weil er gestohlen wurde oder sonst wie abhanden gekommen ist, die Einziehungsanordnung damit erfolglos bleiben wird, so kann das Nachlassgericht sofort die Kraftloserklärung aussprechen.[97] 356

Praxis-Tipp:

Das Nachlassgericht kann, bevor die Kraftloserklärung zum ersten Erbschein greift, einen neuen richtigen Erbschein erteilen. 357

358

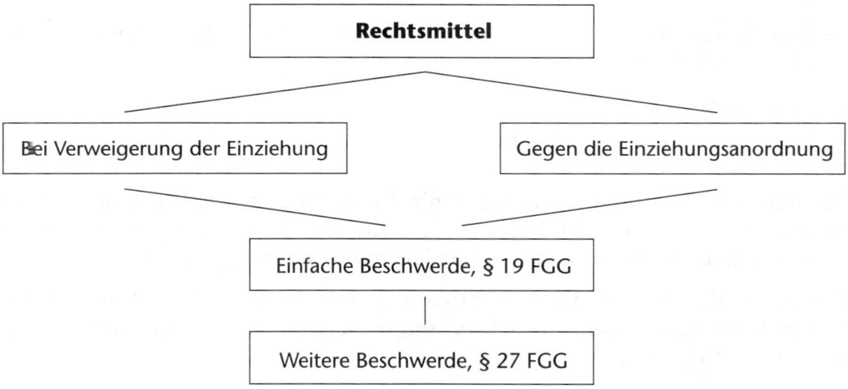

Lehnt das Nachlassgericht den Antrag auf Einziehung des Erbscheins ab oder hat es die Einziehung bereits angeordnet, so ist hiergegen das Rechtsmittel der **Beschwerde und** der **weiteren Beschwerde** (= Rechtsbeschwerde) gegeben, obgleich es sich hierbei nicht um ein Antragsverfahren, sondern um ein Verfahren handelt, das von Amts wegen zu betreiben ist. Wurde der Erbschein bereits eingezogen, ist die Beschwerde nicht mehr möglich, da das mit ihr verfolgte Ziel, die Einziehung rückgängig zu machen, nicht erreicht werden kann. Ein einmal eingezogener Erbschein kann nicht wieder herausgegeben werden. 359

Allerdings ist es auch möglich, gegen den die Einziehung anordnenden Beschluss die weitere Beschwerde einzulegen mit dem Ziel, einen neuen, dem eingezogenen gleich lautenden Erbschein zu erteilen. Diese Vorgehensweise ist auch dann anzuraten, wenn bereits ein anderweitiger Erbschein erteilt worden ist. 360

Praxis-Tipp:

Legt der Beschwerdeführer gegen die Erteilung eines Erbscheins Beschwerde ein, so verfolgt er damit zunächst das Ziel, dass das Nachlassgericht angewiesen wird, den Erbschein einzuziehen. Mit der Beschwerde kann er aber auch bezwecken, einen neuen richtigen Erbschein erteilt zu bekommen. 361

97 BayObLG OLGZ 40, 155

362 **Beschwerdeberechtigt** ist nach § 20 I FGG nur derjenige, dessen Recht, welches ihm durch den öffentlichen Glauben, den der Erbschein genießt, zuteil wird, durch die Unrichtigkeit oder Unvollständigkeit beeinträchtigt wird. Darüber hinaus sind auch diejenigen berechtigt, Beschwerde einzulegen, »in deren Rechtskreis durch die Erteilung des Erbscheins unmittelbar eingegriffen wird«.[98]

363 Danach sind **folgende Personen** beschwerdeberechtigt:

- Derjenige, der durch die Wirkung des Erbscheins im Falle seiner Unrichtigkeit betroffen wird;
- Der wirkliche Erbe bei Erteilung des Erbscheins an einen Nichterben;[99]
- Der Testamentsvollstrecker, wenn die angeordnete Testamentsvollstreckung im Erbschein nicht erwähnt ist;
- Nachlassschuldner;[100]
- Nachlassgläubiger mit Titel.

364 Richtet sich die **Beschwerde gegen die Einziehung** des Erbscheins, so sind neben dem ursprünglichen Antragsteller alle Antragsberechtigten beschwerdebefugt, auch wenn sie selbst keinen Erbschein beantragt haben.[101]

365 Der Kreis der Beschwerdeberechtigten besteht in dem Falle, dass sich die Beschwerde **gegen den Zurückweisungsbeschluss des Einziehungsantrags** richtet, aus folgenden Personen:

- Der Antragsteller, auch wenn sich die Beschwerde gegen seine sich aus dem Erbschein ergebende Erbenstellung richtet;
- Der Nichterbe, wenn der Erbschein an ihn als vermeintlichen Erben erteilt wurde;
- Der Nacherbe und der Ersatznacherbe in folgenden Fällen:
  - Die Anordnung der Nacherbfolge wurde im Erbschein nicht oder nicht richtig erwähnt;
  - Wenn er zu Unrecht im Erbschein aufgeführt wird;
- Der Rechtsnachfolger des Vorerben hinsichtlich des Einziehungsantrags, wenn dem Nacherben ein Erbschein erteilt wurde;
- Der Testamentsvollstrecker;
- Der Nachlassgläubiger, der sich im Besitz eines Vollstreckungstitels befindet;
- Jeder, der für sich selbst einen Erbschein beantragt.

98 Soergel/Damrau, § 2361 Rn 18
99 RGZ 61, 273
100 BayObLGZ 1966, 239
101 BGHZ 30, 220; aA: OLG Bremen, Rpfleger 1956, 195

Tschichoflos

Wer nur ein wirtschaftliches oder rein tatsächliches Interesse an der Einziehung des Erbscheins geltend machen kann, ist **ebenso wenig beschwerdeberechtigt** wie der Erbschaftsbesitzer, der Nachlasspfleger, der Nacherbe, wenn sich seine Beschwerde gegen die Einziehung des dem Vorerben erteilten Erbschein richtet; solange aber die Nacherbfolge noch nicht eingetreten ist oder wenn der Erbschein nach Eintritt des Nacherbfalls dem Vorerben erteilt wird, ist der Sonderrechtsnachfolger oder die Erbschaftssteuerbehörde und der Erbe hoffreien Vermögens beschwerdeberechtigt. 366

Musterformulierung Beschwerde gegen die Einziehungsanordnung:

Rechtsanwalt/Rechtsanwältin 367

Landgericht
– Beschwerdekammer –

PLZ, Ort

Nachlasssache Wilhelm Maier,
verstorben am 1. 2. 1999

Az.: . . .

In der Nachlasssache des am 1. 2. 1999 in . . . verstorbenen Wilhelm Maier, Az.: . . ., lege ich namens und in Vollmacht meines Mandanten Gustav Fritsche gegen den Beschluss des Amtsgerichts – Nachlassgericht – (Notariat in Ba.-Wü.) . . . vom 20. 6. 1999

Beschwerde

ein gegen die Anordnung der Einziehung des meinem Mandanten erteilten Erbscheins.

Begründung:

Entgegen der Auffassung des Nachlassgerichts ist der Erbschein inhaltlich richtig und berechtigt daher nicht zur Einziehung.

Der im Erbschein ausgewiesene Alleinerbe Gustav Fritsche ist mit vollständigem Namen, Anschrift und Geburtsdatum fehlerfrei eingetragen. Zwar war der Erbe zwischenzeitlich in eine andere Gemeinde umgezogen. Nachdem der Erblasser aber erkrankte, kehrte Herr Fritsche zur Durchführung der Pflege des Erblassers wieder in seine ursprüngliche Heimatgemeinde zurück und meldete sich beim Einwohnermeldeamt ordnungsgemäß an.

Beweis: *Vorlage der Anmeldebestätigung des Einwohnermeldeamtes der Gemeinde . . . vom . . .*

Der Erbschein ist damit richtig und der die Einziehung anordnende Beschluss ist aufzuheben.

Gez.
Rechtsanwalt/Rechtsanwältin

Tschichoflos

Praxis-Tipp:

368 *Nach dem Vollzug der Einziehung des Erbscheins kann mit der Beschwerde nur noch die **Neuerteilung** des eingezogenen Erbscheins begehrt werden.*[102]

369 Das Beschwerdegericht kann, hält es die Beschwerde für begründet, **keine eigene Sachentscheidung** treffen. Es weist vielmehr das Nachlassgericht an, den Erbschein einzuziehen, § 2361 BGB.

2. Kraftloserklärung des Erbscheins

370 Nach § 2361 II BGB hat das Nachlassgericht den Erbschein, ist dieser nicht sofort zu erlangen, durch Beschluss für kraftlos zu erklären. Voraussetzung für eine derartige Vorgehensweise ist, wie bei der Einziehung, ebenfalls die Unrichtigkeit des Erbscheins. Zur Unrichtigkeit vgl die Ausführungen unter Rn 339 ff.

371 Für die Kraftloserklärung des Erbscheins ist das **Nachlassgericht zuständig**, das den Erbschein erteilt hat. Ein anderes, an sich für die Erbscheinserteilung auch zuständiges Nachlassgericht (insb im Falle eines doppelten Wohnsitzes des Erblassers) ist nicht befugt, über die Kraftloserklärung zu entscheiden bzw diese vorzunehmen. Funktional zuständig ist der Rechtspfleger.[103]

372

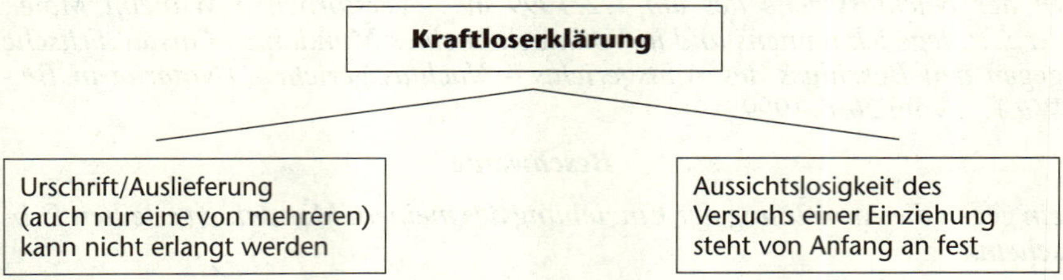

373 Die Kraftloserklärung eines Erbscheins ist in der Regel sekundär zur Einziehung.

Praxis-Tipp:

374 *Letztere hat **Vorrang** vor der Kraftloserklärung. Steht aber aufgrund der Umstände des Einzelfalls fest, dass der Erbschein (Urschrift/Ausfertigung) nicht eingezogen werden kann, so ist das Nachlassgericht nicht darauf angewiesen, zunächst die Einziehung anzuordnen und ggf zu versuchen, diese mit Zwangsmitteln durchzusetzen; vielmehr kann der Rechtspfleger unmittelbar nach der Feststellung des entsprechenden Sachverhalts den Erbschein für kraftlos erklären.*

---

102 BGHZ 30, 220; 40, 54

103 Soergel/Damrau, § 2361 Rn 9 mwN

Richter-Tipp:

In der Praxis ist die Kraftloserklärung des Erbscheins häufig dann geboten, wenn dieser bereits ins Ausland gelangt ist, weil zB der Antragsteller dort seinen Wohnsitz hat. 375

Können **nicht alle Ausfertigungen** des Erbscheins nach der Anordnung der Einziehung **zu den Nachlassakten** gelangen, ist der Erbschein für kraftlos zu erklären. Auch in den Fällen, in denen sich erst im Laufe des Einziehungsverfahrens herausstellt, dass nicht alle Ausfertigungen herausgegeben werden können, muss das Nachlassgericht den Erbschein sofort für kraftlos erklären. 376

➢ Kann der Erbschein nicht sofort aus dem Verkehr gezogen werden, so hat ihn das Nachlassgericht für kraftlos zu erklären, § 2361 II BGB; § 204 ZPO. 377

➢ Die Kraftloserklärung besteht im Erlass eines dahingehenden Beschlusses 378

»der Erbschein … wird für kraftlos erklärt«

und seiner öffentlichen Bekanntmachung, § 2361 II BGB.

Die **öffentliche Bekanntmachung** geschieht nach § 204 II, III ZPO in folgender Weise: 379

- Anheften an die Gerichtstafel des Nachlassgerichts;
- Einmaliges Einrücken im Bundesanzeiger;
- Ggf Veröffentlichung in örtlichen Tageszeitungen.

Mit der **Wirksamkeit** der Kraftloserklärung hat der Erbschein seine Wirkung verloren. 380

Die Kraftloserklärung wird mit dem Ablauf des Monats nach der letzten Einrückung des Beschlusses in die öffentlichen Blätter wirksam, § 2361 II 3 BGB. Dies gilt auch dann, wenn noch weitere Ausfertigungen im Umlauf sind. Der Beschluss, mit dem der Erbschein für kraftlos erklärt wird, ist bekannt zu machen.

Aus Gründen der Rechtssicherheit sind **alle** Ausfertigungen zu den Akten zu geben.[104] 381

Im Übrigen kann das Nachlassgericht eine Kraftloserklärung **abändern**, solange und soweit die Kraftloserklärung noch nicht veröffentlicht wurde. 382

Hinsichtlich der **Rechtsbehelfe** gegen die Kraftloserklärung ist zu unterscheiden: 383

➢ **Vor** Veröffentlichung des Beschlusses über die Kraftloserklärungs ist die einfache und weitere Beschwerde mit dem Ziel der Aufhebung des Beschlusses statthaft.

---

104 Str; MüKo, § 2361 Rn 28, 36; aA: Palandt/Edenhofer § 2361 Rn 13, danach bedarf es keiner Rückgabe der Ausfertigungen des Erbscheins

➢ **Ab** Veröffentlichung des Beschlusses über die Kraftloserklärung ist eine Beschwerde mit dem Ziel der Aufhebung des Beschlusses nicht mehr statthaft, § 84, 1 FGG.

➢ Wurde der Kraftloserklärungsbeschluss nur den Beteiligten zugestellt, nicht aber öffentlich bekannt gemacht, so ist die Beschwerde zulässig.[105]

Praxis-Tipp:

384 *Die Beschwerde kann mit dem **Ziel** erhoben werden, dass **ein gleich lautender Erbschein neu** erteilt wird. Begehrt der Beschwerdeführer mit der Beschwerde die Aufhebung der Kraftloserklärung, so kann dieses unzulässige Rechtsmittel in einen Antrag auf Erteilung eines neuen Erbscheins umgedeutet werden mit dem Ziel, einen inhaltlich dem für kraftlos erklärten Erbschein entsprechenden Erbschein zu erteilen.*[106]

3. Herausgabe des Erbschein

385 ➢ Nach § 2362 I BGB kann der wahre Erbe vom Besitzer des unrichtigen Erbscheins im Wege der **Klage die Herausgabe** des Erbscheins an das Nachlassgericht verlangen. Die Klage ist bei jeder Unvollständigkeit oder Unrichtigkeit gegeben. Mit dieser Herausgabe sämtlicher Ausfertigungen an das Nachlassgericht wird der Erbschein entsprechend § 2361 I 2 BGB kraftlos. Eines besonderen Einziehungsbeschlusses durch das Nachlassgericht bedarf es nicht.

Praxis-Tipp:

386 *Das Herausgabeverlangen kann unabhängig vom Einziehungsverfahren geltend gemacht werden.*

387 ➢ Den Anspruch auf Herausgabe des unrichtigen Erbscheins kann nicht nur der **Erbe, Nacherbe** (§ 2363 II BGB) oder **der für tot Erklärte** (§ 2370 II BGB), sondern auch der Testamentsvollstrecker geltend machen, § 2364 II BGB.

Die Klage kann sich richten gegen:

– Die Besitzer unrichtiger Erbscheinsausfertigungen.
– Einzelne Miterben, sofern der Erbschein die einzelnen Erbanteile unrichtig ausweist.

388 ➢ Die Klage ist bei dem **ordentlichen Gericht** anhängig zu machen. Allerdings gilt hier nicht der besondere Gerichtsstand der Erbschaft nach § 27 ZPO. Es finden die allgemeinen Regeln der Zivilprozessordnung Anwen-

105 BayObLGZ 1958, 364

106 Str; so KG HRR 1933, Nr. 732; aA: OLG Oldenburg, DNotZ 1955, 158; KG DRiZ 1930 Nr. 324

dung, so dass, bei Vorliegen der entsprechenden Voraussetzungen, sowohl ein Versäumnis-, als auch ein Anerkenntnisurteil erlassen werden kann.

Praxis-Tipp:

*Das **Nachlassgericht** ist an eine in diesem Verfahren ergangene rechtskräftige Entscheidung **gebunden**, sofern sie zwischen den Erbprätendenten ergeht.* 389

- Die **Zwangsvollstreckung** auf Herausgabe des unrichtigen Erbscheins bzw der Ausfertigungen richtet sich nach § 883 ZPO.
- Der Kläger muss im Herausgabeprozess **beweisen**, dass
  - er der berechtigte Erbe,
  - der erteilte Erbschein daher unrichtig und
  - der Beklagte im Besitz dieses Erbscheins ist.

Die Vermutung der Richtigkeit des § 2365 BGB steht dem Beklagten nicht zur Verfügung.[107] 390

- Wer einen unrichtigen Erbschein erlangt hat, ist dem wahren Erben **auskunftspflichtig**, § 2362 II BGB. Die Auskunft des Erbschaftsbesitzers erstreckt sich neben der Auskunft über den Bestand und Umfang des Nachlasses auch auf den Verbleib einzelner Nachlassgegenstände. Darüber hinaus ist der Anspruch des Erben gemäß §§ 260, 261 BGB durch die Vorlage eines Verzeichnisses und ggf der Abgabe einer eidesstattlichen Versicherung zu erfüllen. 391

  Auch nach Rückgabe des Erbscheins an das Nachlassgericht besteht der Anspruch auf Auskunftserteilung fort.

Praxis-Tipp:

Um den Rechtsverkehr vor Schaden in den Fällen zu bewahren, in denen sich ein unrichtiger Erbschein im Umlauf befindet und im Hinblick auf den guten Glauben bei der Einziehung eines unrichtigen Erbscheins, kann es zweckmäßiger und daher geboten sein, beim Nachlassgericht anzuregen, den unrichtigen Erbschein einzuziehen bzw für kraftlos zu erklären, anstatt Klage auf Herausgabe des Erbscheins zu erheben. 392

107 BayObLG 1966, 233, 240

IV. Kosten und Gebühren

1. Bestimmung des Gegenstands- bzw Streitwertes

393 Für die Einziehung bzw Kraftloserklärung eines unrichtigen Erbscheins bemisst sich der **Gegenstandswert** für die Notargebühren nach dem Reinnachlass, dh nach dem Wert des Nachlasses nach Abzug der Nachlassverbindlichkeiten im Zeitpunkt des Todes, §§ 108, 107 II–IV KostO. Der so ermittelte Gegenstandswert ist auch Ausgangspunkt für die Berechnung der Anwaltsvergütung.

394 Der **Streitwert für die Herausgabeklage** nach § 2362 BGB bestimmt sich nach dem Interesse des Klägers an der Beseitigung des unrichtigen Erbscheins, nicht aber nach dem Wert des Nachlasses oder der Beteiligung des Klägers am Nachlass. § 2366 BGB kann für die Streitwertfestsetzung herangezogen werden, im Übrigen gilt § 3 ZPO.

2. Anwaltsgebühren

395 Der Anwalt erhält für die **Vertretung im FGG-Verfahren** die Gebühr(en) nach § 118 BRAGO. Überdurchschnittlicher Umfang oder Schwierigkeiten und große Bedeutung der Sache für den Auftraggeber rechtfertigt auch bei nur durchschnittlichen Einkommens- und Vermögensverhältnissen die Geltendmachung der vollen 10/10-Gebühr.[108]

Praxis-Tipp:

396 *Das Grundbuchberichtigungsverfahren und das Erbscheinsverfahren lassen als besondere Verfahren der freiwilligen Gerichtsbarkeit jedes für sich gesonderte Anwaltsgebühren nach § 118 BRAGO entstehen.*

3. Notargebühren

397 ■ Für die Einziehung oder Kraftloserklärung eines Erbscheins erhält der Notar die Hälfte der vollen Gebühr, § 108 S 1 KostO. Die Gebühr bleibt außer Ansatz, wenn in demselben Verfahren ein neuer Erbschein erteilt wird.

398 ■ Nach § 16 KostO werden Kosten dann nicht erhoben, wenn sie nur dadurch entstanden sind, dass die Angelegenheit nicht richtig behandelt wurde, insb dann, wenn das Nachlassgericht seiner Amtsermittlungspflicht nicht nachgekommen ist. Die Entscheidung über die Kostenniederschlagung trifft das Gericht.

108 So LG Frankenthal AnwBl 1966, 68

V. Anwendung von ausländischem Erbrecht

- Die **internationale Zuständigkeit** ist gegeben, wenn der zu beurteilende Sachverhalt zumindest teilweise deutschem Erbrecht unterliegt. Sie ergibt sich darüber hinaus auch aus § 2369 BGB.[109] Die **örtliche Zuständigkeit** richtet sich nach § 73 I, III FGG. 399
- Auf die Erbfolge findet nach Art 25 I EGBGB das Heimatrecht des Erblassers zum Zeitpunkt seines Todes Anwendung. Daraus ergibt sich, dass die deutsche internationale Zuständigkeit nur dann gegeben ist, wenn das deutsche Gericht auch deutsches Sachrecht anzuwenden hat.[110] Hat ein Ausländer seinen Wohnsitz in Deutschland begründet, so ist das deutsche Nachlassgericht in aller Regel nicht befugt, einen Erbschein zu erteilen. 400
- Unter Umständen kann es zu einer Nachlassspaltung dann kommen, wenn für einen Teil des Nachlasses deutsches, für den anderen Teil ausländisches Erbrecht anwendbar ist. Sie tritt immer dort auf, wo Anknüpfungspunkt die Belegenheit einer Sache ist. 401
- § 2369 BGB eröffnet dem deutschen Nachlassgericht die Möglichkeit, einen gegenständlich beschränkten Erbschein für in Deutschland befindliches Vermögen zu erteilen. Das deutsche Gericht hat in einem solchen Falle aber ausländisches materielles Erbrecht anzuwenden. 402

Musterformulierung für einen Antrag auf Erteilung eines gegenständlich beschränkten Erbscheins:

»Es wird bezeugt, dass Willi Schneider – unter Beschränkung auf in Deutschland befindliche Nachlassgegenstände – in Anwendung französischen Rechts von Anna Pfleiderer beerbt wurde.« 403

- Der Durchführung eines besonderen Anerkennungsverfahrens bedarf es nicht, wenn ausländische Erbscheine vorgelegt werden. Sie sind nach § 16 a FGG anzuerkennen. Ausländische Erbscheine können aber als Nachweis der Erbberechtigung im Grundbuchverfahren nach § 35 GBO nicht herangezogen werden. 404

Praxis-Tipp:

Das deutsche Nachlassgericht kann einen gegenständlich beschränkten Erbschein nach § 2369 BGB erlassen.

405

109 Vgl Palandt/Edenhofer § 2353 Rn 22
110 Vgl von Oertzen, ZEV 1995, 167

VI. Die Feststellungsklage

406 Wie bereits dargelegt,[111] ist die Frage, ob der Streit um die Wirksamkeit einer letztwilligen Verfügung im Rahmen des Erbscheinverfahrens ausgetragen oder durch Feststellungsklage geklärt werden soll, von verschiedenen Faktoren abhängig. Wichtig ist, dass sich der Anwalt zu jedem Zeitpunkt vor Augen hält, dass es zum Verfahren der freiwilligen Gerichtsbarkeit eine Alternative gibt und dass das Erbscheinverfahren keine rechtskräftige Klärung herbeiführt. Wenn die Abwägung – sei es aus Kostengründen, sei es aus psychologischen Erwägungen – zunächst den Ausschlag für das FGG-Verfahren gab, muss doch von Zeit zu Zeit überlegt werden, ob nicht ein »Umsteigen« in den Feststellungsprozess sinnvoll ist.

407 Ist bereits ein Erbschein erteilt, wird der Kläger die Feststellung seines Erbrechts beantragen und **auf Herausgabe des Erbscheins** an das Nachlassgericht (§ 2362 BGB) klagen. Ist das **Erbrecht** rechtskräftig zwischen den Parteien festgestellt, muss das Nachlassgericht das Urteil im Rahmen des Erbscheinverfahrens beachten. Dies gilt jedoch nicht, wenn ein Dritter beim Nachlassgericht die Erteilung eines Erbscheins beantragt. Eine Ausnahme von der **Bindung an das Urteil** besteht nur dann, wenn im Erbscheinverfahren neue Umstände bekannt werden, aufgrund derer der im Prozess Unterlegene einwenden kann, es liege ein Fall der arglistigen Ausnutzung der Rechtskraft vor.[112]

Musterformulierung Feststellungsklage:

408 *An das Landgericht Bonn*
53111 Bonn

Klage

des Herrn Jochen Eigen, Orffweg 170, 53115 Bonn

– Kläger –

Prozessbevollmächtigter: Rechtsanwalt Klug

Gegen

Frau Paula Prüm, Hauptstraße 80, 51734 Rheinbach

– Beklagte –

Wegen: Feststellung des Erbrechts

Vorläufiger Streitwert: 40 000,– €

Ich bestelle mich zum Prozessbevollmächtigten des Klägers und erhebe in dessen Vollmacht und in dessen Namen Klage gegen die Beklagte. Im Termin zu mündlichen Verhandlung werde ich folgende Anträge stellen:

111 In diesem Kapitel unter Rn 1 ff
112 RGZ 155, 55; BGH NJW 1951, 759

1. *Es wird festgestellt, dass der am 10. 8. 1995 verstorbene Herr Erhard Eigen von dem Kläger sowie den Herren Rolf Eigen und Hans Eigen zu je 1/3-Anteil beerbt worden ist.*
2. *Die Beklagte hat die Kosten des Verfahrens zu tragen.*

Begründung:

1. *Am 10. 8. 1995 verstarb in Bonn, seinem letzten Wohnsitz, der Vater des Klägers, Herr Erhard Eigen (Erblasser). Aus der Ehe zwischen dem Erblasser und der vorverstorbenen Mutter des Klägers sind dieser sowie die Herren Rolf Eigen und Hans Eigen hervorgegangen. Weitere Kinder hat der Erblasser nicht hinterlassen.*
2. *Am 22. 3. 1990 haben der Erblasser und seine Ehefrau ein gemeinschaftliches Testament errichtet, in dem sie sich gegenseitig als Erben eingesetzt haben.*

   Beweis: *Vorlage des gemeinschaftlichen Testaments vom 22. 3. 1990 als Anlage K 1;*
   Beiziehung der Akten des Nachlassverfahrens
   – 4 IV 395/92 – AG Bonn
3. *Der Kläger hat am 7. 9. 1995 beantragt, einen Erbschein zu erteilen, der ihn und seine Brüder als Erben zu je 1/3-Anteil ausweist. Die Beklagte hat der Erteilung des Erbscheins widersprochen.*

   Beweis: *Beiziehung der Akte des Nachlassverfahrens – 4 IV 277/95 – AG Bonn*

   Die Beklagte hat geltend gemacht, sie sei aufgrund des vom Erblasser errichteten notariellen Testaments vom 7. 8. 1995 dessen Alleinerbin. Das als

   Anlage K 2

   überreichte Testament ist aus den folgenden Gründen unwirksam:

a. *Das Testament verstößt gegen § 14 HeimG und ist deshalb nichtig. Die Beklagte ist Angestellte des städtischen Pflegeheims. Sie hat den Erblasser – zusammen mit dem übrigen Pflegepersonal – in den letzten Jahren vor seinem Tod betreut. Aus Dankbarkeit für die von der Beklagten erbrachten Dienste hat der Kläger dieser gegenüber mehrfach erklärt, er werde sie als seine Alleinerbin einsetzten. Die Beklagte hat ihn zur Beurkundung des notariellen Testaments begleitet.*

   Beweis: *Zeugnis des Notars Dr. Fröhlich*

   Der Beklagten war mithin bekannt, dass der Erblasser sie in der letztwilligen Verfügung bedenken wollte. Damit ist der Anwendungsbereich des § 14 HeimG eröffnet, es liegt eine letztwillige Verfügung vor, die nach der gesetzlichen Regelung unwirksam ist.

b. *Die letztwillige Verfügung steht ferner im Widerspruch zu den bindend gewordenen Verfügungen des Ehegattentestaments. In dem gemeinschaftlichen Testament vom 22. 3. 1990 hatten sich die Eheleute gegenseitig und die gemeinsamen Kinder als Schlusserben eingesetzt. Wie sich bereits aus der Auslegungsregel des § 2270 BGB ergibt, waren die Verfügungen wechselbe-*

züglich, so dass sie gemäß § 2271 BGB nach dem Tod der Ehefrau des Erblassers nicht mehr widerrufen werden konnten.

c. Darüber hinaus war der Erblasser zum Zeitpunkt der Errichtung des notariellen Testaments testierunfähig. Der Erblasser litt an einem hirnorganischen Psychosyndrom.

Beweis: *Vorlage des Attestes des Hausarztes Dr. Hauschild; ärztliches Attest, als Anlage K 3 vorgelegt*

4. Die Beklagte hat das Ehegattentestament angefochten, sie hat sich auf § 2078 II BGB berufen. Die Anfechtung ist jedoch schon deshalb nicht möglich, weil der von der Beklagten angegebene Anfechtungsgrund nicht vorliegt. Entgegen der Behauptung der Beklagten hatten sich der Kläger und seine Brüder sehr wohl um den Erblasser gekümmert. Das hat dieser auch – solange er es noch wahrnehmen konnte – anerkannt.

Beweis: *Zeugnis des Herrn Dr. Hauschild, b. b.*

5. Wesentlicher Bestandteil des Nachlasses ist das Hausgrundstück des Erblassers in Bonn-Lengsdorf. Der Nachlasswert beträgt 150 000,– €. Nachdem für die Höhe des Streitwertes das Interesse des Klägers an der begehrten Feststellung maßgeblich ist und bei positiver Feststellungsklage ein Abschlag von 20 % gegenüber dem Wert einer entsprechenden Leistungsklage zu machen ist (vgl Zöller/Herget, ZPO, § 3 Rn 16 »Erbrechtliche Ansprüche« und »Feststellungsklage« sowie BGH LM § 3 ZPO Nr. 9 und 11; BGH JurBüro 1975, 1598), gibt der Kläger den Streitwert mit 40 000,– € an.

Rechtsanwalt

409 § 27 ZPO begründet für bestimmte erbrechtliche Streitigkeiten[113] einen nicht ausschließlichen **besonderen Gerichtsstand**. Die Klage kann aber auch vor dem **allgemeinen Gerichtsstand** (§ 12 ZPO) erhoben werden, also vor dem Gericht, das für den Wohnsitz der Beklagten zuständig ist.

Musterformulierung:

Die Beklagte hat ein Interesse daran, dass die Brüder des Klägers, die sich im vorliegenden Fall vorgerichtlich auf dessen Seite geschlagen haben, in den Rechtsstreit einbezogen werden. Sie wird deshalb zu erwägen haben, ob sie im Wege der sog Drittwiderklage die (vermeintlichen) Miterben zu Prozessparteien macht.

113 Feststellung des Erbrechts, Ansprüche des Erben gegen einen Erbschaftsbesitzer, Ansprüche aus Vermächtnissen oder sonstigen Verfügungen von Todes wegen, Pflichtteilsansprüche oder Teilung der Erbschaft.

Musterformulierung Widerklage:

In dem Rechtsstreit 410

Eigen ./. Prüm

zeigen wir – die Mitglieder der überörtlichen Sozietät Streit, Haber & Klein – an, dass wir die Beklagte vertreten. Wir erheben

Widerklage

gegen den Kläger und Widerbeklagten sowie die Herren

1. Rolf Eigen, Hauptstraße 40, 57222 Rheinbach
– Drittwiderbeklagter zu 1) –

2. Hans Eigen, Sperlingweg 4, 53221 Meckenheim
– Drittwiderbeklagter zu 2) –

Im Termin zur mündlichen Verhandlung werden wir beantragen:

1. *Es wird festgestellt, dass der am 10. 8. 1995 in Bonn verstorbene Herr Erhard Eigen von der Beklagten und Widerklägerin (im Folgenden: Beklagte) allein beerbt worden ist.*
2. *Die Kosten des Rechtsstreits werden dem Kläger und Widerbeklagten (im Folgenden: Kläger) sowie den Drittwiderbeklagten zu 1) und 2) als Gesamtschuldnern auferlegt.*

Begründung:

1. *Die Klageschrift gibt die Ausgangssituation zutreffend wieder. Zu Unrecht behauptet der Kläger allerdings, dass sich die Erbfolge nach dem gemeinschaftlichen Testament vom 22. 3. 1990 richtet.*
2. *Maßgeblich für die Erbfolge ist vielmehr das notarielle Testament vom 7. 8. 1995, in dem der Erblasser die Beklagte als Alleinerbin eingesetzt hat.*

   Das notarielle Testament ist nicht etwa aus den in der Klageschrift angegebenen Gründen nichtig:

   a. *Entgegen der Behauptung des Klägers war der Beklagten nicht bekannt, dass der Erblasser sie als Alleinerbin eingesetzt hat. Wohl wusste die Beklagte, dass der Erblasser ihr für die – über das normale Maß hinaus – geleisteten Dienste sehr dankbar war. Der Erblasser hatte mehrfach erklärt, dass er sich der Beklagten gegenüber erkenntlich zeigen werde. Dies hat die Beklagte jedoch nicht ernst genommen. Die Beklagte hat den Erblasser auch nicht zu dem Notartermin am 7. 8. 1995 begleitet. Vielmehr wurde der Erblasser von seiner Großnichte, Frau Hildegard Schwarz, begleitet.*

   Beweis: *Zeugnis der Frau Hildegard Schwarz,*
   Bornheimer Straße 70, 53311 Bonn

   § 14 HeimG wäre nur anwendbar, wenn die Beklagte die Absicht des Erblassers, sie letztwillig zu bedenken, gekannt hätte. Nachdem dies aus den genannten Gründen nicht der Fall war, unterfällt das Testament nicht der Nichtigkeitsfolge des § 14 HeimG.

b. Eine Bindung an das Ehegattentestament scheidet schon deshalb aus, weil die Beklagte das Testament gemäß § 2078 II BGB angefochten hat.

Beweis: *Beiziehung der Nachlassakte*

Hätte der Erblasser gewusst, dass sich seine Söhne von ihm abwenden, hätte er diese nicht im Ehegattentestament als Schlusserben eingesetzt. Der Erblasser war, wie sogleich darzustellen sein wird, vergesslich geworden und nicht mehr in vollem Umfang in der Lage, seine geschäftlichen Verhältnisse zu ordnen. Er hatte im Zeitpunkt der Errichtung des notariellen Testaments vergessen, dass er ein Ehegattentestament mit seiner vorverstorbenen Ehefrau errichtet hatte. Hätte er dieses noch gewusst, hätte er selbst die Anfechtung erklärt. Der Erblasser hat mehrfach gegenüber ihm nahestehenden Personen geäußert, er wolle auf keinen Fall, dass seine Kinder ihn beerben. Er hat seine Kinder als in hohem Maße »undankbar« bezeichnet.

Beweis: *Zeugnis der Frau Schwarz, b. b.*

c. Der Erblasser war zum Zeitpunkt der Errichtung des notariellen Testaments testierfähig. Wie bereits angedeutet, war der Erblasser im Hinblick auf ein beim ihm diagnostiziertes hirnorganisches Psychosyndrom in der Tat in seiner geistigen Beweglichkeit eingeschränkt. Er wusste aber sehr genau, welche Personen ihn beerben sollten, welche nicht. Mit dem Erblasser war eine Verständigung auch über geschäftliche Dinge immer wieder, jedenfalls in lichten Momenten, möglich. Der beurkundende Notar hat sich in einem sehr langen Gespräch davon überzeugt, dass der Erblasser am 7. 8. 1995 testierfähig war.

Beweis: *Zeugnis des Notars Dr. Fröhlich, b. b.*

Der Erblasser wurde einen Tag vor der notariellen Beurkundung von dem Neurologen Dr. Fertig untersucht. Dr. Fertig stellte fest, dass die geistige Erkrankung des Beklagten keineswegs so weit fortgeschritten war, dass dieser etwa nicht in der Lage gewesen wäre, eine letztwillige Verfügung zu errichten.

Beweis: *Zeugnis des Herrn Dr. Fertig; Sachverständigengutachten*

3. Die Drittwiderbeklagten zu 1) und 2) stimmen der Auffassung des Klägers zu, wonach die drei Söhne des Erblassers Alleinerben sind. Um die Angelegenheit abschließend zu klären, müssen die Drittwiderbeklagten zu 1) und 2) vor diesem Hintergrund in das Verfahren einbezogen werden (vgl. zur Zulässigkeit der Drittwiderklage: Zöller/Greger, ZPO, § 256 Rn 23; § 33 Rn 18 ff). Die von der Rechtsprechung des Bundesgerichtshofs geforderte »Sachdienlichkeit der subjektiven Klagehäufung« (BGH NJW 1991, 1838) ist vorliegend schon deshalb gegeben, weil über das Erbrecht einheitlich gegenüber den möglichen Erbprätendenten entschieden werden muss.

Rechtsanwalt

411 Gibt es neben dem grundsätzlichen Streit um die Wirksamkeit der letztwilligen Verfügung und damit der Rechtsnachfolge **einzelne Streitpunkte** unter den (potenziellen) Miterben, können diese ebenfalls zum Gegenstand der

Feststellungsklage gemacht werden. So ist eine Feststellungsklage mit dem Antrag zulässig, dass ein bestimmter Gegenstand mit einem zu beziffernden Betrag bei der Auseinandersetzung iSd § 2055 BGB zu berücksichtigen oder auszugleichen ist.[114]

Praxis-Tipp:

Entschließt sich der Anwalt aus einem der oben genannten Gründe dazu, anstelle des FGG-Verfahrens den Feststellungsprozess zum Forum der Auseinandersetzungen zu machen, kann hierfür auch die Frage von Bedeutung sein, ob weitere Streitpunkte – rechtskräftig und damit abschließend – zwischen den Parteien zu klären sind. So wäre bei erkennbarem Streit über Ausgleichsansprüche iSd § 2055 BGB die oftmals langwierige Klärung im Erbscheinverfahren, wer geerbt hat, möglicherweise nur Vorstufe für anschließende weitere Streitigkeiten. Bestehen freilich Anhaltspunkte dafür, dass das Erbscheinverfahren bzw ein im Rahmen dieses Verfahrens durchzuführender Erörterungstermin Aussicht dafür bietet, eine umfassende Erledigung herbeizuführen, muss die Feststellungsklage auch in diesen Fällen nicht automatisch das »Mittel der Wahl« sein. 412

114 BGH FamRZ 1992, 665; Palandt/Edenhofer § 2042 Rn 16; Staudinger/Otte § 2042 Rn 42; s auch BGH NJW 1984, 1455

KAPITEL 11
Internationales Privatrecht

ÜBERBLICK

A. Begriff und Anwendungsbereich des Internationalen Privatrechts

I. Begriff des Internationalen Privatrechts

Das Internationale Privatrecht stellt den Inbegriff derjenigen Rechtsnormen dar, die bestimmen, welche von mehreren nebeneinander bestehenden Privatrechtsordnungen zur Anwendung kommen sollen.[1] 1

Art 3 I 1 EGBGB enthält eine **Legaldefinition** des Internationalen Privatrechts: 2

»Bei Sachverhalten mit einer Verbindung zum Recht eines ausländischen Staates bestimmen die folgenden Vorschriften, welche Rechtsordnungen anzuwenden sind (Internationales Privatrecht).«

Es geht um die Beurteilung von Sachverhalten mit Auslandsberührung. Die Bezeichnung »international« ist irreführend. Es handelt sich vielmehr um nationales Recht.[2] 3

Jeder Staat besitzt sein eigenes »Internationales Privatrecht«. Die Namensgebung geht auf den amerikanischen Juristen **Story** zurück. Dieser prägte in seiner 1834 erschienenen Abhandlung »Commentaries on the Conflict of Laws« den Ausdruck »International Private law«.[3] 4

Die Funktion des Internationalen Privatrechts besteht darin, das auf einen Sachverhalt anwendbare materielle Recht zu ermitteln. Es handelt sich um Verweisungs- oder Kollisionsrecht und ist die Summe der Rechtsnormen, die auf ihrer Rechtsfolgenseite die jenige Rechtsordnung bestimmen, deren materielle Vorschriften auf einen Lebenssachverhalt Anwendung finden sollen. Die Kollisionsnorm verweist lediglich auf die zur sachlichen Entscheidung berufene Rechtsordnung, ohne selbst die Sachentscheidung zu treffen.[4] 5

Das Internationale Privatrecht soll demnach klären, welche Privatrechtsordnung vorrangig ist. Ausgangspunkt hierfür war der Gedanke der Gleichwertigkeit der Privatrechtsordnungen, der auf **Savigny** zurückzuführen ist. Mit Hilfe abstrakter Begriffe, den sog Anknüpfungsbegriffen, wird der Schwerpunkt des zu beurteilenden Rechtsverhältnisses ausgelotet und die Sachfrage – ohne Rücksicht auf das Ergebnis – mechanisch der so gefundenen Rechtsordnung unterworfen. Erst wenn das anwendbare Privatrecht bestimmt ist, ist in seinem Rahmen nach dem besten Ergebnis zu suchen.[5] 6

Da jeder Staat sein eigenes Internationales Privatrecht hat, beurteilt auch jeder Staat das auf einen bestimmen Sachverhalt anzuwendende Recht nach seinem eigenen Internationalen Privatrecht. 7

1 Krug/Kroiß § 21 Rn 2
2 Junker, IPR, Rn 4
3 Staudinger/Storm, Einleitung zum IPR, Rn 21 ff
4 Flick/Piltz Rn 95
5 Staudinger/Storm, Einleitung zum IPR, Rn 55, 57, 90, 114, 142

8 Es sind daher die **Kollisionsnorm** und die **Sachnorm** streng zu unterscheiden. Während die Kollisionsnorm die Rechtsordnung bestimmt, deren materielle Vorschriften auf einen Lebenssachverhalt Anwendung finden sollen, enthält die Sachnorm auf ihrer Rechtsfolgenseite bereits eine materielle Rechtsfolge.[6]

II. Anwendungsbereich

1. Sachverhalt mit Auslandsberührung

9 Lebt ein deutscher Erblasser in Hamburg, verfügt er über bewegliches Vermögen sowie ein Grundstück an seinem Wohnsitz und sucht er dort einen Notar zur Beurkundung eines Testamentes auf, so ist offensichtlich deutsches Recht anzuwenden. Dieser Sachverhalt weist keinerlei Berührungspunkte mit dem Ausland auf. Das Internationale Privatrecht ist aber heranzuziehen, sobald der Sachverhalt irgendeine Auslandsberührung aufweist. Auf dem Gebiete des Erbrechts sind solche **Fälle mit Auslandsberührung:**

- Der Erblasser ist Deutscher und hat Vermögensgegenstände im Ausland;
- Der Erblasser ist Deutscher und hat seinen letzten Wohnsitz im Ausland;
- Der Erblasser ist Deutscher und hat eine Verfügung von Todes wegen im Ausland errichtet;
- Der Erblasser ist Ausländer und hat Vermögensgegenstände in Deutschland;
- Der Erblasser ist Ausländer und hat eine Verfügung von Todes wegen im Ausland errichtet, die auch Vermögen in Deutschland erfasst;
- Der Erblasser ist Ausländer, lebt in Deutschland und will hier eine Verfügung von Todes wegen errichten.

10 Steht ein derartiger Sachverhalt in Deutschland zur Beurteilung an, wird zunächst deutsches Recht angewandt als Recht des Gerichtsstaates (sog Lex fori).

2. Ermittlung des anzuwendenden Rechts

a. Deutsche und ausländische Sicht:

11 Zur Ermittlung des anzuwendenden Rechts werden nunmehr die deutschen Kollisionsnormen herangezogen.

12 Der anwaltliche Berater sollte sich bei der rechtlichen Prüfung des Sachverhaltes nicht darauf beschränken, den Sachverhalt aus deutscher Sicht zu prüfen; vielmehr sollte er auch die Rechtsfolgen prüfen, die sich aus dem Sachverhalt ergeben, wenn als Einstieg das ausländische Kollisionsrecht gewählt wird, zu dem der Sachverhalt Beziehungen aufweist.

13 Die Kollisionsnormen eines jeden Staates weichen häufig erheblich voneinander ab. Kommt es zu einem Rechtsstreit im Rahmen eines Erbfalles, so kann

---

6 Flick/Piltz Rn 95

die für die Entscheidung von dem Gericht zugrunde gelegte maßgebliche Rechtsordnung unterschiedlich sein, je nach dem Ort, an dem der Rechtsstreit ausgetragen wird.

Fall:[7]

Der deutsche Erblasser D wohnt mit seiner Ehefrau F in Brüssel. Aus seiner Ehe sind die beiden Kinder K1 und K2 hervorgegangen, die in München studieren. D stirbt, ohne ein Testament errichtet zu haben. Sein Nachlass besteht aus Barvermögen und Wertpapieren. Zwischen F und den beiden Kindern K1 und K2 bricht ein Streit über die Erbauseinandersetzung aus. Welches Recht ist anwendbar?	14

➢ Lösung aus deutscher Sicht:

Nach Art 25 I EGBGB unterliegt die Rechtsnachfolge von Todes wegen dem Recht des Staates, dem der Erblasser im Zeitpunkt seines Todes angehörte. Die Beurteilung der erbrechtlichen Streitfragen richtet sich daher nach deutschem Recht. 15

➢ Lösung aus belgischer Sicht:

Die Rechtsnachfolge von Todes wegen in bewegliches Vermögen (D hinterlässt Barvermögen und Wertpapiere) beurteilt sich nach dem Recht am letzten Wohnsitz des Erblassers. Da D zuletzt in Brüssel wohnte, richtet sich die Streitfrage nach materiellem belgischen Erbrecht. Der den Anspruchsteller vertretende Anwalt sollte bereits jetzt prüfen, ob er die Streitfrage vor einem deutschen oder vor einem belgischen Gericht anhängig macht und austrägt. 16

Die Anwendung unterschiedlicher Rechtsordnungen kann zu unterschiedlichen Ergebnissen führen. Während der Erblasser bei einem rein innerstaatlichen Erbfall ein in sich geschlossenes Regelungssystem vorfindet, greifen bei einem internationalen Erbfall (Sachverhalt mit Auslandsberührung) zum Teil höchst unterschiedliche Regelungen ein, die nur in den wenigsten Fällen aufeinander abgestimmt sind und oft zu sich überschneidenden oder schwer zu vereinbarenden Ergebnissen führen. 17

b. Hinkende Rechtsverhältnisse/Rechtsspaltung (Nachlassspaltung)

Mit dem vorgenannten Fall ist das Problem hinkender Rechtsverhältnisse angesprochen. Hinkende Rechtsverhältnisse sind Rechtsverhältnisse, für die aus der Sicht verschiedener Rechtsordnungen jeweils ein unterschiedliches Sachrecht anzuwenden ist, was zu sachlich unterschiedlichen Ergebnissen führen kann. 18

Davon abzugrenzen ist die Rechtsspaltung. Bei ihr wird eine an und für sich einheitliche Vermögensmasse nicht einer, sondern zwei oder mehreren 19

7 Nach Flick/Piltz Rn 6

Rechtsordnungen unterworfen. Als Beispiel für eine Rechtsspaltung im Internationalen Erbrecht kann die Nachlassspaltung angeführt werden, die beispielsweise in Frankreich gilt. Anknüpfungsgegenstand für die Rechtsnachfolge in bewegliches Vermögen ist dort der Wohnsitz des Erblassers und für unbewegliches Vermögen das Recht des Lageortes. Bei der Nachlassspaltung wird der Nachlass in selbstständige einzelne Vermögensmassen aufgeteilt, die unterschiedlichen Rechtsordnungen unterworfen werden.

20 Auch dem deutschen materiellem Erbrecht ist eine Nachlassspaltung nicht fremd. Sie gibt es zum einen im Höferecht. Gehört zum Nachlass ein Hof im Sinne des § 1 der Höfeordnung, so tritt eine Nachlassspaltung ein zwischen dem Hofesvermögen und dem hofesfreien Vermögen. Gemäß § 4 Höfeordnung fällt der Hof als Teil der Erbschaft kraft Gesetzes nur einem der Erben zu, dem Hofeserben.

21 Zum anderen gibt es die Nachlassspaltung im Personengesellschaftsrecht bei Vereinbarung der qualifizierten Nachfolgeklausel. Die Gesellschafterstellung wird vererblich gestellt. Es rücken nur diejenigen Erben in die Gesellschafterstellung des durch Tod ausgeschiedenen Gesellschafters ein, die nach dem Gesellschaftsvertrag dafür vorgesehen sind und die nach einer letztwilligen Verfügung zum Gesellschafternachfolger bestimmt sind. Der begünstigte Erbe rückt im Wege der Sondererbfolge unmittelbar und direkt in die volle Gesellschafterstellung des Erblassers ein. Es findet kein Durchgangserwerb der Miterbengemeinschaft statt.

22 Ursachen für Hinkende Rechtsverhältnisse sind:

- Doppelte Staatsangehörigkeit;
- Unterschiedliche Anknüpfung in den einzelnen Kollisionsrechten;
- Unterschiedliche Anknüpfung in den einzelnen Kollisionsrechten in Verbindung mit der besonderen Rechtstechnik bei Rückverweisungen;
- Rechtswahl.

c. Forum-Shopping

23 In den Fällen hinkender Rechtsverhältnisse sind auch neben den deutschen die Gerichte des ausländischen Staates international zuständig. Die an dem Nachlass Beteiligten haben die Wahl, welches Gericht sie anrufen. Diese Wahlmöglichkeit wird als »Forum-Shopping« bezeichnet.[8]

Praxis-Tipp:

24 *Wer als deutscher anwaltlicher Berater die Möglichkeiten dieses »Forum-Shopping« nicht erkannt hat und das Gericht des Staates anruft, dessen Rechtsordnung für den Mandanten ungünstiger ist, kann sich gegenüber seinem Mandanten **schadensersatzpflichtig** machen.*[9]

8 Von Oertzen ZEV 1995, 167 ff, 171 Ziffer 6.3 und dort Fußnote 29
9 Von Oertzen ZEV 1995, 171 Fußnote 29

Fall:

Der Deutsche D hat zugleich die italienische Staatsangehörigkeit und verfügt über Vermögen in Deutschland, lebt aber in Italien. Er hat seine Ehefrau enterbt, die Pflichtteilsansprüche gegen den Erben E nach dem Tode ihres Ehemannes D geltend macht. 25

➢ Lösung aus deutscher Sicht:

Nach Art 25 I EGBGB kommt es auf die Staatsangehörigkeit des Erblassers im Zeitpunkt des Erbfalles an. D war Deutscher und Italiener. Gehört der Erblasser mehreren Staaten an, ist nach Art 5 I 1 EGBGB das Recht desjenigen dieser Staaten anzuwenden, mit dem die Person am engsten verbunden ist. Dies wäre bei D Italien, da er dort lebt. Aber nach Art 5 I 2 EGBGB geht die deutsche Rechtsstellung vor, wenn der Erblasser auch Deutscher ist. Es ist daher das deutsche Sachrecht anzuwenden. 26

➢ Lösung aus italienischer Sicht:

Nach Art 46 des italienischen IPRG wird an die italienische Staatsangehörigkeit des D angeknüpft. Demnach ist das italienische materielle Erbrecht anwendbar. In Italien ist das Pflichtteilsrecht (Riserva) großzügiger ausgestaltet. Es gewährt dem Pflichtteilsberechtigten ein echtes Noterbrecht. Dem überlebenden Ehegatten steht neben einem Kinde eine Pflichtteilsquote von $^1/_3$ des Nachlasses als Noterbrecht zu. 27

Hat der anwaltliche Berater die günstigere Rechtsstellung des Pflichtteilsberechtigten nach italienischem Erbrecht nicht erkannt, dürfte er sich gegenüber seinem Mandanten schadensersatzpflichtig gemacht haben. 28

Die Regelungen in den einzelnen Staaten sind **nicht aufeinander abgestimmt.** Das kann zu unerwünschten Ergebnissen führen. Dazu folgender 29

Fall:

Die deutsche Witwe F hat zuletzt in Frankfurt gelebt, wo sie verstirbt. Sie hinterlässt ihren einzigen Sohn S und eine Schwester T. Ihr Nachlass besteht aus zwei gleichwertigen Grundstücken mit einem Verkehrswert von jeweils 1 000 000 €. Das eine Grundstück befindet sich in New York, das andere in Paris. Die Witwe F möchte beide, sowohl ihren Sohn S als auch ihre Schwester T, gleich behandeln und wendet durch Testament das Grundstück in New York dem Sohn S und das Grundstück in Paris ihrer Schwester T zu. 30

Für die Rechtsnachfolge in Immobilien gilt sowohl für Frankreich als auch für den Staat New York das Recht des Lageortes (Nachlassspaltung). Die Nachfolge in das amerikanische Grundstück unterliegt dem Recht von New York. Der Sohn S wird wie vorgesehen Alleinerbe dieses Grundstücks. Demgegenüber gilt für das Grundstück in Paris französisches Erbrecht. Nach französischem Erbrecht steht der Schwester T das Grundstück in Paris nicht allein, 31 sondern nur zur Hälfte zu. Die andere Hälfte gebührt dem Sohn S als Pflichtteil. Der im jeweiligen Staat gelegene Nachlass ist als Ganzes zu sehen. Aus französischer Sicht hat der Sohn S nichts geerbt. Ihm steht daher nach französischem Erbrecht als Pflichtteil ein materielles dingliches Noterbrecht zu, das er im Wege der Herabsetzungsklage geltend machen kann, Art 913 CC. Ihm steht daher das Grundstück in Paris neben dem Grundstück in New York noch zur Hälfte zu. Im Ergebnis erhält der Sohn S nunmehr 75 % des Nachlasses, während die Schwester T lediglich 25 % bekommt, obwohl sich die Erblasserin eine gleichmäßige Teilhabe beider Personen an ihrem Nachlass vorgestellt hatte. Bei der testamentarischen Beratung der Witwe F hätte berücksichtigt werden müssen, dass der Staat New York kein Pflichtteilsrecht kennt.

Praxis-Tipp:

32 *Um sich vor Regressgefahren zu schützen, reicht es für den deutschen anwaltlichen Berater nicht aus, sich mit dem Kollisionsrecht aus deutscher Sicht zu befassen; vielmehr hat er das Kollisionsrecht auch aus ausländischer Sicht zu prüfen und die jeweiligen Rechtsfolgen aus deutscher Sicht und aus ausländischer Sicht einander gegenüber zu stellen, um die für den Mandanten günstigste Rechtsfolge durchzusetzen.*

33 Im Falle der Streitentscheidung hat er die Möglichkeiten des Forum-Shopping zu nutzen.

34 Bei der vorsorgenden Planung und Gestaltung erbrechtlicher Beziehungen hat er hinkende Rechtsverhältnisse aufzuspüren und nach Möglichkeit durch **Gestaltungsmaßnahmen** zu vermeiden. Als Möglichkeiten kommen in Betracht:

- Rechtswahl;
- Verzicht auf eine Rechtswahl;
- Rechtsgestaltung auf der sachrechtlichen Ebene, indem die unterschiedlichen Bestimmungen im Sachrecht sowohl der einen als auch der anderen Rechtsordnung beachtet werden und durch die Gestaltung von letztwilligen Verfügungen ausgeglichen werden.

B. Ermittlung des anzuwendenden Privatrechts 1543

ÜBERBLICK

B. Ermittlung des anzuwendenden Privatrechts

Die nachfolgende Darstellung folgt dem Aufbauschema, nach dem das für die Beurteilung des Sachverhalts maßgebliche Recht zu erarbeiten ist. 35

I. Internationales Einheitsrecht

Das Internationale Einheitsrecht ersetzt innerstaatliches materielles Recht. Es ist gegenüber dem Internationalem Privatrecht **vorrangig,** da eine Prüfung des nationalen Rechts durch staatsvertragliche Regelungen ausgeschlossen wurde.[1] Es handelt sich dabei um multilaterale Verträge, die im Erbrecht nicht vorliegen. 36

Auf anderen Rechtsgebieten sind zu nennen: 37

- Das Wiener UN-Übereinkommen über Verträge über den Internationalen Warenkauf vom 11.4. 1980 (CISG, es gilt für alle Exportgeschäfte deutscher Unternehmen und bei Importgeschäften aus den Vertragsstaaten);
- Das Scheck- und Wechselgesetz;
- Das CMR-Übereinkommen über den Beförderungsvertrag im internationalen Straßengüterverkehr.

Im Geltungsbereich des Internationalen Einheitsrechts ist regelmäßig ein Rückgriff auf nationales Recht und damit auch ein Rückgriff auf Internationales Privatrecht ausgeschlossen.[2] 38

II. Internationales Privatrecht – aus der Sicht des deutschen Rechts

1. Staatsverträge

Nach Art 3 II EGBGB gehen Staatsverträge den Vorschriften der Art 3 ff EGBGB vor. 39

Derartige **Staatsverträge** sind zur Zeit:[3] 40

- Deutsch-Iranisches Niederlassungsabkommen vom 17. 2. 1929.[4]

  Nach dessen Art 8 III ist für den gesamten Nachlass das Recht des Heimatstaates maßgebend. Das Abkommen entspricht dem Art 25 I EGBGB. Es

1 Krug/Kroiß § 21 Rn 3
2 Zweigert/Drobnig RabelsZ 1965, 146 ff
3 Nieder Rn 392
4 BGBl II 1955, 829

ist aber auf Personen, die sowohl die deutsche als auch die iranische Staatsangehörigkeit besitzen, nicht anwendbar.[5] Soweit sich die Bestimmung des Erbstatuts nach diesem Abkommen richtet, ist für iranische Staatsangehörige eine Rechtswahl nach Art 25 II EGBGB ausgeschlossen.[6]

- Deutsch-Türkischer Konsularvertrag vom 28. 5. 1929.[7]
- Nach § 14 der Anlage zu Art 20 des Konsularvertrages (Nachlassabkommen) richtet sich die Erbfolge in das bewegliche Vermögen nach dem Heimatrecht des Erblassers und die Erbfolge in Immobilien nach dem Recht des Lageortes. Es tritt daher Nachlassspaltung ein, wenn ein Türke mit Grundbesitz in Deutschland oder ein Deutscher mit Grundbesitz in der Türkei verstirbt.
- Konsularabkommen zwischen der Bundesrepublik und der UDSSR vom 25. 4. 1958.[8]
- Nach Art 28 III des Konsularvertrages gilt für das unbewegliche Vermögen das Recht des Lageortes. Dieses Abkommen gilt nunmehr zwischen Deutschland und Russland, sowie möglicherweise aufgrund der Erklärung von Alma Ata vom 23. 12. 1991 auch für die übrigen GUS-Staaten.[9]
- Eine Nachlassspaltung ist auch hier möglich, wenn ein Russe mit Grundvermögen in Deutschland oder ein Deutscher mit Immobilienvermögen in den GUS-Staaten verstirbt.[10]

2. Art 25, 26 EGBGB

a. Anknüpfungsgegenstand:

41 Fehlen Staatsverträge, sind die Kollisionsnormen für den Anknüpfungsgegenstand »Erbrecht« im deutschen Internationalen Privatrecht die Art 25, 26 EGBGB nF. Das Internationale Privatrecht wurde durch Gesetz vom 25. 7. 1986[11] neu geregelt. Das Gesetz trat am 1. 9. 1986 in Kraft. Eine Übergangsregelung enthält **Art 220 I EGBGB:**

»Auf vor dem ersten September 1986 abgeschlossene Vorgänge bleibt das bisherige Internationale Privatrecht anwendbar.«

5 Schotten, IPR, Rn 264
6 Ermann-Hohlock, Art 25 EGBGB Rn 4
7 BGBl II 1952, 608
8 BGBl II 1959, 233 und 460
9 Vgl Schotten, IPR, Rn 265
10 Krug/Kroiß § 21 Rn 43
11 BGBl I, 1142

Beispiel:

Errichtet ein Däne 1985 ein Testament und stirbt er 1999 in Deutschland, so ist Art 25 EGBGB nF anzuwenden. Zu jeder Kollisionsnorm gehört ein zeitlicher Bezug. Art 25 I EGBGB stellt auf den Zeitpunkt des Todes des Erblassers ab.[12]	42

Art 25, 26 EGBGB nF gelten für alle nach dem 31.8.1986 eingetretenen Erbfälle und alle nach diesem Datum errichteten Verfügungen von Todes wegen.[13] 43

Art 25 EGBGB ist eine allseitige Kollisionsnorm. Durch sie wird sowohl die Anwendbarkeit des deutschen als auch des fremden Rechts geregelt. Aus deutscher Sicht wird jeder Erblasser nach seinem Heimatrecht zur Zeit seines Todes beerbt, da Art 25 EGBGB an die Staatsangehörigkeit des Erblassers zur Zeit seines Todes anknüpft. 44

b. Erbstatut

Die erbrechtlichen Normen des Heimatrechts bilden das »Erbstatut« des Erblassers. Unter dem Begriff »Statut« versteht man die Gesamtheit der Sachnormen, die für die Beurteilung eines bestimmten Rechtsverhältnisses maßgebend sind.[14] 45

Die Feststellung der Staatsangehörigkeit selbst ist eine Vorfrage, die besonders angeknüpft wird. Maßgebend ist dafür das Personalstatut in Art 5 EGBGB als besonderer Anknüpfungspunkt.[15] 46

Bei Doppel- oder Mehrstaaten richtet sich gemäß Art 5 I 1 EGBGB nF das Erbstatut nach dem Recht des Staates, mit dem der Erblasser am engsten verbunden war, insbesondere durch seinen gewöhnlichen Aufenthalt oder durch den Verlauf seines Lebens. Darin verkörpert sich der Grundsatz der effektiven Staatsangehörigkeit. War der Erblasser jedoch auch Deutscher, so gilt das deutsche Erbstatut; es wird das deutsche Sachrecht angewandt, Art 5 I 2 EGBGB. 47

War der Erblasser staatenlos oder kann seine Staatsangehörigkeit nicht festgestellt werden, so gilt das Erbstatut des Staates, in dem er seinen gewöhnlichen Aufenthalt oder, mangels eines solchen, seinen Aufenthalt hatte, Art 5 II EGBGB. 48

Volksdeutsche, Flüchtlinge und Vertriebene mit fremder Staatsangehörigkeit und ihre Ehegatten und Abkömmlinge sind seit dem 24. 5. 1949 kollisionsrechtlich deutschen Staatsangehörigen gleichgestellt.[16] 49

12 Dölle DNotZ 1988, 67, 69 ff
13 Dörner DNotZ 1988, 67 ff, 80 ff, BayObLG NJW 1987, 1148 ff
14 Palandt/Heldrich Einleitung Art 3 EGBGB Rn 1
15 Staudinger/Blumenwitz Art 5 EGBGB Rn 5
16 Art 116 GG und Art 9 Abschnitt II Ziffer 5 FamRÄndG vom 11. 8. 1961, BGBl I, 1222

c. Qualifikation

50 Die Qualifikation betrifft die Einordnung des im Einzelfall gegebenen Sachverhaltes unter den Anknüpfungspunkt »Erbrecht« nach Art 25 EGBGB und damit den Umfang der Anwendung des Erbstatutes. Die Einordnung dieses Sachverhalts erfolgt nach den Begriffen der Lex fori, dh des deutschen Rechts. Aus deutscher Sicht unterfallen dem Erbstatut alle mit dem Erbfall zusammenhängenden Fragen. Dazu gehören:

- Die Bestimmung des Erbfalls;
- Die Erbfähigkeit;
- Die Erbunwürdigkeit;
- Der Umfang des zum Nachlass gehörenden Vermögens;
- Die Erbberufung aufgrund gesetzlicher Erbfolge einschließlich der Noterbrechte nach ausländischen Rechten;[17]
- Die Erbberufung durch Verfügung von Todes wegen einschließlich der Form, Art 26 EGBGB, gemeinschaftlichem Testament und Erbvertrag;
- Inhalt und Rechtswirkungen der Testamentsvollstreckung;[18]
- Die Testierfähigkeit;
- Der Ausschluss von der Erbfolge einschließlich des Erbverzichts[19] und der Ausschlagung;[20]
- Das Verhältnis der Erben zueinander;
- Das Vermächtnis, die Auflage und das Pflichtteilsrecht;[21]
- Die Erbenhaftung;
- Die Anrechnung von Vorempfängen;
- Die Ausgleichspflicht;
- Die Anrechnung auf den Pflichtteil;
- Der Auskunftsanspruch gegen den Erbschaftsbesitzer;
- Die Aktivlegitimation der Miterben;
- Der Erbschaftskauf;
- Die Schenkung von Todes wegen;
- Das gesetzliche Erbrecht des Fiskus.

51 Nicht unter das Erbstatut fallen nach deutscher Sicht der Eintritt des Todes (Personalstatut), die Todeserklärung und Todesvermutung.[22]

d. Vorfragen:

52 Unter einer Vorfrage versteht man jede Frage nach dem Bestehen eines präjudiziellen Rechtsverhältnisses oder einer Rechtslage, die im Tatbestand einer in- bzw ausländischen Kollisions- oder Sachnorm vorausgesetzt wird.[23]

17 BayObLG FamRZ 1996, 694 ff
18 BayObLG DNotZ 1991, 546 ff
19 Riering ZEV 1998, 248 ff
20 BayObLG NJW-RR 1998, 798 ff
21 BGH FamRZ 1993, 1065 ff
22 Zu allem: Nieder Rn 392
23 Krug/Kroiß § 21 Rn 35

Fall:[24]

> *Der griechische Staatsangehörige S hatte mit der griechischen Staatsangehörigen N die Ehe nach griechisch orthodoxem Ritus vor dem Popen in Köln geschlossen. Eine standesamtliche Trauung fand nicht statt. Der Ehemann S stirbt ohne Hinterlassung von Nachkömmlingen an dem letzten gemeinsamen Wohnort in Griechenland. Wer wurde zu welcher Quote Erbe?* 53

Art 25 EGBGB verweist auf das Heimatrecht des S, mithin das griechische IPR, das die Verweisung annimmt. Nach dem griechischen Erbrecht erbt die Ehefrau allein. Es stellt sich hier die Vorfrage, ob eine wirksame Ehe vorliegt. 54

Umstritten ist, ob derartige Vorfragen selbstständig oder unselbstständig angeknüpft werden. Bei einer selbstständigen Anknüpfung ist die Kollisionsnorm der Lex fori, hier dem deutschen IPR, zu entnehmen. Eine unselbstständige Anknüpfung beurteilt die Vorfrage nach dem IPR der Hauptfrage. Die IPR der Hauptfrage verweist im vorliegenden Fall auf das griechische IPR. Bei unselbstständiger Anknüpfung würde sich daher die Wirksamkeit der Ehe nach griechischem IPR richten. 55

Die herrschende Meinung[25] bevorzugt grundsätzlich die **selbstständige Anknüpfung.** Nach Ansicht des BGH[26] ist die Vorfrage nach der Gültigkeit einer Ehe im deutschen Internationalen Erbrecht grundsätzlich selbstständig anzuknüpfen. 56

Die selbstständige Anknüpfung führt im vorliegenden Fall zur Nichtehe über Art 13 III 1 EGBGB, da eine Ehe im Inland nur in der hier vorgeschriebenen Form geschlossen werden kann. 57

Die Gegenansicht[27] verweist auf die internationale Entscheidungsharmonie und knüpft unselbstständig an. 58

Würde man im vorliegenden Fall unselbstständig anknüpfen, käme man zum griechischen Recht und damit zu einer wirksamen Ehe. In derartigen Fällen spricht man von »Hinkenden Rechtsverhältnissen«, hier von einer »Hinkenden Ehe«. 59

Um diese missliche Lage zu lösen, nimmt eine vermittelnde Meinung eine Abwägung dahingehend vor, dass geprüft wird, welches Interesse überwiegt.[28] 60

Im vorliegenden Fall dürfte das griechische Interesse überwiegen, da die Ehegatten zuletzt in Griechenland lebten, so dass sich die Vorfrage des Bestehens der Ehe nach griechischem Recht richten müsste. 61

Vorfrage ist auch der Fortbestand der Ehe bei einer sog **»Hinkenden Ehescheidung«,** bei der das in Deutschland ergangene Scheidungsurteil in Italien aus bestimmten Gründen nicht anerkannt worden ist; aus italienischer Sicht 62

24 BGHZ 43, 213
25 Palandt/Heldrich, Einleitung vor Art 3 EGBGB, Rn 29
26 BGH NJW 1981, 1900
27 MüKo-Sonnenberger, Einleitung zu Art 3 EGBGB, Rn 390 ff
28 BVerfG NJW 1983, 511

würde die Ehe fortbestehen, aus deutscher Sicht wäre sie wirksam geschieden. Ob hier unselbstständig (italienische Sicht) oder selbstständig (deutsche Sicht) angeknüpft wird, hängt davon ab, wo der Schwerpunkt des Sachverhaltes, hier der Lebensmittelpunkt der Eheleute, liegt. Das Abstellen auf den Lebensmittelpunkt folgt dem Prinzip der äußeren Entscheidungsharmonie. Lebten die Eheleute in Italien, so wird man vom Fortbestand der Ehe ausgehen.[29]

63 **Weitere Vorfragen,** die gesondert angeknüpft werden, sind:

- Die Rechtsfähigkeit, Art 7 ff EGBGB;
- Der Eintritt des Todes, Art 9 EGBGB;
- Die Zugehörigkeit eines bestimmten Gegenstandes zum Nachlass, beispielsweise der Gesellschaftsanteil einer Personengesellschaft;[30]
- Die Staatsangehörigkeit;[31]
- Das Domizil.[32]

3. Abgrenzung Erbstatut und Güterrechtsstatut

64 Mit der Qualifikation eines Sachverhaltes hängt die Abgrenzung des Erbstatutes zu anderen Statuten eng zusammen; zahlreiche Fragen wirft insbesondere die Abgrenzung zum Güterrechtsstatut auf.

a. Problemstellung:

65 Der Tod einer Person löst zum einen die im Erbrecht geregelte Rechtsnachfolge in den Nachlass aus, verbunden mit Auseinandersetzungsregelungen bei Miterben oder sonst Begünstigten. Das Erbstatut – mithin die Gesamtheit aller erbrechtlichen Sachnormen – ist heranzuziehen für die Beurteilung aller erbrechtlichen Fragen. Darunter sind alle Rechtsfragen zu verstehen, die sich daraus ergeben, dass mit dem Tod eines Menschen sein Vermögen auf andere übergeht.[33]

66 Mit dem Tod eines verheirateten Erblassers wird gleichzeitig die güterrechtliche Gemeinschaft mit seinem Ehepartner aufgehoben. Dem überlebenden Ehegatten stehen Rechte aus dem jeweils beendeten Güterstand zu. Das Verhältnis der erbrechtlichen zu den güterrechtlichen Rechten und Ansprüchen ist zu klären.

67 Gleichzeitig greifen erbrechtliche und güterrechtliche Regelungen ineinander. Nach deutschem Erbstatut beeinflusst der Güterstand die Erbquoten;

29 OLG Hamm FamRZ 1993, 607 ff
30 Flick/Piltz Rn 98 ff
31 Flick/Piltz Rn 183
32 Flick/Piltz Rn 1019
33 Flick/Piltz Rn 136, 151

beim deutschen gesetzlichen Güterstand wird die Erbquote des überlebenden Ehegatten um 1/4 erhöht, §§ 1931 III, 1371 I BGB. Bei Gütertrennung ist an § 1931 IV BGB zu denken. Wegen dieses erbrechtlichen Bezuges ist zu prüfen, ob die vorgenannten Normen erbrechtlich oder güterrechtlich zu qualifizieren sind.

Die Probleme häufen sich, wenn neben einem deutschen Erbstatut ein ausländisches Güterrechtstatut anzuwenden ist. Das Gleiche gilt im umgekehrten Falle. **68**

Demgemäß kann das jeweils anwendbare Recht voneinander abweichen. Das Erbstatut knüpft gemäß Art 25 I EGBGB an die Staatsangehörigkeit des Erblassers zur Zeit des Erbfalles an. **69**

Im Erbrecht ist eine Rechtswahl zugunsten des deutschen Erbstatuts für das in Deutschland belegene unbewegliche Vermögen nach Art 25 II EGBGB zulässig. **70**

Von diesen Regelungen weicht die Anknüpfung im ehelichen Güterrecht erheblich ab, wie nachstehend aufgezeigt wird: **71**

b. Anknüpfungspunkte im ehelichen Güterrecht

Da das Internationale Privatrecht zum 1. 9. 1986 durch das IPR-Gesetz vom 25. 7. 1986 (BGBl I, 142 ff) eine erhebliche Änderung erfahren hat, sind für die Anknüpfung unterschiedliche Zeitabschnitte zu beachten. **72**

aa. Eheschließung seit dem 1. 9. 1986 (heutige Rechtslage)

Bei Ehen, die seit dem 1. 9. 1986 geschlossen wurden, gilt Art 15 EGBGB in seiner aktuellen Fassung. Es stellt auf die Verhältnisse bei der Eheschließung ab. Es enthält keine eigene Verweisungsnorm, sondern verweist für die güterrechtlichen Wirkungen der Ehe auf das allgemeine Ehewirkungsstatut des Art 14 EGBGB, allerdings bezogen auf die Verhältnisse bei der Eheschließung. Das Güterrechtstatut ist daher unwandelbar, von der Möglichkeit der besonderen Rechtswahl gemäß Art 15 II EGBGB abgesehen. **73**

Art 15 II EGBGB enthält drei wählbare Statute: **74**

- Das Recht des Staates, dem einer von ihnen angehört,
- Das Recht des Staates, in dem einer von ihnen seinen gewöhnlichen Aufenthalt hat oder
- für unbewegliches Vermögen das Recht des Lageortes.

Die Rechtswahl muss notariell beurkundet werden, Art 15 III, 14 IV EGBGB. **75**

Musterformulierung:

76 Die Rechtswahl könnte in der notariellen Urkunde wie folgt formuliert werden:

»Rubrum pp.,

Der Ehemann M erklärt: Ich bin französischer Staatsangehöriger,
die Ehefrau F erklärt: Ich bin deutsche Staatsangehörige.

Daraufhin erklären beide Eheleute: Wir beabsichtigen, miteinander die Ehe einzugehen. Für die güterrechtlichen Wirkungen unserer Ehe wählen wir das Recht der Bundesrepublik Deutschland.«

bb. Eheschließung vor dem 1. 9. 1986

77 Für Ehen, die vor dem 1. 9. 1986 geschlossen wurden, gilt die Überleitungsvorschrift des Art 220 EGBGB. Es handelt sich um eine intertemporale Norm.

78 Für die Feststellung des anwendbaren Rechts ist weiter zu differenzieren:

- Eheauflösung vor dem 1. 9. 1986:
  Es handelt sich dabei um einen vor dem 1. 9. 1986 abgeschlossenen Vorgang. Gemäß Art 220 I EGBGB bleibt auf diese Vorgänge das bisherige Internationale Privatrecht anwendbar.
- Anknüpfungspunkte für Ehen, die am 1. 9. 1986 noch bestanden haben:
  Art 220 III EGBGB differenziert erneut:
  - Für Ehen, die **vor dem 1. 4. 1953** geschlossen wurden, bleibt es bei der Anwendung des Art 15 aF EGBGB, der auf das Heimatrecht des Ehemannes zum Zeitpunkt der Eheschließung abstellte, wobei eine Rechtswahl möglich ist, Art 220 III 6 EGBGB. Eine verfassungskonforme Auslegung des Art 15 EGBGB aF ist geboten.[34]
  - Eheschließung **vom 1. 4. 1953 bis zum 8. 4. 1983:**
    Das Datum des 8. 4. 1983 beruht darauf, dass an diesem Tage die Entscheidung des Bundesverfassungsgerichts bekannt wurde, in der Art 15 EGBGB aF mit Gesetzeskraft für nichtig erklärt wurde.[35]
    Art 220 III EGBGB enthält dazu eine eigene Kollisionsnorm in Form einer »Anknüpfungsleiter«, Art 220 III 1 Nr. 1 bis 3 EGBGB.
    Für die Zeit **nach dem 8. 4. 1983** ist auch für diese Eheschließungsgruppe Art 15 nF EGBGB anzuwenden.
  - Eheschließung **vom 9. 4. 1983 bis zum 1. 9. 1986:**
    In diesen Fällen ist Art 15 EGBGB nF – rückwirkend – anwendbar, Art 220 III 5 EGBGB.[36]

---

34 BVerfG NJW 1983, 1968 ff
35 BVerfGE 63, 181
36 Palandt/Heldrich Art 15 Rn 5 ff EGBGB

c. Lösung des Konflikts zwischen Erbstatut und Güterrechtsstatut

aa. Im inländischen Recht

Maßgeblich ist § 1371 BGB. Wird der überlebende Ehegatte Erbe, so wird der güterrechtliche Ausgleich dadurch vollzogen, dass sich die Erbquote des überlebenden Ehegatten um 1/4 der Erbschaft erhöht, § 1371 I BGB. 79

Wird der überlebende Ehegatte nicht Erbe, kann er nach § 1371 II BGB zum einen den rechnerischen (güterrechtlichen) Zugewinnausgleich verlangen, zum anderen den Pflichtteil nach dem nicht erhöhten gesetzlichen Erbteil des Ehegatten. Diese Regelungen sind in sich abgestimmt. 80

bb. Bei einem Sachverhalt mit Auslandsberührung

- Normenhäufung und Normenmangel:

Da die Privatrechtsordnungen der einzelnen Staaten nicht miteinander abgestimmt sind, entsteht das **Problem der Normenhäufung und des Normenmangels.** 81

Spannungen entstehen hier insbesondere dann, wenn zwei Rechtsordnungen aufeinander treffen, die den erbrechtlichen und güterrechtlichen Ausgleich unterschiedlich regeln. Denkbar ist, dass die eine Rechtsordnung den Ausgleich über das Erbrecht herbeiführt, die andere ausschließlich über das Güterrecht. 82

➢ Normenmangel:

Fall:[37]

Ein Spanier mit Wohnsitz in der Türkei heiratet dort eine Türkin. Später zieht er mit seiner türkischen Ehefrau nach Deutschland und gründet hier seinen Wohnsitz, an dem er auch verstirbt. 83

Die güterrechtliche Auseinandersetzung richtet sich nach türkischem Recht, Art 15 I, 14 I 1 Nr. 2 EGBGB. Die Erbfolge richtet sich nach spanischem Recht, Art 25 I EGBGB. 84

In der Türkei ist gesetzlicher Güterstand die Gütertrennung. Aufgrund dieses Güterstandes erhält die Witwe güterrechtlich keine Beteiligung am Vermögen ihres verstorbenen Ehemannes. Kraft Erbrechts erhält sie nach spanischem Recht neben Abkömmlingen des Erblassers lediglich den Nießbrauch an 1/3 des Nachlasses, Art 834 Codigo Civile. Die Ehefrau erhielte mehr, wenn nur jeweils eine Rechtsordnung gelten würde. Würde nur türkisches Recht gelten, so bekäme die Witwe neben einem Kind die Hälfte des Nachlasses kraft Erbrechts. 85

Würde nur spanisches Recht gelten, so bekäme die Frau kraft Güterrechts die Hälfte des gemeinschaftlichen Vermögens und zusätzlich noch erbrechtlich den Nießbrauch an 1/3 des dann noch verbleibenden Nachlasses. 86

37 Henrich, Forum Familien- und Erbrecht 2000, Seite 85 ff, 89

87 Die Kombination von türkischem und spanischem Recht führt dazu, dass die Ehefrau weniger bekommt als jedes der beiden beteiligten Rechte ihr zugestehen würde. Dieser Fall wird als Normenmangel bezeichnet.

➢ Umgekehrt gibt es den Fall der Normenhäufung.

Fall:

88 *Eine Spanierin heiratet einen Engländer. Im Zeitpunkt der Eheschließung hatten beide Ehegatten ihren gewöhnlichen Aufenthalt in Spanien. Der Ehemann betrachtete auch diesen Aufenthalt als nur vorübergehend. Im Verlauf der Ehe haben die Eheleute in verschiedenen Ländern gewohnt, zuletzt in Deutschland. Der Engländer hat, da er alle ausländischen Aufenthalte nur als vorübergehend ansah, sein englisches Ursprungsdomizil niemals aufgegeben. Der Engländer stirbt schließlich in Deutschland.*

89 Güterrechtlich ist spanisches Güterrecht anzuwenden, Art 15 I, 14 I 1 Nr. 2 EGBGB. Nach spanischem Güterrecht bekommt die Witwe die Hälfte des gemeinschaftlichen Vermögens.

90 Erbrechtlich verweist Art 25 I EGBGB auf das Heimatrecht des Engländers, und zwar zunächst auf das englische Internationale Privatrecht. Nach dem englischen Internationalen Privatrecht bestimmt sich die Rechtsnachfolge in bewegliches Vermögen nach dem Domizil. Der Erblasser hatte das Domizil in England niemals aufgegeben. Demnach gilt englisches materielles Erbrecht. Nach englischem Erbrecht hat die Ehefrau zunächst einen Anspruch auf Zahlung von 125 000 englischen Pfund aus dem Nachlass. Ferner steht ihr an der Hälfte des restlichen Nachlasses ein sogenanntes »Life interest« zu, ein lebenslängliches Nutznießungsrecht oder genauer: ein auf ihre Lebenszeit befristetes Eigentum.[38]

91 Das englische Erbrecht bedenkt die überlebende Ehefrau deswegen so großzügig, weil in England die Gütertrennung der gesetzliche Güterstand ist und demnach güterrechtliche Ansprüche ausscheiden.

Hier führt das Zusammentreffen der beiden Rechte (spanisches Güterrecht und englisches Erbrecht) dazu, dass die Ehefrau mehr bekommt, als jede der beteiligten Rechtsordnungen ihr geben würde.

92 Weder der Normenmangel noch die Normenhäufung sind akzeptabel. In der nationalen Gesetzgebung sind die erbrechtliche und die güterrechtliche Regelung aufeinander abgestimmt. Fehlt diese Abstimmung, ist eine Anpassung oder Angleichung erforderlich.

38 Ferid/Firsching/Henrich, Internationales Erbrecht, Großbritannien, Grundzüge Rn 93

- Anpassung/Angleichung:[39]

Für die Anpassung oder Angleichung gibt es keine gesetzliche Lösung. In der Literatur werden **zwei Lösungsmodelle** behandelt: 93

➢ Die kollisionsrechtliche Lösung:

Der Normenwiderspruch wird dadurch aufgelöst, dass auf der kollisionsrechtlichen Ebene die erbrechtliche und die güterrechtliche Regelung nur einer einzigen Rechtsordnung unterstellt werden, und zwar dahingehend, dass auch die Erbfolge nach dem Güterrechtsstatut oder die güterrechtliche Auseinandersetzung nach dem Erbstatut geregelt wird. Im obigen Fall des Normenmangels wäre es denkbar, dass die türkische Witwe nach türkischem Erbrecht die Hälfte des Nachlasses bekommt und das spanische Recht außer Betracht bleibt. 94

Im obigen Fall der Normenhäufung erhielte die spanische Witwe nur die Hälfte des Nachlasses, die ihr kraft spanischen Güterrechts zusteht. Auf die 125 000,00 englische Pfund und das Life interest an der anderen Hälfte des Restnachlasses müsste sie verzichten.

➢ Die materiell-rechtliche Lösung:

Dabei verbleibt es bei der kollisionsrechtlichen Aufspaltung in Güterrechtsstatut und Erbstatut. Es wird vielmehr das Ergebnis verglichen, zu dem die Kombination von Güterrechtstatut und Erbstatut führt, mit dem Ergebnis, zu dem jede der beiden beteiligten Rechtsordnungen für sich genommen kommen würde. 95

Im Fall des Normenmangels wird der Anteil des überlebenden Ehegatten auf das Niveau der für ihn ungünstigsten der beiden Einzellösungen angehoben, im Falle einer Normenhäufung auf das Niveau der für ihn günstigsten Einzellösung abgesenkt. 96

Vorzuziehen ist die materiell-rechtliche Lösung, da sie dem Prinzip der Gleichwertigkeit der Privatrechtsordnungen Rechnung trägt.[40] 97

d. Qualifikation des pauschalierten Zugewinnausgleichs nach § 1371 I BGB

Gemäß § 1371 I BGB wird bei Beendigung des Güterstandes durch den Tod eines Ehegatten der Zugewinnausgleich dadurch verwirklicht, dass sich der gesetzliche Erbteil des überlebenden Ehegatten um 1/4 der Erbschaft erhöht, wenn der überlebende Ehegatte Erbe wird. § 1371 I BGB hat eine Zwitterstellung. 98

Zum einen regelt er güterrechtlich den Ausgleich des Zugewinns in dem Falle, in dem der Güterstand durch Tod endet und der überlebende Ehegatte Erbe wird. Dabei erfolgt der Ausgleich pauschal. 99

39 Firsching/Von Hoffmann, IPR, § 6 Rn 31
40 Staudinger/Sturm, Einleitung IPR, Rn 55, 90, 114, 142

100 Zum anderen hat er eine erbrechtliche Komponente, indem sich der Erbteil des überlebenden Ehegatten um 1/4 der Erbschaft erhöht.

101 Für die erbrechtliche Qualifikation spricht die Erhöhung der Erbquote, die dazu führt, dass neben dem einheitlichen erbrechtlichen Anspruch ein getrennter güterrechtlicher Anspruch ausgeschlossen ist.[41]

102 Für die güterrechtliche Qualifikation spricht, dass § 1371 I BGB dazu dient, einen Vermögensausgleich zwischen den Eheleuten mit Auflösung der ehelichen Gemeinschaft herbeizuführen. Die Erhöhung des gesetzlichen Erbteils um 1/4 ist eine Folge der Zugewinngemeinschaft. Die güterrechtliche Einordnung ergibt sich auch aus der systematischen Stellung im Gesetz.

■ Ergebnisse der jeweiligen Qualifikation:

103 ➢ Wird § 1371 I BGB **als erbrechtliche Norm** qualifiziert, greift Art 25 I EGBGB ein; ist der Erblasser Ausländer, ist deutsches Recht nicht als Erbstatut berufen. Der überlebende Ehepartner hat keine Ansprüche aus § 1371 I BGB.

➢ Qualifiziert man § 1371 I BGB **als güterrechtliche Norm,** findet ein Zugewinnausgleich statt, da deutsches Güterrecht neben dem Erbstatut anzuwenden ist. In diesem Falle erhöht sich der gesetzliche Erbteil des überlebenden Ehegatten um 1/4 des Nachlasses, auch wenn sich die Erbfolge sonst nach ausländischem Recht richtet.[42]

■ Lösung der Qualifikationsfrage:

104 Die güterrechtliche Qualifikation erscheint vorzugswürdig.[43] Ein Rechtsinstitut ist typischerweise güterrechtlicher Natur, wenn es dazu dient, den Ausgleich für die während der Ehe erbrachten Leistungen des überlebenden Ehegatten herbeizuführen oder das während der Ehe ganz oder teilweise verschmolzene Vermögen der Eheleute zu entflechten. Um diesen Zweck geht es bei § 1371 I BGB. Die güterrechtliche Auseinandersetzung geschieht anlässlich des Todes eines Ehegatten und ist Vorstufe zur erbrechtlichen Verteilung des dann ermittelten Nachlasses. Soweit bestimmte Vermögenswerte dem überlebenden Ehegatten bereits aufgrund güterrechtlicher Teilhaberegeln zugewiesen werden, fallen sie nicht mehr in den Nachlass. Die güterrechtliche Auseinandersetzung geht der erbrechtlichen Verteilung vor.[44]

Unbillige Ergebnisse können im Einzelfall durch Angleichung (Anpassung) korrigiert werden.[45]

---

41 Staudinger/Firsching, Art 24 EGBGB aF, Rn 227

42 Flick/Piltz Rn 172; Schotten, IPR, Rn 284

43 Staudinger/Dörner, Art 25 EGBGB, Rn 32; Palandt/Heldrich Art 15 Rn 26 EGBGB

44 MüKo-Birk, Art 25 Rn 151 ff; BGHZ 40, Rn 34 f

45 Nieder Rn 398, dort Fußnote 350

Letztlich wird noch eine **vermittelnde Auffassung** vertreten: 105

- Diese Auffassung qualifiziert § 1371 I BGB sowohl güterrechtlich als auch erbrechtlich. Bei dem § 1371 BGB sind sowohl güterrechtliche als auch erbrechtliche Aspekte so stark miteinander verknüpft, dass die Anwendung der Norm grundsätzlich nur in Frage kommen soll, wenn deutsches Recht sowohl als Güterrechts- als auch als Erbstatut berufen ist.[46]

e. Fall zum Verhältnis Erbstatut und Güterrechtstatut, § 1371 I BGB[47]

Fall:

Der Deutsche D heiratet die Amerikanerin A in München, ihrem gemeinsamen Wohnsitz. Sie schließen keinen Ehevertrag. Aus der Ehe gehen zwei Kinder hervor. Die Eheleute ziehen mit ihren Kindern nach New York um. Dort erwirbt D später die amerikanische Staatsangehörigkeit unter Aufgabe der deutschen. D verstirbt an seinem letzten Domizil in New York, ohne eine letztwillige Verfügung errichtet zu haben. Er hinterlässt erhebliches bewegliches Vermögen in Deutschland. 106
Wie ist die Erbfolge nach D?

aa. Anwendbares Recht

Ausgangspunkt ist – aus deutscher Sicht – Art 25 I EGBGB. Er verweist zur Beurteilung der Rechtsnachfolge von Todes wegen auf das Recht des Staates, dem der Erblasser im Zeitpunkt seines Todes angehörte. Im Zeitpunkt seines Ablebens war D allein Staatsangehöriger der USA. 107

Die USA sind ein Mehrrechtsstaat. Jeder Bundesstaat hat seine eigene Teilrechtsordnung. 108

Mit dem Verweis in Art 25 I EGBGB wird zunächst nur auf das IPR der USA verwiesen. Das Recht der USA bestimmt jetzt, welche Teilrechtsordnung anzuwenden ist. Eine ausdrückliche gesetzliche Regelung der USA, welche Teilrechtsordnung anzuwenden ist, fehlt. Einen Hinweis auf die anzuwendende Teilrechtsordnung gibt das »Second Restatement of Conflict of Laws«, das aber kein formelles, vom Parlament verabschiedetes Gesetz ist. Gleichwohl genießt es in der Rechtspraxis erhebliches Prestige.[48] 109

Daraus wird einheitlich geschlossen, dass das Internationale Erbrecht – wie auch das materielle Erbrecht – Sache der einzelnen Bundesstaaten ist. Es wird auf das Recht des Bundesstaates abgestellt, zu dem die engste Verbindung des Erblassers bestand. 110

---

46 Schotten, IPR, Rn 287 f
47 Nach Flick/Piltz, Rn 172 ff
48 Flick/Piltz Rn 1015; Blumenwitz, Einführung in das anglo-amerikanische Recht 1994, S 90

111 Diese Regelung entspricht Art 4 III 2 EGBGB. Diese Vorschrift ist anzuwenden, wenn der Mehrrechtsstaat, auf den das deutsche IPR verweist, keine Regelung enthält, welche Teilrechtsordnung anzuwenden ist. In diesem Falle ist nach Art 4 III 2 EGBGB die Teilrechtsordnung anzuwenden, mit welcher der Sachverhalt am engsten verbunden ist. Das ist in der Regel der letzte Wohnsitz des Erblassers, hilfsweise der letzte gewöhnliche Aufenthalt, demnach ist auf den Erbfall des D das Recht des Staates New York anzuwenden. Damit steht bislang nur fest, dass das Interlokale Privatrecht (Kollisionsrecht) des Staates New York anzuwenden ist. Dieses Interlokale Privatrecht entscheidet die Frage, ob das materielle Erbrecht des Staates New York anzuwenden ist oder ob auf eine andere Teilrechtsordnung eines anderen Bundesstaates weiterverwiesen wird. Das Kollisionsrecht des Staates New York – wie das fast aller Bundesstaaten der USA – geht vom Grundsatz der Nachlassspaltung aus. Beweglicher Nachlass unterliegt dem Domizilrecht des Erblassers, unbeweglicher Nachlass dem Recht des Bundesstaates, in dem der unbewegliche Nachlass belegen ist.

112 Im vorliegenden Fall geht es um beweglichen Nachlass in Deutschland. Dafür gilt das Domizilrecht des Erblassers. Da D zuletzt in New York seinen letzten Wohnsitz gehabt hat, ist das Sachrecht des Staates New York zum Erbrecht anzuwenden.

113 Das materielle Erbrecht des Staates New York sieht folgende Erbfolge vor:

Der überlebende Ehegatte erhält aus dem Nachlass einen Vorab von 4 000 US Dollar, vom Restnachlass 1/2 bei einem Kind, 1/3 bei zwei oder mehreren Kindern. Wenn keine Kinder, aber Eltern des Erblassers vorhanden sind, beträgt der Vorab des Ehegatten 25 000 US Dollar sowie 1/2 des Restnachlasses. Sind weder Kinder noch Eltern vorhanden, erbt der überlebende Ehegatte den gesamten Nachlass.[49]

Ergebnis:

114 Nach dem Erbrecht des Staates New York sind die überlebende Ehepartnerin A sowie die beiden Kinder K1 und K2 zu je 1/3 Anteil Miterben nach D.

bb. Einfluss des deutschen ehelichen Güterrechts auf die Ehegattenerbquote

115 ➢ Feststellung des Güterrechtstatutes:

D und A hatten in Deutschland geheiratet. Sie hatten keinen Ehevertrag geschlossen. Es ist festzustellen, in welchem Güterstand sie lebten. Da wiederum ein Fall mit Auslandsberührung vorliegt – die A ist Amerikanerin – beurteilt sich die Frage des anwendbaren Rechts nach dem deutschen IPR im Güterrecht. Art 15 EGBG bestimmt das Güterrechtsstatut. Die güterrechtlichen Wirkungen der Ehe unterliegen dem bei der Eheschließung für die allgemeinen Wirkungen der Ehe maßgebenden Recht. Da es auf den Zeitpunkt der

49 Flick/Piltz Rn 980, dort Fußnote 262

Eheschließung ankommt, wird das eheliche Güterrecht grundsätzlich unwandelbar angeknüpft. Art 15 verweist auf das allgemeine Ehewirkungsstatut nach Art 14 EGBGB. Hier greift Art 14 I Nr. 2 EGBGB ein. Es gilt das Recht des Staates, in dem beide Ehegatten bei Eheschließung ihren gewöhnlichen Aufenthalt hatten. Das war München. Es gilt daher deutsches Güterrechtstatut. Demnach lebten A und D im gesetzlichen Güterstand der Zugewinngemeinschaft.

➢ Qualifikation des § 1371 I BGB: 116

Gemäß den obigen Ausführungen kommt es darauf an, ob § 1371 I BGB güterrechtlich, erbrechtlich oder vermittelnd anzuknüpfen ist. Dabei genießt die güterrechtliche Qualifikation den Vorzug, gegebenenfalls verbunden mit der Korrektur unbilliger Ergebnisse im einzelnen Falle durch Angleichung (Anpassung) im Falle der Normenhäufung oder des Normenmangels.

Wird § 1371 I BGB güterrechtlich qualifiziert, erhöht sich die Erbquote der A um $1/4$ der Erbschaft. Erbrechtlich steht ihr bereits $1/3$ zu; güterrechtlich würde sich nunmehr der Erbteil der A auf insgesamt $7/12$ erhöhen.

➢ Problem der Normenhäufung: 117

Durch das Zusammentreffen des deutschen Güterrechtsstatuts mit dem Erbstatut von New York erhält A mehr, als jedes der beiden Rechte ihr in der Summe von Erb- und Güterrecht zubilligen würde. Bei Anwendung des deutschen Erb- und Güterrechts bekäme A insgesamt $1/2$ Erbquote. A erhält damit $1/12$ mehr, als ihr nach deutschem Erb- und Güterrecht zustehen würde.

➢ Ausgleich durch Anpassung (Angleichung): 118

Gemäß den obigen Ausführungen erfolgt die Anpassung auf materiell-rechtlicher Ebene in der Weise, dass die dem überlebenden Ehegatten bei unkorrigierter Rechtsanwendung zufallende Nachlassbeteiligung (hier $7/12$ Erbquote) mit derjenigen verglichen wird, die ihm jeweils zustände, wenn entweder die eine oder aber die andere Rechtsordnung in erb- und ehegüterrechtlicher Hinsicht allein zur Anwendung gelangte. Hat danach eine Normenhäufung zur Folge, dass der überlebende Ehegatte mehr erhält, als ihm jede der beiden Rechtsordnungen, für sich betrachtet, zubilligen würde, ist eine Beteiligung auf das Ausmaß der für ihn günstigeren von beiden Rechtsordnungen herabzusetzen (Günstigkeitsprinzip). Unter der Annahme, dass die Summe der güterrechtlichen und der erbrechtlichen Regelung der Bundesrepublik günstiger ist als die Summe der güterrechtlichen und erbrechtlichen Regelung des Staates New York, was in jedem Einzelfall zu prüfen ist,[50] ist die Erbquote nach dem Recht der Bundesrepublik für A auf $1/2$ herabzusetzen.[51]

50 Zur ehegüterrechtlichen Auseinandersetzung nach dem Recht von New York vgl Merkt IPRax 1992, 197

51 Staudinger/Dörner Art 25 EGBGB Rn 717; vgl dazu insgesamt: Clausnitzer, Die güter- und erbrechtliche Stellung des überlebenden Ehegatten nach den Kollisionsrechten der Bundesrepublik Deutschland und der USA, Dissertation Konstanz 1986

f. Qualifikation des § 1931 IV BGB

119 Die Erhöhung des Ehegattenerbteils nach § 1931 IV BGB bei Gütertrennung ist erbrechtlich zu qualifizieren; die Anwendung des § 1931 IV BGB bei einem ausländischen Güterrechtsstatut setzt jedoch voraus, dass die ausländische Gütertrennung derjenigen des BGB entspricht.[52]

4. Abgrenzung Erbstatut und Sachenrechtstatut

120 Nach deutschem Sachenrecht geht im Erbfall der Nachlass im Wege der Gesamtrechtsnachfolge auf den Erben über. Demgegenüber herrscht bei der Einzelrechtsnachfolge der Grundsatz, dass zum Eigentumsübergang die Einigung und die Übergabe der Sache und bei Grundstücken Einigung und Eintragung ins Grundbuch erforderlich sind.

121 Der Grundsatz der Gesamtrechtsnachfolge gilt nur beim Erben, nicht aber beim Vermächtnisnehmer. Der Vermächtnisnehmer hat lediglich einen schuldrechtlichen Anspruch gegen den Nachlass auf Zuwendung des Vermächtnisgegenstandes. Zur Übertragung sind Einigung und Übergabe sowie bei Grundstücken Auflassung und Eintragung ins Grundbuch erforderlich, §§ 2147, 2174 BGB.

Probleme tauchen auf beim Sachverhalt mit Auslandsberührung. Dazu folgender

Fall:

122 *Die französische Erblasserin E lebt in Paris. Sie setzt ihren Sohn S zum Alleinerben ein. Ihrer Nichte, ihrem Patenkind P, vermacht sie ein Schmuckstück, das ihr Sohn S in Deutschland verwahrt. Nach dem Tode von E meint das Patenkind P, sie sei aufgrund des Erbfalles bereits Eigentümerin nach französischem Recht geworden und verlangt das Schmuckstück aufgrund ihrer Eigentümerstellung heraus. Zu Recht?*

123 Art 25 I EGBGB verweist auf das Heimatrecht der E. Wegen der Gesamtverweisung wird zunächst auf das französische Kollisionsrecht verwiesen. Aufgrund der dort angeordneten Nachlassspaltung richtet sich die Rechtsnachfolge in bewegliches Vermögen nach dem Recht des Staates, in dem die E ihren letzten Wohnsitz hatte. Das war Paris. Demnach ist französisches Erbrecht anwendbar. Nach französischem Erbrecht ist das Vermächtnis dinglich ausgestaltet. Der Erwerb vollzieht sich automatisch mit dem Erbfall.

124 Diese Regelung kollidiert mit dem deutschen internationalen Sachenrecht. Nach Art 43 I EGBGB unterliegen Rechte an einer Sache dem Recht des Staates, in dem sich die Sache befindet. Da Erbstatut und Sachenrechtsstatut miteinander kollidieren, ist zu klären, in welchem Verhältnis sie zueinander stehen.

52 Jayme, Festschrift Ferid 1987, 221; Palandt/Heldrich Art 15 EGBGB Rn 28 mwN

Während das Erbstatut alle Rechtsfragen betrifft, die sich auf die Verteilung des Vermögens eines verstorbenen Rechtsträgers beziehen, regelt das deutsche internationale Sachenrecht, unter welchen Voraussetzungen sich eine Zuordnungsänderung an der einzelnen Sache vollziehen kann.[53] Das Erbstatut regelt den Erwerbsgrund, das Sachenrechtsstatut den Erwerbsvorgang.[54] 125

Ergebnis:

Das Patenkind P ist nicht schon Eigentümerin des Schmuckstückes geworden; sie muss vielmehr den S auf Übereignung in Anspruch nehmen. 126

5. Abgrenzung Erbstatut und Gesellschaftsstatut

Das Gesellschaftsstatut richtet sich nach dem Recht des Staates, in dem die Gesellschaft ihren Sitz hat. Das Gesellschaftsstatut bestimmt Anfang und Ende sowie Umfang der Rechtsfähigkeit. Daher entscheidet auch das Gesellschaftsstatut über die Auflösung und die Fortsetzung einer Gesellschaft beim Tode eines Gesellschafters sowie darüber, ob und inwieweit eine Gesellschaftsbeteiligung vererbt werden kann oder ob nur ein Abfindungsanspruch in den Nachlass fällt. 127

In einem zweiten Schritt entscheidet das Erbstatut darüber, wer Erbe und damit Rechtsnachfolger des verstorbenen Gesellschafters geworden ist.[55] 128

6. Abgrenzung Erbstatut und Formstatut

Das Formstatut ist ein Sonderstatut, das für die Form eines Rechtsgeschäft mit Auslandsberührung neben dem Grund- oder Hauptstatut, dem Erbstatut, steht. 129

Die Anknüpfungspunkte für das Formstatut finden sich zunächst im Haager Übereinkommen über das auf die Form letztwilliger Verfügungen anzuwendende Recht vom 5. 10. 1961.[56] Dieses Testamentsübereinkommen ist in der Bundesrepublik seit dem 1. 1. 1966 in Kraft. Die Vorschriften sind in **Art 26 I bis III EGBGB nF** übernommen worden. Die Regelungen in Art 26 I 1 Nr. 1 bis 4 stimmen mit Art 1 I des Übereinkommens überein. In Art 26 I 1 Ziffer 5 EGBGB ist das Recht auf das hypothetische Erbstatut erweitert worden; diese Erweiterung ist durch Art 3 des Testamentsübereinkommen gedeckt. Gemäß Ziffer 5 ist die Gültigkeit einer letztwilligen Verfügung nach dem Recht zu beurteilen, das im Zeitpunkt der Verfügung auf die Rechtsnachfolge von Todes wegen anzuwenden wäre (sog Errichtungsstatut). 130

53 Staudinger/Dörner Art. 25 EGBGB Rn 34 f

54 Flick/Piltz Rn 141

55 Flick/Piltz Rn 99 und 137; Staudinger/Großfeld, Internationales Gesellschaftsrecht, Rn 22 ff

56 BGBl 1965 II, 1145, abgedruckt auch bei: Palandt/Heldrich, Anhang zu Art 26 EGBGB

131 Für die Form der Erbverträge und gemeinschaftlichen Testamente gelten gemäß Art 26 IV EGBGB nF die Anknüpfungspunkte in Art 26 I EGBGB entsprechend.

132 Die Erweiterung der Vorschriften des Testamentsübereinkommens auf gemeinschaftliche Testamente und Erbverträge in Art 26 IV EGBGB bedeutet lediglich eine Formerleichterung.

133 Über die Zulässigkeit, die Gültigkeit und den Inhalt von gemeinschaftlichen Testamenten oder Erbverträgen entscheidet weiterhin das Erbstatut des berufenen Rechts. Sieht es in einem Verbot solcher Verfügungen von Todes wegen eine materiell-rechtliche Norm, so hilft die Anerkennung der Formgültigkeit durch das deutsche Recht im konkreten Fall nicht.[57]

134 Ein Standardproblem der Qualifikation ist das Verbot der Errichtung eines gemeinschaftlichen Testaments.[58]

Insbesondere Rechtsordnungen des romanischen Rechtskreises lassen gemeinschaftliche Testamente nicht zu, unter anderem Italien, Frankreich, Portugal, aber auch die Schweiz und die Niederlande. Handelt es sich um ein reines **Formverbot,** kann dieses Verbot durch die Verlegung des Errichtungsortes in ein Land, das dieses Formverbot nicht kennt, umgangen werden. Handelt es sich um ein **Sachverbot,** entfaltet das Testament jedenfalls in jenem Land keine Wirksamkeit.

Beispiel zum Formverbot:

135 Der französische Erblasser hat mit seiner Ehefrau in Deutschland ein gemeinschaftliches Testament errichtet.

136 Nach Art 968 CC ist das Verbot des gemeinschaftlichen Testamentes als schlichtes Formverbot zu charakterisieren, so dass die Errichtung des gemeinschaftlichen Testamentes in Deutschland auch aus der Sicht des französischen Rechts formwirksam ist. Die inhaltliche Regelung des Testamentes, insbesondere die Bindungswirkung, beurteilt sich aber nach dem französischem Erbstatut. Das französische Erbrecht geht vom Grundsatz der uneingeschränkten Testierfreiheit aus. Eine Bindungswirkung des Erblassers wird abgelehnt. Damit liegt zwar eine formwirksame letztwillige Verfügung vor, der aber die Bindungswirkung der letztwilligen Verfügung des überlebenden Ehegatten fehlt.[59]

Beispiel für ein Sachverbot:

137 Die italienischen Eheleute wohnen in Deutschland und wollen sich in einem gemeinschaftlichen Testament gegenseitig als Erben einsetzen.

57 Nieder Rn 402

58 Umstätter, Gemeinschaftliche Testamente mit Auslandsberührung, DNotZ 1984, 532 ff

59 Flick/Piltz Rn 102; Grundmann IPRax 1986, 94 ff; OLG Frankfurt IPRax 1986, 111 f

Das Testament könnte zwar in Deutschland errichtet werden. Das gemeinsame Heimatrecht der Erblasser enthält aber in Art 589 CC ein Verbot des gemeinschaftlichen Testaments. Dieses Verbot ist Sachverbot; es dient dem Schutz des Erblassers, dessen Testierfreiheit erhalten bleiben soll. Das Verbot des gemeinschaftlichen Testaments in Italien kann nicht durch Errichtung eines Testaments im Ausland umgangen werden. 138

Praxis-Tipp:

In allen diesen Fällen ist von der Errichtung eines gemeinsamen Testamentes abzuraten. Es empfehlen sich aufeinander abgestimmte einzelne letztwillige Verfügungen. Unter Umständen kommt auch eine Rechtswahl nach Art 25 II EGBGB zugunsten des deutschen Rechts in Betracht. Für diesen in Deutschland gelegenen Grundbesitz könnte ein gemeinschaftliches Testament errichtet werden. 139

Ob ein Sach- oder ein Formverbot vorliegt, ist immer aus der **Sicht des betreffenden ausländischen Rechts** zu beurteilen. 140

Ähnliche Rechtsprobleme ergeben sich auch bei **Erbverträgen.** Über die Gültigkeit und Wirkungen eines Erbvertrages entscheidet das hypothetische Erbstatut zum Zeitpunkt der Errichtung. Bei zwei- oder mehrseitigen Erbverträgen sind sämtliche hypothetische Erbstatute zu überprüfen. Der Erbvertrag muss nach allen in Frage kommenden Statuten wirksam sein. 141

Welche materiell-rechtlichen Wirkungen der Erbvertrag entfaltet, richtet sich für jeden Erblasser nach dem Erbstatut zum Zeitpunkt seines Todes.[60] 142

III. Rechtsfolgen der Kollisionsnormen

1. Anknüpfungsgründe

Die Anwendung der Kollisionsnormen hat zum Ziel, die maßgebliche Rechtsnorm zu finden, die zur Lösung des zu beurteilenden Sachverhalts heranzuziehen ist. Im Gegensatz zum sogenannten Sachrecht geben die Regeln des IPR selbst keine Antwort auf erbrechtliche Fragen, da sie lediglich das anzuwendende Recht bestimmen. Diese Bestimmung erfolgt durch die Anknüpfung des Regelungsgegenstandes, beispielsweise der Erbfolge, an eine bestimmte Rechtsordnung. Dabei gilt folgende Reihenfolge: 143

In erster Linie ist an eine Rechtswahl anzuknüpfen, die aus deutscher Sicht nur nach Art 25 II EGBGB zulässig ist. Es kann in Form einer Verfügung von Todes wegen deutsches Recht für die in Deutschland gelegenen Immobilien gewählt werden.[61] 144

60 Flick/Piltz Rn 160; Schotten IPR Rn 321
61 Riering ZEV 1995, 401 ff; Dörner DNotZ 1988, 85 ff

145 Im Übrigen gilt das Recht des Personalstatutes des Erblassers im Zeitpunkt des Erbfalles, Art 25 I EGBGB.

146 Aus der Sicht ausländischer Rechtsordnungen können auch andere **Anknüpfungspunkte** (Anknüpfungsgründe) in Betracht kommen, so unter anderem

- der Wohnsitz;
- der gewöhnliche Aufenthalt;
- das Domizil;
- die Belegenheit der Sache (siehe unten beim Länderbericht).

2. Verweisungsarten

147 Führt die Anwendung der Kollisionsnorm zur Anwendung einer ausländischen Rechtsordnung, ist zu klären, in welchem Umfange auf das ausländische Recht verwiesen wird.

a. Gesamtverweisung und Sachnormverweisung

148 Bei der Gesamtverweisung wird zunächst auf das Kollisionsrecht des fremden Staates verwiesen; nimmt es die Verweisung an, ist dessen Sachrecht anwendbar. Bei einer Sachnormverweisung wird nur auf das ausländische Sachrecht, mithin auf das materielle ausländische Erbrecht, verwiesen.

149 Ist eine Rechtswahl nach Art 25 II EGBGB erfolgt, liegt darin eine Sachnormverweisung.

150 Im Übrigen beurteilt sich die Frage, welche Art der Verweisung vorliegt, aus der Sicht des Staates, in dem der Sachverhalt zur Beurteilung ansteht. Ist der Sachverhalt in Deutschland zu beurteilen, entscheidet sich die Frage nach deutschem Internationalen Privatrecht. Dabei geht das deutsche IPR regelmäßig von einer Gesamtverweisung aus. **Art 4 I 1 EGBGB** lautet:

»Wird auf das Recht eines anderen Staates verwiesen, so ist auch dessen Internationales Privatrecht anzuwenden, sofern dies nicht dem Sinn der Verweisung widerspricht.«

Beispiel:

151 Dem in Deutschland wohnenden Österreicher gehört ein Grundstück in Österreich. Er möchte wissen, wie er nach gesetzlicher Erbfolge beerbt wird.

152 Da der Erblasser österreichischer Staatsangehöriger ist, wird gemäß Art 25 I EGBGB in erster Linie auf das österreichische Internationale Privatrecht verwiesen. Nach dem österreichischen IPR beurteilt sich die Rechtsnachfolge von Todes wegen ebenfalls nach dem Heimatrecht des Erblassers zum Zeitpunkt seines Todes. Das österreichische IPR nimmt daher die Gesamtverweisung an.

Es ist jetzt im zweiten Schritt materielles österreiches Erbrecht anzuwenden.

b. Weiterverweisung und Rückverweisung

Gemäß Art 4 I 1 EGBGB liegt in der Verweisung auf das Recht eines anderen Staates über Art 25 EGBGB eine Verweisung auch auf die Kollisionsnormen des fremden Staates. Bevor die Sachnormen des fremden Staates angewandt werden, ist zu prüfen, ob die Kollisionsnormen dieses Staates die Verweisung überhaupt annehmen. In Ländern, deren Anknüpfungspunkt die Staatsangehörigkeit ist, ist die Annahme offensichtlich, da sie der deutschen Anknüpfung entspricht. Probleme ergeben sich, wenn Anknüpfungspunkt das Domizil oder das Recht des Lageortes des Erblassers ist. Knüpft das IPR des fremden Staates an den Wohnsitz an und liegt dieser nicht im Heimatstaat des Erblassers, so nimmt das IPR des fremden Staates die Verweisung des deutschen Kollisionsrechts auf sein Recht nicht an, sondern verweist seinerseits auf das Recht des Wohnsitzes oder gegebenenfalls des Lageortes. 153

Eine Rückverweisung liegt vor, wenn das ausländische IPR wieder in das deutsche Recht zurückverweist. Um einen Zirkelschluss zu vermeiden, wird im Falle der Rückverweisung auf deutsches Recht die Verweisungskette abgebrochen und nicht wieder auf das deutsche Kollisionsrecht verwiesen, sondern es sind nunmehr die deutschen Sachvorschriften anzuwenden, Art 4 I 2 EGBGB. 154

Beispiel:

Der dänische Staatsangehörige hat im Zeitpunkt seines Ablebens seinen Wohnsitz in Deutschland. Nach welchem Recht wird er beerbt? 155

Art 25 I EGBGB verweist auf das dänische Recht. Dänemark knüpft nicht an die Staatsangehörigkeit an, sondern an den Wohnsitz. Demnach verweist das dänische Kollisionsrecht auf das deutsche Recht zurück. Gemäß Art 4 I 2 EGBGB ist nunmehr das deutsche Sachrecht anzuwenden. Der Däne wird nach deutschem Erbrecht beerbt. 156

Man spricht in derartigen Fällen auch von einem »renvoi«. 157

Eine teilweise Rückverweisung kommt bei der Nachlassspaltung in Betracht. In der Türkei wird für das bewegliche Vermögen an die Staatsangehörigkeit, für die Immobilien an das Recht des Lageortes angeknüpft. Hat ein türkischer Erblasser bewegliches Vermögen in der Türkei und ein Grundstück in Deutschland, so nimmt das türkische IPR die Verweisung hinsichtlich des beweglichen Vermögens an; hinsichtlich des unbeweglichen Vermögens verweist das türkische Kollisionsrecht auf das deutsche Recht zurück mit der Folge, dass für das Grundstück in Deutschland deutsches materielles Erbrecht gilt.[62] 158

62 Krug/Kroiß § 21 Rn 30

159 Eine Weiterverweisung liegt vor, wenn das Kollisionsrecht der fremden Rechtsordnung die Verweisung nicht annimmt, aber wegen des unterschiedlichen Anknüpfungspunktes nicht auf das deutsche Recht zurückverweist, sondern auf das Recht eines dritten Staates verweist.

160 Aus Art 4 I EGBGB lässt sich nicht entnehmen, ob die Weiterverweisung als Gesamtverweisung (also einschließlich Kollisionsrecht) oder als Sachnormverweisung aufzufassen ist. Darüber entscheidet das nach Art 25 I EGBGB bestimmte Heimatrecht des Erblassers. Spricht dieses Heimatrecht eine Sachnormverweisung auf das Recht eines dritten Staates aus, so ist dies auch für den deutschen Richter verbindlich. Handelt es sich bei der vom Erbstatut ausgesprochenen Weiterverweisung hingegen um eine Gesamtverweisung, ist zu differenzieren:

161 Nimmt das Kollisionsrecht des Drittstaates die Verweisung durch das Heimatrecht des Erblassers an, so wird diese Anordnung befolgt; das materielle Erbrecht ist anzuwenden. So wird die Weiterverweisung des belgischen Heimatrechts des Erblassers auf das französische Belegenheitsrecht vom französischem IPR angenommen.

162 Verweist das IPR des Drittstaates auf das Heimatrecht zurück oder auf deutsches Recht weiter, so wird diese Rück- oder Weiterverweisung in unmittelbarer oder einer analogen Anwendung des Art 4 I 2 EGBGB abgebrochen und das Sachrecht des Staates angewandt, an das rück- oder weiterverwiesen wurde.[63]

163 Wird auf fremde IPR – Vorschriften verwiesen, sind vorrangig auch die Staatsverträge jenes Staates zu prüfen.

c. Unteranknüpfung bei Mehrrechtsstaaten

164 Es handelt sich dabei um Staaten mit mehreren Teilrechtsordnungen, die wie folgt untergliedert werden:

aa. Einheitliches interlokales Privatrecht:

165 Eine Reihe von Staaten bestimmt den Anwendungsbereich der Teilrechtsordnungen durch gesamtstaatliches Verfassungsrecht oder interlokales Privatrecht. Dies gilt für (Rest-) Jugoslawien und Spanien.

bb. Gespaltenes interlokales Privatrecht:

166 Bei dieser Gruppe von Staaten legen die lokalen Partikularrechte selbst ihren interlokalen Geltungsbereich fest. Dazu gehören das Vereinigte Königsreich von Großbritannien und Nordirland, Australien, Kanada und die USA. Allerdings nehmen die Teilstaaten bei der Bildung des interlokalen Privatrechts auf die Rechtsentwicklung in anderen Teilstaaten Rücksicht, so dass zumindest inhaltlich weitgehend übereinstimmendes interlokales Recht entsteht. Dies gilt insbesondere für die USA.[64]

63 Staudinger/Hausmann Art 4 EGBGB Rn 253; Krug/Kroiß § 21 Rn 31
64 Staudinger/Hausmann Art 4 EGBGB Rn 313 bis 315; Otto IPRax 1994, 1 ff

In diesen Fällen des interlokalen Privatrechts ist Art 4 III EGBGB heranzuziehen. Art 25 I EGBGB verweist auf das Heimatrecht des Gesamtstaates. Gemäß Art 4 III EGBGB bestimmt nunmehr das Recht dieses Staates, welche Teilrechtsordnung anzuwenden ist. 167

Beispiel:

Der serbische Staatsangehörige S verstirbt mit letztem Wohnsitz in Deutschland. 168

Art 25 I EGBGB verweist in erster Linie auf das IPR des Gesamtstaates Jugoslawien. Nach Art 4 III EGBGB ist das interlokale Privatrecht von Jugoslawien dafür maßgebend, welche Teilrechtsordnung anzuwenden ist. Nach dem interlokalen Privatrecht von Jugoslawien wird auf die Zugehörigkeit zu den Einzelrepubliken (Serbien oder Montenegro) abgestellt. Damit ist serbisches Erbrecht anzuwenden. 169

3. Nachlasseinheit und Nachlassspaltung

Das deutsche IPR geht in Art 25 I EGBGB vom Grundsatz der Nachlasseinheit aus. Demnach bestimmt sich die Rechtsnachfolge von Todes wegen in das gesamte Vermögen nach einer einzigen Rechtsordnung, nämlich dem Heimatrecht des Erblassers. 170

Eine Nachlassspaltung liegt demgegenüber vor, wenn sich die Rechtsnachfolge in den Nachlass in verschiedene Rechtsordnungen aufspaltet, und zwar nach der Art des Nachlassgegenstandes. Sie tritt ein, wenn für verschiedene Nachlassgegenstände unterschiedliche Anknüpfungsgründe verwandt werden, für den beweglichen Nachlass etwa die Staatsangehörigkeit, der letzte Wohnsitz oder das Domizil und für das unbewegliche Vermögen das Recht des Lageortes.[65] 171

So haben beispielsweise die Nachlassspaltung mit Staatsangehörigkeitsprinzip bezüglich der beweglichen Gegenstände und dem Recht des Lageortes für unbewegliche Gegenstände Liechtenstein und die Türkei, Nachlassspaltung mit Wohnsitz oder Domizilprinzip bezüglich der beweglichen Gegenstände und das Lagerecht bezüglich der unbeweglichen Gegenstände Frankreich, Großbritannien, Belgien, Luxemburg und die USA (mit Ausnahme von Mississippi). 172

Folge der Nachlassspaltung ist, dass der zunächst einheitliche Nachlass in zwei oder mehrere Nachlassmassen aufgeteilt wird, die grundsätzlich rechtlich völlig getrennt beurteilt werden, und zwar so, als ob der jeweilige Teil-Nachlass der Gesamtnachlass wäre. Je nach dem anzuwendenden Recht kann es zu unterschiedlichen Erbberechtigungen und Erbquoten für die jeweilige Teil-Nachlassmasse kommen, da sie nach dem jeweils anzuwendenden Recht als Gesamt-Nachlassmasse behandelt wird. 173

65 Übersicht bei: Krug/Kroiß § 21 Rn 118

174 Auch das Pflichtteilsrecht richtet sich jeweils nach dem Recht, das für die Teil-Nachlassmasse anzuwenden ist. Wird Grundvermögen in Staaten erworben, die für das unbewegliche Vermögen an das Recht des Lageortes anknüpfen und kennen diese Staaten kein Pflichtteilsrecht, wie beispielsweise die USA, dürften sich die Pflichtteilsansprüche zwangsläufig auf diese Vermögensgegenstände nicht beziehen. In der Literatur wird zur Vermeidung dieses Ergebnisses auf das Institut der Gesetzesumgehung, den ordre-public-Vorbehalt und eine analoge Anwendung des § 2325 BGB abgestellt. Eine Klärung durch die Rechtsprechung ist dazu bislang nicht erfolgt.

Praxis-Tipp:

175 *Bei derartigen Gestaltungen – beispielsweise dem Erwerb einer Immobilie in den USA, um Pflichtteilsansprüche zu vermeiden, oder bei der Empfehlung an einen amerikanischen Erblasser mit Grundvermögen in Deutschland, das in Deutschland gelegene Grundstück in eine Gesellschaft mit Sitz in New York einzubringen – sollte stets auf das Risiko hingewiesen werden, dass die Rechtsprechung derartigen Gestaltungen die Anerkennung versagen könnte.*[66]

4. Vorrang des Einzelstatuts, Art 3 III EGBGB

176 Mit der Nachlassspaltung hängt der Grundsatz »Einzelstatut bricht Gesamtstatut« in Art 3 III EGBGB zusammen. Art 25 I EGBGB geht von der Nachlasseinheit aus und damit vom Gesamtstatut. Bei einigen mit dem Belegenheitsstaat eng verbundenen Vermögensgegenständen, insbesondere bei Grundstücken, gebietet aber der Respekt gegenüber dem Belegenheitsort, dessen Rechtsnormen auf diesen Gegenstand anzuwenden, wenn der Belegenheitsstaat dafür besondere Vorschriften vorgesehen hat. Dadurch wird auch verhindert, dass Rechtslagen geschaffen werden, die in dem anderen Land nicht durchsetzbar sind.[67]

In derartigen Fällen lässt das deutsche IPR die Nachlassspaltung in Art 3 III EGBGB ausdrücklich zu. Das Einzelstatut, dass durch das Recht der belegenen Sache bestimmt ist, geht dem Gesamtstatut vor. Es hat auch im deutschen Recht eine Nachlassspaltung zur Folge.

177 **Art 3 III EGBGB** bestimmt, dass sich Verweisungen nach dem deutschen Internationalen Erbrecht, die das Vermögen einer Person dem Recht eines Staates unterstellen, also Verweisungen nach Art 25 I EGBGB, nicht auf solche Gegenstände beziehen, die sich nicht in diesem Staate befinden und nach dem Recht des Staates, in dem sie sich befinden, besonderen Vorschriften unterliegen. Diese Vorschrift liest sich komplizierter als sie in ihrer Anwendung tatsächlich ist.[68]

66 Vgl dazu Flick/Piltz Rn 119 bis 125; Klingelhöffer ZEV 1996, 258 ff
67 Flick/Piltz Rn 219
68 Flick Rn 219 ff

Vereinfacht ist Art 3 III EGBGB wie folgt zu verstehen: 178

Die Verweisung in Art 25 I EGBGB auf das Heimatrecht des Erblassers bezieht sich nicht auf solche Gegenstände, die nicht im Heimatstaat des Erblassers gelegen sind und in dem Staat, in dem sie sich befinden, besonderen Vorschriften unterliegen. 179

Beispiel:

Dem deutschen D mit Wohnsitz in Köln gehört ein Grundstück in Frankreich. Nach welcher Rechtsordnung richtet sich die Rechtsnachfolge in dieses Grundstück? 180

Nach Art 25 I EGBGB käme als Gesamtstatut das deutsche Erbrecht zur Anwendung. Diese Regelung durchbricht Art 3 III EGBGB. In Frankreich unterliegen Grundstücke als unbewegliche Vermögensgegenstände besonderen Vorschriften, nämlich **Art 3 II CC** der wie folgt lautet: 181

»In Ansehung der Immobilien, selbst derjenigen, welche von Ausländern besessen werden, gilt das inländische Gesetz.«

Die Verweisung auf das Heimatrecht des D bezieht sich daher nicht auf das unbewegliche Vermögen in Frankreich, da es dort besonderen Vorschriften unterliegt. Die Rechtsnachfolge in das Grundstück in Frankreich richtet sich daher nach französischem Recht. 182

5. Beratungsempfehlungen im Falle der Nachlassspaltung

a. Abstimmung der letztwilligen Verfügungen auf sämtliche in Betracht kommende Rechtsordnungen:

Mit der Nachlassspaltung unterliegen die einzelnen Nachlassgegenstände einem selbständigen rechtlichen Schicksal nach der jeweils anzuwendenden Rechtsordnung. Da die Rechtsordnungen nicht aufeinander abgestimmt sind, kann die Nachlassspaltung zu Ergebnissen führen, die vom Erblasser so nicht gewollt sind. 183

Fall:[69]

Der verwitwete deutsche Erblasser D lebte mit letztem Wohnsitz in München. Ihm gehörte dort ein Mehrfamilienhaus. Weiterhin gehörte ihm eine Villa in Frankreich. Beide Immobilien haben den jeweils gleichen Wert. Der Erblasser D vermacht durch Testament seiner Tochter T das Mehrfamilienhaus in München und seinem Sohn S, der in Paris lebt, seine Villa in Frankreich. Beide Kinder haben in Deutschland gegenseitig formwirksam auf ihr jeweiliges Pflichtteilsrecht nach D verzichtet. 184

69 Flick/Piltz Rn 116

185 Nach dem Tode des D macht die Tochter T im Wege der Herabsetzungsklage ihr Pflichtteilsrecht an der Immobilie in Frankreich vor einem französischen Gericht geltend. Zu Recht?

186 Aus der Sicht des französischen Gerichts ist vorab das französische IPR anzuwenden. Danach gilt der Grundsatz der Nachlassspaltung. Bei beweglichem Vermögen wird an das Recht des letzten Wohnsitzes des Erblasser angeknüpft (hier München), bei unbeweglichem Vermögen an das Recht des Lageortes. Demnach gilt für das Grundstück in München deutsches Recht, für das Grundstück in Frankreich, das dem S vermacht ist, französisches materielles Erbrecht.

187 Die Übertragung der Immobilie in Frankreich auf den Sohn S stellt für die Tochter T eine Enterbung bezüglich des französischen Nachlasses dar. Sie ist daher pflichtteilsberechtigt. Der Pflichtteilsverzicht steht nicht entgegen. Nach französischem Recht ist gemäß Art 1130 II CC eine Vereinbarung über eine noch nicht eröffnete Erbschaft nicht möglich; damit ist ein Pflichtteilsverzicht in Frankreich unwirksam. Dieser Verzicht vor Anfall der Erbschaft wirkt sich aber nur hinsichtlich des französischen Nachlasses aus, da sich die Zulässigkeit und die Wirkungen eines solchen Verzichts ebenfalls nach dem Belegenheitsstatut beurteilen.

188 Im Falle der Nachlassspaltung ist also für jeden Nachlass gesondert zu entscheiden. Ein und derselbe Pflichtteilsverzicht ist für den einen Nachlassgegenstand wirksam, für den anderen Nachlass hingegen wirkungslos. Der Pflichtteilsverzicht der Tochter T hinsichtlich des französischen unbeweglichen Nachlasses ist unwirksam, der Pflichtteilsverzicht des Sohnes S hinsichtlich des deutschen unbeweglichen Vermögens hingegen wirksam. Im Ergebnis erhält die Tochter T neben ihrem Mehrfamilienhaus in München zusätzlich noch ihre Pflichtteilsquote als dingliches Noterbrecht hinsichtlich des Hausgrundstückes in Frankreich. Demgegenüber hat S keinen Pflichtteilsanspruch an dem in München gelegenen Mehrfamilienhaus, da der Pflichtteilsverzicht nach deutschem Recht wirksam ist.

189 Zur Vermeidung dieses unbilligen Ergebnisses sollten zwei getrennte Testamente errichtet werden, die jeweils nur den Nachlass in Deutschland und in Frankreich erfassen. Dabei sollte jedes Testament den Hinweis auf das andere enthalten. Die Zuwendung des Mehrfamilienhauses in München an die T könnte unter die auflösende Bedingung gestellt werden, dass sie in Frankreich ihren Pflichtteil im Wege der Herabsetzungsklage geltend macht.[70]

b. Vermeidung des Forum-Shopping

190 Zur Vermeidung des eingangs erwähnten forum-shopping und zur Herbeiführung einer einheitlichen Rechtsanwendung durch die Gerichte verschiedener Staaten könnte an die Herbeiführung der Nachlassspaltung durch Rechtswahl gedacht werden:

70 Siehe auch Flick/Piltz Rn 118

Das deutsche IPR lässt eine Rechtswahlmöglichkeit zu. Gemäß Art 25 II EGBGB kann der Ausländer für im Inland belegenes unbewegliches Vermögen in der Form einer Verfügung von Todes wegen deutsches Recht wählen. Im Übrigen ist eine Rechtswahl unbeachtlich. Die Zulassung einer weitergehenden Rechtswahl würde dazu führen, dass sich der Erblasser von den zwingenden Vorschriften des deutschen Erbrechts lösen könnte, insbesondere von den Vorschriften des Pflichtteilsrechts. 191

Durch die nach Art 25 II EGBGB zulässige Rechtswahl kann die Nachlassabwicklung gefördert werden. Grundbuchumschreibungen werden vereinfacht. Die Rechtswahl kann dabei auch zu einem internationalen Entscheidungsgleichklang führen: 192

Beispiel:

Dem Franzosen F gehört ein in Deutschland gelegenes Grundstück.

193

- **Erste Alternative: Rechtslage ohne Rechtwahl**

➢ Aus deutscher Sicht:
Gemäß Art 25 I EGBGB wird wegen der Gesamtverweisung auf das französische Kollisionsrecht verwiesen. Über Art 3 II CC tritt Nachlassspaltung ein. Maßgebend ist das Recht des Lageortes. Aufgrund der Rückverweisung auf deutsches Recht ist nunmehr deutsches Sachrecht anzuwenden, Art 4 I 2 EGBGB. 194

➢ Aus französischer Sicht:
Gemäß Art 3 II CC wird wegen der Nachlassspaltung gesamtverwiesen auf das deutsche Kollisionsrecht, insbesondere auf Art 25 I EGBGB, der an die Staatsangehörigkeit anknüpft. Demgemäß wird auf das französische Recht zurückverwiesen, das die Rückverweisung annimmt und nunmehr das französische Sachrecht anwendet. 195

- **Zweite Alternative: Rechtslage mit Rechtswahl zugunsten des deutschen Rechts, Art 25 II EGBGB**

➢ Aus deutscher Sicht:
Für das in Deutschland gelegene Grundstück gilt nunmehr über Art 25 II EGBGB unmittelbar das deutsche Sachrecht, Art 4 II EGBGB. 196

➢ Aus französischer Sicht:
Art 3 II CC führt zur Nachlassspaltung. Hinsichtlich des Grundstücks wird auf das deutsche IPR gesamtverwiesen. Wegen der hier erfolgten Rechtswahl greift nunmehr vorrangig Art 25 II EGBGB ein. Über Art 4 II EGBGB ist deutsches Sachrecht anzuwenden. 197

6. Ordre-public-Vorbehalt, Art 6 EGBGB

198 Ist aufgrund einer Verweisung ausländisches Sachrecht anzuwenden, so erfährt dessen Anwendung Schranken durch den ordre public. Die ausländische Rechtsnorm ist nicht anzuwenden, wenn ihre Anwendung zu einem Ergebnis führt, das mit wesentlichen Grundsätzen des deutschen Rechts offensichtlich unvereinbar ist. Sie ist insbesondere nicht anzuwenden, wenn die Anwendung mit den Grundrechten unvereinbar ist.

199 **Voraussetzung** für die Anwendung des ordre public ist:

- Ein eklatanter Verstoß gegen die deutschen Wertvorstellungen;
- Das Anwendungsergebnis muss im konkreten Fall unerträglich sein;
- Der Sachverhalt muss einen Inlandsbezug aufweisen.[71]

200 Als Maßstab kommen insbesondere die Grundrechte in Betracht.[72]

201 Bei einem Verstoß einer ausländischen Rechtsnorm gegen den ordre public wird nur diese konkrete Rechtsnorm ausgeschlossen; das übrige ausländische Recht bleibt anwendbar. Die durch den Ausschluss einer Rechtsnorm entstandene Lücke ist nach Möglichkeit aus dem anzuwendenden ausländischen Recht zu schließen, hilfsweise ist deutsches Recht als Ersatzrecht anzuwenden.[73]

202 Art 6 EGBGB soll nur den Kernbestand der inländischen Rechtsordnung schützen. Demnach ist ein ausländischer ordre public unbeachtlich. Wegen des Ausnahmecharakters dieser Vorschrift wird der Vorbehalt nur selten eingreifen.[74]

IV. Das internationale Erbrecht eingetragener Lebenspartnerschaften

203 Nach dem Gesetz über die eingetragene Lebenspartnerschaft vom 16. 2. 2001 (LPartG)[75] können zwei Personen gleichen Geschlechts eine Lebenspartnerschaft begründen, § 1 LPartG, und zwar unabhängig von ihrer Staatsangehörigkeit und ihrem ständigen Wohnsitz. Demnach steht die eingetragene Lebenspartnerschaft auch Ausländern offen, und zwar selbst dann, wenn sie sich nur kurzfristig im Inland aufhalten. Die Erklärungen der Lebenspartner, miteinander eine Partnerschaft auf Lebenszeit führen zu wollen, werden wirksam, wenn sie vor der zuständigen Behörde erfolgen und dort in ein Register eingetragen werden, § 1 LPartG. Im Erbrecht ist der Lebenspartner einem Ehegatten gleichgestellt. § 10 I und II LPartG entspricht dem § 1931 I und II BGB.

---

71 Krug/Kroiß § 21 Rn 37

72 BVerfGE 31, 58

73 Vgl Palandt/Heldrich Art 6 Rn 13 EGBGB

74 Zu einzelnen Fällen im Erbrecht siehe: Staudinger/Blumenwitz, Art 6 EGBGB, Rn 98; Palandt/Heldrich Art 6 Rn 30 EGBGB; Flick/Piltz Rn 124

75 BGBl I 2001, 266 ff

Ein internationaler Erbrechtsfall entsteht, sobald ein Sachverhalt mit Auslandsberührung vorliegt.[76] 204

Fall:

205

Zwei Italiener begründen in Deutschland eine gleichgeschlechtliche Lebenspartnerschaft, indem sie sich in Hamburg in das zuständige Register eintragen lassen unter den Voraussetzung des § 1 LPartG.
Hat der überlebende Lebenspartner ein gesetzliches Erbrecht?

Ausgangsnorm ist **Art 17 a I 2 Hs 1 EGBGB:** 206

»Auf die unterhaltsrechtlichen und die erbrechtlichen Folgen der Lebenspartnerschaft ist das nach den allgemeinen Vorschriften maßgebende Recht anzuwenden.«

Demnach verweist Art 17 a auf Art 25 I EGBGB. Art 17 a I 2 Hs 1 EGBGB begründet eine Gesamtverweisung auch auf das italienische Kollisionsrecht. Da das italienische Kollisionsrecht ebenfalls an die Staatsangehörigkeit anknüpft, nimmt es die Gesamtverweisung an. Das italienische Sachrecht ist anwendbar. 207

Das italienische materielle Erbrecht kennt derzeit keine eingetragene Lebenspartnerschaft. Es enthält demnach auch keine Vorschriften zu einem entsprechenden gesetzlichen Erbrecht. 208

Eine derartige Situation ist nicht ungewöhnlich, da Rechtsbegriffe in verschiedenen Rechtsordnungen nicht aufeinander abgestimmt sind. Es ist zu prüfen, ob das inländische Tatbestandsmerkmal dem ausländischen oder das ausländische dem inländischen gleichwertig ist. Dieser Vorgang wird als Substitution bezeichnet.[77] 209

Als gleichwertig könnte die erbrechtliche Berechtigung des überlebenden Ehegatten in Betracht kommen. Allerdings wird aus der Sicht des italienischen Rechts eine Gleichwertigkeit verneint werden. Die eingetragene Lebenspartnerschaft begründet daher aufgrund der Anknüpfung an die allgemeinen Vorschriften kein gesetzliches Erbrecht. 210

In derartigen Fällen verweist **Art 17 a I 2 Hs 2 EGBGB** auf das Sachrecht des Registerstaates. Er lautet: 211

»Begründet die Lebenspartnerschaft danach keine gesetzliche Unterhaltsberechtigung oder kein gesetzliches Erbrecht, so findet insoweit Satz 1 entsprechende Anwendung.«

76 Siehe die obigen Fallgestaltungen Rn 9
77 Vgl dazu Flick/Piltz Rn 105 ff

212 Satz 1 lautet:

»Die Begründung, die allgemeinen und die güterrechtlichen Wirkungen sowie die Auflösung einer eingetragenen Lebenspartnerschaft unterliegen den Sachvorschriften des registerführenden Staates.«

213 In entsprechender Anwendung auf das gesetzliche Erbrecht wird damit auf die Sachvorschriften des Registerstaates verwiesen, mithin auf das Erbrecht der Bundesrepublik Deutschland.

Ergebnis:

214 Aus deutscher Sicht kann sich der überlebende Lebenspartner auf das gesetzliche Erbrecht des § 10 LPartG[78] stützen.

V. Praktische Empfehlungen für den Rechtsanwender

215 Die Prüfung des »Sachverhaltes mit Auslandsberührung« aus deutscher Sicht, dh an Hand der Prüfung der Kollisionsnormen nach deutschem IPR, reicht häufig für die abschließende Beurteilung der Rechtsfragen nicht aus. Vielmehr ist es geboten, die Lösung des »Falles« auch aus der Sicht des Staates zu erreichen, zu dem der Sachverhalt eine Berührung aufweist.

216 Die Prüfung des Sachverhalts aus der Sicht des ausländischen Kollisionsrechts ist auch bei eingetretenem Erbfall geboten, um die Möglichkeiten des »Forum-Shopping« auszunutzen.[79]

Wer als deutscher Berater die Möglichkeiten dieses Forum-Shopping nicht erkannt hat und das Gericht des Staates anruft, dessen Rechtsordnung einschließlich des Kollisionsrechts für den Mandanten ungünstiger ist, kann sich gegenüber seinen Mandanten schadensersatzpflichtig machen.[80]

217 Dieses Forum-Shopping ist möglich, da die Regelungen in den einzelnen Staaten nicht aufeinander abgestimmt sind.

218 Auch für die Gestaltung letztwilliger Verfügungen ist es erforderlich, den Sachverhalt auch aus der Sicht des ausländischen Rechts einschließlich des Kollisionsrechts zu prüfen mit dem Ziel, dieselben Rechtswirkungen trotz unterschiedlicher Rechtsordnungen herbeizuführen, um das Forum-Shopping zu vermeiden.

219 Für die Gestaltung letztwilliger Verfügungen geht es auch um deren Wirksamkeit in den Ländern, zu denen der Sachverhalt einen Bezug aufweist.

220 Dabei ist auch der **Gefahr hinkender Rechtsverhältnisse,** beispielsweise der hinkenden Ehe,[81] zu begegnen. Hinkende Rechtsverhältnisse sind Rechtsverhältnisse, für die aus der Sicht verschiedener Rechtsordnungen jeweils ein

78 Vgl zu allem: Wagner IPRax 2001, 281 ff, 291
79 Siehe oben Rn 23 ff
80 Vgl: Von Oertzen ZEV 1995, 171 Fußnote 29
81 Siehe oben Rn 59 ff

unterschiedliches Sachrecht anzuwenden ist, beispielsweise die hinkende Ehe. Auf denselben Fall werden unterschiedliche Rechtsordnungen angewandt, was zu sachlich unterschiedlichen Ergebnissen führen kann. Ursachen für hinkende Rechtsverhältnisse sind:

- Doppelte Staatsangehörigkeit;
- Unterschiedliche Anknüpfung in den einzelnen Kollisionsrechten (Staatsangehörigkeit, Wohnsitz, Domizil, Lageort);
- Rechtswahl.

Hinkende Rechtsverhältnisse lassen sich nicht stets vermeiden. Ihre Vermei- 221
dung durch

- Rechtswahl
- Verzicht auf Rechtswahl bzw
- Veränderungen auf der tatsächlichen Ebene

sollte jedoch geprüft werden.

Anlass für eine Prüfung des Sachverhalts auch aus ausländischer Sicht ist gege- 222
ben bei

- Nachlassspaltung,
- Belegenheit des Nachlasses in verschiedenen Staaten,
- Beteiligung von Personen mit verschiedenem Erbstatut,
- Beteiligung von Personen mit vorauszusehendem Statutswechsel (Wechsel der Staatsangehörigkeit bei Anknüpfung an die Staatsangehörigkeit oder Wohnsitzwechsel bei Anknüpfung an den Wohnsitz oder das Domizil).

Das Prüfungsschema aus der Sicht des ausländischen Kollisionsrechts folgt 223
dem Prüfungsschema aus deutscher Sicht, so dass die Prüfung entsprechend der Gliederung dieses Abschnittes B vorgenommen werden kann.

Ziel sollte es sein, den Gleichlauf der Rechtswirkungen der letztwilligen Ver- 224
fügungen in den betroffenen Ländern zu erreichen.

Zur **Information** über das ausländische Recht einschließlich des Kollisions- 225
rechts kann der Rechtsanwalt oder Notar als Standardwerk heranziehen:

- Ferid/Firsching, Internationales Erbrecht, acht Bände, Loseblatt, 43 Ergänzung, Stand 2001,
- Staudinger, Art 3 bis 6 und Art 25, 26 EGBGB, Stand 1996/1995.

Auf die einschlägige Literatur im Literaturverzeichnis wird verwiesen. 226

Ferner ist dem Rechtsanwender anzuraten, dass Gutachten eines Instituts für 227
ausländisches und Internationales Privatrecht einzuholen.[82]

82 Verzeichnet in: DNotZ 1988, 425

228 Ohne genaue Untersuchung des fremden Rechts einschließlich seiner Kollisionsnormen sollte der Notar nur bei konkreter Todesgefahr des Erblassers beurkunden, es sei denn, dass die Beteiligten von sich aus die Wirksamkeit der Verfügung kraft eigener Kenntnis des ausländischen Rechts behaupten. Es könnte sich empfehlen, gleichwohl eine **Teilunwirksamkeitsklausel** etwa wie folgt in die Urkunde aufzunehmen:

Musterformulierung:

229 *»Sollten einzelne letztwillige Verfügungen in Ländern, in denen sie Wirkung entfalten sollen, ganz oder teilweise unwirksam sein, so sollen sie jeweils, soweit zulässig, zunächst durch Auslegung, dann durch Umdeutung und letztlich durch Bestimmung eines vom Nachlassgericht zu nennenden Testamentsvollstreckers oder der entsprechenden Person im fremden Recht durch diejenige zulässige Regelung ersetzt werden, die dem Zweck der unwirksamen Verfügung am nächsten kommt. Scheitert auch diese Möglichkeit, ist das Interesse des Bedachten in Geld aus dem Nachlass zu ersetzen.«*[83]

230 Denkbar wäre auch die Vereinbarung eines Haftungsausschlusses, soweit es um die Kenntnis ausländischen Rechts einschließlich des ausländischen Internationalen Privatrechts geht.

231 Der deutsche Notar braucht nach § 17 III 2 BeurkG über den Inhalt ausländischer Rechtsordnungen nicht zu belehren und sie demnach auch nicht zu kennen. Belehrt der Notar aber über das ausländische Recht, muss die Belehrung richtig und vollständig sein. Eine derartige Belehrung ist immer dann anzunehmen, wenn der Notar die Urkunde entsprechend dem fremden Recht abzufassen versucht. Der Notar kann aber im Rahmen der gesetzlichen Haftungsbeschränkung des § 17 III BeurkG den Umfang seiner Amtspflicht und damit seiner Haftung ausdrücklich einschränken. Dadurch verhindert er, dass durch seine Tätigkeit ein Vertrauenstatbestand geschaffen wird. Eine **Haftungsausschlussklausel** könnte wie folgt formuliert werden:[84]

Musterformulierung:

232 *»Der Notar wies den Erschienenen darauf hin, dass wegen seiner ausländischen Staatsangehörigkeit auf seinen Nachlass ausländisches Erbrecht zur Anwendung kommen kann, aber auch die Möglichkeit der Rückverweisung auf deutsches Erbrecht besteht. Es gehört nicht zu den Amtspflichten eines deutschen Notars, ausländisches Recht einschließlich der ausländischen Rückverweisungsnormen zu kennen. Soweit der Notar trotzdem Hinweise über ausländisches Recht gegeben hat, schließt er hiermit jegliche Haftung aus. Über die Möglichkeit belehrt, das Gutachten eines Sachverständigen über ausländisches und Internationales Privatrecht einzuholen, verzichtet der Erschienene auf diese Möglichkeit und besteht auf der sofortigen Beurkundung des Testamentes. Der Erschienene befreit hiermit den Notar von jeglicher Haftung, soweit es um die Anwendung ausländischen Rechts einschließlich des ausländischen Internationalen Privatrechts geht.«*

83 Formulierung nach: Nieder Rn 406 am Ende; Kohler DNotZ 1961, 195
84 Nach Nieder Rn 408

C. Internationales Verfahrensrecht 1577

ÜBERBLICK

C. Internationales Verfahrensrecht

I. Einführung

Ebenso wie der Begriff des Internationalen Privatrechts ist auch der Begriff »Internationales Verfahrensrecht« irreführend. Es handelt sich vielmehr um nationales Recht, bei dem es um die Feststellung der deutschen Gerichtsbarkeit und der internationalen Zuständigkeit deutscher Gerichte geht, wenn in einem Fall mit Auslandsberührung die Entscheidung eines deutschen Gerichts beantragt wird, indem bei einem deutschen Gericht eine Klage in einem streitigen Verfahren eingereicht wird oder wenn ein deutsches Nachlassgericht in einem FGG-Verfahren, beispielsweise in einem Erbscheinsverfahren, tätig werden soll. 233

Die Frage der internationalen Zuständigkeit ist eine Verfahrensvoraussetzung, die von Amts wegen zu prüfen ist, § 56 ZPO, § 12 FGG. 234

Das internationale Verfahrenrecht greift ferner ein bei der Anerkennung und Vollstreckung ausländischer Entscheidungen. 235

II. Internationales Zivilprozessrecht

1. Internationale Zuständigkeit deutscher Prozessgerichte

Ob ein deutsches Gericht in einem Rechtsstreit über erbrechtliche Fragen zuständig ist, beurteilt sich nach der internationalen Zuständigkeit deutscher Prozessgerichte. 236

a. Staatsverträge

Wegen des Vorrangs der Staatsverträge vor nationalem Recht ist zunächst das Vorliegen von Staatsverträgen zu prüfen. Im Bereich des Erbrechts liegen derartige Verträge nicht vor. Weder das Übereinkommen der Europäischen Gemeinschaft über die gerichtliche Zuständigkeit und die Vollstreckung gerichtlicher Entscheidungen in Zivil- und Handelssachen (EuGVÜ) vom 27. 9. 1968,[1] noch das Lugano-Übereinkommen vom 16. 9. 1988,[2] greifen ein. Das Erbrecht ist gemäß Art 1 II Nr. 1 EuGVÜ ausdrücklich ausgenommen worden. 237

Lediglich der Konsularvertrag zwischen dem deutschen Reich und der türkischen Republik vom 28. 5. 1929[3] enthält als einziges bilaterales Abkommen in der Anlage zu Art 20 des Abkommens[4] Sondervorschriften über die interna- 238

1 BGBl II 1972, 774

2 BGBl II 1994, 2658

3 RGBl 1930 II, 774

4 RGBl 1931 II, 538 (wieder in Kraft seit dem 29. 5. 1952, BGBl II 1951, 608, abgedruckt bei: MüKo-Birk, Art 25 EGBGB, Rn 289)

tionale Zuständigkeit in Erbstreitigkeiten. Soweit unbeweglicher Nachlass betroffen ist, sind Klagen, welche die Feststellung des Erbrechts, Erbschaftsansprüche, Ansprüche aus Vermächtnissen oder Pflichtteilsansprüche zum Gegenstand haben, am Gericht der Belegenheit der Sache geltend zu machen.[5]

b. Nationales Recht

239 § 38 II ZPO begründet die Möglichkeit, die Zuständigkeit eines deutschen Gerichts zu vereinbaren, wenn mindestens eine der Vertragsparteien keinen allgemeinen Gerichtsstand im Inland hat. Eine freie Wahl des Gerichtsstandes ist daher auch zulässig, wenn überhaupt keine Partei der Zuständigkeitsvereinbarung einen allgemeines Gerichtsstand im Inland hat.[6]

240 Mangels anderweitiger Regelungen ist im Übrigen ein deutsches Prozessgericht international zuständig, wenn das Gericht nach den allgemeinen Vorschriften der Zivilprozessordnung örtlich zuständig ist.[7] Maßgebend ist dafür das inländische Verfahrensrecht.

241 Neben dem allgemeines Gerichtsstand nach den §§ 12 ff ZPO kommen für erbrechtliche Streitigkeiten auch die §§ 27 und 28 ZPO in Betracht. Unabhängig von der Nationalität des Erblassers oder dem anwendbaren Recht können daher erbrechtliche Streitigkeiten vor dem Gericht geltend gemacht werden, in dessen Bezirk der Erblasser zum Zeitpunkt seines Todes seinen allgemeinen Gerichtsstand hatte.

242 Unter § 27 I ZPO fallen auch solche erbrechtlichen Streitigkeiten, die dem deutschen Erbrecht nicht bekannt sind, zum Beispiel die französische Herabsetzungsklage eines Pflichtteilsberechtigten zur Durchsetzung seines Noterbrechtes, Art 913 CC.[8]

243 War der Erblasser Deutscher und hatte er bei seinem Tod im Inland keinen allgemeinen Gerichtsstand, können gemäß § 27 II ZPO die in Absatz I genannten erbrechtlichen Streitigkeiten bei dem Gericht geltend gemacht werden, in dessen Bezirk der Erblasser seinen letzten inländischen Wohnsitz hatte. Fehlt ein solcher Wohnsitz, ist das Gericht am Sitz der Bundesregierung zuständig, §§ 27 II, 15 I 2 ZPO.

244 Die Vorschrift erweitert die Zuständigkeit auf alle Fälle der Anwendung deutschen Rechts.

§ 27 II ZPO greift auch ein, wenn aufgrund von Art 3 III EGBGB auf ausländische Nachlassgegenstände eines deutschen Erblassers ausländisches Recht aufgrund von Nachlassspaltung anzuwenden ist.

245 § 27 II ZPO wird analog angewandt auf die Fälle, in denen trotz ausländischer Staatsangehörigkeit deutsches Recht anzuwenden ist, entweder kraft Rückverweisung oder kraft Rechtswahl.

---

5 Ebenroth Rn 1311 am Ende

6 Baumbach/Lauterbach § 38 Rn 23 ZPO

7 BGHZ 94, 156; Ebenroth Rn 1308

8 Ebenroth Rn 1310

§ 28 ZPO erweitert die internationale Zuständigkeit auf Klagen wegen anderer Nachlassverbindlichkeiten, solange sich der Nachlass noch ganz oder teilweise im Bezirk des Gerichts befindet oder die vorhandenen mehreren Erben noch als Gesamtschuldner haften, beispielsweise für Erbfallschulden oder Nachlasserbenschulden. 246

2. Örtliche Zuständigkeit

Sie folgt der Regelung der ZPO; auf die Ausführungen zu 1 b Rn 239 ff wird verwiesen. 247

3. Das Verfahren

Für das Verfahrensrecht gilt immer der Grundsatz der lex fori. Das deutsche Gericht wendet stets deutsches Verfahrensrecht an. 248

III. Internationales Nachlassverfahrensrecht

1. Internationale Zuständigkeit deutscher Nachlassgerichte

a. Gleichlauftheorie

Mangels staatsvertraglicher und gesetzlicher Regelungen, von § 2369 BGB abgesehen, gilt für die internationale Zuständigkeit deutscher Gerichte die sogenannte Gleichlauftheorie. Danach ist ein deutsches Nachlassgericht international zuständig, wenn das internationale Privatrecht auf deutsches Erbrecht verweist. 249

Ein **deutsches Nachlassgericht** ist daher international **zuständig,** wenn 250

- der Erblasser deutscher Staatsangehöriger war (Art 25 I EGBGB), oder
- bei einem ausländischen Staatsangehörigen infolge Rückverweisung deutsches Erbrecht anwendbar ist oder
- ein Ausländer für im Inland belegenes unbewegliches Vermögen deutsches Recht nach Art 25 II EGBGB gewählt hat.[9]

b. Durchbrechungen der Gleichlauftheorie

aa. Fremdrechtserbschein gemäß § 2369 BGB

Fehlt es an einer internationalen Zuständigkeit eines deutschen Nachlassgerichts, befindet sich aber ein Nachlassgegenstand im Inland, kann das Nachlassgericht einen gegenständlich beschränkten Erbschein für die im Inland 251

9 Krug/Kroiß § 21 Rn 93 f; BayObLG NJW-RR 1991, 1098

belegenen Gegenstände erteilen. Da § 2369 BGB die Maßgeblichkeit ausländischen Erbrechts voraussetzt, ist dieser Erbschein immer Fremdrechtserbschein. Darin muss zwingend das Recht angegeben werden, nach dem sich die Erbfolge richtet.[10]

252 Das deutsche Nachlassgericht ist bereits dann zu einer Tätigkeit verpflichtet, wenn der Antragsteller das Vorliegen eines Nachlassgegenstandes im Inland behauptet. Es muss nicht nachgewiesen werden. Demgemäß bezeugt der gegenständlich beschränkte Fremdrechtserbschein auch nur die Erbfolge, nicht aber das Vorhandensein inländischer Vermögensgegenstände. Allerdings sind die behaupteten Gegenstände im Erbschein anzugeben.

bb. Internationale Notzuständigkeit

253 Die deutschen Nachlassgerichte sind ferner international zuständig, wenn ein Fürsorgebedürfnis oder Sicherungsmaßnahmen für den Nachlass geboten sind, insbesondere

- die Anordnung einer Nachlasspflegschaft;
- die Inventarerrichtung;
- die Erbschaftsausschlagung;
- die Testamentsverwahrung;
- die Entlassung eines Testamentsvollstreckers.

254 Es geht in derartigen Fällen darum, nachteilige Folgen für die Beteiligten oder die Rechtspflege zu verhindern.[11]

255 Eine internationale Zuständigkeit ist aber nur anzunehmen, wenn die Voraussetzungen der örtlichen Zuständigkeit, § 73 FGG, erfüllt sind.

2. Örtliche Zuständigkeit des Nachlassgerichts

256 Sie richtet sich nach § 73 FGG. Maßgebend ist das Gericht des letzten Wohnsitzes oder Aufenthaltes, § 73 I FGG.

257 War der Erblasser Deutscher ohne letzten Wohnsitz oder Aufenthalt in Deutschland, ist das Amtsgericht Berlin-Schöneberg zuständig.

258 War der Erblasser Ausländer ohne letzten Wohnsitz oder Aufenthalt in Deutschland, richtet sich die Zuständigkeit nach der Belegenheit des Nachlasses, § 73 III FGG.

3. Das Erbscheinsverfahren

259 Die internationale Zuständigkeit zur Erlangung des Erbscheins richtet sich nach den vorgenannten allgemeinen Regelungen. Unterliegt der Nachlass des Erblassers mehrfachem Recht, beispielsweise aufgrund von Nachlassspaltung,

10 Ebenroth Rn 1316
11 Ebenroth Rn 1315

Rückverweisung oder Rechtswahl, so ist für jede Nachlassmasse ein selbstständiger Erbschein auszustellen.

a. Eigenrechtserbschein, § 2353 BGB

Ein Eigenrechtserbschein ist in allen Fällen zu erteilen, in denen deutsches Erbstatut gilt, etwa aufgrund kollisionsrechtlicher Anknüpfung, Rechtswahl, Rückverweisung oder Nachlassspaltung für Teile des Nachlasses. 260

Richtet sich die Erbfolge zwar grundsätzlich nach deutschem Recht, ist aber wegen eines im Ausland gelegenen Nachlassgegenstandes, insbesondere eines Grundstückes, aufgrund von Nachlassspaltung das ausländische Erbrecht über Art 3 III EGBGB maßgebend, ist ein einschränkender Zusatz beizufügen, dass sich der Erbschein nicht auf den im Ausland belegenen unbeweglichen Nachlass erstreckt. 261

Beispiel:

Einem Franzosen mit Wohnsitz in Trier gehört Kapitalvermögen und ein Grundstück in Deutschland und ein Grundstück in Paris. Er hinterlässt zwei Kinder. 262

Nach gesetzlicher Erbfolge wird er von seinen beiden Kindern beerbt. Die Erbfolge in das Kapitalvermögen und das Grundstück in Deutschland richtet sich nach deutschem Erbstatut. Art 25 I EGBGB verweist zwar auf die französische Staatsangehörigkeit, da aber das französische Kollisionsrecht für das bewegliche Vermögen auf den letzten Wohnsitz des Erblassers und für das unbewegliche Vermögen auf das Recht des Lageortes abstellt, ist für das Kapitalvermögen und das Grundstück in Trier das deutsche Erbstatut maßgebend; für das Grundstück in Paris gilt französisches Erbrecht. 263

Musterformulierung Erbschein:

»Der am .... in .... verstorbene französische Erblasser F ist von seinen beiden Kindern zu je 1/2 Anteil kraft Rückverweisung aus dem französischen Recht nach deutschem Recht beerbt worden. Für das unbewegliche Vermögen gilt dieser Erbschein nur insoweit, als es im Inland belegen ist.« 264

Dasselbe würde gelten, wenn ein deutscher Erblasser ein Grundstück in Paris hinterlässt. Auch für dieses Grundstück wäre über Art 3 III EGBGB französisches Erbrecht maßgebend. Auch hier wäre ein einschränkender Zusatz erforderlich, dass sich der Erbschein nicht auf den in Frankreich belegenen unbeweglichen Nachlass bezieht. 265

b. Fremdrechtserbschein, § 2369 BGB

266 § 2369 BGB ermöglicht, wenn ausländisches Erbrecht maßgeblich ist, die Erteilung eines gegenständlich beschränkten Erbscheins für die im Inland belegenen Gegenstände. Da er immer Fremdrechtserbschein ist, muss zwingend angegeben werden, nach welchem Recht sich die Erbfolge richtet und welchen Beschränkungen der Erbe unterliegt, die dem deutschen Recht vergleichbar sind.

Beispiel:

267 Ein Italiener mit letzten Wohnsitz in München hinterlässt ein Grundstück in Bayern. Er wird von seinen beiden Kindern beerbt.

268 Italien knüpft an die Staatsangehörigkeit an. Nach Art 25 I EGBGB wird demnach der Italiener von seinen beiden Kindern nach italienischem Recht beerbt. Für die Rechtsnachfolge in das Grundstück in Bayern ist daher auch italienisches Recht anzuwenden. Der Erbschein würde wie folgt lauten:

Musterformulierung:

269 *»Der am .... in München verstorbene italienische Erblasser ist von seinen beiden Kindern kraft gesetzlicher Erbfolge unter Beschränkung auf die im Inland befindlichen Gegenstände in Anwendung italienischen Rechts beerbt worden. Der Erblasser hinterlässt in Bayern ein bebautes Grundstück. Es ist im Grundbuch des Amtsgerichts von .... zu Blatt Nr. .... eingetragen. Der Verkehrswert beträgt .... Euro.«*[12]

c. Gemischter Erbschein

270 Wird der Erblasser teilweise nach deutschem und teilweise nach ausländischem Recht beerbt, kann sowohl ein Eigenrechtserbschein nach § 2353 BGB als auch ein Fremdrechtserbschein nach § 2369 BGB erteilt werden. Beide können in einer Urkunde verbunden werden.[13]

Beispiel:

271 Der in Deutschland wohnende türkische Erblasser hinterlässt in Deutschland Kapitalvermögen und ein Grundstück. Er wird von seinen beiden Kindern beerbt.

Art 25 I EGBGB verweist auf das türkische Kollisionsrecht (Gesamtverweisung). Danach gilt Nachlassspaltung. Für den beweglichen Nachlass ist die Staatsangehörigkeit maßgebend, für den unbeweglichen das Recht des Lageortes.

---

12 Ebenroth Rn 1316 f

13 BayObLG FamRZ 1971, 251; Krug/Kroiß § 21 Rn 108

Der Erbschein lautet etwa wie folgt:

»Der am .... in München verstorbene türkische Erblasser ist 272
- *hinsichtlich seines im Inland belegenen beweglichen Nachlasses von seinen beiden Kindern zu je 1/2 Anteil nach türkischem Recht beerbt worden,*
- *hinsichtlich seines in Deutschland belegenen unbeweglichen Nachlasses von seinen beiden Kindern zu je 1/2 Anteil kraft Rückverweisung aus dem türkischen Recht in Anwendung deutschen Rechts beerbt worden.*

Der Inländische bewegliche Nachlass besteht aus .... Das Grundstück ist im Grundbuch von .... des Amtsgerichts .... Blatt........ vermerkt. Es hat einen Verkehrswert von....... Euro.«

4. Das Testamentsvollstrecker-Zeugnis

Auf das Verfahren zur Erteilung eines Testamentsvollstrecker-Zeugnisses gelten die Ausführungen zum Erbschein sinngemäß, § 2368 III BGB. 273

Ist auf den inländischen Nachlass eines ausländischen Erblassers deutsches Erbrecht oder ist auf den ausländischen Nachlass eines deutschen Erblassers ausländisches Erbrecht anzuwenden, so ist ein beschränktes Testamentsvollstrecker-Zeugnis deutschen Rechts auszustellen. 274

Unterliegt die Testamentsvollstreckung einem ausländischen Erbstatut, so ist für die im Inland befindlichen Nachlassgegenstände ein gegenständlich beschränktes Fremdrechts-Testamentsvollstrecker-Zeugnis zu erteilen.[14] 275

IV. Anerkennung und Vollstreckung ausländischer Entscheidungen

1. Anerkennung und Vollstreckung ausländischer Urteile in Erbstreitigkeiten

Die Anerkennung und Vollstreckung richtet sich zunächst nach bilateralen Staatsverträgen.[15] 276

Das EuGVÜ und das Luganer Übereinkommen gelten nicht auf dem Gebiet des Erbrechts einschließlich des Testamentsrechts, Art 1 II Nr. 1 EuGVÜ.[16] 277

Außerhalb der bilateralen Staatsverträge bestimmt sich die Anerkennung gerichtlicher Entscheidungen nach § 328 ZPO; die Vollstreckung richtet sich nach den §§ 722, 723 ZPO. 278

Da § 328 ZPO nur Ausschlussgründe normiert, ist ein ausländisches Urteil anzuerkennen, wenn die Ausschlussgründe nicht vorliegen. 279

14 Ebenroth Rn 1318
15 Auflistung siehe: Jayme/Hausmann, IPR, 92 ff; Krug/Kroiß § 21 Rn 111
16 Siehe oben Rn 237

2. Anerkennung ausländischer Entscheidungen in Nachlasssachen

a. Staatsverträge

280 Die Vorschriften des EuGVÜ über die Anerkennung und Vollstreckung ausländischer Entscheidungen gelten nicht für Entscheidungen der Nachlassgerichtsbarkeit, da das Erb- und das Testamentsrechts in Art 1 II Nr. 1 vom Anwendungsbereich ausgenommen worden ist.

281 Auch die bilateralen Verträge[17] schließen nur echte Parteistreitigkeiten ein, in denen über geltend gemachte Ansprüche entschieden wird. Die im Nachlassverfahren ergangenen einseitigen Akte mit Fürsorgecharakter bleiben außen vor.[18]

b. Autonomes Verfahrensrecht

282 Da staatsvertragliche Regelungen ausscheiden, bleibt § 16 a FGG als allgemeine Anerkennungsregelung des autonomen deutschen Nachlassverfahrensrechts übrig.

283 Ausländische Entscheidungen in Nachlasssachen sind grundsätzlich anzuerkennen, wenn nicht die Ausschlussgründe des § 16 a FGG vorliegen. § 16 a FGG entspricht auf dem Gebiete der Freiwilligen Gerichtsbarkeit dem § 328 ZPO in der streitigen Gerichtsbarkeit.

284 Dabei bestimmen nach § 16 a Nr. 1 FGG die Kriterien, die für die Entscheidungszuständigkeit der deutschen Gerichte aufgestellt sind, spiegelbildlich zugleich die internationale Zuständigkeit des ausländischen Gerichts.[19] Danach wäre die Anerkennung einer ausländischen Entscheidung der freiwilligen Gerichtsbarkeit ausgeschlossen, wenn die Gerichte (oder Behörden) des Entscheidungsstaats bei spiegelbildlicher Betrachtung nach deutschem Recht nicht zuständig wären, § 16 a Nr. 1 FGG.[20]

285 Die Anerkennung bewirkt, dass die ausländische Entscheidung auch im Inland die Wirkungen entfaltet, die ihr der ausländische Staat beilegt, ohne dass es – entgegen den §§ 328, 722 f ZPO – eines besonderen Anerkennungsverfahrens bedarf.[21]

286 Eine Anerkennung nach § 16 a FGG führt dazu, dass die verfahrensrechtlichen Entscheidungswirkungen des ausländischen Staates auf das Inland erstreckt werden. Es kann daher die Bestellung eines Pflegers, Nachlassverwalters oder Testamentsvollstreckers anerkannt werden. Der nach ausländischem Recht bestellte Testamentsvollstrecker ist daher berechtigt, die im Inland befindlichen Nachlassgegenstände an sich zu ziehen. Ihm ist zum Nach-

17 Siehe oben Fußnote 108
18 Staudinger/Dörner Art 25 EGBGB Rn 868
19 Krug/Kroiß § 21 Rn 115
20 Staudinger/Dörner Art 25 EGBGB Rn 869
21 BGH NJW 1989, 2197

weis seiner Rechtsstellung analog § 2368 III BGB auf Antrag ein gegenständlich beschränktes Fremdrechts-Testamentsvollstrecker-Zeugnis zu erteilen.

Eine Anerkennung ausländischer Erbscheine oder Testamentsvollstrecker-Zeugnisse ist dagegen nicht möglich, da eine derartige Anerkennung über die verfahrensrechtliche Wirkung der Entscheidung des Auslandes hinausgehen und materiell-rechtliche Wirkungen entfalten würde, über die nur die in der Sache maßgebende Rechtsordnung entscheidet, wegen der Tatbestandswirkungen nach § 2365 BGB also das deutsche Recht.[22] **287**

Auch im Grundbuchverfahren genügt ein ausländischer Erbschein zum Nachweis des Erbrechts nicht.[23] **288**

Derartige ausländische Urkunden und Zeugnisse können aber als Beweismittel für die Entscheidung über einen deutschen Erbschein und für die in den § 2356 I und II BGB angesprochenen Angaben dienen. **289**

Lediglich § 17 des deutsch-türkischen Nachlassabkommens vom 28. 5. 1929 schreibt eine ausdrückliche Anerkennung eines Erbscheins und eines Testamentsvollstrecker-Zeugnisses vor, soweit es sich um beweglichen Nachlass handelt.[24] **290**

22 Staudinger/Dörner Art 25 EGBGB Rn 874
23 KG NJW-RR 1997, 1094
24 Ebenroth Rn 1319 am Ende

D. Internationales Erbschaftsteuerrecht 1589

ÜBERBLICK

D. Internationales Erbschaftsteuerrecht

I. Begriff und Funktion des internationalen Erbschaftsteuerrechts

Das internationale Erbschaftsteuerrecht ist im Gegensatz zum Internationalen Privatrecht kein Kollisionsrecht. Es ist von ihm grundverschieden. Während das Internationale Privatrecht dazu dient, das Erbstatut zu suchen, das auf den Sachverhalt anzuwenden ist, steht im internationalen Erbschaftsteuerrecht das anzuwendende Recht fest. Es regelt selbst die Besteuerung des grenzüberschreitenden Erbfalls. Demgemäß hat jeder Staat, sofern er eine Erbschaftsteuer erhebt, sein eigenes internationales Erbschaftsteuerrecht. Da die Erbschaftsteuersysteme der Einzelstaaten nicht aufeinander abgestimmt sind, führen internationale Erbfälle, dh Erbfälle mit Auslandsberührung, in aller Regel zur Besteuerung in mehr als einem Staat. Dies führt zu einer Mehrfachbesteuerung ein- und desselben Erbfalls in mehreren Staaten. Die Doppel- und Mehrfachbesteuerung lässt sich in folgende Fallgruppen einteilen:[1] 291

- Der Erblasser ist in einem anderen Staat ansässig als der Erbe; 292
- Nachlassgegenstände befinden sich in einem anderen Staat als dem, in dem der Erblasser und/oder der Erbe ansässig sind;
- Staatsangehörigkeit und Wohnsitz von Erblasser und/oder Erbe fallen auseinander;
- Ein- und derselbe Vorgang wird von einem Staat mit einer Einkommensteuer und von einem anderen mit einer Erbschaftsteuer belastet.

Auch die unterschiedliche Erhebungsart kann zu einer Mehrbelastung führen. Wird die Erbschaftsteuer als Nachlasssteuer erhoben, wird letztmalig das Vermögen des Erblassers im Zeitpunkt seines Ablebens belastet. Die Nachlassteuer interessiert sich nicht dafür, an welche und wie viele Personen und in welches Land das Vermögen übergeht. Insbesondere die angelsächsischen Staaten (Großbritannien, USA) erheben die Steuer als Nachlasssteuer. 293

Wird die Erbschaftsteuer als Erbanfallsteuer erhoben, wird die Bereicherung bei der Person erfasst, die etwas durch den Erbfall erhält. Der Begünstigte wird besteuert. Da an die Person des Empfängers angeknüpft wird, kann es bei mehreren Empfängern zu einer unterschiedlichen Besteuerung kommen. Als Erbanfallsteuer wird die Erbschaftsteuer in den kontinental-europäischen Staaten erhoben, so auch in der Bundesrepublik. 294

1 Nach Flick/Piltz Rn 38

II. Die persönliche Steuerpflicht

1. Überblick

295 § 2 ErbStG bestimmt, welche erbschaftsteuerpflichtigen Erwerbe mit Auslandsberührung der deutschen Besteuerung unterfallen. Den Umfang der persönlichen Steuerpflicht knüpft das Gesetz an persönliche Merkmale des Erblassers und/oder des Erwerbers an. Es unterscheidet dabei zwischen der unbeschränkten und der beschränkten Steuerpflicht. Unter unbeschränkter Steuerpflicht versteht das Gesetz die Besteuerung des gesamten Vermögensanfalles, sog Welt- oder Universalitätsprinzip, § 2 I Nr. 1 S 1 ErbStG.

296 Beschränkte Steuerpflicht ist die Besteuerung des Erwerbs inländischen Vermögens im Sinne von § 121 BewG, sog Territorialitätsprinzip, § 2 I Nr. 3 ErbStG.

297 Eine erweiterte beschränkte Steuerpflicht betrifft das »erweiterte Inlandsvermögen«. Dazu gehört das Vermögen, das über das Inlandsvermögen des § 121 BewG hinausgeht und dessen Erträge bei unbeschränkter Einkommenssteuerpflicht nicht ausländische Einkünfte im Sinne des § 34 c I EStG wären, § 4 AStG.

2. Unbeschränkte Steuerpflicht, § 2 I Nr. 1 ErbStG

298 Die unbeschränkte Steuerpflicht tritt ein, wenn der Erblasser oder der Erwerber zur Zeit der Entstehung der Steuerschuld Inländer war.

299 Die Definition des Inländer-Begriffs ergibt sich aus § 2 I Nr. 1 S 2 iVm II ErbStG.

300 Inländer ist jede natürliche Person, die im Inland einen Wohnsitz oder ihren gewöhnlichen Aufenthalt hat, § 2 I Nr. 1 a ErbStG. Auf die Staatsangehörigkeit kommt es nicht an. Inländer ist gemäß § 2 I Nr. 1 b ErbStG auch jeder deutsche Staatsangehörige, der sich nicht länger als fünf Jahre dauernd im Ausland aufgehalten hat, ohne im Inland einen Wohnsitz zu haben.

301 Deutsche Staatsangehörige, die ihren inländischen Wohnsitz aufgegeben haben, bleiben also noch fünf Jahre lang unbeschränkt steuerpflichtig, sog erweiterte unbeschränkte Steuerpflicht.

302 Gemäß § 2 I Nr. 1 c ErbStG sind auch solche deutschen Staatsangehörigen mit Wohnsitz oder gewöhnlichem Aufenthalt im Ausland Inländer, wenn sie in einem Dienstverhältnis zu einer inländischen Körperschaft des öffentlichen Rechts stehen. Schließlich gelten als Inländer Körperschaften, Personenvereinigungen und sonstige Vermögensmassen (insbesondere Stiftungen) mit Geschäftsleitung oder Sitz im Inland, § 2 I Nr. 1 d ErbStG.

3. Beschränkte Steuerpflicht, § 2 Nr. 3 ErbStG

303 Sind weder der Erblasser noch der Erwerber Inländer, so ist der Erwerb nach § 2 I Nr. 3 ErbStG nur beschränkt steuerpflichtig. Nur das Inlandsvermögen im Sinne des § 121 II BewG unterliegt der deutschen Besteuerung.

Zum Umfang des Inlandsvermögens wird auf den Katalog des § 121 BewG verwiesen. 304

Vermögensgegenstände, die nicht in § 121 BewG aufgeführt sind, gelten selbst dann nicht als Inlandsvermögen, wenn sie sich im Bundesgebiet befinden, wie zum Beispiel im Bundesgebiet deponierte Wertpapiere, Bank- oder Spargut-haben eines Ausländers bei einem inländischen Kreditinstitut. 305

Beispiel:[2]

Der Erblasser E ist britischer Staatsbürger und lebt mit seiner Ehefrau F in England. Zum Vermögen des Erblassers gehören Grundbesitz und Bankguthaben in Deutschland.

306

Das inländische Grundvermögen gehört nach § 121 Nr. 2 BewG zum Inlandsvermögen, nicht aber das Bankguthaben, da es vom Katalog des § 121 nicht erfasst wird. 307

4. Erweiterte beschränkte Steuerpflicht, §§ 4, 2 I 1 AstG

Die erweiterte beschränkte Steuerpflicht ergibt sich aus den §§ 4, 2 I 1 AStG. Diese Steuerpflicht stellt allein auf den Erblasser ab. Er muss in den letzten zehn Jahren vor seiner Auswanderung als deutscher Staatsangehöriger insgesamt mindestens fünf Jahre nach § 1 I EStG unbeschränkt einkommensteuerpflichtig gewesen sein. Im Einzelnen wird auf die Tatbestandsmerkmale der §§ 4 und 2 AStG verwiesen.[3] 308

5. Steuerpflichtige ausländische Erwerbsvorgänge

Da wegen des Weltprinzips nach § 2 I Nr. 1 ErbStG auch ausländische Erwerbsvorgänge der persönlichen Steuerpflicht unterliegen, und diese Erwerbsvorgänge nicht den Begriffen des materiellen deutschen Erbrechts entsprechen, auf die das Erbschaftsteuerrecht regelmäßig zurückgreift, ist zu fragen, inwieweit die vom Erbschaftsteuergesetz verwandten Begriffe aus dem materiellen deutschen Erbrecht auch auf Rechtsinstitute anderer Rechtsordnungen anzuwenden sind. 309

Der BFH vertritt eine wirtschaftliche Betrachtungsweise. Es ist vom Sinn und Zweck der deutschen Besteuerungsvorschriften auszugehen. Auf die formalrechtliche Ausgestaltung des ausländischen Erbrechts kommt es nicht an. 310

Der BFH legt dazu vier Schritte fest. Im ersten Schritt ist der ausländische Rechtsvorgang in seiner wirtschaftlichen Bedeutung festzustellen und zu analysieren. Im zweiten Schritt ist zu prüfen, ob dieses Rechtsinstitut eine Entsprechung im deutschen Recht findet. Wird ein solches Rechtsinstitut 311

2 Nach Ebenroth Rn 1443
3 Siehe auch Ebenroth Rn 1445 f

festgestellt, erfolgt die Besteuerung entsprechend diesem deutschen Rechtsinstitut.

312 Findet sich keine Parallele, ist in einem dritten Schritt der ausländische Rechtsvorgang zu analysieren. Im vierten Schritt ist der ausländische Rechtsvorgang unter die Tatbestände des Erbschaftsteuergesetzes zu subsumieren.[4]

➢ Beispiel: Erwerbsvorgang nach englischem Recht:

313 Nach englischem Erbrecht geht der Nachlass mit dem Erbfall nicht im Wege der Universalsukzession auf die gesetzlichen oder testamentarischen Erben über, sondern auf den sog personal representative, der die Person des Erblassers fortsetzt. Er hat die Stellung eines trustee. Begünstigte (sog beneficiaries) sind die gesetzlichen und testamentarischen Erben.[5]

314 Auch wenn das englische Recht damit keine Gesamtrechtsnachfolge kennt, liegt in dem Erwerb durch die Begünstigten, die beneficiaries, ein Erwerb von Todes wegen im Sinne des § 3 I Nr. 1 ErbStG, zumindest in der Form des Vermächtnisses. Allerdings fällt das Vermögen den beneficiaries erst an, wenn der trustee die Rechte an dem Nachlass den beneficiaries verschafft hat. Damit liegt ein Erwerb unter einer aufschiebenden Bedingung vor.[6]

III. Vermeidung der Mehrfachbesteuerung

1. Anrechnungs- und Freistellungsmethode

315 Für die Erhebung der Steuer knüpfen bei demselben erbrechtlichen Vorgang mit Auslandsberührung die beteiligten Staaten unterschiedlich an, zum Teil wird auf den Erblasser, zum Teil auf den Erwerber, zum Teil auf die Belegenheit des Grundstückes abgestellt; in einem Staat ist es eine Nachlasssteuer, im anderen eine Erbanfallsteuer. Diese unterschiedlichen Anknüpfungen führen dazu, dass die Mehrfachbesteuerungen bei internationalen Erbfällen nicht die Ausnahme, sondern die Regel darstellen.[7]

316 Bliebe es bei dieser Mehrfachbesteuerung, könnte die Steuerbelastung sogar hundert Prozent des Nachlasses übersteigen.

317 Zur Vermeidung oder Einschränkung der Mehrfachbesteuerung werden zwei Methoden angewandt, zum einen die Anrechnungsmethode, zum anderen die Freistellungsmethode.

318 Bei der **Anrechnungsmethode** wird die für das Auslandsvermögen erhobene ausländische Erbschaftsteuer wie eine Vorauszahlung auf die deutsche Erbschaftsteuer angerechnet. Bei der **Freistellungsmethode** bleibt das Auslandsvermögen von der Festsetzung der deutschen Erbschaftsteuer ausgenommen;

4 BFH BStBl III 1960, 385; Ebenroth Rn 1447
5 Flick/Piltz Rn 556
6 Ebenroth Rn 1448
7 Siehe die anschaulichen Beispiele bei: Flick/Piltz Rn 38 ff

gleichwohl wird ein Progressions-Vorbehalt eingesetzt. Nach § 19 II ErbStG wird die Steuer für den verbleibenden Erwerb nach dem Steuersatz erhoben, der ohne Berücksichtigung der Freistellung für den ganzen Erwerb maßgeblich wäre. Dabei sind alle Vorschriften des Erbschaftsteuergesetzes zu berücksichtigen. Ausländischer Grundbesitz genießt nicht die Privilegierung nach § 12 III ErbStG iVm §§ 145 ff BewG, sondern ist nach § 12 VI ErbStG iVm § 31 BewG mit dem Verkehrswert anzusetzen.

Die Freistellungsmethode gilt nur bei unbeschränkter Steuerpflicht, da bei 319
beschränkter Steuerpflicht der im Ausland belegene Erwerb nicht erbschaftsteuerpflichtig ist.

2. Das Anrechungsverfahren nach § 21 ErbStG

§ 21 ErbStG beseitigt einseitig bereits bei der inländischen Besteuerung die 320
Doppelbelastung, indem die ausländische Steuer auf die deutsche Erbschaftsteuer angerechnet wird. Die Anrechnung erfolgt nur auf Antrag. Die ausländische Steuer muss gezahlt sein und darf keinem Ermäßigungsanspruch mehr unterliegen. Auf die einzelnen Tatbestandsmerkmale des § 21 ErbStG wird verwiesen.

Es muss sich um eine der deutschen Erbschaftsteuer entsprechende Steuer auf 321
Auslandsvermögen handeln. Auch dabei kommt es auf eine wirtschaftliche Betrachtungsweise an. Die Bezeichnung ist nicht maßgebend. Darunter fällt jede Steuer, die unmittelbar durch den Tod einer Person entsteht. Dies gilt auch bei einer Nachlasssteuer, bei welcher der Erwerber nicht selbst Steuerschuldner ist. Ausreichend ist, dass die Nachlasssteuer den Nachlass belastet. In diesem Falle entfällt auf den Erwerber diejenige Steuer, die anteilig auf seine Bereicherung anfällt.

3. Doppelbesteuerungsabkommen

Allein die einseitige Anrechnung einer ausländischen Erbschaftsteuer nach 322
§ 21 ErbStG vermeidet nicht die Doppelbelastung, solange nicht auch der ausländische Staat diese einseitige Anrechnung nunmehr der deutschen Erbschaftsteuer auf die nach seinem Gesetz erhobene Erbschaftsteuer vornimmt.

Zur Vermeidung der Doppelbesteuerung werden daher zwischen den Staaten 323
Doppelbesteuerungsabkommen geschlossen, die dem nationalen Steuerrecht vorgehen, soweit sie unmittelbar innerstaatliches Recht geworden sind, § 2 AO.

Während das ältere Doppelbesteuerungsabkommen mit Österreich das in 324
einem Vertragsstaat besteuerte Vermögen im anderen Vertragsstaat freistellt, wird in neueren Doppelbesteuerungsabkommen lediglich die im Ausland erhobene Steuer zur Anrechnung zugelassen, so beispielsweise in Abkommen mit den USA.

325 Derzeit bestehen folgende **Doppelbesteuerungsabkommen:**

- Mit **Dänemark:** Doppelbesteuerungsabkommen vom 22. 11. 1995, BStBl I 1996, 1220 ff
- Mit **Schweden:** Doppelbesteuerungsabkommen vom 14. 7. 1992, BStBl I 1994, 423 ff
- Mit der **Schweiz:** Doppelbesteuerungsabkommen vom 30. 11. 1978, BStBl I 1980, 244
- Mit **Österreich:** Doppelbesteuerungsabkommen vom 4. 10. 1954, BStBl I 1955, 376 ff
- Mit den **USA:** Doppelbesteuerungsabkommen vom 3. 12. 1980, BStBl I 1982, 765 ff[8]

326 Unvollständige Vereinbarungen bestehen mit Griechenland vom 18. 11/ 1. 12. 1910, BStBl I 1953, Seite 377 ff, und zwischen dem Saarland und Frankreich vom 27. 10. 1956, BStBl II 1956, Seite 1587 ff.[9]

8 Siehe auch die Loseblattsammlung aus dem Beck-Verlag: »Doppelbesteuerungsabkommen«

9 Zu Einzelheiten siehe Flick/Piltz Rn 1411 ff

E. Überblick: Erbrechtliche Anknüpfungsmittel ausländischer Rechtsordnungen

I. Nachlasseinheit mit Staatsangehörigkeitsprinzip: 327

Ägypten,
Bulgarien,
Deutschland,
Finnland,
Griechenland,
Honduras (bei honduranischer Staatsangehörigkeit des Erblassers oder des Erben),
Irak,
Iran,
Italien,
Japan,
Jugoslawien,
Kuba,
Libanon,
Lybien,
Marokko,
Niederlande,
Österreich (für Erbfälle nach dem 1.1.1979),
Polen,
Portugal,
Schweden,
Slowakei,
Sowjetunion und GUS-Staaten,
Spanien,
Syrien,
Taiwan,
Tschechien,
Tunesien,
Türkei,
Ungarn,
Vatikanstaat.

II. Nachlasseinheit mit Wohnsitz-/Domizilprinzip 328

Brasilien,
Chile,
Dänemark,
Equador,
El Salvador,
Ghana,
Island,

Israel,
Kolumbien,
Nicaragua,
Norwegen,
Peru,
Schweden,
Schweiz (mit Wahlrecht für das Wohnsitzrecht beim Erbfall),
Honduras (sofern Erblasser oder Erbe nicht die Honduranische Staatsangehörigkeit haben).

329 III. Nachlassspaltung mit Staatsangehörigkeitsprinzip bezüglich der beweglichen Gegenstände und dem Recht des Lageortes bezüglich der unbeweglichen Gegenstände:

Albanien,
Haiti,
Liechtenstein,
Rumänien.

330 IV. Nachlassspaltung mit Staatsangehörigkeitsprinzip für bewegliche und unbewegliche Gegenstände mit Ausnahme der unbeweglichen Gegenstände, die sich in dem Heimatstaat befinden, für die das Recht des Heimatstaates gilt:

Indonesien,
Jordanien,
San Marino.

331 V. Nachlassspaltung mit Domizilprinzip bezüglich der beweglichen Gegenstände und dem Recht des Lageortes für die unbeweglichen Gegenstände:

Australien,
Belgien,
Frankreich,
Großbritannien,
Indien,
Irland,
Kanada,
Luxemburg,
Monako,
Neuseeland,
Pakistan,

Südafrika,
Thailand,
USA, aber in Mississippi belegener beweglicher Nachlass wird bei gesetzlicher Erbfolge dem Recht von Mississippi unterstellt.

VI. Nachlassspaltung mit Domizilprinzip für bewegliche und unbewegliche Gegenstände mit Ausnahme der im Heimatstaat belegenen unbeweglichen Gegenstände, für die das Recht des Heimatstaates gilt: 332

Costa-Rica.

VII. Nachlassspaltung mit Domizilprinzip, aber dem Recht des Belegenheitsstaates für bewegliche und unbewegliche Gegenstände: 333

Mexiko,
Panama,
Uruguay,
Venezuela.

VIII. Nachlassspaltung mit Domizilprinzip für das bewegliche und unbewegliche Vermögen mit Ausnahme des in dem Heimatstaat belegenen beweglichen und unbeweglichen Vermögens, für das das Recht des Belegenheitsstaates gilt: 334

Argentinien,
Guatemala,
Paraguay.

12

KAPITEL 12
Erbschaft- und Schenkungsteuerrecht

A. Grundlagen

I. Einleitung

Mit der Erbschaftsteuer beteiligt sich der Staat an der Bereicherung des Erben. Anlass für diesen Zugriff ist der Zuwachs an wirtschaftlicher Leistungsfähigkeit des Erwerbers, den dieser durch die (unentgeltliche) Bereicherung erlangt. Die Anknüpfung an den wirtschaftlichen Vorgang des Substanzüberganges erschwert die **Einordnung der Erbschaftsteuer in das Steuersystem.** Man kann sie als Steuer auf das Einkommen im weiteren Sinne, als Verkehrsteuer, aber auch als Substanzsteuer qualifizieren.[1] Die deutsche Erbschaftsteuer ist keine sog Nachlasssteuer, deren Steuergegenstand der ungeteilte Nachlass ist, bei der es auf ein Verwandtschaftsverhältnis zwischen Erblasser und Erben nicht ankommt und der Steuersatz vielmehr auf den ungeteilten Nachlass zu beziehen ist.[2] Das **ErbStG**[3] verwirklicht das Konzept der Erbanfallsteuer, die nicht auf die Existenz des Nachlasses, sondern auf den Rechtsübergang auf den oder die Erben abstellt. Die Schenkungsteuer (§ 1 I Nr. 2) ergänzt die Erbschaftsteuer, deren Erhebung ohne sie durch Verfügungen zu Lebzeiten des Erblassers umgangen werden könnte. Steuergegenstand ist hier der im Wege der Schenkung durchgeführte Vermögensübergang und damit ebenfalls die Bereicherung des Empfängers. Ergänzungstatbestände dieser beiden Grundtatbestände sind die Zweckzuwendungen (§ 1 I Nr. 3) und die Erbersatzsteuer, der Familienstiftungen und Familienvereine alle 30 Jahre unterliegen (§ 1 I Nr. 4). 1

Wesentlich geprägt ist das geltende Gesetz durch die Änderungen zum 1.1. 1996, mit denen der Gesetzgeber den Beschluss des BVerfG vom 22.6. 1995 (Erbschaftsteuer-Beschluss)[4] umzusetzen versucht hat. Das BVerfG hat vor allem Bewertungsgleichheit zwischen den Vermögensarten (insbesondere zwischen Kapital- und Grundvermögen), die steuerliche Verschonung des familiären Gebrauchsvermögens und eine maßvolle Besteuerung der Familien sowie die schonende Besteuerung von Unternehmensvermögen verlangt. Demzufolge kam es zur Abschaffung der Einheitswerte für den Grundbesitz, zur Begünstigung des Betriebsvermögens, aber auch zu einer Änderung der Steuerklasseneinteilung, der Freibeträge und der Steuersätze.[5] 2

Das ErbStG enthält fünf Abschnitte: 3

- I. Steuerpflicht (§§ 1–9);
- II. Wertermittlung (§§ 10–13 a);
- III. Berechnung der Steuer (§§ 14–19 a);

1 Meincke, Einf Rn 1 mwN
2 Balke in: Tipke/Lang, § 12 Rn 113; Crezelius § 19 Rn 2 mwN
3 Soweit nicht anders gekennzeichnet, sind die Vorschriften dieses Kapitels solche des ErbStG
4 BVerfG BStBl II 1995, 671
5 Troll/Gebel/Jülicher Einf Rn 110 ff

➢ IV. Steuerfestsetzung und Erhebung (§§ 20–35);

➢ V. Ermächtigungs- und Schlussvorschriften (§§ 36 und 37 a).

§ 2 bestimmt, wer steuerpflichtig und damit Steuersubjekt ist. Die in § 1 genannten steuerbaren Tatbestände (Steuerobjekt) werden in den §§ 3 ff näher konkretisiert. Im II. Abschnitt wird die Bemessungsgrundlage als der steuerpflichtige Erwerb bestimmt sowie die Regeln zu ihrer Bewertung und die Steuerbefreiungen normiert. Regelungsgegenstand des III. Abschnitts sind vor allem der Steuertarif (§ 19), aber auch die persönlichen Freibeträge (§§ 16 und 17). Fragen des Festsetzungs- und Erhebungsverfahren regelt der IV. Abschnitt, der allerdings auch noch Vorschriften zur Ermittlung der Steuerschuld (§§ 21–27) enthält.

4 Daraus lässt sich für den Erwerb von Todes wegen folgendes vereinfachte **Prüfungsschema** ableiten:

1. Steuertatbestand: Erwerb von Todes wegen (§ 3)
2. Persönliche Steuerpflicht (§ 2)
3. Bemessungsgrundlage: Steuerpflichtiger Erwerb (§ 10) Vermögensanfall ./. Nachlassverbindlichkeiten jeweils bewertet gem § 12 ./. Zugewinnausgleichsanspruch (§ 5) ./. Steuerbefreiungen (§§ 13, 13 a) + frühere Erwerbe (§ 14) ./. persönliche Freibeträge (§§ 16 und 17) = steuerpflichtiger Erwerb
4. Tarif (§§ 19 und 19 a) – Anrechnung ausländischer Steuer (§ 21) – Steuerermäßigungen und -erleichterungen (§ 23–28) = Steuerschuld

5 Das Schema gilt entsprechend für Schenkungen unter Lebenden (§ 7), allerdings mit der Besonderheit, dass nach hM die Frage der Bereicherung des Beschenkten bereits zum Steuertatbestand gehört und deshalb § 10 I 2 für diesen Tatbestand nicht gilt.[6]

6 Für die Praxis von Bedeutung ist die **Auslegung** des ErbStG **durch die Finanzverwaltung,** die sich in den ErbSt-Richtlinien[7] und den ErbSt-Hinweisen[8] finden. Sie enthalten – ergänzt durch Erlasse zu Einzelfragen – die maßgebende Verwaltungsauffassung, an der man sich im Rahmen der Gestaltungsberatung meistens orientieren wird, um langwierige und kostenträchtige Finanzgerichtsprozesse zu vermeiden. Bei einer streitigen Auseinandersetzung muss aber selbstverständlich die Richtigkeit der Verwaltungsmeinung überprüft werden. Rechtstechnisch handelt es sich bei den ErbStR um allgemeine Verwaltungsvorschriften, die zwar die Verwaltung selbst, nicht aber die Finanzgerichte binden.

6 Siehe unten Rn 267
7 BStBl I 1998, Sondernr. 2
8 BStBl I 1998, 1529; BStBl I 1999, 297; BStBl I 2000, 810, 1230

Das ErbStG knüpft in zahlreichen Bestimmungen (vor allem in §§ 3–7) an zivilrechtliche Begriffe an, die damit zu erbschaftsteuerrechtlichen Tatbestandsmerkmalen werden. Da der Gesetzgeber jedoch an anderen Stellen von den einschlägigen zivilrechtlichen Vorgaben abweicht (indem etwa zivilrechtliche Rechtsgeschäfte unter Lebenden zu Erwerben von Todes wegen umqualifiziert werden – § 3 II Nr. 4 – oder ein Erwerb vom Erblasser als Erwerb vom Vorerben behandelt wird – § 6 II 1), gibt es einen durchgängig umgesetzten Grundsatz der Maßgeblichkeit des bürgerlichen Rechts für das Erbschaftsteuerrecht wohl nicht.[9] Die Auslegung des ErbStG vollzieht sich nach den allgemeinen Auslegungskriterien.[10] 7

Gem **§ 1 II** gelten die Vorschriften dieses Gesetzes über die Erwerbe von Todes wegen auch für Schenkungen und Zweckzuwendungen, die Vorschriften über Schenkungen wiederum auch für Zweckzuwendungen unter Lebenden. Der Bestimmung kann der Wille des Gesetzgebers entnommen werden, die steuerlichen Folgen der Erwerbe von Todes wegen und der Schenkungen unter Lebenden im Zweifel gleich zu behandeln.[11] Wann »etwas anderes bestimmt ist«, ist nicht immer leicht zu ermitteln. Keine Zweifel bezüglich der Anwendbarkeit einer gesetzlichen Vorschrift auf die Fälle des § 3 und des § 7 bestehen, wenn das Gesetz eine neutrale Formulierung verwendet. Umgekehrt gelten Bestimmungen, die Sachverhalte regeln, welche nur anlässlich eines Erbfalls vorkommen, auch nur für Erwerbe von Todes wegen.[12] § 13 I Nr. 10 und § 27 sollen beispielsweise für Schenkungen nicht anwendbar sein.[13] Wegen der vorgesehenen gesetzlichen Gleichbehandlung bedarf die Nichtanwendung einer gesetzlichen Bestimmung auf Schenkungen unter Lebenden der besonderen Begründung. 8

II. Persönliche Steuerpflicht

Die persönliche Steuerpflicht (§ 2) entscheidet darüber, ob und inwieweit eine Bereicherung aufgrund eines der in § 1 I genannten steuerpflichtigen Vorgänge dem Zugriff des deutschen Fiskus unterliegt. Man unterscheidet üblicherweise zwischen der 9

- unbeschränkten Steuerpflicht (§ 2 I Nr. 1 a und 2);
- erweiterten unbeschränkten Steuerpflicht (§ 2 I Nr. 1 b und c);
- beschränkten Steuerpflicht (§ 2 I Nr. 3) und der
- erweiterten beschränkten Steuerpflicht (§ 4 AStG).

1. Unbeschränkte Erbschaftsteuerpflicht

Die unbeschränkte Steuerpflicht knüpft nicht an die Staatsangehörigkeit, sondern an die Eigenschaft als **Inländer** an. Sie besteht, wenn der Erblasser, der Schenker oder der Erwerber im Zeitpunkt der Entstehung der Steuer (§ 9) 10

9 Meincke Einf Rn 7 mwN
10 Meincke Einf Rn 8
11 Meincke § 1 Rn 22
12 Moench/Weinmann § 1 Rn 32
13 BFH BStBl II 1986, 622; 1997, 625; R 1 S 3 ErbStR

Inländer sind. Entsprechend der Legaldefinition des § 2 I Nr. 1 S 2 ist hierfür bei natürlichen Personen ein Wohnsitz oder ein gewöhnlicher Aufenthalt im Inland erforderlich, aber auch ausreichend, so dass ggf auch ausländische Staatsangehörige der unbeschränkten Steuerpflicht unterliegen.

11 Ein **Wohnsitz** (§ 8 AO[14]) im Inland besteht, wenn jemand dort eine Wohnung unter Umständen innehat, die darauf schließen lassen, dass er sie beibehalten und benutzen wird. Auf Vorstellungen und Absichten des Steuerpflichtigen kommt es nicht an.[15] Nach den einschlägigen Verwaltungsanweisungen[16] ist wegen des zugrundezulegenden sog objektiven Wohnsitzbegriffes die An- und Abmeldung bei der Ordnungsbehörde nicht von ausschlaggebender, sondern lediglich von indizieller Bedeutung für die Begründung und Aufgabe eines Wohnsitzes. Die tatsächlichen Anforderungen an einen inländischen Wohnsitz sind nicht allzu hoch. Ausreichend ist beispielsweise, dass zum Wohnen geeignete Räume über Jahre hinweg jährlich regelmäßig zweimal zu bestimmten Zeiten über einige Wochen benutzt werden. Eine Person kann durchaus mehrere Wohnsitze haben, beispielsweise einen ausländischen Haupt- und einen inländischen Nebenwohnsitz. Keinen Wohnsitz begründet, wer eine Wohnung von Anfang an in der Absicht nimmt, sie weniger als sechs Monate zu halten und zu nutzen. Ebenfalls kein Wohnsitz wird begründet durch den – wenn auch regelmäßigen – Aufenthalt in der Wohnung eines Angehörigen oder Bekannten, sofern es sich nicht hierbei um die eigene Wohnung handelt.

12 Die Bedeutung und Problematik des Wohnsitzbegriffes zeigt der geradezu schon klassische ***Jagd-Fall:***

Der Erblasser und seine Lebensgefährtin lebten seit 19 Jahren ständig in Liechtenstein. Das Vermögen des Mannes befand sich ebenfalls im Ausland. Beide hielten sich regelmäßig zweimal im Jahr für etwa sechs Wochen zur Rehwildjagd in Deutschland auf und nutzten dabei eine der Lebensgefährtin gehörende Doppelhaushälfte, die möbliert war, aber im Übrigen leer stand.

Der BFH[17] bejahte einen Wohnsitz in Deutschland, es kam zu einer Besteuerung zum (damaligen) Höchststeuersatz von 62 vH. Die Übernachtung im Hotel hätte eine Erbschaftsteuerschuld in wohl zweistelliger Millionenhöhe vermieden.

13 Ein **gewöhnlicher Aufenthalt** (§ 9 AO) im Inland besteht, wenn sich jemand in der Bundesrepublik Deutschland unter Umständen aufhält, die erkennen lassen, dass er nicht nur vorübergehend verweilt. Abgesehen von auf höchstens ein Jahr begrenzten Aufenthalten zu privaten Zwecken ist dies immer anzunehmen, wenn ein zeitlich zusammenhängender Aufenthalt von mehr als

14 Abgabenordnung vom 16. 3. 1976 (BGBl I 613), zuletzt geändert durch Gesetz zu Bereinigung von steuerlichen Vorschriften (Steuerbereinigungsgesetz 1999) vom 22. 12. 1999 (BGBl I 2601)

15 BFH BStBl II 1989, 182, 183

16 Anwendungserlass zur Abgabenordnung 1977 (AEAO) vom 15. 7. 1998 (BStBl I 630) zu § 8

17 BStBl II 1989, 182; bestätigt durch BVerfG BStBl II 1990, 103

sechs Monaten Dauer vorliegt. Kurzfristige Unterbrechungen durch Urlaub, Geschäftsreisen uä bleiben bei der Ermittlung des Sechs-Monats-Zeitraums außer Betracht. Jedoch begründen Grenzgänger und Unternehmer, die regelmäßig nach Geschäftsschluss zu ihrer ausländischen Familienwohnung zurückkehren, keinen Aufenthaltsort im Inland.[18]

Nach § 2 I Nr. 1 d sind Körperschaften, Personenvereinigungen und Vermögensmassen, die ihre Geschäftsleitung (§ 10 AO) oder ihren Sitz (§ 11 AO) im Inland haben, ebenfalls als Inländer anzusehen. 14

Hat der Erblasser oder der Schenker die Inländereigenschaft, so unterliegt der deutschen Steuerpflicht der gesamte Vermögensanfall, also auch das Auslandsvermögen. Ist der Vermögensempfänger (Erbe, Beschenkter etc) Inländer, so hat er das gesamte ihm zufallende Vermögen unter Einschluss des Auslandsvermögens in Deutschland zu versteuern. Allerdings wird das deutsche Besteuerungsrecht begrenzt durch Doppelbesteuerungsabkommen oder, wenn kein Doppelbesteuerungsabkommen besteht, auf nationaler Ebene durch die von § 21 vorgesehene Anrechnung ausländischer Erbschaftsteuer. 15

2. Erweiterte unbeschränkte Erbschaftsteuerpflicht

Diese, in der Praxis nicht selten übersehene Steuerpflicht besteht für deutsche Staatsangehörige, die sich nicht länger als fünf Jahre dauernd im Ausland aufgehalten haben (§ 2 I Nr. 1 b) und für deutsche Staatsangehörige, die – ohne einen inländischen Wohnsitz zu haben – in einem Dienstverhältnis zu einer inländischen öffentlich-rechtlichen Körperschaft stehen (insbesondere also Auslandsbeamte mit ihren Familienangehörigen). 16

§ 2 I Nr. 1 b will diejenigen deutschen Staatsangehörigen erfassen, die ihren **Wohnsitz ins Ausland** verlagern. Geschieht dies unter Beibehaltung der deutschen Staatsangehörigkeit, so unterliegen sie noch fünf Jahre nach dem Wegzug dem deutschen Steuerzugriff. Die diplomatischen Vertreter und Konsuln des Bundes sind verpflichtet, dem Bundesministerium der Finanzen Sterbefälle von Deutschen im Ausland und Zuwendungen ausländischer Erblasser oder Schenker an Inländer anzuzeigen (§ 9 ErbStDV). Durch Aufgabe der deutschen Staatsangehörigkeit kann die nachwirkende Fünf-Jahres-Frist nach einer Auswanderung vermieden werden; einschlägig sind hierfür §§ 17 ff Reichs- und Staatsangehörigkeitsgesetz. Die Folgen eines derart weitreichenden Schrittes sind selbstverständlich sorgfältig zu bedenken. Aus rechtlicher Sicht muss auch berücksichtigt werden, dass sich das Erbstatut (Art 25 I EGBGB) im Grundsatz nach der Staatsangehörigkeit richtet. Weiterhin bleibt zu beachten, dass immer noch die erweiterte beschränkte Erbschaftsteuerpflicht eingreifen kann. 17

3. Beschränkte Erbschaftsteuerpflicht

Wenn weder der Geber (Erblasser/Schenker) noch der Empfänger im Zeitpunkt der Steuerentstehung Steuerinländer sind, kann allein beschränkte Steuerpflicht (§ 2 I Nr. 3) bestehen. Sind an dem Vermögensübergang nur Steuer- 18

18 Vgl näher AEAO zu § 9

ausländer beteiligt, so beschränkt sich die Besteuerung auf das **Inlandsvermögen,** das in § 121 BewG definiert wird. Inlandsvermögen ist nicht jegliches im Inland befindliche Vermögen, sondern nur solches Vermögen, das eine besonders enge Beziehung zum Inland hat, weil es im Inland belegen ist, einer inländischen Betriebsstätte zuzurechnen oder in einem inländischen Buch oder Register eingetragen ist. Besonders bedeutsam ist in praxi das inländische Grundvermögen (§ 121 Nr. 2 BewG), das inländische Betriebsvermögen (§ 121 Nr. 3 BewG) und Anteile an inländischen Kapitalgesellschaften in Höhe von mindestens 10 vH des Nennkapitals (§ 121 Nr. 4 BewG). Zum inländischen Grundvermögen gehören nicht nur Erbbaurechte, sondern auch Anteile an einer inländischen Grundstücksgemeinschaft oder Personengesellschaft, die im Inland belegene Grundstücke hält (beispielsweise inländischer Immobilienfonds). Zum inländischen Betriebsvermögen rechnet auch die Beteiligung an einer deutschen Personengesellschaft, wenn sie gewerblich tätig ist und deshalb regelmäßig zu einer inländischen Betriebsstätte führt. Die maßgebende Beteiligungsquote von 10 vH kann der Erblasser oder Schenker auch aufgrund einer lediglich mittelbaren Beteiligung erreichen; Anteile von Personen, die ihm im Sinne des § 1 II AStG nahestehen, werden ihm für die Ermittlung der Beteiligungshöhe zugerechnet. Der beschränkten Steuerpflicht unterliegt dann allerdings nur der vom Geber selbst gehaltene Anteil.

19 Wie § 2 I Nr. 3 S 2 zeigt, ist ausschlaggebend, dass der Geber mindestens 10 vH der Anteile hält. Wird diese Beteiligung so gesplittet, dass mehrere Empfänger weniger als 10 vH erhalten, so ändert dies nichts an der beschränkten Steuerpflicht.

20 Ein – nahe liegendes – Steuersparmodell verhindert § 2 I Nr. 3 S 3: Danach sind auch weitere, innerhalb von zehn Jahren von derselben Person anfallende Erwerbe aus der Kapitalgesellschaftsbeteiligung steuerpflichtig, selbst wenn der Geber bei den weiteren Zuwendungen weniger als 10 vH hält. Innerhalb des Zehn-Jahres-Zeitraums kann die Beteiligungsgrenze also nicht durch Vorabzuwendungen unter 10 vH gesenkt werden, um den Restanteil steuerfrei zu übertragen.

Fall:

21 *Ein Steuerausländer hält eine Beteiligung in Höhe von 18 vH an einer deutschen GmbH. Er schenkt zunächst 9 vH einem seiner Kinder, fünf Jahre später die restlichen 9 vH einem anderen. Beide Schenkungen sind steuerpflichtig. Die erste nach § 2 I Nr. 3 S 2, die zweite nach § 2 I Nr. 3 S 3.*

22 Nicht zum Inlandsvermögen gehören Bank- oder Sparguthaben bei inländischen Banken, Wertpapierdepots in Deutschland, ungesicherte Forderungen gegen inländische Schuldner, Hausrat, Schmuck oder Kunstgegenstände. Ebenfalls nicht der beschränkten Steuerpflicht unterliegt der Pflichtteilsanspruch eines Ausländers bei einer Erbfolge nach einem ausländischen Erblasser, obwohl der Erbe Inländer ist und der Nachlass aus Inlandsvermögen besteht. Gleiches gilt für ein Geldvermächtnis, da es sich in beiden Fällen um nicht von § 121 BewG aufgeführtes Vermögen (ungesicherte Geldforderungen) handelt.[19]

19 Meincke § 2 Rn 11

Praxis-Tipp:

> *Will ein Steuerausländer einem anderen Ausländer etwa ein deutsches Grundstück vererben (§ 121 Nr. 2 BewG), besteht beschränkte Steuerpflicht in Deutschland. Stattdessen kann ein Inländer als Erbe eingesetzt werden mit dem Vermächtnis, dem Ausländer-Erben den Veräußerungsgewinn auszukehren. Das Geldvermächtnis gehört nicht zum Inlandsvermögen,[20] so dass keine deutsche Steuer anfällt.* 23
>
> *Ob die Gestaltung auch funktionieren würde, wenn die Herausgabe des Grundstücks als Sachvermächtnis angeordnet würde, ist nicht sicher.[21/22]*

Bei der beschränkten Steuerpflicht sind nur solche Schulden und Lasten abzugsfähig, die mit den Inlandsgegenständen in wirtschaftlichem Zusammenhang stehen (§ 10 VI 6).[23] An die Stelle der für Inlandsfälle üblichen Freibeträge (§ 16 I) tritt ein Freibetrag von lediglich 2 000 DM [1 100 €] (§ 16 II). Auch der Versorgungsfreibetrag für Ehegatten und Kinder (§ 17) entfällt. Eine Anrechnungsmöglichkeit für ausländische Steuer besteht, wie der Wortlaut des § 21 zeigt, bei der beschränkten Steuerpflicht nicht. 24

Praxis-Tipp:

> *Aus diesen Gründen kann es vorteilhaft sein, sich bewusst in die unbeschränkte Erbschaftsteuerpflicht zu begeben, indem ein inländischer Wohnsitz genommen wird.* 25
>
> *Will etwa ein ausländischer Vater seinem ausländischen Sohn ein schulden- und lastenfreies Grundstück zuwenden, das im Inland liegt und einen Steuerwert von 400 000 DM hat, so resultiert aus dieser Schenkung eine deutsche Steuerschuld von 43 780 DM, denn nach Abzug des Freibetrages von 2 000 DM [1 100 €] ergibt sich in der Steuerklasse I (§ 15 I Nr. 2) ein Steuersatz von 11 vH. Begründet der Sohn jedoch vor der Schenkung einen Wohnsitz in Deutschland, so fällt Schenkungsteuer wegen des Freibetrages von 400 000 DM [205 000 €] (§ 16 I Nr. 2) nicht an.*
>
> *Generell ist die unbeschränkte Steuerpflicht wegen der persönlichen Freibeträge vorteilhaft, wenn das Vermögen allein oder ganz überwiegend aus Inlandsvermögen gem § 121 BewG besteht. Existiert Auslandsvermögen oder Inlandsvermögen, das nicht unter § 121 BewG fällt, kann der Vorteil wegen der Einbeziehung dieser Werte in die unbeschränkte Steuerpflicht entfallen.[24]*

---

20 Fromm/Vogt, Rn 283

21 Dafür: Troll/Gebel/Jülicher § 2 Rn 72; dagegen: Meincke § 2 Rn 11 je mwN

22 Zu Fragen des Schuldenabzugs (§ 10 VI) bei anderen Fällen siehe: Troll/Gebel/Jülicher § 2 Rn 71

23 R 4 VII ErbStR

24 Troll/Gebel/Jülicher § 2 Rn 10

4. Erweiterte beschränkte Erbschaftsteuerpflicht

26 Der wegen seiner Verweisungen nicht gerade leichtverständliche § 4 AStG erfasst den **Wohnsitzwechsel in ein Niedrigsteuergebiet,** indem er die beschränkte Steuerpflicht für zehn Jahre auf das sog erweiterte Inlandsvermögen erstreckt. Die Vorschrift kommt wegen der vorrangigen erweiterten unbeschränkten Erbschaftsteuerpflicht (§ 2 I Nr. 1 b) nur zum Zuge, wenn deren Fünf-Jahres-Zeitraum abgelaufen ist.

a. Voraussetzungen

27 Die Voraussetzungen im Einzelnen sind:

- Der Erblasser oder Schenker war in den letzten Jahren vor dem Wegzug aus Deutschland insgesamt mindestens fünf Jahre unbeschränkt einkommensteuerpflichtig, und zwar als deutscher Staatsangehöriger.
- Er war bzw ist in einem Niedrigsteuerland ansässig.
- Er hatte oder hat wesentliche wirtschaftliche Interessen im Inland.
- Die ausländische Erbschaftsteuer auf das erweiterte Inlandsvermögen beläuft sich auf weniger als 30 vH der deutschen Erbschaftsteuer auf dieses Vermögen.
- Der steuerpflichtige Erwerb vollzieht sich binnen zehn Jahren nach dem Wegzug.
- § 2 I AStG darf nicht durch Doppelbesteuerungsabkommen ausgeschlossen sein.

aa. Steuerpflicht vor dem Wegzug

28 Der Erblasser oder Schenker muss in den letzten zehn Jahren vor der Auswanderung als deutscher Staatsangehöriger insgesamt mindestens fünf Jahre gem § 1 I EStG unbeschränkt steuerpflichtig gewesen sein (§ 2 I AStG). Maßgebend ist allein die Person des Erblassers oder Schenkers, und nicht – wie bei der unbeschränkten Steuerpflicht – auch die des Vermögensempfängers. § 1 I EStG knüpft an den Wohnsitz oder gewöhnlichen Aufenthalt (§§ 8 und 9 AO) an. Zusätzlich muss der Ausgewanderte vor dem Ende der unbeschränkten Steuerpflicht die deutsche Staatsangehörigkeit gehabt haben.

bb. Niedrigsteuerland

29 Für die Qualifikation als Niedrigsteuerland ist die Einkommensbesteuerung maßgebend (§ 2 I 1 Nr. 1 iVm II AStG). Niedrig ist die Besteuerung im Ausland, wenn sie bei einem steuerpflichtigen Einkommen von 150 000 DM [77 000 €] um mehr als ein Drittel geringer ist als die deutsche Einkommensteuer oder wenn der ausländische Fiskus eine sog Vorzugsbesteuerung gewährt. Keinesfalls niedrig ist die Besteuerung, wenn sie mindestens zwei Drittel der deutschen Einkommensteuer beträgt. Die Finanzverwaltung hat eine Liste der Gebiete mit niedrigen Steuersätzen erstellt und Einzelheiten im Erlasswege geregelt.[25]

---

25 Tz 2 und 4 sowie Anl 1 zum Schreiben betr Grundsätze zur Anwendung des Außensteuergesetzes vom 2. 12. 1994 (BStBl I 1995, Sondernummer 1)

cc. *Wesentliche wirtschaftliche Interessen im Inland*

Gem § 2 III und IV AStG bestehen solche Interessen, wenn der Erblasser oder Schenker unmittelbar oder mittelbar Unternehmer oder Mitunternehmer eines inländischen Gewerbebetriebes ist, wobei die Beteiligungshöhe für Kommanditisten 25 vH betragen muss und sich die Beteiligungsquote an einer inländischen Kapitalgesellschaft nach § 17 I 3 EStG bestimmt, so dass sie mindestens 10 vH (ab 1.2.2002 nur noch 1 vH) betragen muss. Wesentliche Inlandsinteressen bestehen auch, wenn die gesamten aus dem Inland stammenden Einkünfte mehr als 30 vH der Gesamteinkünfte betragen oder 120 000 DM [62 000 €] übersteigen, sowie dann, wenn das gesamte inländische Vermögen mehr als 30 vH des Gesamtvermögens beträgt oder 300 000 DM [154 000 €] übersteigt. 30

dd. *Verhältnis der ausländischen Erbschaftsteuer zur inländischen*

Nach § 4 II AStG kann der Steuerpflichtige den Nachweis führen, dass die ausländische Erbschaftsteuer auf das erweiterte Inlandsvermögen mindestens 30 vH der deutschen Erbschaftsteuer auf dieses Vermögen beträgt. Ergibt die anzustellende Vergleichsrechnung, dass dem so ist, entfällt die erweiterte beschränkte Erbschaftsteuerpflicht. 31

ee. *Doppelbesteuerungsabkommen*

§ 2 I AStG kann wegen eines Doppelbesteuerungsabkommens zur Einkommensteuer ausgeschlossen sein. Denn § 4 I verlangt, dass § 2 I 1 zur Zeit der Entstehung der Steuerschuld anwendbar war, was nach zahlreichen Doppelbesteuerungsabkommen längere Zeit nach einem Wegzug insbesondere wegen der entsprechenden Verteilungsnormen ausgeschlossen ist.[26] 32

Zu trennen hiervon ist die Frage, ob bei Vorliegen der Voraussetzungen des § 4 I die erweiterte beschränkte Erbschaftsteuerpflicht nicht durch bestehende Doppelbesteuerungsabkommen zur Erb- und Schenkungsteuer ausgeschlossen wird.[27] 33

Wegen dieser beiden Schranken ist der Anwendungsbereich der erweiterten beschränkten Steuerpflicht in der Praxis nicht sehr groß. Im Übrigen greift § 4 I – wie andere Bestimmungen des AStG auch – unabhängig von der Motivation des Weggezogenen, also auch dann, wenn der Wegzug unabhängig von steuerlichen Motiven etwa aus beruflichen oder familiären Gründen geschehen ist. 34

b. Rechtsfolgen

Nicht nur das Inlandsvermögen (§ 121 BewG), sondern das **erweiterte Inlandsvermögen** unterliegt der Steuerpflicht. Die Bezugnahme auf § 34 c I EStG besagt vereinfacht, dass hierzu alle Vermögenswerte gehören, die nicht zum Auslandsvermögen rechnen. Für Zwecke der Praxis maßgebend ist der entsprechende **Katalog der Finanzverwaltung,**[28] der insbesondere erfasst: 35

---

26 Flick/Wassermeyer/Baumhoff § 4 Rn 9 e, § 3 Rn 11
27 Flick/Piltz Rn 1320
28 Tz 4.1.1 Anwendungserlass AStG

➢ Kapitalforderungen gegen Schuldner im Inland;
➢ Barguthaben und Bankguthaben bei Geldinstituten im Inland;
➢ Aktien und Anteile an Kapitalgesellschaften auch dann, wenn die Beteiligungsgrenze des § 121 Nr. 4 BewG nicht erreicht ist;
➢ Ansprüche auf Renten und wiederkehrende Leistungen gegen Schuldner im Inland;
➢ Im Inland verwertete Erfindungen und Urheberrechte;
➢ Versicherungsansprüche gegen Versicherungsunternehmen im Inland;
➢ Bewegliche Wirtschaftsgüter, die sich im Inland befinden;
➢ Vermögen, dessen Erträge nach § 5 AStG der erweiterten beschränkten Steuerpflicht unterliegen;
➢ Vermögen, das nach § 15 AStG dem erweitert beschränkten Steuerpflichtigen zuzurechnen ist.[29]

Ausgewanderte Personen könnten ihr erweitertes Inlandsvermögen in eine Auslandskapitalgesellschaft einbringen und dann statt des Vermögens selbst diese Anteile vererben oder verschenken. Diese Gestaltung will § 5 AStG unterbinden, nach dem auch die Übertragung derartiger Beteiligungen, ggf quotal, der erweiterten beschränkten Erbschaftsteuerpflicht unterworfen wird.

5. Schaubild zur persönlichen Steuerpflicht

36

	Unbeschränkte Steuerpflicht	Erweiterte unbeschränkte Steuerpflicht	Beschränkte Steuerpflicht	Erweiterte beschränkte Steuerpflicht
Persönliche Steuerpflicht	Wohnsitz oder gewöhnlicher Aufenthalt im Inland	1. Deutsche Staatsangehörige, die ohne Inlandswohnsitz nicht länger als fünf Jahre dauernd im Ausland waren 2. Ausländische Konsularbeamte etc	Alle anderen Fälle	1. Zuwendender war binnen zehn Jahren vor dem Wegzug insgesamt mindestens fünf Jahre als Deutscher unbeschränkt einkommensteuerpflichtig

29 Vgl auch Geck ZEV 1995, 249 ff

	Unbeschränkte Steuerpflicht	Erweiterte unbeschränkte Steuerpflicht	Beschränkte Steuerpflicht	Erweiterte beschränkte Steuerpflicht
				2. Zuwendender hatte den Wohnsitz in einem Niedrigsteuerland 3. Es bestanden unmittelbar oder mittelbar wesentliche wirtschaftliche Inlandsinteressen 4. Ausländische Erbschaftsteuer beträgt weniger als 30 vH der entsprechenden deutschen Erbschaftsteuer 5. Steuerentstehung binnen zehn Jahren nach dem Wegzug
Umfang der Steuerpflicht	Weltvermögen	Weltvermögen	Inlandsvermögen	Erweitertes Inlandsvermögen
Ausschluss des nationalen Besteuerungsrechts durch Doppelbesteuerungsabkommen				

III. Erwerbe von Todes wegen

Anknüpfend an § 1 regelt § 3 den Erwerb von Todes wegen. Die in praxi wichtigsten Grundtatbestände sind in **§ 3 I** aufgeführt; ihnen stellt § 3 II Ergänzungs- oder Ersatztatbestände gleich. 37

Grundtatbestände sind:

- Der Erwerb durch Erbanfall (§ 1922 BGB): § 3 I Nr. 1;
- Der Erwerb durch Vermächtnis und sonstige Erwerbe, auf die die Vermächtnisvorschriften Anwendung finden (§ 2147 ff BGB): § 3 I Nr. 1 und 3;
- Die geltend gemachten Pflichtteils- und Erbersatzansprüche (§§ 1934 a BGB, §§ 2303 ff BGB): § 3 I Nr. 1;
- Der Erwerb durch Schenkung auf den Todesfall (§ 2301 BGB): § 3 I Nr. 2;
- Alle Vermögensvorteile, die Dritten aufgrund eines vom Erblasser geschlossenen Vertrages bei dessen Tod unmittelbar zufallen: § 3 I Nr. 4.

Als **Erwerb von Todes wegen** gelten:

➢ Der Vermögensübergang auf eine vom Erblasser errichtete Stiftung oder Vermögensmasse ausländischen Rechts: § 3 II Nr. 1;

➢ Der Erwerb durch Erfüllung einer vom Erblasser angeordneten Auflage oder Bedingung, sofern keine Zweckzuwendung vorliegt: § 3 II Nr. 2;

➢ Dasjenige, was dadurch erworben wird, dass bei Genehmigung einer Zuwendung des Erblassers Leistungen an Dritte angeordnet oder freiwillig übernommen werden: § 3 II Nr. 3;

➢ Abfindungen für
  - den Verzicht auf den entstandenen Pflichtteilsanspruch: § 3 II Nr. 4;
  - die Ausschlagung einer Erbschaft, eines Erbersatzanspruchs oder eines Vermächtnisses: § 3 II Nr. 4;
  - angenommene, vor Bedingungs-, Betagungs- oder Befristungseintritt aber zurückgewiesene Vermächtnisse: § 3 II Nr. 5;

➢ Entgelte für die Übertragung einer Nacherbenanwartschaft: § 3 II Nr. 6;

➢ Ansprüche nach § 2287 BGB: § 3 II Nr. 7.

38 Der Katalog des § 3 ist abschließend, so dass nicht erfasste Sachverhalte nicht als Erwerbe von Todes wegen steuerbar sein können. Die Steuerschuld entsteht entweder mit dem Tod des Erblassers oder zu den anderen in § 9 I genannten Zeitpunkten.

1. Erwerb durch Erbanfall, § 3 I Nr. 1

39 Der oder die Erben erwerben den Nachlass im Wege der Gesamtrechtsnachfolge (§ 1922 BGB) kraft Gesetzes »so, wie er steht und liegt«. Es besteht (anders als bei der Schenkung) notwendig Identität zwischen dem Vermögen des Erblassers und der Bereicherung des Erben. Die Regeln der sog mittelbaren Grundstücksschenkung sind daher beim Erwerb durch Erbanfall nicht anwendbar.[30]

30 BFH/NV 1997, 28, 29

Ob **Wertpapierkonten** oder **Sparguthaben** Teil des Nachlasses sind, hängt davon ab, wer nach außen erkennbar als Forderungsberechtigter bzw materieller Eigentümer auftritt. Die finanzgerichtliche Judikatur sieht entsprechend der zivilgerichtlichen Rechtsprechung denjenigen als Inhaber eines Bankkontos an, der für die Bank erkennbar nach dem Willen des Einzahlenden Gläubiger sein soll. 40

Gemeinschaftskonten oder -depots von Ehegatten können als Oder-Konten (Berechtigung jedes Ehegatten, allein zu verfügen) oder als Und-Konten (gemeinschaftliche Verfügungsbefugnis beider Ehegatten) eingerichtet werden. Nach Auffassung der Finanzverwaltung sind solche Konten und Depots prinzipiell unabhängig von der Herkunft der Mittel beiden Ehegatten jeweils zur Hälfte zuzurechnen. Dies wird aus § 430 BGB (für den Kontovertrag und den Depotverwahrungsvertrag) und aus § 742 BGB[31] (für die Eigentumslage an im Depot verwahrten Wertpapieren) hergeleitet. Wenn Anhaltspunkte für eine vollständige oder überwiegende Herkunft des Geldes oder der Wertpapiere aus dem Vermögen eines Ehegatten bestehen, soll offenbar eine steuerpflichtige Vorschenkung des verstorbenen an den überlebenden Ehegatten anzunehmen sein.[32] Eine solche Sicht ist sicherlich zu weitgehend, zumal das Finanzamt dann die Feststellungs- und Beweislast trägt.[33] Umgekehrt hat der überlebende Ehegatte die Möglichkeit nachzuweisen, dass ihm ein größerer Teil als die Hälfte zustand, weil eine abweichende Vereinbarung bestand, die auch entsprechend vollzogen worden ist. 41

Praxis-Tipp:

Es ist zunächst sorgfältig zu prüfen, ob ein Gemeinschaftskonto für Ehegatten überhaupt notwendig ist, soweit von den Geldern nicht die laufende Haushaltsführung und der Familienunterhalt bestritten werden sollen. Jedenfalls empfehlen sich schriftliche Vereinbarungen über das Innenverhältnis zwischen den Ehegatten, die dann auch entsprechend umgesetzt werden müssen. Das Erbschaftsteuerfinanzamt kann vor allem die Behandlung der Zinseinkünfte in der Einkommensteuererklärung würdigen. 42

Im Übrigen ist eine Regelung des Innenverhältnisses der Ehegatten, nach dem einem Ehegatten mehr als die Hälfte des Guthabens auf dem Konto oder im Depot zusteht, nur dann effektiv, wenn dieser Ehegatte auch der länger lebende ist. Verstirbt er zuerst, muss der andere mehr als die Hälfte versteuern.[34]

Lebensversicherungsansprüche gehören nur dann zum Nachlass, wenn ausnahmsweise einmal kein Bezugsberechtigter benannt ist. 43

Der Besteuerung ist bei mehreren Erben die jeweilige (gesetzliche, letztwillig verfügte, gerichtlich festgestellte oder durch Erbvergleich vereinbarte) **Erb-** 44

31 Einschränkend hinsichtlich der Vermutungswirkung des § 742 BGB: BGH ZEV 1997, 159
32 OFD Koblenz v. 18. 8. 1997 DStR 1997, 2025
33 Schwedhelm/Olbing BB 1995, 1717, 1720
34 Moench/Weinmann § 10 Rn 15

quote zugrunde zu legen. Maßgebend ist die Quote, nicht das Ergebnis einer frei vereinbarten Erbauseinandersetzung, weil durch nachträgliche Vereinbarungen der bereits eingetretene Vermögenserwerb nicht mit steuerlicher Wirkung rückwirkend geändert werden kann.[35] Bekommt ein Erbe qua Auseinandersetzung mehr, als es seiner Quote entspricht, kann dies eine steuerpflichtige Schenkung des Miterben sein. Eine Schenkung scheidet aber aus, wenn die Verteilung auf einem Vergleich beruht, welcher der Beseitigung ernstlicher Erbstreitigkeiten dient, oder wenn die Verteilung eine Anfechtung vermeidet.[36]

45 Schlägt ein Erbe die Erbschaft aus, fällt sein Erbteil dem nächst berufenen Erben oder den Miterben zu, deren Erbteile sich entsprechend erhöhen. Die bereits entstandene Steuerpflicht des Ausschlagenden entfällt rückwirkend. Die **Ausschlagung** ist keine Schenkung an den Begünstigten. Geschieht sie entgeltlich, greift der Tatbestand des § 3 II Nr. 4. Eine – etwa wegen Versäumung der Frist – unwirksame Ausschlagung wird aber steuerlich nicht akzeptiert, so dass Erbschaftsteuer beim »Ausschlagenden« und Schenkungsteuer beim Begünstigten anfällt. Die Ausschlagung lässt sich als Gestaltungsmittel nutzen.[37]

46 Die Zuweisung von Gegenständen durch letztwillige Verfügung an einen der Erben kann bloße **Teilungsanordnung** (§ 2048 BGB), aber auch zugleich **Vorausvermächtnis** (§ 2150 BGB) sein. Fehlen klare Anordnungen des Erblassers, muss durch Auslegung ermittelt werden, ob eine Bevorzugung des Bedachten gewollt war oder nicht. Die Teilungsanordnung ist erbschaftsteuerlich unbeachtlich, weil sie nach Bundesfinanzhof lediglich schuldrechtliche Wirkung hat und ebenso wie die freie Erbauseinandersetzung nichts am bereits eingetretenen Erwerb durch Erbfall ändern kann.[38]

Fall 1:

47 *Der Erblasser ordnet an, dass der ältere Sohn A das Grundvermögen (Verkehrswert 1 000 000 DM, Steuerwert 500 000 DM), der jüngere Sohn B das Geldvermögen (Verkehrswert 1 000 000 DM) erhält.*

Die Teilungsanordnung wird für die Erbschaftsteuer ignoriert. Deshalb versteuern nicht etwa A nur 500 000 und B 1 000 000 DM, sondern jeder versteuert 750 000 DM (ohne Freibeträge).

Fall 2:

48 *Wie 1, nur beläuft sich das Grundvermögen auf 2 000 000 DM (Steuerwert 1 000 000 DM). Das Testament enthält keine Wertangaben und keine Ausgleichspflicht für A.*

35 BFH/NV 1993, 100, 101
36 Schulz S 124
37 Dazu unten Rn 537 ff
38 BFH BStBl II 1983, 329, 330; 1992, 669, 671; BFH/NV 1993, 100, 101

A ist Erbe zu 2/3, B zu 1/3. Die Wertanteile richten sich nach dem Verhältnis der Verkehrswerte der zugewiesenen Gegenstände zum Verkehrswert des gesamten Nachlasses.[39] A versteuert 2/3 und B 1/3 von 2000000 DM (ohne Freibeträge).

Fall 3:

49 *Wie 2, nur ist von einem Vorausvermächtnis auszugehen. Demzufolge sind A und B Erben zu je 1/2.*

A erhält ein Vorausvermächtnis zum Verkehrswert von 1 000 000 DM und zum Steuerwert von 500 000 DM. Er hat zu versteuern (500 000 DM zzgl der Hälfte des Steuerwertes des Nachlasses nach Vorausvermächtnis, also der Hälfte von 1 500 000 DM) 1 250 000 DM.

B versteuert 750 000 DM.[40]

2. Erwerb durch Vermächtnis und vermächtnisgleicher Erwerb

50 Der Vermächtnisnehmer hat gegen den Beschwerten einen schuldrechtlichen Anspruch auf Leistung des Zugewandten (§ 2174 BGB). Er ist steuerpflichtig gemäß § 3 I Nr. 1; bei dem oder den Erben mindert das Vermächtnis mit seinem Steuerwert den steuerpflichtigen Erwerb (§ 10 I 2 iVm § 10 V Nr. 2).

51 Das **Geldvermächtnis** ist regelmäßig mit dem Nennwert der Geldforderung anzusetzen (§ 12 I iVm § 12 BewG). Das gilt auch dann, wenn es durch Übertragung eines Grundstücks erfüllt wird[41] oder wenn der Vermächtnisnehmer ein Nachlassgrundstück kauft und gegen die Kaufpreisverbindlichkeit mit seiner Vermächtnisforderung aufrechnet.[42] Der Ansatz des idR steuerlich günstigeren Grundbesitzwertes lässt sich dadurch erreichen, dass das Vermächtnis ausgeschlagen und der Vermächtnisnehmer mit dem Grundstück abgefunden wird (§ 3 II Nr. 4). Die Erben können dann aber auch nur den Grundbesitzwert und nicht den Nennwert der Geldforderung abziehen.

52 Bei **Sachvermächtnissen** kann nicht ohne weiteres der Steuerwert des zu übertragenden Gegenstandes angesetzt werden. Der Steuerwert des Gegenstandes ist Bewertungsmaßstab für solche Vermächtnisse, die sich auf einen vorhandenen Nachlassgegenstand beziehen.[43] Ist ein Grundstück zugewendet, versteuert der Vermächtnisnehmer dann den Grundbesitzwert, der Erbe zieht diesen Wert als Nachlassverbindlichkeit ab. Wenn der Gegenstand nicht zum Nachlass gehört und erst beschafft werden muss (Verschaffungsvermächtnis), sollte eigentlich eine Bewertung mit dem Steuerwert ausscheiden. Dennoch ist für Grundstücke auch in diesen Fällen der Grundbesitzwert anzusetzen.[44]

39 R 5 II ErbStR
40 S H 5 IV ErbStR
41 BFH BStBl II 1996, 97, 98
42 BFH BStBl II 1995, 783, 784
43 R 92 II ErbStR
44 Kapp/Ebeling § 3 Rn 175; Meincke § 3 Rn 42

53 Das **Renten-** oder **Nießbrauchsvermächtnis** wird beim Bedachten mit dem Kapitalwert des Rechts bewertet und vom Erben in dieser Höhe abgezogen. Vermächtnisse zugunsten von **Arbeitnehmern** sind regelmäßig kein Arbeitslohn, wenn sie Belohnung und nicht Entlohnung sind, ihr Rechtsgrund also nicht im Arbeitsverhältnis liegt. Ist dies ausnahmsweise doch einmal der Fall und bestätigt das Vermächtnis nur einen ohnehin bestehenden Anspruch, unterliegt er nicht der Erbschaft-, sondern der Einkommensteuer.[45]

54 Da Erbschaftsteuer auf ein Vermächtnis mit dem Tod des Erblassers entsteht, ist auf diesen Zeitpunkt zu bewerten (§ 11 iVm § 9 I Nr. 1), und zwar auch dann, wenn das Vermächtnis, wie regelmäßig, vom Beschwerten erst einige Zeit später erfüllt wird.

55 Erwerbe nach **§ 3 I Nr. 3** sind etwa der Voraus des Ehegatten (§ 1932 BGB), der Dreißigste (§ 1969 BGB), Zuwendungen gemäß § 1514 BGB oder der Abfindungsergänzungsanspruch des weichenden Hoferben (§ 13 HöfO).

3. Erwerb aufgrund eines geltend gemachten Pflichtteilsanspruchs

56 Der schuldrechtliche Geldanspruch des in der letztwilligen Verfügung Übergangenen richtet sich auf die Hälfte des Wertes des gesetzlichen Erbteiles (§ 2303 ff BGB) und ist auch für Erbschaftsteuerzwecke nach §§ 2311 – 2313 BGB zu bewerten. Der Wert der so ermittelten Geldforderung ist steuerlich Bemessungsgrundlage (§ 12 I).

57 Der Nennwert der Geldforderung ist auch dann maßgebend, wenn die Pflichtteilsverbindlichkeit mit einem niedriger zu bewertenden Gegenstand, etwa einem Grundstück, getilgt wird. Das soll daraus folgen, dass der Pflichtteilsberechtigte in keiner Beziehung zum Nachlass steht und nur Geld verlangen kann.[46]

58 Die Steuerpflicht entsteht nicht schon mit dem Erbfall, denn § 3 I Nr. 1 setzt die **Geltendmachung** des Anspruchs voraus. Geltend gemacht ist der Anspruch, wenn der Pflichtteilsberechtigte ausdrücklich oder konkludent seinen Entschluss, den Pflichtteil zu verlangen, zu erkennen gibt. Erst ab diesem Zeitpunkt kann der Erbe auch den Pflichtteil als Nachlassverbindlichkeit abziehen. Weil es auf das Geltendmachen ankommt, kann der Zeitpunkt der Entstehung der Steuerpflicht – innerhalb der Drei-Jahres-Frist (§ 2332 BGB) – gesteuert werden. Diese Möglichkeit, den Zeitpunkt zu wählen, kann ggf wegen der Notwendigkeit, Erwerbe innerhalb von zehn Jahren zusammen zu rechnen (§ 14), von Nutzen sein.

59 Der **Verzicht** auf die Geltendmachung des Pflichtteils ist steuerbar, aber steuerbefreit gemäß § 13 Nr. 11. Wird der Verzicht entgolten, greift § 3 II Nr. 4.

45 Schulz S 133
46 BFH ZEV 1999, 34, 35

4. Erwerb durch Schenkung auf den Todesfall

Die Schenkung auf den Todesfall ist ein Schenkungsversprechen, welches unter der Bedingung steht, dass der Beschenkte den Schenker überlebt, und welches demzufolge erst mit dessen Tod vollzogen wird. Es bedarf der Form von Verfügungen von Todes wegen (§ 2301 BGB) und gehört, anders als die noch zu Lebzeiten vollzogene Schenkung (§ 7), zu den Erwerben von Todes wegen (§ 3 I Nr. 2 S 1). Bezieht sich die Überlebensbedingung allein auf das Verpflichtungsgeschäft, hat der Beschenkte im Todesfall einen Anspruch auf Vollziehung der Schenkung, bezieht sie sich auch auf das bereits mit dem Schenker geschlossene Erfüllungsgeschäft, geht der Schenkungsgegenstand am Nachlass vorbei direkt in das Vermögen des Beschenkten über. 60

Entgegen den sonst für Erwerbe von Todes wegen anwendbaren Regeln erfordert die Anwendung des § 3 I Nr. 2 eine Bereicherung des Bedachten und eine Einigung über die Unentgeltlichkeit der Zuwendung. Für die Schenkung auf den Todesfall gelten also insoweit die Tatbestandsvoraussetzungen einer freigebigen Zuwendung.[47] Es wäre dann nur konsequent, für die Ermittlung der Höhe der Bereicherung auch die Grundsätze zur gemischten Schenkung und zur Auflagenschenkung anzuwenden, wenn der Beschenkte seinerseits leisten muss.[48] Die Verwaltung tut dies jedoch nicht,[49] so dass Gegenleistungen bei Schenkungen auf den Todesfall in voller Höhe als Nachlassverbindlichkeit abgezogen werden können. Dies ist ein Vorteil gegenüber der echten gemischten Schenkung, die wegen der Verhältnisrechnung[50] nicht zu einem vollen Abzug der Gegenleistung führt. 61

5. Erwerb eines Dritten aufgrund eines vom Erblasser zu seinen Gunsten geschlossenen Vertrages

Steuerpflichtig sind auch Vermögensvorteile, die der Begünstigte nicht unmittelbar vom Erblasser erhält, sondern die ihm ein Dritter kraft eines vom Erblasser geschlossenen Vertrages zuwendet. Dies ist insbesondere bei Verträgen zugunsten Dritter (§ 328 ff BGB) wie Lebensversicherungen, Spar- und Darlehensverhältnissen oder privaten Rentenversicherungen der Fall. Prägend für den Tatbestand des § 3 I Nr. 4 ist ein Dreiecksverhältnis, bestehend aus dem Vertrag zwischen Erblasser und Leistungsverpflichtetem (Deckungsverhältnis), dem eigenen Anspruch des Begünstigten gegen den Verpflichteten und dem Valutaverhältnis zwischen Erblasser und Begünstigtem. Ob eine nach § 3 I Nr. 4 steuerpflichtige Zuwendung vorliegt, beurteilt sich nach diesem Valutaverhältnis zwischen Versprechensempfänger und Drittem.[51] 62

Gegenstand der Zuwendung ist aus erbschaftsteuerlicher Sicht bei Realisierung des Anspruchs des Dritten – also etwa bei Eintritt des Versicherungsfalles – nicht die Summe der Prämienleistungen des Erblassers, sondern die Ver- 63

47 BFH BStBl II 1991, 181, 182
48 So in der Tat: Moench/Kien-Hümbert § 3 Rn 86 a; siehe auch: Meincke § 3 Rn 61
49 R 6 ErbStR
50 Dazu unten 149 ff
51 Troll/Gebel/Jülicher § 3 Rn 278

sicherungssumme, weil an die Bereicherung des Bedachten (§ 10) angeknüpft wird.

64 Da der Begünstigte den Anspruch nicht als Rechtsnachfolger des Erblasser, sondern aus eigenem Recht erwirbt, fällt der Anspruch gegen den Versprechenden nicht in den Nachlass.

Fall:

65 *Der Erblasser schließt zugunsten des Alleinerben einen Lebensversicherungsvertrag auf den Todesfall. Ein Bezugsberechtigter ist benannt (1), ist nicht benannt (2).*[52]

(1) Die Versicherungssumme fällt nicht in den Nachlass; § 3 I Nr. 1 ist nicht anwendbar. Sie ist steuerbar nach § 3 I Nr. 4. Wenn der Alleinerbe die Erbschaft ausschlägt, behält er den Anspruch auf die Versicherungsleistung.

(2) Die Versicherungssumme ist als Bestandteil des Nachlasses gemäß § 3 I Nr. 1 zu versteuern. Bei Ausschlagung der Erbschaft verliert der Erbe auch den Anspruch auf die Versicherungssumme.

66 Weil das Valutaverhältnis durch Vertrag unter Lebenden begründet wird, gelten auch für diesen Steuertatbestand des § 3 die Erfordernisse, dass der Begünstigte bereichert sein muss und der Wille zur Unentgeltlichkeit besteht.

67 Fehlt die Absicht, den Dritten objektiv zu bereichern, entfällt somit die Steuerpflicht. Eine solche Bereicherung liegt dann nicht vor, wenn der Begünstigte ein Gläubiger des Erblassers ist, der befriedigt werden soll, oder soweit gesetzliche Unterhaltspflicht besteht. Eine Bereicherung fehlt auch dann, wenn der Dritte als Bezugsberechtigter die Versicherungsprämien aus eigenen Mitteln an die Versicherung zahlt.[53] Gegenleistungen des Bezugsberechtigten mindern die Bereicherung nach den Regeln der gemischten Schenkung.[54] Trägt der bezugsberechtigte Dritte lediglich einen Teil der Prämien, ist er daher nur mit dem Teil der Versicherungssumme steuerpflichtig, der den Prämienleistungen des Erblassers entspricht.[55]

68 Schließen Ehegatten gemeinsam eine Versicherung auf das Leben des zuerst versterbenden Mitversicherungsnehmers ab (verbundene Lebensversicherung), wird im Zweifel unterstellt, dass jeder von ihnen die Prämien zur Hälfte getragen hat. Der Längerlebende versteuert dann auch nur die Hälfte der ihm zufallenden Versicherungssumme.[56]

69 Ansprüche, die den Erben aus Anlass des Todes des Erblassers kraft Gesetzes zufallen, beruhen nicht auf einem vom Erblasser geschlossenen Vertrag und

52 Nach Schulz S 143
53 FG Rheinland Pfalz EFG 1994, 665
54 FG Rheinland Pfalz UVR 1994, 117
55 Troll § 3 Rn 293 mwN
56 R 9 ErbStR

werden von § 3 I Nr. 4 nicht erfasst. Nicht erbschaftsteuerbar sind deshalb Versorgungsbezüge von Hinterbliebenen von Beamten, von Freiberuflern aus einer berufsständischen Pflichtversicherung oder von Arbeitern und Angestellten aus der Sozialversicherung.[57]

Nicht geklärt ist derzeit, ob eine Lebensversicherung, die zum Zweck der Befreiung von der gesetzlichen Versicherungspflicht abgeschlossen wird **(befreiende Lebensversicherung),** zur Steuerpflicht nach § 3 I Nr. 4 führt. Die Finanzverwaltung nimmt dies an, der BFH hat die Steuerpflicht aber als ernstlich zweifelhaft erachtet,[58] so dass entsprechende Fälle bis zur Entscheidung in der Hauptsache offengehalten werden müssen. 70

Private Hinterbliebenenbezüge fallen nicht unter § 3 I Nr. 4, wenn sie kraft Gesetzes entstehen, wenn das Deckungsverhältnis auf einer gesetzlichen Verpflichtung beruht oder wenn sie aufgrund eines Arbeits- oder Dienstverhältnisses des Erblassers entstehen.[59] Nach Verwaltungsauffassung ist dies insbesondere der Fall bei solchen Bezügen, die auf Tarifvertrag, Betriebsordnung, Betriebsvereinbarung, betrieblicher Übung oder dem Gleichbehandlungsgrundsatz beruhen. Sie unterliegen der Einkommen- oder Lohnsteuer, aber nicht der Erbschaftsteuer.[60] Folge der Steuerfreiheit ist zum einen, dass die Bezüge nicht bei der Berechnung der Ausgleichsforderung gemäß § 5 I zu berücksichtigen sind,[61] zum anderen, dass ihr Kapitalwert den Versorgungsfreibetrag (§ 17) mindert.[62] Versorgungsbezüge der Hinterbliebenen von Gesellschafter-Geschäftsführern sind nach Ansicht der Finanzverwaltung steuerfrei, wenn der Erblasser »wie ein Angestellter« für die Gesellschaft tätig war.[63] Bei einer GmbH ist zwischen abhängigem und herrschendem Geschäftsführer zu unterscheiden.[64] 71

Der bezugsberechtigte Dritte kann das **Bezugsrecht zurückweisen,** so dass es als nicht erworben gilt (§ 333 BGB). Es ist dann durch Auslegung festzustellen, ob das Recht von vornherein in der Person des dadurch Begünstigten entsteht, der es nach § 3 I Nr. 4 versteuert, oder ob zunächst der ursprüngliche Bezugsberechtigte den Tatbestand des § 3 I Nr. 4 verwirklicht. Im letzteren Fall ist die Weitergabe durch Zurückweisung eine ebenfalls steuerpflichtige Schenkung (§ 7 I Nr. 1).[65] 72

Bei Lebensversicherungen bestehen Gestaltungsmöglichkeiten, auf die unten näher eingegangen wird.[66] 73

57 R 8 I ErbStR
58 BFH Beschl vom 25. 8. 1998, BStBl II 1998, 674, 675; aA die Finanzverwaltung: OFD Düsseldorf v. 21. 8. 1969, DB 1969, 1823; Moench § 3 Rn 174
59 Troll/Gebel/Jülicher § 3 Rn 300 ff
60 Zu weiteren Einzelheiten siehe: R 8 II ErbStR
61 R 11 IV ErbStR
62 R 74 I ErbStR
63 R 8 IV ErbStR
64 BMF BStBl I 1991, 141
65 BFH BStBl II 1990, 467, 468; R 10 ErbStR
66 Rn 514 ff

6. Sondertatbestände, § 3 II

74 Nach **§ 3 II Nr. 2** gilt als vom Erblasser zugewendet auch, was infolge Vollziehung einer vom Erblasser angeordneten Auflage oder infolge Erfüllung einer vom Erblasser gesetzten Bedingung erworben wird, sofern keine Zweckzuwendung vorliegt. Die Auflage verpflichtet den Erben oder Vermächtnisnehmer durch letztwillige Verfügung zu einer Leistung, ohne dass ein anderer diese Leistung verlangen kann (§ 1940 BGB). Mit der Vollziehung der Auflage – oder der Erfüllung der Bedingung – erwirbt der Empfänger einen Vermögensvorteil, den er nicht anders als ein Vermächtnisnehmer versteuern muss. Anders als beim Vermächtnis entsteht die Steuerschuld aber nicht schon mit dem Erbfall, sondern erst mit der Vollziehung bzw Erfüllung (§ 9 I Nr. 1 d).

75 **§ 3 II Nr. 3** ist praktisch ohne jede Bedeutung.

76 Als Erwerb von Todes wegen gilt die Abfindung für den Verzicht auf den entstandenen Pflichtteilsanspruch oder für die Ausschlagung einer Erbschaft, eines Erbersatzanspruchs oder eines Vermächtnisses **(§ 3 II Nr. 4).** Die Abfindung tritt in derartigen Fällen an die Stelle der erbrechtlichen Ansprüche und wird deshalb erbschaftsteuerlich als Erwerb aus dem Nachlass qualifiziert. Die Vorschrift greift ein, solange die Ausschlagung bürgerlich rechtlich noch möglich (§ 1944 BGB) und der Pflichtteil noch nicht geltend gemacht ist.[67] Eine spätere Ausschlagung oder ein späterer Verzicht wird als Erwerb beim Ausschlagenden oder Verzichtenden (§ 3 I) und als anschließende Verfügung zugunsten des Begünstigten (§ 7) behandelt. Die verspätete Ausschlagung begründet also zwei steuerbare Tatbestände! Die Bemessungsgrundlage bei Abfindungen gemäß § 3 II Nr. 4 wird durch den Abfindungsgegenstand nach allgemeinen Regeln bestimmt. Der Erwerb des Empfängers der Abfindung wird nach seinem Verhältnis zum Erblasser besteuert. Die Steuerschuld entsteht mit Verzicht oder Ausschlagung, nicht erst mit Leistung der Abfindung. Die Abfindung kann auch durch einen Dritten erbracht werden. Der Erbe kann sie dennoch gemäß § 10 V Nr. 3 abziehen, muss aber – ggf – selbst eine Schenkung des Dritten versteuern. Verzicht oder Ausschlagung als solche, dh ohne Gewährung einer Abfindung, sind nicht erbschaftsteuerpflichtig (§§ 1953 BGB, 2180 III BGB, § 13 I Nr. 11). Insbesondere die Erbausschlagung kann ein bedeutsames Gestaltungsmittel sein.[68]

77 Wird für ein aufschiebend bedingtes, betagtes oder befristetes Vermächtnis, für das die Ausschlagungsfrist abgelaufen ist, vor dem Zeitpunkt des Bedingungseintritts oder des Ereignisses eine Abfindung gewährt, ist sie gemäß **§ 3 II Nr. 5** steuerpflichtig. Da eine Ausschlagung von Vermächtnissen im Gesetz (§ 2180 BGB) nicht vorgesehen ist, erfasst die Vorschrift die Fälle, in denen das Vermächtnis bereits angenommen worden (und deshalb nicht mehr ausschlagbar) ist.

78 Die Anwartschaft, die der Nacherbe innehat, kann veräußert werden, unter anderem auch an den Vorerben.[69] Das hierfür entrichtete Entgelt ist steuerpflichtig nach **§ 3 II Nr. 6.** Die Steuerschuld entsteht bereits mit der Übertra-

67 Moench § 3 Rn 211
68 Dazu vgl unten 537 ff
69 BFH BStBl II 1980, 46

gung der Nacherbenstellung (§ 9 I Nr. 1 i). Für die Versteuerung ist zwingend auf das Verhältnis Nacherbe – Erblasser abzustellen;[70] der Anwartschaftserwerber versteuert die Nacherbschaft nach Abzug des gezahlten Entgelts (§ 10 V Nr. 3). Dem Nacherben gleichgestellt ist der Nachvermächtnisnehmer (§ 6 IV).

Der Anspruch des Vertragserben aufgrund beeinträchtigender Schenkungen des Erblassers (§ 2287 BGB) gegen den Beschenkten gehört nicht zum Nachlass und ist daher kein Erwerb von Todes wegen (§ 3 I). Um diesbezügliche Bereicherungen zu erfassen, stellt **§ 3 II Nr. 7** den Erwerb des Vertragserben steuerpflichtig. 79

IV. Sonderregelungen für Erwerbe von Todes wegen, §§ 4–6

1. Fortgesetzte Gütergemeinschaft, § 4

Ehegatten können durch Ehevertrag vereinbaren, dass die Gütergemeinschaft nicht mit dem Tode des Erstversterbenden endet, sondern zwischen dem Überlebenden und den gemeinsamen Abkömmlingen fortgesetzt wird (§ 1483 BGB). Das Gesamtgut des verstorbenen Ehegatten fällt dann nicht in den Nachlass, sondern wird vom Überlebenden verwaltet. § 4 I unterwirft diesen Anteil der Abkömmlinge der Erbschaftsteuer; er ist ungeachtet des Verwaltungsrechts, das nicht abzugsfähig (§ 25) ist, sofort zu versteuern. Die Abkömmlinge sind ebenso bereichert, wie dies bei Beendigung der Gütergemeinschaft mit dem Tod des ersten Ehegatten der Fall wäre (§ 3 I Nr. 1). 80

2. Zugewinngemeinschaft, § 5

a. Bürgerlichrechtliche Grundlagen

Der gesetzliche Güterstand der Zugewinngemeinschaft (§§ 1363–1390 BGB), der besteht, wenn nicht durch notariellen Ehevertrag ein anderer Güterstand vereinbart wird, ist durch drei wesentliche Elemente charakterisiert: Die Vermögensmassen von Ehefrau und Ehemann bleiben rechtlich getrennt; es kommt nicht zu einer gemeinschaftlichen Vermögensbildung kraft Gesetzes (§ 1363 II BGB). Verfügungsbeschränkungen bestehen für Verfügungen über das Vermögen im Ganzen und für Haushaltsgegenstände (§§ 1364 ff BGB). Bei Beendigung der Zugewinngemeinschaft ist der erzielte Zugewinn auszugleichen (§ 1363 II 2 BGB). 81

Beim **Tod eines Ehegatten** kann der Zugewinn entweder nach der erbrechtlichen Lösung (§ 1371 I BGB) oder nach der güterrechtlichen Lösung (§ 1371 II BGB) ausgeglichen werden. 82

Die **erbrechtliche Lösung** gemäß § 1371 I BGB setzt voraus, dass der überlebende Ehegatte Erbe oder Vermächtnisnehmer wird. Er erhält dann neben 83

70 BFH BStBl II 1993, 158, 160

seinem gesetzlichen Erbteil einen fiktiven Zugewinnausgleich in Höhe eines Viertels seines Erbteils. Neben Verwandten 1. Ordnung (Kinder oder Kindeskinder des Erblassers) steht dem Ehegatten demzufolge insgesamt die Hälfte des Nachlasses zu (zuzüglich des Ehegattenvoraus gemäß § 1932 I 2 BGB), neben Verwandten 2. Ordnung (Eltern, deren Abkömmlinge, Großeltern) erhält der überlebende Ehegatte drei Viertel (zuzüglich des Voraus gemäß § 1932 I 1 BGB). Der Zugewinnausgleich ist in diesem Fall pauschaliert; eine Berechnung ist entbehrlich. Es kommt auch nicht darauf an, ob überhaupt ein Zugewinn entstanden ist.

84 Der Zugewinnausgleich ist nach der **güterrechtlichen Lösung** durchzuführen, wenn der überlebende Ehegatte nicht Erbe oder Vermächtnisnehmer wird, etwa weil er nicht bedacht ist, die Erbschaft ausgeschlagen hat oder auf sein gesetzliches Erbrecht verzichtet hat. In diesem Fall ist der Zugewinnausgleich nach den Regeln der §§ 1372 ff BGB zu berechnen. Ist der überlebende Ehegatte nicht bedacht oder schlägt er die Erbschaft aus, so erhält er neben dem Zugewinnausgleich gemäß § 1371 II und III BGB den sog kleinen Pflichtteil. Allein den Zugewinnausgleich ohne Pflichtteil erhält er bei Erb- oder Pflichtteilsverzicht (§ 1371 III Hs 2 BGB).

85 Bei **Beendigung** des gesetzlichen Güterstandes **zu Lebzeiten** beider Ehegatten (zB durch Scheidung oder ehevertragliche Vereinbarung eines anderen Güterstandes) greift immer die güterrechtliche Lösung (§ 1372 BGB). Zur Ermittlung des auf Geldzahlung gerichteten Ausgleichsanspruches sind Anfangs- und Endvermögen der Ehegatten zu Verkehrswerten gegenüberzustellen. Die Hälfte des Betrages, um den der Zugewinn des einen Ehegatten den des anderen übersteigt, ist auszugleichen. Nominale Wertsteigerungen durch Kaufkraftschwund sind beim Anfangsvermögen auszugleichen[71] nach der **Formel:**

$$\text{Anfangsvermögen} = \frac{\text{Wert Anfangsvermögen bei Beginn des Güterstandes} \times \text{Lebenshaltungskostenindex bei Beendigung des Güterstandes}}{\text{Lebenshaltungskostenindex bei Beginn des Güterstandes}}$$

86 Das Anfangsvermögen, aber auch der Zugewinn selbst, können im Rahmen der Berechnung der Ausgleichsforderung keine negativen Größen sein, sondern sind mindestens mit 0 € anzusetzen. § 1377 BGB enthält die gesetzliche Vermutung, dass bei Fehlen eines Inventars das Endvermögen eines Ehegatten seinem Zugewinn entspricht. Vorausempfänge (§ 1380 BGB) sind auf die Zugewinnausgleichsforderung anzurechnen. Da der Versorgungsausgleich die Regelungen des ehelichen Güterrechts verdrängt (§ 1587 III BGB), sind in den Versorgungsausgleich fallende Vermögenspositionen beim Zugewinnausgleich nicht zu berücksichtigen.

71 BGHZ 61, 385

b. § 5

Der Zugewinn des Ehegatten unterliegt nicht der Erbschaftsteuer. § 5 wirkt insoweit wie ein Freibetrag.[72] Diese Freistellung hat, insbesondere bei größeren Vermögen, erhebliche wirtschaftliche Bedeutung, da es keine Grenze für den freigestellten Betrag gibt. 87

§ 5 stellt für alle Fälle der Beendigung der Zugewinngemeinschaft den **güterrechtlichen Ausgleichsanspruch** frei (§ 5 I 1, II). Auch wenn der Zugewinnausgleich zivilrechtlich nach § 1371 I BGB (erbrechtliche Lösung) vollzogen wird, bezieht sich die erbschaftsteuerliche Freistellung nicht auf den pauschalierten Betrag nach dieser Bestimmung, sondern auf den im Ausgangspunkt nach §§ 1373 ff BGB zu ermittelnden tatsächlichen güterrechtlichen Zugewinn. Der Steuergesetzgeber hielt es nicht für angemessen, den pauschalierten Zugewinn in Höhe von einem Viertel (§ 1371 I BGB) freizustellen, weil dieser pauschalierte Anspruch den wirtschaftlichen Realitäten häufig nicht gerecht wird, etwa weil er ggf auch das Anfangsvermögen umfasst oder auch dann besteht, wenn überhaupt kein Zugewinn entstanden ist. Auch wenn die Befreiung des fiktiven güterrechtlichen Zugewinns einmal für den Steuerpflichtigen günstiger sein mag als die Freistellung der pauschalierten Erhöhung um ein Viertel nach § 1371 I BGB,[73] so ist doch nicht zu verkennen, dass der Steuergesetzgeber in erster Linie mit dem Abweichen von der zivilrechtlichen Regelung fiskalische Gründe verfolgt hat, weil die Freistellung eines Viertels des Nachlasses je nach Sachlage zu einer ganz erheblichen Steuervergünstigung geführt hätte. Bedenklich ist, dass mit der Regelung des § 5 I ungeachtet der Maßgeblichkeit des Zivilrechts für das Erbschaftsteuerrecht[74] in diesem Fall der Erbschaftsteuergesetzgeber von den zivilrechtlichen Vorgaben abgewichen ist. Zudem konterkariert der Steuergesetzgeber den Zweck des § 1371 I BGB, der die komplizierte Berechnung der Ausgleichsforderung überflüssig machen und Streitigkeiten zwischen den Erben vermeiden soll, indem er eben diese Berechnung verlangt. 88

§ 5 I regelt die Beendigung der Zugewinngemeinschaft nach § 1371 I BGB (erbrechtliche Lösung) durch Freistellung der fiktiven Ausgleichsforderung, die sich nach der güterrechtlichen Lösung ergäbe. Jedoch ist die zivilrechtliche Ausgleichsforderung steuerrechtlich zu modifizieren. Es gelten Besonderheiten hinsichtlich der Berechnung und Bewertung der Ausgleichsforderung. Demgegenüber erfasst **§ 5 II** die Fälle, in denen zivilrechtlich die güterrechtliche Lösung verwirklicht wird, also alle Gestaltungen, bei denen die Gütergemeinschaft entweder nicht durch Tod eines Ehegatten oder nicht in der Weise beendet wird, dass der überlebende Ehegatte Erbe oder Vermächtnisnehmer wird. Befreit ist dann wiederum die güterrechtliche Zugewinnausgleichsforderung mit der Besonderheit, dass § 5 II die Modifikationen des zivilrechtlichen Anspruchs, die § 5 I für steuerliche Zwecke vorsieht, nicht enthält. 89

Die Regelungen des § 5 sind für die **Steuergestaltung** von erheblicher Bedeutung. Sie sind maßgebend für die Wahl des richtigen Güterstandes und eröff- 90

---

72 Zur Rechtsnatur der Regelung vgl: Meincke § 5 Rn 2; Troll/Gebel/Jülicher § 5 Rn 15
73 Schulz S 163
74 Grundsätzlich hierzu: Meincke Einf Rn 7

nen Möglichkeiten, lebzeitige Zuwendungen zwischen Ehegatten schenkungsteuerfrei zu realisieren. Zudem hat der überlebende Ehegatte durch die Möglichkeit der Ausschlagung der Erbschaft faktisch ein Wahlrecht zwischen der Anwendung des § 5 I und des § 5 II.[75]

aa. § 5 I

91 Bei der Berechnung der fiktiven Ausgleichsforderung ist nunmehr das Anfangsvermögen beider Ehegatten zwingend unter Berücksichtigung des Kaufkraftschwundes anzusetzen.[76] Das früher bestehende Wahlrecht, nach dem auch eine Ermittlung ohne Berücksichtigung des Inflationsausgleichs möglich war, ist entfallen.[77] Zivilrechtlich besteht bei der Ausgestaltung des gesetzlichen Güterstandes weitgehende Gestaltungsfreiheit; es sind etwa Regelungen denkbar, denen zufolge vorgesehen sind:

- Vom Gesetz abweichende Beteiligungsquoten;
- Statt des Geldanspruchs Sachleistungsansprüche;
- Ausschluss bestimmter Vermögenswerte vom Zugewinnausgleich (etwa Betriebsvermögen);
- Abweichende Bewertungsmaßstäbe.[78]

92 Erbschaftsteuerlich sind derartige Modifikationen ohne jede Bedeutung **(§ 5 I 2).** Die bei Fehlen eines Vermögensverzeichnisses geltende Vermutung, dass das Endvermögen dem Zugewinn entspricht, ist ebenfalls erbschaftsteuerlich unbeachtlich **(§ 5 I 3).** Faktisch wird allerdings das Erbschaftsteuerfinanzamt, auch wenn die Mitwirkungspflicht des Steuerpflichtigen (§ 90 AO) berücksichtigt wird, erhebliche Schwierigkeiten haben, ein Anfangsvermögen nachzuweisen, soweit es sich nicht um in den Grundbüchern registrierten Grundbesitz handelt. Auf die Berechnung des fiktiven Zugewinnausgleichsanspruchs kann verzichtet werden, wenn abzusehen ist, dass der Erwerb des überlebenden Ehegatten auch unter Berücksichtigung von Vorschenkungen die persönlichen Freibeträge nicht überschreiten wird.[79]

93 Erwerbe des überlebenden Ehegatten nach **§ 3 I Nr. 4** sind dem Endvermögen des verstorbenen hinzuzurechnen, erhöhen also die erbschaftsteuerfreie Ausgleichsforderung, obwohl sie zivilrechtlich nicht zum Nachlass gehören.[80] Der Versorgungsfreibetrag (§ 17) ist nicht um den Teil der Bezüge zu kürzen, der nach § 5 I erbschaftsteuerfrei bleibt.[81] Dies gilt gleichermaßen für Hinterbliebenenbezüge, allerdings nur insoweit, als sie steuerpflichtig sind.[82]

---

75 Vgl zu den Gestaltungsmöglichkeiten: unten Rn 541
76 R 11 III S 3 ErbStR
77 Moench DStR 1999, 301, 303 f
78 Statt aller Kanzleiter in: MüKo § 1408 Rn 14 mwN
79 R 11 I S 2 ErbStR
80 R 11 IV S 1 ErbStR
81 H 11 IV ErbStR
82 R 11 IV S 2, H 11 IV ErbStR; kritisch Meincke § 5 Rn 25

Wenn dies vereinbart ist, werden **Vorschenkungen** (§ 1380 BGB) auf die fiktive Zugewinnausgleichsforderung angerechnet, vermindern sie also um die Hälfte des Werts der Schenkung. Wenn die Vorschenkungen bereits versteuert worden sind, ist diese Schenkungsteuer zu erstatten. Die Finanzverwaltung wendet **§ 29 I Nr. 3** an, obwohl die Bestimmung ihrem Wortlaut nach für § 5 I nicht gilt.[83] 94

Der für den Ansatz des Anfangsvermögens maßgebende Tag des Beginns des Güterstandes ist grundsätzlich der Tag der Eheschließung[84] oder der Tag, an dem der Güterstand der Zugewinngemeinschaft durch Ehevertrag vereinbart wurde. Zivilrechtlich mögliche Regelungen, nach denen für die Berechnung des Anfangsvermögens nicht der Tag des Vertragsabschlusses, sondern ein früherer Zeitpunkt maßgebend sein soll, sind erbschaftsteuerrechtlich unbeachtlich **(§ 5 I 4).**[85] 95

Im Ausgangspunkt erfolgt die Bewertung von Anfangs- und Endvermögen zu Verkehrswerten. Gemäß **§ 5 I 5** ist bei Abweichen der Verkehrswerte von den Steuerwerten aber nur der Betrag anzusetzen, der dem Steuerwert des Nachlasses entspricht. Nach Ansicht des BFH und der Finanzverwaltung heißt dies, dass die nach Verkehrswerten ermittelte Ausgleichsforderung nur in dem Umfang steuerrechtlich nicht zu berücksichtigen ist, in dem der Verkehrswert des Nachlasses zu seinem Steuerwert steht.[86] Es gilt folgende **Formel:** 96

$$\text{Steuerfreier Zugewinnausgleich} = \frac{\text{Fiktive Ausgleichsforderung x Steuerwert des Nachlasses}}{\text{Verkehrswert des Nachlasses}}$$

Diese Regelung kann, etwa wenn der Nachlass in erheblichem Maße aus Grundbesitz besteht, der nach wie vor häufig einen deutlich unter dem Verkehrswert liegenden Steuerwert hat, zu erheblichen Begrenzungen des freigestellten Betrages führen. In die Verhältnisrechnung sind auch solche Vermögensgegenstände einzubeziehen, die von der Erbschaftsteuer befreit sind. Vermächtnisse, die den Erben belasten, sind nicht abzuziehen.[87] Insbesondere im Hinblick auf die Einbeziehung auch freigestellten Betriebsvermögens (§ 13 a) in das Endvermögen wird die Auslegung des § 5 I 5 durch Rechtsprechung und Verwaltung in der Literatur zu Recht kritisiert.[88] Zweifelhaft ist auch die Auffassung des BFH, die Verhältnisrechnung sei selbst dann durchzuführen, wenn der Steuerwert des Nachlasses negativ ist.[89] 97

Ein Beispiel zur Berechnung der Ausgleichsforderung im Rahmen des § 5 I enthalten die ErbStR.[90] 98

83 R 11 VI S 2 ErbStR
84 Einzelheiten in: R 11 III ErbStR
85 Zur sog rückwirkend vereinbarten Zugewinngemeinschaft siehe unten Rn 104, 507
86 BFH BStBl II 1993, 510, 512; R 11 V ErbStR
87 BFH ZEV 1997, 36
88 Meincke § 5 Rn 31 ff
89 BFH ZEV 1997, 36 m Anm Meincke
90 H 11 V ErbStR

bb. § 5 II

99 Die Vorschrift ist anwendbar auf den Zugewinnausgleich zu Lebzeiten und im Todesfall, sofern der überlebende Ehegatte nicht Erbe oder Vermächtnisnehmer wird. Erfasst sind folgende Fälle:

- Tod eines Ehegatten, wenn der andere nicht Erbe oder Vermächtnisnehmer wird;
- Vorzeitiger Zugewinnausgleich gemäß § 1385 und § 1386 BGB;
- Zugewinnausgleichsanspruch gegen Dritte (§ 1390 BGB);
- Scheidung;
- Beendigung der Zugewinngemeinschaft und Vereinbarung der Gütertrennung.

100 In sämtlichen Konstellationen ist prinzipiell der tatsächliche Zugewinnausgleich steuerfrei. § 5 II hat – anders als § 5 I, der eine freibetragsähnliche Regelung trifft – lediglich klarstellende Funktion,[91] da Erbschaftsteuer- oder Schenkungsteuertatbestände nicht erfüllt sind. Für den Zugewinnausgleich im Todesfall ist § 3 nicht einschlägig. Eine freigebige Zuwendung unter Lebenden (§ 7 I Nr. 1) liegt mangels Unentgeltlichkeit nicht vor, da der überlebende Ehegatte einen gesetzlichen Anspruch auf den Zugewinn hat.

101 Die Ehegatten können bestimmen, dass unentgeltliche Zuwendungen zu Lebzeiten auf die Zugewinnausgleichsforderung angerechnet werden (§ 1380 BGB). Die Anrechnung ist zunächst nachteilig, weil die Hinzurechnung des Vorausempfanges zum Zugewinn des Erblassers die Ausgleichsforderung nur um die Hälfte des Schenkungswerts erhöht, die Ausgleichsforderung des anderen jedoch dann um den vollen Wert gekürzt wird. Jedoch sieht § 29 I Nr. 3 die Erstattung der Schenkungsteuer für den Vorausempfänger vor. Ob es erbschaftsteuerlich zweckmäßig ist, die Anrechnung von Schenkungen auf die Zugewinnausgleichsforderung vorzusehen, bedarf der Berechnung im Einzelfall.[92]

102 Im Rahmen des § 5 II wird die auf Geldzahlung gerichtete Zugewinnausgleichsforderung auch für steuerliche Zwecke mit dem Nennwert bewertet. Eine dem 5 I 5 entsprechende Regelung fehlt, woraus sich für die güterrechtliche Lösung gegenüber der erbrechtlichen Lösung ein erheblicher steuerlicher Vorteil ergeben kann, wenn der Steuerwert und der Verkehrswert des Nachlasses erheblich differieren. Denn die Herabsetzung der Zugewinnausgleichsforderung auf den steuerlichen Wert entfällt. Vor allem diese unterschiedliche Bewertung der Steuerfreistellungen nach § 5 I und nach § 5 II kann Anlass für die Prüfung sein, ob es im Todesfall für den überlebenden Ehegatten nicht günstiger ist, die Erbschaft auszuschlagen.[93] Wird die Zugewinnausgleichsforderung nicht in Geld, sondern durch Übereignung von Grundstücken erfüllt, so ist nicht der regelmäßig steuerlich niedrigere Grundstückswert, sondern der Nennwert der Geldforderung steuerfrei gestellt.[94]

---

91 BFH BStBl II 1993, 510, 511
92 Eckert DStR 1989, 347, 348 ff
93 Vgl Rn 541
94 BFH BStBl II 1993, 368, 369

Der Gesetzgeber hat im Anwendungsbereich des § 5 II davon abgesehen, güterrechtliche Modifikationen des Zugewinnausgleichs steuerlich für unbeachtlich zu erklären.[95] Nicht steuerbar ist deshalb etwa auch eine durch Ehevertrag oder Scheidungsvereinbarung gegenüber dem gesetzlichen Modell erhöhte Zugewinnausgleichsforderung. Die Begründung einer solchen erhöhten Forderung soll allerdings eine steuerpflichtige Schenkung (§ 7 I Nr. 1 und § 3 II Nr. 1) sein können. Offenbar will die Finanzverwaltung eine solche im Regelfall annehmen.[96] Mit dem Verweis auf die Rechtsprechung des BFH zur unbenannten Zuwendung wird begründet, dass eine freigebige Zuwendung nicht wegen besonderer ehebezogener oder güterrechtlicher Motive entfallen soll.[97] Diese Sicht ist zweifelhaft, weil die Finanzverwaltung voraussichtlich im Zweifel die Steuerpflicht bejaht und dann wohl contra legem handelt.[98] 103

Als güterrechtliche Modifikation des Zugewinnausgleichs zu behandeln ist auch der sog **rückwirkende Zugewinnausgleich,**[99] bei dem ein früherer Stichtag als Zeitpunkt für die Berechnung des Anfangsvermögens zugrundegelegt wird. Bei § 5 II sind auch solche Vereinbarungen steuerlich anzuerkennen, müssen sich allerdings an der dargelegten Auffassung der Finanzverwaltung messen lassen, dass derartige Modifikationen selbst Schenkungen zu Lebzeiten oder Schenkungen auf den Todesfall sein können.[100] 104

§ 5 II ist unstreitig dann anwendbar, wenn die Ehegatten durch Vereinbarung von der Zugewinngemeinschaft zur Gütertrennung wechseln. Die Finanzverwaltung will die Vorschrift ausschließlich auf die Beendigung des Güterstandes der Zugewinngemeinschaft begrenzen; dies vor allem mit dem Hinweis auf den Wortlaut und auf den ihrer Meinung nach ansonsten leerlaufenden § 29 I Nr. 3.[101] Der zivilrechtlich mögliche (§ 1408 BGB) **»fliegende Zugewinnausgleich«,** bei dem der entstandene Zugewinn ohne Beendigung des Güterstandes ausgeglichen wird, soll schenkungsteuerpflichtig sein.[102] Da der Wortlaut des § 5 II durchaus auch eine vorzeitige und partielle »Beendigung« der Zugewinngemeinschaft erfasst und die Entstehungsgeschichte und das systematische Verhältnis von § 5 II und § 29 I Nr. 3 für eine Anwendung des § 5 II sprechen, ist diese Auffassung abzulehnen. Auch der »fliegende Zugewinnausgleich« ist nicht steuerbar; insoweit ist § 29 I Nr. 3 nicht anwendbar.[103] Die Auffassung der Finanzverwaltung dürfte von der Befürchtung getragen sein, dass durch den »fliegenden Zugewinnausgleich« eine Möglichkeit zu nicht steuerbaren Vermögensverschiebungen zwischen Ehegatten besteht, nachdem der BFH vor nicht allzu langer Zeit die Steuerpflicht der unbenannten Zuwendungen[104] bejaht hatte. 105

95 Zu den Gründen: Moench/Weinmann § 5 Rn 62
96 R 12 II ErbStR
97 H 12 ErbStR
98 Meincke § 5 Rn 41
99 Dazu Rn 507
100 R 12 II ErbStR
101 R 12 III ErbStR
102 H 12 ErbStR; Moench/Weinmann § 5 Rn 68
103 Hüttemann DB 1999, 248; Meincke § 5 Rn 39
104 Vgl dazu Rn 141

Praxis-Tipp:

106 *Steuerbescheide, die die Steuerpflicht eines durch Ehevertrag vorgenommenen vorzeitigen Zugewinnausgleichs bejahen, können mit Aussicht auf Erfolg angegriffen werden. Für die Gestaltungsberatung ist der »fliegende Zugewinnausgleich« nur tauglich, wenn der Mandant bereit sein sollte, einen entsprechenden Finanzgerichtsprozess zu führen.*

107 Der **Verzicht** des berechtigten Ehegatten auf die bereits entstandene Zugewinnausgleichsforderung kann freigebige Zuwendung (§ 7 I Nr. 1) sein, wenn sie unentgeltlich erfolgt. Wird gegen Abfindung verzichtet, ersetzt diese die Ausgleichsforderung und ist damit steuerfrei.[105] Verzichtet der ausgleichsberechtigte Ehegatte auf den Zugewinn, bevor er die Ausgleichsforderung geltend gemacht hat, so liegt darin keine steuerpflichtige Schenkung, da lediglich auf eine Erwerbsaussicht (§ 517 BGB) verzichtet wird.[106] Der Verzicht auf die nicht geltend gemachte Zugewinnausgleichsforderung soll jedoch als Gegenleistung einer Leistung des anderen Ehegatten gegenüberstehen können, die dieser für den Verzicht erbringt.[107] Wenn dies zutrifft, wäre die Leistung des durch den Verzicht begünstigten Ehegatten keine freigebige Zuwendung.

cc. Übersicht zu § 5

108

	§ 5 I	**§ 5 II**
Güterstand	**Zugewinngemeinschaft**	
Entstehung der Zugewinnausgleichsforderung	– Tod eines Ehegatten und – Kein Fall des § 1371 II BGB.	– § 1371 II BGB oder – in anderer Weise, nach Finanzverwaltung aber nur bei Beendigung der Zugewinngemeinschaft.
Berechnung des nicht zu versteuernden Erwerbs	– Fiktiver güterrechtlicher Zugewinnausgleichsanspruch (§§ 1373 ff BGB); – Zivilrechtliche Modifikationen sind steuerlich unbeachtlich (§ 5 I 2); – § 1377 III BGB gilt nicht (§ 5 I 3); – Keine rückwirkende Vereinbarung des Beginns (§ 5 I 4); – Kürzung gemäß § 5 I 5.	– Freistellung des tatsächlichen güterrechtlichen Zugewinnausgleichsanspruchs nach § 1371 II BGB; – zivilrechtliche Modifizierungen sind möglich; – § 1377 III BGB gilt; – rückwirkender Beginn ist möglich; – keine Kürzung bei niedrigeren Steuerwerten.
§ 29 I Nr. 3	Anwendbar nach Finanzverwaltung	Anwendbar

105 R 12 I S 2 und 3 ErbStR
106 Troll/Gebel/Jülicher § 5 Rn 65; Meincke § 5 Rn 42; zweifelnd: Moench/Weinmann § 5 Rn 59
107 Meincke § 5 Rn 43; Kapp/Ebeling § 5 Rn 90

3. Vor- und Nacherbschaft, § 6

Der Erblasser kann durch letztwillige Verfügung einen Erben in der Weise einsetzen, dass dieser erst Erbe (Nacherbe) wird, nachdem zunächst ein anderer Erbe (Vorerbe) geworden ist (§ 2100 BGB). Der Eintritt des Nacherbfalls kann mit dem Tod des Vorerben erfolgen, aber auch an andere Bedingungen oder Befristungen geknüpft sein, wie etwa die Wiederverheiratung des Vorerben oder das Erreichen eines bestimmten Alters durch den Nacherben. Im Nacherbfall erbt der Nacherbe vom Erblasser, und der Vorerbe hört auf, Erbe zu sein (§ 2139 BGB). Der Nacherbe ist also – wie der Vorerbe – Gesamtrechtsnachfolger des Erblassers; er erbt von diesem und nicht vom Vorerben. 109

Die Vorerbschaft bildet beim Vorerben ein Sondervermögen, über das er zu Lebzeiten nur eingeschränkt verfügen kann (§§ 2113 ff BGB) und über das er letztwillig nicht verfügen darf. Der Erblasser kann die Verfügungsbeschränkungen aufheben, indem er den Vorerben zum befreiten Vorerben macht (§ 2136 BGB). In diesem Fall hat der Vorerbe – nahezu – uneingeschränktes Volleigentum an den Gegenständen der Vorerbschaft. Das gleiche gilt in den beiden Fällen des § 2137 BGB. Bleibt es jedoch bei den Verfügungsbeschränkungen, so hat der Vorerbe wirtschaftlich gesehen eine Stellung, die der eines Nießbrauchers am Vermögen der Vorerbschaft ähnelt.[108] 110

Das Institut der Nacherbschaft ermöglicht es dem Erblasser, den Anfall des Familienvermögens über mehrere Generationen hinweg zu steuern, insbesondere wenn Nach-Nacherben eingesetzt werden. Mit ihm kann dem Gedanken der Trennung von Vermögenssubstanz und seinen Nutzungen Rechnung getragen werden, indem der Vorerbe aufgrund der bestehenden Verfügungsbeschränkungen nicht mehr als die Nutzungsmöglichkeit hat und das Vermögen selbst im wesentlichen auf den Nacherben übergeht. Es erlaubt auch eine Reaktion auf ein vom Erblasser nicht akzeptiertes Verhalten des Vorerben, beispielsweise indem für den Fall seiner Wiederverheiratung der Nacherbfall angeordnet wird.[109] 111

Vorerbschaft und Nacherbschaft stellen jeweils einen Erwerb von Todes wegen dar, dessen Steuerbarkeit aus § 3 I Nr. 1 folgt. § 6 enthält Regelungen, mit denen die nach allgemeinen Regeln für das Erbschaftsteuerrecht maßgebliche zivilrechtliche Betrachtung geändert wird. Zudem enthält er Sonderregelungen gegenüber dem BewG. Durch § 6 IV wird das Nachvermächtnis (§ 2191 BGB) und das beim Tode des Beschwerten fällige Vermächtnis erbschaftsteuerlich dem Nacherbfall gleichgestellt.

Die Einstufung des Vorerben als Erbe (§ 6 I) ist bürgerlich-rechtlich ohnehin selbstverständlich und nur dadurch verständlich, dass nach früherem Recht der Vorerbe als Nießbraucher behandelt wurde. Das Erbschaftsteuerrecht qualifiziert ihn als Vollerben, wiewohl er nur für die Dauer der Vorerbschaft bereichert ist und die Vorerbschaft dann dem Nacherben anfällt. Der Nacherbe seinerseits hat den Erwerb des Vermögens als vom Vorerben stammend zu 112

108 Moench/Weinmann § 6 Rn 4

109 Hierzu und zu weiteren Zwecken: Langenfeld Rn 119 f, demzufolge die Anordnung der Nacherbschaft einer »besonderen Indikation« bedarf

versteuern (§ 6 II 1) – obwohl er zivilrechtlich Rechtsnachfolger des Erben ist. Beide Erbfälle sind separat zu versteuern. In dieser doppelten Besteuerung desselben Vermögens kann ein erheblicher steuerlicher Nachteil der Nacherbfolge liegen, die für die Nacherbfolge zu Lebzeiten durch die Anrechnungsmöglichkeit (§ 6 III 2) und durch die Steuerermäßigung für mehrfachen Erwerb desselben Vermögens (§ 27) lediglich gemildert wird. Besonders erhebliche Nachteile können sich ergeben, wenn der Nacherbe neben der Vorerbschaft auch eigenes Vermögen des Vorerben erhält. Diese Nachteile gebieten eine Prüfung der Frage, ob die Anordnung der Nacherbschaft zweckmäßig und ob ggf das alternative Gestaltungsmittel des Nießbrauchsvermächtnisses vorzugswürdig ist.[110]

a. Tod des Erblassers

aa. Besteuerung des Vorerben

113 Der Vorerbe ist steuerpflichtig gemäß **§ 3 I Nr. 1.** Verfügungsbeschränkungen (§§ 2113 ff BGB) werden erbschaftsteuerrechtlich ignoriert und mindern den Wert des steuerpflichtigen Erwerbs nicht. Daran ändert sich auch dann nichts, wenn die Position des Vorerben wirtschaftlich betrachtet eher der eines Nießbrauchers als der eines Erben entspricht.[111] Es handelt sich um Verfügungsbeschränkungen, die auch bewertungsrechtlich keine Rolle spielen (§ 9 III BewG).

114 Die Steuer entsteht mit dem Tod des Erblassers (§ 9 I Nr. 1 a). Die Steuerschuld bleibt auch bei späterem Eintritt des Nacherbfalls bestehen. § 5 II BewG (iVm § 8 BewG) erfasst die Nacherbfolge nach § 6 II als unbestimmt befristeten und nach § 6 III als auflösend bedingten Erwerb, so dass die Erbschaftsteuer auf Antrag berichtigt werden könnte, wird jedoch durch § 6 II und III 2 verdrängt. Es bleibt danach bei der für den Vorerben festgesetzten Steuerschuld.[112]

115 Mit Blick auf § 2126 BGB stellt **§ 20 IV** klar, dass der Vorerbe seine Steuerschuld aus den Mitteln der Vorerbschaft zu entrichten hat (darf). Muss er hierzu auf sein eigenes Vermögen zurückgreifen, schuldet der Nacherbe Ersatz (§ 2124 II 2 BGB).[113] Stirbt er vor Begleichung der Steuerschuld, geht sie als Nachlassverbindlichkeit (§ 10 V Nr. 1) auf seine Erben über.[114] Im wirtschaftlichen Ergebnis ist letztlich immer der Nacherbe belastet, weil die Steuer für den Erwerb des Vorerben die auf ihn übergehende Nacherbschaft mindert.

bb. Stellung des Nacherben und Maßnahmen vor Eintritt des Nacherbfalls

116 Das mangels gegenteiliger Bestimmungen übertragbare und vererbliche **Nacherbenanwartschaftsrecht** (§ 2108 BGB), welches der Nacherbe mit dem Tod des Erblassers erwirbt, führt nicht zu einem steuerpflichtigen Erwerb des

110 Dazu unten Rn 534
111 Kapp/Ebeling § 6 Rn 19, 23
112 Meincke § 6 Rn 11, 20
113 BFH BStBl II 1972, 462, 464
114 Moench/Weinmann § 6 Rn 9 mwN

Nacherben. Das Anwartschaftsrecht stellt zwar einen Vermögenswert dar, wird erbschaftsteuerlich jedoch erst dann erfasst, wenn es mit dem Eintritt des Nacherbfalls zum Vollrecht erstarkt.[115]

Die unentgeltliche Zuwendung der Nacherbenanwartschaft an einen Dritten führt ebenso wenig zu einem steuerpflichtigen Erwerb[116] wie der Übergang des Anwartschaftsrechts auf die Erben (§ 10 IV). Erhält der Nacherbe für die Übertragung seiner Anwartschaft ein Entgelt, hat er es gemäß § 3 II Nr. 6 zu versteuern. Veräußert werden kann auch an den Vorerben.[117] Nach § 9 I Nr. 1 i entsteht die Steuer nicht mit Zahlung der Abfindung, sondern mit dem Zeitpunkt der Übertragung der Anwartschaft. Der Erwerber der Anwartschaft erwirbt das Nacherbschaftsvermögen nach § 3 I Nr. 1 und kann das für die Anwartschaft gezahlte Entgelt nach § 10 V Nr. 3 abziehen.[118] Für denjenigen, der die Anwartschaft entgeltlich oder unentgeltlich erwirbt, bestimmen sich Steuerklasse, Steuersatz und persönliche Freibeträge nach seinem Verhältnis zum Vorerben oder zum Erblasser. Der Dritte nimmt also für Zwecke der Anwendung dieser Vorschriften die Rolle des Nacherben an. Es kommt nicht auf das Verhältnis des Nacherben zum Erblasser oder zum Vorerben an.[119] Für das steuerliche Ergebnis spielt es deshalb keine Rolle, ob die Nacherbschaft dem Nacherben selbst oder seinem entgeltlichen oder unentgeltlichen Einzel- oder Gesamtrechtsnachfolger anfällt. 117

Die **Umwandlung der Vorerbschaft in Vollerbschaft** kann durch eine vom Erblasser an die Nacherbfolge geknüpfte Bedingung, durch eine Ausschlagung oder einen Verzicht des Nacherben, eine Übertragung der Anwartschaft auf den Vorerben oder schließlich dadurch erfolgen, dass der Vorerbe den Nacherben beerbt. In all diesen Fällen ergibt sich für den Vorerben kein zusätzlicher steuerpflichtiger Erwerb.[120] Eine Abfindung oder ein Entgelt sind für den Nacherben steuerbar nach § 3 II Nr. 4 oder 6. Der Vorerbe soll Zahlungen zur Ablösung des Nacherbenrechts nicht als Nachlassverbindlichkeiten abziehen können.[121] Zutreffenderweise sollte der Abzug zugelassen werden.[122] 118

Überträgt der Vorerbe das Nacherbschaftsvermögen vor Eintritt des Nacherbfalls ohne Gegenleistung an den Nacherben, ist dies eine gemäß **§ 7 I Nr. 7** steuerpflichtige Schenkung des Vorerben. Maßgebend ist demzufolge für Steuerklasse, Freibeträge und Steuersatz das Verhältnis des Nacherben zum Vorerben. Auf Antrag des Nacherben wird allerdings sein Verhältnis zum Erblasser zugrundegelegt **(§ 7 II).** § 6 II 3–5 gelten analog. 119

115 Schulz S 175
116 BFH BStBl II 1993, 158, 159
117 BFH BStBl II 1980, 46
118 BFH BStBl II 1993, 158, 160
119 BFH BStBl II 1993, 158, 160
120 Meincke § 6 Rn 7
121 BFH BStBl II 1996, 137
122 Meincke § 6 Rn 7

Praxis-Tipp:

120 *Bei Eintritt des Nacherbfalls zu Lebzeiten sieht § 6 III zwingend die Besteuerung des Nacherben nach dem Verhältnis zum Vorerben vor. Ein Wahlrecht, wie es für die Nacherbfolge durch Todesfall besteht (§ 6 II 2), ist nicht vorgesehen. In den von § 6 III erfassten Fällen kann faktisch das Wahlrecht dadurch herbeigeführt werden, dass vor Eintritt des Nacherbfalls die Nacherbschaft unentgeltlich auf den Nacherben übertragen wird. § 7 II ermöglicht es dann, der Besteuerung das Verhältnis zum Erblasser zugrunde zu legen.*

Es ist jedoch eine Berechnung notwendig, ob der erzielte Steuerklassenvorteil den damit verbundenen Nachteil überwiegt, der darin besteht, dass bei vorzeitiger Übertragung eine Anrechnung der vom Vorerben gezahlten Erbschaftsteuer auf die Steuerschuld des Nacherben (§ 6 III 2) nicht möglich ist.[123]

b. Nacherbfolge beim Tod des Vorerben, § 6 II

121 Mit dem Tod des Vorerben fällt dem Nacherben die Nacherbschaft an (§ 2106 BGB). Der Nacherbe ist Gesamtrechtsnachfolger des Erblassers (§ 2139 iVm § 1922 I BGB). Er versteuert diesen Erwerb gemäß **§ 3 I Nr. 1,** allerdings entgegen der zivilrechtlichen Situation nicht als Erwerb vom Erblasser, sondern als Erwerb vom Vorerben **(§ 6 II 1).** Daher ist für sämtliche an die Person des Erblassers anknüpfenden Besteuerungsmerkmale auf den Vorerben abzustellen. Nach dem Verwandtschaftsverhältnis zum Vorerben bestimmen sich insbesondere die Steuerklasse, und damit persönliche Freibeträge, der Freibetrag und der Steuersatz.

122 Diese Regelung ist für den Nacherben dann nachteilig, wenn er vom Vorerben nicht nur Nacherbschaftsvermögen, sondern auch nacherbschaftsfreies Vermögen erwirbt. Würde § 6 II 1 diese beiden Erwerbe nicht zu einem zusammenfassen, könnte der Nacherbe nicht nur einen Freibetrag vom Vorerben, sondern einen weiteren vom Erblasser für das Nacherbschaftsvermögen in Anspruch nehmen. Die Behandlung als zwei separate Erwerbe würde auch zu Vorteilen beim Steuersatz führen. Dies verhindert § 6 II 1. Die Nachteilhaftigkeit der Regelung wird durch die Möglichkeit, auf Antrag das Verhältnis des Nacherben zum Erblasser zugrunde zu legen **(§ 6 II 2),** zwar gemindert, wegen der Bestimmungen der § 6 II 3–5 aber nicht kompensiert, weil deren Folge nicht ist, dass in jeder Hinsicht zwei getrennte Erwerbe vorliegen. Vielmehr wird im Ergebnis nur ein Freibetrag gewährt (§ 6 II 4) und der Steuersatz einheitlich für den Erwerb des Nacherbschaftsvermögens und des nacherbschaftsfreien Vermögens des Vorerben festgesetzt (§ 6 II 5).

123 Moench/Weinmann § 6 Rn 12

Praxis-Tipp:

Die Nachteile für den Nacherben lassen sich dadurch vermeiden, dass schon der Erblasser dem Nacherben auf seinen Tod so viel Vermögen zuwendet, dass dessen Freibetrag aufgebraucht ist. Der Nacherbe hat dann bei Eintritt des Nacherbfalls einen weiteren Freibetrag gemäß § 6 II 4.[124] 123

An der Vorteilhaftigkeit ändert sich auch dann nichts, wenn der Nacherbfall innerhalb von zehn Jahren eintritt. Denn die Zusammenrechnung früherer Erwerbe innerhalb dieses Zeitraums (§ 14) gilt ohnehin nicht, wenn der Nacherbe vom Vorerben erwirbt (§ 6 II 1), weil es sich dann um Erwerbe von verschiedenen Personen handelt. Aber auch wenn der Antrag nach § 6 II 2 gestellt wird, hat er für die Anwendung des § 14 nicht die Folge, dass ein Erwerb des Nacherben vom Erblasser vorliegt.[125]

Durch den Antrag nach § 6 II 2 kann der Nacherbe erreichen, dass der Besteuerung nicht sein Verhältnis zum Vorerben, sondern das zum Erblasser zugrundegelegt wird. »Verhältnis« in diesem Sinne ist nur die Steuerklasse und alle hieraus folgenden Merkmale des Besteuerungstatbestandes. Deshalb ist das Verhältnis zum Erblasser nur insoweit maßgebend, als es um die an die Steuerklasse anknüpfenden Vorschriften geht (Steuerbefreiung, Freibeträge und Steuersatz). Für andere Besteuerungsmerkmale (Steuerpflicht gemäß § 2 I, steuerfreier Zugewinnausgleichsbetrag gemäß § 5 I, Zusammenrechnung mehrerer Erwerbe gemäß § 14 I, Anrechnung ausländischer Erbschaftsteuer gemäß § 21 I und die Anwendbarkeit von Doppelbesteuerungsabkommen) hat der Antrag keine Wirkung; maßgebend bleibt insoweit das Verhältnis des Nacherben zum Vorerben.[126] Der Antrag ist nur dann zulässig (und sinnvoll), wenn das Verwandtschaftsverhältnis des Nacherben zum Erblasser enger ist als das zum Vorerben. Dies kann etwa gemäß § 15 der Fall sein, wenn die Ehefrau Vorerbe und die Schwester des Ehemannes Nacherbe oder wenn nach dem Tod der Mutter zunächst ein Kind Vorerbe und ein anderes Kind Nacherbe ist.[127] 124

Praxis-Tipp:

Bei Eintritt des Nacherbfalls mit dem Tod des Vorerben ist zu prüfen, ob ein Antrag nach § 6 II 2 zu einer geringeren Erbschaftsteuerlast führt. Der Antrag kann bis zur Bestandskraft des Erbschaftsteuerbescheides gestellt werden, also auch noch im Einspruchs- oder Klageverfahren.[128] 125

Der Antrag entfaltet auch Wirkung für die Anwendung des § 27. Nach Antragstellung kommt es für die Gewährung dieser Steuerbegünstigung auf das Verhältnis des Nacherben zum Erblasser an.[129]

124 Moench DStR 1987, 139, 141
125 Moench/Weinmann § 6 Rn 16 ff; Meincke § 6 Rn 15; § 14 Rn 7
126 Moench/Weinmann § 6 Rn 16–19; Meincke § 6 Rn 15, aA Troll/Gebel/Jülicher § 6 Rn 31 ff
127 Moench/Weinmann § 6 Rn 15
128 Schulz S 175
129 Meincke § 27 Rn 7

126 Die Stellung des Antrags hat zur Folge, dass das Nacherbschaftsvermögen und das eigene Vermögen des Vorerben hinsichtlich der Steuerklasse getrennt zu behandeln sind **(§ 6 II 3).**

c. Nacherbfolge zu Lebzeiten des Vorerben, § 6 III

127 Der Eintritt der Nacherbfolge vor dem Tod des Vorerben kann beispielsweise auf einer Wiederverheiratungsklausel oder darauf beruhen, dass der Erblasser den Nacherbfall an die Volljährigkeit des Nacherben geknüpft hatte. Dann gilt die Vorerbfolge als auflösend bedingter, die Nacherfolge als aufschiebend bedingter Anfall **(§ 6 III 1).** Diese Regelung stellt zunächst – im Gegensatz zu § 6 II – den Gleichklang zur zivilrechtlichen Regelung wieder her: Es liegt ein Erbfall vor. Deshalb ist auch für die Besteuerung des Nacherben insoweit zwingend sein Verwandtschaftsverhältnis zum Erblasser maßgebend.[130] Ein dem § 6 II 2 entsprechendes Wahlrecht existiert hier nicht. Der zeitgleiche Erwerb von Vermögen des Vorerben ist ein selbständig zu beurteilender Vorgang. Dies gilt für die Zusammenrechnung gem § 14 und die Ermäßigung des § 27.[131]

128 Aufgrund der Anordnung des § 6 III 1 wäre es folgerichtig, wenn die vom Vorerben für den Erwerb vom Erblasser gezahlte Erbschaftsteuer bei Eintritt des Nacherbfalles erstattet würde. § 5 II BewG, der dies vorsieht, wird jedoch durch **§ 6 III 2** verdrängt. Danach bleibt es bei der Steuerschuld des Vorerben; sie wird jedoch auf die vom Nacherben für den Nacherbfall zu entrichtende Steuer angerechnet. Vom Anrechnungsbetrag abzuziehen ist der Steuerbetrag, welcher der tatsächlichen Bereicherung des Vorerben entspricht. Die tatsächliche Bereicherung des Vorerben kann zum einen in den Nachlassgegenständen bestehen, die nach dem Willen des Erblassers bei ihm verbleiben sollten oder die er ersatzlos verbrauchen durfte, und zum anderen in den gezogenen Nutzungen, die zu kapitalisieren sind.[132] Vorgesehen ist eine Anrechnung, aber keine Erstattung zugunsten des Nacherben. Als Stichtag, auf den die tatsächliche Bereicherung des Vorerben ermittelt wird, sollte man den Eintritt des Nacherbfalles ansehen, weil es im Ergebnis um die Steuerschuld des Nacherben geht.[133] Der Stichtag ist nicht nur für die Bewertung, sondern beispielsweise auch für Freibeträge oder Steuersätze von Bedeutung.

d. Nachvermächtnis, § 6 IV

129 Hat der Erblasser den vermachten Gegenstand von einem nach dem Anfall des Vermächtnisses eintretenden bestimmten Zeitpunkt oder Ereignis an einen Dritten zugewendet, liegt ein Nachvermächtnis (§ 2191 BGB) vor. Erbschaftsteuerlich wird das Nachvermächtnis wie die Nacherbschaft behandelt.

130 BFH BStBl II 1972, 765
131 Moench/Weinmann § 6 Rn 32
132 Moench/Weinmann § 6 Rn 35
133 Meincke § 6 Rn 21; Moench/Weinmann § 6 Rn 36, aA Troll/Gebel/Jülicher § 6 Rn 47

Demzufolge gilt § 6 II, wenn das Nachvermächtnis mit dem Tod des Vorvermächtnisnehmers eintritt. Maßgebend für die Besteuerung ist das Verhältnis zum Vorvermächtnisnehmer, auf Antrag das zum Erblasser. Ist das Nachvermächtnis nicht an den Tod des Erstvermächtnisnehmers geknüpft, gilt § 6 III, so dass zwingend das Verhältnis des Nachvermächtnisnehmers zum Erblasser für die Besteuerung zugrunde zu legen ist. 130

Entsprechend behandelt wird ein Vermächtnis, das mit dem Tod des Beschwerten fällig wird. Dies ist beispielsweise der Fall, wenn Ehegatten in einem gemeinschaftlichen Testament mit gegenseitiger Erbeinsetzung bestimmen, dass ihren ansonsten zu Schlusserben eingesetzten Kindern beim Tod des erstversterbenden Elternteils Vermächtnisse zufallen sollen, die erst beim Tod des überlebenden Elternteils fällig werden.[134] Gem § 6 II 1 erwirbt der Vermächtnisnehmer vom Beschwerten (§ 2147 BGB), wenn er nicht den Antrag nach § 6 II 2 stellt. § 6 IV greift nicht, wenn der Erblasser die Fälligkeit des Vermächtnisses von anderen Umständen als dem Tod des Beschwerten abhängig gemacht hat. In diesem Fall erwirbt der Vermächtnisnehmer stets und zwingend vom Erblasser.[135] 131

4. Schenkungen unter Lebenden, § 7

Wären Schenkungen nicht steuerpflichtig, ließe sich die Erbschaftsteuerpflicht relativ leicht durch lebzeitige Zuwendungen umgehen. Dies verhindert § 7 mit dem Grundtatbestand der Schenkung unter Lebenden, der freigebigen Zuwendung (§ 7 I Nr. 1), ergänzt durch besonders geregelte Unterfälle (§ 7 I Nr. 2, 3, 4, 8, 9, VI und VII). Die anderen Tatbestände decken Fälle ab, in denen der Erwerb von Todes wegen gleichsam vorweggenommen wird (§ 7 I Nr. 5, 6, 7 und 10). 132

Nicht abschließend geklärt ist, ob sich die Auslegung des § 7 – ebenso wie die des § 3 – am Zivilrecht zu orientieren hat.[136] Schenkungen iSd § 516 BGB bilden den ganz überwiegenden Teil der freigebigen Zuwendungen; jede Schenkung in diesem Sinne erfüllt den Tatbestand des § 7 I Nr. 1. Jedoch fasst der BFH zB auch unbenannte Zuwendungen zwischen Ehegatten unter die Norm,[137] obwohl sie zivilrechtlich keine Schenkungen sind. 133

Die Steuerpflicht einer Schenkung entfällt nicht deshalb, weil sie zur Belohnung oder unter einer Auflage gemacht oder in die Form eines lästigen Vertrages gekleidet wird **(§ 7 IV).** Damit ist gesagt, dass es auf Motive der Schenkung (Belohnung) nicht ankommen soll. Die Auflagenschenkung (§ 527 BGB) ist bereits bürgerlich-rechtlich Schenkung. Der lästige Vertrag ist der entgeltliche Vertrag, bei dem die Entgeltlichkeit die Schenkung ausschließt; jedoch soll die bloße Form eines derartigen Geschäfts, mit der die unentgeltliche Zuwendung verdeckt wird, unerheblich sein. 134

---

134 R 13 S 2 ErbStR
135 Moench/Weinmann § 6 Rn 41
136 Vgl näher Meincke Einf Rn 7; § 7 Rn 3
137 BFH BStBl II 1994, 366; Moench § 7 Rn 135

a. Freigebige Zuwendung, § 7 I Nr. 1

aa. Allgemeines

135 Steuerbar nach § 7 I Nr. 1 ist jede freigebige Zuwendung unter Lebenden, soweit der Bedachte durch sie auf Kosten des Zuwendenden bereichert wird. Erforderlich ist objektiv eine Bereicherung des Bedachten durch unentgeltliche Zuwendung und subjektiv der Wille des Zuwendenden zur Bereicherung.

136 **Bereicherung** ist jede in Geld zu bewertende Vermögensmehrung. Sie kann auch in der Befreiung von Verbindlichkeiten sowie in der Gewährung einer Nutzungsmöglichkeit bestehen. Bei Einräumung eines zinslosen Darlehens verzichtet der Darlehensgeber auf die Möglichkeit der Kapitalnutzung; der Darlehensnehmer ist bereichert um die ersparten Zinsen. Zuwendungsgegenstand ist folglich die gewährte Nutzungsmöglichkeit. Eine Schenkung soll vorliegen, obwohl der Darlehensgeber nicht auf ein ihm zustehendes Recht, sondern bloß auf eine Einnahmeerzielungsmöglichkeit verzichtet (§ 517 BGB), so dass zivilrechtlich keine Schenkung vorliegt. Denn die Vermögenssituation des Darlehensnehmers stelle sich nach Darlehensrückzahlung günstiger als vorher dar und der Zuwendungsgegenstand müsse zuvor nicht im Vermögen des Schenkers vorhanden gewesen sein.[138]

137 Eine Zuwendung ist nicht **unentgeltlich,** wenn der Empfänger einen gesetzlichen Anspruch auf die Leistung hat. Die Gewährung des angemessenen gesetzlichen Unterhalts ist deshalb nicht schenkungsteuerbar. Anders die freiwillige oder überhöhte Unterhaltszahlung, die aber im Rahmen des § 13 I Nr. 12 steuerbefreit sein kann. Ausgeschlossen wird die Unentgeltlichkeit auch durch rechtsgeschäftliche Ansprüche auf die Leistung (Ansprüche aus einem Dienstverhältnis oder Bestehen einer sonstigen Forderung)[139] sowie durch die Erbringung einer Gegenleistung, soweit sie der Leistung gleichwertig ist. Die Frage, ob eine Bereicherung dem Grunde nach (§ 7) eintritt, entscheidet sich dabei nach bürgerlich-rechtlichen Bewertungsmaßstäben, also regelmäßig anhand der Verkehrswerte. Auf die Steuerwerte kommt es erst an, wenn die Höhe der Bereicherung (§ 10) zu ermitteln ist.[140] »Gegenleistungen« des Bedachten werfen die unten eingehender erörterten Fragen der Auflagenschenkung und gemischten Schenkung auf.[141] Sie müssen – wie § 7 III klarstellt – in Geld veranschlagt werden können.

138 Identität zwischen einer Vermögensminderung des Zuwendenden und einer Vermögensmehrung des Bedachten ist nicht gefordert. Trägt der Schenker die Erwerbskosten, beispielsweise bei einer Grundstücksübertragung die Notar- und Grundbuchkosten, ist der Beschenkte um diesen Betrag im Ergebnis nicht bereichert.[142] Hat der Bedachte mit dem zugewandten Gegenstand einen anderen Gegenstand zu erwerben (mittelbare Schenkung), fehlt diese Identität ebenfalls.

---

138 BFH BStBl II 1979, 631, 632; BFH/NV 1995, 70, 71; aA Meincke § 7 Anm 51
139 R 14 II ErbStR
140 R 14 II, IV ErbStR
141 Rn 147 ff
142 Die Verwaltungsauffassung zu den Nebenkosten einer Schenkung ist im Einzelnen dargelegt etwa in: Erl FinMin Saarland vom 20. 6. 1994 DStR 1994, 975

Der Bereicherung steht es nicht entgegen, dass der Zuwendende die vollzogene Zuwendung jederzeit nach seinem freien Willen rückgängig machen kann **(freier Widerrufsvorbehalt).**[143] 139

Anders als für die Schenkung gemäß § 516 BGB verlangen Rechtsprechung und Verwaltung für die freigebige Zuwendung keine Einigung über die Unentgeltlichkeit, sondern nur den **Bereicherungswillen** des Zuwendenden, der sich auf der Basis der bürgerlich-rechtlichen Wertmaßstäbe bilden muss. Erforderlich ist das Bewusstsein, dass die Zuwendung nicht der Erfüllung einer Verbindlichkeit dient und auch nicht mit einer Gegenleistung verknüpft ist.[144] Das Bewusstsein der Unentgeltlichkeit besteht nicht, wenn der Zuwendende irrig annimmt, zur Leistung rechtlich verpflichtet zu sein oder fälschlich annimmt, eine – gleichwertige – Gegenleistung zu erhalten. Im Ausgangspunkt hat in der Regel das Finanzamt die Feststellungslast hinsichtlich des Willens zur Unentgeltlichkeit. Wegen der Schwierigkeiten, dieses subjektive Tatbestandsmerkmal im Einzelfall zu ermitteln, sollen jedoch Darlegungs- und Beweiserleichterungen greifen. So soll bei einem deutlichen Missverhältnis zwischen dem Wert der Leistung und dem der Gegenleistung davon auszugehen sein, dass dem Zuwendenden der Wertunterschied bekannt und bewusst war.[145] Dabei wird zu unterscheiden sein zwischen Leistungen im Geschäftsleben, für die der Grundsatz herangezogen werden kann, dass Kaufleute einander nichts zu schenken pflegen, und Leistungen an Angehörige, insbesondere an erbberechtigte Personen, die ggf die Vermutung der Unentgeltlichkeit rechtfertigen.[146] 140

Zuwendungen eines Ehegatten an den anderen, die ehebedingt sind, weil sie im Hinblick auf den Bestand der Ehe oder als Beitrag zur Verwirklichung, Erhaltung oder Sicherung der ehelichen Lebensgemeinschaft vorgenommen werden, sind zivilrechtlich keine Schenkungen.[147] Grundlage dieser **unbenannten Zuwendungen** bilden ehebezogene Erwägungen, die es nicht rechtfertigen, einen Willen des Gebers zur Unentgeltlichkeit zu bejahen. Der Bundesfinanzhof qualifiziert diese ehebezogenen Zuwendungen dennoch als freigebige Zuwendungen; eheliche Gründe seien unbeachtliche Motive, denn eine Rechtspflicht zu derartigen Leistungen bestehe jenseits der gesetzlichen Unterhaltspflicht nicht.[148] Nach dieser zweifelhaften Sicht[149] ist die gängige Verschaffung von Miteigentum am Familienwohnheim ebenso wie die hälftige Beteiligung des einkommenslosen Ehegatten am Wertpapierdepot steuerbare Schenkung. Steuerbefreit sind nur Schenkungen bezogen auf das Familienwohnheim (§ 13 I Nr. 4 a) und die üblichen Gelegenheitsgeschenke (§ 13 I Nr. 14). 141

Zuwendender und Bedachter kann jede natürliche und juristische Person sein. Zu der Frage, ob eine Personengesellschaft selbst oder ihre Gesellschafter Zuwendungsempfänger sind, hat die Rechtsprechung mehrfach geschwankt. Nunmehr[150] wird nicht die Personengesellschaft als Empfänger im schen- 142

143 BFH BStBl II 1989, 1034, 1036
144 BFH BStBl II 1992, 925, 927
145 BFH BStBl II 1991, 181, 183; BStBl II 1992, 921, 923
146 Schulz S 211 f; Troll/Gebel/Jülicher § 7 Rn 285–290
147 BGH NJW 1992, 564, 565
148 BFH BStBl II 1994, 366; BFH/NV 1995, 341
149 Kapp/Ebeling § 7 Rn 22; Meincke § 7 Rn 87
150 BFH BStBl II 1995, 81, 83; BStBl II 1998, 630, 631

kungsteuerlichen Sinne betrachtet, so dass nicht mehr zwangsläufig die ungünstige Steuerklasse III anzuwenden ist. Vielmehr sind Bedachte die Gesellschafter der Gesellschaft, für die sich aus dem Verwandtschaftsverhältnis zum Schenker eine günstigere Steuerklasse ergeben kann.

143 Unklarheit über die Zuwendungsbeteiligten entsteht gelegentlich im familiären Bereich.

Praxis-Tipp:

144 *Es sollte jedenfalls klargestellt werden, ob eine Schenkung durch beide Elternteile erfolgt oder nur durch ein Elternteil. Schenken beide Elternteile, kann der Freibetrag durch ein bedachtes Kind zweimal in Anspruch genommen werden. Dies ist naturgemäß nur dann möglich, wenn auch beide Eltern über entsprechendes Vermögen verfügen.*

Da Zuwendungen an das Kind der Steuerklasse I unterfallen, Zuwendungen an das Schwiegerkind jedoch der Steuerklasse II, sind häufig Zuwendungen allein an das verheiratete Kind steuerlich vorteilhafter. Allerdings kann je nach Einzelfall jedenfalls der Freibetrag der Steuerklasse II von 20 000 DM ausgenutzt werden. Auch können wegen vorausgehender Zuwendungen an das Kind aufgrund der Regelung des § 14 einmal Zuwendungen an das Schwiegerkind günstiger sein.[151]

145 Verpflichtet der Schenker den Beschenkten rechtlich bindend zur Weitergabe des Geschenks an einen Dritten, so ist insoweit letztlich der Dritte steuerpflichtig (§ 7 I Nr. 2). Will der Schenker durch Einschaltung des Beschenkten ohne eine solche rechtliche Verpflichtung letztlich den Dritten bedenken, kann die Einschaltung des Beschenkten als Gestaltungsmissbrauch (§ 42 AO) einzuordnen sein. Es handelt sich um die Fälle der sog **Kettenschenkung,** die wegen unterschiedlicher Steuerklassen im familiären Bereich zu Steuervorteilen führen kann.[152]

146 Zeitpunkt der Steuerentstehung (und damit auch für die Bewertung maßgebender Zeitpunkt) ist nach § 9 I Nr. 2 der **Zeitpunkt der Ausführung der Zuwendung.** Ausgeführt ist die Zuwendung noch nicht mit der bloßen notariellen Beurkundung des Schenkungsversprechens (§ 518 I BGB); die Ausführung entspricht vielmehr regelmäßig der Bewirkung der versprochenen Leistung nach § 518 II BGB. Es kommt also auf die Übertragung des zivilrechtlichen Eigentums an. Bei Grundstückschenkungen genügen aber schon die Einigung (§§ 873, 925 BGB) und die Eintragungsbewilligung des Schenkers (§ 19 GBO). Der Antrag des Beschenkten auf Eintragung der Rechtsänderung beim Grundbuchamt ist für die Ausführung der Grundstückschenkung nicht notwendig. Behördliche Genehmigungen sollen schenkungsteuerlich entgegen der bürgerlich-rechtlichen Situation auf den Tag des Vertragsabschlusses zurückwirken.[153]

---

151 Näheres zur Schenkung an verheiratete Kinder bei Moench DStR 1994, 607
152 Rn 493 ff
153 R 23 ErbStR

bb. Schenkung unter Auflage und gemischte Schenkung

Zivilrechtlich ist zwischen der Schenkung unter Auflage (§ 525 BGB) und der gemischten Schenkung zu unterscheiden. Die Auflagenschenkung verpflichtet den Beschenkten zu einer Leistung, die aus dem Zuwendungsgegenstand zu erbringen ist. Typische Beispiele sind die Grundstücksschenkung unter Vorbehalt des Nießbrauchs oder unter Einräumung eines Wohnrechts. Anders als die Schenkung unter Auflage ist die gemischte Schenkung keine Vollschenkung. Vielmehr ist sie ein einheitlicher Vertrag, bei dem der Wert der Gegenleistung dem Wert der Leistung nur zum Teil entspricht, wobei die Parteien sich darüber einig sind, dass teilweise Unentgeltlichkeit besteht. Ein objektives Missverhältnis der wechselseitigen Leistungen kann Indiz für die Einigung über die teilweise Unentgeltlichkeit sein.[154] 147

(1) Gemischte Schenkung

Es fragt sich, wie bei einer gemischten Schenkung die Bereicherung des Zuwendungsempfängers zu ermitteln ist. Denkbar sind zwei Vorgehensweisen. Zugrundegelegt werden kann, wie es § 10 I 2 für Erwerbe von Todes wegen ausdrücklich regelt, der Steuerwert des Zuwendungsgegenstandes abzüglich des Wertes der Gegenleistung (Saldomethode). Statt dessen kann das »ob« der Bereicherung zunächst allein anhand der bürgerlich-rechtlichen maßgebenden Werte (Verkehrswerte) festgestellt werden. In einem zweiten Schritt wird dann die schenkungsteuerliche Bemessungsgrundlage ermittelt, in dem der Steuerwert der Leistung des Schenkers in dem Verhältnis aufgeteilt wird, in dem der Verkehrswert der Bereicherung des Beschenkten zu dem Verkehrswert des geschenkten Vermögens steht. Es gilt dann folgende **Formel:** 148

$$\text{Steuerwert der freigebigen Zuwendung} = \frac{\text{Steuerwert der Leistung des Schenkers} \times \text{Verkehrswert der Bereicherung des Beschenkten}}{\text{Verkehrswert der Leistung des Schenkers}}$$

Nach dieser Formel ist also der Teil des Steuerwerts der Leistung des Schenkers Bemessungsgrundlage, der sich aus dem Verhältnis von Leistung und Gegenleistung nach bürgerlich-rechtlichen Maßstäben ergibt. Dies ist die sog Wertermittlungsmethode (auch: Verhältnisrechnung), die nach der Rechtsprechung[155] und der Finanzverwaltung[156] maßgebend ist. 149

Fall:

Der Vater schenkt seiner Tochter ein Grundstück mit einem Verkehrswert von 1 000 000 DM und einem Steuerwert von 500 000 DM. Die Tochter übernimmt die schuldrechtliche und dingliche Haftung aus dem Finanzierungsvertrag iHv 500 000 DM. 150

154 BGH NJW – RR 1996, 754, 755; Palandt/Putzo § 516 Rn 13 f
155 BFH BStBl II 1982, 83, 85; BStBl II 1982, 714, 715
156 R 17 I S 3, II ErbStR

Nach der Saldomethode wäre die Bereicherung zu ermitteln aus der Differenz von Steuerwert (500 000 DM) und Gegenleistung (500 000 DM), wäre also 0 DM.

Nach der Verhältnisrechnung der Wertermittlungsmethode beträgt die bürgerlich-rechtliche Bereicherung 500 000 DM; der unentgeltliche Teil der Zuwendung ist also 50 vH. Demzufolge beläuft sich der Steuerwert der freigiebigen Zuwendung auf 50 vH des Steuerwertes des geschenkten Gegenstandes (500 000 DM), also auf 250 000 DM. Die **Formel** lautet:

$$\frac{500\,000\text{ DM} \times 500\,000\text{ DM}}{1\,000\,000\text{ DM}} = 250\,000\text{ DM}$$

151 Begründet wird die Anwendung der Wertermittlungsmethode bei der gemischten Schenkung vor allem damit, dass § 10 I 2 für freigiebige Zuwendungen nicht gelten, § 1 II also seine Anwendung nicht vorsehen soll. Im Hinblick auf die Gesetzessystematik ist diese Argumentation nicht zweifelsfrei und sicherlich ergebnisorientiert.[157] Das Auseinanderklaffen von Verkehrswerten und Steuerwert, das unter Geltung der alten Einheitswerte für Grundstücke noch krasser war als heute, konnte – wie das Beispiel zeigt – zu fiskalisch unerwünschten Ergebnissen führen.

152 Als gemischte Schenkungen kommen vor allem Übergabeverträge, in denen Rentenzahlungen oder Gleichstellungsgelder vorgesehen sind, sowie die Übernahme von Verbindlichkeiten in Betracht. Als zugrundezulegende Verkehrswerte sind die gemeinen Werte iSd § 9 BewG anzusetzen.[158] Die vom Steuerpflichtigen in der Schenkungsteuererklärung angegebenen Werte können, so sie nicht offensichtlich unter den Verkehrswerten liegen, übernommen werden. Bei Grundstücken wird dies regelmäßig der Fall sein, wenn der erklärte Wert für das unbebaute Grundstück das Eineinhalbfache und für bebaute Grundstücke das Zweifache des festgestellten Grundstückswertes nicht unterschreitet. Im Übrigen zieht die Finanzverwaltung etwa bekannte Beleihungswerte der Kreditinstitute und sonstige Erkenntnisquellen heran, holt aber im Normalfall kein eigenes Verkehrswertgutachten ein.[159]

Praxis-Tipp:

153 *Es empfiehlt sich von vornherein nicht, möglichst niedrige Verkehrswerte zu erklären, da diese in aller Regel vom zuständigen Finanzamt nicht ungeprüft übernommen werden können. Ein zu niedrig erklärter Wert löst eine Wertdiskussion aus, an deren Ende häufig ein höherer Wert stehen kann, als der an sich vertretbare und »vernünftige«. Dieser Wert sollte von vornherein angegeben werden.*

154 Der Verkehrswert einer Nutzung oder wiederkehrenden Leistung ist der Wert, der sich aufgrund des tatsächlichen Jahreswertes der Nutzung oder Leis-

157 Meincke § 7 Rn 31; Moench § 7 Rn 63–66
158 R 17 V ErbStR
159 R 17 V S 2, VI S 3 ff ErbStR

tung nach §§ 13 – 15 BewG ergibt. Dieser Wert muss bei einer zutreffenden Bewertung entsprechend den bürgerlich-rechtlichen Bewertungsgrundsätzen in einem angemessenen Verhältnis zum Verkehrswert des genutzten Vermögensgegenstandes selbst stehen, da das Vollrecht Eigentum an dem Vermögenstand dessen Nutzung einschließt.[160] Die Berechnung des Steuerwertes der freigiebigen Zuwendung bei einer gemischten Schenkung führt zu einer eigentlich systemwidrigen Behandlung von freigebigen Zuwendungen und Erwerben von Todes wegen.

Fall:

155 *Wie im obigen Fall, jedoch erwirbt die Tochter nicht durch Schenkung, sondern als Erbin ihres Vaters. Dann gilt § 10 I 2, so dass die übernommene Verbindlichkeit vom Steuerwert des ererbten Grundstücks abzuziehen ist. Die Bemessungsgrundlage der Erbschaftssteuer beträgt 0 DM.*

156 Das für gemischte Schenkung notwendige offenbare Missverhältnis zwischen Leistung des Schenkers und Gegenleistung des Empfängers lässt sich nicht anhand fester Grenzen bestimmen. Unzutreffend dürfte es sein, eine Wertabweichung von mindestens 51 vH zu verlangen.[161] Eine derart große Spannung dürfte die Finanzverwaltung voraussichtlich nicht akzeptieren; sie wird andererseits aber wohl auch keine »Bagatellfälle«, dh Fälle mit lediglich geringen Wertdifferenzen von Leistung und Gegenleistung besteuern.[162] Im Übrigen dürfte bei solchen geringen Differenzen der dem Finanzamt obliegende Nachweis des subjektiven Tatbestandes (Wille zur teilweisen Unentgeltlichkeit) kaum gelingen.

157 Eine gemischte Schenkung liegt in dem praktisch häufigen Fall vor, dass der Beschenkte mit dem geschenkten Grundstück auch die auf diesem lastenden Schulden, etwa eine laufende Finanzierung, übernimmt. Nicht definitiv geklärt ist, ob eine Gegenleistung und damit eine gemischte Schenkung anzunehmen ist, wenn nicht der Beschenkte, sondern der Schenker die Zins- und Tilgungsaufwendungen trägt. Eine solche Lastenverteilung ergibt sich in der Praxis vor allem bei Vereinbarung eines Vorbehaltnießbrauches nicht selten, weil der Schenker und Nießbraucher bei entsprechend ausgestaltetem Nießbrauch diese Lasten zu tragen hat. Wirtschaftlich ist der Beschenkte dann mit den Grundstückschulden nicht belastet, was dafür spricht, eine gemischte freigebige Zuwendung zu verneinen.[163] Zu dieser Frage sind noch Revisionsverfahren beim BFH anhängig. Jedenfalls keine Gegenleistung besteht, wenn lediglich die dingliche Last ohne die gesicherte schuldrechtliche Verbindlichkeit übernommen wird.[164]

158 Gem § 25 I 1 wird der Erwerb von Vermögen, dessen Nutzungen dem Schenker zustehen oder das mit einer Rentenverpflichtung und damit zu einer Ver-

160 R 17 V S 3 f ErbStR
161 So aber Troll DStR 1984, 11, 16
162 Moench § 7 Rn 67
163 FG Düsseldorf EFG 1999, 616, 617 – nrkr; FG Münster EFG 1999, 482 – nrkr
164 Moench § 7 Rn 61 c, d

pflichtung zu sonstigen wiederkehrenden Leistungen zugunsten des Schenkers belastet ist, ohne Berücksichtigung dieser Belastung besteuert. Zweck dieses Abzugsverbotes ist, das durch die Möglichkeit der zinslosen Steuerstundung (§ 25 I 2) gemildert wird, war nach Vorstellung des Gesetzgebers die Schließung von »Steuerschlupflöchern«. Tatsächlich hat der Gesetzgeber aber wohl »weitgehend nur ein Phantom ins Visier genommen«.[165] Der seinem Wortlaut nach einschlägige **§ 25 I** gilt für gemischte Schenkungen nicht, weil nach dem Verständnis des BFH eine gemischte freigebige Zuwendung in einen entgeltlichen und in einen unentgeltlichen Teil zu zerlegen ist, so dass die Belastung bereits berücksichtigt ist und nicht noch einmal den unentgeltlichen und schenkungsteuerlich allein relevanten Teil mindern kann.[166]

(2) Auflagenschenkung

159 Die zivilrechtlich nicht ganz einfach zu treffende Unterscheidung zwischen gemischter Schenkung und Schenkung unter Auflage ist schenkungsteuerlich nicht von Bedeutung. Dies liegt darin, dass die Judikatur und Verwaltung innerhalb der Auflagenschenkung zwischen der Schenkung unter Leistungsauflage und der Schenkung unter Nutzungs- oder Duldungsauflage differenzieren. Die Schenkung unter Leistungsauflage wird nach den Regeln der gemischten Schenkung behandelt.[167] Auch bei Leistungsauflagen gilt also die Verhältnisrechnung nach der Wertermittlungsmethode, die in einem ersten Schritt den Vermögenszuwachs durch Saldierung der Verkehrswerte von Leistung und Leistungsauflage ermittelt und das Wertverhältnis zwischen Schenkung und Leistungsauflage auf den Steuerwert des Zuwendungsgegenstandes überträgt. Die entsprechende Aufteilung des Steuerwertes vollzieht sich also auch hier nach der **Formel:**

$$\text{Steuerwert der freigebigen Zuwendung} = \frac{\text{Steuerwert der Leistung des Schenkers} \times \text{Verkehrswert der Bereicherung des Beschenkten}}{\text{Verkehrswert der Leistung des Schenkers}}$$

160 Bei der **Leistungsauflage** ist der Beschenkte zu Geld- oder Sachleistungen verpflichtet, die über eine bloße Duldung der Nutzung des zugewendeten Gegenstandes hinausgehen und die ggf auch aus seinem sonstigen Vermögen zu erbringen sind. Eine typische Leistungsauflage ist etwa die Verpflichtung, eine Rentenzahlung oder Gleichstellungsgelder zu leisten.

161 Auch für Leistungsauflagen gilt § 25 nicht.[168]

162 Anders ist dagegen die Schenkung unter **Nutzungs- oder Duldungsauflage** zu behandeln, bei der dem Beschenkten der Nutzungswert des geschenkten Gegenstandes für eine bestimmte Zeit nicht zusteht, weil ein Nutzungsrecht eines anderen an dem Gegenstand besteht. Die Duldungs- oder Nutzungsauf-

---

165 So wörtlich: Moench § 25 Rn 5; zur Kritik eingehend: Meincke § 25 Rn 2 ff
166 BFH BStBl II 1982, 82, 83; R 17 VII ErbStR
167 BFH BStBl II 1989, 524, 526; BFH/NV 1990, 373; BFH/NV 1990, 506; BFH/NV 1993, 298; R 17 I ErbStR
168 R 85 II S 2 ErbStR

lage umfasst Fälle, in denen dem Zuwendenden oder einem Dritten ein dingliches oder obligatorisches Nutzungsrecht oder eine beschränkte persönliche Dienstbarkeit am Zuwendungsgegenstand zusteht.[169] Das Recht des Dritten auf Gebrauchsüberlassung oder Auskehrung der Früchte muss sich aber auf den zugewandten Gegenstand beziehen und darf nicht an anderen Vermögensgegenständen begründet werden, die unabhängig von der Schenkung im Vermögen des Beschenkten liegen.[170]

Die Schenkung mit Nutzungs- oder Duldungsauflage ist Vollschenkung; Bereicherung ist der Steuerwert der Zuwendung, von dem die Auflage mit ihrem Kapitalwert (§§ 13–16 BewG) abzuziehen ist. Auf diese Form der Auflage ist **§ 25 I** anwendbar.[171] Nicht entgültig steuermindernd abziehbar ist also beispielsweise eine Grundstücksschenkung unter Nießbrauchvorbehalt für den Schenker oder seinen Ehegatten (§ 25 I 1). Hat der Schenker einer anderen Person ein Wohnrecht einzuräumen, kann er dessen Kapitalwert dagegen abziehen. 163

Da gemischte Schenkung und Schenkung mit Leistungsauflage den gleichen Regeln unterliegen, kommt es für schenkungsteuerliche Zwecke nicht auf die zivilrechtliche Abgrenzung zwischen Auflagenschenkung und gemischter Schenkung, sondern allein auf die Abgrenzung dieser beiden Fälle zur Schenkung mit Nutzungs- und Duldungsauflage an. Es bestehen, da sich durch die unterschiedlichen Institute häufig gleiche wirtschaftliche Ergebnisse erreichen lassen, in diesem Bereich Gestaltungsspielräume. Allerdings ist die Abgrenzung der Leistungsauflage zur Nutzungs- und Duldungsauflage noch nicht vollständig geklärt.[172] 164

Enthält eine gemischte Schenkung oder eine Schenkung unter Leistungsauflage auch noch eine Nutzungs- oder Duldungsauflage (sog **Mischfall**), soll die Bereicherung wie folgt ermittelt werden: Zunächst ist nach der Verhältnisrechnung der unentgeltliche Teil unter Berücksichtigung der Gegenleistung oder Leistungsauflage zu ermitteln. Dann wird der Teil der Nutzungs- oder Duldungsauflage abgezogen, der anteilig auf den freigebigen Teil der Zuwendung entfällt. 165

Fall:[173]

Es wird ein Grundstück geschenkt, das einen Steuerwert von 426 000 DM und einen Verkehrswert von 750 000 DM hat. Der Beschenkte übernimmt die mit 150 000 DM valutierende Hypothekenschuld. Zusätzlich hat er ein lebenslanges Wohnrecht zugunsten der Schwester des Schenkers zu bestellen, dessen Steuerwert 96 000 DM beträgt. 166

169 BFH BStBl II 1989, 524, 526

170 Moench § 7 Rn 76; klassische Nutzungs- oder Duldungsauflagen sind das dingliche Wohnrecht (1093 BGB) und der Nießbrauch; vgl H 17 III und VII ErbStR

171 R 17 III und VII S 5 ErbStR

172 Meincke § 7 Rn 38 ff

173 H 17 IV ErbStR

Der Steuerwert des unentgeltlichen Teils der Zuwendung ermittelt sich nach der **Formel:**

$$426\,000\,\text{DM} \times \frac{(750\,000\,\text{DM} \;./.\; 150\,000\,\text{DM})}{750\,000\,\text{DM}} = 426\,000\,\text{DM} \times 0{,}8 = 340\,800\,\text{DM}$$

Der Kapitalwert der Duldungsauflage ist anteilig abzuziehen:

96 000 DM x 0,8 0 = 76 800 DM.

Aus dem Saldo von 340 800 DM und 76 800 DM ergibt sich der Steuerwert der Bereicherung, der 264 000 DM beträgt.

167 Die ältere Auffassung der Finanzverwaltung und auch der Rechtsprechung[174] ging noch dahin, dass nicht nur der anteilige Steuerwert der Duldungsauflage, sondern der volle Wert abzuziehen war. Die neue Berechnungsweise kann dann zu befremdlichen Ergebnissen führen, wenn die auferlegten Lasten einer dritten Person zu Gute kommen und wenn der Steuerwert des Schenkungsobjekts nahe am Verkehrswert liegt. Es sind hier Fälle denkbar, in denen die Gesamtbereicherung aller Beteiligten den Verkehrswert des Schenkungsobjektes übersteigt.[175]

Praxis-Tipp:

168 *Mischfälle, in denen die Gesamtbereicherung der Beteiligten den Verkehrswert des Schenkungsgegenstandes übersteigt, können Anlass sein, die Berechnungsmethode der Finanzverwaltung zur Überprüfung durch die Finanzgerichte zu stellen.*[176]

(3) Übersicht: Abgrenzung Gemischte Schenkung/Auflagenschenkung/ Erwerb von Todes wegen

169

	Gemischte Schenkung	Auflagenschenkung		Erwerb von Todes wegen
		Leistungsauflage	Nutzungs- oder Duldungsauflage	
Bereicherung	Saldo aus Verkehrswert des Schenkungsgegenstandes und der Gegenleistung	Saldo aus Verkehrswert des Schenkungsgegenstandes und der Gegenleistung	Gesamter Vermögensanfall	Gesamter Vermögensanfall
Steuerwerte Zuwendung	Verhältnisrechnung	Verhältnisrechnung	(Voller) Abzug der Auflage	(Voller) Abzug der Belastung
§ 25	Nicht anwendbar	Nicht anwendbar	Anwendbar	Anwendbar

174 BFH/NV 1993, 298; aufgehoben durch BFH BStBl II 1996, 243, 245
175 Beispiel bei Moench § 7 Rn 81
176 Moench § 7 Rn 81

Praxis-Tipp:

Wegen des Abzugs der Belastung vom Steuerwert sind Nutzungs- und Duldungsauflagen regelmäßig steuergünstiger, sofern das Abzugsverbot des § 25 I nicht anwendbar ist. Bei Auflagen zugunsten des Schenkers oder seines Ehegatten wird dagegen meist die Leistungsauflage vorteilhafter sein.[177] *Diese Faustregel entbindet nicht von der Berechnung der Varianten im einzelnen Fall.* 170

Auflagen, die den Beschwerten selbst zugute kommen, mindern die Bereicherung des Beschenkten nicht **(§ 10 IX).** Muss der Beschenkte das zugewendete Haus renovieren, sind die Renovierungskosten nicht vom Steuerwert des Hauses abziehbar.[178] Der Bedachte ist dann zwar durch die Auflage in seinen Dispositionsmöglichkeiten eingeschränkt, seine wirtschaftliche Bereicherung wird jedoch nicht tangiert. Inwieweit § 10 IX eingreift, wenn der Beschenkte nicht notwendigerweise wirtschaftliche Vorteile erlangt (Auflage zu Risikogeschäften, bloße ideelle Wertsteigerung), ist noch nicht abschließend geklärt.[179] 171

b. Schenkung durch Vollziehung einer Auflage oder Erfüllung einer Bedingung, § 7 I Nr. 2

Als Schenkung unter Lebenden gilt, was infolge Vollzuges einer vom Schenker angeordneten Auflage oder infolge Erfüllung einer einem Rechtsgeschäft unter Lebenden beigefügten Bedingung ohne entsprechende Gegenleistung erlangt wird. Die Besteuerung als Zweckzuwendung (§ 8) ist vorrangig. § 7 I Nr. 2 ist die Parallelvorschrift zu § 3 II Nr. 2. 172

§ 7 I Nr. 2 regelt nicht die Steuerpflicht des Beschenkten, die sich schon aus § 7 I Nr. 1 ergibt, sondern die des durch die Auflage oder die Bedingung Begünstigten. Für die Besteuerung dieses zweiten Erwerbs ist es unerheblich, ob der erste Erwerb des Beschenkten vom Schenker als gemischte Schenkung oder als Schenkung unter einer Nutzungs- oder Duldungsauflage behandelt wird.[180] 173

Der Anwendungsbereich des § 7 I Nr. 2 ist stark eingeschränkt. Die Vorschrift gilt nicht für Kettenschenkungen, bei denen es an einer Auflage oder Bedingung fehlt. Sie gilt ebenfalls nach der Rechtsprechung des BFH[181] nicht, wenn dem durch die Auflage oder die Bedingung Begünstigten ein Anspruch auf Vollzug der Auflage gegen den durch die erste Schenkung Begünstigten zusteht, was durch § 330 S 2 iVm § 525 BGB angeordnet wird. Dies ist insbesondere für Verträge zugunsten Dritter und bei Weiterleitungsklauseln von Bedeutung. In solchen Fällen wird der Drittbegünstigte nach § 7 I Nr. 1 besteuert.[182] 174

177 Kapp/Oltmanns DB 1989, 2351, 2353; Meincke § 7 Rn 38
178 BFH BStBl II 1995, 785, 787
179 Meincke § 10 Rn 60; Moench/Weinmann § 10 Rn 106
180 R 17 VIII S 1 ErbStR
181 BFH BStBl II 1981, 78; 1993, 523
182 Meincke § 7 Rn 96; Jülicher DStR 1998, 1977

175 Der nach § 7 I Nr. 2 steuerbare Erwerb des durch die Auflage oder Bedingung Begünstigten wird nicht als Zuwendung des Beschwerten, sondern als Zuwendung des ursprünglichen Schenkers behandelt.[183]

Praxis-Tipp:

176 *Ist die Steuerklasse im Verhältnis des Auflagenbegünstigten zum ursprünglichen Schenker ungünstiger als die im Verhältnis des Auflagenbegünstigten zum durch die Auflage Beschwerten, sollte überlegt werden, ob auf die Auflage verzichtet werden kann. Gegebenenfalls genügt eine unverbindliche Empfehlung an den Erstbeschenkten, die ihm die freie Entscheidung zur Weiterschenkung belässt. Dann ist die Steuerklasse maßgebend, die sich aus dem Verhältnis von Erstbeschenktem und Zweitbeschenktem ergibt.*

177 Beim Erwerb aufgrund Erfüllung einer Bedingung muss das erste Geschäft keine Schenkung sein, es genügt vielmehr jedes Rechtsgeschäft unter Lebenden.[184] Häufig wird allerdings insoweit eine gemischte Schenkung vorliegen.

178 Die Steuer entsteht mit der Vollziehung der Auflage oder der Erfüllung der Bedingung (§ 9 I Nr. 2). Dies allerdings nur dann, wenn der Letztbegünstigte nach der dargestellten Rechtsprechung keinen Anspruch auf die Vollziehung der Auflage erwirbt. Solche Fälle werden als Forderungsschenkung behandelt, so dass die Steuer für den Letztbegünstigten schon mit Ausführung der ersten Schenkung und Begründung des Anspruchs entsteht.[185]

c. Genehmigungserwerb, § 7 I Nr. 3

179 Diese Bestimmung ist – wie § 3 II Nr. 3 – ohne jede praktische Bedeutung.[186]

d. Vereinbarung der Gütergemeinschaft, § 7 I Nr. 4

180 Der seltene, durch Ehevertrag zu errichtende Güterstand der Gütergemeinschaft führt zur Begründung gemeinschaftlichen Vermögens beider Ehegatten (Gesamtgut gem § 1416 BGB). Dieses Gesamthandsvermögen wird beiden Ehegatten je zur Hälfte nach § 39 AO zugerechnet. Weitere Vermögensmassen sind das beim jeweiligen Ehegatten verbleibende Sondergut (§ 1417 BGB) und das Vorbehaltsgut (§ 1418 BGB), das beispielsweise im Ehevertrag als solches deklariert wird. Die Gütergemeinschaft endet durch Auflösung der Ehe, Ehevertrag oder Aufhebungsurteil (§ 1469 f BGB). Die dann durchzuführende Vermögensauseinandersetzung führt zur hälftigen Teilung des Überschusses unter den Ehegatten (§ 1476 BGB). Bei einer Scheidung wird aber das in das Gesamtgut eingebrachte Vermögen erstattet (§ 1478 BGB).

183 BFH BStBl II 1993, 523
184 Meincke § 7 Rn 97
185 Moench § 7 Rn 201
186 Meincke § 7 Rn 98

181 Sind in das Gesamtgut eingebrachte Vermögensmassen bei Vereinbarung der Gütergemeinschaft unterschiedlich hoch, kommt es zur Bereicherung eines Ehegatten. Diese Bereicherung kann schon von § 7 I Nr. 1 erfasst werden. Der Zweck der ausdrücklichen Anordnung des § 7 I Nr. 4 liegt darin, dass es auf einen Bereicherungswillen des vermögenderen Ehegatten nicht ankommt.[187] Auf die Feststellung der subjektiven Unentgeltlichkeit (Willen zur Unentgeltlichkeit) kann folglich für diesen Tatbestand verzichtet werden. Auch bei rein güterrechtlichen Motiven besteht Steuerbarkeit.[188] Ausweislich des klaren Wortlauts erfasst die Vorschrift nur Bereicherungen eines Ehegatten bei Begründung der Gütergemeinschaft. Die spätere Umwandlung von Vorbehalts- in Gesamtgut kann allenfalls von § 7 I Nr. 1 erfasst werden.[189]

182 Die Bereichung aufgrund Vereinbarung der Gütergemeinschaft ist nach allgemeinen Regeln zu ermitteln. Es gilt insbesondere der Ehegattenfreibetrag von 600 000 DM [307 000 €], so dass es von vornherein zu einer Besteuerung nur bei einer Differenz der beiden Vermögen der Ehegatten von mehr als 1 200 000 DM [614 000 €] kommt. Bei einem Wechsel aus dem Güterstand der Zugewinngemeinschaft in die Gütergemeinschaft ist davon auszugehen, dass der ausgleichsberechtigte Ehegatte seine steuerfreie Ausgleichsforderung (§ 5 II) in das Gesamtgut einlegt.[190]

Praxis-Tipp:

183 *In geeigneten Fällen sollte nur so viel Vermögen in das Gesamtgut eingebracht werden, dass der Ehegattenfreibetrag (und ein etwaiger nach § 5 II steuerfreier Betrag) ausgeschöpft wird. Der Rest des Vermögens bleibt im Vorbehaltsgut und wird im Abstand von jeweils zehn Jahren in entsprechender Höhe in das Gesamtgut überführt.*[191]

Würde das Vorbehaltsgut vor Ablauf der nach § 14 maßgebenden Zehn-Jahres-Frist in Gesamtgut umgewandelt, so bestünde Steuerpflicht zwar nicht nach § 7 I Nr. 4, regelmäßig aber nach § 7 I Nr. 1.[192]

184 Wenn ein Ehegatte in der Gütergemeinschaft Vermögen von Todes wegen oder durch Schenkung im Rahmen des Gesamtguts erwirbt, dann erwirbt und versteuert er diese Zuwendung regelmäßig allein. Es besteht keine Vermutung dafür, dass derartige Zuwendungen gleichzeitig auch für den anderen Ehegatten bestimmt sind.[193] Die wegen der gesamthänderischen Mitberechtigung des anderen Ehegatten bei ihm eintretende Bereichung ist ebenfalls nicht steuerbar, weil sie kraft Gesetzes (§ 1416 BGB) eintritt.

187 Meincke § 7 Rn 99
188 R 19 I ErbStR
189 Moench § 7 Rn 209
190 R 19 II ErbStR
191 Moench DStR 1989, 299, 301
192 Moench DStR 1989, 299, 301; Moench § 7 Rn 209
193 R 19 III ErbStR

Praxis-Tipp:

185 *Diese Sicht ermöglicht steuerfreie Zuwendungen an Schwiegerkinder. Will etwa der Vater der Schwiegertochter, die mit seinem Sohn in Gütergemeinschaft lebt, ebenfalls etwas zuwenden, so vollzieht sich diese Zuwendung im Rahmen der günstigen Steuerklasse I. Denn es liegt aus steuerlicher Sicht allein eine Zuwendung an den Sohn vor, obwohl auch die Schwiegertochter bereichert ist.*

Ohne die Gütergemeinschaft würde für eine Zuwendung an die Schwiegertochter die Steuerklasse II gelten (§ 15 I).

186 Wird bei der Scheidung das in das Gesamtgut eingebrachte Vermögen erstattet, so entfällt nachträglich die Bereicherung, die ein Ehegatte bei Begründung der Gütergemeinschaft erlangt hat. Auf diesen Fall sollte § 29 analog angewendet werden.[194]

e. Abfindung für einen Erb-, Vermächtnis- oder Pflichtteilsverzicht, § 7 I Nr. 5

187 Verwandte und der Ehegatte des Erblassers können durch notariellen Vertrag auf ihr Erb- oder Pflichtteil verzichten (§ 2346 BGB). Gegenstand eines solchen Verzichts kann auch die Stellung als gewillkürter Erbe oder ein Vermächtnis sein (§ 2352 BGB). Der Verzicht selbst bezieht sich auf eine bloße Erwerbschance und ist deshalb unstreitig keine steuerpflichtige Schenkung. Steuerpflichtig ist aber der **Verzicht gegen Abfindung.** Die Abfindung ist wirtschaftlich eine Vorwegnahme des künftigen Anfalls, so dass der Abgefundene ebenso bereichert ist, wie er beim späteren Erbfall bereichert worden wäre.[195] Unklar ist allerdings die systematische Einordnung des § 7 I Nr. 5. Da sich der Verzicht lediglich auf eine Erwerbschance bezieht und selbst nicht steuerbar ist, liegt es nahe, ihn umgekehrt auch nicht als taugliche Gegenleistung für die Erlangung der Abfindung anzusehen.[196] Die Zahlung der Abfindung wäre dann eine unentgeltliche Zuwendung und § 7 I Nr. 5 damit ein Sonderfall des § 7 I Nr. 1. Allerdings dokumentieren die Beteiligten gerade durch die Zahlung der Abfindung, dass sie dem Verzicht einen wirtschaftlichen Wert beimessen.[197] Danach wäre die Abfindung für den Verzicht als entgeltliches Geschäft zu qualifizieren, so dass § 7 I Nr. 5 eine Schenkung fingieren würde.[198]

188 Abfindungen, die nach dem Tod des Erblassers gewährt werden, fallen unter § 3 II Nr. 4. Dagegen erfasst § 7 I Nr. 5 die zu Lebzeiten gewährte Abfindung.

189 Der Wert des Erb- oder sonstigen Verzichts kann bei demjenigen, der die Abfindung erhält, nicht bereicherungsmindernd abgezogen werden. Wäre dies anders, wäre § 7 I Nr. 5 in erheblichem Maße gegenstandslos.[199]

194 Kapp/Ebeling § 7 Rn 111.1
195 BFH BStBl II 1977, 733
196 So für den Pflichtteilsverzicht BFH/NV 2001, 705
197 Deshalb mit guten Gründen gegen BFH/NV 2001, 705: Daragan DB 2001, 848
198 Meincke § 7 Rn 109
199 Schulz S 239

190 Zahlt nicht der potentielle Erblasser, sondern ein **Dritter** die Abfindung, kann dieser den Betrag gemäß § 10 V Nr. 3 von seinem späteren Erwerb abziehen.[200]

191 Die Besteuerung der Abfindungsleistung richtet sich immer nach dem **Verhältnis** des Verzichtenden **zum Erblasser.** Das gilt auch dann, wenn die Abfindung von einem Dritten gezahlt wird.[201]

Praxis-Tipp:

192 *Diese Rechtsprechung eröffnet die Möglichkeit, Vermögenszuwendungen zwischen Geschwistern, die normalerweise in die Steuerklasse II fallen, nach Maßgabe der Steuerklasse I vorzunehmen. Hierzu ist es erforderlich, dass die Geschwister einen notariellen Verzichtsvertrag mit den Eltern als Erblassern schließen, aufgrund dessen einem der Geschwister von dem anderen eine Abfindung gezahlt wird.*[202]

193 Ein Pflichtteilsverzicht, der in einem **Erbschaftsvertrag** (§ 313 II BGB) gegen Abfindung vereinbart wird, wird von § 7 I Nr. 5 nicht erfasst, soll aber nach Auffassung des BFH ein Fall des § 7 I Nr. 1 sein.[203]

f. Abfindung für vorzeitigen Erbausgleich, § 7 I Nr. 6

194 Die Regelung erfasst die früher für das nichteheliche Kind bestehende Möglichkeit, von seinem Vater einen vorzeitigen Erbausgleich in Geld zu verlangen. § 1934 d BGB ist aber seit dem 1. 4. 1998 ersatzlos gestrichen, so dass § 7 I Nr. 6 nur noch für Altfälle Bedeutung hat.

g. Vorzeitige Herausgabe der Nacherbschaft, § 7 I Nr. 7[204]

195 Die Vorschrift regelt eine Zuwendung, die anderenfalls ohnehin nach § 7 I Nr. 1 steuerpflichtig wäre.[205] § 7 I Nr. 7 mit dem in § 7 II eingeräumten Wahlrecht ist nur anzuwenden, wenn sich aus dem Wortlaut oder aus den Umständen der Übertragung eindeutig ergibt, dass sie im Hinblick auf die Nacherbfolge geschieht.[206]

---

200 Meincke § 7 Rn 108
201 BFH BStBl II 1977, 733
202 Troll/Gebel/Jülicher § 7 Rn 319; Moench § 7 Rn 215; BFH/NV 2001, 705, 706
203 BFH/NV 2001, 705; ablehnend Daragan DB 2001, 848; vgl auch Hartmann EStB 2001, 136
204 Vgl oben Rn 119
205 Meincke § 7 Rn 111; aA Schulz S 240
206 BFH BStBl II 1990, 504, 506

Praxis-Tipp:

196 *Wenn das Wahlrecht des § 7 II in Anspruch genommen werden soll, empfiehlt sich eine eindeutige Regelung im Übertragungsvertrag, dass im Hinblick auf die Nacherbschaft übertragen wird.*

197 Der Antrag nach § 7 II wirkt allein für die Steuerklasse, nicht aber für § 14. Zuwendungen vom Vorerben sind also in den Grenzen des § 14 zusammenzurechnen, auch wenn für einzelne Zuwendungen der Antrag nach § 7 II gestellt wird.[207]

198 Die vorzeitige Herausgabe des gesamten der Nacherbfolge unterliegenden Vermögens hat nicht zur Folge, dass der Nacherbfall entgegen den Anordnungen des Erblassers mit steuerlicher Wirkung eintritt. Deshalb gilt § 6 III S 2 für diesen Fall nicht; die vom Vorerben gezahlte Steuer ist also nicht anzurechnen.[208]

h. Abfindung für aufschiebend bedingte, betagte oder befristete Erwerbe, § 7 I Nr. 10

199 Als Schenkung unter Lebenden gilt, was als Abfindung für aufschiebend bedingt, betagt oder befristet erworbene Ansprüche aus einem Rechtsgeschäft unter Lebenden vor dem Zeitpunkt des Eintritts der Bedingung oder des Ereignisses gewährt wird. Die entsprechende Situation für Erwerbe von Todes wegen wird durch § 3 II Nr. 5 erfasst. § 7 I Nr. 10 schließt eine Besteuerungslücke. Bedingt, betagt oder befristet zugewendete Ansprüche lösen Schenkungsteuerpflicht erst mit dem Eintritt des Ereignisses oder des Zeitpunktes aus. Wird vorher gegen Abfindung auf den noch nicht schenkungsteuerpflichtigen Anspruch verzichtet, kann die Abfindungsleistung für den Verzicht als entgeltlich und damit nicht steuerbar qualifiziert werden. § 7 I Nr. 10 verhindert also, dass der Erwerber den Wert durch Verzicht gegen Abfindungsleistung steuerfrei in sein Vermögen überführt.[209] Daraus folgt umgekehrt, dass die Abfindung nur dann zu versteuern ist, wenn der aufschiebend bedingte Anspruch bei Bedingungseintritt zu besteuern gewesen wäre.

200 Die Besteuerung bestimmt sich nach dem **Verhältnis zum** ursprünglichen **Schenker,** nicht nach dem Verhältnis zu dem die Abfindung Leistenden.[210]

V. Zweckzuwendungen, § 8

201 In der Praxis ist der Anwendungsbereich des § 8 gering. Zweckzuwendungen haben ihre Grundlage in Zuwendungen von Todes wegen oder freigebigen Zuwendungen unter Lebenden. Der Bedachte wird verpflichtet, den Erwerb ganz oder teilweise zugunsten eines bestimmten Zweckes zu verwenden. Durch diese Verpflichtung mindert sich seine Bereicherung.

207 Moench § 7 Rn 220
208 Meincke § 7 Rn 111
209 Meincke § 7 Rn 116
210 Schulz S 244

Prägend für den Begriff der Zweckzuwendung ist der Umstand, dass sie nicht zugunsten einer bestimmten Person zu verwenden ist. § 8 befasst sich nicht mit der Besteuerung des mit der Zweckauflage Beschwerten, sondern mit der des Zweckvermögens. 202

Die Zweckauflage muss entweder einem unbestimmten Personenkreis oder einer Sache oder einem Tier (§ 90, 90 a BGB) zugute kommen. Keine Zweckzuwendung liegt vor, wenn die Zuwendung einer bestimmten Person oder einer bestimmbaren Person zugute kommt.[211] Eine Zweckzuwendung liegt auch dann nicht vor, wenn die Auflage dem Erwerber selbst zugute kommt oder wenn der Erwerber den Erwerb zu Zwecken zu verwenden hat, die er ohnehin verfolgen muss. 203

Beispiele:

- § 8 greift ein, wenn der Erbe verpflichtet ist, einer Gemeinde einen Geldbetrag für deren soziale Zwecke zukommen zu lassen[212] oder wenn er das Haustier des Erblassers versorgen muss.[213] 204
- Keine Zweckzuwendung bei der Verpflichtung zur Grabpflege[214] oder bei der Verpflichtung, das ererbte denkmalgeschützte Haus zu sanieren. Keine Zweckzuwendung auch dann, wenn eine gemeinnützige Stiftung eine Zuwendung zur Verfolgung ihrer satzungsmäßigen Zwecke erhält.

Bewertungsgegenstand bei der Zweckzuwendung ist die Verpflichtung des Beschwerten (§ 10 I 4). Häufig greifen Steuerbefreiungen, beispielsweise § 13 I Nr. 15 oder 17. Zu versteuern sind Zweckzuwendungen in der Steuerklasse III (§ 15 I); es besteht also ein Freibetrag von 10 000 DM [5 200 €] gem § 16 I Nr. 5. Gemäß § 9 I Nr. 3 entsteht die Steuerschuld bereits mit dem Eintritt der Verpflichtung des Beschwerten, nicht erst mit deren Erfüllung. Da eine durch die Zweckzuwendung begünstigte Person nicht existiert, ist Steuerschuldner der mit der Zweckauflage beschwerte Erwerber (§ 20 I 1). Er kann den zur Ausführung der Zweckzuwendung aufgewendeten Betrag von seiner eigenen Steuerschuld nach § 10 V Nr. 2 abziehen. Die Steuer für die Zweckzuwendung darf er aus diesem Betrag entnehmen.[215] 205

211 BFH BStBl III 1958, 79
212 BFH BStBl II 1987, 861
213 BFH BStBl II 1993, 161
214 BFH BStBl II 1987, 861
215 Meincke § 8 Rn 10

VI. Entstehung, Erlöschen und Verjährung der Steuer

1. Steuerentstehung, § 9

206 § 9 konkretisiert die allgemeine Regel des § 38 AO, derzufolge die Steuerschuld mit Verwirklichung des gesetzlichen Tatbestandes entsteht. Fällig wird die Steuerschuld zu dem Zeitpunkt, der als Zahlungszeitpunkt im Steuerbescheid genannt ist (§ 220 AO). Die in § 9 genannten **Stichtage** sind maßgebend unter anderem für:

- die Merkmale der persönlichen Steuerpflicht (§ 2);
- die Wertermittlung (§ 11);
- die Steuerklasse (§ 15);
- die in § 14 und § 27 genannten Zeiträume;
- die Anrechnung ausländischer Erbschaftsteuer (§ 21 I 4) und
- die Anwendung von Gesetzesänderungen (§ 37).

207 Grundgedanke des § 9 ist es, nicht schon bloße Erwerbsaussichten oder Anwartschaften zu erfassen, sondern erst die **tatsächliche Bereicherung** des Erwerbers. Erst wenn der Erwerber tatsächlich über einen in Geld umsetzbaren Erwerb verfügt, ist der Zugriff des Staates gerechtfertigt.[216] Dieser Grundgedanke, der letztlich auf dem Verfassungsprinzip der Besteuerung nach der Leistungsfähigkeit beruht, ist in § 9 nicht durchweg umgesetzt. So kommt es gemäß § 9 I Nr. 1 g auf den Zeitpunkt der Vereinbarung über die Abfindung an, nicht aber auf den Erhalt der Abfindung. § 9 I Nr. 1 b und j stellen auf den Zeitpunkt der Geltendmachung, nicht der Erfüllung des jeweiligen Anspruchs ab. Die Steuerschuld des Vermächtnisnehmers entsteht mit dem Tod des Erblassers, obwohl der Vermächtnisnehmer zunächst nur ein Forderungsrecht erwirbt, das noch der Erfüllung bedarf. Zu Unzuträglichkeiten kann auch die vorgesehene Wertermittlung auf den angeordneten Stichtag (§ 9 iVm § 11) führen, wenn der Erwerber den Erwerb erst längere Zeit nach dem Stichtag erhält und es zwischenzeitlich zu Wertverlusten (Kursrückgänge bei Aktien) gekommen ist. In derartigen Fällen sollte ein (teilweiser) **Erlass aus Billigkeitsgründen** (§ 163 AO) beantragt und gewährt werden. Allerdings stehen Finanzverwaltung und Rechtsprechung einem solchen Erlass ungeachtet einer entsprechenden Entscheidung des Bundesverfassungsgerichts[217] äußerst reserviert gegenüber.[218]

208 Nach § 9 I Nr. 1 entsteht die Steuer bei Erwerben von Todes wegen grundsätzlich mit dem Tod des Erblassers. § 9 I Nr. 1 a bis j enthält Ausnahmen von dieser Regel für die Fälle, in denen die Bereicherung erst später eintritt. § 9 I Nr. 2 erklärt für Schenkungen unter Lebenden den Zeitpunkt der Ausführung der Zuwendung, § 9 I Nr. 3 für Zweckzuwendungen den Zeitpunkt des Eintritts der Verpflichtung des Beschwerten für maßgebend. Die Steuerentstehungszeitpunkte sind im Einzelnen bereits oben bei den Steuertatbeständen erörtert worden.

---

216 Schulz S 267; Meincke § 9 Rn 2
217 BVerfG BStBl II 1995, 671
218 BFH/NV 2000, 320; eingehend: Kapp/Ebeling § 9 Rn 10

Der Darstellung bedarf allerdings noch **§ 9 I Nr. 1 a.** Danach entsteht die Steuerschuld bei Erwerben von Todes wegen unter einer aufschiebenden Bedingung, einer Betagung oder Befristung mit Eintritt der Bedingung oder des Ereignisses. Auch wenn zum Erwerb aufschiebend bedingte, betagte oder befristete Ansprüche gehören, sind insoweit die genannten Zeitpunkte maßgebend. Als »Ansprüche« in diesem Sinne sind sämtliche Vermögensgegenstände erfasst.[219] Die Regelung ist im Zusammenhang mit den für die Bewertung maßgeblichen §§ 4 und 8 BewG zu sehen. Mit Eintreten der Bedingung oder des Ereignisses kommt es nicht zu einer Berichtigung der Steuerfestsetzung für den unbeschränkten Erwerb; vielmehr wird die Steuer insoweit erstmalig festgesetzt. 209

Die Behandlung **auflösend bedingter Erwerbe** richtet sich allein nach § 5 BewG. 210

Zivilrechtlich ist eine betagte Schuld eine zwar entstandene, aber noch nicht fällige Schuld. Erbschaftsteuerlich wird ein betagter Erwerb überwiegend als ein Erwerb definiert, der erst von einem in der Zukunft liegenden Zeitpunkt ab Rechtswirkungen äußert; die **Betagung** bedeutet dann nichts anderes als Befristung.[220] Die Gegenansicht[221] weist zutreffend darauf hin, dass diese Auslegung schon mit dem Wortlaut der Norm nicht vereinbar ist. Die unterschiedlichen Auslegungen haben Bedeutung für die Frage, ob der betagte Anspruch des Begünstigten und die korrespondierende Schuld des Belasteten zum gleichen Zeitpunkt abgezogen werden können. 211

Fall:[222]

In einem gemeinschaftlichen Testament, in dem sich die Eheleute gegenseitig zu Erben eingesetzt haben, ist bestimmt, dass ein Kind, das den Pflichtteil beim Versterben des ersten Ehegatten nicht verlangt, aus seinem Nachlass ein Vermächtnis in Höhe des Geldbetrages erhalten soll, welcher dem Wert seines gesetzlichen Erbteils entspricht. Das Vermächtnis soll bei dem Tod des Erstversterbenden anfallen, aber erst bei dem Tod des zweiten Ehegatten ausgezahlt werden.

Nach Auffassung der Finanzverwaltung ist der Vermächtnisanspruch nicht betagt gemäß § 9 I Nr. 1 a, so dass er bereits beim Tod des ersten Ehegatten zu versteuern ist – allerdings abgezinst. Die korrespondierende Verbindlichkeit ist beim Erwerb des zweiten Ehegatten von Todes wegen abzuziehen.

Nach der Gegenauffassung handelt es sich um einen betagten Erwerb. Das Kind als Vermächtnisnehmer hat diesen Erwerb daher erst beim Tod des zweiten Ehegatten zu versteuern. Der zweite Ehegatte kann jedoch die Verbind-

219 Meincke § 9 Rn 21

220 FinMin Baden-Württemberg v. 26. 8. 1998 DB 1998, 1841; FinMin Saarland v. 20. 8. 1998 DStR 1998, 1472 (koordinierter Ländererlass); Troll/Gebel/Jülicher § 9 Rn 42

221 Meincke § 9 Rn 23; Hild DB 1990, 153; Kaeser ZEV 1998, 210

222 Nach Schulz S 269

lichkeit schon bei seinem Erwerb anlässlich des Todes des ersten Ehegatten – abgezinst – abziehen.

2. Verjährung

212 Die Verjährung ist einer der in § 47 AO genannten Fälle des Erlöschens der Steuerschuld. Zu unterscheiden sind die Fälle der Festsetzungsverjährung (§§ 169 – 171 AO) und der Zahlungsverjährung (§§ 228 – 232 AO). Die **Festsetzungsverjährung** bestimmt den Zeitraum, nach dessen Ablauf die Steuer nicht mehr festgesetzt werden darf. Er beträgt für die Erbschaftsteuer vier Jahre (§ 169 II Nr. 2 AO).

213 Prinzipiell beginnt die Vier-Jahres-Frist mit Ablauf des Kalenderjahres, in welchem die Steuererklärung (§ 31) eingereicht wird, spätestens aber mit Ablauf des dritten Kalenderjahres, das dem Jahr der Steuerentstehung folgt (§ 170 II 1 AO). Von besonderer praktischer Bedeutung ist die **Anlaufhemmung,** die § 170 V AO vorsieht. Danach beginnt die Festsetzungsfrist bei Erwerben von Todes wegen nicht vor Ablauf des Kalenderjahres, in dem der Erwerber Kenntnis von dem Erwerb erlangt hat, und bei Zweckzuwendungen nicht vor Ablauf des Kalenderjahres, in dem die Verpflichtung erfüllt worden ist. Bei Schenkungen unter Lebenden ist der Fristlauf auf den Zeitpunkt gelegt, in dem der Schenker gestorben ist oder in dem die Finanzbehörde schon vorher von der vollzogenen Schenkung Kenntnis erlangt hat. Vor allem das Hinausschieben auf den **Tod des Schenkers** kann in praxi zu einem unabsehbar langen Verjährungslauf führen. Hintergrund der Regelung ist die Erwägung, dass das Erbschaftsteuerfinanzamt häufig erst aufgrund der Erbschaftsteuererklärung die Kenntnis von Schenkungen an Dritte erlangt. Zu beachten ist auch die Ablaufhemmung des § 171 XII AO.

3. Erlöschen

214 Nach allgemeinen Grundsätzen erlischt die Steuerschuld zudem durch Zahlung, Aufrechnung oder Erlass (§ 47 AO). Eine Sonderregelung trifft **§ 29** für Fälle, bei denen dem Erwerber die Bereicherung nicht endgültig verbleibt. Ergangene Steuerbescheide sind dann gemäß § 175 I Nr. 1 S 2 AO aufzuheben.

215 § 29 I Nr. 1 sieht dies vor für die Herausgabe eines Geschenkes wegen eines Rückforderungsrechts. Das Rückforderungsrecht kann vertraglicher (zB Widerrufsvorbehalt) oder gesetzlicher Natur (§§ 527 I, 528 I, 530, 818, 1301, 1390, 1478 I, 2113 II, 2287, 2288 II und 2329 BGB) sein. Erfasst sind auch die Fälle der Herausgabe wegen Anfechtung nach InsO oder nach den Regeln des Wegfalls der Geschäftsgrundlage.

216 Fehlt ein Rückforderungsrecht bzw liegen seine Voraussetzungen nicht vor, handelt es sich um eine freiwillige Rückgabe in Form der **Rückschenkung.** Die Rückschenkung fällt nicht nur nicht unter § 29 I Nr. 1, sondern löst vielmehr zusätzlich eine neue Schenkungsteuerschuld aus.

217 Die Steuerschuld erlischt ebenfalls rückwirkend bei einer Herausgabe nach § 528 I 2 BGB sowie bei einer Anrechnung im Rahmen des § 5 II. Über den

Gesetzeswortlaut hinaus wendet die Finanzverwaltung § 29 auch bei der Berechnung der fiktiven Ausgleichsforderung nach § 5 I an.[223]

Wird der Erwerb innerhalb von 24 Monaten nach Steuerentstehung öffentlichen oder bestimmten gemeinnützigen Zwecken zugewendet, erlischt die Steuer ebenfalls (§ 29 I Nr. 4). Zuwendungsempfänger müssen dann Bund, Land, eine inländische Gemeinde oder eine Stiftung sein. 218

Der Zuwendungsempfänger wird in den vorgenannten Fällen für den Zeitraum, für den ihm die Nutzungen des zugewendeten Vermögens zugestanden haben, als Nießbraucher besteuert (§ 29 II). Die ihm zustehenden **Nutzungen** sind also gemäß §§ 13 ff BewG auf den Zeitpunkt der Ausführung der Schenkung zu kapitalisieren. Im Fall des § 29 I Nr. 3 sind gezogene Nutzungen allerdings nicht zu versteuern; die Anwendung des § 29 II ist insoweit lediglich wegen eines Versehens des Gesetzgebers nicht ausgeschlossen worden.[224] Die Vorschrift ist ebenfalls dann nicht anwendbar, wenn der Beschenkte auch die gezogenen Nutzungen herauszugeben hat (§ 818 I und III BGB).[225] 219

VII. Steuerpflichtiger Erwerb, § 10

Erster Schritt der im II. Abschnitt des Erbschaftsteuergesetzes geregelten Wertermittlung ist die Feststellung des steuerpflichtigen Erwerbs. § 10 normiert, **was** Gegenstand der Bewertung ist, § 11 **wann** zu bewerten ist und § 12 **wie** die Bewertung zu erfolgen hat. 220

Steuerpflichtiger Erwerb und damit steuerliche Bemessungsgrundlage, auf die der Steuersatz (§ 19) anzuwenden ist, ist die Bereicherung des Erwerbers, soweit diese nicht steuerfrei ist (§§ 5, 13, 13 a, 16, 17 und 18). Der steuerpflichtige Erwerb ist auf volle 100 DM [100 €] nach unten abzurunden. 221

1. Erwerbe von Todes wegen

Gem **§ 10 I 1** ergibt sich die Bereicherung des Erwerbers im Erbfall als Saldo aus dem (positiven) Vermögensanfall abzüglich der Nachlassverbindlichkeiten, jeweils angesetzt zum steuerlichen Wert **(§ 12).** Von diesem Saldo sind Steuerbefreiungen und Freibeträge abzuziehen. Es gilt also folgendes **Schema:** 222

1. Gesamter Vermögensanfall mit dem Wert nach § 12
2. Abzüglich des Gesamtwertes der Nachlassverbindlichkeiten, soweit abziehbar (§ 10 III–IX, bewertet nach § 12)
3. Abzüglich Steuerbefreiungen und Freibeträge
   - § 5
   - §§ 13, 13 a
   - §§ 16 und 17.

223 H 11 V ErbStR; aA Schulz, S 516
224 Troll DB 1990, 498, 500; Moench § 29 Rn 23
225 Moench § 29 Rn 23

223 Im Ergebnis wird damit ein positiver Saldo aus Vermögensgegenständen und Verbindlichkeiten erfasst. § 10 I 1 realisiert entsprechend dem Nettoprinzip die Besteuerung der Bereicherung des Erwerbers, seinen Zuwachs an wirtschaftlicher Leistungsfähigkeit.

a. Vermögensanfall

224 Der Vermögensanfall besteht im Erbfall aus dem nach bürgerlichem Recht zu bestimmenden Nachlass des Erblassers, der gemäß § 1922 BGB auf den Erben übergeht. Maßgebend ist dabei das zivilrechtliche Eigentum bzw die Rechtsinhaberschaft des Erblassers. Hierzu rechnen selbstverständlich auch Steuererstattungsansprüche. Die Behandlung von Ansprüchen nach dem Vermögensgesetz hat die Finanzverwaltung detailliert geregelt.[226]

225 Führt der Erbfall zum Erlöschen von Recht und Verbindlichkeit **(Konfusion)** oder von Recht und Belastung **(Konsolidation),** so ist der Erbe um die Befreiung von der Verbindlichkeit oder um den Wegfall der Belastung bereichert. Um diese Bereicherung zu erfassen, bestimmt § 10 III, dass das Erlöschen als nicht erfolgt gilt. Die entsprechende Bereicherung des Erben gehört also zu seinem Erwerb.

226 Nicht zum Nachlass gehört die **Anwartschaft des Nacherben** (§ 10 IV). Nach der Wertung des ErbStG wird das Nacherbenanwartschaftsrecht erst mit dem Eintritt des Nacherbfalls erfasst. Stirbt der Nacherbe, sind somit seine Erben insoweit zunächst nicht bereichert.

227 Die Beteiligung der Miterben am Nachlass wird entsprechend ihrer Erbquote gem § 39 II Nr. 2 AO aufgeteilt. Sie haben den einheitlich ermittelten Erwerb sodann quotal zu versteuern. Ohne Bedeutung ist hierfür eine **Teilungsanordnung** des Erblassers, die wegen unterschiedlicher Bewertungsmaßstäbe zu unterschiedlichen Steuerwerten bei den Miterben führen kann.

Fall:[227]

228 *Der Verkehrswert des Nachlasses, den zwei Kinder je zur Hälfte erben, beträgt 3 000 000 DM. Einziger Nachlassgegenstand ist ein Grundstück, das einen steuerlichen Wert von 1 500 000 DM hat. Ein Kind übernimmt das Grundstück aufgrund einer Teilungsanordnung und zahlt dem anderen 1 500 000 DM.*

Der steuerliche Erwerb beträgt insgesamt 1 500 000 DM, so dass jedes Kind 750 000 DM als Bemessungsgrundlage versteuert. Die Grundstücksübertragung gegen Zahlung ist als Erbauseinandersetzung aufgrund einer Teilungsanordnung für die Besteuerung unerheblich. Deshalb versteuert nicht etwa das zahlende Kind 0 DM und das Kind, das 1 500 000 DM erhält, diesen Betrag.

226 R 25 ErbStR
227 Nach Schulz S 284

Prinzipiell gleichermaßen für die Besteuerung unbeachtlich ist die tatsächliche **Erbauseinandersetzung.** Etwas anderes gilt nur für einen Vergleich, mit dem ernsthafte Streitigkeiten zwischen den Erben beigelegt werden. Demgegenüber ist ein **Vorausvermächtnis** bei der Ermittlung des Erwerbs zu berücksichtigen. 229

b. Nachlassverbindlichkeiten, § 10 V

In Abweichung von der bürgerlich-rechtlichen Terminologie[228] bezeichnet § 10 V die bereichungsmindernden Posten als Nachlassverbindlichkeiten. Man unterscheidet: 230

- Erblasserschulden (§ 10 V Nr. 1);
- Erbfallschulden (§ 10 V Nr. 2) und
- Sonstige Nachlassverbindlichkeiten (§ 10 V Nr. 3).

Die Abzugsfähigkeit der Nachlassverbindlichkeiten steht unter dem Vorbehalt, dass die Absätze 6 bis 9 des § 10 nichts Gegenteiliges bestimmen. 231

aa. Erblasserschulden

Es handelt sich um zu Lebzeiten des Erblassers zumindest dem Grunde nach entstandene und auf den Erben übergehende Verbindlichkeiten (§ 1967 BGB). Ausreichend ist, dass die Schuld noch **in der Person des Erblassers begründet** war.[229] Deshalb gehört auch der Zugewinnausgleich des überlebenden Ehegatten, der nicht Erbe oder Vermächtnisnehmer ist, zu den abzugsfähigen Schulden.[230] Weitere Beispiele sind der Unterhaltsanspruch des geschiedenen Ehegatten (§ 1586 b BGB) oder Steuerschulden des Erblassers, die auf den Erben übergehen (§ 45 AO). Allerdings kann für Steuerschulden der Grundsatz zum Tragen kommen, dass Verbindlichkeiten nicht nur rechtlich bestehen, sondern auch tatsächlich und wirtschaftlich eine Last darstellen müssen. Die vom Erblasser hinterzogene Einkommensteuerschuld, die vom Erben nicht nacherklärt wird, ist deshalb nicht abzuziehen.[231] Im Übrigen muss die Steuerschuld entstanden, wenn auch noch nicht zum Stichtag festgesetzt sein.[232] An der Entstehung dem Grunde nach fehlt es bei der sog latenten Ertragsteuerbelastung aufgrund der Legung stiller Reserven oder der Bildung steuerfreier Rücklagen, da die diesbezügliche Steuer erst in der Person des Erben entsteht.[233] 232

Die einkommensteuerrechtlichen Grundsätze des Fremdvergleichs bei Verträgen zwischen nahen Angehörigen gelten erbschaftsteuerlich nicht. Maßgebend ist allein, dass die entsprechenden Verbindlichkeiten zivilrechtlich existieren.[234] 233

228 Meincke § 10 Rn 15
229 Troll/Gebel/Jülicher § 10 Rn 119
230 BFH BStBl II 1993, 368
231 BFH/NV 1999, 1339
232 FG Hamburg EFG 1997, 1121
233 BFH BStBl II 1979, 23; BFH/NV 1990, 643
234 BFH BStBl II 1996, 11

Praxis-Tipp:

234 *Auch aus erbschaftsteuerlicher Sicht ist zu empfehlen, beispielsweise Arbeitsverträge zwischen Angehörigen aus Nachweisgründen schriftlich niederzulegen.*

bb. Erbfallschulden

235 Erbfallschulden sind Schulden, die ihre Entstehungsursache im Erbfall selbst haben. Nach § 10 V Nr. 2 sind Verbindlichkeiten aus Vermächtnissen, Auflagen und geltend gemachten Pflichtteilen und Erbersatzansprüchen abzugsfähig.

236 Insbesondere **Pflichtteilsansprüche** sind erst dann zu berücksichtigen, wenn sie geltend gemacht worden sind, weil auch erst dann eine Besteuerung des Pflichtteilsberechtigten möglich ist. Damit besteht ein faktisches Wahlrecht, mit dem der Zeitpunkt der Steuerentstehung für den Pflichtteilsberechtigten gesteuert werden kann. Allerdings verjähren Pflichtteilsansprüche gem § 2332 BGB nach drei Jahren seit Kenntnis des Erbfalls. Jedoch kann die Pflichtteilslast auch dann noch berücksichtigt werden, wenn der Berechtigte seinen Anspruch erst nach Eintritt der Verjährung geltend macht, sofern der Erbe bereit ist, die Forderung zu erfüllen.[235] Dies gilt jedoch dann nicht mehr, wenn der Pflichtteilsberechtigte den Verpflichteten beerbt hat.[236]

237 Der Pflichtteilsanspruch muss nicht in voller Höhe geltend gemacht werden. Hinsichtlich des überschießenden Teils, auf den verzichtet wird, besteht Steuerfreiheit gem § 13 I Nr. 11.

238 Der Pflichtteilsanspruch kann zwar geltend gemacht, zugleich aber gestundet werden. Die **Stundungsvereinbarung** ändert nichts daran, dass die Erbschaftsteuer bereits mit ihrem Abschluss entsteht; die hinausgeschobene Fälligkeit ist aber durch Abzinsung (§ 12 III BewG) zu berücksichtigen.[237] Nach Auffassung des Bundesfinanzhofs[238] ist bei Stundung allerdings die Pflichtteilsforderung in einen Kapital- und einen Zinsanteil aufzuteilen, wenn nicht ohnehin eine Verzinsung vereinbart ist. Die fiktiven Zinsen sind einkommensteuerpflichtig (§ 20 I EStG).

239 Aus alldem ergeben sich bedeutsame Gestaltungsmöglichkeiten. Die Geltendmachung des Pflichtteils kann insbesondere als Möglichkeit genutzt werden, Nachteile des Berliner Testaments zu mildern.[239]

235 FG München EFG 1991, 199

236 FG München UVR 1993, 55; Moench/Weinmann § 10 Rn 42; aA Troll/Gebel/Jülicher § 10 Rn 183

237 Troll/Gebel/Jülicher § 9 Rn 53

238 BFH/NV 1997, 175; ablehnend: Wohlschlegel [Daragan] ZEV 1997, 86

239 Zum Berliner Testament siehe unten Rn 526 ff

Praxis-Tipp: [240]

240

1. *Haben sich Ehegatten in einem Berliner Testament jeweils zu Alleinerben und die Kinder zu gemeinsamen Schlusserben eingesetzt, gehen beim Versterben des ersten Ehegatten die Freibeträge der Kinder verloren. Dies kann verhindert werden, indem die Kinder – einvernehmlich mit dem überlebenden Ehegatten – ihren Pflichtteil in Höhe der Freibeträge (400 000 DM [205 000 €]) verlangen. Die Kinder erwerben steuerfrei, der überlebende Ehegatte kann die Pflichtteile bei seinem Erwerb steuermindernd abziehen (§ 10 V Nr. 2).*
2. *Wenn der Liquiditätsabfluss beim überlebenden Ehegatten vermieden werden soll, empfiehlt sich eine Stundungsvereinbarung.*
   Aus Nachweisgründen ist für klare Verhältnisse, dh für eine entsprechende schriftliche Vereinbarung zu sorgen. Eine Vollstreckbarkeitserklärung und eine dingliche Absicherung des Pflichtteilsanspruchs durch notarielle Urkunde ist hierzu, auch aus Sicht der Finanzverwaltung, nicht unbedingt notwendig. Schriftform genügt.[241]
   Die Stundungsvereinbarung sollte eine angemessene Verzinsung vorsehen, weil anderenfalls nach Rechtsprechung ein fiktiver Zinsanteil anzusetzen ist.[242] *Die einkommensteuerlichen Nachteile sind in die Planung einzubeziehen.*
3. *Der Pflichtteil kann auch noch nach Verjährung geltend gemacht und abgezogen werden, sofern der Berechtigte erfüllungsbereit ist. Eine Geltendmachung ist auch dann noch möglich, wenn der zweite Ehegatte stirbt und die Kinder erben. § 10 III lässt auch in diesem Fall noch den Abzug zu. Allerdings gilt dies dann nicht mehr, wenn der Pflichtteilsanspruch bereits verjährt ist.*[243]
4. *Die Stundungsvereinbarung anlässlich der Geltendmachung des Pflichtteilsanspruchs kann bereits zu Lebzeiten der Eltern getroffen werden.*[244]
5. *Pflichtteilsstrafklauseln, beispielsweise die sog Jastrow'sche Klausel, können zivilrechtlich der Geltendmachung des Pflichtteils entgegenstehen, etwa wenn sie den Pflichtteilsberechtigten für den Fall der Geltendmachung auch im zweiten Erbfall auf den Pflichtteil verweisen. Um die skizzierten Gestaltungsmöglichkeiten insoweit nicht zu versperren, empfiehlt sich für sie eine »weiche« Formulierung:*

   »Verlangt einer unserer Abkömmlinge nach dem Tod des erstversterbenden Elternteils entgegen dem Willen des längerlebenden seinen Pflichtteil, so . . .«[245]

240 Dressler NJW 1997, 2848; Moench DStR 1987, 139, 143 f; Ebeling NJW 1998, 358; Mayer ZEV 1998, 50, 52 ff; ZEV 2000, 263; Landsittel Rn 1535 ff; Götzenberger S 171 ff
241 Moench DStR 1987, 139, 143
242 Mayer ZEV 1998, 50, 53
243 Moench/Weinmann, § 10 Rn 42 mwN
244 Formulierungsvorschlag bei Mayer ZEV 2000, 263, 266
245 Dressler NJW 1997, 2848, 2850

> 6. *Bei Vorschenkungen des erstversterbenden Ehegatten an die Kinder kann das »Wahlrecht« des § 9 I Nr. 1b genutzt werden: Pflichtteilsansprüche werden erst nach Ablauf der Zehn-Jahres-Frist des § 14 geltend gemacht.*
> 7. *Vor einer unüberlegten Geltendmachung des Pflichtteilsanspruchs ist zu warnen. Wird nach der Geltendmachung auf die Durchsetzung des Anspruchs verzichtet, liegt hierin regelmäßig eine freigebige Zuwendung (§ 7 I Nr. 1), die eine weitere Steuerpflicht auslöst.[246] § 13 I Nr. 11 gilt für den Verzicht nach Geltendmachung nicht.*

cc. Sonstige Nachlassverbindlichkeiten

241 Abzugsfähig gem § **10 V Nr. 3** sind

- Bestattungskosten;
- Kosten für ein angemessenes Grabdenkmal;
- Kosten für die übliche Grabpflege;
- unmittelbar durch die Abwicklung, Regelung oder Verteilung des Nachlasses oder die Erlangung des Erwerbs entstandene Kosten.

242 Nicht abzugsfähig sind die Kosten für die Verwaltung des Nachlasses **(§ 10 V Nr. 3 S 3).** § 10 V Nr. 3 erklärt Kosten für abzugsfähig, die zum Zeitpunkt der Steuerentstehung (§ 11) noch nicht entstanden sind.

243 Die Kosten der **Grabpflege** sind abzugsfähig, soweit sie üblich sind, und mit ihrem Kapitalwert für eine unbestimmte Dauer anzusetzen. Maßgebend ist folglich nach § 13 II BewG der mit dem Faktor 9,3 multiplizierte Jahreswert. Auf die Üblichkeit kommt es – ebenso wie beim Grabdenkmal – nicht an, wenn der Erblasser Auflagen (§ 1940 BGB) gemacht hat; anzusetzen ist dann der tatsächliche Wert. Einzelheiten der Verwaltungsauffassung zu den Grabpflegekosten ergeben sich aus H 29 ErbStR.

244 Eine Definition der **»Kosten für die Abwicklung, Regelung oder Verteilung des Nachlasses«** ist bisher nicht ersichtlich. Abzugrenzen sind diese Nachlassregelungs- und Erwerbskosten zu den nicht abzugsfähigen Nachlassverwaltungskosten. Abzugsfähigkeit besteht danach für:

- ➢ Kosten der Todeserklärung, der Eröffnung des Testaments, der Erbscheinserteilung;
- ➢ Sonstige Gerichts-, Notar- und Anwaltskosten für die Regulierung des Nachlasses (Grundbuchumschreibung, Nachlasspflegschaft, Inventarerrichtung sowie Kosten für die Erlangung der Nachlassgegenstände);
- ➢ Abfindungen, die der Erwerber zur Erlangung seiner Rechtsstellung tätigen muss (Ausgleichszahlungen für Erbausschlagung oder Erbverzicht).[247]

Abzugsfähig sind auch Steuerberatungsgebühren für die Erstellung der **Erbschaftsteuererklärung,** nach neuerer und zweifelhafter Verwaltungsauffas-

---

246 Meincke § 9 Rn 33; Landsittel Rn 1536
247 Vgl etwa: Moench/Weinmann § 10 Rn 79 f mwN

sung jedoch nicht Kosten eines Einspruchs- oder Klageverfahrens, das sich an die Erbschaftsteuererklärung anschließt.[248]

Nach § 10 V Nr. 3 S 2 wird für die gesamten Nachlassregelungs- und Erwerbskosten ohne Nachweis ein **Pauschbetrag** in Höhe von 20 000 DM [10 300 €] gewährt. Der Pauschbetrag gilt grundsätzlich sämtliche Kosten für den gesamten Erbfall für alle Beteiligten ab. Die selbständige Berücksichtigung einzelner Kosten ist daneben ausgeschlossen.[249] Bei mehreren Beteiligten ist aufzuteilen, und zwar bei Erben im Zweifel entsprechend der Erbquote, bei anderen Beteiligten entsprechend ihren etwaigen tatsächlichen Kosten. Der Nachweis höherer Kosten im Einzelfall durch Belege bleibt möglich. 245

Ausgeschlossen ist der Abzug von Kosten für die **Verwaltung des Nachlasses** (§ 10 V Nr. 3 S 3). Dies sind Kosten, die sich aus der Nutzung des Erwerbs in der Hand des Erwerbers ergeben, also Aufwendungen, die zur Erhaltung und Fortentwicklung des Erwerbs in der Hand des Erwerbers notwendig werden oder bei der Verwertung der Nachlassposten anfallen. Gemeint sind etwa Kosten für die Reparatur eines ererbten Hauses, laufende Gebühren für Nachlassgegenstände, Kosten der Nachlassauflösung oder die Kosten einer Dauertestamentsvollstreckung.[250] Die Kosten einer Abwicklungs- oder Auseinandersetzungsvollstreckung sind dem gegenüber abziehbar.[251] 246

c. Nichtabzugsfähige Verbindlichkeiten

Die Abzugsverbote des § 10 VI–IX konkretisieren (ebenso wie § 10 V 3) das Nettoprinzip, indem sie bestimmte Passivposten von der Ermittlung des steuerpflichtigen Erwerbs ausschließen. Insofern haben sie überwiegend klarstellenden Charakter.[252] 247

aa. § 10 VI 1 und 3

Stehen Schulden und Lasten in wirtschaftlichem Zusammenhang mit Vermögensgegenständen, die nicht oder nur teilweise der Besteuerung unterliegen, können sie nicht oder nur anteilig abgezogen werden. Die Vorschriften sind gegenstandsbezogen gefasst, erfassen also von vornherein nur nicht steuerbare oder steuerbefreite Übertragungen von Gegenständen. Das Abzugsverbot gilt deshalb nicht für Freibeträge, für § 5 I 1 und auch nicht für § 13 I Nr. 1, weil diese Regelung als Freibetragsregelung zu verstehen ist.[253] Abzugsschädliche Freistellungen enthalten etwa § 10 IV, § 13 I Nr. 2 und 3 sowie § 13 I Nr. 10. Das Abzugsverbot gilt in diesen Fällen selbst dann, wenn entsprechende Schulden einen höheren Wert haben, als die befreiten Vermögensgegenstände. Allerdings erlaubt **§ 13 III 2** für die dort genannten Fälle den Verzicht auf die Steuerbefreiung, so dass der Schuldenüberhang dann zur Verrechnung mit ande- 248

248 H 29 ErbStR
249 R 30 I S 2 ErbStR
250 Meincke § 10 Rn 52
251 Moench/Weinmann § 10 Rn 79
252 Meincke § 10 Rn 51
253 Meincke § 10 Rn 54; R 31 III S 2 ErbStR

ren Vermögensgegenständen genutzt werden kann. Der Verzicht auf die Steuerbefreiung kann auf einzelne von mehreren steuerbefreiten Gegenständen begrenzt werden.[254]

249 Der geforderte wirtschaftliche Zusammenhang soll bestehen, wenn die Schuld den Vermögensgegenstand tatsächlich belastet.[255] Typische Beispiele sind Finanzierungsverbindlichkeiten für den Erwerb des Gegenstandes oder Prozesskosten, die den Gegenstand betreffen.

bb. § 10 VI 2

250 Die Vorschrift regelt den Fall der beschränkten Steuerpflicht (§ 2 I Nr. 3), bei der nur das Inlandsvermögen der Besteuerung unterliegt, und den Fall des Bestehens von Doppelbesteuerungsabkommen, die Deutschland nur das Besteuerungsrecht für bestimmte Vermögensgegenstände zuweisen. Der wirtschaftliche Zusammenhang zum steuerpflichtigen Inlandsvermögen begründet die Abzugsfähigkeit der Schulden und Lasten. Bei der beschränkten Steuerpflicht lässt der BFH auch den Abzug allgemeiner Nachlassverbindlichkeiten (Vermächtnisse, Auflagen oder Pflichtteilsrechte) nicht zu, weil es an der wirtschaftlichen Beziehung zum Inlandsvermögen fehle.[256] Die sonstigen Abzugsverbote sind im Rahmen des § 10 VI 2 anwendbar, allerdings nur, wenn das DBA keine Sonderregelungen für den Schuldenabzug trifft. Dies ist, abgesehen von dem DBA Griechenland, in allen anderen Abkommen der Fall.[257]

cc. Eigene Erbschaftsteuer

251 Ein Abzugsverbot besteht auch für die von dem Erwerber selbst zu entrichtende Erbschaftsteuer **(§ 10 VIII).** Abziehbar bleiben aber Erbschaftsteuerschulden des Erblassers, die auf den Erwerber im Wege der Gesamtrechtsnachfolge übergehen, sowie die Erbschaftsteuer, die der Erwerber für einen anderen zahlen muss (§ 10 II).

dd. § 10 IX

252 Auflagen, die dem Beschwerten selbst zugute kommen, können – entgegen § 10 V Nr. 2 – nicht abgezogen werden. Derartige Auflagen wirken gerade nicht bereicherungsmindernd.

Beispiel:

253 Der Erwerb eines Grundstücks von Todes wegen steht unter der Auflage, einen bestimmten Geldbetrag zur Renovierung des aufstehenden Gebäudes zu verwenden.

---

254 R 50 S 2 ErbStR
255 BFH BStBl III 1967, 596
256 BFH BStBl III 1959, 271; siehe aber: Troll/Gebel/Jülicher § 10 Rn 257
257 Troll/Gebel/Jülicher § 10 Rn 257

Der Geldbetrag gehört zum Vermögensanfall und ist nach § 10 IX nicht abzugsfähig.[258]

d. Nutzungs- und Rentenlasten, § 25

Ist das Vermögen beim Erwerb von Todes wegen mit einem Nutzungs- oder Rentenrecht zugunsten des Ehegatten des Erblassers belastet, kann diese Last nicht bereicherungsmindernd abgezogen werden (§ 25 I 1). Gleiches gilt bei einer Schenkung unter Lebenden für den Ehegatten des Schenkers und den Schenker selbst. Nutzungsrechte sind vor allem der Nießbrauch und das Wohnrecht; Rechte auf wiederkehrende Leistungen können das Recht auf Unterhalt oder auf eine Gewinnbeteiligung sein. Der Gesetzgeber hielt es für sachgerecht, Steuersparmodelle im engsten Familienkreis zu verhindern und hat hierfür das Nettoprinzip, das den Abzug der Belastungen für den Erwerber verlangt, eingeschränkt. Tatsächlich hat er dabei wohl »ein Phantom ins Visier genommen«.[259] Gemildert, wenn auch nicht kompensiert, wird das Abzugsverbot durch die Stundung der Steuer, die auf die Belastung entfällt (§ 25 I 2). 254

Praxis-Tipp:

§ 25 ist leicht zu umgehen. Anstelle eines Nießbrauchs oder einer Rente kann eine Kapitalforderung mit Annuitätentilgung begründet werden. Die Kapitalforderung lässt sich mit einem Rentenwahlrecht verbinden. Die Kapitalforderung ist nach § 10 V Nr. 3 abzugsfähig. Die spätere Ausübung der Rentenoption ändert hieran nichts mehr. Ein Vermächtnisnehmer, zu dessen Gunsten ein Renten- oder Nutzungsrecht ausgesetzt ist, kann das Vermächtnis gegen Abfindung ausschlagen. Diese Abfindung ist dann beim Erben abziehbar.[260] 255

§ 25 setzt den steuerpflichtigen Erwerb von Vermögen voraus, das mit einem Nutzungsrecht, einem Rentenrecht oder dem Recht zu sonstigen wiederkehrenden Leistungen zugunsten des genannten Personenkreises belastet ist. Die Belastung muss unmittelbar im Zusammenhang mit einem Erwerb von Todes wegen begründet worden sein. Hierzu genügt es, wenn der Erblasser durch Vermächtnis eine entsprechende Verpflichtung des Erben begründet.[261] Nach Auffassung der Finanzverwaltung gilt die Norm bei vorher begründeten Nutzungs- und Rentenlasten nur dann, wenn durch diese vorzeitige Bestellung die Anwendung des § 25 nicht umgangen werden soll (§ 42 AO).[262] Bei Schenkungen unter Lebenden ist der Anwendungsbereich des § 25 durch die Rechtsprechung zu gemischten Schenkungen und zu Schenkungen unter Leistungsauflage stark eingeschränkt, da in diesen Fällen die 256

258 BFH BStBl II 1995, 786

259 Moench § 25 Rn 5; eingehend zur Entstehungsgeschichte und zu den gesetzgeberischen Erwägungen: Meincke § 25 Rn 2 ff

260 Meincke § 9 Nr. 9

261 BFH BStBl II 1986, 675; 1989, 733

262 R 85 Abs. 1 Nr. 3 ErbStR; Meincke § 25 Rn 8

Last bereits bereicherungsmindernd berücksichtigt wird. Daher ist das Abzugsverbot des § 25 nur bei Schenkungen unter einer Duldungsauflage (zB Nießbrauch oder Wohnrecht) anwendbar.

Praxis-Tipp:

257 *Ob es steuerlich günstiger ist, eine Schenkung unter Leistungsauflage oder eine Schenkung unter Duldungsauflage zu tätigen, lässt sich nicht generell sagen. Die Vorteilhaftigkeit der einen oder anderen Vorgehensweise muss im Einzelfall berechnet werden.*[263] *Im Übrigen sind die wirtschaftlichen Unterschiede zu berücksichtigen.*

258 Der auf die Belastung entfallende Steuerbetrag ist von Amts wegen zu stunden, und zwar zinslos. Zur Berechnung des Stundungsbetrages wird zunächst die Steuer ermittelt, wie sie sich ohne Abzug der Belastung ergibt. Sodann ist die Steuer zu berechnen, die sich ergäbe, wenn die Belastung abziehbar wäre. Der Saldo der beiden Steuerbeträge ergibt den Stundungsbetrag.

Fall:[264]

259 *Der Vater schenkt seinem Kind ein vermietetes Mehrfamilienhaus, das einen Bedarfswert von 700 000 DM hat und behält sich den Nießbrauch vor. Der Kapitalwert des Nießbrauchsrechts soll 200 000 DM betragen.*

*1. **Steuer für den Bruttoerwerb:***	
Bruttoerwerb	*700 000 DM*
./. Freibetrag (§ 16)	*./. 400 000 DM*
Steuerpflichtiger Erwerb	*300 000 DM*
Steuer (11 vH)	*33 000 DM*
*2. **Steuer für den Nettoerwerb:***	
Bruttoerwerb	700 000 DM
./. Nießbrauchsrecht	./. 200 000 DM
./. Freibetrag (§ 16)	./. 400 000 DM
Steuerpflichtiger Erwerb	100 000 DM
Steuer (7 vH)	7 000 DM

*3. **Sofort fällig** sind 7 000 DM.*
Zinslos gestundet werden 26 000 DM (33 000 DM ./. 7 000 DM)

260 Die Stundung endet mit dem **Erlöschen der Belastung** (§ 25 I 2) oder mit der vorherigen Veräußerung des belasteten Vermögens (§ 25 II). Die Belastung endet bei

- lebenszeitabhängigen Lasten mit dem Tod des Berechtigten;
- zeitlich begrenzten Lasten mit dem Ende der Laufzeit;

263 Beispiel bei Moench § 25 Rn 14
264 H 85 III ErbStR

- einer vorzeitigen Ablösung durch den Verpflichteten;
- einem vorzeitigen Verzicht durch den Berechtigten und
- einer Veräußerung des belasteten Vermögens.

Den Wegfall der Belastung muss der Steuerpflichtige dem Finanzamt anzeigen (§ 153 II AO). Die Steuer ist binnen eines Monats nach Beendigung der Stundung fällig.[265] 261

Die gestundete Steuer kann auf Antrag des Erwerbers jederzeit ganz oder teilweise mit ihrem Barwert abgelöst werden (§ 25 I 3). Der Barwert wird ermittelt durch Abzinsung mit dem Zinssatz 5,5 vH (§ 12 III BewG). Für die Berechnung werden die Verhältnisse zum Zeitpunkt der Antragstellung zugrunde gelegt. Der Antrag kann auch bereits gleichzeitig mit der fristgerecht abgegebenen Erbschaftsteuererklärung gestellt werden.[266] Bei zeitbezogenen Lasten erfolgt die Berechnung anhand des Vervielfältigers zu § 12 III BewG.[267] Bei lebenszeitbezogenen Lasten ist zunächst anhand der Sterbetafel[268] die Lebenserwartung des Berechtigten zu ermitteln. Eine nachträgliche Korrektur des Ablösebetrages, etwa wegen vorzeitigen Versterbens des Berechtigten, ist nicht möglich.[269] Über den Antrag nach § 25 I 3 entscheidet das Finanzamt durch Ablösungsbescheid.[270] 262

Eine **Veräußerung des belasteten Vermögens** (§ 25 II) ist nur die entgeltliche Übertragung des Vermögens,[271] nicht aber die unentgeltliche Übertragung unter Lebenden oder von Todes wegen. Denn nur bei Verkauf des belasteten Vermögens wird der Verpflichtete idealiter in die Lage versetzt, den Stundungsbetrag zu entrichten. 263

Praxis-Tipp:

Es ist steuerlich vorteilhaft, vor einem geplanten Verkauf des belasteten Vermögens die gestundete Steuer zum Barwert abzulösen, da der Ablösebetrag regelmäßig niedriger ist als die gestundete Steuer.[272] 264

Der **unentgeltliche Verzicht** des Berechtigten soll eine freigiebige Zuwendung an den Verpflichteten sein (§ 7 I Nr. 1).[273] Diese Auffassung führt zu einer fragwürdigen – teilweisen – Doppelbelastung. Die Gesamtsteuerlast kann erheblich höher sein als die Steuer bei einem von vornherein unbelasteten Erwerb. Die Finanzverwaltung will daher aus Gründen der Billigkeit (§ 163 AO) die Steuer für den Verzicht nur insoweit erheben, als sie den Betrag der gestunde- 265

265 R 85 V ErbStR
266 R 85 VI ErbStR
267 Erlasse v. 15.9.1995, BStBl I 1997, 832, Tabelle 1
268 Moench Anh D Rn 44
269 Moench § 25 Rn 26
270 R 85 VII ErbStR
271 R 85 IV S 3 ErbStR
272 Meincke § 25 Rn 18
273 FG Rheinland-Pfalz ZEV 1998, 405; H 85 IV ErbStR; Moench § 25 Rn 33; aA Meincke § 25 Rn 15

ten Steuer übersteigt. War die gestundete Steuer bereits abgelöst, wird die Steuer für den Verzicht nur erhoben, soweit sie den Ablösungsbetrag übersteigt, der sich bei einer Berechnung auf den Zeitpunkt des Verzichts ergäbe.[274]

Praxis-Tipp:

266 *Es kann günstiger sein, vor einem geplanten Verzicht die Ablösung gem § 25 I 3 zu beantragen.[275]*

2. Schenkungen unter Lebenden

267 § 10 I 2 gilt seinem Wortlaut nach für die Fälle des § 7 nicht. Er soll auch nicht gem § 1 II für Schenkungen unter Lebenden anwendbar sein.[276] Eine ausdrückliche Regelung der Bemessungsgrundlage für Schenkungen soll entbehrlich sein, weil die Bereicherung des Erwerbers in diesen Fällen ohnehin im Reinwert des Erwerbs, also im Nettoerwerb, besteht.[277] Daher soll bei gemischten Schenkungen und Schenkungen unter Leistungsauflage[278] die Bereicherung iSd § 7 I Nr. 1 der Bereicherung nach § 10 I 1 entsprechen.

268 Nebenkosten einer Schenkung (Kosten für Notar, Grundbuch, Handelsregister) sind bei einer gemischten Schenkung oder einer Schenkung unter Leistungsauflage dann auch nur anteilig abzugsfähig. In voller Höhe als **Erwerbsnebenkosten** abzugsfähig sind sie jedoch bei einer reinen Schenkung oder einer Schenkung unter Duldungsauflage.[279]

269 Übernimmt der Schenker die Erwerbsnebenkosten, so liegt hierin einerseits eine zusätzliche Schenkung, andererseits ist der entsprechende Betrag als Schuld abzugsfähig. Die Kosten wirken sich also im Ergebnis nicht aus.

270 Die Steuerberatungskosten für die Erstellung der Schenkungsteuererklärung sind voll abzugsfähig, und zwar nach Verwaltungsauffassung entgegen den allgemeinen Grundsätzen auch bei einer gemischten Schenkung.[280]

271 Der (unmittelbare oder mittelbare) Erwerb einer Beteiligung an einer Personengesellschaft, die kein Betriebsvermögen hat, gilt als Erwerb der anteiligen Wirtschaftsgüter **(§ 10 I 3).** Mit dieser Bestimmung wird die Judikatur der Finanzgerichte[281] aufgehoben, derzufolge Erwerbsgegenstand bei **vermögensverwaltenden Personengesellschaften** der Gesellschaftsanteil als solcher ist. Die Bereicherung bestimmt sich dann als Saldo aus dem Steuerwert der

274 H 85 IV ErbStR; Jochum in: Wilms § 25 Rn 72
275 Beispiel bei Moench § 25 Rn 34
276 BFH BStBl II 1982, 83, 85
277 Schulz S 279; aA Meincke § 10 Rn 20: § 10 I 2 analog
278 Vgl oben Rn 149
279 Troll/Gebel/Jülicher § 7 Rn 213; eingehend zu den Erwerbsnebenkosten: FinMin Saarland v. 20. 6. 1994 DStR 1994, 975
280 FinMin Saarland v. 20. 6. 1994 DStR 1994, 975, Tz 2
281 BFH BStBl II 1996, 546; BStBl II 1999, 476

Besitzposten und den Gesellschaftsschulden. Entgegen der Auffassung der Finanzverwaltung will der Bundesfinanzhof die Regeln über die gemischte Schenkung, die im Ergebnis zu einer anteiligen Nichtabziehbarkeit der Gesellschaftsschulden führen, nicht anwenden. Aufgrund des § 10 I 3 ist nunmehr davon auszugehen, dass die Gesellschaftsschulden Gegenleistungen für den Erwerb der Aktivposten des Gesellschaftsvermögens sind. Es gilt also für die Ermittlung der Bereicherung die Formel der gemischten Schenkung.[282] Die Vorschrift und die Position der Finanzverwaltung soll verhindern, dass die Regeln zur gemischten Schenkung dadurch unterlaufen werden, dass durch Einbringung des Schenkungsgegenstandes und der Schulden in eine vermögensverwaltende Personengesellschaft der vollen Schuldenabzug eröffnet ist.[283]

Praxis-Tipp:

Bei Zuwendungen unter Lebenden lässt sich die volle Schuldenkürzung weiterhin dadurch erreichen, dass Grundstücke und Schulden in eine gewerblich geprägte Personengesellschaft (§ 15 III Nr. 2 EStG) eingebracht werden. Der ungekürzte Schuldenabzug ist durch § 12 V iVm § 98 a BewG sichergestellt. Zudem greifen die üblichen Vergünstigungen für Betriebsvermögen (§§ 13 a, 19 a). Allerdings sind sorgfältig die ertragsteuerlichen Nachteile einer solchen Gestaltung zu untersuchen. **272**

§ 10 I 3 gilt nur für Schenkungen unter Lebenden, da bei Erwerben von Todes wegen auch nach Verwaltungsauffassung die (anteiligen) Gesellschaftsschulden als Nachlassverbindlichkeiten abgezogen werden können. Eine Anwendung der Regeln zur gemischten Schenkung auf Erwerbe von Todes wegen kommt nicht in Betracht.[284] **273**

§ 10 I 3 gilt ohne Übergangsfrist mit Wirkung ab dem 1. 1. 1996.[285] **274**

3. Zweckzuwendungen, § 10 I 4

Der steuerpflichtige Erwerb besteht bei Zweckzuwendungen in der Verpflichtung des Beschwerten. Der Verpflichtungsumfang ist um die sachlichen Steuerbefreiungen zu reduzieren. Nach Abzug etwaiger berücksichtigungsfähiger Verbindlichkeiten ergibt sich die Bemessungsgrundlage (§ 10 I 1), auf die der Steuersatz anzuwenden ist. **275**

282 Dazu oben Rn 150
283 Berechnungsbeispiel bei Schulz S 279 f
284 R 26 II S 5 ErbStR; Meincke § 10 Rn 21
285 Moench/Weinmann § 10 Rn 28

4. Zuwendung der Erbschaftsteuer, § 10 II

276 Im Verhältnis zwischen Schenker und Beschenktem hat im Zweifel der Beschenkte die Schenkungsteuer zu tragen. Übernimmt der Schenker die Steuerlast selbst oder erlegt er sie einem Dritten auf, liegt hierhin eine zusätzliche Bereicherung des Beschenkten. Entsprechend ist der Erwerber von Todes wegen zusätzlich bereichert, wenn nicht er, sondern ein Dritter die Erbschaftsteuer kraft Anordnung des Erblassers zu tragen hat. § 10 II bestimmt, dass die Bereicherung des Empfängers in diesen Fällen – nur – im eigentlichen steuerlichen Erwerb und in der Steuer auf diesen Erwerb besteht. Ohne diese gesetzliche Anordnung wäre der steuerpflichtige Erwerb unter Beachtung der Steuerklausel und der aus diesem Erwerb resultierenden Steuer anzusetzen. § 10 II begrenzt also aus Vereinfachungsgründen die nach allgemeinen Grundsätzen anzusetzende Bemessungsgrundlage.[286] Es gilt die **Formel:**[287]

Steuer = Steuersatz x (stpfl. Erwerb + Steuer auf den Erwerb)

Praxis-Tipp:

277 *Durch die Übernahme der Steuer können sich vor allem bei größeren Erwerben und ungünstiger Steuerklasse insgesamt erhebliche Steuervorteile ergeben. Der Zuwendende kann durch eine Aufteilung seiner Leistung erreichen, dass sich ihr Nettowert aufgrund der Verringerung der Steuerlast erhöht.*

Jedoch ist die Steuerübernahme nicht generell günstiger; vielmehr ist eine Berechnung im Einzelfall erforderlich.

Fall:

278 *Der vermögende A möchte seiner nichtehelichen Lebensgefährtin N 700 000 DM zuwenden. Es gilt Steuerklasse III mit einem Freibetrag von 10 000 DM [5 200 €].*

(1.) **Übernahme der Steuer durch A**

Zuwendung an N	700 000 DM
abzüglich Freibetrag	./. 10 000 DM
steuerpflichtiger Erwerb	690 000 DM
Schenkungsteuer (29 vH)	200 100 DM

Durch Übernahme der Schenkungsteuer erhöht sich der steuerpflichtige Erwerb der N auf 900 100 DM (700 000 DM + 200 100 DM). Die Schenkungsteuer hierauf beträgt 261 029 DM (29 vH von 900 100 DM).

Bei einer Steuerlast von 261 029 DM ergibt sich dann eine Gesamtbelastung von A mit 961 029 DM.

286 Meincke § 10 Rn 24; Troll/Gebel/Jülicher § 10 Rn 73
287 Handzik Rn 137

(2.) **Schenkung des Bruttobetrages**

Schenkt A statt dessen den Bruttobetrag und zahlt N die Steuer selbst, ergibt sich:

Zuwendung an N	961 000 DM[288]
abzüglich Freibetrag	./. 10 000 DM
steuerpflichtiger Erwerb	951 000 DM
Schenkungsteuer (29 vH)	275 790 DM

Ergebnis:

Im Fall der Bruttozuwendung erhöht sich die Steuerbelastung um 14 761 DM (275 790 DM ./. 261 029 DM).

§ 10 II gilt nicht nur für Schenkungen unter Lebenden, sondern auch für Erwerbe von Todes wegen, also etwa, wenn der Erblasser dem Erben auferlegt, die Steuerschuld des Vermächtnisnehmers oder Auflagenbegünstigten zu entrichten. 279

Erforderlich ist eine »Auferlegung« durch den Erblasser oder Schenker. Die freiwillige Zahlung der Erbschaftsteuer eines Dritten ist deshalb nicht begünstigt. Sie wird regelmäßig eine eigene Schenkung des Dritten (§ 7 I Nr. 1) darstellen. Die gem **§ 25 I 2** gestundete Steuer ist für die Zusammenrechnung nach § 10 II zunächst ohne Belang. Sie kann – ggf nach § 175 I 1 Nr. 2 AO – erst dann in die Zusammenrechnung einbezogen werden, wenn sie abgelöst wird.[289] 280

VIII. Bewertungsstichtag, § 11

Stichtag für die Wertermittlung ist der in § 9 definierte Zeitpunkt der Entstehung der Steuer. Mit »Wertermittlung« ist nicht nur die eigentliche Bewertung (§ 12) angesprochen, sondern auch die Schritte, die gem § 10 I zur Feststellung der Steuerbemessungsgrundlage zu gehen sind.[290] Der Bewertungsstichtag bestimmt also die Feststellung des Vermögensanfalls und der Nachlassverbindlichkeiten unter Berücksichtigung von Abzugsverboten, die Ermittlung der Steuerwerte von Aktiv- und Passivvermögen und die Bemessung der Freibeträge und Steuerbefreiungen.[291] 281

Wegen der Stichtagsermittlung können später eintretende Umstände nur dann berücksichtigt werden, wenn sie wertaufhellend sind, nicht aber, wenn es sich um wertbeeinflussende Umstände handelt. Ein **wertaufhellender Umstand** bildet die Verhältnisse am Stichtag nachträglich so ab, wie sie sich zu diesem Zeitpunkt tatsächlich und objektiv dargestellt haben. Eine Werterhellung liegt etwa vor, wenn ein Grundstück innerhalb nicht allzu langer Zeit nach dem Erbfall verkauft wird; der Kaufpreis stellt dann im Zweifel den gemeinen Wert zum Stichtag dar.[292] Die Berücksichtigung von Verkaufserlö- 282

288 Abrundung gem § 10 I 5
289 Kapp/Ebeling § 10 Rn 60
290 Vgl oben Rn 222
291 Meincke § 11 Rn 1
292 Meincke § 11 Rn 3; R 163 S 3, R 177 S 3 ErbStR

sen für nicht notierte Anteile an Kapitalgesellschaften, die nach dem Besteuerungszeitpunkt erzielt werden, soll jedoch ausgeschlossen sein.[293] Unberücksichtigt bleiben nachträglich **wertbeeinflussende Umstände,** mit denen nach den Erkenntnissen am Stichtag nicht zu rechnen war. Ein solcher Umstand läge etwa vor, wenn der Schuldner einer zum Nachlass gehörenden Forderung nachträglich insolvent wird.

283 Härten des Stichtagsprinzips, die sich aus den zum Teil sehr frühen Steuerentstehungszeitpunkten, aus fehlenden tatsächlichen Zugriffsmöglichkeiten auf das erworbene Vermögen oder aus nachträglichen Wertverlusten ergeben, können in Ausnahmefällen durch einen **Billigkeitserlass** gemildert werden.[294] Die Beteiligten haben es nicht in der Hand, von der zwingenden Regelung des § 11 abzuweichen. Deshalb ist eine **Rückdatierung** eines bereits geschlossenen Schenkungsversprechens steuerlich unbeachtlich.

IX. Bewertung, § 12

284 Als Teil der Wertermittlung (§ 10 I 1 und 2) dient die Bewertung der Feststellung des steuerlich maßgebenden Wertes des gesamten Vermögensanfalls und der abzugsfähigen Nachlassverbindlichkeiten. Aktiva und Passiva müssen in Geld ausgedrückt werden, damit die Steuerschuld durch Anwendung des einschlägigen Steuersatzes berechnet werden kann. Sind im Rahmen der Feststellung, ob und inwieweit ein steuerpflichtiger Tatbestand vorliegt, die bürgerlich-rechtlichen Wertmaßstäbe zugrunde zu legen, so bestimmt sich im nächsten Schritt der Umfang der steuerpflichtigen Bereicherung anhand steuerlicher Bewertungsgrundsätze.[295] Der bürgerlich-rechtliche Verkehrswert und die für die einzelnen Vermögensgruppen anzusetzenden Steuerwerte weichen teilweise erheblich voneinander ab. In dieser Abweichung kann man einen erheblichen Mangel des Erbschaftsteuerrechts sehen, der unter Gerechtigkeits- und damit auch unter verfassungsrechtlichen Gesichtspunkten in der Literatur scharf kritisiert wird.[296] So weichen etwa die Steuerwerte für Grundstücke oder für Betriebsvermögen erheblich von den Verkehrswerten ab. Diese Abweichungen sind Ursache für die Kompliziertheit des Erbschaftsteuerrechts, ermöglichen aber auch steuersparende Gestaltungen.

285 Materiell ist die erbschaftsteuerrechtliche Bewertung nach der Konzeption des Gesetzgebers kein Entscheidungsprozess, bei dem Spielräume bestehen; vielmehr geht es um die Feststellung des objektiv richtigen Steuerwertes. Verfahrensrechtlich ist die Bewertung grundsätzlich Teil der Feststellung der Besteuerungsgrundlagen und deshalb mit Rechtsbehelfen nicht isoliert anfechtbar (§ 157 II AO). Einwände gegen die Bewertung sind also durch Einspruch gegen den Erbschaft- oder Schenkungsteuerbescheid selbst geltend zu machen. Anders ist dies, wenn die Bewertungsgrundlagen durch Feststellungsbescheid gesondert festgestellt werden, wie es vor allem für die Grundbesitzwerte (§ 138 V BewG, § 180 I Nr. 1 AO iVm § 19 BewG) vorgesehen ist. Der

293 FG Rheinland-Pfalz EFG 1997, 49
294 Schulz S 305 f; Meincke § 11 Rn 5 f je mwN
295 Meincke § 12 Rn 3
296 Nachweise bei Moench § 12 Rn 3 ff

vom Lagefinanzamt erlassene Feststellungsbescheid ist Grundlagenbescheid für den Erbschaftsteuerbescheid. Einwendungen gegen die Wertermittlung von Grundbesitz sind daher durch Anfechtung des Feststellungsbescheides geltend zu machen (§ 351 II AO); insoweit sind Rechtsbehelfe gegen den Erbschaftsteuerbescheid unzulässig. Nach Änderung des Feststellungsbescheides ist der Erbschaftsteuerbescheid als Folgebescheid zwingend im Rahmen des § 175 I 1 Nr. 1 AO zu berichtigen.

§ 12 systematisiert die Bewertung nach Bewertungsobjekten, enthält aber selbst nur wenige Aussagen zur Bewertung. Die in § 12 I enthaltene Grundregel, wonach die Bewertung nach §§ 1 – 16 BewG zu erfolgen hat, ist praktisch die Ausnahme. Sie erfasst nur das sog übrige Vermögen, also das Privatvermögen einschließlich der Schulden ohne die in den nachfolgenden Absätzen genannten Vermögensgruppen (Anteile an Kapitalgesellschaften, Grundbesitz, private Bodenschätze und Betriebsvermögen). Maßgebender Wert ist der gemeine Wert (§ 9 BewG). 286

Dieser gilt gem § 12 II auch für Anteile an Kapitalgesellschaften mit den dort genannten Maßgaben. Inländischer Grundbesitz ist nach § 12 III mit dem Grundbesitzwert anzusetzen, der auch für Betriebsgrundstücke und land- und forstwirtschaftliche Betriebe maßgebend ist (§§ 138 ff BewG). Der Wert für private Bodenschätze ist, soweit sie überhaupt anzusetzen sind, ihr ertragsteuerlicher Wert (§ 12 IV). Inländisches Betriebsvermögen ist, soweit nicht Betriebsgrundstücke und Wertpapiere, Anteile und Genussscheine von Kapitalgesellschaften betroffen sind, mit den Steuerbilanzwerten anzusetzen (§ 12 V). Für ausländischen Grundbesitz und ausländisches Betriebsvermögen schließlich erklärt § 12 VI durch den Verweis auf § 31 BewG den gemeinen Wert für maßgebend. 287

Den **Aufbau des § 12** verdeutlicht folgendes Schaubild:[297] 288

Bewertungsobjekt	Bewertungsmaßstab	Rechtsgrundlagen
Übriges Vermögen	Gemeiner Wert	§ 12 I/§§ 1–16 BewG (R 91–112 ErbStR)
Anteile an Kapitalgesellschaften	Gemeiner Wert	§ 12 II/§ 11 II und III BewG (R 96 ff ErbStR)
(Inländischer) Grundbesitz	Grundbesitzwert	§ 12 III/§§ 138 ff BewG (R 124 ff ErbStR)
Private Bodenschätze	Ertragsteuerlicher Wert	§ 12 IV
Inländisches Betriebsvermögen außer: Betriebsgrundstücke sowie Wertpapiere und Anteile an Kapitalgesellschaften des Betriebsvermögens	Steuerbilanzwerte Grundbesitzwert, Nennwert, Kurswert oder gemeiner Wert	§ 12 V/§§ 95–99, 103 und 109 BewG § 12 III und V 3/§§ 11 f BewG (R 122 ErbStR)
Ausländischer Grundbesitz und ausländisches Betriebsvermögen	Gemeiner Wert	§ 12 VI/§§ 31, 9 BewG

297 Vgl Hahn in: Wilms § 12 Rn 17

1. Bewertung des übrigen Vermögens

289 Von § 12 I wird das sog übrige Vermögen erfasst, mithin alle Bewertungsobjekte, die nicht in § 12 III – VI genannt sind. Es handelt sich um das Privatvermögen, soweit zu ihm nicht Grundbesitz, Bodenschätze und Betriebsvermögen gehören. Angesprochen sind damit insbesondere das **Kapitalvermögen** sowie die **übrigen Sachen und Rechte,** also beispielsweise:

- Wertpapiere, Anteile, Genussscheine und ähnliches;
- Kapitalforderungen (Bankguthaben, Hypothekenforderungen, Forderungen aus Darlehen, Miete, Pacht, stiller Gesellschaft, Lizenzverträgen, Steuererstattungsansprüche);
- Ansprüche auf lebenslängliche oder wiederkehrende Nutzungen und Leistungen (Rente, Nießbrauch, Wohnrecht);
- Bargeld und andere Vermögensgegenstände (Schmuck, Hausrat, Kunstgegenstände, Kfz, Urheberrechte und ähnliches).[298]

290 Diese Vermögensgegenstände sind nach §§ 1–16 BewG zu bewerten. Ergänzend ordnet § 12 II an, dass bei der Schätzung gem § 12 II 2 BewG die genannten Regelungen gelten.

291 Regelwert ist der gemeine Wert (§ 9 BewG); die Wertansätze des § 11 BewG für Wertpapiere und Anteile, des § 12 BewG für Kapitalforderungen und Schulden und der §§ 13–16 BewG für wiederkehrende oder lebenslängliche Nutzungen und Leistungen sind besondere Ausprägungen dieses Wertmaßstabs.

292 Der **gemeine Wert** ist der Preis, der im gewöhnlichen Geschäftsverkehr nach der Beschaffenheit des Wirtschaftsgutes bei einer Veräußerung zu erzielen wäre. Es handelt sich um den Einzelveräußerungspreis. Ungewöhnliche oder persönliche Verhältnisse, die den Preis beeinflussen, bleiben außer Betracht. Damit sind insbesondere Verfügungsbeschränkungen angesprochen, die etwa bei Insolvenz oder Verpfändung bestehen, aber auch solche aufgrund letztwilliger Anordnungen (Testamentsvollstreckung oder Stellung als Vorerbe).

293 Dem **Teilwert** (§ 10 BewG), der für einem Unternehmen dienende Wirtschaftsgüter anzusetzen ist, kommt heute allenfalls noch geringe Bedeutung zu, weil § 109 BewG vorsieht, dass an seiner Stelle für Betriebsvermögen die Steuerbilanzwerte oder die ertragsteuerlichen Werte anzusetzen sind.

294 Für **Sachleistungsansprüche** gilt der gemeine Wert nicht durchgängig. Zu unterscheiden sind zweiseitige Sachleistungsverträge und einseitige Sachleistungsansprüche und -verpflichtungen.

295 Der typische zweiseitige Sachleistungsvertrag ist der Grundstückskauf. Ist er von Verkäufer und Käufer noch nicht (auch nicht teilweise) erfüllt, so bleiben die Ansprüche und Verbindlichkeiten aus diesem schwebenden Geschäft außer Betracht. Für einen einseitig teilweise oder vollständig erfüllten Sachleistungsvertrag sind nach neuerer Rechtsauffassung die gemeinen Werte anzusetzen. Der Verkäufer bewertet also seine Grundstücksübertragungsver-

298 Vgl Moench § 12 Rn 2

pflichtung nicht etwa mit dem Grundbesitzwert, sondern in Höhe des Kaufpreises.[299] Dies gilt auch dann, wenn der Kaufpreis bereits vollständig gezahlt ist.[300] Dies hat zur Folge, dass der regelmäßig niedrigere Steuerwert des Grundbesitzes dem Eigentümer der Substanz zu gute kommt und nicht bereits mit Abschluss des Verpflichtungsgeschäftes auf den Erwerber verlagert wird.

Anders bei einseitigen Sachleistungsansprüchen (zB Schenkung oder Ver- **296**
mächtnis): Hier soll der Steuerwert anzusetzen sein.[301] Die Verbindlichkeit des Erben bei einem Sachvermächtnis wird also ebenso mit dem Grundbesitzwert angesetzt wie der korrespondierende Anspruch des Vermächtnisnehmers.[302]

a. Wertpapiere und Anteile

Wertpapiere und Schuldbuchforderungen, die von einer deutschen Börse zum **297**
amtlichen Handel zugelassen sind, werden mit dem niedrigsten am Stichtag notierten Kurs angesetzt. Entsprechendes gilt bei der Zulassung zum geregelten Markt oder der Einbeziehung in den Freiverkehr. Fehlt eine Notierung am Stichtag, ist der letzte innerhalb von dreißig Tagen vor dem Stichtag im amtlichen Handel notierte Kurs maßgebend (§ 10 I BewG). Für ausländische Wertpapiere ist der Telefonkurs im inländischen Bankverkehr oder hilfsweise die Kurse des Emissionslandes heranzuziehen.[303] Für Anteilsscheine von Kapitalanlagegesellschaften und ausländische Investmentanteile ist der maßgebende Wert der Rücknahmepreis (§ 11 IV BewG).

Nicht unter § 11 I BewG fallende **Anteile an Kapitalgesellschaften,** mithin vor **298**
allem nicht notierte Aktien und GmbH-Anteile, müssen gem § 11 II BewG mit dem gemeinen Wert angesetzt werden. Der gemeine Wert wird zunächst bestimmt durch Verkäufe, die weniger als ein Jahr vor dem Stichtag getätigt worden sind. Fehlen solche Verkäufe, muss der gemeine Wert unter Berücksichtigung des Vermögens und der Ertragsaussichten der Kapitalgesellschaft geschätzt werden (§ 12 II BewG).

Es sind nur solche **Verkäufe** zu berücksichtigen, die im gewöhnlichen **299**
Geschäftsverkehr erzielt worden sind. Ein einzelner Verkauf genügt, jedoch darf die Preisbildung nicht auf ungewöhnlichen Umständen beruhen, wie es beispielsweise bei einem Verkauf innerhalb der Familie der Fall sein kann oder auch bei aus anderen Gründen fehlenden Interessengegensätzen.[304] Ausnahmsweise kann auch ein Verkauf nach dem Stichtag herangezogen werden, wenn sich die Vertragspartner schon vor dem Stichtag über den Kaufpreis geeinigt hatten.[305]

299 BFH BStBl II 1992, 248; BStBl II 1992, 298; R 92 I ErbStR
300 BFH BStBl II 1997, 820
301 R 92 I ErbStR
302 Kritisch zur gesamten Problematik Schulz S 316 f
303 R 95 IV ErbStR
304 BFH BStBl II 1981, 353
305 BFH BStBl II 1989, 80

300 Ist der gemeine Wert aufgrund besonderer Umstände höher als der Wert, der sich aus dem Verkaufspreis ergibt, so ist dieser höhere Wert maßgebend. Ein solcher besonderer Umstand ist eine Beteiligung von mehr als 25 vH an der Kapitalgesellschaft, die einen **Paketzuschlag** rechtfertigt, der je nach dem Umfang der zu bewertenden Beteiligung bis zu 25 vH betragen kann.[306]

301 Die Wertermittlung durch Schätzung (§ 11 II 2 BewG) erfolgt mittels des Stuttgarter Verfahrens, das in R 96 ff ErbStR detailliert geregelt ist, so dass hier lediglich auf einige grundsätzliche Fragen hingewiesen wird. Bewertungskomponenten des **Stuttgarter Verfahrens** sind das Vermögen[307] und die Ertragsaussichten[308] der Kapitalgesellschaft. Der Wert des Vermögens ist der Steuerbilanz zu entnehmen, nach den Bewertungsregeln des § 12 II, V und IV zu berichtigen und auf den Stichtag fortzuschreiben. Das Ergebnis dieser Schritte wird bezogen auf das Nennkapital in einem Prozentsatz ausgedrückt. Die maßgebliche **Formel** lautet:

$$\frac{\text{Maßgebliches Vermögen x 100}}{\text{Nennkapital}}$$

302 Die Ertragsaussichten werden anhand des zu versteuernden Einkommens der letzten drei Jahre geschätzt. Um der tatsächlichen Ertragskraft möglichst nahe zu kommen, sind Hinzurechnungen und Abzüge vorzunehmen.[309] Die einzelnen Betriebsergebnisse sind sodann zu gewichten.[310] Es wird dann ein Ertragshundertsatz ermittelt nach der **Formel:**

$$\frac{\text{Maßgeblicher Ertrag x 100}}{\text{Nennkapital}}$$

303 Der gemeine Wert bestimmt sich sodann nach der **Formel:**[311]

$$\text{Gemeiner Wert} = \frac{68}{100}(\text{Vermögenswert + 5 x Ertragshundertsatz})$$

304 Die ErbStR treffen Sonderregeln für geringe Erträge, fehlenden Einfluss auf die Geschäftsführung, Neugründungen, Beteiligungsbesitz, ungleiche Rechte, Eigenanteile, Organ-, Liquidations-, Komplementär- und gemeinnützige Kapitalgesellschaften.[312]

305 Das Stuttgarter Verfahren ist eine Schätzungsmethode, die eben deshalb im Einzelfall zu unzuträglichen Ergebnissen führen kann. Dennoch ist es nach Ansicht des BFH nicht Sache des Tatrichters, sich unabhängig von diesem Verfahren eine eigene Überzeugung vom zutreffenden Anteilswert zu bilden. Er soll sich vielmehr darauf beschränken dürfen zu überprüfen, ob das Finanzamt

306 R 95 IV ErbStR
307 R 95 IV ErbStR
308 R 95 IV ErbStR
309 R 99 I S 5 ErbStR
310 R 99 III ErbStR
311 R 100 ErbStR
312 R 96 II, 100, III, 101-108 ErbStR

die Regeln des Stuttgarter Verfahrens zutreffend angewendet hat.[313] Nichtsdestoweniger kann das Verfahren einmal zu völlig realitätsfernen Ergebnissen führen. Besondere Umstände, die eine Abweichung von diesem seit Jahrzehnten anerkannten Bewertungsverfahren rechtfertigen, können aber wohl nur solche sein, die nicht von ihm selbst berücksichtigt sind.[314]

b. Kapitalforderungen und Schulden

Nicht von § 11 BewG erfasste Kapitalforderungen sind ebenso wie Schulden regelmäßig gem § 12 BewG mit dem **Nennwert** anzusetzen. Zu den Kapitalforderungen, die auf Geld lauten müssen, rechnen beispielsweise auch partiarische Darlehn und typische stille Beteiligungen. Für atypische stille Beteiligungen gelten demgegenüber die Grundsätze für die Bewertung des Betriebsvermögens. Auf ausländische Währungen lautende Kapitalforderungen und -schulden sind nach dem Umrechnungskurs im Besteuerungszeitpunkt umzurechnen.[315] Die detaillierten Verwaltungsanweisungen[316] regeln auch die Bewertung von Bundesschatzbriefen (Typ A mit dem Nennwert, Typ B mit dem Rückzahlungswert), Finanzierungsschätzen und Sparbriefen. 306

Der Nennwert ist nur dann maßgebend, wenn besondere Umstände keinen abweichenden Ansatz rechtfertigen. Demzufolge sind 307

- zweifelhafte Forderungen nach dem Ausfallrisiko zu schätzen;
- uneinbringliche Forderungen außer Ansatz zu lassen (§ 12 II BewG);
- niedrig- bzw hochverzinsliche Forderungen um den Kapitalwert des jährlichen Zinsverlustes bzw -gewinnes zu kürzen bzw zu erhöhen;
- unverzinsliche Forderungen mit einer Restlauf von mehr als einem Jahr und bestimmter Fälligkeit um Zwischenzinsen von 5,5 vH zu kürzen (§ 13 III BewG).

Noch nicht fällige Ansprüche aus **Lebens-, Kapital-, und Rentenversicherungen** werden gem § 12 IV BewG entweder mit zwei Dritteln der eingezahlten Prämien oder mit dem nachgewiesenen Rückkaufswert angesetzt. Da der Rückkaufswert den Zweidrittelwert deutlich übersteigen kann,[317] kann dieser Bewertungsunterschied dazu genutzt werden, entsprechende Werte steuergünstig zu übertragen.[318] Hierzu muss allerdings der Versicherungsvertrag übertragen werden; die Einräumung eines Bezugsrechts genügt nicht.[319] Fällige Versicherungsansprüche sind als Kapitalforderung mit dem Nennwert (§ 12 I BewG) oder, wenn es sich um Renten handelt, mit dem Kapitalwert anzusetzen. 308

313 BFH BStBl II 1991, 459; BFH/NV 1998, 318
314 Hahn in: Wilms § 11 BewG Rn 17; Meincke § 12 Rn 45
315 R 109 V ErbStR
316 R 109 ErbStR sowie koordinierte Ländererlasse v. 15. 9. 1997, BStBl I 1997, 832
317 Vgl die Grafik bei Troll/Gebel/Jülicher § 12 Rn 66
318 Rödder DStR 1993, 781
319 Der Gesetzgeber plant, die Bewertung nach dem Zweidrittelwert zum 1. 1. 2002 abzuschaffen

c. Nutzungen und Leistungen

309 Die Bewertung wiederkehrender oder lebenslänglicher Nutzungen und Leistungen[320] ist vor allem auch für die Sonderregeln der §§ 23 und 25 von Bedeutung. Nutzungen iSd §§ 13 ff BewG sind wiederkehrende geldwerte Vorteile, die dem Steuerpflichtigen aufgrund eines einheitlichen Rechtes aus einem Vermögen zufließen, das ihm steuerlich nicht zuzurechnen ist. Es handelt sich beispielsweise um Renten- oder Nießbrauchsrechte. Leistung iSd der genannten Bestimmung ist alles, was der Gläubiger vom Schuldner aus einem Schuldverhältnis fordern kann, welches kein Nutzungsrecht ist. Angesprochen sind damit etwa Ansprüche aus Gewinnbeteiligungen oder Unterhaltszahlungen.

310 Bestimmt wird die Höhe des Kapitalwertes von wiederkehrenden oder lebenslänglichen Nutzungen und Leistungen durch zwei Faktoren: durch die Höhe des Jahreswerts (§ 15 BewG) und durch die Höhe des Vervielfältigers, der durch die Laufzeit bestimmt wird (§§ 13 f BewG). Unterschieden werden **vier Laufzeiten:**

- Die bestimmte Zeit (§ 13 I BewG), bei der das Ende durch den Kalender festgelegt ist. Der Kapitalwert ist dann mit dem aus Anl 9 a zu entnehmenden Vielfachen des Jahreswertes anzusetzen. Beispiel eines solchen Falles ist die Zeitrente. Handelt es sich um eine Höchstzeitrente, bei der – auch – die Lebenszeit maßgebend ist, gilt § 13 I 2 BewG. Bei Mindestzeitrenten (Zahlung über den Tod hinaus) ist der höhere der beiden Kapitalwerte nach § 13 I und § 14 I BewG anzusetzen;
- Bei immerwährenden Nutzungen oder Leistungen (§ 13 II BewG) ist das Ende überhaupt nicht abzusehen. Der Kapitalwert ergibt sich durch Multiplikation des Jahreswertes mit 18,6;
- Nutzungen und Leistungen von unbestimmter Dauer (§ 13 II BewG) liegen vor, wenn das Ende zwar sicher, der genaue Zeitpunkt aber ungewiss ist. In diesem Fall ist der Jahreswert mit 9,3 zu multiplizieren. § 14 BewG ist zu beachten;
- Bei lebenslänglichen Nutzungen und Leistungen (§ 14 BewG) ist das Ende durch den Tod natürlicher Personen bestimmt (Leibrente). Der Kapitalwert ergibt sich aus der Anl 9 zum BewG.

Der Jahreswert der Nutzung einer Geldsumme wird mit 5,5 vH errechnet (§ 15 I BewG). Der Jahreswert der Nutzung eines anderen Wirtschaftsgutes ist der Höhe nach begrenzt auf 1/18,6 des Steuerwerts (§ 16 BewG). Diese Begrenzung gilt nicht, wenn der Nutzungsanspruch unabhängig davon besteht, ob das Wirtschaftsgut überhaupt Nutzungen abwirft.[321] Bestehen die Nutzungen und Leistungen nicht in Geld, sind sie mit den ortsüblichen Mittelpreisen anzusetzen (§ 15 BewG). Bei ungewissen oder schwankenden Nutzungen und Leistungen ist der Jahreswert der Betrag, der in Zukunft durchschnittlich voraus-

---

320 Einzelheiten der Verwaltungsauffassung in: R 113 ErbStR; gleichlautende Ländererlasse v. 15. 9. 1997, BStBl I 1997, 832

321 BFH/NV 1995, 342

sichtlich erzielt werden wird (§ 15 III BewG). Hierzu kann der Durchschnittsertrag der letzten drei Jahre als Anhaltspunkt für die zukünftige Entwicklung zugrunde gelegt werden.[322]

d. Das Wahlrecht der Besteuerung nach dem Jahreswert, § 23

Wer Renten oder andere wiederkehrende Nutzungen oder Leistungen erwirbt, hat die Steuer auf deren Kapitalwert zu entrichten, obwohl er die Nutzungen nur anteilig Jahr für Jahr zieht. Dies kann zu Liquiditätsproblemen führen, weil ohne weiteres die Erbschaftsteuer auf den Kapitalwert die erste Rentenzahlung übersteigen kann. Deshalb räumt § 23 dem Rentenberechtigten die Möglichkeit ein, auf Antrag die Steuer jährlich im voraus nicht vom Kapitalwert, sondern vom Jahreswert zu entrichten. die Wahl kann bis zur Bestandskraft der Steuerfestsetzung ausgeübt werden. 311

Voraussetzung für die Anwendung des § 23 ist das Bestehen eines Renten- oder sonstigen Stammrechtes. Erfasst sind neben Zeit- und Leibrenten etwa auch rentenähnliche Geldschulden, die in veränderlicher Höhe anfallen, als sonstige wiederkehrende Leistungen. Typischer Fall der Nutzung ist der Nießbrauch; jedoch genügt auch ein obligatorisches Nutzungsrecht.[323] Nur ausnahmsweise soll auch eine in Raten zu zahlende Kapitalforderung unter § 23 fallen.[324] 312

Zur Ermittlung der Jahressteuer ordnet § 23 I 2 zunächst an, dass der **Steuersatz** anzuwenden ist, der sich für den gesamten Erwerb einschließlich des Kapitalwertes ergibt. Da sich der Steuerentstehungszeitpunkt durch den Antrag auf Jahresbesteuerung nicht ändert, ist der **Jahreswert** anzusetzen, der auch im Rahmen der Versteuerung nach dem Kapitalwert gelten würde. 313

Das Erbschaftsteuerfinanzamt setzt die Jahressteuer und die Anzahl der Jahresbeträge in dem Steuerbescheid endgültig fest. Der Jahressteuerbetrag ist jährlich im voraus zu entrichten, wobei vom jeweiligen Stichtag der Steuerentstehung aus zu rechnen ist. Im Ergebnis ist damit erreicht, dass der Steuerpflichtige, dem nur sukzessive Erträge zufließen, auch nur sukzessive Steuern zahlen muss.[325] 314

Unterschreitet der Jahreswert den anzusetzenden persönlichen **Freibetrag,** hat dies zur Folge, dass der Berechtigte so lange und insoweit keine Jahressteuer zu entrichten hat, als der Freibetrag noch nicht aufgezehrt ist. Neben dieser sog Aufzehrmethode kann der Steuerpflichtige auch die Anwendung der sog Kürzungsmethode beantragen. Bei ihr wird der Jahreswert anteilig gekürzt, nämlich in dem Maß, in dem der Kapitalwert durch den Freibetrag gemindert wird.[326] 315

322 Schulz S 326
323 BFH BStBl II 1970, 591
324 Troll/Gebel/Jülicher § 23 Rn 3
325 Meincke § 23 Rn 1
326 H 84 ErbStR

Fall:[327]

316

> *Die 50 Jahre alte Nichte erhält als Vermächtnis einen lebenslänglichen Rentenanspruch von jährlich 22 000 DM. Sie stellt den Antrag nach § 23 I 2.*

Es ergibt sich folgende Jahressteuer:

Kapitalwert Rente (§ 14 BewG): 22 000 DM x 14,316	314 952 DM
Freibetrag (§ 16 I Nr. 4)	./. 20 000 DM
	294 900 DM[328]
Jahressteuer (17 vH von 22 000 DM)	3 740 DM
1. Aufzehrmethode	22 000 DM
	./. 20 000 DM
	2 000 DM
Steuerschuld im ersten Jahr (Steuersatz 17 vH)	340 DM
2. Kürzungsmethode	
Kürzungsquote $\frac{20\,000 \text{ DM} \times 100}{314\,952 \text{ DM}}$	= 6,35 %
Zu versteuern	100,00 %
	./. 6,35 %
	93,65 %
Zu versteuernder Jahreswert (93,65 % von 22 000 DM)	20 603 DM
Jahressteuer (17 vH)	3 502,50 DM

Bei einer Versteuerung nach dem Kapitalwert müsste die Nichte sofort eine Steuerschuld von 67 827 DM (294 900 DM x 23 %) begleichen, obwohl sie im ersten Jahr nur 22 000 DM als Rente erhält.

Praxis-Tipp:

317

> *Wird die Besteuerung nach dem Jahreswert gewählt, ist zu prüfen, ob die Aufzehrmethode oder die Kürzungsmethode, die nur auf Antrag des Steuerpflichtigen gilt, günstiger ist. Zu günstigeren Ergebnissen führt die Kürzungsmethode dann, wenn der Berechtigte neben der Rente oder sonstigen Nutzung weiteres Vermögen erwirbt, das steuerlich einen negativen Wert hat.*[329]

318 Die Entscheidung für die Jahresbesteuerung ist nicht endgültig, denn nach **§ 23 II** kann der Erwerber die Jahressteuer zum jeweils nächsten Fälligkeitstermin mit ihrem Kapitalwert ablösen. Anzusetzen ist dann der Kapitalwert der Jahressteuer, nicht etwa der Kapitalwert der Rente oder des Nießbrauchs. Dieser Kapitalwert wird nach §§ 13 und 14 BewG ermittelt. Der Antrag ist spätestens bis zum Beginn des Monats zu stellen, der dem Monat vorausgeht, in dem die nächste Jahressteuer fällig wird. Wird etwa die Jahressteuer am 1. 3. fällig, ist der Antrag bis zum 1. 2. zu stellen.

---

327 Nach Schulz S 490
328 Abgerundet
329 Moench DStR 1985, 259, 261

Fall:

> *Der Erblasser hat seinem 56-jährigen Sohn eine Leibrente iHv jährlich 40 000 DM hinterlassen. Der Sohn hat zunächst die Besteuerung nach dem Jahreswert beantragt, stellt aber, als er 70 Jahre alt ist, fristgerecht den Antrag auf Ablösung der Jahressteuer.* 319

Die Rente hat einen Kapitalwert von 460 240 DM (40 000 DM x 11,506). Die Bereicherung beträgt 60 200 DM (460 240 DM ./. 400 000 DM). Bei einem Steuersatz von 7 vH ergibt sich damit eine Jahressteuer von 2 800 DM.

Der Ablösebetrag beträgt 21 030 DM (7,511 x 2 800 DM).

Praxis-Tipp:

> *Es ist im Einzelfall zu berechnen, ob die Ablösung tatsächlich vorteilhaft ist. Bei lebenslänglichen Leistungen kann eine Ablösung nach längerer Zeit ein »schlechtes Geschäft« sein, wenn der Ablösebetrag nicht wesentlich niedriger als die Sofortsteuer ist, die unter Umständen schon seit längerer Zeit gezahlt worden ist.*[330] 320

Verstirbt der Berechtigte einer lebenslänglichen Leistung, endet die Jahresbesteuerung. Bei vorzeitigem Versterben, dh vor dem in der Sterbetafel zugrunde gelegten Lebensalter, kann ein Progressionsnachteil entstehen, weil bei Ermittlung des Kapitalwertes die statistische Lebenserwartung zugrunde gelegt wird und das Vorversterben innerhalb der Fristen des § 14 II BewG zu einem niedrigeren Kapitalwert und damit auch zu einem niedrigeren Steuersatz führen kann. Nach hM ist auch in diesem Fall § 14 II BewG anzuwenden.[331] Für die Erben des Rentenberechtigten ist zu prüfen, ob der Erblasser »vorzeitig« verstorben ist und unter Zugrundelegung der Fristen des § 14 II BewG ein Antrag auf Berichtigung der Jahressteuer gestellt werden kann. 321

Verzichtet der Rentenberechtigte freiwillig auf die Rente, so liegt hierin eine Schenkung unter Lebenden an den Verpflichteten.[332] Der Berechtigte bleibt weiterhin verpflichtet, die Jahressteuer zu entrichten, obwohl er keine Rente mehr erhält. Eine Korrektur der Jahresbesteuerung wegen des Verzichts scheidet aus.[333] 322

Erhält der Berechtigte aus anderen Gründen keine Rentenzahlung mehr, beispielsweise weil der Verpflichtete insolvent geworden ist, bleibt es ebenfalls bei der Verpflichtung zur Weiterzahlung der Jahressteuer. Denn auch bei der Besteuerung nach dem Kapitalwert käme gem § 14 BewG eine Korrektur nicht in Betracht.[334] Möglich ist aber ein Billigkeitserlass.[335] 323

330 Beispiele bei Moench § 23 Rn 28
331 Troll/Gebel/Jülicher § 23 Rn 22; aA Schulz S 493
332 Troll/Gebel/Jülicher § 23 Rn 5
333 BFH BStBl II 1989, 896; Moench § 23 Rn 30; kritisch zu dieser Rechtsprechung: Meincke § 23 Rn 8
334 Troll/Gebel/Jülicher § 23 Rn 23
335 Kapp/Ebeling § 23 Rn 16

324 Bei der Entscheidung, ob überhaupt die Jahresversteuerung (§ 23 I 1) beantragt werden soll, sind folgende Gesichtspunkte von Bedeutung: Die Jahresversteuerung bietet einen Liquiditätsvorteil, der sich bei Geldentwertung noch erhöhen kann. Kommt es auf die Lebensdauer des Berechtigten an (Leibrente), ist die Jahresversteuerung günstig, wenn der Berechtigte vor dem statistischen Todeszeitpunkt verstirbt und ungünstig, wenn er länger lebt. Der Zeitpunkt der Zahlungspflicht kann dadurch hinausgeschoben sein, dass zunächst ein entsprechend hoher Freibetrag verbraucht wird (Aufzehrmethode). Die Jahressteuerschuld ist als Sonderausgabe (dauernde Last gem § 10 I Nr. 1 a EStG) bei der Einkommenssteuer abzugsfähig, soweit die Rente auch der Einkommenssteuer unterliegt.[336] Die Aufhebung des § 35 EStG aF sollte an der Abziehbarkeit nichts ändern.[337] Der Ablösebetrag nach § 23 II BewG ist allerdings keine Sonderausgabe.[338]

Praxis-Tipp:

325 *Wenn nicht genügend Liquidität für die Entrichtung der Steuer nach dem Kapitalwert vorhanden ist, wird ohnehin die Jahresbesteuerung zu wählen sein. Auch ansonsten dürfte diese regelmäßig wegen des Liquiditätsvorteils und des einkommenssteuerlichen Vorteils günstiger sein. Diese Faustregel entbindet jedoch nicht davon, die Vorteilhaftigkeit im Einzelnen zu berechnen.*

2. Bewertung des Grundbesitzes, § 12 III BewG

326 Aufgrund der Entscheidung des BVerfG vom 22. 6. 1995[339] werden die Einheitswerte des Grundbesitzes für Zwecke des ErbStG nicht mehr angewendet. Vielmehr sind die Grundbesitzwerte gem § 138 V BewG gesondert festzustellen, wenn dies für die Erbschaftssteuer erforderlich ist **(Bedarfsbewertung).** Maßgebend sein sollen die Wertverhältnisse zum 1. 1. 1996, die allerdings entgegen der verunglückten Gesetzesfassung (§ 138 IV BewG) im wesentlichen nur für die Bodenrichtwerte von Bedeutung sind. Die Befristung auf den 31. 12. 2001 wird verlängert. Vorgenommen wird die Bedarfsbewertung nicht durch das Erbschaftssteuer-, sondern durch das Lagefinanzamt, das den Steuerpflichtigen zur Abgabe einer Erklärung zur Feststellung des Grundbesitzwertes auffordern (§ 138 VI BewG) und den Feststellungsbescheid (§ 171 X AO) erlassen kann. Ist absehbar, dass eine Grundstücksschenkung den persönlichen Freibetrag nicht überschreitet, kann auf eine Feststellung des Grundbesitzwertes verzichtet werden. Sie ist eventuell später nachzuholen, wenn es innerhalb der Frist des § 14 zu weiteren Erwerben kommt.[340]

---

336 BFH BStBl II 1994, 690
337 Kapp/Ebeling § 23 Rn 26
338 Troll/Gebel/Jülicher § 23 Rn 41
339 BStBl II 1995, 671
340 R 124 VII ErbStR

Zum Grundbesitz iSd § 19 I Nr. 1 BewG gehören 327

- Betriebe der Land- und Forstwirtschaft;
- (Private) Grundstücke des Grundvermögens und
- Betriebsgrundstücke.

Die nachfolgende Darstellung befasst sich allein mit den Grundstücken des Grundvermögens gem §§ 68 und 70 BewG. Für sie gelten nach § 138 III BewG die §§ 139, 145–150 BewG. Die Verwaltungsauffassung ergibt sich im Wesentlichen aus R 158 ff ErbStR.

Das Gesetz unterscheidet zunächst zwischen 328

- unbebauten Grundstücken (§ 145 BewG) und
- bebauten Grundstücken (§ 146–150 BewG).

Innerhalb der Gruppe der **bebauten Grundstücke** wird differenziert zwischen:

- dem Regelfall der vermieteten Grundstücke (§ 146 II BewG);
- den Fällen, in denen die gezahlte Jahresmiete nicht feststellbar oder nicht maßgebend ist (§ 146 III BewG);
- den Sonderfällen des § 147 BewG;
- dem Erbbaurecht sowie dem Gebäude auf fremdem Grund und Boden (§ 148 BewG);
- den Grundstücken im Zustand der Bebauung (§ 149 BewG) und
- Gebäuden und Gebäudeteilen für den Zivilschutz (§ 150 BewG).

In allen Fällen ist der Grundstückswert auf volle tausend DM nach unten abzurunden (§ 139 BewG). 329

a. Unbebaute Grundstücke

Nach der gesetzlichen Definition **(§ 145 I und II BewG)** sind dies alle Grundstücke, 330

- auf denen sich keine benutzbaren, dh bezugsfertigen Gebäude befinden (§ 145 I S 1 Alt. 1 BewG);
- auf denen sich keine zur Nutzung vorgesehenen Gebäude im Bau befinden (§ 145 I S 1 Alt. 2 BewG);
- die keiner oder einer nur unbedeutenden Nutzung zugeführt werden können (§ 145 II 1 BewG) und
- auf den infolge Zerstörung oder Verfalls der Gebäude auf Dauer benutzbarer Raum nicht mehr vorhanden ist (§ 145 II 2 BewG).

Unbebaute Grundstücke sind mit **80 vH des Bodenrichtwertes** anzusetzen (§ 145 III BewG). 331

Es gilt also folgende **Formel:**

Grundstückswert = Bodenrichtwert/qm x Grundstücksfläche ./. 20 vH

332 Es handelt sich um eine Bewertung nach dem **Substanzwert.** Die Bodenrichtwerte werden von den Gutachterausschüssen ermittelt auf Basis des aktuellen örtlichen Verkehrswertniveaus, da sie aus tatsächlichen Verkäufen abgeleitet werden. Für die Wertermittlung nach § 196 BauGB gelten die Vorschriften der Wertermittlungsverordnung vom 6. 12. 1988.[341] Der 20 vH-Abschlag soll wertbeinflussende und -mindernde Faktoren (Ecklage, Zuschnitt, Oberflächenbeschaffenheit, Lärm-, Staub- oder Geruchsbelästigung, Altlasten sowie Grunddienstbarkeiten) abgelten.[342]

333 Will der Steuerpflichtige nachweisen, dass der gemeine Wert zum Besteuerungszeitpunkt niedriger ist (§ 145 III 3 BewG), verlangt die Finanzverwaltung regelmäßig ein Gutachten des örtlich zuständigen Gutachterausschusses oder eines öffentlich bestellten und vereidigten Sachverständigen für die Bewertung von Grundstücken. Allerdings reicht auch ein im gewöhnlichen Geschäftsverkehr innerhalb eines Jahres vor oder nach dem Besteuerungszeitpunkt zustande gekommener Kaufpreis.[343]

b. Bebaute Grundstücke, § 146 BewG

334 Nach der Legaldefinition des § 146 I BewG sind dies Grundstücke, die nicht unbebaut sind.

335 Der Grundstückswert dieser Grundstücke wird im Regelfall bestimmt durch das **12,5-fache der Jahresmiete** (ohne Betriebskosten) abzüglich einer Wertminderung wegen Alters (§ 146 II – IV BewG). Wertuntergrenze ist jedoch der modifizierte Bodenrichtwert nach § 145 III BewG (§ 146 VI BewG). Der Steuerpflichtige kann den Nachweis führen, dass der gemeine Wert niedriger ist als der hiernach ermittelte Wert. Es sind also folgende **Berechnungsschritte** zu vollziehen:

1) Durchschnittliche Jahresnettokaltmiete
2) x Vervielfacher 12,5
3) Abzüglich Alterswertminderung von 0,5 vH/Jahr, höchstens aber 25 vH
4) Ggf Ansatz des höheren Mindestwerts (80 vH des Bodenrichtwerts)
5) Ggf Nachweis eines geringeren Verkehrswertes
6) Abrundung des Werts auf volle DM 1 000 nach unten (§ 139 BewG)

336 Im Ausgangspunkt ist dieses Verfahren ein **Ertragswertverfahren.** Es soll nach Vorstellung der Finanzverwaltung vorbehaltlich des § 146 VII BewG alle wertmindernden Umstände (etwa Lärm-, Rauch- und Geruchsbelästigungen, Denkmaleigenschaft sowie Baumängel und Bauschäden) berücksichtigen.[344]

341 BGBl 1988 I, 2209
342 R 162 ErbStR
343 R 163 ErbStR
344 R 166 II 3 ErbStR

Jahresmiete ist das gesamte Entgelt, welches die Mieter oder Pächter für die Nutzung des bebauten Grundstücks nach dem Vertrag zu zahlen haben. Betriebskosten sind nicht einzubeziehen («Jahresnettokaltmiete«). Maßgebend ist die im Durchschnitt der letzten drei Jahre vor dem Besteuerungszeitpunkt erzielte Jahresmiete, bei kürzeren Vertragsverhältnissen ist auf den kürzeren Zeitpunkt abzustellen.[345] Entgegen § 138 IV BewG kommt es also nicht auf die Wertverhältnisse zum 1. 1. 1996 an. 337

Statt der vertraglich geschuldeten ist die **übliche Miete** anzusetzen, wenn das Objekt 338

- nicht genutzt,
- vom Eigentümmer oder dessen Familie selbst genutzt,
- anderen unentgeltlich zur Nutzung überlassen,
- an Angehörige (§ 15 AO) oder
- an Arbeitnehmer des Eigentümers vermietet worden ist.

§ 146 III 2 BewG definiert die übliche Miete, die in der Praxis anhand von Vergleichsmieten, Mietspiegeln oder ausnahmsweise auch durch ein Mietgutachten ermittelt werden kann.[346] 339

Die **Wertminderung wegen Alters** des Gebäudes beläuft sich für jedes Jahr seit dem Zeitpunkt der Bezugsfertigkeit bis zum Besteuerungszeitpunkt auf 0,5 vH, höchstens jedoch auf 25 vH des Zwischenwertes nach Ziff. 2 der oben dargestellten Berechnungsformel. Der Zeitpunkt der Bezugsfertigkeit ist gem § 146 IV 2 BewG nicht ausschlaggebend, wenn durch nachträgliche bauliche Maßnahmen die gewöhnliche Nutzungsdauer des Gebäudes um mindestens 25 Jahre verlängert worden ist. Maßgebend soll dann ein fiktives Fertigstellungsdatum sein, das aus den Jahren der Bezugsfertigkeit zuzüglich der Verlängerung der gewöhnlichen Nutzungsdauer zu ermitteln ist.[347] 340

Den Nachweis, dass der so ermittelte Ertragswert oder der ggf höhere Substanzwert nach § 146 VI BewG zu hoch ist, kann der Steuerpflichtige wiederum durch ein Gutachten oder durch einen zeitnahen Verkaufspreis erbringen (§ 146 VII BewG). Auch insoweit verlangt die Finanzverwaltung das Gutachten eins öffentlich bestellten und vereidigten Sachverständigen oder des örtlich zuständigen Gutachterausschusses. 341

Für **Ein- und Zweifamilienhäuser** ist ein Zuschlag von 20 vH gem § 146 V BewG zu machen (auf den Zwischenwert zu Ziff 3. der obigen Berechnungsformel). Dies jedoch nur, wenn sie ausschließlich Wohnzwecken dienen. Eine berufliche oder gewerbliche Nutzung schließt den Zuschlag aus, nicht aber schon das häusliche Arbeitszimmer.[348] 342

All dies gilt entsprechend für **Wohnungs- und Teileigentum** (§ 146 VIII BewG).[349] Die Verwaltung will den Zuschlag von 20 vH nach § 146 V BewG 343

345 Einzelheiten in: R 167–170 ErbStR
346 R 172 ErbStR
347 R 174 II S 4 ErbStR; ablehnend Schulz, S 346: Beendigung der »Generalüberholung« maßgebend
348 R 175 ErbStR
349 R 165 ErbStR

aber nur vornehmen, wenn die Eigentumswohnung baulich wie ein Einfamilienhaus gestaltet oder in einer Wohnanlage gelegen ist, die nur aus zwei Eigentumswohnungen besteht.[350]

c. Sonderfälle, § 147 BewG

344 Ist ein Gebäude tatsächlich nicht vermietet und lässt sich eine übliche Miete nicht ermitteln (Sonderfälle), gelten besondere Regeln. Angesprochen sind Grundstücke, die der Durchführung bestimmter Fertigungsverfahren, der Spezialnutzung oder der Aufnahme bestimmter technischer Einrichtungen dienen (zB Produktionsgebäude, Werkstattgebäude, Hotels, Alten- und Pflegeheime oder Wohnheime für Behinderte).[351] Nicht erfasst sind besonders aufwendig ausgestattete oder gestaltete Wohngebäude (Luxusgebäude).[352]

345 Nach § 147 II BewG findet in derartigen Fällen eine **Substanzbewertung** statt. Erste Bewertungskomponente ist der Wert des Grund und Bodens, der nach § 145 BewG zu ermitteln ist, jedoch mit der Maßgabe, dass der Abschlag vom Bodenrichtwert hier 30 vH beträgt. Zweite Bewertungskomponente ist der Wert der Gebäude, für den ertragsteuerliche Bewertungsvorschriften anzusetzen sind. Abzustellen ist deshalb entweder auf den Steuerbilanzwert[353] oder auf den Restbuchwert.[354] Das Abstellen auf den ertragsteuerlichen Wert führt bei vollständiger Abschreibung dazu, dass lediglich noch der Erinnerungswert von DM 1 angesetzt wird.

346 § 147 BewG gibt dem Steuerpflichtigen nicht die Möglichkeit, generell einen niedrigeren Verkehrswert durch einen zeitnahen Verkaufspreis oder ein Gutachten nachzuweisen.[355] Jedoch kann immerhin nachgewiesen werden, dass der Verkehrswert des Grund und Bodens niedriger als der um 30 vH geminderte Bodenrichtwert ist, da § 147 II BewG auch auf § 145 III 3 BewG verweist.

d. Erbbaurecht und Gebäude auf fremdem Grund und Boden, § 148 BewG

347 Ist ein Erbbaurecht bestellt, gibt es zwei zu bewertende Objekte: das Erbbaurecht und das belastete Grundstück. Anders als nach früherem Recht wird nunmehr die Vermögensposition des Eigentümers durch den kapitalisierten Erbbauzinsanspruch bestimmt und die Vermögensposition des Erbbauberechtigten durch Ansatz des Wertes, der nach Abzug des kapitalisierten Erbbauzinses vom Grundstückswert verbleibt. Der Grundstückswert wird dabei nach allgemeinen Regeln bestimmt; für den Kapitalwert des Jahreserbbauzinses gilt der Faktor 18,6, und zwar unabhängig von der Laufzeit des Erbbau-

350 R 175 I S 3 ErbStR
351 Moench/Weinmann § 12 Rn 86 b ff
352 R 178 II ErbStR
353 Kritisch Schulz S 350
354 R 179 III ErbStR
355 R 179 IV S 3 ErbStR

rechts im Bewertungszeitpunkt. Vor allem deshalb und weil allein auf den tatsächlich vereinbarten Erbbauzins abzustellen ist,[356] ist das Bewertungsverfahren grob vereinfacht.[357]

Es gelten demnach folgende **Formeln:** 348

Wert des belasteten Grundstücks:
Jahreserbbauzins x Faktor 18,6

Wert des Erbbaurechts:
Grundbesitzwert (§§ 145 III, 146, 147, 149 BewG)
./. Jahreserbbauzins x Faktor 18,6

Nach dem Bewertungsverfahren ist es möglich, dass der Kapitalwert des Erbbauzinsanspruchs über dem Grundstückswert liegt und das Erbbaurecht dann einen negativen Wert erhält.[358] Umgekehrt beträgt der Wert des belasteten Grundstücks 0 DM, wenn kein Erbbauzins vereinbart ist. Dem Erbbauberechtigten wird dann der volle Grundstückswert zugerechnet. 349

Durch entsprechende vertragliche Gestaltung können die Beteiligten folglich den Wert des Zuwendungsobjekts beim Erbbaurecht steuern. Jedoch liegt nach Ansicht der Finanzverwaltung in der unentgeltlichen Bestellung eines Erbbaurechts eine Schenkung in Höhe des Grundbesitzwertes des § 148 BewG. Bei einem zu niedrigen Erbbauzins soll eine gemischte Schenkung vorliegen.[359] 350

Bei Erbbauzinsen, die während der Laufzeit in unterschiedlicher Höhe vereinbart sind, will die Finanzverwaltung einen Durchschnittswert bilden.[360] Damit wird eine steuersparende Gestaltung verhindert, die darin bestehen könnte, im Besteuerungszeitpunkt keinen Erbbauzins zu vereinbaren, später aber ggf angemessene Zahlung zu vereinbaren.[361] 351

Der Nachweis eines – niedrigeren – Verkehrswerts ist weder für das belastete Grundstück noch für das Erbbaurecht vorgesehen.[362] Für das Erbbaurecht kann jedoch indirekt durch den Nachweis eines niedrigeren Wertes nach § 146 VII BewG eine niedrigere Bewertung erreicht werden.[363] 352

Gebäude auf fremdem Grund und Boden sind gem § 148 II BewG nach den Regeln des Erbbaurechts zu bewerten. Die oben genannte Formel gilt entsprechend; der Erbbauzins ist durch die gezahlte Jahresmiete zu ersetzen. 353

356 R 182 II S 2 ErbStR
357 Moench/Weinmann § 12 Rn 98 f mit Hinweisen auf weitere Mängel des Verfahrens
358 Eisele NWB F 10, S 912
359 FinMin Baden-Württemberg v. 6. 12. 1999, DStR 2000, 247
360 R 182 II S 3 ErbStR
361 Moench/Weinmann § 12 Rn 101
362 R 182 V, R 183 III S 1 ErbStR
363 R 183 III S 2 ErbStR

e. Grundstücke im Zustand der Bebauung, § 149 BewG

354 Erfasst von diesen speziellen und komplizierten Bewertungsregeln ist die Phase zwischen dem Beginn der Abgrabungen (§ 145 I 4 BewG) und der Bezugsfertigkeit (§ 145 2 f BewG).[364] Die Bewertung hat zwei Elemente: Zunächst wird der Grundstückswert vor Bebauungsbeginn nach den allgemein hierfür geltenden Regeln (als unbebautes oder bereits bebautes Grundstück) bewertet. Hinzuzurechnen ist sodann der Gebäudewert des im Bau befindlichen Gebäudes, der entsprechend dem Grad der Fertigstellung anteilig berücksichtigt wird.[365] Obergrenze des Grundstückswerts ist das fertig bebaute Grundstück. Wegen der Einzelheiten wird auf die Kommentarliteratur verwiesen.[366]

f. Problematik der Grundstückswerte

355 Die Grundstückswerte, die nach §§ 145 ff BewG zu ermitteln sind, weichen mehr oder weniger deutlich von den Verkehrswerten ab. Nach einer finanzverwaltungsinternen Untersuchung aus dem Jahre 1998, bei der Kaufpreise ausgewertet wurden, sollen sich im wesentlichen durchschnittliche Werte von 48,96 vH für Einfamilienhäuser und von 67,33 vH für unbebaute Grundstücke ergeben.[367] Die von der Bundesregierung eingesetzte Sachverständigenkommission Vermögensbesteuerung kommt in ihrem Bericht[368] vom 29. 5. 2000[369] zu Grundstückswerten für unbebaute Grundstücke von rund 72 vH des Verkehrswertes, für bebaute Grundstücke im Durchschnitt von rund 51 vH der Verkehrswerte. Die Abweichung der für die Besteuerung zugrunde zu legenden Grundstückswerte von den Verkehrswerten sowie zahlreiche einzelne Mängel des gesetzlichen Bewertungsverfahrens (etwa die problematischen Bodenrichtwerte oder der generell für das gesamte Bundesgebiet geltende Faktor von 12,5 für die Ertragsbewertung) sind Anlass für erhebliche Kritik in der rechtlichen Literatur. Ob deshalb, wie es von namhaften Autoren vertreten wird, das gesetzliche Bewertungsverfahren verfassungswidrig ist,[370] ist zweifelhaft.[371]

356 Die regelmäßig unter den Verkehrswerten liegenden Grundstückswerte fordern steuerplanerische Gestaltungen heraus. Es können Vermögenswerte zugewendet werden, die nur mit einem Teil ihres wirklichen Wertes der Besteuerung unterliegen. Zu warnen ist allerdings davor, die vorgenannten Durchschnittswerte unbesehen zum Gegenstand der Planung zu machen, da das Verhältnis zwischen Steuerwert und Verkehrswert im einzelnen Fall naturgemäß ein anderes sein kann. So kann die Grundstücksbewertung nach

---

364 R 187 ErbStR
365 R 189–191 ErbStR
366 Moench/Weinmann § 12 Rn 107 f; Troll/Gebel/Jülicher § 12 Rn 683 ff
367 Moench/Weinmann § 12 Rn 7 a
368 Abzurufen auf der Homepage des BMF
369 Eingehend dazu: Handzik Rn 283 ff
370 Seer StuW 1997, 283; GmbHR 1999, 64
371 Dagegen etwa: Meincke § 12 Rn 119

§§ 145 ff BewG durchaus einmal zu einem Erreichen oder auch Überschreiten des Verkehrswertes führen.

Soweit derzeit zu sehen ist, hat der Gesetzgeber seine ursprüngliche Absicht, die Grundstücksbewertung neu zu regeln, aufgegeben. Mit einer Änderung der Bewertungsregeln dürfte nach derzeitigem Kenntnisstand nicht vor dem Jahr 2007 zu rechnen sein. 357

3. Bodenschätze, § 12 IV

Die Vorschrift regelt nur den Fall, dass Bodenschätze ausnahmsweise einmal zum Privatvermögen gehören, andernfalls wird nach § 12 V bewertet. Es handelt sich um die früheren Mineralgewinnungsrechte, also beispielsweise um Kohle-, Mineral-, Lehm-, Erdöl- oder Erdgasvorkommen. Eine Bewertung findet nur statt, wenn bei der Einkunftsermittlung Absetzungen für Substanzverringerung vorzunehmen sind.[372] Anzusetzen sind dann die ertragsteuerlichen Werte. 358

4. Ausländische Grundstücke, § 12 VI

Ausländischer Grundbesitz wird mit dem gemeinen Wert (Verkehrswert) besteuert (§§ 31, 9 BewG), obwohl die Regeln für die Bewertung des inländischen Grundbesitzes ohne weiteres anwendbar wären. Verfassungsrechtlich soll diese Ungleichbehandlung von in- und ausländischem Grundbesitz unbedenklich sein.[373] Ob die Ungleichbehandlung als Diskriminierung nach Art. 6 EG-Vertrag zu qualifizieren ist, bedarf noch der Klärung.[374] 359

Für die deutsche Finanzverwaltung ist es schwierig, Verkehrswerte von Auslandsgrundbesitz zu ermitteln. Für zum Betriebsvermögen gehörende Grundstücke soll der Einfachheit halber auf Steuerbilanzwerte oder ertragsteuerliche Werte zurückgegriffen werden können.[375] Bei (privatem) Grundvermögen können die Werte einen Anhaltspunkt geben, die in vielen ausländischen Staaten aus steuerlichen Gründen für den Grundbesitz ermittelt werden (Katasterwerte oä).[376] 360

Praktische Bedeutung hat § 12 VI nur dann, wenn der ausländische Grundbesitz nicht nach einem Doppelbesteuerungsabkommen von der deutschen Erbschaftsbesteuerung freigestellt ist. Eine solche Freistellung sieht das DBA Österreich vor, nach dessen Art 3 I unbewegliches Vermögen nur im Belegenheitsstaat besteuert wird. 361

372 Schmidt/Drenseck § 7 Rn 173
373 FG Niedersachsen EFG 1992, 145; FG Hamburg EFG 1993, 586
374 Landsittel Rn 366 mwN
375 R 39 I S 2; R 98 I S 2 ErbStR
376 Troll/Gebel/Jülicher § 12 Rn 939

X. Steuerbefreiungen, § 13

362 Steuerpflichtiger Erwerb ist gem § 10 I 1 die Bereicherung des Erwerbers, soweit sie nicht steuerfrei ist. Neben der Steuerbefreiung für Betriebsvermögen (§ 13 a) ist § 13 die zentrale Bestimmung zur Steuerbefreiung. Sie sieht eine teilweise oder vollständige Befreiung aus Gründen vor, die im Gegenstand des Erwerbs selbst liegen; persönliche Verhältnisse spielen, anders als bei den Freibeträgen der §§ 16 und 17, nur ausnahmsweise eine Rolle. Die Befreiungen gelten, sofern der Gesetzeswortlaut nicht etwas anderes vorsieht, für alle steuerbaren Tatbestände, insbesondere also sowohl für Erwerbe von Todes wegen als auch für Schenkungen unter Lebenden. Sie sind auch im Rahmen der beschränkten Steuerpflicht zu beachten. Jede einzelne Befreiungsvorschrift ist für sich anzuwenden (§ 13 III 1), so dass eine Befreiungsnorm die Anwendung einer anderen nicht ausschließt. Vorliegen müssen die Voraussetzungen der Befreiung im Zeitpunkt der Steuerentstehung.

363 Im Rahmen der Steuerbefreiung ist ein Schuldenabzug gem § 10 VI ausgeschlossen. Die Nutzung eines negativen Saldos aus Aktiva und Passiva (Schuldenüberhang) kann durch **Verzicht auf die Steuerbefreiung** erreicht werden. Ein solcher Verzicht ist allerdings nur in den in § 13 III 2 aufgeführten Fällen möglich.

1. Hausrat und andere bewegliche körperliche Gegenstände

364 § 13 I Nr. 1 gewährt Personen der Steuerklasse I einen Freibetrag für Hausrat in Höhe von 80 000 DM [41 000 €] und für andere bewegliche körperliche Gegenstände in Höhe von 20 000 DM [10 300 €]. Personen der Steuerklasse II und III haben einen einheitlichen Freibetrag von 20 000 DM [10 300 €]. Die Beträge beziehen sich nicht auf den gesamten Wert des Nachlasses, stehen vielmehr jedem Erwerber für seinen Erwerb zu. Da es sich nicht um Freigrenzen handelt, bei deren Überschreitung überhaupt keine Begünstigung gewährt wird, kann der Erwerber die Beträge ansetzen, auch wenn sein Erwerb den Freibetrag überschreitet.

§ 13 I	**Steuerklasse**	**Begünstigter Gegenstand**	**Freibetrag**
I a	I	Hausrat einschließlich Wäsche und Kleidungsstücke	80 000 DM [41 000 €]
I b	I	Andere bewegliche körperliche Gegenstände (soweit nicht von § 13 I Nr. 2 erfasst)	20 000 DM [10 300 €]
I c	II und III	Hausrat und andere bewegliche körperliche Gegenstände (soweit nicht von § 13 I Nr. 2 erfasst)	20 000 DM [10 300 €]

Der Begriff **»Hausrat«** umfasst alle Objekte, die der Hauswirtschaft und dem Zusammenleben der Familie dienen (Wohnungseinrichtung, Geschirr, Bücher, Fernseh- und Videogeräte, Musikinstrumente, Vorräte etc). Auch Versicherungs- und Schadensersatzforderungen können insoweit zum Hausrat gehören. Nicht Bestandteil des Hausrates sind persönliche Gegenstände und solche Gegenstände, die auch außerhalb des Haushalts genutzt werden. Deshalb soll der privat genutzte Pkw nicht zum Hausrat, sondern zu den anderen beweglichen körperlichen Gegenständen rechnen.[377] Kunstgegenstände, Kunstsammlungen, wissenschaftliche Sammlungen, Bibliotheken und Archive werden nunmehr von § 13 I Nr. 2 erfasst. Die genannten Objekte sind jedoch als »andere bewegliche körperliche Gegenstände« durch § 13 I Nr. 1 begünstigt, soweit § 13 I Nr. 2 nicht greift, weil dessen Befreiung auf 60 vH begrenzt ist (§ 13 III 1).[378] 365

Andere bewegliche körperliche Gegenstände sind solche, die nicht zum Hausrat gehören, also beispielsweise privat genutzte Kfz, Schmuck, Tiere und Sportgeräte. 366

Die Steuerbefreiung gilt nicht für Gegenstände, die zum land- und forstwirtschaftlichen Vermögen, zum Grundvermögen oder zum Betriebsvermögen gehören sowie nicht für Zahlungsmittel, Wertpapiere, Münzen, Edelmetalle, Edelsteine und Perlen (§ 13 I Nr. 1 S 2). Der Abzug von Schulden, die mit steuerbefreiten Gegenständen in wirtschaftlichem Zusammenhang stehen, ist nicht durch § 10 VI ausgeschlossen, da die Befreiungsvorschrift lediglich einen Freibetrag gewährt, nicht aber einzelne Gegenstände völlig oder teilweise befreit.[379] 367

Praxis-Tipp:

In geeigneten Fällen (insbesondere also bei entsprechend hohem Vermögen) sind Gestaltungsmöglichkeiten zur Optimierung der Befreiungsvorschrift denkbar. 368

Wie in anderen Fällen auch, ist eine Verteilung der begünstigten Gegenstände auf möglichst viele Erwerber vorteilhaft, weil jeder Erwerber den Freibetrag in Anspruch nehmen kann. Jenseits der Zehnjahresgrenze des § 14 können Freibeträge erneut in Anspruch genommen werden. Zutreffenderweise kann auch an Hausratsgegenständen ein Nießbrauch bestellt werden. Bei Vererbung von Hausratsgegenständen an die Kinder und Nießbrauchsbestellung für den überlebenden Ehegatten können sich dann Vorteile ergeben; allerdings ist § 25 zu beachten.

Begünstigt ist auch die mittelbare Schenkung von Hausratsgegenständen. Bei Erwerben von Todes wegen besteht eine vergleichbare Gestaltungsmöglichkeit (Verschaffungsvermächtnis) wohl nicht.[380]

---

377 Moench/Kien-Hümbert § 13 Rn 9 a; aA Kapp/Ebeling § 13 Rn 4
378 Schulz S 373; Meincke § 13 Rn 4
379 R 31 III S 2 ErbStR
380 Eingehend zu diesen Fragen: Jülicher ZEV 2000, 94 mwN

2. Familienwohnheim

369 § 13 I Nr. 4 a ist die Reaktion des Gesetzgebers auf die Rechtsprechung zu unbenannten Zuwendungen, nach der ehebezogene Motive eine freigebige Zuwendung nicht ausschließen. Begünstigt sind nur unentgeltliche Zuwendungen zwischen Ehegatten, soweit sie im Zusammenhang mit einem Familienwohnheim stehen, nicht aber die Schenkung anderer Gegenstände. Zu einer umfassenden Freistellung aller Zuwendungen zwischen Ehegatten hat sich der Gesetzgeber nicht verstehen können.[381]

370 **Familienwohnheim** ist das Haus, das im Inland belegen ist und zu eigenen Wohnzwecken genutzt wird. Unter den gleichen Voraussetzungen kann es sich auch um eine Eigentumswohnung handeln. Das Objekt dient eigenen Wohnzwecken, wenn sich in ihm der Mittelpunkt des familiären Lebens befindet, was für Ferien- oder Wochenendhäuser nicht angenommen werden kann.[382] Die Nutzung zu anderen Zwecken (Arbeitszimmer, gewerbliche oder berufliche Mitbenutzung) schadet nicht, wenn die Wohnnutzung insgesamt überwiegt, die Wohnräume die Voraussetzung einer Wohnung erfüllen und die Eigenart als Wohnhaus nicht wesentlich beeinträchtigt wird. Jedoch soll eine auch nur teilweise Fremdvermietung zur Versagung der Begünstigung führen.[383] Nicht begünstigt sind Auslandsobjekte.

371 **§ 13 I Nr. 4 a** erfasst nur Zuwendungen unter Lebenden (§ 7), nicht Erwerbe von Todes wegen. Die Zuwendung muss zwischen Ehegatten erfolgen, so dass Zuwendungen an Verwandte oder an den nichtehelichen Lebenspartner steuerpflichtig sind. Im Einzelnen sind folgende Zuwendungsvorgänge begünstigt:

- Übertragung des Allein- oder Miteigentums. Die Übertragung von Gesamthandseigentum anlässlich der Begründung der Gütergemeinschaft ist vom Wortlaut nicht erfasst, sollte aber entsprechend dem Zweck der Befreiungsvorschrift und weil es auch sonst für ihre Anwendung nicht auf den Güterstand ankommt, ebenfalls erfasst sein;
- Kauf oder Herstellung aus den Mitteln eines Ehegatten unter Einräumung einer Miteigentümerstellung des anderen;
- Anschaffung oder Herstellung durch einen Ehegatten aus Mitteln, die vollständig oder teilweise vom anderen stammen (mittelbare Grundstückszuwendung);
- Tilgung eines Finanzierungsdarlehens, das von einem oder beiden Ehegatten aufgenommen worden ist, aus Mitteln des anderen (zuwendenden) Ehegatten;
- Begleichung nachträglicher Herstellungs- und Erhaltungsaufwendungen aus Mitteln eines Ehegatten.

381 Moench/Kien-Hümbert § 13 Rn 26
382 R 43 I S 1 f ErbStR
383 FG Rheinland-Pfalz EFG 1999, 619

Auch die Finanzverwaltung geht von der Begünstigung der mittelbaren Grundstücksschenkung aus.[384] 372

Nach dem Wortlaut des Gesetzes muss die Nutzung zu eigenen Wohnzwecken im Zeitpunkt der Zuwendung bestehen. Deshalb ist zweifelhaft, ob auch eine geplante Nutzung zu eigenen Wohnzwecken ausreicht.[385] Es ist grundsätzlich nicht erforderlich, dass die Nutzung zu eigenen Wohnzwecken nach der Zuwendung fortgeführt wird; die Finanzverwaltung will allerdings wohl eine alsbaldige Veräußerung oder Nutzungsänderung ggf als Gestaltungsmissbrauch (§ 42 AO) einstufen.[386] Ein Missbrauch könnte vorliegen, wenn die eigene Nutzung durch den Beschenkten erst kurz vor der Zuwendung beginnt und alsbald danach wieder aufgegeben wird.[387] 373

Die Befreiung ist der Höhe nach nicht begrenzt. Es gibt auch keinen Objektverbrauch, so dass auch mehrere Familienwohnheime steuerbegünstigt übertragen werden können. Eine Zusammenrechnung dieser Erwerbe im Rahmen des § 14 erfolgt nicht. 374

3. Unterhalt und Pflege

§ 13 I Nr. 9 sieht einen Freibetrag bis zu 100 000 DM [50 200 €] für Personen vor, die dem Erblasser ohne zureichendes Entgelt Pflege oder Unterhalt gewährt haben. Die Befreiung gilt für Erwerber von Todes wegen und für Schenkungen unter Lebenden. Die Vorschrift ist nicht anwendbar, wenn die Unterhalts- oder Pflegeleistung aufgrund gesetzlicher Unterhaltspflicht oder familiärer Bindung gewährt worden ist.[388] Vor ihrer Anwendung ist zu fragen, ob die Zahlung an den Erwerber nicht bereits nach § 10 V abzugsfähig ist, weil ein nachgewiesenes Vertragsverhältnis für die Dienstleistung bestand.[389] Der ohnehin betragsmäßig begrenzte Freibetrag wird nur soweit gewährt, als der steuerpflichtige Erwerb ein angemessenes Entgelt darstellt. 375

Weiterhin sind Zuwendungen bis zur Höhe des gesetzlichen Pflegegeldes gem **§ 13 I Nr. 9 a** steuerbefreit. Es geht um den Fall, dass pflegebedürftige Personen selbst das Pflegegeld erhalten, um die Betreuung sicherzustellen. Werden die genannten Sätze überschritten, kann § 13 I Nr. 9 den überschießenden Betrag freistellen.[390] Gesetzlich geschuldete Unterhalts- oder Ausbildungszuwendungen sind nicht steuerbar.

§ 13 I Nr. 12 regelt Fälle, in denen solche Zuwendungen freiwillig erbracht werden, da die Erfüllung der gesetzlichen Unterhaltspflicht schon tatbestandlich keine Schenkung ist. Erfasst sind nur Zuwendungen unter Lebenden und nur laufende Zuwendungen.[391] Die Unterhaltszahlung muss »angemessen« sein, mithin den Vermögensverhältnissen und der Lebensstellung des Bedachten

384 Einschränkend: Moench/Kien-Hümbert § 13 Rn 29
385 Bejahend: Weinmann ZEV 1995, 321, 323; zweifelnd: Meincke § 13 Rn 22
386 R 43 II S 7 f ErbStR
387 Geck ZEV 1996, 107, 109
388 Schulz, S 380
389 R 44 II ErbStR
390 Schulz S 382
391 BFH BStBl II 1985, 333

entsprechen (§ 13 II). Für Ausbildungszuwendungen gilt diese Einschränkung nicht. Jedoch muss in beiden Fällen ein begründeter Anlass für die Zuwendung in Form der Bedürftigkeit des Empfängers bestehen; ist eigentlicher Zweck der Zuwendung die teilweise Vorwegnahme der Erbfolge, greift § 13 I Nr. 12 nicht. Die Zuwendung eines größeren Betrages zu Ausbildungszwecken an ein Kind wird deshalb ebenso wenig begünstigt sein wie eine Zuwendung zum Zwecke der Anschaffung von Einrichtungsgegenständen.[392] Die Bestimmung ist (ebenso wie etwa § 13 I Nr. 4) eine sog qualitative Steuerbefreiung, für die keine Zusammenrechnung gem § 14 stattfindet.[393]

4. Vermögensrückfall an Eltern oder Voreltern

376 Wird Vermögen zu Lebzeiten auf die nächste Generation übertragen, stirbt aber der so Beschenkte und beerbt ihn der Schenker, so kommt es zu einer dreifachen Besteuerung des Vermögensgegenstandes, wenn dieser sodann zu Lebzeiten des Schenkers oder bei dessen Tod auf einen anderen übergeht. Diese untragbare Mehrfachbelastung mindert **§ 13 I Nr. 10,** nach dem Vermögensgegenstände steuerbefreit sind, die Eltern oder Voreltern (Großeltern, Urgroßeltern etc) ihren Abkömmlingen durch Schenkung oder Übergabevertrag zugewandt hatten und die an diese Personen von Todes wegen zurückfallen.

377 Die Befreiungsvorschrift gilt ausweislich ihres eindeutigen Wortlauts nur für den Rückfall von Todes wegen, nicht aber für Rückschenkungen.[394]

Praxis-Tipp:

378 *Eine Mehrfachbesteuerung bei Rückgängigmachung des ursprünglichen Erwerbs unter Lebenden kann und sollte in geeigneten Fällen vermieden werden durch die Vereinbarung von* ***Rückfallklauseln*** *(Widerrufsvorbehalt, auflösende Bedingung, Rücktrittsrecht, Rückforderungsrecht für den Fall des Vorversterbens des Beschenkten). Der Rückfall vollzieht sich dann steuerfrei gem § 29 I Nr. 1; die Steuerpflicht für die ursprüngliche Schenkung erlischt.[395] Eine auflösende Bedingung scheidet bei Grundstückschenkungen aus (§ 925 II BGB). Ertragsteuerliche Konsequenzen eines Widerrufsvorbehalts und der Ausübung eines Rückforderungsrechts (Zurechnung der Erträge an den Rückfordernden im Rahmen des § 175 I Nr. 1 AO) sind zu bedenken. Rückforderungsrechte sollten anlässlich der Schenkung vereinbart werden. Die nachträgliche Vereinbarung eines Rücktrittsrechts kann zu einer steuerpflichtigen Rückschenkung führen.[396]*

Solche Rückfallklausen sichern die Generation der Schenker nicht nur vor einem unerwarteten Vorversterben des Beschenkten, sondern auch davor, dass sich die vorweggenommene Erbfolge nachträglich aus anderen Gründen als unzweckmäßig erweist.

392 Meincke § 13 Rn 39
393 Schulz S 384
394 R 45 I S 2 ErbStR; kritisch: Meincke § 13 Rn 33
395 Felix NJW 1994, 2334; Moench/Kien-Hümbert § 13 Rn 63
396 Jülicher DStR 1998, 1977, 1984

Die Befreiung greift nur dann ein, wenn **Identität** zwischen geschenktem und zurückfallendem **Vermögensgegenstand** und zwischen den beteiligten **Personen** besteht. Die Person, an die der Vermögensgegenstand von Todes wegen zurückfällt, muss auch der Schenker sein. Die Identität des Zuwendungsobjektes ist gegenständlich zu verstehen; bloße wertmäßige Identität genügt nicht. Der Rückfall von Surrogaten soll nach Auffassung von Rechtsprechung und Finanzverwaltung nur dann ausreichend sein, wenn bei objektiver Betrachtung zwischen dem zugewendeten und dem zurückfallenden Gegenstand Art- und Funktionsgleichzeit besteht.[397] Keine Nämlichkeit soll bestehen bezüglich der aus dem zugewendeten Gegenstand gezogenen Früchte.[398] Wertsteigerungen der geschenkten Objekte, die der Beschenkte durch den Einsatz von Kapital oder Arbeit erzielt hat, schließen die Befreiung insoweit aus. Unschädlich sind nur solche Werterhöhungen, die ausschließlich auf der wirtschaftlichen Entwicklung beruhen.[399] 379

Fall:

Der Vater schenkt seinem Sohn zwei Grundstücke und einen Anteil an einer vermögensverwaltenden Personengesellschaft. Auf einem Grundstück errichtet der Sohn ein Gebäude. Das andere Grundstück wird enteignet. Die Personengesellschaft erzielt in der Folgezeit Gewinne, die auf Darlehenskonto gebucht werden. 380

Rückfallklauseln sind nicht vereinbart. Der Sohn verstirbt und wird von seinen Eltern je zur Hälfte beerbt.

Die Hälfte des Nachlasses des Sohnes fällt an die Mutter, für die § 13 I Nr. 10 mangels Personenidentität nicht eingreift.

Die Enteignungsentschädigung ist nicht begünstigtes Surrogat. Der hälftige Erwerb des Vaters ist ebenfalls steuerpflichtig.

Dies gilt gleichermaßen für die Werterhöhung des zurückfallenden Grundstücks, soweit sie auf der Errichtung des Gebäudes durch den Sohn beruht (Werterhöhung durch Einsatz von Kapital). Steuerpflichtig ist zwar nicht der Rückfall des hälftigen Personengesellschaftsanteils an den Vater, jedoch das hälftige Darlehenskonto, da es kein art- und funktionsgleiches Surrogat darstellt.[400]

397 BFH BStBl II 1994, 656; R 45 II S 2 f ErbStR; wegen des Zwecks der Befreiung zu Recht für eine großzügigere Betrachtung Schulz S 383

398 BFH BStBl II 1994, 759; BVerfG DStRE 1997, 968; R 45 II S 6 ErbStR

399 R 45 II S 4 f ErbStR

400 BFH BStBl II 1994, 759

Praxis-Tipp:

381 *Der limitierte Anwendungsbereich auch für den Vermögensrückfall von Todes wegen führt zu der Empfehlung, in jedem Fall auch für den Fall des Vorversterbens des Bedachten einen Rückfall zu vereinbaren. Die **Rückfallklausel** sollte sich auch auf Surrogate und Früchte des geschenkten Gegenstandes beziehen. Allerdings ist für Früchte umstritten, ob ein vertragliches Rückforderungsrecht tatsächlich die Steuerpflicht vermeidet.*[401]

5. Übliche Gelegenheitsgeschenke

382 Eine wirklich subsumtionsfähige Definition dieser von **§ 13 I Nr. 14** freigestellten Geschenke existiert nicht. Klar ist immerhin noch, dass ein Anlass für derartige Zuwendungen (Geburtstag, Hochzeitstag, Namenstag, Festtage, Jubiläen, Abitur, Examen etc) vorliegen muss. Im Übrigen ist der Rechtsanwender auf Leerformeln verwiesen, wonach es auf das Gesamtbild des Einzelfalls oder die Verkehrsanschauung ankommen soll. Gesetzgeber und Finanzverwaltung haben sich bisher nicht dazu verstanden, eine betragsmäßige Obergrenze für die »Üblichkeit« anzusetzen, wie dies etwa in § 13 I Nr. 1 geschehen ist. Die in der Literatur genannten Beträge reichen von DM 3 000[402] bis zu DM 80 000.[403] Jedenfalls nicht begünstigt sind Maßnahmen der vorweggenommenen Erbfolge wie die Übertragung von Grundstücken, Betriebsvermögen oder ganzen Wertpapierdepots.[404] Zuwendungen an Arbeitnehmer sind in der Regel Arbeitslohn und deshalb keine Schenkung, so dass sie dann der Lohnsteuer und nicht der Schenkungssteuer unterliegen können.[405]

383 Ist die Grenze des üblichen Gelegenheitsgeschenks überschritten, unterliegt die Zuwendung in vollem Umfang der Steuerpflicht. Für übliche Gelegenheitsgeschenke findet eine Zusammenrechnung gem § 14 nicht statt.

6. Weitere Befreiungen des § 13

384 Weitere Befreiungen enthält die Vorschrift für

- Gegenstände, deren Erhaltung im öffentlichen Interesse liegt (§ 13 I Nr. 2 und 3);[406]
- den Dreißigsten gem § 1969 BGB (§ 13 I Nr. 4);
- die Befreiung von einer Schuld gegenüber dem Erblasser, die ihren Grund in Unterhaltsgewährung, Ausbildung oder einer Notlage hat (§ 13 I Nr. 5);
- Erwerbe erwerbsunfähiger Eltern und Voreltern (§ 13 I Nr. 6);
- den Erwerb bestimmter gesetzlicher Ansprüche (§ 13 I Nr. 7 und 8);

---

401 Troll/Gebel/Jülicher § 13 Rn 130 mwN
402 Meincke § 13 Rn 46 (für einen Sonderfall)
403 Moench/Kien-Hümbert § 13 Rn 80 (als »grober Anhaltspunkt«)
404 Troll/Gebel/Jülicher § 13 Rn 167
405 Näher Troll/Gebel/Jülicher § 7 Rn 479 ff; Schmidt/Drenseck § 19 Rn 50 »Aufmerksamkeiten«, »Gelegenheitsgeschenke«
406 R 42 ErbStR

- den Verzicht auf die Geltendmachung des Pflichtteilsanspruchs oder des Erbersatzanspruchs (§ 13 I Nr. 11);
- Zuwendungen an Pensions- und Unterstützungskassen (§ 13 I Nr. 13);[407]
- Zuwendungen an Gebietskörperschaften (§ 13 I Nr. 15);
- Zuwendungen an Religionsgesellschaften und Körperschaften, die kirchliche, gemeinnützige oder mildtätige Zwecke verfolgen (§ 13 I Nr. 16);[408]
- Zuwendungen zu kirchlichen, gemeinnützigen oder mildtätigen Zwecken (§ 13 I Nr. 17);[409]
- Zuwendungen an politische Parteien (§ 13 I Nr. 18).

XI. Berechnung der Steuer

Der III. Abschnitt des ErbStG befasst sich mit der Berechnung der Steuer- 385
schuld, die durch Anwendung des Steuersatzes auf die Bemessungsgrundlage geschieht. Schon bei der Ermittlung der steuerpflichtigen Bereicherung sind die Freibeträge (§§ 16–18) abzuziehen. Jedoch sind die persönlichen Freibeträge (§§ 16 und 17) von der Steuerklasse (§ 15) abhängig, die dann auch den Steuersatz (§§ 19 und 19 a) bestimmt.

1. Steuerklassen

Die Steuerklasse bestimmt sich nach dem persönlichen Verhältnis des Begüns- 386
tigten zum Erblasser oder Schenker im Zeitpunkt der Steuerentstehung. Generell ist die Steuer um so niedriger, je enger dieses Verhältnis ist. Maßgebend ist also der zu diesem Zeitpunkt bestehende Familienstand, das Verwandtschaftsverhältnis oder die Schwägerschaft, die nach den bürgerlichrechtlichen Regeln zu ermitteln ist. Bedeutung hat die Steuerklasse vor allem für die persönlichen und sachlichen Freibeträge (§§ 13 und 16), den Steuersatz (§ 19) und die Vergünstigung für Mehrfacherwerbe (§ 27).

387

Verhältnis zum Erblasser oder Schenker	Steuerklasse
– Ehegatte – Kinder und Stiefkinder – Abkömmlinge der Kinder und Stiefkinder (Enkelkinder) – Eltern und Voreltern bei Erwerben von Todes wegen	I
– Eltern und Voreltern, wenn kein Erwerb von Todes wegen – Geschwister – Abkömmlinge ersten Grades von Geschwistern (Nichten und Neffen) – Stiefeltern – Schwiegerkinder – Schwiegereltern – Der geschiedene Ehegatte	II
– Alle übrigen Erwerber (andere natürliche Personen und juristische Personen) – Zweckzuwendungen	III

407 R 46 ErbStR
408 R 47 f ErbStR
409 R 49 ErbStR

a. Steuerklasse I

388 Zu dieser Steuerklasse gehört der **Ehegatte,** sofern die Ehe gültig und nicht geschieden ist. Auf das Getrenntleben kommt es nicht an. Erst mit Scheidung fällt der frühere Ehegatte in die Steuerklasse II. Nicht zur Steuerklasse I gehören die Partner einer nichtehelichen Lebensgemeinschaft[410] und Verlobte.[411]

389 Zu den **Kindern** rechnen eheliche und nichteheliche (§§ 1591–1593 BGB), Adoptivkinder (§ 1754 BGB) und Stiefkinder. Stiefkinder sind Kinder des anderen Ehegatten;[412] sie behalten diese Stellung auch nach Auflösung der Ehe. Das Adoptivkind bleibt trotz der Adoption erbschaftssteuerlich auch Kind gegenüber seinen leiblichen Eltern (§ 15 I a). Keine Kinder im erbschaftsteuerlichen Sinne sind Pflegekinder. **Abkömmlinge** der Kinder und Stiefkinder (Enkelkinder) sind Kinder und Kindeskinder, aber auch Stiefkinder und Adoptivkinder.[413]

390 **Eltern** sind nur die leiblichen Eltern und die Adoptiveltern, nicht aber die Stiefeltern und die Schwiegereltern, die in Steuerklasse II fallen. Schenkungen unter Lebenden an Eltern fallen nicht in die Steuerklasse I, sondern in die Steuerklasse II. Damit soll verhindert werden, dass Schenkungen zwischen Geschwistern, die an sich in die Steuerklasse II fallen, dadurch, dass die Eltern zwischengeschaltet werden (der Bruder schenkt an den Vater, der Vater an die Schwester), doch in die Steuerklasse I gelangen.

b. Steuerklasse II

391 Neben Eltern und Voreltern (für Erwerbe unter Lebenden) und Geschwistern fallen auch Kinder ersten Grades von Geschwistern in diese Steuerklasse (Nichten und Neffen im engeren Sinne, da Kinder der Geschwister des Ehegatten nicht erfasst sind). Enkel der Geschwister sind keine Abkömmlinge ersten Grades. Zu den Schwiegerkindern gehören auch die Stiefschwiegerkinder.[414] Der geschiedene Ehegatte bleibt auch dann in der Steuerklasse II, wenn die früheren Eheleute nach der Scheidung wieder zusammenleben.[415]

c. Steuerklasse III

392 Von dieser Steuerklasse erfasst sind alle entfernteren Verwandten und die Nichtverwandten. Das sind insbesondere auch juristische Personen als Zuwendungsempfänger. Bei einer Zweckzuwendung gilt die Steuerklasse III generell.

---

410 BFH BStBl II 1983, 114; II 1990, 103; BVerfG BStBl II 1984, 172
411 Kein Billigkeitserlass nach BFH BStBl II 1998, 296
412 BFH BStBl II 1973, 453
413 BFH BStBl II 1989, 898
414 BFH BStBl II 1989, 898
415 BFH BStBl II 1985, 59

d. Berliner Testament

§ 15 III sieht für den Fall des – steuerlich ohnehin nicht besonders günstigen[416] – Berliner Testamentes (§ 2269 BGB) eine Vergünstigung für den Schlusserben vor. Ist das Verwandtschaftsverhältnis zu dem bereits verstorbenen Ehegatten günstiger als das zum Überlebenden, von dem er erwirbt, so wird die günstigere Steuerklasse zugrunde gelegt. Der Fall kann etwa eintreten, wenn zwischen Schlusserben und überlebendem Ehegatten kein Verwandtschaftsverhältnis besteht, zu dem verstorbenen Ehegatten jedoch ein Näheverhältnis, das die Anwendung der Steuerklasse I oder II ermöglicht. **393**

Erforderlich ist, dass das Vermögen des erstverstorbenen Ehegatten beim Tod des Überlebenden noch vorhanden ist und dass der überlebende Ehegatte an die Verfügung im Berliner Testament gebunden ist. Da das Gesetz nur von Vermögen, nicht aber von Vermögensgegenständen spricht, reicht es aus, wenn der Wert des Vermögens noch in anderer Form vorhanden ist.[417] Die notwendige Bindung des überlebenden Ehegatten ist nicht gem §§ 2270 f BGB zu bestimmen, sondern nach erbschaftssteuerlichen Kriterien. Die Bindung besteht, wenn der überlebende Ehegatte von Rechts wegen keine Änderung vornehmen darf. Sie ist aber auch dann noch zu bejahen, wenn der überlebende Ehegatte selbst testieren darf und testiert, soweit er die im Ehegattentestament festgelegte Erbquote des Schlusserben unverändert lässt. Soweit der Schlusserbe jedoch durch eigene Verfügung des überlebenden Ehegatten über die Quote des Berliner Testaments hinaus weiteres Vermögen (etwa durch Vorausvermächtnis) erhält, greift § 15 III nicht ein.[418] **394**

Die Anwendung des § 15 III hat zur Folge, dass die Besteuerung entsprechend den Regeln der Nacherbschaft vorgenommen wird (§ 15 III 2). **395**

2. Die (allgemeinen) Freibeträge des § 16

Die persönlichen Freibeträge des § 16 gelten für Erwerbe von Todes wegen und für Schenkungen unter Lebenden. Sie reduzieren den steuerpflichtigen Erwerb (§ 10 I 2) und können innerhalb des Zehnjahreszeitraums (§ 14) für jeden einzelnen Erwerb in Anspruch genommen werden. Sie gelten für den einzelnen steuerpflichtigen Erwerb und sind nicht zu beziehen auf den Todesfall oder den Nachlass. **396**

Beispiel:

Verunglücken beide Eltern tödlich und erben zwei Kinder ihr Vermögen, so liegen vier Erwerbe vor, für die jeweils ein Freibetrag von 400 000 DM abgezogen wird.

416 Siehe unten Rn 527 ff
417 Moench § 15 Rn 50
418 BFH BStBl II 1999, 789

Praxis-Tipp:

397 *Die optimale Ausnutzung der persönlichen Freibeträge besteht darin, die Zahl der Erwerbe nach Möglichkeit zu erhöhen. Soll ein Kind eine Schenkung erhalten, so kann es den Freibetrag iHv 400 000 DM nur einmal beanspruchen, wenn allein ein Elternteil schenkt. Schenken Vater und Mutter, liegen zwei Erwerbe vor und der Freibetrag wird im Ergebnis verdoppelt (800 000 DM).[419]*

Die Gestaltung verlangt, dass beide Elternteile über entsprechendes Vermögen verfügen, was aus steuerlicher Sicht für einen entsprechenden Vermögensausgleich der Ehegatten spricht.[420] Soll ein nicht vermögender Ehegatte Vermögen des anderen Ehegatten sogleich an das Kind weitergeben, ist die Problematik der sog Kettenschenkung[421] zu beachten.

398 Im Rahmen der beschränkten Steuerpflicht wird unabhängig vom persönlichen Verhältnis generell ein Freibetrag iHv – nur – 2 000 DM [1 100 €] gewährt.

399 § **16 I** enthält fünf unterschiedliche Freibeträge, die nach dem persönlichen Näheverhältnis gestaffelt sind:

Personen und Steuerklasse	**Freibetrag**
Ehegatte (Steuerklasse I)	600 000 DM [307 000 €]
Kinder (Steuerklasse I Nr. 2)	400 000 DM [205 000 €]
Sonstige Personen der Steuerklasse I	100 000 DM [51 200 €]
Steuerklasse II	20 000 DM [10 300 €]
Steuerklasse III	10 000 DM [5 200 €]

400 Die vorgenannten Freibeträge gelten für die Fälle der unbeschränkten Steuerpflicht. Bei beschränkter Steuerpflicht wird unabhängig vom persönlichen Verhältnis des Erwerbers zum Erblasser oder Schenker ein Freibetrag iHv – nur – 2 000 DM [1 100 €] gewährt. Es spricht einiges dafür, dass diese Differenzierung, insbesondere gegenüber EU-Ausländern, gegen das Diskriminierungsverbot verstößt.[422]

3. Die besonderen Versorgungsfreibeträge des § 17

401 § 17 sieht – zusätzlich zum Freibetrag nach § 16 – einen besonderen Freibetrag für den überlebenden Ehegatten iHv 500 000 DM [256 000 €] und in der Höhe altersabhängige Freibeträge für Kinder vor. Die Freibeträge werden anteilig gekürzt, soweit der Bedachte Versorgungsbezüge erhält, die nicht steuer-

419 Beispielsrechnung unter Einbeziehung des § 14 bei: Troll/Gebel/Jülicher § 16 Rn 13
420 Moench ZEV 1999, 308, 309 f
421 Siehe unten Rn 493
422 Dautzenberg/Brüggemann BB 1997, 123; Meincke § 16 Rn 2

pflichtig sind (§ 3 I Nr. 4). Bei dieser Regelung dürften dem Gesetzgeber folgende Fälle vor Augen gestanden haben:[423]

- Der Hinterbliebene erhält Versorgungsbezüge, die nicht steuerpflichtig (§ 3 I Nr. 4) sind, etwa weil sie auf einem gesetzlichen Anspruch oder auf einem privaten Arbeitsverhältnis des Erblassers beruhen: Der Steuerpflichtige versteuert die Versorgungsbezüge nicht, muss aber eine Kürzung des Versorgungsfreibetrages um ihren Wert, ggf auf 0 DM/ €, hinnehmen.
- Die Versorgungsbezüge des Hinterbliebenen sind steuerpflichtig: Der Steuerpflichtige versteuert die Versorgungsbezüge und behält den Versorgungsfreibetrag ungemindert.
- Der Hinterbliebene erhält überhaupt keine Versorgungsbezüge: Dem Versorgungsbedürfnis des Hinterbliebenen wird durch ungeminderte Belassung des Versorgungsfreibetrages Rechnung getragen.

Die Gleichbehandlung der unterschiedlichen Fälle, die das Gesetz anstrebt, ist nicht vollständig gelungen.[424] Die Verfassungsmäßigkeit des § 17 wird deshalb auch aus verschiedenen Gründen in Frage gestellt.[425] Ungeklärt ist letztlich, ob die unterschiedliche Behandlung von steuerbaren und nichtsteuerbaren Versorgungsbezügen durch § 3 I Nr. 4 und § 17 den Anforderungen des Art 3 I GG genügt. Hinsichtlich der unterschiedlichen Behandlung der Waisengelder hat sogar der BFH Zweifel geäußert.[426] 402

403

Begünstigte Person	Freibetrag (DM/€)
Ehegatte	500 000/256 000
Kind bis zu 5 Jahren	100 000/52 000
Kind von mehr als 5 bis zu 10 Jahren	80 000/41 000
Kind von mehr als 10 bis zu 15 Jahren	60 000/30 700
Kind von mehr als 15 bis zu 20 Jahren	40 000/20 500
Kind von mehr als 20 Jahren bis zur Vollendung des 27. Lebensjahres	20 000/10 300

Den Freibetrag erhalten Ehegatten, nicht aber nichteheliche Lebenspartner[427] und Verlobte. Kinder sind solche der Steuerklasse I Nr. 2, also Kinder und Stiefkinder, nicht aber Enkelkinder. Den Kindern steht ein Freibetrag nach jedem Elternteil zu. 404

423 Schulz S 449
424 Meincke § 17 Rn 2
425 Zusammenfassend: Meincke § 17 Rn 13 f
426 BFH BStBl II 1979, 244
427 Verfassungsgemäß nach BFH BStBl II 1983, 114; BVerfG BStBl II 1984, 172

405 Beschränkt Steuerpflichtigen steht der Versorgungsfreibetrag nicht zu.[428] Denn die Versorgungsfreibeträge werden nur neben den Freibeträgen nach § 16 I gewährt, die für beschränkt Steuerpflichtige nicht gelten (§ 16 II).

406 Die Freibeträge des § 17 sollen grundsätzlich nur bei Erwerb von Todes wegen eingreifen. Dies wird vor allem daraus geschlossen, dass § 17 I 1 auf den überlebenden Ehegatten abstellt. Eine Ausnahme lässt die Finanzverwaltung für einen steuerbaren Erwerb gem § 7 I Nr. 5 zu, allerdings nur für den Fall, dass ein Ehegatte aufschiebend bedingt bis zum Tod des anderen Ehegatten ein Leibrentenstammrecht erwirbt.[429] Diese Ausnahme geht zurück auf ein Urteil des FG Nürnberg[430] in dem die Abfindung für den Erbverzicht in einem Leibrentenstammrecht bestand. Schon dieses Urteil zeigt, dass es für die Gewährung des Freibetrages gerade auf diese Form der Abfindung nicht ankommt. Dem Urteil kann ohne weiteres entnommen werden, dass auch andere Abfindungsarten begünstigt sein können. Die Finanzverwaltung erhebt eine Zufälligkeit zur Begünstigungsvoraussetzung. Die Literatur weist zutreffend darauf hin, dass eine Abfindung für einen Erb- oder Pflichtteilsverzicht immer dann den § 17 nicht ausschließen sollte, wenn es sich um ein Surrogat für den entsprechenden Erwerb von Todes wegen handelt.[431]

Praxis-Tipp:

407 *Die Beschränkung in R 1 S 3 Nr. 5 auf das Leibrentenstammrecht sollte nicht hingenommen werden. Auch andere Zuwendungen zu Lebzeiten, die wirtschaftlich eine besondere Nähe zu den Erwerben von Todes wegen haben (Herausgabe von Vermögen an den Nacherben nach § 7 I Nr. 7 oder an den Schlusserben bei einem Berliner Testament) schließen den Versorgungsfreibetrag zutreffender Weise nicht aus.*

408 Nicht steuerbare Versorgungsbezüge (nach Beamtengesetzen, AVG, RVO, aus berufsständischen Pflichtversicherungen oder Arbeitsverhältnissen[432]) führen zu einer Kürzung des Freibetrages mit ihrem Wert. Dies gilt für Leistungen auf Lebenszeit, Leistungen auf eine bestimmte Zeit und Leistungen, die in einem einmaligen Betrag bestehen.[433] Nicht zur Kürzung führen der Zugewinnausgleichsanspruch des überlebenden Ehegatten (§ 5) und solche Ansprüche, die durch eigene Leistungen des Steuerpflichtigen erworben worden sind. Solche Bezüge werden nicht »aus Anlass des Todes des Erblassers« erworben.

409 Der anzusetzende Wert für lebenslängliche Versorgungsbezüge von Ehegatten bestimmt sich gem § 14 BewG nach der **Formel:**

Kapitalwert = jährliche Bruttobezüge[434] x Vervielfältiger Anl 9 zu § 14 BewG

---

428 Flick/Piltz Rn 1316
429 R 1 S 3 Nr. 5 ErbStR
430 EFG 1990, 65
431 Troll/Gebel/Jülicher § 1 Rn 81 f
432 BFH BStBl II 1981, 715; BStBl II 1982, 27; BStBl II 1990, 322; R 74 I S 2 ErbStR
433 R 74 II ErbStR
434 Einzelheiten in: R 74 III ErbStR

Obwohl § 17 I 2 hierzu schweigt, wird für zeitlich begrenzte Versorgungsleistungen § 13 BewG anzuwenden sein,[435] so dass der Vervielfältiger der Anl 9 a zu § 13 BewG zu entnehmen ist. Bei Einmalzahlungen ist der Nennwert abzuziehen. 410

Verstirbt ein Steuerpflichtiger, dessen Versorgungsfreibetrag nach § 17 I 2 gekürzt worden ist, so können seine Erben eine Berichtigung seiner Erbschaftsteuerveranlagung gem § 14 II BewG verlangen.[436] 411

Praxis-Tipp:

Bei Erbfällen ist zu prüfen, ob der überlebende Ehegatte bei der Versteuerung seines Erwerbs vom Ehepartner eine Kürzung des Versorgungsfreibetrags hinnehmen musste. Diese Kürzung kann auf Antrag der Erben des überlebenden Ehegatten zu berichtigen sein und zu einer Steuererstattung an die Erben führen. Die Steuerersparnis ist uU nicht unerheblich.[437] 412

Der Kapitalwert der Versorgungsbezüge von Kindern wird gem § 13 BewG ermittelt nach der **Formel:** 413

Kapitalwert = jährliche Bruttobezüge x Vervielfältiger Anl 9 a zu § 13 BewG

§ 13 BewG enthält keine Regelung für den Fall, dass der Berechtigte vor Ablauf des zugrunde gelegten Zeitraums verstirbt. Bei einem Tod der Kinder vor Ablauf des in § 17 II 1 genannten Zeitraums kann jedoch eine Berichtigung gem § 175 I Nr. 2 AO vorgenommen werden.[438]

4. Mitgliederbeiträge

Der von § 18 gewährte Freibetrag von 500 DM [300 €] hat nur sehr geringe praktische Bedeutung. Beiträge an Vereine, die ausschließlich die Förderung ihrer Mitglieder bezwecken, erfolgen im Rahmen eines Gegenseitigkeitsverhältnisses und sind deshalb nicht steuerbar. Die Annahme des Gesetzgebers, Beiträge an andere Vereine seien steuerpflichtige Zuwendungen, ist wohl in dieser Allgemeinheit fragwürdig.[439] Jedenfalls aber werden häufig die Steuerbefreiungen des § 13 I Nr. 16 oder des § 13 I Nr. 18 eingreifen (§ 18 S 2). Nur in den verbleibenden Fällen wird die Befreiung praktisch. 414

435 Handzik Rn 207; Ohletz in: Wilms § 17 Rn 33
436 Schulz S 452; Moench § 17 Rn 16
437 Moench § 17 Rn 16
438 Schulz S 453
439 Meincke § 18 Rn 1

5. Steuersätze, § 19

415 Gem § 19 I gelten folgende Steuersätze:

Steuerpflichtiger Erwerb (§ 10) bis einschl.	Steuersatz in Steuerklasse		
DM [€]	I	II	III
100 000 [52 000]	7	12	17
500 000 [256 000]	11	17	23
1 000 000 [512 000]	15	22	29
10 000 000 [5 113 000]	19	27	35
25 000 000 [12 783 000]	23	32	41
50 000 000 [25 565 000]	27	37	47
Über 50 000 000 [25 565 000]	30	40	50

416 Es handelt sich um einen progressiven Stufentarif, da jeder Erwerb insgesamt auf der einschlägigen Wertstufe besteuert wird und nicht etwa anteilig auf den vorausgehenden Stufen. Die Progression bestimmt sich nach der Steuerklasse und der Höhe des Erwerbs. Durch Anwendung des Steuersatzes auf den Wert des steuerpflichtigen Erwerbs (§ 10) ergibt sich die Steuerschuld.

417 Zu Härten kann es kommen, wenn die Wertgrenzen nur relativ geringfügig überschritten werden. Unter Umständen kann dies dazu führen, dass die Steuer den Mehrbetrag nicht nur aufzehrt, sondern übersteigt. Deshalb sieht § 19 III einen **Härteausgleich** vor, der allerdings die Mehrbelastung durch den Stufentarif nicht vollständig ausgleicht, sondern nur mildert, indem die Belastung, die auf den Mehrerwerb wegen Überschreitens der letzten Stufe entfällt, begrenzt wird. Der Unterschied zwischen der Steuer, die sich bei Anwendung des § 19 I ergibt, und der Steuer, die sich ergeben würde, wenn der Erwerb die vorhergehende Steuerstufe nicht überstiegen hätte, wird nur insoweit erhoben als er

- bei einem Steuersatz bis zu 30 vH aus der Hälfte und
- bei einem Steuersatz über 30 vH bis zu 50 vH aus drei Vierteln

des die Wertgrenze übersteigenden Betrages gedeckt werden kann. Es ergeben sich folgende Grenzwerte für den Härteausgleich:[440]

440 H 75 ErbStR

Wertgrenze (§ 19 I)	Härteausgleich gem § 19 III bei Überschreiten der letztvorhergehenden Wertgrenze bis einschl. ... DM in Steuerklasse		
DM	I	II	III
100 000	–	–	–
500 000	110 200	115 100	122 200
1 000 000	557 100	589 200	642 800
10 000 000	1 129 000	1 217 300	1 150 000
25 000 000	11 481 400	11 162 700	11 764 700
50 000 000	29 347 800	28 289 400	30 357 100
über 50 000 000	57 500 000	54 285 700	56 000 000

Fall:[441]

Der Vater schenkt seinem Sohn 505 000 DM in bar. Nach Abzug des Freibetrages (400 000 DM) ergibt sich ein steuerpflichtiger Erwerb von 105 000 DM. 418

Die Normalsteuer beträgt 11 550 DM (Steuersatz 11 vH). Auf der vorausgehenden Stufe ergäbe sich eine Steuerschuld von 7 000 DM (7 vH von 100 000 DM). Der Saldo beträgt 4 550 DM. Die Hälfte des die Steuerstufe übersteigenden Betrages (5 000 DM) beträgt 2 500 DM. Dieser Betrag ist geringer als der Saldo aus dem Normalsteuersatz und dem nächstniedrigeren Steuersatz (4 550 DM). § 19 III ist folglich einschlägig.

Die festzusetzende Steuer ist die Summe aus dem nächstniedrigeren Steuerbetrag (7 000 DM) und der Hälfte des Betrages, der die Wertgrenze übersteigt (2 500 DM). Sie beträgt also 9 500 DM.

Es gilt demnach folgendes **Berechnungsschema:**

1. Steuer auf den Erwerb (§ 19 I)	11 550 DM
2. Steuer auf den Betrag, bei dem die vorhergehende Stufe endet	7 000 DM
3. Differenz aus 1. und 2.	4 550 DM
4. Betrag, der die Wertgrenze überschreitet	5 000 DM
5. Die Hälfte dieses Betrages (Steuersatz bis 30 vH)	2 500 DM
6. Einhaltung der Grenzen des § 19 III ?	
7. Festzusetzende Steuer (Summe aus 2. und 5.)	9 500 DM

441 Nach Schulz S 457

Praxis-Tipp:

419 *Schenkungen im Anwendungsbereich des § 19 III, dh innerhalb der Härteausgleichszonen, sollten soweit als möglich vermieden werden, da die Belastung durch den Tarifsprung durch § 19 III nicht vollständig ausgeglichen wird.*[442]

420 § 19 II enthält einen Provisionsvorbehalt für Doppelbesteuerungsabkommen. Die Bestimmung ist nur anwendbar, wenn ein DBA einem anderen Staat das ausschließliche Besteuerungsrecht zuweist, so dass Deutschland keine Steuer erheben darf. Diese Freistellungsmethode ist derzeit in den Abkommen mit Österreich und der Schweiz vorgesehen.[443] Ist dies der Fall, wird der Wert des in Deutschland steuerfreien Vermögens nach deutschen Bewertungsgrundsätzen dem Steuerwert des in Deutschland steuerpflichtigen Vermögens hinzugerechnet. Aus diesem Gesamterwerb ergibt sich sodann der maßgebender Steuersatz. Für die Anwendung des Progressionsvorbehalts sind insbesondere auch §§ 13, 25 und 27 anzuwenden.[444] § 19 II gilt auch bei der Jahresversteuerung nach § 23.[445] Erläuterungen zum Zusammenspiel der Regelung mit § 14 hat die Verwaltung in einem Erlass gegeben.[446]

6. Berücksichtigung früherer Erwerbe, § 14

421 Gem § 14 sind alle Erwerbe, die einem Erwerber von derselben Person innerhalb eines Zeitraums von zehn Jahren angefallen sind, zusammenzurechnen. Diese Zusammenrechnung soll vermeiden, dass durch Zerlegung einer Zuwendung in mehrere die Progression des Steuertarifs vermieden und für jede einzelne Zuwendung ein persönlicher Freibetrag in Anspruch genommen werden kann.[447] Mehrere einzelne Erwerbe innerhalb dieser zehn Jahre sollen nicht gegenüber einem einheitlichen Erwerb begünstigt werden.[448] Für alle Erwerbe innerhalb des Zeitraums kann nur ein Freibetrag genutzt werden; Bemessungsgrundlage für den Steuersatz ist der Gesamterwerb. Dennoch bleiben die Vorerwerbe selbständig und bestandkräftige Veranlagungen unberührt. Jedoch wird der letzte Erwerb wegen der früheren Erwerbe mit einer höheren Steuer belegt, als sie ohne die vorhergehenden Erwerbe entstünde.

422 Eine **Zusammenrechnung scheidet aus** bei sog qualitativen Steuerbefreiungen, die den Erwerb wegen seiner besonderen Art oder wegen seines besonderen Gegenstandes unabhängig vom Wert dieses Gegenstandes steuerfrei stellen.[449] Solche Befreiungen sind § 13 I Nr. 2, 3, 4 a, 5, 12 und 14.[450] Ebenfalls hierzu gerechnet werden sollte § 13 I Nr. 1, da er trotz der betragsmäßi-

---

442 Moench § 19 Rn 16
443 H 75 ErbStR
444 Troll/Gebel/Jülicher § 19 Rn 20
445 BFH BStBl III 1955, 321
446 DB 1975, 235; dazu Moench § 19 Rn 12; Troll/Gebel/Jülicher § 14 Rn 49
447 BFH BStBl II 1978, 220, 221
448 BFH BStBl II 1999, 25
449 Meincke § 14 Rn 5
450 Moench § 14 Rn 12 mit Einschränkungen für Nr. 12 und Nr. 14; Meincke § 14 Rn 5

gen Begrenzung letztlich gegenstandsbezogen ist.[451] Auch § 13 a sollte als qualitative Befreiung verstanden werden.[452] Quantitative Befreiungen sind etwa die persönlichen Freibeträge des § 16 und die Versorgungsfreibeträge des § 17. Ist die Steuer für einen früheren Erwerb nach § 29 erloschen, scheidet eine Zusammenrechnung ebenfalls aus.[453] Bei einem Wechsel zwischen beschränkter und unbeschränkter Steuerpflicht wird nur insoweit zusammengerechnet, als die steuerpflichtigen Vermögensgegenstände identisch sind, also regelmäßig nur das Inlandsvermögen.

Zusammengerechnet wird nur, wenn die **Erwerbe von derselben Person** stammen. Folgt einer Zuwendung beider Eltern nach mehreren Jahren eine weitere Zuwendung des Vaters, wird der Erwerb von der Mutter nicht in die Zusammenrechnung einbezogen. Gem § 6 II 1 versteuert der Nacherbe die Nacherbschaft als Erwerb vom Vorerben. In die Zusammenrechnung einbezogen werden daher nur weitere Zuwendungen vom Vorerben, nicht aber solche des Erblassers. Streitig ist, ob es dabei bleibt, wenn der Nacherbe den Antrag nach § 6 II 2 stellt,[454] oder ob dann für die Zusammenrechnung das Verhältnis Nacherbe – Erblasser maßgebend ist.[455] Tritt die Nacherbfolge zu Lebzeiten ein (§ 6 III), sind mit der Nacherbschaft vorausgegangene Erwerbe vom Erblasser, und nicht vom Vorerben, zusammenzurechnen. Entsprechend ist die Rechtslage bei § 15 III.[456] 423

Der **Zehnjahreszeitraum** wird vom Steuerentstehungszeitpunkt für den letzten Erwerb zurückgerechnet. Die Frist läuft bis zum Vortag des Tages, der kalendermäßig dem Zeitpunkt des Letzterwerbes entspricht.[457] 424

Beispiel:

Ist die Steuer für den letzten Erwerb am 28. 7. 2001 entstanden, sind Vorerwerbe bis zum 29. 7. 1991 in die Zusammenrechnung einzubeziehen. 425

Jeder Elternteil kann deshalb einem Kind ohne Steuerbelastung jährlich zum Geburtstag 40 000 DM schenken (§ 16 I Nr. 2).

Praxis-Tipp:

Die Standardempfehlung lautet, den Kindern frühzeitig und aufgrund langfristiger Planung Geldbeträge unter Ausnutzung der alle zehn Jahre wieder auflebenden Freibeträge zuzuwenden. Wenn beide Eltern schenken, verdoppeln sich im Ergebnis die Kinderfreibeträge, so dass jedem Kind alle zehn Jahre steuerfrei 800 000 DM zugewendet werden können. Derartige Etappenschenkungen können auch zur Ausnutzung anderer Freibeträge (§ 13 a I) und unter Ein- 426

451 Jülicher ZEV 1994, 285, 286 Fn 9, anders die hM: Schulz S 429
452 Moench § 14 Rn 12
453 BFH BStBl II 1978, 217
454 Meincke § 14 Rn 6; Moench § 14 Rn 36
455 Schulz S 423; Troll/Gebel/Jülicher § 14 Rn 35
456 Schulz S 423
457 Troll/Gebel/Jülicher § 14 Rn 7

beziehung weiterer Generationen (Enkel) erfolgen.[458] *Solche Etappenschenkungen können auch erhebliche einkommenssteuerliche Vorteile bringen, weil die Erträge des zugewendeten Vermögens auf der Zeitachse erheblich sein können und die unter Umständen niedrigere Steuerprogression sowie eigene einkommensteuerliche Freibeträge genutzt werden können.*[459]

Je nach Lage des Falles kann es aber umgekehrt günstiger sein, gezielt eine weitere Schenkung innerhalb des Zehnjahreszeitraums zu tätigen, um die Anrechnungsmöglichkeit des § 14 I 3 zu nutzen (dazu sogleich unten).

427 Die **Zusammenrechnung** erfolgt dann in folgenden Schritten:

Es ist der Gesamtbetrag aller einzubeziehenden Erwerbe zu bilden. Dabei werden frühere Erwerbe mit den Bruttobeträgen (vor Abzug von Freibeträgen) angesetzt, und zwar mit ihrem früheren Steuerwert. Für diesen Gesamtbetrag wird nach den zum Steuerentstehungszeitpunkt geltenden Regeln die Steuerschuld ermittelt. Von dieser Steuerschuld ist die Steuer abzuziehen, die für die Vorerwerbe nunmehr geschuldet wäre (fiktive Steuer gem § 14 I 2), oder die nach früherem Recht zu entrichtende Steuer (tatsächliche Steuer gem § 14 I 3). Der Saldo ist ggf nach § 14 II zu reduzieren. Mit dieser Zusammenrechnungsmethode soll erreicht werden, dass der Letzterwerb unter Einbeziehung der vorausgegangenen Erwerbe besteuert wird.

1. Steuer für den Gesamterwerb

Steuerwert des Letzterwerbs

+ Frühere Erwerbe mit ihrem früheren Steuerwert

./. Freibeträge (§§ 16, 17 usw.)

Steuersatz (§ 19)

Steuer vor Anrechnung

2. Abzuziehende Steuer

Fiktive Steuer für Vorerwerbe (§ 14 I 2)

Vorerwerbe mit ihrem früheren Steuerwert

./. Freibeträge (nach geltendem Recht)

Steuersatz nach geltendem Recht

Oder: Tatsächlich zu entrichtende Steuer für Vorerwerbe (§ 14 I 3)

3. Steuerschuld für den Letzterwerb

Saldo aus 1. und 2.

Ggf Korrektur nach § 14 II

458 Eingehend: Rautenbergk/Korezkij DStR 1999, 81, 260
459 Beispiel bei Götzenberger S 294 ff

Beispiel:

Der Vater hat seinem Sohn im Jahr 1993 ein Grundstück geschenkt, das einen Verkehrswert von DM 1 500 000 und einen Steuerwert (Einheitswert) von DM 480 000 hatte. Der Vater stirbt in 2001; Alleinerbe ist der Sohn. Der Nachlass hat einen Steuerwert von 600 000 DM. Das 1993 geschenkte Grundstück hat jetzt einen Verkehrswert von 2 Mio DM und einen Steuerwert von 1 Mio DM.	428

1. Steuer für den Gesamterwerb	
Steuerwert des Letzterwerbs	600 000 DM
+ Steuerwert der Vorerwerbe nach ihrem früheren Steuerwert	+ 480 000 DM
Zwischensumme	1 080 000 DM
./. Freibetrag (§ 16)	./. 400 000 DM
Zwischensumme	680 000 DM
Steuer vor Anrechnung (Steuersatz 15 vH)	102 000 DM
2. Abzuziehende Steuer	
Tatsächliche Steuer für Vorerwerbe (480 000 DM ./. 90 000 DM = 390 000 DM bei Steuersatz 7 vH)	27 300 DM
Fiktive Steuer für Vorerwerbe	
Vorerwerb mit früherem Wert	480 000 DM
./. Freibetrag (§ 16)	./. 400 000 DM
Zwischensumme	80 000 DM
Fiktive Steuer nach geltendem Recht (Steuersatz 7 vH)	5 600 DM
3. Steuerschuld für den Letzterwerb	
Steuer vor Anrechnung	102 000 DM
Abzuziehende Steuer	./. 27 300 DM
Festzusetzende Steuer	74 700 DM

Erwerbe, für die sich nach den steuerlichen Bewertungsvorschriften ein **negativer Wert** ergibt, werden nicht in die Berechnung der Steuer für den Letzterwerb einbezogen (§ 14 I 4). Zu einem negativen Erwerb aufgrund eines Schuldenüberhanges wird es wegen der Behandlung der gemischten Schenkung und der Schenkung unter Leistungsauflage nicht mehr allzu häufig kommen. Negative Werte können sich insbesondere ergeben bei Grundstücksschenkungen unter Nutzungsauflage oder bei der Übertragung von Betriebsvermögen. 429

Negative und positive Steuerwerte werden jedoch saldiert, wenn eine einheitliche Zuwendung vorliegt.[460]

Praxis-Tipp:

Ergäbe sich durch eine Schenkung unter Lebenden ein negativer Steuerwert, ist zu erwägen, das »Anrechnungsvolumen« durch Übertragung weiterer Vermögensgegenstände zu nutzen. Die Saldierung ist nur möglich, wenn die Steuer für alle Vermögensgegenstände im gleichen Zeitpunkt entsteht. Notwendig ist nicht unbedingt eine Zuwendung zum selben Zeitpunkt, wenn die Beteiligten von Anfang an einen einheitlichen Schenkungsvertrag geplant hatten.[461] Der Wille zur einheitlichen Zuwendung ist zu dokumentieren.[462]

430 Hat der Schenker bei einem der zusammenzurechnenden Erwerbe die **Schenkungsteuer übernommen,** geht in die Zusammenrechnung der Bruttobetrag nach § 10 II ein.[463] Denn dies ist die tatsächliche Bereicherung des Erwerbers, die auch bei § 14 maßgebend ist.[464]

431 Tatsächliche und fiktive Abzugssteuer (§ 14 I 2 und 3) sind gleich hoch, wenn es zwischen den zusammenzurechnenden Erwerben keine Änderung der für die Steuerklasse maßgebenden persönlichen Verhältnisse und keine Gesetzesänderung gegeben hat. Heirat, Scheidung oder Adoption führen hier ebenso zur Abweichung wie die zum Teil grundlegenden Neuerungen, die das jetzt geltende Erbschaftssteuergesetz mit Wirkung zum 1. 1. 1996 gebracht hat. Das Erbschaftsteuerfinanzamt berücksichtigt von Amts wegen den maßgebenden höheren Steuerabzugsbetrag; es besteht kein Wahlrecht für den Steuerpflichtigen. Die Steuerfestsetzungen für die Vorerwerbe bleiben ungeachtet der Zusammenrechnung bestandskräftig, da es sich um selbständige Steuertatbestände handelt. Bereits gezahlte Steuer ist keine Vorauszahlung im technischen Sinne. Demzufolge soll es auch zu einer **Erstattung** bereits gezahlter Steuer **nicht** kommen können, die denkbar wäre, wenn die Steuer für den Gesamterwerb niedriger liegt als die Steuer für die vorausgegangenen Erwerbe.[465] Äußerstenfalls beträgt die Steuer für den Letzterwerb 0 DM.

432 Gem § 14 I 3 ist zwingend und von Amts wegen bei der Ermittlung der Steuerschuld für den Letzterwerb die für Vorerwerbe zu entrichtende tatsächliche Steuer abzuziehen, wenn diese höher ist als die fiktive Steuer für Vorerwerbe nach § 14 I 2. Ob diese auch als **Meistbegünstigungsklausel** bezeichnete Regelung sachgerecht ist, mag man de lege ferrenda bezweifeln.[466] Für die Steuerplanung ist jedenfalls bedeutsam, dass sie zu einem »Anrechnungsvolumen« führen kann, das genutzt werden sollte.

460 Meincke § 14 Rn 25
461 BFH BStBl II 1981, 532
462 Moench § 14 Rn 33
463 BFH BStBl II 1978, 220
464 Beispiel bei Schulz S 435
465 Meincke § 14 Rn 4; FG Baden-Württemberg EFG 2000, 1141 (nrkr Az BFH II R 17/00); R 70 IV S 5 ErbStR)
466 Meincke § 14 Rn 4

Fall:[467]

Der Ehemann schenkt seiner Frau in 1995 einen Geldbetrag von 500 000 DM. In 1998 wird eine weitere Schenkung in Höhe von 100 000 DM vollzogen. Beide Schenkungen werden dem Finanzamt angezeigt. 433

Schenkungsteuer auf den zweiten Erwerb der Ehefrau fällt wegen des Ehegattenfreibetrages von 600 000 DM, der dem Gesamterwerb entspricht, nicht an. Die fiktive Abzugssteuer für den Vorerwerb beträgt 0 DM, da sie, abgesehen von dem hier keine Rolle spielenden Steuerwert nach den Regeln des geltenden Rechts ermittelt wird, mithin ebenfalls der Ehegattenfreibetrag von 600 000 DM maßgebend ist.

Anders ist dies bei der tatsächlichen Steuer für den Vorerwerb, da der Ehegattenfreibetrag (und auch der Steuersatz) dem alten ErbStG zu entnehmen ist:

Vorerwerb	500 000 DM
./. (alter) Ehegattenfreibetrag	./. 250 000 DM
Steuerpflichtiger Vorerwerb	250 000 DM
Tatsächliche Steuer auf den Vorerwerb (alter Steuersatz: 6 vH)	15 000 DM

Die »überschießende« tatsächliche Steuer wird nicht erstattet, hätte aber dadurch genutzt werden können, dass die zweite Schenkung in 1998 so erhöht worden wäre, dass nicht nur 100 000 DM, sondern ein höherer Betrag im Rahmen des Zehnjahreszeitraumes geschenkt wird.

Der dargestellte Effekt kann sich wegen der Änderungen ergeben, die das seit dem 1. 1. 1996 geltende ErbStG gegenüber dem früheren Recht enthält (neue Bewertungsmaßstäbe für Grundbesitz und Betriebsvermögen, höhere Freibeträge, geänderte Tarifstruktur und Begünstigung des Betriebsvermögens). Der optimale Betrag der Zuschenkung lässt sich nach folgender **Faustformel** annähernd ermitteln: Die tatsächliche Steuer für den Vorerwerb wird durch den neuen Steuersatz bei der Zusammenrechnung dividiert. Das Ergebnis wird mit dem neuen Freibetrag addiert und der steuerliche Wert der Vorschenkung (ohne Freibetrag) wird abgezogen:[468] 434

$$\text{Steuerfreie Barzuwendung} = \frac{\text{tatsächliche Steuer}}{\text{Steuersatz für Gesamterwerb}} \times 100 + (\text{Freibetrag ./. Vorerwerbe})$$

Die Formel enthält einen Zirkelschluss, da letztlich der Steuersatz für den Gesamterwerb von der Höhe der Nachschenkung abhängt.[469] 435

467 Moench, § 14 Rn 23
468 Rose DB 1997, 1485, 1488
469 Götzenberger S 292; vgl daher Korezkij ZEV 1998, 291; Götzenberger S 292 f

Praxis-Tipp:

436 *Bei einer Beratung anlässlich von Schenkungen ist zu fragen, ob es schenkungssteuerpflichtige Zuwendungen vor dem 1. 1. 1996 gab. Auf die Möglichkeit einer steuerfreien Nachschenkung bis zum 31. 12. 2005 ist dann ggf hinzuweisen.*

Die Steuer, die durch einen weiteren Erwerb innerhalb des Zehnjahreszeitraums veranlasst wird, darf nicht höher sein als 50 vH dieses Erwerbs (§ 14 II). Diese Regelung wird – auch wegen § 19 III – nicht allzu häufig praktisch. Sie kann Bedeutung erlangen, wenn einem Vorerwerb, der zu einem Steuersatz von mehr als 30 vH besteuert worden ist, ein relativ geringer Nacherwerb folgt.[470]

437 Bei mehreren Schenkungen, die über den Zehnjahreszeitraum hinausreichen, kann es zu einer Überbesteuerung kommen. Erfolgen Schenkungen etwa in den Jahren 1988, 1997 und 2001, so wird die Schenkung des Jahres 1997 sowohl mit der des Jahres 1988 als auch mit der des Jahres 2001 gem § 14 zusammengerechnet. Die Überbesteuerung resultiert daraus, dass die Bemessungsgrundlage der Abzugssteuer immer um den vollen Freibetrag für die Vorerwerbe reduziert wird. Um diesen Effekt zu neutralisieren, ist für die Ermittlung der Abzugssteuer bei Beginn des neuen Zehnjahreszeitraums für die Ermittlung der Abzugssteuer der im vorhergehenden Zehnjahreszeitraum verbrauchte persönliche Freibetrag als sog **wiederauflebender Freibetrag** hinzuzurechnen.[471] Der Freibetrag lebt nur insoweit wieder auf, als er bei Besteuerung der früheren, außerhalb des 10-Jahreszeitraums liegenden Erwerbe verbraucht war.[472]

Praxis-Tipp:

438 *Zu prüfen ist deshalb nicht nur, ob es Vorschenkungen innerhalb, sondern auch, ob es Vorschenkungen außerhalb des Zehnjahreszeitraumes gegeben hat. Eine derartige Schenkungskette kann zur Folge haben, dass der Freibetrag für die erste Schenkung in der Kette wiederauflebt, dh dem Nettobetrag des Vorerwerbs der letzten Schenkung hinzuzurechnen ist.*

439 Nach neuerer Auffassung des Bundesfinanzhofs sind im Rahmen des § 14 das Nutzungsrecht an Vermögensgegenständen und die Vermögenssubstanz selbst zusammenzurechnen, so dass es zu einem Gesamterwerb kommt, der den Wert der Substanz überschreitet.[473]

470 Moench § 14 Rn 35 mit Berechnungsbeispiel
471 BFH BStBl II 1978, 220; R/H 70 V ErbStR
472 Meincke § 14 Rn 17
473 BFH BStBl II 1999, 25

Beispiel:

Es wird ein zinsloses Darlehen gewährt. Vor Ablauf der 10-Jahres-Frist beerbt der Darlehensnehmer den Darlehensgeber.

440

441 Die Gewährung eines zinslosen Darlehens ist Zuwendung nach § 7 I Nr. 1, deren Wert zu kapitalisieren ist (§§ 13 I, 15 I BewG). Im Erbfall wird die Darlehenssumme selbst (Befreiung von der Rückzahlungsverpflichtung) erworben. Die Konfusion bleibt gem § 10 III unberücksichtigt. Bei der Zusammenrechnung (§ 14) ergibt sich der Gesamterwerb aus der Summe von Kapitalwert des Nutzungsvorteils und Nennwert der Rückzahlungsverpflichtung.

7. Mehrfacher Erwerb desselben Vermögens, § 27

442 Wie § 1 I Nr. 4 zeigt, nimmt das Erbschaftsteuerrecht einen Vermögensübergang auf die nächste Generation nach 30 Jahren an. Geht dasselbe Vermögen innerhalb kürzerer Zeit durch mehrere Erwerbe auf Personen des engsten Familienkreises über, kann es zu steuerlichen Belastungen kommen, die die Vermögenssubstanz übermäßig angreifen oder gar aufzehren. Diese ungerechtfertigte Belastung will § 27 mildern, ohne sie jedoch vollständig zu beseitigen. Ermäßigt wird die Steuer auf den letzten Erwerb. Der Ermäßigungsbetrag ist gestaffelt nach dem zwischen dem Letzterwerb und dem Vorerwerb liegenden Zeitraum; er ist um so höher, je kürzer der Abstand zwischen beiden ist. Begünstigt ist der Letzterwerb nur, wenn beide Erwerbe zwischen Personen der Steuerklasse I stattgefunden haben, der Zehnjahreszeitraum nicht überschritten ist und es sich um dasselbe Vermögen handelt. Anders als § 14 stellt die Vorschrift nicht auf die Identität der beteiligten Personen, sondern auf die Identität des Erwerbsgegenstandes ab.

443 Der begünstigte letzte Erwerb muss ein **Erwerb von Todes wegen** (§ 3) sein. § 27 soll nicht gezielt zum Zweck einer Steuerersparnis durch alsbaldige Übertragung zu Lebzeiten genutzt werden können.[474] Begünstigt sind alle Fälle des § 3, also auch beispielsweise die entgeltliche Übertragung der Nacherbenanwartschaft auf den Vorerben (§ 3 II Nr. 6),[475] obwohl hier zivilrechtlich ein Erwerb zu Lebzeiten vorliegt. Der Vorerwerb kann auch eine Schenkung unter Lebenden sein. Beide Erwerbe müssen innerhalb des unter Berücksichtigung von § 9 zu ermittelnden Zehnjahreszeitraumes liegen.

444 Sowohl der vorausgegangene Erwerb als auch der begünstigte Erwerb muss sich jeweils zwischen Personen der **Steuerklasse I** vollziehen. Ob die Beteiligten des Vorerwerbs in diese Steuerklasse fallen, beurteilt sich nach der Rechtslage zum Zeitpunkt des letzten Erwerbs,[476] so dass ein nachträglicher Wechsel der Steuerklasse aufgrund einer Änderung der persönlichen Verhältnisse oder einer Gesetzesänderung zu berücksichtigen ist. Es ist nicht erforderlich, dass zwischen dem Erblasser oder Schenker des ersten Erwerbs und dem Erwerber

474 Moench § 27 Rn 5
475 BFH BStBl II 1980, 46
476 FG Berlin EFG 1992, 470; Schulz S 506 f

des begünstigten Erwerbs die Voraussetzungen der Steuerklasse I vorliegen. § 6 II 2 und § 15 III sind zu beachten, so dass der Letzterwerber als Nacherbe oder als Schlusserbe nach seinem Verhältnis zum Erblasser bzw zum erstverstorbenen Ehegatten beurteilt wird, wenn dies für ihn günstiger ist.

445 Es muss sich um **dasselbe Vermögen** handeln, was bereits bei wirtschaftlicher Identität zwischen Vor- und Nacherwerb der Fall ist. Gegenständliche Identität ist nicht gefordert, so dass auch Surrogate (etwa Verkaufserlöse) begünstigt sind.[477] Wertsteigerungen des Vermögens werden nicht in die Ermäßigungsgrundlage einbezogen, da insoweit keine mehrfache Belastung droht.[478] Für § 27 ist es unerheblich, ob dem begünstigten Erwerber das gesamte Vermögen des Vorerwerbs, ein Teil davon oder auch nur ein Nutzungsrecht zufällt.[479] Auch der Erwerb eines Nießbrauchs am Gegenstand des Vorerwerbs ist also begünstigt.

446 Entgegen der unklaren Formulierung des § 27 I ist die Vorschrift nur dann anwendbar, wenn für den Vorerwerb auch **tatsächlich** eine **Steuer festgesetzt** worden ist.[480]

Liegen diese Voraussetzungen vor, errechnet sich die **Steuerermäßigung** nach der folgenden **gesetzlichen Tabelle:**

um … vH	wenn zwischen den beiden Steuerentstehungszeitpunkten liegen:
50	nicht mehr als 1 Jahr
45	mehr als 1, aber nicht mehr als 2 Jahre
40	mehr als 2, aber nicht mehr als 3 Jahre
35	mehr als 3, aber nicht mehr als 4 Jahre
30	mehr als 4, aber nicht mehr als 5 Jahre
25	mehr als 5, aber nicht mehr als 6 Jahre
20	mehr als 6, aber nicht mehr als 8 Jahre
10	mehr als 8, aber nicht mehr als 10 Jahre

447 Als **Höchstgrenze** der Ermäßigung bestimmt § 27 III den Betrag, der sich bei entsprechender Kürzung der Steuer ergibt, die der Vorerwerber für den Erwerb desselben Vermögens entrichtet hat. Damit sollen zwischenzeitliche Wertsteigerungen des Vermögens aus der Begünstigung herausgenommen werden. Zu ermitteln ist also die Steuer, die der Vorerwerber auf dasselbe Vermögen entrichtet hat. Durch Anwendung des vH-Satzes des § 27 I ergibt sich alsdann die Höchstgrenze.

477 Moench § 27 Rn 9
478 Meincke § 27 Rn 14 f
479 Kapp/Ebeling § 27 Rn 9
480 BFH BStBl III 1961, 135; Moench § 27 Rn 11

448 Erwirbt der begünstigte Erwerber neben dem Vermögen des Vorerwerbs auch anderes Vermögen, muss gem **§ 27 II** aufgeteilt werden. Die Steuer für den gesamten Erwerb des Letzterwerbers ist in dem Verhältnis aufzuteilen, in dem der Wert des begünstigten Vermögens zu dem Wert des steuerpflichtigen Gesamterwerbs vor Abzug des persönlichen Freibetrages des Erwerbers steht. Es gilt die **Formel:**[481]

$$\text{Steuer des Gesamterwerbs} \times \frac{\text{Wert des begünstigten Vermögens}}{\text{Wert des steuerpflichtigen Gesamterwerbs}} \times \text{vH-Satz (§ 27 I)}$$

XII. Steuerfestsetzung und Erhebung

449 An dieser Stelle sind noch Fragen der Steuerschuldnerschaft und der Haftung, die Steuererklärung und die Anzeigepflichten zu erörtern. Die Bestimmungen des ErbStG konkretisieren die allgemeinen Regeln zur Steuerfestsetzung (§§ 155 ff AO) und zur Steuererhebung (§§ 218 ff AO). Andere Vorschriften des IV. Abschnitts des ErbStG sind wegen des Sachzusammenhangs bereits an anderer Stelle behandelt.[482]

1. Steuerschuldner, § 20 I und II

450 Steuerschuldner bei Erwerben von Todes wegen und Schenkungen unter Lebenden ist der Erwerber. Jeder einzelne Erwerber schuldet die Steuer für seinen Erwerb persönlich und hat hierfür mit seinem gesamten Vermögen aufzukommen. Die Erbengemeinschaft ist nicht Steuerschuldner; es besteht auch keine Gesamtschuldnerschaft (§ 44 AO) zwischen den Erben.[483] Bei Schenkungen unter Lebenden ist Steuerschuldner auch der Zuwendender. Schenker und Beschenkter sind Gesamtschuldner, jedoch hat sich das Finanzamt zunächst an den Beschenkten zu halten.[484]

451 Wer »Erwerber« ist, bestimmt der jeweilige Steuertatbestand. Der Pflichtteilsberechtigte wird also beispielsweise erst dann Erwerber, wenn er seinen Anspruch geltend macht (§ 3 I Nr. 1). Die Weitergabe der Bereicherung ändert an der einmal erlangten Stellung als Erwerber nichts.[485]

452 Der BFH steht nunmehr wieder auf dem Standpunkt, dass eine Gesamthand weder Schenker[486] noch Erwerber sein kann. Erwerber oder Schenker sind vielmehr die einzelnen Gesellschafter entsprechend ihrem Gesellschaftsanteil. Demzufolge greift nicht von vornherein für die **Personengesellschaft** die Steuerklasse III, die Steuerklasse bestimmt sich vielmehr nach dem persönlichen Verhältnis zu den Gesellschaftern (§ 15).

---

481 Schulz S 511 mit Beispielen
482 Siehe zu § 23: Rn 311, zu § 25: Rn 254, zu § 27: Rn 442, § 29: Rn 214 und zur Verjährung: Rn 212
483 Schulz S 469
484 BFH BStBl III 1962, 323
485 Meincke § 20 Rn 3
486 BFH BStBl II 1998, 630

453 Steuerschuldner bei einer Zweckzuwendung ist derjenige, der diese ausführen muss (§ 20 I 1), da es einen Erwerber nicht gibt.

454 Bei der fortgesetzten Gütergemeinschaft (§ 4 I) sind nicht nur die Abkömmlinge, die den Anteil des verstorbenen Ehegatten erwerben, Steuerschuldner, sondern gem § 20 II auch der überlebende Ehegatte. Seine starke Stellung in dieser Konstellation soll es rechtfertigen, dass er Steuerschuldner für den gesamten Steuerbetrag der Abkömmlinge ist.[487]

2. Haftung, § 20 V – VII

455 Der Haftende muss für eine fremde Steuerschuld einstehen. Zwischen ihm und dem Steuerschuldner besteht Gesamtschuldnerschaft (§ 44 AO), jedoch hat sich die Finanzbehörde regelmäßig zunächst an den Steuerschuldner zu halten (vgl § 219 AO). Die Haftungsschuld ist akzessorisch, dh in Entstehung und Bestand von der Steuerschuld abhängig. Demzufolge kann sich der Haftungsschuldner gegen den Haftungsbescheid (§ 191 I AO) nicht nur mit dem Einwand zur Wehr setzen, der Haftungstatbestand sei nicht gegeben, sondern mit allen Einwendungen, die sich auf die Steuerschuld beziehen.[488] Allgemeine Haftungstatbestände sind gem §§ 69 und 71 AO die Haftung der Vertreter (§§ 34 und 35 AO) und des Steuerhinterziehers. Als Vertreter haften etwa die Eltern für ihre minderjährigen Kinder oder der **Testamentsvollstrecker.**

456 Gem § 20 III haftet der Nachlass für die Steuerschulden der am Erbfall Beteiligten bis zur Auseinandersetzung. Ob »Beteiligte« iSd Vorschrift auch Vermächtnisnehmer oder Pflichtteilsgläubiger sind, ist zweifelhaft und sollte zutreffender Weise verneint werden.[489] Nach der Teilung des Nachlasses haftet der Nachlass nicht mehr. Es handelt sich nicht um eine persönliche, sondern um eine dingliche Haftung. Durchzusetzen ist sie wohl entweder durch Duldungsbescheid analog § 77 AO oder durch die Beschlagnahme analog § 76 AO.[490]

457 Nach § 20 V haftet der Beschenkte, wenn ihm ein Steuerschuldner seinen Erwerb oder Teile davon vor Entrichtung der Steuer unentgeltlich zugewendet hat. Die Haftung besteht in Höhe des Wertes der Zuwendung an den Dritten. Dem Gesetzgeber standen hier wohl die seltenen Fälle vor Augen, dass einem Erwerber nach der Weiterschenkung die Mittel zur Begleichung seiner Steuerschuld fehlen.[491]

458 Versicherungsunternehmen und Gewahrsamsinhaber haften, wenn sie vor Zahlung oder Sicherstellung der Steuer die Versicherungssumme, Leibrente oder das Vermögen ins Ausland zahlen (§ 20 VI). Damit soll die Besteuerung von Nachlasswerten auch im Ausland sichergestellt werden. Versicherungsunternehmen haften verschuldensunabhängig; Gewahrsamsinhaber nur bei Vorsatz oder grober Fahrlässigkeit. Gewahrsamsinhaber sind etwa Banken,

487 Schulz S 471
488 Schulz S 473
489 Jochum in: Wilms § 20 Rn 80
490 Moench/Kien-Hümbert § 20 Rn 14
491 Moench/Kien-Hümbert § 20 Rn 16

Sparkassen, Rechtsanwälte, Treuhänder, Nachlassverwalter oder **Testamentsvollstrecker.** Insbesondere die Haftung der Kreditinstitute für Beträge auf Konten, in Depots oder Schließfächern hat erhebliche praktische Bedeutung. Banken unterrichten deshalb vor der Auskehrung des Vermögens das zuständige Finanzamt. Gehaftet wird bis zur Höhe des Betrages, der ausgezahlt worden ist. § 20 VII enthält eine Haftungsfreigrenze iHv 1 000 DM [600 €].

3. Anzeigepflichten, §§ 30, 33 und 34

Die Anzeigepflichten sollen sicherstellen, dass die Erbschaftsteuerfinanzämter Kenntnis vom Steuerfall erhalten und den staatlichen Steueranspruch durchsetzen können. Pflichten zur Anzeige treffen die Steuerschuldner, aber auch bestimmte private Funktionsträger oder öffentliche Stellen. 459

a. Anzeigepflicht des Erwerbers

Die Anzeigepflicht obliegt dem Erwerber (Erbe, Vermächtnisnehmer, Pflichtteilsberechtigter etc), bei einer Zweckzuwendung dem Beschwerten und bei einer Schenkung unter Lebenden auch dem Schenker (§ 30 I und II). Verpflichtet sind nach allgemeinen Regeln auch die gesetzlichen Vertreter und Verfügungsberechtigten (§§ 34 und 35 AO). Grundsätzlich ist jeder Steuerschuldner anzeigepflichtig. Jedoch entfällt die Anzeigepflicht, wenn das Erbschaftsteuerfinanzamt bereits anderweitig unterrichtet worden ist. Hat also der Erbe bei seiner Anzeige den gegen ihn geltend gemachten Pflichtteil bereits erklärt, besteht keine Pflicht des Pflichtteilsberechtigten zur Anzeige mehr.[492] Keine Pflicht zur Anzeige besteht, wenn zweifelsfrei feststeht, dass eine Steuerpflicht nicht besteht. Jedoch genügt bereits die Möglichkeit der Steuerpflicht, um die Anzeigepflicht bestehen zu lassen.[493] 460

Weiterhin entfällt die Anzeigepflicht des Erwerbers, wenn eine Verfügung von Todes wegen durch ein deutsches Gericht, einen deutschen Notar oder einen deutschen Konsul eröffnet worden ist und sich aus der Verfügung das Verhältnis des Erwerbers zum Erblasser unzweifelhaft ergibt (§ 30 III 1). Mit »Verhältnis« ist hier entsprechend dem Zweck der Vorschrift die namentliche Bezeichnung des Zuwendenden und des Erwerbers sowie der Rechtsgrund für den Erwerb gemeint.[494] Die genannten öffentlichen Stellen sind ihrerseits anzeigepflichtig nach § 34. Bei einer Schenkung oder Zweckzuwendung entfällt aus den gleichen Gründen die Anzeigepflicht gem § 30, wenn gerichtlich oder notariell beurkundet worden ist (§ 30 III 2). 461

Die Anzeige ist binnen drei Monaten dem zuständigen Finanzamt (§ 35) gegenüber abzugeben. Ein Formblatt existiert nicht. Die Anzeige sollte aber den Inhalt des § 30 IV haben. 462

492 Troll/Gebel/Jülicher § 30 Rn 9
493 Troll/Gebel/Jülicher § 30 Rn 8
494 BFH BStBl II 1997, 73

463 Da die Anzeige keine Steuererklärung ist, wird bei verspäteter Abgabe ein Verspätungszuschlag (§ 152 AO) nicht festgesetzt werden dürfen.[495] Ein Verstoß gegen die Anzeigepflicht kann ggf eine Ordnungswidrigkeit (§ 378 I AO) oder eine Straftat (§ 370 I Nr. 2 AO) sein. Unrichtige Anzeigen sind gem § 153 AO innerhalb der Festsetzungsfrist zu korrigieren. Wer die Berichtigung eines erkannten Fehlers unterlässt, kann sich nach § 370 AO strafbar machen.[496]

464 Es ist anzunehmen, dass eine erhebliche Anzahl steuerpflichtiger Erwerbe nicht angezeigt wird.[497] Vor allem bei (formlosen) Schenkungen wird das Erbschaftsteuerfinanzamt oft nichts von der Zuwendung erfahren. Jedoch versenden die Finanzämter Kontrollmitteilungen. Die Veranlagungsbezirke (einschließlich der Prüfungsdienste und der Steuerfahndung) haben den Erbschaftsteuerfinanzämtern gegenüber umfängliche interne Mitteilungspflichten.[498] Die Erbschaftsteuerfinanzämter ihrerseits sollen den Veranlagungsfinanzämtern Kontrollmitteilungen für die Steuerakten des Erblassers oder des Erwerbers übersenden, wenn der Reinwert des Nachlasses oder der erbschaftsteuerliche Bruttowert mehr als 500 000 DM oder das zum Nachlass bzw Erwerb gehörende Kapitalvermögen mehr als 100 000 DM beträgt.[499] Kontrollmitteilungen können auch versandt werden, wenn diese Grenzwerte nicht erreicht sind. Diese Vorgehensweise der Finanzverwaltung soll zulässig sein.[500]

b. Vermögensverwahrer, Vermögensverwalter und Versicherungsunternehmen

465 Als Vermögensverwahrer und –verwalter sind vor allem Geldinstitute, aber auch Steuerberater, Rechtsanwälte, Notare und Wirtschaftsprüfer erfasst. Sie haben die Anzeige regelmäßig innerhalb eines Monats ab Kenntnis des Todesfalles zu erstatten (§ 33 I 2). Einzelheiten regelt die ErbStDV. Die Anzeigepflicht entfällt, wenn der Wert der anzuzeigenden Wirtschaftsgüter 2 000 DM nicht übersteigt (§ 1 IV Nr. 2 ErbStDV). Kreditinstitute haben den Kontostand des Erblassers zu Beginn des Todestages anzuzeigen. Wird zu diesem Zeitpunkt kein Buchungsschnitt vollzogen, ist das Guthaben vom Buchungsschnitt des Vortages mitzuteilen.[501] Es soll verhindert werden, dass die Anzeigepflicht ins Leere geht, weil das Konto oder Depot des Erblassers noch am Todestag gekündigt wird.

466 Versicherungsunternehmen müssen dem Finanzamt Anzeige erstatten, bevor sie Versicherungssummen oder Leibrenten einem anderen als dem Versicherungsnehmer zur Verfügung stellen (§ 33 III). Einzelheiten regelt § 3 ErbStDV. Angezeigt werden muss auch dann, wenn der Versicherungsvertrag vom Erben fortgeführt wird.[502]

495 Schulz S 520
496 Schulz S 520
497 Meincke § 30 Rn 1
498 Nr. 1.3.1. ErbStVA
499 Nr. 1.3.2. ErbStVA
500 BFH BStBl II 1992, 616 zu Anzeigen nach § 33; aA Felix BB 1988, 2000 f
501 BMF v. 2. 3. 1989 DStR 1989, 396
502 H 89 ErbStR

Bei vorsätzlichem und unter bestimmten Umständen auch bei fahrlässigem Verstoß gegen die Anzeigepflicht kann eine Geldbuße verhängt werden (§§ 377 II, 378 II AO).[503] 467

c. Gerichte, Behörden, Beamte und Notare

§ 34 II (iVm §§ 5 – 10 ErbStDV) nennt beispielhaft die Fälle, in denen anzuzeigen ist. Vor allem die Anzeigen der Sterbefälle durch die Standesämter dienen der lückenlosen Erfassung von Erbfällen. 468

4. Steuererklärung (§ 31) und Steuerbescheid

Der Steuerpflichtige hat die Steuererklärung nicht von sich aus abzugeben, sondern erst dann, wenn er vom Erbschaftsteuerfinanzamt hierzu aufgefordert wird (§ 31 I). Die Aufforderung geschieht meistens nach einer ersten überschlägigen Prüfung des Steuerfalles im Anschluss an eine Anzeige nach §§ 30, 33 und 34 unter Übersendung des amtlichen Erklärungsvordrucks und Fristsetzung. Die Mindestfrist von einem Monat (§ 31 I 2) kann verlängert werden. Bei verspäteter Abgabe kann ein Verspätungszuschlag (§ 152 AO) festgesetzt werden. Die Abgabe der Steuererklärung ist nach allgemeinen Regeln (§§ 328 ff AO) erzwingbar. 469

Erklärungspflichtig ist nicht nur derjenige, der tatsächlich steuerpflichtig ist, sondern jeder, der vom Finanzamt zur Erklärung aufgefordert wird. Jeder Erwerber hat grundsätzlich nur seinen eigenen Erwerb zu erklären. Jedoch sieht § 31 IV die gemeinsame Abgabe vor. Besteht Testamentsvollstreckung, Nachlassverwaltung oder -pflegschaft ist der **Testamentsvollstrecker,** Nachlassverwalter oder -pfleger abgabepflichtig (§ 31 V und VI). Bei fortgesetzter Gütergemeinschaft kann die Abgabe der Steuererklärung allein dem überlebenden Ehegatten aufgegeben werden (§ 31 III). 470

Die Zuständigkeit der Erbschaftsteuerfinanzämter weicht von der der allgemeinen Finanzämter ab.[504] Die örtliche Zuständigkeit ergibt sich aus § 35. 471

Ein Nachlassverzeichnis (§ 31 II) ist wegen des detaillierten Erklärungsvordrucks entbehrlich. Von der Möglichkeit der Selbstberechnung (§ 31 VII) wird bisher kaum Gebrauch gemacht. 472

Von der Festsetzung durch Erbschaftsteuerbescheid wird abgesehen, wenn die Steuer für den einzelnen Erbfall den Betrag von 50 DM [50 €] nicht übersteigt (§ 22). In Verbindung mit der in § 10 I 5 vorgesehenen Abrundung ergibt sich hieraus in der Sache eine Erhöhung der Freibeträge. 473

503 Meincke § 33 Rn 8 f

504 Aufstellung bei Moench Anh C 2; s auch die Homepage des BfF (www.bff-online.de)

Praxis-Tipp:

474 *Im Ergebnis bleiben Zuwendungen an ein Kind bis zu 400 799,99 DM steuerfrei. Der steuerpflichtige Erwerb ist auf 400 700 DM abzurunden (§ 10 I 5). Die verbleibenden 700 DM bleiben steuerfrei, weil sich für sie nur eine Steuer von 49 DM ergibt (§ 22).*

In der Steuerklasse II bleibt insgesamt steuerfrei ein Betrag von 20 499,99 DM und in der Steuerklasse III ein Betrag von 10 299,99 DM.[505]

475 Sind mehrere von Todes wegen oder durch Schenkung unter Lebenden begünstigte Zuwendungsempfänger vorhanden, so ist jedem ein Steuerbescheid zu erteilen. Ein einheitlicher Steuerbescheid gegenüber mehreren Steuerschuldnern ist nicht zulässig.[506] Jedoch kann die Steuer für mehrere Schenkungsfälle gegenüber demselben Beschenkten in einem Steuerbescheid festgesetzt werden.[507] Dann ist allerdings die Steuerschuld aufzugliedern, sofern nicht ausgeschlossen ist, dass die verschiedenen, in dem Bescheid zusammengefassten Steueransprüche ein unterschiedliches rechtliches Schicksal haben. Dies kann etwa im Hinblick auf Befreiungstatbestände, auf §§ 14 und 27 oder wegen unterschiedlichen Verjährungseintritts der Fall sein.[508]

476 Der Steuerbescheid wird regelmäßig dem Steuerschuldner bekannt gegeben (§ 124 I AO). In den Fällen des § 31 V muss an den **Testamentsvollstrecker,** Nachlassverwalter oder -pfleger bekannt gegeben werden (§ 32 I 1). Jedoch sind diese Personen nicht Steuerschuldner, sondern lediglich Bekanntgabeadressaten.[509]

477 Zu entrichten ist die Steuerschuld bis zu dem im Steuerbescheid festgesetzten Zahlungstermin. Gegen rechtswidrige Bescheide ist der Rechtsbehelf des Einspruchs gegeben (§ 355 I AO). Der **Testamentsvollstrecker** ist nicht selbst rechtsbehelfsbefugt, wenn er lediglich Adressat der Bekanntmachung (§ 32) und nicht selbst Erwerber von Todes wegen ist. Seine Bezeichnung als Vertreter in § 32 ist unzutreffend; er ist nicht gesetzlicher Vertreter der Erben, sondern Inhaber eines privaten Amtes. Ein Einspruchsverfahren kann er nur führen, wenn ihn der Erbe bevollmächtigt. Nicht ausreichend ist eine postmortale Vollmacht des Erblassers, denn es geht um eine Steuerschuld des Erben und nicht um eine solche des Erblassers.[510] Entsprechendes gilt für den Nachlassverwalter. Der Nachlasspfleger ist allerdings als gesetzlicher Vertreter der noch unbekannten Erben in der Regel selbst rechtsbehelfsbefugt.[511]

505 Vogt DStR 1997, 1879
506 Kapp/Ebeling § 31 Rn 14 f
507 Kapp/Ebeling § 31 Rn 15.2
508 BFH/NV 1999, 1091
509 BFH/NV 1998, 855
510 Jochum in: Wilms § 32 Rn 17
511 BFH BStBl II 1982, 687

B. Typische Gestaltungssituationen und -möglichkeiten 1723

ÜBERBLICK

B. Typische Gestaltungssituationen und -möglichkeiten

I. Allgemeines zur Schenkung- und Erbschaftsteuerplanung

Gestaltungen mit dem Ziel einer Reduzierung der Schenkung- oder Erbschaftsteuerbelastung können an allen Merkmalen des gesetzlichen Steuertatbestandes (persönliche Steuerpflicht, Steuergegenstand, Bemessungsgrundlage und Steuersatz) ansetzen.[1] Deshalb ist in Teil A. bereits an zahlreichen Stellen auf vorteilhafte Gestaltungsmöglichkeiten hingewiesen worden. Nachfolgend geht es um übergreifende Themen und Gestaltungsmodelle, die bisher noch nicht behandelt worden sind.[2] 478

Die Steuerplanung, mit der die steuerliche Belastung einer einzelnen Transaktion oder die Herabsetzung der gesamten Belastung des Vermögensübergangs in der Familie erreicht werden soll, wird sich an den **Rahmenbedingungen** orientieren, die die Finanzverwaltung in den ErbStR und weiteren Erlassen setzt. Eine diesen Rahmen überschreitende Beratung, die im Einzelfall durchaus lohnend sein kann, verlangt eine vorherige Unterrichtung der Mandanten über das Risiko der Gestaltung und die etwaige Notwendigkeit, einen Finanzgerichtsprozess zu führen. 479

Steuerplanung im Bereich des ErbStG ist, wie bei anderen Steuerarten auch, eine Planung mit **Risiken.** Es besteht das Risiko, dass sich die rechtlichen Rahmenbedingungen durch Änderungen der Rechtsprechung, der Auffassung der Finanzverwaltung, aber auch durch Gesetzesänderungen wandeln. Ein wichtiges Mittel der Planung ist etwa die Ausnutzung der derzeit im Durchschnitt recht günstigen Grundbesitzwerte. Es ist dabei nicht unwahrscheinlich, dass der Gesetzgeber die jetzigen Bewertungsmaßstäbe in den nächsten Jahren ändert, also erhöht. Unsicherheiten bestehen aber auch in tatsächlicher Hinsicht. Der Berater wird gelegentlich mit Jahrzehnte alten letztwilligen Verfügungen konfrontiert, die durch die tatsächliche Entwicklung längst überholt sind, weil Bedachte verstorben sind und die ursprünglichen Ziele des Testaments längst ihre Bedeutung verloren haben. Deshalb sollten Erbverträge und Testamente in regelmäßigen Abständen überprüft werden, am besten alle drei Jahre. 480

Tatsächliche Unsicherheiten resultieren auch aus untypischen Geschehensabläufen. Üblicherweise plant man mit der Statistik, nach der der Ehemann vor der Ehefrau und die Kindern vor den Eltern versterben. Es ist ein Beratungsfehler, andere Geschehensabläufe nicht einzubeziehen. 481

Die Steuerplanung darf sich nicht allein auf das ErbStG beschränken, vielmehr sind **andere Steuerarten** in die Betrachtung einzubeziehen. So kann sich 482

1 Meincke StbJb 1992/93, 103 ff

2 Aus der inzwischen reichhaltigen Literatur: Moench ZEV 1999, 308, 345; Fromm/Vogt S 87 ff; Müller/Ohland/Brandmüller, Teil C; Landsittel Rn 65 ff; Götzenberger S 321 ff; Ohler in: Wilms, Praktische Gestaltung; Schäfer/Schlarb S 65 ff

der Effekt der Steuerplanung beispielsweise erst aus einkommensteuerlichen Vorteilen ergeben, etwa dann, wenn Vermögen auf die Kinder übertragen wird, die eigene Freibeträge in Anspruch nehmen können, zu einem niedrigeren Einkommensteuersatz versteuern und denen die Erträge des Vermögens unmittelbar anwachsen, so dass diese später nicht mit Erbschaftsteuerbelastung übertragen werden müssen. Aus einkommensteuerlicher Sicht nachteilige Folgen schenkung- und erbschaftsteuerlicher Gestaltungen müssen bedacht werden. Die Zuwendung von Vermögen an Kinder darf nicht zu einer gewinnrealisierenden Entnahme führen; eine Nießbrauchsbestellung muss den Verlust von AfA-Volumen vermeiden. Zu bedenken sind nicht nur ertragsteuerliche (sowie ggf grunderwerbsteuerliche) Folgen, sondern auch die gelegentlich übersehene Umsatzsteuer. Ist eine Immobilie mit Option zur Steuerpflicht (§ 9 UStG) vermietet, so kann die unentgeltliche Übertragung dieser Immobilie zum anteiligen Verlust des bisher in Anspruch genommenen Vorsteuerabzugs innerhalb des zehnjährigen Berichtigungszeitraums (§ 15 a UStG) führen. Diese Beispiele, die noch ergänzt werden könnten, dokumentieren, dass eine Gesamtsteuerplanung erforderlich ist.

483 Erwägungen und Motive nicht steuerlicher Art können den Spielraum der Steuerplanung einschränken oder sie sogar ausschließen. Die beste Steuerplanung nützt nichts, wenn sie zu Zerwürfnissen in der Familie führt. So mag sich die Ehefrau ungeachtet der erbschaftsteuerlichen Nachteile der Vor- und Nacherbschaft oder des Berliner Testaments nicht dazu verstehen, nur den Nießbrauch am Vermögen ihres Mannes als Vermächtnisnehmer zu erhalten, obwohl diese Lösung wirtschaftlich und finanziell durchaus gleichwertig ist. Jedenfalls sollten Erbfolgeregelungen, so eben möglich, vorab in aller Offenheit im Kreis der Betroffenen erörtert werden. Die Generation der Erblasser (Großeltern, Eltern) sollte ihr eigenes Versorgungsbedürfnis nicht unterschätzen. Neben einem dinglichen Wohnrecht für die überlebende Ehefrau am Familienwohnheim sollte ihr also genügend Geld für eine angemessene Lebensführung, aber auch für etwaige teure Krankheiten oder Pflegekosten verbleiben. Dies nicht unter Berücksichtigung der aktuellen Wertverhältnisse, sondern der in der Zukunft einschließlich der Geldentwertung. Ohnehin ist es regelmäßig günstig, wenn die Elterngeneration über das notwendige Minimum hinaus noch etwas zu vererben hat.

484 Schützen sollte man sich auch davor, dass zu Lebzeiten bedachte Kinder oder Enkelkinder nicht die Entwicklung nehmen oder in der Weise mit dem geschenkten Vermögen verfahren, wie es erwartet worden ist. Die Möglichkeit des Rückrufs des **Vermögens** sollte deshalb – in Grenzen – bestehen.

485 Zu einer verantwortungsvollen Nachfolgeplanung gehört es auch, die nötige **Liquidität für die Entrichtung der Erbschaftsteuer** selbst zu bedenken. Bei insoweit ungünstiger Zusammensetzung des Vermögens (Immobilien, Aktien) kann die Notwendigkeit zur Veräußerung zwecks Bezahlung der Steuer unerwünscht sein. Dann ist daran zu denken, eine »unechte« Erbschaftsteuerversicherung abzuschließen, also eine Lebensversicherung auf den voraussichtlichen Erblasser, so dass die Versicherungssumme die voraussichtliche Steuerlast abdeckt. Bei Zuwendung einzelner Gegenstände (Grundstücksvermächtnis) könnte die Steuerzahlungspflicht einem anderen (etwa dem Erben) auferlegt werden.

II. Grundregeln

Einige Grundregeln, wie etwa die, die Freibeträge durch Schenkungen alle zehn Jahre auszunutzen, sind in Teil A. bereits angesprochen worden.[3] Gängig ist auch die Empfehlung, Bewertungsvorteile, die das ErbStG bietet, auszunutzen. Hier ist vor allem wegen der – im statistischen Durchschnitt – niedrigen Grundstückswerte an die Übertragung von Immobilien zu denken. Die Übertragung eines Grundstücks mit einem Verkehrswert von 1 000 000 DM und einem Bedarfswert von 500 000 DM an ein Kind löst eben (nach Abzug des Freibetrages) eine deutlich geringere Steuerlast aus als die Übertragung eines Wertpapierdepots von 1 000 000 DM. Zu prüfen ist aber der Verkehrswert im einzelnen Fall, denn die Bedarfswerte können durchaus auch einmal 80 vH des Verkehrswertes des Grundstücks oder einen noch höheren Wert erreichen. 486

Zudem darf nicht übersehen werden, dass die Übertragung belasteten Grundbesitzes zu Lebzeiten ungünstiger ist als die Vererbung eines solchen Grundstücks. Denn bei einer Schenkung unter Lebenden gelten die Regeln der gemischten Schenkung, so dass die auf dem Grundstück lastenden Schulden nicht in voller Höhe abgezogen werden können, sondern die steuerliche Bemessungsgrundlage nur anteilig mindern.[4] Im Erbfall sind jedoch derartige Schulden in voller Höhe als Nachlassverbindlichkeiten abzugsfähig. 487

1. Mittelbare Schenkung

Der Gegenstand einer Schenkung unter Lebenden muss nicht unmittelbar aus dem Vermögen des Schenkers stammen; es genügt gem § 7 I Nr. 1, dass der Schenker auf Kosten des Zuwendenden bereichert ist. Daher kann der Schenker dem Empfänger die Mittel zur Verfügung stellen, mit denen dieser das Schenkungsobjekt selbst erwirbt und bezahlt. Ist der Gegenstand, den der Beschenkte erwerben soll, bereits vor der Geldschenkung exakt bestimmt, ist er Gegenstand der Schenkung (mittelbare Schenkung). Fehlt es an der rechtzeitigen Festlegung des zu erwerbenden Objektes, liegt statt dessen eine Geldschenkung unter Auflage vor. Schenkungsgegenstand ist in diesem Fall der Geldbetrag.[5] Die mittelbare Schenkung wird wegen der regelmäßig günstigen Bewertung insbesondere im Zusammenhang mit Grundstücken eingesetzt. 488

Beispiel:

Die Eltern schenken ihrer Tochter einen Geldbetrag von 500 000 DM. Im notariellen Schenkungsvertrag oder in einer privatschriftlichen Vereinbarung ist festgelegt, dass die Tochter mit diesem Geld eine genau bezeichnete Eigentumswohnung anschaffen soll. Die Tochter kauft die Eigentumswohnung wenige Tage später. 489

3 Siehe auch zusammenfassend: Moench ZEV 1999, 308, 345
4 Siehe oben Rn 155
5 Meincke § 7 Rn 17

Es liegt eine mittelbare Grundstücksschenkung vor. Schenkungsgegenstand ist die Eigentumswohnung, so dass deren Bedarfswert Bemessungsgrundlage für die Schenkungsteuer ist.

490 Statt des Kaufpreises für ein bestehendes Objekt können auch die Kosten zum Erwerb eines bestimmten unbebauten Grundstücks und zur Bebauung übernommen werden. Möglich ist auch die Zahlung eines Teils des Anschaffungspreises oder eines Teils der Baukosten. Sogar für die vollständige oder teilweise Übernahme der Herstellungskosten für Um-, Aus- oder Anbauten können die Regeln der mittelbaren Schenkung greifen.[6] Wesentlich ist jedoch, dass es sich jeweils um eine bestimmte Anschaffung oder eine bestimmte Maßnahme handelt, die vor der Geldzuwendung festgelegt sein muss.[7] Der Erwerber muss dies entweder durch entsprechende schriftliche Vereinbarung oder bei Bauvorhaben etwa durch eine Bauvoranfrage, einen Kostenvoranschlag oder einen Finanzierungsplan nachweisen. Der Erwerb oder die Baumaßnahme muss anschließend auch realisiert werden.[8]

491 Die Zuwendung eines Teils der Anschaffungs- oder Herstellungskosten soll nur dann ausreichen, wenn 10 vH des vom Beschenkten selbst aufgebrachten Teils des Preises oder der Kosten überschritten werden.[9] Ungeklärt ist, ob es genügt, wenn der Beschenkte aus mehreren vor der Geldschenkung festgelegten Grundstücken aussuchen darf.[10] Der zeitliche Abstand zwischen der Überlassung des Geldes und der bestimmungsgemäßen Verwendung sollte nicht zu groß werden, weil dann die Annahme einer Geldschenkung droht.[11] Steuerentstehungszeitpunkt (§ 9) der mittelbaren Grundstücksschenkung ist nicht die Hingabe des Geldes, sondern der Zeitpunkt, in dem die für die Rechtsänderung im Grundbuch erforderlichen Erklärungen abgegeben worden sind oder der Zeitpunkt der Bezugsfertigkeit.[12]

492 Wird eine Immobilie, die Gegenstand einer mittelbaren Grundstücksschenkung ist, anschließend vom Beschenkten selbst genutzt, können einkommensteuerliche Nachteile entstehen, wenn die **Eigenheimzulage** nach dem Eigenheimzulagengesetz verloren geht. Dies droht deshalb, weil dieses Gesetz eine entgeltliche Anschaffung voraussetzt, die bei einer Schenkung fehlt. Demzufolge muss geprüft werden, ob ein Anspruch auf Eigenheimzulage besteht oder beispielsweise wegen Objektverbrauchs oder wegen Überschreitens der Fördergrenzen nicht in Betracht kommt.[13]

6 Einzelheiten in: H 16 ErbStR
7 R 16 I S 4 ErbStR
8 R 16 ErbStR
9 R 16 III ErbStR
10 Zutreffend dafür: Meincke § 7 Rn 19
11 BFH BStBl II 1985, 159, 160; R 16 I S 6 ErbStR
12 R 23 II ErbStR
13 Eingehend: Fromm/Vogt Rn 142 ff

2. Kettenschenkung

Eine Kettenschenkung ist in Erwägung zu ziehen, wenn die unmittelbare Schenkung vom Schenker an den Beschenkten steuerlich ungünstiger ist als die Einschaltung einer Zwischenperson. 493

Beispiel:[14]

Schenkt der Großvater seiner Enkelin ein Sparbuch mit 300 000 DM, fällt Schenkungsteuer iHv 22 000 DM an. Nach Abzug des Freibetrages für Kinder noch lebender Kinder (100 000 DM) verbleibt eine Bereicherung von 200 000 DM bei einem Steuersatz von 11 vH. 494

Schenkt der Großvater das Sparbuch zunächst seinem Sohn, fällt wegen des Freibetrages (400 000 DM) keine Steuer an. Aus dem gleichen Grund ist auch die Schenkung des Sparbuchs vom Vater an die Tochter steuerfrei.

Der erwünschte Effekt tritt nicht ein, wenn die Mittelsperson aufgrund einer bestehenden Verpflichtung den Schenkungsgegenstand an einen Dritten weitergibt. Die Mittelsperson ist, da die Weitergabeverpflichtung ihre Bereicherung entfallen lässt, nicht bereichert. Schenkungsteuerrechtlich liegt eine Zuwendung aus dem Vermögen des ersten Zuwendenden an den Dritten vor.[15] Wäre der Vater also im Beispiel rechtlich zur Weitergabe verpflichtet, bliebe es bei der Schenkungsteuerpflicht der Tochter (22 000 DM). Anders ist dies, wenn eine Weitergabeverpflichtung nicht besteht, der Vater vielmehr aus freien Stücken und nachdem eine gewisse Zeit verstrichen ist, die Schenkung an seine Tochter vollzieht. Zwar kann eine Kettenschenkung ein Gestaltungsmissbrauch (§ 42 AO) sein, jedoch wird das Finanzamt den ihm insoweit obliegenden Nachweis regelmäßig nicht führen können.[16] Ein solcher Missbrauch sollte jedenfalls dann ausscheiden, wenn der Schenker den Gegenstand einer ihm nahestehenden Person zuwendet und diese Person ihn sodann einer ihr wiederum familiär nahestehenden Person schenkt, mit der der Erstschenker erheblich geringer familiär verbunden ist.[17] Im Übrigen sollte vorsichtshalber eine gewisse Zeit zwischen der ersten und der zweiten Schenkung liegen. 495

Das Risiko der Kettenschenkung besteht darin, dass der zunächst Beschenkte die Erwartung, er werde das Geschenk – aus welchen Gründen auch immer – weitergeben, nicht erfüllt oder dass bei seinem Versterben die Erben hiervon nichts wissen wollen. 496

14 Fromm/Vogt Rn 181
15 BFH BStBl II 1994, 128
16 Moench ZEV 1999, 308, 310
17 FG Rheinland-Pfalz EFG 1999, 617; Ohler in: Wilms, Praktische Gestaltung, Rn 92

3. Überspringen einer Generation

497 Erbschaftsteuervorteile können sich ergeben, wenn bei Zuwendungen eine Generation übersprungen wird, etwa indem Großeltern ihre Enkel bedenken. Steuersatznachteile ergeben sich seit 1996 nicht mehr, da die Enkelkinder wie die Kinder in die Steuerklasse I fallen. Der Freibetrag eines Enkelkindes, dessen Eltern noch leben, beträgt 100 000 DM [51 200 €] und 400 000 DM [205 000 €], wenn die Eltern im Steuerentstehungszeitpunkt bereits verstorben sind. Das »Generation-Skipping« erspart idealiter die Steuer auf den Vermögensübergang von den Eltern auf die Kinder, der sonst erfolgen müsste. Es können sich Progressionsvorteile ergeben, weil beim späteren Übergang des eigenen Vermögens der Eltern auf die Kinder der Steuersatz niedriger ist als er bei einem Übergang gemeinsam mit dem Vermögen der Großeltern wäre.

498 Das Übergehen einer Generation kann in der Weise erfolgen, dass Großeltern ihre Enkel als Erben einsetzen oder dass sie diese schon zu Lebzeiten beschenken. Eine direkte Erbeinsetzung der Enkel setzt voraus, dass Vater oder Mutter keine Pflichtteilsrechte geltend machen. Der gleiche Effekt lässt sich auch noch beim Versterben der Großeltern erzielen, wenn die Eltern das Erbe zugunsten ihrer Kinder ausschlagen.

499 Das Überspringen einer Generation ist nicht in allen Fällen von Vorteil. Je nach Lage des Falles und Höhe des Vermögens kann durchaus einmal eine Schenkung vom Großvater an den Sohn und eine spätere Weiterschenkung an den Enkel günstiger sein. Die unmittelbare Schenkung Großvater-Enkel führt insgesamt zu einer geringeren erbschaftsteuerlichen Belastung, wenn der geschenkte Betrag größer als 911 700 DM ist.[18] Deshalb ist in jedem einzelnen Fall exakt zu rechnen. Denkbar ist dabei auch eine Kombination aus Direktschenkung und Umwegschenkung (Großvater-Vater-Enkel).[19]

500 Nachteilig kann beim »Generation-Skipping« sein, dass der Freibetrag, der dem Kind im Verhältnis zu seinen Eltern zusteht, nicht genutzt wird, wenn er das Vermögen unmittelbar von den Großeltern erhält. Um dies zu vermeiden, kann entweder die Zuwendung der Großeltern gesplittet oder ein Nießbrauch zugunsten der Eltern an dem auf die Enkel übertragenen Vermögen bestellt werden.[20]

501 Besteht umgekehrt kein Anlass, schon die Enkel zu bedenken, etwa weil die Eltern das Vermögen der Großeltern benötigen, könnte immerhin erwogen werden, einen Teil direkt den Enkeln zuzuwenden. Der Freibetrag, den die Enkel im Verhältnis zu den Großeltern haben, geht dann nicht ungenutzt verloren.

---

18 So die Berechnung von Schäfer/Schlarb S 108 ff
19 Schäfer/Schlarb S 109 f
20 Götzenberger S 330 f

III. Gestaltungsfragen im Zusammenhang mit der Ehe

1. Wahl des richtigen Güterstandes

Nur der gesetzliche Güterstand der Zugewinngemeinschaft bringt den Vorteil der Steuerfreistellung des Zugewinnausgleichsanspruchs des Ehegatten gem § 5. In den anderen Güterständen besteht dieser, je nach Lage des Falles erhebliche, Vorteil nicht. Aus rein erbschaftsteuerlicher Sicht ist daher die Zugewinngemeinschaft fast immer der richtige Güterstand. 502

Die bei Laien verbreitete Vorstellung, nur die Gütertrennung gewähre wirksamen Schutz vor dem Zugriff der Gläubiger, ist unzutreffend, da auch bei der Zugewinngemeinschaft zivilrechtlich getrennte Vermögensmassen bestehen und allenfalls die Vermutung des § 1362 BGB gewisse Schwierigkeiten bereiten kann. Für eine Gütertrennung kann daher im wesentlichen das Bestehen des Zugewinnausgleichsanspruchs selbst sprechen, der im Scheidungsfall zu erheblichen Liquiditätsbelastungen führen kann. Insoweit ist an Modifizierungen, also Beschränkungen des Zugewinnausgleichsanspruchs zu denken, die zivilrechtlich in vielfältiger Hinsicht möglich sind.[21] Insbesondere bei unternehmerischem Vermögen und bei Gesellschaftsbeteiligungen mögen sich solche Modifikationen anbieten. Insofern gilt die Regel, dass die **modifizierte Zugewinngemeinschaft** im Regelfall der richtige Güterstand ist.[22] 503

2. Begründung und Beendigung der Güterstände

Die Begründung der Zugewinngemeinschaft anlässlich der Eheschließung ist schenkungsteuerlich irrelevant, da es zu einem Vermögenstransfer zwischen den Eheleuten nicht kommt, vielmehr jeder Inhaber seines Vermögens bleibt. Das gleiche gilt, wenn Gütertrennung vereinbart wird. Eine Schenkungsteuerpflicht kann aber ausgelöst werden durch die Vereinbarung der seltenen Gütergemeinschaft, bei der das vorhandene Vermögen, soweit es nicht Sondergut bleiben muss oder kraft ausdrücklicher Regelung Vorbehaltsgut bleibt, Gesamtgut beider Ehegatten wird. Den Ehegatten wächst eine gesamthänderische Beteiligung am Gesamtvermögen zu, die höher sein kann als das von ihnen eingebrachte Vermögen. Demzufolge ordnet § 7 I Nr. 4 ausdrücklich an, dass die Bereicherung, die ein Ehegatte bei Vereinbarung der Gütergemeinschaft erfährt, eine Schenkung unter Lebenden ist.[23] 504

Ein Wechsel des ehelichen Güterstandes während der Ehe ist schenkungsteuerlich nur dann bedeutsam, wenn dabei Vermögen transferiert wird. Bei einem Wechsel von der Gütergemeinschaft zur Gütertrennung ist dies nicht der Fall, weil den Ehegatten ihre bisherige hälftige Beteiligung am Gesamtgut nunmehr als Alleininhaber zusteht. Anders im umgekehrten Fall des Wechsels von der Gütertrennung in die Gütergemeinschaft: Hier kann es zu einer Ver- 505

21 Palandt/Brudermüller § 1363 Rn 4
22 Kappe DStR 1992, 1691; Kusch StuW 2000, 246 (mit unterschiedlichen Empfehlungen je nach Vermögenssituation)
23 Siehe oben Rn 180 ff

mögensmehrung des weniger begüterten Ehegatten kommen, die schenkungsteuerpflichtig ist.

506 Wird aus der Zugewinngemeinschaft in die Gütergemeinschaft gewechselt, greift die Steuerbefreiung des § 5 II. Die Steuerbefreiung mindert die steuerpflichtige Bereicherung.[24]

507 Der Übergang von der Zugewinngemeinschaft zur Gütertrennung oder zur Gütergemeinschaft kann dazu benutzt werden, um dem Ehegatten im Rahmen der steuerfreien Zugewinnausgleichsforderung Vermögenswerte ohne Schenkungsteuerbelastung zuzuwenden. Da die Finanzverwaltung einen »fliegenden Zugewinnausgleich« nicht akzeptiert,[25] ist eine solche **Beendigung der Zugewinngemeinschaft** jenseits der einschlägigen Steuerbefreiungen und jenseits des Ehegattenfreibetrages die einzige Möglichkeit, steuerfrei Vermögen zu transferieren. Diese Transaktion, deren Folgen sorgfältig bedacht sein wollen, kommt naturgemäß eher bei größeren Vermögen in Betracht. Man könnte daran denken, rechtzeitig vor diesem Wechsel durch ehevertragliche Vereinbarung eine Erhöhung des Zugewinnausgleichsanspruchs herbeizuführen, da solche Modifikationen gem § 5 II auch schenkungsteuerlich akzeptiert werden müssen. Jedoch besteht die ernsthafte Gefahr, dass die Finanzverwaltung in solchen Erhöhungen des Zugewinnausgleichs, die etwa durch abweichende Vereinbarung eines niedrigeren Anfangsvermögens oder durch einen vor dem Beginn der Zugewinngemeinschaft liegenden Zeitpunkt (»rückwirkende Zugewinngemeinschaft«) geschehen können, als selbständige Schenkung unter Lebenden (§ 7 I Nr. 1) qualifiziert.[26]

508 Die Ehegatten sind nicht gehindert, nach Verlassen der Zugewinngemeinschaft diese durch Beendigung des gewählten vertraglichen Güterstandes erneut zu begründen. Es wird sich aber empfehlen, eine gewisse Zeitspanne zwischen Beendigung und erneuter Begründung der Zugewinngemeinschaft zu legen, um zu vermeiden, dass ein Gestaltungsmissbrauch (§ 42 AO)[27] angenommen wird.

509 Bei der Beendigung der Ehe durch **Scheidung** erhält der Ehegatte im Fall der Gütertrennung und der Gütergemeinschaft ohnehin das Vermögen, das ihm bereits vorher zustand, so dass eine Schenkungsteuerpflicht insoweit nicht in Betracht kommt. Bei Beendigung der Zugewinngemeinschaft erwirbt der Ehegatte die steuerfreie Zugewinnausgleichsforderung.

3. Ausgestaltung der Vermögensverhältnisse in der Ehe

510 Eine klare Trennung der Vermögensmassen der Ehegatten in der Ehe ist – auch – aus schenkung- und erbschaftsteuerlicher Sicht empfehlenswert. Die Behandlung der Gemeinschaftskonten oder -depots von Ehegatten durch Rechtsprechung und Finanzverwaltung zeigt exemplarisch, welche Probleme bei einer Vermögensvermischung auftreten können.

---

24 Moench DStR 1989, 299, 304
25 Siehe oben Rn 105
26 R 12 II S 2 ff
27 Schwedhelm/Olbing BB 1995, 1717, 1723

Gemeinschaftskonten oder -depots werden entweder mit der Befugnis zur Einzelverfügung für jeden Ehegatten (Oder-Konto) oder mit Gemeinschaftsverfügungsbefugnis (Und-Konto) errichtet. Finanzrechtsprechung und –verwaltung rechnen solche Konten und Depots im Zweifel beiden Ehegatten zu je gleichen Anteilen zu.[28] Für diese Zweifelsregel kommt es zunächst nicht darauf an, aus wessen Einkünften die Einzahlungen auf das Konto stammen.[29] Jedoch kann der Steuerpflichtige nachweisen, dass etwas anderes vereinbart und auch tatsächlich praktiziert worden ist.[30] Ohne eine entsprechende schriftliche Vereinbarung wird ein solcher Nachweis schwerlich zu führen sein. Ein Indiz für die gewollte Zurechnung kann die Behandlung der Kapitaleinkünfte und des Kapitalvermögens bei der Einkommensteuer sein. Auf die Steuerakten wird sich allerdings auch das Finanzamt berufen können, wenn es – zu Ungunsten des Steuerpflichtigen – eine Abweichung von der hälftigen Zurechnung nachweisen will. Verstirbt der Alleinverdiener und beruft sich der überlebende Ehegatte auf die hälftige Zurechnung, möglicherweise unter Vorlage einer entsprechenden schriftlichen Abrede, will die Verwaltung wohl eine steuerpflichtige Schenkung unter Lebenden annehmen.[31] Dies kann wegen § 170 V Nr. 2 AO auch dann noch geschehen, wenn die behauptete Schenkung Jahrzehnte zurückliegen sollte. Die generelle Annahme einer steuerpflichtigen freigebigen Zuwendung unter Lebenden in solchen Fällen ist aber schon dem Grunde nach sehr fraglich.[32] Tatsächlich wird der dem Finanzamt obliegende Nachweis einer steuerpflichtigen Schenkung selten möglich sein.[33] 511

Praxis-Tipp:

1. *Für eine klare Trennung der Vermögensmassen der Ehegatten ist zu sorgen (getrennte Konten, Depots). Ein Gemeinschaftskonto sollte nur für den laufenden finanziellen Bedarf der Familie geführt werden.* 512
2. *Vermögensverschiebungen zwischen Ehegatten sollten langfristig geplant und unter Ausnutzung der Steuerbefreiungen (insbesondere des § 13 I Nr. 4 a, 12 und 14) sowie des persönlichen Freibetrages im Zehnjahresrhythmus erfolgen. Genutzt werden kann auch die gesetzliche Unterhaltspflicht, zu der auch eine angemessene Altersversorgung gehört.[34] Wegen des bestehenden gesetzlichen Anspruchs scheidet insoweit eine Schenkung aus.*
3. *Die Vermögensordnung zwischen den Ehegatten sollte zu Nachweiszwecken schriftlich dokumentiert werden.*
4. *Die Vermögensordnung sollte entsprechend den wirtschaftlichen Gegebenheiten vorgenommen werden. Zu welchen unliebsamen Überraschungen es andernfalls kommen kann, zeigt folgendes Beispiel.*

28 FG Rheinland-Pfalz EFG 1994, 125; FG Düsseldorf EFG 1996, 242; OFD Koblenz v. 18. 8. 1997 ZEV 1998, 21; vgl zum Oder-Depot auch: BGH ZEV 1997, 159
29 Hessisches FG EFG 1992, 142
30 OFD Koblenz v. 18.8.1997 ZEV 1998, 21
31 OFD Koblenz v. 18. 8. 1997 ZEV 1998, 21
32 Zweifelnd: Schulz S 120; ablehnend: Kapp/Ebeling § 10 Rn 37
33 Moench § 10 Rn 14; vgl auch FG Münster EFG 1993, 589
34 Moench § 7 Rn 137

Beispiel:[35]

513 Auf einem unbebauten Grundstück, das die Ehefrau geerbt hat, wird aus den Mitteln des Ehemannes ein Mehrfamilienhaus errichtet. Die Ehefrau stirbt und wird allein vom Ehemann beerbt.

Eigentümerin des errichteten Hauses war allein die Ehefrau. Der Ersatzanspruch des Ehemannes gem §§ 949, 952, 812 BGB kann nicht als Nachlassverbindlichkeit abgezogen werden. Demzufolge versteuert der Ehemann den Erwerb des Hauses in vollem Umfang.

Zutreffenderweise hätte zu Lebzeiten der Eheleute Miteigentum begründet werden müssen, und zwar nach der Quote, die dem jeweiligen finanziellen Einsatz entsprach (Verkehrswert Grund und Boden/Baukosten).

514 Steuerlich vorteilhaft sein kann der Abschluss einer verbundenen **Lebensversicherung,** bei der Ehegatten wechselseitig ihr Leben versichern und die Auszahlung der Versicherungssumme an den Überlebenden erfolgen soll. Der steuerpflichtige Erwerb (§ 3 I Nr. 4) umfasst dann regelmäßig nur die Hälfte der Versicherungssumme, da die Finanzverwaltung unterstellt, jeder Ehegatte habe die Hälfte der Prämie aufgebracht.[36]

515 Demgegenüber versteuert der überlebende Ehegatte als Bezugsberechtigter die gesamte Versicherungssumme, wenn allein das Leben des anderen Ehegatten versichert und wenn dieser Versicherungsnehmer war (§ 3 I Nr. 4). Diese ungünstige Konstellation sollte vermieden werden. Statt dessen sollte der überlebende Ehegatte von vornherein Versicherungsnehmer sein. Die Auszahlung der Versicherungsleistung an den Versicherungsnehmer ist kein steuerbarer Erwerb.[37] Dies ist unzweifelhaft, wenn der Versicherungsnehmer auch die Prämien für den Versicherungsvertrag selbst aus eigenem Vermögen entrichtet hat. Stammen die Prämien aus dem Vermögen des anderen Ehegatten, kann in der Zuwendung der Prämien eine Schenkung liegen. Die Besteuerung der Versicherungsleistung entfällt auch dann, wenn der überlebende Ehegatte nicht Versicherungsnehmer war, sofern er die Prämien aus eigenem Vermögen entrichtet hat.[38]

516 Versicherungsverträge können für mittelbare Schenkungen genutzt werden. § 12 IV BewG erlaubt eine Bewertung der Übertragung eines Versicherungsvertrages entweder mit dem Rückkaufswert oder mit zwei Dritteln der eingezahlten Prämien oder Kapitalbeiträgen. Besteht der Versicherungsvertrag bereits eine gewisse Zeit, kann der Rückkaufswert den Zweidrittelwert deutlich überschreiten.[39] Der Bewertungsvorteil kann im Wege einer mittelbaren Schenkung beispielsweise in der Weise genutzt werden, dass der Ehemann der Ehefrau Geld schenkt mit der Maßgabe, einen bestimmten bereits von einem Dritten zum Teil angesparten Lebensversicherungsvertrag zu erwerben.[40]

35 Nach Ohler in: Wilms, Praktische Gestaltung, Rn 55 ff
36 R 9 III S 2 ErbStR
37 Moench § 3 Rn 162 mwN
38 Moench § 3 Rn 163
39 Troll/Gebel/Jülicher § 12 Rn 66 mit Beispiel
40 Rödder DStR 1993, 781

Gleichermaßen kann der Ehemann, der zunächst Versicherungsnehmer ist, die bereits teilweise bediente Versicherung auf seine Ehefrau übertragen. Der Bewertungsvorteil des § 12 IV BewG soll allerdings abgeschafft werden.[41]

IV. Familienpool

Der Familienpool ist eine Gesellschaft bürgerlichen Rechts, deren Zweck in der Verwaltung von Immobilien, unter Umständen auch anderen Vermögens (Kapitalvermögens), besteht. Die Großeltern oder Eltern bringen ihr Grundvermögen in die Grundstücksverwaltungsgesellschaft ein und beteiligen die nächste oder übernächste Generation als Gesellschafter. Durch entsprechende Gestaltung des Gesellschaftsvertrages wird sichergestellt, dass das Vermögen in der Familie gebündelt bleibt, indem etwa der Gesellschafterkreis auf Familienmitglieder beschränkt und eine Veräußerung der Gesellschaftsanteile ausgeschlossen wird. Die Generation der Schenker kann sich gesellschaftsvertraglich das Recht zur Geschäftsführung vorbehalten. Die Rechtsform der GbR bietet weitgehende Flexibilität, so dass auch eine abweichende Gewinnverteilung möglich ist, bei der etwa ein Gesellschaftsanteil in Höhe von 10 vH mit einer Gewinnbeteiligung von 90 vH ausgestattet werden kann.[42] Durch einen solchen Pool kann Vermögen auf die nächste oder übernächste Generation unter Ausnutzung der erbschaftsteuerlichen Freibeträge innerhalb des Zehnjahreszeitraumes übertragen werden. Im Vergleich zu Alternativgestaltungen wie der Grundstücksübereignung unter Nießbrauchsvorbehalt oder gegen Rente ergibt sich als Vorteil, dass das Familienvermögen zusammengehalten wird und das Risiko des Anfalls an familienfremde Personen im Fall einer Scheidung oder bei der Geltendmachung von Pflichtteilsansprüchen reduziert oder ausgeschlossen wird. 517

Der Familienpool kann auch genutzt werden, um die steuerlichen Nachteile der Vor- und Nacherbschaft oder des Berliner Testaments zu vermeiden. Der Vorerbe oder der überlebende Ehegatte schlägt die Erbschaft aus, das Vermögen wird in einen Pool eingebracht, wobei der Ausschlagende als Abfindung eine Gesellschaftsbeteiligung erhält.[43] 518

Ertragsteuerlich ist der Familienpool keine Mitunternehmerschaft, sondern eine **vermögensverwaltende Gesellschaft,** die Einkünfte nach § 21 EStG erzielt. Gewerblichkeit läge nur vor, wenn die Voraussetzungen des gewerblichen Grundstückshandels erfüllt würden oder wenn die Vermietung ausnahmsweise wegen Sonderleistungen gewerblich geprägt würde.[44] Der Gesellschaftsvertrag muss grundsätzlich den Anforderungen an Verträge unter Angehörigen genügen, also zivilrechtlich wirksam sein, tatsächlich durchgeführt werden und dem Fremdvergleich standhalten.[45] 519

41 Art 11 Nr. 1 Entwurf eines Gesetzes zur Änderung steuerlicher Vorschriften (Steueränderungsgesetz 2001). Ob dieser Gesetzentwurf der Bundesregierung umgesetzt wird, bleibt abzuwarten.

42 Langenfeld/Günther Rn 612 ff mit Vertragsmuster; weiteres Muster bei Landsittel Anh

43 Fromm/Vogt Rn 310 ff

44 Schmidt/Weber-Grellet § 15 Rn 80 ff

45 Schmidt/Heinicke § 4 Rn 520 »Angehörige/Angehörigenverträge« e) aa); Herrmann DB 1992, 2104

520 Sollen **minderjährige** Kinder beteiligt werden, ist also anlässlich der Gesellschaftsgründung ein Ergänzungspfleger zu bestellen. Im Übrigen ist zu berücksichtigen, dass gem § 723 I 3 Nr. 2 BGB ein zwingendes Recht zur Kündigung aus wichtigem Grund besteht, wenn ein Gesellschafter das 18. Lebensjahr vollendet hat.

521 Die Schenkung von Gesellschaftsanteilen an der GbR an Kinder oder Kindeskinder beurteilt sich nach der Steuerklasse I; Beschenkter ist nicht die Personengesellschaft selbst.[46]

522 Sieht der Gesellschaftsvertrag eine Gewinnverteilung vor, die nicht der Höhe der Gesellschaftsanteile entspricht, ist § 7 VI zu beachten. Eine Gewinnbeteiligung an einer Personengesellschaft, die insbesondere der Kapitaleinlage, der Arbeits- oder der sonstigen Leistung des Gesellschafters für die Gesellschaft nicht entspricht oder die einem fremden Dritten üblicherweise nicht eingeräumt würde, stellt eine steuerpflichtige Schenkung unter Lebenden dar. Eine solche **Gewinnübermaßschenkung** wird einmal dann angenommen, wenn nach den ertragsteuerlichen Regeln zur Familienpersonengesellschaft eine überhöhte Gewinnbeteiligung festgestellt worden ist.[47] Dies wird bei einer Gewinnbeteiligung der Fall sein, die auf längere Sicht zu einer Verzinsung von mehr als 15 vH des Verkehrswertes des Anteils führt.[48] Fehlt eine ertragsteuerliche Feststellung, ist ein etwaiges Gewinnübermaß selbständig zu ermitteln. Zugrunde gelegt wird hierzu prinzipiell der durchschnittliche Gewinn der letzten drei Wirtschaftsjahre vor der Schenkung.[49] Der Kapitalwert des überhöhten Gewinnanteils wird mangels anderer Anhaltspunkte mit dem 9,3-fachen des Jahreswertes (§ 13 II BewG) ermittelt.

523 Die Anwendung des § 7 VI kann dadurch vermieden werden, dass vor Gründung der GbR zugunsten des künftigen Schenkers ein Nießbrauch (ggf in Form des Quotennießbrauchs) am Grundstück vorbehalten wird. Zwar kann § 25 der Abzugsfähigkeit dieses Nießbrauchs bei der Schenkung entgegenstehen; trotzdem kann diese Gestaltung zu günstigeren Ergebnissen führen als eine Gewinnübermaßschenkung aufgrund reziproker Gewinnverteilung.[50]

524 **Grunderwerbsteuer** für die Schenkung der Gesellschaftsanteile an die Familienangehörigen fällt im Rahmen des § 3 Nr. 2, 4 und 5 GrEStG nicht an. Für den Einbringenden selbst ist der Übergang auf die GbR steuerfrei gem § 5 II oder I GrEStG. Die Fünfjahresgrenze des § 5 III GrEStG ist zu beachten. Hiervon abgesehen kann Grunderwerbsteuer entstehen, wenn es zur Anteilsvereinigung kommt, die bereits dann vorliegt, wenn mindestens 95 vH der Gesellschaftsanteile bei einem Gesellschafter liegen (§ 1 II und III GrEStG).

525 Die Alternative zum Familienpool ist die Einbringung des Familienvermögens in eine Personengesellschaft mit Betriebsvermögen (§ 15 III Nr. 2 EStG – gewerblich geprägte Personengesellschaft) oder in eine GmbH. Es können

---

46 BFH BStBl II 1995, 81
47 R 21 I S 1 ErbStR
48 BFH BStBl II 1973, 5; Schmidt/Heinicke § 20 Rn 137
49 R 21 I S 3 ErbStR
50 Beispiel bei Götzenberger S 403 ff

dann die erbschaftsteuerlichen Vergünstigungen für Betriebsvermögen (§§ 13 a und 19 a ErbStG) in Anspruch genommen werden, denen jedoch ertragsteuerliche Nachteile gegenüberstehen können. Insbesondere ist zu berücksichtigen, dass eine Grundstücksveräußerung durch eine vermögensverwaltende Personengesellschaft nur steuerpflichtig ist, wenn die Voraussetzungen des § 23 EStG oder des gewerblichen Grundstückshandels vorliegen. Die Veräußerung von zum Betriebsvermögen einer GmbH & Co. KG oder einer GmbH gehörenden Grundstücke ist hingegen immer steuerpflichtig.

V. Berliner Testament

Das gemeinschaftliche Testament der Ehegatten, in dem diese sich gegenseitig als Erbe des jeweils anderen einsetzen und bestimmen, dass der beiderseitige Nachlass mit dem Tod des Letztversterbenden an die gemeinschaftlichen Kinder fallen soll, ist in der Praxis weit verbreitet. Die Kinder sind im Zweifel Schlusserben für den gesamten Nachlass des zuletzt versterbenden Ehegatten (§ 2269 BGB). Nicht selten wird durch Pflichtteilsstrafklauseln versucht, die Kinder davon abzuhalten, nach dem Tod des ersten Ehegatten den ihnen zustehenden Pflichtteil geltend zu machen. 526

Aus erbschaftsteuerlicher Sicht kann das Berliner Testament erhebliche Nachteile bringen. Sie können daraus resultieren, dass der Nachlass des erstversterbenden Ehegatten doppelt von der Erbschaftsteuer erfasst wird: Einmal beim Tod des Erstversterbenden und ein zweites Mal beim Tod des Letztversterbenden. Diese doppelte Belastung wird allenfalls durch § 27 gemildert. Zudem gehen die Freibeträge, die Kindern nach dem Tod des ersten Ehegatten zustehen, mangels steuerpflichtigen Erwerbs verloren. 527

Zivilrechtlich können auch Pflichtteilsstrafklauseln nicht verhindern, dass ein Kind sein Pflichtteil sowohl beim Tod des ersten als auch beim Tod des zweiten Ehegatten geltend macht. Der erste Pflichtteil mag es wegen des Liquiditätsvorteils besser stellen als ein anderes Kind, das sich an den Willen der Eltern hält.[51] 528

Schließlich kann ein solches Testament auch zu einer Überversorgung des überlebenden Ehegatten führen, der vielleicht mehr erhält, als er zu seiner Absicherung und zur Bestreitung eines angemessenen Lebensunterhaltes benötigt. 529

Aus diesen Gründen wird das Berliner Testament in der Literatur als erbschaftsteuerlich verfehlt qualifiziert.[52] Man wird aber im Einzelfall abwägen müssen, ob es nicht doch gute Gründe für das Berliner Testament gibt. Für jüngere Eheleute mit minderjährigen Kindern und nicht allzu hohem Vermögen kann es durchaus angebracht sein.[53] Der Verlust des Kinderfreibetrages beim ersten Todesfall lässt sich zudem dadurch vermeiden, dass Vermächtnisse zugunsten der Kinder, ggf in Höhe ihrer Freibeträge, angeordnet werden. 530

---

51 Eingehend dazu: Fromm/Vogt Rn 58; zur Gestaltung bezogen auf den Pflichtteil: siehe oben Rn 240

52 Flick DStR 1993, 929, 931

53 Moench ZEV 1999, 308, 309

Praxis-Tipp:

531 *Steuerlich ungünstig ist die Bestimmung, dass solche Vermächtnisse zugunsten der Kinder erst beim Tod des überlebenden Elternteils fällig werden. Eine solche Regelung subsumiert die Finanzverwaltung unter § 6 IV; das Vermächtnis wird als Erwerb vom überlebenden Ehegatten versteuert, so dass ein Abzug der Vermächtnislast beim Tod des erstversterbenden ausscheidet.*

Demzufolge sollte das Vermächtnis auf einen bestimmten Zeitpunkt nach dem Tod des ersten Ehegatten fällig gestellt werden. Um das Risiko auszuschließen, dass der zweite Ehegatte vor diesem Zeitpunkt verstirbt, wird der Termin für die Fälligkeit des Vermächtnisses gelegentlich vom Tod des Letztversterbenden abhängig gemacht. Ob diese Klausel standhält oder ob sie als Gestaltungsmissbrauch (§ 42 AO) qualifiziert wird, ist derzeit offen.[54] Vorzugswürdig dürfte es dann sein, eine Auflage (§ 1940 BGB) zugunsten der Kinder vorzusehen. Die Auflage wird nicht von § 6 IV erfasst.[55] Die Position des Auflagenbegünstigten lässt sich durch eine Testamentsvollstreckung absichern.

532 Ergibt die Prüfung des Einzelfalles, dass das Berliner Testament aus erbschaftsteuerlichen Gründen nicht in Betracht kommt, sollte der überlebende Ehegatte in anderer Form bedacht werden. Zu erwägen ist zunächst ein Wohnrecht am Familienwohnheim, das bereits mit dem Tod des Erstversterbenden auf die Kinder übergeht. Die Erträge des übrigen Vermögens können dem Ehegatten dadurch zugewandt werden, dass – beispielsweise durch ein Vermächtnis – ein Nießbrauch am Nachlass bestellt wird. Die Position des überlebenden Ehegatten kann dadurch gestärkt werden, dass er selbst zum Testamentsvollstrecker unter Befreiung von den Restriktionen des § 181 BGB eingesetzt wird. Damit ist nicht nur die Bestellung des Nießbrauchs gesichert, es kann auch, insbesondere bei minderjährigen Kindern, eine Dauervollstreckung zur Verwaltung des Nachlasses vorgesehen werden.[56]

533 Statt eines Nießbrauchs kommt selbstverständlich auch die Anordnung von Versorgungsleistungen in Form von Rentenzahlungen in Betracht.

534 Vergleichbare erbschaftsteuerliche Nachteile bringt die Anordnung der **Vor- und Nacherbschaft.**[57] In vielen Fällen wird die Bestellung eines Nießbrauches am Nachlass steuerlich günstiger sein als die Vorerbschaft.[58] Denn bei einem Nießbrauchsvermächtnis wird die Substanz des Nachlasses nur einmal besteuert. § 6 II 4 greift nicht ein. Die Abzugsbeschränkung des § 25 führt im Ergebnis jedenfalls zu einer teilweisen Berücksichtigung der Nießbrauchslast, die zudem auch erbschaftsteuerlich verhältnismäßig günstig bewertet wird.

---

54 Mayer ZEV 1998, 54; zu weiteren Lösungsmöglichkeiten Daragan DStR 1999, 393, 394

55 Näher mit Formulierungsvorschlägen Daragan DStR 1999, 393

56 Landsittel Rn 1301 ff

57 Siehe oben Rn 109 ff

58 Meincke § 6 Rn 26; Landsittel Rn 1305

VI. Maßnahmen nach dem Erbfall

1. Ausschlagung der Erbschaft

535 Der Erbe kann die Erbschaft durch Erklärung gegenüber dem Nachlassgericht binnen einer Frist von sechs Wochen ausschlagen (§ 1944 f BGB). Der Vermögensanfall an den Ausschlagenden gilt dann als nicht erfolgt (§ 1953 I BGB). An seine Stelle tritt rückwirkend der durch letztwillige Verfügung Berufene oder der gesetzliche Erbe. Eine Ausschlagung zugunsten einer bestimmten Person ist ebenso wenig möglich wie eine Teil-Ausschlagung.

536 Erbschaftsteuerlich hat die zivilrechtlich wirksame Ausschlagung zur Folge, dass die mit dem Erbfall entstandene Erbschaftsteuerpflicht entfällt. Die Ausschlagung selbst ist keine Schenkung des Ausschlagenden an den Begünstigten.[59] Wird der Ausschlagende abgefunden, versteuert er die Abfindung gem § 3 II Nr. 4, der Erbe kann die Abfindung als Nachlassverbindlichkeit abziehen (§ 10 V Nr. 3).

537 Die Erbausschlagung kann als Mittel zur Rettung oder zur steuerlichen Optimierung einer verunglückten Erbfolge genutzt werden.[60] Erbschaftsteuerlich kann der Nachlass so gesteuert werden, dass er einer Person anfällt, die in einer günstigeren Steuerklasse ist, oder mehreren Personen mit der Folge der Inanspruchnahme mehrerer Freibeträge und ggf eines Progressionsvorteils durch niedrigere Steuersätze. Zu denken ist insbesondere an die Fälle, dass

- der ursprüngliche Erbe nach einem Gesellschaftsvertrag nicht Erbe werden kann;
- ohne die Erbausschlagung ertragsteuerlich eine gewinnrealisierende Entnahme einträte;
- eine notwendige Erbauseinandersetzung zur Gewinnrealisierung führen würde;
- die Voraussetzungen einer Betriebsaufspaltung entfielen (»Entnahmekatastrophe«);
- der vorgesehene Nachfolger unerwartet vorverstirbt.[61]

538 Die Ausschlagung ermöglicht es auch, die erbschaftsteuerlich nachteiligen Folgen eines Berliner Testaments zu vermeiden. Als Abfindung kann ein Nießbrauchs- oder Rentenvermächtnis vorgesehen werden.

539 Immer erfordert die Ausschlagung eine eindeutige Klärung der Frage, wer der nächste Berufene ist, da die Ausschlagung unwiderruflich ist und eine theoretisch mögliche Anfechtung in der Praxis meistens keine Aussicht auf Erfolg bietet.[62]

---

59 Moench § 3 Rn 43
60 Troll BB 1988, 2153; Hannes ZEV 1996, 10; Landsittel Rn 1518 ff
61 Flick DStR 2000, 1816
62 Landsittel Rn 1523

2. Geltendmachung von Pflichtteilsansprüchen

540 Einvernehmlich in der Familie geltend gemachte Pflichtteilsansprüche können die erbschaftsteuerliche Belastung senken. Zu denken ist an den Fall des Berliner Testaments, in dem die Kinder nicht bedacht sind. Um den Verlust ihrer Freibeträge nach dem erstversterbenden Ehegatten zu vermeiden (ggf auch zur Erreichung eines Steuersatzvorteils beim überlebenden Ehegatten) können die Kinder in Übereinstimmung mit dem überlebenden Ehegatten ihren Pflichtteil in Höhe des Freibetrages geltend machen.[63]

541 In diesen Zusammenhang gehört auch die Ausschlagung der Erbschaft durch den überlebenden Ehepartner bei Bestehen der Zugewinngemeinschaft. Die Zugewinnausgleichsforderung und der kleine Pflichtteil, der diesem Ehegatten dann zusteht, mag zu seiner eigenen Versorgung ausreichen; das übrige Vermögen des Erblassers geht sogleich an die Kinder, so dass insoweit ein doppelter Erbfall und eine doppelte Erbschaftsteuerbelastung nach dem Versterben des zweiten Ehegatten vermieden werden kann. Der überlebende Ehegatte versteuert dann nur den geltend gemachten Pflichtteil, da der Zugewinnausgleichsanspruch steuerfrei ist (§ 5 II). Abzugsfähig sind bei den Kindern aber der Anspruch auf den Pflichtteil und auf den Zugewinnausgleich.[64] Die Vorteilhaftigkeit dieser Vorgehensweise ist im Einzelfall zu prüfen und zu berechnen. Sie kann auch dann gegeben sein, wenn andere Güterstände, etwa die Gütertrennung, bestehen.[65]

63 Vgl oben Rn 240
64 Müller/Ohland/Brandmüller Rn 189 ff
65 Berechnungsbeispiel bei: Landsittel Rn 1538

C. Verhältnis der Erbschaftsteuer zu anderen Steuerarten 1741

ÜBERBLICK

C. Verhältnis der Erbschaftsteuer zu anderen Steuerarten

I. Einkommensteuerpflicht im Erbfall

Die persönliche Steuerpflicht des Erblassers erlischt mit seinem Tod. Der Erblasser wird als Steuerpflichtiger mit dem bis zum Todeszeitpunkt erzielten Einkünften veranlagt. Die so entstandene Einkommensteuerschuld des Erblassers geht auf seinen Erben als Gesamtrechtsnachfolger über (§ 45 AO). Alle Einkünfte, die der Erblasser noch zu Lebzeiten zu versteuern gehabt hätte, werden nach seinen persönlichen Verhältnissen ermittelt und besteuert. Der Einkommensteuerbescheid wird dem Erben bekannt gegeben.[1] 542

Für die nach dem Tod des Erblassers bezogenen Einkünfte tritt der Erbe auch steuerrechtlich in die Rechtsbeziehungen des Erblassers ein. Lediglich sog höchstpersönliche Besteuerungsmerkmale (etwa die berufliche Qualifikation für eine Tätigkeit gem § 18 EStG) bestimmen sich nach der Person des Erben.[2] Es handelt sich um eine eigene Einkommensteuerschuld des Erben. § 24 Nr. 2 EStG begründet die subjektive Steuerpflicht des Gesamtrechtsnachfolgers, der selbst den gesetzlichen Einkünfteerzielungstatbestand nicht verwirklicht hat. Die Bestimmung erfasst beispielsweise erst dem Erben zufließende Honorareinkünfte aus einer freiberuflichen Tätigkeit des Erblassers, die bei diesem selbst noch nicht erfasst werden konnten, weil die Einkünfte durch Einnahmen-/Überschussrechnung (§ 4 III EStG) ermittelt wurden, für die der Zuflusszeitpunkt (§ 11 EStG) maßgebend ist. Auch wenn der Erbe die freiberufliche Tätigkeit des Erblassers nicht fortführt, muss er die nachträglichen Einnahmen versteuern. 543

II. Doppelbelastung mit Einkommen- und Erbschaftsteuer

Erwerbe von Todes wegen und Schenkungen unter Lebenden werden nicht von dem (abschließenden) Katalog der Einkunftsarten des § 2 I EStG erfasst. Der durch Tätigkeit am Markt erwirtschaftete Zuwachs an Leistungsfähigkeit wird von der Einkommensteuer, der unentgeltliche Vermögenszuwachs von der Erbschaftsteuer erfasst. Dennoch kann es in bestimmten Konstellationen zu Überschneidungen kommen. Dies ist etwa der Fall, wenn der Erbe eine Forderung einzieht, deren Entstehung noch auf der Tätigkeit des Erblassers beruht (Arbeitslohn, Miete, Honorar, Lizenz etc), und wenn der Erblasser den Gewinn nicht durch Bestandsvergleich (§ 4 I, § 5 EStG) ermittelt hat. Es geht dann nicht eine steuerlich bereits beim Erblasser zu erfassende Forderung auf den Erben über, vielmehr muss der Erbe die Forderung wegen des Zuflussprinzips (§ 11 EStG) selbst versteuern. Der andere typische Fall ist die spätere Veräußerung ererbten Vermögens durch den Erben, die zu einer Realisierung der stillen Reserven und einer entsprechenden Einkommensteuerpflicht des Erben führt. 544

1 Schmidt/Heinicke § 1 Rn 14 mwN
2 Schmidt/Heinicke § 1 Rn 15 mwN

545 In beiden Fällen lehnt die Rechtsprechung und hM eine Berücksichtigung der bereits beim Erblasser vorhandenen latenten Einkommensteuerschuld bei der Ermittlung der erbschaftsteuerlichen Bereicherung des Erben ab. Der Erbe kann die **latente Steuerlast** nicht als Nachlassverbindlichkeit gem § 10 V abziehen.[3] Abzuziehen sein sollen nur bereits im Todeszeitpunkt entstandene Steuerschulden, die Nichtberücksichtigung der – späteren – Einkommensteuer auf die Honorarforderung oder der latenten Ertragsteuerbelastung soll eine vom Gesetzgeber gewollte Doppelbelastung sein.[4]

Fall:

546 *Der Erblasser war Steuerberater und ermittelte seinen Gewinn nach § 4 III EStG. Nach seinem Tod geht eine Honorarforderung iHv 100 000 DM ein. Der Erbe entrichtet hierauf Einkommensteuer von 30 000 DM.*

Nach hM ist Bemessungsgrundlage für die Erbschaftsteuer (§ 10) die ungeminderte Honorarforderung von 100 000 DM. Die erst in der Person des Erben entstandene Einkommensteuerschuld von 30 000 DM mindert die erbschaftsteuerliche Bereicherung nicht.

Wäre die Honorarforderung noch zu Lebzeiten des Erblassers eingegangen und wäre seine Einkommensteuerschuld, die ebenfalls 30 000 DM betragen soll, auf den Erben übergegangen, so hätte er die entstandene Steuerschuld nach § 10 V abziehen können. Sein erbschaftsteuerlicher Erwerb hätte dann nur 70 000 DM betragen.

547 Richtigerweise sollte die latente Ertragsteuerbelastung bei der Erbschaftsteuer dadurch berücksichtigt werden, dass sie als aufschiebend bedinge Last gem § 6 II BewG qualifiziert wird. Mit Entstehung der Einkommensteuerschuld beim Erben kann dann die Erbschaftsteuerveranlagung korrigiert werden (§ 5 II BewG).[5]

548 § 35 EStG aF milderte die diesbezügliche Doppelbelastung. Jedoch ist die Vorschrift mit Wirkung zum 1. 1. 1999 durch das Steuerentlastungsgesetz 1999/2000/2002 gestrichen worden, und zwar ausweislich der Gesetzesbegründung wegen des vorrangigen Ziels der Verwaltungsvereinfachung.[6]

549 Die Problematik der doppelten Erfassung der latenten Ertragsteuerbelastung ist allerdings durch die seit dem 1.1.1996 geltenden neuen Regeln zur Bewertung des Betriebsvermögens entschärft worden, soweit diese (insbesondere wegen Übernahme der Steuerbilanzwerte) die Berücksichtigung stiller Reserven bei der erbschaftsteuerpflichtigen Bereicherung nicht mehr vorsehen, also insbesondere bei Einzelunternehmen und Mitunternehmerschaften. Stille Reserven werden im Rahmen der Ertragswertkomponente des Stuttgarter Verfahrens jedoch auch weiterhin erbschaftsteuerlich erfasst für Anteile an

3 BFH BStBl II 1979, 23, 25; BFH/NV 1990, 643; Troll/Gebel/Jülicher § 10 Rn 139
4 BFH BStBl II 1989, 9, 11
5 Knobbe-Keuk S 983; Crezelius § 11 Rn 13; vgl auch Kapp/Ebeling Einl Rn 17
6 Vgl Moench Einf Rn 41

Kapitalgesellschaften. Insoweit kann es bei einer späteren Veräußerung (§ 17 EStG) durch den Erben weiterhin zu einer Doppelbelastung kommen.

Ist Gegenstand des Erwerbs nach ErbStG eine Leibrente, entfällt die Doppelbesteuerung, weil die Erbschaftsteuer den Kapitalanteil (§ 14 BewG) und die Einkommensteuer den Ertragsanteil (§ 22 Nr. 1 S 3 a EStG) erfasst. Bei der Doppelbelastung bleibt es, wenn der Einkommensteuer, etwa weil es sich um eine Zeitrente handelt, nicht nur der Ertragsanteil, sondern die gesamte Rentenleistung unterliegt. 550

III. Erbschaftsteuer und Grunderwerbsteuer

1. § 3 Nr. 2 GrEStG

Die Vorschrift stellt den Erwerb eines Grundstücks von Todes wegen und durch Schenkung unter Lebenden iSd (jeweils geltenden) ErbStG frei. Eine Doppelbelastung durch Erhebung von Grunderwerbsteuer soll nicht eintreten. Die ErbSt ist gegenüber der Grunderwerbsteuer vorrangig.[7] 551

Grunderwerbsteuerbefreit sind alle Tatbestände der §§ 3 und 7. Es genügt die Verwirklichung der Steuertatbestände, unerheblich ist, ob tatsächlich ErbSt anfällt oder nicht (zB wegen Steuerbefreiung, Freibeträgen etc). § 3 Nr. 2 GrEStG soll – wie andere personenbezogene Befreiungsvorschriften des § 3 auch – nicht für den Fall der **Anteilsvereinigung** (§ 1 III) gelten.[8] Bei einer Anteilsvereinigung durch Anteilsübergang im Erbfall oder durch eine Schenkung kommt es damit zu einer doppelten Besteuerung.[9] 552

Nach bisheriger Rechtsprechung des BFH ist § 3 Nr. 2 S 1 GrEStG auch dann anwendbar, wenn der Erbe den Geldanspruch des Pflichtteilsberechtigten durch die **Übertragung** eines Grundstücks **an Erfüllungs Statt** befriedigt.[10] Für andere Fälle, in denen ein von Todes wegen erworbener Geldanspruch durch Übertragung eines Grundstücks bedient wird, gilt die Grunderwerbsteuerbefreiung nicht. 553

Praxis-Tipp:

Erfüllt der Erbe ein Geldvermächtnis durch Übereignung eines Nachlassgrundstücks, so besteht Grunderwerbsteuerpflicht. Zu deren Vermeidung sollte der Vermächtnisnehmer das Vermächtnis ausschlagen, die Grundstücksübertragung erfolgt daraufhin als Abfindung.[11] Dann verwirklicht der Vermächtnisnehmer einen Erwerb von Todes wegen (§ 3 I Nr. 4). Die geltend gemachten Zweifel, ob das an Erfüllungs statt geleistete Grundstück noch ein Erwerb von Todes wegen ist,[12] entfallen dann. 554

7 BVerfG BStBl II 1984, 608
8 Pahlke/Franz § 3 Rn 14
9 BFH BStBl II 1988, 785
10 BFH BStBl II 1982, 76; anders jetzt Viskorf FR 1999, 664
11 Meincke Einf Rn 4
12 Viskorf FR 1999, 664

555 Bei einer **gemischten Schenkung** wird von der Gegenleistung Grunderwerbsteuer erhoben. Der unentgeltliche Teil der gemischten Grundstücksschenkung unterliegt der Schenkungsteuer, die nach allgemeinen Regeln ermittelt wird, dh durch Anwendung des Prozentsatzes, der sich aus dem Verhältnis von Verkehrswert des Grundstücks zur Gegenleistung ergibt, auf den Bedarfswert.

Fall:[13]

556 *A verkauft seiner Lebensgefährtin eine Eigentumswohnung, die einen Verkehrswert von 600 000 DM und einen Grundbesitzwert von 450 000 DM hat, zu einem Preis von 200 000 DM.*

Bemessungsgrundlage der Grunderwerbsteuer sind 200 000 DM, so dass sich (Steuersatz 3,5 vH) eine Grunderwerbsteuerschuld von 7 000 DM ergibt.

Aus der Gegenüberstellung des Verkehrswerts des Grundstücks (600 000 DM) und der Gegenleistung (200 000 DM) ergibt sich der maßgebende Prozentsatz. Zwei Drittel des Bedarfswertes (450 000 DM) sind die schenkungsteuerliche Bemessungsgrundlage, die mithin 300 000 DM beträgt.

557 Bei **Schenkungen unter Auflage** wird aber der Wert solcher Auflagen der Grunderwerbsteuer unterworfen, die bei der Schenkungsteuer abziehbar sind (§ 3 Nr. 2 GrEStG). Zunächst ist die schenkungsteuerliche Unterscheidung zwischen Leistungsauflagen und Duldungs-/Nutzungsauflagen zu beachten. Die Schenkung unter Leistungsauflage wird wie die gemischte Schenkung behandelt; der Wert der Leistungsauflage ist, da er die Bereicherung des Beschenkten mindert, mit Grunderwerbsteuer belastet. Bei Duldungsauflagen kommt es darauf an, wie die Last nach § 25 I zu behandeln ist. Liegen die Voraussetzungen des § 25 I nicht vor, kann der Wert der – abziehbaren – Auflage der Grunderwerbsteuer unterworfen werden. Zu bewerten ist auch unter Berücksichtigung der Begrenzung des § 16 BewG. Obwohl diese Vorschrift für die Grunderwerbsteuer nicht gilt (§ 17 III 2 BewG), will die Finanzverwaltung zur Vermeidung einer Doppelbelastung auch für die Grunderwerbsteuer den nach § 16 BewG reduzierten Wert ansetzen.[14] Ist die Auflage gem § 25 I nicht abziehbar, unterliegt sie auch nicht der Grunderwerbsteuer. Die Stundungsmöglichkeit ändert nichts daran, dass eine solche Auflage letztlich die Bereicherung des Erwerbers nicht mindert.[15]

13 Nach Moench Einf Rn 47
14 OFD Koblenz v. 20. 5. 1999 ZEV 1999, 349
15 Kapp/Ebeling, Einl Rn 25.3; OFD Koblenz v. 20.5.1999 ZEV 1999, 349, 351, Tz 3

Im Ergebnis ist damit eine Doppelbelastung in diesen Fällen vermieden: 558

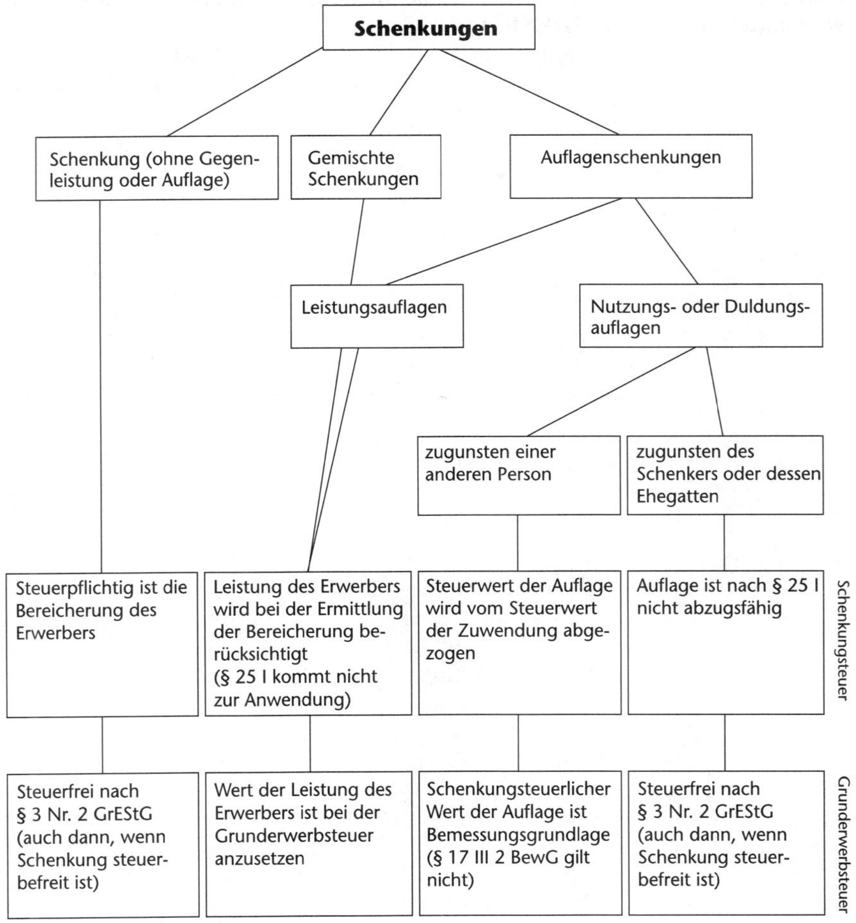

2. Weitere Befreiungen

Nicht grunderwerbsteuerpflichtig ist der Erwerb eines zum Nachlass gehören- 559
den Grundstücks durch Miterben zur Teilung des Nachlasses **(§ 3 Nr. 3 GrEStG).** Den Miterben sind deren Ehegatten gleichgestellt. In die Befreiung einbezogen ist auch der überlebende Ehegatte, der nicht Miterbe ist, wenn er mit den Erben seines verstorbenen Ehegatten gütergemeinschaftliches Vermögen zu teilen hat oder wenn ihm in Anrechnung auf eine Ausgleichsforderung am Zugewinn des verstorbenen Ehegatten ein zum Nachlass gehörendes Grundstück übertragen wird.

Steuerfrei ist auch der Grundstückserwerb durch den Ehegatten in anderen 560
Fällen **(§ 3 Nr. 4 GrEStG)** sowie der Erwerb durch den früheren Ehegatten des Veräußerers, soweit er im Rahmen der Vermögensauseinandersetzung nach

der Scheidung erfolgt **(§ 3 Nr. 5 GrEStG).** Weiterhin sind auch Grundstückserwerbe durch solche Personen befreit, die mit dem Veräußerer in gerader Linie verwandt sind **(§ 3 Nr. 6 GrEStG).**

ANHANG

Stichwortverzeichnis

Die fett gedruckten Zahlen beziehen sich auf das Kapitel, die mager gedruckten bezeichnen die jeweilige Randnummer.